NOMOSKOMMENTAR

Prof. Dr. Maximilian Fuchs [Hrsg.]

Europäisches Sozialrecht

6. Auflage

Prof. Dr. Karl-Jürgen Bieback, Universität Hamburg | **Prof. Dr. Klaus Dieter Borchardt,** Direktor in der Europäischen Kommission, Honorarprofessor an der Julius-Maximilians-Universität Würzburg | **Dr. Robertus Cornelissen,** Berater des Direktors „Arbeitsrecht und soziale Gesetzgebung, Sozialer Dialog" der Generaldirektion EMPL, Europäische Kommission, Brüssel | **Prof. Dr. Maximilian Fuchs,** Katholische Universität Eichstätt-Ingolstadt | **Dr. Edlyn Höller,** Stellvertretende Abteilungsleiterin Deutsche Gesetzliche Unfallversicherung | **Prof. Dr. Gerhard Igl,** Christian-Albrechts-Universität zu Kiel | **Dr. Rose Langer,** Unterabteilungsleiterin, Bundesministerium für Arbeit und Soziales, Berlin | **Dr. Rolf Schuler,** Vorsitzender Richter am Landessozialgericht, Darmstadt | **Prof. Dr. Bernhard Spiegel,** Leiter der Abteilung Internationale Angelegenheiten der Sozialversicherung im Bundesministerium für Arbeit, Soziales und Konsumentenschutz, Wien | **Prof. Dr. Heinz-Dietrich Steinmeyer,** Universität Münster

 Nomos   MANZ

Die Deutsche Nationalbibliothek verzeichnet diese Publikation in der Deutschen Nationalbibliografie; detaillierte bibliografische Daten sind im Internet über http://dnb.d-nb.de abrufbar.

ISBN 978-3-8329-7790-0 (Nomos Verlag, Baden-Baden)
ISBN 978-3-7190-3336-1 (Helbing Lichtenhahn Verlag, Basel)
ISBN 978-3-214-08440-0 (MANZ`sche Verlags- u. Universitätsbuchhandlung GmbH, Wien)

6. Auflage 2013
© Nomos Verlagsgesellschaft, Baden-Baden 2013. Printed in Germany. Alle Rechte, auch die des Nachdrucks von Auszügen, der photomechanischen Wiedergabe und der Übersetzung, vorbehalten.

Vorwort

Das Inkrafttreten der Verordnungen (EG) Nr. 883/2004 und Nr. 987/2009 bedeutete den Abschluss eines ein Jahrzehnt in Anspruch nehmenden Prozesses, mit dem dem Koordinierungsrecht eine auf den Errungenschaften der Vergangenheit aufbauende neue Gestalt und Basis für die Zukunft gegeben wurde. Aber es war nur ein vorläufiger Abschluss, weitere wichtige Aufgaben für den europäischen Gesetzgeber standen schon im Raum. Die RL 2011/24/EU über die Ausübung der Patientenrechte in der grenzüberschreitenden Gesundheitsversorgung ist im März 2011 verabschiedet worden. Die vorliegende Auflage enthält die – soweit ersichtlich – erste und umfassende Kommentierung dieser Richtlinie. Ebenso berücksichtigt wurde die VO (EU) Nr. 1231/2010 betreffend die Ausdehnung der Koordinierungsverordnungen auf Drittstaatsangehörige, die am 1. Januar 2011 in Kraft getreten ist. Bedeutsame Änderungen der Koordinierungsverordnungen brachte die VO (EU) Nr. 465/2012 vom 22. Mai 2012. Auch diese Änderungsverordnung wurde der Kommentierung zugrunde gelegt. Der Ablösung der Freizügigkeit-VO Nr. 1612/68 durch die VO (EG) Nr. 492/2011 wurde in der Kommentierung Rechnung getragen.

Begleitet wurde das Inkrafttreten der Koordinierungsverordnungen davor und danach von zahlreichen Beschlüssen und Empfehlungen der Verwaltungskommission, die für die praktische Anwendung der Koordinierungsvorschriften von großer Bedeutung sind. Die Texte dieser Dokumente wurden abgedruckt und in der Kommentierung in Bezug genommen. Die neuen Verordnungen brachten die Umstellung des Informations- und Datenaustauschs auf elektronische Medien. Dies ist ein schwieriger Implementationsprozess, der sich noch geraume Zeit hinziehen wird. Der Kommentierung der einschlägigen Vorschriften wurde deshalb breiter Raum gegeben.

Seit dem Erscheinen der Vorauflage vor mehr als zwei Jahren sind zahlreiche wichtige Entscheidungen des EuGH ergangen. In aller Regel beziehen sie sich noch auf die VO (EWG) Nr. 1408/71. Diese Urteile wurden für die Kommentierung herangezogen und ihre Bedeutung auch für das neue Recht betont bzw. notwendige Abweichungen des neuen Rechts hiervon hervorgehoben.

Mein ausdrücklicher Dank gilt den Mitarbeitern meines Sekretariats, Frau Margit Enderer und Herrn Reinhold Denz. Sie haben mit Können und Geduld die technische Bearbeitung der Manuskripte zur Vorbereitung der Drucklegung geleistet.

Ingolstadt, Oktober 2012

Der Herausgeber
Maximilian Fuchs

Bearbeiterverzeichnis

Prof. Dr. Karl-Jürgen Bieback: Art. 17-22, 31-35 VO (EG) Nr. 883/2004; Art. 19, 157 AEUV; RL 79/7/EWG; RL 2006/54/EG; RL 2000/43/EG; Patienten-RL

Prof. Dr. Klaus Dieter Borchardt: Europäischer Rechtsschutz im Sozialrecht

Dr. Robertus Cornelissen: Art. 71-75 VO (EG) Nr. 883/2004

Prof. Dr. Maximilian Fuchs: Einführung; Art. 3, 4, 9, 36-43, 61-66, 70 VO (EG) Nr. 883/2004

Dr. Edlyn Höller: Das Sozialrecht in den Assoziationsabkommen der EU mit Drittstaaten

Prof. Dr. Gerhard Igl: Art. 67-69 VO (EG) Nr. 883/2004

Dr. Rose Langer: Art. 45-48 AEUV

Dr. Rolf Schuler: Art. 5-7, 10, 23-30, 44-60 VO (EG) Nr. 883/2004

Dr. Bernhard Spiegel: Art. 1-2, 76-91 VO (EG) Nr. 883/2004 einschl. Durchführungsvorschriften der VO (EG) Nr. 987/2009 (DVO)

Prof. Dr. Heinz-Dietrich Steinmeyer: Art. 8, 11-16 VO (EG) Nr. 883/2004; Art. 7 VO (EU) Nr. 492/2011; RL 98/49/EG; Vorschlag KOM (2007) 603 endg.; RL 2003/41/EG

Zitiervorschlag

Bieback in: Fuchs, Europäisches Sozialrecht, Art. 17 Rn 1

Inhaltsverzeichnis

Vorwort 5
Bearbeiterverzeichnis 7
Abkürzungsverzeichnis 19
Einführung 27

Teil 1:
Artikel 45-48 AEUV – Die Arbeitskräfte

Vorbemerkungen 57
Artikel 45 AEUV 60
Artikel 46 AEUV 75
Artikel 47 AEUV 77
Artikel 48 AEUV 78

Teil 2:
Verordnung (EG) Nr. 883/2004
des Europäischen Parlaments und des Rates vom 29. April 2004 zur Koordinierung der Systeme der sozialen Sicherheit

Titel I
Allgemeine Bestimmungen

Vorbemerkungen		90
Artikel 1	Definitionen	91
Artikel 2	Persönlicher Geltungsbereich	107
Artikel 3	Sachlicher Geltungsbereich	116
Artikel 4	Gleichbehandlung	136
Artikel 5	Gleichstellung von Leistungen, Einkünften, Sachverhalten oder Ereignissen	140
Artikel 6	Zusammenrechnung der Zeiten	146
Artikel 7	Aufhebung der Wohnortklauseln	154
Artikel 8	Verhältnis zwischen dieser Verordnung und anderen Koordinierungsregelungen	160
Artikel 9	Erklärungen der Mitgliedstaaten zum Geltungsbereich dieser Verordnung	166
Artikel 10	Verbot des Zusammentreffens von Leistungen	171

Titel II
Bestimmung des anwendbaren Rechts

Vorbemerkungen		174
Artikel 11	Allgemeine Regelung	178
Artikel 12	Sonderregelung	190
Artikel 13	Ausübung von Tätigkeiten in zwei oder mehr Mitgliedstaaten	200
Artikel 14	Freiwillige Versicherung oder freiwillige Weiterversicherung	208

Artikel 15	Vertragsbedienstete der Europäischen Gemeinschaften	210
Artikel 16	Ausnahmen von den Artikeln 11 bis 15	212

Titel III
Besondere Bestimmungen über die verschiedenen Arten von Leistungen

Kapitel 1
Leistungen bei Krankheit sowie Leistungen bei Mutterschaft und gleichgestellte Leistungen bei Vaterschaft

Abschnitt 1
Versicherte und ihre Familienangehörigen mit Ausnahme von Rentnern und deren Familienangehörigen

Vorbemerkungen		216
Artikel 17	Wohnort in einem anderen als dem zuständigen Mitgliedstaat	241
Artikel 18	Aufenthalt in dem zuständigen Mitgliedstaat, wenn sich der Wohnort in einem anderen Mitgliedstaat befindet – Besondere Vorschriften für die Familienangehörigen von Grenzgängern	251
Artikel 19	Aufenthalt außerhalb des zuständigen Mitgliedstaats	254
Artikel 20	Reisen zur Inanspruchnahme von Sachleistungen	265
Artikel 21	Geldleistungen	277
Artikel 22	Rentenantragsteller	286

Abschnitt 2
Rentner und ihre Familienangehörigen

Vorbemerkungen		290
Artikel 23	Sachleistungsanspruch nach den Rechtsvorschriften des Wohnmitgliedstaats	293
Artikel 24	Nichtvorliegen eines Sachleistungsanspruchs nach den Rechtsvorschriften des Wohnmitgliedstaats	295
Artikel 25	Renten nach den Rechtsvorschriften eines oder mehrerer anderer Mitgliedstaaten als dem Wohnmitgliedstaat, wenn ein Sachleistungsanspruch in diesem Mitgliedstaat besteht	298
Artikel 26	Familienangehörige, die in einem anderen Mitgliedstaat als dem Wohnmitgliedstaat des Rentners wohnen	299
Artikel 27	Aufenthalt des Rentners oder seiner Familienangehörigen in einem anderen Mitgliedstaat als ihrem Wohnmitgliedstaat – Aufenthalt im zuständigen Mitgliedstaat – Zulassung zu einer notwendigen Behandlung außerhalb des Wohnmitgliedstaats	299
Artikel 28	Besondere Vorschriften für Grenzgänger in Rente	301
Artikel 29	Geldleistungen für Rentner	303
Artikel 30	Beiträge der Rentner	304

Abschnitt 3
Gemeinsame Vorschriften

Artikel 31	Allgemeine Bestimmung	305

Artikel 32	Rangfolge der Sachleistungsansprüche – Besondere Vorschrift für den Leistungsanspruch von Familienangehörigen im Wohnmitgliedstaat	306
Artikel 33	Sachleistungen von erheblicher Bedeutung	308
Artikel 34	Zusammentreffen von Leistungen bei Pflegebedürftigkeit	310
Artikel 35	Erstattungen zwischen Trägern	315

Kapitel 2
Leistungen bei Arbeitsunfällen und Berufskrankheiten

Vorbemerkungen		324
Artikel 36	Anspruch auf Sach- und Geldleistungen	329
Artikel 37	Transportkosten	338
Artikel 38	Leistungen bei Berufskrankheiten, wenn die betreffende Person in mehreren Mitgliedstaaten dem gleichen Risiko ausgesetzt war	338
Artikel 39	Verschlimmerung einer Berufskrankheit	341
Artikel 40	Regeln zur Berücksichtigung von Besonderheiten bestimmter Rechtsvorschriften	343
Artikel 41	Erstattungen zwischen Trägern	345

Kapitel 3
Sterbegeld

Artikel 42	Anspruch auf Sterbegeld, wenn der Tod in einem anderen als dem zuständigen Mitgliedstaat eintritt oder wenn die berechtigte Person in einem anderen als dem zuständigen Mitgliedstaat wohnt	346
Artikel 43	Gewährung von Leistungen bei Tod eines Rentners	348

Kapitel 4
Leistungen bei Invalidität

Vorbemerkungen		348
Artikel 44	Personen, für die ausschließlich Rechtsvorschriften des Typs A galten	350
Artikel 45	Besondere Vorschriften für die Zusammenrechnung von Zeiten	352
Artikel 46	Personen, für die entweder ausschließlich Rechtsvorschriften des Typs B oder sowohl Rechtsvorschriften des Typs A als auch des Typs B galten	353
Artikel 47	Verschlimmerung des Invaliditätszustands	355
Artikel 48	Umwandlung von Leistungen bei Invalidität in Leistungen bei Alter	356
Artikel 49	Besondere Vorschriften für Beamte	360

Kapitel 5
Alters- und Hinterbliebenenrenten

Vorbemerkungen		360
Artikel 50	Allgemeine Vorschriften	365
Artikel 51	Besondere Vorschriften über die Zusammenrechnung von Zeiten	370
Artikel 52	Feststellung der Leistungen	373
Artikel 53	Doppelleistungsbestimmungen	386
Artikel 54	Zusammentreffen von Leistungen gleicher Art	388
Artikel 55	Zusammentreffen von Leistungen unterschiedlicher Art	389

Artikel 56	Ergänzende Vorschriften für die Berechnung der Leistungen	391
Artikel 57	Versicherungs- oder Wohnzeiten von weniger als einem Jahr	393
Artikel 58	Gewährung einer Zulage	396
Artikel 59	Neuberechnung und Anpassung der Leistungen	397
Artikel 60	Besondere Vorschriften für Beamte	398

Kapitel 6
Leistungen bei Arbeitslosigkeit

Vorbemerkungen zu den Artikeln 61 bis 65 a		401
Artikel 61	Besondere Vorschriften für die Zusammenrechnung von Versicherungszeiten, Beschäftigungszeiten und Zeiten einer selbstständigen Erwerbstätigkeit	403
Artikel 62	Berechnung der Leistungen	408
Artikel 63	Besondere Bestimmungen für die Aufhebung der Wohnortklauseln	411
Artikel 64	Arbeitslose, die sich in einen anderen Mitgliedstaat begeben	411
Artikel 65	Arbeitslose, die in einem anderen als dem zuständigen Mitgliedstaat gewohnt haben	416
Artikel 65 a	Besondere Bestimmungen für vollarbeitslose selbständig erwerbstätige Grenzgänger, sofern in dem Wohnmitgliedstaat für selbständig Erwerbstätige kein System der Leistungen bei Arbeitslosigkeit besteht	424

Kapitel 7
Vorruhestandsleistungen

Artikel 66	Leistungen	426

Kapitel 8
Familienleistungen

Vorbemerkungen		428
Artikel 67	Familienangehörige, die in einem anderen Mitgliedstaat wohnen	431
Artikel 68	Prioritätsregeln bei Zusammentreffen von Ansprüchen	432
Artikel 68 a	Gewährung von Leistungen	437
Artikel 69	Ergänzende Bestimmungen	437

Kapitel 9
Besondere beitragsunabhängige Geldleistungen

Artikel 70	Allgemeine Vorschrift	439

Titel IV
Verwaltungskommission und beratender Ausschuss

Artikel 71	Zusammensetzung und Arbeitsweise der Verwaltungskommission	445
Artikel 72	Aufgaben der Verwaltungskommission	446
Artikel 73	Fachausschuss für Datenverarbeitung	460
Artikel 74	Rechnungsausschuss	464
Artikel 75	Beratender Ausschuss für die Koordinierung der Systeme der sozialen Sicherheit	467

Titel V
Verschiedene Bestimmungen

Vorbemerkungen		470
Artikel 76	Zusammenarbeit	470
Artikel 77	Schutz personenbezogener Daten	484
Artikel 78	Elektronische Datenverarbeitung	486
Artikel 79	Finanzierung von Maßnahmen im Bereich der sozialen Sicherheit	496
Artikel 80	Befreiungen	497
Artikel 81	Anträge, Erklärungen oder Rechtsbehelfe	498
Artikel 82	Ärztliche Gutachten	502
Artikel 83	Anwendung von Rechtsvorschriften	507
Artikel 84	Einziehung von Beiträgen und Rückforderung von Leistungen	508
Artikel 85	Ansprüche der Träger	529
Artikel 86	Bilaterale Vereinbarungen	533

Titel VI
Übergangs- und Schlussbestimmungen

Vorbemerkungen		533
Artikel 87	Übergangsbestimmungen	534
Artikel 87 a	Übergangsvorschrift für die Anwendung der Verordnung (EU) Nr. 465/2012	535
Artikel 88	Aktualisierung der Anhänge	546
Artikel 89	Durchführungsverordnung	547
Artikel 90	Aufhebung	547
Artikel 91	Inkrafttreten	548
Sondervorschriften der DVO		549

Anhang:
Beschlüsse und Empfehlungen der Verwaltungskommission für die Koordinierung der Systeme der sozialen Sicherheit

Beschluss Nr. A1 vom 12. Juni 2009	559
Beschluss Nr. A2 vom 12. Juni 2009	563
Beschluss Nr. A3 vom 17. Dezember 2009	567
Beschluss Nr. E1 vom 12. Juni 2009	569
Beschluss Nr. E2 vom 3. März 2010	573
Beschluss Nr. E3 vom 19. Oktober 2011	575
Beschluss Nr. F1 vom 12. Juni 2009	577
Beschluss Nr. H1 vom 12. Juni 2009	579
Beschluss Nr. H2 vom 12. Juni 2009	583
Beschluss Nr. H3 vom 15. Oktober 2009	587
Beschluss Nr. H4 vom 22. Dezember 2009	589
Beschluss Nr. H5 vom 18. März 2010	593
Beschluss Nr. H6 vom 16. Dezember 2010	597

Empfehlung Nr. P1 vom 12. Juni 2009	599
Beschluss Nr. P1 vom 12. Juni 2009	603
Beschluss Nr. S1 vom 12. Juni 2009	605
Beschluss Nr. S2 vom 12. Juni 2009	609
Beschluss Nr. S3 vom 12. Juni 2009	619
Beschluss Nr. S4 vom 2. Oktober 2009	621
Beschluss Nr. S5 vom 2. Oktober 2009	625
Beschluss Nr. S6 vom 22. Dezember 2009	627
Beschluss Nr. S7 vom 22. Dezember 2009	629
Beschluss Nr. S8 vom 15. Juni 2011	633
Empfehlung Nr. U1 vom 12. Juni 2009	635
Beschluss Nr. U1 vom 12. Juni 2009	637
Empfehlung Nr. U2 vom 12. Juni 2009	639
Beschluss Nr. U2 vom 12. Juni 2009	641
Beschluss Nr. U3 vom 12. Juni 2009	643
Beschluss Nr. U4 vom 13. Dezember 2011	645

Teil 3:
Verordnung (EU) Nr. 492/2011 des Europäischen Parlaments und des Rates vom 5. April 2011 über die Freizügigkeit der Arbeitnehmer innerhalb der Union

Artikel 7	648

Teil 4:
Richtlinie 2011/24/EU – Patientenrichtlinie

Vorbemerkung	656

Kapitel I
Allgemeine Bestimmungen

Artikel 1	Gegenstand und Anwendungsbereich	681
Artikel 2	Verhältnis zu anderen Unionsvorschriften	684
Artikel 3	Begriffsbestimmungen	688

Kapitel II
Zuständigkeiten der Mitgliedstaaten in Bezug auf die grenzüberschreitende Gesundheitsversorgung

Artikel 4	Zuständigkeiten des Behandlungsmitgliedstaats	691
Artikel 5	Zuständigkeiten des Versicherungsmitgliedstaats	695
Artikel 6	Nationale Kontaktstellen für die grenzüberschreitende Gesundheitsversorgung	696

Kapitel III
Erstattung von Kosten für grenzüberschreitende Gesundheitsversorgung

Vorbemerkungen zu Kapitel III		698
Artikel 7	Allgemeine Grundsätze für die Kostenerstattung	698
Artikel 8	Gesundheitsversorgung, die einer Vorabgenehmigung unterliegen kann	708
Artikel 9	Verwaltungsverfahren bezüglich der grenzüberschreitenden Gesundheitsversorgung	714

Kapitel IV
Zusammenarbeit bei der Gesundheitsversorgung

Artikel 10	Amtshilfe und Zusammenarbeit	715
Artikel 11	Anerkennung von in einem anderen Mitgliedstaat ausgestellten Verschreibungen	716
Artikel 12	Europäische Referenznetzwerke	718
Artikel 13	Seltene Krankheiten	720
Artikel 14	Elektronische Gesundheitsdienste	720
Artikel 15	Zusammenarbeit bei der Bewertung von Gesundheitstechnologien	721

Kapitel V
Durchführungs- und Schlussbestimmungen

Artikel 16	Ausschuss	722
Artikel 17	Ausübung der Befugnisübertragung	722
Artikel 18	Widerruf der Befugnisübertragung	722
Artikel 19	Einwände gegen delegierte Rechtsakte	723
Artikel 20	Berichte	723
Artikel 21	Umsetzung	724
Artikel 22	Inkrafttreten	724
Artikel 23	Adressaten	724

Teil 5:
Artikel 19, 157 AEUV –
Das Recht zur Gleichbehandlung im Sozialrecht

Vorbemerkungen	725
Artikel 19 AEUV	728
Artikel 157 AEUV	751

Teil 6:
Richtlinie des Rates vom 19. Dezember 1978 zur schrittweisen Verwirklichung des Grundsatzes der Gleichbehandlung von Männern und Frauen im Bereich der sozialen Sicherheit (79/7/EWG)

Vorbemerkungen	764
Artikel 1	767
Artikel 2	768

Artikel 3		771
Artikel 4		778
Artikel 5		793
Artikel 6		793
Artikel 7		793
Artikel 8		800
Artikel 9		800
Artikel 10		800

Teil 7:
Richtlinie 2006/54/EG des Europäischen Parlaments und des Rates vom 5. Juli 2006 zur Verwirklichung des Grundsatzes der Chancengleichheit und Gleichbehandlung von Männern und Frauen in Arbeits- und Beschäftigungsfragen (Neufassung)

Vorbemerkungen 806

Titel I
Allgemeine Bestimmungen

Artikel 1	Gegenstand	808
Artikel 2	Begriffsbestimmungen	808
Artikel 3	Positive Maßnahmen	810

Titel II
Besondere Bestimmungen

KAPITEL 1
Gleiches Entgelt

Artikel 4	Diskriminierungsverbot	810

KAPITEL 2
Gleichbehandlung in betrieblichen Systemen der sozialen Sicherheit

Artikel 5	Diskriminierungsverbot	811
Artikel 6	Persönlicher Anwendungsbereich	811
Artikel 7	Sachlicher Anwendungsbereich	812
Artikel 8	Ausnahmen vom sachlichen Anwendungsbereich	812
Artikel 9	Beispiele für Diskriminierung	814
Artikel 10	Durchführung in Bezug auf Selbständige	819
Artikel 11	Möglichkeit des Aufschubs in Bezug auf Selbständige	819
Artikel 12	Rückwirkung	819
Artikel 13	Flexibles Rentenalter	823

KAPITEL 3
Gleichbehandlung hinsichtlich des Zugangs zur Beschäftigung zur Berufsbildung und zum beruflichen Aufstieg sowie in Bezug auf die Arbeitsbedingungen

Artikel 14	Diskriminierungsverbot	824
Artikel 15	Rückkehr aus dem Mutterschaftsurlaub	824
Artikel 16	Vaterschaftsurlaub und Adoptionsurlaub	824

Titel III
Horizontale Bestimmungen

KAPITEL 1
Rechtsmittel und Rechtsdurchsetzung

Abschnitt 1
Rechtsmittel

Artikel 17	Rechtsschutz	825
Artikel 18	Schadenersatz oder Entschädigung	825

Abschnitt 2
Beweislast

Artikel 19	Beweislast	825

KAPITEL 2
Förderung der Gleichbehandlung — Dialog

Artikel 20	Stellen zur Förderung der Gleichbehandlung	826
Artikel 21	Sozialer Dialog	826
Artikel 22	Dialog mit Nichtregierungsorganisationen	827

KAPITEL 3
Allgemeine horizontale Bestimmungen

Artikel 23	Einhaltung	827
Artikel 24	Viktimisierung	827
Artikel 25	Sanktionen	828
Artikel 26	Vorbeugung von Diskriminierung	828
Artikel 27	Mindestanforderungen	828
Artikel 28	Verhältnis zu gemeinschaftlichen und einzelstaatlichen Vorschriften	828
Artikel 29	Durchgängige Berücksichtigung des Gleichstellungsaspekts	828
Artikel 30	Verbreitung von Informationen	828

Titel IV
Schlussbestimmungen

Artikel 31	Berichte	829
Artikel 32	Überprüfung	829
Artikel 33	Umsetzung	829
Artikel 34	Aufhebung	830

Artikel 35	Inkrafttreten	830
Artikel 36	Adressaten	830

Teil 8:
Richtlinie 2000/43/EG des Rates vom 29. Juni 2000 zur Anwendung des Gleichbehandlungsgrundsatzes ohne Unterschied der Rasse oder der ethnischen Herkunft 832

Teil 9:
Richtlinie 98/49/EG des Rates vom 29. Juni 1998 zur Wahrung ergänzender Rentenansprüche von Arbeitnehmern und Selbständigen, die innerhalb der Europäischen Gemeinschaft zu- und abwandern 846

Teil 10:
Vorschlag für eine Richtlinie des Europäischen Parlaments und des Rates über Mindestvorschriften zur Erhöhung der Mobilität von Arbeitnehmern durch Verbesserung der Begründung und Wahrung von Zusatzrentenansprüchen KOM (2007) 603 endg. 858

Teil 11:
Richtlinie 2003/41/EG des Europäischen Parlaments und des Rates vom 3. Juni 2003 über die Tätigkeiten und die Beaufsichtigung von Einrichtungen der betrieblichen Altersversorgung 870

Teil 12:
Das Sozialrecht in den Assoziationsabkommen der EU mit Drittstaaten 903

Teil 13:
Europäischer Rechtsschutz im Sozialrecht 935

Stichwortverzeichnis 989

Abkürzungsverzeichnis

aA	anderer Ansicht
aaO	am angegebenen Ort
abl.	ablehnend
ABl.	Amtsblatt der EG/EU
Abs.	Absatz
Abschn.	Abschnitt
abw.	abweichend
aE	am Ende
AEUV	Vertrag über die Arbeitsweise der Europäischen Union
aF	alte Fassung
AFG	Arbeitsförderungsgesetz
AG	Amtsgericht
Alg	Arbeitslosengeld
allg.	allgemein
allgA	allgemeine Ansicht
allgM	allgemeine Meinung
aM	anderer Meinung
AN	Amtliche Nachrichten des Reichsversicherungsamtes
ANBA	Amtliche Nachrichten der Bundesagentur für Arbeit
Anh.	Anhang
Anl.	Anlage
Anm.	Anmerkung
AOK	Allgemeine Ortskrankenkasse
AöR	Archiv des öffentlichen Rechts
ARB	Assoziationsratsbeschluss
Art.	Artikel
Aufl.	Auflage
AuR	Arbeit und Recht
ausdr.	ausdrücklich
ausf.	ausführlich
Az	Aktenzeichen
BA	Bundesagentur für Arbeit
BAföG	Bundesausbildungsförderungsgesetz
BAG	Bundesarbeitsgericht
BAGE	Amtliche Sammlung der Entscheidungen des Bundesarbeitsgerichts
BAnz.	Bundesanzeiger
BayVBl.	Bayerische Verwaltungsblätter
BB	Der Betriebs-Berater
Bd.	Band
Begr.	Begründung
Bek.	Bekanntmachung
ber.	berichtigt
bes.	besonders
Beschl.	Beschluss
bespr.	besprochen
bestr.	bestritten
BetrAVG	Gesetz zur Verbesserung der betrieblichen Altersversorgung
BFH	Bundesfinanzhof

Abkürzungsverzeichnis

BFHE	Amtliche Sammlung der Entscheidungen des Bundesfinanzhofs
BG	Berufsgenossenschaft; Die Berufsgenossenschaft
BGB	Bürgerliches Gesetzbuch
BGBl.	Bundesgesetzblatt
BGH	Bundesgerichtshof
BGHZ	Amtliche Sammlung der Entscheidungen des Bundesgerichtshofs in Zivilsachen
BK	Berufskrankheit
BKK	Betriebskrankenkasse; Die Betriebskrankenkasse
BKGG	Bundeskindergeldgesetz
Bl.	Blatt
BMAS	Bundesministerium für Arbeit und Soziales
BMG	Bundesministerium für Gesundheit
BR-Drucks.	Drucksache des Deutschen Bundesrates
BSG	Bundessozialgericht
BSGE	Amtliche Sammlung der Entscheidungen des Bundessozialgerichts
BSHG	Bundessozialhilfegesetz
bspw	beispielsweise
BT-Drucks.	Drucksache des Deutschen Bundestages
BVerfG	Bundesverfassungsgericht
BVerfGE	Amtliche Sammlung der Entscheidungen des Bundesverfassungsgerichts
BVerwG	Bundesverwaltungsgericht
BVerwGE	Amtliche Sammlung der Entscheidungen des Bundesverwaltungsgerichts
bzgl	bezüglich
bzw	beziehungsweise
CDE	Cahiers de Droit Européen
C.M.L.R.	Common Market Law Reports
CMLRev	Common Market Law Review
DB	Der Betrieb
DDR	Deutsche Demokratische Republik
ders.	derselbe
dh	das heißt
dies.	dieselbe
Dok.	Dokument
DÖV	Die Öffentliche Verwaltung
DRdA	Das Recht der Arbeit
Drucks.	Drucksache
DRV	Deutsche Rentenversicherung
DVBl.	Deutsches Verwaltungsblatt
DVO	Durchführungsverordnung
E.	Entwurf
EAS	Europäisches Arbeits- und Sozialrecht, hrsg. v. Oetker/Preis, Loseblatt
ebd	ebenda
EDV	Elektronische Datenverarbeitung
EEA	Einheitliche Europäische Akte

EFTA	European Free Trade Association
EFZG	Entgeltfortzahlungsgesetz
EG	Europäische Gemeinschaft
EGBGB	Einführungsgesetz zum BGB
EGKS	Europäische Gemeinschaft für Kohle und Stahl
EGKSV	Vertrag über die Gründung der Europäischen Gemeinschaft für Kohle und Stahl
EGV	Vertrag zur Gründung der Europäischen Gemeinschaft
Einf.	Einführung
eingetr.	eingetragen
Einl.	Einleitung
einschl.	einschließlich
einschr.	einschränkend
EJIL	European Journal of International Law
EJML	European Journal of Migration and Law
ELJ	European Law Journal
E.L.Rev.	European Law Review
Entsch.	Entscheidung
entspr.	entsprechend
Entw.	Entwurf
Erkl.	Erklärung
Erl.	Erlass; Erläuterung
etc.	et cetera
EU	Europäische Union
EuG	Gericht erster Instanz
EuGH	Europäischer Gerichtshof
EuGRZ	Europäische Grundrechte-Zeitschrift
EuLF	The European Legal Forum
EuR	Europarecht
EuroAS	Informationsdienst Europäisches Arbeits- und Sozialrecht
EUV	Vertrag über die Europäische Union
EuZW	Europäische Zeitschrift für Wirtschaftsrecht
e.V.	eingetragener Verein
evtl	eventuell
EWG	Europäische Wirtschaftsgemeinschaft
EWGV	Vertrag zur Gründung der Europäischen Wirtschaftsgemeinschaft
EWiR	Entscheidungen zum Wirtschaftsrecht
EWR	Europäischer Wirtschaftsraum
EWS	Europäisches Wirtschafts- und Steuerrecht
EzA	Entscheidungssammlung zum Arbeitsrecht
EzS	Entscheidungssammlung zum Sozialversicherungsrecht
f, ff	folgende, fortfolgende
FamRZ	Zeitschrift für das gesamte Familienrecht
FGO	Finanzgerichtsordnung
Fn	Fußnote
FRG	Fremdrentengesetz
FS	Festschrift
GA	Generalanwalt
geänd.	geändert

Abkürzungsverzeichnis

gem.	gemäß
GG	Grundgesetz
ggf	gegebenenfalls
GKV	Gesetzliche Krankenversicherung
GmbH	Gesellschaft mit beschränkter Haftung
grds.	grundsätzlich
hA	herrschende Auffassung
Hdb	Handbuch
hL	herrschende Lehre
hM	herrschende Meinung
Hrsg.	Herausgeber
hrsg.	herausgegeben
Hs	Halbsatz
iA	im Auftrag
IAO	Internationale Arbeitsorganisation
idF	in der Fassung
idR	in der Regel
idS	in diesem Sinne
iE	im Ergebnis
ieS	im engeren Sinne
iHv	in Höhe von
ILO	International Labour Organization
InfAuslR	Informationsbrief Ausländerrecht
inkl.	inklusive
insb.	insbesondere
insg.	insgesamt
IPRax	Praxis des Internationalen Privat- und Verfahrensrechts
iS	im Sinne
iSd	im Sinne des
iSv	im Sinne von
iÜ	im Übrigen
iVm	in Verbindung mit
IVSS	Internationale Vereinigung für Soziale Sicherheit
iwS	im weiteren Sinne
JCMS	Journal of Common Market Studies
JO	Journal Office
JZ	Juristenzeitung
Kap.	Kapitel
KÄV	Kassenärztliche Vereinigung
KK	Krankenkasse
KOM	Europäische Kommission
krit.	kritisch
KrV	Die Krankenversicherung
KSVG	Künstlersozialversicherungsgesetz
KV	Krankenversicherung
KVdR	Krankenversicherung der Rentner
KVLG	Gesetz über die Krankenversicherung der Landwirte

LAG	Landesarbeitsgericht
LFZG	Lohnfortzahlungsgesetz
LIEI	Legal Issues of European Integration
Lit.	Literatur
lit.	Litera; Buchstabe
LS	Leitsatz
LSG	Landessozialgericht
LVA	Landesversicherungsanstalt
m.Anm.	mit Anmerkung
MDR	Monatsschrift für Deutsches Recht
mE	meines Erachtens
MedR	Medizinrecht
mind.	mindestens
Mitt.	Mitteilung(en)
MittAB	Mitteilungen aus der Arbeitsmarkt- und Berufsforschung
MittLVA	Mitteilungen der Landesversicherungsanstalt
mN	mit Nachweisen
MuSchG	Mutterschutzgesetz
mwN	mit weiteren Nachweisen
mWv	mit Wirkung von
mzN	mit zahlreichen Nachweisen
Nachw.	Nachweise
NATO	North Atlantic Treaty Organization
nF	neue Fassung
NJW	Neue Juristische Wochenschrift
Nov.	Novelle
n.r.	nicht rechtskräftig
Nr.	Nummer
n.v.	nicht veröffentlicht
NVwZ	Neue Zeitschrift für Verwaltungsrecht
NZA	Neue Zeitschrift für Arbeitsrecht
NZS	Neue Zeitschrift für Sozialrecht
o.Ä.	oder Ähnliches
o.a.	oben angegeben, angeführt
o.g.	oben genannt
OLG	Oberlandesgericht
RabelsZ	Zeitschrift für ausländisches und internationales Privatrecht
RAE	Revue des Affaires Européennes
RegE	Regierungsentwurf
resp.	respektive
RG	Reichsgericht
RIE	Revue d'intégration européenne
RIW	Recht der internationalen Wirtschaft
RKG	Reichsknappschaftsgesetz
RL	Richtlinie
RMC	Revue du Marché Commun
RME	Revue du Marché Unique Européen
Rn	Randnummer

Rs.	Rechtssache
Rspr	Rechtsprechung
RV	Rentenversicherung
RVA	Reichsversicherungsamt
RVO	Reichsversicherungsordnung
S.	Satz; Seite
s.	siehe
s.a.	siehe auch
SF	Sozialer Fortschritt
SG	Sozialgericht
SGb	Die Sozialgerichtsbarkeit
SGB	Sozialgesetzbuch
SGB I	Sozialgesetzbuch – Allgemeiner Teil
SGB II	Sozialgesetzbuch – Grundsicherung für Arbeitsuchende
SGB III	Sozialgesetzbuch – Arbeitsförderung
SGB IV	Sozialgesetzbuch – Gemeinsame Vorschriften für die Sozialversicherung
SGB V	Sozialgesetzbuch – Krankenversicherung
SGB VI	Sozialgesetzbuch – Gesetzliche Rentenversicherung
SGB VII	Sozialgesetzbuch – Unfallversicherung
SGB VIII	Sozialgesetzbuch – Kinder- und Jugendhilfe
SGB IX	Sozialgesetzbuch – Sozialverwaltungsverfahren
SGB X	Sozialgesetzbuch – Verwaltungsverfahren, Schutz der Sozialdaten, Zusammenarbeit der Leistungsträger und ihre Beziehungen zu Dritten
SGB XI	Sozialgesetzbuch – Pflegeversicherung
SGB XII	Sozialgesetzbuch – Sozialhilfe
SGG	Sozialgerichtsgesetz
Slg	Sammlung
s.o.	siehe oben
sog.	sogenannt/so gennant
SozR, SozR 2, 3, 4	Sozialrecht – Entscheidungssammlung, bearbeitet von den Richtern des BSG
SozSich	Soziale Sicherheit
StAZ	Das Standesamt
str.	streitig/strittig
st.Rspr	ständige Rechtsprechung
s.u.	siehe unten
Unterabs.	Unterabsatz
uÄ	und Ähnliches
u.a.	unter anderem
uä	und ähnlich
u.a.m.	und anderes mehr
uE	unseres Erachtens
umstr.	umstritten
unstr.	unstreitig
Urt.	Urteil
USK	Urteilssammlung für die gesetzliche Krankenversicherung
usw	und so weiter
uU	unter Umständen

UV	Unfallversicherung
uVm	und Vieles mehr
v.	von; vom
VG	Verwaltungsgericht
VGH	Verwaltungsgerichtshof
vgl	vergleiche
v.H.	von Hundert (%)
VO	Verordnung
Vorbem.	Vorbemerkung
vorl.	vorläufig
VSSR	Vierteljahresschrift für Sozialrecht
WGSVG	Gesetz zur Regelung der Wiedergutmachung nationalsozialistischen Unrechts in der Sozialversicherung
WHO	Weltgesundheitsorganisation
wN	weitere Nachweise
WSI	WSI-Mitteilungen
WzS	Wege zur Sozialversicherung
ZaöRV	Zeitschrift für ausländisches öffentliches Recht und Völkerrecht
ZAR	Zeitschrift für Ausländerrecht
ZAS Öst	Zeitschrift für Arbeitsrecht und Sozialrecht
zB	zum Beispiel
ZBR	Zeitschrift für Beamtenrecht
ZESAR	Zeitschrift für Europäisches Sozial- und Arbeitsrecht
ZfS	Zentralblatt für Sozialversicherung, Sozialhilfe und Versorgung
ZfSH	Zeitschrift für Sozialhilfe
ZfSH/SGB	Zeitschrift für Sozialhilfe und Sozialgesetzbuch
ZIAS	Zeitschrift für ausländisches und internationales Arbeits- und Sozialrecht
Ziff.	Ziffer
ZIP	Zeitschrift für Wirtschaftsrecht
zit.	zitiert
ZSR	Zeitschrift für Sozialreform
zT	zum Teil
zust.	zustimmend
zutr.	zutreffend
zw.	zweifelhaft
zzgl	zuzüglich

Einführung

Literaturübersicht

I. Monographische Darstellungen (bis 1999)

Departamento de Relações Internacionais e Convenções da Segurança Social (Hrsg.), Social Security in Europe. Equality between Nationals and Non-Nationals, 1995; *Egger*, Das Arbeits- und Sozialrecht der EG und die österreichische Rechtsordnung, 1998; *Eichenhofer*, Plädoyer für ein vereinfachtes europäisches koordinierendes Sozialrecht, Diskussionspapiere zu Staat und Wirtschaft, 4/1999, hrsg. v. Europäischen Zentrum für Staatswissenschaften und Staatspraxis; *Eichenhofer/Zuleeg* (Hrsg.), Die Rechtsprechung des Gerichtshofs der EG zum Arbeits- und Sozialrecht im Streit, 1995; *Europäisches Sozialrecht*, Schriftenreihe des Deutschen Sozialrechtsverbandes e.V. (SDSRV), Bd. 36, 1992; *Giesen*, Sozialversicherungsmonopol und EG-Vertrag, 1995; *ders.*, Die Vorgaben des EG-Vertrages für das Internationale Sozialrecht, 1999; *Guggenbühl/Leclerc*, Droit social européen, 1995; *Igl* (Hrsg.), Europäische Union und gesetzliche Krankenversicherung, 1999; *Kahil*, Europäisches Sozialrecht und Subsidiarität, 1996; *von Maydell/Schulte* (Hrsg.), Zukunftsperspektiven des europäischen Sozialrechts, 1995; *Pfeil* (Hrsg.), Soziale Sicherheit in Österreich und Europa, 1998; *Prétot*, Le droit social européen, 1993; *Robledo/Ramírez Martínez/Sala Franco*, Derecho social comunitario, 1991; *Rodière*, Droit social de l'Union Européenne, 1998; *Schoukens* (Hrsg.), Prospects of social security coordination, 1997; *Swedish National Social Insurance Board / European Commission* (Hrsg.), 25 Years of Regulation (EEC) No. 1408/71 on Social Security for Migrant Workers, 1997; *Van den Bogaert* (Hrsg.), Social Security, Non-Discrimination and Property, 1997.

II. Monographische Darstellungen (ab 2000)

Bien, Die Einflüsse des europäischen Kartellrechts auf das nationale Gesundheitswesen, 2004; *Boysen/Neukirchen*, Europäisches Beihilfenrecht und mitgliedstaatliche Daseinsvorsorge, 2007; *Braumüller*, Der Einfluß Europäischen Rechts auf das Sozialrecht, 2000; *Deutsche Rentenversicherung Bund*, Die Reform des Europäischen koordinierenden Sozialrechts, Von der VO (EWG) Nr. 1408/71 zur VO (EG) Nr. 883/2004, 2007; *Devetzi*, Die Kollisionsnormen des Europäischen Sozialrechts, 2000; *Eichenhofer*, Sozialrecht der Europäischen Union, 4. Aufl. 2010; *ders.* (Hrsg.), 50 Jahre nach ihrem Beginn – Neue Regeln für die Koordinierung sozialer Sicherheit, 2009; *Hanau/Steinmeyer/Wank*, Handbuch des europäischen Arbeits- und Sozialrechts, 2002; *Harich*, Das Sachleistungsprinzip in der Gemeinschaftsrechtsordnung, Zugleich ein Beitrag zur grenzüberschreitenden Inanspruchnahme medizinischer Leistungen in der EU, 2006; *Hatje/Huber* (Hrsg.), Unionsbürgerschaft und soziale Rechte, EuR Europarecht, Beiheft 1/2007; *Hauck/Noftz*, EU-Sozialrecht Kommentar, Loseblatt; *Höller*, Soziale Rechte Drittstaatsangehöriger nach europäischem Gemeinschaftsrecht, 2005; *Igl* (Hrsg.), Das Gesundheitswesen in der Wettbewerbsordnung, 2000; *Jorens/de Schuyter/Salamon, Naar een rationalisatie van de EG-Coördinatieverordeningen inzake sociale zekerheid?*, 2005; *Marhold* (Hrsg.), Das neue Sozialrecht der EU, 2005; *Mavridis*, La sécurité sociale à l'épreuve de l'intégration européenne, 2003; *Miranda Boto*, Las competencias de la Comunidad Europea en materia social, 2009; *Nogueira Guastavino/Fotinopoulou Basurko/Miranda Boto* (Hrsg.), Lecciones de derecho social de la Unión Europea, 2012; *Oetker/Preis*, Europäisches Arbeits- und Sozialrecht (EAS) Teil B Systematische Darstellungen; *Pennings*, Introduction to European Social Security Law, 4. Aufl. 2003; *Rodière*, Droit social de l'Union Européenne, 3. Aufl. 2008; *Rönsberg*, Die gemeinschaftsrechtliche Koordinierung von Leistungen bei Arbeitslosigkeit, 2006; *Runggaldier*, Grundzüge des europäischen Arbeitsrechts und des europäischen Sozialrechts, 2004; *Schrammel/Winkler*, Europäisches Arbeits- und Sozialrecht, 2010; *Schreiber/Wunder/Dern*, VO (EG) Nr. 883/2004, Kommentar, 2012; *Shaw* (Hrsg.), Social Law and Policy in an Evolving European Union, 2000; *Sormani-Bastian*, Vergaberecht und Sozialrecht, 2006; *Spiegel* (Hrsg.), Zwischenstaatliches Sozialversicherungsrecht, Kommentar, Loseblatt; *Steinmeyer*, Wettbewerbsrecht im Gesundheitswesen, 2000; *Tomandl* (Hrsg.), Der Einfluß europäischen Rechts auf das Sozialrecht, 2000; *Usinger-Egger*, Die soziale Sicherheit der Arbeitslosen in der VO (EWG) Nr. 1408/71 und in den bilateralen Abkommen zwischen der Schweiz und ihren Nachbarstaaten, 2000; *Valdés Dal-Ré/Zufiaur Narvaiza*, Hacia un mercado europeo de empleo, 2006; *Watson*, EU Social and Employment Law, 2009.

III. Aufsätze in Zeitschriften und Büchern

Becker, Stationäre und ambulante Krankenhausleistungen im grenzüberschreitenden Dienstleistungsverkehr – von Entgrenzungen und neuen Grenzen in der EU, NZS 2005, S. 449 ff; *ders.*, EU-Beihilfenrecht und soziale Dienstleistungen, NZS 2007, S. 169 ff; *Behrend*, Soziale Rechte entsandter Arbeitnehmer aus den EU-Mitgliedstaaten, ZESAR 2012, 55 ff; *Bernhardt*, Doppelte Regulierung im Leistungsbeschaffungsrecht der GKV?, Die gesetzlichen Krankenkassen zwischen Wettbewerbs- und Vergaberecht nach dem GKV-WSG 2007, ZESAR 2008, S. 128 ff; *Beschorner*, Krankenbehandlung in einem anderen Mitgliedstaat der Europäischen Union, Ausgewählte Rechtsprechung des Europäischen Gerichtshofs zu den gemeinschaftlichen Rechtsgrundlagen, ZESAR 2006, S. 47 ff; *ders.*, Die beitragsunabhängigen Geldleistungen i.S.v. Art. 4 Abs. 2 a VO (EWG) Nr. 1408/71 in der Rechtsprechung des EuGH, ZESAR 2009, S. 320 ff; *ders.*, Die Geltung der VO (EWG) Nr. 1408/71 für das Pflegeversicherungssystem einer föderalen Einheit unter Ausschluss von Personen aus anderen Teilen des Staatsgebiets, ZfSH/SGB 2011, S. 61 ff; *Bieback*, Neue Rechtsprechung des EuGH zur grenzüberschreitenden Beanspruchung von Gesundheitsleistungen, ZESAR 2006, S. 241 ff; *Bloch/Pruns*, Ausschreibungspflichten bei der Leistungserbringung in der GKV, ZESAR 2007, S. 645 ff; *Bokeloh*, Das Petroni-Prinzip des Europäischen Gerichtshofs, ZESAR 2012, S. 121 ff; *ders.*, Die Übergangsregelungen in den Verordnungen (EG) Nr. 883/04 und 987/09, ZESAR 2011, S. 18 ff; *Borzaga*, La libera circolazione dei lavoratori autonomi e le questioni previdenziali, in: *Nogler* (Hrsg.), Le attività autonome, Trattato di diritto privato dell'Unione europea, Bd. VI, 2006, S. 125 ff; *Buschermöhle*, Grenzüberschreitende Beschäftigung in der EU – Koordinierung der Systeme der sozialen Sicherheit ab 1.5.2010, DStR 2010, S. 1845 ff; *Danner*, Zukunftsversion oder Markt der Illusionen? – Praxis grenzüberschreitender Inanspruchnahme von Krankenhausleistungen in verschiedenen EU-Mitgliedstaaten, ZESAR 2004, S. 408 ff; *Devetzi*, Auswirkungen der Wohnsitzverlegung auf den sozialrechtlichen Leistungsexport in Europa, ZESAR 2009, S. 63 ff; *ders.*, Das Europäische koordinierende Sozialrecht auf der Basis der VO (EG) 883/2004, SDSRV 2010, S. 117 ff; *Edler*, Die Kollisionsnormen der VO 1408/71 für Selbständige, ZESAR 2003, S. 156 ff; *Eichenhofer*, Überformung des deutsch-türkischen Abkommens über soziale Sicherheit durch das Assoziationsrecht EG-Türkei, ZESAR 2006, S. 5 ff; *ders.*, EuGH in Sachen Öztürk: Etüde über Ungleichzeitigkeiten der Rechtsentwicklung im Europäischen koordinierenden Sozialrecht, ZESAR 2005, S. 164; *ders.*, Neue Koordination sozialer Sicherheit (VO (EG) Nrn. 883/2004, 987/2009), SGb 2010, S. 185 ff; *ders.*, Der deutsche Sozialstaat und Europa, ZESAR 2011, S. 455 ff; *Frenz*, Krankenkassen im Wettbewerbs- und Vergaberecht, NZS 2007, S. 233; *Fuchs*, Koordinierung oder Harmonisierung des europäischen Sozialrechts?, ZIAS 2003, S. 379 ff; *ders.*, Deutsche Grundsicherung und europäisches Koordinationsrecht, NZS 2007, S. 1 ff; *ders.*, Das neue Recht der Auslandskrankenbehandlung, NZS 2004, S. 225 ff; *ders.*, Luxemburg locuta – causa finita – quaestio non soluta, NZS 2002, S. 337 ff; *ders.*, Die Konformität des Unfallversicherungsmonopols mit dem Gemeinschaftsrecht, SGb 2005, S. 65 ff; *ders.*, Unfallversicherungsmonopol und EG-Vertrag – Eine Erwiderung auf Giesen, ZESAR 2009, S. 365 ff; *ders.*, EU-Koordinationsrecht der Leistungen bei Arbeitslosigkeit, in: *Gagel* (Hrsg.), SGB II/SGB III Grundsicherung/Arbeitsförderung; *ders.*, VO (EG) 883/2004, 33 ff, in: *Kreikebohm/Spellbrink/Waltermann* (Hrsg.), Kommentar zum Sozialrecht, 2011; *Fuchs/Horn*, Die europarechtliche Dimension des deutschen Arbeitsförderungsrechts (Art. 87 – Art. 89 EG), in: *Gagel* (Hrsg.), SGB II/SGB III Grundsicherung/Arbeitsförderung; *Gagel*, Freizügigkeit der Arbeitnehmer – Das gegenwärtige koordinierende Sozialrecht bei Arbeitslosigkeit, in: *Ebsen* (Hrsg.), Europarechtliche Gestaltungsvorgaben für das deutsche Sozialrecht, 2000, S. 119 ff; *Gasser*, Aufgaben des Gemeinsamen EWR-Ausschusses unter besonderer Betrachtung der Europäischen Sozialrechtskoordinierung, ZESAR 2012, S. 362 ff; *Gassner*, Kartellrechtliche Re-Regulierung des GKV-Leistungsmarkts, NZS 2007, S. 281 ff; *Giesen*, Wettbewerbsrecht, Vergaberecht und soziale Dienste, in: *Linzbach/Lübking/Scholz/Schulte* (Hrsg.), Die Zukunft der sozialen Dienste vor der Europäischen Herausforderung, 2005; *ders.*, Unfallversicherungsmonopol und EG-Vertrag, ZESAR 2009, S. 311 ff; *Giubboni*, Free Movement of Persons and European Solidarity, European Law Journal 13, Nr. 3, 2007, S. 360-379; *ders.*, La sicurezza sociale dei lavoratori che si spostano all'interno dell'Unione europea, in: Sciarrra/Caruso, Il lavoro subordinato, Trattato di diritto privato dell'Unione europea, Bd. V, 2009, S. 585 ff; *Goodarzi*, Öffentliche Ausschreibungen im Gesundheitswesen, NZS 2007, S. 632 ff; *Greiser/Kador*, Ansprüche eines „krisengeschädigten", arbeitslosen Wanderarbeitnehmers, ZfSH/SGB 2011, S. 507 ff; *Hänlein/Kruse*, Einflüsse des Europäischen Wettbewerbsrechts auf die Leistungserbringung in der gesetzlichen Krankenversicherung, NZS 2000, S. 165 ff; *Hailbronner*, Union citizenship and access to social benefits, CMLRev 42, 2005, S. 1245 ff; *Hauschild*, Europäische Neuregelung für die Zusammenrechnung von Versicherungszeiten, DRV 2011, S. 117 ff; *Hedemann-Robinson*, An Overview of Recent Legal Developments at Community Level in Relation to Third Country Nationals Resident within the European Union, with Particular Reference to the Case Law of the European Court of Justice, CMLRev, 2001 (38), S. 525 ff; *Horn*, Die Kollisionsnormen der VO (EWG) 1408/71 und die Rechtsprechung des EuGH, ZIAS 2002, S. 120 ff; *ders.*, Anm. zu EuGH 26.1.2006 (Entsendung im Binnenmarkt), ZESAR 2006, S. 225 ff; *ders.*, Das Übergangsrecht nach den VO (EG) Nr. 883/2004 und 987/2009, SGb 2012, S. 70 ff; *Husmann*, Sozialrechtliche Aspekte der Arbeitslosigkeit aus Sicht des Europarechts, ZSR 2001, S. 159 ff; *ders.*, Das Diskriminierungsverbot des Art. 7 Abs. 2 VO 1612/68, ZfSH/SGB 2010, S. 87 ff; *Imhof*, Das Freizügigkeitsabkommen EG-Schweiz und seine Auslegungsmethode, ZESAR 2007, S. 155 ff (Teil 1), 217 ff (Teil 2); *Janda*, Soziale Sicherung für Migranten unter besonderer Berücksichtigung der Unionsbürgerschaft, KritV 2011, S. 275 ff; *Kaczorowska*, A Review of the Creation by the European Court of Justice of the Right to Effective and Speedy Medical Treatment and its Outcomes, European Law Journal 12, Nr. 3, 2006, S. 345-370; *Karl*, Die Auswirkungen des freien Waren- und Dienstleistungsverkehrs auf die Kostenerstattung, DRdA 2002, S. 15 ff; *Kingreen*, Ein neuer rechtlicher Rahmen für einen Binnenmarkt für Gesundheitsleistungen, NZS 2005, S. 505 ff; *ders.*, Die grenzüberschreitende Inanspruchnahme und Erbringung von medizinischen Rehabilitationsleistungen, ZESAR 2006, S. 210 ff; *ders.*, Das Sozialvergaberecht, SGb 2008, S. 437 ff; *ders.*, Der Vorschlag der europäischen Kommission für eine Patienten-Richtlinie, ZESAR 2009, S. 109 ff; *Klöck*, Die Anwendbarkeit des Vergaberechts auf Beschaffungen durch die gesetzlichen Krankenkassen, NZS 2008, S. 178 ff; *Knispel*, EG – Wettbewerbswidrige Festbetragsfestsetzungen und Arzneimittelrichtlinien?, NZS 2000, S. 379 ff; *Koenig/Busch*, Vergabe- und haushaltsrechtliche Koordinaten der Hilfsmittelbeschaffung durch Krankenkassen, NZS 2003, S. 461 ff; *Koenig/Engelmann*, Das Festbetrags-Urteil des EuGH: Endlich Klarheit über den gemeinschaftsrechtlichen Unternehmensbegriff im Bereich der Sozialversicherung?, EuZW 2004, S. 682 ff; *Koenig/Schreiber*, Diskriminierungsfreier Marktzutritt und beschränkungsfreie Marktteilnahme – Zum Einfluss des EG-Rechts auf die Ausgestaltung der Marktteilnahme von Leistungserbringern anderer Mitgliedstaaten am deutschen Sachleistungssystem, ZESAR 2009, S. 119 ff; *Koenig/Schreiber/Klahn*, Die Kostenträger der gesetzlichen Krankenversicherung als öffentliche Auftraggeber im Sinne des europäischen Vergaberechts, ZESAR 2008, S. 5 ff; *Krebber*, Soziale Rechte in der Gemeinschaftsrechtsordnung, RdA, 2009, S. 224 ff; *Kretschmer*, Art. 67 – 71 a EWG-VO 1408/71, in: *Niesel* (Hrsg.), Sozialgesetzbuch SGB III Arbeitsförderung, 4. Aufl. 2007, Anhang A; *Lenze*, Koordinationsrechtliche Probleme bei Pflegebedürftigkeit – aus deutscher Sicht, ZESAR 2008, S. 89 ff; *Lorf*, Unterliegen die gesetzlichen Krankenversicherungsleistungen der EU-Ausschreibungspflicht, ZESAR 2007, S. 104 ff; *Merz/Gutzler*, Das Sozialrecht auf dem Weg von den römischen Verträgen zum Lissabon-Vertrag, SGb 2011, S. 65 ff; *Möller*, Die Unternehmenseigenschaft deutscher Sozialversicherungsträger in der Rechtsprechung des Europäischen Gerichtshofes, ZESAR 2006, S. 210 ff; *Mutschler*, Die Geltung des Freizügigkeitsprinzip bei Leistungen an Arbeitslose, SGb 2000, S. 110 ff; *Obermaier*, The National Judiciary – Sword of European Court of Justice Rulings: The Example of the Kohll/Decker Jurisprudence, European Law Journal 14, Nr. 6, 2008, S. 735-752; *Pennings*, Co-ordination of social security on the basis of the state-of-employment principle: Time for an alternative?, Common Market Law Review 42, 2005, S. 67-89; *Sander*, Europäische Gesundheitspolitik und nationale Gesundheitswesen, VSSR 2005, S. 447 ff; *Schäffer*, Die Anwendung des europäischen Vergaberechts auf sozialrechtliche Dienstleistungserbringungsverträge, ZESAR 2009, S. 374 ff; *Schiffner*, Residenten im EU-Ausland, Zur Reichweite des Kostenerstattungsanspruchs bei der Inanspruchnahme von Gesundheitsleistungen, ZESAR 2006, S. 304 ff; *Schlegel*, Gesetzliche Krankenversicherung im Europäischen Kontext – ein Überblick, SGb 2007, S. 700 ff; *ders.*, Internationales Arbeitsförderungsrecht, in: *Spellbrink/Eicher* (Hrsg.), Kasseler Handbuch des Arbeitsförderungsrechts, 2003, §§ 36, 37; *Schreiber*, Grenzüberschreitende Inanspruchnahme von Krankenhausleistungen aus der Sicht des BMGS, ZESAR 2004, S. 413 ff; *Schuhmacher*, Die externe Dimension der EU – Stellung der Drittstaatsangehörigen in der Sozialen Sicherheit, ZESAR 2011, S. 368 ff; *Schulte*, 50 Jahre Römische Verträge – 50 Jahre Europäisches Sozialrecht, ZFSH/SGB 2007, S. 259 ff (Teil 1), 323 (Teil 2); *ders.*, Allgemeine Regeln des internationalen Sozialrechts – Supranationales Recht, in: *von Maydell/Ruland/Becker* (Hrsg.), Sozialrechtshandbuch (SRH), 4. Aufl. 2008 § 33; *ders.*, Warenverkehrsfreiheit und Dienstleistungsfreiheit im gemeinsamen Markt: Auswirkungen auf das deutsche Gesundheitswesen, in: Arbeit und Sozialpolitik, 2001, S. 36 ff; *ders.*, Die neue europäische Sozialrechtskoordinierung (Teil I), ZESAR 2010, S. 143 ff, (Teil II), ZESAR 2010, S. 202 ff; *Spiegel*, Die neue europäische Sozialrechtskoordinierung, ZIAS, 2006, S. 85 ff; *Stahlberg*, Neue Europäische Koordinierung sozialer Sicherheit – VO (EG) Nr. 883/2004, ASR 2010, S. 153 ff; *Tiedemann*, Das neue europäische Recht zur Koordinierung der Systeme der sozialen Sicherheit, ZfSH/SGB 2010, S. 220 ff; *ders.*, Die Entsendung von Drittstaatsangehörigen in der EU – Regelungen zur Bestimmung des anwendbaren Sozialversicherungsrechts, ZfSH/SGB 2010, S. 408 ff; *ders.*, Die Regelungen der Patientenrechte-Richtlinie zur grenzüberschreitenden Inanspruchnahme von Gesundheitsdienstleistungen in der EU, ZfSH/SGB 2011, S. 462 ff; *Usinger-Egger*, Die soziale Sicherheit der Arbeitslosen in der VO (EWG) Nr. 1408/71 und in den bilateralen Abkommen zwischen der Schweiz und ihren Nachbarstaaten, 2000; *Voigt*, Die Reform des koordinierenden europäischen Sozialrechts, ZESAR 2004, S. 73 ff (Teil 1), 121 ff (Teil 2); *Weyd*, Anm. zu EuGH 11.6.2009 (Krankenkassen als öffentliche Auftraggeber), ZESAR 2009, S. 395 ff; *Wunder*, Berücksichtigung von Solidarität und Umverteilung in der Rechtsprechung des EuGH bei grenzüberschreitender Krankenbehandlung, ZESAR 2006, S. 58 ff.

IV. Werke zur europäischen Sozialpolitik

Buchs, New Governance in European Social Policy: The Open Method of Coordination, 2007; *Eichhorst*, Europäische Sozialpolitik zwischen nationaler Autonomie und Marktfreiheit, 2000; *Fernández*, General Theory of Corporatism: A historical pattern of European social policy, 2009; *Gesellschaft für Versicherungswissenschaft und -gestaltung* (Hrsg.), Offene Methode der Koordinierung im Gesundheitswesen, Schriftenreihe der GVG, Bd. 44, 2003; *ders.*, EU-Gesundheitspolitik im nichtharmonisierten Bereich, Bd. 64, 2010; *Hantrais*, Social Policy in the European Union, 2007; *Kleinman*, A European Welfare State?: European Union Social Policy in Context, 2001; *Leiber*, Europäische Sozialpolitik und nationale Sozialpartnerschaft, 2005; *Ribhegge*, Europäische Wirtschafts- und Sozialpolitik, 2007; *Saraceno*, Families, Ageing And Social Policy:

Intergenerational Solidarity in European Welfare States, 2008; *Schieren,* Europäische Sozialpolitik, 2012; *Schubert/Hegelich/Bazant,* Handbuch Europäische Wohlfahrtssysteme: Ein Handbuch, 2007; *Thalacker,* Ein Sozialmodell für Europa? Die EU-Sozialpolitik und das Europäische Sozialmodell im Kontext der EU-Erweiterung, 2006; *Vahlpahl,* Europäische Sozialpolitik. Institutionalisierung, Leitideen und Organisationsprinzipien, 2007; *Verband Deutscher Rentenversicherungsträger* (Hrsg.), Offene Methode der Koordinierung im Bereich der Alterssicherung – Quo vadis?, DRV-Schriften Bd. 47, 2003.

I. Europäisches Sozialrecht – eine Begriffsbestimmung 1
  1. Europäisches Sozialrecht im weiteren Sinne 1
  2. Europäisches Sozialrecht im engeren Sinne 4
II. Die Entwicklung des Europäischen Sozialrechts 7
  1. Das sozialpolitische Konzept der Römischen Verträge 7
  2. Entstehung und Entwicklung der Sozialrechtskoordinierung 12
    a) Die Verordnungen (EWG) Nr. 3 und 4 über die Soziale Sicherheit der Wanderarbeitnehmer 12
    b) Die Verordnungen (EWG) Nr. 1408/71 und Nr. 574/72 16
    c) Fortentwicklung der VO (EWG) Nr. 1408/71 19
  3. Die Gleichbehandlung von Arbeitnehmern hinsichtlich sozialer Vergünstigungen (Art. 7 Abs. 2 VO (EU) Nr. 492/2011) 20
  4. Das Antidiskriminierungsrecht 23
  5. EU-rechtliche Förderung von Ansprüchen aus komplementären Sicherungssystemen 28
III. Die rechtlichen Grundlagen des Koordinierungsrechts 31
  1. Koordinierendes Sozialrecht – Anliegen und Zweck 31
  2. Die VO (EG) Nr. 883/2004 und VO (EG) Nr. 987/2009 34
    a) Entstehungsgeschichte 34
    b) Persönlicher Anwendungsbereich .. 40
    c) Sachlicher Anwendungsbereich 43
    d) Räumlicher Geltungsbereich 46
    e) Zeitlicher Geltungsbereich 49
  3. Aufgaben und Grundprinzipien der Sozialrechtskoordinierung 52
    a) Bestimmung eines einheitlichen Sozialrechtsstatuts 53
    b) Das Verbot der sozialrechtlichen Diskriminierung von EU-Ausländern 58
    c) Prinzip der Zusammenrechnung von Versicherungszeiten (Totalisierung) 61
    d) Sachverhaltsgleichstellung (Äquivalenzgrundsatz) 64
    e) Prinzip des Leistungsexports 65
IV. Die Bedeutung des AEUV für das Sozialrecht 67
  1. Die Relevanz des AEUV für das Koordinierungsrecht 67
  2. Die Relevanz des AEUV für die Gestaltung der nationalen Sozialleistungssysteme 71
    a) Die Regelungszuständigkeit der Mitgliedstaaten für die soziale Sicherheit 71
    b) Die Regelungszuständigkeit der EU auf dem Gebiete der sozialen Sicherheit 72
  3. Die Relevanz des EU-Wettbewerbsrechts 75
    a) Kartell- und Missbrauchsverbot 75
    b) Beihilfen 79
    c) Vergaberecht 80
  4. Grundfreiheiten 83
    a) Waren und Dienstleistungen 85
    b) Sozialversicherungszwang (Sozialversicherungsmonopol) und Dienstleistungsfreiheit 91
  5. Die Unionsbürgerschaft 98

I. Europäisches Sozialrecht – eine Begriffsbestimmung

1. Europäisches Sozialrecht im weiteren Sinne

1 Denkbar ist es, Sozialrecht und damit auch Europäisches Sozialrecht in einem materiellen, umfassenden Sinne zu verstehen. In seiner einfachsten Formulierung könnte man Sozialrecht als verrechtlichte Sozialpolitik definieren (vgl *Bley/Kreikebohm/Marschner,* Sozialrecht, 9. Aufl. 2007, A. II. Rn 27: Sozialrecht ist „zur Norm verfestigte" staatliche Sozialpolitik). Jede Norm, die Umsetzung eines sozialpolitischen Gedankens oder einer sozialpolitischen Konzeption ist, ist Sozialrecht. Europäisches Sozialrecht wäre demnach legislative Verwirklichung **europäischer Sozialpolitik**. Als Bezugsrahmen können dabei die Vorschriften der EU dienen, die einen genuin sozialpolitischen Charakter haben. Dies wären vor allem die Bestimmungen von Titel XI (Art. 151-166 AEUV) sowie weitere, an unterschiedlichen Stellen des EG angesiedelte sozialpolitische Normen und Normenkomplexe. Ferner gehören hierher die Regelungen über die Freizügigkeit der Arbeitskräfte (Art. 45 ff AEUV).

Diese Auffassung von Sozialrecht liegt vor allem der sozialpolitischen Literatur zugrunde (vgl 2
etwa *Hervey*, European Social Law and Policy, 1998). Dieser Sozialrechtsbegriff prägt auch die
zahlreichen Werke, die sich in der einen oder anderen Weise mit der **„sozialen Dimension"** der
europäischen Integration beschäftigt haben (vgl etwa *Kuhn*, Die soziale Dimension der Europäischen Gemeinschaft, 1995).

In der französischen Literatur ist ein Begriff des Europäischen Sozialrechts vorherrschend, der die 3
Bereiche des Rechts der Koordinierung der sozialen Sicherheit und des **Arbeitsrechts** erfasst (vgl
Lyon-Caen/Lyon-Caen, Droit social international, 8. Aufl. 1993; *Rodiere*, Droit social de l'Union
Européenne, 3. Aufl. 2008). Auch spanische Autoren folgen dieser Betrachtungsweise (vgl *Miranda Boto*, Las competencias de la Comunidad Europea en materia social, 2009).

2. Europäisches Sozialrecht im engeren Sinne

Der Begriff des Sozialrechts im weiteren Sinne mag für Betrachtungen, die wesentlich sozialpoli- 4
tisch geleitet sind, die adäquate Methode zur Bestimmung des Gegenstandes sein. Im Rahmen
dieses Kommentars muss jedoch ein anderer Sozialrechtsbegriff zugrunde gelegt werden, der enger
gefasst ist. Mit dem umfassenderen Sozialrechtsbegriff teilt er ein institutionelles Element. Europäisches Sozialrecht sollen nur diejenigen **Normen** sein, die von **der EU** gesetzt wurden. Anders
als ein umfassend verstandenes Sozialrecht soll das hier behandelte europäische Sozialrecht auf
jene Normenkomplexe der sozialen Sicherheit beschränkt werden, die Ausfluss der Freizügigkeit
der Unionsbürger sind. Ausgeklammert bleibt also auch das Europäische Arbeitsrecht. Einem so
verstandenen Europäischen Sozialrecht kommt eine Definition nahe, die unter Europäischem Sozialrecht den Inbegriff aller von der EU geschaffenen Normen versteht, die auf das Sozialrecht der
Mitgliedstaaten gestaltend Einfluss nehmen (so *Eichenhofer*, Sozialrecht der Europäischen Union,
4. Aufl. 2010 Rn 4).

Mit dieser begrifflichen Festlegung ist nicht der Anspruch erhoben, dass damit das gesamte Recht 5
erfasst wird, das auch das Attribut Europäisches Sozialrecht verdienen würde. Unter diesem Aspekt wäre insbesondere an die Einbeziehung sozialrechtlicher Normsetzung durch den Europarat
zu denken (vgl dazu *Blanpain* (Hrsg.), The Council of Europe and the Social Challenges of the
XXI Century, 2001). Europäisches Sozialrecht wären ebenfalls die Vielzahl und Gesamtheit
sämtlicher Abkommen auf dem Gebiete des Sozialrechts, die zwischen verschiedenen Mitgliedstaaten geschlossen wurden. Wenn diese Bereiche ausgeklammert werden, ist dies nicht im Sinne
einer Rangordnung von wichtig und unwichtig zu sehen. Vielmehr erfolgt die Beschränkung auf
ein Europäisches Sozialrecht im engeren Sinne aufgrund der **Zielsetzung des Kommentars**. Er will
sich einreihen in jene zahlreichen anderen, ebenso akademischen wie praktischen Bemühungen,
jenen Teilbereich sozialrechtlicher Normsetzung zu erfassen, der durch primäres und sekundäres
Unionsrecht geprägt ist, wobei dieses Sozialrecht wesentlich von dem Motiv der Realisierung der
Freizügigkeit der EU-Bürger geleitet wird. Man hat deshalb in diesem Zusammenhang auch den
Begriff des freizügigkeitsspezifischen Sozialrechts geprägt (*Schuler*, Das Internationale Sozialrecht
der Bundesrepublik Deutschland, 1988, S. 274 ff). Aufgrund neuerer Entwicklungen, nicht zuletzt
der Rspr des EuGH, muss die Beschränkung auf das Sozialrecht wirtschaftlich aktiver Gruppen
aufgegeben werden. Auch nicht ökonomisch motivierte grenzüberschreitende Aktivitäten von
Unionsbürgern können Gegenstand des Europäischen Sozialrechts sein.

Der Gegenstand des im Rahmen dieses Kommentars behandelten Europäischen Sozialrechts ist 6
demnach wie folgt zu bestimmen:

- das Recht der Koordinierung der sozialen Sicherheit im Sinne des Art. 48 AEUV,
- das aufgrund von Art. 45 AEUV auf dem Gebiete des Sozialrechts zu beachtende Diskriminierungsverbot und seine besondere Ausprägung in der Freizügigkeitsverordnung (EWG) Nr. 492/2011,

- die Beachtung des in Art. 157 AEUV verankerten Grundsatzes der Gleichbehandlung von Mann und Frau auf dem Gebiete des Sozialrechts und seine Präzisierung durch Gleichbehandlungsrichtlinien.

II. Die Entwicklung des Europäischen Sozialrechts

1. Das sozialpolitische Konzept der Römischen Verträge

7 Das geltende Europäische Sozialrecht ist das Ergebnis einer Entwicklung, deren Weichen mit dem Abschluss der Römischen Verträge 1957 gestellt wurden (Eine knappe, aber instruktive Darstellung der Entwicklungsgeschichte des Europäischen Sozialrechts findet sich bei *Eichenhofer*, Sozialrecht der Europäischen Union, 4. Aufl. 2010, Rn 9 ff). Über die Rolle der Sozialpolitik und damit auch des Sozialrechts gab es in den Vorverhandlungen erhebliche Meinungsunterschiede. Die Gegensätze kamen insbesondere in unterschiedlichen Positionen zwischen der deutschen und der französischen Delegation zu Ausdruck. Die französischen Verhandlungsführer sahen in einer sozialen **Harmonisierung** eine der entscheidenden Voraussetzungen für die Errichtung des Gemeinsamen Marktes, da nur auf diesem Wege gleiche Chancen für den Wettbewerb innerhalb der Gemeinschaft bestünden, wenn durch Angleichung sozialpolitischer Regelungen in den einzelnen Mitgliedstaaten eine gleichmäßige Belastung der Unternehmen gewährleistet sei. Frankreich fürchtete insbesondere im Hinblick auf seine Gesetzgebung, die gleiche Bezahlung für Mann und Frau und außerdem Ansprüche auf Urlaub und Überstundenzahlungen vorsah, die weit großzügiger waren als in anderen Ländern, dass die französischen Produkte dadurch Wettbewerbsnachteile hätten. Demgegenüber vertrat die deutsche Delegation die Auffassung, dass Sozialleistungen nicht als (vom Gesetzgeber geschaffene) künstliche, sondern als natürliche, standortbedingte Kosten anzusehen seien, die keinerlei Wettbewerbsverfälschung zur Folge hätten und deswegen auch nicht im Wege einer Harmonisierung angeglichen werden müssten (vgl *Langer*, in: *von der Groeben/Schwarze* (Hrsg.), Vertrag über die Europäische Union und Vertrag zur Gründung der Europäischen Gemeinschaft, Bd. 3, 6. Aufl. 2003, Vorbem. zu Art. 136 und 137 EG, Rn 15 ff).

8 Der deutsche Standpunkt lag auf der Linie des unter der Federführung von Ohlin erstatteten Berichts von ILO-Experten (vgl dazu *Barnard*, EC Employment Law, 3. Aufl. 2006, S. 5 ff). Der Bericht sprach sich unter Berufung auf die Theorie der komparativen Kosten gegen eine Harmonisierung der Sozialpolitik aus. Der Unterschied im Lohnniveau entspräche unterschiedlichen Produktivitätsniveaus und Wechselkursen, die das allgemeine Preis- und Produktivitätsniveau widerspiegelten. Diese würden den Vorteil von Niedriglohnstaaten ausgleichen (*Nielsen/Szyszczak*, The Social Dimension of the European Community, 2. Aufl. 1997, S. 17 f). Von diesen Gedanken war auch der für den Abschluss der Römischen Verträge richtungsweisende Spaak-Bericht geleitet (vgl *Spaak* (Hrsg.), Bericht der Delegationsleiter an die Außenminister: Regierungsausschuss, eingesetzt von der Konferenz von Messina, 1956). Der Spaak-Bericht sah in der Errichtung eines europäischen Arbeitsmarktes eine wesentliche Verwirklichung des Gemeinsamen Marktes (vgl dazu *O'Leary*, Free Movement of Persons and Services, in: *Craig/De Búrca* (Hrsg.), The Evolution of EU Law, 2. Aufl. 2011, S. 503). Deshalb musste im Sinne einer effizienten Ressourcenallokation der **Freizügigkeit der Arbeitnehmer** hohe Priorität eingeräumt werden. Erwartet wurde ein Fluss des Arbeitskräftepotentials aus Ländern mit niedrigen Löhnen in solche mit höheren Löhnen, so dass sich die Grenzproduktivität der Arbeit innerhalb des Wirtschaftsraums ausgleicht. Nicht dirigistische Eingriffe, sondern die weitestgehende Ermöglichung der Mobilität des Produktionsfaktors Arbeit war deshalb das wesentliche Ziel der Freizügigkeitsregeln (*Oppermann*, Europarecht, 5. Aufl. 2011, § 27 Rn 1).

9 Vor diesem Hintergrund erklärt sich auch die Fassung des EWGV mit seiner deutlichen Zurückhaltung in Fragen der **Sozialpolitik**. Ein Autor hat zu Recht geäußert (*Pompe*, Leistungen der sozialen Sicherheit bei Alter und Invalidität für Arbeitnehmer nach Europäischem Gemeinschaftsrecht, 1986, S. 29): „die in den EWG-Vertrag als politischer Kompromiss aufgenommenen Sozi-

alvorschriften weisen im Gegensatz zur wirtschaftlichen Integrationspolitik eine außerordentlich heteronome Natur auf und sind dürftig, wenn nicht sogar unzulänglich ausgefallen". Eine Ausnahme bildeten nur die Vorschriften der Art. 157 und 158 AEUV über den Grundsatz des gleichen Entgelts für Männer und Frauen sowie die Gleichwertigkeit bezahlten Urlaubs. In diesem Punkte hat sich die französische Seite mit ihren Forderungen durchgesetzt, die aus der Befürchtung resultierten, die in Frankreich vergleichsweise hohen Soziallasten würden zu einer Wettbewerbsverfälschung führen (vgl *Fuchs/Marhold*, Europäisches Arbeitsrecht, 3. Aufl. 2010, S. 6 ff).

Im Gegensatz zu diesem weichen Sozialrecht (soft law) finden wir den einzig wirklich regulierten Bereich gemeinschaftsrechtlicher Sozialgesetzgebung, naheliegenderweise möchte man hinzufügen, in den Vorschriften über die Freizügigkeit der Arbeitnehmer (Art. 45 ff AEUV). Walter Hallstein, der erste Präsident der Kommission, hat dazu geschrieben (vgl *Hallstein*, Die Europäische Gemeinschaft, 1979, S. 170): **10**

„Es ist kein Zufall, dass das einzige ausgearbeitete (und nicht bloß programmierte) Stück der Sozialpolitik, die Freizügigkeit der Arbeitnehmer, sich im ‚Grundlagen'-Teil des Vertrages findet, dort wo die ‚Vier Freiheiten' behandelt werden ... Die Wettbewerbsgleichheit der Unternehmen in der Gemeinschaft spielt dabei eine große Rolle. So ist auch die vertragliche Behandlung der Freizügigkeit unter dem Gesichtspunkt der Faktormobilität nur natürlich."

Herausragende Bestimmung in diesem Zusammenhang war Art. 51 EWGV (jetzt Art. 48 AEUV). In ihm wird der Rat verpflichtet, auf dem Gebiete der **sozialen Sicherheit** für die Herstellung der Freizügigkeit der Arbeitnehmer die notwendigen Maßnahmen zu treffen. Ergänzt wurde diese Regelung durch die Grundsatzbestimmung des Art. 48 EWGV (jetzt Art. 45 AEUV), wonach das Recht der Freizügigkeit der Arbeitnehmer die Abschaffung jeder auf der Staatsangehörigkeit beruhenden unterschiedlichen Behandlung der Arbeitnehmer der Mitgliedstaaten in Bezug auf Beschäftigung, Entlohnung und sonstige Arbeitsbedingungen einschließt. **11**

2. Entstehung und Entwicklung der Sozialrechtskoordinierung

a) Die Verordnungen (EWG) Nr. 3 und 4 über die Soziale Sicherheit der Wanderarbeitnehmer

Art. 69 § 4 des Vertrages über die Gründung der **Europäischen Gemeinschaft für Kohle und Stahl** vom 18.4.1951 (BGBl. 1952, II, 447) verpflichtete die Mitgliedstaaten, jede Diskriminierung bei der Entlohnung und den Arbeitsbedingungen zwischen inländischen und eingewanderten Arbeitern zu verbieten, unbeschadet besonderer Maßnahmen für die Grenzgänger; insbesondere haben sie untereinander alle etwa noch erforderlichen Vereinbarungen anzustreben, um zu erreichen, dass die Bestimmung über die Sozialversicherung den Wechsel der Arbeitsplätze nicht behindert. Art. 69 § 5 des Vertrages der Montanunion sah es als Aufgabe der Hohen Behörde an, für die Umsetzung dieser Verpflichtung der Mitgliedstaaten allgemeine Hinweise zu geben und deren Arbeit zu erleichtern. In Umsetzung dieses Auftrags schlug die Hohe Behörde vor, und die Mitgliedstaaten folgten diesem Vorschlag Anfang 1954, ein Abkommen über die soziale Sicherheit zu schließen, das die bestehenden Abkommen soweit wie möglich ersetzen und koordinieren, Lücken und Mängel der früheren Verträge beseitigen und Beziehungen zwischen Mitgliedsländern, die noch keine zweiseitigen Abkommen miteinander geschlossen hatten, unmittelbar regeln soll (*von Borries*, BArbBl. 1958, 117). **12**

Ein Sachverständigenausschuss erarbeitete mit Unterstützung des Internationalen Arbeitsamtes ein **Europäisches Abkommen über die soziale Sicherheit der Wanderarbeitnehmer**, das am 9.12.1957 von den beteiligten Regierungen in Rom unterzeichnet wurde. Da Art. 51 EWGV (jetzt Art. 48 AEUV = Art. 42 EG) im Rahmen der Europäischen Wirtschaftsgemeinschaft den gleichen Auftrag zur Koordinierung der sozialen Sicherheit erteilte wie zuvor Art. 69 § 4 des Vertrages über die Montanunion, schlug die Kommission der Europäischen Wirtschaftsgemeinschaft Anfang 1958 vor, das Europäische Abkommen über die soziale Sicherheit der Wanderarbeitnehmer in eine Verordnung des Rates in Anwendung des Art. 51 EWGV umzuwandeln (*van Raepen-* **13** *busch*, La sécurité sociale des personnes qui circulent à l'intérieur de la Communauté Economique Européenne, 1991, S. 104).

14 Der Rat folgte diesem Vorschlag und verabschiedete eine geringfügig geänderte Fassung des Europäischen Abkommens als Verordnung (EWG) Nr. 3 über die **soziale Sicherheit der Wanderarbeitnehmer** (ABl. (EG) 561/58 v. 16.12.1958). In der Begründung wird darauf hingewiesen, dass das genannte Abkommen den Zielen des Art. 51 EWGV entspricht und daher seine Bestimmungen vorbehaltlich der erforderlichen Anpassungen in eine Verordnung aufgenommen werden können. Gleichzeitig erklärte die Hohe Behörde, dass die neue Verordnung an die Stelle der bisherigen Regelungen zu Art. 69 § 4 des Vertrages über die Montanunion treten könnte. Nur wenig später wurde die VO (EWG) Nr. 4 zur Durchführung und Ergänzung der VO (EWG) Nr. 3 über die Soziale Sicherheit der Wanderarbeitnehmer vom Rat der Europäischen Wirtschaftsgemeinschaft verabschiedet (ABl. (EG) 597/58 v. 16.12.1958). Ausweislich der Begründung dieser Verordnung sollte diese dazu dienen, die Anwendung der in der VO (EWG) Nr. 3 festgelegten Grundsätze in der Praxis zu erleichtern, insbesondere die in jedem Staat zuständigen Träger zu bezeichnen, die zum Empfang der Leistung von dem Berechtigten vorzulegenden Schriftstücke und zu erfüllenden Formalitäten zu bestimmen sowie die verwaltungsmäßige und ärztliche Kontrolle im Einzelnen zu regeln.

15 Die VO (EWG) Nr. 3 schuf einen Kanon von sozialrechtlichen Koordinierungsregeln und legte damit den Grundstein für eine moderne **Sozialrechtskoordinierung**, deren wesentliche Inhalte bis auf den heutigen Tag erhalten geblieben sind (zu einer kurzen Zusammenfassung des Inhalts der VO (EWG) Nr. 3 s. *Eichenhofer*, Sozialrecht, in: *Oetker/Preis*, EAS B 1200 Rn 47). Wie schon die Bezeichnung Wanderarbeitnehmer zum Ausdruck bringt, sollte die VO (EWG) Nr. 3 in persönlicher Hinsicht nur für Arbeitnehmer und ihnen gleichgestellte Personengruppen gelten. Der öffentliche Dienst und weitere Arbeitnehmergruppen waren ausgeschlossen. In sachlicher Hinsicht folgte die VO (EWG) Nr. 3 einem weiten Begriff der sozialen Sicherheit, schloss aber öffentliche Fürsorge und Kriegsopferversorgungssysteme sowie Systeme der sozialen Sicherheit für Beamte ausdrücklich vom Anwendungsbereich aus. Die VO enthielt ein Gleichbehandlungsgebot hinsichtlich der Staatsangehörigen der Mitgliedstaaten. Besonders bedeutsam war die Eröffnung der Möglichkeit des Exports von Sozialleistungen von einem Mitgliedstaat in einen anderen. Dass die VO (EWG) Nr. 3 aus dem Europäischen Abkommen hervorgegangen ist, zeigt sich deutlich an deren Artikeln 5 bis 7 (vgl dazu auch *van Raepenbusch*, La sécurité sociale des personnes qui circulent à l'intérieur de la Communauté Economique Européenne, 1991, S. 104). Danach führte die VO (EWG) Nr. 3 nicht zu einer vollständigen Ablösung bisheriger bi- und multilateraler Sozialversicherungsabkommen. Vielmehr konnten solche unter bestimmten Voraussetzungen weiter fortbestehen und neue abgeschlossen werden.

b) Die Verordnungen (EWG) Nr. 1408/71 und Nr. 574/72

16 Die VO (EWG) Nr. 3 ist in der Folgezeit vielfach geändert worden. Trotz zahlreicher Beschlüsse der Verwaltungskommission und wichtiger Urteile des EuGH wurde die Notwendigkeit einer **grundlegenden Revision** immer sichtbarer. Spätestens seit dem Jahre 1963 wurde die Aufgabe einer Revision in Angriff genommen, die die Kommission der Europäischen Wirtschaftsgemeinschaft, die Verwaltungskommission für die soziale Sicherheit der Wanderarbeitnehmer, das Europäische Parlament, den Wirtschafts- und Sozialausschuss und schließlich als zuständiges Legislativorgan den Rat der Europäischen Wirtschaftsgemeinschaft beschäftigte (zu Einzelheiten der Revisionsarbeiten s. *Pompe*, Leistungen der sozialen Sicherheit bei Alter und Invalidität für Arbeitnehmer nach Europäischem Gemeinschaftsrecht, 1986, S. 44 ff).

17 Am Ende der Bemühungen stand die VO (EWG) Nr. 1408/71 des Rates vom 14.6.1971 zur Anwendung der Systeme der sozialen Sicherheit auf Arbeitnehmer und deren Familien, die innerhalb der Gemeinschaft zu- und abwandern (ABl. (EG) L 149 v. 5.7.1971) sowie die VO (EWG)

Nr. 574/72 des Rates vom 21.3.1972 über die Durchführung der VO (EWG) Nr. 1408/71. Beide Verordnungen traten am 1.10.1972 in Kraft und lösten die VO (EWG) Nr. 3 und 4 ab.

Die VO (EWG) Nr. 1408/71 setzte sich das Ziel, die bestehenden **Koordinierungsregeln** in ihrer Gesamtheit unter Berücksichtigung der zwischen den innerstaatlichen Rechtsvorschriften über die soziale Sicherheit fortbestehenden großen Unterschiede zu erweitern, zu verbessern und zugleich bis zu einem gewissen Grad zu vereinfachen. Außerdem sollten die mit der Anwendung der VO (EWG) Nr. 3 gemachten praktischen Erfahrungen in die Verordnung einfließen und der Rechtsprechung des EuGH Rechnung tragen. Auch galt es, den Besonderheiten der neu hinzugekommenen Mitgliedstaaten (Vereinigtes Königreich, Irland und Dänemark) zu entsprechen (vgl zum Konzept und zum Inhalt der neuen Verordnungen *Kaupper*, BArbBl. 1973, 489 ff). Neben den zahlreichen einzelnen Änderungen, die die VO (EWG) Nr. 1408/71 zum Inhalt hatte (zu einer genauen Darstellung der Änderungen s. *Pompe*, Leistungen der sozialen Sicherheit bei Alter und Invalidität für Arbeitnehmer nach Europäischem Gemeinschaftsrecht, 1986, S. 47 ff), war eine der bedeutsamsten Änderungen die Erweiterung des Begriffs des Arbeitnehmers in Art. 1 lit. a) VO (EWG) Nr. 1408/71. Im Übrigen wurde das Grundkonzept der VO (EWG) Nr. 3 beibehalten. Das Gleiche gilt für die VO (EWG) Nr. 574/72, die aber gegenüber der VO (EWG) Nr. 4 bedeutsame Änderungen zur Vereinfachung des verwaltungsmäßigen und finanziellen Verfahrens brachte. 18

c) Fortentwicklung der VO (EWG) Nr. 1408/71

Auch die VO (EWG) Nr. 1408/71 erwies sich im Lauf der Zeit immer wieder als **korrekturbedürftig**. Der Änderungsbedarf war vor allem durch den Beitritt neuer Mitgliedstaaten entstanden. Ferner waren Änderungen durch die Rechtsprechung des Europäischen Gerichtshofs bedingt. Zu den bemerkenswertesten Änderungen gehörte die Erstreckung des persönlichen Anwendungsbereichs der Verordnung auf Selbständige (bewirkt durch die VO (EWG) Nr. 1390/81 v. 29.5.1981, ABl. (EG) L 143/1). Besondere Erwähnung verdient die Einbeziehung der Sondersysteme für Beamte und ihnen gleichgestellte Personen in den Anwendungsbereich der VO (EWG) Nr. 1408/71 (bewirkt durch die VO (EWG) Nr. 1608/98 v. 29.6.1998, ABl. (EG) L 209/1) sowie die Ausdehnung auf Studierende (vgl VO (EG) Nr. 307/1999 v. 8.2.1999, ABl. (EG) L 038/1). Der zunehmenden Ausdifferenzierung der mitgliedstaatlichen Sozialleistungssysteme diente die Normierung der Voraussetzungen und Rechtsfolgen beitragsunabhängiger Leistungen (zunächst in der VO (EG) Nr. 1247/92 (ABl. (EG) L 136) und später in der VO (EG) Nr. 647/2005 (ABl. (EG) L 117/1). In den 90er-Jahren des vergangenen Jahrhunderts war der Bedarf an einer grundlegenden Revision der VO (EWG) Nr. 1408/71 allseits anerkannt worden. Die Bemühungen um eine grundlegende Reform hatten mit der Verabschiedung der VO (EG) Nr. 883/2004 einen erfolgreichen Abschluss gefunden (s. dazu Rn 34 ff). 19

3. Die Gleichbehandlung von Arbeitnehmern hinsichtlich sozialer Vergünstigungen (Art. 7 Abs. 2 VO (EU) Nr. 492/2011)

Die Sozialrechtskoordinierung durch die VO (EWG) Nr. 1408/71 ist der Förderung der Freizügigkeit der Arbeitnehmer und der Selbständigen verpflichtet. Damit ist aber dem Anliegen der Freizügigkeit im Sinne der Art. 45 ff AEUV noch nicht voll Genüge getan. Soziale Sicherheit ist nur ein Teil, wenn auch der umfassendste, der Sozialrechtsordnungen der Mitgliedstaaten. Eine vollständige **Verwirklichung der Freizügigkeit** ist deshalb erst dann gewährleistet, wenn sie sich auch auf die übrigen Bereiche des Sozialrechts der Mitgliedstaaten erstreckt. 20

Diese Aufgabe wird von der VO (EU) Nr. 492/2011 über die Freizügigkeit der Arbeitnehmer innerhalb der Union v. 5.4.2011 (ABl. L 141, S. 1) übernommen (bisher VO (EWG) Nr. 1612/68, ABl. 1968 L 257, S. 2). Ziel der VO (EU) Nr. 492/2011 ist es, den Wanderarbeitnehmer in das soziale Leben des Beschäftigungsstaates zu integrieren (EuGH, Rs. 389/87 (Echternach), Slg 1989, 723; vgl zur Bedeutung der VO die Beiträge in *Carlier/Verwilghen* (Hrsg.), Thirty years of free 21 movement of workers in Europe, 2000). Erreicht wird dieses Ziel durch ein umfassendes **arbeitsrechtliches Diskriminierungsverbot** ausländischer Arbeitnehmer (vgl Art. 1 bis 7 Abs. 1 und 4 VO (EU) Nr. 492/2011). In diesen Vorschriften ist der gleiche Zugang von EG-Ausländern zu den Arbeitsplätzen eines Staates und die völlige Gleichstellung der EG-Ausländer nach Abschluss eines Arbeitsvertrages verankert.

22 Neben dieser arbeitsrechtlichen Gleichstellung sorgt Art. 7 Abs. 2 VO (EU) Nr. 492/2011 für eine **sozialrechtliche Gleichstellung**. Nach dieser Bestimmung genießen die ausländischen Arbeitnehmer die gleichen sozialen und steuerlichen Vergünstigungen wie die inländischen Arbeitnehmer. Was das Gleichbehandlungsgebot des Art. 3 VO (EWG) Nr. 1408/71 für den Bereich der sozialen Sicherheit bewerkstelligt, wird über Art. 7 Abs. 2 VO (EU) Nr. 492/2011 für alle übrigen Bereiche des Sozialrechts herbeigeführt. Der Begriff der sozialen Vergünstigungen (social advantages, avantages sociaux) ist Gegenstand zahlreicher Entscheidungen des EuGH geworden (bezüglich der Einzelheiten zu Art. 7 Abs. 2 VO (EU) Nr. 492/2011 und der Rechtsprechung des EuGH s.u. Teil 3 Art. 7 VO (EU) Nr. 492/2011 Rn 1 ff). Nach der Rechtsprechung des EuGH umfasst der Begriff der sozialen Vergünstigung alle Sozialleistungen, die – ob sie an einen Arbeitsvertrag anknüpfen oder nicht – den inländischen Arbeitnehmern wegen ihrer objektiven Arbeitnehmereigenschaft oder einfach wegen ihres Wohnsitzes im Inland gewährt werden und deren Ausdehnung auf die Arbeitnehmer, die Staatsangehörige eines anderen Mitgliedstaates sind, deshalb als geeignet erscheint, deren Mobilität in der Gemeinschaft zu fördern (EuGH, Rs. 32/75 (Christini), Slg 1975, 1085).

4. Das Antidiskriminierungsrecht

23 Fragen der Ungleichheit von Mann und Frau im Arbeitsleben haben – wie oben gezeigt – bei den Beratungen des EWGV eine große Rolle gespielt, insbesondere im Verhältnis zwischen Frankreich und Deutschland. Sichtbaren Ausdruck haben diese Bemühungen in der Vorschrift des Art. 119 EWGV (jetzt 157 AEUV) gefunden. Darin ist der **Grundsatz des gleichen Entgelts** für Männer und Frauen bei gleicher oder gleichwertiger Arbeit festgeschrieben. Bekanntlich ist diese Bestimmung vom EuGH zu einem umfassenden Antidiskriminierungsrecht ausgebaut worden. Neben dem Recht auf Freizügigkeit (Art. 45 ff AEUV) handelt es sich bei dem Recht auf Gleichbehandlung von Mann und Frau um eines der (wenigen) ausformulierten und konkretisierten obersten sozialen Rechtsprinzipien der Union und der sozialen Grundrechte der Unionsbürger (vgl dazu *Schlachter*, Wege zur Gleichberechtigung, 1993, S. 124 ff).

24 In der historischen Reihenfolge betrifft das Antidiskriminierungsrecht zunächst die RL 79/7/EWG v. 19.12.1978 (ABl. (EG) L 6/24) zur schrittweisen Verwirklichung des Grundsatzes der **Gleichbehandlung** von Männern und Frauen im Bereich der sozialen Sicherheit. Als Pendant zu dieser Richtlinie, die in ihrem Anwendungsbereich nur Arbeitnehmer kennt, ist die RL 86/613/EWG v. 11.12.1986 (ABl. (EG) L 359/56) zur Verwirklichung des Grundsatzes der Gleichbehandlung von Frauen und Männern, die eine selbständige Erwerbstätigkeit – auch in der Landwirtschaft – ausüben, zu sehen.

25 Von den **Antidiskriminierungsrichtlinien**, die aufgrund der Einfügung des Art. 13 EG (jetzt Art. 19 AEUV) verabschiedet wurden, blieb auch der Bereich der sozialen Sicherheit nicht völlig ausgeklammert. Die RL 2000/43/EG vom 29.6.2000 (ABl. (EG) L 180/22) zur Anwendung des Gleichbehandlungsgrundsatzes ohne Unterschied der Rasse oder der ethnischen Herkunft betrifft auch den Bereich des Sozialschutzes einschließlich der sozialen Sicherheit und der Gesundheitsdienste sowie die sozialen Vergünstigungen.

26 In ihrem Fahrplan für die Gleichstellung von Männern und Frauen (KOM (2006) 92) kündigte die Kommission im Jahre 2006 an, die bestehenden, bislang nicht überarbeiteten EU-Rechtsvorschriften zur Gleichstellung zu überprüfen, um sie, falls nötig, zu aktualisieren, zu modernisieren und zu überarbeiten und so die Entscheidungsstrukturen im Bereich der Antidiskriminierung zu

verbessern. In diesem Sinne erging die RL 2006/54/EG v. 5.7.2006 (ABl. (EU) L 204/23) zur Verwirklichung des Grundsatzes der **Chancengleichheit** und **Gleichbehandlung** von Männern und Frauen in Arbeits- und Beschäftigungsfragen, mit der eine Vielzahl früherer Antidiskriminierungsbestimmungen (darunter die RL 76/207/EWG und die RL 86/378/EWG) aufgehoben wurde. Anlässlich neuerlicher Änderungen, die nicht zuletzt infolge der Rechtsprechung des Europäischen Gerichtshofs eingetreten waren, wurde aus Gründen der Klarheit eine umfassende Neu- und Zusammenfassung der wichtigsten Bestimmungen auf diesem Gebiet in einem einzigen Text erwogen.

Die gleiche Zielrichtung verfolgt die RL 2010/41/EU des Europäischen Parlaments und des Rates vom 7.7.2010 zur Verwirklichung des Grundsatzes der Gleichbehandlung von Männern und Frauen, die eine selbstständige Erwerbstätigkeit ausüben, und zur Aufhebung der RL 86/613/EWG des Rates (ABl. L 180, S. 1). Der Grundsatz der Gleichbehandlung verlangt, dass jegliche unmittelbare oder mittelbare Diskriminierung aufgrund des Geschlechts im öffentlichen oder privaten Sektor, etwa in Verbindung mit der Gründung, Einrichtung oder Erweiterung eines Unternehmens bzw der Aufnahme oder mit der Ausweitung jeglicher anderen Art von selbstständiger Tätigkeit zu unterbleiben hat (Art. 4 Abs. 1). Er bezieht sich insbesondere auf den sozialen Schutz selbständig Erwerbstätiger (Art. 7) sowie Mutterschaftsleistungen (Art. 8). 27

5. EU-rechtliche Förderung von Ansprüchen aus komplementären Sicherungssystemen

Komplementäre Sozialschutzsysteme, insbesondere Systeme der **betrieblichen Altersversorgung**, spielen in den meisten Mitgliedstaaten der Europäischen Union eine große Rolle. Sie sind weit verbreitet, vor allem für die qualifizierten und höher gestellten Arbeitnehmer von Betrieben. Sie sind es aber auch gerade, die häufiger von dem Recht der Freizügigkeit und der grenzüberschreitenden Arbeitstätigkeit Gebrauch machen. Deshalb ist es seit langem als ein Desiderat angesehen worden, nationale Beschränkungen solcher zusätzlichen Sozialschutzsysteme durch gemeinschaftsrechtliche Koordinierung oder Ansätze einer Koordinierung zu überwinden. Einen ersten, wenn auch bescheidenen Schritt in dieser Richtung stellt die RL 98/49/EG des Rates v. 29.6.1998 (ABl. (EG) L 209/46) zur Wahrung ergänzender Rentenansprüche von Arbeitnehmern und Selbständigen, die innerhalb der Europäischen Gemeinschaft zu- und abwandern, dar. Die Richtlinie beinhaltet den Grundsatz der Gleichbehandlung hinsichtlich der Aufrechterhaltung von Rentenansprüchen (Art. 4), sieht einen Leistungsexport vor (Art. 5) sowie die Möglichkeit der Beitragszahlung in ein in einem Mitgliedstaat eingerichtetes ergänzendes Rentensystem für entsandte Arbeitnehmer (Art. 6). 28

Als ein weiterer Beitrag zur Verbesserung der Freizügigkeit bei der betrieblichen Altersversorgung ist die grenzüberschreitende **Portabilität** zu nennen (*Steinmeyer*, in: FS Andresen, S. 259 ff). Dieser Ansatz war in den neunziger Jahren an seiner Komplexität gescheitert, was auch heute noch verständlich ist, wenn man sich die unterschiedlichen Systeme der betrieblichen Altersversorgung in den Mitgliedstaaten sowie die ebenfalls höchst unterschiedlichen Regelungen zur innerstaatlichen Portabilität anschaut (*Steinmeyer*, BetrAV 2004, 111 ff). Gleichwohl legte die Europäische Kommission am 20.10.2005 einen ersten Vorschlag für eine „Richtlinie ... zur Verbesserung der Portabilität von Zusatzrentenansprüchen" vor (KOM (2005) 507 endg. v. 20.10.2005). Dieser allgemein als „Portabilitätsrichtlinie" bezeichnete Entwurf sah vor allem die Möglichkeit einer Übertragung von Anwartschaften bei einem Arbeitsplatzwechsel ins EU-Ausland vor. Aufgrund erheblicher Kritik von Seiten der Wirtschaft wie von Seiten der politischen Vertreter, die vor allem in Deutschland artikuliert wurde, wurde zwei Jahre später ein überarbeiteter Vorschlag (KOM (2007) 603 endg. v. 9.10.2007) unter dem Titel „Richtlinie über Mindestvorschriften zur Erhöhung der Mobilität von Arbeitnehmern durch Verbesserung der Begründung und Wahrung von Zusatzrentenansprüchen" herausgegeben. Hier wurde unter anderem die Regelung zur Übertragbarkeit von Anwartschaften vollständig herausgestrichen (ausführlich dazu: *Steinmeyer*, Teil 10, 29

Einführung, Rn 1 ff). Der Richtlinienvorschlag liegt derzeit politisch „auf Eis"; die Kommission beabsichtigt jedoch ihre Bemühungen in diesem Bereich fortzuführen.

30 Mit der Frage der Freizügigkeit befasst sich die RL 2003/41/EG über die Tätigkeiten und die Beaufsichtigung von Einrichtungen der betrieblichen Altersversorgung („**Pensionsfondsrichtlinie**") vom 3.6.2003 (ABl. (EU) L 235/10) unmittelbar zwar nicht; sie erleichtert jedoch die grenzüberschreitende Mobilität von Arbeitnehmern durch die Bestimmungen über die grenzüberschreitende Tätigkeit von Einrichtungen der betrieblichen Altersversorgung, die nicht bereits unter die VO (EG) Nr. 883/2004 und die DVO fallen (ausführlich dazu: *Steinmeyer*, Teil 11, Einf., Rn 1 ff).

III. Die rechtlichen Grundlagen des Koordinierungsrechts

1. Koordinierendes Sozialrecht – Anliegen und Zweck

31 Das koordinierende Sozialrecht ist im primären Gemeinschaftsrecht verankert. Art. 48 AEUV bringt Anliegen und Zweck des koordinierenden Sozialrechts zum Ausdruck. Nach dem ausdrücklichen Wortlaut der Bestimmung geht es um die Herstellung der Freizügigkeit der Arbeitnehmer auf dem Gebiet der sozialen Sicherheit. Diesem Anliegen ist das koordinierende Sozialrecht verpflichtet. Nicht nur der Wortlaut, sondern auch die systematische Stellung des Art. 48 AEUV weisen auf den Zweck der Koordinierung hin. Denn Art. 48 AEUV ist eingebettet in das Vorschriftensystem der Art. 45 ff AEUV. Die Sicherung des Rechts der Freizügigkeit für Arbeitnehmer, Selbständige und gleichgestellte Personen war ursprünglich der alleinige Leitgedanke der Koordinierung. Deshalb ist in der Rechtsprechung des EuGH bei der Auslegung von Vorschriften des koordinierenden Sozialrechts Art. 45 AEUV bzw Art. 48 AEUV immer wieder als **teleologisches Auslegungsinstrument** benutzt worden (vgl dazu *Langer*, Teil 1, Vorbem., Rn 6). Darum ist das koordinierende Sozialrecht gelegentlich auch als freizügigkeitsspezifisches Sozialrecht bezeichnet worden (vgl *Schuler*, Das Internationale Sozialrecht, S. 274 ff). Das Koordinierungsrecht erfasst mittlerweile aber auch Personen, die nicht wirtschaftlich aktiv sind. In diesem Sinne kann man das koordinierende Sozialrecht als die Summe aller primär- und sekundärrechtlichen Vorschriften, Regeln und Prinzipien bezeichnen, die dazu dienen, alle nationalen sozialrechtlichen Hindernisse zu beseitigen, die geeignet sind, den Einzelnen von der Wahrnehmung seines Rechts auf Freizügigkeit abzuhalten (zu einer ähnlichen Definition s. *Pennings*, Introduction to European Social Security Law, 4. Aufl. 2003, S. 6).

32 Mit dieser Charakterisierung des koordinierenden Sozialrechts sind gleichzeitig auch dessen Grenzen angedeutet. Europäisches Sozialrecht, soweit es koordinierendes Recht darstellt, lässt die Existenz nationaler Sozialrechtsordnungen unberührt. Koordinierung zielt lediglich auf eine **Entterritorialisierung** nationalen Sozialrechts, nicht aber auf seine inhaltliche Vereinheitlichung (vgl *Laske*, CMLR 1993, 515). Es geht also nicht um die Schaffung eines einheitlichen europäischen Sachrechts. Europäisches Sozialrecht schafft vielmehr ein einheitliches Internationales Sozialrecht unter den Mitgliedstaaten, womit „die Mitgliedstaaten ihre Rechtsetzungsmacht auf jenen Teilgebieten des Sozialrechts (verlieren), die im Verhältnis der Mitgliedstaaten den internationalen Geltungsbereich nationalen Sozialrechts sowie die Sicherungen der internationalen Wirkungen nationalen Sozialrechts regeln" (*Eichenhofer*, EAS, B 1200 Rn 52).

33 Koordinierung steht somit im Gegensatz zu einer anderen Regelungstechnik, der **Harmonisierung**. Ein harmonisierendes Sozialrecht wäre die Summe aller internationalen Vorschriften, die darauf gerichtet sind, dass die Staaten ihr nationales Sozialrecht den Erfordernissen der harmonisierenden Vorschriften anpassen (so *Pennings*, Introduction to European Social Security Law, 4. Aufl. 2003, S. 8). Entstehungs- und entwicklungsgeschichtlich hat sich das Europäische Sozialrecht fast ausschließlich als koordinierendes Sozialrecht verstanden (*Scheuer*, in: *Lenz/Borchardt*, EU- und EG-Vertrag, 4. Aufl. 2006, Art. 42 Rn 1). Eine gewisse Harmonisierung auch auf dem Gebiete der sozialen Sicherheit ist über die Bestimmung des Art. 157 AEUV erfolgt. Der in dieser Bestimmung enthaltene Artikel des Grundsatzes des gleichen Entgelts für Männer und

Frauen hat auch auf dem Gebiete der sozialen Sicherheit zu der Notwendigkeit von Anpassungen nationaler Sozialrechtsregeln geführt.

2. Die VO (EG) Nr. 883/2004 und VO (EG) Nr. 987/2009

a) Entstehungsgeschichte

Die Geschichte des europäischen Koordinierungsrechts der sozialen Sicherheit ist auch eine Geschichte ihrer ständigen Reform. Die VO (EWG) Nr. 3 wurde 14-mal, die VO (EWG) Nr. 1408/71 39-mal geändert. Dies erklärt sich einmal aus dem ständigen Ausbau und der Dynamik der mitgliedstaatlichen Sozialleistungssysteme. Gegenüber den ursprünglich sechs Mitgliedstaaten der EWG sind im Laufe der Zeit zahlreiche weitere Staaten hinzugekommen, die ihre Sozialleistungssysteme mit den jeweiligen Eigenarten in das Koordinierungsgefüge einbrachten. Das Nebeneinander von Systemen der sozialen Sicherheit, die man etwa mit den Schlagworten Bismarck- und Beveridge-Staaten kennzeichnen kann, hat die Koordinierung zusehends schwieriger gemacht. Hinzu kamen Auswirkungen der fortschreitenden Privatisierung der sozialen Sicherheit (vgl dazu *Langer*, ZIAS 1997, 314 ff). Da die auftretenden Probleme nicht immer sofort mit legislativen Änderungen der Koordinierungsverordnung gelöst werden konnten, kam dem EuGH eine entscheidende Rolle in der Fortentwicklung des Koordinierungsrechts zu. Die von ihm getroffenen Entscheidungen machten nachträglich zahlreiche Änderungen der VO (EWG) Nr. 1408/71 notwendig (vgl im Einzelnen dazu *Cornelissen*, 50 Years of European Social Security Coordination, in: *Eichenhofer* (Hrsg.), 50 Jahre nach ihrem Beginn – Neue Regeln für die Koordinierung sozialer Sicherheit, 2009, S. 17 (18) f). Das koordinierende europäische Sozialrecht war in seiner Ausformung nicht nur äußerst komplex, sondern auch äußerst kompliziert (*Eichenhofer*, Reform des europäischen Sozialrechts, in: *Schulte/Barwig* (Hrsg.), Freizügigkeit und soziale Sicherheit, 1999, S. 397, 411). Rechtsvereinfachung ist deshalb seit langem zum vielfach angemahnten und überragenden Anliegen und Ziel einer künftigen Reform geworden. Bereits im Jahre 1992 hatte der Rat von Edinburgh zu einer Generalüberholung der Rechtsvorschriften des koordinierenden Sozialrechts aufgerufen. In ihrem „Aktionsplan zur Förderung der Freizügigkeit der Arbeitnehmer" (KOM (97) 586 endg.) hat die Kommission den **Modernisierungs- und Vereinfachungsbedarf** der Vorschriften zur Koordinierung der Systeme der sozialen Sicherheit bestätigt. Einen entscheidenden Auftrieb haben die Bemühungen um die Vereinfachung der Koordinierung durch die im Mai 1996 gestartete SLIM-Initiative erhalten. SLIM (Simpler Legislation for the Single Market) zielt auf die Vereinfachung der Rechtsvorschriften im Binnenmarkt – vgl Eine bessere Rechtsetzung: ‚Gemeinsam Verantwortung übernehmen' (KOM (1998) 715 endg.). Im März 1998 kündigte die Kommission den Start der dritten Phase der SLIM-Initiative an, in der drei Bereiche geprüft wurden, zu denen auch die soziale Sicherheit gehörte (vgl SEK (1998) 559). Darin empfahl das SLIM-Team drei Gruppen von Vorschriften zur Reform: Geltungsbereich der Koordinierungsregeln (Personen und Leistungen), Festlegung des anwendbaren Rechts und Koordinierung der verschiedenen Leistungsarten. Noch vor Jahresende 1998 legte die Kommission einen Vorschlag für eine neue Verordnung zur Koordinierung der Systeme der sozialen Sicherheit vor (KOM (1998) 779 endg.). Das zentrale Anliegen der Vereinfachung konnte schon daran abgelesen werden, dass gegenüber der seinerzeit bestehenden Fassung der VO (EWG) Nr. 1408/71 eine Kürzung der Vorschriften um zwei Drittel erreicht werden konnte.

Der Europäische Rat hat auf seiner Tagung im März 2001 in Stockholm dem Rat der Europäischen Union den Auftrag erteilt, bis Ende 2001 Parameter für die Modernisierung der VO (EWG) Nr. 1408/71 zu formulieren, damit eine geänderte VO rasch verabschiedet werden könne. Unter dem Datum vom 6.12.2001 ist der Rat diesem Auftrag nachgekommen (die Parameter sind abgedruckt und zT erläutert bei *Voigt*, ZESAR 2004, 73, 74 f). Mit dem Erlass der VO (EG) Nr. 883/2004 des Europäischen Parlaments und des Rates vom 29.4.2004 zur Koordinierung der Systeme der sozialen Sicherheit (vgl berichtigte Fassung der VO (EG) Nr. 883/2004, ABl. (EU) L 1200/1 v. 7.6.2004) sind die Reformbemühungen zu einem erfolgreichen Abschluss gelangt.

36 In 45 Erwägungsgründen der **Präambel** weist die VO (EWG) Nr. 883/2004 nicht nur die Änderungen gegenüber der bisherigen VO (EWG) Nr. 1408/71 aus, sondern enthält auch eine geraffte Darstellung der bestehenden Grundsätze und Regelungen der Koordinierung der Systeme sozialer Sicherheit. Unangetastet bleibt das Prinzip, dass nur eine Koordinierung, nicht aber eine Harmonisierung der sozialen Sicherheit angestrebt wird, weshalb ausdrücklich betont wird, die Eigenheiten der nationalen Rechtsvorschriften über soziale Sicherheit zu respektieren (vgl Erwägungsgrund Nr. 4). Im Übrigen war Ausgangspunkt der Neugestaltung die Tatsache, dass die bisherige VO, die nicht nur die Entwicklungen auf Gemeinschaftsebene und die Rechtsprechung des EuGH zu berücksichtigen hatte, sondern auch die Vielfalt der nationalen Regelungen, zu komplex geworden war und deshalb Aktualisierung und Vereinfachung als Leitlinien dienen mussten (vgl Erwägungsgrund Nr. 3).

37 Die Zahl der Vorschriften konnte von 100 auf 91 reduziert werden. Dies mag manchem als zu wenig erscheinen. Dabei sollte man aber bedenken, dass das Koordinierungsrecht höchst unterschiedlichen Gegebenheiten der sozialen Sicherheit in mittlerweile 27 EU-Mitgliedstaaten Rechnung tragen muss. Eine zu weit gehende **Reduzierung der Vorschriften** wäre möglicherweise auf Kosten der Rechtssicherheit gegangen. Die tatsächlich erfolgte Reduzierung von Vorschriften hat wesentlich damit zu tun, dass die für die Koordinierung der sozialen Sicherheit bedeutsame Gleichstellung von Sachverhalten und Ereignissen im In- und Ausland, die in der Vergangenheit in zahlreichen Einzelvorschriften geregelt war, durch eine Generalklausel in Art. 5 ersetzt werden konnte. Dies hat namentlich im Bereich der Leistungen bei Arbeitsunfällen und Berufskrankheiten zu einer deutlichen Reduzierung der Vorschriften geführt, die durch eine Verweisung in Art. 36 auf das Recht der Leistungen bei Krankheit erreicht werden konnte. Darüber hinaus hat die Vereinfachung aber auch bei einzelnen Vorschriften stattgefunden, die erheblich kürzer gefasst werden konnten (vgl etwa Art. 10 VO über das Verbot des Zusammentreffens von Leistungen, die gegenüber dem früheren Art. 12 VO (EWG) Nr. 1408/71 um drei Absätze reduziert werden konnte).

38 Gemäß Art. 91 Abs. 1 war die Geltung der VO (EG) Nr. 883/2004 an das Inkrafttreten einer **Durchführungsverordnung** gekoppelt worden. Die Ausarbeitung und Verabschiedung dieser DVO hat sehr viel Zeit in Anspruch genommen. Dies hat wesentlich damit zu tun, dass die neuen Mitgliedstaaten, die an der Verabschiedung der VO (EG) Nr. 883/2004 nicht beteiligt waren und zusätzliche Koordinierungsprobleme mitbrachten, erheblichen Schwierigkeiten begegneten. Die VO (EG) Nr. 987/2009 des Parlaments und des Rates zur Festlegung der Modalitäten für die Durchführung der VO (EG) Nr. 883/2004 über die Koordinierung der Systeme der sozialen Sicherheit ist am 16.9.2009 erlassen worden (ABl. L 284, S. 1). Beide Verordnungen gelten nunmehr seit dem 1.5.2010. In räumlicher Hinsicht erstreckt sich der Anwendungsbereich beider Verordnungen auf alle Mitgliedstaaten der EU (zu spezifischen Problemen der Anwendung auf die neuen Mitgliedstaaten der EU s. *Tagger*, Die Erweiterung – Herausforderungen für die Sozialrechtskoordinierung, in: *Marhold* (Hrsg.), Das neue Sozialrecht der EU, 2005, S. 79 ff).

39 Mit dem Tag der Geltung der VO (EG) Nr. 883/2004 wurde die VO (EWG) Nr. 1408/71 aufgehoben (Art. 90 Abs. 1 VO (EG) Nr. 883/2004). Sie behielt jedoch ihre Gültigkeit für die in Art. 90 Abs. 1 lit. a) bis c) VO (EG) Nr. 883/2004 bezeichneten Zwecke. Dabei ging es zum einen um die Ausdehnung der Bestimmungen der VO (EWG) Nr. 1408/71 und VO (EWG) Nr. 574/72 auf **Drittstaatsangehörige**. Neben speziellen Fragen Grönland betreffend ist besonders bedeutsam die Weitergeltung im Hinblick auf die Staaten des Abkommens über den EWR sowie des Abkommens zwischen der EG/Mitgliedstaaten und der **Schweizerischen Eidgenossenschaft**, solange diese Abkommen nicht infolge der VO (EG) Nr. 883/2004 geändert werden. Dies ist mittlerweile geschehen. Mit der VO (EG) Nr. 1231/2010 des Parlaments und des Rates vom 24.11.2010 wurden die VO (EG) Nr. 883/2004 und Nr. 987/2009 auf Drittstaatsangehörige ausgedehnt (ABl. L 344, S. 1). Aufgrund der Revision des Anhangs II zum Freizügigkeitsabkommen mit der Schweiz gelten die Verordnungen ab dem 1.4.2012 auch im Verhältnis zur Schweiz. Durch Beschluss des

EWR-Ausschusses Nr. 76/2011 v. 1.7.2011 zur Änderung von Anhang VI (Soziale Sicherheit, ABl. L 262, S. 33) und von Protokoll 37 zum **EWR-Abkommen** (ABl. v. 15.3.2012 L 76, S. 6) sind die Koordinierungsverordnungen auch für die EWR-Staaten verbindlich erklärt worden. Allerdings steht das Inkrafttreten noch aus.

b) Persönlicher Anwendungsbereich

Der persönliche Geltungsbereich der Koordinierungsverordnungen (EWG) Nr. 3 und (EWG) Nr. 1408/71 umfasste ursprünglich nur Arbeitnehmer, deren Familienmitglieder und Hinterbliebenen sowie Staatenlose und Flüchtlinge. Im Laufe der Zeit erfolgte eine Ausweitung auf Selbständige, Beamte und Studierende. Die Zusammensetzung dieses Personenkreises zeigt, dass die Verordnungen fast ausschließlich auf die **Erwerbsbevölkerung** ausgerichtet waren. 40

Art. 2 hat den bisherigen **beschäftigungspolitischen Ansatz** aufgegeben. Es finden sich keine Bezüge zu wirtschaftlichen Aktivitäten mehr. Ausschlaggebend ist allein die Geltung oder frühere Geltung der Rechtsvorschriften eines oder mehrerer Mitgliedstaaten für diese Personen. Darin ist die Überwindung der ursprünglich ökonomischen Motivation der Vorläuferverordnungen und das Bekenntnis zum Einschluss wirtschaftlich nicht aktiver Personen zu sehen (*Jorens/Overmeiren*, Allgemeine Prinzipien der Koordinierung in VO 883/2004, in: *Eichenhofer* (Hrsg.), 50 Jahre nach ihrem Beginn – Neue Regeln für die Koordinierung sozialer Sicherheit, 2009, S. 105 (113)). 41

Geblieben ist das Staatsangehörigkeitserfordernis. Auch die neue VO (EG) Nr. 883/2004 bezog **Drittstaatsangehörige** grundsätzlich nicht in ihren Anwendungsbereich ein. Der EuGH sieht Art. 48 AEUV nicht als legitimierende Rechtsgrundlage an (EuGH, Rs. C-95/99 u.a. (Khalil), Slg 2001, I-7438). Die Einbeziehung von Drittstaatsangehörigen in die bisherige VO (EWG) Nr. 1408/71 war aufgrund einer auf Art. 79 Nr. 5 AEUV (= Art. 63 Nr. 4 EG) gestützten Verordnung möglich geworden (VO (EG) Nr. 859/2003; ABl. (EU) L 124/1 vom 20.5.2003). Die VO (EG) Nr. 1231/2010 setzt den bisherigen Regelungsmodus fort, so dass Drittstaatsangehörige jetzt auch in den Anwendungsbereich der Koordinierungsverordnungen einbezogen sind. 42

c) Sachlicher Anwendungsbereich

Der in Art. 3 VO (EG) Nr. 883/2004 bestimmte sachliche Geltungsbereich bezieht sich auf die Frage, welche Bereiche des Rechts der sozialen Sicherheit oder welche Sozialleistungssysteme der einzelnen Mitgliedstaaten in die Koordinierung der VO einbezogen werden können. Ähnlich wie die **ILO-Konvention** Nr. 102 über die Mindestnormen der sozialen Sicherheit vom 28.6.1952 folgt Art. 3 Abs. 1 VO (EG) Nr. 883/2004 einem Regelungskonzept, in dem die Zweige der sozialen Sicherung katalogmäßig aufgezählt werden (vgl zur Parallelität der Regelung *van Raepenbusch*, La sécurité sociale des personnes qui circulent à l'intérieur de la Communauté Economique Européenne, 1991, S. 249). Nur solche Leistungen, die einem der genannten Leistungsbereiche unterfallen, werden von den Koordinierungsregeln der VO erfasst. Die Aufzählung ist also abschließender Natur (vgl dazu EuGH, Rs. 249/83 (Hoeckx), Slg 1985, 973). 43

Für einen weiten sachlichen Anwendungsbereich sorgt im Übrigen Art. 3 Abs. 2 VO (EG) Nr. 883/2004, wonach die Verordnung für die allgemeinen und die besonderen, die auf Beiträgen beruhenden und die beitragsfreien **Systeme der sozialen Sicherheit** sowie für die Systeme, nach denen die Arbeitgeber und Reeder zu Leistungen gemäß Abs. 1 verpflichtet sind, gilt. Eine bedeutende Neuerung brachte die Einfügung des Abs. 2a aufgrund der VO (EWG) Nr. 1247/92 vom 30.4.1992 (ABl. (EG) L 136/1). Auch besondere beitragsunabhängige Geldleistungen werden vom sachlichen Geltungsbereich erfasst (Art. 3 Abs. 3 VO (EG) Nr. 883/2004). Sie sind in einer speziellen Vorschrift des Art. 70 VO (EG) Nr. 883/2004 näher ausgestaltet. 44

Wie nach bisherigem Recht sind Leistungen der **sozialen** und **medizinischen Fürsorge** von der Geltung der VO ausgenommen (Art. 3 Abs. 5 lit. a) VO (EG) Nr. 883/2004). Das Gleiche gilt für 45

Entschädigungssysteme, die eine mitgliedstaatliche Haftung für Personenschäden vorsehen (Art. 3 Abs. 5 lit. b) VO (EG) Nr. 883/2004).

d) Räumlicher Geltungsbereich

46 Im Gegensatz zur VO (EWG) Nr. 3, die im Anhang A die Gebiete aufführte, auf die sich die VO erstreckte, enthält die VO (EG) Nr. 883/2004 keine ausdrückliche Bestimmung über den räumlichen (territorialen) Geltungsbereich. Die Frage nach dem räumlichen Geltungsbereich wird immer dann virulent, wenn Vorgänge zu bewerten sind, die sich außerhalb des Gebietes der EU-Mitgliedstaaten abgespielt haben (welche Gebiete zu einem bestimmten Mitgliedstaat gehören, ergibt sich aus dem Recht dieses Mitgliedstaats). Die VO (EG) Nr. 883/2004 gilt selbstverständlich in den Gebieten, für die auch der AEUV nach Art. 349/355 gilt. Auf Grund spezieller Abkommen (s. dazu oben Rn 39) gelten die VOen auch in der Schweiz und in den EWR-Staaten.

47 Für den Bereich der sozialrechtlichen Koordinierung müssen aber bei der Bestimmung des räumlichen Geltungsbereichs zusätzliche Überlegungen angestellt werden. Dabei muss man sich zunächst Fallgestaltungen vergegenwärtigen, die in der Vergangenheit hinsichtlich der Frage des räumlichen Geltungsbereichs eine Rolle gespielt haben. Hierzu sind einmal Fälle zu nennen, bei denen es um Vorgänge in früheren Kolonialgebieten ging (vgl hierzu EuGH, Rs. 87/76 (Bozzoni), Slg 1977, 687 sowie die Rechtsprechung des EuGH zu Rentenansprüchen bei Tätigkeit in Algerien, s. dazu *van Raepenbusch*, La sécurité sociale des personnes qui circulent à l'intérieur de la Communauté Economique Européenne, 1991, S. 302 f). Eine ähnliche Struktur weisen Rechtsstreitigkeiten auf, wenn Betroffene sich auf die Verordnung berufen möchten, aber Vorgänge im Raume stehen, die bei einer Tätigkeit außerhalb des **Gemeinschaftsgebiets** eingetreten waren (vgl zu diesem Fragenkomplex *Pennings*, Introduction to European Social Security Law, 4. Aufl. 2003, S. 31 f).

48 In der grundlegenden Entscheidung van Roosmalen (EuGH, Rs. 300/84 (van Roosmalen), Slg 1986, 3097) hat der EuGH hervorgehoben, dass es für die Bejahung des räumlichen Geltungsbereichs und damit die Anwendung der VO nicht auf den Ort der Tätigkeit ankomme, sondern auf die Beziehungen der betreffenden Person zu dem Mitgliedstaat, unter dessen sozialrechtlichem Regime sie relevante Zeiten zurücklegte (dieses Prinzip wurde bestätigt in EuGH, Rs. 105/89 (Buhari-Haji), Slg 1990, 4211. S. auch EuGH, Rs. 60/93 (Aldewereld), Slg 1994, I-2991). Damit kommt es zu einer scheinbaren Erstreckung des räumlichen Geltungsbereichs der VO auf Gebiete außerhalb des Gebietes der Mitgliedstaaten. In Wirklichkeit aber geht es nicht um eine Erweiterung des Geltungsbereichs, sondern um die Frage der **funktionalen Bestimmung** der Zugehörigkeit zu einer bestimmten Sozialrechtsordnung des Mitgliedstaats. Diese funktionale Zuordnung ist nicht so sehr von der räumlichen Stelle abhängig, in der sich der Einzelne befindet, sondern von anderen Merkmalen, die die Zugehörigkeit zu einem bestimmten Sozialrechtssystem ausdrücken (insofern stimmt die Rechtsprechung des EuGH zum räumlichen Geltungsbereich der VO (EG) Nr. 883/2004 mit seiner Rechtsprechung zu Art. 45 AEUV überein, bei der ein ähnliches Problem auftritt, nämlich die Frage nach der Geltung der Vorschriften über die Freizügigkeit, wenn ein Arbeitnehmer außerhalb des Gemeinschaftsgebietes beschäftigt ist (vgl dazu *Fuchs*, SAE 1995, 146 ff und SAE 1997, 305 f mit einer Analyse der einschlägigen Entscheidungen des EuGH). Das Koordinierungsrecht ist auch auf dem an einen Mitgliedstaat angrenzenden Festlandsockel anwendbar, wenn der Mitgliedstaat den Vorteil aus den wirtschaftlichen Vorrechten der Erforschung und/oder Ausbeutung der Ressourcen des Festlandsockels zieht (EuGH, Rs. C-347/10 (Salemink), Slg 2012, I-n.v.). Hinsichtlich der Tätigkeit auf Schiffen s. Art. 11 Abs. 4 VO (EG) Nr. 883/2004 sowie EuGH, Rs. C-106/11 (Bakker), Slg 2012, I-n.v.

e) Zeitlicher Geltungsbereich

49 Mit dem zeitlichen Geltungsbereich ist die Frage angesprochen, welches Recht in zeitlicher Hinsicht auf sozialrechtlich relevante Vorgänge anzuwenden ist. Eine besondere Schwierigkeit tritt im Sozialrecht dadurch auf, dass viele Vorgänge sich nicht in einem Augenblick erschöpfen, sondern langfristiger Natur sind (zB Rentenanwartschaften).

Der EuGH hat das Prinzip formuliert, dass – soweit nicht im Einzelfall eine rückwirkende Geltung 50 ausdrücklich angeordnet ist – eine Rechtsvorschrift unmittelbare Wirkungen mit ihrem **Inkrafttreten** entwickelt, und zwar nicht nur für Ereignisse und Vorgänge, die in der Zukunft liegen, sondern auch für in der Vergangenheit liegende Vorgänge und Ereignisse, die noch Auswirkungen auf die Zukunft haben (vgl zu diesem von der Rechtsprechung des EuGH entwickelten Prinzip *van Raepenbusch*, La sécurité sociale des personnes qui circulent à l'intérieur de la Communauté Economique Européenne, 1991, S. 310 f mit zahlreichen Rechtsprechungsnachweisen).

Dieses Prinzip liegt auch der **Übergangsvorschrift** des Art. 87 VO (EG) Nr. 883/2004 zugrunde. 51 Abs. 1 dieser Bestimmung drückt den Gegensatz aus, dass vor dem Beginn der VO kein Anspruch über diese Verordnung begründet werden kann. Aber die Abs. 2 und 3 des Art. 87 VO (EG) Nr. 883/2004 verlangen sehr wohl die Berücksichtigung von Versicherungs-, Beschäftigungs- und Wohnzeiten sowie von Ereignissen, die vor dem Beginn der Anwendung der VO liegen. Das Verhältnis der VO (EG) Nr. 883/2004 zur VO (EWG) Nr. 1408/71 ist in Art. 87 Abs. 8 und 9 bestimmt (vgl zu den Übergangsvorschriften *Horn*, SGb 2012, 70-73).

3. Aufgaben und Grundprinzipien der Sozialrechtskoordinierung

Die VO (EG) Nr. 883/2004 enthält im Titel III spezifische Vorschriften zur Koordinierung der in 52 Art. 3 Abs. 1 genannten Leistungsbereiche. Titel I enthält die **Grundprinzipien der Koordinierung**, die für alle Leistungsbereiche gelten, soweit nicht für diese spezielle Regeln gelten. Die mit dem Instrumentarium der Koordinierung zu erledigenden Aufgaben lassen sich in vier Fragestellungen zusammenfassen (*van Raepenbusch*, La sécurité sociale des personnes qui circulent à l'intérieur de la Communauté Economique Européenne, 1991, S. 149; *Pennings*, Introduction to European Social Security Law, 4. Aufl. 2003, S. 9):

- Welches nationale Sozialrecht findet auf die betreffende Person Anwendung? Es ist die Frage nach dem Sozialrechtsstatut. Angesprochen ist die Rolle des europäischen Sozialrechts als Kollisionsrecht (Conflict of Laws).
- Wie werden Staatsangehörige eines Mitgliedstaates sozialrechtlich in einem anderen Mitgliedstaat behandelt? Dürfen sie abweichend von den Inländern behandelt werden oder muss eine Gleichstellung erfolgen?
- Kann ein sozialrechtlicher Anspruch, der in einem bestimmten Mitgliedstaat erworben wurde, auch zur Erfüllung in einem Mitgliedstaat des Wohnsitzes oder des Aufenthalts verlangt werden, oder ist der Anspruch / die Leistung territorial gebunden (Problem des sog. Leistungsexports)?
- Sollen sozialrechtlich relevante Zeiten, Anwartschaften oder Rechtspositionen, die in einem bestimmten Mitgliedstaat zurückgelegt bzw erworben wurden, Relevanz bei der Ermittlung oder Berechnung von Leistungen auch nach dem Sozialrecht eines anderen Mitgliedstaates haben?

a) Bestimmung eines einheitlichen Sozialrechtsstatuts

Wer die Grenzen seines Mitgliedstaates nicht verlässt, wird immer dem Sozialrecht seines Landes 53 unterworfen sein. Anders ist die Sache, wenn jemand in einem anderen Mitgliedstaat oder gar in mehreren Mitgliedstaaten gearbeitet oder gelebt hat. In diesem Falle kann sich die Notwendigkeit kollisionsrechtlicher Regeln erweisen, die es erlauben, diejenige Sozialrechtsordnung eines Mitgliedstaates zu finden, die für das konkrete Sozialrechtsverhältnis Anwendung findet (zu Funktion und Struktur von **Kollisionsnormen** im internationalen Sozialversicherungsrecht s. *von Maydell*, Sach- und Kollisionsnormen, S. 55 ff. Speziell zu den Kollisionsnormen des europäischen Sozialrechts s. *Eichenhofer*, in: Oetker/Preis, EAS B 1200 Rn 114 ff).

54 Art. 11 Abs. 1 S. 1 VO (EG) Nr. 883/2004 bringt ein zentrales Prinzip zum Ausdruck. Personen, für die die VO gilt, unterliegen den Rechtsvorschriften nur **eines Mitgliedstaates**. Ziel dieses Prinzips ist es zu verhindern, dass eine Person ohne sozialen Schutz bleibt, ebenso wie das Zusammentreffen von Leistungen mit gleicher Zielrichtung sowie die Belastung mit doppelten Beiträgen vermieden werden soll (vgl dazu Vorbem. zu Art. 11).

55 Ergänzt wird das Prinzip des einheitlichen Sozialrechtsstatuts durch das in Art. 10 VO (EG) Nr. 883/2004 enthaltene **Kumulierungsverbot**.

56 Bei der Bestimmung des Sozialrechtsstatuts hat sich der Verordnungsgeber vorrangig für das Prinzip des Beschäftigungsortes (**lex loci laboris**) entschieden. Dies ergibt sich für Arbeitnehmer und Selbständige aus Art. 11 Abs. 3 lit. a).

57 Von dem Prinzip des Ortes der Beschäftigung als Sozialrechtsstatut gibt es wichtige, in Art. 12 VO (EG) Nr. 883/2004 enthaltene Ausnahmen. Bei der **Entsendung** von Arbeitnehmern in einen anderen Mitgliedstaat gilt nach Art. 12 Abs. 1 VO (EG) Nr. 883/2004 der Grundsatz, dass der gewöhnlich in einem Mitgliedstaat tätige Arbeitnehmer seinem bisherigen Mitgliedstaat im Sozialrecht zugeordnet bleibt, sofern die voraussichtliche Dauer der Entsendung 24 Monate nicht überschreitet und nicht eine Person abgelöst wird, für welche die Entsendungszeit abgelaufen ist. Bei unvorhergesehener Überschreitung des 24-Monatszeitraums kann bei entsprechender Genehmigung der Zeitraum verlängert werden, um die Zugehörigkeit zur ursprünglichen Sozialrechtsordnung zu erhalten. Bei gleichzeitiger Beschäftigung / selbständiger Tätigkeit in mehreren Mitgliedstaaten enthält Art. 13 VO (EG) Nr. 883/2004 (wesentlich geändert durch VO (EU) Nr. 465/2012) differenzierende Bestimmungen.

b) Das Verbot der sozialrechtlichen Diskriminierung von EU-Ausländern

58 Art. 18 AEUV verbietet jede Diskriminierung aus Gründen der Staatsangehörigkeit (zur zentralen Bedeutung des Diskriminierungsverbots für die europäische Integration s. *Bell*, The Principle of Equal Treatment. From Market Unifier to Fundamental Right?, in: *Craig/De Búrca*, The Evolution of EU Law, 2. Aufl. 2011, S. 611 ff). Das **allgemeine Diskriminierungsverbot** des Art. 18 AEUV wird für den Bereich der Freizügigkeit in Art. 45 Abs. 2 AEUV konkretisiert. Die Vorschrift besagt, dass die Abschaffung jeder auf der Staatsangehörigkeit beruhenden unterschiedlichen Behandlung der Arbeitnehmer der Mitgliedstaaten in Bezug auf Beschäftigung, Entlohnung und sonstige Arbeitsbedingungen gilt.

59 Für den Bereich der Sozialrechtskoordinierung wird das Diskriminierungsverbot durch Art. 4 VO (EG) Nr. 883/2004 umgesetzt. Personen, für die diese VO gilt, haben die gleichen Rechte und Pflichten aufgrund der Rechtsvorschriften eines Mitgliedstaats wie die Staatsangehörigen dieses Staates. Das in Art. 4 VO (EG) Nr. 883/2004 statuierte **Verbot der Diskriminierung** wegen der Staatsangehörigkeit soll jede Vorzugsstellung der Angehörigen des leistungspflichtigen Staates gegenüber den Angehörigen anderer Mitgliedstaaten unterbinden (*Eichenhofer*, in: *Oetker/Preis*, EAS B 1200 Rn 108). Art. 4 VO (EG) Nr. 883/2004 verbietet nicht nur unmittelbare Diskriminierungen, also Vorschriften, die an die Staatsangehörigkeit unterschiedliche Rechtsfolgen knüpfen. Auch die sogenannte mittelbare oder indirekte Diskriminierung (zum Begriff kann auf das Regelungsmuster der Antidiskriminierungsrichtlinien verwiesen werden, vgl etwa Art. 2. RL 2000/43/EG) ist verboten (vgl EuGH, Rs. 41/84 (Pinna), Slg 1986, 17, 25).

60 Zu beachten ist aber, dass Benachteiligungen, die aus Unterschieden in der Gestaltung der Systeme der sozialen Sicherheit in den einzelnen Mitgliedstaaten herrühren, nicht durch die Anwendung des Diskriminierungsverbotes beseitigt werden müssen (vgl etwa EuGH, Rs. 1/78 (Kenny), Slg 1978, 1489). Das Problem der sogenannten **Inländerungleichbehandlung** (reverse discrimination, discrimination à rebours), das allgemein im Europarecht bekannt ist (vgl dazu *Streinz*, Europarecht, 9. Aufl. 2012, § 12 Rn 819 ff), ist auch im europäischen Sozialrecht gegeben (vgl dazu *van Raepenbusch*, La sécurité sociale des personnes qui circulent à l'intérieur de la Communauté

Economique Européenne, 1991, S. 157 ff). Dabei geht es um die Frage, ob ein Mitgliedstaat seine eigenen Bürger schlechter behandeln darf als Ausländer, denen er im Hinblick auf das Gleichbehandlungsgebot ein bestimmtes Entgegenkommen zeigen muss. Nach ständiger Rechtsprechung des EuGH ist eine solche Inländerungleichbehandlung nicht zu beanstanden, wenn die betreffende Person von ihrem Freizügigkeitsrecht keinen Gebrauch gemacht hat (vgl etwa die Entscheidung EuGH, Rs. 153/91 (Petit), Slg 1992, I-4973: Der belgische Kläger wollte sich vor einem belgischen Gericht in französischer Sprache ausdrücken, obwohl die einschlägigen Normen die Benutzung der flämischen Sprache vorsahen. Da keinerlei Auslandsbezug des Falles gegeben war, lag kein Verstoß gegen das Gleichbehandlungsgebot vor).

c) Prinzip der Zusammenrechnung von Versicherungszeiten (Totalisierung)

Das Prinzip der Zusammenrechnung von Versicherungszeiten (oder auch Totalisierung genannt) ist eine der ältesten Errungenschaften des internationalen Sozialrechts. Mit diesem Prinzip sollen **Nachteile** für die Betroffenen überwunden werden, die daraus resultieren, dass sie im Laufe ihres Lebens mehreren Sozialrechtsordnungen angehört haben, jedes einzelne Sozialrechtssystem aber für den Erwerb und die Begründung von Leistungen eine Zugehörigkeit von bestimmter Dauer zu einem Zweig der sozialen Sicherheit verlangt. Lässt ein nationales Sozialrechtssystem dabei nur Zeiten gelten, die in seinem Geltungsbereich zurückgelegt wurden, gereicht dies allen zum Nachteil, die Zeiten in verschiedenen Ländern vorzuweisen haben. Ziel des Prinzips der Zusammenrechnung ist es deshalb, die Betroffenen so zu stellen, als hätten sie ihre gesamte sozialrechtlich relevante Biografie in jeder Sozialrechtsordnung vorzuweisen, von der sie Leistungen fordern (*Goebbers*, Gestaltungsgrundsätze des zwischenstaatlichen und überstaatlichen Sozialversicherungsrechts, 1980, S. 75). 61

Das Prinzip war bereits im IAO-Übereinkommen Nr. 48 aus dem Jahre 1935 enthalten. Art. 48 lit. a) AEUV verlangt ausdrücklich für die Sozialrechtskoordinierung in Europa die Zusammenrechnung aller nach den verschiedenen innerstaatlichen Rechtsvorschriften berücksichtigten Zeiten für den Erwerb und die Aufrechterhaltung des Leistungsanspruchs sowie für die Berechnung der Leistungen. Das Prinzip wurde von Anfang an im Sekundärrecht umgesetzt (wenngleich verstreut in zahlreichen Vorschriften der VO (EWG) Nr. 1408/71) und ist jetzt in Art. 6 VO (EG) Nr. 883/2004 verankert. Danach müssen **Versicherungs- und Beschäftigungszeiten**, Zeiten einer selbständigen Erwerbstätigkeit oder Wohnzeiten, die für den Erwerb, die Aufrechterhaltung, die Dauer oder das Wiederaufleben von Ansprüchen oder sonstigen Tatbestandselementen von Bedeutung sind, so behandelt werden, als ob sie im Geltungsbereich der maßgeblichen Rechtsvorschriften zurückgelegt worden wären. 62

Den Gegensatz zum Prinzip der Totalisierung bildet das Prinzip der **Proratisierung**. Danach hat jeder Leistungsträger nur den anteiligen Betrag der Leistung zu zahlen, der dem Anteil an sozialrechtlich relevanten Zeiten entspricht, die im Geltungsbereich einer nationalen Sozialrechtsordnung zurückgelegt wurden (vgl als Beispiel Art. 52 VO (EG) Nr. 883/2004). 63

d) Sachverhaltsgleichstellung (Äquivalenzgrundsatz)

Der Grundsatz der Sachverhaltsgleichstellung oder Äquivalenzgrundsatz (vgl dazu *Eichenhofer*, Sozialrecht der Europäischen Union, 4. Aufl. 2010, Rn 115) besagt, dass Tatsachen oder Ereignisse, die in einem Mitgliedstaat vorliegen oder sich zugetragen haben, auch von einem anderen Mitgliedstaat berücksichtigt werden müssen. Auch ohne ausdrückliche Normierung in der VO (EG) Nr. 1408/71 hat der EuGH die rechtliche Notwendigkeit hierfür judiziert (vgl etwa EuGH, Rs. 20/85 (Roviello), Slg 1988, 2805; C-349/87 (Paraschi), Slg 1991, I-4501; C-28/00 (Kauer), Slg 2002, I-1343). Das Prinzip ist jetzt ausdrücklich in **Art. 5 VO (EG) Nr. 883/2004** aufgenommen worden. 64

e) Prinzip des Leistungsexports

65 Das Prinzip des Leistungsexports ist primärrechtlich in Art. 48 lit. b) AEUV verankert. Sekundärrechtlich ist das Prinzip in Art. 7 VO (EG) Nr. 883/2004 umgesetzt. Es besagt, dass **Geldleistungen** nicht deshalb gekürzt, geändert, zum Ruhen gebracht, entzogen oder beschlagnahmt werden dürfen, weil der Berechtigte im Gebiet eines anderen Mitgliedstaates als des Staates wohnt, in dessen Gebiet der zur Zahlung verpflichtete Träger seinen Sitz hat.

66 Eine Einschränkung erfährt das Leistungsexportprinzip bei Geldleistungen wegen Arbeitslosigkeit gemäß Art. 63 f VO (EG) Nr. 883/2004 (der EuGH hat diese Einschränkung als im Einklang mit dem Gemeinschaftsrecht angesehen, vgl EuGH, Rs. 62/91 (Gray), Slg 1992, I-2039). Ferner ist das Prinzip des Leistungsexports gemäß Art. 70 Abs. 4 VO (EG) Nr. 883/2004 bei den sogenannten besonderen beitragsunabhängigen Geldleistungen aufgehoben. Diese werden nämlich nur in dem Wohnmitgliedstaat gemäß dessen Rechtsvorschriften gewährt.

IV. Die Bedeutung des AEUV für das Sozialrecht
1. Die Relevanz des AEUV für das Koordinierungsrecht

67 Nach dem **Prinzip der begrenzten Einzelermächtigung** (auch compétence d'attribution genannt; vgl dazu *Herdegen*, Europarecht, 14. Aufl. 2012 § 8 Rn 59) kann die Union Sekundärrecht (Art. 288 AEUV) nur schaffen, wenn sich dazu im EG eine ausreichende Rechtsgrundlage findet. Wie mehrfach betont, liegt die Ermächtigungsgrundlage für die Schaffung eines Koordinierungsrechts im Wege einer Verordnung in Art. 48 AEUV. Von ihrem Inhalt her, aber auch von ihrer systematischen Stellung innerhalb der Vorschriften über die Freizügigkeit der Arbeitnehmer (Art. 45 ff AEUV) ist sozusagen schon das Rahmenprogramm abgesteckt, innerhalb dessen sich sozialrechtliche Koordinierung bewegen muss. Sie beschränkt sich zum einen auf Arbeitnehmer und das Koordinierungsziel ist die Förderung der Freizügigkeit.

68 Im Laufe der Zeit stellte sich aber heraus, dass diese Beschränkung auf Arbeitnehmer den realen Gegebenheiten und Bedürfnissen des Binnenmarktes nicht mehr gerecht wurde. Eine besonders bedeutsame Gruppe wirtschaftlich aktiver Personen waren die **Selbständigen**, die im europäischen Raum von ihrer Niederlassungs- und Dienstleistungsfreiheit Gebrauch machten. Für deren Koordinierung der sozialen Sicherheit hatte der EG-Vertrag keine Grundlage und Befugnisse geschaffen. Die Ausdehnung des Koordinierungsrechts auf Selbständige musste deshalb unter Zuhilfenahme von Art. 308 EG (jetzt Art. 352 AEUV) erfolgen (dies geschah durch VO (EWG) Nr. 1390/81, ABl. (EG) L 143/1). Etwas Ähnliches geschah etliche Jahre später für das Koordinierungsrecht der Studenten (vgl VO (EG) Nr. 307/1999, ABl. (EG) L 38/1).

69 Vor diesem Hintergrund wurde die Sicherung der Freizügigkeit der betroffenen Personenkreise zum erklärten Regelungsziel. Die Schaffung neuer Koordinierungsvorschriften und die Auslegung bestehender Rechtsvorschriften im Sinne der **Förderung der Freizügigkeit** wurde das beherrschende Ziel des Koordinierungsrechts. Ein deutscher Autor hat deshalb auch von diesen Vorschriften und Prinzipien als dem freizügigkeitsspezifischen europäischen Sozialrecht gesprochen (vgl *Schuler*, Das Internationale Sozialrecht der Bundesrepublik Deutschland, 1988, S. 274 ff).

70 Der **Freizügigkeitsgedanke** und seine Verkörperung in den einzelnen einschlägigen Vorschriften wurden damit auch zum Prüfungsmaßstab für den EuGH, wenn er in Vorlageverfahren (Art. 267 AEUV) darüber zu befinden hatte, ob Vorschriften des Koordinierungsrechts nicht im Einklang mit Freizügigkeitsvorschriften standen. Ein bekanntes Beispiel, schon aus den Anfangsjahren der praktischen Anwendung des Koordinierungsrechts, ist die Rs. Pinna (EuGH, Rs. 41/84 (Pinna I), Slg 1986, 1). In dieser Entscheidung wurde Art. 73 Abs. 2 VO (EWG) Nr. 1408/71 aF für ungültig erklärt, weil er ausschloss, dass Arbeitnehmern, die den französischen Rechtsvorschriften unterlagen, für ihre im Gebiet eines anderen Mitgliedstaats wohnenden Familienangehörigen französische Familienleistungen gewährt wurden. Dies stand im Widerspruch zu dem Prinzip und der

Vorschrift der Freizügigkeit des Art. 45 Abs. 2 AEUV (= Art. 39 Abs. 2 EG) (Diskriminierungsverbot!). Art. 48 AEUV und die übrigen Freizügigkeitsvorschriften sind aber auch ein wichtiges Auslegungsinstrument für den EuGH (wie auch die nationalen Gerichte) bei der Anwendung von Vorschriften des Koordinierungsrechts geworden. Die teleologische Auslegung hat in der Rechtsprechung des EuGH zahlreichen Vorschriften einen Anwendungsbereich verliehen, der allein vom Wortlaut her gesehen nicht ohne weiteres zu erwarten war (vgl dazu *Mavridis*, La sécurité sociale à l'épreuve de l'intégration européenne, 2003, S. 22 ff). Das hat dem EuGH zum Teil aus nationalen Reihen herbe Kritik eingebracht (vgl in diesem Sinne etwa *Clever*, Grundsätzliche Bemerkungen zur Rechtsprechung des EuGH, DAngVers 1993, 71 ff). Insgesamt ist dem EuGH aber zu verdanken, dass dem Gedanken der Freizügigkeit auch im Bereich des Koordinierungsrechts zu Effektivität verholfen und der europäische Gesetzgeber immer wieder veranlasst wurde, bestehende Vorschriften zu überdenken und freizügigkeitsgerechte Regelungen zu schaffen (vgl in diesem Sinne auch *Cornelissen*, Fifty Years of European Social Security Coordination, in: *Eichenhofer* (Hrsg.), 50 Jahre nach ihrem Beginn – Neue Regeln für die Koordinierung sozialer Sicherheit, 2009, S. 17, 68).

2. Die Relevanz des AEUV für die Gestaltung der nationalen Sozialleistungssysteme

a) Die Regelungszuständigkeit der Mitgliedstaaten für die soziale Sicherheit

Es ist oft genug betont worden, dass das europäische Sozialrecht keine Harmonisierung, sondern lediglich eine **Koordinierung** der nationalen Systeme der sozialen Sicherheit auf europäischer Ebene bewerkstelligen will (vgl dazu *Cornelissen*, Harmonisierung und Koordinierung des europäischen Sozialrechts, in: *Eichenhofer* (Hrsg.), Reform des europäischen koordinierenden Sozialrechts, 1993, S. 3 ff; *Fuchs*, Koordinierung oder Harmonisierung des europäischen Sozialrechts?, ZIAS 2003, 379 ff). Bereits in einer frühen Entscheidung hat der EuGH diese Gegebenheiten wie folgt herausgestrichen (vgl EuGH, Rs. 41/84 (Pinna I), Slg 1986, 1): „Art. 51 EWGV (jetzt: Art. 48 AEUV M.F.) sieht eine Koordinierung, nicht aber eine Harmonisierung der Rechtsvorschriften der Mitgliedstaaten vor und lässt also Unterschiede zwischen den Systemen der sozialen Sicherheit der Mitgliedstaaten und folglich auch bezüglich der Ansprüche der dort Beschäftigten bestehen. Die materiellen und verfahrensmäßigen Unterschiede zwischen den Systemen der sozialen Sicherheit der Mitgliedstaaten und damit den Ansprüchen der dort Beschäftigten werden somit durch Art. 51 EWG-Vertrag nicht berührt." Nachteile, die aus der unterschiedlichen Gestaltung der nationalen Systeme sozialer Sicherheit entstehen, können nicht über Art. 45, 56, 21 AEUV beseitigt werden (EuGH, Rs. C-208/07 (Chamier-Glisczinski), Slg 2009, I-6095). Man kann sagen, dass dem EuGH von Anfang an eine klare Kompetenzregelung vor Augen schwebte, die den rechtlichen Gegebenheiten des EG entsprach. Die soziale Sicherheit der EG-Mitgliedstaaten konnte der europäische Gesetzgeber nicht regeln, weil ihm dafür eine Ermächtigungsgrundlage fehlte. Lediglich zur Koordinierung war in Art. 48 AEUV eine Ausnahme geschaffen worden. Die grundsätzliche Regelungs- und Gestaltungsbefugnis liegt ausschließlich bei den Mitgliedstaaten.

b) Die Regelungszuständigkeit der EU auf dem Gebiete der sozialen Sicherheit

Aufgrund der fehlenden Ermächtigung für europäische Regelungen betreffend nationale Sozialleistungssysteme, musste sich der europäische Gesetzgeber immer in Abstinenz üben. Auf der anderen Seite war aber auch im nationalen Raum das Bedürfnis artikuliert worden, zu mehr Gemeinsamkeit zu gelangen. Vor diesem Hintergrund sind die **Empfehlungen** des Rates der EU vom 24.6.1992 über gemeinsame Kriterien für ausreichende Zuwendungen und Leistungen im Rahmen der Systeme der sozialen Sicherung (92/441/EWG) und vom 27.7.1992 über die Annäherung der Ziele und der Politiken im Bereich des sozialen Schutzes (92/442/EWG. Eingehend zu Inhalt und Funktion dieser Empfehlungen *Giubboni*, Cittadinanza comunitaria, in: Argomenti di diritto di lavoro, 1997, 117 ff) zu sehen. Die Konvergenzempfehlungen zielten darauf ab, gemeinsame

Ziele für die verschiedenen Bereiche der sozialen Sicherheit festzulegen, erkennbare Auswirkungen dieser Empfehlungen waren aber nicht zu verzeichnen.

73 Ein heute sehr wichtiges Koordinierungsinstrument, aber ebenfalls ohne rechtliche Verbindlichkeit, ist die vom Europäischen Rat bei seiner Tagung in Lissabon im März 2000 favorisierte sogenannte **Offene Methode der Koordinierung** (OMK). Diese ursprünglich im Zusammenhang mit der europäischen Beschäftigungsstrategie angewandte Methode besteht in der Vorgabe von Zielen und Leitlinien und in der Vereinbarung quantitativer und qualitativer Indikatoren und Benchmarks. Diese Vorgaben sind zwar nicht rechtsverbindlich, dennoch wollen die Mitgliedstaaten ihre Umsetzung im nationalen Bereich regelmäßig überwachen und gegenseitig prüfen (ausführlich zur Offenen Methode der Koordinierung *Eichenhofer*, Sozialrecht der Europäischen Union, 4. Aufl. 2010, S. 286 ff). Die Erfahrungen der OMK münden seit 2005 alljährlich im „Gemeinsamen Bericht über Sozialschutz und soziale Eingliederung", der auf nationalen Strategieberichten beruht. 2008 hat die Europäische Kommission in ihrer Mitteilung „Ein erneuertes Engagement für ein soziales Europa: Verstärkung der offenen Koordinierungsmethode für Sozialschutz und soziale Eingliederung" (KOM (2008) 418), die als Teil der erneuerten Sozialagenda „Chancen, Zugangsmöglichkeiten und Solidarität im Europa des 21. Jahrhunderts" (KOM (2008) 412) ergangen ist, die Ziele und Indikatoren der OMK und das darauf basierende Berichtssystem weiter präzisiert.

74 Die bedeutsamste Gemeinsamkeitsbekundung, die mit dem Ziel rechtlicher Verbindlichkeit von Regelungen auf dem Gebiete der sozialen Sicherheit auf europäischer Ebene erreicht wurde, war das **Abkommen über die Sozialpolitik** zwischen elf Mitgliedstaaten (ohne das Vereinigte Königreich), das als Protokoll über die Sozialpolitik dem Maastrichter Vertrag (Vertrag über die Europäische Union) angefügt wurde (vgl dazu *Haverkate/Huster*, Europäisches Sozialrecht, 1999, S. 56 ff mit zahlreichen Literaturhinweisen). Das Bedeutsame dieser Initiative war die Einräumung originärer sozialpolitischer Kompetenzen an die EG. Mit dem Regierungswechsel in Großbritannien im Jahre 1996 gelang es, die Substanz des Abkommens über die Sozialpolitik zum Gegenstand einer EG-vertraglichen Regelung zu machen und in den EG zu inkorporieren. Dies geschah durch den Vertrag von Amsterdam. Seither besteht deshalb auch für den Bereich der sozialen Sicherheit eine ausdrückliche Regelungskompetenz in Art. 153 AEUV. Allerdings ist diese Regelungskompetenz beschränkter Natur. Gemäß Art. 153 Abs. 1 lit. c) AEUV unterstützt und ergänzt die Gemeinschaft zur Verwirklichung der Ziele des Art. 151 AEUV die Tätigkeit der Mitgliedstaaten auf diesem Gebiet. Zu diesem Zweck kann der Rat gemäß Art. 153 Abs. 2 lit. a) AEUV unter Ausschluss jeglicher Harmonisierung der Rechts- und Verwaltungsvorschriften der Mitgliedstaaten Maßnahmen annehmen, die dazu bestimmt sind, die Zusammenarbeit zwischen den Mitgliedstaaten durch Initiativen zu fördern, die die Verbesserung des Wissensstandes, die Entwicklung des Austausches von Informationen und Bewerten von Waren, die Förderung innovativer Ansätze und die Bewertung von Erfahrungen zum Ziel haben. Außerdem lässt lit. b) dieser Vorschrift auch auf dem Gebiete der sozialen Sicherheit unter Berücksichtigung der in den einzelnen Mitgliedstaaten bestehenden Bedingungen und technischen Regelungen den Erlass von Mindestvorschriften durch Richtlinien zu, die schrittweise anzuwenden sind. Hierbei kann der Rat aber nur einstimmig auf Vorschlag der Kommission entscheiden. Ergänzend ist in Art. 153 Abs. Abs. 4 AEUV bestimmt, dass die so erlassenen Bestimmungen nicht die anerkannte Befugnis der Mitgliedstaaten berühren dürfen, die Grundprinzipien ihres Systems der sozialen Sicherheit festzulegen, und das finanzielle Gleichgewicht dieser Systeme nicht erheblich beeinträchtigen dürfen. Damit ist eine klare Kompetenz auch zur Regelung auf dem Gebiete der sozialen Sicherheit für die EU geschaffen worden, allerdings in verfahrensmäßiger wie inhaltlicher Sicht an sehr enge und strenge Voraussetzungen gebunden.

3. Die Relevanz des EU-Wettbewerbsrechts
a) Kartell- und Missbrauchsverbot

Das EG-Wettbewerbsrecht richtet sich an die zentralen Akteure des Marktgeschehens, die Unternehmen. Unternehmen bieten auf Märkten Waren und Dienstleistungen an. Wenn sie dies tun, müssen sie in einen fairen Wettbewerb treten, wodurch die Respektierung der Regeln des Marktes gewährleistet ist. Sie dürfen den Wettbewerb nicht stören, verzerren oder gar völlig unterbinden. Deshalb pönalisiert Art. 101 AEUV Kartelle und verbietet Art. 102 AEUV den **Missbrauch marktbeherrschender Stellung**. Für Unternehmen, die mit Dienstleistungen von allgemeinem wirtschaftlichen Interesse betraut sind, gelten die Vorschriften des AEUV, insbesondere die Wettbewerbsregeln nur, soweit die Anwendung dieser Vorschrift nicht die Erfüllung der ihnen übertragenen besonderen Aufgabe rechtlich oder tatsächlich verhindert (Art. 106 Abs. 2 AEUV = Art. 86 Abs. 2 EG).

Es stellt sich deshalb die Frage, ob dieser rechtliche Rahmen auch für Träger der sozialen Sicherheit gelten soll. Diese Frage wurde dem EuGH in zahlreichen Vorlageverfahren präsentiert. Aus seiner Rechtsprechung lassen sich entscheidende Gesichtspunkte ableiten. Die Rechtsstreitigkeiten vor den nationalen Gerichten hatten es fast immer damit zu tun, dass Träger der sozialen Sicherheit eine **Monopolstellung** innehatten und private Anbieter von Leistungen ausgeschlossen waren.

Erste Voraussetzung für die Anwendung der Wettbewerbsregeln war die Qualifizierung des betroffenen Trägers als **Unternehmen**. In der richtungweisenden Entscheidung in der Rs. Höfner/Macrotron definierte der EuGH Unternehmen als „jede eine wirtschaftliche Tätigkeit ausübende Einheit, unabhängig von ihrer Rechtsform und der Art ihrer Finanzierung" (EuGH, Rs. C-41/90 (Höfner), Slg 1991, I-1979). Der EuGH verneint die Unternehmensqualität bei solchen Trägern der sozialen Sicherheit, wenn diese einem sozialen Zweck dienen und auf dem Grundsatz der Solidarität beruhen. Diese Grundsätze wurden erstmals in der Rs. Poucet und Pistre judiziert (EuGH, Rs. C-159/91 u.a. (Poucet und Pistre), Slg 1993, I-637). Während das erstere Element eher einfach zu bestimmen ist, war der Grundsatz der Solidarität erklärungsbedürftig. Solidaritätsstiftende Elemente liegen vor, wenn eine Einkommensumverteilung von Wohlhabenden zu weniger gut situierten Versicherten stattfindet, das Umlageverfahren als Finanzierungsmodus gewählt ist, eine mangelnde Proportionalität von Beiträgen und Leistungen besteht und ein Solidarausgleich zwischen einzelnen Sozialversicherungssystemen sowie eine staatliche Kontrolle des Systems stattfindet. Demgegenüber sprechen Freiwilligkeit der Mitgliedschaft und die Finanzierung nach dem Kapitalisierungsprinzip gegen die Verwirklichung des Solidaritätsprinzips und damit für das Bestehen der Unternehmenseigenschaft (paradigmatisch EuGH, Rs. C-244/94 (Fédération Française), Slg 1995, I-4013). Auch wenn eine Einrichtung der sozialen Sicherheit die Eigenschaft eines Unternehmens iSd Vorschriften des europäischen Wettbewerbsrechtes aufweist, kann die Pflichtmitgliedschaft nach Art. 106 Abs. 1 und/oder Abs. 2 AEUV rechtlich zulässig sein (die richtungsweisenden Entscheidungen sind hierzu die Urteile betreffend niederländische Betriebsrentenfonds, vgl EuGH, Rs. C-67/96 (Albany), Slg 1999, I-5751; Rs. C-115/97 u.a. (Brentjens), Slg 1999, I-6029; Rs. C-219/97 (Bokken), Slg 1999, I-5751. Vgl zu dieser Rspr *Möller*, ZESAR 2006, 200 ff).

Auf der Basis dieses Kriterienkatalogs, der in einzelnen Entscheidungen näher präzisiert wurde, hat der EuGH die ihm vorgelegten Fragen beantwortet. Dabei wurde der Unternehmenscharakter der deutschen **Krankenkassen** bzw Spitzenverbände gesetzlicher Krankenkassen, die Festbeträge festsetzen, verneint (EuGH, Rs. C-264/01 u.a. (AOK Bundesverband), Slg 2004, I-2493). Ebenso wurde der Unternehmenscharakter des italienischen Unfallversicherungsträgers INAIL (EuGH, Rs. C-218/00 (Cisal), Slg 2002, I-691) sowie der deutschen **Berufsgenossenschaften** (EuGH, Rs. C-350/07 (Kattner) = ZESAR 2009, 311) verneint.

b) Beihilfen

79 Art. 107 AEUV (= Art. 87 EG) verbietet staatliche oder aus staatlichen Mitteln gewährte Beihilfen gleich welcher Art, die durch die Begünstigung bestimmter Unternehmen oder Produktionszweige den **Wettbewerb verfälschen** oder zu verfälschen drohen. Dass Art. 107 AEUV auch grundsätzlich für den Bereich der sozialen Sicherheit zu beachten ist, ist unstreitig. Der EuGH hat wiederholt festgestellt, dass staatliche Maßnahmen nicht schon wegen ihres sozialen Charakters von der Einordnung als Beihilfen im Sinne des Art. 107 AEUV ausgenommen sind. Denn Art. 107 AEUV unterscheide nicht nach den Gründen oder Zielen der staatlichen Maßnahme, sondern beschreibe diese nach ihren Wirkungen (EuGH, Rs. 173/73 (Kommission/Italien), Slg 1974, 709; EuGH, Rs. 310/85 (Deufil), Slg 1987, 901; EuGH, Rs. C-56/93 (Kommission/Belgien), Slg 1996, I-723; Rs. C-342/96 (Kommission/Spanien), Slg 1999, I-2459; Rs. C-310/99 (Kommission/Italien), Slg 2002, I-2289). Deshalb fallen grundsätzlich auch die in vielen Ländern verbreiteten Subventionen zur Förderung von Beschäftigung und Verhinderung von Massenentlassung darunter (zu den zahlreichen Bereichsausnahmen s. die auf Grundlage der VO (EG) Nr. 994/98 ABl. L 142 erlassenen Gruppenfreistellungen). Für eine belgische Regelung, wonach Arbeitgeber bestimmter Wirtschaftszweige nur Sozialversicherungsbeiträge in verminderter Höhe leisten mussten, hat der EuGH in sehr grundlegender Weise zu den tatbestandlichen Voraussetzungen einer Beihilfe im Bereich des Arbeitsförderungsrechts Stellung genommen und auch die verfahrensmäßigen Anforderungen bezüglich der Aktivitäten der Kommission präzisiert (EuGH, Rs. C-75/97 (Kommission/Belgien), Slg 1999, I-3671; ausführlich zu dieser Entscheidung *Fuchs/Horn*, Die europarechtliche Dimension des deutschen Arbeitsförderungsrechts, in: *Gagel*, SGB II/III, Rn 7 ff, 19 ff).

c) Vergaberecht

80 Die Frage, ob Träger der sozialen Sicherheit das europäische Vergaberecht anzuwenden haben, gehört zu den gegenwärtig umstrittensten Problemfeldern (Monografisch zur Thematik *Lange*, Sozialrecht und Vergaberecht, 2010. S. ferner die Beiträge in: Beschaffung von Sozialleistungen durch Vergabe, SDSRV, Bd. 60, 2011). Mit der RL 2004/18/EG vom 31.3.2004 über die Koordinierung der Verfahren zur Vergabe öffentlicher Bauaufträge, Lieferaufträge und Dienstleistungen (ABl. (EU) L 134/114) hat der europäische Gesetzgeber die zuvor sektoral geregelten Vergaberechtsgrundsätze zusammengefasst. Im europäischen Vergaberecht steht im Gegensatz zu manchem nationalen Recht die **wettbewerbsorientierte Auftragsvergabe** im Vordergrund (vgl *Sormani-Bastian*, Vergaberecht und Sozialrecht, 2006, S. 10 f, 12 ff). Es räumt dem einzelnen Bieter hierzu einklagbare subjektive Rechte ein, mittels derer er im Fall einer drohenden Diskriminierung nicht auf Schadensersatzforderungen beschränkt ist, sondern präventiv die Gefahr der Bevorzugung einheimischer Bieter durch einen öffentlichen Auftraggeber in einem kontradiktorischen Verfahren verhindern kann.

81 Die sozialrechtliche Kontroverse ist vor folgendem Hintergrund zu sehen. Die öffentliche Hand ist Nachfrager von Waren und Dienstleistungen. Das öffentliche Auftragswesen wurde dabei von vielen Mitgliedstaaten lange Zeit als wirtschaftspolitisches Instrument zum protektionistischen Schutz der einheimischen Wirtschaft angesehen. Anders als das klassische Wettbewerbsrecht ist das Vergaberecht im EG nicht ausdrücklich normiert. Das Ziel der wirksamen Öffnung der Vergabemärkte und die Entwicklung eines Wettbewerbs auf dem Gebiet der öffentlichen Aufträge wurde deshalb vom Gedanken eines einheitlichen Binnenmarktes getragen, der eine diskriminierungsfreie europaweite Ausschreibung ermöglicht (*Sormani-Bastian*, Vergaberecht und Sozialrecht, 2006, S. 36 ff). Nach der Rechtsprechung des EuGH soll die Koordinierung der Verfahren zur Vergabe öffentlicher Aufträge die Hemmnisse für den **freien Dienstleistungs- und Warenverkehr** beseitigen und damit die Interessen der in einem Mitgliedstaat niedergelassenen Wirtschaftsteilnehmer schützen, die den in einem anderen Mitgliedstaat niedergelassenen öffentlichen Auftraggebern Waren oder Dienstleistungen anbieten (vgl EuGH, Rs. C-44/96 (Mannesmann Anlagenbau), Slg 1998, I-73).

Zum Teil wurde in der Literatur versucht, für das Sozialrecht eine **Bereichsausnahme** vom Vergaberecht vorzunehmen. Dies geschah entweder im Hinblick auf Art. 51 AEUV unter der Annahme, dass es sich insoweit um Ausübung hoheitlicher Gewalt handele oder aber es wurde die Anwendung von Art. 168 Abs. 5 AEUV im Bereich des Gesundheitswesens und der medizinischen Versorgung befürwortet (vgl dazu *Fuchs/Preis*, Sozialversicherungsrecht, 2. Aufl. 2009, § 63 XI 4 a).

82

Dass **Träger der sozialen Sicherheit** nicht von vornherein aus dem Anwendungsbereich des EU-Vergaberechts ausgeschlossen sind, ist mittlerweile herrschende Meinung (vgl *Fuchs/Preis*, Sozialversicherungsrecht, 2. Aufl. 2009, § 63 XI 4 a mit weiteren Literaturnachweisen). Die entscheidende Frage geht gegenwärtig dahin, ob Sozialversicherungsträger als öffentliche Auftraggeber im Sinne des Art. 1 Abs. 9 RL 2004/18/EG anzusehen sind (vgl dazu *Hartmann/Souglou*, SGb 2007, 404 (413); *König/Schreiber/Klan*, ZESAR 2008, 5 ff; *Kingreen*, Das Sozialvergaberecht, SGb 2008, 437 ff). Für gesetzliche Krankenkassen der Bundesrepublik Deutschland hat der EuGH die Frage bejaht (EuGH, Rs. C-300/07 (Hans Ett Christoforus Eumanns GbR) = ZESAR 2009, 395 m.Anm. *Weyd*). Ausschlaggebend dafür war, dass der EuGH das in Art. 1 Abs. 9 RL 2004/18/EG geforderte Merkmal der überwiegenden Finanzierung durch Staat, Gebietskörperschaften oder andere Einrichtungen des öffentlichen Rechts auch bei einer Finanzierung durch Beiträge der Mitglieder bejahte (vgl Rn 49 ff des Urteils). Das vorbezeichnete Urteil hat darüber hinaus wesentlich zu einer Reihe von Begriffsfragen Klärung geschaffen. Da die RL 2004/18/EG eine differenzierte Rechtsfolgenregelung kennt, je nachdem, um welche Beschaffungsmaßnahme es sich handelt, ist insbesondere die Abgrenzung zwischen der Lieferung von Waren und der Erbringung von Dienstleistungen sowie innerhalb Letzterer zwischen Dienstleistungskonzession und Rahmenvereinbarung bedeutsam (vgl dazu Rn 60 ff des Urteils).

4. Grundfreiheiten

Die Geltung und Respektierung der Grundfreiheiten für und durch Träger der sozialen Sicherheit ist vor folgendem Hintergrund zu sehen. Träger der sozialen Sicherheit, insbesondere Sozialversicherungsträger sind aufgrund der für sie geltenden Vorschriften häufig verpflichtet, den Anspruchsberechtigten **Waren** oder **Dienstleistungen** zur Verfügung zu stellen. Damit stellt sich die Frage, ob sie bei der Beschaffung von Waren oder Dienstleistungen an die Regeln der Grundfreiheiten gebunden sind. Zum Beispiel muss ein Träger der Krankenversicherung seinen Versicherten Medikamente oder einen Rollstuhl zur Verfügung stellen. Oder aber die Krankenversicherung muss dem Versicherten eine Dienstleistung, nämlich ärztliche Behandlung angedeihen lassen. Dies ergibt einen ersten Problemkreis.

83

Ein zweiter Problemkreis beschäftigt sich mit einer ähnlichen Frage, wie sie auch im Wettbewerbsrecht auftaucht. Viele Träger der sozialen Sicherheit haben für die Erledigung der Aufgaben ihres Zweiges der sozialen Sicherheit eine **Monopolstellung**. Dies gilt insbesondere für Sozialversicherungsträger. Die öffentlich organisierten Sozialversicherungssysteme legen die Verwaltung eines bestimmten Zweigs der Sozialversicherung ausschließlich in die Hände von öffentlichen Trägern. Private Versicherungsträger, insbesondere auch solche des europäischen Auslands sind deshalb vom – man könnte sagen – Versicherungsmarkt des betreffenden Zweiges ausgeschlossen. Damit könnte eine Verletzung der Vorschriften über die Dienstleistungsfreiheit (Art. 56 ff AEUV) vorliegen.

84

a) Waren und Dienstleistungen

Die mitgliedstaatlichen Sozialleistungssysteme enthalten vielfache Beschränkungen hinsichtlich der an Anspruchsteller/Versicherte zur Verfügung zu stellenden Waren (Produkte) und Dienstleistungen. Wenn man an Waren und Produkte denkt, ist die Frage der Respektierung der Vorschriften über die **Warenverkehrsfreiheit** (Art. 34 ff AEUV) zu stellen. Dazu gehört vor allem der Grundsatz, dass in- und ausländische Produkte gleich zu behandeln sind. Zum ersten Mal musste

85

sich der EuGH mit dieser Problematik in der Rs. Duphar beschäftigen (EuGH, Rs. 238/82 (Duphar), Slg 1984, 523). Konkret ging es um eine Regelung des niederländischen Rechts, die Negativlisten für Arzneimittel vorsah, durch die sich ein ausländischer Anbieter benachteiligt fühlte. In dieser Entscheidung betonte der EuGH die grundsätzliche Geltung der die Warenverkehrsfreiheit sichernden Vorschrift des Art. 34 AEUV und damit die unmittelbare Anwendbarkeit dieser Grundfreiheit für einen Träger der sozialen Sicherheit. Er formulierte gleichzeitig einen Standardsatz, der vom EuGH in der späteren Rechtsprechung immer wieder aufgegriffen und geradezu zum Modellsatz für die Bewältigung der einschlägigen Probleme geworden ist. Es sei nämlich – so der EuGH wörtlich (vgl Rn 16 des Urteils) – „anzuerkennen, dass das Gemeinschaftsrecht die Befugnis der Mitgliedstaaten nicht berührt, ihre Systeme der sozialen Sicherheit auszugestalten und insbesondere zur Erhaltung des finanziellen Gleichgewichts ihrer Krankenversicherungssysteme Maßnahmen zur Regulierung des Arzneimittelverbrauchs zu treffen". Konkret prüfte deshalb der Gerichtshof, ob trotz Anerkennung des mitgliedstaatlichen Bedürfnisses zur Kostendämpfung durch die ergriffenen Maßnahmen eine Diskriminierung aufgrund des Ursprungs der Erzeugnisse unterbleibt und die Auswahl auf objektiven und überprüfbaren Kriterien beruht.

86 Der EuGH hat diesen Ansatz in der berühmten und richtungweisenden Rs. Decker fortgeführt (EuGH, Rs. C-120/95 (Decker), Slg 1998, I-1871. Konkret ging es um die Beeinträchtigung des freien Warenverkehrs durch Ablehnung der Kostenerstattung für eine im Ausland gekaufte Brille). In der Rs. Kohll, bei der es um die Kostenerstattung für eine ausländische Zahnbehandlung ging, hat der EuGH das Prüfungsschema auf den Bereich der **Dienstleistungsfreiheit** ausgedehnt (EuGH, Rs. C-158/96 (Kohll), Slg 1998, I-1935).

87 Die in diesen beiden Entscheidungen entwickelten Grundsätze besagen:
- Das Gemeinschaftsrecht lässt die Zuständigkeit der Mitgliedstaaten zur Ausgestaltung ihrer Systeme der sozialen Sicherheit unberührt.
- Gleichwohl müssen die Mitgliedstaaten bei der Ausübung dieser Befugnis das Gemeinschaftsrecht beachten.
- Eine vorherige Genehmigung für eine ambulante Auslandsbehandlung stellt eine Beschränkung der Warenverkehrsfreiheit bzw des freien Dienstleistungsverkehrs dar.
- Die Beschränkung kann aber objektiv gerechtfertigt sein. In Betracht kommen zwingende Gründe des Allgemeininteresses und Gründe im Sinne des Art. 36 AEUV bzw Art. 62 AEUV iVm Art. 52 AEUV. Im Sinne der Ersteren diskutiert der EuGH eine möglichst erhebliche Gefährdung des finanziellen Gleichgewichts des Systems der sozialen Sicherheit, im zweiten Sinne die Frage von Gründen der öffentlichen Gesundheit.

88 Die Rechtsprechung des EuGH ist überwiegend auf Zustimmung, zT aber auch auf Kritik gestoßen (vgl zum Ganzen *Fuchs*, Luxemburg locuta, causa finita, quaestio non soluta, NZS 2002, 1 ff).

89 Mit dieser Rechtsprechung hat der EuGH grundlegende Weichenstellungen für **die Krankenbehandlung im europäischen Ausland** getroffen. Diese bedürfen grundsätzlich keiner vorherigen Genehmigung durch Träger des Versicherungsstaates oder Ausgangsstaates. Dabei spielt die Organisation des Krankenversicherungssystems (Sachleistungsprinzip/Kostenerstattungsprinzip) keine Rolle (vgl EuGH, Rs. C-385/99 (Müller-Fauré), Slg 2003, I-4509). Im Gegensatz zu ambulanten Krankenbehandlungen sieht der EuGH das Genehmigungserfordernis für stationäre Behandlungen im Ausland als im Einklang mit dem Recht der Dienstleistungsfreiheit stehend an (EuGH, Rs. C-157/99 (Smits-Peerbooms), Slg 2001, I-5383).

90 Damit hat der EuGH eine Zweigleisigkeit des Anspruchs auf Krankenbehandlung im Ausland begründet. Der Betroffene kann seinen Behandlungsanspruch aus der **Dienstleistungsfreiheit** ableiten. Er kann seinen Anspruch aber auch auf Art. 20 VO (EG) Nr. 883/2004 stützen. Beide Ansprüche schließen sich nicht aus, sondern stehen nebeneinander. Dies hat der EuGH explizit klargestellt (EuGH, Rs. C-372/04 (Watts), Slg 2006, I-4325 Rn 48).

b) Sozialversicherungszwang (Sozialversicherungsmonopol) und Dienstleistungsfreiheit

Im Regelfall sind die mitgliedstaatlichen Sozialleistungssysteme so gestaltet, dass ein Zweig der sozialen Sicherheit einem oder mehreren öffentlichen Trägern zur ausschließlichen Verwaltung übertragen ist. **Private Institutionen** des In- und Auslands sind dann nicht berechtigt, entsprechende Leistungen anzubieten. Soweit es sich um rein innerstaatliche Vorgänge handelt, ist die Zulässigkeit einer solchen Monopolstellung, die mit einem Versicherungszwang üblicherweise gekoppelt ist, ausschließlich nach nationalem Verfassungsrecht zu beurteilen. Da die bezeichnete Konstellation aber auch sowohl zu einem Ausschluss ausländischer Anbieter als auch zur Unmöglichkeit der unter Versicherungszwang stehenden Bürger des jeweiligen Staates führt, Versicherung im Ausland nachzufragen, ist die Frage nach der Verletzung der aktiven und passiven Dienstleistungsfreiheit aufgeworfen. 91

Der EuGH hatte sich mit dem Problemkreis erstmals in der Rs. García zu beschäftigen gehabt (EuGH, Rs. C-238/94 (García), Slg 1996, I-1679; ausführlich dazu *Fuchs*, Die Vereinbarkeit von Sozialversicherungsmonopolen mit dem EG-Recht, ZIAS 1996, 338 (344 ff)). Dabei ging es zwar vorrangig um die Kompatibilität von Sozialversicherungsmonopolen mit der Versicherungsrichtlinie 92/49/EWG, die sich mit der Beseitigung von **Versicherungsmonopolen** beschäftigte. Da das vorlegende französische Gericht aber seine Fragen weiter spannte, war der Gerichtshof aufgerufen, indirekt auch die Vereinbarkeit mit der Dienstleistungsfreiheit zu untersuchen. Mit Blick auf die zehnte Begründungserwägung der vorbezeichneten Richtlinie, in der die Aufhebung der Versicherungsmonopole verlangt wird, führte der Gerichtshof in der Entscheidung García aus (vgl Rn 12 des Urteils), „dass die Aufhebung der Monopole nur diejenigen Monopole betrifft, deren Tätigkeit von der RL 92/49/EWG erfasst werden und die Unternehmen im Sinne der Art. 81, 82 und 86 EG-Vertrag (Art. 101, 102, und 106 AEUV, M.F.) darstellen". Da diese Richtlinien und alle anderen Versicherungsharmonisierungsrichtlinien explizit die soziale Sicherheit ausnehmen und die Träger der sozialen Sicherheit in aller Regel nicht den Unternehmensbegriff von ihren Voraussetzungen her erfüllen, konnte die allgemeine Auffassung entstehen, dass Sozialversicherungsmonopole oder, was nur ein anderer Ausdruck ist, der Versicherungszwang bei einem bestimmten Träger der sozialen Sicherheit im Hinblick auf die Dienstleistungsfreiheit unbedenklich sind. 92

Mit der Entscheidung in der Rs. Kattner hat der EuGH jedoch einen anderen Weg eingeschlagen, wobei überrascht, dass er in seiner Begründung nicht mit einem einzigen Wort auf das Urteil in der Rs. García eingeht. In der Rs. Kattner ging es um die Vereinbarkeit der Pflichtmitgliedschaft von Unternehmen bei deutschen **Berufsgenossenschaften** im Hinblick auf die Wettbewerbsvorschriften und die Dienstleistungsfreiheit (EuGH, Rs. C-350/07 (Kattner), Urteil v. 5.3.2009 = ZESAR 2009, 343. Die Vereinbarkeit mit Wettbewerbsrecht konnte relativ leicht bejaht werden, da der EuGH nur die bisherigen Grundsätze, die er in der Rs. Cisal entwickelt hatte, anwenden musste. Vgl Rn 40 ff des Urteils in der Rs. Kattner). Entgegen dem Votum des GA (GA Rs. C-350/07 vom 18.11.2008, vgl dazu *Fuchs*, ZESAR 2009, 59 ff) kam der EuGH zu einem überraschenden Ergebnis. Die Kommission und die deutsche Regierung folgerten aus der bisherigen Rechtsprechung des EuGH, dass die Einrichtung einer Pflichtmitgliedschaft in einem System der sozialen Sicherheit in die alleinige Zuständigkeit der Mitgliedstaaten falle, so dass diese Regelung vom Anwendungsbereich der Art. 56 und 57 AEUV nicht erfasst werde. Dieser These trat der EuGH entschieden entgegen (vgl zum Folgenden Rn 73 ff des Urteils in der Rs. Kattner). Zwar sei es aufgrund ständiger Rechtsprechung des EuGH in Ermangelung einer gemeinschaftlichen Harmonisierung Sache des Rechts jedes Mitgliedstaats, insbesondere die Voraussetzungen der Verpflichtung, sich bei einem System der sozialen Sicherheit zu versichern und damit die Art der Finanzierung dieses Systems festzulegen. Doch müssen die Mitgliedstaaten bei der Ausübung dieser Befugnis gleichwohl das Gemeinschaftsrecht beachten. Rechtlich könne deshalb das System der Mitgliedschaft (im konkreten Falle bei einer deutschen Berufsgenossenschaft) nur dann Bestand haben, wenn sie mit den Art. 56 und Art. 57 AEUV vereinbar sei. 93

94 Der EuGH bejaht eine mögliche **Verletzung der Dienstleistungsfreiheit**, weil die Pflichtmitgliedschaft geeignet sei, die ihr unterliegenden Unternehmen davon abzuhalten oder daran zu hindern, sich an solche in anderen Mitgliedstaaten als dem ihrer Mitgliedschaft niedergelassene Versicherungsdienstleister zu wenden, und außerdem stelle es auch für diese Unternehmen ein Hemmnis für den freien Dienstleistungsverkehr dar. Allerdings könne die Beschränkung gerechtfertigt sein, wenn sie **zwingenden Gründen des Allgemeinwohls** entspricht, geeignet ist, die Erreichung des mit ihr verfolgten Ziels zu gewährleisten, und nicht über das hinausgeht, was zur Erreichung dieses Ziels erforderlich ist (dieses Prüfungsschema entspricht st.Rspr des EuGH für den Bereich der Dienstleistungsfreiheit, vgl dazu *Borchardt*, Die rechtlichen Grundlagen der Europäischen Union, 4. Aufl. 2010, Rn 1080 ff). Im konkreten Fall zeigt der EuGH schon die möglichen Rechtfertigungswege auf. Die privaten Versicherungsgesellschaften könnten über die Abdeckung durch die gesetzliche Unfallversicherung hinaus Risiken versichern. Darüber hinaus könne die Pflichtmitgliedschaft zur Verhinderung einer erheblichen Gefährdung des finanziellen Gleichgewichts des Systems der sozialen Sicherheit, in diesem Falle der Unfallversicherung, notwendig sein.

95 Entgegen dem ersten Anschein dürften die Auswirkungen dieses Urteils auf die Systeme der sozialen Sicherheit, insbesondere die Sozialversicherungen, eher gering sein. Denn die **Rechtfertigungsgründe**, die der EuGH aufgezählt hat, sind gewichtig und sie sind ja nicht einmal abschließender Natur. Es können weitere triftige Rechtfertigungsgründe im Einzelfall hinzutreten. Der wichtigste Rechtfertigungsgrund ist aber sicherlich die Gewährleistung des **finanziellen Gleichgewichts eines Systems der sozialen Sicherheit**. Hierfür ist eine **Pflichtmitgliedschaft** bei dem öffentlichen Träger unerlässlich. Dies gilt jedenfalls für solche Systeme, die nach dem Prinzip des Umlageverfahrens gestaltet sind. Dies hat der EuGH an anderer Stelle bereits selbst bekundet. In der Rs. Poucet und Pistre hat der EuGH ausgeführt (EuGH, Rs. C-159/91 und C-160/91 (Poucet und Pistre), Slg 1993, I-637 Rn 13), „die Systeme der sozialen Sicherheit, die wie die im Ausgangsverfahren in Rede stehenden, auf dem Solidaritätsgrundsatz beruhen, (erfordern) die Versicherungspflicht, damit die Anwendung dieses Grundsatzes sowie das finanzielle Gleichgewicht dieser Systeme gewährleistet sind". Und der Gerichtshof fährt fort, bei Beseitigung der Versicherungspflicht würde der Fortbestand der betreffenden Systeme unmöglich gemacht. Auf diese Aussage hat der EuGH in der Rs. García ausdrücklich hingewiesen und sie expressis verbis wiederholt (EuGH, Rs. C-238/94 (García), Slg 1996, I-1679 Rn 14). Auch wenn die rechtlichen Konsequenzen aus dem Urteil in der Rs. Kattner für die bestehenden Systeme der sozialen Sicherheit gering sein werden, ist dennoch der dogmatische Ansatz des EuGH entschieden abzulehnen (Zustimmung hat die Entscheidung des EuGH gefunden bei *Giesen*, ZESAR 2009, 311 ff; *Gundel*, EuZW 2009, 290). Der EuGH hat sich mit dem Judiz in der Rs. Kattner nicht nur gegen seine frühere Rechtsprechung in der Rs. García gestellt. Der Gerichtshof ignoriert gleichzeitig die gesamte legislative Entwicklung auf dem Gebiete der Versicherungsharmonisierung und der sekundärrechtlichen Konkretisierung der Dienstleistungsfreiheit. Alle versicherungsharmonisierenden Richtlinien nehmen die soziale Sicherheit von ihrem Anwendungsbereich aus (Art. 2 Nr. 1 d) RL 73/239/EWG; Art. 12 Abs. 2 RL 88/357/EWG; Art. 2 Abs. 2 RL 92/49/EWG; Art. 3 RL 2009/138/EG). Die Respektierung des Grundsatzes, die soziale Sicherheit nicht in die Dienstleistungsharmonisierung einzubeziehen, wurde zuletzt und erneut in der RL 2006/123/EG über Dienstleistungen im Binnenmarkt ersichtlich (ABl. L 376/36). In Nr. 8 der Erwägungsgründe der Dienstleistungsrichtlinie heißt es: „Die Bestimmungen dieser Richtlinie über die Niederlassungsfreiheit und die Dienstleistungsfreiheit sollten nur insoweit Anwendung finden, als die betreffenden Tätigkeiten dem Wettbewerb offen stehen, so dass sie die Mitgliedstaaten weder verpflichten, Dienstleistungen von allgemeinem wirtschaftlichen Interesse zu liberalisieren, noch öffentliche Einrichtungen, die solche Dienstleistungen anbieten, zu privatisieren, noch bestehende Monopole für andere Tätigkeiten oder bestimmte Vertriebsdienste abzuschaffen". Und in der Begründungserwägung Nr. 14 heißt es, dass die Richtlinie nicht die Rechtsvorschriften der Mitgliedstaaten für die soziale Sicherheit berührt. Folgerichtig ist in Art. 1 Abs. 3 RL 2006/123/EG bestimmt, dass die Richtlinie nicht die Abschaffung von Dienstleistungsmonopolen betrifft und auch nicht das Recht der Mit-

gliedstaaten, im Einklang mit dem Gemeinschaftsrecht festzulegen, welche Leistungen sie als von allgemeinem wirtschaftlichen Interesse erachten und wie diese Dienstleistungen unter Beachtung der Vorschriften über staatliche Beihilfen organisiert und finanziert werden sollen. Folgerichtig nimmt Art. 1 Abs. 6 RL 2006/123/EG die Rechtsvorschriften der Mitgliedstaaten über die soziale Sicherheit von ihrem Anwendungsbereich aus.

Ein weiteres gewichtiges Gegenargument gegen die Position des EuGH ist systematischer Natur. Ursprünglich hatte der EG nur eine **Koordinierung** der sozialen Sicherheit vorgesehen (Art. 51 EWGV). Mit dem Vertrag von Amsterdam ist jedoch über Art. 153 Abs. 2 AEUV dem europäischen Gesetzgeber eine gewisse zusätzliche Regelungsmöglichkeit eingeräumt worden. Nach dieser Bestimmung kann der Rat auf dem Gebiet der sozialen Sicherheit, allerdings unter Ausschluss jeglicher Harmonisierung der Rechts- und Verwaltungsvorschriften bestimmte Maßnahmen der Verwaltungskooperation sowie Mindestvorschriften erlassen, dies alles aber freilich nur auf der Basis von Einstimmigkeit auf Vorschlag der Kommission. Und Art. 153 Abs. 4 AEUV stellt darüber hinaus sicher, dass selbst im Falle des Erlasses solcher Bestimmungen nicht die anerkannte Befugnis der Mitgliedstaaten berührt werden darf, die Grundprinzipien ihres Systems der sozialen Sicherheit festzulegen, und außerdem dürfen sie das finanzielle Gleichgewicht dieser Systeme nicht erheblich beinträchtigen. 96

Mit Blick auf die Vorschrift des Art. 153 Abs. 4 AEUV ist deshalb zu Recht formuliert worden, „dass damit im Ergebnis Maßnahmen der Mitgliedstaaten auf dem Gebiet der sozialen Sicherheit von der Harmonisierung ausgenommen werden, die auch nicht durch die Grundfreiheiten ausgehebelt werden dürfen" (vgl *Streinz*, Europarecht, 9. Aufl. 2012, Rn 1122). Der EuGH kann sich nicht über grundlegende Festlegungen des europäischen Gesetzgebers hinwegsetzen. Der vom Gerichtshof immer wieder betonte Grundsatz, dass das Gemeinschaftsrecht die Zuständigkeit für die Ausgestaltung ihrer Systeme der sozialen Sicherheit unberührt lässt, darf sich nicht als bloßes Lippenbekenntnis darstellen. In Wirklichkeit sagt der Gerichtshof: Jede Pflichtmitgliedschaft in einem System der sozialen Sicherheit stellt eine Beschränkung der Dienstleistungsfreiheit dar. Diese Beschränkung kann aber gerechtfertigt sein, wenn sie zwingenden Gründen des Allgemeinwohls entspricht und den **Verhältnismäßigkeitsgrundsatz** nicht verletzt. Dh mit dem Vorliegen einer Beschränkung setzt sich ein Mitgliedstaat zunächst ins Unrecht. Diesem Unwerturteil kann er nur entgehen, wenn er Rechtfertigungsgründe für sich in Anspruch nehmen kann. Gegen eine solche Betrachtung steht – wie bereits gesagt – die frühere Rechtsprechung des EuGH sowie die legislative Rechtsentwicklung auf europäischer Ebene betreffend die Konkretisierung der Dienstleistungsfreiheit. 97

5. Die Unionsbürgerschaft

Das Europäische Sozialrecht hat sich – wie gezeigt – als ein Annex der Marktfreiheiten entwickelt. Adressat des Europäischen Sozialrechts ist danach, wer von den **Marktfreiheiten** Gebrauch macht, sei es als Arbeitnehmer das Recht der Freizügigkeit in Anspruch nimmt, sei es als Selbständiger das Recht der Niederlassungs- und Dienstleistungsfreiheit beansprucht. Diese Sichtweise hat auch die Rechtsprechung des EuGH geprägt. Deshalb ist gesagt worden, dass der EuGH bei der Auslegung der Grundfreiheiten einer Form des teleologischen Utilitarismus folgt, der ein Recht dann als Grundrecht ansieht, wenn es hilft, zum Erreichen oder zur Aufrechterhaltung einer voll integrierten Marktökonomie beizutragen (*Ball*, Harvard International Law Journal, 1996, 307 (341)). Damit geht einher die kritische Feststellung, dass im Gegensatz zu den meisten Verfassungen der europäischen Staaten die Freiheit des Wirtschaftens auf europäischer Ebene nicht mit einem ausgleichenden Sozialstaatsprinzip versehen wurde (vgl *Giubboni*, in: Argomenti di diritto di lavoro 1997, 67 (83)). Die Marktorientierung ist eine Folge der Tatsache, dass die Europäische Gemeinschaft ursprünglich als reine Wirtschaftsgemeinschaft konzipiert war. Allerdings darf auch nicht übersehen werden, dass der EuGH die primär auf die Wahrung der Freizügigkeit der Arbeitnehmer und des Rechts der Niederlassungs- und Dienstleistungsfreiheit zugeschnittenen 98 sozialen Schutzrechte extensiv ausgelegt und diese dadurch ansatzweise in den Grenzen des AEUV zu Bürgerrechten ausgebaut hat (vgl dazu *Sieveking*, Freizügigkeit und soziale Sicherung – Elemente eines europäischen Bürgerrechts, in: *Krämer/Micklitz/Tonner* (Hrsg.), Law and Diffuse Interests in the European Legal Order, 1997, S. 483 ff). Als bekanntes Beispiel lässt sich die Entscheidung des EuGH in der Rs. Cowan anführen, die einen britischen Staatsangehörigen betraf, auf den in Paris am Ausgang einer Metrostation ein Überfall verübt worden war. Ihm wurde die nach französischem Recht vorgesehene Entschädigung für Opfer von Gewalttaten versagt, da er nicht die französische Staatsangehörigkeit besaß. Der EuGH gab Cowan, der sich auf das Diskriminierungsverbot des Art. 18 AEUV (= Art. 12 EG) berufen hatte, Recht (vgl EuGH, Rs. 186/87 (Cowan), Slg 1990, 195).

99 Konnte die Entscheidung in der Rs. Cowan noch als ein singulärer Fall betrachtet werden, so markiert die Entscheidung in der Rs. Martínez Sala (EuGH, Rs. C-85/96 (Martínez Sala), Slg 1998, I-2691) den Beginn einer Rechtsprechung, die sozialrechtliche Ansprüche auch unter Berücksichtigung des allgemeinen **Freizügigkeitsrechts von Unionsbürgern** (Art. 21 AEUV) iVm dem Diskriminierungsverbot des Art. 18 AEUV bestimmt (vgl zu diesem Themenkomplex die Beiträge von *Calliees*, *Kingreen*, *Cremer* und *Becker*, in: *Hatje/Huber* (Hrsg.), Unionsbürgerschaft und soziale Rechte, EuR, Beiheft 1/2007). Diese Rechtsprechung besagt, dass jeder Unionsbürger, der sich rechtmäßig im Gebiet eines anderen Mitgliedstaats aufhält, einen Anspruch auf Gewährung der Inländern zustehenden Leistungen nach den für diese geltenden Voraussetzungen hat (vgl EuGH, Rs. C-184/99 (Grzelczyk), Slg 2001, I-6193; Rs. C-224/98 (D'Hoop), Slg 2002, I-6191; Rs. C-138/02 (Collins), Slg 2004, I-2703; Rs. C-413/99 (Baumbast), Slg 2002, I-7136; Rs. C-456/02 (Trojani), Slg 2004, I-7573; Rs. C-209/03 (Bidar), Slg 2005, I-2119; Rs. C-258/04 (Joannides), Slg 2005, I-8275; Rs. C-499/06 (Merkowska), Slg 2008, I-3993; Rs. C-221/07 (Zablocka-Weyhermüller), Slg 2008, I-9029). Damit hat eine Ablösung sozialer Rechte vom Tatbestand der Erwerbstätigkeit stattgefunden (*Kingreen*, Die Universalisierung sozialer Rechte im Gemeinschaftsrecht, EuR, Beiheft 1/2007, 43, 47). Diese Rechtsprechung hat zahlreiche Anhänger gefunden, aber auch erhebliche Kritik hervorgerufen (zu einer positiven, aber auch zu Vorsicht mahnenden Einschätzung s. *Becker*, Migration und soziale Sicherheit – die Unionsbürgerschaft im Kontext, in: *Hatje/Huber* (Hrsg.), Unionsbürgerschaft und soziale Rechte, EuR Beiheft 1/2007, S. 95 ff; *Giubboni*, Free Movements of Persons and European Solidarity, ELJ 13 (2007), 360 ff. Dezidiert ablehnend *Hailbronner*, Die Unionsbürgerschaft und das Ende rationaler Jurisprudenz durch den EuGH?, NJW 2004, 2185 ff; *Hailbronner*, Union Citizenship and Access to Social Benefits, CMLR 42 (2005), 1245 ff).

Teil 1:
Artikel 45-48 AEUV – Die Arbeitskräfte

Literaturübersicht

Bleckmann, Die Personenverkehrsfreiheit im Recht der EG, Vom Gleichheitssatz zur Verankerung absoluter Grundrechte, DVBl. 1986, S. 69-75; *Callies/Ruffert* (Hrsg.), EUV/EGV, 3. Aufl. 2007; *Danwitz*, Anmerkungen zur Entwicklung der Rechtsprechung des Gerichtshofes auf dem Gebiet des Sozialrechts, in: *Müntefering/Becker* (Hrsg.), 50 Jahre EU – 50 Jahre Rechtsprechung des Europäischen Gerichtshofs zum Arbeits- und Sozialrecht, 2008, S. 107; *Dietrich*, Die Freizügigkeit der Arbeitnehmer in der Europäischen Union, 1995; *Everling*, Von der Freizügigkeit der Arbeitnehmer zum europäischen Bürgerrecht?, EuR 1990, Beiheft 1, S. 89; *Fabis*, Die Auswirkungen der Freizügigkeit gemäß Art. 48 EG-Vertrag auf Beschäftigungsverhältnisse im nationalen Recht, 1995; *Fuchs*, Arbeitsmigration im Spannungsfeld von nationalstaatlicher und europarechtlicher Regelung, in: *Konzen/Krebber/Raab/Veit/Waas* (Hrsg.), Festschrift für Birk, 2008, S. 115 ff; *Geiger* (Hrsg.), EUV/EGV, 4. Aufl. 2004; *Giesen*, Die Vorgaben des EG-Vertrags für das Internationale Sozialrecht, 1999; *Grabitz*, Europäisches Bürgerrecht zwischen Marktbürgerschaft und Staatsbürgerschaft, 1970; *von der Groeben/Schwarze*, EUV/EGV, 6. Aufl. 2003; *Gutmann*, Die Assoziationsfreizügigkeit türkischer Staatsangehöriger, 2. Aufl. 1999; *Hailbronner*, Die soziale Dimension der Freizügigkeit – Gleichbehandlung und Territorialitätsprinzip, EuZW 1991, S. 171 ff; *ders.*, Ansprüche nicht erwerbstätiger Unionsbürger auf gleichen Zugang zu sozialen Leistungen, ZFSH/SGB 2009, S. 195 ff; *Höller*, Soziale Grundrechte Drittstaatsangehöriger nach europäischem Gemeinschaftsrecht, 2005; *Kühbacher*, Die Gewährung steuerlicher und sozialer Vergünstigungen, in: *Roth/Hilpold*, Der EuGH und die Souveränität der Mitgliedstaaten, 2008, S. 251 ff; *Krebber*, Soziale Rechte in der Gemeinschaftsrechtsordnung, RdA 2009, S. 224 ff; *Lang*, Das Gemeinschaftsrecht der Drittstaatsangehörigen, 1998; *Laubach*, Bürgerrechte für Ausländer und Ausländerinnen in der Europäischen Union, 1999; *Lenz* /Borchardt (Hrsg.), EUV/EGV, 4. Aufl. 2006; *Reich*, Bürgerrechte in der Europäischen Union, 1999; *Schlegel*, Sozialversicherung unter europäischem Einfluss, in: *Bender/Eicher* (Hrsg.), Sozialrecht – eine Terra incognita, 2009, S. 3 ff; *Schwarze*, EU-Kommentar, 2. Aufl. 2009; *Sopp*, Drittstaatsangehörige und Sozialrecht, 2007.

Vorbemerkungen

Die folgende Kommentierung der **freizügigkeitsspezifischen Vorschriften** der europäischen Verträge bezieht sich auf die Fassung des Vertrags von Lissabon. Die maßgeblichen Vorschriften sind, abgesehen von Ausnahmen, auf die näher eingegangen wird, wortgleich aus den vorigen Verträgen übernommen worden, so dass die Veränderung im Wesentlichen bei der Artikelnummer liegt. Die zitierte Rechtsprechung und Literatur bezieht sich allerdings überwiegend auf die die alte Nummerierung der entsprechenden Vorschriften. Bei der Kommentierung wird auf Besonderheiten, die sich dadurch ergeben, dass die Arbeitnehmer aus kürzlich beigetretenen Mitgliedstaaten in Folge der Anwendung von Übergangsrecht noch keine Freizügigkeit besitzen, nur punktuell eingegangen. Die Übergangsfristen für Bulgarien und Rumänien enden spätestens 2013. 1

Die Freizügigkeit der Arbeitskräfte ist im Titel IV Kapitel 1 des Vertrags über die Arbeitsweise der Europäischen Union (AEUV) geregelt. Zusammen mit der Niederlassungsfreiheit sowie der Dienstleistungsfreiheit, der Freiheit des Kapitalverkehrs und der Freiheit des Warenverkehrs ergeben sich daraus die so genannten Grundfreiheiten des **Binnenmarkts**, die von Anfang an im europäischen Primärrecht verankert worden waren. Waren, Kapital, Dienstleistungen, Arbeitnehmer und Selbständige sollen im Binnenmarkt möglichst unbeschränkt zirkulieren können. Selbständige haben die Wahl, ob sie vorübergehend von der Dienstleistungsfreiheit in einem anderen Mitgliedstaat Gebrauch machen oder sich dort dauerhaft niederlassen wollen. Arbeitnehmer können in einem anderen Mitgliedstaat ein Beschäftigungsverhältnis aufnehmen oder von ihrem Arbeitgeber grenzüberschreitend entsandt werden. Aus dem Zusammenhang mit den anderen Binnenmarktfreiheiten ergibt sich, dass die Freizügigkeit der Personen in erster Linie als wirtschaftliche Freiheit gedacht war. So wurde die Freizügigkeit der Arbeitskräfte zunächst auch nur als wünschenswerte Begleiterscheinung der Liberalisierung des Güteraustauschs betrachtet 2

(IAO, Soziale Aspekte der europäischen wirtschaftlichen Zusammenarbeit, Genf 1956). Arbeitgeber sollten die Möglichkeit haben, Arbeitskräfte aus dem Ausland anzuwerben. Allenfalls sollte die Aufnahme einer Beschäftigung in einem anderen Mitgliedstaat zur Verbesserung der Lebens- und Arbeitsbedingungen der Betroffenen beitragen. Inzwischen kann allerdings davon ausgegangen werden, dass das Recht auf Freizügigkeit durchaus auch als **Menschenrecht** um seiner selbst willen geschützt wird. Jedenfalls postuliert Art. 18 der Europäischen Sozialcharta des Europarats vom 18.10.1961 (BGBl. 1964 II S. 1262) das Recht auf Ausübung einer Erwerbstätigkeit im Hoheitsgebiet der anderen Vertragsparteien als soziales Grundrecht. Die Verfolgung der Ziele der Europäischen Sozialcharta ist Grundlage der europäischen Sozialpolitik (Art. 151 AEUV = Art. 136 EG). Außerdem enthält die Charta der Grundrechte der Europäischen Union in Art. 45 jetzt ein eigenständiges europäisches Grundrecht auf Freizügigkeit. Darüber hinaus wird das Recht auf Freizügigkeit in der Präambel des Vertrags über die europäische Union erwähnt. Die Freizügigkeit der Personen wird heute also als allgemeines **Grundrecht des Gemeinschaftsrechts** begriffen und ist auch so zu interpretieren.

3 Das Recht auf Freizügigkeit steht jedoch nicht nur Arbeitnehmern und Selbständigen zu, sondern seit dem Vertrag von Maastricht kann es von jedem **Unionsbürger** ausgeübt werden. Allerdings sieht Art. 21 AEUV (= Art. 18 EG) noch die Möglichkeit eines Vorbehalts für die Freizügigkeit der Unionsbürger vor. Dieser Vorbehalt findet sich auch in der sekundärrechtlichen Richtlinie über die Freizügigkeit und das **Aufenthaltsrecht** wieder (RL 2004/38/EG), die voraussetzt, dass die Personen, die weder Arbeitnehmer noch Selbständige sind, für sich und ihre Familienangehörigen über ausreichende Existenzmittel und einen umfassenden Krankenversicherungsschutz im Aufnahmemitgliedstaat verfügen müssen. Ob und in welchem Umfang dieser Vorbehalt geltend gemacht werden kann, unterliegt der Interpretation des EuGH (*Pechstein/Bunk*, Das Aufenthaltsrecht als Auffangtatbestand – Die fehlende unmittelbare Anwendbarkeit sowie die Reichweite des Art. 8a Abs. 1 EG, EuGRZ 1997, 547). Jedenfalls hat der Gerichtshof im Urteil Martinez Sala bereits einer europäischen Bürgerin einen Anspruch auf Gleichbehandlung mit den Staatsangehörigen des betreffenden Mitgliedstaats, in dem sie sich aufhält, eröffnet (EuGH, Rs. C-85/96, Slg 1998, I-2691). Auch Studierende, die bei der Einreise die Voraussetzungen über das Aufenthaltsrecht erfüllt haben, aber im Verlauf des Studiums sozialhilfebedürftig werden, dürfen nicht gegenüber Inländern durch Vorenthalten von Mindestleistungen diskriminiert werden (EuGH, Rs. C-184/99 (Grzelczyk), Slg 2001, I-6193). Allerdings ist es zulässig, die Gewährung eines Stipendiums für Studierende von einer gewissen vorherigen Aufenthaltsdauer abhängig zu machen (EuGH, Rs. C-158/07 (Förster), Slg 2008, I-8507) in Fortentwicklung von EuGH, Rs. C-209/03 (Bidar), Slg 2005, I-2119).

4 Abgesehen von den speziellen Regeln der Art. 45-48 AEUV (= Art. 39-42 EG) gilt noch der allgemeine Gleichheitsgrundsatz des Art. 18 AEUV (= Art. 12 EG), der eigenständige Bedeutung erlangen kann, wenn es sich zum Beispiel um die Rechte der Unionsbürger handelt, die keine Arbeitnehmer sind. Er kommt also immer dann allein zu Anwendung, wenn kein **spezielleres Gleichheitsgebot** eingreift (EuGH, Rs. C-131/96 (Mora Romero), Slg 1997, I-3659). Allerdings schließt die Anwendbarkeit des Art. 45 AEUV (= Art. 39 EG) die parallele Anwendung des aus Art. 18 AEUV (= Art. 12 EG) folgenden allgemeinen Gleichheitsgrundsatzes nicht aus. So zitiert der Gerichtshof häufig den allgemeinen Gleichheitsgrundsatz zusammen mit den Artikeln über die Freizügigkeit (EuGH, Rs. 1/78 (Kenny), Slg 1978, 1489). Art. 45 AEUV (= Art. 39 EG) ist daher ein spezieller Anwendungsfall des Gleichheitsgrundsatzes (EuGH, Rs. C-20/96 (Petrie), Slg 1997, I-6527), neben dem Art. 18 AEUV (= Art. 12 EG) als Verstärkung stehen kann. Darüber hinaus bekommt Art. 45 AEUV (= Art. 39 EG) insbesondere dann Bedeutung, wenn es um Fragen der **versteckten Diskriminierung** geht. Schließlich geht der Auftrag des Art. 45 AEUV (= Art. 39 EG) weiter als der des Art. 18 AEUV (= Art. 12 EG), da er nicht nur Diskriminierungen verhindern soll, sondern auch bloße **Benachteiligungen** der Freizügigkeit.

Auf der Basis der Art. 18/19 AEUV (= Art. 12/13 EG) wurden bislang drei Antidiskriminierungs- 5
richtlinien verabschiedet:

- RL 2000/43/EG des Rates vom 29. Juni 2000 zur Anwendung des Gleichbehandlungsgrundsatzes ohne Unterschied der Rasse oder der ethnischen Herkunft (ABl. L 180, S. 22),
- RL 2000/78/EG des Rates vom 27. November 2000 zur Festlegung eines allgemeinen Rahmens für die Verwirklichung der Gleichbehandlung in Beschäftigung und Beruf (ABl. L 303, S. 16),
- RL 2004/113/EG des Rates vom 13. Dezember 2004 zur Verwirklichung des Grundsatzes der Gleichbehandlung von Männern und Frauen beim Zugang zu und bei der Versorgung mit Gütern und Dienstleistungen (ABl. L 373, S. 37).

Ein weiterer Vorschlag der Kommission für eine Richtlinie des Rates zur Anwendung des Grundsatzes der Gleichbehandlung ungeachtet der Religion oder der Weltanschauung, einer Behinderung, des Alters oder der sexuellen Ausrichtung (KOM/2008/426) wird zur Zeit in den europäischen Gremien diskutiert.

Die Umsetzung der Antidiskriminierungsrichtlinien war in Deutschland sehr umstritten. Sie sehen das Verbot der Diskriminierung aus Gründen des Geschlechts, der Rasse, der ethnischen Herkunft, der Religion, des Glaubens, der Behinderung, des Alters oder der sexuellen Orientierung vor. Auch wenn diese Richtlinien nicht im Zusammenhang mit dem Recht auf Freizügigkeit stehen, ist es offensichtlich, dass Personen, die innerhalb der Gemeinschaft ihr Recht auf Freizügigkeit ausgeübt haben, von diesen Diskriminierungsverboten profitieren können. Die Richtlinien sehen das Verbot der unmittelbaren und **mittelbaren Diskriminierung** sowie der **Belästigung** vor. Der materielle Anwendungsbereich (Zugang zur Beschäftigung, Berufsberatung, Weiterbildung, Beschäftigungs- und Arbeitsbedingungen) ist teilidentisch mit dem Anwendungsbereich des Art. 45 AEUV (= Art. 39 EG). Von besonderer Bedeutung für das deutsche Recht ist die in den Richtlinien enthaltene **Beweislastumkehr**, die ihren Vorläufer in der früheren RL 97/80/EG (ABl. 1998 L 14, S. 6) zur Gleichbehandlung von Männern und Frauen hatte (jetzt: RL 2006/54/EG zur Verwirklichung des Grundsatzes der Chancengleichheit und Gleichbehandlung von Männern und Frauen in Arbeits- und Beschäftigungsfragen (ABl. L 204, S. 23).

Für das koordinierende Sozialrecht hat Art. 45 AEUV (= Art. 39 EG) neben dem Art. 48 AEUV 6
(= Art. 42 EG), der die Rechtsgrundlage der VO (EG) Nr. 883/2004 ist, eigenständige Bedeutung. Zum einen hat der EuGH regelmäßig die sekundärrechtlichen Regeln der Vorgängerin der VO (EG) Nr. 883/2004 am Recht auf Freizügigkeit gemessen. Insoweit ist Art. 45 AEUV (= Art. 39 EG) Auslegungsmaßstab für die Bestimmungen der Koordinierungsverordnung (EuGH, Rs. 232/82 (Baccini), Slg 1983, 533). Darüber hinaus sollen die Mitgliedstaaten auch verpflichtet sein, ihr nationales Sozialrecht im Geist des Art. 45 AEUV (= Art. 39 EG) anzuwenden, wenn weder in der Verordnung noch im nationalen Recht eindeutige Regelungen zur Vermeidung von Nachteilen vorhanden sind (EuGH, Rs. C-165/91 (van Munster), Slg 1994, I-4661). Weiterhin hat der Gerichtshof Regelungen des Verordnungsrechts verworfen, soweit sie gegen das Prinzip der Freizügigkeit verstießen (EuGH, Rs. C-227/89 (Rönfeldt), Slg 1991, I-323; EuGH, Rs. 41/84 (Pinna), Slg 1989, 1; EuGH, verb. Rs. C-396/05, C-419/05, C-450/05 (Habelt/Möser), Slg 2007 I-11895; dazu *Schuler*, ZESAR 2009, 40 ff; *Schindler*, Kompass/KBS 2008, 14 ff; *Bourauel/Petersen*, RVaktuell 2008, 352 ff; *Meißner*, SuP 2005, 118 ff). „Wenn eine Vorschrift nicht geeignet ist, die durch Art. 48 EWG-Vertrag (jetzt: Art. 45 AEUV = Art. 39 EG) vorgeschriebene Gleichbehandlung zu gewährleisten, hat sie im Rahmen der Koordinierung der nationalen Rechtsvorschriften, die in Art. 51 EWG-Vertrag (jetzt: Art. 48 AEUV = Art. 42 EG) vorgesehen ist, um die Freizügigkeit der Arbeitnehmer innerhalb der Gemeinschaft zu fördern, keinen Platz" (EuGH, Rs. 20/85 (Roviello), Slg 1988, 2805). Schließlich leitet der Gerichtshof immer häufiger unmittelbare Rechte aus Art. 45 AEUV ab, die unter Umständen im Sekundärrecht nicht vorgesehen sind. Es lässt sich deshalb sagen, dass die sekundärrechtlichen Vorschriften häufig nur noch re-

levant sind, soweit sie über das Primärrecht hinausgehen oder Details regeln (EuGH, Rs. C-20/96 (Petrie), Slg I-1997, 6527).

Artikel 45 AEUV

(1) Innerhalb der Union ist die Freizügigkeit der Arbeitnehmer gewährleistet.

(2) Sie umfasst die Abschaffung jeder auf der Staatsangehörigkeit beruhenden unterschiedlichen Behandlung der Arbeitnehmer der Mitgliedstaaten in Bezug auf Beschäftigung, Entlohnung und sonstige Arbeitsbedingungen.

(3) Sie gibt – vorbehaltlich der aus Gründen der öffentlichen Ordnung, Sicherheit und Gesundheit gerechtfertigten Beschränkungen – den Arbeitnehmern das Recht,
a) sich um tatsächlich angebotene Stellen zu bewerben;
b) sich zu diesem Zweck im Hoheitsgebiet der Mitgliedstaaten frei zu bewegen;
c) sich in einem Mitgliedstaat aufzuhalten, um dort nach den für die Arbeitnehmer dieses Staates geltenden Rechts- und Verwaltungsvorschriften eine Beschäftigung auszuüben;
d) nach Beendigung einer Beschäftigung im Hoheitsgebiet eines Mitgliedstaats unter Bedingungen zu verbleiben, welche die Kommission durch Verordnungen festlegt.

(4) Dieser Artikel findet keine Anwendung auf die Beschäftigung in der öffentlichen Verwaltung.

Richtlinie 2004/38/EG Artikel 1 Gegenstand

Diese Richtlinie regelt

a) die Bedingungen, unter denen Unionsbürger und ihre Familienangehörigen das Recht auf Freizügigkeit und Aufenthalt innerhalb des Hoheitsgebiets der Mitgliedstaaten genießen;

b) das Recht auf Daueraufenthalt der Unionsbürger und ihrer Familienangehörigen im Hoheitsgebiet der Mitgliedstaaten;

c) die Beschränkungen der in den Buchstaben a) und b) genannten Rechte aus Gründen der öffentlichen Ordnung, Sicherheit oder Gesundheit.

Richtlinie 2004/38/EG Artikel 2 Begriffsbestimmungen

Im Sinne dieser Richtlinie bezeichnet der Ausdruck

1. „Unionsbürger" jede Person, die die Staatsangehörigkeit eines Mitgliedstaats besitzt;
2. „Familienangehöriger"
   a) den Ehegatten;
   b) den Lebenspartner, mit dem der Unionsbürger auf der Grundlage der Rechtsvorschriften eines Mitgliedstaats eine eingetragene Partnerschaft eingegangen ist, sofern nach den Rechtsvorschriften des Aufnahmemitgliedstaats die eingetragene Partnerschaft der Ehe gleichgestellt ist und die in den einschlägigen Rechtsvorschriften des Aufnahmemitgliedstaats vorgesehenen Bedingungen erfüllt sind;
   c) die Verwandten in gerader absteigender Linie des Unionsbürgers und des Ehegatten oder des Lebenspartners im Sinne von Buchstabe b), die das 21. Lebensjahr noch nicht vollendet haben oder denen von diesen Unterhalt gewährt wird;
   d) die Verwandten in gerader aufsteigender Linie des Unionsbürgers und des Ehegatten oder des Lebenspartners im Sinne von Buchstabe b), denen von diesen Unterhalt gewährt wird;
3. „Aufnahmemitgliedstaat" den Mitgliedstaat, in den sich der Unionsbürger begibt, um dort sein Recht auf Freizügigkeit oder Aufenthalt auszuüben.

Richtlinie 2004/38/EG Artikel 3   Berechtigte

(1) Diese Richtlinie gilt für jeden Unionsbürger, der sich in einen anderen als den Mitgliedstaat, dessen Staatsangehörigkeit er besitzt, begibt oder sich dort aufhält, sowie für seine Familienangehörigen im Sinne von Artikel 2 Nummer 2, die ihn begleiten oder ihm nachziehen.

(2) Unbeschadet eines etwaigen persönlichen Rechts auf Freizügigkeit und Aufenthalt der Betroffenen erleichtert der Aufnahmemitgliedstaat nach Maßgabe seiner innerstaatlichen Rechtsvorschriften die Einreise und den Aufenthalt der folgenden Personen:

a) jedes nicht unter die Definition in Artikel 2 Nummer 2 fallenden Familienangehörigen ungeachtet seiner Staatsangehörigkeit, dem der primär aufenthaltsberechtigte Unionsbürger im Herkunftsland Unterhalt gewährt oder der mit ihm im Herkunftsland in häuslicher Gemeinschaft gelebt hat, oder wenn schwerwiegende gesundheitliche Gründe die persönliche Pflege des Familienangehörigen durch den Unionsbürger zwingend erforderlich machen;
b) des Lebenspartners, mit dem der Unionsbürger eine ordnungsgemäß bescheinigte dauerhafte Beziehung eingegangen ist.

Der Aufnahmemitgliedstaat führt eine eingehende Untersuchung der persönlichen Umstände durch und begründet eine etwaige Verweigerung der Einreise oder des Aufenthalts dieser Personen.

Richtlinie 2004/38/EG Artikel 4   Recht auf Ausreise

(1) Unbeschadet der für die Kontrollen von Reisedokumenten an den nationalen Grenzen geltenden Vorschriften haben alle Unionsbürger, die einen gültigen Personalausweis oder Reisepass mit sich führen, und ihre Familienangehörigen, die nicht die Staatsangehörigkeit eines Mitgliedstaats besitzen und die einen gültigen Reisepass mit sich führen, das Recht, das Hoheitsgebiet eines Mitgliedstaats zu verlassen und sich in einen anderen Mitgliedstaat zu begeben.

(2) Für die Ausreise von Personen gemäß Absatz 1 darf weder ein Visum noch eine gleichartige Formalität verlangt werden.

(3) Die Mitgliedstaaten stellen ihren Staatsangehörigen gemäß ihren Rechtsvorschriften einen Personalausweis oder einen Reisepass aus, der ihre Staatsangehörigkeit angibt, und verlängern diese Dokumente.

(4) Der Reisepass muss zumindest für alle Mitgliedstaaten und die unmittelbar zwischen den Mitgliedstaaten liegenden Durchreiseländer gelten. Sehen die Rechtsvorschriften eines Mitgliedstaats keinen Personalausweis vor, so ist der Reisepass mit einer Gültigkeit von mindestens fünf Jahren auszustellen oder zu verlängern.

Richtlinie 2004/38/EG Artikel 5   Recht auf Einreise

(1) Unbeschadet der für die Kontrollen von Reisedokumenten an den nationalen Grenzen geltenden Vorschriften gestatten die Mitgliedstaaten Unionsbürgern, die einen gültigen Personalausweis oder Reisepass mit sich führen, und ihren Familienangehörigen, die nicht die Staatsangehörigkeit eines Mitgliedstaats besitzen und die einen gültigen Reisepass mit sich führen, die Einreise.

Für die Einreise von Unionsbürgern darf weder ein Visum noch eine gleichartige Formalität verlangt werden.

(2) Von Familienangehörigen, die nicht die Staatsangehörigkeit eines Mitgliedstaats besitzen, ist gemäß der Verordnung (EG) Nr. 539/2001 oder gegebenenfalls den einzelstaatlichen Rechtsvorschriften lediglich ein Einreisevisum zu fordern. Für die Zwecke dieser Richtlinie entbindet der Besitz einer gültigen Aufenthaltskarte gemäß Artikel 10 diese Familienangehörigen von der Visumspflicht.

Die Mitgliedstaaten treffen alle erforderlichen Maßnahmen, um diesen Personen die Beschaffung der erforderlichen Visa zu erleichtern. Die Visa werden so bald wie möglich nach einem beschleunigten Verfahren unentgeltlich erteilt.

(3) Der Aufnahmemitgliedstaat bringt im Reisepass eines Familienangehörigen, der nicht die Staatsangehörigkeit eines Mitgliedstaats besitzt, keinen Einreise- oder Ausreisestempel an, wenn der Betroffene die Aufenthaltskarte gemäß Artikel 10 mit sich führt.

(4) Verfügt ein Unionsbürger oder ein Familienangehöriger, der nicht die Staatsangehörigkeit eines Mitgliedstaats besitzt, nicht über die erforderlichen Reisedokumente oder gegebenenfalls die erforderlichen Visa, so gewährt der betreffende Mitgliedstaat dieser Person jede angemessene Möglichkeit, sich die erforderlichen Dokumente in einer angemessenen Frist zu beschaffen oder übermitteln zu lassen oder sich mit anderen Mitteln bestätigen zu lassen oder nachzuweisen, dass sie das Recht auf Freizügigkeit und Aufenthalt genießt, bevor er eine Zurückweisung verfügt.

(5) Der Mitgliedstaat kann von dem Betroffenen verlangen, dass er seine Anwesenheit im Hoheitsgebiet dieses Mitgliedstaats innerhalb eines angemessenen und nicht diskriminierenden Zeitraums meldet. Die Nichterfüllung dieser Meldepflicht kann mit verhältnismäßigen und nicht diskriminierenden Sanktionen geahndet werden.

Richtlinie 2004/38/EG Artikel 6 **Recht auf Aufenthalt bis zu drei Monaten**

(1) Ein Unionsbürger hat das Recht auf Aufenthalt im Hoheitsgebiet eines anderen Mitgliedstaats für einen Zeitraum von bis zu drei Monaten, wobei er lediglich im Besitz eines gültigen Personalausweises oder Reisepasses sein muss und ansonsten keine weiteren Bedingungen zu erfüllen oder Formalitäten zu erledigen braucht.

(2) Absatz 1 gilt auch für Familienangehörige im Besitz eines gültigen Reisepasses, die nicht die Staatsangehörigkeit eines Mitgliedstaats besitzen und die den Unionsbürger begleiten oder ihm nachziehen.

Richtlinie 2004/38/EG Artikel 7 **Recht auf Aufenthalt für mehr als drei Monate**

(1) Jeder Unionsbürger hat das Recht auf Aufenthalt im Hoheitsgebiet eines anderen Mitgliedstaats für einen Zeitraum von über drei Monaten, wenn er

a) Arbeitnehmer oder Selbstständiger im Aufnahmemitgliedstaat ist oder

b) für sich und seine Familienangehörigen über ausreichende Existenzmittel verfügt, so dass sie während ihres Aufenthalts keine Sozialhilfeleistungen des Aufnahmemitgliedstaats in Anspruch nehmen müssen, und er und seine Familienangehörigen über einen umfassenden Krankenversicherungsschutz im Aufnahmemitgliedstaat verfügen oder

c) – bei einer privaten oder öffentlichen Einrichtung, die von dem Aufnahmemitgliedstaat aufgrund seiner Rechtsvorschriften oder seiner Verwaltungspraxis anerkannt oder finanziert wird, zur Absolvierung einer Ausbildung einschließlich einer Berufsausbildung als Hauptzweck eingeschrieben ist und

– über einen umfassenden Krankenversicherungsschutz im Aufnahmemitgliedstaat verfügt und der zuständigen nationalen Behörde durch eine Erklärung oder durch jedes andere gleichwertige Mittel seiner Wahl glaubhaft macht, dass er für sich und seine Familienangehörigen über ausreichende Existenzmittel verfügt, so dass sie während ihres Aufenthalts keine Sozialhilfeleistungen des Aufnahmemitgliedstaats in Anspruch nehmen müssen, oder

d) ein Familienangehöriger ist, der den Unionsbürger, der die Voraussetzungen des Buchstabens a), b) oder c) erfüllt, begleitet oder ihm nachzieht.

(2) Das Aufenthaltsrecht nach Absatz 1 gilt auch für Familienangehörige, die nicht die Staatsangehörigkeit eines Mitgliedstaats besitzen und die den Unionsbürger in den Aufnahmemitgliedstaat begleiten oder ihm nachziehen, sofern der Unionsbürger die Voraussetzungen des Absatzes 1 Buchstabe a), b) oder c) erfüllt.

(3) Für die Zwecke des Absatzes 1 Buchstabe a) bleibt die Erwerbstätigeneigenschaft dem Unionsbürger, der seine Erwerbstätigkeit als Arbeitnehmer oder Selbstständiger nicht mehr ausübt, in folgenden Fällen erhalten:

a) Er ist wegen einer Krankheit oder eines Unfalls vorübergehend arbeitsunfähig;
b) er stellt sich bei ordnungsgemäß bestätigter unfreiwilliger Arbeitslosigkeit nach mehr als einjähriger Beschäftigung dem zuständigen Arbeitsamt zur Verfügung;
c) er stellt sich bei ordnungsgemäß bestätigter unfreiwilliger Arbeitslosigkeit nach Ablauf seines auf weniger als ein Jahr befristeten Arbeitsvertrags oder bei im Laufe der ersten zwölf Monate eintretender unfreiwilliger Arbeitslosigkeit dem zuständigen Arbeitsamt zur Verfügung; in diesem Fall bleibt die Erwerbstätigeneigenschaft während mindestens sechs Monaten aufrechterhalten;
d) er beginnt eine Berufsausbildung; die Aufrechterhaltung der Erwerbstätigeneigenschaft setzt voraus, dass zwischen dieser Ausbildung und der früheren beruflichen Tätigkeit ein Zusammenhang besteht, es sei denn, der Betroffene hat zuvor seinen Arbeitsplatz unfreiwillig verloren.

(4) Abweichend von Absatz 1 Buchstabe d) und Absatz 2 haben nur der Ehegatte, der eingetragene Lebenspartner im Sinne von Artikel 2 Nummer 2 Buchstabe b) und Kinder, denen Unterhalt gewährt wird, das Recht auf Aufenthalt als Familienangehörige eines Unionsbürgers, der die Voraussetzungen des Absatzes 1 Buchstabe c) erfüllt. Artikel 3 Absatz 2 findet Anwendung auf die Verwandten in gerader aufsteigender Linie des Unionsbürgers und des Ehegatten oder eingetragenen Lebenspartners, denen Unterhalt gewährt wird.

Richtlinie 2004/38/EG Artikel 14   Aufrechterhaltung des Aufenthaltsrechts

(1) Unionsbürgern und ihren Familienangehörigen steht das Aufenthaltsrecht nach Artikel 6 zu, solange sie die Sozialhilfeleistungen des Aufnahmemitgliedstaats nicht unangemessen in Anspruch nehmen.

(2) Unionsbürgern und ihren Familienangehörigen steht das Aufenthaltsrecht nach den Artikeln 7, 12 und 13 zu, solange sie die dort genannten Voraussetzungen erfüllen.

...

(3) Die Inanspruchnahme von Sozialleistungen durch einen Unionsbürger oder einen seiner Familienangehörigen im Aufnahmemitgliedstaat darf nicht automatisch zu einer Ausweisung führen.

(4) Abweichend von den Absätzen 1 und 2 und unbeschadet der Bestimmungen des Kapitels VI darf gegen Unionsbürger oder ihre Familienangehörigen auf keinen Fall eine Ausweisung verfügt werden, wenn

a) die Unionsbürger Arbeitnehmer oder Selbständige sind oder
b) die Unionsbürger in das Hoheitsgebiet der Aufnahmemitgliedstaats eingereist sind, um Arbeit zu suchen. In diesem Fall dürfen die Unionsbürger und ihre Familienangehörigen nicht ausgewiesen werden, solange die Unionsbürger nachweisen können, dass sie weiterhin Arbeit suchen und dass sie eine begründete Aussicht haben, eingestellt zu werden.

Richtlinie 2004/38/EG Artikel 16   Allgemeine Regel für Unionsbürger und ihre Familienangehörigen

(1) Jeder Unionsbürger, der sich rechtmäßig fünf Jahre lang ununterbrochen im Aufnahmemitgliedstaat aufgehalten hat, hat das Recht, sich dort auf Dauer aufzuhalten. Dieses Recht ist nicht an die Voraussetzungen des Kapitels III geknüpft.

(2) Absatz 1 gilt auch für Familienangehörige, die nicht die Staatsangehörigkeit eines Mitgliedstaats besitzen und die sich rechtmäßig fünf Jahre lang ununterbrochen mit dem Unionsbürger im Aufnahmemitgliedstaat aufgehalten haben.

(3) Die Kontinuität des Aufenthalts wird weder durch vorübergehende Abwesenheiten von bis zu insgesamt sechs Monaten im Jahr, noch durch längere Abwesenheiten wegen der Erfüllung militärischer Pflichten, noch durch eine einzige Abwesenheit von höchstens zwölf aufeinander folgenden Monaten aus wichtigen Gründen wie Schwangerschaft und Niederkunft, schwere Krankheit, Studium oder Berufsausbildung oder berufliche Entsendung in einen anderen Mitgliedstaat oder einen Drittstaat berührt.

(4) Wenn das Recht auf Daueraufenthalt erworben wurde, führt nur die Abwesenheit vom Aufnahmemitgliedstaat, die zwei aufeinander folgende Jahre überschreitet, zu seinem Verlust.

Richtlinie 2004/38/EG Artikel 17   **Ausnahmeregelung für Personen, die im Aufnahmemitgliedstaat aus dem Erwerbsleben ausgeschieden sind, und ihre Familienangehörigen**

(1) Abweichend von Artikel 16 haben folgende Personen vor Ablauf des ununterbrochenen Zeitraums von fünf Jahren das Recht auf Daueraufenthalt im Aufnahmemitgliedstaat:

a) Arbeitnehmer oder Selbstständige, die zum Zeitpunkt des Ausscheidens aus dem Erwerbsleben das in dem betreffenden Mitgliedstaat für die Geltendmachung einer Altersrente gesetzlich vorgesehene Alter erreicht haben, oder Arbeitnehmer, die ihre abhängige Erwerbstätigkeit im Rahmen einer Vorruhestandsregelung beenden, sofern sie diese Erwerbstätigkeit in dem betreffenden Mitgliedstaat mindestens während der letzten zwölf Monate ausgeübt und sich dort seit mindestens drei Jahren ununterbrochen aufgehalten haben.

Haben bestimmte Kategorien von Selbstständigen nach den Rechtsvorschriften des Aufnahmemitgliedstaats keinen Anspruch auf eine Altersrente, so gilt die Altersvoraussetzung als erfüllt, wenn der Betroffene das 60. Lebensjahr vollendet hat.

b) Arbeitnehmer oder Selbstständige, die sich seit mindestens zwei Jahren ununterbrochen im Aufnahmemitgliedstaat aufgehalten haben und ihre Erwerbstätigkeit infolge einer dauernden Arbeitsunfähigkeit aufgeben.

Ist die Arbeitsunfähigkeit durch einen Arbeitsunfall oder eine Berufskrankheit eingetreten, aufgrund deren ein Anspruch auf eine Rente entsteht, die ganz oder teilweise zulasten eines Trägers des Aufnahmemitgliedstaats geht, entfällt die Voraussetzung der Aufenthaltsdauer.

c) Arbeitnehmer oder Selbstständige, die nach drei Jahren ununterbrochener Erwerbstätigkeit und ununterbrochenen Aufenthalts im Aufnahmemitgliedstaat eine abhängige oder selbstständige Erwerbstätigkeit in einem anderen Mitgliedstaat ausüben, ihren Wohnsitz jedoch im Aufnahmemitgliedstaat beibehalten und in der Regel jeden Tag oder mindestens einmal in der Woche dorthin zurückkehren.

Für den Erwerb der in den Buchstaben a) und b) genannten Rechte gelten die Zeiten der Erwerbstätigkeit in dem Mitgliedstaat, in dem der Betroffene seine Erwerbstätigkeit ausübt, als im Aufnahmemitgliedstaat abgeleistet.

Zeiten unfreiwilliger Arbeitslosigkeit, die vom zuständigen Arbeitsamt ordnungsgemäß festgestellt werden, oder vom Willen des Betroffenen unabhängige Arbeitsunterbrechungen sowie krankheits- oder unfallbedingte Fehlzeiten oder Unterbrechungen gelten als Zeiten der Erwerbstätigkeit.

(2) Die Voraussetzungen der Dauer des Aufenthalts und der Dauer der Erwerbstätigkeit in Absatz 1 Buchstabe a) sowie der Aufenthaltsdauer in Absatz 1 Buchstabe b) entfallen, wenn der Ehegatte oder der Lebenspartner im Sinne von Artikel 2 Nummer 2 Buchstabe b) des Arbeitnehmers oder des Selbstständigen die Staatsangehörigkeit des Aufnahmemitgliedstaats besitzt oder die Staats-

angehörigkeit jenes Mitgliedstaats durch Eheschließung mit dem Arbeitnehmer oder Selbstständigen verloren hat.

(3) Die Familienangehörigen eines Arbeitnehmers oder eines Selbstständigen, die sich mit ihm im Hoheitsgebiet des Aufnahmemitgliedstaats aufhalten, haben ungeachtet ihrer Staatsangehörigkeit das Recht auf Daueraufenthalt in diesem Mitgliedstaat, wenn der Arbeitnehmer oder Selbstständige für sich das Recht auf Daueraufenthalt gemäß Absatz 1 in diesem Mitgliedstaat erworben hat.

(4) Ist der Arbeitnehmer oder Selbstständige jedoch im Laufe seines Erwerbslebens verstorben, bevor er gemäß Absatz 1 das Recht auf Daueraufenthalt im Aufnahmemitgliedstaat erworben hat, so erwerben seine Familienangehörigen, die sich mit ihm in dem Aufnahmemitgliedstaat aufgehalten haben, das Recht, sich dort dauerhaft aufzuhalten, sofern

a) der Arbeitnehmer oder Selbstständige sich zum Zeitpunkt seines Todes seit zwei Jahren im Hoheitsgebiet dieses Mitgliedstaats ununterbrochen aufgehalten hat oder

b) der Tod infolge eines Arbeitsunfalls oder einer Berufskrankheit eingetreten ist oder

c) sein überlebender Ehegatte die Staatsangehörigkeit dieses Mitgliedstaats durch Eheschließung mit dem Arbeitnehmer oder dem Selbstständigen verloren hat.

Richtlinie 2004/38/EG Artikel 18   Erwerb des Rechts auf Daueraufenthalt durch bestimmte Familienangehörige, die nicht die Staatsangehörigkeit eines Mitgliedstaats besitzen

Unbeschadet des Artikels 17 erwerben die Familienangehörigen eines Unionsbürgers, auf die Artikel 12 Absatz 2 und Artikel 13 Absatz 2 Anwendung finden und die die dort genannten Voraussetzungen erfüllen, das Recht auf Daueraufenthalt, wenn sie sich rechtmäßig fünf Jahre lang ununterbrochen im Aufnahmemitgliedstaat aufgehalten haben.

I. Normzweck.................................. 1
II. Einzelerläuterungen 2
  1. Persönlicher Anwendungsbereich 2
    a) Arbeitnehmerbegriff 2
    b) Staatsangehörigkeit des Arbeitnehmers 5
    c) Familienangehörige 10
  2. Materieller Anwendungsbereich 13
    a) Ausreise-, Einreise- und Aufenthaltsrecht 13
    b) Zugang zur Beschäftigung – Stellenbewerbung 15
    c) Beschäftigungs- und Arbeitsbedingungen 16
      aa) Beschäftigungsbedingungen 17
      bb) Steuerliche Vergünstigungen ... 18
      cc) Soziale Vergünstigungen 20
    d) Verbleiberecht 24
  3. Territorialer Anwendungsbereich 25
  4. Diskriminierungsverbot 29
    a) Drittwirkung 30
    b) Mittelbare Diskriminierung 31
  5. Benachteiligungsverbot 34
  6. Rechtfertigung 36
  7. Vorbehalt des ordre public 37
  8. Ausnahme für die öffentliche Verwaltung 38

I. Normzweck

Enthielt der ursprüngliche Art. 48 EWG-Vertrag (jetzt Art. 45 AEUV = Art. 39 EG) noch den Auftrag, die Freizügigkeit herzustellen, so wird seit dem Vertrag von Amsterdam unterstellt, dass dieses Recht gewährleistet ist. Sowohl die alte als auch die heute geltende Fassung verbürgen jedoch nicht nur ein Diskriminierungsverbot, sondern verlangen darüber hinaus, dass bloße **Benachteiligungen des Rechts auf Freizügigkeit zu unterlassen** sind.   1

II. Einzelerläuterungen

1. Persönlicher Anwendungsbereich

a) Arbeitnehmerbegriff

In den persönlichen Anwendungsbereich des Art. 45 AEUV (= Art. 39 EG) fallen Arbeitnehmer im Sinne des Gemeinschaftsrechts (EuGH, Rs. 75/63 (Unger), Slg1964, 347). Dieser Begriff wird   2 vom EuGH **weit ausgelegt** (bzw. Einschränkungen werden eng interpretiert). Maßgeblich ist daher eine zwar tatsächliche und echte Erwerbstätigkeit, jedoch darf kein Mindestumfang festgelegt werden (EuGH, Rs. 157/84 (Fracogna), Slg 1985, 1739), so dass selbst eine nicht existenzsichernde Teilzeitbeschäftigung ausreicht (EuGH, Rs. 53/81 (Levin), Slg 1982, 1035 und Rs. 139/85 (Kempf), Slg 1986, 1741). Auch eine nicht wirtschaftlich motivierte Beschäftigung kann ausreichen, wenn es sich nur um eine tatsächliche und echte Beschäftigung handelt (EuGH, Rs. C-413/01 (Ninni-Orasche), Slg I-13187). Allerdings ist es zulässig, einer **nur geringfügig beschäftigten** Grenzgängerin Familienleistungen im Land der Beschäftigung zu versagen (EuGH, Rs. C-213/05 (Geven), Slg 2007, I-6347; *Devetzi*, ZESAR 2008, 99 ff).

3 Insoweit unterscheidet sich der Arbeitnehmerbegriff des Art. 45 AEUV (= Art. 39 EG) wesentlich von der Definition der VO (EG) Nr. 883/2004, die eine spezifisch sozialrechtliche Begriffsbestimmung ist und auf die Versicherteneigenschaft abstellt. Letztere ist zwar ebenfalls nach Gemeinschaftsrecht auszulegen, verweist jedoch auf das nationale Sozialrecht (EuGH, Rs. 182/78 (Pierik II), Slg 1979, 1977). Danach ist auch eine nichterwerbstätige Person als **versicherte Person** erfasst, wenn sie in einem System der sozialen Sicherheit ist. Wer Arbeitnehmer im Sinne des Art. 45 AEUV (= Art. 39 EG) ist und nach nationalem Recht nicht im Sinne der VO (EG) Nr. 883/2004 versichert ist, z.B. ein Angestellter, der aufgrund seines Einkommens nicht gesetzlich krankenversichert ist, kann sich daher insoweit nicht auf das Kapitel „Leistungen bei Krankheit" der VO (EG) Nr. 883/2004 berufen, sondern nur auf Art. 45 AEUV (= Art. 39 EG) und die dazu ergangenen Verordnungen und Richtlinien.

4 Auch **Beamte** eines Mitgliedstaats (EuGH, Rs. 66/85 (Lawrie-Blum), Slg 1986, 2121) und Beamte der europäischen Institutionen (EuGH, Rs. 152/82 (Forcheri), Slg 1983, 2323; Rs. C-137/04 (Rockler), Slg 2006, I-1441; *Schlegel*, zurisPR-SozR 9/2006 Anm. 1) sind Arbeitnehmer im Sinne des Art. 45 AEUV (= Art. 39 EG), die sich grundsätzlich auf das Recht auf Freizügigkeit berufen können (*Fuchs/Rutz*, Festschrift für Krause, 2006, 267 ff). Dies gilt unabhängig davon, ob der Vorbehalt hinsichtlich der Freizügigkeit beim Zugang zum öffentlichen Dienst zum Tragen kommt oder nicht.

b) Staatsangehörigkeit des Arbeitnehmers

5 Der Arbeitnehmer muss die Staatsangehörigkeit eines EU- oder gleichgestellten EWR-Staates haben. Soweit Arbeitnehmer aus **Beitrittsstaaten** noch keine Freizügigkeitsstatus besitzen, weil ein Mitgliedstaat von den Übergangsregeln Gebrauch gemacht hat, die Arbeitnehmer aber aus anderen Gründen Zugang zum Arbeitsmarkt dieses Mitgliedstaats erhalten, sind sie freizügigkeitsberechtigten Arbeitnehmern **gleichgestellt**, zB haben sie Anspruch auf Gleichbehandlung bei sozialen Vergünstigungen.

6 Für die Geltendmachung von Ansprüchen aus dem Prinzip der Freizügigkeit ist es nicht notwendig, dass die betreffende Person eine fremde Staatsangehörigkeit besitzt. Vielmehr kann man sich auch gegenüber seinem **Heimatstaat** auf Art. 45 AEUV (= Art. 39 EG) berufen, denn es reicht aus, dass die betreffende Person nach der Ausübung des Rechts auf Freizügigkeit wieder zurückkehrt (EuGH, Rs. 298/84 (Iorio), Slg 1986, 247 und Rs. C-370/90 (Singh), Slg 1992, I-4265) oder als Grenzgänger zwar im Heimatland arbeitet, aber in einem anderen Mitgliedstaat wohnt (EuGH, Rs. C-212/05 (Hartmann), Slg 2007, I-6303). Lediglich **rein interne Sachverhalte** werden von dieser Vorschrift nicht erfasst. Ein solch interner Sachverhalt liegt vor, wenn der Arbeitnehmer die Staatsangehörigkeit des betreffenden Mitgliedstaats besitzt und selbst keinen Gebrauch vom Recht auf Freizügigkeit gemacht hat (EuGH, Rs. 175/78 (Saunders), Slg 1979, 1129; EuGH, Rs. 180/83 (Moser), Slg 1984, 2539; EuGH, Rs. C-212/06 (Regierung der Communauté française u.a.), Slg 2008, I-1683; vgl dazu *Wallrabenstein*, ZESAR 2009, 139 ff).

7 Diese Rechtsprechung hat insbesondere für das Recht des Familiennachzugs Bedeutung erlangt. In den verb. Rs. Uecker und Jacquet (Rs. C-64/96 und 65/96, Slg 1997, 3171) bestätigte der EuGH

seine bisherige Rechtsprechung. Danach haben eigene Staatsangehörige, auch unter der Geltung des Art. 21 AEUV (= Art. 8 a EG) kein Recht, **Familienangehörige mit Drittstaatsangehörigkeit** unter den Bedingungen wie andere EU-Staatsangehörige nachziehen zu lassen. Auch wer in seinen Heimatstaat zurückkehrt, hat nicht das Recht, Familienangehörige mit Drittstaatsangehörigkeit mitzubringen, selbst wenn sie in einem anderen EU-Staat schon ein Aufenthaltsrecht als Familienangehörige besaßen (EuGH, Rs. C-291/05 (Eind), Slg 2007 I-10719; *Pfersich*, ZAR 2008, 30). Führt die mangelnde Übereinstimmung von nationalem Recht und Gemeinschaftsrecht dazu, dass Deutschen nach nationalem Recht weniger weitgehende Rechte zustehen als freizügigkeitsberechtigten Ausländern nach Gemeinschaftsrecht, so stellt die darin liegende **Inländerdiskriminierung** eine solche des **nationalen Rechts**, nicht aber des Gemeinschaftsrechts dar und ist folglich an denjenigen nationalen Normen zu messen, die eine Diskriminierung verbieten (BVerwGE 98, 298 ff). Eine nach Art. 3 Abs. 1 GG unzulässige Diskriminierung liegt vor, wenn gleiche Sachverhalte ohne sachlichen Grund ungleich behandelt werden (BVerfGE 71, 39, 53).

Anders als im Rahmen der VO (EG) Nr. 883/2004 kommt es für die Anwendung des Art. 45 AEUV (= Art. 39 EG) auch darauf an, dass die Berührung mit einem anderen Mitgliedstaat aus **beruflichen Gründen** erfolgt (EuGH, Rs. C 112/91 (Werner), Slg 1993, I-429). Ehemalige Arbeitnehmer können daher unter Umständen die Rechte auf bedarfsabhängige soziale Vergünstigungen verlieren (EuGH, Rs. C-22/08 und C-23/08 (Vatsouras und Koupatantze), Slg 2009, I-4585). Gleichwohl genießt das im Einwanderungsland geborene Kind eines Wanderarbeitnehmers den Schutz der VO (EG) Nr. 492/2011. 8

Drittstaatsangehörige, Flüchtlinge und Staatenlose genießen grundsätzlich keine Freizügigkeit. Drittstaatsangehörige Ehegatten haben daher nur in dem Staat, in dem der andere Ehegatte, in Ausübung seines Rechts auf Freizügigkeit, arbeitet, einen Zugang zum Arbeitsmarkt, nicht in einem weiteren Mitgliedstaat (EuGH, Rs. C-10/05 (Mattern/Hajrudin), Slg 2006, I-3145).Auch hier ergibt sich wieder ein Unterschied zur VO (EG) Nr. 883/2004, die wie ihre Vorgänger auch für Flüchtlinge und Staatenlose gilt. Darüber hinaus wurde die VO (EG) Nr. 883/2004 durch die VO (EG) Nr. 1231/10 auf Staatsangehörige von Nicht-EU-Ländern ausgedehnt, die ihren rechtmäßigen Wohnsitz in der EU haben und sich in einer grenzüberschreitenden Situation befinden.

Durch das Abkommen über den **Europäischen Wirtschaftsraum** (EWR) sind aber die Staatsangehörigen aus Island, Liechtenstein und Norwegen den EG-Staatsangehörigen gleichgestellt (ABl. L 1 v. 3.1.1994, S. 3). Darüber hinaus sind durch das zwischen der EU und der **Schweiz** seit 1. Juni 2002 in Kraft getretene Abkommen über die Freizügigkeit (BGBl. 2001 II S. 810 ff; Beschluss des Rates und – bezüglich des Abkommens über wissenschaftliche und technische Zusammenarbeit – der Kommission vom 4. April 2002 über den Abschluss von sieben Abkommen mit der Schweizerischen Eidgenossenschaft (ABl. L 114, S. 1 ff); geändert durch Beschlüsse des gemischten Ausschusses EU-Schweiz Nr. 2/2003 vom 15. Juli 2003 (ABl. L 187, S. 55 ff) und Nr. 1/2006 vom 6. Juli 2006 (ABl. L 270, S. 67 ff) auch Schweizer Bürger in vollem Umfang berechtigt, das Recht auf Freizügigkeit in der EU auszuüben. Das Abkommen gilt zunächst für sieben Jahre, kann jedoch unbegrenzt verlängert werden (*Imhof*, ZESAR 2008, 425 ff; *Benesch*, Das Freizügigkeitsabkommen zwischen der Schweiz und der Europäischen Gemeinschaft, 2006).

Ein besondere Stellung nehmen daneben noch **türkische Staatsangehörige** ein, die sich zwar nicht auf die europäischen Verträge, jedoch auf das **Assoziierungsabkommen EG-Türkei** vom 12.9.1963 (ABl. Nr. 217, S. 3687) berufen können, nach dessen Art. 12 sich die Vertragsparteien vom Prinzip der Freizügigkeit leiten lassen und diese schrittweise herzustellen ist. Türkische Arbeitnehmer haben daher eine den Gemeinschaftsbürgern vergleichbare Stellung erlangt, weil den Beschlüssen des Assoziationsrats unmittelbare Wirkung zukommt (EuGH, Rs. C-340/97 (Nazli), Slg 2000, I-957; EuGH, Rs. C-329/97 (Ergat), Slg 2000, I-1506; EuGH, Rs. C-171/01 (Wählergruppe Gemeinsam u.a.), Slg 2003, I-4301). 9

c) **Familienangehörige**

10 Die Freizügigkeit des Arbeitnehmers umfasst auch gewisse Rechte hinsichtlich seiner Familienangehörigen. Soweit diese kein eigenes Recht auf Freizügigkeit haben, können sie abgeleitete Rechte auf Aufenthalt, Beschäftigung und Verbleib sowie Ausbildung besitzen, die in der RL 2004/38/EG genauer umschrieben sind. Das Recht des Arbeitnehmers umfasst zunächst die Berechtigung zum **Familiennachzug**, und zwar hinsichtlich von Familienangehörigen, die die Staatsangehörigkeit eines EU-/EWR-Staats haben sowie die eines Drittstaats. Allerdings gilt dieses Recht wie bereits erwähnt nur für Arbeitnehmer, die EU-Staatsangehörige sind und die in einem anderen als dem Heimatland beschäftigt sind (Art. 3 RL 2004/38/EG; vgl EuGH, Rs. 35 und 36/82 (Morson), Slg 1992, 3723).

11 Wer als Familienangehöriger in Betracht kommt, wird durch Art. 2 Abs. 2 RL 2004/38/EG definiert: Die Aufzählung umfasst

- Ehegatten, soweit es sich nicht um eine Scheinehe handelt (EuGH, Rs. C-109/01 (Secretary of State), Slg 2003, I-9607),
- nach den Rechtsvorschriften eines Mitgliedstaats eingetragene Partnerschaften, sofern nach den Rechtsvorschriften des Aufenthaltsmitgliedstaats die eingetragene Partnerschaft der Ehe gleichgestellt ist,
- Verwandte in gerader aufsteigender Linie des Arbeitnehmers oder seines Ehegatten/eingetragenen Partners, denen vom Unionsbürger oder Ehegatten/eingetragenen Partner Unterhalt gewährt wird,
- ebenso Verwandte in absteigender Linie, die das 21. Lebensjahr noch nicht vollendet haben.

Auch hier ergeben sich wieder Unterschiede zum Begriff des Familienangehörigen nach der VO (EG) Nr. 883/2004, der auf die Definitionen des nationalen Sozialversicherungsrechts verweist (Art. 1 lit. i)).

12 Soweit Familienangehörige zu berücksichtigen sind, haben sie im Aufenthaltsstaat einen eigenen **Anspruch auf Gleichbehandlung** (Art. 24 Abs. 1 RL 2004/38/EG; vgl EuGH, Rs. C-3/90 (Bernini), Slg 1992, I-1071). Aber auch die **Familienangehörige eines Grenzgängers** kann gegen den Beschäftigungsstaat, unbeschadet des Wohnsitzes in einem anderen Mitgliedstaat, Erziehungsgeld beanspruchen (EuGH, Rs. C-212/05 (Hartmann), Slg 2007, I-6303; *Beschorner*, ZFSH/SGB 2007, 643 ff).

2. Materieller Anwendungsbereich

a) **Ausreise-, Einreise- und Aufenthaltsrecht**

13 Freizügigkeit bedeutet das Recht, den Ursprungsstaat verlassen zu dürfen (Art. 13 Abs. 2 Allgemeine Erklärung der Menschenrechte; Art. 18 Abs. 4 Europäische Sozialcharta; Art. 4 RL 2004/38/EG) und in einen anderen Mitgliedstaat einzureisen, um dort Aufenthalt zu nehmen. Für die Einreise genügt der Besitz eines gültigen Personalausweises oder Reisepasses. Weitere Auflagen sind unzulässig (Art. 5 RL 2004/38/EG; vgl EuGH, Rs. 157/79 (Pieck), Slg 1980, 2171). Wer die Arbeitnehmereigenschaft nachweist oder Familienangehöriger eines Arbeitnehmers ist, hat das Recht auf Aufenthalt für mehr als drei Monate, unabhängig davon, ob ausreichende Mittel und ein Krankenversicherungsschutz vorhanden sind (Art. 7 RL 2004/38/EG). **Die Erwerbstätigeneigenschaft** geht nicht durch Krankheit, Unfall, unfreiwillige Arbeitslosigkeit oder Weiterbildung verloren (Art. 7 Abs. 3 RL 2004/38/EG). Auch die Familienangehörigen verlieren ihre Rechte nicht durch den Tod oder Scheidung. **Ehemalige Arbeitnehmer** und ihre Familienangehörigen haben günstigere Konditionen für den Erwerb des Daueraufenthaltsrechts (Art. 17 RL 2004/38/EG) als andere Unionsbürger.

14 Staatsangehörige aus den **Beitrittsstaaten** genießen solange noch keine Freizügigkeit, wie Übergangsregelungen in den Beitrittsverträgen vereinbart sind und geltend gemacht werden. Wenn sie

aber aus anderen Gründen Zugang zum deutschen Arbeitsmarkt erhalten haben, dürfen sie – abgesehen von den Formalien des Arbeitserlaubnisrechts – nicht benachteiligt werden.

b) Zugang zur Beschäftigung – Stellenbewerbung

Art. 45 (= Art. 39 EG) Abs. 3 lit. a) AEUV garantiert das Recht auf Stellenbewerbung, das durch die Art. 1 bis 6 VO (EG) Nr. 492/2011 näher konkretisiert wird. Bedeutung hat dieses Recht insbesondere deshalb, weil EG-Staatsangehörige Priorität vor Drittstaatsangehörigen haben. Ausnahmen gelten für den Bereich des **Sports**, soweit es sich um Länderspiele handelt (EuGH, Rs. 13/76 (Donà), Slg 1976, 1333), nicht jedoch für den Profibereich (zuletzt EuGH, Rs. C-415/93 (Bosman), Slg 1995, I-4921; *Köhler*, Der Arbeitnehmerbegriff im Sport, 2008; *Resch*, ZESAR 2009, 214 ff). Problematisch ist, inwieweit Sprachkenntnisse verlangt werden dürfen. Faktische Diskriminierungen sind auch durch die unterschiedlichen Qualifikationsanforderungen für einen Beruf denkbar. Deswegen sind die Bemühungen zur **Anerkennung von Diplomen** für den Zugang zur Beschäftigung besonders wichtig (RL 2005/36/EG des Europäischen Parlaments und des Rates vom 7. September 2005 über die Anerkennung von Berufsqualifikationen (ABl. L 255 v. 30.9.2005, S. 22); VO (EG) Nr. 279/2009 der Kommission vom 6. April 2009 zur Änderung des Anhangs II der RL 2005/36/EG des Europäischen Parlaments und des Rates über die Anerkennung von Berufsqualifikationen). Schließlich erfasst das Recht auf Stellensuche auch die Möglichkeit des Aufenthalts zur Stellensuche (Art. 6 RL 2004/38/EG; vgl EuGH, Rs. C-292/89 (Antonissen), Slg 1991, I-745).

15

c) Beschäftigungs- und Arbeitsbedingungen

In Art. 45 (= Art. 39 EG) Abs. 3 lit. c) AEUV ist der Anspruch auf Ausübung einer Beschäftigung niedergelegt. Bei dieser Beschäftigung darf keine Diskriminierung zwischen Inländern und Ausländern hinsichtlich der Entlohnung und der sonstigen Arbeitsbedingungen erfolgen (Art. 45 (= Art. 39 EG) Abs. 2 AEUV). Der Gleichbehandlungsanspruch bei der Beschäftigung bedeutet insbesondere, dass **keine Arbeitserlaubnis** verlangt werden darf. Dieser Grundsatz wird darüber hinaus durch Art. 7 RL 2004/38/EG näher konkretisiert. Der Anspruch zielt außerdem ab auf Gleichbehandlung hinsichtlich der Beschäftigungs- und Arbeitsbedingungen sowie hinsichtlich **sozialer und steuerlicher Vergünstigungen** (Art. 45 (= Art. 39 EG) Abs. 2 AEUV, Art. 7 Abs. 1 und Abs. 2 VO (EG) Nr. 492/2011). Allerdings steht dieser Anspruch nur bereits beschäftigten Arbeitnehmern und nicht bloß Arbeitsuchenden zu (EuGH, Rs. C-138/02 (Collins), Slg 2004, I-2703).

16

aa) Beschäftigungsbedingungen

In diesem Zusammenhang geht es um alle Rechte, die in unmittelbarem Zusammenhang mit dem Arbeitsverhältnis stehen, wie Entlohnung, Kündigungsschutz oder Aufstieg unter Einschluss freiwilliger Leistungen des Arbeitgebers (EuGH, Rs. 152/73 (Sotgiu), Slg 1974, 153). Im Rahmen dieses Anspruchs bekommt insbesondere das Verbot mittelbarer Diskriminierung Bedeutung. Deswegen sind bei der Eingruppierung in eine bestimmte Laufbahn auch **Beschäftigungszeiten** in einem anderen Mitgliedstaat zu berücksichtigen (EuGH, Rs. C-15/96 (Schöning-Kougebetepoulou), Slg 1998, I-47). Auch bei der Gewährung einer Dienstalterszulage kann diese nicht nur an innerstaatliche Beschäftigungszeiten geknüpft werden, wenn dadurch der Arbeitsmarkt „abgeschottet" wird (EuGH, Rs. C-224/01 (Köbler), Slg 2003 I-10239).

17

bb) Steuerliche Vergünstigungen

Insbesondere im Bereich des Steuerrechts hat die Rechtsprechung weitreichende Auswirkungen gehabt (*Lösel*, ZESAR 2007, 366 ff). Hier findet eine umfassende **Gleichstellung ausländischer Sachverhalte** statt, um versteckte Diskriminierungen zu vermeiden. Dies geschieht dergestalt, dass Familienangehörige, die in einem anderen Mitgliedstaat leben, gleichwohl steuermindernd zu be-

18

rücksichtigen sind (EuGH, Rs. C-279/93 (Schumacker), Slg 1995, I-225). Allerdings achtet der Gerichtshof auch auf die **Kohärenz der Steuersysteme** (EuGH, Rs. C-204/90 (Bachmann), Slg 1992, I-249 und Rs. 80/94 (Wielockx), Slg 1995, I-2493; *Steinmeyer*, ZESAR 2008, 409 ff). Es ist daher zulässig, die Berücksichtigung eines in einem anderen Mitgliedstaat lebenden Familienangehörigen für den Splittingtarif davon abhängig zu machen, dass 90 Prozent des Gesamteinkommens der Ehegatten dem Einkommensteuerrecht dem jeweiligen Staat der Besteuerung unterliegen. Sind die Ehepartner daher in zwei verschiedenen Staaten beschäftigt und erzielt der eine mehr als 10 Prozent des Gesamteinkommens, kann der Splittingvorteil nicht beansprucht werden (EuGH, Rs. C-391/97 (Gschwind), Slg 1999, I-5451). Auch die Eigenheimzulage (EuGH, Rs. C-152/05 (Kommission/Deutschland), Slg 2008, I-39) und die steuerliche Förderung einer sogenannten Riesterrente darf Grenzgängern, die nicht in Deutschland steuerpflichtig sind, nicht verwehrt werden (EuGH, Rs. C-269/07 (Kommission/Deutschland), Slg 2009, I-7811; *Risthaus*, DB 2009, 931).

19 Für die Leistungen der sozialen Sicherheit kann diese Rechtsprechung immer dann Bedeutung haben, wenn das Steuerrecht in das Sozialrecht einwirkt. Dies ist häufig der Fall im Bereich des **Familienlastenausgleichs**. Auch hinsichtlich der **Besteuerung von Altersruhegeldern** stellen sich noch zahlreiche Fragen. Problemfälle sind: die Besteuerung von Beiträgen zur Altersrente im Beschäftigungsland, die gleichwohl im Wohnland noch einmal besteuert werden, wenn die Rente ausgezahlt wird, sowie die Berechnung der deutschen Sozialleistungen nach dem Nettolohnprinzip, obwohl es denkbar ist, dass die netto gezahlte Lohnersatzleistung in einem anderen Mitgliedstaat zu versteuern ist (EuGH, Rs. C-400/02 (Merida), Slg I-2004, 8471). Die Abgrenzung zwischen Steuerrecht und Sozialrecht erfolgt nicht nach nationaler Definition, sondern nach Sachzusammenhang. So können Abgaben, die der Finanzierung der sozialen Sicherheit dienen, als Sozialversicherungsbeiträge qualifiziert werden und der VO (EG) Nr. 883/2004 unterfallen (EuGH, Rs. C-169/98 (Kommission/Frankreich), Slg 2000, I-1049). Hinsichtlich der anzuwendenden Bemessungsgrundlage für solche Abgaben, die den Charakter eines Sozialversicherungsbeitrags haben, ist der Staat frei, wie er verfährt. So kann er Einkünfte in anderen Staaten für die Berechnung mit einbeziehen (EuGH, Rs. C-249/04 (Allard), Slg 2005, I-4535 mit Anm. v. *Horn*, ZESAR 2006, 41 ff). Er kann aber auch – in Ermangelung von entsprechenden harmonisierenden Vorgaben – unter Anwendung von Bestimmungen aus einem Doppelbesteuerungsabkommen ausländische Einkünfte außen vor lassen, solange die betroffene Person dadurch nicht benachteiligt wird (EuGH, Rs. C-103/06 (Derouin), Slg 2008, I-1853, mit Anm. von *Kessler*, ZESAR 2008, 308 ff).

cc) Soziale Vergünstigungen

20 In diesem Bereich kommt es immer wieder zu Überlappungen mit den Ansprüchen, die sich aus der VO (EG) Nr. 492/2011und der VO (EG) Nr. 883/2004 ergeben. Vielfach diskutiert wurde daher in welchem **Verhältnis die beiden Verordnungen** und die sich aus ihnen ergebenden Ansprüche stehen. Aus der Sicht der Rechtsprechung können bestimmte Leistungen wie z.B. Kindergeld sowohl unter die VO (EG) Nr. 883/2004 als auch unter die VO (EG) Nr. 492/2011 fallen (EuGH, Rs. C-85/96 (Martinez Sala), Slg 1998, I-2691). Da die VO (EG) Nr. 883/2004 jedoch einen abschließenden Katalog enthält, können Leistungen, die nicht unter diese Verordnung fallen, gleichwohl von der VO (EG) Nr. 492/2011 erfasst werden. So entschied der EuGH beispielsweise hinsichtlich der Vorruhestandsleistungen, die zu diesem Zeitpunkt noch nicht von der Koordinierungsverordnung erfasst wurden (EuGH, Rs. C-57/96 (Meints), Slg 1997, I-6689).

21 Insgesamt wird der **Kreis der sozialen Vergünstigungen sehr weit gezogen**. Jedenfalls ist es nicht erforderlich, dass die Gewährung der Leistung im direkten Zusammenhang mit dem Beschäftigungsverhältnis steht. Die klassische Definition der sozialen Vergünstigung bezieht sich daher auf eine Leistung, „die – ob sie an einen Arbeitsvertrag anknüpft oder nicht – den inländischen Arbeitnehmern im Allgemeinen hauptsächlich wegen deren objektiver Arbeitnehmereigenschaft

oder einfach wegen ihres Wohnsitzes im Inland gewährt wird und deren Ausdehnung auf die Arbeitnehmer, die Staatsangehörige eines anderen Mitgliedstaats sind, deshalb als **geeignet erscheint, deren Mobilität innerhalb der Gemeinschaft zu fördern**" (EuGH seit Rs. 207/78 (Even), Slg 1979, 2019). Dies bedeutet, dass auch der Grenzgänger Anspruch auf eine Leistung haben kann, die im Beschäftigungsland allen Einwohnern gewährt wird.

Zu den sozialen Vergünstigungen zählen Leistungen für Behinderte, und zwar für den Arbeitnehmer selbst (EuGH, Rs. 76/72 (Fonds National), Slg 1973, 457), aber auch für seine Familienangehörigen (EuGH, Rs. C-243/91 (Taghavi), Slg 1992, I-4401). Die Familienangehörigen können **Studienbeihilfen** als soziale Vergünstigung beanspruchen (EuGH, Rs. 308/89 (di Leo), Slg 1990, I-4185). Daneben kann auch der ehemalige Arbeitnehmer für sich selbst Studienbeihilfen beanspruchen, wenn die Aufnahme des Studiums im Zusammenhang mit der vorigen Beschäftigung steht (EuGH, Rs. 197/86 (Brown), Slg 1988, I-3205) oder durch Arbeitslosigkeit eine Umschulung erforderlich wurde (EuGH, Rs. 39/86 (Lair), Slg 1988, I-3161). Weitere Beispiele für soziale Vergünstigungen sind Wohngeld, Sozialhilfe oder **Fahrpreisermäßigungen** (EuGH, Rs. 32/75 (Cristini), Slg 1975, 1085). 22

Keine soziale Vergünstigung soll nach Auffassung des EuGH die Fortführung der zusätzlichen Altersversorgung im öffentlichen Dienst während der Ableistung des Wehrdienstes sein (EuGH, Rs. C-315/94 (de Vos), Slg1996, I-1417). Dieses Urteil passt eigentlich nicht in die Systematik der weiten Interpretation des Begriffs der sozialen Vergünstigung und kann nur so verstanden werden, dass der Gerichtshof zu diesem Zeitpunkt Bedenken hatte, einen **ausländischen Militärdienst** gleichzustellen. 23

d) Verbleiberecht

Obwohl inzwischen alle europäischen Bürger das Recht haben, in einem anderen Mitgliedstaat Aufenthalt zu nehmen, enthält Art 45 (= Art. 39 EG) Abs. 3 lit. d) AEUV noch ein ausdrückliches Verbleiberecht nach Beendigung der Beschäftigung in einem Mitgliedstaat. Die Bedingungen dafür sollen durch Verordnungen der Kommission festgelegt werden. Art. 17 der RL 2007/38/EG sieht deshalb für ehemalige Arbeitnehmer und ihre Familienangehörigen erleichterte Bedingungen für den Erwerb des **Daueraufenthaltsrechts** vor. 24

3. Territorialer Anwendungsbereich

Der Geltungsbereich des EG-Rechts ist in Art. 52 EUV und Art. 355 AEUV (= Art. 299 EG) definiert. So gilt das Gemeinschaftsrecht beispielsweise in den französischen überseeischen Departements, nicht aber in den überseeischen Territorien Frankreichs oder in den **ehemaligen Kolonien** der Mitgliedstaaten. Probleme ergeben sich immer wieder, weil kleinere Staaten innerhalb Europas wie San Marino, Andorra oder Monaco nicht zur EU gehören, sondern allenfalls in bilateralen Verträgen mit den Nachbarstaaten Freizügigkeit und die damit verbundenen Begleitrechte vereinbart sind. Da diese **bilateralen Verträge** in der Regel nur die eigenen Staatsangehörigen schützen, sind andere EU-Staatsangehörige zunächst oft schutzlos. Eine Lösung könnte daher nur gefunden werden, wenn die Mitgliedstaaten, die bilaterale Verträge geschlossen haben, über die Gleichbehandlungsverpflichtung gezwungen werden, den persönlichen Anwendungsbereich auszuweiten. In diesem Sinn hat der Gerichtshof inzwischen geklärt (EuGH, Rs. C-55/00 (Gottardo), Slg 2002, I-413), dass die anderslautende Entscheidung in der Rs. Grana-Novoa (C-23/92, Slg 1993, I-4505) lediglich die Interpretation der Koordinierungsverordnung betraf. Allerdings kann der Drittstaat nicht zur Gleichbehandlung verpflichtet werden. Hinsichtlich bilateraler Verträge zwischen Mitgliedstaaten stellt Art. 8 VO (EG) Nr. 883/2004 klar, dass in der Regel eine Gleichstellungsverpflichtung besteht, von der nur abgewichen werden kann, wenn dies ausdrücklich erwähnt ist. 25

26 Jedenfalls ist es nicht ausgeschlossen, dass das Gemeinschaftsrecht auch in einem **Drittstaat** zur Anwendung kommt, wenn eine **sozialrechtliche Anknüpfung** in der Gemeinschaft stattgefunden hat (EuGH, Rs. 36/74 (Walrave und Koch), Slg 1974, 1405 und Rs. 237/83 (Prodest), Slg 1984, 3153; vgl *Fuchs*, Europäische Union – Freizügigkeit der Arbeitnehmer, SAE 1997, 305). So kann sich ein Belgier, der von einer französischen Firma eingestellt wird, um ihn nach Thailand zu entsenden, auf die Kollisionsnormen der VO (EG) Nr. 883/2004 berufen (EuGH, Rs. C-60/93 (Aldewereld), Slg 1994, I-2991). Auch hinsichtlich der VO (EG) Nr. 492/2011 besteht Klarheit, dass die Gleichbehandlungsverpflichtung des Art. 7 dieser Verordnung selbst bei Aufenthalt in einem Drittstaat gilt (EuGH, Rs. C-214/94 (Boukhalfa), Slg 1996, I-2280).

27 Noch nicht abschließend geklärt ist, was gilt, wenn die Beschäftigung auf einem Gebiet ausgeübt wird, das nicht ohne weiteres zuzuordnen ist. Zu denken ist dabei an die Ölplattformen, die nicht auf dem Territorium eines Mitgliedstaats stehen und die auch nicht wie ein Schiff einem Flaggenstaat zugeordnet werden können (vgl dazu EuGH, Rs. 9/88 (Lopez de Veiga), Slg 1989, 2989). In Anlehnung an die soeben zitierte Rechtsprechung zur Geltung der Gleichbehandlungsverpflichtung in Drittstaaten lässt sich allerdings vertreten, dass die Gleichbehandlungsverpflichtung überall dort gilt, wo ein Staat **Hoheitsbefugnisse** faktisch ausübt (vgl EuGH, Rs. 112/75 (Hirardin), Slg 1976, 553).

28 Darüber hinaus gilt das Recht auf Freizügigkeit durch das EWR-Abkommen auch in Island, Liechtenstein und Norwegen. Die Schweiz ist dem **EWR** zwar nicht beigetreten, sie hat jedoch ein bilaterales Abkommen über Freizügigkeit mit der EU geschlossen (s. Rn 8).

4. Diskriminierungsverbot

29 Unterschiede in der Behandlung eines Arbeitnehmers wegen seiner Staatsangehörigkeit sind abzuschaffen (Art. 45 AEUV (= Art. 39 EG) S. 2). Durch die Herstellung der Freizügigkeit handelt es sich jedoch nicht um einen in der Zukunft zu erfüllenden Auftrag, sondern um ein unmittelbar geltendes Diskriminierungsverbot wegen der Staatsangehörigkeit. Die Tragweite des Gleichbehandlungsgebots ergibt sich insbesondere durch den weiten materiellen Anwendungsbereich, da über die VO (EG) Nr. 492/2011 auch soziale Vergünstigungen einbezogen werden und dieser Begriff sehr weit gefasst wird. Folglich führt das Diskriminierungsverbot zu einer faktischen Gleichstellung ausländischer Arbeitnehmer in **fast allen Lebenssachverhalten**. So ist es unzulässig, ausländischen Fremdsprachenlektoren nur befristete Verträge anzubieten, auch wenn unter Umständen ein Interesse daran besteht, dass die Lektoren mit ihrem Heimatland noch stark verbunden sind (EuGH, verb. Rs. C-259/91, 331/91 und 332/91 (Allué und Coonan), Slg 1993, I-4309). Ausgeschlossen sind jedoch gleichwohl noch einige wichtige Bereiche wie der des **Wahlrechts**. Bislang besteht nur hinsichtlich der Wahlen zu den Kommunalvertretungen und zum Europäischen Parlament ein aktives und passives Wahlrecht in einem anderen als dem Herkunftsstaat (Art. 22 AEUV = Art. 19 EG; vgl *Quarisch*, Staatsangehörigkeit und Wahlrecht, DÖV 1983, 1).

a) Drittwirkung

30 Der Gleichbehandlungsanspruch richtet sich zum einen gegen den jeweiligen Staat, von dessen Recht die Diskriminierung ausgeht, und ist von Amts wegen von den Gerichten zu beachten (EuGH, Rs. 41/74 (van Duyn), Slg 1974, 1337). Darüber hinaus entfaltet er auch **Drittwirkung** und zwar sowohl dann, wenn der Staat Arbeitgeber ist (EuGH, Rs. 152/73 (Sotgiu), Slg 1974, 153), als auch, wenn der Arbeitgeber ein privater Dritter ist (EuGH, Rs. C-415/93 (Bosman), Slg 1995, I-4921; EuGH, Rs. C-281/98 (Agonese), Slg 2000, I-4139; EuGH, Rs. C-325/08 (Bernhard), Slg 2010 I-2177; *Horn*, ZESAR 2009, 293; *Förster*, Die unmittelbare Drittwirkung von Grundfreiheiten, Frankfurt 2006).

b) Mittelbare Diskriminierung

Hinzu kommt, dass Art. 45 AEUV (= Art. 39 EG) nicht nur offensichtliche Diskriminierungen wegen der Staatsangehörigkeit verbietet, sondern auch alle **verdeckten Formen der Diskriminierung**, die durch die Anwendung anderer Unterscheidungsmerkmale tatsächlich zu dem gleichen Ergebnis führen. Diskriminierend ist daher die Anwendung scheinbar neutraler Kriterien, Regelungen oder Praktiken, die sich tatsächlich auf ausländische Arbeitnehmer nachteilig auswirken (EuGH, Rs. C-57/96 (Meints), Slg 1997, I-6689). Eine Vorschrift des nationalen Rechts, die nicht **objektiv gerechtfertigt** ist und nicht in einem **angemessenen** Verhältnis zum verfolgten Zweck steht, diskriminiert mittelbar, wenn sie sich ihrem Wesen nach eher auf Wanderarbeitnehmer als auf inländische Arbeitnehmer auswirkt und folglich die Gefahr besteht, dass sie Wanderarbeitnehmer besonders benachteiligt (EuGH, Rs. C-57/96 (Meints), Slg 1997, I-6689). Etwas anders gilt nur, wenn sich die unterschiedliche Behandlung objektiv durch legitime Ziele rechtfertigen lässt (EuGH, Rs. C-237/94 (O'Flynn), Slg 1996, I-2617).

31

Der Gerichtshof wendet in diesem Zusammenhang ähnliche Kriterien an, wie er sie im Rahmen seiner Rechtsprechung zur Gleichbehandlung von Männern und Frauen entwickelt hat (vgl dazu *Schmidt am Busch*, EAS B 4300 Rn 44-74). Entscheidend ist daher die Frage, ob **faktisch**, d.h. unter Umständen rein zahlenmäßig, Ausländer stärker betroffen sind als Inländer. Eine typische Anknüpfung, die zu versteckten Diskriminierungen führt, ist daher das Abstellen auf den **Wohnsitz**, was sich insbesondere bei Grenzgängern nachteilig auswirken kann. Aber auch der ausländische Wohnort der Familienangehörigen kann zu mittelbaren Nachteilen führen (EuGH, Rs. C-337/97 (Meeusen), Slg 1999, I-3289). So ist die Wahrscheinlichkeit, dass die Familie eines Ausländers im Heimatland verblieben ist und folglich im Ausland lebt, deutlich höher als bei Inländern.

32

Gleichbehandlung bedeutet jedoch nicht nur das Verbot der Differenzierung nach dem Wohnsitz, sondern kann auch andere relevante Sachverhalte berühren, die sich in einem anderen Mitgliedstaat zugetragen haben. So können so genannte **Streckungstatbestände**, die dazu dienen, Sozialleistungsansprüche zu erhalten, auch im Ausland erfüllt werden (EuGH, Rs. 349/87 (Paraschi), Slg 1991, I-4501). Heikel wird es jedoch immer dann, wenn es um die Zeiten des **Militärdienstes** oder der **Arbeitslosigkeit** geht. So hatte der Gerichtshof wohl noch Hemmungen, die Zeiten der Ableistung einer ausländischen Wehrpflicht für die Fortführung der betrieblichen Altersversorgung während des ausländischen Wehrdienstes gleichzustellen (EuGH, Rs. C-315/94 (de Vos), Slg 1996, I-1417). Inzwischen verlangt er jedoch die Verlängerung des Anspruchs auf Waisenrente bei ausländischem Wehrdienst (Rs. C-131/96 (Mora Romero), Slg 1997, I-3659). Ähnlich unklar ist die Situation hinsichtlich der Zeiten von Arbeitslosigkeit. So soll es nicht geboten sein, ausländische Zeiten der Arbeitslosigkeit für eine vorgezogene Altersrente zu berücksichtigen (EuGH, Rs. 20/75 (d'Amico), Slg 1975, 891). Beim Anspruch auf Kindergeld hingegen soll die Arbeitslosigkeit der Kinder im Ausland berücksichtigt werden (EuGH, verb. Rs. C-228/88 (Bronzino) und 12/89 (Gatto), Slg 1990, 557). Es ist zuzugeben, dass das Ergebnis im Fall de Vos eine gewisse Berechtigung hat, weil der Betroffene während des Wehrdienstes in seinem Heimatland nicht dem Sozialrecht des Beschäftigungsstaats unterlag und folglich auch keine Verpflichtung besteht, diese Zeiten im Rahmen der gesetzlichen Rentenversicherung zu entschädigen. Daher ist es nachvollziehbar, diesen Gedanken auch auf die **betriebliche Zusatzversorgung** anzuwenden. Allerdings hat der Gerichtshof sein Ergebnis nicht auf diese Art und Weise begründet. In jedem Fall dürfte die Nichtberücksichtigung ausländischer Zeiten der Arbeitslosigkeit für die Frage, ob eine vorgezogene Altersrente beansprucht werden kann – zumal nach der Einführung einer gemeinsamen europäischen Beschäftigungspolitik –, heute nicht mehr zulässig sein.

33

5. Benachteiligungsverbot

Die Entscheidung des EuGH in der Rs. Terhoeve ist ein plastischer Fall, der zeigt, dass nicht nur Diskriminierungen, sondern auch **bloße Benachteiligungen** der Personen, die von ihrem Recht auf

34

Freizügigkeit Gebrauch gemacht haben, zu unterlassen sind (Rs. 18/95, Slg 1999, I-345). In der Sache ging es um die Höhe der Sozialversicherungsbeiträge, die ein Niederländer in den Niederlanden während eines Jahres zahlen sollte, in dem er zwar immer dem niederländischen Sozialversicherungsrecht angehörte, zeitweilig aber ins Vereinigte Königreich entsandt wurde. In den Niederlanden werden die Sozialversicherungsbeiträge von der Finanzverwaltung erhoben und nach den Grundsätzen des Steuerrechts berechnet. Auf diese Art und Weise wurde der Betroffene während eines Steuerjahres teilweise als Gebietsansässiger teilweise als Nichtgebietsansässiger behandelt. Dies hatte zur Folge, dass die Beitragsschuld höher war, als wenn er das ganze Jahr nur einen einheitlichen Status gehabt hätte. Der Gerichtshof sah eine Einschränkung des Rechts auf Freizügigkeit, wenn gerade die Ausübung dieses Rechts zu höheren Sozialversicherungsbeiträgen führt, denen keine höheren Leistungen gegenüberstehen. Folglich ist nicht nur Gleiches gleich zu behandeln, sondern die Maßnahmen der Mitgliedstaaten dürfen auch **keine negativen Auswirkungen** auf Personen haben, die von ihrem Recht auf Freizügigkeit Gebrauch machen. Unter das Benachteiligungsverbot fallen Regelungen, die allein oder in Verbindung mit anderen Umständen eine Benachteiligung des Wanderarbeitnehmers bewirken (EuGH, Rs. 96/85 (Kommission/Frankreich), Slg 1986, 1475).

35 Das Verbot der Benachteiligung wirkt also weiter als das Diskriminierungsverbot, denn es erfordert keinen Vergleich zwischen **Inländern oder sesshaften Personen** einerseits und **Ausländern oder mobilen Personen** andererseits. Eine Benachteiligung des Arbeitnehmers liegt auch dann vor, wenn die Bezahlung eines von ihm eingeschalteten privaten Arbeitsvermittlers aus öffentlichen Mitteln nur dann erfolgt, wenn das neue Beschäftigungsverhältnis im Inland liegt (EuGH, Rs. C-208/05 (ITC), Slg 2007, I-181; *Mair*, ZESAR 2007, 292 ff).

6. Rechtfertigung

36 Nach Auffassung des EuGH können Ungleichbehandlungen im Einzelfall gerechtfertigt sein. Hinsichtlich der Gewährung von Familienleistungen an Ausländer haben die Mitgliedstaaten häufig als Rechtfertigungsgrund angeführt, dass mit der Förderung der Familien eine nationale Geburtenpolitik verfolgt werde. Nach der Rechtsprechung des Gerichtshofs können sozialpolitische Maßnahmen jedoch nicht allein deshalb der Anwendung des Gemeinschaftsrechts entzogen werden, weil sie aus bevölkerungspolitischen Gründen gewährt werden (EuGH, Rs. 65/81 (Reina), Slg 1982, 33 Rn 33). Auch eine **Pauschalierung der Sachverhalte zur Vereinfachung des Verwaltungsverfahrens** ist nicht zu rechtfertigen (EuGH, Rs. 295/84 (Kommission/Deutschland), Slg 1986, 3755, Rn 54). Selbst eine Kompensierung von Vorteilen, die der Wanderarbeitnehmer im Gegensatz zur sesshaften Vergleichsperson genießt, ist nicht als Rechtfertigungsgrund akzeptiert worden (EuGH, Rs. C-18/95 (Terhoeve), Slg 1999, I-345).

7. Vorbehalt des ordre public

37 Art. 45 (= Art. 39 EG) Abs. 3 AEUV enthält einen ordre-public-Vorbehalt hinsichtlich des Zugangs zum ausländischen Arbeitsmarkt und des Verbleiberechts. Das Recht auf Freizügigkeit gilt nämlich nur vorbehaltlich der aus **Gründen der öffentlichen Ordnung, Sicherheit und Gesundheit** gerechtfertigten Beschränkungen. Dieser Vorbehalt wurde näher präzisiert im Kapitel VI der RL 2004/38/EG. Da der Vorbehalt jedoch seinerseits eingeschränkt ist auf gerechtfertigte Beschränkungen, unterliegt er der **Verhältnismäßigkeitskontrolle** (EuGH, Rs. 8/77 (Sagoulou u.a.), Slg 1977, 495; Rs. C-100/01 (Ministère de l'Intérieur), Slg 2002, I-10981). Die Rechtsprechung betont in diesem Zusammenhang, dass der ordre-public-Vorbehalt nicht den Gleichbehandlungsgrundsatz außer Kraft setzen kann. Folglich berechtigen Handlungen und Unterlassungen, die seitens der eigenen Staatsangehörigen toleriert werden (zB Prostitution), nicht, den Vorbehalt auszuüben (EuGH, Rs. 41/74 (van Duyn), Slg 1974, 1337). Für das Sozialrecht ist in diesem Kontext insbesondere von Bedeutung, dass Sozialhilfebedürftigkeit kein ordre-public-Vorbehalt sein kann (EuGH, Rs. 139/85 (Kempf), Slg 1986, 1741), wenn im Übrigen die Voraussetzungen für

das Aufenthaltsrecht gegeben sind. Auch bei **Straftaten** als Ausweisungsgrund sind das persönliche Verhalten oder die Gefahr, die der Täter für die öffentliche Ordnung darstellt, gebührend zu berücksichtigen (EuGH, Rs. C-482/01 und 493/01 (Orfanopoulos u.a.), Slg I-2004, 5257).

8. Ausnahme für die öffentliche Verwaltung

Die Beschränkung der Freizügigkeit hinsichtlich des Zugangs zur Beschäftigung im Rahmen der öffentlichen Verwaltung hat den EuGH viele Male beschäftigt. Das Ergebnis zahlreicher Urteile ist, dass die Definition „öffentliche Verwaltung" gemeinschaftsrechtskonform zu erfolgen hat. Deshalb ist darunter nur der **Kernbereich staatlicher Verwaltung** zu verstehen und nicht das, was im Rahmen von Privatisierungs- und (Wieder)verstaatlichungsmaßnahmen zufällig als öffentliche Verwaltung organisiert wird. Zum Kernbereich gehören diejenigen Funktionen, die mit der Ausübung **hoheitlicher Befugnisse** und der Wahrung der allgemeinen Belange verbunden sind (EuGH, Rs. 149/79 (Kommission/Belgien), Slg 1982, 1845). So können daher lediglich die Bereiche Militär, Polizei und Justiz, Gesetzgebung und diplomatischer Dienst den eigenen Staatsangehörigen vorbehalten werden. Bei **gemischten Tätigkeiten** kann der Vorbehalt nur geltend gemacht werden, wenn die hoheitlichen Befugnisse tatsächlich regelmäßig ausgeübt werden und nicht nur einen sehr geringen Teil ausmachen. Dies hat der Gerichtshof bei einem Kapitän auf einem Schiff der kleinen Hochseefischerei verneint (EuGH, Rs. C-47/02 (Anker u.a.), Slg 2002 I-10447). 38

Wenn und soweit ein ausländischer Staatsangehöriger Zugang zum Kernbereich der staatlichen Verwaltung gefunden hat (z.B. aufgrund bewusster Entscheidung im Polizeivollzugsdienst), genießt er die gleichen Rechte aus Art. 45 AEUV (= Art. 39 EG) wie in den **vorbehaltsfreien Bereichen** (vgl dazu EuGH, Rs. C-187/96 (Kommission/Griechenland), Slg 1998, I-1095). Letzteres hat insbesondere bei der Anerkennung von Vorbeschäftigungszeiten in einem anderen Mitgliedstaat Bedeutung (EuGH, Rs. C-187/96 (Kommission/Griechenland), Slg 1998, I-1095; EuGH, Rs. C-15/96 (Schöning-Kougebetopoulou), Slg 1998, I-47). 39

Artikel 46 AEUV

Das Europäische Parlament und der Rat treffen gemäß dem ordentlichen Gesetzgebungsverfahren und nach Anhörung des Wirtschafts- und Sozialausschusses durch Richtlinien oder Verordnungen alle erforderlichen Maßnahmen, um die Freizügigkeit der Arbeitnehmer im Sinne des Artikels 45 herzustellen, insbesondere

a) durch Sicherstellung einer engen Zusammenarbeit zwischen den einzelstaatlichen Arbeitsverwaltungen;
b) durch die Beseitigung der Verwaltungsverfahren und -praktiken sowie der für den Zugang zu verfügbaren Arbeitsplätzen vorgeschriebenen Fristen, die sich aus innerstaatlichen Rechtsvorschriften oder vorher zwischen den Mitgliedstaaten geschlossenen Übereinkünften ergeben und deren Beibehaltung die Herstellung der Freizügigkeit der Arbeitnehmer hindert;
c) durch die Beseitigung aller Fristen und sonstigen Beschränkungen, die in innerstaatlichen Rechtsvorschriften oder vorher zwischen den Mitgliedstaaten geschlossenen Übereinkünften vorgesehen sind und die den Arbeitnehmern der anderen Mitgliedstaaten für die freie Wahl des Arbeitsplatzes andere Bedingungen als den inländischen Arbeitnehmern auferlegen;
d) durch die Schaffung geeigneter Verfahren für die Zusammenführung und den Ausgleich von Angebot und Nachfrage auf dem Arbeitsmarkt zu Bedingungen, die eine ernstliche Gefährdung der Lebenshaltung und des Beschäftigungsstands in einzelnen Gebieten und Industrien ausschließen.

I. Normzweck

1 Durch den Vertrag von Lissabon ist die Vorschrift nur insoweit geändert worden, als jetzt nicht nur der Rat allein, sondern Europäisches Parlament und Rat zusammen im sogenannten ordentlichen Gesetzgebungsverfahren, d.h. mit qualifizierter Mehrheit, Sekundärrecht erlassen können. Die Vorschrift hat eine eigenständige Bedeutung neben dem Art. 45 AEUV (= Art. 39 EG) erlangt, weil sie eine Handlungspflicht zum Erlass von sekundärrechtlichen Regelungen zur Herstellung der Freizügigkeit enthält. In der Tat wurden daher auch in drei Stufen entsprechende Regelungen zur Herstellung der Freizügigkeit geschaffen. Die Bedeutung des Art. 46 AEUV (= Art. 40 EG) ist allerdings gesunken, **seitdem die Freizügigkeit als hergestellt gilt** (Art. 45 AEUV = Art. 39). Art. 46 AEUV (= Art. 40 EG) ist die Ermächtigungsgrundlage für die nachstehenden sekundärrechtlichen Regelungen:

2 - VO (EG) Nr. 492/2011 des Europäischen Parlaments und des Rates vom 5. April 2011 über die Freizügigkeit der Arbeitnehmer innerhalb der Union (ABl. L 141, S. 1).
   - RL 2004/38/EG des Europäischen Parlaments und des Rates v. 29. April 2004 über das Recht der Unionsbürger und ihrer Familienangehörigen, sich im Hoheitsgebiet der Mitgliedstaaten frei zu bewegen und aufzuhalten, zur Änderung der VO (EWG) Nr. 1612/68 und zur Aufhebung der RL 64/221/EWG, 68/360/EWG, 72/194/EWG, 73/148/EWG, 75/34/EWG, 75/35/EWG, 90/364/EWG, 90/365/EWG und 93/96/EWG (ABl. L 158, S. 77 ff; zur Umsetzung in deutsches Recht vgl *Frenz/Kühl* ZESAR 2007, 315 ff).

II. Einzelerläuterungen

3 Art. 46 AEUV (= Art. 40 EG) enthält eine Reihe von Aufträgen an den europäischen Gesetzgeber, die teilweise keine Bedeutung mehr haben, da sie nur für die **Übergangszeit** bis zur völligen Herstellung der Freizügigkeit von Belang waren. Dies gilt insbesondere für die Aufträge, die in lit. b) und c) genannt sind. So haben heute alle EU-Bürger ungehinderten Zugang zu Arbeitsplätzen in einem anderen Mitgliedstaat.

4 Die Aufträge der Art. 46 (= Art. 40 EG) lit. a) und b) AEUV befassen sich mit der Errichtung eines europäischen **Arbeitsvermittlungssystems**. Sie wurden umgesetzt durch den zweiten Teil der VO (EWG) Nr. 1612/68 (heute Art. 11 ff VO (EG) 492/2011). Zu ihrer Durchführung hat die Kommission das EURES-System aufgebaut (Entscheidung der Kommission vom 23.12.2002 zur Durchführung der VO (EWG) Nr. 1612/68 des Rates hinsichtlich der Zusammenführung und des Ausgleichs von Stellenangeboten und Arbeitsgesuchen; ABl. 2003 L 5, S. 16 ff). Es besteht in einer intensiven Zusammenarbeit derjenigen Stellen, die in den einzelnen Mitgliedstaaten für Arbeitsvermittlung zuständig sind. Das so entstandene Dienstleistungsnetz zielt darauf ab, die Freizügigkeit von Arbeitnehmern im ganzen EWR zu erleichtern. Zu den Partnern im Netz gehören die öffentlichen Arbeitsverwaltungen, Gewerkschaften und Arbeitgeberorganisationen, soweit sie nach nationalem Recht mit Arbeitsvermittlung betraut sind (vgl dazu *Fuchs/Horn,* in: Gagel (Hrsg.), SGB III/SGB II, Die europarechtliche Dimension des deutschen Arbeitsförderungsrechts, Rn 53 ff).

5 Aufgabe des **EURES-Netzes** ist es, Informationen, Beratung und Arbeitsvermittlung für Arbeitnehmer und Arbeitgeber anzubieten sowie generell alle Bürger über die Lebens- und Arbeitsbedingungen in anderen Mitgliedstaaten zu informieren, damit sie, wenn sie vom Recht auf Freizügigkeit Gebrauch machen, dies nicht zu vermeidbaren Nachteilen führt. In den europäischen Grenzregionen spielt EURES eine wichtige Rolle, insbesondere in Bezug auf die Vermittlung und Unterstützung bei der Lösung von Problemen, die für Arbeitnehmer und Arbeitgeber im **Grenzpendlerbereich** entstehen können. EURES besteht derzeit aus einem Netz von EURES-Beratern und einer Stellen- und Bewerberdatenbank.

Artikel 47 AEUV

Die Mitgliedstaaten fördern den Austausch junger Arbeitskräfte im Rahmen eines gemeinsamen Programms.

I. Normzweck

Aus der Stellung dieser Vorschrift im Abschnitt über die Freizügigkeit ergibt sich, dass der Austausch junger Arbeitskräfte nicht nur der Völkerverständigung dient, sondern auch auf eine spätere Ausübung des Rechts auf Freizügigkeit vorbereiten soll. Allerdings sind die jetzigen Programme integriert in die Austauschprogramme, die im Rahmen des Kapitels Sozialpolitik und auf der Basis der Art. 165 AEUV (= Art. 149 EG) und Art. 166 AEUV (= Art. 150 EG) durchgeführt werden. Insoweit hat Art. 47 (= Art. 41 EG) keine eigenständige Bedeutung mehr und findet auch keine Erwähnung in den Programmen. Er hätte daher im Zuge der Rechtsbereinigung der Verträge ohne weiteres gestrichen werden können. Da der Artikel vom Wortlaut her auch lediglich die Mitgliedstaaten anspricht, kann er kaum als Rechtsgrundlage für Gemeinschaftsinitiativen herangezogen werden. 1

II. Berufsbildungsprogramm Lebenslanges Lernen

Das Programm für lebenslanges Lernen der Europäischen Kommission fördert mit einem Haushalt von nahezu 7 Mrd. EUR (2007–2013) eine Reihe von Maßnahmen wie Austauschprogramme, Studienbesuche und Netzwerkaktivitäten. Es gibt vier Einzelprogramme, in deren Rahmen Projekte auf verschiedenen Ebenen der allgemeinen und beruflichen Bildung gefördert werden: **Comenius** für die Schulen, **Erasmus** für die Hochschulbildung, **Leonardo da Vinci** für die Berufsbildung und **Grundtvig** für die Erwachsenenbildung. 2

Das Programm Leonardo da Vinci sorgt für die Verknüpfung von Politik und Praxis auf dem Feld der beruflichen Bildung. Die Spanne reicht von Projekten, die Einzelnen durch einen Auslandsaufenthalt die Möglichkeit zur Verbesserung ihrer Kompetenzen, ihres Wissens und ihrer Fertigkeiten bieten, bis hin zu europaweiten Kooperationsprojekten zwischen Bildungseinrichtungen. Der potenzielle Empfängerkreis reicht von Personen, die sich in der beruflichen Erstausbildung befinden, über Menschen, die bereits in den Arbeitsmarkt eingebunden sind, bis hin zum Personal von beruflichen Bildungseinrichtungen sowie zu privaten und öffentlichen Organisationen, die in diesem Bereich tätig sind. Leonardo da Vinci ermöglicht beruflichen Bildungseinrichtungen die Zusammenarbeit mit europäischen Partnern, den Erfahrungsaustausch, die Vertiefung der Sachkenntnis ihres Personals und das Eingehen auf die Lehr- und Lernbedürfnisse der Menschen. Somit unterstützt das Programm die Bemühungen auf nationaler Ebene, berufliche Bildung für junge Menschen attraktiver zu gestalten. Indem es den Bürgern Europas anbietet, neue Fertigkeiten, neues Wissen und neue Qualifikationen zu erwerben, trägt es auch zur Steigerung der Wettbewerbsfähigkeit des europäischen Arbeitsmarkts bei. Innovationsprojekte bilden seit Anbeginn den Kern des Leonardo-da-Vinci-Programms. Sie zielen durch Entwicklung und Transfer von innovativen Maßnahmen, Strategien, Inhalten, Methoden und Verfahren innerhalb der beruflichen Bildung auf eine qualitative Verbesserung der Bildungssysteme ab. Verwaltet wird das Programm durch das **Zentrum für die Förderung der Berufsbildung (Cedefob)** in Thessaloniki, einer Gemeinschaftseinrichtung, die durch die VO (EWG) Nr. 337/75 vom 10.2.1975 eingerichtet wurde (ABl. L 39, S. 1). Nähere Informationen können von den Internetseiten der Generaldirektion Bildung und Kultur der Europäischen Kommission bezogen werden sowie auf den Internetseiten der Cedefob selbst (http://www.cedefob.europa.eu). 3

Artikel 48 AEUV

Das Europäische Parlament und der Rat beschließen gemäß dem ordentlichen Gesetzgebungsverfahren die auf dem Gebiet der sozialen Sicherheit für die Herstellung der Freizügigkeit der Arbeitnehmer notwendigen Maßnahmen; zu diesem Zweck führen sie insbesondere ein System ein, das zu- und abwandernden Arbeitnehmern und Selbstständigen sowie deren anspruchsberechtigten Angehörigen Folgendes sichert:

a) die Zusammenrechnung aller nach den verschiedenen innerstaatlichen Rechtsvorschriften berücksichtigten Zeiten für den Erwerb und die Aufrechterhaltung des Leistungsanspruchs sowie für die Berechnung der Leistungen;
b) die Zahlung der Leistungen an Personen, die in den Hoheitsgebieten der Mitgliedstaaten wohnen.

¹Erklärt ein Mitglied des Rates, dass ein Entwurf eines Gesetzgebungsakts nach Absatz 1 wichtige Aspekte seines Systems der sozialen Sicherheit, insbesondere dessen Geltungsbereich, Kosten oder Finanzstruktur, verletzen oder dessen finanzielles Gleichgewicht beeinträchtigen würde, so kann es beantragen, dass der Europäische Rat befasst wird. In diesem Fall wird das ordentliche Gesetzgebungsverfahren ausgesetzt. ²Nach einer Aussprache geht der Europäische Rat binnen vier Monaten nach Aussetzung des Verfahrens wie folgt vor:

a) er verweist den Entwurf an den Rat zurück, wodurch die Aussetzung des ordentlichen Gesetzgebungsverfahrens beendet wird, oder
b) er sieht von einem Tätigwerden ab, oder aber er ersucht die Kommission um Vorlage eines neuen Vorschlags; in diesem Fall gilt der ursprünglich vorgeschlagene Rechtsakt als nicht erlassen.

I. Normzweck 1	b) Staatsangehörigkeit 15
II. Einzelerläuterungen 6	3. Zusammenrechnung von Zeiten 18
1. Koordinierung 6	4. Der Export von Leistungen in andere
2. Persönlicher Anwendungsbereich 9	Mitgliedstaaten 19
a) Status der Person 9	

I. Normzweck

1 Wer aus beruflichen Gründen von einem zu einem anderen Mitgliedstaat wechselt, kommt in der Regel mit zwei verschiedenen nationalen Systemen der sozialen Sicherheit in Berührung. Eine Harmonisierung der verschiedenen nationalen Systeme der sozialen Sicherheit war zunächst überhaupt nicht vorgesehen. Inzwischen enthält der Vertrag durchaus auch Rechtsgrundlagen für eine etwaige Harmonisierung des Rechts der sozialen Sicherheit (Art. 153 AEUV (= Art. 137 EG). Allerdings ist bislang davon noch kein Gebrauch gemacht worden. Deshalb ergibt sich nach wie vor die Notwendigkeit, für Personen mit grenzüberschreitendem Berufsverlauf wenigstens ein **Koordinierungssystem** zu schaffen.

2 Diesen Auftrag hat der Rat bereits durch die VO (EWG) Nr. 3 und Nr. 4 erfüllt, die Anfang der 70er Jahre durch die VO (EWG) Nr. 1408/71 des Rates zur Anwendung der Systeme der sozialen Sicherheit auf Arbeitnehmer, Selbständige sowie deren Familienangehörige, die innerhalb der Gemeinschaft zu- und abwandern, und VO (EWG) Nr. 574/72 über die Durchführung der VO (EWG) Nr. 1408/71 abgelöst wurden, die wiederum nach langen Vorarbeiten durch die VO (EG) Nr. 883/2004 und die VO (EG) Nr. 987/2009 ersetzt wurden.

3 Die Koordinierungsverordnungen gelten seit 1983 nicht nur für Arbeitnehmer, sondern auch für **Selbständige**. Um dies zu erreichen, musste in der Vergangenheit zusätzlich zur Rechtsgrundlage über die Koordinierung der sozialen Sicherheit auch auf die allgemeine Auffangvorschrift zurückgegriffen werden. Dies wurde gelegentlich als Durchbrechung des Prinzips der beschränkten Einzelermächtigung kritisiert (vgl dazu *Pieters*, Enquiry into the legal foundations of a possible

extension of community provisions on social security to third-country nationals, in: *Departamento de Relaçoes Internacionais e Convençoes de Segurança Social* (Hrsg.), Social security in Europe – Equality between nationals and non-nationals, 1995). Durch die Aufnahme der Selbständigen in die Vorschrift des Art. 48 AEUV (= Art. 42 EG) ist diese Problematik jetzt gelöst. Allerdings gilt der Koordinierungsauftrag nach wie vor nicht für **Drittstaatsangehörige oder Nichterwerbstätige.**

Die Vorschrift macht keine Vorgabe hinsichtlich des Rechtsinstruments. Folglich konnte auch die RL 98/49/EG des Rates vom 29. Juni 1998 zur Wahrung ergänzender Rentenansprüche von Arbeitnehmern und Selbständigen, die innerhalb der Europäischen Gemeinschaft zu- und abwandern (ABl. 1998 L 209, S. 46), auf diese Ermächtigungsgrundlage gestützt werden (vgl dazu *Steinmeyer*, EuZW 1999, 645 ff). 4

Hinsichtlich des Verfahrens der Entscheidungsbildung galt bislang stets, dass der Rat wegen der Sensibilität des Regelungsbereichs einstimmig entscheiden musste (Art. 42 EG letzter Satz). Die daraus entstandene seltene Zusammenarbeitsform zwischen Parlament und Rat ist nun durch einen anderen Mechanismus abgelöst worden. Jetzt gilt für diesen Bereich, wie für die meisten Gebiete auch, das „**ordentliche Gesetzgebungsverfahren**" mit Mehrheitsentscheidung im Rat. Allerdings gibt es als Ersatz für das Vetorecht eine **Notausstiegsklausel**. Im Unterschied zur alten Rechtslage reicht es aber nicht aus, dass ein Mitgliedstaat nicht zustimmt, sondern er muss „wichtige Aspekte" geltend machen. Ist das der Fall, so kann der Mitgliedstaat die Befassung des Europäischen Rates beantragen. Der Europäische Rat kann daraufhin nach Aussprache den Entwurf an den Rat zurückverweisen, was zur Fortsetzung des Verfahrens führt. Sieht der Europäische Rat von einer Tätigkeit ab oder ersucht er die Kommission um Vorlage eines neuen Vorschlags, so ist das ursprüngliche Verfahren ergebnislos beendet. Die Erklärung Nr. 23 zu Art. 48 Abs. 2 AEUV bestätigt, dass für den Fall der Befassung des Europäischen Rates dieser nach Art. 14 Abs. 4 EUV Union im Konsens entscheidet. 5

II. Einzelerläuterungen

1. Koordinierung

Die Vorschrift enthält lediglich einen Koordinierungsauftrag. Der Gerichtshof hat immer wieder hervorgehoben, dass dies nicht die Harmonisierung der unterschiedlichen Systeme der sozialen Sicherheit bedeutet und es also nicht darum geht, ein einheitliches gemeinschaftsweit gültiges Sozialversicherungssystem zu schaffen (EuGH, Rs. 313/86 (Lenoir), Slg 1988, 5391). Allerdings soll die Koordinierung die **Freizügigkeit** sichern. Dies bedeutet, dass die nationalen Regeln einerseits so ausgelegt werden müssen, dass das Ziel erreicht wird; andererseits soll keine grundlegende Veränderung des nationalen Systems stattfinden (EuGH, Rs. C-356/89 (Stanton Newton), Slg 1991, I-3017). Zwischen diesen beiden Polen bewegt sich die gesamte Interpretation des Art. 48 AEUV (= Art. 42 EG) durch den Gerichtshof. 6

Dabei sind die Grenzen zwischen angeblich unzulässigen Eingriffen in die Strukturprinzipien und notwendigen Maßnahmen zur Herstellung der Freizügigkeit oft fließend. Dies wird am deutlichsten bei den **Konfliktregeln** (Art. 11 ff), die eindeutig mehr als nur koordinieren. So legt die Verordnung verbindlich fest, wer unter welchen Voraussetzungen dem System der sozialen Sicherheit eines Mitgliedstaats angehört. In der Regel stellt die Verordnung für die Zugehörigkeit zu einem System auf die **Beschäftigung** ab. Dies führt immer dann zu einem Bruch, wenn die Zugehörigkeit zu einem System der sozialen Sicherheit in einem bestimmten Land oder für eine bestimmte Leistung allen **Einwohnern** zusteht (in Deutschland ist dies so z. B. hinsichtlich der Familienleistungen). Gleichwohl öffnet dann die Verordnung allen in einem Land beschäftigten Arbeitnehmern ungeachtet ihres Wohnsitzes den Zugang zu einem System, selbst wenn die Beschäftigung als Anknüpfung nach nationalem Recht irrelevant ist. Auf diese Art und Weise wird in die Struktur- 7 prinzipien eines Systems – wenn auch nur punktuell – eingegriffen, um die Freizügigkeit zu gewährleisten.

8 Da es sich nur um einen Koordinierungsauftrag handelt, sieht der Gerichtshof es auch als durchaus hinnehmbar an, wenn die durch die Koordinierung erfassten Personen im Einzelfall gegenüber einer sesshaften Vergleichsperson begünstigt werden. So hat der Gerichtshof mehrfach Kürzungsbestimmungen, die nur in der Verordnung vorgesehen waren und keine korrespondierende Regelung im nationalen Recht hatten, als mit dem Koordinierungsziel unvereinbar erklärt (EuGH, Rs. 24/75 (Petroni), Slg 1975, 1149). Dieses so genannte **Petroni-Prinzip** ist letztlich Ausdruck der erhöhten Schutzbedürftigkeit des mobilen Arbeitnehmers, der durch die Konfrontation mit zwei oder mehr Systemen der sozialen Sicherheit ohnehin wegen ihrer unterschiedlichen Strukturen nachteilsgefährdet ist (*Eichenhofer*, Sozialrecht, 1995, Rn 94). Der Gerichtshof ist allerdings nicht der Ansicht, dass eine Pflicht besteht, die dadurch entstandenen einzelnen Besserstellungen beizubehalten (Rs. 12/67 (Guissart), Slg 1967, 570; Rs. 22/77 (Mura), Slg 1977, 1699). Vielmehr hat er nur klargestellt, dass in Ermangelung einer entsprechenden nationalen **Antikumulierungsregelung** gewisse Vorteile hinzunehmen sind und eine Gesetzeslücke im nationalen System jedenfalls nicht zu Lasten des Arbeitnehmers auf Verordnungsebene geschlossen werden darf (*Giesen*, Die Vorgaben des EG-Vertrags für das Internationale Sozialrecht, 1999, S. 65 ff).

2. Persönlicher Anwendungsbereich

a) Status der Person

9 Die VO (EG) Nr. 883/2004 schützt nicht nur Arbeitnehmer und Selbstständige, sondern „**Versicherte**". Nach der Rechtsprechung sind das alle Personen, die die in der Verordnung genannten versicherungsrechtlichen Voraussetzungen erfüllen (vgl dazu EuGH, Rs. 182/78 (Pierik II), Slg 1979, 1977; Rs. C-340/96 (de Jeak), Slg 1997, I-461; Rs. 221/95 (Hervein), Slg 1997, I-609). Es handelt sich dabei also um einen speziellen sozialversicherungsrechtlichen Begriff, der auf das nationale Recht des jeweiligen Mitgliedstaats verweist. Auch der **ehemalige Beschäftigte** fällt ohne weiteres in den persönlichen Anwendungsbereich der VO (EG) Nr. 883/2004, vorausgesetzt, er wird durch ein gesetzliches Sozialversicherungssystem erfasst (Rs. C-194/96 (Kulzer), Slg 1998, I-895).

10 Seit 1983 gelten die Koordinierungsverordnungen nicht nur für abhängig Beschäftigte, sondern auch für **Selbstständige**. Die Rechtsgrundlage für die Ausweitung war in der Vergangenheit die allgemeine Auffangermächtigung des Art. 352 AEUV (= Art. 308 EG). Da der Gerichtshof entschieden hat, dass der Selbstständige im gleichen Umfang Rechte genießen muss wie der Arbeitnehmer und dass sich dieser Anspruch unmittelbar aus der Dienstleistungsfreiheit bzw der Niederlassungsfreiheit ergibt (EuGH, Rs. C-53/95 (Kemmler), Slg 1996, I-703; verb. Rs. C-4/95 und 5/95 (Stöber und Pereira), Slg 1997, I-511), enthält die VO (EG) Nr. 883/2004 keine Einschränkungen der Rechte von Selbstständigen gegenüber den Arbeitnehmern mehr. Durch den Vertrag von Lissabon wurde darüber hinaus der Koordinierungsauftrag in Art. 48 AEUV auf Selbstständige erweitert. Der Begriff des Versicherten im Sinne der VO (EG) Nr. 883/2004 ist daher nicht identisch mit dem Arbeitnehmerbegriff des 45 AEUV (= Art. 39 EG).

Insofern ist die Situation auch nicht zu vergleichen mit der Interpretation des Begriffs des Arbeitnehmers im Sinne der VO (EG) Nr. 492/2011, der stärker arbeitsrechtlich orientiert ist. Für die Anwendbarkeit der VO (EG) Nr. 883/2004 kommt es nicht auf eine **Mindeststundenanzahl** an, die jemand beschäftigt sein muss (EuGH, Rs. C-2/89 (Kits van Heijningen), Slg 1990, I-1755). Ebenso wenig spielt die Höhe der durch die Berufstätigkeit erzielten Einkünfte eine Rolle (EuGH, Rs. 300/84 (van Roosmalen), Slg 1986, 3097). Folglich ist es durchaus möglich, dass eine Person zwar Arbeitnehmer im Sinne der VO (EG) Nr. 492/2011 ist, mangels Versicherung jedoch nicht von der VO (EG) Nr. 883/2004 erfasst wird. So unterliegen beispielsweise die Beihilfevorschriften für deutsche Beamte nicht der Koordinierung.

Weiterhin ist es für die Anwendung der VO (EG) Nr. 883/2004 nicht notwendig, dass ein Wechsel 11
von einem Mitgliedstaat zu einem anderen aus beruflichen Gründen stattgefunden hat. Vielmehr
genießen **Touristen,** die innerhalb Europas Ferien machen, auch während des urlaubsbedingten
Auslandsaufenthaltes den Schutz des koordinierten Krankenversicherungsrechts nach Art. 19
(EuGH, Rs. 75/63 (Unger), Slg 1964, 379; Rs. 182/78 (Pierik II), Slg 1979, 1977). Ebenso kann
ein Versicherter mit der **Genehmigung** der zuständigen Krankenkasse ins Ausland gehen, um sich
dort einer bestimmten medizinischen Behandlung zu unterziehen (Art. 20). Das Motiv für die
Wanderung ist daher nicht maßgeblich.

Selbst eine Person, die ihr Heimatland überhaupt nicht verlassen hat, kann sich auf die Verord- 12
nung berufen. Diese Frage wurde angeschnitten im Fall Kulzer (EuGH, Rs. C-194/96, Slg 1998,
I-895). Sie betraf die Situation eines deutschen Beamten, der deutsche **Familienleistungen** für seine
in Frankreich lebende Tochter begehrte. Der EuGH stellte fest, dass auch diese Konstellation
theoretisch unter die Verordnung fällt. Allerdings ging der Gerichtshof im konkreten Fall (fälschlicherweise) davon aus, dass der Kläger als damals noch nicht einbezogener Beamter nicht für
Familienleistungen versichert sei und deshalb keinen Anspruch aus den Koordinierungsvorschriften über Familienleistungen ableiten könne. Dieses Ergebnis hat der Gerichtshof nicht weiter in
Frage gestellt. Wäre die Situation jedoch in Folge der Ausübung des Rechts auf Freizügigkeit
entstanden, so hätte das Resultat an den übergeordneten Prinzipien des Vertrags gemessen werden
und eventuell eine Diskriminierung oder eine bloße Benachteiligung konstatiert werden können
(vgl dazu EuGH, Rs. C-266/95 (Merino Garcia), Slg 1997, I-3279 und verb. Rs. C-4/95 und 5/95
(Stöber und Pereira), Slg 1997, I-511). Am Fall Kulzer wird jedoch deutlich, dass die VO (EG)
Nr. 883/2004 im Einzelfall über Art. 45 AEUV (= Art. 39 EG) hinausgehen kann, ihre Auslegung
jedoch ihre Grenze im Wortlaut findet, wenn keine Grundprinzipien tangiert sind.

Allerdings kann eine von der Verordnung geschützte Person die Koordinierungsvorschriften nicht 13
für **rein innerstaatliche Sachverhalte** heranziehen. So entschied der EuGH, dass ein Wallone, der
im flämischen Teil Belgiens lebt, sich nicht auf Art. 76 Abs. 7 berufen kann, nach der er sich vor
den Gerichten in seiner Muttersprache ausdrücken darf (Rs. C-153/91 (Petit), Slg 1992, I-4973).
Auch die inzwischen einbezogenen **Drittstaatsangehörigen** besitzen nicht etwa automatisch das
erforderliche grenzüberschreitende Element, sondern müssen zu mehreren Mitgliedstaaten eine
Berührung haben (EuGH, Rs. C-95-97/99 (Khalil u.a.), Slg 2001, I-7413).

Nach der Rechtsprechung des Gerichtshofs war zunächst davon auszugehen, dass Familienange- 14
hörige nur abgeleitete Rechte – etwa auf eine Hinterbliebenenrente – nach der Verordnung geltend
machen können (EuGH, Rs. 40/76 (Kermascheck), Slg 1976, 1669 und Rs. 94/84 (Deak),
Slg 1985, 1873. Später hat der EuGH festgestellt, dass **Familienangehörige** Anspruch auf Gleich-
behandlung hinsichtlich aller Leistungen haben, die nicht **höchstpersönlich** sind (Rs. C-308/93
(Cabanis Issarte), Slg 1996, I-2097, vgl dazu *Moore,* CMLR 1997, 34; EuGH, Rs. C-189/00
(Ruhr), Slg 2001, I-8225; EuGH, Rs. C-185/96 (Kommission/Griechenland), Slg 1998, I-6601;
EuGH, Rs. C-211/97 (Gomez Rivero), Slg 1999, I-3219). Art. 4 stellt dies jetzt klar.

b) Staatsangehörigkeit

Hinsichtlich der Staatsangehörigkeit erfasst die Verordnung nicht nur die Staatsangehörigen der 15
Mitgliedstaaten und des **EWR** (Isländer, Liechtensteiner und Norweger), sondern auch Staatenlose und Flüchtlinge. Auch Versicherte aus **Beitrittsstaaten,** die wegen der Anwendung von Übergangsrecht noch keine Freizügigkeit besitzen, die aber aus anderen Gründen mit mehreren Sozialversicherungssystemen Berührung haben, können die Anwendung der Koordinierungsbestimmungen für sich beanspruchen.

Die Familienangehörigen und Hinterbliebenen von EG- bzw EWR-Staatsangehörigen sind als 16
Familienangehörige unabhängig von ihrer Staatsangehörigkeit von der Verordnung erfasst.

17 Am 1.1.2011 wurden mit der Verordnung (EG) Nr. 1231/10 Vorschriften zur Koordinierung der Sozialversicherungssysteme auf Staatsangehörige von Nicht-EU-Ländern ausgedehnt, die ihren rechtmäßigen Wohnsitz in der EU haben und sich in einer **grenzüberschreitenden Situation** befinden. Diese Vorschriften gelten auch für ihre Angehörigen und Hinterbliebenen, sofern sich diese in der EU aufhalten. Die sogenannte **Drittstaatlerverordnung** ist in Fällen relevant, in denen ein Staatsangehöriger eines Nicht-EU-Landes aus beruflichen Gründen von einem EU-Land in ein anderes EU-Land umzieht, seine Kinder jedoch im ursprünglichen EU-Land verbleiben. Die Verordnung Nr. 1231/10 gilt allerdings nicht für Dänemark und das Vereinigte Königreich. Staatsangehörige von Nicht-EU-Ländern sind in Fällen, die diese beiden Länder betreffen, jedoch weiterhin durch die Verordnung Nr. 859/2003 (in Verbindung mit der Verordnung Nr. 1408/71) geschützt.

3. Zusammenrechnung von Zeiten

18 Art. 48 (= Art. 42 EG) lit. a) AEUV hebt eine Koordinierungsmethode besonders hervor, nämlich die Zusammenrechnung von Zeiten. Diese Methode ist letztlich nichts anderes als ein Mechanismus zur **Vermeidung indirekter Diskriminierungen**. Sie ermöglicht in einem anderen Mitgliedstaat zurückgelegte, sozialversicherungsrechtlich relevante Zeiten zu berücksichtigen. Es handelt sich daher um eine **Sachverhaltsgleichstellung**. Die einzelnen Bedingungen und Verfahren, wie und wann diese Gleichstellung zu erfolgen hat, ergeben sich aus der VO (EG) Nr. 883/2004, insbesondere aus deren Art. 6.

4. Der Export von Leistungen in andere Mitgliedstaaten

19 Das zweite Koordinierungsprinzip, das ausdrücklich erwähnt ist, betrifft die Zahlung von Leistungen an Personen, die in den Hoheitsgebieten der Mitgliedstaaten wohnen, d.h. die Gewährung von Leistungen in einem Staat, in dem der Betroffene nicht versichert ist bzw. der nicht finanziell für die Leistung zuständig ist. Dieses Prinzip wird gemeinhin als das **Exportprinzip** bezeichnet. Allerdings ist dies eine nicht ganz vollständige Beschreibung des Auftrags. Neben dem Exportprinzip können Leistungen nämlich auch nach dem **Integrationsprinzip** vom Aufenthaltsstaat gewährt werden, wobei unter Umständen eine Erstattung durch den zuständigen Staat erfolgt.

20 Die Umsetzung des in Art. 48 (= Art. 42 EG) lit. b) AEUV verankerten Exportprinzips erfolgt durch Art. 7, in dem die **Wohnortklauseln** für die Geldleistungen aufgehoben werden. Da es sich bei diesen Leistungen um erworbene Ansprüche handelt, die bar ausgezahlt werden, besteht kein Problem, dieses Geld in andere Mitgliedstaaten zu transferieren. Sachleistungen, wie beispielsweise die medizinische Versorgung, können aus der Natur der Sache heraus nicht exportiert werden. Sie werden daher vom **Staat des jeweiligen Aufenthalts** und nach seinem Recht gewährt und entsprechend den einzelnen Festlegungen der koordinierenden Verordnung zwischen den Trägern erstattet.

21 Im Bereich der **Leistungen bei Arbeitslosigkeit** wird der Export von Geldleistungen nach wie vor nur eingeschränkt zugelassen (Art. 63 ff). An Stelle des Exports tritt auch hier das Integrationsprinzip. In manchen Fällen, in denen die Leistungen bei Arbeitslosigkeit nach dem Integrationsprinzip erbracht werden, sind die aufgewendeten Geldleistungen vom Staat der vorherigen Beschäftigung zu erstatten. Aus der Sicht des Gerichtshofs ist die Gewährung von Leistungen bei Arbeitslosigkeit nach dem Integrationsprinzip nicht zu kritisieren (Rs. 39/76 (Mouthaan), Slg 1976, 1901; *Devetzi*, ZESAR 2009, 63 ff). Selbst die Tatsache, dass Arbeitslose, die nicht unter die Ausnahmen für Grenzgänger fallen, lediglich für drei Monate Arbeitslosengeld exportieren können, ist in den Augen des Gerichtshofs mit dem Vertrag vereinbar (EuGH, Rs. C-62/91 (Gray), Slg 1992, I-2737).

22 Außerdem gibt es seit 1992 (VO (EWG) 1247/92 vom 30. April 1992, ABl. L 136, S. 1) die Möglichkeit, **besondere beitragsunabhängige Geldleistungen** nach dem **Integrationsprinzip** ohne Er-

stattungsanspruch zu gewähren (Art. 70). Diese Leistungen müssen nicht ins Ausland ausgezahlt werden, wenn sie in den Anhang X der Verordnung aufgenommen sind. Dabei handelt es sich um Leistungen, die Charaktereigenschaften von klassischen Geldleistungen der sozialen Sicherheit einerseits und **Sozialhilfeelemente** andererseits aufweisen. Der Gerichtshof hat die Gewährung dieser Sozialleistungen nach dem Integrationsprinzip anstelle des Exportsystems für zulässig erachtet (Rs. C-20/96 (Snares), Slg 1998, I-6057 und Rs. C-297/96 (Partridge), Slg 1998, I-3467).

Für dieses Ergebnis sprechen zwei Gründe: Zum einen kann man Art. 48 AEUV (= Art. 42 EG) 23 so lesen, dass die Zahlung in andere Mitgliedstaaten nicht gleichbedeutend mit dem Export ist, sondern nur die Gewährung von Leistungen in anderen Mitgliedstaaten bedeutet, was ja durch das **Integrationssystem** gleichfalls sichergestellt ist. Zum anderen erwähnt Art. 48 AEUV (= Art. 42 EG) lediglich zwei von mehreren Koordinierungsregeln, die „insbesondere" zu beachten sind. Selbst wenn man daher der Ansicht ist, die Zahlung in andere Mitgliedstaaten setze den Export voraus, so ist es nicht verboten, andere Koordinierungsbestimmungen zu treffen. Dies gilt insbesondere dann, wenn die Aufgabe des Exportprinzips im Einzelfall gerechtfertigt werden kann.

Anstelle der Exportpflicht sind die beitragsunabhängigen Leistungen allerdings allen im Inland 24 wohnenden Personen, die die gleichen Voraussetzungen erfüllen, zu gewähren. Wer also als Bezieher einer deutschen Rente in Belgien lebt, hat Anspruch auf die belgische Mindestrente, selbst wenn diese Person nie in Belgien beschäftigt gewesen war. Auch ist bei der Gewährung nach dem Integrationsprinzip darauf zu achten, dass dies diskriminierungsfrei erfolgt (EuGH, Rs. C-90/97 (Swaddling), Slg 1999, I-731). Diskriminierungsfrei bedeutet in diesem Zusammenhang ebenfalls, dass Personen, die von ihrem Recht auf Freizügigkeit Gebrauch gemacht haben, nicht benachteiligt werden dürfen. Deshalb sind **Wartezeiten** unzulässig, selbst wenn sie für sesshafte wie für mobile Personen gleichermaßen gelten.

Nach wie vor etwas unklar ist, ob und wie der Anspruch auf diese Mindestleistungen im aktuellen 25 Wohnland das Aufenthaltsrecht beeinflusst. Nach der RL 2004/38/EG wird der dauerhafte Aufenthalt in einem anderen Mitgliedstaat an die Voraussetzung geknüpft, dass die Betroffenen über genügende Existenzmittel, einschließlich eines Krankenversicherungsschutzes, verfügen. Allerdings wird dieses konditionierte Aufenthaltsrecht durch den EuGH im Licht der Unionsbürgerschaft (21 AEUV = Art. 18 EG) und des allgemeinen Diskriminierungsverbots (Art. 18 AEUV = Art. 12 EG) ausgelegt. Aus diesem Grund kann ein rechtmäßig eingereister Student, der im Verlauf seines Studiums sozialhilfebedürftig wird, diese Leistung als europäischer Bürger beanspruchen (EuGH, Rs. C-184/99 (Grzelczyk), Slg 2001, I-6193). Das Aufenthaltsrecht kann allerdings in solchen Fällen überprüft werden, wobei der Grundsatz der **Verhältnismäßigkeit** zu wahren ist (EuGH, Rs. C-456/02 (Trojani), Slg 2004, I-7573; *Hailbronner*, JZ 2005, 1138 ff; *ders.*, ZFSH/SGB 2009, 195 ff; *ders.*, JZ 2010, 398 ff; *Welte*, ZAR 2009, 229 ff; *Schreiber* ZESAR 2006; 423, *Starke*, Die Rechtsprechung des Europäischen Gerichtshofs und ihre Auswirkungen auf das deutsche Sozialhilferecht, Hamburg 2005; *Fuchs*, NZS 2007, 1 ff; *Husmann*, NZA 2009, 547 ff; *Davy*, ZESAR 2010, 307 ff). Art. 14 Abs. 3 RL 2004/38/EG sieht unter Berücksichtigung dieser Rechtsprechung daher vor, dass die Inanspruchnahme von Sozialleistungen durch einen Unionsbürger nicht automatisch zu einer **Ausweisung** führen darf.

Teil 2:
Verordnung (EG) Nr. 883/2004
des Europäischen Parlaments und des Rates vom 29. April 2004 zur Koordinierung der Systeme der sozialen Sicherheit

(ABl. L 166 vom 30.4.2004, S. 1, ber. ABl. L 200 vom 7.6.2004, S. 1 und ABl. L 204 vom 4.8.2007, S. 30) zuletzt geändert durch Art. 1 ÄndVO (EU) Nr. 465/2012 vom 22.5.2012 (ABl. L 149 vom 8.6.2012, S. 4)

DAS EUROPÄISCHE PARLAMENT UND DER RAT DER EUROPÄISCHEN UNION –

gestützt auf den Vertrag zur Gründung der Europäischen Gemeinschaft, insbesondere auf die Artikel 42 und 308,

auf Vorschlag der Kommission, vorgelegt nach Anhörung der Sozialpartner und der Verwaltungskommission für die soziale Sicherheit der Wanderarbeitnehmer[1],

nach Stellungnahme des Europäischen Wirtschafts- und Sozialausschusses[2],

gemäß dem Verfahren des Artikels 251 des Vertrags[3],

in Erwägung nachstehender Gründe:

(1) Die Vorschriften zur Koordinierung der nationalen Systeme der sozialen Sicherheit sind Teil des freien Personenverkehrs und sollten zur Verbesserung des Lebensstandards und der Arbeitsbedingungen beitragen.

(2) Für die Annahme geeigneter Maßnahmen im Bereich der sozialen Sicherheit für andere Personen als Arbeitnehmer sieht der Vertrag keine anderen Befugnisse als diejenigen des Artikels 308 vor.

(3) Die Verordnung (EWG) Nr. 1408/71 des Rates vom 14. Juni 1971 über die Anwendung der Systeme der sozialen Sicherheit auf Arbeitnehmer und Selbstständige sowie deren Familienangehörige, die innerhalb der Gemeinschaft zu- und abwandern[4], ist mehrfach geändert und aktualisiert worden, um nicht nur den Entwicklungen auf Gemeinschaftsebene – einschließlich der Urteile des Gerichtshofes –, sondern auch den Änderungen der Rechtsvorschriften auf nationaler Ebene Rechnung zu tragen. Diese Faktoren haben dazu beigetragen, dass die gemeinschaftlichen Koordinierungsregeln komplex und umfangreich geworden sind. Zur Erreichung des Ziels des freien Personenverkehrs ist es daher von wesentlicher Bedeutung, diese Vorschriften zu ersetzen und dabei gleichzeitig zu aktualisieren und zu vereinfachen.

(4) Es ist notwendig, die Eigenheiten der nationalen Rechtsvorschriften über soziale Sicherheit zu berücksichtigen und nur eine Koordinierungsregelung vorzusehen.

(5) Es ist erforderlich, bei dieser Koordinierung innerhalb der Gemeinschaft sicherzustellen, dass die betreffenden Personen nach den verschiedenen nationalen Rechtsvorschriften gleich behandelt werden.

(6) Die enge Beziehung zwischen den Rechtsvorschriften der sozialen Sicherheit und den tarifvertraglichen Vereinbarungen, die diese Rechtsvorschriften ergänzen oder ersetzen und die durch eine behördliche Entscheidung für allgemein verbindlich erklärt oder in ihrem Geltungsbereich erweitert wurden, kann einen Schutz bei der Anwendung dieser Bestimmungen

---

1 ABl. C 38 vom 12. 2. 1999, S. 10.
2 ABl. C 75 vom 15. 3. 2000, S. 29.
3 Stellungnahme des Europäischen Parlaments vom 3. September 2003 (noch nicht im Amtsblatt veröffentlicht), Gemeinsamer Standpunkt des Rates vom 26. Januar 2004 (ABl C 79 E vom 30. 3. 2004, S. 15) und Standpunkt des Europäischen Parlaments vom 20. April 2004 (noch nicht im Amtsblatt veröffentlicht). Beschluss des Rates vom 26. April 2004.
4 ABl. L 149 vom 5. 7. 1971, S. 2. Zuletzt geändert durch die Verordnung (EG) Nr. 631/2004 des Europäischen Parlaments und des Rates (ABl. L 187 vom 6. 4. 2004, S. 1).

erfordern, der demjenigen vergleichbar ist, der durch diese Verordnung gewährt wird. Als erster Schritt könnten die Erfahrungen der Mitgliedstaaten, die solche Regelungen notifiziert haben, evaluiert werden.

(7) Wegen der großen Unterschiede hinsichtlich des persönlichen Geltungsbereichs der nationalen Rechtsvorschriften ist es vorzuziehen, den Grundsatz festzulegen, dass diese Verordnung auf Staatsangehörige eines Mitgliedstaats, Staatenlose und Flüchtlinge mit Wohnort im Hoheitsgebiet eines Mitgliedstaats, für die die Rechtsvorschriften der sozialen Sicherheit eines oder mehrerer Mitgliedstaaten gelten oder galten, sowie auf ihre Familienangehörigen und Hinterbliebenen Anwendung findet.

(8) Der allgemeine Grundsatz der Gleichbehandlung ist für Arbeitnehmer, die nicht im Beschäftigungsmitgliedstaat wohnen, einschließlich Grenzgängern, von besonderer Bedeutung.

(9) Der Gerichtshof hat mehrfach zur Möglichkeit der Gleichstellung von Leistungen, Einkünften und Sachverhalten Stellung genommen; dieser Grundsatz sollte explizit aufgenommen und ausgeformt werden, wobei Inhalt und Geist der Gerichtsentscheidungen zu beachten sind.

(10) Der Grundsatz, dass bestimmte Sachverhalte oder Ereignisse, die im Hoheitsgebiet eines anderen Mitgliedstaats eingetreten sind, so zu behandeln sind, als ob sie im Hoheitsgebiet des Mitgliedstaats, dessen Rechtsvorschriften Anwendung finden, eingetreten wären, sollte jedoch nicht zu einem Widerspruch mit dem Grundsatz der Zusammenrechnung von Versicherungszeiten, Beschäftigungszeiten, Zeiten einer selbstständigen Erwerbstätigkeit oder Wohnzeiten, die nach den Rechtsvorschriften eines anderen Mitgliedstaats zurückgelegt worden sind, mit Zeiten, die nach den Rechtsvorschriften des zuständigen Mitgliedstaats zurückgelegt worden sind, führen. Zeiten, die nach den Rechtsvorschriften eines anderen Mitgliedstaats zurückgelegt worden sind, sollten deshalb nur durch die Anwendung des Grundsatzes der Zusammenrechnung der Zeiten berücksichtigt werden.

(11) Die Gleichstellung von Sachverhalten oder Ereignissen, die in einem Mitgliedstaat eingetreten sind, kann in keinem Fall bewirken, dass ein anderer Mitgliedstaat zuständig wird oder dessen Rechtsvorschriften anwendbar werden.

(12) Im Lichte der Verhältnismäßigkeit sollte sichergestellt werden, dass der Grundsatz der Gleichstellung von Sachverhalten oder Ereignissen nicht zu sachlich nicht zu rechtfertigenden Ergebnissen oder zum Zusammentreffen von Leistungen gleicher Art für denselben Zeitraum führt.

(13) Die Koordinierungsregeln müssen den Personen, die sich innerhalb der Gemeinschaft bewegen, sowie ihren Angehörigen und Hinterbliebenen die Wahrung erworbener Ansprüche und Vorteile sowie der Anwartschaften ermöglichen.

(14) Diese Ziele müssen insbesondere durch die Zusammenrechnung aller Zeiten, die nach den verschiedenen nationalen Rechtsvorschriften für die Begründung und Aufrechterhaltung des Leistungsanspruchs und für dessen Berechnung zu berücksichtigen sind, sowie durch die Gewährung von Leistungen an die verschiedenen unter diese Verordnung fallenden Personengruppen, erreicht werden.

(15) Es ist erforderlich, Personen, die sich innerhalb der Gemeinschaft bewegen, dem System der sozialen Sicherheit nur eines Mitgliedstaats zu unterwerfen, um eine Kumulierung anzuwendender nationaler Rechtsvorschriften und die sich daraus möglicherweise ergebenden Komplikationen zu vermeiden.

(16) Innerhalb der Gemeinschaft ist es grundsätzlich nicht gerechtfertigt, Ansprüche der sozialen Sicherheit vom Wohnort der betreffenden Person abhängig zu machen; in besonderen Fällen jedoch – vor allem bei besonderen Leistungen, die an das wirtschaftliche und soziale Umfeld der betreffenden Person gebunden sind – könnte der Wohnort berücksichtigt werden.

(17) Um die Gleichbehandlung aller im Hoheitsgebiet eines Mitgliedstaats erwerbstätigen Personen am besten zu gewährleisten, ist es zweckmäßig, als allgemeine Regel die Anwendung

der Rechtsvorschriften des Mitgliedstaats vorzusehen, in dem die betreffende Person eine Beschäftigung oder eine selbstständige Erwerbstätigkeit ausübt.
(17a) Sobald Rechtsvorschriften eines Mitgliedstaats für eine Person nach Titel II dieser Verordnung anwendbar werden, sollten die Voraussetzungen für einen Anschluss und den Anspruch auf Leistungen durch die Rechtsvorschriften des zuständigen Mitgliedstaats geregelt werden, wobei das Gemeinschaftsrecht einzuhalten ist.
(18) Von dieser allgemeinen Regel ist in besonderen Fällen, die andere Zugehörigkeitskriterien rechtfertigen, abzuweichen.
(18a) Der Grundsatz, dass nur die Rechtsvorschriften eines einzigen Mitgliedstaats anzuwenden sind, ist von großer Bedeutung und sollte hervorgehoben werden. Dies sollte jedoch nicht bedeuten, dass allein die Gewährung einer Leistung nach dieser Verordnung, einschließlich der Zahlung von Versicherungsbeiträgen oder der Gewährung eines Versicherungsschutzes für den Begünstigten, die Rechtsvorschriften des Mitgliedstaats, dessen Träger diese Leistung erbracht hat, zu den für diese Person geltenden Rechtsvorschriften macht.
(18b) In Anhang III der Verordnung (EWG) Nr. 3922/91 des Rates vom 16. Dezember 1991 zur Harmonisierung der technischen Vorschriften und der Verwaltungsverfahren in der Zivilluftfahrt[5] ist das Konzept der „Heimatbasis" für Mitglieder von Flug- und Kabinenbesatzungen definiert als der vom Luftfahrtunternehmer gegenüber dem Besatzungsmitglied benannte Ort, wo das Besatzungsmitglied normalerweise eine Dienstzeit oder eine Abfolge von Dienstzeiten beginnt und beendet und wo der Luftfahrtunternehmer normalerweise nicht für die Unterbringung des betreffenden Besatzungsmitglieds verantwortlich ist. Um die Anwendung des Titels II dieser Verordnung auf Mitglieder von Flug- und Kabinenbesatzungen zu erleichtern, ist es gerechtfertigt, das Konzept der „Heimatbasis" als das Kriterium für die Bestimmung der für die Mitglieder von Flug- und Kabinenbesatzungen geltenden Rechtsvorschriften heranzuziehen. Es sollte jedoch für Kontinuität bei den für die Mitglieder von Flug- und Kabinenbesatzungen geltenden Rechtsvorschriften gesorgt werden, und das Prinzip der Heimatbasis sollte nicht zu einem häufigen Wechsel der geltenden Rechtsvorschriften aufgrund der Arbeitsmuster oder des saisonbedingten Bedarfs der Branche führen.
(19) In einigen Fällen können Leistungen bei Mutterschaft und gleichgestellte Leistungen bei Vaterschaft von der Mutter oder dem Vater in Anspruch genommen werden; weil sich für Väter diese Leistungen von Erziehungsleistungen unterscheiden und mit Leistungen bei Mutterschaft im engeren Sinne gleichgesetzt werden können, da sie in den ersten Lebensmonaten eines Neugeborenen gewährt werden, ist es angezeigt, Leistungen bei Mutterschaft und gleichgestellte Leistungen bei Vaterschaft gemeinsam zu regeln.
(20) In Bezug auf Leistungen bei Krankheit, Leistungen bei Mutterschaft und gleichgestellten Leistungen bei Vaterschaft sollte den Versicherten sowie ihren Familienangehörigen, die in einem anderen als dem zuständigen Mitgliedstaat wohnen oder sich dort aufhalten, Schutz gewährt werden.
(21) Die Bestimmungen über Leistungen bei Krankheit, Leistungen bei Mutterschaft und gleichgestellte Leistungen bei Vaterschaft wurden im Lichte der Rechtsprechung des Gerichtshofes erstellt. Die Bestimmungen über die vorherige Genehmigung wurden unter Berücksichtigung der einschlägigen Entscheidungen des Gerichtshofes verbessert.
(22) Die besondere Lage von Rentenantragstellern und Rentenberechtigten sowie ihrer Familienangehörigen erfordert Bestimmungen auf dem Gebiet der Krankenversicherung, die dieser Situation gerecht werden.
(23) In Anbetracht der Unterschiede zwischen den verschiedenen nationalen Systemen ist es angezeigt, dass die Mitgliedstaaten nach Möglichkeit vorsehen, dass Familienangehörigen von

---

5 ABl. L 373 vom 31. 12. 1991, S. 4

Grenzgängern in dem Mitgliedstaat, in dem die Grenzgänger ihre Tätigkeit ausüben, medizinische Behandlung gewährt wird.
(24) Es ist erforderlich, spezifische Bestimmungen vorzusehen, die ein Zusammentreffen von Sachleistungen bei Krankheit mit Geldleistungen bei Krankheit ausschließen, wie sie Gegenstand der Urteile des Gerichtshofes in den Rechtssachen C-215/99 (Jauch) und C-160/96 (Molenaar) waren, sofern diese Leistungen das gleiche Risiko abdecken.
(25) In Bezug auf Leistungen bei Arbeitsunfällen und Berufskrankheiten sollten Regeln erlassen werden, die Personen, die in einem anderen als dem zuständigen Mitgliedstaat wohnen oder sich dort aufhalten, Schutz gewähren.
(26) Für Leistungen bei Invalidität sollten Koordinierungsregeln vorgesehen werden, die die Eigenheiten der nationalen Rechtsvorschriften, insbesondere im Hinblick auf die Anerkennung des Invaliditätszustands und seiner Verschlimmerung, berücksichtigen.
(27) Es ist erforderlich, ein System zur Feststellung der Leistungen bei Alter und an Hinterbliebene für Personen zu erarbeiten, für die die Rechtsvorschriften eines oder mehrerer Mitgliedstaaten galten.
(28) Es ist erforderlich, den Betrag einer Rente festzulegen, die nach der Zusammenrechnungs- und Zeitenverhältnisregelung berechnet und durch das Gemeinschaftsrecht garantiert ist, wenn sich die Anwendung der nationalen Rechtsvorschriften einschließlich ihrer Kürzungs-, Ruhens- und Entziehungsvorschriften als weniger günstig erweist als die genannte Regelung.
(29) Um Wanderarbeitnehmer und ihre Hinterbliebenen gegen eine übermäßig strenge Anwendung der nationalen Kürzungs-, Ruhens- und Entziehungsvorschriften zu schützen, ist es erforderlich, Bestimmungen aufzunehmen, die für die Anwendung dieser Vorschriften strenge Regeln festlegen.
(30) Wie der Gerichtshof stets bekräftigt hat, ist der Rat nicht dafür zuständig, Rechtsvorschriften zu erlassen, mit denen das Zusammentreffen von zwei oder mehr Rentenansprüchen, die in verschiedenen Mitgliedstaaten erworben wurden, dadurch eingeschränkt wird, dass der Betrag einer Rente, deren Anspruch ausschließlich nach nationalen Rechtsvorschriften erworben wurde, gekürzt wird.
(31) Nach Auffassung des Gerichtshofes ist es Sache des nationalen Gesetzgebers, derartige Rechtsvorschriften zu erlassen, wobei der Gemeinschaftsgesetzgeber die Grenzen festlegt, in denen die nationalen Kürzungs-, Ruhens- oder Entziehungsvorschriften anzuwenden sind.
(32) Zur Förderung der Mobilität der Arbeitnehmer ist vor allem ihre Arbeitssuche in den verschiedenen Mitgliedstaaten zu erleichtern; daher ist eine stärkere und wirksamere Koordinierung zwischen den Systemen der Arbeitslosenversicherung und der Arbeitsverwaltung aller Mitgliedstaaten notwendig.
(33) Es ist erforderlich, gesetzliche Vorruhestandsregelungen in den Geltungsbereich dieser Verordnung einzubeziehen und dadurch die Gleichbehandlung und die Möglichkeit des „Exports" von Vorruhestandsleistungen sowie die Feststellung von Familien- und Gesundheitsleistungen für die betreffende Person nach den Bestimmungen dieser Verordnung zu gewährleisten; da es gesetzliche Vorruhestandsregelungen jedoch nur in einer sehr begrenzten Anzahl von Mitgliedstaaten gibt, sollten die Vorschriften über die Zusammenrechnung von Zeiten auf diese Regelungen nicht angewendet werden.
(34) Da die Familienleistungen sehr vielfältig sind und Schutz in Situationen gewähren, die als klassisch beschrieben werden können, sowie in Situationen, die durch ganz spezifische Faktoren gekennzeichnet sind und die Gegenstand der Urteile des Gerichtshofes in den verbundenen Rechtssachen C-245/94 und C-312/94 (Hoever) und (Zachow) und in der Rechtssache C-275/96 (Kuusijärvi) waren, ist es erforderlich, diese Leistungen in ihrer Gesamtheit zu regeln.
(35) Zur Vermeidung ungerechtfertigter Doppelleistungen sind für den Fall des Zusammentreffens von Ansprüchen auf Familienleistungen nach den Rechtsvorschriften des zuständigen

Mitgliedstaats mit Ansprüchen auf Familienleistungen nach den Rechtsvorschriften des Wohnmitgliedstaats der Familienangehörigen Prioritätsregeln vorzusehen.

(36) Unterhaltsvorschüsse sind zurückzuzahlende Vorschüsse, mit denen ein Ausgleich dafür geschaffen werden soll, dass ein Elternteil seiner gesetzlichen Verpflichtung zur Leistung von Unterhalt für sein Kind nicht nachkommt; hierbei handelt es sich um eine familienrechtliche Verpflichtung. Daher sollten diese Vorschüsse nicht als direkte Leistungen aufgrund einer kollektiven Unterstützung zu Gunsten der Familien angesehen werden. Aufgrund dieser Besonderheiten sollten die Koordinierungsregeln nicht für solche Unterhaltsvorschüsse gelten.

(37) Der Gerichtshof hat wiederholt festgestellt, dass Vorschriften, mit denen vom Grundsatz der „Exportierbarkeit" der Leistungen der sozialen Sicherheit abgewichen wird, eng ausgelegt werden müssen. Dies bedeutet, dass sie nur auf Leistungen angewendet werden können, die den genau festgelegten Bedingungen entsprechen. Daraus folgt, dass Titel III Kapitel 9 dieser Verordnung nur auf Leistungen angewendet werden kann, die sowohl besonders als auch beitragsunabhängig sind und in Anhang X dieser Verordnung aufgeführt sind.

(38) Es ist erforderlich, eine Verwaltungskommission einzusetzen, der ein Regierungsvertreter jedes Mitgliedstaats angehört und die insbesondere damit beauftragt ist, alle Verwaltungs- und Auslegungsfragen zu behandeln, die sich aus dieser Verordnung ergeben, und die Zusammenarbeit zwischen den Mitgliedstaaten zu fördern.

(39) Es hat sich herausgestellt, dass die Entwicklung und Benutzung von elektronischen Datenverarbeitungsdiensten für den Informationsaustausch die Einsetzung eines Fachausschusses unter der Verantwortung der Verwaltungskommission mit spezifischen Zuständigkeiten in den Bereichen der Datenverarbeitung erforderlich machen.

(40) Die Benutzung von elektronischen Datenverarbeitungsdiensten für den Datenaustausch zwischen Trägern erfordert Bestimmungen, die gewährleisten, dass elektronisch ausgetauschte oder herausgegebene Dokumente genauso anerkannt werden wie Dokumente in Papierform. Ein solcher Austausch hat unter Beachtung der Gemeinschaftsbestimmungen über den Schutz natürlicher Personen bei der Verarbeitung personenbezogener Daten und den freien Datenverkehr zu erfolgen.

(41) Zur Erleichterung der Anwendung der Koordinierungsregeln ist es erforderlich, besondere Bestimmungen vorzusehen, die den jeweiligen Eigenheiten der nationalen Rechtsvorschriften gerecht werden.

(42) Im Einklang mit dem Verhältnismäßigkeitsprinzip und der Absicht, diese Verordnung auf alle Unionsbürger auszudehnen, und mit dem Ziel, eine Lösung zu erreichen, die allen Zwängen Rechnung trägt, die mit den besonderen Merkmalen von auf dem Wohnortkriterium basierenden Systemen verknüpft sein könnten, wurde eine besondere Ausnahmeregelung in Form eines Eintrags für Dänemark in Anhang XI für zweckdienlich erachtet, die ausschließlich auf Sozialrentenansprüche für die neue Kategorie von nicht erwerbstätigen Personen, auf die diese Verordnung ausgeweitet wurde, beschränkt ist; damit wird den besonderen Merkmalen des dänischen Systems sowie der Tatsache Rechnung getragen, dass diese Renten nach dem geltenden dänischen Recht (Rentengesetz) nach einer Wohnzeit von zehn Jahren „exportiert" werden können.

(43) Im Einklang mit dem Grundsatz der Gleichbehandlung wird eine besondere Ausnahmeregelung in Form eines Eintrags für Finnland in Anhang XI für zweckdienlich erachtet, die auf wohnsitzabhängige staatliche Renten beschränkt ist, um den besonderen Merkmalen der finnischen Rechtsvorschriften über die soziale Sicherheit Rechnung zu tragen; dadurch soll sichergestellt werden, dass die staatliche Rente nicht niedriger sein darf als die staatliche Rente, die sich ergäbe, wenn sämtliche Versicherungszeiten, die in anderen Mitgliedstaaten zurückgelegt wurden, in Finnland zurückgelegt worden wären.

(44) Es ist erforderlich, eine neue Verordnung zu erlassen, um die Verordnung (EWG) Nr. 1408/71 aufzuheben. Dabei muss die Verordnung (EWG) Nr. 1408/71 jedoch im Hin-

blick auf bestimmte Rechtsakte der Gemeinschaft und Abkommen, bei denen die Gemeinschaft Vertragspartei ist, zur Wahrung der Rechtssicherheit in Kraft bleiben und weiterhin Rechtsgültigkeit besitzen.

(45) Da das Ziel der beabsichtigten Maßnahme, nämlich Koordinierungsmaßnahmen zur Sicherstellung, dass das Recht auf Freizügigkeit wirksam ausgeübt werden kann, auf Ebene der Mitgliedstaaten nicht ausreichend erreicht werden kann und daher wegen des Umfangs und der Wirkungen der Maßnahme besser auf Gemeinschaftsebene zu erreichen ist, kann die Gemeinschaft im Einklang mit dem in Artikel 5 des Vertrags niedergelegten Subsidiaritätsprinzip tätig werden. Entsprechend dem in demselben Artikel genannten Verhältnismäßigkeitsprinzip geht diese Verordnung nicht über das für die Erreichung dieses Ziels erforderliche Maß hinaus –

HABEN FOLGENDE VERORDNUNG ERLASSEN:

Zitierhinweis:
Alle Artikel ohne weitere Angaben sind solche der VO (EG) Nr. 883/2004.
Die Vorschriften der VO (EG) Nr. 987/2009 sind mit der Abkürzung DVO versehen.

Titel I Allgemeine Bestimmungen

Literaturübersicht

Becker, U., Die Bedeutung des gemeinschaftsrechtlichen Diskriminierungsverbots für die Gleichstellung von Sachverhalten im koordinierenden Sozialrecht, VSSR 2000, S. 221; *Bucher*, Soziale Sicherheit, beitragsunabhängige Sonderleistungen und soziale Vergünstigungen, 2000; *Christensen/Malmstedt*, Lex Loci Laboris versus Loci Domicilii, EurJofSocSec 2(2000), S. 69; *Cornelissen*, Third-Country Nationals and the European Commission of Social Security, 10 (2008) European Journal of Social Security, S. 347; *Davy* (Hrsg.), Die Integration von Einwanderern, 2001; *Devetzi*, Auswirkungen der Wohnsitzverlegung auf den sozialrechtlichen Leistungsexport in Europa, ZESAR 2009, S. 63; *dies*, Die Kollisionsnormen des Europäischen Sozialrechts, 2000; *Egger*, Das Arbeits- und Sozialrecht der EG und die österreichische Rechtsordnung, 2005 (2. Aufl.); *Ebsen* (Hrsg.), Europarechtliche Gestaltungsvorgaben für das deutsche Sozialrecht, 2000; *Eichenhofer*, Sozialrecht der Europäischen Union, 2010 (4. Aufl.); *ders.* (Hrsg.), 50 Jahre nach dem Beginn – neue Regeln für die Koordinierung sozialer Sicherheit, Berlin 2009; *ders.*, Das neue Recht europäischer Sozialrechtskoordination, DRdA 2005, S. 88; *ders.*, Anknüpfungen im Internationalen Sozialrecht, ZESAR 2002, S. 21; *ders.*, Verbot der indirekten Diskriminierung wegen der Staatsangehörigkeit, DRdA 2002, S. 79; *ders./Abig*, Zugang zu steuerfinanzierten Sozialleistungen nach dem Staatsangehörigkeitsprinzip?, 2004; *Fuchs*, Was bringt die neue VO (EG) Nr. 883/2004, SGb 2008, S. 201; *ders.*, Koordinierung oder Harmonisierung des europäischen Sozialrechts, ZIAS 2003, S. 379; *Hanau/Steinmeyer/Wank*, Handbuch des europäischen Arbeits- und Sozialrechts, 2002; *Hänlein*, Sozialrechtliche Probleme türkischer Staatsangehöriger in Deutschland, Münster 2000; *Hauck/Noftz/Eichenhofer*, EU-Sozialrecht, 2010; *Jorens/Van Overmeiren*, Allgemeine Prinzipien der Koordinierung in Verordnung 883/2004, in: *Eichenhofer* (Hrsg.), 50 Jahre nach dem Beginn – neue Regeln für die Koordinierung sozialer Sicherheit, 2009, 105; *Marhold*(Hrsg.), Das neue Sozialrecht der EU, Wien 2005; *Otting*, Reform der VO (EWG) Nr. 1408/71 zur Koordinierung der Systeme der sozialen Sicherheit in Europa, Manuskript, 2008; *Pennings*, Introduction to European Social Security Law, Antwerpen 2003, (4th ed.); *Pieters* (Ed.), The Social Security Systems of the Member States of the European Union, 2002; *Schoukens*, De sociale zekerheid van de zelfstandige en het Europese gemeenschapsrecht: de impact van het vrije verkeer van zelfstandigen, 2000; *Schrammel/Winkler*, Arbeits- und Sozialrecht der Europäischen Gemeinschaft, 2002; *Schreiber/Wunder/Dern*, VO (EG) Nr. 883/2004, 2012; *Schulte*, Allgemeine Regeln des internationalen Sozialrechts – supranationales Recht, in: *von Maydell/Ruland/Becker* (Hrsg.), Sozialrechtshandbuch, 5. Aufl. 2012, § 33; *Siedl/Spiegel*, Zwischenstaatliches Sozialversicherungsrecht (Loseblattausgabe), Wien, (Letztstand 57. Lfg.); *Spiegel*, Die neue europäische Sozialrechtskoordinierung. Überlegungen zur Verordnung (EG) Nr. 883/2004, ZIAS 2006, S. 85; *ders.*, Die neue Sozialrechtskoordinierung, in *Marhold*, Das neue Sozialrecht der EU, Wien 2005; *ders.*, Die neue europäische Sozialrechtskoordinierung, in: Deutsche Rentenversicherung Bund (Hrsg.), Die Reform des Europäischen koordinierenden Sozialrechts, 2007, S. 25-70; *ders* (Hrsg.), Zwischenstaatliches Sozialversicherungsrecht, Wien 2012; *Tomandl* (Hrsg.), Der

Einfluß des Europäischen Rechts auf das Sozialrecht, 2000; *Van Raepenbusch,* La sécurité sociale des travailleurs européens, Bruxelles 2001; *Voigt,* Die Reform des koordinierenden europäischen Sozialrechts, ZESAR 2005, S. 73, 121; *Walter,* Reverse Discrimination and Family Reunification, Nijmegen/Osnabrück 2008.

Vorbemerkungen

Überblick

1 Die in Titel I (Art. 1 – 10) enthaltenen Bestimmungen regeln die persönliche und sachliche Anwendbarkeit der VO (EG) Nr. 883/2004 „Grundverordnung" (Art. 1 DVO) wie das Verhältnis zu anderen Bestimmungen des **Internationalen Sozialrechts** der Mitgliedstaaten. Ferner ist die Gleichbehandlung unter den EU-Bürgern, Gleichstellung von Leistungen, Einkünften, Sachverhalten und Ereignissen, Zusammenrechnung von Zeiten, Aufhebung der Wohnortklauseln und der dadurch ermöglichte Export von Geldleistungen angeordnet sowie Regelungen über die Tragweite von Erklärungen der Mitgliedstaaten zum Geltungsbereich der VO wie die Bedeutung der Schlüsselbegriffe der VO (EG) Nr. 883/2004 durch definitorische Festlegungen getroffen.

2 Die „Allgemeinen Vorschriften" sind in Titel I aufgeführt, weil sie die **Anwendungsvoraussetzungen** der VO (EG) Nr. 883/2004 oder **leistungszweigübergreifende** Fragen regeln. Von grundlegender Bedeutung für die praktische Rechtsanwendung sind die Vorschriften über den persönlichen (Art. 2) und sachlichen Geltungsbereich (Art. 3). „Vor die Klammer" – dh vor alle nachfolgenden kollisions- (Art. 10 – 16) und koordinationsrechtlichen Regelungen (Art. 17 ff) – werden das Gebot der Gleichbehandlung aller EU-Bürger (Art. 4), der Gleichstellung von Sachverhalten (Art. 5) sowie des Exports von Geldleistungen (Art. 7) gestellt.

3 Die in Art. 1 niedergelegten Begriffsbestimmungen sind **Definitionsnormen.** Sie legen den gesetzlichen Sprachgebrauch fest und gewährleisten damit eine einheitliche Anwendung der darin definierten Begriffe in allen Regelungszusammenhängen der VO (EG) Nr. 883/2004. Art. 8 regelt die **Konkurrenzen** zwischen den EU-rechtlichen und den völkervertraglichen Normen des Internationalen Sozialrechts der Mitgliedstaaten.

4 Im Verhältnis zu der bisher das Recht der Koordinierung regelnden VO (EWG) Nr. 1408/71 enthält die VO (EG) Nr. 883/2004 **kleinere Korrekturen.** So wird erstmals der Begriff „Vorruhestandsleistung" eingeführt und definiert (Art. 1 lit. x)) und es werden die Unterhaltsvorschüsse aus dem Begriff der Familienleistungen (Art. 1 lit. z)) zur Korrektur einer verfehlten Judikatur des EuGH (vgl dazu unten Art. 1 Rn 40) ausgenommen. Ferner ergaben sich Änderungen in der Abfolge der Bestimmungen (vgl unten Art. 1 bei den Einzelerläuterungen der Begriffe). Der sachliche Geltungsbereich der Koordination erstreckt sich nun förmlich auf Vorruhestandsleistungen (Art. 3 Abs. 1 lit. i)). Das Exportgebot für Geldleistungen ist nicht länger auf einzelne Zweige sozialer Sicherheit beschränkt, sondern gilt künftig für sämtliche Zweige (Art. 7) – allerdings vorbehaltlich der Art. 63 und 70. Die Regelung über das Rangverhältnis von bilateralen und supranationalen Koordinierungsregeln (Art. 8) wird an die ergangene Rechtsprechung des EuGH angepasst. Die Bestimmung über das Verbot des Zusammentreffens von Leistungen wird klarer und einfacher gefasst (Art. 10), weil die Tatbestandsgleichstellung (Art. 5) umfassend formuliert ist und damit die Komplexität der bisherigen Regelung überwinden hilft, namentlich den Anwendungsbereich des Verbots der mittelbaren Diskriminierung einengt.

5 Weitere Neuerungen beschränken sich auf den **Sprachgebrauch**. Die bisherigen Begriffe „Arbeitnehmer" und „Selbständige" werden durch „Beschäftigung" und „selbständige Erwerbstätigkeit" ersetzt (Art. 1 lit. a), b)). Dadurch wird die Verordnung von der Notwendigkeit zu einer das Geschlechterverhältnis ausdrückenden Formulierung entlastet. Für die übrigen Funktionsbegriffe: Versicherter, Beamter, Grenzgänger, Staatenloser oder Familienangehöriger wird die männliche Form gebraucht, sie umfasst aber natürlich immer auch die weiblichen Adressaten (Art. 1 lit. c),

Titel I Allgemeine Bestimmungen — Artikel 1

d), f), h) oder i)). Eher eine sprachliche Kuriosität bedeutet die Umschreibung der bisherigen Mutterschaftsleistungen als „Leistung bei Mutterschaft" und den dieser gleichgestellte „Leistung bei Vaterschaft" (Art. 1 lit. i) Abs. i). Damit kommt es zu einer Veränderung des Sprachsinns von „Vaterschaft": Stand der Begriff bisher für die auf Abstammung, Anerkennung, Feststellung unter Rechtsvermutung gegründete Beziehung zwischen einem Mann und seinem ihm im Status rechtlich zugeordneten Kind, bedeutet „Vaterschaft" nun die Übernahme der Säuglingspflege – möglicherweise gar unabhängig vom Rechtsstatus des Kindes gegenüber dem es pflegenden Mannes.

Wichtig ist auch, vorweg auf den räumlichen bzw persönlichen Geltungsbereich der VO (EG) Nr. 883/2004 und 987/2009 kurz einzugehen. Klar ist, dass sich die beiden VO einheitlich auf die 27 Mitgliedstaaten beziehen. Allerdings findet auch im Wege des **EWR-Abkommens** bzw des sektoriellen Abkommens der EU mit der **Schweiz** in den Beziehungen mit diesen vier Staaten das EU-Recht zur Koordinierung der Systeme der sozialen Sicherheit Anwendung. Wegen der in diesen Abkommen vorgesehenen Beschlussfassungs-Verfahren kann dies aber idR nur mit einer gewissen zeitlichen Verzögerung geschehen. So konnte die Anwendung der VO (EG) Nr. 883/2004 und 987/2009 im Verhältnis zur Schweiz erst mit 1.4.2012 (Beschluss Nr. 1/2012 des Gemischten Ausschusses über die Freizügigkeit, ABl. (EU) L 103 v. 13.4.2012, S. 51) und im Verhältnis zu den drei EWR-Staaten erst mit 1.6.2012 (Beschluss Nr. 76/2011 des Gemeinsamen EWR-Ausschusses, ABl. (EU) L 262 v. 6.10.2011, S. 33) festgelegt werden. Für die Zeiträume davor waren im Verhältnis zu diesen vier Staaten (sowohl territorial als auch in Bezug auf die Staatsangehörigen dieser vier Staaten in den Beziehungen zwischen den 27 EU-Mitgliedstaaten) die alten VO (EWG) Nr. 1408/71 und 574/72 in der jeweils im Verhältnis zu diesen Staaten geltenden Fassung anzuwenden.

Artikel 1 Definitionen

Für die Zwecke dieser Verordnung bezeichnet der Ausdruck:

a) „Beschäftigung" jede Tätigkeit oder gleichgestellte Situation, die für die Zwecke der Rechtsvorschriften der sozialen Sicherheit des Mitgliedstaats, in dem die Tätigkeit ausgeübt wird oder die gleichgestellte Situation vorliegt, als solche gilt;

b) „selbstständige Erwerbstätigkeit" jede Tätigkeit oder gleichgestellte Situation, die für die Zwecke der Rechtsvorschriften der sozialen Sicherheit des Mitgliedstaats, in dem die Tätigkeit ausgeübt wird oder die gleichgestellte Situation vorliegt, als solche gilt;

c) „Versicherter" in Bezug auf die von Titel III Kapitel 1 und 3 erfassten Zweige der sozialen Sicherheit jede Person, die unter Berücksichtigung der Bestimmungen dieser Verordnung die für einen Leistungsanspruch nach den Rechtsvorschriften des gemäß Titel II zuständigen Mitgliedstaats vorgesehenen Voraussetzungen erfüllt;

d) „Beamter" jede Person, die in dem Mitgliedstaat, dem die sie beschäftigende Verwaltungseinheit angehört, als Beamter oder diesem gleichgestellte Person gilt;

e) „Sondersystem für Beamte" jedes System der sozialen Sicherheit, das sich von dem allgemeinen System der sozialen Sicherheit, das auf die Arbeitnehmer des betreffenden Mitgliedstaats anwendbar ist, unterscheidet und das für alle oder bestimmte Gruppen von Beamten unmittelbar gilt;

f) „Grenzgänger" eine Person, die in einem Mitgliedstaat eine Beschäftigung oder eine selbstständige Erwerbstätigkeit ausübt und in einem anderen Mitgliedstaat wohnt, in den sie in der Regel täglich, mindestens jedoch einmal wöchentlich zurückkehrt;

g) „Flüchtling" eine Person im Sinne des Artikels 1 des am 28. Juli 1951 in Genf unterzeichneten Abkommens über die Rechtsstellung der Flüchtlinge;

h) „Staatenloser" eine Person im Sinne des Artikels 1 des am 28. September 1954 in New York unterzeichneten Abkommens über die Rechtsstellung der Staatenlosen;

i) „Familienangehöriger":
1. i) jede Person, die in den Rechtsvorschriften, nach denen die Leistungen gewährt werden, als Familienangehöriger bestimmt oder anerkannt oder als Haushaltsangehöriger bezeichnet wird;
    ii) in Bezug auf Sachleistungen nach Titel III Kapitel 1 über Leistungen bei Krankheit sowie Leistungen bei Mutterschaft und gleichgestellte Leistungen bei Vaterschaft jede Person, die in den Rechtsvorschriften des Mitgliedstaats, in dem sie wohnt, als Familienangehöriger bestimmt oder anerkannt wird oder als Haushaltsangehöriger bezeichnet wird;
2. unterscheiden die gemäß Nummer 1 anzuwendenden Rechtsvorschriften eines Mitgliedstaats die Familienangehörigen nicht von anderen Personen, auf die diese Rechtsvorschriften anwendbar sind, so werden der Ehegatte, die minderjährigen Kinder und die unterhaltsberechtigten volljährigen Kinder als Familienangehörige angesehen;
3. wird nach den gemäß Nummern 1 und 2 anzuwendenden Rechtsvorschriften eine Person nur dann als Familien- oder Haushaltsangehöriger angesehen, wenn sie mit dem Versicherten oder dem Rentner in häuslicher Gemeinschaft lebt, so gilt diese Voraussetzung als erfüllt, wenn der Unterhalt der betreffenden Person überwiegend von dem Versicherten oder dem Rentner bestritten wird;

j) „Wohnort" den Ort des gewöhnlichen Aufenthalts einer Person;
k) „Aufenthalt" den vorübergehenden Aufenthalt;
l) „Rechtsvorschriften" für jeden Mitgliedstaat die Gesetze, Verordnungen, Satzungen und alle anderen Durchführungsvorschriften in Bezug auf die in Artikel 3 Absatz 1 genannten Zweige der sozialen Sicherheit.

Dieser Begriff umfasst keine tarifvertraglichen Vereinbarungen, mit Ausnahme derjenigen, durch die eine Versicherungsverpflichtung, die sich aus den in Unterabsatz 1 genannten Gesetzen oder Verordnungen ergibt, erfüllt wird oder die durch eine behördliche Entscheidung für allgemein verbindlich erklärt oder in ihrem Geltungsbereich erweitert wurden, sofern der betreffende Mitgliedstaat in einer einschlägigen Erklärung den Präsidenten des Europäischen Parlaments und den Präsidenten des Rates der Europäischen Union davon unterrichtet. Diese Erklärung wird im *Amtsblatt der Europäischen Union* veröffentlicht;

m) „zuständige Behörde" in jedem Mitgliedstaat den Minister, die Minister oder eine entsprechende andere Behörde, die im gesamten Gebiet des betreffenden Mitgliedstaates oder einem Teil davon für die Systeme der sozialen Sicherheit zuständig sind;
n) „Verwaltungskommission" die in Artikel 71 genannte Kommission;
o) „Durchführungsverordnung" die in Artikel 89 genannte Verordnung;
p) „Träger" in jedem Mitgliedstaat die Einrichtung oder Behörde, der die Anwendung aller Rechtsvorschriften oder eines Teils hiervon obliegt;
q) „zuständiger Träger":
   i) den Träger, bei dem die betreffende Person zum Zeitpunkt der Stellung des Antrags auf Leistungen versichert ist,

   oder

   ii) den Träger, gegenüber dem die betreffende Person einen Anspruch auf Leistungen hat oder hätte, wenn sie selbst oder ihr Familienangehöriger bzw. ihre Familienangehörigen in dem Mitgliedstaat wohnen würden, in dem dieser Träger seinen Sitz hat,

   oder

   iii) den von der zuständigen Behörde des betreffenden Mitgliedstaats bezeichneten Träger,

   oder

   iv) bei einem System, das die Verpflichtungen des Arbeitgebers hinsichtlich der in Artikel 3 Absatz 1 genannten Leistungen betrifft, den Arbeitgeber oder den betreffenden Versicherer oder, falls es einen solchen nicht gibt, die von der zuständigen Behörde des betreffenden Mitgliedstaats bezeichnete Einrichtung oder Behörde;

r) „Träger des Wohnorts" und „Träger des Aufenthaltsorts" den Träger, der nach den Rechtsvorschriften, die für diesen Träger gelten, für die Gewährung der Leistungen an dem Ort zuständig ist, an dem die betreffende Person wohnt oder sich aufhält, oder, wenn es einen solchen Träger nicht gibt, den von der zuständigen Behörde des betreffenden Mitgliedstaats bezeichneten Träger;

s) „zuständiger Mitgliedstaat" den Mitgliedstaat, in dem der zuständige Träger seinen Sitz hat;

t) „Versicherungszeiten" die Beitragszeiten, Beschäftigungszeiten oder Zeiten einer selbstständigen Erwerbstätigkeit, die nach den Rechtsvorschriften, nach denen sie zurückgelegt worden sind oder als zurückgelegt gelten, als Versicherungszeiten bestimmt oder anerkannt sind, sowie alle gleichgestellten Zeiten, soweit sie nach diesen Rechtsvorschriften als den Versicherungszeiten gleichwertig anerkannt sind;

u) „Beschäftigungszeiten" oder „Zeiten einer selbstständigen Erwerbstätigkeit" die Zeiten, die nach den Rechtsvorschriften, nach denen sie zurückgelegt worden sind, als solche bestimmt oder anerkannt sind, sowie alle gleichgestellten Zeiten, soweit sie nach diesen Rechtsvorschriften als den Beschäftigungszeiten oder den Zeiten einer selbstständigen Erwerbstätigkeit gleichwertig anerkannt sind;

v) „Wohnzeiten" die Zeiten, die nach den Rechtsvorschriften, nach denen sie zurückgelegt worden sind oder als zurückgelegt gelten, als solche bestimmt oder anerkannt sind;

va) „Sachleistungen"

i) für Titel III Kapitel 1 (Leistungen bei Krankheit sowie Leistungen bei Mutterschaft und gleichgestellte Leistungen bei Vaterschaft) Sachleistungen, die nach den Rechtsvorschriften eines Mitgliedstaats vorgesehen sind und die den Zweck verfolgen, die ärztliche Behandlung und die diese Behandlung ergänzenden Produkte und Dienstleistungen zu erbringen bzw. zur Verfügung zu stellen oder direkt zu bezahlen oder die diesbezüglichen Kosten zu erstatten. Dazu gehören auch Sachleistungen bei Pflegebedürftigkeit;

ii) für Titel III Kapitel 2 (Leistungen bei Arbeitsunfällen und Berufskrankheiten) alle Sachleistungen im Zusammenhang mit Arbeitsunfällen und Berufskrankheiten gemäß der Definition nach Ziffer i, die nach den Arbeitsunfall- und Berufskrankheitenregelungen der Mitgliedstaaten vorgesehen sind.

w) „Renten" nicht nur Renten im engeren Sinn, sondern auch Kapitalabfindungen, die an deren Stelle treten können, und Beitragserstattungen sowie, soweit Titel III nichts anderes bestimmt, Anpassungsbeträge und Zulagen;

x) „Vorruhestandsleistungen" alle anderen Geldleistungen als Leistungen bei Arbeitslosigkeit und vorgezogene Leistungen wegen Alters, die ab einem bestimmten Lebensalter Arbeitnehmern, die ihre berufliche Tätigkeit eingeschränkt oder beendet haben oder ihr vorübergehend nicht mehr nachgehen, bis zu dem Lebensalter gewährt werden, in dem sie Anspruch auf Altersrente oder auf vorzeitiges Altersruhegeld geltend machen können, und deren Bezug nicht davon abhängig ist, dass sie der Arbeitsverwaltung des zuständigen Staates zur Verfügung stehen; eine „vorgezogene Leistung wegen Alters" ist eine Leistung, die vor dem Erreichen des Lebensalter, ab dem üblicherweise Anspruch auf Rente entsteht, gewährt und nach Erreichen dieses Lebensalters weiterhin gewährt oder durch eine andere Leistung bei Alter abgelöst wird;

y) „Sterbegeld" jede einmalige Zahlung im Todesfall, mit Ausnahme der unter Buchstabe w) genannten Kapitalabfindungen;

z) „Familienleistungen" alle Sach- oder Geldleistungen zum Ausgleich von Familienlasten, mit Ausnahme von Unterhaltsvorschüssen und besonderen Geburts- und Adoptionsbeihilfen nach Anhang I.

Spiegel

I. Normzweck	1	m) Zuständige Behörde	27
II. Einzelerläuterungen	2	n) Verwaltungskommission	28
1. Definitionsnormen	2	o) Durchführungsverordnung	29
2. Auslegungsgrundsätze	3	p) Träger	30
3. Die einzelnen Definitionen	6	q) Zuständiger Träger	31
a) Beschäftigung	6	r) Träger des Wohn-/Aufenthaltsorts	32
b) Selbstständige Erwerbstätigkeit	9	s) Zuständiger Mitgliedstaat	33
c) Versicherter	10	t) Versicherungszeiten	34
d) Beamter	11	u) Beschäftigungszeiten und Zeiten einer selbständigen Erwerbstätigkeit	35
e) Sondersystem für Beamte	12		
f) Grenzgänger	13		
g) Flüchtling	14	v) Wohnzeiten	36
h) Staatenloser	15	va) Sachleistungen	37
i) Familienangehöriger	16	w) Renten	38
j) Wohnort	18	x) Vorruhestandsleistungen	39
k) Aufenthalt	21	y) Sterbegeld	40
l) Rechtsvorschriften	22	z) Familienleistungen	41

I. Normzweck

1 Art. 1 nimmt in den in Titel I enthaltenen Allgemeinen Vorschriften eine **Sonderstellung** ein. Denn dessen Bestimmungen haben **keinen** eigenständigen **Regelungsgehalt**. Die Vorschrift definiert vielmehr Begriffe, die innerhalb anderer Bestimmungen ihre rechtliche Bedeutung erlangen. So erlangen die Begriffe „Beschäftigung" und „selbständige Erwerbstätigkeit" (Art. 1 lit. a) und b)) zB in Art. 11 Abs. 2 und 3 Bedeutung, um das anwendbare Recht zu bestimmen. Die in Art. 1 erwähnten Begriffe bestimmen, wie die „Beschäftigung" und „selbständige Erwerbstätigkeit" zu verstehen sind.

II. Einzelerläuterungen

1. Definitionsnormen

2 Die in Art. 1 aufgeführten Normen sind „**Legaldefinitionen**". Sie legen den Bedeutungsgehalt eines Rechtsbegriffs im Rahmen der VO (EG) Nr. 883/2004 fest. Legaldefinitionen bestimmen den normativen Sprachgebrauch dieser VO eigenständig: durch sie wird ein Rechtsbegriff terminologisch umrissen und damit zum Fachbegriff. Dessen Auslegung wird festgelegt und dann normativ verbindlich und so dem Rückgriff auf den Gebrauch der Umgangssprache entzogen. Die Legaldefinition legt die Bedeutung des Rechtsbegriffs eigenständig autonom europarechtlich, umfassend und abschließend fest.

Die in Art. 1 gegebenen Legaldefinitionen erfüllen ihren Zweck im Rahmen einer konkreten, in der VO (EG) Nr. 883/2004 getroffenen substantiellen Regelung. Daher wird in der nachfolgenden Erläuterung der einzelnen Definitionsnorm jeweils verdeutlicht, im Rahmen welcher Kollisions- oder Koordinationsnorm der einzelne Rechtsbegriff auftritt und welche Bedeutung ihm darin zukommt. Legaldefinitionen sind Beispiele teleologischer Begriffsbildung. Sie verlangen nach einer Auslegung, welche die Bedeutung eines Begriffs mit Blick auf die Norm festlegt, innerhalb welcher der Begriff vorkommt.

2. Auslegungsgrundsätze

3 Die in Art. 1 definierten Begriffe sind **internationale Rechtsbegriffe** (EuGH, Rs. 75/63 (Unger), Slg 1964, 381). Weil sämtliche Vorschriften der VO (EG) Nr. 883/2004 internationale, von der EU als einer supranationalen Gemeinschaft hervorgebrachte Regeln sind und sich auf das Recht der sozialen Sicherheit sämtlicher Mitgliedstaaten beziehen, für welche die VO (EG) Nr. 883/2004 unmittelbar gilt, sind die in Art. 1 enthaltenen materiell-sozialrechtlichen Systembegriffe **nicht** dem Recht **eines** einzelnen Mitgliedstaates zu entnehmen, sondern als **allen** Mitgliedstaaten gemeinsame sozialrechtliche Grundbegriffe zu verstehen (wiewohl zum Teil natürlich durch diese Definitionen wieder eine Rückverweisung auf die jeweiligen nationalen Definitionen vorgenom-

Spiegel

men wird, wodurch weiterhin in allen Mitgliedstaaten unterschiedliche Inhalte des jeweiligen Begriffs fortbestehen – s. zB die Definition für „Familienangehöriger" nach lit. i) Z 1).

Der internationale Gehalt der in Art. 1 definierten Rechtsbegriffe lässt sich auch aus den in Art. 1 selbst getroffenen Einzelregelungen umreißen. So werden beispielsweise in Art. 1 lit. g) und lit. h) die Begriffe „Staatenloser" und „Flüchtling" durch **Verweisung** auf **internationale** Übereinkommen – Genfer Flüchtlingskonvention sowie das New Yorker Abkommen über die Feststellung von Staatenlosen – definiert. Falls ein Rechtsbegriff des EU-Rechts durch Verweisung auf eine völkerrechtliche Konvention definiert ist, wird der EU-rechtliche Sprachgebrauch durch völkerrechtliche Begriffsbildungen und Regeln festgelegt. 4

Der grundsätzlich internationale Charakter der in Art. 1 getroffenen Definitionen gelangt auch in jener Bestimmung zum Ausdruck, in der die VO (EG) Nr. 883/2004 unmittelbar auf eine Institution des EU-Rechts verweist. In Art. 1 lit. n) wird festgestellt, dass der Begriff der „Verwaltungskommission" mit der in Art. 71 vorgesehenen Institution übereinstimmt. Auch die übrigen in Art. 1 enthaltenen Begriffe sind, sofern die jeweilige Definition nicht ausdrücklich etwas anderes besagt, international auszulegen, etwa die Definition der Merkmale Wohnort oder Aufenthalt (Art. 1 lit. j), k)), welche die Anwendbarkeit eines Rechts eines Mitgliedstaates vorgeben. Denn die VO (EG) Nr. 883/2004 gilt für eine Vielzahl von Staaten. Daher sind auch die in ihr gebrauchten Begriffe so auszulegen, dass sie von jedem Staat bestimmt werden können. Maßgeblich für die Auslegung ist der rechtliche Zweck, den der einzelne Begriff innerhalb der Bestimmung des Koordinationsrechts jeweils erfüllen soll.

Die in Art. 1 gegebenen Definitionen sind nach der Rechtsprechung (EuGH, Rs. C-262/96 (Sürül), Slg 1999, I-2685) auch für die Auslegung der Vorschriften des **Assoziationsrechts** maßgebend. So ist zB der im Verhältnis zur Türkei in Art. 3 Abs. 1 ARB 3/80 enthaltenen Begriffe „Familienangehöriger" entsprechend den für Art. 1 lit. i) geltenden Grundsätzen auszulegen. Allerdings hat der EuGH dabei eine „Versteinerung" vorgenommen, indem Rechtsänderungen, die für die Mitgliedstaaten im Rahmen der VO (EWG) Nr. 1408/71 vorgenommen wurden (wie zB die in die VO (EWG) Nr. 1408/71 eingefügte Sonderkoordination für beitragsunabhängige Sonderleistungen aufgrund der VO (EWG) Nr. 1247/92), im Verhältnis zur Türkei nicht gelten (EuGH Rs. C-485/07 (Akdas), Slg 2011, I-0000), sondern der Begriffsinhalt und die Koordination zur Anwendung zu gelangen hat, wie sie im Jahre 1980 galten (so auch österreichischer OGH, 10 ObS 241/03 v, wobei aber die Fortentwicklung von Begriffen, wie zB die Einbeziehung der Pflegeleistungen in die Leistungen bei Krankheit durch den EuGH Berücksichtigung fand). 5

3. Die einzelnen Definitionen

a) Beschäftigung

Der Begriff **Beschäftigung** (vormals „Arbeitnehmer", Art. 1 lit. a) VO (EWG) Nr. 1408/71) hat **Bedeutung** zB bei der Bestimmung des **anwendbaren Rechts** (Art. 11-13). Deren Inhalt wird nicht durch die VO (EG) Nr. 883/2004 eigenständig, sondern vielmehr durch Verweisung auf das Sozialrecht des Mitgliedstaates definiert, das auf den jeweiligen Sachverhalt anzuwenden ist. Dies überrascht, weil seit der Entscheidung in der Rs. Unger (EuGH, Rs. 75/63, Slg 1964, 381) der EuGH die Ansicht vertritt, der unter der VO (EWG) Nr. 1408/71 verwendete Begriff „Arbeitnehmer" sei ein solcher des EU-Rechts und daher losgelöst von arbeitsrechtlichen oder privatrechtlichen Maßstäben (*Steinmeyer*, HdB, § 21-23 ff) des einzelnen Mitgliedstaates zu verstehen. Die Auslegung der VO (EWG) Nr. 1408/71 wurde auf diese Weise **zirkulär**. Denn das anwendbare Sozialrecht eines Mitgliedstaates ergibt sich aus den Vorschriften dieser VO erst abschließend, wenn dessen Begriffe geklärt sind. 6

Dem **Zirkelschluss** konnte jedoch durch eine **hypothetische Prüfung** entgangen werden (EuGH, Rs. C-121/92 (Zinnecker), Slg 1993, I-5023; *Devetzi*, 47 f). Der Begriff „Arbeitnehmer" ist demnach zunächst als hypothetisch erfüllt anzusehen; sodann ist das danach berufene Recht eines 7

Mitgliedstaates aufgrund der Regelungen über die anzuwendenden Rechtsvorschriften zu bestimmen, selbst wenn dieses im konkreten Fall zu keinem Versicherungsverhältnis führt und damit die Arbeitnehmereigenschaft nach Art. 1 lit. a) der VO (EWG) Nr. 1408/71 wieder verloren gehen würde. Unter der VO (EG) Nr. 883/2004 hat diese Problematik aber insofern an Bedeutung verloren, als die VO nunmehr alle Personen erfasst, für die die Rechtsvorschriften eines oder mehrerer Mitgliedstaaten gelten oder galten. Damit ist eine Entkoppelung von den Begriffen „Beschäftigung" oder „selbständige Erwerbstätigkeit" eingetreten.

8 Die Technik einer **Definition** durch **Verweisung** auf das Sozialrecht des zuständigen Mitgliedstaates erfordert, den Begriff Beschäftigung für unterschiedliche materielle Systeme der sozialen Sicherheit zu bestimmen. Unproblematisch ist die Begriffsbestimmung für solche Systeme sozialer Sicherheit, die wie das deutsche oder französische grundsätzlich abhängig Beschäftigte erfassen. In solchen Staaten ist als „Beschäftigung" anzusehen, was in einem für Beschäftigung geschaffenen System sozialer Sicherheit während der Ausübung einer Tätigkeit erfasst ist, unabhängig davon, ob es sich um eine Pflichtversicherung, eine freiwillige Versicherung oder möglicherweise sogar um eine Tätigkeit ohne Versicherung (wenn diese nach nationaler Systematik als Beschäftigung gilt oder dieser gleichgestellt wird) handelt. Wichtig ist aber, dass für diesen Begriff die Ausübung einer Tätigkeit verlangt wird. Im Unterschied zum Arbeitnehmerbegriff nach der VO (EWG) Nr. 1408/71 kann daher eine Person, die aus einer Erwerbstätigkeit ausgeschieden ist und die bisherige Versicherung freiwillig fortsetzt, nicht mehr als eine Person betrachtet werden, die eine Beschäftigung ausübt. Viele der bisherigen Urteile des EuGH zur Frage, wer als „Arbeitnehmer" unter der VO (EWG) Nr. 1408/71 zu betrachten ist, können daher für die Definition der „Beschäftigung" nach der VO (EG) Nr. 883/2004 nicht mehr verwendet werden.

b) Selbstständige Erwerbstätigkeit

9 Für die Definition der **selbstständigen Erwerbstätigkeit** (vormals „Selbständiger", Art. 1 lit. a) VO (EWG) Nr. 1408/71) gelten dieselben Grundsätze, welche für den Begriff der Beschäftigung dargelegt worden sind. Der Begriff erlangt für die Bestimmung des **anwendbaren Rechts** (Art. 11-13) Bedeutung. Ein „selbständiger Erwerbstätiger" bezeichnet Personen, „die außerhalb eines Arbeitsvertrages oder der Ausübung eines freien Berufes oder des selbständigen Betriebes eines Unternehmens eine Berufstätigkeit ausüben oder ausgeübt haben, in deren Rahmen sie Leistungen erhalten, die es ihnen ermöglichen, ganz oder teilweise ihren Lebensunterhalt zu bestreiten, auch wenn diese Leistungen von Dritten erbracht werden" (EuGH, Rs. 300/84 (van Roosmalen), Slg 1986, 3097). Es ist davon auszugehen, dass so eine Person auch für die Anwendung der VO (EG) Nr. 883/2004 als eine Person gilt, die eine selbständige Erwerbstätigkeit ausübt. Die Unterscheidung zwischen Ausübung einer Beschäftigung und einer selbstständigen Erwerbstätigkeit hat aber eigentlich nur Bedeutung für die Bestimmungen über die anzuwendenden Rechtsvorschriften und zwar insbesondere bei jenen Personen, die eine Erwerbstätigkeit gewöhnlich in mehreren Mitgliedstaaten ausüben (Art. 13). Bei vielen der anderen Regelungen hängt es bei Ausübung einer Erwerbstätigkeit nicht davon ab, ob diese nun nach der VO (EG) Nr. 883/2004 als Beschäftigung oder als selbstständige Erwerbstätigkeit zu betrachten ist (zB nach Art. 68 für die Vorrangsregelungen betreffend Familienleistungen); lediglich der neu eingefügte Art. 65 a enthält eine Sonderregelung für arbeitslose, ehemals selbstständige Grenzgänger. In Ergänzung kommt dem selbständigen Erwerbstätigen die Grundfreiheit der Niederlassungsfreiheit Art. 49 AEUV (= Art. 43 EG) zu, falls geschriebenes europäisches koordinierendes Sozialrecht keine spezielle Regelung zur Sicherung der sozialrechtlichen Ansprüche von Selbständigen vorsieht (EuGH, Rs. C-4/95 u. C-5/95 (Stöber und Piosa Pereira), Slg 1997, I-511; vgl zum Ganzen eingehend: *Schoukens*, De sociale zekerheid van de zelfstandige en het Europees gemeenschapsrecht: de impact van het vrije verkeer van zelfstandigen, 2000).

c) Versicherter

Der Begriff „**Versicherter**" ist **neu** in die Liste der zu definierenden Begriffe eingeführt. Er hat Bedeutung für Titel III Kapitel 1 und 3 (= Art. 17-22, 31-35). Dort wird er in Verbindung mit dem Begriff „Familienangehöriger" (vgl dazu Art. 1 lit. i)) verwendet, um den Kreis der von den jeweiligen Regelungen erfassten Personen zu umschreiben. Dabei handelt es sich um einen erheblichen normökonomischen Vorteil im Vergleich zur VO (EWG) Nr. 1408/71, in der noch die einzelnen Gruppen der erfassten Personen getrennt aufgeführt waren (Arbeitnehmer und Selbstständige – zB Art. 19, Arbeitslose – Art. 25, Studierende – Art. 34 a und sonstige versicherte Personen – Art. 22 a). „Versicherter" ist danach eine Person, welche die Voraussetzungen für einen Leistungsanspruch für die Risiken Krankheit, Mutter- und Vaterschaft erfüllt. Versicherter ist namentlich der Inhaber eines „**Stammrechts**", von dem ein Familienangehöriger einen **abgeleiteten** Anspruch auf Krankenbehandlung, Pflege, Einkommensersatz und Sachleistungen erhält. Wiewohl nach vielen Rechtsordnungen auch Rentner als Versicherte gelten, wurden diese aber für die Leistungen nach Titel III Kapitel 1 und 3 nicht in die Kategorie der Versicherten eingereiht, sondern unterliegen weiterhin einer Sonderkoordination (Art. 23 ff).

10

d) Beamter

Der Begriff des **Beamten** war weder in VO (EWG) Nr. 1408/71 umschrieben noch aus Art. 51 AEUV (= Art. 45 EG) zu entnehmen. Stattdessen wird dort der Begriff „Beschäftigter" in der „öffentlichen Verwaltung" gewählt. „Beamte" galten schon bisher als „Arbeitnehmer" (EuGH, Rs. 129/78 (Lohmann), Slg 1979, 853). Entsprechend der internationalen Funktion der in der VO (EG) Nr. 883/2004 enthaltenen Begriffe ist als Beamter jeder Beschäftigte anzusehen, der zum Staat oder zu einer dem Staat gleichgestellten öffentlich-rechtlichen Einrichtung (zB Länder, Gemeinden, öffentlich-rechtliche Körperschaften oder Anstalten) in einem Dienstverhältnis steht, welches statt durch Vertrag (also einvernehmlich) durch Ernennung begründet wird und dem Beschäftigten die Wahrnehmung von staatlichen Aufgaben unter besonderer Treuepflicht überantwortet. Die Ernennung begründet einen eigenen Status, der das Beschäftigungsverhältnis dem öffentlichen Recht unterwirft. Das Rechtsverhältnis unterliegt nicht dem Privatrecht und wird daher regelmäßig nicht durch das Individual- oder kollektive Arbeitsrecht geprägt. Eine Beschäftigungsgarantie auf Lebenszeit ist dafür nicht notwendige Voraussetzung, weil auch Beamte auf Zeit oder auf Widerruf dem Begriff des Beamten unterfallen. Allerdings werden durch die Definition der VO (EG) Nr. 883/2004 nicht nur Beamte im eigentlichen Sinn, sondern auch alle diesen Personen nach nationaler Systematik gleichgestellten Personen erfasst. Es hängt daher vom jeweiligen nationalen Rechtsverständnis ab, welche konkrete Personengruppe durch die in Betracht kommenden Regelungen der VO (EG) Nr. 883/2004 (insbesondere Art. 11 Abs. 3 lit. b)) erfasst werden. Durch diese Erweiterungen können zB auch in einem privatrechtlichen Dienstverhältnis zu einer Körperschaft des öffentlichen Rechts stehende Personen erfasst werden.

11

e) Sondersystem für Beamte

Die für Beamten vorgesehenen **Sondersysteme** (vgl vormals Art. 1 lit. a)i VO (EWG) Nr. 1408/71) der Vorsorge (namentlich für Krankheit, Mutterschaft, Invalidität und Arbeitsunfähigkeit, Berufskrankheiten, Arbeitsunfall, Alter und Tod aber auch Arbeitslosigkeit) waren bis 1998 dem Geltungsbereich der Verordnung entzogen (Art. 4 Abs. 4 VO (EWG) Nr. 1408/71 aF). Soweit „Beamte" dagegen in das allgemeine, also nicht den Beamten vorbehaltene, System sozialer Vorsorge einbezogen sind, galt die Verordnung auch schon seit jeher für Beamte zB für Familienleistungen oder Leistungen bei Krankheit oder Mutterschaft (EuGH, Rs. C-71/93 (Van Poucke), Slg 1994, I-1101). Durch die Einbeziehung der Beamten in das europäische koordinierende Sozialrecht durch VO (EG) Nr. 1606/98 wurde auch eine Definition der Sondersysteme für Beamte nötig. Die Bestimmung erlangt Bedeutung zB im Rahmen von Art. 60. Ein Sondersystem für Be-

12

amte liegt vor, wenn dieses von dem Vorsorgesystem der Arbeitnehmer organisatorisch getrennt geführt wird.

f) Grenzgänger

13 Der Begriff des **Grenzgängers** (vormals Art. 1 lit. b) VO (EWG) Nr. 1408/71) kommt in der VO (EG) Nr. 883/2004 bei den Leistungen bei Krankheit und Arbeitslosigkeit (Art. 18, 28, 65) vor. Diese Personengruppe nimmt im Koordinationsrecht eine Sonderstellung ein, weil sie auf Koordinationsregeln besonders angewiesen ist. Grenzgänger ist danach eine Person, die in einem **anderen** Mitgliedstaat **wohnt** als sie **arbeitet** und regelmäßig – wenigstens einmal wöchentlich – die Grenze überschreitet. Dagegen ist kein Grenzgänger, wer als Arbeitnehmer oder Selbständiger während seiner letzten Beschäftigung seinen Wohnort in einen anderen Mitgliedstaat verlegt und nach dieser Verlegung nicht mehr in den Beschäftigungsstaat zurückkehrt, um seine Tätigkeit dort auszuüben (EuGH, Rs. 236/87 (Bergemann), Slg 1988, 5125). Ein Beispiel für teleologische Begriffsbildung findet sich in der Rechtsprechung in dem Urteil des EuGH zu den Leistungen bei Arbeitslosigkeit in der Rechtssache Miethe (EuGH, Rs. 1/85, Slg 1986, 1837; kritisch dazu *Husmann*, in: *Tomandl*, 2000, 83, 114 f), wonach ein Grenzgänger, der „aber im Mitgliedstaat der letzten Beschäftigung persönliche und berufliche Bindungen solcher Art aufrechterhält, dass er dort die besten Aussichten auf berufliche Wiedereingliederung hat" als „Arbeitnehmer, der nicht Grenzgänger ist", anzusehen ist, weshalb der Beschäftigungs- und nicht der Wohnstaat zuständiger Staat für die Gewährung der Leistungen ist. Derzeit ist noch nicht klar, ob im Hinblick auf die Änderungen der Regelungen für die Gewährung von Leistungen bei Arbeitslosigkeit an Grenzgänger (Art. 65 VO (EG) Nr. 883/2004) die Miethe-Entscheidung noch aktuell ist (der EuGH ist derzeit aufgerufen, diese Frage zu beantworten – Rs. C-443/11 (Jeltes)).

g) Flüchtling

14 Art. 1 lit. g) verweist für die Umschreibung des Begriffes »**Flüchtling**« (vormals Art. 1 lit. d) VO (EWG) Nr. 1408/71) auf die Genfer Flüchtlingskonvention (s. BGBl. II Nr. 19 vom 24.11.1953, S. 559 und Nr. 9 vom 10.6.1954, S. 619. S. hierzu auch das Protokoll vom 31. Januar 1967 über die Rechtsstellung der Flüchtlinge, BGBl. II Nr. 46 vom 17.7.1969, S. 1293, und die Bekanntmachung über das Inkrafttreten dieses Protokolls vom 14.4.1970, BGBl. II Nr. 18 vom 18.4.1970, S. 194). Diese hat zentrale Bedeutung bei der Bestimmung des persönlichen Geltungsbereiches des europäischen koordinierenden Sozialrechts (vgl Art. 2 Abs. 1). Danach sind die im jeweiligen Mitgliedstaat als Flüchtlinge aufgenommenen Personen aufgrund ihres gewöhnlichen und berechtigten Aufenthalts in diesem Staat in die VO (EG) Nr. 883/2004 einbezogen. Flüchtling nach der Genfer Flüchtlingskonvention ist, wer sein Heimatland in der wohl begründeten Furcht vor Verfolgung verlässt („well-founded fear of persecution"). Der anerkannte Flüchtling hat nach der Konvention im Aufnahmestaat die zivilen, wirtschaftlichen und sozialen Rechte der Staatsangehörigen des Aufnahmestaats (*Davy*, Rn 925 ff).

h) Staatenloser

15 Art. 1 lit. h) verweist für die Definition des Begriffes »**Staatenloser**« auf das New Yorker Abkommen über die Rechtsstellung von Staatenlosen (s. BGBl. II Nr. 22 vom 12.4.1976, S. 473 – in Kraft getreten in der Bundesrepublik Deutschland am 24.1.1977, BGBl. II Nr. 10, S. 235) (vgl vormals Art. 1 lit. e) VO (EWG) Nr. 1408/71). Diese Definition hat wie die unter Rn 14 behandelte Definition für „Flüchtling" zentrale Bedeutung für den persönlichen Geltungsbereichs der VO (EG) Nr. 883/2004 (vgl Art. 2 Abs. 1). Danach sind die in jedem Mitgliedstaat als Staatenlose aufgenommenen Personen aufgrund ihres gewöhnlichen und berechtigten Aufenthalts in diesem Staat in die Verordnung einbezogen. Staatenlos ist „eine Person, die kein Staat aufgrund seines Rechts als staatsangehörig ansieht". Auch der Staatenlose hat nach dem Übereinkommen die zivilen, wirtschaftlichen und sozialen Rechte der Staatsangehörigen des Aufnahmestaats.

i) Familienangehöriger

Der vormals in Art. 1 lit. f) VO (EWG) Nr. 1408/71 und nun in Art. 1 lit. i) definierte Begriff der **Familienangehörigen** hat für die in Art. 2 Abs. 1 normierte Regelung des persönlichen Geltungsbereichs der VO (EG) Nr. 883/2004 und insbesondere im Rahmen der Leistungsaushilfe bei Krankheit und Mutter-/Vaterschaft (Art. 18, 19, 23 ff) und Familienleistungen (Art. 67 ff) Bedeutung. Die Eigenschaft des Familienangehörigen zu bestimmen, ist grundsätzlich dem zuständigen Mitgliedstaat überantwortet, in Bezug auf die Sachleistungen bei Krankheit, Mutterschaft und gleichgestellter Vaterschaft richtet sich die Definition allerdings nach den Rechtsvorschriften des Wohnstaates. Familienangehöriger ist danach jede Person, die aufgrund ihres familienrechtlichen Status als Ehegatte oder Kind, Lebenspartner oder Haushaltsangehöriger (Mitglied einer Einstands- oder Bedarfsgemeinschaft) eine Leistungsberechtigung vom Stammrecht des Berechtigten ableitet, soweit die jeweiligen nationalen Rechtsvorschriften diese Personen als Familienangehörige anerkennen, so insbesondere bei Leistungen im Falle der Krankheit und Mutterschaft, oder den Berechtigten umgekehrt Ansprüche auf Sozialleistung vermitteln (wie zB bei einem Zuschlag zum Arbeitslosengeld für Familienangehörige). Je nach Ausgestaltung des Rechts eines Mitgliedstaates können auch Stiefkinder, nichteheliche oder gleichgeschlechtliche Lebenspartner als Familienangehörige gelten. Ferner wird der Begriff des Familienangehörigen durch Abstellen auf die überwiegende Unterhaltspflicht bestimmt, sofern nach nationalem Recht das Vorliegen häuslicher Gemeinschaft verlangt wird. Solche nationalen Regelungen können sich bei den Familienleistungen, aber auch im Bereich der Leistungen bei Arbeitslosigkeit (EuGH, Rs. C-212/00 (Stallone), Slg 2001, I-7625), möglicherweise aber auch in anderen Leistungsbereichen finden. Falls das Recht des zuständigen Staates keine abgeleiteten Sicherungen kennt (zB bei Volksgesundheitssystemen), gelten der Ehegatte, die minderjährigen Kinder und die unterhaltsberechtigten volljährigen Kinder als Familienangehörige.

Familienangehöriger soll nach der Rechtsprechung des EuGH (Rs. C-245/94 und C-312/94 (Hoever und Zachow), Slg 1996, I-4895; EuGH, Rs. C-85/96 (Sala), Slg 1998, I-2691; BSGE 80, 288) auch der **Ehegatte** sein, falls diesem für eigene Erziehungsleistungen Elterngeld zusteht. Diese Auslegung ist jedoch bedenklich, weil der Begriff des Familienangehörigen die von dem berechtigten Ehegatten, Kind oder Elternteil **abgeleitete** Sicherung bezeichnet. Ein Ehegatte erhält Elterngeld indes aufgrund eigener (Nichterwerbs-) Tätigkeit statt aufgrund der Ehegatteneigenschaft.

Anders als nach Art. 1 lit. g) VO (EWG) Nr. 1408/71 fehlt in VO (EG) Nr. 883/2004 eine Definitionsnorm für den »**Hinterbliebenen**«, obgleich dieser Begriff für die Bestimmung des persönlichen Geltungsbereichs (Art. 2 Abs. 2) nach wie vor Bedeutung hat. Daneben bezieht sich Art. 69 ausdrücklich auf Waisen: eine Teilmenge der Hinterbliebenen. Für diese Vorschriften legte Art. 1 lit. g) VO (EWG) Nr. 1408/71 den Begriff des Hinterbliebenen dahin fest, dass der zuständige Staat bestimmt, welche Personen als Hinterbliebene Leistungsansprüche nach dem Tod und aufgrund des Todes eines Sozialleistungsberechtigten geltend machen können. Der Anspruch des Hinterbliebenen liegt in dessen Rechtsstellung im Verhältnis zum **Verstorbenen** begründet, insbesondere in dessen Anrechten auf Altersversorgung sowie der Sicherung für Arbeitsunfälle und Berufskrankheiten und gegebenenfalls im Zusammenhang mit der Sicherung bei Krankheit, die damit über den Tod des Berechtigten hinaus fortwirken. Die Unterscheidung in Personen, die primär erfasst sind (idR Versicherte), und Personen, die Rechte von diesen ableiten (Familienangehörige und Hinterbliebene), hat im Zuge der Zeit wesentlich an Bedeutung verloren. Zum einen konnten Drittstaatsangehörige zunächst nur als Familienangehörige oder Hinterbliebene in den Geltungsbereich des Koordinierungsrechts gelangen, zum anderen standen den Familienangehörigen und Hinterbliebenen nur jene Rechte offen, die tatsächlich von der Situation der originär erfassten Person abgeleitet wurden (EuGH, Rs. 40/76 (Kermaschek), Slg 1976, 1669). Dies wurde in der Folge durch die generelle Einbeziehung aller Drittstaatsangehörigen durch die VO (EG) Nr. 859/2003 und VO (EU) Nr. 1231/2010 ausgeweitet, aber auch durch die neuere Judikatur des EuGH (Rs. C-308/93 (Cabanis-Issarte), Slg 1996, I-2097) relativiert, indem Familienangehörige grundsätzlich auch eigene Ansprüche geltend machen können, es sei denn, bestimmte Regelungen der VO (EG) Nr. 883/2004 sind ausdrücklich nur auf die Gruppe der originär Versicherten beschränkt, wie zB die Leistungen bei Arbeitslosigkeit (EuGH, Rs. C-189/00 (Ruhr), Slg 2001, I-8225).

j) Wohnort

18 Art. 1 lit. j) (vormals Art. 1 lit. h) VO (EWG) Nr. 1408/71) bestimmt als „**Wohnort**" den Ort des **gewöhnlichen Aufenthalts**. Durch diese Definition wird grundsätzlich der „Wohnort" vom „Aufenthalt" unterschieden, den Art. 1 lit. k) als den „vorübergehenden Aufenthalt" definiert. Der Wohnortbegriff erfüllt innerhalb der VO (EG) Nr. 883/2004 drei unterschiedliche Aufgaben: Er enthält zunächst ein Beschränkungen aufhebendes Merkmal, soweit die Vorschriften eines Mitgliedstaates den Ausschluss, die Verminderung oder eine anderweitige Modifikation einer Anspruchsberechtigung für Personen vorsehen, die einen Wohnort außerhalb des zuständigen Staates haben (zB Art. 7). Er wirkt sodann als ein zuständigkeitsbegründendes Merkmal: falls das anwendbare Recht vom Wohnort des Berechtigten abhängt, dient dieser als ein die Anwendbarkeit des Rechts eines Mitgliedstaats begründendes Merkmal und damit als Anknüpfungspunkt für das Recht sozialer Sicherheit eines Staates (Art. 11-14, 23 ff). Schließlich wirkt der Begriff als ein leistungsbegründendes Merkmal zugunsten von Personen, die nach dem Recht eines anderen Staates als des Wohnstaates gesichert sind (zB Art. 18, 67 f). Einzelne koordinationsrechtliche Vorschriften sehen zugunsten eines in einem anderen als dem zuständigen Staat wohnhaften Berechtigten vor, dass dieser Leistungsansprüche auch oder nur gegen den Träger des Wohnstaates hat.

19 Die Definitionsnorm ersetzt den vagen Begriff des „Wohnorts" durch den gleichfalls vagen Begriff „gewöhnlicher Aufenthalt". Beide Begriffe erklären sich nicht selbst, bedürfen also der Erläuterung. Der Wohnort oder gewöhnliche Aufenthalt befinden sich stets an dem Ort, an welchem eine Person den Mittelpunkt ihrer Lebensführung hat – unschön, weil missverständlich »**Lebensmittelpunkt**« genannt. Der gewöhnliche Aufenthalt ist auch gemäß § 30 SGB I der regelmäßige Anknüpfungspunkt des deutschen Internationalen Sozialrechts. Ansprüche auf Kinder-, Eltern- und Wohngeld, Unterhaltsvorschuss, Ausbildungsförderung und Leistungsansprüche aus der Unfallversicherung für Lebensretter (§ 2 Abs. 1 Nr. 13, Abs. 3 Satz 3 SGB VII) hängen vom Wohnort des Berechtigten in Deutschland ab.

20 Der Wohnort hängt von **subjektiven** oder **objektiven** Umständen ab, richtet sich nach dem Willen des Berechtigten wie dessen äußerlichen Lebensumständen, die notfalls auch gegen den erklärten Willen zu beachten sind. Das EU-Recht lässt die Wohnort-Bestimmung weitgehend offen und überantwortet sie dem Recht des Mitgliedstaates (vgl EuGH, Rs. 76/76 (di Paolo), Slg 1977, 315; Rs. 227/81 (Aubin), Slg 1982, 1991; Rs. C-216/89, (Reibold), Slg 1990, I-4163). Nach der Rechtsprechung befindet sich der Wohnort dort, wo gewöhnlich der Mittelpunkt der Interessen des Einzelnen liegt. Dieser Ort ist regelmäßig anhand subjektiver (LSG Berlin-Brandenburg – 30.5.2007 – L 16 AL 313/06; Bayerisches LSG – 28.6.2007 – L 10 AL 97/04) sowie objektiver Umstände zu bestimmen. Allerdings wurde nunmehr durch Art. 11 DVO eine ergänzende Klarstellung für diesen Begriff aufgenommen. Bei Meinungsverschiedenheiten zwischen zwei Mitgliedstaaten über den Wohnort einer Person muss nach diesen Kriterien vorgegangen werden. Nach der VO (EG) Nr. 883/2004 wird nicht auf die Rechtmäßigkeit des Aufenthaltes abgestellt. Daher führt das Zusammenspiel zwischen dem koordinierenden Sozialrecht und dem Aufenthaltsrecht derzeit zu vielen Fragen, die auf eine Klärung durch den EuGH bzw den Unionsgesetzgeber warten (hinsichtlich des Zusammenspiels von Mindestleistungen der sozialen Sicherheit für Unionsbürger und dem Aufenthaltsrecht s. zB *Beck*, SozSi 2010, 262; *dies.*, SozSi 2010, 552). Das Kriterium der Aufenthaltsberechtigung ist aber für die seit 2003 in den persönlichen Geltungsbereich des koordinierenden Sozialrechts aufgenommenen Drittstaatsangehörigen von Be-

deutung, da die VO (EG) Nr. 859/2003 und VO (EU) Nr. 1231/2010 auf den rechtmäßigen Wohnsitz der Betroffenen in der EU abstellen. Deren Stellung ist inzwischen ebenfalls durch EU-Aufenthaltsrecht geregelt, namentlich für den Personenkreis der Familienangehörigen (RL 2003/86/EG v. 22.9.2003, ABl. (EG) L 251 v. 3.10.2003, S. 12), Asylberechtigten (RL 2004/83/EG v. 29.4.2004, ABl. (EG) L 304 v. 30.9.2004, S. 12) und zum Daueraufenthalt berechtigten Personen (RL 2003/86/EG v. 23.9.2003, ABl. (EG) L 326 v. 13.12.2003, S. 28). Aufenthaltsberechtigungen vermittelt auch das Assoziationsrecht (vgl Teil 12 Rn 19).

k) Aufenthalt

Der Begriff „**Aufenthalt**" (vormals Art. 1 lit. i) VO (EWG) Nr. 1408/71) ist als „**vorübergehender** Aufenthalt" (Art. 1 lit. k) zu verstehen. Dieser ist der Gegenbegriff zu dem in Art. 1 lit. i) umschriebenen „Wohnort", als dem Ort „gewöhnlichen Aufenthalts". Jener hat eine weit geringere praktische Bedeutung als der Begriff des Wohnorts. Er kommt nur im Rahmen der Gewährung von Sachleistungen bei Krankheit und Mutterschaft vor (vgl insbesondere Art. 19, 27). Danach gewährt im Koordinationsrecht jeder Mitgliedstaat Sachleistungen auch den Berechtigten anderer Mitgliedstaaten nach den einzelnen, die Sachleistungsaushilfe regelnden Bestimmungen. 21

l) Rechtsvorschriften

Die in Art. 1 lit. l) gegebene Definition des Begriffs „**Rechtsvorschriften**" (vormals Art. 1 lit. j) VO (EWG) Nr. 1408/71) bezeichnet, auf welche Art von Regelungen bzw Systemen die in der VO (EG) Nr. 883/2004 enthaltenen Regeln des EU-Rechts anzuwenden sind. Das EU-Recht trifft Regelungen für „Rechtsvorschriften". Diese sind jene Vorschriften der einzelnen Mitgliedstaaten, welche durch das EU-Recht dreifach beeinflusst werden, nämlich 22

- gemäß Art. 11 bis 16 für anwendbar erklärt werden (kollisionsrechtliche Aufgabe),
- gemäß Art. 17 bis 70 hinsichtlich der Gewährung von Sozialleistungen – bei Auslandsberührung koordiniert werden (koordinationsrechtliche Aufgabe) und schließlich
- gemäß Art. 4 – 10 unmittelbar in der jeweiligen nationalen Ausgestaltung beeinflusst werden (rechtsvereinheitlichende Aufgabe).

Weil die in der VO (EG) Nr. 883/2004 enthaltenen Koordinationsvorschriften „**Recht über Recht**" – dh EU-Recht über dem Recht der Mitgliedstaaten – darstellen, hat der Begriff der „Rechtsvorschriften" eine zentrale Rolle für die gesamte Koordination.

„Rechtsvorschriften" sind nach Art. 1 lit. l) alle Normen, welche die in Art. 3 bezeichneten **Systeme der sozialen Sicherheit** der einzelnen Mitgliedstaaten **ausgestalten**. Damit wird verdeutlicht, dass sämtliche Normgattungen als „Rechtsvorschriften" anzusehen sind, einerlei, ob sie Parlaments-Gesetze, Regierungs-Verordnungen, von Selbstverwaltungskörperschaften verabschiedete Satzungen oder von der Verwaltung mit lediglich interner Wirkung ausgestattete Rechtsanwendungsregeln darstellen. Tarifliche Regelungen – Normen von den Gewerkschaften mit Arbeitgebern oder Arbeitgeberverbänden geschaffen – gelten hingegen grundsätzlich nicht als Rechtsvorschriften, es sei denn, sie beruhen auf Gesetz und regeln ein System sozialer Sicherheit, das an die Stelle der üblicherweise gesetzlich geregelten Systeme tritt (zB die Entgeltfortzahlung in Deutschland (EuGH, Rs. C-45/90 (Paletta I), Slg 1992, I-3423; Rs. C-206/94 (Paletta II), Slg 1996, I-2357) oder die Arbeitslosenversicherung in Frankreich oder Dänemark. Tarifverträge, die indes wie zB betriebliche Leistungen bei Alter, Erwerbsminderung und Arbeitslosigkeit die gesetzlichen Systeme der sozialen Sicherheit ergänzen, werden durch die Verordnung nicht erfasst. Allerdings können Mitgliedstaaten bestimmte tarifvertragliche Systeme durch Notifikation dem Geltungsbereich der VO (EG) Nr. 883/2004 unterwerfen, wenn sie zur Erfüllung einer gesetzlichen Versicherungsverpflichtung dienen oder durch behördliche Entscheidung für allgemein verbindlich erklärt wurden; von dieser Möglichkeit hat bisher nur Frankreich Gebrauch gemacht 23 (hinsichtlich der französischen Zusatzrentenfonds ARRCO und AGIRC – ABl. (EU) C 135 v. 11.5.2011, S. 16).

24 Zu den Rechtsvorschriften gehören auch die Bestimmungen über die **Sondersysteme** für **Selbstständige**, deren Begründung nicht der Initiative der Betroffenen überlassen oder deren Geltung auf einen Teil des Gebietes des betreffenden Staates beschränkt ist. Vormals in Anhang II VO (EWG) Nr. 1408/71 enthaltene Sonderregeln – zB Vorbehalte von Deutschland für die berufsständischen Versorgungswerke (gestrichen bereits mit 1.1.2005 – VO (EG) Nr. 647/2005), von Spanien für die Versicherungsvereine auf Gegenseitigkeit, von Frankreich für bestimmte Sondersysteme der sozialen Sicherung von Selbständigen sowie von Österreich für die Versorgungswerke der freiberuflich Tätigen (gestrichen bereits mit 1.1.2005 – VO (EG) Nr. 647/2005) – sind unter der VO (EG) Nr. 883/2004 nicht mehr möglich. Die solchermaßen Gesicherten erlangen damit umfassend den Schutz des Koordinationsrechts.

25 Nach der Rechtsprechung des EuGH ist der Begriff „Rechtsvorschriften" weit auszulegen (EuGH, Rs. 109/76 (Blottner), Slg 1977, 1141). Er bezieht sich auf Bestimmungen, die im Zeitpunkt der Geltendmachung des Anspruchs in Kraft sind, ist aber auch auf Vorschriften zu erstrecken, die während des Erwerbs eines sozialrechtlichen Anrechts in Geltung waren. Der Begriff umfasst sämtliche **Rechts-** und **Verwaltungsvorschriften**, die von einem Mitgliedstaat erlassen wurden, einschließlich derer, welche sich auf Gebiete eines Mitgliedstaates außerhalb Europas (EuGH, Rs. 87/76 (Bozzone), Slg 1977, 687) oder auf Tätigkeiten beziehen, die teilweise oder ausschließlich außerhalb der EU ausgeübt wurden (EuGH, Rs. 300/84 (van Roosmalen), Slg 1986, 3097; Rs. 82/86 und 103/86 (Laborero und Sabato), Slg 1987, 3401).

26 Fraglich ist, ob auch die **Abkommen** der sozialen Sicherheit als Rechtsvorschriften gelten. Anders als nach Art. 1 lit. k) VO (EWG) Nr. 1408/71 sind in der VO (EG) Nr. 883/2004 die Abkommen über soziale Sicherheit nicht mehr als eigene Normgattung aufgeführt. Die VO (EG) Nr. 883/2004 hat aber offensichtlich nichts an der Tatsache geändert dass solche Abkommen nicht zu den von der Verordnung erfassten Rechtsvorschriften zählen (EuGH, Rs. C-55/00 (Gottardo), Slg 2002, I-413), da Empfehlung Nr. P1 der Verwaltungskommission v. 12.6.2009, betreffend das Urteil Gottardo (ABl. (EU) C 106 v. 24.4.2010, S. 47) weiterhin von denselben Grundsätzen wie unter der VO (EWG) Nr. 1408/71 ausgeht.

m) Zuständige Behörde

27 Der vormals in Art. 1 lit. l) VO (EWG) Nr. 1408/71 und heute in Art. 1 lit. m) umschriebene Begriff der „**zuständigen Behörde**" wird zB in Art. 16 und 76 oder Art. 89 Abs. 3 DVO gebraucht. Die in Art. 1 lit. m) gegebene Definition bezeichnet eindeutig die Stelle in der Verwaltung eines Mitgliedstaates, welche für die Organisation der sozialen Sicherheit insgesamt zuständig ist. Diese „zuständige Behörde" hat zu gewährleisten, dass in dem jeweiligen Mitgliedstaat die sich aus dem Koordinierungsrecht ergebenden Pflichten erfüllt werden. Sie ist eine Einheit in der Regierung eines Mitgliedstaates (typischerweise ein Ministerium). Der Gegenbegriff ist der „Träger" (Art. 1 lit. p)). Träger sind für den administrativen Vollzug des Sozialleistungssystems eines Staates zuständig. Ihnen obliegt die Verwaltung einzelner Zweige der sozialen Sicherheit. Die „zuständige Behörde" trifft dagegen die politische Verantwortung für den Vollzug des Koordinationsrechts.

n) Verwaltungskommission

28 Die vormals in Art. 1 lit. m) VO (EWG) Nr. 1408/71 und nun in Art. 1 lit. n) gegebene Definition verweist auf die als Institution des europäischen Sozialrechts durch Art. 71 vorgesehene »Verwaltungskommission«. Sie ist bei der Kommission der EU angesiedelt und hat die Aufgabe, die **Verwaltungs-** und **Auslegungsfragen** des Koordinationsrechts zu beantworten und Vorschläge zu dessen Fortentwicklung zu unterbreiten. Die Vorschrift erscheint entbehrlich, weil ihr Regelungsgehalt von Art. 71 erfüllt und ausgeschöpft wird (vgl eingehender *Bokeloh*, DAngVers 2001, 500).

Allerdings ist auch diese Definition normökonomisch zu sehen, da sie in den verschiedenen materiellrechtlichen Regelungen (zB Art. 6 Abs. 3 DVO) die Aufnahme einer genaueren Definition oder einen Verweis auf Art. 71 überflüssig macht.

o) Durchführungsverordnung

Art. 89 verpflichtet den europäischen Gesetzgeber zu einer die **administrative Vollziehung** der VO (EG) Nr. 883/2004 festlegenden ergänzenden DVO. Während Adressaten der in VO (EG) Nr. 883/2004 normierten Rechte idR die Berechtigten sind, wendet sich die DVO an die zur Rechtsverwirklichung angehaltenen Behörden, Verwaltungen und Träger. Diese Durchführungsregelungen sind in der VO (EG) Nr. 987/2009 enthalten, wobei zusätzlich in dieser DVO aber auch viele materielle Fragen geregelt werden mussten, die bei der Ausarbeitung der VO (EG) Nr. 883/2004 noch nicht entscheidungsreif waren (wie zB die Festlegung der Zuständigkeit für Kindererziehungszeiten in Art. 44 DVO).

p) Träger

Die in Art. 1 lit. p) (vormals Art. 1 lit. n) VO (EWG) Nr. 1408/71) gegebene Norm bezeichnet als **Träger** diejenige Einrichtung oder Stelle in jedem Mitgliedstaat, welche die einzelnen Vorschriften der VO (EG) Nr. 883/2004 **administrativ vollzieht**. Träger ist danach zunächst diejenige Einrichtung, die nach dem Organisationsrecht des jeweiligen Mitgliedstaates eigene Aufgaben der sozialen Sicherheit erfüllt, namentlich die Zugehörigkeit von Personen zu dem System der sozialen Sicherheit feststellt, zu entrichtende Beiträge erhebt oder Leistungen bei Verwirklichung der sozialen Risiken Krankheit (einschließlich Pflegebedürftigkeit), Mutter-(Vater-)schaft, Invalidität, Alter und Tod, Arbeitsunfall und Berufskrankheiten, Vorruhestand, Arbeitslosigkeit oder Familienleistungen gewährt. Der Begriff „Träger" ist Oberbegriff zu den nachfolgend definierten Begriffen „zuständiger Träger" (vgl Art. 1 lit. q), unten Rn 31) und „Träger des Wohnortes/Aufenthaltsortes" (Art. 1 lit. r), vgl unten Rn 32). Der Begriff „Träger" bezeichnet alle **Behörden** oder **Einrichtungen**, welche das EU-Recht vollziehen. Hinsichtlich der Problematik, die sich daraus ergeben kann, dass nunmehr keine – auf Gesetzesstufe stehenden – Anhänge für ergänzende Klarstellungen hinsichtlich der Zuständigkeiten mehr vorhanden sind, s. auch Art. 78 Rn 12.

q) Zuständiger Träger

Nach Art. 1 lit. q) wird als »zuständiger Träger« (vormals Art. 1 lit. o) VO (EWG) Nr. 1408/71) jeder **Träger** bestimmt, welcher dem Berechtigten gegenüber im Zeitpunkt des Antrags auf Leistungen aufgrund des Rechts des jeweiligen Mitgliedstaats **verpflichtet** ist. Dabei können Voraussetzungen und Umfang der Leistungspflicht vom EU-Recht beeinflusst sein. „Zuständiger Träger" ist die Behörde oder Einrichtung des zuständigen Staates, bei dem eine aktuelle Versicherung besteht oder welche gegenüber dem Berechtigten zur Erbringung von Leistungen verpflichtet ist. Träger in diesem Sinne können auch Arbeitgeber sein, wenn und soweit die Arbeitgeber die Pflicht zur Erbringung von Leistungen der sozialen Sicherheit trifft, etwa im deutschen Recht bei der Entgeltfortzahlung für die ersten sechs Wochen der Erkrankung. Eine solche Trägereigenschaft der Arbeitgeber bei Entgeltfortzahlung ist auch in Österreich gegeben.

r) Träger des Wohn-/Aufenthaltsorts

Art. 1 lit. r) vormals in Art. 1 lit. p) VO (EWG) Nr. 1408/71 gegebene Umschreibung definiert den Begriff des „Trägers des Wohnortes oder Trägers des Aufenthaltsortes". Diese Formulierungen kommen insbesondere in den Regeln über die **Leistungsaushilfe** der Kranken- und Unfallversicherung vor (vgl Art. 17 - 20, 22 - 28, 36). Träger des Wohn- oder Aufenthaltsortes ist grundsätzlich die Behörde oder Einrichtung des Wohn- oder Aufenthaltsstaates eines Berechtigten, welche für die Erbringung von **Sachleistungen** bei Krankheit, Mutter-(Vater-)schaft, Arbeitsunfällen oder Berufskrankheiten zuständig ist. Dieser Träger ist indessen dem Empfänger gegenüber nicht

Spiegel

auf Grund des sie errichtenden Staates leistungspflichtig, vielmehr nur vorübergehend nach den Regeln des Koordinationsrechts, weil er dem durch das Recht eines anderen Mitgliedstaates Gesicherten aushilfsweise zur Leistungsgewährung verpflichtet ist (EuGH, Rs. C-45/90 (Paletta I), Slg 1992, I-3423; Rs. C-206/94 (Paletta II), Slg 1996, I-2357). Darüber hinaus spielen diese Begriffe auch noch in anderen Bereichen eine Rolle, wie zB in Art. 47 DVO hinsichtlich der Renten oder Art. 56 DVO hinsichtlich der Leistungen bei Arbeitslosigkeit sowie im Bereich der anzuwendenden Rechtsvorschriften (Art. 16 DVO).

s) Zuständiger Mitgliedstaat

33 Art. 1 lit. s) (vormals Art. 1 lit. q) VO (EWG) Nr. 1408/71 „zuständiger Staat") beschreibt den Begriff des „zuständigen Mitgliedstaates" als denjenigen, in dessen **Gebiet** der zuständige **Träger** seinen **Sitz** hat. Der Begriff des zuständigen Mitgliedstaates wird aber im Text der beiden Verordnungen nicht sehr oft verwendet (zB Art. 5); er hat aber natürlich Bedeutung im Rahmen der Vorschrift über die Leistungsaushilfe (zB Art. 17).

t) Versicherungszeiten

34 Der vormals in Art. 1 lit. r) VO (EWG) Nr. 1408/71 und nun in Art. 1 lit. t) definierte Begriff „Versicherungszeiten" ist vor allem für die **Zusammenrechnung** von „Zeiten" für die Anspruchsbegründung bzw Berechnung zeitenabhängiger Leistungen bedeutsam (Art. 6, 44 ff, 50 ff, 61). Die genannte Definitionsnorm bestimmt, dass sich die Anerkennung einer Versicherungszeit grundsätzlich nach dem Recht des zuständigen Staates richtet. Dieser kann auch Zeiten, welche nicht als Versicherungszeiten anerkannt waren, nachträglich den Versicherungszeiten in seinen Wirkungen gleichstellen (EuGH, Rs. C-347/00 (Barreira Perez), Slg 2002, I-8191). Ausschlaggebend für die Qualifikation als Versicherungszeit ist das Recht des Staates, in dem ein Sozialrechtsverhältnis für einen bestimmten Berechtigten während eines für die Anrechnung maßgebenden Zeitraums begründet war oder ist. Die anderen Mitgliedstaaten dürfen solche als Versicherungszeit von einem Mitgliedstaat bekanntgegebenen Versicherungszeiten hinsichtlich deren Qualität idR nicht hinterfragen (Beschluss Nr. H6 der Verwaltungskommission v. 16.12.2010 über die Anwendung bestimmter Grundsätze für die Zusammenrechnung der Zeiten gemäß Art. 6, ABl. (EU) C 45 v. 12.2.2011, S. 5).

u) Beschäftigungszeiten und Zeiten einer selbständigen Erwerbstätigkeit

35 Die vormals in Art. 1 lit. s) VO (EWG) Nr. 1408/71 und nun in Art. 1 lit. u) definierten Begriffe haben vor allem Bedeutung für die **Zusammenrechnung** von Zeiten des **Anspruchserwerbs** in der Renten- (Art. 51) und Arbeitslosenversicherung (Art. 61). Die Bestimmung legt fest, dass sich das Zurücklegen der fraglichen Zeiten nach dem Recht der Beschäftigung oder selbständigen Erwerbstätigkeit bemisst.

v) Wohnzeiten

36 Die einst in Art. 1 lit. sa) VO (EWG) Nr. 1408/71 und nun in Art. 1 lit. v) gegebene Umschreibung der Wohnzeiten hat vor allem Bedeutung für die auf **Einwohnersicherungen** beruhenden **Alterssicherungssysteme**, für die Wohnzeiten anspruchsbegründend wirken, aber auch für bestimmte Mindestsicherungssysteme, die Leistungen erst nach einer bestimmten Mindestwohndauer gewähren. Da die Zusammenrechnungsvorschriften der Rentenversicherung (Art. 44 ff) Versicherungs- und Wohnzeiten einander gleichstellen, sind auch die nach unterschiedlichem Recht zurückgelegten Zeiten selbst dann additionsfähig, wenn die Zeiten nach der jeweiligen nationalen Systematik auf unterschiedlichen Philosophien der Sozialsysteme beruhen, namentlich auf Versicherungsmitgliedschaft oder Wohnen zurückgehen.

va) Sachleistungen

Die durch die VO (EG) Nr. 988/2009 (ABl. (EG) L 284 v. 30.10.2009, S. 43) neu geschaffene Regelung definiert den im Rahmen der Koordinierung der Ansprüche bei **Krankheit** und **Arbeitsunfall** gebräuchlichen Begriff der Sachleistung (vgl Titel III Kapitel 1 Art. 17–20, 22–29, 32–35 und Titel III Kapitel 2 Art. 36, 40). Dessen Gegenbegriff sind „Geldleistungen". Dieser Begriff wird jedoch nicht definiert, sondern nur dessen Teilelemente (vgl Art. 1 lit. w), x), y) und z). In der englischen Sprache wird dieser Gegensatz mit dem Begriffspaar „benefit in kind" und „benefit in cash" ausgedrückt. Die Definition des Artikel 1 lit. va) ist beschränkt auf die in Titel III Kapitel 1 vorgesehenen Leistungen bei Krankheit, Mutter- und Vaterschaft sowie die in Titel III Kapitel 2 angesprochenen Leistungen bei Arbeitsunfall und Berufskrankheiten. Der Begriff der „Sachleistung" in Art. 1 lit. z) in Bezug auf Familienleistungen wird durch Art. 1 lit. va) also nicht definiert.

37

Die in i) für die in Titel III Kapitel 1 erwähnten „Sachleistungen" bedeuten im Wesentlichen **ärztliche** und **pflegerische Dienste** im Rahmen ambulanter und stationärer Behandlung bei Krankheit und Pflegebedürftigkeit sowie die Bereitstellung der diese Dienste begleitenden Produkte. Zu letzteren zählen namentlich die Arznei-, Heil- und Hilfsmittel. Die Definition sagt ferner, dass für die Einordnung einer solchen Leistung als „Sachleistung" unbedeutend ist, ob die Dienste oder Produkte an die Berechtigten einseitig nach dem „Sachleistungsprinzip" gewährt werden oder die Kosten für deren Beschaffung vom Träger erstattet werden („Kostenerstattungsprinzip" – s. a. EuGH, Rs. 61/65 (Vaassen-Göbbels), Slg 1966, 261). Die Definition stellt auch klar, dass zu den erfassten Sachleistungen die an pflegebedürftige Personen zu gewährenden Leistungen zählen. Die in ii) gegebene Definition erstreckt die in i) gegebene Umschreibung auf die bei Arbeitsunfällen und Berufskrankheiten erbrachten Behandlungen und die damit im Zusammenhang stehenden Produkte. Aus der Definition folgt nicht unmittelbar, ob die Leistung umfassend erbracht werden muss oder auch eine partielle Überlassung oder eine solche unter Gegenleistungen in Form einer Eigenbeteiligung des Berechtigten darunter fällt. Diese Frage ist aber zu bejahen. Denn Selbstbehalte und Teilerstattungen sind im Rahmen des Kostenerstattungsprinzips weit verbreitet. Aus der Gleichstellung von Sachleistungs- und Kostenerstattungsprinzip folgt, dass dem Begriff „Sachleistungen" nicht nur die einseitige, sondern auch die unter Überlagerung durch Eigenbeteiligungen gewährten Leistungen fallen. Die Abgrenzung zwischen Sach- und Geldleistungen hat der EuGH ergänzend dahingehend getroffen, dass bei Geldleistungen kein Verwendungsnachweis verlangt wird (wofür wurde der zur Verfügung gestellte Geldbetrag verwendet?), wohingegen ein Verwendungsnachweis (der Geldbetrag wird nur gezahlt, wenn mit einer Rechnung der Verwendungszweck belegt wird) für eine Sachleistung spricht (EuGH, Rs. C-466/04 (Acereda-Herrera), Slg 2006, I-5341).

w) Renten

Die VO (EWG) Nr. 1408/71 umschrieb in deren Art. 1 lit. t) den Begriff der „Renten in Verbindung mit „Leistungen". Die VO (EG) Nr. 883/2004 beschränkt sich auf die Definition von „Renten". Unter »Renten« fallen primär **periodisch wiederkehrende** Geldleistungen; aber auch die einmaligen Leistungen an den Berechtigten – einschließlich der Kapitalabfindung – sind als „Renten" zu verstehen. Ferner gehören dazu wiederkehrende Zulagen zu Renten, einerlei ob diese an den Berechtigten oder an einen Dritten gezahlt werden. Daher ist auch der Zuschuss zu den Aufwendungen für die Krankenversicherung der Rentner eine von Art. 1 lit. t) umfasste Geldleistung (EuGH, Rs. C-73/99 (Movrin), Slg 2000, I-5625). Auch Waisenrenten sind nunmehr nicht mehr wie unter der VO (EWG) Nr. 1408/71 in Einzelfällen (in den Fällen des Art. 78 a) als Familienleistungen zu koordinieren (EuGH, Rs. 3/70 (di Bella), Slg 1970, 415), sondern stets als „Renten".

38

x) Vorruhestandsleistungen

39 Art. 1 lit. x) definiert die in Art. 3 Abs. 1 lit. i) und in Art. 66 erwähnte und ihrem Koordinierungsauftrag umrissene Vorruhestandsleistung als eine vom **Lebensalter** des Berechtigten abhängige Geldleistung, welche **weder** als Leistung bei **Alter** noch bei **Arbeitslosigkeit** zu qualifizieren ist. Sie unterscheidet sich von den Leistungen bei Arbeitslosigkeit, weil sie von dem Berechtigten nicht die Verfügbarkeit für den Arbeitsmarkt voraussetzt, und von der Leistung bei Alter, dass noch keine Leistung aus der Rentenversicherung erbracht wird. Wird eine solche im Hinblick auf das vorgerückte Lebensalter, aber vor Eintritt des Regelrentenalters erbracht, so wird diese als „vorgezogene Leistung wegen Alters" definiert. Sie wird von der Rentenversicherung gewährt und zählt daher nicht zu den Vorruhestandsleistungen (eine Grenzziehung kann aber im Einzelfall schwierig sein). Diese sind sehr oft nach nationaler Systematik der Arbeitslosenversicherung zugeordnet. Die Vorruhestandsleistungen müssen aber auf gesetzlichen Grundlagen beruhen; tarifliche Leistungen oder arbeitsrechtliche Abfindungszahlungen an ältere Arbeitnehmer(innen) stellen keine Vorruhestandsleistung im Sinne der erfassten Rechtsvorschriften dar. Die Einbeziehung der Vorruhestandsleistungen ist eine Neuerung im Vergleich zur VO (EWG) Nr. 1408/71 (s. zB EuGH, Rs. C-25/95 (Otte), Slg 1996, I-3745). Im Hinblick darauf, dass auf der einen Seite in vielen Mitgliedstaaten Vorruhestandssysteme auf tarifvertraglicher Grundlage beruhen (und daher nicht erfasst werden) bzw im Bemühen zur Anhebung des faktischen Rentenantrittsalters abgeschafft werden und auf der anderen Seite die Koordinationsregelungen nur fragmentarisch sind (nach Art. 66 ist zB die Zusammenrechnung der Zeiten nach Art. 6 ausgeschlossen), hat die Einbeziehung der Vorruhestandsleistungen in der Praxis aber wohl kaum große Auswirkungen.

y) Sterbegeld

40 Das einst in Art. 1 lit. v) VO (EWG) Nr. 1408/71, nun in Art. 1 lit. y) umschriebene Sterbegeld ist eine **einmalige** Leistung an die Angehörigen eines Verstorbenen. Das Sterbegeld tritt neben die Rente (EuGH, Rs. 130/73 (Vandeweghe), Slg 1973, 1329). Die sozialpolitische Absicht hinter der Gewährung dieser Leistung ist insbesondere die vollständige oder teilweise Abgeltung der mit der **Bestattung** eines Verstorbenen verbundenen Aufwendungen.

z) Familienleistungen

41 Art. 1 lit. z) löst die in Art. 1 lit. u) VO (EWG) Nr. 1408/71 enthaltene Definition von „Familienleistungen" und „Familienbeihilfen" ab. Nach Art. 1 lit. z) sind **Familienleistungen** im Wesentlichen das Kindergeld (EuGH, Rs. C-266/95 (Garcia), Slg 1997, I-3279; Rs. C-394/93 (Alonso-Perez), Slg 1995, I-4101; Rs. 9/79 (Koschniske), Slg 1979, 2717). Familienleistungen liegen stets vor, wenn sie für die Gewährung von Familienunterhalt gezahlt werden; dies schließt als Überbegriff auch die vormals gesondert definierten „Familienbeihilfe" (VO (EWG) Nr. 1408/71) ein. Familienleistungen sind dagegen nicht die Leistungen der Ausbildungsförderung, da sie an den Auszubildenden gehen und daher seine Unterhaltsabhängigkeit von den Eltern beseitigen oder vermindern. Auch der bei Ausfall des Unterhaltspflichtigen gezahlte **Unterhaltsvorschuss** wurde von der Rechtsprechung als eine Familienleistung qualifiziert (EuGH, Rs. C-85/99 (Offermanns), Slg 2001, I-2261; EuGH, Rs. C-255/99 (Humer), Slg 2002, I-1205; *Hohnerlein*, ZESAR 2003, 180; *Spiegel*, in: Marhold, S. 23 f), weil auch diese Leistung zur Sicherung des Kindesunterhalts beiträgt. Art. 1 lit. z) VO (EG) Nr. 883/2004 ermöglicht nunmehr, den Unterhaltsvorschuss aus dem Begriff der Familienleistung auszunehmen (wenn er in den Anhang I/I eingetragen wird, wie dies zB für Deutschland und Österreich der Fall ist). Denn der Unterhaltsvorschuss ist nur Mittel zur Verwirklichung privater Unterhaltsansprüche und nicht eine eigenständige öffentliche Unterstützung für Familien (*Eichenhofer*, IPRax 2005, 158 ff). Desgleichen zählen die Geburts- und Adoptionsbeihilfen zu den Familienleistungen (EuGH, Rs. C-43/99 (Leclere/Deaconesu), Slg 2001, I-4265), können aber ebenfalls durch Anführung im genannten Anhang ausgenommen werden.

Besondere Unsicherheiten zeigten sich bei der Bestimmung des Status von Erziehungs- oder Elterngeld. Hinsichtlich des deutschen Erziehungsgeldes nimmt die Rechtsprechung von EuGH (EuGH, Rs. C-254/94 und C-312/94 (Hoever/Zachow), Slg 1996, I-4895; Rs. C-85/96 (Sala), Slg 1998, I-2691) und BSG (BSGE 80, 288) an, es handle sich um eine Familienleistung. In Bezug auf die vergleichbare österreichische Leistung (Kinderbetreuungsgeld nach dem KBGG) kam der EuGH zu demselben Schluss – C-543/03 (Dodl und Oberhollenzer), Slg 2005, I-5049. Dagegen hat der EuGH in der Rechtssache „Leclere/Deaconescu" (EuGH, Rs. C-43/99, Slg 2001, I-4265, Rn 43) bei der Erziehungsbeihilfe nach luxemburgischem Recht die Eigenschaft als beitragsunabhängige Leistung bejaht und ihr damit die Qualität einer Familienbeihilfe abgesprochen, da sie – wie das deutsche Erziehungsgeld – „die Einkommenseinbußen ausgleichen (soll), die daraus entstehen, dass ein Elternteil sich hauptsächlich der Erziehung der Kinder unter zwei Jahren im gemeinsamen Haushalt widmet" (ebd.). Dadurch hat der EuGH aber nur die Qualifikation als Familienbeihilfe abgelehnt, was unter der VO (EWG) Nr. 1408/71 im Hinblick auf die eingeschränkte Koordination der Leistungen für Rentner (eben nur Familienbeihilfen – Art. 77 ff) Bedeutung hatte. Man kann daraus aber nicht den Schluss ziehen, dass solche Leistungen nicht als Familienleistungen im weiteren Sinn zu verstehen sind. Daher muss für die Anwendung der VO (EG) Nr. 883/2004 davon ausgegangen werden, dass alle Erziehungsleistungen als Familienleistungen zu koordinieren sind.

Wichtige Klarstellungen hat der EuGH auch in Rs. C-225/10 (Pérez García u.a.), Slg 2011, I-0000, getroffen: Zunächst einmal führt er aus, dass beitragsunabhängige Sonderleistungen, die in den Anh. IIa VO (EWG) Nr. 1408/71 (nunmehr Anh. X VO (EG) Nr. 883/2004) eingetragen sind, nicht eine „Familienbeihilfe" (da es diese Definition unter der VO (EG) Nr. 883/2004 nicht mehr gibt, damit auch nicht eine „Familienleistung") iSd jeweiligen Definition sein können. Besteht nach den Rechtsvorschriften eines Mitgliedstaats ein Wahlrecht, entweder die Familienleistungen oder an deren Stelle andere Leistungen (wie zB beitragsunabhängige Leistungen für Behinderte nach spanischem Recht) in Anspruch zu nehmen, so können diese anderen Leistungen zB bei der Prüfung, ob ein Anspruch in einem nachrangig zuständigen Mitgliedstaat besteht, nicht einer Familienleistung gleichgesetzt werden.

Artikel 2   Persönlicher Geltungsbereich

(1) Diese Verordnung gilt für Staatsangehörige eines Mitgliedstaats, Staatenlose und Flüchtlinge mit Wohnort in einem Mitgliedstaat, für die die Rechtsvorschriften eines oder mehrerer Mitgliedstaaten gelten oder galten, sowie für ihre Familienangehörigen und Hinterbliebenen.

(2) Diese Verordnung gilt auch für Hinterbliebene von Personen, für die die Rechtsvorschriften eines oder mehrerer Mitgliedstaaten galten, und zwar ohne Rücksicht auf die Staatsangehörigkeit dieser Personen, wenn die Hinterbliebenen Staatsangehörige eines Mitgliedstaats sind oder als Staatenlose oder Flüchtlinge in einem Mitgliedstaat wohnen.

Verordnung (EU) Nr. 1231/2010 des Europäischen Parlaments und des Rates vom 24. November 2010 zur Ausdehnung der Verordnung (EG) Nr. 883/2004 und der Verordnung (EG) Nr. 987/2009 auf Drittstaatsangehörige, die ausschließlich aufgrund ihrer Staatsangehörigkeit nicht bereits unter diese Verordnungen fallen

(ABl. L 344 vom 29.12.2010, S. 1)

DAS EUROPÄISCHE PARLAMENT UND DER RAT DER EUROPÄISCHEN UNION –

gestützt auf den Vertrag über die Arbeitsweise der Europäischen Union, insbesondere auf Artikel 79 Absatz 2 Buchstabe b,

auf Vorschlag der Europäischen Kommission,

nach Stellungnahme des Europäischen Wirtschafts- und Sozialausschusses[1],

gemäß dem ordentlichen Gesetzgebungsverfahren[2],

in Erwägung nachstehender Gründe:

(1)Das Europäische Parlament[3], der Rat und der Europäische Wirtschafts- und Sozialausschuss[4] haben sich dafür ausgesprochen, Staatsangehörige von Drittstaaten, die sich rechtmäßig im Hoheitsgebiet der Mitgliedstaaten aufhalten, durch die Zuerkennung einheitlicher Rechte, die so weit wie möglich den Rechten der Unionsbürger entsprechen, besser zu integrieren.

(2)Der Rat (Justiz und Inneres) vom 1. Dezember 2005 hat unterstrichen, dass die Union eine gerechte Behandlung von Drittstaatsangehörigen, die sich rechtmäßig im Hoheitsgebiet der Mitgliedstaaten aufhalten, sicherstellen muss und dass eine energischere Integrationspolitik darauf gerichtet sein sollte, ihnen Rechte und Pflichten zuzuerkennen, die mit denen der Unionsbürger vergleichbar sind.

(3)Mit der Verordnung (EG) Nr. 859/2003 des Rates[5] wurde die Verordnung (EWG) Nr. 1408/71 und die Verordnung (EWG) Nr. 574/72 zur Koordinierung der Systeme der sozialen Sicherheit der Mitgliedstaaten auf Drittstaatsangehörige ausgedehnt, die ausschließlich aufgrund ihrer Staatsangehörigkeit nicht bereits unter diese Verordnungen fielen.

(4)Die vorliegende Verordnung achtet die Grundrechte und wahrt die Grundsätze, die insbesondere mit der Charta der Grundrechte der Europäischen Union anerkannt wurden, insbesondere deren Artikel 34 Absatz 2.

(5)Die Verordnung (EG) Nr. 883/2004 des Europäischen Parlaments und des Rates vom 29. April 2004 zur Koordinierung der Systeme der sozialen Sicherheit[6] tritt nunmehr an die Stelle der Verordnung (EWG) Nr. 1408/71. Die Verordnung (EG) Nr. 987/2009 des Europäischen Parlaments und des Rates vom 16. September 2009 zur Festlegung der Modalitäten für die Durchführung der Verordnung (EG) Nr. 883/2004[7] ersetzt die Verordnung (EWG) Nr. 574/72. Die Verordnungen (EWG) Nr. 1408/71 und (EWG) Nr. 574/72 werden mit dem Beginn der Anwendung der Verordnung (EG) Nr. 883/2004 und der Verordnung (EG) Nr. 987/2009 aufgehoben.

(6)Die Verordnung (EG) Nr. 883/2004 und die Verordnung (EG) Nr. 987/2009 bringen sowohl für die Versicherten als auch für die Träger der sozialen Sicherheit eine beträchtliche Aktualisierung und Vereinfachung der Koordinierungsregelungen mit sich. Den Trägern sollen die aktualisierten Koordinierungsregelungen die schnellere und einfachere Verarbeitung der Daten ermöglichen, die sich auf die Ansprüche der Versicherten beziehen; ferner sollen sie die entsprechenden Verwaltungskosten senken.

(7)Die Förderung eines hohen Maßes an sozialem Schutz und die Hebung des Lebensstandards und der Lebensqualität in den Mitgliedstaaten zählen zu den Zielen der Union.

(8)Um zu vermeiden, dass Arbeitgeber und staatliche Träger der sozialen Sicherheit mit rechtlich und verwaltungstechnisch komplexen Sachverhalten konfrontiert werden, die nur eine kleine Gruppe von Personen betreffen, ist es wichtig, dass die Vorteile der Modernisierung und Verein-

---

1 ABl. C 151 vom 17. 6. 2008, S. 50.
2 Standpunkt des Europäischen Parlaments vom 9. Juli 2008 (ABl. C 294 E vom 3. 12. 2009, S. 259), Standpunkt des Rates in erster Lesung vom 26. Juli 2010 (ABl. C 253 E vom 21. 9. 2010, S. 1), Standpunkt des Europäischen Parlaments vom 7. Oktober 2010 (noch nicht im Amtsblatt veröffentlicht).
3 Entschließung des Europäischen Parlaments vom 27. Oktober 1999 zum Europäischen Rat von Tampere (ABl. C 154 vom 5. 6. 2000, S. 63).
4 Stellungnahme des Europäischen Wirtschafts- und Sozialausschusses vom 26. September 1991 zum Thema „Rechtlicher Status der Wanderarbeitnehmer aus Drittländern" (ABl. C 339 vom 31. 12. 1991, S. 82).
5 ABl. L 124 vom 20. 5. 2003, S. 1.
6 ABl. L 166 vom 30. 4. 2004, S. 1.
7 ABl. L 284 vom 30. 10. 2009, S. 1.

Titel I Allgemeine Bestimmungen   Artikel 2

fachung im Bereich der sozialen Sicherheit uneingeschränkt genutzt werden können, indem nur ein einziges Rechtsinstrument angewendet wird, das die Verordnung (EG) Nr. 883/2004 und die Verordnung (EG) Nr. 987/2009 miteinander kombiniert.

(9) Es ist deshalb erforderlich, ein Rechtsinstrument zu erlassen, das die Verordnung (EG) Nr. 859/2003 ersetzt und im Wesentlichen darauf abzielt, die Verordnung (EWG) Nr. 1408/71 und die Verordnung (EWG) Nr. 574/72 durch die Verordnung (EG) Nr. 883/2004 bzw. durch die Verordnung (EG) Nr. 987/2009 zu ersetzen.

(10) Die Anwendung der Verordnung (EG) Nr. 883/2004 und der Verordnung (EG) Nr. 987/2009 auf Drittstaatsangehörige, die ausschließlich aufgrund ihrer Staatsangehörigkeit nicht bereits unter diese Verordnungen fallen, darf diese Personen in keiner Weise dazu berechtigen, in einen Mitgliedstaat einzureisen, sich dort aufzuhalten oder ihren Wohnsitz zu nehmen bzw. dort eine Arbeit aufzunehmen. Entsprechend sollte die Anwendung der Verordnung (EG) Nr. 883/2004 und der Verordnung (EG) Nr. 987/2009 das Recht der Mitgliedstaaten, die Erteilung einer Einreise-, Aufenthalts-, Niederlassungs- oder Arbeitserlaubnis für den betreffenden Mitgliedstaat gemäß dem Unionsrecht zu verweigern, eine solche zurückzuziehen oder deren Verlängerung zu verweigern, unberührt lassen.

(11) Die Verordnung (EG) Nr. 883/2004 und die Verordnung (EG) Nr. 987/2009 sollten kraft der vorliegenden Verordnung nur Anwendung finden, wenn die betreffende Person bereits ihren rechtmäßigen Wohnsitz im Hoheitsgebiet eines Mitgliedstaats hat. Die Rechtmäßigkeit des Wohnsitzes sollte somit eine Voraussetzung für die Anwendung der genannten Verordnungen sein.

(12) Die Verordnung (EG) Nr. 883/2004 und die Verordnung (EG) Nr. 987/2009 sollten keine Anwendung auf Sachverhalte finden, die nur einen einzigen Mitgliedstaat betreffen. Dies gilt insbesondere für Drittstaatsangehörige, die ausschließlich Verbindungen zu einem Drittstaat und einem einzigen Mitgliedstaat haben.

(13) Die Bedingung, über einen rechtmäßigen Wohnsitz im Hoheitsgebiet eines Mitgliedstaats verfügen zu müssen, sollte nicht die Rechte berühren, die sich aus der Anwendung der Verordnung (EG) Nr. 883/2004 betreffend Leistungen bei Invalidität, bei Alter oder an Hinterbliebene in einem oder mehreren Mitgliedstaaten für einen Drittstaatsangehörigen ergeben, der zuvor die Voraussetzungen der vorliegenden Verordnung erfüllt hat, oder für die Hinterbliebenen eines solchen Drittstaatsangehörigen, sofern diese ihre Rechte von einem Arbeitnehmer ableiten, wenn sie in einem Drittland wohnhaft sind.

(14) Die Wahrung des Anspruchs auf Leistungen bei Arbeitslosigkeit gemäß Artikel 64 der Verordnung (EG) Nr. 883/2004 setzt voraus, dass sich der Betreffende bei der Arbeitsverwaltung eines jeden Mitgliedstaats, in den er sich begibt, als Arbeitsloser meldet. Die genannte Bestimmung sollte daher nur dann auf einen Drittstaatsangehörigen Anwendung finden, wenn diese Person – gegebenenfalls aufgrund ihres Aufenthaltstitels oder ihres langfristigen Aufenthaltsrechts – dazu berechtigt ist, sich bei der Arbeitsverwaltung des Mitgliedstaats, in den sie sich begibt, als arbeitslos zu melden und dort rechtmäßig eine Beschäftigung auszuüben.

(15) Die vorliegende Verordnung sollte nicht die Rechte und Pflichten aus den mit Drittstaaten geschlossenen internationalen Übereinkünften berühren, bei denen die Union Vertragspartei ist und in denen Leistungen der sozialen Sicherheit vorgesehen sind.

(16) Da die Ziele dieser Verordnung wegen der grenzübergreifenden Sachverhalte auf Ebene der Mitgliedstaaten nicht ausreichend verwirklicht werden können und daher wegen des unionsweiten Umfangs der vorgeschlagenen Maßnahme besser auf Ebene der Union zu verwirklichen sind, kann die Union im Einklang mit dem in Artikel 5 des Vertrags über die Europäische Union niedergelegten Subsidiaritätsprinzip tätig werden. Entsprechend dem in demselben Artikel genann-

Spiegel

ten Grundsatz der Verhältnismäßigkeit geht diese Verordnung nicht über das zur Erreichung dieser Ziele erforderliche Maß hinaus.

(17) Gemäß Artikel 3 des dem Vertrag über die Europäische Union und dem Vertrag über die Arbeitsweise der Europäischen Union beigefügten Protokolls (Nr. 21) über die Position des Vereinigten Königreichs und Irlands hinsichtlich des Raums der Freiheit, der Sicherheit und des Rechts hat Irland mit Schreiben vom 24. Oktober 2007 mitgeteilt, dass es sich an der Annahme und Anwendung der vorliegenden Verordnung beteiligen möchte.

(18) Gemäß den Artikeln 1 und 2 und unbeschadet des Artikels 4 des dem Vertrag über die Europäische Union und dem Vertrag über die Arbeitsweise der Europäischen Union beigefügten Protokolls (Nr. 21) über die Position des Vereinigten Königreichs und Irlands hinsichtlich des Raums der Freiheit, der Sicherheit und des Rechts beteiligt sich das Vereinigte Königreich nicht an der Annahme der vorliegenden Verordnung und ist weder durch diese gebunden noch zu ihrer Anwendung verpflichtet.

(19) Gemäß den Artikeln 1 und 2 des dem Vertrag über die Europäische Union und dem Vertrag über die Arbeitsweise der Europäischen Union beigefügten Protokolls (Nr. 22) über die Position Dänemarks beteiligt sich Dänemark nicht an der Annahme dieser Verordnung und ist weder durch diese gebunden noch zu ihrer Anwendung verpflichtet –

HABEN FOLGENDE VERORDNUNG ERLASSEN:

Artikel 1

Die Verordnung (EG) Nr. 883/2004 und die Verordnung (EG) Nr. 987/2009 gelten für Drittstaatsangehörige, die ausschließlich aufgrund ihrer Staatsangehörigkeit nicht bereits unter die genannten Verordnungen fallen, sowie für ihre Familienangehörigen und ihre Hinterbliebenen, wenn sie ihren rechtmäßigen Wohnsitz im Hoheitsgebiet eines Mitgliedstaats haben und sich in einer Lage befinden, die nicht ausschließlich einen einzigen Mitgliedstaat betrifft.

Artikel 2

Die Verordnung (EG) Nr. 859/2003 wird für die Mitgliedstaaten aufgehoben, die durch die vorliegende Verordnung gebunden sind.

Artikel 3

Diese Verordnung tritt am dritten Tag nach ihrer Veröffentlichung im Amtsblatt der Europäischen Union in Kraft.

Diese Verordnung ist in allen ihren Teilen verbindlich und gilt unmittelbar in jedem Mitgliedstaat.

I. Normzweck	1	2. Geltung für unmittelbar Berechtigte	7
II. Einzelerläuterungen	3	3. Einbeziehung von Familienangehörigen	
1. Drei Definitionsmerkmale	3	und Hinterbliebenen	16

I. Normzweck

1 Art. 2 regelt den persönlichen Geltungsbereich der VO (EG) Nr. 883/2004. Die Normen über den persönlichen Geltungsbereich bestimmen die **Voraussetzungen**, welche die der VO (EG) Nr. 883/2004 unterfallenden **Personen** erfüllen müssen. Davon ist der sachliche Geltungsbereich (Art. 3) zu unterscheiden, welcher die unter VO (EG) Nr. 883/2004 fallenden Zweige der sozialen Sicherheit betrifft. Für die Rechtsanwendung folgt daraus, dass immer zunächst zu prüfen ist, ob für die betroffene Person die Voraussetzungen für den persönlichen Geltungsbereich (Art. 2) und für die betroffenen Rechtsvorschriften jene des sachlichen Geltungsbereichs (Art. 3) der VO (EG) Nr. 883/2004 erfüllt sind. Sind beide Voraussetzungen gegeben, sind die in Art. 11–16 enthaltenen Kollisions- sowie die in Art. 17 ff enthaltenen Koordinationsnormen anzuwenden.

Anders als das bisherige Recht hängen die persönlichen Anwendungsvoraussetzungen des Art. 2 **2**
nicht mehr von der **sozialökonomischen Stellung**, sondern nur noch von der Staatsangehörigkeit
(EU-Bürger) oder der Anerkennung als Flüchtling oder Staatenloser ab. Seit Inkrafttreten der VO
(EG) Nr. 859/2003 vom 14. Mai 2003 (ABl. (EG) L 124 v. 20.5.2003, S. 1) sind mit Wirkung ab
dem 1.6.2003 (vgl unten Rn 9 ff) auch die Angehörigen von **Drittstaaten** generell in den persönlichen Geltungsbereich des europäischen koordinierenden Sozialrechts einbezogen. Diese noch
auf der VO (EWG) Nr. 1408/71 aufbauende „Drittstaatsangehörigenausdehnung" wurde nach
dem Inkrafttreten der VO (EG) Nr. 883/2004 beibehalten, so lange keine neue Regelung für
Drittstaatsangehörige getroffen werden konnte (vgl Art. 90 Abs. 1 lit. a). Diese neue Regelung für
die Drittstaatsangehörigen wurde am 24.11.2010 beschlossen und ist am 1.1.2011 in Kraft getreten (VO (EU) Nr. 1231/2010 (ABl. (EU) L 344 v. 29.12.2010, S. 1). Der naheliegenden Konsequenz, diese Drittstaatsangehörigenausdehnung durch die förmliche Änderung von Art. 2 VO
(EG) Nr. 883/2004 vorzunehmen stand die Judikatur des EuGH entgegen, der Art. 51 EG (nunmehr 48 AEUV) nicht als geeignete Rechtsgrundlage ansah, um Regelungen für Drittstaatsangehörige zu erlassen (Rs. C-95/99, C- 98/99 und C-180/99 (Khalil u.a.), Slg 2001, I-7413). Für die
Drittstaatsangehörigenausdehnung musste daher auf die Rechtsgrundlage des Art. 79 Abs. 2
lit. b) AEUV zurückgegriffen werden. Somit sind also weiterhin zwei Regelungen für die Bestimmung des persönlichen Geltungsbereichs der VO (EG) Nr. 883/2004 maßgebend: Art. 2 und VO
(EU) Nr. 1231/2010.

II. Einzelerläuterungen

1. Drei Definitionsmerkmale

Die nachfolgend zu erläuternden Vorschriften umschreiben den persönlichen Geltungsbereich der **3**
VO (EG) Nr. 883/2004 unter Rückgriff auf zwei Definitionsmerkmale einer Person. Diese betreffen deren **Nationalität** sowie **Familienstatus**. Außerdem muss ein **grenzüberschreitender Sachverhalt** vorliegen.

Nationalität: Nach der in Art. 2 Abs. 1 getroffenen Regelung ist der bestimmende Faktor für den **4**
internationalen Geltungsbereich der VO (EG) Nr. 883/2004 die Staatsangehörigkeit. Sie entscheidet darüber, ob jemand dem europäischen koordinierenden Sozialrecht unterliegt oder nicht.
Hat jemand die Staatsangehörigkeit eines EU- oder EWR-Staates bzw der Schweiz (hinsichtlich
der beiden zuletzt genannten Staaten(gruppen) allerdings erst ab dem Zeitpunkt der Anwendbarkeit der neuen Verordnung) inne, ist er in den Anwendungsbereich der VO (EG) Nr. 883/2004
einbezogen. Ist diese Voraussetzung hingegen nicht erfüllt, kommt eine Einbeziehung nur unter
der weiteren Voraussetzung in Betracht, dass der Betreffende als Staatenloser oder Flüchtling in
einem Mitgliedstaat seinen Wohnort rechtmäßig begründet hat. Falls nicht, ist die Person als
Drittstaatsangehöriger grundsätzlich aus dem Anwendungsbereich der VO (EG) Nr. 883/2004
ausgeschlossen (*Spiegel*, in: Marhold, 18) und kann daher erst im Wege der VO (EU)
Nr. 1231/2010 in diesen Anwendungsbereich gelangen. Bei dieser Verordnung ist aber zu beachten, dass diese nicht für Dänemark (ErwG Nr. 19 – wie bereits zuvor die VO 895/2003) und das
Vereinigte Königreich (ErwG Nr. 18) gilt. Da für das Vereinigte Königreich aber die alte VO (EG)
Nr. 859/2003 galt, führt dies zur Konsequenz, dass für Drittstaatsangehörige im Verhältnis nur
zu diesem einen Mitgliedstaat weiterhin die VO (EWG) Nr. 1408/71 zur Anwendung gelangt
(Art. 90 Abs. 1 lit. a) der VO (EG) Nr. 883/2004). Im Verhältnis zu Dänemark können Drittstaatsangehörige nur im Wege bilateraler Abkommen erfasst werden. Dasselbe gilt übrigens auch
für Drittstaatsangehörige im Verhältnis zu den EWR-Staaten und zur Schweiz, da im Verhältnis
zu diesen Staaten eine Erfassung von Drittstaatsangehörigen im Hinblick auf den Inhalt der jeweiligen Abkommen nicht in Betracht kommt (Rs. C-247/09 (Xhymshiti), Slg 2010, I-11845).
Daher sind aus der Sicht Deutschlands zB die in Art. 3 Abs. 2 des Abkommens vom 25.2.1964
mit der Schweiz (BGBl. II Nr. 37, S. 1293, in der geltenden Fassung) ausdrücklich auf Drittstaats-

angehörige erstreckten Reglungen, wie zB die Entsenderegelung des Art. 6 des Abkommens, weiterhin auf Drittstaatsangehörige anwendbar.

5 **Familienstatus:** Ein weiterer Bestimmungsfaktor für die Definition des persönlichen Geltungsbereichs der VO (EG) Nr. 883/2004 ist der familiäre Status einer Person. Dieses Merkmal ist für die abgeleiteten Ansprüche der Familienangehörigen und Hinterbliebenen von Belang. Auch Drittstaatsangehörige, die nicht den Status eines Flüchtlings innehaben, oder Staatenlose, die nicht in einem Mitgliedstaat wohnen, können danach in ihrer Eigenschaft als Familienangehörige oder Hinterbliebene abgeleitete Ansprüche sozialer Sicherung auf Leistungen bei Krankheit (einschließlich Pflegeleistungen) sowie Witwen- oder Witwerversorgung in der Unfall- oder Rentenversicherung geltend machen (*Cornelissen*, 10 (2008), European Journal of Social Security, 347, 351).

6 Eine weitere Voraussetzung für die Anwendung der VO (EG) Nr. 883/2004 ist das Vorliegen eines **grenzüberschreitenden Sachverhalts**. Dieses Erfordernis gelangt konkludent in der Formulierung zum Ausdruck, wonach diese Voraussetzung für Personen gilt, „für welche die Rechtsvorschriften eines oder mehrerer Mitgliedstaaten gelten oder galten" (Art. 2 Abs. 1 und Abs. 2). Diese Voraussetzung ist dahin zu verstehen, dass eine Anwendung der Vorschriften über die Koordination von Leistungen der sozialen Sicherheit nur auf grenzüberschreitende Sachverhalte in Betracht kommt. Anders formuliert: eine der zentralen Voraussetzungen für die Anwendung des EU-Rechts der sozialen Sicherheit auf einen Sachverhalt ist mithin deren grenzüberschreitender Bezug (vgl Rn 15).

2. Geltung für unmittelbar Berechtigte

7 Die eigentliche Wirkung kommt in Art. 2 im Hinblick auf die Einbeziehung der **Staatsangehörigen** eines Mitgliedstaates zum Ausdruck (*Cornelissen*, 10 (2008), European Journal of Social Security, 347, 355 ff; *Fuchs*, SGb 2008, 201, 203). Dies gilt in grundsätzlicher wie zeitlicher Hinsicht. Es werden alle EU-Bürger oder Staatsangehörige eines Mitgliedstaates des EWR bzw der Schweiz vom europäischen koordinierenden Sozialrecht unmittelbar erfasst. Diese Einbeziehung gilt auch nur für diejenigen Zeiträume, während deren sie die Staatsangehörigkeit inne hatten (EuGH, Rs. 10/78 (Belbouab), Slg 1978, 1915). Diese Regelung kann damit erklärt werden, dass auch die **Grundfreiheiten** des EU-Rechts grundsätzlich nur den EU-Bürgern zustehen (und kraft Übereinkommens zwischen EU- und EWR-Staaten bzw der Schweiz auch den EWR-Staatsangehörigen bzw Staatsangehörigen der Schweiz zuteil werden). Sieht man im koordinierenden Sozialrecht primär eine Ausprägung und Ausgestaltung des Gebots der Freizügigkeit gem. Art. 39 EG (nunmehr Art. 45 AEUV – EuGH, Rs. 44/65 (Singer et fils), Slg 1965, 1268; *Steinmeyer*, HdB, § 21-14), so wäre eine solche Beschränkung folgerichtig und auch zu billigen (so hat auch der EuGH bei einer Person, die im Beitrittszeitpunkt eines Mitgliedstaates die Staatsangehörigkeit dieses Staates bereits verloren hatte und Drittstaatsangehöriger geworden ist, entschieden, dass diese nicht mehr in den Anwendungsbereich der VO (EWG) Nr. 1408/71 fallen kann – Rs. C-105/89 (Buhari Haji), Slg 1990, I-4211). Heute wird diese Regelung als die Ausprägung der inzwischen primärrechtlichen ausgeformten und anerkannten europäischen **Bürgerstellung** gedeutet, worauf auch die Erstreckung des persönlichen Geltungsbereichs auf alle Versicherten hinweist. Ferner liegt in der Beseitigung eines Tatbestandsmerkmals (Arbeitnehmer- bzw Selbstständigeneigenschaft) eine Vereinfachung (*Yorens/Van Overmeiren*, 113 f). Schließlich hat auch durch die Einbeziehung der Drittstaatsangehörigen (s. unter Rn 4) die bisherige Beschränkung auf die von einer Freizügigkeit Gebrauch machenden Unionsbürger an Bedeutung verloren.

Die zentrale Aufgabe der Bestimmung liegt in der Anordnung einer strikten Gleichstellung von EU-/EWR-/schweizerischen Bürgern mit den Staatsangehörigen des zuständigen Staates schon bei der Einbeziehung in den Geltungsbereich. Art. 2 verbietet einem Mitgliedstaat namentlich, die Gewährung einer Leistung der sozialen Sicherheit an Angehörige anderer Mitgliedstaaten, denen der Aufenthalt in seinem Gebiet erlaubt ist, von der Vorlage einer eigenen **Aufenthaltserlaubnis** abhängig zu machen, wogegen Staatsangehörige des zuständigen Staates lediglich ihren Wohnsitz oder gewöhnlichen Aufenthalt in dem Mitgliedstaat innehaben müssen (EuGH, Rs. C-85/96 (Sala), Slg 1998 I-2691).

Der Binnenmarkt – Raum ohne Binnengrenzen – ist jedoch nicht mehr als ein einheitlicher Betätigungsraum ausschließlich für EU-Bürger zu verstehen. In Anbetracht des **Aufenthalts** und der **Erwerbstätigkeit** zahlreicher Staatsangehöriger aus Nicht-EU/EWR-Staaten (= **Drittstaatsangehörigen**) in allen EU-Staaten stellte sich bereits seit Langem die Frage, inwieweit diese Beschränkung des persönlichen Geltungsbereichs auf EU-Bürger und EWR-Staatsangehörige noch aufrechterhalten werden kann (*Spiegel*, Die Stellung von Drittstaatsangehörigen im Sozialrecht der EU, in: *Tomandl*, Der Einfluss Europäischen Rechts auf das Sozialrecht, 2000, 127 ff, 179 ff). Zugunsten einer Ausweitung des persönlichen Geltungsbereichs der VO (EG) Nr. 883/2004 auf die sich in einem Mitgliedstaat erlaubter Maßen aufhaltenden und infolge dessen in ein System der sozialen Sicherheit eines Mitgliedstaates einbezogenen Personen sprechen nachfolgende Überlegungen: 8

Die Einbeziehung der Gruppe der Drittstaatsangehörigen in das koordinierende europäische Sozialrecht war sicherlich auch geboten, um den Grundfreiheiten – namentlich der **Dienstleistungsfreiheit** – zu genügen. Denn der EuGH hat in den Rechtssachen Vander Elst (EuGH, Rs. C-43/93, Slg 1994, I-3803) und Rush Portuguesa (EuGH, Rs. C-113/89, Slg 1990, I-1417) befunden, dass es mit der Dienstleistungsfreiheit der Arbeitgeber unvereinbar ist, wenn der Zugang zum Arbeitsmarkt für Drittstaatsangehörige von der Erteilung einer Arbeitserlaubnis abhängig gemacht würde. Daraus kann abgeleitet werden, dass auch Drittstaatsangehörige in das europäische koordinierende Sozialrecht einbezogen werden sollten, wenn sie nämlich ansonsten bei Arbeitsausübung in einem anderen Mitgliedstaat für ihren Arbeitgeber zB einen Arbeitsunfall oder eine Krankheit erleiden könnten und dann ohne ausreichenden sozialen Schutz dastünden. Auch eine solche Situation kann als nachteilig für die Dienstleistungsfreiheit ihrer Arbeitgeber betrachtet werden. 9

Bilaterale Abkommen zwischen den Mitgliedstaaten einerseits und den Herkunftsstaaten der **Drittstaatsangehörigen** andererseits vermögen die Integration Drittstaatsangehöriger nicht zu garantieren. Denn solche Abkommen bewältigen bilaterale Probleme (mit Drittstaatenbezug), sind aber für die Bewältigung **multilateraler Probleme** indessen ungeeignet. Bilaterale Abkommen koordinieren die sozialen Sicherungssysteme des Beschäftigungsstaates mit den Sicherungssystemen des Herkunftsstaates. Eine Regelung der Rechtstellung dieser Personen in anderen EU-Staaten wird dadurch grundsätzlich nicht erreicht. Umgekehrt erfassen bilaterale Abkommen, welche die Beziehungen zwischen dem Herkunftsstaat eines Drittstaatsangehörigen und dem Staat des vorübergehenden Aufenthalts eines Drittstaatsangehörigen regeln, nicht die Rechtstellung derer, die in einem anderen Mitgliedstaat regelmäßig beschäftigt und deshalb auch dort sozial gesichert sind. Die **Drittstaatsangehörigen fallen** also in einem Netz bilateraler Sozialrechtskoordination oftmals **durch** die **Maschen**. Dieser Missstand kann nur überwunden werden, wenn sie in das europäische koordinierende Sozialrecht einbezogen werden. 10

Ein Ausschluss von Drittstaatsangehörigen ist außerdem auch mit dem **internationalen** Recht **nicht** zu vereinbaren. Der Europäische Gerichtshof für Menschenrechte befand mit Urteil vom 16.9.1996 in der Rs. Nr. 39/195/545/631 (Gaygusuz gegen Österreich – InfAuslR 1997, 1 ff; dazu *Mazal*, EMRK – Einfluß auf das österreichische Sozialrecht, in: *Tomandl*, Der Einfluß Europäischen Rechts auf das Sozialrecht, 2000, 61 ff), dass nationale Sozialleistungen, die durch Beiträge finanziert werden, einzelne Beitragszahler leistungsrechtlich wegen ihrer Staatsangehörigkeit nicht schlechter stellen dürfen, andernfalls wäre Art. 14 EMRK iVm Art. 1 des 1. Zusatzprotokolls zur EMRK (Diskriminierungsverbot iVm Schutz des Eigentums – wozu nach der Rechtsprechung auch die sozialen Sicherungsrechte zählen) verletzt. Außerdem untersagt zB auch das **ILO-Übereinkommen Nr. 118** allen Mitgliedstaaten der ILO, die diese Verpflichtungen übernommen haben, jegliche auf die Staatsangehörigkeit gestützte Differenzierung auf dem Gebiete 11 des Rechts der sozialen Sicherheit, nicht nur hinsichtlich der Leistungsansprüche bei reinen internen Sachverhalten, sondern auch bei grenzüberschreitenden Ansprüchen (vgl dazu *Davy*, 40 f).

12 Die Kommission hat daher am 10.12.1997 eine Erweiterung der damals anzuwendenden VO (EWG) Nr. 1408/71 auf alle Drittstaatsangehörigen vorgeschlagen. Diesem Vorschlag kam der Rat mit der **VO (EG) Nr. 859/2003** nach. Diese ist nunmehr durch die VO (EU) Nr. 1231/2010 abgelöst worden, die die VO (EG) Nr. 883/2004 für auf Drittstaatsangehörige entsprechend anwendbar erklärt. Nach Art. 1 **VO (EG) Nr. 1231/2010** finden die Bestimmungen der VO (EG) Nrn. 883/2004 und 987/2009 „auf Drittstaatsangehörige, die ausschließlich aufgrund ihrer Staatsangehörigkeit nicht bereits unter diese Bestimmungen fallen, sowie auf ihre Familienangehörigen und ihre Hinterbliebenen Anwendung, wenn sie ihren rechtmäßigen Wohnsitz in einem Mitgliedstaat haben und ihre Situation mit einem Element über die Grenzen eines Mitgliedstaates hinausweist". In zeitlicher Hinsicht entfaltet die VO (EG) Nr. 1231/2010 ihre Wirkung für die ab 1.1.2011 entstehenden Ansprüche (Art. 2 VO (EG) Nr. 1231/2010). Für den Zeitraum davor findet die VO (EG) Nr. 859/2003 Anwendung (vgl Art. 90 Abs. 2 VO (EG) Nr. 883/2004; *Naucks*, MittLVA Rheinprovinz, 2003, 328; *Cornelissen*, 10 (2008), European Journal of Social Security, 347, 359 ff).

13 Nur eine Gruppe von Personen, die nicht die Staatsangehörigkeit eines Mitgliedstaates haben bzw als deren Familienangehörige gelten, ist bereits von der VO (EG) Nr. 883/2004 unmittelbar erfasst und benötigt nicht die VO (EU) Nr. 1231/2010 dazu: Neben den EU-Bürgern oder EWR-Staatsangehörigen sind nämlich nach geltendem Recht die **Flüchtlinge** (vgl Art. 1 lit. g), vgl Art. 1 Rn 14) und **Staatenlosen** (vgl Art. 1 lit. h)), vgl Art. 1 Rn 15) in die VO (EG) Nr. 883/2004 einbezogen. Dies hat zur Folge, dass die Mitgliedstaaten auf Grund der internationalen Abkommen zum Schutz der Flüchtlinge und Staatenlosen zur Aufnahme und Erstreckung der Regelungen ihres Sozialleistungssystems als jeweiliger Wohnstaat der Flüchtlinge und Staatenlosen auf Grund **humanitären Völkerrechts** (vgl dazu Art. 1 Rn 14 f) verpflichtet sind. Die Einbeziehung in das Sozialleistungssystem des Wohnstaates wird durch die Einbeziehung dieses Personenkreises in das EU-Recht ergänzt (EuGH, Rs. C-95/99 (Khalil), C-96/99 (Chaaban), C-97/99 (Osseili), C-98/99 (Nasser) und C-180/99 (Addou), Slg 2001, I-7413) und vervollständigt.

Es genügt für das Erfordernis eines grenzüberschreitenden Sachverhalts dagegen nicht, wenn ein Flüchtling lediglich innerhalb eines Mitgliedstaats gewandert ist, wenn der Herkunftsstaat ein Drittstaat ist. Allein mit der **Anerkennung** einer Person als Flüchtling oder Staatenloser wird durch einen Staat kein EU-rechtlicher Bezug hergestellt (EuGH, Rs. C 95/99 (Kahlil); C-180/99 (Addou), Slg 2001, I-7413).

14 Wurde eine Person zunächst bestandskräftig als Flüchtling anerkannt, die Anerkennung in einem späteren Bescheid jedoch mangels Vorliegens der Voraussetzungen widerrufen, so fragt sich, welche Auswirkungen dies auf die Sozialleistungsberechtigung dieser Person hat. Grundsätzlich erstreckt sich das EU-Recht auf Flüchtlinge und Staatenlose nur, sofern sie im Zeitpunkt der Geltendmachung des Begehrens diesen Status innehaben. Deshalb ist in den persönlichen Anwendungsbereich der VO (EWG) Nr. 883/2004 nicht mehr einbezogen, wer zum **Zeitpunkt** der Geltendmachung des Begehrens nicht mehr Flüchtling oder Staatenloser ist – einerlei, ob er vorher eine Zeit lang anerkannt war oder nicht. Allerdings werden solche Personen möglicherweise dann als Drittstaatsangehörige betrachtet werden können und sind daher im Wege der VO (EU) Nr. 1231/2010 in die Koordination einbezogen. Die unter Rn 7 getroffenen Aussagen in Bezug auf Personen, die später die Unionsbürgerschaft verloren haben, werden in Bezug auf Flüchtlinge, denen später dieser Status wieder aberkannt wurde, wohl entsprechend gelten.

15 Eine weitere wesentliche Anwendungsvoraussetzung für das EU-Sozialrecht ist das Vorhandensein des **EU-Bezuges** (EuGH, Rs. C-212/06 (Gouvernement de la Communauté Francaise) Slg 2008, I-1683; Rs. C-95/99 (Kahlil) Slg 2001, I-7483; C-98/99 (Nasser); C-180/99 (Addou), Slg 2001, I-7413). Der EuGH hat für Art. 76 Abs. 7 – Recht zum Gebrauch jeder Amtssprache der

EU – oder eines EWR-Staates gegenüber jeder Behörde – mit Recht befunden, dass diese Bestimmung keine Bedeutung für die Lösung des innerbelgischen Sprachenstreits erlangt (EuGH, Rs. C-153/91 (Petit), Slg 1992, I-4973). Der danach als Grundvoraussetzung für die Anwendung des EU-Rechts zu fordernde EU-Bezug setzt also voraus, dass Personen, Sachverhalte oder Begehren eine rechtliche Beziehung zu einem anderen Mitgliedstaat aufweisen. Diese Umstände sind in der Staatsangehörigkeit, dem Wohn- oder Beschäftigungsort, Ort eines die Leistungspflicht auslösenden Ereignisses, vormaliger Arbeitstätigkeit unter dem Recht eines anderen Mitgliedstaates oder ähnlichen Merkmalen zu sehen (EuGH, Rs. 66/77 (Kuyken), Slg 1977, 2311). Dieser Bezug muss nicht in der Person des Leistungsberechtigten vorliegen; für Ansprüche auf abgeleitete Sicherung genügt es, wenn er in der Person eines Familienangehörigen erfüllt ist (EuGH, Rs. C-194/96 (Kulzer), Slg 1998 I-895).

3. Einbeziehung von Familienangehörigen und Hinterbliebenen

Art. 2 erstreckt den persönlichen Geltungsbereich auch auf die Familienangehörigen (Art. 1 lit. i), vgl oben Art. 1 Rn 16 f) und **Hinterbliebenen** eines unmittelbar Berechtigten. Dabei ist jedoch nach der gegebenen Rechtslage zu differenzieren nach der Staatsangehörigkeit von Berechtigten einerseits und Familienangehörigen und Hinterbliebenen andererseits. Hat der Berechtigte die Staatsangehörigkeit eines EU- oder EWR-Staates bzw der Schweiz inne, so dass er selbst dem persönlichen Anwendungsbereich der VO (EG) Nr. 883/2004 unterfällt (oder ist er Flüchtling oder Staatenloser), so unterliegt auch dessen Familienangehörige oder Hinterbliebene dem persönlichen Geltungsbereich der VO (EG) Nr. 883/2004, unabhängig von deren Staatsangehörigkeit. Ist der Berechtigte dagegen weder EU-Bürger noch EWR-Staatsangehöriger bzw Bürger der Schweiz noch Flüchtling oder Staatenloser, so kann gleichwohl sein Hinterbliebener in den persönlichen Geltungsbereich der VO (EG) Nr. 883/2004 einbezogen werden, unter der Voraussetzung, dass dieser Staatsangehöriger eines Mitgliedstaates (der EU oder des EWR) bzw der Schweiz, Staatenloser oder Flüchtling ist (Art. 2 Abs. 2). Andernfalls kommt die Anwendung auf den Drittstaatsangehörigen nicht in Betracht (EuGH, Rs. 238/83 (Meade), Slg 1984, 2631). Seit 2003 ist diese Unterscheidung aber aufgrund der VO (EG) Nr. 859/2003 bzw VO (EU) Nr. 1231/2010 zum größten Teil bedeutungslos, da alle Drittstaatsangehörigen in die Koordination einbezogen sind.

Voraussetzung für die Anwendung des Art. 2 Abs. 1 oder Abs. 2 war zunächst, dass Familienangehörige (EuGH, Rs. C-243/91 (Taghavi), Slg 1992, I-4401; EuGH, Rs. C-94/84 (Deak), Slg 1985, 1873) oder Hinterbliebene einen abgeleiteten Anspruch erheben. Deshalb konnte etwa das unterhaltsberechtigte **Kind** eines Arbeitnehmers nicht die Rechte aus dem europäischen koordinierenden Sozialrecht geltend machen, um einen Anspruch auf Leistungen für **Behinderte** zu erheben, falls dieser Anspruch als **eigener** Anspruch und nicht aufgrund der Eigenschaft des Behinderten als Familienangehöriger eines Arbeitnehmers vorgesehen war (EuGH, Rs. C-243/91 (Taghavi), Slg 1992, I-4401). Allerdings wurde diese strikte Trennung zwischen eigenen (nicht erfassten) und abgeleiteten (erfassten) Ansprüchen der Familienangehörigen in der Folge vom EuGH aufgegeben. Die Trendwende erfolgte mit der Feststellung, dass die Koordination auch auf den hinterbliebenen Ehegatten eines Wanderarbeitnehmers bei Feststellung des Beitrages zur (eigenen) freiwilligen Versicherung anzuwenden ist (EuGH, Rs. C-308/93 (Cabanis-Issarte), Slg 1996, I-2097). Diese Erfassung der Familienangehörigen auch hinsichtlich ihrer eigenen Ansprüche wurde bereits etliche Male bestätigt (zB in Bezug auf das Erziehungsgeld EuGH, Rs. C-249/94 (Hoever und Zachow), Slg 1996, I-4895).

Der Ausschluss der Familienangehörigen bleibt daher nunmehr auf jene Regelungen beschränkt, bei denen es ausdrücklich auf die Eigenschaft der Person zB als Arbeitnehmer ankommt, so dass Familienangehörige bereits aufgrund dieses Wortlautes ausgeschlossen sind, wie zB bei den Regelungen über die **Leistungen bei Arbeitslosigkeit** (EuGH, Rs. 40/76 (Kermaschek), Slg 1976, 1669, bestätigt durch EuGH, Rs. C-189/00 (Ruhr), Slg 2001, I-8225). Gerade bei diesen Regelungen wird aber idR die Drittstaater-VO eine Lösung bringen, so dass nur noch im Wesentlichen die Beziehungen zu Dänemark, die EWR-Staaten und die Schweiz für Anwendungsfälle dieser älteren Judikatur übrigbleiben.

Artikel 3 Sachlicher Geltungsbereich

(1) Diese Verordnung gilt für alle Rechtsvorschriften, die folgende Zweige der sozialen Sicherheit betreffen:
a) Leistungen bei Krankheit;
b) Leistungen bei Mutterschaft und gleichgestellte Leistungen bei Vaterschaft;
c) Leistungen bei Invalidität;
d) Leistungen bei Alter;
e) Leistungen an Hinterbliebene;
f) Leistungen bei Arbeitsunfällen und Berufskrankheiten;
g) Sterbegeld;
h) Leistungen bei Arbeitslosigkeit;
i) Vorruhestandsleistungen;
j) Familienleistungen.

(2) Sofern in Anhang XI nichts anderes bestimmt ist, gilt diese Verordnung für die allgemeinen und die besonderen, die auf Beiträgen beruhenden und die beitragsfreien Systeme der sozialen Sicherheit sowie für die Systeme betreffend die Verpflichtungen von Arbeitgebern und Reedern.

(3) Diese Verordnung gilt auch für die besonderen beitragsunabhängigen Geldleistungen gemäß Artikel 70.

(4) Die Rechtsvorschriften der Mitgliedstaaten über die Verpflichtungen von Reedern werden jedoch durch Titel III nicht berührt.

(5) Diese Verordnung gilt nicht für
a) soziale und medizinische Fürsorge oder
b) Leistungen, bei denen ein Mitgliedstaat die Haftung für Personenschäden übernimmt und Entschädigung leistet, beispielsweise für Opfer von Krieg und militärischen Aktionen oder der sich daraus ergebenden Folgen, Opfer von Straftaten, Attentaten oder Terrorakten, Opfer von Schäden, die von Bediensteten eines Mitgliedstaats in Ausübung ihrer Pflichten verursacht wurden, oder für Personen, die aus politischen oder religiösen Gründen oder aufgrund ihrer Abstammung Nachteile erlitten haben.

I. Normzweck 1	gg) Leistungen bei Arbeitslosigkeit: lit. h) 21
1. Geschichtliche Entwicklung 1	hh) Vorruhestandsleistungen: lit. i) 25
2. Grundsätze 2	ii) Familienleistungen: lit. j) 27
II. Einzelerläuterungen 4	d) Erklärungen nach Art. 9 29
1. Die Zweige der sozialen Sicherheit (Abs. 1) 4	2. Umfassende Einbeziehung von nationalen Systemen (Abs. 2) 30
a) Rechtsvorschriften 5	3. Besondere beitragsunabhängige Geldleistungen (Abs. 3) 31
b) Der Begriff der sozialen Sicherheit 7	4. Verpflichtungen von Reedern (Abs. 4) .. 32
c) Leistungsbereiche 8	5. Ausschlusstatbestände (Abs. 5) 33
aa) Leistungen bei Krankheit, Mutterschaft und Vaterschaft: lit. a) und b) 8	a) Ausschluss sozialer und medizinischer Fürsorge 33
bb) Leistungen bei Invalidität: lit. c) 12	aa) Dogmatischer Hintergrund 33
cc) Leistungen bei Alter: lit. d) 16	bb) Abgrenzung zu beitragsunabhängigen Leistungen 38
dd) Leistungen an Hinterbliebene: lit. e) 18	cc) Neufassung der Regelung durch Abs. 5 39
ee) Leistungen bei Arbeitsunfällen und Berufskrankheiten: lit. f) .. 19	
ff) Sterbegeld: lit. g) 20	

b) Anwendungsfälle nach deutschem Recht	40	b) Notwendigkeit einer Einbeziehung der Beamten in die Koordinierung	47
6. Entschädigungssysteme	42	c) Die Einbeziehung der Beamten durch die VO (EG) Nr. 1606/98 des Rates vom 29. Juni 1998	48
7. Leistungen für Opfer von Krieg und militärischen Aktionen und ihren Folgen	43		
8. Sondersysteme für Beamte	46	d) Die Regelungen der VO (EG) Nr. 883/2004	50
a) Problemstellung	46		

I. Normzweck

1. Geschichtliche Entwicklung

Vorläufer des Art. 3 waren Art. 2 VO (EWG) Nr. 3 aus dem Jahre 1958 und Art. 4 VO (EWG) Nr. 1408/71. Um dem **Grundrecht der Freizügigkeit** möglichst umfassend Rechnung zu tragen, zogen diese Vorschriften den sachlichen Geltungsbereich sehr weit. Als Vorbild diente dem Verordnungsgeber das Übereinkommen Nr. 102 der IAO über Mindestnormen der sozialen Sicherheit aus dem Jahre 1952. Enthalten waren die allgemeinen und besonderen auf Beiträgen beruhenden und beitragsfreien Systeme, einschließlich der Systeme, nach denen der Arbeitgeber zu Leistungen verpflichtet ist. Art. 3 folgt in Struktur und Inhalt weitgehend der Vorläufervorschrift des Art. 4 VO (EWG) Nr. 1408/71. Die bedeutsamste Änderung gegenüber dem früheren Recht ist die Ausgliederung der bisher in Art. 4 Abs. 2a VO (EWG) Nr. 1408/71 enthaltenen beitragsunabhängigen Geldleistungen. Für diese wurde in Art. 70 ein eigener Tatbestand geschaffen. Der neue Abs. 5 beinhaltet eine Präzisierung der Ausschlusstatbestände gegenüber dem früheren Art. 4 Abs. 4 VO (EWG) Nr. 1408/71.

1

2. Grundsätze

Entsprechend der Schutzvorschrift des Art. 48 AEUV, welcher die Rechtsstellung der Arbeitnehmer auf dem Gebiet der sozialen Sicherheit vor Benachteiligungen aufgrund der Zugehörigkeit zu verschiedenen nationalen Systemen der sozialen Sicherheit bei Wanderung von einem Mitgliedstaat in den anderen schützen soll, ist der sachliche Geltungsbereich der VO (EG) Nr. 883/2004 weit zu verstehen, weshalb nicht nur die sog. klassischen Sozialversicherungssysteme einbezogen werden, sondern auch solche, die – ohne hoheitlich verwaltet zu werden – Teil des staatlichen Systems der sozialen Sicherheit sind (EuGH, Rs. 61/65 (Vaasen-Göbbels), Slg 1966, 583). Die umfassende Ausrichtung dieser Norm unter Einbeziehung auch nicht durch hoheitliche Versicherungsträger verwalteter sozialer Sicherungssysteme ist deshalb darauf zurückzuführen, dass das durch den AEUV verfolgte **Ziel der Freizügigkeit** Grundlage und Orientierung, aber auch Grenze der teleologischen Auslegung der VO (EG) Nr. 883/2004 und der DVO sein soll.

2

Die VO (EG) Nr. 883/2004 gilt gem. Art. 3 für alle Rechtsvorschriften über **Zweige der sozialen Sicherheit**, die Leistungen bei Krankheit und Mutterschaft, Invalidität, Alter, Arbeitsunfall und Berufskrankheit, Arbeitslosigkeit, Tod (Leistungen an Hinterbliebene und Sterbegeld) sowie Familienleistungen vorsehen. Hinzugekommen sind Vorruhestandsleistungen. Dass Art. 3 Abs. 2 den sachlichen Anwendungsbereich unabhängig davon statuiert, ob es sich um beitragsbezogene oder beitragsfreie Systeme oder solche handelt, deren Durchführung den Arbeitgebern obliegt, zeigt, dass die VO (EG) Nr. 883/2004 eine Koordinierung der Sozialsysteme der Mitgliedstaaten in einem umfassenden Sinne zum Ziel hat (vgl dazu EuGH, Rs. 104/76 (Jansen), Slg 1977, 829). Gemäß Art. 9 sind die Mitgliedstaaten verpflichtet, in Erklärungen die unter Art. 3 fallenden Rechtsvorschriften und Systeme zu benennen. Zur rechtlichen Bedeutung dieser Erklärungen s. Art. 9 Rn 7 ff. Die Aufzählung der Zweige der sozialen Sicherheit in Art. 3 ist erschöpfend. Ein Zweig der sozialen Sicherheit, der in Art. 3 nicht aufgeführt ist, kann nicht als solcher qualifiziert werden, auch wenn er dem Begünstigten einen Rechtsanspruch auf eine Leistung einräumt (EuGH, Rs. (Otte), Slg 1996, I-3745; Rs. C-160/96 (Molenaar), Slg 1998, I-843.

3

II. Einzelerläuterungen

1. Die Zweige der sozialen Sicherheit (Abs. 1)

4 Art. 3 Abs. 1 umfasst alle Normen, welche Leistungen im Falle von Krankheit, Mutterschaft und Vaterschaft, Invalidität, Alter und Hinterbliebenen, Arbeitsunfällen und Berufskrankheiten, Sterbegeld, Leistungen im Falle von Arbeitslosigkeit, Vorruhestandsleistung sowie Familienleistungen zum Gegenstand haben. Der Verordnungsgeber hat davon abgesehen zu definieren, was eine Leistung der sozialen Sicherheit im Sinne der VO (EG) Nr. 883/2004 ist. Eine derartige Festlegung erscheint mit Blick auf die unterschiedlichen nationalen Vorschriften und die daraus resultierenden unterschiedlichen Sozialleistungssysteme auch weder möglich noch sinnvoll (vgl dazu *van Raepenbusch*, Soziales Europa 1992, Heft 3, S. 18-30).

a) Rechtsvorschriften

5 Unter Rechtsvorschriften sind gemäß Art. 1 l) Unterabs. 1 die für jeden Mitgliedstaat bestehenden Gesetze, Verordnungen, Satzungen und alle anderen Durchführungsvorschriften in Bezug auf die in Art. 3 Abs. 1 aufgeführten Zweige der sozialen Sicherheit zu verstehen. Aus Art. 1 l) Unterabs. 2 ergibt sich, dass tarifvertragliche Regelungen nicht dem Begriff Rechtsvorschriften unterfallen. Der Grund für die Ausklammerung tarifvertraglicher Regelungen ist darin zu sehen, dass deren Koordinierung infolge Fehlens einer gesetzlichen Fixierung mit großen Problemen verbunden wäre. Eine Ausnahme von diesem Grundsatz gilt jedoch dann, wenn die **tarifvertragliche Vereinbarung** eine Versicherungsverpflichtung, die aus einem Gesetz oder einer VO iSd Unterabs. 1 resultiert, erfüllt oder die tarifvertragliche Vereinbarung durch eine behördliche Entscheidung für allgemein verbindlich erklärt oder in ihrem Geltungsbereich erweitert wird. In formeller Hinsicht ist Voraussetzung, dass der betreffende Mitgliedstaat den Präsidenten des Europäischen Parlaments und des Rates der EU in einer Erklärung davon unterrichtet. Diese Erklärung wird im Amtsblatt der EU veröffentlicht. Ein Beispiel für ein solches Verfahren nach bisherigem Recht ist die Erklärung der französischen Regierung, dass die in Frankreich auf der Grundlage des Arbeitsgesetzbuches abgeschlossenen Kollektivvereinbarungen über Leistungen bei Arbeitslosigkeit in den sachlichen Anwendungsbereich der VO (EWG) Nr. 1408/71 fallen sollen (vgl dazu *Pennings*, Introduction, S. 60). Ohne die französische Erklärung wäre im Übrigen auch die in der Rs. Grisvard (EuGH, Rs. C-201/91, Slg 1992, I-5003) u.a. zu entscheidende Frage bezüglich Leistungen bei Arbeitslosigkeit an arbeitslose Grenzgänger aus europarechtlicher Sicht nicht zu beantworten gewesen, da es sich bei den französischen Kollektivvereinbarungen nicht um Rechtsvorschriften gehandelt hätte, die in den sachlichen Geltungsbereich der Verordnung fallen. Vgl auch den vom EuGH entschiedenen Fall in der Rs. C-57/90 (Kommission/Frankreich), Slg 1992, I-75, der sich schwerpunktmäßig auf einen Verstoß Frankreichs gegen die Art. 13 Abs. 1 und 33 VO (EWG) Nr. 1408/71 bezog (Frankreich zog von den zusätzlichen Altersrenten sowie von den Vorruhestandsgeldern, die in einem anderen Mitgliedstaat als Frankreich wohnende Personen erhalten, deren Versicherung gegen Krankheit und Mutterschaft nicht zu Lasten eines französischen Systems geht, einen Krankenversicherungsbeitrag ab). Darin stellte der EuGH klar, dass die durch Verträge zwischen den zuständigen Stellen und den Berufsorganisationen oder berufsübergreifenden Organisationen oder durch Tarifverträge zwischen den Sozialpartnern eingeführten nationalen Systeme der sozialen Sicherheit, die nicht Gegenstand einer Erklärung nach Art. 1 l) waren, keine Rechtsvorschriften im Sinne der Norm darstellen, mit der Folge, dass die auf ihrer Grundlage gewährten Leistungen nicht in den Geltungsbereich der VO (EG) Nr. 883/2004 fallen (ebenso EuGH, Rs. C-253/90 (Kommission/Belgien), Slg 1992, I-531).

6 Durch die VO (EG) Nr. 647/2005 vom 13.4.2005 (ABl. L 117/1) wurden bereits die deutschen und österreichischen **Sondersysteme für Selbständige** (im Vorgriff auf die VO (EG) Nr. 883/2004) in den sachlichen Geltungsbereich der VO (EWG) Nr. 1408/71 eingegliedert. Für Deutschland handelt es sich dabei um die 89 aufgrund von Landesrecht errichteten öffentlich-rechtlichen Pflichtversorgungseinrichtungen der Angehörigen der verkammerten freien Berufe (Ärzte, Apo-

theker, Architekten, Notare, Rechtsanwälte, Steuerberater bzw Steuerbevollmächtigte, Tierärzte, Wirtschaftsprüfer und vereidigte Buchprüfer, Zahnärzte sowie Psychologische Psychotherapeuten und Ingenieure). Für Österreich sind dies die für Ärzte, Tierärzte, Rechtsanwälte, Notare und Ziviltechniker errichteten Versicherungs- und Versorgungswerke. Die VO (EG) Nr. 883/2004 bezieht jetzt alle berufsständischen Sondersysteme in Europa in den sachlichen Geltungsbereich ein; die Möglichkeit eines Ausschlusses nach Vorbild des bisherigen Anhangs II Teil 1 VO (EWG) Nr. 1408/71 existiert also nicht mehr (vgl zum Hintergrund dieser Rechtsentwicklung *Hartmann/ Horn*, Versorgungswerke (berufsständische), in: *Rieger/Dahm/Steinhilper*, Heidelberger Kommentar Arztrecht Krankenhausrecht Medizinrecht, 2012, 5388 Rn 124).

b) Der Begriff der sozialen Sicherheit

Fraglich ist, wie der Begriff der sozialen Sicherheit iSv Art. 3 Abs. 1 zu verstehen ist. Nicht entscheidend ist, ob eine Leistung von den nationalen Rechtsvorschriften als eine Leistung der sozialen Sicherheit eingestuft wird (EuGH, Rs. C-78/91 (Hughes), Slg 1992, I-4839; Rs. C-245/94 und C-312/94 (Hoever und Zachow), Slg 1996, I-4895). Eine Leistung kann dann als Leistung der sozialen Sicherheit betrachtet werden, wenn sie erstens den Empfängern ohne jede auf Ermessen beruhende individuelle Bedürftigkeitsprüfung aufgrund eines gesetzlichen Tatbestands gewährt wird und sich zweitens auf eines der in Art. 3 Abs. 1 ausdrücklich aufgezählten Risiken bezieht (EuGH, Rs. 249/83 (Hoeckx), Slg 1985, 973 Rn 11; Rs. C-66/92 (Acciardi), Slg 1983, I-4567 Rn 14; Rs. C-160/96 (Molenaar), Slg 1998, I-843 Rn 20; Rs. C-286/03 (Hosse), Slg 2006, I-1771 Rn 37; Rs. C-396/05 u.a. (Habelt), Slg 2007, I-11895 Rn 63). Was die genaue Bestimmung der zu beurteilenden Leistungen anbelangt, verlangt der EuGH in st. Rspr., dass sich die Begriffe nicht nach Maßgabe der Besonderheiten des jeweiligen innerstaatlichen Rechts ändern, sondern auf objektiven Kriterien beruhen, die in einem unionsrechtlichen Rahmen festgelegt wurden (vgl zuletzt EuGH, Rs. C-503/09 (Stewart), Slg 2011, I-n.v. Rn 35). In Bezug auf die genaue Bestimmung der in Frage stehenden Leistung verlangt der **EuGH** in st. Rspr., dass Leistungen der sozialen Sicherheit unabhängig von den besonderen Eigenheiten der verschiedenen nationalen Rechtsvorschriften als Leistungen gleicher Art zu betrachten sind, wenn ihr Sinn und Zweck sowie ihre Berechnungsgrundlage und die Voraussetzungen für ihre Gewährung identisch sind. Dagegen sind lediglich formale Merkmale nicht als wesentliche Tatbestandsmerkmale für die Einstufung der Leistungen anzusehen (EuGH, Rs. 171/82 (Valentini), Slg 1983, 2157 Rn 13; Rs. C-406/04 (De Cuyper), Slg 2006, I-6947 Rn 25; Rs. C-228/07 (Petersen), Slg 2008, I-6989 Rn 21). Entsprechend der Zielrichtung des Art. 48 AEUV (= Art. 42 EG), die Freizügigkeit der Wanderarbeitnehmer im Hoheitsgebiet jedes Mitgliedstaates der Gemeinschaft bestmöglich zu gewährleisten, erfasst Art. 3 die nationalen Systeme der sozialen Sicherheit in ihrer Gesamtheit, sofern sie sich auf den unter Abs. 1 statuierten Katalog der sozialen Risiken beziehen (EuGH, Rs. 104/76 (Jansen), Slg 1977, 829). Daher ist davon auszugehen, dass in den sachlichen Geltungsbereich der VO nicht nur die in Art. 3 Abs. 1 genannten Spezialgesetze über die verschiedenen Zweige der sozialen Sicherheit fallen können, sondern auch Rechtsvorschriften, die, wie die niederländische CwSV (Gesetz über die Koordinierung sozialversicherungsrechtlicher Bestimmungen mit den Lohnsteuerbestimmungen), die Koordinierung verschiedener dieser Zweige, insbesondere durch Einführung eines einzigen Beitrags, und außerdem die Koordinierung dieser verschiedenen Zweige der sozialen Sicherheit mit den Rechtsvorschriften über die Lohnsteuer durch Festlegung gemeinsamer Begriffe und Vorschriften für die Erhebung sichern sollen (EuGH, Rs. C-327/92 (Rheinhold und Mahla NV), Slg 1995, I-1223). Abs. 2 macht zudem deutlich, dass die Art und Weise der Finanzierung bzw das Bestehen oder Fehlen von Beitragspflichten nicht darüber entscheiden können, ob Systeme der sozialen Sicherheit iSv Abs. 1 zugeordnet werden müssen, da beitragsfreie Leistungen ebenfalls von der Verordnung erfasst werden (EuGH, Rs. 379-381/85 u. 93/86 (Giletti u.a.), Slg 1987, 955). Im Sinne der grundlegenden Zielvorgabe des Art. 48 AEUV unterfällt der sozialen Sicherheit gemäß Art. 3 auch vorbeugender Schutz (EuGH, Rs. 14/72 (Heinze), Slg 1972, 1105; Rs. 818/79 (AOK Mittelfranken), Slg 1980, 2729).

c) **Leistungsbereiche**

aa) Leistungen bei Krankheit, Mutterschaft und Vaterschaft: lit. a) und b)

8   Der Begriff Leistungen bei Krankheit und Mutterschaft (zu deren Koordinierung s. Art. 17-35) ist nicht unter Zugrundelegung der entsprechenden Kriterien des nationalen Rechts auszulegen, vielmehr **gemeinschaftsrechtlich** zu bestimmen, da er, um zweckbezogen wirken zu können, nicht am unterschiedlichen Verständnis der einzelnen Mitgliedstaaten hinsichtlich ihrer jeweiligen Versicherungszweige und Akteure scheitern darf. Um somit die jeweils in Rede stehenden Risiken angemessen absichern zu können, ist von einem weiten Verständnis des Begriffs auszugehen. Kennzeichnend für eine Leistung bei Krankheit ist, dass sie das Risiko eines krankhaften Zustands abdeckt, der dazu führt, dass der Betroffene seine Tätigkeiten vorübergehend aussetzt (EuGH, Rs. C-503/09 (Stewart), Slg 2011, I-n.v. Rn 37). In diesem vorübergehenden Moment zeigt sich der Unterschied zu den Leistungen bei Invalidität, die an die Dauerhaftigkeit der Erwerbsunfähigkeit anknüpfen (s. dazu unten Rn 12 f).

9   Die deutsche **Pflegeversicherung** hat der EuGH den Leistungen bei Krankheit zugeordnet (EuGH, Rs. C-160/96 (Molenaar), Slg 1998, I-843; Rs. C-208/07 (Chamier-Glisczinski), Slg 2009, I-n.v., Rn 40). Neben den einzelnen Leistungen, die die Pflegeversicherung vorsieht, und deren inhaltlicher Ausgestaltung war für die Einordnung durch den EuGH maßgebend, dass die Leistungen der Pflegeversicherung eine Ergänzung der Leistungen der Krankenversicherung, mit der sie auch organisatorisch verknüpft sind, bezwecken, um den Gesundheitszustand und die Lebensbedingungen der Pflegebedürftigen zu verbessern. Auch das Pflegegeld nach dem österreichischen Bundespflegegeldgesetz hat der EuGH als Leistung bei Krankheit eingestuft (EuGH, Rs. C-215/99 (Jauch), Slg 2001, I-1901). Zwar sei nach österreichischem Recht das Pflegegeld eher der Pensions- und Unfallversicherung zuzurechnen, da Pflegegeld nur für Bezieher einer Rente aufgrund eines Arbeitsunfalls oder einer Berufskrankheit oder einer Pension nach dem allgemeinen Sozialversicherungsgesetz gewährt und von den Trägern der gesetzlichen Pensions- und Unfallversicherung ausgezahlt werde. Obwohl das Pflegegeld in der Weise finanziert wird, dass die für ihre Leistung notwendigen Mittel im Bundeshaushalt durch Kürzung des Bundeszuschusses für die Pensionsversicherung festgesetzt und in Form eines Kostenersatzes an die Versicherungsträger zurückerstattet werden, hat der EuGH im österreichischen Pflegegeld eine beitragsabhängige Leistung gesehen. Denn die mit der Einführung des Pflegegeldes verbundenen Kürzungen des finanziellen Beitrags der Pensionsversicherung an die Krankenversicherungsträger, die den Zweck verfolgte, die Finanzierung des neu geschaffenen Pflegegeldes zu erleichtern, hatte ihrerseits die Erhöhung der Krankenversicherungsbeiträge zur Folge. D.h. das Pflegegeld wird indirekt über Krankenversicherungsbeiträge finanziert. Damit konnte der EuGH die Leistung als beitragsabhängig einstufen. Zur Frage, ob der Einstufung als beitragsabhängige Leistung im Sinne von Art. 3 Abs. 1 lit. a) entgegenstand, dass die österreichische Regierung das Pflegegeld als besondere beitragsunabhängige Geldleistung im Sinne des Art. 70 in Anhang X aufgeführt hatte, s.u. Art. 70 Rn 16. In einem weiteren Verfahren in den Rs. C-502/01 und C-31/02 (Gaumain-Cerri/Barth) war dem EuGH die Frage vorgelegt worden, ob es sich bei den nach deutschem Recht (§§ 44 SGB XI iVm §§ 3 S. 1 Nr. 1 a, 166 Abs. 2 SGB VI) von den Trägern der Pflegeversicherung für nichterwerbsmäßig tätige Pflegepersonen zur gesetzlichen Rentenversicherung zu entrichtenden Beiträge um eine Leistung bei Krankheit iSd Art. 3 Abs. 1 lit. a) handelt. Der EuGH hat die Frage bejaht (Rs. C-502/01 und C-31/02, Slg 2004, I-6483). Er hat dabei die Rentenversicherungsbeiträge als zum eigentlichen Pflegegeld akzessorisch angesehen und deshalb die Qualifikation als Geldleistung der Krankenversicherung unterstrichen (Rn 27 des Urteils). In einer neueren Entscheidung hat der EuGH eingehend dargetan, dass er an der Zuordnung der Leistungen bei Pflegebedürftigkeit zu den Leistungen bei Krankheit festhält (EuGH, Rs. C-388/09 (da Silva Martins), Slg 2011, I-n.v. = ZESAR 2011, 32 mit kritischer Anmerkung *Osterholz/Mettig*). Auch Pflegeleistungen, die in regionalen Vorschriften vorgesehen sind, fallen in den Geltungsbereich des Art. 3 Abs. 1 lit. a) (EuGH Rs. C-286/03 (Hosse), Slg 2006, I-1771 – betreffend Pflegegeld nach

dem Salzburger Pflegegeldgesetz; Rs. C-212/06 (Gouvernement wallon), Slg 2008, I-1683 – betreffend Pflegeleistungen des flämischen Parlaments). Ebenso sind die landesrechtlichen Leistungen für Blinde, Gehörlose und Behinderte Leistungen bei Krankheit (EuGH, Rs. C-206/10 (Kommission./. Bundesrepublik Deutschland), Slg 2011, I-n.v.).

Zu den **Leistungen bei Krankheit** können auch Leistungen gehören, die auf nationaler Ebene nicht der Krankenversicherung, sondern der Rentenversicherung zugeordnet sind (EuGH, Rs. 14/72 (Heinze), Slg 1972, 1105). So subsumierte der EuGH in der Rs. Jordens-Vosters (EuGH, Rs. 69/79, Slg 1980, 75) unter Leistungen bei Krankheit auch Leistungen der medizinischen Rehabilitation sowie der Tbc-Hilfe der deutschen Rentenversicherung (zustimmend *Otting*, in: *Hauck/Noftz*, Art. 3 Rn 19). Die Worte „Leistungen bei Krankheit und Mutterschaft" sind demnach dahin auszulegen, dass sie auch solche Leistungen aufgrund von Rechtsvorschriften über Invalidität umfassen, die ihrer Art nach zur medizinischen oder chirurgischen Versorgung gehören. Diese Leistungseinstufung deckt sich mit der jüngsten Rspr des EuGH zur Abgrenzung von Leistungen bei Krankheit und Invalidität. In der Entscheidung zur Rs. Stewart (EuGH, Rs. C-503/09, Slg. 2011, I-n.v Rn 37 ff) hatte der Gerichtshof als entscheidenden Aspekt den vorübergehenden bzw dauerhaften Fortfall der Erwerbsunfähigkeit angesehen. Im ersteren Falle liegt eine Leistung bei Krankheit, im zweiten Fall eine Leistung bei Invalidität vor. Da medizinische Leistungen und Reha-Leistungen von einer Beseitigung oder zumindest Besserung der Erwerbsunfähigkeit ausgehen, ist die Einordnung als Leistung bei Krankheit zutreffend. Ein weiteres Beispiel bildet die von den Arbeitgebern zu tragende Lohnfortzahlung bei Krankheit nach dem deutschen LFZG (jetzt Entgeltfortzahlungsgesetz) sowie der arbeitgeberseitige Zuschuss zum Mutterschaftsgeld nach § 14 MuSchG (EuGH, Rs. C-45/90 (Paletta), Slg 1992, I-3423), da jene ihrem Sinn und Zweck nach Krankheits- bzw Mutterschaftsrisiken abdecken sollen. Auch Maßnahmen, die der Prävention von Krankheiten sowie der Seuchenbekämpfung dienen, gehören hierzu (EuGH, Rs. 14/72 (Heinze), Slg 1972, 1105). 10

Erstmals mit der VO (EG) Nr. 883/2004 werden den **Leistungen bei Mutterschaft** gleichgestellte Leistungen bei Vaterschaft in den sachlichen Geltungsbereich einbezogen. Die Einfügung geht auf einen Vorschlag des EP zurück und dient der Anpassung an den Gleichbehandlungsgedanken (*Jorens/Overmeiren*, Allgemeine Prinzipien der Koordinierung in VO 883/2004, in: *Eichenhofer* (Hrsg.), 50 Jahre nach ihrem Beginn, 2009, S. 105, 118). Weil sich für Väter diese Leistungen von Erziehungsleistungen unterscheiden und mit Leistungen bei Mutterschaft im engeren Sinne gleichgesetzt werden können, da sie in den ersten Lebensmonaten eines Neugeborenen gewährt werden, schien es dem VO-Geber angezeigt, diesen Leistungsbereich gemeinsam mit Leistungen bei Mutterschaft zu regeln (vgl Erwägungsgrund Nr. 19 der Präambel). Das deutsche Sozialrecht kennt gleichgestellte Leistungen bei Vaterschaft nicht (so zutreffend *Otting*, in: *Hauck/Noftz*, Art. 3 Rn 22). 11

bb) Leistungen bei Invalidität: lit. c)

Die Koordination der Leistungen bei Invalidität erfolgt über die Bestimmungen der Art. 44-49. Der Begriff der Invalidität wird im Rahmen der VO nicht definiert. Es kommt nicht auf die Qualifizierung durch das nationale Recht, sondern allein auf die gemeinschaftsrechtliche Qualifizierung an, da Invalidität in den verschiedenen mitgliedstaatlichen Rechtsordnungen zT als verlängerte Krankheit, zT als Altersrisiko behandelt wird (vgl dazu *Reinhard/Kruse/von Maydell* (Hrsg.), Invaliditätssicherung im Rechtsvergleich, 1998). Der EuGH hat sich in der Rs. Heinze (EuGH, Rs. 14/72, Slg 1972, 1105) dahingehend geäußert, dass Invalidität eng mit der Frage der **Erwerbsfähigkeit** verknüpft ist. In Anlehnung an den Sprachgebrauch im deutschen Rentenversicherungsrecht kann daher Invalidität als Risiko der Minderung oder Aufhebung der Erwerbsfähigkeit definiert werden, die in der Regel zu Einkommensminderungen führt (vgl dazu auch die Rs. 15/72 (Land Niedersachsen), Slg 1972, 1127 sowie 16/72 (Allgemeine Ortskrankenkasse Hamburg), Slg 1972, 1141). Soweit die Abgrenzung von Leistungen bei Krankheit in Frage steht, 12 stellt der EuGH darauf ab, ob der Ausfall der Erwerbsfähigkeit vorübergehender oder dauerhafter Natur ist (EuGH, Rs. C-503/09 (Stewart), Slg 2011, I-n.v. Rn 37 ff). Vor diesem Hintergrund hat der Gerichtshof in der vorzitierten Entscheidung ein sog. kurzfristiges Arbeitsunfähigkeitsgeld für junge Menschen englischen Rechts als Leistung bei Invalidität behandelt, weil angesichts der dauerhaften Aufhebung der Erwerbsfähigkeit des Betroffenen die Anschlussleistung, nämlich die Zahlung langfristigen Arbeitsunfähigkeitsgeldes, sich abzeichnete.

13 Da die Mitgliedstaaten der EU – nicht zuletzt aufgefordert durch die beschäftigungspolitischen Leitlinien der EU (vgl ABl. (EU) L 198/47 v. 26.7.2008) – **Behinderte** oder Personen mit Leistungseinschränkungen stärker in den Arbeitsmarkt integrieren wollen, kann es verstärkt zur Normierung von Leistungen kommen, die sowohl Elemente des Invaliditäts- wie des Arbeitslosigkeitsschutzes aufweisen. Für die Abgrenzung muss man zunächst der Formel des EuGH folgen (s. dazu oben II.1 b), wonach Leistungen der sozialen Sicherheit unabhängig von den besonderen Eigenheiten der verschiedenen nationalen Rechtsvorschriften als Leistungen gleicher Art zu betrachten sind, wenn ihr Sinn und Zweck sowie ihre Berechnungsgrundlage und die Voraussetzungen für ihre Gewährung identisch sind. Mit anderen Worten muss man bei der Abgrenzung von einem Typus der Leistungen bei Invalidität bzw Arbeitslosigkeit ausgehen. Dieser Typus erschließt sich aus Merkmalen, wie sie üblicherweise unabhängig von landesspezifischen Besonderheiten in den Rechtsordnungen der Mitgliedstaaten anzutreffen sind. Der in der VO nicht definierte Begriff der Invalidität muss in engem Zusammenhang mit der Erwerbstätigkeit bestimmt werden. Leistungen bei Invalidität müssen also einen Bezug zur Erwerbsfähigkeit haben (EuGH, Rs. 14/72 (Heinze), Slg 1972, 1105; Rs. 818/79 (AOK Mittelfranken), Slg 1980, 2729). Invalidität kann als das Risiko der dauernden oder zumindest längerfristigen Minderung oder Aufhebung der Erwerbsfähigkeit infolge einer Beeinträchtigung des körperlichen oder geistigen Gesundheitszustandes verstanden werden, die regelmäßig und typischerweise mit einer kompensationsbedürftigen Einkommensminderung verbunden ist (vgl Vorbem. zu Art. 44-49 Rn 2 ff). Eine Leistung bei Invalidität liegt demnach vor, wenn es um eine Geldleistung geht, die einen Einkommensausfall ausgleichen will, weil die betreffende Person aufgrund aufgehobener oder eingeschränkter Erwerbsfähigkeit nicht in der Lage ist, Einkommen oder nur begrenztes Einkommen zu erzielen und die Höhe der Leistung nach Berechnungsgrundlagen ermittelt wird, wie sie für Invaliditätsleistungen üblich sind.

14 In der Rs. Petersen (EuGH, Rs. C-228/07, Slg 2008, I-6989 = ZESAR 2008, 86, s. dazu *Devetzi*, ZESAR 2008, 63 ff) war eine Leistung österreichischen Rechts zu beurteilen, die eine Bevorschussung einer **Berufsunfähigkeitspension** aus der gesetzlichen Pensionsversicherung für Arbeitslose beinhaltet, welche die Voraussetzungen für die Gewährung von Arbeitslosengeld erfüllen, wobei aber von den Merkmalen Arbeitsfähigkeit, Arbeitswilligkeit und Arbeitsbereitschaft abgesehen wird. Der EuGH qualifizierte die Leistung als Leistung bei Arbeitslosigkeit. Für den Gerichtshof war ausschlaggebend, dass neben der Tatsache, dass die für die Leistung geltenden Bestimmungen in der Regelung über die Arbeitslosenversicherung enthalten sind und die Leistung von den bei Arbeitslosigkeit zuständigen Behörden gewährt wird, derjenige, der die Berufsunfähigkeitspension beantragt, die Voraussetzungen für den Anspruch auf Arbeitslosengeld in Bezug auf die Anwartschaft und die Nichterschöpfung der Bezugsdauer erfüllen muss. Der Verzicht auf den Nachweis, dass der Betroffene arbeitsfähig und arbeitswillig ist oder dem Arbeitsmarkt zur Verfügung stehen muss, solle sich nicht auf das Wesen der im Ausgangsverfahren in Rede stehenden Leistung auswirken (vgl Rn 30 und 33 des Urteils).

15 **Rehabilitationsleistungen,** die nicht medizinischer Natur sind (zu diesen s. oben Rn 10), sondern der Vermeidung bzw Wiederherstellung der Erwerbsfähigkeit dienen, sind Leistungen bei Invalidität. *Otting*, in: *Hauck/Noftz* Art. 3 Rn 20 will aber berufsfördernde Reha-Maßnahmen den Leistungen bei Arbeitslosigkeit zuordnen. Diese Rechtsauffassung begegnet Bedenken. Ziel dieser Leistungen ist die Wiederherstellung der Erwerbsfähigkeit. Dass sich damit indirekt auch Auswirkungen auf die Integration des Betroffenen in den Arbeitsmarkt ergeben können, nimmt ihnen

nicht den Charakter als Leistungen bei Invalidität. Fraglich ist jedoch, ob unter Leistung iSv Art. 3 Abs. 1 lit. b) auch die Gewährung von Beihilfen an Behinderte aufgrund nationaler Rechtsvorschriften zu verstehen ist, sofern diese Vorschriften für Arbeitnehmer im Sinne von Art. 1 lit. a) gelten und einen Rechtsanspruch auf Gewährung derartiger Vergünstigungen begründen. Der EuGH bejahte dies (EuGH, Rs. 187/73 (Callemeyn), Slg 1974, 553; vgl dazu auch Rs. 7/75 (Fracas), Slg 1975, 679). Unter Leistungen bei Invalidität fallen zusätzlich zur Invalidenrente auch aus Solidaritätsfonds finanzierte Zulagen zugunsten derjenigen, deren verminderte Arbeitsfähigkeit einen gesetzlich geschützten Rechtsanspruch auslöst (EuGH, Rs. 24/74 (Biason), Slg 1974, 99). Nach dem Urteil in der Rs. Schmid (Rs. C-310/91, Slg 1993, I-3011) sind auch Behindertenbeihilfen aufgrund des belgischen Gesetzes vom 27.6.1969 (sog. allocations spéciales) gem. Art. 3 Abs. 1 lit. b) Leistungen bei Invalidität (s. auch Urteil in der Rs. 39/74 (Costa), Slg 1974, 1251).

cc) Leistungen bei Alter: lit. d)

Für Leistungen bei Alter hat der EuGH festgestellt, dass sich diese im Wesentlichen dadurch auszeichnen, dass sie den Lebensunterhalt für Personen sicherstellen sollen, die bei Erreichen eines bestimmten Alters ihre Beschäftigung aufgegeben haben und nicht mehr verpflichtet sind, sich der Arbeitsverwaltung zur Verfügung zu stellen (EuGH, Rs. 171/82 (Valentini), Slg 1983, 2157, 2170 f). Ein Zuschuss zu den Aufwendungen für die Krankenversicherung eines Rentners ist eine Leistung bei Alter (EuGH, Rs. C-73/99 (Movrin), Slg 2000, I-5625). Er muss deshalb an den Rentner gezahlt werden, auch wenn dieser seinen Wohnsitz im Ausland hat. Schwierigkeiten der Einordnung treten vor allem bei solchen Leistungen auf, die in zahlreichen Mitgliedstaaten vorgesehen sind, um **Arbeitsmarktprobleme älterer Menschen** abzumildern. Diese Leistungen weisen deshalb häufig Elemente der Alterssicherung und der Arbeitslosensicherung auf. Auch kann es sich um Vorruhestandsleistungen (Art. 3 Abs. 1 lit. i) handeln (zu den Abgrenzungsproblemen s. unten hh). In der Entscheidung Valentini musste der EuGH eine Beihilfe nach französischem Recht zur Sicherung des garantierten Einkommens beurteilen, die Arbeitnehmern gewährt wird, die ihre Beschäftigung aufgegeben haben und älter als 60 Jahre sind, sofern sie aufgrund einer innerhalb des Anwendungsbereichs des Systems der Arbeitslosenversicherung ausgeübten Beschäftigung zehn Jahre einem System der sozialen Sicherheit für Arbeitnehmer angehört haben. Entsprechend seiner ständigen Rechtsprechung stellt der EuGH insbesondere auf den Zweck der Leistung ab. Er verneint deshalb die Zugehörigkeit zu den Leistungen bei Alter im Sinne von Abs. 1 lit. c), weil die Beihilfe ein beschäftigungspolitisches Ziel verfolgt, indem sie dazu beiträgt, Arbeitsplätze, die von vor dem Eintritt in den Ruhestand stehenden Arbeitnehmern besetzt sind, zugunsten von jüngeren Arbeitslosen freizumachen (EuGH, Rs. 171/82 (Valentini), Slg 1983, 2157, 2171 f).

Ähnliche Überlegungen liegen der Entscheidung des EuGH in der Rs. Otte zugrunde (EuGH, Rs. C-25/95, Slg 1996, I-3745). Zur Beurteilung stand die Leistung von Anpassungsgeld nach deutschem Recht, das nach bestimmten Richtlinien an Arbeitnehmer des Steinkohlebergbaus gewährt werden konnte. Die Bundesregierung hatte in dem Verfahren die Auffassung vertreten, dass es sich bei dem Anpassungsgeld um eine nicht in den sachlichen Geltungsbereich der VO (EWG) Nr. 1408/71 fallende **Vorruhestandsleistung** handle. Für den EuGH, der seiner Rechtsprechung zufolge stets auf den Zweck und die Berechnungsgrundlagen einer Leistung achtet, war es wesentlich, dass das Anpassungsgeld nach Ermessen der zuständigen Behörden im Rahmen der Verfügbarkeit von Haushaltsmitteln des Bundes und des jeweils betroffenen Landes gewährt wird. Sein Hauptzweck besteht darin, Arbeitnehmer des Kohlebergbaus, die aufgrund einer Rationalisierungsmaßnahme entlassen worden sind, wirtschaftlich abzusichern, solange sie die Altersgrenze für den Beginn des Rentenbezugs noch nicht erreicht und daher noch keinen Rentenanspruch erlangt haben. Der EuGH verkennt nicht, dass bestimmte Ähnlichkeiten mit Leistungen bei Alter bestehen. Doch – ähnlich wie in der Entscheidung Valentini – sieht der EuGH auch hier eindeutig den beschäftigungspolitischen Zweck im Vordergrund (vgl EuGH, Slg 1996, I-3798 ff). Daneben unterscheidet sich das Anpassungsgeld wesentlich von den Leistungen bei Alter durch die Voraussetzungen seiner Gewährung (keine Beitragsfinanzierung, begrenzte Dauer der Gewährung usw.). Deshalb wird der Charakter einer Leistung bei Alter verneint. Ebenso wird eine Leistung bei Arbeitslosigkeit im Sinne von Abs. 1 lit. h) abgelehnt (s. dazu unten Rn 21).

dd) Leistungen an Hinterbliebene: lit. e)

18 Im Gegensatz zur VO (EWG) Nr. 1408/71 enthält die VO (EG) Nr. 883/2004 keine Legaldefinition der Hinterbliebenen mehr. Der Begriff ist nach dem Recht des für die Gewährung der Leistung zuständigen Staates zu bestimmen (ebenso *Otting*, in: *Hauck/Noftz*, Art. 3 Rn 32).

ee) Leistungen bei Arbeitsunfällen und Berufskrankheiten: lit. f)

19 Art. 3 Abs. 1 lit. f) sieht Leistungen bei Arbeitsunfällen und Berufskrankheiten vor, die Koordinierungsregeln finden sich in den Art. 36-41.

ff) Sterbegeld: lit. g)

20 Spezielle Regelungen zum Sterbegeld sind in den Art. 42 f enthalten. Art. 1 lit. y) definiert Sterbegeld als jede einmalige Zahlung im Todesfall, mit Ausnahme der unter Art. 1 lit. w) genannten Kapitalabfindungen. Das deutsche Recht kennt das Sterbegeld als Leistung der gesetzlichen Unfallversicherung (§ 64 SGB VII). Die Satzungen der berufsständischen Versorgungswerke sehen ebenfalls die Gewährung von Sterbegeld vor.

gg) Leistungen bei Arbeitslosigkeit: lit. h)

21 Die Koordination der Leistungen bei Arbeitslosigkeit erfolgt durch die Art. 61-65. Eine Leistung ist dann dem Risiko der Arbeitslosigkeit zugeordnet, wenn sie den aufgrund der Arbeitslosigkeit verlorenen Arbeitslohn ersetzen soll und deshalb für den Unterhalt des arbeitslosen Arbeitnehmers bestimmt ist (EuGH Rs. C-102/91 (Knoch), Slg 1992, I-4341 Rn 44; Rs. C-57/96 (Meints), Slg 1997, I-6708 Rn 27). Diese tatbestandlichen Voraussetzungen sind nicht bei Leistungen gegeben, die einen Ersatz für den aufgrund von Insolvenz des Arbeitgebers nicht gezahlten Lohn darstellen (EuGH, Rs. 39/76 (Mouthaan), Slg. 1976, 1901). Deshalb ist auch das von der Bundesagentur für Arbeit nach §§ 183 ff SGB III zu zahlende Insolvenzgeld keine Leistung bei Arbeitslosigkeit. Diese **Leistungsmerkmale**, die auch in der rechtswissenschaftlichen Literatur übernommen wurden (*Eichenhofer*, Sozialrecht der Europäischen Union, 4. Aufl. 2010, Rn 259), sind allein aber nicht geeignet, schwierige Abgrenzungsfragen zu lösen. Vielmehr gilt auch hier, dass Sinn und Zweck sowie Berechnungsgrundlage und Voraussetzungen der Gewährung der Leistung herangezogen werden müssen (s. dazu oben Rn 7). Vor diesem Hintergrund verneinte der EuGH in der oben besprochenen Rs. Otte (s. Rn 17) auch das Vorliegen einer Leistung bei Arbeitslosigkeit (vgl zur Begründung Rs. C-25/95, Slg 1996, I-3745, Rn 36 f). Würde man allein auf die obige Formel abstellen, so hätte durchaus das Vorliegen einer Leistung bei Arbeitslosigkeit bejaht werden können. Denn die Leistung wurde gewährt bei Vorliegen von Arbeitslosigkeit und hatte den Zweck, den Unterhalt des Empfängers sicherzustellen. Wenn man aber einen Blick auf die konkrete Begründung des Gerichtshofs wirft, zeigt sich, dass diese Zwecksetzung allein zur Bestimmung der Zuordnung der Leistung nicht ausreichend ist. Der Gerichtshof weist auf den Umstand hin, dass sich die Höhe des Anpassungsgeldes nach den Bestimmungen für die Altersrente bemisst, der Empfänger des Anpassungsgeldes weder verpflichtet ist, sich als Arbeitssuchender registrieren zu lassen, noch dem Arbeitsmarkt zur Verfügung zu stehen oder von der Ausübung einer unselbständigen oder selbständigen Tätigkeit Abstand zu nehmen, mit der eine bestimmte Höchstgrenze übersteigende Einkünfte erzielt werden. Darüber hinaus verweist der Gerichtshof auf die Ausführungen des GA, der auf den beschäftigungspolitischen Zweck des Anpassungsgeldes hingewiesen hat, der insbesondere darin besteht, die entlassenen Arbeitnehmer aus dem Bereich der Arbeitslosenversicherung herauszuhalten. Man darf deshalb der Entscheidung Otte entnehmen,

dass für die Bejahung einer Leistung bei Arbeitslosigkeit nicht nur die Funktion, Einkommensersatz wegen Arbeitslosigkeit und Unterhalt zu gewähren, ausschlaggebend ist, sondern auch die üblichen Anspruchsmerkmale einer Leistung bei Arbeitslosigkeit nach nationalem Recht erfüllt sein müssen. Der EuGH geht offensichtlich von einer bestimmten Anspruchsstruktur der Leistungen bei Arbeitslosigkeit aus, was nicht bedeutet, dass immer alle Merkmale zu erfüllen sind, die in den nationalen Rechtsordnungen vorgesehen sind.

Der EuGH hat seine Position in dem anschließenden Urteil in der Rs. Meints unterstrichen (EuGH 22
Rs. C-57/96, Slg 1997, I-6708). In Frage stand eine Entschädigung aus einem Fonds für in der Landwirtschaft tätige Arbeitnehmer, deren Arbeitsverhältnis wegen Flächenstilllegungen ihres früheren Arbeitgebers beendet worden war, wenn sie bestimmte Voraussetzungen erfüllten. Zu den Voraussetzungen gehörte unter anderem, dass der Arbeitnehmer Anspruch auf eine Leistung nach dem Arbeitslosengesetz hatte. Es handelte sich um eine einmalige Leistung, deren Höhe sich ausschließlich nach dem Alter des Berechtigten richtete. Geht der Begünstigte innerhalb von zwölf Monaten nach der Beendigung seines früheren Arbeitsvertrages erneut ein Arbeitsverhältnis mit seinem ehemaligen Arbeitgeber ein, ist die Leistung zurückzuzahlen. Der EuGH geht auch hier von seiner grundsätzlichen Orientierung aus, wonach Leistungen bei Arbeitslosigkeit solche Leistungen sind, die den aufgrund der Arbeitslosigkeit verlorenen Arbeitslohn ersetzen sollen und für den Unterhalt des arbeitslosen Arbeitnehmers bestimmt sind. Darüber hinaus analysiert der EuGH wie schon zuvor in der Rs. Otte die **Leistungsvoraussetzungen**. Es sind vier Punkte, die letztlich zur Verneinung der Charakterisierung einer Leistung bei Arbeitslosigkeit führen (vgl Rn 29-32 des Urteils): Der Empfänger muss die Leistung zurückzahlen, wenn er innerhalb von zwölf Monaten ein neues Arbeitsverhältnis mit seinem früheren Arbeitgeber eingeht. Weder Entstehung noch Höhe des Leistungsanspruchs hängen von der Dauer der Arbeitslosigkeit ab, die streitige Leistung wird nicht regelmäßig, sondern nur einmal gezahlt. Die Höhe ist allein vom Alter des Antragstellers abhängig und schließlich wird die Leistung zusätzlich zu den Leistungen bei Arbeitslosigkeit gewährt, die in der nationalen Regelung der sozialen Sicherheit vorgesehen sind, wobei der Anspruch auf die letztgenannte Leistung eine Voraussetzung für ihre Gewährung ist. Man kann also auch hier wieder feststellen, dass bei der Qualifizierung einer Leistung als Leistung wegen Arbeitslosigkeit neben der Einkommensersatzfunktion entscheidend darauf abzustellen ist, ob die typischen Merkmale einer Leistung wegen Arbeitslosigkeit gegeben sind.

Ein besonderes Problemfeld ist dadurch entstanden, dass in vielen Mitgliedstaaten Leistungen an 23
(vorwiegend ältere) Arbeitslose erbracht werden, denen gegenüber aber auf bestimmte, üblicherweise für den Bezug von Leistungen bei Arbeitslosigkeit erforderliche Merkmale verzichtet wird. Richtungweisend ist hierfür die Entscheidung des EuGH in der Rs. De Cuyper geworden (EuGH Rs. C-406/04, Slg 2006, I-6947). In Frage stand eine Leistung nach der belgischen Königlichen Verordnung über die Regelung bei Arbeitslosigkeit. Konkret sah eine Bestimmung dieser Verordnung vor, dass ein Vollarbeitsloser, der mindestens 50 Jahre alt ist und schon in den letzten beiden Jahren vor Antragstellung mit einer bestimmten Häufigkeit eine Leistung als Vollarbeitsloser bezogen hat, eine Befreiung von der sogenannten Stempelpflicht erhalten kann, der zufolge er nicht mehr der Verpflichtung unterliegt, dem Arbeitsmarkt zur Verfügung zu stehen und jede zumutbare Arbeit anzunehmen, sich bei der Vermittlungsstelle zu melden oder an einem Begleitplan teilzunehmen und sich als Arbeitsuchender registrieren zu lassen. Allerdings war der Bezug der erwähnten Leistung mit der Ausübung einer entgeltlichen Tätigkeit unvereinbar und befristet. Der EuGH bejahte das Vorliegen einer Leistung wegen Arbeitslosigkeit. Entscheidend war auch hier wie bei den vorangegangenen Urteilen die Untersuchung der Leistungsvoraussetzungen. Sowohl vom Zweck wie auch im Hinblick auf die Ausgestaltung der Leistungsvoraussetzungen handelte es sich um eine typische Arbeitslosenunterstützung. Fraglich war nur, wie mit der Besonderheit des Verzichts auf die typischen Merkmale der **Verfügbarkeit des Arbeitslosen** umzugehen war. Der Gerichtshof meinte, dass die Befreiung von dieser Verpflichtung nicht die wesentlichen Merkmale einer Leistung bei Arbeitslosigkeit ändere (vgl Rn 30 des Urteils). Der Ge-

richtshof äußert, dass die Erteilung dieser Befreiung nicht bedeute, dass der Arbeitslose von der Verpflichtung befreit wäre, dem Arbeitsamt zur Verfügung zu stehen, da er auch dann, wenn er von der Verpflichtung, sich als Arbeitsuchender registrieren zu lassen und jede zumutbare Arbeit anzunehmen, befreit ist, stets diesem Amt zum Zweck der Kontrolle seiner beruflichen und familiären Situation zur Verfügung stehen müsse (Rn 31 des Urteils). Sehr überzeugend ist dieses Argument freilich nicht. Denn die Verfügbarkeit für den Arbeitsmarkt ist in fast allen Mitgliedstaaten ein essenzielles Kriterium für die Berechtigung zum Bezug von Arbeitslosenunterstützung. Vielleicht erklärt sich die Position des EuGH aber dadurch, dass die in Frage stehende belgische Leistung im europäischen Kontext kein Einzelfall ist. Auch in anderen Ländern gibt es vergleichbare Bestimmungen in den Gesetzen über Leistungen für Arbeitslose. So sieht (der zeitlich befristete) § 428 Abs. 1 SGB III den Bezug von Arbeitslosengeld von Arbeitnehmern, die das 58. Lebensjahr vollendet haben, auch vor, wenn sie nicht arbeitsbereit sind und nicht alle Möglichkeiten nutzen und nutzen wollen, um ihre Beschäftigungslosigkeit zu beenden. Der Grund für diese Regelung liegt nach Vorstellung des Gesetzgebers darin, dass nach Vollendung des 58. Lebensjahres eine Wiedereingliederung in das Arbeitsleben im Allgemeinen nicht mehr in Betracht kommt (vgl *Winkler,* in: *Gagel,* SGB III Arbeitsförderung, § 428 Rn 2). Die in der Entscheidung De Cuyper entwickelten Grundsätze haben auch in der Rs. Petersen (s. dazu oben Rn 14) den Ausschlag dafür gegeben, eine Leistung bei Arbeitslosigkeit anzunehmen, obwohl das österreichische Recht auf die Voraussetzung der Arbeitsfähigkeit, Arbeitswilligkeit und Arbeitsbereitschaft verzichtete.

24 Die vorbesprochenen Entscheidungen des EuGH betrafen ausschließlich Geldleistungen bei Arbeitslosigkeit. Historisch gesehen haben diese auch die wichtigste Rolle im Bereich der Koordinierung gespielt. Im Laufe der Zeit haben die Mitgliedstaaten aber das Angebot an Förderleistungen zugunsten von Arbeitslosen kräftig ausgebaut. Unter dem Stichwort **aktiver Arbeitsmarktpolitik** soll verstärkt die Beteiligung Arbeitsloser an aktiven Maßnahmen unterstützt werden, Geldleistungen eher zurückgedrängt werden, weil diese die Menschen in Passivität verharren lassen. Das deutsche Arbeitsförderungsrecht ist besonders von diesem Gedanken geprägt (vgl § 5 SGB III). Wie Leistungen aktiver Arbeitsmarktpolitik koordiniert werden sollen, ist ein noch ungeklärtes Problemfeld (vgl dazu die Problemskizze von *Fuchs,* Die Anwendung der Koordinierungsvorschriften bei Maßnahmen aktiver Arbeitsmarktpolitik auf nationaler Ebene, in: Europäische Kommission (Hrsg.), 50 Jahre Koordinierung der sozialen Sicherheit, 2010, S. 102 ff; *ders.,* Freizügigkeit in der Europäischen Union! – auch bei Arbeitslosigkeit!, in: *Bieback/Fuchsloch/Kohte,* Arbeitsmarktpolitik und Sozialrecht, 2011, S. 183 ff). Zu diesem Themenkreis ist bislang erst eine Entscheidung des EuGH ergangen. Es handelt sich um das Urteil in der Rs. Campana (EuGH, Rs. 375/85, Slg 1986, 2387). Diese Entscheidung gibt sicherlich keine erschöpfende Auskunft über den hier angesprochenen Fragenkreis. Dennoch sind einige sehr wesentliche Aussagen getroffen worden. In der Sache ging es um einen Antragsteller italienischer Nationalität, der in der Bundesrepublik Deutschland arbeitete und an einem Lehrgang für die Meisterprüfung im Radio- und Fernsehtechnikerhandwerk teilnahm. Er beantragte die Übernahme der Kosten für diesen Lehrgang. Nach deutschem Recht bestand ein Anspruch auf diese Leistungen auch für nicht arbeitslose Arbeitnehmer, wenn sie für einen bestimmten Zeitraum vor der Maßnahme in einem beitragspflichtigen Versicherungsverhältnis gestanden hatten (§ 46 Abs. 1 AFG aF, jetzt §§ 77 ff SGB III). Der GA hat seine Schlussanträge mit der Überlegung begonnen, ob Leistungen im Sinne von Art. 3 Abs. 1 lit. h) auch Leistungen vorbeugender Natur sein könnten, die den Eintritt der Arbeitslosigkeit verhindern sollen (vgl Schlussanträge Slg 1987, 2395, 2397). Der GA machte darauf aufmerksam, dass schon damals (1985!) sich eine Entwicklung dahingehend abzeichnete, auch mit vorbeugenden Maßnahmen gegen das Risiko der Arbeitslosigkeit anzugehen. Der Gerichtshof hat in seiner Entscheidung diese Gedanken aufgegriffen. Er betont, dass die Mitgliedstaaten vor dem Hintergrund der gegenwärtigen Wirtschaftslage Maßnahmen zur Förderung der beruflichen Bildung getroffen (hätten), die sowohl in Arbeit stehenden Arbeitnehmern zur Abwendung drohender Arbeitslosigkeit die Verbesserung ihrer Qualifikation

als auch arbeitslosen Arbeitnehmern die Umschulung und die Wiedereingliederung in das Erwerbsleben ermöglichen sollen. Beide Arten von Leistungen dienen der Bekämpfung der Arbeitslosigkeit (Rn 9 des Urteils). Um auch den von der Bundesrepublik Deutschland vorgebrachten Bedenken Rechnung zu tragen, die insbesondere dahin gingen, dass die Leistungen zur Förderung der beruflichen Bildung auch anderen Zwecken als der Bekämpfung der Arbeitslosigkeit dienten, schränkte der EuGH seine Auffassung ein. Als Leistungen im Sinne von Art. 3 Abs. 1 lit. h) sollten nur solche Leistungen zur Förderung der beruflichen Bildung anzusehen sein, die entweder bereits arbeitslose Arbeitnehmer oder aber solche Arbeitnehmer betreffen, die zwar noch in Arbeit stehen, für die aber eine konkrete Gefahr, arbeitslos zu werden, besteht. Die Frage, ob für den in Arbeit stehenden Arbeitnehmer eine konkrete Gefahr besteht, arbeitslos zu werden, muss von den nationalen Behörden geprüft werden (Rn 12 und 13 des Urteils). Da die Rs. Campana einen Fall in Deutschland betraf, hat sich namentlich das deutsche Schrifttum besonders mit der Problematik beschäftigt (vgl *Rönsberg*, Die gemeinschaftsrechtliche Koordinierung von Leistungen bei Arbeitslosigkeit. Die Verordnung (EWG) Nr. 1408/71 und ihre Reformbedürftigkeit, 2006, S. 106 f). Eine beträchtliche Anzahl von Autoren folgt der Meinung des Vorlagebeschlusses des BSG, das präventive Leistungen nicht als Leistungen wegen Arbeitslosigkeit ansah und sich dabei auf die Entstehungsgeschichte der VO (EWG) Nr. 1408/71 berief (vgl BSG SGb 1986, 214). Auch ist der kritische Einwand nicht ganz von der Hand zu weisen, dass es sich um einen schwierig zu handhabenden Abgrenzungsmaßstab handelt (*Haverkate/Huster*, Europäisches Sozialrecht, 1999, Rn 292). Autoren, die präventive Leistungen ausschließen wollen, bringen vor allem den Aspekt ins Spiel, dass solche Förderungsleistungen Ausdruck nationaler Arbeitsmarkt- und Beschäftigungspolitik seien. Angesichts der Entscheidung des EuGH in der Rs. Campana können solche Auffassungen freilich keine Geltung beanspruchen. Dadurch, dass der EuGH aber auf die konkrete Gefahr der Arbeitslosigkeit abstellt, dürfte sich die Zahl der Anwendungsfälle ohnehin erheblich reduzieren.

hh) Vorruhestandsleistungen: lit. i)

Bei der Behandlung der Leistungen bei Arbeitslosigkeit wurde bereits auf die Abgrenzung zu Vorruhestandsleistungen hingewiesen. Der EuGH hatte in der Rs. Otte (s. dazu oben Rn 17) darauf hingewiesen, dass eine Vorruhestandsleistung vorlag (vgl Rn 33 des Urteils), die aber seinerzeit nicht Gegenstand der VO (EWG) Nr. 1408/71 war und deshalb in die Koordinierung nicht einbezogen werden konnte. Die Kommission hatte wiederholt auf den Bedarf einer Einbeziehung hingewiesen (vgl Vorschlag vom 18.7.1980, ABl. C 169/22 und vom 12.1.1996, ABl. C 62/14). Mit der VO (EG) Nr. 883/2004 wollte der europäische Gesetzgeber eine Einbeziehung dieser Leistungen in das Koordinierungssystem vornehmen. In der Präambel wurde die Notwendigkeit hierzu darin gesehen, die Gleichbehandlung und die Möglichkeit des Exports von Vorruhestandsleistungen sowie die Feststellung von Familien- und Gesundheitsleistungen für die betreffende Person zu gewährleisten. Da es gesetzliche Vorruhestandsregelungen jedoch nur in einer sehr begrenzten Anzahl von Mitgliedstaaten gäbe, sollten die Vorschriften über die Zusammenrechnung von Zeiten auf diese Regelungen nicht angewendet werden (vgl Erwägungsgrund Nr. 33). Dem entspricht die Regelung in **Art. 66**.

Nach der Legaldefinition in Art. 1 lit. x) sind Vorruhestandsleistungen einmal negativ abzugrenzen von Leistungen bei Arbeitslosigkeit und vorgezogenen Leistungen wegen des Alters. **Kennzeichnend** für Vorruhestandsleistungen ist, dass sie ab einem bestimmten Lebensalter dann gewährt werden, wenn Arbeitnehmer ihre berufliche Tätigkeit eingeschränkt oder beendet haben und bis zu dem Alter gewährt wird, in dem sie Anspruch auf Altersrente oder auf vorzeitiges Altersruhegeld geltend machen können. Außerdem darf der Bezug nicht davon abhängig sein, dass sie der Arbeitsverwaltung des zuständigen Staates zur Verfügung stehen. Vor dem Hintergrund dieser Neuregelung stellt sich die Frage, ob die Entscheidungen des EuGH in den Rs. De Cuyper und Petersen (s. dazu oben 23 und 14) weiter aufrechterhalten werden können. Bekanntlich hatte sich die Kommission in der Rs. De Cuyper expressis verbis für die Qualifizierung als Vorruhestandsleistung ausgesprochen (vgl EuGH, Rs. C-406/04), Slg 2006, I-6947 Rn 32). Ob der EuGH vor dem Hintergrund der Neuregelung seine bisherige Rspr modifiziert, bleibt abzuwarten.

ii) Familienleistungen: lit. j)

27 Zur Koordinierung der Familienleistungen s. Art. 67-69 (vgl zur Koordinierung von Familienleistungen *Trinkl*, Die gemeinschaftsrechtliche Koordinierung deutscher Familienleistungen, 2001). Gemäß Art. 1 z) sind Familienleistungen alle Sach- oder Geldleistungen, die zum **Ausgleich von Familienlasten** bestimmt sind, jedoch mit Ausnahme der in Anh. I aufgeführten besonderen Geburts- und Adoptionsbeihilfen. Nach der Rechtsprechung des EuGH sind auch Unterhaltsvorschüsse als Familienleistungen anzusehen (EuGH Rs. C-85/99 (Offermann), Slg 2001, I-2285; Rs. C-255/99 (Humer), Slg 2002, I-1205; Rs. C-302/02 (Effing), Slg 2005, I-2005, 553). Der europäische Verordnungsgeber ist dieser Rechtsauffassung nicht gefolgt. Da mit Unterhaltsvorschüssen ein Ausgleich dafür geschaffen werden soll, dass ein Elternteil seiner Verpflichtung zur Leistung von Unterhalt für sein Kind nicht nachkommt, handle es sich um eine familienrechtliche Verpflichtung. Deshalb sollten diese Vorschüsse nicht als direkte Leistungen aufgrund einer kollektiven Unterstützung zugunsten der Familien angesehen werden (vgl Erwägungsgrund 36 der Präambel). Die Legaldefinition in Art. 1 lit. z) nimmt deshalb Unterhaltsvorschüsse aus dem Begriff der Familienleistungen und damit aus dem sachlichen Geltungsbereich der VO aus (s. Art. 1 Rn 41). Die bisherige Unterscheidung zwischen Familienleistungen und Familienbeihilfen wurde aufgegeben (vgl dazu *Devetzi*, Familienleistungen in der VO (EWG) 883/2004, in: *Eichenhofer* (Hrsg.), 50 Jahre nach ihrem Beginn – Neue Regeln für die Koordinierung sozialer Sicherheit, 2009, S. 291, 292 ff).

28 Nach der Rechtsprechung des EuGH gehören – unter Rückgriff auf die in Abgrenzung der sozialen Sicherheit zur Sozialhilfe entscheidenden Faktoren Zweck der Leistung und Voraussetzungen ihrer Gewährung – zu Art. 3 Abs. 1 j) Leistungen, die Familien ohne weiteres gewährt werden, die insbesondere hinsichtlich ihrer Größe, ihres Einkommens und ihrer Geldmittel bestimmte objektive Voraussetzungen erfüllen. Der Umstand, dass die Gewährung einer solchen Leistung keine Beitragsleistung voraussetzt, ist ohne Belang (EuGH, Rs. C-78/91 (Hughes), Slg 1992, I-4858). Dazu zählen nach dem EuGH (Rs. C-245/94 (Hoever), Slg 1996, I-4895) auch Leistungen wie das **Erziehungsgeld** nach dem Bundeserziehungsgeldgesetz (BErzGG), die unabhängig von jeder auf Ermessensausübung beruhenden Einzelfallbeurteilung der persönlichen Bedürftigkeit ohne weiteres den Personen gewährt werden, die bestimmte objektive Voraussetzungen erfüllen, und die dem Ausgleich von Familienlasten dienen (Vergütung der Erziehung des Kindes, Ausgleich anderer Betreuungs- und Erziehungskosten, Abmilderung der finanziellen Nachteile durch den Verzicht auf ein Vollerwerbseinkommen). Die gleichen Grundsätze müssen auch für das zum 1.1.2007 in Kraft getretene Bundeselterngeldgesetz (BEEG; v. 5.12.2006, BGBl. I, S. 2748) gelten. Im Anschluss an dieses Urteil hat der EuGH seine Auffassung in der Rs. Sala (EuGH, Rs. C-85/96 (Sala), Slg 1998, I-2691) nochmals bestätigt und darauf hingewiesen, dass das Erziehungsgeld nach dem BErzGG eine Familienleistung gem. Art. 3 Abs. 1 lit. j) ist, zugleich aber auch eine soziale Vergünstigung nach Art. 7 Abs. 2 der VO (EWG) Nr. 1612/68 (jetzt VO (EU) Nr. 492/2011) darstellt, da es u.a. Arbeitnehmern zuerkannt wird, die nicht voll erwerbstätig sind. Da die VO (EU) Nr. 492/2011 für die Freizügigkeit der Arbeitnehmer allgemeine Bedeutung hat, kann Art. 7 Abs. 2 dieser VO zudem auf soziale Vergünstigungen Anwendung finden, die gleichzeitig in den besonderen Geltungsbereich der VO fallen (vgl dazu EuGH, Rs. C-111/91 (Kommission / Luxemburg) Slg 1993, I-817). Zu Familienbeihilfen und Kinderbetreuungsgeld nach österreichischem Recht s. EuGH, Rs. C-543/03 (Dodl/Oberhollenzer), Slg 2005, I-5049 = ZESAR 2006, 27 m.Anm. *Fuchs*. Zum deutschen Kindergeld zuletzt EuGH, Rs. C-352/06 (Bosmann), Slg 2008,

I-3827 = ZESAR 2008, 455 m.Anm. *Eichenhofer*. Familienleistung ist auch eine Beihilfe für häusliche Kinderbetreuung (EuGH, Rs. C-333/00 (Maaheimo), Slg 2002, I-10087).

d) Erklärungen nach Art. 9

Art. 9 verpflichtet die Mitgliedstaaten, in Erklärungen die Rechtsvorschriften und Systeme anzugeben, die unter Art. 3 Abs. 1 fallen. 29

2. Umfassende Einbeziehung von nationalen Systemen (Abs. 2)

Nach Art. 3 Abs. 2 gilt die VO, soweit in Anhang XI nichts anderes bestimmt ist, für die allgemeinen und die besonderen, die auf Beiträgen beruhenden und beitragsfreien Systeme der sozialen Sicherheit sowie für die Systeme betreffend die Verpflichtungen von Arbeitgebern und Reedern. Somit werden die nationalen Systeme der sozialen Sicherheit in ihrer Gesamtheit erfasst, ohne dass es darauf ankommt, ob das jeweilige System allgemein gilt oder nur bestimmte Bevölkerungsgruppen umfasst. Zugleich wird deutlich, dass es aufgrund der Einbeziehung **beitragsbezogener** als auch **beitragsfreier Leistungen** nicht auf die Art und Weise der Finanzierung des Systems ankommen kann (EuGH, verb. Rs. 379-381/85 u. 93/86 (Giletti u.a.), Slg 1987, 955). Auch insoweit wird die Verschiedenartigkeit der Systeme der sozialen Sicherheit der Mitgliedstaaten bei der Ausgestaltung der gemeinschaftsrechtlichen Koordinierungsvorschriften angemessen berücksichtigt. Zugleich wird dadurch dem Bedürfnis der Mitgliedstaaten Rechnung getragen, über die Gestaltung ihrer Systeme sozialer Sicherheit eigenständig zu entscheiden. Ähnlich entschied der EuGH in der Rs. Zaoui (Rs. 147/87, Slg 1987, 5511), wo er auf Vorlage des französischen Gerichts unter Bezugnahme auf das Urteil Giletti darauf hinwies, dass auch steuerfinanzierte Ergänzungszulagen für Empfänger von Alters-, Hinterbliebenen- und Invaliditätsrenten aus einem sog. Fonds national de solidarité unter die VO fallen. Fraglich ist, ob auch Lohnfortzahlungen im Krankheitsfall zugunsten des Arbeitnehmers durch den Arbeitgeber von Abs. 2 erfasst werden, ob es sich also um ein von Art. 3 Abs. 2 aufgelistetes System sozialer Sicherheit handelt, welches eine der unter Abs. 1 aufgelisteten Leistungen gewährt. Diese Frage war Gegenstand der Entscheidung in der Rs. Paletta (EuGH, Rs. C-45/90, Slg 1992, I-3458 ff). Im Gegensatz zur Auffassung der deutschen und niederländischen Regierung bejahte der EuGH diese Frage. Zwar habe der Gerichtshof in der Rs. 171/88 (Rinner-Kühn), Slg 1989, 2743 entschieden, dass die Fortzahlung des Arbeitnehmerlohns im Krankheitsfall nach dem LFZG (jetzt: EFZG) unter den Entgeltbegriff im Sinne von Art. 157 AEUV (= Art. 141 EG) falle. Daraus folge jedoch nicht, dass die vom Arbeitgeber in diesem Zusammenhang gewährten Leistungen nicht gleichzeitig Leistungen bei Krankheit im Sinne der VO darstellen könnten. Nach Auffassung des EuGH (vgl für die folgenden Argumente Slg 1992, I-3463 Rn 16 ff) komme es für die Frage des sachlichen Anwendungsbereichs im Wesentlichen auf die grundlegenden Merkmale der entsprechenden Leistung an, insbesondere die Zielsetzung und die Voraussetzungen ihrer Gewährung, nicht dagegen darauf, ob sie nach den nationalen Rechtsvorschriften als eine Leistung der sozialen Sicherheit angesehen werde. Vor diesem Hintergrund stellte der EuGH im Hinblick auf die Lohnfortzahlung fest, dass die streitige Leistung dem Arbeitnehmer nur im Krankheitsfall gewährt werde und dass bei ihrer Gewährung bis zur Dauer von sechs Wochen die Zahlung des im SGB V vorgesehenen Krankengelds, bei dem es sich unstreitig um Leistungen wegen Krankheit handelt, ruhe. Die Grundsätze dieser Rechtsprechung wird man auch auf die 6-wöchige Lohnfortzahlung nach niederländischem Recht und die Absicherung der ersten sechs Monate bei Krankheit nach dem Recht des Vereinigten Königreichs anwenden müssen (ebenso *Igl*, in: FS für Krasney, S. 212). Auch die Krankenhilfeleistungen durch den Arbeitgeber bei Erkrankung eines Versicherten im Ausland nach § 17 Abs. 1 SGB V fallen unter Abs. 2. 30

3. Besondere beitragsunabhängige Geldleistungen (Abs. 3)

31 Art. 3 Abs. 3 stellt klar, dass die bisher in Art. 4 Abs. 2 a VO (EWG) Nr. 1408/71 normierten besonderen beitragsunabhängigen Geldleistungen unter den Geltungsbereich der VO fallen. Die VO (EG) Nr. 883/2004 hat diesen Leistungstypus jetzt in einer eigenen Vorschrift (Art. 70) geregelt, s. dort.

4. Verpflichtungen von Reedern (Abs. 4)

32 Art. 3 Abs. 4 ordnet an, dass die besonderen Vorschriften über die einzelnen Leistungsarten nach Titel III, welche die jeweiligen nationalen Vorschriften koordinieren sollen, nicht für Rechtsvorschriften der Mitgliedstaaten hinsichtlich der Verpflichtungen von Reedern gelten. Dabei geht es um solche Systeme der sozialen Sicherheit, bei denen die Mitgliedstaaten den Reedern (bzw Arbeitgebern) Verpflichtungen auferlegt haben, die denen von staatlichen Sozialleistungsträgern ähneln bzw sie ersetzen (vgl für Deutschland §§ 44, 46 ff Seemannsgesetz v. 26.7.1957, BGBl. III / FNA 9513-1 (bereinigte Fassung)).

5. Ausschlusstatbestände (Abs. 5)

a) Ausschluss sozialer und medizinischer Fürsorge

aa) Dogmatischer Hintergrund

33 Der Systematik des Art. 3 liegt der Gegensatz von sozialer Sicherheit und in deutscher Terminologie **Sozialhilfe** zugrunde. Nur der erstere Bereich sollte nach den Vorstellungen des Verordnungsgebers dem sachlichen Anwendungsbereich und damit der Koordinierung unterfallen. Denn damit würde dem Auftrag des Art. 48 AEUV, die Freizügigkeit der Wanderarbeitnehmer zu fördern, entsprochen. Dieses Gegensatzpaar soziale Sicherheit / Sozialhilfe war ursprünglich ohne weiteres einleuchtend und die Abgrenzung in der Praxis leicht vorzunehmen (vgl dazu auch *Pennings*, Introduction to European Social Security Law, 4. Aufl. 2003, S. 64 ff). Leistungen der sozialen Sicherheit stellten sich als Äquivalent der von den Anspruchsberechtigten erbrachten Beiträge dar, auf die ein Rechtsanspruch bestand. Leistungen der Sozialhilfe waren beitragsunabhängig, eine Vorleistung der Empfänger war nicht vorhanden. Ausgelöst wurde der Anspruch allein durch das Vorliegen eines bestimmten, in den Gesetzen jeweils näher spezifizierten Bedarfs. Auf Sozialhilfeleistungen bestand häufig kein Rechtsanspruch. Diese waren in das Ermessen des zuständigen Entscheidungsträgers gestellt. In dem Maße, in dem die Mitgliedstaaten ihre Leistungssysteme änderten und insbesondere auch im Bereich der Sozialhilfe Rechtsansprüche normierten, war die ursprüngliche Unterscheidung von Leistungen der sozialen Sicherheit und solchen der Sozialhilfe nicht mehr eindeutig durchzuführen. Auch im Bereich der Leistungen der sozialen Sicherheit wurden Leistungsbestandteile aufgenommen, die sozialhilfeähnlich waren, soweit sie in das Ermessen der Entscheidungsträger gestellt wurden. Von daher überrascht es nicht, dass es zu zahlreichen Rechtsstreitigkeiten kam. Nationale Leistungsträger weigerten sich, Koordinierungsregeln anzuwenden, weil sie hinsichtlich bestimmter Leistungen der Auffassung waren, dass sie wegen ihrer Zugehörigkeit zur Sozialhilfe vom Anwendungsbereich der VO (EWG) Nr. 1408/71 ausgeschlossen waren.

34 Angesichts des vorgezeichneten Problemhintergrunds stand der EuGH in seiner Rechtsprechung vor der schwierigen Situation, einerseits im Hinblick auf Art. 4 Abs. 1 und 4 VO (EWG) Nr. 1408/71 Systeme der sozialen Sicherheit und Systeme der Sozialhilfe voneinander abgrenzen zu müssen, andererseits keine positiv-rechtlichen **Kriterien** für diese Abgrenzung vorzufinden. Betrachtet man die Rechtsprechung des EuGH, so kann man feststellen, dass sich die von ihm als relevant betrachteten Grundsätze für die Abgrenzung in Etappen herausgebildet haben (vgl in diesem Sinne *van Raepenbusch*, La sécurité sociale des personnes qui circulent à l'intérieur de la Communauté Economique Européenne, S. 258 ff).

Der EuGH hat von Anfang an die Schwierigkeit der Abgrenzung und die Möglichkeit einer nicht 35
einwandfreien Zuordnung zum einen oder anderen System herausgestrichen. In der Entscheidung
Frilli, die noch zum insoweit gleich lautenden Art. 2 VO Nr. 3 ergangen war, hatte das Gericht
ausgeführt (EuGH, Rs. 1/72 (Frilli), Slg 1972, 457 Rn 11/13): „Es mag vom Gesichtspunkt der
Anwendung der VO wünschenswert erscheinen, die gesetzlichen Systeme eindeutig danach zu
unterscheiden, ob sie der sozialen Sicherheit oder der Fürsorge zuzurechnen sind. Man kann aber
die Möglichkeit nicht ausschließen, dass bestimmte Rechtsvorschriften ihrem persönlichen Anwendungsbereich, ihren Zielen und den Einzelheiten ihrer Anwendung nach beiden genannten
Kategorien gleich nahe stehen und sich so jeder allgemein gültigen Einordnung entziehen". Als
Merkmale der Fürsorge sieht der Gerichtshof Bedürftigkeit als wesentliche Anwendungsvoraussetzung, das Fehlen von Berufstätigkeits-, Mitgliedschafts- oder Beitragszeitenerfordernis sowie
die Einzelfallbeurteilung an (Rn 14 des Urteils). Im konkreten Falle hat der EuGH eine nach
belgischem Recht vorgesehene Leistung des garantierten Altersmindesteinkommens deshalb dem
Bereich der sozialen Sicherheit zugeordnet, weil nach den einschlägigen Bestimmungen die für die
Fürsorge kennzeichnende Beurteilung nach dem Einzelfall nicht vorgesehen war und den Begünstigten eine gesetzlich umschriebene Stellung eingeräumt war, die ihnen einen Anspruch auf eine
von Art. 2 VO (EWG) Nr. 3 erfasste altersrentenähnliche Leistung gab.

Angesichts der Tatsache, dass die Einräumung eines Rechtsanspruchs auch im Rahmen der So- 36
zialhilfe in vielen Ländern üblich ist, hat der EuGH seine Rechtsprechung dahingehend präzisiert,
dass die Unterscheidung zwischen dem vom Geltungsbereich der VO (EWG) Nr. 1408/71 ausgenommenen und den in diesen Bereich fallenden Leistungen hauptsächlich anhand der **Wesensmerkmale** der einzelnen Leistung, insbesondere ihrer Zweckbestimmung und der Voraussetzungen für ihre Gewährung vorgenommen werden muss (vgl EuGH, Rs. 139/82 (Piscitello), Slg 1983,
1427, 1439). Unter Benutzung dieses Kriteriums hat der EuGH die italienische Sozialrente (pensione sociale) als Leistung der sozialen Sicherheit betrachtet. Denn die Sozialrente erfülle neben
der Aufgabe, Personen, die völlig außerhalb des Systems der sozialen Sicherheit stehen, ein Existenzminimum zu gewährleisten, auch die Funktion, den Empfängern unzureichender Leistungen
der sozialen Sicherheit ein zusätzliches Alterseinkommen zu sichern.

Dieser Ansatz wurde in der bedeutsamen Entscheidung Hoeckx dahingehend präzisiert, dass eine 37
gesetzliche Regelung nur dann in den Bereich der sozialen Sicherheit im Sinne der VO (EWG)
Nr. 1408/71 fällt, wenn sie jedenfalls unter anderem einen **Bezug** zu einem der in Art. 4 Abs. 1
VO (EG) Nr. 1408/71 ausdrücklich aufgezählten Risiken hat (EuGH, Rs. 249/83, Slg 1985, 973,
Rn 12). Darüber hinaus wurden ebenso wie in der Rs. Frilli das Bedürftigkeitskriterium, das Feh-
len der Voraussetzung von Beschäftigungs-, Mitgliedschafts- oder Beitragszeiten und ferner die
Notwendigkeit, andere Sozialleistungs- und Unterhaltsansprüche geltend zu machen, als wesent-
liche Kriterien einer Fürsorgeleistung gewertet. Deshalb hat der EuGH im konkreten Falle die
Hilfe zum Lebensunterhalt nach belgischem Recht als Sozialhilfeleistung im Sinne des Art. 4
Abs. 4 VO (EWG) Nr. 1408/71 (jetzt Art. 3 Abs. 5) gewertet. Stets ist aber zu prüfen, ob auch bei
Verneinung der Zugehörigkeit der Leistung zum Anwendungsbereich der VO nicht eine soziale
Vergünstigung im Sinne von Art. 7 Abs. 2 VO (EWG) Nr. 1612/68 vorliegt).

bb) Abgrenzung zu beitragsunabhängigen Leistungen

Bei der Prüfung, ob eine Leistung nach Abs. 5 ausgeschlossen ist, muss wegen der vom EuGH 38
entwickelten Kategorie von **Mischleistungen** stets auch die Rechtsprechung zu den besonderen
beitragsunabhängigen Geldleistungen im Sinne des Art. 70 mit berücksichtigt werden (s. dazu die
Kommentierung zu Art. 70). Erst vor diesem Hintergrund lässt sich eine verlässliche Zuordnung
einer Leistung vornehmen.

cc) Neufassung der Regelung durch Abs. 5

39 Dem Wortlaut des Art. 4 Abs. 4 VO (EWG) Nr. 1408/71 zufolge war die VO auf die Sozialhilfe nicht anzuwenden. Diese **deutsche Fassung** war nicht korrekt und entsprach nicht der englischen und französischen Textfassung. Im Englischen lautete sie: „This regulation shall not apply to social and medical assistance". Die französische Version lautete: „Le présent règlement ne s'applique ni à l'assistence sociale et médicale ...". Daraus ergibt sich, dass die deutsche Fassung nicht korrekt war. Dabei handelte es sich nicht um eine sprachliche Bedeutungslosigkeit. Wie im Folgenden zu zeigen sein wird, ist der jetzt durch die VO 883/2004 korrekt gefasste deutsche Text für die Anwendung der VO auf deutsche Rechtsvorschriften von substanzieller Bedeutung.

b) Anwendungsfälle nach deutschem Recht

40 Die **Hilfe zum Lebensunterhalt** nach deutschem Recht (§§ 27 ff SGB XII) gehört nach den Grundsätzen der Rechtsprechung des EuGH sicherlich zum Bereich der Sozialhilfe und ist deshalb von der Koordinierung gemäß Art. 3 Abs. 5 lit. a) ausgeschlossen. Denn dieser Leistungsart fehlt jeglicher Zusammenhang mit einem der in Art. 3 Abs. 1 bezeichneten Risiken. Schwieriger ist die Beurteilung der Frage von Leistungen der früher sogenannten **Hilfe in besonderen Lebenslagen**, die Hilfen zur Gesundheit (§§ 47 ff SGB XII), die Eingliederungshilfe für behinderte Menschen (§§ 53 ff SGB XII) und die Hilfe zur Pflege (§§ 61 ff SGB XII). Von einzelnen Autoren werden diese Leistungen als Leistungen der sozialen Sicherheit iSd Art. 3 Abs. 1 angesehen, weil sie dem Risiko Krankheit zugeordnet werden können. Soweit sie allerdings im Falle des Vorliegens einer Behinderung gewährt werden, sollen sie unter Art. 70 Abs. 2 a) ii) fallen (vgl *Schulte*, Die Judikatur des Europäischen Gerichtshofs zur Abgrenzung des sachlichen Anwendungsbereichs der Verordnung (EWG) Nr. 1408/71 im Hinblick auf Sozialhilfe und sozialhilfeähnliche Leistungen, Mimeo, 1994 S. 110). Dieser Auffassung ist nicht zu folgen. Bei diesen Leistungen handelt es sich um nach Art. 3 Abs. 5 lit. a) vom Anwendungsbereich ausgeschlossene Leistungen der sozialen und medizinischen Fürsorge. Dies ergibt sich allerdings nicht schon daraus, dass diese Leistungen nach deutschem Recht Teil des Gesetzes über die Sozialhilfe (SGB XII) sind. Denn nach der Rechtsprechung des EuGH kann es nicht auf die Einordnung einer Leistung nach nationalem Recht ankommen. Auch kann ein Bezug zum Risiko Krankheit bejaht werden. Nach dem Wortlaut des Abs. 5 lit. a) sollen jedoch Leistungen der medizinischen Fürsorge aus dem sachlichen Anwendungsbereich der VO fallen. Fürsorge bedeutet in Anlehnung an die Rspr des EuGH, dass die Leistung in Abhängigkeit von Bedürftigkeit, durch Einzelfallbewertung, bei Fehlen des Erfordernisses der Zurücklegung bestimmter Beschäftigungs- oder Beitragszeiten und unter der Notwendigkeit, Unterhaltsansprüche geltend zu machen, erbracht wird (vgl dazu die Entscheidungen in der Rs. Frilli, oben Rn 35 und Rs. Hoeckx, s. oben Rn 37). Alle diese Voraussetzungen liegen bei der Gewährung der Leistungen nach den §§ 47 ff SGB XII vor. Die Bejahung des Ausschlusstatbestandes steht auch nicht im Widerspruch zur Entscheidung des EuGH in der Rs. C-299/05 (Kommission./. Europaparlament/Rat), Slg 2007, I-2999. Diese Entscheidung betraf die Abgrenzung besonderer beitragsunabhängiger Geldleistungen. Soweit darin (etwa in Rn 58) Kriterien angesprochen werden, die Merkmalen der Fürsorge entsprechen, erlangten diese nur Bedeutung im Rahmen der Begründung des Hauptzweckes der Leistung. Ob die betroffenen Leistungen solche der medizinischen Fürsorge sind, war nicht Gegenstand der Entscheidung. Da es sich bei den Leistungen nach §§ 47 ff SGB XII um Sach- und Dienstleistungen handelt, steht eine Einordnung als besondere beitragsunabhängige Geldleistung (§ 70) außer Frage. Wollte man die Leistungen nicht als Leistungen medizinischer Fürsorge ansehen, so stellte sich die Frage, wie überhaupt eine Leistung beschaffen sein müsste, dass sie unter diesen Ausschlusstatbestand des Abs. 5 lit. a) fiele.

41 Im Hinblick auf die in den Randnummern 33 bis 40 dargelegten Prinzipien sind auch die Leistungen der Krankenbehandlung nach § 264 Abs. 2 SGB V als Leistungen sozialer und medizinischer Fürsorge vom Anwendungsbereich des Koordinierungsrechts ausgeschlossen. Die Qualifizierung dieser Leistungen war Gegenstand eines sozialgerichtlichen Verfahrens in der Schweiz.

Unter Berufung auf die hier vorgelegte Kommentierung (gleichlautend mit jener in der Vorauflage) hatte das Sozialversicherungsgericht des Kantons Basel-Stadt mit Urteil vom 12.7.2011 den Sozialhilfecharakter der Leistungen bejaht. Demgegenüber hat das Bundesgericht in seinem Urteil vom 12.4.2012 (9 C 658/2011) die gegenteilige Auffassung vertreten und angenommen, dass es sich um eine Leistung der sozialen Sicherheit im Sinne von Art. 4 Abs. 1 VO Nr. 1408/71 (jetzt Art. 3 Abs. 1 VO Nr. 883/2004) handle. Das Bundesgericht nimmt nicht genügend zur Kenntnis, dass der deutsche Gesetzgeber die in Frage stehenden Leistungen als Sozialhilfeleistungen ausgestaltet hat. Die Krankenkassen erbringen die Leistungen lediglich im Auftrag der Sozialhilfeträger. Deshalb müssen nach § 264 Abs. 7 die Sozialhilfeträger den Krankenkassen die Aufwendungen erstatten, die durch die Übernahme der Krankenbehandlung entstehen (vgl dazu eingehend BSG, 17.6.2008 – B 1 KR 30/07 R). Auch wenn der Charakter einer Leistung europarechtlich zu bestimmen ist, kann die europarechtliche Auslegung nicht an den vom nationalen Gesetzgeber bestimmten Gegebenheiten vorbei. Das Bundesgericht schöpft aber im Übrigen auch die Rechtsprechung des Europäischen Gerichtshofs nicht gebührend aus. Es verlegt einseitig die Betrachtung auf den Aspekt des Inhalts der Krankenbehandlungsleistungen. Dies ist aber nach der Rechtsprechung des Europäischen Gerichtshofs nur ein Merkmal einer Gesamtbetrachtung. Ganz wesentlich sind für den EuGH die Voraussetzungen für die Gewährung der Leistung. Verbal sieht auch das Bundesgericht diesen Umstand, wenn es ausführt: „Große Bedeutung hat nach der Rechtsprechung des EuGH für die Zugehörigkeit einer Leistung zur sozialen Sicherheit, ob sie ohne jede im Ermessen liegende individuelle Prüfung der persönlichen Bedürftigkeit den Begünstigten aufgrund eines gesetzlich umschriebenen Tatbestands gewährt wird". Weiter zitiert das Gericht in diesem Zusammenhang den Leitfaden des BSV für die Durchführung des Freizügigkeitsabkommens, Ausgabe 4/07, wonach eine Leistung nur unter der Voraussetzung der sozialen Sicherheit zugeordnet werden kann, dass sie „unter objektiven und rechtlich festgelegten Voraussetzungen gewährt wird, ohne dass die zuständige Behörde sonstige persönliche Verhältnisse berücksichtigen darf". Hätte das Bundesgericht diese Grundsätze zur Anwendung gebracht, hätte es den Sozialhilfecharakter nicht verneinen können. Seit der Entscheidung in der Rs. Frilli (s. dazu oben Rn 37) sind vom EuGH in st. Rspr. das Bedürftigkeitskriterium, das Fehlen der Voraussetzung von Beschäftigungs-, Mitgliedschafts- oder Beitragszeiten und ferner die Notwendigkeit, andere Sozialleistungs- und Unterhaltsansprüche geltend zu machen, als wesentliche Kriterien einer Fürsorgeleistung gewertet worden. All diese negativen Kriterien sind hier gegeben. Das Bundesgericht rückt diese aber in den Hintergrund und stellt ausschließlich auf den Inhalt der Leistungen ab. Die Rechtsauffassung des Bundesgerichts ist deshalb entschieden abzulehnen.

6. Entschädigungssysteme

Art. 4 Abs. 4 VO (EWG) Nr. 1408/71 schloss aus dem Anwendungsbereich der VO Leistungssysteme für Opfer des Krieges und seiner Folgen aus. An diesem Ausschluss hält auch die VO (EG) Nr. 883/2004 fest. Im Rahmen des Gemeinsamen Standpunktes des Rates vom 17. Dezember 2008 ist jedoch der Ausschlusstatbestand erheblich erweitert worden. Er umfasst jetzt alle Leistungen, bei denen ein Mitgliedstaat die **Haftung für Personenschäden** übernimmt und Entschädigung leistet. Beispielhaft zählt Art. 3 Abs. 5 lit. b) neben den Opfern von Krieg und militärischen Aktionen und den sich daraus ergebenden Folgen die Opfer von Straftaten, Attentaten oder Terrorakten, Opfer von Schäden, die von Bediensteten eines Mitgliedstaats in Ausübung ihrer Pflichten verursacht werden oder Opfer, die aus politischen oder religiösen Gründen oder aufgrund ihrer Abstammung Nachteile erlitten haben. Offensichtlich haben die Mitgliedstaaten diese Erweiterung befürwortet, weil in den verschiedenen Mitgliedstaaten zahlreiche, auch sehr unterschiedliche Spezialregelungen für die in lit. b) bezeichneten Bereiche bestehen und sich in ihnen die besondere Verantwortung des betreffenden Mitgliedstaates und die Nähe zwischen Staat und Bürger ausdrückt. Infolgedessen sollen Staatsangehörige anderer Mitgliedstaaten, bei denen der Bezug der vorbezeichneten Art nicht besteht, nicht an diesen Leistungssystemen partizipieren. Die Intentionen der Neuregelungen kommen dem deutschen Verständnis sozialer Entschädigung

42

bei Gesundheitsschäden (§ 5 SGB I) in besonderer Weise entgegen. Die auf Zacher zurückgehende Einteilung des Sozialrechts im Sinne einer Trias von Vorsorge, sozialer Entschädigung und Sozialhilfe und Förderung (ursprünglich in *Zacher*, Einführung in das Sozialrecht der Bundesrepublik Deutschland, 1983, S. 20 f; s. auch *Fuchs/Preis*, Sozialversicherungsrecht, 2. Aufl. 2009, § 5 II 2) betrachtet soziale Entschädigung als Ausgleich von Schäden, für welche das Gemeinwesen eine besondere Verantwortung trägt, wobei üblicherweise Kriegsfolgen, Regimefolgen, Schäden infolge der Wehrpflicht oder ähnlicher Dienstpflichten, Schäden infolge öffentlich angeordneter Impfungen, Schäden durch Gewaltverbrechen genannt werden.

7. Leistungen für Opfer von Krieg und militärischen Aktionen und ihren Folgen

43 Die Frage, ob ein zum Ausschluss von der Koordinierung führendes Kriegsopfersystem vorliegt, hat den EuGH in zahlreichen Entscheidungen beschäftigt. Eine grundlegende Entscheidung aus den 70er Jahren des vergangenen Jahrhunderts betraf die Frage, ob sich ein belgischer Staatsangehöriger gegenüber einem französischen Sozialversicherungsträger auf eine französische Bestimmung berufen konnte, die bestimmte Vergünstigungen für Personen vorsah, die als Angehörige der französischen oder alliierten Streitkräfte in Gefangenschaft geraten waren. Der belgische Kläger konnte eine 60-monatige Gefangenschaft als belgischer Soldat in Deutschland nachweisen. In seiner Entscheidung (EuGH, Rs. 9/78 (Gillard), Slg 1978, 1661) betonte der Gerichtshof, dass für die Entscheidung über die Frage, ob ein Leistungssystem für Opfer des Krieges betroffen ist, nicht ausschlaggebend sei, dass eine Bestimmung in nationalen Vorschriften über soziale Sicherheit enthalten oder nicht enthalten ist. Der Standort im nationalen Recht ist also bedeutungslos. Vielmehr komme es hauptsächlich auf **Wesensmerkmale** der einzelnen Leistung, insbesondere ihre Zweckbestimmung und die Voraussetzungen für ihre Gewährung an (vgl Rn 10 ff des Urteils). Im konkreten Fall sah der EuGH den Hauptzweck der einschlägigen französischen Vorschrift darin, den ehemaligen Kriegsgefangenen einen Beweis der nationalen Anerkennung für die für Frankreich und seine Verbündeten erduldeten Prüfungen zu geben, so dass es sich hier um Vorschriften eines Leistungssystems für Opfer des Krieges handelte. In gleicher Weise hat der EuGH im Streitfalle eines französischen Klägers entschieden, der sich auf belgische Vorschriften berief, die Vergünstigungen für belgische Arbeitnehmer vorsahen, die Schäden aus ihrer Teilnahme an den Kämpfen der alliierten Streitkräfte erlitten hatten (EuGH, Rs. 207/78 (Even), Slg 1979, 2019). Dieses Urteil ist auch deshalb bedeutsam, weil es eine Rechtsprechung eingeleitet hat, wonach in solchen Fällen einer spezifischen kriegsopferrechtlichen Bestimmung auch eine Vergünstigung im Sinne des Art. 7 Abs. 2 VO (EWG) Nr. 1612/68 nicht vorliegen kann. In der Rs. Baldinger bestätigte der EuGH die vorbezeichnete Entscheidung, wobei er hinzufügte, dass dieses Ergebnis auch nicht über die Anwendung des Art. 45 Abs. 2 AEUV korrigiert werden könne (EuGH, Rs. C-386/02 (Baldinger), Slg 2004, I-8411 Rn 19 f).

44 Anders ist es dagegen, wenn es sich um Vorschriften handelt, die an die **Arbeitnehmereigenschaft** des Betroffenen anknüpfen. Deshalb hat schon in einer frühen Entscheidung der EuGH Vorschriften des (deutschen) Gesetzes zu Regelung der Wiedergutmachung nationalsozialistischen Unrechts in der Sozialversicherung (WGSVG) nicht als spezielle Kriegsopferregelung angesehen, sondern als lediglich die allgemeinen Vorschriften auf dem Gebiet der Sozialversicherung ergänzend oder ändernd, und deshalb dem sachlichen Geltungsbereich der VO unterworfen (EuGH, Rs. 70/80 (Vigier), Slg 1981, 229). Der EuGH hat auch die Regelungen der §§ 271 f SGB VI betreffend Beitragszeiten, die in der Zeit von 1937 bis 1945 in Teilen des Geltungsgebiets der Sozialversicherungsgesetze des Deutschen Reichs zurückgelegt wurden, die außerhalb des Gebiets der Bundesrepublik Deutschland liegen, nicht als Regelungen für Kriegsopfer im Sinne des Art. 4 Abs. 4 VO (EWG) Nr. 1408/71 anerkannt und deshalb die Bestimmungen des früheren Anhangs VI Teil C Nr. 1 der VO (EWG) Nr. 1408/71, die eine Berücksichtigung nur bei Wohnsitz in der Bundesrepublik Deutschland vorsahen, als im Widerspruch zu Art. 48 AEUV angesehen (EuGH, Rs. C-396/05 und C-419/05 (Habelt / Möser), Slg 2007, I-11895 Rn 62 ff). In gleicher

Weise hat der EuGH in demselben Urteil für Beitragszeiten nach dem Fremdrentengesetz (FRG) entschieden (EuGH, Rs. C-450/05 (Wachter), Slg 2007, I-11895 Rn 86 ff). Diese Entscheidung stellt ein interessantes Beispiel dafür dar, wie die durchaus verständlichen nationalen Interessen der Mitgliedstaaten an einer vorrangigen sozialen Absicherung ihrer Wohnbevölkerung gegenüber dem europäischen Integrationsanliegen in den Hintergrund getreten sind (vgl eingehend zu dieser Thematik *Schuler*, ZESAR 2009, 40 ff).

Auch wenn Leistungen unter Art. 3 Abs. 5 fallen und damit der Koordinierung entzogen sind, ist es denkbar, dass die Betroffenen Ansprüche auf Leistungen aufgrund der jeweiligen nationalen Vorschriften haben. Dabei dürfen ihnen Leistungen nicht allein aufgrund von **Wohnsitzerfordernissen** vorenthalten werden. Dies stünde im Widerspruch zu Art. 21 Abs. 1 AEUV (= Art. 18 Abs. 1 EG; vgl EuGH, Rs. C-499/06 (Nerkowska), Slg 2008, I-3993; Rs. C-221/07 (Zablocka-Weyhermüller), Slg 2008, I-9029). 45

8. Sondersysteme für Beamte
a) Problemstellung

Art. 4 Abs. 4 VO (EWG) Nr. 1408/71 hatte Sondersysteme für Beamte und ihnen Gleichgestellte aus dem Anwendungsbereich der VO (EWG) Nr. 1408/71 ausgeschlossen. Der Verordnungsgeber war der Auffassung, dass sich wegen der spezifischen Gestaltung dieser Sondersysteme für Beamte eine Koordinierung nicht ermöglichen lasse (vgl zum früheren Recht EuGH, Rs. 129/78 (Lohmann), Slg 1979, 853). 46

b) Notwendigkeit einer Einbeziehung der Beamten in die Koordinierung

Die Kommission hatte am 13. Dezember 1991 einen Vorschlag unterbreitet (KOM(91)528 endg.), in dem sie die Auffassung vertritt, dass der sachliche Geltungsbereich dahin ausgeweitet werden müsse, dass er grundsätzlich die Sondersysteme der Beamten und ihnen gleichgestellten Personen einschließt. Die Koordinierung der Systeme der sozialen Sicherheit für diese Personen sei zur Erreichung eines der **Gemeinschaftsziele**, nämlich der Sicherung der Freizügigkeit, notwendig. Der Vorschlag der Kommission wurde zunächst nicht realisiert. Auslöser für die weitere Entwicklung im Sinne der Kommission war sicherlich die Entscheidung des EuGH in der Rs. Vougioukas (EuGH, Rs. C-443/93 (Vougioukas), Slg 1995, I-4052, vgl zur Besprechung dieses Urteils *Fuchs*, Zeitschrift für Beamtenrecht 1996, 152 ff). Der Fall betraf einen griechischen Arzt, der hinsichtlich seiner Rente einem Sondersystem für Beamte unterlag. Der zuständige griechische Träger weigerte sich, Zeiten, die er als Arzt in deutschen öffentlichen Krankenhäusern zurückgelegt hatte, als rentenfähig anzuerkennen. Der Kläger vertrat die Auffassung, dass Art. 4 Abs. 4 VO (EWG) Nr. 1408/71 gegen die Art. 45 und 48 AEUV verstoße. Zwar lehnte der EuGH diese Auffassung in einer so weitgehenden Form ab. Allerdings betonte der EuGH (vgl Rn 31 ff des Urteils), dass der Gemeinschaftsgesetzgeber noch nicht die erforderlichen Maßnahmen erlassen habe, um den sachlichen Geltungsbereich der VO (EWG) Nr. 1408/71 auf die Sondersysteme für Beamte und ihnen Gleichgestellte auszudehnen, so dass aufgrund von Art. 4 Abs. 4 VO (EWG) Nr. 1408/71 eine erhebliche Lücke in der gemeinschaftsrechtlichen Koordinierung der Systeme der sozialen Sicherheit bestehen bleibe. In Anlehnung an Ausführungen des Generalanwalts äußert der EuGH, dass sich die Ausschlussregelung des Art. 4 Abs. 4 VO (EWG) Nr. 1408/71 zur Zeit des Erlasses der Verordnung durch das Bestehen tiefgreifender Unterschiede zwischen den nationalen Systemen rechtfertigen ließe. Das Bestehen derartiger technischer Schwierigkeiten könne indessen in Anbetracht der dem Rat durch Art. 48 AEUV (= Art. 42 EG) zugewiesenen Aufgabe das Fehlen jeglicher Koordinierung der Sondersysteme für Beamte und ihnen Gleichgestellte nicht auf unbegrenzte Zeit rechtfertigen. Deshalb kam der EuGH zu der Feststellung, dass der Rat auf diesem Gebiet seit dem Ende der für die Freizügigkeit der Arbeitnehmer vorgesehenen Übergangszeit keine Koordinierungsmaßnahme erlassen hat und damit seiner Verpflichtung aus Art. 48 AEUV nicht in vollem Umfang nachgekommen ist. 47

c) Die Einbeziehung der Beamten durch die VO (EG) Nr. 1606/98 des Rates vom 29. Juni 1998

48 Am 29.6.1998 änderte der Rat die VO (EWG) Nr. 1408/71 zwecks Einbeziehung der Sondersysteme für Beamte und ihnen gleichgestellte Personen durch die VO (EG) Nr. 1606/98 (vgl ABl. L 209 v. 25.7.1998). Der Begründung ist zu entnehmen, dass das vorbesprochene Urteil Vougioukas wesentlich für die Änderung ausschlaggebend war.

49 Die Begründung weist auch auf die **Schwierigkeiten** der Einbeziehung der Sondersysteme für Beamte in die Koordinierung hin. Diese Schwierigkeiten rühren einmal daher, dass es in einigen Mitgliedstaaten kein System zur Koordinierung zwischen den Sondersystemen und dem allgemeinen System gibt, dass solche Systeme einen begrenzten Anwendungsbereich haben und auf besonderen Haushaltsregelungen und Honorierungsstrukturen beruhen, bei denen zB der Anspruch unmittelbar an lange Dienstzeiten gebunden ist. Außerdem gebe es für den Begriff „Beamter" keine gemeinsame Definition. Diesen nationalen Besonderheiten und Schwierigkeiten musste notgedrungen der Verordnungsgeber Rechnung tragen. Die Lösung bestand darin, im Prinzip den bisherigen Ausschluss der Sondersysteme für Beamte und ihnen Gleichgestellte von der Koordinierung aufzuheben und grundsätzlich die Einbeziehung auszusprechen.

d) Die Regelungen der VO (EG) Nr. 883/2004

50 Im Grundsatz übernimmt die VO (EG) Nr. 883/2004 die bisherigen Vorschriften und Grundsätze der VO (EWG) Nr. 1408/71 hinsichtlich der Beamten. Für diese gilt jetzt allerdings eine eigenständige Definition. Gemäß Art. 1 lit. d) ist **Beamter** jede Person, die in dem Mitgliedstaat, dem die sie beschäftigende Verwaltungseinheit angehört, als Beamter oder diesem gleichgestellte Person gilt. Und Sondersystem für Beamte ist gemäß Art. 1 lit. e) jedes System der sozialen Sicherheit, das sich von dem allgemeinen System der sozialen Sicherheit, das auf die Arbeitnehmer des betreffenden Mitgliedstaats anwendbar ist, unterscheidet und das für alle oder bestimmte Gruppen von Beamten unmittelbar gilt.

51 Um den Besonderheiten dieser Sondersysteme Rechnung zu tragen, musste auch das Koordinierungsrecht hinsichtlich einzelner Fragen spezifische für Beamten geltende Regelungen schaffen. So gelten für das Sozialrechtsstatut von Beamten die **spezifischen Kollisionsregeln** des Art. 11 Abs. 3 lit. b) und Art. 13 Abs. 4. Auch bei einzelnen Leistungskomplexen sind Sonderregeln zu beachten. Für die Leistungen bei Invalidität ist Art. 49 und für Alters- und Hinterbliebenenrenten Art. 60 hervorzuheben.

52 Für Leistungen bei Krankheit sowie Leistungen bei Mutterschaft und gleichgestellten Leistungen bei Vaterschaft ist Art. 32 Abs. 2 DVO zu beachten. Für Mitgliedstaaten, die in **Anhang 2** aufgeführt sind, gelten die Vorschriften über Sachleistungen in den vorgenannten Leistungsbereichen nur in dem darin bezeichneten Umfang, wenn sie Anspruch auf Sachleistungen ausschließlich aufgrund eines Sondersystems für Beamte haben. Im Anhang 2 ist unter A. betreffend Deutschland das Versorgungssystem für Beamte aufgeführt. Damit ist ein Sachleistungsanspruch über Koordinierungsrecht ausgeschlossen. Eine ähnliche Regelung gilt für Arbeitsunfälle und Berufskrankheiten (vgl Art. 41 DVO und den Eintrag der Unfallfürsorge für Beamte in Deutschland in Anhang 2 unter C.).

Artikel 4 Gleichbehandlung

Sofern in dieser Verordnung nichts anderes bestimmt ist, haben Personen, für die diese Verordnung gilt, die gleichen Rechte und Pflichten aufgrund der Rechtsvorschriften eines Mitgliedstaats wie die Staatsangehörigen dieses Staates.

I. Normzweck

Gleichbehandlungsgebote bzw **Diskriminierungsverbote** sind tragende Säulen der europäischen Rechtsordnung geworden. Entsprechend der historischen Entwicklung der europäischen Integration ist das Prinzip der Gleichbehandlung aller Bürger in der EU ohne Rücksicht auf ihre Staatsangehörigkeit schrittweise entwickelt worden. Art. 7 EWGV enthielt bereits das Verbot der Ungleichbehandlung aus Gründen der Staatsangehörigkeit, grenzte das Prinzip aber auf den Anwendungsbereich des Vertrages und die darin enthaltenen besonderen Vorschriften ein. Dazu gehörten insbesondere die Diskriminierungsverbote im Bereich der Grundfreiheiten und namentlich im Bereich der Arbeitnehmerfreizügigkeit das Diskriminierungsverbot des Art. 48 Abs. 2 EWGV (jetzt: Art. 51 Abs. 2 AEUV). Von dort gelangte es auch in den Anwendungsbereich der Koordinierung der sozialen Sicherheit. Denn die Ermächtigungsnorm zur Schaffung eines Koordinierungsrechts war in Art. 51 EWGV enthalten und damit wesentlicher Bestandteil des rechtlichen Rahmens der Arbeitnehmerfreizügigkeit. Und so war es nur konsequent, dass der erste Rechtsakt auf dem Gebiet der Koordinierung der sozialen Sicherheit, die VO (EWG) Nr. 3, das Gleichbehandlungsgebot auf dem Gebiet der sozialen Sicherheit für alle unter die Verordnung fallenden Personen ohne Rücksicht auf ihre Staatsangehörigkeit verankerte (Art. 8 VO Nr. 3). Eine Berufung auf das Gleichbehandlungsgebot ist nur möglich, wenn der Sachverhalt ein grenzüberschreitendes Element aufweist (EuGH, Rs. C-153/91 (Petit), Slg 1992, I-4973 Rn 8). Wer also nie von seinem Recht der Freizügigkeit (bzw der Niederlassung) Gebrauch gemacht hat, kann sich nicht auf Art. 4 berufen.

II. Inhalt

1. Verbot der unmittelbaren und mittelbaren Diskriminierung

Nach ständiger Rechtsprechung des EuGH verbietet der in Art. 4 niedergelegte Gleichbehandlungsgrundsatz nicht nur offenkundige Diskriminierungen aufgrund der Staatsangehörigkeit der nach den Systemen der sozialen Sicherheit leistungsberechtigten Personen, sondern auch alle versteckten Formen der Diskriminierung, die durch Anwendung anderer Unterscheidungskriterien tatsächlich zum gleichen Ergebnis führen (EuGH, Rs. C-131/96 (Romero), Slg 1997, I-3659 Rn 32; Rs. C-124/99 (Boravitz), Slg 2000, I-7293 Rn 25). Direkte Diskriminierung bedeutet, dass eine Rechtsfolge von einem Element abhängig ist, das auf die Staatsangehörigkeit des Betroffenen abstellt. Diese Form der Diskriminierung sichtbar zu machen und zu verwerfen, ist unschwer möglich. Schwieriger zu handhaben ist die Form der indirekten Diskriminierung (auch mittelbare oder versteckte Diskriminierung genannt). Aufgrund der zahlreichen Entscheidungen des EuGH (auch und insbesondere außerhalb der sozialen Sicherheit) ist die Rechtsanwendung in diesem Bereich einfacher geworden. Die Rechtsprechung des EuGH hat insbesondere einen positiv-rechtlichen Niederschlag in den EU-**Antidiskriminierungsrichtlinien** gefunden (vgl dazu Bamberger-Roth/*Fuchs*, 3. Aufl. 2011, § 3 AGG Rn 5 ff). Tatbestandlich ist die mittelbare Diskriminierung dort gegeben, wo dem Anschein nach neutrale Vorschriften, Kriterien oder Verfahren Personen wegen ihrer Staatsangehörigkeit benachteiligen können. In der Entscheidung Sotgiu, auf die immer wieder Bezug genommen wird, hat der EuGH von den versteckten Formen der Diskriminierung gesprochen, die durch die Anwendung anderer Unterscheidungsmerkmale tatsächlich zu dem gleichen Ergebnis führen (EuGH, Rs. 152/73, Slg 1974, 153 Rn 11). Unter Bezugnahme auf zahlreiche frühere Urteile hat der EuGH in der Rs. O'Flynn weitere Präzisierungen der mittelbaren Diskriminierung vorgenommen. Als mittelbar diskriminierend sind daher Voraussetzungen des nationalen Rechts anzusehen, die zwar unabhängig von der Staatsangehörigkeit gelten, aber im Wesentlichen oder ganz überwiegend Wanderarbeitnehmer betreffen sowie unterschiedslos geltende Voraussetzungen, die von inländischen Arbeitnehmern leichter zu erfüllen sind als von Wanderarbeitnehmern (EuGH, Rs. C-237/94, Slg 1996, I-2617 Rn 18). Der EuGH verweist ausdrücklich auf das zur Arbeitnehmerfreizügigkeit ergangene Urteil in der Rs. O'Flynn (vgl. EuGH,

Rs. C-332/05 (Celozzi), Slg 2007, I-563 Rn 24). Typische Anknüpfungspunkte, die als mittelbare Diskriminierungen zu werten sind, sind Wohnortklauseln.

Beispielsweise hat der EuGH (Rs. 41/84 (Pinna), Slg 1986, 1) Familienleistungen französischen Rechts für Kinder, die außerhalb Frankreichs wohnen, versagt. Der EuGH sah das Prinzip der Gleichbehandlung verletzt, weil das Problem, dass Familienangehörige außerhalb Frankreichs wohnen, im Wesentlichen Wanderarbeitnehmer trifft (vgl Rn 24 des Urteils). Als mittelbar diskriminierend hat der EuGH auch eine frühere Vorschrift des deutschen Rentenversicherungsrechts angesehen, wonach eine Geldleistung an einen in einem anderen Mitgliedstaat wohnenden Gemeinschaftsbürger nur ausgezahlt wird, wenn sie einen Mindestbetrag übersteigt, der höher ist als der Betrag, der für eine solche Zahlung innerhalb desselben Mitgliedstaats gilt (EuGH, Rs. C-124/99 (Boravitz), Slg 2000, I-7293). Ebenso hat der EuGH die deutsche Regelung über die Berechtigung des Krankengeldes in § 47 SGB V und die hierzu geübte deutsche Praxis, wonach Ausländer (im Gegensatz zu verheirateten Deutschen) in Steuerklasse II (anstelle Steuerklasse III) eingeordnet werden, als eine **mittelbare Diskriminierung** ausländischer Arbeitnehmer angesehen (EuGH, Rs. C-332/05 (Celozzi), Slg 2007, I-563). Bei mittelbaren Diskriminierungen ist trotz der ungleichen Behandlung stets zu prüfen, ob die Vorschrift durch **objektive,** von der Staatsangehörigkeit der betroffenen Arbeitnehmer unabhängige Erwägungen **gerechtfertigt** ist und in einem angemessenen Verhältnis zu dem Zweck steht, der mit den nationalen Rechtsvorschriften zulässigerweise verfolgt wird.

2. Sachverhaltsgleichstellung und Gleichbehandlungsgebot

3 In der Vergangenheit hat der EuGH, wenn es um Fragen der **Gleichstellung von Ereignissen** und **Sachverhalten** im Inland und Ausland ging, den Gleichbehandlungsgrundsatz zur Anwendung gebracht.

Beispiel: Bei dem Anspruch auf Rente wegen Berufsunfähigkeit oder Erwerbsunfähigkeit nach deutschem Rentenversicherungsrecht, bei dem auf den bisherigen Beruf abzustellen ist, wurden nach früherem Recht ausschließlich versicherungspflichtige Beschäftigungen nach deutschem Rentenversicherungsrecht berücksichtigt.

Dies hat der EuGH als einen Verstoß gegen den Grundsatz der Gleichbehandlung angesehen (EuGH, Rs. 20/85 (Roviello), Slg 1988, 2805). Der Lösungsweg über den Grundsatz der Gleichbehandlung dürfte in Zukunft entbehrlich sein. **Art. 5 lit. b)** bestimmt, dass bei Rechtswirkungen, die an den Eintritt bestimmter Sachverhalte oder Ereignisse geknüpft sind, auch die Sachverhalte oder Ereignisse in einem anderen Mitgliedstaat so zu berücksichtigen sind, als ob sie im eigenen Hoheitsgebiet eingetreten wären. Damit dürfte die bisherige Rechtsprechung des EuGH zu diesem Fragenkreis in Zukunft über Art. 5 lit. b) gelöst werden (ebenso *Otting,* in: *Hauck/Noftz,* EU-Sozialrecht, Art. 4 Rn 13).

3. Inländerdiskriminierung

4 Ein nicht nur im Bereich der Koordinierung der sozialen Sicherheit, sondern allgemein im Zusammenhang mit Diskriminierungsregeln des europäischen Rechts viel diskutiertes Problem betrifft die sog. **Inländerdiskriminierung** oder **-ungleichbehandlung** (im Englischen als *discrimination reverse,* im Französischen als *discrimination à rebours* bezeichnet). Abstrakt gesprochen entsteht das Problem dadurch, dass EU-Bürger bei manchen Fallkonstellationen besser gestellt werden als Inländer, weil den Ausländern nationale Rechtsvorschriften nicht entgegengehalten werden dürfen (ausführlich zur Problematik *Streinz,* Europarecht, 9. Aufl. 2012, Rn 819 ff; *Oppermann/Klassen/Nettesheim,* Europarecht, 5. Aufl. 2012, Rn 13 f). Generell lässt sich für den Bereich der Grundfreiheiten sagen, dass Inländerdiskriminierungen europarechtlich nicht zu beanstanden sind, wenn die betroffene Person nie grenzüberschreitend tätig geworden ist. Ist dies aber der Fall, müssen auch Inländer von einer durch ihre grenzüberschreitende Aktivität erlangten

Rechtsstellung im Inland Gebrauch machen dürfen (vgl dazu *Herdegen*, Europarecht, 14. Aufl. 2012, § 6 Rn 20 ff mit Rechtsprechungsnachweisen). Im Prinzip verfolgt der EuGH die gleiche Argumentationslinie im Bereich des Koordinierungsrechts. In stRspr hat der EuGH darauf hingewiesen, dass das Gemeinschaftsrecht auf rein interne Sachverhalte nicht angewendet werden kann. Das Koordinierungsrecht kann erst dort Platz greifen, wo ein **grenzüberschreitendes Element** vorhanden ist (ausführlich zur Rspr des EuGH *van Raepenbusch*, La sécurité sociale des personnes qui circulent à l'intérieur de la Communauté Economique Européenne, 1991, S. 157 ff). Die Problematik ist zuletzt im Zusammenhang mit der im flämischen Teil Belgiens bestehenden Pflegeversicherung aufgetaucht (EuGH, Rs. C-212/06 (Gouvernement de la communauté française et Gouvernement wallon ./. Gouvernement flamand), Slg 2008, I-1683). Die Kernfrage des Rechtsstreits bezog sich auf die Zulässigkeit einer Wohnsitzklausel, demzufolge für den Bezug der Leistungen der Wohnsitz im flämischen Gebiet entscheidend ist. Hierzu hat der EuGH seine stRspr wiederholt, wonach die Vertragsbestimmungen über die Freizügigkeit und die zur Durchführung dieser Bestimmungen erlassenen Maßnahmen nicht auf Tätigkeiten anwendbar sind, die keine Berührung mit irgendeinem der Sachverhalte aufweisen, auf die das Gemeinschaftsrecht abstellt, und die mit keinem relevanten Element über die Grenzen eines Mitgliedstaats hinausweisen (Rn 33 des Urteils). Umgekehrt fällt demgegenüber jeder Gemeinschaftsangehörige, der vom Recht auf Freizügigkeit Gebrauch gemacht und in einem anderen Mitgliedstaat eine Berufstätigkeit ausgeübt hat, unabhängig von seinem Wohnort und seiner Staatsangehörigkeit in den Anwendungsbereich der vorstehend genannten Bestimmungen (Rn 34 des Urteils). Folglich kam der EuGH zu dem Ergebnis, dass für Personen, die eine Berufstätigkeit im niederländischen Sprachgebiet oder im zweisprachigen Gebiet Brüssel-Hauptstadt ausüben, aber in den französischsprachigen oder deutschsprachigen Gebieten wohnen und nie von ihrer Freizügigkeit innerhalb der Europäischen Gemeinschaft Gebrauch gemacht haben, das Gemeinschaftsrecht nicht angewandt werden kann (Rn 37 f des Urteils). Etwas Gegenteiliges könne auch nicht aus dem allgemeinen Diskriminierungsverbot des Art. 18 AEUV hergeleitet werden. Allerdings weist der Gerichtshof auch auf frühere Rechtsprechung hin, wonach die Auslegung der Bestimmungen des Gemeinschaftsrechts dem vorlegenden Gericht möglicherweise auch in Bezug auf Sachverhalte, die als rein intern einzustufen sind, von Nutzen sein könnte, und zwar insbesondere dann, wenn das Recht des betreffenden Mitgliedstaats vorschriebe, dass jedem Inländer die gleichen Rechte zustehen, die einem Staatsangehörigen eines anderen Mitgliedstaats in einer von diesem Gericht für vergleichbar gehaltenen Lage kraft Gemeinschaftsrecht zustünden (vgl dazu Rn 40 des Urteils und die in Bezug genommenen Entscheidungen des Gerichtshofs). Hiermit greift der EuGH offensichtlich Gedanken auf, die aus staats- oder verfassungsrechtlichen Gründen in den Mitgliedstaaten vorgetragen werden. So wird etwa in der deutschen Diskussion gesagt, dass ein Verstoß gegen den allgemeinen Gleichheitssatz (Art. 3 Abs. 1 GG) nicht einfach mit dem Argument verneint werden könne, dass sich die für Inländer nachteilige Differenzierung aus einer Verteilung der Regelungsgewalt zwischen Mitgliedstaaten und Europäischer Union ergebe. Denn bei Grundrechtseingriffen müsse im Rahmen der Verhältnismäßigkeitsprüfung der abgesenkte Standard des Unionsrechts Berücksichtigung finden (vgl in diesem Sinne *Herdegen*, Europarecht, 14. Aufl. 2012, § 6 Rn 24). Im Sinne der Unzulässigkeit einer Inländerbenachteiligung nach deutschem Verfassungsrecht (Art. 3 Abs. 1 GG) hat das VG Oldenburg einen Fall entschieden, bei dem es um eine Bestimmung der Satzung einer berufsständischen Altersversorgung ging. Danach war es aus dem EU-Ausland zugezogenen Zahnärzten möglich, sich von der Pflichtmitgliedschaft befreien zu lassen, bei Zuzug eines Arztes aus einem anderen Bundesland bestand diese Möglichkeit aber nicht. Das VG Oldenburg sah darin einen Verstoß gegen Art. 3 Abs. 1 GG (VG Oldenburg vom 26.9.2008 – 7 A 5226/06, ZESAR 2009, 296 mit zustimmender Anmerkung *Eichenhofer*).

4. Verbot der Diskriminierung durch Koordinierungsrecht

Nicht nur nationales Recht kann Diskriminierungen enthalten. Auch das **Koordinierungsrecht** selbst, insbesondere die VO, kann Vorschriften enthalten, die **diskriminierender Natur** sind. Der

5

EuGH war wiederholt aufgerufen, Vorschriften der VO unter diesem Aspekt zu prüfen. Als Prüfungsmaßstab hat er dabei die Diskriminierungsverbote des Art. 39 Abs. 2 EG (jetzt Art. 45 Abs. 2 AEUV) herangezogen. In der Rs. Pinna (EuGH, Rs. C-41/84, Slg 1986, 1) hat der EuGH das zweigleisige System für Frankreich in Art. 73 VO 1408/71 an den vorgenannten Diskriminierungsverboten scheitern lassen. Die frühere Regelung in Art. 4 Abs. 4 VO (EWG) Nr. 1408/71, wonach Sondersysteme für Beamte aus der Koordinierung ausgeschlossen waren, hat der EuGH als nicht im Einklang mit Art. 45 und 48 AEUV stehend angesehen (EuGH, Rs. C-443/93 (Vougioukas), Slg 1995, I-4052).

5. Abkommensrecht

a) EU-Abkommen

6 In den von der EU mit Drittstaaten abgeschlossenen Abkommen, insbesondere Assoziierungsabkommen, finden sich zahlreiche Vorschriften über Gleichbehandlung. Hierzu wird auf die Kommentierung in Teil 12 verwiesen.

b) Multilateralisierung bilateraler Abkommen

7 Unter diesem Stichwort wird die Geltung von **Sozialversicherungsabkommen**, die zwei Mitgliedstaaten miteinander geschlossen haben, diskutiert, wenn ein Anspruchsteller sich auf das Abkommen gegenüber einem dieser beiden Abkommenstaaten beruft, dessen **Staatsangehörigkeit** er aber nicht besitzt

Beispiel: Eine spanische Staatsangehörige will unter Berufung auf das deutsch-schweizerische Sozialversicherungsabkommen in der Schweiz zurückgelegte Versicherungszeiten vom deutschen Rentenversicherungsträger anerkannt bekommen.

In der Entscheidung Grana-Novoa (EuGH, Rs. C-23/92, Slg 1993, I-4505) hatte der EuGH diese Möglichkeit noch abgelehnt. In einer neueren Entscheidung bejaht der EuGH jedoch die Anwendbarkeit der Abkommensvorschriften, soweit die Nichtanwendung nicht objektiv gerechtfertigt ist (EuGH, Rs. C-55/00 (Gottardo), Slg 2002, I-413).

III. Rechtsfolgen der Diskriminierung

8 Liegt eine unionsrechtswidrige Diskriminierung vor und sind noch keine Maßnahmen zur Wiederherstellung der Gleichbehandlung erlassen worden, so kann die Wahrung des Grundsatzes der Gleichbehandlung nur dadurch gewährleistet werden, dass den Angehörigen der benachteiligten Gruppe dieselben Vorteile gewährt werden wie die, die den Angehörigen der privilegierten Gruppe zugute kommen, wobei diese Regelung, solange das Unionsrecht nicht richtig durchgeführt ist, das einzig gültige Bezugssystem bleibt (EuGH, Rs. C-18/95 (Terhoeve), Slg 1999, I-345 Rn 57). Maßnahmen, durch die die Gleichbehandlung im Wege der Einschränkung der Vergünstigungen der bis dahin bevorzugten Personen wiederhergestellt wird, stehen dem nicht entgegen. Vor dem Erlass solcher Maßnahmen verlangt das Unionsrecht jedoch nicht, die Leistung der Personengruppe zu entziehen, die bereits in den Genuss dieser Vergünstigung gekommen ist (EuGH, Rs. C-399/09 (Landtová), Slg. 2011, I-n.v. Rn 53).

Artikel 5 Gleichstellung von Leistungen, Einkünften, Sachverhalten oder Ereignissen

Sofern in dieser Verordnung nicht anderes bestimmt ist, gilt unter Berücksichtigung der besonderen Durchführungsbestimmungen Folgendes:

a) Hat nach den Rechtsvorschriften des zuständigen Mitgliedstaats der Bezug von Leistungen der sozialen Sicherheit oder sonstiger Einkünfte bestimmte Rechtswirkungen, so sind die entsprechenden Rechtsvorschriften auch bei Bezug von nach den Rechtsvorschriften eines anderen Mitgliedstaats gewährten gleichartigen Leistungen oder bei Bezug von in einem anderen Mitgliedstaat erzielten Einkünften anwendbar.

b) Hat nach den Rechtsvorschriften des zuständigen Mitgliedstaats der Eintritt bestimmter Sachverhalte oder Ereignisse Rechtswirkungen, so berücksichtigt dieser Mitgliedstaat die in einem anderen Mitgliedstaat eingetretenen entsprechenden Sachverhalte oder Ereignisse, als ob sie im eigenen Hoheitsgebiet eingetreten wären.

Literaturübersicht

Bauer/Kreutzer/Klein, Die Verordnung (EG) Nr. 883/2004 und der Entwurf der Durchführungsverordnung aus Sicht der gesetzlichen Krankenversicherung, in: Deutsche Rentenversicherung Bund (Hrsg.), Die Reform des Europäischen koordinierenden Sozialrecht, 2007, S. 71-78; *Dern*, in: *Schreiber/Wunder/Dern*, VO(EG) Nr. 883/2004, Kommentar, 2012; *Fuchs*, Europäisches Sozialrecht, 5. Aufl. 2010; *Devetzi*, Das Europäische koordinierender Sozialrecht auf der Basis der VO (EG) 883/2004, in: Deutsche Sozialrechtsverband (Hrsg.), Sozialrecht in Europa, 2010, S. 117 ff; *Grotzer*, Die Verordnung (EG) Nr. 883/2004 aus der Sicht der gesetzlichen Rentenversicherung, in: Deutsche Rentenversicherung Bund, Die Reform des Europäischen koordinierenden Sozialrecht, 2007, 89-92; *Hauck/Noftz* (Hrsg.), EU – Sozialrecht, Januar 2010; *Jorens/Overmeiren*, Allgemeine Prinzipien der Koordinierung der VO 883/2004 in: *Eichenhofer* (Hrsg.), 50 Jahre nach ihrem Beginn – Neue Regeln für die Koordinierung sozialer Sicherheit, 2009, 105-142; *Kraus/Hauschild*, Synopse VO (EG) Nr. 883/2004/ VO (EWG) Nr. 1408/71, in: Deutsche Rentenversicherung Bund (Hrsg.), Die Reform des Europäischen koordinierenden Sozialrecht, 2007, S. 97-252; *Scheiwe*, Was ist ein funktionales Äquivalent in der Rechtsvergleichung?, KritV 2000, S. 30-51; *Spiegel*, Die neue europäische Sozialrechtskoordinierung, Überlegungen zur Verordnung (EG) Nr. 883/2004, in: Deutsche Rentenversicherung Bund, Die Reform des Europäischen koordinierenden Sozialrechts, 2007, S. 25-70;

I. Normzweck 1	3. Die Gleichstellung von in einem anderen Mitliedstaat eingetretenen Sachverhalten oder Ereignissen (lit. b) 11
II. Einzelerläuterung 4	
1. Allgemeines zur Tatbestandsgleichstellung 4	4. Das Verhältnis zum Zusammenrechnungsgrundsatz des Art. 6 13
2. Die vorteilsausgleichende Berücksichtigung ausländischer Leistungen und in anderen Mitgliedstaaten erzielter Einkünfte (lit. a) 8	5. Sonderregelungen unter Modifizierungen 16

I. Normzweck

Art. 5 formuliert erstmalig sekundärrechtlich in genereller Form den grundlegenden allgemeinen Grundsatz der **Tatbestandsgleichstellung** und löst damit bisher punktuell normierte Äquivalenzregelungen (zB Art. 9 a, 45 Abs. 6 VO (EWG) 1408/71) ab. Dieser Grundsatz ist unmittelbar Ausdruck des generellen Anliegens und der generellen Funktion des gesamten koordinierenden Rechts, nämlich der **Gleichstellung** von Personen, die internationale bzw. europäische Freizügigkeit wahrgenommen haben, mit Personen, die nur einer mitgliedstaatlichen Sozialrechtsordnung unterstanden haben. Das damit verbundene **Äquivalenzprinzip** macht die spezifische europarechtliche international sozialrechtliche Gerechtigkeit aus, ohne die unterschiedlichen Ausgestaltungen der einzelnen mitgliedstaatlichen Sozialrechtsordnungen damit infrage zu stellen oder beseitigen zu wollen. Das Gebot der **Tatbestandsgleichstellung** bedeutet, dass jeder Mitgliedstaat (bzw deren zuständiger Träger) bei der Anwendung und Auslegung des eigenen Rechts der sozialen Sicherheit die nach den Rechtsvorschriften eines anderen Mitgliedstaates verwirklichten Rechtstatbestände oder die in einem anderen Mitgliedstaat verwirklichten Sachverhalte berücksichtigt, als hätten sich diese nach den eigenen Rechtsvorschriften oder auf dem eigenen Staatsgebiet ereignet , sofern es sich um gleichartige Verhältnisse oder entsprechende Sachverhalte handelt. Der Grundsatz der Tatbestandsgleichstellung zielt also nicht auf eine (unmittelbare) **Harmonisierung** der mitgliedstaatlichen sozialen Rechtsordnungen ab und setzt ein **System kollisionsrechtlicher Regelungen** zur Bestimmung des anwendbaren Rechts voraus, für die er wegen deren spezifischer Funktion, Regelungszuständigkeiten zuzuweisen, keine Anwendung bean-

1

sprucht. Der Erwägungsgrund Nr. 11 formuliert diese funktionale Einschränkung und die dogmatische Unterscheidung von Kollisions- und Sachrecht dahingehend, dass die Gleichstellung von Sachverhalten oder Ereignissen, die in einem Mitgliedstaat eingetreten sind, in keinem Fall bewirken kann, dass ein anderer Mitgliedstaat zuständig wird oder dessen Rechtsvorschriften anwendbar werden. Die kollisionsrechtlichen Vorschriften des Titels II zur Bestimmung der anwendbaren Rechtsvorschriften bleiben unberührt.

2 Die sekundärrechtliche Normierung des Grundsatzes der Tatbestandsgleichstellung hat diesen Grundsatz nicht neu geschaffen und bedeutet auch keine Umkehr der bisherigen Regelungen (so jedoch *Hauschild*, in: *Hauck/Noftz*, Art. 5 Rn 1 unter Hinweis auf *Grotzer*, DRV-Schriften Nr. 71, 89 ff), er ist vielmehr die (in der Literatur schon vor Jahren vorgeschlagene s. *Schuler*, Einführender Diskussionsbeitrag Themenbereich Rentenversicherung, in: *Schulte/Zacher* (Hrsg.), Wechselwirkungen zwischen dem Europäischen Sozialrecht und dem Sozialrecht der Bundesrepublik Deutschland, 1991, 153 ff; 157) zusammenfassende positivrechtliche Ausgestaltung der ständigen Rechtsprechung des EuGH. Dieser hat über die bisher punktuell normierten Äquivalenzregelungen hinaus entsprechende Gleichstellungsgebote aus dem Primärrecht, insbesondere aus dem Verbot der mittelbaren Diskriminierung aus Gründen der Staatsangehörigkeit (Artt. 18, 45 Abs. 2 AEUV), aber auch aus der Gewährleistung der Freizügigkeit und Unionsbürgerschaft, hergeleitet. Hierauf nimmt auch der Erwägungsgrund Nr. 9 Bezug. Beispiele dieser Rechtsprechung sind u.a. die Entscheidungen in der Rechtssache

- Rs. C-20/85 (Roviello), Slg 1988, 2805 und Rs. C-349/87 (Paraschi), Slg 1991, 4501 zur Berücksichtigung ausländischer Tätigkeiten bzw. Fristverlängerung der Umstände im Rahmen der Voraussetzungen der Erwerbsminderungsrente;
- Rs. C-228/88 (Bronzino), Slg 1990, 539 zum Erfordernis des inländischen Wohnsitzes als Voraussetzung für Familienleistungen;
- Rs. C-443/93 (Vougioukas), Slg 1995, 4033 zur Berücksichtigung einer Beschäftigungszeit in einem anderen Mitgliedstaat für die Begründung eines Altersrentenanspruchs;
- Rs. C-131/96 (Romero) Slg 1997, 3659 zur Berücksichtigung einer Wehrdienstzeit in einem anderen Mitgliedstaat für die Verlängerung eines Anspruchs auf Waisenrente; und Rs. C-258/04 (Adanez-Vega) Slg 2004, 10761 zur Berücksichtigung einer Wehrdienstzeit als Voraussetzung für einen Anspruch auf Arbeitslosengeld;
- Rs. C-28/00 (Elsen), Slg 2000, 1409 zur Berücksichtigung von Kindererziehungszeiten im Ausland;
- Rs. C-373/02 (Ötztürk), Slg 2004, 3605 zur Relevanz von Zeiten der Arbeitslosigkeit im Ausland für die vorzeitige Altersrente und
- Rs. C-507/06 (Klöppel), Slg 2008, 943 hinsichtlich der Zeiten des Bezugs von Familienleistungen nach fremdmitgliedstaatlichem Recht.

Art. 5 ist daher unmittelbar primärrechtlich fundiert, er stärkt und effektuiert das Prinzip der Gleichbehandlung (*Jorens*, Allgemeine Prinzipien der Koordinierung in der VO (EG) Nr. 883/2004, S. 132; *Devetzi*, S. 119, 120), seine Auslegung hat sich daher auch weiterhin an den primärrechtlichen Gewährleistungen und an „Inhalt und Geist" (Erwägungsgrund 9) der hierzu ergangenen Rechtsprechung des EuGH zu orientieren.

3 Der Grundsatz der Tatbestandsgleichstellung ist der allgemeinste Grundsatz zum Äquivalenzprinzip; er verwirklicht neben der rechtlichen Gleichbehandlung (Art. 4) die faktische Gleichstellung der Personen, die Freizügigkeit in Europa wahrgenommen oder grenzüberschreitende Dienstleistungen in Europa in Anspruch genommen haben (zum Zusammenhang von Art. 4 und 5 vgl auch *Husmann*, Diskriminierungsverbot und Gleichbehandlungsgebot des Art. 3 VO Nr. 1408/71 und der Artt 4 und 5 VO (EG) Nr. 883/2004). Speziellere Grundsätze hierzu stellen Art. 6 (Zusammenrechnung von Zeiten) und auch Art. 7 (Gleichstellung des Wohnsitzes in einem anderen Mitgliedstaat) dar, diese weisen jedoch eine abweichende Struktur auf und betreffen vor allem

besondere Problemlagen (im Falle des Art. 7 das Problem des Leistungsexportes), die eine gesonderte Normierung erfordern.

II. Einzelerläuterung

1. Allgemeines zur Tatbestandsgleichstellung

Die Vorschrift wendet sich an den zuständigen Mitgliedstaat bzw an dessen zuständige Träger und betrifft die Anwendung des jeweils eigenen (mitgliedstaatlichen) Sachrechts. Der Grundsatz der Tatbestandsgleichstellung hat keine Gültigkeit für das Kollisionsrecht, seine Anwendung darf nicht dazu führen, das kollisionsrechtlich festgelegte Zuständigkeiten geändert werden (vgl Erwägungsgrund Nr. 11 und s. oben Rn 1). Er verdeutlicht die praktische Bedeutung der dogmatischen Unterscheidung von Sach- und Kollisionsrecht. 4

Der Grundsatz der Tatbestandsgleichstellung knüpft an die Sachverhalte, Fakten, Ereignisse und sonstigen Tatbestandsmerkmale des anzuwendenden Rechts an und verpflichtet zur Berücksichtigung entsprechender Sachverhalte, die sich im mitgliedstaatlichen Ausland oder unter der Geltung fremdmitgliedstaatlichen Rechts ereignet haben. Der sachliche Anwendungsbereich des inländischen Sozialrechts wird hierdurch auf Sachverhalte im Ausland erweitert, soweit dies nicht bereits durch das inländische Sozialrecht vorgesehen ist. Der Grundsatz bewirkt damit eine faktische Gleichbehandlung und Gleichstellung von Personen, die Freizügigkeit wahrgenommen haben, im Rahmen des inländischen Sozialrechts; dieses wird in seinem sachlichen Anwendungsbereich erweitert (entterritorialisiert); soweit es sich um rechtlich determinierte Sachverhalte und Vorfragen handelt, erfolgt dies nicht nur durch Berücksichtigung ausländischer „local data", sondern es wird auch fremdes Recht im Rahmen der Anwendung inländischen Rechts relevant (s. hierzu am Beispiel der Berücksichtigung fremder Zeiten grundlegend *Schuler*, Das Internationale Sozialrecht der Bundesrepublik, S. 267 ff). 5

Ausgangspunkt der Prüfung ist das inländische anzuwendende Recht (lex fori) als „rule of decision". Dieses muss hinsichtlich einzelner Tatbestände zunächst offen sein für die Berücksichtigung ausländischer Sachverhalte. Ergibt die (diskriminierungsfreie) Auslegung, dass es sich um ein rein nationales (oder gar regionales) Merkmal handelt, erübrigt sich die weitere Prüfung einer Tatbestandsgleichstellung. Bei einem Sachverhalt, der ausschließlich auf dem Gebiet eines Mitgliedstaats besteht, der mit keinem Element über die Grenzen hinaus weist und auch sonst keinerlei Berührungspunkte zu einem von der Koordinierung Verordnung geregelten Sachverhalt hat, fehlt allerdings bereits der Europabezug (st. Rspr. s. EuGH, Rs. C-64/96 undC-65/96 (Uecker und Jacquet), Slg 1977, 3171) als notwendige Voraussetzung für die Anwendung europäischen Koordinierungsrechts. Ergibt bereits die Auslegung der innerstaatlichen Norm, dass auch entsprechende ausländische Tatbestände zu berücksichtigen sind (wie beispielsweise die Anerkennung als Schwerbehinderter Mensch nach § 2 Abs. 2 SGB IX), so erübrigt sich insoweit ebenfalls ein Rückgriff auf Art. 5. Im Übrigen ist Voraussetzung der Tatbestandsgleichstellung, dass es sich um **gleichartige** oder **entsprechende** Sachverhalte oder Ereignisse handelt. Die Berücksichtigung ausländischer Sachverhalte erfordert daher gegebenenfalls eine **wertende Qualifizierung**, wonach der ausländische Sachverhalt zumindest in den funktional entscheidenden Aspekten dem inländischen Tatbestandsmerkmal vergleichbar sein muss (**Funktionale Äquivalenz**, zu Begriff und Methode in der Rechtsvergleichung vgl *Scheiwe*, KritV 2000, 30 ff). Für Leistungen der sozialen Sicherheit hat der EuGH die Gleichartigkeit dann angenommen, wenn ihr Sinn und Zweck sowie ihre Berechnungsgrundlage und die Voraussetzungen für die Gewährung identisch sind, unabhängig von den besonderen Eigenheiten und formalen Merkmalen (EuGH, Rs. C-406/04 (De Cuyper), Slg 2006, 6947). Diese wertende Betrachtung wird auch in dem Erwägungsgrund Nr. 12 angesprochen, wonach im Lichte der Verhältnismäßigkeit sichergestellt werden soll, dass der Grundsatz der Gleichstellung von Sachverhalten oder Eigenwissen nicht zu sachlich nicht zu rechtferti- 6 genden Ergebnissen oder zum Zusammentreffen von Leistungen gleicher Art für denselben Zeitraum führt.

7 Ergibt die Auslegung der inländischen Rechtsvorschrift, dass es der Gleichstellung entsprechender ausländischer Sachverhalte bedarf, lässt sich jedoch ein entsprechender in der Regel rechtlich determinierter Sachverhalt nicht auffinden, so ist gegebenfalls eine Anpassung (**Einpassung**) an das inländische Recht erforderlich. Dies kann durch Richterrecht oder auch durch eine positive Rechtsvorschrift erfolgen. Ein Beispiel hierfür ist die Regelung des § 93 Abs. 4 Sätze 3 und 4 SGB VI, wonach für die Ermittlung des Grenzbetrages der 18-fache Zahlbetrag der ausländischen Unfallrente zugrunde zu legen ist, weil das ausländische Unfallversicherungsrecht einen Jahresarbeitsverdienst im Sinne des inländischen Unfallversicherungsrechts nicht kennt.

2. Die vorteilsausgleichende Berücksichtigung ausländischer Leistungen und in anderen Mitgliedstaaten erzielter Einkünfte (lit. a)

8 Die Regelung unter lit. a) betrifft die Gleichstellun des Bezugs von fremdmitgliedstaatlichen Leistungen der sozialen Sicherheit oder sonstiger in anderen Mitgliedstaaten erzielten Einkünften in einer allgemeinen Weise hinsichtlich aller Rechtswirkungen, die das inländische Recht hierfür vorsieht. Die Vorschrift geht in ihrem Regelungsgehalt daher über den bisherigen Art. 12 VO (EWG) Nr. 1408/71 hinaus, auch diese hat jedoch ihren Schwerpunkt im Vorteilsausgleich, dh in der Verhinderung von Leistungskumulierungen oder des Bezugs von bedarfsabhängigen Leistungen bei eigener finanzieller Leistungsfähigkeit. Insoweit ist jedoch zu beachten, dass nach dem sogenannten **Petroni-Prinzip** (ständige Rspr. des EuGH, seit Rs. 24/75 (Petroni), Slg 1975, 1149; s. *Bokeloh*, Das Petroni-Prinzip des Europäischen Gerichtshofes, ZESAR 2012, 121 ff) die gemeinschaftsrechtlichen Koordinierungsregelungen ihrer Intention und Funktion nach stets nur rechtserweiternde Wirkung haben dürfen, dh nicht zu einer Verkürzung von Rechtsansprüchen führen dürfen, die bereits nach rein innerstaatlichem Recht bestehen. Voraussetzung der leistungsverkürzenden Berücksichtigung des Bezugs einer ausländischen Sozialleistung oder von dem im Ausland erworbenen Einkommen ist daher, dass eine solche Berücksichtigung bereits im innerstaatlichen Recht vorgesehen ist. Der Gemeinschaftsgesetzgeber hat dies in Art. 53 Abs. 3 lit. a) ausdrücklich normiert, nach der Rechtsprechung des EuGH gilt diese Einschränkung der Sachverhaltsgleichstellung jedoch ganz allgemein, so dass Art. 5 insoweit nur „im Hintergrund" der mitgliedstaatlichen Vorschriften Bedeutung erlangt. Für den Bereich des Antikumulierungsrechts der gesetzlichen Rentenversicherung sind die Regelungen der Artt. 53 ff als speziellere Vorschriften vorrangig, insbesondere werden dort auch die Gleichartigkeit und die unterschiedliche Art der zusammentreffenden Ansprüche vor dem Hintergrund der hierzu ergangenen Rechtsprechung des EuGH positivrechtlich normiert.

9 Einzelfälle der älteren Judikatur des EuGH:
- Nach den Rechtsvorschriften zweier Mitgliedstaaten erworbene Leistungen, die den Lebensunterhalt eines alten Menschen, der nicht mehr über das Einkommen seines verstorbenen Ehegatten verfügt, sichern sollen, verfolgen den gleichen Zweck (EuGH, Rs. 238/81 (Van der Bund-Craig), Slg 1983, 1385).
- Alters- und Invaliditätsrenten sind gleichartig iS dieser Regelung, zB eine vorgezogene Altersrente und eine Invaliditätsrente (EuGH, Rs. 128/88 (Di Felice), Slg 1989, 923; Rs. 108/89 (Pian), Slg 1990, I-1599; Rs. 109/89 (Bianchin), Slg 1990, I-1619) oder eine Altersrente und eine noch nicht in eine Altersrente umgewandelte Invaliditätsrente (EuGH, verb. Rs. 116, 117, 119-121/80 (Celestre u.a.), Slg 1981, 1337).
- Das Erfordernis der Gleichartigkeit der Leistungen ist jedoch nicht erfüllt beim Zusammentreffen von Leistungen, die mit unterschiedlichen beruflichen Laufbahnen und Versicherungszeiten zusammenhängen, wie im Falle des Zusammentreffens einer Invaliditätsrente mit einer Hinterbliebenenrente aus der Versicherung des verstorbenen Ehegatten (EuGH, Rs. 197/85,

Slg 1987, 3859; vgl hierzu auch die Urteile in der Rs. C-98/94 (Schmidt), Slg 1995, I-2559 und der Rs. C-365/96 (Cordelle), Slg 1998, I-583).

Diese Grundsätze sind nunmehr in Art. 53 Abs. 1 für Leistungen gleicher Art bei Invalidität, bei Alter oder an Hinterbliebene ausdrücklich geregelt.

Soweit im sachlichen Anwendungsbereich des Koordinierungsrechts Einkünfte anspruchsmindernde Auswirkungen haben, ist es (nicht zuletzt aus Gründen der Gleichbehandlung, vgl zu diesem Gesichtspunkt BSG SozR 3-4100 § 118 Nr. 4, S. 19 ff) selbstverständlich, dass auch Einkünfte aus dem Ausland zu berücksichtigen sind. Im Übrigen werden mit den Antikumulierungsregelungen des innerstaatlichen Rechts nicht gerechtfertigte mehrfache oder zu hohe Sozialleistungen ausgeschlossen. Im Falle des Zusammentreffens mehrerer unterschiedlicher Sozialleistungsansprüche wird gleichzeitig deren Rangordnung festgelegt: 10

- Im Krankenversicherungsrecht s. § 49 Abs. 1 SGB V,
- im Rentenversicherungsrecht s. § 93 Abs. 4 S. 1 Nr. 4 SGB VI,
- im Unfallversicherungsrecht s. § 98 SGB VII und
- im Arbeitsförderungsrecht s. § 142 Abs. 1 SGB III.

In Ansehung der Petroni-Rechtsprechung des EuGH umfassen diese Regelungen regelmäßig auch ausdrücklich „ihrer Art nach" vergleichbare ausländische Sozialleistungen bzw. Leistungen „einer staatlichen Stelle im Ausland" (zB § 142 Abs. 3 SGB III). Eine Ausnahme hiervon stellt § 7 Abs. 4 S. 1 SGB II dar, wonach Leistungen der Grundsicherung u.a. bei gleichzeitigem Bezug von Rente wegen Alters oder ähnlicher Leistungen öffentlich-rechtlicher Art ausgeschlossen sind. Das Ausmaß der Einbeziehung diese „Hybridleistung" nach Art. 70 ist zweifelhaft, wird jedoch bei der Anspruchsprüfung ein bestehender Leistungsanspruch aus einem System der sozialen Sicherheit eines anderen Mitgliedstaates einbezogen (so *Schreiber*, Europäische Sozialrechtskoordinierung und Arbeitslosengeld II-Anspruch, NZS, 2012, 647 ff, 650; s. auch *Eichenhofer*, Soziale Sicherung nichterwerbstätiger Bürger, ZESAR 2012, 357 ff), so spricht dies auch für die Anwendbarkeit von Art. 5. Mit Urteil vom 16.5.2012 (Az.: B 4 AS 105/11 R) hat das BSG mit relativ hohem Begründungsaufwand entschieden, dass § 7 Abs. 4 S. 1 SGB II vor dem Hintergrund der früheren eigenen Rechtsprechung sowie der Rechtsprechung des EuGH und der Rechtsentwicklung sowohl hinsichtlich des Tatbestandsmerkmals der Rente, als auch hinsichtlich des Tatbestandsmerkmals der ähnlichen Leistung öffentlich-rechtlicher Art auch entsprechende Leistungen ausländischer Träger erfasst. Die Vergleichbarkeit der im konkreten Fall bezogenen litauischen Altersrente hat es nach den Grundsätzen der funktionalen Äquivalenz und der hierzu ergangenen Rechtsprechung des BSG bejaht, weil diese ausländische Rente nach Funktion und Struktur in ihrem Kerngehalt den Essentialia der inländischen Altersrente entspricht.

3. Die Gleichstellung von in einem anderen Mitliedstaat eingetretenen Sachverhalten oder Ereignissen (lit. b)

Das Gleichstellungsgebot wird durch lit b) generell auf alle Sachverhalte und Ereignisse erstreckt, deren Erfüllung von Normen des inländischen sozialrechtlichen Sachrechts vorausgesetzt werden. Da sich das Gleichstellungsgebot nicht auf das Kollisionsrecht erstreckt und auch keine kollisionsrechtlichen Wirkungen entfalten soll, ist sein Anwendungsbereich im Versicherungsrecht begrenzt, kommt jedoch bei einzelnen Voraussetzungen zum Tragen. So sind im Rahmen der Prüfung nach § 5 Abs. 1 Nr. 13 SGB V, ob eine Person „zuletzt" gesetzlich krankenversichert oder „bisher" privat krankenversichert war, entsprechende Sachverhalte, die in anderen Mitgliedstaaten verwirklicht worden sind, so zu berücksichtigen, als ob sie im Gebiet der Bundesrepublik Deutschland eingetreten wären (HLSG v. 19.7.2011 – L 1 KR 180/11 B ER). Die Tatbestandsgleichstellung darf in der Regel auch nicht dazu führen, dass fremde Zeiten in die inländische Versicherungslast überführt werden, beispielsweise durch Gleichstellung der Tatbestandsmerkmale für Ersatzzeiten (§ 52 SGB VI). Sie wirkt sich hauptsächlich im Leistungsrecht aus. 11

12 Bei der Anwendung des Grundsatzes der Tatbestandsgleichstellung ist zu beachten, dass hiermit grundsätzlich keine Harmonisierung der mitgliedstaatlichen Sozialrechtsordnungen beabsichtigt ist. Die Mitgliedstaaten bleiben zuständig und frei in der Festlegung der Voraussetzungen für die Inanspruchnahme von Sozialleistungen.

4. Das Verhältnis zum Zusammenrechnungsgrundsatz des Art. 6

13 Der Grundsatz der Zusammenrechnung von Zeiten nach Art. 6 ist lex specialis gegenüber der allgemeinen Tatbestandsgleichstellung; er ist in seinem Anwendungsbereich jedoch auf die reine Zusammenrechnung mitgeteilter ausländischer Zeiten beschränkt (vgl Beschluss der Verwaltungskommission N. H6 vom 16.12.2010, ABl. EU C 45/5 v. 12.2.2011 und Art. 6 Rn 6).

14 Stellt das inländische Recht jedoch besondere Anforderungen an bestimmte Zeiten (sog. qualifizierte Zeiten), so werden fremdmitgliedstaatliche Zeiten über die Sachverhaltsgleichstellung nach lit. b) berücksichtigt, wenn diese fremden Zeiten die erforderliche Qualifikation aufweisen. Qualifizierte Zeiten des inländischen Rentenversicherungsrechts sind insbesondere

- Zeiten mit Pflichtbeiträgen für eine versicherte Beschäftigung oder Tätigkeit für die Rente wegen Erwerbsminderung (§ 43 Abs. 1 Nr. 2 und Abs. 2 Nr. 2 SGB VI, die Altersrente für Frauen (§ 2 37a Abs. 1 Nr. 3 SGB VI), wegen Arbeitslosigkeit oder nach Altersteilzeitarbeit (§ 2 37 Abs. 1 Nr. 4 SGB VI) und die vorzeitige Wartezeiterfüllung (§§ 53 Abs. 1 S. 2 und Abs. 2 S. 1, 245 Abs. 3 Nr. 2 SGB VI),
- Beitragszeiten von 20 Jahren zur Neufeststellung einer Rente wegen voller Erwerbsminderung (§ 75 Abs. 3 SGB VI),
- Zeiten mit Pflichtbeiträgen zur Befreiung von der Versicherungspflicht für Gewerbetreibende in Handwerksbetrieben (§ 6 Abs. 1 S. 1 Nr. 4 SGB VI).

15 Auch bei anderen Leistungsvoraussetzungen als (gegebenenfalls qualifizierte) Versicherung- oder Wohnzeiten erfolgt die Berücksichtigung ausländischer Sachverhalte ebenfalls nach der allgemeinen Tatbestandsgleichstellung der lit. b) (vgl zu der 1984 eingeführten Voraussetzung der Zuletztbeschäftigung für Renten wegen geminderter Erwerbsfähigkeit und den dort vorgesehenen sog. Aufschubzeiten § 43 Abs. 1 Ziff. 2, Abs. 4 SGB VI. Zur alten Rechtslage vgl EuGH, Rs. 349/87 (Paraschi), Slg 1991, I-4501 = SozR 3-6030 Art. 48 Nr. 3).

5. Sonderregelungen unter Modifizierungen

16 Vorrangige Sonderregelungen finden sich in Artt. 53-57 zum Zusammentreffen von Renten (in Verbindung mit Anhang IX) sowie in Art. 40 Abs. 3 zu Arbeitsunfällen und Berufskrankheiten. Modifizierungen hinsichtlich der Möglichkeit zur freiwilligen Versicherung bzw zur Versicherung auf Antrag finden sich in Anhang IX Deutschland Nr. 1 und 2).

Artikel 6 Zusammenrechnung der Zeiten

Sofern in dieser Verordnung nichts anderes bestimmt ist, berücksichtigt der zuständige Träger eines Mitgliedstaats, dessen Rechtsvorschriften:

- den Erwerb, die Aufrechterhaltung, die Dauer oder das Wiederaufleben des Leistungsanspruchs,
- die Anwendung bestimmter Rechtsvorschriften,

oder

- den Zugang zu bzw. die Befreiung von der Pflichtversicherung, der freiwilligen Versicherung oder der freiwilligen Weiterversicherung,

von der Zurücklegung von Versicherungszeiten, Beschäftigungszeiten, Zeiten einer selbstständigen Erwerbstätigkeit oder Wohnzeiten abhängig machen, soweit erforderlich die nach den Rechtsvorschriften eines anderen Mitgliedstaats zurückgelegten Versicherungszeiten, Beschäftigungszeiten, Zeiten einer selbstständigen Erwerbstätigkeit oder Wohnzeiten, als ob es sich um Zeiten handeln würde, die nach den für diesen Träger geltenden Rechtsvorschriften zurückgelegt worden sind.

Artikel 12 DVO   Zusammenrechnung von Zeiten

(1) Bei der Anwendung von Artikel 6 der Grundverordnung wendet sich der zuständige Träger an die Träger der Mitgliedstaaten, deren Rechtsvorschriften für die betroffene Person ebenfalls gegolten haben, um sämtliche Zeiten zu bestimmen, die der Versicherte nach deren Rechtsvorschriften zurückgelegt hat.

(2) Die nach den Rechtsvorschriften eines Mitgliedstaats jeweils zurückgelegten Versicherungszeiten, Beschäftigungszeiten, Zeiten einer selbständigen Erwerbstätigkeit oder Wohnzeiten sind, soweit erforderlich, bei der Anwendung von Artikel 6 der Grundverordnung zu denjenigen Zeiten hinzuzurechnen, die nach den Rechtsvorschriften anderer Mitgliedstaaten zurückgelegt wurden, sofern sich diese Zeiten nicht überschneiden.

(3) Fällt eine nach den Rechtsvorschriften eines Mitgliedstaats auf Grund einer Pflichtversicherung zurückgelegte Versicherungs- oder Wohnzeit mit einer Zeit der freiwilligen Versicherung oder freiwilligen Weiterversicherung zusammen, die nach den Rechtsvorschriften eines anderen Mitgliedstaats zurückgelegt wurde, so wird nur die im Rahmen einer Pflichtversicherung zurückgelegte Zeit berücksichtigt.

(4) Fällt eine nach den Rechtsvorschriften eines Mitgliedstaats zurückgelegte Versicherungs- oder Wohnzeit, die keine gleichgestellte Zeit ist, mit einer gleichgestellten Zeit zusammen, die nach den Rechtsvorschriften eines anderen Mitgliedstaats zurückgelegt wurde, so wird nur die Zeit berücksichtigt, die keine gleichgestellte Zeit ist.

(5) ¹Jede Zeit, die nach den Rechtsvorschriften von zwei oder mehr Mitgliedstaaten als gleichgestellte Zeit gilt, wird nur von dem Träger des Mitgliedstaats berücksichtigt, nach dessen Rechtsvorschriften die betreffende Person vor dieser Zeit zuletzt pflichtversichert war. ²Ist die betreffende Person vor dieser Zeit nicht nach den Rechtsvorschriften eines Mitgliedstaats pflichtversichert gewesen, so wird die Zeit von dem Träger des Mitgliedstaats berücksichtigt, nach dessen Rechtsvorschriften sie nach der betreffenden Zeit erstmals pflichtversichert war.

(6) Lässt sich der Zeitraum, in dem bestimmte Versicherungs- oder Wohnzeiten nach den Rechtsvorschriften eines Mitgliedstaats zurückgelegt worden sind, nicht genau ermitteln, so wird unterstellt, dass diese Zeiten sich nicht mit Versicherungs- oder Wohnzeiten überschneiden, die nach den Rechtsvorschriften eines anderen Mitgliedstaats zurückgelegt worden sind; sie werden bei der Zusammenrechnung, sofern für die betreffende Person vorteilhaft, berücksichtigt, soweit sie für diesen Zweck in Betracht gezogen werden können.

Artikel 13 DVO   Regeln für die Umrechnung von Zeiten

(1) Sind Zeiten, die nach den Rechtsvorschriften eines Mitgliedstaats zurückgelegt worden sind, in Einheiten ausgedrückt, die von den Einheiten abweichen, die in den Rechtsvorschriften eines anderen Mitgliedstaats vorgesehen sind, so werden sie für die Zusammenrechnung nach Artikel 6 der Grundverordnung wie folgt umgerechnet:

a) Die Zeit, die als Grundlage für die Umrechnung zu verwenden ist, ist die Zeit, die vom Träger des Mitgliedstaats mitgeteilt wird, nach dessen Rechtsvorschriften die Zeit zurückgelegt wurde.

b) Im Falle von Systemen, in denen die Zeiten in Tagen ausgedrückt werden, erfolgt die Umrechnung von Tagen in andere Einheiten und umgekehrt sowie die Umrechnung zwischen verschiedenen Systemen, denen Tage zugrunde liegen, nach der folgenden Tabelle:

System auf der Grundlage von	1 Tag entspricht	1 Woche entspricht	1 Monat entspricht	1 Vierteljahr entspricht	Höchstzahl von Tagen in einem Kalenderjahr
5 Tagen	9 Stunden	5 Tagen	22 Tagen	66 Tagen	264 Tage
6 Tagen	8 Stunden	6 Tagen	26 Tagen	78 Tagen	312 Tage
7 Tagen	6 Stunden	7 Tagen	30 Tagen	90 Tagen	360 Tage

c) Im Falle von Systemen, in denen die Zeiten in anderen Einheiten als Tagen ausgedrückt werden,
  i) entsprechen drei Monate oder dreizehn Wochen einem Vierteljahr und umgekehrt;
  ii) entspricht ein Jahr vier Vierteljahren, 12 Monaten oder 52 Wochen und umgekehrt;
  iii) für die Umrechnung von Wochen in Monate und umgekehrt werden die Wochen und Monate im Einklang mit den Umrechnungsregeln für die Systeme auf der Grundlage von sechs Tagen in der Tabelle in Buchstabe b in Tage umgerechnet.
d) Im Falle von Zeiten, die in Bruchzahlen ausgedrückt werden, werden diese Zahlen in die nächstkleinere ganze Einheit umgerechnet; dabei werden die unter den Buchstaben b und c aufgeführten Regeln angewandt. Dezimalzahlen von Jahren werden in Monate umgerechnet, es sei denn, das System beruht auf Vierteljahren.
e) Führt die Umrechnung nach diesem Absatz zu einem Bruchteil einer Einheit, so wird die nächsthöhere ganze Einheit als Ergebnis der Umrechnung nach diesem Absatz genommen.

(2) Die Anwendung von Absatz 1 darf nicht dazu führen, dass mit der Gesamtsumme der in einem Kalenderjahr zurückgelegten Zeiten eine Gesamtzahl über der Anzahl von Tagen, die in der letzten Spalte der Tabelle in Absatz 1 Buchstabe b genannt wird, oder über 52 Wochen oder 12 Monaten oder vier Vierteljahren erreicht wird.

Entsprechen die umzurechnenden Zeiten der maximalen Jahresmenge von Zeiten nach den Rechtsvorschriften des Mitgliedstaats, in dem sie zurückgelegt wurden, so darf die Anwendung von Absatz 1 nicht innerhalb eines Kalenderjahres zu Zeiten führen, die kürzer sind als die mögliche maximale Jahresmenge von Zeiten nach den betreffenden Rechtsvorschriften.

(3) Die Umrechnung erfolgt entweder in einem einzigen Rechenschritt für alle Zeiten, die als Ganzes mitgeteilt wurden, oder für jedes einzelne Jahr, wenn die Zeiten nach Jahren mitgeteilt wurden.

(4) Teilt ein Träger Zeiten in Tagen ausgedrückt mit, so gibt er zugleich an, ob das von ihm verwaltete System auf fünf Tagen, sechs Tagen oder sieben Tagen beruht.

I. Normzweck 1	3. Berücksichtigung fremder Zeiten bei der Beurteilung der Versicherungspflicht und der Versicherungsberechtigung.... 16
II. Einzelerläuterung 4	
1. Der allgemeine Anwendungsbereich des Zusammenrechnungsgebots 4	
2. Anspruchsbegründende und anspruchserhaltende Zusammenrechnung von Zeiten 11	

I. Normzweck

1 Die Vorschrift wurde mit der neuen VO eingeführt und regelt einheitlich und zusammengefasst die bisher in den einzelnen Leistungsbereichen (Art. 9, 10a, 18, 45, 64 und 72 VO (EWG) Nr. 1408/71) normierte Berücksichtigung fremdmitgliedstaatlicher Versicherungs-, Beschäftigungs- und Wohnzeiten. Vorläufer dieser Regelung war u.a. Art. 27 VO (EWG) Nr. 3. Die Berücksichtigung fremdmitgliedstaatlicher Zeiten ist ein Unterfall der allgemeinen Gleichstellungsregelung des Art. 5, weist jedoch eine besondere Struktur auf, die in dem 10. Erwägungsgrund

thematisiert wird. Soweit es um die **Zusammenrechnung (Totalisierung) von Zeiten** geht, ist Art. 6 gegenüber Art. 5 als die speziellere Regelung vorrangig anzuwenden. Die Verwaltungskommission für die Koordinierung der Systeme der sozialen Sicherheit (Art. 71) hat mit Beschluss H6 vom 16.12.2010 den Grundsatz der Zusammenrechnung für die Rechtspraxis in den Mitgliedstaaten vereinheitlicht, inhaltlich erweitert und von der allgemeineren Tatbestandsgleichstellung abgegrenzt (s. Rn 6, 13). Der Grundsatz gilt für den gesamten sachlichen Anwendungsbereich der VO, steht jedoch unter dem Vorbehalt abweichender Regelungen (zur Zusammenrechnung von Zeiten in Sondersystemen vgl Art. 51 Abs. 1 bis 3 und Art. 61). Für die EWR-Staaten Island, Liechtenstein und Norwegen ist nach Art. 90 Abs. 1 die Zusammenrechnung von Zeiten nach der VO (EWG) Nr. 1408/71 möglich. Die Zusammenrechnung von Zeiten ist auch dann vorzunehmen, wenn der Wohnsitz in einen Drittstaat verlegt wird (vgl EuGH, Rs. C-331/06 (Chuck), Slg 2008, I-1957 und *Leopold*, Die Berücksichtigung von „Kleinstrenten" in der EU und deren Export in Drittstaaten, ZESAR 2008, 343-346).

Eine koordinierungsrechtliche Zusammenrechnung von Zeiten ist erforderlich, weil und soweit 2 rentenrechtliche Vorschriften der Mitgliedstaaten, namentlich auch die der Bundesrepublik Deutschland, im Rahmen von **Wartezeit- oder Vorversicherungserfordernissen** regelmäßig lediglich Zeiten berücksichtigen, die nach den eigenen Rechtsvorschriften zurückgelegt wurden. Die Beseitigung der hieraus für die betroffenen Wanderarbeitnehmer resultierenden Benachteiligungen bleibt aus Gegenseitigkeitserwägungen dem koordinierenden Recht (dh dem Abkommensrecht oder dem europäischen Gemeinschaftsrecht) vorbehalten.

Der Grundsatz der Zusammenrechnung ist der Prototyp eines international- bzw **europarechtli-** 3 **chen Äquivalenzprinzips**, das der materiell-rechtlichen Gleichstellung von Personen dient, die Freizügigkeit wahrgenommen haben. Er flankiert die unionsrechtlich verbürgten Freizügigkeitsrechte und ist damit einer **international sozialrechtlichen Gerechtigkeit** verpflichtet (vgl dazu allgemein *Eichenhofer*, Internationales Sozialrecht und Internationales Privatrecht, 1987, S. 247 ff; *ders.*, Internationales Sozialrecht, Rn 190 ff; *Willms*, Soziale Sicherung, S. 177 ff; *Schuler*, Das internationale Sozialrecht der Bundesrepublik, S. 198 ff). Die Berücksichtigung fremder Zeiten weist jedoch gegenüber der Sachverhaltsgleichstellung nach Art. 5 die Besonderheit auf, dass diese nur in den in der Vorschrift genannten eingeschränkten Funktionen erfolgt, nämlich einerseits im Rahmen anspruchsbegründender und anspruchserhaltender Normen, die bestimmte Mindestzeiten der versicherungsrechtlichen oder territorialen Zugehörigkeit voraussetzen (s. unten Rn 13). Sofern und soweit diese Zeiten selbst Leistungsansprüche bzw Leistungsanwartschaften vermitteln, wie insbesondere in Rentensicherungssystemen, werden diese sog. Versicherungslasten jedoch nicht übernommen, es sei denn, dies ist ausnahmsweise angeordnet (vgl Art. 44 Abs. 2, Art. 57 Abs. 2). Fremdmitgliedstaatliche Zeiten werden mithin nicht „anspruchsausfüllend" berücksichtigt, auch nicht im Rahmen der Rentenberechnung (zur zwischenstaatlichen Berechnung der Rente s. Art. 52 Abs. 1 lit. b). Diesem Umstand trägt der Erwägungsgrund 10 Rechnung, indem er die Berücksichtigung von Zeiten auf den **„Grundsatz der Zusammenrechnung"** beschränkt und diesem Vorrang gegenüber dem (allgemeinen) Gleichbehandlungsgrundsatz, nunmehr der Tatbestandsgleichstellung nach Art. 5, zumisst. Die Regelung des Art. 38 über die Berücksichtigung von in anderen Mitgliedstaaten zurückgelegten sog. Expositionszeiten und die vollständige Leistungspflicht des Mitgliedstaates der letzten Exposition geht daher über den Grundsatz der Zusammenrechnung hinaus.

Ferner bewirkt der Zusammenrechnungsgrundsatz im Hinblick auf Zugangs- und Beendigungsbarrieren bei der Pflichtversicherung, der freiwilligen Versicherung oder der freiwilligen Weiterversicherung, dass auch insoweit von einer **unionsrechtlich einheitlichen Erwerbs- bzw Versicherungsbiographie** ausgegangen wird (zB *Fuchs*, SGb 2008, 2012, 213).

II. Einzelerläuterung

1. Der allgemeine Anwendungsbereich des Zusammenrechnungsgebots

4 Nach der weiten (und nahezu mit der bisherigen Definition in Art. 1 lit. r) VO Nr. 1408/71 identischen) Legaldefinition der Versicherungszeiten in Art. 1 lit. t) zählen hierzu die Beitragszeiten, die Beschäftigungszeiten und die Zeiten einer selbstständigen Erwerbstätigkeit sowie gleichgestellte Zeiten nach Maßgabe der mitgliedstaatlichen Rechtsvorschriften, nach denen sie zurückgelegt worden sind oder als zurückgelegt gelten (EuGH, Rs. C-29/88 (Schmitt), Slg 1989, 581; Rs. 388/87 (Warmerdam-Steggerda), Slg 1989, 1203). Der zusammenrechnende Träger hat bei der Prüfung der Anspruchsvoraussetzungen alle fremdmitgliedstaatlichen Versicherungszeiten, die ihm von den ausländischen zuständigen Trägern (verbindlich) mitgeteilt werden, zu den inländischen Zeiten hinzuzurechnen. Gleiches gilt für die Beschäftigungszeiten und die Zeiten einer selbstständigen Erwerbstätigkeit (Art. 1 lit. u)) – ohne dass es sich dabei um Versicherungszeiten handeln muss) sowie die Wohnzeiten (Art. 1 lit. v)), einschließlich der jeweils gleichgestellten Zeiten. Hierfür und insgesamt sind die Rechtsvorschriften maßgeblich, nach denen sie zurückgelegt und als solche bestimmt und anerkannt sind (Statut des mitteilenden Mitgliedstaats), denn es ist Sache der Mitgliedstaaten, Art und Umfang der (versicherungs-)rechtlichen Voraussetzungen für die Leistungen der sozialen Sicherheit festzulegen (EuGH, Rs. C-306/03 (Alonso), Slg 2005, 705; Rs. C-227/03 (Pommeren-Bourgondien), Slg 2005, 6101, jew. mwN). Die Berücksichtigung erfolgt ungeachtet der Wirkung, die diese Zeiten nach ausländischem Recht haben, es kann sich auch um Zeiten handeln, die nur für die Rentenberechnung gelten (s. unten Rn 6).

5 Das Zusammenrechnungsgebot bezieht sich seinem Wortlaut nach nur auf Zeiten, die nach den Rechtsvorschriften eines oder mehrerer anderer Mitgliedstaaten zurückgelegt wurden, es gilt nicht für Zeiten, die in einem Drittstaat zurückgelegt wurden, selbst wenn einer der anderen Mitgliedstaaten solche Zeiten (zB aufgrund eines Sozialversicherungsabkommens) zu berücksichtigen hat (EuGH, Rs. C-297/92 (Baglieri), Slg 1993, I-5211; Rs. C-247/00 (Barriera Pérez), Slg 2002, 8191). Eine sog. **multinationale Zusammenrechnung** mit Zeiten aus Abkommensstaaten anderer Mitgliedstaaten findet insoweit nicht statt, wohl aber, wenn nach (jeweiligem) innerstaatlichem Recht neben Zeiten in anderen Mitgliedstaaten der EU auch Zeiten in Abkommensstaaten zu berücksichtigen sind.

Beispiel: Eine spanische Staatsangehörige begehrt vom inländischen Träger neben der Anrechnung spanischer und deutscher Versicherungszeiten auch kanadische Zeiten nach dem deutsch-kanadischen Abkommen über soziale Sicherheit.

Insoweit gebietet der Grundsatz der Gleichbehandlung auch eine Zusammenrechnung von in einem Abkommensstaat (des zusammenrechnenden Trägers, im Beispiel Kanada) zurückgelegten Zeiten zugunsten von abkommensrechtlich nicht erfassten Staatsangehörigen anderer Mitgliedstaaten (EuGH, Rs. C-55/00 (Gottardo), Slg 2002, 413).

6 Mit Beschluss Nr. H6 vom 16.12.2010 (ABl. EU C 45/5 v. 12.2.2011) hat die Verwaltungskommission für die Koordinierung der Systeme der sozialen Sicherheit (vgl *Hauschild*, RV aktuell 2010, 299-302; *ders.*, DRV 2011, 117–122) klargestellt, dass seit dem 1.4.2011 alle Versicherungszeiten, einschließlich der Zeiten, die durch die nationalen Rechtsvorschriften Versicherungszeiten gleichgestellt sind, unter den Begriff der „Versicherungszeiten iS der VO" fallen (Nr. 1 des Beschlusses). Diese fremdmitgliedstaatlichen Zeiten sind allerdings nur im Rahmen des Grundsatzes der Zusammenrechnung der Zeiten nach Art. 6 VO und Art. 12 DVO zu berücksichtigen, insoweit jedoch ohne dass die diesbezüglichen Mitteilungen anderer Mitgliedstaaten hinsichtlich ihrer Qualität hinterfragt werden können (Nr. 2 des Beschlusses). Diese Mitteilungen sind verbindlich (s. bereits EuGH, Rs. C-372/02 (Adanez-Vega). Mit dieser Regelung sollte die Verwaltungspraxis der Mitgliedstaaten vereinheitlicht und der Zusammenrechnungsgrundsatz effektuiert werden, insbesondere auch im Hinblick auf das Projekt des EESSI (Europaweiter elektronischer Austausch von Sicherungsinformationen). Zukünftig haben die inländischen Renten-

versicherungsträger daher auch Zeitgutschriften oder Zeiten, die (zB nach rumänischem oder slowenischem Rentenrecht) als rentensteigernder Bonus gewährt werden, im Rahmen des Art. 6 zu berücksichtigen.

Die Zusammenrechnung von Zeiten ist nicht auf Angehörige der EU-Staaten beschränkt. Zwar bezieht auch die neue VO selbst (Art. 2) Angehörige von Drittstaaten nur als Familienangehörige von Staatsangehörigen eines Mitgliedstaates bezüglich der Leistungen an Hinterbliebene in ihren personellen Anwendungsbereich ein, die Erstreckung auf alle Drittstaatsangehörigen (und deren Familienangehörige) mit rechtmäßigem Wohnsitz im Hoheitsgebiet eines Mitgliedstaates ist durch die VO(EU) Nr. 1231/2010 v. 24.11.2010 erfolgt. Die Erweiterung der VO (EWG) Nr. 1408/71 auf Drittstaatsangehörige durch die VO (EG) Nr. 859/2003 gemäß Art. 90 Abs. 1 lit. a) ist damit obsolet. Die Erweiterung auf Drittsaaten gilt jedoch nicht für die EWR-Staaten und die Schweiz, da für diese weiterhin die VO (EWG) Nr. 1408/71 und die VO (EWG) Nr. 574/74 Gültigkeit hat (*Bokeloh*, ZESAR 2011, 18 f). 7

Der Wohnsitz des Berechtigten in einem Drittstaat lässt das Zusammenrechnungsgebot unberührt. Dies hat der EuGH in der Rs. C-331/06 (Chuck), Slg I-2008, I-1957 für die sog. Minizeitenregelung des Art. 48 Abs. 2 VO (EWG) Nr. 1408/71 entschieden, für Art. 6 kann nichts anderes gelten. 8

Der Grundsatz der Zusammenrechnung von Zeiten gilt unter dem Vorbehalt abweichender Regelungen in der VO für alle Zweige der sozialen Sicherheit bzw für alle Leistungen, die dem sachlichen Anwendungsbereich der VO unterfallen (Art. 3). Er findet keine Anwendung auf Ansprüche auf Vorruhestandsleistungen (s. Art. 66; kritisch hierzu im Hinblick auf das Verbot der indirekten Diskriminierung aufgrund der Staatsangehörigkeit *Verschueren*, 50 Jahre nach ihrem Beginn, S. 232). Für in allgemeinen Sondersystemen erfasste Personen enthält Art. 51 und für Sondersysteme für Beamte enthält Art. 60 Abs. 2 einschränkende Regelungen. 9

Für die konkrete Zusammenrechnung von Zeiten gilt im Einzelnen: 10

Eine Berücksichtigung fremder Zeiten unterbleibt, soweit sie sich (mit anderen fremden Zeiten oder mit einer nach inländischem Recht anzurechnenden Zeit) überschneiden (Art. 12 Abs. 2 DVO). Pflichtversicherungszeiten gehen dabei Zeiten einer freiwilligen (Weiter-)Versicherung vor; originäre Versicherungs- oder Wohnzeiten gehen gleichgestellten Zeiten vor (Art. 12 Abs. 3 und 4 DVO). Zeiten, die von mehreren Mitgliedstaaten als gleichgestellte Zeiten qualifiziert werden, werden nur von dem Träger der letzten Pflichtversicherung, hilfsweise von dem Träger des Mitgliedstaates berücksichtigt, nach dessen Rechtsvorschriften die betreffende Person danach erstmals pflichtversichert war (Art. 12 Abs. 5 DVO). Im Falle tatsächlicher Unklarheiten bezüglich des Zeitraums, während dessen anrechenbare Zeiten zurückgelegt wurden, ist zu unterstellen, dass keine Überschneidung mit fremden Versicherungs- und Wohnzeiten besteht. Sie sind nach dem Günstigkeitsprinzip zu berücksichtigen, „soweit sie für diesen Zweck in Betracht gezogen werden können" (Art. 12 Abs. 6 DVO). Auch wenn diese Voraussetzung sehr unbestimmt formuliert ist, besteht nach dem Beschluss der Verwaltungskommission Nr. H6 vom 16.12.2010 (Rn 6) kein Raum mehr des Nachweises bzw die Glaubhaftigkeit dieser Zeiten in Frage zu stellen. Die Umrechnung der unterschiedlichen zeitlichen Einheiten bemisst sich nach Art. 13 DVO, sie entspricht der bisherigen Rechtslage und der bisherigen Praxis.

2. Anspruchsbegründende und anspruchserhaltende Zusammenrechnung von Zeiten

Die Berücksichtigung fremdmitgliedstaatlicher Versicherungszeiten im Rahmen anspruchsbegründender und anspruchserhaltender Leistungsvoraussetzungen rechnet zu den historisch ältesten Regelungsgegenständen der zwischenstaatlichen Sozialrechtskoordinierung (vgl *Schuler*, Das internationale Sozialrecht, S. 541) und wurde vor diesem Hintergrund im Rahmen der primärrechtlichen Koordinierungsaufträge für das Gebiet der sozialen Sicherheit (zB Art. 48 AEUV = Art. 42 lit. a) EG) als konkretes Sicherungsziel ausdrücklich erwähnt. Sie dient der Erhaltung be- 11 reits erworbener Leistungsanwartschaften und ihrem erleichterten Erwerb (vgl Erwägungsgründe 13 und 14).

12 Der EuGH hat den unmittelbaren Zusammenhang der Zielsetzungen des EG-Vertrags und der Koordinierungsverordnungen mit der Zusammenrechnungsregelung immer wieder betont und ausgeführt, es sei gemäß Art. 45 AEUV (= Art. 39 EG) und Art. 48 AEUV (= Art. 42 EG) dieses Vertrages vor allem das Ziel der Koordinierungsverordnungen zu verhindern, dass ein Wanderarbeitnehmer infolge seines Wechsels von einem Mitgliedstaat zu einem anderen den Anspruch auf Berücksichtigung seiner Beschäftigungszeiten verliert und dadurch in eine ungünstigere Lage gerät, als wenn er seine gesamte berufliche Laufbahn in einem einzigen Mitgliedstaat zurückgelegt hätte. Mit diesen Verordnungen sei deswegen ein System der Zusammenrechnung sämtlicher Beschäftigungszeiten eingeführt worden, die auf diese Weise für den **Erwerb oder die Aufrechterhaltung von gleichartigen Leistungsansprüchen** in verschiedenen Mitgliedstaaten und für die Berechnung ihrer Höhe in Betracht kommen können (EuGH, Rs. 232/82 (Baccini), Slg 1983, 583; Rs. C-481/93 (Moscato), Slg 1995, 3525; Rs. C-306/03 (Alonso), Slg 2005, 705). Der Zusammenrechnungsgrundsatz resultiert daher letztlich aus den gewährleisteten Freizügigkeitsrechten.

13 Der Zusammenrechnungsgrundsatz verpflichtet (als speziellere Regelung) die mitgliedstaatlichen Träger lediglich, bei der Prüfung speziell der versicherungsrechtlichen Anspruchsvoraussetzungen oder der in steuerfinanzierten Versicherungssystemen regelmäßig erforderlichen Wohnzeiten (Mindestzeiten der versicherungsrechtlichen oder territorialen Zugehörigkeit) für den Erwerb, das Fortbestehen/die Aufrechterhaltung oder das Wiederaufleben/Wiederentstehen des Anspruchs die nach fremdmitgliedstaatlichem Recht zurückgelegten Versicherungszeiten sowie die übrigen Zeiten mit den innerstaatlichen Zeiten „soweit erforderlich" zusammenzurechnen, dh soweit diese nicht bereits nach nationalem Versicherungsrecht erfüllt werden. Der Zusammenrechnungsgrundsatz wirkt weder anspruchsausfüllend, noch enthält er ein allgemeines Gleichstellungsgebot für (sonstige) Anspruchsvoraussetzungen (EuGH, Rs. C-29/88 (Schmitt), Slg 1989, 581; Rs. 388/87 (Warmerdam-Steggerda), Slg 1989, 1203), dieses wurde mit der neuen VO in Art. 5 normiert. Selbst allgemeine Anrechnungsvorschriften (wie zB die Beschränkung auf Versicherungszeiten vor Eintritt der Erwerbsminderung oder vor dem Rentenbeginn nach § 75 SGB VI) bleiben unberührt. Mit der Nr. 3 des Beschlusses Nr. H6 der Verwaltungskommission (Rn 6) wird die **Abgrenzung** des Zusammenrechnungsgrundsatzes **von dem allgemeineren Grundsatz der Tatbestandsgleichstellung** des Art. 5 ausführlich beschrieben. Besondere mitgliedstaatliche Leistungsvoraussetzungen, mit denen beispielsweise sog. **qualifizierte Zeiten** (Beitragszeiten, Zeiten der tatsächlichen Ausübung einer Erwerbstätigkeit) vorausgesetzt werden, haben die Mitgliedstaaten in nichtdiskriminierender Weise unter Berücksichtigung der Gleichstellungsregelung des Art. 5 zu beurteilen. Der Beschluss erläutert diese Grundsätze u.a. an folgendem (zusammengefassten) **Beispiel** für die praktische Anwendung:

Sehen die Rechtsvorschriften des Mitgliedstaats A als nationale Voraussetzung für eine vorgezogene Altersrente vor, dass die betreffende Person mindestens 35 Beitragsjahre im Zusammenhang mit der „tatsächlichen Ausübung einer Erwerbstätigkeit" nachweisen muss, und hat diese Person neben 30 solcher Beitragsjahre im Mitgliedstaat A im Mitgliedstaat B drei Beitragsjahre aufgrund einer Erwerbstätigkeit und zwei Studienjahre als gleichgestellte Zeit zurückgelegt, so berücksichtigt der Mitgliedstaat A in einem ersten Schritt gemäß Nr. 2 des Beschlusses fünf Jahre fremdmitgliedstaatliche Zeiten zum Zwecke der Zusammenrechnung, und berücksichtigt in einem zweiten Schritt gemäß Nr. 3 des Beschlusses drei Beitragsjahre im Rahmen der besonderen Voraussetzung der 35 Beitragsjahre im Zusammenhang mit der „tatsächlichen Ausübung einer Erwerbstätigkeit" mit dem Ergebnis, dass diese Voraussetzung (unter der Annahme, dass keine mittelbare Diskriminierung aufgrund der Staatsangehörigkeit vorliegt) nicht erfüllt ist.

14 **Anspruchsbegründenden** bzw -erhaltenden **Charakter** im Sinne des Art. 6 haben insbesondere die Vorversicherungs- oder **Wartezeiterfordernisse** des inländischen **Rentenversicherungsrechts** (§ 50 Abs. 1-4, § 51 Abs. 1-4 SGB VI). Mitgliedstaatliche Beitrags-, Wohn- und gleichgestellte Zeiten

sind insbesondere zu berücksichtigen für die Wartezeit von fünf Jahren für die Regelaltersrente, die Renten wegen verminderter Erwerbsfähigkeit und die Renten wegen Todes, die Wartezeit von 20 Jahren für die Rente wegen Erwerbsunfähigkeit an Versicherte ohne allgemeine Wartezeit, die Wartezeit von 25 Jahren für die speziellen Renten für Bergleute sowie die Wartezeit von 35 Jahren für die Altersrente für langjährig Versicherte und die Altersrente für schwerbehinderte Menschen. Für Rentenversicherungszeiten in einer bestimmten Beschäftigung oder selbständigen Erwerbstätigkeit oder einem Beruf, für die ein Sondersystem besteht, werden fremdmitgliedstaatliche Zeiten nach der Sonderregelung des Art. 51 berücksichtigt. Zu der Frage der Berücksichtigung von Kindererziehungszeiten vgl Art. 44 DVO und Art. 52, Rn 43.

Wartezeiterfordernisse bestehen ferner für **Leistungen zur Teilhabe** (§ 11 SGB VI), in übergangsrechtlichen Vorschriften (zB § 241 Abs. 2 SGB VI, § 247 Abs. 3 SGB VI) sowie (als Quasi-Wartezeit von 35 Jahren) für die Mindestentgeltpunkte bei geringem Arbeitsentgelt (§ 262 SGB VI, vgl hierzu insgesamt die Aufstellung bei *Bourauel/Nagel/Petersen*, Soziale Sicherheit in Europa – Rentenversicherung, 2011, 101 f).

Zu den Wartezeiterfordernissen im **Arbeitsförderungsrecht** vgl EuGH, Rs. C-388/87 (Warmerdam-Steggerda), Slg 1989, 1203. Im deutschen Recht s. zB 15

- § 120 SGB III (Vorbeschäftigungszeit für das Übergangsgeld behinderter Menschen) und,
- § 142 SGB III (Anwartschaftszeit für das Arbeitslosengeld.

3. Berücksichtigung fremder Zeiten bei der Beurteilung der Versicherungspflicht und der Versicherungsberechtigung

Wie bisher Art. 9 Abs. 2 VO (EWG) Nr. 1408/71 (für Versicherungs- und Wohnzeiten) verpflichtet Art. 6 zur Berücksichtigung fremdmitgliedstaatlicher Versicherungs-, Beschäftigungs- oder Wohnzeiten sowie Zeiten einer selbständigen Tätigkeit im Rahmen erforderlicher Vorversicherungs- oder Anwartschaftszeiten der nationalen Vorschriften zur **freiwilligen Versicherung**, nunmehr aber ausdrücklich auch für den **Zugang oder die Befreiung** von der **Pflichtversicherung**. Durch diese **Gleichstellung fremdmitgliedstaatlicher Zeiten** wird gewährleistet, dass die Betroffenen Zugangs- oder Entlassungsbarrieren in Form von Mindestversicherungszeiten unter Berücksichtigung aller im Geltungsbereich der unionsrechtlichen Koordinierung erfüllen können (EuGH, Rs. 368/87 (Hartmann-Troiani), Slg 1989, 1333). 16

Vorversicherungszeiten können auch allein mit fremdmitgliedstaatlichen Wohn- oder Versicherungszeiten erfüllt werden. Für den Zugang zur inländischen freiwilligen Versicherung ist Art. 14 zu beachten. Eine freiwillige Versicherung in der Rentenversicherung ist nach Abs. 3 dieser Vorschrift ausdrücklich auch neben einer in einem anderen Mitgliedstaat bestehenden Pflichtversicherung möglich, setzt jedoch voraus, dass der Versicherungswillige in der Vergangenheit bereits einmal den Rechtsvorschriften des Mitgliedstaats der freiwilligen Versicherung „aufgrund oder infolge einer Beschäftigung oder selbständigen Tätigkeit" unterlegen ist. Das Erfordernis früherer Versicherungszugehörigkeit (s. auch Abs. 4 und unten Rn 19) schließt die freie Wahl und Aufnahme einer freiwilligen Versicherung in den Systemen der sozialen Sicherheit der Mitgliedstaaten aus und begrenzt diese Wahlfreiheit praktisch auf die freiwillige Weiterversicherung. 17

Anwartschafts- und **Vorversicherungserfordernisse** für eine freiwillige Versicherung kennt das inländische Recht insbesondere im Rentenversicherungsrecht (zB für versicherungsfreie und von der Versicherung befreite Personen, § 7 Abs. 2 SGB VI) und im Krankenversicherungsrecht (§ 9 Abs. 1 Satz 1 SGB V). Auch die Pflichtversicherung in der Krankenversicherung ist für bestimmte Personengruppen von der Zurücklegung von Mitgliedschaftszeiten abhängig (s. § 5 Abs. 1 SGB V, Nr. 11 Rentner, Nr. 11 a Künstler). 18

Andere als zeitliche Voraussetzungen, deren Normierung Sache des jeweiligen Mitgliedstaats ist (EuGH, Rs. C-297/92 (Baglieri), Slg 1993, I-5211), sind nunmehr nach Art. 5 lit b) zu beurteilen. Diese **Sachverhaltsgleichstellung** setzt nach Art. 14 Abs. 4 im Recht der freiwilligen (Wei- 19 ter-)Versicherung ebenfalls voraus, dass eine Versicherungszugehörigkeit in der Vergangenheit bestanden hat.

Artikel 7 Aufhebung der Wohnortklauseln

Sofern in dieser Verordnung nichts anderes bestimmt ist, dürfen Geldleistungen, die nach den Rechtsvorschriften eines oder mehrerer Mitgliedstaaten oder nach dieser Verordnung zu zahlen sind, nicht aufgrund der Tatsache gekürzt, geändert, zum Ruhen gebracht, entzogen oder beschlagnahmt werden, dass der Berechtigte oder seine Familienangehörigen in einem anderen als dem Mitgliedstaat wohnt bzw. wohnen, in dem der zur Zahlung verpflichtete Träger seinen Sitz hat.

Literaturübersicht

Bokeloh, Das Urteil des EuGH vom 16.7.2009 und seine Bedeutung für die deutsche Pflegeversicherung, Kompass 2009, S. 9 ff; *Brall*, Der Export von Leistungen der sozialen Sicherheit in der Europäischen Gemeinschaft, Baden-Baden 2003; *Devetzi*, Auswirkungen der Wohnsitzverlegung auf den sozialrechtlichen Leistungsexport in Europa, ZESAR 2009, S. 63 ff; *Eichenhofer*, Export von Sozialleistungen nach Gemeinschaftsrecht, SGb 1999, S. 57 ff; *ders.*, (Hrsg.), 50 Jahre nach ihrem Beginn – neue Regeln für die Koordinierung sozialer Sicherheit, 2009; *Huster*, Grundfragen der Exportpflicht im europäischen Sozialrecht, NZS 1999, S. 10 ff; *Jorens* (Hrsg.), 50 Jahre Koordinierung der sozialen Sicherheit – Vergangenheit – Gegenwart – Zukunft, 2009; *Lenze*, Koordinationsrechtliche Probleme bei der Pflegebedürftigkeit – aus deutscher Sicht, ZESAR 2008, S. 371 ff; *Rief*, Export von Familienleistungen bei vereinbarter Karenz, ZESAR 2009, S. 429 ff); *Schuler*, Das Internationale Sozialrecht, S. 291 ff; *Schulte, B.*, Die neue Europäische Sozialrechtskoordinierung – die Verordnungen (EG) Nrn. 883/04 und 987/09, ZESAR 2009, S. 143, 202.

I. Normzweck 1	2. Sachlicher Anwendungsbereich 6
II. Einzelerläuterung 4	3. Der räumliche und persönliche Anwendungsbereich 16
1. Aufhebung der Wohnortklauseln und anderer territorialer Leistungsvoraussetzungen 4	

I. Normzweck

1 Art. 7 ersetzt, redaktionell vereinfacht, inhaltlich jedoch ohne Änderung, die bisherige Regelung des Art. 10 Abs. 1 Satz 1 VO (EWG) Nr. 1408/71 (früher Art. 10 VO (EWG) Nr. 3). Mit dieser Vorschrift wird der **Koordinierungsauftrag des Art. 48 AEUV** (= Art. 42 EG) eingelöst, wonach die Zahlung von Leistungen, auf die aufgrund eines Systems der sozialen Sicherheit eines oder mehrerer Mitgliedstaaten ein Anspruch erworben worden ist, (auch) an Berechtigte zu gewährleisten ist, die im Hoheitsgebiet eines (anderen) Mitgliedstaates wohnen. Zum Begriff des **Wohnorts** vgl Art. 1 lit. j) und die dortige Kommentierung. Die Gewährleistung bezieht sich ihrem Wortlaut nach auf alle Geldleistungen – ungeachtet, ob es sich um mitgliedstaatlich oder koordinierungsrechtlich fundierte Leistungen handelt –, die dem sachlichen Anwendungsbereich der VO unterfallen, einzelne Risiken werden nicht mehr genannt. Abfindungen werden nicht mehr gesondert erwähnt, sie zählen ebenso wie Beitragserstattungen zu dem weiten Begriff der Renten (Art. 1 lit. w)). Die Erbringung von Sachleistungen im Ausland ist sachgebietsspezifisch geregelt, Regelungsmodell ist die aushilfsweise Leistungserbringung durch Träger des Aufenthaltsstaates für Leistungen bei Krankheit und Mutterschaft. Für **Geldleistungen** wird die ungekürzte Zahlung an Berechtigte mit Wohnsitz im Gebiet eines anderen Mitgliedstaates bzw eines anderen „Geltungsstaates" der VO (eines EWR-Staates oder der Schweiz), dh der **Leistungsexport**, vorgeschrieben und die Anwendung entgegenstehender mitgliedstaatlicher Regelungen ausgeschlossen, um die Wahrnehmung gemeinschaftsrechtlicher **Arbeitnehmer- oder Unionsbürgerfreizügigkeit** (Art. 45, 21 Abs. 1 AEUV) zu ermöglichen und den mit der Übersiedelung in einen anderen Mitgliedstaat drohenden Rechtsnachteil des Verlusts von erworbenen Ansprüchen auf Geldleistungen auszuschließen (vgl den Erwägungsgrund 13 und *Jorens/Overmeiren*, in: *Eichenhofer* (Hrsg.), 50

Jahre nach ihrem Beginn, S. 105, 132). Durch diese Aufhebung der **Wohnortklauseln** im mitgliedstaatlichen Recht wird im Ergebnis eine Gleichstellung der Staatsgebiete der Mitgliedstaaten hinsichtlich der Ansprüche auf monetäre Leistungen angeordnet, Art. 7 kann daher als Unterfall der allgemeinen Sachverhaltsgleichstellung (Art. 5) und des Äquivalenzprinzips angesehen werden (Art. 7 Anm. 1). Über den Wortlaut der Vorschrift hinaus verbieten es die Freiheitsrechte, den Export von Leistungen von anderen, jedoch ähnlich wirkenden Voraussetzungen als dem inländischen Wohnort abhängig zu machen (s. Rn 5).

Soweit das Recht der sozialen Sicherheit der Mitgliedstaaten im **Auslandsleistungsrecht** nach der 2 **Staatsangehörigkeit** differenziert und nur Ausländer von der Leistungserbringung im Ausland ausschließt, wird der Leistungsexport auch durch die Gleichbehandlungsregelung des Art. 4 und primärrechtlich durch Art. 45 Abs. 2 AEUV (= Art. 39 Abs. 2 EG) gewährleistet. Das Wohnsitzerfordernis kann darüber hinaus aber auch (jenseits des Anwendungsbereichs des Art. 7) als mittelbare oder verschleierte Form der Diskriminierung, das zu dem gleichen Ergebnis führt (vgl insbesondere Urteile v. 27.11.1997, Rs. C-57/96, (Meints), Slg 1997, I-6689, Rn 44, und v. 10.9.2009, Rs. C-269/07 (Kommission/Deutschland), Slg 2009, I-7811, Rn 53) angesehen werden, wenn es nicht objektiv gerechtfertigt oder als nicht verhältnismäßig anzusehen ist und sich seinem Wesen nach eher auf Wanderarbeitnehmer als auf inländische Arbeitnehmer auswirken kann und folglich die Gefahr besteht, dass es Wanderarbeitnehmer besonders benachteiligt (vgl insbesondere Urteile Meints, Rn 45, und Kommission/Deutschland, Rn 54, s. Rn 12).Eine solche mittelbare Diskriminierung hat der EuGH in der Rs. C-206/10 (Kommission/Deutschland) mit Urteil v. 5.5.2011 (Zesar 2012, 285 m.Anm. *Weber*) für die in landesrechtlichen Vorschriften enthaltene Wohnsitzvoraussetzung für die Gewährung von Leistungen an Blinde, Gehörlose und Behinderte im Hinblick auf Art. 7 Abs. 2 der VO Nr. 1612/68 bejaht, weil deren Erfüllung für deutsche Arbeitnehmer einfacher ist als für Arbeitnehmer anderer Mitgliedstaaten als der Bundesrepublik Deutschland. Der EuGH wendet diese Vorschrift wegen ihrer allgemeinen Bedeutung für die Freizügigkeit der Arbeitnehmer auch auf soziale Vergünstigungen an, die zugleich in den besonderen Geltungsbereich der VO Nr. 1408/71 fallen (Urteile v. 10.3.1993, Rs. C-111/91 (Kommission/Luxemburg), Slg 1993, I-817, Rn 20 und 21, und v. 12.5.1998, Rs. C-85/96 (Martínez Sala), Slg 1998, I-2691, Rn 27), was er auch im Falle der fraglichen landesrechtlichen Leistungen an Blinde, Gehörlose und Behinderte bejahte, indem er sie als exportpflichtige Geldleistungen bei Krankheit qualifizierte.

Der **Grundsatz des Exports von Geldleistungen** bedarf hinsichtlich seines sachlichen Anwen- 3 dungsbereichs zunächst einer grundsätzlichen Konkretisierung, denn nicht alle Geldleistungen der Systeme der sozialen Sicherheit sind transferpflichtig und -geeignet, sondern nur diejenigen, für die ihrer Struktur und Qualität nach die Leistungsverpflichtung des bisherigen Wohnsitz- oder Beschäftigungsstaates fortbesteht (**wohlerworbene Rechte**), deren Voraussetzungen von den leistungspflichtigen Trägern auch bei Aufenthalt des Berechtigten in einem anderen Mitgliedstaat festgestellt und überprüft werden können und bei denen es nicht gerechtfertigt, sinnvoll und/oder möglich ist, dass mit dem Wechsel des Wohnsitzes (nach dem sog. Integrationsprinzip) auch ein Wechsel des „Statuts" (der anzuwendenden Rechtsvorschriften) und damit des leistungspflichtigen Trägers verbunden ist. Der nach seinem Wortlaut umfassend gewährleistete Grundsatz des Exports von Geldleistungen steht daher (weiterhin) unter dem (nunmehr ungeschriebenen) Vorbehalt abweichender Regelungen in der VO selbst. Die Unterscheidung zwischen exportpflichtigen und ortsgebundenen Leistungen ist nicht einfach, sie kann insbesondere nicht schematisch nach beitragsfundierten und steuerfinanzierten Leistungen erfolgen. Insbesondere die Vielzahl der in den Mitgliedstaaten bestehenden Mindestleistungen stellen oft Leistungen dar, die zwischen der klassischen sozialen Sicherheit und der Sozialhilfe einzuordnen sind. Die frühere Rechtsprechung des EuGH hat solche Leistungen weitgehend der Exportpflicht unterworfen. Mit Artt. 4, 2 a und 10 a VO (EWG) Nr. 1408/71 haben diese Hybridleistungen eine besondere Koordinierung erfahren, die nunmehr grundlegend geändert in Kapitel 9, „**besonderen beitragsunabhängigen**

Geldleistungen" geregelt und (weithin) vom Leistungsexport **ausgenommen** sind (s. Art. 70 Abs. 3, vgl zur Entstehungsgeschichte *Verschueren,* in: *Eichenhofer* (Hrsg.), 50 Jahre nach ihrem Beginn, S. 244 ff). Spezifische Zuordnungsprobleme hinsichtlich der Exportpflicht bestehen auch für **„neue Leistungen",** die in einzelnen Mitgliedstaaten geschaffen wurden (vgl *Spiegel,* in: *Jorens* (Hrsg.), 50 Jahre Koordinierung der sozialen Sicherheit, S. 210 ff) und deren systematische Zuordnung nicht einheitlich vorgenommen werden kann, wie insbesondere auch Leistungen bei Pflegebedürftigkeit, bei denen Geld- und Sachleistungen nebeneinander, alternativ oder gar in Kombination geleistet werden.

II. Einzelerläuterung

1. Aufhebung der Wohnortklauseln und anderer territorialer Leistungsvoraussetzungen

4   Art. 7 gewährleistet den Anspruch auf Geldleistungen für Berechtigte, die sich in einem anderen Mitgliedstaat (bzw in einem anderen Geltungsstaat der VO) aufhalten oder dort wohnen, indem sog. **Wohnortklauseln,** mit denen das mitgliedstaatliche Recht den uneingeschränkten Leistungsanspruch an den inländischen Wohnsitz knüpft, aufgehoben werden. Die Vorschrift benennt praktisch alle Einschränkungsmöglichkeiten (Kürzung, Änderung, Entzug etc.) und schließt jegliche Rechtsverkürzung wegen des Wohnsitzes in einem anderen Mitgliedstaat aus (st. Rspr. EuGH, Rs. 379-381/85, 93/86 (Giletti u.a.), Slg 1987, 955; Rs. 92/81 (Camera), Slg 1982, 2213). Der Anspruch kann sich aus „den Rechtsvorschriften eines oder mehrerer Mitgliedstaaten" ergeben, dh es ist unerheblich, ob er nach rein nationalem Recht oder auch aufgrund des Gemeinschaftsrechts begründet ist (EuGH, Rs. 51/73 (Smieja), Slg 1973, 1213). Letzteres wurde nunmehr ausdrücklich in den Wortlaut der Vorschrift aufgenommen. Dabei ist selbstverständlich, dass Art. 7 keine originäre Grundlage für Ansprüche ist, sondern einen bestehenden Anspruch voraussetzt und diesen „entterritorialisiert" (idS EuGH, Rs. 32/77 (Giuliani), Slg 1977, 1857; Rs. C-251/89 (Athanasopoulos), Slg 1991, I-2797). Allerdings verhindert diese Vorschrift nach der Rechtsprechung des EuGH auch, dass der Erwerb eines Anspruchs auf Renten und Zulagen allein deshalb ausgeschlossen wird, weil der Berechtigte nicht in dem Hoheitsgebiet wohnt, in dem der verpflichtete Träger seinen Sitz hat (EuGH, Rs. 92/81 (Camera) Slg 1982, 2213; in diesem Sinne wohl auch EuGH, verbundene Rs. C-396/05 (Habelt), C-419/05 (Möser), C-450/05 (Wachter), Slg 2002, I-11895 = ZESAR 2009, S. 28 ff mit Anm. *Schuler*).

5   Die Freizügigkeitsrechte verbieten es Mitgliedstaaten darüber hinaus, exportpflichtige Leistungen von **anderen (territorialen) Voraussetzungen** als dem Wohnsitzerfordernis abhängig zu machen, wenn diese ähnlich Export ausschließend wirken, wie zB die Voraussetzung, wonach sich der Antragsteller vor oder zum Zeitpunkt der Antragstellung im Inland aufgehalten haben muss (so zu Art. 21 Abs. 1 AEUV im Hinblick auf kurzfristiges Arbeitsunfähigkeitsgeld für junge Menschen nach britischem Recht EuGH, Rs. C-503/09 (Lucy Stewart), ZESAR 2012, 83 ff mit teilweise krit. Anm. *Reinhard*).

2. Sachlicher Anwendungsbereich

6   Entscheidend für die Exportpflicht einer monetären Sozialleistung ist deren Qualifizierung als **Leistung der sozialen Sicherheit** im Sinne von Art. 3. Nach bisheriger Rechtsprechung des EuGH ist eine Leistung dann eine Leistung der sozialen Sicherheit, wenn sie den Begünstigten aufgrund eines gesetzlich umschriebenen Tatbestands gewährt wird, ohne dass im Einzelfall eine in das Ermessen gestellte Prüfung des persönlichen Bedarfs erfolgt, und wenn sie sich auf eines der in Art. 4 Abs. 1 ausdrücklich aufgezählten Risiken bezieht (zB EuGH, Rs. C-215/99 (Jauch), Slg 2001, I-1901). Zu den Qualifizierungsproblemen und der hierzu ergangenen Rechtsprechung des EuGH vgl neben der Kommentierung von Art. 3 auch die Kommentierung von Art. 70 zu den von der Leistungsexportpflicht ausgenommenen besonderen **beitragsunabhängigen Geldleistungen.**

Titel I Allgemeine Bestimmungen   Artikel 7

Der **Leistungsexport** wird weiterhin uneingeschränkt gewährleistet für   7
- Renten (einschließlich Kapitalabfindungen, Beitragserstattungen und Zulagen Art. 1 lit. w)) bei Invalidität,
- Renten bei Alter oder für die Hinterbliebenen,
- Renten bei Arbeitsunfällen oder Berufskrankheiten sowie
- die Sterbegelder (Art. 1 lit. y)).

Ausdrücklich ausgenommen vom Grundsatz des Leistungsexports sind Leistungen bei Invalidität der Sicherungssysteme des Typs A. Diese werden gemäß Art. 44 Abs. 2 ausschließlich von dem Träger des Mitgliedstaates geleistet, dessen Rechtsvorschriften zum Zeitpunkt des Eintritts der Arbeitsunfähigkeit mit anschließender Invalidität anzuwenden waren. Da das deutsche Rentenversicherungssystem zu den Systemen des Typs B zählt, sind diese Regelungen für die inländischen Rentenversicherungsträger nicht unmittelbar relevant.

Die neue weite Definition der „Renten" in Art. 1 lit. w) trägt der diesbezüglichen Rechtsprechung   8
des EuGH Rechnung. In den 1970er und 1980er Jahren hatte der EuGH zu den **exportpflichtigen Renten** (bei Alter) auch „risikobezogene" Leistungen zur Gewährleistung des Existenzminimums gezählt (EuGH, Rs. 1/72 (Frilli), Slg 1972, 457, zur belgischen „ garantierten Altersrente"; Rs. 187/73 (Callemeyn), Slg 1974, 553 zur belgischen Beihilfe an Behinderte; Rs. 63/76 (Inzirillo), Slg 1976, 2057 zur französischen Beihilfe für behinderte Erwachsene; Rs. 139/82 (Piscitello), Slg 1983, 1427 zur italienischen „Sozialrente"). Ebenso wurden rentenrechtliche Sonderleistungen wie Rentenzuschläge, Zulagen und Anpassungsbeträge, zB Erhöhungen des Rentenbetrages aufgrund einer bestimmten Wohnzeit (EuGH, Rs. 51/73 (Smija), Slg 1973, 1213; Rs. 293/88 (Winter-Lutzins), Slg 1980, I-1613; Rs. 236/88 (Commission v. France), Slg I-1990, 3163 bezüglich der Zusatzbeihilfe des französischen Fonds national de solidarité) der Exportpflicht unterworfen. Insoweit ist nunmehr allerdings zu prüfen, ob diese Leistungen nach Art. 70 Abs. 3 iVm Anhang X als besondere beitragsunabhängige Geldleistungen von der Exportpflicht ausgenommen sind. Ferner wurden **Kapitalabfindungen** und **Beitragserstattungen** sowie (selbstverständlich) Rentennachzahlungen als exportpflichtige Rentenleistungen qualifiziert. Die **Geringfügigkeitsregelung des § 118 Abs. 2 a SGB VI**, wonach Rentennachzahlungsbeträge nicht ausgezahlt werden, wenn diese bei Auszahlung im Ausland drei Zehntel des aktuellen Rentenwerts (gegenüber einem Zehntel bei Auszahlung im Inland) nicht übersteigen, verstößt als solche nicht gegen den Grundsatz des Leistungsexports, bedeutet jedoch im Hinblick auf den geringeren Schwellenwert für Rentennachzahlungen im Inland eine mittelbare Diskriminierung. Der Anwendung dieser Vorschrift steht insoweit der in Art. 4 niedergelegte Grundsatz der Gleichbehandlung entgegen (EuGH, Rs. C-124/99 (Borawitz), Slg 2000, I-7306).

Für das deutsche Recht gilt die **Exportpflicht** insbesondere für alle **Renten der gesetzlichen Ren-** 9
tenversicherung, einschließlich des **Beitragszuschusses zur Krankenversicherung** (§ 106 SGB VI; dies auch dann, wenn der Rentner der Krankenversicherungspflicht des Wohnsitzstaates unterliegt, vgl EuGH, Rs. C-73/99 (Movrin), Slg 2000, I-5625) und für Heiratsabfindungen. Auch Renten und Rententeile aus Zeiten, die außerhalb des Gebiets der Bundesrepublik Deutschland zurückgelegt wurden und als sog. **reichsgesetzliche Zeiten** oder nach den Vorschriften des **Fremdrentengesetzes** bei Aufenthalt im Inland gezahlt, jedoch nach nationalem Recht von der Exportpflicht ausgenommen werden, sind gemeinschaftsrechtlich auch an Berechtigte im Ausland zu zahlen (EuGH, verb. Rs. C-396/05 (Habelt), C-419/05 (Möser) und C-450/05 (Wachter), Slg 2007, I-11895 = ZESAR 2009, 28 ff m. Anm. *Schuler*; *Temming*, Unbegrenzter Rentenexport und die Berücksichtigung von Reichsgebietsbeitragszeiten zu Gunsten von Unionsbürgern, ZESAR 2011, 117-124). Bis zu dieser Entscheidung wurde die Herausnahme dieser Leistungen vom Leistungsexport damit begründet, dass es sich um Kriegsfolgerecht handele, das aus finanziellen Gründen auf die im Inland ansässigen Versicherten habe beschränkt werden müssen. Unter Aufgabe seiner bisherigen Rechtsprechung in den Rechtssachen Fossi (Urteil v. 31.3.1977, Slg 1977 S. 667) und Tinelli (EuGH, Urteil v. 22.2.1979, Slg 1979 S. 757) erachtete der Gerichtshof diese

Begründung zu Recht für nicht mehr tragfähig. Die für die Nachkriegszeit typischen und nachvollziehbaren Bemühungen der Staaten um die vorrangige soziale Absicherung der Gebietsansässigen kann gegenüber den europäischen Integrationsanliegen keinen Bestand mehr haben, denn „würde man es dem zuständigen Mitgliedstaat unter diesen Umständen erlauben, sich auf Gründe der Integration in das soziale Leben dieses Mitgliedstaates zu berufen, um eine Wohnsitzklausel aufzustellen, liefe dies dem grundlegenden Ziel der Union, den Verkehr von Personen innerhalb der Union und deren Eingliederung in die Gesellschaft anderer Mitgliedstaaten zu fördern, direkt zuwider" (EuGH, Rs. Habelt/Möser/Wachter, aaO, Rn 82). **Leistungen nach dem FRG** (aufgrund von Beitrags- oder Beschäftigungszeiten) sind daher als exportpflichtige Rentenleistungen und nicht als Entschädigungsleistungen oder beitragsunabhängige Sonderleistungen zu qualifizieren. Territoriale (und staatsangehörigkeitsspezifische) Einschränkungen des Auslandsrentenrechts (§§ 110 ff, 271, 272, 294 Abs. 5, 318, 319 SGB VI) sind daher nicht anwendbar.

10 Nach § 97 SGB VII werden (anders als früher nach § 625 RVO aF) bereits nach inländischem Recht ohnehin alle Geldleistungen der deutschen **Unfallversicherung** ungekürzt und ohne Ansehung der Staatsangehörigkeit an Berechtigte im Ausland erbracht.

11 Modifizierungen ergeben sich für **Geldleistungen bei Krankheit** (s. dazu EuGH, Rs. 41/77 (Warry), Slg 1977, 2085) und bei **Geldleistungen zur Rehabilitation** (s. EuGH Rs. 69/79 (Jordens-Vosters), Slg 1980, 75) sowie für **Geldleistungen der Pflegeversicherung** (EuGH, Rs. C-160/96 (Molenaar), Slg 1998, I-843 = NZS 1998, 240; *Huster*, NZS 1999, 10 ff; *Lenze,*, ZESAR 2008, 371 ff). Die Leistungsberechtigung und die Leistungserbringung an Berechtigte im Ausland sind insoweit in Art. 17 ff, die grundsätzlich exportpflichtigen Geldleistungen in Art. 21 gesondert geregelt. Sog. Residenten in einem anderen Geltungsstaat der VO wird hierdurch der Export von Geldleistungen bei Krankheit gewährleistet (s. die Kommentierung dort). Innerhalb dieses Risikobereichs (sowie bei Leistungen wegen Arbeitsunfällen und Berufskrankheiten) wird die nach ständiger Rechtsprechung des EuGH autonom gemeinschaftsrechtlich zu treffende Unterscheidung von Sachleistungen (Art. 1 lit. va) und Geldleistungen wichtig, sie ist nach der Rechtsprechung des EuGH nicht nach der Form, sondern nach Inhalt und Funktion zu treffen (vgl hierzu Art. 17 Rn 4 ff; Art. 21 Rn 2). Zu den besonderen Problemen bezüglich der Geldleistungen wegen Pflege für Personen mit Wohnsitz im Ausland vgl EuGH, Rs. C-208/07 (Chamier-Glisczinski), Slg 2009, 6095 (= ZESAR 2009, 438 m.Anm. *Birker/Osterholz;* vgl auch *Bokeloh,* Kompass 2009, 9 ff) wonach Sachleistungen (nach dem zugrunde liegenden Sachverhalt die vollstationäre Pflege nach § 43 SGB XI) weder ins Ausland zu exportieren sind, noch von Residenten in einem anderen Mitgliedstaat im Wege der Kostenerstattung von dem primär zuständigen inländischen Leistungsträger beansprucht werden können. Unstreitig war in diesem Fall der Export des Pflegegeldes nach § 37 SGB XI. Zum Verlust des Anspruchs eines Rentners auf deutsches Pflegegeld wegen Verlegung seines Wohnsitzes in seinen Heimatstaat Portugal hat nunmehr der EuGH auf Vorlagebeschluss des BSG vom 20.3.2009 (B 3 P 13/07 R) die bisherige Qualifizierung von Leistungen bei Pflegebedürftigkeit relativiert und Art. 27 dahingehend ausgelegt, dass (bei freiwilliger Mitgliedschaft in der inländischen Pflegeversicherung) ein Anspruch auf Leistungen bei Krankheit im eigentlichen Sinne im Wohnsitzstaat nicht zum Verlust eines Anspruchs auf deutsches Pflegegeld führt. Das inländische Pflegegeld ist daher unabhängig von der kollisionsrechtlichen Zuständigkeit für Leistungen bei Krankheit und Mutterschaft zu exportieren. Sofern im Wohnsitzstaat ebenfalls ein Anspruch auf Geldleistungen bei Pflegebedürftigkeit besteht, reduziert sich das zu exportierende Pflegegeld auf den Unterschiedsbetrag zwischen den beiden Leistungen (EuGH, Rs. C-388/09 (da Silva Martin), ASR 2011 m. Anm. *Reinhard*; ZESAR 2012 m. Anm. *Osterholz*; RdLH 2011, 173 m.Anm. *Leonhard*).

12 Artikel 10 verbietet es nicht, dass das Recht eines Mitgliedstaats den Bezug einer Leistung bei Arbeitslosigkeit von dem Erfordernis eines Wohnortes im Gebiet dieses Staates abhängig macht (vgl EuGH, Rs. C-406/04 (De Cuyper), Slg 2006, I-6947). Nach Art. 63 gilt Art. 7 für **Geldleistungen wegen Arbeitslosigkeit** nur nach Maßgabe der Art. 64 und 65. Hiernach werden Geld-

leistungen unter bestimmten Voraussetzungen an Arbeitslose exportiert, die in einem anderen als dem zuständigen Mitgliedstaat gewohnt haben (Art. 65), wogegen Arbeitslose, die sich in einen anderen Mitgliedstaat begeben, ihren Geldleistungsanspruch für längstens drei Monate behalten (Art. 64). Diese eingeschränkte Exportierbarkeit beruht auf der besonderen Bezogenheit der Sicherung gegen Arbeitslosigkeit zu dem Arbeitsmarkt des zuständigen Mitgliedstaates. Allerdings hat der EuGH noch unter der Geltung der VO (EWG) Nr. 1408/71 mehrfach entschieden, dass auch Leistungen wegen Arbeitslosigkeit nicht von einem Wohnsitzerfordernis abhängig gemacht werden dürfen, wenn dies unverhältnismäßig ist (EuGH, Rs. C-406/04 (de Cuyper), Slg 2006, I-6947 zu belgischen Leistungen wegen Arbeitslosigkeit für Personen über 50 Jahre; EuGH, Rs. C-228/07 (Petersen), Slg 2008, I-6989 zu Vorschussleistungen nach österreichischem Arbeitslosenversicherungsrecht). In beiden Fällen waren keine Kontrollen hinsichtlich der Verfügbarkeit notwendig. Der Gerichtshof hielt das **Wohnsitzerfordernis** jeweils für nicht gerechtfertigt und nicht verhältnismäßig, er erachtete es als mittelbare Diskriminierung aufgrund der Staatsangehörigkeit und stützte die Nichtanwendbarkeit dieser mitgliedstaatlichen Vorschriften auf den Gleichbehandlungsgrundsatz des Art. 45 Abs. 2 AEUV (= Art. 39 Abs. 2 EG). Auch das nationale Recht (§ 30 Abs. 1 SGB I) ist verfassungskonform dahin auszulegen, dass der **grenznahe Auslandswohnsitz** dem Anspruch auf Arbeitslosengeld eines zuvor in Deutschland wohnhaften und beitragspflichtigen Arbeitnehmers nicht entgegensteht, wenn die übrigen Leistungsvoraussetzungen erfüllt sind. Auf das Gemeinschaftsrecht kommt es insoweit nicht an (BSG Urteil vom 7.10.2009 im Anschluss an BVerfG SozR 3-1200 § 30 Nr. 20).

Die Koordinierung der **Familienleistungen** kennt eine **Gebietsgleichstellungsregelung** für Familienangehörige, die in einem anderen Geltungsstaat der VO wohnen (Art. 67). Für die Leistungsgewährung ist die gesamte Familie mit beiden potentiell anspruchsberechtigten Elternteilen in den Blick zu nehmen und anhand der Prioritätsregelungen des Art. 68 ist zu beurteilen, welcher Anspruch ggf zu exportieren ist (zum Export des österreichischen Kinderbetreuungsgeldes s. *Rief*, ZESAR 2009, 429 ff). Zu den Familienleistungen iSv Art. 3 Abs .1 lit.j) zählen auch Leistungen nach dem Unterhaltsvorschussgesetz (s. zu Art. 4 Abs. 1 VO (EWG) Nr. 1408/71 EuGH, Rs. C-255/99 (Humer), Slg 2002, I-1205), diese sind jedoch durch Art. 1 lit. z) von der Koordinierung ausgenommen worden, weil diese Leistungen nicht als direkte Leistung aufgrund einer kollektiven Unterstützung zu Gunsten der Familie angesehen werden sollten (so der 36. Erwägungsgrund). Eine Leistungsverpflichtung für Mütter und Kinder im Ausland besteht daher nicht (§ 1 Abs. 1 Nr. 2 UVG. Zur Rechtslage nach der VO (EWG) Nr. 1408/71 vgl OVG Rheinland-Pfalz, Urt. v. 28.1.2010, FamRZ 2010, 1477, krit. *Husmann*, Zur Exportierbarkeit von Leistungen nach dem Unterhaltsvorschussgesetz, NZS 2012, 605 ff). 13

Das **Erziehungsgeld** fällt nicht in den Anwendungsbereich der VO, sondern stellt eine **soziale Vergünstigung iSv Art. 7 Abs. 2 VO (EWG) Nr. 1612/68** dar, ist jedoch bei hinreichender Bindung an den leistungszuständigen Mitgliedstaat ggf auch zu exportieren (vgl hierzu EuGH, Rs. C-57/96 (Meints), Slg 1997, I-6689; Rs. C-212/05 (Hartmann), Slg 2007, I-6303; Rs. C-213/05 (Geven), Slg 2007, I-6347 = ZESAR 2008, 96 ff m.Anm. *Devetzi*). Dabei tritt neben den Gesichtspunkt der Arbeitnehmerfreizügigkeit zunehmend der Gesichtspunkt der Unionsbürgerschaft (Art. 21 AEUV = Art. 18 EG). Vgl hierzu auch EuGH, Rs. C-269/07 (Kommission gegen Bundesrepublik Deutschland), Urteil v. 10.9.2009 (und *Rieshaus*, Regelungen zur **Riester-Rente** in drei Punkten europarechtswidrig, DB 2009, 2019) zu den territorialen Beschränkungen der ergänzenden Altersvorsorge nach dem sog. Riester-Modell im inländischen Steuerrecht. Aus diesen Gründen sind auch **landesrechtliche Leistungen für Blinde** (Blindengeld, Blindenhilfe, Landesblindenhilfe, Landesblindengeld, Sehbehindertengeld oder Landespflegegeld) europarechtlich als Leistungen bei Krankheit zu qualifizieren und zu exportieren (EuGH v. 5.5.2011, Rs. C-206/10). 14

Als besondere beitragsunabhängige Geldleistungen hat die Bundesrepublik gem. Art. 70 Abs. 3 iVm Anhang X Leistungen der Grundsicherung im Alter und bei Erwerbsminderung nach dem vierten Kapitel des SGB XII und Leistungen zur Sicherung des Lebensunterhalts der Grundsiche- 15 rung für Arbeitsuchende (SGB II) mit Ausnahme des befristeten Zuschlags nach Bezug von Arbeitslosengeld (§ 24 Abs. 1 SGB II) von der Exportpflicht ausgenommen (s. auch BSG, Urt. v. 18.1.2011 (Az.: B 4 AS 14/10 R).

3. Der räumliche und persönliche Anwendungsbereich

16 Art. 7 untersagt Wohnortklauseln nur im Verhältnis zwischen Mitgliedstaaten (zur Vorgängerregelung zB EuGH, Rs. C-331/06 (Chuck), Slg I-2008, I-1957). Der hierdurch gewährleistete Leistungsexport ist somit begrenzt auf Berechtigte, die in einem Mitgliedstaat (bzw in einem Geltungsstaat der VO) wohnen. Das Gemeinschaftsrecht steht daher nationalen Rechtsvorschriften nicht entgegen, die den **Leistungsexport in Drittstaaten** ausschließen und zwischenstaatlichen Abkommensregelungen vorbehalten (EuGH, Rs. 105/89 (Buhari Haji), Slg 1990, I-4211; Rs. C-331/06 (Chuck), Slg 2008, 1957). Soweit Sozialversicherungsabkommen Inländern den Leistungsexport in Abkommensstaaten gewährleisten, gebietet der Grundsatz der Gleichbehandlung auch einen Leistungsexport an Staatsangehörige anderer Mitgliedstaaten, die in dem Abkommenstaat wohnen (zur Zusammenrechnung von Zeiten zugunsten von abkommensrechtlich nicht erfassten Staatsangehörigen anderer Mitgliedstaaten EuGH, Rs. C-55/00 (Gottardo), Slg 2002, 413, zur Erweiterung der europäischen Sozialrechtskoordinierung auf Drittstaaten vgl *Schuler*, Das europäische koordinierende Sozialrecht aus der Sicht der Rechtsprechung, in: *Schulte/Barwig* (Hrsg.), Freizügigkeit und Soziale Sicherheit 1999, S. 233, 243). Dies erscheint nunmehr als Konsequenz des neu gefassten Grundsatzes der Gleichbehandlung in Art. 4, der im Gegensatz zu dem bisherigen Koordinierungsrecht nicht mehr voraussetzt, dass die betroffene Person in einem Mitgliedstaat wohnt.

17 Die Aufhebung der Wohnortklauseln gilt für alle Berechtigte, mithin für alle von der VO erfassten Personen. Hierzu zählen auch Drittstaatsangehörige im Sinne der VO (EG) Nr. 1231/2010 vom 24.11.2010 mit rechtmäßigem Wohnsitz in einem Mitgliedstaat.

Artikel 8   Verhältnis zwischen dieser Verordnung und anderen Koordinierungsregelungen

(1) ¹Im Rahmen ihres Geltungsbereichs tritt diese Verordnung an die Stelle aller zwischen den Mitgliedstaaten geltenden Abkommen über soziale Sicherheit. ²Einzelne Bestimmungen von Abkommen über soziale Sicherheit, die von den Mitgliedstaaten vor dem Beginn der Anwendung dieser Verordnung geschlossen wurden, gelten jedoch fort, sofern sie für die Berechtigten günstiger sind oder sich aus besonderen historischen Umständen ergeben und ihre Geltung zeitlich begrenzt ist. ³Um weiterhin Anwendung zu finden, müssen diese Bestimmungen in Anhang II aufgeführt sein. ⁴Ist es aus objektiven Gründen nicht möglich, einige dieser Bestimmungen auf alle Personen auszudehnen, für die diese Verordnung gilt, so ist dies anzugeben.

(2) Zwei oder mehr Mitgliedstaaten können bei Bedarf nach den Grundsätzen und im Geist dieser Verordnung Abkommen miteinander schließen.

I. Normzweck

1 Aus der **Supranationalität** des koordinierenden europäischen Sozialrechts ergibt sich, dass die bisherigen zwischen den Mitgliedstaaten geschlossenen Abkommen über soziale Sicherheit durch das System der Verordnung ersetzt werden. Art. 8 regelt das Rangverhältnis zwischen den bi- und multilateralen Abkommen über soziale Sicherheit und der VO (EG) Nr. 883/2004.

2 Treffen verschiedene Rechtsakte unterschiedlicher Herkunft aufeinander, so stellt sich immer die Frage des **Rangverhältnisses** zwischen diesen Normen. Es gilt dann zu klären, welche der Rechtsordnungen, die materielle Überschneidungen aufweisen, zur Anwendung kommt und welche zu-

rückzutreten hat. Diese Konfliktlage tritt im europäischen Bereich im Verhältnis des europäischen Sozialrechts zum zwischenstaatlichen Sozialrecht auf. Da beide überstaatlichen Rechtssysteme auf die nationalen Sozialrechtsordnungen Einfluss nehmen, treten in gewissen Anwendungsbereichen überschneidende und sich widersprechende Regelungen auf, so dass geklärt werden muss, ob das zwischenstaatliche oder das europäische Sozialrecht zur Anwendung kommt.

Gemäß Art. 8 Abs. 1 tritt die VO (EG) Nr. 883/2004 im Rahmen ihres persönlichen und sachlichen Geltungsbereichs an die Stelle von **Abkommen über die soziale Sicherheit**. Diese Abkommen können ausschließlich zwischen zwei oder mehr Mitgliedstaaten bestehen oder es kann sich um Abkommen handeln, die zwischen mindestens zwei Mitgliedstaaten und einem oder mehreren anderen Staaten in Kraft sind, sofern es sich um Fälle handelt, an deren Regelung kein Träger eines dieser anderen Staaten beteiligt ist. Dies war in Art. 6 der VO (EWG) Nr. 1408/71 ausdrücklich bestimmt, ergibt sich aber auch in Auslegung der nun geltenden Vorschrift. Die Aufhebung der Anwendbarkeit der Abkommen über soziale Sicherheit soll gewährleisten, dass das System der Koordinierungsverordnung nicht durch zwischenstaatliche Abkommen überlagert und der gewährte Schutz nicht durch anderslautende Rechtsakte in Frage gestellt wird. Jeder, der in den Anwendungsbereich der VO (EG) Nr. 883/2004 einbezogen ist, soll sich auch stets auf die Verordnung berufen können (EuGH, Rs. C-23/92 (Grana-Novoa), Slg 1993, I-4505 = EuZW 1994, 59 f). 3

Die Regelung des Art. 8 Abs. 1 bedeutet **nicht**, dass die Abkommen über Soziale Sicherheit **in ihrer Rechtswirksamkeit aufgehoben** werden. Das Gemeinschaftsrecht ist nicht in der Lage, völkerrechtliche Verträge der einzelnen Mitgliedstaaten wirksam aufzuheben. Diese Befugnis steht nur den Vertragsparteien zu. Auf Gemeinschaftsebene ist es aber möglich, die Anwendbarkeit dieser zwischenstaatlichen Abkommen zu beschränken, was im Bereich der sozialen Sicherheit durch Art. 8 erfolgt ist. Damit soll sichergestellt werden, dass, vorbehaltlich der abschließend geregelten Ausnahmen, durch die bestehenden Abkommen den Angehörigen dieser Staaten der Vorteil, der durch die VO (EG) Nr. 883/2004 errichteten Regelung zur Koordinierung der nationalen Systeme der sozialen Sicherheit nicht vorenthalten wird. Gleichzeitig wird damit sichergestellt, dass neue Abkommen zwischen den Mitgliedstaaten über die soziale Sicherheit nicht die Verordnung aushebeln, so dass es gewährleistet ist, dass sich die Gemeinschaftsbürger stets auf die Verordnung berufen können. 4

Art. 8 Abs. 1 berücksichtigt die bisher ergangene Rechtsprechung des EuGH. Insoweit ist insbesondere hinzuweisen auf die Bestimmung, dass, vorbehaltlich einer ausdrücklichen Erwähnung in Anhang II zur Verordnung, einzelne Bestimmungen von Abkommen über soziale Sicherheit, die von den Mitgliedstaaten vor Beginn der Anwendung der Verordnung geschlossen wurden, fortgelten, sofern sie für die Berechtigten **günstiger** sind oder sich aus besonderen historischen Umständen ergeben und ihre Geltung zeitlich begrenzt ist. 5

Art. 8 Abs. 2 ermöglicht den Mitgliedstaaten, miteinander **zwischenstaatliche Abkommen** zu schließen, wenn die Grundsätze und der Geist der VO (EG) Nr. 883/2004 in den Abkommen Beachtung finden und darüber hinaus ein Bedürfnis für ein solches Abkommen besteht. Damit soll erreicht werden, dass die Mitgliedstaaten nicht das System der VO (EG) Nr. 883/2004 durch zwischenstaatliche Abkommen leerlaufen lassen. Art. 8 Abs. 2 soll nur die Möglichkeit eröffnen, darüber hinausgehende Regelungen zu treffen, die aufgrund von Besonderheiten im Verhältnis zwischen zwei oder mehr Mitgliedstaaten erforderlich sind. 6

Anders als die Vorgängervorschrift des Art. 7 VO (EWG) Nr. 1408/71 ist unter der VO (EG) Nr. 883/2004 eine Ausnahme vom Vorrang der Verordnung für einige multilaterale Abkommen – insb. im Verkehrsbereich – nicht mehr vorgesehen. Dies gilt etwa für das Abkommen über die soziale Sicherheit der Rheinschiffer, das den Regelungen der Verordnung weitgehend entspricht. Da die Anliegerstaaten des Rheins sämtlich dem europäischen koordinierenden Sozialrecht unterliegen, besteht kein Bedürfnis mehr für den Vorrang dieses Abkommens aber insgesamt aus 7

Steinmeyer

entsprechenden Gründen auch der anderen in Art. 7 Abs. 2 VO (EWG) Nr. 1408/71 genannten Abkommen.

II. Einzelerläuterungen

8 Die Vorgängervorschrift in der VO (EWG) Nr. 1408/71 sah vor, dass die Verordnung nur im Rahmen ihres **persönlichen und sachlichen Geltungsbereichs** an die Stelle der Abkommen über soziale Sicherheit tritt. Außerhalb des Anwendungsbereichs der Verordnung bleibt die Anwendbarkeit der Abkommen uneingeschränkt bestehen. Auf diese klarstellende Regelung, die sich bereits aus den Bestimmungen über die inhaltliche und persönliche Reichweite der Verordnung ergibt, wurde in der neuen Verordnung verzichtet.

9 Das europäische Sozialrecht setzt nur insoweit zwischenstaatliche Abkommen aus, als diese rein **gemeinschaftsinterne Regelungsbereiche** tangieren. Damit soll verhindert werden, dass innerhalb der EU ein Nebeneinander komplexer Koordinierungssysteme der sozialen Sicherheit existiert. Dieses Bedürfnis besteht außerhalb des Geltungsbereichs des Gemeinschaftsrechts nicht, weshalb die Rechtsbeziehungen von Mitgliedstaaten zu Drittstaaten unberührt bleiben.

10 Zu dem grundsätzlichen **Verhältnis des zwischenstaatlichen Sozialrechts und des europäischen Gemeinschaftsrechts** der VO (EWG) Nr. 1408/71 führte der EuGH zur Rs. 32/72 (Walder), Slg 1973, 599) aus, dass die VO (EWG) Nr. 1408/71 für den von ihr erfassten Personenkreis an die Stelle der zwischen den Mitgliedstaaten bestehenden Abkommen über soziale Sicherheit tritt, sofern diese nicht in den Art. 6 und 7 bzw im Anhang III aufgeführt sind (jetzt Art. 8 Abs. 1 S. 2 und 3). Insoweit mag dieses Urteil nicht verwundern, gab – und gibt – es doch letztlich die Gesetzeslage wieder. Der EuGH führte aber weiter aus, dass diese Abkommen auch dann nicht anwendbar seien, wenn sie dem Leistungsberechtigten höhere Leistungen zubilligen, als dies nach der VO (EWG) Nr. 1408/71 der Fall ist (Slg 1973, 599, 601). Damit wurde festgestellt, dass für die Anwendung der vor dem Inkrafttreten der VO (EWG) Nr. 1408/71 geschlossenen Abkommen außer in den vorgesehenen Ausnahmen kein Raum mehr besteht und zwar selbst dann nicht, wenn die Abkommen günstigere Regelungen enthalten. Durch dieses Urteil wurde die Bedeutung der zwischen den Mitgliedstaaten bestehenden Sozialversicherungsabkommen auf ein Minimum reduziert.

11 In der Rs. C-227/89 (Rönfeldt), Slg 1991, 323 hat sich der EuGH hingegen dafür ausgesprochen, dass **Vergünstigung**en der sozialen Sicherheit, die aufgrund zwischenstaatlicher Abkommen in das nationale Recht eingeführt wurden, nicht deshalb entfallen dürfen, weil die Abkommen über soziale Sicherheit mit Inkrafttreten der VO (EWG) Nr. 1408/71 – nunmehr ersetzt durch VO (EG) Nr. 883/2004 – unanwendbar geworden sind.

12 Es fragt sich, ob das Rönfeldt-Urteil im Widerspruch zu der bisherigen Rechtsprechung des EuGH steht und nunmehr zu einer „**Renaissance**" der vor Inkrafttreten der VO (EWG) Nr. 1408/71 geschlossenen Sozialversicherungsabkommen führt, wie dies vereinzelt angenommen wird (*Költzsch*, SGb 1992, 591, 592). Im Rönfeldt-Urteil hatte der EuGH darüber zu entscheiden, ob vor Inkrafttreten der VO (EWG) Nr. 1408/71 in Dänemark zurückgelegte Rentenversicherungszeiten bei der Geltendmachung eines Anspruchs auf vorgezogenes Altersruhegeld nach Erreichen des 63. Lebensjahres mit zu berücksichtigen sind. Das Abkommen zwischen der Bundesrepublik Deutschland und dem Königreich Dänemark vom 14. August 1953 sah in Art. 17 Abs. 1 Nr. 2 b vor, dass Deutsche, die in Dänemark Aufenthaltszeiten zurückgelegt hatten, diese bei der Berechnung der deutschen Rente bis zu einer Höchstdauer von fünfzehn Jahren angerechnet erhielten. Diese Regelung ist, wie das gesamte Abkommen, durch die VO (EWG) Nr. 1408/71 ersetzt worden.

13 Der EuGH begründet die Berücksichtigung der in Dänemark zurückgelegten Zeiten mit dem Argument, dass es dem Zweck der Vorschriften über die Freizügigkeit der Arbeitnehmer (Art. 45-48 AEUV = Art. 39-42 EG) zuwiderlaufen würde, wenn Arbeitnehmer, die von diesem Recht Ge-

brauch machen, Vergünstigungen verlören, die ihnen durch die Rechtsvorschriften eines Mitgliedstaats zugesprochen würden (Slg 1991, 323, 343). Damit wird konsequent an der Rechtsprechung festgehalten, dass die Wahrnehmung der Arbeitnehmerfreizügigkeit nicht zu einem Abbau der Besitzstände führen darf, was auch – in Anlehnung an das hierzu erstmalig ergangene Urteil des EuGH im Fall Petroni (Rs. 24/75, Slg 1975, 1149) – als sogenanntes **Petroni-Prinzip** bezeichnet wird. Diese Statuierung eines Günstigkeitsprinzips im Bereich der sozialen Sicherheit, das auf der Vermeidung von wanderungsbedingten Nachteilen basiert, führt in diesem Fall zu einem Vorteil für diejenigen Personen, die sich auf vormalige Abkommen berufen können, gegenüber denjenigen, für die nur die VO (EWG) Nr. 1408/71 (nunmehr VO (EG) Nr. 883/2004) Anwendung findet. Diese Aufrechterhaltung auf zwischenstaatliche Abkommen zurückzuführender Vergünstigungen steht aus Sicht des Gerichtshofes auch nicht im Widerspruch zu dem Walder-Urteil. Hier wurde die Unanwendbarkeit der Abkommen über Soziale Sicherheit neben der VO (EWG) Nr. 1408/71 (nunmehr VO (EG) Nr. 883/2004) herausgestellt. Im Rönfeldt-Urteil ist aber nicht das Sozialversicherungsabkommen begünstigend, sondern dessen ins nationale Recht transformierter Inhalt. Damit wird der Konflikt zwischen europäischem und zwischenstaatlichem Recht vermieden und sich nur dem Verhältnis von europäischem zu nationalem Recht zugewandt, in dem das Petroni-Prinzip Anwendung findet.

Es erscheint fraglich, ob diese Differenzierung möglich ist. Nimmt man die Aussage des EuGH im **Walder-Urteil** ernst, so muss dies auch bedeuten, dass die nationalen Vorschriften zur Umsetzung der Abkommen über soziale Sicherheit ebenfalls nicht anwendbar sind, denn Vergünstigungen aus zwischenstaatlichen Abkommen leiten sich in der Regel erst durch die Transformation dieser völkerrechtlichen Verträge in innerstaatliches Recht her. Dieser Systembesonderheit schenkt der EuGH im Rönfeldt-Urteil keine Beachtung, obwohl das Walder-Urteil hierzu hätte Anstoß geben sollen (zur Kritik am Rönfeldt-Urteil vgl auch *Eichenhofer*, JZ 1995, 1047 ff, 1049; s. *Zuleeg*, DRV 1991, 512 ff). 14

Der allgemein gehaltene Wortlaut des Urteils, der von „**Vergünstigungen der sozialen Sicherheit**" spricht, ohne sie in zeitlicher Hinsicht zu präzisieren, lässt es wohl zu, nicht nur vor Inkrafttreten der VO entstandene Anwartschaften zu berücksichtigen, sondern auch seitdem entstandene Ansprüche und Anwartschaften, die unter die nationalen Regelungen fallen, die zur Umsetzung der Abkommen erlassen wurden (*Költzsch*, SGb 1992, 591, 597). Ist dies der Fall – was der Wortlaut nahelegt – werden in Zukunft häufig Sachverhalte auftreten, denen eine Vergünstigung zugesprochen werden muss, was faktisch den im Walder-Urteil aufgestellten Grundsatz aushebeln könnte, denn dann müssen auch auf zwischenstaatlichem Recht beruhende Regelungen bei der Anwendung der VO (EG) Nr. 883/2004 beachtet werden. Aus nationaler Sicht kann dem nur entgegengewirkt werden, indem die zwischen den Mitgliedstaaten weiterhin bestehenden Abkommen über soziale Sicherheit gekündigt werden und die Transformation aufgehoben wird bzw der personelle Anwendungsbereich nur auf die Personen beschränkt wird, die nicht unter die Vorschriften der VO (EG) Nr. 883/2004 fallen. Der EuGH hat allerdings insoweit inzwischen klargestellt, dass Arbeitnehmer, die ihr Recht auf Freizügigkeit erst nach Inkrafttreten der VO (EWG) Nr. 1408/71 ausgeübt haben, nicht behaupten können, dass sie einen Verlust an Vergünstigungen der sozialen Sicherheit erlitten haben, die sich aus vorher geschlossenen Abkommen ergeben hätten (EuGH, Rs. C-475/93 (Thévenon), Slg 1995, I-3813; siehe hierzu auch *Resch*, NZS 1996, 603 ff, 605). Damit bleibt die weitere Anwendung der zwischen den Mitgliedstaaten der EU abgeschlossenen Sozialversicherungsabkommen auf besondere Konstellationen beschränkt (so auch *Zuleeg-Feuerhahn*, EuroAS 1995, 204). In einer weiteren Entscheidung hat der Gerichtshof zum Ausdruck gebracht, dass der Grundsatz, wonach Arbeitnehmer Vergünstigungen der sozialen Sicherheit nicht verlieren dürfen, weil ein bilaterales Abkommen über soziale Sicherheit infolge des Inkrafttretens der Verordnung unanwendbar geworden sei, insoweit nicht gelten könne, als bei der ersten Feststellung der Leistungen aufgrund der Verordnung bereits ein Vergleich der sich jeweils aus dieser und aus den Abkommen ergebenden Vergünstigungen mit 15 dem Ergebnis vorgenommen worden ist, dass die Anwendung der Verordnung günstiger ist als das Vertragsrecht (EuGH, Rs. C-113/96 (Rodriguez), Slg 1998, I-2461 = NZS 1998, 473 ff). Umgekehrt aber steht Art. 8 der Anwendung der Bestimmungen eines für den Versicherten günstigeren zwischenstaatlichen Abkommens dann nicht entgegen, wenn dieser sein Recht auf Freizügigkeit vor Inkrafttreten der VO (EWG) Nr. 1408/71 ausgeübt hat, auch wenn – hier im Falle der Arbeitslosenversicherung – infolge einer Rahmenfrist in dem nationalen Recht, nach dem sich die Ansprüche des Versicherten bestimmen, ein Leistungsanspruch nicht in vollem Umfang aus der Zeit vor diesem Inkrafttreten hergeleitet werden kann (EuGH, Rs. C-75/99 (Thelen), Slg 2000, I-9399). Dies findet seine Rechtfertigung darin, dass dem Versicherten sonst Rechte und Vergünstigungen genommen würden, die ihm nach dem Abkommen zustehen (so auch EuGH, Rs. C-277/99 (Kaske), Slg 2002, I-1261; EuGH, Rs. C-471/99 (Dominguez), Slg 2002, I-7850). Diese Gesamtproblematik wird in Art. 8 VO (EG) Nr. 883/2004 dadurch bewältigt, dass die Vorschrift zwar einerseits das Günstigkeitsprinzip bestätigt, andererseits die weitere Anwendung der Vorschriften solcher Abkommen davon abhängig macht, dass die einschlägigen Bestimmungen in Anhang II aufgeführt sind. Allerdings ist damit die erörterte Frage nicht entschieden, da auch Art. 7 VO (EWG) Nr. 1408/71 vorsah, dass einzelne – etwa günstigere – Bestimmungen weitergelten, soweit diese Bestimmungen im Anhang aufgeführt sind.

16 Art. 8 Abs. 1 S. 4 ist aus sich heraus nicht unmittelbar verständlich. Er soll in Konsequenz zweier Entscheidungen des EuGH (Rs. C-307/97 (Saint-Gobain), Slg 1999, I-6161; Rs. C-66/00 (Gottardo), Slg 2002, I-413) klarstellen, dass der Grundsatz der Gleichbehandlung aller Unionsbürger auch hinsichtlich der Sozialversicherungsabkommen gilt, was ausdrücklich in der Gottardo-Entscheidung zum Ausdruck gekommen war. Das bedeutet, dass auch sog. geschlossene – also auf die Staatsangehörigen der jeweiligen Vertragsstaaten begrenzte – bilaterale Abkommen in dem Sinne anzuwenden sind, dass auch die Staatsangehörigen anderer Mitgliedstaaten einbezogen werden, was auch dazu geführt hat, dass faktisch nur noch sog. offene Abkommen abgeschlossen werden (s. Empfehlung P 1 der Verwaltungskommission; *Otting*, in Hauck/Noftz, Art. 8 Rn 16 ff). Regelungen in Abkommen, die gleichwohl nur für die Staatsangehörigen der Vertragsstaaten gelten sollen, sind in Anhang II zu benennen; allerdings kann das nicht nach Beliebigkeit erfolgen, sondern setzt – nachprüfbare – objektive Gründe voraus. Deshalb finden sich in Anhang II für Deutschland auch überwiegend solche Regelungen, die dem Zweiten Weltkrieg und der deutschen Teilung Rechnung tragen.

17 Dass das Verhältnis von zwischenstaatlichem Recht und der VO (EG) Nr. 883/2004 alles andere als bis in die Einzelheiten geklärt ist, zeigt sich auch in einem weiteren Urteil des EuGH zur Rechtssache **Grana-Novoa** (EuGH, Rs. C-23/92, Slg 1993, I-4505 = EuZW 1994, 59 f). Die spanische Staatsangehörige, Frau Grana-Novoa, die ausschließlich in der Schweiz und Deutschland beschäftigt war, beantragte in Deutschland eine Rente wegen Erwerbsunfähigkeit. Der Antrag wurde wegen fehlender Beitragszeiten in der Bundesrepublik abgelehnt. Sie machte daraufhin geltend, dass das deutsch-schweizerische Sozialversicherungsabkommen (Abkommen zwischen der Bundesrepublik Deutschland und der Schweizerischen Eidgenossenschaft über Soziale Sicherheit vom 25.2.1964, BGBl. 1964 II Nr. 37 S. 1293) anzuwenden sei. Hiernach werden auch in der Schweiz zurückgelegte Versicherungszeiten berücksichtigt. Dieses Sozialversicherungsabkommen erfasst aber nur Angehörige der Vertragsstaaten. Dagegen wurde geltend gemacht, dass die in der Schweiz zurückgelegte Beschäftigung aus Gründen des Diskriminierungsverbots (Art. 3 VO (EWG) Nr. 1408/71) mit zu berücksichtigen sei. Damit wurde die Frage angesprochen, inwieweit Bestimmungen der VO (EWG) Nr. 1408/71 (nunmehr VO (EG) Nr. 883/2004) in weiterhin bestehende bilaterale Sozialversicherungsabkommen hineinwirken können. Der EuGH stellt in dieser Entscheidung deutlich heraus, dass der Anwendungsbereich der Art. 6 ff VO (EWG) Nr. 1408/71 (jetzt Art. 8) nicht durch ein Abkommen zwischen nur einem Mitgliedstaat und einem oder mehrerer Drittstaaten tangiert wird. Wenn Art. 3 VO (EWG) Nr. 1408/71 (jetzt Art. 4) von den gleichen Rechten und Pflichten auf Grund der Rechtsvorschriften eines Mitglied-

staats spricht, zählen zu diesen „Rechtsvorschriften" nicht die nur zwischen einem Mitgliedstaat und einem Drittstaat geschlossenen Abkommen über die soziale Sicherheit. In diesem Zusammenhang weist der EuGH darauf hin, dass diese Auslegung nicht dadurch beeinträchtigt wird, dass ein derartiges Abkommen in Form eines Gesetzes in die Rechtsordnung bestimmter Mitgliedstaaten inkorporiert wurde und damit Bestandteil des innerstaatlichen Rechts ist. Dies begründet das Gericht mit dem Argument, dass die einheitliche Anwendung der Verordnung in der gesamten Gemeinschaft zu sichern ist und folglich nicht von der Methode abhängen kann, mit der die von den einzelnen Mitgliedstaaten geschlossenen zwischenstaatlichen Abkommen über die Soziale Sicherheit in die Rechtsordnung dieser Staaten übernommen werden. Die innerstaatliche Umsetzung macht diese Abkommen folglich nicht zu „Rechtsvorschriften" im Sinne der Verordnung, gegen die aus Gründen der Gleichbehandlung nicht verstoßen werden darf.

Dieses Urteil ist in zweierlei Hinsicht bemerkenswert. Auf der einen Seite wird deutlich, dass das Gebot der Inländergleichbehandlung nicht bedeutet, den größtmöglichen sozialen Schutz zu verwirklichen. Im Gegensatz zum Rönfeldt-Urteil wird die soziale Situation nicht verschlechtert, denn für Angehörige eines Staates, der nicht Unterzeichnerstaat des Abkommens ist, bestand zu keiner Zeit ein Anspruch auf Berücksichtigung der Versicherungszeiten. Da die VO (EWG) Nr. 1408/71 bzw die VO (EG) Nr. 883/2004 nur an die Stelle bestimmter Abkommen getreten sind, kann eine **Ungleichbehandlung** nicht damit geltend gemacht werden, dass bilaterale Abkommen nur einen bestimmten Personenkreis umfassen. Insoweit wird auch nicht das Petroni-Prinzip tangiert. Zum anderen deutet das Urteil an, dass sich der EuGH bei Fragen, die das Verhältnis von zwischenstaatlichem und europäischem Sozialrecht betreffen, von der Sichtweise löst, zwischen dem völkerrechtlichen Vertrag und dem inkorporierten Recht streng zu trennen. Wie das Rönfeldt-Urteil bereits gezeigt hat, wird man dem Ziel der Art. 6 ff VO (EWG) Nr. 1408/71 (jetzt Art. 8) nicht gerecht, wenn diese Trennung beibehalten wird. Die Anwendbarkeit bestimmter Sozialleistungen kann nicht davon abhängen, ob ein Mitgliedstaat zwischenstaatliche Abkommen transformieren muss oder nicht. Das Verhältnis zwischen der VO (EG) Nr. 883/2004 und den zwischenstaatlichen Abkommen lässt sich nur sachgerecht lösen, indem der Dualismus von Völkerrecht und nationalem Recht hier aufgehoben wird, wie dies der EuGH erstmals deutlich praktiziert.

Der EuGH hat die Grundsätze des Rönfeldt-Urteils vor einigen Jahren weiterentwickelt (Rs. C-277/99 (Kaske), Slg 2002, I-1282). In dem zugrunde liegenden Verfahren hatte die Klägerin zunächst in Österreich und dann in Deutschland gearbeitet, bevor sie in Deutschland arbeitslos wurde. Unmittelbar nach Eintritt der Arbeitslosigkeit war sie nach Österreich zurückgekehrt und erhob dort, in ihrem neuen Wohnsitzland, Anspruch auf Arbeitslosengeld, wobei sie – bei Anwendung des österreichisch-deutschen Abkommens über die Arbeitslosenversicherung – insbesondere die in Deutschland zurückgelegten Beschäftigungszeiten geltend machte. Der EuGH stellte hierzu fest, dass die Grundsätze des Rönfeldt-Urteils auch dann gelten, wenn der betreffende Wanderarbeitnehmer von der Freizügigkeit zwar noch **vor Inkrafttreten der VO (EWG) Nr. 1408/71**, aber auch vor dem Wirksamwerden des AEUV (= EG) in seinem Heimatstaat, also zu einem Zeitpunkt Gebrauch gemacht hat, zu dem er sich im Beschäftigungsstaat noch nicht auf Art. 45 AEUV (= Art. 39 ff EG) berufen konnte. Die Situation des einem Mitgliedstaat angehörenden Arbeitnehmers sei, sofern die Versicherungs- oder Beschäftigungszeiten vor dem Inkrafttreten der Verordnung (EWG) Nr. 1408/71 begonnen haben, dabei für die gesamte Zeit, in der er von der Freizügigkeit Gebrauch gemacht hat, nach den Bestimmungen des zwischenstaatlichen Abkommens zu beurteilen, wobei sämtliche von ihm zurückgelegten Versicherungs- oder Beschäftigungszeiten zu berücksichtigen sind, ohne dass danach unterschieden wird, ob diese Zeiten vor oder nach dem Inkrafttreten des Vertrages und der VO (EWG) Nr. 1408/71 im Heimatmitgliedstaat des Arbeitnehmers liegen. Macht der Betreffende dagegen nach Erschöpfung aller seiner Rechte aus dem Abkommen erneut von der Freizügigkeit Gebrauch und legt neue Versicherungs- oder Beschäftigungszeiten zurück, die ausschließlich nach dem Inkrafttreten der VO (EWG)

Nr. 1408/71 liegen, so bestimmt sich seine neue Situation nach der Verordnung. Ein nationales Recht darf schließlich gegenüber dem Gemeinschaftsrecht günstigere Vorschriften vorsehen, sofern diese die Grundsätze des Gemeinschaftsrechts wahren. Art. 45 AEUV (= Art. 39 EG) steht insoweit einer Regelung eines Mitgliedstaats entgegen, wonach Arbeitnehmer, die sich vor ihrer letzten Beschäftigung im Ausland mindestens 15 Jahre in diesem Mitgliedstaat aufgehalten haben, hinsichtlich der Voraussetzungen für den Bezug von Arbeitslosengeld eine Sonderstellung haben.

20 Art. 8 Abs. 2 betrifft nur die Abkommen, die die Mitgliedstaaten **nach dem Inkrafttreten der Verordnung** miteinander schließen. Art. 8 greift deshalb nicht für die in Anhang II genannten Abkommen (vgl EuGH v. 28.4.1994, Rs. C-305/92 (Hoorn) Slg 1994, I-1525).

Artikel 9 Erklärungen der Mitgliedstaaten zum Geltungsbereich dieser Verordnung

(1) ¹Die Mitgliedstaaten notifizieren der Europäischen Kommission schriftlich die Erklärungen gemäß Artikel 1 Buchstabe l, die Rechtsvorschriften, Systeme und Regelungen im Sinne des Artikels 3, die Abkommen im Sinne des Artikels 8 Absatz 2, die Mindestleistungen im Sinne des Artikels 58 und das Fehlen eines Versicherungssystems im Sinne des Artikels 65 a Absatz 1 sowie wesentliche Änderungen. ²In diesen Notifizierungen ist das Datum anzugeben, ab dem diese Verordnung auf die von den Mitgliedstaaten darin genannten Regelungen Anwendung findet.

(2) Diese Notifizierungen werden der Europäischen Kommission jährlich übermittelt und im erforderlichen Umfang bekannt gemacht.

I. Normzweck	1	III. Rechtsnatur der Notifizierung	7
II. Einzelerläuterungen	2	IV. Die Erklärung der Bundesrepublik Deutschland	10
Inhalt der Notifizierungspflicht	2		

I. Normzweck

1 Art. 3 bestimmt materiell-rechtlich den sachlichen Geltungsbereich der VO (EG) Nr. 883/2004. Art. 9 kann als Komplementärvorschrift zu Art. 3 verstanden werden. Mit der den Mitgliedstaaten auferlegten **Notifizierungspflicht** bezüglich der unter Art. 3 fallenden Rechtsvorschriften, Systeme und Regelungen im Sinne des Art. 3 sowie weiterer mitgliedstaatlicher Festlegungen auf dem Gebiete der sozialen Sicherheit wird nicht nur für die Kommission die Informationsbasis geschaffen, die sie benötigt, um ihre Aufgaben der Koordinierung der sozialen Sicherheit wahrzunehmen. Durch die Veröffentlichung der Notifizierungen im Amtsblatt der EU (Abs. 2) wird das Recht der sozialen Sicherheit der Mitgliedstaaten sozusagen zur Kenntnis der EU-Öffentlichkeit gebracht. In der ersten Koordinierungsverordnung, der VO (EWG) Nr. 3, waren die Rechtsvorschriften, auf welche die Verordnung Anwendung finden sollte, in einem Anhang abschließend aufgelistet. Aufgrund der dynamischen Entwicklung der Sozialleistungssysteme in den Mitgliedstaaten und der Erweiterung der EU wäre diese Regelung auf quantitative und technische Grenzen gestoßen. Art. 9 ist durch die VO (EU) Nr. 465/2012 geändert worden. Diese Änderung betraf zum einen die Anpassung an die im EUV erfolgte Neubezeichnung „Europäische Kommission" (vgl Art. 13 Abs. 1 EUV). Zum anderen war aufgrund des neu geschaffenen Art. 65 a die Mitteilung des Fehlens eines Versicherungssystems für selbstständig Erwerbstätige im Wohnmitgliedstaat notwendig geworden.

II. Einzelerläuterungen

Inhalt der Notifizierungspflicht

2 Entsprechend der vorgenannten Funktion der Notifizierung erstreckt sich diese gemäß Abs. 1 auf die Rechtsvorschriften, Systeme und Regelungen im Sinne des Art. 3. In der Vorläufervorschrift

(Art. 5 VO (EWG) Nr. 1408/71) waren die **beitragsunabhängigen Geldleistungen** ausdrücklich als Gegenstand der Notifizierungspflicht aufgeführt. Art. 9 erwähnt die jetzt in Art. 70 geregelten besonderen beitragsunabhängigen Geldleistungen nicht ausdrücklich. Dies bedeutet aber nicht, dass sie nicht von der Notifizierungspflicht erfasst werden. Die in Abs. 1 statuierte Notifizierungspflicht der Rechtsvorschriften, Systeme und Regelungen im Sinne des Art. 3 Abs. 1 erfasst auch die besonderen beitragsunabhängigen Geldleistungen, die nach Art. 3 Abs. 3 dem Geltungsbereich der VO unterfallen.

Der Notifizierungspflicht nach Abs. 1 unterliegen ferner die Erklärungen im Sinne des Art. 1 lit. l). Es geht um **tarifvertragliche Vereinbarungen**, die dann den Charakter von Rechtsvorschriften im Sinne der VO erlangen, wenn sie die in Art. 1 lit. l) genannten Voraussetzungen erfüllen und in einer Erklärung an den Präsidenten des EU-Parlamentes und des Rates der EU mitgeteilt werden. 3

Ferner verlangt Art. 9 Abs. 1 die Notifizierung der **bi- und multilateralen Abkommen** auf dem Gebiete der sozialen Sicherheit, die die Mitgliedstaaten miteinander schließen. Gemäß Art. 8 Abs. 1 löst die VO grundsätzlich die mitgliedstaatlichen Abkommen über soziale Sicherheit ab. Art. 8 Abs. 2 lässt aber die Möglichkeit des Abschlusses neuer Abkommen offen. Diese für das Koordinierungsrecht bedeutsamen Regelungen der Abkommen müssen deshalb ebenfalls der Kommission notifiziert werden. 4

Eine spezielle, der Notifizierung unterliegende mitgliedstaatliche Festlegung betrifft die Vorschrift des Art. 58 aus dem Bereich der **Alters- und Hinterbliebenenrenten**. Die in Art. 58 genannte Mindestleistung ist für die korrekte Ermittlung des Leistungsbetrages einer Rente bedeutsam, so dass ihre allgemeine Kenntnis erforderlich ist. 5

Die Notifizierung nach Art. 9 erfasst nicht nur die erstmalige gesetzliche oder verwaltungsmäßige Verankerung von Regelungen der sozialen Sicherheit im nationalen Recht, sondern gemäß Abs. 1 Satz 1 auch deren **spätere wesentliche Änderungen**. Gemäß Abs. 2 müssen Notifizierungen jährlich übermittelt und daraufhin im Amtsblatt der EU veröffentlicht werden. 6

III. Rechtsnatur der Notifizierung

Für die Frage, welche Bedeutung einer erfolgten oder unterbliebenen Notifizierung zukommt, hat der EuGH im Laufe der Zeit folgende **Grundsätze** herausgearbeitet. Hat ein Mitgliedstaat in einer Erklärung gemäß Art. 9 eine Rechtsvorschrift genannt, so folgt daraus zwingend, dass die in dieser Vorschrift angesprochenen Leistungen solche der sozialen Sicherheit im Sinne der VO sind (EuGH, Rs. 35/77 (Beerens), Slg 1977, 2249; Rs. C-251/89 (Athanasopoulos u.a.), Slg 1991, I-2797 Rn 28; Rs. C-225/10 (Juan Perez García u.a.), Slg 2011, I-n.v. Rn 36). Folglich kann eine Leistung vom sachlichen Geltungsbereich erfasst werden, die nach den in Art. 3 entwickelten Kriterien eigentlich nicht unter den Anwendungsbereich fällt. Die Mitgliedstaaten müssen sich dann an ihren Erklärungen festhalten lassen (EuGH, Rs. C-228/88 (Bronzino), Slg 1990, 531; Rs. C-12/89 (Gatto), Slg 1990, 557). 7

Umgekehrt gilt nicht, dass eine Rechtsvorschrift, für die eine Erklärung im Sinne von Art. 9 nicht vorliegt, deshalb auch nicht in den Anwendungsbereich der VO fällt. Für jede Leistung muss vielmehr anhand der zu Art. 3 entwickelten Kriterien festgestellt werden, ob sie danach unter den sachlichen Geltungsbereich der VO fällt. Ist dies der Fall, so ist der Anwendungsbereich zu bejahen, auch wenn der jeweilige Mitgliedstaat eine Erklärung nach Art. 9 nicht abgegeben hat (st.Rspr des EuGH, vgl Rs. 100/63 (van der Veen), Slg 1964, 1215; Rs. 24/64 (Dingemans), Slg 1964, 1375; Rs. 79/76 (Fossi), Slg 1977, 667; Rs. C-20/96 (Snares), Slg 1997, I-6082; Rs. C-297/96 (Partridge), Slg 1998, I-3477). 8

9 Die Bundesrepublik Deutschland hat zur neuen VO (EG) Nr. 883/2004 die nachstehend abgedruckte (s. IV.) Erklärung abgegeben. Für die besonderen beitragsunabhängigen Geldleistungen im Sinne von Art. 70 sind Besonderheiten zu beachten (vgl dazu Art. 70 Anm. II. 2. b) aa)).

IV. Die Erklärung der Bundesrepublik Deutschland

10 Declaration by Germany pursuant to Article 9 of Regulation (EC) No 883/2004 of the European Parliament and of the Council of 29 April 2004 on the coordination of social security systems

I. Declarations Referred to in Article 1(l) of Regulation (EC) No 883/2004
 - None

II. Legislation and Schemes Referred to in Article 3 (EC) No 883/2004

1. Sickness benefits
  - Fünftes Buch Sozialgesetzbuch – Gesetzliche Krankenversicherung einschließlich der Krankenhilfeleistung durch den Arbeitgeber bei Erkrankung eines Versicherten im Ausland nach § 17 Absatz 1 (Book V of the Social Code – Statutory Sickness Insurance including medical care provided by employers in the event of illness of an insured person outside Germany pursuant to § 17 (1)) of 20.12.1988, entry into force on 1.1.1989
  - Zweites Gesetz über die Krankenversicherung der Landwirte (Second Law on sickness insurance for farmers) of 20.12.1988, entry into force on 1.1.1989
  - Elftes Buch Sozialgesetzbuch – Soziale Pflegeversicherung (Book XI of the Social Code – social long-term care insurance) of 26.5.1994, entry into force on 1.1.1995
  - Die Rechtsvorschriften des Seemannsgesetzes betreffend die Krankenfürsorge auf Kosten des Reeders bei Erkrankung von Besatzungsmitgliedern an Bord oder im Ausland (the provisions of the Law on Seafarers concerning medical care provided at the expense of shipowners in the event of illness of crew members on board or outside Germany) of 26.7.1957, entry into force on 1.4.1958
  - Entgeltfortzahlungsgesetz (Law on continued payment of remuneration) of 26.5.1994, entry into force on 1.6.1994

2. Maternity and equivalent paternity benefits
  - Reichsversicherungsordnung (Reich Insurance Code) of 19.7.1911, entry into force on 1.1.1912
  - Gesetz über die Krankenversicherung der Landwirte (Law on sickness insurance for farmers) of 10.8.1972, entry into force on 16.8.1972

3. Invalidity benefits
  - Sechstes Buch Sozialgesetzbuch – Gesetzliche Rentenversicherung (Book VI of the Social Code – Statutory Pension Insurance) of 18.12.1989, entry into force on 1.1.1992
  - Gesetz über die Alterssicherung der Landwirte (Law on old-age protection for farmers) of 29.7.1994, entry into force on 1.1.1995
  - Gesetz über die Versorgung der Beamten und Richter des Bundes (Law on the pension scheme for civil servants and judges of the Federal Republic of Germany), of 24.8.1976, entry into force on 1.1.1977
  - Gesetz über die Versorgung für die ehemaligen Soldaten der Bundeswehr und ihre Hinterbliebenen (Law on the pension scheme for former soldiers of the German Federal Armed Forces and their survivors) of 26.7.1957, entry into force on 1.4.1956
  - Die Rechtsvorschriften betreffend die berufsständischen Versorgungseinrichtungen u.a. für Ärzte, Apotheker, Notare, Rechtsanwälte, Steuerberater bzw. Steuerbevollmächtigte, Tierärzte, Wirtschaftsprüfer und vereidigte Buchprüfer, Zahnärzte sowie Psychotherapeuten und Ingenieure, der Seelotsen sowie andere Versicherungs- und Versorgungseinrichtungen, insbesondere Fürsorgeeinrichtungen und die Erweiterte Honorarverteilung (The legislation concerning the insurance and welfare institutions for liberal professions

such as doctors, dispensing chemists, notaries, barristers and solicitors, tax consultants and advisers, veterinary surgeons, auditors and certified public accountants, dentists, psychotherapists and engineers, sea pilots and other insurance and welfare institutions, in particular welfare funds and the scheme for extended fee-sharing)
- Hüttenknappschaftliches Zusatzversicherungs-Neuregelungs-Gesetz (Steelworkers' Supplementary Insurance (Reorganization) Law) of 21.6 2002, entry into force on 1.7.2002
- Gesetz über die Errichtung einer Zusatzversorgungskasse für Arbeitnehmer in der Land- und Forstwirtschaft (Law on the establishment of a supplementary pension fund for workers in agriculture and forestry) of 31.7.1974, entry into force on 4.8.1974

4. Old-age benefits
- Sechstes Buch Sozialgesetzbuch – Gesetzliche Rentenversicherung (Book VI of the Social Code – Statutory Pension Insurance) of 18.12.1989, entry into force on 1.1.1992
- Gesetz über die Alterssicherung der Landwirte (Law on old-age protection for farmers) of 29.7.1994, entry into force on 1.1.1995
- Gesetz über die Versorgung der Beamten und Richter des Bundes (Law on the pension scheme for civil servants and judges of the Federal Republic of Germany), of 24.8.1976, entry into force on 1.1.1977
- Gesetz über die Versorgung für die ehemaligen Soldaten der Bundeswehr und ihre Hinterbliebenen (Law on the pension scheme for former soldiers of the German Federal Armed Forces and their survivors) of 26.7.1957, entry into force on 1.4.1956
- Die Rechtsvorschriften betreffend die berufsständischen Versorgungseinrichtungen u.a. für Ärzte, Apotheker, Notare, Rechtsanwälte, Steuerberater bzw. Steuerbevollmächtigte, Tierärzte, Wirtschaftsprüfer und vereidigte Buchprüfer, Zahnärzte sowie Psychotherapeuten und Ingenieure, der Seelotsen sowie andere Versicherungs- und Versorgungseinrichtungen, insbesondere Fürsorgeeinrichtungen und die Erweiterte Honorarverteilung (The legislation concerning the insurance and welfare institutions for liberal professions such as doctors, dispensing chemists, notaries, barristers and solicitors, tax consultants and advisers, veterinary surgeons, auditors and certified public accountants, dentists, psychotherapists and engineers, sea pilots and other insurance and welfare institutions, in particular welfare funds and the scheme for extended fee-sharing)
- Hüttenknappschaftliches Zusatzversicherungs-Neuregelungs-Gesetz (Steelworkers' Supplementary Insurance (Reorganization) Law) of 21.6 2002, entry into force on 1.7.2002
- Gesetz über die Errichtung einer Zusatzversorgungskasse für Arbeitnehmer in der Land- und Forstwirtschaft (Law on the establishment of a supplementary pension fund for workers in agriculture and forestry) of 31.7.1974, entry into force on 4.8.1974

5. Survivors' benefits
- Sechstes Buch Sozialgesetzbuch – Gesetzliche Rentenversicherung (Book VI of the Social Code – Statutory Pension Insurance) of 18.12.1989, entry into force on 1.1.1992
- Gesetz über die Alterssicherung der Landwirte (Law on old-age protection for farmers) of 29.7.1994, entry into force on 1.1.1995
- Gesetz über die Versorgung der Beamten und Richter des Bundes (Law on the pension scheme for civil servants and judges of the Federal Republic of Germany), of 24.8.1976, entry into force on 1.1.1977
- Gesetz über die Versorgung für die ehemaligen Soldaten der Bundeswehr und ihre Hinterbliebenen (Law on the pension scheme for former soldiers of the German Federal Armed Forces and their survivors) of 26.7.1957, entry into force on 1.4.1956
- Die Rechtsvorschriften betreffend die berufsständischen Versorgungseinrichtungen u.a. für Ärzte, Apotheker, Notare, Rechtsanwälte, Steuerberater bzw. Steuerbevollmächtigte, Tierärzte, Wirtschaftsprüfer und vereidigte Buchprüfer, Zahnärzte sowie Psychothera-

peuten und Ingenieure, der Seelotsen sowie andere Versicherungs- und Versorgungseinrichtungen, insbesondere Fürsorgeeinrichtungen und die Erweiterte Honorarverteilung (The legislation concerning the insurance and welfare institutions for liberal professions such as doctors, dispensing chemists, notaries, barristers and solicitors, tax consultants and advisers, veterinary surgeons, auditors and certified public accountants, dentists, psychotherapists and engineers, sea pilots and other insurance and welfare institutions, in particular welfare funds and the scheme for extended fee-sharing)
- Hüttenknappschaftliches Zusatzversicherungs-Neuregelungs-Gesetz (Steelworkers' Supplementary Insurance (Reorganization) Law) of 21.6 2002, entry into force on 1.7.2002
- Gesetz über die Errichtung einer Zusatzversorgungskasse für Arbeitnehmer in der Land- und Forstwirtschaft (Law on the establishment of a supplementary pension fund for workers in agriculture and forestry) of 31.7.1974, entry into force on 4.8.1974

6. Benefits in respect of accidents at work and occupational diseases
   - Siebtes Buch Sozialgesetzbuch – Gesetzliche Unfallversicherung (Book VII of the Social Code – Statutory accident insurance) of 7.8.1996, entry into force on 1.1.1997
   - Berufskrankheiten-Verordnung (Regulation on occupational diseases) of 31.10.1997, entry into force on 1.7.1968

7. Death grants
   - (§ 64 Siebtes Buch Sozialgesetzbuch (§ 64 of Book VII of the Social Code) of 7.8.1998, entry into force on 1.1.1997

8. Unemployment benefits
   - Die Rechtsvorschriften des Dritten Buchs Sozialgesetzbuch – Arbeitsförderung betreffend das Arbeitslosengeld, das Teilarbeitslosengeld, das Übergangsgeld und das Kurzarbeitergeld (The provisions of Book III of the Social Code regarding unemployment benefit, partial unemployment benefit, transitional allowance and short-time work allowance) of 24.3.1997, entry into force on 1.1.1998

9. Pre-retirement benefits
   - Richtlinie zur Gewährung von Anpassungsgeld an Arbeitnehmerinnen und Arbeitnehmer des Steinkohlebergbaus (Directives on the provision of adjustment benefits to workers in coal-mining) of 12.12.2008, entry into force on 1.1.2009
   - § 137 b Absatz 1 Sechstes Buch Sozialgesetzbuch betreffend das Überbrückungsgeld der Seemannskasse (Section 137 b (1) of Book VI of the Social Code regarding the transitory allowance of the seafarers' fund) of 18.12.1989, entry into force on 1.1.2009

10. Family benefits
    - Bundeskindergeldgesetz (Family Benefits Law) of 14.4.1964, entry into force on 1.7.1964
    - Abschnitt X (§§ 62 – 78) des Einkommensteuergesetzes (Chapter X (§§ 62 to 78) of the Law on Income Tax) of 21.10.1995, entry into force on 1.1.1996
    - Bundeselterngeld- und Elternzeitgesetz (Federal Law on parental allowance and parental leave) of 5.12.2006, entry into force on 1.1.2007
    - Die Rechtsvorschriften der Bundesländer betreffend das Landeserziehungsgeldgesetz (The legislation of the Länder regarding educational allowances by the Länder)

11. Special non-contributory cash benefits
    - Viertes Kapitel des Zwölften Buches Sozialgesetzbuch betreffend die Leistungen der Grundsicherung im Alter und bei Erwerbsminderung (Chapter 4 of Book XII of the Social Code on basic subsistence income for the elderly and for persons with reduced earning capacity) of 27.12.2003, entry into force on 1.1.2005
    - Zweites Buch Sozialgesetzbuch betreffend die Leistungen zur Sicherung des Lebensunterhalts der Grundsicherung für Arbeitsuchende, soweit für die Leistungen nicht dem Grunde nach die Voraussetzungen für den befristeten Zuschlag nach Bezug von Arbeitslosen-

geld nach § 24 Absatz 1 erfüllt sind (Book II of the Social Code on benefits to cover subsistence costs under the basic provisions for jobseekers unless, with respect to these benefits, the eligibility requirements for a temporary supplement following receipt of unemployment benefits (§ 24(1) of Book II of the Social Code) are fulfilled) of 24.12.2003, entry into force on 1.1.2005

III. Conventions Entered as Referred to in Article 8(2) of Regulation (EC) No 883/2004
 – None
IV. Minimum Benefits Referred to in Article 58 of Regulation (EC) No 883/2004
 – None

Artikel 10 Verbot des Zusammentreffens von Leistungen

Sofern nichts anderes bestimmt ist, wird aufgrund dieser Verordnung ein Anspruch auf mehrere Leistungen gleicher Art aus derselben Pflichtversicherungszeit weder erworben noch aufrechterhalten.

Artikel 10 DVO Verbot des Zusammentreffens von Leistungen

Ungeachtet anderer Bestimmungen der Grundverordnung werden in Fällen, in denen die nach den Rechtsvorschriften von zwei oder mehr Mitgliedstaaten geschuldeten Leistungen gegenseitig gekürzt, zum Ruhen gebracht oder entzogen werden können, jene Beträge, die bei strenger Anwendung der in den Rechtsvorschriften der betreffenden Mitgliedstaaten vorgesehenen Kürzungs-, Ruhens- oder Entziehungsbestimmungen nicht ausgezahlt würden, durch die Zahl der zu kürzenden, zum Ruhen zu bringenden oder zu entziehenden Leistungen geteilt.

I. Normzweck

1. Entstehungsgeschichte

Vorläuferregelung des Art. 10 war Art. 12 VO (EWG) Nr. 1408/71 und davor Art. 11 VO (EWG) Nr. 3. Die Vorschrift wurde redaktionell geändert und auf eine grundlegende Regelung des **Antikumulierungsrechts** reduziert. Durch den Vorbehalt abweichender Regelungen ändert sich die Rechtslage hierdurch jedoch nicht. Art. 10 DVO entspricht dem bisherigen Art. 7 Abs. 1 VO (EWG) Nr. 574/72. 1

2. Funktion und abweichende Regelungen

Die Vorschrift ist dem übergeordneten Ziel des Antikumulierungsrechts verpflichtet, den ungerechtfertigten gleichzeitigen Bezug von Leistungen aus mehreren Mitgliedstaaten der EU (und der weiteren „Geltungsstaaten") zu unterbinden, um Besserstellungen dieser Personen gegenüber Personen mit Leistungsansprüchen aus nur einem Mitgliedstaat zu vermeiden. Die Überschrift des Artikels kennzeichnet diese Zielsetzung nur vage und zu weitgehend. Der Regelungsbereich wird in der Koordinierungsermächtigung des Art. 48 AEUV (= Art. 42 EG) nicht ausdrücklich erwähnt, er ist jedoch jeglicher Sozialrechtskoordinierung immanent. Neben der gemeinschaftsrechtlichen Sozialrechtskoordinierung sind auch die zwischenstaatliche und die übereinkommensrechtliche Koordinierung auf sozialrechtlichem Gebiet der **Gleichstellung von Personen** mit international sozialrechtlichen Bezügen verpflichtet. Die Beseitigung von Nachteilen und die Vermeidung von Vorteilen sind dabei nur die beiden zusammengehörenden Aspekte des koordinierungsrechtlichen Gleichstellungspostulats (vgl *Schuler,* Soziale Sicherheit für Wanderarbeitnehmer, in: *Barwig u.a.* (Hrsg.), Sozialer Schutz von Ausländern in Deutschland, S. 81 ff). 2

In diesem Sinne sind Antikumulierungsregelungen nach der Judikatur des EuGH im Lichte der Art. 45-48 AEUV (= Art. 39-42 EG) als Ausgleich für Vorteile anzusehen, welche die Gemein- 3 schaftsverordnungen über die soziale Sicherheit den in ihren persönlichen Anwendungsbereich fallenden Personen dadurch gewähren, dass sie ihnen das Recht geben, die gleichzeitige (koordinierte) Anwendung der Sozialrechtsvorschriften mehrerer Mitgliedstaaten zu verlangen. Im Übrigen sieht der EuGH den gemeinschaftsrechtlichen Auftrag zur koordinierungsrechtlichen Vorteilsvermeidung durch das **Begünstigungs-** bzw **das sog. Petroni-Prinzip** eingeschränkt (EuGH, Rs. 24/75 (Petroni), Slg 1975, 1063; Rs. 79/81 (Baccini), Slg 1982, 1063, st.Rspr; s. *Bokeloh,* Das Petroni-Prinzip des Europäischen Gerichtshofes, ZESAR 2012, 121 ff). Hiernach würde der Zweck der genannten primärrechtlichen Vorschriften verfehlt, wenn die Personen, die von ihrem Recht auf Freizügigkeit Gebrauch machen, aufgrund der Anwendung der Verordnungen durch Wegfall oder Kürzung von Sozialleistungen Vergünstigungen der sozialen Sicherheit verlören, die ihnen bereits durch die Rechtsvorschriften eines einzigen Mitgliedstaates gewährleistet werden. Insbesondere ist hiernach auch eine Beschränkung der Leistungskumulierung durch das Gemeinschaftsrecht mit Art. 48 AEUV (= Art. 42 EG) unvereinbar, die eine Verringerung von Ansprüchen mit sich brächte, die einem Versicherten bereits allein nach den innerstaatlichen Rechtsvorschriften eines Mitgliedstaates zustehen. Diese Rechtsprechung hat im Antikumulierungsrecht lange Zeit Koordinierungsdefizite, Unsicherheit und Kritik hervorgerufen, bis schließlich ergänzende Regelungen in Art. 46a-c VO (EWG) Nr. 1408/71 (nunmehr Art. 53) normiert worden waren.

4   Art. 10 regelt nicht nur das Verbot mehrfacher Abgeltung derselben Pflichtversicherungszeit durch die Anwendung der Verordnung, sondern schließt auch parallele gleichartige Leistungen (durch unterschiedliche mitgliedstaatliche Träger) aus derselben Pflichtversicherung aus, steht insoweit jedoch unter dem Vorbehalt abweichender Regelungen.

Die in der Vorgängerregelung aufgeführten Ausnahmen für Leistungen bei Invalidität, Alter, Tod (Renten) oder Berufskrankheit bestehen nach den genannten Koordinierungsvorschriften im Rentenrecht fort (Art. 53-55).

Eine ausdrückliche Ausnahme von diesem Grundsatz wird für das Zusammentreffen eines Anspruchs auf Geldleistungen bei Pflege (gegenüber dem Träger des zuständigen Staates) und eines Anspruchs auf Pflegesachleistungen (gegenüber dem Träger Wohn- oder Aufenthaltsstaat) in Art. 34 Abs. 1 normiert und die Anrechnung der Sachleistung auf die Geldleistung angeordnet (s. neben der dortigen Kommentierung insb. den Erwägungsgrund 24).

Keine abweichenden sondern konkretisierende Regelungen enthalten Art. 32 für den Fall des Zusammentreffens mehrerer Sachleistungsansprüche bei Krankheit und Mutterschaft sowie Art. 68 Abs. 1 für das Zusammentreffen mehrerer Ansprüche auf Familienleistungen für dieselben Familienangehörigen. Leistungskumulierungen werden hier durch Vorrangregelungen mit kollisionsrechtlichem Gehalt vermieden. Bei den Familienleistungen sind jedoch abweichend von Art. 10 nach Art. 68 Abs. 2 gegebenenfalls zusätzlich Unterschiedsbeträge durch den nachrangig leistungspflichtigen Träger zu zahlen.

Nicht mehr ausdrücklich aufgeführt werden die Erstreckung mitgliedstaatlicher Antikumulierungsregelungen auf fremdmitgliedstaatliche Leistungen sowie auf Einkommen, das in anderen Mitgliedstaaten erzielt wurde und die Gleichstellung der Berufstätigkeit in einem anderen Mitgliedstaat als leistungsmindernder Umstand im Rentenrecht. Diese Regelungen sind – soweit sie nicht dem mitgliedstaatlichen Recht überantwortet sind – mit der **Sachverhaltsgleichstellungsregelung** des Art. 5 abgedeckt.

II. Einzelerläuterung

1. Ausschluss des Bezugs mehrerer Leistungen gleicher Art aus der gleichen Pflichtversicherung

5   Es soll ausgeschlossen werden, dass aus der Koordinierungsverordnung ein Anspruch auf mehrere Leistungen gleicher Art aus derselben Pflichtversicherungszeit abgeleitet (erworben oder aufrechterhalten) werden kann (**Anspruchskumulierung aus derselben Pflichtversicherungszeit**). Der

sachliche Geltungsbereich dieser Selbstbegrenzung der Verordnung ist beschränkt auf Leistungen gleicher Art. Ferner ist festzuhalten, dass lediglich Pflichtversicherungszeiten genannt und einbezogen sind. Das kollisionsrechtlich zugelassene Nebeneinander von Pflicht- und freiwilligen Versicherungszeiten (vgl Art. 14) setzt sich im Leistungs- und Antikumulierungsrecht fort.

2. Leistungen gleicher Art

Ein **Zusammentreffen von Leistungen** der sozialen Sicherheit gleicher Art ist nach der Rechtsprechung des EuGH unabhängig von den besonderen Eigenheiten der verschiedenen nationalen Rechtsvorschriften dann anzunehmen, wenn Gegenstand, Sinn und Zweck dieser Leistungen sowie ihre Berechnungsgrundlage und die Voraussetzungen für ihre Gewährung identisch sind. Lediglich formale Merkmale genügen hingegen nicht (EuGH, Rs. 171/82 (Valentini), Slg 1983, 2157; Rs. 197/85 (Stafanutti), Slg 1987, 3855; Rs. C-98/94 (Schmidt), Slg 1995, I-2559; Rs. C-366/96 (Cordelle), Slg 1998, I-583).

6

Einzelfälle der Judikatur des EuGH:

- Nach den Rechtsvorschriften zweier Mitgliedstaaten erworbene Leistungen, die den Lebensunterhalt eines alten Menschen, der nicht mehr über das Einkommen seines verstorbenen Ehegatten verfügt, sichern sollen, verfolgen den gleichen Zweck (EuGH, Rs. 238/81 (Van der Bund-Craig), Slg 1983,1385).
- Alters- und Invaliditätsrenten sind gleichartig iS dieser Regelung, zB eine vorgezogene Altersrente und eine Invaliditätsrente (EuGH, Rs. 128/88 (Di Felice), Slg 1989, 923; Rs. 108/89 (Pian), Slg 1990, I-1599; Rs. 109/89 (Bianchin), Slg 1990, I-1619) oder eine Altersrente und eine noch nicht in eine Altersrente umgewandelte Invaliditätsrente (EuGH, verb. Rs. 116, 117, 119-121/80 (Celestre u.a.), Slg 1981, 1337).
- Das Erfordernis der Gleichartigkeit der Leistungen ist jedoch nicht erfüllt beim Zusammentreffen von Leistungen, die mit unterschiedlichen beruflichen Laufbahnen und Versicherungszeiten zusammenhängen, wie im Falle des Zusammentreffens einer Invaliditätsrente mit einer Hinterbliebenenrente aus der Versicherung des verstorbenen Ehegatten (EuGH, Rs. 197/85, Slg 1987, 3859; vgl hierzu auch die Urteile in der Rs. C-98/94 (Schmidt), Slg 1995, I-2559 und der Rs. C-365/96 (Cordelle), Slg 1998, I-583).

Diese Grundsätze sind nunmehr in Art. 53 Abs. 1 ausdrücklich geregelt.

3. Koordinierung gegenseitiger Leistungskürzungen

Art. 10 DVO regelt den Fall, dass beim Zusammentreffen mehrerer Leistungen, die nach den Rechtsvorschriften der jeweiligen Mitgliedstaaten geschuldet werden, das Antikumulierungsrecht dieser Mitgliedstaaten jeweils die fremdmitgliedstaatliche Leistung zum Anlass nimmt, die eigene Leistung zu kürzen oder gar zum Ruhen zu bringen bzw diese zu entziehen, was zu dem Ergebnis führen könnte, dass keine der Leistungen gezahlt würde (**doppelte Leistungskürzung**). Mit der Anordnung, den sich aus der „strengen", dh der unmodifizierten Anwendung der mitgliedstaatlichen Antikumulierungsregelung ergebenden Kürzungsbetrag jeweils durch die Zahl der zusammentreffenden Leistungen zu dividieren, wird das arithmetische Mittel aus allen Kürzungsbeträgen gezogen.

7

Titel II Bestimmung des anwendbaren Rechts

Literaturübersicht

Barlage-Melber/Lexa, Neuerungen für die Arbeitnehmerentsendung und für in mehreren EU-Mitgliedstaaten Beschäftigte, ZESAR 2010, S. 471 ff; *Bokeloh,* Die Übergangsregelungen in den Verordnungen (EG) Nr. 883/04 und 987/09, ZESAR 2011, S. 18 ff; *Buschermöhle,* Grenzüberschreitende Beschäftigung in der EU – Koordinierung der Systeme der sozialen Sicherheit ab 1.5.2010, DStR 2010, S. 1845 ff; *Charissé,* Grenzüberschreitender Arbeitnehmereinsatz in der EU: Neue sozialversicherungsrechtliche Regelungen, DB 2010,

S. 1348 f; *Cornelissen*, Die Entsendung von Arbeitnehmern innerhalb der Europäischen Gemeinschaft und die soziale Sicherheit, RdA 1996, S. 329 ff; *Cremers*, Coordination of national social security in the EU, Working Paper 10-89, 2010, Amsterdam Institute for Advanced Labour Studies; *Devetzi*, Die Kollisionsnormen des Europäischen Sozialrechts, Berlin 1998; *Edler*, Die Kollisionsnormen der VO 1408/71 für Selbständige, ZESAR 2003, S. 156 ff; *Eichenhofer*, Internationales Sozialrecht, 1994; *ders.*, Das Sozialrecht der Europäischen Union, 4. Aufl. 2010; *Frank*, Enthalten die Artikel 13 bis 17 VO Nr. 1408/71 (EWG) allseitige Kollisionsnormen?, DAngVers 1996, S. 132 ff; *Jorens u.a.*, Think Tank Report 2008, Towards a new framework for applicable legislation, 2008; *Joussen*, Ausgewählte Probleme der Ausstrahlung im europäischen Sozialversicherungsrecht, NZS 2003, S. 19 ff; *A. Müller*, Die Entsendung von Arbeitnehmern in der Europäischen Union, 1997; *Petersen*, Sozialversicherungsabkommen, SRH, § 35; *Horn*, Die Kollisionsnormen der Verordnung (EWG) 1408/71 und die Rechtsprechung des EuGH, ZIAS 2002, S. 120 ff *Schuler*, Das Internationale Sozialrecht der Bundesrepublik Deutschland, 1988; *Schüren/Wilde*, Die neue Entsendebescheinigung A-1 und die Voraussetzungen ihrer Erteilung, NZS 2011, S. 121 ff; *Spiegel*, Die neue europäische Sozialrechtskoordinierung – Überlegungen zur VO (EG) Nr. 883/04, ZIAS 2008, S. 85 ff, insb. 114 ff; *Steinmeyer*, Die Einstrahlung im internationalen Sozialversicherungsrecht, 1981; *ders.*, Das nationale Recht grenzüberschreitender Sachverhalte, SRH, § 32; *ders.*, Freizügigkeit und soziale Rechte in einem Europa der Bürger, in: Magiera (Hrsg.), Das Europa der Bürger in einer Gemeinschaft ohne Binnengrenzen, Baden-Baden 1990; *ders*, Familienleistungen und Ausbildungsförderung, in: Europäisches Sozialrecht, Schriftenreihe des Deutschen Sozialrechtsverbandes, Band 36, Wiesbaden 1992; *ders.*, Die deutsche gesetzliche Unfallversicherung und das europäische koordinierende Sozialrecht, in: FS für Gitter, 1995; *ders.*, Europäische Rechtsprechung und Gesetzgebung im Grenzbereich von Arbeits- und Sozialrecht, in: FS für Krasney, München 1997; *ders.*, in: *Hanau/Steinmeyer/Wank* (Hrsg.), Handbuch des europäischen Arbeits- und Sozialrechts, 2002, § 21 Rn 103 ff; *Tiedemann*, Bestimmung des anwendbaren Sozialversicherungsrechts bei Entsendung in der EU – Regelung nach Inkrafttreten der VO (EG) 883/94 und VO (EG) 987/09, NZS 2011, S. 41 ff; *Van Raepenbusch*, La sécurité sociale des personnes qui circulent à l'intérieur de la communauté économique européenne, 1991, S. 215 ff; *Voigt*, Die Reform des Koordinierenden Europäischen Sozialrechts, ZESAR 2004, S. 73 ff (Teil 1) und 121 ff (Teil 2); *Watson*, Social Security Law of the European Communities, 1980; S. 125; *Willms*, Soziale Sicherung durch Europäische Integration, 1990.

Vorbemerkungen

1 Titel II befasst sich mit der Bestimmung der anzuwendenden Rechtsvorschriften und stellt zu diesem Zweck einen detaillierten Katalog von **Kollisionsnormen** auf. Der Katalog weist Parallelen zu den §§ 3 bis 6 SGB IV ebenso auf wie zu den Regelungen über die anwendbaren Rechtsvorschriften nach den zwischenstaatlichen Abkommen über Soziale Sicherheit. Von den Kollisionsnormen des nationalen Rechts unterscheiden sich die der Verordnung dadurch, dass sie nicht nur eine Rechtsordnung für anwendbar oder nicht anwendbar erklären, wie dies bei den §§ 3 bis 6 SGB IV der Fall ist. Diese Vorschriften treffen nur eine Aussage darüber, ob ein Sachverhalt mit Auslandsberührung vom deutschen Recht erfasst wird oder nicht. Ob der Sachverhalt von einer ausländischen Rechtsordnung erfasst wird, bleibt unberücksichtigt. Es handelt sich dabei um sog. einseitige Kollisionsnormen. Die Verordnung hingegen enthält allseitige Kollisionsnormen, die für den Sachverhalt mit Berührung zu mehreren Mitgliedstaaten die anwendbare Sozialrechtsordnung bezeichnen (vgl dazu *Eichenhofer*, S. 216 ff; *Steinmeyer*, Die Einstrahlung, S. 24, 38 f, 82 ff; *Schuler*, Das Internationale Sozialrecht, S. 276 ff). Diese dogmatische Einordnung als allseitige Kollisionsnorm hat *Frank*, DAngVers 1996, 132 ff (s. auch *Devetzi*, Die Kollisionsnormen, S. 121 ff) in Frage gestellt. Er arbeitet durchaus zutreffend die Unterschiede dieser Vorschriften der Verordnung zu den klassischen allseitigen Kollisionsnormen des internationalen Privatrechts heraus, zieht daraus dann aber zu voreilig den Schluss, dass es sich hier nicht um allseitige Kollisionsnormen handeln könne. Diese Vorschriften der Verordnung haben ebenso wie die Kollisionsnormen des internationalen Privatrechts die Aufgabe, das anwendbare nationale Recht zu bestimmen und geben Antwort nicht einseitig pro und contra deutsches Recht, sondern treffen eine Aussage darüber, welche der beteiligten Rechtsordnungen Anwendung findet. Das kann nicht dadurch in Frage gestellt werden, dass man die Regelungen der Art. 11 bis 16 als solche mit Kompromisscharakter bezeichnet, denn das Zustandekommen von Normen kann nichts über ihre

Einordnung als Kollisionsnormen aussagen. Dies kann auch nicht dadurch in Frage gestellt werden, dass man behauptet, die international-privatrechtliche Gerechtigkeit habe im Sozialrecht kein Äquivalent. Das Gegenteil ist richtig, denn die Art. 11 bis 16 bezeichnen gerade im klassischen international-privatrechtlichen Sinn den Schwerpunkt des fraglichen Sachverhalts oder Rechtsverhältnisses und suchen nach der engsten Berührung zu einer nationalen Rechtsordnung. Dass hier für verschieden konstruierte nationale Systeme eine einheitliche Anknüpfung erfolgt, ergibt sich aus der Natur der Sache. Letztlich reduziert sich die Diskussion auf die eher begriffliche Frage, ob mit dem Begriff der allseitigen Kollisionsnorm notwendigerweise verbunden ist, dass das normanwendende Organ je nach Entscheidung durch die Kollisionsnorm das eine oder das andere Recht anwendet (vgl dazu *Devetzi*, Die Kollisionsnormen, S. 121 ff). Eine Kollisionsnorm hat die Aufgabe, die für einen grenzüberschreitenden Sachverhalt maßgebliche Rechtsordnung zu benennen. Einseitige Kollisionsnormen treffen nur eine Aussage über die Anwendbarkeit oder Nichtanwendbarkeit einer Rechtsordnung und allseitige bestimmen in jedem Fall die maßgebliche Rechtsordnung (wie hier auch Schreiber, in: Schreiber/Wunder/Dern, VO (EG) Nr. 883/04, Vorbem. Art. 11 Rn 3).

Die Artikel 11 bis 16 treffen keine materiellrechtlichen Regelungen und erfüllen den Koordinierungsauftrag der Verordnung, indem sie jedem der relevanten Sachverhalte eine bestimmte **Rechtsordnung** zuweisen. Sie bewirken, dass Arbeitnehmer und Selbstständige sowie ihre Familienangehörigen, die innerhalb der Gemeinschaft zu- und abwandern, lückenlos von den mitgliedstaatlichen Systemen der sozialen Sicherheit erfasst werden. Sie stellen zugleich sicher, dass die Personen, die unter den persönlichen Geltungsbereich dieser Verordnung fallen, den Rechtsvorschriften nur eines Mitgliedstaates unterliegen. So werden Doppelversicherungen mit den entsprechenden doppelten Beitragslasten vermieden. Eine Doppelversicherung wird unter engen Voraussetzungen auch von Art. 14 beim Zusammentreffen von freiwilliger Versicherung oder freiwilliger Weiterversicherung einerseits und Pflichtversicherung andererseits zugelassen. 2

Im Unterschied zu den **§§ 3 bis 6 SGB IV** unterscheiden die Kollisionsnormen der Art. 11 bis 16 nicht zwischen Beitragsseite und Leistungsseite; sie gelten für die Beitragsseite und die Leistungsseite gleichermaßen (vgl EuGH, Rs. 104/80 (Beeck), SozR 6050 Art. 73 Nr. 3). Die §§ 3 bis 6 SGB IV betreffen nur die Vorschriften über die Versicherungspflicht und die Versicherungsberechtigung und werfen deshalb Probleme dann auf, wenn es um die Leistungsseite geht (vgl dazu näher etwa *Baltzer*, Kommentierungen zu §§ 3 bis 6 SGB IV, in: *Wannagat* (Hrsg.), Sozialgesetzbuch, Loseblatt; *Hauck/Haines*, SGB IV, Kommentierungen zu §§ 3 bis 6; *v. Maydell*, in: GK-SGB IV, Kommentierungen zu §§ 3 bis 6; *Steinmeyer*, SRH, § 32 Rn 100 ff). Allerdings sind diese nationalen Rechtsvorschriften nur auf die Sozialversicherung anwendbar, während die VO (EG) Nr. 883/2004 danach nicht unterscheidet. Gleichwohl bestehen mehr Parallelen zu §§ 3 bis 6 SGB IV als zu § 30 SGB I. Damit nur scheinbar im Widerspruch steht Art. 15, der bestimmt, dass Art. 11 bis 13 unter bestimmten Voraussetzungen für die freiwillige Versicherung und die freiwillige Weiterversicherung nicht gelten; diese Regelung stellt eine eng begrenzte Ausnahme von dem Grundsatz dar, dass Doppelversicherungen vermieden werden sollen (vgl dort). 3

Die Parallelen zur Anknüpfung im **internationalen Sozialversicherungsrecht** finden darin ihren Grund, dass die Verordnung im Grundsatz an die Beschäftigung anknüpft und nur hilfsweise an den Wohnort. Zwar erfasst sie sowohl beitragsfinanzierte als auch steuerfinanzierte Sozialleistungssysteme. Da sie aber in Ausführung der Art. 45 ff AEUV (= Art. 39 ff EG) ergangen ist, beschränkt sie sich im Grundsatz auf die Herstellung der Freizügigkeit der Arbeitnehmer und Selbständigen (vgl *Steinmeyer*, in: *Magiera* (Hrsg.), Das Europa der Bürger, S. 63 ff). 4

Die Anknüpfung an das **Beschäftigungsverhältnis** bedeutet, dass grundsätzlich der Ort der Beschäftigung oder im Falle der selbständigen Tätigkeit der Ort ihrer Ausübung der regelmäßige Anknüpfungspunkt ist. Die Verordnung sieht die Anknüpfung an das Beschäftigungsverhältnis und damit den Beschäftigungsort als die sachgerechteste an (vgl dazu auch *Watson*, S. 125). Die Art. 11 bis 16 gehen von diesem Grundsatz aus und regeln in ausgesprochen kasuistischer Weise 5 die sich bei Anwendung dieses Grundsatzes ergebenden möglichen Fallkonstellationen. Dabei konzentriert sich Art. 11 auf die allgemeine Regelung dieser Kollisionsfälle, wenn er auch bereits auf die Situation spezieller Personenkreise eingeht. Art. 11 beschränkt sich aber auf die Regelung der Grundsätze. Ein dem jeweiligen Mitgliedstaat zugehöriger Beschäftigungsort liegt auch bei der Beschäftigung in einer festen Einrichtung auf dem an einen Mitgliedstaat angrenzenden Festlandsockel vor; ihm muss die Möglichkeit der Pflichtversicherung im Beschäftigungsstaat gegeben werden, auch wenn er in einem anderen Mitgliedstaat wohnt (EuGH, Rs. C-347/10 (Salemink), DÖV 2012, 242), worin der Vorrang des Beschäftigungslandprinzips besonders zum Ausdruck kommt.

6   Allerdings wird auch diskutiert, das Beschäftigungsland-Prinzip zumindest teilweise durch das **Wohnlandprinzip** zu ersetzen. Gedacht wird hier etwa an situationsgebundene Familienleistungen. Allerdings ist insoweit erhebliche Zurückhaltung spürbar. Die Anknüpfung an den Beschäftigungsort mag nicht jede Konstellation vollständig überzeugend lösen, für sie spricht jedoch die damit bestehende Einheitlichkeit. Sonderanknüpfungen hingegen bringen zwingend Abgrenzungsfragen mit sich und dürften ebenso viele Probleme hervorrufen wie sie lösen (so *European Observatory on Social Security for Migrant Workers*, European Report, München 2001, S. 12).

7   Die Art. 12 und 13 regeln die **Ausnahmen von diesen Grundsätzen,** indem sie zum Teil eine Sonderreglung für bestimmte Berufsgruppen schaffen – wie etwa Beamte; zum Teil befassen sie sich mit besonderen Fallkonstellationen, wie etwa der gewöhnlichen Beschäftigung oder Tätigkeit in mehreren Mitgliedstaaten (Art. 13 Abs. 1 und 2) bzw der gleichzeitigen Ausübung einer abhängigen und einer selbständigen Tätigkeit (Art. 13 Abs. 3). Es geht bei diesen Vorschriften zum einen darum, die Fälle vorübergehenden Aufenthalts in einem anderen Mitgliedstaat kollisionsrechtlich zu erfassen. Hier sollen unter engen Voraussetzungen die Rechtsvorschriften des »Entsendestaats« weiterhin anwendbar bleiben. Bei dauernder Tätigkeit in mehreren Mitgliedstaaten werden die Rechtsvorschriften eines einzelnen Mitgliedstaats für anwendbar erklärt. Beides dient der Vermeidung von Doppelversicherungen. Art. 15 hat Sonderregelungen für Hilfskräfte der Europäischen Gemeinschaften zum Gegenstand. Sieht man einmal von der Regelung für die Hilfskräfte der Europäischen Gemeinschaften in Art. 15 ab, so betreffen die Art. 12 ff Fälle, in denen bei Zuhilfenahme des in Art. 11 niedergelegten Regel-Anknüpfungspunkts die anwendbare Rechtsordnung nicht verlässlich ermittelt werden kann. Art. 14 nimmt insoweit eine Sonderstellung ein, als er sich speziell mit der freiwilligen Zugehörigkeit zu einer Sozialversicherung befasst.

8   Kennzeichen des Normensystems der Art. 12 bis 16 ist es, dass **Ausgangspunkt** das **Beschäftigungslandprinzip** bleibt. Unter Fortführung dieses Grundsatzes werden die Konsequenzen für Ausnahmefälle gezogen. Kann mit dieser Ableitung eine sinnvolle Anknüpfung nicht gefunden werden, so werden subsidiär das Wohnlandprinzip, das auf den Wohnsitz oder gewöhnlichen Aufenthalt des Arbeitnehmers abstellt und das Sitzlandprinzip, das den Wohnsitz des Arbeitgebers oder den Sitz des Unternehmens maßgebend sein lässt, herangezogen. Dabei gibt die Verordnung grundsätzlich dem Wohnlandprinzip den Vorrang vor dem Sitzlandprinzip.

9   Die Kollisionsnormen der Art. 12 bis 16 gehen als supranationales Recht grundsätzlich innerstaatlichem Recht vor. Das bringt § 6 SGB IV expressis verbis zum Ausdruck, würde sich aber angesichts des **Rangverhältnisses** zwischen nationalem und supranationalem Recht auch sonst ergeben. Nach Auffassung des BSG gehen jedoch die speziellen Kollisionsnormen des NATO-Truppenstatuts den Kollisionsnormen der VO (EWG) Nr. 1408/71 – nunmehr VO (EG) Nr. 883/2004 – vor (BSG SozR 6180 Art. 13 Nr. 3 = SGb 1983, 117 ff m.Anm. *Schuler/Schulte*). Dagegen spricht jedoch, dass die Verordnung nach ihrem Art. 8 grundsätzlich allen zwei- oder mehrseitigen Abkommen vorgeht; eine dahingehende Ausnahme ist nicht vorgesehen. Die entsprechenden Bestimmungen des NATO-Truppenstatuts sind auch nicht in Anhang II aufgenommen, so dass spätestens mit Inkrafttreten der VO (EG) Nr. 883/2004 diese Rechtsprechung des BSG ihre Grundlage verliert. Die VO (EG) Nr. 883/2004 soll im Verhältnis zwischen den Mitgliedstaaten der Gemeinschaft ein einheitliches Koordinierungssystem schaffen, in diesem Teil-

Titel II Bestimmung des anwendbaren Rechts Vorbem.

bereich also eine Rechtsvereinheitlichung bewirken. Von diesem System können nur eng begrenzte Ausnahmen zugelassen werden.

Die Art. 11 bis 15 treffen eine zum Teil etwas starre Regelung, die nicht bei allen Sachverhalten mit Berührung zu einem anderen Mitgliedstaat zu sachgerechten Ergebnissen führt. Deshalb sieht Art. 16 die Möglichkeit vor, **Ausnahmen** von den Art. 11 bis 15 zu **vereinbaren**, wovon unter der VO (EWG) Nr. 1408/71 durchaus rege Gebrauch gemacht wurde. Es steht zu erwarten, dass dies unter der VO (EG) Nr. 883/2004 zurückgehen wird, eine dauerhafte Bedeutung wird diese Regelung aber behalten. 10

Die Vorschriften des Titels II der Verordnung können auch Anwendung finden, wenn es um **Tätigkeiten außerhalb des Gebietes der Gemeinschaft** geht. Der bloße Umstand, dass die Tätigkeiten eines Arbeitnehmers außerhalb des Gebiets der Gemeinschaft ausgeübt werden, reicht nicht aus, um die Anwendung der Gemeinschaftsvorschriften über die Freizügigkeit der Arbeitnehmer auszuschließen, wenn das Arbeitsverhältnis eine hinreichend enge Anknüpfung an das Gebiet der Gemeinschaft behält (EuGH, Rs. 237/83 (Prodest), Slg 1984, 3153 Rn 6). Das bedeutet auch, dass es die Rechtsvorschriften dieses Titels verbieten, dass von einem Arbeitnehmer, der im Gebiet eines Mitgliedstaates wohnt und im Rahmen eines Arbeitsverhältnisses mit in einem anderen Mitgliedstaat ansässigen Unternehmen ausschließlich außerhalb des Gebiets der Mitgliedstaaten Tätigkeiten ausübt, aufgrund derer er nach den sozialen Rechtsvorschriften dieses anderen Mitgliedstaats beitragspflichtig ist, Beiträge nach den sozialen Rechtsvorschriften seines Wohnstaats erhoben werden (EuGH, Rs. C-60/03 (Aldewereld), Slg 1994, I-2991). Titel II stellt also auch bei Tätigkeiten außerhalb des Gebiets der Gemeinschaft die Vermeidung von Doppelversicherung und Lücken im Schutz sicher, soweit es um Rechtsvorschriften und Systeme von Mitgliedstaaten der Gemeinschaft geht. 11

Dieses komplizierte System von Kollisionsnormen kann zur Folge haben, dass Beiträge zu einem nationalen System wegen **Verkennung der einschlägigen Normen der Verordnung** zu Unrecht erfolgen. In diesem Fall hat der jeweilige nationale Träger, an den Beiträge zu Unrecht entrichtet wurden, diese zu erstatten. Handelt es sich dabei um Beiträge zum deutschen System, so gilt § 26 SGB IV. 12

Die Art. 11 bis 16 enthalten Regelungen nur für die verschiedenen Zweige der sozialen Sicherheit, die von der Verordnung erfasst werden. Rückschlüsse auf das anwendbare nationale **Arbeitsrecht** können daraus nicht gezogen werden (vgl dazu EuGH, Rs. C-196/90 (De Paep) Slg 1991, I-4815 ff). 13

Die neue VO (EG) Nr. 883/2004 ist angetreten, die Kollisionsnormen flexibler und auf eine größere Anzahl von Lebenssachverhalten anwendbar zu machen und damit die teils sehr ausgeprägte Kasuistik der bisherigen VO (EWG) Nr. 1408/71 zu **vereinfachen**, um dem Gebot einer rechtsstaatlich klaren und verständlichen Rechtsnorm zu genügen. Insbesondere durch die Neufassung von Art. 13 scheint dies gelungen. Dieser vereinfacht die wesentlich umfänglicheren Regelungen der bisherigen VO (EWG) Nr. 1408/71 und komprimiert die kollisionsrechtlichen Sachverhalte für in mehreren Mitgliedstaaten tätige Personen in deutlichem Umfang. 14

Nicht befriedigend gelöst wurde allerdings das im Rahmen der Ausübung von Tätigkeiten in verschiedenen Mitgliedstaaten immer wieder auftretende Problem der Bestimmung der **Begriffe „Beschäftigung"** bzw **„selbständige Erwerbstätigkeit"**, das auch – ohne der Gefahr der Anwendung eines Zirkelschlusses (vgl die Kommentierung zu Art. 1 VO Nr. 883/04 Rn 6 ff) zu unterliegen – Auswirkungen auf die Anwendung des Kollisionsrechts haben kann (vgl Rs. C-178/97 (Banks), Slg 2000, I-2005, 2045). In Art. 1 lit. a) und b) überlässt dies der Verordnungsgeber im Sinne der neueren Rechtsprechung des EuGH (Rs. C-340/94 (De Jaeck), Slg 1997, I-461, 462) weiterhin den Rechtsordnungen der Mitgliedstaaten. Die Anwendungsprobleme, die unter anderem daraus resultieren, dass ein und dieselbe Tätigkeit einer Person von den Mitgliedstaaten damit rechtlich unterschiedlich qualifiziert werden kann, sind also keinesfalls gelöst (vgl Rs. C-221/95 15

Steinmeyer

(Hervein (I)), Slg 1997, I-609, 635, Rs. C-340/94 (De Jaeck), Slg 1997, I-461, 495, Rs. C-178/97 (Banks), Slg 2000, I-2005 ff.; *Voigt*, ZESAR 2004, 121, 122 f, *Horn*, ZIAS 2002, 120, 143 ff). Wenn man an die zahlreichen Abgrenzungsprobleme denkt, die schon das nationale Recht aufwirft (Stichworte: Scheinselbständigkeit, arbeitnehmerähnliche Personen oder atypical workers), begegnet die Abgrenzung auf der supranationalen Ebene zusätzlichen Schwierigkeiten (*Edler*, ZESAR 2003, 156 ff). Allerdings würde eine insoweit bessere Lösung wohl eine Teil-Harmonisierung der einschlägigen nationalen Rechtsvorschriften erforderlich machen.

16 Auch nach neuem Recht wird es schließlich nicht immer ganz leicht feststellbar sein, wann eine Person für die Ausführung einer Arbeit in einen anderen Mitgliedstaat im Sinne von Art. 12 entsandt wird bzw wann sie im Sinne von Art. 13 gewöhnlich in mehreren Mitgliedstaaten tätig ist. Grundsätzlich liegt eine **Mehrfachbeschäftigung** -und keine **Entsendung**- vor, wenn ein Erwerbstätiger während desselben Zeitraumes in mehreren Mitgliedstaaten mehrere voneinander unabhängige Tätigkeiten für unterschiedliche Arbeitgeber oder Kunden ausübt (*Eichenhofer*, Sozialrecht, Rn 157). Hier sind aber Grenzfälle denkbar: So hat der EuGH befunden, dass fünf deutsche Musiker, die in Deutschland wohnten und im Jahre 1970 bei drei Bällen in Frankreich tätig waren, als gewöhnlich in mehreren Mitgliedstaaten beschäftigt gelten, obgleich dies ebenso als Entsendung hätte angesehen werden können (Rs. 8/75 (Football Club d´Andlau), Slg 1975, 739; so auch: *Devetzi*, Die Kollisionsnormen, 77 und *Edler*, ZESAR 2003, 156 (162) mit weiteren Beispielen). Die Verwaltungskommission hat in ihrem Beschluss vom 12.6.2009 den Versuch einer näheren Konkretisierung unternommen; die Praxis wird zeigen müssen, ob damit den Problemen in ausreichender Weise Rechnung getragen ist.

17 Zwischen den Kollisionsregeln der alten und der neuen VO bestehen gewisse Unterschiede, die zu einer unterschiedlichen Verweisung auf eine Rechtsordnung nach altem und nach neuem Recht führen können. Hier greift als **Übergangsregelung** Art. 87 Abs. 8 der VO, wonach die bisherigen Rechtsvorschriften so lange anwendbar bleiben, wie sich der bis dahin vorherrschende Sachverhalt nicht ändert, und auf jeden Fall für einen Zeitraum von höchstens zehn Jahren ab Geltungsbeginn der Verordnung – also höchstens bis 30.4.2020 (s. *Bokeloh*, ZESAR 2011, 18, 20).

18 Für den Fall, dass sich zwischen Mitgliedstaaten bzw deren Behörden Meinungsverschiedenheiten über die anwendbare Rechtsordnung ergeben, sieht Art. 6 DVO **Regeln zur Konfliktlösung und zur vorläufigen Anwendung** vor. Zur vorläufigen Anwendung kommen danach zunächst die Rechtsvorschriften des Mitgliedstaates der tatsächlichen Beschäftigung oder selbstständigen Tätigkeit, sofern sie in nur einem Mitgliedstaat ausgeübt wird. Sekundär finden dann die Vorschriften des Wohnmitgliedstaats Anwendung, in dem die Person einen Teil ihrer Tätigkeit ausübt, und schließlich die Rechtsvorschriften des Mitgliedstaates, deren Anwendung zuerst beantragt wurde, wenn die Person einer Erwerbstätigkeit oder mehreren Erwerbstätigkeiten in zwei oder mehreren Mitgliedstaaten nachgeht.

Artikel 11 Allgemeine Regelung

(1) ¹Personen, für die diese Verordnung gilt, unterliegen den Rechtsvorschriften nur eines Mitgliedstaats. ²Welche Rechtsvorschriften dies sind, bestimmt sich nach diesem Titel.

(2) ¹Für die Zwecke dieses Titels wird bei Personen, die aufgrund oder infolge ihrer Beschäftigung oder selbstständigen Erwerbstätigkeit eine Geldleistung beziehen, davon ausgegangen, dass sie diese Beschäftigung oder Tätigkeit ausüben. ²Dies gilt nicht für Invaliditäts-, Alters- oder Hinterbliebenenrenten oder für Renten bei Arbeitsunfällen oder Berufskrankheiten oder für Geldleistungen bei Krankheit, die eine Behandlung von unbegrenzter Dauer abdecken.

(3) Vorbehaltlich der Artikel 12 bis 16 gilt Folgendes:
a) eine Person, die in einem Mitgliedstaat eine Beschäftigung oder selbstständige Erwerbstätigkeit ausübt, unterliegt den Rechtsvorschriften dieses Mitgliedstaats;
b) ein Beamter unterliegt den Rechtsvorschriften des Mitgliedstaats, dem die ihn beschäftigende Verwaltungseinheit angehört;
c) eine Person, die nach den Rechtsvorschriften des Wohnmitgliedstaats Leistungen bei Arbeitslosigkeit gemäß Artikel 65 erhält, unterliegt den Rechtsvorschriften dieses Mitgliedstaats;
d) eine zum Wehr- oder Zivildienst eines Mitgliedstaats einberufene oder wiedereinberufene Person unterliegt den Rechtsvorschriften dieses Mitgliedstaats;
e) jede andere Person, die nicht unter die Buchstaben a) bis d) fällt, unterliegt unbeschadet anders lautender Bestimmungen dieser Verordnung, nach denen ihr Leistungen aufgrund der Rechtsvorschriften eines oder mehrerer anderer Mitgliedstaaten zustehen, den Rechtsvorschriften des Wohnmitgliedstaats.

(4) [1]Für die Zwecke dieses Titels gilt eine Beschäftigung oder selbstständige Erwerbstätigkeit, die gewöhnlich an Bord eines unter der Flagge eines Mitgliedstaats fahrenden Schiffes auf See ausgeübt wird, als in diesem Mitgliedstaat ausgeübt. [2]Eine Person, die einer Beschäftigung an Bord eines unter der Flagge eines Mitgliedstaats fahrenden Schiffes nachgeht und ihr Entgelt für diese Tätigkeit von einem Unternehmen oder einer Person mit Sitz oder Wohnsitz in einem anderen Mitgliedstaat erhält, unterliegt jedoch den Rechtsvorschriften des letzteren Mitgliedstaats, sofern sie in diesem Staat wohnt. [3]Das Unternehmen oder die Person, das bzw. die das Entgelt zahlt, gilt für die Zwecke dieser Rechtsvorschriften als Arbeitgeber.

(5) Eine Tätigkeit, die ein Flug- oder Kabinenbesatzungsmitglied in Form von Leistungen im Zusammenhang mit Fluggästen oder Luftfracht ausübt, gilt als in dem Mitgliedstaat ausgeübte Tätigkeit, in dem sich die „Heimatbasis" im Sinne von Anhang III der Verordnung (EWG) Nr. 3922/91 befindet.

Artikel 19 DVO   *Unterrichtung der betreffenden Personen und der Arbeitgeber*

(1) [1]Der zuständige Träger des Mitgliedstaats, dessen Rechtsvorschriften nach Titel II der Grundverordnung anzuwenden sind, unterrichtet die betreffende Person sowie gegebenenfalls deren Arbeitgeber über die Pflichten, die in diesen Rechtsvorschriften festgelegt sind. [2]Er gewährt ihnen die erforderliche Unterstützung bei der Einhaltung der Formvorschriften aufgrund dieser Rechtsvorschriften.

(2) Auf Antrag der betreffenden Person oder ihres Arbeitgebers bescheinigt der zuständige Träger des Mitgliedstaats, dessen Rechtsvorschriften nach Titel II der Grundverordnung anzuwenden sind, dass und gegebenenfalls wie lange und unter welchen Umständen diese Rechtsvorschriften anzuwenden sind.

Artikel 20 DVO   *Zusammenarbeit zwischen den Trägern*

(1) Die maßgeblichen Träger erteilen dem zuständigen Träger des Mitgliedstaats, dessen Rechtsvorschriften nach Titel II der Grundverordnung für eine Person gelten, alle Auskünfte, die notwendig sind für die Festsetzung des Zeitpunkts, ab dem diese Rechtsvorschriften anzuwenden sind, und der Beiträge, welche die betreffende Person und ihr bzw. ihre Arbeitgeber nach diesen Rechtsvorschriften zu leisten haben.

(2) Der zuständige Träger des Mitgliedstaats, dessen Rechtsvorschriften nach Titel II der Grundverordnung auf eine Person anzuwenden sind, macht Informationen über den Zeitpunkt, ab dem diese Rechtsvorschriften anzuwenden sind, dem Träger zugänglich, der von der zuständigen Behörde des Mitgliedstaats, dessen Rechtsvorschriften diese Person zuletzt unterlag, bezeichnet wurde.

Artikel 21 DVO   Pflichten des Arbeitgebers

(1) Hat ein Arbeitgeber seinen eingetragenen Sitz oder seine Niederlassung außerhalb des zuständigen Mitgliedstaats, so hat er den Pflichten nachzukommen, die die auf seine Arbeitnehmer anzuwendenden Rechtsvorschriften vorsehen, namentlich der Pflicht zur Zahlung der nach diesen Rechtsvorschriften vorgeschriebenen Beiträge, als hätte der Arbeitgeber seinen eingetragenen Sitz oder seine Niederlassung in dem zuständigen Mitgliedstaat.

(2) ¹Ein Arbeitgeber, der keine Niederlassung in dem Mitgliedstaat hat, dessen Rechtsvorschriften auf den Arbeitnehmer anzuwenden sind, kann mit dem Arbeitnehmer vereinbaren, dass dieser die Pflichten des Arbeitgebers zur Zahlung der Beiträge wahrnimmt, ohne dass die daneben fortbestehenden Pflichten des Arbeitgebers berührt würden. ²Der Arbeitgeber übermittelt eine solche Vereinbarung dem zuständigen Träger dieses Mitgliedstaats.

I. Normzweck	1	4. Sonderregelung für Beamte und ihnen Gleichgestellte (Art. 11 Abs. 3 lit. b))	24
II. Einzelerläuterungen	9	5. Sonderregelung für Wehr- und Zivildienstleistende	28
1. Anknüpfung an das Beschäftigungsverhältnis (Art. 11 Abs. 3 lit. a))	9	6. Die Auffangregelung des Abs. 3 lit. e)	31
2. Sonderregelung für Seeleute (Art. 11 Abs. 4)	19		
3. Sonderregelung für Flug- oder Kabinenbesatzungsmitglieder (Abs. 5)	23		

I. Normzweck

1 Art. 11 enthält die **kollisionsrechtlichen Grundnormen** der Verordnung. In Abs. 1 wird als Grundsatz festgelegt, dass für Personen, die der Verordnung unterliegen, die Rechtsvorschriften nur eines Mitgliedstaats gelten. Dies ist ein Grundprinzip des zwischenstaatlichen und supranationalen Sozialrechts (vgl dazu für das zwischenstaatliche Recht *Petersen*, SRH, § 35 Rn 55), das sich so von den Kollisionsnormen nationalen Ursprungs unterscheidet (vgl §§ 3 bis 6 SGB IV). Auf diese Weise wird sowohl verhindert, dass der betroffene Wanderarbeitnehmer ohne sozialen Schutz bleibt, als auch das Zusammentreffen von Leistungen mit gleicher Zielrichtung aufgrund der Rechtsvorschriften mehrerer Mitgliedstaaten ebenso vermieden wie die mit einer Doppelversicherung verbundenen doppelten Beitragslasten. Dieser Grundsatz bedeutet auch, dass der Verweis auf die Rechtsvorschriften eines bestimmten Mitgliedstaats für alle von der Verordnung erfassten Zweige der sozialen Sicherheit gilt; es kann also für die Krankenversicherung bei einem Arbeitnehmer oder Selbstständigen keine andere anwendbare Rechtsordnung geben als für die Rentenversicherung.

2 Zur **Problematik der Doppelversicherung** hat der EuGH 1977 entschieden, dass nach Art. 13 VO (EWG) Nr. 1408/71 – nunmehr Art. 11 – der Wohnsitzstaat nicht berechtigt sei, aufgrund seiner Sozialrechtsvorschriften von einem Arbeitsentgelt Beiträge zu erheben, das ein Arbeitnehmer aus einer Beschäftigung beziehe, die er in einem anderen Mitgliedstaat ausübe und die daher den Sozialrechtsvorschriften dieses Staates unterliege (EuGH, Rs. 102/76 (Perenboom), Slg 1977, 815 ff = SozR 6050 Art. 13 Nr. 1). Im entschiedenen Fall war die betreffende Person im fraglichen Jahr nur zeitweilig in Deutschland tätig gewesen und hatte ihren Wohnsitz in den Niederlanden beibehalten. Der niederländische Träger ging von einem Jahresbeitrag aus und wollte deshalb das in Deutschland erzielte Einkommen miteinbeziehen. Fraglich ist, ob die daraus resultierende doppelte Beitragsbelastung für einen Teil des Jahres dann akzeptiert werden kann, wenn sich bei der Leistungsbemessung durch die dann mögliche Anrechnung eines vollen Jahres für den Versicherten Vorteile ergeben würden, wie dies der EuGH 1967 andeutete, als er zur VO (EWG) Nr. 3 entschied, dass eine konkurrierende Anwendung mitgliedstaatlicher Rechtsvorschriften dann unzulässig sei, wenn dies für den Arbeitnehmer oder seinen Arbeitgeber eine Erhöhung der Lasten zur Folge habe, der keine entsprechende Verbesserung des Sozialschutzes gegenüberstehe (EuGH, Rs. 19/67 (van der Vecht), Slg 1967, 461 ff). Aus dem Vergleich beider Entscheidungen ergibt

sich, dass der Gerichtshof unter der Geltung der VO (EWG) Nr. 1408/71 den Grundsatz, dass nur Rechtsvorschriften eines einzigen Mitgliedstaates Anwendung finden, konsequent anwenden will, zumal eine verlässliche Bewertung eines der höheren Belastung entsprechenden Vorteils kaum möglich ist. Zudem müsste dieser Vorteil angesichts der durchschnittlichen Beitragsbelastung von Arbeitnehmern in den Mitgliedstaaten unzumutbar teuer erkauft werden. Dieser Gedanke lässt sich ohne Weiteres auf Art. 11 übertragen. Unproblematisch ist aber die zusätzliche Anwendung der Rechtsvorschriften eines Mitgliedstats, in dem die betreffende Person nicht beschäftigt oder tätig ist, dann, wenn dies nicht mit zusätzlichen Beitragslasten verbunden ist (EuGH, Rs. 92/63 (Nonnenmacher), Slg 1964, 611 ff). Art. 11 greift auch dann, wenn ein Arbeitnehmer, der im Gebiet eines Mitgliedstaates wohnt und im Rahmen eines Arbeitsverhältnisses mit einem in einem anderen Mitgliedstaat ansässigen Unternehmen ausschließlich außerhalb des Mitgliedstaates Tätigkeiten ausübt. Auch hier soll der Beschäftigungsstaat maßgebend sein (EuGH, Rs. C-60/93 (Aldewereld), Slg 1994, I-2991 ff).

Mit dem **Grundsatz der Vermeidung einer doppelten Beitragsbelastung** nicht vereinbar ist es auch, wenn eine nationale Regelung einen allgemeinen Sozialbeitrag auf die Erwerbs- und Ersatzeinkünfte der Arbeitnehmer und Selbstständigen anwendet, die im Mitgliedstaat wohnen, aber nach den Kollisionsnormen der Verordnung nicht den Rechtsvorschriften dieses Staates unterliegen (EuGH, Rs. C-169/98 (Kommission/Frankreich), Slg 2000, I-1049). Es handelte sich hier um den französischen Sozialbeitrag CSE, der keine Leistungsberechtigung auslöst. Würde man ihn als Steuer qualifizieren, so wäre eine Anknüpfung an den Wohnsitz zulässig. Da aber dieser Sozialbeitrag konkret zur Finanzierung der sozialen Sicherheit dient, hat der Gerichtshof ihn zutreffend als Beitrag zur Sozialversicherung angesehen, der dem Verbot der Doppelbelastung unterfällt. Dies gilt auch für den französischen Beitrag zur Begleichung der Sozialschuld CRDS (EuGH, Rs. C-34/98 (Kommission/Frankreich), Slg. 2000, I-995) sowie den belgischen „Dämpfungsbeitrag", da diesem zwar kein unmittelbarer äquivalenter Leistungsanspruch gegenübersteht, er aber der Finanzierung der Alters- und Hinterbliebenenversorgung in der belgischen Sozialversicherung für Selbständige dient (EuGH, Rs. C-249/04 (Allard), ZESAR 2006, 39 ff m.Anm. *Horn*). Allerdings steht es dem Mitgliedstaat frei, die Bemessungsgrundlage für derartige Beiträge zu bestimmen, so dass er auch in einem anderen Mitgliedstaat erzielte Einkünfte ausschließen darf, etwa um eine Doppelbesteuerung auf dem Gebiet der Einkommensteuer zu vermeiden (EuGH, Rs. C-103/06 (Derouin), ZESAR 2008, 305 ff); dadurch wird faktisch den steuerrechtlichen bilateralen Abkommen der Vorrang vor den Regeln der Verordnung gegeben (so *Kessler*, ZESAR 2008, 308 ff). Anders ist dies hinsichtlich der Künstlersozialabgabe nach § 24 KSVG (EuGH, Rs. C-68/99 (Kommission/Deutschland), Slg 2001, I-1865). Diese Abgabe trifft nicht die Künstler und Publizisten selbst, sondern die Unternehmen, die ihre Werke vermarkten; außerdem sind die Unternehmen nicht berechtigt, die aus der Abgabe folgenden Kosten auf die Entgelte abzuwälzen, die sie Künstlern und Publizisten zahlen. Damit hat der Gerichtshof für einen Sonderfall eine Ausnahme gemacht.

Dieser in der Vorschrift niedergelegte Grundsatz soll aber nicht nur eine doppelte Beitragsbelastung verhindern, sondern auch sicherstellen, dass der **soziale Schutz eines Wanderarbeitnehmers** lückenlos ist (EuGH, Rs. C-2/89 (Kits van Heijningen), Slg 1990, I-1755, Rn 12). Es kann sich aber ergeben, dass die ausschließliche Anwendung des Rechts nur eines Mitgliedstats zu Nachteilen für den Wanderarbeitnehmer führt. Dies ist zum Beispiel dann der Fall, wenn durch die Verweisung auf eine einzelne mitgliedstaatliche Rechtsordnung aufgrund der Rechtsvorschriften eines anderen Mitgliedstats keine Leistung wegen Invalidität nach den Rechtsvorschriften des letzteren Mitgliedstaates gewährt wird. So hatte der niederländische Träger die Gewährung von Invaliditätsleistungen verweigert, weil aufgrund niederländischer Rechtsvorschriften derjenige nicht nach dem Gesetz über die allgemeine Arbeitsunfähigkeitsversicherung (AAW) versichert sei, der bei Wohnsitz im Inland aufgrund ausländischer Rechtsvorschriften bestimmte Leistungen erhalte. Dies führte dazu, dass der betreffenden Person eine Leistung wegen Invalidität entzogen wurde, die ihr sonst allein aufgrund der niederländischen Rechtsvorschriften zugestanden hätte. Hierzu entschied der EuGH, dass bei dieser Fallkonstellation am Grundsatz der Anwendbarkeit nur einer nationalen Rechtsordnung festzuhalten sei (EuGH, Rs. 302/84 (Ten Holder), Slg 1986, 1821 ff = SozR 6050 Art. 13 Nr. 8). Er stellte entscheidend darauf ab, dass der nationale Gesetzgeber nicht die Befugnis habe, im Verhältnis zu anderen Mitgliedstaaten Geltungsbereich und Anwendungsvoraussetzungen seiner nationalen Rechtsvorschriften zu bestimmen; das Gemeinschaftsrecht habe hier Vorrang. Diesem Ergebnis stehe auch nicht der vom Gerichtshof aufgestellte Grundsatz entgegen, dass die Anwendung der VO (EWG) Nr. 1408/71 – nunmehr VO (EG) Nr. 883/2004 – nicht zum Verlust von Ansprüchen führen dürfe, die allein nach den Rechtsvorschriften eines Mitgliedstaates erworben worden sind (EuGH, Rs. 24/75 (Petroni), Slg 1975, 1149 ff). Der EuGH stellte sich in der Entscheidung aus dem Jahre 1986 auf den Standpunkt, dass dieser auch als **„Petroni-Prinzip"** bezeichnete Grundsatz nur für die Fälle der Kumulierung von Leistungen aufgrund der Rechtsvorschriften mehrerer Mitgliedstaaten gelte, nicht aber für die Regeln über die Bestimmung der anwendbaren Rechtsvorschriften. Diese Entscheidung ist in ihrer Begründung überzeugend, in ihrem Ergebnis aber unbefriedigend. Das Petroni-Prinzip rechtfertigt sich aus Art. 42 EG, der nur die Fälle erfassen will, in denen die Zusammenrechnung mitgliedstaatlicher Zeiten „für den Erwerb und die Aufrechterhaltung des Leistungsanspruchs sowie für die Berechnung der Leistungen" erforderlich ist. Es bleibt dann beim Grundsatz der Anwendung nur einer Rechtsordnung. Hier aber müssten zur Vermeidung des oben genannten Ergebnisses die Rechtsvorschriften mehrerer Mitgliedstaaten parallel angewandt werden.

5 Da der Grundsatz der Vermeidung doppelter Beitragsbelastung aus dem Recht auf Freizügigkeit resultiert und Nachteile für diejenigen ausschließen will, die von dieser Möglichkeit Gebrauch machen, steht er für den EuGH nicht dem Bezug von **Familienleistungen** nach den nationalen Rechtsvorschriften des Wohnmitgliedstaats entgegen, wenn die betreffende Person nach Art. 11 Abs. 3 lit. a) dem System der sozialen Sicherheit des Wohnmitgliedstaates unterliegt. Der Wohnstaat solle mit dieser Bestimmung nicht daran gehindert werden, dieser Person nach seinem Recht Familienleistungen zu gewähren (EuGH, Rs. C-352/06 (Bosmann), Slg 2008, I-3827 = ZAR 2008, 238). Mit dieser Entscheidung wird nicht etwa der Anwendung einer zweiten Rechtsordnung das Wort gesprochen, sondern nur zum Ausdruck gebracht, dass Mitgliedstaaten frei sind, zusätzliche Leistungen zu gewähren, solange sie sich innerhalb der Vorgaben des Primärrechts halten (s. auch *Devetzi*, in: *Hauck/Noftz*, Art. 11 Rn 5). Ein neues Paradigma für das Koordinierungssystem wird deshalb dadurch nicht geschaffen (anders *Jorens*, Think Tank Report 2008, S. 27). Deshalb ist es dem Mitgliedstaat, dessen Rechtsordnung nach den Kollisionsnormen der VO nicht anwendbar ist, auch nicht verwehrt, Arbeitnehmern, die in seinem Gebiet nur vorübergehend beschäftigt sind, Familienleistungen zu gewähren, wenn weder der Arbeitnehmer noch seine Kinder in diesem Mitgliedstaat ihren gewöhnlichen Aufenthalt haben, der Arbeitnehmer durch die Wahrnehmung seines Rechts auf Freizügigkeit keinen Nachteil erleidet und im zuständigen Staat ein Anspruch auf Kindergeld besteht oder bestehen könnte (EuGH, Rs. C-611/10 und C-612/10 (Hudzinski u. Wawrzyniak).

6 Allerdings kann dieser **Grundsatz nicht uneingeschränkt** gelten, wie bereits die Erwähnung der Art. 12 bis 16 in Abs. 3 Satz 1 des Art. 11 zeigt. Art. 12 befasst sich mit der vorübergehenden Beschäftigung oder selbständigen Tätigkeit in einem anderen Mitgliedstaat, und Art. 13 mit der gleichzeitigen Tätigkeit als Arbeitnehmer und/oder als Selbstständiger im Gebiet verschiedener Mitgliedstaaten. Vergleichbare Konstellationen können sich aber auch im Zusammenhang mit der freiwilligen Versicherung und der freiwilligen Weiterversicherung ergeben (Art. 14). S. 2 des Abs. 1 hat nur deklaratorische Bedeutung, indem er klarstellt, dass sich aus dem Titel II der Verordnung ergibt, welche nationalen Rechtsvorschriften anwendbar sind. Dies ist nicht als Verweis auf einzelne Normen des nationalen Rechts eines Mitgliedstaats zu verstehen, sondern als kolli-

sionsrechtliche Verweisung auf die für den betreffenden Lebenssachverhalt anwendbare nationale Rechtsordnung.

Während Abs. 1 nur eine allgemeine Aussage über das kollisionsrechtliche Grundverständnis der Verordnung trifft, enthält Abs. 2 eine Vorschrift, die die Zuordnung der Bezieher von Geldleistungen erleichtert. Die Absätze 3 und 4 enthalten dann **Grundsatzregelungen** über die maßgebliche Anknüpfung. Diese Regelungen stehen grundsätzlich unter dem Vorbehalt abweichender Regelungen der Verordnung. Der EuGH hat dazu in einer Entscheidung aus dem Jahre 1984 (Rs. 101/83 (Brusse), Slg 1984, 2223 Rn 16) ausgeführt: »In der Tat könnte die ausnahmslose Anwendung des in Artikel 13 Abs. 2 lit. a) VO (EWG) Nr. 1408/71 (nunmehr Art. 11 Abs. 3 a) aufgestellten Grundsatzes in bestimmten Sonderfällen sowohl für den Arbeitnehmer als auch für den Arbeitgeber und die Sozialversicherungseinrichtungen zur Schaffung statt zur Vermeidung administrativer Schwierigkeiten führen, die Verzögerungen bei der Übersendung der den Arbeitnehmer betreffenden Unterlagen und damit eine Beeinträchtigung der Freizügigkeit bewirken würden.«

7

Abs. 2 enthält eine **Vermutungsregelung**, die offenkundig der Verfahrenserleichterung dienen soll. Es muss dann nur festgestellt werden, ob diese Person eine Geldleistung bezieht, die gerade auf der Basis eines bestehenden Beschäftigungsverhältnisses oder einer ausgeübten selbständigen Tätigkeit gewährt wird. Dann kann zu Recht von der Geldleistung auf die Beschäftigung oder selbständige Tätigkeit geschlossen werden. Bei Dauerleistungen kann dies nach dem Wesen dieser Leistungen nicht gelten, was Abs. 2 zum Ausdruck bringt.

8

II. Einzelerläuterungen

1. Anknüpfung an das Beschäftigungsverhältnis (Art. 11 Abs. 3 lit. a))

Abs. 3 lit. a) erklärt den **Beschäftigungsort** bei abhängiger Beschäftigung zum grundsätzlichen Anknüpfungspunkt. Diese Anknüpfung gilt für alle im Lohn- oder Gehaltsverhältnis Beschäftigten, also »Arbeitnehmer«. Was unter Beschäftigung zu verstehen ist, bestimmt sich nach gemeinschaftsrechtlicher, und nicht nach nationaler Begriffsbestimmung (vgl dazu näher die Erläuterungen zu Art. 1). Diese Vorschrift normiert damit also das Beschäftigungslandprinzip und trifft so eine wichtige Grundentscheidung für das gesamte supranationale koordinierende Sozialrecht. Die Entscheidung für dieses Prinzip ist für solche sozialen Sicherungssysteme konsequent und richtig, die auch national an das Beschäftigungsverhältnis anknüpfen, wie dies bei der deutschen Sozialversicherung der Fall ist. Sie führt aber zu Schwierigkeiten bei solchen Systemen, bei denen Wohnsitz oder gewöhnlicher Aufenthalt maßgebend sind. Dies zeigt sich zum Beispiel bei den Familienleistungen nach Art. 67 ff. Soweit es die Beschäftigungsverhältnisse anbetrifft, deckt sich die Entscheidung des Art. 11 Abs. 3 lit. a) mit der des § 3 SGB IV.

9

Bei den Kollisionsnormen geht es jeweils darum, unter mehreren möglichen **Anknüpfungspunkten** den maßgeblichen festzustellen. Deshalb bringt Abs. 2 lit. a) zum Ausdruck, dass die Anknüpfung an den Beschäftigungsort auch dann maßgeblich ist, wenn die Person in einem anderen Mitgliedstaat wohnt. Das Beschäftigungslandprinzip hat also Vorrang vor dem Wohnlandprinzip (vgl dazu auch EuGH, Rs. 102/76 (Perenboom), Slg 1977, 815 ff = SozR 6050 Art. 13 Nr. 1). Dies bedeutet auch, dass einer Person, die in einem Mitgliedstaat beschäftigt ist und in einem anderen wohnt, vom ersteren Mitgliedstaat nicht entgegengehalten werden kann, dass für die Aufnahme in sein System eine Wohnsitzvoraussetzung bestehe. In diesen Fällen führt Art. 11 Abs. 3 lit. a) dazu, dass anstelle des Wohnsitzerfordernisses das Beschäftigungserfordernis tritt (EuGH, Rs. C-2/89 (Kits van Heijningen), Slg 1990, I-1755 ff = NZA 1991, 614 f). Vom Beschäftigungslandprinzip geht die Verordnung zugunsten des Wohnlandprinzips nur in besonderen Fallgestaltungen und aus zwingenden Gründen praktischer Wirksamkeit ab, sofern nämlich die Anknüpfung an den Wohnstaat sach- und interessengerechter erscheint (vgl dazu EuGH, Rs. 58/87 (Rebmann), Slg 1988, 3467 ff = SozR 6050 Art. 71 Nr. 9).

10

11 Die Vorschrift räumt dem **Beschäftigungslandprinzip** auch den Vorrang vor dem **Sitzlandprinzip** ein. Während aber die VO (EWG) Nr. 1408/71 ausdrücklich den Beschäftigungsort auch dann für maßgeblich erklärt, wenn der Arbeitgeber oder das Unternehmen, das den Arbeitnehmer beschäftigt, den Wohnsitz oder Betriebssitz in einem anderen Mitgliedstaat hat (vgl dazu auch BSG SozR 2200 § 646 Nr. 5), verzichtet die neue Verordnung auf eine ausdrückliche Regelung, was aber zu keiner Veränderung der Rechtslage führt. Dies wird auch deutlich aus der Entscheidung des EuGH in Salemink (Rs. C-347/10 DÖV 2012, 242), die den Vorrang auch aus Art. 45 AEUV herleitet. Dies gilt nicht nur für Personen, die in einem Lohn- oder Gehaltsverhältnis beschäftigt sind, sondern auch für die nur vorübergehend und unentgeltlich Tätigen. Das BSG hat deshalb Art. 13 Abs. 2 lit. a) VO (EWG) Nr. 1408/71 (nunmehr Art. 11 Abs. 3 lit. a)) auch in einem Fall angewandt, in dem es um den Versicherungsschutz wegen Arbeitsunfalls nach § 539 Abs. 2 RVO (jetzt § 2 Abs. 2 SGB VII) ging. Es sah die Pannenhilfe in Deutschland für einen Franzosen mit Wohnsitz im Elsass durch einen deutschen Arbeitnehmer als vom deutschen Unfallversicherungsrecht erfasst an (BSG SozR 2200 § 539 Nr. 107). Maßgebend war auch hier nicht der Wohnsitz des Franzosen – in diesem Fall als Arbeitgeber zu qualifizieren – sondern der Ort der Beschäftigung. Allerdings hätte hier im Ergebnis die Verordnung nicht angewendet werden dürfen, da es sich bei diesen Fällen der unechten Unfallversicherung um solche der sozialen Entschädigung handelt, die vom sachlichen Geltungsbereich der Verordnung auszunehmen ist (s. *Steinmeyer*, in: FS Gitter, 1995, S. 963 ff; *Steinmeyer*, Sozialrecht, in: *Schulze/Zuleeg/Kadelbach* (Hrsg.), Europarecht – Handbuch für die deutsche Rechtspraxis, 2. Aufl. 2010, Rn 53, 244 ff).

12 Allerdings ist es nach der Judikatur des EuGH Sache jedes **Mitgliedstaats,** durch den Erlass von Rechtsvorschriften die Voraussetzungen festzulegen, unter denen eine Person einem System der sozialen Sicherheit oder einem bestimmten Zweig eines solchen Systems beitreten kann oder muss (EuGH, Rs. 110/79 (Coonan), Slg 1980, 1445 ff). Daraus folgert der Gerichtshof in einer späteren Entscheidung (EuGH, Rs. 275/81 (Koks), Slg 1982, 3013 ff), dass es mit dem Gemeinschaftsrecht vereinbar sei, wenn das niederländische Sozialrecht vorsehe, dass die in den Niederlanden beschäftigte Ehefrau, deren Ehemann in einem anderen Mitgliedstaat – hier Deutschland – tätig ist, für den Zeitraum der Beschäftigung ihres Ehemannes in Deutschland in den Niederlanden nicht altersrentenversichert ist. Abgesehen davon, dass diese Ungleichbehandlung nicht im Einklang mit der Richtlinie 79/7/EWG zur schrittweisen Verwirklichung des Grundsatzes der Gleichbehandlung von Männern und Frauen im Bereich der sozialen Sicherheit steht, ist die Entscheidung des Gerichtshofs bedenklich, da die fragliche Regelung wegen der für Wanderarbeitnehmer daraus resultierenden Nachteile ein Freizügigkeitshindernis darstellt. Der Gerichtshof hat aber auch ausgesprochen, dass die nationalen Rechtsvorschriften nicht dazu führen dürfen, dass eine Person, die unter den Anwendungsbereich der VO (EWG) Nr. 1408/71 fällt, vom Anwendungsbereich dieser nationalen Rechtsvorschriften ausgeschlossen wird (EuGH, Rs. C-2/89 (Kits van Heijningen), Slg 1990, I-1755 ff = NZA 1991, 614 f). Damit wird deutlich gemacht, dass die gemeinschaftsrechtlichen Kollisionsnormen nicht zur Disposition der Mitgliedstaaten stehen.

13 Nach seinem Wortlaut trifft Art. 11 Abs. 3 lit. a) eine Entscheidung grundsätzlich danach, wo der betreffende Arbeitnehmer beschäftigt ist. Dabei kommt es nicht darauf an, ob es sich nur um eine Teilzeitbeschäftigung oder aber um eine Vollzeitbeschäftigung handelt, da sich aus der Verordnung kein Hinweis darauf ergibt, dass bestimmte Personengruppen aufgrund des **zeitlichen Umfangs ihrer Tätigkeit** vom Anwendungsbereich der Verordnung ausgeschlossen sein sollen. Dies bedeutet, dass die betreffende Person nicht nur während ihrer Tätigkeit, sondern auch in Zeiten, in denen sie ihre Beschäftigung nicht ausübt, von den Rechtsvorschriften des Beschäftigungsstaats erfasst wird (EuGH, Rs. C-2/89 (Kits van Heijningen), Slg 1990, I-1755 ff = NZA 1991, 614 f). Dies war in dem vom Gerichtshof entschiedenen Fall deshalb problematisch, weil der Betroffene in Belgien wohnte und in den Niederlanden arbeitete.

14 Abweichend von der neuen VO geregelt war unter der VO (EWG) Nr. 1408/71 der Fall des Arbeitnehmers, der zum Zeitpunkt der Inanspruchnahme von Leistungen – etwa für den Fall der

Krankheit – **nicht beschäftigt** ist. In Anwendung des damaligen Art. 13 Abs. 2 lit. f) galt in diesen Fällen das Wohnsitzprinzip. Nunmehr sieht Art. 11 Abs. 2 in diesen Fällen eine Anknüpfung an den Beschäftigungs- bzw Tätigkeitsort vor, sofern es sich nicht um eine Dauerleistung handelt. Bei den anderen Leistungen ergibt sich aus der Natur der Leistung, dass sie aufgrund eines Beschäftigungsverhältnisses oder einer selbständigen Tätigkeit erbracht werden.

Art. 11 Abs. 3 lit. b) enthält eine vom Beschäftigungslandprinzip abweichende Anknüpfung für **Beamte**, bei denen die beschäftigende Verwaltungseinheit maßgeblich ist. 15

Art. 11 Abs. 3 lit. c) berücksichtigt den Fall, dass eine Person nach den Rechtsvorschriften des Wohnmitgliedstaats **Leistungen bei Arbeitslosigkeit** gemäß Art. 65 erhält. Nach dieser Vorschrift werden vollarbeitslosen Personen, die während ihrer letzten Beschäftigung in einem anderen als dem zuständigen (Beschäftigungs-)Mitgliedstaat gewohnt haben oder in ihn zurückkehren, Leistungen nach den Vorschriften des Wohnmitgliedstaats gewährt. In Konsequenz bestimmt nun Art. 13 Abs. 3 lit. c), dass diese Personen (Grenzgänger) dann auch den Vorschriften dieses Wohnmitgliedstaats unterliegen. 16

Die VO (EWG) Nr. 1408/71 war zunächst nach ihrem Wortlaut nur für Arbeitnehmer und deren Familienangehörigen anwendbar, die innerhalb der Gemeinschaft zu- und abwandern. Die ausdrückliche Erfassung von Selbständigen erfolgte erst durch VO (EWG) Nr. 1390/81 (ABl. L 143/1). Bereits im Jahre 1968 hatte jedoch der EuGH den persönlichen Anwendungsbereich der alten VO Nr. 3 auch auf **Selbstständige**, in diesem Falle einen Handwerker erstreckt (EuGH, Rs. 19/68 (de Cicco), Slg 1968, 707 ff; vgl dazu näher *Steinmeyer*, in: *Magiera* (Hrsg.), Das Europa der Bürger, S. 63 ff, 67 f; vgl zum Begriff des Selbstständigen *Willms*, S. 79). Es musste kollisionsrechtlich eine Anknüpfung gefunden werden, die der für das Beschäftigungsverhältnis des Arbeitnehmers entspricht. Die VO (EG) Nr. 883/2004 fasst die abhängige Beschäftigung und die selbständige Tätigkeit konsequent regelungstechnisch zusammen und sieht keine besonderen Regelungen für die selbständige Tätigkeit mehr vor. 17

Wie § 3 SGB IV knüpft auch Art. 11 Abs. 3 lit. a) an den **Tätigkeitsort** an, wenn die Rechtsvorschriften des Mitgliedstaats als maßgeblich angesehen werden, in dem die selbständige Tätigkeit ausgeübt wird. Diese Anknüpfung stellt das Pendant zur Anknüpfung an den Beschäftigungsort für Arbeitnehmer dar. Das Wohnlandprinzip muss bei selbständiger Tätigkeit wie bei abhängiger Beschäftigung zurücktreten. Es finden ausschließlich die Rechtsvorschriften des Staates Anwendung, in dem der Selbstständige seine Tätigkeit ausübt. Dies gilt wie bei Arbeitnehmern auch dann, wenn sich daraus im Vergleich zur gleichzeitigen Anwendung der Rechtsvorschriften zweier Mitgliedstaaten für die betreffende Person Nachteile ergeben, wie dies der Fall ist, wenn einem in den Niederlanden wohnenden Selbstständigen, der in Belgien seine Tätigkeit ausübt, deshalb die Gewährung einer niederländischen Familienbeihilfe versagt wird (EuGH, Rs. 60/85 (Luijten), Slg 1986, 2365 ff= SozR 6050 Art. 13 Nr. 9). 18

2. Sonderregelung für Seeleute (Art. 11 Abs. 4)

Für Seeleute bedarf es zumindest zur Klarstellung einer Bestimmung über die bei **Tätigkeit an Bord eines Schiffes** anwendbare Rechtsordnung. Die Verordnung hat sich insoweit in Art. 11 Abs. 4 für eine Anknüpfung entsprechend dem Flaggenrecht entschieden, wie sie auch sonst allgemein üblich ist (vgl dazu etwa im deutschen Recht § 4 Abs. 2 SGB IV sowie BSGE 36, 276 ff und BSG SozR 2400 § 8 Nr. 1; vgl zum Arbeitsrecht BAG NZA 1990, 841 ff = IPRax 1991, 407 ff sowie *Magnus*, Englisches Kündigungsrecht auf deutschem Schiff – Probleme des internationalen Seearbeitsrechts, IPRax 1991, 382 ff). Eine derartige Anknüpfung hat den Nachteil, dass sie die Seeleute nicht erfasst, deren Schiffe zwar vorwiegend in den Gewässern der Gemeinschaft verkehren, die aber unter einer sog. »Billigflagge« fahren. Die Anknüpfung an das Flaggenrecht bedeutet aber auch, dass der Flaggenstaat bei Anwendbarkeit seiner Rechtsordnung keine zusätzlichen Zugangsvoraussetzungen aufstellen darf, sofern sie verhindern, dass diese Kollisions- 19 norm ihre volle Wirksamkeit entfaltet (EuGH, Rs. C-196/90 – (De Paep), Slg 1991, I-4815 ff). Andererseits bedeutet dies aber auch, dass unabhängig vom Einsatzort des Schiffes – auch eines sog. Baggerschiffes – die Flagge maßgeblich ist; dies geht auch einer nationalen Regelung vor, die zusätzlich noch eine Wohnsitzvoraussetzung aufstellt (EuGH, Rs C-106/11 (Bakker)).

20 Wenn die **Flagge eines Mitgliedstaats** für die Anknüpfung maßgebend ist, so bedeutet das für das deutsche Recht, dass auch die Schiffe davon erfasst werden, die im Internationalen Seeschifffahrtsregister oder im sog. Zweiten Schiffsregister nach dem Gesetz zur Einführung eines zusätzlichen Registers für Seeschiffe unter der Bundesflagge im internationalen Verkehr (vom 23.3.1989 – BGBl. I, 550) eingetragen sind. Dies bringt auch der durch dieses Gesetz neu eingefügte § 21 Abs. 4 Flaggenrechtsgesetz zum Ausdruck, der zu Art. 30 EGBGB (= Art. 8 VO (EG) Nr. 593/2008 (Rom I), ABl. (EU) L 177/6) ausspricht, dass in diesen Fällen die Tatsache des Führens der Bundesflagge allein noch nicht zur Anwendung des deutschen Rechts führe, in S. 4 aber ausdrücklich bestimmt, dass die Vorschriften des deutschen Sozialversicherungsrechts unberührt bleiben. Art. 11 Abs. 4 gilt nicht nur für die als Arbeitnehmer zu qualifizierenden Seeleute, sondern auch für die an Bord eines Schiffes tätigen Selbständigen.

21 Angesichts der Tatsache, dass bei Beschäftigungen und Tätigkeiten an Bord von Seeschiffen die vom Seeschiff geführte Flagge und der Sitz des Beschäftigungsunternehmens auseinanderfallen können, sieht Art. 11 Abs. 4 Satz 2 vor, dass dann die Rechtsvorschriften des **Sitzlandes** gelten, sofern der betreffende Arbeitnehmer oder Selbständige in diesem Mitgliedstaat wohnt. Das Beschäftigungsunternehmen der Seeleute, das das Arbeitsentgelt gewährt, muss nicht notwendig seinen Sitz in dem Mitgliedstaat haben, dessen Flagge das Schiff führt, auf dem die Seeleute tätig sind. So besteht das Arbeitsverhältnis (Heuerverhältnis) nach deutschem Seearbeitsrecht zwischen Seemann und Reeder (vgl §§ 23 ff Seemannsgesetz). Das Schiff muss aber nicht notwendig die Flagge des Staates führen, in dem die Reederei ihren Sitz hat. Es lassen sich auch noch weitere Fälle eines derartigen Auseinanderfallens von Flagge und Sitz bzw Wohnsitz des Unternehmens bzw der Person, die das Arbeitsentgelt zahlen, denken (vgl zur Anknüpfung im internationalen Seearbeitsrecht BAG NZA 1990, 841 ff = IPRax 1991, 407 ff; *Magnus*, Englisches Kündigungsrecht auf deutschem Schiff – Probleme des internationalen Seearbeitsrechts, IPRax 1991, 382 ff). Es gilt also hier hilfsweise das Wohnlandprinzip. Die Vorschrift regelt nicht, wie zu entscheiden ist, wenn die betreffende Person nicht in dem Mitgliedstaat wohnt, in dem das entgeltzahlende Unternehmen seinen Sitz oder die entgeltzahlende Person ihren Wohnsitz hat. In diesen Fällen sind die Rechtsvorschriften des Flaggenstaates anwendbar, da mangels einer anderen Regelung hier die Grundsatzregelung des Art. 11 Abs. 3 lit. a) iVm Abs. 4 greift (so zur alten VO auch *Devetzi*, Die Kollisionsnormen, S. 60). Abs. 4 betrifft nur die Fälle, in denen die entgeltzahlende Stelle ihren Sitz in einem der Mitgliedstaaten der Gemeinschaft hat und das Schiff die Flagge eines der Mitgliedstaaten führt. Die Fälle der sog. »Billigflaggen« werden hiervon nicht erfasst. Die Vorschrift stellt klar, dass in den Fällen des Abs. 4, wenn also an den Wohnsitz anzuknüpfen ist, das Unternehmen bzw die Person, die das Arbeitsentgelt zahlen, als Arbeitgeber im Sinne der anzuwendenden Rechtsvorschriften gelten und der Sitz der entgeltzahlenden Stelle dem Flaggenstaat vorgeht.

22 Da die Zuordnung und damit die Feststellung des maßgeblichen Beschäftigungsunternehmens im Einzelfall schwierig sein kann, bestimmt Art. 11 Abs. 4 S. 3, dass als Arbeitgeber das Unternehmen oder die Person gilt, die das **Entgelt** zahlt.

3. Sonderregelung für Flug- oder Kabinenbesatzungsmitglieder (Abs. 5)

23 Die Zivilluftfahrt ist in besonderer Weise ein Bereich hoher Mobilität auch für das Personal. Zahlreiche Fluggesellschaften operieren bei den Einsätzen des Flug- und Bordpersonals europaweit und setzen es von verschiedenen Standorten aus ein. Die sozialversicherungsrechtliche Zuordnung bereitet bei grenzüberschreitenden Sachverhalten dann Schwierigkeiten, wenn es um die Frage des maßgeblichen Beschäftigungsorts ging. Hier stand bisher eine Anwendung des Art. 13

in Frage, der die Rechtsvorschriften des Wohnmitgliedstaats für anwendbar erklärt, wenn die betreffende Person dort einen wesentlichen Teil ihrer Tätigkeit ausübt. Dies führte vor dem Hintergrund der Einsatzpläne von Fluggesellschaften zT zu häufigem Wechsel der anwendbaren Rechtsordnung je nachdem, wie hoch der Einsatzanteil im Wohnmitgliedstaat war. Durch entsprechende Gestaltung der Einsatzpläne konnten so Fluggesellschaften zT die Anwendung von für sie günstigen Sozialversicherungssystemen erreichen. Hier sorgt nunmehr die durch die VO (EU) Nr. 465/2012 erfolgte Änderung für die Anknüpfung an die sog. **Heimatbasis** für mehr Kontinuität und Sicherheit. Unter „Heimatbasis" ist nach Anhang III Abschnitt Q OPS 1.1095 Ziffer 1.7 der VO (EWG) Nr. 3922/91 der vom Luftfahrtunternehmen gegenüber dem Besatzungsmitglied bestimmte Ort zu verstehen, an dem das Besatzungsmitglied normalerweise eine Dienstzeit oder eine Abfolge von Dienstzeiten beginnt und beendet und an dem der Luftfahrtunternehmer normalerweise nicht für die Unterbringung des betreffenden Besatzungsmitglieds verantwortlich ist.

4. Sonderregelung für Beamte und ihnen Gleichgestellte (Art. 11 Abs. 3 lit. b))

Nach Art. 45 Abs. 4 AEUV (= Art. 39 Abs. 4 EG) findet die Verpflichtung zur Herstellung der Freizügigkeit keine Anwendung auf die Beschäftigung in der **öffentlichen Verwaltung**. Die Reichweite dieser Ausnahme ist umstritten (vgl dazu *Battis*, Freizügigkeit und Beschäftigung in der öffentlichen Verwaltung, in: *Magiera* (Hrsg.), Freizügigkeit und soziale Rechte in einem Europa der Bürger, Baden-Baden 1990, S. 47 ff). Beim EuGH ist die Tendenz festzustellen, diese Ausnahme auf einen Kernbereich der öffentlichen Verwaltung zu begrenzen, indem sie nur diejenigen Stellen vom Anwendungsbereich der Absätze 1 bis 3 des Art. 45 AEUV (= Art. 39 EG) ausnimmt, »die eine unmittelbare oder mittelbare Teilnahme an der Ausübung hoheitlicher Befugnisse und an der Wahrnehmung solcher Aufgaben mit sich bringen, die auf die Bewahrung der allgemeinen Belange des Staates oder anderer öffentlicher Körperschaften gerichtet sind.« (EuGH, Rs. 149/79 (Kommission / Belgien), Slg 1980, 3881 ff; st. Rspr). Die Rechtsprechung des EuGH hat bereits unter der VO (EWG) Nr. 1408/71 Anlass dazu gegeben, auch die Sondersicherungssysteme für Beamte einzubeziehen (vgl EuGH, Rs. C-443/93 (Vougioukas), Slg 1995, I-4033 ff; EuGH, Rs. C-227/94 (Olivieri-Coenen), Slg 1995, I-3301 ff; *Steinmeyer*, in: FS für Krasney, S. 567 ff). Deshalb ist durch VO (EWG) Nr. 1606/98 vom 29.6.1998 diese Ausgrenzung gefallen (ausführlich zur Einbeziehung der Beamten in die Koordinierung nach der VO (EWG) Nr. 1408/71 Art. 4 Rn 43 ff sowie *Steinmeyer*, in: *Hanau/Steinmeyer/Wank* (Hrsg.), Handbuch des europäischen Arbeits- und Sozialrechts, 2002, § 25) und dies in der neuen VO so übernommen worden.

Art. 11 Abs. 3 lit. b) erklärt das Recht des Beschäftigungsstaates für anwendbar, indem auf die **beschäftigende Verwaltungseinheit** verwiesen wird. Damit zieht die Verordnung für diesen Personenkreis die Konsequenzen aus dem Beschäftigungslandprinzip. Abweichend von der VO (EWG) Nr. 1408/71 knüpft die Vorschrift aber nicht an den Sitz der Behörde, sondern an die „Verwaltungseinheit" an. Damit ist nicht der Behördenbegriff maßgeblich, sondern ein weniger formaler, der auf die organisatorische Einheit abstellt. Allerdings ist hier nicht entscheidend, wo sich die Verwaltungseinheit befindet, sondern der Verwaltung welchen Mitgliedstaats sie zuzuordnen ist. Das Recht dieses Mitgliedstaats ist daher auch anwendbar bei Tätigkeiten in einem anderen Mitgliedstaat. Damit bleibt das gesamte Beitrags- und Leistungsrecht des Aufenthaltsstaats unanwendbar, so dass etwa einem nach Deutschland entsandten Beamten eines anderen Mitgliedstaates kein Kindergeld zusteht (BSG SozR-6050 Art. 13 Nr. 3). Die Qualifikation als Beamter richtet sich nach dem nationalen Recht des Mitgliedstaats der beschäftigenden Behörde. Unterliegt eine Person in einem Mitgliedstaat teilweise den dortigen Vorschriften der sozialen Sicherheit für Beamte und teilweise denen für Arbeitnehmer, so ist für die Frage der anwendbaren Rechtsvorschriften ggf das Recht des Behördenstaates maßgeblich (EuGH, Rs. C-296/09 (Baesen), NVwZ-RR 2011, 114). Man wird die in ihrer Kernaussage etwas undeutliche Entscheidung dahin zu verstehen haben, dass dies immer dann gilt, wenn der beamtenrechtliche Status prägend ist.

26 Die Vorschrift hat klarstellenden Charakter, da Beamte für die Anwendung der Verordnung als Arbeitnehmer anzusehen sind (EuGH, Rs. C-71/93 (Poucke), Slg 1994, I-1101 ff). Art. 11 Abs. 3 lit. b) ist aber nicht anwendbar auf Personen, die ihre Berufstätigkeit in der Verwaltung eines Mitgliedstaats endgültig aufgegeben haben und etwa mit ihrem Ehegatten Wohnung in einem anderen Mitgliedstaat genommen haben, wo die betreffende Person weder eine Berufstätigkeit ausübt noch aus einem anderen Grund einem System der sozialen Sicherheit angeschlossen ist (EuGH, Rs. C-245/88 (Daalmeijer), Slg 1991, I-555 ff). Die Vorschrift will nur den Fall erfassen, dass Wohnort und Beschäftigungsort während des gleichen Zeitraums in verschiedenen Mitgliedstaaten liegen.

27 Art. 11 Abs. 3 lit. b) greift auch ein, wenn es um einen **Beamten** geht, der im Dienst eines Mitgliedstaates steht, seine Tätigkeit in einem anderen Mitgliedstaat ausübt und zum Zeitpunkt der Beendigung des Beschäftigungsvertrags von dem ersten Mitgliedstaat rückwirkend fiktiv so behandelt wird, als habe er seine Tätigkeit als Arbeitnehmer und nicht als Beamter ausgeübt, damit er Arbeitslosenunterstützung erhalten kann und ihm die Rechtsvorschriften über die Kranken- und Invaliditätsversicherung zugutekommen können. Dieses besondere Vorgehen ändert nichts an der grundsätzlichen Anwendbarkeit des Art. 11 Abs. 3 lit. b) (EuGH, Rs. C-308/94 (Naruschawicus), Slg 1996, I-207).

5. Sonderregelung für Wehr- und Zivildienstleistende

28 Ein Beschäftigungsverhältnis liegt nicht vor, wenn jemand zur Erfüllung einer Wehrpflicht oder Zivildienstpflicht einberufen oder wiedereinberufen wird. Die betreffende Person erfüllt in diesem Fall eine **öffentlich-rechtliche Dienstpflicht**. Es bedurfte deshalb einer besonderen Regelung dieser Frage, wobei auch hier wieder deutlich wird, dass der Verordnungsgeber am Beschäftigungslandprinzip als Grundsatz festhält. Hier wird das Dienstverhältnis als Entsprechung des Beschäftigungsverhältnisses für maßgebend erklärt.

29 Art. 11 Abs. 3 lit. d) gilt nur für diejenigen, die der **Erfüllung der Wehrpflicht** bzw **der Erfüllung einer Pflicht zum Zivildienst** nachkommen. Auf Berufs- oder Zeitsoldaten ist diese Vorschrift nicht anzuwenden. Sie unterfallen den verschiedenen Sonderregelungen der Verordnung für Beamte.

30 Typischerweise sieht der Staat bei Erfüllung einer derartigen Dienstpflicht einen **fortbestehenden sozialen Schutz** im Rahmen seines allgemeinen Sozialleistungssystems vor. Im deutschen Sozialrecht geschieht dies dadurch, dass bestimmt wird, das Beschäftigungsverhältnis gelte als durch den Wehrdienst oder den Zivildienst nicht unterbrochen. Dies sieht etwa § 26 Abs. 1 Nr. 2 SGB III für das Arbeitsförderungsrecht, § 193 SGB V für die Krankenversicherung und § 3 Satz 1 Nr. 2 SGB VI für die Rentenversicherung vor. Für eine zum deutschen Wehr- oder Zivildienst einberufene Person gelten damit die deutschen Rechtsvorschriften. Dies gilt allerdings nur für die Zeit der Erfüllung der Wehr- bzw Zivildienstpflicht; nach deren Ablauf gelten die allgemeinen Vorschriften – ggf. Abs. 3 lit e) (EuGH, Rs. C-372/02 (Adanez-Vega), Slg 2004, I-10761).

6. Die Auffangregelung des Abs. 3 lit. e)

31 Unter der VO (EWG) Nr. 1408/71 ergab sich aufgrund der Entscheidung des EuGH in der Rechtssache 302/84 (Ten Holder), Slg 1986, 1821 ff; vgl hierzu auch *Haverkate/Huster*, Europäisches Sozialrecht, S. 111 f) die Notwendigkeit einer **Auffangregelung**. Es erscheine aufgrund dessen erforderlich, diese neue Regelung aufzunehmen, „damit die Rechtsvorschriften eines Mitgliedstaats nicht weiterhin anwendbar sind, ohne dass die Rechtsvorschriften eines anderen Mitgliedstaats gemäß einer der in den vorausgehenden Buchstaben eben dieses Art. 13 Abs. 2 VO (EWG) Nr. 1408/71 (nunmehr Art. 11 Abs. 3) genannten Vorschriften oder einer der in den Artikeln 14 bis 17 VO (EWG) Nr. 1408/71 der betreffenden Verordnung (nunmehr Art. 12 bis 16) vorgesehenen Ausnahmen auf sie anwendbar würden." (ABl. (EG) L 206/2 v. 29.7.1991). In der Entscheidung Ten Holder ging es um die kollisionsrechtliche Zuordnung nach Beendigung einer

Beschäftigung. Der EuGH hatte sich für die weitere Anwendung der Rechtsvorschriften des bisherigen Beschäftigungsstaats entschieden, und zwar auch dann, wenn die betreffende Person in einem anderen Mitgliedstaat wohnt.

Davon weicht Art. 11 Abs. 3 lit. e) ab und spricht sich allgemein als Auffangregelung für die Geltung des **Wohnlandprinzips** aus. Lit. e) nennt dafür zum einen als Voraussetzung, dass die betreffende Person nicht unter lit. a) bis d) des Art. 11 Abs. 3 fällt. Damit kann nur gemeint sein, dass ein Beschäftigungsverhältnis oder eines der anderen in Art. 11 Abs. 3 genannten Verhältnisse, das die Anwendbarkeit der jeweiligen nationalen Rechtsordnung auslöst, nicht oder nicht mehr besteht. 32

Diese Person unterliegt den Rechtsvorschriften des **Wohnmitgliedstaats**, aber nur vorbehaltlich besonderer Bestimmungen der Verordnung, aus denen sich Leistungsansprüche aufgrund von Rechtsvorschriften eines oder mehrerer anderer Mitgliedstaaten ergeben. Mit dieser zweiten Voraussetzung wird die Subsidiarität dieser Kollisionsregel zum Ausdruck gebracht. Sie kann nur gelten, wenn nicht die anderen allgemeinen Kollisionsregeln oder die sonstigen Vorschriften der VO für den jeweiligen Fall eine andere Anknüpfung vorsehen. Für andere als die Kollisionsregeln lässt es lit. e) offenbar auch zu, dass Leistungen unterschiedlicher Mitgliedstaaten gewährt werden. Vor einer Anwendung des Wohnlandprinzips nach lit. e) ist deshalb zunächst zu prüfen, ob der Sachverhalt unter eine dieser Regelungen zu subsumieren ist. 33

Es wird aber auch zum Ausdruck gebracht, dass grundsätzlich bei der Frage der **anwendbaren Rechtsordnung** allein die Rechtsvorschriften des Wohnsitzstaates gelten. Dies entspricht der Grundentscheidung des Abs. 1 insofern, als sichergestellt ist, dass die Rechtsvorschriften nur eines Mitgliedstaats anwendbar sind. Daraus folgt auch, dass eine Person, die in einem Mitgliedstaat wohnt und dort arbeitslos ist, nachdem sie ihren Pflichtwehrdienst in einem anderen Mitgliedstaat abgeleistet hat, hiernach den Rechtsvorschriften des Wohnmitgliedstaats unterliegt (EuGH, Rs. C-372/02 (Adanez-Vega), Slg 2004, I-10761 = SozR 4-6050 Art. 13 Nr. 2); mit der Beendigung des Wehrdienstes waren die Vorschriften des anderen Staates nicht mehr anwendbar, so dass diese hilfsweise Anknüpfung greifen musste. Sofern für eine solche Person dann nur eine freiwillige Versicherung vorgesehen ist, muss sichergestellt sein, dass die Voraussetzungen für die freiwillige Versicherung in den Zweigen, in denen die Pflichtversicherung geendet hat, nicht ungünstiger sind als diejenigen für die Pflichtversicherung (EuGH, Rs. C-227/03 (van Pommeren-Bourgondien), Slg 2005, I-6101). 34

Fraglich ist allerdings, wie vor dem Hintergrund dieser Regelung der Sachverhalt zu bewerten ist, der Gegenstand der Rs. Kits van Heijningen (EuGH, Rs. C-2/89, Slg 1990, I-1755 ff) war. Es ging um die Berücksichtigung von **Zeiten einer Nichtbeschäftigung**. Im Vordergrund stand, dass der zeitliche Umfang der Beschäftigung für die Anwendbarkeit der Verordnung nicht maßgebend sein kann. An der Gültigkeit dieser Aussage hat Art. 11 Abs. 3 lit. e) nichts geändert, so dass diese Fallkonstellation von der Regelung unberührt bleibt. Dies ist in der Rs. Kuusijärvi (EuGH, Rs. C-275/96, Slg 1998, I-3419) weiter konkretisiert und verallgemeinert worden. Danach erfasste die Bestimmung des Art. 13 Abs. 2 lit. f) VO (EWG) Nr. 1408/71 jeden Fall, in dem eine Person, gleichgültig aus welchem Grund, den Rechtsvorschriften eines Mitgliedstaates nicht mehr unterliegt. Sie ist danach nicht auf die Fälle beschränkt, in denen der Betroffene seine Berufstätigkeit in einem bestimmten Mitgliedstaat endgültig oder vorübergehend beendet hat. Die Vorschrift soll die Lückenlosigkeit der Erfassung sicherstellen. Diese Überlegungen kann man auch auf Art. 11 Abs. 3 lit. e) der neuen Verordnung übertragen. Diese Sichtweise ist vom EuGH bestätigt worden in einem Fall, in dem sich ein Wanderarbeitnehmer in seinen Herkunftsmitgliedstaat überstellen ließ, um dort den Rest seiner Strafe zu verbüßen. Hier hat der Gerichtshof unter Berufung auf diese Vorschrift das Recht des Herkunftsstaates – also des Staates, in dem er in Haft ist – für anwendbar erklärt (EuGH, Rs. C-302/02 (Effing), Slg 2005, I-553 = EuGRZ 2005, 41). Zu beachten ist allerdings, dass lit. e) nur einen Anknüpfungspunkt für diesen Fall bestimmt und 35 nicht selbst die Voraussetzungen festlegt, unter denen die Rechtsvorschriften eines Mitgliedstaats nicht mehr anwendbar sind (EuGH, Rs. C-347/98 (Kommission/Belgien), Slg 2001, I-3327).

36 Dies gilt auch im Fall von wirtschaftlich inaktiven Familienangehörigen, sofern sie nicht am Versichertenstatus eines Angehörigen teilhaben. Die Auffangregelung ist auch einschlägig bei Wegzug aus dem bisherigen Beschäftigungsstaat nach Ende einer Beschäftigung, auch wenn sich die Person um eine Beschäftigung im bisherigen Beschäftigungsstaat bemüht, um diese dann als Grenzgänger auszuüben; dies geschieht im Sinne einer klaren Abgrenzung und etwas anderes ist auch nicht durch Art. 45 AEUV geboten (anders *Schreiber*, in: *Schreiber/Wunder/Dern*, Art. 11 Rn 24).

37 Am Beispiel des Art. 13 Abs. 2 lit. f) VO (EWG) Nr. 1408/71 (nunmehr Art. 11 Abs. 3 lit. e)) hat der EuGH auch festgestellt (Rs. C-372/02 (Adanez-Vega), Slg 2004, I-10761 = SozR 4-6050 Art. 13 Nr. 2), dass die allgemeinen Kollisionsregeln des Titels II – die an sich ein geschlossenes und vollständiges System darstellen sollen (EuGH, Rs. 302/84 (Ten Holder), Slg 1986, 1821, 1835) – in einigen Bereichen Ausnahmen unterliegen (in diesem Sinne auch Rs. 58/87 (Rebmann), Slg 1988, 3467, Rn 13). Nach der Systematik der Verordnung setze die Anwendung der besonderen Anknüpfungsregeln gleichwohl voraus, dass zuvor die gemäß den Vorschriften des Titels II anzuwendenden Rechtsvorschriften bestimmt werden. Folglich sei zunächst festzustellen, welche Rechtsvorschriften nach den allgemeinen Anknüpfungsregeln des Titels II anzuwenden sind, und erst anschließend zu prüfen, ob die besonderen Anknüpfungsregeln dieser Verordnung – hier Art. 71 Abs. 1 lit. b) Ziffer ii VO (EWG) Nr. 1408/71 (= Art. 65 Abs. 2 und 4) – als Sondervorschriften die Anwendung anderer Rechtsvorschriften vorsehen. Im konkreten Fall war daher zu entscheiden, dass eine Person, die in einem Mitgliedstaat wohnt und dort arbeitslos ist, nachdem sie ihren Pflichtwehrdienst in einem anderen Mitgliedstaat abgeleistet hat und in dieser Zeit nach den Vorschriften des Landes ihrer Dienstpflicht unterlag (Art. 13 Abs. 2 lit. e) VO (EWG) Nr. 1408/71 = Art. 11 Abs. 3 lit. d)), nunmehr nach Art. 13 Abs. 2 lit. f) VO (EWG) Nr. 1408/71 (= Art. 13 Abs. 3 lit. e)) den Rechtsvorschriften des Wohnmitgliedstaats unterliegt. Sodann habe das nationale Gericht festzustellen, ob die Voraussetzungen für die Anwendung des Artikels 71 Abs. 1 lit. b) Ziffer ii) VO (EWG) Nr. 1408/71 (= Art. 65 Abs. 2 und 4) erfüllt sind, die im konkreten Fall ebenfalls zu einer Anwendung der Rechtsvorschriften des Wohnsitzstaates führten.

Artikel 12 Sonderregelung

(1) Eine Person, die in einem Mitgliedstaat für Rechnung eines Arbeitgebers, der gewöhnlich dort tätig ist, eine Beschäftigung ausübt und die von diesem Arbeitgeber in einen anderen Mitgliedstaat entsandt wird, um dort eine Arbeit für dessen Rechnung auszuführen, unterliegt weiterhin den Rechtsvorschriften des ersten Mitgliedstaats, sofern die voraussichtliche Dauer dieser Arbeit 24 Monate nicht überschreitet und diese Person nicht eine andere entsandte Person ablöst.

(2) Eine Person, die gewöhnlich in einem Mitgliedstaat eine selbstständige Erwerbstätigkeit ausübt und die eine ähnliche Tätigkeit in einem anderen Mitgliedstaat ausübt, unterliegt weiterhin den Rechtsvorschriften des ersten Mitgliedstaats, sofern die voraussichtliche Dauer dieser Tätigkeit vierundzwanzig Monate nicht überschreitet.

Artikel 14 DVO   Nähere Vorschriften zu den Artikeln 12 und 13 der Grundverordnung

(1) Bei der Anwendung von Artikel 12 Absatz 1 der Grundverordnung umfassen die Worte „eine Person, die in einem Mitgliedstaat für Rechnung eines Arbeitgebers, der gewöhnlich dort tätig ist, eine Beschäftigung ausübt und die von diesem Arbeitgeber in einen anderen Mitgliedstaat entsandt wird" auch eine Person, die im Hinblick auf die Entsendung in einen anderen Mitgliedstaat eingestellt wird, vorausgesetzt die betreffende Person unterliegt unmittelbar vor Beginn ihrer Beschäftigung bereits den Rechtsvorschriften des Mitgliedstaats, in dem das Unternehmen, bei dem sie eingestellt wird, seinen Sitz hat.

(2) Bei der Anwendung von Artikel 12 Absatz 1 der Grundverordnung beziehen sich die Worte „der gewöhnlich dort tätig ist" auf einen Arbeitgeber, der gewöhnlich andere nennenswerte Tätigkeiten als reine interne Verwaltungstätigkeiten auf dem Hoheitsgebiet des Mitgliedstaats, in dem das Unternehmen niedergelassen ist, ausübt, unter Berücksichtigung aller Kriterien, die die Tätigkeit des betreffenden Unternehmens kennzeichnen; die maßgebenden Kriterien müssen auf die Besonderheiten eines jeden Arbeitgebers und die Eigenart der ausgeübten Tätigkeiten abgestimmt sein.

(3) [1]Bei der Anwendung von Artikel 12 Absatz 2 der Grundverordnung beziehen sich die Worte „eine Person, die gewöhnlich in einem Mitgliedstaat eine selbständige Erwerbstätigkeit ausübt" auf eine Person, die üblicherweise nennenswerte Tätigkeiten auf dem Hoheitsgebiet des Mitgliedstaats ausübt, in dem sie ansässig ist. [2]Insbesondere muss die Person ihre Tätigkeit bereits einige Zeit vor dem Zeitpunkt, ab dem sie die Bestimmungen des genannten Artikels in Anspruch nehmen will, ausgeübt haben und muss während jeder Zeit ihrer vorübergehenden Tätigkeit in einem anderen Mitgliedstaat in dem Mitgliedstaat, in dem sie ansässig ist, den für die Ausübung ihrer Tätigkeit erforderlichen Anforderungen weiterhin genügen, um die Tätigkeit bei ihrer Rückkehr fortsetzen zu können.

(4) Bei der Anwendung von Artikel 12 Absatz 2 der Grundverordnung kommt es für die Feststellung, ob die Erwerbstätigkeit, die ein Selbständiger in einem anderen Mitgliedstaat ausübt, eine „ähnliche" Tätigkeit wie die gewöhnlich ausgeübte selbständige Erwerbstätigkeit ist, auf die tatsächliche Eigenart der Tätigkeit und nicht darauf an, ob dieser andere Mitgliedstaat diese Tätigkeit als Beschäftigung oder selbständige Erwerbstätigkeit qualifiziert.

(5) Bei der Anwendung von Artikel 13 Absatz 1 der Grundverordnung beziehen sich die Worte „eine Person, die gewöhnlich in zwei oder mehr Mitgliedstaaten eine Beschäftigung ausübt" auf eine Person, die gleichzeitig oder abwechselnd für dasselbe Unternehmen oder denselben Arbeitgeber oder für verschiedene Unternehmen oder Arbeitgeber eine oder mehrere gesonderte Tätigkeiten in zwei oder mehr Mitgliedstaaten ausübt.

(5 a) Für die Zwecke der Anwendung des Titels II der Grundverordnung beziehen sich die Worte „Sitz oder Wohnsitz" auf den satzungsmäßigen Sitz oder die Niederlassung, an dem/der die wesentlichen Entscheidungen des Unternehmens getroffen und die Handlungen zu dessen zentraler Verwaltung vorgenommen werden.

Für die Zwecke der Anwendung des Artikels 13 Absatz 1 der Grundverordnung unterliegen Mitglieder von Flug- oder Kabinenbesatzungen, die gewöhnlich Leistungen im Zusammenhang mit Fluggästen oder Luftfracht in zwei oder mehr Mitgliedstaaten erbringen, den Rechtsvorschriften des Mitgliedstaats, in dem sich ihre Heimatbasis gemäß der Definition in Anhang III der Verordnung (EWG) Nr. 3922/91 des Rates vom 16. Dezember 1991 zur Harmonisierung der technischen Vorschriften und der Verwaltungsverfahren in der Zivilluftfahrt[1] befindet.

(5 b) [1]Für die Bestimmung der anzuwendenden Rechtsvorschriften nach Artikel 13 der Grundverordnung werden marginale Tätigkeiten nicht berücksichtigt. [2]Artikel 16 der Durchführungsverordnung gilt für alle Fälle gemäß diesem Artikel.

(6) Bei der Anwendung von Artikel 13 Absatz 2 der Grundverordnung beziehen sich die Worte „eine Person, die gewöhnlich in zwei oder mehr Mitgliedstaaten eine selbständige Erwerbstätigkeit ausübt" insbesondere auf eine Person, die gleichzeitig oder abwechselnd eine oder mehrere gesonderte selbständige Tätigkeiten in zwei oder mehr Mitgliedstaaten ausübt, und zwar unabhängig von der Eigenart dieser Tätigkeiten.

(7) [1]Um die Tätigkeiten nach den Absätzen 5 und 6 von den in Artikel 12 Absätze 1 und 2 der Grundverordnung beschriebenen Situationen zu unterscheiden, ist die Dauer der Tätigkeit in ei-

---

1 ABl. L 373 vom 31. 12. 1991, S. 4.

nem oder weiteren Mitgliedstaaten (ob dauerhaft, kurzfristiger oder vorübergehender Art) entscheidend. ²Zu diesem Zweck erfolgt eine Gesamtbewertung aller maßgebenden Fakten, einschließlich insbesondere, wenn es sich um einen Arbeitnehmer handelt, des Arbeitsortes, wie er im Arbeitsvertrag definiert ist.

(8) Bei der Anwendung von Artikel 13 Absätze 1 und 2 der Grundverordnung bedeutet die Ausübung „eines wesentlichen Teils der Beschäftigung oder selbständigen Erwerbstätigkeit" in einem Mitgliedstaat, dass der Arbeitnehmer oder Selbständige dort einen quantitativ erheblichen Teil seiner Tätigkeit ausübt, was aber nicht notwendigerweise der größte Teil seiner Tätigkeit sein muss.

Um festzustellen, ob ein wesentlicher Teil der Tätigkeit in einem Mitgliedstaat ausgeübt wird, werden folgende Orientierungskriterien herangezogen:
a) im Falle einer Beschäftigung die Arbeitszeit und/oder das Arbeitsentgelt und
b) im Falle einer selbständigen Erwerbstätigkeit der Umsatz, die Arbeitszeit, die Anzahl der erbrachten Dienstleistungen und/oder das Einkommen.

Wird im Rahmen einer Gesamtbewertung bei den genannten Kriterien ein Anteil von weniger als 25 % erreicht, so ist dies ein Anzeichen dafür, dass ein wesentlicher Teil der Tätigkeit nicht in dem entsprechenden Mitgliedstaat ausgeübt wird.

(9) Bei der Anwendung von Artikel 13 Absatz 2 Buchstabe b der Grundverordnung wird bei Selbständigen der „Mittelpunkt ihrer Tätigkeiten" anhand sämtlicher Merkmale bestimmt, die ihre berufliche Tätigkeit kennzeichnen; hierzu gehören namentlich der Ort, an dem sich die feste und ständige Niederlassung befindet, von dem aus die betreffende Person ihre Tätigkeiten ausübt, die gewöhnliche Art oder die Dauer der ausgeübten Tätigkeiten, die Anzahl der erbrachten Dienstleistungen sowie der sich aus sämtlichen Umständen ergebende Wille der betreffenden Person.

(10) Für die Festlegung der anzuwendenden Rechtsvorschriften nach den Absätzen 8 und 9 berücksichtigen die betroffenen Träger die für die folgenden 12 Kalendermonate angenommene Situation.

(11) Für eine Person, die ihre Beschäftigung in zwei oder mehreren Mitgliedstaaten für einen Arbeitgeber ausübt, der seinen Sitz außerhalb des Hoheitsgebiets der Union hat, gelten die Rechtsvorschriften des Wohnmitgliedstaats, wenn diese Person in einem Mitgliedstaat wohnt, in dem sie keine wesentliche Tätigkeit ausübt.

Artikel 15 DVO *Verfahren bei der Anwendung von Artikel 11 Absatz 3 Buchstaben b und d, Artikel 11 Absatz 4 und Artikel 12 der Grundverordnung (über die Unterrichtung der betroffenen Träger)*

(1) ¹Sofern nicht in Artikel 16 der Durchführungsverordnung etwas anderes bestimmt ist, unterrichtet der Arbeitgeber einer Person, die ihre Tätigkeit in einem anderen als dem nach Titel II der Grundverordnung zuständigen Mitgliedstaat ausübt, oder die betreffende Person selbst, wenn diese keine Beschäftigung als Arbeitnehmer ausübt, den zuständigen Träger des Mitgliedstaats, dessen Rechtsvorschriften die Person unterliegt, darüber; diese Unterrichtung erfolgt im Voraus, wann immer dies möglich ist. ²Dieser Träger stellt der betreffenden Person die Bescheinigung nach Artikel 19 Absatz 2 der Durchführungsverordnung aus und macht dem von der zuständigen Behörde des Mitgliedstaats, in dem die Tätigkeit ausgeübt wird, bezeichneten Träger unverzüglich Informationen über die Rechtsvorschriften zugänglich, denen diese Person nach Artikel 11 Absatz 3 Buchstabe b oder Artikel 12 der Grundverordnung unterliegt.

(2) Absatz 1 gilt entsprechend für Personen, die Artikel 11 Absatz 3 Buchstabe d der Grundverordnung unterliegen.

(3) ¹Ein Arbeitgeber im Sinne des Artikels 11 Absatz 4 der Grundverordnung, der einen Arbeitnehmer an Bord eines unter der Flagge eines anderen Mitgliedstaats fahrenden Schiffes hat, unterrichtet den zuständigen Träger des Mitgliedstaats, dessen Rechtsvorschriften die Person unterliegt, darüber; diese Unterrichtung erfolgt im Voraus, wann immer dies möglich ist. ²Dieser Träger macht dem Träger, der von der zuständigen Behörde des Mitgliedstaats bezeichnet wurde, unter dessen Flagge das Schiff fährt, auf dem der Arbeitnehmer die Tätigkeit ausübt, unverzüglich Informationen über die Rechtsvorschriften zugänglich, denen der Arbeitnehmer nach Artikel 11 Absatz 4 der Grundverordnung unterliegt.

I. Normzweck 1	2. Regelung für selbstständig Erwerbstätige (Art. 12 Abs. 2) 21
II. Einzelerläuterungen 4	
1. Die Entsendungsregelung für abhängig Beschäftigte (Art. 12 Abs. 1) 4	

I. Normzweck

Art. 12 ist ausgestaltet als **Ausnahmevorschrift** zu Art. 11 Abs. 3 lit. a). Er stellt damit zwar einerseits wie Art. 11 Abs. 2 lit. b) bis e) eine Modifikation des Beschäftigungslandprinzips dar, indem für die Anknüpfung an das Beschäftigungsverhältnis die Ausnahmen bestimmt werden. Während sich aber die Modifikationen des Art. 11 Abs. 3 lit. b) bis e) im Wesentlichen mit besonderen, vom typischen Beschäftigungsverhältnis abweichenden Tätigkeiten befassen, hat Art. 12 das typische Beschäftigungsverhältnis zum Gegenstand und regelt verschiedene Fallkonstellationen bei Sachverhalten mit Berührung zu mehreren Mitgliedstaaten. Während aber Art. 11 Abs. 3 lit. a) abhängige Beschäftigung und selbständige Tätigkeit rechtstechnisch zusammen behandelt, beschränkt sich hier Abs. 1 auf die abhängig Beschäftigten, und für die Selbständigen sieht Abs. 2 eine eigene Regelung vor. 1

Aus Art. 11 Abs. 3 lit. a) ergibt sich, dass bei einer Person, die im Gebiet eines Mitgliedstaats im Lohn- oder Gehaltsverhältnis beschäftigt ist, **grundsätzlich der Ort der Beschäftigung** maßgebend ist. Dies beruht für die abhängige Beschäftigung darauf, dass bei Anknüpfung an das Beschäftigungsverhältnis für die Bestimmung der anzuwendenden nationalen Rechtsordnung grundsätzlich auf den Schwerpunkt dieses Rechtsverhältnisses abzustellen ist. Eine derartige Konstruktion bestimmt die Anwendbarkeit von nationalen Rechtsvorschriften danach, zu welcher Rechtsordnung der Sachverhalt die engsten Verknüpfungen hat. In den Fällen der vorübergehenden Tätigkeit in einem anderen Staat und bei Tätigkeiten im Verkehrswesen vermag der tatsächliche Beschäftigungsort anders als sonst nicht den Schwerpunkt des Beschäftigungsverhältnisses zu bezeichnen. Es ist dann nach anderen Anknüpfungspunkten zu suchen. Dies ist der Zweck des Art. 12 ebenso wie der Aus- und Einstrahlungsregelungen der §§ 4 und 5 SGB IV. 2

Abs. 1 enthält dabei die **typische Entsendungsregelung**, wie sie sich im nationalen deutschen Sozialversicherungsrecht in den §§ 4 und 5 SGB IV und im zwischenstaatlichen Recht in den Sozialversicherungsabkommen findet (vgl zu den Entsendungsregelungen des nationalen, internationalen und supranationalen Rechts *Steinmeyer*, Die Einstrahlung). Eine vergleichbare Regelung findet sich inzwischen auch im Arbeitsrecht durch die Richtlinie des Europäischen Parlaments über die Entsendung von Arbeitnehmern im Rahmen der Erbringung von Dienstleistungen vom 16.12.1996 (sog. Entsenderichtlinie, vgl ABl. (EG) L 18/1 v. 21.1.1997) sowie das Gesetz über zwingende Arbeitsbedingungen für grenzüberschreitend entsandte und für regelmäßig im Inland beschäftigte Arbeitnehmer und Arbeitnehmerinnen (Arbeitnehmer-Entsendegesetz – AEntG) v. 20.4.2009, BGBl. I S. 799). Beide Gesetzesakte sind das Ergebnis einer zum Teil kontroversen Diskussion (vgl *Hanau*, Das Arbeitnehmer-Entsendegesetz, NJW 1996, 1369 ff; *Koenigs*, Rechtsfragen des Arbeitnehmer-Entsendegesetzes und der EG-Entsenderichtlinie, DB 1997, 225 ff; *Steinmeyer*, Sozialdumping in Europa – Perspektiven einer arbeits- und sozialrechtlichen Rechtsprechung, DVBl. 1995, 962 ff). Zu verweisen ist für das Arbeitsrecht auch auf Art. 8 Abs. 2 S. 2 VO (EG) Nr. 593/2008 (Rom I). 3

II. Einzelerläuterungen

1. Die Entsendungsregelung für abhängig Beschäftigte (Art. 12 Abs. 1)

4 Die Entsendungsregelung spricht aus, dass trotz tatsächlicher Beschäftigung in einem anderen Mitgliedstaat die Rechtsvorschriften des Staates weiterhin anwendbar bleiben, aus dessen Gebiet die betreffende Person in das Gebiet eines anderen Mitgliedstaats entsandt wird. Aus diesem Grundgedanken ergibt sich, dass **Voraussetzungen** für eine derartige Entsendung sind: 1. das Bestehen eines Beschäftigungsverhältnisses zu einem Unternehmen im Gebiet eines Mitgliedstaats, 2. der Tatbestand der Entsendung, 3. der Fortbestand des Beschäftigungsverhältnisses zum bisherigen Arbeitgeber während der Entsendung und 4. die vorherige zeitliche Befristung der Entsendung.

5 Da in den Entsendungsfällen nicht der tatsächliche Beschäftigungsort, sondern das im bisherigen Mitgliedstaat fortbestehende Beschäftigungsverhältnis für die Anknüpfung maßgebend ist, muss zunächst geprüft werden, ob ein Beschäftigungsverhältnis zu einem Unternehmen in diesem Mitgliedstaat besteht. Zur Verhinderung von Missbräuchen bestimmt Art. 14 Abs. 2 DVO, dass sich die Worte „der **gewöhnlich dort tätig ist**" auf einen Arbeitgeber, der gewöhnlich andere nennenswerte Tätigkeiten als reine interne Verwaltungstätigkeiten auf dem Hoheitsgebiet des Mitgliedstaats ausübt, in dem das Unternehmen ansässig ist; die Kriterien, die die Besonderheiten des betreffenden Unternehmens kennzeichnen, sind zu berücksichtigen. Grundsätzlich gilt aber nach dem Beschluss A 2 der Verwaltungskommission, dass neben dem Unternehmenssitz u.a. die Zahl der Beschäftigten, der Ort, an dem die entsandten Arbeitnehmer eingestellt werden, der Ort, an dem der Großteil der Verträge mit den Kunden geschlossen wird und der erzielte Umsatz im betreffenden Mitgliedstaat maßgeblich sind.

6 Vom Wortlaut her nicht ausgeschlossen ist die Anwendung der Entsendungsregelung auch auf solche Fälle, in denen der Arbeitnehmer nur zum **Zwecke der Entsendung eingestellt** worden ist. Hier ergeben sich Zweifel, ob auch diese Fälle noch vom Zweck der Vorschrift gedeckt sind (so aber EuGH, Rs. 19/67 (Van der Vecht), Slg 1967, 462 ff zur VO (EWG) Nr. 3). Dazu sah der Beschluss Nr. 128 der Verwaltungskommission vor, dass auch eine Einstellung zum Zwecke der Entsendung für die Anwendung der Entsendungsregelung des Art. 14 VO (EWG) Nr. 1408/71 – nunmehr Art. 12 Abs. 1) ausreicht (ABl. (EG) C 141 v. 7.6.1986). Begründet wurde dies damit, dass als Aufgabe des Art. 14 VO (EWG) Nr. 1408/71 (= Art. 12) die Vermeidung von Verwaltungsaufwand bei kurzfristigen Beschäftigungszeiten in anderen Mitgliedstaaten genannt wird. Dies ist sicherlich einer der Zwecke dieser Vorschrift, aber nicht der alleinige, so dass gegen diese Argumentation der Verwaltungskommission Bedenken zu erheben sind. Gleichwohl ist sie im Ergebnis zutreffend, da auch der in einem Mitgliedstaat zum Zwecke der Entsendung eingestellte Arbeitnehmer regelmäßig daran interessiert sein wird, in seinem bisherigen Sozialleistungssystem zu verbleiben (vgl dazu auch *Steinmeyer*, Die Einstrahlung, S. 86 f; vgl aus dem deutschen Sozial-Kollisionsrecht *v. Maydell*, in: GK-SGB IV § 4 Rn 12 ff sowie Ziffern 3.1 und 4.1 der Richtlinien zur versicherungsrechtlichen Beurteilung von Arbeitnehmern bei Ausstrahlung (§ 4 SGB IV) und Einstrahlung (§ 5 SGB IV) vom 2.11.2010). Der Beschluss der Verwaltungskommission verlangte aber, dass zwischen dem Unternehmen und dem Arbeitnehmer während der Dauer der Entsendung weiterhin eine arbeitsrechtliche Bindung besteht und das Unternehmen seine Tätigkeit gewöhnlich in dem Mitgliedstaat ausübt, aus dem die Arbeitnehmer entsandt wurden. Nunmehr sieht Art. 14 Abs. 1 DVO vor, dass auch Personen erfasst werden, die im Hinblick auf die Entsendung in einen anderen Mitgliedstaat eingestellt werden, sofern diese unmittelbar vor Beginn ihrer Beschäftigung bereits den Rechtsvorschriften des Mitgliedstaats unterlegen haben, in dem das Unternehmen, bei dem sie eingestellt sind, seinen Sitz hat. Dabei ist grundsätzlich von einer Mindestzugehörigkeit zu den Rechtsvorschriften dieses Staates von mindestens einem Monat auszugehen (Beschluss A 2 der Verwaltungskommission), um so Missbräuche zu verhindern.

Unter Entsendung ist eine durch den Arbeitgeber veranlasste und in seinem Interesse erfolgte 7
Ortsveränderung zu verstehen. Eine Entsendung liegt deshalb nicht vor bei sog. **Ortskräften**, dh
solchen Arbeitnehmern, die erst in dem anderen Mitgliedstaat eingestellt worden sind. Sie unterliegen den Rechtsvorschriften des Mitgliedstaats, in dem sie eingestellt worden sind. Um einen
Grenzfall handelt es sich in einer Entscheidung des BSG aus dem Jahre 1994 (BSG SozR 3-6050
Art. 14 Nr. 4), wo ein in Spanien ansässiger Arbeitnehmer spanischer Staatsangehörigkeit mit
einer in Deutschland ansässigen Firma einen Arbeitsvertrag schloss und nach einer dreiwöchigen
Einarbeitungszeit vereinbarungsgemäß in Spanien tätig wurde. Hier ließ sich daran denken, von
einer Entsendung nach Spanien nach Ende der Einarbeitungszeit auszugehen. Es spricht aber mehr
dafür, von einer Ortskraft in Spanien auszugehen, die zur Einarbeitungszeit nach Deutschland
geschickt wird. Die Tätigkeit in Spanien war auch nicht zeitlich befristet und eine spätere Tätigkeit
in Deutschland nicht vorgesehen. Es musste deshalb in jedem Fall bei der Anwendung des spanischen Rechts bleiben.

Während einer derartigen Entsendung muss das **Beschäftigungsverhältnis** zum entsendenden Un- 8
ternehmen **fortbestehen**. Es muss eine den Wechsel des Beschäftigungsorts überdauernde Verknüpfung vorliegen. Dies bringt die Verordnung auch dadurch zum Ausdruck, dass sie verlangt,
der Arbeitnehmer müsse von seinem Unternehmen zur Ausführung einer Arbeit für dessen Rechnung in das Gebiet eines anderen Mitgliedstaats entsandt sein. Wenn Art. 11 Abs. 3 lit. a) den
Arbeitnehmer den Rechtsvorschriften am Beschäftigungsort ohne Rücksicht auf den Sitz des Arbeitgebers oder des Unternehmens unterwirft, so folgt daraus für Art. 12 Abs. 1, dass auch hier
nicht maßgebend sein kann, ob dieser Sitz sich in dem Staat befindet, aus dem der Arbeitnehmer
entsandt wird. Ansonsten ließe sich nicht die Fortsetzung des Versicherungsverhältnisses zum
Sozialleistungsträger des Staates sicherstellen, bei dem der Arbeitnehmer aufgrund der Grundsatzregelung des Art. 11 Abs. 3 lit. a) versichert gewesen ist.

Das Vorliegen einer fortbestehenden Verknüpfung kann in den Fällen zweifelhaft werden, in de- 9
nen etwa ein Arbeitnehmer in ein **Tochterunternehmen** oder eine Repräsentanz entsandt worden
ist. Er kann dort in einer Weise eingegliedert sein, die gegen eine fortbestehende Verknüpfung
zum bisherigen mitgliedstaatlichen System spricht. Dies ist im Einzelfall schwierig zu prüfen. Es
wird dabei dann darauf ankommen, ob über die Konzernzugehörigkeit hinausgehende Verknüpfungen bestehen. Ein – wenn auch mit Vorsicht zu handhabendes – Indiz ist dabei die fortdauernde
Gehaltszahlung durch das entsendende Unternehmen. Ein weiteres Indiz ist die fortdauernde Bindung des Arbeitnehmers an Weisungen des entsendenden Unternehmens. Ein wichtiges Indiz gibt
schließlich die Verordnung, wenn sie verlangt, dass der Arbeitnehmer für die Ausführung einer
Arbeit entsandt sein muss. Es muss also auch bei der Entsendung in ein Tochterunternehmen um
die Erfüllung einer konkret abgrenzbaren Aufgabe gehen.

Der Beschluss A 2 der Verwaltungskommission (v. 12.6.2009, ABl. EU C 106/5) stellt hier unter 10
der Geltung der neuen Verordnung **Kriterien** auf. Er nennt als entscheidend, dass während der
vorübergehenden Tätigkeit in einem anderen Mitgliedstaat eine unmittelbare Bindung zum Arbeitgeber bestehen bleibt. Um dies bewerten zu können, sollen die Umstände des Falles herangezogen werden, also etwa die Einstellungsbefugnis, der Arbeitsvertrag, die Entgeltzahlung (wenn
auch zwischen entsendender Einrichtung und aufnehmender Einrichtung besondere Vereinbarungen geschlossen werden können), die Kündigungsbefugnis und das Direktionsrecht. Die Regelung des Art. 12 Abs. 1 soll danach auch in Fällen gelten, in denen der Arbeitnehmer dann im
Aufnahmestaat zu weiteren Einrichtungen entsandt wird, sofern nur sichergestellt bleibt, dass er
seine Tätigkeit für die entsendende Einrichtung ausübt. Kurze Unterbrechungen sollen einer Entsendung nicht entgegenstehen. Ist eine Entsendung beendet, so darf eine erneute Entsendung des
Arbeitnehmers in die gleiche Einrichtung erst erfolgen, wenn seit dem Ende der früheren Entsendung mindestens zwei Monate verstrichen sind. Eine Entsendung soll hingegen nicht angenommen
werden können, wenn die aufnehmende Einrichtung über den Arbeitnehmer weiterverfügt, ihn
also anderen Unternehmen überlässt; hier sind die Garantien im Hinblick auf den Erhalt der

arbeitsrechtlichen Bindung nicht mehr gegeben. Dies wird auch dann angenommen, wenn ein Arbeitnehmer in einem Mitgliedstaat angeworben wird, um von einem in einem zweiten Mitgliedstaat gelegenen Unternehmen in einen dritten Mitgliedstaat entsandt zu werden (Beschluss A 2 der Verwaltungskommission). Wird allerdings ein Arbeitnehmer, der in einem Mitgliedstaat wohnt, von einem Unternehmen in einem anderen Mitgliedstaat angestellt, um dann in einen dritten Mitgliedstaat entsandt zu werden, so liegt eine Entsendung im Sinne von Art. 12 Abs. 1 vor, sofern er vor Beginn dieser Beschäftigung mindestens einen Monat unter die Rechtsvorschriften des Entsendestaats unterfiel (anders zu VO (EWG) Nr. 1408/71 *Joussen*, NZS 2003, 19,25; wie hier *Schreiber*, in: *Schreiber/Wunder/Dern*, VO (EG) Nr. 883/04, Art. 12 Rn 6; *Tiedemann*, NZS 2011, 41,43).

11 Werden Arbeitnehmer eines Unternehmens innerhalb der EG **grenzüberschreitend** einem anderen Unternehmen **überlassen**, so stellt sich die Frage, ob ein davon betroffener Arbeitnehmer als dem Verleih- oder dem Entleihunternehmen angehörig zu qualifizieren ist, wovon dann im Einzelfall die Anwendung der Entsendungsregelung abhängig ist. Der EuGH entschied hierzu, dass in diesem Fall der betreffende Arbeitnehmer weiterhin als dem Verleihunternehmen zugehörig zu betrachten sei (EuGH, Rs. 35/70 (Manpower), Slg 1970, 1251 ff). Er begründete dies mit der Erwägung, dass es Sinn der Entsendungsregelung sei, Hindernisse für die Freizügigkeit von Arbeitnehmern zu überwinden. Es sei daher nicht sinnvoll, sie während der Tätigkeit beim Entleihunternehmen den Rechtsvorschriften eines anderen Mitgliedstaats zu unterwerfen. Die Problematik besteht hier aber darin, dass angesichts der Unterschiedlichkeit der Sozialleistungssysteme zwischen den Mitgliedstaaten und der unterschiedlichen Beitragsbelastung dies von Verleihunternehmen missbraucht werden könnte. Deshalb verlangt Art. 12 Abs. 1, dass der Arbeitgeber in dem Mitgliedstaat, aus dem entsandt wird, **gewöhnlich tätig** wird.

12 Arbeitnehmer eines Unternehmens, das **ausschließlich oder überwiegend grenzüberschreitend verleiht**, unterfallen bei der Tätigkeit bei einem Entleiher in einem anderen Mitgliedstaat nicht weiter den Rechtsvorschriften des Entsendestaates. Der EuGH hat klargestellt, dass ein Zeitarbeitsunternehmen nur dann unter Art. 14 Abs. 1 lit. a) VO (EWG) Nr. 1408/71 (jetzt Art. 12 Abs. 1 VO) fällt, wenn es seine Entsendetätigkeit überwiegend im Entsendestaat ausübt (EuGH, Rs. C-202/97 (Fitzwilliam), Slg 2000, I-883). Umgekehrt gilt die Vorschrift nicht für Arbeitnehmer eines Unternehmens mit Sitz in einem Mitgliedstaat, die bei Arbeiten im Gebiet eines anderen Mitgliedstaats eingesetzt werden, in dem dieses Unternehmen – abgesehen von reiner Verwaltungstätigkeit – seine gesamte Geschäftstätigkeit ausübt (EuGH, Rs. C-404/98 (Plum), Slg 2000, I-379). In diesen Fällen verbleibt es dann bei der Anknüpfung an den Beschäftigungsort nach Art. 11 Abs. 3 lit. a). Mit dieser Rechtsprechung wollte der Gerichtshof offenkundig Missbräuche unterbinden. Es muss also eine nennenswerte Tätigkeit im Staat der Niederlassung erfolgen; für die Frage, wann dies der Fall ist, sind die Umstände des jeweiligen Einzelfalls maßgebend, wobei aber der Beschluss A 2 der Verwaltungskommission Kriterien nennt wie etwa den Sitz des Unternehmens und seiner Verwaltung, die in den jeweiligen Mitgliedstaaten erzielten Umsätze etc.

13 Die Entsendung muss **zeitlich begrenzt** sein. Anders als die §§ 4 und 5 SGB IV enthält Art. 12 eine feste Höchstfrist. Anders als diese Vorschriften sieht Art. 12 auch nicht vor, dass sich die zeitliche Begrenzung aus dem Vertrag oder aus der Eigenart der Beschäftigung ergeben müsse. Art. 12 differenziert insoweit nicht. Wenn es aber um die Frage geht, aufgrund welcher Kriterien die Dauer der Arbeit zu ermitteln ist, so wird auf den Vertrag oder die Eigenart der Beschäftigung zurückzugreifen sein. Die Dauer der Arbeit darf voraussichtlich 24 Monate nicht überschreiten. Dabei ist erforderlich, dass die zeitliche Begrenzung bereits bei Beginn der Tätigkeit feststeht. Zeitweilige Unterbrechungen der Tätigkeit des Arbeitnehmers – etwa wegen Krankheit oder Urlaub – führen nicht zur Unterbrechung der Entsendezeit im Sinne des Art. 12.

14 Zusätzlich sieht Art. 12 Abs. 1 vor, dass die Rechtsvorschriften des Entsendestaates nur dann weitergelten, wenn der betreffende Arbeitnehmer **nicht an Stelle eines anderen Arbeitnehmers** entsandt wird, dessen Entsendezeit abgelaufen ist. Diese Voraussetzung soll Missbräuche verhin-

dern – etwa den, dass Unternehmen mit langfristigen Bauaufträgen außerhalb des Mitgliedstaats, in dem der Betrieb liegt, von dem aus die Arbeitnehmer entsandt worden sind, die entsandten Arbeitnehmer turnusmäßig ablösen, um die Abführung höherer Beiträge im Beschäftigungsland zu vermeiden. Es ist aber zu bemerken, dass dies nur eine pragmatische Entscheidung zur Vermeidung von Missbräuchen ist. Der Systematik der Kollisionsnormen des supranationalen Sozialrechts hätte es eher entsprochen, auch die ablösenden Arbeitnehmer von den Rechtsvorschriften des Entsendestaats zu erfassen, da das Schutzbedürfnis das gleiche ist. Die Vorschrift ist deshalb auch eng auszulegen und kann nicht alle Ablösungen eines Arbeitnehmers durch einen anderen betreffen, sondern nur solche, wo der Grund für die Ablösung der Ablauf der Entsendezeit ist; ein Arbeitnehmer, der vor Ablauf der Entsendezeit unvorhersehbar dauerhaft erkrankt, kann deshalb ersetzt werden (*Barlage-Melber/Lexa*, ZESAR 2010, 471). Ein Arbeitnehmer kann innerhalb der Entsendezeit einen anderen Arbeitnehmer ablösen (so auch *Schüren/Wilde*, NZS 2011, 123 f), wenn dadurch insgesamt der Zeitraum von 24 Monaten nicht überschritten wird (kritisch *Schreiber*, in: *Schreiber/Wunder/Dern*, VO (EG) Nr. 883/04, Art. 12 Rn 18). Eine weitere Entsendung desselben Arbeitnehmers kann nach Ende des vorangehenden Entsendezeitraums erst nach Ablauf von mindestens zwei Monaten erfolgen.

Im Gegensatz zur VO (EWG) Nr. 1408/71 sieht Art. 12 eine **Verlängerungsmöglichkeit** nicht mehr vor. Die alte Verordnung hatte eine Frist von 12 Monaten mit einer Verlängerung um weitere 12 Monate unter bestimmten Voraussetzungen vorgesehen. Diese kurze Frist war verstärkt in die Kritik geraten (*European Observatory on Social Security for Migrant Workers*, European Report, München 2001, S. 12) Nunmehr geht der Verordnungsgeber davon aus, dass eine Frist von 24 Monaten ausreichend großzügig bemessen ist und in Fällen, in denen diese Frist nicht ausreicht, der Weg über die Vereinbarung einer Ausnahme nach Art. 16 gegangen wird. Mit der Frist von 24 Monaten befindet sich die VO (EG) Nr. 883/2004 in Übereinstimmung mit zahlreichen Sozialversicherungsabkommen (vgl dazu näher *Steinmeyer*, Die Einstrahlung, S. 99 ff). 15

Art. 12 Abs. 1 kann auch nicht die Fälle erfassen, in denen ein entsandter Arbeitnehmer nunmehr **von dem zweiten Mitgliedstaat in einen dritten entsandt** werden soll. Diese Fälle müssen dann als erneute Entsendung aus dem ersten Mitgliedstaat – nunmehr in einen anderen – interpretiert bzw ausgestaltet werden. In diesen Fällen ist es sinnvoll, dass der Arbeitnehmer auch weiterhin den Rechtsvorschriften des ersten Entsendestaates unterliegt. Unmittelbar aufeinanderfolgende Entsendungen in verschiedene Mitgliedstaaten werden hingegen von Art. 12 Abs. 1 erfasst und führen jeweils zu einer neuen Entsendung. 16

Der **Nachweis** über die Fortgeltung der Vorschriften des Entsendestaates wird nach Art. 19 Abs. 2 DVO durch eine Bescheinigung des Mitgliedstaats, dessen Rechtsvorschriften anzuwenden sind, geführt (Bescheinigung A 1). 17

Zur **Reichweite dieser Bescheinigung** stellt der EuGH (Rs. C-202/97 (Fitzwilliam Technical Services), Slg 2000, I-883, 922 ff) unter Bezugnahme auf die Ausführungen des Generalanwalts Lenz zur Rs. C-425/93 (Calle Grenzshop), Slg 1995, 271, 280 ff, fest, dass diese gegenüber dem Träger der sozialen Sicherheit in einem anderen Mitgliedstaat Bindungswirkung entfaltet, der ausstellende Träger mit ihrem Vorliegen also verbindlich erklärt, sein eigenes System der sozialen Sicherheit bleibe während der Entsendung anwendbar. Der Grundsatz der vertrauensvollen Zusammenarbeit zwischen den Mitgliedsstaaten, Ausfluss der Gemeinschaftstreue aus Art. 4 Abs. 3 AEUV (= Art. 10 EG), soll dabei den ausstellenden Träger verpflichten, den betreffenden Sachverhalt ordnungsgemäß zu beurteilen und damit die Richtigkeit seiner in der Bescheinigung aufgeführten Angaben zu gewährleisten, wodurch eine positive Vermutung für ihre Rechtmäßigkeit entsteht. Auch nach verspäteter Ausstellung (Rs. C-178/97 (Banks), Slg 2000, I-2005, 2031 ff) ist die Bescheinigung noch zu berücksichtigen: Sie kann also Rückwirkung entfalten, da nach der DVO keine Frist für ihre Ausstellung existiert und sie nur zeitlich begrenzte Wirkung auf dem Territorium eines anderen Mitgliedstaates hat. Überdies können die Mitgliedstaaten für bereits abgelaufene Zeiträume nach Art. 16 jederzeit zugunsten einer Person die Anwendung anderwei- 18 tiger Rechtsvorschriften als der in den Art. 11 bis 15 bezeichneten gestatten. Was schon für die kollisionsrechtliche Bestimmung gilt, muss insoweit aber erst recht für die Erteilung einer solchen Bescheinigung gelten, denn diese erfolgt gemäß der DVO, also nur in Durchführung und stets im Lichte ihrer Grundverordnung. Der ausstellende Träger muss den Sachverhalt aber in jedem Fall überprüfen, wenn Zweifel an der Richtigkeit bestehen. Der zuständige Träger bleibt aber so lange gebunden, bis die Behörden des Ausstellungsstaates die Bescheinigung zurückgezogen oder für ungültig erklärt haben (EuGH, Rs. C-2/05 (Herbosch Kiere), Slg 2006, I-1079 = ZESAR 2006, 225 m.Anm. *Horn*). Dies alles gewährleistet die Voraussehbarkeit des anwendbaren Systems der sozialen Sicherheit und damit die Rechtssicherheit; denn sobald jeder Staat sein nationales Recht für anwendbar erklären könnte, bestünde die Gefahr einer Doppelversicherung (*Horn*, ZIAS 2002, 120, 134). Das Funktionieren des Systems der Koordinierung setzt eine derartige Berücksichtigung der Bescheinigung voraus. Dies wird nunmehr von Art. 5 der neuen DVO unterstrichen, wonach solche Dokumente für die Träger der anderen Mitgliedstaaten so lange verbindlich sind, wie sie nicht von dem Mitgliedstaat, in dem sie ausgestellt wurden, widerrufen oder für ungültig erklärt werden. Es ist allerdings nicht von der Hand zu weisen, dass mit diesen Bescheinigungen in nicht unerheblichem Maße Missbrauch betrieben werden kann, weshalb immer wieder geltend gemacht wird, dass nationale Gerichte berechtigt sein müssten, diese Bescheinigungen zu überprüfen. Es ist aber zutreffend, wenn der EuGH hier im Interesse des Funktionierens des Koordinierungssystems konsequent bleibt und betont, dass anderenfalls das auf die vertrauensvolle Zusammenarbeit zwischen den Trägern der Mitgliedstaaten gegründete System gefährdet sei. Den ausstellenden Mitgliedstaat trifft die Verpflichtung, den Sachverhalt genau zu prüfen. Der andere Mitgliedstaat muss sich bei Zweifeln an den zuständigen Träger des ausstellenden Mitgliedstaates wenden und ggf auch an die Verwaltungskommission bzw den EuGH; solange aber der ausstellende Mitgliedstaat die Bescheinigung nicht zurückgenommen hat, bleibt die Bindungswirkung bestehen. Konsequent verneint dann auch der BGH (NZS 2007, 197) unter Berufung auf diese Bindungswirkung die Strafbarkeit nach § 266a StGB, da dann das deutsche Sozialversicherungsrecht nicht anwendbar sei.

19 Zur praktischen Durchführung ist durch Beschluss Nr. A 1 der Verwaltungskommission ein **Dialog- und Vermittlungsverfahren** zu Fragen der Gültigkeit von Dokumenten, der Bestimmung der anzuwendenden Rechtsvorschriften und der Leistungserbringung eingerichtet worden. Danach setzt sich der ersuchende Träger mit dem ausstellenden Träger zwecks Überprüfung, Klarstellung oder Rücknahme in Verbindung. Dieser setzt den ersuchenden Träger spätestens nach drei Monaten – bei großer Komplexität auch nach sechs Monaten – in Kenntnis, der von dem Ergebnis dann die betroffene Person bzw den Arbeitgeber unterrichtet. Haben die Träger während dieser ersten Phase des Dialogverfahrens keine Einigung erzielt oder ist das Überprüfungsverfahren nach sechs Monaten nicht abgeschlossen, kann der ersuchende Träger entweder direkt die Verwaltungskommission anrufen oder ersuchender wie ausstellender Träger benennen je einen neutralen Ansprechpartner, die binnen sechs Wochen eine Einigung herstellen sollen. Verläuft dieses Dialogverfahren erfolglos, so kann die Verwaltungskommission angerufen werden, die die Angelegenheit ggf an den Vermittlungsausschuss weiterleitet. Insgesamt handelt es sich hier um ein umständliches und zeitraubendes Verfahren, das zwar der Rechtslage zutreffend Rechnung trägt, in der Praxis aber kaum weiterhilft.

20 **Keine Bindungswirkung** entfalten gefälschte Bescheinigungen. Gemäß § 150 Abs. 3 SGB VI speichert die Datenstelle der gesetzlichen Rentenversicherung die Daten der ausgestellten A 1-Bescheinigungen sowie die Identifikationsmerkmale der erfassten Person sowie des Arbeitgebers, so dass durch die Rentenversicherungsträger die Echtheit einer vorgelegten Bescheinigung überprüft werden kann.

2. Regelung für selbstständig Erwerbstätige (Art. 12 Abs. 2)

Bei Selbstständigen tritt an die Stelle des Beschäftigungsorts der **Tätigkeitsort**. Die Regelung ist insoweit in Übereinstimmung mit § 3 SGB IV getroffen, wonach der Tätigkeitsort auch bei Wohnsitz in einem anderen Staat maßgebend ist. Unter selbstständigen Tätigkeiten sind hier nach Art. 1 lit. b) der VO die Tätigkeiten zu verstehen, die in dem Mitgliedstaat, in dessen Gebiet sie ausgeübt werden, nach den dort im Bereich der sozialen Sicherheit geltenden Rechtsvorschriften als solche angesehen werden (s. auch EuGH, Rs. C-221/95 (Hervein, Hervillier), Slg 1997, I-609). Angesichts des Grundsatzes der Anwendbarkeit nur eines Rechts bedurfte es dieser Norm, die eine Entscheidung zwischen mehreren möglichen Anknüpfungspunkten trifft (EuGH, Rs. C-242/99 (Vogler), Slg 2000, I-9083). 21

Abs. 2 sieht eine besondere **Entsendungsregelung für Selbständige** vor. Da sich das Tatbestandsmerkmal der Entsendung aus der besonderen Rechtsbeziehung zwischen Arbeitgeber und Arbeitnehmer erklärt, scheidet es im Falle des Abs. 2 als Tatbestandsvoraussetzung aus. Von Bedeutung bleiben daher allein die fortbestehende Verknüpfung zu dem Mitgliedstaat, in dem der Selbstständige gewöhnlich seine Tätigkeit ausübt und die befristete Tätigkeit in einem anderen Mitgliedstaat. 22

Abs. 2 verlangt, dass der Selbstständige seine Tätigkeit **gewöhnlich in einem Mitgliedstaat** ausübt. Dies ist ein rein tatsächliches Kriterium. Eine formale Verknüpfung zu diesem Mitgliedstaat ist also nicht erforderlich. Art. 14 Abs. 3 DVO bestimmt dazu, dass sich dies auf eine Person bezieht, die üblicherweise nennenswerte Tätigkeiten auf dem Hoheitsgebiet des Mitgliedstaats ausübt, in dem sie ansässig ist. Diese Person müsse ihre Tätigkeit bereits einige Zeit vor dem Zeitpunkt, ab dem sie die Regelung des Abs. 2 in Anspruch nehmen will, ausgeübt haben, wobei von einem Mindestzeitraum von zwei Monaten auszugehen ist, und müsse während jeder Zeit ihrer vorübergehenden Tätigkeit in einem anderen Mitgliedstaat in dem Mitgliedstaat, in dem sie ansässig ist, den für die Ausübung ihrer Tätigkeit erforderlichen Anforderungen weiterhin genügen, um die Tätigkeit bei ihrer Rückkehr fortsetzen zu können. Das bedeutet etwa das Weiterbestehen eines Büros, die weitere Zahlung von Steuern im Herkunftsstaat etc. 23

Die Vorschrift verlangt weiter, dass die Tätigkeit in einem anderen Mitgliedstaat eine „ähnliche" sein muss. Hier kommt es auf die tatsächliche Eigenart der Tätigkeit und nicht darauf an, ob dieser andere Mitgliedstaat diese Tätigkeit als Beschäftigung oder selbständige Tätigkeit qualifiziert (Art. 14 Abs. 4 DVO). Maßgebend ist also die Qualifizierung durch den Entsendestaat, was auch geboten ist, um die Regelung praktikabel zu halten (s. auch *Tiedemann*, NZS 2011, 46). 24

Für die Befristung gelten die gleichen Gesichtspunkte wie bei Abs. 1. Auch hier muss die **zeitliche Begrenzung bereits bei Beginn der Tätigkeit** feststehen. Wegen der Eigenart der Tätigkeit des Selbstständigen bedarf es keiner Regelung der Fälle der Ablösung einer Person, deren Entsendezeit abgelaufen ist, durch eine andere. Aus der Vorschrift des Abs. 2 ergibt sich etwa, dass ein selbständig in Deutschland tätiger Arzt weiterhin der deutschen gesetzlichen Unfallversicherung untersteht, wenn er während einer privaten Reise in Italien eine Mitreisende ärztlich betreut (BSG SozR 3 – 6050 Art. 14 a Nr. 1). Auch hier beträgt die Frist 24 Monate – ohne Verlängerungsmöglichkeit. 25

Der zuständige Träger des Mitgliedstaats, dessen Rechtsvorschriften weitergelten, stellt darüber eine **Bescheinigung** aus (Art. 19 DVO). Diese Bescheinigung hat hinsichtlich der Abgrenzung des Arbeitnehmers vom Selbstständigen keine statusfeststellende Funktion. Gleichwohl ist der andere Mitgliedstaat außer in offenkundigen Missbrauchsfällen an die Weitergeltung der Rechtsvorschriften des ersten Mitgliedstaats gebunden, auch wenn aus seiner Sicht die Einordnung der Person als Selbständiger zweifelhaft erscheinen mag. Das Funktionieren des Systems der Art. 11 bis 16 hängt davon ab, dass die Mitgliedstaaten die im jeweils anderen Staat ausgestellte Bescheinigung anerkennen. 26

Artikel 13 Ausübung von Tätigkeiten in zwei oder mehr Mitgliedstaaten

(1) Eine Person, die gewöhnlich in zwei oder mehr Mitgliedstaaten eine Beschäftigung ausübt, unterliegt:
a) den Rechtsvorschriften des Wohnmitgliedstaats, wenn sie dort einen wesentlichen Teil ihrer Tätigkeit ausübt, oder
b) wenn sie im Wohnmitgliedstaat keinen wesentlichen Teil ihrer Tätigkeit ausübt,
   i) den Rechtsvorschriften des Mitgliedstaats, in dem das Unternehmen oder der Arbeitgeber seinen Sitz oder Wohnsitz hat, sofern sie bei einem Unternehmen bzw. einem Arbeitgeber beschäftigt ist, oder
   ii) den Rechtsvorschriften des Mitgliedstaats, in dem die Unternehmen oder Arbeitgeber ihren Sitz oder Wohnsitz haben, wenn sie bei zwei oder mehr Unternehmen oder Arbeitgebern beschäftigt ist, die ihren Sitz oder Wohnsitz in nur einem Mitgliedstaat haben, oder
   iii) den Rechtsvorschriften des Mitgliedstaats, in dem das Unternehmen oder der Arbeitgeber außerhalb des Wohnmitgliedstaats seinen Sitz oder Wohnsitz hat, sofern sie bei zwei oder mehr Unternehmen oder Arbeitgebern beschäftigt ist, die ihre Sitze oder Wohnsitze in zwei Mitgliedstaaten haben, von denen einer der Wohnmitgliedstaat ist, oder
   iv) den Rechtsvorschriften des Wohnmitgliedstaats, sofern sie bei zwei oder mehr Unternehmen oder Arbeitgebern beschäftigt ist, von denen mindestens zwei ihren Sitz oder Wohnsitz in verschiedenen Mitgliedstaaten außerhalb des Wohnmitgliedstaats haben.

(2) Eine Person, die gewöhnlich in zwei oder mehr Mitgliedstaaten eine selbstständige Erwerbstätigkeit ausübt, unterliegt:
a) den Rechtsvorschriften des Wohnmitgliedstaats, wenn sie dort einen wesentlichen Teil ihrer Tätigkeit ausübt,

   oder
b) den Rechtsvorschriften des Mitgliedstaats, in dem sich der Mittelpunkt ihrer Tätigkeiten befindet, wenn sie nicht in einem der Mitgliedstaaten wohnt, in denen sie einen wesentlichen Teil ihrer Tätigkeit ausübt.

(3) Eine Person, die gewöhnlich in verschiedenen Mitgliedstaaten eine Beschäftigung und eine selbstständige Erwerbstätigkeit ausübt, unterliegt den Rechtsvorschriften des Mitgliedstaats, in dem sie eine Beschäftigung ausübt, oder, wenn sie eine solche Beschäftigung in zwei oder mehr Mitgliedstaaten ausübt, den nach Absatz 1 bestimmten Rechtsvorschriften.

(4) Eine Person, die in einem Mitgliedstaat als Beamter beschäftigt ist und die eine Beschäftigung und/oder eine selbstständige Erwerbstätigkeit in einem oder mehreren anderen Mitgliedstaaten ausübt, unterliegt den Rechtsvorschriften des Mitgliedstaats, dem die sie beschäftigende Verwaltungseinheit angehört.

(5) Die in den Absätzen 1 bis 4 genannten Personen werden für die Zwecke der nach diesen Bestimmungen ermittelten Rechtsvorschriften so behandelt, als ob sie ihre gesamte Beschäftigung oder selbstständige Erwerbstätigkeit in dem betreffenden Mitgliedstaat ausüben und dort ihre gesamten Einkünfte erzielen würden.

Artikel 16 DVO Verfahren bei der Anwendung von Artikel 13 der Grundverordnung

(1) Eine Person, die in zwei oder mehreren Mitgliedstaaten eine Tätigkeit ausübt, teilt dies dem von der zuständigen Behörde ihres Wohnmitgliedstaats bezeichneten Träger mit.

(2) [1]Der bezeichnete Träger des Wohnorts legt unter Berücksichtigung von Artikel 13 der Grundverordnung und von Artikel 14 der Durchführungsverordnung unverzüglich fest, welchen Rechtsvorschriften die betreffende Person unterliegt. [2]Diese erste Festlegung erfolgt vorläufig. [3]Der

Träger unterrichtet die bezeichneten Träger jedes Mitgliedstaats, in dem die Person eine Tätigkeit ausübt, über seine vorläufige Festlegung.

(3) Die vorläufige Festlegung der anzuwendenden Rechtsvorschriften nach Absatz 2 erhält binnen zwei Monaten, nachdem die von den zuständigen Behörden des betreffenden Mitgliedstaats bezeichneten Träger davon in Kenntnis gesetzt wurden, endgültigen Charakter, es sei denn, die anzuwendenden Rechtsvorschriften wurden bereits auf der Grundlage von Absatz 4 endgültig festgelegt, oder mindestens einer der betreffenden Träger setzt den von der zuständigen Behörde des Wohnmitgliedstaats bezeichneten Träger vor Ablauf dieser zweimonatigen Frist davon in Kenntnis, dass er die Festlegung noch nicht akzeptieren kann oder diesbezüglich eine andere Auffassung vertritt.

(4) Ist aufgrund bestehender Unsicherheit bezüglich der Bestimmung der anzuwendenden Rechtsvorschriften eine Kontaktaufnahme zwischen den Trägern oder Behörden zweier oder mehrerer Mitgliedstaaten erforderlich, so werden auf Ersuchen eines oder mehrerer der von den zuständigen Behörden der betreffenden Mitgliedstaaten bezeichneten Träger oder auf Ersuchen der zuständigen Behörden selbst die geltenden Rechtsvorschriften unter Berücksichtigung von Artikel 13 der Grundverordnung und der einschlägigen Bestimmungen von Artikel 14 der Durchführungsverordnung einvernehmlich festgelegt.

Sind die betreffenden Träger oder zuständigen Behörden unterschiedlicher Auffassung, so bemühen diese sich nach den vorstehenden Bedingungen um Einigung; es gilt Artikel 6 der Durchführungsverordnung.

(5) Der zuständige Träger des Mitgliedstaats, dessen Rechtsvorschriften entweder vorläufig oder endgültig als anwendbar bestimmt werden, teilt dies unverzüglich der betreffenden Person mit.

(6) Unterlässt eine Person die Mitteilung nach Absatz 1, so erfolgt die Anwendung dieses Artikels auf Initiative des Trägers, der von der zuständigen Behörde des Wohnmitgliedstaats bezeichnet wurde, sobald er – möglicherweise durch einen anderen betroffenen Träger – über die Situation der Person unterrichtet wurde.

I. Normzweck 1	4. Das Zusammentreffen einer Beamtentätigkeit mit abhängiger Beschäftigung und/oder selbständiger Tätigkeit (Abs. 4) 22
II. Einzelerläuterungen 4	
1. Beschäftigung in mehreren Mitgliedstaaten (Abs. 1) 4	
2. Selbstständige Tätigkeit in mehreren Mitgliedstaaten (Abs. 2) 15	5. Zuordnung zu einer Rechtsordnung (Abs. 5) 24
3. Das Zusammentreffen von abhängiger Beschäftigung und selbständiger Tätigkeit (Abs. 3) 20	

I. Normzweck

Art. 13 ist ausgestaltet als Ausnahmevorschrift zu Art. 11 Abs. 3 lit. a). Er stellt damit zwar einerseits wie Art. 11 Abs. 3 lit. b) bis e) eine **Modifikation des Beschäftigungslandprinzips** dar, indem für die Anknüpfung an das Beschäftigungsverhältnis die Ausnahmen bestimmt werden. Während sich aber die Modifikationen des Art. 11 Abs. 3 lit. b) bis e) im Wesentlichen mit besonderen, vom typischen Beschäftigungsverhältnis abweichenden Tätigkeiten befassen, hat Art. 13 das typische Beschäftigungsverhältnis zum Gegenstand und regelt verschiedene Fallkonstellationen bei Sachverhalten mit Berührung zu mehreren Mitgliedstaaten. 1

Aus Art. 11 Abs. 3 lit. a) ergibt sich, dass bei einer Person, die im Gebiet eines Mitgliedstaats im Lohn- oder Gehaltsverhältnis beschäftigt ist, grundsätzlich der **Ort der Beschäftigung** maßgebend ist. Dies beruht darauf, dass bei Anknüpfung an das Beschäftigungsverhältnis für die Bestimmung der anzuwendenden nationalen Rechtsordnung grundsätzlich auf den Schwerpunkt dieses Rechtsverhältnisses abzustellen ist. Eine derartige Konstruktion bestimmt die Anwendbarkeit von na- 2 tionalen Rechtsvorschriften danach, zu welcher Rechtsordnung der Sachverhalt die engsten Verknüpfungen hat. Die Frage der Anknüpfung bei Tätigkeit in mehreren Mitgliedstaaten taucht etwa im internationalen Verkehrswesen, aber nicht nur dort, auf. Da aber Art. 11 nur für die Tätigkeit in einem Mitgliedstaat die anwendbare Rechtsordnung bestimmt und Art. 12 nur die Fälle regelt, in denen bei Schwerpunkt des Beschäftigungsverhältnisses in einem Mitgliedstaat die tatsächliche Beschäftigung vorübergehend in einem anderen Mitgliedstaat stattfindet, bedurfte es einer Sonderregelung für die Fälle, in denen die Beschäftigung typischerweise in zwei und mehr Mitgliedstaaten ausgeübt wird.

3 Abs. 1 beschäftigt sich dabei mit der Ausübung abhängiger Beschäftigung in **zwei oder mehr Mitgliedstaaten**, während Abs. 2 die korrespondierende Regelung für selbständig Erwerbstätige enthält. Abs. 3 befasst sich mit der Konstellation, dass eine Person in verschiedenen Mitgliedstaaten sowohl abhängig beschäftigt als auch selbständig tätig ist. Abs. 4 befasst sich mit dem Fall, dass diese Person Beamter ist und Abs. 5 mit den Konsequenzen aus der durch Art. 13 Abs. 1 bis 4 bewirkten Zuordnung.

II. Einzelerläuterungen

1. Beschäftigung in mehreren Mitgliedstaaten (Abs. 1)

4 Da in diesen Fallkonstellationen eine Anknüpfung an den Beschäftigungs- bzw Tätigkeitsort offenkundig nicht funktionieren kann, arbeitet die Verordnung hier stattdessen mit dem **Wohnsitzprinzip** (vgl zu dieser Anknüpfung auch EuGH, Rs. 13/73 (Hakenberg), Slg 1973, 935 ff) und dem **Sitzlandprinzip**, wobei deutlich gemacht wird, dass das Wohnsitzprinzip Vorrang vor dem Sitzlandprinzip haben soll. Ist eine Person in zwei oder mehr Mitgliedstaaten im Lohn- oder Gehaltsverhältnis beschäftigt, so ist die Anknüpfung an den Beschäftigungsort untauglich. Die Anknüpfung an den Sitz oder Wohnsitz des Unternehmens bzw Arbeitgebers erscheint ebenfalls nicht sinnvoll, da er bei Tätigkeiten der betreffenden Person in mehreren Mitgliedstaaten nicht zuverlässig die sachgerechteste Rechtsordnung bezeichnet. Hier greift deshalb die nach dem System der Verordnung subsidiäre Anknüpfung an den Wohnsitz ein. Voraussetzung ist, dass die betreffende Person typischerweise ihre Tätigkeit im Gebiet mehrerer Mitgliedstaaten ausübt. Dies hat der EuGH auch in einem Fall eines dänischen Arbeitnehmers angenommen, der in Dänemark wohnt und ausschließlich von einem Unternehmen mit Sitz in Deutschland beschäftigt wird und der im Rahmen dieses Arbeitsverhältnisses einen Teil seiner Tätigkeit regelmäßig im Umfang von mehreren Stunden pro Woche während eines Zeitraums, der nicht auf zwölf Monate beschränkt ist, in Dänemark ausübt (EuGH, Rs. C-425/93 (Calle Grenzshop), Slg 1995, I-269 = EAS VO (EWG) Nr. 1408/71 Art. 14 Nr. 3). Die gleiche Anknüpfung gilt für solche Fälle, in denen die betreffende Person für mehrere Unternehmen oder mehrere Arbeitgeber tätig ist, die ihren Sitz oder Wohnsitz im Gebiet verschiedener Mitgliedstaaten haben. Voraussetzung ist in beiden Fällen weiterhin, dass sie für ihre Tätigkeit dem dortigen System sozialer Sicherheit angeschlossen ist; anderenfalls gelten die Vorschriften des anderen Beschäftigungsstaates (EuGH, Rs. 8/75 (Association du football club d'Andlau), Slg 1975, 739 ff – zu VO (EWG) Nr. 3). Andererseits reicht aber auch eine bloße Zugehörigkeit zum System sozialer Sicherheit nicht; es müssen vielmehr nach dem Wortlaut tatsächlich zwei Beschäftigungsverhältnisse vorliegen.

5 Bemerkenswert ist dabei, dass beim Vorliegen mehrerer Beschäftigungsverhältnisse nicht für jedes Beschäftigungsverhältnis separat angeknüpft wird, sondern auf die **gesamte Berufstätigkeit** der betreffenden Person abgestellt wird (s. dazu Abs. 5). Dadurch wird die gleichzeitige Anwendung mehrerer Rechtsordnungen vermieden, die insbesondere im Leistungsrecht bei solchen Risiken zu unlösbaren Schwierigkeiten führen würde, die sich ihrer Natur nach nicht dem territorialen Anwendungsbereich einer der betroffenen Rechtsordnungen zuordnen lassen (EuGH, Rs. 73/72 (Bentzinger), Slg 1973, 283 ff).

Mit Abs. 1 lit. a) unvereinbar ist eine nationale Bestimmung eines Mitgliedstaats, »die besagt, dass 6 ein in diesem Mitgliedstaat wohnender Arbeitnehmer nicht altersrentenversichert ist, weil er nach den Rechtsvorschriften eines anderen Mitgliedstaats altersrentenversichert ist, und zwar auch dann nicht, wenn er im Gebiet des ersten Mitgliedstaats wohnt und dort zugleich – neben seiner Tätigkeit im Gebiet des anderen Mitgliedstaats – in einem Arbeitsverhältnis steht. Der Umstand, dass die Beschäftigung im Wohnstaat gegenüber der im anderen Mitgliedstaat ausgeübten **Haupttätigkeit** des Betroffenen nur Nebentätigkeitscharakter hat, ändert nichts hieran«. (EuGH, Rs. 276/81 (Kuijpers), Slg 1982, 3027 ff = SozR 6050 Art. 14 Nr. 2). Anderenfalls würde der Mitgliedstaat selbst bestimmen können, inwieweit seine eigenen Rechtsvorschriften oder die eines anderen Mitgliedstaats anwendbar sind.

Subsidiär kann auch der Sitz des Unternehmens bzw der Wohnsitz des Arbeitgebers maßgebend 7 sein (Abs. 1 lit. b)). Dies ist dann anzunehmen, wenn Wohnsitzstaat und Beschäftigungsstaat bei Tätigkeit in mehreren Mitgliedstaaten sich auch nicht zum Teil decken, wenn also eine Person in keinem dieser Mitgliedstaaten wohnt. Hier kommt dann wieder der Grundgedanke der prinzipiellen Anknüpfung an das Beschäftigungsverhältnis zum Tragen, indem der Sitz der einen Partei des Beschäftigungsverhältnisses für maßgeblich erklärt wird. In diesen Fällen besteht wie beim Grenzgänger keine Beziehung zwischen Beschäftigungsverhältnis und Wohnsitz.

Die **gewöhnliche Ausübung einer Tätigkeit in zwei oder mehr Mitgliedstaaten** im Sinne des 8 Abs. 1 ist dann anzunehmen, wenn die betreffende Person die eine Tätigkeit in einem Mitgliedstaat beibehält, aber zugleich eine gesonderte Tätigkeit in einem oder mehreren Mitgliedstaaten ausübt, und zwar unabhängig von der Dauer oder Eigenart dieser gesonderten Tätigkeit. Sie ist auch dann anzunehmen, wenn diese Person kontinuierlich Tätigkeiten alternierend in zwei oder mehr Mitgliedstaaten nachgeht, mit der Ausnahme von geringfügigen Tätigkeiten, und zwar unabhängig von der Häufigkeit oder Regelmäßigkeit des Alternierens (s. Art. 14 Abs. 5 DVO). Damit werden sowohl Fälle erfasst, in denen jemand etwa als angestellter Rechtsanwalt in einem Mitgliedstaat tätig ist, er aber angesichts seiner internationalen Ausrichtung regelmäßig auch in einem anderen Mitgliedstaat tätig wird, als auch die Fälle des im internationalen Verkehrswesen tätigen Personenkreises, der aufgrund der Eigenart der Tätigkeit häufig und regelmäßig den Tätigkeitsort wechselt. Einer besonderen Regelung für das internationale Verkehrswesen wie der VO (EWG) Nr. 1408/71 (Art. 14 Abs. 2 lit. a)) bedurfte es deshalb nicht mehr. Es ist aber zu beachten, dass im internationalen Verkehrswesen für Seeleute mit Art. 11 Abs. 4 eine besondere Regelung gilt und sich inzwischen auch für Flugzeugbesatzungen eine solche als notwendig erwiesen hat. Schließlich kommen auch etwa Saisontätigkeiten im Inland während des Jahresurlaubs bei im Ausland bestehendem Beschäftigungsverhältnis in Betracht.

Es ist darauf hinzuweisen, dass die **Abgrenzung** der Fälle des Art. 13 von den Entsendungsfällen 9 des Art. 12 im Einzelfall schwierig sein kann, was insbesondere der Fall ist, wenn die Tätigkeit in verschiedenen Mitgliedstaaten für ein Unternehmen erfolgt. Hierzu sieht Art. 14 Abs. 7 DVO vor, dass die Dauer der Tätigkeit in einem oder weiteren Mitgliedstaaten entscheidend ist – ob dauerhaft, kurzfristig oder vorübergehender Art; es müsse eine Gesamtbewertung aller maßgebenden Fakten einschließlich des Arbeitsorts erfolgen. Daraus ist zu schließen, dass eine vorübergehende Tätigkeit unter den Entsendetatbestand des Art. 12 fällt. Ist bereits im Arbeitsvertrag von zwei Arbeitsorten in verschiedenen Mitgliedstaaten die Rede, so spricht dies für die Anwendung des Art. 13 ebenso wie eine dauerhafte Tätigkeit in zwei oder mehr Mitgliedstaaten.

Sowohl lit. a) als auch lit. b) des Abs. 1 arbeiten mit dem Begriff des **wesentlichen Teils der Tä-** 10 **tigkeit**. Insofern ist nach Art. 14 Abs. 8 DVO maßgebend, dass die betreffende Person in einem Mitgliedstaat einen quantitativ wesentlichen Teil ihrer Tätigkeit ausübt, was aber nicht notwendig der größte Teil der Tätigkeit sein muss. Zur Feststellung, ob es sich um einen wesentlichen Teil der Tätigkeit handelt, sollen nach der DVO als Orientierungskriterien die Arbeitszeit und/oder das Arbeitsentgelt herangezogen werden. Werde im Rahmen einer Gesamtbewertung bei den genannten Kriterien ein Anteil von weniger als 25 % erreicht, so sei dies ein Anzeichen dafür, dass ein wesentlicher Teil der Tätigkeit nicht in dem entsprechenden Mitgliedstaat ausgeübt wird. Hieraus ist zu schließen, dass jeweils im Einzelfall eine Abwägung stattzufinden hat, was für die praktische Anwendung problematisch ist. Es wird auch nicht ausreichend deutlich, welches Gewicht die Kriterien im Einzelfall haben sollen, was relevant werden kann, wenn es sich bei einer der Tätigkeiten im Gegensatz zur anderen um eine hochbezahlte mit relativ geringem Zeitaufwand handelt(s. auch *Devetzi*, in: *Hauck/Noftz*, Art. 13 Rn 8; *Cremers*, S. 23). Man wird deshalb im Einzelfall auf das Gesamtbild der Tätigkeit abzustellen haben. Dies ist dann in dem Verfahren nach Art. 16 DVO von den bezeichneten Trägern festzustellen und zu bestimmen. Bei einer gerichtlichen Überprüfung ist zu berücksichtigen, dass es sich um eine Prognose- und Abwägungsentscheidung handelt, was den anzulegenden Maßstab bestimmt (enger offenbar *Schreiber*, in: *Schreiber/Wunder/Dern*, VO (EG) Nr. 883/2004, Art. 13 Rn 12).

11 Das Recht des **Wohnsitzstaats** findet Anwendung, wenn dort ein wesentlicher Teil der Tätigkeit im obigen Sinn ausgeübt wird (lit a) oder wenn die Person bei mehreren Unternehmern oder Arbeitgebern beschäftigt ist, die ihren Sitz oder Wohnsitz in verschiedenen Mitgliedstaaten außerhalb des Wohnmitgliedstaates haben (lit b) iii)). In diesen Fällen ist der Beschäftigungsort keine geeignete Anknüpfung, da es deren zwei oder mehr gibt, weshalb der Wohnsitz als Anknüpfungspunkt geeignet ist. Der Wohnmitgliedstaat soll aber nur dann in Betracht kommen, wenn die für die Anknüpfung an die Beschäftigung hilfsweise geeignetere Anknüpfung an den Sitz oder Wohnsitz des Unternehmers oder Arbeitgebers nicht sachgerecht erscheint. Dass bei der Ausübung des wesentlichen Teils der Tätigkeit im Wohnmitgliedstaat dieser maßgeblich sein soll, erscheint unter dem Gesichtspunkt des Sozialschutzes sachgerecht. Die – grundsätzlich nachrangige – Anknüpfung an den Wohnsitz des Arbeitnehmers erscheint aus diesem Grund auch dann sachgerecht, wenn zwar der wesentliche Teil der Tätigkeit nicht im Wohnmitgliedstaat ausgeübt wird, aber bei Tätigkeit für mehrere Unternehmen in verschiedenen Mitgliedstaaten mindestens zwei ihren Sitz außerhalb des Wohnmitgliedstaates haben. Dann ist die Anknüpfung an einen Unternehmenssitz nicht sinnvoll.

12 Eine Anknüpfung an den Wohnmitgliedstaat kommt dann nicht in Betracht, wenn dort keine (ausreichende) Verknüpfung mit der Beschäftigung besteht, die entweder durch den Beschäftigungsort oder durch den Sitz des Arbeitgebers/Unternehmens vermittelt wird. Dann soll subsidiär nach lit. b) i)) das Recht des Mitgliedstaats maßgebend sein, in dem der Unternehmer oder der Arbeitgeber, das bzw der die betreffende Person beschäftigt, seinen Sitz oder Wohnsitz hat. Diese Regelung ist durch die jüngste Änderung durch VO (EU) Nr. 465/2012 dahingehend weiter ausdifferenziert worden, dass der Unternehmenssitz auch dann maßgeblich ist, wenn die Person bei zwei oder mehr Arbeitgebern bzw Unternehmen beschäftigt ist, die ihren Sitz bzw Wohnsitz in nur einem Mitgliedstaat haben (lit. ia)), was den **Vorrang des Unternehmenssitzes als Anknüpfung** betont und in diesem Fall zu einer klaren Anwendung nur einer Rechtsordnung führt. Aber auch dann, wenn die Arbeitgeber bzw Unternehmen ihre Sitze in verschiedenen Mitgliedstaaten haben, verbleibt es bei der Betonung des Unternehmenssitzes als Anknüpfung, wenn lit. ii) etwas schwer verständlich aussagt, dass der Wohnmitgliedstaat nicht maßgeblich sei. Dies wird klar vor dem Hintergrund, dass eine Anknüpfung an den Wohnmitgliedstaat nur erfolgen soll, sofern eine wesentliche Tätigkeit dort ausgeübt wird. Daraus wird dann auch die endgültig **hilfsweise Anknüpfung an den Wohnmitgliedstaat** in lit. iii) deutlich. Durch die Neuregelung ist klargestellt, dass die Bedingung der Ausübung eines „wesentlichen Teils" der Tätigkeit als Voraussetzung für eine Anknüpfung an den Wohnsitz der Person auch dann gilt, wenn sie bei mehreren Unternehmen oder Arbeitgebern beschäftigt ist.

13 Wenn allerdings das Unternehmen bzw der Arbeitgeber Sitz bzw Wohnsitz **außerhalb des Hoheitsgebiets der Europäischen Union** haben, so ist die Anknüpfung an diesen Sitz bzw Wohnsitz nicht weiterführend, da sich das Beschäftigungsverhältnis gleichwohl innerhalb der Union „abspielt". Deshalb bleibt für diesen Fall nur die hilfsweise Anknüpfung an den Wohnsitz (so auch Art. 14 Abs. 11 DVO); trotz des missverständlichen Wortlauts der DVO erfasst das „Hoheitsge-

biet der Europäischen Union" auch die EWR-Staaten und die Schweiz, da die VO (EG) Nr. 883/2004 auch auf sie anwendbar ist (s. aber *Schreiber*, in: *Schreiber/Wunder/Dern*, VO (EG) Nr. 883/2004, Art. 13 Rn 18).

Eine solche Person, die ihre Tätigkeit gewöhnlich im Gebiet von zwei oder mehr Mitgliedstaaten 14 ausübt, hat davon den **Träger ihres Wohnsitzstaates zu unterrichten** (Art. 16 DVO). Dieser Träger legt dann fest, welchen Rechtsvorschriften die betreffende Person unterliegt. Diese Festlegung ist zunächst vorläufig und wird zwei Monate nach Zustellung an den Träger des Beschäftigungs- bzw Tätigkeitsstaats endgültig; während dieses Zeitraums hat letzterer die Möglichkeit, Gegenvorstellungen vorzubringen. Bei Unsicherheiten soll ein Einvernehmen hergestellt werden.

2. Selbstständige Tätigkeit in mehreren Mitgliedstaaten (Abs. 2)

Abs. 2 überträgt die Grundentscheidung des Abs. 1 auf die selbständige Tätigkeit. Der **Tätig-** 15 **keitsort** tritt beim Selbstständigen an die Stelle des beim Arbeitnehmer maßgebenden Beschäftigungsorts. Unter selbständigen Tätigkeiten sind hier die Tätigkeiten zu verstehen, die in dem Mitgliedstaat, in dessen Gebiet sie ausgeübt werden, nach den dort im Bereich der sozialen Sicherheit geltenden Rechtsvorschriften als solche angesehen werden (EuGH, Rs. C-221/95 (Hervein und Hervillier), Slg 1997, I-609). Angesichts des Grundsatzes der Anwendbarkeit nur eines Rechts bedurfte es dieser Norm, die eine Entscheidung zwischen mehreren möglichen Anknüpfungspunkten trifft (EuGH, Rs. C-242/99 (Vogler), Slg 2000, I-9083). Bei gewöhnlicher Tätigkeit in zwei oder mehr Mitgliedstaaten ist der Wohnsitz – hier des Selbständigen – der maßgebliche Anknüpfungspunkt. Bei Auseinanderfallen von Wohnland und den Ländern der Tätigkeit des Selbständigen soll es grundsätzlich auf das Tätigkeitsland ankommen.

Unter einer Person, die gewöhnlich in zwei oder mehr Mitgliedstaaten eine selbständige Erwerbs- 16 tätigkeit ausübt, ist nach Art. 14 Abs. 6 DVO insbesondere eine Person zu verstehen, die gleichzeitig oder abwechselnd **eine oder mehrere gesonderte selbständige Tätigkeiten** in zwei oder mehr Mitgliedstaaten ausübt, und zwar unabhängig von der Eigenart dieser Tätigkeit. Das bedeutet, dass kein inhaltlicher Bezug zwischen der Tätigkeit in dem einen und der in dem anderen Mitgliedstaat gegeben sein muss, auch wenn dies häufig der Fall sein dürfte.

Wie bei Abs. 1 ist auch hier angesichts der Tatsache, dass eine Anknüpfung an den Tätigkeitsort 17 nicht weiterhilft, zunächst der **Wohnsitz** des Selbständigen maßgebend (lit. a)). Dies ist der Fall, wenn im Wohnsitzstaat der wesentliche Teil der Tätigkeit ausgeübt wird. Maßgebend für die Feststellung, ob ein wesentlicher Teil der Tätigkeit in einem Mitgliedstaat ausgeübt wird, sind hier der Umsatz, die Arbeitszeit und die Anzahl der erbrachten Dienstleistungen (Art. 14 Abs. 8 S. 1 lit. b) DVO). Wie beim Fall der abhängigen Beschäftigung gilt auch hier die Grenze von 25 %, bei deren Unterschreitung anzunehmen ist, dass ein wesentlicher Teil der Tätigkeit nicht in dem entsprechenden Mitgliedstaat ausgeübt wird. Wie dort ist auch hier eine Gesamtabwägung vorzunehmen, bei der die in der DVO angebotenen Kriterien nur begrenzt weiterhelfen; so ist etwa die Anzahl der erbrachten Dienstleistungen nur ein begrenzt tauglicher Anknüpfungspunkt.

Wohnt ein Selbständiger nicht in dem Mitgliedstaat, in dem er den wesentlichen Teil seiner Tä- 18 tigkeit ausübt, so soll es nach Abs. 2 lit. b) auf den **Mittelpunkt seiner Tätigkeiten** ankommen. Hierzu bestimmt Art. 14 Abs. 9 DVO, dass der Mittelpunkt der Tätigkeiten anhand sämtlicher Merkmale zu bestimmen ist, die die berufliche Tätigkeit kennzeichnen. Dazu zählen namentlich der Ort, an dem sich die feste und ständige Niederlassung befindet, von dem aus die betreffende Person ihre Tätigkeiten ausübt, die gewöhnliche Art oder die Dauer der ausgeübten Tätigkeiten, die Anzahl der erbrachten Dienstleistungen sowie der sich aus sämtlichen Umständen ergebende Wille der betreffenden Person. Als vorrangiges Kriterium dürfte sich in der Praxis der Ort der festen und ständigen Niederlassung herausstellen, da er verlässlich feststellbar ist. Allerdings mag dies durch die Dauer einer Tätigkeit relativiert werden, wenn der Selbständige in einem Mitgliedstaat eine feste Basis hat, zumeist aber in einem anderen Mitgliedstaat tätig ist. Auch hier bleibt es also beim Erfordernis einer Gesamtabwägung.

19 Das beschriebene Anknüpfungssystem ist recht kompliziert und verlangt deshalb präzise Regelungen für seine **verwaltungsmäßige Durchführung**. Insoweit ist auf Art. 16 DVO zu verweisen (vgl auch oben Rn 14). Durch die jüngste Änderungs-VO hat sich die Komplexität eher noch erhöht.

3. Das Zusammentreffen von abhängiger Beschäftigung und selbständiger Tätigkeit (Abs. 3)

20 Abs. 3 löst den Konflikt der für die Abs. 1 und 2 dargestellten Prinzipien im Fall des Zusammentreffens von abhängiger Beschäftigung und selbständiger Tätigkeit bei Betätigung in mehreren Mitgliedstaaten. Hier muss nach der Logik der Verordnung entschieden werden, in welcher Rangfolge die Anknüpfungen an Beschäftigung, selbständige Tätigkeit und Wohnsitz zueinander stehen. Den Konflikt zwischen Beschäftigung und selbständiger Tätigkeit entscheidet die Verordnung **zugunsten der Beschäftigung**, indem bei einer Person, die in verschiedenen Mitgliedstaaten eine abhängige Beschäftigung und eine selbständige Tätigkeit ausübt, die abhängige Beschäftigung, also der Beschäftigungsort, maßgeblich sein soll. Dies ist sachgerecht, da die jeweiligen nationalen Sozialleistungssysteme zumeist ebenfalls vorrangig an das Beschäftigungsverhältnis anknüpfen und auch in der Verordnung eine entsprechende Abstufung festzustellen ist. Maßgebend ist deshalb grundsätzlich das Recht des Beschäftigungsstaates, und zwar vollständig und nicht nur hinsichtlich einzelner Zweige der sozialen Sicherheit (EuGH, Rs. C-71/93 (Poucke), Slg 1994, I-1101 ff = EAS VO (EWG) Nr. 1408/71 Art. 14 c Nr. 1). Für den Fall, dass diese Person eine abhängige Beschäftigung in zwei oder mehr Mitgliedstaaten ausübt, der Beschäftigungsort also nicht weiterhilft, soll die Regelung des Abs. 1 greifen, also hilfsweise zunächst die Anknüpfung an den Wohnsitz und dann subsidiär die an den Sitz des Unternehmens bzw Arbeitgebers.

21 Im Gegensatz zu Art. 14 c VO (EWG) Nr. 1408/71 sieht Art. 13 Abs. 3 **nicht mehr ausnahmsweise eine Doppelversicherung** vor. Diese Möglichkeit war problematisch, da die Doppelversicherung die Freizügigkeit der Arbeitnehmer bzw die Niederlassungsfreiheit der Selbstständigen beeinträchtigen kann (zur Kritik siehe *Devetzi*, Die Kollisionsnormen, S. 62 f mwN; *Horn*, ZIAS 2002, 120, 136 ff). Deshalb sahen die Generalanwälte Colomer und Jacobs diese Vorschrift auch zutreffend als unwirksam an (GA Colomer, Rs. C-221/95 (Hervein (I)), Slg 1997, I-609, 619 ff; GA Jacobs, verb. Rs. C-393/99 und C-394/99, (Hervein II) und (Lorthiois), Slg 2002, I-2829). Kritiker sahen in der Vorschrift zudem eine unzulässige Verwerfung des Grundsatzes der Veranlagung in nur einem Mitgliedstaat, welche zudem willkürlich sei, da sie zu einer unterschiedlichen Behandlung eigentlich gleicher Personengruppen führe, je nachdem, in welchem Mitgliedstaat sie eine Tätigkeit ausüben wollen (siehe *Devetzi*, Die Kollisionsnormen, S. 62 f mwN; ausführlich *Horn*, ZIAS 2002, 120, 136 ff; vgl auch *Edler*, ZESAR 2003, 156, 159 und *Voigt*, ZESAR 2004, 121 f). Es war deshalb konsequent, diese Möglichkeit in der neuen Verordnung nicht mehr vorzusehen, auch wenn der EuGH in seiner Entscheidung „Hervein (II) und Lorthiois", Slg 2002, I-2829, an der Gemeinschaftskonformität der vorgenannten Bestimmung festgehalten hat mit dem wesentlichen Argument, dass der EG-Vertrag einer Person nicht garantiere, dass die Ausweitung ihrer Tätigkeiten auf mehr als einen Mitgliedstaat hinsichtlich der sozialen Sicherheit neutral sei. Ein Nachteil bei Ausübung einer abhängigen und einer selbständigen Tätigkeit in verschiedenen Mitgliedstaaten im Vergleich zu dem Fall, dass der Erwerbstätige alle seine Tätigkeiten in demselben Mitgliedstaat ausübt, sollte danach grundsätzlich nicht gegen die Arbeitnehmerfreizügigkeit (Art. 45 AEUV = Art. 39 EG), die Niederlassungsfreiheit (Art. 49 AEUV = Art. 43 EG) und die Anforderungen des Art. 48 AEUV (= Art. 42 EG) verstoßen, solange er auf keiner Ungleichbehandlung beruht oder nicht dazu führt, dass Beitragsleistungen errichtet werden, denen kein (zusätzlicher) Anspruch der sozialen Sicherheit als Gegenleistung gegenübersteht (kritisch hierzu *Horn*, ZIAS 2002, 120, 140 ff). Diese Rechtsprechung hat der EuGH inzwischen bestätigt in einem Fall, in dem die Niederlande als Bemessungsgrundlage für Sozialversicherungs-

beiträge auch Zinseinnahmen einbezogen, die eine Gesellschaft mit Sitz in den Niederlanden an eine Person mit Wohnsitz in Belgien gezahlt hat (EuGH, Rs. C-493/04 (Piatkowski), Slg 2006, I-2369 = BeckRS 2006, 70202). Zwar eröffne ihm die Einbeziehung dieser Zinsen keine zusätzlichen Leistungsansprüche über die hinaus, die ihm bereits zustanden. Der Umfang des sozialen Schutzes und die genaue Methode der Berechnung der Sozialversicherungsbeiträge seien aber nicht erheblich, wenn die Verpflichtung zur Zahlung dieser Beiträge durch den Gesamtumfang des gewährten sozialen Schutzes aufgewogen würde; diese Situation sei notwendige Folge eines auf dem Grundsatz der Solidarität beruhenden Sozialversicherungssystems.

4. Das Zusammentreffen einer Beamtentätigkeit mit abhängiger Beschäftigung und/oder selbständiger Tätigkeit (Abs. 4)

Die Vorschrift ist eine Folgeregelung aus der Einbeziehung der **Beamten** und ihrer Sondersysteme in den sachlichen und persönlichen Geltungsbereich der VO (EG) Nr. 883/2004. Da sich der europäische Gesetzgeber hier – wie schon zur VO (EWG) Nr. 1408/71 – nicht für eine schlichte Einbeziehung dieses Personenkreises in das übliche System der Verordnung entschieden hat, also etwa nicht die für die Systeme der Arbeitnehmer geltenden Vorschriften über die Zusammenrechnung ohne weiteres auf diese speziellen Beamtensysteme überträgt (s. dazu auch *Haverkate/Huster*, Europäisches Sozialrecht, 1999, S. 106; *Steinmeyer*, in: *Hanau/Steinmeyer/Wank* (Hrsg.), Handbuch des europäischen Arbeits- und Sozialrechts, 2002, § 25), musste er auch der Zuordnung zu diesen Sondersystemen kollisionsrechtlich den Vorrang einräumen. 22

Bei Beschäftigung in **unterschiedlichem Status** (Beamte versus Arbeitnehmer und Selbstständige) räumt die Vorschrift der Beamteneigenschaft zur Vermeidung von Doppelversicherung den Vorrang ein. Sie knüpft insoweit auch an Abs. 3 an, der für das Nebeneinander von abhängiger Beschäftigung und selbstständiger Tätigkeit einen grundsätzlichen Vorrang für die Anknüpfung an die abhängige Beschäftigung vorsieht. Über Abs. 3 hinausgehend gilt dies hier auch für den Fall, dass die betreffende Person in anderen Mitgliedstaaten sowohl abhängige Beschäftigung als auch selbstständige Tätigkeit ausübt. 23

5. Zuordnung zu einer Rechtsordnung (Abs. 5)

Abs. 5 zieht die Konsequenzen aus dem Grundsatz der **Anwendung nur einer Rechtsordnung** auch bei der Verknüpfung zu mehreren Mitgliedstaaten. Wenn aber so die Doppelversicherung vermieden werden soll, so muss gleichzeitig verhindert werden, dass dem Arbeitnehmer oder Selbstständigen durch diese Entscheidung der Verordnung Nachteile entstehen. 24

Werden in den Fällen der Beschäftigung eines Arbeitnehmers oder der Tätigkeit eines Selbstständigen in mehreren Mitgliedstaaten die Rechtsvorschriften nur eines Mitgliedstaats für anwendbar erklärt, so ändert dies zunächst gleichwohl nichts an der **Belegenheit einiger der Beschäftigungen oder Tätigkeiten in anderen Mitgliedstaaten**. Um zu verhindern, dass der nach den Abs. 1 bis 4 zuständige Mitgliedstaat nur die bei ihm zurückgelegte Berufstätigkeit berücksichtigt, schreibt Art. 13 Abs. 5 vor, dass die betreffende Person so zu behandeln ist, als habe sie die gesamte Berufstätigkeit bzw die gesamten Berufstätigkeiten im Gebiet des betreffenden Mitgliedstaats ausgeübt. Die Vorschrift erfasst also nach ihrem Wortlaut nicht nur die Fälle mehrerer Berufstätigkeiten in mehreren Mitgliedstaaten, sondern auch die der einzelnen Berufstätigkeit, die aber Beziehungen zu mehreren Mitgliedstaaten aufweist. Der nach den oben genannten Vorschriften verantwortliche Mitgliedstaat kann sich dann nicht darauf berufen, dass die Berufstätigkeit nicht vollständig in seinem Gebiet zurückgelegt worden sei. Allerdings folgt aus dieser Zuordnung, dass ein Mitgliedstaat einen Beitrag so festsetzen darf, dass die im Gebiet eines anderen Mitgliedstaats als desjenigen, dessen Sozialvorschriften anwendbar sind, erzielten Einkünfte in die zur Beitragsberechnung maßgeblichen Einkünfte einbezogen werde, auch wenn der Selbständige nach Zahlung dieses Beitrags, der im konkreten, vom EuGH zu behandelnden Fall als sog. Dämpfungs- 25 beitrag eine Art Solidarbeitrag war, keinerlei Sozialleistung oder andere Leistung von diesem Staat verlangen kann (EuGH, Rs. C-249/04 (Allard), Slg 2005, I-4535 = RiW 2005, 700).

Artikel 14 Freiwillige Versicherung oder freiwillige Weiterversicherung

(1) Die Artikel 11 bis 13 gelten nicht für die freiwillige Versicherung oder die freiwillige Weiterversicherung, es sei denn, in einem Mitgliedstaat gibt es für einen der in Artikel 3 Absatz 1 genannten Zweige nur ein System der freiwilligen Versicherung.

(2) ¹Unterliegt die betreffende Person nach den Rechtsvorschriften eines Mitgliedstaats der Pflichtversicherung in diesem Mitgliedstaat, so darf sie in einem anderen Mitgliedstaat keiner freiwilligen Versicherung oder freiwilligen Weiterversicherung unterliegen. ²In allen übrigen Fällen, in denen für einen bestimmten Zweig eine Wahlmöglichkeit zwischen mehreren Systemen der freiwilligen Versicherung oder der freiwilligen Weiterversicherung besteht, tritt die betreffende Person nur dem System bei, für das sie sich entschieden hat.

(3) Für Leistungen bei Invalidität, Alter und an Hinterbliebene kann die betreffende Person jedoch auch dann der freiwilligen Versicherung oder der freiwilligen Weiterversicherung eines Mitgliedstaats beitreten, wenn sie nach den Rechtsvorschriften eines anderen Mitgliedstaats pflichtversichert ist, sofern sie in der Vergangenheit zu einem Zeitpunkt ihrer beruflichen Laufbahn aufgrund oder infolge einer Beschäftigung oder selbstständigen Erwerbstätigkeit den Rechtsvorschriften des ersten Mitgliedstaats unterlag und ein solches Zusammentreffen nach den Rechtsvorschriften des ersten Mitgliedstaats ausdrücklich oder stillschweigend zugelassen ist.

(4) Hängt nach den Rechtsvorschriften eines Mitgliedstaats das Recht auf freiwillige Versicherung oder freiwillige Weiterversicherung davon ab, dass der Berechtigte seinen Wohnort in diesem Mitgliedstaat hat oder dass er zuvor beschäftigt bzw. selbstständig erwerbstätig war, so gilt Artikel 5 Buchstabe b ausschließlich für Personen, die zu irgendeinem Zeitpunkt in der Vergangenheit den Rechtsvorschriften dieses Mitgliedstaats unterlagen, weil sie dort eine Beschäftigung oder eine selbstständige Erwerbstätigkeit ausgeübt haben.

I. Normzweck

1 Kennzeichnend für die Sozialversicherungssysteme der Mitgliedstaaten ist, dass sie zumeist neben der **Pflichtversicherung** auch die **freiwillige Versicherung** zulassen. Es kommt aber auch vor, dass es für einzelne Zweige in einem Mitgliedstaat nur ein System der freiwilligen Versicherung gibt. Aufgrund dieser Situation kann es sowohl zu einem Zusammentreffen von freiwilliger Versicherung und Pflichtversicherung kommen als auch dazu, dass die Kollisionsregeln der Verordnung auf eine Rechtsordnung verweisen, die keine Pflichtversicherung, sondern nur eine freiwillige Versicherung oder freiwillige Weiterversicherung vorsieht. Abs. 1 regelt diesen im gewissen Sinne negativen Kollisionsfall, während die Abs. 2 und 3 sich dem Zusammentreffen von freiwilliger Versicherung und Pflichtversicherung widmen. Abs. 4 zieht eine Konsequenz aus dem neu eingeführten Art. 5, der sich mit der Gleichstellung von Leistungen, Einkünften, Sachverhalten oder Ereignissen befasst.

2 Unter **freiwilliger Versicherung** ist jede Versicherung zu verstehen, die zu ihrem Zustandekommen einer Willenserklärung des Versicherten bedarf, so dass für Deutschland auch die Versicherungspflicht auf Antrag nach § 4 SGB VI dazugehört. Auch Möglichkeiten der Beitragsnachentrichtung gehören hierzu (s. auch *Devetzi*, in: *Hauck/Noftz*, Art. 14 Rn 4).

II. Einzelerläuterungen

1. Ausnahmen von den Kollisionsgrundsätzen des Art. 11 für freiwillige Versicherung und freiwillige Weiterversicherung

Art. 11 bestimmt für die relevanten Sachverhalte mit Berührung zu mehreren Mitgliedstaaten die anwendbaren Rechtsvorschriften und folgt dabei dem Grundsatz, dass jeweils nur eine mitgliedstaatliche Rechtsordnung anwendbar sein darf. Von diesem Grundsatz macht Art. 14 Abs. 1 eine Ausnahme für den Fall der freiwilligen Versicherung und der freiwilligen Weiterversicherung. Hier wird also hinsichtlich der Anwendbarkeit einer bestimmten Rechtsordnung allein auf das **nationale Recht** verwiesen. Art. 11 bis 13 bleiben insoweit unanwendbar (s. dazu auch *Devetzi*, Die Kollisionsnormen, S. 89). In diesem Fall wird eine freiwillige Versicherung neben einer Pflichtversicherung zugelassen, der Grundsatz der alleinigen und ausschließlichen Versicherungszugehörigkeit zum System eines einzigen Mitgliedstaats gilt insoweit nicht. Der Vorrang der Pflichtversicherung bleibt so erhalten. Die Vorschrift ist dahin zu verstehen, dass in diesen Fällen hinsichtlich der Pflichtversicherung die nach den Kollisionsregeln der Verordnung subsidiär zuständige Rechtsordnung greift. Davon zu unterscheiden ist der ebenfalls in Art. 14 Abs. 1 angesprochene Fall, dass ein nationales System für einen der in Art. 4 genannten Zweige der sozialen Sicherheit nur die freiwillige Versicherung vorsieht. In diesem Fall finden auch für die freiwillige Versicherung Art. 11 bis 13 Anwendung, womit eine Absicherung zumindest auf freiwilliger Basis möglich gemacht wird. Daraus wird auch deutlich, dass das Kollisionsrecht der VO grundsätzlich nur für Pflichtversicherungen gilt, wovon zu unterscheiden ist, dass auch Zeiten freiwilliger Versicherung – etwa bei der Leistungsberechnung oder der Feststellung der Leistungsvoraussetzungen nach der VO – eine Rolle spielen können (zu allgemein *Devetzi*, in: *Hauck/Noftz*, Art. 14 Rn 5; *Schreiber*, in: *Schreiber/Wunder/Dern*, VO (EG) Nr. 883/04, Art. 14 Rn 3).

2. Zusammentreffen von freiwilligen Versicherungen und Pflichtversicherungen

Ein Zusammentreffen von freiwilliger Versicherung und Pflichtversicherung kann sich in den Fällen ergeben, in denen die Verordnung die **Anwendung der Rechtsvorschriften mehrerer Mitgliedstaaten** zulässt. Die Bedeutung des Art. 14 Abs. 2 geht aber darüber hinaus. Die Vorschrift will auch allgemein die Fälle erfassen, in denen es um die Entscheidung zwischen zwei oder mehreren Rechtsordnungen geht. Hier soll an die Stelle der Rangfolge der unterschiedlichen Anknüpfungskriterien der Vorrang der Pflichtversicherung vor der freiwilligen Versicherung bzw der freiwilligen Weiterversicherung treten. Der Grundsatz der Anwendung nur einer Rechtsordnung bleibt erhalten. Abweichend von der VO (EWG) Nr. 1408/71 wird hier ausdrücklich ausgesprochen, dass die betreffende Person dann keiner freiwilligen Versicherung oder freiwilligen Weiterversicherung in einem anderen Mitgliedstaat unterliegen darf (s. hierzu auch BSG SozR 4-3300, § 26 Nr. 1).

Diese Konstellation ergibt sich aber nicht nur im Verhältnis zwischen Pflichtversicherung und freiwilliger Versicherung. Vielmehr können auch **freiwillige Versicherung und freiwillige Weiterversicherung** nach mehreren Systemen zusammentreffen. Um auch hier nur eine Rechtsordnung anzuwenden, wird bestimmt, dass sich der Versicherte für eines der Systeme zu entscheiden hat. Es wird ihm hier entsprechend dem Grundgedanken von freiwilliger Versicherung und freiwilliger Weiterversicherung die Möglichkeit eingeräumt, über seinen Versicherungsschutz hinsichtlich der mitgliedstaatlichen Zuordnung frei zu entscheiden.

Eine Ausnahme von dieser **Rangfolge** zwischen freiwilliger Versicherung und freiwilliger Weiterversicherung einerseits und Pflichtversicherung, die sich aus Besonderheiten des innerstaatlichen Rechts ergibt andererseits, sieht Abs. 3 vor. § 7 SGB VI bestimmt in Abs. 1 S. 2, dass sich Deutsche auch bei gewöhnlichem Aufenthalt im Ausland in der deutschen gesetzlichen Rentenversicherung freiwillig versichern können. Das Prinzip des Vorrangs der Pflichtversicherung vor der freiwilligen Versicherung bzw freiwilligen Weiterversicherung könnte dann aber dazu führen, dass bei Anwendbarkeit eines ausländischen Pflichtversicherungssystems eine freiwillige Versicherung in der deutschen gesetzlichen Rentenversicherung nicht mehr möglich ist. Da aber hieran gleichwohl Interesse bestehen kann – etwa um bei Aufenthalt in einem Staat mit niedrigerem Sozialleistungsniveau für eine auskömmliche Alterssicherung zu sorgen – lässt Art. 14 Abs. 3 hier die freiwillige Versicherung zu, sofern dieses Zusammentreffen von dem Staat ausdrücklich oder stillschweigend zugelassen ist, dessen freiwilliger Versicherung oder freiwilliger Weiterversicherung die betreffende Person angehört. Dies kann aus § 7 Abs. 1 S. 2 SGB VI herausgelesen werden, der die Möglichkeit der freiwilligen Versicherung einräumt, ohne auf einen etwa bestehenden ausländischen Versicherungsschutz Bezug zu nehmen. Abweichend von der entsprechenden Regelung in der VO (EWG) Nr. 1408/71 stellt Abs. 3 die zusätzliche Voraussetzung auf, dass die betreffende Person in der Vergangenheit zu einem Zeitpunkt den Rechtsvorschriften des ersten Mitgliedstaats unterlag; dadurch soll sichergestellt werden, dass eine Beziehung zu dem Mitgliedstaat besteht bzw bestanden hat, von dessen Möglichkeit der freiwilligen Versicherung oder freiwilligen Weiterversicherung die Person Gebrauch macht.

7 Die Regelung des **§ 7 Abs. 1 S. 2 SGB VI** ist europarechtlich nicht unproblematisch, da sie diese Möglichkeit allein Deutschen einräumt, was gegen den gemeinschaftsrechtlichen Grundsatz der Gleichbehandlung aller EU-Staatsangehörigen verstößt. Durch die oben erwähnte zusätzliche Voraussetzung der zumindest einmaligen Zugehörigkeit zum System des ersten Mitgliedstaats werden jedoch auch diejenigen Personen in die Lage versetzt, von der freiwilligen Versicherung nach § 7 SGB VI Gebrauch zu machen, die unter den persönlichen Anwendungsbereich der Verordnung fallen. Wenn sie zuvor zu irgendeinem Zeitpunkt in der deutschen gesetzlichen Rentenversicherung pflichtversichert oder freiwillig versichert waren, so reicht der Wohnsitz oder gewöhnliche Aufenthalt im Gebiet eines anderen Mitgliedstaats. Auf diese Weise ist den gemeinschaftsrechtlichen Bedenken in ausreichendem Maße Rechnung getragen, da alle diejenigen Personen die Möglichkeit der freiwilligen Versicherung nach deutschem Recht haben, die rentenrechtliche Verknüpfungen zum Inland aufweisen.

8 Abs. 4 zieht die Konsequenzen aus der neuen Regelung zum **koordinationsrechtlichen Äquivalenzprinzip** (Art. 5). Diese Vorschrift sagt aus, dass Leistungen, Einkünfte, Sachverhalte und Ereignisse, die rechtlich oder tatsächlich in einem anderen Mitgliedstaat eingetreten sind, bei der Anwendung des jeweiligen nationalen Sozialrechts so behandelt werden, als ob sie in diesem Mitgliedstaat eingetreten wären (siehe etwa *Fuchs*, Was bringt die neue VO (EG) Nr. 883/2004, SGb 2008, 201 ff, 204 f). Art. 5 lit. b) bestimmt dabei, dass dann, wenn nach den Rechtsvorschriften des zuständigen Mitgliedstaats der Eintritt bestimmter Sachverhalte oder Ereignisse Rechtswirkungen hat, dieser Mitgliedstaat die in einem anderen Mitgliedstaat eingetretenen entsprechenden Sachverhalte oder Ereignisse so berücksichtigt, als ob sie im eigenen Hoheitsgebiet eingetreten wären. Dies beschränkt dann Abs. 4 auf solche Personen, die zu irgendeinem Zeitpunkt in der Vergangenheit den Rechtsvorschriften des Mitgliedstaates unterlegen haben, in dem sie die Möglichkeit der freiwilligen Versicherung bzw der freiwilligen Weiterversicherung wahrnehmen wollen. Hier wird dann der nationale Wohnortvorbehalt aufgehoben und ein Wohnort in einem anderen Mitgliedstaat reicht aus, sofern nur eine derartige Verknüpfung in der Vergangenheit gegeben war. Damit ist klargestellt, dass ein Wohnsitz in einem anderen Mitgliedstaat unter diesen Voraussetzungen der Möglichkeit einer freiwilligen Versicherung oder freiwilligen Weiterversicherung nicht entgegensteht. Das Wohnortkriterium des deutschen Rentenversicherungsrechts wird damit für solche Personen aufgehoben.

Artikel 15 Vertragsbedienstete der Europäischen Gemeinschaften

¹Die Vertragsbedienstete der Europäischen Gemeinschaften können zwischen der Anwendung der Rechtsvorschriften des Mitgliedstaats, in dem sie beschäftigt sind, der Rechtsvorschriften des Mitgliedstaats, denen sie zuletzt unterlagen, oder der Rechtsvorschriften des Mitgliedstaats, des-

sen Staatsangehörigkeit sie besitzen, wählen; ausgenommen hiervon sind die Vorschriften über Familienbeihilfen, die nach den Beschäftigungsbedingungen für diese Vertragsbedienstete gewährt werden. ²Dieses Wahlrecht kann nur einmal ausgeübt werden und wird mit dem Tag des Dienstantritts wirksam.

Artikel 17 DVO   Verfahren bei der Anwendung von Artikel 15 der Grundverordnung

¹Vertragsbedienstete der Europäischen Gemeinschaften üben ihr Wahlrecht nach Artikel 15 der Grundverordnung zum Zeitpunkt des Abschlusses des Anstellungsvertrags aus. ²Die zum Abschluss des Vertrags bevollmächtigte Behörde unterrichtet den von dem Mitgliedstaat, für dessen Rechtsvorschriften der Vertragsbedienstete der Europäischen Gemeinschaften sich entschieden hat, bezeichneten Träger.

I. Normzweck

Die Europäische Gemeinschaft ist eine Gemeinschaft unabhängiger und souveräner Staaten, die untereinander diplomatische Beziehungen pflegen. Deshalb sah Art. 16 VO (EWG) Nr. 1408/71 auch Kollisionsregeln für das diplomatische und konsularische Personal der Mitgliedstaaten vor. Dies lässt sich allerdings inzwischen – auch dank der Einbeziehung der Beamten – durch die allgemeinen Kollisionsregeln lösen, weshalb sich Art. 15 VO (EG) Nr. 883/2004 nunmehr auf die **Vertragsbediensteten der Europäischen Gemeinschaften** beschränkt. 1

II. Einzelerläuterungen

Unter Vertragsbediensteten der Europäischen Gemeinschaften ist ein besonderer Personenkreis von Mitarbeitern der Gemeinschaften zu verstehen. Es ist zu unterscheiden zwischen den Beamten der Europäischen Gemeinschaft (vgl dazu das Statut der Beamten der Europäischen Gemeinschaft – VO (EWG) Nr. 259/68, ABl. (EG) L 56/1) und den sonstigen Bediensteten. Unter letzterer Gruppe gibt es u.a. Bedienstete auf Zeit und **Vertragsbedienstete,** bis 2007 auch Hilfskräfte. Die Vertragsbediensteten (vgl zum Personal der EG näher auch *Oppermann,* Europarecht, 3. Aufl. 2005, § 10 Rn 23 f) sind der Personenkreis, den Art. 15 erfassen will. Bei den Vertragsbediensteten ist zwischen zwei Gruppen zu unterscheiden. Die eine Gruppe umfasst Personen für die Arbeit in einer Generaldirektion der Kommission, für manuelle Tätigkeiten und unterstützende verwaltungstechnische Tätigkeiten, in Ämtern der Kommission, die einer Generaldirektion unterstellt sind, in Agenturen und in Vertretungen und Delegationen der Kommission. Diese Vertragsbediensteten – sog. „3a-Vertragsbedienstete – erhalten zunächst befristete Beschäftigungsverhältnisse mit einer Laufzeit von höchstens fünf Jahren, die höchstens für weitere fünf Jahre verlängerbar sind und danach in ein unbefristetes Beschäftigungsverhältnis umgewandelt werden können. Angehörige der zweiten Gruppe („3b-Vertragsbedienstete") werden beschäftigt, um Beamte, deren Stelle vorübergehend wegen Krankheit, Mutterschaftsurlaub usw nicht besetzt ist, zeitweise zu ersetzen, in Zeiten hohen Arbeitsdrucks den akuten Mangel an Beamten auszugleichen oder befristet Arbeiten durchzuführen und so in besonderen Sachgebieten, für die keine Beamte mit den erforderlichen Fähigkeiten zur Verfügung stehen, zusätzliche Kapazitäten bereitzustellen. Hier ist der Einsatz nur kurzfristig und die Beschäftigungsverhältnisse dauern mindestens drei Monate und höchstens drei Jahre. (http://ec.europa.eu/civil_service/job/contract/index_de.htm). 2

Für diesen Personenkreis ließe sich denken, auf sie die Rechtsvorschriften des Mitgliedstaats anzuwenden, in dessen Gebiet sie beschäftigt sind. Dies würde für die Mitarbeiter der Zentrale zumeist die Anwendung belgischen oder luxemburgischen Rechts bedeuten. Eine derartige Anknüpfung ist jedoch nicht immer sinnvoll, zumal wenn sie von einer Dienststelle zur anderen versetzt werden können und die Tätigkeit für die Europäischen Gemeinschaften zeitlich begrenzt ist. Deshalb räumt Art. 15 diesem Personenkreis ein **Wahlrecht** zwischen drei möglichen Anknüpfungskriterien ein. Gemäß der Grundentscheidung der Verordnung ist dies zunächst der Beschäftigungsstaat. Daneben kommt aber auch der Mitgliedstaat in Betracht, dessen Staatsange- 3 hörigkeit der Vertragsbedienstete der Europäischen Gemeinschaften besitzt sowie der Staat, in dem er zuletzt versichert gewesen ist, um so eine Kontinuität des Versicherungsverlaufs herzustellen. Ausgenommen von diesem Wahlrecht sind die Vorschriften über Familienbeihilfen, deren Gewährung in den Beschäftigungsbedingungen für die sonstigen Bediensteten der Europäischen Gemeinschaften geregelt ist. Diese Ausnahme findet ihren Grund in den sehr großzügigen belgischen Familienleistungen.

4   Anders als im Falle des Abs. 2 kann dieses **Wahlrecht** aus Gründen der Praktikabilität aber nur einmal ausgeübt werden. Die/der Vertragsbedienstete muss sich gemäß Art. 17 DVO bei Abschluss des Anstellungsvertrages entscheiden.

Artikel 16 Ausnahmen von den Artikeln 11 bis 15

(1) Zwei oder mehr Mitgliedstaaten, die zuständigen Behörden dieser Mitgliedstaaten oder die von diesen Behörden bezeichneten Einrichtungen können im gemeinsamen Einvernehmen Ausnahmen von den Artikeln 11 bis 15 im Interesse bestimmter Personen oder Personengruppen vorsehen.

(2) Wohnt eine Person, die eine Rente oder Renten nach den Rechtsvorschriften eines oder mehrerer Mitgliedstaaten erhält, in einem anderen Mitgliedstaat, so kann sie auf Antrag von der Anwendung der Rechtsvorschriften des letzteren Staates freigestellt werden, sofern sie diesen Rechtsvorschriften nicht aufgrund der Ausübung einer Beschäftigung oder selbstständigen Erwerbstätigkeit unterliegt.

Artikel 18 DVO   Verfahren zur Durchführung von Artikel 16 der Grundverordnung

Ein Antrag des Arbeitgebers oder der betreffenden Person auf Ausnahme von den Artikeln 11 bis 15 der Grundverordnung ist bei der zuständigen Behörde oder der Stelle zu stellen, die von der zuständigen Behörde des Mitgliedstaats, dessen Rechtsvorschriften der Arbeitnehmer oder die betreffende Person zu unterliegen wünscht, bezeichnet wurde; solche Anträge sind, wann immer dies möglich ist, im Voraus zu stellen.

I. Normzweck 1	3. Inhalt der Vereinbarungen nach Abs. 1 7
II. Einzelerläuterungen 5	4. Ausnahmeregelung für Rentenbezieher
1. Partner der Vereinbarung nach Abs. 1 . . 5	nach Abs. 2 11
2. Rechtsnatur der Vereinbarungen nach	
Abs. 1 6	

I. Normzweck

1   Die Art. 11 bis 15 stellen ein relativ starres System von Kollisionsnormen auf, das nicht immer und in allen Fällen den Bedürfnissen grenzüberschreitender Tätigkeiten in einem Gemeinsamen Markt ausreichend Rechnung trägt. Als Ausgleich für die auch nach Inkrafttreten der VO (EG) Nr. 883/2004 weiterhin noch festzustellende relative Starrheit des Systems, die sich etwa in den auch mit 24 Monaten ohne Verlängerungsmöglichkeit noch kurzen Entsendungshöchstfristen niederschlägt, kann aber Art. 16 herangezogen werden, der die **Vereinbarung von Ausnahmen** zulässt. Diese Möglichkeit wird beim fortschreitenden Binnenmarkt eine zunehmend höhere Bedeutung erlangen. Es fragt sich allerdings, ob in Zukunft nicht noch weiter auf dem Weg einer Veränderung des Systems der Kollisionsnormen mit dem Ziel größerer Flexibilität vorangegangen werden sollte. Das Verfahren des Art. 16 erweist sich in der Praxis – gestützt auf die Erfahrungen mit Art. 17 VO (EWG) Nr. 1408/71 – als zeitraubend.

2   Einer **Vereinbarung** nach Art. 16 bedarf es etwa, wenn von vornherein absehbar ist, dass die Tätigkeit in einem anderen Mitgliedstaat 24 Monate übersteigen wird. Einer solchen Vereinbarung bedarf es auch, wenn zunächst an eine kurzfristige Entsendung gedacht worden ist, sich aber

hernach herausstellt, dass die Tätigkeit den nach Art. 12 höchstzulässigen Zeitraum von vierundzwanzig Monaten übersteigt. Art. 16 soll nicht faktisch die Möglichkeit einer Rechtswahl einräumen, sondern für Fälle, in denen trotz längeren Aufenthalts in einem anderen Mitgliedstaat der Schwerpunkt des Beschäftigungsverhältnisses weiterhin im Entsendestaat verbleibt, eine sachgerechte Zuordnung ermöglichen. Allerdings kann eine Vereinbarung auch dann in Betracht kommen, wenn aufgrund unzutreffender Beurteilung die Versicherung von einem nach den Art. 11 ff unzuständigen Staat durchgeführt worden ist; hier dient die Vereinbarung der Vermeidung von sonst uU notwendigen umfangreichen Rückabwicklungen.

Von der Möglichkeit der Vereinbarung nach Art. 16 (Art. 17 VO (EWG) Nr. 1408/71) wird in der **Praxis** relativ großzügig Gebrauch gemacht. Dabei spielt eine Rolle, dass die Entsendungsfristen des früheren Art. 14 VO (EWG) Nr. 1408/71 als sehr restriktiv angesehen wurden, andererseits aber auch kurze Fristen unter Wettbewerbsaspekten befürwortet werden. Hier hat Art. 12 nur begrenzt eine Erleichterung geschaffen. Wenn längere Fristen wegen des Beitragsgefälles zwischen den Mitgliedstaaten zu Wettbewerbsverzerrungen führen, so erweist sich Art. 16 als Instrument, um einerseits den Fällen längerer Tätigkeit in einem anderen Mitgliedstaat Rechnung zu tragen, andererseits aber auch Missbräuche des Beitragsgefälles verhindern zu können. Die Praxis variiert im Einzelnen. So sind die meisten Mitgliedstaaten bereit, etwa die Höchstdauer der Entsendung flexibel zu handhaben, während Belgien und die Niederlande nicht bereit sind, einer Freistellung von den jeweiligen Rechtsvorschriften über soziale Sicherheit zuzustimmen, wenn es einen Zeitraum von fünf Jahren übersteigt. Mit einer solchen Frist von fünf Jahren arbeiten auch Dänemark, Griechenland, Großbritannien, Italien und Irland. Frankreich und Deutschland akzeptieren generell Zeiträume von bis zu acht Jahren, sind aber auch – wie allgemein Portugal – zu weiterer Flexibilität bereit (s. näher *Devetzi*, Die Kollisionsnormen, S. 80 mwN). Eine gewisse praktische Leitlinie kann insofern festgehalten werden, als regelmäßig eine Frist bis zu fünf Jahren möglich ist und bei besonderen Umständen eine Verlängerung um weitere drei Jahre in Betracht kommt (*Buschermöhle*, DStR 2010, 1845, 1848). Es ist festzustellen, dass insbesondere in Deutschland Art. 17 besonders oft angewendet wird, was sicherlich auch darauf zurückzuführen ist, dass die Ein- und Ausstrahlungsregelungen des deutschen Rechts (§§ 4 und 5 SGB IV) keine konkrete zeitliche Begrenzung kennen.

In Abs. 2 findet sich abweichend von der früheren VO (EWG) Nr. 1408/71 eine Vorschrift, die eine Ausnahme zur Anknüpfung nach Art. 11 Abs. 3 lit. e) vorsieht und für den **Rentenbezieher** die Möglichkeit bereithält, sich statt den Vorschriften des Wohnmitgliedstaats dem Recht eines Mitgliedstaats zu unterstellen, nach dessen Rechtsvorschriften er eine Rente erhält.

II. Einzelerläuterungen

1. Partner der Vereinbarung nach Abs. 1

Art. 16 nennt als Partner einer derartigen Vereinbarung die Mitgliedstaaten, die zuständigen Behörden dieser Staaten und die von diesen Behörden bezeichneten Stellen. Für die Bundesrepublik Deutschland ist dies in der Regel die **Deutsche Verbindungsstelle Krankenversicherung Ausland (DVKA)**. Zuständige Behörde ist nach Art. 1 lit. m) in jedem Mitgliedstaat der Minister, die Minister oder eine entsprechende andere Behörde, die im gesamten Gebiet des betreffenden Mitgliedstaats oder eines Teils davon für die Systeme der sozialen Sicherheit zuständig ist.

2. Rechtsnatur der Vereinbarungen nach Abs. 1

Die **Rechtsnatur der Vereinbarungen** richtet sich nach den jeweiligen Vertragspartnern. Vereinbarungen zwischen Mitgliedstaaten haben völkerrechtlichen Charakter. Da zur Erfüllung einer Vereinbarung nach Art. 16 in der Regel kein gesetzgeberischer Akt erforderlich ist, handelt es sich um ein Verwaltungsabkommen, das keiner Zustimmung des Parlaments bedarf. Allerdings vertritt das BSG (SozR 6180 Art. 13 Nr. 3) die Auffassung, dass Sonderabkommen nach Art. 17 VO

(EWG) Nr. 1408/71 (jetzt Art. 16), die die Versicherungszugehörigkeit einer nach abstrakt-generellen Merkmalen bestimmten Gruppe von Arbeitnehmern abweichend von Art. 13 f (jetzt Art. 11 f) regeln, für ihre innerstaatliche Wirksamkeit des hierfür nach nationalem Recht vorgesehenen Anwendungsbefehls bedürfen (Verkündung des Vertragsinhalts mit Gesetzes- bzw Verordnungskraft). Dem ist für diese besondere Konstellation zuzustimmen, wenn auch die daraus resultierenden Schwierigkeiten nicht unterschätzt werden dürfen. Abstrakt-generelle Regelungen haben nach deutschem öffentlichem Recht Rechtsnormcharakter (so auch *Schuler/Schulte*, SGb 1983, 125 ff, 126 f). In den anderen Fällen handelt es sich um öffentlich-rechtliche Verträge.

3. Inhalt der Vereinbarungen nach Abs. 1

7 Art. 16 sieht solche Vereinbarungen im Interesse **bestimmter Personengruppen oder bestimmter Personen** vor, die unter den persönlichen Geltungsbereich der Verordnung fallen. Aus dem Wortlaut ließe sich dabei schließen, dass derartige Vereinbarungen allein auf Initiative der in Art. 16 bezeichneten Institutionen geschehen. Soweit es aber um einzelne Personen geht, also etwa um die Verlängerung der Entsendungsfrist für Arbeitnehmer eines bestimmten Unternehmens, werden die Vereinbarungen auf Antrag des Arbeitgebers bzw Arbeitnehmers abgeschlossen. Sie bleiben deshalb in diesen Fällen auch Herr des Verfahrens.

8 Die Vereinbarung nach dieser Vorschrift kann auch dahin gehen, bei Versetzungen die **Fortgeltung der Rechtsvorschriften des bisherigen Staates** zu vereinbaren, auch wenn sich inzwischen Wohnort und Beschäftigungsort in dem anderen Mitgliedstaat befinden (EuGH, Rs. C-454/93 (van Gestel), Slg 1995, I-1731). Der bisherige Staat bleibt damit weiter der zuständige Staat.

9 Nach der Rechtsprechung des EuGH haben die Mitgliedstaaten die Möglichkeit, die Anwendung der Rechtsvorschriften eines dieser Mitgliedstaaten auch mit **rückwirkender Kraft** zu beschließen (EuGH, Rs. 101/83 (Brusse), Slg 1984, 2223 ff = SozR 6050 Art. 17 Nr. 2). Art. 16 gewährt nach seinem Wortlaut den Mitgliedstaaten eine umfassende Vereinbarungsbefugnis, wenn es heißt, dass sie Ausnahmen von den Art. 11 bis 15 vereinbaren können. Art. 16 enthält weder Anhaltspunkte, aus denen auf ein Verbot von Vereinbarungen mit rückwirkender Kraft geschlossen werden könnte, noch verhindert er, dass für einen längeren Zeitraum pauschal die Rechtsvorschriften eines der Mitgliedstaaten für anwendbar erklärt werden. Dies kann selbst für den Fall geschehen, dass es ein Arbeitnehmer versäumt hat, dem durch Art. 11 Abs. 3 lit. a) bezeichneten Sozialversicherungssystem beizutreten.

10 Mit einer Vereinbarung nach Art. 16 kann aber nur die Anwendbarkeit der **Rechtsvorschriften** eines Mitgliedstaates über soziale Sicherheit **insgesamt** vereinbart werden. Die Vereinbarung einer Anwendbarkeit nur einzelner Bereiche des jeweiligen mitgliedstaatlichen Systems, also etwa nur der Krankenversicherung oder nur der Rentenversicherung, ist nicht möglich.

4. Ausnahmeregelung für Rentenbezieher nach Abs. 2

11 Eine Person, die nach dem Recht eines Mitgliedstaates eine Rente bezieht, wird möglicherweise nicht in diesem Mitgliedstaat ihre Rente beziehen wollen, sondern angesichts der Personenfreizügigkeit von der Möglichkeit Gebrauch machen, die Leistung in einem anderen Mitgliedstaat zu beziehen. Dies kann natürlich auch oder erst recht geschehen bei Personen, die ohnehin bereits Leistungen aus mehreren Mitgliedstaaten beziehen. Wenn hier auch die Verordnung zutreffend die Grundentscheidung zugunsten des Wohnsitzes trifft, so kann es dennoch angezeigt sein, **auf Antrag anders anzuknüpfen**, da auch Beziehungen und Verknüpfungen – gerade im Bereich der hier noch relevanten Krankenversicherung – zu dem oder den Mitgliedstaaten bestehen, von wo die Person Leistungen bezieht. So beziehen Mitgliedstaaten wie etwa Deutschland die Rentenbezieher in ihr Krankenversicherungssystem ein, was für diesen Personenkreis bei Aufenthalt in einem anderen Mitgliedstaat zu einer Doppelversicherung führen könnte. Deshalb sieht Abs. 2 eine Befreiungsmöglichkeit vor, die allerdings nur gelten kann, sofern der Rentenbezieher diesen

Rechtsvorschriften nicht aufgrund einer Erwerbstätigkeit unterliegt. Der Versicherung aufgrund Beschäftigung oder selbständiger Erwerbstätigkeit wird hier der Vorrang eingeräumt.

Titel III Besondere Bestimmungen über die verschiedenen Arten von Leistungen

Kapitel 1
Leistungen bei Krankheit sowie Leistungen bei Mutterschaft und gleichgestellte Leistungen bei Vaterschaft

Abschnitt 1
Versicherte und ihre Familienangehörigen mit Ausnahme von Rentnern und deren Familienangehörigen

Literaturübersicht

Bassen, Export von Sachleistungen der Pflegeversicherung nach der Entscheidung des EuGH in der Rechtssache von Chamier-Glisczinski, NZS 2010, S. 479; *Bauer/Kreutzer/Klein*, Die Verordnung (EG) Nr. 883/2004 und der Entwurf zur Durchführungsverordnung aus Sicht der gesetzlichen Krankenversicherung, DRV-Schriften Bd. 71, 2007, S. 71-78; *Becker/Walser*, Stationäre und ambulante Krankenhausbehandlung im grenzüberschreitenden Dienstleistungsverkehr, NZS 2005, S. 449; *Brall*, Der Export von Leistungen der sozialen Sicherheit in der Europäischen Union, 2003; *Bieback*, Etablierung eines Gemeinsamen Marktes für Krankenbehandlung durch den EuGH, NZS 2001, S. 561; *ders.*, Rechtliche und politische Dimensionen der EU-Gesundheitspolitik und des Zugangs der Bürger zu Gesundheitsleistungen, in: *Igl* (Hrsg.), Europäische Union und gesetzliche Krankenversicherung, 1999, S. 7 ff; *ders.*, Reform des europäischen koordinierenden Sozialrechts: Bereich „Krankheit und Mutterschaft", in: *Eichenhofer* (Hrsg.), Reform des Europäischen koordinierenden Sozialrechts 1993, S. 55 ff; *ders.*, Soziale Sicherheit bei Krankheit und Mutterschaft, in: Europäisches Sozialrecht, SDSRV Bd. 36, 1991, S. 51; *ders.*, Einführender Diskussionsbeitrag, in: *Schulte/Zacher* (Hrsg.), Wechselwirkungen zwischen dem europäischen Sozialrecht und dem Sozialrecht der Bundesrepublik Deutschland, 1991, S. 177; *Bokeloh*, Neue Vorschriften der VO (EG) Nr. 883/04 und der Durchführungsverordnung zu den Leistungen bei Krankheit und Pflegebedürftigkeit, in: *Klein/Schuler* (Hrsg.), Krankenversicherung und grenzüberschreitende Inanspruchnahme von Gesundheitsleistungen in Europa 2010, S. 57-68; *Cabral*, The internal market and the right to cross-border medial care, E.L.Rev. 2004, S. 673; *Davies*, Welfare as a Service, Legal Issues of Economic Integration 2002, S. 27; *Eichenhofer* (Hrsg.), 50 Jahre nach ihrem Beginn – Neue Regeln für die Koordinierung sozialer Sicherheit, 2009; *ders.*, Sozialrecht der Europäischen Union, 3. Aufl. 2006; *ders.*, Der Zugang zu Leistungen der Kranken- und Pflegeversicherung der EU-Bürger – Situation des Koordinierungsrechts und Veränderungsbedarf, in: *Igl* (Hrsg.) 1999, S. 45; *ders.*, Das Europäische koordinierende Krankenversicherungsrecht nach dem EuGH-Urteil Kohll und Decker, VSSR 1999, S. 101; *Ewert*, Der Beitrag des Gerichtshofs der Europäischen Gemeinschaften zur Entwicklung eines europäischen Sozialrechts, 1987; *Fuchs*, Was bringt die neue VO (EG) Nr. 883/2004?, SGb 2008, S. 201; *Fuhrmann/Heine*, Medizinische Rehabilitation im europäischen Ausland und Qualitätssicherung, NZS 2006, S. 341; *Gassner*, Pflegeversicherung und Arbeitnehmerfreizügigkeit, NZS 1998, S. 313; *Igl* (Hrsg.), Europäische Union und gesetzliche Krankenversicherung, 1999; *ders.* (Hrsg.), Das Gesundheitswesen in der Wettbewerbsordnung, 2000; *Jorens/Schulte*, Grenzüberschreitende Inanspruchnahme von Gesundheitsdienstleistungen im Gemeinsamen Markt, 2003; *Jorens/Spiegel u.a.*, Coordination of Long-term Care Benefits – current situation and future prospects, trESS Think Tank Report 2011; *Kingreen*, Das Sozialstaatsprinzip im europäischen Verfassungsverbund, 2003; *ders.*, Die grenzüberschreitende Inanspruchnahme von medizinischen Rehabilitationsleistungen, ZESAR 2006, S. 210; *Klein/Schuler* (Hrsg.), Krankenversicherung und grenzüberschreitende Inanspruchnahme von Gesundheitsleistungen in Europa, 2010; *Kreutzer*, Die neue Verordnungsregelung – VO (EG) Nr. 883/04 und dazugehörige Durchführungsverordnung – aus der Perspektive der deutschen Krankenversicherungsträger, in: *Klein/Schuler* (Hrsg.), Krankenversicherung und grenzüberschreitende Inanspruchnahme von Gesundheitsleistungen in Europa 2010, S. 69-77; *Lewalle*, Aspekte künftiger Patientenbewegungen im europäischen Haus, in: Das Krankenhaus in Europa, 16. Hospital Congress – Deutscher Krankenhaustag – und Interhospital, 1991, S. 457-472; *Linka*, Neuerungen in der Koordinierung des europäischen Krankenversicherungsrechts, in: *Marhold* (Hrsg.), Das neue Sozialrecht der EU, Wien 2005, S. 65; *Lorff*, Europaweite Gesundheitsversorgung: Ist eine Genehmigung hierfür notwendig?, ZESAR 2003, S. 407; *v. Maydell*, Internationales Krankenversicherungsrecht, in: *Schulin* (Hrsg.), Handbuch des Sozialversicherungsrechts, Bd. 1 Krankenversicherungsrecht, 1994, § 64; *McKee et al.*

(eds.), The Impact of EU Law on Health Care Systems, 2002/3; *Neumann-Duesberg*, Die Reform der europäischen Wanderarbeitnehmerverordnung, KrV 2003, S. 202 ff; *ders.*, Defizite, Probleme und Perspektiven bei der Umsetzung des Europäischen koordinierenden Sozialrechts – Verordnungen (EWG) Nr. 1408/71 und Nr. 574/72 – Leistungen bei Krankheit und Pflegebedürftigkeit, in: *Schulte/Barwig* (Hrsg.), S. 89; *Peter*, Die Arbeitsunfähigkeitsbescheinigung als europäisches Rechtsproblem, 1999; *Resch*, Der Arbeitgeber als „Träger" für Leistungen der sozialen Sicherheit im europäischen Sozialrecht, ZIAS 1998, S. 215; *Schaub*, Grenzüberschreitende Gesundheitsverordnung in der Europäischen Union, 2001; *Schulte/Barwig* (Hrsg.), Freizügigkeit und soziale Sicherheit, 1999; *Schulte-Westenberg*, Gesundheitsdienstleistungen in der EU – die geplante „Patienten-Richtlinie", NZS 2009, S. 135; *Schwanenflügel*, Die EU-Gesundheitspolitik im Spannungsfeld der wirtschaftlichen Grundfreiheiten des EG-Vertrags und nationaler Verantwortung, DVBl 2003, S. 496; *Spiegel*, Die neue europäische Sozialrechtskoordinierung, in: DRV-Schriften Bd. 71, 2007, S. 25-70; *Techniker Krankenkasse*, Medizinische Leistungen im EU-Ausland, 2001; *dies.*, Ergebnisanalyse zu EU-Auslandsbehandlungen 2007, 2008; *Verspohl*, Gesundheitspolitik durch die Hintertür. Der Einfluss der EU auf das deutsche Gesundheitssystem, Friedrich Ebert Stiftung (Hrsg.), 2011; *Voigt*, Die Reform des koordinierenden europäischen Sozialrechts, ZESAR 2004, S. 73, 123; *Walser*, Qualitätssicherung bei grenzüberschreitende Krankenhausleistungen, ZESAR 2004, S. 365; *Willhöft*, Tendenzen zu einem europäischen Gesundheitsdienstmarkt, 2004; *Willms*, Soziale Sicherung durch Europäische Integration, 1990; *Windisch-Graetz*, Europäisches Krankenversicherungsrecht, 2003; *Zechel*, Die territorial begrenzte Leistungserbringung der Krankenkassen im Lichte des EG-Vertrages, 1995.

Vorbemerkungen

I. Kompetenzen der EU im Gesundheitsbereich 1
  1. Sozialrechtskoordinierung und Marktrecht 1
  2. Kompetenz zur Gesundheitspolitik im Maastrichter und Lissabonner Vertrag ... 5
  3. Gesamteinfluss der EU auf die Gesundheitsversorgung 8
II. Funktion und Besonderheiten des koordinierenden KV-Rechts 9
III. Die Regelungen der VO (EG) Nr. 883/2004 zu Leistungen bei Krankheit 15
  1. Grundzüge der Regelungen in der VO (EG) Nr. 883/2004 15
  2. Probleme der VO (EG) Nr. 883/2004 .. 22
IV. Sachlicher Anwendungsbereich der Art. 17 ff – „Leistungen bei Krankheit und Mutterschaft" 28
  1. Leistung für das Risiko Krankheit 28
  2. Rehabilitations-Leistungen 30
  3. Leistung der Arbeitgeber 31
  4. Leistung bei Pflegebedürftigkeit 32
  5. Leistungen an Behinderte – Leistungen bei Krankheit, beitragsunabhängige Leistungen 37
  6. Leistungen bei dauerhafter Arbeitsunfähigkeit wegen Krankheit 38
  7. Leistung bei Vaterschaft 39
  8. Organlebendspende 40
V. Zweispurigkeit: Ansprüche aus der VO (EG) Nr. 883/2004 und direkt aus Art. 56 AEUV (= Art. 49 EG) 41
  1. Grundlage: Dienstleistungsfreiheit 41
  2. Begrenzte Zulässigkeit von Vorabgenehmigungen 42
  3. Vereinbarkeit des Koordinierungsrechts mit den Grundfreiheiten 43
  4. Folge: Anspruch auf Ersatz der Kosten, die beim zuständigen Träger entstanden wären 44
  5. Übertragung auf andere Leistungsansprüche (Pflege und Reha) 47
  6. Rezeption im deutschen Krankenversicherungsrecht 48
VI. Relevanz und praktische Inanspruchnahme 49
VII. Verhältnis der Leistungsansprüche der Art. 17 ff VO (EG) Nr. 883/2004 zu jenen nach Art. 56 AEUV und der RL 2011/24/EU 55
  1. Grundzüge 55
  2. Kriterien der Abgrenzung 60
  3. Zusätzliche Leistungen nach nationalem Recht 65
  4. Übersicht über die möglichen Ansprüche 66
VIII. Rechte bei Leistungsdefiziten/rechtswidriger Verweigerung von Leistungen nach der VO (EG) Nr. 883/2004 67
IX. Abweichendes/ergänzendes Recht durch Regelungen mit einzelnen Staaten (Anhang II der VO (EG) Nr. 883/2004) 69
X. Nachweis-Dokumente in neuer Form: Elektronischer Datenverbund 70

I. Kompetenzen der EU im Gesundheitsbereich

1. Sozialrechtskoordinierung und Marktrecht

1 Im Recht der EU überwogen in Bezug auf das Recht der Krankenversicherung bis Mitte der 90er-Jahre Fragen des koordinierenden internationalen Sozialrechts. Es soll – wie alles internationale

Titel III Leistungen bei Krankheit, Mutterschaft, Vaterschaft Vorbem. Art. 17 ff

Sozialrecht – die sozialpolitischen Probleme lösen, die aus der **Freizügigkeit der Arbeitnehmer**, hier speziell der Wahrnehmung der Grundfreiheit des Art. 45 AEUV (= Art. 39 EG) innerhalb der EU entstehen. Allmählich gewannen die anderen **Kompetenzen der EG im Bereich „Gesundheit"** an Bedeutung. Zuerst die umfassende Kompetenz der EU für die „Arbeitsumwelt" gemäß Art. 118 a EGV aF (jetzt: Art. 153 AEUV = Art. 137 EG). Die Gemeinschaft hat über zahlreiche Richtlinien und ein entwickeltes System der europäischen Normung das deutsche Arbeitsschutzrecht dahin beeinflusst, sich stärker präventiv auszurichten und den Beschäftigten mehr individuelle Rechte zu gewähren. Dazu gehörte auch der Schutz der Gesundheit am Arbeitsplatz (*Bükker/Feldhoff/Kohte*, Vom Arbeitsschutz zur Arbeitsumwelt, 1994).

Die Kompetenz der Gemeinschaft, die **Freiheit des Warenverkehrs** (Art. 34 ff AEUV) und die 2 **Freizügigkeit** (Art. 45 AEUV) der Arbeitnehmer zu regeln und einen gemeinsamen Binnenmarkt herzustellen, hat seit dem Binnenmarktprogramm der EU das nationale Gesundheitsrecht inhaltlich stark beeinflusst (Art. 114 AEUV = Art. 94 und 95 EG). Zur Erleichterung der grenzüberschreitenden Mobilität von Medizinprodukten wurden, zum Schutz der Warenverkehrsfreiheit, die Sicherheitsstandards vereinheitlicht und einem europäischen System der Normung unterworfen. Für neue Medikamente gilt sogar eine europaweite, koordinierte bzw zentrale Zulassung. Aufträge öffentlicher Einrichtungen über die Lieferung von gesundheitlichen Dienstleistungen sind europaweit auszuschreiben (RL 2004/18/EG; s. EuGH, Rs. C-76/97 (Tögel), Slg 1998, I-5357). Zur Erleichterung der Mobilität von Fachkräften ist die Anerkennung der Berufsqualifikation ausländischer Fachkräfte einheitlich geregelt. So muss jedes Land Ärzte oder Masseure zulassen, die die Mindestanforderung an die Ausbildungszeiten erfüllen, auch wenn die Ausbildung selbst in einer ganz anderen medizinischen Tradition als der eigenen erfolgt ist (*Gassner*, ZfSH/SGB 1995, 470 ff). Insoweit setzt das europäische Recht auch Maximalstandards (EuGH, Rs. C-233/94 (Bundesrepublik Deutschland), Slg 1997, I-2441).

Das **Marktrecht** greift erst dadurch in den Kernbereich des Koordinationsrechts der Krankenver- 3 sicherung ein, dass ein Großteil der öffentlichen Träger der Krankenversicherung und Gesundheitsversorgung in allen Mitgliedstaaten nicht nur Versicherung ist, sondern gleichzeitig mit der Versicherung auch den Zugang zu Gesundheitsleistungen selbst reguliert und diese Leistungen zur Verfügung stellt. Dazu muss er die Gesundheitsleistungen selbst produzieren oder sie vollständig oder zumindest zum Teil von Unternehmen, Handwerkern und Freiberuflern besorgen. Gesundheits- und Krankenversicherungsrecht ist deshalb in sehr viel stärkerem Maße auch vom Marktrecht der EU beeinflusst, als die anderen Zweige der Sozialversicherung. Fast alle Gesundheitssysteme zwingen die Leistungsträger wie auch die Bürger, Gesundheitsleistungen nur bei nationalen Anbietern nachzufragen, schotten also die Märkte rigide ab. Das muss notwendigerweise zu Konflikten mit den Grundfreiheiten führen, die gerade den grenzüberschreitenden Austausch von Waren und Dienstleistungen (Art. 34 ff und 56 ff AEUV) ermöglichen und schützen sollen (s. unten Rn 41 ff und Einführung Rn 77 ff). Gesundheitsdienstleistungen gehören zu den wichtigsten und am stärksten expandierenden Dienstleistungsmärkten (*Sachverständigenrat der Konzertierten Aktion im Gesundheitswesen*, Jahresgutachten 1996, 25, 211 und Jahresgutachten 2000/2001, Bd. I, BT-Drucks. 14/5660, S. 15 ff). Um gegenüber restriktiven Praktiken der Mitgliedstaaten den Grundfreiheiten mehr Wirksamkeit zu geben, hat der EuGH direkt aus der Dienstleistungsfreiheit (Art. 56 AEUV = Art. 49 EG) einen Anspruch der Versicherten gegen ihre nationalen Leistungsträger entwickelt, grenzüberschreitend Leistungen im EU-Ausland beanspruchen zu können und die Kosten von ihrem zuständigen Leistungsträger rückerstattet zu erhalten. Dieser zweite Weg der Kostenerstattung besteht neben dem System der Leistungsaushilfe gemäß Art. 17 ff, insb. Art. 20 VO (EG) Nr. 883/2004 (früher Art. 19, insb. Art. 21 VO (EWG) Nr. 1408/71) und entwertet es weitgehend (s. ausführlich Vorbem. zur RL 2011/24/EU (Patientenrichtlinie) Rn 30 ff).

Um der **Dienstleistungsfreiheit** im Bereich der Gesundheitsdienste zu größerer Wirksamkeit im 4 gemeinsamen Markt zu verhelfen und die langjährige Rspr des EuGH zum direkten Anspruch auf grenzüberschreitende Inanspruchnahme von Gesundheitsdienstleistungen umzusetzen wurde die RL 2011/24/EU v. 9.3.2011 „über die Ausübung der Patientenrechte in der grenzüberschreitenden Gesundheitsversorgung" (ABl. L 88 v. 4.4.2011, S. 45-65) verabschiedet, die bis zum 25.10.2013 in nationales Recht umzusetzen ist. Zu ihr vgl unten die Kommentierung der RL 2011/24/EU. Im Einzelnen gilt:

1. Patienten haben das Recht, Gesundheitsdienstleistungen im Ausland in Anspruch zu nehmen und die Kosten dafür in gleicher Höhe erstattet zu bekommen, wie dies auch bei einer Behandlung im eigenen Land der Fall wäre (Art. 7). Im Behandlungsstaat gelten dieselben Regularien, wie sie für Inländer gelten (Art. 4), also zB Bindung an ein Primärarztsystem.
2. Die RL normiert auch die zulässigen Beschränkungen, welche die Mitgliedstaaten für eine Versorgung im Ausland festlegen können: Die Inanspruchnahme ambulanter Leistungen darf nicht, die Inanspruchnahme beplanter stationärer und ambulanter (hochwertige Geräte) Leistungen darf von einer vorherigen Genehmigung abhängig gemacht werden (Art. 8 und Art. 7 Abs. 9).
3. Gleichzeitig greift die RL weitere Felder auf, um die grenzüberschreitende Nachfrage nach und ein entsprechendes Angebot von Gesundheitsdienstleistungen zu stimulieren: Die RL schafft Informationspflichten der Mitgliedstaaten und nationale Kontaktstellen (Art. 4, 5 und 6) sowie Pflichten zur Zusammenarbeit (Art. 10 ff). Sie schafft die Grundlage für die Entwicklung Europäischer Referenznetze, die – auf freiwilliger Basis – spezialisierte Zentren in verschiedenen Mitgliedstaaten zusammenbringen (Art. 12) und für elektronische Gesundheitsdienste (Art. 14).
4. Die von der Kommission (des Kommissionsentwurfs (KOM (2008) 414 endg. v. 2.7.2008) angestrebten Kompetenzen zum Erlass von Leitlinien zur Durchsetzung der Rechte der Bürger und Kooperationspflichten der Mitgliedstaaten (in Art. 5 Ziff. 3 sowie und Art. 8 Abs. 2, Art. 10 Abs. 3, Art. 12 Abs. 3, Art. 14 Abs. 3, Art. 15 Abs. 4 und Art. 17 Abs. 4) wurden nur auf den Bereich der Kooperation beschränkt und erheblich eingedämmt (Art. 11 Abs. 2-5 – Anerkennung von Verschreibungen; Art. 12 Abs. 4-6 – Referenznetzwerke; Art. 14 Abs. 3 – elektronische Gesundheitsdienste; Art. 15 Abs. 4-7 – Gesundheitstechnologien).

2. Kompetenz zur Gesundheitspolitik im Maastrichter und Lissabonner Vertrag

5 Mit dem durch das **Maastrichter Abkommen** eingeführten Art. 152 EG (jetzt Art. 168 AEUV) hatte die Gemeinschaft eine Kompetenz erhalten, eigene Programme zur Verhütung von Krankheiten durchzuführen. Der Amsterdamer Vertrag hat diese Kompetenz sogar noch um die Gesundheitsförderung erweitert. Allerdings soll die EU hier nur ergänzend tätig werden und die Zusammenarbeit der Mitgliedstaaten fördern. Ausdrücklich ausgeschlossen sind wie bisher Maßnahmen der Harmonisierung des Gesundheitsrechts der Mitgliedstaaten. Darüber hinaus hat die EU eine eigenständige Kompetenz zur Regelung des Verkehrs mit Medizinprodukten und für das Veterinärwesen erhalten.

6 Der Vertrag von Lissabon erweiterte in Teil III, Titel XIV (Art. 168 AEUV) diese alten Kompetenzen noch um die Bekämpfung „grenzüberschreitender schwerer Krankheiten" und „schwerwiegender grenzüberschreitender Gesundheitsgefahren" (Art. 168 Abs. 1 und Abs. 5) sowie die Festlegung hoher Qualitäts- und Sicherheitsstandards für medizinische Produkte und Geräte (Art. 168 Abs. 4), wobei auch weiterhin die Zuständigkeit der Mitgliedstaaten für die Festlegung ihrer Gesundheitspolitik gewahrt bleiben muss. Im Bereich der Kompetenz zur allg. Koordinierung und Förderung (Art. 168 Abs. 2 AEUV) ist die Kommission über mehrere Aktionsprogramme sehr aktiv geworden. Sie hat ein allgemeines Informations- und Berichterstattungssystem aufgebaut und will es noch erweitern, sie hat allgemeine Grundlagen für Systeme der Gesundheitsförderung entwickelt und propagiert, sowie spezielle Aktionsprogramme für einzelne Bereiche initiiert (ansteckende Krankheiten, Krebs, Drogen). Im Wesentlichen geht es dabei immer um die Schaffung von Netzwerken zwischen den nationalen Strukturen und die Förderung von Modell-

vorhaben. Der **Lissabonner Vertrag** definiert auch die Gesetzgebungskompetenz der Gemeinschaft im Bereich der Sozialen Sicherheit genauer und schränkt die Kompetenz zum Erlass von Mindestvorschriften für „soziale Sicherheit und sozialen Schutz der Arbeitnehmer" ein (Art. 153 Abs. 2 und Abs. 4 AEUV).

Die **Charta der Grundrechte** gilt durch den Vertrag von Lissabon gemäß Art. 6 EUV als separater Verfassungstext der EU mit Bedeutung nur für das Recht der Gemeinschaft, auch soweit es von den Mitgliedstaaten ausgeführt wird, also insb. für die VO (EG) Nr. 883/2004. Neben dem Recht auf allgemeinen Sozialschutz bei Krankheit und Mutterschaft gemäß Art. 34 Abs. 1 der Charta der Grundrechte ist die wesentliche Vorschrift für den Gesundheitsschutz Art. 35 der Charta der Grundrechte: „Jede Person hat das Recht auf Zugang zur Gesundheitsvorsorge und auf ärztliche Versorgung nach Maßgabe der einzelstaatlichen Rechtsvorschriften und Gepflogenheiten. Bei der Festlegung und Durchführung aller Politiken und Maßnahmen der Union wird ein hohes Gesundheitsschutzniveau sichergestellt". Art. 35 findet seine Entsprechung in Art. 168 AEUV (= Art. 152 EG) und Art. 11 der Europäischen Sozialcharta. Schon die Formulierung zu Art. 35 „hat das Recht auf Zugang" macht deutlich, dass Art. 35 eine größere Verbindlichkeit anstrebt, wobei auch hier die Klausel „nach Maßgabe des Gemeinschaftsrechts und der einzelstaatlichen Rechtsvorschriften und Gepflogenheiten" die Konkretisierung dem nationalen und dem Gemeinschaftsrecht überlässt. Zu Recht wird deshalb Art. 35 der Charta der Grundrechte dahingehend interpretiert, auch ein individuelles Recht auf ärztliche Versorgung zu statuieren, das eine stärkere normative Bindung hat und einen Mindestschutz (auch über das Vorhandene hinaus) gewährt (*Riedel*, in: *Meyer*, Art. 35, Rn 9). Das Recht auf ärztliche Versorgung kennt also keinen Einrichtungsvorbehalt (*Rengeling/Szczekalla*, 2004, S. 835, Rn 1046). Das Recht auf Zugang zur Gesundheitsvorsorge und auf ärztliche Versorgung ist nicht an den Wohnsitz gebunden; es reicht also der Aufenthalt in einem Mitgliedstaat aus. Es richtet sich gegen den Aufenthaltsstaat und umfasst dessen Leistungen und Leistungsmodalitäten.

3. Gesamteinfluss der EU auf die Gesundheitsversorgung

Wägt man das Zusammenwirken der gesamten Kompetenzen und Gestaltungsmöglichkeiten der EU im Bereich der Gesundheitsversorgung ab, so ist das Urteil gut begründet, dass die EU einen zunehmend stärker werdenden Einfluss auf Inhalt und Struktur der Systeme der Gesundheitsversorgung der Mitgliedstaaten hat (*Verspohl*, 2011 S. 10, 15 mwN). Motor sind dabei vor allem die Binnenmarktpolitik und die Realisierung der Grundfreiheiten, wozu gerade auch und traditionell das koordinierende Sozialrecht und jetzt die Patienten-RL 2011/24/EU gehören.

II. Funktion und Besonderheiten des koordinierenden KV-Rechts

Das koordinierende Gemeinschaftssozialrecht muss bei der KV die allgemein in Art. 18 und Art. 48 AEUV (= Art. 12 und Art. 42 EG) zur Gewährleistung der Freizügigkeit aufgestellten Prinzipien bereichsspezifisch umsetzen:

- Die Gleichbehandlung von Inländern und Ausländern aus Mitgliedstaaten,
- die Gleichstellung von Sachverhalten im Ausland mit jenen im Inland,
- die Zusammenrechnung von Versicherungszeiten, die in Systemen unterschiedlicher Mitgliedstaaten absolviert worden sind, zur Begründung und Aufrechterhaltung von Ansprüchen und
- der Export erworbener Ansprüche auf (Geld-)Leistungen ins Ausland.

Die Regelungen des Titel III, Kapitel I zu den Leistungen bei Krankheit erfüllen alle diese Funktionen. Dabei enthält das Koordinierungsrecht zum Bereich Krankheit in den Art. 17-22 vor allem in Art. 18 und noch stärker in den Artikeln 23-31 (Krankenversicherung der Rentner) und in den Artikeln 32-35 **Kollisionsnormen**, die bei einem Konflikt unterschiedlicher Rechtsordnungen festlegen, welches Recht für welchen Sachverhalt gilt (wie hier zust. *Schreiber*, in: *Schreiber u.a.*, VO (EG) Nr. 883/2004, 2012, vor Art. 17 Rn 6, 7). Auch das Recht der Sachleistungsaushilfe der

Art. 17 bis 22 kann man insoweit dazu zählen, als es auch eine Regelung der Zuständigkeit des Staats des Wohn- und Aufenthaltsorts in Abgrenzung zur Zuständigkeit des Versicherungsmitgliedstaats trifft (vgl EuGH v. 14.10.2010, Rs. C-345/09 (van Delfts u.a.), NZS 2011, 375, Rn 38 mwN). Allerdings gab es hier vorher keinen Zuständigkeitskonflikt, als die Ansprüche auf Sachleistungsaushilfe erst durch die VO als **Sachnormen** geschaffen werden. Die Bedeutung liegt deshalb vor allem in ihrem Charakter als Sachnormen, die eine eigenständige Lösung auch gegenüber dem nationalen Recht entfalten.

10 Da das Koordinationsrecht u.a. mit der Sachleistungsaushilfe im Bereich der Krankenversorgung eine **zwingende, eigenständige Lösung** bereit hält, kann auch der einzelne Anspruchsberechtigte auf diese Zuordnungen und Ansprüche nicht verzichten, wenn er die objektiven Voraussetzungen seiner Anwendbarkeit erfüllt (EuGH v. 14.10.2010, Rs. C-345/09 (van Delfts u.a.), NZS 2011, 375, Rn 51 ff: dort Versicherungspflicht in der Krankenversicherung nach niederländischem Recht). Die Formulierungen des EuGH in der Rs. van Delfts u.a. sind aber zu weit, als sie auch dem nationalen Recht untersagen, die Anwendbarkeit des Koordinationsrechts zu bestimmen. Wenn aber das Koordinationsrecht an Sachverhalte des nationalen Rechts anknüpft, die nach nationalem Recht in der freien Wahl des Versicherten stehen, wie zB die freiwillige Mitgliedschaft in der Krankenversicherung, steht natürlich auch die Anwendbarkeit des Koordinationsrechts in der Entscheidungsfreiheit des Einzelnen.

11 Gegenüber anderen Sozialleistungen weisen die **Leistungen bei Krankheit jedoch Besonderheiten** auf, aus denen sich spezifische Eigenheiten des koordinierenden Gemeinschaftssozialrechts im Bereich der KV ergeben. Das **Risiko „Krankheit"** ist oft kurzfristig und vorübergehend und erfordert deshalb einen ebenso kurzfristigen und reibungslosen Leistungsbezug bei Aufenthalt in einem anderen Mitgliedstaat. Dies wurde (und wird zT noch) durch ein sehr umfassendes System von formalisierten Berechtigungsnachweisen, Mitteilungs- und Abrechnungsvordrucken (E 104-127 und die Nachweisdokumente S1-S3) sichergestellt, jetzt zusätzlich durch die Europäische Krankenversicherungskarte und zukünftig die strukturierten elektronischen Dokumente (unten Rn 70).

12 Zum anderen geschieht dies durch das **System der aushelfenden Leistungserbringung.** Im Recht der KV stehen nicht die leicht exportierbaren und gemäß Art. 48 lit. b) AEUV (= Art. 42 lit. b) EG) auch zu exportierenden Geldleistungen, wie das Krankengeld, sondern Sachleistungen im Vordergrund. Sachleistungen lassen sich aber schlecht exportieren. Für sie hat das Gemeinschaftsrecht die auch sonst im internationalen Sozialversicherungsrecht übliche (vgl Art. 20 ff Europäische Abkommen über die Soziale Sicherheit; *Schuler*, Das Internationale Sozialrecht, S. 495 ff) Lösung getroffen, dass Sachleistungen im Wohn- oder Aufenthaltsland nach den dortigen Vorschriften vom dortigen, dem sog. aushelfenden Träger, zu Lasten des zuständigen Trägers erbracht werden, und zwar so, als ob der Versicherte im Aufenthaltsland versichert wäre. Es handelt sich hier also um eine punktuelle Integration in das ausländische Leistungssystem (Art. 17-20).

13 Bei der Beurteilung, ob das Risiko „Krankheit" eingetreten ist und welche Leistungen zu seiner Bewältigung notwendig sind, bestehen erhebliche Spielräume sowohl auf der Seite des Versicherten wie auch auf derjenigen der Leistungserbringer. Deshalb unterliegen vor allem die Leistungserbringer, aber auch die Versicherten im nationalen Bereich einer intensiven Einbindung und **Kontrolle,** die sich aber nicht auf das Gebiet eines anderen Landes erstrecken kann. Hier hat das koordinierende Gemeinschaftssozialrecht nur geregelt, ob und wie die Leistungsberechtigung des Versicherten in einem anderen als dem zuständigen Staat festgestellt und kontrolliert wird (Art. 27 DVO).

14 Im Gegensatz zu den meisten anderen Leistungssystemen entsteht ein Koordinierungsbedarf nicht nur, wenn Wanderarbeitnehmer Landesgrenzen überqueren, um Arbeit aufzunehmen, sondern auch, wenn sie sich nur als **Touristen und Privatpersonen kurzfristig und vorübergehend in einem**

anderen Land aufhalten oder sich sogar nach Erkrankung in ein anderes Land begeben, um dort Leistungen in Anspruch zu nehmen. Das koordinierende Krankenversicherungsrecht der Gemeinschaft hat deshalb auch „Wanderarbeitnehmer" als Touristen und grenzüberschreitende Nachfrager von Sozialleistungen in den anderen Mitgliedstaaten einbezogen.

III. Die Regelungen der VO (EG) Nr. 883/2004 zu Leistungen bei Krankheit
1. Grundzüge der Regelungen in der VO (EG) Nr. 883/2004

Die VO (EG) Nr. 883/2004 hat im Recht der Leistungen bei Krankheit und Mutterschaft nur wenige Neuerungen gebracht (Voraufl., Vorbemerkung Rn 29; *Fuchs*, SGb 2008, 201; *Bauer/ Kreutzer/Klein*, DRV-Schriften, Bd. 71, 2007, S. 71-78; *Spiegel*, DRV-Schriften, Bd. 71, 2007, S. 25-70; *Linka*, in: *Marhold* (Hrsg.), 2005, S. 65; *Bokeloh* und *Kreutzer*, in: *Klein/Schuler* (Hrsg.), 2010, S. 57-68 und S. 69-77). Die Neuordnung strebte eine Vereinfachung und eine lückenlose Absicherung nicht nur der Versicherten, sondern auch ihrer Familienangehörigen an (Erwägungsgrund Nr. 20 und 21). Vor allem sollten die Regelungen für Rentenempfänger, insb. bei Rückkehr in den zuständigen Staat, und für Rentner, die ehemals Grenzgänger waren, verbessert werden. Art. 18 VO (EWG) Nr. 1408/71 über die Zusammenrechnung von Versicherungs-, Beschäftigungs- oder Wohnzeiten entfällt, da die Zusammenrechnung nunmehr generell in Art. 6 geregelt ist. Im Gegensatz zu Art. 19-22 VO (EWG) Nr. 1408/71 werden nunmehr die Sachleistungen in Art. 17-20 getrennt von den Geldleistungen (Art. 21) geregelt. Sehr detailliert sind die Regelungen für Rentenantragssteller und Rentenbezieher und ihre Familienangehörigen in Art. 22-30, da bei ihnen das Sitzland des zuständigen Trägers, bei dem sie (vor allem auf der Basis früherer Beschäftigungs- und Beitragszeiten) rentenversichert sind und der für sie die Krankenversicherung durchführt hat, und der Mitgliedstaat, in dem sie jetzt Wohnung genommen haben, oft unterschiedlich sind. Hier führt das allgemeine Ziel der Neuordnung, die Rentner und ihre Familienangehörigen den aktiv Erwerbstätigen gleichzustellen, dann zu sehr komplizierten Regelungen. In diesem Bereich finden sich daher auch die meisten Neuerungen.

15

Entsprechend dem bisherigen Grundsatz in Art. 19 Abs. 1a VO (EWG) Nr. 1408/71 gilt auch gemäß dem neuen Art. 17 bei Sachleistungen im Wohnsitzstaat der **Grundsatz der Sachleistungsaushilfe**, wonach die Versicherten im Wohnsitzstaat vom dort zuständigen Träger eine Leistung nach dem Leistungsrecht des Wohnsitzstaates erhalten. Halten sich diese Personen in dem zuständigen Mitgliedstaat auf, so haben sie hier auch Anspruch auf Sachleistungen so, als ob sie im Mitgliedstaat des zuständigen Trägers wohnen würden (Art. 18, früher Art. 21 VO (EWG) Nr. 1408/71). Zwar hatten Grenzgänger gemäß Art. 19 und 20 VO (EWG) Nr. 1408/71 ein Wahlrecht zwischen Leistungen im Wohnstaat und im Beschäftigungsstaat (jetzt Art. 17 und Art. 18); dies galt aber weder für ihre Familienangehörigen noch für den Fall, dass die Grenzgänger Rentner wurden. Nach Aufgabe ihrer Beschäftigung wurden sie auf Leistungen im Wohnstaat verwiesen, was zu erheblichen Beeinträchtigungen dauerhafter Vertrauensverhältnisse mit Leistungserbringern im Beschäftigungsstaat führen konnte. Dies wird nun beseitigt. Auch als Rentner können sie begonnene Behandlungen im Beschäftigungsstaat fortsetzen (Art. 28). Ihre Familienangehörigen haben ebenfalls Leistungsansprüche im Beschäftigungsstaat (Art. 18 Abs. 2 mit Einschränkungen/Vorbehalten). Die Möglichkeit, ohne Einhaltung der Verfahren der Vorlage der Bescheinigungen und der Registrierung beim ausländischen Träger für Leistungen im Ausland Kostenerstattung vom zuständigen Träger zu erhalten, wurde gegenüber Art. 34 VO Nr. 574/72 durch Art. 25 Abs. 4 und 5 VO Nr. 987/2009/EG erleichtert, indem die Voraussetzung, dass die Formvorschriften nicht eingehalten werden konnten, entfällt.

16

Der frühere Art. 22 VO (EWG) Nr. 1408/71 – **Leistungen bei vorübergehendem Aufenthalt im Ausland** – wird – sachgerecht – in zwei Artikel aufgespalten.

17

Hält sich eine versicherte Person in einem anderen Staat als dem des zuständigen Trägers auf (Fälle des früheren **Art. 22 Abs. 1 lit. a**) für Touristen, Besucher, Durchreisende etc.), so hat sie gemäß

Art. 19 gegen den Leistungsträger des Aufenthaltsstaates einen Anspruch auf medizinisch notwendige Leistungen, wobei sich die medizinische Notwendigkeit wie schon bisher in Art. 22 Abs. 1 a VO (EWG) Nr. 1408/71 (nach Änderung durch die VO (EG) Nr. 631/2004, ABl. (EU) L 100 v. 6.4.2004, S. 1 ff) nach den Bezugspunkten „Art der Leistungen" und „voraussichtliche Dauer des Aufenthalts" richtet. Auch hier findet gemäß dem Grundsatz der Sachleistungsaushilfe eine Integration in das Leistungssystem des leistenden Trägers statt. Die schwer zu beurteilende Voraussetzung für die aushelfende Sachleistungserbringung gemäß Art. 22 Abs. 1 lit. a) VO (EWG) Nr. 1408/71, dass die Behandlung „unverzüglich erforderlich" sei (wer entscheidet und was sind die Leistungen im „Notfall"), ist entfallen. **Art. 22 Abs. 1 lit. c)** VO (EWG) Nr. 1408/71 wird durch Art. 20 übernommen: Wer sich in einen anderen Mitgliedstaat begibt, um dort Sachleistungen nachzufragen, braucht hierzu die Genehmigung des zuständigen Trägers, die zu erteilen ist, wenn die betreffende Behandlung Teil der Leistungen ist, die nach den Rechtsvorschriften des zuständigen Trägers/des Wohnmitgliedstaats vorgesehen sind und die Behandlung nicht innerhalb eines in Anbetracht des derzeitigen Gesundheitszustandes und des voraussichtlichen Verlaufs der Krankheit medizinisch vertretbaren Zeitraums gewährt werden kann. Deutlich gemacht wird hierbei, dass es nicht mehr – wie vorher in Art. 22 Abs. 1 lit. c) VO (EWG) Nr. 1408/71 – auf das ankommt, was am Wohnsitz „normalerweise" als Zeitraum für die Leistung erforderlich ist; vielmehr ist ein objektiver, sich an den medizinischen Notwendigkeiten orientierender Zeitmaßstab erforderlich. Diese Regelung gilt auch für die Familienangehörigen von Versicherten. Art. 22 Abs. 1 lit. b VO (EWG) Nr. 1408/71 (Aufenthaltswechsel einer schon kranken Person) ist in Art. 17 und Art. 19 VO (EG) Nr. 883/2004 aufgegangen.

18 Art. 21 regelt, wie schon vorher Art. 19 Abs. 1 b) VO (EWG) Nr. 1408/71, den **Export von Geldleistungen** durch den zuständigen Träger an den Wohn- oder Aufenthaltsort der versicherten Person. Neu ist dabei, dass der exportierende Träger, legt er bei der Leistungsberechnung ein Durchschnittserwerbseinkommen zu Grunde, auf das Einkommen zurückgreifen muss, das dem vorherigen erwerbs- oder beitragspflichtigen Einkommen zu Grunde liegt, mit dem die für die Geldleistung notwendigen Zeiten zurückgelegt wurden.

19 In den gemeinsamen Vorschriften für Versicherte und Rentner regelt Art. 32, dass ein eigenständiger Sachleistungsanspruch immer **abgeleiteten Sachleistungsansprüchen** (aus familiären Unterhaltsbeziehungen) vorgeht. Wie schon bisher enthält Art. 33 eine besondere Vorschrift für die Gewährung von Sachleistungen von erheblicher Bedeutung (vorher Art. 24 bzw Art. 30 VO (EWG) Nr. 1408/71). Art. 34 bringt eine neue Vorrangregelung für den Fall, dass ein Bezieher von Geldleistungen bei Pflegebedürftigkeit durch den zuständigen Träger gleichzeitig „für denselben Zweck" Ansprüche auf Sachleistungen gegen den Träger des Wohn- oder Aufenthaltsortes hat. Dann wird die Geldleistung um den Betrag der Sachleistung gemindert, der dem ersten (für die Geldleistung zuständigen) Mitgliedstaat vom Träger der Sachleistung in Rechnung gestellt wird oder gestellt werden könnte. Art. 35 regelt wie bisher Art. 36 VO (EWG) Nr. 1408/71 die Erstattung zwischen den Trägern.

20 Die Unterschiede zwischen den Leistungsansprüchen hat der EuGH in der Abgrenzung zwischen Ansprüchen aus der VO (EG) Nr. 883/2004 und aus der Dienstleistungsfreiheit des Art. 56 AEUV dahingehend zusammengefasst, dass Art. 17 und 19 VO (EG) Nr. 883/2004 Fälle der „unerwarteten (Auslands-)Behandlung" beträfen, die sich grundlegend von den Fällen der „geplanten (Auslands-)Behandlung" unterschieden, die sich allein auf Art. 56 AEUV (= Art. 49 EG) stützen könnten, wobei daneben auch noch Art. 20 VO (EG) Nr. 883/2004 (früher Art. 22 Abs. 1 lit. c VO Nr. 1408/71) anwendbar bleibe (EuGH, v. 15.6.2010, Rs. C-211/08 (Kommission/Spanien), ZESAR 2010, 479, Rn 58 und 69 und EuGH, v. 5.10.2010 Rs. C-512/08 (Kommission/Frankreich), NZS 2011, 295, Rn 26). Dazu unten Rn 55 ff, 66 und Vorbemerkung zur RL 2011/24/EU Rn 10 ff. und 30 ff.

Die Ansprüche nach der VO (EG) Nr. 883/2004 lassen sich zusammenfassend folgendermaßen 21
gliedern:

Unterschiede zwischen Art. 17-20 VO (EG) Nr. 883/2004

	Behandlungsstaat ist nicht der Staat, in dem die Person gegen Krankheit versichert ist/Ansprüche auf Leistungen zur Behandlung bei Krankheit erworben hat (Versicherungsmitgliedstaat)		
	Wohnort im Behandlungsstaat	(Vorübergehender) Aufenthalt im Behandlungsstaat (zB als Tourist; Geschäftsreisende; Studierende)	Reise in den Behandlungsstaat, um Gesundheitsleistungen nachzufragen
	„unerwartete (Auslands-)Behandlung"		„geplante (Auslands-) Behandlung"
Regelung	Art. 17/18 VO (EG) Nr. 883/2004	Art. 19 VO (EG) Nr. 883/2004	Art. 20 VO (EG) Nr. 883/2004
Vorabgenehmigung	Keine, nur Nachweis der Versicherung (Versicherungskarte bzw Dok. S1)		Gebundene Vorabgenehmigung + Dok. S 2
Recht der Leistungsgewährung	Voraussetzungen des Anspruchs nach dem Recht des Versicherungsstaats		
	Aushelfende Sachleistungserbringung durch den Staat, in dem die Behandlung stattfindet, dh volle und gleichberechtigte Integration in das Leistungssystem des Behandlungsstaats (evtl mehr oder weniger als im Versicherungsmitgliedstaat)		

2. Probleme der VO (EG) Nr. 883/2004

Insgesamt wird das koordinierende Sozialrecht der EG den besonderen Anforderungen des Kran- 22
kenversicherungsrechts gerecht. Und die Neuordnung hat – wie die vorherigen Rn zeigen – einige
der Kritikpunkte an der Vorläufer-VO (EWG) Nr. 1408/71 beseitigt und die eigenen Ansprüche,
das Koordinationsrecht im Bereich der Krankenversicherung zu **vereinfachen und klarer zu regeln,** eingelöst (so auch *Neumann-Duesberg*, KrV 2003, 202 ff; *Voigt*, Die Reform des koordinierenden europäischen Sozialrechts, ZESAR 2004, 73, 123-125). Zur früheren Kritik vgl Vorauflage und *Bieback*, 1993; *Neumann-Duesberg*, 1999; *Schulte*, ZfSH/SGB 1999, 579, 654; *Barwig/Schulte* (Hrsg.), 1999, 89 ff). Das im Bereich der KV gewählte System der Sachleistungsaushilfe (bei Wohnsitz oder Aufenthalt in einem anderen Staat werden die Leistungen dieses Staats erbracht) sichert die „Gleichbehandlung" innerhalb eines Mitgliedstaates und den schnellen Zugang zu Sachleistungen. Sie führt aber dazu, dass nur nach dem Leistungsrecht des Wohnsitz- oder Aufenthaltsstaates mit seinen evtl sehr defizitären oder „ungewohnten" Besonderheiten geleistet wird, gegen die sich zwar die heimische Bevölkerung, nicht aber die Migranten prospektiv (zB durch eine zusätzliche private Versicherung) abgesichert haben. Bestehen im Wohnsitz- oder Aufenthaltsstaat hohe Zuzahlungen oder gar keine Leistungen (wie oft bei der Zahnversorgung), so kann sich die einheimische Bevölkerung dagegen wappnen; den Migranten wird dies oft nur zu erschwerten Bedingungen oder zusätzlichen Kosten möglich sein (vgl *Bieback*, 1993). Aber es lassen sich über das Koordinationsrecht wie das Gemeinschaftsrecht insgesamt nicht alle Probleme der Freizügigkeit beseitigen, wie ja auch nicht alle Vorzüge „kassiert" werden sollen (vgl EuGH, Rs. C-208/07 (von Chamier-Glisczinski), Slg 2009, I-6095).

23 Defizite bestehen in einigen Bereichen der **gesetzlichen Regelung des Titel III, Kapitel 1**:
- Einmal in der **Abstimmung mit den Grundfreiheiten**. Neben der Sachleistungsaushilfe und teilweise auch der Kostenerstattung gemäß Art. 17, 19 und 20 gibt es weiterhin den direkten Anspruch auf Kostenerstattung auf Basis der Dienstleistungsfreiheit gemäß Art. 56 AEUV (= Art. 49 EG), der die Regelungen des Art. 20 weitgehend entwertet (s. unten Rn 41 ff und 55 ff). Die VO (EG) Nr. 883/2004 hat nicht, wie geplant, diesen Anspruch in das Koordinierungsrecht integriert; ganz im Gegenteil ist er jetzt selbstständig in der RL 2011/24/EU geregelt worden (s.o. Rn 4 und unten Kommentierung der RL 2011/24/EU, insb. Vorbem. vor Art. 1 Rn 4 ff und Art. 2 Rn 3 ff).
- Auch kann man angesichts der sehr inkohärenten Absicherung des **Risikos der Pflegebedürftigkeit** bezweifeln, ob es sachgemäß ist, dieses Risiko als Leistung bei Krankheit in die VO (EG) Nr. 883/2004 einzubeziehen, da über sie in der Gemeinschaft noch kein allgemeiner Konsens und sehr unterschiedliche Formen der Absicherung bestehen, so dass sie schwer zu koordinieren sind. Zudem werden einmal nur die Leistungen der Mitgliedstaaten koordiniert, die Pflegebedürftigkeit über eine Versicherung oder Staatsbürgerleistung abgesichert haben, die Systeme der Sozialhilfe, die bleiben außerhalb der Koordinierung (Art. 3 Abs. 5 VO (EG) Nr. 883/2004). Zum anderen sind die Systeme bei Pflegebedürftigkeit noch zu inkohärent, so dass auch das System der Leistungsaushilfe keine hinreichende Lösung schaffen kann (vgl die nicht koordinierbare Konstellation von Sachleistungen in Deutschland und Geldleistungen in Österreich in der Entscheidung EuGH, Rs. C-208/07 (von Chamier-Glisczinski), Slg 2009, I-6095 und EuGH, Rs. C-388/09 (da Silva Martins) v. 30.6.2011; EuGH, Rs. C-562/10 (Kommission/Deutschland) v. 12.7.2012). Eine Expertenkommission hat deshalb zu Recht gefordert, für diese Leistungen ein eigenes, gesondertes Kapitel zu formulieren, um zu sachgerechten Lösungen zu kommen (*Jorens u.a.*, 2011, passim zu den Besonderheiten und Sicherungslücken sowie Part III, S. 43 ff. Zur Neuregelung; vgl auch *Fuchs*, SGb 2008, 201 ff; *Spiegel*, ZIAS 2006, 85 ff).
- Die VO (EG) Nr. 883/2004 enthält keine Regelung, wie die Risikoverteilung bei **missbräuchlicher Benutzung der europäischen Gesundheitskarte** ist (*Kreutzer* 2010, S. 70).
- Die **unterschiedlichen Zuzahlungen** in den Mitgliedstaaten führen zu kaum gerechtfertigten Benachteiligungen vor allem beim vorübergehenden Aufenthalt gemäß Art. 19 und 20 VO (EG) Nr. 883/2004. Wird die Zuzahlung im Behandlungsmitgliedstaat bei der Zuzahlung und ihrer sozialen Gestaltung im Versicherungsmitgliedstaat angerechnet (*Kreutzer*, 2010, S. 75), während sie nach der RL 2011/24/EU eher ausgeglichen werden kann (s. unten Vorbem. vor Art. 1 RL 2011/24/EU Rn 83 ff und Art. 7 Rn 14 ff, 16).
- In einem beschränkten Maße gilt die VO (EWG) Nr. 1408/71 noch weiter (vgl Art. 90 VO (EG) Nr. 883/2004.
- Die noch in der vorigen Auflage monierte mangelnde Einbeziehung **von Drittstaatsangehörigen**, die schon einen langen Erwerbsstatus in einem Mitgliedstaat erworben haben, ist nunmehr durch die VO (EU) Nr. 1231/2010 weitgehend behoben. Der Rat hat im Oktober 2010 (ABl. L 306 v. 23.11.2010) beschlossen, über die Assoziationsräte, die mit den Staaten Algerien, Marokko, Tunesien, Israel, Kroatien und Mazedonien bestehen, die Koordinierung der Systeme der sozialen Sicherheit voranzutreiben. Dies bezieht sich aber vor allem nur auf den Export der Leistungen der Alters- und Unfallversicherungsrenten, nicht aber auf die Leistungen der Krankenversicherung.

24 Starke Defizite bestehen bei der **verwaltungsmäßigen Koordination** der verschiedenen Leistungsträger und der Durchsetzung der Regelung. Die Sachleistungsaushilfe bei Wohnsitz im Ausland über den Träger des Wohnsitzstaates durch die Einschreibung bei diesem funktioniert gut, da hier der Versicherte einen Leistungsnachweis des örtlichen Trägers erhält, an den die örtlichen Leistungserbringer im Ausland auch gebunden sind (s.u. Rn 49 ff und 70 und Art. 17 Rn 14 ff, und 21 ff).

Anders die Sachleistungsaushilfe bei (vorübergehendem) Aufenthalt im Ausland (s.u. Rn 49 ff und **25** Art. 19 Rn 11 ff). Hier werden der Nachweis E 111 bzw die Europäische Krankenversicherungskarte sehr oft von den Leistungserbringern nicht akzeptiert und die Versicherten müssen die Leistungen selbst bezahlen und erhalten dann eine Kostenerstattung von ihrem zuständigen Träger bei Rückkehr in ihren Heimatstaat (vgl unten Rn Art. 17 Rn 24 ff und Art. 19 Rn 26 ff; *Danner*, Die Europäische Gesundheitskarte als Schlüssel zur grenzüberschreitenden Gesundheitsversorgung in Europa, RPG 2005, 36). Nach einer Umfrage der Techniker Krankenkasse (*Techniker Krankenkasse*, 2001 und 2008) entsprach die Abwicklung der Auslandsbehandlung nicht dem Modell der VO (EWG) Nr. 1408/71/VO (EG) Nr. 883/2004, s. unten Rn 49 ff). Das Konzept der Sachleistungsaushilfe setzt voraus, dass die Versicherten von ihrem zuständigen Versicherungsträger einen „Auslandsbehandlungskrankenschein" erhalten, den sie dann im Ausland in einen nationalen Berechtigungsschein umwandeln bzw direkt bei dem Leistungserbringer abgeben oder sich mit der Europäischen Krankenversicherungskarte ausweisen. In der Realität funktioniert dieses System jedoch nicht. Bei etwas weniger als 50% der Behandlungsfälle in einem Krankenhaus kommt die Sachleistungsaushilfe zum Tragen (2001); im ambulanten Bereich so gut wie gar nicht. In den überwiegenden Fällen strecken die Versicherten die Kosten vor und erhalten sie bei Rückkehr in ihr Heimatland vom Träger der GKV ersetzt. Ursache dieses Funktionsdefizits war einerseits, dass die Versicherten selbst früher keinen Auslandskrankenschein anforderten – ein Defizit, das aber seit 2004 mit der Europäischen Krankenversicherungskarte behoben sein müsste. Andererseits wird auch das übliche Verfahren der Sachleistungsaushilfe in einigen Ländern (vor allem Spanien, Österreich, Frankreich und Italien) von den dortigen Versicherungsträgern bzw Leistungserbringern nicht anerkannt. Hier müsste das koordinierende Recht von nationalen Vorschriften flankiert werden, die die Europäische Krankenversicherungskarte wie auch die anderen Berechtigungsscheine als verbindliche Leistungsausweise durchsetzen und ihren Inhabern gleichen Zugang zu Leistungen wie den Versicherten des aushelfenden Staates verschaffen. Dabei ergab die Befragung 2007 noch mehr als 2001 eine große Bereitschaft der Versicherten, grenzüberschreitend Leistungen in den Nachbarländern nachzufragen. Vor allem gilt dies für Arznei- und Heilmittel sowie spezialisierte ärztliche Behandlungen und Kuren.

Auch müssten mehr Anreize geschaffen werden, dass der aushelfende Leistungsträger ein eigenes **26** Interesse an der **Ordnungsgemäßheit und Wirtschaftlichkeit der Leistungserbringung** entwickelt (s.u. Rn 49, 53 und Art. 17 Rn 22). Besonders eklatant ist dies in dem Fall, in dem der Arbeitgeber „zuständiger Träger" ist, aber nur sehr umständlich in das Verfahren integrierbar ist und kaum Mittel eigener Kontrolle hat (s.u. Rn 31 und Art. 21 Rn 6 und 8 ff). Ein Verfahrensrecht der Kooperation transnationaler Leistungsträger steht insoweit weiterhin aus, obwohl die neue VO dazu jetzt erheblich mehr und bessere Vorschriften in Art. 76 ff enthält. Insbesondere ist der Datenschutz jetzt in Art. 77 hinreichend gelöst, da beim Nachweis von Leistungsvoraussetzungen und der Abrechnung von zu erstattenden Leistungen erhebliche Mengen an hochsensiblen persönlichen Daten zwischen den Versicherungsträgern der verschiedenen Ländern ausgetauscht werden.

Defizite bestehen schließlich angesichts der erheblichen Probleme von **Ausländern, gleichberech- 27 tigten Zugang zu gesundheitlichen Dienstleistungen** zu erhalten (vgl die Übersicht bei *Razum u.a.*, DÄBl. 2004, B 2439; *Loosen*, Der Kassenarzt, 1993, 34; *Collatz*, ZfS 1989, 682 ff und *Brucks*, ZfS 1989, 719 ff). Hier reicht ein rein koordinierendes Sozialrecht nicht aus, um materielle Gleichbehandlung und ungehinderte Mobilität zu gewährleisten. Vielmehr müssen auch die Verfahrensrechte der Leistungsberechtigten ausländerspezifisch ausgebaut werden, indem zB die §§ 13-16 SGB I in diese Richtung konkretisiert werden.

IV. Sachlicher Anwendungsbereich der Art. 17 ff – „Leistungen bei Krankheit und Mutterschaft"

1. Leistung für das Risiko Krankheit

28 Der sachliche Geltungsbereich der VO (EG) Nr. 883/2004 wird in Art. 3 (a) u.a. mit „Leistungen bei Krankheit" und in Art. 3 (b) mit „Leistungen bei Mutterschaft und gleichgestellte Leistungen bei Vaterschaft" umschrieben. Zu dieser Bestimmung vgl o. Art. 3 lit. b) Rn 8 ff und der Erwägungsgrund 19. Diese Definition ist zweckbezogen auf das zu sichernde Risiko gerichtet und kümmert sich nicht darum, wie diese Leistung in den einzelnen Mitgliedstaaten institutionell den Versicherungszweigen und den unterschiedlichen Institutionen und Akteuren zugeordnet wird. Im Wesentlichen muss deshalb der Zweckbezug, die Funktion der Leistung, das Risiko „Krankheit" und seine Folgen zu sichern, entscheidend sein. Deutlich gemacht hat der EuGH das mit folgender Formulierung: „Die Unterscheidung zwischen Leistungen, die unter den Geltungsbereich der bisherigen VO (EWG) Nr. 1408/71 fallen, und Leistungen, die davon ausgeschlossen sind, hängt in erster Linie von den Wesensmerkmalen der jeweiligen Leistung, insbesondere von ihrem Zweck und den Voraussetzungen ihrer Gewährung, nicht dagegen davon ab, ob eine Leistung nach nationalen Rechtsvorschriften eine Leistung der sozialen Sicherheit darstelle" (EuGH, Rs. C-160/96 (Molenaar), Slg 1998, I-843, Rn 19; EuGH v. 21.7.2011, Rs. C-503/09 (Stewart), ZESAR 2012, 83, Rn 35/6; kritisch *Gassner*, NZS 1998, 313). Daneben verwendet der EuGH aber auch funktionale Argumente, in dem Sinne, möglichst keine Lücke in der Einordnung von Leistungen entstehen zu lassen und Leistungen in das System der in Art. 4 VO (EWG) Nr. 1408/71 erwähnten Risiken einzubeziehen. Ordnet er eine Leistung in die VO (EWG) Nr. 1408/71 ein, so verteilt er sie auf die unterschiedlichen Bereiche auch „institutionenbezogen" und praktisch-technisch in dem Sinne, dass die Vorschriften angewandt werden, die am besten auf die Koordination und sachlich angemessene Erbringung der Leistung im Ausland passen.

29 Diese Vielfalt an Abgrenzungskriterien zeigt sich vor allem in jüngster Zeit am Einbezug des Risikos Pflegebedürftigkeit und des Risikos der längerfristigen Arbeitsunfähigkeit, die beide auch auf dem Risiko der Krankheit beruhen, wenn sie auch daneben ebenfalls an das Risiko der Behinderung anknüpfen können. In beiden Fällen hat der EuGH dem Kriterium der **Langfristigkeit** der Krankheit und ihrer Folgen entscheidende Bedeutung beigemessen und letztlich nur das Risiko der **kurzfristigen Erkrankung** voll und ganz dem Art. 17 ff VO (EG) Nr. 883/2004 zugeordnet. In der Rs. Martins (EuGH v. 30.6.2011, Rs. C-388/09 (Martins), ZESAR 2012, 32, Rn 47/8) hat er zwischen **„Leistungen bei Krankheit im eigentlichen Sinne"** und jenen Leistungen, wie denen zur Pflege, unterschieden, die „nicht zwingend ein integraler Bestandteil dieser Leistungen" bei Krankheit seien und sich von ihnen auch dadurch unterschieden, dass sie langfristiger geleistet würden (s. unten Rn 32); dies hat der EuGH in der Rs. Kommission/Deutschland C-562/10 v. 12.7.2012 Rn 51 ff aufrechterhalten. In der Rs. Stewart (EuGH, Rs. C-503/09 (Stewart), ZESAR 2012, 83, Rn 35-54) wurde ein „kurzfristiges Arbeitsunfähigkeitsgeld" als Leistung bei Invalidität gemäß Art. 4 Abs. 1 lit. b VO (EG) Nr. 1408/71 eingestuft, weil es sich typischer Weise in eine längerfristige Leistung fortsetzen würde (s. unten Rn 38).

2. Rehabilitations-Leistungen

30 Mit funktionalen Argumenten hat der EuGH Leistungen der medizinischen Rehabilitation (Rs. 69/79 (Jordens-Vosters), Slg 1980, 75; dazu *Pompe*, S. 177 ff) und der TBC-Hilfe der deutschen RV (Rs. 14/72 (Heinze), Slg1972, 1105; Rs. 16/72 (AOK Hamburg), Slg 1972, 1141; Rs. 818/79 (AOK Mittelfranken), Slg 1980, 2729, dazu *Pompe*, S. 183 ff) koordinationsrechtlich den Leistungen „bei Krankheit" zugerechnet (zust. BSG SozR 3-2200 § 1241 Nr. 3). Seinen Grund hatte dies u.a. darin, dass die VO (EWG) Nr. 1408/71 die Rehaleistung zwar in Art. 4 Abs. 1 lit. b) bei den Leistungen bei Invalidität („einschließlich der Leistungen, die zur Erhaltung oder Besserung der Erwerbsfähigkeit bestimmt sind") erwähnte, aber keine konkreten Vorkehrungen

für ihre Koordination in den Regelungen der Invaliden- und Rentenversicherung traf. Diese Lücke ließ sich durch eine weite Interpretation des Begriffs „Leistungen bei Krankheit" für die medizinische, nicht aber für die berufliche Rehabilitation schließen. Die Lückenschließung ist auch sachlich gerechtfertigt, da die Leistungen in der Regel an den Leistungsfall „Krankheit" anknüpfen und die typische Leistung bei Krankheit, nämlich medizinische Behandlung, vorsehen und für diese „Sachleistungen" die Regelungen über die Leistungsaushilfe in Art. 17 ff VO (EWG) Nr. 1408/71 angemessener sind als die Regelungen in Art. 44 ff VO (EWG) Nr. 1408/71 zur Invalidität, die nur die Geldzahlung von Renten regeln. Diese Überlegungen müssen umso mehr auch für die VO (EG) Nr. 883/2004 gelten, da sie in Art. 3 nicht mehr die Reha-Leistungen erwähnt und insoweit ganz auf der ausdehnenden Rspr des EuGH fußt.

3. Leistung der Arbeitgeber

Auch die Arbeitgeberleistungen Lohnfortzahlung bei Krankheit nach dem früheren LFZG (jetzt: EFZG) und der Zuschuss des Arbeitgebers zum Mutterschaftsgeld (§ 14 MuSchG) fallen unter Art. 3 Abs. 1 lit. a) sowie Titel III Kapitel 1 der VO (EG) Nr. 883/2004, wie der EuGH zur Vorläufer-VO (EWG) Nr. 1408/71 ausdrücklich zur Lohnfortzahlung nach deutschem Recht hervorgehoben hat (Rs. C-45/90 (Paletta I), Slg 1992, I-3423 und Rs. C-206/96 (Paletta II), Slg 1996, I-2357; *Resch*, ZIAS 1998, 215). Sie fallen dann in den Geltungsbereich der VO (EG) Nr. 883/2004, wenn sie von ihren Zielsetzungen und den Voraussetzungen ihrer Gewährung her das Risiko der Krankheit bzw Mutterschaft abdecken sollen und sie eng mit dem staatlichen Systemen der sozialen Sicherung bei Krankheit verbunden sind. Wie Art. 1 lit. q) Nr. iv deutlich macht, ändert die Gewährung und Finanzierung von Leistungen durch den Arbeitgeber nichts an ihrer Zurechnung zur VO (EG) Nr. 883/2004 (so zur Vorläufer-VO (EWG) Nr. 1408/71 EuGH, Rs. C-45/90 (Paletta), Slg 1992, I-3423; EuGH, Rs. 379-381/86 (Giletti), Slg 1987, 955). Auch wenn die Einbeziehung unter funktionalen und sachlich-systematischen Aspekten richtig ist, ist sie doch unter sachlich-praktischen Aspekten problematisch. Denn der Arbeitgeber ist nicht in das System der „Kooperation" zwischen den Sozialversicherungsträgern einbezogen und hat praktisch keine Möglichkeit, die Voraussetzung der Leistungen zu überprüfen.

31

4. Leistung bei Pflegebedürftigkeit

Die VO (EG) Nr. 883/2004 regelt nunmehr in Art. 1 lit. va) unter „Sachleistungen" ausdrücklich, dass zu den Sachleistungen bei Krankheit auch die Sachleistungen bei Pflegebedürftigkeit gehören. Art. 34 stellt dazu eine kollisionsrechtliche Regelung auf. Dies basiert auf einer sehr ausdehnenden Auslegung der „Leistungen bei Krankheit" durch den EuGH, unabhängig davon, ob es um eigene Leistungssysteme der Pflege (Rs. C-160/96 (Molenaar), Slg 1998, I-843; Rs. C-212/06 (Gouvernement de la Communauté française), Slg 2008, I-1683 = SozR 4-6035 Art. 39 Nr. 3, Rn 15 ff= ZESAR 2009, 132 m.Anm. *Wallrabenstein*; Rs. C-208/07 (von Chamier-Glisczinski), Slg 2009, I-6095, Rn 40; Rs. C-388/09 (Martins), ZESAR 2012, 32, Rn 44/5) oder um Leistungen in anderen Systemen geht (Rs. C-215/99 (Jauch), Slg. 2001, I-1901, Rn 28; Rs. C-286/03 (Hosse), Slg. 2006, I-1771, Rn 38 bis 44; Rs. C-299/05 (Kommission/Parlament+Rat), Slg 2007, I-8695, Rn 61, 70). Gerechtfertigt wird dies damit, dass auch schon vorher, wenn allerdings auch sehr begrenzt und deutlich als Ausnahme, zB gemäß § 53 SGB V Pflegeleistungen von der Krankenversicherung erbracht worden waren und die Pflegeversicherung in der Mitgliedschaft, im Beitragsrecht und in der Organisation eng mit der Krankenversicherung verbunden ist. Hier überwiegen also stark institutionsbezogene Argumente wie auch das Ziel, keine Lücke entstehen zu lassen und die auf Pflegegeld wie Pflegesachleistungen passenden Vorschriften der Art. 17 ff VO (EG) Nr. 883/2004 hier zur Anwendung zu bringen. Dies führt dann unter Anwendung der VO dazu, dass Anwartschaften in Krankenversicherungssystemen anderer Mitgliedstaaten, die keine Pflegeversicherung kennen oder Pflegeleistungen der (besonderen) Sozialhilfe zuweisen, in

32

Deutschland auch als Anwartschaften für die Pflegeversicherung anerkannt werden müssen (vgl insgesamt die Kritik bei *Haverkate/Huster*, Sozialrecht, Rn 202 ff; *Gassner*, NZS 1998, 313).

33 Die **Verwaltungskommission** hat im Beschluss Nr. 175 vom 23.6.1999 (ABl. (EG) L 47 v. 19.2.2000, S. 23) die Sachleistungen an Pflegebedürftige, die als Leistungen der Krankenversicherung anzusehen sind, sehr umfassend definiert. Hierunter fällt die ganze Versorgung mit ärztlichen und nichtärztlichen Dienstleistungen der Pflege sowie mit Hilfsmitteln etc. Dieser Beschluss wird jetzt durch Art. 1 lit. va) bekräftigt. Ausführlicher ist der Beschluss der Verwaltungskommission S 5 v. 2.10.2009, ABl. C 106 v. 24.4.2010, S. 54-55, der (unter I, 1) festhält, dass „Sachleistungen der Pflegeversicherung, die einen Anspruch auf Übernahme sämtlicher oder eines Teils bestimmter durch die Pflegebedürftigkeit der versicherten Person verursachter und zu ihrem unmittelbaren Nutzen aufgewendeter Kosten einräumen", auch zu den Sachleistungen bei Krankheit zählen und erwähnt dazu die Leistungen „für die häusliche oder in allgemeinen bzw spezialisierten Pflegeeinrichtungen erbrachte Pflege (Krankenpflege und Haushaltshilfe), für den Kauf von Pflegehilfsmitteln oder für Maßnahmen zur Verbesserung des Wohnumfeldes". Begründet wird dies in den Erwägungsgründen wie unter I, a damit, dass diese Leistungen im Wesentlichen die Sachleistungen bei Krankheit ergänzten und der Verbesserung des Gesundheitszustands und der Lebensbedingungen der Pflegebedürftigen dienten.

34 Der EuGH hat seinen Standpunkt auch aufrechterhalten gegenüber
- dem **Pflegegeld nach dem österreichischen Bundespflegegeldgesetz**, das an Renten- und Pensionsbezieher zur Aufstockung ihrer Renten gezahlt wird, um krankheitsbedingte Mehraufwendungen auszugleichen (EuGH, Rs. C-251/99 (Jauch), Slg 2001, I-1901),
- dem **salzburgischen Pflegegeld** (EuGH, Rs. C-286/03 (Hosse), Slg 2006, I-1771),
- dem **Beitrag** der gesetzlichen wie privaten deutschen **Pflegekassen zur Rentenversicherung der Pflegeperson** gemäß § 44 SGB XI iVm § 3 Satz 1 Nr. 1 a und § 166 Abs. 2 SGB VI (EuGH, Rs. C-502/01 und C-31/02 (Gaumain-Cerri und Barth), Slg 2004, I-6483)
- und der **flämischen Pflegeversicherung** (EuGH, Rs. C-212/06 (Gouvernement de la Communauté française), Slg 2008, I-1683, Rn 15 ff, 20).
- Leistungen an Behinderte, insb. **behinderte Kinder** bzw ihre **Pflegepersonen** sind Leistungen bei Krankheit iSv Art. 3 Abs. 1 lit a und auch nicht besondere beitragsunabhängige Leistungen, die gemäß Art. 79 von der VO (EG) Nr. 883/2004 ausgenommen sind (EuGH, Rs. C-299/05 (Kommission/Parlament+Rat), Slg 2007, I-8695, Rn 53-56). Dies kontrastiert mit dem Urteil zum Arbeitsunfähigkeitsgeld für junge Menschen im UK (Rs. C-503/09 (Stewart), ZESAR 2012, 83), in dem es der EuGH auf die Langfristigkeit der Krankheit/Behinderung abgestellt hat und die Leistung dann als eine Leistung bei Invalidität ansah. 2011 ging es allerdings um eine Leistung zum Lebensunterhalt/Einkommensersatz, 2007 dagegen um eine Leistung der Betreuung (dazu auch unten Rn 38).

35 Begründet wird dies in allen Fällen nunmehr stärker funktional, wonach es Aufgabe der Leistungen bei Pflegebedürftigkeit sei, den „Gesundheitszustand und die Lebensbedingungen der Pflegebedürftigen" zu verbessern. Dies ist sehr allgemein, denn an sich diente das österreichische Pflegegeld von den Auszahlungsmodalitäten und seiner Beschränkung auf Sozialversicherte auch dazu, den allgemeinen Mehraufwand von Rentnern und Pensionären auszugleichen (vgl auch *Meier*, Anm. in EuZW 2001, 314/5; *Resch*, RdW 2001, 322 und *Windisch-Graetz*, DRdA 2001, 579). Obwohl die Aufwendungen der Renten- und Pensionsversicherungen für das Pflegegeld vom Staat ersetzt würden, sei nach Ansicht des EuGH das Pflegegeld letztlich auch durch die Krankenversicherung beitragsfinanziert. Deshalb erkannte der EuGH auch nicht an, dass das österreichische Pflegegeld in Anhang II a zu Art. 4 Abs. 2 a und 10 a der VO (EWG) Nr. 1408/71 aufgeführt worden war. Den Beitrag der gesetzlichen wie privaten Pflegekasse zur Rentenversicherung der Pflegeperson gemäß § 44 SGB XI hat der EuGH zu Recht als eine zum Pflegegeld der Versicherten – nach seiner Ansicht – akzessorische Leistung angesehen, die letztlich der Absicherung des Pflegerisikos diene.

In der Rs. Martins (EuGH, Rs. C-388/09 (Martins), ZESAR 2012, 32, Rn 47/8), bestätigt in der 36
Rs. C-562/10 (Kommission/Deutschland) v. 12.7.2012 Rn 51 ff nimmt der EuGH diese klare Zuordnung teilweise wieder in dem Konfliktfall zurück, dass ein portugiesischer Rentner mit Wohnsitz in Portugal, der Rentenleistungen sowohl aus Portugal als auch aus Deutschland bezog und vor seiner Rückkehr nach Portugal Pflegegeld aus der deutschen Pflegeversicherung erhielt, seine deutschen Ansprüche auf Leistungen der KV gemäß Art. 27 VO 1408/71 (Leistungen des Trägers des Wohnorts; jetzt Art. 23 VO (EG) Nr. 883/2004) verloren hatte. Der EuGH umgeht diese nachteiligen Folgen der Ausübung der Grundfreiheit der Freizügigkeit, indem er jetzt zwischen den „Leistungen bei Krankheit im eigentlichen Sinne", und jenen Leistungen, wie denen zur Pflege, unterscheidet, die „nicht zwingend ein integraler Bestandteil dieser Leistungen" bei Krankheit seien und sich von ihnen auch dadurch unterschieden, dass sie langfristiger geleistet würden. Trotz Zuständigkeit des portugiesischen Krankenversicherungsträgers gemäß Art. 27 VO (EG) Nr. 883/2004 könnte dadurch die Pflegeleistung aus der deutschen Pflegeversicherung nach Portugal exportiert werden. Auch wenn das vorlegende BSG (BSG 22.4.2009 – B 3 P 13/07 R, NZS 2010, 218, Rn 40) ähnliche Bedenken an einem Leistungsausschluss und eine ähnliche Differenzierung bei den Pflegeleistungen erwogen hatte, wird die Lösung des EuGH mit der neu entdeckten Differenzierung und Lücke zu Recht scharf kritisiert (Anm. *Osterholz*, in: ZESAR 2012, 41-47). Denn sie ermöglicht es, einerseits in Übereinstimmung mit der VO (EG) Nr. 883/2004 die Leistungen bei Pflege in die VO als Leistungen bei Krankheit einzubeziehen, andererseits – ohne jeglichen Anhalt in der VO (EG) Nr. 883/2004 – das Kollisions- und Sachrecht der VO je nach Situation bzw zur Vermeidung von „Schutzlücken" unbeachtet zu lassen (so hinsichtlich der Art. 15 Abs. 2 VO (EWG) 1408/71/Art. 14 Abs. 2 VO (EG) Nr. 883/2004 in Bezug auf die freiwillige Versicherung in der Pflegeversicherung in der Rs. Martins, Rn 51-58).

5. Leistungen an Behinderte – Leistungen bei Krankheit, beitragsunabhängige Leistungen

Leistungen deutscher Länder an Blinde, Gehörlose und Behinderte, die Mehraufwendungen, die 37
durch die Behinderung im Alltag bedingt sind, durch eine pauschale Geldleistung abdecken sollen, sind unionsrechtlich Leistungen bei Krankheit iSd Art. 4 Abs. 1 lit. a VO 1408/71, jetzt Art. 3 Abs. 1 lit. a VO 883/04, weil sie im Wesentlichen eine Ergänzung der Leistungen der Krankenversicherung zum Zweck haben (EuGH v. 5.5.2011, Rs. C-206/10 (Kommission/Deutschland), InfAuslR 2011, 304, Rn 28/29). Sie dürfen deshalb nicht an Wohnsitzerfordernisse anknüpfen und müssen zB für Grenzgänger exportierbar sein. Um „beitragsunabhängige Sonderleistungen" gemäß Art. 70 VO (EG) Nr. 883/2004 handelt es sich nicht, weil diese Leistungen pauschal, ohne eine individuelle und ermessensgeleitete Prüfung des persönlichen Bedarfs (und der Bedürftigkeit) erfolgen und sie sich auf das Risiko der Krankheit (Art. 4 Abs. 1 VO (EWG) Nr. 1408/71/Art. 3 Abs. 1 VO (EG) Nr. 883/2004) bezögen (ebd. Rn 27/8). Wesentlich ist, dass dann, wenn (Wander-)Arbeitnehmer (Grenzgänger) betroffen sind, der EuGH auch einen Verstoß gegen das Diskriminierungsverbot des Art. 7 VO (EWG) Nr. 1612/68 prüft.

6. Leistungen bei dauerhafter Arbeitsunfähigkeit wegen Krankheit

Ein Überschneidungsbereich mit dem Risiko der Invalidität und den Renten bei Invalidität (Kapitel 4, Art. 44 ff) besteht darin, dass auch die Invalidität auf einer Erkrankung (oder einer Behinderung) beruhen kann. Der EuGH hat die Abgrenzung dahingehend vorgenommen, dass die Leistung bei Invalidität das Risiko einer **längerfristigen Erkrankung mit längerfristiger Arbeitsunfähigkeit** abdeckt (EuGH v. 21.7.2011, Rs. C-503/09 (Stewart), ZESAR 2012, 83, Rn 35-54), ohne dass allerdings eine genauere Zeitgrenze angegeben wird, wie zB im deutschen Recht mit der Grenze von sechs Monaten für das durch die Rentenversicherung gedeckte Risiko der „Erwerbsminderung" wegen Krankheit (§ 43 Abs. 2 und 2 SGB VI). Nicht verständlich und gegen jede objektive Interpretation des Risikos spricht es, dass der EuGH auf den Einzelfall abstellt, dh die Leistung ist dann eine dauerhafte, wenn sie zwar nur für ein Jahr gedacht war, sich im konkreten Fall oder typischer Weise an sie eine längerfristige Leistung anschließt (zu Recht krit. *Reinhard*, Anm. in ZESAR 2012, 92, 93/4). Auch ist die Abgrenzung zum Risiko bei Pflegebedürftigkeit nicht klar (s. oben Rn 34).

7. Leistung bei Vaterschaft

39 Gleichgestellte Leistungen bei Vaterschaft sind vor allem solche, die von dem System gegen Krankheit geleistet werden und die an die Rolle als Vater anknüpfen, also zB Lohnersatz bei Arbeitsausfall wegen Krankheit eines Kindes.

8. Organlebendspende

40 Problematisch ist die Behandlung des Spenders bei der Lebend-Organspende, für den Fall, dass Spender und Empfänger nicht im selben Mitgliedstaat wohnen. Ist die Behandlung des Spenders überhaupt Teil des Leistungssystems und wenn, ist sie Teil der Leistung an den Empfänger oder eine Behandlung des Spenders? Für die sachgerechte Einbeziehung der Behandlung des Organspenders in die Leistungsgewährung des zuständigen Staats des Organempfängers bei gleichzeitiger Absicherung des Empfängers im Leistungsrecht seines Landes plädiert die Empfehlung der Verwaltungskommission S1 v. 15.3.2012 (ABl. C 240 v. 10.8.2012, S. 3/4). Genau diesen Weg geht ein Gesetzesentwurf der Bunderegierung (BT-Drucks. 17/7376): Lebendspender von Organen erhalten einen Anspruch auf medizinische Behandlung, Rehabilitation und Fahrtkosten gegen die Krankenkasse des Organempfängers sowie einen Anspruch auf sechswöchige Entgeltfortzahlung. Bei Folgeerkrankungen ist die Krankenkasse des Spenders für die Behandlung zuständig.

V. Zweispurigkeit: Ansprüche aus der VO (EG) Nr. 883/2004 und direkt aus Art. 56 AEUV (= Art. 49 EG)

1. Grundlage: Dienstleistungsfreiheit

41 Die in Art. 56 AEUV (= Art. 49 EG) den Bürgern garantierte **Dienstleistungsfreiheit** gewährleistet nach der Rechtsprechung des EuGH auch die Freiheit des Dienstleistungsempfängers, ohne vorherige Genehmigung wie bei Art. 20 VO (EG) Nr. 883/2004 grenzüberschreitend Dienstleistungen in einem anderen Mitgliedstaat in Anspruch zu nehmen, wenn die sonstigen Voraussetzungen für den Leistungsanspruch nach nationalem Recht erfüllt sind (die sog. passive Dienstleistungsfreiheit, vgl EuGH, Rs. 286/82 und 26/83 (Luisi bzw Carbone), Slg 1984, 409; *Everling*, EuR Beiheft 1, 1990, 93-95; *Völker*, Passive Dienstleistungsfreiheit im europäischen Gemeinschaftsrecht, 1990). Erstmals 1991 wurde die Anwendung der Dienstleistungsfreiheit auf Gesundheitsdienstleistungen des Krankenversicherungsrechts gefordert und näher untersucht (*Bieback*, Soziale Sicherheit bei Krankheit und Mutterschaft, in: Europäisches Sozialrecht, SDSRV Bd. 36, 1991, 61 ff und *ders.*, Einführender Diskussionsbeitrag, in: *Schulte/Zacher* (Hrsg.), Wechselwirkungen zwischen dem europäischen Sozialrecht und dem Sozialrecht der Bundesrepublik Deutschland, 1991, 177). In den Entscheidungen Kohll und Decker hat der EuGH 1998 seine Aussage von 1984 in der Rechtssache Duphar bekräftigt, dass die Grundfreiheiten grundsätzlich und uneingeschränkt auch für den Bereich der sozialen Sicherheit und der grenzüberschreitenden Inanspruchnahme von Gesundheitsleistungen gelten, es sei denn, der EG-Vertrag enthielte selbst eine Ausnahme (EuGH, Rs. 238/82 (Duphar), Slg 1984, 523; EuGH, Rs. C-158/96 (Kohll), Slg 1998, I-1931, Rn 19, 21 und EuGH, Rs. C-120/95 (Decker), Slg 1998, I-1831, Rn 23, 25). Während sich die ersten Entscheidungen Kohll und Decker noch auf ein nationales System beschränkten, das Gesundheitsdienstleistungen stark nach dem Prinzip der Kostenerstattungen leistete, also Marktbeziehungen voraussetzte, wurde diese Rspr dann auch auf Systeme ausgedehnt, die nur Sachleistungen erbringen (Rs. C-157/99 (Smits und Peerbooms), Slg 2001, I-5473 und Rs. C-368/98 (Vanbraekel), Slg 2001, I-5363; EuGH, Rs. C-385/99 (Müller-Fauré), Slg 2003, I-4509) und sodann gar auf nationale Gesundheitsdienste (EuGH, Rs. C-372/04 (Watts), Slg

2006, I-4325, Rn 88 ff; Rs. C-211/08 (Kommission/Spanien); Rs. C-255/09 (Kommission/Portugal), ZESAR 2010, 479) ausgedehnt. Ausführlich dazu unten Vorbem. vor Art. 1 RL 2011/24/EU Rn 30 ff.

2. Begrenzte Zulässigkeit von Vorabgenehmigungen

Der EuGH sieht eine **Genehmigungspflicht** bei der grenzüberschreitende Nachfrage von stationären Leistungen im Krankenhaus und bei der ambulanten Behandlung (Einsatz von Großgeräten) vor allem dann als **gerechtfertigt** an, wenn es um Bereiche geht, bei denen zur Sicherung der Versorgung und Versorgungsqualität wie auch der finanziellen Sicherung der Versorgung (hohe Investitionen) eine Versorgungsplanung notwendig ist, die durch die grenzüberschreitende Inanspruchnahme von Gesundheitsdienstleistungen gefährdet werden würde. 42

3. Vereinbarkeit des Koordinierungsrechts mit den Grundfreiheiten

Die Regelungen der Art. 17 ff VO (EG) Nr. 883/2004, das System der aushelfenden Sachleistungserbringung, enthält im Verhältnis zum nationalen Recht bzw zur Rechtsstellung im Versicherungsmitgliedstaat teilweise eine **Benachteiligung**, teilweise auch eine Bevorzugung der Personen, die von ihren **Grundfreiheiten**, insb. ihrer Freizügigkeit, Gebrauch machen. Der EuGH hat dies durchgängig an den Grundfreiheiten gemessen und gerade in einigen neueren Entscheidungen zu Recht punktuelle Benachteiligungen als eine sachlich gerechtfertigte und verhältnismäßige Folge eines an sich sinnvollen und erprobten Systems zur Lösung der Probleme der Gesundheitsversorgung bei Mobilitätsprozessen angesehen (EuGH, Rs. C-208/07 (von Chamier-Glisczinski), Slg 2009, I-6095, Rn 85, 87; Rs. C-211/08 (Kommission/Spanien), ZESAR 2010, 479, Rn 50 ff; Rs. C-388/09 (Martins), ZESAR 2012, 32, Rn 72 ff und Rs. C-562/10 (Kommission/Deutschland) v. 12.7.2012 Rn 51 ff). Verhältnismäßig sind etwaige Einschränkungen, weil ihnen in einem generellen System auch (allerdings für andere Betroffene) Vorteile gegenüberstehen und das System der aushelfenden Sachleistungserbringung immer ein funktionierendes System und eine Inländergleichbehandlung gewährleistet. 43

4. Folge: Anspruch auf Ersatz der Kosten, die beim zuständigen Träger entstanden wären

Der Anspruch aus Art. 56 AEUV (= Art. 49 EG) eröffnet nur die Möglichkeit, einen im nationalen Krankenversicherungssystem entstandenen Anspruch auf Leistungen auch durch die Inanspruchnahme ausländischer Leistungserbringer grenzüberschreitend zu realisieren, ohne vorher eine Genehmigung einzuholen, wie sie Art. 20 VO (EG) Nr. 883/2004 verlangt, oder eine Versicherungskarte vorzulegen, wie im Fall der Art. 17 und 19 VO (EG) Nr. 883/2004. Er verändert ansonsten den aus dem nationalen Recht entstandenen Anspruch auf Gesundheitsleistungen nicht. Einmal müssen **alle (sonstigen) Voraussetzungen des nationalen Rechts**, die den Anspruch begründen und die auch ansonsten seine Grenzen abstecken (nur auf bestimmte Behandlungen; Selbstbeteiligungen etc.) auch vorliegen und eingehalten werden. Besteben im nationalen Recht grundsätzlich Genehmigungsvorbehalte für jede Leistungsbeanspruchung, gleich ob im Inland oder im Ausland, müssen die Genehmigungen oder sonstigen Verfahrensvoraussetzungen eingehalten werden (BSG 30.6.2009, B 1 KR 19/08 R, Breithaupt 2010, 105: Vorlage eines Heil- und Kostenplans vor Inanspruchnahme der Leistung Zahnersatz). 44

Der EuGH hat zu Recht betont, dass für den Anspruch aus Art. 56 AEUV (= Art. 49 EG) immer die **Höhe der Kosten** maßgeblich ist, die der Versicherte von seinem zuständigen Träger im Versicherungsmitgliedstaat verlangen kann (EuGH, Rs. C-372/04 (Watts), Slg 2006, I-4325, Rn 131/32; Rs. C-211/08 (Kommission/Spanien), ZESAR 2010, 479, Rn 56 ff; Rs. C-173/09 (Elchinov), ZESAR 2011, 482, Rn 74-81). Obergrenze sind aber immer die **tatsächlichen Behandlungskosten**, die dem Versicherten im Behandlungsmitgliedstaat entstanden sind (Behandlungskosten inklusive Zuzahlungen). Hat der Versicherte im Mitgliedstaat der Leistungserbringung höhere Kosten zu tragen gehabt als im Versicherungsmitgliedstaat, kann er die Kosten nur zu den Sätzen 45 des zuständigen Leistungsträgers im Versicherungsmitgliedstaat ersetzt verlangen. Sind die Kosten im Staat der Leistungserbringung jedoch geringer, weil hier Zuzahlungen etc. gelten, die der zuständige Träger nicht erhebt, so kann der Versicherte auch diese Zuzahlungen vom zuständigen Träger in dem Maße ersetzt verlangen, als der Kostensatz des zuständigen Trägers noch nicht erreicht ist (ausführlich unten Vorbem. vor Art. 1 RL 2011/24/EU, Rn 83 ff und Art. 7 Rn 14 ff; EuGH, Rs. C-173/09 (Elchinov), ZESAR 2011, 482, Rn 79. Kritik bei *Eichenhofer*, Sozialrecht der Europäischen Union, 3. Aufl. 2006, Rn 203).

46 Es werden nur die Kosten der Behandlung ersetzt, **nicht** aber die damit verbundenen **Reise- und Aufenthaltskosten** (EuGH, Rs. C-372/04 (Watts), Slg 2006, I-4325, Rn 134 ff). Zu Recht gilt dies natürlich nicht, wenn solche Nebenkosten zwar im nationalen Bereich getragen würden, aber bei einer Leistungsbeanspruchung im Ausland nicht gewährt würden oder gesondert zu genehmigen wären (ebd., Rn 139). Denn dann würde wieder unzulässigerweise zwischen inländischen und ausländischen Behandlungen diskriminierend unterschieden.

5. Übertragung auf andere Leistungsansprüche (Pflege und Reha)

47 Die Argumentation des EuGH ist so allgemein, dass sie nicht auf die Sachleistungsansprüche auf Krankenbehandlung des SGB V beschränkt werden kann. So hat der EuGH die gleichen Argumente auch bei einem **Anspruch auf Pflegesachleistungen** nach dem SGB XI geprüft (EuGH, Rs. C-208/07 (von Chamier-Glisczinski), Slg 2009, I-6095, Rn 58 ff). Ähnliches muss für Ansprüche auf Leistungen der Rehabilitation gelten (EuGH, Rs. C-8/02 (Leichtle), Slg 2004, I-2641; *Jann*, Die Ersatzkasse 2005, 55). Allerdings geht es bei den **stationären Rehaleistungen** um vorhersehbare Leistungen, bei denen eine nationale Bedarfsplanung der Vorhaltung von Notfallkapazitäten, anders als bei den Krankenhäusern, nicht notwendig ist und deshalb eine Genehmigungspflicht auch nicht gerechtfertigt werden kann (EuGH, Rs. C-8/02 (Leichtle), Slg 2004, I-2641; zust. *Kingreen*, ZESAR 2006, 210, 213).

6. Rezeption im deutschen Krankenversicherungsrecht

48 Die Krankenbehandlung im EU-Ausland wird nunmehr in § 13 Abs. 4 SGB V geregelt. Grundsätzlich gibt es einen freien Anspruch auf Kostenerstattung für Behandlungen in EG-Staaten und Staaten des EWR-Bereichs. Dieser Kostenerstattungsanspruch tritt an die Stelle des Anspruchs auf Sach- oder Dienstleistungen nach dem SGB V, ist also sowohl hinsichtlich seiner Voraussetzungen (Versicherungsschutz etc.), seiner sonstigen allg. Voraussetzungen und Genehmigungserfordernissen und seiner grundsätzlichen Anforderungen an die Qualität (§ 13 Abs. 4 Satz 2 SGB V) sowie seiner Höhe an den Anspruch auf Sachleistung im Inland gebunden. Zu den Voraussetzungen im Einzelnen vgl die Kommentierung bei RL 2011/24/EU Art. 7 Rn 25 ff und Art. 8 Rn 15 ff.

VI. Relevanz und praktische Inanspruchnahme

49 Die finanziellen Aufwendungen für die koordinierten Leistungen betragen nur in Luxemburg ca. 5% aller Gesundheitsleistungen, in den anderen Staaten der Gemeinschaft liegen sie erheblich niedriger und belaufen sich von 0,3% (Belgien) über 0,1% (Deutschland) bis zu 0,03% (Irland) (*Lewalle*, 1991, S. 462/3). Neuere Zahlen scheinen einen Anstieg nahe zu legen: im Durchschnitt entfallen 0,3 bis 0,5% der gesamten Gesundheitsausgaben in der EU auf die grenzüberschreitenden Gesundheitsleistungen des Koordinationsrechts (*Lorff*, ZESAR 2003, 407, 411). Nach Schätzung der Kommission aus 2008 wird etwa 1% der öffentlichen Mittel im Gesundheitswesen für die grenzüberschreitende Gesundheitsversorgung aufgewandt, was einem Betrag von ca. 10 Milliarden EUR für die Gemeinschaft insgesamt entspricht. Laut Erhebungen der Kommission nimmt die überwiegende Mehrheit der Patienten in der EU (insgesamt über 90 %) Gesundheitsdienstleistungen nur im Rahmen des eigenen Gesundheitssystems in Anspruch (KOM (2008) 415 endg.,

2.7.2008, S. 9). Wie eine Umfrage der Techniker Krankenkasse (*Techniker Krankenkasse*, 2001 und 2008) ergab, haben zwischen 2% und 5 % der Versicherten jährlich einen Leistungsfall im Ausland, im Jahr 2007 nur 1%. Ganz überwiegend handelt es sich um leichtere Leistungsfälle, die in der ambulanten Versorgung behandelt werden. Nur 13 % der Versicherten gaben an, Schwierigkeiten bei der sprachlichen Verständigung gehabt zu haben. Eine von der Kommission in Auftrag gegebene Umfrage ergab 2007, dass 4% der EU-Bürger in den letzten zwölf Monaten eine medizinische Behandlung in einem anderen EU-Mitgliedstaat erhalten hatten (EU-Kommission, Flash Eurobarometer, 2007). 4% der Befragten wären bereit, sich in einem anderen Mitgliedstaat behandeln zu lassen. Die wesentlichsten Gründe dafür sind, dass im Heimatstaat keine entsprechende Behandlung erhältlich ist und man im Ausland eine bessere Behandlung erwartet, was bes. bei den Bürgern der neuen Mitgliedstaaten der Fall ist. Ebenso wichtig war die Möglichkeit, im Ausland schneller Zugang zu einer Behandlung zu erhalten – was angesichts der zahlreichen Mitgliedstaaten mit Wartelisten nicht verwundert, wobei Wartelisten kein Hemmnis für eine grenzüberschreitende Inanspruchnahme von Gesundheitsdienstleistungen sein dürfen (unten Art. 20 Rn 7; Vorbem. vor Art. 1 RL 2011/24/EU Rn 76). Wichtig sind auch niedrigere Behandlungskosten. Wer sich nicht für eine Auslandsbehandlung aussprach, führte dafür insbesondere seine Zufriedenheit mit dem lokalen Gesundheitssystem und seine bequeme Erreichbarkeit an.

Die umfassende Erhebung grenzüberschreitender Leistungsbeanspruchung von 1988 ergab (*Lewalle*, S. 463/4, auf der Basis der Abrechnungen von sieben Ländern im Jahre 1988), dass die wichtigsten Fälle waren: die Leistungsbeanspruchung im Ausland nach Eintritt der Krankheit im eigenen Land und Genehmigung der Leistungsbeanspruchung durch den zuständigen Träger des eigenen Landes (Art. 22 Abs. 1 lit. b), c) VO (EWG) Nr. 1408/71 und Formular E 112; jetzt Art. 20), die ca. 59% aller abgerechneten Fälle zwischen den EG-Staaten ausmacht. Mit 25% folgt die Beanspruchung unverzüglicher Leistungen durch Touristen (Art. 22 Abs. 1 lit. a) VO (EWG) Nr. 1408/71 und Formular E 111/Europäische Krankenversicherungskarte; jetzt Art. 19) und 16% nimmt die Leistungsbeanspruchung durch Wanderarbeitnehmer ein (Art. 19 VO (EWG) 1408/71 und Formular E 106; jetzt Art. 17). Dabei machen die Krankenhausbehandlung 68%, die ambulante ärztliche Behandlung 18% und andere Leistungen 14% aller Leistungsfälle aus (*Lewalle*, 1991, S. 464). Neuere Daten der TK zeigen für die Behandlung während eines Aufenthalts (Urlaub etc.) ein anderes Bild: Auch die Verteilung der Erkrankungen weist auf eine stärkere Tendenz zu geplanten Behandlungen hin. Ein Drittel aller Erkrankungen (31%) entfiel 2007 auf (chronische) Gelenk- und Rückenleiden statt wie noch 2003 auf unfallbedingte Verletzungen (25%). Damit haben die Akut- bzw Notfälle in Form von unfallbedingten Verletzungen mit 14% deutlich an Bedeutung verloren. Dies gilt auch für die eher akuten Krankheiten der Atmungsorgane (Erkältung, Grippe, Lungenentzündung), deren Anteil von 23% 2003 auf 11% 2007 zurückgegangen ist. Ein Zehntel der Befragten litt unter Zahnerkrankungen (11%); wobei allerdings nicht jede Behandlung geplant gewesen sein dürfte. Herz-Kreislauf-Erkrankungen machten 10% aus. Nach allen Untersuchungen liegt das Schwergewicht des europäischen koordinierenden Sozialrechts im Bereich der KV nicht so sehr in der Gewährleistung der Mobilität von Wanderarbeitnehmern gemäß Art. 45 und 48 AEUV (= Art. 39 und 42 EG), sondern in der Gewährleistung der Dienstleistungsfreiheit gemäß Art. 56 AEUV (= Art. 49 EG). 50

Die wesentlichen Austauschgebiete sind Grenzregionen, kleinere Mitgliedstaaten und Gebiete mit hohem Tourismusaufkommen. Von den Grenzgebieten ist es vor allem das zwischen Luxemburg und Deutschland/Belgien, da Luxemburg seinen Versicherten großzügig gestattet, Leistungen in den Nachbarländern in Anspruch zu nehmen und hierfür zT direkte Verträge mit entsprechenden Krankenhäusern abgeschlossen hat (*Lewalle*, S. 462/3). Der zweite Schwerpunkt liegt im Grenzgebiet Deutschlands mit den Beneluxstaaten, den Beneluxstaaten untereinander, zwischen Deutschland und Frankreich sowie zwischen Italien und Frankreich. Gerade in der immer mehr ausgebauten grenzüberschreitenden Zusammenarbeit (Interreg/Euregios) spielen Gesundheitsversorgung und Sozialwesen eine wichtige Rolle (vgl *Mohr*, Die Ersatzkasse 2005, 58 und 51

Hofmann, Die BKK 2007, 12). Zu Informationen: www.euregio.nrw.de. Hier hat die Kommission nunmehr den Vorschlag einer VO zur Schaffung eines Europäischen Verbunds für grenzüberschreitende Zusammenarbeit vorgelegt (KOM (2004) 496 endg.), der solche Zusammenarbeit noch erheblich erleichtert hätte, aber nicht weiter verfolgt worden ist. Die Kommission fördert aber weiterhin die interregionale Kooperation durch mehrere Projekte, vor allem durch SSCALA (Social Security Coordination: Activating Local Actors) (vgl dazu http://ec.europa.eu/social/main.jsp?langId=en&catId=89&newsId=1242&furtherNews=yes). Das Projekt NETC@RDS dient vor allem der elektronischen Kooperation im grenznahen Raum (vgl http://netcards-project.com).

52 Eine breite Zusammenarbeit haben Deutschland und Frankreich im Rahmenabkommen Deutschland-Frankreich v. 22.7.2005 (BGBl. 2006 Teil II 1332; BT-Drucks. 16/2859) vereinbart. Es ermächtigt die Bundesländer Baden-Württemberg, Rheinland-Pfalz und Saarland mit angrenzenden französischen Departements Vereinbarungen über grenzüberschreitende Kooperation im Gesundheitswesen zu schließen, zB über Rettungsdienste, die gegenseitige Absprache bei der Spezialisierung von Krankenhäusern, ein Austausch von Patienten und Personal.

53 Dabei spielt nach Erhebungen der TK 2007 zumindest in den Fällen der Urlaubsnachfrage und gezielten Leistungsnachfrage im Ausland das Verfahren nach Art. 19 und 20 so gut wie keine Rolle (TK 2007, S. 8-10). Die seit Ende 2004 in der TK eingeführte EHIC kam nur bei 9 Prozent aller Befragten mit Leistungen im Ausland zum Einsatz. Bei 77 Prozent der Befragten (GKV-weit mindestens 320.000 Mitglieder, in Deutschland 523.000 Personen) erfolgte die Abrechnung über die Kostenerstattung. Bei 6% der befragten TK-Mitglieder (GKV-weit mindestens 23.000 Mitglieder, in Deutschland 37.000 Personen) wurde die Rechnung selbst beglichen und war nicht erstattungsfähig oder wurde nicht eingereicht. So gaben 41% der befragten TK-Mitglieder an, dass sie versucht haben, die Behandlung über die EHIC abzurechnen, sie aber nicht akzeptiert wurde. Dies betraf hochgerechnet auf die GKV mindestens 173.000 Mitglieder und in Deutschland 280.000 Personen. 44% der Befragten unternahmen erst gar keinen Versuch (GKV-weit 186.000 Mitglieder und in deutschlandweit 300.000 Personen). Die Kosten für ambulante Behandlungen werden jedoch häufig direkt in Rechnung gestellt. Ein wichtiger Grund sind die komplizierten Abrechnungswege zwischen den EU-Staaten. Hinzu kommt, dass in einigen Ländern wie Belgien, Finnland, Frankreich und Luxemburg die Behandlung grundsätzlich zunächst selbst bezahlt werden muss, da es dort keine ambulanten Leistungen im Rahmen der Sachleistungsabrechnung gibt. Oft ist der ausländische Arzt zur Erbringung der ärztlichen Leistung berechtigt, jedoch nicht dem nationalem Krankenversicherungssystem angeschlossen. Die Leistungserbringer im EU-Ausland haben auch deshalb keinen besonderen Anreiz, die EHIC zu akzeptieren, da sie bei privater Direktabrechnung höhere Sätze fordern können. Bei den Versicherten bestehen Informationsdefizite zur EHIC.

54 Im 5. Pflegeversicherungsbericht der Bundesregierung v. 20.12.2011 (BT-Drucks. 17/8332, S. 57) geht die Bundesregierung auf der Basis der „Zahl der durchgeführten Begutachtungen im Ausland (2010 waren es 1.875 Begutachtungen) und der Annahme, dass eine durchschnittliche Pflegedauer von drei bis vier Jahren angenommen werden kann und nicht jede Begutachtung zur Anerkennung einer erheblichen Pflegebedürftigkeit führt," davon aus, dass es schätzungsweise 5.000 Leistungsempfänger von Pflegegeld im EU-Ausland gibt.

VII. Verhältnis der Leistungsansprüche der Art. 17 ff VO (EG) Nr. 883/2004 zu jenen nach Art. 56 AEUV und der RL 2011/24/EU

1. Grundzüge

55 In zahlreichen Urteilen (EuGH, Rs. C-368/98 (Vanbraekel), Slg 2001, I-5363; EuGH, Rs. C-56/01 (Inizian), Slg 2003, I-12403, Rn 15 ff; EuGH, Rs. C-208/07 (von Chamier-Glisczinski), Slg 2009, I-6095, Rn 64 ff) hielt es der EuGH zur Gewährleistung der Verkehrsfreiheiten aus Art. 56 und 57

Titel III Leistungen bei Krankheit, Mutterschaft, Vaterschaft   Vorbem. Art. 17 ff

AEUV (= Art. 49 und 50 EG) für ausreichend, dass ein Anspruch gegen den zuständigen Träger auf genehmigungsfreie grenzüberschreitende (ambulante) Leistungsbeanspruchung und auf Kostenerstattung nach den Vorschriften über die Leistungsverpflichtungen des zuständigen Trägers gegeben wird. Das System der Sachleistungsaushilfe nach der VO (EWG) Nr. 1408/71 und jetzt VO (EG) Nr. 883/2004 gibt also eine zusätzliche Form der grenzüberschreitenden Leistungsbeanspruchung, die über das, was nach dem Primärrecht geboten ist, hinausgeht. Sie konnte deshalb nach Ansicht des EuGH auch von einer Genehmigung des zuständigen Trägers (Art. 22 Abs. 1 lit. c) VO (EWG) Nr. 1408/71, jetzt Art. 20) abhängig gemacht werden, während dies bei dem Anspruch auf Basis des Art. 56 AEUV (= Art. 49 EG) nicht geht (oben Rn 41). Der **Anspruch aus Art. 56 AEUV** gegenüber dem zuständigen Träger auf genehmigungsfreie grenzüberschreitende (ambulante) Leistungsbeanspruchung und auf Kostenerstattung nach den Vorschriften über die Leistungsverpflichtungen des zuständigen Trägers wäre danach also gleichsam das „**Grundmodell**", nach dem die Verkehrsfreiheiten hinreichend diskriminierungsfrei realisiert werden können. Das System der Sachleistungsaushilfe gemäß Art. 17 ff ist eine zusätzliche Form der grenzüberschreitenden Leistung.

Später hat der EuGH das Verhältnis der Ansprüche aus Art. 56 AEUV zu den Regelungen des koordinierenden Sozialrechts in der VO (EG) Nr. 883/2004 und ihrer Vorläufer-VO (EWG) Nr. 1408/71 als **gleichrangig** definiert. Die VO sei keine abschließende Konkretisierung des Primärrechts, sondern daneben sei auch noch eine Berufung auf die Verkehrsfreiheiten zulässig (EuGH, Rs. C-208/07 (von Chamier-Glisczinski), Slg 2009, I-6095, Rn 62 ff; EuGH v. 5.10.2010, Rs. C-173/09 (Elchinov), ZESAR 2011, 482, Rn 38). Die Ansprüche aus der Dienstleistungsfreiheit erfassten nur jene Fälle, in denen der Behandelte in einem anderen Mitgliedstaat als dem Behandlungsmitgliedstaat „ansässig" ist wie Art. 56 AEUV voraussetzt, sich also im Behandlungsmitgliedstaat nur kurzfristig aufhält. Dies ist der Fall des Art. 20 VO (EG) Nr. 883/2004. Dagegen erfassen Ansprüche aus Art. 56 AEUV nicht die Fälle, in denen Personen im Ausland ihren Wohnsitz oder Aufenthalt begründet haben und dann dort Leistungen nachfragen. Das ist die Konstellation, die von Art. 17 und 18 VO (EG) Nr. 883/2004 geregelt wird. Auch bei den Fällen des Art. 19 VO (EG) Nr. 883/2004, wenn Personen sich vorübergehend schon im Behandlungsmitgliedstaat aufhalten und dort krank werden, kommen nach Ansicht des EuGH keine Ansprüche aus der Dienstleistungsfreiheit des Art. 56 AEUV in Betracht. Denn Art. 19 VO (EG) Nr. 883/2004 sei insoweit eine gerechtfertigte, teilweise einschränkende, teilweise begünstigende Regelung (EuGH, C-211/08 (Kommission/Spanien), ZESAR 2010, 479, Rn 50 ff; dazu ausführlich unten, Vorbem. vor Art. 1 RL 2011/24/EU Rn 30 ff).   56

Dementsprechend bleibt gemäß Art. 2 lit. m) und den Vorerwägungen 28-33 der RL 2011/24/EU die **VO (EG) Nr. 883/2004** von der **Patienten-RL unberührt**. Vorerwägung Nr. 30 stellt noch einmal ausdrücklich fest, dass die RL 2011/24/EU die Rechte aus der VO (EG) Nr. 883/2004 nicht verdrängen soll, sondern beide Anspruchssysteme nebeneinander gelten und genutzt werden können („Für Patienten sollten die beiden Systeme daher kohärent sein: Entweder die vorliegende Richtlinie oder aber die Verordnungen der Union zur Koordinierung der Sozialversicherungssysteme gelangen zur Anwendung.").   57

Bokeloh (ZESAR 2010, 91) geht davon aus, dass die die Freizügigkeitsrechtsprechung umsetzenden **Ansprüche aus § 13 Abs. 4 und 5 SGB V** gegenüber den koordinationsrechtlichen Ansprüchen **nachrangig** sind, da sie meist geringer seien. Ob ein Anspruch geringer oder umfassender als ein anderer ist, ist eine Frage des Einzelfalls und hier keinesfalls die Regel, kann also auch nicht eine generelle Regelung begründen. Es ist vielmehr davon auszugehen, dass beide Anspruchssysteme **nebeneinander** bestehen und nicht durch Vorrangregelungen im Einzelfall ausgeschaltet werden können.   58

Da sich die Rechte nach Art. 20 VO (EG) Nr. 883/2004 und nach Art. 56 AEUV überschneiden, steht dem/der Versicherten ein **Wahlrecht** zu, welche Rechte er/sie geltend macht (vgl unten Vorbem. vor Art. 1 RL 2011/24/EU Rn 39 ff).   59

Bieback

2. Kriterien der Abgrenzung

60 Der EuGH hat seine Rspr dahingehend zusammengefasst, dass Art. 17 und 19 VO (EG) Nr. 883/2004 Fälle der „**unerwarteten (Auslands-)Behandlung**" beträfen, die sich grundlegend von den Fällen der „**geplanten (Auslands-)Behandlung**" unterschieden, die sich allein auf Art. 56 AEUV (= Art. 49 EG) stützen könnten, wobei daneben auch noch Art. 20 VO (EG) Nr. 883/2004 (früher Art. 22 Abs. 1 lit. c) VO Nr. 1408/71) anwendbar bleibe (EuGH v. 15.6.2010 C-211/08 (Kommission/Spanien), ZESAR 2010, 479, Rn 58 und 69; EuGH, Rs. C-512/08 (Kommission/Frankreich), NZS 2011, 295, Rn 26). Sprachlich und inhaltlich wird damit die Dienstleistungsfreiheit gegenüber den Art. 17 und 19 VO (EG) Nr. 883/2004 insoweit als nachrangig angesehen, wenn die Personen neben ihrem nicht-medizinischen Aufenthaltszweck zB als Grenzgänger, Tourist, Studierender oder Geschäftsreisender noch eine medizinische Behandlung brauchen. Diese Abgrenzung trägt den immanenten Schranken der Grundfreiheiten Rechnung, die – wie die Freizügigkeit oder die Dienstleistungsfreiheit – nur für spezielle Situationen geschaffen worden sind und einmal gegeneinander abgegrenzt werden müssen (Freizügigkeit: Rechte bei dauerndem Aufenthalt und für Grenzgänger/Dienstleistungsfreiheit nur für die gezielte Ausübung der Nachfrage) und die zudem immer nur grenzüberschreitende Sachverhalte schützen.

61 Problematisch ist an dieser Abgrenzung, dass sie **allein auf die subjektiven Faktoren** „unerwartete/geplante" Nachfrage nach Gesundheitsdienstleistungen abstellt. Das ist nicht praktikabel (s. unten Vorbem. vor Art. 1 RL 2011/24/EU Rn 34 ff und 39 ff). Deshalb ist die Unterscheidung nach **objektiven Kriterien** vorzuziehen. Dabei sind alle Anhaltspunkte für die Art und Weise der grenzüberschreitenden Mobilität heranzuziehen und letztlich ist eine Wertung nach dem Schema der „überwiegenden" Kausalität vorzunehmen: Welche Orientierung dominierte? Dabei wird es meist nur um Indizien gehen: Antritt der Reise erst nach Auftreten akuter Krankheitssymptome (dann Art. 20 VO (EG) Nr. 883/2004 und RL 2011/24/EU, so der Schwerpunkt bei *Klein*, in: *Hauck/Noftz*, EU-Sozialrecht, Art. 20 Rn 13), es sei denn, es können unaufschiebbare andere Gründe nachgewiesen werden (vorher gebuchte kostspielige Reise, wichtiger Geschäftstermin, dringende Terminarbeit im Ausland und/oder zuerst nur leichte Symptome). In diesem Fall entstehen Ansprüche nach Art. 19 VO (EG) Nr. 883/2004 (wie hier zust. *Schreiber*, in: *Schreiber u.a.*, VO (EG) Nr. 883/2004, 2012, Art. 20 Rn 8).

62 Kaum nach sinnvollen objektiven Kriterien ist der Fall zu entscheiden, dass sich eine **chronisch kranke Person** zur Arbeit oder als Tourist/Studierender in einen anderen Mitgliedstaat begibt, bei der eine medizinische Behandlung absehbar oder regelmäßig notwendig wird, beide Motive und Ziele, Tourismus und Krankenbehandlung, evtl gar gleichberechtigt sind (Kur oder Gebisssanierung im Ausland). Solche **Personen mit gemischten Zielen** könnten an sich mit Grenzübergang auch Ansprüche nach Art. 20 VO (EG) Nr. 883/2004 bzw Art. 56 AEUV/RL 2011/24/EU geltend machen. Da diese Personengruppe jedoch wie alle anderen Bürger der EU auch volle Freizügigkeit genießt, hat die Verwaltungskommission sie seit dem Beschluss Nr. 123 vom 24.2.1984 (ABl. (EG) C 203 v. 2.8.1984, S. 13 für Dialysepatienten) ausdrücklich unter den Geltungsbereich des Art. 22 Abs. 1 lit. a) VO (EWG) Nr. 1408/71, jetzt Art. 19 VO (EG) Nr. 883/2004, gestellt. Dementsprechend hat der Beschluss der Verwaltungskommission Nr. S. 3 v. 12.6.2009 (ABl. C 106 v. 24.4.2010, S. 40-41) zu Art. 19 in Nr. 3 auch den Aufenthalt in einem anderen Mitgliedstaat bei Inanspruchnahme großer Behandlungen (Nierendialyse, Sauerstofftherapie, spezielle Asthmatherapie, Echokardiographie bei chronischen Autoimmunkrankheiten, Chemotherapie) unter Art. 19 VO (EG) Nr. 883/2004 eingeordnet. Bei solchen gemischten Zielen ist dies eine sachlich gut vertretbare Lösung, da durch die Sachleistungsaushilfe, die Integration in das System des Mitgliedstaats des vorübergehenden Aufenthalts, eine optimale Versorgung sichergestellt wird.

63 Letztlich steht hinter der Einordnung dieser Fälle unter Art. 19 VO (EG) Nr. 883/2004 und nicht unter Art. 20 VO (EG) Nr. 883/2004/RL 2011/24/EU nicht nur die Entscheidung, dass die damit anwendbare Sachleistungsaushilfe im Behandlungsmitgliedstaat eine gut vertretbare, sinnvolle

Lösung ist. Sondern auch eine formale Entscheidung nach **Vorrangkriterien**: Art. 20 ist mit der großen Beeinträchtigung durch das Erfordernis einer Vorabgenehmigung nur anwendbar, wenn es keine anderen Lösungen gibt (Art. 20 Einl.-Satz VO (EG) Nr. 883/2004). Ebenfalls für einen Vorrang des Art. 19 der VO (EG) Nr. 883/2004 sprechen Art. 2 lit. m) RL 2011/24/EU sowie die systematische Inkorporation der Strukturen der Art. 17-20 der VO (EG) Nr. 883/2004 in die Richtlinie (unten Art. 2 RL 2011/24/EU Rn 3).

Die Entscheidung, nach welcher Norm ein Sachverhalt zu beurteilen ist, fällt letztlich der Träger, 64 den die Versicherte zuerst angeht: Sei es über den Antrag auf eine Vorabgenehmigung nach Art. 20 (zuständiger Träger) oder meistens über den Antrag auf Kostenerstattung. Er kann bei dem aushelfenden Träger im Behandlungsmitgliedstaat gestellt werden (dann Anspruch aus Art. 19 VO (EG) Nr. 883/2004 iVm Art. 25 Abs. 4 DVO (EG) 987/2009) oder beim zuständigen Träger im Versicherungsmitgliedstaat, der sowohl über die Ansprüche aus Art. 19 VO (EG) Nr. 883/2004 iVm Art. 24 Abs. 5 bis 7 DVO (EG) 987/2009 wie auch über Ansprüche auf der Basis des Art. 20 iVm Art. 25 Abs. 6 und 7 DVO (EG) 987/2009 und die Ansprüche nach Art. 7 der RL 2011/24/EU entscheidet. In diesem Fall hat die Versicherte ein Wahlrecht (oben Rn 59 und unten Vorbem vor Art 1 RL 2011/24/EU Rn 39 ff).

3. Zusätzliche Leistungen nach nationalem Recht

Die Mitgliedstaaten können über die Rechte nach der VO (EG) Nr. 883/2004 und der 65 RL 2011/24/EU hinaus weitere Ansprüche auf grenzüberschreitende Inanspruchnahme von Gesundheitsdienstleistungen gewähren (vgl allg. EuGH, Rs. 69/79 (Jordens-Vosters), Slg 1980, 75; *Windisch-Graetz*, 2003, S. 211, 215 ff). So kann zB der zuständige Träger nach seinem Recht Verträge mit ausländischen Leistungsträgern zur direkten Gewährung von Leistungen nach dem Sachleistungsprinzip und Recht des Versicherungsmitgliedstaats abschließen. So ist die Ermächtigung in § 140 e SGB V an die deutschen Krankenkassen zu verstehen, Verträge mit Leistungserbringern aus den EU-Staaten abzuschließen, da diese Vorschrift nicht speziell auf die Leistungserbringung allein nach der RL 2011/24/EU oder der VO (EG) Nr. 883/2004, sondern auf das gesamte Leistungserbringungsrecht nach dem 3. Kapitel des SGB V (§§ 11-68) verweist (vgl *Kingreen*, in: *Becker/Kingreen*, SGB V § 13 Rn 33 und § 140 e Rn 3). § 140 e SGB V spielt aber in der Praxis keine große Rolle.

4. Übersicht über die möglichen Ansprüche

Zusammenfassend ergibt sich damit folgende Abgrenzung zwischen der VO (EG) Nr. 883/2004 66 und Ansprüchen aus der RL 2011/24/EU:

Abgrenzung der Ansprüche nach Art. 17-20 VO (EG) Nr. 883/2004 und Art. 56 AEUV bzw RL 2011/24/EU

	Behandlungsstaat ist nicht der Staat, in dem die Person gegen Krankheit versichert ist/Ansprüche auf Leistungen zur Behandlung bei Krankheit erworben hat				
Art der Trennung von Versicherungsmitgliedstaat und Behandlungsmitgliedstaat	Wohnort im Behandlungsstaat	(Vorübergehender) Aufenthalt im Behandlungsstaat (zB als Tourist)	Reise in den Behandlungsstaat, um Gesundheitsleistungen nachzufragen		
	„unerwartete (Auslands-)Behandlung"		„geplante (Auslands-)Behandlung"		
Typus + Regelung	Art. 17/18 VO (EG) Nr. 883/2004	Art. 19 VO (EG) Nr. 883/2004	Art. 20 VO (EG) Nr. 883/2004	Art. 56 AEUV und RL 2011/24/EU	Zusätzlicher Sachleistungsanspruch, § 140e SGB V
Recht der Leistungsgewährung	Voraussetzungen des Anspruchs nach dem Recht des Versicherungsstaats			Art und Kosten nach Recht des Versicherungsmitgliedstaats; Gleichstellung mit Personen im Behandlungsstaat	Art und Kosten nach Versicherungsmitgliedstaat
	Aushelfende Sachleistungserbringung durch den Staat, in dem die Behandlung stattfindet, dh volle und gleichberechtigte Integration in das Leistungssystem des Behandlungsstaats (evtl mehr oder weniger als im Versicherungsmitgliedstaat)				
Personenkreis	Personen mit Anspruch auf Leistungen der Gesundheitsversorgung in den gesetzlichen Systemen der Sozialen Sicherheit			Dito; teilweise auch Patienten	Versicherte nach SGB V
Vorabgenehmigung	Keine, nur Nachweis der Versicherung (Versicherungskarte und Dok. S1)		Vorabgenehmigung und Nachweis durch Dok. S2	Keine, es sei denn beplanter Bereich	Keine
Kostenerstattung/ Vorkasse des Versicherten	Grds. keine Vorkasse und Vorabgenehmigung; Vorkasse bei Systemversagen im Behandlungsmitgliedstaat. Träger rechnen direkt untereinander ab			Vorkasse; Kostenerstattung nach Recht des Versicherungsmitgliedstaats	Keine; dt. Träger rechnet direkt mit ausl. Leistungserbringer ab

VIII. Rechte bei Leistungsdefiziten/rechtswidriger Verweigerung von Leistungen nach der VO (EG) Nr. 883/2004

67 Für den Konflikt, ob ein Leistungsanspruch nach Art. 17 (Wohnort außerhalb des zuständigen Staates) oder 18 ff (Aufenthalt außerhalb des zuständigen Staates) oder nach Art. 19 oder Art. 20 (Aufenthalt allgemein oder Aufenthalt zur Beanspruchung medizinischer Leistungen im Behandlungsmitgliedstaat) vorliegt und damit evtl unterschiedliche Nachweise oder Träger und Verfah-

ren einschlägig sind, sieht das Koordinierungsrecht keinen Konfliktlösungsmechanismus vor. Der Konflikt kann aber nicht zu Lasten der Freizügigkeit gehen. Stellt der zuständige Träger eine Versicherungskarte nicht oder nicht rechtzeitig aus, lehnt er eine Vorabgenehmigung ab oder gibt er sie nicht rechtzeitig hat der/die Versicherte ein Recht auf Nachfrage der Leistung im Behandlungsmitgliedstaat und darf der aushelfende Träger/der Träger des Wohnorts die Leistung nicht verweigern, sondern muss nach seinem Recht darüber entscheiden, ob er die Leistung gewähren kann und muss. Er kann dann evtl vom zuständigen Träger Kostenerstattung verlangen (vgl auch *Windisch-Graetz*, 2003, S. 227/8). Der/die Versicherte kann jeweils den zuständigen Träger, Träger des Wohnorts und Träger des Aufenthaltsorts verklagen, rechtsverbindlich die ihm/ihr zustehenden Bescheinigungen auszugeben bzw Feststellungen zu treffen oder Leistungen zu gewähren.

Bei **Leistungsdefiziten des aushelfenden Trägers**, der zB die Leistung nicht oder nicht rechtzeitig zur Verfügung stellt oder sie verweigert, würde es dem Sinn und Zweck des koordinierenden Sozialrechts, zusätzliche Rechtsansprüche zu begründen, widersprechen, wenn der Leistungsberechtigte allein auf die Ansprüche gegen den aushelfenden Träger verwiesen würde. Vielmehr bleibt der zuständige Träger zur Leistung verpflichtet und es muss eine Lösung nach nationalem Recht gefunden werden (so zu Recht in Kritik an BSG SGb 2008, 305, *Devetzi*, Anm. zum BSG, ebd. S. 310/11). In Deutschland kämen dann allgemeine Ansprüche auf Kostenerstattung gemäß § 13 Abs. 3 und 4 SGB V in Betracht, wobei sich der zuständige Träger das Fehlverhalten des aushelfenden Trägers im Rahmen des § 13 Abs. 3 zurechnen lassen muss und/oder, die Begrenzungen in § 13 Abs. 4 nicht gelten. Das Koordinationsrecht sieht für diese Fälle auch den besonderen Anspruch vor, ohne Einhaltung der Verfahren der Vorlage der Bescheinigungen und der Registrierung beim ausländischen Träger für Leistungen im Ausland Kostenerstattung vom zuständigen Träger zu erhalten (Art. 25 Abs. 4 und 5 VO (EG) Nr. 987/2009). 68

IX. Abweichendes/ergänzendes Recht durch Regelungen mit einzelnen Staaten (Anhang II der VO (EG) Nr. 883/2004)

In Anhang II der VO (EG) Nr. 883/2004 wird die Weitergeltung älterer Abkommen zwischen den Mitgliedstaaten festgelegt, die aber meist die Rentenversicherung, nicht die Krankenversicherung betreffen. Mit einer Ausnahme: Im Verhältnis Deutschland-Schweiz gilt grundsätzlich die VO (EG) Nr. 883/2004, zusätzlich aber gemäß Anhang II der VO noch das Abkommen vom 25.2.1964 über soziale Sicherheit, geändert durch das Erste Zusatzabkommen vom 9.9.1975 und das Zweite Zusatzabkommen vom 2.3.1989, weiter, vor allem Nummer 9 e Abs. 1 Buchst. b) Sätze 1, 2 und 4 des Schlussprotokolls, die den Zugang von Rückkehrern zur freiwilligen Krankenversicherung in Deutschland bei Verlegung des gewöhnlichen Aufenthalts nach Deutschland erleichtern (vgl dazu Beschluss Nr. 1/2012 des Gemischten Ausschusses, eingesetzt im Rahmen des Abkommens zwischen der Europäischen Gemeinschaft und ihren Mitgliedstaaten einerseits und der Schweizerischen Eidgenossenschaft andererseits über die Freizügigkeit v. 31.3.2012 ABl. L 103 v. 13.4.2012 S. 51-59). In **Anhang III der Verordnung (EG). Nr. 883/2004** („Beschränkung des Anspruchs auf Sachleistungen für Familienangehörige von Grenzgängern") wird kein Eintrag für die Schweiz vorgenommen. 69

X. Nachweis-Dokumente in neuer Form: Elektronischer Datenverbund

Das Recht der aushelfenden Sachleistungserbringung führt zu einer Spaltung des Leistungsprozesses zwischen dem zuständigen Träger, der die Versicherungsmitgliedschaft bescheinigen muss und später die Kosten trägt, und dem aushelfenden Träger, der im Vertrauen auf die Bescheinigungen des zuständigen Trägers die Leistung erbringt und die Kosten gegenüber dem zuständigen Träger abrechnet. Mit der VO (EG) Nr. 883/2004 wurden für die Versicherten und Bürger/innen **neue portable Dokumente (S1-S3)** eingeführt, die viele der älteren Dokumente der E-Serie ersetzen. Sie sind in den Leistungsfällen des Art. 17/18 (Wohnortnahme in einem anderen Land) und 70 des Art. 20 (grenzüberschreitenden Inanspruchnahme von Gesundheitsdienstleistungen) anzuwenden; für die Behandlung während eines normalen, nicht medizinisch bedingten Aufenthalts (Art. 19) ist dagegen die Europäische Gesundheitskarte, die mit der deutschen elektronischen Gesundheitskarte verbunden ist. Um jeweils auf dem aktuellen Stand der Daten des jeweiligen Trägers handeln zu können, ist vorgesehen, dass die Mitgliedstaaten Daten zur sozialen Sicherheit auf elektronischem Wege austauschen müssen (Art. 4 der DVO (EG) 987/2009). Solche Systeme wurden schon nach der VO (EWG) Nr. 1408/71 und Nr. 574/72 zwischen einzelnen Mitgliedstaaten bilateral vereinbart, sollen jetzt aber flächendeckend gelten. Die Kommission nennt dieses neue System **Electronic Exchange of Social Security Information (EESSI)**. Es soll alle Papiervordrucke ersetzen. Der Datenaustausch findet über sogenannte **strukturierte elektronische Dokumente** („SED") statt. Sie spielen vor allem in der Abrechnung zwischen den einzelnen Trägern der Krankenversicherung eine entscheidende Rolle und werden die Papierformulare ganz ersetzen. Für die Etablierung des EESSI war eine Übergangszeit bis zum 31.4.2012 vorgesehen, die jetzt bis Mai 2014 verlängert wurde (Art. 95 der DVO (EG) 987/2009). S. hierzu ausführlicher die Kommentierung bei Art. 78. Zurzeit werden für den internen Datenaustausch und die Erstattung zwischen den Trägern weiterhin die alten Papierformulare der „E-Serien" verwandt.

71 Die Liste der weiterhin portablen Dokumente und die entsprechenden SED zum Nachweis von Berechtigungen im Bereich der Krankenversicherung (nach Angaben der Verwaltungskommission):

Liste der portablen Instrumente zum Nachweis der Leistungsberechtigung	Name
Europäische Krankenversicherungskarte (EKVK)	EHIC
Vorläufige Bescheinigung anstelle der EKVK	REPL
Portables Dokument S1 (allg. Nachweis des Leistungsanspruchs, früher E 106, 109 und 121)	S1
Portables Dokument S2 (Nachweis der Anspruchsberechtigung Art. 20 und 27, früher E 112)	S2
Portables Dokument S3 (Anspruchsbescheinigung – Ehemalige/r Grenzgänger/in – Familienangehörige/r eines ehemaligen Grenzgängers/einer ehemaligen Grenzgängerin)	S3
SED S072 (Anspruchsbescheinigung – Wohnort: Art. 17, 22, 24-26)	S072
SED S045 (Anspruchsbescheinigung – vorübergehender Aufenthalt: Art. 19)	S045
SED S010 (Antwort auf Bitte um Anspruchsbescheinigung – geplante Behandlung außerhalb des Wohnmitgliedstaats: Art. 20 und 27)	S010
SED S008 (Anspruchsbescheinigung – Ehemalige/r Grenzgänger/in – Familienangehörige/r eines ehemaligen Grenzgängers/einer ehemaligen Grenzgängerin)	S008
E106 (Bescheinigung des Anspruchs der in einem anderen Staat als dem zuständigen Staat wohnenden Versicherten auf Sachleistungen bei Krankheit und Mutterschaft: Art. 19)	E106
E109 (Bescheinigung zur Eintragung der Familienangehörigen des Arbeitnehmers oder Selbstständigen und für die Führung der Verzeichnisse: Art. 19 Abs. 2 VO (EWG) 1408/71, jetzt Art. 17)	E109
E112 (Bescheinigung über die Weitergewährung der Leistungen der Kranken-/Mutterschaftsversicherung: Art. 22 Abs. 1 lit. b) Ziff. i VO (EWG) 1408/71, jetzt Art. 17)	E112
E120 (Bescheinigung über den Anspruch des Rentenantragsstellers und seiner Familienangehörigen auf Sachleistungen: Art. 26 Abs. 1 VO (EWG) 1408/71, jetzt Art. 22)	E120

Liste der portablen Instrumente zum Nachweis der Leistungsberechtigung	Name
E121 (Bescheinigung über die Eintragung der Rentenberechtigten oder ihrer Familienangehörigen und die Führung der Verzeichnisse: Art. 28 und Art. 29 Abs. 1 lit. a) VO (EWG) 1408/71, jetzt Art. 22)	E121

Übersichten und Materialien zu den neuen Dokumenten unter (1) http://europa.eu/youreurope/citizens/work/social-security-forms/index_en.htm (2), letzter Zugriff 1.9.2012; zu den alten Dokumenten (2 a) http://europa.eu/youreurope/citizens/work/social-security-forms/e-forms_en.htm (2 b) http://www.krankenkassen.de/ausland/E-Formulare-Uebersicht/:Unter http://ec.europa.eu/social/main.jsp?langId=de&catId=868, letzter Zugriff 1.9.2012.

Die EU-Krankenversicherungskarte wird zunehmend stärker zur grenzüberschreitenden Inanspruchnahme von Gesundheitsdienstleistungen bei normalen vorübergehenden Aufenthalten im EU-Ausland benutzt (Leistungsfall des Art. 19 VO (EG) Nr. 883/2004). Etwa 37% aller EU-Bürger (ca. 185 Millionen) nutzen sie. In Deutschland sind es 54,7% (Eureport social 9-10/2011, S. 19).

Artikel 17 Wohnort in einem anderen als dem zuständigen Mitgliedstaat

Ein Versicherter oder seine Familienangehörigen, die in einem anderen als dem zuständigen Mitgliedstaat wohnen, erhalten in dem Wohnmitgliedstaat Sachleistungen, die vom Träger des Wohnorts nach den für ihn geltenden Rechtsvorschriften für Rechnung des zuständigen Trägers erbracht werden, als ob sie nach diesen Rechtsvorschriften versichert wären.

Artikel 22 DVO   Allgemeine Durchführungsvorschriften

(1) Die zuständigen Behörden oder Träger tragen dafür Sorge, dass den Versicherten alle erforderlichen Informationen über die Verfahren und Voraussetzungen für die Gewährung von Sachleistungen zur Verfügung gestellt werden, wenn sie diese Leistungen im Hoheitsgebiet eines anderen Mitgliedstaats als dem des zuständigen Trägers erhalten.

(2) Ungeachtet des Artikels 5 Buchstabe a der Grundverordnung hat ein Mitgliedstaat die Kosten von Leistungen nach Artikel 22 der Grundverordnung nur dann zu tragen, wenn der Versicherte entweder nach den Rechtsvorschriften dieses Mitgliedstaats einen Antrag auf Rente gestellt hat oder nach den Artikeln 23 bis 30 der Grundverordnung eine Rente nach den Rechtsvorschriften dieses Mitgliedstaats bezieht.

Artikel 23 DVO   Regelung bei einem oder mehreren Systemen im Wohn- oder Aufenthaltsmitgliedstaat

Sehen die Rechtsvorschriften des Wohn- oder Aufenthaltsmitgliedstaats mehr als ein Versicherungssystem für den Fall der Krankheit, Mutterschaft oder Vaterschaft für eine oder mehrere Kategorien von Versicherten vor, so finden für Artikel 17, Artikel 19 Absatz 1 und die Artikel 20, 22, 24 und 26 der Grundverordnung die Vorschriften über das allgemeine System für Arbeitnehmer Anwendung.

Artikel 24 DVO   Wohnort in einem anderen als dem zuständigen Mitgliedstaat

(1) ¹Bei der Anwendung von Artikel 17 der Grundverordnung müssen sich der Versicherte und/oder seine Familienangehörigen beim Träger ihres Wohnorts eintragen lassen. ²Ihr Sachleistungsanspruch im Wohnmitgliedstaat wird durch ein Dokument bescheinigt, das vom zuständigen Träger auf Antrag des Versicherten oder auf Antrag des Trägers des Wohnorts ausgestellt wird.

(2) Das in Absatz 1 genannte Dokument gilt solange, bis der zuständige Träger den Träger des Wohnorts über seinen Widerruf informiert.

Der Träger des Wohnorts benachrichtigt den zuständigen Träger von jeder Eintragung nach Absatz 1 und von jeder Änderung oder Streichung dieser Eintragung.

(3) Für die in den Artikeln 22, 24, 25 und 26 der Grundverordnung genannten Personen gilt der vorliegende Artikel entsprechend.

I. Normzweck und Entstehungsgeschichte.... 1	d) Verfahren............................ 21
II. Einzelerläuterungen........................ 4	e) Bindungswirkung der Bescheinigungen und medizinischen Befunde.... 23
1. Unterscheidung zwischen Sach- und Geldleistungen.......................... 4	4. Konsequenzen nicht erfolgter oder verweigerter Sachleistungsaushilfe......... 25
2. Persönlicher und sachlicher Anwendungsbereich........................... 7	5. Klärung des anzuwendenden Systems der Leistungsaushilfe gemäß Art. 23 DVO....................... 28
a) Persönlicher Anwendungsbereich.. 7	
b) Sachlicher Geltungsbereich......... 12	
3. Sachleistungsaushilfe..................... 14	6. Lösung von Konflikten zwischen unterschiedlichen Ansprüchen nach Titel III, Kapitel 1 (KV)......................... 29
a) Prinzip............................... 14	
b) Leistungsvoraussetzungen nach dem Recht des aushelfenden und des zuständigen Staates................. 16	III. Umsetzung in das nationale Krankenversicherungsrecht............................... 30
c) Defizite bei Unterschieden im Leistungsrecht........................... 18	

I. Normzweck und Entstehungsgeschichte

1 Art. 17 entspricht weitgehend Art. 19 Abs. 1 VO (EWG) Nr. 1408/71. Grundsätzlich gilt das Krankenversicherungsrecht der meisten Mitgliedstaaten der EU nur national (Territorialitätsprinzip). Nur wer nach nationalem Recht versichert ist und sich im Mitgliedstaat, in dem die Versicherung besteht, befindet, hat Anspruch auf Leistungen (zB § 16 ff SGB V im deutschen Recht). Das Internationale koordinierende Sozialrecht – wie das EU-Sozialrecht – hebt diese territoriale Begrenzung auf und gibt auch dann Ansprüche auf Leistungen, wenn man sich außerhalb des Staates befindet, in dem man versichert ist. Leistungspflichtig bleibt der „zuständige Träger", was gemäß Art. 1 lit. q) der Träger ist, bei dem die Versicherung besteht bzw dem gegenüber die betreffende Person den Leistungsanspruch hätte, wenn sie in dem Staat, in dem der Träger seinen Sitz hat, wohnen würde. Dabei regeln Art. 17 bis 20 und Art. 22 die Ansprüche auf Sachleistungen, Art. 21 die auf Geldleistungen im Falle der Krankheit. Innerhalb der Art. 17 bis 20 und Art. 22 betrifft Art. 17 den Fall, dass sich eine versicherte Person oder ihre Familienangehörigen, die in einem Mitgliedstaat bei einem Träger der sozialen Sicherung versichert ist („zuständiger Träger"), in einem anderen Mitgliedstaat dauerhaft aufhält, dort wohnt („Wohnstaat" gemäß Art. 1 lit. j). Dies sind vor allem Grenzgänger und entsandte Arbeitnehmer. Art. 18 regelt den Fall, dass sich diese Person oder ihre Familienmitglieder, die weiterhin in einem anderen als dem Staat des „zuständigen Trägers" wohnen, im Staat des „zuständigen Trägers" aufhalten. Art. 19 schließlich regelt den Fall, dass die versicherte Person oder ihre Familienangehörigen sich in einem anderen als dem zuständigen Mitgliedstaat nur vorübergehend aufhalten (Urlaub, geschäftliche Zwecke etc.). Art. 20 schließlich regelt den Fall der Erbringung von Sachleistungen, nämlich, dass sich die versicherte Person oder ihre Familienangehörigen in einen anderen als dem zuständigen Staat aufhalten, um dort medizinische Leistungen in Anspruch zu nehmen. Art. 21 regelt den Export von Geldleistungen.

2 Die Abwicklung der Leistung ist unterschiedlich, je nachdem, ob es sich um eine Sachleistung gemäß Art. 17 ff einerseits oder um eine Geldleistung gemäß Art. 21 andererseits handelt. Art. 17 stellt für Sachleistungen den Grundsatz auf, dass Leistungsberechtigte und ihre Angehörige Leistungen der KV dann, wenn sie in einem anderen Staat wohnen als dem, in dem sie versichert und/ oder leistungsberechtigt sind, einen Anspruch gegen den zuständigen Träger des Wohnsitzstaats erhalten und in das System des Wohnsitzstaats integriert werden (Sachleistungsaushilfe). Geldleistungen werden dagegen gemäß Art. 21 vom zuständigen Träger nach den für ihn geltenden Vorschriften in das Wohnsitzland exportiert. Allerdings kann der zuständige Träger mit der Aus-

zahlung auch den Träger des Wohnortes beauftragen. Diese Regelung für die Leistungserbringung bei Krankheit entspricht weitgehend derjenigen für die Gewährung von medizinischen Leistungen bei Arbeitsunfällen und Berufskrankheiten (Art. 36 Abs. 1 und Abs. 3), wie die Leistungen bei Krankheit und bei Arbeitsunfällen und Berufskrankheiten auch nach dem Recht der Bundesrepublik weitgehend kongruent sind (vgl §§ 11 Abs. 4, 27 SGB V und §§ 27 ff SGB VII).

Art. 17 enthält **keine abschließende Bestimmung** des Leistungsmodus und des leistenden Trägers. 3
Einmal kann das nationale Recht in Ergänzung zur VO (EG) Nr. 883/2004 den zuständigen Träger auch subsidiär als Leistungsverpflichteten bestimmen und dem Versicherten damit einen zusätzlichen Anspruch verschaffen. Dadurch wird die Ordnungsfunktion des koordinierenden Sozialrechts nicht ausgehebelt, sondern nach dem Günstigkeitsprinzip dem Versicherten noch ein weiterer Anspruch gegeben (*Windisch-Graetz*, 2003, S. 211, 215 ff zu Recht unter Verweis auf EuGH, Rs. 69/79 (Jordens-Vosters), Slg 1980, 75). Dass die Ansprüche des koordinierenden Sozialrechts die Ansprüche der Versicherten nicht abschließend regeln, sondern die Mitgliedstaaten daneben noch weitere, günstigere Ansprüche gewähren können, hat der EuGH in zahlreichen Urteilen entschieden (s. oben Vorbem. vor Art. 17 Rn 55 ff). Generell sind dies jetzt die Ansprüche auf Basis der RL 2011/24/EU (s. dort die Kommentierung und zum Verhältnis zur VO (EG) Nr. 883/2004; s. oben Vorbem. vor Art. 17 Rn 55 ff).

II. Einzelerläuterungen

1. Unterscheidung zwischen Sach- und Geldleistungen

Die VO (EG) Nr. 883/2004 definiert in dem durch den gemeinsamen Standpunkt vom 17.12.2008 4
eingefügten Art. 1 lit. va) Abs. i) **Sachleistungen** bei Krankheit rein final danach, dass sie „den Zweck verfolgen, die ärztliche Behandlung und die diese Behandlung ergänzenden Produkte und Dienstleistungen zu erbringen bzw. zur Verfügung zu stellen oder direkt zu bezahlen oder die diesbezüglichen Kosten zu erstatten". Damit folgt die VO der rein finalen Bestimmung dieses Begriffes durch den EuGH (Rs. C-208/07 (von Chamier-Glisczinski), Slg 2009, I-6095, Rn 48; Rs. 466/04 (Acereda Herrera), Slg I-2006, I-5341, Rn 29 ff; Rs. 33/65 (Dekker), Slg 1965, 901; Rs. 61/65 (Vaasen-Göbbels), Slg 1966, 583; Rs. C-160/96 (Molenaar), Slg 1998, I-843, Rn 31; dazu *Watson*, S. 204 ff; *Gassner*, NZS 1998, 313 und wie hier zust. *Schreiber,* in: *Schreiber u.a.,* VO (EG) Nr. 883/2004, 2012, Art. 17 Rn 8; *Klein,* in: *Hauck/Noftz,* Art. 17 Rn 17). **Geldleistungen** haben meist Lohnersatzfunktion (EuGH, Rs. C-160/96 (Molenaar), Slg 1998, I-843, Rn 31) oder betreffen reine Geldleistungspflichten, wie den Beitrag zur KVdR oder die Zahlung eines Beitrags zur RV für Pflegepersonen. Wesentliche **Kriterien des EuGH** sind, dass

- die Zahlung periodisch erfolgt und nicht davon abhängt, dass zuvor bestimmte Auslagen entstanden sind,
- es sich um einen festen Betrag handelt, der von den Ausgaben unabhängig ist, die der Empfänger tatsächlich bestritten hat, um für seinen täglichen Lebensunterhalt aufzukommen
- und der Empfänger bei der Verwendung des Pflegegeldes über weitgehende Freiheit verfügt.

Sachleistungen beziehen sich nach Ansicht des EuGH auf persönliche Dienstleistungen sowie Heil- und Hilfsmittel, auch wenn die KV dafür Geld im Wege der Kostenerstattung oder Kostenübernahme zahlt (EuGH, Rs. 466/04 (Acereda Herrera), Slg I-2006, I-5341, Rn 29 ff; EuGH, Rs. C-160/96 (Molenaar), Slg 1998, I-843, Rn 31; EuGH, Rs. 61/65 (Vaasen-Göbbels), Slg 1966, 583, 607; BSG 30.6.2009, B 1 KR 22/08 R, ZESAR 2010, 81, Rn 17). Dienen Geldleistungen der Beschaffung einer Dienstleistung oder dem Ersatz für Auslagen zur Beschaffung dieser Dienstleistung (Kostenerstattung), wie zB der Haushaltshilfe, häuslichen Krankenpflege und häuslichen Pflegehilfe gemäß §§ 37, 38, 55 SGB V, handelt es sich ebenfalls um eine Sachleistung (EuGH, Rs. 466/04 (Acereda Herrera), Slg I-2006, I-5341, Rn 29 ff, 35; EuGH, Rs. 75/63 (Unger), Slg 1964, 381); so auch mit Erläuterungen der Beschluss S 6 der Verwaltungskommission

v. 22.12.2009 ABl. C 107 v. 27.4.2010, S. 6-7. Zu den **Transportkosten** als Sachleistungen unten Art. 19 Rn 16.

5   Grundsätzlich entscheidet über die Frage, ob eine Sach- oder Geldleistung vorliegt, das Gemeinschaftsrecht gemäß der Definition in Art. 1 lit. va). Wenn es aber zur **Kostenerstattung** kommt, bestimmt der Beschluss S 6 der Verwaltungskommission v. 22.12.2009 ABl. C 107 v. 27.4.2010, S. 6-7, dass auf der Basis der VO (EG) Nr. 883/2004 nach dem Recht des leistungserbringenden Trägers zu bestimmen ist, was eine Sachleistung ausmacht. Allerdings bestimmt der Beschluss unter 3) selbst, dass dazu zB nicht die Kosten der Verschreibung oder der Bearbeitung von Anträgen oder einer Zuzahlung zu den Kosten einer „Sachleistung" gehören.

6   Nach deutschem Recht kann man das **Pflegegeld in § 37 SGB XI** als Surrogat für die Pflegesachleistung ansehen (so BT-Drucks. 12/5262, S. 110 zu § 30 Abs. 1 und S. 112 zu § 33 Abs. 1; dem folgend zB *Schulin*, NZS 1994, 433; *Spinnarke*, in: LPK-SGB XI, § 37 Rn 5). Da die Versicherten über das Pflegegeld aber völlig frei verfügen können und es unabhängig davon gewährt wird, ob tatsächlich und in welcher Höhe Aufwendungen für die Pflege anfallen, hat der EuGH das Pflegegeld zu Recht als Geldleistung (bei Krankheit) angesehen, so dass es auch gemäß Art. 19 VO (EWG) Nr. 1408/71 exportiert werden muss (EuGH, Rs. C-160/96 (Molenaar), Slg 1998, I-843; bekräftigt in EuGH, Rs. 466/04 (Acereda Herrera), Slg I-2006, I-5341, Rn 29 ff; zum vorherigen Streit über die Einordnung vgl *Eichenhofer*, NZA 1998, 742 mwN; kritisch zum EuGH *Gassner*, NZS 1998, 313). Der EuGH hat diesen Standpunkt dann später noch mehrmals bekräftigt gegenüber dem **Pflegegeld nach dem österreichischen Bundespflegegeldgesetz**, das an Renten- und Pensionsbezieher zur Aufstockung ihrer Renten gezahlt wird, um krankheitsbedingte Mehraufwendungen auszugleichen (EuGH, Rs. C-251/99 (Jauch), Slg 2001, I-1901, Rn 23 ff), und dem **salzburgischen Pflegegeld** (EuGH, Rs. C-286/03 (Hosse), Slg 2006, I-1771 mit zust. Anm. *Windisch-Graetz*, ZESAR 2006, 457), was dann auch für den **Beitrag der gesetzlichen wie privaten deutschen Pflegekassen zur Rentenversicherung der Pflegeperson gemäß § 44 SGB XI iVm § 3 Satz 1 Nr. 1 a und § 166 Abs. 2 SGB VI** gelten soll (EuGH, Rs. C-502/01 und C-31/02 (Gaumain-Cerri und Barth), Slg I-2004, I-6483).

2. Persönlicher und sachlicher Anwendungsbereich

a) Persönlicher Anwendungsbereich

7   Anders als Art. 45-48 AEUV (= Art. 39-42 EG) bezieht sich die VO (EG) Nr. 883/2004 – auch im Gegensatz zur Vorläufer-VO (EWG) Nr. 1408/71 – nicht mehr nur auf Erwerbstätige, dh Arbeitnehmer und Selbständige, sondern allgemeiner auf **Versicherte und deren Familienangehörige**. Es sind damit also auch Nichtarbeitnehmer, die nach dem KV-Recht der Mitgliedstaaten in die gesetzliche Krankenversicherung (der Arbeitnehmer/Erwerbstätigen) einbezogen sind (zB Studenten; freiwillige Mitglieder), von Art. 17 ff miterfasst. „Versicherte" sind nach Art. 1 lit. c) jedwede Personen, die die Voraussetzungen für Ansprüche auf Leistungen bei Krankheit nach dem Recht des zuständigen Staats erfüllen. Dies kann auch ein allg. Wohnsitzerfordernis oder die Staatsbürgerschaft für staatliche Gesundheitssysteme sein. Für Rentner treffen die Art. 23 ff eigene, den Art. 17 ff weitgehend angeglichene Regelungen. Zum Begriff „Familienangehörige" unten Rn 10.

8   Unter Art. 17 fallen auch Arbeitnehmer, die an ihrem neuen Wohnort in dem anderen Staat **noch keine Arbeit aufgenommen** haben. Auch dann soll der Anspruch, den er als Beschäftigter im zuständigen Staat erworben hat, nicht allein aufgrund der Mobilität, des Umzugs, verloren gehen (s. EuGH, Rs. C-215/90 (Twomey), Slg 1992, I-1823 unter Hinweis auf EuGH, Rs. 302/84 (Ten Holder), Slg 1986, 1821). Dies muss auch gelten, wenn er seine Eigenschaft als Arbeitnehmer aufgegeben hat, aber noch nachgehende Leistungsansprüche aufgrund seines vorherigen Arbeitnehmer-Status hat. Anders als das alte Recht in Art. 25 VO (EWG) Nr. 1408/71 kennt das neue Recht keine Sondervorschrift für Arbeitslose. Sie sind vielmehr – nach der allg. Rspr des EuGH zu Art. 45 AEUV (= Art. 39 EG; EuGH, Rs. 249/83 (Hoeckx) Slg 1985, 973, Rn 20 ff; EuGH,

Rs. C-95/96 (Martinez Sala), Slg 1998, I-2691, Rn 34) – Arbeitnehmer, solange sie nach Arbeit suchen, und fallen deshalb unter Art. 17.

Zusätzlich fallen unter Art. 17 auch **entsandte Arbeitnehmer und ihre Familienangehörigen**, auf die das Sozialversicherungsrecht des Staates, aus dem sie entsandt werden, weiterhin gemäß Art. 12 anwendbar bleibt. Bei ihnen kann nicht vom Status der Entsendung, sondern allein von der Dauer der Entsendung her entschieden werden, ob sie sich in den anderen Mitgliedstaaten nur „vorübergehend" aufhalten, also gemäß Art. 1 lit. j) und i) keinen „Wohnort", wie ihn Art. 17 verlangt, sondern nur einen Aufenthaltsort im anderen Land haben. Bleiben sie im anderen Mitgliedstaat nur kurz, haben sie dort also ihren Aufenthaltsort, so finden auf sie Art. 18 bis 20 Anwendung. 9

Art. 17 bezieht, wie schon das frühere Recht (Art. 19 Abs. 2 VO (EWG) Nr. 1408/71), ausdrücklich die **Familienangehörigen** eines Erwerbstätigen ein, unabhängig davon, ob sie zusammen mit dem Erwerbstätigen oder von ihm getrennt in einem anderen Mitgliedstaat als dem zuständigen Staat wohnen (zB zurückgelassene Familienangehörige eines Wanderarbeitnehmers; die Angehörigen eines Grenzgängers). An sich wird die Bestimmung, wer „Familienangehöriger" ist, gemäß Art. 1 lit. i), (ii) (traditionell) nach dem Recht des Staates bestimmt, der die Leistung gewährt. Bei der Sachleistungsaushilfe ist dies aber gespalten zwischen dem Wohnortstaat und dem zuständigen Staat. Der EuGH hat deshalb entschieden: Soweit es um die Voraussetzung der Versicherungspflicht und das grundsätzliche Bestehen eines Leistungsanspruchs geht, wird der Begriff des Familienangehörigen nach dem Recht des „zuständigen Staates" – das ist der Staat, in dem die Versicherung besteht, in der Regel der Beschäftigungsstaat – bestimmt (EuGH, Rs. C-451/93 (Delavant), Slg 1995, I-1545, Rn 15 ff). Nur für die Bestimmung des Leistungstypus, der Leistungsmodalitäten und Nebenpflichten etc. ist das Krankenversicherungsrecht des leistenden Staates des Wohnorts maßgeblich. Zum Ganzen vgl *Windisch-Graetz*, 2003, S. 184 ff. Der EuGH hat dabei zu Recht auch auf Art. 17 VO (EWG) 574/72 verwiesen (entspricht im Wesentlichen Art. 22 und 24 DVO (EG) 987/2009), wonach die Versicherteneigenschaft und die Anspruchsberechtigung allein der zuständige Staat bindend festzustellen hat und dabei davon auszugehen ist, dass er sein Recht anwendet und zB eine Mitversicherung bescheinigt, die nach dem Recht des Wohnlands wegen des hohen Einkommens der mitversicherten Person nicht akzeptiert werden würde. An dieser sachlich sinnvollen Rspr sollte auch für das neue Recht festgehalten werden, denn die Definition des Begriffs und die Art und Weise der Einbeziehung in die Sachleistungsaushilfe haben sich von der alten zur neuen VO nicht geändert und der sachliche Grund, die Aufspaltung des anzuwendenden Rechts zwischen zuständigem Staat und Wohnstaat, ist geblieben (aA und umfassend nur für das Recht des Wohnstaats *Klein*, in: *Hauck/Noftz*, EU-Sozialrecht, Art. 17 Rn 7). Das ist auch praktikabel: Im portablen Dokument S 1 bescheinigt der zuständige Träger die (Mit-) Versicherteneigenschaft nach seinem Recht, die auch für den aushelfenden Staat bindend ist. Bei den Ansprüchen nach Art. 19 und 20 ist dies auch nur der einzig gangbare und sachangemessene Weg (vgl unten Art. 19 Rn 9 und Art. 20 Rn 19). 10

Allerdings ist bei Familienangehörigen die Regelung des **Art. 32** zu beachten: eigene Ansprüche der Familienangehörigen gehen vor (s. die Kommentierung dort). Früher gab es bei den Familienangehörigen auch unterschiedliche Regelungen der Kostenerstattung: Wohnten Erwerbstätiger und Familienangehörige zusammen außerhalb des zuständigen Staates, wurden gemäß Art. 93 VO (EWG) Nr. 574/72 die tatsächlich am Wohnort entstandenen Kosten ersetzt. Wohnten die Familienangehörigen getrennt vom Versicherten, wohnte der Versicherte aber im Mitgliedstaat des zuständigen Trägers, so wurden die Kosten für die Familienangehörigen gemäß Art. 94 VO (EWG) Nr. 574/72 nach Pauschsätzen abgeglichen, soweit nicht Sondervereinbarungen getroffen wurden. Diese Regelung übernimmt auch das neue Recht in Art. 63 Abs. 2 DVO, wobei jetzt deutlicher gemacht wird, dass diese Pauschalsätze den realen Ausgaben möglichst nahe kommen sollen. Finanziell trägt grundsätzlich ebenfalls der für den Erwerbstätigen zuständige Träger die Leistungen an die Familienangehörigen des Erwerbstätigen. 11

b) Sachlicher Geltungsbereich

12 Schon Art. 19 VO (EWG) Nr. 1408/71 und Art. 18 VO (EWG) Nr. 574/72 galten auch für Leistungen des Arbeitgebers (Vorbem. Rn 26; EuGH, Rs. C-45/90 (Paletta I), Slg 1992, I-3423 und EuGH, Rs. C-206/96 (Paletta II), Slg 1996, I-2357), da diese voll in die VO (EWG) Nr. 1408/71 integriert waren, so dass „zuständiger Träger" iSv Art. 19 VO (EWG) Nr. 1408/71 und Art. 18 VO (EWG) Nr. 574/72 **auch der Arbeitgeber** war (s. Art. 1 lit. o) Ziff. iv) VO (EWG) Nr. 1408/71, allg. dazu Art. 3 Rn 30). Art. 17 betrifft also auch Arbeitgeberleistungen, die aber im Bereich der Sachleistungen eher selten sind.

13 Art. 19 VO (EWG) Nr. 1408/71, die Vorläufervorschrift des Art. 17, betraf nur die Fälle, in denen das gesicherte Risiko/der Versicherungsfall erst dann eintrat, wenn der Erwerbstätige oder seine Familienangehörigen in einem anderen Mitgliedstaat als dem zuständigen Staat seine/ihre Wohnung genommen hatten. Trat der Versicherungsfall schon im zuständigen Staat ein und verlegte der Versicherte erst danach seinen Wohnort in ein anderes Land, so brauchte er gemäß Art. 22 Abs. 1 lit. b) dazu eine Genehmigung der Wohnortverlegung, damit die Leistungen weiter gewährt wurden. Diese Voraussetzung ist nunmehr entfallen. Art. 19 und Art. 20 betreffen nur Fälle des (vorübergehenden) Aufenthalts in einem anderen Mitgliedstaat. Die Wohnsitznahme in einem anderen Mitgliedstaat wird jetzt nicht mehr gesondert behandelt, sondern ist ganz in Art. 17 geregelt.

3. Sachleistungsaushilfe

a) Prinzip

14 Bei Wohnung (Art. 17) oder Aufenthalt (Art. 19) in einem anderen Mitgliedstaat gewährleistet die VO (EG) Nr. 883/2004 den sozialen Schutz dadurch, dass die Sachleistungen bei Krankheit den Versicherten im Wohn- oder Aufenthaltsmitgliedstaat unter den gleichen Bedingungen gewährt werden wie den Personen, die dem System der sozialen Sicherheit des Wohn- oder Aufenthaltsmitgliedstaats angeschlossen sind (vgl noch zur VO (EWG) Nr. 1408/71 EuGH, Rs. C-156/01 (van der Duin), Slg 2003, I-7045, Rn 50; EuGH, Rs. C-145/03 (Keller), Slg 2005, I-2529, Rn 45; EuGH, Rs. C-208/07 (von Chamier-Glisczinski), Slg 2009, I-6095, Rn 35 ff, 65). Für die mit der Mitgliedschaft und dem Bestehen eines Anspruchs zusammenhängenden Voraussetzungen ist das **Recht des zuständigen Trägers** maßgeblich, das heißt des Staates, in dem die Versicherung begründet worden ist, was in der Regel der Beschäftigungsstaat ist. Die Sachleistungen werden vom Träger des Wohnorts so erbracht, als ob der Erwerbstätige oder seine Familienangehörigen bei diesem Träger leistungsberechtigt sind. Damit ist auch verbunden, dass der **aushelfende Träger** über das Vorliegen der Leistungs-/Versicherungsfälle nach seinem Recht entscheidet, zB bei der Abgrenzung von Krankheit zur reinen Pflegebedürftigkeit oder bei der Einordnung bestimmter Symptome als Krankheit (wie zB Sucht). Deshalb bestimmt das Recht des aushelfenden Trägers die Definition des Leistungsfalls (Krankheit, Mutterschaft), den Typus der Leistung, die Art und die Modalitäten sowie den Umfang der Leistungserbringung (vgl EuGH, Rs. C-451/93 (Delavant), Slg 1995, I-1545, Rn 14). Das gilt auch für Familienangehörige (EuGH, Rs. C-451/93 (Delavant), Slg 1995, I-1545, Rn 15). Ist eine Leistung im zuständigen Staat, nicht aber im Recht des aushelfenden Leistungsträgers vorgesehen, können also Lücken im Versicherungsschutz entstehen (s. Rn 18). Das Grundprinzip der aushelfenden Sachleistungserbringung bei einem Wohnort außerhalb des Staates der Versicherung erfährt wiederum erhebliche Modifikationen, wenn der Versicherte mit Wohnsitz im Ausland wieder in den Staat des zuständigen Trägers zurückkehrt, vor allem bei Grenzgängern (Art. 18) und bei Rentnern (Art. 28) und bei besonders teuren Sachleistungen (Art. 33). Zu den Problemen der Sachleistungsaushilfe vgl Vorbem vor Art 17 Rn 22-27.

15 Aus diesem Zusammenwirken der unterschiedlichen Träger und Regelungen entsteht ein **Dreiecksverhältnis** (vgl *Schreiber,* in: *Schreiber u.a.*, VO (EG) Nr. 883/2004, 2012, Art. 17, Rn 9). Das

Statusverhältnis, das dem Leistungsanspruch zu Grunde liegt, ist das zwischen dem zuständigen Träger und dem/der Versicherten; hier gilt im Wesentlichen das Recht des zuständigen Trägers, des Versicherungsmitgliedstaats. Gelingt die Sachleistungsaushilfe im Behandlungsmitgliedstaat nicht, hat der Versicherte auch direkte Erstattungsansprüche gegen den zuständigen Träger (unten Rn 25 ff und Art. 19 Rn 26 ff und 32 ff). Das Behandlungs- und Leistungsverhältnis zwischen dem aushelfenden Träger und dem/der Versicherten richtet sich nach dem Recht des aushelfenden Trägers, des Behandlungsmitgliedstaats, in Verbindung mit dem Koordinierungsrecht (Art. 22-24 DVO 987/2009). Das Verhältnis zwischen dem zuständigen Träger und dem aushelfenden Träger richtet sich im Wesentlichen nach Art. 35 VO (EG) Nr. 883/2004 und Art. 62-69 DVO 987/2009 sowie zusätzlichen Vereinbarungen zwischen den Mitgliedstaaten.

b) Leistungsvoraussetzungen nach dem Recht des aushelfenden und des zuständigen Staates

Art. 17 Abs. 1 macht deutlich, dass die **grundsätzlich mit der Mitgliedschaft zusammenhängenden Leistungsvoraussetzungen** nach dem Recht des zuständigen Staates voll erfüllt sein müssen, damit Geld- und Sachleistungen im Wohnstaat erbracht werden können. So bleibt ein Ausländer, der nach dem Recht seines zuständigen Trägers im Heimatstaat versichert und leistungsberechtigt ist, dies auch im Gebiet des aushelfenden Staates, selbst wenn er nach dessen Recht dort nicht versichert wäre und keine Leistungsansprüche hätte. Das Gesetz enthält eine Versichertenfiktion („als ob sie nach diesen Rechtsvorschriften", dh denen des aushelfenden Wohnstaats, „versichert wären" (so auch *Klein*, in: *Hauck/Noftz*, Art. 17 Rn 14; *Schreiber*, in: *Schreiber u.a.*, VO (EG) Nr. 883/2004, 2012, Art. 17 Rn 14). Nicht nur der unterschiedliche personelle Geltungsbereich, zB von Staatsbürgerversorgungssystemen, sondern auch die Frage nachgehenden Versicherungsschutzes beim Ausscheiden aus der Versicherung (EuGH, Rs. 75/63 (Unger), Slg 1964, 381) oder die (kostenlose) Mitversicherung von Familienangehörigen (EuGH, Rs. C-451/93 (Delavant), Slg 1995, I-1545) richten sich nach dem Recht des zuständigen Trägers, des Versicherungsmitgliedstaats, wie insgesamt das Entstehen, Ruhen und Erlöschen des Versicherungsverhältnisses sowie die damit zusammenhängenden Fragen der Höhe, Tragung und Abführung der Beiträge. 16

Zum „Status- oder Grundverhältnis", das sich nach dem Recht des zuständigen Trägers des Versicherungsmitgliedstaats richtet, zählen auch **spezielle Anforderungen an Leistungsansprüche**, die im Versicherungsverhältnis selbst liegen, wie Dauer der Versicherung, Entrichten besonderer Beiträge, Einschreiben in besondere Leistungsprogramme etc. Allerdings verdrängt das Koordinationsrecht die Wohnsitz- und Aufenthaltserfordernisse, die dem Versicherten nur dann einen Leistungsanspruch gewähren, wenn er im Land des zuständigen Trägers seinen Wohnsitz hat oder Leistungen nur im Land des zuständigen Trägers erbracht werden können. Solche Beschränkungen nach nationalem Recht, wie sie zB im deutschen Recht früher bei Kuren gemäß §§ 23, 41 SGB V aF oder Rehaleistungen allg. gemäß § 14 SGB VI bestanden, sind unwirksam, da sie gegen Art. 45 ff AEUV (= Art. 39 ff EG) und Art. 4 und 7 verstoßen (aA *Willms*, S. 137; vgl jetzt die deutliche Öffnung in § 18 SGB IX). Der EuGH versagt deshalb solchen Wohnsitz- oder Aufenthaltsort-Klauseln jede Wirksamkeit (vgl nur zur territorialen Begrenzung des deutschen Pflegeversicherungsrecht EuGH, Rs. C-160/96 (Molenaar), Slg 1998, I-843, Rn 39 und 44, oder des salzburgischen Pflegegeldes EuGH, Rs. C-286/03 (Hosse), Slg 2006, I-1771). 17

c) Defizite bei Unterschieden im Leistungsrecht

Das Prinzip der aushelfenden Sachleistungserbringung wirkt also gerade auch dann, wenn es **keine Kongruenz im Leistungsrecht** des Staats des zuständigen Trägers und des Wohnsitzstaats gibt. Dies führt dazu, dass die Sachleistung im Ausland erheblich von jener abweichen kann, die an sich nach dem Recht des zuständigen Trägers zu leisten wäre. Für deutsche Versicherte heißt das, dass sie zB in Frankreich Leistungen nur im Wege der Kostenerstattung und zT mit erheblicher Selbstbeteiligung bekommen. Angesichts des hohen Versicherungsschutzes und ausgebauten Leistungssystems in der Bundesrepublik kann dies vor allem bei Entsendungsfällen zu erheblichen 18

Sicherungslücken führen. Zu einigen Vorstellungen, dieses Defizit zu beheben s. *Sendler,* in: *Schulte/Zacher* (Hrsg.), Wechselwirkungen zwischen dem europäischen Sozialrecht und dem Sozialrecht der Bundesrepublik Deutschland, 1991, S. 169 ff. Andererseits erhalten Wanderarbeitnehmer zB auch Leistungen, die nach dem Recht ihres zuständigen Trägers nicht zu tragen wären, wie zB Zahnersatz ohne Zuzahlungen(s. hierzu den Katalog der Leistungen gemäß Art. 19 Abs. 2 VO (EG) Nr. 883/2004 und Beschluss der Verwaltungskommission Nr. S 8 v. 15.6.2011 ABl. C 262 v. 6.9.2011, S. 6-7 (früher Nr. 135 vom 1.7.1987 ABl. (EG) C 281 v. 4.11.1988, S. 7)). Liegt in dem System der aushelfenden Sachleistungserbringung teilweise eine **Benachteiligung** der **Grundfreiheiten**, ist dies nach Ansicht des EuGH gerechtfertigt (zuletzt EuGH, Rs. C-388/09 (Martins), ZESAR 2012, 32, Rn 72 ff), s oben Vorbem. vor Art. 17 Rn 43.

19 Eine solche Diskrepanz im Recht des Staates des zuständigen Trägers und im Recht des Staates des aushelfenden Trägers soll nach Ansicht des EuGH auch auftreten, wenn der zuständige (deutsche) Träger nur einen **Anspruch auf Sachleistung** (Unterbringung eines Pflegebedürftigen in einem Heim) kennt, das Recht des Wohnorts (Österreich) aber nur **Geldleistungen** (Pflegegeld zum Einkauf der Leistung bzw Unterstützung bei den gestiegenen Lebenshaltungskosten). Dann sei der zuständige Träger nicht verpflichtet, die Leistung, die er nach seinem Recht nicht erbringen muss (Pflegegeld bei stationärer Unterbringung), in den Wohnsitzstaat zu exportieren bzw dort eine Leistung zu erbringen, die es nach dem dortigen Recht nicht gibt (EuGH, Rs. C-208/07 (von Chamier-Glisczinski), Slg 2009, I-6095, Rn 35 ff). In diesem Fall wird der zuständige Träger auch nicht subsidiär leistungspflichtig und muss etwa eine Geldleistung oder Kostenerstattung gewähren (EuGH ebd Rn 88). Die Diskrepanz entsteht dadurch, dass Sach- und Pflegeleistungen unterschiedlichen „Regimen" gehorchen: Sachleistungen sind nicht zu exportieren und können es auch nicht sein, sondern sind „vor Ort" nach dem Recht des Wohnsitzstaates zu erbringen, Geldleistungen (Pflegegeld) dagegen sind zu exportieren.

20 Bei unterschiedlichen Regelungen der Leistungen und der Leistungsmodalitäten kann (begrenzt) die **Sachverhaltsgleichstellung in Art. 5** helfen. Sie führt dazu, dass eine Zuzahlung im Ausland auch bei der Berechnung der Gesamtsumme der Zuzahlungen für die Belastungsgrenze in Deutschland angerechnet wird (§ 62 SGB V) (wie hier zust. *Schreiber,* in: *Schreiber u.a.,* VO (EG) Nr. 883/2004, 2012, Art. 17 Rn 17).

d) Verfahren

21 Das Verfahren ist eingehend in Art. 22 ff DVO und dem Beschluss S 6 der Verwaltungskommission v. 22.12.2009 (ABl. C 107 v. 27.4.2010, S. 6-7) geregelt. Gemäß Art. 22 DVO hat der Versicherte einen Informationsanspruch gegen den zuständigen Träger über die Modalitäten, seinen Sachleistungsanspruch im anderen Staat geltend zu machen. Gemäß Art. 24 Abs. 1 DVO muss sich der Versicherte bei dem KV-Träger des Wohnortes eintragen lassen. Die Leistungsberechtigung des Versicherten und seiner Familienangehörigen wird mit der Bescheinigung S1 nachgewiesen (früher Vordrucke E 106 und E 109)) Der Träger des Wohnorts hat die Eintragung dem zuständigen Träger mitzuteilen. Die Änderungen der Berechtigung werden vom zuständigen Träger mit Vordruck S 016 (früher E 108) dem Träger des Wohnorts mitgeteilt (dazu Beschluss S 6 v. 22.12.2009, ABl. C 107 v. 27.4.2010, S. 6-7). Lehnt der zuständige Träger die Kostenerstattung ab, kann der aushelfende Träger/der Träger des Wohnorts die Leistung nicht verweigern, sondern muss nach seinem Recht darüber entscheiden, ob er die Leistung gewähren kann und muss (vgl auch *Windisch-Graetz,* 2003, S. 227/8).

22 Ein **Anspruch auf Leistungen im Wohnstaat entsteht** nicht schon mit der Ausstellung des Vordrucks S 1 (früher E 121), der nach Ansicht des EuGH nur deklaratorischen Charakter hat, dass die Person, wohnte sie im Versicherungsmitgliedstaat des zuständigen Trägers, einen Anspruch auf Sachleistungen gegen den zuständigen Träger hätte (EuGH, Rs. C-345/09 (van Delfts u.a.), NZS 2011, 375, Rn 61; EuGH, Rs. C-202/97 (FTS), Slg 2000, I-883, Rn 50; EuGH, Rs. C-178/97 (Banks u. a.), Slg 2000, I-2005, Rn 53). Ein Anspruch gegen den aushelfenden Träger entsteht

erst mit der Vorlage der Bescheinigung bei ihm und der nachfolgenden **Eintragung**. Sie ist formale, verwaltungsmäßige Voraussetzung für die Geltendmachung von Ansprüchen im Wohnstaat (Art. 24 Abs. 1 DVO; vgl EuGH v. 14.10.2010, C-345/09 (van Delfts u.a.), NZS 2011, 375, Rn 63 mwN). Versicherte können dieser Konsequenz und etwaigen Beitragspflichten im Versicherungsmitgliedstaats des zuständigen Trägers nicht dadurch ausweichen, dass sie sich am Wohnort nicht eintragen lassen; sie bleiben nach dem Recht des zuständigen Staats versicherungs- und beitragspflichtig, auch wenn sie im Wohnstaat keine Ansprüche auf Leistungen geltend machen können.

e) Bindungswirkung der Bescheinigungen und medizinischen Befunde

Art. 24 Abs. 2 DVO legt die bindende Wirkung der Bescheinigung über die Mitgliedschaft (S1) fest, die die allg. Bindungswirkung von Bescheinigungen des Trägers gemäß Art. 5 DVO VO (EG) 987/2009 gegenüber dem Träger eines anderen Mitgliedstaats wiederholt, aber insoweit darüber hinausgeht, als nicht nur der aushelfende, sondern auch der zuständige Träger an sie gebunden ist. Sie ist umfassend und begründet die Erstattungspflicht des zuständigen Trägers im Verhältnis zum Träger des Wohnorts; sie gilt gegenüber dem Träger des Wohnorts, dessen Leistungspflicht sie festlegt. Dies erklärt sich aus der Funktion der Bescheinigungen, wie sie der EuGH in einer Serie von Entscheidungen geklärt hat (EuGH, Rs. C-202/97 (Fitzwilliam), Slg I-2000, 883; EuGH, Rs. C-178/97 (Barry Banks), Slg I-2000, 2005; EuGH, Rs. C-2/05 (Herbosch Kiere), Slg I-2006, 1079 mit zust. Anm. *Horn*, ZESAR 2006, 229-231). Diese Rspr zur beidseitigen Bindungswirkung bezog sich auf die Entscheidung E 101, gilt aber auch für die Bescheinigung S 1. 23

Zu Recht ist es Konsequenz des Systems der aushelfenden Leistungserbringung, dass der zuständige Träger mit Ausstellung der Formblätter automatisch in die Behandlung seiner Versicherten durch die autorisierten Ärzten des Wohnstaates einwilligt und er deshalb auch die von diesen Ärzten getroffenen therapeutischen Entscheidungen akzeptieren muss (EuGH, C-145/03 (Keller), Slg 2005, I-2529, Rn 43 ff zu den Formblättern E 111 und E 112 und Entscheidungen im Aufenthaltsstaat; wie hier zust. *Schreiber*, in: *Schreiber u.a.*, VO (EG) Nr. 883/2004, 2012, Art. 17, Rn 26/27). Dies gilt vor allem auch hinsichtlich der Beurteilung der Erforderlichkeit einer dringenden lebensnotwendigen Behandlung und der evtl damit verbundenen Entscheidung, den Versicherten in ein anderes Land zu verlegen (von Deutschland in die Schweiz), wenn nur dort die notwendige Behandlung zu bekommen ist. Der zuständige Träger kann weder verlangen, dass der Versicherte in sein Land zurückkehrt, noch dass er seine Zustimmung zu den medizinischen Entscheidungen der behandelnden Ärzte im Wohnland einholt, noch dass sich der Versicherte im Wohnstaat von durch ihn beauftragte Ärzte untersuchen lässt (ebd. Rn 56-8). Dazu gehören nach Ansicht des EuGH selbst die notwendigen Behandlungskosten in einem Drittstaat, wenn sie nach dem Recht des aushelfenden Trägers zu erstatten sind. Das Argument der zu beachtenden Notwendigkeit einer Beherrschbarkeit der Sozialversicherungskosten ließ der EuGH nicht gelten, weil der zuständige (spanische) Träger durch die medizinische Behandlung außerhalb des Wohnstaates nicht in eine andere Situation versetzt wird, als wenn die Behandlung in diesem Mitgliedstaat durchgeführt worden wäre. Art. 26 Abs. 3 S. 2 DVO hebt diese Bindungswirkung der medizinischen Befunde, die der Träger des Wohnorts für die Erforderlichkeit der „dringend lebensnotwendigen Behandlung" vorlegt, noch einmal für den speziellen Fall des Art. 20 hervor, was aber auch hier gelten muss. 24

4. Konsequenzen nicht erfolgter oder verweigerter Sachleistungsaushilfe

Trägt der/die Versicherte, anders als es das System der Sachleistungsaushilfe bewirken soll, die Sachleistung selbst, so sah weder die VO (EWG) 1408/71 noch sehen die VO (EG) Nr. 883/2004 und die DVO 987/2009/EG explizit eine Lösung vor. Misslingt die Sachleistungsaushilfe dagegen in den Fällen des Art. 19 und 20, sind Kostenerstattungsansprüche intensiv geregelt: Art. 25 Abs. 4 bis 6 DVO (EG) 987/2009 für den Fall des Art. 19 und Art. 20 Abs. 7 DVO 987/2009/EG 25 für den Fall des Art. 20 VO – und zwar ohne dass es auf die Gründe des Misslingens ankommt (s. unten Art. 19 Rn 26 ff und Art. 20 Rn 32). Bei Art. 17 bieten sich zwei Lösungen an. Ausgangspunkt ist dabei, dass an die Stelle des ursprünglichen (Primär-)Anspruchs gegen den zuständigen Träger der (Sekundär-)Anspruch nach der VO (EG) Nr. 883/2004 gegen den aushelfenden Träger tritt (BSG, B 1 KR 22/08 R, BSGE 104, 1 = SozR 4-2500 § 13 Nr 23, Rn 45/6; BSG, B 1 KR 18/06 R, SozR 4-6928 Allg Nr 1 = BSGE 98, 257, Rn 21 ff; *Schreiber*, in: *Schreiber u.a.*, VO (EG) Nr. 883/2004, 2012, Art. 17 Rn 21; *Klein*, in: *Hauck/Noftz*, Art. 17 Rn 18).

26 1. Die **Verantwortung** für die Leistungserbringung liegt nach Art. 17 VO (EG) Nr. 883/2004 allein **beim aushelfenden Leistungserbringer**. Wie der ursprüngliche Leistungsanspruch, muss sich deshalb auch der neue (sekundäre) Anspruch wegen nicht erfolgter Leistung gegen ihn nach dem Recht des Behandlungsmitgliedstaats (wie hier BSG aaO Rn 25; wie hier zust. *Schreiber*, in: *Schreiber u.a.*, VO (EG) Nr. 883/2004, 2012, Art. 17, Rn 21 und *Klein*, in: *Hauck/Noftz*, Art. 17 Rn 18). Da der Versicherte seinen Wohnsitz im Behandlungsmitgliedstaat hat, kann er idR diesen Anspruch dort auch durchsetzen, während dies in den Fällen der Art. 19 und 20 anders ist, da der Versicherte sich idR nur vorübergehend im Behandlungsmitgliedstaat aufhält. Diese Lösung entspricht auch dem Grundsatz der aushelfenden Leistungserbringung, der vollständigen Gleichbehandlung mit den Inländern des Behandlungsmitgliedstaats. Dies ist die Vorstellung der VO, was auch erklärt, weshalb es an einer Regelung für den Fall fehlt, dass die Sachleistungsaushilfe nicht gelingt.

27 2. Ein zweiter Ansatz geht davon aus, dass es bei Leistungsdefiziten des aushelfenden Trägers dem Sinn und Zweck des koordinierenden Sozialrechts, zusätzliche Rechtsansprüche zu begründen, widersprechen würde, wenn der Leistungsberechtigte allein auf die Ansprüche gegen den aushelfenden Träger verwiesen würde. Hier wäre eine den Versicherten in der Ausübung seiner Grundfreiheiten (bei Art. 17 Freizügigkeit, bei Art. 19 Dienstleistungsfreiheit) nicht bzw. nur verhältnismäßig wenig beeinträchtigende Lösung, neben Ansprüchen aus Art. 25 Abs. 4 und 5 VO (EG) Nr. 883/2004 analog auch den **primären Anspruch wieder aufleben zu lassen** und auch Erstattungsansprüchen gegen den zuständigen Träger zu geben. Die wären nach deutschem Recht die Ansprüche nach § 13 Abs. 4 und 5 SGB V (zust. *Devetzi*, Anm. zum BSG, SGb 2008, 310/11). § 13 Abs. 4 und 5 SGB V sehen einen solchen Anspruch ausdrücklich und unabhängig von der VO (EG) Nr. 883/2004 vor. Dieser Lösung gebührt nach nationalem Recht der Vorzug, da es dem nationalen Gesetzgeber unbenommen bleibt, neben der VO noch zusätzliche Ansprüche zu schaffen. Nach Ansicht des EuGH hat der Versicherte, der seine Kosten selbst getragen hat, dann einen Kostenerstattungsanspruch direkt gegen den zuständigen Träger, vorausgesetzt, die Leistung wäre nach dem Recht des aushelfenden Trägers zu übernehmen und der zuständige Träger wäre ihm zur Kostenerstattung verpflichtet gewesen (EuGH, Rs. C-145/03 (Keller), Slg 2005, I-2529, Rn 69).

5. Klärung des anzuwendenden Systems der Leistungsaushilfe gemäß Art. 23 DVO

28 Art. 23 DVO bestimmt, dass in dem Fall, in dem im Wohnstaat mehrere KV-Versicherungssysteme und damit idR auch mehrere aushelfende Träger in Frage kommen, der Träger des allg. Systems für Arbeitnehmer aushelfender Träger sein soll. In der Regel ist diese Wahl angemessen, da auch die Mehrheit der Anspruchsberechtigten zu den jeweils allgemeineren Systemen im zuständigen Staat gehören wird und der Träger des allgemeinen Systems für Arbeitnehmer verwaltungsmäßig am leistungsfähigsten sein wird. Gibt es kein allgemeines System oder keinen allgemeinen Träger mehr, dann muss den Leistungsberechtigten wie den Inländern ein Wahlrecht zwischen verschiedenen Systemen und Trägern eingeräumt werden.

6. Lösung von Konflikten zwischen unterschiedlichen Ansprüchen nach Titel III, Kapitel 1 (KV)

29 Für den Konflikt, ob ein Leistungsanspruch nach Art. 17 (Wohnort außerhalb des zuständigen Staates) oder 18 ff (Aufenthalt außerhalb des zuständigen Staates) oder nach Art. 19 oder Art. 20

(Aufenthalt allgemein oder Aufenthalt zur Beanspruchung medizinischer Leistungen) vorliegt und damit evtl unterschiedliche Nachweise oder Träger und Verfahren einschlägig sind s. Vorbem. vor Art. 17 Rn 67 bis 68.

III. Umsetzung in das nationale Krankenversicherungsrecht

Ist der **inländische** deutsche etc. **Träger zuständiger Träger**, hat er über den Versichertenstatus 30
die Bescheinigung S1 auszustellen. Er entscheidet dabei auch nach deutschem Recht über die Mitversicherung von Familienangehörigen gemäß § 10 Abs. 1 und Abs. 2 SGB V mit den jeweiligen Einkommensgrenzen. Entsprechend der allg. Gleichstellungsklausel in Art. 5 VO (EG) Nr. 883/2004 wird dabei auch das Einkommen im Wohnstaat berücksichtigt. Der Anspruch auf Leistungen richtet sich zwar nach dem Recht des aushelfenden Trägers. Etwaige Zuzahlungen im Ausland muss der zuständige deutsche Träger aber nach der allg. Gleichstellungsklausel des Art. 5 VO (EG) Nr. 883/2004 auf die Zuzahlungen im Inland und die dort geltenden Belastungsgrenzen (§ 62 SGB V) anrechnen lassen. Kehrt der/die Versicherte in den Versicherungsmitgliedstaat seines zuständigen deutschen Trägers vorübergehend zurück, ist der deutsche/österreichische etc. Träger gemäß Art. 18 verpflichtet zu leisten.

Wohnt ein EU-Ausländer in Deutschland, ist ein **inländischer** deutscher **Träger aushelfender Trä-** 31
ger. Die Versicherten wenden sich gemäß Art. 23 DVO an das „allgemeine System" der GKV; dies sind in Deutschland alle Krankenkassen des SGB V, unter denen sie gemäß § 173 SGB V auswählen können. Sie erhalten von dem ausgewählten Träger eine Versicherungskarte. Die Versicherteneigenschaften von Familienmitgliedern sind so wie bescheinigt anzuerkennen, auch wenn in Deutschland zB andere Einkommensgrenzen für die Möglichkeit der Familienversicherung bestehen als im zuständigen Staat (vgl oben Rn 10 und 16). Die Leistungserbringung richtet sich voll und ganz nach dem inländischen Recht, in Deutschland nach dem SGB V, den Richtlinien des GBA und den Verträgen zwischen KK-Leistungserbringern etc. Die Versicherten müssen alle Formalitäten (Verschreibungen, Überweisungen etc.) einhalten. Eine Vermengung mit den andersgearteten Regelungen der RL 2011/24/EU (zB Anerkennung ausländischer Verschreibungen) ist nicht möglich, da die Voraussetzungen der RL 2011/24/EU (vorübergehender Aufenthalt nur zur grenzüberschreitenden Inanspruchnahme von Gesundheitsdienstleistungen) nicht erfüllt sind (s. oben Vorbem. vor Art. 17 Rn 55 ff und unten Vorbem. vor Art. 1 RL 2011/24/EU, Rn 30 bis 37). Die Versicherten müssen auch die in Deutschland üblichen Selbstbeteiligungen tragen und können an allen besonderen Versorgungsformen teilnehmen (§§ 63, 73b, 73c, 137f, 140a SGB V). Wahltarife (§ 53 SGB V) sind nicht wählbar, wenn sie die Beitragszahlung modifizieren (Zuschläge oder Abschläge), da die Versicherten nicht in ihrem Wohnland Deutschland beitragspflichtig sind (so für Beitragsrückerstattung *Klein*, in: *Hauck/Noftz*, EU-Sozialrecht, Art. 17 Rn 15).

Artikel 18 Aufenthalt in dem zuständigen Mitgliedstaat, wenn sich der Wohnort in einem anderen Mitgliedstaat befindet – Besondere Vorschriften für die Familienangehörigen von Grenzgängern

(1) ¹Sofern in Absatz 2 nichts anderes bestimmt ist, haben der in Artikel 17 genannte Versicherte und seine Familienangehörigen auch während des Aufenthalts in dem zuständigen Mitgliedstaat Anspruch auf Sachleistungen. ²Die Sachleistungen werden vom zuständigen Träger für dessen Rechnung nach den für ihn geltenden Rechtsvorschriften erbracht, als ob die betreffenden Personen in diesem Mitgliedstaat wohnen würden.

(2) Die Familienangehörigen von Grenzgängern haben Anspruch auf Sachleistungen während ihres Aufenthalts im zuständigen Mitgliedstaat.

Ist dieser Mitgliedstaat jedoch in Anhang III aufgeführt, haben die Familienangehörigen von Grenzgängern, die im selben Mitgliedstaat wie der Grenzgänger wohnen, im zuständigen Mitgliedstaat nur unter den Voraussetzungen des Artikels 19 Absatz 1 Anspruch auf Sachleistungen.

I. Normzweck und Entstehungsgeschichte....	1	4. Verfahren................	8
II. Einzelerläuterungen................	4	III. Umsetzung ins nationale Recht........	9
1. Persönlicher Geltungsbereich........	4	IV. Übergangsrecht...............	10
2. Uneingeschränkter Anspruch........	5		
3. Einschränkungen für Familienangehörige (Abs. 2)................	6		

I. Normzweck und Entstehungsgeschichte

1 Art. 18 ist eine Ausnahme von Art. 17: Halten sich die Versicherten, die an sich nicht im zuständigen, sondern in einem anderen Mitgliedstaat wohnen und dort auch „eingeschrieben" sind (s. oben Art. 17 Rn 21), im zuständigen Staat vorübergehend (s. Art. 1 lit. k) auf und nehmen sie hier Leistungen in Anspruch, so leistet der zuständige Staat zu seinen Kosten und nach seinem Recht. Im nationalen Krankenversicherungsrecht würden die Personen ohne die Regelung des Art. 18 eventuell keinen Anspruch haben, weil oft, vor allem in Systemen mit nationalem Gesundheitsdienst, der gewöhnliche Aufenthalt im Behandlungsmitgliedstaat verlangt wird, an dem es hier fehlt. In Deutschland wird das nicht vorausgesetzt, sondern es reicht die Eigenschaft als „Versicherte(r)" aus (§§ 11 und 27 SGB V; dazu unten Rn 9). Zudem gibt Art. 18 allen, die sich in der Regel regelmäßig im Staat des zuständigen Trägers aufhalten werden wie vor allem Grenzgängern, ein **Wahlrecht,** Leistungen nicht nur in ihrem Wohnort, sondern auch an ihrem Beschäftigungsort im zuständigen Staat in Anspruch zu nehmen, wenn sie sich dort aufhalten.

2 Art. 18 Abs. 1 und Art. 18 Abs. 2 S. 1 geben auch **Familienangehörigen,** die nicht im zuständigen Staat wohnen, bei Aufenthalt im zuständigen Staat einen Anspruch auf Leistungen gegen den Träger der Versicherung im zuständigen Staat. Art. 18 Abs. 2 S. 2 macht hiervon allerdings wieder eine Ausnahme. Zum Begriff der Familienangehörigen und zur Feststellung ihres Versichertenstatus s. oben Art. 17 Rn 10 und 16. Die VO (EG) Nr. 883/2004 hat erstmals auch für die Krankenversicherungsansprüche von Rentnern, die früher Grenzgänger waren, eine Sonderregelung geschaffen (Art. 28).

3 Art. 18 Abs. 1 übernimmt die allgemeine Regelung des Art. 21 VO (EWG) Nr. 1408/71, die auch schon damals voll auf Familienmitglieder anwendbar war. Wurde für die Familienmitglieder vom zuständigen Träger an den Träger des Wohnstaates gemäß Art. 94 VO (EWG) Nr. 574/72 eine Pauschale gezahlt, bestimmte Art. 21 Abs. 2 S. 2 letzter Teil VO (EWG) Nr. 1408/71, dass zwar der zuständige Träger Leistungen erbringt, die Kosten aber dem Träger des Wohnortes in Rechnung zu stellen sind. Art. 20 der VO (EWG) Nr. 1408/71 sah eine Sonderregelung für „Grenzgänger" und ihre Familienangehörigen vor. Auch sie erhielten Leistungen bei Aufenthalt im zuständigen Staat. Gemäß Art. 20 S. 3 der VO (EWG) Nr. 1408/71 setzten Leistungen an Familienmitglieder von Grenzgängern aber voraus, dass entweder die Leistung äußerst dringlich war oder der Einbezug zwischen den Staaten vereinbart worden war oder der zuständige Staat der Leistung im Einzelfall zustimmte. Hier ist die Regelung des Art. 18 VO (EG) Nr. 883/2004 also genereller und klarer (dazu auch unten Rn 6).

II. Einzelerläuterungen

1. Persönlicher Geltungsbereich

4 Allg. zum persönlichen Anwendungsbereich vgl Art. 17 Rn 7 ff. Für Rentner bestehen Sondervorschriften in Art. 27 und Art. 28. „Aufenthalt" ist nach der Definition in Art. 1 lit. k) „der vorübergehende Aufenthalt", vgl dort Rn 21 ff. Grenzgänger sind nach der Definition in Art. 1 lit. f) Personen, die in einem Mitgliedstaat einer Beschäftigung oder selbständigen Tätigkeit nach-

gehen (Staat des zuständigen Trägers = zuständiger Staat) und täglich, mindestens aber einmal wöchentlich vom Staat ihrer Beschäftigung/Tätigkeit in ihren Wohnstaat zurückkehren. Bei **Familienangehörigen** ändert sich nichts an der grundsätzlichen Definition in Art. 1 lit. i) (oben Art. 17 Rn 10). Die (Mit-)Versicherteneigenschaft und damit auch die Eigenschaft als Familienmitglied richtet sich nach dem Recht des zuständigen Staats. Dadurch muss der zuständige Staat im Rahmen des Art. 18 auch nicht an Personen leisten, die nach seinem Recht gar keine Familienmitglieder sind und in den Wohnstaat auch nicht mit einem Leistungsanspruch gehen konnten (aA und allein nach Anwendung des Rechts des Wohnstaats: *Klein*, in: *Hauck/Noftz*, EU-Sozialrecht, Art. 18 Rn 9 und *Schreiber*, in: *Schreiber u.a.,* VO (EG) Nr. 883/2004, 2012, Art. 17 Rn 7).

2. Uneingeschränkter Anspruch

Im Fall des (vorübergehenden) **Aufenthalts im zuständigen Staat** richtet sich der Anspruch auf Sachleistungen (s. Art. 17 Rn 4 ff) ganz nach dem Recht des zuständigen Staates, so als ob die Personen in diesem Staat auch ihren Wohnsitz hätten (dh sich dort gewöhnlich aufhalten, s. Art. 1 lit. j)). Diese Wohnsitzfiktion bewirkt, dass Anforderungen und Einschränkungen des Wohnstaats nicht gelten. Die Versicherten können also zB auch Leistungen beanspruchen, die zwar nicht der Träger des Wohnorts, wohl aber der zuständige Träger nach seinem KV-Recht zu gewährleisten hat. Es findet also eine **volle Integration in das Leistungsrecht des zuständigen Staats** statt. 5

3. Einschränkungen für Familienangehörige (Abs. 2)

Gemäß Art. 18 ist die **Leistungspflicht des zuständigen Trägers** bei Aufenthalt der Familienangehörigen im zuständigen Staat nicht mehr beschränkt. Der zuständige Staat kann aber gemäß Art. 18 Abs. 2 durch Eintragung in das Verzeichnis des Anhangs III seine Leistungspflicht für die Familienmitglieder darauf beschränken, dass nur die „notwendigen" Leistungen erbracht werden (s. Art. 19 Rn 11 ff). Dies ist dadurch gerechtfertigt, dass die Familienangehörigen keine so enge Bindung an den zuständigen Staat und Versicherungsmitgliedstaat, meist den Beschäftigungsort des Hauptversicherten, haben wie der Hauptversicherte selbst. In Anhang III sind zeitlich unbegrenzt eingetragen: Dänemark, Irland, Finnland, Schweden und UK. Für Estland, Spanien, Italien, Litauen, Ungarn und die Niederlande gelten Eintragung und Vorbehalt nur für eine Übergangszeit von vier Jahren nach Inkrafttreten der VO (EG) Nr. 883/2004, das ist bis zum 30.10.2014. 6

Die alte Regelung für Familienmitglieder war hochkomplex. Einmal sah sie für die Familienmitglieder von Grenzgängern, bei denen vor allem die Leistungsnachfrage im benachbarten zuständigen Staat infrage kam, in Art. 20 VO (EWG) Nr. 1408/71 vor, dass ihnen das Wahlrecht nur unter erschwerten Bedingungen eingeräumt wurde: Es musste ein „dringlicher Fall" vorliegen, dh die Leistung musste unaufschiebbar sein (vgl Beschluss der Verwaltungskommission Nr. 135). Sonst war für eine allg. Gleichstellung notwendig, dass sie in einem ein bes. Abkommen zwischen den Mitgliedstaaten getroffen worden war (so zwischen der Bundesrepublik einerseits und den Niederlanden vom 15.2.1982 (BGBl. II 1982 Nr. 39 vom 16.11.1982, S. 958) und Luxemburg vom 25.1.1990 (BGBl. II Nr. 18 vom 16.6.1990, S. 479) andererseits) oder im Einzelfall der Leistungserbringung zugestimmt wurde. Allgemein, mit Ausnahme von Grenzgängers, gab Art. 21 VO (EWG) Nr. 1408/71 Familienmitgliedern, die sich im Staat des zuständigen Trägers aufhielten, einen Leistungsanspruch gegen den zuständigen Träger. In Abs. 2 S. 2 letzter Teil wurde dann aber geregelt, dass der zuständige Träger Leistungen erbringt, die Kosten aber dem Träger des Wohnortes in Rechnung zu stellen sind. Diese Ausnahme hatte ihren Grund darin, dass Art. 94 VO (EWG) Nr. 574/72 vorsah, dass bei Familienmitgliedern, die nicht in dem Mitgliedstaat, in dem der Erwerbstätige wohnt, wohnen, der zuständige Träger dem Träger des Wohnstaates für die aushelfend erbrachten Leistungen eine Pauschale zahlt. Es würde dieser pauschalen Abgeltung widersprechen, wenn der zuständige Träger im Einzelfall bei vorübergehendem Aufenthalt der Familienangehörigen in seinem Staat noch zusätzlich zur Kasse gebeten würde. Jetzt ist die 7

Grundlage für diese Ausnahme an sich entfallen, da Art. 35 grundsätzlich vorsieht, dass für alle Personen nicht mehr pauschal, sondern nach den Einzelaufwendungen abgerechnet wird. Allerdings bleibt das Problem bei jenen Mitgliedstaaten, die – wie bei nationalem Gesundheitsdienst – nicht nach Einzelleistung abrechnen können. Dies sind überwiegend auch die Länder, die von der Ausnahme in Anhang III Gebrauch gemacht haben. In den übrigen Fällen, vor allem bei den Versicherten selbst, macht es die jetzige Regelung des Art. 18 allerdings unattraktiv, nach Pauschalen abzurechnen.

4. Verfahren

8   Es kommt kein besonderes Verfahrensrecht zur Anwendung, da die Leistung in jenem Staat nachgefragt wird, in dem auch der Versichertenstatus besteht. Das Verfahrensrecht des Art. 17 passt nicht (aA *Schreiber*, in: *Schreiber u.a.*, VO (EG) Nr. 883/2004, 2012, Art. 18 Rn 10), da es in Art. 18 nur um die Sachleistungsaushilfe bei vorübergehendem Aufenthalt geht. Es sind also – anders als bei einer Leistungsgewährung nach Art. 17 – weder ein Nachweis über die Versicherteneigenschaft noch eine Einschreibung notwendig.

III. Umsetzung ins nationale Recht

9   Zuständig für die Leistungsgewährung in Deutschland ist die Krankenkasse, bei der der Anspruchsberechtigte versichert ist. Bei Aufenthalt in Deutschland richten sich also alle Leistungsvoraussetzungen, sowohl die Versicherteneigenschaften wie die Leistungsmodalitäten, nach deutschem Recht. Allerdings sind hier einige Sachverhalte aus dem Wohnstaat gemäß Art. 5 VO (EG) Nr. 883/2004 nach deutschem Recht anzuerkennen (wie zB vorherige Selbstbeteiligungen im Wohnstaat bei der Berechnung der Belastungsgrenzen gemäß § 62 SGB V). Da §§ 11 und 27 SGB V für Leistungsansprüche im Inland nur voraussetzen, dass eine Person „Versicherte(r)" ist, gilt die Leistungspflicht gegenüber einem/einer Versicherten, der/die zwar im EU-Ausland wohnt, aber sich (vorübergehend) in Deutschland aufhält, schon nach deutschem Recht und zwar unbeschränkt auch für Familienmitglieder allgemein wie auch die Familienmitglieder von Rentnern (vgl BSG, B 1 KR 4/04 R, SozR 4-2400 § 3 Nr 2 m.Anm. *Bauer*, SGb 2006, 237-239; *Schiffner*, SGb 2006, 239-243 und *Bieback*, ZESAR 2006, 85-88).

IV. Übergangsrecht

10 Die Ausnahmeklausel bei der Gleichstellung der Familienangehörigen für die Mitgliedstaaten in Anhang III muss gemäß Art. 87 Nr. 10 b bis zum 31.10.2014 auf der Basis eines Berichts der Verwaltungskommission überprüft werden.

Artikel 19   Aufenthalt außerhalb des zuständigen Mitgliedstaats

(1) [1]Sofern in Absatz 2 nichts anderes bestimmt ist, haben ein Versicherter und seine Familienangehörigen, die sich in einem anderen als dem zuständigen Mitgliedstaat aufhalten, Anspruch auf die Sachleistungen, die sich während ihres Aufenthalts als medizinisch notwendig erweisen, wobei die Art der Leistungen und die voraussichtliche Dauer des Aufenthalts zu berücksichtigen sind. [2]Diese Leistungen werden vom Träger des Aufenthaltsorts nach den für ihn geltenden Rechtsvorschriften für Rechnung des zuständigen Trägers erbracht, als ob die betreffenden Personen nach diesen Rechtsvorschriften versichert wären.

(2) Die Verwaltungskommission erstellt eine Liste der Sachleistungen, für die aus praktischen Gründen eine vorherige Vereinbarung zwischen der betreffenden Person und dem die medizini-

sche Leistung erbringenden Träger erforderlich ist, damit sie während eines Aufenthalts in einem anderen Mitgliedstaat erbracht werden können.

Artikel 25 DVO *Aufenthalt in einem anderen als dem zuständigen Mitgliedstaat*

A. Verfahren und Umfang des Anspruchs

(1) ¹*Bei der Anwendung von Artikel 19 der Grundverordnung legt der Versicherte dem Erbringer von Gesundheitsleistungen im Aufenthaltsmitgliedstaat ein von dem zuständigen Träger ausgestelltes Dokument vor, das seinen Sachleistungsanspruch bescheinigt.* ²*Verfügt der Versicherte nicht über ein solches Dokument, so fordert der Träger des Aufenthaltsorts auf Antrag oder falls andernfalls erforderlich das Dokument beim zuständigen Träger an.*

(2) Dieses Dokument bescheinigt, dass der Versicherte unter den Voraussetzungen des Artikel 19 der Grundverordnung zu denselben Bedingungen wie nach den Rechtsvorschriften des Aufenthaltsmitgliedstaats versicherte Personen Anspruch auf Sachleistungen hat.

(3) Sachleistungen im Sinne von Artikel 19 Absatz 1 der Grundverordnung sind diejenigen, die im Aufenthaltsmitgliedstaat nach dessen Rechtsvorschriften erbracht werden und sich als medizinisch notwendig erweisen, damit der Versicherte nicht vorzeitig in den zuständigen Mitgliedstaat zurückkehren muss, um die erforderlichen medizinischen Leistungen zu erhalten.

B. Verfahren und Modalitäten der Übernahme und/oder Erstattung von Sachleistungen

(4) ¹*Hat der Versicherte die Kosten aller oder eines Teils der im Rahmen von Artikel 19 der Grundverordnung erbrachten Sachleistungen selbst getragen und ermöglichen die vom Träger des Aufenthaltsorts angewandten Rechtsvorschriften, dass diese Kosten dem Versicherten erstattet werden, so kann er die Erstattung beim Träger des Aufenthaltsorts beantragen.* ²*In diesem Fall erstattet ihm dieser direkt den diesen Leistungen entsprechenden Betrag innerhalb der Grenzen und Bedingungen der nach seinen Rechtsvorschriften geltenden Erstattungssätze.*

(5) Wurde die Erstattung dieser Kosten nicht unmittelbar beim Träger des Aufenthaltsorts beantragt, so werden sie der betreffenden Person vom zuständigen Träger nach den für den Träger des Aufenthaltsorts geltenden Erstattungssätzen oder den Beträgen erstattet, die dem Träger des Aufenthaltsortes im Fall der Anwendung von Artikel 62 der Durchführungsverordnung in dem betreffenden Fall erstattet worden wären.

Der Träger des Aufenthaltsorts erteilt dem zuständigen Träger auf dessen Ersuchen die erforderlichen Auskünfte über diese Erstattungssätze oder Beträge.

(6) Abweichend von Absatz 5 kann der zuständige Träger die entstandenen Kosten innerhalb der Grenzen und nach Maßgabe der in seinen Rechtsvorschriften niedergelegten Erstattungssätze erstatten, sofern sich der Versicherte mit der Anwendung dieser Bestimmung einverstanden erklärt hat.

(7) Sehen die Rechtsvorschriften des Aufenthaltsmitgliedstaats in dem betreffenden Fall keine Erstattung nach den Absätzen 4 und 5 vor, so kann der zuständige Träger die Kosten innerhalb der Grenzen und nach Maßgabe der in seinen Rechtsvorschriften festgelegten Erstattungssätze erstatten, ohne dass das Einverständnis des Versicherten erforderlich wäre.

(8) Die Erstattung an den Versicherten überschreitet in keinem Fall den Betrag der ihm tatsächlich entstandenen Kosten.

(9) Im Fall erheblicher Ausgaben kann der zuständige Träger dem Versicherten einen angemessenen Vorschuss zahlen, nachdem dieser den Erstattungsantrag bei ihm eingereicht hat.

C. Familienangehörige

(10) Die Absätze 1 bis 9 gelten entsprechend für die Familienangehörigen des Versicherten.

I. Normzweck, Grundstruktur und Entstehungsgeschichte 1
II. Einzelerläuterungen 9
   1. Persönlicher und sachlicher Geltungsbereich 9
   2. Leistungsaushilfe und Anspruch auf die notwendigen Leistungen 11
   3. Große Sachleistungen Art. 19 Abs. 2 ... 17
   4. Verfahren gemäß Art. 25 Abs. 1-2 DVO und Praxis 20
   5. Kostenerstattungsanspruch des Versicherten (Art. 25 Abs. 4 und 5 DVO) 26
      a) Erstattung durch den Träger des Aufenthaltsorts nach den Sätzen des Aufenthaltsorts (Art. 25 Abs. 4 DVO) 31
      b) Erstattung durch den zuständigen Träger nach den Sätzen des Aufenthaltsorts (Art. 25 Abs. 5 DVO) 32
      c) Erstattung durch den zuständigen Träger nach den Sätzen des zuständigen Trägers (Art. 25 Abs. 6 und 7 DVO) 33
   6. Streitigkeiten über Berechtigungen, zwischen den Ansprüchen nach Art. 19 einerseits und 20 bzw 17 andererseits .. 35
III. Umsetzung in das nationale Krankenversicherungsrecht 36

I. Normzweck, Grundstruktur und Entstehungsgeschichte

1 Gegenüber der Grundnorm des Art. 17 behandeln Art. 19 und Art. 20 die Leistungserbringung an Versicherte und ihre Familienmitglieder, die nicht in einem anderen Mitgliedstaat wohnen, sondern sich im anderen Mitgliedstaat nur **vorübergehend aufhalten** (Abs. 1 lit. k)). Von diesen „Aufenthaltsfällen" regelt Art. 19 den allg. vorübergehenden Aufenthalt zB als Tourist, Geschäftsreisender etc. und Art. 20 den Aufenthalt ausdrücklich (nur) zur Behandlung in einen anderen Mitgliedstaat (s. oben Vorbem. vor Art. 17 Rn 15 ff und 60 ff). Die für diese Fälle im nationalen Recht bestehenden Sondervorschriften für Leistungen im Ausland werden durch das EG-Recht verdrängt. Grundsätzlich gelten für Art. 19 auch die in Art. 17 und der DVO geregelten und kommentierten Vorschriften über die **aushelfende Leistungserbringung bei Sachleistungen**. Allerdings sind die Voraussetzungen etwas restriktiver als in Art. 17, da Art. 19 nur einen Anspruch auf die „notwendigen" Leistungen gibt; auch ist das Verfahren zum Nachweis und zur Kontrolle der Leistungsberechtigung anders geregelt.

2 Der alte Text der **Vorläufervorschrift** in Art. 22 Abs. 1 lit. a) VO (EWG) Nr. 1408/71 enthielt noch als einzige spezielle Voraussetzung gegenüber der Grundnorm der Leistungsaushilfe in Art. 19 VO (EWG) Nr. 1408/71 (jetzt Art. 17) die Anforderung, dass der „Zustand unverzügliche Leistungen erfordert". In der Sache ähnlich, aber klarer war die mit VO (EG) Nr. 631/2004 (ABl. (EU) L 100 v. 6.4.2004, S. 1 ff) eingeführte Neuformulierung, dass die Leistung „**notwendig**" sein muss, was auch in die jetzige VO (EG) Nr. 883/2004 übernommen wurde. Der Begriff „unverzüglich" ließ unterschiedliche Interpretationen zu und es wurde beklagt, dass die Praxis in den einzelnen Mitgliedstaaten stark voneinander abwich, insbesondere wenn ein kostspieliger Krankenhausaufenthalt im Ausland anstand. Es entsprach nicht der durch Art. 22 Abs. 1 lit. a) VO (EWG) Nr. 1408/71 geschützten Freizügigkeit und einer freizügigkeitsfreundlichen Interpretation, Leistungen nur dann für „unverzüglich" notwendig zu halten, wenn ein „dringender" Fall oder gar ein „Notfall" vorlag (dagegen auch *Neumann-Duesberg*, DOK 1985, S. 302, 310 und *Windisch-Graetz*, 2003, S. 234) oder der Krankheitszustand so schwer ist, dass dem Versicherten eine Rückkehr nicht zugemutet werden kann. Die Kommission wollte in ihrem Entwurf (KOM (1998) 779 endg., ABl. C 038 v. 12.2.1999, S. 10) nur „unverzüglich erforderliche Sachleistungen" gewähren, konnte sich mit dieser Anknüpfung an die vielfach kritisierte Vorgängernorm aber nicht durchsetzen.

3 Die VO (EG) Nr. 631/2004 fügte in Art. 22 VO (EWG) Nr. 1408/71 einen Abs. 1a ein, der dem heutigen Art. 19 Abs. 2 entspricht. Er macht deutlich, dass auch große und komplizierte medizinische Behandlungen, wie Dialyse, kein Hindernis für eine grenzüberschreitende Mobilität sein sollen (vgl auch Erwägungsgrund Nr. (5) der VO (EG) Nr. 631/2004). Ein Genehmigungsverfahren bei großen Sachleistungen, wie es noch Art. 17 Abs. 7 VO (EWG) Nr. 574/72 enthielt, gibt es allerdings nicht mehr.

4 Zur **Abgrenzung zwischen Art. 19 und Art. 20** s. oben Vorbem. vor Art. 17 Rn 15 ff und 60 bis 66 und Art. 20 (Rn 1 und 3). Art. 20 ist nach dem jetzigen Wortlaut ein Spezialfall und eine Aus-

nahmevorschrift zu Art. 19. Deshalb sind die Urteile zu den Vorschriften des alten Rechts, die eher von einer Gleichgewichtung der Ansprüche ausgingen (Art. 22 Abs. 1 lit. a) oder lit. c) VO (EWG) Nr. 1408/71) nur noch mit Vorbehalten heranzuziehen. Immerhin gilt auch hier der alte Grundsatz, dass die Frage, ob zB der Aufenthalt nur dem Zweck der Behandlung im Ausland dient, also Art. 20 einschlägig ist, durch die nationalen Gerichte auf der Basis ihrer tatsächlichen Ermittlungen zu entscheiden ist (EuGH, Rs. C-326/00 (IKA), Slg 2003, I-1703 Rn 31 ff und EuGH, Rs. C-156/01 (van der Duin), Slg 2003, I-7045 Rn 34 ff).

Seit den Entscheidungen des EuGH in den Rs. Kohll und Decker gibt es **zwei Wege der grenz-** 5 **überschreitenden Leistungsbeanspruchung** bei vorübergehendem Aufenthalt in einem anderen Mitgliedstaat als dem Staat des zuständigen Trägers (vgl EuGH, Rs. C-56/01 (Inizan), Slg 2003, I-12403 Rn 15 ff; dazu ausführlich oben Vorbem. vor Art. 17 Rn 41 ff, 55 ff): Neben den Ansprüchen nach der VO (EG) Nr. 883/2004 gibt es weitere Ansprüche. Direkt aus Art. 56 AEUV (= Art. 49 EG) zusammen mit der RL 2011/24/EU ergibt sich ein Recht auf grenzüberschreitende Leistungsbeanspruchung nach dem Recht des zuständigen Trägers auf Erstattung der Kosten der Leistungsbeanspruchung im Ausland in Höhe des tatsächlichen Aufwands bis maximal zu den Sätzen, die der zuständige Träger nach dem für ihn geltenden Recht zu zahlen gehabt hätte. Dazu oben Vorbem. vor Art. 17, Rn 41 ff, 55 ff.

Eine Konkurrenz beider Ansprüche wird sich in der Regel nicht ergeben, da der EuGH die An- 6 sprüche aus den Grundfreiheiten auf die **gezielte grenzüberschreitende Inanspruchnahme** von Gesundheitsdienstleistungen begrenzt hat. Art. 19 regelt dagegen den Fall, dass eine Gesundheitsbehandlung während eines **Aufenthalts aus nichtmedizinischen Gründen** notwendig wird (s. oben Vorbem. vor Art. 17 Rn 55 ff und Vorbem. vor Art. 1 RL 2011/24/EU, Rn 10 ff , 30 bis 37). Dementsprechend hält der Beschluss der Verwaltungskommission Nr. S 3 v. 12.6.2009 (ABl. C 106 v. 24.4.2010, S. 40-41) zu Art. 19 unter Nr. 2 fest: „Sachleistungen – auch die im Zusammenhang mit einer chronischen oder bereits bestehenden Krankheit oder im Zusammenhang mit einer Entbindung erbrachten – fallen nicht unter diese Bestimmungen (der VO (EG) Nr. 883/2004 / der Verf.), wenn die Inanspruchnahme dieser Behandlungen Zweck des Aufenthalts in einem anderen Mitgliedstaat ist." Und die Verwaltungskommission hat im Beschluss S1 v. 12.6.2009 ABl. C 106 v. 24.4.2010, S. 23-25 noch einmal zur Funktion der europäischen Versicherungskarte, dem nach Art. 19 erforderlichen Ausweis, festgehalten: „(8) Die europäische Krankenversicherungskarte kann in allen Fällen verwendet werden, in denen eine versicherte Person bei einem vorübergehenden Aufenthalt Sachleistungen benötigt, unabhängig vom Zweck des Aufenthalts – Ferienreisen, Erwerbstätigkeit oder Studium. (10) Sachleistungen sind von der europäischen Krankenversicherungskarte nicht abgedeckt, wenn die Inanspruchnahme einer medizinischen Behandlung Zweck des Aufenthalts ist."

Ob eine Person **nur gelegentlich** ihres vorübergehenden Aufenthalts in einem anderen Mitglied- 7 staat gesundheitliche Dienstleistungen in Anspruch nimmt, dann Art. 19 VO (EG) Nr. 883/2004, oder **gezielt** grenzüberschreitend Gesundheitsdienstleistungen nachfragt, dann Art. 20 und/oder die Patienten-RL 2011/24/EU, entscheidet sich allein nach objektiven Kriterien (s. oben Vorbem. vor Art. 17 Rn 55 ff). Dabei sind alle Anhaltspunkte für die Art und Weise der grenzüberschreitenden Mobilität heranzuziehen und letztlich ist eine Wertung nach dem Schema der „überwiegenden" Kausalität vorzunehmen: Welche Orientierung dominierte? Dabei wird es meist nur um Indizien gehen: Antritt der Reise erst nach Auftreten akuter Krankheitssymptome (dann Art. 20 VO (EG) Nr. 883/2004 und RL 2011/24/EU, so der Schwerpunkt bei *Klein*, in: *Hauck/Noftz*, EU-Sozialrecht, Art. 20 Rn 13), es sei denn, es können unaufschiebbare andere Gründe nachgewiesen werden (vorher gebuchte kostspielige Reise, wichtiger Geschäftstermin, dringende Terminarbeit im Ausland und/oder zuerst nur leichte Symptome). Diese Indizien sprechen für Ansprüche nach Art. 19 VO (EG) Nr. 883/2004 (wie hier zust. *Schreiber*, in: *Schreiber u.a.*, VO (EG) Nr. 883/2004, 2012, Art. 20, Rn 8).

8 Dabei ist auch der Anspruch aus Art. 19 wie alles sekundäres Recht selbst unter dem Einfluss der Dienstleistungsfreiheit der Bürger aus Art. 56 AEUV (= Art. 49 EG) zu interpretieren und evtl zu modifizieren. Dazu oben Vorbem. vor Art. 17 VO (EG) Nr. 883/2004 Rn 43).

II. Einzelerläuterungen

1. Persönlicher und sachlicher Geltungsbereich

9 Zum sachlichen Anwendungsbereich („Sachleistungen") vgl Art. 17 Rn 4 und zum persönlichen Anwendungsbereich Art. 17 Rn 7 ff. Für Rentner richtet sich der Anspruch auf Krankenversorgung bei vorübergehendem Aufenthalt in einem anderen Land nach Art. 27. Zur Anwendbarkeit auf Familienangehörige vgl Art. 17 Rn 10. Familienmitglieder haben auch dann einen Anspruch auf aushelfende Sachleistungserbringung im Aufenthaltsstaat, wenn sie nicht im zuständigen, sondern in einem anderen Staat wohnen (zB Familienmitglieder eines Grenzgängers). Hier ist es allein zweckmäßig, über die Versicherteneigenschaft den zuständigen Staat nach seinem Recht entscheiden und allein die Bescheinigung des zuständigen Staats in Form der europäischen Versichertenkarte ausreichend und bindend sein zu lassen. Denn wegen der Eilbedürftigkeit der Leistung wird der aushelfende Staat sich nur auf die Bescheinigung des zuständigen Staats verlassen können.

10 Art. 19 gilt nur für den **vorübergehenden Aufenthalt** (Definition in: Art. 1 lit. k)) in einem anderen Mitgliedstaat als dem zuständigen Staat. Vorübergehend halten sich auf u.a. Touristen, Besucher, Durchreisende (als Arbeitnehmer, selbständige Erwerbstätige oder Touristen), Arbeitssuchende ohne festen Wohnsitz in dem anderen Mitgliedstaat. Wandelt sich der vorübergehende in einen dauernden Aufenthalt, begründet der/die Versicherte nach der Systematik der VO (EG) Nr. 883/2004 gemäß Art. 1 lit. j) seinen Wohnsitz in diesem Staat; dann greift die Regelung des Art. 17 (oben Vorbem. vor Art. 17 Rn 15 und 21).

2. Leistungsaushilfe und Anspruch auf die notwendigen Leistungen

11 Grundsätzlich gewährt Art. 19 einen Anspruch auf die aushelfende Sachleistungsgewährung durch den Träger des Aufenthaltsortes. Dies ist der Träger, „der nach den Rechtsvorschriften ... für die Gewährung der Leistungen an dem Ort zuständig ist, an dem die betreffende Person ... sich aufhält" (Art. 1 lit. r)). Die Leistungsgewährung richtet sich also nach dem **Muster der aushelfenden Sachleistungsgewährung**, dazu Art. 17 Rn 14 ff. Dabei ist die **Entscheidungskompetenz geteilt**: Der zuständige Träger entscheidet mit Aushändigung der Versicherungskarte über das Vorliegen des Versicherungsschutzes (unten Rn 19 ff und oben Art. 17 Rn 16 ff), über die sonstigen speziellen Leistungsvoraussetzungen des Art. 19, insb. das Kriterium der medizinisch notwendigen Leistungen, der aushelfende Träger (unten Rn 24).

12 Der Zustand des Versicherten muss Sachleistungen „medizinisch notwendig" machen. Dies ist eine Bewertung der „Zweck-Mittel-Relation", wie sie auch bei der Prüfung der Verhältnismäßigkeit üblich ist, hier allerdings nicht mit dem Ziel, einen Eingriff in Freiheiten zu minimieren, sondern das zu einer Behandlung Gebotene, und zwar das Verhältnis von Krankheitszustand und erforderlichen Leistungen festzustellen. Dies richtet sich laut Wortlaut **allein nach medizinischen Kriterien**. Allerdings sind dabei ausdrücklich die *Art der Leistung* und die *Dauer des geplanten Aufenthalts* zu berücksichtigen. Beides hat der EuGH schon zum alten Recht dahin zusammengebunden, dass nur Leistungen verlangt werden können, die bis zur Rückkehr nicht aufgeschoben werden können (Rs. 237/78 (Toia), Slg 1979, 2645). Dies hat der Beschluss Nr. 194 der Verwaltungskommission vom 17.12.2003 zum Recht der Vorläufer-VO (EWG) Nr. 1408/71 noch einmal ausdrücklich bestätigt: „(2) Es darf nur der medizinische Sachverhalt im Zusammenhang mit dem Aufenthalt der betreffenden Person gewertet werden wobei deren Gesundheitszustand und Vorgeschichte zu berücksichtigen sind". Der Beschluss S3 übernimmt diese Feststellungen in den

Titel III Leistungen bei Krankheit, Mutterschaft, Vaterschaft   Artikel 19

Vorerwägungen 1-3 (Beschluss der Verwaltungskommission Nr. S3 v. 12.6.2009 (ABl. C 106 v. 24.4.2010, S. 40-41).

Da Art. 19 die Freizügigkeit schützen soll, darf mit der Versagung von KV-Leistungen aber auch **kein Druck zur Rückkehr** in den Heimatstaat ausgeübt werden, was jetzt auch ausdrücklich Art. 25 Abs. 3 DVO statuiert. Vielmehr war schon die sehr viel rigidere Anforderung der „Unverzüglichkeit" auch abhängig von der geplanten Dauer des Aufenthaltes (vgl schon zum alten Recht *Wortmann*, DOK 1979, 380, 386; *Haverkate/Huster*, 1999, Rn 171 und die Vorauflagen; wie hier zust. *Windisch-Graetz*, 2003, S. 234). War eine längere Dauer geplant, müssen deshalb die notwendigen medizinischen Leistungen umfangreicher sein, als bei kurzer Dauer. 13

Dementsprechend hält der Beschluss der Verwaltungskommission Nr. S 3 v. 12.6.2009 (ABl. C 106 v. 24.4.2010, S. 40-41) unter 1. zu Recht fest: „Sachleistungen gemäß Artikel 19 Absatz 1 und Artikel 27 Absatz 1 der Verordnung (EG) Nr. 883/2004 sowie Artikel 25 Absatz 3 der Verordnung (EG) Nr. 987/2009 umfassen Leistungen, die in Zusammenhang mit einer **chronischen oder bereits bestehenden Krankheit** sowie im Zusammenhang mit einer Schwangerschaft und Entbindung erbracht werden". Damit wird auch die Rspr des EuGH aufgegriffen (EuGH, Rs. C-326/00 (Ioannidis), Slg I-2003, 1703), dass es nicht darauf ankommt, dass die Krankheit unvorhergesehen plötzlich auftritt, denn eine solche Interpretation würde die Grundfreiheiten kranker Unionsbürger erheblich einschränken. 14

Bei leichten Erkrankungszuständen sind nur leichte, die Symptome behandelnden Maßnahmen erforderlich. Ist die zu Grunde liegende **Erkrankung schwerwiegend,** können nicht automatisch aufwändige Leistungen, die das Grundleiden behandeln, verlangt werden (aA *Windisch-Graetz*, 2003, S. 235; wie hier zust. *Schreiber*, in: *Schreiber u.a.*, VO (EG) Nr. 883/2004, 2012, Art. 19 Rn 10). Bei mittleren und schweren Krankheitszuständen erhöht sich zwar der Umfang der notwendigen Leistungen. Aber erst wenn es aus medizinischer Sicht dringend notwendig ist, eine Verschlimmerung zu vermeiden, oder sofort mit einer aufwändigen Behandlung des Grundleidens zu beginnen, ist über die Behandlung der Symptome hinaus auch das zu Grunde liegende Leiden umfassend zu behandeln. 15

Medizinisch notwendige Transportkosten werden nach dem Recht des aushelfenden Trägers getragen. Sind sie Teil der Sachleistungen des aushelfenden Staats, sind sie auch nach Art. 19 zu gewähren; sie lassen sich auch als Hilfeleistung der ärztlichen oder einer anderen Behandlung iS der Sachleistungsdefinition in Art. 1 lit. va) VO (EG) Nr. 883/2004 zuordnen. Die Sondervorschrift des Art. 26 Abs. 8 DVO (EG) 987/2009 – Tragung allein nach dem Recht des zuständigen Trägers – ist hier nicht (analog) anwendbar (so aber *Schreiber*, in: *Schreiber u.a.*, VO (EG) Nr. 883/2004, 2012, Art. 20 Rn 13). Denn Art. 26 DVO (EG) 987/2009 bezieht sich allein auf den Fall der gezielten grenzüberschreitenden Inanspruchnahme von Gesundheitsdienstleistungen nach Art. 20 VO (EG) Nr. 883/2004 und nicht auf Art. 19 VO (EG) Nr. 883/2004; Art. 19 betrifft oft Notfälle im Staat des aushelfenden Trägers. Deshalb gilt für die Frage der Leistung nur das Recht des aushelfenden Trägers, das Recht im Aufenthaltsstaat. Soweit es sich allerdings um die **Transportkosten zur Weiterbehandlung im zuständigen Staat** handelt, sind sie Teil der Behandlung in diesem Staat und meist Nebenkosten der dann dort stattfindenden Behandlung und deshalb nach dem Recht des zuständigen Staats, nicht dem Recht des aushelfenden Staats zu beurteilen (vgl BSG SozR 3-2500 § 60 Nr. 3 = BSGE 83, 285, Rn 10 ff). Für eine andere Beurteilung gibt die VO (EG) Nr. 883/2004 keine Anhaltspunkte (so zu Recht BSG ebd. Rn 17). 16

3. Große Sachleistungen Art. 19 Abs. 2

Nach den Kriterien in Rn 14-15 kommt auch die **Leistung komplexer Behandlungen oder großer Heil- und Hilfsmittel ohne weitere Einschränkungen** in Betracht, wovon Art. 19 Abs. 2 implizit ausgeht und schon Art. 21 Abs. 2 VO (EWG) Nr. 574/72 implizit ausging. Es ist in den neuen VO kein Anhaltspunkt erkennbar, der diese alte Rechtslage ändert. Ein Genehmigungsverfahren bei 17 großen Sachleistungen, wie es noch Art. 17 Abs. 7 VO (EWG) Nr. 574/72 (EG) enthielt, gibt es nicht mehr.

18 Allerdings verlangt Art. 19 Abs. 2, dass die Verwaltungskommission eine Liste jener Sachleistungen erstellt, die nur in **Absprache mit dem aushelfenden Leistungsträger** erbracht werden können. Diesen Beschluss hat die Verwaltungskommission schon zur gleichlautenden Vorgängervorschrift Art. 22 Abs. 1a VO (EWG) Nr. 1408/71 im Jahre 2004 gefasst (Beschluss Nr. 196 der Verwaltungskommission vom 23.3.2004) und dabei darauf abgestellt, dass es um medizinische, lebenswichtige Behandlungen geht, die nur in spezialisierten medizinischen Einrichtungen oder Einrichtungen mit entsprechendem Personal und/oder Gerätschaften möglich sind. Der Beschluss nannte nur zwei Erkrankungen: Nierendialyse und Sauerstofftherapie (s. auch schon Beschluss Nr. 163 der Verwaltungskommission vom 31.5.1996). Der Beschluss der Verwaltungskommission Nr. S3 v. 12.6.2009 (ABl. C 106 v. 24.4.2010, S. 40-41) ergänzt das nun unter Punkt 3 und im Anhang. Es zählen jetzt zu den großen Sachleistungen iS des Abs. 2 nunmehr: Nierendialyse, Sauerstofftherapie, spezielle Asthmatherapie, Echokardiographie bei chronischen Autoimmunkrankheiten, Chemotherapie.

19 Bei diesen Leistungen „soll" eine „Vereinbarung" zwischen dem Versicherten und dem „die medizinische Leistung erbringenden Träger" geschlossen werden. Mit „Träger" ist hier gemäß der allg. Definition in Art. 1 lit. p) die Einrichtung oder die Behörde gemeint, die die Rechtsvorschriften der GKV in dem betreffenden Land umzusetzen hat. Die Regelung und die Liste sind keine zusätzliche Voraussetzung für die Inanspruchnahme, sondern, wie das ausdrückliche Ziel der Vorschrift deutlich macht, eine Verpflichtung des Trägers des Aufenthaltsorts, eine entsprechende Hilfestellung zu geben; die Liste hat eher Warn- und Ordnungsfunktion (wie hier zust. *Schreiber*, in: *Schreiber u.a.*, VO (EG) Nr. 883/2004, 2012, Art. 19 Rn 16). Deshalb ist die Liste mit den beiden Behandlungen auch nicht abschließend und „nicht erschöpfend" (so auch ausdrücklich Nr. 2 des Beschlusses Nr. 196 der Verwaltungskommission vom 23.3.2004 und jetzt die Nr. 3 S. 2 des Beschlusses S 3 v. 12.6.2009 (ABl. C 106 v. 24.4.2010, S. 40-41).

4. Verfahren gemäß Art. 25 Abs. 1-2 DVO und Praxis

20 Die Leistungsberechtigung bei vorübergehendem Aufenthalt wurde früher mit der Bescheinigung E 111 und wird jetzt über die Europäische Krankenversicherungskarte nachgewiesen (EHIC= European Health Insurance Card). Mit ihr kann man direkt zum Leistungsanbieter gehen. Es gibt für jeden Mitgliedstaat Merkblätter, die von der deutschen Verbindungsstelle KV-Ausland beim Spitzenverband der Krankenversicherung herausgegeben werden (http://www.dvka.de/oeffentlicheSeiten/DVKA.html). Das Problem der Berechtigungsnachweise über Bescheinigungen wie über die Europäische Krankenversicherungskarte ist, dass es (1) keine Verpflichtung der nationalen Leistungserbringer gibt, die internationalen Berechtigungsnachweise anzuerkennen und nach ihnen die ausländischen Versicherten wie inländische zu behandeln (s. Vorbem. vor Art. 17 Rn 22 und 49 ff), und (2) die Versicherten von diesen Nachweisen oft selbst keinen Gebrauch machen, sondern sich privat behandeln lassen und in Vorkasse treten und sich ihre Auslagen von ihrem zuständigen Träger dann ersetzen lassen, sei es nach den allg. Regeln auf Basis der Dienstleistungsfreiheit (s. Vorbem. vor Art. 17 Rn 22 ff und 67 ff), sei es nach den „Ausnahmevorschriften" des Koordinationsrechts (s. die folgenden Rn 26 ff). Schließlich haben wahrscheinlich sehr viele Versicherte die Krankheitskosten während des Urlaubs über eine private Auslandskrankenversicherung abgedeckt. Allerdings wird die EHIC zunehmend mehr gebraucht und akzeptiert (s. oben Vorbem. vor Art. 17 Rn 70).

21 Zur europäischen Krankenversicherungskarte (EHIC= European Health Insurance Card) hat die Verwaltungskommission folgende Beschlüsse erlassen. S 1 v. 12.6.2009 (ABl. C 106 v. 24.4.2010, S. 23-25) über die Ausgestaltung und notwendigen Inhalte wie über die Verwendung und Legitimationswirkung der Karte und S 2 v. 12.6.2009 (ABl. C 106 v. 24.4.2010, S. 26-39) zu den technischen Details der Karte.

Der **Erklärungsgehalt der EHIC** bezieht sich nach dem Beschluss S 1 unter Nr. 1 auf den Anspruch 22 der Versicherten, der Rentner und der Familienangehörigen der Versicherten auf Sachleistungen, die sich als medizinisch notwendig erweisen". Dies ist ungenau (vgl *Schreiber,* in: *Schreiber u.a.,* VO (EG) Nr. 883/2004, 2012, Art. 19 Rn 18). Bescheinigen kann der zuständige Träger des Versicherungsmitgliedstaats nur die Mitgliedschaft und Anspruchsberechtigung nach seinem Recht. Vom Wortlaut her bezieht sich aber die Formulierung „Anspruch ... auf Sachleistungen, die sich als medizinisch notwendig erweisen" eher auf die Rechtsfolge dieser Mitgliedschaft bei vorübergehendem Aufenthalt in einem anderen Staat, den Anspruch gemäß Art. 19 VO (EG) Nr. 883/2004. Der Erklärungsgehalt und seine Bindungswirkung wird dann aber in der entscheidenden Nr. 4 des Beschlusses auch korrekt bezeichnet: „Der zuständige Träger darf die Erstattung von Leistungen nicht mit der Begründung ablehnen, die Person sei nicht mehr bei dem Träger versichert, der die europäische Krankenversicherungskarte ausgestellt hat". Auch Art. 25 Abs. 1 und 2 DVO (EG) 987/2009 machen dies klar.

Der Beschluss S 1 verlangt deshalb, dass die Bescheinigung hinreichend individualisiert ist und 23 ihre zeitliche Begrenzung deutlich ausweist. Solange sich während der Gültigkeitsdauer Änderungen ergeben, die EHIC aber nicht widerrufen oder für ungültig erklärt worden ist, hat die EHIC **Bestandskraft,** ist der zuständige Träger gemäß Art. 5 DVO (EG) 987/2009 an die EHIC gebunden (vgl dazu ausführlich unten *Spiegel,* Kommentierung zu Art. 76 Rn 23 ff, 26 ff). Art. 5 DVO (EG) 987/2009 erklärt auch ein Verfahren bei **Streitigkeiten über den Erklärungswert** der EHIC für verbindlich: Der aushelfende Träger muss sich an den zuständigen Träger wenden (s. *Spiegel,* Kommentierung zu Art. 76 Rn 26 ff). Zu Recht weist der Beschluss S 1 in der Erwägung Nr. 7 darauf hin, dass ein Verfahren zwischen den Mitgliedstaaten vereinbart werden muss, um den Wechsel eines zuständigen Staats im Rahmen der EHIC zügig und sachgemäß abzuwickeln. Ob der neue Datenverbund und die neuen portablen Instrumente (s. oben Vorbem. vor Art. 17 Rn 70/71 und Kommentierung des Art. 78) hier Abhilfe schaffen können, muss die Praxis erweisen.

Gebunden werden durch die EHIC nur die aushelfenden Versicherungsträger des Mitgliedstaats 24 des vorübergehenden Aufenthalts, **nicht** die dortigen **Leistungserbringer,** die die EHIC nicht anerkennen müssen (wie hier zust. *Schreiber,* in: *Schreiber u.a.,* VO (EG) Nr. 883/2004, 2012, Art. 19 Rn 20). Allerdings gehört es zur Kooperationspflicht der Träger aller Mitgliedstaaten gemäß Art. 76 Abs. 2 bis 4 in ihrem Bereich über ihre Regelungsbefugnis bzw in ihren Verträgen mit den Leistungserbringern sicherzustellen, dass die EHIC wie ein Leistungsnachweis, den sie selber ausgestellt haben, wirksam verwandt werden kann.

Die aushelfenden Träger entscheiden ansonsten im Rahmen des Beschlusses der Verwaltungs- 25 kommission Nr. S 3 v. 12.6.2009 (ABl. C 106 v. 24.4.2010, S. 40-41) **selbstständig über die Leistungsvoraussetzungen des Anspruchs aus Art. 19,** insbesondere, ob eine Leistung „medizinisch notwendig" ist (dazu oben Rn 10-15). Denn nur sie sind Adressaten des Anspruchs aus Art. 19. Streitigkeiten zwischen dem Versicherten und dem aushelfenden Träger richten sich nach dem Recht des aushelfenden Trägers.

5. Kostenerstattungsanspruch des Versicherten (Art. 25 Abs. 4 und 5 DVO)

Art. 25 Abs. 4 bis 7 DVO sehen **drei unterschiedliche Wege der Kostenerstattung** vor, für den Fall 26 dass der Versicherte die Kosten im Aufenthaltsland selbst getragen hat:

- Erstattung durch den Träger des Aufenthaltsorts nach den Sätzen des Aufenthaltsorts (Art. 25 Abs. 4 DVO),
- Erstattung durch den zuständigen Träger nach den Sätzen des Aufenthaltsorts (Art. 25 Abs. 5 DVO),
- Erstattung durch den zuständigen Träger nach den Sätzen des zuständigen Trägers (Art. 25 Abs. 6 und 7 DVO).

Es handelt sich um Ansprüche, die genuin durch das EU-Recht geschaffen werden, **unabhängig vom nationalen Erstattungsrecht**. Dieses vielfältige System der Kostenerstattung ist einmal eine Reaktion darauf, dass in der Praxis das „**Regelsystem der Leistungsaushilfe**" nicht funktioniert (Vorbem. vor Art. 17 Rn 22 ff).

27 Dabei ist die **Erstattung durch den Träger des Aufenthaltsorts** zu den Sätzen und Bedingungen des Aufenthaltsorts **vorrangig**. Der **Versicherte** kann aber statt der Erstattung durch den Träger des Aufenthaltsorts auch direkt die Erstattung beim zuständigen Träger zu den Sätzen und Bedingungen des Aufenthaltsorts **wählen**, da Art. 25 Abs. 5 nur davon ausgeht, dass die Erstattung nicht beim Träger des Aufenthaltsorts beantragt wurde (wie hier zust. *Schreiber*, in: *Schreiber u.a.*, VO (EG) Nr. 883/2004, 2012, Art. 19 Rn 25; so auch für das deutsche Recht BSG, B 1 KR 22/08 R, BSGE 104, 1 = SozR 4-2500 § 13 Nr. 23 Rn 19). Sind sich zuständiger Träger und Versicherter einig, können sie auch gleich Erstattung durch den zuständigen Träger zu den Sätzen und Bedingungen des zuständigen Trägers gemäß Abs. 6 wählen. Eine solche Erstattung kann dem Versicherten sogar gemäß Abs. 7 aufgezwungen werden, wenn der Träger des Aufenthaltsorts keine Kostenerstattung kennt.

28 Dieses vielfältige System der Kostenerstattung ist aber auch notwendig, um den Schutz der Grundfreiheiten auf Freizügigkeit und **Dienstleistungsfreiheit** zu gewährleisten. Im Fall Vanbraekel (EuGH, Rs. C-368/98, Slg 2001, I-5363) wurde einem belgischen Versicherten die Genehmigung nach Art. 22 Abs. 1 lit. c) VO (EWG) Nr. 1408/71 für eine Behandlung in Frankreich zu Unrecht versagt. Der Versicherte hatte die Kosten selbst getragen und machte nunmehr einen Kostenerstattungsanspruch geltend. Streitig war, ob die (niedrigeren) Kosten nach französischem Recht oder die (höheren) Kosten nach belgischem Recht verlangt werden können. Der EuGH stellte zu Recht fest, das nach Art. 22 nur die in Frankreich, dem aushelfenden Staat, entstandenen Kosten ersetzt werden können, allerdings sei Art. 22 insoweit nur eine Mindestvorschrift und nationales Recht könne eine höhere Erstattung vorsehen. Er sieht in der Beschränkung auf die Kostensätze des aushelfenden Staates eine Beeinträchtigung der Dienstleistungsfreiheit, wenn die Kosten für Behandlungen im Staat der Versicherung mit einem höheren Betrag als im Ausland erstattet würden. Dann würde die Kostenerstattung bei grenzüberschreitender Dienstleistungsbeanspruchung schlechter behandelt als die Kostenerstattung bei Dienstleistungsbeanspruchung im Inland, dem Staat des zuständigen Trägers. Aus Art. 56 AEUV (= Art. 49 EG) folge deshalb ein Anspruch auf die Erstattungssätze des Staates der Versicherung, wenn diese höher seien als des ausländischen Staates der Behandlung. Dass dadurch evtl der Erstattungssatz höher war als die Auslagen (vgl zur Kritik die Vorauflagen und *Becker*, NJW 2003, 2275 und *Cabral*, E.L.Rev. 2004, 673, 686), wird jetzt für das koordinierende Sozialrecht durch Art. 25 Abs. 8 DVO (und für die RL 2011/24/EU durch Art. 7 Abs. 4, s. Kommentierung dort Rn 12 ff) ausgeschlossen, wonach die Erstattung nie über dem Betrag der tatsächlich entstandenen Kosten liegen darf. Auch wenn das Koordinationsrecht an der Dienstleistungsfreiheit zu messen ist, liegt im Fall des Art. 19 nach der Rspr des EuGH (s. oben Rn 6 und Vorbem. vor Art. 17 Rn 55 ff) einmal kein Fall des Gebrauchs der Dienstleistungsfreiheit vor. Zum anderen ist die Beschränkung auf die Kosten, die der Versicherte im Aufenthaltsstaat verauslagen musste, verhältnismäßig (Vorbem. vor Art. 17 Rn 43 und unten Vorbem. vor Art. 1 RL 2011/24/EU Rn 30 ff).

29 Schon **Art. 34 VO (EWG) Nr. 574/72** sah vor, dass der zuständige Träger die entstandenen Kosten nach den Sätzen, die für den Träger des Aufenthaltsortes gelten, zu erstatten hat, wenn das Verfahren gemäß Art. 21, 23 VO (EWG) Nr. 574/72 nicht eingehalten werden konnte. Da dieses Verfahren sehr aufwendig war, konnte der zuständige Träger gemäß Art. 34 Abs. 4 VO (EWG) Nr. 574/72 die Erstattung auch nach den für ihn geltenden Sätzen selbst vornehmen, wenn die Erstattungssumme 1.000 EUR nicht überstieg (Beschluss Nr. 176 der Verwaltungskommission ABl. L 243 v. 28.9.2000). Eine solche Erstattung nach den Sätzen des zuständigen Trägers war gemäß Art. 34 Abs. 5 VO (EWG) Nr. 574/72 auch gegen den Willen des Versicherten zulässig, wenn das Recht des aushelfenden Trägers keine Erstattungssätze kannte. Schließlich war es auch

zulässig, dass der zuständige Träger abweichend von Art. 34 Abs. 4 VO (EWG) Nr. 574/72 die dem Versicherten tatsächlich entstanden Kosten direkt erstattete (EuGH, Rs. C-193/03 (BKK Robert Bosch), Slg 2004, I-9911), insb. dann, wenn der Träger des Aufenthaltsstaats einen Fall des Art. 22 Abs. 1 lit. a) VO (EWG) Nr. 1408/71 (jetzt Art. 19) verneint, den der Träger des Wohnstaates/der zuständige Träger mit der Aushändigung der Bescheinigung E-111 (jetzt Europäische Krankenversicherungskarte) dagegen bejaht hatte (EuGH, Rs. C-326/00 (IKA), Slg 2003, I-1703 Rn 53 ff, 61; der Träger des Aufenthaltsstaats ging von einem Fall des Art. 22 Abs. 1 lit. c) VO (EWG) Nr. 1408/71, jetzt Art. 20 VO (EG) Nr. 883/2004, aus). Die rechtliche Grundlage dieses vom EuGH koordinierungsrechtlich begründeten Anspruchs bleibt unklar. Art. 25 Abs. 4 DVO führt im Verhältnis zum alten Recht nur noch zusätzlich einen Erstattungsanspruch gegen den Träger des Aufenthaltsorts ein.

Alle drei Ansprüche auf Kostenerstattung setzen voraus, dass **ein Fall des Art. 19 VO (EG) Nr. 883/2004** vorliegt, also Leistungen im Staat des vorübergehenden Aufenthalts medizinisch notwendig waren und der Versicherte nicht allein zur Leistungsbeanspruchung in den aushelfenden Behandlungsmitgliedstaat gereist war (oben Rn 6 und Rn 10 ff).   30

a) Erstattung durch den Träger des Aufenthaltsorts nach den Sätzen des Aufenthaltsorts (Art. 25 Abs. 4 DVO)

Der Anspruch auf Erstattung durch den Träger des Aufenthaltsorts nach den Sätzen des Aufenthaltsorts (Art. 25 Abs. 4) setzt voraus, dass das **Recht des Aufenthaltsorts** einen solchen Anspruch kennt. Dann richten sich Höhe und Verfahren ebenfalls nach dem Recht des Aufenthaltsorts. Einen grundsätzlichen Erstattungsanspruch gibt es jetzt gemäß § 13 SGB V. Die dort verlangten Formalitäten sind freizügigkeitsfreundlich auf die Situation ausländischer Versicherter hin auszulegen und flexibel anzuwenden.   31

b) Erstattung durch den zuständigen Träger nach den Sätzen des Aufenthaltsorts (Art. 25 Abs. 5 DVO)

Der Anspruch auf Erstattung durch den zuständigen Träger nach den Sätzen des Aufenthaltsorts (Art. 25 Abs. 5) hat **keine besonderen Voraussetzungen**. Es sind aber zwei Alternativen hinsichtlich der Höhe der Erstattung möglich: entweder nach den Sätzen des Aufenthaltsorts, die dann über eine Auskunft des Trägers des Aufenthaltsorts festzustellen sind (§ 25 Abs. 5 S. 2 DVO), oder nach den Erstattungssätzen gemäß Art. 62 DVO, vor allem den pauschal berechneten gemäß Art. 62 Abs. 2 DVO, die gemäß Art. 62 Abs. 3 DVO nicht höher als die Sätze des aushelfenden Trägers sein dürfen. Wem das **Wahlrecht** zusteht, wird nicht gesagt. Alle Umstände lassen aber darauf schließen, dass es um Verwaltungsvereinfachungen für den zuständigen Träger geht. Der Auskunftsanspruch, der für die Durchsetzung der ersten Variante notwendig ist, steht gemäß S. 2 auch nur dem zuständigen Träger gegenüber dem Träger des Aufenthaltsorts zu. Wählt der/die Versicherte also statt des Erstattungsanspruchs gegen den aushelfenden Träger den Anspruch gegen den zuständigen Träger, kann er/sie nicht verhindern, dass der zuständige Träger die eine oder die andere Berechnungsweise wählt (wie hier zust. *Schreiber,* in: *Schreiber u.a.,* VO (EG) Nr. 883/2004, 2012, Art. 19 Rn 25). Allerdings dürfte das Ermessen des zuständigen Trägers eingeschränkt sein. Er wird den Versicherten die (höheren) Kosten des Aufenthaltsstaats erstatten, wenn diese Kosten ihnen ohne ihr Verschulden im aushelfenden Staat berechnet worden sind. Der aushelfende Träger teilt dem zuständigen Träger im Wege des Datenaustauschs über ein strukturiertes elektronisches Instrument bzw über die alten Formulare der E-Serie die Kosten am Aufenthaltsort mit (vgl Art. 78 Rn 2 ff).   32

c) **Erstattung durch den zuständigen Träger nach den Sätzen des zuständigen Trägers (Art. 25 Abs. 6 und 7 DVO)**

33 Gemäß Art. 25 Abs. 6 DVO (EG) 987/2009 gibt es einen Erstattungsanspruch nach den Sätzen des zuständigen Trägers, der in der **Entscheidungsbefugnis des zuständigen Trägers** liegt, allerdings mit Zustimmung des Versicherten. Er ist für beide Seiten idR der einfachste, kommt er doch ohne großen Rekurs auf das Recht des Aufenthaltsstaates aus und verhindert er, dass der Versicherte schlechter gestellt wird, als er bei einer Leistungsbeanspruchung im Inland gestanden hätte. Dieser Erstattungsweg ist meist auch sachgerecht, liegt doch idR ein Versagen (durch oder ohne „Verschulden" des Versicherten) im System der aushelfenden Leistungserbringung vor. Dies ist zB der Fall, wenn es im Ausland eine höhere Selbstbeteiligung als im zuständigen Staat gibt. Allerdings verlangt auch Art. 25 Abs. 8 DVO das nie mehr erstattet wird, als der Versicherte im Ausland für die Leistung bezahlen müsste. Der zuständige Träger muss von seinem Ermessen in sachgerechter Weise Gebrauch machen, vor allem die Umstände in Betracht ziehen, weshalb Leistungen am Aufenthaltsort nicht in natura erlangt werden konnten (vgl auch EuGH, Rs. C-56/01 (Inizan), Slg 2003, I-12403, Rn 46). Lag dies an dem Verhalten des aushelfenden Trägers am Aufenthaltsort, ist in der Regel eine Erstattung zu gewähren, wenn der Versicherte sie beansprucht. Denn das Verhalten des Trägers am Aufenthaltsort kann nicht dem Versicherten, eher aber dem zuständigen Träger zugerechnet werden.

34 Für den Fall, dass der aushelfende Träger nur reale Sachleistungen und keinen Erstattungsanspruch kennt, kann der **zuständige Träger auch ohne Zustimmung des Versicherten** die Kosten nach seinem Recht in seiner Höhe erstatten (Art. 25 Abs. 7 DVO (EG) 987/2009).

6. Streitigkeiten über Berechtigungen, zwischen den Ansprüchen nach Art. 19 einerseits und 20 bzw 17 andererseits

35 Ist zwischen dem Träger des Aufenthaltsstaates und dem Träger des Wohnstaates unklar, ob ein Fall des Art. 19 (und Krankenversicherungskarte) oder ein Fall des Art. 20 (und die Bescheinigung E 112/jetzt Dokument S2) vorliegt, haben beide Seiten das einschlägige Verfahren zu prüfen und sich mit dem Willen zur gütlichen Einigung auszutauschen; es geht nach Ansicht des EuGH nicht an, dass der Träger des Wohnsitzstaats die Einschätzung des Trägers des Aufenthaltsstats einfach übernimmt, wenn dies an sich nicht dem bisherigem Verhalten und der Auffassung des Trägers des Wohnsitzstaats entspricht (EuGH, Rs. C-326/00 (IKA), Slg 2003, I-1703 Rn 31 ff). Zu den Streitigkeiten über Berechtigungen zwischen den Ansprüchen nach Art. 19 einerseits und 20 bzw 17 andererseits s. Vorbem. vor Art. 17 Rn 67 ff sowie den Beschluss A1 der Verwaltungskommission (abgedruckt im Anhang). Bei den Streitigkeiten geht es oft auch um die Beweiskraft der jeweils vorgelegten unterschiedlichen Instrumente.

III. Umsetzung in das nationale Krankenversicherungsrecht

36 Ist der **inländische** deutsche **Träger zuständiger Träger**, stellt er nach deutschem Recht mit der elektronischen Gesundheitskarte gleichzeitig die EHIC aus (§ 291 a Abs. 2 Nr. 2 SGB V). Die Änderungen und der Einzug der Karte richten sich dann auch nach § 291 Abs. 4 SGB V. Der Sachverhalt der Mitversicherung bei Familienangehörigen richtet sich nach dem Recht des zuständigen Staats. Die Begrenzung der Mitversicherung von Familienangehörigen nach deutschem Recht gemäß § 10 Abs. 1 und Abs. 2 SGB V richtet sich durch die allg. Gleichstellungsklausel in Art. 5 VO (EG) Nr. 883/2004 auch nach dem Einkommen im Wohnstaat. Hat der/die Versicherte im Aufenthaltsstaat keine Sachleistung erhalten, sondern musste er/sie sich die Sachleistung selbst besorgen, hat er/sie Ansprüche nach Art. 25 DVO (EG) 987/2009 (s. Rn 25 ff, 31 und 32). Der Anspruch auf Erstattung durch den zuständigen Träger nach den Sätzen des Aufenthaltsorts (Art. 25 Abs. 5 VO (EG) Nr. 883/2004) geht über die Regelung in § 13 Abs. 4 S. 3 SGB V (Höchstgrenze sind die Sätze des zuständigen Trägers) eventuell hinaus und ergänzt insoweit § 13 SGB V.

Ist der **inländische** deutsche **Träger aushelfender Träger** so richtet sich die Leistungserbringung 37
voll und ganz nach dem inländischen Recht, in Deutschland nach dem SGB V, den Richtlinien
des GBA und den Verträgen zwischen KK-Leistungserbringern etc. Die Versicherten wenden sich
gemäß Art. 23 DVO an das „allgemeine System" der KV; dies sind in Deutschland alle Krankenkassen des SGB V, unter denen sie gemäß § 173 SGB V auswählen können. Die Versicherteneigenschaften von Familienmitgliedern sind so wie über die EHIC bescheinigt anzuerkennen, auch
wenn in Deutschland zB andere Einkommensgrenzen für die Möglichkeit der Familienversicherung bestehen als im zuständigen Staat (vgl oben Art. 17 Rn 10 und 16). Die ausländischen Versicherten müssen alle Formalitäten (Verschreibungen, Überweisungen) etc. einhalten. Eine Vermengung mit den andersgearteten Regelungen der RL 2011/24/EU (zB Anerkennung ausländischer Verschreibungen) sind nicht möglich, da die Voraussetzungen der RL 2011/24/EU, vorübergehender Aufenthalt nur zur grenzüberschreitenden Inanspruchnahme von Gesundheitsdienstleistungen, nicht erfüllt sind (s. oben Vorbem. vor Art. 17 Rn 60 ff, 67 ff und unten Vorbem.
vor Art. 1 RL 2011/24/EU Rn 30 ff). Die Versicherten müssen auch die in Deutschland üblichen
Selbstbeteiligungen tragen.

Artikel 20   Reisen zur Inanspruchnahme von Sachleistungen

(1) Sofern in dieser Verordnung nichts anderes bestimmt ist, muss ein Versicherter, der sich zur
Inanspruchnahme von Sachleistungen in einen anderen Mitgliedstaat begibt, die Genehmigung
des zuständigen Trägers einholen.

(2) ¹Ein Versicherter, der vom zuständigen Träger die Genehmigung erhalten hat, sich in einen
anderen Mitgliedstaat zu begeben, um eine seinem Zustand angemessene Behandlung zu erhalten,
erhält Sachleistungen, die vom Träger des Aufenthaltsorts nach den für ihn geltenden Rechtsvorschriften für Rechnung des zuständigen Trägers erbracht werden, als ob er nach diesen Rechtsvorschriften versichert wäre. ²Die Genehmigung wird erteilt, wenn die betreffende Behandlung
Teil der Leistungen ist, die nach den Rechtsvorschriften des Wohnmitgliedstaats der betreffenden
Person vorgesehen sind, und ihr diese Behandlung nicht innerhalb eines in Anbetracht ihres derzeitigen Gesundheitszustands und des voraussichtlichen Verlaufs ihrer Krankheit medizinisch
vertretbaren Zeitraums gewährt werden kann.

(3) Die Absätze 1 und 2 gelten für die Familienangehörigen des Versicherten entsprechend.

(4) ¹Wohnen die Familienangehörigen eines Versicherten in einem anderen Mitgliedstaat als der
Versicherte selbst und hat sich dieser Mitgliedstaat für die Erstattung in Form von Pauschalbeträgen entschieden, so werden die Sachleistungen nach Absatz 2 für Rechnung des Trägers des
Wohnorts der Familienangehörigen erbracht. ²In diesem Fall gilt für die Zwecke des Absatzes 1
der Träger des Wohnorts der Familienangehörigen als zuständiger Träger.

Artikel 26 DVO   Geplante Behandlungen

A. Genehmigungsverfahren

*(1) ¹Bei der Anwendung von Artikel 20 Absatz 1 der Grundverordnung legt der Versicherte dem
Träger des Aufenthaltsorts ein vom zuständigen Träger ausgestelltes Dokument vor. ²Für die
Zwecke des vorliegenden Artikels bezeichnet der Ausdruck „zuständiger Träger" den Träger, der
die Kosten der geplanten Behandlung zu tragen hat; in den Fällen nach Artikel 20 Absatz 4 und
Artikel 27 Absatz 5 der Grundverordnung, in denen die im Wohnmitgliedstaat erbrachten Sachleistungen auf der Grundlage von Pauschalbeträgen erstattet werden, bezeichnet der Ausdruck
„zuständiger Träger" den Träger des Wohnorts.*

*(2) Wohnt der Versicherte nicht in dem zuständigen Mitgliedstaat, so muss er die Genehmigung
beim Träger des Wohnorts beantragen, der den Antrag unverzüglich an den zuständigen Träger
weiterleitet.*

In diesem Fall bescheinigt der Träger des Wohnorts, ob die Bedingungen des Artikels 20 Absatz 2 Satz 2 der Grundverordnung in dem Wohnmitgliedstaat erfüllt sind.

Der zuständige Träger kann die beantragte Genehmigung nur verweigern, wenn nach Einschätzung des Trägers des Wohnorts die Bedingungen des Artikels 20 Absatz 2 Satz 2 der Grundverordnung in dem Wohnmitgliedstaat des Versicherten nicht erfüllt sind oder wenn die gleiche Behandlung im zuständigen Mitgliedstaat selbst innerhalb eines in Anbetracht des derzeitigen Gesundheitszustands und des voraussichtlichen Verlaufs der Krankheit der betroffenen Person medizinisch vertretbaren Zeitraums gewährt werden kann.

Der zuständige Träger teilt dem Träger des Wohnortes seine Entscheidung mit.

Geht innerhalb der nach innerstaatlichem Recht des betreffenden Mitgliedstaats geltenden Fristen keine Antwort ein, so gilt die Genehmigung als durch den zuständigen Träger erteilt.

(3) Benötigt eine versicherte Person, die nicht in dem zuständigen Mitgliedstaat wohnt, eine dringende und lebensnotwendige Behandlung und darf die Genehmigung nach Artikel 20 Absatz 2 Satz 2 der Grundverordnung nicht verweigert werden, so erteilt der Träger des Wohnorts die Genehmigung für Rechnung des zuständigen Trägers und unterrichtet den zuständigen Träger unverzüglich hiervon.

Der zuständige Träger akzeptiert die Befunde und therapeutischen Entscheidungen der von dem Träger des Wohnorts, der die Genehmigung erteilt, autorisierten Ärzte in Bezug auf die Erforderlichkeit einer dringenden lebensnotwendigen Behandlung.

(4) Der zuständige Träger behält das Recht, den Versicherten jederzeit im Verlauf des Genehmigungsverfahrens von einem Arzt seiner Wahl im Aufenthalts- oder Wohnmitgliedstaat untersuchen lassen[1].

(5) Unbeschadet einer etwaigen Entscheidung über eine Genehmigung unterrichtet der Träger des Aufenthaltsorts den zuständigen Träger, wenn eine Ergänzung der durch die vorhandene Genehmigung abgedeckten Behandlung aus medizinischen Gründen angezeigt erscheint.

B. Übernahme der dem Versicherten entstandenen Kosten von Sachleistungen

(6) Unbeschadet der Bestimmungen von Absatz 7 gilt Artikel 25 Absätze 4 und 5 der Durchführungsverordnung entsprechend.

(7) [1]*Hat der Versicherte einen Teil oder die gesamten Kosten der genehmigten ärztlichen Behandlung tatsächlich selbst getragen und sind die vom zuständigen Träger dem Träger des Aufenthaltsorts oder nach Absatz 6 dem Versicherten zu erstattenden Kosten (tatsächliche Kosten) geringer als die Kosten, die er für die gleiche Behandlung im zuständigen Mitgliedstaat hätte übernehmen müssen (angenommene Kosten), so erstattet der zuständige Träger auf Antrag die dem Versicherten entstandenen Behandlungskosten bis zur Höhe des Betrags, um den die angenommenen Kosten die tatsächlichen Kosten überschreiten.* [2]*Der Erstattungsbetrag darf jedoch die dem Versicherten tatsächlich entstandenen Kosten nicht überschreiten; der Betrag, den der Versicherte bei einer Behandlung im zuständigen Mitgliedstaat selbst hätte bezahlen müssen, kann dabei berücksichtigt werden.*

C. Übernahme der Reise- und Aufenthaltskosten bei geplanten Behandlungen

(8) Wenn die nationalen Rechtsvorschriften des zuständigen Trägers die Erstattung der mit der Behandlung des Versicherten untrennbar verbundenen Reise- und Aufenthaltskosten vorsehen, so übernimmt dieser Träger diese Kosten der betreffenden Person und erforderlichenfalls diejenigen einer Begleitperson, sofern eine entsprechende Genehmigung für eine Behandlung in einem anderen Mitgliedstaat erteilt wird.

---

1 Richtig wohl: „zu lassen".

D. Familienangehörige

(9) Die Absätze 1 bis 8 gelten entsprechend für die Familienangehörigen des Versicherten.

I. Normzweck, Grundstruktur und Entstehungsgeschichte............................	1	3. Familienangehörige.....................	19
II. Einzelerläuterungen.........................	10	4. Folge: Aushelfende Sachleistungserbringung....................................	21
1. Persönlicher Geltungsbereich...........	10	5. Zuständigkeiten und Bindungswirkungen.................................	23
2. Genehmigung...........................	12	6. Verfahren (Art. 26 DVO).............	31
a) Voraussetzung: Anspruch auf die Leistung im Wohnsitzstaat..........	13	7. Kostenerstattungsverfahren zu Gunsten des Versicherten......................	32
b) Voraussetzung: Medizinische Notwendigkeit – Konkrete Leistung im Wohnsitzstaat nicht rechtzeitig zu erhalten............................	16	8. Konflikte und Konkurrenzen zu anderen Leistungen.............................	34
		III. Umsetzung in nationales Recht.............	35

I. Normzweck, Grundstruktur und Entstehungsgeschichte

Gegenüber der Grundnorm des Art. 17 behandeln Art. 19 und Art. 20 die Leistungserbringung 1 an Versicherte und ihre Familienmitglieder, die nicht in einem anderen Mitgliedstaat wohnen, sondern sich im anderen Mitgliedstaat nur vorübergehend aufhalten (Abs. 1 lit. k)). Zur Abgrenzung der beiden Ansprüche nach Art. 19 einerseits und Art. 20 andererseits s. oben Vorbem. vor Art. 17 VO (EG) Nr. 883/2004 Rn 15 und 21 und Art. 19 Rn 5/6. Art. 19 betrifft den Fall, dass der vorübergehende Aufenthalt in einem anderen Mitgliedstaat zu Zwecken, die nichts mit einer Behandlung zu tun haben, erfolgt (Tourist, Geschäftsreisender etc.). Art. 20 trifft den Fall, dass der vorübergehende Aufenthalt in einem anderen Mitgliedstaat gerade zum Zweck der Behandlung erfolgt. Die Abgrenzung muss im Einzelfall nach den Zielen des Versicherten anhand objektiver Kriterien erfolgen (s. oben Vorbem. vor Art. 17 VO (EG) Nr. 883/2004 Rn 55 ff und Art. 19 Rn 5 ff). Art. 20 unterwirft die Leistungserbringung im Ausland einer Genehmigung, auf deren verordnungskonforme Erteilung ein Anspruch besteht; der zuständige Träger hat also kein Ermessen. Die für diese Fälle im nationalen Recht bestehenden Sondervorschriften für Leistungen im Ausland werden durch das EU-Recht verdrängt.

Gleichzeitig kann statt über Art. 20 auch über die **RL 2011/24/EU** eine grenzüberschreitende 2 Inanspruchnahme von Gesundheitsdienstleistungen vollzogen werden. Zur Abgrenzung s. oben Vorbem. vor Art. 17 VO (EG) Nr. 883/2004 Rn 15, 21 und 55 ff und unten Vorbem. vor Art. 1 RL 2011/24/EU Rn 30 bis 37. Im Grundsatz muss die Leistung nach Art. 20 vom zuständigen Träger genehmigt werden und wird über die Sachleistungsaushilfe nach dem Recht des Aufenthaltsstaats vorgenommen, während die Leistung nach der RL 2011/24/EU im Regelfall genehmigungsfrei ist und sich ganz nach dem Recht des zuständigen Staats richtet. Außer für die Leistungserbringung hat dies auch Konsequenzen für die Kostenerstattung.

Ansprüche nach Art. 20 einerseits und der RL 2011/24/EU andererseits 3

	Art. 20 VO (EG) Nr. 883/2004	RL 2011/24/EU
gebundene Vorabgenehmigung	durchgängig	grds. nicht; Ausn. bei beplanten Leistungen (Krankenhaus, Hi-Tech-Leistungen)
Voraussetzungen und Art des Leistungsanspruchs	nach Recht des Versicherungsstaats	
Zugang zu Leistungen	wie für alle Personen im Behandlungsstaat	

	Art. 20 VO (EG) Nr. 883/2004	RL 2011/24/EU
Leistungsmodus: Sachleistung/Kostenerstattung/direkte Versorgung durch Gesundheitsdienst	Leistungsmodus nach dem Recht des Behandlungsstaats (mit oder ohne Selbstbeteiligung); wenn Genehmigung rechtswidrig abgelehnt, Kostenerstattung zu den Sätzen des Behandlungsmitgliedstaats gegen Behandlungsmitgliedstaat oder Versicherungsmitgliedstaat	nur Kostenerstattung, nur maximal in Höhe der Sätze des Versicherungsstaats, aber nicht mehr als die realen Kosten im Behandlungsstaat
Endgültige Tragung von Zuzahlungen/Selbstbeteiligungen	nach Recht des Behandlungsstaats	nach Recht des Versicherungsstaats
Qualität und Preise	Wie für alle Personen im Behandlungsstaat	

4 Grundsätzlich erfolgt die Leistung nach den Grundsätzen der **aushelfenden Sachleistungserbringung** (Art. 20 Abs. 2 S. 1). Dh für Art. 20 gelten auch die in Art. 17 und der DVO geregelten und kommentierten Vorschriften über die aushelfende Leistungserbringung bei Sachleistungen (Art. 17 Rn 14 ff). Allerdings mit folgenden **Besonderheiten:** Die Voraussetzungen in Art. 20 sind erheblich restriktiver als die in Art. 17 und in Art. 19, da Art. 20 Abs. 1 und 2 die Leistungsbeanspruchung von einer vorherigen (gebundenen) Genehmigung durch den zuständigen Träger abhängig macht. Auch ist das Verfahren zum Nachweis und zur Kontrolle der Leistungsberechtigung in Art. 20 etwas anders als in Art. 17 (Bescheinigung und Einschreibung) und Art. 19 (Krankenversicherungskarte) durch ein spezielles Nachweissystem (Art. 26 Abs. 1 DVO sowie Bescheinigung S2) geregelt.

5 Kompliziert wird die Regelung des Art. 20 und des Art. 26 DVO dadurch, dass anders als in Art. 19 in Art. 20 ausführlicher auch der Fall geregelt werden musste, dass **zuständiger Staat, Wohnstaat und Behandlungsmitgliedstaat auseinanderfallen.** Das ist der Fall, wenn Personen, die getrennt vom zuständigen Staat in einem anderen Staat wohnen und von diesem Staat grundsätzlich im Wege der aushelfenden Leistungserbringung Leistungen erhalten, diese Leistungen nun aber in einem weiteren Staat grenzüberschreitend gezielt nachfragen. Da dann letztlich die Kosten immer beim zuständige Träger über eine Kette von Erstattungsansprüchen (des leistenden Trägers gegen den Träger des Wohnstaats und des Trägers des Wohnstaats gegen den zuständigen Träger) anfallen, erteilt (wie generell so auch in diesem Fall) der zuständige Träger gemäß Art. 20 Abs. 1 die Genehmigung und richtet sich gemäß Art. 20 Abs. 2 sogar der Anspruch ganz nach dem Leistungsrecht des zuständigen Trägers und nicht etwa, wie nach Art. 17 zu vermuten wäre, nach dem Recht des an sich zuständigen (aber hier nicht leistenden) Trägers des Wohnstaats.

6 Die ursprüngliche Fassung der **Vorläufernorm** Art. 22 Abs. 1 lit c und Abs. 2 VO (EWG) Nr. 1408/71 sah vor, dass sich ein erkrankter Arbeitnehmer in ein anderes Mitgliedsland begeben und dort Leistungen in Anspruch nehmen konnte, wenn der Krankenversicherungsträger den Wechsel vorher genehmigt hatte. Diese Genehmigung durfte nicht versagt werden, wenn die Behandlung im Wohnland nicht erbracht werden konnte. Nach der Rechtsprechung des EuGH (Rs. 117/77 (Pierik), Slg 1978, 825 und Rs. 182/78 (Pierik II), Slg 1979, 1977) gewähre diese Vorschrift dem zuständigen Träger kein Ermessen, was auch im Entwurf der Kommission schon ausdrücklich erwähnt worden war (BT-Drucks. V/197 zu Art. 19). Deshalb dürfe die Genehmi-

gung für eine „wirksame" Behandlung in einem anderen Mitgliedstaat nur aus medizinischen Gründen abgelehnt werden; ob die Leistung auch im nationalen Leistungskatalog enthalten sei, sei unerheblich. Die Mitgliedstaaten befürchteten, diese Rspr des EuGH könne bewirken, dass die versicherten Marktbürger daraufhin Leistungen in dem Land mit dem höchsten medizinischen Standard nachfragen würden, so dass sich langfristig der höchste Leistungsstandard medizinischer Versorgung in allen Mitgliedstaaten durchgesetzt und die Restriktionen und Besonderheiten des nationalen KV-Rechts unterlaufen hätte (vgl Begründung der Kommission zur VO (EWG) Nr. 2793 in BR-Drucks. 568/80 v. 6.11.1980; *Ewert*, Der Beitrag des Gerichtshofs der Europäischen Gemeinschaften zur Entwicklung eines europäischen Sozialrechts, 1987, S. 145 ff; *Willms*, S. 142 mwN). Dies führte dazu, dass Art. 22 Abs. 2 durch VO (EWG) Nr. 2793 v. 17.9.1981 (ABl. (EG) L 275 v. 29.9.1981, S. 1) dahin geändert wurde, dass „die betreffende Behandlung zu den Leistungen gehört, die in den Rechtsvorschriften des Mitgliedstaats vorgesehen sind, in dessen Gebiet der Betreffende wohnt" und andererseits wurde die Bindung der Genehmigung an rein medizinische Erfordernisse mit der Klausel übernommen, dass der Versicherte „in Anbetracht seines derzeitigen Gesundheitszustands und des voraussichtlichen Verlaufs der Krankheit diese Behandlung nicht in einem Zeitraum erhalten kann, der für diese Behandlungen in dem Staat, in dem er seinen Wohnsitz hat, normalerweise erforderlich ist."

In der VO (EG) Nr. 883/2004 ist die erste Voraussetzung geblieben. Gegenüber der zweiten Voraussetzung, dass der Versicherte die Behandlung „nicht in einem Zeitraum erhalten kann, der für diese Behandlungen in dem Staat, in dem er seinen Wohnsitz hat, normalerweise erforderlich ist" wurde vorgebracht, dass sie die Dienstleistungsfreiheit des Versicherten ohne zwingende, objektive Rechtfertigung erheblich einschränke (ausführlicher dazu: *Zechel*, 1995, 74 ff und *Bieback*, 1991, 177 ff; *Windisch-Graetz*, 2003, S. 243 ff). Insoweit war es eine gebotene, freizügigkeitsfreundlichere und verhältnismäßigere Regelung, dass die VO (EG) Nr. 883/2004 die Genehmigung nur noch an die vom EuGH anerkannten und in der Reform von 1981 auch schon eingeführten objektiven medizinischen Kriterien bindet und es nicht mehr auf die „normale" Bereitstellungszeit am Wohnort ankommt. Auch der zuständige Träger darf deshalb seine Genehmigung nicht mehr daran binden, dass „Wartelisten" (als ein Element der Rationierung) einzuhalten seien. Das nimmt den einzelnen Mitgliedstaaten ein wichtiges Instrument zur Steuerung der Nachfrage nach Leistungen. Zudem erweiterte die neue DVO (EG) 987/2009 die Kostenerstattung um die Variante nach Art. 26 Abs. 7 DVO (EG) 987/2009, dazu unten Rn 25 und 31 ff. 7

Art. 20 ist **nachrangig/subsidiär** („sofern in dieser Verordnung nichts anderes bestimmt ist"). Die VO (EG) Nr. 883/2004 kennt aber keine andere, vorrangige Regelung für die grenzüberschreitende Inanspruchnahme von Gesundheitsdienstleistungen. Art. 27 verweist in Abs. 3 auf Art. 20. Allerdings wirkt sich die Subsidiarität im Konflikt mit Art. 19 VO (EG) Nr. 883/2004 dahin aus, dass grundsätzlich bei Personen, die als **chronisch Kranke** aus nicht-medizinischen Gründen in einen anderen Mitgliedstaaten reisen, also wissen, dass sie im Staat des vorübergehenden Aufenthalts auch Gesundheitsdienstleistungen nachfragen werden, Art. 19 und nicht Art. 20 anzuwenden ist (oben Vorbem. vor Art. 17 Rn 15 ff und 55 ff sowie unten Rn 11). 8

In der Rs. Inizan (EuGH, Rs. C-56/01, Slg 2003, I-12403, Rn 15 ff) hielt der EuGH das Genehmigungserfordernis in Art. 22 Abs. 1 lit. c) (jetzt Art. 20 Abs. 1 und 2) für vereinbar mit den Grundfreiheiten aus Art. 56 und 57 AEUV (= Art. 49 und 50 EGV). Da es sich aber um eine Einschränkung der Dienstleistungsfreiheit bei grenzüberschreitender Inanspruchnahme von Gesundheitsdienstleistungen handelt, ist das Erfordernis der Vorabgenehmigung eng auszulegen. Der EuGH hat die Ansprüche aus der VO (EG) Nr. 883/2004 durchgängig an den Grundfreiheiten gemessen und gerade in einigen neueren Entscheidungen zu Recht punktuelle Benachteiligungen im Koordinationsrecht als sachlich gerechtfertigte und verhältnismäßige Folgen eines an sich sinnvollen und erprobten Systems zur Lösung der Probleme der Gesundheitsversorgung bei Mobilitätsprozessen angesehen (EuGH, Rs. C-208/07 (von Chamier-Glisczinski), Slg 2009, I-6095, 9

Rn 85, 87; EuGH Rs. C-211/08 (Kommission/Spanien), ZESAR 2010, 479, Rn 50 ff; EuGH, Rs. C-388/09 (Martins), ZESAR 2012, 32, Rn 72 ff).

II. Einzelerläuterungen

1. Persönlicher Geltungsbereich

10 Allg. zum persönlichen Anwendungsbereich vgl Art. 17 Rn 7 ff. Für Rentner bestehen leicht andere Sondervorschriften in Art. 27. „Aufenthalt" ist nach der Definition in Art. 1 lit. k) „der vorübergehende Aufenthalt", vgl dort Rn 21. Zu den Familienangehörigen gemäß Art. 20 Abs. 3 und 4 unten Rn 14.

11 **Erwerbstätige, die dauernd ärztliche Leistungen in Anspruch nehmen müssen**, könnten an sich auch unter Art. 20 VO fallen, wenn sie in einen anderen als ihren Wohnstaat gehen und dort „automatisch" Leistungen beanspruchen müssen. Da diese Personengruppe jedoch wie alle anderen Bürger der EG auch volle Freizügigkeit genießen, hat die Verwaltungskommission seit dem Beschluss Nr. 123 vom 24.2.1984 (ABl. (EG) C 203 v. 2.8.1984, S. 13) Dialysepatienten ausdrücklich auch unter den Geltungsbereich des Art. 22 Abs. 1 lit. a) VO (EWG) Nr. 1408/71, jetzt **Art. 19 VO (EG) Nr. 883/2004** gestellt. Später kamen andere chronisch Kranke mit Langzeitbehandlung, Schwangere und die laufende Inanspruchnahme großer Heil- und Hilfsmittel und aufwändiger Behandlungen hinzu (**Beschluss S3 der Verwaltungskommission v. 12.6.2009** (ABl. C 106 v. 24.4.2010, S. 40-41, Nr. 1-3; oben Art. 19 Rn 14 und 17 ff). Um diese Fälle von der genehmigungspflichtigen Leistung nach Art. 20 abzugrenzen, ist es erforderlich, dass sich die Kranken nicht zur medizinischen Behandlung, sondern aus den allgemeinen Gründen (Art. 19 Rn 14) in einen anderen Mitgliedstaat begeben (Verwaltungskommission ebd. Nr. 2). Um die Freizügigkeit der Versicherten zu garantieren, entscheidet über die Einschlägigkeit des Art. 19 der Träger des Aufenthaltsortes, was Art. 19 Abs. 2 implizit voraussetzt und Art. 26 Abs. 3 S. 2 DVO ausdrücklich als allgemeinen Grundsatz statuiert. Andererseits kann die bei Einschlägigkeit des Art. 20 notwendige vorherige Genehmigung nur der zuständige Träger des Versicherungsmitgliedstaats erteilen. Hier liegt das Risiko, den falschen Träger anzugehen, beim Versicherten.

2. Genehmigung

12 Genehmigung ist in der Regel die **vorherige, nicht die nachträgliche Zustimmung**. Das wird auch aus der Formulierung von Art. 20 Abs. 1 und Abs. 2 S. 1 deutlich („Genehmigung *erhalten hat*, sich in einen anderen Mitgliedstaat zu begeben").

a) Voraussetzung: Anspruch auf die Leistung im Wohnsitzstaat

13 Die wichtigste **Voraussetzung** für einen Anspruch auf eine Genehmigung ist, dass die in dem anderen Mitgliedstaat nachgesuchte Leistung zu den Leistungen gehört, auf die der Versicherte in **seinem Wohnstaat Anspruch** hat. Der Wohnstaat kann der zuständige Staat oder der gemäß Art. 17 aushelfende Staat sein. Diese Voraussetzung ist sachgemäß, da das soziale Sicherungsniveau der einzelnen Marktbürger jeweils von dem sozialen Sicherungssystem abhängt, in das sie dauerhaft integriert und in dem sie Mitglied sind, und dieses Sicherungsniveau nicht einfach dadurch erhöht werden soll, dass die Leistungen in einem anderen Mitgliedstaat beschafft werden (vgl oben Rn 3). Dabei steht es dem nationalen System frei, die Leistung in einem festen, abschließenden Katalog aufzulisten oder sie rechtlich in allgemeinerer Form nach Kategorien oder Typen der Behandlung oder der Behandlungsmethoden zu beschreiben (EuGH, Rs. C-173/09 (Elchinov), ZESAR 2011, 482, Rn 56-62; ansatzweise schon EuGH, Rs. C-157/99 (Smits-Peerbooms), Slg 2001, I-5473, Rn 87). Dazu ausführlicher unten Vorbem. vor RL 2011/24/EU Rn 27 und 64 ff und RL 2011/24/EU Art. 7 Rn 4 bis 9.

14 Ob eine Leistung unter das nationale Recht des Versicherungsmitgliedstaats fällt, ist nach allg. juristischen Auslegungsregeln zu bestimmen. Der EuGH hat es zu Recht abgelehnt, daraus dass

eine Leistung in einem Versicherungsmitgliedstaat (tatsächlich) nicht erbracht wird, eine (rechtliche) Vermutung abzuleiten, diese Leistung gehöre auch nicht zum Leistungsrecht dieses Staats (EuGH, Rs. C-173/09 (Elchinov), ZESAR 2011, 482, Rn 68-73). Dabei kann die Konkretisierung auch untergesetzlichen Normgebern überlassen bleiben, solange sie mit Verbindlichkeit gegenüber allen, insbesondere den Versicherten, den Leistungsanspruch erst genauer konkretisieren. Damit sind im deutschen Recht die Richtlinien des Gemeinsamen Bundesausschusses (§ 92 SGB V) zu beachten, da erst sie nach der Konzeption des SGB V als „Rahmenrecht" den Anspruch auf die Krankenbehandlung verbindlich konkretisieren (vgl BSGE, B 1 KR 12/05 R, SozR 4-2500 § 27 Nr. 8, Rn 15 mwN).

Liegt die zweite Voraussetzung (medizinische Notwendigkeit) ebenfalls vor, dann muss sich die 15
Leistung im aushelfenden Behandlungsmitgliedstaat nur im Rahmen der Leistungsbeschreibung des zuständigen Versicherungsmitgliedstaats halten, kann aber auch im Versicherungsmitgliedstaat nicht üblich, sogar dort nicht erhältlich sein (EuGH, Rs. C-173/09 (Elchinov), ZESAR 2011, 482, Rn 63 ff, 67). Es reicht aus, dass sie der im Versicherungsmitgliedstaat vorgenommenen Definition der Leistung zuzuordnen ist, sei es einer der Kategorien (ambulante-stationäre Behandlung) oder einem der Behandlungstypen (Operation oder Bestrahlung).

b) Voraussetzung: Medizinische Notwendigkeit – Konkrete Leistung im Wohnsitzstaat nicht rechtzeitig zu erhalten

Als zweite Voraussetzung wird verlangt, dass den Versicherten die Leistung in ihrem Wohnsitz- 16
staat **nicht rechtzeitig** in einem unter Berücksichtigung ihres „derzeitigen Gesundheitszustands und des voraussichtlichen Verlaufs ihrer Krankheit medizinisch vertretbaren Zeitraums **gewährt werden kann**". Eine in dem Wohnsitzland übliche oder normale Dauer auszuhalten, sich also mit Warteschlangen abzufinden, wird nicht verlangt. Dh der Versicherte hat aus medizinischen Gründen in dringenden Eilfällen immer dann einen Anspruch auf Leistungsbeschaffung in einem anderen Mitgliedstaat, wenn der Träger des Wohnstaats die Leistung nicht – **nach medizinischen Gesichtspunkten** – rechtzeitig zur Verfügung stellen kann. Zu vermeiden ist auch eine drohende Verschlechterung, die zwar durch eine nachfolgende Behandlung im Wohnstaat noch behoben werden kann, später aber nur mit mehr Risiko oder mehr Schmerzen oder schlechteren Erfolgsaussichten. Letztlich sind dieselben Erwägungen anzustellen wie bei Beurteilung der „Notwendigkeit" in Art. 19 Abs. 1 (s. oben Art. 19 Rn 11 ff). Ist die Leistungsbeschreibung weit, ist auch erforderlich, dass eine gleichwirksame Behandlung nicht rechtzeitig erbracht werden kann (EuGH, Rs. C-56/01 (Inizan), Slg. 2003 I-12403, Rn 45; EuGH, Rs. C-173/09 (Elchinov), ZESAR 2011, 482, Rn 64).

Art. 26 Abs. 3 S. 2 DVO spricht davon, dass der **zuständige Träger** bei seiner Genehmigung in 17
der Entscheidung über die Erforderlichkeit der „dringend lebensnotwendigen Behandlung" an die medizinischen Befunde, die der Träger des Wohnorts vorlegt, **gebunden sei**. Dies ist keine gesetzliche Interpretation der zweiten Voraussetzung, sondern nur eine Umschreibung der Bindungswirkung von Gutachten etc. im Verfahren und dient wegen der gebotenen Schnelligkeit der Vereinfachung und Rechtssicherheit. Die Anforderungen an die zweite Voraussetzung sind – wie im vorherigen Absatz festgestellt – geringer.

In der Rs. Inizan (EuGH, Rs. C-56/01, Slg 2003, I-12403) hat der EuGH ausdrücklich eine **frei-** 18
zügigkeitsfreundliche Interpretation des Genehmigungserfordernisses gemäß Art. 22 Abs. 1 lit. c) Ziff. i) VO (EWG) Nr. 1408/71 – jetzt Art. 20 VO (EG) Nr. 883/2004 – betont, ein Ermessen bei der Rechtsanwendung verneint und eine strikte Bindung an die Voraussetzungen und eine restriktive Auslegung der Gründe, die Genehmigung zu versagen, befürwortet (Rn 41 ff). Abzustellen sei allein auf (ebd. Rn 46): „In diesem Zusammenhang hat der zuständige Träger bei der Beurteilung der Frage, ob eine Behandlung, die für den Patienten ebenso wirksam ist, rechtzeitig im Wohnmitgliedstaat verfügbar ist, **sämtliche Umstände des konkreten Falles** zu beachten und dabei nicht nur den Gesundheitszustand des Patienten zum Zeitpunkt der Einreichung des Ge-

nehmigungsantrags und gegebenenfalls das Ausmaß seiner Schmerzen oder die Art seiner Behinderung, die zB die Ausübung einer Berufstätigkeit unmöglich machen oder außerordentlich erschweren könnte, sondern auch die Vorgeschichte des Patienten zu berücksichtigen (s. EuGH, Rs. C-157/99 (Smits und Peerbooms), Slg 2001, I-5473 Rn 104, sowie EuGH, Rs. C-385/99 (Müller-Fauré und Van Riet), Slg 2003, I-4509 Rn 90)." (Ebenso EuGH, Rs. C-173/09 (Elchinov), ZESAR 2011, 482, Rn 66).

3. Familienangehörige

19 Familienangehörige des Erwerbstätigen werden gemäß Art. 20 Abs. 3 voll in das koordinierte Leistungsgefüge einbezogen. Da die Leistungen an Familienangehörige, die vom Erwerbstätigen getrennt leben, dem Träger des Wohnstaates der Familienangehörigen vom Träger des zuständigen Staates gemäß Art. 18 Abs. 2 und 35 Abs. 2 und Art. 62 Abs. 2, Art. 63 ff DVO (früher Art. 94 VO (EWG) Nr. 574/72) über Pauschbeträge global erstattet werden können, trägt der Träger des Wohnorts, und nicht der zuständige Träger, auch die Kosten, die bei einem Aufenthalt in einem anderen Mitgliedstaat entstehen. Denn er hat über die Pauschale insgesamt ein Entgelt für jede notwendige Behandlung erhalten, die damit auch die Behandlung nach Art. 20 umfasst. Daraus erklären sich die besonderen Regelungen in Abs. 14.

20 Grundsätzlich bestimmt sich, wer „Familienangehöriger" ist, gemäß Art. 1 lit. i) (ii) nach dem Recht des Staates, der die Leistung gewährt. Bei der Sachleistungsaushilfe ist diese Gewährung aber gespalten zwischen dem aushelfenden Aufenthalts-/Wohnstaat und dem zuständigen Staat. Der EuGH hat deshalb entschieden: Soweit es um die Voraussetzung der Versicherungspflicht und das grundsätzliche Bestehen eines Leistungsanspruchs geht, wird der Begriff des Familienangehörigen nach dem Recht des „zuständigen Staates" – das ist der Staat, in dem die Versicherung besteht, in der Regel der Beschäftigungsstaat – bestimmt (EuGH, Rs. C-451/93 (Delavant), Slg 1995, I-1545, Rn 15 ff). Nur für die Bestimmung des Leistungstypus, der Leistungsmodalitäten und Nebenpflichten etc. ist das Krankenversicherungsrecht des leistenden Staates des Wohnorts maßgeblich. Zum Ganzen vgl *Windisch-Graetz*, 2003, S. 184 ff. Vgl auch oben Art. 17 Rn 7 ff, 10.

4. Folge: Aushelfende Sachleistungserbringung

21 Wie Art. 17 und 19 so gewährt auch Art. 20 einen Anspruch auf die aushelfende Sachleistungsgewährung durch den zuständigen Träger des vorübergehenden Aufenthaltsortes. Die Leistungsgewährung richtet sich also nach dem **Muster der aushelfenden Sachleistungsgewährung**, dazu Art. 17 Rn 14 ff. Dabei ist die **Entscheidungskompetenz geteilt**:

- **Der zuständige Träger** kann mit der Vorabgenehmigung die Art und Weise der aushelfenden Leistungsgewährung genau festlegen. Die Bescheinigung S2 lässt dies auch ausdrücklich zu. Hieran ist der aushelfende Träger des Aufenthaltsorts gebunden (wie hier zust. *Schreiber,* in: *Schreiber u.a.*, VO (EG) Nr. 883/2004, 2012, Art. 20 Rn 16; *Klein,* in: *Hauck/Noftz,* EU-Sozialrecht, Art. 20 Rn 22). Allerdings müssen sich die Beschränkungen in der Vorabgenehmigung aus den Voraussetzungen für sie ergeben (*Schreiber,* in: *Schreiber u.a.*, VO (EG) Nr. 883/2004, 2012, Art. 20 Rn 16), zB weil gerade diese medizinisch gebotene Behandlung im zuständigen Staat oder Wohnstaat nicht in vertretbarer Zeitdauer erhältlich ist, während andere, aber weniger wirksame oder konkret nicht gebotene Behandlungen im zuständigen Staat oder Wohnstaat rechtzeitig erhältlich wären.
- Über die sonstigen speziellen Leistungsvoraussetzungen und auch die notwendigen medizinischen Maßnahmen entscheidet der aushelfende Träger. Bei Notfällen und Komplikationen kann damit der vom zuständigen Träger vorgegebene Rahmen überschritten werden. An diese Entscheidungen ist der zuständige Träger gebunden (EuGH, Rs. C-145/03 (Keller), Slg 2005, I-2529 Rn 43 ff), dazu unten Rn 27 ff.

Zusatzleistungen wie Reisekosten, Begleitperson etc. richten sich an sich, da sie die Art und Weise 22
der Leistung beschreiben, nach dem Recht des aushelfenden Staats. Wenn sie im aushelfenden
Staat Teil der Leistung sind, werden sie auch dort erbracht und dem zuständigen Staat in Rechnung gestellt. Hierzu enthält Art. 26 Abs. 8 DVO (EG) 987/2009 eine wichtige Ausnahme bzw
Ergänzung: „Wenn die nationalen Rechtsvorschriften des zuständigen Trägers die Erstattung der
mit der Behandlung des Versicherten untrennbar verbundenen Reise- und Aufenthaltskosten vorsehen, so übernimmt dieser Träger diese Kosten der betreffenden Person und erforderlichenfalls
diejenigen einer Begleitperson, sofern eine entsprechende Genehmigung für eine Behandlung in
einem anderen Mitgliedstaat erteilt wird." Sinn macht diese Regelung nur, wenn die Zusatzkosten
nicht im Recht des aushelfenden Behandlungsmitgliedstaats enthalten sind. Dann verweist das
koordinierende Recht auf das nationale Recht und verhindert eine Schlechterstellung der notwendigen grenzüberschreitenden Inanspruchnahme von Gesundheitsdienstleistungen gegenüber
der inländischen Inanspruchnahme (so deutlich Erwägungsgrund 17 der DVO (EG) 987/2009;
anders zT und noch zum alten Recht EuGH, Rs. C-466/04 (Acereda Herrera), Slg. 2006, I-5341,
Rn 27 bis 29). Da Art. 26 Abs. 8 DVO (EG) 987/2009 die Stellung der Versicherten verbessern
soll, steht der Kostenübernahme für diese Zusatzleistungen in dem Fall nicht entgegen, dass zwar
der aushelfende Träger diese Zusatzleistungen erbringt, sie aber nach dem Recht des zuständigen
Trägers nicht zum Leistungsspektrum gehören. Zu den medizinisch bedingten Transportkosten
vgl oben Art. 19 Rn 16.

5. Zuständigkeiten und Bindungswirkungen

Art. 26 DVO (EG) 987/2009 enthält eine gestufte **Zuständigkeitsregelung für die Erteilung der** 23
Vorabgenehmigung.

(1) Zuständig, die Genehmigung endgültig auszusprechen, **ist immer der zuständige Träger.** Ihn 24
treffen auch die Kosten der Behandlung (Art. 26 Abs. 1). Anders ist es deshalb nur, wenn im Falle
der Erstattung nach Pauschalen, der zuständige Träger mit der Zahlung seiner Pauschale an den
Träger des Wohnorts seiner Lastentragung nachgekommen ist; dies gilt vor allem für (mitversicherte) Familienmitglieder, die in einem anderen Mitgliedstaat, dem Wohnstaat, wohnen und nun
in einem dritten Mitgliedstaat, dem aushelfenden Behandlungsmitgliedstaat, eine Leistung beanspruchen wollen, die sie nicht im Wohnstaat und auch nicht im zuständigen Staat (Art. 26
Abs. 2 S. 3 DVO (EG) 987/2009) erhalten können. Dann liegt das Kostenrisiko bei dem Träger
des Wohnorts und dann ist er auch gemäß Art. 20 Abs. 4 S. 2 „zuständiger Träger" im Sinne der
Kompetenz, die Genehmigung zu erteilen. Richtig ist es deshalb, dass Art. 26 Abs. 1 S. 2 DVO
zum „zuständigen Träger" immer den Träger erklärt, der die Kosten (letztlich) zu tragen hat (wie
hier zust. *Schreiber,* in: *Schreiber u.a.,* VO (EG) Nr. 883/2004, 2012, Art. 20 Rn 22).

(2) Wohnt der Versicherte nicht im zuständigen Staat (und liegt kein Fall der Kostenerstattung 25
durch Pauschalen vor), dann beantragt der/die Versicherte gemäß Art. 26 Abs. 2 DVO (EG)
987/2009 zwar die grenzüberschreitende Inanspruchnahme von Gesundheitsdienstleistungen bei
dem Träger des Wohnorts, der den Antrag aber unverzüglich an den zuständigen Träger weiterleitet. Allerdings muss er dabei – wie sich aus Art. 26 Abs. 2 S. 2 zusammen mit S. 3 DVO (EG)
987/2009 ergibt – bescheinigen, ob die Voraussetzungen der beantragten grenzüberschreitenden
Inanspruchnahme im Wohnstaat gegeben sind oder nicht, also ob die Leistungen zum Leistungsprogramm des Wohnstaats gehören und im Wohnstaat nicht rechtzeitig erbracht werden können.
Hierin liegt eine Kompetenz zur bindenden Entscheidung über die Voraussetzungen im Wohnstaat
(unten Rn 28). Die Letztentscheidung liegt dann aber auch beim zuständigen Träger, der vor allem
noch darüber entscheidet, ob die Leistung nicht in seinem Staat rechtzeitig erbracht werden kann.

Die Genehmigung des zuständigen Trägers gilt nach Abs. 2 S. 5 DVO (EG) 987/2009 als erteilt, 26
wenn der **zuständige Träger** nach dem für ihn geltenden Verfahrensrecht (*Schreiber,* in: *Schreiber
u.a.,* VO (EG) Nr. 883/2004, 2012, Art. 20 Rn 23) **nicht rechtzeitig entscheidet** (Art. 26 Abs. 2
S. 5 DVO). Dies setzt einmal voraus, dass das Verfahrensrecht des zuständigen Trägers eine solche

Frist kennt. Daran fehlt es zB im deutschen Recht, das insoweit gemeinschaftsrechtswidrig ist. Die Sechsmonatsfrist für die Vornahmeklage in § 88 Abs. 1 S. 1 SGG kann hier nicht analog herangezogen werden (so auch *Schreiber*, in: *Schreiber u.a.*, VO (EG) Nr. 883/2004, 2012, Art. 20 Rn 23; *Klein*, in: *Hauck/Noftz*, EU-Sozialrecht, Art. 20 Rn 27), denn die ist für alle Entscheidungsfälle gedacht, während es bei Art. 20 um den dringenden Fall geht, eine notwendige Leistung rechtzeitig zu erhalten. Deshalb kann eher die 14-Tage-Verfahrensfrist in § 14 SGB IX analog herangezogen werden, da sie auch der Zuständigkeitsklärung in einem wichtigen Leistungsfall dient (aA *Schreiber*, in: *Schreiber u.a.*, VO (EG) Nr. 883/2004, 2012, Art. 20, Rn 23). Letztlich wären die Maßstäbe aus dem Verfahrensrecht der Union, das aber nur wenige exakte eigene Fristsetzungen zum Schutze der anspruchsberechtigten Bürger kennt: Die **Zweimonatsfrist** in Art. 16 Abs. 3 und 60 Abs. 3 DVO (EG) 987/2009.

27 (3) Nur im **Notfall**, bei einer dringenden und lebensnotwendigen Behandlung, kann auch der Träger des Wohnorts die Genehmigung aussprechen, wenn ansonsten die Voraussetzungen nach Art. 20 Abs. 2 S. 2 vorliegen (Art. 26 Abs. 3 S. 1 DVO). Art. 26 Abs. 3 S. 2 DVO betont noch einmal die Bindung des zuständigen Trägers an die Entscheidungen der Ärzte, die der Träger des Wohnorts herangezogen hat.

28 Die Feststellung der Versicherungspflicht und grundsätzlichen Anspruchsberechtigung liegt mit Ausstellung der Bescheinigung E 112, jetzt der Bescheinigung S2 beim zuständigen Träger. Da sich die konkrete Leistungspflicht aber immer nach dem Recht und den tatsächlichen Umständen des Wohnorts richten, stellt sie der Träger des Wohnorts verbindlich mit Wirkung gegenüber dem zuständigen Träger und dem Träger des Aufenthaltsorts fest (Art. 26 Abs. 2 S. 2 und S. 3 DVO). Auch die medizinischen Befunde, die der Träger des Wohnorts für die Erforderlichkeit der „dringend lebensnotwendigen Behandlung" vorlegt, binden den zuständigen Träger bei seiner Genehmigung (Art. 26 Abs. 3 S. 2 DVO). Dies gilt jetzt gemäß Art. 5 Abs. 1 DVO (EG) 987/2009 und dies hatte der EuGH für die mit den Formblättern E 111 und E 112 verbundenen medizinischen Befunde und Entscheidungen im Aufenthaltsstaat ausdrücklich noch einmal betont (EuGH, Rs. C-145/03 (Keller), Slg 2005, I-2529 Rn 43 ff). Denn sonst ist die Freizügigkeit im Interesse der Versicherten nicht zu gewährleisten (s.o. Art. 17 Rn 21 ff).

29 Da aber auf den zuständigen Träger hohe Kosten zukommen können und auch weil er die „Primärverantwortung" für die Versicherten trägt, bleibt es ihm gemäß Art. 26 Abs. 4 DVO unbenommen, den Versicherten auch durch einen Arzt seiner Wahl am Aufenthalts- oder Wohnort untersuchen zu lassen. Dann entscheidet er (nur) auf der Basis dieser Befunde.

30 Der **aushelfende Träger** muss die Vorabgenehmigung des zuständigen oder des Wohnstaates anerkennen, auch mit den in ihr enthaltenen inhaltlichen Beschränkungen auf bestimmte Modalitäten und Verfahren, die nach dem Recht des zuständigen Staats oder des Wohnstaats die Leistung genauer festlegen. Erst in diesem Rahmen kann er dann die Leistung nach seinem Recht erbringen.

6. Verfahren (Art. 26 DVO)

31 Die Leistungsberechtigung wird mit Vordruck E 112, jetzt der **Bescheinigung S2** nachgewiesen; die Gesundheitskarte gilt hier nicht. Wohnt der Versicherte nicht im zuständigen Mitgliedstaat, beantragt er die Genehmigung beim Träger des Wohnorts, der sie an den Träger des zuständigen Staats weiterleitet (Art. 26 Abs. 2 S. 1 DVO), aber mit Wirkung für den zuständigen Träger wie dem aushelfenden Träger des Aufenthaltsorts die Voraussetzungen der Genehmigung bescheinigt,

- dass die in dem anderen Mitgliedstaat nachgesuchte Leistung zu den Leistungen gehört, auf die die Versicherten in ihrem Wohnstaat Anspruch haben
- und dass den Versicherten die Leistung in ihrem Wohnsitzstaat nicht in einem unter Berücksichtigung ihres „derzeitigen Gesundheitszustands und des voraussichtlichen Verlaufs ihrer Krankheit medizinisch vertretbaren Zeitraums gewährt werden kann".

7. Kostenerstattungsverfahren zu Gunsten des Versicherten

Der EuGH hat zu Recht entschieden, dass selbst dann, wenn sich ein Versicherter nicht um eine Genehmigung bemüht hat, ein **Anspruch auf Kostenerstattung** nicht verweigert werden kann, wenn an sich die Voraussetzungen des Art. 20 vorgelegen hätten (EuGH, Rs. C-173/09 (Elchinov), ZESAR 2011, 482, Rn 45-47). Denn in einem solchen Fall sei das Beharren auf einer vorherigen Genehmigung eine Beeinträchtigung der Dienstleistungsfreiheit, die von der Sache her nicht gerechtfertigt sei, da dem zuständigen Staat keine zusätzlichen Kosten bereitet würden. Erst recht gilt dies, wenn die Genehmigung (durch den zuständigen Träger oder im Ausnahmefall den Träger des Wohnorts) rechtswidrig verweigert worden ist und der Versicherte dennoch die Leistung grenzüberschreitend nachfragt (EuGH, Rs. C-368/98 (Vanbraekel u.a.), Slg 2001, I-5363, Rn 34, 53). Schließlich kann der Versicherte die Kosten auch dann selbst tragen, wenn im Behandlungsmitgliedstaat die aushelfende Leistungserbringung nicht funktioniert, sei es, dass der aushelfende Leistungserbringer die Legitimationspapiere etc. nicht anerkennt, sei es, dass der/die Behandler sich weigern, im Rahmen des allgemeinen Versicherungssystems zu behandeln, also nur zu einer privaten Behandlung bereit sind.

Hat der Versicherte aus diesen Gründen die Kosten selbst getragen, fand also die an sich gemäß Art. 20 Abs. 2 obligatorische aushelfende Leistungserbringung durch den Träger des Aufenthaltsorts nicht in den durch die VO (EG) Nr. 883/2004 und die DVO (EG) 987/2009 vorgeschriebenen Verfahren statt, und musste der Versicherte die Leistung selbst bezahlen, kann er auch direkt die Kostenerstattung verlangen. Dazu verweist Art. 26 Abs. 6 DVO auf die analoge Anwendung der Kostenerstattungsverfahren des Art. 25 Abs. 4 und 5 DVO (oben Art. 19 Rn 31 ff). Damit kennt Art. 20 **folgende Erstattungsverfahren:**

- Erstattung durch den Träger des Aufenthaltsorts nach den Sätzen des Aufenthaltsorts, wenn dies das Recht dieses Trägers vorsieht (Art. 25 Abs. 4 DVO).
- Erstattung durch den zuständigen Träger nach den Sätzen des Aufenthaltsorts in Höhe der tatsächlichen Aufwendungen (Art. 25 Abs. 5 DVO iVm Art. 62 VO (EG) Nr. 883/2004).
- Erstattung durch den zuständigen Träger nach den Sätzen des zuständigen Trägers, falls die Sätze des zuständigen Trägers über denen des Wohnorts oder des Aufenthaltsorts liegen (Art. 26 Abs. 7 DVO).

In allen Fällen geht dies nur bis zum Satz der dem Versicherten tatsächlich entstandenen Kosten (EuGH, Rs. C-173/09 (Elchinov), ZESAR 2011, 482, Rn 81), wobei Selbstbeteiligungen, die der/die Versicherte im Behandlungsmitgliedstaat selbst getragen hat, berücksichtigt werden können (Art. 26 Abs. 7 S. 2 DVO). Dies Ermessen wird idR aber zur Pflicht, da auch hier die Dienstleistungsfreiheit eine Auslegung gebietet, die eine Schlechterstellung gegenüber einer Nachfrage im Versicherungsmitgliedstaat verbietet.

8. Konflikte und Konkurrenzen zu anderen Leistungen

Zu den Konflikten und Konkurrenzen zu anderen Leistungen vgl oben Rn 6 und 7 sowie Vorbem. vor Art. 17 Rn 15 bis 21 und 60 bis 66.

III. Umsetzung in nationales Recht

Ist der **inländische** deutsche/österreichische etc. **Träger zuständiger Träger**, dh ist der/die Versicherte bei ihm Mitglied, entscheidet der zuständige Träger dann, wenn der Versicherte im Inland wohnt, alleine über die Vorabgenehmigung; wohnt der Versicherte in einem anderen Mitgliedstaat entscheidet der Träger des Wohnstaats, in dessen System der/die Versicherte gemäß Art. 17 VO (EG) Nr. 883/2004 integriert ist über die Voraussetzungen nach seinem Recht; der zuständige deutsche Träger hat aber, bis auf die Ausnahme des Notfalls, die Befugnis zur Letztentscheidung (oben Rn 24-27). Nur wenn der/die Versicherte in einem anderen Staat wohnt und hier die aushelfende Leistungserbringung durch eine Pauschale des zuständigen Trägers abgegolten wird, entscheidet der Träger des Wohnstaats (oben Rn 24). Eine solche Möglichkeit gibt es für Deutschland, Österreich und die Schweiz nicht (Art. 35 Rn 4 und Anhang 3 der DVO). Enthält das nationale Recht wie in Deutschland keine Frist für die Entscheidung über die Vorabgenehmigung, so gilt die Zweimonatsfrist der DVO (EG) 987/2009 (s. oben Rn 26).

36 Zur Beurteilung der Voraussetzungen des Art. 20 wendet der zuständige Träger **sein nationales Recht** an. Dies gilt vor allem auch für die Festlegung der Leistung nach nationalem Recht (oben Rn 13, 14). Dabei muss der zuständige Träger die für ihn und die Versicherten gesetzlich bindenden Leistungsdefinitionen einhalten. Dies sind in Deutschland auch die Beschlüsse des Gemeinsamen Bundesausschusses gemäß § 135 SGB V (Bewertung neuer Untersuchung und Behandlungsmethoden, so *Schreiber*, in: *Schreiber u.a.*, VO (EG) Nr. 883/2004, 2012, Art. 20 Rn 11). Darüber hinaus gilt dies aber auch für alle anderen Richtlinien des GBA (§ 92 SGB V), da erst sie nach der Konzeption des SGB V als „Rahmenrecht" den Anspruch auf die Krankenbehandlung verbindlich konkretisieren (vgl BSG 103, 106 = SozR 4-2500 § 94 Nr 2 Rn 34-51). Allerdings ist darauf zu achten, dass in der Vorabgenehmigung nicht Anforderungen festgehalten sind, die ausländische Anbieter diskriminieren, zB nicht von ihnen erfüllt werden können; insb. richten sich viele Qualitätsanforderungen rein nach europäischem Recht, wie die Anforderungen an die Qualifikation der ausländischen Leistungserbringer. Die entsprechende Rspr zu den Ansprüchen auf Basis der Dienstleistungsfreiheit des Art. 56 AEUV (s. unten Vorbem. vor Art. 1 RL 2011/24/EU Rn 72 ff und Rn 79) gilt auch hier.

37 Hat der/die Versicherte im Aufenthaltsstaat keine Sachleistung erhalten, sondern musste sich die Sachleistung selbst besorgen, hat er/sie die Erstattungsansprüche nach Art. 26 Abs. 6 und 7 DVO (EG) 987/2009 (s. Rn 32 und 33). Der **Anspruch auf Erstattung** durch den zuständigen Träger nach den Sätzen des Aufenthaltsorts (Art. 25 Abs. 5 VO (EG) Nr. 883/2004) geht über die Regelung in § 13 Abs. 4 S. 3 SGB V (Höchstgrenze sind die Sätze des zuständigen Trägers) eventuell hinaus und ergänzt insoweit § 13 SGB V.

38 Ist der inländische deutsche/österreichische etc. Träger **Träger des Wohnorts**, bei dem die Versicherten eingeschrieben sind (oben Art. 17 Rn 21 ff), so sind die Anträge auf Vorabgenehmigung bei ihm einzureichen. Er hat zu prüfen, ob die Leistung in seinem Bereich rechtzeitig erhältlich ist und den Antrag mit dieser Entscheidung dann an den zuständigen Träger weiter zu reichen; im Notfall entscheidet er selbst (oben Rn 25 bis 27). Dabei wendet der deutsche Träger die Festlegung der Leistungsmodalitäten nach seinem Recht an, also die Richtlinien des GBA und die Verträge zwischen KK-Leistungserbringern etc.

39 Ist der inländische deutsche/österreichische etc. Träger **aushelfender Träger**, so richtet sich die Leistungserbringung voll und ganz nach dem inländischen Recht, in Deutschland nach dem SGB V, den Richtlinien des GBA und den Verträgen zwischen KK-Leistungserbringern etc. Anders als in den Fällen der §§ 17-19 sind hier aber eventuelle Beschränkungen und Spezifikationen in der Vorabgenehmigung zu beachten. Die Versicherten wenden sich gemäß Art. 23 DVO an das „allgemeine System" der KV, dies sind in Deutschland alle Krankenkassen des SGB V, unter denen die Versicherten gemäß § 173 SGB V auswählen können. Die ausländischen Versicherten müssen alle Formalitäten (Verschreibungen, Überweisungen) etc. einhalten. Hier sind die Regelungen der RL 2011/24/EU zB zur Anerkennung ausländischer Verschreibungen heranzuziehen, da sie wie die RL 2011/24/EU gerade für den vorübergehenden Aufenthalt zur grenzüberschreitenden Inanspruchnahme von Gesundheitsdienstleistungen erlassen worden sind (s. oben Vorbem. vor Art. 17 Rn 15 ff und 55 ff und unten Vorbem. vor Art. 1 RL 2011/24/EU Rn 30 bis 37). Die Versicherten müssen auch die in Deutschland üblichen Selbstbeteiligungen tragen.

Artikel 21 Geldleistungen

(1) ¹Ein Versicherter und seine Familienangehörigen, die in einem anderen als dem zuständigen Mitgliedstaat wohnen oder sich dort aufhalten, haben Anspruch auf Geldleistungen, die vom zuständigen Träger nach den für ihn geltenden Rechtsvorschriften erbracht werden. ²Im Einvernehmen zwischen dem zuständigen Träger und dem Träger des Wohn- oder Aufenthaltsorts können diese Leistungen jedoch vom Träger des Wohn- oder Aufenthaltsorts nach den Rechtsvorschriften des zuständigen Mitgliedstaats für Rechnung des zuständigen Trägers erbracht werden.

(2) Der zuständige Träger eines Mitgliedstaats, nach dessen Rechtsvorschriften Geldleistungen anhand eines Durchschnittserwerbseinkommens oder einer durchschnittlichen Beitragsgrundlage zu berechnen sind, ermittelt das Durchschnittserwerbseinkommen oder die durchschnittliche Beitragsgrundlage ausschließlich anhand der Erwerbseinkommen oder Beitragsgrundlagen, die für die nach diesen Rechtsvorschriften zurückgelegten Zeiten festgestellt worden sind.

(3) Der zuständige Träger eines Mitgliedstaats, nach dessen Rechtsvorschriften Geldleistungen anhand eines pauschalen Erwerbseinkommens zu berechnen sind, berücksichtigt ausschließlich das pauschale Erwerbseinkommen oder gegebenenfalls den Durchschnitt der pauschalen Erwerbseinkommen für Zeiten, die nach diesen Rechtsvorschriften zurückgelegt worden sind.

(4) Die Absätze 2 und 3 gelten entsprechend, wenn nach den für den zuständigen Träger geltenden Rechtsvorschriften ein bestimmter Bezugszeitraum vorgesehen ist, der in dem betreffenden Fall ganz oder teilweise den Zeiten entspricht, die die betreffende Person nach den Rechtsvorschriften eines oder mehrerer anderer Mitgliedstaaten zurückgelegt hat.

Artikel 27 DVO   Geldleistungen wegen Arbeitsunfähigkeit bei Aufenthalt oder Wohnort in einem anderen als dem zuständigen Mitgliedstaat

A.   Verfahrensvorschriften für den Versicherten

(1) Verlangen die Rechtsvorschriften des zuständigen Mitgliedstaats vom Versicherten die Vorlage einer Bescheinigung für den Bezug von Geldleistungen bei Arbeitsunfähigkeit nach Artikel 21 Absatz 1 der Grundverordnung, so lässt sich der Versicherte eine Arbeitsunfähigkeitsbescheinigung, in der auch die voraussichtliche Dauer der Arbeitsunfähigkeit anzugeben ist, von dem Arzt ausstellen, der in seinem Wohnmitgliedstaat seinen Gesundheitszustand festgestellt hat.

(2) Der Versicherte übermittelt die Bescheinigung innerhalb der in den Rechtsvorschriften des zuständigen Mitgliedstaats festgesetzten Frist dem zuständigen Träger.

(3) ¹Stellen die behandelnden Ärzte des Wohnmitgliedstaats keine Arbeitsunfähigkeitsbescheinigungen aus, und werden diese nach den Rechtsvorschriften des zuständigen Mitgliedstaats verlangt, so wendet sich die betreffende Person unmittelbar an den Träger des Wohnorts. ²Dieser veranlasst sofort die ärztliche Beurteilung der Arbeitsunfähigkeit der betreffenden Person und die Ausstellung der in Absatz 1 genannten Bescheinigung. ³Die Bescheinigung muss dem zuständigen Träger unverzüglich übermittelt werden.

(4) ¹Die Übermittlung des in den Absätzen 1, 2 und 3 genannten Dokuments enthebt den Versicherten nicht der Pflichten, die ihn aufgrund der geltenden Rechtsvorschriften insbesondere seinem Arbeitgeber gegenüber treffen. ²Der Arbeitgeber und/oder der zuständige Träger kann den Arbeitnehmer gegebenenfalls zur Teilnahme an Tätigkeiten auffordern, die die Wiederaufnahme der Arbeit durch den Versicherten fördern und unterstützen sollen.

B.   Verfahrensvorschriften für den Träger des Wohnmitgliedstaats

(5) ¹Auf Verlangen des zuständigen Trägers führt der Träger des Wohnorts die erforderlichen verwaltungsmäßigen Kontrollen oder eine ärztliche Kontrolluntersuchung der betreffenden Person nach den von diesem letztgenannten Träger angewandten Rechtsvorschriften durch. ²Den Bericht des Arztes, der die Kontrolluntersuchung durchgeführt hat, betreffend insbesondere die

Angaben zur voraussichtlichen Dauer der Arbeitsunfähigkeit, übermittelt der Träger des Wohnorts unverzüglich dem zuständigen Träger.

C. **Verfahrensvorschriften für den zuständigen Träger**

(6) Dem zuständigen Träger steht es frei, den Versicherten durch einen Arzt seiner Wahl untersuchen zu lassen.

(7) Unbeschadet des Artikels 21 Absatz 1 Satz 2 der Grundverordnung zahlt der zuständige Träger die Geldleistungen unmittelbar an die betreffende Person und unterrichtet erforderlichenfalls den Träger des Wohnorts hiervon.

(8) Bei der Anwendung von Artikel 21 Absatz 1 der Grundverordnung besitzen die auf dem ärztlichen Befund des untersuchenden Arztes oder Trägers beruhenden Angaben in einer in einem anderen Mitgliedstaat ausgestellten Bescheinigung über die Arbeitsunfähigkeit eines Versicherten die gleiche Rechtsgültigkeit wie eine im zuständigen Mitgliedstaat ausgestellte Bescheinigung.

(9) Versagt der zuständige Träger die Geldleistungen, so teilt er dem Versicherten seine Entscheidung mit und unterrichtet gleichzeitig den Träger des Wohnorts.

D. **Verfahren bei Aufenthalt in einem anderen als dem zuständigen Mitgliedstaat**

(10) Die Absätze 1 bis 9 gelten entsprechend, wenn sich der Versicherte in einem anderen als dem zuständigen Mitgliedstaat aufhält.

Artikel 28 DVO Geldleistungen bei Pflegebedürftigkeit bei Aufenthalt oder Wohnort in einem anderen als dem zuständigen Mitgliedstaat

A. **Verfahrensvorschriften für den Versicherten**

(1) ¹Für den Bezug von Geldleistungen bei Pflegebedürftigkeit nach Artikel 21 Absatz 1 der Grundverordnung wendet sich der Versicherte an den zuständigen Träger. ²Der zuständige Träger unterrichtet erforderlichenfalls den Träger des Wohnorts.

B. **Verfahrensvorschriften für den Träger des Wohnorts**

(2) ¹Auf Verlangen des zuständigen Trägers untersucht der Träger des Wohnorts den Zustand des Versicherten im Hinblick auf seine Pflegebedürftigkeit. ²Der zuständige Träger übermittelt dem Träger des Wohnorts alle erforderlichen Informationen für eine solche Untersuchung.

C. **Verfahrensvorschriften für den zuständigen Träger**

(3) Um den Grad der Pflegebedürftigkeit zu bestimmen, kann der zuständige Träger den Versicherten von einem Arzt oder einem anderen Experten seiner Wahl untersuchen lassen.

(4) Artikel 27 Absatz 7 der Durchführungsverordnung gilt entsprechend.

D. **Verfahren bei Aufenthalt in einem anderen als dem zuständigen Mitgliedstaat**

(5) Die Absätze 1 bis 4 gelten entsprechend, wenn sich der Versicherte in einem anderen als dem zuständigen Mitgliedstaat aufhält.

E. **Familienangehörige**

(6) Die Absätze 1 bis 5 gelten entsprechend für die Familienangehörigen des Versicherten.

I. Normzweck, Grundstruktur und Entstehungsgeschichte 1	3. Geldleistungsaushilfe gemäß Art. 21 Abs. 1 S. 2 7
II. Einzelerläuterungen 4	4. Feststellung der Arbeitsunfähigkeit durch die Ärzte des Wohnorts,
1. Anzuwendendes Recht für die Geldleistung 4	Art. 27 DVO 8
2. Sachlicher Geltungsbereich 6	

| a) Wirkung der ausländischen ärztlichen Bescheinigung nur wie eine inländische Bescheinigung 8
| b) Erschütterung der Beweiskraft bei Zweifeln und Missbrauch? 11
| c) Wirkung der Bescheinigung auch gegenüber dem Arbeitgeber 17
| d) Untersuchung durch einen Arzt nach Wahl des zuständigen Trägers 18
| 5. Berechnung der Geldleistung 19
| 6. Verfahren 23
| III. Umsetzung in nationales Recht 28

I. Normzweck, Grundstruktur und Entstehungsgeschichte

Art. 21 und Art. 27 DVO betreffen den **Export von Geldleistungen** der KV für den Fall, dass der Versicherte außerhalb des Staates des zuständigen Trägers wohnt oder sich aufhält. Gemäß der grundsätzlich neuen Teilung des koordinationsrechtlichen Krankenversicherungsrechts der VO (EG) Nr. 883/2004 in Regelungen für die Sachleistungen mit dem System der aushelfenden Leistungserbringung gemäß Art. 17 bis 20 und Regelungen der zu exportierenden Geldleistungen gemäß Art. 21, legt Art. 21 für die Geldleistungen fest, dass sie nach dem Recht des zuständigen Trägers und zu seinen Lasten an den Versicherten in seinem Wohn- oder Aufenthaltsstaat zu zahlen sind, wenn der Versicherte in einem anderen als dem zuständigen Staat wohnt oder sich aufhält. Das Verfahren zur Feststellung der Arbeitsunfähigkeit bei Wohnung oder Aufenthalt in einem anderen Staat als dem des zuständigen Trägers ist in Art. 27 DVO ausführlich geregelt. Art. 21 Abs. 1 entspricht Art. 19 Abs. 1 und Art. 22 Abs. 1 S. 1 lit. ii) VO (EWG) Nr. 1408/71; Art. 21 Abs. 2 bis 4 entsprechen Art. 23 Abs. 1 bis 3 VO (EWG) Nr. 1408/71. 1

Zur **Unterscheidung zwischen Sach- und Geldleistungen** s. Art. 17 Rn 4 ff. Der EuGH hat Sach- und Geldleistung zu Recht nicht nach der Form, sondern nach Inhalt und Funktion unterschieden (Rs. 33/65 (Dekker), Slg 1965, 901; Rs. 61/65 (Vaasen-Göbbels), Slg 1966, 583; Rs. C-160/96 (Molenaar), Slg 1998, I-843, Rn 31; dazu *Watson*, S. 204 ff; *Gassner*, NZS 1998, 313). Entsprechend ist auch die Definition des Gegenbegriffs „Sachleistung" in Art. 1 lit. va) Nr. ii) rein final („die den Zweck verfolgen, die ärztliche Behandlung ... zu erstellen bzw zur Verfügung zu stellen oder direkt zu bezahlen"). **Geldleistungen** sind in der VO nicht besonders definiert, sind aber das Gegenstück zur Definition der „Sachleistung". Sie sind also von den Zwecken der Behandlung getrennt, über sie können die Versicherten frei verfügen und sie werden ihnen unabhängig davon gewährt, ob tatsächlich und in welcher Höhe Aufwendungen für die Pflege angefallen sind; sie haben meist Lohnersatzfunktion (EuGH, Rs. C-160/96 (Molenaar), Slg 1998, I-843 Rn 31), oder betreffen reine Geldleistungspflichten, wie der Beitrag zur KVdR. Sachleistungen beziehen sich auf persönliche Dienstleistungen sowie Heil- und Hilfsmittel mit dem Zweck der Behandlung, auch wenn die KV dafür Geld im Wege der Kostenerstattung oder Kostenübernahme zahlt (EuGH, Rs. C-160/96 (Molenaar), Slg 1998, I-843 Rn 31; EuGH, Rs. 61/65 (Vaasen-Göbbels), Slg 1966, 583, 607). Dienen Geldleistungen der Beschaffung einer Dienstleistung, wie zB der Haushaltshilfe, häuslichen Krankenpflege und häuslichen Pflegehilfe gemäß §§ 37, 38, 55 SGB V, handelt es sich gemäß der Definition in Art. 1 lit. va) Nr. ii) ebenfalls um eine Sachleistung (EuGH, Rs. 75/63 (Unger), Slg 1964, 381). Da die Versicherten über das Pflegegeld nach dem SGB XI völlig frei verfügen können und es unabhängig davon gewährt wird, ob tatsächlich und in welcher Höhe Aufwendungen für die Pflege anfallen, hat der EuGH das Pflegegeld zu Recht als Geldleistung (bei Krankheit) angesehen, so dass es auch gemäß Art. 19 VO (EWG) Nr. 1408/71 (jetzt Art. 21) exportiert werden musste (EuGH, Rs. C-160/96 (Molenaar), Slg 1998, I-843). 2

Beispiele für Geldleistungen bei Krankheit und Pflege sind also: 3

1. Die Lohnersatzleistung der Krankenversicherung, das Krankengeld;
2. die **Entgeltfortzahlung des Arbeitgebers** bei Krankheit nach dem Entgeltforzahlungsgesetz **gemäß Art. 3 lit a) iVm Art. 3 Abs. 2 VO (EG) Nr. 883/2004** (Rs. C-45/90 (Paletta I), Slg 1992, I-3423 und Rs. C-206/96 (Paletta II), Slg 1996, I-2357; EuGH, Rs. 379-381/86 (Giletti), Slg 1987, 955); dazu oben Vorbem. vor Art. 17 Rn 31;

3. das **Pflegegeld** an die Pflegeperson eines versicherten Pflegebedürftigen (s. oben Vorbem. vor Art. 17 Rn 32 ff und Art. 17 Rn 6); dazu EuGH, Rs. C-160/96 (Molenaar), Slg 1998, I-843, bekräftigt in EuGH, Rs. 466/04 (Acereda Herrera), Slg I-2006, I-5341, Rn 29 ff;
4. der **Beitrag** der gesetzlichen wie privaten deutschen Pflegekassen **zur Rentenversicherung der Pflegeperson** gemäß § 44 **SGB XI** iVm § 3 S. 1 Nr. 1 a und § 166 Abs. 2 SGB VI (EuGH, Rs. C-502/01 und C-31/02 (Gaumain-Cerri und Barth), Slg I-2004, I-6483).

II. Einzelerläuterungen

1. Anzuwendendes Recht für die Geldleistung

4 Die **versicherungsrechtlichen Voraussetzungen** und die grundsätzliche Leistungsberechtigung richten sich immer nach dem Recht des zuständigen Trägers. Da der zuständige Träger gemäß Art. 21 Abs. 1 die Geldleistungen direkt selbst erbringt und exportiert, richten sich – anders als bei der aushelfenden Erbringung von Sachleistungen – auch die Modalitäten der Geldleistung nicht nach dem Recht des Aufenthalts- oder Wohnstaates, sondern nach dem Recht des zuständigen Trägers. Art. 21 stellt die in einem anderen Mitgliedstaat wohnende/sich aufhaltende Person so, als ob sie im zuständigen Staat wohnt, ist also nur eine spezielle Ausprägung des Gleichstellungsgebots, der Äquivalenzregel des Art. 5 lit. b) VO (EG) Nr. 883/2004 (wie hier zust. *Schreiber*, in: *Schreiber u.a.*, VO (EG) Nr. 883/2004, 2012, Art. 21 Rn 10; *Klein*, in: *Hauck/Noftz*, EU-Sozialrecht, Art. 20 Rn 13). So berechnet der zuständige Träger die Geldleistung auch nur nach dem Verdienst, das nach seinem Recht zu Grunde zu legen ist. Für das niederländische Recht enthält der Anhang XI, Niederlande unter Nr. 1 zahlreiche Gleichstellungen von (Renten-)Leistungen mit den Geldleistungen bei Krankheit.

5 Die Fristen für den Antrag und den Nachweis der AU, das Ruhen und die Beendigung des Anspruchs richten sich allein nach dem Recht des zuständigen Trägers. So ist zB die Vorschrift über das **Ruhen des Anspruchs** gemäß § 49 Abs. 1 Nr. 5 SGB V auch bei grenzüberschreitenden Sachverhalten einschlägig, wonach die Arbeitsunfähigkeit innerhalb einer Woche nach ihrem Beginn angezeigt werden muss. Denn diese Vorschrift hat nicht nur verfahrensrechtlichen Charakter, der evtl durch Art. 27 DVO verdrängt werden könnte. Sie normiert vielmehr auch die Anspruchsvoraussetzungen und grundlegenden Mitwirkungspflichten des Versicherten im Verhältnis zum versicherten Träger, die durch die DVO beim Leistungsexport nicht abgelöst werden.

2. Sachlicher Geltungsbereich

6 Soweit der **Arbeitgeber** nach nationalem Recht zu Sozialleistungen wie der Fortzahlung des Entgelts bei Krankheit verpflichtet ist, ist er zuständiger Träger im Sinne des Koordinationsrechts (Art. 1 lit. q) Nr. iv). Dazu ausführlich oben Vorbem. vor Art. 17 Rn 31. Art. 21 gilt auch für **Geldleistungen bei der Pflege** (s. Rn 2 und Art. 17 Rn 6). Art. 28 DVO (EG) 987/2009 überträgt auf diese Leistungen weitgehend die Verfahrensvorschriften, die für die normalen Geldleistungen bei Krankheit gelten (Art. 27 DVO (EG) 987/2009).

3. Geldleistungsaushilfe gemäß Art. 21 Abs. 1 S. 2

7 Art. 21 Abs. 1 S. 2 kennt eine Sonderform der Leistungsaushilfe, bei der der Träger des Wohnorts nur mit der Auszahlung der Geldleistung betraut wird, Voraussetzungen und Höhe sich aber weiterhin nach dem Recht des zuständigen Trägers richten. Dadurch wird die Rechtsposition der Versicherten nicht verkürzt. Die Auszahlung erfolgt zu Lasten des zuständigen Trägers.

4. Feststellung der Arbeitsunfähigkeit durch die Ärzte des Wohnorts, Art. 27 DVO

a) Wirkung der ausländischen ärztlichen Bescheinigung nur wie eine inländische Bescheinigung

Gemäß Art. 27 Abs. 1 und vor allem Abs. 8 DVO sind es die Ärzte am Wohnort, die die Versicherten untersuchen und – im Fall, dass das nationale Recht des zuständigen Trägers dies verlangt – die notwendige **Bescheinigung über die Arbeitsunfähigkeit** ausstellen. Diese Bescheinigung hat gemäß dem allgemeinen Grundsatz der Sachverhaltsgleichstellung (Art. 5 lit. b)) gemäß Art. 27 Abs. 8 DVO die gleiche Rechtsgültigkeit wie eine Bescheinigung im Staat des zuständigen Trägers. Dh die **Bindungswirkung** bzw Vermutungswirkung richtet sich – ganz entsprechend den Grundsätzen des Rechts des Leistungsexports (oben Rn 4) – nach dem innerstaatlichen Recht des zuständigen Trägers. Diese Maßgeblichkeit des Rechts des Staats des zuständigen Trägers gilt auch für die Fristen der Übermittlung der Bescheinigung an den zuständigen Träger (Art. 27 Abs. 2 DVO) und die sonstigen Pflichten gegenüber dem zuständigen Träger wie dem Arbeitgeber (Art. 27 Abs. 4 DVO). Diese Sachverhaltsgleichstellung ist auch notwendig, da sonst dem betroffenen Arbeitnehmer erhebliche Beweisschwierigkeiten entstehen. Denn die Arbeitsunfähigkeit wird bei späteren, vom zuständigen Träger oder dem Träger des Wohnorts veranlassten Untersuchungen meist in der Vergangenheit liegen und nicht mehr nachträglich bewiesen werden können. Dies hätte auch erhebliche Auswirkungen auf die Freizügigkeit (EuGH, Rs. 22/86 (Rindone), Slg 1987, 1339; EuGH, Rs. C-45/90 (Paletta I), Slg 1992, I-3423 und Rs. C-206/96 (Paletta II), Slg 1996, I-2357). Die Anerkennung ausländischer ärztlicher Befunderhebung ist auch eine Konsequenz der Ausstellung der Formblätter zur grenzüberschreitenden Leistungsbeanspruchung und auch des Exports (EuGH, Rs. C-145/03 (Keller), Slg 2005, I-2529 Rn 43 ff zu den Formblättern E 111 und E 112 und Entscheidungen im Aufenthaltsstaat bei aushelfender Leistungserbringung).

8

Mit der Sachverhaltsgleichstellung und Wirkung der Bescheinigung nach dem Recht des zuständigen Trägers geht die DVO hinter den EuGH zurück (wie hier zust. *Schreiber*, in: *Schreiber u.a.*, VO (EG) Nr. 883/2004, 2012, Art. 20 Rn 21). Denn der EuGH ging von einer allgemeinen Bindungswirkung aus und hatte zu wenig auf die **Einbettung der Arbeitsunfähigkeitsbescheinigung in das jeweilige nationale Recht** geachtet und allgemein entschieden, dass der zuständige Träger und der Arbeitgeber an die Arbeitsunfähigkeits-Untersuchung und die Arbeitsunfähigkeits-Bescheinigung des Trägers des Aufenthaltsorts bzw der Ärzte des Aufenthaltsorts gebunden seien (EuGH, Rs. 22/86 (Rindone), Slg 1987, 1339; EuGH, Rs. C-45/90 (Paletta I), Slg 1992, I-3423 und Rs. C-206/96 (Paletta II), Slg 1996, I-2357). Jetzt gibt es eine allgemeine Bindungswirkung nur, wenn sie das nationale Recht auch anordnet. Das deutsche Recht verlangt eine ärztliche Bescheinigung nur bei einer Krankheitsdauer von mehr als drei Tagen (§ 5 Abs. 1 S. 2 EFZG) und gibt der AU-Bescheinigung eines Arztes nur einen erhöhten Beweiswert, die eine Vermutung begründet, dass der Arbeitnehmer auch tatsächlich krank war (Erf-Komm-*Dörner*, 9. Aufl. 2009, § 5 EFZG Rn 14). Deshalb hatte das BAG in seiner abschließenden Paletta-Entscheidung auch deutlich den Vorbehalt gemacht, dass nach nationalem Recht eine AU-Bescheinigung keine Bindungswirkung habe (BAG 19.2.1997 AP EWG-Verordnung Nr. 574/72 Art. 18 Nr. 3). Auch nach der Rspr des BSG hat die AU-Bescheinigung nur die Bedeutung einer ärztlichen Bescheinigung im Prozess der Amtsermittlung und wird faktisch, aber nicht rechtlich Bindungswirkung haben (BSG, B 1 KR 18/04 R, SozR 4-2500 § 44 Nr. 7, Rn 20 mwN).

9

Die Kritik an den Urteilen des EuGH konzentrierte sich neben der Bindungswirkung vor allem darauf, dass über die Voraussetzungen der Leistungen, die sich nach dem Recht des zuständigen Trägers bestimmen, auch nur dieser Träger entscheiden könne und die Entscheidung über die Arbeitsunfähigkeit einen Vergleich des Leistungsvermögens mit den Anforderungen der letzten Berufstätigkeit erfordere, die aber weder der ausländische Arzt noch der ausländische Träger hinreichend kennen würden (folgende Aspekte vgl *Neumann-Duesberg*, Krankenversicherung, in: *Schulte/Zacher*, Wechselwirkungen zwischen dem europäischen Sozialrecht und dem Sozialrecht der Bundesrepublik Deutschland, 1991, S. 83, 97 ff; *Pompe*, S. 55/6; *Pollmann*, ZIAS 1992, 62). Dagegen und für die Ansicht des EuGH spricht, dass die Bindung des zuständigen Trägers an die

10

Entscheidungen ausländischer Träger über die Leistungsvoraussetzungen wie im KV-Recht so auch in anderen Gebieten notwendig ist, um die **Freizügigkeit der Wanderarbeitnehmer** zu schützen und sie vor gravierenden Nachteilen zu bewahren. Dies hat der EuGH auch für die Feststellung der Berufskrankheit und der Arbeitsunfähigkeit im Rahmen der Invaliditätssicherung entschieden (Rs. 28/85 (Deghillage), Slg 1987, 991 sowie Rs. C-344/89 (Vidal), Slg 1991, I-3245).

b) Erschütterung der Beweiskraft bei Zweifeln und Missbrauch?

11 Es ist aber vom Grundsatz her, die Freizügigkeit des Wanderarbeitnehmers zu schützen, **nicht geboten**, der Bescheinigung eines Mitgliedstaates eine **völlig unbeschränkte Bindungswirkung** zuzugestehen (vgl EuGH, Rs. 130/88 (van de Bijl), Slg 1989, 3039, 3063/4). So tritt die Bindung nicht ein, wenn und soweit die Bescheinigung des Trägers des Wohnorts „offensichtliche Unrichtigkeiten" enthält, die der zuständige Träger auch aus eigener Kenntnis erkennen und nachweisen kann (EuGH, Rs. 130/88 (van de Bijl), Slg 1989, 3039 und GA, Kommission sowie die deutsche und niederländische Regierung in Rs. C-45/90 (Paletta I), Slg 1992, I-3423; vom EuGH in derselben Sache nicht aufgegriffen). Jetzt richten sich die Bindung und der Beweiswert nur nach nationalem Recht.

12 Der EuGH korrigierte in der zweiten Paletta-Entscheidung seine frühere Rechtsprechung aber insoweit geringfügig, als er es nunmehr zulässt, dass der Arbeitgeber den Nachweis erbringen kann, der das nationale Gericht instand setzt, festzustellen, dass der Arbeitnehmer **missbräuchlich oder betrügerisch** eine gemäß Art. 18 VO (EWG) Nr. 574/72 festgestellte Arbeitsunfähigkeit gemeldet habe, obwohl er nicht krank gewesen sei. Der Arbeitgeber trägt aber die volle Beweislast für die Missbräuchlichkeit und Unrichtigkeit der Bescheinigung (EuGH, Rs. C-206/96 (Paletta II), Slg 1996, I-2357, Rn 26). Dieses Argument leitet sich von der Ansicht des EuGH ab, die ärztliche AU-Bescheinigung des Wohnorts habe bindende Wirkung; angesichts der Regelung des Art. 27 Abs. 8 DVO besteht dafür nunmehr keine Grundlage mehr.

13 Für das **deutsche Arbeits- und Sozialrecht** gilt: Eine im Inland ausgestellte Arbeitsunfähigkeitsbescheinigung ist intensiv durch das (Kassen/Vertrags-)Arztrecht geregelt, so dass ihr nach Ansicht des BAG ein hoher Beweiswert zukommt (BAG AP BGB § 123 Nr. 42; BAG AP LohnFG § 1 Nr. 98). Der Arbeitgeber kann den Beweiswert einer Arbeitsunfähigkeitsbescheinigung aber entkräften, wenn er Verdachtsmomente vorträgt, die die Richtigkeit der Arbeitsunfähigkeitsbescheinigung in Zweifel ziehen. In diesen Fällen geht die formelle und materielle Beweislast (wieder) auf die Arbeitnehmer über, die nunmehr darlegen und beweisen müssen, dass sie tatsächlich arbeitsunfähig waren. Solche Ausnahmefälle liegen zB vor, wenn der Arbeitnehmer vorher sein Fernbleiben ankündigt, er regelmäßig nach Ende des Urlaubs erkrankt, widersprüchliche Angaben macht oder bei einem anderen Arbeitgeber beschäftigt ist; der Beweiswert der Arbeitsunfähigkeitsbescheinigung ist ebenfalls entkräftet, wenn der Arzt die Bescheinigung ohne vorhergehende Untersuchung ausstellt oder rückdatiert (vgl zu den Fällen Erf-Komm-*Dörner*, § 5 EFZG, Rn 38 ff).

14 Traditionell geht das **BAG** davon aus, dass auch Arbeiter und Angestellte gemäß § 5 EFZG bei einer Erkrankung im Ausland, die zu einer Arbeitsunfähigkeit von mehr als drei Kalendertagen führt, eine ärztliche Bescheinigung über die Arbeitsunfähigkeit vorzulegen haben. Einer von einem ausländischen Arzt im Ausland ausgestellten Arbeitsunfähigkeitsbescheinigung kommt im Allgemeinen der gleiche Beweiswert zu wie einer von einem deutschen Arzt ausgestellten Bescheinigung. Allerdings verlangt das BAG zusätzlich, dass die Bescheinigung erkennen lassen muss, dass der ausländische Arzt zwischen einer bloßen Erkrankung und einer mit Arbeitsunfähigkeit verbundenen Erkrankung unterschieden und damit eine den Begriffen des deutschen Arbeits- und Sozialversicherungsrechts entsprechende Beurteilung vorgenommen hat (BAG AP Nr. 4 zu § 3 Lohn FG; BAG AP Nr. 4 zu § 3 EFZG; BAGE 48, 115; BAG BB 1997, 1313). Auch die Regelungen des § 275 Abs. 1 und 1 a SGB V (s. unten Rn 16) machen deutlich, dass der AU-Bescheinigung eine begrenzte Beweis- und Vermutungswirkung zukommt, die aber nur durch das Verfahren des

§ 275 SGB V, die Einschaltung des medizinischen Dienstes der Krankenversicherung, entkräftet werden können.

Die Möglichkeiten des Arbeitgebers, den **Beweiswert** der Arbeitsunfähigkeitsbescheinigung zu **entkräften**, hat das BAG auch durchgängig auf Arbeitsunfähigkeitsbescheinigungen ausländischer Ärzte übertragen. In der Entscheidung vom 19.2.1997 zu einer türkischen Arbeitsunfähigkeitsbescheinigung hat das BAG diese Besonderheit noch einmal ausdrücklich betont (BAG 19.2.1997 AP EFZG § 3 Nr. 4). Der wichtigste Fall sind „offensichtliche Unrichtigkeiten", die sich idR nur auf Tatsachen und nicht auf Wertungen und Rechtsauslegungen beziehen können. „Offensichtliche Unrichtigkeiten" liegen zB dann vor, wenn sich aus Angaben über Alter, Geschlecht, Beruf etc. ergibt, dass die Identität der arbeitsunfähig geschriebenen Person mit der beim zuständigen Träger versicherten Person nicht übereinstimmt. Dass vier Familienmitglieder, die sich zur selben Zeit in ihrem Herkunftsland zum Heimaturlaub aufhalten, zur selben Zeit und für denselben Zeitraum erkranken, wie es in den Rs. Paletta des EuGH (Rs. C-45/90 (Paletta I), Slg 1992, I-3423 und Rs. C-206/96 (Paletta II), Slg 1996, I-2357) der Fall war, ist aber an sich nicht so extrem unwahrscheinlich, dass allein schon aus dieser Tatsache die „offensichtliche Unrichtigkeit" oder „schwere und begründete Zweifel" folgen würden (aA aber *Clever*, ZfSH/SGB 1991, S. 561, 568). Dies wäre jedoch der Fall, wenn solche „Simultanerkrankungen" bei denselben Personen nachweislich häufig oder gar regelmäßig aufgetreten sind.

Das Recht der GKV wird – wie das ganze Sozialrecht – vom **Amtsermittlungsgrundsatz** beherrscht (§ 20 SGB X). Insoweit ist die Bescheinigung des Arztes nur ein Element in der Beurteilung des Leistungsfalls durch die Krankenkasse (hM BSG, B 1 KR 18/04 R, SozR 4-2500 § 44 Nr. 7, Rn 20 mwN; *Kruse*, in: LPK-SGB V, 3. Aufl. 2009, § 46 Rn 5; KassKomm-*Höfer*, § 46 SGB V Rn 7). Dennoch kommt der Bescheinigung ein gewisser Beweiswert zu, was auch für Bescheinigungen ausländischer Ärzte gilt (BSG SozR 3-2200 § 182 RVO Nr. 12). Die Regelung des § 275 Abs. 1 und 1a SGB V machen aber deutlich, dass der AU-Bescheinigung eine begrenzte Beweis- und Vermutungswirkung zukommt, die nur durch das Verfahren des § 275 SGB V, die Einschaltung des medizinischen Dienstes der Krankenversicherung, entkräftet werden können. Die Feststellungen des MDK sind nach dem Gesetz dann allerdings entscheidend (BSG SozR 4-2500 § 44 Nr. 7 Rn 27). § 275 Abs. 1 und 1a SGB V enthält eine genauere, in Auslandsfällen aber selten einschlägige beispielhafte Angabe von Zweifeln an der AU-Bescheinigung eines niedergelassenen Arztes, die die Möglichkeit geben, die Bescheinigung durch den medizinischen Dienst der Krankenversicherung überprüfen zu lassen: a) der Versicherte ist auffällig häufig oder auffällig häufig nur für kurze Dauer arbeitsunfähig oder der Beginn der Arbeitsunfähigkeit fällt häufig auf einen Arbeitstag am Beginn oder am Ende einer Woche oder b) die Arbeitsunfähigkeit ist von einem Arzt festgestellt worden, der durch die Häufigkeit der von ihm ausgestellten Bescheinigungen über Arbeitsunfähigkeit auffällig geworden ist.

c) Wirkung der Bescheinigung auch gegenüber dem Arbeitgeber

Soweit der Arbeitgeber nach nationalem Recht zu Sozialleistungen wie der Fortzahlung des Entgelts bei Krankheit verpflichtet ist, ist er **zuständiger Träger im Sinne des Koordinationsrechts** (Art. 1 lit. q) Nr. iv)). Er muss deshalb die Bescheinigung des ausländischen Arztes gegen sich gelten lassen und kann auch einen anderen Arzt am Wohnort mit der Untersuchung der Arbeitnehmer beauftragen (Art. 27 Abs. 6 DVO). Zu Recht haben die Kommission, die deutsche und die niederländische Regierung in der Rs. Paletta v. 1991 und 1996 betont, dass das Verfahren des Art. 18 VO (EWG) Nr. 574/72 auf die Fälle von Arbeitgeberleistungen nicht passt (EuGH, Rs. C-45/90 (Paletta I), Slg 1992, I-3423 und Rs. C-206/96 (Paletta II), Slg 1996, I-2357; vgl auch *Resch*, ZIAS 1998, 215). Hier ist der Arbeitgeber „zuständiger Träger", erhält aber die Benachrichtigungen erst mittelbar über seine Krankenkasse und verfügt nicht über die dieselben Kenntnisse und Mittel wie ein nationaler Krankenversicherungsträger. Der EuGH hat diesen Einwand nicht anerkannt und eine Verbesserung der Stellung des Arbeitgebers einer Änderung des nationalen bzw Gemeinschaftsrechts anheimgestellt. Dem kann im Ergebnis zugestimmt werden, da die prekäre Stellung des Arbeitgebers bei der Überprüfung der Arbeitsunfähigkeit auch im nationalen Recht gegeben und kaum überwindbar ist. So hat auch im deutschen Recht die Arbeitsunfähigkeitsbescheinigung des Arztes einen hohen Beweiswert gegenüber dem Arbeitgeber (BAG AP BGB § 142 Nr. 42) und kann der Arbeitgeber die Arbeitsunfähigkeit von sich aus nur über den Medizinischen Dienst der Krankenkasse bei Nachweis „begründeter Zweifel" nachprüfen lassen (§ 275 Abs. 1 Nr. 3 b SGB V).

d) Untersuchung durch einen Arzt nach Wahl des zuständigen Trägers

18 Der zuständige Träger, Krankenversicherungsträger wie Arbeitgeber (s. Rn 16), kann den Betroffenen entweder durch Ärzte über den zuständigen Träger (Art. 27 Abs. 5 DVO) durch einen Arzt seiner Wahl (Art. 27 Abs. 6 DVO) am Wohnort untersuchen lassen. Zum anderen kann dies auch durch eine Untersuchung im Mitgliedstaat des zuständigen Trägers geschehen. Wie der EuGH (Rs. C-344/89 (Vidal), Slg 1991, I-3245) zum mit § 27 Abs. Abs. 5 DVO wortgleichen Art. 51 Abs. 1 S. 2 VO (EWG) Nr. 574/72 entschieden hat, folgt aus der Normierung dieses Rechts des zuständigen Trägers, dass der Leistungsempfänger verpflichtet ist, einer Aufforderung des zuständigen Trägers zur Untersuchung im zuständigen Staat nachzukommen, wenn der zuständige Träger die Reise- etc. Kosten trägt und die Reise dem Leistungsempfänger ohne gesundheitliche Gefährdungen möglich ist.

5. Berechnung der Geldleistung

19 Die Berechnung der Geldleistung richtet sich nach den Vorschriften des zuständigen Leistungsträgers. Ist als Bezugsgröße **Entgelt aus früheren Erwerbszeiten** in einem bestimmten Bezugszeitraum zu Grunde zu legen und fallen in dem Bezugszeitraum auch Entgelte in anderen Mitgliedstaaten an, so führt die **Gleichstellungsklausel** in Art. 5 dazu, Entgelte in anderen Mitgliedstaaten so zu berücksichtigen, als ob sie im Inland verdient worden wären. Dies kann zu Recht zu komplizierten Berechnungen führen, je nachdem, ob das Recht des zuständigen Trägers Brutto- oder Nettoentgelte zu Grunde legt oder andere Berechnungsmodi anwendet.

20 Abs. 2 bis 4 enthalten deshalb Sondervorschriften für die Berechnung der Geldleistung, die diesen Rechenprozess erleichtern. Sie waren schon wortgleich in Art. 23 Abs. 1 bis 2a VO (EWG) Nr. 1408/71 enthalten. Berechnet der zuständige Träger die Geldleistung auf der Basis eines **durchschnittlichen Erwerbseinkommens oder der Beitragsleistung**, so werden für den Durchschnitt nur die im Rechtsbereich des zuständigen Trägers erworbenen Einkommen berücksichtigt (Abs. 2). Das Gleiche gilt, wenn ein pauschales Erwerbseinkommen zu Grunde gelegt wird (Abs. 3). Die Regelungen in Abs. 1 und 2 sind auch anwendbar, wenn im Berechnungsrecht des zuständigen Trägers ein Bezugszeitraum von Entgelt vorgesehen ist, der sich auch auf ausländische Zeiträume erstreckt.

21 Die Höhe des zu ersetzenden Arbeitsentgelts richtet sich nach den Vorschriften des zuständigen Leistungsträgers. Ist als Bezugsgröße jedoch Entgelt aus verschiedenen Erwerbszeiten in verschiedenen Ländern oder das Nettoentgelt bestimmt, so richtet sich der jeweilige Betrag nach dem Recht, in dem das Entgelt erzielt ist und das Nettoentgelt eventuell nach dem Recht des Staats, indem das Entgelt u.a. zu versteuern und Sozialabgaben zu entrichten sind. Das kann zu recht komplizierten und für den zuständigen Leistungsträger nicht durchschaubaren Berechnungen führen. Deshalb enthält Anhang XI mehrfach Sondervorschriften:

- Für Deutschland, Nr. 3: „Für die Zwecke der Gewährung von Geldleistungen nach § 47 Absatz 1 SGB V, § 47 Absatz 1 SGB VII und § 200 Absatz 2 Reichsversicherungsordnung an Versicherte, die in einem anderen Mitgliedstaat wohnhaft sind, berechnen die deutschen Sozialversicherungen das Nettoarbeitsentgelt, das zur Berechnung der Leistungen herangezogen wird, als würde die versicherte Person in Deutschland wohnhaft sein, es sei denn, diese be-

antragt, dass die Leistungen auf der Grundlage ihres tatsächlichen Nettoarbeitsentgelts berechnet werden."
- Für Schweden, Nr. 4 die Maßgeblichkeit allein des in Schweden erzielten Bruttoarbeitsentgelts, dessen Durchschnitt auch für die Auslandszeiten, die im Referenzzeitraum liegen, zu Grunde gelegt wird.

Weniger ein Problem des koordinierenden Sozialrechts als ein allgemeines Problem des EU-Rechts ist es, dass bei der Feststellung der einzelnen Elemente der Geldleistung ausländische Sachverhalte nicht anders behandelt werden als inländische Sachverhalte, obwohl dies Wanderarbeitnehmer stärker negativ treffen kann als Einheimische. Das wiederum kann gegen Art. 18 und 20 AEUV (= Art. 12 und 17 EG) verstoßen und die Freizügigkeit (Art. 45 AEUV = Art. 39 EG) behindern. Dies ist zB der Fall, wenn für das Krankengeld das Nettoentgelt Basis ist und bei der Feststellung des Nettoentgelts die Steuersätze und bei diesen wiederum die Familienangehörigen eine Rolle spielen und im Ausland lebende Familienangehörige durch die Steuergesetze oder Verwaltungspraxis schlechter berücksichtigt werden als im Inland lebende Familienangehörige (EuGH, Rs. C-332/05 (Celozzi), Slg 2007, I-563, 580). Bei der Umsetzung dieser Rspr in nationales Recht ist allerdings zu beachten, dass nach der Rspr des BSG das Krankengeld immer nach dem vorher tatsächlich zugeflossenen Arbeitsentgelt bemessen wird, ohne dass die KV eine eigene Überprüfung der Richtigkeit und Gesetzmäßigkeit der Entgeltberechnung vornimmt; spätere Steuererstattungen oder Steuerklassenwechsel bleiben unberücksichtigt (sog. Zuflussprinzip, vgl BSG SozR 4-2500 § 47 Nr. 2 mwN Rn 12 ff). Deshalb sahen die Spitzenverbände der KV trotz des Urteils des EuGH in der Rs. Celozzi keinen Korrekturbedarf ihrer Praxis (Besprechungsmitteilung WzS 2007, 229/230). Dem ist insoweit nicht zuzustimmen, als auch die Versicherungsträger verpflichtet sind, die mittelbare Diskriminierung zu beseitigen und dementsprechend die Versicherten beraten müssen. Tun sie dies nicht, trifft sie eine (Wieder-)Herstellungspflicht jenes Zustandes, der bestehen würde, hätten sie ordnungsgemäß beraten.

6. Verfahren

Für die Inanspruchnahme von Geldleistungen gilt Art. 27 Abs. 6 und 7 DVO und galten die für seine Durchführung entwickelten Vordrucke E 115-118. Sie sind jetzt im Wesentlichen abgelöst worden durch das Dokument und die Dokumente SOO1 und ff. Der/die Versicherte muss sich eine Bescheinigung über seine Arbeitsunfähigkeit von einem Arzt am Wohnort ausstellen lassen (Art. 27 Abs. 1 DVO (EG) 987/2009), die er dann an den zuständigen Träger innerhalb der Frist, die nach dem Recht des zuständigen Trägers gilt, übermitteln muss (Art. 27 Abs. 2 DVO). Gibt es am Wohnort kein Verfahren der Ausstellung von AU-Bescheinigungen, muss sich der/die Versicherte an den Träger des Wohnorts wenden, der eine ärztliche Untersuchung veranlassen muss (Art. 27 Abs. 3 DVO). Weitergehende Pflichten nach dem Recht des jeweiligen Mitgliedstaats, insbesondere auch gegenüber dem Arbeitgeber, bleiben unberührt (Art. 27 Abs. 4 DVO).

Im Gegensatz zur früheren Regelung des § 18 VO (EWG) Nr. 574/72 enthält die DVO jetzt **keine Fristen** mehr für die Handlungen der Versicherten. Diese richten sich vielmehr ganz nach dem jeweiligen nationalen Recht. Allerdings müssen die Fristen des nationalen Rechts so ausgelegt und angewandt werden, dass sie die besondere Situation grenzüberschreitender Vorgänge berücksichtigen und die Freizügigkeit nicht behindern.

Die **zweiseitige Vereinbarungen**, die auf Basis von Art. 18 Abs. 9 VO (EWG) Nr. 574/72 geschlossen wurden (vgl jetzt Anhang I zur DVO), betreffen nicht die AU-Bescheinigungen und ihre Kontrolle.

Übernimmt der Träger des Wohn- oder Aufenthaltsorts die Vermittlung von Ärzten zur Ausstellung der Bescheinigung (Art. 27 Abs. 3 DVO), so gehen Fehler des Trägers des Wohn- oder Aufenthaltsorts nicht zu Lasten des Versicherten (EuGH, Rs. 22/86 (Rindone), Slg 1987, 1339, 1365) unter Verweis auf EuGH, Rs. 302/81 (Eggers), Slg 1982, 3443). Dies ist für das deutsche GKV-

Recht auch die Rspr des BSG (SozR 4-2500 § 47 Nr. 2 mwN Rn 28/9). Wie hier zust. *Schreiber*, in: *Schreiber u.a.*, VO (EG) Nr. 883/2004, 2012, Art. 20 Rn 24.

27 Zur Kontrolle der AU und damit der AU-Bescheinigungen durch den zuständigen Träger im Wohnortstaat s. Rn 17 ff.

III. Umsetzung in nationales Recht

28 Ist der **inländische** deutsche/österreichische etc. **Träger zuständiger Träger**, dh ist der/die Versicherte bei ihm Mitglied, entscheidet der zuständige Träger allein über die Geldleistungen nach seinem Recht (oben Rn 4 ff, 19). Er muss auch Vorversicherungszeiten und Entgelte in anderen Mitgliedstaaten anerkennen (Art. 5 VO (EG) Nr. 883/2004 und oben Rn 4). Bei der Höhe des Krankengelds geht § 47 Abs. 2 von einer Durchschnittsberechnung innerhalb eines Zeitraums aus. Gemäß Art. 21 Abs. 2 und 4 VO (EG) Nr. 883/2004 sind dafür allein die letzten in Deutschland abgerechneten Entgelte zu Grunde zu legen. Wenn in dem Referenzzeitraum von abgerechnetem Entgelt von mindestens vier Wochen eine Beschäftigung im Ausland liegt, wird sie nicht berücksichtigt und es gilt gemäß Art. 21 Abs. 4 VO (EG) Nr. 883/2004 nur der eventuell in Deutschland abgerechnete kürzere Zeitraum. Zu ähnlichen Ergebnissen kommt auch die vom BSG entwickelte Methode, bei Erkrankung vor Erreichen des ersten Entgeltabrechnungszeitraums, also meist nach kurzer, weniger als vier Wochen dauernder Beschäftigung, für das Krankengeld das Entgelt auf der Basis der Vereinbarung zu schätzen (BSG SozR 4-2500 § 47 Nr. 4).

29 Einfacher ist die **Entgeltfortzahlung des Arbeitgebers** geregelt: Hier wird nicht auf eine Referenzperiode abgestellt, sondern ist das (weiterhin trotz Krankheit) geschuldete Arbeitsentgelt fortzuzahlen (§§ 2, 3 EFZG).

30 Für die **Fristen zur Übersendung der AU-Bescheinigung** gilt das Recht des zuständigen Trägers (Art. 27 Abs. 3 und 4 DVO (EG) 987/2009). In Deutschland bedeutet dies: Der Anspruch auf Krankengeld ruht gemäß § 49 Abs. 1 Nr. 5 SGB V, solange die AU der Krankkasse nicht innerhalb einer Woche gemeldet wurde. Gemäß § 5 EFZG ist dem Arbeitgeber die AU unverzüglich anzuzeigen und muss die AU-Bescheinigung eines Arztes dem Arbeitgeber spätestens am vierten Tag der AU vorgelegt werden. In beiden Fällen genügt auch die Bescheinigung eines ausländischen Arztes, wenn sie hinreichend inhaltlich die AU bescheinigt.

31 Ist der inländische deutsche/österreichische etc. Träger **Träger des Wohnorts**, bei dem die Versicherten eingeschrieben sind (oben Art. 17 Rn 21) oder sich aufhalten, so wird er idR nicht in Anspruch genommen, da in Deutschland die AU-Bescheinigung direkt von einem Arzt erhalten werden kann. Verträge zur aushilfsweisen Auszahlung des Krankengeldes gemäß Art. 21 Abs. 1 S. 2 VO (EG) Nr. 883/2004 gibt es nicht.

32 Zur Umsetzung der Art. 27 und 87 DVO (EG) 987/2009 gibt es eine Vereinbarung zwischen den Verbindungsstellen für die Niederlande und Deutschland über die Modalitäten und die Überwachung der AU-Bescheinigungen, Austausch der Dokumente und Kostenerstattung (unter: http://www.dvka.de/oeffentlicheSeiten/Rechtsquellen/Verbindungsstellenvereinbarungen.htm,letzter Zugriff 26.10.2012).

Artikel 22   Rentenantragsteller

(1) [1]Ein Versicherter, der bei der Einreichung eines Rentenantrags oder während dessen Bearbeitung nach den Rechtsvorschriften des letzten zuständigen Mitgliedstaats den Anspruch auf Sachleistungen verliert, hat weiterhin Anspruch auf Sachleistungen nach den Rechtsvorschriften des Mitgliedstaats, in dem er wohnt, sofern der Rentenantragsteller die Versicherungsvoraussetzungen nach den Rechtsvorschriften des in Absatz 2 genannten Mitgliedstaats erfüllt. [2]Der Anspruch

auf Sachleistungen in dem Wohnmitgliedstaat besteht auch für die Familienangehörigen des Rentenantragstellers.

(2) Die Sachleistungen werden für Rechnung des Trägers des Mitgliedstaats erbracht, der im Falle der Zuerkennung der Rente nach den Artikeln 23 bis 25 zuständig wäre.

I. Normzweck 1	3. Krankenversicherungsschutz von Rentenantragstellern nach deutschem Krankenversicherungsrecht 12
II. Einzelerläuterungen 3	
1. Persönlicher Geltungsbereich: Rentenantragsteller und Familienmitglieder ... 3	4. Verfahren 15
2. Anspruch auf Sachleistungsaushilfe 6	5. Kostentragungspflicht (Abs. 2) 18
a) Verlust des Anspruchs auf Sachleistungen 7	
b) Anspruch des Rentenantragstellers auf Sachleistungen gegen den Träger zumindest eines Mitgliedstaats 9	

I. Normzweck

In der **Übergangszeit** zwischen dem Ausscheiden aus dem Erwerbsleben und seinem Krankenversicherungsschutz einerseits und der Zuerkennung der Altersrente und dem damit verbundenen Krankenversicherungsschutz andererseits kann eine Lücke im Versicherungsschutz bestehen, die Art. 22 für Rentenantragsteller dahin löst, dass Abs. 1 für die Zeit der Lücke die Zuständigkeit des Wohnsitzstaates zur (aushilfsweisen) Sachleistungserbringung für ihn und die Familienangehörigen anordnet, sofern er die Voraussetzungen für die KVdR des Mitgliedstaats erfüllt, der unter Berücksichtigung der gemeinschaftsrechtlichen Koordinierungsregelungen für die KVdR in den Art. 23 bis 25 für die Sachleistung zuständig ist. Art. 22 enthält gegenüber den folgenden Vorschriften der KVdR in Art. 23 ff **eine eigenständige (vorläufige) kollisionsrechtliche Regelung** für den Leistungsanspruch (Wohnsitzstaat), die auch gelten würde, wenn die Rente schon zuerkannt worden wäre. Die Kostentragung richtet sich ganz nach den Regeln der KVdR in Art. 23 ff.

Art. 22 entspricht Abs. 1 des Art. 26 VO (EWG) Nr. 1408/71. Art. 26 VO (EWG) Nr. 1408/71 2 war neu. In der VO (EWG) Nr. 3 war eine entsprechende Bestimmung nicht enthalten. Diese Regelung wurde im Hinblick auf die Niederlassungsfreiheit und die Dienstleistungsfreiheit auf Selbständige und deren Familienangehörige durch die VO (EWG) Nr. 1390/81 erweitert.

II. Einzelerläuterungen

1. Persönlicher Geltungsbereich: Rentenantragsteller und Familienmitglieder

Der Begriff der Antragstellung ist wie alle Begriffe des Koordinationsrechts der VO unabhängig 3 vom nationalen Recht zu bestimmen. Abzustellen ist deshalb auf die Regelung in Art. 50 VO (EG) Nr. 883/2004 (s. Kommentierung dort) plus den Vorschriften in Art. 45 DVO (EG) 987/2009 und mit den Fiktionswirkungen in Art. 81 VO (EG) Nr. 883/2004, der wirksamen Einreichung eines Antrags auch bei einem entsprechenden ausländischen Träger (*Schreiber*, in: *Schreiber u.a.*, VO (EG) Nr. 883/2004, 2012, Art. 22 Rn 5; *Klein*, in: *Hauck/Noftz*, EU-Sozialrecht, Art. 22 Rn 6). Maßgeblicher Zeitpunkt für den **Beginn** des Status als Antragsteller ist der Eingang des Antrags bei einem der zuständigen Rentenversicherungsträger (Art. 45 Abs. 1, 4 und 5 DVO (EG) 987/2009), was deutschem Sozialrecht entspricht: § 115 SGB VI mit Erweiterung der Stellen, die einen Antrag entgegennehmen können und weiterleiten müssen in § 16 SGB I, wie die amtlichen Vertretungen der Bundesrepublik im Ausland.

Auch der **Endigungszeitpunkt** des Status als Rentenantragsteller muss nach dem Koordinations- 4 recht bestimmt werden: Gemäß Art. 47 und 48 DVO (EG) 987/2009 dürfte dies das Ende der endgültigen Bearbeitung durch den zuständigen Träger sein. Es spricht nichts dagegen, das Entscheidungsverfahren über Rechtsbehelfe einzubeziehen, wenn dadurch das Verfahren aufrechterhalten wird (vgl Art. 48 Abs. 1 und 2 DVO); so unter Abstellung auf das deutsche Verwaltungsverfahrensrecht *Schreiber,* in: *Schreiber u.a.,* VO (EG) Nr. 883/2004, 2012, Art. 22 Rn 6; noch weiter für den Fall, dass die Verwaltung das Verfahren wieder von sich aus aufgreift, *Klein,* in: *Hauck/Noftz,* EU-Sozialrecht, Art. 22 Rn 7.

5 Mit den Rentenantragstellern haben auch ihre **Familienmitglieder** einen Anspruch auf (vorläufige) aushelfende Sachleistungsgewährung gegen den Träger ihres Wohnstaats. Zum Begriff der Familienmitglieder und ihrer Bestimmung vgl Art. 17 Rn 7 ff, 10. Kommt es zum Konflikt mit eigenen, nicht abgeleiteten oder anderen Sachleistungsansprüchen gegenüber dem Träger des Wohnstaates so trifft Art. 32 eine Kollisionsregel, die auch hier (entsprechend) anzuwenden ist (*Schreiber,* in: *Schreiber u.a.,* VO (EG) Nr. 883/2004, 2012, Art. 22 Rn 14; *Klein,* in: *Hauck/Noftz,* EU-Sozialrecht, Art. 22 Rn 8).

2. Anspruch auf Sachleistungsaushilfe

6 Abs. 1 regelt den Anspruch auf (ggf aushilfsweise) **Sachleistungserbringung gegenüber den Trägern des Wohnsitzstaates** speziell von Rentenantragstellern für den Fall, dass ein solcher bisher bestehender Anspruch nach dem zuletzt maßgeblichen Recht (insbesondere des letzten Beschäftigungsstaates) während des Rentenantragsverfahrens erlischt.

a) Verlust des Anspruchs auf Sachleistungen

7 Abgestellt wird allein auf die Tatsache des **Anspruchsverlustes**. Der Grund für den bisherigen Sachleistungsanspruch sowie der Grund für seinen Verlust werden nicht näher bezeichnet; es wird also keine Kausalität zwischen dem Anspruchsverlust und der Rentenantragsstellung verlangt (wie hier zust. *Schreiber,* in: *Schreiber u.a.,* VO (EG) Nr. 883/2004, 2012, Art. 22 Rn 4; *Klein,* in: *Hauck/Noftz,* EU-Sozialrecht, Art. 22 Rn 8). Der Verlust kann darin liegen, dass die bisherige Kranken(ver)sicherung während des Rentenantragsverfahrens endet und das zuletzt maßgebliche Recht eine soziale Absicherung von Rentenantragstellern gegenüber den Risiken der Krankheit und Mutterschaft nicht kennt oder dass die erforderlichen versicherungsrechtlichen oder territorialen Voraussetzungen hierfür (bei Wohnsitz im Ausland und ohne Beschäftigungsverhältnis) nicht erfüllt sind.

8 Für Rentenantragsteller mit Wohnsitz in Mitgliedstaaten mit einem sog. **nationalen Gesundheitsdienst** (Dänemark, Großbritannien, Irland, Italien und – zT – Griechenland) stellt sich dieses Problem regelmäßig nicht, da auch diese Personen dort nach einem Mindestaufenthalt von in der Regel sechs Monaten Anspruch auf Sachleistungen haben. Bei fortbestehendem Sachleistungsanspruch in diesen Mitgliedstaaten bleiben diese auch primär leistungszuständig.

b) Anspruch des Rentenantragstellers auf Sachleistungen gegen den Träger zumindest eines Mitgliedstaats

9 Ein Anspruch auf aushilfsweise Sachleistungserbringung setzt nach Abs. 1 Hs 2 voraus, dass dem Rentenantragsteller, ggf unter Berücksichtigung fremdmitgliedstaatlicher Zeiten nach Art. 6 und ungeachtet der Voraussetzung eines inländischen Wohnsitzes, nach dem Recht wenigstens eines der Mitgliedstaaten ein **Rechtsanspruch auf Sachleistungen zusteht**. Insoweit wirkt die Vorschrift dem Grunde nach meistbegünstigend. In der Regel ist auf das Recht des Mitgliedstaats abzustellen, bei dem der Antrag auf Rente gestellt wurde und/oder der nach dem Kollisionsrecht der Art. 23 ff bei Erwerb mehrerer Rentenansprüche in mehreren Ländern in Frage käme (dazu unten Vorbem. vor Art. 23 Rn 8 und die Kommentierung bei Art. 23 und Art. 25). Gibt es in dem Staat des potentiell zuständigen Rentenversicherungsträgers besondere Voraussetzungen für die Krankenversicherung, sind diese zu prüfen, wie die besondere Voraussetzung der überwiegenden Versicherung in der zweiten Hälfte des Erwerbstätigenzeitraums gemäß § 5 Abs. 1 Nr. 11 SGB V. Dabei sind ausländische Sachverhalte und Versicherungszeiten gemäß Art. 5 und 6 VO (EG) Nr. 883/2004 den inländischen gleichgestellt. Implizit setzt Art. 22 Abs. 1 S. 1 letzter Teil voraus,

dass es in dem Staat, in dem die Rente beantragt ist, auch eine Krankenversicherung für Rentner gibt. Insoweit enthält Art. 22 wie Art. 23 ff VO (EG) Nr. 883/2004 nur eine Gebietsgleichstellung bzw Kollisionsregelung, schafft aber keine eigenständigen Versicherungsansprüche.

Die Regelung umfasst ihrem Wortlaut nach **nicht den Sachleistungsanspruch bei vorübergehendem Aufenthalt** in einem anderen als dem primär leistungszuständigen Mitgliedstaat, bei Vorliegen der sonstigen Voraussetzungen kann jedoch Art. 27 mit Verweis auf Art. 19 entsprechend angewandt werden. 10

Der **sachliche Umfang** des Anspruchs auf Sachleistungen gegenüber dem aushelfenden Träger des Wohnsitzstaates richtet sich nach den allgemeinen Regelungen der aushelfenden Sachleistungserbringung (s. Art. 17 Rn 14 ff). 11

3. Krankenversicherungsschutz von Rentenantragstellern nach deutschem Krankenversicherungsrecht

Rentenantragsteller gelten nach **deutschem Krankenversicherungsrecht** gemäß § 189 iVm § 5 Abs. 1 Nr. 11 und 12 SGB V unter denselben Voraussetzungen wie Rentenberechtigte als Mitglieder der inländischen Krankenversicherung. Voraussetzung ist, dass der Rentenantragsteller seit der erstmaligen Aufnahme einer Erwerbstätigkeit bis zur Stellung des Rentenantrags mindestens neun Zehntel der zweiten Hälfte des Zeitraums Mitglied oder als Familienangehöriger leistungsberechtigt gewesen ist (sog. Neun-Zehntel-Regelung; KassKomm-*Peters*, § 5 Rn 101 ff). Dabei sind mitgliedstaatliche Zeiten zu berücksichtigen (Art. 6). Die hiernach erforderlichen versicherungsrechtlichen Voraussetzungen müssen nach Art. 26 Abs. 1 vorliegen, ungewiss darf lediglich die Rentenberechtigung des Antragstellers selbst sein. 12

Wegen der rentenanspruchsauslösenden Wirkung der Rentenantragstellung (§ 99 SGB VI) kommt es praktisch erst dann zu einer bloßen Formalmitgliedschaft der Antragsteller, nachdem festgestellt ist, dass ein Rentenanspruch nicht besteht. Diese unter Umständen relativ lange Zeit der Ungewissheit über den Krankenversicherungsschutz während des Rentenantragsverfahrens soll den Rentenantragstellern nicht zum Nachteil gereichen. Nach deutschem Krankenversicherungsrecht wird eine sog. **Formalmitgliedschaft** konstruiert (vgl KassKomm-*Peters*, § 189 SGB V Rn 2). 13

Die Formalmitgliedschaft nach deutschem Recht **beginnt** mit dem Tag der Stellung des Rentenantrags (§ 189 Abs. 2 SGB V). Insoweit ist die gemeinschaftsweite Wirkung eines Rentenantrags (Art. 50 Abs. 1 VO (EG) Nr. 883/2004 und Art. 45 DVO) zu beachten. Sie endet mit der bestands- bzw rechtskräftigen Ablehnung des Rentenantrags oder mit einem nach der Antragstellung liegenden Rentenbeginn. 14

4. Verfahren

Zum Verfahren s. Art. 17 Rn 21. Nach bisherigem Recht stellt der zuständige inländische Rentenversicherungsträger dem Antragsteller mit dem Vordruck E 120, jetzt S1, einen von der zuständigen Krankenkasse zu vervollständigenden Anspruchsnachweis zur Vorlage bei dem zuständigen aushelfenden Träger des Wohnlandes aus. Von diesem erhält der Berechtigte sodann eine Bescheinigung über den Anspruch auf Sozialleistungen zur Vorlage bei den örtlichen Leistungserbringern. Bei diesem schreibt er sich gemäß Art. 17 VO (EG) Nr. 883/2004 und Art. 24 DVO (EG) 987/2009 ein (oben Art. 17 Rn 20). Nach Art. 23 ist im Zweifel der allg. Träger der Krankenversicherung zuständig, wenn es mehrere Träger in dem Land des Wohnorts gibt. 15

Kann der Berechtigte bei dem zuständigen aushelfenden Träger des Aufenthalts- oder Wohnlandes keinen Nachweis über die Anspruchsberechtigung vorlegen, fordert der aushelfende Träger die Bescheinigung bei dem zuständigen Träger von Amts wegen an. Dieser wird durch den aushelfenden Träger von der Einschreibung unterrichtet (oben Art. 17 Rn 20, 21). 16

17 Eine Verpflichtung inländischer Rentenversicherungsträger zur **Benachrichtigung** der zuständigen inländischen Krankenkasse ist allenfalls bei Vorliegen eines konkreten Anlasses anzunehmen.

5. Kostentragungspflicht (Abs. 2)

18 Die Pflicht zur Erstattung der Kosten für aushilfsweise gewährte Sachleistungen an den Träger des Wohnlandes wird durch Abs. 2 dem Träger auferlegt, der auch bei Rentengewährung für die Kostentragung gemäß Art. 23 ff VO (EG) Nr. 883/2004 zuständig wäre. Es handelt sich also um eine Zuständigkeitsfiktion für die Zuständigkeit zum Zeitpunkt vor der Entscheidung über die Rentengewährung. Die Kostenabrechnung erfolgt nach der allg. Vorschrift des Art. 35 VO (EG) Nr. 883/2004. Die Zuständigkeitsfiktion kann aber nicht die in Abs. 1 verlangten Voraussetzungen ersetzen: Fehlt es an den Voraussetzungen der Krankenversicherung der Rentner des Staates, der an sich nach Art. 23 ff zuständig wäre, ist der Träger der Krankenversicherung der Rentner nicht zur Kostentragung verpflichtet. Es wird auch nicht eine Rentengewährung fingiert, denn die Fiktion knüpft nur an die Kollisionsregeln an, die wiederum keine Zuständigkeiten fingieren, sondern einen bestimmten Sachverhalt voraussetzten. Weshalb dann, wenn diese Sachverhalte bei keinem Rentenversicherungsträger vorliegen, die Rentengewährung fingiert werden soll (auf der Basis welcher Tatsachen – etwa der im Antrag allein behaupteten?), ist schwer zu begründen. Deshalb kann man nicht davon ausgehen, auch bei berechtigter Ablehnung des Rentenantrags (wegen fehlender Anwartschaften) fingiere Art. 22 eine Renten- und damit Krankenversicherungszuständigkeit (so *Schreiber*, in: *Schreiber u.a.*, VO (EG) Nr. 883/2004, 2012, Art. 22 Rn 17; *Klein*, in: *Hauck/Noftz*, EU-Sozialrecht, Art. 20 Rn 14). Fingiert wird nur eine Zuständigkeit für die Zeit vor der endgültigen Zuerkennung der Rente unabhängig davon, wie das nationale Recht die Zuständigkeit regelt.

Abschnitt 2
Rentner und ihre Familienangehörigen

Vorbemerkungen

1 Art. 23 ff entsprechen weitgehend (mit gewissen redaktionellen Änderungen) den Regelungen der Art. 27-34 VO (EWG) Nr. 1408/71. Inhaltlich neue Regelungen enthalten Art. 27 Abs. 2 – 5, Art. 28 (Besondere Vorschriften für Grenzgänger in Rente) sowie Art. 30 (Beiträge der Rentner).

2 Der Abschnitt 2 des Kapitels „Leistungen bei Krankheit sowie Leistungen bei Mutterschaft und gleichgestellte Leistungen bei Vaterschaft" beinhaltet die Koordinierung des Versicherungs-Schutzes bei Krankheit und Mutterschaft für Rentenbezieher (Art. 23-30) einschließlich deren Familienangehörigen. Die Regelung für **Rentenantragsteller** (Art. 22) ist – systematisch nicht zwingend – in der neuen VO dem Abschnitt 1 zugeordnet worden. Es handelt sich hierbei um die Koordinierung des Kranken(versicherungs)schutzes von Sozialleistungsbeziehern, dh um die Koordinierung eines sog. sekundären Risikos. Diese Regelungen sind gem. Art. 31 subsidiär gegenüber den Koordinierungsregelungen für versicherte Arbeitnehmer oder Selbständige. Sie gelten mithin nicht für Rentenbezieher und deren Familienangehörige, die wegen Ausübung einer Erwerbstätigkeit nach den Rechtsvorschriften eines Mitgliedstaates Anspruch auf Leistungen haben.

3 Der sachliche Anwendungsbereich der Art. 23 ff umfasst lediglich Leistungen bei Krankheit und Mutterschaft (sowie Leistungen bei Pflegebedürftigkeit), die vom zuständigen Träger des Wohnlandes des Rentners nach Eintritt dieser Risiken gewährt werden. Unberührt bleibt daher der Anspruch eines in einem anderen Mitgliedstaat wohnenden Beziehers einer deutschen Rente aus der gesetzlichen Rentenversicherung auf einen **Beitragszuschuss** zu seiner nach fremdmitgliedstaatlichen Recht abgeschlossenen freiwilligen Krankenversicherung nach § 106 Abs. 1 SGB VI (früher § 381 Abs. 4 RVO; vgl EuGH, Rs. 103/75 (Aulich), Slg 1976, 679; Rs. C-73/99 (Movrin), Slg 2000, I-5625). Bei diesem handelt es sich um eine (exportpflichtige) Leistung der Rentenver-

sicherung, die unter die neue weite Definition der „Rente" subsumiert werden kann. Die inlandsbezogene Begrenzung der zuschussfähigen Sicherung gegenüber dem Risiko der Krankheit auf Krankenversicherungsunternehmen, die der deutschen Aufsicht unterliegen, stellte nach den vom EuGH entwickelten Grundsätzen eine mittelbare oder versteckte Diskriminierung dar, und tangierte die in anderen Mitgliedstaaten ansässigen Krankenversicherungsunternehmen in ihrer Dienstleistungsfreiheit und Wettbewerbsgleichheit. Diese sind daher den im Inland ansässigen **Krankenversicherungsunternehmen** gleichgestellt.

Die Art. 23 ff weisen eine heterogene Zielsetzung auf. Sie koordinieren die mitgliedstaatliche Absicherung der Rentenbezieher, indem sie ohne ausdrückliche Kollisionsregelungen den primär leistungspflichtigen (leistungszuständigen) Träger bestimmen, den „aushelfenden" Leistungsträger benennen, **nachteilsausgleichende Äquivalenzen** regeln und dies alles unter der übergreifenden Zielsetzung einer (meistbegünstigenden) Absicherung der Rentenbezieher für den Fall der Krankheit, wenn auch nur in einem der in Betracht kommenden Mitgliedstaaten eine solche Absicherung besteht bzw (bei Wohnsitz im jeweiligen Inland) bestünde. Inhaltlich knüpfen diese Regelungen an die Koordinierungstechnik der **aushilfsweisen Sachleistungserbringung** der Art. 18 ff an. Die zugrunde liegenden **Kollisionsregelungen** sind vor diesem Hintergrund zu exponieren (s. hierzu und im Folgenden *Schuler*, SGb 2000, 523 ff). Die hiergegen vorgetragene Kritik (vgl *Bieback*, Urteilsanmerkung zu BSG, Urteil vom 5.7.2005 – B 1 KR 4/04 R, ZESAR 2006, 81, 86) überzeugt nicht. 4

Die Gewährleistung des **Anspruchs auf Sachleistungen** während eines vorübergehenden oder dauernden Aufenthalts in einem anderen als dem kollisionsrechtlich berufenen Mitgliedstaat (dem „zuständigen" Staat in der Terminologie der VO) bewerkstelligt die Koordinierungsverordnung nicht nach dem Exportprinzip (wie bei Geldleistungen, Art. 7), sondern aufgrund der damit verbundenen Besonderheiten bei der Leistungserbringung in der Weise, dass die Träger des Aufenthalts- bzw Wohnsitzstaates in die Leistungserbringung (in einer Art **gemeinschaftsrechtlicher Amtshilfe** im Rahmen der Leistungserbringung) eingeschaltet und zur Leistung für Rechnung des zuständigen Trägers verpflichtet werden (Art. 17, Art. 19, Art. 23). Hierdurch entsteht neben dem primären Versicherungs- bzw Leistungsverhältnis ein klar unterscheidbares sekundäres (abgeleitetes) Leistungsverhältnis zum **aushelfenden Träger**. Vor dem Hintergrund dieses Prinzips der aushilfsweisen Sachleistungserbringung können aus den Sachregelungen (dem Sachprogramm) der Art. 23 ff die zugrunde liegenden „**Kollisionsregelungen**" abgeleitet und formuliert werden. Diese Vorschriften begründen nämlich primäre und aushelfende (Ver-)Sicherungsverhältnisse und damit inzident auch Regelungen über die „zuständigen" Leistungsträger und Mitgliedstaaten. 5

Diese Sichtweise teilt auch der EuGH in seinem Urteil in der Rs. Jordens-Vosters (Rs. 69/79, Slg. 1980, 75), mit der er die Befugnis des zuständigen Trägers zur Leistungserbringung neben bzw anstelle des aushelfenden Trägers sowohl für Art. 19 VO (EWG) 1408/71, als auch für Art. 28 Abs. 1 VO (EWG) 1408/71 bestätigte. Ferner hat der EuGH mit Urteil in der Rechtssache Rundgren (Rs. C-389/99, Slg 2001, I-3731) der VO (EWG) 1408/71 und insbesondere deren Art. 33 den Grundsatz entnommen, dass einem Rentenberechtigten keine Pflichtbeiträge nach den Rechtsvorschriften des Wohnsitzstaates zur Deckung von Leistungen abverlangt werden dürfen, die zu Lasten eines Trägers eines anderen Mitgliedstaates gehen. Hiernach ist es einem Wohnsitzstaat verwehrt, von einem Rentenberechtigten die Zahlung von Sozialversicherungsbeiträgen oder gleichwertige Abzüge zu verlangen, wenn der Betroffene Leistungen vergleichbarer Art erhält, die zu Lasten des für die Rentenzahlung zuständigen Mitgliedstaates gehen (EuGH, Rs. Rundgren aaO). Diese **kollisionsrechtliche Sichtweise** und Interpretation hat der EuGH in der Rs. C-50/05 (Nikula), Slg I-2006, I-7029, = ZESAR 2007, 167 ff, mit Anm. *Schuler*, s. auch EuGH, Urt. v. 14.10.2010, Rs. C-345/09 (van Delft u.a.), Rn 38 ff, 47 f) bestätigt, indem wiederum der Zusammenhang zwischen der endgültigen Kostentragungspflicht und dem Recht zur Erhebung von Beiträgen mit der für Kollisionsnormen typischen Exklusivität der diesbezüglichen Regelungszuständigkeit betont wird. 6

7 Auch der Verordnungsgeber teilt diese Sichtweise, indem er einem Rentner, der in einem anderen Staat (als dem oder den, nach dessen Rechtsvorschriften er Rente bezieht) wohnt, das Recht zubilligt, sich von der Anwendung der Rechtsvorschriften des Wohnsitzstaates befreien zu lassen, sofern er dessen Rechtsvorschriften nicht aufgrund der Ausübung einer Beschäftigung unterliegt (Art. 16 Abs. 2).

8 Hinsichtlich der Absicherung von Rentnern für den Fall der Krankheit (und Mutterschaft) können somit folgende (**ungeschriebene**) **Kollisionsnormen** formuliert werden. Es gelten:
   a) für einen Einfachrentner mit Wohnsitz in dem Mitgliedstaat, nach dessen Rechtsvorschriften die Rente gewährt wird, gilt das KVdR-Recht dieses Staates. Handelt es sich um einen homogen verknüpften Sachverhalt, der keiner Koordinierung bedarf und auf den die VO daher keine Anwendung findet, folgt dies aus den abgrenzenden Regelungen des jeweiligen mitgliedstaatlichen Rechts (zB aus § 3 Nr. 2 SGB IV). Im Anwendungsbereich der VO findet ggf Art. 11 Abs. 3 lit. e) Anwendung,
   b) für einen Einfachrentner ohne primären Leistungsanspruch für den Fall der Krankheit im Wohnsitzstaat das Statut der Rentenleistung (arg. Art. 24 Abs. 1, Abs. 2 lit. a), b),
   c) für einen Einfachrentner mit primärem Leistungsanspruch für den Fall der Krankheit im Wohnsitzstaat, nach dessen Rechtsvorschriften der (Sach-)Leistungsanspruch nicht von Versicherungs- oder Beschäftigungsvoraussetzungen abhängig ist (und nach dessen Rechtsvorschriften keine Rente geschuldet wird), das Statut der Rentenleistung (arg. Art. 25),
   d) für Mehrfachrentner bei denen der Wohnsitz mit dem Statut der Rentenleistung und der KVdR-Berechtigung übereinstimmt, die Rechtsvorschriften des Wohnsitzstaates (arg. Art. 23),
   e) für Mehrfachrentner ohne primären Leistungsanspruch für den Fall der Krankheit nach den Rechtsvorschriften des Wohnsitzstaats
   f) das Statut der KVdR-Anspruchsberechtigung, wenn die Anspruchsberechtigung nur nach den Rechtsvorschriften eines Mitgliedstaates besteht (arg. Art. 24 Abs. 2 a),
   g) bei Anspruchsberechtigung nach den Rechtsvorschriften mehrerer Mitgliedstaaten in abgestufter Anknüpfung,
   h) die Rechtsvorschriften des Staates, dessen Rechtsvorschriften die längste Zeit für ihn gegolten haben,
   i) die Rechtsvorschriften, die für den Rentenberechtigten zuletzt gegolten haben (Art. 24 Abs. 2 lit. b),
   j) für Mehrfachrentner mit primärem Leistungsanspruch für den Fall der Krankheit im Wohnsitzstaat, nach dessen Rechtsvorschriften der (Sach-)Leistungsanspruch nicht von Versicherungs- oder Beschäftigungsvoraussetzungen abhängig ist (und nach dessen Rechtsvorschriften keine Rente geschuldet wird), das Statut der Rentenleistung nach Maßgabe von Buchst. e (arg. Art. 25 iVm Art. 24 Abs. 2).

9 In dogmatischer Hinsicht ist festzuhalten, dass die für die KVdR geltenden **Kollisionsnormen** nicht nur einer abstrakten Verweisungsgerechtigkeit verpflichtet sind, sondern aufgrund der Anknüpfung an die materiellrechtliche Leistungsberechtigung für den Fall der Krankheit auch dem konkreten (sach- bzw materiellrechtlichen) Ziel der europaweiten Erhaltung einer (aber auch nur einer) solchen Absicherung nach den Rechtsvorschriften eines der in Betracht kommenden Mitgliedstaaten. Aus der Verknüpfung der Zuständigkeit für die Gewährung der Renten mit der Verpflichtung zur Übernahme der Kosten für Sachleistungen folgt der Gerichtshof, dass **Anknüpfungspunkt** ein tatsächlicher Rentenbezug (tatsächliche Zuständigkeit für Renten) und nicht die lediglich potentielle Anspruchsberechtigung des Berechtigten ist (EuGH, Rs. C-389/99 (Rundgren), Slg 2001, I-3731). Das Antragserfordernis für den Bezug von Renten eröffnet nach dieser Rechtsprechung gewisse Gestaltungsspielräume für die Berechtigten.

10 Die Regelungen des Abschnitts 2 unterfallen nicht unmittelbar dem Koordinierungsauftrag des Art. 48 AEUV (= Art. 42 EG), da dieser auf die Arbeitnehmerfreizügigkeit bezogen ist. Es bestehen aber Nachwirkungen. Wanderarbeitnehmer und „wandernde" Selbständige besitzen nach Been-

digung ihres Erwerbslebens gemäß Art. 45 Abs. 3 lit. d) AEUV (= Art. 39 Abs. 3 lit. d) EG) ein **Bleiberecht** und ergänzend dazu Rechte aus der **Unionsbürgerschaft** nach Art. 21 AEUV (= Art. 18 EG) bzw der Unionsbürger-Richtlinie 2004/38 EG; zu den Einzelheiten s. die Kommentierung von *Langer* unter II. zu Artikel 45-48 AEUV (= Art. 39-42 EG) – Die Freizügigkeit.

Voraussetzung hierfür ist allerdings, dass die Rentenbezieher über ausreichende **Existenzmittel** verfügen, was dann der Fall ist, wenn sie eine (nach Art. 10 exportierbare) Invaliditäts-, Vorruhestands- oder Altersrente oder eine Rente wegen Arbeitsunfalls oder Berufskrankheit in einer Höhe beziehen, die sie unabhängig vom Bezug von Sozialhilfe des „Aufnahmemitgliedstaates" macht. Ferner wird ein Krankenversicherungsschutz verlangt, der im Aufenthaltsstaat alle Risiken abdeckt.   11

Insofern flankieren die Vorschriften der Art. 23 ff nicht nur die tatsächliche Wahrnehmung der Freizügigkeit durch Rentenbezieher innerhalb der EU, sondern sie vermitteln auch den gemeinschaftsrechtlichen Anspruch hierauf.   12

Artikel 23 Sachleistungsanspruch nach den Rechtsvorschriften des Wohnmitgliedstaats

Eine Person, die eine Rente oder Renten nach den Rechtsvorschriften von zwei oder mehr Mitgliedstaaten erhält, wovon einer der Wohnmitgliedstaat ist, und die Anspruch auf Sachleistungen nach den Rechtsvorschriften dieses Mitgliedstaats hat, erhält wie auch ihre Familienangehörigen diese Sachleistungen vom Träger des Wohnorts für dessen Rechnung, als ob sie allein nach den Rechtsvorschriften dieses Mitgliedstaats Anspruch auf Rente hätte.

I. Normzweck

Art. 23 entspricht inhaltlich dem bisherigen Art. 27 VO (EWG) Nr. 1408/71, ist sprachlich jedoch klarer gefasst worden. Die VO (EWG) Nr. 3 enthielt in Art. 22 eine entsprechende Regelung.   1

Die Regelung bestimmt für Bezieher von Renten aus mehreren Mitgliedstaaten (**Doppel- oder Mehrfachrentner**) und deren Familienangehörige das Wohnland als primären kollisionsrechtlichen Anknüpfungspunkt und den dort zuständigen Träger als primär leistungszuständig und kostentragungspflichtig, sofern (auch) nach dessen Rechtsvorschriften ein Anspruch auf Leistungen im Falle von Krankheit und Mutterschaft besteht. Unter den Voraussetzungen des Art. 23 bedeutet daher die Verlegung des Wohnsitzes in einen anderen Mitgliedstaat den Wechsel des nationalen Sicherungssystems gegen Krankheit, Mutterschaft und Pflege (**Statutenwechsel**). Nur sofern ein solcher Anspruch nicht besteht und auch nicht zu fingieren ist, findet Art. 24 Anwendung.   2

II. Einzelerläuterungen

Die Vorschrift stellt eine **Kollisionsnorm** dar. Sie ordnet für Leistungen bei Krankheit und Mutterschaft die alleinige und endgültige, dh **primäre Zuständigkeit** des Trägers des Wohnlandes für Bezieher mehrerer (Teil-)Renten und damit auch die Anwendung der für diesen geltenden Rechtsvorschriften unter zwei Voraussetzungen an: 3

1. Der Rentner muss (auch) nach dem Rentenrecht des Wohnlandes eine Rente tatsächlich beziehen, ein Anspruch nur dem Grunde nach genügt daher nicht (EuGH, Rs. C-389/99 (Rundgren), Slg 2001, I-3731), auf die Höhe des Rentenanspruchs kommt es jedoch nicht an. Der Aufschub eines Rentenantrags nach Art. 50 (s. dort Rn 8) und damit des Rentenbezugs ist jedoch zulässig und in diesem Zusammenhang beachtlich. Solange das jeweilige Rentenrecht hierfür eine Rechtsgrundlage bietet, ist dies auch nicht rechtsmissbräuchlich. Nach § 46 Abs. 2 SGB I ist zwar der Verzicht auf Sozialleistungen unwirksam, nach der Rechtsprechung

des BSG (Urt. v. 11.5.2011, Az.: B 5 R 8/10 R) stellt jedoch der Anspruch auf eine Rente nach dem Recht eines anderen Mitgliedstaates (im konkreten Fall Rumänien) keinen Anspruch auf Sozialleistungen im Sinne dieser Vorschrift dar. Eine Sachverhaltsgleichstellung, die wegen der Ruhensvorschrift des § 31 Abs. 1 FRG gegebenenfalls dazu geführt hätte, dass in der Bundesrepublik für den Kläger Leistungen wegen Krankheit nur für Rechnung des nach Art. 24 Abs. 1 Satz 2, Abs. 2 zuständigen Trägers hätten erbracht werden müssen, lehnte das BSG ab. Über diese Gestaltungsmöglichkeit kann der Berechtigte daher auch auf das maßgebliche Krankenversicherungsstatut Einfluss nehmen (aA *Klein*, in: *Hauck/Noftz*, Art. 23 Rn 11; *Schreiber*, in: *Schreiber/Wunder/Dern*, VO(EG) Nr. 883/2004, Kommentar, 2012, Art. 23 Rn 4), was auch als Korrektiv dafür angesehen werden kann, dass die Art. 23 ff nicht (in Art. 24 Abs. 2 allenfalls mittelbar) auf die Höhe der Rente(n) abstellen.

2. Der Rentner muss nach den Rechtsvorschriften des Wohnsitzstaates einen konkreten (dh nicht nur dem Grunde nach gegebenen) Anspruch auf Sachleistungen bei Krankheit besitzen. Es handelt sich hierbei um einen Anknüpfungspunkt, der den Wohnsitzstaat als den geeignetsten und am ehesten berufenen Mitgliedstaat zur Durchführung der KVdR erscheinen lässt, unter dieser Voraussetzung sind die weiteren (Teil-) Renten aus anderen Mitgliedstaaten für die Frage der kollisionsrechtlichen Zuständigkeit unbeachtlich. Die hierdurch begründete Zuständigkeit des Trägers des Wohnsitzlandes ist umfassend, sie erstreckt sich auch auf Geldleistungen (Art. 29) und das Beitragsrecht (Art. 30), umfasst also im Falle von Versicherungssystemen das gesamte Versicherungsverhältnis.

4 Fraglich ist, ob der nach Art. 23 vorausgesetzte **Anspruch auf Sachleistungen** im Wohnsitzstaat auch für in Deutschland wohnende Rentner anzunehmen ist, die ergänzend Leistungen der Grundsicherung im Alter und bei Erwerbsminderung und damit auch Hilfen zur Gesundheit nach §§ 47-52 SGB XII erhalten. Das Bundesgericht der Schweiz hat dies (noch zu Art. 28 VO 1408/71) im Falle einer in Deutschland wohnenden Doppelrentnerin (mit geringen Rentenansprüchen aus der deutschen und der schweizerischen gesetzlichen Rentenversicherung) mit Urteil vom 12.4.2012 (Az.: 9C 658/2011) bejaht und demgemäß einen Anspruch der Klägerin auf Aufnahme in die schweizerische obligatorische Krankenpflegeversicherung abgelehnt. Das Gericht qualifizierte die der Klägerin „gestützt auf das SGB XII gewährten Leistungen bei Krankheit" in Auseinandersetzung mit der Literatur und der Rechtsprechung des EuGH zu Art. 4 Abs. 1 lit. a) VO 1408/71 und insbesondere in Abgrenzung zu den beitragsunabhängigen Sonderleistungen und sozialen Vergünstigungen als Leistungen bei Krankheit und nicht als vom Anwendungsbereich der Koordinierungsverordnungen ausgenommene Leistung der Sozialhilfe. Es begründete dies hauptsächlich damit, dass ungeachtet des fehlenden Mitgliedschaftsrechts in der deutschen gesetzlichen Krankenversicherung die Leistungen einen klaren Bezug zur Krankenversicherung aufwiesen, der im Ergebnis die sozialhilferechtlichen Elemente überwiege. Beurteilt man die aufgeworfene Rechtsfrage ausschließlich nach den Kriterien des EuGH zur Abgrenzung von Leistungen der sozialen Sicherheit gegenüber den Leistungen der Sozialhilfe, so wird man zu dem Ergebnis kommen, dass es sich bei den sozialhilferechtlichen Gesundheitsleistungen des deutschen Rechts (generell betrachtet) um Leistungen der Sozialhilfe handelt, die nicht dem sachlichen Anwendungsbereich der europäischen Verordnungen der Sozialrechtskoordinierung unterfallen (s. *Fuchs*, Art. 3 Rn 40 f). Ausgangspunkt der Auslegung ist jedoch die kollisionsrechtliche Anknüpfung an das Kriterium, ob der Berechtigte einen **Anspruch auf Sachleistungen bei Krankheit** im Wohnsitzstaat besitzt. Dies wäre zweifellos dann zu bejahen, wenn die Sozialhilfeempfänger in der gesetzlichen Krankenversicherung versichert wären und (lediglich) die Sozialhilfeträger die Beiträge hierfür entrichteten. Auch nach der bestehenden rechtlichen Konstruktion, wonach die inländischen Sozialhilfeträger den Krankenkassen die Aufwendungen erstatten, die durch die Krankenbehandlungen entstehen, kann das Bundesgericht der Schweiz für seine Auffassung in Anspruch nehmen, dass nach § 264 Abs. 2 SGB V die Krankenbehandlung von Empfängern von Leistungen der Grundsicherung im Alter und bei Erwerbsminderung von der Krankenkasse übernommen werden (müssen) und diesen bei freier Arztwahl die gleichen Leistungen (ohne jeweils

erneute Bedürftigkeitsprüfung im konkreten Leistungsfall) zur Verfügung stehen, wie „echten" Versicherten. Auch hiernach sind „sozialhilfeberechtigte" Rentner in das Leistungsprogramm der gesetzlichen Krankenversicherung einbezogen, sie haben einen, wenn auch sozialhilferechtlich finanzierten, jedoch ungeschmälerten Anspruch auf Sachleistungen bei Krankheit nach den Vorschriften des SGB V. Auch kollisionsrechtlich spricht nichts dagegen, einen solchen Anspruch als Sachleistungsanspruch bei Krankheit iSv Art. 23 anzusehen, da auch im Verhältnis zweier Mitgliedstaaten, nach deren Rechtsvorschriften jeweils geringe Rentenleistungen erbracht werden, der Wohnsitzstaat als der für die Durchführung der KVdR geeignetere und berufenere Mitgliedstaat erscheint, wenn und solange konkret ein Anspruch auf Sachleistungen bei Krankheit besteht.

Da **Leistungen bei Pflegebedürftigkeit** nach den Koordinierungsvorschriften bisher den Leistungen bei Krankheit zugerechnet werden, erfolgte die kollisionsrechtliche Zuständigkeitsregelung bisher stets einheitlich, mit der Folge, dass ein in Spanien lebender Rentner, der eine deutsche und eine spanische Rente bezieht, ausschließlich der spanischen Krankenversicherung der Rentner zugeordnet wurde, selbst wenn das spanische Recht keine Leistungen im Falle der Pflegebedürftigkeit vorsieht. Der mit der Wohnsitzverlegung verbundene Statutenwechsel ist für Personen zunehmend als problematisch empfunden worden, die jahrelang Beiträge zur inländischen Pflegeversicherung entrichtet hatten, wenn das Sachleistungsrecht des fremden Wohnmitgliedstaates keine oder nur rudimentäre Leistungen bei Pflegebedürftigkeit kennt. Zum Verlust des Anspruchs eines Rentners auf deutsches Pflegegeld wegen Verlegung seines Wohnsitzes in seinen Heimatstaat Portugal hat der EuGH auf Vorlagebeschluss des BSG vom 20.3.2009 (B 3 P 13/07 R) mit Urteil vom 30.6.2011 die bisherige Qualifizierung von Leistungen bei Pflegebedürftigkeit relativiert und Art. 27 dahin ausgelegt, dass (bei freiwilliger Mitgliedschaft in der inländischen Pflegeversicherung) ein Anspruch auf Leistungen bei Krankheit im eigentlichen Sinne im Wohnsitzstaat nicht zum Verlust eines Anspruchs auf deutsches Pflegegeld führt. Das inländische Pflegegeld ist daher unabhängig von der kollisionsrechtlichen Zuständigkeit für Leistungen bei Krankheit und Mutterschaft zu exportieren. Die Pflegeversicherung wird daher nicht mehr der Krankenversicherung der Rentner zugeordnet, kollisionsrechtlich gesondert als eigenes Sicherungssystem behandelt und auch leistungsrechtlich eigenständig koordiniert. Sofern im Wohnsitzstaat ebenfalls ein Anspruch auf Geldleistungen bei Pflegebedürftigkeit besteht, reduziert sich das zu exportierende Pflegegeld auf den Unterschiedsbetrag zwischen den beiden Leistungen (EuGH, Rs. C-388/09 (da Silva Martin), ASR 2011 m. Anm. *Reinhard*; ZESAR 2012 m. Anm. *Osterholz*; RdLH 2011, 173 m.Anm. *Leonhard*).

Die versicherungsrechtlichen und leistungsrechtlichen Voraussetzungen bemessen sich nach den **Rechtsvorschriften des Wohnlandes** (s. auch EuGH, Rs. 35/73 (Kunz), Slg 1973, 1025). Dabei sind ggf auch die allgemeinen Koordinierungsregelungen über die Zusammenrechnung von Versicherungs-, Beschäftigungs- und Wohnzeiten nach Art. 6 und die Sachverhaltsgleichstellung nach Art. 5 ergänzend anzuwenden.

Artikel 24 Nichtvorliegen eines Sachleistungsanspruchs nach den Rechtsvorschriften des Wohnmitgliedstaats

(1) ¹Eine Person, die eine Rente oder Renten nach den Rechtsvorschriften eines oder mehrerer Mitgliedstaaten erhält und die keinen Anspruch auf Sachleistungen nach den Rechtsvorschriften des Wohnmitgliedstaats hat, erhält dennoch Sachleistungen für sich selbst und ihre Familienangehörigen, sofern nach den Rechtsvorschriften des für die Zahlung ihrer Rente zuständigen Mitgliedstaats oder zumindest eines der für die Zahlung ihrer Rente zuständigen Mitgliedstaaten Anspruch auf Sachleistungen bestünde, wenn sie in diesem Mitgliedstaat wohnte. ²Die Sachleistungen werden vom Träger des Wohnorts für Rechnung des in Absatz 2 genannten Trägers erbracht, als ob die betreffende Person Anspruch auf Rente und Sachleistungen nach den Rechtsvorschriften dieses Mitgliedstaats hätte.

(2) In den in Absatz 1 genannten Fällen werden die Kosten für die Sachleistungen von dem Träger übernommen, der nach folgenden Regeln bestimmt wird:

a) hat der Rentner nur Anspruch auf Sachleistungen nach den Rechtsvorschriften eines einzigen Mitgliedstaats, so übernimmt der zuständige Träger dieses Mitgliedstaats die Kosten;
b) hat der Rentner Anspruch auf Sachleistungen nach den Rechtsvorschriften von zwei oder mehr Mitgliedstaaten, so übernimmt der zuständige Träger des Mitgliedstaats die Kosten, dessen Rechtsvorschriften für die betreffende Person am längsten gegolten haben; sollte die Anwendung dieser Regel dazu führen, dass die Kosten von mehreren Trägern zu übernehmen wären, gehen die Kosten zulasten des Trägers, der für die Anwendung der Rechtsvorschriften zuständig ist, die für den Rentner zuletzt gegolten haben.

I. Normzweck	1	2. Anspruch auf aushilfsweise Sachleistungserbringung im Wohnland (Abs. 1 Satz 2)	4
II. Einzelerläuterung	3	3. Die Kostentragungspflicht (Abs. 2)	9
1. Der kollisionsrechtliche Regelungsgehalt	3	4. Verfahren	11

I. Normzweck

1 Art. 24 betrifft die Gruppe von Rentenbeziehern, die keinen Anspruch auf Leistungen bei Krankheit oder Mutterschaft nach dem Recht ihres Wohnmitgliedstaates besitzen, jedoch nach den Rechtsvorschriften eines oder mehrerer der Mitgliedstaaten anspruchsberechtigt wären, nach deren Rechtsvorschriften sie eine Rente beziehen, wenn sie dort wohnten.

2 Art. 24 ersetzt Art. 28 VO (EWG) Nr. 1408/71 (jener ersetzte Art. 22 VO (EWG) Nr. 3). Die Regelung wurde lediglich redaktionell geändert, die Geldleistungen werden zusammengefasst in Art. 29 geregelt. Nach Art. 22 VO (EWG) Nr. 3 hatten Rentner, die nach den Rechtsvorschriften des Wohnlandes keinen Anspruch auf Rentenleistungen besaßen, nur dann einen Anspruch auf Sachleistungen, wenn u.a. auch die Rechtsvorschriften des Wohnlandes die Gewährung von Sachleistungen an Rentner vorsahen (vgl EuGH, Rs. 35/73 (Kunz), Slg 1973, 1025). Auf diese Voraussetzung wurde unter dem Gesichtspunkt der **Meistbegünstigung** und im Interesse einer möglichst lückenlosen Absicherung der Rentner nachfolgend verzichtet.

II. Einzelerläuterung

1. Der kollisionsrechtliche Regelungsgehalt

3 Durch die Regelung der **aushilfsweisen Sachleistungserbringung** in Abs. 1 S. 2 und der Bestimmung des primär (endgültig) leistungspflichtigen Trägers in Abs. 2 werden inzident auch die anzuwendenden Rechtsvorschriften bestimmt.

a) Für einen Einfachrentner ohne primären Leistungsanspruch für den Fall der Krankheit im Wohnsitzstaat gelten die Rechtsvorschriften für den Fall der Krankheit und Mutterschaft des Mitgliedstaates, nach dessen Rechtsvorschriften die Rente gezahlt wird (**Statut der Rentenleistung** Art. 24 Abs. 2 lit. a),
b) für Mehrfachrentner ohne primären Leistungsanspruch für den Fall der Krankheit nach den Rechtsvorschriften des Wohnsitzstaates gilt:

   – das **Statut der KVdR-Anspruchsberechtigung**, wenn die Anspruchsberechtigung für Leistungen bei Krankheit nur nach den Rechtsvorschriften eines Mitgliedstaates besteht (Abs. 2 lit. a),
   – bei Anspruchsberechtigung nach den Rechtsvorschriften mehrerer Mitgliedstaaten gelten in abgestufter Anknüpfung
   – die Rechtsvorschriften des Staates, dessen Rechtsvorschriften die längste Zeit für ihn gegolten haben,

Titel III Leistungen bei Krankheit, Mutterschaft, Vaterschaft   Artikel 24

– die Rechtsvorschriften, die für den Rentenberechtigten zuletzt gegolten haben (Abs. 2 lit. b),
c) Für **Mehrfachrentner** mit **primärem Leistungsanspruch** für den Fall der Krankheit im Wohnsitzstaat, nach dessen Rechtsvorschriften der (Sach-)Leistungsanspruch nicht von Versicherungs- oder Beschäftigungsvoraussetzungen abhängig ist (und nach dessen Rechtsvorschriften keine Rente geschuldet wird), gilt das Statut der Rentenleistung ebenfalls nach Maßgabe von lit. b) (Art. 28 a iVm Art. 28 Abs. 2).

2. Anspruch auf aushilfsweise Sachleistungserbringung im Wohnland (Abs. 1 Satz 2)

Ist der Rentenempfänger nach den Rechtsvorschriften seines Wohnlandes für den Fall der Krankheit oder Mutterschaft nicht (gesetzlich) versichert bzw (primär) leistungsberechtigt, so besteht nach dieser Regelung dennoch ein Leistungsanspruch gegen den **zuständigen Träger des Wohnlandes**, sofern er nach dem Recht zumindest eines anderen Mitgliedstaates (bei unterstelltem Inlandswohnsitz und ggf unter Berücksichtigung fremdmitgliedstaatlicher Zeiten) leistungsberechtigt ist.   4

Der Träger des Wohnlandes wird als **aushelfender Träger** nach Maßgabe des Abs. 1 S. 2 tätig. Es gelten daher auch die allgemeinen Grundsätze zur aushilfsweisen Sachleistungserbringung (vgl hierzu auch Art. 17 und Art. 19 sowie die dortige Kommentierung). Insbesondere werden die Sachleistungen nach dem Leistungsrecht des Wohnlandes für Rechnung des primär leistungszuständigen bzw kostentragungspflichtigen Trägers erbracht.   5

Demnach kann der Bezieher (einer deutschen und) einer fremdmitgliedstaatlichen Rente mit Wohnsitz im Inland, der die Voraussetzungen für die inländische Krankenversicherung der Rentner nicht erfüllt, (**aushilfsweise**) **Sachleistungen** von dem zuständigen inländischen Krankenversicherungsträger erhalten, wenn er nach dem Recht eines anderen Mitgliedstaates leistungsberechtigt ist, erforderlichenfalls bei unterstelltem dortigen Aufenthalt. Weitergehende Rechte und Ansprüche gegenüber inländischen Krankenversicherungsträgern entstehen dem Rentner hieraus nicht, insbesondere wird er nicht (vollwertiges) Mitglied der inländischen Krankenversicherung.   6

Zum Begriff und zum **Umfang der Sachleistungsaushilfe** vgl die Kommentierung bei Art. 17; die Geldleistungen sind einheitlich in Art. 29 geregelt.   7

Der **primär leistungspflichtige Träger** ist durch Abs. 1 jedoch nicht gehindert, einem Rentner Leistungen zu gewähren, der im Gebiet eines anderen Mitgliedstaates wohnt (EuGH, Rs. 69/79 (Jordens-Vosters), Slg 1980, 75). Nach inländischem Recht kommt insbesondere ein Kostenerstattungsanspruch nach § 13 Abs. 4 und 5 SGB V in Betracht. Der kollisionsrechtlich zuständige Träger ist auch dann zur Leistung verpflichtet, wenn sich ein in einem anderen Mitgliedstaat wohnender Rentner vorübergehend in dessen Staatsgebiet aufhält und medizinische Leistungen in Anspruch nimmt. Der Anspruchsumfang richtet sich in diesen Fällen vollständig und ausschließlich nach den Rechtsvorschriften des primär leistungspflichtigen Trägers (so im Ergebnis auch BSG, SozR 3-2400 § 3 Nr. 6) im Falle eines in Spanien lebenden Beziehers einer Rente aus der deutschen gesetzlichen Rentenversicherung für in Deutschland in Anspruch genommene zahnärztliche Behandlungen; vgl auch *Schuler*, SGB 2000, 523 ff; bestätigt durch BSG, SozR 4-2400 § 3 Nr. 2 = ZESAR 2006, 81 ff m. abl. Anm. *Bieback*), vgl nunmehr auch Art. 27 Abs. 2).   8

3. Die Kostentragungspflicht (Abs. 2)

Für die **endgültige Kostentragungspflicht** gilt folgende Reihenfolge: 9
a) Besteht ein Anspruch auf Sachleistungen nur nach dem Recht eines Mitgliedstaates, trägt der zuständige Träger dieses Staates die Kosten.
b) Bei international mehrfacher Anspruchsberechtigung ist kostentragungspflichtig primär der zuständige Träger des Mitgliedstaates, dessen Rechtsvorschriften die längste Zeit für den Rentner gegolten haben.

c) Bei gleicher Geltungszeit ist dies der zuständige Träger des Mitgliedstaates, dessen Statut der Rentner zuletzt unterworfen war.

d) Bei der Bestimmung der Dauer oder des letzten Zeitpunkts, für den die Rechtsvorschriften eines Mitgliedstaates für den Rentner gegolten haben, ist nicht auf die bloße Rechtsunterworfenheit, sondern auf die konkrete „Zugehörigkeit" zum Sicherstellungssystem gegen Krankheit und Schwangerschaft abzustellen, dh nach deutschem Recht auf die Mitgliedschaft oder die Leistungsberechtigung als Familienangehöriger in der gesetzlichen Krankenversicherung. Nur unter dieser Voraussetzung ist die Rechtsfolge der Kostentragungspflicht gerechtfertigt.

10 Der Umfang der **Erstattungspflicht** gegenüber dem aushelfenden Leistungsträger richtet sich nach Art. 34 iVm Art. 62 ff DVO.

4. Verfahren

11 Für das Verfahren zur Inanspruchnahme aushilfsweise erbrachter Sachleistungen gelten Art. 22 ff DVO (vgl Art. 17 Rn 20 ff).

Artikel 25 Renten nach den Rechtsvorschriften eines oder mehrerer anderer Mitgliedstaaten als dem Wohnmitgliedstaat, wenn ein Sachleistungsanspruch in diesem Mitgliedstaat besteht

Wohnt eine Person, die eine Rente oder Renten nach den Rechtsvorschriften eines oder mehrerer Mitgliedstaaten erhält, in einem Mitgliedstaat, nach dessen Rechtsvorschriften der Anspruch auf Sachleistungen nicht vom Bestehen einer Versicherung, einer Beschäftigung oder einer selbstständigen Erwerbstätigkeit abhängt und von dem sie keine Rente erhält, so werden die Kosten für die Sachleistungen, die ihr oder ihren Familienangehörigen gewährt werden, von dem Träger eines der für die Zahlung ihrer Rente zuständigen Mitgliedstaaten übernommen, der nach Artikel 24 Absatz 2 bestimmt wird, soweit dieser Rentner und seine Familienangehörigen Anspruch auf diese Leistungen hätten, wenn sie in diesem Mitgliedstaat wohnen würden.

1 Art. 25 ersetzt mit lediglich redaktionellen Änderungen Art. 28a VO (EWG) Nr. 1408/71, der anlässlich des Beitritts von Dänemark, Großbritannien und Irland durch die VO (EWG) Nr. 2864/72 vom 19.12.1972 (ABl. (EG) Nr. L 306, S. 1) eingefügt wurde. Die Vorschrift trifft eine Sonderregelung für Bezieher fremdmitgliedstaatlicher Renten in Mitgliedstaaten mit Sicherungssystemen gegenüber den Risiken der Krankheit und Mutterschaft, welche jedem Inlandsansässigen einen Anspruch auf Sachleistungen ohne Versicherungs- oder Beschäftigungsbedingungen zubilligen.

2 Durch diese Regelung sollen übermäßige Belastungen von Mitgliedstaaten mit einem sog. **nationalen Gesundheitsdienst** verhindert werden, indem kollisionsrechtlich an die Rentenleistung angeknüpft und damit die primäre Leistungszuständigkeit vorrangig den Mitgliedstaaten zugewiesen wird, nach deren Rechtsvorschriften eine Rente gewährt wird. Zu den Mitgliedstaaten mit einem solchen Sicherungssystem gegen die Risiken der Krankheit und Mutterschaft zählen Dänemark, Großbritannien, Irland, Italien und Griechenland (vgl zB Gesellschaft für Versicherungswissenschaft und -gestaltung e.V. (Hrsg.), Soziale Sicherung in West-, Mittel- und Osteuropa, 3. Aufl., S. 47, 73, 82, 95, 105).

3 Für gebietsansässige Rentenbezieher erfolgt die Sachleistungsgewährung durch den Träger des Wohnlandes unter den nachfolgenden Voraussetzungen nicht in primärer, sondern lediglich in aushelfender Leistungszuständigkeit:

Titel III Leistungen bei Krankheit, Mutterschaft, Vaterschaft   Artikel 27

a) Im Wohnland besteht ein Anspruch auf Sachleistungen, der nicht von Versicherungs- oder Beschäftigungszeiten abhängig ist. Nur für diese (meist) beitragsunabhängigen Sicherungssysteme soll nach Sinn und Zweck der Regelung ein Belastungsschutz geschaffen werden.
b) Der Rentner bezieht keine Rente aus dem gesetzlichen Rentensystem des Wohnlandes. Der Belastungsschutz soll demnach lediglich für rein fremdmitgliedstaatliche Rentner gelten, im Übrigen bleibt es bei der Regelung des Art. 27. Der Begriff „Rente" (im Wohnsitzstaat) bezieht sich jedoch sowohl auf eine wohnsitzbezogene Rente (wie zB die für den Fall der Erwerbsunfähigkeit und des Alters vorgesehene Volksrente nach finnischem Rentenrecht) als auch auf eine nach den Vorschriften des Wohnsitzstaates geschuldete erwerbstätigkeitsbezogene Rente (EuGH, Rs. C-389/99 (Rundgren), Slg 2001, I-3731).
c) Erforderlich ist auch nach dieser Regelung, dass der Rentner nach dem Recht wenigstens eines für die Rentenleistungen zuständigen Mitgliedstaates als Rentner sachleistungsberechtigt ist, erforderlichenfalls bei unterstelltem Wohnsitz in diesem Mitgliedstaat. Dies ist Grundvoraussetzung für die kollisionsrechtliche Anknüpfung an das Statut der Rentenleistung und die Verlagerung der Kostentragungspflicht. Die Rangfolge der Kostentragungspflichtigen Träger bemisst sich nach Art. 24 Abs. 2.

Artikel 26 Familienangehörige, die in einem anderen Mitgliedstaat als dem Wohnmitgliedstaat des Rentners wohnen

¹Familienangehörige einer Person, die eine Rente oder Renten nach den Rechtsvorschriften eines oder mehrerer Mitgliedstaaten erhält, haben, wenn sie in einem anderen Mitgliedstaat als der Rentner wohnen, Anspruch auf Sachleistungen vom Träger ihres Wohnorts nach den für ihn geltenden Rechtsvorschriften, sofern der Rentner nach den Rechtsvorschriften eines Mitgliedstaats Anspruch auf Sachleistungen hat. ²Die Kosten übernimmt der zuständige Träger, der auch die Kosten für die dem Rentner in dessen Wohnmitgliedstaat gewährten Sachleistungen zu tragen hat.

Art. 26 entspricht in der Sache Art. 29 Abs. 1 VO (EWG) Nr. 1408/71, dessen Abs. 2 wurde gestrichen. Wegen der Geldleistungen vgl Art. 29. 1

Die Vorschrift gewährleistet den Leistungsanspruch von **Familienangehörigen des Rentners**, die in einem anderen Mitgliedstaat als der Rentner wohnen, nach den allgemeinen Koordinierungsgrundsätzen der **aushilfsweisen Sachleistungserbringung** bei Wohnsitz in einem anderen Mitgliedstaat als dem primär zuständigen. Insoweit kann auf die Kommentierung zu Art. 17 verwiesen werden. Insbesondere richten sich hier wie dort Art und Umfang der Sachleistungserbringung für die Familienangehörigen nach den für den aushelfenden Träger geltenden Rechtsvorschriften.

Die Vorschrift beinhaltet keine abweichende kollisionsrechtliche Anknüpfung und Zuständigkeit, auch nicht aufgrund der Wohnsitzfiktion bezüglich des Rentners. Dementsprechend sind die Kosten der aushilfsweise erbrachten Sachleistungen auch von dem (kollisionsrechtlich) zuständigen Träger des Wohnlandes des Rentners bzw dem nach Art. 23, 24 Abs. 2 zuständigen Träger zu tragen. 2

Artikel 27 Aufenthalt des Rentners oder seiner Familienangehörigen in einem anderen Mitgliedstaat als ihrem Wohnmitgliedstaat – Aufenthalt im zuständigen Mitgliedstaat – Zulassung zu einer notwendigen Behandlung außerhalb des Wohnmitgliedstaats

(1) Artikel 19 gilt entsprechend für eine Person, die eine Rente oder Renten nach den Rechtsvorschriften eines oder mehrerer Mitgliedstaaten erhält und Anspruch auf Sachleistungen nach den

Rechtsvorschriften eines der ihre Rente(n) gewährenden Mitgliedstaaten hat, oder für ihre Familienangehörigen, wenn sie sich in einem anderen Mitgliedstaat als ihrem Wohnmitgliedstaat aufhalten.

(2) Artikel 18 Absatz 1 gilt entsprechend für die in Absatz 1 genannten Personen, wenn sie sich in dem Mitgliedstaat aufhalten, in dem der zuständige Träger seinen Sitz hat, der die Kosten für die dem Rentner in dessen Wohnmitgliedstaat gewährten Sachleistungen zu tragen hat, und wenn dieser Mitgliedstaat sich dafür entschieden hat und in Anhang IV aufgeführt ist.

(3) Artikel 20 gilt entsprechend für einen Rentner und/oder seine Familienangehörigen, die sich in einem anderen Mitgliedstaat als ihrem Wohnmitgliedstaat aufhalten, um dort die ihrem Zustand angemessene Behandlung zu erhalten.

(4) Sofern in Absatz 5 nichts anderes bestimmt ist, übernimmt der zuständige Träger die Kosten für die Sachleistungen nach den Absätzen 1 bis 3, der auch die Kosten für die dem Rentner in dessen Wohnmitgliedstaat gewährten Sachleistungen zu tragen hat.

(5) ¹Die Kosten für die Sachleistungen nach Absatz 3 werden vom Träger des Wohnortes des Rentners oder seiner Familienangehörigen übernommen, wenn diese Personen in einem Mitgliedstaat wohnen, der sich für die Erstattung in Form von Pauschalbeträgen entschieden hat. ²In diesen Fällen gilt für die Zwecke des Absatzes 3 der Träger des Wohnorts des Rentners oder seiner Familienangehörigen als zuständiger Träger.

I. Normzweck

1 Art. 27 Abs. 1 entspricht inhaltlich Art. 31 VO (EWG) Nr. 1408/71 und regelt (wie bereits die früheren Vorschriften in Art. 22 Abs. 6 VO (EWG) Nr. 3 iVm Art. 26 VO (EWG) Nr. 4) den Leistungsanspruch eines Rentners und seiner Familienangehörigen bei **vorübergehendem Aufenthalt** in einem anderen Mitgliedstaat als ihrem Wohnmitgliedstaat entsprechend den allgemeinen Regelungen in Art. 19. Die Abs. 2 und 3 wurden mit der neuen VO eingefügt. Abs. 2 ordnet die entsprechende Anwendung des Art. 18 Abs. 1 (Aufenthalt außerhalb des Wohnmitgliedstaates in dem Mitgliedstaat, in dem der zuständige Träger seinen Sitz hat). Abs. 3 normiert die entsprechende Anwendung des Art. 20 für die **gewollte Auslandsbehandlung** an. Art. 27 übernimmt damit mit wenigen Modifikationen das System der aushilfsweisen Sachleistungserbringung der allgemeinen Koordinierung der Leistungen bei Krankheit, Mutterschaft und Pflege für den besonderen Personenkreis der Rentner.

Wegen Geldleistungen vgl Art. 29.

II. Einzelerläuterung

1. Die Gewährung von Sachleistungen in Nichtwohnsitzstaaten

2 Sachleistungen werden von dem zuständigen Träger des Aufenthaltsstaates zu Lasten des für den Rentner zuständigen Trägers (eines der diesem Rente gewährenden Staates) nach den allgemeinen Grundsätzen über die **aushilfsweise Sachleistungserbringung** (Abs. 1 iVm Art. 19) erbracht.

3 Im Unterschied zu der Regelung des Art. 31 lit. a) VO (EWG) Nr. 1408/71, wonach aushilfsweise durch den Träger des Aufenthaltsortes erbrachte Sachleistungen (stets) zu Lasten des Trägers des Wohnorts gingen und deshalb eine lineare Reihe von Erstattungsforderungen (Träger des Aufenthaltsstaats, Träger des Wohnsitzstaates und primär zuständiger Träger des kollisionsrechtlich berufen Mitgliedstaates) eröffneten, wird nunmehr (praktisch und dogmatisch sachgerecht) eine **direkte Inanspruchnahme des primär zuständigen Trägers** durch den Träger des Aufenthaltsstaates angeordnet. Auch dies spricht für den hier vertretenen dogmatischen (kollisionsrechtlichen) Ansatz.

Der Träger des Aufenthaltsstaates leistet insoweit als **aushelfender Träger** während des Aufenthalts notwendig werdende Sachleistungen unter Anwendung des für ihn geltenden (Sach)Leistungsrechts für Rechnung des primär leistungszuständigen bzw kostentragungspflichtigen Trägers. Wegen der Einzelheiten vgl die Kommentierung zu Art. 19.

2. Die Gewährung von Sachleistungen durch den kollisionsrechtlich zuständigen Nichtwohnsitzstaat

Nach dem analog anzuwendenden Art. 18 Abs. 1 haben die berechtigten Versicherten und ihre Familienangehörigen bei (vorübergehendem – Art. 1 lit. k) –) Aufenthalt in dem **primär leistungszuständigen Nichtwohnsitzmitgliedstaat** Anspruch auf Sachleistungen, als ob sie in diesem Mitgliedstaat wohnen würden, dh ohne Einschränkungen. Es ist unerheblich, ob es sich um eine unvorhergesehene Notfallbehandlung handelt oder um eine Aufenthaltsnahme zum Zwecke der medizinischen Behandlung. Im Ergebnis so bereits BSG, SozR 3-2400 § 3 Nr. 6 im Falle eines in Spanien lebenden Beziehers einer Rente aus der deutschen gesetzlichen Rentenversicherung für in Deutschland in Anspruch genommene zahnärztliche Behandlungen; vgl auch *Schuler*, SGB 2000, 523 ff; bestätigt durch BSG, SozR 4-2400 § 3 Nr. 2 = ZESAR 2006, 81 ff m. abl. Anm. *Bieback*.

Zusätzliche Voraussetzung für diese Sachleistungsansprüche ist jedoch, dass sich der zuständige Mitgliedstaat „dafür entschieden hat" und in **Anhang IV** aufgeführt ist, was neben Deutschland und Österreich für derzeit 13 weitere Mitgliedstaaten der Fall ist.

3. Grenzüberschreitende Inanspruchnahme von Sachleistungen

Die in Art. 20 geregelte grenzüberschreitende (ihrem Zustand angemessene) Inanspruchnahme von Sachleistungen mit **Genehmigung des zuständigen Trägers** wird durch Abs. 3 auf Rentner und ihre Familienangehörigen erstreckt.

4. Kostentragung

Abs. 4 stellt als Grundsatz die selbstverständliche Verpflichtung des zuständigen Trägers zur Tragung der Kosten der Sachleistungsinanspruchnahme nach den Absätzen 1 – 3 fest. Abs. 5 regelt insoweit eine Ausnahme und erklärt diejenigen Wohnsitzstaaten zu zuständigen kostenpflichtigen Trägern, die sich im Rahmen der zwischen den Mitgliedstaaten vorzunehmenden **Kostenerstattung für die aushilfsweise Sachleistungserbringung** für Pauschalbeträge entschieden haben. Diese Regelung will erkennbar Einwendungen inländischer Krankenversicherungsträger gegen die oben (Rn 5) dargestellte Rechtsprechung des BSG Rechung tragen, wonach die Leistungsinanspruchnahme von im Inland Versicherten mit Wohnsitz in einem Mitgliedstaat mit vereinbarter Pauschalerstattung bei vorübergehendem Aufenthalt im Inland zu Doppelbelastungen der zuständigen Träger führe. Sie stellt jedenfalls die erforderliche Rechtsgrundlage für die Exkulpation des zuständigen Trägers von seiner (Leistungs- und) Kostenpflicht dar.

Die Regelung überzeugt jedoch wenig, sie ist regelungstechnisch und bürokratisch umständlich und löst insbesondere das zugrunde liegende Problem nicht, denn in jedem Falle ist die Möglichkeit der Inanspruchnahme medizinischer Leistungen in dem (zunächst) zuständigen Nichtwohnsitzstaat bei der Bemessung der zu vereinbarenden **pauschalen Kostenerstattung** an den Wohnsitzstaat (so daran festhalten werden soll) relevant und angemessen zu berücksichtigen.

Artikel 28 Besondere Vorschriften für Grenzgänger in Rente

(1) ¹Ein Grenzgänger, der wegen Alters oder Invalidität Rentner wird, hat bei Krankheit weiterhin Anspruch auf Sachleistungen in dem Mitgliedstaat, in dem er zuletzt eine Beschäftigung oder eine selbstständige Erwerbstätigkeit ausgeübt hat, soweit es um die Fortsetzung einer Behandlung geht, die in diesem Mitgliedstaat begonnen wurde. ²Als „Fortsetzung einer Behandlung" gilt die fort-

laufende Untersuchung, Diagnose und Behandlung einer Krankheit während ihrer gesamten Dauer.

Unterabsatz 1 gilt entsprechend für die Familienangehörigen eines ehemaligen Grenzgängers, es sei denn, der Mitgliedstaat, in dem der Grenzgänger seine Erwerbstätigkeit zuletzt ausübte, ist in Anhang III aufgeführt.

(2) Ein Rentner, der in den letzten fünf Jahren vor dem Zeitpunkt des Anfalls einer Alters- oder Invaliditätsrente mindestens zwei Jahre als Grenzgänger eine Beschäftigung oder eine selbstständige Erwerbstätigkeit ausgeübt hat, hat Anspruch auf Sachleistungen in dem Mitgliedstaat, in dem er als Grenzgänger eine solche Beschäftigung oder Tätigkeit ausgeübt hat, wenn dieser Mitgliedstaat und der Mitgliedstaat, in dem der zuständige Träger seinen Sitz hat, der die Kosten für die dem Rentner in dessen Wohnmitgliedstaat gewährten Sachleistungen zu tragen hat, sich dafür entschieden haben und beide in Anhang V aufgeführt sind.

(3) Absatz 2 gilt entsprechend für die Familienangehörigen eines ehemaligen Grenzgängers oder für seine Hinterbliebenen, wenn sie während der in Absatz 2 genannten Zeiträume Anspruch auf Sachleistungen nach Artikel 18 Absatz 2 hatten, und zwar auch dann, wenn der Grenzgänger vor dem Anfall seiner Rente verstorben ist, sofern er in den letzten fünf Jahren vor seinem Tod mindestens zwei Jahre als Grenzgänger eine Beschäftigung oder eine selbstständige Erwerbstätigkeit ausgeübt hat.

(4) Die Absätze 2 und 3 gelten so lange, bis auf die betreffende Person die Rechtsvorschriften eines Mitgliedstaats aufgrund der Ausübung einer Beschäftigung oder einer selbstständigen Erwerbstätigkeit Anwendung finden.

(5) Die Kosten für die Sachleistungen nach den Absätzen 1 bis 3 übernimmt der zuständige Träger, der auch die Kosten für die dem Rentner oder seinen Hinterbliebenen in ihrem jeweiligen Wohnmitgliedstaat gewährten Sachleistungen zu tragen hat.

Artikel 29 DVO Anwendung von Artikel 28 der Grundverordnung
Ist der Mitgliedstaat, in dem der ehemalige Grenzgänger zuletzt eine Erwerbstätigkeit ausgeübt hat, nicht mehr der zuständige Mitgliedstaat und begibt sich der ehemalige Grenzgänger oder ein Familienangehöriger dorthin, um Sachleistungen nach Artikel 28 der Grundverordnung zu erlangen, so legt er dem Träger des Aufenthaltsorts ein vom zuständigen Träger ausgestelltes Dokument vor.

I. Normzweck

1 Die Vorschrift wurde mit der neuen VO eingeführt. Sie ermöglicht es Grenzgängern (Art. 1 lit. f)) und ehemaligen Grenzgängern, die Rentner geworden sind, eine **begonnene Behandlung** in dem bisherigen Beschäftigungsstaat fortzusetzen und entspricht damit dem Bemühen um eine Besserstellung der Grenzgänger (Erwägungsgründe Nr. 8 und 23), indem sie deren Wahlrecht hinsichtlich der Inspruchnahme von Sachleistungen nach Art. 17 und 18 für diese Fallgestaltung nach Beendigung der Beschäftigung als Grenzgänger erweitert.

II. Einzelerläuterung

2 Grenzgänger haben nach Art. 17, Art. 18 Abs. 1 Anspruch auf Sachleistungen nicht nur im Wohnmitgliedstaat, sondern auch in dem zuständigen Mitgliedstaat ihrer Beschäftigung. Dies gilt, eingeschränkt durch Art. 18 Abs. 2 Satz 2, auch für Familienangehörige von Grenzgängern. Im Ergebnis haben sie damit die **Wahl**, sich wegen einer Erkrankung entweder im Wohnsitzstaat oder in dem Staat ihrer Beschäftigung oder ihrer selbständigen Tätigkeit behandeln zu lassen. Mit der Regelung des Abs. 1 soll ihnen die Fortsetzung einer begonnenen Behandlung im Beschäftigungsstaat auch nach dem Ende des Erwerbslebens wegen Alters oder Invalidität ermöglicht werden,

unabhängig von der Frage, welcher Mitgliedstaat für die Leistungen bei Krankheit, Mutterschaft und Pflegebedürftigkeit dann kollisionsrechtlich zuständig wird. Der Träger des ehemaligen Beschäftigungsstaates leistet daher als aushelfender Träger nach Maßgabe des für ihn geltenden Sachrechts zu Lasten des (nach Art. 22-25) zuständigen Trägers (Abs. 5).

Die Legaldefinition des Begriffs „**Fortsetzung einer Behandlung**" in Abs. 1 Satz 2 ist weit. Er knüpft an die Erkrankung an und umfasst ärztliche und medizinische Tätigkeiten von der „fortlaufenden Untersuchung" über die Diagnostik bis zur eigentlichen Behandlung während der gesamten Dauer der Krankheit, die bei chronischen Erkrankungen auch sehr lange Zeiträume umfassen kann. 3

Weitergehend als Abs. 1 eröffnet Abs. 2 verrenteten **ehemaligen Grenzgängern**, dh Rentnern, die in den letzten 5 Jahren vor Beginn („des Anfalls", dh des rechtlichen Beginns) der Rente wegen Alters oder Invalidität mindestens zwei Jahre als Grenzgänger beschäftigt oder tätig waren, einen Anspruch auf (aushilfsweise zu erbringende) Sachleistungen im Beschäftigungsstaat unter der Voraussetzung, dass sich dieser und insbesondere auch der kostenpflichtige zuständige Mitgliedstaat für diese Möglichkeit entschieden und dies durch Eintragung in Anhang V dokumentiert haben . Es handelt sich somit um eine freiwillige Erweiterung der Koordinierung für diesen Personenkreis, zu der sich neben Deutschland bisher sechs weitere Mitgliedstaaten (Belgien, Frankreich, Luxemburg, Österreich, Portugal und Spanien) bereiterklärt haben. 4

Für **Familienangehörige ehemaliger Grenzgänger** gelten zusätzliche Einschränkungen. Der frühere Beschäftigungsmitgliedstaat darf nicht in der Negativliste des Anhangs III aufgeführt sein (Abs. 1 Unterabsatz 2) und die Familienangehörigen müssen in der Rahmenfrist vor Rentenbeginn oder Tod des Grenzgängers Sachleistungen nach Art. 18 Abs. 2 in dem zuständigen Beschäftigungsmitgliedstaat in Anspruch genommen haben. 5

Die Ansprüche der ehemaligen Grenzgänger und ihrer Familienangehörigen nach Abs. 2 und 3 können ggf so lange in Anspruch genommen werden, bis der jeweilige Berechtigte eine Beschäftigung oder selbständige Tätigkeit aufnimmt, die den Rechtsvorschriften eines Mitgliedstaates unterfällt (Abs. 4). Dies entspricht dem allgemeinen Vorrang der Versicherungspflicht und Leistungsberechtigung aufgrund einer Beschäftigung oder selbständigen Tätigkeit (s. Art. 31). Zur Inanspruchnahme dieser Ansprüche auf Sachleistungen ist dem aushelfenden Träger mit einem **portablen Dokument S. 3** die Anspruchsberechtigung nachzuweisen (Art. 29 DVO). 6

Lediglich klarstellend ist in Abs. 5 normiert, dass die Kosten für die Inanspruchnahme von Sachleistungen nach dieser Vorschrift der zuständige Träger zu tragen hat, der auch die Kosten der Sachleistungen im Wohnsitzstaat trägt.

Artikel 29 Geldleistungen für Rentner

(1) ¹Geldleistungen werden einer Person, die eine Rente oder Renten nach den Rechtsvorschriften eines oder mehrerer Mitgliedstaaten erhält, vom zuständigen Träger des Mitgliedstaats gewährt, in dem der zuständige Träger seinen Sitz hat, der die Kosten für die dem Rentner in dessen Wohnmitgliedstaat gewährten Sachleistungen zu tragen hat. ²Artikel 21 gilt entsprechend.

(2) Absatz 1 gilt auch für die Familienangehörigen des Rentners.

Die Leistungszuständigkeit und die Kostenzuständigkeit für Geldleistungen liegen einheitlich bei dem kollisionsrechtlich primär zuständigen Träger, dh bei dem Träger, der die Kosten der im Wohnsitzstaat gewährten Sachleistungen gem. Art. 23 -25 zu tragen hat. Die Vorschrift belegt die kollisionsrechtliche Deutung dieser Regelungen, die eine umfassende Zuständigkeit für die KVdR begründen. 1

Wegen der Einzelheiten wird auf Art. 21 verwiesen. 2

Artikel 30 Beiträge der Rentner

(1) Der Träger eines Mitgliedstaats, der nach den für ihn geltenden Rechtsvorschriften Beiträge zur Deckung der Leistungen bei Krankheit sowie der Leistungen bei Mutterschaft und der gleichgestellten Leistungen bei Vaterschaft einzubehalten hat, kann diese Beiträge, die nach den für ihn geltenden Rechtsvorschriften berechnet werden, nur verlangen und erheben, soweit die Kosten für die Leistungen nach den Artikeln 23 bis 26 von einem Träger in diesem Mitgliedstaat zu übernehmen sind.

(2) Sind in den in Artikel 25 genannten Fällen nach den Rechtsvorschriften des Mitgliedstaats, in dem der betreffende Rentner wohnt, Beiträge zu entrichten oder ähnliche Zahlungen zu leisten, um Anspruch auf Leistungen bei Krankheit sowie auf Leistungen bei Mutterschaft und gleichgestellte Leistungen bei Vaterschaft zu haben, können solche Beiträge nicht eingefordert werden, weil der Rentner dort wohnt.

Artikel 30 DVO   Beiträge der Rentner

Erhält eine Person Renten aus mehr als einem Mitgliedstaat, so darf der auf alle gezahlten Renten erhobene Betrag an Beiträgen keinesfalls den Betrag übersteigen, der bei einer Person erhoben wird, die denselben Betrag an Renten in dem zuständigen Mitgliedstaat erhält.

I. Normzweck

1   Mit dieser Vorschrift wurde der bisherige Art. 33 VO (EWG) Nr. 1408/71 zur Beitragserhebung für die Absicherung der Rentner für den Fall der Krankheit und Mutterschaft inhaltlich umgestaltet, in seinem Regelungsgehalt klarer gefasst und auf gleichgestellte Leistungen bei Vaterschaft erweitert. Sie zieht die Konsequenzen aus den leistungsrechtlichen Zuständigkeitsregelungen für das Beitragsrecht und bestätigt (mit Art. 29) eine einheitliche und umfassende **kollisionsrechtliche Zuständigkeitsordnung**, in deren Konsequenz eine doppelte Beitragsbelastung der Rentner vermieden wird. Darüber hinaus werden die Bezieher ausländischer Renten vor vergleichsweise übermäßigen Beitragsbelastungen geschützt.

II. Einzelerläuterung

2   Abs. 1 bestimmt für **beitragsfinanzierte Gesundheitssysteme** der Mitgliedstaaten, dass nur der Träger Beiträge erheben und verlangen kann, der nach den Artikeln 23-26 primär leistungspflichtig, weil kostentragungspflichtig ist. Diese Vorschrift bestätigt den kollisionsrechtlichen Gehalt dieser Regelungen, indem sie parallel und übereinstimmend bestimmt, welches mitgliedstaatliche Beitragsrecht exklusiv für die Krankenversicherung der Rentner zur Anwendung kommt (s. Vorbem. zu Abschnitt 2 Rn 6). Dies bedeutet gleichzeitig und im Gegenschluss („nur"), dass nach dem hiernach nicht anwendungsberufenen Beitragsrecht keine Beiträge erhoben werden dürfen.

3   Bereits unter der Geltung der VO (EWG) Nr. 1408/71 war eine **Beitragserhebung** nur dem Rententräger des Mitgliedstaates gestattet, dessen (Krankenversicherungs-)Träger die Leistungen nach diesem Abschnitt zu tragen hatten. Für die übrigen Rententräger war auch nach früherer Rechtslage die Einbehaltung von Beiträgen nicht zulässig (vgl bereits EuGH, Rs. 275/83 (Kommission/Belgien), Slg 1985, 1097). Dennoch gab es insoweit vielfache Unklarheiten (vgl EuGH, Rs. C-50/05 (Nikula), Slg I-2006, 7029 = ZESAR 2007, 167 ff mit Anm. *Schuler*; s. auch *Bokeloh*, in: *Klein/Schuler* (Hrsg.), Krankenversicherung und grenzüberschreitende Inanspruchnahme von Gesundheitsleistungen in Europa, S. 57 ff, 62 f).

4   Viele bisherige Unklarheiten (insbesondere zum **Umfang der Beitragserhebung**) werden durch den Nebensatz in Abs. 1 ausgeräumt, wonach die Beiträge „nach den für ihn geltenden Rechtsvorschriften berechnet werden". Dieser Nebensatz stellt klar, dass sich die Art und Weise der Beitragserhebung sowie die Höhe der Beiträge nach den jeweils anwendungsberufenen Rechtsvor-

schriften des Mitgliedstaates richten. Insbesondere kann die Höhe der Sozialversicherungsbeiträge eines Rentners nach mitgliedstaatlichem Recht anhand des Gesamtbetrags seiner Einkünfte berechnet werden, gleichviel ob sie von Renten aus dem Wohnmitgliedstaat stammen oder von Renten aus anderen Mitgliedstaaten. Gemeinschaftsrechtliche Einschränkungen bezüglich der Beitragshöhe wären nicht zulässig, sie bedeuteten einen unzulässigen Eingriff in die den Mitgliedstaaten verbliebene Kompetenz für die Ausgestaltung ihrer Sozialsysteme (s. *Schuler*, Rn 3; EuGH, Rs. C-103/06 (Derouin), Slg I-2008, 1853 = ZESAR 2008, 305 ff m. Anm. *Kessler*). Diese mitgliedstaatliche Kompetenz, die konkret auch die Möglichkeit zur Beitragserhebung wegen des Bezugs ausländischer Renten beinhaltet, wird bestätigt und begrenzt durch das **Verbot der Schlechterbehandlung** des Art. 30 DVO, wonach im Falle des Einbezugs von Renten aus anderen Mitgliedstaaten in die Beitragserhebung die Gesamtbelastung nicht höher sein darf, als wenn es sich um Inlandsrenten handeln würde.

Die nach deutschem KVdR-Recht gem. § 226 Abs. 1 Nr. 2 SGB V zu zahlenden und gem. § 255 SGB V von den Trägern der Rentenversicherung einzubehaltenden Beiträge aus inländischen Renten der gesetzlichen Rentenversicherung dürfen somit nur dann einbehalten werden, wenn eine Mitgliedschaft in der inländischen Krankenversicherung der Rentner zustande kommt und soweit eine inländische Krankenkasse die Kosten nach Art. 23-26 zu tragen hat. 5

Hinsichtlich der Beitragserhebung aus ausländischen Renten und Versorgungsbezügen war die Rechtslage nach deutschem KVdR-Recht wenig stimmig. Nach hM (vgl *Schötz*, DRV 1995, 172, 176) zählten zu den **beitragspflichtigen Einnahmen** versicherungspflichtiger Rentner gem. § 237 iVm § 228 SGB V nur inländische, nicht aber Renten aus ausländischen gesetzlichen Rentensystemen, die dem sachlichen Geltungsbereich der VO (EWG) Nr. 1408/71 unterfallen, wogegen im Falle von Versorgungsbezügen und Renten der betrieblichen Altersversorgung nach § 237 iVm § 229 SGB V aufgrund der ausdrücklichen Gleichstellungsregelung in § 229 Abs. 2 SGB V entsprechende ausländische Leistungen der Beitragspflicht unterworfen sind (s. zB *Fischer*, in: juris-PK-SGB V, § 229 Rn 48 ff). Diese Auslegung ging zurück auf das Urteil des BSG E 63, 231, 235 = SozR 2200 § 180 Nr. 41, bestätigt durch BSG SozR 3-2500 § 229 Nr. 9, das als Grund für die Nichteinbeziehung ausländischer Renten den Willen des Gesetzgebers benennt, Konflikte mit anderen Staaten zu vermeiden, die sich ergeben hätten, wenn auch Renten der Beitragspflicht unterworfen worden wären. Diese Sichtweise kann aufgrund der Regelung des Art. 30, aber auch des Art. 5 nicht mehr aufrechterhalten werden. Es war und ist dem inländischen Beitragsrecht der Krankenversicherung (nach §§ 228, 237 SGB V iVm Art. 5) nicht verwehrt, auch ausländische Renteneinkommen bei der Bemessung der Beitragshöhe zu berücksichtigen, wenn das inländische Recht der GKV anwendungsberufen (leistungs- und kostenpflichtig) ist. 6

Abs. 2 stellt klar, dass die vorgenannten Grundsätze auch für die Situation des Art. 25 gelten, wenn Mehrfachrentner in einem Mitgliedstaat ohne Versicherungssystem (insbesondere in Mitgliedstaaten mit einem nationalen Gesundheitssystem) wohnen, jedoch Träger eines anderen Mitgliedstaates kostenpflichtig sind. Auch in diesem Fall kann der Rentner im Wohnsitzstaat nicht zur Beitragszahlung herangezogen werden, weil dessen Beitragsrecht keine Anwendung findet. 7

Abschnitt 3
Gemeinsame Vorschriften

Artikel 31 Allgemeine Bestimmung

¹Die Artikel 23 bis 30 finden keine Anwendung auf einen Rentner oder seine Familienangehörigen, die aufgrund einer Beschäftigung oder einer selbstständigen Erwerbstätigkeit Anspruch auf Leistungen nach den Rechtsvorschriften eines Mitgliedstaats haben. ²In diesem Fall gelten für die Zwecke dieses Kapitels für die betreffende Person die Artikel 17 bis 21.

1   Art. 31 ist eine Kollisionsnorm und ordnet für den Fall, dass ein Rentner oder seine Familienangehörigen gleichzeitig auch in einem Mitgliedstaat als abhängig Beschäftigte oder Selbständige versichert und leistungsberechtigt sind, den **Vorrang der Versicherungspflicht** und Leistungsberechtigung aus der **Beschäftigung** und im Beschäftigungsstaat gegenüber der Versicherungspflicht als Rentner. Es finden dann auf diese Personen nur die Koordinierungsvorschriften für abhängig Beschäftigte oder Selbständige gem. Art. 17 bis 21 VO (EG) Nr. 883/2004 Anwendung. **Damit gelten die Art. 23 ff weitgehend nur für Personen, die ausschließlich als Rentner versichert sind.** Art. 31 basiert auf dem Vorrang der sozialen Sicherung aus der Beschäftigung und dem Vorrang des Beschäftigungsorts im Kollisionsrecht der Gemeinschaft (vgl *Steinmeyer*, Art. 11 Rn 9 ff). Das deutsche Krankenversicherungsrecht enthält eine gleichgerichtete Regelung in § 5 Abs. 8 SGB V.

2   Art. 31 entspricht weitgehend wortgleich Art. 34 Abs. 2 VO (EWG) Nr. 1408/71.

3   Zum **Begriff des Rentners** vgl Art. 1 lit. w) sowie oben *Eichenhofer*, Art. 1 Rn 38. Notwendig für die Anwendbarkeit der Kollisionsregel ist, dass tatsächlich eine Rente bezogen wird. Die Verdrängung der Art. 23 ff, der Regeln für die Krankenversicherung der Rentner, durch die Art. 17 ff VO (EG) Nr. 883/2004 setzt dann weiter voraus, dass der Rentner und Beschäftigte **durch seine Erwerbstätigkeit** eigene **Ansprüche aus Krankenversicherungsschutz** tatsächlich erwirbt (aA anscheinend und gegen den Wortlaut des Art. 31 *Klein*, in: *Hauck/Noftz*, EU-Sozialrecht, Art. 31 Rn 6).

4   Art. 31 regelt nur die kollisionsrechtlichen Folgen für das Leistungsverhältnis. Das **Statusverhältnis**, das anzuwendende Recht der Mitgliedschaft und die Versicherungspflicht sowie die daraus folgenden Regeln über die Beitragspflicht und die Vermeidung eines doppelten Beitragseinzugs richten sich nach **Art. 11 VO (EG) Nr. 883/2004** (s. oben *Steinmeyer*, Art. 11 Rn 2 ff, 9 ff). Das Ergebnis ist aber gleichlaufend: Vorrang des Statusrechts des Beschäftigungsorts. Einer Interpretation des Art. 31 als Kollisionsnorm auch für das anzuwendende Recht der Mitgliedschaft und Versicherungspflicht ist deshalb nicht notwendig (so aber *Schreiber*, in: *Schreiber u.a.*, VO (EG) Nr. 883/2004, 2012, Art. 31 Rn 4).

5   Die Entscheidung des BSG (11 RK 11/82, SozR 5420 § 3 Nr. 15), wonach ein Unternehmer aufgrund einer nach französischem Recht bestehenden Versicherungspflicht als Rentner nicht von der Versicherungspflicht nach § 3 KVLG freigestellt ist, hätte ergänzend auch mit Art. 34 Abs. 2 VO (EWG) 1408/71, jetzt Art. 31 VO (EG) Nr. 883/2004 begründet werden können.

Artikel 32 Rangfolge der Sachleistungsansprüche – Besondere Vorschrift für den Leistungsanspruch von Familienangehörigen im Wohnmitgliedstaat

(1) ¹Ein eigenständiger Sachleistungsanspruch aufgrund der Rechtsvorschriften eines Mitgliedstaats oder dieses Kapitels hat Vorrang vor einem abgeleiteten Anspruch auf Leistungen für Familienangehörige. ²Ein abgeleiteter Anspruch auf Sachleistungen hat jedoch Vorrang vor eigenständigen Ansprüchen, wenn der eigenständige Anspruch im Wohnmitgliedstaat unmittelbar und ausschließlich aufgrund des Wohnorts der betreffenden Person in diesem Mitgliedstaat besteht.

(2) Wohnen die Familienangehörigen eines Versicherten in einem Mitgliedstaat, nach dessen Rechtsvorschriften der Anspruch auf Sachleistungen nicht vom Bestehen einer Versicherung, einer Beschäftigung oder einer selbstständigen Erwerbstätigkeit abhängt, so werden die Sachleistungen für Rechnung des zuständigen Trägers in dem Mitgliedstaat erbracht, in dem sie wohnen, sofern der Ehegatte oder die Person, die das Sorgerecht für die Kinder des Versicherten hat, eine Beschäftigung oder eine selbstständige Erwerbstätigkeit in diesem Mitgliedstaat ausübt oder von diesem Mitgliedstaat aufgrund einer Beschäftigung oder einer selbstständigen Erwerbstätigkeit eine Rente erhält.

Titel III Leistungen bei Krankheit, Mutterschaft, Vaterschaft   Artikel 32

I. Normzweck, Grundstruktur und Entstehungsgeschichte

Art. 32 übernimmt teilweise die Regelungen, die vorher in Art. 19 Abs. 2 und 21 Abs. 2 VO (EWG) Nr. 1408/71 enthalten waren, präzisiert die alte Regelung allerdings und sichert genauer und durchgängiger den **Vorrang des Anspruchs aus einer Versicherung** vor dem Anspruch, der allein aus einem Wohnsitz folgt (Öffentlicher/staatlicher Gesundheitsdienst). 1

Art. 32 enthält eine **Kollisionsnorm**, bestimmt den leistungspflichtigen Träger und damit auch das anzuwendende Recht für zwei sich evtl auch überkreuzende Konflikte, die immer nur bei Familienangehörigen auftreten: Einmal konfligieren Ansprüche aus eigenem Recht mit solchen aus abgeleitetem Recht (bei Familienangehörigen) und zum anderen solche auf Basis der reinen Begründung des Wohnsitzes (auf der Basis von Systemen des öffentlichen Gesundheitsdienstes) und solche aus Beschäftigung oder allgemein aus Versicherung (wie hier zust. *Schreiber*, in: *Schreiber u.a.*, VO (EG) Nr. 883/2004, 2012, Art. 32 Rn 1). Art. 32 Abs. 1 stellt den Grundsatz auf, dass ein eigenständiger Anspruch Vorrang vor einem abgeleiteten Anspruch hat. Diesem Grundsatz ist aber dann ausnahmsweise nicht zu folgen, wenn der eigenständige Anspruch ein Anspruch ist, der allein durch den Wohnsitz begründet wird; dann tritt der (eigenständige) Anspruch allein auf Grund des Wohnsitzes zurück gegenüber einem abgeleiteten Anspruch aus Versicherung. 2

Von dieser Ausnahme zum Schutze von Systemen der öffentlichen Gesundheitsversorgung macht Art. 32 Abs. 2 wie schon vorher Art. 19 Abs. 2 S. 2 VO (EWG) Nr. 1408/71 – aber jetzt sprachlich eindeutig missglückt und schwer verständlich – wieder eine **Ausnahme**: Wenn bei den Familienangehörigen der Ehegatte oder die Person mit dem Sorgerecht für die Familienmitglieder in ihrem Wohnstaat gleichzeitig auch selbst eine Beschäftigung oder Erwerbstätigkeit ausübt oder von einem Träger des Wohnstaats eine Rente bezieht, dann gehen die Ansprüche des Wohnstaats vor. Zwar begründet die Erwerbstätigkeit im Wohnstaat mit öffentlichem Gesundheitswesen gar keine eigenständigen Ansprüche, da diese schon und allein durch den Wohnsitz begründet werden. Es ist aber gegenüber dem „zuständigen Staat" mit Versicherungssystem nicht gerechtfertigt, ihn immer für Familienmitglieder, die in einem anderen Mitgliedstaat wohnen, leistungspflichtig zu machen, wenn diese Familienmitglieder, gälte für den Wohnsitzstaat mit öffentlichem Gesundheitsdienst ein „Versicherungssystem" im Wohnsitzstaat, wegen ihrer Beschäftigung oder Rente an sich auch eigenständige Ansprüche aus Versicherung hätten (wie hier zust. *Schreiber*, in: *Schreiber u.a.*, VO (EG) Nr. 883/2004, 2012, Art. 32 Rn 8). 3

II. Einzelerläuterungen

Zum **Begriff Familienangehörige** vgl Art. 1 lit. i). Zum Begriff Wohnort vgl Art. 1 lit. j). 4

Einen **Anspruch „unmittelbar und ausschließlich aufgrund des Wohnorts"** in Abs. 1 definiert Abs. 2 dann dahingehend, dass dies ein Anspruch ist, der „nicht vom Bestehen einer Versicherung, einer Beschäftigung oder einer selbstständigen Erwerbstätigkeit abhängt". Beide Definitionen sind deckungsgleich gemeint, obwohl sie inhaltlich nicht unbedingt deckungsgleich sind; es gibt im Sozialversicherungsrecht, nicht aber im Krankenversicherungsrecht der Mitgliedstaaten, auch Leistungsansprüche auf der Basis der Staatsbürgerschaft (wie hier zust. *Schreiber*, in: *Schreiber u.a.*, VO (EG) Nr. 883/2004, 2012, Art. 32 Rn 8). Die Definition ist identisch mit der in der Kollisionsregel des Art. 25 VO (EG) Nr. 883/2004 (vgl oben Art. 25 Rn 1). 5

Art. 32 regelt die Konkurrenz von **Sachleistungsansprüchen**. Deshalb ist (1) zuerst zu prüfen (vgl *Schreiber*, in: *Schreiber u.a.*, VO (EG) Nr. 883/2004, 2012, Art. 32 Rn 5), welches Recht anzuwenden ist (vor allem Art. 11 und Art. 17 VO (EG) Nr. 883/2004; vgl für Familienmitglieder oben Art. 17 Rn 10). Sodann (2), ob nach diesem nationalen Recht ein Sachleistungsanspruch besteht; dabei sind auch die nationalen Konkurrenznormen über die Vor- bzw. Nachrangigkeit von Ansprüchen aus Erwerbstätigkeit und aus abgeleitetem Recht als Familienmitglied zu beachten. (3) Erst wenn nach dieser Prüfung nach unterschiedlichen Rechtsordnungen Leistungsansprüche bestehen, greift die Kollisionsregel des Art. 32. Sie verdrängt allerdings in der Prüfung des Schrittes 6

Bieback

(2) nationale Kollisionsregeln wie bei diesem Schritt auch die Regeln zur Gleichstellung ausländischer Sachverhalte (Art. 5 VO (EG) Nr. 883/2004) und zur Anerkennung ausländischer Versicherungszeiten (Art. 6 VO) zu beachten sind.

7 Ein eigenständiger Anspruch auf Sachleistungen aus einer Versicherung basiert nach deutschem Recht auf den Pflichtversicherungsverhältnissen gem. § 5 SGB V mit den dortigen Vor- und Nachrangregeln sowie der freiwilligen Versicherung gem. § 9 SGB V, gem. §§ 20 und 21 SGB XI und gem. § 2 KVLG sowie im Basistarif gem. § 193 Abs. 5 VVG und § 12 Abs. 1 a VAG (zu Letzterem vgl *Eichenhofer*, MedR 2010, 298).

Artikel 33   Sachleistungen von erheblicher Bedeutung

(1) Hat ein Träger eines Mitgliedstaats einem Versicherten oder einem seiner Familienangehörigen vor dessen Versicherung nach den für einen Träger eines anderen Mitgliedstaats geltenden Rechtsvorschriften den Anspruch auf ein Körperersatzstück, ein größeres Hilfsmittel oder andere Sachleistungen von erheblicher Bedeutung zuerkannt, so werden diese Leistungen auch dann für Rechnung des ersten Trägers gewährt, wenn die betreffende Person zum Zeitpunkt der Gewährung dieser Leistungen bereits nach den für den zweiten Träger geltenden Rechtsvorschriften versichert ist.

(2) Die Verwaltungskommission legt die Liste der von Absatz 1 erfassten Leistungen fest.

I. Normzweck und Entstehungsgeschichte

1 Die Vorschrift entspricht weitgehend dem Art. 24 VO (EWG) Nr. 1408/71. Ihr Zweck ist es, die Leistungszuständigkeit für die oft teure, komplizierte und zeitaufwendige Erbringung von bedeutsamen Sachleistungen unberührt zu lassen, wenn der Erwerbstätige sich nach Entstehung des Leistungsanspruchs in einen anderen Staat begibt und dort bei einem anderen Träger versichert wird. Da der alte Leistungsträger zuständig bleibt, beeinträchtigt der Wechsel des Arbeitsortes den Anspruch nicht und wird dadurch die Freizügigkeit geschützt. Dies gilt zB auch, wenn ein versicherter Grenzgänger in seinem Wohnstaat Arbeitslosengeld bezieht, so dass an sich gem. Art. 25 jetzt der Träger des Wohnstaates zuständiger Träger ist, er aber vorher schon im Beschäftigungsstaat Leistungen bezogen hat (BSG SozR 3-2200 § 1241 Nr. 3). Die Vorschrift ist eine teilweise Ausnahme zur Bestimmung des Versicherungsstatuts in Art. 11 VO (EG) Nr. 883/2004 wie auch eine Ausnahme zur Kostentragungsregel in Art. 35 VO (EG) Nr. 883/2004.

II. Einzelerläuterungen

2 Ob und ab wann ein Anspruch auf ein „Körperersatzstück, ein größeres Hilfsmittel oder andere Sachleistungen von erheblicher Bedeutung zuerkannt" ist, bestimmt sich nach dem nationalen Recht. Wenn es für die Leistung kein formelles Verfahren der „Zuerkennung" oder „Antragstellung" gibt, muss es ausreichen, dass der Versicherte **vor dem Wechsel einen Anspruch** auf die Leistung **hatte**, wenn der Anspruch nach dem jeweiligen Verwaltungsverfahren hinreichend konkretisiert worden ist (Verschreibung durch einen Arzt; Gewährung während eines Krankenhausaufenthalts; aA und auf eine formale Entscheidung stellen ab *Schreiber*, in: *Schreiber u.a.*, VO (EG) Nr. 883/2004, 2012, Art. 33 Rn 4; *Klein*, in: *Hauck/Noftz*, EU-Sozialrecht, Art. 33 Rn 3 sogar „Entscheidung durch Verwaltungsakt"). So stellt der Beschluss S 8 der Verwaltungskommission als eine Alternative darauf ab, dass die Leistung „erbracht" wird; es reicht also die faktische Gewährung und/oder Zuordnung der Leistung aus. Die meisten großen Heil- und Hilfsmittel im Leistungsrecht der Bundesrepublik setzen eine Bewilligung durch die Krankenkasse voraus; zuerkannt ist die Gewährung der Leistung dann, wenn der bewilligende Verwaltungsakt dem/der Versicherten zugeht.

Die **Verwaltungskommission** hat für das alte, gleichlautende Recht (Art. 24 VO (EWG) Nr. 1408/71) die Liste im Beschluss Nr. 115 vom 15.12.1982 (ABl. (EG) C 193 v. 20.7.1983, S. 7) festgelegt. Sie war mit der zu Art. 17 Abs. 7 VO (EWG) Nr. 574/72 im Beschluss Nr. 135 erlassenen Liste identisch, enthielt allerdings keine wertmäßige Untergrenze. Beide Beschlüsse sind mit der Geltung der neuen VO (EG) 883/204 aufgehoben (Beschluss H1 der Verwaltungskommission) und wurden durch den **Beschluss Nr. S 8** v. 15.6.2011 (ABl. C 262 v. 6.9.2011, S. 6–7) gleichlautend ersetzt.

Das BSG hat als „Sachleistung von erheblicher Bedeutung" auch die gesamte Leistung der **medizinischen Rehabilitation**, einschließlich des Übergangsgelds, angesehen (BSG SozR 3-2200 § 1241 Nr. 3). Dem ist zuzustimmen, da nur durch diese extensive Auslegung die Freizügigkeit der Wanderarbeitnehmer und Grenzgänger geschützt wird. Der jetzige Beschluss erfasst unter k) und l) Kuren und Maßnahmen der medizinischen Rehabilitation, während der Beschluss Nr. 115 neben Kuren (lit. i) einerseits enger, andererseits wohl weiter in lit. k) Maßnahmen der funktionellen Wiederertüchtigung und der beruflichen Wiedereingliederung unter die „Sachleistung von erheblicher Bedeutung" erwähnte.

Der **Beschluss S 8** der Verwaltungskommission definiert Körperersatzstücke, größere Hilfsmittel und andere Sachleistungen von erheblicher Bedeutung gem. Art. 33 Abs. 1 nach drei allg. Merkmalen, die sich aus dem Wortlaut bzw. der Systematik des Kapitel I ergeben:

„- auf spezifische persönliche Bedürfnisse abgestimmt sind und

- gerade erbracht werden oder bewilligt sind, aber noch nicht erbracht wurden, und

- im Mitgliedstaat, nach dessen Rechtsvorschriften die betreffende Person versichert war, ehe sie nach den Rechtsvorschriften eines anderen Mitgliedstaats versichert wurde, als solche definiert und/oder behandelt werden."

Er enthält als Anhang eine nicht abschließende (Art. 1 S. 2 des Beschlusses) Liste.

Die Liste umfasst:

„Körperersatzstücke

a) orthopädische Prothesen;
b) Sehhilfen, wie zB Augenprothesen;
c) feste und herausnehmbare Zahnprothesen.

Größere Hilfsmittel

d) Rollstühle, Orthesen, Schuhwerk sowie andere Bewegungs-, Steh- und Sitzhilfen;
e) Kontaktlinsen, Lupen- und Fernrohrbrillen;
f) Hör- und Sprechhilfen;
g) Vernebler;
h) Obturatoren für die Mundhöhle;
i) orthodontische Vorrichtungen.

Andere Sachleistungen von erheblicher Bedeutung

j) stationäre fachärztliche Behandlungen;
k) Kuren;
l) medizinische Rehabilitationen;
m) ergänzende Diagnosehilfsmittel;
n) Zuschüsse zur teilweisen Kostendeckung der oben aufgelisteten Leistungen."

Artikel 34 Zusammentreffen von Leistungen bei Pflegebedürftigkeit

(1) Kann der Bezieher von Geldleistungen bei Pflegebedürftigkeit, die als Leistungen bei Krankheit gelten und daher von dem für die Gewährung von Geldleistungen zuständigen Mitgliedstaat nach den Artikeln 21 oder 29 erbracht werden, im Rahmen dieses Kapitels gleichzeitig für denselben Zweck vorgesehene Sachleistungen vom Träger des Wohn- oder Aufenthaltsortes in einem anderen Mitgliedstaat in Anspruch nehmen, für die ebenfalls ein Träger des ersten Mitgliedstaats die Kosten nach Artikel 35 zu erstatten hat, so ist das allgemeine Verbot des Zusammentreffens von Leistungen nach Artikel 10 mit der folgenden Einschränkung anwendbar: Beantragt und erhält die betreffende Person die Sachleistung, so wird die Geldleistung um den Betrag der Sachleistung gemindert, der dem zur Kostenerstattung verpflichteten Träger des ersten Mitgliedstaats in Rechnung gestellt wird oder gestellt werden könnte.

(2) Die Verwaltungskommission legt die Liste der von Absatz 1 erfassten Geldleistungen und Sachleistungen fest.

(3) Zwei oder mehr Mitgliedstaaten oder deren zuständige Behörden können andere oder ergänzende Regelungen vereinbaren, die für die betreffenden Personen nicht ungünstiger als die Grundsätze des Absatzes 1 sein dürfen.

Artikel 31 DVO Anwendung von Artikel 34 der Grundverordnung

A. Verfahrensvorschriften für den zuständigen Träger

(1) ¹Der zuständige Träger informiert die betreffende Person über die Regelung des Artikels 34 der Grundverordnung betreffend das Verbot des Zusammentreffens von Leistungen. ²Bei der Anwendung solcher Vorschriften muss gewährleistet sein, dass eine Person, die nicht im zuständigen Mitgliedstaat wohnt, Anspruch auf Leistungen in zumindest dem Gesamtumfang oder -wert hat, den sie beanspruchen könnte, wenn sie in diesem Mitgliedstaat wohnen würde.

(2) Der zuständige Träger informiert ferner den Träger des Wohn- oder Aufenthaltsortes über die Zahlung der Geldleistungen bei Pflegebedürftigkeit, wenn die von dem letztgenannten Träger angewendeten Rechtsvorschriften Sachleistungen bei Pflegebedürftigkeit, die in der Liste nach Artikel 34 Absatz 2 der Grundverordnung aufgeführt sind, vorsehen.

B. Verfahrensvorschriften für den Träger des Wohn- oder Aufenthaltsortes

(3) Nachdem der Träger des Wohn- oder Aufenthaltsorts die Informationen gemäß Absatz 2 erhalten hat, unterrichtet er unverzüglich den zuständigen Träger über jegliche Sachleistungen bei Pflegebedürftigkeit, die er der betreffenden Person für denselben Zweck nach seinen Rechtsvorschriften gewährt, sowie über den hierfür geltenden Erstattungssatz.

(4) Die Verwaltungskommission trifft gegebenenfalls Maßnahmen zur Durchführung dieses Artikels.

I. Normzweck und Entstehungsgeschichte.... 1	3. Verfahren.................................. 16
II. Einzelerläuterung........................... 3	4. Liste gem Art. 34 Abs. 2................. 17
1. Sachlicher Anwendungsbereich: Kumulierung von Geld- und Sachleistung..... 3	5. Abweichende Vereinbarungen gem. Art. 34 Abs. 3........................... 19
2. Folge: Kumulation, aber Anrechnung der Sachleistung auf die Geldleistung... 11	

I. Normzweck und Entstehungsgeschichte

1 Art. 34 VO (EG) Nr. 883/2004 regelt den **Kollisionsfall**, dass eine Person vom Träger des zuständigen Staats eine Geldleistung bei Pflege (Pflegegeld zur Beschaffung einer Pflegeleistung) und gleichzeitig eine Sachleistung bei Pflege vom Träger des Wohn- oder Aufenthaltsstaats (Pflegesachleistung) zu Lasten des zuständigen Trägers verlangen kann. Dann bestehen beide Ansprüche

nebeneinander, das Antikumulierungsprinzip in Art. 10 VO (EG) Nr. 883/2004 wird also modifiziert. Auf den Anspruch auf die Geldleistung, wie das Pflegegeld, muss sich der Anspruchsberechtigte aber die beantragte und erhaltene Pflegesachleistung anrechnen lassen. Die Vorschrift ist neu und hat **keinen Vorläufer in der VO (EWG) Nr. 1408/71**. Der Erwägungsgrund 24 stellt zu ihr fest: „Es ist erforderlich, spezifische Bestimmungen vorzusehen, die ein Zusammentreffen von Sachleistungen bei Krankheit mit Geldleistungen bei Krankheit ausschließen, wie sie Gegenstand der Urteile des Gerichtshofes in den Rechtssachen C-215/99 (Jauch) und C-160/96 (Molenaar) waren, sofern diese Leistungen das gleiche Risiko abdecken."

Basis der Vorschrift ist also die **Rspr des EuGH**, dass Leistungen bei Pflege Leistungen bei Krankheit sind, da es die Aufgabe dieser Leistungen sei, den „Gesundheitszustand und die Lebensbedingungen der Pflegebedürftigen" zu verbessern (s.o. Vorbem. vor Art. 17 Rn 32-36). Ebenfalls ist Basis der Vorschrift die Teilung der koordinierten Leistungen in Sachleistungen, die nicht, und Geldleistungen, die exportiert werden können. Während im normalen Krankenversicherungsrecht die Geldleistung meist Lohnersatzleistung ist und damit nichts mit der Behandlung zu tun hat, ist im Pflegeversicherungsrecht die exportierbare Geldleistungen eng auf die Sachleistungen zur Pflege bezogen, soll den „Einkauf" von Pflegeleistungen ermöglichen, selbst dann, wenn sie nicht auf dem Prinzip der Kostenerstattung beruht, sondern pauschal gewährt wird (s. zu diesen Besonderheiten und Unterschieden auch *Jorens u.a.*, trESS Think Tank Report 2011, Part I S. 9 ff). Die Fälle des EuGH (Rs. C-208/07 (von Chamier-Glisczinski), Slg 2009, I-6095; Rs. C-388/09 (da Silva Martins), ZESAR 2012, 32) zeigen, dass es hier fast unmöglich ist, mit den gegenwärtigen Regelungen eine angemessene Lösung zu finden. Dennoch ist schwer einsehbar, weshalb eine Ausnahme von dem Grundsatz des Art. 10 VO (EG) Nr. 883/2004 notwendig ist. 2

II. Einzelerläuterung

1. Sachlicher Anwendungsbereich: Kumulierung von Geld- und Sachleistung

Erste Voraussetzung ist, dass dem/der Versicherten ein Anspruch auf eine Geldleistung bei Pflegebedürftigkeit zusteht, wie etwa dem Pflegegeld für die Pflege durch Dritte nach der deutschen Pflegeversicherung oder das Pflegegeld nach österreichischem oder flämischem Recht (oben Vorbem. vor Art. 17 Rn 32–36; EuGH, Rs. C-388/09 (da Silva Martins), ZESAR 2012, 32, Rn 43/4). Ob es sich um eine Geldleistung handelt, ist nach der VO zu entscheiden (dazu oben Art. 17 Rn 4 ff): **Sachleistungen** beziehen sich auf persönliche Dienstleistungen sowie Heil- und Hilfsmittel, auch wenn die KV dafür Geld im Wege der Kostenerstattung oder Kostenübernahme zahlt (EuGH, Rs. 466/04 (Acereda Herrera), Slg I-2006, I-5341, Rn 29 ff; EuGH, Rs. C-160/96 (Molenaar), Slg 1998, I-843, Rn 31; EuGH, Rs. 61/65 (Vaasen-Göbbels), Slg 1966, 583, 607; BSG, B 1 KR 22/08 R, ZESAR 2010, 81, Rn 17); dienen Geldleistungen der Beschaffung einer Dienstleistung oder dem Ersatz für Auslagen zur Beschaffung dieser Dienstleistung (Kostenerstattung), sind sie Sachleistungen (Art. 1 lit. va), Nr. ii). **Geldleistungen** sind in der VO nicht besonders definiert, sie sind aber das Gegenstück zur Definition der „Sachleistung". Geldleistungen sind also von den Zwecken der Behandlung getrennt, über sie können die Versicherten frei verfügen und sie werden ihnen unabhängig davon gewährt, ob tatsächlich und in welcher Höhe Aufwendungen für die Pflege angefallen sind; Geldleistungen haben oft Lohnersatzfunktion (EuGH, Rs. C-160/96 (Molenaar), Slg 1998, I-843 Rn 31). Deshalb hat der EuGH das **Pflegegeld** des § 37 SGB XI zu Recht als Geldleistung (bei Krankheit) angesehen, so dass es auch gem. Art. 21 VO (EG) Nr. 883/2004 exportiert werden muss (EuGH, Rs. C-160/96 (Molenaar), Slg 1998, I-843, bekräftigt in EuGH, Rs. 466/04 (Acereda Herrera), Slg I-2006, I-5341, Rn 29 ff). 3

Zu beachten ist weiterhin, dass die **Leistungen unter die sachliche Reichweite der VO (EG) Nr. 883/2004** fallen müssen. Bei den Leistungen am Wohnort muss es sich um Leistungen nach Art. 3 Abs. 1 VO (EG) Nr. 883/2004 und nicht um Leistungen der Fürsorge (Art. 3 Abs. 5 lit. a 4

VO (EG) Nr. 883/2004) oder um besondere beitragsunabhängige Leistungen (Art. 3 Abs. 3 iVm Art. 70 Abs. 3 und 4 VO (EG) Nr. 883/2004) handeln, denn die beiden letzteren fallen nicht unter Art. 34. Zwar spricht einiges dafür, dass tatsächlich alle Pflegeleistungen in allen Mitgliedstaaten unter die VO (EG) Nr. 883/2004 fallen (so *Jorens u.a.*, trESS Think Tank Report 2011, Part II, 3 S. 24/5). Dies ist wohl auch die Hintergrundannahme der Verwaltungskommission für ihre umfangreiche, allgemeine Liste von Leistungen nach Art. 34 Abs. 2. Denn die Verwaltungskommission kann nur Leistungen aufführen, die dem Koordinierungsrecht unterliegen. Dennoch enthebt dies nicht davon, jeweils im konkreten Fall die Rechtsnatur der Sachleistung am Wohnort zu prüfen. Denn auf Fürsorgeleistungen ist das Koordinierungsrecht grundsätzlich nicht und auf besondere beitragsunabhängige Leistungen ist Art. 34 nicht anwendbar (Art. 70 Abs. 3 VO (EG) Nr. 883/2004).

5   Unter I, 2 beschloss die Verwaltungskommission (Beschluss Nr. S5 vom 2.10.2009 ABl. Nr. C 106 v. 24.4.2010, S. 54-55):

„2. Als Sachleistungen im Sinne der genannten Artikel der Grundverordnung (u.a. Art. 34 – der Verf.) gelten ferner:

a) Sachleistungen der Pflegeversicherung, die einen Anspruch auf Übernahme sämtlicher oder eines Teils bestimmter durch die Pflegebedürftigkeit der versicherten Person verursachter und zu ihrem unmittelbaren Nutzen aufgewendeter Kosten einräumen, etwa für die häusliche oder in allgemeinen bzw spezialisierten Pflegeeinrichtungen erbrachte Pflege (Krankenpflege und Haushaltshilfe), für den Kauf von Pflegehilfsmitteln oder für Maßnahmen zur Verbesserung des Wohnumfeldes; Leistungen dieser Art sollen im Wesentlichen die Sachleistungen bei Krankheit ergänzen und dienen der Verbesserung des Gesundheitszustands und der Lebensbedingungen der Pflegebedürftigen;

b) Sachleistungen, die nicht aufgrund einer Pflegeversicherung erbracht werden, aber dieselben Merkmale aufweisen oder denselben Zweck verfolgen wie die unter Buchstabe a genannten Leistungen, sofern diese Leistungen als Sachleistungen der sozialen Sicherheit im Sinne der Grundverordnung eingestuft werden können und ein Anspruch auf sie gemäß den Bestimmungen der genannten Artikel der Grundverordnung ebenso erworben werden kann wie der Anspruch auf die unter Buchstabe a genannten Leistungen."

6   Die **Voraussetzungen** des Anspruchs auf Geldleistungen sind **nach dem nationalen Recht** des zuständigen Trägers zu prüfen, vor allem die Versicherungsmitgliedschaft/Anspruchsinhaberschaft und der Pflegebedarf. Dabei sind auch hier wieder Art. 5 (Sachverhaltsgleichstellung) und Art. 6 VO (EG) Nr. 883/2004 (Anrechnung von Zeiten) zu beachten. Die Exportierbarkeit richtet sich aber allein nach Art. 21 VO (EG) Nr. 883/2004.

7   Umgekehrt wird der **Anspruch auf Pflegesachleistungen** derselben Person nach dem Recht des Wohnstaats festgestellt. Auch hier müssen alle Voraussetzungen erfüllt sein, sowohl was die grundsätzliche Anspruchsberechtigung betrifft (Versicherungsmitgliedschaft, Eigenschaft als Wohnbürger etc.) als auch hinsichtlich des Pflegebedarfs und sonstiger Voraussetzungen.

8   Voraussetzung ist weiterhin, dass Geld- und Sachleistung **demselben Zweck dienen**. Dies ist nicht eng dahingehend zu verstehen, dass die Geldleistung nur explizit und zwingend (nach dem jeweiligen nationalen Recht) der Beschaffung von Pflegesachleistungen dienen muss, sondern es reicht aus – wie die Vorerwägung Nr. 24 deutlich macht –, dass die Geldleistung auch der Abdeckung des Risikos dient. Dies war auch bei den hier einschlägigen Fällen des EuGH der Fall. Bei dem deutschen Pflegegeld in der Rs. Molenaar (EuGH, Rs. C-160/96 (Molenaar), Slg 1998, I-843), betonte der EuGH gerade, dass die Geldleistung nicht zwingend für bestimmte Sachleistungen auszugeben ist, es vielmehr ausreiche, dass die Pflege durch Dritte gedeckt wird; gerade die Dispositionsfreiheit der Empfänger war für den EuGH entscheidend, um diese Leistung als Geldleistung zu kennzeichnen. Noch deutlicher war dies im Fall Jauch, dem österreichischen Bundespfle-

gegeldgesetz, das an Renten- und Pensionsbezieher zur Aufstockung ihrer Renten gezahlt wird, um krankheitsbedingte Mehraufwendungen auszugleichen (EuGH, Rs. C-251/99 (Jauch), Slg 2001, I-1901). Vgl oben Art. 17 Rn 4 ff.

Keine Zweckidentität besteht aber dann, wenn die Verbindung zum Risiko der Pflegebedürftigkeit 9 nur sehr locker ist und die Geldleistung gar nicht an den Pflegebedürftigen geht, wie bei der nach Erlass der VO (EG) Nr. 883/2004 ergangenen Entscheidung des EuGH zum deutschen Beitrag der gesetzlichen wie privaten Pflegekasse zur Rentenversicherung der Pflegeperson gem. § 44 SGB XI iVm § 3 S. 1 Nr. 1 a und § 166 Abs. 2 SGB VI (EuGH, Rs. C-502/01 und C-31/02 (Gaumain-Cerri und Barth), Slg 2004, I-6483). Wie hier zust. *Schreiber*, in: *Schreiber u.a.*, VO (EG) Nr. 883/2004, 2012, Art. 34 Rn 9.

Beide Leistungen müssen also im Wohnstaat zusammentreffen, allerdings in unterschiedlicher 10 Form. Art. 34 Abs. 1 VO (EG) Nr. 883/2004 setzt voraus, dass die Geldleistung „erbracht", dh tatsächlich bezogen, idR also exportiert wird in den Wohnstaat, in dem der/die Versicherte auch gleichzeitig eine Pflegesachleistung beziehen kann. Auf die Sachleistung muss nur ein Anspruch bestehen („kann ... in Anspruch nehmen"). Verlangt man, dass auch die Sachleistung tatsächlich erfolgt (so *Schreiber*, in: *Schreiber u.a.*, VO (EG) Nr. 883/2004, 2012, Art. 34 Rn 11; *Klein*, in: *Hauck/Noftz*, EU-Sozialrecht, Art. 34 Rn 9), dann erfasst man den Konflikt nicht, dass der/die Versicherte im reinen Sachleistungssystem seines/ihres Wohnorts den Sachleistungsanspruch nicht geltend macht, um sich mit dem Geldanspruch eine Pflegeleistung außerhalb des Systems zu kaufen.

2. Folge: Kumulation, aber Anrechnung der Sachleistung auf die Geldleistung

Art. 34 enthält die Rechtsfolge, dass beide Ansprüche nebeneinander bestehen bleiben, es also 11 eine Ausnahme vom Verbot der Kumulation von Leistungen des Art. 10 VO (EG) Nr. 883/2004 gibt. Allerdings ist dieses Prinzip nach der Rspr des EuGH durch das Günstigkeitsprinzip eingeschränkt worden (oben Art. 10 Rn 3). Art. 34 ist eine Konkretisierung dieses Prinzips: Der an sich exportierbare Geldleistungsanspruch soll zumindest insoweit nicht entfallen, als er den Wert der Sachleistungen im Wohnstaat übersteigt.

Der „Anrechnungsbetrag", die geldliche Bewertung der Sachleistung, richtet sich nach dem, was 12 der Träger des Wohnorts dem zuständigen Träger der Geldleistung nach Art. 35 VO (EG) Nr. 883/2004 in Rechnung stellt oder stellen könnte (weil der zuständige Träger für die Sachleistung im Wohnstaat nicht aufkommen muss). Auch wenn gem. Art. 35 Abs. 2 eine Erstattung über Pauschbeträge erfolgt, sind die realen Kosten zu berechnen, eventuell vom Träger des Wohnorts auszurechnen und dann vom zuständigen Träger von der Geldleistung in Abzug zu bringen (so ausführlich *Jorens u.a.*, trESS Think Tank Report 2011, Part II, 4.3 S. 28/9; vgl auch *Schreiber*, in: *Schreiber u.a.*, VO (EG) Nr. 883/2004, 2012, Art. 34 Rn 13; *Klein*, in: *Hauck/Noftz*, EU-Sozialrecht, Art. 34 Rn 12; *Marhold*, in: *Eichenhofer* (Hrsg.), 2009, S. 199). Einmal wird nur so eine reale Kumulation verhindert und eine Überversorgung vermieden. Auch ließe sich sonst der anzurechnende Anteil nicht transparent berechnen: Was ist der Anteil der Pflegesachleistungen an der Pauschale? Wann kann der zuständige Träger diesen Anteil abziehen? Erst wenn konkret (welche und wie viele?) Pflegesachleistungen nachgefragt werden oder schon wenn der Fall des Pflegebedarfes eingetreten ist (s.o. Rn 9)?

Art. 31 Abs. 1 der DVO (EG) 987/2009 stellt – als Unterfall des Günstigkeitsprinzips – sicher, 13 dass der **Mindestwert des Geldanspruchs** bei Export in den Wohnstaat so viel beträgt, wie er betragen würde, wenn die Person im zuständigen Staat der Geldleistung wohnen und dort Sachleistungen beanspruchen würde. Der Mindestbetrag kommt also nur zur Geltung, wenn die Sachleistungen im Wohnstaat unter dem Niveau der Sachleistungen im zuständigen Staat der Geldleistung liegen. Die Geldleistung wird dann (nur) insoweit erhöht, als sie die/den Versicherten in Stand setzt, dieses Sachleistungsniveau im Wohnstaat zu erreichen. Dies ist gerade bei dem Export von Geldleistungen aus Deutschland relevant, weil hier die Geldleistung (Pflegegeld) im Betrag erheblich geringer ist als die Sachleistung. Dies ist auch sachlich gerechtfertigt, weil das Günstigkeitsprinzip hier auf einen Fall angewandt wird, in dem der Sachleistungsanspruch durch den Träger des Wohnorts erfüllt wird, der dadurch den Anspruch gegen den zuständigen Träger nicht ganz zum Erliegen bringen soll (zu diesem Ergebnis auch *Schreiber,* in: *Schreiber u.a.,* VO (EG) Nr. 883/2004, 2012, Art. 34 Rn 14, aber ohne Hinweis auf Art. 31 Abs. 1 DVO (EG) 987/2009).

14 Der zuständige Träger kann nur das anrechnen, **was nach seinem Recht miteinander verrechenbar ist** (*Klein,* in: *Hauck/Noftz,* EU-Sozialrecht, Art. 34 Rn 12). So wird nach deutschem Recht Pflegegeld nur an Stelle der Sachleistung häusliche Pflege durch eine Pflegefachkraft geleistet (§ 37 SGB XI), nicht aber für Pflegehilfsmittel (§ 40 Abs. 1 SGB XI) und Leistungen zur Verbesserung der Wohnung (§ 40 Abs. 4 SGB XI). Werden diese Leistungen im Wohnstaat erbracht, können sie nicht auf das Pflegegeld angerechnet werden.

15 Enthält das **nationale Recht des zuständigen Trägers (Anti-)Kumulierungsvorschriften,** wie § 38 SGB XI für den gleichzeitigen Bezug von Pflegegeld und Sachleistungen, so ist unter dem Aspekt der Sachverhaltsgleichstellung (Art. 5 VO (EG) Nr. 883/2004) die Sachleistung im Wohnstaat dem Sachleistungsbezug im zuständigen Staat gleichzustellen (zumal der zuständige Träger für ihn idR auch die Kosten gem. Art. 35 VO (EG) Nr. 883/2004 erstatten wird) und der zuständige Träger kann dann die Anteile und den Wert der Sachleistung nach nationalem Recht berechnen. Denn der Geldanspruch dient ja der Befriedigung des Pflegebedarfs und kann nicht ohne Berücksichtigung dieses Bedarfs berechnet werden. Insoweit geht das nationale Kumulierungsrecht dem Art. 34 VO (EG) Nr. 883/2004 voraus und verstößt auch nicht gegen ihn (aA *Schreiber,* in: *Schreiber u.a.,* VO (EG) Nr. 883/2004, 2012, Art. 34 Rn 14).

3. Verfahren

16 Die **Verfahrensvorschriften** des Art. 31 DVO stellen sicher, dass die beiden Träger sich gegenseitig **informieren** und so die Anrechnung möglich ist und eine Doppelleistung vermieden wird. Für die Zahlung von Geldleistungen bei Pflegebedürftigkeit an den Wohnort und die ärztlichen Untersuchungen am Wohnort gilt Art. 28 DVO (EG) 987/2009 (oben Art. 21 Rn 8 ff).

4. Liste gem Art. 34 Abs. 2

17 Die Verwaltungskommission hat die in Art. 34 Abs. 2 erwähnte Liste im Mai 2010 beschlossen (unter: http://ec.europa.eu/social/main.jsp?langId=de&catId=868). Zu Recht wird an dieser Liste kritisiert, dass sie nur angibt, ob es Geld- und Sachleistungen bei Pflegebedürftigkeit in den Ländern gibt, sie aber nicht genauer bezeichnet (*Schreiber,* in: *Schreiber u.a.,* VO (EG) Nr. 883/2004, 2012, Art. 34 Rn 16).

18 European Commission, Directorate General for Employment,
Social Affairs and Equal Opportunities

Administrative Commission for the Coordination of Social Security Systems

May 2010 1/1

List of cash benefits and benefits in kind as referred to in Article 34
of Regulation (EC) No 883/2004

Country	Cash Benefits	Benefits in kind
Austria	Yes	None
Belgium	Yes	None
Bulgaria	Yes	Yes
Cyprus	Yes	Yes

Country	Cash Benefits	Benefits in kind
Czech Republic	Yes	None
Denmark	Yes	Yes
Estonia	None	Yes
Finland	None	Yes
France	None	Yes
Germany	Yes	Yes
Greece	None	None
Hungary	None	Yes
Ireland	Yes	Yes
Italy	None	None
Latvia	Yes	None
Lithuania	Yes	Yes
Luxembourg	Yes	Yes
Malta	Yes	Yes
Netherlands	None	Yes
Poland	Yes	Yes
Portugal	None	None
Romania	None	None
Slovakia	None	None
Slovenia	Yes	Yes
Spain	Yes	Yes
Sweden	None	Yes
United Kingdom	Yes	None

5. Abweichende Vereinbarungen gem. Art. 34 Abs. 3

Art. 34 Abs. 3 ermächtigt zum Abschluss abweichender Vereinbarung zwischen den Staaten wie den zuständigen Behörden/Trägern.

19

Artikel 35 Erstattungen zwischen Trägern

(1) Die von dem Träger eines Mitgliedstaats für Rechnung des Trägers eines anderen Mitgliedstaats nach diesem Kapitel gewährten Sachleistungen sind in voller Höhe zu erstatten.

(2) Die Erstattungen nach Absatz 1 werden nach Maßgabe der Durchführungsverordnung festgestellt und vorgenommen, und zwar entweder gegen Nachweis der tatsächlichen Aufwendungen oder auf der Grundlage von Pauschalbeträgen für Mitgliedstaaten, bei deren Rechts- und Verwaltungsstruktur eine Erstattung auf der Grundlage der tatsächlichen Aufwendungen nicht zweckmäßig ist.

(3) Zwei oder mehr Mitgliedstaaten und deren zuständige Behörden können andere Erstattungsverfahren vereinbaren oder auf jegliche Erstattung zwischen den in ihre Zuständigkeit fallenden Trägern verzichten.

DVO

Titel IV Finanzvorschriften

Kapitel I Kostenerstattung für Leistungen bei der Anwendung von Artikel 35 und Artikel 41 der Grundverordnung

Abschnitt 1 Erstattung auf der Grundlage tatsächlicher Aufwendungen

Artikel 62 DVO Grundsätze

(1) Bei der Anwendung von Artikel 35 und 41 der Grundverordnung erstattet der zuständige Träger dem Träger, der die Sachleistungen gewährt hat, diese in Höhe der tatsächlichen Ausgaben, die sich aus der Rechnungsführung dieses Trägers ergeben, außer bei Anwendung des Artikels 63 der Durchführungsverordnung.

(2) ¹Geht der tatsächliche Betrag der in Absatz 1 genannten Ausgaben für Sachleistungen nicht oder teilweise nicht aus der Rechnungsführung des Trägers, der sie gewährt hat, hervor, so wird der zu erstattende Betrag auf der Grundlage aller geeigneten Bezugsgrößen, die den verfügbaren Daten entnommen werden, pauschal berechnet. ²Die Verwaltungskommission beurteilt die Grundlagen für die Berechnung der Pauschalbeträge und stellt deren Höhe fest.

(3) Für die Erstattung können keine höheren Sätze berücksichtigt werden als diejenigen, die für Sachleistungen an Versicherte maßgeblich sind, die den Rechtsvorschriften unterliegen, die für den Träger, der die in Absatz 1 genannten Sachleistungen gewährt hat, gelten.

Abschnitt 2 Erstattung auf der Grundlage von Pauschalbeträgen

Artikel 63 DVO Bestimmung der betroffenen Mitgliedstaaten

(1) Die unter Artikel 35 Absatz 2 der Grundverordnung fallenden Mitgliedstaaten, deren Rechts- und Verwaltungsstruktur eine Erstattung auf der Grundlage der tatsächlichen Aufwendungen nicht zweckmäßig macht, sind in Anhang 3 der Durchführungsverordnung aufgeführt.

(2) ¹Für die in Anhang 3 der Durchführungsverordnung aufgeführten Mitgliedstaaten wird der Betrag der Sachleistungen,

a) die nach Artikel 17 der Grundverordnung Familienangehörigen gewährt wurden, die in einem anderen Mitgliedstaat als der Versicherte wohnen, und

b) die nach Artikel 24 Absatz 1 und den Artikeln 25 und 26 der Grundverordnung Rentnern und ihren Familienangehörigen gewährt wurden,

den Trägern, die diese Sachleistungen gewährt haben, von den zuständigen Trägern auf der Grundlage eines Pauschalbetrags, dessen Höhe für jedes Kalenderjahr ermittelt wird, erstattet. ²Die Höhe dieses Pauschalbetrags muss den tatsächlichen Ausgaben möglichst nahe kommen.

Artikel 64 DVO Methode zur Berechnung der monatlichen Pauschalbeträge und des gesamten Pauschalbetrags

(1) ¹Für jeden forderungsberechtigten Mitgliedstaat wird der monatliche Pauschalbetrag pro Person (F_i) für ein Kalenderjahr ermittelt, indem man entsprechend der folgenden Formel die Jahresdurchschnittskosten pro Person (Y_i) nach Altersklasse (i) durch 12 teilt und das Ergebnis um einen Faktor (X) kürzt:

$F_i = Y_i * 1/12 * (1-X)$

²*Dabei steht*
- *der Index (i = 1, 2 oder 3) für die drei bei der Berechnung des Pauschalbetrags berücksichtigten Altersklassen:*

  i = 1: Personen unter 20 Jahren,

  i = 2: Personen von 20 bis 64 Jahren,

  i = 3: Personen ab 65 Jahren,
- Y_i *für die Jahresdurchschnittskosten pro Person der Altersklasse i nach Absatz 2,*
- *der Koeffizient X (0,20 oder 0,15) für die Kürzung nach Absatz 3.*

(2) ¹*Die Jahresdurchschnittskosten pro Person (Y_i) der Altersklasse i werden ermittelt, indem man die Jahresausgaben für sämtliche Sachleistungen, die von Trägern des forderungsberechtigten Mitgliedstaats allen seinen Rechtsvorschriften unterliegenden und in seinem Hoheitsgebiet wohnenden Personen der betreffenden Altersklasse gewährt wurden, durch die durchschnittliche Zahl der betroffenen Personen dieser Altersklasse in dem betreffenden Kalenderjahr teilt.* ²*Die Berechnung beruht auf den Aufwendungen im Rahmen der Systeme nach Artikel 23 der Durchführungsverordnung.*

(3) ¹*Die auf den monatlichen Pauschalbetrag anzuwendende Kürzung beträgt grundsätzlich 20 % (X = 0,20).* ²*Ist der zuständige Mitgliedstaat nicht in Anhang IV der Grundverordnung aufgeführt, so beträgt sie für Rentner und ihre Familienangehörigen 15 % (X = 0,15).*

(4) Für jeden leistungspflichtigen Mitgliedstaat wird der gesamte Pauschalbetrag für ein Kalenderjahr ermittelt, indem man den festgelegten monatlichen Pauschalbetrag pro Person für jede Altersklasse i mit der Zahl der Monate multipliziert, die die betreffenden Personen der jeweiligen Altersgruppe in dem forderungsberechtigten Mitgliedstaat zurückgelegt haben, und die Ergebnisse addiert.

¹*Die Zahl der von den betreffenden Personen in dem forderungsberechtigten Mitgliedstaat zurückgelegten Monate entspricht der Summe der Kalendermonate in einem Kalenderjahr, in denen die betreffenden Personen aufgrund ihres Wohnorts im Hoheitsgebiet des forderungsberechtigten Mitgliedstaats in eben diesem Hoheitsgebiet für Rechnung des leistungspflichtigen Mitgliedstaats für Sachleistungen in Betracht kamen.* ²*Diese Monate werden mit Hilfe eines Verzeichnisses ermittelt, das der Träger des Wohnorts zu diesem Zweck anhand von Nachweisen, die der zuständige Träger zur Verfügung stellt, über die Ansprüche der betreffenden Personen führt.*

(5) ¹*Die Verwaltungskommission legt spätestens bis zum 1. Mai 2015 einen gesonderten Bericht über die Anwendung dieses Artikels und insbesondere über die Kürzungen nach Absatz 3 vor.* ²*Auf der Grundlage dieses Berichts kann die Verwaltungskommission einen Vorschlag mit Änderungen vorlegen, die sich gegebenenfalls als notwendig erweisen, um sicherzustellen, dass die Berechnung der Pauschalbeträge den tatsächlichen Aufwendungen so nahe wie möglich kommt und dass die Kürzungen nach Absatz 3 für die Mitgliedstaaten nicht zu unausgewogenen Zahlungen oder zu Doppelzahlungen führen.*

(6) Die Verwaltungskommission bestimmt die Verfahren und Modalitäten, nach denen die in den Absätzen 1 bis 5 genannten Berechnungsfaktoren für die Pauschalbeträge festgelegt werden.

(7) Ungeachtet der Absätze 1 bis 4 können die Mitgliedstaaten für die Berechnung des Pauschalbetrags bis 1. Mai 2015 weiterhin Artikel 94 und 95 der Verordnung (EWG) Nr. 574/72 anwenden, unter der Voraussetzung, dass auch die Kürzung nach Absatz 3 angewandt wird.

Artikel 65 DVO   Mitteilung der Jahresdurchschnittskosten

(1) ¹*Für ein bestimmtes Jahr wird die Höhe der Jahresdurchschnittskosten pro Person in den einzelnen Altersklassen spätestens bis zum Ende des zweiten Jahres, das auf dieses Jahr folgt, dem Rechnungsausschuss mitgeteilt.* ²*Erfolgt die Mitteilung nicht bis zu diesem Zeitpunkt, so werden*

die Jahresdurchschnittskosten pro Person, die die Verwaltungskommission zuletzt für ein Jahr davor festgelegt hat, zugrunde gelegt.

(2) Die nach Absatz 1 festgelegten Jahresdurchschnittskosten werden jährlich im Amtsblatt der Europäischen Union veröffentlicht.

Abschnitt 3 Gemeinsame Vorschriften

Artikel 66 DVO Erstattungsverfahren zwischen Trägern

(1) [1]Die Erstattungen zwischen den betroffenen Mitgliedstaaten werden so rasch wie möglich vorgenommen. [2]Der betreffende Träger ist verpflichtet, die Forderungen vor Ablauf der in diesem Abschnitt genannten Fristen zu erstatten, sobald er dazu in der Lage ist. [3]Eine Beanstandung einer einzelnen Forderung verhindert nicht die Erstattung einer anderen Forderung oder anderer Forderungen.

(2) [1]Erstattungen zwischen den Trägern der Mitgliedstaaten nach den Artikeln 35 und 41 der Grundverordnung werden über die Verbindungsstelle abgewickelt. [2]Erstattungen nach den Artikeln 35 und 41 der Grundverordnung können jeweils über eine gesonderte Verbindungsstelle abgewickelt werden.

Artikel 67 DVO Fristen für die Einreichung und Zahlung der Forderungen

(1) Forderungen auf der Grundlage von tatsächlichen Aufwendungen werden bei der Verbindungsstelle des leistungspflichtigen Mitgliedstaats binnen zwölf Monaten nach Ablauf des Kalenderhalbjahres eingereicht, in dem die Forderungen in die Rechnungsführung des forderungsberechtigten Trägers aufgenommen wurden.

(2) [1]Forderungen auf der Grundlage von Pauschalbeträgen für ein Kalenderjahr werden bei der Verbindungsstelle des leistungspflichtigen Mitgliedstaats binnen zwölf Monaten nach dem Monat eingereicht, in dem die Durchschnittskosten des betreffenden Jahres im Amtsblatt der Europäischen Union veröffentlicht wurden. [2]Die in Artikel 64 Absatz 4 der Durchführungsverordnung genannten Verzeichnisse werden bis zum Ende des Jahres, das dem Bezugsjahr folgt, vorgelegt.

(3) In dem in Artikel 6 Absatz 5 Unterabsatz 2 der Durchführungsverordnung genannten Fall beginnt die Frist nach den Absätzen 1 und 2 des vorliegenden Artikels erst mit dem Zeitpunkt der Ermittlung des zuständigen Trägers zu laufen.

(4) Forderungen, die nach Ablauf der in den Absätzen 1 und 2 genannten Fristen eingereicht werden, bleiben unberücksichtigt.

(5) [1]Die Forderungen werden binnen 18 Monaten nach Ablauf des Monats, in dem sie bei der Verbindungsstelle des leistungspflichtigen Mitgliedstaats eingereicht wurden, an die in Artikel 66 der Durchführungsverordnung genannte Verbindungsstelle des forderungsberechtigten Mitgliedstaats gezahlt. [2]Dies gilt nicht für Forderungen, die innerhalb dieses Zeitraums aus einem berechtigten Grund vom leistungspflichtigen Träger zurückgewiesen wurden.

(6) Beanstandungen einer Forderung müssen binnen 36 Monaten nach Ablauf des Monats geklärt sein, in dem die Forderung eingereicht wurde.

(7) Der Rechnungsausschuss erleichtert den Abschluss der Rechnungsführung in Fällen, in denen eine Einigung nicht innerhalb des in Absatz 6 genannten Zeitraums erzielt werden kann, und nimmt auf begründeten Antrag einer der Parteien innerhalb von sechs Monaten, gerechnet ab dem Monat, in dem er mit der Angelegenheit befasst worden ist, zu Beanstandungen Stellung.

Artikel 68 DVO Verzugszinsen und Anzahlungen

(1) [1]Nach Ablauf der Frist von 18 Monaten nach Artikel 67 Absatz 5 der Durchführungsverordnung kann der forderungsberechtigte Träger Zinsen auf ausstehende Forderungen erheben, es sei denn, der leistungspflichtige Träger hat innerhalb von sechs Monaten nach Ablauf des Monats,

in dem die Forderung eingereicht wurde, eine Anzahlung in Höhe von mindestens 90 % der gesamten nach Artikel 67 Absätze 1 oder 2 der Durchführungsverordnung eingereichten Forderung geleistet. ²Für die Teile der Forderung, die nicht durch die Anzahlung abgedeckt sind, können Zinsen erst nach Ablauf der Frist von 36 Monaten nach Artikel 67 Absatz 6 der Durchführungsverordnung erhoben werden.

(2) ¹Die Zinsen werden zu dem Referenzzinssatz berechnet, den die Europäische Zentralbank bei ihren Hauptrefinanzierungsgeschäften zugrunde legt. ²Maßgeblich ist der Referenzzinssatz, der am ersten Tag des Monats gilt, in dem die Zahlung fällig ist.

(3) ¹Keine Verbindungsstelle ist verpflichtet, Anzahlungen nach Absatz 1 anzunehmen. ²Lehnt eine Verbindungsstelle jedoch ein entsprechendes Angebot ab, so ist der forderungsberechtigte Träger nicht mehr berechtigt, andere Verzugszinsen als nach Absatz 1 Satz 2 auf die betreffenden Forderungen zu erheben.

Artikel 69 DVO Jahresabschlussbericht

(1) ¹Auf der Grundlage des Berichts des Rechnungsausschusses erstellt die Verwaltungskommission nach Artikel 72 Buchstabe g der Grundverordnung für jedes Kalenderjahr eine Übersicht über die Forderungen. ²Zu diesem Zweck teilen die Verbindungsstellen dem Rechnungsausschuss unter Einhaltung der von diesem festgelegten Fristen und Modalitäten einerseits die Höhe der eingereichten, beglichenen oder beanstandeten Forderungen (Gläubigerposition) und andererseits die Höhe der eingegangenen, beglichenen oder beanstandeten Forderungen (Schuldnerposition) mit.

(2) Die Verwaltungskommission kann alle zweckdienlichen Prüfungen zur Kontrolle der statistischen Angaben und Rechnungsführungsdaten, auf deren Grundlage die Jahresübersicht über die Forderungen nach Absatz 1 erstellt wurde, vornehmen, insbesondere um sich zu vergewissern, dass diese Daten mit den in diesem Titel festgesetzten Regeln übereinstimmen.

I. Normzweck und Entstehungsgeschichte 1	3. Erstattung der gewährten Leistungen nach besonderen Abkommen 10
II. Einzelerläuterungen 7	4. Durchführung des Verfahren 12
1. Erstattung der gewährten Leistungen nach tatsächlichen Kosten 7	
2. Erstattung der gewährten Leistungen nach Pauschalen 8	

I. Normzweck und Entstehungsgeschichte

Art. 35 VO (EG) Nr. 883/2004 regelt den Kostenausgleich zwischen dem zuständigen und dem aushelfenden Träger in allen Fällen, in denen sie geteilte Aufgaben haben, insbesondere bei der aushelfenden Sachleistungserbringung durch den aushelfenden Träger zu Lasten des zuständigen Trägers (oben Art. 17 Rn 14 ff). Hier liegt auch ein Schwerpunkt der Regelung der DVO (EG) 987/2009. Ihr Erwägungsgrund 15 gibt als Ziel der Erstattungsregelungen an, eine „ausgewogene Lastenverteilung unter den Mitgliedstaaten" herzustellen. „Speziell im Zweig Krankheit sollten diese Verfahren einerseits der Situation der Mitgliedstaaten Rechnung tragen, die die Versicherten aufnehmen und diesen ihr Gesundheitssystem zur Verfügung stellen, und andererseits der Situation der Mitgliedstaaten, deren Träger für die Kosten der Sachleistungen aufkommen, die von ihren Versicherten in einem anderen als ihrem Wohnmitgliedstaat in Anspruch genommen werden". Erwägungsgrund Nr. 18 betont, dass eine „Verkürzung der Erstattungsfristen für diese Forderungen unter den Trägern der Mitgliedstaaten ... wesentlich" erscheint. 1

Art. 35 benennt als **Regel die Kostenerstattung** durch den zuständigen Träger nach den **realen Kosten**, lässt aber auch eine Abrechnung über **Pauschalen** zu. Da durch die Abrechnung nach Pauschalen der zuständige Träger seinen finanziellen Teil getragen hat und der aushelfende Träger letztlich in die Rolle des auch finanziell voll verantwortlichen Trägers gelangt, sind zahlreiche 2

Sonderregelungen notwendig, wenn eine Person sich in den zuständigen Staat zurückbegibt und dort behandelt wird (Art. 18 Abs. 2 S. 2) oder sich in einem dritten Staat zur Behandlung aufhält (Art. 20 Abs. 4, Art. 27 Abs. 3 und 5).

3   Art. 35 und die Art. 62-69 der DVO (EG) 987/2009 regeln nur die Erstattung zwischen den Trägern und begründen **keine Ansprüche für die Versicherten** (EuGH, Rs. 466/04 (Acereda Herrera), Slg. I-2006, I-5341, Rn 36-39). Frühere Ansätze in der Rspr des EuGH, bei der Auslegung der Regelungen zu den Ansprüchen der Versicherten auch das Erstattungsrecht zwischen den Trägern heranzuziehen (EuGH, Rs. C-156/01 (van der Duin), Slg. 2003, I-7045, Rn 44 ff) kann nicht mehr bruchlos für die VO (EG) Nr. 883/2004 übernommen werden (*Schreiber,* in: *Schreiber u.a.*, VO (EG) Nr. 883/2004, 2012, Art. 35 Rn 3). Denn die Grundsätze der Vermeidung von Doppelzuständigkeiten und Doppelleistungen allgemein (Art. 10 und 11) sowie speziell (Art. 34) sind genauer geregelt worden als in der Vorläufer-VO (EWG) 1408/71. Zum anderen sind Regelung der Leistungen der Versicherten ausdrücklich vor dem Hintergrund einer gerechten Verteilung der Kostenlast zwischen den Trägern getroffen worden (vorige Rn 2), so dass da, wo sie fehlen, eine Auslegung idR nicht zu einer solchen Berücksichtigung führen sollte.

4   Art. 41 VO (EG) Nr. 883/2004 verweist auf Art. 35 und gilt damit auch für die Kostenerstattung zwischen Trägern der **Unfallversicherung**. Die Regelungen der DVO Art. 62-69 gelten gem. Art. 6 Abs. 5 DVO auch für vorläufig gezahlte Sach- und Geldleistungen (zB gem. Art. 6 Abs. 2 DVO bei Streit zwischen zwei Trägern über die Pflicht zur Leistungsgewährung).

5   **Art. 35 VO entspricht weitgehend Art. 36 VO (EWG) Nr. 1408/71,** allerdings mit der Abweichung, dass nunmehr in Abs. 2 die Pauschalierung auf bestimmte Mitgliedstaaten begrenzt ist. Zugleich werden diese Mitgliedstaaten im Anhang 3 der DVO aufgeführt; es sind (bis auf die Niederlande) alles Mitgliedstaaten mit einem öffentlichen Gesundheitsdienst, die oft keine exakte Verrechnung der Kosten kennen. Anders als im alten Recht (Art. 93 ff VO (EWG) Nr. 574/72) ist jetzt die Berechnung der Pauschale in Art. 63 ff DVO weitgehend vorgegeben. Ausnahmen vom Prinzip der Einzelabrechnung (wie zB nach Art. 94 VO (EWG) Nr. 574/72 eine pauschale Abrechnung für Sachleistungen an Familienangehörige, die nicht in demselben Mitgliedstaat wie der Versicherte wohnen) gibt es jetzt nicht mehr.

6   Die VO (EWG) Nr. 3 sah allgemein wie Art. 36 VO (EWG) Nr. 1408/71 und jetzt Art. 35 eine **Erstattung der realen Kosten** vor, traf jedoch für Leistungen an Familienmitglieder, die in einem anderen Mitgliedstaat als der Erwerbstätige wohnen, die Ausnahme, dass die Kosten nur zu drei Viertel erstattet werden. Ziel war es, über diese Beteiligung des Trägers des Wohnortes zu vermeiden, dass er zu großzügig Leistungen an die Familienmitglieder erbringt. Allerdings traf schon die VO (EWG) Nr. 4 in Art. 74 und 75 die Regelung, dass die Kosten für diese Familienangehörigen wie für die Rentner nicht real, sondern über Pauschalen ermittelt werden sollten. Damit bestand für den Träger des Wohnortes kein Anreiz, die Kosten zu Lasten des zuständigen Trägers zu erhöhen. Art. 36 VO (EWG) Nr. 1408/71 schaffte nun zwar die 3/4-Erstattungsregelung bei Familienmitgliedern ab. Die Abrechnung über Pauschalen für Familienmitglieder, die nicht mit dem Erwerbstätigen zusammenwohnen, und für Rentner wurde jedoch in Art. 94 und 95 VO (EWG) Nr. 574/72 beibehalten, jetzt aber um einen Abschlag von 20% gekürzt. Der Sinn und Zweck dieser Kürzung war nicht ganz einsichtig, außer dass die schon früher nicht schlüssige Tradition der Kürzungen weiter fortgesetzt werden soll. Die Kürzung findet sich auch jetzt wieder in Art. 64 Abs. 3 DVO.

II. Einzelerläuterungen

1. Erstattung der gewährten Leistungen nach tatsächlichen Kosten

7   Die Regel ist, dass der zuständige Träger dem aushelfenden Träger die **real anfallenden**, früher in Vordruck E 125, jetzt im „Strukturierten elektronischen Dokument" Nr. S080 (CLA) – dazu oben Vorbem. vor Art. 17, Rn 71 – angeführten Kosten erstattet. IdR muss der geforderte Betrag aus

der Rechnungsführung des aushelfenden Trägers hervorgehen, kann also auch erst gefordert werden, wenn er in der Rechnungsführung registriert ist (Art. 62 Abs. 2 DVO). Werden die realen Kosten nicht in der Rechnungsführung aufgeschlüsselt, etwa weil zwischen den Trägern und den Behandlern nach Pauschalen abgerechnet wird (wie oft zwischen Krankenkassen und Ärzten), muss „der zu erstattende Betrag auf der Grundlage aller geeigneten Bezugsgrößen, die den verfügbaren Daten entnommen werden, pauschal berechnet" werden. Auch die Pauschalzahlung beruht also auf geschätzten realen Kosten (*Schreiber*, in: *Schreiber u.a.*, VO (EG) Nr. 883/2004, 2012, Art. 35 Rn 9). Da der aushelfende Träger Leistungen so erbringen muss, als ob der Versicherte des zuständigen Trägers bei dem aushelfenden Träger versichert ist, macht Art. 62 Abs. 3 DVO noch einmal deutlich, dass der zuständige Träger deshalb auch keine höheren Kosten in Rechnung stellen darf, als er für seine eigenen Versicherten veranschlagen muss. Das Nähere ist in Art. 62 DVO und Art. 66 DVO geregelt. Zum Verfahren s. auch unten Rn 12.

2. Erstattung der gewährten Leistungen nach Pauschalen

Die Mitgliedstaaten können für eine Abrechnung nach Pauschalen votieren (Art. 35 Abs. 1 2. Alternative). Dies bietet sich an, wenn die Abrechnung nach den realen Kosten in einem Krankenversicherungssystem nicht möglich oder schwierig wäre (Art. 63 Abs. 1 DVO), wie bei den meisten Systemen eines nationalen oder kommunalen Gesundheitsdienstes. Die Länder, bei denen gem. Anhang 3 DVO grundsätzlich eine **Pauschalierung** möglich ist, sind: Irland, Spanien, Italien, Malta, Niederlande, Portugal, Finnland, Schweden und UK.   8

Der aushelfende Staat stellt die Pauschale in Rechnung unabhängig davon, welche Leistungen im Einzelfall tatsächlich erbracht wurden. Es muss nur ein „Leistungsfall" vorliegen. Die Pauschale bezieht sich auf jeweils einen Monat (Art. 64 DVO, dort auch eingehend zur Berechnung). Sie wird auf der Basis von Durchschnittskosten nach bestimmten Altersklassen der jährlichen Behandlungen aller inländischen Anspruchsberechtigten berechnet. Zum Verfahren der Durchführung der Erstattung s. auch unten Rn 12.   9

3. Erstattung der gewährten Leistungen nach besonderen Abkommen

Art. 35 Abs. 3 lässt zu, dass die Mitgliedstaaten unter sich vertraglich Abweichungen von den Erstattungsregeln vereinbaren. Dies gilt vor allem für Erstattungsverzichte, die zwischen einigen Mitgliedstaaten vereinbart worden sind. Solche Erstattungsverzichtsabkommen gab es mit Dänemark (BGBl. II 1979, S. 1344, nach Kündigung 2009 weggefallen) und gibt es noch mit Norwegen (BGBl. II 2000, S. 9) und Irland. Beide Abkommen sind zwar nicht in den Anhang II der VO (EG) Nr. 883/2004 und auch nicht in die Anhänge I der DVO übernommen worden, dürften dann aber trotz Art. 8 VO (EG) Nr. 883/2004 und Art. 8 DVO weitergelten, da Art. 35 Abs. 3 insoweit als Spezialnorm eine andere Regelung für den Vorrang von Abkommen zwischen den Mitgliedstaaten enthält (aA *Schreiber,* in: *Schreiber u.a.*, VO (EG) Nr. 883/2004, 2012, Art. 35 Rn 17).   10

Die **Verwaltungsvereinbarung vom 9.3.2006** zwischen dem Bundesministerium für Gesundheit der Bundesrepublik Deutschland und dem Minister für Gesundheit und Solidarität der **Französischen Republik** sieht über die Durchführungsmodalitäten des Rahmenabkommens vom 22.7.2005 über die grenzüberschreitende Zusammenarbeit im Gesundheitsbereich (BGBl. II 2006, 1332) in Art. 4 Nr. 3 vor, dass die regionalen Kooperationspartner der grenzüberschreitenden regionalen Kooperation eigene Kostenübernahmeregeln vereinbaren können.   11

4. Durchführung des Verfahren

Die Kommission hat zu den einzelnen internen Abrechnungsvorgängen und dem Datenaustausch mehrere „Strukturierte elektronische Dokumente" (Nr. S080 (CLA) bis Nr. S103; dazu oben Vorbem. vor Art. 17 Rn 71). Zusätzlich hat die Verwaltungskommission mit Beschluss Nr. S4   12 vom 2.10.2009 (ABl. C 106 v. 24.4.2010, S. 52–53) noch einmal die wichtigsten Grundsätze für beide Erstattungsarten zusammengefasst:

Beschluss Nr. S4 vom 2. Oktober 2009 über Erstattungsverfahren zur Durchführung der Artikel 35 und 41 der Verordnung (EG) Nr. 883/2004 des Europäischen Parlaments und des Rates

A. *Erstattung auf der Grundlage tatsächlicher Aufwendungen (Artikel 62 der Verordnung (EG) Nr. 987/2009)*

1. Der Träger, der eine Forderung auf der Grundlage tatsächlicher Aufwendungen stellt, reicht diese innerhalb der Frist gemäß Artikel 67 Absatz 1 der Verordnung (EG) Nr. 987/2009 (nachstehend „Durchführungsverordnung") ein. Der leistungspflichtige Träger stellt sicher, dass die Forderung innerhalb der Frist gemäß Artikel 67 Absatz 5 der Durchführungsverordnung beglichen wird; er begleicht sie jedoch vor Ablauf der Frist, sobald er dazu in der Lage ist.

2. Die Erstattung von Leistungen, die auf der Grundlage einer Europäischen Krankenversicherungskarte (EKVK), einer Ersatzbescheinigung für die EKVK oder einer anderen Anspruchsbescheinigung erbracht wurden, kann abgelehnt und dem forderungsberechtigten Träger der entsprechende Antrag zurückgesandt werden, wenn dieser z. B.

- unvollständig ist und/oder nicht korrekt ausgefüllt wurde,

- Leistungen betrifft, die nicht während der Gültigkeitsdauer der EKVK bzw. der Anspruchsbescheinigung, die der Leistungsempfänger vorgelegt hat, erbracht wurden.

Die Erstattung von Leistungen darf nicht mit der Begründung abgelehnt werden, die Person sei nicht mehr bei dem Träger versichert, der die EKVK oder die Anspruchsbescheinigung ausgestellt hat, sofern die Leistungen dem Leistungsempfänger während der Gültigkeitsdauer des verwendeten Dokuments gewährt wurden.

Ein Träger, der die Kosten von Leistungen erstatten muss, die aufgrund einer EKVK erbracht wurden, kann den Träger, bei dem die betreffende Person zum Zeitpunkt der Leistungserbringung rechtmäßig eingetragen war, auffordern, ihm die Kosten dieser Leistungen zu erstatten, oder — wenn die Person zum Gebrauch der EKVK nicht berechtigt war — die Angelegenheit mit dieser Person zu regeln.

3. Der leistungspflichtige Träger darf eine Forderung nicht auf ihre Übereinstimmung mit den Artikeln 19 und 27 Absatz 1 der Verordnung (EG) Nr. 883/2004 hin überprüfen, sofern kein hinreichender Verdacht auf missbräuchliches Verhalten im Sinne der Rechtsprechung des Europäischen Gerichtshofs vorliegt. [4] Folglich muss der leistungspflichtige Träger die Informationen, auf denen die Forderung gründet, akzeptieren und die Erstattung vornehmen. In Fällen, in denen ein Verdacht auf missbräuchliches Verhalten vorliegt, darf der leistungspflichtige Träger aus berechtigten Gründen gemäß Artikel 67 Absatz 5 der Durchführungsverordnung die Forderung zurückweisen.

4. Stellt der leistungspflichtige Träger die Richtigkeit der Angaben infrage, auf denen eine Forderung beruht, prüft der forderungsberechtigte Träger zur Durchführung der Nummern 2 und 3, ob die Forderung ordnungsgemäß gestellt wurde, und zieht gegebenenfalls die Forderung zurück oder führt eine Neuberechnung durch.

5. Eine nach Verstreichen der Frist gemäß Artikel 67 Absatz 1 der Durchführungsverordnung eingereichte Forderung bleibt unberücksichtigt.

B. *Erstattung auf der Grundlage von Pauschalbeträgen (Artikel 63 der Durchführungsverordnung)*

6. Das in Artikel 64 Absatz 4 der Durchführungsverordnung vorgesehene Verzeichnis wird der Verbindungsstelle des leistungspflichtigen Mitgliedstaats am Ende des auf das Bezugsjahr folgenden Jahres vorgelegt; die auf diesem Verzeichnis basierenden Forderungen werden so bald wie möglich nach der Veröffentlichung der jährlichen Pauschalbeträge pro Person im Amtsblatt der Europäischen Union, in jedem Fall jedoch innerhalb der Frist gemäß Artikel 67 Absatz 2 der Durchführungsverordnung, bei der genannten Verbindungsstelle eingereicht.

7. Der forderungsberechtigte Träger legt dem leistungspflichtigen Träger nach Möglichkeit alle ein bestimmtes Kalenderjahr betreffenden Forderungen gleichzeitig vor.

8. Der leistungspflichtige Träger, der eine Forderung auf der Grundlage von Pauschalbeträgen erhält, stellt sicher, dass die Forderung innerhalb der Frist gemäß Artikel 67 Absatz 5 der Durchführungsverordnung beglichen wird; er begleicht sie jedoch vor Ablauf der Frist, sobald er dazu in der Lage ist.

9. Eine nach Verstreichen der Frist gemäß Artikel 67 Absatz 2 der Durchführungsverordnung eingereichte Forderung bleibt unberücksichtigt.

10. Eine auf der Grundlage von Pauschalbeträgen ermittelte Forderung kann abgelehnt und dem forderungsberechtigten Träger der entsprechende Antrag zurückgesandt werden, wenn dieser z. B.

- unvollständig ist und/oder nicht korrekt ausgefüllt wurde,

- einen Zeitraum betrifft, der nicht durch die Eintragung aufgrund einer gültigen Anspruchsbescheinigung abgedeckt ist.

11. Stellt der leistungspflichtige Träger die Richtigkeit der Angaben infrage, auf denen eine Forderung beruht, prüft der forderungsberechtigte Träger, ob die Kostenrechnung ordnungsgemäß gestellt wurde, und zieht gegebenenfalls die Forderung zurück oder führt eine Neuberechnung durch.

C. Anzahlungen gemäß Artikel 68 der Durchführungsverordnung

12. Bei Anzahlungen gemäß Artikel 68 der Durchführungsverordnung werden die zu zahlenden Beträge für Forderungen auf der Grundlage von tatsächlichen Aufwendungen (Artikel 67 Absatz 1 der Durchführungsverordnung) und für Forderungen auf der Grundlage von Pauschalbeträgen (Artikel 67 Absatz 2 der Durchführungsverordnung) getrennt bestimmt.

Allgemeine Sondervorschriften der DVO

Artikel 32 DVO   Besondere Durchführungsvorschriften

(1) Werden Einzelpersonen oder Personengruppen auf Antrag von der Krankenversicherungspflicht freigestellt und sind diese Personen damit nicht durch ein Krankenversicherungssystem abgedeckt, auf das die Grundverordnung Anwendung findet, so kann der Träger eines anderen Mitgliedstaats nicht allein aufgrund dieser Freistellung zur Übernahme der Kosten der diesen Personen oder ihren Familienangehörigen gewährten Sach- oder Geldleistungen nach Titel III Kapitel I der Grundverordnung verpflichtet werden.

(2) Für die Mitgliedstaaten nach Anhang 2 gelten die Vorschriften des Titel III Kapitel I der Grundverordnung, die sich auf Sachleistungen beziehen, für Personen, die ausschließlich aufgrund eines Sondersystems für Beamte Anspruch auf Sachleistungen haben, nur in dem dort genannten Umfang.

Der Träger eines anderen Mitgliedstaats darf nicht allein aus diesen Gründen zur Übernahme der Kosten der diesen Personen oder ihren Familienangehörigen gewährten Sach- oder Geldleistungen verpflichtet werden.

(3) Wohnen die in den Absätzen 1 und 2 genannten Personen und ihre Familienangehörigen in einem Mitgliedstaat, in welchem Sachleistungsansprüche nicht von Versicherungsbedingungen oder von der Ausübung einer Beschäftigung oder selbständigen Erwerbstätigkeit abhängen, so

sind sie verpflichtet, die Kosten der ihnen in ihrem Wohnstaat gewährten Sachleistungen in voller Höhe zu tragen.

1 Art. 32 DVO enthält einige **neue Sondervorschriften** zur Grund-VO (EG) Nr. 883/2004.

2 Abs. 1 stellt sicher, dass Personen, die in einem Mitgliedstaat **keinen Krankenversicherungsschutz** besitzen, sich Leistungen zu Lasten eines Trägers in einem anderen Mitgliedstaat (als ihrem Wohn- oder Beschäftigungsstaat) auch nicht durch den Aufenthalt in einem anderen Land besorgen können. Allerdings kann nach nationalem Recht vor allem bei Wohnsitznahme sehr wohl ein Leistungsanspruch entstehen.

3 Abs. 2 nimmt in Verbindung mit Anhang 2 die deutschen **Beamten** vollständig und die Beamten/ öffentlichen Beschäftigten Spaniens (hier allerdings nicht in Bezug auf Art. 19 Abs. 1 (Leistungen bei vorübergehendem Aufenthalt in einem anderen Mitgliedstaat als dem Wohnstaat), Art. 27 (dasselbe für Rentner und ihre Familienangehörigen) und Art. 35 (Kostenerstattung)) vom System des koordinierenden Krankenversicherungsrechts aus.

4 Abs. 3 stellt noch einmal sicher, dass die Grundsätze in Abs. 1 und Abs. 2 gerade in Mitgliedstaaten gelten, die ein System des **öffentlichen Gesundheitsdienstes** haben.

Kapitel 2
Leistungen bei Arbeitsunfällen und Berufskrankheiten

Literaturübersicht

Dahm, Auslandsberührungen der gesetzlichen Unfallversicherung, ZfS 2001, S. 35 ff; *Fuchs*, Soziale Sicherung für den Fall des Arbeitsunfalls und der Berufskrankheit, in: Europäisches Sozialrecht, Schriftenreihe des Deutschen Sozialrechtsverbandes, Bd. 36, 1992, S. 123 ff; *ders.*, Die Konformität des Unfallversicherungsmonopols mit dem Gemeinschaftsrecht, SGb 2005, S. 65 ff; *ders.*, Arbeitsunfälle und Berufskrankheiten, in: *Eichenhofer* (Hrsg.), 50 Jahre nach ihrem Beginn – Neue Regeln für die Koordinierung sozialer Sicherheit, 2009, S. 207 ff; *ders.*, Accident at work and occupational deceases, in: European Journal of Social Security, 2009, Nr. 1 bis 2, S. 163 ff; *ders.*, Arbeitsunfälle und Berufskrankheiten, in: Oetker/Preis, Europäisches Arbeits- und Sozialrecht, B 9130, Stand Juli 2005; *ders.*, Unfallversicherungsmonopol und EG-Vertrag, ZESAR 2009, S. 365 ff; *ders.*, Das Unfallversicherungsmonopol ist mit dem Recht des Binnenmarktes vereinbar, SGb 2012, S. 507 ff; *Giesen*, Das BSG, der EG-Vertrag und das deutsche Unfallversicherungsmonopol, ZESAR 2004, S. 151 ff; *ders.*, Unfallversicherungsmonopol und EG-Vertrag, ZESAR 2009, S. 311 ff; *Hernekamp/Jäger-Lindemann*, Die neue Richtlinie zur Patientenmobilität, ZESAR 2011, S. 403 ff; *Höffer/Wölfle*, Der Entwurf einer Europäischen Richtlinie zur Patientenmobilität – mögliche Auswirkungen für die gesetzliche Unfallversicherung, DGUV Forum, 2009, S. 26 ff; *ders.*, Medizinische Behandlung in Europa. Gestärkte Rechte für Patienten, DGUV Forum, 2011, S. 46 ff; *Kranig*, Berufskrankheiten in Europa, DGUV Forum, 2012, S. 30 ff; *Maxeiner*, Die Deutsche Verbindungsstelle Unfallversicherung – Ausland, DGUV Forum, 2009, S. 20 ff; *ders.*, Ein deutsch-polnisches Problem der Entschädigung von Berufskrankheiten, DGUV Forum, 2011, S. 30 ff; *ders.*, Der künftige Austausch von Informationen der sozialen Sicherheit in der EU und seine Auswirkung auf die Unfallversicherung, DGUV Forum, 2011, S. 34 ff; *Raschke*, in: *Lauterbach* (Hrsg.), Unfallversicherung. SGB VII, Bd. 3, § 97 SGB VII Rn 79 s (Loseblatt Stand März 2011); *Raschke/Windhäuser*, Sachleistungshilfe der deutschen gesetzlichen Unfallversicherung auf Grund von EG- und Abkommenrecht, BG 2000, S. 290 ff; *Schimke*, Reformbedürfnis der Lastenzuweisung bei der Entschädigung von Berufskrankheiten im europäisch koordinierenden Sozialrecht, 2002; *Wölfle*, Das Spannungsverhältnis zwischen dem Unfallversicherungsmonopol der gewerblichen Berufsgenossenschaften und dem Gemeinschaftsrecht, ZEuS 2009, S. 301 ff.

Vorbemerkungen

I. Funktion und Aufgaben des Europäischen Unfallversicherungs- und Berufskrankheitenrechts 1
   1. Die territoriale Ausrichtung von Unfallversicherungssystemen 1
   2. Die Überwindung der territorialen Begrenzung durch das internationale Sozialrecht 2
   3. Der Inhalt der Regelungen der Art. 36 bis 41 3
      a) Vereinfachung durch Verweisung. . 3

b) Leistungserbringung	5	II. Vereinbarkeit von Unfallversicherungsmonopolen mit dem europäischen Gemeinschaftsrecht	9
c) Sachverhaltsgleichstellung	7		
d) Erstattung zwischen den Trägern	8		

I. Funktion und Aufgaben des Europäischen Unfallversicherungs- und Berufskrankheitenrechts

1. Die territoriale Ausrichtung von Unfallversicherungssystemen

Wie die Sozialversicherung insgesamt, so hat auch das Unfallversicherungsrecht in den einzelnen Ländern die Tendenz, Entschädigungen nur für solche Unfälle und Berufskrankheiten vorzusehen, die sich in seinem Geltungsbereich ereignet haben. So werden beispielsweise nach deutschem Unfallversicherungsrecht (vgl § 97 SGB VII) nur Geldleistungen, nicht aber Sachleistungen ins Ausland erbracht. Diese Regelungen werden herkömmlicherweise unter Berufung auf die Geltung des **Territorialitätsprinzips** begründet (vgl dazu etwa *Watermann*, BG 1963, 322 f).

2. Die Überwindung der territorialen Begrenzung durch das internationale Sozialrecht

Mit fortschreitender Arbeitsmigration in andere Länder wurde das Territorialitätsprinzip zunehmend in Frage gestellt. Die Notwendigkeit grenzüberschreitender Behandlung von Arbeitsunfällen und Berufskrankheiten wurde unabweisbar (vgl zu einigen kurzen Hinweisen auf die Entstehung des internationalen Unfallversicherungsrechts *Fuchs*, Soziale Sicherung, S. 123 ff). Für die Europäische Gemeinschaft war die Notwendigkeit einer **supranationalen Regelung** aufgrund des hohen Stellenwertes, der der Freizügigkeit der Arbeitnehmer im EWG-Vertrag eingeräumt wurde (vgl Art. 48 EWGV, jetzt Art. 45 AEUV), eine Aufgabe, die der EWG-Vertrag selbst vorschrieb (vgl Art. 51 EWGV, jetzt Art. 46 AEUV = Art. 42 EG). Der europäische Gesetzgeber hat diese Aufgabe mit dem Erlass der EWG-Verordnungen Nr. 3 und 4 über die Soziale Sicherheit der Wanderarbeitnehmer im Jahre 1958 bzw 1972 erstmals zu bewältigen versucht (ABl. v. 16.12.58, Nr. 561/58 und 597/58). Das Unfallversicherungsrecht war in den Art. 29-31 VO (EWG) Nr. 3 und Art. 48-58 VO (EWG) Nr. 4 enthalten. Diese Regelungen wurden später durch die Art. 52 ff VO (EWG) Nr. 1408/71) abgelöst, die bis zum Inkrafttreten der VO (EG) Nr. 883/2004 galten. Diese Regelungen galten gemäß Art. 90 Abs. 1 lit. c) für die EWR-Staaten auch nach Inkrafttreten der neuen VOen 883/2004 und 987/2009 fort. Durch Beschluss des EWR-Ausschusses Nr. 76/2011 v. 1.7.2011 zur Änderung von Anhang VI (soziale Sicherheit) und von Protokoll 37 zum EWR-Abkommen (ABl. v. 6.10.2011 L 262/33 und Beschluss Nr. 1333/2011, ABl. v. 15.3.2012 L 76/17) sind die beiden VOen für verbindlich erklärt worden. Seit 1.4.2012 gelten die beiden VOen auch im Verhältnis zur Schweiz, da an diesem Tag der revidierte Anhang II zum Freizügigkeitsabkommen (FZA) in Kraft trat. Zu beachten sind ferner Sozialversicherungsabkommen (vgl zu solchen Abkommen *Kretschmer*, in: *Niesel/Brand*, SGB III, Anh. A, Vor Art. 67 bis 71 a) Rn 25). Diese gelten nach Maßgabe des Art. 8 fort, wenn sie in Anhang II eingetragen sind (vgl etwa die in Anhang II genannten deutsch-polnischen Sozialversicherungsabkommen, aus denen schwierige Anwendungsprobleme resultieren, vgl *Maxeiner*, DGUV Forum, 2011, 30 ff). Im Hinblick auf EuGH Rs. C-227/89 (Rönfeldt), Slg 1991, 323 (s. dazu Art. 8 Rn 11 ff) muss im Einzelfall ein Günstigkeitsvergleich durchgeführt werden. Außer Kraft getreten ist das Rheinschifferabkommen, weil im Gegensatz zur VO (EWG) Nr. 1408/71 die VO (EG) Nr. 883/2004 keinen Vorrang dieses Abkommens gegenüber der VO mehr kennt. Allerdings haben die Vertragsstaaten des Rheinschifferabkommens, soweit sie Mitglieder der Europäischen Union sind, am 11.2.2011 eine Vereinbarung gemäß Art. 16 Abs. 1 über dessen Fortgeltung getroffen, die mit rückwirkender Kraft zum 1.5.2010 gilt.

3. Der Inhalt der Regelungen der Art. 36 bis 41

a) Vereinfachung durch Verweisung

3 Das **bisherige Koordinierungsrecht** der Unfallversicherung galt nur für Arbeitnehmer, Selbständige und Studierende (vgl Art. 52, 63 a, 95 d VO (EWG) Nr. 1408/71). Art. 36 VO (EG) Nr. 883/2004 enthält keine Beschränkung auf bestimmte Personengruppen mehr.

4 Im Gegensatz zum früheren Recht (vgl Art. 52 bis 63 a VO (EWG) Nr. 1408/71) ist das Kapitel Arbeitsunfälle und Berufskrankheiten auf fünf Vorschriften zusammengeschrumpft. Diese Reduzierung der Regelungen ist auf das zentrale Anliegen der VO (EWG) Nr. 883/2004 zurückzuführen, nämlich eine **Vereinfachung des Koordinierungsrechts** herbeizuführen (vgl dazu oben Einführung III. 2. a). Die zwei entscheidenden Regelungstechniken sind hierbei die Verweisung der Koordinierung von Arbeitsunfällen und Berufskrankheiten auf das Recht der Leistungen bei Krankheit (Art. 36). Darüber hinaus wurden zahlreiche Äquivalenzregeln (s. dazu unten c)) durch die Schaffung einer allgemeinen Äquivalenzregel in Art. 5 entbehrlich.

b) Leistungserbringung

5 Eine der Hauptaufgaben des Koordinierungsrechts betreffend Arbeitsunfälle und Berufskrankheiten besteht darin, jene Fallgestaltungen zu lösen, in denen der Verletzte (Erkrankte) in einem anderen Mitgliedstaat wohnt (oder sich aufhält) als dem Mitgliedstaat, nach dessen Recht der Unfälle und Berufskrankheiten versichert sind. Die Antwort hierauf gibt Art. 36 Abs. 1, indem diese Vorschrift auf das Recht der Leistungen bei Krankheit verweist. Dabei wird unterschieden zwischen **Sachleistungen** und **Geldleistungen**. Für letztere verweist Art. 36 Abs. 3 auf Art. 21. Das Unfallversicherungsrecht der Mitgliedstaaten zeichnet sich von jeher durch ein gegenüber dem allgemeinen System für Leistungen bei Krankheit bestehendes spezielles, auf die Bedürfnisse von Arbeitsunfallopfern und an einer Berufskrankheit Leidenden zugeschnittenes, Leistungssystem aus. Art. 36 Abs. 2 stellt sicher, dass das Arbeitsunfall- oder Berufskrankheitsopfer im Wohn- oder Aufenthaltsstaat die besonderen Sachleistungen bei Arbeitsunfall und Berufskrankheiten erhält. Ansprüche auf Transportkosten werden in Art. 37 normiert. Weil es nicht in allen Mitgliedstaaten spezielle Systeme für Leistungen bei Arbeitsunfällen und Berufskrankheiten gibt, muss die Zuständigkeit in diesen Fällen geklärt werden. Dies geschieht durch Art. 40 Abs. 1 und 2.

6 Für **Berufskrankheiten** hält Art. 38 wie das bisherige Recht (vgl Art. 57 Abs. 1 VO (EWG) Nr. 1408/71) an dem Grundsatz fest, dass bei einer Exposition in mehreren Mitgliedstaaten die Leistungen von dem **Träger der letzten Exposition** erbracht werden, wenn nach dessen Rechtsvorschriften ein Anspruch besteht. Nach dem bisherigen Recht war mit dieser Zuständigkeitsverteilung auch die Tragung der Kosten verbunden. Eine Ausnahme im Sinne einer pro-rata-temporis anteiligen Kostentragung war aber für Fälle sklerogener Pneumokoniose vorgesehen (Art. 57 Abs. 5 VO (EWG) Nr. 1408/71). An diesem Rechtszustand hält das neue Recht nicht mehr fest. In Zukunft wird es also bei dem Prinzip bleiben, dass nicht nur die **Zuständigkeit**, sondern auch die **Kostenlast** bei dem nach Art. 38 zuständigen Träger verbleibt. Beibehalten wurden die Regelungen betreffend die Verschlimmerung einer Berufskrankheit in Art. 39.

c) Sachverhaltsgleichstellung

7 Das bisherige Recht der Koordinierung von Arbeitsunfällen und Berufskrankheiten zeichnete sich durch eine Vielzahl so genannter **Äquivalenzregeln** aus, dh Bestimmungen dergestalt, dass die für den Anspruch relevanten Vorgänge oder Ereignisse, die in einem anderen Mitgliedstaat vorliegen, so behandelt werden, als ob sie im Gebiet des zuständigen Staates erfolgt wären. Diesbezügliche spezielle Regelungen des früheren Rechts betreffend den Ort des Wegeunfalls (Art. 56 VO (EWG) Nr. 1408/71), Wohnsitz der Familienangehörigen (Art. 58 Abs. 3 VO (EWG) Nr. 1408/71), Berücksichtigung früherer Arbeitsunfälle oder Berufskrankheiten (Art. 61 Abs. 5 VO (EWG) Nr. 1408/71), Zurücklegung von Expositionszeiten (Art. 57 Abs. 2 und 3 VO (EWG)

Nr. 1408/71) sind entbehrlich geworden, weil sie von der allgemeinen **Äquivalenzregel** des **Art. 5** erfasst werden. Geblieben ist dagegen die Regelung über die Berücksichtigung später eingetretener und festgestellter Arbeitsunfälle. Diese Regelung findet sich jetzt in Art. 40 Abs. 3.

d) Erstattung zwischen den Trägern

Art. 35 regelt die **Erstattung** betreffend die durch die Sachleistungsaushilfe bei Krankheit entstandenen Kosten. Diese Bestimmung gilt auch für Arbeitsunfälle und Berufskrankheiten aufgrund des Verweises in Art. 41. 8

II. Vereinbarkeit von Unfallversicherungsmonopolen mit dem europäischen Gemeinschaftsrecht

In vielen Mitgliedstaaten der EU ist die Unfallversicherung in die ausschließliche Zuständigkeit öffentlicher Träger gelegt (vgl für Deutschland die Regelung über die Berufsgenossenschaft in §§ 121 ff SGB VII; in Frankreich Art. L 200-2 Code de la sécurité sociale; in Italien Art. 12 Dekret v. 30.6.1965, n. 1124). Dies gilt jedenfalls für die Grundsicherung bei Arbeitsunfällen und Berufskrankheiten. Eine ergänzende Deckung von Risiken durch die Privatversicherung ist nicht ausgeschlossen. Dennoch ist die Frage aufgetaucht, ob eine solche **Pflichtmitgliedschaft von Unternehmen** bei einem öffentlichen Träger oder – was nur ein anderer Ausdruck ist – diese Monopolstellung im Einklang mit dem AEUV steht. 9

Zuerst ist diese Frage bezüglich des italienischen Unfallversicherungsträgers INAIL aufgetaucht. Ein italienisches Gericht hatte dem EuGH die Frage vorgelegt, ob das italienische Unfallversicherungsmonopol mit den Vorschriften des AEUV über den Wettbewerb (Art. 101 ff AEUV) im Einklang steht (vgl dazu ausführlich *Fuchs/Giubboni*, BG 2001, 320 ff). Die Anwendung dieser Vorschriften setzt voraus, dass es sich bei INAIL um ein **Unternehmen** im Sinne des Art. 101 AEUV handelt. Unter Berufung auf die namentlich in der Rs. Poucet und Pistre entwickelten Grundsätze hat der EuGH die Frage verneint (EuGH, Rs. C-218/00 (Cisal), Slg 2002, I-691). Entscheidend war, dass der italienische Unfallversicherungsträger einem System folgt, das vom Grundsatz der Solidarität beherrscht ist. Das bedeutet, dass die Beiträge nicht streng proportional zum versicherten Risiko waren. Ferner werden die Beiträge nicht nur auf der Grundlage des mit der Tätigkeit des betreffenden Unternehmens verbundenen Risikos berechnet, sondern auch nach Maßgabe der Einkünfte des Versicherten. Und schließlich war bedeutsam, dass die Höhe der Leistungen sowie der Beiträge letztlich staatlich festgesetzt ist (zur Bedeutung dieses Arguments vgl auch EuGH, Rs. C-264/01 u.a. (AOK Bundesverband), Slg 2004, I-2493 = JZ 2005, 85 m. Anm. *Fuchs*). 10

Für kurze Zeit schien es, als ob damit auch die **Vereinbarkeit von Unfallversicherungsmonopolen** anderer Länder judiziert worden war. Schon bald begann jedoch in der Bundesrepublik Deutschland eine Diskussion über die Zulässigkeit des Monopols der Berufsgenossenschaft (vgl insbesondere *Giesen*, ZESAR 2004, 292 ff; *Sewald*, SGb 2004, 387 ff und 453 ff). Diese Autoren verneinten die Zulässigkeit nicht nur im Hinblick auf das EG-Wettbewerbsrecht, sondern bejahten auch einen Verstoß gegen die Vorschriften über die Dienstleistungsfreiheit (vgl zur Gegenposition *Fuchs*, ZIAS 1996, 338 ff; *Fuchs*, SGb 2005, 65 ff). Es folgten zahlreiche Rechtsstreitigkeiten vor Sozialgerichten und Landessozialgerichten. In mehreren Entscheidungen des BSG wurde jedoch die Vereinbarkeit mit EG-Recht judiziert (vgl etwa BSGE 91, 263). Jedoch folgte das Sächsische Landessozialgericht dieser Auffassung nicht und legte dem EuGH die Frage der Vereinbarkeit mit EG-Wettbewerbsrecht und den Vorschriften über Dienstleistungsfreiheit zur Entscheidung vor (vgl Sächsisches Landessozialgericht, ZESAR 2007, 434 ff m. Anm. *Fuchs*). 11

Der EuGH verneinte ganz auf der Linie der Rs. Poucet und Pistre sowie Cisal den Unternehmenscharakter der deutschen Berufsgenossenschaften (EuGH, Rs. C-350/07 (**Kattner**), Urteil vom 5.3.2009, ZESAR 2009, 343 ff, vgl dazu *Giesen*, Unfallversicherungsmonopol und EG-Vertrag, ZESAR 2009, 311 ff; *Penner*, ZESAR 2009, 411 ff; *Fuchs*, Unfallversicherungsmonopol und EG- 12

Vertrag, ZESAR 2009, 365 ff). Dagegen sah der EuGH in der Pflichtmitgliedschaft der Unternehmen bei Berufsgenossenschaften eine **Beschränkung der Dienstleistungsfreiheit**, da sie ein Hindernis für die freie Erbringung von Dienstleistungen durch in anderen Mitgliedstaaten niedergelassene Versicherungsgesellschaften, die Versicherungsverträge für derartige Risiken in Deutschland anbieten möchten, insoweit darstellt, als sie die Ausübung dieser Freiheiten behindere oder weniger attraktiv mache, ja sogar unmittelbar oder mittelbar verhindere (Rn 82 des Urteils in der Rs. Kattner). Gleichzeitig deutete der EuGH aber an, dass die Pflichtmitgliedschaft objektiv gerechtfertigt sein könne. Nach st. Rspr des EuGH kann eine Beschränkung gerechtfertigt sein, wenn sie zwingenden Gründen des Allgemeinwohls entspricht, geeignet ist, die Erreichung des mit ihr verfolgten Ziels zu gewährleisten und nicht über das hinausgeht, was zur Erreichung dieses Ziels erforderlich ist (vgl Rn 84 des Urteils in der Rs. Kattner). Als einen zwingenden Grund des Allgemeininteresses sieht der EuGH im Anschluss an seine bisherige Rechtsprechung eine erhebliche **Gefährdung des finanziellen Gleichgewichts** des Systems der sozialen Sicherheit an (vgl Rn 85). Und der Gerichtshof zeigt auf, weshalb das bestehende System der deutschen Unfallversicherung geeignet ist, das finanzielle Gleichgewicht dieses Zweigs der sozialen Sicherheit zu gewährleisten, insbesondere um dem Grundsatz der Solidarität Rechnung zu tragen (vgl Rn 86-88). Im Hinblick auf die Erforderlichkeit der Regelung, die Teil der Verhältnismäßigkeitsprüfung ist, überlässt der EuGH die Prüfung dem nationalen Gericht. Allerdings hat der EuGH bereits angedeutet, dass er in der Tatsache, dass die deutsche Unfallversicherung nur eine Mindestabdeckung bietet, einen Faktor sieht, der für die Verhältnismäßigkeit der deutschen Unfallversicherung spricht (Rn 8, 81 und 89 des Urteils).

13 Schon die **Ausgangsthese** des EuGH, wonach es sich bei der Pflichtmitgliedschaft um eine Beschränkung der Dienstleistungsfreiheit handelt, **ist abzulehnen** (auch der Generalanwalt hatte sich dagegen ausgesprochen, vgl dazu *Fuchs*, ZESAR 2009, 59). Das Urteil des EuGH steht im Widerspruch zu dem früheren Urteil in der **Rs. García** (EuGH, Rs. C-238/94 (García), Slg 1996, I-1675, ausführlich dazu *Fuchs*, ZESAR 2009, 365, 367 ff) und zu den legislativen Festlegungen hinsichtlich der Ausklammerung des Bereichs der sozialen Sicherheit aus der Versicherungsharmonisierung. Unabhängig davon ist aber – wie der EuGH selbst zeigt – die **Rechtfertigung** zum Schutz des finanziellen Gleichgewichts des Systems der sozialen Sicherheit erforderlich. Bereits in der Rs. Poucet und Pistre, und explizit aufgegriffen in der Rs. García, führt der Gerichtshof aus: „Schließlich erfordern, wie der Gerichtshof in seinem Urteil vom 17. Februar 1993 in den Rs. C-159/91 und C-160/91 (Poucet und Pistre), Slg 1993, I-637 Rn 13 ausgeführt hat, Systeme der sozialen Sicherheit, die wie die im Ausgangsverfahren in Rede stehenden auf dem Solidaritätsgrundsatz beruhen, die Versicherungspflicht, damit die Anwendung dieses Grundsatzes sowie das finanzielle Gleichgewicht dieser Systeme gewährleistet sind. Wäre Art. 2 Abs. 2 RL 92/49/EWG im Sinne der Ausführungen des nationalen Gerichts auszulegen, so würde die Versicherungspflicht beseitigt und dementsprechend der Fortbestand der betreffenden Systeme unmöglich gemacht." (EuGH, Rs. C-238/94 (García), Slg 1996, I-1675 Rn 14). Da die Berufsgenossenschaften in Deutschland nach dem Prinzip des **Umlageverfahrens** organisiert sind, trifft dieser Rechtfertigungsgrund in vollem Umfange zu.

Das Sächsische Landessozialgericht hat mit Urteil vom 31.8.2011 (L 6 U 51/09) die Berufung der klagenden Firma Kattner gegen das abweisende Urteil des Sozialgerichts Leipzig zurückgewiesen. Die gegen dieses Urteil eingelegte Nichtzulassungsbeschwerde ist vom BSG (B 2 U 348/11 B) mit Beschluss v. 19.4.2012 als unzulässig verworfen worden (zum gesamten Verfahren s. *Fuchs*, SGb 2012, 507 ff).

Artikel 36 Anspruch auf Sach- und Geldleistungen

(1) Unbeschadet der günstigeren Bestimmungen der Absätze 2 und 2 a des vorliegenden Artikels gelten Artikel 17, Artikel 18 Absatz 1, Artikel 19 Absatz 1 und Artikel 20 Absatz 1 auch für Leistungen als Folge eines Arbeitsunfalls oder einer Berufskrankheit.

(2) Eine Person, die einen Arbeitsunfall erlitten oder sich eine Berufskrankheit zugezogen hat und in einem anderen als dem zuständigen Mitgliedstaat wohnt oder sich dort aufhält, hat Anspruch auf die besonderen Sachleistungen bei Arbeitsunfällen und Berufskrankheiten, die vom Träger des Wohn- oder Aufenthaltsorts nach den für ihn geltenden Rechtsvorschriften für Rechnung des zuständigen Trägers erbracht werden, als ob die betreffende Person nach diesen Rechtsvorschriften versichert wäre.

(2 a) Der zuständige Träger kann die in Artikel 20 Absatz 1 vorgesehene Genehmigung einer Person nicht verweigern, die einen Arbeitsunfall erlitten hat oder die an einer Berufskrankheit leidet und die zu Lasten dieses Trägers leistungsberechtigt geworden ist, wenn ihr die ihrem Zustand angemessene Behandlung im Gebiet ihres Wohnmitgliedstaats nicht innerhalb eines in Anbetracht ihres derzeitigen Gesundheitszustands und des voraussichtlichen Verlaufs der Krankheit medizinisch vertretbaren Zeitraums gewährt werden kann.

(3) Artikel 21 gilt auch für Leistungen nach diesem Kapitel.

Artikel 33 DVO Anspruch auf Sach- und Geldleistungen bei Wohnort oder Aufenthalt in einem anderen Mitgliedstaat als dem zuständigen Mitgliedstaat

(1) Die in den Artikeln 24 bis 27 der Durchführungsverordnung vorgesehenen Verfahren gelten bei der Anwendung von Artikel 36 der Grundverordnung entsprechend.

(2) Gewährt ein Träger des Aufenthalts- oder Wohnmitgliedstaats besondere Sachleistungen als Folge eines Arbeitsunfalls oder einer Berufskrankheit nach den innerstaatlichen Rechtsvorschriften dieses Mitgliedstaats, so teilt er dies unverzüglich dem zuständigen Träger mit.

Artikel 34 DVO Verfahren bei Arbeitsunfällen oder Berufskrankheiten, die in einem anderen Mitgliedstaat als dem zuständigen Mitgliedstaat eintreten

(1) ¹Ein Arbeitsunfall, der in einem anderen Mitgliedstaat als dem zuständigen Mitgliedstaat eintritt, oder eine Berufskrankheit, die dort erstmals ärztlich festgestellt wird, ist nach den Rechtsvorschriften des zuständigen Mitgliedstaats zu melden oder anzuzeigen, wenn die Meldung oder Anzeige nach den einzelstaatlichen Rechtsvorschriften vorgesehen ist; etwaige andere gesetzliche Bestimmungen, die im Gebiet des Mitgliedstaats gelten, in dem der Arbeitsunfall eintrat oder die Berufskrankheit erstmals ärztlich festgestellt wurde, und die in einem solchen Fall weiterhin anzuwenden sind, werden hierdurch nicht berührt. ²Die Meldung oder Anzeige ist an den zuständigen Träger zu richten.

(2) Der Träger des Mitgliedstaats, in dessen Hoheitsgebiet der Arbeitsunfall eingetreten ist oder die Berufskrankheit erstmals ärztlich festgestellt wurde, übermittelt dem zuständigen Träger die im Hoheitsgebiet dieses Mitgliedstaats ausgestellten ärztlichen Bescheinigungen.

(3) ¹Sind bei einem Unfall auf dem Weg zu oder von der Arbeit im Hoheitsgebiet eines anderen Mitgliedstaats als des zuständigen Mitgliedstaats Nachforschungen im Hoheitsgebiet des erstgenannten Mitgliedstaats erforderlich, um einen Anspruch auf entsprechende Leistungen festzustellen, so kann der zuständige Träger zu diesem Zweck eine Person benennen, wovon er die Behörden des betreffenden Mitgliedstaats unterrichtet. ²Die Träger arbeiten zusammen, um alle einschlägigen Informationen zu bewerten und in die Protokolle und alle sonstigen Unterlagen über den Unfall Einsicht zu nehmen.

(4) ¹Nach Beendigung der Behandlung wird auf Anfrage des zuständigen Trägers ein ausführlicher Bericht mit den ärztlichen Bescheinigungen über die Dauerfolgen des Unfalls oder der Krankheit,

insbesondere über den derzeitigen Zustand der verletzten Person sowie über die Heilung oder die Konsolidierung der Schäden, übersandt. ²*Die Honorare hierfür werden vom Träger des Wohn- oder Aufenthaltsorts nach dem Tarif dieses Trägers zu Lasten des zuständigen Trägers gezahlt.*

(5) Auf Ersuchen des Trägers des Wohn- oder Aufenthaltsorts unterrichtet der zuständige Träger diesen gegebenenfalls von der Entscheidung, in der der Tag der Heilung oder der Konsolidierung der Schäden festgelegt wird, sowie gegebenenfalls von der Entscheidung über die Gewährung einer Rente.

Artikel 35 DVO **Streitigkeiten hinsichtlich des beruflichen Charakters eines Unfalls oder einer Krankheit**

(1) Bestreitet der zuständige Träger nach Artikel 36 Absatz 2 der Grundverordnung, dass die Rechtsvorschriften über Arbeitsunfälle oder Berufskrankheiten anzuwenden sind, so teilt er dies unverzüglich dem Träger des Wohn- oder Aufenthaltsorts mit, der die Sachleistungen gewährt hat; diese Sachleistungen gelten sodann als Leistungen der Krankenversicherung.

(2) Ist zu dieser Frage eine endgültige Entscheidung ergangen, so teilt der zuständige Träger dies unverzüglich dem Träger des Wohn- oder Aufenthaltsorts mit, der die Sachleistungen gewährt hat.

Wird kein Arbeitsunfall bzw. keine Berufskrankheit festgestellt, so werden die Sachleistungen weiterhin als Leistungen der Krankenversicherung gewährt, sofern die betreffende Person Anspruch darauf hat.

Wird ein Arbeitsunfall oder eine Berufskrankheit festgestellt, so gelten die der betreffenden Person gewährten Sachleistungen der Krankenversicherung als Leistungen aufgrund eines Arbeitsunfalls oder einer Berufskrankheit ab dem Tag, an dem der Arbeitsunfall eingetreten ist oder die Berufskrankheit erstmals ärztlich festgestellt wurde.

(3) Artikel 6 Absatz 5 Unterabsatz 2 der Durchführungsverordnung gilt entsprechend.

Artikel 40 DVO **Einreichung und Bearbeitung von Anträgen auf Renten oder Zulagen zu Renten**

Betroffene oder deren Hinterbliebene haben für den Bezug einer Rente oder einer Zulage zu einer Rente nach den Rechtsvorschriften eines anderen Mitgliedstaats als dem, in dem sie wohnen, gegebenenfalls einen Antrag entweder beim zuständigen Träger zu stellen oder beim Träger des Wohnorts, der ihn sodann an den zuständigen Träger weiterleitet.

Der Antrag muss die Informationen enthalten, die nach den vom zuständigen Träger anzuwendenden Rechtsvorschriften erforderlich sind.

Artikel 41 DVO **Besondere Durchführungsvorschriften**

(1) Im Hinblick auf die in Anhang 2 genannten Mitgliedstaaten gelten die Vorschriften des Titels III Kapitel 2 der Grundverordnung, die sich auf Sachleistungen beziehen, für Personen, die ausschließlich aufgrund eines Sondersystems für Beamte Anspruch auf Sachleistungen haben, nur in dem dort genannten Umfang.

(2) Artikel 32 Absatz 2 Unterabsatz 2 und Artikel 32 Absatz 3 der Durchführungsverordnung gilt entsprechend.

I. Normzweck	1	4.	Behandlung im Ausland	16
II. Einzelerläuterungen	3	a)	Die Rechtsprechung des EuGH	17
1. Verschiedenheit von zuständigem Staat und Wohnortstaat	3	b)	Zweigleisigkeit des Anspruchs auf Auslandsbehandlung	20
2. Aufenthalt im Gebiet des zuständigen Staates	13	c)	Geltung der Grundsätze für Leistungen bei Arbeitsunfällen und Berufskrankheiten	21
3. Aufenthalt außerhalb des zuständigen Mitgliedstaats	14	d)	Genehmigungsvoraussetzungen	23

Titel III Leistungen bei Arbeitsunfällen und Berufskrankheiten — Artikel 36

I. Normzweck

Der Normzweck des Art. 36 ist nur vor dem Hintergrund der **früheren Regelungen** in Art. 52 bis 55 und Art. 58 VO (EWG) Nr. 1408/71 verständlich. Diese Vorschriften regelten Fallgestaltungen, die dadurch gekennzeichnet sind, dass Wohn- oder Aufenthaltsort des Arbeitnehmers oder Selbständigen nicht im Gebiet des für die Leistungsgewährung zuständigen Staates liegen. Die Vorschriften sahen sehr detailliert für die jeweilige Fallkonstellation und differenzierend nach Sach- und Geldleistungen vor, welcher Träger nach diesen Rechtsvorschriften Leistungen zu erbringen hat (vgl dazu die 4. Aufl. dieses Kommentars, Kommentierungen zu den Art. 52 bis 55 und Art. 58 VO (EWG) Nr. 1408/71).

Diese detaillierten Regelungen erfolgten, obwohl für den Bereich Krankheit und Mutterschaft ähnliche Vorschriften existierten (vgl Art. 19 ff VO (EWG) Nr. 1408/71). Im Hinblick auf das bei der Gestaltung der VO (EG) Nr. 883/2004 verfolgte **Ziel der Vereinfachung** der Bestimmungen hat sich der europäische Gesetzgeber aber die Parallelität der Regelungen zunutze gemacht und die Rechts- und Leistungszuständigkeit bei Leistungen bei Arbeitsunfällen und Berufskrankheiten durch einen **Verweis** auf die entsprechenden Bestimmungen im Bereich Leistungen bei Krankheit normiert. Dadurch ist eine erhebliche Reduzierung der bisherigen Vorschriften erfolgt. Soweit in Art. 36 Abs. 2 und 2a nichts Besonderes geregelt ist, gelten die **Vorschriften über Leistungen bei Krankheit** gemäß Art. 36 Abs. 1 entsprechend. Für Geldleistungen ist die entsprechende Anwendung von Art. 21 in Art. 36 Abs. 3 angeordnet.

II. Einzelerläuterungen

1. Verschiedenheit von zuständigem Staat und Wohnortstaat

Nach der Definition in Art. 1 lit. s) ist **zuständiger Mitgliedstaat** der Mitgliedstaat, in dem der zuständige Träger seinen Sitz hat. Art. 1 lit. q) i) definiert den zuständigen Träger als den Träger, bei dem die betreffende Person zum Zeitpunkt der Stellung des Antrags auf Leistungen versichert ist. Der für Leistungen bei Arbeitsunfällen und Berufskrankheiten zuständige Träger muss demnach nach den kollisionsrechtlichen Vorschriften der Art. 11 ff ermittelt werden. Träger des Wohnorts ist gemäß Art. 1 lit. r) der Träger, der nach den Rechtsvorschriften, die für diesen Träger gelten für die Gewährung der Leistungen an dem Ort zuständig ist, an dem die betreffende Person wohnt. Für den Bereich der Unfallversicherung in Deutschland nimmt die Aufgaben des Trägers des Wohn- und Aufenthaltsorts die **Deutsche Gesetzliche Unfallversicherung e.V.** wahr (§ 139a SGB VII). Aufgrund einer internen Zuständigkeitsverteilung der Deutschen Gesetzlichen Unfallversicherung ist die Einzelfallbearbeitung länderspezifisch einzelnen Berufsgenossenschaften übertragen (vgl dazu *Maxeiner*, DGUV Forum, 2009, Heft 11, S. 20, 25). **Verbindungsstelle** iSd Art. 1 Abs. 2 lit. b) DVO ist für Leistungen bei Arbeitsunfällen und Berufskrankheiten die Deutsche Gesetzliche Unfallversicherung e.V., Deutsche Verbindungsstelle Unfallversicherung-Ausland. Sie ist gleichzeitig iSd Art. 1 Abs. 2 lit. a) DVO Zugangsstelle (vgl § 6 Abs. 1 Nr. 2 des Gesetzes zur Koordinierung der Systeme der sozialen Sicherheit in Europa).

Bei einem **Auseinanderfallen von Wohnort- und zuständigem Mitgliedstaat** verweist Art. 36 auf die Bestimmung des Art. 17. Danach gilt für **Sachleistungen**, dass diese vom Träger des Wohnorts nach den für ihn geltenden Rechtsvorschriften für Rechnung des zuständigen Trägers erbracht werden. Damit wird sichergestellt, dass der Verletzte oder Erkrankte an Ort und Stelle die nötige Hilfe erhält. Im Gegensatz zum Recht der VO (EWG) Nr. 1408/71 (vgl dort Art. 52, 63a, 95d) beschränkt Art. 36 den Anwendungsbereich der unfallversicherungsrechtlichen Koordinierung nicht auf bestimmte Personengruppen. Entscheidend ist, ob der Verletzte oder Erkrankte nach dem gemäß den Vorschriften der Art. 11 ff maßgeblichen Recht unfallversichert ist. Die Frage, ob auch die im deutschen und österreichischen Recht bestehende sog. **unechte Unfallversicherung** vom Koordinierungsrecht erfasst wird, stellt sich bei Art. 36 nicht mehr (vgl zum früheren Recht die 4. Aufl., Art. 52 Anm. II.1., für die Anwendung der Koordinierungsvorschriften auf die unechte Unfallversicherung auch *Raschke*, in: *Lauterbach* (Hrsg.), Unfallversicherung, § 97 SGB VII, Rn 79 s 11.6.1). Der Begriff der Sachleistungen wird in Art. 1 lit. va) ii) iVm lit. va) i) definiert. Der Begriff umfasst danach alle Sachleistungen im Zusammenhang mit Arbeitsunfällen und Berufskrankheiten gemäß der Definition nach lit. va) i), die nach den Arbeitsunfall- und Berufskrankheitenregelungen der Mitgliedstaaten vorgesehen sind. Nach der in Bezug genommenen Definition von lit. va) i), die für Leistungen bei Krankheiten u.a. bestimmt ist, handelt es sich bei Sachleistungen um solche Leistungen, die den Zweck verfolgen, die ärztliche Behandlung und die diese Behandlung ergänzenden Produkte und Dienstleistungen zu erbringen bzw zur Verfügung zu stellen oder direkt zu bezahlen oder die diesbezüglichen Kosten zu erstatten. Nach S. 2 dieser Bestimmung gehören dazu auch Sachleistungen bei Pflegebedürftigkeit. Zu beachten ist, dass der EuGH für das **Pflegegeld** nach § 37 SGB XI entschieden hat, dass es sich bei dieser Leistung um eine Geldleistung bei Krankheit handelt (EuGH, Rs. C-160/96 (Molenaar), Slg 1998, 843 Rn 30 ff; bestätigt durch Rs. C-215/99 (Jauch), Slg 2001, I-1901; Rs. C-502/01 (Gaumain-Cerri), Slg 2004, I-6483). Diese Rechtsauffassung ist deshalb auch für die Qualifizierung des Pflegegeldes in der Unfallversicherung nach § 44 SGB VII zugrunde zu legen.

5 **Träger des Wohnorts** ist nach der Definition in Art. 1 lit. r) der Träger, der nach den Rechtsvorschriften, die für diesen Träger gelten, für die Gewährung der Leistungen an dem Ort zuständig ist, an dem die betreffende Person wohnt. Zuständiger Träger ist gemäß Art. 1 lit. q) i) der Träger, bei dem die betreffende Person zum Zeitpunkt der Stellung des Antrags auf Leistungen versichert, dh konkret unfallversichert ist. Welcher Mitgliedstaat dies ist, ergibt sich aus den kollisionsrechtlichen Vorschriften der Art. 11 ff. Gibt es in dem Mitgliedstaat des Wohnorts keine Unfallversicherung, so werden die Leistungen gemäß Art. 40 Abs. 1 von den Trägern des Wohnortes gewährt, der für die Gewährung von Sachleistungen bei Krankheit zuständig ist.

6 Die **Sachleistungsaushilfe** wird vom Träger des Wohnorts nach den für ihn geltenden Rechtsvorschriften erbracht. Zur administrativen Erledigung des Antrags auf Leistungen bedarf es eines **Informationsaustausches** zwischen dem Träger des Wohnorts und den zuständigen Stellen des zuständigen Mitgliedstaates. In diesem Rahmen muss vor allem auch die Anspruchsberechtigung geklärt werden. Art. 33 DVO erklärt für den Bereich der Unfallversicherung Art. 24 DVO für entsprechend anwendbar. Nach Art. 24 Abs. 1 DVO muss demnach der zuständige Träger auf Antrag des Versicherten oder auf Antrag des Trägers des Wohnorts ein Dokument ausstellen, in dem der Sachleistungsanspruch bescheinigt wird. Art. 34 DVO enthält weitere Einzelheiten zur administrativen Abwicklung. Zum Ausschluss der Sachleistungsansprüche für Beamte s. Art. 3 Rn 52.

7 Hinsichtlich des Leistungsspektrums von Sachleistungen beinhaltet Art. 36 Abs. 2 eine **Spezialregelung**. Danach hat das Arbeitsunfallopfer bzw der an einer Berufskrankheit Leidende Anspruch auf die **besonderen Sachleistungen bei Arbeitsunfällen** und Berufskrankheiten, die vom Träger des Wohnorts nach den für ihn geltenden Rechtsvorschriften für Rechnung des zuständigen Trägers erbracht werden, als ob die betreffende Person nach diesen Rechtsvorschriften versichert wäre. Die meisten Mitgliedstaaten haben nämlich besondere Sachleistungen für diesen Personenkreis vorgesehen, die oft weit über das hinausgehen, was das nationale Krankenversicherungssystem vorsieht. Dieses Leistungsspektrum soll nach dem erklärten Willen des Verordnungsgebers auch im Wohnstaat zur Verfügung stehen.

8 Ein **Wegeunfall** der sich im Gebiet eines anderen Mitgliedstaats als des zuständigen Staates ereignet, gilt als im Gebiet des zuständigen Staates eingetreten. Diese Rechtsfolge war früher ausdrücklich geregelt (vgl Art. 56 VO (EWG) Nr. 1408/71). Die Rechtsfolge ergibt sich jetzt aus Art. 5. Bei der Entschädigung von Wegeunfällen ist Art. 34 Abs. 3 DVO zu beachten.

9 Die Leistungszuständigkeit nach Art. 17 ist abschließender Natur. Für **Grenzgänger** gibt es keine Sonderregelung mehr (anders früher Art. 53 VO (EWG) Nr. 1408/71). Bei Streitigkeiten über den

beruflichen Charakter eines Unfalls oder einer Krankheit ist das Verfahren nach Art. 35 DVO einzuhalten.

Betreffend die Gewährung von **Geldleistungen** verweist Art. 36 Abs. 3 auf Art. 21. Gemäß Art. 21 Abs. 1 S. 1 werden Geldleistungen vom zuständigen Träger nach den für ihn geltenden Rechtsvorschriften erbracht. In verfahrensrechtlicher Hinsicht ist zur Klärung zahlreicher Fragen bei der Entscheidung über den Anspruch Art. 27 DVO zu beachten, auf den Art. 33 Abs. 1 DVO auch für den Bereich der Unfallversicherung verweist. Gemäß Art. 21 Abs. 1 S. 2 können Geldleistungen auch vom Träger des Wohnorts nach den Rechtsvorschriften des zuständigen Mitgliedstaats für dessen Rechnung erbracht werden, wenn eine entsprechende Vereinbarung zwischen dem zuständigen Träger und dem Träger des Wohnorts erfolgt. Die **Geldleistungen bei Pflegebedürftigkeit** betreffende Vorschrift des Art. 34 wird von Art. 36 nicht in Bezug genommen. Die Anwendung dieser Antikumulierungsbestimmung ist aber auch für die Unfallversicherung sinngemäß anzuwenden, da in Art. 36 Abs. 3 auf Art. 21 verwiesen wird und Art. 34 Abs. 1 an diese Bestimmung anknüpft (so zutreffend *Raschke*, in: *Lauterbach* (Hrsg.), Unfallversicherung, § 97 SGB VII, Rn 79 s 11.6.1). 10

Geldleistungen sind in den meisten Mitgliedstaaten der Höhe nach von einem zuvor bezogenen Erwerbseinkommen abhängig. Zur **Ermittlung des Einkommens** enthielt nach bisherigem Recht Art. 58 Abs. 1 und 2 VO (EWG) Nr. 1408/71 Berechnungsvorschriften. Hierzu ist durch die VO (EG) Nr. 883/2004 keine materielle Änderung eingetreten, da Art. 21 Abs. 2 und 3 inhaltsgleiche Regelungen enthalten. Art. 21 Abs. 2 bestimmt, dass in Fällen, in denen das nationale Recht die Berechnung der Geldleistung anhand eines **Durchschnittserwerbseinkommens** verlangt, das Durchschnittserwerbseinkommen anhand der Erwerbseinkommen vorzunehmen ist, die für die nach diesen Rechtsvorschriften zurückgelegten Zeiten festgestellt worden sind. In der Rechtsache Nemec hat der EuGH zur gleichlautenden Vorschrift des Art. 58 Abs. 1 VO (EWG) Nr. 1408/71 eine teleologische, dh am Zweck des Art. 48 AEUV orientierte Auslegung verlangt (EuGH, Rs. C-205/05 (Nemec), Slg 2006, I-10745). Er hat darauf hingewiesen, dass die in Art. 48 AEUV geschützte Freizügigkeit der Arbeitnehmer u.a. impliziert, dass Wanderarbeitnehmer nicht deshalb Ansprüche auf Leistungen der sozialen Sicherheit verlieren oder geringere Leistungen erhalten dürfen, weil sie das ihnen vom AEUV verliehene Recht auf Freizügigkeit ausgeübt haben. Der Gerichtshof weist darauf hin, dass eine nationale Regelung, die nur das Durchschnittseinkommen berücksichtigen will, das auf seinem Staatsgebiet erzielt wurde, Wanderarbeitnehmer gegenüber Arbeitnehmern benachteiligen kann, die nur in einem einzigen Mitgliedstaat tätig waren. Im konkreten Fall war dies deshalb so, weil das nach französischem Recht in Frankreich erzielte Einkommen viele Jahre zurücklag, während das zuletzt in Belgien verdiente Einkommen weit höher war, aber nach den französischen Vorschriften nicht herangezogen werden konnte. Der EuGH fordert nicht, Art. 58 Abs. 1 VO (EWG) Nr. 1408/71 (inhaltsgleich mit Art. 21 Abs. 2) als mit Art. 48 AEUV unvereinbar anzusehen. Allerdings verlangt Art. 48 AEUV, dass die genannten Leistungen für den Wanderarbeitnehmer die gleichen sein müssen, wie wenn er sein Recht auf Freizügigkeit nicht ausgeübt hätte. Im konkreten Fall verlangte deshalb der Gerichtshof, dass das Arbeitsentgelt, das in dem Mitgliedstaat erzielt wurde, dem der zuständige Träger angehört (also Frankreich), so zu aktualisieren und anzupassen ist, dass es dem Arbeitsentgelt entspricht, das der Betroffene bei normaler beruflicher Entwicklung erhalten hätte, wenn er weiterhin in dem betreffenden Mitgliedstaat beschäftigt gewesen wäre (vgl zu dieser Problematik *Raschke*, ZESAR 2007, 278). 11

Die Höhe von Geldleistungen kann nach dem nationalen Recht von der Existenz und Zahl der **Familienangehörigen** (zum Begriff s. Art. 1 lit. i)) abhängen. Hierzu bestimmte Art. 58 Abs. 3 VO (EWG) Nr. 1408/71, dass der zuständige Träger auch die Familienangehörigen des Versicherten mit zu berücksichtigen hat, die im Gebiet eines anderen Mitgliedstaats wohnen, so als ob sie im Gebiet des zuständigen Staates wohnten. Diese Rechtsfolge ergibt sich nunmehr aus Art. 5. 12

2. Aufenthalt im Gebiet des zuständigen Staates

13 Fallen Wohnstaat und zuständiger Staat auseinander und hält sich der Versicherte in dem zuständigen Mitgliedstaat auf, so hat er Anspruch auf Sachleistungen vom zuständigen Träger nach den für diesen geltenden Rechtsvorschriften, so als ob der Versicherte in diesem Mitgliedstaat wohnen würde (Art. 36 Abs. 1 iVm Art. 18 Abs. 1). Diese Rechts- und Leistungszuständigkeit ergab sich bislang aus Art. 54 Abs. 1 VO (EWG) Nr. 1408/71. **Aufenthalt** ist nach der Definition des Art. 1 lit. k) der vorübergehende Aufenthalt.

3. Aufenthalt außerhalb des zuständigen Mitgliedstaats

14 Für den Fall der Verschiedenheit von zuständigem Staat und Aufenthaltsstaat verweist Art. 36 Abs. 1 auf die Bestimmung des Art. 19 Abs. 1. Diese Fallgestaltung ist in der Praxis von grundlegender Bedeutung, betrifft sie doch insbesondere die **Entsendefälle** (Art. 12), wenn sich während der Entsendung ein Arbeitsunfall im Ausland ereignet. In diesem Fall erklärt Art. 19 Abs. 1 den Träger des Aufenthaltsorts als für die Erbringung von Sachleistungen zuständig. Abweichend von Art. 19 Abs. 1 gilt jedoch hinsichtlich des Leistungsumfangs die Sondervorschrift des Art. 36 Abs. 2. Der Betroffene hat nämlich Anspruch auf die besonderen Sachleistungen bei Arbeitsunfällen und Berufskrankheiten, die vom Träger des Aufenthaltsorts nach den für ihn geltenden Rechtsvorschriften zu erbringen sind. Hinsichtlich dieser Sonderregelung gilt das für die Fallgestaltung unter 1. Gesagte. In verfahrensrechtlicher Hinsicht ist Art. 25 DVO bedeutsam, auf den Art. 33 Abs. 1 DVO verweist. Der Träger des Aufenthaltsorts teilt dem zuständigen Träger unverzüglich die Gewährung besonderer Sachleistungen als Folge eines Arbeitsunfalls oder einer Berufskrankheit mit (Art. 33 Abs. 2 DVO). Im Übrigen sind Art. 34 und 35 DVO zu beachten.

15 Für **Geldleistungen** gilt gemäß Art. 36 Abs. 3 die Regelung des Art. 21 (s. dazu oben Rn 10).

4. Behandlung im Ausland

16 Bezüglich der Fallkonstellation, dass sich das Arbeitsunfallopfer oder der an einer Berufskrankheit Leidende zur Inanspruchnahme von Sachleistungen in einen anderen zuständigen Mitgliedstaat begeben will, verweist Art. 36 Abs. 1 auf die Bestimmung des Art. 20 Abs. 1. Danach bedarf ein Versicherter für die Auslandsbehandlung der **Genehmigung** des zuständigen Trägers. Damit ist eine der Fallkonstellationen und ihrer Rechtsfolgen gegeben, die in der jüngsten Vergangenheit die meisten Kontroversen ausgelöst hat. Den Hintergrund der Kontroversen bildet die Rechtsprechung des EuGH betreffend die Inanspruchnahme von Gesundheitsleistungen im europäischen Ausland.

a) Die Rechtsprechung des EuGH

17 Im Folgenden sollen die zentralen Grundsätze der Rechtsprechung des EuGH, die mit den Urteilen in den Rechtsachen Decker (EuGH, Rs. C-120/95, Slg 1998, I-1871) und Kohll (EuGH, Rs. C-158/96, Slg 1998, 1935) eingeleitet wurde, wiedergegeben werden (ausführlich zu dieser Rechtsprechung oben Vorbemerkungen zu Art. 17 Rn 41 ff). Diese Grundsätze, die im Bereich der Leistungen bei Krankheit entwickelt wurden, gelten sinngemäß auch für Leistungen bei Arbeitsunfällen und Berufskrankheiten. Aufgrund der vorbezeichneten Urteile bedürfen **ambulante Krankenbehandlungen** im EU-Ausland keiner vorherigen Genehmigung durch Träger des zuständigen Mitgliedstaats. Besteht nach nationalem Recht ein solches Genehmigungserfordernis, stellt dieses eine unzulässige **Beschränkung** des **freien Dienstleistungsverkehrs** (Art. 56 ff AEUV) dar. Dies gilt sowohl für Systeme, die nach dem Kostenerstattungsprinzip organisiert sind, als auch für solche, die dem Sachleistungsprinzip folgen (EuGH, Rs. C-385/99 (Müller-Fauré), Slg 2003, I-4509 Rn 106). Im Gegensatz zur ambulanten Behandlung sah der EuGH das Genehmigungserfordernis für **stationäre Behandlungen** im Ausland als im Einklang mit dem Recht der Dienstleistungsfreiheit stehend an (EuGH, Rs. C-157/99 (Smits-Peerbooms), Slg 2001, I-5383). Der EuGH hat die Gel-

tung seiner Rechtsprechung auch für solche nationalen Systeme bejaht, die – wie etwa das britische System – einen nationalen Gesundheitsdienst haben, der die Gesundheitsleistungen kostenlos an seine Staatsbürger erbringt (EuGH, Rs. C-372/04 (Watts), Slg 2006, I-4325). Ist für die stationäre Behandlung grundsätzlich eine Genehmigung zulässig, so sind aber an die Voraussetzungen, die der Genehmigung zugrunde gelegt werden sollen, im Hinblick auf das Recht der Dienstleistungsfreiheit strenge Anforderungen zu stellen. In der vorbezeichneten Rs. Smits-Peerbooms (vgl Rn 87-98 des Urteils) hat der EuGH diesbezüglich betont, dass ein System vorheriger behördlicher Genehmigung keine Ermessensausübung der nationalen Behörden rechtfertigt, die geeignet ist, der Grundfreiheit ihre praktische Wirksamkeit zu nehmen. Die Genehmigung muss deshalb von objektiven und nicht diskriminierenden Kriterien abhängig gemacht werden, die im Voraus bekannt sind, um eine missbräuchliche Ausübung durch die nationalen Behörden zu verhindern. Ein derartiges Genehmigungssystem muss außerdem auf einem leicht zugänglichen Verfahren beruhen und geeignet sein, den Betroffenen zu garantieren, dass ihr Antrag innerhalb angemessener Frist sowie objektiv und unparteiisch behandelt wird, wobei eine Versagung der Genehmigung im Rahmen eines gerichtlichen Verfahrens anfechtbar sein muss. In der Rs. Watts hat der EuGH weiterhin präzisiert (Rn 119 des Urteils), dass die Versagung einer vorherigen Genehmigung nicht auf die bloße Existenz von Wartelisten gestützt werden darf, die dazu dienen, das Krankenhausangebot nach Maßgabe von vorab allgemein festgelegten klinischen Prioritäten zu planen und zu verwalten, ohne dass im Einzelfall eine objektive medizinische Beurteilung des Gesundheitszustands des Patienten, seiner Vorgeschichte, der voraussichtlichen Entwicklung seiner Krankheit, des Ausmaßes seiner Schmerzen und/oder der Art seiner Behinderung zum Zeitpunkt der erstmaligen oder erneuten Beantragung der Genehmigung erfolgt ist. Wenn sich herausstellt, dass der Zeitraum, der sich aus derartigen Wartelisten ergibt, im Einzelfall den zeitlichen Rahmen überschreitet, der unter Berücksichtigung einer objektiven medizinischen Beurteilung sämtlicher Umstände, die den Zustand und den klinischen Bedarf des Betroffenen kennzeichnen, vertretbar ist, kann der zuständige Träger die beantragte Genehmigung folglich nicht unter Berufung auf die Existenz von Wartelisten verweigern (Rn 120 des Urteils).

Versicherte, die sich ohne vorherige Genehmigung zur Versorgung in einen anderen Mitgliedstaat als den des Versicherungsstaates begeben, können die **Übernahme der Krankheitskosten** nur insoweit verlangen, als das Krankenversicherungssystem des Staates der Versicherungszugehörigkeit eine Deckung garantiert. Ebenso können den Versicherten bei einer Versorgung in einem anderen Mitgliedstaat als dem der Versicherungszugehörigkeit auch die Voraussetzungen für eine Leistungsgewährung entgegengehalten werden, soweit sie weder diskriminierend sind noch die Freizügigkeit behindern. Und der zuständige Mitgliedstaat, der über ein Sachleistungssystem verfügt, ist nicht daran gehindert, die Erstattungsbeträge festzusetzen, auf die die Patienten, die in einem anderen Mitgliedstaat versorgt werden, Anspruch haben, soweit diese Beträge auf objektiven, nicht diskriminierenden und transparenten Kriterien beruhen (EuGH, Rs. C-385/99 (Müller-Fauré), Slg 2003, I-4509 Rn 106 f). In Umsetzung dieses Gedankens hat § 13 Abs. 4 Satz 5 SGB V den Krankenkassen in ihren Satzungen zur Aufgabe gemacht, ausreichende Abschläge vom Erstattungsbetrag sowie vorgesehene Zuzahlungen in Abzug zu bringen. Diese Regelung ist im Hinblick auf die zusätzlichen Kosten, die den Krankenkassen durch die Kostenerstattung bei Auslandsbehandlungen entstehen, sowie durch die Tatsache, dass die Krankenkassen unwirtschaftliche Leistungserbringungen im Ausland nicht unter Kontrolle bringen können, gerechtfertigt (vgl im Einzelnen zur Begründung *Fuchs*, NZS 2004, 225, 230). 18

Hat der zuständige Träger zu Unrecht die **Genehmigung** nach Abs. 1 lit. c) **versagt** und hat sich der Versicherte zur Behandlung in das Gebiet eines anderen Mitgliedstaates begeben, so hat der Versicherte einen unmittelbaren Anspruch gegen den zuständigen Träger auf eine Erstattung in der Höhe, wie sie normalerweise zu erbringen gewesen wäre, wenn die Genehmigung von Anfang an ordnungsgemäß erteilt worden wäre (EuGH, Rs. C-368/98 (Vanbraekel), Slg, 2001, I-5363 Rn 34). Der EuGH betonte in diesem Urteil, dass Art. 20 nicht die **Erstattung** der bei einer Be- 19 handlung in einem anderen Mitgliedstaat entstandenen **Kosten** durch die Mitgliedstaaten zu den im Mitgliedstaat der Versicherungszugehörigkeit geltenden Gesetzen regeln will und daher die Mitgliedstaaten nicht an einer Erstattung hindern will, wenn die Rechtsvorschriften des Versicherungsmitgliedstaats eine derartige Erstattung vorsehen und die nach diesen Rechtsvorschriften angewandten Sätze sich als günstiger als diejenigen erweisen, die in dem Mitgliedstaat praktiziert werden, in dem die Behandlung erfolgt ist (Rn 36 des Urteils). Hindert Art. 20 eine solche Erstattung nicht, so schreibt er sie umgekehrt aber auch nicht vor. Unter dem Aspekt der Dienstleistungsfreiheit verlangt der EuGH aber bei unbegründeter Ablehnung, dass der Betroffene dann einen unmittelbaren Anspruch gegen den zuständigen Träger auf eine Erstattung in der Höhe habe, wie sie der Träger des Aufenthaltsorts gemäß der Regelung nach den für ihn geltenden Rechtsvorschriften zu erbringen gehabt hätte, wenn die Genehmigung von Anfang an ordnungsgemäß erteilt worden wäre. Art. 56 AEUV sei so auszulegen, dass dann, wenn die Erstattung von Kosten, die in dem Aufenthaltsmitgliedstaat entstanden sind, niedriger ist als diejenige, die sich aus der Anwendung der im Mitgliedstaat der Versicherungszugehörigkeit geltenden Rechtsvorschriften im Falle einer Krankenhauspflege in diesem Staat ergeben würde, dem Sozialversicherten vom zuständigen Träger eine ergänzende Erstattung gemäß dem Unterschied zwischen beiden Systemen zu gewähren ist (Rn 53 des Urteils). Diese Rechtsprechung ist abzulehnen, vgl dazu oben Art. 19 Rn 28. Für den Bereich der Krankheitsleistungen bestimmt jetzt Art. 25 Abs. 8 DVO, dass die Erstattung an den Versicherten in keinem Fall den Betrag der tatsächlich entstandenen Kosten überschreiten darf. Diese Vorschrift muss analog auch für die Leistungen bei Arbeitsunfällen und Berufskrankheiten gelten.

b) Zweigleisigkeit des Anspruchs auf Auslandsbehandlung

20 Die Rechtsprechung des EuGH hat direkt zu einer **Anspruchskonkurrenz** geführt. Der Betroffene kann seinen Behandlungsanspruch aus der **Dienstleistungsfreiheit** herleiten. Er kann seinen Anspruch aber auch auf Art. 20 stützen. Beide Ansprüche schließen sich nicht aus, sondern stehen nebeneinander. Dies hat der EuGH explizit klargestellt (vgl EuGH, Rs. C-372/04 (Watts), Slg 2006, I-4325 Rn 48).

c) Geltung der Grundsätze für Leistungen bei Arbeitsunfällen und Berufskrankheiten

21 Die vom EuGH für Leistungen bei Krankheit entwickelten Grundsätze müssen auch für Leistungen bei Arbeitsunfällen und Berufskrankheiten Anwendung finden. Das bedeutet, dass Arbeitsunfallopfer und an einer Berufskrankheit Leidende neben dem Anspruch, der sich aus Art. 36 Abs. 1 unter Verweis auf Art. 20 Abs. 1 ergibt, einen **Anspruch auf Krankenbehandlung im Ausland** unmittelbar aus Art. 56 ff AEUV bzw Art. 34 AEUV, soweit medizinische Behandlung und die Beschaffung von Arzneien, Heil- und Betriebsmitteln betroffen ist, haben. Der deutsche Gesetzgeber hat durch das am 1.1.2004 in Kraft getretene GKV-Modernisierungsgesetz v. 14.11.2003 (BGBl. I, S. 2190) die Grundsätze der Rechtsprechung des EuGH in § 13 Abs. 4-6 SGB V umgesetzt (ausführlich dazu *Fuchs*, NZS 2004, 225, 228 ff). Im Unfallversicherungsrecht ist bislang eine positiv-rechtliche Regelung nicht getroffen worden. Aber auch ohne eine solche Regelung wird bereits de lege lata die Unfallversicherung eine den Grundsätzen der Rechtsprechung des EuGH adäquate Versorgung sicherstellen müssen (vgl zu vielen Einzelfragen *Raschke*, in: *Lauterbach* (Hrsg.), Unfallversicherung, § 97 SGB VII Rn 79 s 11.6.1).

22 Dabei stellt sich die Frage, inwieweit die besonderen Vorschriften über die Durchführung der Heilbehandlung im Sinne des § 34 SGB VII berücksichtigt werden können. Mit diesen besonderen Verfahren, insbesondere dem sogenannten **D-Arzt-Verfahren**, soll der Unfallversicherung eine besondere Verantwortung bei der Durchführung der Heilbehandlung auferlegt werden, um eine besonders effektive Behandlung sicherzustellen, die es ermöglicht, dass der Verletzte oder an einer Berufskrankheit Leidende bald wieder in das Arbeitsleben zurückkehren kann (vgl dazu Kass-Komm-*Ricke* § 34 Rn 5 ff). Da der EuGH die Erhaltung eines bestimmten Umfangs der medizi-

nischen und pflegerischen Versorgung oder eines bestimmten Niveaus der Heilkunde im Inland für die Gesundheit als Rechtfertigungsgrund im Sinne des Art. 62 iVm Art. 52 AEUV (= Art. 55 iVm Art. 46 EG) anerkannt hat, bestehen keine gemeinschaftsrechtlichen Bedenken, dem Aspekt der Qualitätssicherung in gemeinschaftskonformer Art und Weise Rechnung zu tragen. Die Regelungen in § 13 Abs. 4 S. 2 SGB V, wonach im Bereich der gesetzlichen Krankenversicherung im Ausland nur solche **Leistungserbringer** in Anspruch genommen werden dürfen, bei denen die Bedingungen des Zugangs und der Ausübung des Berufs Gegenstand einer Richtlinie der Europäischen Gemeinschaft sind oder die im jeweiligen nationalen System der Krankenversicherung des Aufenthaltsstaates zur Versorgung der Versicherten berechtigt sind, dürfte als Mindesterfordernis sinngemäß auch bei Arbeitsunfällen und Berufskrankheiten zugrunde zu legen sein. Darüber hinaus wird man aber nicht in Abrede stellen können, dass die Unfallversicherung auf die Einhaltung der Standards, wie sie im D-Arzt-Verfahren zum Ausdruck kommen, bestehen kann. Dh eingefordert werden kann eine Behandlung durch Fachkräfte, die auf die Versorgung von Unfallopfern oder Berufskrankheiten spezialisiert sind. Ihre Einhaltung ist nicht nur im Interesse der Betroffenen, sondern auch im Interesse der Arbeitgeber geboten, die dieses System finanzieren, aber indirekt damit auch der Versichertengemeinschaft, um die Effizienz des Systems zu erhalten. Die hier vertretene Auffassung wird durch zwei Aspekte bestätigt. Zum einen hat der EuGH in der Rs. Müller-Fauré die Erstattung der Kosten der Auslandsbehandlung nur im Rahmen der vom jeweiligen nationalen System vorgesehenen Deckung garantiert, wobei die Voraussetzungen für eine Leistungsgewährung dem Versicherten entgegengehalten werden können, soweit sie weder diskriminieren noch die Freizügigkeit behindern. Als Beispiel nennt der EuGH ausdrücklich das Erfordernis, vor einem Facharzt zunächst einen Allgemeinarzt zu konsultieren (EuGH, Rs. C-385/99 (Müller-Fauré), Slg 2003, I-4509 Rn 106). Wenn die Effektivität des Unfallversicherungssystems wesentlich auch durch eine effektive und effiziente Behandlung durch Fachkräfte gesichert werden soll, kann man die Beachtung dieser Standards auch bei der Auslandsbehandlung verlangen. Dies wird darüber hinaus durch die Neuregelung in Art. 36 Abs. 2 anerkannt. Die besonderen Sachleistungen bei Arbeitsunfällen und Berufskrankheiten sind Inhalt des Leistungsanspruchs von Arbeitsunfallopfern und an einer Berufskrankheit Leidenden.

d) Genehmigungsvoraussetzungen

Für die nach Art. 20 Abs. 1 vorgesehene Genehmigung bei einer Auslandsbehandlung hat der Verordnungsgeber die Voraussetzungen der **Genehmigung** konkretisiert. Der Antragsteller hat danach einen Anspruch auf die Genehmigung, wenn ihm die seinem Zustand angemessene Behandlung im Gebiet seines Wohnstaats nicht innerhalb eines in Anbetracht seines derzeitigen Gesundheitszustands und des voraussichtlichen Verlaufs seiner Krankheit medizinisch vertretbaren Zeitraums gewährt werden kann (Art. 36 Abs. 2 a). Diese erst im Rahmen des Gemeinsamen Standpunkts in die VO aufgenommene Bestimmung folgt der Intention des EuGH, die dieser im Hinblick auf die grundsätzlich zulässige Genehmigung bei stationärer Behandlung im Hinblick auf die Respektierung der Dienstleistungsfreiheit formuliert hat. Durch die VO (EU) Nr. 465/2012 ist der Wortlaut des Abs. 2 a geändert worden, indem die Beschränkung des Tatbestandes auf Arbeitnehmer oder Selbstständige aufgegeben wurde. Stattdessen kommt als Adressat einer Genehmigung bzw einer verweigerten Genehmigung jede Person unabhängig von ihrem beruflichen Status in Betracht. Denn nach dem Recht der Mitgliedstaaten können Opfer eines Arbeitsunfalls oder einer Berufskrankheit nicht nur Arbeitnehmer oder Selbstständige sein. Die Mitgliedstaaten unterstellen häufig ganz unterschiedliche Personenkreise dem Schutz der Unfallversicherung (vgl für Deutschland § 2 SGB VII). 23

In Zukunft wird auch in der Unfallversicherung die RL 2011/24/EU über die Ausübung der Patientenrechte in der grenzüberschreitenden Gesundheitsversorgung vom 9.3.2011 (ABl. L 88/45) beachtet werden müssen (vgl zum Inhalt der RL 2011/24/EU *Hernekamp/Jäger-Lindemann*, 24

ZESAR 2011, 403 ff). Die Richtlinie ist abgedruckt und kommentiert in Teil 4. Zu den Auswirkungen auf die Unfallversicherung s. *Höffer/Wölfle*, DGUV Forum, 2011, 46 ff.

Artikel 37 Transportkosten

(1) ¹Der zuständige Träger eines Mitgliedstaats, nach dessen Rechtsvorschriften die Übernahme der Kosten für den Transport einer Person, die einen Arbeitsunfall erlitten hat oder an einer Berufskrankheit leidet, bis zu ihrem Wohnort oder bis zum Krankenhaus vorgesehen ist, übernimmt die Kosten für den Transport bis zu dem entsprechenden Ort in einem anderen Mitgliedstaat, in dem die Person wohnt, sofern dieser Träger den Transport unter gebührender Berücksichtigung der hierfür sprechenden Gründe zuvor genehmigt hat. ²Eine solche Genehmigung ist bei Grenzgängern nicht erforderlich.

(2) Der zuständige Träger eines Mitgliedstaats, nach dessen Rechtsvorschriften bei einem tödlichen Arbeitsunfall die Übernahme der Kosten für die Überführung der Leiche bis zur Begräbnisstätte vorgesehen ist, übernimmt nach den für ihn geltenden Rechtsvorschriften die Kosten der Überführung bis zu dem entsprechenden Ort in einem anderen Mitgliedstaat, in dem die betreffende Person zum Zeitpunkt des Unfalls gewohnt hat.

1 Abs. 1 regelt die Kostentragung für den **Transport** des bei einem Arbeitsunfall Verunglückten oder an einer Berufskrankheit Leidenden bis zum Wohnort bzw Krankenhaus im Gebiet des Staates, in dem der Verletzte/Erkrankte tatsächlich wohnt. Voraussetzung ist, dass das Recht des Versicherungsstaates den Transport bis zum Wohnort oder Krankenhaus vorsieht (vgl für das deutsche Recht § 43 SGB VII). Ist dies der Fall, dann verlangt Abs. 1 auch die Übernahme der Transportkosten in den Wohnortstaat. Diese Verpflichtung entsteht aber nur, wenn der zuständige Träger vorher den Transport genehmigt hat. Abs. 1 verlangt hierbei die gebührende Berücksichtigung der hierfür sprechenden Gründe. Grundsätze der Wirtschaftlichkeit dürfen nicht allein ausschlaggebend sein. Bei Grenzgängern (Art. 1 lit. f)) bedarf es keiner Genehmigung (Abs. 1 S. 2). Zur Kostentragung verpflichtet ist der zuständige Träger, dh der Träger des Mitgliedstaats, nach dessen Recht der Verletzte versichert ist (Art. 1 lit. q) i)).

2 Häufig ist nach innerstaatlichem Recht die Gewährung der Kosten der Überführung des Verstorbenen an den **Bestattungsort** vorgesehen (vgl für das deutsche Recht §§ 63 Abs. 1 Ziff. 2, 64 Abs. 2 SGB VII). Abs. 2 erweitert deshalb die Verpflichtung des Abs. 1 dahingehend, dass die Übernahme der Kosten für die Überführung der Leiche an die Begräbnisstätte im Land, in dem der Verstorbene im Unfallzeitpunkt gewohnt hat, normiert wird. Ort der Begräbnisstätte und Wohnort des Verstorbenen müssen nicht identisch sein. D.h. wenn der in Straßburg wohnende und in Kiel nach deutschem Recht Versicherte durch einen Arbeitsunfall stirbt und in Bordeaux beerdigt wird, dann hat der deutsche Träger die Kosten für die Überführung nach Bordeaux zu übernehmen.

Artikel 38 Leistungen bei Berufskrankheiten, wenn die betreffende Person in mehreren Mitgliedstaaten dem gleichen Risiko ausgesetzt war

Hat eine Person, die sich eine Berufskrankheit zugezogen hat, nach den Rechtsvorschriften von zwei oder mehr Mitgliedstaaten eine Tätigkeit ausgeübt, die ihrer Art nach geeignet ist, eine solche Krankheit zu verursachen, so werden die Leistungen, auf die sie oder ihre Hinterbliebenen Anspruch haben, ausschließlich nach den Rechtsvorschriften des letzten dieser Mitgliedstaaten gewährt, dessen Voraussetzungen erfüllt sind.

Artikel 36 DVO   Verfahren bei einer in mehr als einem Mitgliedstaat ausgeübten Tätigkeit, die eine Berufskrankheit verursachen kann

(1) Im Fall des Artikels 38 der Grundverordnung wird die Meldung oder Anzeige der Berufskrankheit dem für Berufskrankheiten zuständigen Träger des Mitgliedstaats übermittelt, nach dessen Rechtsvorschriften der Betroffene zuletzt eine Tätigkeit ausgeübt hat, die die betreffende Krankheit verursachen kann.

Stellt der Träger, an den die Meldung oder Anzeige übermittelt wurde, fest, dass zuletzt nach den Rechtsvorschriften eines anderen Mitgliedstaats eine Tätigkeit ausgeübt worden ist, die die betreffende Berufskrankheit verursachen kann, so übermittelt er die Meldung oder Anzeige und alle beigefügten Unterlagen dem entsprechenden Träger dieses Mitgliedstaats.

(2) Stellt der Träger des Mitgliedstaats, nach dessen Rechtsvorschriften der Betroffene zuletzt eine Tätigkeit ausgeübt hat, die die betreffende Berufskrankheit verursachen kann, fest, dass der Betroffene oder seine Hinterbliebenen die Voraussetzungen dieser Rechtsvorschriften nicht erfüllen, z.B. weil der Betroffene in diesem Mitgliedstaat nie eine Tätigkeit ausgeübt hat, die die Berufskrankheit verursacht hat, oder weil dieser Mitgliedstaat nicht anerkennt, dass es sich um eine Berufskrankheit handelt, so übermittelt dieser Träger die Meldung oder Anzeige und alle beigefügten Unterlagen, einschließlich der ärztlichen Feststellungen und Gutachten, die der erste Träger veranlasst hat, unverzüglich dem Träger des Mitgliedstaats, nach dessen Rechtsvorschriften der Betroffene zuvor eine Tätigkeit ausgeübt hat, die die betreffende Berufskrankheit verursachen kann.

(3) Gegebenenfalls wiederholen die Träger das in Absatz 2 beschriebene Verfahren für die Vergangenheit, bis dies zu dem entsprechenden Träger des Mitgliedstaats zurückführt, nach dessen Rechtsvorschriften der Betroffene zuerst eine Tätigkeit ausgeübt hat, die die betreffende Berufskrankheit verursachen kann.

Artikel 37 DVO   Informationsaustausch zwischen Trägern und Zahlung von Vorschüssen bei Einlegung eines Rechtsbehelfs gegen eine ablehnende Entscheidung

(1) Im Fall eines Rechtsbehelfs gegen eine ablehnende Entscheidung des Trägers eines Mitgliedstaats, nach dessen Rechtsvorschriften der Betroffene eine Tätigkeit ausgeübt hat, die die betreffende Berufskrankheit verursachen kann, hat dieser Träger den Träger, dem die Meldung oder Anzeige nach dem Verfahren des Artikels 36 Absatz 2 der Durchführungsverordnung übermittelt wurde, hiervon zu unterrichten und ihn später, wenn eine endgültige Entscheidung ergangen ist, entsprechend zu informieren.

(2) ¹Besteht ein Leistungsanspruch nach den Rechtsvorschriften, die der Träger, dem die Meldung oder Anzeige übermittelt wurde, anwendet, so zahlt dieser Träger Vorschüsse, deren Höhe gegebenenfalls nach Anhörung des Trägers, gegen dessen Entscheidung der Rechtsbehelf eingelegt wurde, festgelegt wird, wobei darauf zu achten ist, dass zu viel gezahlte Beträge vermieden werden. ²Der letztgenannte Träger erstattet die gezahlten Vorschüsse, wenn er aufgrund der Entscheidung über den Rechtsbehelf die Leistungen zu gewähren hat. ³Die Vorschüsse werden dann nach dem Verfahren der Artikel 72 und 73 der Durchführungsverordnung von den Leistungen einbehalten, auf die die betreffende Person Anspruch hat.

(3) Artikel 6 Absatz 5 Unterabsatz 2 der Durchführungsverordnung gilt entsprechend.

I. Normzweck

Im Gegensatz zum Arbeitsunfall als einem zeitlich und örtlich lokalisierbaren Vorgang ist die Berufskrankheit das Ergebnis eines über einen längeren Zeitraum sich erstreckenden Entwicklungsprozesses (Exposition). Die **Expositionszeiten** können in verschiedenen Mitgliedstaaten zurückgelegt sein. Damit den Betroffenen keine Nachteile aus der Tätigkeit in verschiedenen Mitgliedstaaten entstehen, ist eine Koordinierung der Berufskrankheitenentschädigung notwendig. Dabei sind im Wesentlichen drei Probleme zu lösen:

- Wer ist für die Entscheidung über die Leistung zuständig? (kollisionsrechtliches Problem)
- Sind bei der Entscheidung über die Leistung auch relevante Vorgänge in anderen Mitgliedstaaten zu berücksichtigen?
- Wer trägt die Kostenlast, wenn Expositionszeiten in mehreren Mitgliedstaaten liegen?

2   Die **kollisionsrechtliche** Frage wird durch Art. 38 in dem Sinn entschieden, dass für die Entscheidung über die Leistungsgewährung derjenige Träger zuständig ist, nach dessen Rechtsvorschrift der Leistungsanspruch zuletzt erfüllt war. Das supranationale Recht hat hier also eine Lösung im Sinne der ausschließlichen Zuständigkeit des Trägers des Staates der letzten gefährlichen Tätigkeit gewählt, wenn die Voraussetzungen für eine Entschädigung vorliegen. Diese Regelung erfüllt zwei Funktionen. Sie ist einmal **Kollisionsnorm**, weil sie bestimmt, wer von möglichen in Betracht kommenden nationalen Unfallversicherungsträgern zur Entscheidung berufen ist. Gleichzeitig handelt es sich um eine **Antikumulierungsbestimmung**. Es sollen also **Doppelleistungen vermieden** werden. Kommt der nach Art. 38 zuständige Träger zu dem Ergebnis, dass nach seinen Vorschriften ein Anspruch auf Entschädigung nicht besteht, entsteht die Zuständigkeit der übrigen beteiligten Versicherungsträger in rücklaufender Reihenfolge.

3   Die Verlagerung der **ausschließlichen Zuständigkeit** auf den Unfallversicherungsträger der letzten gefährlichen Tätigkeit darf nicht dazu führen, dass für das Berufskrankheitenrecht relevante Ereignisse oder Vorgänge in anderen Mitgliedstaaten außer Kraft bleiben. Art. 57 Abs. 2 bis 5 VO (EWG) Nr. 1408/71 sah deshalb eine Reihe von **Äquivalenzregeln** vor, um in anderen Mitgliedstaaten eingetretene Umstände oder Vorgänge mit zu berücksichtigen. Von einer Ausnahme abgesehen, sind diese Äquivalenzregeln in der VO (EG) Nr. 883/2004 nicht mehr enthalten. Der Fortfall war aufgrund der allgemeinen Äquivalenzregeln in Art. 5 und 6 entbehrlich geworden. Erhalten geblieben ist die bislang in Art. 61 Abs. 6 VO (EWG) Nr. 1408/71 enthaltene Äquivalenzregel. Sie findet sich jetzt in Art. 40 Abs. 3.

4   Die ausschließliche Zuständigkeit eines Trägers für die Gewährung der Leistung muss nicht bedeuten, dass dieser auch die gesamte **Kostenlast** der Berufskrankheitenentschädigung zu tragen hat. In den meisten Sozialversicherungsabkommen ist vielmehr bestimmt, dass bei Verursachung der Berufskrankheit in mehreren Mitgliedstaaten eine Proratisierung erfolgt. D.h. ausgehend von der Gesamtdauer der Exposition trägt jeder Träger nur den Teil der Leistung, der der Dauer der Exposition in dem Gebiet des Trägers entspricht (vgl dazu *Raschke*, BG 1988, 222 ff). Die VO (EG) Nr. 883/2004 folgt diesem Lösungsmodell nicht. Nach dem neuen Recht fallen Entscheidungsträger und Träger der Kostenlast zusammen. Die bisherigen Vorschriften über eine begrenzte Teilung der Kostenlast nach Art. 57 Abs. 5 und 6 VO (EWG) Nr. 1408/71 (ausführlich dazu *Schimke*, Reformbedürfnis, S. 25 ff) wurden nicht übernommen (zu einer eingehenden Kritik dieser Neuregelung siehe *Fuchs*, Arbeitsunfälle und Berufskrankheiten, in: *Eichenhofer* (Hrsg.), 50 Jahre nach ihrem Beginn – Neue Regeln für die Koordinierung sozialer Sicherheit, 2009, S. 2007, 217 ff).

II. Einzelerläuterung

1. Zuständiger Träger

5   Zuständig für die Entscheidung über die Gewährung einer Entschädigung wegen Berufskrankheit ist der Träger desjenigen Mitgliedstaates, nach dessen Recht zuletzt die Voraussetzungen einer Berufskrankheit erfüllt sind. Um eine Entscheidung des danach **zuständigen Trägers** zu realisieren, sieht Art. 36 DVO bestimmte verfahrensrechtliche Verpflichtungen möglicherweise betroffener Träger vor.

2. Das zur Anwendung kommende Recht

Ob eine Entschädigung wegen Berufskrankheit zu gewähren ist, entscheidet der zuständige Träger grundsätzlich nach seinen **innerstaatlichen Rechtsvorschriften**. Die danach für seine Entscheidung relevanten Umstände oder Vorgänge sind nach Maßgabe des Art. 5 oder 6 auch dann zu berücksichtigen, wenn sie in einem anderen Mitgliedstaat vorliegen oder eingetreten sind. Darüber hinaus ist die Vorschrift des Art. 40 Abs. 3 zu beachten.

6

Die Kommission hat an die Mitgliedstaaten mehrfach Empfehlungen betreffend die Annahme einer **Europäischen Liste der Berufskrankheiten** gerichtet (vgl zuletzt Empfehlung 2003/670/EG v. 19.9.2003, ABl. (EU) L 238/28. Ausführlich zu dieser Liste sowie weiteren rechtsvergleichenden Anmerkungen *Kranig*, DGUV Forum, 2012, 30 ff). Diese Empfehlungen sind in den einzelnen Mitgliedstaaten unmittelbar geltendes Recht (Art. 288 AEUV). Sie begründen deshalb für den Einzelnen keine vor den innerstaatlichen Gerichten durchsetzbaren Rechte. Dies ist mittlerweile auch vom EuGH festgestellt worden (vgl EuGH, Rs. 322/88 (Grimaldi), Slg 1989, 4421). Der EuGH hat aber gleichzeitig betont, dass diese Empfehlungen damit nicht als rechtlich völlig wirkungslos angesehen werden dürfen. Die innerstaatlichen Gerichte sind vielmehr verpflichtet, bei der Entscheidung der bei ihnen anhängigen Rechtsstreitigkeit die Empfehlungen zu berücksichtigen, insbesondere dann, wenn diese Aufschluss über die Auslegung zu ihrer Durchführung erlassener innerstaatlicher Rechtsvorschriften gebe oder wenn sie verbindliche gemeinschaftliche Vorschriften ergänzen soll.

7

a) Feststellung der Berufskrankheit in einem anderen Mitgliedstaat

Soweit das nationale Berufskrankheitenrecht als Anspruchsvoraussetzung verlangt, dass die betreffende Krankheit erstmalig in seinem Geltungsbereich **ärztlich festgestellt** worden ist, so muss nach Art. 5 lit. b) auch die Feststellung in einem anderen Mitgliedstaat der Erfüllung dieses Tatbestandsmerkmals dienen. Zweifelhaft ist, ob der zuständige Träger an die Feststellung der Berufskrankheit durch Träger anderer Mitgliedstaaten gebunden ist. Der EuGH hat entschieden, dass die ärztliche Feststellung einer Berufskrankheit von demjenigen Mitgliedstaat anzuerkennen ist, der nach Art. 38 Leistungen zu erbringen hat, auch wenn die Feststellung in einem anderen Mitgliedstaat nach dessen Rechtsvorschriften erfolgt ist (EuGH, Rs. 28/85 (Deghillage), 1986, 999). Gleiches hat zu gelten, wenn es um die Feststellung einer Krankheit als Berufskrankheit innerhalb einer bestimmten Frist nach Beendigung der letzten Tätigkeit geht, die geeignet ist, eine solche Krankheit zu verursachen (diese Notwendigkeit war bislang in Art. 57 Abs. 3 VO (EWG) Nr. 1408/71 enthalten).

8

b) Berücksichtigung ausländischer Expositionszeiten

Die frühere Vorschrift des Art. 57 Abs. 4 VO (EWG) Nr. 1408/71 hatte den Grundsatz normiert, dass sämtliche Expositionszeiten in allen Mitgliedstaaten als Einheit gesehen werden müssen. Damit wurde für den Bereich des Berufskrankheitenrechts das in Art. 48 lit. a) AEUV verankerte **Prinzip der Zusammenrechnung** verwirklicht (so auch *Raschke*, BG 1998, 414, 417). An dieser rechtlichen Notwendigkeit hat sich durch die VO (EG) Nr. 883/2004 nichts geändert. Die rechtliche Notwendigkeit zur Berücksichtigung ausländischer Expositionszeiten ergibt sich jetzt aus Art. 6.

9

Artikel 39 Verschlimmerung einer Berufskrankheit

Bei Verschlimmerung einer Berufskrankheit, für die die betreffende Person nach den Rechtsvorschriften eines Mitgliedstaats Leistungen bezogen hat oder bezieht, gilt Folgendes:

a) Hat die betreffende Person während des Bezugs der Leistungen keine Beschäftigung oder selbstständige Erwerbstätigkeit nach den Rechtsvorschriften eines anderen Mitgliedstaats ausgeübt, die geeignet war, eine solche Krankheit zu verursachen oder zu verschlimmern, so übernimmt der zuständige Träger des ersten Mitgliedstaats die Kosten für die Leistungen nach den für ihn geltenden Rechtsvorschriften unter Berücksichtigung der Verschlimmerung der Krankheit.

b) Hat die betreffende Person während des Bezugs der Leistungen eine solche Tätigkeit nach den Rechtsvorschriften eines anderen Mitgliedstaats ausgeübt, so übernimmt der zuständige Träger des ersten Mitgliedstaats die Kosten für die Leistungen nach den für ihn geltenden Rechtsvorschriften ohne Berücksichtigung der Verschlimmerung der Krankheit. Der zuständige Träger des zweiten Mitgliedstaats gewährt der betreffenden Person eine Zulage in Höhe des Unterschiedsbetrags zwischen dem Betrag der nach der Verschlimmerung geschuldeten Leistungen und dem Betrag, den er vor der Verschlimmerung aufgrund der für ihn geltenden Rechtsvorschriften geschuldet hätte, wenn die betreffende Person sich die Krankheit zugezogen hätte, während die Rechtsvorschriften dieses Mitgliedstaats für sie galten.

c) Die in den Rechtsvorschriften eines Mitgliedstaats vorgesehenen Bestimmungen über die Kürzung, das Ruhen oder die Entziehung sind nicht auf die Empfänger von Leistungen anwendbar, die gemäß Buchstabe b) von den Trägern zweier Mitgliedstaaten gewährt werden.

Artikel 38 DVO Verschlimmerung einer Berufskrankheit

[1]In den in Artikel 39 der Grundverordnung genannten Fällen hat der Antragsteller dem Träger des Mitgliedstaats, bei dem er Leistungsansprüche geltend macht, Informationen über die früher wegen der betreffenden Berufskrankheit gewährten Leistungen zu erteilen. [2]Dieser Träger kann bei jedem Träger, der früher zuständig gewesen ist, die Informationen einholen, die er für erforderlich hält.

I. Normzweck

1   Art. 39 behandelt den Fall der Leistungsgewährung bei **Verschlimmerung einer Berufskrankheit**, für die bereits Leistungen gewährt werden. Die Bestimmung sieht eine differenzierte Regelung vor, je nach Art der Krankheit und Ursache der Verschlimmerung.

II. Einzelerläuterungen

1. Grundsätzliche Zuständigkeit des ursprünglichen Leistungsträgers (lit. a)

2   Hat sich der Zustand des Betroffenen verschlimmert und hat der Betroffene keine Berufstätigkeit nach den Rechtsvorschriften eines anderen Mitgliedstaats ausgeübt, die einen Einfluss auf die Entstehung oder Verschlimmerung der Krankheit hätte haben können, so bleibt es gemäß lit. a) grundsätzlich bei der **Zuständigkeit** desjenigen Trägers, der für die erstmalige Gewährung der Leistung zuständig war. Er hat auch die durch die Verschlimmerung bedingten Leistungen zu gewähren.

2. Zuständigkeit bei Fortsetzung gefährlicher Tätigkeiten (lit. b)

3   Für den Fall, dass der Leistungsadressat nach Eintritt der Leistungsgewährung in einem anderen Mitgliedstaat eine Tätigkeit aufgenommen hat, die geeignet war, eine solche Krankheit bzw. deren Verschlimmerung zu verursachen, bleibt es bei der Zuständigkeit des bisherigen Leistungsträgers. Er berücksichtigt die Verschlimmerung nicht, er erbringt vielmehr die Leistung im bisherigen Umfang gemäß lit. b) S. 1. Für die Frage, ob eine Tätigkeit zur Verursachung der Krankheit bzw. deren Verschlimmerung geeignet war, ist nicht von einer konkreten, sondern von einer **abstrakten** Betrachtungsweise auszugehen (ebenso *Raschke*, BG 1988, 132).

4   Gemäß S. 2 ist der zuständige Träger des zweiten Mitgliedstaats gegenüber der betreffenden Person zur Zahlung einer **Zulage** verpflichtet. Die Höhe dieser Zulage ergibt sich aus dem Differenzbetrag zwischen dem Betrag der nach der Verschlimmerung geschuldeten Leistungen und dem

Betrag, den er vor der Verschlimmerung aufgrund der für ihn geltenden Rechtsvorschriften geschuldet hätte, wenn die betreffende Person sich die Krankheit zugezogen hätte, während die Rechtsvorschriften dieses (zweiten) Mitgliedstaats galten. Ergibt sich nach diesen Vorschriften kein Anspruch auf eine Zulage, so steht dem Betroffenen bezüglich der Verschlimmerung kein Anspruch zu. In verfahrensrechtlicher Hinsicht ist Art. 38 DVO bedeutsam. Nach dieser Vorschrift ist der Antragsteller gegenüber dem Träger des Mitgliedstaats, bei dem er Leistungsansprüche geltend macht, zur Auskunft verpflichtet.

3. Nichtgeltung nationaler Kumulierungsverbote (lit. c)

Die Vorschrift stellt klar, dass nationale Antikumulierungsregelungen in Fällen mit Doppelleistungen gemäß lit. b) anzuwenden sind.

Artikel 40 Regeln zur Berücksichtigung von Besonderheiten bestimmter Rechtsvorschriften

(1) Besteht in dem Mitgliedstaat, in dem die betreffende Person wohnt oder sich aufhält, keine Versicherung gegen Arbeitsunfälle oder Berufskrankheiten oder besteht dort zwar eine derartige Versicherung, ist jedoch kein für die Gewährung von Sachleistungen zuständiger Träger vorgesehen, so werden diese Leistungen von dem Träger des Wohn- oder Aufenthaltsorts gewährt, der für die Gewährung von Sachleistungen bei Krankheit zuständig ist.

(2) ¹Besteht in dem zuständigen Mitgliedstaat keine Versicherung gegen Arbeitsunfälle oder Berufskrankheiten, so finden die Bestimmungen dieses Kapitels über Sachleistungen dennoch auf eine Person Anwendung, die bei Krankheit, Mutterschaft oder gleichgestellter Vaterschaft nach den Rechtsvorschriften dieses Mitgliedstaats Anspruch auf diese Leistungen hat, falls die betreffende Person einen Arbeitsunfall erleidet oder an einer Berufskrankheit leidet, während sie in einem anderen Mitgliedstaat wohnt oder sich dort aufhält. ²Die Kosten werden von dem Träger übernommen, der nach den Rechtsvorschriften des zuständigen Mitgliedstaats für die Sachleistungen zuständig ist.

(3) Artikel 5 gilt für den zuständigen Träger eines Mitgliedstaats in Bezug auf die Gleichstellung von später nach den Rechtsvorschriften eines anderen Mitgliedstaats eingetretenen oder festgestellten Arbeitsunfällen und Berufskrankheiten bei der Bemessung des Grades der Erwerbsminderung, der Begründung des Leistungsbetrags oder der Festsetzung des Leistungsbetrags, sofern:
a) für einen bzw. eine früher nach den für ihn geltenden Rechtsvorschriften eingetretene(n) oder festgestellte(n) Arbeitsunfall oder Berufskrankheit kein Leistungsanspruch bestand,
und
b) für einen bzw. eine später eingetretene(n) oder festgestellte(n) Arbeitsunfall oder Berufskrankheit kein Leistungsanspruch nach den Rechtsvorschriften des anderen Mitgliedstaats, nach denen der Arbeitsunfall oder die Berufskrankheit eingetreten ist oder festgestellt wurde, besteht.

Artikel 39 DVO Bemessung des Grades der Erwerbsminderung im Fall früherer oder späterer Arbeitsunfälle oder Berufskrankheiten

Wurde eine früher oder später eingetretene Erwerbsminderung durch einen Unfall verursacht, der eintrat, als für die betreffende Person die Rechtsvorschriften eines Mitgliedstaats galten, die nicht nach dem Ursprung der Erwerbsminderung unterscheiden, so hat der zuständige Träger oder die von der zuständigen Behörde des betreffenden Mitgliedstaats bezeichnete Stelle:
a) auf Verlangen des zuständigen Trägers eines anderen Mitgliedstaats Angaben über den Grad der früher oder später eingetretenen Erwerbsminderung zu machen sowie nach Möglichkeit

Auskünfte zu erteilen, anhand deren festgestellt werden kann, ob die Erwerbsminderung Folge eines Arbeitsunfalls im Sinne der vom Träger des anderen Mitgliedstaats anzuwendenden Rechtsvorschriften ist;
b) für die Begründung des Anspruchs und die Festsetzung des Leistungsbetrags nach den von ihm anzuwendenden Rechtsvorschriften den durch diese früheren oder späteren Fälle verursachten Grad der Erwerbsminderung zu berücksichtigen.

I. Normzweck

1 Art. 40 ist Ausdruck der **Vielfalt der Unfallversicherungssysteme** und ihrer Einzelregelungen. Auf die Vielfalt der Regelungen muss auch das koordinierende Sozialrecht eine Antwort geben. In Abs. 1 wird das Problem geregelt, dass in einem Mitgliedstaat ein gesonderter Zweig der Versicherung gegen Arbeitsunfälle oder Berufskrankheiten nicht besteht. In der Vergangenheit gab es auch Regelungen über die Inanspruchnahme des ärztlichen Dienstes eines Arbeitgebers bzw Verpflichtungen von Arbeitgebern zur Erbringung von Leistungen (vgl Art. 61 Abs. 2 bis 4 VO (EWG) Nr. 1408/71). Alle diese Vorschriften sind entfallen. Neu hinzugekommen ist die Regelung in Abs. 2. Danach erhalten Versicherte aus einem Mitgliedstaat ohne Versicherung gegen Arbeitsunfälle oder Berufskrankheiten, wenn sie sich in einem anderen Mitgliedstaat aufhalten oder dort wohnen, Leistungen der Arbeitsunfallversicherung dieses Mitgliedstaates auf Kosten des zuständigen Mitgliedstaats. Abs. 3 beinhaltet die früher in Art. 61 Abs. 6 VO (EWG) Nr. 1408/71 enthaltene Bestimmung über die Berücksichtigung später eingetretener oder festgestellter Arbeitsunfälle oder Berufskrankheiten.

II. Einzelerläuterungen

1. Sachleistungsaushilfe bei Fehlen eines Unfallversicherungssystems (Abs. 1)

2 Abs. 1 hilft über die Schwierigkeiten hinweg, die dann bestehen, wenn der Mitgliedstaat, in dem die betreffende Person wohnt oder sich aufhält, keine Versicherung gegen Arbeitsunfälle oder Berufskrankheiten kennt. Die Regelung ist insbesondere in Fällen der **Entsendung** sehr wichtig. Diese Vorschrift, die insbesondere im Hinblick auf das Fehlen einer Versicherung gegen Arbeitsunfälle und Berufskrankheiten in den Niederlanden Bedeutung erlangt hat, normiert die Zuständigkeit des Trägers des Wohn- oder Aufenthaltsorts für die Gewährung von Sachleistungen bei Krankheit.

2. Sachleistungsaushilfe des Wohnortträgers (Abs. 2)

3 Eine dem bisherigen Recht unbekannte Bestimmung enthält Abs. 2. Sie sichert Arbeitnehmern, die beispielsweise wie in den Niederlanden keine spezifischen Ansprüche auf Leistungen bei Arbeitsunfällen und Berufskrankheiten haben, Ansprüche auf solche Leistungen zu, wenn sie einen Arbeitsunfall oder eine Berufskrankheit in einem anderen Mitgliedstaat erleiden, der eine solche Versicherung kennt. Die Kosten werden dann von dem Träger übernommen, der nach den Rechtsvorschriften des zuständigen Mitgliedstaats für die **Sachleistungen** zuständig ist.

3. Berücksichtigung früherer und späterer Arbeitsunfälle und Berufskrankheiten

a) Frühere Arbeitsunfälle

4 Ob und in welcher Höhe ein Entschädigungsanspruch wegen eines Arbeitsunfalls oder einer Berufskrankheit besteht, bestimmt sich grundsätzlich nach dem Recht des zuständigen Staates (vgl dazu oben Art. 36 Rn 3 ff). Soweit nach dem Recht dieses Staates bei der Bemessung des Grades der Erwerbsminderung, der Begründung eines Leistungsanspruchs oder der Festsetzung des Leistungsbetrags **früher eingetretene oder festgestellte Arbeitsunfälle oder Berufskrankheiten** zu berücksichtigen sind, müssen auch frühere Arbeitsunfälle oder Berufskrankheiten in anderen Mitgliedstaaten einbezogen werden. Diese rechtliche Notwendigkeit ergab sich früher aus der aus-

drücklichen Vorschrift des Art. 61 Abs. 5 VO (EWG) Nr. 1408/71. Nach dem jetzt geltenden Recht ist diese Rechtsfolge dem Art. 5 lit. b) zu entnehmen. Für das deutsche Recht hat diese Bestimmung insbesondere für die Vorschrift des § 56 Abs. 1 S. 2 SGB VII Bedeutung. Bezüglich vor Inkrafttreten der VO (EG) Nr. 883/2004 eingetretener Arbeitsunfälle und Berufskrankheiten ist Art. 87 Abs. 3 zu beachten (vgl zu dieser Problematik auch EuGH, Rs. C-290/00 (Duchon), Slg 2002, I-3567).

b) Spätere Arbeitsunfälle und Berufskrankheiten

Die Berücksichtigung **späterer Arbeitsunfälle oder Berufskrankheiten** verlangt Abs. 3. Er führt die bisher in Art. 61 Abs. 6 VO (EWG) Nr. 1408/71 enthaltene Regelung fort. Hintergrund dieser Bestimmung (wie deshalb auch des Abs. 3) sind die Rechtssachen Villano und Barion. In diesen beiden Fällen ging es darum, dass die Kläger, italienische Staatsangehörige, in Deutschland Arbeitsunfälle erlitten hatten, die aber nur eine Minderung der Erwerbsfähigkeit unter 20 v. H. zur Folge hatten. Gemäß § 56 Abs. 1 S. 2 SGB VII schied deshalb eine Entschädigung aus. Später erlitten die Kläger in Italien Arbeitsunfälle. Bei Berücksichtigung dieser Arbeitsunfälle in Italien wäre die Schwelle von 20 v. H. erreicht worden. Aufgrund der seinerzeitigen Rechtslage sah sich der EuGH wegen des klaren Wortlauts von Art. 61 Abs. 5 VO (EWG) Nr. 1408/71, der nur von früheren Arbeitsunfällen sprach, gehindert, die später eingetretenen Unfälle als für den deutschen Unfallversicherungsträger relevant anzusehen. Er verneinte auch die Möglichkeit einer analogen Anwendung (vgl EuGH, Rs. 173/78, 174/78 (Villano und Barion), Slg 1979, 1581). Diese Entscheidung des EuGH hat aber maßgeblich dazu beigetragen, dass durch die VO (EWG) Nr. 2000/83 (ABl. (EG) L 230/1) ein Abs. 6 in den früheren Art. 61 VO (EWG) Nr. 1408/71 eingefügt wurde. Dieses Regelungsmodell setzt nunmehr Art. 40 Abs. 3 fort.

Danach müssen auch später eingetretene Arbeitsunfälle und Berufskrankheiten, die in einem anderen Mitgliedstaat eingetreten sind oder festgestellt werden, bei der Bemessung des Grades der Erwerbsminderung, der Begründung des Leistungsbetrags oder der Festsetzung des Leistungsbetrags im Hinblick auf die **Gleichstellungsregel des Art. 5** berücksichtigt werden. Dies gilt allerdings nur, wenn für einen bzw eine früher nach den für ihn geltenden Rechtsvorschriften eingetretene(n) oder festgestellte(n) Arbeitsunfall oder Berufskrankheit kein Leistungsanspruch bestand (a) und für einen bzw eine später eingetretene(n) oder festgestellte(n) Arbeitsunfall oder Berufskrankheit kein Leistungsanspruch nach den Rechtsvorschriften des anderen Mitgliedstaats, nach denen der Arbeitsunfall oder die Berufskrankheit eingetreten ist oder festgestellt wurde, besteht (lit. b).

4. Verfahrensrechtliches

Zur Anwendung der vorbesprochenen Äquivalenzregeln ist der zuständige Träger auf entsprechende Informationen des zuständigen Trägers oder der zuständigen Behörde des anderen Mitgliedstaats angewiesen. Diesen **Informationsaustausch** will Art. 39 DVO sichern.

Artikel 41 Erstattungen zwischen Trägern

(1) Artikel 35 gilt auch für Leistungen nach diesem Kapitel; die Erstattung erfolgt auf der Grundlage der tatsächlichen Aufwendungen.

(2) Zwei oder mehr Mitgliedstaaten oder ihre zuständigen Behörden können andere Erstattungsverfahren vereinbaren oder auf jegliche Erstattung zwischen den in ihre Zuständigkeit fallenden Trägern verzichten.

I. Normzweck

1   In den Art. 36 bis 40 sind zahlreiche Bestimmungen enthalten, denen zufolge der Träger des Wohnorts (bzw Aufenthaltsorts) Sachleistungen für Rechnung eines Trägers eines anderen Mitgliedstaats zu erbringen hat. Die Erstattung der so entstandenen Aufwendungen ist Gegenstand von Art. 41. Konsequenterweise wird auch hier auf die einschlägige Vorschrift aus dem Bereich der Leistungen bei Krankheit und Mutterschaft verwiesen, konkret Art. 35.

II. Einzelerläuterungen

1. Prinzipien der Erstattung

2   Der in Bezug genommene Art. 35 Abs. 1 verlangt Erstattung der Aufwendungen in voller Höhe. Während Art. 35 Abs. 2 indes eine Erstattung gegen Nachweis der tatsächlichen Aufwendungen oder auf Grundlage von Pauschalbeträgen ermöglicht, verlangt Art. 41 Abs. 1 2. Hs die Erstattung auf der Grundlage der tatsächlichen Aufwendungen. Gemäß Art. 66 Abs. 2 S. 1 DVO erfolgt die Abwicklung der Erstattung zwischen den Trägern der Mitgliedstaaten über die Verbindungsstellen (in Deutschland die Deutsche Gesetzliche Unfallversicherung e.V., vgl § 139a SGB VII). Zu den zahlreichen Einzelfragen des Erstattungsverfahrens in der Unfallversicherung s. *Raschke*, in: *Lauterbach* (Hrsg.), Unfallversicherung, § 97 SGB VII, Rn 79 s 11.6.1.

2. Erstattungsverzichtsabkommen

3   Gemäß Art. 41 Abs. 2 können zwei oder mehrere Mitgliedstaaten oder ihre zuständigen Behörden andere Erstattungsverfahren vereinbaren oder auf jegliche Erstattung verzichten. Die gleiche Regelung trifft für den Bereich der Leistungen bei Krankheit Art. 35 Abs. 3. Von daher war die eigenständige Regelung in Abs. 2 eigentlich überflüssig. Es hätte der Verweis auf Art. 35 Abs. 3 genügt.

4   Die Bundesrepublik hat in der Vergangenheit auf der Basis des früheren Art. 63 VO (EWG) Nr. 1408/71 zahlreiche derartige Abkommen geschlossen (vgl dazu 4. Aufl. Art. 63 Anm. III.). Das Erstattungsverzichtsabkommen mit Dänemark wurde mit Wirkung zum 1.1.2009 gekündigt. Das deutsch-norwegische und das deutsch-italienische Erstattungsverzichtabkommen sind zum 31.12.2009 außer Kraft getreten. Das Abkommen mit Irland ist zum 1.5.2010 beendet worden.

Kapitel 3
Sterbegeld

Artikel 42 Anspruch auf Sterbegeld, wenn der Tod in einem anderen als dem zuständigen Mitgliedstaat eintritt oder wenn die berechtigte Person in einem anderen als dem zuständigen Mitgliedstaat wohnt

(1) Tritt der Tod eines Versicherten oder eines seiner Familienangehörigen in einem anderen als dem zuständigen Mitgliedstaat ein, so gilt der Tod als in dem zuständigen Mitgliedstaat eingetreten.

(2) Der zuständige Träger ist zur Gewährung von Sterbegeld nach den für ihn geltenden Rechtsvorschriften auch dann verpflichtet, wenn die berechtigte Person in einem anderen als dem zuständigen Mitgliedstaat wohnt.

(3) Die Absätze 1 und 2 finden auch dann Anwendung, wenn der Tod als Folge eines Arbeitsunfalls oder einer Berufskrankheit eingetreten ist.

Artikel 42 DVO   Antrag auf Sterbegeld

Bei der Anwendung von Artikel 42 und 43 der Grundverordnung ist der Antrag auf Sterbegeld entweder beim zuständigen Träger zu stellen oder beim Träger des Wohnorts des Antragstellers, der ihn an den zuständigen Träger weiterleitet.

Der Antrag muss die Informationen enthalten, die gemäß den vom zuständigen Träger anzuwendenden Rechtsvorschriften erforderlich sind.

I. Normzweck

Das **Sterbegeld** ist eine in den meisten Ländern der Mitgliedstaaten der EU verbreitete Leistung der sozialen Sicherheit. Sie wird vornehmlich nach dem Recht der Krankenversicherung und Unfallversicherung geleistet. Art. 42 hebt das Territorialitätsprinzip für den Bezug von Sterbegeld auf. Der Tod in einem anderen Mitgliedstaat als dem zuständigen Staat wird dem Tod in letzterem gleichgestellt (Abs. 1). Abs. 2 sichert den Leistungsexport in den Wohnortstaat. 1

II. Einzelerläuterungen

1. Entstehung des Anspruchs auf Sterbegeld

Unter Sterbegeld ist gemäß Art. 1 lit. y) jede einmalige **Zahlung im Todesfall** mit Ausnahme der in lit. d) genannten Kapitalabfindungen zu verstehen (zur Abgrenzung des Begriff Rente und Sterbegeld s. EuGH, Rs. 130/73 (Vandeweghe), Slg 1973, 1329). 2

Ob ein Anspruch auf Sterbegeld besteht, ist den Rechtsvorschriften des **zuständigen Mitgliedstaats** zu entnehmen. Zuständiger Mitgliedstaat und der dort zuständige Träger ergeben sich aus Art. 1 lit. s.) und q). Ist nach diesen Vorschriften die Entstehung des Anspruchs von der Zusammenrechnung von Versicherungs- und Wohnzeiten abhängig, so müssen entsprechende in anderen Mitgliedstaaten zurückgelegte Zeiten mit berücksichtigt werden. Diese rechtliche Notwendigkeit ergab sich früher aus der Bestimmung des Art. 64 VO (EWG) Nr. 1408/71; sie ist jetzt Art. 6 zu entnehmen. 3

2. Fiktion des Todes im Gebiet des zuständigen Staates (Abs. 1)

Abs. 1 fingiert den Eintritt des Todes im Gebiet des zuständigen Staates. Im Grunde genommen ist diese Bestimmung überflüssig, denn die Notwendigkeit der Berücksichtigung ergibt sich bereits aus Art. 5. 4

3. Leistungsexport (Abs. 2)

Gemäß Abs. 2 hat es auf die Verpflichtung zur **Zahlung des Sterbegeldes** keinen Einfluss, wenn der Leistungsberechtigte im Gebiet eines anderen Mitgliedstaates wohnt. Bezüglich der Bestimmung des Wohnsitzes s. Art. 11 DVO. 5

4. Anwendbarkeit bei Arbeitsunfällen und Berufskrankheiten (Abs. 3)

Sterbegeld kann eine Leistung bei **Arbeitsunfällen** oder **Berufskrankheiten** sein. Auch in diesem Falle sollen die Vorschriften der Abs. 1 und 2 Anwendung finden, wie Abs. 3 klarstellt. 6

5. Verfahrensrechtliches

Die **Stellung des Antrags** auf Sterbegeld hat gemäß Art. 42 DVO entweder beim zuständigen Träger oder beim Träger des Wohnorts des Antragstellers zu erfolgen. In letzterem Falle leitet dieser den Antrag an den zuständigen Träger weiter. Um eine ordnungsgemäße Bearbeitung des Antrags zu ermöglichen, ist der Antragsteller nach Art. 42 DVO auskunftspflichtig. 7

Artikel 43 Gewährung von Leistungen bei Tod eines Rentners

(1) Bei Tod eines Rentners, der Anspruch auf eine Rente nach den Rechtsvorschriften eines Mitgliedstaats oder auf Renten nach den Rechtsvorschriften von zwei oder mehr Mitgliedstaaten hatte und in einem anderen als dem Mitgliedstaat wohnte, in dem der für die Übernahme der Kosten für die nach den Artikeln 24 und 25 gewährten Sachleistungen zuständige Träger seinen Sitz hat, so wird das Sterbegeld nach den für diesen Träger geltenden Rechtsvorschriften zu seinen Lasten gewährt, als ob der Rentner zum Zeitpunkt seines Todes in dem Mitgliedstaat gewohnt hätte, in dem dieser Träger seinen Sitz hat.

(2) Absatz 1 gilt für die Familienangehörigen eines Rentners entsprechend.

Artikel 42 DVO   Antrag auf Sterbegeld

Bei der Anwendung von Artikel 42 und 43 der Grundverordnung ist der Antrag auf Sterbegeld entweder beim zuständigen Träger zu stellen oder beim Träger des Wohnorts des Antragstellers, der ihn an den zuständigen Träger weiterleitet.

Der Antrag muss die Informationen enthalten, die gemäß den vom zuständigen Träger anzuwendenden Rechtsvorschriften erforderlich sind.

Der Träger, der die Kosten für die Sachleistungen nach Art. 24 und 25 zu tragen hat, muss das Sterbegeld zu seinen Lasten gewähren, auch wenn der Anspruchsteller in einem anderen Mitgliedstaat wohnt. Die Vorschrift will Schwierigkeiten vermeiden helfen, die nach luxemburgischem Recht entstanden sind. Stirbt ein in einem EU-Staat wohnhafter Bezieher einer luxemburgischen Alters- oder Invalidenrente, so wird das Sterbegeld nach luxemburgischen Rechtsvorschriften von der gesetzlichen Krankenversicherung gewährt.

Kapitel 4
Leistungen bei Invalidität

Literaturübersicht

Barwig/Sieveking/Brinkmann/Lörcher/Röseler (Hrsg.), Sozialer Schutz von Ausländern in Deutschland, Baden-Baden, 1997; *Ebsen* (Hrsg.), Invalidität und Arbeitsmarkt, Baden-Baden, 1992; *Eichenhofer*, Europäisches Sozialrecht, 4. Aufl., 2010, § 9; *Geffert*, Geschlechtsspezifisches Rentenalter im Rechtsvergleich und im Völkerrecht, VSSR 1993, S. 217 ff; *Heilemann*, Wege zum Europäischen Sozialmodell – Angleichung oder Vielfalt, SGb 2006, S. 503 ff; *Kaufmann/Köhler*, Invaliditätssicherung in den Ländern der EG, DAngVers 1993, S. 105 ff; *v. Maydell*, Berufs- und Erwerbsunfähigkeit im Rechtsvergleich, DRV 1995, S. 537 ff; *Reinhard/Kruse/v. Maydell* (Hrsg.), Invaliditätssicherung im Rechtsvergleich, Baden-Baden 1998; *Ruland/Schaub/Schlieke/Huck*, Systeme der Invaliditätsbemessung. Vergleichende Studie in 20 Industriestaaten im Auftrag der Internationalen Vereinigung für Soziale Sicherheit, DRV 1996, S. 461 ff; *Schulte*, Erwerbsminderungsrenten in den europäischen Nachbarländern, SozSich 2009, S. 93 ff; *Schulte/Barwig* (Hrsg.), Freizügigkeit und Soziale Sicherheit, Baden-Baden, 1999; *Stürmer*, Geburtsdatum und Altersrente – Entscheidung des EuGH zu ausländischen Personenstandsurkunden NZS 2001, S. 347 ff; *Terwey*, Nationale Alterssicherungssysteme und Europäischer Binnenmarkt, ZESAR 2006, S. 246 ff; *Verschueren*, Neue Vorschriften in der Verordnung 883/2004 über Leistungen bei Invalidität und Altersrenten sowie beitragsunabhängige Leistungen, in: Eichenhofer (Hrsg.), 50 Jahre nach ihrem Beginn – Neue Regelungen für die Koordinierung sozialer Sicherheit, 2009, S. 223 ff; *Zacher* (Hrsg.), Alterssicherung im Rechtsvergleich, Baden-Baden, 1991.

Vorbemerkungen

1   Mit diesem Kapitel wurde Kapitel 2, Titel III, Invalidität der VO (EWG) Nr. 1408/71 überarbeitet, die bisherigen Vorschriften wurden gekürzt, vereinfacht und redaktionell neu gefasst. Der materiell-rechtliche Regelungsinhalt ist im Wesentlichen derselbe geblieben. Ein Vorschlag der Kom-

Titel III Leistungen bei Invalidität │ Vorbem.

mission aus dem Jahr 1998, ein einheitliches Koordinierungssystem für Leistungen bei Invalidität zu schaffen (s. *Verschuren,* in: 50 Jahre nach ihrem Beginn, 238 f), wurde nicht realisiert.

Die erheblichen Abweichungen zwischen den mitgliedstaatlichen Rechtsvorschriften für die Leistungen bei Invalidität (s. zB *Schulte,* Erwerbsminderungsrenten in den europäischen Nachbarländern, SozSich 2009, S. 93 ff) haben den Verordnungsgeber bewogen, in den Art. 44-49 (wie bereits in Art. 37-41 VO (EWG) Nr. 1408/71 und in Art. 24-26 VO (EWG) Nr. 3) **zwei Arten von Sicherungssystemen** bezüglich des Risikos der Invalidität zu unterscheiden, nämlich eines **Typs A**, nach dessen Rechtsvorschriften die Höhe der Leistungen bei Invalidität unabhängig von der Dauer der Versicherungs- oder Wohnzeiten ist (und ausschließlich von der Tatsache abhängt, dass die Person bei Eintritt des Leistungsfalls versichert war), und Sicherungssysteme des **Typs B**, bei denen die Leistungen anhand der zurückgelegten Versicherungs- und Wohnzeiten berechnet werden (Art. 44 Abs. 1). Dieses Kapitel enthält im Wesentlichen eine **gesonderte Koordinierung** für Personen, für die nacheinander oder abwechselnd die Rechtsvorschriften zweier oder mehrerer Mitgliedstaaten galten und die ausschließlich Zeiten nach den Rechtsvorschriften des Typs A zurückgelegt haben, insbesondere im Hinblick auf **die gegenseitige Anerkennung des Invaliditätszustandes** und seiner Verschlimmerung (Erwägungsgrund Nr. 26 VO). Im Übrigen, dh im Falle der Zurücklegung von Zeiten in Sicherungssystemen nur des Typs B oder beider Typen, verweist Art. 46 Abs. 1 auf die entsprechende Anwendung der Koordinierungsregelungen des Kapitels 5 (Alters- und Hinterbliebenenrenten). Die mitgliedstaatlichen Sicherungssysteme des Typs A, deren Koordinierung nach den Vorschriften des Kapitels 4 erfolgt, sind in Anhang VI aufgeführt (Art. 44 Abs. 1). Für die Versicherten der deutschen Rentenversicherung werden die Regelungen dieses Kapitels nicht relevant, da die Renten wegen Erwerbsminderung (§ 43 SGB VI) und die Renten wegen Berufsunfähigkeit (§ 56 SGB VI) von der Dauer der Versicherungszeiten abhängen und daher dem Typ B zugehören, deren Koordinierung im Kapitel 5 geregelt ist.

In der VO wird der **Begriff der Invalidität** (s. auch Art. 3 Abs. 1 lit. c) und die dortige Kommentierung) nicht näher definiert und auch der EuGH hat ihn bislang lediglich dergestalt vage umschrieben, dass Leistungen bei Invalidität einen Bezug zur Erwerbsfähigkeit haben müssen (s. insb. EuGH, Rs. 14/72 (Heinze), Slg 1972, 1105; s. auch Rs. 15/72 (Land Niedersachsen), Slg 1972, 1127 und Rs. 16/72 (AOK Hamburg), Slg 1972, 1141). Die Definition des Risikos der „Invalidität" als konkrete Festlegung der Voraussetzungen, unter denen Leistungen bei Invalidität erbracht werden, liegt weiterhin in der Zuständigkeit der Mitgliedstaaten; eine leistungsexakte Definition durch Unionsrecht oder den EuGH wäre nicht mehr von dem Koordinierungsauftrag gedeckt, sie hätte harmonisierenden Charakter. Koordinierungsrechtlich verbleibt es damit bei den mitgliedstaatlich unterschiedlichen Voraussetzungen für Leistungen bei Invalidität und den damit ggf für die betroffenen Berechtigten verbundenen Nachteile. Diese werden nur im Rahmen der Sonderkoordinierung für die Sicherungssysteme des Typs A vermieden, soweit ausnahmsweise eine für andere Mitgliedstaaten verbindliche Feststellung dieser Voraussetzungen bei übereinstimmenden mitgliedstaatlichen Regelungen möglich ist (s. Art. 46 Abs. 3 iVm Anh. VII).

Vor dem Hintergrund der deutschen Konzeption kann Invalidität (allgemein) als Risiko der dauernden oder zumindest längerfristigen Minderung oder Aufhebung der Erwerbsfähigkeit infolge einer Beeinträchtigung des körperlichen oder geistigen Gesundheitszustandes verstanden werden, die regelmäßig und typischerweise mit einer kompensationsbedürftigen Einkommensminderung verbunden ist. In diesem Sinne werden Leistungen bei Invalidität auch im **Übereinkommen 102 der Internationalen Arbeitsorganisation** über Mindestnormen in der sozialen Sicherheit (Art. 53 ff) umschrieben. Ähnlich erfolgt auch die Qualifizierung mitgliedstaatlicher Leistungen bei Invalidität (s. Art. 3 Rn 12 ff).

In die Koordinierung einbezogen sind grundsätzlich auch mitgliedstaatliche **Rehabilitationsleistungen** (präventiver oder rehabilitativer Art) im Hinblick auf das Risiko der Invalidität. Der EuGH hat seit langem den allgemeinen Qualifizierungsgrundsatz aufgestellt, dass der Begriff der sozialen Sicherheit auch einen präventiven Schutz umfasst (EuGH, Rs. 14/72 (Heinze), Slg 1972,

1105 sowie Rs. 818/79 (AOK Mittelfranken), Slg 1980, 2729) und die mitgliedstaatlichen Systeme der sozialen Sicherheit in ihrer Gesamtheit einbezieht, zB einschließlich der Erstattung von Sozialversicherungsbeiträgen (EuGH, Rs. 104/76 (Jansen), Slg 1977, 829). Art. 4 VO (EWG) Nr. 1408/71 hatte deshalb die „Leistungen zur Erhaltung oder Besserung der Erwerbsfähigkeit" bei den Leistungen bei Invalidität ausdrücklich erwähnt. Sie werden nunmehr in Art. 3 nicht mehr ausdrücklich genannt, sind aber weiterhin (selbstverständlich) in die Koordinierung einbezogen, werden jedoch unterschiedlich qualifiziert. Als **medizinische oder chirurgische Leistungen** werden sie den Leistungen bei Krankheit oder Mutterschaft iSv Art. 4 Abs. 1 lit. a) zugeordnet (EuGH, Rs. 69/79 (Jorden-Voster), Slg 1980, 75) und unterliegen damit den Koordinierungsvorschriften des 1. Kapitels des Titels III (Leistungen bei Krankheit, Mutterschaft und gleichgestellte Leistungen bei Vaterschaft). **Leistungen der beruflichen Integration/Förderung/Fortbildung/Umschulung** weisen neben Bezügen zum Risiko der Invalidität auch solche zum Risiko Arbeitslosigkeit auf und sind nach den wesentlichen Bestandteilen dieser Leistungen bzw deren primärer Zielsetzung den jeweiligen Koordinierungsregelungen zuzuordnen.

6 Die koordinationsrechtliche Zuordnung der **Pflegebedürftigkeit** als neuem Gegenstand sozialer Sicherung war lange zweifelhaft. Überwiegend wurde jedoch ein spezifischer Zusammenhang mit der Erwerbstätigkeit verneint (vgl zB *Igl*, Pflegeversicherung als neuer Gegenstand sozialrechtlicher Regulierung, in: *Sieveking* (Hrsg.), Soziale Sicherung bei Pflegebedürftigkeit in der Europäischen Union, S. 19, 32; *Langer*, Künftige rechtliche Koordinierung der Pflegeversicherung in Europa, in: *Sieveking* (Hrsg.), aaO, S. 251, 255; aA *Zuleeg*, Die Einwirkung des Europäischen Gemeinschaftsrechts auf die deutsche Pflegeversicherung, in: *Sieveking* (Hrsg.), aaO, S. 159, 170, der die Pflegebedürftigkeit zumindest teilweise dem Risiko der Invalidität zuordnete) und wird daher seit dem Urteil des EuGH in der Rs. C-160/96 (Molenaar), Slg 1998, I-843, in ständiger Rechtsprechung koordinierungsrechtlich dem **Risikobereich Krankheit** zugeordnet. Die neue VO hat hieran nichts geändert, sie nimmt keine gesonderte Koordinierung für dieses Risiko vor, sondern trifft lediglich eine Sonderregelung für das Zusammentreffen von Leistungen wegen Pflegebedürftigkeit (Art. 34).

Artikel 44 Personen, für die ausschließlich Rechtsvorschriften des Typs A galten

(1) Im Sinne dieses Kapitels bezeichnet der Ausdruck „Rechtsvorschriften des Typs A" alle Rechtsvorschriften, nach denen die Höhe der Leistungen bei Invalidität von der Dauer der Versicherungs- oder Wohnzeiten unabhängig ist und die durch den zuständigen Mitgliedstaat ausdrücklich in Anhang VI aufgenommen wurden, und der Ausdruck „Rechtsvorschriften des Typs B" alle anderen Rechtsvorschriften.

(2) Eine Person, für die nacheinander oder abwechselnd die Rechtsvorschriften von zwei oder mehr Mitgliedstaaten galten und die Versicherungs- oder Wohnzeiten ausschließlich unter Rechtsvorschriften des Typs A zurückgelegt hat, hat Anspruch auf Leistungen – gegebenenfalls unter Berücksichtigung des Artikels 45 – nur gegenüber dem Träger des Mitgliedstaats, dessen Rechtsvorschriften bei Eintritt der Arbeitsunfähigkeit mit anschließender Invalidität anzuwenden waren; sie erhält diese Leistungen nach diesen Rechtsvorschriften.

(3) Eine Person, die keinen Leistungsanspruch nach Absatz 2 hat, erhält die Leistungen, auf die sie nach den Rechtsvorschriften eines anderen Mitgliedstaats – gegebenenfalls unter Berücksichtigung des Artikels 45 – noch Anspruch hat.

(4) Sehen die in Absatz 2 oder 3 genannten Rechtsvorschriften bei Zusammentreffen mit anderen Einkünften oder mit Leistungen unterschiedlicher Art im Sinne des Artikels 53 Absatz 2 Bestimmungen über die Kürzung, das Ruhen oder die Entziehung von Leistungen bei Invalidität vor, so gelten die Artikel 53 Absatz 3 und Artikel 55 Absatz 3 entsprechend.

I. Normzweck

1. Anwendungsbereich der Art. 44-49

Art. 44-49 ersetzen mit hauptsächlich redaktionellen Änderungen Art. 37-39 VO (EWG) Nr. 1408/71. Diese Vorschriften finden nur dann Anwendung, wenn der Berechtigte **ausschließlich Sicherungssystemen des Typs A** angehört hat, dh nach der Legaldefinition in Art. 44 Abs. 1 nur Rechtsvorschriften unterworfen war, nach denen die Höhe der Leistungen bei Invalidität unabhängig von der Dauer der Versicherungs- und Wohnzeiten ist. Inhaltlich orientieren sich diese Koordinierungstechniken an abkommensrechtlichen Regelungen zwischen Mitgliedstaaten mit Sicherungssystemen dieses Typs, konkret an den Bestimmungen des belgisch-französischen Allgemeinen Abkommens über soziale Sicherheit vom 17.1.1948. Für deutsche Rentenversicherungsträger werden diese Vorschriften nicht relevant, da die gesetzlichen Rentenversicherungssysteme der Bundesrepublik – und damit auch die Absicherung des Risikos der Invalidität – von der Dauer der Versicherungszeiten abhängig sind, damit vom Typ B sind und daher nach Art. 45 iVm Art. 51 Abs. 1 die Regelungen des 5. Kapitels Anwendung finden.

2. Gesonderte Koordinierung der Invaliditätsleistungen für Personen, für die ausschließlich Rechtsvorschriften des Typs A galten

Leistungen bei Invalidität der Sicherungssysteme des Typs A werden nicht nach dem pro-rata-temporis-Verfahren (s. Art. 52) berechnet und koordiniert, sondern es wird die **alleinige Leistungszuständigkeit** der Träger des Mitgliedstaates angeordnet, dessen Rechtsvorschriften der Berechtigte zum Zeitpunkt des Eintritts des Versicherungsfalles bzw der vorausgehenden Arbeitsunfähigkeit unterworfen war, sofern hiernach die Leistungsvoraussetzungen (ggf unter Berücksichtigung fremdmitgliedstaatlicher Zeiten nach Art. 45) erfüllt sind (Art. 44 Abs. 2). Die Träger dieses Mitgliedstaates gewähren hiernach eine Vollrente zu ihren Lasten. Gegen Träger anderer Mitgliedstaaten hat der Berechtigte nur einen subsidiären Anspruch (Art. 44 Abs. 3), sofern die Leistungsvoraussetzungen lediglich nach den Rechtsvorschriften jenes Mitgliedstaates vorliegen.

II. Einzelerläuterung

Rechtsvorschriften des Typs A

Voraussetzung für die Anwendung der speziellen Koordinierungsregelungen der Art. 44 ff ist nicht nur, dass es sich um Rechtsvorschriften des Typs A entsprechend der Legaldefinition handelt, sondern dass diese durch den zuständigen Staat ausdrücklich in den **Anhang VI** aufgenommen wurden. Die Aufnahme in den Anhang ist daher konstitutiv für die Anwendung dieser speziellen Koordinierungsregelungen. Den Mitgliedstaaten mit Rechtsvorschriften des Typs A steht die Entscheidung frei, für Leistungen bei Invalidität entweder die Koordinierung nach Art. 44 ff oder diejenige nach Art. 50 ff zu wählen.

In den Anhang VI sind folgende mitgliedstaatlichen Sicherungssysteme des Typs A für die Sonderkoordinierung nach Art. 44 Abs. 1 notifiziert:

TSCHECHISCHE REPUBLIK

Invaliditätsrente zum vollen Satz für Personen, die vor Vollendung ihres 18. Lebensjahres invalide wurden und die im erforderlichen Zeitraum nicht versichert waren (Abschnitt 42 des Rentenversicherungsgesetzes Nr. 155/1995).

ESTLAND

a) Vor dem 1. April 2000 nach dem Gesetz über staatliche Leistungen gewährte und kraft staatlichem Rentenversicherungsgesetz beibehaltene Invaliditätsrenten.

b) Nationale Renten, die bei Invalidität nach dem Gesetz über die staatliche Rentenversicherung gewährt werden.

c) Invaliditätsrenten nach Maßgabe des Streitkräftegesetzes, des Polizeigesetzes, des Staatsanwaltschaftsgesetzes, des Gesetzes über die Stellung der Richter, des Gesetzes über die Gehälter, Renten und sonstigen sozialen Absicherungen der Mitglieder des Riigikogu (estnisches Parlament) und des Gesetzes über die offiziellen Leistungen für den Präsidenten der Republik.

IRLAND

Teil 2 Kapitel 17 des kodifizierten Sozialschutzgesetzes von 2005 (Social Welfare Consolidation Act).

GRIECHENLAND

Rechtsvorschriften im Zusammenhang mit dem landwirtschaftlichen Versicherungssystem (OGA) nach dem Gesetz Nr. 4169/1961.

LETTLAND

Invaliditätsrenten (Gruppe 3) nach Artikel 16 Absätze 1 und 2 des Gesetzes über staatliche Renten vom 1. Januar 1996.

FINNLAND

Nationale Renten an Personen mit einer angeborenen Behinderung oder einer im Kindesalter erworbenen Behinderung (Finnisches Rentengesetz 568/2007); Invaliditätsrenten, die nach Übergangsbestimmungen festgesetzt und vor dem 1. Januar 1994 bewilligt wurden (Gesetz über die Durchführung des Finnischen Rentengesetzes 569/2007).

SCHWEDEN

Einkommensabhängige Geldleistungen bei Krankheit und Lohnausgleichszahlungen (Gesetz 1962:381, geändert durch Gesetz 2001:489).

VEREINIGTES KÖNIGREICH

a) Großbritannien

Artikel 30A Absatz 5 sowie Artikel 40, 41 und 68 des Gesetzes über die Beiträge und Leistungen 1992.

b) Nordirland

Artikel 30A Absatz 5 sowie Artikel 40, 41 und 68 des Gesetzes über die Beiträge und Leistungen (Nordirland) 1992.

Artikel 45 Besondere Vorschriften für die Zusammenrechnung von Zeiten

Der zuständige Träger eines Mitgliedstaats, nach dessen Rechtsvorschriften der Erwerb, die Aufrechterhaltung oder das Wiederaufleben des Leistungsanspruchs davon abhängig ist, dass Versicherungs- oder Wohnzeiten zurückgelegt wurden, wendet, soweit erforderlich, Artikel 51 Absatz 1 entsprechend an.

Art. 45 ersetzt Art. 38 VO (EWG) Nr. 1408/71, indem er auf die entsprechende Anwendung von Art. 51 Abs. 1 verweist, sofern dies für einen zuständigen Träger eines Sicherungssystems des Typs A (ausnahmsweise) erforderlich ist. Für Sicherungssysteme des Typs B (wie dem deutschen Rentenversicherungssystem) gelten insgesamt die Vorschriften des Kapitels 5 entsprechend (Art. 46 Abs. 1).

Artikel 46 Personen, für die entweder ausschließlich Rechtsvorschriften des Typs B oder sowohl Rechtsvorschriften des Typs A als auch des Typs B galten

(1) Eine Person, für die nacheinander oder abwechselnd die Rechtsvorschriften von zwei oder mehr Mitgliedstaaten galten, erhält, sofern die Rechtsvorschriften mindestens eines dieser Staaten nicht Rechtsvorschriften des Typs A sind, Leistungen nach Kapitel 5, das unter Berücksichtigung von Absatz 3 entsprechend gilt.

(2) Wird jedoch eine Person, für die ursprünglich Rechtsvorschriften des Typs B galten, im Anschluss an eine Arbeitsunfähigkeit invalide, während für sie Rechtsvorschriften des Typs A gelten, so erhält sie Leistungen nach Artikel 44 unter folgenden Voraussetzungen:
– Sie erfüllt – gegebenenfalls unter Berücksichtigung des Artikels 45 – ausschließlich die in diesen oder anderen Rechtsvorschriften gleicher Art vorgesehenen Voraussetzungen, ohne jedoch Versicherungs- oder Wohnzeiten einzubeziehen, die nach Rechtsvorschriften des Typs B zurückgelegt wurden,

und

– sie macht keine Ansprüche auf Leistungen bei Alter – unter Berücksichtigung des Artikels 50 Absatz 1 – geltend.

(3) Eine vom Träger eines Mitgliedstaats getroffene Entscheidung über den Grad der Invalidität eines Antragstellers ist für den Träger jedes anderen in Betracht kommenden Mitgliedstaats verbindlich, sofern die in den Rechtsvorschriften dieser Mitgliedstaaten festgelegten Definitionen des Grads der Invalidität in Anhang VII als übereinstimmend anerkannt sind.

Artikel 49 DVO   Bemessung des Grades der Invalidität

(1) ¹Findet Artikel 46 Absatz 3 der Grundverordnung Anwendung, so ist allein der Kontakt-Träger befugt, eine Entscheidung über die Invalidität des Antragstellers zu treffen, sofern die von diesem Träger angewandten Rechtsvorschriften in Anhang VII der Grundverordnung enthalten sind, oder, wenn dies nicht der Fall ist, der Träger, dessen Rechtsvorschriften in Anhang VII der Grundverordnung enthalten sind und denen der Antragsteller zuletzt unterlag. ²Er trifft diese Entscheidung, sobald für ihn erkennbar ist, dass die Anspruchsvoraussetzungen nach den von ihm anzuwendenden Rechtsvorschriften, gegebenenfalls unter Berücksichtigung der Artikel 6 und 51 der Grundverordnung, erfüllt sind. ³Er teilt diese Entscheidung den anderen beteiligten Trägern unverzüglich mit.

¹Sind unter Berücksichtigung der Artikel 6 und 51 der Grundverordnung bestimmte, nicht den Grad der Invalidität betreffende Voraussetzungen, die nach den anzuwendenden Rechtsvorschriften für den Anspruch bestehen, nicht erfüllt, so teilt der Kontakt-Träger dies dem zuständigen Träger des Mitgliedstaats, dessen Rechtsvorschriften für den Antragsteller zuletzt galten, unverzüglich mit. ²Der letztgenannte Träger ist befugt, die Entscheidung über den Grad der Invalidität des Antragstellers zu treffen, wenn die Voraussetzungen für den Anspruch nach den von ihm anzuwendenden Rechtsvorschriften erfüllt sind. ³Er teilt diese Entscheidung den anderen beteiligten Trägern unverzüglich mit.

Zur Bestimmung der Anspruchsvoraussetzungen ist gegebenenfalls unter den gleichen Bedingungen bis zu dem für Invalidität zuständigen Träger des Mitgliedstaats zurückzugehen, dessen Rechtsvorschriften für den Antragsteller zuerst galten.

(2) ¹Für den Fall, dass Artikel 46 Absatz 3 der Grundverordnung für die Feststellung des Grades der Invalidität nicht anwendbar ist, kann jeder Träger entsprechend seinen Rechtsvorschriften den Antragsteller von einem Arzt oder einem anderen Experten seiner Wahl untersuchen lassen. ²Der Träger eines Mitgliedstaats berücksichtigt jedoch die von den Trägern aller anderen Mit-

gliedstaaten erhaltenen ärztlichen Unterlagen und Berichte sowie die verwaltungsmäßigen Auskünfte ebenso, als wären sie in seinem eigenen Mitgliedstaat erstellt worden.

I. Normzweck

1 Art. 46 ersetzt mit redaktionellen Änderungen Art. 40 VO (EWG) Nr. 1408/71. Art. 46 Abs. 1 enthält die komplementäre Regelung zu Art. 44 Abs. 2. Sofern eine Person mehreren mitgliedstaatlichen Rentensystemen und davon **zumindest einem des Typs B** (wie zB dem deutschen Rentenversicherungssystem) angehörte, verweist Abs. 1 wegen der Gleichartigkeit der Leistungsberechnung innerhalb dieser Systeme auf die Koordinierungsregelungen des Kapitels 5. Für den Fall, dass für eine Person zunächst die Rechtsvorschriften des Typs B und zuletzt die Rechtsvorschriften des Typs A galten, sieht Abs. 2 unter bestimmten Voraussetzungen vor, dass (alternativ) Leistungen nach Art. 44 in Anspruch genommen werden können. Abs. 3 erstreckt die Verbindlichkeit von Entscheidungen eines Trägers über den Grad der Invalidität auf die Träger aller anderen Mitgliedstaaten mit übereinstimmend definierten Invaliditätsgraden nach Maßgabe des Anhangs VII.

2 Für deutsche Rentenversicherungsträger erschöpft sich der Regelungsgehalt des Art. 46 weitgehend in der **Verweisung des Abs. 2 auf die Koordinierung nach Kapitel 5**. Gegebenenfalls haben diese jedoch möglicherweise leistungspflichtige Träger anderer Mitgliedstaaten von dem Bezug einer inländischen Rente wegen verminderter Erwerbsfähigkeit zu benachrichtigen.

II. Einzelerläuterung

3 Abs. 1 begrenzt die Anwendung der Koordinierungsregelungen des Kapitels 4 auf Personen, die ausschließlich den Rechtsvorschriften von Mitgliedstaaten des Typs A unterworfen waren. Sind in einem Mitgliedstaat die Rechtsvorschriften zur Absicherung des Invaliditätsrisikos vom Typ B in solche des Typs A geändert worden, so darf dies nach der Koordinierungskonzeption der VO nicht zu einer Verkürzung der Ansprüche von Versicherten führen, ggf ist Art. 51 (früher: Art. 45 Abs. 3 VO (EWG) Nr. 1408/71) weiter auf diese anzuwenden (s. EuGH, Rs. 109/76 (Blottner), Slg 1977, 1141).

4 Nach Abs. 2 sind die Träger mitgliedstaatlicher Sicherungssysteme des Typs A abweichend von Abs. 1 jedoch dann zur vollen und ausschließlichen Rentengewährung verpflichtet, sofern der Berechtigte bei Eintritt der Invalidität im Anschluss an eine Arbeitsunfähigkeit einem solchen System angehörte und die Leistungsvoraussetzungen auch ohne Berücksichtigung von Versicherungs- oder Wohnzeiten, die nach Rechtsvorschriften des Typs B erfüllt sind und keine Ansprüche gegen Mitgliedstaaten mit Rechtsvorschriften des Typs B geltend gemacht werden. Der Berechtigte kann hiernach also zwischen Leistungen nach Art. 44 ff und Leistungen nach Art. 50 ff wählen. Die Regelung beruht auf dem Grundsatz, dass die europäischen Koordinierungsregelungen nicht zur Verkürzung von Ansprüchen führen dürfen, die bereits nach rein mitgliedstaatlichem Recht bestehen (sog. **Begünstigungs- oder Petroni-Prinzip**, s. Art. 10 Rn 3).

5 War ein Anspruchsberechtigter zuerst nach Rechtsvorschriften des Typs A und anschließend nach Rechtsvorschriften des **Typs B** versichert, so werden seine Ansprüche – auch aus Invaliditätssystemen des Typs A – immer **pro rata temporis** berechnet.

6 Die in Abs. 3 angeordnete **Tatbestandswirkung** einer von einem Träger eines Mitgliedstaates getroffenen Entscheidung über den Grad der Invalidität eines Antragstellers gilt lediglich für die Träger anderer Mitgliedstaaten, für die in Anhang VII eine Übereinstimmung der Tatbestandsmerkmale der jeweiligen Invaliditätsbegriffe anerkannt wurde, dh lediglich für Belgien, Frankreich und Italien. Aufgrund der (nur) nachteilausgleichenden Zielsetzung der Art. 45 und Art. 48 AEUV (= Art. 39 und Art. 42 EG) in der Interpretation des EuGH kommt diese Wirkung lediglich der Anerkennung der Invalidität zu, nicht jedoch einer späteren Entscheidung über das Nichtbe-

stehen bzw den Wegfall der Invalidität (EuGH, Rs. 232/82 (Baccini), Slg 1983, 583). Die Bundesrepublik Deutschland war und ist u.a. wegen der früheren in eine Erwerbsunfähigkeit und eine Berufsunfähigkeit differenzierende Regelung und Absicherung des Risikos der Invalidität nicht in die **Konkordanztabelle** aufgenommen worden. Im Übrigen kann rechtsvergleichend eventuell zwar eine weitgehende begriffliche Übereinstimmung der mitgliedstaatlichen Regelungen festgestellt werden (s. *Hänlein,* in: *Reinhard/Kruse/v. Maydell* (Hrsg.), Invaliditätssicherung im Rechtsvergleich, 692; *Kaufmann/Köhler,* DangVers 1993, 218 (227 f), die vielfältige und nuancenreiche Ausgestaltung dieser Bereiche durch die jeweilige mitgliedstaatliche Verwaltungspraxis und das jeweilige Richterrecht widerstreitet jedoch einer Harmonisierung und Europäisierung der sozialen Absicherung dieses Risikos.

Die deutschen Rentenversicherungsträger sind bei der Prüfung, ob volle oder teilweise Erwerbs- 7
minderung vorliegt, **nicht an Entscheidungen anderer mitgliedstaatlicher Träger gebunden**. Für diese verbleibt es bei dem allgemeinen Grundsatz, dass jeder zuständige Träger die Anspruchsvoraussetzungen nach den für ihn maßgebenden Rechtsvorschriften (ggf unter Berücksichtigung der Koordinierungsregelungen der VO) eigenständig und unabhängig prüft. Allerdings sind auch die inländischen Träger verpflichtet, bei ihrer Entscheidung vorliegende ärztliche Unterlagen, Berichte und verwaltungsmäßige Auskünfte fremdmitgliedstaatlicher Träger zu berücksichtigen. Die inländischen Versicherungsträger sind jedoch befugt, auch Versicherte mit Wohnsitz in einen anderen Mitgliedstaat durch selbst ausgewählte Ärzte oder anderen Experten untersuchen zu lassen (Art. 49 Abs. 2 DVO).

Neben der verwaltungsmäßigen und ärztlichen **Kontrolle durch den Träger des Aufenthalts- oder** 8
Wohnorts des Leistungsempfängers besteht auch hiernach für den leistungspflichtigen Träger die Möglichkeit, eine Untersuchung durch einen Arzt seiner Wahl anzuordnen. Dabei kann der Leistungsempfänger verpflichtet werden, sich in den Mitgliedstaat des zuständigen Trägers zu begeben, wenn dieser Träger die damit verbundenen Reise- und Aufenthaltskosten übernimmt und der Betroffene die Reise ohne Gefährdung seiner Gesundheit unternehmen kann (EuGH, Rs. C-344/85 (Martinez-Vidal), Slg 1991, I-3245).

Artikel 47 Verschlimmerung des Invaliditätszustands

(1) Bei Verschlimmerung des Invaliditätszustands, für den eine Person nach den Rechtsvorschriften eines oder mehrerer Mitgliedstaaten Leistungen erhält, gilt unter Berücksichtigung dieser Verschlimmerung Folgendes:
a) Die Leistungen werden nach Kapitel 5 gewährt, das entsprechend gilt.
b) Unterlag die betreffende Person jedoch zwei oder mehr Rechtsvorschriften des Typs A und waren die Rechtsvorschriften eines anderen Mitgliedstaats seit dem Bezug der Leistungen auf sie nicht anwendbar, so werden die Leistungen nach Artikel 44 Absatz 2 gewährt.

(2) Ist der nach Absatz 1 geschuldete Gesamtbetrag der Leistung oder Leistungen niedriger als der Betrag der Leistung, den die betreffende Person zulasten des zuvor für die Zahlung zuständigen Trägers erhalten hat, so gewährt ihr dieser Träger eine Zulage in Höhe des Unterschiedsbetrags.

(3) Hat die betreffende Person keinen Anspruch auf Leistungen zulasten des Trägers eines anderen Mitgliedstaats, so hat der zuständige Träger des zuvor zuständigen Mitgliedstaats die Leistungen nach den für ihn geltenden Rechtsvorschriften unter Berücksichtigung der Verschlimmerung und gegebenenfalls des Artikel 45 zu gewähren.

Die Vorschrift ersetzt Art. 41 VO (EWG) Nr. 1408/71 mit redaktionellen Änderungen. Sie wendet sich an die zuständigen Träger von Mitgliedstaaten mit Rentensystemen des Typs A (s. dazu Vorbem. Rn 2; Art. 44 Rn 1); für inländische Rentenversicherungsträger besitzt sie keine praktische Relevanz.

Artikel 48 Umwandlung von Leistungen bei Invalidität in Leistungen bei Alter

(1) Die Leistungen bei Invalidität werden gegebenenfalls nach Maßgabe der Rechtsvorschriften des Staates oder der Staaten, nach denen sie gewährt worden sind und nach Kapitel 5 in Leistungen bei Alter umgewandelt.

(2) Kann eine Person, die Leistungen bei Invalidität erhält, nach den Rechtsvorschriften eines oder mehrerer anderer Mitgliedstaaten nach Artikel 50 Ansprüche auf Leistungen bei Alter geltend machen, so gewährt jeder nach den Rechtsvorschriften eines Mitgliedstaats zur Gewährung der Leistungen bei Invalidität verpflichtete Träger bis zu dem Zeitpunkt, zu dem für diesen Träger Absatz 1 Anwendung findet, die Leistungen bei Invalidität weiter, auf die nach den für diesen Träger geltenden Rechtsvorschriften Anspruch besteht; andernfalls werden die Leistungen gewährt, solange die betreffende Person die Voraussetzungen für ihren Bezug erfüllt.

(3) Werden Leistungen bei Invalidität, die nach den Rechtsvorschriften eines Mitgliedstaats nach Artikel 44 gewährt werden, in Leistungen bei Alter umgewandelt und erfüllt die betreffende Person noch nicht die für den Anspruch auf diese Leistungen nach den Rechtsvorschriften eines oder mehrerer anderer Mitgliedstaaten geltenden Voraussetzungen, so erhält sie von diesem Mitgliedstaat oder diesen Mitgliedstaaten vom Tag der Umwandlung an Leistungen bei Invalidität.

Diese Leistungen werden nach Kapitel 5 gewährt, als ob dieses Kapitel bei Eintritt der Arbeitsunfähigkeit mit nachfolgender Invalidität anwendbar gewesen wäre, und zwar bis die betreffende Person die für den Anspruch auf Leistung bei Alter nach den Rechtsvorschriften des oder der anderen betreffenden Staaten geltenden Voraussetzungen erfüllt, oder, sofern eine solche Umwandlung nicht vorgesehen ist, so lange, wie sie Anspruch auf Leistungen bei Invalidität nach den Rechtsvorschriften des betreffenden Staates oder der betreffenden Staaten hat.

(4) Die nach Artikel 44 gewährten Leistungen bei Invalidität werden nach Kapitel 5 neu berechnet, sobald die berechtigte Person die Voraussetzungen für den Anspruch auf Leistungen bei Invalidität nach den Rechtsvorschriften des Typs B erfüllt oder Leistungen bei Alter nach den Rechtsvorschriften eines anderen Mitgliedstaats erhält.

I. Normzweck	1	3. Unterschiedliche Geburtsdaten als Koordinierungsproblem	9
II. Einzelerläuterung	2	4. Exkurs: Altersgrenzen der gesetzlichen Rentenversicherung und Diskriminierung wegen des Alters	14
1. Unterschiedliche Altersgrenzen als Koordinierungsproblem	2		
2. Das Nebeneinander von Renten bei Invalidität und Alter	5		

I. Normzweck

1 Art. 48 ersetzt redaktionell überarbeitet Art. 43 VO (EWG) Nr. 1408/71. Die Vorschrift thematisiert das Problem unterschiedlicher Altersgrenzen für die Altersrenten in den Rechtsvorschriften der Mitgliedstaaten und regelt das Nebeneinander von Leistungen bei Invalidität und Leistungen bei Alter durch Träger unterschiedlicher Mitgliedstaaten.

II. Einzelerläuterung

1. Unterschiedliche Altersgrenzen als Koordinierungsproblem

2 Altersgrenzen sind Regelungsgegenstände des jeweiligen mitgliedstaatlichen Rentenrechts, **unterschiedliche Altersgrenzen** begrenzen jedoch – wie alle mitgliedstaatlichen Unterschiede in den Leistungsvoraussetzungen für die Absicherung der Risiken der sozialen Sicherheit – die Wirk-

samkeit der europäischen Rentenrechtskoordinierung erheblich (vgl allgemein zur Problematik der Altersgrenzen im nationalen und europäischen Arbeits- und Sozialrecht, *Gitter/Boehmer*, ZfSH/SGB 1991, S. 657). Aufgrund differierender Altersgrenzen in den mitgliedstaatlichen Rentenrechtsordnungen besteht für Personen, die mehreren mitgliedstaatlichen Rentenrechtsordnungen unterworfen waren, für die entstehenden Zwischenzeiten ein Anspruch auf Altersteilrente nur gegenüber dem Träger des Mitgliedstaates mit der niedrigeren Altersgrenze, was im Ergebnis nur zu einer Teilversorgung und daher faktisch vielfach zu einer Fortsetzung der Erwerbstätigkeit bis zum Erreichen der jeweils höheren Altersgrenze führt.

Das europäische Rentenrecht bemüht sich zwar nicht um eine umfassende Harmonisierung dieser Unterschiede, sondern hat bislang allgemein lediglich die Flexibilisierung der Altersgrenze thematisiert. Es drängt jedoch zunehmend auf die Schaffung einheitlicher **Altersgrenzen für Männer und Frauen** (s. *Bieback* zu Art. 7 RL 79/7 EWG). Durch die strikte Anwendung des Art. 157 AEUV (= Art. 141 EG) dürfen sich die unterschiedlichen Altersgrenzen in den gesetzlichen/öffentlichen Systemen zudem nicht auf die Regelungen in den betrieblichen Systemen der sozialen Sicherheit auswirken (s. *Bieback* zu Art. 8 RL 2006/54/EG). 3

Das deutsche Rentenversicherungsrecht sieht in den §§ 236, 237, 237a SGB VI iVm Anl. 19 bis 22 eine **stufenweise Anhebung der Altersgrenzen** der sog. vorgezogenen Altersrenten mit diversen Besitzstandsregelungen vor. Eine vorzeitige Inanspruchnahme der Altersrente ist frühestens ab dem 60. Lebensjahr (ggf verbunden mit Renten mindernden Abschlägen) in mehreren Fallgestaltungen möglich. Auch in anderen Mitgliedstaaten findet eine stufenweise Anhebung bzw Angleichung der Altersgrenzen statt (s. *Europäische Kommission* (Hrsg.), Soziale Sicherheit in den Mitgliedstaaten der Europäischen Union, 2008; *Horn*, Renteneintrittsalter in Europa ist im Vergleich sehr hoch, SuP 2005, 175 f). 4

2. Das Nebeneinander von Renten bei Invalidität und Alter

In Abs. 1 wird der Grundsatz normiert, dass auch jede nach mitgliedstaatlichem Recht vorgeschriebene Umwandlung einer Invaliditäts- in eine Altersrente nach Maßgabe des Kapitels 5 zu erfolgen hat, was konkret bedeutet, dass die Altersrenten als pro-rata-temporis-Leistungen berechnet und im Hinblick auf die Gesamtbiografie des Berechtigten als Teilrente gezahlt werden. 5

Abs. 2 der Vorschrift trägt dem Umstand Rechnung, dass die Altersgrenzen für Altersrenten in den mitgliedstaatlichen Rentensystemen unterschiedlich festgesetzt sind. Geregelt wird zum einen das kompatible Nebeneinander des Bezugs von Leistungen bei Invalidität und des Bezugs einer Altersrente nach den Rechtsvorschriften eines anderen Mitgliedstaates. Die Vorschrift stellt klar, dass der Bezug einer fremdmitgliedstaatlichen Altersrente nicht zum Wegfall der Leistungen bei Invalidität führt. Art. 89 SGB VI ist daher nicht auf Renten nach den Rechtsvorschriften anderer Mitgliedstaaten anwendbar. Hinsichtlich der Dauer des Bezugs von Leistungen bei Invalidität und deren Umwandlung in eine Altersrente verweist die Regelung auf das jeweils anzuwendende mitgliedstaatliche Recht. Nach deutschem Rentenversicherungsrecht werden Renten wegen Erwerbsminderung bis zur Vollendung des 65. Lebensjahres gezahlt und anschließend in eine Regelaltersrente umgewandelt, sofern der Berechtigte nicht etwas anderes bestimmt (§ 43 Abs. 1 Satz 1, § 115 Abs. 3 Satz 1 SGB VI). 6

Abs. 3 der Vorschrift regelt für Bezieher einer einheitlichen Rente nach den Rechtsvorschriften eines Mitgliedstaates des Typs A nach Art. 44 und dem mit dem Übergang zu Rentenleistungen im Alter verbundenen Übergang zu europarechtlichen Teilrenten, dass auch in diesem Falle beide Rentenarten nebeneinander gewährt werden und gegebenenfalls die Leistungspflicht des bislang nach Art. 44 nicht leistungspflichtigen Trägers für Leistungen bei Invalidität auflebt. Diese Leistung wird dann nach Kapitel 5 geleistet (Abs. 4 Satz 2), mithin nach Art. 52 berechnet und ggf. als pro-rata-temporis-Leistung gezahlt. Abs. 4 erstreckt diesen Regelungsmechanismus auf die Leistungen bei Invalidität, die nach Art. 44 geleistet werden (s. nachfolgend Rn 8). 7

8 Die unbeschränkte Fortzahlung der Leistungen bei Invalidität bei gleichzeitigem Bezug einer (wenn auch nach Kapitel 5 berechneten) Altersrente (oder einer Invaliditätsrente nach den Rechtsvorschriften des Typs B) aus einem anderen mitgliedstaatlichen Rentensystem würde im Falle einer nach den Rechtsvorschriften des Typs A gemäß Art. 44 ungekürzt gezahlten Vollrente zu einer ungerechtfertigten Leistungskumulierung und zu einer Übersicherung des Berechtigten führen. Deshalb werden diese Invaliditätsleistungen nach Abs. 4 wie Altersrenten behandelt und nach Maßgabe der innerstaatlichen Rechtsvorschriften iVm den Regelungen des Kapitels 5 als (nach dem pro-rata-temporis-Verfahren berechnete) Teilrenten gezahlt.

3. Unterschiedliche Geburtsdaten als Koordinierungsproblem

9 Ähnliche Koordinierungsprobleme wie im Falle mitgliedstaatlich unterschiedlicher Altersgrenzen für Altersrenten werden hervorgerufen, wenn in den Mitgliedstaaten der EU bei den Leistungsberechtigten jeweils **unterschiedliche Geburtsdaten** als maßgeblich für die Berechnung des leistungsrechtlich vorausgesetzten Rentenalters angesehen werden. Diese Problematik tritt in der deutschen Rentenversicherungspraxis (zumeist in Rechtsstreitigkeiten um die Änderung der Versicherungsnummer der Rentenversicherung) überwiegend im Verhältnis zur Türkei, nicht selten aber auch im Verhältnis zu Griechenland und den Maghrebstaaten auf, wenn Versicherte (in fortgeschrittenem Erwerbsalter) ihr Geburtsdatum durch Behörden und Gerichte auf ein früheres Datum berichtigen lassen und die entsprechenden Gerichtsentscheidungen, mit denen das jeweilige Geburtsdatum geändert wurde, durch die inländischen Rentenversicherungsträger nicht anerkannt werden (können) (vgl hierzu *Hänlein*, VSSR 1998, S. 147; *Engelhard*, NZS 1977, S. 218; *Benker*, Mitt.LVA Rheinprovinz 1996, S. 63; *Rumpf*, StAZ 1990, S. 326; *Semperowitsch*, Mitt. LVA Oberfranken und Mittelfranken 1989, S. 164; *Stürmer*, NZS 2001, S. 347 ff).

10 In Anlehnung an die Rechtsprechung des 5. Senates des BSG (insb. SozR 3-5748 § 1 Nr. 2 = DRV 1997, 375 m.Anm. *Kronthaler*; anders für den Leistungsfall aber BSG, SGb 1996, 617) ist nunmehr in § 33 a SGB I (in Kraft getreten am 1.1.1998) normiert worden, dass für die Leistungen aus der gesetzlichen Rentenversicherung und für die insoweit vergebene **Versicherungsnummer** dasjenige **Geburtsdatum** maßgeblich ist, das in jenem Zeitpunkt urkundlich festgestellt war, als der ausländische Arbeitnehmer erstmals einem deutschen Sozialleistungsträger gemeldet wurde. Hiervon darf nur in engen Ausnahmefällen abgewichen werden, nämlich wenn ein Schreibfehler vorliegt oder sich aus einer im Original früher ausgestellten Urkunde ein anderes Geburtsdatum ergibt (§ 33 a Abs. 2 SGB I).

11 Vor dieser Neuregelung hatte der EuGH eine pauschale und generelle Behandlung dieser Fälle im Leistungsfall ausgeschlossen und festgestellt, die nationalen Sozialversicherungsträger und Gerichte eines Mitgliedstaates seien verpflichtet, von den zuständigen Behörden der anderen Mitgliedstaaten ausgestellte **Urkunden und ähnliche Schriftstücke** über den Personenstand zu beachten, sofern deren Richtigkeit nicht durch konkrete, auf den jeweiligen Einzelfall bezogene Anhaltspunkte ernstlich in Frage gestellt ist (EuGH, Rs. C-336/94 (Dafeki), Slg 1997, I-6761). In den Entscheidungsgründen führte der Gerichtshof aus, dass die Geltendmachung der Ansprüche, die sich aus der Freizügigkeit der Arbeitnehmer ergeben, ohne die Vorlage von Personenstandsurkunden nicht möglich sei. Demgemäß könne eine im nationalen Recht geltende generelle und abstrakte Beweisregel, nach der im Falle eines Widerspruchs zwischen mehreren nacheinander ausgestellten Urkunden die dem zu beweisenden Ereignis zeitlich am nächsten liegende vorgeht, wenn keine anderen ausreichenden Beweise vorhanden sind, die Weigerung, eine von einem Gericht eines anderen Mitgliedstaats vorgenommene Berichtigung zu berücksichtigen, nicht rechtfertigen.

12 § 33 a Abs. 1 SGB I hat das BSG (SozR 3-1200 § 33 a Nr. 1, Nr. 4) zunächst lediglich bezüglich der **Änderung der Versicherungsnummer** für verfassungsrechtlich und gemeinschaftsrechtlich unbedenklich erachtet, eine Entscheidung für den Leistungsfall aber offen gelassen.

Zu den Auswirkungen des **Assoziationsrechts EG-Türkei** auf die Regelung des § 33a SGB I hat **13** der EuGH (Rs. C-102/98 und C-211/98 (Kocak u. Örs) Slg 2000, I-1287-1333)), vgl dazu auch *Stürmer*, NZS 2001, S. 347 ff) auf Vorlagen des BSG entschieden, dass das unmittelbar geltende Diskriminierungsverbot des Art. 3 Abs. 1 ARB 3/80 (s. hierzu EuGH, Rs. C-262/96 (Sürül) Slg 1999, I-2685 ff) es einem Mitgliedstaat nicht verwehrt, eine solche Regelung zu treffen. Der Gerichtshof wies dabei auch auf die rechtlichen Vorgaben für die Führung der Personenstandsregister und „die besonderen Bedingungen ihrer praktischen Handhabung" in der Türkei sowie darauf hin, dass nach türkischem Recht das im Bereich der sozialen Sicherheit maßgebliche Geburtsdatum dasjenige bleibt, das beim Eintritt in die Versicherung angegeben wurde. Das BSG (SozR 3-1200 § 33a Nr. 4) hat eine ‚geburtstagsändernde' Entscheidung eines türkischen Gerichts, die vor der Einreise des Betroffenen in die Bundesrepublik Deutschland ergangen war, als Urkunde gewürdigt, die nach § 33a Abs. 2 Nr. 2 SGB I einen Anspruch auf Neuvergabe der Versicherungsnummer mit den geänderten Geburtsdaten begründen könne. Im Rahmen der Beweiswürdigung dürften hierbei die Grundsätze zu berücksichtigen sein, die sich aus der dargestellten Entscheidung des EuGH in der Rs. Dafeki ergeben (zum Fall eines in Marokko geborenen deutschen Staatsangehörigen vgl BSG SozR 3-1200 § 33a Nr. 2).

4. Exkurs: Altersgrenzen der gesetzlichen Rentenversicherung und Diskriminierung wegen des Alters

Die in den gesetzlichen Rentensystemen der Mitgliedstaaten festgelegten **Altersgrenzen** erlangen **14** Bedeutung im **Diskriminierungsrecht** und speziell im **Arbeitsrecht**. Das in der Richtlinie 2000/78 aufgestellte Verbot der **Diskriminierung wegen des Alters** ist im Licht des in Art. 15 Abs. 1 der Charta der Grundrechte der Europäischen Union anerkannten Rechts, zu arbeiten, zu sehen. Nach der Rechtsprechung des EuGH fördert das Verbleiben älterer Arbeitnehmer im Berufsleben die Vielfalt im Bereich der Beschäftigung und ist Anliegen des Unionsgesetzgebers, zu deren persönlicher Entfaltung und Lebensqualität beizutragen (Urt. v. 21.7.2011, Rs. C-159 und 160/10, *Fuchs* und *Köhler*, NVwZ 2011, 1249 = NJW 2011, 2781, Rn 62 und 63). Gesetzliche Altersgrenzen, zu denen das Arbeitsverhältnis ggf. aufgrund tariflicher oder arbeitsvertraglicher Vereinbarung endet, stellen eine Ungleichbehandlung wegen des Alters im Sinne von Art. 6 Abs. 1 lit. a) der Richtlinie 2000/78 dar, die allerdings dann keine Diskriminierung bedeuten, sofern sie objektiv und angemessen sind und im Rahmen des nationalen Rechts durch ein legitimes Ziel, worunter insbesondere rechtmäßige Ziele aus den Bereichen Beschäftigungspolitik, Arbeitsmarkt und berufliche Bildung zu verstehen sind, gerechtfertigt sind und die Mittel zur Erreichung dieses Ziels angemessen und erforderlich sind.

Der EuGH hat in diesem Zusammenhang entschieden, dass die automatische Beendigung der **15** Arbeitsverhältnisse von Beschäftigten, die die das Alter und die Beitragszahlung betreffenden Voraussetzungen für den Bezug einer Altersrente erfüllen, seit Langem Teil des Arbeitsrechts zahlreicher Mitgliedstaaten und in den Beziehungen des Arbeitslebens weithin üblich ist. Dieser Mechanismus beruhe auf einem Ausgleich zwischen politischen, wirtschaftlichen, sozialen, demografischen und/oder haushaltsbezogenen Erwägungen und hänge von der Entscheidung ab, die Lebensarbeitszeit der Arbeitnehmer zu verlängern oder, im Gegenteil, deren früheren Eintritt in den Ruhestand vorzusehen (Urt. v. 12.10.2010, Rs. C-45/0 (Rosenbladt), NJW 2010, 3767, Rn 44). Im Ergebnis sind Altersgrenzen danach zulässig, wenn sie an den Zeitpunkt anknüpfen, zu dem Arbeitnehmer zum Bezug einer gesetzlichen (Regel-)Altersrente berechtigt sind, wobei es unerheblich ist, ob der einzelne Arbeitnehmer eine ausreichend hohe Altersrente erhält (vgl EuGH, Urt. v. 5.7.2012, Rs. C-141/11 (Hörnfeldt) und *Bayreuther,* Altersgrenzen, Kündigungsschutznach Erreichen der Altersgrenze und die Befristung von „Altersrentnern", NJW 2012, 2758 ff).

Artikel 49 Besondere Vorschriften für Beamte

Die Artikel 6, 44, 46, 47, 48 und Artikel 60 Absätze 2 und 3 gelten entsprechend für Personen, die von einem Sondersystem für Beamte erfasst sind.

I. Normzweck

1 Die Vorschrift ersetzt Art. 43 a Abs. 1 VO (EWG) Nr. 1408/71, und wurde durch die Verweisung auf Art. 60 Abs. 2 und 3 sprachlich vereinfacht. Die Regelung wurde nach jahrelangen Diskussionen um die gemeinschaftsrechtliche Koordinierung der **Sondersysteme für Beamte** nach einem deutlichen Hinweis und Auftrag des EuGH in der Rechtssache C-443/93, (Vougioukas), Slg 1995, I-4033 = EuroAS 1996, 14 ff, m.Anm. *Schuler* = ZBR 1996, 152, m.Anm. *Fuchs,* ursprünglich eingeführt durch VO (EG) Nr. 1606/98 des Rates vom 29.6.1998 (vgl ABl. (EG) L 209) mit Wirkung vom 25.10.1998.

II. Einzelerläuterung

2 Die Rechtsvorschriften zur Koordinierung der Leistungen bei Invalidität (Art. 44 ff) werden durch diese Regelungen erstreckt auf Personen, die von **Sondersystemen für Beamte** erfasst werden. Entsprechend anzuwenden sind die für die allgemeinen Systeme geltenden Gleichstellungs- und Äquivalenzregelungen für Leistungen bei Invalidität. Vgl auch Art. 3 Rn 48 ff und im Übrigen die Kommentierung zu Art. 60.

Kapitel 5
Alters- und Hinterbliebenenrenten

Vorbemerkungen

Literaturübersicht

Barwig/Sieveking/Brinkmann/Lörcher/Röseler (Hrsg.), Sozialer Schutz von Ausländern in Deutschland, 1997; *Becker, Ulrich u.a.*(Hrsg.), Alterssicherung in Deutschland, Festschrift für Franz Ruland zum 65.Geburtstag, 2007; *Beschorner,* Weiterentwicklung der offenen Koordinierungsmethode für Sozialschutz und soziale Eingliederung, ZESAR 2009, S. 77 ff; *Deutsche Rentenversicherung Bund* (Hrsg.), Die Reform des Europäischen koordinierenden Sozialrechts, 2007; *Deutscher Sozialrechtsverband* (Hrsg.), Europäisches Sozialrecht (Schriftenreihe des Deutschen Sozialrechtsverbandes 36), 1992; *ders.,* Offene Methode der Koordinierung im Sozialrecht, 2005; *Döring,* Die Alterssicherung in der Europäischen Union und veränderte erwerbsbiographische Muster, WSI Mitteilungen 1999, S. 48 ff; *Eichenhofer,* Internationales Sozialrecht, 1994; *ders.,* Sozialrecht der Europäischen Union, 2. Aufl. 2003; *ders.* (Hrsg.), 50 Jahre nach ihrem Beginn – Neue Regeln für die Koordinierung sozialer Sicherheit, 2009; *Europäische Kommission* (Hrsg.), Missoc, Soziale Sicherheit in den Mitgliedstaaten der EU, 2008; *Giesen,* Soziale Sicherheit der Wanderarbeitnehmer – Zusammentreffen von Renten, die aufgrund der Rechtsvorschriften mehrerer Mitgliedstaaten gewährt werden, ZESAR 2002, S. 74 ff; *Jorens* (Hrsg), 50 Jahre Koordinierung der sozialen Sicherheit, 2010; *Langelüddeke/Michaelis,* Europäische Dimensionen der Rentenversicherung, DAngVers 2001, S. 225; *Pfeil* (Hrsg.), Soziale Sicherheit in Österreich und Europa, 1998; *Ruland/Schaub/Schlieke/Huck,* DRV 1996, S. 461 ff; *Schuler,* Das internationale Sozialrecht in der Bundesrepublik Deutschland, 1988; *Schulte,* Die „Methode der offenen Koordinierung" – Eine politische Strategie in der europäischen Sozialpolitik, ZSR 2002, S. 1 ff; *Schulte/Barwig* (Hrsg.), Freizügigkeit und soziale Sicherheit, 1999; *Verband Deutscher Rentenversicherungsträger* (Hrsg.), Rentenversicherung im internationalen Vergleich, 1999; *ders.,* Offene Koordinierung der Alterssicherung in der Europäischen Union, 2002; *Zacher* (Hrsg.), Alterssicherung im Rechtsvergleich, 1991.

1. Sachlicher Geltungsbereich..............	1	3. Koordinierung, Konvergenz und offene Koordinierung der Rentensysteme......	6
2. Regelungsziel und Koordinierungsprinzip..	3		

Titel III Alters- und Hinterbliebenenrenten

1. Sachlicher Geltungsbereich

Mit den Regelungen des Kapitels 5 werden die Regelungen des Kapitels 3 des Titels III der VO (EWG) Nr. 1408/71 ersetzt, sie enthalten nur wenige Neuerungen, die maßgeblichen Regelungen wurden jedoch in erheblichem Umfang redaktionell überarbeitet (s. *Verschueren*, in: *Eichenhofer* (Hrsg.), 50 Jahre nach ihrem Beginn – Neue Regeln für die Koordinierung sozialer Sicherheit, 2009, 223 ff). Sie stellen den Kernbereich der gemeinschaftsrechtlichen **Koordinierung der mitgliedstaatlichen Rentenrechtsordnungen** dar und betreffen neben den (Renten-)Leistungen bei Alter und Tod für die Bundesrepublik aufgrund der Verweisung des Art. 46 Abs. 1 auch Leistungen bei Invalidität, nicht jedoch Kinderzuschüsse und Waisenrenten, die in Kapitel 8 geregelt sind. Die Koordinierung erfolgt insoweit einheitlich. Parallele Regelungen wie im Falle der Leistungen bei Invalidität waren bei den Leistungen bei Alter und Tod entbehrlich. Der Zuschuss zur Krankenversicherung der Rentner gem. § 106 SGB VI ist als Rentenleistung zu qualifizieren (s. Art. 1 lit. w), wird in der Sache von den Koordinierungsvorschriften dieses Kapitels jedoch nicht berührt.

Das Koordinierungssystem der VO bezieht sich auf (alle) Leistungen bei Alter (Art. 3 Abs. 1 lit. d)), die auf einer allgemein verbindlichen Rechtsgrundlage iSv Art. 1 lit. l) „Rechtsvorschriften" beruhen, ungeachtet der konkreten Ausgestaltung des mitgliedstaatlichen gesetzlichen Alterssicherungssystems, dh auf alle Systeme der ersten Säule in dem international und national weithin üblich gewordenen **Dreisäulenmodell**. Ausgenommen bleibt daher im Bereich des Rentenrechts der Bereich der sog. ergänzenden Rentensysteme, insbesondere die betrieblichen Zusatzversorgungssysteme (zweite Säule im Dreisäulenmodell), soweit diese nicht unter den Begriff der „Rechtsvorschriften" in Art. 1 lit. l) fallen oder durch eine entsprechende notifizierte Erklärung des Mitgliedstaates ausdrücklich einbezogen sind. Diese ergänzenden Systeme der Alterssicherung haben durch die Richtlinie 98/49/EG vom 29. Juni 1998 zur Wahrung ergänzender Rentenansprüche eine Koordinierung erfahren, die aufgrund der Eigenart dieser (dem Arbeitsrecht, Arbeitsentgelt und damit dem Privatrecht zuzuordnenden) Systeme und Leistungen von dem Koordinierungssystem der VO abweicht (vgl ausführlich die Kommentierung der Richtlinie 98/49/EG durch *Steinmeyer*). Daher ist der sachliche Anwendungsbereich dieser Koordinierungswerke (weiterhin) strikt getrennt. Keine Rente oder Leistung darf sowohl den Bestimmungen der Richtlinie 98/49/EG als auch den Bestimmungen der VO unterworfen sein (s. Präambel Nr. 5 Richtlinie 98/49/EG) Die Definition der Rente in Art. 1 lit. w) erweitert lediglich das Spektrum der damit bezeichneten Leistungen, setzt aber voraus, dass das zugrundeliegende Sicherungssystem nach den genannten Kriterien dem sachlichen Anwendungsbereich der VO unterfällt (unklar im Ergebnis aber wie hier *Wunder*, in: VO(EG) Nr. 883/2004, Kommentar 2012, Vorbem. 8, 9 vor Art. 50). Ausgenommen vom sachlichen Anwendungsbereich der Koordinierung der Altersrenten sind schließlich Systeme der dritten Säule, dh private Alters(ver)sicherungen, diese beruhen wie überwiegend auch die Systeme der zweiten Säule nicht auf „Rechtsvorschriften" iSv Art. 1 lit. l).

2. Regelungsziel und Koordinierungsprinzip

Die Koordinierung des Rentenrechts der Mitgliedstaaten ist – wie die Sozialrechtskoordinierung insgesamt, wenn auch nicht ausschließlich – an die **Grundfreiheit der Freizügigkeit** von Personen geknüpft und dient nach der Rechtsprechung des EuGH dem Ausgleich der sozialrechtlichen Nachteile, die durch die Wahrnehmung der Freizügigkeit gemäß Art. 45 AEUV (= Art. 39 EG) entstehen. Sie ist damit aber auch einer übergreifenden international-sozialrechtlichen Gerechtigkeit (*Schuler*, Das internationale Sozialrecht, S. 198 ff) verpflichtet.

Für Personen mit einer **europäischen „Rentenbiographie"**, dh für Personen, die dem Rentenrecht mehrerer Mitgliedstaaten unterlagen (Art. 46 Abs. 1), wird der Auftrag des Art. 48 AEUV (= Art. 42 EG) eingelöst und die Berücksichtigung mitgliedstaatlicher anspruchsbegründender Zeiten im Rahmen von (versicherungsrechtlichen) Leistungsvoraussetzungen (Art. 6, Art. 51) sowie für die Leistungsberechnung (Art. 52 ff) angeordnet. Diese Koordinierung des Rentenrechts lässt die Leistungs- und Einstandspflicht der einzelnen Mitgliedstaaten bestehen und europäisiert diese. Es entsteht mit anderen Worten keine „europäische Gesamtrente", sondern es verbleibt (nach der pro-rata-temporis-Berechnung) bei sog. **Teilrenten** der involvierten Mitgliedstaaten, die nach dem Leistungsexportprinzip (Art. 7) ungeschmälert auch an Berechtigte mit Wohnsitz in einem anderen Mitgliedstaat gezahlt werden. Anders ist dies (neben den Kinderzuschüssen und Waisenrenten) aus administrativ-pragmatischen Gründen nur für Rentenansprüche aus sog. Minizeiten (Art. 57). Wegen des auf die Koordinierung der mitgliedstaatlichen Rentensysteme begrenzten Regelungsauftrags des Art. 48 AEUV (ex Art. 42 EG) ist eine Harmonisierung der mitgliedstaatlichen Rentensysteme mit den Regelungen des Kapitels 5 nicht verbunden (s. oben Art. 48 AEUV Rn 6 ff). Es bleibt daher bei den unterschiedlichen Regelungen zu den Leistungsvoraussetzungen, der Höhe der Leistungen und ihrer Finanzierung nach den jeweils anwendungsberufenen Rechtsvorschriften der Mitgliedstaaten.

5 Die Generalklausel zur **Gleichstellung von Sachverhalten,** die sich in anderen Mitgliedstaaten bzw unter Geltung fremdmitgliedstaatlichen Rechts ereignen (Art. 5), ist für die Koordinierung der Rentenversicherungssysteme besonders wichtig, sie beruht auf der Rechtsprechung des EuGH zu Art. 3 VO (EWG) Nr. 1408/71 und zu Art. 39, 42 EG (nunmehr Art. 45, 48 AEUV), wonach auch indirekte bzw mittelbare Diskriminierungen verboten und damit ggf eine Gleichstellung von Sachverhalten geboten ist (s. oben *Langer,* Art. 45 AEUV Rn 33; Art. 5 Rn 2).

3. Koordinierung, Konvergenz und offene Koordinierung der Rentensysteme

6 Die Koordinierungsregelungen auch dieses Kapitels nehmen die unterschiedliche Ausgestaltung des Rentenrechts der Mitgliedstaaten, wie zB hinsichtlich der Altersgrenzen für die Inanspruchnahme von Rentenleistungen, als vorgegeben hin. Solche Unterschiede begrenzen jedoch die Effektivität dieser Koordinierung in der konkreten Lebenswirklichkeit der Betroffenen. Die staatlichen Rentensysteme der Mitgliedstaaten unterscheiden sich sowohl in der Konzeption ganz erheblich, insbesondere hinsichtlich des persönlichen Geltungsbereichs (Gruppenversicherung versus Volks(ver)sicherung), hinsichtlich der Finanzierung (durch Steuern und/oder Beiträge, Umlagefinanzierung oder Kapitaldeckung) sowie hinsichtlich des angestrebten Leistungsniveaus (Grundsicherung versus – angemessene – Vollsicherung), aber auch in vielfacher Weise in der konkreten Ausgestaltung der Leistungen (vgl zB *Zacher* (Hrsg.), Alterssicherung im Rechtsvergleich, 1991; *VDR* (Hrsg.), Rentenversicherung im internationalen Rechtsvergleich, 1999; *Europäische Kommission,* Soziale Sicherheit in den Mitgliedstaaten der EU, 2008). Neuere Entwicklungen bei der Ausgestaltung der mitgliedstaatlichen Rentensysteme gehen dahin, dass immer mehr Mitgliedstaaten Systeme der zweiten Säule auf gesetzlicher Grundlage einführen und damit dem Anwendungsbereich der VO unterstellen oder ihre Systeme der ersten Säule als Pensionskontensysteme oder kapitalgedeckte Systeme ausgestalten und damit besondere Koordinierungsprobleme aufwerfen (*Spiegel,* in: *Jorens* (Hrsg.), 50 Jahre Koordinierung der sozialen Sicherheit, S. 210, 230). Eine rechtliche **Harmonisierung** der in der Regelungskompetenz der Mitgliedstaaten stehenden Rentensysteme wurde bislang nicht angestrebt, im Bereich der Sozialpolitik gab es jedoch seit geraumer Zeit Bemühungen um eine Zusammenarbeit unter den Mitgliedstaaten, seit Anfang der 90er Jahre mit dem Bestreben, die Ziele und Politiken der Mitgliedstaaten im Bereich der sozialen Sicherheit anzunähern. Diese **Konvergenzstrategie** entbehrte noch weitgehend einer eigenständigen inhaltlichen Konzeption, insbesondere auch zur Rentenpolitik. Im Rahmen „einer konzertierten Strategie zur Modernisierung des sozialen Schutzes" (so der Titel der Mitteilung der Kommission (KOM (97) 102 v. 14.7.1999) hat die Kommission vor dem Hintergrund der demographischen Entwicklung in den Mitgliedstaaten die Sicherheit und Zukunftsfähigkeit der Rentensysteme als eines von vier Hauptzielen der mitgliedstaatlichen sozialpolitischen Zusammenarbeit benannt. Die hiermit verbundenen Probleme waren seitdem Gegenstand der Beratungen verschiedener europäischer Räte und mehrerer Ausschüsse (vgl hierzu *Langelüddeke/Mi-*

chaelis, DAnGVers 2001, 225 ff; s. auch EU-weite Zusammenarbeit bei der Rentenreform, EuroAS 2001, 132 ff).

Auf der Grundlage des Gipfels von Lissabon im März 2000 und dem dort formulierten neuen strategischen Gesamtziel einer wissensbasierten Gesellschaft, die u.a. mit einer Modernisierung des Sozialschutzes verbunden sein sollte, markierte der Europäische Rat von Göteborg am 16.6.2001 den Beginn der offenen Methode der Koordinierung (bzw der offenen Koordinierungsmethode (OKM) im Bereich der Alterssicherung (*Devetzi*, Offene Methode der Koordinierung in der Alterssicherung, in: *Deutscher Sozialrechtsverband* (Hrsg.),Offene Methode der Koordinierung im Sozialrecht, S. 67 ff, 70 f). Im Rahmen eines umfassenden Konzepts sollte ein integrierter Rahmen für den Informationsaustausch über nationale Strategien zur langfristigen Sicherung angemessener und nachhaltiger Renten geschaffen werden (Mitteilung zur „Unterstützung nationaler Strategien für zukunftssichere Renten durch eine integrierte Vorgehensweise" (KOM (2001) 362 endg. = BR-Drucks. 600/01 v. 23.7.2001).

7

Nach dieser Mitteilung geht es bei der OKM (leider eine verfehlte Begriffsbildung) darum, gemeinsame Ziele festzulegen, diese in nationale Politiken umzusetzen und sie schließlich im Rahmen eines gemeinsamen Lernprozesses unter anderem auf der Grundlage gemeinsam vereinbarter und definierter Indikatoren und „Benchmarks" regelmäßig zu überwachen (vgl auch *Schulte*, ZSR 2002, 1 ff, 19 ff).

8

Zur Unterstützung integrierter nationaler Strategien für die zukunftssichere Gestaltung von Rentensystemen hatte die Kommission gemeinsame Ziele zu der Angemessenheit des Rentenniveaus, zur Sicherstellung, dass alle älteren Menschen in den Genuss eines angemessenen Lebensstandards gelangen, am wirtschaftlichen Wohlstand ihres Landes teilhaben und aktiv am öffentlichen, sozialen und kulturellen Leben teilnehmen können, zur finanziellen Tragfähigkeit von öffentlichen und privaten Altersvorsorgeinstrumenten sowie zur Modernisierung der Rentensysteme als Reaktion auf die sich verändernden Bedürfnisse der Gesellschaft und des Einzelnen formuliert.

Mit dem im März 2003 vorgelegten Bericht von Kommission und Rat über angemessene und nachhaltige Renten wurden erstmals die nationalen Maßnahmen in der Rentenpolitik bewertet. Die Bewertung blieb jedoch wenig konkret und bestätigte allen Mitgliedstaaten, dass sie sich der Probleme der Alterssicherungssysteme bewusst seien und überwiegend auch die notwendigen Reformschritte eingeleitet hätten (*Devetzi*, aaO, S. 74 f).

Die Mitteilung der Kommission vom 2.7.2008 für „ein erneuertes Engagement für soziales Europa: Verstärkung der offenen Koordinierungsmethode für Sozialschutz und soziale Eingliederung„ (KOM (2008) 418 endg.) beschreibt die nachfolgende Entwicklung: Die OKM Soziales ist seit ihrer Einführung im Jahre 2000 grundlegend reformiert worden. Im Jahre 2005 wurden die drei Koordinierungsprozesse (soziale Eingliederung, angemessene und tragfähige Altersversorgung sowie hochwertige und nachhaltige Gesundheitsversorgung und Langzeitpflege) zu einer einzigen OKM im Bereich Soziales zusammengefasst. Es wurden gemeinsame Zielsetzungen festgelegt und vom Europäischen Rat aktualisiert; dieser bestätigte ihre Gültigkeit auf der Frühjahrstagung 2008. Der Ausschuss für Sozialschutz (SPC) vereinbarte Indikatoren – sowohl übergreifende als auch spezifische für die drei Bereiche – zur Prüfung der Fortschritte im Hinblick auf die gemeinsam vereinbarten Ziele. Außerdem wurde der Prozess als ein Dreijahreszyklus mit vereinfachter Berichterstattung ausgestaltet. Die Mitgliedstaaten legen im ersten Jahr nationale Strategieberichte vor, die in einem Gemeinsamen Bericht des Rates und der Kommission über Sozialschutz und soziale Eingliederung zusammengefasst werden. Dieser „Gemeinsame Bericht" umfasst gesonderte Länderprofile, in denen die vorrangigen Themen und nationalen Herausforderungen hervorgehoben werden. In den dazwischen liegenden Jahren – ohne Berichterstattung – sind eingehende Analysen und wechselseitiges Lernen zu den vorrangigen Themen vorgesehen. Die Straffung der OKM Soziales hat zu einer stärkeren Fokussierung auf die Politikumsetzung und einer positiven Wechselwirkung mit der erneuerten Lissabon-Strategie für Wachstum und

9

Beschäftigung geführt. Die nationalen Berichte 2006 waren eher strategisch ausgerichtet und beschäftigten sich schwerpunktmäßig mit einer begrenzten Auswahl von Prioritäten und kohärenten Ansätzen zur Erreichung der gemeinsamen Ziele. Der Gemeinsame Bericht 2007 ergab, dass die Gesamtbetrachtung aller gemeinsamen sozialen Ziele zur Verbesserung der Kohärenz und Effizienz der Politik beiträgt. Außerdem trug der neue Zyklus zu einer umfassenderen Analyse bei und förderte den Lernprozess zu den zentralen Prioritäten. Der Gemeinsame Bericht 2008 konzentrierte sich auf die Themen Kinderarmut, Zugang zu Gesundheitsleistungen, Entwicklung des Bedarfs an Langzeitpflege.

10 Trotz dieser positiven Feststellungen bemüht sich die Mitteilung um eine Erneuerung und Stärkung der OKM insbesondere, um die Ergebnisse bezüglich der vereinbarten gemeinsamen Zielvorgaben und einer besseren Nutzung der vereinbarten Indikatoren zu verbessern, denn bei den grundlegenden Zielen, Beseitigung der Armut, Verminderung des Risikos einer unangemessenen Altersversorgung für künftige Generationen und Beseitigung der gesundheitlichen Ungleichheiten konnten keine wesentlichen Fortschritte erzielt werden. Um das Potenzial der OMK Soziales voll auszuschöpfen, werden eine Reihe von Bereichen dargestellt, in denen die Methode verbessert, verstärkt oder weiter entwickelt werden kann. Diese Maßnahmen sind vier Zielen zugeordnet: 1. mehr politisches Engagement und Außenwirkung des Prozesses; 2. Verstärkung der positiven Wechselwirkung mit anderen EU-Politiken; 3. Verbesserung der Analyseinstrumente zur Untermauerung des Prozesses, mit Blick auf die Festlegung quantifizierter Zielvorgaben und die Förderung faktengestützter politischer Strategien;4. stärkere Akzeptanz in den Mitgliedstaaten durch Einführung und Verstärkung des Voneinanderlernens (s. auch *Beschorner*, Weiterentwicklung der offenen Koordinierungsmethode für Sozialschutz und soziale Eingliederung, ZESAR 2009, 77 f).

11 Das Problem der Erhaltung bzw Erreichung langfristig sowohl nachhaltiger aber auch angemessener und sicherer Pensionen und Renten in den Mitgliedstaaten vor dem Hintergrund der demographischen Entwicklung (höhere Lebenserwartung in Kombination mit dem Wechsel der Babyboom-Generation vom Erwerbsleben in den Ruhestand, vgl hierzu die alle drei Jahre veröffentlichten Altersberichte, insbes. Den vierten „2012 Ageing Report – Economic and budgetary projections for the 27 EU Member States (2012-2060) und der aktuellen Wirtschafts- und Finanzkrise in Europa hat die Kommission insbesondere in ihren Jahreswachstumsberichten 2011 (KOM(2011) 11 endg. v. 12.1.2011) und 2012 (KOM(2011) 815 endg. v. 23.11.2011) betont und hierzu Eckpunkte für Renten- und Pensionsreformen herausgearbeitet. Im Weißbuch „Eine Agenda für angemessene, sichere und nachhaltige Pensionen und Renten" (COM(2012) 55 final v. 16.2.2012) hat die Kommission hierzu empfohlen:
a) das Ruhestandsalter an die gestiegene Lebenserwartung zu koppeln;
b) den Zugang zu Frühpensions- bzw -rentensystemen und anderen frühzeitigen Ausstiegsmöglichkeiten einzuschränken;
c) die Verlängerung der Lebensarbeitszeit durch besseren Zugang zu lebenslangem Lernen, Anpassung der Arbeitsplätze an eine Belegschaft mit höherer Diversität, Ausbau von Beschäftigungschancen für ältere Arbeitskräfte und Unterstützung des aktiven und gesunden Alterns zu fördern;
d) das Ruhestandsalter für Frauen und Männer anzugleichen und
e) den Ausbau der Zusatz-Altersvorsorge zu fördern, um das Ruhestandseinkommen zu erhöhen.

12 In dem anschließenden „Bericht zur Angemessenheit der Renten- und Pensionshöhe im Zeitraum 2010-2050" des Ausschusses für Sozialschutz vom 24.5.2012 (SPC/2012.5/2 a fin) stellt dieser fest, dass die Mitgliedstaaten aufgrund der demographischen Entwicklung in Europa und vor dem Hintergrund der Wirtschaftskrise ihre Renten- und Pensionssysteme im Hinblick auf Nachhaltigkeit und Angemessenheit regelmäßig anpassen müssen, ohne dass es insoweit „allgemeingültige Antworten" für alle gäbe. Die bisherigen Reformen in den Mitgliedstaaten hätten zwar zu mehr

Nachhaltigkeit der staatlichen Altersversorgung geführt, seien jedoch zu Lasten der langfristigen Angemessenheit der Renten und Pensionen gegangen. Um dem entgegenzuwirken und die Rentenansprüche längerfristig zu verbessern wird vorgeschlagen, die Lebensarbeitszeit zu verlängern und der Frühverrentung entgegenzuwirken (mit flankierenden beschäftigungspolitischen Maßnahmen für ein längeres und gesünderes Arbeitsleben), sowie die Erhebung zusätzlicher Beiträge zu den Renten- und Pensionssystemen und geschlechtsspezifische Unterschiede bei der Beschäftigung, Bezahlung und Erwerbsdauer abzubauen.

Es ist beabsichtigt, die Renten- und Pensionsreformen im Rahmen der Strategie Europa 2020 auch weiterhin systematisch zu überprüfen.

Artikel 50 Allgemeine Vorschriften

(1) Wird ein Leistungsantrag gestellt, so stellen alle zuständigen Träger die Leistungsansprüche nach den Rechtsvorschriften aller Mitgliedstaaten fest, die für die betreffende Person galten, es sei denn, die betreffende Person beantragt ausdrücklich, die Feststellung der nach den Rechtsvorschriften eines oder mehrerer Mitgliedstaaten erworbenen Ansprüche auf Leistungen bei Alter aufzuschieben.

(2) Erfüllt die betreffende Person zu einem bestimmten Zeitpunkt nicht oder nicht mehr die Voraussetzungen für die Leistungsgewährung nach den Rechtsvorschriften aller Mitgliedstaaten, die für sie galten, so lassen die Träger, nach deren Rechtsvorschriften die Voraussetzungen erfüllt sind, bei der Berechnung nach Artikel 52 Absatz 1 Buchstabe a) oder b) die Zeiten, die nach den Rechtsvorschriften zurückgelegt wurden, deren Voraussetzungen nicht oder nicht mehr erfüllt sind, unberücksichtigt, wenn diese Berücksichtigung zu einem niedrigeren Leistungsbetrag führt.

(3) Hat die betreffende Person ausdrücklich beantragt, die Feststellung von Leistungen bei Alter aufzuschieben, so gilt Absatz 2 entsprechend.

(4) Sobald die Voraussetzungen nach den anderen Rechtsvorschriften erfüllt sind oder die betreffende Person die Feststellung einer nach Absatz 1 aufgeschobenen Leistung bei Alter beantragt, werden die Leistungen von Amts wegen neu berechnet, es sei denn, die Zeiten, die nach den anderen Rechtsvorschriften zurückgelegt wurden, sind bereits nach Absatz 2 oder 3 berücksichtigt worden.

Artikel 45 DVO   Beantragung von Leistungen

A.   Beantragung von Leistungen aufgrund von Rechtsvorschriften des Typs A nach Artikel 44 Absatz 2 der Grundverordnung

(1) Der Antragsteller stellt für den Bezug von Leistungen aufgrund von Rechtsvorschriften des Typs A nach Artikel 44 Absatz 2 der Grundverordnung einen Antrag beim Träger des Mitgliedstaats, dessen Rechtsvorschriften bei Eintritt der Arbeitsunfähigkeit mit anschließender Invalidität oder bei der Verschlimmerung des Invaliditätszustands für ihn galten, oder bei dem Träger seines Wohnorts, der den Antrag an den erstgenannten Träger weiterleitet.

(2) Wurden Geldleistungen bei Krankheit gewährt, so gilt der Tag, an dem der Zeitraum endet, für den diese Leistungen gewährt wurden, gegebenenfalls als Tag der Stellung des Rentenantrags.

(3) [1]In dem in Artikel 47 Absatz 1 der Grundverordnung genannten Fall teilt der Träger, bei dem die betreffende Person zuletzt versichert war, dem ursprünglich leistungspflichtigen Träger mit, in welcher Höhe und ab wann die Leistungen nach den von ihm anzuwendenden Rechtsvorschriften geschuldet werden. [2]Von diesem Zeitpunkt an entfallen die vor der Verschlimmerung des Invaliditätszustands geschuldeten Leistungen oder werden bis auf die Zulage nach Artikel 47 Absatz 2 der Grundverordnung gekürzt.

B. Beantragung von Leistungen in sonstigen Fällen

(4) ¹*In anderen als den in Absatz 1 genannten Fällen stellt der Antragsteller einen entsprechenden Antrag beim Träger seines Wohnorts oder beim Träger des Mitgliedstaats, dessen Rechtsvorschriften zuletzt für ihn galten.* ²*Galten für die betreffende Person zu keinem Zeitpunkt die Rechtsvorschriften, die der Träger ihres Wohnorts anwendet, so leitet dieser Träger den Antrag an den Träger des Mitgliedstaats weiter, dessen Rechtsvorschriften zuletzt für sie galten.*

(5) Der Zeitpunkt der Antragstellung ist für alle beteiligten Träger verbindlich.

(6) In Abweichung von Absatz 5 gilt Folgendes: Gibt der Antragsteller trotz Aufforderung nicht an, dass er in anderen Mitgliedstaaten beschäftigt war oder gewohnt hat, so gilt der Zeitpunkt, zu dem er seinen Antrag vervollständigt oder zu dem er einen neuen Antrag bezüglich seiner fehlenden Beschäftigungszeiten und/oder Wohnzeiten in einem Mitgliedstaat einreicht, für den Träger, der die betreffenden Rechtsvorschriften anwendet, als Zeitpunkt der Antragstellung, sofern diese Rechtsvorschriften keine günstigeren Bestimmungen enthalten.

Artikel 46 DVO Angaben und Unterlagen zu Leistungsanträgen

(1) ¹*Der Antrag ist gemäß den Rechtsvorschriften, die der in Artikel 45 Absatz 1 oder 4 der Durchführungsverordnung genannte Träger anwendet, und unter Beifügung der in diesen Rechtsvorschriften geforderten Nachweise zu stellen.* ²*Der Antragsteller hat insbesondere alle verfügbaren einschlägigen Informationen und Nachweise über Zeiten einer Versicherung (Träger, Versicherungsnummern), einer Beschäftigung (Arbeitgeber) oder einer selbständigen Erwerbstätigkeit (Art und Ort der Tätigkeit) und eines Wohnorts (Adressen) einzureichen, die gegebenenfalls nach anderen Rechtsvorschriften zurückgelegt wurden, sowie die Dauer dieser Zeiten anzugeben.*

(2) ¹*Beantragt der Antragsteller nach Artikel 50 Absatz 1 der Grundverordnung, dass die Feststellung der nach den Rechtsvorschriften eines oder mehrerer Mitgliedstaaten erworbenen Altersrenten aufgeschoben wird, so hat er dies in seinem Antrag zu erklären und anzugeben, nach welchen Rechtsvorschriften er den Aufschub beantragt.* ²*Um dem Antragsteller die Ausübung dieses Rechts zu ermöglichen, teilen die beteiligten Träger ihm auf Verlangen alle ihnen vorliegenden Informationen mit, damit er die Folgen von gleichzeitigen oder nachfolgenden Feststellungen der ihm zustehenden Leistungen abschätzen kann.*

(3) Zieht der Antragsteller einen Antrag auf Leistungen zurück, die nach den Rechtsvorschriften eines einzelnen Mitgliedstaats vorgesehen sind, so gilt diese Rücknahme nicht als gleichzeitige Rücknahme von Anträgen auf Leistungen nach den Rechtsvorschriften anderer Mitgliedstaaten.

Artikel 47 DVO Bearbeitung der Anträge durch die beteiligten Träger

A. Kontakt-Träger

(1) ¹*Der Träger, an den der Leistungsantrag nach Artikel 45 Absatz 1 oder 4 der Durchführungsverordnung gerichtet oder weitergeleitet wird, wird nachstehend als „Kontakt-Träger" bezeichnet.* ²*Der Träger des Wohnorts wird nicht als Kontakt-Träger bezeichnet, wenn für die betreffende Person zu keinem Zeitpunkt die von diesem Träger angewandten Rechtsvorschriften galten.*

Zusätzlich zur Bearbeitung des Leistungsantrags nach den von ihm angewandten Rechtsvorschriften fördert dieser Träger in seiner Eigenschaft als Kontakt-Träger den Austausch von Daten, die Mitteilung von Entscheidungen und die für die Bearbeitung des Antrags durch die beteiligten Träger erforderlichen Vorgänge und übermittelt dem Antragsteller auf Verlangen alle die Gemeinschaftsaspekte der Bearbeitung betreffenden Angaben und hält ihn über den Stand der Bearbeitung seines Antrags auf dem Laufenden.

B. Bearbeitung von Anträgen auf Leistungen aufgrund von Rechtsvorschriften des Typs A nach Artikel 44 der Grundverordnung

(2) In dem in Artikel 44 Absatz 3 der Grundverordnung genannten Fall übermittelt der Kontakt-Träger sämtliche den Antragsteller betreffenden Dokumente an den Träger, bei dem dieser zuvor versichert war, der seinerseits den Antrag bearbeitet.

(3) Die Artikel 48 bis 52 der Durchführungsverordnung gelten nicht für die Bearbeitung von Anträgen nach Artikel 44 der Grundverordnung.

C. Bearbeitung sonstiger Leistungsanträge

(4) ¹In anderen als den in Absatz 2 genannten Fällen übermittelt der Kontakt-Träger die Leistungsanträge und alle ihm vorliegenden Dokumente sowie gegebenenfalls die vom Antragsteller vorgelegten einschlägigen Dokumente unverzüglich allen beteiligten Trägern, damit diese gleichzeitig mit der Bearbeitung dieses Antrags beginnen können. ²Der Kontakt-Träger teilt den anderen Trägern die Versicherungs- oder Wohnzeiten mit, die nach den von ihm anzuwendenden Rechtsvorschriften zurückgelegt worden sind. ³Er gibt ferner an, welche Dokumente zu einem späteren Zeitpunkt einzureichen sind, und ergänzt den Antrag so bald wie möglich.

(5) Jeder beteiligte Träger teilt dem Kontakt-Träger und den anderen beteiligten Trägern so bald wie möglich die Versicherungs- oder Wohnzeiten mit, die nach den von ihm anzuwendenden Rechtsvorschriften zurückgelegt worden sind.

(6) Jeder beteiligte Träger berechnet den Leistungsbetrag nach Artikel 52 der Grundverordnung und teilt dem Kontakt-Träger und den anderen betroffenen Trägern seine Entscheidung, den Leistungsbetrag und alle nach den Artikeln 53 bis 55 der Grundverordnung erforderlichen Angaben mit.

(7) Stellt ein Träger auf der Grundlage der Angaben nach den Absätzen 4 und 5 fest, dass Artikel 46 Absatz 2 oder Artikel 57 Absatz 2 oder 3 der Grundverordnung anzuwenden ist, so unterrichtet er hiervon den Kontakt-Träger und die anderen betroffenen Träger.

Artikel 48 DVO   Mitteilung der Entscheidungen an den Antragsteller

(1) ¹Jeder Träger teilt dem Antragsteller die von ihm nach den von ihm anzuwendenden Rechtsvorschriften getroffene Entscheidung mit. ²In jeder Entscheidung werden die zur Verfügung stehenden Rechtsbehelfe und Rechtsbehelfsfristen angegeben. ³Sobald der Kontakt-Träger über alle Entscheidungen jedes Trägers unterrichtet worden ist, übermittelt er dem Antragsteller und den anderen betroffenen Trägern eine Zusammenfassung dieser Entscheidungen. ⁴Die Verwaltungskommission erstellt das Muster für die Zusammenfassung. ⁵Die Zusammenfassung wird dem Antragsteller in der Sprache des Trägers oder – auf Verlangen des Antragstellers – in der von ihm gewählten Sprache übermittelt, sofern diese als Amtssprache der Organe der Gemeinschaft gemäß Artikel 290 des Vertrags anerkannt ist.

(2) ¹Stellt sich für den Antragsteller nach Empfang der Zusammenfassung heraus, dass seine Rechte durch das Zusammenwirken der Entscheidungen von zwei oder mehr Trägern möglicherweise beeinträchtigt worden sind, so hat er Anspruch auf eine Überprüfung der Entscheidungen durch die beteiligten Träger innerhalb der in den einschlägigen einzelstaatlichen Rechtsvorschriften vorgesehenen Fristen. ²Die Fristen beginnen am Tag des Empfangs der Zusammenfassung. ³Der Antragsteller wird schriftlich über das Ergebnis der Überprüfung unterrichtet.

I. Normzweck	1
II. Einzelerläuterungen	3
1. Anwendungsbereich der Art. 50 ff	3
2. Europaweite Wirkung der Antragstellung und das europäische Leistungsfeststellungsverfahren (Abs. 1 iVm Art. 45-48 DVO)	6
3. Zahlung vorläufiger Leistungen und von Vorschüssen nach Art. 50 DVO	10
4. Zeitlich versetzte Erfüllung der jeweiligen Leistungsvoraussetzungen	13

I. Normzweck

1 Abs. 1 der Vorschrift entspricht – redaktionell überarbeitet – Art. 44 Abs. 2 VO (EWG) Nr. 1408/71, Abs. 2-4 mit marginalen inhaltlichen Änderungen Art. 49 Abs. 1 und 2 VO (EWG) Nr. 1408/71. Sie enthält die europaweite Wirkung von Rentenanträgen und Berechnungsanweisungen bei zeitlich versetzter Erfüllung der jeweiligen Leistungsvoraussetzungen nach den jeweiligen mitgliedstaatlichen rentenrechtlichen Vorschriften. In sachlicher Hinsicht ist die Vorschrift auf Rentenanträge (Anträge auf Leistungen der gesetzlichen Rentenversicherung) beschränkt, findet daher keine Anwendung auf Anträge auf gesetzliche Vorruhestandsleistungen, soweit es sich hierbei um Leistungen bei Arbeitslosigkeit handelt (s. Art. 1 lit. x).

2 Vorläufer der Regelungen waren Art. 27 und 28 VO (EWG) Nr. 3. Art. 44 Abs. 2 wurde geändert durch VO (EWG) Nr. 2595/77 des Rates der EG mit Wirkung vom 26.11.1977. Art. 44 Abs. 3 wurde geändert durch VO (EG) Nr. 1606/98 des Rates vom 29.6.1998 (ABl. EG v. 25.7.1998 L 209) mit Wirkung vom 25.10.1998 (vgl auch Art. 95 c).

II. Einzelerläuterungen

1. Anwendungsbereich der Art. 50 ff

3 Auch ohne ausdrückliche Regelung nach neuem VO-Recht finden die Vorschriften der Art. 50 ff nur auf Personen Anwendung, für die (aufgrund wahrgenommener Freizügigkeit) die Rechtsvorschriften hinsichtlich der Risiken Alter und Tod (sowie ggf des Risikos der Invalidität) mehrerer Mitgliedstaaten gegolten haben.

4 Dieser erforderliche europarechtliche Bezug ist kein abstrakt kollisionsrechtlicher. Erforderlich ist vielmehr, dass das Rentenrecht **von zwei oder mehreren Mitgliedstaaten** sachrechtlich Anwendung gefunden hat. Es müssen daher nach dem (Binnen-)Rentenrecht mehrerer Mitgliedstaaten Versicherungszeiten (im Sinne des Art. 1 lit. t), Beschäftigungszeiten (im Sinne des Art. 1 lit. u) oder Wohnzeiten (im Sinne des Art. 1 lit. v) zurückgelegt worden bzw anrechnungsfähig sein. Unter Umständen können auch (ursprünglich) fremde Zeiten zu berücksichtigen sein, wie zB im Falle von abkommensrechtlichen Versicherungslastregelungen oder im Falle von FRG-Zeiten. Auf die Dauer der Zeit kommt es nicht an.

5 Die Rechtsstellung von Personen mit mitgliedstaatlich **einheitlicher Rentenbiographie**, die im vorgenannten Sinne nur dem Rentenstatut eines Mitgliedstaates unterstanden, richtet sich demnach ausschließlich nach dem jeweiligen Rentenrecht des zuständigen Mitgliedstaates.

2. Europaweite Wirkung der Antragstellung und das europäische Leistungsfeststellungsverfahren (Abs. 1 iVm Art. 45-48 DVO)

6 Art. 50 Abs. 1 **europäisiert** die rechtswirksame **Antragstellung** in einem Mitgliedstaat, indem die Einleitung von Leistungsfeststellungsverfahren in allen Mitgliedstaaten angeordnet wird, deren Rentenrecht für den Antragsteller gegolten hat. Der Antragsteller hat nach Art. 45 Abs. 4 Satz 1 DVO die Wahl, den Antrag entweder beim Träger des Wohnortes oder bei dem Träger des letzten Beschäftigungsstaates zu stellen, eine Antragstellung bei einem hiernach „unzuständigen" Träger eines Mitgliedstaates ist jedoch in gleicher Weise wirksam. Dem Träger des letzten Beschäftigungsstaates kommt die Funktion des Kontaktträgers zu (s. Rn 9). Damit kommen bei Vorliegen deutscher Rentenversicherungszeiten auch einem in einem anderen Mitgliedstaat (regelmäßig bei

dem Träger des Wohnstaates) gestellten rechtswirksamen Rentenantrag sämtliche verfahrens- und ggf materiellrechtlichen Wirkungen eines nach deutschem Rentenversicherungsrecht gestellten Rentenantrags zu (vgl § 99 SGB VI), selbst wenn zur Zeit der Antragstellung noch nicht alle materiellen Voraussetzungen für die Leistungsgewährung nach den Rechtsvorschriften dieses anderen Staates erfüllt waren (s. EuGH, Rs. 108/75 (Balsamo), Slg 1976, 375). Ohne Abgabe einer einschränkenden Erklärung (2. Hs) gilt dieser Grundsatz der europaweiten Wirkungen der Rentenantragstellung auch für den Berechtigten zwingend. Ggf leitet der Träger des Wohnstaats gem. Art. 45 Abs. 4 DVO einen bei ihm gestellten Antrag auf Leistungen dem zuständigen Träger des Mitgliedstaates weiter, dessen Rechtsvorschriften zuletzt für sie galten (vgl zum bisherigen Recht EuGH, Rs. C-287/92 (Toosey), Slg 1994, I-271). Die **europaweite Wirkung der Antragstellung** und das **europäische Leistungsfeststellungsverfahren** begründen jedoch kein einheitliches Verwaltungsverfahren, das eine Zurechnung des Fehlverhaltens eines Versicherungsträgers eines anderen Mitgliedstaates (zB die verzögerte Weiterleitung eines Rentenantrages) ermöglichen könnte. Die mitgliedstaatlichen Versicherungsträger werden lediglich im Sinne einer Amtshilfe für die Versicherungsträger anderer Mitgliedstaaten tätig (vgl BayLSG Urteil vom 17.12.2009 (Az: L 14 R 813/07; zu entsprechenden zwischenstaatlichen Antragsfiktionen vgl BSG SozR 4-1200, § 44 Nr. 2).

Der Grundsatz der **europaweiten Wirkung der Rentenantragstellung** ist hinsichtlich des Zeitpunkts der Antragstellung für alle beteiligten Träger verbindlich (Art. 45 Abs. 4 DVO). Dieser von der Rechtsprechung des EuGH zu den Verfahrensregelungen des bisherigen Rechts bestätigte Grundsatz wird nunmehr durch Art. 45 Abs. 6 DVO eingeschränkt für den Fall, dass der Antragsteller „trotz Aufforderung" relevante Zeiten in anderen Mitgliedstaaten nicht angibt. Im Verhältnis zu den Trägern dieses Mitgliedstaates ist der Antrag erst dann wirksam gestellt, wenn er vervollständigt wurde. Den Antragsteller trifft daher die Obliegenheit, bezüglich der Zurücklegung von Rentenzeiten vollständige Angaben zu machen, verstößt er hiergegen, hat er die negativen Folgen einer verspäteten Antragstellung nach Maßgabe des jeweiligen mitgliedstaatlichen Rentenrechts zu tragen. Als Aufforderung zur Angabe fremdmitgliedstaatlicher Rentenzeiten im Sinne dieser Vorschrift ist auch eine entsprechende Frage in dem jeweiligen Antragsformular anzusehen. Die erforderlichen Angaben und vorzulegenden Unterlagen sind in Art. 46 Abs. 1 DVO aufgeführt, für die europaweite Wirkung eines Rentenantrags muss allerdings die bloße Angabe der fremdmitgliedstaatlichen Rentenzeiten genügen. 7

Die Antragswirkung kann hinsichtlich der Ansprüche auf Leistungen bei Alter gegenüber einzelnen Mitgliedstaaten durch ausdrückliche Erklärung im Leistungsantrag begrenzt werden (**Antragsbegrenzung**, s. auch Art. 46 Abs. 2 DVO). Dies eröffnet die Möglichkeit, entsprechende Gestaltungsrechte der mitgliedstaatlichen Rechtsvorschriften wahrzunehmen oder negative Auswirkungen einer zu frühen Antragstellung zu vermeiden. Ein solcher Antrag, die Feststellung von Leistungsansprüchen anderer Mitgliedstaaten aufzuschieben, stellt keinen (unwirksamen) Verzicht auf die Leistung iSv § 46 Abs. 1 SGB I dar. Eine ausdrückliche Ausnahmeregelung, die den Rentenversicherungsträger berechtigen würde, das Antragserfordernis herbeizuführen, besteht nicht (LSG Rheinland-Pfalz, Urteil v. 18.11.2009, Az: L 6 R 174/09). Im Falle der Rücknahme eines Leistungsantrags gegenüber einem Träger gilt dies als Regel nur gegenüber diesem Träger (Art. 46 Abs. 3 DVO). Zu den Auswirkungen einer Antragsbegrenzung im Krankenversicherungsrecht der Rentner s. Art. 23 Rn 3. 8

Für Personen, die auch der deutschen Rentenversicherung angehören, bemisst sich das Rentenantragsverfahren nach den Art. 47 Abs. 1, Abs. 4, Art. 48 DVO. Der „**Kontaktträger**" (oben Rn 6) übermittelt den Leistungsantrag und die vorliegenden Dokumente unverzüglich an alle beteiligten Träger und initiiert damit parallel laufende Rentenfeststellungsverfahren, die im Verlauf und im Ergebnis koordiniert werden. Zu den abschließenden Mitteilungspflichten des Kontaktträgers s. Art. 48 DVO. 9

3. Zahlung vorläufiger Leistungen und von Vorschüssen nach Art. 50 DVO

10 Das europäische Leistungsfeststellungsverfahren ist um Beschleunigung bemüht. Es bleibt nach der Natur der Sache dennoch insgesamt gesehen langwieriger als die isolierten einzelnen mitgliedstaatlichen Verfahren. Von besonderer Bedeutung ist daher die Verpflichtung der Träger zur Zahlung vorläufiger Leistungen bei innerstaatlich erfülltem Rentenanspruch bzw zur Zahlung eines Vorschusses bei zwischenstaatlich erfülltem Rentenanspruch noch vor einem allseitigen Abschluss des Leistungsfeststellungsverfahrens nach Maßgabe von Art. 50 DVO.

11 Im Hinblick auf diese obligatorische und gerichtlich durchsetzbare (EuGH, Rs. 53/79 (Damianil), Slg 1980, 273) Pflicht zur **Vorschusszahlung** kann sich ein innerstaatlicher Rentenversicherungsträger gegenüber der Verpflichtung zur Zahlung von **Zinsen** nach § 44 SGB I nicht darauf berufen, dass ein vollständiger Leistungsantrag (noch) nicht gegeben ist, weil noch Angaben eines mitgliedstaatlichen Trägers ausstehen (vgl BSG SozR 1200 § 44 Nr. 16).

12 Vorleistungspflichtig ist bei gegebenem Rentenanspruch – sei es bei isolierter Anwendung seiner Rechtsvorschriften (Art. 50 Abs. 1 DVO – abgedruckt bei Art. 52) – oder unter Berücksichtigung fremdmitgliedstaatlicher Zeiten (Art. 50 Abs. 2 DVO), der jeweilige Träger in Höhe der zu erwartenden (Teil)Rente.

4. Zeitlich versetzte Erfüllung der jeweiligen Leistungsvoraussetzungen

13 Abs. 2-4 sind mit inhaltlichen Änderungen an die Stelle von Art. 49 Abs. 1 und 2 VO (EWG) Nr. 1408/71 getreten. Sie enthalten Modifizierungen der gemeinschaftsrechtlichen Rentenberechnung für den Fall, dass ein Leistungsanspruch nicht in allen Mitgliedstaaten, nach deren Rechtsvorschriften Versicherungszeiten zurückgelegt wurden, besteht (Abs. 2) oder wegen einer **Antragsbegrenzung** nicht realisiert wird (Abs. 3). Die Zeiten der entsprechenden Mitgliedstaaten bleiben in diesen Fällen bei der gemeinschaftsrechtlichen Leistungsberechnung nach Art. 52 Abs. 1 lit. a) und b) nach dem **Günstigkeitsprinzip** außer Betracht, dh sie werden nur aber auch immer dann berücksichtigt, wenn sie nicht zu einem niedrigeren Leistungsbetrag führen.

14 Der Regelung liegt die Prämisse zugrunde, dass die Leistungsberechnung nach Art. 52 Abs. 1 lit. a) und b) (autonome Leistung, theoretischer Betrag/Teilrente) ohne die Berücksichtigung von Zeiten des oder der Mitgliedstaaten erfolgt, nach deren/dessen Rechtsvorschriften die Leistungsvoraussetzungen nicht erfüllt oder nicht beantragt sind, ggf ein günstigeres pro-rata-Verhältnis ergibt oder eine Proratisierung ganz entfällt und zu einem höheren Leistungsbetrag führen kann. Fremdmitgliedstaatliche Zeiten nicht leistender Staaten, deren Berücksichtigung für die Anspruchsbegründung nach Art. 6 und 51 erforderlich ist, sind in jedem Falle auch bei der Leistungsberechnung zu berücksichtigen.

15 Stellt ein Rentenberechtigter Antrag auf eine zunächst aufgeschobene Leistung bei Alter oder sind die Voraussetzungen für diese Leistungen (nunmehr) erfüllt, ist nach Abs. 4 eine Neuberechnung der Leistungen von Amts wegen vorgeschrieben.

Artikel 51 Besondere Vorschriften über die Zusammenrechnung von Zeiten

(1) Ist nach den Rechtsvorschriften eines Mitgliedstaats die Gewährung bestimmter Leistungen davon abhängig, dass die Versicherungszeiten nur in einer bestimmten Beschäftigung oder selbstständigen Erwerbstätigkeit oder einem Beruf zurückgelegt wurden, für die ein Sondersystem für beschäftigte oder selbstständig erwerbstätige Personen gilt, so berücksichtigt der zuständige Träger dieses Mitgliedstaats die nach den Rechtsvorschriften eines anderen Mitgliedstaats zurückgelegten Zeiten nur dann, wenn sie in einem entsprechenden System, oder, falls es ein solches nicht gibt, in dem gleichen Beruf oder gegebenenfalls in der gleichen Beschäftigung oder selbstständigen Erwerbstätigkeit zurückgelegt wurden.

Erfüllt die betreffende Person auch unter Berücksichtigung solcher Zeiten nicht die Anspruchsvoraussetzungen für Leistungen im Rahmen eines Sondersystems, so werden diese Zeiten für die Gewährung von Leistungen des allgemeinen Systems oder, falls es ein solches nicht gibt, des Systems für Arbeiter bzw. Angestellte berücksichtigt, sofern die betreffende Person dem einen oder anderen dieser Systeme angeschlossen war.

(2) Die im Rahmen eines Sondersystems eines Mitgliedstaats zurückgelegten Versicherungszeiten werden für die Gewährung von Leistungen des allgemeinen Systems oder, falls es ein solches nicht gibt, des Systems für Arbeiter bzw. Angestellte eines anderen Mitgliedstaats berücksichtigt, sofern die betreffende Person dem einen oder anderen dieser Systeme angeschlossen war, selbst wenn diese Zeiten bereits in dem letztgenannten Mitgliedstaat im Rahmen eines Sondersystems berücksichtigt wurden.

(3) ¹Machen die Rechtsvorschriften oder ein bestimmtes System eines Mitgliedstaats den Erwerb, die Aufrechterhaltung oder das Wiederaufleben des Leistungsanspruchs davon abhängig, dass die betreffende Person bei Eintritt des Versicherungsfalls versichert ist, gilt diese Voraussetzung als erfüllt, wenn die betreffende Person zuvor nach den Rechtsvorschriften bzw. in dem bestimmten System dieses Mitgliedstaats versichert war und wenn sie beim Eintreten des Versicherungsfalls nach den Rechtsvorschriften eines anderen Mitgliedstaats für denselben Versicherungsfall versichert ist oder wenn ihr in Ermangelung dessen nach den Rechtsvorschriften eines anderen Mitgliedstaats für denselben Versicherungsfall eine Leistung zusteht. ²Die letztgenannte Voraussetzung gilt jedoch in den in Artikel 57 genannten Fällen als erfüllt.

Artikel 53 DVO   Koordinierungsmaßnahmen in den Mitgliedstaaten

(1) Unbeschadet des Artikels 51 der Grundverordnung gilt Folgendes: Enthalten die nationalen Rechtsvorschriften Regeln zur Bestimmung des zuständigen Trägers oder des anzuwendenden Systems oder zur Zuordnung von Versicherungszeiten zu einem spezifischen System, so sind bei der Anwendung dieser Regeln nur die nach den Rechtsvorschriften dieses Mitgliedstaats zurückgelegten Versicherungszeiten zu berücksichtigen.

(2) Enthalten die nationalen Rechtsvorschriften Regeln für die Koordinierung der Sondersysteme für Beamte und des allgemeinen Systems für Arbeitnehmer, so werden diese Regeln von den Bestimmungen der Grundverordnung und der Durchführungsverordnung nicht berührt.

I. Normzweck...............................	1	2. Gleichstellung der aktuellen Rentenversicherungszugehörigkeit (Abs. 3).......	10
II. Einzelerläuterungen......................	2	3. Kindererziehungszeiten.................	11
1. Die Berücksichtigung qualifizierter Zeiten...................................	2		

I. Normzweck

Die Vorschrift ergänzt die allgemeine Regelung des Art. 6 über die Zusammenrechnung von Zeiten und tritt mit redaktionellen Änderungen an die Stelle von Art. 45 VO (EWG) Nr. 1498/71. Sie regelt die Behandlung von Versicherungszeiten, an die das jeweilige mitgliedstaatliche Rentenrecht **besondere Anforderungen** stellt, bzw für die ein **Sondersystem** besteht. 1

II. Einzelerläuterungen

1. Die Berücksichtigung qualifizierter Zeiten

Bestehen nach dem mitgliedstaatlichen Rentenrecht **Sondersysteme** für beschäftigte oder selbständig erwerbstätige Personen, so ordnet Abs. 1 Satz 1 eine **konkrete Gleichstellung** bei der Berücksichtigung fremdmitgliedstaatlicher Zeiten in der Weise an, dass das Berücksichtigungsgebot innerhalb dieser Sondersysteme beschränkt wird auf Zeiten, die innerhalb vergleichbarer Sondersysteme anderer Mitgliedstaaten oder, falls es ein solches nicht gibt, in konkret vergleichbaren 2

Berufen bzw Beschäftigungen oder selbständigen Erwerbstätigkeiten zurückgelegt worden sind. Der formale Ansatz des Art. 6 für die allgemeine Berücksichtigung fremdmitgliedstaatlicher Zeiten (s. Art. 6 Rn 6) wird hier aufgegeben und die Berücksichtigung von Zeiten mit Aspekten der Tatbestandsgleichstellung hinsichtlich der qualifizierenden Umstände verbunden.

3 Im deutschen Rentenversicherungsrecht bestand als Sondersystem für Arbeitnehmer nur die **knappschaftliche Rentenversicherung**. Mit der Einordnung des gesamten deutschen Rentenversicherungsrechts in das SGB VI hat diese ihre formale Eigenständigkeit eingebüßt, jedoch verblieb es bei den knappschaftlichen Sonderleistungen (§ 40, § 45 SGB VI). Die Berücksichtigung fremdmitgliedstaatlicher Zeiten im Bergbau erfolgt daher nur bei konkreter Vergleichbarkeit der Zeiten und setzt zumindest einen Beitrag zur deutschen knappschaftlichen Rentenversicherung voraus.

4 **Sondersysteme für Bergleute** bestehen zB auch in Belgien, Frankreich, Italien, Luxemburg, den Niederlanden und Spanien (vgl die Landesberichte in: *Weber/Leienbach/Dohle*, Soziale Sicherheit in Europa; VDR (Hrsg.), Rentenversicherung im internationalen Vergleich 1999; *Zacher*, (Hrsg.), Alterssicherung im Rechtsvergleich). Die rechtliche Qualifizierung einer in anderen Mitgliedstaaten ausgeübten Tätigkeit im Bergbau als Facharbeitertätigkeit ist jedoch nach den Kriterien des inländischen Rentenversicherungsrechts vorzunehmen (BSG SozR 2600 § 45 Nr. 24).

5 Versicherungszeiten, die nach den Rechtsvorschriften der übrigen Mitgliedstaaten, in denen es keine Sondersystem für Bergleute gibt, zurückgelegt wurden, sind nur dann im Rahmen der inländischen Knappschaftsversicherung zu berücksichtigen, wenn diesen eine Beschäftigung zugrunde liegt, die nach deutschem Recht der knappschaftlichen Rentenversicherung unterfallen wäre bzw als „**Beschäftigung unter Tage**" nach inländischem Recht qualifiziert werden kann.

6 Sind fremdmitgliedstaatliche Zeiten eines Sondersystems für Bergleute mangels inländischer Knappschaftszeiten nicht anzurechnen oder werden die besonderen inländischen Anspruchsvoraussetzungen auch unter Berücksichtigung solcher fremdmitgliedstaatlicher Zeiten nicht erfüllt, so sind diese Zeiten im allgemeinen Rentensystem zu berücksichtigen (Abs. 2 S. 2). Gleiches gilt für Zeiten anderer fremdmitgliedstaatlicher Sondersysteme, die das deutsche Rentenversicherungsrecht nicht kennt.

7 Seit der Einbeziehung der Selbständigen in die Koordinierungsverordnung ist auch die Berücksichtigung fremdmitgliedstaatlicher Zeiten in **Sondersystemen für Selbständige** geregelt. Die Vorschrift betrifft nicht die Selbständigen, die im Rahmen der allgemeinen Rentensysteme versichert oder gesichert sind. Es muss sich vielmehr um gesonderte Sicherungssysteme für Selbständige handeln. In Deutschland betrifft dies zum einen die **Alterssicherung der selbständigen Landwirte** in der landwirtschaftlichen Sozialversicherung; zum anderen die 89 aufgrund von Landesrecht errichteten öffentlich-rechtlichen **Pflichtversorgungseinrichtungen** der Angehörigen der **verkammerten freien Berufe** (Ärzte, Apotheker, Architekten, Notare, Rechtsanwälte, Steuerberater bzw Steuerbevollmächtigte, Tierärzte, Wirtschaftsprüfer und vereidigte Buchprüfer, Zahnärzte sowie Psychologische Psychotherapeuten und Ingenieure). Für Österreich sind dies die für Ärzte, Tierärzte, Rechtsanwälte und Ziviltechniker errichteten Versicherungs- und Versorgungswerke (s. Art. 3 Rn 6).

8 Im Jahre 2004 bestanden in 11 der heutigen Mitgliedstaaten der EU **berufsständische Versorgungsträger** (vgl dazu die Tagungsdokumentation „Die soziale Sicherheit der Europäischen Rechtsanwälte", Council of Bars and Law Societies of Europe (Hrsg.), 2004, S. 13 ff). Durch die VO (EG) Nr. 647/2005 vom 13.4.2005 (ABl. L 117/1) wurden die deutschen und österreichischen Sondersysteme für Selbständige (im Vorgriff auf die VO (EG) Nr. 883/2004) bereits in den sachlichen Geltungsbereich der VO (EWG) Nr. 1408/71 eingegliedert (ergänzend wurden einige Regelungen in Anhang VI betreffend die Berechnung der Leistungen aus einem kapitalgedeckten System geändert, vgl *Spiegel*, ZIAS 2006, 86, 109). Die frühere Rechtslage war infolge der gewachsenen grenzüberschreitenden Mobilität der einzelnen Berufsgruppen der verkammerten freien Berufe zunehmend als unbefriedigend empfunden worden. Die Änderung bewirkte, dass die

deutschen **berufsständischen Versorgungswerke** ihre Satzungen, zB durch Änderung der freizügigkeitshemmenden Alterseintrittsgrenzen, europarechtskonform angleichen mussten (KSW/ *Fuchs*, 2009; VO (EWG) 1408/71, Rn 14). Zuletzt unterlagen nur noch wenige berufsständische Versorgungseinrichtungen (Frankreich, Spanien und Zypern) dem Vorbehaltsregime des früheren Anhangs II (I.) VO (EWG) Nr. 1408/71. Die Einbeziehung der berufsständischen Versorgungssysteme in das koordinierende europäische Sozialrecht hat mit der VO (EG) Nr. 883/2004 ihren endgültigen Abschluss gefunden; die Möglichkeit eines Ausschlusses nach Vorbild des früheren Anhangs II (I.) VO (EWG) Nr. 1408/71 existiert nicht mehr. In der VO (EG) Nr. 883/2004 wurden Ausnahmen von der Leistungsberechnung für Fälle, in denen nach Art. 52 Abs. 4 auf die anteilige Berechnung verzichtet wird (Anhang VIII Teil 1) bzw Art. 52 Abs. 5 Anwendung findet (Anhang VIII Teil 2), nur für die österreichischen, nicht aber für die deutschen berufsständische Versorgungsträger aufrecht erhalten (s. Kommentierung zu Art. 52 Abs. 4, 5).

Da es ein der deutschen **Alterssicherung für Landwirte** vergleichbares Sondersystem in den anderen Mitgliedstaaten der EU nicht gibt, beschränkt sich das Berücksichtigungsgebot des Abs. 1 insoweit auf Zeiten, die in anderen Mitgliedstaaten als Selbständiger in der Landwirtschaft zurückgelegt worden sind und dem deutschen GAL bzw ALG unterfallen wären. Hinsichtlich der für Rentenleistungen nach dem ALG vorgeschriebenen Wartezeiten (zB 15 Jahre für Regelaltersrenten, § 11 Abs. 1 ALG) ist jedoch zu beachten, dass zu den hiernach anrechenbaren Zeiten auch Rentenversicherungszeiten nach dem SGB VI zählen (§ 17 Abs. 1 S. 2 Ziff. 1 ALG) und demgemäß auch Zeiten berücksichtigt werden können, die in den allgemeinen fremdmitgliedstaatlichen Rentensystemen zurückgelegt werden. Die spezielle Äquivalenznorm des Abs. 1 wird daher insbesondere im Rahmen der besonderen versicherungsrechtlichen Voraussetzung des § 13 Abs. 1 S. 1 Zi. 2 ALG (drei Jahre Pflichtbeiträge zur landwirtschaftlichen Alterskasse) für Renten wegen Erwerbsminderung relevant.

2. Gleichstellung der aktuellen Rentenversicherungszugehörigkeit (Abs. 3)

Abs. 3 (bisher Art. 45 Abs. 5 VO (EWG) Nr. 1408/71) betrifft vornehmlich das niederländische Recht, wonach die Leistungen bei Arbeitsunfähigkeit sowie die Hinterbliebenenleistungen zur Voraussetzung haben, dass der/die Berechtigte zum Zeitpunkt des Eintritts des Versicherungsfalles nach niederländischem Recht versichert ist. Die Regelung enthält insoweit eine (rechtstechnisch als Fiktion formulierte) Gleichstellung mit der aktuellen Versicherungszugehörigkeit (oder dem Leistungsbezug für denselben Versicherungsfall) nach den Rechtsvorschriften anderer Mitgliedstaaten nach den in Anhang XI genannten Verfahren. Inländische Versicherungsträger haben entsprechende Mitteilungen abzugeben.

3. Kindererziehungszeiten

Zur Berücksichtigung von Kindererziehungszeiten s. unten Art. 52 Rn 43.

Artikel 52 Feststellung der Leistungen

(1) Der zuständige Träger berechnet den geschuldeten Leistungsbetrag:
a) allein nach den für ihn geltenden Rechtsvorschriften, wenn die Voraussetzungen für den Leistungsanspruch ausschließlich nach nationalem Recht erfüllt wurden (autonome Leistung);
b) indem er einen theoretischen Betrag und im Anschluss daran einen tatsächlichen Betrag (anteilige Leistung) wie folgt berechnet:
   i) Der theoretische Betrag der Leistung entspricht der Leistung, auf die die betreffende Person Anspruch hätte, wenn alle nach den Rechtsvorschriften der anderen Mitgliedstaaten zurückgelegten Versicherungs- und/oder Wohnzeiten nach den für diesen Träger zum Zeitpunkt der Feststellung der Leistung geltenden Rechtsvorschriften zurückgelegt wor-

den wären. Ist nach diesen Rechtsvorschriften die Höhe der Leistung von der Dauer der zurückgelegten Zeiten unabhängig, so gilt dieser Betrag als theoretischer Betrag.

ii) Der zuständige Träger ermittelt sodann den tatsächlichen Betrag der anteiligen Leistung auf der Grundlage des theoretischen Betrags nach dem Verhältnis zwischen den nach den für ihn geltenden Rechtsvorschriften vor Eintritt des Versicherungsfalls zurückgelegten Zeiten und den gesamten nach den Rechtsvorschriften aller beteiligten Mitgliedstaaten vor Eintritt des Versicherungsfalls zurückgelegten Zeiten.

(2) Der zuständige Träger wendet gegebenenfalls auf den nach Absatz 1 Buchstaben a) und b) berechneten Betrag innerhalb der Grenzen der Artikel 53 bis 55 alle Bestimmungen über die Kürzung, das Ruhen oder die Entziehung nach den für ihn geltenden Rechtsvorschriften an.

(3) Die betreffende Person hat gegenüber dem zuständigen Träger jedes Mitgliedstaats Anspruch auf den höheren der Leistungsbeträge, die nach Absatz 1 Buchstaben a) und b) berechnet wurden.

(4) Führt in einem Mitgliedstaat die Berechnung nach Absatz 1 Buchstabe a immer dazu, dass die autonome Leistung gleich hoch oder höher als die anteilige Leistung ist, die nach Absatz 1 Buchstabe b berechnet wird, verzichtet der zuständige Träger auf die Berechnung der anteiligen Leistung unter der Bedingung, dass

i) dieser Fall in Anhang VIII Teil 1 aufgeführt ist, und
ii) keine Doppelleistungsbestimmungen im Sinne der Artikel 54 und 55 anwendbar sind, es sei denn, die in Artikel 55 Absatz 2 enthaltenen Bedingungen sind erfüllt, und
iii) Artikel 57 in diesem bestimmten Fall nicht auf Zeiten anwendbar ist, die nach den Rechtsvorschriften eines anderen Mitgliedstaats zurückgelegt wurden.

(5) ¹Unbeschadet der Absätze 1, 2 und 3 wird die anteilige Berechnung nicht auf Systeme angewandt, die Leistungen vorsehen, bei denen Zeiträume für die Berechnung keine Rolle spielen, sofern solche Systeme in Anhang VIII Teil 2 aufgeführt sind. ²In diesen Fällen hat die betroffene Person Anspruch auf die gemäß den Rechtsvorschriften des betreffenden Mitgliedstaats berechnete Leistung.

ANHANG VIII

FÄLLE, IN DENEN AUF DIE ANTEILIGE BERECHNUNG VERZICHTET WIRD ODER DIESE KEINEANWENDUNG FINDET (Artikel 52 Absätze 4 und 5)

Teil 1: Fälle, in denen nach Artikel 52 Absatz 4 auf die anteilige Berechnung verzichtet wird.

DÄNEMARK

Alle Rentenanträge, auf die im Gesetz über Sozialrenten Bezug genommen wird, mit Ausnahme der in Anhang IX aufgeführten Renten.

IRLAND

Alle Anträge auf staatliche Rente (Übergangsregelung), (beitragsbedingte) staatliche Rente, (beitragsbedingte) Witwenrente und (beitragsbedingte) Witwerrente.

ZYPERN

Alle Anträge auf Alters-, Invaliditäts- und Witwen- bzw. Witwerrenten.

LETTLAND

Alle Anträge auf Invaliditätsrenten (Gesetz über die staatlichen Renten vom 1. Januar 1996).

Alle Anträge auf Hinterbliebenenrenten (Gesetz über die staatlichen Renten vom 1. Januar 1996; Gesetz über die staatlichen kapitalgedeckten Renten vom 1. Juli 2001).

LITAUEN

Alle Anträge auf Hinterbliebenenrenten im Rahmen der staatlichen Sozialversicherung, die auf der Grundlage des Grundbetrags der Hinterbliebenenrente berechnet werden (Gesetz über die Renten im Rahmen der staatlichen Sozialversicherung).

NIEDERLANDE

Alle Anträge auf Altersrenten auf der Grundlage des Gesetzes über die allgemeine Altersversicherung (AOW).

ÖSTERREICH

Alle Anträge auf Leistungen auf der Grundlage des Allgemeinen Sozialversicherungsgesetzes (ASVG) vom 9. September 1955, des gewerblichen Sozialversicherungsgesetzes (GSVG) vom 11. Oktober 1978, des Bauern-Sozialversicherungsgesetz (BSVG) vom 11. Oktober 1978 und des Sozialversicherungsgesetzes freiberuflich selbstständig Erwerbstätiger (FSVG) vom 30. November 1978.

Alle Anträge auf Invaliditätspensionen auf der Grundlage eines Pensionskontos nach dem Allgemeinen Pensionsgesetz (APG) vom 18. November 2004.

Alle Anträge auf Hinterbliebenenpensionen auf der Grundlage eines Pensionskontos nach dem Allgemeinen Pensionsgesetz (APG) vom 18. November 2004, wenn die Leistung nicht mit weiteren Versicherungsmonaten nach§ 7 Absatz 2 des Allgemeinen Pensionsgesetzes (APG) zu erhöhen ist.

Alle Anträge auf Invaliditäts- und Hinterbliebenenpensionen der österreichischen Landesärztekammern aus der Grundversorgung (bzw. Grund-, sowie allfällige Ergänzungsleistung, bzw. Grundpension).

Alle Anträge auf Unterstützung wegen dauernder Erwerbsunfähigkeit und Hinterbliebenenunterstützung aus dem Versorgungsfonds der Österreichischen Tierärztekammer.

Alle Anträge auf Leistungen aus Berufsunfähigkeits-, Witwen- und Waisenpensionen nach den Satzungen der Versorgungseinrichtungen der österreichischen Rechtsanwaltskammern Teil A.

POLEN

Alle Anträge auf Behindertenrenten, Altersrenten auf der Grundlage des Systems mit Leistungszusage und auf Hinterbliebenenrenten.

PORTUGAL

Alle Anträge auf Invaliden-, Alters- und Hinterbliebenenrente, außer in Fällen, in denen die nach den Rechtsvorschriftenmehrerer Mitgliedstaaten zurückgelegten Versicherungszeiten insgesamt 21 Kalenderjahre oder mehr betragen, die nationalen Versicherungszeiten 20 Jahre oder weniger betragen und die Berechnung nach Artikel 11 der gesetzesvertretenden Verordnung Nr. 35/2002 vom 19. Februar vorgenommen wird.

SLOWAKEI

Alle Anträge auf Hinterbliebenenrente (Witwen-, Witwer- und Waisenrente), deren Höhe nach den vor dem1. Januar 2004 geltenden Rechtsvorschriften auf der Grundlage einer zuvor an den Verstorbenen gezahlten Rente berechnet wird.

Alle Anträge auf Renten, die nach dem Gesetz Nr. 461/2003 Slg. über die soziale Sicherheit (geänderte Fassung)berechnet werden.

SCHWEDEN

Alle Anträge auf Garantierente in Form einer Altersrente (Gesetz 1998:702) und auf Altersrente in Form einer ergänzenden Zusatzrente (Gesetz 1998:674).

VEREINIGTES KÖNIGREICH

Alle Anträge auf Altersrente, Witwenleistungen und Trauergeld, mit Ausnahme derjenigen, für die in einem am oder nach dem 6. April 1975 beginnenden maßgebenden Einkommensteuerjahr die betreffende Person Versicherungs-, Beschäftigungs- oder Wohnzeiten nach den Rechtsvorschriften sowohl des Vereinigten Königreichs als auch eines anderen Mitgliedstaats zurückgelegt hat und eines (oder mehrere)der Steuerjahre kein anspruchswirksames Jahr im Sinne der Rechtsvorschriften des Vereinigten Königreichs ist;

durch die Heranziehung von Versicherungs-, Beschäftigungs- oder Wohnzeiten, die nach den Rechtsvorschriften eines anderen Mitgliedstaats zurückgelegt wurden, Versicherungszeiten des Vereinigten Königreichs, die nach den vor dem 5. Juli 1948 geltenden Rechtsvorschriften zurückgelegt wurden, für die Zwecke des Artikels 52 Absatz 1 Buchstabe b der Verordnung berücksichtigt würden.

Alle Anträge auf Zusatzrenten nach dem Social Security Contributions and Benefits Act (Gesetz über Beiträge und Leistungen der sozialen Sicherheit) 1992, Section 44, und dem Social Security Contributions and Benefits Act (Northern Ireland) (Gesetz über Beiträge und Leistungen der sozialen Sicherheit, Nordirland) 1992, Section 44.Teil 2: Fälle, in denen Artikel 52 Absatz 5 Anwendung findet.

BULGARIEN

Altersrenten aus der Zusatzrentenpflichtversicherung nach Titel II Teil II Sozialversicherungsgesetzbuch.

ESTLAND

Auf Pflichtbeiträgen beruhendes Rentenversicherungssystem.

FRANKREICH

Grund- oder Zusatzsysteme, in denen die Altersrenten nach Punkten berechnet werden.

LETTLAND

Altersrenten (Gesetz über die staatlichen Renten vom 1. Januar 1996; Gesetz über die staatlichen kapitalgedeckten Renten vom 1. Juli 2001).

UNGARN

Rentenleistungen auf der Grundlage einer Mitgliedschaft in einem privaten Rentenfonds.

ÖSTERREICH

Alterspensionen auf der Grundlage eines Pensionskontos nach dem Allgemeinen Pensionsgesetz (APG) vom 18. November 2004;

Pflichtzuwendungen nach § 41 des Bundesgesetzes vom 28. Dezember 2001, BGBl I Nr. 154 über die Pharmazeutische Gehaltskasse für Österreich;

Alters- und vorzeitige Alterspensionen der österreichischen Landesärztekammern aus der Grundversorgung (bzw.Grund-, sowie etwaige Ergänzungsleistung, bzw. Grundpension), sowie alle Rentenleistungen der österreichischen Landesärztekammern aus der Zusatzversorgung (bzw. Zusatzleistung oder Individualpension);

Altersunterstützungen aus dem Versorgungsfonds der Österreichischen Tierärztekammer;

Leistungen nach den Satzungen der Versorgungseinrichtungen der österreichischen Rechtsanwaltskammern Teil A und B mit Ausnahme der Leistungen auf Berufsunfähigkeits-, Witwen- und Waisenpensionen nach den Satzungen der Versorgungseinrichtungen der österreichischen Rechtsanwaltskammern Teil A;

Leistungen der Wohlfahrtseinrichtungen der Bundeskammer der Architekten und Ingenieurkonsulenten nach dem österreichischen Ziviltechnikerkammergesetz 1993 und dem Statut der Wohlfahrtseinrichtungen, mit Ausnahmeder Leistungen aus dem Titel der Berufsunfähigkeit und der aus den letztgenannten Leistungen abgeleiteten Leistungen an Hinterbliebene;

Leistungen nach dem Statut der Wohlfahrtseinrichtung der Bundeskammer der Wirtschaftstreuhänder nach dem Wirtschaftstreuhandberufsgesetz.

POLEN

Altersrenten auf der Grundlage des Systems mit Beitragszusage.

SLOWENIEN

Rente aus der Pflichtzusatzrentenversicherung.

SLOWAKEI

Pflichtsparen für die Altersrente.

SCHWEDEN

Einkommensbezogene Rente und Prämienrente (Gesetz 1998:674).

VEREINIGTES KÖNIGREICH

Gestaffelte Leistungen bei Alter, die nach dem National Insurance Act (nationales Versicherungsgesetz) 1965, Sections36 und 37, und nach dem National Insurance Act (Northern Ireland) (nationales Versicherungsgesetz, Nordirland) 1966,Sections 35 und 36, gezahlt werden."

Artikel 43 DVO   Ergänzende Vorschriften für die Berechnung der Leistungen

(1) Für die Berechnung des theoretischen und des tatsächlichen Leistungsbetrags nach Artikel 52 Absatz 1 Buchstabe b der Grundverordnung gilt Artikel 12 Absätze 3, 4, 5 und 6 der Durchführungsverordnung.

(2) ¹Wenn Zeiten der freiwilligen Versicherung oder freiwilligen Weiterversicherung nach Artikel 12 Absatz 3 der Durchführungsverordnung nicht berücksichtigt worden sind, berechnet der Träger des Mitgliedstaats, nach dessen Rechtsvorschriften diese Zeiten zurückgelegt worden sind, den diesen Zeiten entsprechenden Betrag nach den von ihm anzuwendenden Rechtsvorschriften. ²Der nach Artikel 52 Absatz 1 Buchstabe b der Grundverordnung berechnete tatsächliche Leistungsbetrag wird um den Betrag erhöht, der den Zeiten der freiwilligen Versicherung oder freiwilligen Weiterversicherung entspricht.

(3) Der Träger eines jeden Mitgliedstaats berechnet nach den von ihm anzuwendenden Rechtsvorschriften den Betrag, der für Zeiten der freiwilligen Versicherung oder freiwilligen Weiterversicherung zu entrichten ist und nach Artikel 53 Absatz 3 Buchstabe c der Grundverordnung nicht den Kürzungs-, Ruhens- oder Entziehungsbestimmungen eines anderen Mitgliedstaats unterliegt.

¹Ist es dem zuständigen Träger aufgrund der von ihm anzuwendenden Rechtsvorschriften nicht möglich, diesen Betrag direkt zu bestimmen, weil die betreffenden Rechtsvorschriften den Versicherungszeiten unterschiedliche Werte zuordnen, so kann ein fiktiver Betrag festgelegt werden. ²Die Verwaltungskommission legt die Verfahren im Einzelnen für die Bestimmung dieses fiktiven Betrags fest.

Artikel 44 DVO   Berücksichtigung von Kindererziehungszeiten

(1) Im Sinne dieses Artikels bezeichnet der Ausdruck „Kindererziehungszeit" jeden Zeitraum, der im Rahmen des Rentenrechts eines Mitgliedstaats ausdrücklich aus dem Grund angerechnet wird oder Anrecht auf eine Zulage zu einer Rente gibt, dass eine Person ein Kind aufgezogen hat, unabhängig davon, nach welcher Methode diese Zeiträume berechnet werden und unabhängig davon, ob sie während der Erziehungszeit anfallen oder rückwirkend anerkannt werden.

(2) Wird nach den Rechtsvorschriften des gemäß Titel II der Grundverordnung zuständigen Mitgliedstaats keine Kindererziehungszeit berücksichtigt, so bleibt der Träger des Mitgliedstaats, dessen Rechtsvorschriften nach Titel II der Grundverordnung auf die betreffende Person anwendbar waren, weil diese Person zu dem Zeitpunkt, zu dem die Berücksichtigung der Kindererziehungszeit für das betreffende Kind nach diesen Rechtsvorschriften begann, eine Beschäftigung oder eine selbständige Erwerbstätigkeit ausgeübt hat, zuständig für die Berücksichtigung dieser Zeit als Kindererziehungszeit nach seinen eigenen Rechtsvorschriften, so als hätte diese Kindererziehung in seinem eigenen Hoheitsgebiet stattgefunden.

(3) Absatz 2 findet keine Anwendung, wenn für die betreffende Person die Rechtsvorschriften eines anderen Mitgliedstaats aufgrund der Ausübung einer Beschäftigung oder einer selbständigen Erwerbstätigkeit anwendbar sind oder anwendbar werden.

Artikel 50 DVO   Vorläufige Zahlungen und Vorschüsse

(1) [1]Stellt ein Träger bei der Bearbeitung eines Leistungsantrags fest, dass der Antragsteller nach den von ihm anzuwendenden Rechtsvorschriften Anspruch auf eine autonome Leistung nach Artikel 52 Absatz 1 Buchstabe a der Grundverordnung hat, so zahlt er diese Leistung ungeachtet des Artikels 7 der Durchführungsverordnung unverzüglich aus. [2]Diese Zahlung ist als vorläufige Zahlung anzusehen, wenn sich das Ergebnis der Bearbeitung des Antrags auf den gewährten Betrag auswirken könnte.

(2) Geht aus den verfügbaren Angaben hervor, dass der Antragsteller Anspruch auf eine Zahlung eines Trägers nach Artikel 52 Absatz 1 Buchstabe b der Grundverordnung hat, so zahlt dieser Träger ihm einen Vorschuss, dessen Höhe weitestgehend dem Betrag entspricht, der aufgrund des Artikels 52 Absatz 1 Buchstabe b der Grundverordnung wahrscheinlich festgestellt wird.

(3) Jeder nach Absatz 1 oder 2 zur Zahlung der vorläufigen Leistungen oder eines Vorschusses verpflichtete Träger unterrichtet hiervon unverzüglich den Antragsteller, wobei er diesen ausdrücklich auf den vorläufigen Charakter dieser Maßnahme und auf alle verfügbaren Rechtsbehelfe nach seinen Rechtsvorschriften aufmerksam macht.

Artikel 51 DVO   Neuberechnung der Leistungen

(1) Bei einer Neuberechnung der Leistungen nach Artikel 48 Absätze 3 und 4, Artikel 50 Absatz 4 und Artikel 59 Absatz 1 der Grundverordnung gilt Artikel 50 der Durchführungsverordnung entsprechend.

(2) Bei Neuberechnung, Entzug oder Ruhen der Leistung informiert der Träger, der die entsprechende Entscheidung getroffen hat, unverzüglich die betreffende Person und unterrichtet jeden Träger, dem gegenüber die betreffende Person einen Anspruch hat.

Artikel 52 DVO   Maßnahmen zur beschleunigten Berechnung der Rente

(1) Um die Bearbeitung von Anträgen und die Zahlung von Leistungen zu erleichtern und zu beschleunigen, müssen die Träger, deren Rechtsvorschriften eine Person unterlegen hat,

a) *die Elemente zur Identifizierung von Personen, die von einer anwendbaren einzelstaatlichen Rechtsordnung zu einer anderen wechseln, mit den Trägern anderer Mitgliedstaaten austauschen oder diesen zur Verfügung stellen und gemeinsam dafür Sorge tragen, dass diese Identifizierungselemente aufbewahrt werden und miteinander übereinstimmen, oder – in Ermangelung dessen – den betreffenden Personen die Mittel für einen direkten Zugang zu ihren Identifizierungselementen zur Verfügung stellen;*

b) *rechtzeitig vor Eintreten des Mindestalters für den Beginn eines Rentenanspruchs oder vor einem durch nationale Rechtsvorschriften festzulegenden Alter Informationen (zurückgelegte Zeiten oder sonstige wichtige Elemente) über die Rentenansprüche von Personen, die von einer anwendbaren Rechtsordnung zu einer anderen gewechselt haben, mit der betreffenden Person*

Titel III Alters- und Hinterbliebenenrenten   Artikel 52

und den Trägern anderer Mitgliedstaaten austauschen oder diesen zur Verfügung stellen oder - in Ermangelung dessen - diesen Personen mitteilen, wie sie sich über ihre künftigen Leistungsansprüche informieren können, oder ihnen entsprechende Mittel zur Verfügung stellen.

(2) ¹Für die Anwendung von Absatz 1 bestimmt die Verwaltungskommission die Informationen, die auszutauschen oder zur Verfügung zu stellen sind, und legt die geeigneten Verfahren und Mechanismen fest; dabei berücksichtigt sie die Merkmale, die administrative und technische Organisation und die technischen Mittel, die den einzelstaatlichen Rentensystemen zur Verfügung stehen. ²Die Verwaltungskommission gewährleistet die Umsetzung dieser Rentensysteme, indem sie eine Überwachung der ergriffenen Maßnahmen und ihrer Anwendung organisiert.

(3) Für die Anwendung des Absatzes 1 sollte der Träger im ersten Mitgliedstaat, in dem einer Person eine Persönliche Identifikationsnummer (PIN) für Verwaltungszwecke der sozialen Sicherheit zugewiesen wird, die in diesem Artikel genannten Informationen erhalten.

I. Normzweck 1	cc) Die Relevanz fremdmitgliedstaatlicher Zeiten im Rahmen der Gesamtleistungsbewertung 22
II. Einzelerläuterungen 5	dd) Bewertung der fremdmitgliedstaatlichen Zeiten 30
1. Vergleichsberechnung bei rein innerstaatlich erfülltem Rentenanspruch (Abs. 1) 5	c) Berechnung des tatsächlichen Betrags der anteiligen Leistung (Abs. 1 lit. b) Ziff. ii) 34
2. Gemeinschaftsrechtliche Rentenberechnung der „anteiligen Leistung" nach dem sog. pro-rata-temporis-Verfahren (Abs. 1 lit. b) 13	3. Höchstbetragsregelung (Abs. 3) 39
a) Koordinierungsziel und technisches Regelungsprinzip 13	4. Ausnahmen von der Berechnung anteiliger Leistungen (Abs. 4 und 5) 41
b) Berechnung des theoretischen Betrags (Abs. 1, lit. b), Ziff. i)) 17	5. Die Sonderregelung zur Berücksichtigung von Kindererziehungszeiten 43
aa) Allgemeines 17	
bb) Umfang und Qualifizierung fremdmitgliedstaatlicher Zeiten 20	

I. Normzweck

Art. 52 ersetzt mit redaktionellen Änderungen Art. 46 VO (EWG) Nr. 1408/71. Dieser hat 1
Art. 28 VO (EWG) Nr. 3 unter Berücksichtigung der hierzu ergangenen Rechtsprechung des EuGH (insbes. Rs. 191/73 (Niemann), Slg 1974, 571) ersetzt, ohne die gemeinschaftsrechtliche Rentenberechnung in ihrer Grundstruktur zu verändern. Mehrfach geändert wurde die **Antikumulierungsregelung,** zuletzt im Zuge der Neufassung des gesamten 3. Kapitels der VO (EWG) Nr. 1408/71, der Änderung des Art. 46 VO (EWG) Nr. 574/72 durch die VO (EWG) Nr. 1248/92 vom 30.4.1992 (ABl. (EG) L 136/7).

Durch VO(EG) 988/2009 (ABl. L 284/43 v. 16.9.2009) wurde Abs. 4 geändert und Abs. 5 hinzugefügt.

Der Regelungsauftrag des Art. 48 AEUV (= Art. 42 EG) schreibt als exemplarischen Inhalt des 2
europäischen koordinierenden Sozialrechts unter anderem auch die Zusammenrechnung aller nach den verschiedenen innerstaatlichen Rechtsvorschriften zu berücksichtigenden Zeiten für die Berechnung der (Renten-)Leistung vor. Der Erwägungsgrund 28 der VO präzisiert diesen Koordinierungsauftrag dahingehend, dass der Betrag einer Rente festzulegen ist, „die nach der Zusammenrechnungs- und Zeitenverhältnisregelung berechnet und durch das Gemeinschaftsrecht garantiert ist, wenn sich die Anwendung der nationalen Rechtsvorschriften einschließlich ihrer Kürzungs-, Ruhens- und Entziehungsvorschriften als weniger günstig erweist als die genannte Regelung". Art. 52 enthält die wesentlichen Regelungen für die hiernach geforderte **„gemeinschaftsrechtliche"** Rentenberechnung. Im Verhältnis zu der rein innerstaatlichen, der **„autonomen"** Rentenberechnung gilt auch hier das Günstigkeitsprinzip (Abs. 3).

3 Art. 52 enthält keine Regelungen für eine eigenständige Rentenberechnung im Sinne einer europäischen Gesamtrente, die vorgeschriebene gemeinschaftsrechtliche Rentenberechnung belässt es vielmehr im Grundsatz bei der Versicherungs- bzw Leistungslast der beteiligten Mitgliedstaaten und deren Berechnung nach dem jeweiligen mitgliedstaatlichen Recht. Das mitgliedstaatliche Rentenberechnungsrecht wird lediglich modifiziert nach dem sog. **pro-rata-temporis-Prinzip**, indem zunächst ein theoretischer Betrag und sodann die anteilige Leistung berechnet wird (Abs. 1 lit. b).

4 Die frühere Höchstbetragsregelung ist nunmehr gestrichen und die Verhinderung ungerechtfertigter Leistungskumulierung entsprechend der Rechtsprechung des EuGH vorrangig den mitgliedstaatlichen Rentenvorschriften überantwortet worden (Erwägungsgründe 30, 31). Die VO setzt **mitgliedstaatliche Antikumulierungsregelungen** ggf mit internationaler Reichweite voraus und hat hierfür neue Koordinierungsregelungen erhalten (Art. 53-55).

II. Einzelerläuterungen

1. Vergleichsberechnung bei rein innerstaatlich erfülltem Rentenanspruch (Abs. 1)

5 Nach Abs. 1 und 2 besteht ein wesentlicher Unterschied für die koordinierte Rentenberechnung, je nachdem, ob der Rentenberechtigte die Leistungsvoraussetzungen, dh die jeweils maßgeblichen Wartezeiten, allein mit deutschen Versicherungszeiten erfüllt oder nur unter Berücksichtigung fremdmitgliedstaatlicher Zeiten gem. Art. 45. Bei einem nach rein innerstaatlichem Recht erfüllten Rentenanspruch hat nach Abs. 1 eine **Vergleichsberechnung** zu erfolgen.

6 Hiernach ist die Rente in einem ersten Schritt allein nach innerstaatlichem (zB nach deutschem) Rentenrecht, dh vor allem nur unter Berücksichtigung der nach inländischem Rentenrecht anrechenbaren Zeiten, zu berechnen (Abs. 1 lit. a) **autonome Leistung**). Dabei sind auch alle (sonst üblichen) „Verwaltungspraktiken" zu berücksichtigen (EuGH, Rs. C-342/88 (Spits), Slg 1990, 2259; EuGH, Rs. C-5/91 (Di Prinzo), Slg 1992, I-897). Bei der Berechnung einer solchen autonomen Rente sind (nur) die nationalen Antikumulierungsvorschriften anzuwenden.

7 Zum zweiten ist die Rente gemeinschaftsrechtlich nach Abs. 1 lit. b) als „anteilige Leistung" zu berechnen (s. Rn 13 ff). Bei der Berechnung dieser **anteiligen (proratisierten) Leistung** finden die nach den Rechtsvorschriften eines Mitgliedstaates vorgesehenen Antikumulierungsvorschriften gem. Art. 54 Abs. 1 für das Zusammentreffen von Leistungen gleicher Art keine Anwendung.

8 Dem Berechtigten steht sodann nach Maßgabe des Abs. 3 gegenüber dem Träger jeden Mitgliedstaates die höhere (Teil-)Rente zu, ggf auch unter Berücksichtigung der innerstaatlichen Besitzschutzregelungen nach § 88 SGB VI und nach Anwendung der **Kürzungs-, Ruhens- oder Entziehungsbestimmungen** des SGB VI (EuGH, Rs. C-31/92 (Larsy), Slg 1993, I-4543).

9 Ist der Rentenanspruch nur unter Berücksichtigung fremdmitgliedstaatlicher Zeiten erfüllt, so erfolgt nur eine Rentenberechnung nach Abs. 1 lit. b).

10 Nach Abs. 4 kann auf eine **gemeinschaftsrechtliche Rentenberechnung** gem. Abs. 1 lit. b) (nur) dann **verzichtet** werden, wenn diese bereits theoretisch zu keiner höheren Teilrente führen kann, als nach der Berechnung aufgrund rein innerstaatlicher Rechtsvorschriften (vgl hierzu auch EuGH, Rs. C-113/92, C-114/92 und C-156/92 (Fabrizii, Neri und Del Grosso), Slg 1993, I-6707). Voraussetzung für das Absehen von einer gemeinschaftsrechtlichen Rentenberechnung ist daher, dass Doppelleistungs- bzw Antikumulierungsregelungen nach Art. 54 oder Art. 55 entweder nicht oder im Falle des Art. 55 nur dergestalt vorgeschrieben sind, dass „Leistungen unterschiedlicher Art" (zB Unfallversicherungsleistungen gegenüber Rentenversicherungsleistungen) nur pro-rata-temporis berücksichtigt werden.

11 Eine **Vergleichsberechnung** war in der früheren Praxis der inländischen Rentenversicherungsträger in der Vergangenheit unter der Geltung der RVO, dem AVG und dem RKnG überwiegend unterblieben. Aufgrund der durch das RRG 1992 eingeführten Bewertung beitragsfreier Zeiten

(Anrechnungs-, Ersatz- und Zurechnungszeiten, § 54 Abs. 4 SGB IV) und der hierbei gebotenen Berücksichtigung mitgliedstaatlicher Beitrags- und Wohnzeiten im Rahmen der zwischenstaatlichen Rentenberechnung (*Hannemann/Kunhardt*, DAngVers 1990, 27) war danach in aller Regel eine solche Vergleichsberechnung erforderlich, da bei Vorliegen von beitragsfreien Zeiten die nach Abs. 1 lit. b) gemeinschaftsrechtlich berechnete (Teil-)Rente in der Regel höher ist als die allein nach deutschem Rentenversicherungsrecht berechnete Rente. Anders verhält es sich nur dann, wenn sonstige Berechnungsfaktoren (wie zB die Zurechnungszeit) durch die gemeinschaftsrechtliche Berechnung gleichzeitig verkürzt werden. Aber auch diese Feststellung kann regelmäßig nur aufgrund einer Vergleichsberechnung getroffen werden.

Seit der **innerdeutschen Rentenrechtsangleichung** mit Inkrafttreten des SGB VI in der Fassung des Gesetzes zur Herstellung der Rechtseinheit in der gesetzlichen Renten und Unfallversicherung (Renten-Überleitungsgesetz – RÜG – vom 25.7.1991, BGBl. I, S. 1606) am 1.1.1992 sind alle in Deutschland zurückgelegten Zeiten einheitlich nach Maßgabe des SGB VI und der dort noch bestehenden Übergangsregelungen für Zeiten in den Beitrittsgebieten (*Kraus*, SV 1992, S. 8 ff, 38 ff) auch gemeinschaftsrechtlich als inländische (deutsche) Rentenversicherungszeiten zu behandeln. 12

2. Gemeinschaftsrechtliche Rentenberechnung der „anteiligen Leistung" nach dem sog. pro-rata-temporis-Verfahren (Abs. 1 lit. b)

a) Koordinierungsziel und technisches Regelungsprinzip

Das Koordinierungsziel des Ausgleichs bzw der Vermeidung von Nachteilen aufgrund einer „**Wanderarbeitnehmerbiographie**" (unter anderem) durch die Zusammenrechnung aller mitgliedstaatlichen rentenrelevanten Zeiten wird in Art. 48 AEUV (= Art. 42 EG) ausdrücklich auch auf die Berechnung der Leistungen erstreckt. Vorausgesetzt bzw im Zusammenhang damit zu lesen ist jedoch auch der Koordinierungsauftrag zum Leistungsexport. Das Gebot zur Berücksichtigung fremdmitgliedstaatlicher Rentenzeiten kann daher im Rahmen der Leistungsberechnung nicht dergestalt extensiv interpretiert werden, dass diese so zu berücksichtigen sind, als ob es sich um nach den von ihm anzuwendenden Rechtsvorschriften zurückgelegte Zeiten handeln würde und demnach auch leistungsrechtlich abzugelten wären. Dies würde zu ungerechtfertigten Doppelleistungen führen und den primärrechtlichen Koordinierungsauftrag überschreiten. 13

Das Gebot zum **Nachteilsausgleich** erfordert im Rahmen der Leistungsberechnung die Berücksichtigung fremdmitgliedstaatlicher Zeiten insoweit, als ansonsten die jeweilige mitgliedstaatliche Einstandspflicht (so die Terminologie des BSG) bzw die Last der Leistungen (so der EuGH) im Vergleich zu rein nationalen Sachverhalten bzw homogenen Versicherungsbiographien verkürzt wäre. In Abs. 1 lit. b) wird dies durch ein zweistufiges **pro-rata-temporis-Verfahren** erreicht: 14

In einem ersten Schritt wird ein **theoretischer Rentenbetrag** errechnet und dabei (jeweils) eine rein innerstaatliche Rentenbiographie unterstellt, dh alle fremdmitgliedstaatlichen Zeiten sind so zu berücksichtigen, als ob sie nach inländischem Recht zurückgelegte anrechnungsfähige und damit auch abzugeltende Zeiten darstellten (Abs. 1, lit. b), Ziff. i)). In einem zweiten Schritt wird aus dieser so ermittelten **hypothetischen Gesamtrente**, dem theoretischen Betrag, nach dem Verhältnis der in den Mitgliedstaaten vor Eintritt des Versicherungsfalls zurückgelegten Versicherungszeiten der tatsächlich zu zahlende Betrag, den „tatsächlichen Betrag der anteiligen Leistung" errechnet. 15

Dieses **pro-rata-temporis-Teilrentensystem** führt somit nicht zu einer Angleichung der allgemeinen oder individuellen Rentenleistungsniveaus in den Mitgliedstaaten, sondern belässt es bei den insoweit bestehenden rechtlichen und finanziellen Unterschieden. 16

b) Berechnung des theoretischen Betrags (Abs. 1, lit. b), Ziff. i))

aa) Allgemeines

17 Die Berechnung des theoretischen Betrags als einer **fiktiven Gesamtrente** erfolgt nach dem jeweiligen mitgliedstaatlichen Rentenrecht. Vorgeschrieben ist nur die zusätzliche Berücksichtigung fremdmitgliedstaatlicher Versicherungs- und Wohnzeiten, als ob diese nach dessen jeweils geltenden Rechtsvorschriften zurückgelegt worden wären. Die Berücksichtigung fremdmitgliedstaatlicher Zeiten hat auch dann zu erfolgen, wenn diese Zeiten nach dem nationalen Recht der zuständigen Stelle nicht berücksichtigt werden müssten (EuGH, Rs. C-113/92, C-114/92 und C-156/92 (Fabrizii, Neri und Del Grosso), Slg 1993, I-6707). Es gilt, den höchsten Betrag zu ermitteln, auf den der Berechtigte Anspruch hätte, wenn er alle anzurechnenden Zeiten in dem jeweiligen Mitgliedstaat zurückgelegt hätte (EuGH, Rs. C-30/04 (Koschitzski), Slg. I-7389). Die Bewertung der fremdmitgliedstaatlichen Zeiten erfolgt (jedenfalls für Beitragszeiten) gem. Art. 56 Abs. 1 lit. c) ausschließlich nach den Entgeltpunkten für inländische Rentenversicherungszeiten, dh die fiktive Gesamtrente wird insgesamt nach dem allgemeinen und individuellen inländischen Rentenniveau berechnet.

18 Den Mitgliedstaaten ist es dabei aber verwehrt, besondere Vorschriften zur Ermittlung des Leistungsbetrages zu erlassen, durch die die Berechnung des theoretischen Betrags gegenüber derjenigen nach den allgemeinen Vorschriften herabgesetzt wird (EuGH, Rs. 274/81 (Besem), Slg 1982, 2995).

19 Durch die geschilderte fiktive Behandlung fremdmitgliedstaatlicher Zeiten als inländische Zeiten gewinnen diese auch Relevanz für einzelne Faktoren der inländischen Rentenberechnung. Im Einzelnen ist daher abzuklären, in welchem Umfang fremdmitgliedstaatliche Zeiten zu berücksichtigen sind und wie diese den inländischen Kategorien von Versicherungszeiten zugeordnet werden können (nachfolgend unter bb), in welcher Weise diese Zeiten bei der Rentenberechnung (nach koordiniertem deutschen Rentenrecht) relevant werden (nachfolgend unter cc)) und in welcher Weise die fiktive Bewertung der fremdmitgliedstaatlichen Zeiten (nachfolgend unter dd)) vorzunehmen ist.

bb) Umfang und Qualifizierung fremdmitgliedstaatlicher Zeiten

20 Hinsichtlich des Umfangs der zu berücksichtigenden fremdmitgliedstaatlichen Zeiten gilt das zu Art. 51 Gesagte. Maßgeblich für die Berücksichtigungsfähigkeit ist das jeweilige fremdmitgliedstaatliche Recht, wonach der jeweilige zuständige Träger verbindlich über den Umfang der zu berücksichtigenden Zeiten entscheidet.

21 **Ausländische Beitrags-, Wohn- und gleichgestellte Zeiten** müssen zur Durchführung der Rentenberechnung nach deutschem Rentenversicherungsrecht den hiernach zu unterscheidenden Typen von Zeiten zugeordnet werden. Dabei werden fremdmitgliedstaatliche Beitrags- und Wohnzeiten wie deutsche Beitragszeiten und fremdmitgliedstaatliche gleichgestellte Zeiten wie deutsche beitragsfreie Zeiten behandelt (*Hannemann/Kunhardt*, DAngVers 1990, 32). Unter Umständen ist hierzu auf die Rechtsvorschriften zurückzugreifen, die während der Zurücklegung dieser Zeiten gegolten haben (EuGH, Rs. 285/82 (Derks), Slg 1984, 433).

cc) Die Relevanz fremdmitgliedstaatlicher Zeiten im Rahmen der Gesamtleistungsbewertung

22 Das Koordinierungsziel des **Nachteilsausgleichs** macht es im Rahmen der Berechnung des theoretischen Betrags nach inländischem Recht vielfach erforderlich, fremdmitgliedstaatliche Zeiten auch bei einzelnen Berechnungsfaktoren und bei Zwischenberechnungen zu berücksichtigen. Dies gilt im deutschen Rentenversicherungsrecht namentlich für die durch das RRG eingeführte Bewertung beitragsfreier Zeiten nach dem sog. **Gesamtleistungsmodell**.

Gem. § 71 Abs. 1 SGB VI erhalten beitragsfreie Zeiten (Anrechnungs-, Zurechnungs- oder Ersatzzeiten ohne Beitragszahlung, § 54 Abs. 4 SGB VI) den Durchschnittswert an Entgeltpunkten, der sich aus der **Gesamtleistung** an (inländischen) Beiträgen, verteilt auf den gesamten belegungsfähigen Zeitraum, ergibt. Dies sind nach der Grundbewertung Entgeltpunkte je Kalendermonat in Höhe der Summe der Entgeltpunkte für Beitrags- und Berücksichtigungszeiten dividiert durch die Anzahl der belegungsfähigen Monate (§ 72 Abs. 1 SGB VI) und nach der Vergleichsbewertung die Summe der Entgeltpunkte aus reinen Beitragszeiten dividiert durch die Anzahl der belegungsfähigen Monate (§ 73 SGB VI). Im Ergebnis werden die beitragsfreien Zeiten demnach nur entsprechend der aktuellen Rentenversicherungszugehörigkeit, dh anteilmäßig, abgegolten.

Die **Bewertung der beitragsfreien Zeiten** durch einen solchen Gesamtleistungswert bedeutet, dass Monate, die nicht mit Beiträgen belegt sind, die „Belegungsdichte" vermindern und die Bewertung daher negativ beeinflussen. Der primärrechtliche Koordinierungsauftrag zum Nachteilsausgleich auch im Rahmen der Rentenberechnung und seine Konkretisierung für die Leistungsberechnung durch Art. 52 Abs. 1 lit. b) machen es daher erforderlich, bei dieser Bewertung auch fremdmitgliedstaatliche Versicherungs- und Wohnzeiten zu berücksichtigen. Da es hierbei nicht nur um „Durchschnitts- und Verhältniszahlen", sprich Entgeltpunkte, geht, sondern auch um die Beitragsdichte, steht dem auch Art. 56 Abs. 1 nicht entgegen.

Im Einzelnen bedeutet dies:

- Der belegungsfähige Gesamtzeitraum (§ 72 Abs. 2 SGB VI) ist auch um mitgliedstaatliche Zeiten zu verlängern.
- Zu den nicht belegungsfähigen Kalendermonaten nach § 72 Abs. 3 SGB VI, die von dem Gesamtzeitraum abzuziehen sind, zählen auch fremdmitgliedstaatliche gleichgestellte Zeiten.
- Auch bei der Ermittlung der Pauschalzeit nach § 263 Abs. 2 SGB VI sind fremdmitgliedstaatliche Zeiten zu berücksichtigen.
- Im Rahmen des Lückenausgleichs (§ 72 Abs. 4 SGB VI) zur Verbesserung des Wertes der Zurechnungszeit stellen auch fremdmitgliedstaatliche Beitrags-, Wohn- und gleichgestellte Zeiten rentenrechtliche Zeiten dar.
- Bei der stufenweisen Einführung der Gesamtleistungsbewertung (§ 263 Abs. 2 SGB VI) sind fremdmitgliedstaatliche Beitrags- und Wohnzeiten bei der Ermittlung der prozentualen Pauschalzeit und bei der Belegung des Gesamtzeitraums zusätzlich auch fremdmitgliedstaatliche gleichgestellte Zeiten und Bezugszeiten von Eigenversicherungsrenten zu berücksichtigen.

Diese integrale **Berücksichtigung fremdmitgliedstaatlicher Zeiten** im Rahmen der Bewertung beitragsfreier Zeiten nach der Gesamtleistungsbewertung des deutschen Rentenversicherungsrechts entspricht im Grundsatz auch der bisherigen Behandlung der Zurechnungszeit alten Rechts, die bei der Berechnung des theoretischen Betrags, nicht aber bei der Berechnung der anteiligen Leistung zu berücksichtigen war (EuGH, Rs. 793/78 (Menzies), Slg 1980, 2085) und daher bei der gemeinschaftsrechtlichen Rentenberechnung anteilmäßig pro-rata-temporis abgegolten wurde (vgl hierzu auch BSG DangVers 1981).

Die **pauschale Ausfallzeit** nach § 253 SGB VI ist ausschließlich aufgrund inländischer Versicherungszeiten zu errechnen (Anhang XI Deutschland, Nr. 5.), denn hierdurch sollen nicht mehr nachweisbare beitragsfreie Zeiten in der deutschen Rentenversicherungsbiographie pauschal abgegolten werden.

Bei der Anhebung der Entgeltpunkte bei geringem Arbeitsentgelt auf **Mindestentgeltpunkte** (§ 262 SGB VI) sind fremdmitgliedstaatliche Beitrags-, Wohn- und gleichgestellte Zeiten bei der Prüfung der erforderlichen Versicherungszeit von 35 Jahren nach der Rechtsprechung des BSG gem. Art. 51 zu berücksichtigen, da es sich hierbei um eine wartezeitähnliche Voraussetzung handelt.

Bei der Zuerkennung besonderer Entgeltpunkte für **Beitragszeiten mit Sachbezug** (§ 259 SGB VI) können für die hierfür erforderliche Mindestzeit von 5 Jahren mit wesentlichen Sachbezügen nach der Rechtsprechung des BSG (SozR 5750 Art. 2 § 55 Nr. 4) keine fremdmitgliedstaatlichen Versicherungszeiten einbezogen werden, da deren geringe Bewertung (nach dortigem Recht) die Rentenbemessungsgrundlage nach deutschen Rechtsvorschriften auch im Rahmen einer gemeinschaftsrechtlichen Rentenberechnung nicht nachteilig beeinflussen könne. Unter dem Gesichtspunkt des Nachteilsausgleichs wäre demgegenüber eine Berücksichtigung von fremdmitgliedstaatlichen Zeiten mit wesentlichem Sachbezug geboten.

dd) Bewertung der fremdmitgliedstaatlichen Zeiten

30 Zur Ermittlung des theoretischen Betrags erhalten fremdmitgliedstaatliche Zeiten die für den ihnen zugeordneten inländischen **Zeittypus** nach deutschem Rentenversicherungsrecht errechneten Entgeltpunkte, dh als Beitrags- und Wohnzeiten werden sie mit Entgeltpunkten entsprechend dem Durchschnitt der deutschen Beitragszeiten und als beitragsfreie Zeiten werden sie mit Entgeltpunkten aus der Gesamtleistungsbewertung belegt.

31 Erhöhte Entgeltpunkte für Beitragszeiten mit Sachbezug (§ 259 SGB VI) und Mindestentgeltpunkte nach § 262 SGB VI werden nur inländischen Beitragszeiten zugeordnet.

32 Die Gesamtsumme der **persönlichen Entgeltpunkte** für den theoretischen Betrag nach inländischem Rentenversicherungsrecht setzt sich demnach zusammen aus Entgeltpunkten für:
- deutsche Beitragszeiten
- fremdmitgliedstaatliche Beitrags- und Wohnzeiten
- deutsche beitragsfreie Zeiten und Zuschläge für deutsche beitragsgeminderte Zeiten
- fremdmitgliedstaatliche gleichgestellte Zeiten
- Zuschläge oder Abschläge aus einem durchgeführten Versorgungsausgleich

33 Der **theoretische Monatsbetrag** der Rente ist das Produkt aus den Entgeltpunkten, dem Rentenfaktor und dem aktuellen Rentenwert, bezogen auf den Rentenbeginn (§ 64 SGB VI).

c) Berechnung des tatsächlichen Betrags der anteiligen Leistung (Abs. 1 lit. b) Ziff. ii)

34 Die nach Abs. 1 lit. b) Ziff. ii) durchzuführende Berechnung hat (nur) den Zweck, „die jeweilige Last der Leistungen" nach dem Verhältnis der Dauer der in jedem dieser Mitgliedstaaten vor Eintritt des Versicherungsfalles zurückgelegten Versicherungszeiten auf die Träger der beteiligten Mitgliedstaaten zu verteilen (EuGH, Rs. 793/79 (Menzies), Slg 1979, 2085). Anders ist dies lediglich nach der sog. Minizeitenregelung, wonach Zeiten von weniger als einem Jahr unter den weiteren Voraussetzungen des Art. 57 Abs. 1 bei der **Teilrentenberechnung** ausgenommen bleiben und damit wie inländische Zeiten abgegolten werden.

35 Zur Ermittlung des **Zahlbetrags** der gemeinschaftsrechtlich berechneten anteiligen Leistung wird der nach Abs. 1 lit. b) Ziff. i) ermittelte theoretische Betrag (genauer die zugrunde liegenden Entgeltpunkte) im Verhältnis der inländischen Rentenversicherungszeiten vor Eintritt des Versicherungsfalles und der in allen Mitgliedstaaten insgesamt zurückgelegten anrechenbaren Zeiten vor Eintritt des Versicherungsfalles aufgeteilt.

36 Zu berücksichtigen sind dabei also nicht lediglich die nach Art. 51 Abs. 1 „erforderlichen" fremdmitgliedstaatlichen Zeiten, sondern alle bei der Ermittlung des theoretischen Betrags eingestellte Zeiten bzw die hierfür vergebenen Entgeltpunkte, denn die Aufteilung erfolgt nicht mehr wie früher nach dem Verhältnis der Zeiten (pro-rata-temporis), sondern nach einem **Entgeltpunkte-pro-rata**.

37 Beispiel: Bei einem angenommenen aktuellen Rentenwert von monatlich 50 € ergibt sich bei 30 Punkten für deutsche Beitragszeiten und 20 Punkten für berücksichtigungsfähige fremdmitgliedstaatliche Zeiten (insgesamt 50 Punkte) ein **Entgeltpunkte-pro-rata** von 30 : 50 = 0,6 und damit einen theoretischen Betrag von monatlich 50 x 50 € = 2500 € und eine gem. Art. 52 Abs. lit. b) Ziff. ii) zu zahlende monatliche anteilige Leistung von 2500 x 0,6 = 1500 €.

Wie bislang die **Zurechnungszeit** als Zeitfaktor werden nach der neuen Rentenformel (§ 75 Abs. 1 SGB VI) die Entgeltpunkte hierfür im Rahmen des pro-rata-Verhältnisses nicht berücksichtigt, weil die Zurechnungszeit keine zurückgelegte Zeit im Sinne des Art. 52 Abs. 1 lit. b) ist (zu Art. 46 Abs. 2 s. EuGH, Rs. 793/79 (Menzies), Slg 1979, 2085). Anders ist dies nur bei Zurechnungszeiten aus einer Vorrente, die zur Anrechnungszeit wird (§ 58 Abs. 1 Nr. 5 SGB VI).

3. Höchstbetragsregelung (Abs. 3)

Die jetzige Fassung des Abs. 3 beruht auf der Rechtsprechung des EuGH zu der früher normierten **Höchstbetragsregelung** und verzichtet auf eine Begrenzung des theoretischen Betrages. Verglichen werden der nach rein nationalen Rechtsvorschriften errechnete Rentenbetrag, die autonome Leistung, ggf nach Berücksichtigung aller Antikumulierungsvorschriften des jeweiligen mitgliedstaatlichen Rentenrechts (zum früheren Recht s. EuGH, Rs. C-90/91 u. C-91/91 (Crescenzo und Cassagrande), Slg 1992, I-3851), mit dem gemeinschaftsrechtlich berechneten tatsächlichen Betrag, der anteiligen Leistung, die ebenfalls ggf unter Berücksichtigung von Antikumulierungsvorschriften zu berechnen ist (Abs. 2). Ausgenommen ist der Fall, dass eine Person während desselben Zeitraumes in zwei Mitgliedstaaten beschäftigt war und während dieses Zeitraumes in beiden Mitgliedstaaten Beiträge zur Altersrentenversicherung gezahlt hat (EuGH, Rs. C-31/92 (Larsy), Slg 1993, I-4543). Bei dieser Fallkonstellation wäre eine Kürzung ungerechtfertigt. Der nach diesem Vergleich höhere Betrag ist zu zahlen (EuGH, Rs. C-107/00 (Insalaca), Slg. I-2403).

Damit bei dieser Koordinierung die nach Abs. 2 anzuwendenden **Antikumulierungsregelungen** mehrerer beteiligter Mitgliedstaaten nicht nebeneinander Anwendung finden, sind die Grundsätze der Art. 53-55 zu beachten.

4. Ausnahmen von der Berechnung anteiliger Leistungen (Abs. 4 und 5)

In Abs. 4 werden vier Voraussetzungen für den **Verzicht auf eine Vergleichsberechnung** der anteiligen Leistungen nach Abs. 1 lit. b) genannt, wenn bzw wonach gewährleistet ist, dass die (nach Abs. 1 lit. a) berechnete) autonome Leistung immer gleich hoch oder höher ist als die anteilige Leistung.

Nach Abs. 5 unterbleibt die **anteilige Berechnung** bei Systemen, deren Leistungsberechnung nicht an Zeiten oder Zeiträume anknüpft. Der Verordnungsgeber hat mit dieser Regelung auf die besonderen Probleme kapitalgedeckter Rentensysteme mit der pro-rata-temporis-Berechnungsmethode reagiert. Die Leistungen aus diesen Systemen werden stets als autonom berechnete Leistungen des betreffenden Mitgliedstaates gewährt, ohne dass es eines Vergleichs mit einer pro-rata-Leistung nach Abs. 1 lit. b bedarf (s. *Spiegel*, in: *Jorens* (Hrsg.), 50 Jahre Koordinierung der sozialen Sicherheit, S. 210, 232). Diese Systeme müssen jedoch in Anhang VIII Teil 2 aufgeführt sein (s. den abgedruckten Anhang VIII nach Art. 52).

5. Die Sonderregelung zur Berücksichtigung von Kindererziehungszeiten

Mit der DVO wurde mit Art. 44 erstmalig eine europarechtliche Koordinierungsregelung für Kindererziehungszeiten (im inländischen Recht §§ 56, 57 SGB VI) getroffen. Neben der Legaldefinition für Kindererziehungszeiten wird hierin die Leistungszuständigkeit für diese Zeiten geregelt, der Vorschrift kommt daher kollisionsrechtlicher Regelungsgehalt zu. Art. 44 ist erst für Zeiten nach seinem Inkrafttreten am 01.05.2010 anwendbar (EuGH, Urt. v. 19.7.2012, Rs. C-522/10 (Reichel-Albert); aA noch BSG Urt. v. 11.5.2011, B 5 R 22/10 R). Unter der früheren Geltung der VO (EWG) Nr. 1408/71 hat der EuGH Fragen zur Anrechnung von Kindererziehungszeiten nach Art. 21 AEUV entschieden (s. Urt. v. 23.11.2000, Rs. C-135/99 (Elsen), Slg 200, I-10409; Urt. v. 7.2.2002, Rs. C-28/100, Slg 2002, I-1343).

Nach der Legaldefinition der Kindererziehungszeiten in Abs. 1 dieser Vorschrift handelt es sich dabei um Zeiten, die nach dem jeweiligen mitgliedstaatlichen Recht angerechnet, dh leistungsrechtlich berücksichtigt (honoriert) wird, weil eine Person ein Kind währen dieser Zeit aufgezogen hat. Die Honorierung dieser Zeit kann dabei entweder als leistungserhöhende Zeit oder als Grund für eine Zulage zur Rente erfolgen.

Die Bestimmung des Kreises der Personen, die für eine solche Kindererziehungszeit in Betracht kommen, bleibt dem jeweiligen mitgliedstaatlichen Recht ebenso überlassen, wie die weiteren Voraussetzungen der Anrechenbarkeit und der zeitliche Umfang der Berücksichtigung.

45 Abs. 2 legt die kollisionsrechtliche Anknüpfung für die Kindererziehungszeiten (und damit die Versicherungslast für diese Zeiten) unter Meistbegünstigungsaspekten fest. Berücksichtigungspflichtig und damit leistungszuständig ist der nach den allgemeinen Kollisionsnormen der Art. 11 ff zuständige Mitgliedstaat, wenn nach dessen Rechtsvorschriften im konkreten Fall Kindererziehungszeiten anzurechnen sind. Ist dies nicht der Fall, so ist das Recht desjenigen Mitgliedstaates anzuwenden, das für die erziehende Person zum Zeitpunkt des Beginns der Kindererziehungszeit nach Art. 11 ff galt, wobei erforderlichenfalls eine in einem anderen Mitgliedstaat erfolgte Kindererziehungszeit einer solchen im Inland zurückgelegten Zeit gleichgestellt ist (nach Art. 5 vgl EuGH, Rs. C-522/10, Schlussantrag des Generalanwalts v. 1.3.2012). Art. 44 ist erst für Zeiten nach seinem Inkrafttreten am 1.5.2010 anwendbar (EuGH, Urt. v. 19.7.2012, Rs. C-522/10 (Reichel-Albert); aA noch BSG Urt. v. 11.5.2011, B 5 R 22/10 R). Weitere Voraussetzung ist, dass nicht eine vorrangige kollisionsrechtliche Zuständigkeit eines anderen Mitgliedstaates für die erziehende Person aufgrund der Ausübung einer Beschäftigung oder selbständigen Tätigkeit (nach Art. 11 Abs. 3 lit. a) und b)) besteht (Abs. 3).

Artikel 53 Doppelleistungsbestimmungen

(1) Jedes Zusammentreffen von Leistungen bei Invalidität, bei Alter oder an Hinterbliebene, die auf der Grundlage der von derselben Person zurückgelegten Versicherungs- und/oder Wohnzeiten berechnet oder gewährt wurden, gilt als Zusammentreffen von Leistungen gleicher Art.

(2) Das Zusammentreffen von Leistungen, die nicht als Leistungen gleicher Art im Sinne des Absatzes 1 angesehen werden können, gilt als Zusammentreffen von Leistungen unterschiedlicher Art.

(3) Für die Zwecke von Doppelleistungsbestimmungen, die in den Rechtsvorschriften eines Mitgliedstaats für den Fall des Zusammentreffens von Leistungen bei Invalidität, bei Alter oder an Hinterbliebene mit Leistungen gleicher Art oder Leistungen unterschiedlicher Art oder mit sonstigen Einkünften festgelegt sind, gilt Folgendes:

a) Der zuständige Träger berücksichtigt die in einem anderen Mitgliedstaat erworbenen Leistungen oder erzielten Einkünfte nur dann, wenn die für ihn geltenden Rechtsvorschriften die Berücksichtigung von im Ausland erworbenen Leistungen oder erzielten Einkünften vorsehen.
b) Der zuständige Träger berücksichtigt nach den in der Durchführungsverordnung festgelegten Bedingungen und Verfahren den von einem anderen Mitgliedstaat zu zahlenden Leistungsbetrag vor Abzug von Steuern, Sozialversicherungsbeiträgen und anderen individuellen Abgaben oder Abzügen, sofern nicht die für ihn geltenden Rechtsvorschriften vorsehen, dass die Doppelleistungsbestimmungen nach den entsprechenden Abzügen anzuwenden sind.
c) Der zuständige Träger berücksichtigt nicht den Betrag der Leistungen, die nach den Rechtsvorschriften eines anderen Mitgliedstaats auf der Grundlage einer freiwilligen Versicherung oder einer freiwilligen Weiterversicherung erworben wurden.
d) Wendet ein einzelner Mitgliedstaat Doppelleistungsbestimmungen an, weil die betreffende Person Leistungen gleicher oder unterschiedlicher Art nach den Rechtsvorschriften anderer Mitgliedstaaten bezieht oder in anderen Mitgliedstaaten Einkünfte erzielt hat, so kann die geschuldete Leistung nur um den Betrag dieser Leistungen oder Einkünfte gekürzt werden.

Titel III Alters- und Hinterbliebenenrenten   Artikel 53

I. Normzweck 1	2. Allgemeine Koordinierungsregelungen 5
II. Einzelerläuterungen 2	
1. Legaldefinitionen (Abs. 1 und 2) 2	

I. Normzweck

Die Vorschrift ersetzt redaktionell überarbeitet Art. 46 a VO (EWG) Nr. 1408/71, der wiederum 1
im Zusammenhang mit der Änderung der Höchstbetragsregelung in Art. 46 Abs. 3 VO (EWG)
Nr. 1408/71durch die ÄndVO (EWG) Nr. 1248/92 v. 30.4.1992 (ABl. (EG) L 136 v. 19.5.1992)
neu eingeführt wurde. Sie bildet mit den nachfolgenden Regelungen der Art. 54 und 55 eine Einheit und beruhen auf der Rechtsprechung des EuGH, wonach es Aufgabe der mitgliedstaatlichen
Gesetzgeber ist, Antikumulierungsregelungen auch hinsichtlich ihres Anwendungsbereichs auf
fremde Rentenleistungen zu regeln. Die Art. 53-55 beinhalten Regelungen, die auch im Falle des
Zusammentreffens so erweiterter Kürzungs-, Ruhens- oder Entziehungsregelungen der Mitgliedstaaten eine ungerechtfertigte Verkürzung der Leistungsansprüche der Berechtigten entgegenwirken. Wesentlich ist dabei die vom EuGH entwickelte Differenzierung in Leistungen gleicher Art
und Leistungen unterschiedlicher Art.

II. Einzelerläuterungen

1. Legaldefinitionen (Abs. 1 und 2)

Abs. 1 beinhaltet die Legaldefinition des **Zusammentreffens von Leistungen gleicher Art**, wie sie 2
im Wesentlichen bereits der EuGH (zB Rs. C-108/89 (Rian), Slg 1990, 1599 und Rs. C-109/89
(Bianchin), Slg 1990, 1619) umschrieben hat. Nach Abs. 1 gilt das Zusammentreffen von Leistungen bei Invalidität, Alter oder an Hinterbliebene aus der Versicherung bzw Rentenbiographie
derselben Person als Zusammentreffen von Leistungen gleicher Art.

Die Legaldefinition des Abs. 1 ist klarer als die ursprünglichen Kriterien der Rechtsprechung. Sie 3
orientiert sich nicht mehr primär an der Funktion der Leistungen (zB Lohn- oder Unterhaltsersatzfunktion), sondern – ihrem Wortlaut nach – nur noch an den Rentenleistungen und den von
einer Person zurückgelegten Versicherungs- und Wohnzeiten (und insoweit auch in Abgrenzung
von den Sozialleistungen für andere Risiken, wie zB den Arbeitsunfällen und Berufskrankheiten).
Unterschieden wird somit die personenbezogene intrasystemische von der extrasystemischen
Leistungskumulierung. Eine deutsche Altersrente und eine belgische Altersrente, die die Berechtigte als geschiedener Ehegatte aufgrund der von dem früheren Ehegatten zurückgelegten Versicherungszeiten erhält, sind daher keine Leistungen gleicher Art im Sinne von Art. 12 Abs. 2 und
Art. 46 a Abs. 1 VO (EWG) Nr. 1408/71 (EuGH, Rs. C-98/94 (Schmidt), Slg 1995, I-2559. Zum
Zusammentreffen einer französischen Altersrente mit einer belgischen Hinterbliebenenrente vgl
EuGH, Rs. C-366/96 (Cordelle), Slg 1998, I-583 sowie Art. 12 Rn 5).

Der EuGH definiert jedoch weiterhin in st. Rspr Leistungen der sozialen Sicherheit dann als Leistungen gleicher Art, wenn ihr Gegenstand und ihr Zweck sowie ihre Berechnungsgrundlage und
die Voraussetzungen für die Gewährung identisch sind (EuGH, Rs. C-36/96 (Cordelle) Slg 1998,
I-583; Rs. C-107/00 (Insalaca), Slg 2002, I-2043).

Bei jedem anderen Zusammentreffen von Leistungen handelt es sich nach der entsprechenden 4
Negativabgrenzung des Abs. 2 um ein **Zusammentreffen von Leistungen unterschiedlicher Art**.

2. Allgemeine Koordinierungsregelungen

Abs. 3 trifft einheitliche Koordinierungsregelungen für das Zusammentreffen gleicher oder ungleicher Leistungen, zumeist wiederum nach den Vorgaben der EuGH-Rechtsprechung. 5

Fremdmitgliedstaatliche Leistungen oder die in anderen Mitgliedstaaten erzielten Einkünfte dürfen im Rahmen **nationaler Antikumulierungsregelungen** nur dann leistungsmindernd berücksichtigt werden, wenn diese nationalen Vorschriften dies vorsehen, dh mit einem entsprechenden 6 internationalen Anwendungsbereich ausgestaltet sind (Abs. 3 lit. a); s. zum früheren Recht zB Rs. 279/82 (Jerzak), Slg 1983, 2603).

7   Zur Vermeidung von Benachteiligungen wandernder Erwerbspersonen hat das nationale Recht bei der Berücksichtigung fremdmitgliedstaatlicher Leistungen erforderlichenfalls **anpassende Regelungen** zu treffen, wie zB die Festlegung eines **fiktiven Jahresarbeitsverdienstes** für den Fall, dass das fremdmitgliedstaatliche Recht einen solchen bzw keinen vergleichbaren Wert kennt (vgl hierzu EuGH, Rs. C-10/90 (Masgio), Slg 1991, I-1119). In § 93 Abs. 4 S. 3 SGB VI wird ein solcher fiktiver Jahresarbeitsverdienst für ausländische Unfallrenten auf den 18-fachen Monatsbetrag dieser Rente festgesetzt.

8   Nach Abs. 3 lit. b) können bei der Berücksichtigung fremdmitgliedstaatlicher Leistungsbeträge oder ausländischem Einkommen nach Maßgabe der DVO die Bruttobeträge zugrunde gelegt werden, es sei denn die anzuwendende Antikumulierungsvorschrift sieht die Berücksichtigung des Nettobetrages vor, wie dies nach § 94 Abs. 1 Satz 2 SGB VI bei der Anrechnung von Arbeitsentgelt auf eine Rente wegen verminderter Erwerbsfähigkeit normiert ist.

9   Abs. 3 lit. c) verbietet die Berücksichtigung fremdmitgliedstaatlicher Leistungen, soweit diese auf der Grundlage einer **freiwilligen (Weiter-)Versicherung** gewährt werden (vgl hierzu EuGH, Rs. 176/78 (Schaap), Slg 1979, I-1673). Eine solche, wohl auf dem Gesichtspunkt der Eigenleistung beruhende Regelung kennt das deutsche Antikumulierungsrecht jedenfalls in dieser Allgemeinheit nicht.

10   Abs. 3 lit. d) bestimmt für die Anwendung von **Antikumulierungsregelungen** nur eines Mitgliedstaates (zur mehrfachen Anwendung von Kürzungsregelungen vgl Art. 54 und Art. 55) als Obergrenze die Höhe der fremdmitgliedstaatlichen Leistung oder die Höhe der in einem anderen Mitgliedstaat erzielten Einkünfte. Die nationalen Ruhens- bzw Entziehungsbestimmungen werden hierdurch im Verhältnis zu fremdstaatlichen Leistungen bzw zu Einkünften aus anderen Mitgliedstaaten zu Kürzungsvorschriften reduziert.

11   Diese Regelungen führen nur dann nicht zu ungerechtfertigten Ergebnissen, wenn man sie als Antikumulierungsregelung eng auslegt. In diesem Sinne verbietet es Art. 45 AEUV (= Art. 39 EG) den zuständigen Behörden eines Mitgliedstaats nationale Rechtsvorschriften anzuwenden, nach denen die Altersrente eines verheirateten Arbeitnehmers unter Berücksichtigung einer fremdmitgliedstaatlichen Rente des Ehegatten des Arbeitnehmers zu kürzen ist, wenn die Gewährung der letztgenannten Rente zu keiner Erhöhung der Gesamteinkünfte des Haushalts führt (EuGH, Rs. C-362/97 (Engelbrecht), Slg 2000, I-7347, im Falle einer niederländischen Altersrente einer Ehefrau, die bereits zu einer Kürzung der Rente des Ehemannes geführt hatte und darüber hinaus zum Anlass genommen werden sollte, die nach belgischem Recht bewilligte Altersrente des Ehemannes von einer Familienrente in eine (geringere) Alleinstehendenrente umzuwandeln).

Artikel 54   Zusammentreffen von Leistungen gleicher Art

(1) Treffen Leistungen gleicher Art, die nach den Rechtsvorschriften von zwei oder mehr Mitgliedstaaten geschuldet werden, zusammen, so gelten die in den Rechtsvorschriften eines Mitgliedstaats vorgesehenen Doppelleistungsbestimmungen nicht für eine anteilige Leistung.

(2) Doppelleistungsbestimmungen gelten nur dann für eine autonome Leistung, wenn es sich:

a) um eine Leistung handelt, deren Höhe von der Dauer der zurückgelegten Versicherungs- oder Wohnzeiten unabhängig ist,

oder

b) um eine Leistung handelt, deren Höhe unter Berücksichtigung einer fiktiven Zeit bestimmt wird, die als zwischen dem Eintritt des Versicherungsfalls und einem späteren Zeitpunkt zurückgelegt angesehen wird, und die zusammentrifft:

i) mit einer Leistung gleicher Art, außer wenn zwei oder mehr Mitgliedstaaten ein Abkommen zur Vermeidung einer mehrfachen Berücksichtigung der gleichen fiktiven Zeit geschlossen haben,

oder

ii) mit einer Leistung nach Buchstabe a).

Die unter den Buchstaben a) und b) genannten Leistungen und Abkommen sind in Anhang IX aufgeführt.

Die Vorschrift ersetzt mit redaktionellen Änderungen Art. 46 b VO (EWG) Nr. 1408/71, der seinerseits durch die ÄndVO (EG) 1248/92 v. 30.4.1992 (ABl. (EG) L 1361 v. 19.5.1992) eingefügt worden ist. 1

Abs. 1 schließt die Anwendung der nationalen Antikumulierungsvorschriften auf gemeinschaftsrechtlich (nach Art. 52 Abs. 1 lit. b)) berechnete anteilige Leistung für das Zusammentreffen von Leistungen gleicher Art aus. Auch diese Regelung beruht auf der Rechtsprechung des EuGH (zB Rs. C-108/89 (Pian), Slg 1990, 1599; Rs. C-109/89 (Bianchin), Slg 1990, 1619). Sie ist gerechtfertigt, denn erst die Summe der anteiligen Leistungen der beteiligten Mitgliedstaaten ergeben für den Berechtigten eine vollständige Absicherung, wobei es keinen Unterschied macht, ob es sich um mehrere anteilige Leistungen wegen Invalidität handelt oder (wegen unterschiedlicher Regelaltersgrenzen in den Mitgliedstaaten) um das Zusammentreffen anteiliger Leistungen bei Invalidität mit solchen bei Alter aus einem anderen Mitgliedstaat. 2

Abs. 2 stellt die Anwendung der **Antikumulierungsvorschriften bei Leistungen gleicher Art** hinsichtlich der Berechnung der autonomen Leistungen nach Art. 52 Abs. 1 lit. a) unter besondere Voraussetzungen. Die Leistungen, die hiernach aufgrund des Bezugs von Leistungen gleicher Art (Abs. 2 lit. b,i)) oder einer Leistung, deren Höhe zeitenunabhängig berechnet wird (Abs. 2 lit. b,ii)) gekürzt werden können, sind in Anhang IX aufgeführt. Für Deutschland sind hier als Leistungen im Sinne des Art. 54 Abs. 2 lit. b), deren Betrag nach Maßgabe einer als zwischen dem Eintritt des Versicherungsfalls und einem späteren Zeitpunkt zurückgelegt betrachteten fiktiven Zeit bestimmt wird, aufgeführt Invaliditäts- und Hinterbliebenenrenten, bei denen eine Zurechnungszeit berücksichtigt wird, sowie Altersrenten, bei denen eine bereits erworbene Zurechnungszeit berücksichtigt wird. 3

In Teil III des Anhangs IX sind an Abkommen im Sinne des Art. 54 Abs. 2 lit. b, i) zur Vermeidung der zwei- oder mehrfachen Anrechnung ein und derselben fiktiven Zeit aufgeführt das Abkommen zwischen der Republik Finnland und der Bundesrepublik Deutschland vom 28. April 1997 über soziale Sicherheit, das Abkommen zwischen der Republik Finnland und dem Großherzogtum Luxemburg vom 10. November 2000 über soziale Sicherheit sowie das Nordische Abkommen über soziale Sicherheit vom 18. August 2003.

Artikel 55 Zusammentreffen von Leistungen unterschiedlicher Art

(1) Erfordert der Bezug von Leistungen unterschiedlicher Art oder von sonstigen Einkünften die Anwendung der in den Rechtsvorschriften der betreffenden Mitgliedstaaten vorgesehenen Doppelleistungsbestimmungen:

a) auf zwei oder mehrere autonome Leistungen, so teilen die zuständigen Träger die Beträge der Leistung oder Leistungen oder sonstigen Einkünfte, die berücksichtigt worden sind, durch die Zahl der Leistungen, auf die diese Bestimmungen anzuwenden sind;

die Anwendung dieses Buchstabens darf jedoch nicht dazu führen, dass der betreffenden Person ihr Status als Rentner für die Zwecke der übrigen Kapitel dieses Titels nach den in der Durchführungsverordnung festgelegten Bedingungen und Verfahren aberkannt wird;

b) auf eine oder mehrere anteilige Leistungen, so berücksichtigen die zuständigen Träger die Leistung oder Leistungen oder sonstigen Einkünfte sowie alle für die Anwendung der Doppelleistungsbestimmungen vorgesehenen Bezugsgrößen nach dem Verhältnis zwischen den Versicherungs- und/oder Wohnzeiten, die für die Berechnung nach Artikel 52 Absatz 1 Buchstabe b) Ziffer ii) berücksichtigt wurden;

c) auf eine oder mehrere autonome Leistungen und eine oder mehrere anteilige Leistungen, so wenden die zuständigen Träger Buchstabe a) auf die autonomen Leistungen und Buchstabe b) auf die anteiligen Leistungen entsprechend an.

(2) Der zuständige Träger nimmt keine für autonome Leistungen vorgesehene Teilung vor, wenn die für ihn geltenden Rechtsvorschriften die Berücksichtigung von Leistungen unterschiedlicher Art und/oder sonstiger Einkünfte und aller übrigen Bezugsgrößen in Höhe eines Teils ihres Betrags entsprechend dem Verhältnis zwischen den nach Artikel 52 Absatz 1 Buchstabe b) Ziffer ii) zu berücksichtigenden Versicherungs- und/oder Wohnzeiten vorsehen.

(3) Die Absätze 1 und 2 gelten entsprechend, wenn nach den Rechtsvorschriften eines oder mehrerer Mitgliedstaaten bei Bezug einer Leistung unterschiedlicher Art nach den Rechtsvorschriften eines anderen Mitgliedstaats oder bei sonstigen Einkünften kein Leistungsanspruch entsteht.

I. Normzweck

1 Die Vorschrift tritt mit inhaltlichen Änderungen in Abs. 1 an die Stelle von Art. 46 c VO (EWG) Nr. 1408/71, der wiederum durch die VO (EWG) Nr. 1248/92 v. 30.4.1992 (ABl. (EG) L 136 v. 19.5.1992) eingefügt worden ist. Die Regelung ist auf Rentenleistungen ab Anwendung der VO anzuwenden (Art. 87 Abs. 9).

2 Gegenstand dieser Regelung ist das hauptsächliche Koordinierungsproblem bezüglich des in der Regelungskompetenz der Mitgliedstaaten belassenen **internationalen Anwendungsbereichs der Antikumulierungsvorschriften,** nämlich die mehrfache oder wechselseitige Leistungskürzung oder -entziehung. Die Vorschrift betrifft das Zusammentreffen von **Leistungen unterschiedlicher Art** (s. Art. 53 Abs. 2) und differenziert entsprechend Art. 52 Abs. 1 und 2 danach, ob ein autonomer, dh rein innerstaatlich oder ein anteiliger, dh gemeinschaftsrechtlich begründeter Leistungsanspruch besteht. Welche der gewählten Koordinierungsmethoden (Division nach der Zahl der zu kürzenden Leistungen oder proratisierte Aufteilung) vorzugswürdiger ist, lässt sich nicht generell beurteilen.

II. Einzelerläuterungen

1. Mehrere autonome Leistungen

3 Sind **Antikumulierungsregelungen** auf mehrere **autonome Leistungen** unterschiedlicher Art anzuwenden, so sieht Abs. 1 lit. a) als Neuerung vor, dass die zu berücksichtigenden Beträge durch die Zahl der an der Kürzung beteiligten Leistungen zu dividieren sind. Es werden demnach zukünftig die anzurechnenden Leistungsbeträge (und nicht mehr die Kürzungsbeträge) dividiert und sodann der verbleibende Betrag errechnet. Die Höhe des zu berücksichtigenden Betrags bestimmt sich nach Art. 53 Abs. 3 lit.c). Führt zB eine Rente aus der Unfallversicherung gleichzeitig zu einer Minderung der Rente aus der inländischen und einer fremdmitgliedstaatlichen Rentenversicherung, so ist die anzurechnende Leistung zu halbieren. Die VO sieht damit davon ab, eine gemeinschaftsrechtliche Rangfolge der mitgliedstaatlichen Leistungen festzulegen, was nicht nur ein schwieriges, sondern im Hinblick auf die Ermächtigungsgrundlage und die bisherige Rechtsprechung des EuGH auch ein rechtlich problematisches Unterfangen des Verordnungsgebers gewesen wäre. Mit der Regelung wird im Ergebnis eine arithmetische Mittelung der Kürzung angestrebt.

4 Der Regelung ist ein **Statusschutz** beigefügt. Selbst wenn die Anwendung der Kürzungsregelung dazu führt, dass eine Rentenleistung vollständig gekürzt wird und daher keine Rentenleistungen

mehr erbracht werden, ist der Berechtigte weiterhin als Rentner anzusehen, was insbesondere für die Regelungen bezüglich der Leistungen bei Krankheit und Pflegebedürftigkeit der Rentner (Abschnitt 2, Kapitel 1 Titel III VO) bedeutsam ist.

2. Anrechnungen auf anteilige Leistungen

Im Falle von anteiligen (gemeinschaftsrechtlich begründeten) Leistungen nach Art. 55 Abs. 1 lit. b) werden sonstige Leistungen im Falle der **Mehrfachkürzung** nach dem dort (Art. 52 Abs. 1 lit. b) Ziff. ii) errechneten pro-rata-Verhältnis gekürzt. 5

3. Anrechnungen sowohl auf autonome als auch auf anteilige Leistungen

Treffen bei der Anwendung von Antikumulierungsvorschriften autonome und anteilige Leistungen zusammen, so sind die jeweiligen Aufteilungsregelungen der Abs. 1 lit. a) und b) auf die jeweilige Leistungsart anzuwenden (Abs. 1 lit. c)). 6

4. Ergänzende Regelungen

Eine **Teilung der autonomen Leistungen** unterbleibt nach Abs. 2, wenn das anzuwendende mitgliedstaatliche Recht eine pro-rata-Kürzung vorsieht. Für anzurechnendes Einkommen ist eine solche Kürzung in § 97 Abs. 2 Satz 4 SGB VI vorgesehen; soweit hiernach noch auf Art. 46 Abs. 2 VO(EWG) Nr. 1408/71 verwiesen wird, ist das im Ergebnis unschädlich. 7

Die Regelung des Abs. 3, wonach Abs. 2 und 3 auch für den Fall analog anzuwenden sind, dass nach nationalem Antikumulierungsrecht der Anspruch auf eine fremdmitgliedstaatliche Leistung unterschiedlicher Art die Entstehung eines Anspruchs hindert, kann unter Umständen ganz wesentlich in die nationale Rangfolge von Leistungen eingreifen. Sie ist, insbesondere was den Bezug von **anspruchshindernden** sonstigen **Einkünften** betrifft, in der Formulierung und im Regelungsgehalt unglücklich. Für das deutsche Rentenversicherungsrecht wird diese Regelung jedoch, soweit ersichtlich, kaum praktisch. Im Falle eines anspruchshindernden (Hinzu-)Verdienstes nach § 34 Abs. 2 und 3 SGB VI bleibt es in jedem Falle dabei, dass kein Anspruch auf eine inländische Rente wegen Alters vor Erreichen der Regelaltersrente entsteht. 8

Artikel 56 Ergänzende Vorschriften für die Berechnung der Leistungen

(1) Für die Berechnung des theoretischen Betrags und des anteiligen Betrags nach Artikel 52 Absatz 1 Buchstabe b) gilt Folgendes:

a) Übersteigt die Gesamtdauer der vor Eintritt des Versicherungsfalls nach den Rechtsvorschriften aller beteiligten Mitgliedstaaten zurückgelegten Versicherungs- und/oder Wohnzeiten die in den Rechtsvorschriften eines dieser Mitgliedstaaten für die Gewährung der vollen Leistung vorgeschriebene Höchstdauer, so berücksichtigt der zuständige Träger dieses Mitgliedstaats diese Höchstdauer anstelle der Gesamtdauer der zurückgelegten Zeiten; diese Berechnungsmethode verpflichtet diesen Träger nicht zur Gewährung einer Leistung, deren Betrag die volle nach den für ihn geltenden Rechtsvorschriften vorgesehene Leistung übersteigt. Diese Bestimmung gilt nicht für Leistungen, deren Höhe nicht von der Versicherungsdauer abhängig ist.

b) Das Verfahren zur Berücksichtigung sich überschneidender Zeiten ist in der Durchführungsverordnung geregelt.

c) Erfolgt nach den Rechtsvorschriften eines Mitgliedstaats die Berechnung von Leistungen auf der Grundlage von Einkünften, Beiträgen, Beitragsgrundlagen, Steigerungsbeträgen, Entgelten, anderen Beträgen oder einer Kombination mehrerer von ihnen (durchschnittlich, anteilig, pauschal oder fiktiv), so verfährt der zuständige Träger gegebenenfalls nach den in Anhang XI für den betreffenden Mitgliedstaat genannten Verfahren wie folgt:

i) Er ermittelt die Berechnungsgrundlage der Leistungen ausschließlich aufgrund der Versicherungszeiten, die nach den für ihn geltenden Rechtsvorschriften zurückgelegt wurden.

ii) Er zieht zur Berechnung des Betrags aufgrund von Versicherungs- und/oder Wohnzeiten, die nach den Rechtsvorschriften anderer Mitgliedstaaten zurückgelegt wurden, die gleichen Bezugsgrößen heran, die für die Versicherungszeiten festgestellt oder aufgezeichnet wurden, die nach den für ihn geltenden Rechtsvorschriften zurückgelegt wurden.

d) Für den Fall, dass Buchstabe c nicht gilt, da die Leistung nach den Rechtsvorschriften eines Mitgliedstaats nicht aufgrund von Versicherungs- oder Wohnzeiten, sondern aufgrund anderer nicht mit Zeit verknüpfter Faktoren berechnet werden muss, berücksichtigt der zuständige Träger für jede nach den Rechtsvorschriften eines anderen Mitgliedstaats zurückgelegte Versicherungs- oder Wohnzeit den Betrag des angesparten Kapitals, das Kapital, das als angespart gilt, und alle anderen Elemente für die Berechnung nach den von ihm angewandten Rechtsvorschriften, geteilt durch die entsprechenden Zeiteinheiten in dem betreffenden Rentensystem.

(2) Die Rechtsvorschriften eines Mitgliedstaats über die Anpassung der Bezugsgrößen, die für die Berechnung der Leistungen berücksichtigt wurden, gelten gegebenenfalls für die Bezugsgrößen, die der zuständige Träger dieses Mitgliedstaats nach Absatz 1 für Versicherungs- oder Wohnzeiten berücksichtigen muss, die nach den Rechtsvorschriften anderer Mitgliedstaaten zurückgelegt wurden.

I. Normzweck

1 Art. 56 ersetzt textlich gestrafft Art. 47 VO (EWG) Nr. 1408/71 und enthält besondere, auf die unterschiedlichen Rentenberechnungsarten und -formeln der Mitgliedstaaten abgestellte Regelungen zur Berechnung des theoretischen und des prorataisierten Betrages nach Art. 52 Abs. 1.

II. Einzelerläuterungen

2 Im Einzelnen werden Regelungen zu folgenden Berechnungsarten und Berechnungsfaktoren getroffen:

- Abs. 1 lit. a) und b) gilt für eine vorgeschriebene Höchstdauer für Versicherungs- und Wohnzeiten.
- Abs. 1 lit. c) gilt für die Leistungsberechnung nach einem Durchschnittsentgelt, einem Durchschnittsarbeitseinkommen, etc. oder, wie nach deutschem Rentenversicherungsrecht, für die Berechnung nach dem Verhältnis, das zwischen dem Bruttoentgelt des Arbeitnehmers und dem Durchschnittsentgelt aller Versicherten mit Ausnahme der Lehrlinge besteht.

3 Die Fälle des Abs. 1 beziehen sich nicht auf ein Invaliditätssystem, wie zB das niederländische Wet op de arbeidsongeschiktheidsverzekering (WAO), bei dem die Höhe der Leistungen unabhängig von der Dauer der Versicherungszeiten berechnet wird und Bemessungsgrundlage das zuletzt vor Eintritt des Versicherungsfalles erzielte Entgelt des Versicherten oder ein bestimmter Durchschnittsentgelt ist (EuGH, Rs. 181/83 (Weber), SozR 6050 Art. 47 Nr. 3).

4 Für die deutsche Rentenversicherung ist auch nach dem neuen Recht weiterhin Abs. 1 c einschlägig. Die in Abs. 1 c genannten Bezugsgrößen sind für die **Rentenformel des SGB VI** (§ 64) und die Rentenberechnung relevant. War das Verhältnis zwischen individuellem Arbeitsentgelt und dem Durchschnittsentgelt aller Versicherten früher als persönliche Bemessungsgrundlage (§ 32 Abs. 1 AVG, §§ 1255, 1255 a, 1255 b RVO) in die Rentenberechnung eingegangen (bisherige Rentenformel: Versicherungsjahre x persönliche Bemessungsgrundlage x allgemeine Bemessungsgrundlage x Steigerungssatz = Jahresrente : 12 = Monatsrente), so findet dieses Verhältnis nunmehr in Form von Entgeltpunkten bzw persönlichen Entgeltpunkten (§§ 63, 66, 70 SGB VI) Niederschlag in der neuen Rentenformel: persönliche Entgeltpunkte x aktueller Rentenwert x Rentenartfaktor = Monatsrente (§ 64 SGB VI).

Nach Abs. 1 c sind die **Entgeltpunkte** für die Berechnung des theoretischen Betrags und der anteiligen Leistung nach Art. 52 Abs. 1 allein aus den innerstaatlichen, nach dem SGB VI anrechenbaren Beitragszeiten zu errechnen. 5

Artikel 57 Versicherungs- oder Wohnzeiten von weniger als einem Jahr

(1) Ungeachtet des Artikels 52 Absatz 1 Buchstabe b) ist der Träger eines Mitgliedstaats nicht verpflichtet, Leistungen für Zeiten zu gewähren, die nach den für ihn geltenden Rechtsvorschriften zurückgelegt wurden und bei Eintritt des Versicherungsfalls zu berücksichtigen sind, wenn:

- die Dauer dieser Zeiten weniger als ein Jahr beträgt,

    und

- aufgrund allein dieser Zeiten kein Leistungsanspruch nach diesen Rechtsvorschriften erworben wurde.

Für die Zwecke dieses Artikels bezeichnet der Ausdruck „Zeiten" alle Versicherungszeiten, Beschäftigungszeiten, Zeiten einer selbstständigen Erwerbstätigkeit oder Wohnzeiten, die entweder für den Leistungsanspruch oder unmittelbar für die Leistungshöhe heranzuziehen sind.

(2) Für die Zwecke des Artikels 52 Absatz 1 Buchstabe b) Ziffer i) werden die in Absatz 1 genannten Zeiten vom zuständigen Träger jedes betroffenen Mitgliedstaats berücksichtigt.

(3) Würde die Anwendung des Absatzes 1 zur Befreiung aller Träger der betreffenden Mitgliedstaaten von der Leistungspflicht führen, so werden die Leistungen ausschließlich nach den Rechtsvorschriften des letzten dieser Mitgliedstaaten gewährt, dessen Voraussetzungen erfüllt sind, als ob alle zurückgelegten und nach Artikel 6 und Artikel 51 Absätze 1 und 2 berücksichtigten Versicherungs- und Wohnzeiten nach den Rechtsvorschriften dieses Mitgliedstaats zurückgelegt worden wären.

(4) Dieser Artikel gilt nicht für die in Teil 2 des Anhangs VIII aufgeführten Systeme.

I. Normzweck	1	4. Das Zusammentreffen ausschließlich von Minizeiten (Abs. 3)	13
II. Einzelerläuterung	3	5. Keine Minizeitenregelung für Systeme in Anhang VIII Teil 2 (Abs. 4)	14
1. Sachlicher Geltungsbereich	3		
2. Leistungsfreistellung des ursprünglich leistungszuständigen Trägers (Abs. 1)	6		
3. Berücksichtigungs- und Abgeltungspflicht für andere Träger (Abs. 2)	9		

I. Normzweck

Die Vorschrift enthält eine auch in den Sozialversicherungsabkommen der Bundesrepublik Deutschland übliche sog. **Minizeitenregelung**, wonach aus Gründen der Verwaltungsvereinfachung und zur Vermeidung von Kleinstrenten geringfügige (Versicherungs-)Zeiten leistungsrechtlich nicht von dem Mitgliedstaat abgegolten werden, nach dessen Rechtsvorschriften sie zurückgelegt worden sind, sondern von den zuständigen Trägern der übrigen Mitgliedstaaten. Ausgenommen bleiben lediglich Minizeiten, die nach mitgliedstaatlichem Recht einen eigenständigen Rentenanspruch begründen. Im Übrigen werden Minizeiten von Trägern anderer Mitgliedstaaten leistungsrechtlich übernommen und bei der Rentenberechnung wie eigene Zeiten behandelt (vgl. *Schuler*, Das internationale Sozialrecht, S. 552). Die Übernahme- und Abgeltungspflicht besteht jedoch nur im Rahmen des räumlichen Anwendungsbereichs der VO und des Art. 7, dh sie entfällt bei Aufenthalt des Berechtigten in Drittstaaten (vgl EuGH, Rs. C-331/06 (Chuck), Slg 2008, I-1957 und *Leopold*, Die Berücksichtigung von „Kleinstrenten" in der EU und deren Export in Drittstaaten, ZESAR 2008, 343-346). 1

2   Die Vorschrift ersetzt leicht modifiziert Art. 48 VO (EWG) Nr. 1408/71. Bereits Art. 27 Abs. 1 VO (EWG) Nr. 3, Art. 28 Abs. 2 VO (EWG) Nr. 4 enthielten eine ähnliche Regelung, allerdings begrenzt auf Zeiten von insgesamt weniger als 6 Monaten. Durch Art. 48 VO (EWG) Nr. 1408/71 wurde die **Geringfügigkeitsgrenze** auf 12 Monate angehoben. Die inländischen Rentenversicherungsträger wollten aus praktischen Gründen auf diese Minizeitenregelung verzichten. Sie wurde jedoch in die neue VO übernommen, mit einer Klarstellung, welche Zeiten bei der Prüfung der Mindestzeit von einem Jahr einzubeziehen sind.

II. Einzelerläuterung

1. Sachlicher Geltungsbereich

3   Die Regelungen des Art. 57 gilt nur für das Kapitel 5, dh für Leistungen bei Alter und Tod sowie aufgrund der Verweisung durch Art. 46 Abs. 1 für Leistungen bei Invalidität, nicht jedoch für die nach den Regelungen des Kapitels 8 zu beurteilenden Waisenrenten, da in Kapitel 8 nicht auf Art. 57 verwiesen wird (s. zum alten Recht EuGH, Rs. 269/87 (Ventura), Slg 1988, 6411). Nach Abs. 4 sind ferner die in Teil 2 des Anhangs VIII aufgeführten Systeme ausgenommen. Auch soweit es sich hierbei um allgemeine oder Grundrentensysteme handelt, verbleibt es auch im Falle von Zeiten unter 12 Monaten bei der Leistungspflicht des Trägers des jeweiligen (zuständigen) Mitgliedstaates. Die im Übrigen eintretende Änderung der Leistungspflicht für Minizeiten wird rechtstechnisch dadurch bewirkt, dass der ursprünglich leistungspflichtige Träger von seiner Leistungspflicht (Versicherungslast) freigestellt wird (Abs. 1) und den übrigen zuständigen Trägern eine Berücksichtigung dieser Zeiten im Rahmen der gemeinschaftsrechtlichen Rentenberechnung aufgegeben wird (Abs. 2).

4   Bei der Durchführung des **Versorgungsausgleichs** sowie bei der Leistungsberechnung unter Berücksichtigung von im Wege des Versorgungsausgleichs abgetretenen oder hinzugewonnenen Rentenanwartschaften findet Art. 57 Abs. 1 keine Anwendung. Dies folgt aus der besonderen Rechtsqualität der übertragenen Rentenanwartschaften, denen (ungeachtet § 52 SGB IV) keine für die Rentenberechnung zu berücksichtigenden Zeiten zugrunde liegen, die nach Art. 57 Abs. 2 von fremdmitgliedstaatlichen Rentenversicherungsträgern übernommen werden könnten. Die Zielsetzungen des Art. 57 können daher in diesen Fällen nicht verwirklicht werden. Eine versorgungsausgleichsrechtliche Anwartschaftsminderung würde durch die Übernahme der Versicherungslast nach Art. 57 Abs. 2 vereitelt. Versorgungsausgleichsrechtlich hinzugekommene Anwartschaften können von fremdmitgliedstaatlichen Rentenversicherungsträgern nicht „übernommen" werden und führen daher zu einem eigenständigen Leistungsanspruch (vgl zB *Baumeister/Schroeter*, in: *Aye* u.a. (Hrsg.), Gesamtkommentar, Bd. 10, Art. 48 Rn 2).

5   Neu in Abs. 1 ist die klarstellende spezielle **Definition der Zeiten**, die „für die Zwecke dieses Artikels" heranzuziehen sind. „Unmittelbar für die Leistungshöhe" relevant im Sinne dieser Regelung sind nach inländischem Rentenversicherungsrecht Beitrags-, Ersatz- und Anrechnungszeiten, nicht die Berücksichtigungszeiten, es sei denn, diesen kommt anspruchsbegründende Funktion zu, wie bei Altersrenten für langjährig Versicherte und für schwerbehinderte Menschen (s. *Kraus/Hauschild*, Synopse VO (EG) Nr. 883/2004 / VO (EWG) Nr. 1408/71, in: Die Reform des Europäischen koordinierten Sozialrechts, 2007, 99 ff, 197).

2. Leistungsfreistellung des ursprünglich leistungszuständigen Trägers (Abs. 1)

6   Die **Freistellung von der Leistungspflicht** erfolgt unter den nachfolgenden zwei Voraussetzungen, die nunmehr auch redaktionell deutlicher hervorgehoben sind:

Versicherungs- oder Wohnsitzzeiten von weniger als einem Jahr (12 Kalendermonaten): Maßgeblich für die Dauer der in einem Mitgliedstaat zurückgelegten Zeiten sind die Rechtsvorschriften des jeweiligen Mitgliedstaates. Nur auf die hiernach für einen Anspruch auf Leistungen relevanten Zeiten ist bei der Prüfung, ob weniger als 12 Kalendermonate zurückgelegt wurden, abzustellen.

Wohnzeiten in einem anderen Mitgliedstaat sind demnach nur dann zu berücksichtigen, wenn nach den Rechtsvorschriften dieses Mitgliedstaates ein Anspruch auf Leistungen von der Zurücklegung der Wohnzeiten abhängt (EuGH, Rs. 76/82 (Malfitano), Slg 1982, 4309). Leistungsbegründende deutsche Versicherungszeiten im Sinne von Art. 48 Abs. 1 sind die vor Eintritt des Versicherungsfalles zurückgelegten bisherigen Beitrags-, Ersatz- und Kindererziehungszeiten (nicht die Ausfall- und Zurechnungszeiten), nach dem neuen ab 1.1.1992 geltenden Rentenrecht die Beitrags- und Ersatzzeiten, nicht jedoch die Berücksichtigungs- und Anrechnungszeiten.

Der fehlende eigenständige Leistungsanspruch aus diesen Zeiten: Eine **Leistungsfreistellung** tritt ferner (in Übereinstimmung mit der Koordinierungskonzeption des EuGH, dem sog. Petroni-Prinzip, vgl dazu *Schuler*, Soziale Sicherung für den Fall der Invalidität, des Alters und des Todes, in: *Deutscher Sozialrechtsverband* (Hrsg.), Europäisches Sozialrecht, S. 84) auch bei Zeiten von weniger als 12 Kalendermonaten nur dann ein, wenn diese nach den Rechtsvorschriften des jeweiligen Mitgliedstaates keinen autonomen (eigenständigen) Leistungsanspruch begründen. Maßgeblich ist dabei die Erfüllung der vorgeschriebenen Mindestwartezeit. Nicht erforderlich ist dagegen, dass weitere Anspruchsvoraussetzungen, wie zB die aktuelle Versicherung zu diesem Mitgliedstaat zum Zeitpunkt des Versicherungsfalles, gegeben sind (EuGH, Rs. 76/82 (Malfitano), Slg 1982, 4309). 7

Nach deutschem Rentenversicherungsrecht kann ein solcher eigenständiger Leistungsanspruch aus Zeiten von weniger als 12 Kalendermonaten im Falle der vorzeitigen Wartezeiterfüllung nach § 53 SGB VI (früher §§ 29 AVG, 1252 RVO, 52 RKG) zB wegen eines Arbeitsunfalles gegeben sein. 8

Die Rente ist in diesen Fällen nach Art. 52 sowohl innerstaatlich als auch zwischenstaatlich zu berechnen.

3. Berücksichtigungs- und Abgeltungspflicht für andere Träger (Abs. 2)

Korrespondierend zu der Leistungsfreistellung der eigentlich leistungszuständigen Träger nach Abs. 1 bestimmt Abs. 2, dass die fraglichen Zeiten von dem zuständigen Träger jedes anderen Mitgliedstaates bei der Ermittlung des theoretischen Betrages nach Art. 52 Abs. 1 b zu berücksichtigen sind. Die Berücksichtigungspflicht greift unabhängig davon ein, ob nach den Rechtsvorschriften des berücksichtigenden Mitgliedstaates ein eigenständiger Leistungsanspruch gegeben ist oder nicht (vgl hierzu EuGH, Rs. 55/81 (Vertnant), Slg 1982, 649). Es ist auch nicht erforderlich, dass ein Rentenanspruch nach den Rechtsvorschriften besteht, nach denen die Versicherungszeiten zurückgelegt wurden. 9

Die Berücksichtigung dieser geringfügigen fremdmitgliedstaatlichen Zeiten bei der Ermittlung des theoretischen Betrages nach Art. 52 Abs. 1 b und die Bildung des pro-rata-temporis-Faktors mit diesen Zeiten (die Regelung „mit Ausnahme der lit. b)" in Art. 47 Abs. 2 VO (EWG) Nr. 1408/71 wurde gestrichen) führt im Ergebnis dazu, dass bei Vorliegen rentenrelevanter Zeiten von mehr als 11 Kalendermonaten in nur einem weiteren Mitgliedstaat diese geringfügigen Zeiten von dem zuständigen Träger dieses Mitgliedstaates mit abgegolten werden. Bei Zeiten von mehr als 11 Kalendermonaten in mehreren weiteren Mitgliedstaaten werden die geringfügigen Zeiten nach Art. 48 Abs. 1 bei der (gemeinschaftsrechtlichen) Rentenberechnung dieser Mitgliedstaaten im Ergebnis anteilmäßig berücksichtigt und – sofern nicht die gegebenenfalls nach rein innerstaatlichem Recht alternativ zu berechnende Teilrente höher ist – anteilmäßig mit abgegolten. 10

Eine Beitragsentrichtung durch den Versicherten oder die Übertragung von Beiträgen für Zeiten im Sinne von Art. 57 kann von dem nach Abs. 2 oder Abs. 3 leistungszuständigen Träger nicht verlangt werden (EuGH, Rs. 55/81 (Vertnant), Slg 1982, 649). 11

Die nach Abs. 2 und 3 zu berücksichtigenden fremdmitgliedstaatlichen Versicherungszeiten verlieren ihren **Charakter als fremde Zeiten** nicht, sie werden also im Gegensatz zu abkommensrechtlichen Versicherungslastregelungen nicht in das inländische Recht inkorporiert. Haben je- 12 doch nur deutsche Rentenversicherungsträger fremdmitgliedstaatliche Zeiten nach Abs. 2 oder 3 zu berücksichtigen, so kommt diesen Zeiten aufgrund ihrer innerstaatlich wirkenden leistungsrechtlichen Relevanz auch die Funktion eines **Überbrückungstatbestands** für die Anrechnung einer deutschen Ausfallzeit (§ 36 AVG, § 1259 RVO, nunmehr Anrechnungszeit nach § 58 SGB VI) zu (BSG, SozR 2200 § 1259 Nr. 99).

4. Das Zusammentreffen ausschließlich von Minizeiten (Abs. 3)

13 Der negative Konflikt hinsichtlich der Leistungszuständigkeit bei einem Zusammentreffen ausschließlich von geringfügigen Zeiten, für die die ursprünglich leistungszuständigen mitgliedstaatlichen Träger nach Abs. 1 von ihrer Leistungsfähigkeit befreit sind, wird in Abs. 3 dadurch gelöst, dass der zuständige Träger des Mitgliedstaates, nach dessen Rechtsvorschriften zuletzt vor Eintritt des Versicherungsfalles Versicherungs- oder Wohnzeiten zurückgelegt wurden und dessen Leistungsvoraussetzungen erfüllt sind, zur Leistung unter Berücksichtigung aller übrigen mitgliedstaatlichen Versicherungs- und Wohnzeiten verpflichtet wird.

5. Keine Minizeitenregelung für Systeme in Anhang VIII Teil 2 (Abs. 4)

14 Abs. 4 wurde eingefügt durch die VO (EG) Nr. 988/2009 und betrifft kapitalgedeckte Rentensysteme, bei denen Zeiträume für die Berechnung der Rente keine Rolle spielen und im Anhang VIII Teil 2 aufgeführt sind. Bei diesen Renten findet nach Art. 52 Abs. 5 keine anteilige bzw pro-rata-temporis-Berechnung statt, sondern es wird stets der autonom berechnete Betrag geleistet. Dies rechtfertigt die Herausnahme dieser Leistungen aus der Sonderregelung des Art. 57 mit der praktischen Konsequenz, dass auch eine Berücksichtigungs- und Abgeltungspflicht für andere Träger (Abs. 2) hinsichtlich dieser Systeme nicht entsteht.

Artikel 58 Gewährung einer Zulage

(1) Ein Leistungsempfänger, auf den dieses Kapitel Anwendung findet, darf in dem Wohnmitgliedstaat, nach dessen Rechtsvorschriften ihm eine Leistung zusteht, keinen niedrigeren Leistungsbetrag als die Mindestleistung erhalten, die in diesen Rechtsvorschriften für eine Versicherungs- oder Wohnzeit festgelegt ist, die den Zeiten insgesamt entspricht, die bei der Feststellung der Leistung nach diesem Kapitel berücksichtigt wurden.

(2) Der zuständige Träger dieses Mitgliedstaats zahlt der betreffenden Person während der gesamten Zeit, in der sie in dessen Hoheitsgebiet wohnt, eine Zulage in Höhe des Unterschiedsbetrags zwischen der Summe der nach diesem Kapitel geschuldeten Leistungen und dem Betrag der Mindestleistung.

1 Die Vorschrift ersetzt mit redaktionellen Modifizierungen Art. 50 VO (EWG) Nr. 1408/71 und gewährleistet, dass den in ihrem Wohnland Leistungsberechtigten Rentenleistungen zumindest in Höhe der nach dortigem Rentenrecht vorgesehenen **Mindestleistungen** zustehen, wenn die Voraussetzungen für die Gewährung dieser Mindestrente durch die Anrechnung sämtlicher Versicherungszeiten erfüllt sind. Ist die Summe der dem Berechtigten zustehenden anteiligen Renten geringer als die Mindestrente, so hat der zuständige Träger des Wohnmitgliedstaates eine Zulage in Höhe des Differenzbetrages zu zahlen (Abs. 2). Diese Zulage ist nur für Zeiten zu zahlen, während der der Berechtigte im Hoheitsgebiet dieses Staates wohnt. Diese Regelung war im Hinblick auf die Abgrenzungen zu sog. Leistungen gemischten Typs, dh im Hinblick zu bedarfs- und bedürfnisbezogenen und damit sozialhilfeähnlichen Leistungen nicht unbestritten. Sie beruht auf dem insoweit anerkannten Integrationsprinzip und wird unter Anrechnung fremdmitgliedstaatlicher anteiliger Renten gezahlt.

Voraussetzung für die Anwendung von Art. 58 ist, dass das Rentenrecht des Wohnsitzlandes eine **Mindestleistung** vorsieht (EuGH, Rs. 64/77 (Torri), Slg 1977, 2299). Eine solche liegt nur dann vor, wenn das Rentenrecht des Wohnlandes eine spezifische Garantie enthält, die den Empfängern von Leistungen der sozialen Sicherheit ein Mindesteinkommen (in Form einer Zulage) sichern soll, das über dem Betrag der Leistungen liegt, die sie allein aufgrund ihrer Versicherungszeiten und -beiträge verlangen können (EuGH, Rs. 22/81 (Browning), Slg 1981, 3357). Maßgeblich ist demnach das jeweilige mitgliedstaatliche Rentenrecht und der Charakter, der der in Frage stehenden Leistung zukommt, sowie deren Zielsetzung. Solche Mindestleistungen bzw Zulagen kennen zB das Rentenrecht Belgiens, Frankreichs, Griechenlands, Großbritanniens, Italiens, Luxemburgs, Portugals und Spaniens, nicht jedoch das deutsche Rentenversicherungsrecht. Die Rentenberechnung nach Mindesteinkommen (§ 262 SGB VI, Art. 2 § 54 b ArVNG aF) stellt keine Mindestleistung in dem oben genannten Sinne dar. Ebenso wenig wird man Leistungen der Grundsicherung im Alter und bei Erwerbsminderung (§§ 41 ff SGB XII) wegen ihrer Struktur und systematischen Stellung hierunter subsumieren können. Gleichwohl finden diese auf im Inland wohnende EU-Bürger Anwendung. 2

Vom Träger des Wohnsitzstaates ist ggf der Unterschiedsbetrag zwischen der Summe der mitgliedstaatlichen Teilrenten und dem Betrag der Mindestleistung zu zahlen. Die Pflicht zur Zahlung dieses Unterschiedsbetrags setzt voraus, dass der Berechtigte im Inland wohnt. Gegenüber der allgemeinen Regelung des Art. 7 über die Aufhebung der Wohnortklauseln ist diese Regelung die speziellere und daher vorrangig. 3

Artikel 59 Neuberechnung und Anpassung der Leistungen

(1) Tritt nach den Rechtsvorschriften eines Mitgliedstaats eine Änderung des Feststellungsverfahrens oder der Berechnungsmethode für die Leistungen ein oder erfährt die persönliche Situation der betreffenden Personen eine erhebliche Veränderung, die nach diesen Rechtsvorschriften zu einer Anpassung des Leistungsbetrags führen würde, so ist eine Neuberechnung nach Artikel 52 vorzunehmen.

(2) Der Prozentsatz oder der Betrag, um den bei einem Anstieg der Lebenshaltungskosten, bei Änderung des Lohnniveaus oder aus anderen Anpassungsgründen die Leistungen des betreffenden Mitgliedstaats geändert werden, gilt unmittelbar für die nach Artikel 52 festgestellten Leistungen, ohne dass eine Neuberechnung vorzunehmen ist.

Die Vorschrift ersetzt leicht modifiziert Art. 51 VO (EWG) Nr. 1408/71. 1

Abs. 1 benennt die Anlässe für eine **Neuberechnung der Renten** nach Art. 52, verweist hierbei jedoch auf das anzuwendende mitgliedstaatliche Recht.

Bei allen nicht lediglich durch bloße Anpassungsgründe bedingten Änderungen, die die Höhe der Leistung beeinflussen, ist eine Neuberechnung nach Art. 52 vorzunehmen (EuGH, Rs. 7/81 (Sinatra), Slg 1982, 137). Abs. 1 nennt ausdrücklich Änderungen des Feststellungsverfahrens oder der Berechnungsmethode. Hierzu zählten nach der früheren Rechtsprechung des EuGH neben Um- und Rückverwandlungen von Hinterbliebenenrenten und Renten wegen verminderter Erwerbsfähigkeit auch Änderungen der zugrunde liegenden Berechnungsfaktoren einschließlich der Änderungen des Betrags anderer Leistungen, die – wie im Falle von Unfallversicherungsrenten – aufgrund von Antikumulierungsregelungen die Höhe der nach Art. 52 festgestellten Rente beeinflusst haben (EuGH, Rs. 104/83 (Cinciulo), Slg 1984, 1285). 2

Nach der Rechtsprechung des EuGH war eine Neuberechnung der Leistungen und folglich ein neuer Vergleich zwischen der rein nationalen und der gemeinschaftsrechtlich berechneten Rente nicht erforderlich, wenn die Änderung einer der Leistungen auf Ereignissen beruht, die mit der persönlichen Situation des Berechtigten nichts zu tun haben, sondern Folge der allgemeinen Ent- 3 wicklung der wirtschaftlichen und sozialen Lage sind. Hierdurch soll der Verwaltungsaufwand vermieden werden, den die erneute Prüfung der Situation des Berechtigten bei jeder Änderung der ihm gewährten Leistungen bedeuten würde (EuGH, Rs. C-193/92 (Bogana), Slg 1993, I-755 unter Hinweis auf das Urteil in der Rs. C-93/90 (Cassamali), Slg 1991, I-1404). Diese Rechtsprechung wurde nunmehr in den Wortlaut von Abs. 1 aufgenommen.

4 In diesem Sinne hatte der EuGH (Rs. C-85/89 (Maria Ravida), Slg 1990, I-1063) bereits den Fall einer Witwe, deren belgische Hinterbliebenenrente aufgrund einer belgischen Antikumulierungshöchstgrenze wegen ihrer italienischen Alters- und Hinterbliebenenrente gekürzt worden war, entschieden, dass Art. 51 Abs. 1 VO (EWG) Nr. 1408/71 einer Neuberechnung der gekürzten belgischen Hinterbliebenenrente wegen erfolgter **Anpassungen** der italienischen Altersrente entgegensteht, wenn diese Anpassungen (lediglich) die Folge der allgemeinen Entwicklung der wirtschaftlichen und sozialen Lage sind. Hinsichtlich solcher Leistungsänderungen bleiben die gekürzte Leistung und die fremdstaatliche Leistung, wegen der gekürzt wird, in ihrem Schicksal getrennt. Diese werden erst im Falle einer anderweitig erforderlichen Neuberechnung wieder verbunden.

5 Art. 59 Abs. 2 findet jedoch auf Leistungen wie die des **garantierten Altersmindesteinkommens** keine Anwendung. Andernfalls würde dies dazu führen, dass die Steigerungen der Einkünfte aufgrund von Wertberichtigungen einer ausländischen Rente nicht berücksichtigt würden und dem Berechtigten zustehenden Beträge höher (im Laufe der Zeit uU erheblich höher) ausfallen würden, als das gesetzlich garantierte Mindesteinkommen (EuGH, Rs. C-65/92 (Levatino), Slg 1993, I-2005 bezüglich der Anrechnung einer angepassten italienischen Altersrente auf eine belgische Mindestaltersrente).

6 Gemäß Art. 59 Abs. 1 ist eine Neuberechnung nach Art. 52 nur bei Änderung des Feststellungsverfahrens, der Berechnungsmethode oder (neu aufgenommen) einer erheblichen Änderung der persönlichen Situation der betreffenden Person vorzunehmen, dh auch nur in diesen Fällen zulässig. Nach Wortlaut, Systematik und Zweck betrifft Art. 59 lediglich Leistungen, die unter das Kapitel 5 des Titels III fallen, dh Leistungen bei Alter, Invalidität und an Hinterbliebene.

Artikel 60 Besondere Vorschriften für Beamte

(1) Die Artikel 6, 50, Artikel 51 Absatz 3 und die Artikel 52 bis 59 gelten entsprechend für Personen, die von einem Sondersystem für Beamte erfasst sind.

(2) Ist jedoch nach den Rechtsvorschriften eines zuständigen Mitgliedstaats der Erwerb, die Auszahlung, die Aufrechterhaltung oder das Wiederaufleben des Leistungsanspruchs aufgrund eines Sondersystems für Beamte davon abhängig, dass alle Versicherungszeiten in einem oder mehreren Sondersystemen für Beamte in diesem Mitgliedstaat zurückgelegt wurden oder durch die Rechtsvorschriften dieses Mitgliedstaats solchen Zeiten gleichgestellt sind, so berücksichtigt der zuständige Träger dieses Staates nur die Zeiten, die nach den für ihn geltenden Rechtsvorschriften anerkannt werden können.

Erfüllt die betreffende Person auch unter Berücksichtigung solcher Zeiten nicht die Voraussetzungen für den Bezug dieser Leistungen, so werden diese Zeiten für die Feststellung von Leistungen im allgemeinen System oder, falls es ein solches nicht gibt, im System für Arbeiter bzw. Angestellte berücksichtigt.

(3) Werden nach den Rechtsvorschriften eines Mitgliedstaats die Leistungen eines Sondersystems für Beamte auf der Grundlage des bzw. der in einem Bezugszeitraum zuletzt erzielten Entgelts berechnet, so berücksichtigt der zuständige Träger dieses Staates als Berechnungsgrundlage unter entsprechender Anpassung nur das Entgelt, das in dem Zeitraum bzw. den Zeiträumen bezogen wurden, während dessen bzw. deren die betreffende Person diesen Rechtsvorschriften unterlag.

I. Normzweck

Die Vorschrift ersetzt mit redaktionellen Änderungen Art. 51 a VO (EWG) Nr. 1408/71. Jene wurde nach jahrelangen Diskussionen um die gemeinschaftsrechtliche Koordinierung der **Sondersysteme für Beamte** (vgl den ersten Entwurf der Kommission vom Dezember 1991 (ABl. (EG) C 46, S. 1) nach einem deutlichen Hinweis und Auftrag des EuGH in der Rs. C-443/93, (Vougioukas), Slg 1995, I-4033 = EuroAS 1996, 14 ff m.Anm. *Schuler* = ZBR 1996, 152 m.Anm. *Fuchs*) eingeführt durch Änderungs-VO (EG) Nr. 1606/98 des Rates vom 29. Juni 1998 zwecks Einbeziehung der Sondersysteme für Beamte und ihnen gleichgestellte Personen (vgl ABl. EG L 209).

II. Einzelerläuterungen

1. Einbeziehung der Beamten in die rentenrechtliche Koordinierung

Abs. 1 erstreckt die gesamten Koordinierungsregelungen des Kapitels 5 auf Personen, die von einem Sondersystem für Beamte erfasst werden (zum Begriff des **Beamten** vgl Art. 1 lit. d); zum Begriff des Sondersystems vgl Art. 1 lit. e)). Diese generelle Einbeziehung der Beamten in die gemeinschaftsrechtliche Koordinierung der Renten wegen Alter, Tod und Invalidität entspricht den Vorschlägen im Kommissionsentwurf von 1991. Sie wird aber entscheidend relativiert und eingeschränkt durch die Regelungen im Abs. 2.

Darüber hinaus wird auch weiterhin davon abgesehen, eine spezielle Äquivalenzregelung für Tätigkeiten im fremdmitgliedstaatlichen öffentlichen Dienst zu normieren (vgl hierzu auch EuGH, Rs. C-28/92, Slg 1993, I-6857). Inländische Beamte, die ein Dienstverhältnis zu einem öffentlich-rechtlichen Dienstherrn eines anderen Mitgliedstaates eingehen, verlieren daher weiterhin (auch) ihren versorgungsrechtlichen Status als Beamte und werden nach Maßgabe des § 8 SGB VI in der gesetzlichen Rentenversicherung nachversichert. Diese Konsequenz wurde bewusst mit dem (wenig überzeugenden) Argument gerechtfertigt, dass grenzüberschreitend tätige Beamte keine Besserstellung gegenüber Beamten erfahren sollten, die innerhalb Deutschlands zu einem privaten Arbeitgeber wechseln (*Schumacher* EuroAS 1998, 95, 96).

Sonderregelungen enthält das Abkommen zwischen der Bundesrepublik Deutschland und den Europäischen Gemeinschaften vom 9.10.1992 über die Durchführung des Art. 11 des Anhangs VIII des Statuts der Beamten der Europäischen Gemeinschaften (BGBl. 1994 II S. 623, sog. Übertragungsabkommen) für Beamte und Bedienstete auf Zeit der EG, des Europäischen Zentrums für die Förderung der Berufsausbildung und der Europäischen Stiftung zur Verbesserung der Lebens- und Arbeitsbedingungen (Art. 4 des Abkommens; vgl hierzu insgesamt *Költzsch*, DAngVers 1994, 338 ff). Auch hiernach ist keine die **Nachversicherung** unversorgt ausscheidender Beamten verhindernde Gleichstellungsregelung enthalten. Das Abkommen sieht jedoch vor, dass auf Antrag die bei den genannten europäischen Institutionen erworbenen Ruhegehaltsansprüche bzw. die inländischen Rentenanwartschaften in Höhe des pauschalen Rückkaufwertes übertragen werden können.

2. Die Berücksichtigung fremdmitgliedstaatlicher Zeiten, die in einem Sondersystem für Beamte zurückgelegt wurden

Die Berücksichtigung von Zeiten, die in einem fremdmitgliedstaatlichen **Sondersystem** für Beamte zurückgelegt wurden, wird in Abs. 2 sowohl für die Sondersysteme als auch für die allgemeinen Rentensysteme geregelt.

Nach Abs. 2 Satz 1 bemisst sich die Berücksichtigung fremdmitgliedstaatlicher Zeiten im Rahmen eines **Sondersystems für Beamte** nach den jeweiligen nationalen Rechtsvorschriften dieses Sondersystems. Die grundsätzliche Einbeziehung der Beamten in die gemeinschaftsrechtliche Koordinierung der Rentenleistungen wegen Alter, Tod und Invalidität in Abs. 1 wird hierdurch für den

Bereich der Sondersysteme für Beamte wieder aufgehoben und der Regelungskompetenz der Mitgliedstaaten überantwortet. Fremdmitgliedstaatliche Zeiten sind insoweit nur dann und ggf in dem Umfang zu berücksichtigen, in welchem dies von den anzuwendenden nationalen Rechtsvorschriften vorgesehen ist. In der Bundesrepublik Deutschland bleibt insoweit das Beamtenversorgungsrecht maßgeblich. In der Regel sind hiernach die ruhegehaltsfähigen Zeiten auf Zeiten bei öffentlich-rechtlichen Dienstherrn und Einrichtungen „im Reichsgebiet" beschränkt (vgl zB § 6, 10 BeamtenVG). Nach der Ermessensvorschrift des § 11 Abs. 1 Nr. 2 BeamtenVG können jedoch auch Zeiten als ruhegehaltsfähige Dienstzeit berücksichtigt werden, die hauptberuflich in ausländischen öffentlichen Dienst zurückgelegt wurden. Da solche Zeiten im Falle ihrer Berücksichtigung auch in die Berechnung der Beamtenversorgung eingehen, erübrigt sich soweit ersichtlich eine Berechnung nach dem pro-rata-temporis-Verfahren.

7 Nach Abs. 2 Satz 2 sind die zuständigen Träger der allgemeinen Alters- und Invaliditätssicherungssysteme (in der Bundesrepublik Deutschland die Deutsche Rentenversicherung Bund bzw deren Regionalträger und die Deutsche Rentenversicherung Knappschaft-Bahn-See) verpflichtet, in einem Sondersystem für Beamte zurückgelegte Zeiten anspruchsbegründend zu berücksichtigen, wenn die Voraussetzungen für Leistungen aus dem (jeweils inländischen) Sondersystem nicht erfüllt sind. Die inländischen Rentenversicherungsträger sind hiernach regelmäßig verpflichtet, auch fremdmitgliedstaatliche Zeiten, die in Sondersystemen für Beamte und ihnen Gleichgestellte zurückgelegt wurden, nach den allgemeinen Gleichstellungsregelungen zu berücksichtigen.

3. Maßgebliches Einkommen für die Leistungsberechnung

8 Nach Abs. 2 Satz 2 haben jedoch inländische Rentenversicherungsträger fremdmitgliedstaatliche Zeiten, die in einem Sondersystem für Beamte zurückgelegt wurden zu berücksichtigen, wenn in dem Sondersystem, dh nach inländischem Beamtenversorgungsrecht, kein Leistungsanspruch besteht. Dies bedeutet insbesondere für ausgeschiedene und gem. § 8 SGB VI nachversicherte Beamte, dass deren Zeiten in fremdmitgliedstaatlichen Sondersystemen für Beamte koordinierungsrechtlich wie sonstige fremdmitgliedstaatlichen Beitragszeiten zu berücksichtigen sind.

9 Abs. 3 schreibt für die Berechnung der Höhe der Leistungen, wenn sich diese nach dem (ggf in einem Bezugszeitraum) zuletzt erzielten Einkommen bemisst, nicht die Berücksichtigung ausländischen Einkommens vor, sondern erklärt das während der letzten Tätigkeit im inländischen Sondersystem erzielte Einkommen als maßgeblich und schreibt dessen Anpassung vor. Diese Vorschrift wird für die inländischen Träger der Beamtenversorgung nicht relevant.

Kapitel 6
Leistungen bei Arbeitslosigkeit

Literaturübersicht

Cornelissen, The New EU Coordination System for Workers who become Unemployed, 9 (2007), European Journal of Social Security, S. 187 ff; *Davy*, Arbeitslosigkeit und Staatsangehörigkeit, ZIAS 2001, S. 221 ff; *Devetzi*, Auswirkungen der Wohnsitzverlegung auf den sozialrechtlichen Leistungsexport in Europa, ZESAR 2009, S. 63 ff; *Eichenhofer*, Sozialrecht der Europäischen Union, 4. Aufl. 2010, S. 169 ff; *Fuchs*, Deutsche Grundsicherung und europäisches Koordinationsrecht, NZS 2007, 1 ff; *ders*., Freizügigkeit in der Europäischen Union! – auch bei Arbeitslosigkeit?, in: Arbeitsmarktpolitik und Sozialrecht 2011, S. 183 ff; *ders*., EU-Koordinationsrecht der Leistungen bei Arbeitslosigkeit, in: *Gagel*, SGB II / SGB III: Grundsicherung und Arbeitsförderung, 2012; *ders*., Die Anwendung der Koordinierungsvorschriften bei Maßnahmen aktiver Arbeitsmarktpolitik auf nationaler Ebene, in: Europäische Kommission (Hrsg.), Fünfzig Jahre Koordinierung der sozialen Sicherheit, 2010, S. 102 ff; *Greiser/Kador*, Ansprüche eines „krisengeschädigten" arbeitslosen Wanderarbeitnehmers, ZFSH/SGB 2011, S. 501 ff; *Husmann*, Sozialrechtliche Aspekte der Arbeitslosigkeit aus Sicht des Sozialrechts, in: *Tomandl* (Hrsg.), Der Einfluss Europäischen Rechts auf das Sozialrecht, 2000, S. 83 ff; *ders*., Sozialrechtliche Aspekte der Arbeitslosigkeit aus Sicht des Europarechts, ZSR 2001, S. 159 ff; *Jorens/Van Overmeiren*, Allgemeine Prinzipien der Koordinierung in Verordnung 883/2004, in: *Eichenhofer* (Hrsg.), 50 Jahre nach ihrem Beginn – Neue Regeln für die Koordinierung sozialer Sicherheit, 2009, S. 105 ff;

Titel III Leistungen bei Arbeitslosigkeit   Vorbem. Art. 61 ff

Karl, Neuerungen in der Koordinierung des europäischen Arbeitslosenversicherungsrechts, in: *Marhold* (Hrsg.), Das neue Sozialrecht der EU, 2005, S. 39 ff.; *Kretschmer,* in: *Niesel/Brand,* SGB III, 5. Aufl. 2010, Anhang A, Art. 67–71 a EWG-VO 1408/71; *Mutschler,* Die Geltung des Freizügigkeitsprinzips bei Leistungen an Arbeitslose, SGb 2000, S. 110 ff; *Pennings,* Introduction to European Social Security Law, 4. Aufl. 2003; ders., Koordinierung der Leistungen bei Arbeitslosigkeit nach der Verordnung 883/2004, in: *Eichenhofer* (Hrsg.), 50 Jahre nach ihrem Beginn – Neue Regeln für die Koordinierung sozialer Sicherheit, 2009, S. 265 ff.; *Rönsberg,* Die gemeinschaftsrechtliche Koordinierung der Leistungen bei Arbeitslosigkeit, 2006; *Schlegel,* Internationales Arbeitsförderungsrecht, in: *Spellbrink/Eicher* (Hrsg.), Kasseler Handbuch des Arbeitsförderungsrechts, 2003, § 36 und 37; *Schulte,* Allgemeine Regeln des internationalen Sozialrechts – supranationales Sozialrecht, in: von Maydell/Ruland/Becker (Hrsg.), SRH, § 33; *Spiegel,* Die neue europäische Sozialrechtskoordinierung. Überlegungen zur Verordnung EG Nr. 883/2004, ZIAS 2006, S. 85 ff; *Usinger-Egger,* Die soziale Sicherung der Arbeitslosen in der Verordnung (EWG) Nr. 1408/71 und in den bilateralen Abkommen zwischen der Schweiz und ihren Nachbarstaaten, 2000; *Waltermann,* Arbeitslosigkeit, in: Oetker/Preis (Hrsg.), EAS, B 9140; *Wendtland,* Die neue Durchführungsverordnung zum koordinierenden europäischen Sozialrecht – Auswirkungen auf Leistungen bei Arbeitslosigkeit, ZESAR 2010, S. 355 ff; *Wollenschläger,* Die Grenzarbeitnehmer – arbeits- und sozialrechtliche Fragen, in: Festschrift 600 Jahre Würzburger Juristenfakultät, 2002, S. 527 ff.

Vorbemerkungen zu den Artikeln 61 bis 65 a

I. Das Risiko Arbeitslosigkeit

Die Arbeitslosenquote der EU lag im April 2012 bei 10,3 %. Damit wurde der höchste Wert erreicht, seitdem die Europäische Union zum Jahresbeginn 2007 auf 27 Mitgliedstaaten erweitert worden war. Die Quote entspricht einer Zahl von 24,677 Millionen Arbeitslosen. Sehr unterschiedlich ist auch die **Arbeitslosenquote** in den einzelnen Ländern. Während in Deutschland die Arbeitslosenquote 5,4 % betrug, verzeichnete Spanien eine Arbeitslosenquote von 24,3 %, Griechenland von 21,7 %. Erschreckend hoch ist dabei die Jugendarbeitslosigkeit (unter 25 Jahren). In Spanien waren dies 51,5 %, in Griechenland 52,7 %. Bewältigung und Bekämpfung von Arbeitslosigkeit sind zunächst Aufgabe der Mitgliedstaaten und ihrer Sozialpolitik. Primär geht es um die Sicherung des Lebensunterhalts der Betroffenen. Hierzu haben die meisten Mitgliedstaaten eine Arbeitslosenversicherung eingerichtet. In Verbindung damit werden begleitend Maßnahmen zur Wiedereingliederung in das Arbeitsleben vorgesehen. 1

II. Nationales Arbeitsförderungsrecht

1. Arbeitslosenunterstützung

Der Eintritt von Arbeitslosigkeit ruft zunächst für den Betroffenen ein Versorgungsproblem hervor. Der Verlust des Einkommens durch Arbeit verlangt nach einer Einkommensersatzleistung. Die meisten Mitgliedstaaten bevorzugen üblicherweise eine aus dem Arbeitslohn mit Beiträgen gespeiste **Arbeitslosenversicherung**. Sie funktionieren nach dem Modell, dass nach einer bestimmten Dauer der Mitgliedschaft bzw. Beitragszahlung in dem betreffenden System ein Anspruch auf eine Geldleistung entsteht, deren Höhe sich nach einem bestimmten Prozentsatz des zuvor bezogenen Einkommens und deren Dauer sich meist nach der Dauer der Mitgliedschaft bzw. Beitragszahlung richtet. Diese Arbeitslosenversicherungen sind meist Pflichtversicherungssysteme. Eine Ausnahme bildet etwa Dänemark, das eine freiwillige Arbeitslosenversicherung eingerichtet hat (vgl dazu *Kvist/Pedersen/Köhler,* Making All Persons Work: Modern Danish Labour Market Policies, in: *Eichhorst/Kaufmann/Konle-Seidl* (Hrsg.), Bringing the Jobless into Work?, 2008, S. 233 ff). Alle anderen arbeitslosen Personen, die nicht auf Ansprüche aus einer „gehobenen" sozialen Sicherung bei Arbeitslosigkeit zurückgreifen können, sind auf Formen der sozialen Fürsorge angewiesen, die einkommensabhängig sind. 2

2. Arbeitsförderung

3   Zunehmende Bedeutung erlangen Maßnahmen der Arbeitsförderung. Sie sind aus der Überzeugung entstanden, dass die bloße Ausreichung von Geldleistungen zu wenig Anreiz für Bemühungen um den Wiedereintritt in das Arbeitsleben darstellt. Statt dieser „passiven Leistungen bei Arbeitslosigkeit" (*Münder*, NJW 2004, 3209 (3210)) haben Mitgliedstaaten mehr und mehr darauf gesetzt, Leistungen sogenannter **aktiver Arbeitsmarktpolitik** zu entwickeln (vgl dazu *Fuchs*, Freizügigkeit in der Europäischen Union, in: *Bieback/Fuchsloch/Kohte*, Arbeitsmarktpolitik und Sozialrecht, S. 185 ff). Diese aktiven Maßnahmen (im englischen Sprachgebrauch „activation measures") sind in den einzelnen Ländern in unterschiedlichem Maße ausgeprägt (vgl dazu Beiträge für einzelne EU-Mitgliedstaaten in: *Eichhorst/Kaufmann/Konle-Seidl* (Hrsg.), Bringing the Jobless into Work?, 2008).

III. Der europarechtliche Rahmen

1. Das Primärrecht

4   Das oben (Rn 2 f) beschriebene Spektrum nationalen Rechts der Leistungen bei Arbeitslosigkeit bildet den Hintergrund für die europäische Normsetzung und stellt diese dabei vor ganz spezifische Aufgaben. Bestandteil der europäischen Integration war von Anfang an der Gedanke, dass der Abbau von Grenzen auch den ungehinderten Zugang zu den nationalen Arbeitsmärkten einschließen sollte (vgl dazu *Fuchs/Marhold*, Europäisches Arbeitsrecht, 3. Aufl., 2010, S. 3 ff). Deshalb wurde als Grundfreiheit im EWGV die **Freizügigkeit der Arbeitnehmer** verankert (jetzt Art. 45 ff AEUV).

5   Ein Kernelement dieser Regelungen der Freizügigkeit war von Anfang an die Schaffung eines **europäischen Arbeitsförderungsrechts** – auch wenn dieser Ausdruck vielleicht etwas zu hoch gegriffen sein mag (zu seiner Verwendung siehe *Eichenhofer*, ZIAS 1991, 161 ff) und außerhalb der Bundesrepublik Deutschland kaum benutzt wird. Der erste (normative) Pfeiler ist der – jetzt – in Art. 48 AEUV erteilte Auftrag zur Schaffung eines europäischen Koordinierungsrechts mit seinen zentralen Prinzipien der Zusammenrechnung von Versicherungszeiten und des Leistungsexports. Der zweite Pfeiler betrifft die Flankierung von Geldleistungen bei Arbeitslosigkeit durch die grenzüberschreitende Unterstützung der Arbeitsvermittlung. Ihre rechtliche Gestalt findet diese in den Art. 11 ff VO (EU) Nr. 492/2011 über die Freizügigkeit der Arbeitnehmer innerhalb der Union (früher VO (EWG) Nr. 1612/68), ergangen aufgrund der Ermächtigungsnorm in Art. 46 lit. d) AEUV. Auf dieser rechtlichen Grundlage hat sich eine grenzüberschreitende Arbeitsvermittlung entwickelt (vgl dazu *Fuchs/Horn*, Die europarechtliche Dimension des deutschen Arbeitsförderungsrechts (AEUV), in: *Gagel*, SGB II / SGB III, Rn 66 ff).

2. Das Koordinierungsrecht der Leistungen bei Arbeitslosigkeit

6   Vor dem oben (Rn 4 f) beschriebenen primärrechtlichen Hintergrund hat der europäische Gesetzgeber in den Art. 61–65 a die Koordinierung der Leistungen bei Arbeitslosigkeit zugrunde gelegt. Die Regelungen verstehen sich zum einen als Erfüllung des primärrechtlichen Koordinierungsauftrags, zum anderen tragen sie den spezifischen Gegebenheiten der nationalen Arbeitsförderungsrechte sowie den Besonderheiten der Arbeitsmigration in Europa Rechnung. Im Einzelnen bedeutet dies:

a) Art. 61 verwirklicht das Prinzip der **Zusammenrechnung** der für den Erwerb und den Umfang der Leistungen bei Arbeitslosigkeit **relevanten Zeiten**. Hierbei erfolgt eine Differenzierung nach Versicherungszeiten, Beschäftigungszeiten und Zeiten selbstständiger Erwerbstätigkeit. Letztere sind neu. Damit will das Koordinierungsrecht der jüngsten Entwicklung in den Mitgliedstaaten Rechnung tragen, in denen Systeme der Arbeitslosenversicherung von Selbstständigen eingeführt wurden. In Art. 61 Abs. 2 wird darüber hinaus (grundsätzlich) der Staat der letzten Beschäftigung bzw selbstständigen Erwerbstätigkeit als der zuständige Staat bestimmt.

b) Das für die Berechnung der Leistungen bei Arbeitslosigkeit relevante Einkommen ist nach Maßgabe des Art. 62 zu ermitteln.
c) Art. 63 bereitet den Weg für eine nur eingeschränkte Anwendung des in Art. 7 verankerten Prinzips des Leistungsexports.
d) Die rechtlichen Voraussetzungen des Exports von Geldleistungen ins Ausland, wenn der Arbeitnehmer die Arbeitsuche in einem EU-Mitgliedstaat vornimmt, sind in Art. 64 normiert.
e) Wie nach bisherigem Recht hat auch die neue KoordinierungsVO eine spezielle Regelung für **Grenzgänger** in Art. 65 geschaffen, einschließlich Erstattungsregelungen zugunsten von Wohnsitzstaaten.
f) Mit Art. 65 a, eingeführt durch die VO (EU) Nr. 465/2012 hat der Verordnungsgeber auf ein erst spät erkanntes Problem von **selbstständig erwerbstätigen Grenzgängern** reagiert. Wenn der zuständige Wohnstaat kein System der Arbeitslosenversicherung von Selbstständigen kennt, muss eine Lösung über den Mitgliedstaat der letzten Beschäftigung bzw selbstständigen Erwerbstätigkeit gefunden werden.

IV. Künftige Aufgaben

Mit dem jetzigen Recht der Koordinierung der Leistungen bei Arbeitslosigkeit ist eine grundsätzlich praktikable Handhabung der Leistungsgewährung möglich. In der Zukunft könnten das Fortschreiten und die Bedeutung **aktiver Arbeitsmarktpolitik** neue Herausforderungen an die Koordinierung der Leistungen stellen (vgl dazu *Fuchs*, Die Anwendung der Koordinierungsvorschriften bei Maßnahmen aktiver Arbeitsmarktpolitik auf nationaler Ebene). Dabei geht es unter anderem um Fallgestaltungen der Inanspruchnahme von Leistungen der aktiven Arbeitsmarktpolitik (zB berufliche Fortbildungsmaßnahmen) im EU-Ausland. Kann ein arbeitsloser spanischer Ingenieur an einem Arbeitstraining einschließlich Sprachkurs in Deutschland teilnehmen und gleichzeitig die spanische Arbeitslosenunterstützung beibehalten? Art. 64 ist wegen seiner Beschränkung auf Geldleistungen nicht einschlägig. Eine bescheidene Antwort auf diesen Fragenkreis gibt bislang nur Art. 87 Abs. 5 DVO, in dem auf die Kooperation der Mitgliedstaaten verwiesen wird.

Artikel 61 Besondere Vorschriften für die Zusammenrechnung von Versicherungszeiten, Beschäftigungszeiten und Zeiten einer selbstständigen Erwerbstätigkeit

(1) Der zuständige Träger eines Mitgliedstaats, nach dessen Rechtsvorschriften der Erwerb, die Aufrechterhaltung, das Wiederaufleben oder die Dauer des Leistungsanspruchs von der Zurücklegung von Versicherungszeiten, Beschäftigungszeiten oder Zeiten einer selbstständigen Erwerbstätigkeit abhängig ist, berücksichtigt, soweit erforderlich, die Versicherungszeiten, Beschäftigungszeiten oder Zeiten einer selbstständigen Erwerbstätigkeit, die nach den Rechtsvorschriften eines anderen Mitgliedstaats zurückgelegt wurden, als ob sie nach den für ihn geltenden Rechtsvorschriften zurückgelegt worden wären.

Ist jedoch nach den anzuwendenden Rechtsvorschriften der Leistungsanspruch von der Zurücklegung von Versicherungszeiten abhängig, so werden die nach den Rechtsvorschriften eines anderen Mitgliedstaats zurückgelegten Beschäftigungszeiten oder Zeiten einer selbstständigen Erwerbstätigkeit nicht berücksichtigt, es sei denn, sie hätten als Versicherungszeiten gegolten, wenn sie nach den anzuwendenden Rechtsvorschriften zurückgelegt worden wären.

(2) Außer in den Fällen des Artikels 65 Absatz 5 Buchstabe a) gilt Absatz 1 des vorliegenden Artikels nur unter der Voraussetzung, dass die betreffende Person unmittelbar zuvor nach den Rechtsvorschriften, nach denen die Leistungen beantragt werden, folgende Zeiten zurückgelegt hat:

- Versicherungszeiten, sofern diese Rechtsvorschriften Versicherungszeiten verlangen,
- Beschäftigungszeiten, sofern diese Rechtsvorschriften Beschäftigungszeiten verlangen,

oder

- Zeiten einer selbstständigen Erwerbstätigkeit, sofern diese Rechtsvorschriften Zeiten einer selbstständigen Erwerbstätigkeit verlangen.

Artikel 54 Abs. 1 DVO   Zusammenrechnung der Zeiten und Berechnung der Leistungen

(1) [1]*Artikel 12 Absatz 1 der Durchführungsverordnung gilt entsprechend für Artikel 61 der Grundverordnung.* [2]*Unbeschadet der daneben fortbestehenden Pflichten der beteiligten Träger kann die betroffene Person dem zuständigen Träger ein Dokument vorlegen, das von dem Träger des Mitgliedstaats ausgestellt wurde, dessen Rechtsvorschriften die betroffene Person während ihrer letzten Beschäftigung oder selbständigen Erwerbstätigkeit unterlag, und in dem die Zeiten bescheinigt sind, die nach diesen Rechtsvorschriften zurückgelegt wurden.*

I. Normzweck 1	4. Zusammenrechnung durch den zuständigen Träger (Abs. 2) 10
II. Einzelerläuterungen 5	5. Verwaltungsmäßige Handhabung 13
1. Persönlicher Anwendungsbereich 5	6. Ansprüche nach nationalem Recht 14
2. Sachlicher Anwendungsbereich 6	
3. Zusammenrechnung relevanter Zeiten (Abs. 1) 7	

I. Normzweck

1 Der Schwerpunkt der rechtlichen Regelung des Art. 61 liegt auf der Gestaltung der **Zusammenrechnung von Zeiten**, die für Entstehung und Inhalt von Ansprüchen auf Leistungen bei Arbeitslosigkeit relevant sind. Das Gebot der Zusammenrechnung relevanter Zeiten gehört zu den elementaren Prinzipien des Koordinierungsrechts und ist deshalb primärrechtlich in Art. 48 lit. a) AEUV verbindlich verankert. Diesen Auftrag erfüllt nun eine eigene Vorschrift des Koordinierungsrechts, nämlich Art. 6. Mit der Einführung dieser Vorschrift sind zahlreiche andere Vorschriften des früheren Rechts, die sich diesem Prinzip gewidmet hatten, entbehrlich geworden (vgl dazu oben Art. 6 Rn 1). Wenn trotz dieser allgemeinen Norm des Art. 6 wie schon im früheren Recht (Art. 67 VO (EWG) Nr. 1408/71) eine spezielle Norm über die Zusammenrechnung von Zeiten erhalten geblieben ist, hat dies mit den Besonderheiten zu tun, durch die sich die einzelnen mitgliedstaatlichen Systeme der Arbeitsförderung auszeichnen. Diese Besonderheiten betreffen nicht nur die Behandlung anspruchsrelevanter Zeiten. Erstmals reiht Art. 61 in den Kreis relevanter Zeiten auch Zeiten einer **selbstständigen Erwerbstätigkeit** ein. Damit wird den Tatsachen Rechnung getragen, dass in den zurückliegenden Jahren immer mehr Mitgliedstaaten auch selbstständig Erwerbstätige in den Kreis der Arbeitslosenversicherung einbezogen haben (vgl für Deutschland § 28 a SGB III).

2 Soweit nach dem für den zuständigen Träger geltenden Recht **Versicherungszeiten, Beschäftigungszeiten** oder **Zeiten einer selbstständigen Erwerbstätigkeit** relevant sind, müssen parallele Zeiten, die in einem anderen Mitgliedstaat zurückgelegt wurden, berücksichtigt werden. Dies entspricht dem allgemeinen, bereits in Art. 6 niedergelegten Grundsatz, der in Art. 61 Abs. 1 S. 1 bestätigend aufgenommen ist. Abweichend von Art. 6 bestimmt dagegen S. 2, dass bei Abhängigkeit des Leistungsanspruchs von der Zurücklegung von Versicherungszeiten nach dem Recht des zuständigen Trägers Beschäftigungszeiten oder Zeiten einer selbstständigen Erwerbstätigkeit in einem anderen Mitgliedstaat nur Berücksichtigung finden können, wenn sie nach dem Recht des zuständigen Trägers als Versicherungszeiten gegolten hätten.

3 Art. 61 Abs. 2 beinhaltet primär eine Einschränkung des Prinzips der Zusammenrechnung relevanter Zeiten nach Abs. 1. Eine Berücksichtigung ausländischer Zeiten nach Abs. 1 kommt nämlich nur in Betracht, wenn der Antragsteller „**unmittelbar zuvor**" die in Abs. 2 genannten Zeiten im Mitgliedstaat des zuständigen Trägers zurückgelegt hat. Insofern kommt Abs. 2 ebenso wie

dem früheren Art. 67 Abs. 3 VO (EWG) Nr. 1408/71 auch kollisionsrechtliche Bedeutung zu (s. dazu im Einzelnen unten Rn 10 ff).

Keine Anwendung im Hinblick auf relevante Zeiten kann die Bestimmung des **Art. 5** erlangen. In dieser Hinsicht hat Erwägungsgrund Nr. 10 der Präambel zu VO (EG) Nr. 883/2004 für Klarheit gesorgt. Der Grundsatz, dass bestimmte Sachverhalte und Ereignisse, die sich in einem anderen Mitgliedstaat zugetragen haben, so zu behandeln sind, als ob sie im Bereich des zuständigen Mitgliedstaats eingetreten wären, darf nicht neben dem Grundsatz der Zusammenrechnung von Versicherungszeiten, Beschäftigungszeiten oder Zeiten einer selbstständigen Erwerbstätigkeit zur Anwendung gebracht werden. Zeiten dürfen vielmehr nur im Rahmen der Anwendung des Grundsatzes der Zusammenrechnung von Zeiten berücksichtigt werden. 4

II. Einzelerläuterungen

1. Persönlicher Anwendungsbereich

Der Anspruch auf Leistungen bei Arbeitslosigkeit, der über die VO (EG) Nr. 883/2004 vermittelt wird, setzt voraus, dass der Antragsteller unter den persönlichen Geltungsbereich iSd Art. 2 fällt. Nach dem Wortlaut der neuen Bestimmung des Art. 2 ist im Gegensatz zum früheren Art. 2 VO (EWG) Nr. 1408/71 für die in Art. 2 genannten Personen nicht mehr die Erfüllung eines berufsbezogenen Merkmals (Arbeitnehmer, Selbstständiger) erforderlich. Dies bedeutet freilich nicht, dass erwerbsspezifische Erfordernisse keine Rolle mehr spielten. Hierbei ist an die frühere Rechtsprechung des EuGH hinsichtlich der Geltung der VO (EWG) Nr. 1408/71 für Familienmitglieder zu erinnern. In der grundlegenden **Entscheidung Kermaschek** hatte der EuGH entschieden, dass **Familienangehörige** von Arbeitnehmern Anspruch auf diejenigen Leistungen haben, die zugunsten der Familienangehörigen arbeitsloser Arbeitnehmer in den nationalen Rechtsvorschriften vorgesehen sind (EuGH, Rs. 40/76, Slg 1976, 1669 Rn 9). Im konkreten Falle führte dies dazu, dass sich der Ehegatte eines Arbeitnehmers für die Inanspruchnahme von Leistungen aufgrund des 6. Kapitels (jetzt Art. 61 ff) nicht auf seine Eigenschaft als Familienangehöriger berufen konnte. In der Rs. C-308/93 (Cabanis-Issarte), Slg 1996, I-2123 hat der EuGH diese Rechtsprechung auf Sachverhalte beschränkt, in denen sich ein Familienangehöriger eines Arbeitnehmers auf Bestimmungen der VO (EWG) Nr. 1408/71 beruft, die ausschließlich für Arbeitnehmer, also nicht für deren Familienangehörige gelten. Die Grundsätze der in der Rs. Kermaschek eingeleiteten Rechtsprechung sind aber vom EuGH wiederholt bestätigt worden (vgl zuletzt EuGH, Rs. C-189/00 (Ruhr), Slg 2000, I-8225). Diese Rechtsprechung hat auch unter Geltung der VO (EG) Nr. 883/2004 weiterhin Gültigkeit (vgl auch *Cornelissen*, 50 Years of European Social Security Coordination, in: *Eichenhofer* (Hrsg.), 50 Jahre nach ihrem Beginn, S. 17, 34). Da sich die Art. 61 ff in diesem Punkt nicht von den früheren Artikeln 67 ff VO (EWG) Nr. 1408/71 unterscheiden, ist weiterhin von der Geltung dieser Rechtsprechung auszugehen. Soweit **Drittstaatsangehörige** aufgrund der VO (EG) Nr. 1231/2010 in den Geltungsbereich der VO (EG) Nr. 883/2004 einbezogen sind, können sie sich auf Art. 61 ff berufen. 5

2. Sachlicher Anwendungsbereich

Art. 61 erfasst sämtliche Leistungen bei Arbeitslosigkeit, die unter den Geltungsbereich des Art. 3 Abs. 1 lit. h) fallen (bezüglich dieser Leistungen siehe im Einzelnen oben Art. 3 Rn 21 ff). Soweit es sich bei Leistungen bei Arbeitslosigkeit um besondere beitragsunabhängige Geldleistungen handelt, kommt Art. 70 zur Anwendung (vgl dazu dort Rn 15). 6

3. Zusammenrechnung relevanter Zeiten (Abs. 1)

Das in Abs. 1 S. 1 verankerte Prinzip der Zusammenrechnung relevanter Zeiten bezieht sich auf **Versicherungszeiten, Beschäftigungszeiten** und **Zeiten selbstständiger Erwerbstätigkeit**. Versicherungszeiten sind in Art. 1 lit. t) definiert. Nach der Rechtsprechung des EuGH genügt es für das 7

Erfordernis der Zurücklegung von Versicherungszeiten, dass die betreffende Person in irgendeinem System der sozialen Sicherheit versichert war; eine Versicherungspflicht gerade in einem speziellen System der Arbeitslosenversicherung ist nicht erforderlich (EuGH, Rs. 388/87 (Warmerdam-Steggerda), Slg 1989, 1203 Rn 14 ff). Diese Auffassung des EuGH ist abzulehnen. Sie überschreitet die von den Koordinierungsbestimmungen des 6. Kap. gezogenen Grenzen. Diese Bestimmungen wollen Nachteile beseitigen, die Wanderarbeitnehmern (-Selbständigen) auf Grund des in den Mitgliedstaaten bestehenden Territorialitätsprinzips bestehen. Koordinierungsrecht ist aber nicht befugt, Nachteile zu vermeiden helfen, die Voraussetzungen und Inhalt der nationalen Leistungsvorschriften betreffen. Folglich kann der Träger des zuständigen Staates eine in einem anderen Mitgliedstaat ausgeübte Tätigkeit nicht berücksichtigen, wenn dieser Mitgliedstaat die Tätigkeit nicht mit einem Schutz gegen das Risiko der Arbeitslosigkeit versieht. Beschäftigungszeiten oder Zeiten einer selbstständigen Erwerbstätigkeit sind in Art. 1 lit. u) definiert. Nach dem Grundsatz von Abs. 1 S. 1 sind parallel im europäischen Ausland zurückgelegte Zeiten uneingeschränkt anzuwenden.

8 Eine bedeutsame Differenzierung gilt nach **Abs. 1 S. 2** für Beschäftigungszeiten und Zeiten selbstständiger Erwerbstätigkeit. Macht nämlich das Recht des zuständigen Trägers den Leistungsanspruch von der Zurücklegung von Versicherungszeiten abhängig, so reichen für die Zusammenrechnung in einem anderen Mitgliedstaat zurückgelegte Beschäftigungszeiten oder Zeiten einer selbstständigen Erwerbstätigkeit nur aus, wenn sie als Versicherungszeiten gegolten hätten, falls sie nach dem Recht des zuständigen Trägers zurückgelegt worden wären.

9 **Versicherungszeiten** können auch solche gemäß Rechtsnormen sein, die für Leistungen bei Arbeitslosigkeit nach dem Recht des zuständigen Trägers gelten (EuGH, Rs. C-88/95 u.a. (Losada u.a.), Slg 1997, I-869). Der Fall betraf spanische Staatsangehörige, die nie in Spanien beschäftigt waren, beim zuständigen spanischen Träger aber Leistungen der Arbeitslosenunterstützung für Arbeitnehmer über 52 Jahre beantragten. Da die Kläger zuvor eine andere Leistung bei Arbeitslosigkeit nach spanischem Recht erhalten hatten, für deren Bezugszeitraum der Leistungsträger Beiträge zu den Systemen der Krankenversicherung und der Familienleistungen entrichtet hatte, tauchte die Frage auf, ob darin Versicherungszeiten liegen konnten. Der Gerichtshof verlangte, zu prüfen, ob diese Zeiten Versicherungszeiten iSd nationalen Rechts waren (vgl Rn 35 u. 37 des Urteils). Diese Grundsätze hat der EuGH in der Rs. Alvite (EuGH, Rs. C-320/95, Slg 1999, I-951) konsequent fortgeführt. Der Fall betraf die gleiche Fragestellung. Dabei betonte der Gerichtshof, dass bei Verneinung des Vorliegens von Versicherungszeiten nach spanischem Recht ein Anspruch auf die Arbeitslosenleistung weder aus Art. 61 Abs. 2 noch aus Art. 48 AEUV herzuleiten sei (Rn 18 des Urteils).

4. Zusammenrechnung durch den zuständigen Träger (Abs. 2)

10 Vielfach wird Abs. 2 missverstanden als diejenige **Kollisionsnorm**, die ausschließlich den zuständigen Träger für die Gewährung der Leistungen bei Arbeitslosigkeit bestimmt. Demgegenüber hat der EuGH in der Rs. Adanez-Vega in bemerkenswerter Klarheit das zutreffende Prüfungsschema wiedergegeben (EuGH, Rs. 372/02, Slg 2004, I-10761 Rn 19 ff). Danach ist zunächst festzustellen, welche Rechtsvorschriften nach den allgemeinen Anknüpfungsregeln des Titels II anzuwenden sind. Erst danach ist zu prüfen, ob die besonderen Anknüpfungsregeln der VO die Anwendung anderer Rechtsvorschriften vorsehen. Ausgangspunkt ist danach Art. 11. Von dort ausgehend ist zunächst zu fragen, ob nicht die spezielleren Regeln der Art. 12–16 einschlägig sind. Wenn nicht, ist Art. 11 Abs. 3 lit. a) bis d) zu prüfen. Sind diese Tatbestände zu verneinen, kommt die Auffangvorschrift des Art. 11 Abs. 3 lit. e) zum Zug. Schon ihrem Wortlaut nach ist diese Bestimmung aber subsidiärer Natur, dh es sind zunächst speziellere Normen zu prüfen. Dazu gehört auch die Bestimmung des Art. 61 Abs. 2.

11 Vor diesem Hintergrund ist gemäß Art. 11 Abs. 3 lit. a) der für die Gewährung der Leistungen bei Arbeitslosigkeit **zuständige Staat** der **Beschäftigungsstaat** oder **Staat der selbstständigen Erwerbs-**

tätigkeit. Dabei darf man nicht an einer streng wörtlichen Auslegung dergestalt festhalten, wonach lit. a) ausgeschlossen ist, weil nach Eintritt der Arbeitslosigkeit kein Beschäftigungsverhältnis mehr vorliegt (zutreffend gegen diese Vorstellung *Hauck/Noftz-Schlegel*, EU-Sozialrecht, Art. 61 Rn 36). Die Richtigkeit dieser Vorgehensweise wird vielmehr aus der Intention des Art. 61 Abs. 2 sichtbar, der ebenfalls von der Zuständigkeit des Beschäftigungsstaates bzw Staates der selbstständigen Erwerbstätigkeit ausgeht. Der Wohnstaat ist dagegen nach Art. 11 Abs. 3 lit. e) der zuständige Staat von Personen, die endgültig jede Berufstätigkeit aufgegeben haben, aber auch von Personen, die ihre Tätigkeit nur vorübergehend beendet haben (EuGH, Rs. C-372/02 (Adanez-Vega), Slg 2004, I-10761 Rn 24).

Abgesehen von Fällen von Grenzgängern (Art. 65 Abs. 5 lit. a) verlangt Abs. 2 die Zusammen- **12** rechnung von Zeiten, wenn die betreffende Person „unmittelbar zuvor" nach den Rechtsvorschriften, nach denen die Leistungen beantragt werden, Zeiten zurückgelegt hat. Ziel von Abs. 2 ist es, die Arbeitssuche in den Mitgliedstaaten zu fördern, in denen der Betreffende unmittelbar zuvor Beiträge zur Arbeitslosenversicherung bezahlt hat, und diesem Staat die Leistungen bei Arbeitslosigkeit tragen zu lassen (EuGH, Rs. C-62/91 (Gray), Slg 1992 I-2737 Rn 12). Das in Abs. 2 normierte **Unmittelbarkeitserfordernis** ist erfüllt, wenn unabhängig von der zwischen der Beendigung der letzten Versicherungszeit und dem Antrag auf Leistungen verstrichenen Zeit in der Zwischenzeit keine weitere Versicherungszeit in einem anderen Mitgliedstaat zurückgelegt wurde (EuGH, Rs. C-372/02 (Adanez-Vega), Slg 2004, I-10761 Rn 52).

5. Verwaltungsmäßige Handhabung

Wenn der zuständige Träger ausländische Zeiten berücksichtigen soll, ist er darauf angewiesen, **13** dass er in die Lage versetzt wird, die in Frage stehenden Zeiten verlässlich zu erfassen und rechtlich zu beurteilen. Für die Zusammenrechnung von Zeiten stellt **Art. 12 Abs. 1 DVO** im Hinblick auf die allgemeine Vorschrift des Art. 6 ein probates Verfahren zur Verfügung. Der zuständige Träger wendet sich nämlich an die Träger der Mitgliedstaaten, deren Rechtsvorschriften für die betroffene Person ebenfalls gegolten haben, um sämtliche Zeiten zu bestimmen, die der Versicherte nach deren Rechtsvorschriften zurückgelegt hat (Art. 12 DVO, abgedruckt oben bei Art. 6). Art. 54 Abs. 1 S. 1 DVO erklärt Art. 12 Abs. 1 DVO entsprechend für die Zusammenrechnung nach Art. 61 anwendbar. Gemäß Art. 54 Abs. 1 S. 2 kann der Informationsbedarf aber auch dadurch befriedigt werden, dass der Arbeitslose selbst dem zuständigen Träger ein von dem anderen Mitgliedstaat ausgestelltes Dokument zur Verfügung stellt. Hinsichtlich des Beweiswertes dieser Dokumente hatte der EuGH für die vergleichbare Bescheinigung nach früherem Recht (Art. 80 VO (EWG) Nr. 574/72) judiziert, dass sie keinen unwiderlegbaren Beweis beinhalteten (EuGH, Rs. C-102/91 (Knoch), Slg. 1992, I-4341 Rn 54; ebenso Rs. C-372/02 (Adanez/Vega), Slg. 2004, I-10761 Rn 48). Gleichzeitig verweist der EuGH in der Rs. Adanez/Vega (vgl Rn 36) auf seine Rechtsprechung zur Beweiskraft der nach früherem Recht ausgestellten Bescheinigungen E-101 und das dabei einzuhaltende Verfahren (vgl EuGH, Rs. C-202/97 (Fitzwilliam), Slg 2000, I-883, 922; C-2/05 (Herbosch/Kiere), Slg 2006, I-1079; zu Einzelheiten s. *Fuchs*, in: *Gagel*, SGB II/SGB III, § 25 Rn 66). Daraus darf geschlossen werden, dass der EuGH an eine analoge Anwendung dieser Grundsätze gedacht hat.

6. Ansprüche nach nationalem Recht

Die Herleitung von Ansprüchen auf Leistungen bei Arbeitslosigkeit unter Zuhilfenahme des Ko- **14** ordinationsrechts darf nicht den Blick dafür verstellen, dass Arbeitslose unter Umständen Ansprüche ohne koordinationsrechtliche Unterstützung nach den Vorschriften nationalen Rechts geltend machen können.

Eine **typische Fallgestaltung** dieser Art liegt vor, wenn ein(e) Arbeitnehmer(in) im Land A beschäftigt ist und dort bei Eintritt von Arbeitslosigkeit Ansprüche auf Leistungen nach dem Recht von A gehabt hätte. Der (Die) Arbeitnehmer(in) beendet seine (ihre) Beschäftigung in A und nimmt

Wohnsitz und Beschäftigung im Staat B auf, wo er (sie) nach kurzer Zeit arbeitslos wird und keine Ansprüche auf Leistungen nach dem Recht des Staates B hat. Ein Anspruch auf Leistungen nach dem Recht des Staates A unter Berufung auf Koordinierungsrecht scheitert an der Bestimmung des Art. 61 Abs. 2. Ein Anspruch unmittelbar aus dem Recht des Staates A wäre aber unabhängig zu prüfen. Nehmen wir an, der Staat A wäre Deutschland. Der (Die) Arbeitnehmer(in) könnte einen Anspruch auf Arbeitslosengeld haben. Dieser Anspruch würde aber an dem fehlenden Wohnsitz in Deutschland scheitern (§ 30 Abs. 1 S. 1 SGB I). Das BVerfG und ihm folgend das BSG vertreten jedoch in st. Rspr die Auffassung, dass im Hinblick auf Art. 3 Abs. 1 GG der Anspruch auf Leistungen wegen Arbeitslosigkeit nicht versagt werden darf, wenn alle Anspruchsvoraussetzungen nach dem SGB III vorliegen, lediglich das Wohnsitzerfordernis des § 30 SGB I nicht erfüllt ist (eingehend zu dieser Rspr. *Fuchs*, in: *Gagel*, SGB II / SGB III, VO 883/2004 Rn 6).

Artikel 62 Berechnung der Leistungen

(1) Der zuständige Träger eines Mitgliedstaats, nach dessen Rechtsvorschriften bei der Berechnung der Leistungen die Höhe des früheren Entgelts oder Erwerbseinkommens zugrunde zu legen ist, berücksichtigt ausschließlich das Entgelt oder Erwerbseinkommen, das die betreffende Person während ihrer letzten Beschäftigung oder selbstständigen Erwerbstätigkeit nach diesen Rechtsvorschriften erhalten hat.

(2) Absatz 1 findet auch Anwendung, wenn nach den für den zuständigen Träger geltenden Rechtsvorschriften ein bestimmter Bezugszeitraum für die Ermittlung des als Berechnungsgrundlage für die Leistungen heranzuziehenden Entgelts vorgesehen ist und die betreffende Person während dieses Zeitraums oder eines Teils davon den Rechtsvorschriften eines anderen Mitgliedstaats unterlag.

(3) Abweichend von den Absätzen 1 und 2 berücksichtigt der Träger des Wohnorts im Falle von Arbeitslosen, auf die Artikel 65 Absatz 5 Buchstabe a anzuwenden ist, nach Maßgabe der Durchführungsverordnung das Entgelt oder Erwerbseinkommen, das die betreffende Person in dem Mitgliedstaat erhalten hat, dessen Rechtsvorschriften für sie während ihrer letzten Beschäftigung oder selbstständigen Erwerbstätigkeit galten.

Artikel 54 Abs. 2, 3 DVO   Zusammenrechnung der Zeiten und Berechnung der Leistungen

(2) Bei der Anwendung von Artikel 62 Absatz 3 der Grundverordnung übermittelt der zuständige Träger des Mitgliedstaats, dessen Rechtsvorschriften die betreffende Person während ihrer letzten Beschäftigung oder selbständigen Erwerbstätigkeit unterlag, dem Träger des Wohnorts auf dessen Antrag hin unverzüglich alle Angaben, die für die Berechnung der Leistungen bei Arbeitslosigkeit, die in dem Mitgliedstaat erlangt werden können, in dem er seinen Sitz hat, erforderlich sind, insbesondere die Höhe des erzielten Entgelts oder Erwerbseinkommens.

(3) [1]Bei der Anwendung von Artikel 62 der Grundverordnung berücksichtigt der zuständige Träger eines Mitgliedstaats, nach dessen Rechtsvorschriften sich die Höhe der Leistungen nach der Zahl der Familienangehörigen richtet, ungeachtet des Artikels 63 der genannten Verordnung auch die Familienangehörigen des Betroffenen, die im Hoheitsgebiet eines anderen Mitgliedstaats wohnen, als ob sie im Hoheitsgebiet des zuständigen Staates wohnten. [2]Dies gilt jedoch nicht, wenn in dem Mitgliedstaat, in dem die Familienangehörigen wohnen, eine andere Person Anspruch auf Leistungen bei Arbeitslosigkeit hat, bei deren Berechnung die Familienangehörigen berücksichtigt werden.

I. Normzweck

1   Art. 62 beinhaltet den **Berechnungsmodus** der Leistungen bei Arbeitslosigkeit. Geldleistungen bei Arbeitslosigkeit werden in den meisten Mitgliedstaaten nach dem vor dem Eintritt der Arbeits-

losigkeit bezogenen Einkommen berechnet. Hat der Anspruchsteller in der vorangegangenen Zeit auch Einkommen in einem anderen Mitgliedstaat als dem Staat des zuständigen Trägers bezogen, so stellt sich die Frage, welches Einkommen der Leistungsberechnung zugrunde zu legen ist. Abs. 1 entscheidet hierbei für das Entgelt oder **Erwerbseinkommen der letzten Beschäftigung bzw selbstständigen Erwerbstätigkeit** im zuständigen Staat. Die anders lautende Bestimmung früheren Rechts (Art. 68 Abs. 1 S. 2 VO (EWG) Nr. 1408/71) mit der Maßgeblichkeit des üblichen Entgelts am Wohnort oder Aufenthaltsort des Arbeitslosen, wenn seine letzte Beschäftigung im Beschäftigungsstaat weniger als vier Wochen gedauert hat, wurde in das neue Recht nicht übernommen.

Das Prinzip von Abs. 1 soll nach Abs. 2 auch dann gelten, wenn der zuständige Träger nach seinem Recht Einkommen in einem bestimmten Bezugszeitraum zu berücksichtigen hat und in diesem Bezugszeitraum der Antragsteller während dieses Zeitraums oder eines Teils davon den Rechtsvorschriften eines anderen Staats unterlag.

Im Gegensatz zum früheren Recht ist in Abs. 3 erstmals eine spezielle Regelung für die Einkommensermittlung bei **Leistungen an Grenzgänger** (Art. 65 Abs. 5 a)) geschaffen worden. Der zuständige Träger des Wohnstaats soll danach das Entgelt oder Erwerbseinkommen des Staates der letzten Beschäftigung bzw selbstständigen Erwerbstätigkeit zugrunde legen.

II. Einzelerläuterungen

1. Das Grundprinzip

Abs. 1 bestimmt, dass der zuständige Träger des Mitgliedstaats ausschließlich das **Entgelt** oder **Erwerbseinkommen** zugrunde zu legen hat, das der Antragsteller während der **letzten Beschäftigung** oder **selbstständigen Erwerbstätigkeit** nach seinen Rechtsvorschriften erhalten hat. An diesem Prinzip wurde immer wieder Kritik geübt, weil die Anrechnungsvorschrift dem Arbeitslosen mit einem internationalen Versicherungsverlauf zum Nachteil gereichen kann, insbesondere, wenn im Ausland ein höheres Einkommen erzielt wurde (*Waltermann*, EAS B 9140 Rn 24). Der Verordnungsgeber hat sich diesen kritischen Überlegungen nicht angeschlossen, mit seiner Regelung stattdessen dem Aspekt der Verwaltungsvereinfachung den Vorzug gegeben.

2

2. Relevanz eines Bezugszeitraums (Abs. 2)

Nicht selten verlangt das nationale Recht die Berücksichtigung von Einkommen in einem bestimmten **Bezugszeitraum** (vgl für Deutschland § 130 SGB III). Wenn der Arbeitslose während eines Teils dieses Zeitraums Einkommen nach den Rechtsvorschriften eines anderen Mitgliedstaats bezog, verbleibt es dennoch bei der ausschließlichen Berücksichtigung von Einkommen im Staat der letzten Beschäftigung oder selbstständigen Erwerbstätigkeit.

3

Beispiel: Nach § 130 SGB III beträgt der Bemessungsrahmen ein Jahr. Hat der Antragsteller in den letzten sechs Monaten vor dem Eintritt der Arbeitslosigkeit Einkommen in der Bundesrepublik Deutschland bezogen, davor sechs Monate in Frankreich, bleibt das in Frankreich bezogene Einkommen bei der Berechnung außer Betracht. Abgestellt wird allein auf den Einkommensbezug in der Bundesrepublik.

3. Sonderregelung für Grenzgänger (Abs. 3)

Die VO (EWG) Nr. 1408/71 enthielt keine Regelung für den Grenzgänger, für den die Leistungen vom Träger des Wohnsitzstaates zu erbringen sind. Die Praxis folgte der Entscheidung des EuGH in der **Rs. Fellinger** (EuGH, Rs. 67/79, Slg 1980, 535). In diesem Urteil hatte der EuGH entschieden, dass der zuständige Träger des Wohnsitzmitgliedstaats, nach dessen Rechtsvorschriften der Berechnung der Leistungen die Höhe des früheren Entgelts zugrunde zu legen ist, diese Leistungen unter **Berücksichtigung des Entgelts** zu berechnen hat, das der Arbeitnehmer **während der letzten Beschäftigung** in dem Mitgliedstaat erhalten hat, in dem er unmittelbar vor Eintritt der Arbeits-

4

losigkeit beschäftigt war (Rn 9 des Urteils). Zur Anwendung der Grundsätze in Deutschland siehe *Kretschmer*, in: *Niesel/Brand*, SGB III, Anhang A Art. 68 Rn 7 ff.

Diese Rechtsprechung des EuGH ist in Abs. 3 übernommen worden (siehe dazu auch *Cornelissen*, in: European Journal of Social Security, 2007, 187, 198 f). Im Falle von Arbeitslosen, auf die Art. 65 Abs. 5 lit. a) anzuwenden ist, berücksichtigt der Träger des Wohnorts nach Maßgabe der DVO das Entgelt oder Erwerbseinkommen, das die betreffende Person in dem Mitgliedstaat erhalten hat, dessen Rechtsvorschriften für sie während ihrer letzten Beschäftigung oder selbstständigen Erwerbstätigkeit galten.

Üblicherweise sieht das Recht der Mitgliedstaaten im Rahmen der Berechnung von Leistungen **Obergrenzen** sowohl für Beiträge wie für Leistungen vor. In Deutschland gilt dies aufgrund der Bestimmung des § 341 SGB III. Danach werden Beiträge aus den Einnahmen erhoben, die bis zur Beitragsbemessungsgrenze berücksichtigt werden. Dies ist gleichzeitig das für die Leistungen maßgebliche Bemessungsentgelt. In dem Verfahren Grisvard und Kreitz (EuGH, Rs. C-201/91, Slg 1992, I-5009) hatten sich die beiden französischen, in Frankreich wohnenden Kläger dagegen gewandt, dass der für sie wegen ihrer Eigenschaft als Grenzgänger zuständige Träger das in der Bundesrepublik Deutschland bezogene Arbeitsentgelt nur bis zur Beitragsbemessungsgrenze berücksichtigte. Der EuGH stimmte der Rechtsauffassung der Kläger zu. Denn nach der (früheren) Vorschrift des Art. 71 Abs. 1 lit. a) ii) und lit. b) ii) VO (EWG) Nr. 1408/71 erhalten Grenzgänger bei Vollarbeitslosigkeit Leistungen nach den Rechtsvorschriften des Mitgliedstaats, in dessen Gebiet sie wohnen, als ob während der letzten Beschäftigung die Rechtsvorschriften dieses Mitgliedstaats für sie gegolten hätten. Diese Bestimmungen schreiben eindeutig die Anwendung allein der Vorschriften des Wohnstaats vor und schließen damit Rechtsvorschriften des Beschäftigungsstaats einschließlich etwaiger Begrenzungsbestimmungen aus (Rn 16 des Urteils). Da Art. 65 Abs. 5 a inhaltlich mit der früheren Regelung des Art. 71 insoweit übereinstimmt, kann die bisherige Rechtsprechung auch für das neue Recht Geltung beanspruchen (ebenso *Cornelissen*, in: European Journal of Social Security, 2007, 187, 199 f).

Wenn das **ausländische Einkommen**, das der Träger des Wohnstaates zu berücksichtigen hat, nicht auf Euro lautet, ist dieses umzurechnen. Gemäß Art. 90 DVO ist als Wechselkurs der von der Europäischen Zentralbank veröffentlichte Referenzwechselkurs maßgeblich.

4. Berücksichtigung von Familienangehörigen

5 Nicht selten ist die Höhe der Leistungen wegen Arbeitslosigkeit von der Existenz von **Familienangehörigen** des Leistungsberechtigten abhängig (vgl für das deutsche Recht § 153 SGB III). Die Notwendigkeit der Berücksichtigung von Familienangehörigen ergab sich nach früherem Recht aus Art. 68 Abs. 2 VO (EWG) Nr. 1408/71. An dieser Rechtslage hat sich nichts geändert. Die Rechtsgrundlage ist jetzt in der DVO enthalten. Gemäß Art. 54 Abs. 3 S. 1 DVO sind bei der Leistungsberechnung auch Familienangehörige des Leistungsberechtigten zu berücksichtigen, die im Gebiet eines anderen als des zuständigen Mitgliedstaats wohnen. Dies gilt allerdings nicht, wenn in dem Mitgliedstaat, in dem die Familienangehörigen wohnen, eine andere Person Anspruch auf Leistungen bei Arbeitslosigkeit hat, bei deren Berechnung die Familienangehörigen berücksichtigt werden (Art. 54 Abs. 3 S. 2 DVO). Zur gleichlautenden früheren Bestimmung des Art. 68 Abs. 2 VO (EWG) Nr. 1408/71 hatte der EuGH in der Entscheidung Stallone (EuGH Rs. C-212/00, Slg 2001, I-7643 Rn 16 = ZESAR 2003, 240) ausgeführt, dass zwischen der Behandlung eines Arbeitslosen, dessen Familie ebenso wie er selbst im Aufnahmestaat wohnt, und der eines Arbeitslosen, dessen Familienangehörige im Gebiet eines anderen Mitgliedstaats wohnen, kein Unterschied bestehen darf. Art. 68 Abs. 2 VO (EWG) Nr. 1408/71 soll eine mittelbare Diskriminierung der Wanderarbeitnehmer verhindern, da es im Wesentlichen diese sind, die das Erfordernis eines inländischen Wohnorts ihrer Familienangehörigen betrifft. Die Bestimmung ist daher eine konkrete Ausformung des in Art. 4 verankerten Grundsatzes der Gleichbehandlung. Der Begriff des Familienangehörigen ist in Art. 1 lit. i) bestimmt (siehe dazu oben Art. 1 Rn 16).

Die Feststellung der zu berücksichtigenden Familienangehörigen erfolgt auf dem Weg nach Art. 2 Abs. 2 DVO. Danach sind Träger verpflichtet, unverzüglich all jene Daten zur Verfügung zu stellen, die zur Begründung und Feststellung der Rechte und Pflichten benötigt werden. Dies wird in Zukunft im Wege des **elektronischen Datenaustauschs** erfolgen (Art. 4 DVO). Die Verwaltungskommission hat beschlossen, dass die Übermittlung des die Familienangehörigen betreffenden Dokuments nach Beginn des Fälligkeitszeitpunktes der Leistung bei Arbeitslosigkeit zu keiner Verschiebung des Zeitpunkts führen darf, von dem an der Anspruch zu dem um die Familienzuschläge erhöhten Satz besteht (vgl Beschluss Nr. U1 v. 12.6.2009 ABl. EU C 106/42).

Spezifische Probleme ergeben sich bei der Berechnung des Arbeitslosengeldes nach deutschem Recht, da der erhöhte Leistungssatz von 67 % (§ 149 SGB III) von **steuerrechtlichen Gegebenheiten** abhängt, die EU-Ausländer entweder nicht oder jedenfalls nur unter besonderen Voraussetzungen erfüllen können (vgl zu den Einzelheiten und Problemen *Fuchs*, in: *Gagel*, SGB II/III, VO (EG) Nr. 883/2004 Rn 35 ff).

Artikel 63 Besondere Bestimmungen für die Aufhebung der Wohnortklauseln

Für die Zwecke dieses Kapitels gilt Artikel 7 nur in den in den Artikeln 64, 65 und 65 a vorgesehenen Fällen und Grenzen.

Der **Export von Geldleistungen** ist in Art. 7 – in Erfüllung des Auftrags aus Art. 48 lit. a) AEUV – als Grundsatz verankert. Gleichzeitig beinhaltet die Vorschrift aber einen Vorbehalt, wonach Regelungen der VO etwas anderes vorsehen können. In diesem Sinne ist Art. 63 eine **Beschränkung** und Ausnahme zu dem grundsätzlich gewährleisteten Export von Geldleistungen in Art. 7. Denn er gewährleistet den Leistungsexport nur in den Fällen und unter den Voraussetzungen von Art. 64, 65 und 65 a. 1

Man mag an den Restriktionen des Art. 63 und den damit verbundenen Bestimmungen der Art. 64, 65 und 65 a im Hinblick auf die Freizügigkeit Kritik üben. Ein **primärrechtlicher Verstoß** ist in Art. 63 aber nicht zu sehen. Hiergegen sprechen auch nicht Begründung und Ergebnisse in den Entscheidungen **de Cuyper** (Rs. C-406/04, Slg 2006, I-6947, s. dazu auch oben Art. 3 Rn 23) und **Petersen** (Rs. C-228/07, Slg 2008, I-6989, s. dazu oben Art. 3 Rn 14). Zwar überprüft – wie diese Entscheidungen zeigen – der EuGH Wohnsitzklauseln des nationalen Rechts auch bei Leistungen bei Arbeitslosigkeit. In der Rs. de Cuyper hat er aber einen Verstoß gegen die Freizügigkeitsregel von Art. 18 EG (= Art. 21 AEUV) verneint, weil die Wohnsitzklausel sachlich gerechtfertigt war. In der Rs. Petersen war eine spezifische Leistung bei Arbeitslosigkeit österreichischen Rechts betroffen, mit der eine bereits beantragte Leistung bei Invalidität bevorschusst wurde. Der Gerichtshof hat diese Leistung anhand von Art. 39 EG (jetzt Art. 45 AEUV) gemessen. Er sah sich hierzu befähigt, weil die Fallgestaltung nicht unter die von der VO normierten Tatbestände der Art. 69 und 71 VO (EWG) Nr. 1408/71 (jetzt Art. 64 und 65) fiel (vgl Rn 39 des Urteils Petersen). Daraus kann man schließen, dass der EuGH die Ausnahmeregeln der VO, welche den Leistungsexport einschränken, als mit Primärrecht im Einklang stehend ansieht (aA *Eichenhofer* in der 5. Aufl. 2010 dieses Kommentars, Art. 63 Rn 4). 2

Artikel 64 Arbeitslose, die sich in einen anderen Mitgliedstaat begeben

(1) Eine vollarbeitslose Person, die die Voraussetzungen für einen Leistungsanspruch nach den Rechtsvorschriften des zuständigen Mitgliedstaats erfüllt und sich zur Arbeitsuche in einen anderen Mitgliedstaat begibt, behält den Anspruch auf Geldleistungen bei Arbeitslosigkeit unter folgenden Bedingungen und innerhalb der folgenden Grenzen:

a) vor der Abreise muss der Arbeitslose während mindestens vier Wochen nach Beginn der Arbeitslosigkeit bei der Arbeitsverwaltung des zuständigen Mitgliedstaats als Arbeitsuchender gemeldet gewesen sein und zur Verfügung gestanden haben. Die zuständige Arbeitsverwaltung oder der zuständige Träger kann jedoch die Abreise vor Ablauf dieser Frist genehmigen;
b) der Arbeitslose muss sich bei der Arbeitsverwaltung des Mitgliedstaats, in den er sich begibt, als Arbeitsuchender melden, sich dem dortigen Kontrollverfahren unterwerfen und die Voraussetzungen der Rechtsvorschriften dieses Mitgliedstaats erfüllen. Diese Bedingung gilt für den Zeitraum vor der Meldung als erfüllt, wenn sich die betreffende Person innerhalb von sieben Tagen ab dem Zeitpunkt meldet, ab dem sie der Arbeitsverwaltung des Mitgliedstaats, den sie verlassen hat, nicht mehr zur Verfügung gestanden hat. In Ausnahmefällen kann diese Frist von der zuständigen Arbeitsverwaltung oder dem zuständigen Träger verlängert werden;
c) der Leistungsanspruch wird während drei Monaten von dem Zeitpunkt an aufrechterhalten, ab dem der Arbeitslose der Arbeitsverwaltung des Mitgliedstaats, den er verlassen hat, nicht mehr zur Verfügung gestanden hat, vorausgesetzt die Gesamtdauer der Leistungsgewährung überschreitet nicht den Gesamtzeitraum, für den nach den Rechtsvorschriften dieses Mitgliedstaats ein Leistungsanspruch besteht; der Zeitraum von drei Monaten kann von der zuständigen Arbeitsverwaltung oder dem zuständigen Träger auf höchstens sechs Monate verlängert werden;
d) die Leistungen werden vom zuständigen Träger nach den für ihn geltenden Rechtsvorschriften und für seine Rechnung gewährt.

(2) [1]Kehrt die betreffende Person bei Ablauf oder vor Ablauf des Zeitraums, für den sie nach Absatz 1 Buchstabe c) einen Leistungsanspruch hat, in den zuständigen Mitgliedstaat zurück, so hat sie weiterhin einen Leistungsanspruch nach den Rechtsvorschriften dieses Mitgliedstaats. [2]Sie verliert jedoch jeden Leistungsanspruch nach den Rechtsvorschriften des zuständigen Mitgliedstaats, wenn sie nicht bei Ablauf oder vor Ablauf dieses Zeitraums dorthin zurückkehrt, es sei denn, diese Rechtsvorschriften sehen eine günstigere Regelung vor. [3]In Ausnahmefällen kann die zuständige Arbeitsverwaltung oder der zuständige Träger der betreffenden Person gestatten, zu einem späteren Zeitpunkt zurückzukehren, ohne dass sie ihren Anspruch verliert.

(3) Der Höchstzeitraum, für den zwischen zwei Beschäftigungszeiten ein Leistungsanspruch nach Absatz 1 aufrechterhalten werden kann, beträgt drei Monate, es sei denn, die Rechtsvorschriften des zuständigen Mitgliedstaats sehen eine günstigere Regelung vor; dieser Zeitraum kann von der zuständigen Arbeitsverwaltung oder dem zuständigen Träger auf höchstens sechs Monate verlängert werden.

(4) Die Einzelheiten des Informationsaustauschs, der Zusammenarbeit und der gegenseitigen Amtshilfe zwischen den Trägern und Arbeitsverwaltungen des zuständigen Mitgliedstaats und des Mitgliedstaats, in den sich die betreffende Person zur Arbeitsuche begibt, werden in der Durchführungsverordnung geregelt.

Artikel 55 DVO   Bedingungen und Grenzen für die Aufrechterhaltung des Leistungsanspruchs eines Arbeitslosen, der sich in einen anderen Mitgliedstaat begibt

(1) Der Anspruch nach Artikel 64 oder Artikel 65 a der Grundverordnung besteht nur, wenn der Arbeitslose, der sich in einen anderen Mitgliedstaat begibt, vor seiner Abreise den zuständigen Träger informiert und bei diesem eine Bescheinigung beantragt, dass er unter den Bedingungen des Artikels 64 Absatz 1 Buchstabe b der Grundverordnung weiterhin Anspruch auf Leistungen hat.

Dieser Träger informiert ihn über die ihm obliegenden Pflichten und übermittelt ihm das genannte Dokument, aus dem sich insbesondere Folgendes ergibt:

a) der Tag, von dem an der Arbeitslose der Arbeitsverwaltung des zuständigen Staates nicht mehr zur Verfügung stand;

b) die Frist, die nach Artikel 64 Absatz 1 Buchstabe b der Grundverordnung für die Eintragung als Arbeitsuchender in dem Mitgliedstaat, in den der Arbeitslose sich begeben hat, eingeräumt wird;
c) die Höchstdauer für die Aufrechterhaltung des Leistungsanspruchs nach Artikel 64 Absatz 1 Buchstabe c der Grundverordnung;
d) die Umstände, die sich auf den Leistungsanspruch auswirken können.

(2) ¹Der Arbeitslose meldet sich nach Artikel 64 Absatz 1 Buchstabe b der Grundverordnung bei der Arbeitsverwaltung des Mitgliedstaats, in den er sich begibt, als Arbeitsuchender und legt dem Träger dieses Mitgliedstaats das in Absatz 1 genannte Dokument vor. ²Hat er den zuständigen Träger nach Absatz 1 informiert, aber nicht dieses Dokument vorgelegt, so fordert der Träger des Mitgliedstaats, in den sich der Arbeitslose begeben hat, die erforderlichen Angaben beim zuständigen Träger an.

(3) Die Arbeitsverwaltung des Mitgliedstaats, in den sich der Arbeitslose zur Arbeitsuche begeben hat, unterrichtet diesen von seinen Pflichten.

(4) Der Träger des Mitgliedstaats, in den der Arbeitslose sich begeben hat, sendet dem zuständigen Träger unverzüglich ein Dokument zu, das den Zeitpunkt der Anmeldung des Arbeitslosen bei der Arbeitsverwaltung und seine neue Anschrift enthält.

Falls während des Zeitraums, in dem der Arbeitslose den Anspruch auf Leistungen behält, Umstände eintreten, die sich auf den Leistungsanspruch auswirken könnten, so sendet der Träger des Mitgliedstaats, in den sich der Arbeitslose begeben hat, dem zuständigen Träger und der betroffenen Person unverzüglich ein Dokument mit den maßgeblichen Informationen zu.

Auf Ersuchen des zuständigen Trägers übermittelt der Träger des Mitgliedstaats, in den der Arbeitslose sich begeben hat, jeden Monat die maßgeblichen Informationen über die Entwicklung der Situation des Arbeitslosen, insbesondere, ob dieser weiterhin bei der Arbeitsverwaltung gemeldet ist und ob er sich den vorgesehenen Kontrollverfahren unterzieht.

(5) ¹Der Träger des Mitgliedstaats, in den der Arbeitslose sich begeben hat, führt die Kontrolle durch oder lässt sie durchführen wie bei einem Arbeitslosen, der Leistungen nach den von ihm anzuwendenden Rechtsvorschriften bezieht. ²Gegebenenfalls unterrichtet er sofort den zuständigen Träger, falls einer der in Absatz 1 Buchstabe d genannten Umstände eintritt.

(6) Die zuständigen Behörden oder Träger von zwei oder mehr Mitgliedstaaten können sich hinsichtlich der Entwicklung der Situation des Arbeitslosen auf spezielle Verfahren und Fristen sowie auf weitere Maßnahmen verständigen, um die Arbeitsuche von Arbeitslosen zu erleichtern, die sich nach Artikel 64 der Grundverordnung in einen dieser Mitgliedstaaten begeben.

(7) Die Absätze 2 bis 6 gelten entsprechend für die unter Artikel 65 a Absatz 3 der Grundverordnung fallenden Sachverhalte.

I. Normzweck 1
  1. Einschränkung des Leistungsexports ... 1
  2. Regelungsstruktur 2
II. Einzelerläuterungen 3
  1. Leistungsexport (Abs. 1) 3
    a) Arbeitssuche im EU-Ausland 3
    b) Verfügbarkeit im zuständigen Staat nach Eintritt der Arbeitslosigkeit ... 5
    c) Verfügbarkeit des Arbeitslosen gegenüber der Arbeitsverwaltung des Mitgliedstaats der Arbeitssuche   6
    d) Fortgewährung der Leistung bei Arbeitslosigkeit 7
    e) Leistungsgewährung durch den zuständigen Träger 9
  2. Anspruchssicherung/Anspruchsverlust (Abs. 2) 10
  3. Mehrfache Arbeitssuche im EU-Ausland (Abs. 3) 11
III. Administrative Abwicklung (Abs. 4 iVm Art. 55 DVO) 12

I. Normzweck

1. Einschränkung des Leistungsexports

1 Art. 64 gestaltet die Voraussetzungen für den Leistungsexport von Geldleistungen bei Arbeitslosigkeit. Die Bestimmung beinhaltet eine **Abweichung** von dem grundsätzlich uneingeschränkten Leistungsexport von Geldleistungen, wie er in Art. 7 grundsätzlich verankert ist, allerdings Geldleistungen bei Arbeitslosigkeit mit Blick auf Art. 64 bewusst unerwähnt lässt. In dieser Abweichung drückt sich die Sorge der Mitgliedstaaten aus, dass die notwendige Unterstützung und Kontrolle der Arbeitssuche der Arbeitslosen im Ausland nicht mit der Intensität erfolgen würde wie im Inland. An diesem Verständnis und der daraus resultierenden restriktiven legislativen Gestaltung des Leistungsexports ist seit Jahren Kritik geübt worden (siehe dazu Art. 63 Rn 2). Dennoch hat auch der Verordnungsgeber der VO (EG) Nr. 883/2004 an dem bisherigen Rechtszustand festgehalten (s. dazu *Pennings*, Koordinierung der Leistungen bei Arbeitslosigkeit nach der Verordnung 883/2004, in: *Eichenhofer* (Hrsg.), 50 Jahre nach ihrem Beginn, 2009, S. 265, 281 ff).

2. Regelungsstruktur

2 Das in Art. 64 verankerte Grundprinzip besteht aus zwei Kernaussagen:
- Der Arbeitslose kann sich zur Arbeitssuche unter Beibehaltung seines Anspruchs auf die Leistung für maximal drei Monate ins Ausland begeben, vorausgesetzt er erfüllt die in Abs. 1 lit. a) bis c) normierten Voraussetzungen.
- Er behält seinen Leistungsanspruch gegen den zuständigen Mitgliedstaat, wenn er in diesen später bei Ablauf der Frist nach lit. c) (in der Regel drei Monate) zurückkehrt (Abs. 2).

Anders als nach bisherigem Recht erfolgt die Leistungsgewährung während des Auslandsaufenthalts durch den zuständigen Träger nach dessen Recht (Abs. 1 lit. a).

II. Einzelerläuterungen

1. Leistungsexport (Abs. 1)

a) Arbeitssuche im EU-Ausland

3 Die Anspruchsberechtigung besteht in der Person eines vollarbeitslosen bisherigen Beschäftigten oder Selbstständigen, die einen Leistungsanspruch nach dem Recht des zuständigen Staates hat (zum zuständigen Staat s. oben Art. 61 Rn 10). Nach dem Wortlaut steht der Anspruch auf Leistung nur der **vollarbeitslosen Person** zu. Bei **Teilarbeitslosigkeit** (zum Begriff im deutschen Recht s. § 150 SGB III) wäre allein dem Wortlaut nach der Anspruch zu versagen. Eine an Sinn und Zweck der Freizügigkeit sowie der Intention des Art. 64 orientierte Auslegung muss den Anspruch auf Leistungsexport auch bei Teilarbeitslosigkeit bejahen.

4 Grundsätzlich ist die Leistungsgewährung nach Abs. 1 an die Wohnsitz- oder Aufenthaltsverlegung ins Ausland aus dem **Motiv der Arbeitssuche** geknüpft. Vor diesem Hintergrund hat das BSG (11 RAr 9/95, SozR 3-6050, Art. 71 Nr. 8) den Anspruch verneint, wenn ausschließlich familiäre Gründe der Beweggrund waren (kritisch hierzu *Hauck/Noftz-Schlegel*, Art. 64 Rn 16 mit weiteren Literaturnachweisen). Die Freizügigkeitsvorschriften des AEUV und das auf ihrer Basis ergangene Sekundärrecht (insbesondere RL 2004/38/EG) zeigen indes, dass die Berücksichtigung familiärer Interessen ein bedeutsames Anliegen ist. Deshalb ist es zu begrüßen, dass die Empfehlung Nr. U2 der Verwaltungskommission v. 12.6.2009 (ABl. EU v. 24.4.2010 C 106/51) die Genehmigung der Abreise vor Ablauf der Frist von vier Wochen gemäß Art. 64 Abs. 1 lit. a) befürwortet, wenn die betreffende Person alle anderen Bedingungen gemäß Art. 64 Abs. 1 erfüllt und ihren Ehepartner oder Partner, der eine Beschäftigung in einem anderen Mitgliedstaat als dem zuständigen Staat angenommen hat, begleitet. Der Begriff des Partners soll dabei nach den Rechtsvorschriften des zuständigen Mitgliedstaats bestimmt werden.

b) Verfügbarkeit im zuständigen Staat nach Eintritt der Arbeitslosigkeit

Abs. 1 lit. a) verlangt als wesentliche Voraussetzung des Transfers der Leistung ins Ausland die **vierwöchige Verfügbarkeit** des Antragstellers für die Arbeitsverwaltung des zuständigen Staates vor Abreise. Lit. a) normiert die Voraussetzungen in abschließender Weise. Nationales Recht kann keine zusätzlichen Voraussetzungen schaffen (EuGH, Rs. C-215/00 (Rydergård), Slg 2002, I-1817 Rn 18). Andererseits dient die Bestimmung dazu, den Behörden des zuständigen Mitgliedstaats zu ermöglichen, sich zu vergewissern, ob ein Arbeitnehmer wirklich arbeitslos ist, und ihm eine Arbeit anzubieten, bevor er auf Kosten dieses Staates auf Arbeitssuche in einen anderen Mitgliedstaat reist (Rn 30 des Urteils Rydergård). Die Frage, ob der Antragsteller arbeitslos ist und ob er sich für einen Vierwochenzeitraum der Arbeitsverwaltung des zuständigen Mitgliedstaates zur Verfügung stellt, ist deshalb auch von den Behörden des zuständigen Mitgliedstaats nach dessen Recht zu prüfen und zu beantworten (Rn 21 des Urteils Rydergård). Nicht erforderlich ist nach Auffassung des EuGH, dass der Zeitraum von vier Wochen nicht unterbrochen wurde (Rn 31 des Urteils Rydergård). Der Vierwochenzeitraum muss nicht abgewartet werden, wenn der zuständige Träger die Abreise vor Ablauf der Frist genehmigt (lit. a) S. 2).

c) Verfügbarkeit des Arbeitslosen gegenüber der Arbeitsverwaltung des Mitgliedstaats der Arbeitssuche

Nach Abs. 1 lit. b) verlangt die Fortgewährung der Leistung bei Arbeitslosigkeit, dass sich der Arbeitslose bei der Arbeitsverwaltung des Mitgliedstaats der Arbeitssuche meldet, sich dem dortigen Kontrollverfahren unterwirft und die Voraussetzungen der Rechtsvorschriften dieses Mitgliedstaats erfüllt. Für die **Meldung** hat er sieben Tage Zeit, gerechnet von dem Zeitpunkt an, in dem er der Arbeitsverwaltung, die die Leistung gewährt, nicht mehr zur Verfügung gestanden hat. S. 3 sieht in außergewöhnlichen Fällen eine **Fristverlängerung** der zuständigen Arbeitsverwaltung oder des zuständigen Trägers vor.

d) Fortgewährung der Leistung bei Arbeitslosigkeit

Die **kumulative Erfüllung der Voraussetzungen** unter lit. a) und b) löst die Rechtsfolge aus, dh der Leistungsanspruch nach dem Rest des zuständigen Staates wird für drei Monate aufrechterhalten (lit. c). Dieser **Dreimonatszeitraum** gilt freilich nur, wenn dadurch die Gesamtdauer der Leistungsgewährung nicht überschritten wird, die nach den Rechtsvorschriften des zuständigen Staates vorgesehen ist. Der Zeitraum von drei Monaten kann von der zuständigen Arbeitsverwaltung oder dem zuständigen Träger auf sechs Monate verlängert werden. Ein Saisonarbeiter (im Gegensatz zum früheren Recht von der VO nicht mehr definiert) muss naheliegenderweise zum Ende der Saison zurückkehren, auch wenn die Dreimonatsfrist noch läuft (so zutreffend BSG, 11 RAr 11/92, SozR 3-6050, Art. 69 Nr. 4).

Der Tatbestand und die Rechtsfolge des Abs. 1 sind nur erfüllt, wenn sich der Arbeitslose in einen anderen Mitgliedstaat als den zuständigen Staat begibt. Deshalb greift die Vorschrift nicht, wenn **Grenzgänger (Art. 65)**, die Leistungen wegen Arbeitslosigkeit in ihrem Wohnstaat erhalten, sich anschließend in den Beschäftigungsstaat begeben, um dort Wohnung zu nehmen (EuGH, Rs. 145/84 (Cochet), Slg 1985, 803 Rn 16).

e) Leistungsgewährung durch den zuständigen Träger

Im Gegensatz zum früheren Recht (Art. 70 Abs. 1 S. 1 VO (EWG) Nr. 1408/71) werden die Leistungen vom **zuständigen Träger** nach den für ihn geltenden Rechtsvorschriften und für seine Rechnung gewährt (lit. d).

2. Anspruchssicherung/Anspruchsverlust (Abs. 2)

10 Während Abs. 1 die Voraussetzungen für den Leistungsexport normiert, legt Abs. 2 die Voraussetzungen für das **Fortbestehen des Leistungsanspruchs** im zuständigen Staat bei Rückkehr des Arbeitslosen fest. Danach ist das Fortbestehen des Anspruchs grundsätzlich an die Rückkehr in den zuständigen Staat spätestens mit dem Ablauf des Zeitraums nach Abs. 1 lit. c) (also in der Regel drei Monate) geknüpft. Allerdings kann das nationale Recht eine günstigere Regelung vorsehen (Abs. 2 S. 2). Gemäß Abs. 2 S. 3 kann aber die zuständige Arbeitsverwaltung oder der zuständige Träger gestatten, zu einem späteren Zeitpunkt zurückzukehren. In der zur früheren, aber insoweit gleichlautenden Bestimmung des Art. 69 Abs. 2 S. 2 VO (EWG) Nr. 1408/71 ergangenen Entscheidung des EuGH in der Rs. Coccioli (EuGH, Rs. 139/78, Slg 1979, 991 Rn 9 ff) hat der Gerichtshof dieser **Ausnahmebestimmung** einen **weiten Anwendungsbereich** gegeben. Danach soll der Antrag auf Verlängerung der Frist auch noch nach Ablauf der Frist gestellt werden können, da Art. 64 Abs. 2 S. 3 zum Zeitpunkt der Antragstellung keine Regelung treffe. Zu den Ausnahmefällen, die eine Fristverlängerung rechtfertigen können, rechnet der EuGH insbesondere Situationen, in denen der Arbeitslose nicht nur an der fristgerechten Rückkehr in den zuständigen Staat, sondern auch an der Stellung eines Verlängerungsantrags vor Ablauf der vorgeschriebenen Frist gehindert ist (vgl zu solchen Fällen unverschuldeter Fristversäumnis BSG, 7 RAr 44/78, SozR 6050, Art. 69 Nr. 4). Im Übrigen betont der EuGH, dass es Sache der zuständigen Stellen oder Träger der Mitgliedstaaten sei, in jedem Einzelfall zu entscheiden, ob die in einem Antrag auf Verlängerung der Frist aufgeführten Tatsachen einen Ausnahmefall begründen (Rn 8 des Urteils Coccioli). In der Rs. Testa hat der EuGH ergänzend betont, dass bei der Entscheidung über eine mögliche Verlängerung der in Art. 64 Abs. 2 S. 2 vorgesehenen Frist ein weiter Ermessensspielraum bestehe, die zuständigen staatlichen Träger jedoch bei der Ausübung des Ermessens den Grundsatz der Verhältnismäßigkeit zu beachten hätten, der ein allgemeiner Rechtsgrundsatz der Gemeinschaft sei. Bei der korrekten Anwendung dieses Grundsatzes müsse in jedem Einzelfall die Dauer der Fristüberschreitung, der Grund für die verspätete Rückkehr sowie die Schwere der an die verspätete Rückkehr geknüpften Rechtsfolgen berücksichtigt werden (EuGH verb. Rs. 41/79, 121/79 und 796/79 (Testa u.a.), Slg 1980, 1979 Rn 21).

Die Nichterfüllung des Erfordernisses rechtzeitiger Rückkehr hat den **völligen Verlust des Anspruchs** zur Folge (Abs. 2 S. 2). Die Rechtmäßigkeit der Anordnung dieser Rechtsfolge hat der EuGH in der Rs. Testa (Rn 13-16 des Urteils) bejaht.

3. Mehrfache Arbeitssuche im EU-Ausland (Abs. 3)

11 Nach bisherigem Recht (Art. 69 Abs. 3 VO (EWG) Nr. 1408/71) konnte der Arbeitslose zwischen zwei Beschäftigungszeiten den Anspruch nach Abs. 1 S. 1 nur einmal geltend machen. Nach der neuen Bestimmung des Abs. 3 kann der Arbeitslose **mehrmals ins Ausland wechseln**, solange er drei Monate (bzw bei Genehmigung bis zu sechs Monate) nicht überschreitet.

III. Administrative Abwicklung (Abs. 4 iVm Art. 55 DVO)

12 Die ordnungsgemäße und effektive Koordinierung des Leistungsexports erfordert einen Informationsfluss zwischen den beiden betroffenen Arbeitsverwaltungen/zuständigen Trägern und dem Arbeitslosen. Die Einzelheiten dieses Informationsaustauschs und der Kooperation überantwortet Art. 64 Abs. 4 der DVO, was durch Art. 55 DVO umgesetzt wurde.

Artikel 65 Arbeitslose, die in einem anderen als dem zuständigen Mitgliedstaat gewohnt haben

(1) ¹Eine Person, die während ihrer letzten Beschäftigung oder selbstständigen Erwerbstätigkeit in einem anderen als dem zuständigen Mitgliedstaat gewohnt hat, muss sich bei Kurzarbeit oder

sonstigem vorübergehendem Arbeitsausfall ihrem Arbeitgeber oder der Arbeitsverwaltung des zuständigen Mitgliedstaats zur Verfügung stellen. ²Sie erhält Leistungen nach den Rechtsvorschriften des zuständigen Mitgliedstaats, als ob sie in diesem Mitgliedstaat wohnen würde. ³Diese Leistungen werden von dem Träger des zuständigen Mitgliedstaats gewährt.

(2) ¹Eine vollarbeitslose Person, die während ihrer letzten Beschäftigung oder selbstständigen Erwerbstätigkeit in einem anderen als dem zuständigen Mitgliedstaat gewohnt hat und weiterhin in diesem Mitgliedstaat wohnt oder in ihn zurückkehrt, muss sich der Arbeitsverwaltung des Wohnmitgliedstaats zur Verfügung stellen. ²Unbeschadet des Artikels 64 kann sich eine vollarbeitslose Person zusätzlich der Arbeitsverwaltung des Mitgliedstaats zur Verfügung stellen, in dem sie zuletzt eine Beschäftigung oder eine selbstständige Erwerbstätigkeit ausgeübt hat.

Ein Arbeitsloser, der kein Grenzgänger ist und nicht in seinen Wohnmitgliedstaat zurückkehrt, muss sich der Arbeitsverwaltung des Mitgliedstaats zur Verfügung stellen, dessen Rechtsvorschriften zuletzt für ihn gegolten haben.

(3) ¹Der in Absatz 2 Satz 1 genannte Arbeitslose muss sich bei der zuständigen Arbeitsverwaltung des Wohnmitgliedstaats als Arbeitsuchender melden, sich dem dortigen Kontrollverfahren unterwerfen und die Voraussetzungen der Rechtsvorschriften dieses Mitgliedstaats erfüllen. ²Entscheidet er sich dafür, sich auch in dem Mitgliedstaat, in dem er zuletzt eine Beschäftigung oder eine selbstständige Erwerbstätigkeit ausgeübt hat, als Arbeitsuchender zu melden, so muss er den in diesem Mitgliedstaat geltenden Verpflichtungen nachkommen.

(4) Die Durchführung des Absatzes 2 Satz 2 und des Absatzes 3 Satz 2 sowie die Einzelheiten des Informationsaustauschs, der Zusammenarbeit und der gegenseitigen Amtshilfe zwischen den Trägern und Arbeitsverwaltungen des Wohnmitgliedstaats und des Mitgliedstaats, in dem er zuletzt eine Erwerbstätigkeit ausgeübt hat, werden in der Durchführungsverordnung geregelt.

(5) a) Der in Absatz 2 Sätze 1 und 2 genannte Arbeitslose erhält Leistungen nach den Rechtsvorschriften des Wohnmitgliedstaats, als ob diese Rechtsvorschriften für ihn während seiner letzten Beschäftigung oder selbstständigen Erwerbstätigkeit gegolten hätten. Diese Leistungen werden von dem Träger des Wohnorts gewährt.

b) Jedoch erhält ein Arbeitnehmer, der kein Grenzgänger war und dem zulasten des zuständigen Trägers des Mitgliedstaats, dessen Rechtsvorschriften zuletzt für ihn gegolten haben, Leistungen gewährt wurden, bei seiner Rückkehr in den Wohnmitgliedstaat zunächst Leistungen nach Artikel 64; der Bezug von Leistungen nach Buchstabe a) ist während des Bezugs von Leistungen nach den Rechtsvorschriften, die zuletzt für ihn gegolten haben, ausgesetzt.

(6) ¹Die Leistungen des Trägers des Wohnorts nach Absatz 5 werden zu seinen Lasten erbracht. ²Vorbehaltlich des Absatzes 7 erstattet der zuständige Träger des Mitgliedstaats, dessen Rechtsvorschriften zuletzt für ihn gegolten haben, dem Träger des Wohnorts den Gesamtbetrag der Leistungen, die dieser Träger während der ersten drei Monate erbracht hat. ³Der zu erstattende Betrag für diesen Zeitraum darf nicht höher sein als der Betrag, der nach den Rechtsvorschriften des zuständigen Mitgliedstaats bei Arbeitslosigkeit zu zahlen gewesen wäre. ⁴In den Fällen des Absatzes 5 Buchstabe b) wird der Zeitraum, während dessen Leistungen nach Artikel 64 erbracht werden, von dem in Satz 2 des vorliegenden Absatzes genannten Zeitraum abgezogen. ⁵Die Einzelheiten der Erstattung werden in der Durchführungsverordnung geregelt.

(7) Der Zeitraum, für den nach Absatz 6 eine Erstattung erfolgt, wird jedoch auf fünf Monate ausgedehnt, wenn die betreffende Person in den vorausgegangenen 24 Monaten Beschäftigungszeiten oder Zeiten einer selbstständigen Erwerbstätigkeit von mindestens 12 Monaten in dem Mitgliedstaat zurückgelegt hat, dessen Rechtsvorschriften zuletzt für sie gegolten haben, sofern diese Zeiten einen Anspruch auf Leistungen bei Arbeitslosigkeit begründen würden.

(8) Für die Zwecke der Absätze 6 und 7 können zwei oder mehr Mitgliedstaaten oder ihre zuständigen Behörden andere Erstattungsverfahren vereinbaren oder auf jegliche Erstattung zwischen den in ihre Zuständigkeit fallenden Trägern verzichten.

Artikel 56 DVO *Arbeitslose, die in einem anderen als dem zuständigen Mitgliedstaat gewohnt haben*

(1) Beschließt ein Arbeitsloser, sich nach Artikel 65 Absatz 2 oder Artikel 65a Absatz 1 der Grundverordnung auch der Arbeitsverwaltung in dem Mitgliedstaat zur Verfügung zu stellen, der keine Leistung gewährt, indem er sich dort als Arbeitsuchender meldet, so teilt er dies dem Träger und der Arbeitsverwaltung des leistungsgewährenden Mitgliedstaats mit.

Auf Ersuchen der Arbeitsverwaltung des Mitgliedstaats, der keine Leistung gewährt, übermittelt die Arbeitsverwaltung des leistungsgewährenden Mitgliedstaats dieser die maßgeblichen Informationen zur Meldung und zur Arbeitsuche des Arbeitslosen.

(2) Sehen die geltenden Rechtsvorschriften in den betreffenden Mitgliedstaaten vor, dass der Arbeitslose bestimmte Pflichten erfüllt und/oder bestimmte Schritte zur Arbeitsuche unternimmt, so haben die Pflichten des Arbeitslosen in dem Mitgliedstaat, der die Leistungen gewährt, und/oder seine dort zur Arbeitsuche zu unternehmenden Schritte Vorrang.

Falls ein Arbeitsloser in dem Mitgliedstaat, der ihm keine Leistungen gewährt, nicht allen Pflichten nachkommt und/oder dort nicht alle Schritte zur Arbeitsuche unternimmt, so hat dies keine Auswirkungen auf die Leistungen, die in dem anderen Mitgliedstaat gewährt werden

(3) Bei der Anwendung von Artikel 65 Absatz 5 Buchstabe b der Grundverordnung teilt der Träger des Mitgliedstaats, dessen Rechtsvorschriften zuletzt für den Arbeitslosen galten, dem Träger des Wohnorts auf dessen Ersuchen hin mit, ob der Arbeitslose einen Leistungsanspruch nach Artikel 64 der Grundverordnung hat.

Artikel 70 DVO *Erstattung der Leistungen bei Arbeitslosigkeit*

[1]Falls keine Vereinbarung nach Artikel 65 Absatz 8 der Grundverordnung getroffen wurde, beantragt der Träger des Wohnorts die Erstattung von Leistungen bei Arbeitslosigkeit nach Artikel 65 Absätze 6 und 7 der Grundverordnung von dem Träger des Mitgliedstaats, dessen Rechtsvorschriften zuletzt für den Leistungsberechtigten gegolten haben. [2]Die Antragstellung erfolgt binnen sechs Monaten nach Ende des Kalenderhalbjahrs, in dem die letzte Zahlung von Leistungen bei Arbeitslosigkeit, deren Erstattung beantragt wird, geleistet wurde. [3]Aus dem Antrag gehen die Höhe der Leistungen, die nach Artikel 65 Absätze 6 oder 7 der Grundverordnung drei oder fünf Monate lang gezahlt wurden, die Zeit der Leistungszahlung und die Angaben zur Person des Arbeitslosen hervor. [4]Die Forderungen werden über die Verbindungsstellen der betroffenen Mitgliedstaaten eingereicht und bezahlt.

Es ist nicht erforderlich, Anträge, die nach der in Absatz 1 genannten Frist eingereicht werden, zu berücksichtigen.

Artikel 66 Absatz 1 und Artikel 67 Absätze 5 bis 7 der Durchführungsverordnung gelten entsprechend.

[1]Nach Ablauf der in Artikel 67 Absatz 5 der Durchführungsverordnung genannten Achtzehnmonatsfrist kann der forderungsberechtigte Träger Zinsen auf die nicht beglichenen Forderungen erheben. [2]Die Zinsen werden nach Artikel 68 Absatz 2 der Durchführungsverordnung berechnet.

[1]Als Höchstbetrag der Erstattung nach Artikel 65 Absatz 6 Satz 3 der Grundverordnung gilt in jedem Einzelfall der Leistungsbetrag, auf den eine betroffene Person nach den Rechtsvorschriften des Mitgliedstaats, die zuletzt für sie gegolten haben, Anspruch hätte, sofern sie bei der Arbeitsverwaltung dieses Mitgliedstaats gemeldet wäre. [2]In den Beziehungen zwischen den in Anhang 5 der Durchführungsverordnung aufgelisteten Mitgliedstaaten bestimmen jedoch die zuständigen

Titel III Leistungen bei Arbeitslosigkeit — Artikel 65

Träger eines dieser Mitgliedstaaten, dessen Rechtsvorschriften zuletzt für die betroffene Person gegolten haben, in jedem Einzelfall den Höchstbetrag auf der Grundlage des Durchschnittsbetrags der Leistungen bei Arbeitslosigkeit, die nach den Rechtsvorschriften dieses Mitgliedstaats im vorangegangenen Kalenderjahr zu zahlen waren.

I. Normzweck 1	4. Zuständigkeit zur Leistungsgewährung
II. Einzelerläuterungen 4	(Abs. 5) 12
1. Teilarbeitslosigkeit (Abs. 1) 4	a) Grenzgänger 13
2. Auseinanderfallen von Beschäftigungs- und Wohnstaat (Abs. 2) 7	b) Unechter Grenzgänger 15
a) Grenzgänger 7	c) Atypischer Grenzgänger 16
b) Unechter Grenzgänger 8	5. Kostentragung/Erstattung (Abs. 6-8)... 17
c) Atypischer Grenzgänger 10	6. Anspruch auf sonstige Leistungen während des Leistungsbezugs 17
3. Meldepflichten des Arbeitslosen (Abs. 3).. 11	

I. Normzweck

Wie schon die Vorläufervorschrift des Art. 71 VO (EWG) Nr. 1408/71 bereitet auch das Verständnis und die Anwendung des Art. 65 erhebliche Schwierigkeiten. Wie bereits die Überschrift der Vorschrift zum Ausdruck bringt, ist Gegenstand der Regelung das **Auseinanderfallen von Wohnstaat und Beschäftigungsstaat** in der Person des Arbeitslosen. Diese Konstellation kann aber sehr verschiedengestaltig sein. Dieser Verschiedengestaltigkeit muss das Koordinierungsrecht sowohl hinsichtlich der Voraussetzungen wie der Rechtsfolgen Rechnung tragen. Das frühere, in Art. 71 VO (EWG) Nr. 1408/71 enthaltene Recht unterschied zwischen Grenzgängern und Arbeitnehmern, die nicht Grenzgänger sind (in der Literatur meist auch als unechte Grenzgänger bezeichnet). Aufgrund der Rechtsprechung des EuGH wurde bei den echten Grenzgängern noch ein meist als atypischer Grenzgänger bezeichneter Arbeitsloser unterschieden. Darüber hinaus unterschied Art. 71 VO (EWG) Nr. 1408/71 zwischen Grenzgängern, die vollarbeitslos sind und solchen, die in Kurzarbeit beschäftigt waren. 1

Der vollarbeitslose Grenzgänger erhielt Leistungen nach den Rechtsvorschriften des Wohnstaates. Demgegenüber bestand für den Arbeitnehmer, der nicht Grenzgänger war, ein Wahlrecht. Primär sollte sich der unechte Grenzgänger an den Träger des Staates der letzten Beschäftigung wenden. Art. 71 eröffnete ihm aber die Möglichkeit, sich der Arbeitsverwaltung des Mitgliedstaats zur Verfügung zu stellen, in dessen Gebiet er wohnt und in dessen Gebiet er zurückkehrt, so dass er Leistungen nach den Rechtsvorschriften dieses Staates erhielt. Der Grund für diese Regelung war darin zu sehen, dass beim unechten Grenzgänger eine stärkere Integration in den Wohnstaat nicht ohne weiteres gegeben ist, weil er nicht mit der Regelmäßigkeit des echten Grenzgängers an seinen Wohnort zurückkehrt. In gleicher Weise wurde der von der Rechtsprechung des EuGH sogenannte **atypische Grenzgänger** behandelt (s. dazu unten Rn 10). Auch er konnte sich für die Vermittlung im Beschäftigungs- oder Wohnstaat entscheiden und dementsprechend Leistungen von dem einen oder anderen bekommen.

Die **Kommission** hatte sich in einem **Vorschlag** aus dem Jahre 1998 für eine einfache Lösung dahingehend ausgesprochen, dass alle Arbeitnehmer, wo auch immer sie wohnen, einen Anspruch auf Leistungen bei Arbeitslosigkeit in dem Mitgliedstaat haben, in dem sie zuletzt arbeiteten (vgl zu den Einzelheiten dieses Vorschlags *Cornelissen*, European Journal of Social Security, 2007, 207 ff). Maßgeblich für diese Regelung war insbesondere der Aspekt der Kostentragung. Nach der bisherigen Regelung traf die Last den Träger des Wohnstaates, obwohl dieser zuletzt keine Beiträge erhalten hatte. Vor allem aber hätte die vorgeschlagene Regelung zu einer erheblichen Vereinfachung geführt, weil all die vorgenannten Differenzierungen überflüssig geworden wären. Der Vorschlag der Kommission fand nicht die nötige Einstimmigkeit, weil einzelne Länder von der bisherigen Regelung begünstigt waren (vgl dazu *Cornelissen*, European Journal of Social Se- 2 curity, 2007, 209). So kam etwa Luxemburg stets in den Genuss von Beiträgen von Grenzgängern, bei Arbeitslosigkeit mussten aber die Leistungen von den Wohnstaaten erbracht werden.

3 Art. 65 hat deshalb **im Wesentlichen das alte Recht** übernommen. Nach hM gilt dies auch für den atypischen Grenzgänger (s. dazu unten Rn 10). Neu ist insbesondere, dass der Grenzgänger sich auch der Arbeitsverwaltung des Beschäftigungsstaates zur Verfügung stellen kann. Außerdem sehen Abs. 6 und 7 in einem bestimmten Umfang Erstattungen gegenüber dem Träger des Wohnorts vor. Wie bei allen Vorschriften des Kapitels 6 trägt Art. 65 der zunehmenden Einbeziehung selbstständiger Erwerbstätiger in die Arbeitslosenversicherung Rechnung.

II. Einzelerläuterungen

1. Teilarbeitslosigkeit (Abs. 1)

4 Die deutsche Fassung des Abs. 1 spricht von einer Person bei **Kurzarbeit** oder **sonstigem vorübergehenden Arbeitsausfall**. Ob diese Übersetzung glücklich ist, sei dahingestellt. Der englische Text benutzt die Terminologie „a person who is partially or intermittently unemployed" (ebenso der französische Text „la personne en chômage partiel ou intermittent"). Die deutsche Übersetzung ist zweifelhaft, weil sie den Eindruck erweckt, als ob es um Fälle von Kurzarbeit im technischen Sinne (§ 95 SGB III) ginge. Die typische Fallgestaltung des Abs. 1 mag der Sachverhalt in der Rs. de Laat verdeutlichen (EuGH, Rs. C-444/98, Slg. 2001, I-2229). Der niederländische, in den Niederlanden wohnende Kläger arbeitete Vollzeit bei einer Firma in Belgien. Die Arbeit wurde Ende November beendet. Kurz darauf nahm er bei demselben Arbeitgeber eine Tätigkeit im Rahmen eines neuen Arbeitsvertrages auf, wobei es sich um einen Teilzeitarbeitsvertrag handelte (Arbeitszeit von 13 Wochenstunden). Es war streitig, ob ein Fall von teilweiser Arbeitslosigkeit oder Vollarbeitslosigkeit vorlag. Das mit der Rechtssache befasste niederländische Gericht legte dem EuGH die Frage nach dem Inhalt der Begriffe und nach welchem Recht die Begriffe zu bestimmen waren vor. Der EuGH entschied, dass die Begriffe Teil- bzw Vollarbeitslosigkeit iSd Art. 71 VO (EWG) Nr. 1408/71 (jetzt Art. 65) nach **Gemeinschaftsrecht** zu bestimmen seien (Rn 18 des Urteils). Bei der Bestimmung der Kriterien stellt der Gerichtshof auf die Funktion der Regelung für Grenzgänger ab. Die grundsätzliche Entscheidung in (jetzt) Art. 65 für den Wohnsitzstaat beruhe darauf, dass dieser in der Regel die besseren Vermittlungschancen böte. Dies sei aber bei der vorliegenden Konstellation nicht der Fall, da aufgrund der Teilzeitbeschäftigung eine engere Beziehung zum Beschäftigungsstaat bestehe. Deshalb müsse in diesem Falle von einer teilweisen Arbeitslosigkeit und deshalb von Abs. 1 ausgegangen werden (Rn 37 des Urteils).

5 Die Verwaltungskommission hat dieser Intention der Rechtsprechung des EuGH im **Beschluss Nr. U3** vom 12.6.2009 Rechnung getragen (ABl. EU v. 24.4.2010 C 106/45). In Nr. 1 des Beschlusses wird betont, dass die Bestimmung der Art der Arbeitslosigkeit (Teilarbeitslosigkeit oder Vollarbeitslosigkeit) von der Feststellung des Bestehens oder der Aufrechterhaltung einer arbeitsvertraglichen Bindung zwischen den Parteien und nicht von der Dauer einer etwaigen zeitweiligen Aussetzung der Tätigkeit abhängig ist. In Anlehnung an die Entscheidung des EuGH in der Rs. De Laat wird in Nr. 2 ein Fall von Teilarbeitslosigkeit im Sinne von Art. 65 Abs. 1 und damit die Zuständigkeit des Trägers des Beschäftigungsmitgliedstaats gesehen, wenn eine Person in einem anderen als dem Wohnstaat bei einem Unternehmen beschäftigt ist und vorübergehend nicht arbeitet, aber an den Arbeitsplatz zurückkehren kann. Umgekehrt gilt nach Nr. 3 des Beschlusses, dass bei Fehlen einer Verbindung mit dem Beschäftigungsmitgliedstaat – insbesondere wegen Auflösung oder Ablauf des Arbeitsvertrags – Vollarbeitslosigkeit angenommen wird. Nach Nr. 4 des Beschlusses gilt für eine selbstständig erwerbstätige Person, die in dem Mitgliedstaat ihrer beruflichen Tätigkeit keine Erwerbstätigkeit mehr ausübt, dass sie als vollarbeitslos im Sinne von Art. 65 Abs. 2 anzusehen ist und deshalb für die Gewährung der Leistungen der Träger des Wohnorts zuständig ist.

Liegen die Voraussetzungen von Art. 65 Abs. 1 vor, so muss sich der Antragsteller der Arbeits- 6
verwaltung des zuständigen Mitgliedstaats zur Verfügung stellen. Er erhält Leistungen nach den
Rechtsvorschriften dieses Mitgliedstaats, als ob er in diesem Mitgliedstaat wohnen würde.

2. Auseinanderfallen von Beschäftigungs- und Wohnstaat (Abs. 2)

a) Grenzgänger

Abs. 2 S. 1 der Vorschrift spricht von einer **vollarbeitslosen Person**, die während ihrer letzten 7
Beschäftigung oder selbstständigen Erwerbstätigkeit in einem anderen als dem zuständigen Mitgliedstaat gewohnt hat. Die Bestimmung unterscheidet demnach nicht zwischen echtem und unechtem Grenzgänger. Diese Differenzierung ergibt sich erst aus der Bestimmung des Unterabs. 2.
Der **echte Grenzgänger** ist in Art. 1 f) definiert als eine Person, die in einem Mitgliedstaat eine
Beschäftigung oder eine selbstständige Erwerbstätigkeit ausübt und in einem anderen Mitgliedstaat wohnt, in den sie in der Regel täglich, mindestens jedoch einmal wöchentlich, zurückkehrt.
Er muss sich deshalb nach S. 1 der **Arbeitsverwaltung des Wohnmitgliedstaats** zur Verfügung
stellen. Im Gegensatz zum bisherigen Recht gibt ihm Abs. 2 die Möglichkeit, sich zusätzlich der
Arbeitsverwaltung des Mitgliedstaats der letzten Beschäftigung oder selbstständigen Erwerbstätigkeit zur Verfügung zu stellen. Wie S. 2 klarstellt, kann er sich freilich auch unter den Voraussetzungen des **Art. 64** in einen anderen Mitgliedstaat zur Arbeitsuche begeben. Bezüglich der
Leistungen s. unten Rn 13.

b) Unechter Grenzgänger

Unterabs. 1 S. 1 erfasst auch den **unechten Grenzgänger**, also den Arbeitslosen, der kein Grenz- 8
gänger ist, weil er zB nicht wenigstens einmal wöchentlich nach Hause zurückkehrt. Das Grundproblem der Bestimmung dieser Kategorie des unechten Grenzgängers liegt in der Vermeidung
zweier Extreme. Das eine besteht darin, wegen der selteneren Rückkehr der betreffenden Person
an den Wohnort ein Zusammenfallen von Beschäftigungsort und Wohnort anzunehmen. In der
Gegenrichtung besteht die Gefahr, bei einer allzu großzügigen Auslegung des Wohnortbegriffs
stets ein Auseinanderfallen beider Bezugspunkte anzunehmen, vor allem, wenn sich die Familie
des Arbeitslosen weiterhin gewöhnlich in einem anderen Mitgliedstaat aufhält. In der Rechtsprechung des EuGH ist diese Problematik gesehen worden. In der **Rs. Di Paolo** (Rs. 76/76, Slg 1977,
350) hat der Gerichtshof den **Begriff des Wohnmitgliedstaats** dahingehend bestimmt, dass dieser
den Ort meint, an dem „der Arbeitnehmer, obgleich in einem anderen Mitgliedstaat beschäftigt,
weiterhin gewöhnlich wohnt und in dem sich auch der gewöhnliche Mittelpunkt seiner Interessen
befindet". Der Umstand, dass der Arbeitnehmer seine Familie in dem genannten Staat zurückgelassen hat, sei ein Indiz dafür, dass er dort seinen Wohnort beibehalten hat; dies könne aber für
sich allein nicht genügen, um ihm die Ausnahme des Art. 71 Abs. 1 lit. b) Ziff. ee) (jetzt Art. 65
Abs. 2, Abs. 5 lit. a)) zugute kommen zu lassen. Vielmehr werde bei einem Arbeitnehmer, der in
einem Mitgliedstaat über einen festen Arbeitsplatz verfügt, vermutet, dass er dort wohnt, auch
wenn er seine Familie in einem anderen Staat zurückgelassen hat. Es seien daher nicht nur die
familiären Verhältnisse des Arbeitnehmers zu berücksichtigen, sondern auch die Gründe, die ihn
zu der Abwanderung bewogen haben, und die Art seiner Tätigkeit (Rn 17 bis 20 des Urteils).
Abgelehnt hat der Gerichtshof die Auffassung, bei Überschreitung einer gewissen Höchstdauer
sei die Anwendung der Regelung über den unechten Grenzgänger ausgeschlossen (EuGH,
Rs. C-102/91 (Knoch), Slg 1992, I-4341 Rn 27). Die Eigenschaft eines unechten Grenzgängers ist
auch bei einer Person gegeben, die während ihrer letzten Beschäftigung ihren Wohnort aus familiären Gründen in einen anderen Mitgliedstaat verlegt und nach dieser Verlegung nicht mehr in
den Beschäftigungsstaat zurückkehrt, um dort ihre Tätigkeit auszuüben (EuGH, Rs. 236/87 (Bergemann), Slg 1988, 5125 Rn 22; dieser Rechtsprechung des EuGH folgt auch das BSG, vgl BSG
SozR 3-6050 Art. 71 Nr. 5). Bei Tätigkeiten im Rahmen eines akademischen Austauschdienstes
kommt nach Auffassung des EuGH dem Umstand, dass der Arbeitnehmer des öfteren längere

Ferien hatte, während derer er sich in seinem Heimatstaat aufhielt, kein ausschlaggebendes Kriterium für die Bestimmung des Wohnortes zu (EuGH, Rs. C-216/89 (Reibold), Slg 1990, I-4163).

9 Mit dem **Beschluss U2** der Verwaltungskommission vom 12.6.2009 (ABl. EU v. 24.4.2010 C 106/43) wurden wichtige Auslegungshilfen gegeben. Nach Nr. 1 des Beschlusses U2 sieht die Verwaltungskommission den Anwendungsbereich des Art. 65 neben dem echten Grenzgänger vor allem (nicht abschließend!) für folgenden Personenkreis vor:

- die von Art. 11 Abs. 4 erfassten Personen,
- die von Art. 13 erfassten Personen, die ihre Tätigkeit gewöhnlich im Gebiet von zwei oder mehr Mitgliedstaaten ausüben,
- Personen, für die eine Vereinbarung nach Art. 16 gilt (die Benennung dieser Personengruppe ist zurückzuführen auf die Entscheidung des EuGH, Rs. C-454/93 (van Gestel), Slg 1995, I-1707: Der niederländische Kläger, der zu einem Unternehmen nach Belgien versetzt wurde und dort seinen Wohnsitz nahm, vereinbarte über Art. 16 die Fortgeltung niederländischen Sozialversicherungsrechts).

Die Anwendung des Art. 65 kommt für sie in Betracht, wenn sie während ihrer letzten Erwerbstätigkeit in einem anderen als dem zuständigen Mitgliedstaat wohnten. Nach Nr. 3 des Beschlusses soll der Wohnstaat gemäß Art. 11 DVO ermittelt werden.

c) Atypischer Grenzgänger

10 Diese Rechtsfigur geht auf die Entscheidung des EuGH in der Rs. Miethe (EuGH Rs. 1/85, Slg 1986, 1837) zurück. Der Kläger war in Aachen als Arbeitnehmer tätig, wohnte aber in Belgien, wohin er täglich zurückkehrte. Dementsprechend erfüllte er die Voraussetzungen des echten Grenzgängers im Sinne von Art. 1 f). Die Besonderheit der Fallgestaltung lag aber darin, dass der Betroffene seine gesamte berufliche Laufbahn in Deutschland durchlaufen hatte und deshalb die Vermittlungschancen in diesem Land eindeutig besser waren. Vor diesem Hintergrund behandelte der EuGH den Kläger wie einen Arbeitslosen, der nicht Grenzgänger ist (unechter Grenzgänger), mit dem Ergebnis, dass dieser nach seiner Wahl auch Leistungen bei Arbeitslosigkeit vom Träger des Beschäftigungsortes verlangen konnte. Zur Begründung verwies der Gerichtshof darauf, dass Grenzgänger im Sinne von Art. 1 lit. f) bei Vollarbeitslosigkeit Anspruch ausschließlich auf Leistungen des Wohnortstaates hätten, wobei dieser Regelung die **stillschweigende Annahme** zugrunde liege, dass die **Voraussetzungen für die Arbeitssuche** für einen solchen Arbeitnehmer in diesem Staat **am günstigsten** seien. Dieser Zweck könne jedoch dann nicht erreicht werden, wenn ein voll arbeitsloser Arbeitnehmer zwar die Kriterien des Art. 1 lit. f) erfülle, ausnahmsweise aber im Staat der letzten Beschäftigung persönliche und berufliche Bindungen solcher Art vorlägen, dass in diesem Staat die besten Aussichten auf berufliche Wiedereingliederung bestünden. Soweit ersichtlich, geht die bis dato veröffentlichte Meinung einhellig davon aus, dass diese Rechtsprechung zum atypischen Grenzgänger auch unter Geltung der VO (EG) Nr. 883/2004 Geltung beanspruchen könne (*Cornelissen*, European Journal of Social Security, 2007, 187 (211); *Karl*, Neuerungen in der Koordinierung des europäischen Arbeitslosenversicherungsrechts, in: *Marhold* (Hrsg.), Das neue Sozialrecht der EU, 2005, S. 39 (40); *Pennings*, Koordinierung, in: *Eichenhofer* (Hrsg.), 50 Jahre nach ihrem Beginn, 2009, S. 265 (282). Eine endgültige Klärung des Problems dürfte eine Entscheidung des EuGH in der anhängigen Rs. C-443/11 (Jeltes) bringen.

3. Meldepflichten des Arbeitslosen (Abs. 3)

11 Abs. 3 verlangt von allen durch Abs. 3 S. 1 genannten Arbeitslosen, sich bei der zuständigen **Arbeitsverwaltung des Wohnmitgliedstaates** zu melden, sich dem dortigen Kontrollverfahren zu unterwerfen und die Voraussetzungen der Rechtsvorschriften dieses Mitgliedstaats zu erfüllen. Das Gleiche gilt nach Abs. 2 S. 2, wenn der Arbeitslose sich für eine Arbeitssuche in dem Mitgliedstaat der letzten Beschäftigung oder selbstständigen Erwerbstätigkeit entschieden hat. Dann

muss er sich in diesen Mitgliedstaat in gleicher Weise einbringen. Einzelheiten hierzu regelt gemäß Art. 65 Abs. 4 die Vorschrift des Art. 56 DVO.

4. Zuständigkeit zur Leistungsgewährung (Abs. 5)

Abs. 5 bestimmt, welcher Träger die Leistungen bei Arbeitslosigkeit zu erbringen hat. Folgende Konstellationen sind zu unterscheiden: 12

a) Grenzgänger

Gemäß Abs. 5 a) erhält der echte Grenzgänger **Leistungen nach den Rechtsvorschriften des Wohnmitgliedstaats**, als ob diese Rechtsvorschriften für ihn während seiner letzten Beschäftigung oder selbstständigen Erwerbstätigkeit gegolten hätten. Auch wenn er von der Möglichkeit des Art. 65 Abs. 2 S. 2 Gebrauch gemacht hat, sich zusätzlich der Arbeitsverwaltung des Mitgliedstaats der letzten Beschäftigung oder selbstständigen Erwerbstätigkeit zur Verfügung zu stellen, ändert dies nichts an der Leistungszuständigkeit des Trägers des Wohnorts. 13

Das **Auseinanderfallen von Wohnstaat und Beschäftigungsstaat** muss im Zeitpunkt des Eintritts der Arbeitslosigkeit vorliegen. Verzieht der Arbeitslose erst danach in einen anderen Mitgliedstaat, so liegen die Voraussetzungen des Art. 65 Abs. 5 lit. a) nicht vor (EuGH, Rs. 128/83 (Guyot), Slg 1984, 3507 Rn 9). Verlegt der Arbeitslose, nachdem er unter den Voraussetzungen des Art. 65 Abs. 1 lit. a) Leistungen wegen Arbeitslosigkeit vom Träger des Wohnortmitgliedstaats erhalten hat, seinen Wohnort in den Beschäftigungsstaat, so entfällt die Voraussetzung des Auseinanderfallens von Beschäftigungs- und Wohnstaat. Es kommt deshalb nicht zu einer Anwendung der Vorschrift des Art. 64 über den Leistungsexport (EuGH, Rs. 145/84 (Cochet), Slg 1985, 81 Rn 16). Der Arbeitslose hat dann einen Anspruch auf Leistungen wegen Arbeitslosigkeit nach dem Recht des Beschäftigungsstaates. Dieser muss den Verpflichtungen, die sich für ihn bezüglich der Leistungen bei Arbeitslosigkeit ergeben, nachkommen oder wieder nachkommen. Die von dem Staat des vorübergehenden Wohnorts gezahlten Leistungen sind folglich bei der Anwendung der Rechtsvorschriften des Staates der letzten Beschäftigung so zu berücksichtigen, als seien sie von diesem selbst gezahlt worden (EuGH, Rs. C-131/95 (**Huijbrechts**), Slg 1997, I-1409 Rn 28). Die vorbezeichneten Entscheidungen in den Rs. Cochet und Huijbrechts, die zum früheren Recht des Art. 71 VO (EWG) Nr. 1408/71 ergangen sind, können auch für das neue Recht Geltung beanspruchen (ebenso *Cornelissen*, European Journal of Social Security, 2007, 187, 216 f). 14

b) Unechter Grenzgänger

Die **Leistungszuständigkeit des Trägers des Wohnorts** gilt auch für den Arbeitslosen, der kein Grenzgänger ist und weiterhin in diesem Mitgliedstaat wohnt oder in ihn zurückkehrt. Wenn er aber von seinem Wahlrecht Gebrauch macht und nicht in seinen Wohnmitgliedstaat zurückkehrt, sich stattdessen der Arbeitsverwaltung des Mitgliedstaats zur Verfügung stellt, dann gewährt die Leistungen der **zuständige Träger des Beschäftigungsstaates** bzw des Staates der **zuletzt ausgeübten selbstständigen Erwerbstätigkeit**. 15

Eine weitere Konstellation für den Arbeitslosen, der kein Grenzgänger war, ergibt sich aus Abs. 5 lit. b). Lit. b) spricht nur vom Arbeitnehmer. Es ist jedoch anzunehmen, dass es sich insoweit um ein Redaktionsversehen handelt. Selbstverständlich muss diese Regelung auch für den selbstständig Erwerbstätigen gelten. Aus dieser Bestimmung ergibt sich, dass der arbeitslos gewordene Beschäftigte oder Selbstständige sich zunächst an den zuständigen Träger des Mitgliedstaats wenden kann, dessen Rechtsvorschriften zuletzt für ihn gegolten haben, und von diesem Leistungen verlangen kann. Kehrt er aber danach in den Wohnmitgliedstaat zurück, so wird er dem Leistungsregime des Art. 64 unterworfen. Er wird also so behandelt, als ob er die Arbeitssuche in einem anderen Mitgliedstaat als dem zuständigen Mitgliedstaat fortsetzen würde. Er erhält deshalb Leistungen bei Arbeitslosigkeit vom Träger des Staates der letzten Beschäftigung bzw selbstständigen Tätigkeit. Da ein Bezug von Doppelleistungen ausgeschlossen werden muss, bestimmt lit. b) Hs. 2, dass während des Bezugs von Leistungen nach den Rechtsvorschriften, die zuletzt für ihn gegolten haben, Leistungen nach lit. a) ausgesetzt werden.

c) Atypischer Grenzgänger

16 Die Grundsätze unter b) gelten auch für den atypischen Grenzgänger, da er nach der Rechtsprechung ein Wahlrecht hat und wie ein unechter Grenzgänger behandelt wird (so *Cornelissen*, European Journal of Social Security, 187 (211)). Über diese Frage wird der EuGH in dem anhängigen Verfahren C-443/11 (Jeltes u.a.) zu entscheiden haben (s. oben Rn 14).

5. Kostentragung/Erstattung (Abs. 6-8)

17 Abs. 6 S. 1 bestimmt, dass die Leistungen des Trägers des Wohnorts nach Abs. 5 zu seinen Lasten erbracht werden. Diese **Kostenlastregelung** galt auch nach bisherigem Recht ohne ausdrückliche Bestimmung. Neu sind jetzt die folgenden Erstattungsregelungen. Nach Abs. 6 S. 2 hat der zuständige Träger des Mitgliedstaats, dessen Rechtsvorschriften zuletzt für ihn gegolten haben, dem Träger des Wohnorts den Gesamtbetrag der während der ersten drei Monate erbrachten Leistungen zu erstatten. Die Erstattung darf aber nicht über das Leistungsniveau hinausgehen, das beim zuständigen Träger gegolten hätte. Deshalb begrenzt Abs. 6 S. 3 den Erstattungsbetrag auf diesen Betrag. Und ebenso folgerichtig bestimmt Abs. 6 S. 4, dass die Leistungen, die der zuständige Träger aufgrund von Abs. 5 lit. b) gemäß Art. 64 erbringt, von den nach S. 2 zu erbringenden Leistungen abgezogen werden. Gemäß Abs. 7 wird der nach Abs. 6 für Erstattungen vorgesehene Zeitraum auf fünf Monate ausgedehnt, wenn von der betreffenden Person in dem Referenzzeitraum der vorausgegangenen 24 Monate Beschäftigungszeiten oder Zeiten einer selbstständigen Erwerbstätigkeit von mindestens zwölf Monaten in dem Mitgliedstaat zurückgelegt wurden, dessen Rechtsvorschriften zuletzt gegolten haben. Allerdings gilt dies nur, sofern diese Zeiten einen Anspruch auf Leistungen bei Arbeitslosigkeit begründen würden. Gemäß Abs. 8 können Mitgliedstaaten untereinander andere **Erstattungsverfahren** vereinbaren oder auf Erstattung verzichten. Einzelheiten und Modalitäten zur praktischen Handhabung des Erstattungsregimes enthalten Art. 70 DVO und den Beschluss Nr. U4 der Verwaltungskommission vom 13.12.2011 festgelegt (ABl. v. 25.2.2012 C 57/4).

6. Anspruch auf sonstige Leistungen während des Leistungsbezugs

Die Frage der Zuständigkeit für die Erbringung von Leistungen, wenn der Arbeitslose gemäß Art. 65 nach den Rechtsvorschriften des Wohnmitgliedstaats Leistungen bei Arbeitslosigkeit erhält, ist durch die neue Bestimmung des Art. 11 Abs. 3 lit. c) beantwortet worden (s. dazu oben Art. 11 Rn 16). Danach ist der Träger des Wohnmitgliedstaats auch für die Gewährung der übrigen Leistungen zuständig. Dh Leistungen bei Krankheit oder Mutterschaft oder Vaterschaft, bei Eintritt von Invalidität sowie Familienleistungen liegen in der Zuständigkeit des Trägers des Wohnmitgliedstaats. Hierfür sind die in Art. 65 Abs. 6 und 7 vorgesehenen Erstattungsregelungen als (teilweise) Kompensation anzusehen.

Artikel 65 a Besondere Bestimmungen für vollarbeitslose selbständig erwerbstätige Grenzgänger, sofern in dem Wohnmitgliedstaat für selbständig Erwerbstätige kein System der Leistungen bei Arbeitslosigkeit besteht

(1) [1]Abweichend von Artikel 65 hat sich eine vollarbeitslose Person, die als Grenzgänger zuletzt in einem anderen Mitgliedstaat als ihrem Wohnmitgliedstaat Versicherungszeiten als Selbständi-

ger oder Zeiten einer selbständigen Erwerbstätigkeit zurückgelegt hat, die für die Zwecke der Gewährung von Leistungen bei Arbeitslosigkeit anerkannt werden, und deren Wohnmitgliedstaat gemeldet hat, dass für keine Kategorie von Selbständigen ein System der Leistungen bei Arbeitslosigkeit dieses Mitgliedstaats besteht, bei der zuständigen Arbeitsverwaltung in dem Mitgliedstaat, in dem sie zuletzt eine selbständige Erwerbstätigkeit ausgeübt hat, anzumelden und sich zu ihrer Verfügung zu stellen sowie, wenn sie Leistungen beantragt, ununterbrochen die Voraussetzungen der Rechtsvorschriften dieses Mitgliedstaats zu erfüllen. ²Zusätzlich kann die vollarbeitslose Person sich der Arbeitsverwaltung des Wohnmitgliedstaats zur Verfügung stellen.

(2) Die vollarbeitslose Person nach Absatz 1 erhält Leistungen des Mitgliedstaats, dessen Rechtsvorschriften sie zuletzt unterlag, entsprechend den Rechtsvorschriften, die dieser Mitgliedstaat anwendet.

(3) ¹Sollte die vollarbeitslose Person nach Absatz 1 sich der Arbeitsverwaltung des Mitgliedstaats der letzten Erwerbstätigkeit nicht oder nicht länger zur Verfügung stellen wollen, nachdem sie sich dort gemeldet hat, und in dem Wohnmitgliedstaat nach Arbeit suchen wollen, gilt Artikel 64 mit Ausnahme seines Absatzes 1 Buchstabe a entsprechend. ²Der zuständige Träger kann den in Artikel 64 Absatz 1 Buchstabe c Satz 1 genannten Zeitraum bis zum Ende des Berechtigungszeitraums verlängern.

I. Normzweck

Art. 65 a ist durch die Verordnung (EU) Nr. 465/2012 (ABl. L 149/4) eingefügt worden. Es handelt sich um eine spezielle Vorschrift betreffend **selbstständig erwerbstätige Grenzgänger**. Diese fallen grundsätzlich unter die Regelung des Art. 65. Nach Art. 65 Abs. 5 lit. a) erhält der Grenzgänger Leistungen nach den Rechtsvorschriften des Wohnmitgliedstaats. Wenn aber dieser über kein Arbeitslosenversicherungssystem für Selbstständige verfügt, wäre der Betroffene ohne Schutz bei Arbeitslosigkeit. Diese Lücke füllt nunmehr Art. 65 a, indem abweichend von Art. 65 die Leistungszuständigkeit des Staates bestimmt wird, dessen Rechtsvorschriften der Betroffene zuletzt unterlag. Die Vorschrift erlangt Relevanz im Hinblick auf Länder wie Frankreich, Italien, Belgien, Niederlande, Griechenland, Zypern, Malta und die baltischen Staaten, die keine Arbeitslosenversicherung für Selbstständige eingeführt haben. Die Bestimmung soll nach zweijähriger Anwendung überprüft und erforderlichenfalls geändert werden (vgl Erwägungsgrund 6 der Präambel). 1

II. Einzelerläuterungen

1. Verfügbarkeit des Arbeitslosen gegenüber dem Staat der selbstständigen Tätigkeit (Abs. 1)

Abs. 1 betrifft den **vollarbeitslosen Grenzgänger** (Definition des Grenzgängers in Art. 1 lit. f)). Er muss „in jüngster Vergangenheit", dh zuletzt (s. auch Abs. 2!) Versicherungszeiten (Art. 1 lit. c)) als Selbstständiger bzw Zeiten einer selbstständigen Tätigkeit (Art. 1 lit. u)) zurückgelegt haben, die bei der Gewährung von Leistungen bei Arbeitslosigkeit anerkannt werden. Nach der Grundregel in Art. 65 Abs. 1 müsste sich der Betroffene der Arbeitsverwaltung des Wohnmitgliedstaats zur Verfügung stellen. Davon weicht Abs. 1 ab, wenn der **Wohnmitgliedstaat mitgeteilt** hat, dass es in seinem Anwendungsbereich kein Arbeitslosenversicherungssystem für Selbstständige gibt. Dem Wortlaut zufolge kommt die Bestimmung nur zur Anwendung, wenn im Wohnmitgliedstaat für keine Kategorie von Selbständigen ein Schutzsystem bei Arbeitslosigkeit besteht. Dann muss sich die betroffene Person bei der Arbeitsverwaltung des Staates, in dem sie zuletzt eine selbstständige Tätigkeit ausgeübt hat, melden und zur Verfügung stellen. S. 2 eröffnet aber die Möglichkeit, sich zusätzlich der Arbeitsverwaltung des Wohnmitgliedstaats zur Verfügung zu stellen. 2

2. Leistungszuständigkeit des Staates der letzten selbstständigen Tätigkeit (Abs. 2)

3   Abs. 2 folgt leistungsrechtlich der Logik des Abs. 1. Wenn der arbeitslose Selbstständige sich dem Staat der letzten selbstständigen Erwerbstätigkeit zur Verfügung zu stellen hat und nur in diesem Staat ein System der Arbeitslosenversicherung für Selbstständige besteht, muss er auch vom zuständigen Träger dieses Mitgliedstaates Leistungen erhalten.

3. Sonderfall: Fehlende Verfügbarkeit im Staat der letzten selbstständigen Erwerbstätigkeit (Abs. 3)

4   Der vollarbeitslose Selbstständige kann gute Gründe haben, die **Arbeitssuche** auf das Gebiet des **Wohnmitgliedstaats** zu konzentrieren. Er wird dann davon Abstand nehmen, sich der Arbeitsverwaltung der letzten Tätigkeit zur Verfügung zu stellen. Ähnlich gelagert ist der Fall, dass der Betroffene die Verfügbarkeit nach einiger Zeit beendet. Wie sich aus Abs. 3 ergibt, soll dies aber nicht zu einem Wegfall des Anspruchs auf Leistungen bei Arbeitslosigkeit führen. Vielmehr soll es zu einer **entsprechenden Anwendung des Art. 64** kommen. Der Verordnungsgeber lässt also einen Leistungsexport zu. Dabei wird auf die Erfüllung der Voraussetzung des Art. 64 Abs. 1 lit. a) verzichtet. Damit hat der arbeitslose Selbstständige einen Leistungsanspruch für drei Monate. Nach Abs. 3 S. 2 kann aber der zuständige Träger eine Verlängerung bis zum Ende des Berechtigungszeitraums einräumen.

4. Administrative Durchführung

5   Ähnlich wie beim Leistungsexport nach Art. 64 bedarf es auch bei der ihm gleichgestellten Fallgestaltung des Art. 65 a Abs. 3 einer verwaltungsmäßigen Flankierung der Sicherstellung des Leistungsanspruchs gegenüber dem Träger des zuständigen Staates der letzten selbstständigen Erwerbstätigkeit. Die Einzelheiten hierzu ergeben sich aus Art. 55 Abs. 1 DVO sowie dem – durch die VO (EU) Nr. 465/2012 eingefügten – Art. 55 Abs. 7 DVO, der Art. 55 Abs. 2 bis 6 DVO für anwendbar erklärt.

Kapitel 7
Vorruhestandsleistungen

Artikel 66   Leistungen

Sind nach den anzuwendenden Rechtsvorschriften Ansprüche auf Vorruhestandsleistungen von der Zurücklegung von Versicherungszeiten, Beschäftigungszeiten oder Zeiten einer selbstständigen Erwerbstätigkeit abhängig, so findet Artikel 6 keine Anwendung.

I. Normzweck

1   **Vorruhestandsleistungen** waren in der Vergangenheit nicht in die Koordinierung einbezogen. Dies führte dazu, dass angesichts des abschließenden Charakters der koordinierungsfähigen Leistungen in Art. 3 Abs. 1 auch der EuGH eine Koordinierungsnotwendigkeit nicht judizieren konnte (vgl dazu die Entscheidung des EuGH in der Rs. C-25/95 (Otte), Slg 1996, I-3745; dazu oben Art. 3 Rn 17).

2   Diesen Rechtszustand wollte die neue Verordnung überwinden. Im Erwägungsgrund 33 der Präambel heißt es hierzu, dass gesetzliche Vorruhestandsregeln in den Geltungsbereich dieser Verordnung einzubeziehen und dadurch die Gleichbehandlung und die Möglichkeit des Exports von Vorruhestandsleistungen sowie die Feststellung von Familien- und Gesundheitsleistungen für die betreffende Person nach den Bestimmungen der Verordnung zu gewährleisten sind. Allerdings wird die Koordinierung **ohne das Prinzip der Zusammenrechnung von Zeiten** zu handhaben sein. Die Ausklammerung dieses Prinzips begründet die Präambel mit dem Vorhandensein gesetzlicher Vorruhestandsregelungen in einer nur sehr begrenzten Zahl von Mitgliedstaaten.

II. Einzelerläuterungen

1. Begriff

Der Begriff Vorruhestandsleistung ist in Art. 1 x) dahingehend definiert, dass er alle Geldleistungen beinhaltet, die keine Leistungen bei Arbeitslosigkeit sind und vorgezogene Leistungen wegen Alters darstellen, die ab einem bestimmten Lebensalter Arbeitnehmern, die ihre berufliche Tätigkeit eingeschränkt oder beendet haben oder ihr vorübergehend nicht mehr nachgehen, bis zu dem Lebensalter gewährt werden, in dem sie Anspruch auf Altersrente oder auf vorzeitiges Altersruhegeld geltend machen können. Dabei darf der Bezug nicht davon abhängig sein, dass der Betroffene der Arbeitsverwaltung des zuständigen Staates zur Verfügung steht.

2. Anwendung der Koordinierungsregeln

Vorruhestandsleistungen unterfallen allen Regelungen der Koordinierung, mit Ausnahme der Vorschrift des Art. 6. Trotz dieser Einschränkung (kritisch dazu *Eichenhofer*, Sozialrecht der Europäischen Union, 4. Aufl., 2010, Rn 294) muss dies als ein Fortschritt gegenüber dem früheren Recht gesehen werden (so zutreffend *Spiegel*, ZIAS 2006, 85, 99). Insbesondere ist damit auch gemäß Art. 7 der Export dieser Leistungen gesichert.

Die Bundesrepublik hat in einer Notifizierung gemäß Art. 9 zwei Leistungen nach deutschem Recht bekanntgemacht (s. dazu oben Art. 9 IV. Nr. 9 der Erklärung). Darüber hinaus ist an Leistungen nach dem Altersteilzeitgesetz zu denken. Dass die Leistungen nach diesem Gesetz über den Arbeitgeber vermittelt werden, steht trotz der Betonung auf gesetzliche Vorruhestandsleistungen in Erwägungsgrund 33 der Präambel einer Einbeziehung in den Anwendungsbereich des Art. 66 nicht entgegen (zutreffend *Schlegel*, in: *Hauck/Noftz*, EU Sozialrecht, Art. 66 Rn 15). Darüber hinaus kommt das unter erleichterten Voraussetzungen gewährte **Arbeitslosengeld iSd § 428 Abs. 1 SGB III** in Betracht. Im Hinblick auf die Entscheidung des EuGH in der Rs. C-406/04 (De Cuyper), Slg 2006, I-6947 (s. dazu Art. 3 Rn 23) könnte der EuGH aber auch hier eine Leistung bei Arbeitslosigkeit sehen (zustimmend zu der hier vertretenen Auffassung *Wunder*, in: *Schreiber/Wunder/Dern*, VO (EG) Nr. 883/2004, Art. 66 Rn 20).

Kapitel 8
Familienleistungen

Literaturübersicht zur Rechtslage nach der VO (EWG) Nr. 1408/71

Becker, Erziehungsgeld und Gemeinschaftsrecht, SGb 1998, S. 553; *ders.*, Die Koordinierung von Familienleistungen, in: *Schulte/Barwig* (Hrsg.), Freizügigkeit und Soziale Sicherheit, 1999, S. 191; *Dürr*, Anmerkung zu BFH, Urteil vom 17.4.2008, III R 36/05, jurisPR-SteuerR 41/2008, Anm. 5; *Eichenhofer*, Deutsches Kindergeld für in Italien arbeitslose Jugendliche?, SGb 1991, S. 165; *ders.*, Erziehungsgeld als Familienleistung?, EuZW 1996, S. 716; *ders.*, Deutsches Erziehungsgeld und Europäisches Sozialrecht, SGb 1997, S. 449; *ders.*, Internationales Familienrecht und Internationales Recht der Familienleistungen, FamRZ 2005, S. 1869; *ders.*, Familienleistungen, in: EAS B 9200; *ders.*, Entwicklungen des Sozialrechts 2008, JbSozR 2009, S. 57, 63; *ders.*, Anmerkung zum Urteil des EuGH vom 14.10.2010, Rs. C-16/09 Gudrun Schwemmer./. Agentur für Arbeit Villingen-Schwenningen – Familienkasse, ZESAR 2011, S. 241; *Felten*, Anmerkung zum Urteil des EuGH vom 26.11.2009, Rs. C 363/08 Slanina./. Unabhängiger Finanzsenat, Außenstelle Wien, ZESAR 2010, S. 291; *Fuchs*, Anmerkung zum Urteil des EuGH vom 7.6.2005, Rs. C-543/03 Dodl und Oberhollenzer./. Tiroler Gebietskrankenkasse, JZ 2006, S. 39; *Hänlein*, EuGH-Entscheidungen mit Anmerkungen, ZESAR 2003, S. 117, 121; *Igl*, Themenbereich Familienleistungen – Einführender Diskussionsbeitrag, in: *Schulte/Zacher* (Hrsg.), Wechselwirkungen zwischen dem Europäischen Sozialrecht und dem Sozialrecht der Bundesrepublik Deutschland, 1991, S. 207; *ders.*, Familienleistungen, in: *Eichenhofer* (Hrsg.), Reform des Europäischen koordinierenden Sozialrechts. Osnabrücker Rechtswissenschaftliche Abhandlungen, Band 36. 1993, S. 90; *ders.*, Probleme der europäischen Sozialrechtskoordinierung auf Grund von Veränderungen in den Sozialleistungssystemen der EU-Mitgliedstaaten, in: FS Krasney, 1997, S. 199; *ders.*, Anmerkung zum Urteil des EuGH vom 14.10.2010, Rs. C-16/09 Gudrun Schwemmer./. Agentur für Arbeit Villingen-Schwenningen – Familienkasse, ZESAR 2011, S. 92; *Kaupper*, Familienleistungen, in: *Schulte/Zacher* (Hrsg.), Wechselwirkungen zwischen dem Europäischen Sozialrecht und dem Sozialrecht der Bundesrepublik Deutschland, 1991, S. 133; *ders.*, Familienleistungen, in: Schriftenreihe des Deutschen Sozialrechtsverbands, Bd. 36, S. 193; *Kummer*, Themenbereich Familienleistungen – Einführender Diskussionsbeitrag, in: *Schulte/Zacher* (Hrsg.), Wechselwirkungen zwischen dem Europäischen Sozialrecht und dem Sozialrecht der Bundesrepublik Deutschland, 1991, S. 214; *Loytved*, Deutsches Erziehungsgeld unter dem Einfluss des europäischen Gemeinschaftsrechts, ZESAR 2005, S. 263; *Raab*, Anmerkung zum Urteil des EuGH vom 21.2.2008, Rs. C 507/06 Klöppel./. Tiroler Gebietskrankenkasse, ZESAR 2008, S. 520; *Reinhard*, VO 883/04 Vor K Art. 67-69, K Art. 68-69, in: *Hauck/Noftz*, Sozialgesetzbuch Gesamtkommentar – EU-Sozialrecht, Berlin 2012; *Reuß*, Anmerkung zu FG Köln, Urteile vom 21.1.2009, 14 K 2020/08, 14 K 1793/08 und zu FG Düsseldorf, Urteil vom 12.6.2008, 15 K 4271/07 Kg, EFG 2009, S. 852; *Schaumberg*, Kommentar zum Urteil des EuGH vom 14.10.2010, Rs. C 16/09 Gudrun Schwemmer./. Agentur für Arbeit Villingen-Schwenningen – Familienkasse, NJ 2011, S. 157; *Seewald*, Kindergeld bei Berufsausbildung mit Auslandsberührung. SGb 1992, S. 1; *Selder*, Anmerkung zu BFH, Urteil vom 4.8.2011, III R 55/08, jurisPR-SteuerR 3/2012, Anm. 5; *Stahlberg*, Deutsches Kindergeld für EG-Staatsangehörige, SGb 1989, S. 238; *Steinmeyer*, Familienleistungen und Ausbildungsförderung, in: Schriftenreihe des Deutschen Sozialrechtsverbands, Bd. 36, 1992, S. 169; *Trinkl*, Die gemeinschaftsrechtliche Koordinierung deutscher Familienleistungen, 2000; *Vial*, Die Koordinierung von Familienleistungen, in: *Schulte/Barwig* (Hrsg.), Freizügigkeit und Soziale Sicherheit, 1999, S. 229; *Vießmann/Merkel*, Die europarechtliche Koordinierung von Familienleistungen nach der Verordnung (EG) Nr. 883/2004, NZS 2012, S. 573; *Voss/Klose*, Kindergeld und Freizügigkeit innerhalb der Europäischen Gemeinschaft, MDR 1996, S. 1222; *Wüllenkemper*, Anmerkung zu FG Düsseldorf, Urteil vom 22.1.2008, 10 K 1462/07 Kg, EFG 2008, S. 696.

Literaturübersicht zur Rechtslage nach der VO (EG) Nr. 883/2004

Bokeloh, Die Übergangsregelungen in den Verordnungen (EG) Nr. 883/04 und 987/09, ZESAR 2011, S. 18, 22; *Dern*, Kapitel 8. Familienleistungen, in: *Schreiber/Wunder/Dern*, VO (EG) Nr. 883/2004, 2012, S. 316 ff; *Devetzi*, Familienleistungen in der Verordnung (EG) 883/2004, in: *Eichenhofer* (Hrsg.), 50 Jahre nach ihrem Beginn – Neue Regeln für die Koordinierung sozialer Sicherheit, 2009, S. 291; *Eichenhofer*, Familienleistungen, in: EAS B 9200; *Fuchs*, Was bringt die neue VO (EG) Nr. 883/2004?, SGb 2008, S. 201; *ders.*, Kommentierung zur Verordnung (EG) Nr. 883/2004 des Europäischen Parlaments und des Rates vom 29. April 2004 zur Koordinierung der Systeme der sozialen Sicherheit, Art. 67-69, Familienleistungen, in: *Kreikebohm*, Kommentar zum Sozialrecht, 2. Aufl., 2011; *Livadiotis*, Die neuen europäischen Koordinierungsregeln für die soziale Sicherheit, Spektrum 2010, S. 82; *Igl*, Anmerkung zum Urteil des EuGH vom 14.10.2010, Rs. C-16/09 Gudrun Schwemmer./. Agentur für Arbeit Villingen-Schwenningen – Familienkasse, ZESAR 2011, S. 92, 94; *Marhold*, Neuordnung der Koordinierung der Familienleistungen, in: *Marhold* (Hrsg.), Das neue Sozialrecht der EU, 2005, S. 55; *Schramm/Winkler*, Europäisches Arbeits- und Sozialrecht, 2010, S. 270; *Schulte*, Die neue europäische Sozialrechtskoordinierung, Teil 2, ZESAR 2010, S. 202, 214; *Spiegel*, Die neue europäische Sozialrechtskoordinierung. Überlegungen zur Verordnung (EG) Nr. 883/2004, ZIAS 2006, S. 85; *ders.*, Die neue europäische Sozialrechtskoordinierung. Überlegungen zur Verordnung (EG) Nr. 883/2004, in: *Deutsche Rentenversicherung Bund* (Hrsg.), Die Reform des Europäischen koordinierenden Sozialrechts, DRV Schriften Bd. 71, Februar 2007, S. 25; *Tiedemann*, Das neue europäische Recht zur Koordinierung der Systeme der sozialen Sicherheit, ZFSH/SGB 2010, S. 220, 232.

Vorbemerkungen

I. Bisherige Rechtslage 1
  1. Allgemeines 1
  2. Koordinierungsrechtliche Grundsätze von Familienleistungen nach der VO (EWG) Nr. 1408/71 2
    a) Beschäftigungslandprinzip 2
    b) Prinzip der Zusammenrechnung 3
    c) Leistungsgewährung 4
    d) Prioritätsregelungen 5
II. Überblick über die neue Rechtslage 6
  1. Neuordnung der bisherigen Vorschriften 6
  2. Erwägungsgründe für die Neuordnung 8
  3. Koordinierungsrechtliche Grundsätze von Familienleistungen nach der VO (EG) Nr. 883/2004 9
    a) Einheitliche Regelungen für alle Personengruppen 9
    b) Beschäftigungslandprinzip 10
    c) Zuständigkeitsverteilung zwischen den Mitgliedstaaten – Prioritätsregelungen 11

I. Bisherige Rechtslage

1. Allgemeines

Die bisherigen Vorschriften zur Koordinierung der Familienleistungen unter der VO (EWG) 1
Nr. 1408/71 waren sehr unübersichtlich und unsystematisch angelegt. Bei den Erwerbstätigen und Arbeitslosen war der gesamte Bereich der Familienleistungen erfasst (Titel III Kapitel 7 VO (EWG) Nr. 1408/71), bei den Rentnern nur die Familienbeihilfen (Titel III Kapitel 8 VO (EWG) Nr. 1408/71). In Titel III Kapitel 8 VO (EWG) Nr. 1408/71 waren neben den Familienbeihilfen auch die Waisenrenten (bei Beteiligung von Staaten, die nur besondere Familienleistungen für Waisen vorsahen, Art. 78 a VO (EWG) Nr. 1408/71) und die Kinderzuschüsse zu Renten (Art. 77 VO (EWG) Nr. 1408/71) erfasst. Die Prioritätsregelungen für den Fall der Kumulierung von Ansprüchen auf Familienleistungen fanden sich hinsichtlich der Systeme, die auf einer Erwerbstätigkeit beruhen, in Art. 76 VO (EWG) Nr. 1408/71, die Kumulierungsregelungen für Ansprüche aus Einwohnersystemen in Art. 10 VO (EWG) Nr. 574/72. Die nicht vorrangig zuständigen Staaten hatten Differenzzahlungen zu leisten, wenn nach ihren Rechtsvorschriften höhere Leistungen als im vorrangig zuständigen Staat vorgesehen waren. Hierfür bestanden für die Familienleistungen nach Titel III Kapitel 7 VO (EWG) Nr. 1408/71 klare Regelungen. Für die Kinderzuschüsse und Waisenrenten nach Titel III Kapitel 8 VO (EWG) Nr. 1408/71 ergab sich dies aus der Rspr des EuGH (vgl Rs. C-251/89 (Athanasopoulos), Slg 1991, I-2797). S. zum Ganzen *Devetzi*, Familienleistungen in der Verordnung (EG) 883/2004, in: *Eichenhofer* (Hrsg.), 50 Jahre nach ihrem Beginn – Neue Regeln für die Koordinierung sozialer Sicherheit, 2009, S. 291; *Spiegel,* Die neue europäische Sozialrechtskoordinierung. Überlegungen zur Verordnung (EG) Nr. 883/2004, in: *Deutsche Rentenversicherung Bund* (Hrsg.), Die Reform des Europäischen koordinierenden Sozialrechts, DRV Schriften Bd. 71, Februar 2007, S. 25, 64.

2. Koordinierungsrechtliche Grundsätze von Familienleistungen nach der VO (EWG) Nr. 1408/71

a) Beschäftigungslandprinzip

Die Familienleistungen wurden für Arbeitnehmer, Selbständige und Arbeitslose von dem Träger 2
des Mitgliedstaates erbracht, dessen Rechtsvorschriften für ihn gelten, auch wenn die Familienangehörigen in einem anderen Mitgliedstaat wohnen. Die VO (EWG) Nr. 1408/71 folgte also bei Familienleistungen dem **Beschäftigungslandprinzip** (Art. 73, 74).

b) Prinzip der Zusammenrechnung

Die Voraussetzungen für die Gewährung von Familienleistungen sind in den einzelnen Mitglied- 3
staaten unterschiedlich. In der Bundesrepublik Deutschland werden Familienleistungen ohne das Vorliegen von Versicherungs- oder Beschäftigungszeiten gewährt. In anderen Ländern kann der Anspruch an die Erfüllung von Versicherungs- und Beschäftigungszeiten oder Zeiten der selbständigen Tätigkeit geknüpft sein. Ist ein Familienleistungsanspruch von solchen Zeiten abhängig, wurden diese Zeiten auch unter Berücksichtigung der Zeiten, die in einem anderen Mitgliedstaat zurückgelegt worden sind, zusammengerechnet (Art. 72, 72 a VO (EWG) Nr. 1408/71).

c) Leistungsgewährung

Bei Arbeitnehmern und Selbstständigen, deren Familienangehörige in einem anderen Mitglied- 4
staat als dem zuständigen Staat wohnen, hatte der Träger des Beschäftigungsstaates nach den für ihn geltenden Vorschriften die Familienleistungen zu zahlen. Bei Arbeitslosen war der zuständige Träger der Träger des Staates, nach dessen Rechtsvorschriften der Arbeitslose Leistungen Arbeitslosigkeit bezog (Art. 75 Abs. 1 VO (EWG) Nr. 1408/71).

d) Prioritätsregelungen

5 Ansprüche auf Familienleistungen können für denselben Familienangehörigen in mehreren Mitgliedstaaten entstehen, zB wenn die Eltern in verschiedenen Mitgliedstaaten beschäftigt sind. Für diesen Fall sah Art. 76 VO (EWG) Nr. 1408/71 Prioritätsregeln vor. Beim Zusammentreffen von Leistungen wurde der Anspruch auf Leistungen im Beschäftigungsstaat ausgesetzt, wenn wegen der Ausübung einer beruflichen Tätigkeit auch Leistungen im Wohnstaat der Familienangehörigen zu zahlen sind. Allerdings musste der Leistungsanspruch auch realisiert werden. Der Anspruch im Beschäftigungsstaat wurde bis zur Höhe des im Wohnstaat vorgesehenen Betrages ausgesetzt. Damit blieb ein Anspruch auf einen Differenzbetrag erhalten, wenn nach dem Recht des Beschäftigungsstaates höhere Leistungen als im Wohnstaat gezahlt werden. Wurde im Wohnstaat kein Antrag auf Leistungen gestellt, konnte der Träger des Beschäftigungsstaates den Anspruch dennoch aussetzen.

II. Überblick über die neue Rechtslage

1. Neuordnung der bisherigen Vorschriften

6 Titel III Kapitel 7 VO (EWG) Nr. 1408/71 über die Familienleistungen wird mit der VO (EG) Nr. 883/2004 in Titel III Kapitel 8 erheblich gestrafft und inhaltlich bereinigt (vgl dazu *Schulte*, Die neue europäische Sozialrechtskoordinierung, Teil 2, ZESAR 2010, S. 202, 215) Dieses Kapitel enthält auch Vorschriften, die Gegenstand des Titels III Kapitel 8 VO (EWG) Nr. 1408/71 waren. In der Vorschrift über die Begriffsbestimmungen wird der Begriff der Familienleistungen jetzt definiert als alle Sach- oder Geldleistungen zum Ausgleich von Familienlasten, mit Ausnahme von Unterhaltsvorschüssen und besonderen Geburts- und Adoptionsbeihilfen nach Anhang I (Art. 1 lit. z). Zum Ganzen s. *Marhold*, Neuordnung der Koordinierung der Familienleistungen, in: *Marhold* (Hrsg.), Das neue Sozialrecht der EU, 2005, S. 55; *Vießmann/Merkel*, Die europarechtliche Koordinierung von Familienleistungen nach der Verordnung (EG) Nr. 883/2004, NZS 2012, S. 573.

7 Titel III Kapitel 8 enthält für die Familienleistungen nur noch vier Vorschriften (Art. 67, 68, 68a, 69), wobei Art. 69 Gegenstände regelt, die früher in Kapitel 8 VO (EWG) Nr. 1408/71 enthalten waren. Dieses Kapitel entfällt in der VO (EG) Nr. 883/2004. Art. 67 entspricht dem bisherigen Art. 73 VO (EWG) Nr. 1408/71, wobei die Vorschrift um eine Regelung ergänzt worden ist, die bisher Gegenstand des Kapitels 8 VO (EWG) Nr. 1408/71 war, nämlich die Bestimmung des zuständigen Mitgliedstaates für familienleistungsberechtigte Rentner. Dies ist der für die Rentengewährung zuständige Mitgliedstaat. Ansonsten entspricht Art. 67 im kollisionsrechtlichen Inhalt Art. 73 VO (EWG) Nr. 1408/71. Die bisherige Prioritätsregelung in Art. 76 VO (EWG) Nr. 1408/71 wird durch eine präzisere Vorschrift abgelöst, die wiederum auch Vorschriften des bisherigen Kapitels 9 VO (EWG) Nr. 1408/71 ersetzt (Art. 68). Art. 68a entspricht der bisherigen Regelung in Art. 75 Abs. 2 VO (EWG) Nr. 1408/71. Art. 68a wurde durch Art. 1 Nr. 18 VO (EG) Nr. 988/2009 eingeführt.

2. Erwägungsgründe für die Neuordnung

8 In den Erwägungsgründen der VO (EG) Nr. 883/2004 wird zur Neuordnung des Kapitels über die Familienleistungen Folgendes ausgeführt:

„(34) Da die Familienleistungen sehr vielfältig sind und Schutz in Situationen gewähren, die als klassisch beschrieben werden können, sowie in Situationen, die durch ganz spezifische Faktoren gekennzeichnet sind und die Gegenstand der Urteile des Gerichtshofes in den verbundenen Rechtssachen C-245/94 und C-312/94 (Hoever) und (Zachow) und in der Rechtssache C-275/96 (Kuusijärvi) waren, ist es erforderlich, diese Leistungen in ihrer Gesamtheit zu regeln.

(35) Zur Vermeidung ungerechtfertigter Doppelleistungen sind für den Fall des Zusammentreffens von Ansprüchen auf Familienleistungen nach den Rechtsvorschriften des zuständigen Mitgliedstaats mit Ansprüchen auf Familienleistungen nach den Rechtsvorschriften des Wohnmitgliedstaats der Familienangehörigen Prioritätsregeln vorzusehen.

(36) Unterhaltsvorschüsse sind zurückzuzahlende Vorschüsse, mit denen ein Ausgleich dafür geschaffen werden soll, dass ein Elternteil seiner gesetzlichen Verpflichtung zur Leistung von Unterhalt für sein Kind nicht nachkommt; hierbei handelt es sich um eine familienrechtliche Verpflichtung. Daher sollten diese Vorschüsse nicht als direkte Leistungen aufgrund einer kollektiven Unterstützung zu Gunsten der Familien angesehen werden. Aufgrund dieser Besonderheiten sollten die Koordinierungsregeln nicht für solche Unterhaltsvorschüsse gelten."

3. Koordinierungsrechtliche Grundsätze von Familienleistungen nach der VO (EG) Nr. 883/2004

a) Einheitliche Regelungen für alle Personengruppen

In Titel III Kapitel 8 werden **für alle Personengruppen einheitliche Regelungen** vorgesehen. Die 9 Unterscheidung zwischen den Familienbeihilfen für Rentner und den Familienleistungen für Erwerbstätige und Arbeitslose wird aufgegeben (Art. 67). Dies stellt eine Besserstellung für Rentner dar. Sie können jetzt auch Familienleistungen für ihre in einem anderen Mitgliedstaat wohnenden Familienmitglieder beziehen.

b) Beschäftigungslandprinzip

Am **Beschäftigungslandprinzip** wird auch in der VO (EG) Nr. 883/2004 festgehalten. Für Rentner 10 gilt jedoch das Recht des für die Rentengewährung zuständigen Mitgliedstaats (Art. 67).

c) Zuständigkeitsverteilung zwischen den Mitgliedstaaten – Prioritätsregelungen

Die **Zuständigkeitsverteilung** zwischen den Mitgliedstaaten ist in einer einzigen Vorschrift 11 (Art. 68) geregelt, die sich inhaltlich an den bisherigen Vorschriften orientiert. Die Zuständigkeitsprüfung wird anhand einer Zuständigkeitskaskade vorgenommen (Art. 68 Abs. 1).

Artikel 67 Familienangehörige, die in einem anderen Mitgliedstaat wohnen

¹Eine Person hat auch für Familienangehörige, die in einem anderen Mitgliedstaat wohnen, Anspruch auf Familienleistungen nach den Rechtsvorschriften des zuständigen Mitgliedstaats, als ob die Familienangehörigen in diesem Mitgliedstaat wohnen würden. ²Ein Rentner hat jedoch Anspruch auf Familienleistungen nach den Rechtsvorschriften des für die Rentengewährung zuständigen Mitgliedstaats.

I. Normzweck

Die Vorschrift dient der **Festlegung des zuständigen Mitgliedstaates** für Familienangehörige, die 1 in einem anderen Mitgliedstaat wohnen. S. 1 der Vorschrift bestimmt, dass sich für alle Personen, deren Familienangehörige in einem anderen Mitgliedstaat wohnen, der Anspruch auf Familienleistungen nach den Rechtsvorschriften des zuständigen Mitgliedstaats richtet, als ob die Familienangehörigen in diesem Mitgliedstaat wohnen würden. Für nichterwerbstätige Kinder ist der Wohnmitgliedstaat der zuständige Staat (Art. 11 Abs. 3 lit. e). S. 2 der Vorschrift bestimmt speziell für Rentner den zuständigen Mitgliedstaat. Dies ist der für die Rentengewährung zuständige Mitgliedstaat. Damit wird ein Auseinanderfallen von dem für den Rentenanspruch und den für die Familienleistungen zuständigen Mitgliedstaat vermieden.

II. Einzelerläuterungen

1. Begriffsbestimmungen

a) Person

2 Der **Begriff der Person** wird in der VO (EG) Nr. 883/2004 im Zusammenhang mit der Benennung von Eigenschaften bestimmter Personen verwendet. Für diesen Begriff ist keine besondere Definition vorgesehen. Die Verwendung des Begriffs Person in der VO dient vor allem zur Bestimmung des persönlichen Geltungsbereiches (Art. 2) und der Verwirklichung des Gleichbehandlungsgrundsatzes (Art. 4). Die Verwendung des Begriffs Person statt – wie früher in der VO (EWG) Nr. 1408/71 – Arbeitnehmer, Selbstständiger oder Rentner zeigt, dass hier alle Personen gemeint sind, die in den personellen Anwendungsbereich fallen und für deren Leistungen der sozialen Sicherheit der sachliche Anwendungsbereich, hier der der Familienleistungen nach Art. 3 Abs. 1 lit. j), einschlägig ist (*Livadiotis*, Die neuen europäischen Koordinierungsregeln für die soziale Sicherheit, Spektrum 2010, S. 82, 85. Vgl hierzu auch *Reuß*, Anmerkung zu FG Rheinland-Pfalz, Urteil vom 23.3.2011 – 2 K 2248/10, EFG 2011, S. 1326). Auch Kinder, die in einem anderen Mitgliedstaat wohnen, können Leistungsansprüche auslösen (*Spiegel*, Die neue europäische Sozialrechtskoordinierung. Überlegungen zur Verordnung (EG) Nr. 883/2004, ZIAS 2006, S. 85; 138).

b) Familienangehöriger

3 Zur Definition des **Familienangehörigen** s. Art. 1 Abs. 1 lit. i) (hierzu Kommentierung zu Art. 1 Rn 16).

c) Familienleistungen

4 Zur Definition der **Familienleistungen** s. Art. 3 Abs. 1 lit. j) (hierzu Kommentierung zu Art. 3 Rn 27). Familienleistungen sind alle Sach- oder Geldleistungen zum Ausgleich von Familienlasten, mit Ausnahme von Unterhaltsvorschüssen (hierzu *Schramm/Winkler*, Europäisches Arbeits- und Sozialrecht, 2010, S. 243 sowie *Eichenhofer*, Neue Koordination sozialer Sicherheit (VO (EG) Nrn. 883/2004, 987/2009), SGb 2010, S. 185, 191) und besonderen Geburts- und Adoptionsbeihilfen nach Anhang I. Mit der Verwendung dieses Begriffs ist der früher im Zusammenhang des Titels III Kapitel 8 VO (EWG) Nr. 1408/71 verwendete engere Begriff der Familienbeihilfen obsolet geworden (*Tiedemann*, Das neue europäische Recht zur Koordinierung der Systeme der sozialen Sicherheit, ZFSH/SGB 2010, S. 220, 233). Für Deutschland sind die Unterhaltsvorschüsse für Kinder nach dem Unterhaltsvorschussgesetz vom 23. Juli 1979 ausgenommen (Anhang I).

5 Zum Begriff der Familienbeihilfen noch nach Art. 77 und 78 VO (EWG) Nr. 1408/71 s. EuGH, Rs. C-225/10 (Garcia u.a) (spanisches Kindergeld nach dem Real Decreto Legislativo Nr. 1/1994, Rn 37 der Entscheidung).

2. Regelungswirkung

6 Die Vorschrift enthält drei wichtige Regelungen: Zum einen die Gleichstellung der Rentner mit den anderen Personen, weiter die Öffnung in Richtung auf Familienleistungen, und schließlich die Beibehaltung des Beschäftigungslandprinzips (s. hierzu *Fuchs,* Was bringt die neue VO (EG) Nr. 883/2004?, SGb 2008, 201, 209).

Artikel 68 Prioritätsregeln bei Zusammentreffen von Ansprüchen

(1) Sind für denselben Zeitraum und für dieselben Familienangehörigen Leistungen nach den Rechtsvorschriften mehrerer Mitgliedstaaten zu gewähren, so gelten folgende Prioritätsregeln:

Titel III Familienleistungen — Artikel 68

a) Sind Leistungen von mehreren Mitgliedstaaten aus unterschiedlichen Gründen zu gewähren, so gilt folgende Rangfolge: an erster Stelle stehen die durch eine Beschäftigung oder eine selbstständige Erwerbstätigkeit ausgelösten Ansprüche, darauf folgen die durch den Bezug einer Rente ausgelösten Ansprüche und schließlich die durch den Wohnort ausgelösten Ansprüche.

b) Sind Leistungen von mehreren Mitgliedstaaten aus denselben Gründen zu gewähren, so richtet sich die Rangfolge nach den folgenden subsidiären Kriterien:

    i) bei Ansprüchen, die durch eine Beschäftigung oder eine selbstständige Erwerbstätigkeit ausgelöst werden: der Wohnort der Kinder, unter der Voraussetzung, dass dort eine solche Tätigkeit ausgeübt wird, und subsidiär gegebenenfalls die nach den widerstreitenden Rechtsvorschriften zu gewährende höchste Leistung. Im letztgenannten Fall werden die Kosten für die Leistungen nach in der Durchführungsverordnung festgelegten Kriterien aufgeteilt;

    ii) bei Ansprüchen, die durch den Bezug einer Rente ausgelöst werden: der Wohnort der Kinder, unter der Voraussetzung, dass nach diesen Rechtsvorschriften eine Rente geschuldet wird, und subsidiär gegebenenfalls die längste Dauer der nach den widerstreitenden Rechtsvorschriften zurückgelegten Versicherungs- oder Wohnzeiten;

    iii) bei Ansprüchen, die durch den Wohnort ausgelöst werden: der Wohnort der Kinder.

(2) ¹Bei Zusammentreffen von Ansprüchen werden die Familienleistungen nach den Rechtsvorschriften gewährt, die nach Absatz 1 Vorrang haben. ²Ansprüche auf Familienleistungen nach anderen widerstreitenden Rechtsvorschriften werden bis zur Höhe des nach den vorrangig geltenden Rechtsvorschriften vorgesehenen Betrags ausgesetzt; erforderlichenfalls ist ein Unterschiedsbetrag in Höhe des darüber hinausgehenden Betrags der Leistungen zu gewähren. ³Ein derartiger Unterschiedsbetrag muss jedoch nicht für Kinder gewährt werden, die in einem anderen Mitgliedstaat wohnen, wenn der entsprechende Leistungsanspruch ausschließlich durch den Wohnort ausgelöst wird.

(3) Wird nach Artikel 67 beim zuständigen Träger eines Mitgliedstaats, dessen Rechtsvorschriften gelten, aber nach den Prioritätsregeln der Absätze 1 und 2 des vorliegenden Artikels nachrangig sind, ein Antrag auf Familienleistungen gestellt, so gilt Folgendes:

a) Dieser Träger leitet den Antrag unverzüglich an den zuständigen Träger des Mitgliedstaats weiter, dessen Rechtsvorschriften vorrangig gelten, teilt dies der betroffenen Person mit und zahlt unbeschadet der Bestimmungen der Durchführungsverordnung über die vorläufige Gewährung von Leistungen erforderlichenfalls den in Absatz 2 genannten Unterschiedsbetrag;

b) der zuständige Träger des Mitgliedstaats, dessen Rechtsvorschriften vorrangig gelten, bearbeitet den Antrag, als ob er direkt bei ihm gestellt worden wäre; der Tag der Einreichung des Antrags beim ersten Träger gilt als der Tag der Einreichung bei dem Träger, der vorrangig zuständig ist.

Artikel 58 DVO Prioritätsregeln bei Zusammentreffen von Ansprüchen

¹Ermöglicht der Wohnort der Kinder bei Anwendung des Artikels 68 Absatz 1 Buchstabe b Ziffern i und ii der Grundverordnung keine Bestimmung der Rangfolge, so berechnet jeder betroffene Mitgliedstaat den Leistungsbetrag unter Einschluss der Kinder, die nicht in seinem Hoheitsgebiet wohnen. ²Im Falle der Anwendung von Artikel 68 Absatz 1 Buchstabe b Ziffer i zahlt der zuständige Träger des Mitgliedstaats, dessen Rechtsvorschriften den höheren Leistungsbetrag vorsehen, diesen ganzen Betrag aus. ³Der zuständige Träger des anderen Mitgliedstaats erstattet ihm die Hälfte dieses Betrags, wobei der nach den Rechtsvorschriften des letzteren Mitgliedstaats vorgesehene Leistungssatz die obere Grenze bildet.

Artikel 59 DVO **Regelungen für den Fall, in dem sich die anzuwendenden Rechtsvorschriften und/ oder die Zuständigkeit für die Gewährung von Familienleistungen ändern**

(1) Ändern sich zwischen den Mitgliedstaaten während eines Kalendermonats die Rechtsvorschriften und/oder die Zuständigkeit für die Gewährung von Familienleistungen, so setzt der Träger, der die Familienleistungen nach den Rechtsvorschriften gezahlt hat, nach denen die Leistungen zu Beginn dieses Monats gewährt wurden, unabhängig von den in den Rechtsvorschriften dieser Mitgliedstaaten für die Gewährung von Familienleistungen vorgesehenen Zahlungsfristen die Zahlungen bis zum Ende des laufenden Monats fort.

(2) [1]Er unterrichtet den Träger des anderen betroffenen Mitgliedstaats oder die anderen betroffenen Mitgliedstaaten von dem Zeitpunkt, zu dem er die Zahlung dieser Familienleistungen einstellt. [2]Ab diesem Zeitpunkt übernehmen der andere betroffene Mitgliedstaat oder die anderen betroffenen Mitgliedstaaten die Zahlung der Leistungen.

Artikel 60 DVO **Verfahren bei der Anwendung von Artikel 67 und 68 der Grundverordnung**

(1) [1]Die Familienleistungen werden bei dem zuständigen Träger beantragt. [2]Bei der Anwendung von Artikel 67 und 68 der Grundverordnung ist, insbesondere was das Recht einer Person zur Erhebung eines Leistungsanspruchs anbelangt, die Situation der gesamten Familie in einer Weise zu berücksichtigen, als würden alle beteiligten Personen unter die Rechtsvorschriften des betreffenden Mitgliedstaats fallen und dort wohnen. [3]Nimmt eine Person, die berechtigt ist, Anspruch auf die Leistungen zu erheben, dieses Recht nicht wahr, berücksichtigt der zuständige Träger des Mitgliedstaats, dessen Rechtsvorschriften anzuwenden sind, einen Antrag auf Familienleistungen, der von dem anderen Elternteil, einer als Elternteil behandelten Person oder von der Person oder Institution, die als Vormund des Kindes oder der Kinder handelt, gestellt wird.

(2) Der nach Absatz 1 in Anspruch genommene Träger prüft den Antrag anhand der detaillierten Angaben des Antragstellers und berücksichtigt dabei die gesamten tatsächlichen und rechtlichen Umstände, die die familiäre Situation des Antragstellers ausmachen.

Kommt dieser Träger zu dem Schluss, dass seine Rechtsvorschriften nach Artikel 68 Absätze 1 und 2 der Grundverordnung prioritär anzuwenden sind, so zahlt er die Familienleistungen nach den von ihm angewandten Rechtsvorschriften.

Ist dieser Träger der Meinung, dass aufgrund der Rechtsvorschriften eines anderen Mitgliedstaats ein Anspruch auf einen Unterschiedsbetrag nach Artikel 68 Absatz 2 der Grundverordnung bestehen könnte, so übermittelt er den Antrag unverzüglich dem zuständigen Träger des anderen Mitgliedstaats und informiert die betreffende Person; außerdem unterrichtet er den Träger des anderen Mitgliedstaats darüber, wie er über den Antrag entschieden hat und in welcher Höhe Familienleistungen gezahlt wurden.

(3) [1]Kommt der Träger, bei dem der Antrag gestellt wurde, zu dem Schluss, dass seine Rechtsvorschriften zwar anwendbar, aber nach Artikel 68 Absätze 1 und 2 der Grundverordnung nicht prioritär anwendbar sind, so trifft er unverzüglich eine vorläufige Entscheidung über die anzuwendenden Prioritätsregeln, leitet den Antrag nach Artikel 68 Absatz 3 der Grundverordnung an den Träger des anderen Mitgliedstaats weiter und informiert auch den Antragsteller darüber. [2]Dieser Träger nimmt innerhalb einer Frist von zwei Monaten zu der vorläufigen Entscheidung Stellung.

Falls der Träger, an den der Antrag weitergeleitet wurde, nicht innerhalb von zwei Monaten nach Eingang des Antrags Stellung nimmt, wird die oben genannte vorläufige Entscheidung anwendbar und zahlt dieser Träger die in seinen Rechtsvorschriften vorgesehenen Leistungen und informiert den Träger, an den der Antrag gerichtet war, über die Höhe der gezahlten Leistungen.

(4) [1]Sind sich die betreffenden Träger nicht einig, welche Rechtsvorschriften prioritär anwendbar sind, so gilt Artikel 6 Absätze 2 bis 5 der Durchführungsverordnung. [2]Zu diesem Zweck ist der

in Artikel 6 Absatz 2 der Durchführungsverordnung genannte Träger des Wohnorts der Träger des Wohnorts des Kindes oder der Kinder.

(5) Der Träger, der eine vorläufige Leistungszahlung vorgenommen hat, die höher ist als der letztlich zu seinen Lasten gehende Betrag, kann den zu viel gezahlten Betrag nach dem Verfahren des Artikels 73 der Durchführungsverordnung vom vorrangig zuständigen Träger zurückfordern.

I. Normzweck

Art. 68 hat drei Regelungsgegenstände. In Abs. 1 geht es um den Vorrang von Leistungen. Dabei wird unterschieden zwischen der Leistungsgewährung seitens mehrerer Mitgliedstaaten aus unterschiedlichen und aus denselben Gründen. Bei den Leistungen aus unterschiedlichen Gründen bestimmt sich die Rangfolge nach den Gründen einer Leistungsauslösung durch Beschäftigung oder selbstständige Erwerbstätigkeit, durch Rentenbezug oder durch Wohnort (Abs. 1 lit. a)). Werden die Leistungen aus denselben Gründen gewährt, so wird zunächst gemäß den vorgenannten Leistungsgründen unterschieden; dann werden Rangfolgen anhand von weiteren Kriterien gebildet (Abs. 1 lit. b)). Abs. 2 handelt von der Anspruchsaussetzung und von Unterschiedsbeträgen. Ansprüche auf Familienleistungen nach anderen widerstreitenden Rechtsvorschriften werden bis zur Höhe des nach den vorrangig geltenden Rechtsvorschriften vorgesehenen Betrages ausgesetzt. Erforderlichenfalls ist ein Unterschiedsbetrag in Höhe des darüber hinausgehenden Betrags der Leistungen zu gewähren. Ein derartiger Unterschiedsbetrag muss jedoch nicht für Kinder gewährt werden, die in einem anderen Mitgliedstaat wohnen, wenn der entsprechende Leistungsanspruch ausschließlich durch den Wohnort ausgelöst wird. Abs. 3 verpflichtet die Träger zur Antragsweiterleitung im Kollisionsfall, wobei der Antrag unverzüglich an den zuständigen Träger des Mitgliedstaates weiterzuleiten ist. 1

In vier Entscheidungen noch nach dem Recht der VO (EWG) Nr. 1408/71 hatte sich der EuGH mit Problemen der Priorität bei Kumulierung von Ansprüchen auf Familienleistungen zu befassen. In der Rs. C-352/06 (Bosmann), Slg 200,8 I-03827, und in den verbundenen Rs. C-611/10 und C-612/10 (Hudzinski, Wawrzyniak), noch nicht in Slg veröffentlicht, hat der Gerichtshof darauf hingewiesen, dass die Bestimmungen der VO (EWG) Nr. 1408/71 im Licht des Zwecks des Art 48 AEUV auszulegen sind, der in der Herstellung größtmöglicher Freizügigkeit für die Arbeitnehmer besteht. In der Rs. C-352/06 ging es um den Anspruch einer belgischen in Deutschland wohnenden alleinerziehenden Mutter, die in den Niederlanden arbeitete, auf Kindergeld für ihre in Deutschland lebenden Kinder. Anwendbares Recht war hier das niederländische Recht, das anders als das deutsche Recht keine Leistungen für Kinder ab dem 18. Lebensjahr vorsah. Der Gerichtshof führte aus, dass Art. 13 Abs. 2 Buchst. a der VO (EWG) Nr. 1408/71 dem nicht entgegensteht, dass ein Wanderarbeitnehmer, der dem System der sozialen Sicherheit des Beschäftigungsmitgliedstaates unterliegt, nach den nationalen Rechtsvorschriften des Wohnmitgliedstaats Familienleistungen im letztgenannten Staat bezieht. In den verbundenen Rs. C-611/und C-612/10 ging es um in Polen wohnende und dort sozialversicherte Personen, die in Deutschland als Saisonarbeiter bzw als entsandter Arbeitnehmer tätig waren und in Polen für ihre auch dort wohnhaften Kinder Kindergeld bezogen. Art. 14 Nr. 1 Buchst. a und Art. 14 a Nr. 1 Buchst. a (EWG) Nr. 1408/71 sind, so der EuGH, dahin auszulegen, dass sie es einem Mitgliedstaat, der nach diesen Vorschriften nicht als zuständiger Staat bestimmt ist, nicht verwehren, nach seinem nationalen Recht einem Wanderarbeitnehmer, der unter Umständen wie denen der Ausgangsverfahren in seinem Hoheitsgebiet vorübergehend eine Arbeit ausführt, auch dann Leistungen für Kinder zu gewähren, wenn erstens festgestellt wird, dass der betreffende Erwerbstätige durch die Wahrnehmung seines Rechts auf Freizügigkeit keinen Rechtsnachteil erlitten hat, da er seinen Anspruch auf gleichartige Familienleistungen im zuständigen Mitgliedstaat behalten hat, und zweitens, dass weder dieser Erwerbstätige noch das Kind, für das diese Leistung beansprucht wird, ihren gewöhnlichen Aufenthalt im Gebiet des Mitgliedstaats haben, in dem die vorübergehende Arbeit ausgeführt wurde. Weiter führt der EuGH aus, dass die Bestimmungen des AEUV dahin auszu- 2 legen sind, dass sie der Anwendung einer nationalen Rechtsvorschrift wie § 65 EStG entgegenstehen, soweit diese nicht zu einer Kürzung des Betrags der Leistung um die Höhe des Betrags einer in einem anderen Staat gewährten vergleichbaren Leistung, sondern zum Ausschluss der Leistung führt. In der Rs. C-16/09 (Schwemmer) (ZESAR 2011, S. 86-92 mit Anm. *Igl* sowie Anm. *Eichenhofer,* S. 241) hat sich noch einmal die Notwendigkeit einer Klarstellung der Prioritätsregelungen erwiesen. In der Rs. C-225/10 (Garcia u.a) ging es um die analoge Anwendung der bisherigen Prioritätsregelung in Art. 76 der VO (EWG) Nr. 1408/71 auf Leistungen für unterhaltsberechtigte Rentner. Dies wurde vom EuGH abgelehnt (Rn 48 ff des Urteils).

II. Einzelerläuterungen

1. Prioritätsregelung: Bestimmung des vorrangigen Anspruchs (Abs. 1)

3   Es wird zunächst unterschieden zwischen **Familienleistungen,** die von mehreren Mitgliedstaaten aus unterschiedlichen und aus denselben Gründen gewährt werden (Abs. 1 lit. a) und b)). Unterschiedliche Gründe können sein die Familienleistungsgewährung aufgrund einer Erwerbstätigkeit (selbstständig oder nicht selbstständig), wegen des Bezugs einer Rente oder aufgrund des Wohnortes. Hier folgt die Rangfolge der Ansprüche den Kriterien Erwerbstätigkeit – Rente – Wohnort (Abs. 1 lit. a)). Bei Leistungen mehrerer Mitgliedstaaten aus denselben Gründen, also zB jeweils aus dem Grund der Erwerbstätigkeit, wird für jeden Grund (Erwerbstätigkeit, Rente, Wohnort) eine eigene Prioritätsregelung geschaffen, wobei grundsätzlich jeweils der Wohnort der Kinder ausschlaggebend ist (Abs. 1 lit. b)).

Die Verwaltungskommission hat im Beschluss Nr. F1 vom 12. Juni 2009 präzisiert, was unter „die durch eine Beschäftigung oder eine selbstständige Erwerbstätigkeit ausgelösten Ansprüche" im Sinne des Abs. 1 lit. a) zu verstehen ist (s. Abdruck der Beschlüsse der Verwaltungskommission im Anhang). Hierzu gehören auch Zeiten einer vorübergehenden zeitweiligen Unterbrechung einer solchen Tätigkeit aufgrund Krankheit, Mutterschaft, Arbeitsunfall, Berufskrankheit oder Arbeitslosigkeit, solange Lohn oder Sozialleistungen, außer Renten, wegen dieser Risiken gezahlt werden. Weiter gehören hierzu Zeiten bezahlten Urlaubs und Zeiten des Streiks oder der Aussperrung. Schließlich gilt dies auch für Zeiten unbezahlten Urlaubs für Kindererziehung, solange dieser Urlaub einer Tätigkeit als angestellter oder selbstständiger Person gemäß der einschlägigen Gesetzgebung gleichgestellt ist. Die Verwaltungskommission bezieht sich für ihren Beschluss auf die Entscheidung des EuGH, Rs. C-503/03 (Dodl und Oberhollenzer), Slg 2005, I-5049.

4   Voraussetzungslos gilt dies nur bei den Ansprüchen, die durch den Wohnort ausgelöst werden (Abs. 1 lit. b) iii)). Ist der Anspruchsgrund eine Erwerbstätigkeit, so gilt der Wohnort der Kinder unter der Voraussetzung, dass dort eine solche Tätigkeit ausgeübt wird. Ist dies nicht der Fall, ist der Mitgliedstaat mit der höchsten Leistung prioritär (Abs. 1 lit. b) i)). Die Kosten für die Leistungen werden dann nach den Kriterien der Durchführungsverordnung aufgeteilt. Die Durchführungsverordnung enthält eine Regelung für den Fall, dass der Wohnort der Kinder bei der Anwendung des Abs. 1 lit. b) i) und ii) keine Bestimmung der Rangfolge ermöglicht (s. Art. 58 DVO). Bei Ansprüchen aufgrund Rentenbezugs gilt der Wohnort der Kinder nur, wenn nach dessen Recht eine Rente geschuldet wird, sonst ist der Mitgliedstaat einschlägig, in dem die längsten Versicherungs- oder Wohnzeiten zurückgelegt worden sind (Abs. 1 lit. b) ii)).

2. Prioritätsregelung: Bestimmung der Leistungshöhe (Abs. 2)

5   Die **Bestimmung des vorrangigen Anspruchs** nach Abs. 1 bedeutet nicht, dass die nachrangigen Ansprüche in anderen Mitgliedstaaten immer ausgesetzt werden. Dies bestimmt zwar die Regelung in Abs. 2 Satz 2 1. Hs, jedoch werden Unterschiedsbeträge in Höhe des darüber hinausgehenden Betrags der Leistungen gewährt (Abs. 2 S. 2 2. Hs). Die Aufteilung der Differenzbeträge bei mehreren nachrangig zuständigen Mitgliedstaaten mit höheren Familienleistungen ist dabei nicht klar. Bei einer Uneinigkeit der betreffenden Träger kommt ggf Art. 60 Abs. 4 DVO zur

Anwendung (für eine Aufteilung nach der Zuständigkeitsregelung in Abs. 1 der Vorschrift *Spiegel*, Die neue europäische Sozialrechtskoordinierung. Überlegungen zur Verordnung (EG) Nr. 883/2004, ZIAS 2006, 85, 139, Fn 290). Ein Unterschiedsbetrag kann aber nicht ausgelöst werden, wenn dies nur wegen des Wohnortes der Fall ist, und die Kinder in einem anderen Mitgliedstaat wohnen (Abs. 2 S. 3).

3. Behandlung des Leistungsantrages (Abs. 3)

Die Vorschrift sieht **verfahrensmäßige Erleichterungen** vor, wenn bei einem Träger eines nachrangig zuständigen Mitgliedstaates ein Leistungsantrag gestellt wird. So hat eine Antragsweiterleitung an den zuständigen Träger stattzufinden, wenn der Träger des nachrangig zuständigen Mitgliedstaates angegangen wird. Ist ein Unterschiedsbetrag gemäß Abs. 2 der Vorschrift gegeben, so ist dieser seitens des Trägers des angegangenen Mitgliedstaates zu zahlen (Abs. 3 lit. a)). Im Falle der Antragsweiterleitung an den zuständigen vorrangigen Träger ist dieser so zu behandeln, als wäre er direkt bei ihm gestellt worden. Dies gilt auch hinsichtlich des Tages der Einreichung des Antrages (Abs. 3 lit. b)). Im deutschen Sozialrecht gilt eine vergleichbare Norm für die Antragstellung bei allen Sozialleistungen (vgl § 16 Abs. 2 SGB I). 6

4. Verfahren

Die DVO enthält Regelungen für das Verfahren bei der Gewährung von Familienleistungen (Art. 60 DVO). 7

5. Änderung der Rechtsvorschriften und/oder der Zuständigkeit für die Gewährung von Familienleistungen

Die DVO enthält eine Regelung für den Fall der Änderung der Rechtsvorschriften und/oder der Zuständigkeit für die Gewährung von Familienleistungen (Art. 59 DVO). 8

Artikel 68 a Gewährung von Leistungen

Verwendet die Person, der die Familienleistungen zu gewähren sind, diese nicht für den Unterhalt der Familienangehörigen, zahlt der zuständige Träger auf Antrag des Trägers im Mitgliedstaat des Wohnorts der Familienangehörigen, des von der zuständigen Behörde im Mitgliedstaat ihres Wohnorts hierfür bezeichneten Trägers oder der von dieser Behörde hierfür bestimmten Stelle die Familienleistungen mit befreiender Wirkung über diesen Träger bzw. über diese Stelle an die natürliche oder juristische Person, die tatsächlich für die Familienangehörigen sorgt.

Art. 68 a entspricht der bisherigen Regelung in Art. 75 Abs. 2 VO (EWG) Nr. 1408/71. Die Vorschrift wurde durch Art. 1 Nr. 18 VO (EG) Nr. 988/2009 eingeführt. Sie dient der **Erfüllung des Zweckes von Familienleistungen**, der darin liegt, zum Unterhalt der Familienangehörigen beizutragen. Die Vorschrift sieht eine Regelung für den Fall vor, dass eine Person, an die die Leistungen normalerweise zu zahlen sind, diese nicht diesem Zweck entsprechend verwendet. Die Familienleistungen werden dann auf Antrag und durch Vermittlung des Trägers des Wohnortes der Familienangehörigen oder der von der zuständigen Behörde ihres Wohnlandes hierfür bestimmten Stelle mit befreiender Wirkung an die Person gezahlt, die tatsächlich für die Familienangehörigen sorgt.

Artikel 69 Ergänzende Bestimmungen

(1) ¹Besteht nach den gemäß den Artikeln 67 und 68 bestimmten Rechtsvorschriften kein Anspruch auf zusätzliche oder besondere Familienleistungen für Waisen, so werden diese Leistungen

grundsätzlich in Ergänzung zu den anderen Familienleistungen, auf die nach den genannten Rechtsvorschriften ein Anspruch besteht, nach den Rechtsvorschriften des Mitgliedstaats gewährt, die für den Verstorbenen die längste Zeit gegolten haben, sofern ein Anspruch nach diesen Rechtsvorschriften besteht. ²Besteht kein Anspruch nach diesen Rechtsvorschriften, so werden die Anspruchsvoraussetzungen nach den Rechtsvorschriften der anderen Mitgliedstaaten in der Reihenfolge der abnehmenden Dauer der nach den Rechtsvorschriften dieser Mitgliedstaaten zurückgelegten Versicherungs- oder Wohnzeiten geprüft und die Leistungen entsprechend gewährt.

(2) Leistungen in Form von Renten oder Rentenzuschüssen werden nach Kapitel 5 berechnet und gewährt.

Artikel 61 DVO   Verfahren bei der Anwendung von Artikel 69 der Grundverordnung
¹Bei der Anwendung von Artikel 69 der Grundverordnung erstellt die Verwaltungskommission eine Liste der zusätzlichen oder besonderen Familienleistungen für Waisen, die unter den genannten Artikel fallen. ²Falls die von dem prioritär zuständigen Träger anzuwendenden Rechtsvorschriften nicht vorsehen, solche zusätzlichen oder besonderen Familienleistungen für Waisen zu zahlen, leitet er Anträge auf Familienleistungen mit allen entsprechenden Unterlagen und Angaben unverzüglich an den Träger des Mitgliedstaats weiter, dessen Rechtsvorschriften die längste Zeit für den Betroffenen gegolten haben und solche zusätzlichen oder besonderen Familienleistungen für Waisen vorsehen. ³In einigen Fällen ist nach dem gleichen Verfahren gegebenenfalls bis zu dem Träger des Mitgliedstaats zurückzugehen, nach dessen Rechtsvorschriften die betreffende Person die kürzeste ihrer Versicherungs- oder Wohnzeiten zurückgelegt hat.

I. Normzweck

1   Art. 69 enthält Regelungen zu den Familienleistungen für Waisen (Abs. 1) und zu den Leistungen in Form von Renten und Rentenzuschüssen (Abs. 2). Letztere werden nicht nach den Vorschriften des Kapitels 8, sondern nach den Vorschriften des Kapitels 5 (Alters- und Hinterbliebenenrenten) berechnet und gewährt. Damit aber Personen keine Nachteile erleiden, die ihre Erwerbskarriere auch in Staaten zurückgelegt haben, die keine Waisenrenten, sondern nur besondere Zulagen oder Waisenleistungen kennen, bestimmt Art. 69, dass diese Staaten in Ergänzung zu den Familienleistungen der anderen Mitgliedstaaten diese besonderen Zulagen oder Waisenleistungen zu gewähren haben. Die Verwaltungskommission stellt eine Liste dieser zusätzlichen oder besonderen Familienleistungen auf (Art. 61 DVO).

II. Beispiel

2   Folgendes Beispiel soll zur Erläuterung dienen (entnommen aus *Spiegel*, Die neue europäische Sozialrechtskoordinierung. Überlegungen zur Verordnung (EG) Nr. 883/2004, ZIAS 2006, 85, 141): Ein Arbeitnehmer hat in Mitgliedstaat A und B gearbeitet. Mitgliedstaat A hat ein System mit Waisenrenten und Familienbeihilfen (80 EUR). Mitgliedstaat B kennt nur besondere Familienbeihilfen für Waisen (200 EUR). Der Waise wohnt in Mitgliedstaat C mit Familienbeihilfen für alle Einwohner (100 EUR). Der Arbeitnehmer würde von Mitgliedstaat A die nach Kapitel 5 kalkulierte Waisenrente erhalten und die Familienbeihilfe in Höhe von 80 EUR. Mitgliedstaat C müsste den Differenzbetrag in Höhe von 20 EUR leisten. Mitgliedstaat B gewährt zusätzlich die besondere Familienbeihilfe für Waisen in Höhe von 200 EUR. Der Waise würde also wegen Art. 69 insgesamt 300 EUR erhalten. Wenn der Waise in den Mitgliedstaat B zieht, wäre Mitgliedstaat A nach wie vor prioritär zuständiger Staat und würde die Waisenrente und die Familienbeihilfe in Höhe von 80 EUR nach den Koordinierungsregeln des Art. 68 Abs. 1 bezahlen. Die nach dem Wohnortprinzip gezahlte Familienbeihilfe im Mitgliedstaat C würde wegfallen. Mitgliedstaat B müsste nach den Koordinierungsregeln des Art. 68 Abs. 2 nur den Unterschiedsbetrag von 120 EUR bezahlen.

Kapitel 9
Besondere beitragsunabhängige Geldleistungen
Artikel 70 Allgemeine Vorschrift

(1) Dieser Artikel gilt für besondere beitragsunabhängige Geldleistungen, die nach Rechtsvorschriften gewährt werden, die aufgrund ihres persönlichen Geltungsbereichs, ihrer Ziele und/oder ihrer Anspruchsvoraussetzungen sowohl Merkmale der in Artikel 3 Absatz 1 genannten Rechtsvorschriften der sozialen Sicherheit als auch Merkmale der Sozialhilfe aufweisen.

(2) Für die Zwecke dieses Kapitels bezeichnet der Ausdruck „besondere beitragsunabhängige Geldleistungen" die Leistungen:

a) die dazu bestimmt sind:

 i) einen zusätzlichen, ersatzweisen oder ergänzenden Schutz gegen die Risiken zu gewähren, die von den in Artikel 3 Absatz 1 genannten Zweigen der sozialen Sicherheit gedeckt sind, und den betreffenden Personen ein Mindesteinkommen zur Bestreitung des Lebensunterhalts garantieren, das in Beziehung zu dem wirtschaftlichen und sozialen Umfeld in dem betreffenden Mitgliedstaat steht,

 oder

 ii) allein dem besonderen Schutz des Behinderten zu dienen, der eng mit dem sozialen Umfeld dieser Person in dem betreffenden Mitgliedstaat verknüpft ist,

 und

b) deren Finanzierung ausschließlich durch obligatorische Steuern zur Deckung der allgemeinen öffentlichen Ausgaben erfolgt und deren Gewährung und Berechnung nicht von Beiträgen hinsichtlich der Leistungsempfänger abhängen. Jedoch sind Leistungen, die zusätzlich zu einer beitragsabhängigen Leistung gewährt werden, nicht allein aus diesem Grund als beitragsabhängige Leistungen zu betrachten,

 und

c) die in Anhang X aufgeführt sind.

(3) Artikel 7 und die anderen Kapitel dieses Titels gelten nicht für die in Absatz 2 des vorliegenden Artikels genannten Leistungen.

(4) ¹Die in Absatz 2 genannten Leistungen werden ausschließlich in dem Mitgliedstaat, in dem die betreffenden Personen wohnen, und nach dessen Rechtsvorschriften gewährt. ²Die Leistungen werden vom Träger des Wohnorts und zu seinen Lasten gewährt.

Anhang X

DEUTSCHLAND

a) Leistungen der Grundsicherung im Alter und bei Erwerbsminderung nach dem Vierten Kapitel des Zwölften Buches Sozialgesetzbuch.

b) Leistungen zur Sicherung des Lebensunterhalts der Grundsicherung für Arbeitsuchende, soweit für diese Leistungen nicht dem Grunde nach die Voraussetzungen für den befristeten Zuschlag nach Bezug von Arbeitslosengeld (§ 24 Absatz 1 des Zweiten Buches Sozialgesetzbuch) erfüllt sind.

ÖSTERREICH

Ausgleichszulage

(Bundesgesetz vom 9. September 1955 über die Allgemeine Sozialversicherung – ASVG,

Bundesgesetz vom 11. Oktober 1978 über die Sozialversicherung der in der gewerblichen Wirtschaft selbstständig Erwerbstätigen – GSVG und Bundesgesetz vom 11. Oktober 1978 über die Sozialversicherung der in der Land- und Forstwirtschaft selbstständig Erwerbstätigen – BSVG).

I. Normzweck 1	b) Die Tatbestandselemente des Abs. 2 10
1. Geschichtliche Entwicklung 1	aa) Sonderleistung 10
2. Grundsätze 4	bb) Finanzierung 13
II. Einzelerläuterungen 7	cc) Aufführung in Anhang X 14
1. Der Misch(Hybrid)charakter besonderer beitragsunabhängiger Geldleistungen (Abs. 1) 7	3. Ausschluss der allgemeinen Koordinierungsvorschriften (Abs. 3) 18
2. Die Legaldefinition der besonderen beitragsunabhängigen Geldleistungen (Abs. 2) 8	4. Exportausschluss – Leistungsgewährung im Wohnortstaat (Abs. 4) 19
a) Die Wurzeln in der Rechtsprechung des EuGH 8	a) Zulässigkeit des Ausschlusses 19
	b) Leistungsgewährung im Wohnortstaat 20

I. Normzweck

1. Geschichtliche Entwicklung

1 Das Koordinierungsrecht ist von Anfang an von einer strikten Unterscheidung zwischen Leistungen der sozialen Sicherheit und Fürsorgeleistungen ausgegangen. Nur erstere sollten der Koordinierung unterfallen, letztere nicht. Angesichts des ständigen Ausbaus der nationalen Sozialleistungssysteme und ihrer immer stärkeren Ausdifferenzierung wurde es zusehend schwieriger, Leistungen eindeutig dem einen oder anderen Leistungstypus (soziale Sicherheit, soziale Fürsorge) zuzuordnen. Dies stellte insbesondere den EuGH vor **schwierige Abgrenzungsfragen**. Und so führte der Gerichtshof bereits in einer noch zur VO (EWG) Nr. 3 ergangenen Entscheidung aus (EuGH, Rs. 1/72 (Frilli), Slg 1972, 457, 466): „Es mag vom Gesichtspunkt der Anwendung der VO wünschenswert erscheinen, die gesetzlichen Systeme eindeutig danach zu unterscheiden, ob sie der sozialen Sicherheit oder der Fürsorge zuzurechnen sind. Man kann aber die Möglichkeit nicht ausschließen, dass bestimmte Rechtsvorschriften ihrem persönlichen Anwendungsbereich, ihren Zielen und den Einzelheiten ihrer Anwendung nach beiden genannten Kategorien gleich nahe stehen und sich so jeder allgemein gültigen Einordnung entziehen". Man hat in diesem Zusammenhang von **hybriden Leistungen** gesprochen (vgl *Pennings*, Introduction to European Social Security Law, 4. Aufl. 2003, S. 69 ff). Der EuGH hat eine reiche Rechtsprechung entwickelt, in der er eine Lösung zu erreichen suchte (s. dazu unten Rn 8 f).

2 Der europäische Gesetzgeber reagierte auf die aufgetretenen Probleme mit der ÄnderungsVO Nr. 1247/92 des Rates vom 30.4.1992 (ABl. Nr. L 136). In der Begründung der VO wird auf die Rechtsprechung des EuGH hingewiesen und bezüglich der Leistungen betont, dass sie einige Merkmale aufweisen, die insofern der Sozialhilfe ähneln, als Bedürftigkeit ein wesentliches Kriterium für ihre Anwendung ist und die Leistungsvoraussetzungen nicht auf der Zusammenrechnung von Beschäftigungs- oder Beitragszeiten beruhen, wohingegen sie in anderen Merkmalen insofern der sozialen Sicherheit nahekommen, als das freie Ermessen bei der Gewährung der nach ihnen vorgesehenen Leistungen fehlt und den Begünstigten eine gesetzlich umschriebene Stellung eingeräumt wird. Der Verordnungsgeber ging aber insbesondere auf Drängen der Mitgliedstaaten noch einen Schritt weiter. Er statuierte in Art. 10 a Abs. 1 VO (EWG) Nr. 1408/71 eine **Ausnahme von der Exportpflicht**. Die Leistungen sollten ausschließlich im Wohnmitgliedstaat gewährt werden, wenn dieser die Leistung im (damaligen) Anhang II a aufgeführt hatte. Die so geschaffene Regelung stellte einen Kompromiss dar zwischen dem Bedürfnis, mehr Leistungen in die Koordinierung einzubeziehen, die durchaus Elemente der Fürsorge aufweisen, und dem Interesse der Mitgliedstaaten, diese Leistungen nur auf dem eigenen Staatsgebiet gewähren zu müssen, da diese Leistungen häufig Ausdruck sozialpolitischer Verantwortung gegenüber den eigenen Staatsangehörigen sind.

Mit der VO (EG) Nr. 647/2005 (ABl. L 117/1) wurde eine weitere Präzisierung der tatbestandlichen Ausgestaltung des Leistungsprofils vorgenommen, die insbesondere durch die Entscheidungen des EuGH in den Rs. C-43/99 (Leclere), Slg 2001, I-4265 und Rs. C-215/99 (Jauch), Slg 2001, I-1901 veranlasst war. Die jetzige **Legaldefinition** in Art. 70 Abs. 2 ist deckungsgleich mit jener in Art. 1 Nr. 2 VO (EG) Nr. 647/2005. Im Übrigen folgt Art. 70 ganz dem bisherigen Recht, insbesondere den Leitgedanken, die in der Rechtsprechung des EuGH entwickelt wurden (vgl zur Rechtsentwicklung der beitragsunabhängigen Leistungen ausführlich *Beschorner*, Die beitragsunabhängigen Geldleistungen iSv Art. 4 Abs. 2 a VO (EWG) Nr. 1408/71 in der Rechtsprechung des EuGH, ZESAR 2009, 320 ff. Bedeutsame Entscheidungen des EuGH waren: EuGH, Rs. C-78/91 (Hughes), Slg 1992, I-4859; Rs. C-6/92 (Acciardi), Slg 1993, I-4591; Rs. C-356/89 (Newton), Slg 1991, I-3035; Rs. C-20/96 (Snares), Slg 1997, I-6082; Rs. C-297/96 (Partridge), Slg 1998, I-3477; Rs. C-90/97 (Swaddling), Slg 1999, I-1090; Rs. C-160/02 (Skalka), Slg 2004, I-5613; s. ferner *Verschueren*, Leistungen bei Invalidität und Altersrenten sowie beitragsunabhängige Leistungen, in: *Eichenhofer* (Hrsg.), 50 Jahre nach ihrem Beginn – Neue Regeln für die Koordinierung sozialer Sicherheit, 2009, 223, 244 ff).

2. Grundsätze

Abs. 1 bringt zum Ausdruck, dass Regelungsgegenstand besondere beitragsunabhängige Geldleistungen sind, also solche Leistungen, die sich durch ihren **Misch(Hybrid)charakter** auszeichnen. Sie enthalten sowohl Merkmale der sozialen Sicherheit im Sinne von Art. 3 Abs. 1 als auch Merkmale der Leistungen im Sinne des Art. 3 Abs. 5.

Die Legaldefinition der besonderen beitragsunabhängigen Geldleistungen in Abs. 2 enthält die Zusammenfassung sämtlicher **Kriterien**, die der EuGH für diese Leistungsart entwickelt hat. Entscheidend ist für die erste Variante (lit. a) i)), dass ein Bezug zu einem der in Art. 3 Abs. 1 genannten Risiken besteht, zu denen sie einen zusätzlichen, ersatzweisen oder ergänzenden Schutz gewähren. Leistungsinhalt ist die Gewährung eines Mindesteinkommens zur Bestreitung des Lebensunterhalts. Entscheidend ist ferner, dass dieses in Beziehung zu dem wirtschaftlichen und sozialen Umfeld in dem betreffenden Mitgliedstaat steht, als Ausdruck der nationalen Verantwortung, die diesen Leistungen zugrunde liegt. Deshalb wird dieses Kriterium auch für die zweite Variante (lit. a) ii)) gefordert, die Leistungen zum besonderen Schutz von Behinderten betrifft.

Wie sich aus Abs. 2 lit. b) ergibt, ist konstitutives Merkmal der besonderen geldunabhängigen Geldleistungen deren Finanzierung durch **obligatorische Steuern** und die **Beitragsunabhängigkeit**. Ferner ist die Qualifizierung dieser Leistungen von einem Eintrag in Anhang X abhängig (Abs. 2 lit. c)). Dem Eintrag kommt also konstitutive Bedeutung zu.

II. Einzelerläuterungen

1. Der Misch(Hybrid)charakter besonderer beitragsunabhängiger Geldleistungen (Abs. 1)

In Abs. 1 kommt der Regelungsanlass zum Ausdruck, nämlich die Existenz von Leistungen, die aufgrund ihres persönlichen Geltungsbereichs, ihrer Ziele und/oder ihrer Anspruchsvoraussetzungen sowohl Merkmale der in Art. 3 Abs. 1 genannten Rechtsvorschriften der sozialen Sicherheit als auch Merkmale der Sozialhilfe (Art. 3 Abs. 5) aufweisen. Hiermit ist auf die Entstehungsgeschichte dieser Koordinierungsvorschrift verwiesen, die wesentlich durch die Rechtsprechung des EuGH geprägt ist. Der „**Mischcharakter**" ist essenziell für diese Leistungsart. Nur bei ihrem Vorliegen können die spezifischen, für diese Leistungsart vorgesehenen Rechtsfolgen eintreten. Wenn dagegen eine Leistung dem Bereich der sozialen Sicherheit im Sinne des Art. 1 zugeordnet werden kann, scheidet eine Anwendung des Art. 70 aus (zu den Abgrenzungsfragen s. Art. 3 Rn 7). Eine Leistung kann nicht zugleich als Leistung der sozialen Sicherheit und als beitragsunabhängige Geldleistung eingeordnet werden (EuGH, Rs. C-286/03 (Hosse), Slg 2006, I-1771 Rn 36 f; Rs. C-299/05 (Kommission ./. EP/Rat), Slg 2007, I-2999 Rn 51). Das Gleiche gilt im

Hinblick auf Art. 3 Abs. 5. Leistungen, die unter diese Vorschrift fallen, sind der Koordinierung vollständig entzogen und können nicht von Art. 70 erfasst werden (zu diesen Leistungen s. Art. 3 Rn 33 ff).

2. Die Legaldefinition der besonderen beitragsunabhängigen Geldleistungen (Abs. 2)

a) Die Wurzeln in der Rechtsprechung des EuGH

8 Die tatbestandliche Fassung des Abs. 2 ist nur vor dem Hintergrund der Rechtsprechung des EuGH zu verstehen. Dies leuchtet ohne Weiteres ein, weil – wie oben gezeigt (Rn 2 f) – die VO (EG) Nr. 647/2005 und der hiermit übereinstimmende Abs. 2 eine Kodifizierung dieser Rechtsprechung unternommen haben. In der im Jahre 2004 ergangenen Entscheidung in der Rs. Skalka hat der EuGH die Grundsätze und **Kriterien** geradezu lehrbuchmäßig zusammengefasst, aber auch die Intentionen, die hinter seiner Rechtsprechung stehen, aufgezeigt (EuGH, Rs. 160/02 (Skalka), Slg 2004, I-5613 Rn 19 ff). Der EuGH betont, dass die streitige Leistung **Sonderleistungscharakter** haben muss. Sie muss sich auf ein in Art. 3 Abs. 1 aufgelistetes Risiko beziehen (dies hatte der EuGH schon in den Rs. 249/83 (Hoeckx), Slg 1985, 973 und Rs. 66/92 (Acciardi), Slg 1993, I-4591 entschieden). Sie muss der sozialen Sicherheit zuzuordnen sein, weil jeder sie erhalte, der die Voraussetzungen für die Gewährung der Leistungen der sozialen Sicherheit erfülle, an die sie gebunden seien, und zum anderen muss sie der Sozialhilfe zuzuordnen sein, weil sie nicht von bestimmten Beschäftigungs- oder Beitragszeiten abhängt, sondern zum Ziel hat, einen Zustand offensichtlicher Bedürftigkeit zu lindern. Die Funktion solcher Leistungen besteht darin, den Empfängern unzureichender Leistungen der sozialen Sicherheit durch eine Einkommensergänzung ein Existenzminimum zu garantieren, wenn deren gesamte Einkünfte eine gesetzlich festgelegte Grenze unterschreiten. Ferner betont der EuGH, dass eine Sonderleistung über ihren Zweck definiert werde (EuGH, Rs. C-154/05 (Kersbergen-Lap), Slg 2006, I-6249 Rn 30; Rs. C-537/09 (Bartlett u.a.), Slg 2011, I-n.v. Rn 26). Sie muss eine Leistung der sozialen Sicherheit ersetzen oder ergänzen und den Charakter einer Sozialhilfeleistung aufweisen, die aus wirtschaftlichen und sozialen Gründen gerechtfertigt ist, und es muss nach einer Regelung, die objektive Kriterien festlegt, über sie entschieden werden.

9 Neben diesen Elementen, die den Sonderleistungscharakter definieren, ist die Beitragsunabhängigkeit der Leistung entscheidend. Das maßgebende Kriterium ist die tatsächliche **Finanzierung** der Leistung. Der Gerichtshof prüft, ob diese Finanzierung unmittelbar oder mittelbar durch Sozialbeiträge oder durch öffentliche Mittel sichergestellt wird (vgl dazu auch den bekannten Fall des österreichischen Pflegegeldes in der Rs. C-215/99 (Jauch), Slg 2001, 1901 Rn 30 ff).

b) Die Tatbestandselemente des Abs. 2

aa) Sonderleistung

10 Ganz im Sinne der vorerwähnten Rechtsprechung des EuGH formuliert Abs. 2 lit. a) i), dass besondere beitragsunabhängige Geldleistungen solche sind, die dazu bestimmt sind, einen zusätzlichen, ersatzweisen oder ergänzenden Schutz gegen in Art. 3 Abs. 1 genannten Risiken der sozialen Sicherheit zu gewähren und den betreffenden Personen ein **Mindesteinkommen** zur Bestreitung des Lebensunterhalts zu garantieren, das in Beziehung zu dem wirtschaftlichen und sozialen Umfeld des betreffenden Mitgliedstaates steht. Das Element des Mindesteinkommens taucht erstmals in der Rs. Newton auf (EuGH, Rs. C-356/89, Slg 1991, I-3035 Rn 14). Die Beziehung zu dem wirtschaftlichen und sozialen Umfeld des betreffenden Mitgliedstaats spiegelt die Formulierung des Urteils in der Rs. Skalka wider, wo es heißt, dass Sonderleistungen immer eng mit der wirtschaftlichen und sozialen Situation in dem betreffenden Land verbunden seien, und ihre gesetzlich festgelegte Höhe den dortigen Lebensstandard berücksichtige (EuGH, Rs. C-160/02, Slg 2004, I-5613 Rn 24; ebenso Rs. C-154/05 (Kersbergen-Lap), Slg 2006, I-6249 Rn 29; Rs. C-265/05 (Perez Naranjo), Slg 2007, 347 Rn 32 ff). Nach Art. 4 Abs. 2 lit. b) VO (EWG) Nr. 1408/71 waren

beitragsunabhängige Leistungen vom Anwendungsbereich der VO ausgeschlossen, wenn sie auf einen Teil des Gebiets eines Mitgliedstaats beschränkt waren. Diese Regelung führt die VO (EG) Nr. 883/2004 nicht fort.

Zusätzlicher oder **ergänzender Schutz** gegen die Risiken im Sinne von Art. 3 Abs. 1 meint Leistungen, die zusammen mit einer Regelleistung nach Art. 3 Abs. 1 gewährt werden und dasselbe Risiko wie diese abdecken (zB Aufstockung des Einkommens auf eine Mindestrente für Personen, die zwar Anspruch auf die Regelaltersrente haben, deren Rentenbetrag aber unter dem gesetzlichen Mindestbetrag liegt). Es können aber auch Leistungen gemeint sein, die zusammen mit einer Regelleistung nach Art. 3 Abs. 1 gewährt werden, aber ein anderes Risiko als diese abdecken (zB Zuschläge zu einer Rente aufgrund eines körperlichen oder geistigen Gebrechens, vgl in diesem Sinne Entschließung der Verwaltungskommission vom 29.6.2000, ABl. C 44/13). Ersatzweise gewährte Leistungen sind solche, die anstelle der Regelleistungen in Versicherungsfällen nach Art. 3 Abs. 1 gewährt werden. Deshalb muss bei diesen Leistungen der exakt identische Versicherungsfall vorliegen. Typischerweise handelt es sich um Leistungen an Personen, die zB die versicherungsrechtlichen Voraussetzungen für den Bezug von Regelleistungen nicht erfüllen (so die vorbezeichnete Entschließung in Nr. 6).

Die zweite Möglichkeit der Konstituierung besonderer beitragsunabhängiger Geldleistungen ist nach Abs. 2 a) ii) für Leistungen vorgesehen, die allein dem besonderen Schutz des Behinderten zu dienen bestimmt sind, der eng mit dem sozialen Umfeld dieser Person in dem betreffenden Mitgliedstaat verknüpft ist. Wie die Entscheidung des EuGH zu finnischen, schwedischen und Behindertenbeihilfen im Vereinigten Königreich zeigen, legt der Gerichtshof die Tatbestandsmerkmale sehr eng aus (EuGH, Rs. C-299/05 (Kommission ./. EP/Rat), Slg. 2007, I-2999 Rn 52 ff). Es wird verlangt, dass die betreffende Leistung ausschließlich („allein") dem besonderen Schutz des Behinderten im sozialen Umfeld des betreffenden Mitgliedstaats dienen soll. Die vom Gerichtshof in der Entscheidung zu prüfenden Leistungen erfüllten nicht nur diese Funktion. Vielmehr bezweckten sie auch, die erforderliche Pflege und die Betreuung dieser Menschen, sofern sie unerlässlich ist, innerhalb ihrer Familie oder einer spezialisierten Einrichtung sicherzustellen (Rn 34 der Entscheidung). Darüber hinaus werden beitragsunabhängige Geldleistungen auch durch ihren Zweck definiert. Sie müssen eine Leistung der sozialen Sicherheit ersetzen oder ergänzen, sich zugleich aber von dieser unterscheiden, dh den Charakter einer Sozialhilfeleistung haben, die aus wirtschaftlichen und sozialen Gründen gerechtfertigt ist; und es muss nach einer Regelung, die objektive Kriterien festlegt, über sie entschieden werden (Rn 55 der Entscheidung unter Hinweis auf EuGH, Rs. C-154/05 (Kersbergen-Lap und Dams-Schipper), Slg 2006, I-6249 Rn 30). Daran fehlte es bei den in Frage stehenden Leistungen. Denn sie wurden für Leistungen – für Leistungen der sozialen Sicherheit typisch – aufgrund eines gesetzlich umschriebenen Tatbestands gewährt, ohne dass im Einzelfall eine in das Ermessen gestellte Prüfung des persönlichen Bedarfs erfolgt, und bezogen sich auf das Risiko Krankheit. Für die Begründung dieser Zuordnung berief sich der Gerichtshof insbesondere auf die Entscheidungen in den Rs. Molenaar und Jauch (vgl Rn 56 des Urteils). Allerdings deutete der Gerichtshof an, dass sich hinsichtlich der britischen Behindertenleistung eine Mobilitätskomponente abtrennen ließe. Und in einem späteren Verfahren hat er den Charakter dieser Leistung als beitragsunabhängige Sonderleistung bestätigt (EuGH, Rs. C-537/09 (Bartlett u.a.), Slg 2011, I-n.v. Rn 27 ff).

bb) Finanzierung

Kennzeichen der besonderen beitragsunabhängigen Geldleistungen ist deren Finanzierung ausschließlich durch **obligatorische Steuern** zur Deckung der allgemeinen öffentlichen Ausgaben. Die Gewährung und Berechnung der Leistung darf nicht von Beiträgen hinsichtlich der Leistungsempfänger abhängen (Abs. 2 lit. b)). S. 2 stellt aber klar, dass Leistungen, die zusätzlich zu einer beitragsabhängigen Leistung gewährt werden, nicht allein aus diesem Grund als beitragsabhängige Leistungen zu betrachten sind.

cc) Aufführung in Anhang X

14 Wie schon die Vorläuferregelung in Art. 4 Abs. 2 a VO (EWG) Nr. 1408/71 verlangt auch Abs. 2 lit. c), dass der betreffende Mitgliedstaat die Leistung im Anhang X aufführt. Dieser Eintrag ist Voraussetzung dafür, dass die **speziellen Koordinierungsregelungen** für besondere beitragsunabhängige Geldleistungen gelten (insbesondere die Rechtsfolgen des Abs. 3 und 4). Im Übrigen ist Folgendes zu beachten: Ist ein Eintrag erfolgt, so ist davon auszugehen, dass die bezeichnete Leistung ausschließlich den speziellen Koordinierungsregeln unterliegt und somit zu den besonderen beitragsunabhängigen Sonderleistungen gehört (vgl in diesem Sinne EuGH, Rs. C-20/96 (Snares), Slg 1997, 6057 Rn 32).

15 Für **Deutschland** sind im Anhang X lit. a) Leistungen der Grundsicherung im Alter und bei Erwerbsminderung nach dem Vierten Kapitel des Zwölften Buches Sozialgesetzbuch eingetragen. Damit steht fest, dass es sich um eine besondere beitragsunabhängige Sonderleistung handelt, obwohl es sich bei genauer Betrachtung um eine Leistung der sozialen Fürsorge im Sinne des Art. 3 Abs. 5 handelt (eingehend dazu *Fuchs*, Deutsche Grundsicherung und europäisches Koordinationsrecht, NZS 2007, 1, 3). Ferner sind im Anhang X lit. b) Leistungen zur Sicherung des Lebensunterhalts der Grundsicherung für Arbeitsuchende eingetragen, soweit für diese Leistungen nicht dem Grunde nach die Voraussetzungen für den befristeten Zuschlag nach Bezug von Arbeitslosengeld (§ 24 Abs. 1 SGB II) erfüllt sind. Dh auch hier hat sich der Gesetzgeber für die Qualifizierung als besondere beitragsunabhängige Geldleistung entschieden. Dies gilt nicht, wie der Eintrag im Anhang sichtbar macht, wenn zusätzlich zum Arbeitslosengeld II der Zuschlag nach § 24 SGB II zu zahlen ist. In diesem Fall liegt eine Leistung der sozialen Sicherheit im Sinne von Art. 3 Abs. 1 lit. h), also eine Leistung bei Arbeitslosigkeit, vor.

16 Für **Österreich** ist im Anhang X die Ausgleichszulage [nach dem Bundesgesetz vom 9. September 1955 über die Allgemeine Sozialversicherung (ASVG), dem Bundesgesetz vom 11. Oktober 1978 über die Sozialversicherung der in der gewerblichen Wirtschaft selbstständig Erwerbstätigen (GSVG) und dem Bundesgesetz vom 11. Oktober 1978 über die Sozialversicherung der in der Land- und Forstwirtschaft selbstständig Erwerbstätigen (BSVG)] eingetragen.

17 Ein Eintrag in Anhang X bedeutet aber nicht, dass eine **Überprüfung** dahingehend ausgeschlossen wäre, ob nicht eine Leistung der sozialen Sicherheit im Sinne des Art. 3 Abs. 1 vorliegt und damit die Koordinierungsvorschriften uneingeschränkt zur Anwendung gelangen. Dies hat der EuGH in der Rs. Jauch judiziert (vgl EuGH, Rs. C-215/99 (Jauch), Slg 2001, I-1991 Rn 16 ff; ebenso Rs. C-43/99 (Leclere), Slg 2001, I-4265; Rs. C-299/05 (Kommission./.EU-Parlament/Rat), Slg 2007, I-2999).

3. Ausschluss der allgemeinen Koordinierungsvorschriften (Abs. 3)

18 Für besondere beitragsunabhängige Geldleistungen gelten **spezifische Koordinierungsregeln**. Deshalb erklärt Abs. 3 insbesondere die für sonstige Leistungen zentrale Vorschrift über die Aufhebung von Wohnortklauseln des Art. 7, welche den Export von Leistungen sichert, für nicht anwendbar. Ebenso sind alle anderen Kapitel von Titel III unanwendbar.

4. Exportausschluss – Leistungsgewährung im Wohnortstaat (Abs. 4)

a) Zulässigkeit des Ausschlusses

19 Der Transfer von Leistungen ins europäische Ausland (Export) ist ein zentrales Anliegen des Koordinierungsrechts. Es ist deshalb in Art. 48 lit. b) AEUV verankert. Abs. 4 setzt jedoch dieses **Prinzip außer Kraft**. Das wirft die Frage nach der Zulässigkeit dieser Regelung auf. Die Antwort hierauf hat der EuGH in ständiger Rechtsprechung gegeben (grundlegend EuGH, Rs. C-20/96 (Snares), Slg 1997, I-6082 Rn 39 ff; bestätigt von Rs. C-43/99 (Leclere), Slg 2001, I-4265 Rn 32; Rs. C-215/99 (Jauch), Slg 2001, I-1901 Rn 21). Der Gerichtshof weist in ständiger Rechtsprechung darauf hin, dass der Grundsatz der Exportierbarkeit von Leistungen der sozialen Sicherheit

solange gilt, wie der Gemeinschaftsgesetzgeber keine Ausnahmevorschriften erlassen hat. Zum anderen betont der Gerichtshof, dass die Gewährung von eng an das soziale Umfeld gebundenen Leistungen davon abhängig gemacht werden kann, dass der Empfänger im Staat des zuständigen Trägers wohnt. Darüber hinaus diene Art. 70 Abs. 4 auch dem Schutz der Interessen der zu- und abwandernden Arbeitnehmer in Übereinstimmung mit Art. 48 AEUV, da auch die in anderen Mitgliedstaaten zurückgelegten Beschäftigungszeiten usw mitberücksichtigt werden müssen.

b) Leistungsgewährung im Wohnortstaat

Abs. 4 S. 1 schreibt die Gewährung der besonderen beitragsunabhängigen Geldleistungen im Wohnmitgliedstaat und nach dessen Rechtsvorschriften vor. Zuständig ist nach S. 2 der Träger (Art. 1 lit. p)) des Wohnorts. Wohnort ist gemäß Art. 1 lit. j) der Ort des gewöhnlichen Aufenthalts einer Person. Gemeint ist damit der gewöhnliche Mittelpunkt der Interessen. Dabei sind insbesondere die Familiensituation des Arbeitnehmers, die Gründe, die ihn zum Wandern veranlasst haben, die Dauer des Wohnens, ggf die Innehabung einer festen Anstellung und die Absicht des Arbeitnehmers zu berücksichtigen, wie sie sich aus einer Gesamtbetrachtung ergibt (EuGH, Rs. C-90/97 (Swaddling), Slg 1999, I-42, Rn 29). Jedoch gehört im Rahmen dieser Würdigung die Dauer des Wohnens in dem Staat, in dem die streitige Leistung beantragt wird, nicht zum Begriff des Wohnorts (Rn 30 des Urteils). Bei Meinungsverschiedenheiten über den Wohnsitz ist Art. 11 DVO zu beachten. Wenn nach den Rechtsvorschriften des zuständigen Trägers der Anspruch von der Zurücklegung bestimmter Zeiten abhängig ist, müssen auch die entsprechenden Zeiten in einem anderen Mitgliedstaat berücksichtigt werden. Diese früher in Art. 10 a Abs. 2 VO (EWG) Nr. 1408/71 verankerte Verpflichtung ergibt sich nunmehr aus der allgemeinen Vorschrift des Art. 6. 20

Dass ein Leistungsbezieher bei Wohnsitzverlegung in einen anderen Mitgliedstaat seinen Anspruch auf die Leistung verliert, obwohl er in dem neuen Wohnsitzstaat Arbeitnehmerstatus hat, verstößt grundsätzlich nicht gegen Art. 45 AEUV und Art. 7 VO (EWG) Nr. 492/2011 (EuGH, Rs. C-287/05 (Hendrix), Slg 2007, I-6909). Bei einer solchen Fallgestaltung dürfen die Rechte des Betroffenen aber nicht in einem Maße beeinträchtigt werden, die über das hinausgeht, was zur Erreichung des von dem nationalen Gesetz verfolgten legitimen Ziels erforderlich ist (Rn 58 des Urteils). 21

Titel IV Verwaltungskommission und beratender Ausschuss

Artikel 71 Zusammensetzung und Arbeitsweise der Verwaltungskommission

(1) ¹Der bei der Kommission der Europäischen Gemeinschaften eingesetzten Verwaltungskommission für die Koordinierung der Systeme der sozialen Sicherheit (im Folgenden „Verwaltungskommission" genannt) gehört je ein Regierungsvertreter jedes Mitgliedstaats an, der erforderlichenfalls von Fachberatern unterstützt wird. ²Ein Vertreter der Kommission der Europäischen Gemeinschaften nimmt mit beratender Stimme an den Sitzungen der Verwaltungskommission teil.

(2) Die Verwaltungskommission beschließt mit der in den Verträgen festgelegten qualifizierten Mehrheit; dies gilt nicht für die Annahme ihrer Satzung, die von ihren Mitgliedern im gegenseitigen Einvernehmen erstellt wird.

Entscheidungen zu den in Artikel 72 Buchstabe a genannten Auslegungsfragen werden im erforderlichen Umfang bekannt gemacht.

(3) Die Sekretariatsgeschäfte der Verwaltungskommission werden von der Kommission der Europäischen Gemeinschaften wahrgenommen.

Artikel 72 Aufgaben der Verwaltungskommission

Die Verwaltungskommission hat folgende Aufgaben:

a) Sie behandelt alle Verwaltungs- und Auslegungsfragen, die sich aus dieser Verordnung oder der Durchführungsverordnung oder in deren Rahmen geschlossenen Abkommen oder getroffenen Vereinbarungen ergeben; jedoch bleibt das Recht der betreffenden Behörden, Träger und Personen, die Verfahren und Gerichte in Anspruch zu nehmen, die nach den Rechtsvorschriften der Mitgliedstaaten, nach dieser Verordnung sowie nach dem Vertrag vorgesehen sind, unberührt.

b) Sie erleichtert die einheitliche Anwendung des Gemeinschaftsrechts, insbesondere, indem sie den Erfahrungsaustausch und die Verbreitung der besten Verwaltungspraxis fördert.

c) Sie fördert und stärkt die Zusammenarbeit zwischen den Mitgliedstaaten und ihren Trägern im Bereich der sozialen Sicherheit, um u.a. spezifische Fragen in Bezug auf bestimmte Personengruppen zu berücksichtigen; sie erleichtert die Durchführung von Maßnahmen der grenzüberschreitenden Zusammenarbeit auf dem Gebiet der Koordinierung der sozialen Sicherheit.

d) Sie fördert den größtmöglichen Einsatz neuer Technologien, um den freien Personenverkehr zu erleichtern, insbesondere durch die Modernisierung der Verfahren für den Informationsaustausch und durch die Anpassung des Informationsflusses zwischen den Trägern zum Zweck des Austauschs mit elektronischen Mitteln unter Berücksichtigung des Entwicklungsstands der Datenverarbeitung in dem jeweiligen Mitgliedstaat; die Verwaltungskommission erlässt die gemeinsamen strukturellen Regeln für die elektronischen Datenverarbeitungsdienste, insbesondere zu Sicherheit und Normenverwendung, und legt die Einzelheiten für den Betrieb des gemeinsamen Teils dieser Dienste fest.

e) Sie nimmt alle anderen Aufgaben wahr, für die sie nach dieser Verordnung, der Durchführungsverordnung und aller in deren Rahmen geschlossenen Abkommen oder getroffenen Vereinbarungen zuständig ist.

f) Sie unterbreitet der Kommission der Europäischen Gemeinschaften geeignete Vorschläge zur Koordinierung der Systeme der sozialen Sicherheit mit dem Ziel, den gemeinschaftlichen Besitzstand durch die Erarbeitung weiterer Verordnungen oder durch andere im Vertrag vorgesehene Instrumente zu verbessern und zu modernisieren.

g) Sie stellt die Unterlagen zusammen, die für die Rechnungslegung der Träger der Mitgliedstaaten über deren Aufwendungen aufgrund dieser Verordnung zu berücksichtigen sind, und stellt auf der Grundlage eines Berichts des in Artikel 74 genannten Rechnungsausschusses die Jahresabrechnung zwischen diesen Trägern auf.

Literaturübersicht

Cornelissen, Die Verwaltungskommission für die soziale Sicherheit der Wanderarbeitnehmer, Soziales Europa 1986, S. 42-44; *Falke*, Comitology and Other Committees: A Preliminary Empirical Assessment, in: *Pedler/Schaefer* (Hrsg.), Shaping European Law and Policy: The Role of Committees and Comitology in the Political Process, 1996; *Maas*, La Commission administrative pour la sécurité sociale des travailleurs migrants, CDE, 4/1966; *Pizarro*, Wie funktioniert die Koordinierung?, Soziales Europa, 1992, S. 66-72.

I. Neuerungen der Verordnung (EG) Nr. 883/2004 1	Nr. 883/2004 und die Anwendung von Beschlüssen und Empfehlungen 32
II. Historische Einführung 6	2. Förderung des Erfahrungsaustauschs und der Verbreitung der besten Verwaltungspraxis (Art. 72 b) 35
III. Rechtsnatur 12	
IV. Zusammensetzung 15	
V. Arbeitsweise 18	3. Förderung der Zusammenarbeit der Mitgliedstaaten (Art. 72 c) 38
VI. Aufgaben 25	
1. Klärung von Verwaltungs- und Auslegungsfragen 25	4. Förderung des Einsatzes neuer Technologien (Art. 72 d) 41
a) Verwaltungs- und Auslegungsentscheidungen (Art. 72 a) 25	5. Sonstige Aufgaben (Art. 72 e) 48
	a) Mobile Dokumente 49
b) Übergang der VO (EWG) Nr. 1408/71 zur VO (EG)	b) Die elektronische Europäische Krankenversicherungskarte (eEKVK).... 50

c) Informationen 55	7. Zusammenstellung der Unterlagen für die Rechnungslegung der Träger (Art. 72 g) 58
6. Ausarbeitung von Änderungsvorschlägen (Art. 72 f) 57	

I. Neuerungen der Verordnung (EG) Nr. 883/2004

Die Veränderungen in den Bestimmungen hinsichtlich der Verwaltungskommission sind nicht besonders groß. Die Verwaltungskommission heißt jetzt vollständig "Verwaltungskommission für die Koordinierung der Systeme des sozialen Sicherheit" und nicht mehr wie unter der alten VO (EWG) Nr. 1408/71 „Verwaltungskommission für die soziale Sicherheit der Wanderarbeitnehmer". Der neue Name ist nicht nur eine logische Konsequenz des persönlichen Geltungsbereichs der VO (EG) Nr. 883/2004, der sich nicht mehr auf die berufstätigen Personen beschränkt, sondern alle EU-Bürgerinnen und -Bürger, für die die Rechtsvorschriften eines oder mehrerer Mitgliedstaaten gelten oder galten, umfasst. Die Namensänderung bringt auch zum Ausdruck, dass die VO (EG) Nr. 883/2004 (wie die VO (EWG) Nr. 1408/71) zahlreiche Bestimmungen beinhaltet, die weit über den ursprünglichen Rahmen der Sicherung der Freizügigkeit der Arbeitnehmer hinaus gehen. Art. 19 garantiert beispielsweise, dass eine Person, die in einem Mitgliedstaat versichert ist und die sich in einem anderen Mitgliedstaat aufhält, selbst wenn sie niemals dort gearbeitet hat, Anspruch auf Sachleistungen hat, die sich als medizinisch notwendig erweisen. 1

Die Rechtsnatur der Verwaltungskommission ist durch die Verordnung (EG) Nr. 883/2004 ebenso nicht geändert worden wie ihre Zusammensetzung. Die frühere VO (EWG) Nr. 1408/71 sah vor, dass die Verwaltungskommission nach Maßgabe der zu diesem Zweck zwischen der Europäischen Gemeinschaft und der Internationalen Arbeitsorganisation geschlossenen Vereinbarungen in fachlicher Hinsicht von einem Vertreter der Internationalen Arbeitsorganisation unterstützt wurde. Seit den ersten Anfängen der Verwaltungskommission war es Prof. Guy Perrin, der diese fachliche Unterstützung im Namen der Internationalen Arbeitsorganisation gewährt hat. Er gehörte damit zu den Urhebern zahlreicher Beschlüsse der Verwaltungskommission und vieler Änderungen, die im Laufe der Zeit an den VO (EWG) Nr. 3 und 1408/71 vorgenommen wurden. Seit dem Tod von Prof. Guy Perrin sind diese Bestimmungen nicht mehr im Gebrauch. 2

Hinsichtlich der Aufgaben der Verwaltungskommission (Art. 72) gibt es jedoch einige Änderungen im Vergleich zur früheren VO (EWG) Nr. 1408/71. Erstens ist es nicht mehr Aufgabe der Verwaltungskommission, Übersetzungen von Unterlagen anzufertigen, die sich auf die Anwendung der VO beziehen. In der Vergangenheit verfügte die Verwaltungskommission über eine gesonderte Abteilung des Übersetzungsdienstes der Kommission, die mit der Übersetzung von allen Dokumenten bezüglich der Anwendung der VO (EWG) Nr. 1408/71 und 574/72 beauftragt war. Diese gesonderte Abteilung ist jedoch bereits seit einiger Zeit aufgelöst worden, da der Übersetzungsdienst der Kommission (mit gegenwärtig 22 offiziellen Sprachen!) überbelastet ist. In der Praxis diente diese frühere Bestimmung nur als Rechtsgrundlage für eine (anteilige) Erstattung der von den Trägern der Mitgliedstaaten getragenen Übersetzungskosten. Die hierfür verfügbaren Haushaltsmittel wurden anhand eines von der Verwaltungskommission festgelegten Verteilungsschlüssels aufgeteilt. In den Verhandlungen zur VO (EG) Nr. 883/2004 waren sich alle Delegationen über die Streichung dieser Bestimmung einig, da die Übersetzung von Unterlagen eine Aufgabe ist, die von den Mitgliedstaaten und nicht von der Verwaltungskommission wahrgenommen werden muss. 3

Zweitens hat die Verwaltungskommission eine neue Aufgabe erhalten: Sie soll die einheitliche Anwendung des Unionsrechts erleichtern und insbesondere den Erfahrungsaustausch und die Verbreitung der besten Verwaltungspraxis fördern (Art. 72 lit. b). Drittens muss die Zusammenarbeit zwischen den Mitgliedstaaten und ihren Trägern verstärkt werden, um u.a. "spezifische Fragen in Bezug auf bestimmte Personengruppen zu berücksichtigen" (Art. 72 lit. c Hs. 1). Damit sind – auf Antrag des Europäischen Parlaments – insbesondere die Grenzgänger gemeint, ohne dies jedoch ausdrücklich zu sagen. 4

5 Eine weitere neue Aufgabe der Verwaltungskommission ist es, die Durchführung von Maßnahmen der grenzüberschreitenden Zusammenarbeit auf dem Gebiet der Koordinierung der sozialen Sicherheit zu erleichtern (Art. 72 lit. c Hs. 2). Schließlich ist die Rolle der Verwaltungskommission auf dem Gebiet der Modernisierung der für den Informationsaustausch erforderlichen Verfahren gestärkt worden: Die Verwaltungskommission erlässt die gemeinsamen strukturellen Regeln für die elektronischen Datenverarbeitungsdienste, insbesondere zu Sicherheit und Normverwendung, und legt die Einzelheiten für den Betrieb des gemeinsamen Teils dieser Dienste fest (Art. 72 lit. d).

II. Historische Einführung

6 Die Verwaltungskommission besteht seit dem 1. Januar 1959. Sie nimmt als Institution eine besondere Stellung im Unionsrecht ein: Obwohl sie nicht zu den Organen der Union im Sinne von Art. 13 EUV (= Art. 7 EG) und Teil Sechs AEUV (= Teil Fünf EG) gehört, werden ihr in zahlreichen Verordnungsbestimmungen allgemeine und besondere Aufgaben übertragen, die bisweilen sogar regulatorischer Natur sind. Die Vorschriften über Zusammensetzung und Aufgaben der Verwaltungskommission sind derzeit in den Art. 71 und 72 niedergelegt und entsprechen, abgesehen von den unter Punkt I (Rn 1-5) erwähnten Neuerungen, jenen, die früher in den Art. 43 und 44 VO (EWG) Nr. 3 und in den Art. 80 und 81 VO (EWG) Nr. 1408/71 zu finden waren.

7 Die Existenz der Verwaltungskommission lässt sich allein aus der besonderen Entstehungsgeschichte der VO (EWG) Nr. 3 erklären. Gemäß Art. 69 § 4 des EGKSV hatten die Mitgliedstaaten dafür Sorge zu tragen, dass die Bestimmungen über die soziale Sicherheit die Freizügigkeit der Arbeitnehmer in der Kohle- und Stahlindustrie nicht behindern. Im Jahre 1953 unternahm die Hohe Behörde, die gemäß Art. 69 § 5 EGKSV bei der Erreichung dieses Ziels eine stimulierende Rolle zu spielen hatte, eine Initiative zur Ausarbeitung eines Europäischen Abkommens über die soziale Sicherheit der Wanderarbeitnehmer in der Kohle- und Stahlindustrie, welches an die Stelle der bilateralen Abkommen treten sollte, die zwischen den jeweiligen Mitgliedstaaten bis dahin in Kraft waren. Die im Juni 1955 abgehaltene Konferenz in Messina veränderte aber die Bezugsbegriffe: Der Gemeinsame Markt sollte die gesamten Volkswirtschaften umfassen und sich nicht länger auf die Kohle- und Stahlindustrie beschränken. Diese Erweiterung machte es notwendig, das auszuarbeitende Abkommen über die soziale Sicherheit der Wanderarbeitnehmer in einen weiteren Zusammenhang zu stellen und nicht länger auf die Arbeiter in der Kohle- und Stahlindustrie zu beschränken. Der EWG-Vertrag wurde am 25. März 1957 in Rom unterzeichnet, das Europäische Abkommen über die soziale Sicherheit der Wanderarbeitnehmer am 9. Dezember 1957, ebenfalls in Rom. Ebenso wie in Art. 69 § 4 EGKSV wurde in Art. 51 EWGV (jetzt Art. 48 AEUV = Art. 42 EG) die soziale Sicherheit als Faktor verstanden, der die Freizügigkeit der Arbeitnehmer nicht behindern darf. Der Bezugsrahmen, die systematische Stellung im Vertrag und die sozialpolitische Zielsetzung von Art. 51 EWGV stimmten nahezu mit derjenigen von Art. 69 § 4 EGKSV überein, der Rechtsgrundlage des bereits erwähnten Abkommens. Abgesehen von geringfügigen redaktionellen Abweichungen bestand zwischen beiden Vorschriften jedoch ein wichtiger Unterschied im Hinblick auf das zur Verfügung stehende Instrumentarium: In Art. 69 § 4 EGKSV blieb die Regelung der betreffenden Materie den vertragsschließenden Parteien selbst überlassen, während Art. 51 EWGV die Möglichkeit zur Rechtsetzung mittels des Instrumentariums der Verordnung bot. Auf der Grundlage von Art. 51 EWGV konnte somit supranationales Recht erlassen werden, eine im internationalen Recht der sozialen Sicherheit bis dahin völlig unbekannte Rechtsfigur.

8 Nach dem Inkrafttreten des EWGV am 1. Januar 1958 bestand mithin folgende Situation: In der Gestalt eines unterzeichneten und auf Art. 69 EGKSV gestützten Abkommens lag ein vollständiges Regelungswerk über die soziale Sicherheit der Wanderarbeitnehmer vor, gleich in welchem Wirtschaftszweig sie tätig waren. Daneben verlieh Art. 51 EWGV dem Ministerrat die Befugnis, "die auf dem Gebiet der sozialen Sicherheit für die Herstellung der Freizügigkeit der Arbeitnehmer notwendigen Maßnahmen" zu beschließen. Im Verlauf des Jahres 1958 fiel die Entscheidung, die

Bestimmungen des Europäischen Abkommens so schnell wie möglich wirksam werden zu lassen; um jedoch das zeitraubende Ratifizierungsverfahren zu vermeiden, sollte es zu einer Verordnung im Rahmen von Art. 51 EWGV umgearbeitet werden.

Der Ministerrat hat am 28. September 1958, auf Vorschlag der Kommission, die VO (EWG) Nr. 3 verabschiedet, worin der Text des Europäischen Abkommens über die soziale Sicherheit der Wanderarbeitnehmer, abgesehen von einer einzigen geringfügigen Änderung und unter Weglassung der Protokollbestimmungen, in seiner Gesamtheit übernommen wurde. Gleichzeitig mit der Ausarbeitung von VO (EWG) Nr. 3 gingen die Arbeiten an einem Instrument weiter, das für die Durchführung des Europäischen Abkommens, falls dieses als solches in Kraft getreten wäre, erforderlich gewesen wäre. Dieses Instrument wurde in der Folge nach dem gleichen Verfahren, das auch für die VO (EWG) Nr. 3 angewendet worden war, am 3. Dezember 1958 in eine Verordnung umgewandelt: VO (EWG) Nr. 4. Darin wurden insbesondere Vorschriften über die Art und Weise der Anwendung von VO (EWG) Nr. 3 durch die durchführenden Träger der Mitgliedstaaten aufgenommen. Beide Verordnungen traten gleichzeitig zum 1. Januar 1959 in Kraft.   9

Bei der "Umwandlung" des Europäischen Abkommens in Gemeinschaftsverordnungen wurde auch die Verwaltungskommission mit ihrer traditionell völkerrechtlichen Zusammensetzung übernommen. Die Mitglieder sind Regierungsvertreter, die auf nationale Weisung handeln. Während dies im Rahmen des ursprünglich vorgesehenen Europäischen Abkommens völlig gerechtfertigt war, stellt sich die regulatorische und interpretative Zuständigkeit der Verwaltungskommission im Rahmen des AEUV unter konstitutionellen Gesichtspunkt ungleich problematischer dar.   10

Die Verwaltungskommission spielt bei der praktischen Durchführung der auf Art. 48 AEUV (= Art. 42 EG) gestützten Verordnungen eine sehr große Rolle. Wie der Gerichtshof in einer Reihe von Urteilen festgestellt hat, sind diese Verordnungen lediglich koordinierender Natur. Sie schaffen insbesondere kein eigenes System für Wanderarbeitnehmer und lassen die typischen Eigenheiten der verschieden nationalen Systeme unberührt. Die Tatsache, dass diese – oft sehr großen – Unterschiede zwischen den Mitgliedstaaten fortbestehen, macht eine europäische Koordinierung der sozialen Sicherheit zu einem äußerst schwierigen Unterfangen, da allen denkbaren Konstellationen, die sich auf dem Gebiet der sozialen Sicherheit beim grenzüberschreitenden Verkehr zwischen Mitgliedstaaten ergeben können, Rechnung zu tragen ist. Hinzu kommt, dass die Verordnungen gemäß 48 AEUV (= Art. 42 EG) nur unter Mitentscheidung des Rates und des Parlaments geändert werden können, so dass häufig Kompromisse gefunden werden müssen. Aufgrund der genannten Faktoren sind die in den Verordnungen enthaltenen Bestimmungen oft hochgradig komplex und von technischer Natur. Diese Bestimmungen müssen von den nationalen Behörden der Mitgliedstaaten angewandt werden, was nur möglich ist, wenn eine ständige Zusammenarbeit der Verantwortlichen der Sozialversicherungsbehörden sowohl auf der Ebene der Träger für die Behandlung der Einzelfälle als auch auf der höchsten Verwaltungsebene der Mitgliedstaaten gewährleistet ist. In der Ermöglichung und Verstetigung dieser Zusammenarbeit liegt die Daseinsberechtigung der Verwaltungskommission für die Koordinierung der Systeme der sozialen Sicherheit.   11

III. Rechtsnatur

Ungeachtet ihrer Übernahme aus dem zwischenstaatlichen Europäischen Abkommen über die soziale Sicherheit der Wanderarbeitnehmer und ungeachtet ihrer Zusammensetzung aus Regierungsvertretern ist die Verwaltungskommission keine zwischenstaatliche (völkerrechtliche) Institution, sondern eine den Normen des Unionsrechts unterstehende Unionseinrichtung, die „bei der Europäischen Kommission" (Art. 71 Abs. 1) eingesetzt wird. Gemäß Art. 1 ihrer Satzung (ABl. C 213 v. 6.8.2010, S. 20) handelt es sich um eine „Sondereinrichtung der Kommission". Dies macht deutlich, dass die Verwaltungskommission nicht nur der Vertretung und Durchsetzung von Par-   12 tikularinteressen der Mitgliedstaaten dienen soll, sondern ebenso wie die Kommission selbst dem Unionsinteresse verpflichtet ist.

13 Im Gegensatz zu den meisten anderen Einrichtungen unterhalb der Ebene der Unionsorgane (Parlament, Rat, Kommission und Gerichtshof) kann die Verwaltungskommission gemäß Art. 71 Abs. 2 über ihre Satzung selbst entscheiden; eine Genehmigung durch den Rat ist nicht erforderlich. Die gemäß Art. 16 der Satzung vorgesehene Möglichkeit, gemäß Art. 267 AEUV (= Art. 234 EG) den Gerichtshof über ihre Auslegung entscheiden zu lassen, hat in der bisherigen Praxis keinerlei Bedeutung erlangt. Bemerkenswert ist, dass die Verwaltungskommission gemäß Art. 2 Abs. 6 über einen Generalsekretär und einen stellvertretenden Generalsekretär verfügt, worin ihre hervorgehobene Stellung ebenfalls zum Ausdruck kommt.

14 Streng zu unterscheiden ist die Verwaltungskommission von den sogenannten "Verwaltungsausschüssen", die vom Rat in einer Vielzahl von Fällen eingesetzt wurden (vgl hierzu *Schmitt von Sydow*, Die Verwaltungs- und Regelungsausschussverfahren der Europäischen Gemeinschaft, 1973; *Nicoll*, Qu'est ce que la Comitologie?, RMC 1987, 185), um die Kommission bei der Ausübung der ihr übertragenen Durchführungsbefugnisse zu kontrollieren. Die zuletzt genannten Ausschüsse können mit ihrem Votum lediglich die Vorlagen der Kommission billigen oder ablehnen, was, je nach Ausgestaltung der Ausschussverfahren im Einzelfall, einen Rückfall der Durchführungsbefugnisse an den Rat zur Folge hat. Demgegenüber ist die Verwaltungskommission an der Ausübung von Durchführungsbefugnissen durch die Kommission nur in einem einzigen Fall beteiligt: Auf Grund des Art. 92 DVO können die Anhänge der Durchführungsverordnung sowie die Anhänge VI, VII, VIII und IX der VO (EG) Nr. 883/2004 durch eine Verordnung der Kommission geändert werden. Das Mitwirkungsrecht der Verwaltungskommission ist dabei auf das Recht zur Abgabe eines Antrags beschränkt. Anders als die so genannten Verwaltungs- und Regelungsausschüsse nimmt die Verwaltungskommission eigene Aufgaben war, die ihr in den verschieden Verordnungsbestimmungen übertragen sind.

IV. Zusammensetzung

15 Wie bereits unter Punkt II. erwähnt, setzt sich die Verwaltungskommission gemäß Art. 71 Abs. 1 aus je einem Regierungsvertreter jedes Mitgliedstaats zusammen, der sich von Fachberatern unterstützen lassen kann. Um die Arbeitsfähigkeit des Gremiums nicht zu gefährden, ist vorgesehen, dass die einzelnen Delegationen im Allgemeinen nicht mehr als vier Personen umfassen sollten (Art. 2 Abs. 4 der Satzung); eine Einschränkung, die in aller Regel beachtet wird.

16 Auf Grund des 1994 in Kraft getretenen Abkommens über den Europäischen Wirtschaftsraum können Norwegen, Island und Liechtenstein zu den Sitzungen der Verwaltungskommission und ihrer Arbeitsgruppen sowie zu den Sitzungen des Rechnungsausschusses je einen Vertreter in beratender Funktion (Beobachter) entsenden. Auf Grund des mit der Schweiz abgeschlossenen und 2002 in Kraft getretenen Abkommens über die Freizügigkeit von Personen hat auch die Schweiz dieses Recht.

17 Das Sekretariat der Verwaltungskommission wird von den Dienststellen der Europäischen Kommission wahrgenommen (Art. 71 Abs. 3), in der Praxis vom Referat "Freizügigkeit der Arbeitnehmer, Koordinierung der Systeme der sozialen Sicherheit" der Generaldirektion "Beschäftigung, Soziale Angelegenheiten und Integration". Das Sekretariat wird vom Generalsekretär mit einem Stellvertreter geleitet, die in dieser Eigenschaft gemeinsam mit von ihnen zu bestimmenden Sekretariatsangehörigen an den Sitzungen teilnehmen (Art. 2 Abs. 6 der Satzung). Die Kommission ist mit einem offiziellen Vertreter, der über eine beratende Stimme verfügt, an den Sitzungen beteiligt (Art. 71 Abs. 1).

V. Arbeitsweise

Die Verwaltungskommission tritt zur Erledigung der ihr übertragenen Aufgaben mindestens viermal jährlich zu Sitzungen zusammen, die in der Regel zweitägig sind (seit ihrer Gründung hat die Verwaltungskommission bisher rund 330 Mal getagt). Den Vorsitz führt gemäß Art. 3 der Satzung das Mitglied desjenigen Staates, der zu diesem Zeitpunkt die Ratspräsidentschaft innehat. Die Einberufung erfolgt durch den Generalsekretär (im Einvernehmen mit dem Vorsitzenden, Art. 3 Abs. 4 der Satzung), der auch die vorläufige Tagesordnung erstellt. Von der in Art. 7 Abs. 3 der Satzung vorgesehenen Möglichkeit zur Einberufung außerordentlicher Sitzungen auf Antrag von mindestens fünf Mitgliedern wurde bislang keinerlei Gebrauch gemacht.

18

Vorbereitet werden die Beratungen zu den einzelnen Tagesordnungspunkten durch schriftliche Aufzeichnungen der Vertreter der Mitgliedstaaten und des Sekretariats, die vom Sekretariat in andere Amtssprachen der Gemeinschaft übersetzt und danach elektronisch den Mitgliedern der Verwaltungskommission auf dem Kommissionsserver zur Verfügung gestellt werden. Dieses in der Praxis bewährte Verfahren ermöglicht nicht nur eine gründliche Vorbereitung der Sitzungen, sondern kann darüber hinaus auch zu einer wesentlichen Verkürzung der Debatten führen. Verlauf und Ergebnisse der Sitzungen werden gemäß Art. 13 der Satzung in Protokollen festgehalten. Zusätzlich zu den regelmäßigen Vollsitzungen der Verwaltungskommission finden zu besonderen Fragen Arbeitsgruppensitzungen unter Beteiligung von Sachverständigen aus den Mitgliedstaaten statt (Art. 6 der Satzung).

19

Nach dem früheren, ziemlich vagen, Wortlaut des Art. 71 Abs. 2 mussten Entscheidungen zu den in Art. 72 Buchstabe a) genannten Auslegungsfragen „gemäß den Beschlussfassungsregeln des Vertrags" getroffen werden. Die VO (EU) Nr. 465/2012 vom 22. Mai 2012 (ABl. L 149 v. 8.6.2012, S. 4) hat aber ausdrücklich klargestellt, dass die Verwaltungskommission mit der in den Verträgen festgelegten qualifizierten Mehrheit beschließt. Nur Beschlüsse zur Änderung der Satzung der Verwaltungskommission müssen weiterhin von den Mitgliedern im gegenseitigen Einvernehmen gefasst werden.

20

Die Erweiterung der Union um die hohe Zahl von zehn neuen Mitgliedstaaten am 1. Mai 2004 machte allen Beteiligten klar, künftig angemessene Mittel für das reibungslose Funktionieren der Verordnungen zur Koordinierung der Systeme der sozialen Sicherheit zu schaffen. Zu diesem Zweck wurde die Satzung der Verwaltungskommission geändert. Die Einführung der Möglichkeit zur Entscheidung im schriftlichen Verfahren (Art. 9 Abs. 2 der Satzung) hat sich zum Beispiel als außerordentlich wirkungsvolles Instrument erwiesen. Zusätzlich sind Verhaltensregeln ("Code of conduct", ABl. C 129 v. 26.5.2005, S. 28) verabschiedet worden, um die Wirksamkeit der Treffen der Verwaltungskommission zu verbessern, so dass die beschränkte Zeit besser genutzt werden kann.

21

Ferner wurden in den letzten Jahren verschiedenen Maßnahmen getroffen, um ein effizienteres Funktionieren der Verwaltungskommission gewährleisten zu können. Vorab wurden eine Taskforce sowie verschiedene Ad-hoc-Gruppen gegründet, um den von der neuen Durchführungsverordnung vorgesehenen Datenaustausch vorzubereiten. Tatsächlich ist eines der Hauptziele der neuen Durchführungsverordnung die effizientere und verstärkte Zusammenarbeit zwischen den einzelnen Trägern der Mitgliedstaaten. Der Austausch von Informationen wird in Zukunft mit elektronischen Hilfsmitteln gewährleistet, was eine beachtliche Vorbereitung mit sich bringt und auch eine verstärkte Zusammenarbeit zwischen der Verwaltungskommission und dem Fachausschuss für Datenverarbeitung erforderlich macht.

22

Um ihre Funktionsfähigkeit weiter zu verbessern, hat die Verwaltungskommission im Jahr 2010 wieder ihre Satzung angepasst (ABl. C 213 v. 6.8.2010, S. 20). Neu ist die Möglichkeit für die Verwaltungskommission einen Operativen Ausschuss (Operational Board) zu gründen, mit der Aufgabe, die Debatten in den Plenarversammlungen der Verwaltungskommission vorzubereiten und zu vereinfachen (Art. 4 der Satzung). Die Mitglieder werden durch die Verwaltungskommis-

23

sion aufgrund ihres Expertenwissens für einen beschränkten Zeitraum ernannt. Der operative Ausschuss könnte bei Problemfällen im Anwendungsbereich der Durchführung der Verordnung Gutachten erstellen und gegebenenfalls Empfehlungen zuhanden der Verwaltungskommission aussprechen. Selbstverständlich würde die Beschlussfassung weiterhin im Kompetenzbereich der Verwaltungskommission bleiben.

24 Eine weitere Neuigkeit ist die Möglichkeit zur Gründung eines Vermittlungsausschusses (Conciliation Board) gemäß Art. 5 der Satzung. Diese könnte bei unterschiedlichen Interpretationen einer Bestimmung der Verordnung zwischen zwei oder mehreren Mitgliedstaaten die Verwaltungskommission unterstützen. Ferner könnte der Vermittlungsausschuss eine wichtige Rolle einnehmen, indem die Verwaltungskommission bei der Beseitigung von Streitigkeiten beispielsweise im Rahmen von Entsendungen assistieren würde (siehe unten, Rn 31).

VI. Aufgaben

1. Klärung von Verwaltungs- und Auslegungsfragen

a) Verwaltungs- und Auslegungsentscheidungen (Art. 72 a)

25 Zur Klärung von Verwaltungs- und Auslegungsfragen trifft die Verwaltungskommission Entscheidungen, die, sofern sie Auslegungsfragen betreffen, im erforderlichen Umfang bekannt gemacht werden müssen. In der Praxis werden jedoch auch die Entscheidungen über Verwaltungsfragen veröffentlicht. Seit Inkrafttreten der VO (EWG) Nr. 3 und (EWG) Nr. 4 hat die Verwaltungskommission rund 230 im Amtsblatt veröffentlichte Beschlüsse verabschiedet. Daneben sind mehr als 25 Empfehlungen an die zuständigen Behörden der Mitgliedstaaten ergangen.

26 Hinsichtlich der Frage, ob ein Gericht eines Mitgliedstaats an einen Beschluss der Verwaltungskommission gebunden ist, verweist Art. 72 a darauf, dass die Ausübung der Befugnisse der Verwaltungskommission "das Recht der betreffenden Behörden, Träger und Personen, die Verfahren und Gerichte in Anspruch zu nehmen, die nach den Rechtsvorschriften der Mitgliedstaaten, nach dieser Verordnung sowie nach dem Vertrag vorgesehen sind, unberührt" bleibt. Die nationalen Gerichtsinstanzen sind daher in diesem Sinne bei der Auslegung der Unionstexte nicht an die Auslegung der Verwaltungskommission gebunden (siehe aber unten). Dasselbe gilt für die Beschlüsse, in denen die Verwaltungskommission Einzelheiten zur Durchführung von Verordnungsbestimmungen regelt. Der unverbindliche Charakter der Beschlüsse der Verwaltungskommission hat konstitutionelle Gründe, welche durch Generalanwalt Warner in seiner Stellungnahme in der Rechtssache 98/80 (Romano, Slg 1981,1259) deutlich zum Ausdruck gebracht wurden.

27 Art. 263 AEUV (= Art. 230 EG) gibt dem Gerichtshof die Befugnis, die Rechtmäßigkeit des Handelns des Rates und der Kommission zu überwachen, während Art. 267 AEUV (= Art. 234 EG) ihm die Befugnis verleiht, über die Gültigkeit und die Auslegung der Handlungen der Organe der Union zu entscheiden. Da die Verwaltungskommission kein Unionsorgan im Sinne von Art. 13 EUV (= Art. 7 EG) ist, könnte der Gerichtshof sich daher nicht über die Gültigkeit von Handlungen der Verwaltungskommission aussprechen. Die Vorstellung einer Verwaltungseinrichtung, deren Beschlüsse keiner richterlichen Kontrolle unterworfen sind, ist jedoch unvereinbar mit den verfassungsmäßigen Grundsätzen, die in allen Mitgliedstaaten gelten (s. aber die Rechtsprechung des Gerichtshofs, nach der die Verträge „ein vollständiges System von Rechtsbehelfen und Verfahren geschaffen [haben], das die Kontrolle der Rechtmäßigkeit der Handlungen der Organe, mit der der Gemeinschaftsrichter betraut wird, gewährleisten soll" in Rs. 294/83 Les Verts, Slg 1986, 1339, Rn 23-25 und Rs. C-50/00 P Unión de Pequeños Agricultores, Slg 2002, I-06677, Rn 40).

28 Aus diesen Gründen hat der Gerichtshof im Urteil vom 14. Mai 1981 in der bereits erwähnten Rechtssache Romano entschieden, dass eine Stelle wie die Verwaltungskommission vom Rat nicht ermächtigt werden kann, Rechtsakte mit normativen Charakter zu erlassen. "Ein Beschluss der

Titel IV Verwaltungskommission und beratender Ausschuss　　　　　　　　　　Artikel 72

Verwaltungskommission kann zwar für die Sozialversicherungsträger, denen die Durchführung des Gemeinschaftsrechts auf diesem Gebiet übertragen ist, ein Hilfsmittel darstellen. Er ist aber nicht geeignet, sie zu verpflichten, bei der Anwendung des Gemeinschaftsrechts bestimmte Methoden anzuwenden oder von einer bestimmten Auslegung auszugehen". In seiner jüngeren Rechtsprechung hat der Gerichtshof allerdings dem Prinzip der vertrauensvollen Zusammenarbeit im Sinne von Art. 4 Abs. 3 EUV (= Art. 10 EG) große Bedeutung beigemessen (siehe unten). Meiner Ansicht nach bedeutet dies, dass Mitgliedstaaten Beschlüsse der Verwaltungskommission nicht einfach ignorieren können.

Die Auslegungsbeschlüsse der Verwaltungskommission sind wichtige Hilfsmittel zum Verständnis　29
der Verordnungsbestimmungen. Die Mitglieder der Verwaltungskommission setzen sich nämlich aus den ranghöchsten Verwaltungsbeamten der Mitgliedstaaten zusammen. In einem Sachgebiet, dessen Kompliziertheit aus der Notwendigkeit herrührt, die unterschiedlichen nationalen Systeme der sozialen Sicherheit zu koordinieren, sind sie besonders kompetente Sachverständige, deren Rat umso bedeutsamer ist, als sie auch an der Erarbeitung der Verordnungstexte beteiligt waren, nicht nur als Mitglieder der Verwaltungskommission (Art. 72 f), sondern vielfach auch bei der Behandlung dieser Texte im Rat. Den Auslegungsbeschlüssen der Verwaltungskommission kommt daher besondere Autorität zu.

In einer Reihe von Urteilen hat der EuGH im Übrigen die wichtige Rolle der Verwaltungskom-　30
mission unterstrichen. Im Urteil vom 5. Mai 1983 (EuGH, Rs. 238/81 (Van der Bunt-Craig), Slg 1983, I-1385) verweist der Gerichtshof zur Bekräftigung seiner Interpretation einer Verordnungsbestimmung (Art. 107 VO (EWG) Nr. 574/72) auf einen Beschluss der Verwaltungskommission. Im Urteil vom 12. Juli 1990 (EuGH, Rs. C-236/88 (Kommission/Frankreich), Slg 1990, I-3163) gibt der Gerichtshof zu erkennen, dass praktische Probleme, die sich aus der Anwendung der Koordinierungsverordnungen in der vom Gerichtshof vorgenommenen Auslegung ergeben, jederzeit der Verwaltungskommission unterbreitet werden können. In den Urteilen vom 10. Februar 2000 (Rs. C-202/97 (Fitzwilliam Technical Services), Slg 2000, I-883), vom 30. März 2000 (Rs. C-178/97 (Banks), Slg 2000, I-2005) und vom 26. Januar 2006 (Rs. C-2/05 (Herbosch Kiere), Slg 2006, I-1079) hat der Gerichtshof die wichtige Vermittlerrolle der Verwaltungskommission unterstrichen, für den Fall, dass es keine Übereinstimmung zwischen den Standpunkten der zuständigen Träger in Bezug auf die Bescheinigung E 101 geben sollte.

Bei den zuletzt erwähnten Rechtssachen handelte es sich um die Aussagekraft der Bescheinigung　31
E 101 (jetzt Mobiles Dokument A1) bei einer Entsendung. In den Urteilen misst der Gerichtshof dem Prinzip der vertrauensvollen Zusammenarbeit im Sinne von Art. 10 EG (jetzt Art. 4 Abs. 3 EUV) ein hohes Gewicht bei. In Anlehnung an das erwähnte Prinzip ist der Gastgeberstaat grundsätzlich an die vom zuständigen Träger des Entsendestaats ausgestellte Bescheinigung E 101 gebunden. Das Prinzip der vertrauensvollen Zusammenarbeit bedingt, dass der Entsendestaat eine eigene Überprüfung bezüglich der für die Anwendbarkeit der Entsendung relevanten Fakten durchführt. Eine vom zuständigen Träger des Entsendestaats ausgestellte Bescheinigung E 101 begründet daher die Vermutung, dass der entsandte Arbeitnehmer der Gesetzgebung des jeweiligen Entsendestaats untersteht. Allerdings muss der zuständige Träger des Mitgliedstaats, der diese Bescheinigung ausgestellt hat, deren Richtigkeit überprüfen und die Bescheinigung gegebenenfalls zurückziehen, falls begründete Zweifel an deren Richtigkeit beziehungsweise an den darin gemachten Angaben bestehen. Soweit die betroffenen Träger im Einzelfall bei der Beurteilung des Sachverhalts und damit der Frage, ob dieser unter die Bestimmungen der Entsendung fällt, zu keiner Übereinstimmung gelangen, können sie sich an die Verwaltungskommission wenden. Nur wenn es dieser in Bezug auf das anwendbare Recht nicht gelingt, zwischen den Standpunkten der zuständigen Träger zu vermitteln, steht es dem Mitgliedstaat, in den die betreffenden Arbeitnehmer entsandt sind – unbeschadet einer allfälligen in dem Mitgliedstaat der ausstellenden Behörde etwa möglichen Klage – frei, ein Vertragsverletzungsverfahren gemäß Art. 259 AEUV (= Art. 227 EG) einzuleiten, so dass der Gerichtshof die Frage des auf diese Arbeitnehmer anwendbaren

Rechts und damit die Richtigkeit der Angaben in der Bescheinigung E 101 prüfen kann. Diese Vermittlerrolle der Verwaltungskommission ist jetzt auch in Art. 6 Abs. 3 der Durchführungsverordnung zum Ausdruck gebracht. Im Hinblick auf ihre neue Aufgabe als Vermittlerin, hat die Verwaltungskommission die Möglichkeit geschaffen, eine Vermittlungsinstanz zu gründen (siehe oben, Rn 24). Mit dem Beschluss Nr. A1 vom 12. Juni 2009 (ABl. C 106 v. 24.4.2010, S. 1) hat die Verwaltungskommission die Vorschriften über die Einrichtung eines Dialog- und Vermittlungsverfahrens festgelegt.

b) Übergang der VO (EWG) Nr. 1408/71 zur VO (EG) Nr. 883/2004 und die Anwendung von Beschlüssen und Empfehlungen

32 Zwecks Vereinfachung des Übergangs vom alten zum neuen Regelwerk hat die Verwaltungskommission im Jahr 2009 einen Rahmenbeschluss (Beschluss Nr. H1 v. 12.6.2009, ABl. C 106 v. 24.4.2010, S. 13) getroffen, um Beratung und Verständlichkeit für die Träger und die betroffenen Personen zu verbessern. Grundsätzlich sind alle alten Beschlüsse und Empfehlungen bezüglich den Verordnungen (EWG) Nr. 1408/71 und 574/72 vom Zeitpunkt an obsolet, in dem die VO (EG) Nr. 883/2004 und ihre Durchführungsverordnung Gültigkeit erlangt haben. Die alten Beschlüsse und Empfehlungen werden nur dann anwendbar bleiben, falls diese weiterhin rechtskräftig sind – insbesondere aufgrund der Art. 90 und Art. 96 DVO (s. die Kommentierung zu Art. 90) sowie hinsichtlich jener Fälle, für die die VO (EWG) Nr. 1408/71 auch nach der Gültigkeit der neuen Verordnung anwendbar bleibt, zB weil der Antrag auf eine Leistung noch vor diesem Zeitpunkt eingebracht wurde.

33 Das Ziel des Rahmenbeschlusses ist die Bezeichnung der alten Beschlüsse und Empfehlungen, die nicht ersetzt wurden (aufgeführt im Teil A des Anhanges des Rahmenbeschlusses) oder die im Rahmen der neuen Verordnung eine Änderung erfuhren oder gänzlich ersetzt wurden (aufgeführt im Teil B des Anhanges des Rahmenbeschlusses). Der Anhang dieses Kommentars beinhaltet eine Übersicht über die geltenden Beschlüsse der Verwaltungskommission gemäß VO (EG) Nr. 883/2004 und ihrer Durchführungsverordnung. Diese Übersicht ist jedoch nicht abschließend. Die Verwaltungskommission muss noch weitere Beschlüsse fällen, um die korrekte Anwendung der neuen Verordnung garantieren zu können. Aufgrund der juristischen und technischen Komplexität und der Tatsache, dass gewisse Arbeiten der Verwaltungskommission prioritär behandelt werden müssen, konnten die Beschlüsse jedoch noch nicht alle rechtzeitig angepasst und veröffentlicht werden. Einige der im Teil C des Anhanges des Rahmenbeschlusses aufgeführten Beschlüsse müssen noch von der Verwaltungskommission gefasst werden.

34 Die neue Nummerierung entspricht dem System des elektronischen Datenaustausches:
- "A": anzuwendende Rechtsvorschriften
- "E": elektronischer Datenaustausch
- "F": Familienleistungen
- "H": horizontale Bestimmungen
- "P": (Pensions=)Renten
- "S": (Sickness benefits=) Leistungen bei Krankheit
- "U": (Unemployment benefits=) Leistungen bei Arbeitslosigkeit

2. Förderung des Erfahrungsaustauschs und der Verbreitung der besten Verwaltungspraxis (Art. 72 b)

35 Im Vergleich mit der alten VO (EWG) Nr. 1408/71 hat die Verwaltungskommission eine neue Aufgabe erhalten: Sie soll die einheitliche Anwendung des Unionsrechts erleichtern und insbesondere den Erfahrungsaustausch und die Verbreitung der besten Verwaltungspraxis fördern. Diese Idee ist nicht neu. Der dahinter stehende Grundgedanke – nämlich der durch den Austausch

generierte Mehrwert für alle beteiligten Akteure auf Unionsebene – war bereits in der alten Version von Art. 137 Abs. 2 EG (jetzt Art. 153 Abs. 2 AEUV) zu finden.

Ein solcher Austausch sollte zum Ziel haben, die einheitliche Anwendung des Unionsrechts zu erleichtern. Ein Erfahrungsaustausch unter den Mitgliedstaaten hinsichtlich des Gebrauchs ihrer Weisungsbefugnis gemäß Art. 64 Abs. 1 lit. c) bezüglich der Ausdehnung der maximalen Zeitspanne, während der eine arbeitslose Person in einem anderen Mitgliedstaat eine Stelle suchen kann, von drei auf sechs Monate könnte beispielsweise von Interesse sein. Die jeweils angewandten Kriterien und die jeweiligen Erfahrungen der Mitgliedstaaten, mit der erwähnten Ausdehnung, könnten dabei im Brennpunkt stehen. 36

Im Geiste ihrer neuen Aufgaben gemäß Art. 72 b hat die Verwaltungskommission kürzlich beschlossen, einmal jährlich über die Zusammenarbeit bei der Bekämpfung von Betrug und Fehlern zu diskutieren. Diese Diskussion basiert auf der freiwilligen Berichterstattung der Mitgliedstaaten über ihre Erfahrungen und Fortschritte auf diesem Gebiet (Beschluss Nr. H5 v. 18.5.2010, ABl. C 149 v. 8.6.2010, S. 5). 37

3. Förderung der Zusammenarbeit der Mitgliedstaaten (Art. 72 c)

Die Verwaltungskommission spielt eine unverzichtbare Rolle als Beratungs- und Zusammenarbeitsorgan. Eine reibungslose Anwendung der Koordinationsbestimmungen bezüglich der sozialen Sicherheit kann nur durch eine gute Kooperation zwischen den Trägern der Mitgliedstaaten gewährleistet werden. Art. 76 ist gänzlich dieser Kooperation gewidmet. Mit dem Grundsatz der guten Verwaltungspraxis (Art. 76 Abs. 4 und Abs. 6) soll vermieden werden, dass Bürger – bei Interpretationsschwierigkeiten oder bei Schwierigkeiten bezüglich der Durchführung der Verordnung – von einer Instanz zur anderen verwiesen werden. Die neue Durchführungsverordnung in ihrer Gesamtheit hat zum Ziel, eine effizientere und engere Zusammenarbeit zwischen den Trägern zu erreichen. Weitere Beispiele einer verstärkten Zusammenarbeit zwischen den Trägern der Mitgliedstaaten finden sich in Artikel 5 DVO ("Rechtswirkung der in einem anderen Mitgliedstaat ausgestellten Dokumente und Belege"), 6 DVO ("Vorläufige Anwendung der Rechtsvorschriften eines Mitgliedstaats und vorläufige Gewährung von Leistungen"), 16 DVO ("Verfahren bei der Anwendung von Artikel 13 der Grundverordnung") und 60 DVO ("Verfahren bei der Anwendung von Artikel 67 und 68 der Grundverordnung"). 38

Während der Verhandlungen zum Vorschlag der Kommission hat das Europäische Parlament darauf bestanden, dass die Verwaltungskommission insbesondere für die Bewältigung von Problemen im Bereich der Grenzgänger, hervorgehend aus den unterschiedlichen Systemen der sozialen Sicherheit, verantwortlich sei. Der Rat wollte jedoch keine spezifische Behandlung für einzelne Arbeitnehmerkategorien. Das endgültige Resultat ist nun ein Kompromiss: Die Zusammenarbeit zwischen den Mitgliedstaaten und ihren Trägern im Bereich der sozialen Sicherheit muss verstärkt werden, um u.a. "spezifische Fragen in Bezug auf bestimmte Personengruppen zu berücksichtigen". Damit sind insbesondere die Grenzgänger gemeint, ohne dies jedoch ausdrücklich zu sagen. 39

Eine andere neue Aufgabe der Verwaltungskommission ist es, die Durchführung von Maßnahmen der grenzüberschreitenden Zusammenarbeit auf dem Gebiet der Koordinierung der sozialen Sicherheit zu erleichtern. Es gibt viele Beispiele von grenzüberschreitender Zusammenarbeit zwischen zwei oder mehreren Trägern von Mitgliedstaaten zum Nutzen der EU-Bürgerinnen und -Bürger. Dank einer solchen Kooperation zwischen den Trägern der Euregio Maas-Rhein, in Belgien, den Niederlanden und Deutschland beispielsweise, gehört die grenzüberschreitende Gesundheitsfürsorge bereits seit mehreren Jahren zum Alltag der bei den Trägern dieser Region versicherten Personen. Die neue Aufgabe der Verwaltungskommission ist es, solche grenzüberschreitende Zusammenarbeit zu erleichtern. 40

4. Förderung des Einsatzes neuer Technologien (Art. 72 d)

41 Die Verwaltungskommission hat nach Art. 72 d die Aufgabe, den größtmöglichen Einsatz neuer Technologien zu fördern um den freien Verkehr von Personen zu erleichtern. Dies soll insbesondere durch die Modernisierung der Verfahren für den Informationsaustausch und durch die Anpassung des Informationsflusses zwischen den Trägern zum Zweck des Austauschs mit elektronischen Mitteln geschehen, und zwar unter Berücksichtigung des Entwicklungsstands der Datenverarbeitung in dem jeweiligen Mitgliedstaat. Im Vergleich mit den alten VO (EWG) Nr. 1408/71 ist die Rolle der Verwaltungskommission auf dem Gebiet der Modernisierung der für den Informationsaustausch erforderlichen Verfahren gestärkt worden: Die Verwaltungskommission erlässt die gemeinsamen strukturellen Regeln für die elektronischen Datenverarbeitungsdienste, insbesondere zu Sicherheit und Normenverwendung, und legt die Einzelheiten für den Betrieb des gemeinsames Teils dieser Dienste fest.

42 Um die Wichtigkeit der Modernisierung der für den Informationsaustausch erforderlichen Verfahren zu unterstreichen, sind die Regelungen bezüglich der elektronischen Datenverarbeitung, die früher in den Art. 117 bis 117 b der alten Durchführungsverordnung (EWG) Nr. 574/72 zu finden waren, in die VO (EG) Nr. 883/2004 aufgenommen worden. Diese Bestimmungen sind zusammen mit der früheren Regelung des Art. 85 Abs. 3 der alten VO (EWG) Nr. 1408/71 in einem neuen Artikel (Art. 78) zusammengefasst worden. Die in diesem Artikel aufgenommenen Bestimmungen beabsichtigen u.a. zu gewährleisten, dass elektronisch ausgetauschte oder herausgegebene Dokumente genauso anerkannt werden, wie Dokumente in Papierform. Ein solcher Austausch hat unter Beachtung der Unionsbestimmungen über den Schutz natürlicher Personen bei der Verarbeitung personenbezogener Daten und den freien Datenverkehr zu erfolgen (s. die Kommentierung zu Art. 78).

43 In Anbetracht dieser neuen Aufgabe der Verwaltungskommission ist auch Art. 4 DVO von besonderer Bedeutung. Auf Grund des Art. 4 Abs. 2 DVO erfolgt die Datenübermittlung zwischen den Trägern oder Verbindungsstellen der Mitgliedstaaten elektronisch, und zwar in einem gemeinsamen sicheren Rahmen, in dem die Vertraulichkeit und der Schutz der ausgetauschten Daten gewährleistet werden kann. Sehr viel Vorarbeit musste diesbezüglich geleistet werden und wird auch in Zukunft einiges an Ressourcen beanspruchen. Gemäß Art. 95 DVO kann jedem Mitgliedstaat jedoch eine Übergangszeit für den elektronischen Datenaustausch nach Art. 4 Abs. 2 eingeräumt werden. Nach Art. 95 Abs. 1 Unterabs. 1 der DVO hätten diese Übergangszeiten spätestens 24 Monate nach dem Datum des Inkrafttretens der DVO, also am 30.4. 2012 enden müssen. Aufgrund des Art. 95 Abs. 1 Unterabs. 2 der DVO aber kann die Verwaltungskommission eine angemessene Verlängerung der Übergangszeiten beschließen, wenn sich die Bereitstellung der erforderlichen gemeinschaftlichen Infrastruktur wesentlich verspätet hat. Ausgehend von der Analyse der Kommission und des Lenkungsausschusses für das EESSI-Projekt hat die Verwaltungskommission im Jahr 2011 den Entwicklungsstand des Projekts sowohl auf EU- als auch auf nationaler Ebene einer Gesamtbewertung unterzogen. Aufgrund dieser Bewertung wurde eine Verlängerung der Übergangszeit als notwendig erachtet, um die erfolgreiche Implementierung des EESSI-Systems zu gewährleisten. In ihrem Beschluss Nr. E3 v. 19.10.2011 (ABl. C 12 v. 14.1.2012, S. 6) hat die Verwaltungskommission beschlossen, den in Art. 95 Abs. 1 der DVO vorgesehenen Zeitraum für den vollständigen Übergang der Mitgliedstaaten zum elektronischen Datenaustausch bis zum 30.4.2014 zu verlängern.

44 Art. 78 und Art. 4 Abs. 2 DVO begründen die gesetzliche Grundlage des EESSI-Projekts (Electronic Exchange of Social Security Information – elektronischer Austausch von Sozialversicherungsdaten). Anhand der Vorarbeit der Taskforce und den in Punkt V erwähnten Ad-hoc-Gremien konnte die Verwaltungskommission vor ein paar Jahren einen Beschluss über eine gemeinsame Infrastruktur des EESSI-Projekts treffen. Das EESSI-System beinhaltet eine zentrale elektronische Schaltstelle, angegliedert an die Datenbank der Europäischen Kommission, und eine Standardsoftware, die den Mitgliedstaaten zuhanden der nationalen Verwaltung zur Verfügung

gestellt werden wird. Zusammen soll dies den Austausch von Informationen zur sozialen Sicherheit über 31 Ländergrenzen hinweg (EU-27 + Island, Norwegen, Liechtenstein und die Schweiz) gewährleisten. Das EESSI-Projekt hat zum Ziel, den Schutz der Rechte der Bürger zu verstärken, indem für die Anwendung der EU-Vorschriften zur Koordinierung der Sozialversicherungssysteme ein elektronisches System eingesetzt wird. Dieses System beabsichtigt eine Erleichterung und Beschleunigung der Entscheidungsfindung bei der Berechnung und Auszahlung von Sozialversicherungsleistungen und ermöglicht eine effiziente Datenprüfung sowie eine genaue Erhebung statistischer Daten über den europäischen Datenaustausch.

Ein entscheidender Schritt im Hinblick auf den elektronischen Austausch von Sozialversicherungsdaten gemäß der VO (EG) Nr. 883/2004 und ihrer Durchführungsverordnung ist die Annahme eines Beschlusses der Verwaltungskommission bezüglich der Struktur der elektronischen Dokumente. Gemäß Art. 1 Abs. 2 lit. d) DVO bezeichnet der Ausdruck "strukturiertes elektronisches Dokument" ein Dokument in einem Format, das für den elektronischen Austausch von Informationen zwischen den Mitgliedstaaten konzipiert wurde. Mit der Annahme des Arbeitsprogramms über den elektronischen Datenaustausch durch die Verwaltungskommission im Jahr 2006 wurde die erste Etappe in diesem Prozess in Angriff genommen. Eines der Ziele war die Identifizierung der für die Durchführung der neuen Verordnung benötigten Daten und der Struktur der elektronischen Dokumente. In einem nächsten Schritt wurden im Jahre 2006 sowohl eine Taskforce als auch mehrere Arbeitsgruppen gegründet (siehe oben, Rn 22), welche unter anderem für die Identifizierung der benötigten Daten in den einzelnen Sozialversicherungszweigen zuständig waren, um die Implementierung der einzelnen Bestimmungen der Verordnung sicherstellen zu können. In den Jahren 2007 und 2008 wurden die entsprechenden Berichte der Arbeitsgruppen von der Taskforce und der Verwaltungskommission genehmigt. Die Resultate dieser Arbeit wurden anschließend in die adäquate Fachsprache konvertiert, um die nötigen Elemente in das EESSI-System einzuspeisen. Als nächstes muss die Verwaltungskommission die in diesem Prozess erfolgte Arbeit anhand von Beschlüssen konsolidieren, die nicht im Amtsblatt, sondern auf den Internet-Seiten der Kommission unter http://ec.europa.eu/social-security-coordination veröffentlicht werden. 45

Im Juni 2009 hat die Verwaltungskommission einen Beschluss zu den Übergangsfristen für die Einführung des elektronischen Datenaustauschs anhand des EESSI-Systems verabschiedet (Beschluss Nr. E1v. 12.6.2009). Gemäß diesem Beschluss soll das Leitmotiv Pragmatismus, Flexibilität und vertrauensvolle Zusammenarbeit zwischen den Trägern sein. Darüber hinaus ist der reibungslose Übergang für Bürgerinnen und Bürger, die ihre Rechte im Rahmen der neuen Verordnung ausüben, von höchster Bedeutung. Vom Zeitpunkt an, in dem die VO (EG) Nr. 883/2004 und ihre Durchführungsverordnung Gültigkeit erlangt haben, ersetzen Papierversionen von standardisierten elektronischen Dokumenten (*Structured Electronic Documents SEDs*) die auf den alten Verordnungen (EWG) Nr. 1408/71 und 574/72 basierenden so genannten E-Vordrucke. Dennoch können Mitgliedstaaten, die bereits ein eigenes elektronisches Datenaustauschsystem basierend auf diesen E-Vordrucken aufgebaut haben, diese während einer Übergangsfrist weiterhin benutzen. Der Grund für diese Ausnahme ist die Absicht, zu vermeiden, dass Mitgliedstaaten mit bereits bestehenden elektronischen Anwendungen zu einem Rückschritt gezwungen werden oder unverhältnismäßige Ausgaben bestreiten müssen. Allerdings müssen die Rechte der Bürgerinnen und Bürger im Rahmen der neuen Verordnungen vollständig garantiert werden. Während der Übergangsperiode müssen die Träger alle relevanten Information akzeptieren, auch wenn diese in Form eines veralteten Dokuments eingereicht werden. Falls im Zweifelsfall Unsicherheiten bezüglich den Rechten der Bürgerinnen und Bürger bestehen, muss der verantwortliche Mitgliedstaat im Geiste des Prinzips der vertrauensvollen Zusammenarbeit den ausstellenden Träger kontaktieren. 46

Es steht jedem Mitgliedstaat frei, zu entscheiden, den EESSI-verträglichen elektronischen Austausch von Sozialversicherungsdaten in einem oder in mehreren Schritten einzuführen. Es könnten 47 also einzelne, bereits EESSI-verträgliche Bereiche, anderen, noch weniger fortgeschrittenen Bereichen, vorgezogen werden. EESSI-verträglich bedeutet, dass die entsprechende sektorale Zugangsstelle sowohl Mitteilungen von anderen Mitgliedstaaten empfangen und auch umgekehrt eigene Mitteilungen an Träger von anderen Mitgliedstaaten versenden kann.

5. Sonstige Aufgaben (Art. 72 e)

48 Zu den Aufgaben der Verwaltungskommission gehören nicht allein die Aufgaben, die in Art. 72 aufgezählt werden, sondern auch diejenigen, auf die in Art. 72 e verwiesen wird. Zu nennen sind insbesondere die konkreten Aufgaben, die ihr durch die Art. 19 Abs. 2, Art. 33 Abs. 2, Art. 34 Abs. 2, Art. 76 Abs. 2 und Art. 87 Abs. 10- b sowie durch die Art. 4 Abs. 1 und 3, Art. 31 Abs. 4, Art. 43 Abs. 3, Art. 48 Abs. 1, Art. 52 Abs. 2, Art. 61, Art. 62 Abs. 2, Art. 64 Abs. 5 und 6, Art. 69 Abs. 1 und 2, Art. 75 Abs. 3, Art. 86 Abs. 1, 2 und 3, Art. 88 Abs. 3, Art. 89 Abs. 1, Art. 90 und Art. 95 Abs. 2 DVO übertragen werden und auf die bei der Kommentierung der jeweiligen Vorschriften näher einzugehen ist. Wegen der besonderen Bedeutung sollen an dieser Stelle lediglich drei dieser Aufgaben erwähnt werden, nämlich die Erarbeitung der mobilen Dokumente, die Einführung der elektronischen Europäischen Krankenversicherungskarte und die Bereitstellung von Informationen.

a) Mobile Dokumente

49 Auf Grund des Art. 4 Abs. 3 DVO legt die Verwaltungskommission die praktischen Modalitäten für die Übermittlung von Informationen, Dokumenten oder Entscheidungen an die betreffende Person durch elektronische Mittel fest. Soweit es für die Anwendung der Grundverordnung und der Durchführungsverordnung erforderlich ist, übermitteln die maßgeblichen Träger, gemäß Art. 3 Abs. 4 DVO den betreffenden Personen die Informationen und stellen ihnen entsprechende Dokumente aus. Die in Art. 3 Abs. 4 DVO bezeichneten Dokumente sind mobil und werden den Bürgerinnen und Bürger zur Mitnahme ausgestellt. Die ehemalige E 101-Bescheinigung (jetzt mobiles Dokument A1) ist ein Beispiel dafür. Insgesamt gibt es zehn mobile Dokumente, darunter auch die Europäische Krankenversicherungskarte. Inhalt und Form der mobilen Dokumente sind von der Verwaltungskommission festgelegt worden. Sie sind auf der Website der Kommission verfügbar.

b) Die elektronische Europäische Krankenversicherungskarte (eEKVK)

50 Als der Europäische Rat im März 2002 in Barcelona dem Aktionsplan über die Beseitigung der Hindernisse für die geographische Mobilität zustimmte, beschloss er auch, eine europäische Krankenversicherungskarte einzuführen. Die Einführung dieser Karte sollte "*sämtliche Vordrucke, die derzeit zur Inanspruchnahme von Leistungen in einem anderen Mitgliedstaat erforderlich sind, ersetzen*".

51 Daher hat die Europäische Kommission im Februar 2003 eine Mitteilung über die schrittweise Einführung einer Europäischen Krankenversicherungskarte vorgelegt. Im Juni 2003 hat die Verwaltungskommission tatsächlich beschlossen, dass die Europäische Krankenversicherungskarte die in den alten Verordnungen (EWG) Nr. 1408/71 und Nr. 574/72 vorgesehenen Vordrucke für die Übernahme der Sachleistungen, bei einem vorübergehenden Aufenthalt in einem anderen Mitgliedstaat als dem zuständigen Staat oder Wohnstaat, schrittweise ersetzen würde. Mit ihrem Beschluss Nr. S1 v. 12. Juni 2009 hat die Verwaltungskommission die allgemeinen Grundsätze der EKVK und die auf ihre enthaltenen Daten festgelegt. Die technischen Merkmale der EKVK sind im Beschluss Nr. S2 vom 12.6.2009 festgelegt.

52 Angesichts der unterschiedlichen Ausgangssituationen in den verschiedenen Mitgliedstaaten bezüglich der Verwendung von Gesundheits- oder Krankenversicherungskarten, ist die Europäische Krankenversicherungskarte (EKVK) zunächst in der Form einer Karte eingeführt worden, die

lediglich von bloßem Auge sichtbare Angaben enthält, welche für die Gewährung von Sachleistungen und für die Erstattung der betreffenden Kosten erforderlich sind. Diese Angaben können darüber hinaus elektronisch auf der Karte gespeichert werden.

Derzeit besitzen fast 40% der europäischen Bürger eine EKVK. Für die meisten europäischen Bürger wurde die EKVK zu einem der bedeutenden Symbole der Errungenschaften der EU, insbesondere im Bereich der Sozialpolitik. Mit der wachsenden Zahl der in Umlauf befindlichen Karten nahm während den letzten Jahren jedoch auch die Zahl der Fälle, in denen die Annahme der EKVK verweigert wurde, erheblich zu. Die meisten dieser Fälle sind auf mangelnde Information der Sachleistungserbringer über die Existenz der EKVK und die Erstattungsverfahren zurückzuführen. Zur Beseitigung dieser Probleme hat die Verwaltungskommission kürzlich Maßnahmen getroffen, die sich vor allem auf die Verbesserung der Informationen konzentrieren, die sowohl den Sachleistungserbringer als auch den Versicherten zu Verfügung stehen. 53

Die letzte Etappe ist die Einführung einer elektronischen EKVK (eEKVK). Im Oktober 2007 hat die Verwaltungskommission die Ad-hoc-Gruppe "Elektronische Krankenversicherungskarte – eEKVK" beauftragt, die Einführung der elektronischen Krankenversicherungskarte voranzutreiben. Hauptziel dieser Gruppe war es, die Grundlage für die politischen, strategischen und technischen Entscheidungen, die für die Einführung der eEKVK benötigt werden, vorzubereiten. Die Ad-hoc-Gruppe hat alle rechtlichen, technischen und verfahrensrelevanten Fragen im Zusammenhang mit der Einführung der eEKVK geprüft und die Vor- und Nachteile für alle beteiligten (Versicherte, Sachleistungserbringer und Krankenversicherungsträger) untersucht. In den letzten Jahren hat die Ad-hoc-Gruppe mit Blick auf die Vorarbeiten für die politischen, rechtlichen und technischen Beschlüsse, die für die Einführung der eEKVK notwendig sind, mehrere Berichte vorgelegt. Im Jahr 2011 hat die Verwaltungskommission entschieden, die Möglichkeiten für einen elektronischen Austausch des EKVK-Datensatzes zu prüfen. Auf dieser Grundlage könnte EESSI zum Rückgrat des elektronischen Austausches von EKVK-Daten werden. Die Implementierung des elektronischen Austausches von EKVK-Daten sollte in drei Phasen erfolgen. Die Ad-hoc-Gruppe wurde mandatiert, Möglichkeiten zur Realisierung der ersten Phase (Zugang der Träger zum EKVK-Datensatz der in einem anderen Mitgliedstaat versicherten Person) zu analysieren. Durch Realisierung der ersten Phase könnten die Träger auf Anfragen ihrer lokalen Leistungserbringenden reagieren, die eine provisorische Ersatzbescheinigung für einen Patientin/einen Patienten anfordern, die/der keine EKVK vorlegen kann. Diese Analyse sollte bis Ende 2013 abgeschlossen sein. 54

c) Informationen

Auf Grund des Art. 89 Abs. 1 DVO hat die Verwaltungskommission die Aufgabe, die erforderlichen Informationen bereitzustellen, damit die betreffenden Personen von ihren Rechten und den bei deren Geltendmachung zu beachtenden Formvorschriften Kenntnis nehmen können. Die Informationen sollen nach Möglichkeit auf elektronischem Wege verbreitet werden und zu diesem Zweck auf allgemein zugänglichen Internetseiten zur Verfügung gestellt werden. Die Verwaltungskommission soll auch sicherstellen, dass die Informationen regelmäßig aktualisiert werden. Weiterhin soll die Verwaltungskommission die Qualität der für die Kunden erbrachten Dienstleistungen überwachen. 55

Zu diesem Zweck wurde eine Informationsbroschüre über die Rechte der Bürgerinnen und Bürger in Bezug auf die soziale Sicherheit im Rahmen der VO (EG) Nr. 883/2004 und ihrer Durchführungsverordnung erarbeitet. Diese Informationen sind sowohl in Papierform als auch auf der Website der Europäischen Kommission erhältlich. Ferner bietet die Webseite detaillierte Informationen zur grenzüberschreitenden Gesundheitsfürsorge. Die Verwaltungskommission hat auch einen praktischen Leitfaden über die Bestimmungen im Bereich der anzuwendenden Rechtsvorschriften erstellt. Dieser Leitfaden bietet der Praxis auf den verschiedenen Ebenen der Verwaltung, 56 aber auch Arbeitgebern und Bürgen ein sehr wertvolles Arbeitsinstrument zur Bestimmung der im Einzelfall anwendbaren Rechtsvorschriften.

6. Ausarbeitung von Änderungsvorschlägen (Art. 72 f)

57 Allgemein dient die Verwaltungskommission als Rahmen zur Behandlung aller Probleme der Durchführung und Verbesserung der Verordnungen auf Unionsebene. Im Entscheidungsprozess der Union obliegt der Europäischen Kommission zwar die Initiative, die Vorschläge zur Änderung der Unionsregelungen vorzubereiten und im Rat und Parlament einzubringen, doch wäre sie ohne die Informationen, die ihr die Verwaltungskommission liefert, nicht in der Lage, dieser Rolle gerecht zu werden, die eine detaillierte Kenntnis der nationalen Gesetzgebungen, der Auswirkungen von Änderungen der letzteren auf die Anwendung der Koordinierungsregeln und der Ergebnisse dieser Anwendung voraussetzt. Schließlich handelt es sich um eine Koordinierung, die einunddreißig (EU 27, Norwegen, Island, Liechtenstein und die Schweiz) verschiedene Gesetzgebungen von höchster Komplexität und großer, sich ständig weiterentwickelnder Vielfalt umfasst. Darüber hinaus müssen die Verfahren dieser Koordinierung regelmäßig an die Entwicklung der sozialen Sicherheit in den Mitgliedstaaten und der Rechtsprechung des Europäischen Gerichtshofs, an die Arbeitsmarktlage und an die modernen Informations- und Managementtechniken angepasst werden.

7. Zusammenstellung der Unterlagen für die Rechnungslegung der Träger (Art. 72 g)

58 Gemäß Art. 72 g stellt die Verwaltungskommission die Unterlagen für die Rechnungsregelung der mitgliedstaatlichen Träger über ihre Anwendungen aufgrund der Verordnung und die daraus resultierenden gegenseitigen Forderungen zusammen und schließt die Rechnungsregelung selbst ab; dies auf der Grundlage eines Berichts des in Art. 74 genannten Rechnungsausschusses (s. die Kommentierung zu Artikel 74).

Die bislang veröffentlichten Beschlüsse und Empfehlungen der Verwaltungskommission für die Koordinierung der Systeme der sozialen Sicherheit sind als Anhang zu dieser Verordnung abgedruckt.

Artikel 73 Fachausschuss für Datenverarbeitung

(1) [1]Der Verwaltungskommission ist ein Fachausschuss für Datenverarbeitung (im Folgenden „Fachausschuss" genannt) angeschlossen. [2]Der Fachausschuss unterbreitet der Verwaltungskommission Vorschläge für die gemeinsamen Architekturregeln zur Verwaltung der elektronischen Datenverarbeitungsdienste, insbesondere zu Sicherheit und Normenverwendung; er erstellt Berichte und gibt eine mit Gründen versehene Stellungnahme ab, bevor die Verwaltungskommission eine Entscheidung nach Artikel 72 Buchstabe d) trifft. [3]Die Zusammensetzung und die Arbeitsweise des Fachausschusses werden von der Verwaltungskommission bestimmt.

(2) Zu diesem Zweck hat der Fachausschuss folgende Aufgaben:

a) Er trägt die einschlägigen fachlichen Unterlagen zusammen und übernimmt die zur Erledigung seiner Aufgaben erforderlichen Untersuchungen und Arbeiten.
b) Er legt der Verwaltungskommission die in Absatz 1 genannten Berichte und mit Gründen versehenen Stellungnahmen vor.
c) Er erledigt alle sonstigen Aufgaben und Untersuchungen zu Fragen, die die Verwaltungskommission an ihn verweist.
d) Er stellt den Betrieb der gemeinschaftlichen Pilotprojekte unter Einsatz elektronischer Datenverarbeitungsdienste und, für den gemeinschaftlichen Teil, der operativen Systeme unter Einsatz elektronischer Datenverarbeitungsdienste sicher.

I. Die Ursprünge des Fachausschusses für Datenverarbeitung	1	II. Zusammensetzung und Arbeitsweise	4
		III. Aufgaben	5

I. Die Ursprünge des Fachausschusses für Datenverarbeitung

Das Koordinierungssystem der Verordnungen kann nicht funktionieren, wenn es nicht ein gutes und solides Datenaustauschsystem zwischen den Trägern der sozialen Sicherheit der Mitgliedstaaten gibt. Aus diesem Grunde haben die Verordnungen von Beginn an eine Reihe von Regeln enthalten, die die praktische Implementierung des Koordinierungssystems betreffen. Diese Bestimmungen über die praktische Implementierung finden sich in der DVO, welche den gesamten Informationsfluss zwischen den verschiedenen Trägern der sozialen Sicherheit, die diese Regeln implementieren, definiert. Unter Geltung der früheren VO (EWG) Nr. 574/72 hatte die Verwaltungskommission fast hundert verschiedene Vordrucke ausgestaltet, die sogenannten E-Vordrucke, die die Träger der Mitgliedstaaten auf einer täglichen Basis zum Zwecke des Informationsaustauschs über versicherte Personen benutzten. 1

Art. 50 der VO (EWG) Nr. 574/72 enthielt detaillierte Regelungen, um die Zuerkennung von Alters- und Invaliditätsrenten sowie Hinterbliebenenleistungen zu beschleunigen. In zwei von ihren Beschlüsse – Beschlüsse Nr. 117 und 118 – legte die Verwaltungskommission die Details über die praktische Implementierung von Art. 50 fest. Diese Beschlüsse führten eine Reihe von Modellvordrucken ein, die unter dem Namen E-500-Reihe bekannt geworden ist. Zu Beginn der 80er Jahre wurde ein Projekt im Rahmen der sogenannten Art.-50-Arbeitsgruppe gestartet mit dem Ziel, modernere Formen des Austauschs und der Speicherung von Information in Vordrucken zu finden, insbesondere durch die Ersetzung der E-500-Vordrucke mittels magnetischer Bänder. Die Ergebnisse der Arbeit der Art.-50-Arbeitsgruppe lieferten über viele Jahre die Grundlage und den Ausgangspunkt für das sogenannte TESS-Programm (Telematic in Social Security). Ziel des TESS-Programms war es, die Implementierung der gemeinschaftsrechtlichen Koordinierungsverordnungen zu erleichtern. Hierzu erhielt es Finanzierungsmittel von dem IDA-Programm (Interchange of Data between Administrations). Dieses Programm war eine Initiative der Generaldirektion für Industrie bei der Europäischen Kommission. Es zielte auf die Koordinierung der Entwicklung und der Implementierung von telematischen Anwendungen und Diensten, um nationale und Verwaltungen auf europäischer Ebene zu befähigen, Informationen in den Bereichen Gesundheitsversorgung, soziale Sicherheit, Beschäftigungsdienste sowie Zoll und öffentliche Auftragsvergabe auszutauschen. 1995 wurde ein Pilotprojekt zum telematischen Austausch von E-500-Vordrucken zwischen verschiedenen Mitgliedstaaten umgesetzt. Zwischenzeitlich wurde es aber für jedermann klar, dass es zu einem sicheren, reibungslosen und raschen Austausch von Informationen zwischen den verschiedenen Trägern der sozialen Sicherheit nicht ausreichen würde, Vordrucke durch moderne Mittel zu ersetzen. In erster Linie kam es darauf an, die Kommunikationsmethoden und Verfahren zwischen den Institutionen substanziell zu verbessern. 2

Um die Rechtsgrundlage für die Arbeit unter dem TESS-Programm zu stärken, präsentierte die Kommission 1996 einen Vorschlag für eine Änderungsverordnung der VO (EWG) Nr. 1408/71 und 574/72. Diese Änderungen schlossen insbesondere die Einfügung eines Art. 117c in VO (EWG) Nr. 574/72 ein, der die Schaffung eines Fachausschusses für Datenverarbeitung verlangte. Der Rat folgte dem Vorschlag der Kommission durch die Verabschiedung der VO (EG) Nr. 1290/97 vom 27. Juni 1997. Erwägungsgrund Nr. 8 der VO (EG) Nr. 1290/97 lautete: „Es hat sich herausgestellt, dass die Entwicklung und die Benutzung der Telematikdienste für den Informationsaustausch die Einrichtung eines technischen Ausschusses unter der Zuständigkeit der Verwaltungskommission für die soziale Sicherheit der Wanderarbeitnehmer mit spezifischen Zuständigkeiten in den Bereichen der Informationsverarbeitung erforderlich macht". Mit der VO (EG) Nr. 883/2004 wurde die Bedeutung des Fachausschusses dadurch unterstrichen, dass die Existenz und die Aufgaben nicht in der DVO, sondern in der Grundverordnung behandelt sind. 3

II. Zusammensetzung und Arbeitsweise

4 Gemäß Art. 73 Abs. 1 Satz 3 werden die Zusammensetzung und die Arbeitsweise des Fachausschusses von der Verwaltungskommission bestimmt. Dies leuchtet ein, da nach Satz 1 dieser Bestimmung der Fachausschuss für Datenverarbeitung der Verwaltungskommission angeschlossen ist. Am 12. Juni 2009 erging der Beschluss Nr. H2 betreffend die Arbeitsweise und die Zusammensetzung des Fachausschusses für Datenverarbeitung durch die Verwaltungskommission. Der Fachausschuss setzt sich aus zwei Mitgliedern pro Mitgliedstaat zusammen, wovon eines ein ständiges Mitglied ist, das andere als sein Stellvertreter fungiert. Die Nominierungen werden durch den (Regierungs-)Vertreter des Mitgliedstaats an den Generalsekretär der Verwaltungskommission weitergeleitet. Berichte und Stellungnahmen werden durch einfache Mehrheit aller Mitglieder des Fachausschusses angenommen, wobei jeder Mitgliedstaat eine Stimme hat. Die Berichte oder Stellungnahmen müssen ausweisen, ob sie einstimmig oder mit einfacher Mehrheit angenommen wurden. Sie müssen im Falle einer Minderheit die Ergebnisse und Vorbehalte der Minderheit zum Ausdruck bringen. Der Fachausschuss kann zur Annahme von Berichten und Stellungnahmen von einem schriftlichen Verfahren Gebrauch machen. Der Vorsitzende des Fachausschusses ist der Vertreter des Mitgliedstaates, der das Amt des Vorsitzenden der Verwaltungskommission innehat (siehe Art. 71, Rn 18). Der Fachausschuss kann Ad-hoc-Arbeitsgruppen einsetzen, um spezifische Fragen zu erörtern (etwa die Einführung der elektronischen Krankenversicherungskarte). Das Sekretariat der Verwaltungskommission ist auch mit der Vorbereitung und Organisation der Sitzungen des Fachausschusses betraut. Es verfasst gleichzeitig die Protokolle der Sitzungen des Fachausschusses. Jedes Jahr unterbreitet der Fachausschuss der Verwaltungskommission ein detailliertes Arbeitsprogramm. Darüber hinaus berichtet er jährlich der Verwaltungskommission über seine Aktivitäten und erzielten Ergebnisse bezüglich des Arbeitsprogramms.

III. Aufgaben

5 Die Aufgaben des Fachausschusses, wie sie in Art. 73 Abs. 2 festgelegt sind, sind nahezu identisch mit jenen in Art. 117c Abs. 2 VO (EWG) Nr. 574/72. Sie spiegeln die Hauptrolle des Fachausschusses wider, nämlich die Verwaltungskommission bei deren Erfüllung ihrer Aufgaben nach Art. 72 lit. d) zu unterstützen, dh soweit wie möglich Anreize für den Einsatz neuer Technologien zu geben, um den freien Personenverkehr zu erleichtern, insbesondere durch die Modernisierung der Verfahren des Informationsaustausches und der Anpassung des Informationsflusses zwischen den Institutionen zum Zwecke des Austausches mittels elektronischer Medien. Es ist die Aufgabe des Fachausschusses, der Verwaltungskommission einheitliche Strukturregeln für den Einsatz von Daten verarbeitenden Diensten zu geben, im Besonderen über Sicherheit und die Benutzung von Standards. Zu diesem Zweck hat er der Verwaltungskommission Berichte und Stellungnahmen zukommen zu lassen, bevor Beschlüsse durch die Verwaltungskommission gefasst werden.

6 Die neue VO (EG) Nr. 883/2004 und die DVO sehen bessere Verfahren im Hinblick auf einen schnelleren und verlässlicheren Datenaustausch zwischen den Trägern der sozialen Sicherheit vor. Während bislang Verfahren unter Benutzung gedruckter Dokumente die Norm waren, ist jetzt der elektronische Datenaustausch zwischen den Institutionen die Regel. Natürlich hat dies intensive Vorbereitungsarbeit erfordert – und wird es noch weiter erfordern (siehe auch die Kommentierung zu Art. 71-72). Zu diesem Zweck haben der Fachausschuss und die Verwaltungskommission einige gemeinsame Sitzungen veranstaltet. Vertreter beider Ausschüsse haben auch im Rahmen der Task Force für elektronischen Datenaustausch zusammengearbeitet. Die enge Zusammenarbeit zwischen dem Fachausschuss und der Verwaltungskommission ebnete den Weg und befähigte die Verwaltungskommission ein mehrjähriges Arbeitsprogramm über Datenaustausch, einen Projektmanagementplan der Task Force und die Einrichtung von Ad-hoc-Gruppen über elektronischen Datenaustausch zu beschließen (vgl Art. 71 Rn 22 und 41-47).

Der Fachausschuss hat auch eine bedeutsame Rolle in der Vorbereitungsphase von EESSI gespielt 7
(vgl Art. 71 Rn 22 und 41-47). Der Aktionsplan des Fachausschusses war als ein Projekt von
gemeinsamen Interesse der Europäischen Union in das sogenannte IDABC (Interoperable Delivery
of pan-European eGovernment services to public Administrations, Businesses and Citizens) integriert, das unter der Federführung der Generaldirektion Informatik (DIGIT) der Europäischen
Kommission geführt wurde, welches darauf abzielt, die Schaffung einer europäischen Informationsgesellschaft durch die Förderung der Entwicklung von paneuropäischen e-Regierungsdiensten
für eine Reihe von EU-Politiken zu unterstützen. Auf der Basis eines offenen Aufrufs zur Abgabe
von Angeboten für eine Erreichbarkeitsstudie vergab die Kommission im August 2006 einen Auftrag, wobei sich die Vertragspartei verpflichtete, drei oder mehr alternative strukturelle Lösungen
(unter Einschluss einer Kosten/Nutzen-Analyse) zu erstellen, die am besten für die komplexe Koordinierung der sozialen Sicherheit geeignet waren. Diese Erreichbarkeitsstudie war grundlegend
für die Konsolidierung des Wissens aus der früheren TESS-Erfahrung und für die Berücksichtigung
weiterer technologischer Fortschritte auf diesem Gebiet und für das Verständnis dafür, welche
Strukturen sich am besten für den elektronischen Austausch von Informationen der sozialen Sicherheit im 21. Jahrhundert eignen, u.a. auch mit Blick auf Kosteneffektivität und Verlässlichkeit.
Eine der Aufgaben der Vertragspartei war es, stets die bereits bestehenden Investitionen der Mitgliedstaaten vor Augen zu haben. Der Fachausschuss hat den Vertrag überwachend begleitet und
hat die Verwaltungskommission und die Kommission bei der endgültigen Entscheidung über die
gemeinsame europäische Architektur beraten. Auf der Basis von Empfehlungen des Fachausschusses hat die Verwaltungskommission im Jahr 2007 die gemeinsame europäische Architektur
angenommen.

Eines der Hauptergebnisse des EESSI-Projekts steht im Zusammenhang mit Art. 88 und Anh. 4 8
der DVO. Kraft Art. 88 DVO sollen die Mitgliedstaaten der Europäischen Kommission die Kontaktadressen der in Art. 1 lit. m), q) und r) der Grundverordnung und in Art. 1 Abs. 2 lit. a) und
b) der DVO genannten Stellen mitteilen. Diese Stellen müssen über eine elektronische Identität in
Form eines Identifizierungscodes und über eine elektronische Anschrift verfügen. Die Verwaltungskommission legt Aufbau, Inhalt und Verfahren im Einzelnen einschließlich des gemeinsamen
Formats und des Musters für die Mitteilung der Kontaktadressen fest.

Unter der Geltung der VO (EWG) Nr. 1408/71 und 574/72 waren die Träger des Wohnorts und 9
Träger des Aufenthaltsorts, die zuständigen Behörden, die zuständigen Träger sowie die Verbindungsstellen in verschiedenen Anhängen zur VO (EWG) Nr. 574/72 aufgelistet. Um diese Listen
mehr oder weniger auf dem Laufenden zu halten wurden diese Anhänge jährlich durch eine Verordnung der Kommission nach einstimmiger Stellungnahme der Verwaltungskommission angepasst. Unter Geltung der neuen Regeln werden diese Stellen in einer öffentlichen Datenbank zusammengestellt, dem sogenannten Master Directory. Die Datenbank wird von der Europäischen
Kommission eingerichtet und betrieben. Die Mitgliedstaaten sind jedoch für die Einträge ihrer
eigenen nationalen Informationen in diese Datenbank verantwortlich. Die Mitgliedstaaten müssen die Richtigkeit der Einträge dieser Informationen gewährleisten und sind für die ständige
Aktualisierung verantwortlich.

In ihrem Beschluss Nr. E2 v. 2.3.2010 (ABl. C 187 v. 10.7.2010, S. 5) hat die Verwaltungskommission Regeln für ein Verfahren zur Vornahme von Änderungen an den Daten der zuständigen
Behörden, nationalen Trägern, Verbindungsstellen und Zugangsstellen, die in Art. 1 lit. m), q) und
r) der Verordnung (EG) Nr. 883/2004 und in Art. 1 Abs. 2 lit. a) und b) der DVO genannt sind,
festgelegt.

Eine weitere wichtige Aufgabe des Fachausschusses besteht in seinem Beitrag zu der möglichen 10
Einführung einer elektronischen Europäischen Krankenversicherungskarte. Die Task Force für
elektronischen Datenaustausch (siehe oben Rn 22 und 41-47) hat Ende 2007 eine Ad-hoc-Gruppe
eingerichtet, mit dem Auftrag, die Einführung einer solchen elektronischen Europäischen Krankenversicherungskarte zu erleichtern. In den Jahren 2008 und 2009 hat die Ad-hoc-Gruppe meh-

rere Berichte vorgelegt. Dank der in den letzten Jahren erzielten signifikanten Fortschritte beim EESSI System konnte die Verwaltungskommission die Diskussion über die eEKVK im Jahr 2011 wieder aufnehmen. Die Verwaltungskommission hat entschieden, die Möglichkeiten für einen elektronischen Austausch des EKVK-Datensatzes zu prüfen. So könnte EESSI zum Rückgrat des elektronischen Austausches von EKVK-Daten werden. Die Implementierung soll in drei Phasen erfolgen. In der ersten Phase soll den Trägern Zugang zum EKVK-Datensatz der in anderen Mitgliedstaaten versicherten Personen gegeben werden (s. auch Art. 71 Rn 54).

Artikel 74 Rechnungsausschuss

(1) ¹Der Verwaltungskommission ist ein Rechnungsausschuss angeschlossen. ²Seine Zusammensetzung und seine Arbeitsweise werden von der Verwaltungskommission bestimmt.

Der Rechnungsausschuss hat folgende Aufgaben:

a) Er prüft die Methode zur Feststellung und Berechnung der von den Mitgliedstaaten vorgelegten durchschnittlichen jährlichen Kosten.
b) Er trägt die erforderlichen Daten zusammen und führt die Berechnungen aus, die erforderlich sind, um den jährlichen Forderungsstand jedes einzelnen Mitgliedstaats festzustellen.
c) Er erstattet der Verwaltungskommission regelmäßig Bericht über die Ergebnisse der Anwendung dieser Verordnung und der Durchführungsverordnung, insbesondere in finanzieller Hinsicht.
d) Er stellt die für die Beschlussfassung der Verwaltungskommission gemäß Artikel 72 Buchstabe g) erforderlichen Daten und Berichte zur Verfügung.
e) Er unterbreitet der Verwaltungskommission alle geeigneten Vorschläge im Zusammenhang mit den Buchstaben a), b) und c), einschließlich derjenigen, die diese Verordnung betreffen.
f) Er erledigt alle Arbeiten, Untersuchungen und Aufträge zu Fragen, die die Verwaltungskommission an ihn verweist.

I. Einführung 1	III. Aufgaben 8
II. Zusammensetzung und Arbeitsweise 5	

I. Einführung

1 Kapitel 1 (Leistungen bei Krankheit, Mutterschaft und gleichgestellten Leistungen bei Vaterschaft) und Kapitel 2 (Leistungen bei Arbeitsunfällen und Berufskrankheiten) des Titels III enthalten verschiedene Vorschriften, die für eine Reihe von grenzüberschreitenden Vorgängen dafür sorgen, dass in einem Mitgliedstaat versicherte Personen und ihre Familienangehörigen, die in einem anderen Mitgliedstaat wohnen oder sich aufhalten, Ansprüche auf Sachleistungen haben, die vom Mitgliedstaat des Wohnsitzes oder dem des Aufenthaltes für Rechnung des anderen Mitgliedstaates erbracht werden müssen. Kraft Art. 35 und 41 sind die von einem Mitgliedstaat gewährten Sachleistungen für Rechnung eines anderen Mitgliedstaats in voller Höhe zu erstatten. Diese Erstattungen erfolgen auf der Basis der nachgewiesenen tatsächlichen Ausgaben (Art. 62 DVO) oder, für solche Mitgliedstaaten, deren rechtliche oder Verwaltungsstrukturen so beschaffen sind, dass die Rückerstattung auf der Basis tatsächlicher Kosten nicht zweckmäßig wäre, auf der Basis von Pauschalbeträgen. Diese Mitgliedstaaten (einige Mitgliedstaaten haben in der Zwischenzeit Änderungen von Anhang 3 zur DVO beantragt. Italien und Malta haben beantragt, aus der Liste in Anhang 3 zur DVO gestrichen zu werden, Zypern hat beantragt, in diese Liste aufgenommen zu werden; diese Änderungen werden durch eine Verordnung der Kommission gemäß Art. 92 der DVO vorgenommen; diese soll voraussichtlich im Herbst 2012 beschlossen werden) sind in Anhang 3 DVO aufgeführt: Irland, Spanien, Italien, Malta, die Niederlande, Portugal, Finnland, Schweden und das Vereinigte Königreich. In Übereinstimmung mit Art. 63 DVO beanspruchen diese Mitgliedstaaten Erstattung der Kosten für erbrachte Sachleistungen auf der Basis

Titel IV Verwaltungskommission und beratender Ausschuss   Artikel 74

eines Pauschalbetrags für jedes Kalenderjahr, wenn die fraglichen Leistungen nach Art. 17 an Familienangehörige erbracht wurden, die nicht in demselben Mitgliedstaat wohnen wie die versicherte Person, oder nach Art. 24 Abs. 1 und den Art. 25 und 26 an Rentnern und ihren Familienangehörigen

Art. 64 DVO enthält sehr detaillierte Bestimmungen über die Ermittlung des Pauschalbetrags auf der Basis einer Berechnung nach Durchschnittskosten pro Person und unter Differenzierung nach drei Altersgruppen. 2

Eine reibungslose Anwendung dieses Erstattungssystems ist grundlegend für das Funktionieren der Koordinierungsregeln der Grundverordnung. Ein Mitgliedstaat, der Sachleistungen an Personen für Rechnung eines anderen Mitgliedstaats erbracht hat, muss die Garantie haben, dass eine Erstattung innerhalb einer vernünftigen Zeitperiode erfolgt. Wenn das Erstattungssystem nicht richtig funktioniert, kann das System der Koordinierung von Sachleistungen ausgehöhlt werden. 3

Dem Rechnungsausschuss kommt die Rolle zu, die Verwaltungskommission bei der Überwachung des Erstattungssystems zu unterstützen. Unter Geltung der VO (EG) Nr. 883/2004 wird die Bedeutung dieser Rolle durch die Tatsache unterstrichen, dass die Existenz und die Aufgaben des Rechnungsausschusses nicht in der DVO, sondern in der Grundverordnung behandelt werden. 4

II. Zusammensetzung und Arbeitsweise

Gemäß Art. 74 Abs. 1 S. 2 werden Zusammensetzung und Arbeitsweise des Rechnungsausschusses von der Verwaltungskommission bestimmt. Dies ist einleuchtend, da gemäß Satz 1 dieser Vorschrift der Rechnungsausschuss der Verwaltungskommission angeschlossen ist. 5

Am 22.12.2009 hat die Verwaltungskommission Beschluss Nr. H4 betreffend die Arbeitsweise und die Zusammensetzung des Rechnungsausschusses zur Koordinierung der Systeme der sozialen Sicherheit angenommen. Die Zusammensetzung und die Arbeitsweise des Rechnungsausschusses gemäß dieses Beschlusses der Verwaltungskommission stimmen weitgehend mit denen für den Fachausschuss für Datenverarbeitung überein. 6

Der Rechnungsausschuss wird von einem unabhängigen Sachverständigen (einem sogenannten Berichterstatter oder „Rapporteur") oder einem Sachverständigenteam mit beruflicher Ausbildung und Erfahrung in Angelegenheiten des Rechnungsausschusses auf der Basis eines Vertrages mit der Europäischen Kommission unterstützt. Im Hinblick auf seine Vermittlungsrolle gemäß Art. 67 Abs. 7 DVO (s. unten Rn 15) kann der Rechnungsausschuss ein Vermittlungsgremium einrichten. 7

III. Aufgaben

Die Aufgaben des Rechnungsausschusses sind in Art. 74 niedergelegt, wobei der Verordnungsgeber sich an der Vorläuferregelung des Art. 102 VO (EWG) Nr. 574/72 orientiert hat. Die Aufzählung der Aufgaben in Art. 74 spiegelt die Rolle des Rechnungsausschusses als Überwacher einer ordentlichen und raschen Erledigung der Ansprüche der Institutionen der verschiedenen Mitgliedstaaten betreffend die Erbringung von Sachleistungen durch einen Träger eines Mitgliedstaates für Rechnung eines anderen Mitgliedstaates wider. 8

Der Rechnungsausschuss hat den Beschluss Nr. S5 der Verwaltungskommission vom 2.10.2009 vorbereitet. Dieser Beschluss legt im Detail fest, welche Art von Ausgaben als solche für Sachleistungen gelten, wenn es um die Ermittlung der Erstattungskosten geht. Dieser Beschluss beinhaltet auch detaillierte Bestimmungen für die Ermittlung der Pauschalbeträge gemäß Art. 63 DVO. Als Überwacher sachgemäßer und rascher Erledigung von Ansprüchen zwischen den Institutionen der verschiedenen Mitgliedstaaten ist der Rechnungsausschuss gemäß Art. 72 g mit 9

Cornelissen

der Erstellung eines jährlichen Berichtes über die Situation der Ansprüche zwischen den Mitgliedstaaten betraut.

10 Praktisch ist es der Rapporteur (s. oben Rn 7), der den Entwurf des Jahresberichtes über die Situation der Ansprüche zwischen den Mitgliedstaaten verfasst. Der Jahresbericht beinhaltet Analysen und Ergebnisse der Angaben und detaillierten Kostentabellen, die von jedem Mitgliedstaat erstellt werden, in denen die in nationaler Währung ausgedrückten Zahlen in Euro umgerechnet wurden. Der Bericht listet Soll und Haben eines jeden Mitgliedstaats gegenüber den anderen, aufgeschlüsselt nach Anspruchsgruppen (Pauschalansprüche oder tatsächliche Aufwendungen), und zeigt die Entwicklung gegenüber den vergangenen Jahren auf. Nach seiner Genehmigung durch den Rechnungsausschuss wird der Bericht an die Verwaltungskommission geleitet, welche formal die Jahresabrechnung beschließt.

11 In den oben erwähnten Fällen (s. oben Rn 1) findet die Erstattung zwischen den Institutionen auf der Basis von Durchschnittskosten in dem Mitgliedstaat statt, der die fraglichen Leistungen erbracht hat. Deshalb ist die Ermittlung der Durchschnittskosten ein grundlegendes Element, ohne dass das Koordinierungssystem nicht funktionieren kann. Die Durchschnittskostenberechnungen von den Mitgliedstaaten basieren auf nationalen Statistiken. Diese Information wird in einer mitgliedstaatlichen Note niedergelegt und an die Mitglieder des Rechnungsausschusses und den Rapporteur gesandt. Jeder Mitgliedstaat hat dabei einer Standarddarstellung zu folgen, die vom Rechnungsausschuss ausgearbeitet wird. Wenn die mitgliedstaatliche Note bei dem Treffen des Rechnungsausschusses diskutiert wird, kann jede Delegation die Richtigkeit der Berechungsbasis beanstanden und ihre Annahme von der Klärung und Erläuterung durch den Mitgliedstaat, der die Note vorgelegt hat, abhängig machen.

12 Praktisch ist es im Besonderen der Rapporteur, der
- prüft, ob ein ausreichendes Niveau an Details und Genauigkeit in jeder der mitgliedstaatlichen Noten über Durchschnittskosten erreicht wurde;
- die von jedem Mitgliedstaat angewandte Methode und die verfügbaren Statistiken daraufhin prüft, ob sie eine Grundlage für die Berechnung der Durchschnittskosten darstellt;
- untersucht, ob die Standarddarstellung befolgt und die einschlägigen Verwaltungskommissionsbeschlüsse beachtet wurden (zB obigen Verwaltungskommissionsbeschluss);
- die Kontinuität und Kohärenz mit früheren Noten des Mitgliedstaates über Durchschnittsgesundheitskosten prüft.

13 Unter der Geltung der früheren VO (EWG) Nr. 1408/71 und 574/72 war die Funktionsweise des Erstattungssystems ziemlich schwerfällig. Was Ansprüche auf der Basis von Rechnungen (tatsächliche Kosten (siehe oben, Rn 1) betrifft, waren Zahlungsanforderungen in zahlreichen Fällen ungenau oder als ungenau eingestuft; natürlich führten solche Ansprüche zu Verzögerungen bei der Abwicklung. Darüber hinaus wurden Zahlungsaufforderungen häufig sehr spät unterbreitet. Ansprüche die nicht in einem vernünftigen Zeitrahmen unterbreitet werden, werden mit größerer Wahrscheinlichkeit in Zweifel gezogen und tragen zum Problem wachsender unausgeglichener Bilanzen bei. Auf der anderen Seite wurden Ansprüche, die ein Träger in einem Mitgliedstaat für Leistungen an eine Person, die nach dem Recht eines anderen Mitgliedstaats versichert ist, oft von dem Schuldnermitgliedstaat ohne gerechtfertigte Gründe in Frage gestellt (s. in diesem Zusammenhang EuGH, Rs. C-145/03 (Keller), Slg 2005, I-2529, Rn 67).

14 Eine Reihe von Gründen hat auch zu beträchtlichen Verzögerungen in der Abwicklung von Ansprüchen auf der Basis von Durchschnittskosten (s. oben Rn 1) geführt. In der Tat stützen sich Informationen über Durchschnittskosten auf Kostenberechnungen die von jedem Mitgliedstaat durchgeführt werden. Diese Berechnungen sind notgedrungen komplex, da sie die Andersartigkeit öffentlicher Gesundheitssysteme in den verschiedenen Mitgliedstaaten widerspiegeln. Eine solide Verifizierung solcher mitgliedstaatlicher Informationen erfordert eine vertiefte Kenntnis der mitgliedstaatlichen Gesundheitssysteme. Unzutreffende Information ohne ausreichende Verifizierung

kann zu unzutreffenden Durchschnittskostenberechnungen führen, die ihrerseits das Vertrauen der Mitgliedstaaten in die Informationen über Durchschnittskosten anderer Mitgliedstaaten zerstören. Darüber hinaus haben Mitgliedstaaten ihre Durchschnittskosten oft sehr mitgeteilt. Eine verspätete Unterbreitung solcher Berechnungen trägt auch zu einem Ansteigen nicht erledigter Ansprüche bei.

Um eine Anhäufung von Ansprüchen zu vermeiden, die für eine lange Zeitperiode unerledigt bleiben und um die Erstattungsverfahren zu beschleunigen, wurden in die DVO insbesondere in Art. 65–68 DVO eine Reihe von Vorschriften aufgenommen. Art. 65 Abs. 1 DVO bestimmt zB, dass die jährlichen Durchschnittskosten pro Person in jeder Altersgruppe für ein bestimmtes Jahr dem Rechnungsausschuss spätestens am Ende des übernächsten Jahres mitzuteilen sind. Art. 67 DVO beinhaltet Fristen für die Einreichung und Abwicklung von Ansprüchen. Um die endgültige Abrechnung zu erleichtern ist dem Rechnungsausschuss eine Art Vermittlungsrolle zuerkannt worden (Art. 67 Abs. 7 DVO). Art. 68 gibt der Gläubigerinstitution die Möglichkeit, Verzugszinsen zu beanspruchen, wenn die Schuldnerinstitution nicht innerhalb einer bestimmten Zeitspanne eine Vorauszahlung gemacht hat. Darüber hinaus hat die Verwaltungskommission auf der Basis eines vom Rechnungsausschuss ausgearbeiteten Entwurfes Beschluss Nr. S4 vom 2. Oktober 2009 angenommen, der die Erstattungsverfahren gemäß der Art. 35 und 41 betrifft. Es ist zu hoffen, dass dieser Beschluss, zusammen mit den vorerwähnten Bestimmungen der DVO zu einer rascheren Abwicklung von Ansprüchen zwischen den Mitgliedstaaten nach der VO (EG) Nr. 883/2004 führt. Zuletzt hat die Europäische Kommission ein externes Audit über das Funktionieren des Rechnungsausschusses in Auftrag gegeben. Der Abschlussbericht dieses Audits wird zurzeit geprüft. Der Rechnungsausschuss hat auch den Beschluss Nr. S7 vom 22.12.2009 der Verwaltungskommission vorbereitet, der einen reibungslosen Übergang zwischen dem Erstattungssystem der Verordnungen (EWG) Nr. 1408/71 und 574/72 und jenem der VO (EG) Nr. 883/2004 und der DVO beabsichtigt. Dieser Beschluss befasst sich insbesondere mit der Frage, ob die Anwendung der neuen Finanzvorschriften der DVO nur auf Ansprüche wegen Leistungen, die unter der Geltung der VO (EG) Nr. 883/2004 erbracht wurden, erfolgen soll, oder ob diese neuen Vorschriften auch für Ansprüche wegen Leistungen gelten, die nach der VO (EWG) Nr. 1408/71 erbracht, aber erst nach dem Zeitpunkt des Inkrafttretens oder der Anwendbarkeit der VO (EG) Nr. 883/2004 und der DVO unterbreitet wurden.

Schließlich kommt dem Rechnungsausschuss eine spezifische Aufgabe zu, die sich aus einigen Überprüfungsklauseln der DVO ableitet. In der Tat schreibt Art. 86 DVO eine Überprüfung der in Art. 67 DVO vorgesehenen Fristen für die Geltendmachung und Abwicklung von Ansprüchen vor. Hierzu legt die Verwaltungskommission einen vergleichenden Bericht vor. Darüber hinaus verlangt Art. 64 Abs. 5 DVO von der Verwaltungskommission die Erstattung eines Berichts, innerhalb einer bestimmten Frist, über die Anwendung der Berechnungsmethode von Pauschalbeträgen. Um die Verwaltungskommission in die Lage zu versetzen, diese rechtlichen Anforderungen zu erfüllen, hat der Rechnungsausschuss beschlossen, das System technischer Unterstützung für die Berichterstattung und Datenspeicherung zu verbessern. Das oben erwähnte Audit dient hierfür als Grundlage.

Artikel 75 Beratender Ausschuss für die Koordinierung der Systeme der sozialen Sicherheit

(1) Es wird ein Beratender Ausschuss für die Koordinierung der Systeme der sozialen Sicherheit (im Folgenden „Beratender Ausschuss" genannt) eingesetzt, der sich für jeden Mitgliedstaat wie folgt zusammensetzt:

a) ein Vertreter der Regierung,
b) ein Vertreter der Arbeitnehmerverbände,
c) ein Vertreter der Arbeitgeberverbände.

Für jede der oben aufgeführten Kategorien wird für jeden Mitgliedstaat ein stellvertretendes Mitglied ernannt.

¹Die Mitglieder und stellvertretenden Mitglieder des Beratenden Ausschusses werden vom Rat ernannt. ²Den Vorsitz im Beratenden Ausschuss führt ein Vertreter der Kommission der Europäischen Gemeinschaften. ³Der Beratende Ausschuss gibt sich eine Geschäftsordnung.

(2) Der Beratende Ausschuss ist befugt, auf Antrag der Kommission der Europäischen Gemeinschaften, der Verwaltungskommission oder auf eigene Initiative:

a) über allgemeine oder grundsätzliche Fragen und über die Probleme zu beraten, die die Anwendung der gemeinschaftlichen Bestimmungen über die Koordinierung der Systeme der sozialen Sicherheit, insbesondere in Bezug auf bestimmte Personengruppen, aufwirft;
b) Stellungnahmen zu diesen Bereichen für die Verwaltungskommission sowie Vorschläge für eine etwaige Überarbeitung der genannten Bestimmungen zu formulieren.

I. Neuerungen der Verordnung (EG) Nr. 883/2004

1 Der Beratende Ausschuss heißt neu vollständig: "Beratender Ausschuss für die Koordinierung der Systeme der sozialen Sicherheit". Diese Namensänderung basiert auf derselben Grundlage wie diejenige, die zur Namensänderung der Verwaltungskommission geführt hat (s. Punkt I. der Kommentierung zu Art. 71 und 72 Rn 1). Die Zusammensetzung und die Aufgaben des Beratenden Ausschusses für die Koordinierung der Systeme der sozialen Sicherheit sind in der VO (EG) Nr. 883/2004 in einem Artikel – und nicht wie früher in zwei Regelungen – festgelegt. Der neue Artikel ist relativ kurz. Im Gegensatz zur früheren VO (EWG) Nr. 1408/71 sind in der VO (EG) Nr. 883/2004 weder hinsichtlich der Arbeitsweise noch hinsichtlich der Anzahl der Treffen oder der Art, wie der Beratende Ausschuss einberufen werden muss, detaillierte Bestimmungen aufgenommen worden.

II. Historische Einführung

2 Der Beratende Ausschuss besteht seit dem Inkrafttreten der alten VO (EWG) Nr. 1408/71 im Jahr 1972. Mit der Schaffung eines Beratenden Ausschusses hat der Rat 1971 dem Wunsch der Vertreter von Arbeitgebern und Arbeitnehmern entsprochen, an den Arbeiten der Verwaltungskommission beteiligt zu werden. Ein Wunsch, der auch vom Wirtschafts- und Sozialausschuss sowie vom Europäischen Parlament befürwortet worden war. Diese Beteiligung ist völlig legitim; schließlich betreffen die Verordnungen die Wanderarbeitnehmer aber auch die Arbeitgeber unmittelbar, insbesondere die in Titel II der VO (EG) Nr. 883/2004 aufgenommen Bestimmungen, die sich in der Regel direkt auf die Zahlung von Beiträgen auswirken.

3 Die Schaffung eines dreigliedrig zusammengesetzten Beratenden Ausschusses fügt sich außerdem hervorragend in die Aufgabe der Kommission ein, auf europäischer Ebene den Dialog zwischen den Sozialpartnern zu entwickeln. Übrigens wurde der frühere Art. 118 b EWGV (*"Die Kommission bemüht sich darum, den Dialog zwischen den Sozialpartnern auf Europäischer Ebene zu entwickeln, der, wenn diese es für wünschenswert halten, zu vertraglichen Beziehungen führen kann"*) (jetzt Art. 154 und 155 AEUV = Art. 138 und 139 EG) erst am 1.7.1987 in der EWG eingefügt, und zwar durch Art. 22 der Einheitlichen Europäischen Akte, ABl. L 169 v. 29.6.1987.

III. Zusammensetzung und Aufgaben

4 Es bestehen derzeit zwei verschiedene, unmittelbar mit der Freizügigkeit befasste, beratende Ausschüsse, in denen neben den Regierungen auch die Sozialpartner (Arbeitgeber und Arbeitnehmer)

vertreten sind: Der Beratende Ausschuss für die Koordinierung der Systeme der sozialen Sicherheit und der Beratende Ausschuss für die Freizügigkeit der Arbeitnehmer, der von der VO (EWG) Nr. 1612/68 (kodifiziert in VO (EU) Nr. 492/2011) geschaffen wurde. Im Juli 1998 hat die Kommission einen Vorschlag für einen Beschluss des Europäischen Parlaments und des Rates zur Zusammenlegung beider Gremien vorgelegt (ABl. C 344 v. 12.11.1998). Damit wäre ein Diskussionsforum über die mit der Mobilität in Europa verbundenen Herausforderungen geschaffen worden, dem eine neue – über technische Fragen hinausgehende – politische Rolle zugekommen wäre. Außerdem wurde angestrebt, durch diese Fusion die Arbeitsweise der beiden bestehenden Ausschüsse zu verbessern und deren Finanz- und Personalressourcen zu rationalisieren.

Hinsichtlich seiner Aufgaben hätte der neue Beratende Ausschuss die Funktionen der beiden bisherigen Ausschüsse wahrnehmen sollen. Darüber hinaus hätten auch Beschäftigungsfragen bei den Aufgaben des neuen Ausschusses einen wichtigen Platz einnehmen sollen. Es war außerdem explizit vorgesehen, dass der neue Ausschuss sich mit Fragen der Situation von Drittstaatsangehörigen in der Europäischen Union befassen konnte. Damit wurde angestrebt, die Zuständigkeit des Ausschusses der seit Inkrafttreten des Vertrags von Amsterdam geschaffenen Kompetenz in diesem Bereich (insbesondere Art. 79 Abs. 2 lit. b) AEUV = Art. 63 Abs. 4 EG) anzupassen. Dieser Vorschlag wurde jedoch nie auf Ratsebene diskutiert. Er ist mittlerweile zurückgezogen worden. 5

Der Beratende Ausschuss ist befugt, auf Antrag der Europäischen Kommission, der Verwaltungskommission oder auf eigene Initiative, über allgemeine oder grundsätzliche Fragen und über die Probleme zu beraten, die die Anwendung der Unionsbestimmungen über die Koordinierung der Systeme der sozialen Sicherheit, "insbesondere in Bezug auf bestimmte Personengruppen", aufwirft. Damit sind nicht nur die Grenzgänger, sondern auch die Drittstaatangehörigen gemeint. Auf Grund des Art. 83 der alten VO (EWG) Nr. 1408/71 waren die Befugnisse des Beratenden Ausschusses auf Fragen und Probleme beschränkt, die sich aus der Anwendung der im Rahmen von Art. 42 EG erlassenen Verordnungen ergaben. Art. 75 Abs. 2 ermächtigt den Beratenden Ausschuss hingegen, über Fragen und Probleme zu beraten, "die die Anwendung der gemeinschaftlichen Bestimmungen über die Koordinierung der Systeme der soziale Sicherheit aufwirft". Dieser Wortlaut deckt auch die im Rahmen von Art. 79 Abs. 2 lit. b) AEUV (= Art. 63 Abs. 4 EG) erlassenen Verordnungen (wie zB VO (EU) Nr. 1231/2010) ab. 6

Die zweite Aufgabe des Beratenden Ausschusses besteht einerseits aus den Stellungnahmen zuhanden der Verwaltungskommission und andererseits darin, Vorschläge für eine etwaige Überarbeitung der Unionsbestimmungen über die Koordinierung der sozialen Sicherheit zu formulieren. Diese Aufgabe ist im Vergleich mit den alten VO (EWG) Nr. 1408/71 nicht geändert worden. Aufgrund des Art. 89 Abs. 2 DVO hat der Beratende Ausschuss auch ein Mandat zur Verbesserung der Information und ihrer Verbreitung an alle Betroffenen. Zu diesem Zweck kann er Stellungnahmen und Empfehlungen abgeben. 7

Titel V Verschiedene Bestimmungen

Literaturübersicht

Literatur in Bezug auf die entsprechenden Regelungen der VO (EWG) Nr. 1408/71:

v. Bar, Abtretung und Legalzession im neuen deutschen Internationalen Privatrecht, RabelsZ Bd. 53 (1989), S. 462; *Beuttner*, La cession des créances en droit international privé 1971; *Birk*, Schadenersatz und sonstige Restitutionsformen im internationalen Privatrecht, 1969; *Börner*, Der Rückgriff für personenbedingte Drittleistungen im deutschen, französischen und europäischen Recht, ZIAS 1995, S. 369, *Coutenceau/Rapaud*, Le recouvrement des cotisations de sécurité sociale dans la Communauté européenne, Droit sociale 1993, S. 580; *Eichenhofer*, Internationales Sozialrecht und Internationales Privatrecht, 1987; *ders.*, Grenzüberschreitender Einzug von Sozialversicherungsbeiträgen im Rahmen der VO (EWG) Nr. 1408/71, DRV 1999, S. 48; *Gitter*, Haftungsausschluss und gesetzlicher Forderungsübergang bei Arbeitsunfällen im Ausland, NJW 1965, S. 1110; *Schuler*, Das Internationale Sozialrecht der Bundesrepublik Deutschland, 1988.

Literatur zur VO (EG) Nr. 883/2004:

Bauer/Aßlaber, Elektronischer grenzüberschreitender Datenaustausch von Sozialversicherungsdaten: Projekt EGDA, SozSich 2011, S. 238; *Spiegel*, Datenaustausch im sozialen Verwaltungsbereich: Die Rolle des Hauptverbandes im zwischenstaatlichen und internationalen Bereich der sozialen Sicherheit, SozSich 2011, S. 180; *ders.*, Parteiengehör, Geheimnisschutz und Rechtsschutz im europäische Sozialrecht, in: *Holoubek/Lang* Verfahren der Zusammenarbeit von Verwaltungsbehörden in Europa, 2012.

Vorbemerkungen

1 Die unter dem Titel „Verschiedene Bestimmungen" zusammengefassten Art. 76-86 und die dazugehörigen Bestimmungen der DVO regeln vor allem die **verschiedenen Aspekte der Zusammenarbeit zwischen den Trägern**. Zunächst einmal werden die Grundsätze der grenzüberschreitenden Kooperation festgelegt, wobei ein besonderes Gewicht dem elektronischen Datenaustausch und den dafür erforderlichen Rahmenbedingungen zukommt. Ferner werden wichtige Regelungen mit unmittelbaren Auswirkungen für die europäischen Bürger getroffen. So werden vorläufige Zuständigkeiten und vorläufige Leistungsverpflichtungen festgelegt, um ein Zuwarten der Verwaltungen bis zum Vorliegen aller für eine endgültige Entscheidung erforderlicher Informationen zu vermeiden. Für die Einbringung zu viel gezahlter Leistungen bzw geschuldeter Beiträge sind schließlich umfassende Aufrechnungs- und Beitreibungsregelungen vorgesehen, was ein echtes Novum für die Anwendung der Sozialrechtskoordination bedeutet.

2 Im Einzelnen ist zur **leichteren Orientierung** in diesem heterogenen Regelungswerk Folgendes anzumerken: Als Grundsatz legt Art. 76 die Zusammenarbeit zwischen allen betroffenen Einrichtungen im Wege der internationalen Amtshilfe fest. Allerdings ist dieser Zusammenarbeit vor allem bei der Übermittlung von Daten durch das Datenschutzrecht eine Grenze gesetzt (Art. 77). Art. 78 enthält die Grundsätze für den elektronischen Datenaustausch. Wichtige ergänzende Aspekte der grenzüberschreitenden Zusammenarbeit werden in Art. 80 (Gebührenbefreiung der Dokumente und Befreiung von Legalisierungen), Art. 81 (Antragsgleichstellung und Antragsweiterleitung), Art. 82 (ärztliche Gutachten) und Art. 85 (grenzüberschreitende Schadensersatzansprüche) angesprochen. Art. 84 regelt die grenzüberschreitende Einziehung von Beiträgen und die Rückforderung von Leistungen; diese Grundsätze werden durch ein eigenes Kapitel III (Art. 71-86) in der DVO näher ausgeführt. Ohne eine entsprechende horizontale Regelung in der VO (EG) Nr. 883/2004 enthält die DVO zusätzlich noch in diesem Zusammenhang interessante horizontale Regelungen betreffend vorläufige Zuständigkeiten und Leistungsberechnungen (Art. 6 und 7), die abschließend im Kapitel „Sondervorschriften der DVO" noch dargestellt werden.

Artikel 76 Zusammenarbeit

(1) Die zuständigen Behörden der Mitgliedstaaten unterrichten einander über:
a) alle zur Anwendung dieser Verordnung getroffenen Maßnahmen;
b) alle Änderungen ihrer Rechtsvorschriften, die die Anwendung dieser Verordnung berühren können.

(2) [1]Für die Zwecke dieser Verordnung unterstützen sich die Behörden und Träger der Mitgliedstaaten, als handelte es sich um die Anwendung ihrer eigenen Rechtsvorschriften. [2]Die gegenseitige Amtshilfe dieser Behörden und Träger ist grundsätzlich kostenfrei. [3]Die Verwaltungskommission legt jedoch die Art der erstattungsfähigen Ausgaben und die Schwellen für die Erstattung dieser Ausgaben fest.

(3) Die Behörden und Träger der Mitgliedstaaten können für die Zwecke dieser Verordnung miteinander sowie mit den betroffenen Personen oder deren Vertretern unmittelbar in Verbindung treten.

(4) Die Träger und Personen, die in den Geltungsbereich dieser Verordnung fallen, sind zur gegenseitigen Information und Zusammenarbeit verpflichtet, um die ordnungsgemäße Anwendung dieser Verordnung zu gewährleisten.

Die Träger beantworten gemäß dem Grundsatz der guten Verwaltungspraxis alle Anfragen binnen einer angemessenen Frist und übermitteln den betroffenen Personen in diesem Zusammenhang alle erforderlichen Angaben, damit diese die ihnen durch diese Verordnung eingeräumten Rechte ausüben können.

Die betroffenen Personen müssen die Träger des zuständigen Mitgliedstaats und des Wohnmitgliedstaats so bald wie möglich über jede Änderung ihrer persönlichen oder familiären Situation unterrichten, die sich auf ihre Leistungsansprüche nach dieser Verordnung auswirkt.

(5) [1]Die Verletzung der Informationspflicht gemäß Absatz 4 Unterabsatz 3 kann angemessene Maßnahmen nach dem nationalen Recht nach sich ziehen. [2]Diese Maßnahmen müssen jedoch denjenigen entsprechen, die für vergleichbare Tatbestände der nationalen Rechtsordnung gelten, und dürfen die Ausübung der den Antragstellern durch diese Verordnung eingeräumten Rechte nicht praktisch unmöglich machen oder übermäßig erschweren.

(6) [1]Werden durch Schwierigkeiten bei der Auslegung oder Anwendung dieser Verordnung die Rechte einer Person im Geltungsbereich der Verordnung in Frage gestellt, so setzt sich der Träger des zuständigen Mitgliedstaats oder des Wohnmitgliedstaats der betreffenden Person mit dem Träger des anderen betroffenen Mitgliedstaats oder den Trägern der anderen betroffenen Mitgliedstaaten in Verbindung. [2]Wird binnen einer angemessenen Frist keine Lösung gefunden, so können die betreffenden Behörden die Verwaltungskommission befassen.

(7) Die Behörden, Träger und Gerichte eines Mitgliedstaats dürfen die bei ihnen eingereichten Anträge oder sonstigen Schriftstücke nicht deshalb zurückweisen, weil sie in einer Amtssprache eines anderen Mitgliedstaats abgefasst sind, die gemäß Artikel 290 des Vertrags als Amtssprache der Organe der Gemeinschaft anerkannt ist.

Artikel 2 DVO   Umfang und Modalitäten des Datenaustauschs zwischen den Trägern

(1) Im Sinne der Durchführungsverordnung beruht der Austausch zwischen den Behörden und Trägern der Mitgliedstaaten und den Personen, die der Grundverordnung unterliegen, auf den Grundsätzen öffentlicher Dienstleistungen, Effizienz, aktiver Unterstützung, rascher Bereitstellung und Zugänglichkeit, einschließlich der elektronischen Zugänglichkeit, insbesondere für Menschen mit Behinderungen und für ältere Menschen.

(2) [1]Die Träger stellen unverzüglich all jene Daten, die zur Begründung und Feststellung der Rechte und Pflichten der Personen, für die die Grundverordnung gilt, benötigt werden, zur Verfügung oder tauschen diese ohne Verzug aus. [2]Diese Daten werden zwischen den Mitgliedstaaten entweder unmittelbar von den Trägern selbst oder mittelbar über die Verbindungsstellen übermittelt.

(3) (s. bei Art. 81).

(4) (s. bei Art. 81).

Artikel 3 DVO   Umfang und Modalitäten des Datenaustauschs zwischen den betroffenen Personen und den Trägern

(1) (s. bei Art. 87)

(2) Personen, für die die Grundverordnung gilt, haben dem maßgeblichen Träger die Informationen, Dokumente oder Belege zu übermitteln, die für die Feststellung ihrer Situation oder der Situation ihrer Familie sowie ihrer Rechte und Pflichten, für die Aufrechterhaltung derselben oder für die Bestimmung der anzuwendenden Rechtsvorschriften und ihrer Pflichten nach diesen Rechtsvorschriften erforderlich sind.

(3) (s. bei Art. 77)

(4) Soweit es für die Anwendung der Grundverordnung und der Durchführungsverordnung erforderlich ist, übermitteln die maßgeblichen Träger unverzüglich und in jedem Fall innerhalb der in der Sozialgesetzgebung des jeweiligen Mitgliedstaats vorgeschriebenen Fristen den betroffenen Personen die Informationen und stellen ihnen die Dokumente aus.

[1]Der entsprechende Träger hat dem Antragsteller, der seinen Wohnort oder Aufenthalt in einem anderen Mitgliedstaat hat, seine Entscheidung unmittelbar oder über die Verbindungsstelle des Wohn- oder Aufenthaltsmitgliedstaats mitzuteilen. [2]Lehnt er die Leistungen ab, muss er die Gründe für die Ablehnung sowie die Rechtsbehelfe und Rechtsbehelfsfristen angeben. [3]Eine Kopie dieser Entscheidung wird den anderen beteiligten Trägern übermittelt.

Artikel 5 DVO   Rechtswirkung der in einem anderen Mitgliedstaat ausgestellten Dokumente und Belege

(1) Vom Träger eines Mitgliedstaats ausgestellte Dokumente, in denen der Status einer Person für die Zwecke der Anwendung der Grundverordnung und der Durchführungsverordnung bescheinigt wird, sowie Belege, auf deren Grundlage die Dokumente ausgestellt wurden, sind für die Träger der anderen Mitgliedstaaten so lange verbindlich, wie sie nicht von dem Mitgliedstaat, in dem sie ausgestellt wurden, widerrufen oder für ungültig erklärt werden.

(2) [1]Bei Zweifeln an der Gültigkeit eines Dokuments oder der Richtigkeit des Sachverhalts, der den im Dokument enthaltenen Angaben zugrunde liegt, wendet sich der Träger des Mitgliedstaats, der das Dokument erhält, an den Träger, der das Dokument ausgestellt hat, und ersucht diesen um die notwendige Klarstellung oder gegebenenfalls um den Widerruf dieses Dokuments. [2]Der Träger, der das Dokument ausgestellt hat, überprüft die Gründe für die Ausstellung und widerruft das Dokument gegebenenfalls.

(3) Bei Zweifeln an den Angaben der betreffenden Personen, der Gültigkeit eines Dokuments oder der Belege oder der Richtigkeit des Sachverhalts, der den darin enthaltenen Angaben zugrunde liegt, nimmt der Träger des Aufenthalts- oder Wohnorts, soweit dies möglich ist, nach Absatz 2 auf Verlangen des zuständigen Trägers die nötige Überprüfung dieser Angaben oder dieses Dokuments vor.

(4) [1]Erzielen die betreffenden Träger keine Einigung, so können die zuständigen Behörden frühestens einen Monat nach dem Zeitpunkt, zu dem der Träger, der das Dokument erhalten hat, sein Ersuchen vorgebracht hat, die Verwaltungskommission anrufen. [2]Die Verwaltungskommission bemüht sich binnen sechs Monaten nach ihrer Befassung um eine Annäherung der unterschiedlichen Standpunkte.

Artikel 89 DVO   Informationen

(1) [1]Die Verwaltungskommission stellt die erforderlichen Informationen bereit, damit die betreffenden Personen von ihren Rechten und den bei deren Geltendmachung zu beachtenden Formvorschriften Kenntnis nehmen können. [2]Die Informationen werden nach Möglichkeit auf elektronischem Wege verbreitet und zu diesem Zweck auf allgemein zugänglichen Internetseiten zur

Titel V Verschiedene Bestimmungen   Artikel 76

Verfügung gestellt. ³*Die Verwaltungskommission stellt sicher, dass die Informationen regelmäßig aktualisiert werden, und überwacht die Qualität der für die Kunden erbrachten Dienstleistungen.*

(2) Der in Artikel 75 der Grundverordnung genannte Beratende Ausschuss kann zur Verbesserung der Informationen und ihrer Verbreitung Stellungnahmen und Empfehlungen abgeben.

(3) Die zuständigen Behörden stellen sicher, dass ihre Träger über sämtliche Rechts- und Verwaltungsvorschriften der Gemeinschaft, einschließlich der Beschlüsse der Verwaltungskommission, informiert sind und diese in den Bereichen, die unter die Grundverordnung und die Durchführungsverordnung fallen, unter Beachtung der dort festgelegten Bedingungen anwenden.

I. Normzweck... 1	6. Gegenseitige Informationspflichten zwischen den Trägern und den betroffenen Personen... 17
II. Einzelerläuterungen........................ 3	
1. Grundsatz – Loyale Zusammenarbeit und Grenzen des nationalen Verfahrensrechts.. 3	7. Auslegungsschwierigkeiten und Meinungsunterschiede zwischen Trägern – Bindungswirkung von Dokumenten.... 23
2. Gegenseitige Unterrichtung der Mitgliedstaaten.. 5	8. Erarbeitung allgemeiner Informationen 29
3. Amtshilfe.. 8	9. Sprachregime.. 31
4. Unmittelbarer Kontakt zwischen Einrichtungen.. 12	
5. Unmittelbarer Kontakt zwischen Einrichtungen und den betroffenen Personen.. 15	

I. Normzweck

Dieser Artikel enthält verschiedene **Grundsätze der Zusammenarbeit** zwischen den Mitgliedstaaten sowie zwischen den Einrichtungen der sozialen Sicherheit und den betroffenen Bürgern. Diese können folgendermaßen zusammengefasst werden: 1

- Die Mitgliedstaaten sind verpflichtet, sich über alle wesentlichen Rechtsänderungen und Anwendungsmaßnahmen zu unterrichten.
- Die Behörden und Träger eines Mitgliedstaats müssen Amtshilfe für die Einrichtungen eines anderen Mitgliedstaats leisten.
- Die Kommunikation zwischen den Einrichtungen der Mitgliedstaaten sowie mit den betroffenen Bürgern kann direkt erfolgen.
- Es besteht eine wechselseitige Informationspflicht zwischen den Trägern und den Bürgern.
- In der Amtssprache eines anderen Mitgliedstaats eingereichte Schriftstücke dürfen nicht zurückgewiesen werden.

Diese Zusammenarbeit ist in vielerlei Hinsicht ein zentraler Bestandteil der Koordination der Systeme der sozialen Sicherheit. Zu beachten ist nämlich, dass aufgrund der **territorialen Ausrichtung der einzelstaatlichen Systeme** der sozialen Sicherheit grundsätzlich die Befugnisse der Einrichtungen eines Mitgliedstaats an der jeweiligen Staatsgrenze enden. Die durch die VO (EG) Nr. 883/2004 eingeräumten Rechte für die Bürger können daher ohne eine effektive Zusammenarbeit der einzelstaatlichen Einrichtungen nicht sichergestellt werden. Auf der anderen Seite ist diese Zusammenarbeit auch wichtig, um einen allfälligen Missbrauch zu erschweren, der gerade bei grenzüberschreitenden Sachverhalten möglich wäre. 2

II. Einzelerläuterungen

1. Grundsatz – Loyale Zusammenarbeit und Grenzen des nationalen Verfahrensrechts

Die Zusammenarbeit zwischen den verschiedenen Einrichtungen der Mitgliedstaaten, die im Rahmen der Koordination der Systeme in zwischenstaatlichen Fällen der sozialen Sicherheit betroffen sind (v.a. Träger, Verbindungsstellen, zuständige Behörden, aber auch Gerichte) steht unter dem Grundsatz der loyalen Zusammenarbeit nach Art. 4 Abs. 3 EUV (= Art. 10 EG). Daher 3

Spiegel

sind all diese Akteure verpflichtet, so weit dies in ihrer Macht steht, alle notwendigen Schritte zu setzen, um den Rechten der Bürger nach der VO (EG) Nr. 883/2004 zum Durchbruch zu verhelfen. Diese Verpflichtung zur Durchsetzung des Unionsrechts hat aber auch unmittelbare Auswirkungen auf das nationale **Verfahrensrecht.** Nach ständiger Judikatur des EuGH darf das nationale Verfahrensrecht in unionsrechtlich relevanten Sachverhalten nur in dem Ausmaß angewendet werden, in dem es Verfahren zur Umsetzung von Unionsrecht nicht ungünstiger behandelt als nationale (Äquivalenzgrundsatz) und es die Anwendung des Unionsrechts nicht praktisch unmöglich macht (Effektivitätsgrundsatz; zB EuGH, Rs. C-231/96 (EDIS), Slg 1998, I-4951). Daher kann eine nationale Verfahrensfrist, die in der Praxis zu kurz ist, um die Ansprüche grenzüberschreitend wirksam durchzusetzen, den Grundsätzen des Unionsrechts widersprechen (EuGH, Rs. C-255/00 (Grundig Italiana), Slg 2002, I-8003, wo eine 90-tägige Frist zur Rückforderung von Abgaben, die im Widerspruch zum Unionsrecht erhoben wurden, als zu kurz angesehen wurde). Diese verfahrensrechtlichen Grundsätze wurden vom EuGH ausdrücklich auch für Ansprüche nach der VO (EWG) Nr. 1408/71 für anwendbar erklärt (Rs. C-34/02 (Pasquini), Slg 2003, I-6515, wo der EuGH ganz klar zum Ausdruck brachte, dass eine andere verfahrensrechtliche Behandlung eines Wanderarbeitnehmers als in rein innerstaatlichen Fälle verboten ist).

4   Die Zusammenarbeit zwischen den Mitgliedstaaten hat aber nicht nur verfahrensrechtliche Aspekte. Dieser Grundsatz verpflichtet die Mitgliedstaaten ganz generell, alle ihnen zur Verfügung stehenden Mittel einzusetzen, um den Zweck der Freizügigkeit zu erreichen. Dabei müssen sie insbesondere prüfen, ob die nationalen Rechtsvorschriften wortgleich auf den sesshaften wie auf den Wanderarbeitnehmer anzuwenden sind (EuGH, Rs. C-165/91 (van Munster), Slg 1994, I-4661). Da dieser vom EuGH herausgearbeitete Grundsatz noch nicht hinreichend klar war, musste er in einer Folgeentscheidung (Rs. C-262/97 (Engelbrecht), Slg 2000, I-7321) noch präzisiert werden. Die Verpflichtung zur loyalen Zusammenarbeit kann so weit gehen, dass nationales Recht, das dem Zweck der Freizügigkeit entgegensteht, unangewendet bleibt. Diese Auswirkungen der **loyalen Zusammenarbeit** stehen somit über all den Detailregelungen der VO (EG) Nr. 883/2004 und der DVO und müssen bei allen materiellrechtlichen und verfahrensrechtlichen Auslegungsfragen mitbeachtet werden.

2. Gegenseitige Unterrichtung der Mitgliedstaaten

5   Die in Art. 76 Abs. 1 niedergelegte Verpflichtung zur gegenseitigen Unterrichtung über nationale Rechtsänderungen entspricht Art. 84 Abs. 1 VO (EWG) Nr. 1408/71. Diese Bestimmung enthält aber keinen genaueren Hinweis, wie diese Informationspflicht der zuständigen Behörden (siehe Art. 1 lit. l) zu erfüllen ist. In der Praxis werden von den Mitgliedstaaten, in denen **nationale Rechtsänderungen** stattgefunden haben, die für die Anwendung der VO (EG) Nr. 883/2004 von Bedeutung sein können, Aufzeichnungen geschrieben und an das Sekretariat der Verwaltungskommission übermittelt. Dadurch können alle anderen Mitglieder der Verwaltungskommission unverzüglich von diesen Rechtsänderungen Kenntnis nehmen und in der Regel wird diese Aufzeichnung auch bei einer der nächsten Sitzungen der Verwaltungskommission diskutiert. Interessant ist natürlich auch das Zusammenspiel dieser Informationspflicht mit anderen Pflichten der Mitgliedstaaten, über nationale Rechtsentwicklungen zu berichten. So nehmen auch alle Mitgliedstaaten an dem von der Europäischen Kommission finanzierten gegenseitigen Informationssystem über die Systeme der sozialen Sicherheit in den Mitgliedstaaten (MISSOC – http://ec.europa.eu/employment_social/spsi/missoc_de.htm) teil bzw müssen im Rahmen der Arbeiten des Ausschusses für Sozialschutz nach Art. 160 AEUV (= Art. 144 EG) periodisch über die Entwicklung in einzelnen Rechtsbereichen (zB Renten, Gesundheit, Langzeitpflege) berichten. Eine Vernetzung all dieser Berichtspflichten hat bisher nicht stattgefunden, wäre aber zur Nutzung von Synergien durchaus überlegenswert.

6   Besonders interessant für die Anwendung des Koordinierungsrechts sind jene Berichte über Rechtsänderungen, die gleichzeitig auch **Änderungen der Verordnungen** zur Folge haben. So kön-

nen Rechtsänderungen zB Eintragungen einer neu geschaffenen Leistung als „besondere beitragsunabhängige Geldleistung" in den Anhang X erfordern, um den Export der Leistung in alle anderen Mitgliedstaaten zu vermeiden, oder ergänzende Regelungen im Anhang XI notwendig machen. So wurde unter der Geltung der VO (EWG) Nr. 1408/71 zB im Zusammenhang mit der Schaffung von Kindererziehungszeiten in der deutschen Rentenversicherung mit 1. Januar 1986 nach entsprechenden Verhandlungen in der Verwaltungskommission und einem darauf beruhenden Vorschlag der Europäischen Kommission, im Anhang VI VO (EWG) Nr. 1408/71 eine ergänzende Regelung vorgesehen, um die Berücksichtigung solcher Kindererziehungszeiten auch in bestimmten grenzüberschreitenden Fällen sicherzustellen (Anhang VI Nr. E. DEUTSCHLAND Punkt 19 in der Fassung der VO (EWG) Nr. 2195/91 v. 25.6.1991, ABl. (EG) L 206 v. 29.7.1991, S. 1). Im Hinblick auf Art. 44 DVO war der Beibehalt dieser Sonderregelung im Anhang XI nicht erforderlich und hätte ohnehin im Hinblick auf das Urteil des EuGH in Rs. C-135/99 (Kauer), Slg 2000, I-10409, relativiert werden müssen.

Der zweiten Mitteilungspflicht betreffend die „zur Anwendung dieser Verordnung getroffenen Maßnahmen" wird von den Mitgliedstaaten üblicherweise nicht nachgekommen. Es ist daher fraglich, was die Mitgliedstaaten nach dieser Verpflichtung genau einander mitteilen müssten. Müssen Rundschreiben, Erlässe und Dienstanweisungen für die Träger ausgetauscht werden? Gilt diese Verpflichtung auch für Informationsmaterial an die Bürger? 7

3. Amtshilfe

Art. 76 Abs. 2 entspricht Art. 84 Abs. 2 VO (EWG) Nr. 1408/71 und ist die zentrale Regelung der gegenseitigen **Amtshilfe**. Danach kann jede Einrichtung eines Mitgliedstaats die in Betracht kommenden Einrichtungen in einem anderen Mitgliedstaat ersuchen, ihr Amtshilfe zu leisten. Das kann zB wichtig sein, wenn eine Person zwar den deutschen Rechtsvorschriften unterliegt, weil sie dort eine Erwerbstätigkeit ausübt (Art. 11 Abs. 3 lit. a)), der Arbeitgeber aber in der Tschechischen Republik niedergelassen ist. Der zuständige deutsche Träger braucht nämlich Auskünfte über die Höhe des vom tschechischen Unternehmen bezahlten Lohns, um die Beiträge berechnen zu können. Daher kann die Tschechische Republik ersucht werden, die entsprechenden Informationen zu erheben. Natürlich bleibt es dem deutschen Träger auch unbenommen, nach Art. 76 Abs. 3 unmittelbar mit dem tschechischen Arbeitgeber in Kontakt zu treten. 8

Diese Amtshilfe ist aber immer nur in jenem Ausmaß zu leisten, wie es nach den Rechtsvorschriften des ersuchten Mitgliedstaats vorgesehen ist. Klarerweise kann daher der ersuchte tschechische Träger diese Nachfrage beim tschechischen Arbeitgeber durchführen, wenn auch nach den tschechischen Rechtsvorschriften Auskünfte vom Arbeitgeber eingeholt werden können, um die Höhe der nach den tschechischen Rechtsvorschriften zu entrichtenden Beiträge festzulegen. Problematischer ist das aber, wenn nach nationalem Recht eine Zusammenarbeit von Einrichtungen erfolgt, die nicht unbedingt als Träger der sozialen Sicherheit betrachtet werden können. In Österreich werden zB für die Feststellung der Beiträge im System der Selbständigen (GSVG) die Daten aus der Einkommensteuerfeststellung durch die **Steuerbehörden** an den Sozialversicherungsträger übermittelt. Wie ist also eine Situation zu beurteilen, in der eine Person in Österreich eine selbständige Erwerbstätigkeit ausübt (Betreiben eines Gewerbebetriebes) und gleichzeitig in Deutschland eine Beschäftigung ausübt? Nach Art. 13 Abs. 3 ist für beide Erwerbstätigkeiten (somit auch für die selbständige) Deutschland zuständig. Kann daher der deutsche Träger sich an die österreichischen Steuerbehörden wenden, um die relevanten Einkommensdaten zu erlangen? Bisher hat sich die österreichische Steuerverwaltung geweigert, solchen Ersuchen nachzukommen, unter Hinweis darauf, dass es sich nicht um Träger der sozialen Sicherheit handelt und daher auch keine gesetzliche Grundlage für die Übermittlung solcher Daten vorhanden ist (damit ist auch aus datenschutzrechtlicher Sicht eine solche Informationsübermittlung ausgeschlossen). Sollten die deutschen Träger diese Daten daher benötigen, müsste ein österreichischer Träger der sozialen Sicherheit (die Sozialversicherungsanstalt der gewerblichen Wirtschaft) um Amtshilfe ersucht wer- 9 den. Dieser müsste sich dann an die österreichischen Steuerbehörden wenden, die ja gegenüber den österreichischen Trägern auskunftspflichtig ist. Dieses Beispiel zeigt gut die Grenzen der gegenseitigen Amtshilfe, sobald Einrichtungen außerhalb des klassischen Bereichs der sozialen Sicherheit eingebunden werden müssen, und die Kompliziertheit des Verfahrens in Einzelfällen.

10 Der Grundsatz der VO (EG) Nr. 883/2004 ist somit, dass in einem anderen Mitgliedstaat ein Träger **nicht selbst Amtshandlungen** setzen oder Erhebungen durchführen soll, sondern das den Einrichtungen vor Ort überlassen muss. Eine Ausnahme davon ist der in den anderen Mitgliedstaat entsendete Ermittler nach Wegunfällen (Art. 34 Abs. 3 DVO) oder auch die ausdrückliche Möglichkeit eines Trägers, in bestimmten Fällen die im Ausland befindlichen Versicherten durch einen eigenen Arzt seiner Wahl untersuchen zu lassen (zB Art. 27 Abs. 6 DVO). Ein weiterer Fall, in dem ein Träger nicht die Einschaltung eines Trägers im anderen Mitgliedstaat braucht, ist die in Art. 76 Abs. 3 erwähnte Möglichkeit, mit Personen (zB Versicherten, Familienangehörigen, Arbeitgebern) in einem anderen Mitgliedstaat direkt in Verbindung zu treten. Allerdings verfolgen einige Mitgliedstaaten (insbesondere die Niederlande) einen anderen Ansatz. Um die einzelnen Leistungsbezieher im Ausland besser überwachen und kontrollieren zu können, werden auch Teams der betroffenen Träger ins Ausland entsendet bzw werden solche Kontrollmaßnahmen durch speziell geschultes Personal der jeweiligen Botschaft wahrgenommen. Noch nicht hinreichend klargestellt erscheint, ob ein Betroffener sich gegen eine solche „Direktinspektion" verwehren könnte mit dem Hinweis, dass solche Erhebungen primär im Wege der Amtshilfe zu erfolgen haben (zB weil sich eine Person gegenüber dem Träger des Wohnortes leichter verständlich machen kann oder weil er eben mit den lokalen Gegebenheiten besser vertraut ist (EuGH, Rs. C-279/97 (Voeten und Beckers), Slg 1998, I-8293).

11 Die Amtshilfe hat **kostenlos** zu erfolgen. Daher kann ein ersuchter Träger die durch die Amtshilfe erwachsenden Kosten (zB Kosten des eigenen Personals, das ja für die Zeit der Amtshilfe nicht für die Erfüllung der nach jeweiligem nationalem Recht anfallenden Agenden zur Verfügung steht) nicht verrechnen. Die Ermächtigung der Verwaltungskommission, bestimmte erstattungsfähige Ausgaben oder Schwellwerte festzulegen, hat diese – trotz entsprechender Arbeiten – bisher nicht ausgenutzt. Ergänzend dazu ist in Art. 85 Abs. 2 DVO für die Beitreibung ebenfalls der Grundsatz vorgesehen, dass diese spezielle Amtshilfe grundsätzlich ebenfalls kostenlos ist. Eine Ausnahme von dem Grundsatz der kostenfreien Amtshilfe ist in Art. 87 Abs. 6 DVO vorgesehen, wonach für ärztliche Gutachten und verwaltungsmäßige Kontrollen die tatsächlich entstandenen Kosten zu erstatten sind.

4. Unmittelbarer Kontakt zwischen Einrichtungen

12 Art. 76 Abs. 3 (bisher Art. 84 Abs. 3 VO (EWG) Nr. 1408/71) enthält den Grundsatz, dass die Behörden der Mitgliedstaaten miteinander direkt in Kontakt treten können. Daher entfällt die ansonsten nach Völkerrecht sehr oft erforderliche Kontaktaufnahme im Wege der Außenämter und Diplomatischen Vertretungen. Aber auch die Träger können in Einzelfällen direkt grenzüberschreitend Kontakt aufnehmen und müssen nicht im Wege der Verbindungsstellen (Art. 1 Abs. 2 lit. b) DVO) vorgehen. Daher kann ein Träger, der nach der VO (EG) Nr. 883/2004 zuständig erklärt wurde, auch von einem Arbeitgeber in einem anderen Mitgliedstaat Beiträge zu verlangen, sich unmittelbar an einen Träger vor Ort wenden (wenn der Arbeitgeber zB nicht kooperativ ist) und muss nicht erst im Wege der beiden Verbindungsstellen vorgehen. Eine Ausnahme von diesen **Direktkontakten** ist zB in Art. 66 Abs. 2 DVO hinsichtlich der Kostenerstattungen vorgesehen, die immer im Wege der Verbindungsstellen abzuwickeln sind. Kennt ein Träger aber den Träger im anderen Mitgliedstaat nicht genau, der für den konkreten Fall zuständig ist, muss er diesen im Wege der Verbindungsstellen ausfindig machen. Hinsichtlich des Fristenlaufs bei Übermittlung von Daten über die Verbindungsstellen s. Art. 2 Abs. 4 DVO (Art. 81 Rn 12).

Hinsichtlich des direkten Kontakts zwischen den Trägern enthält Art. 2 Abs. 2 DVO ergänzend 13
die Verpflichtung der Träger, **alle Daten** zur Verfügung zu stellen oder auszutauschen, die zur
Begründung oder Feststellung der Rechte und Pflichten der betroffenen Personen erforderlich
sind. Sofern die Daten zwischen Trägern ausgetauscht werden sollen, ist dieser Austausch eben
zwischen den Trägern direkt vorzunehmen. Daher kann zB der zuständige Träger eines Mitgliedstaates, der nach Art. 29 eine Pflegegeldleistung an einen in einem anderen Mitgliedstaat wohnenden Rentner zahlen muss, sich unmittelbar an den Träger des Wohnortes wenden, um eine
Anrechnung von Pflegesachleistungen nach Art. 34 vorzubereiten (Art. 31 Abs. 2 DVO). Kennt
er diesen Träger des Wohnortes allerdings nicht (zB weil im Wohnland verschiedene Träger als
Träger des Wohnortes in Betracht kommen), so ist die Kontaktaufnahme im Wege der Verbindungsstellen durchzuführen. Fraglich könnte sein, ob sich der Träger eines Mitgliedstaates direkt
an die Verbindungsstelle (Art. 1 Abs. 2 lit. b) DVO) eines anderen Mitgliedstaates wenden darf.
Die Praxis hat gezeigt (und das spiegelt sich auch im Wortlaut dieser Bestimmung: Verbindungsstellen im Plural), dass es sinnvoll ist, immer zunächst über die „eigene" Verbindungsstelle zu
gehen, da diese aus sonstigen Erfahrungen möglicherweise Kenntnis über den in Betracht kommenden ausländischen Träger hat, ohne dass es erforderlich wäre, in jedem Einzelfall die ausländische Verbindungsstelle einzuschalten. Diese Regelung trägt daher dem Grundsatz der Verfahrensökonomie Rechnung.

Das Neue an der VO (EG) Nr. 883/2004 ist, dass der Kontakt zwischen den Trägern grundsätzlich 14
elektronisch zu erfolgen hat. Die näheren Details dazu enthält Art. 78 (hinsichtlich des elektronischen Datenaustausches siehe dort) und Art. 4 DVO.

5. Unmittelbarer Kontakt zwischen Einrichtungen und den betroffenen Personen

Art. 76 Abs. 3 enthält aber auch die Möglichkeit, dass die Behörden und Träger eines Mitglied- 15
staats **unmittelbar mit Personen,** die sich in einem anderen Mitgliedstaat aufhalten, in Verbindung
treten. Sie müssen daher nicht die Träger vor Ort einschalten. Daher kann zB im Rahmen eines
zwischenstaatlichen Rentenfeststellungsverfahrens ein Träger ergänzende Informationen auch
vom Antragsteller direkt einholen und muss nicht im Wege des Kontakt-Trägers nach Art. 47
DVO vorgehen.

Art. 2 Abs. 1 DVO enthält die Grundsätze für die Kontakte zwischen den Trägern oder Behörden 16
und den betroffenen Personen (diese Grundsätze sind aber auch wohl für die Kontakte zwischen
den Trägern und Behörden anzuwenden). Zunächst einmal wird nochmals darauf hingewiesen,
dass dieser Datenaustausch auf den **Grundsätzen öffentlicher Dienstleistungen** wie Effizienz, aktiver Unterstützung, rascher Bereitstellung und Zugänglichkeit einschließlich elektronischer Zugänglichkeit beruhen muss. Besonders hervorgehoben werden die Bedürfnisse der Menschen mit
Behinderungen und der älteren Menschen (mE ist diese auf einem Wunsch des Europäischen Parlaments beruhende, eingeschränkte Auswahl der Menschen, die beim Zugang zu Verwaltungshandlungen benachteiligt sein können, schwer nachvollziehbar; man hätte doch wohl auch andere
Personengruppen, die leicht benachteiligt werden könnten, wie zB Migranten, ethnische Gruppen,
Religionsgruppen, Personen, die aufgrund ihrer sexuellen Ausrichtung auf Probleme stoßen, erwähnen können, um sämtliche Aspekte des Art. 19 AEUV (= Art. 13 EG) einzufangen). Dabei
handelt es sich um rechtlich schwer fassbare Grundsätze für das Verwaltungshandeln, die sich in
der Verwaltungspraxis der Mitgliedstaaten herausgebildet haben. Der EuGH hat ergänzend dazu
die rechtlichen Grundsätze für dieses Zusammenwirken herausgearbeitet, wie zB den Grundsatz
der Rechtssicherheit und der Bestandskraft von Verwaltungshandlungen (zB Rs. C-453/00 (Kühne & Heitz NV), Slg 2004, I-837), Ermöglichung einer gerichtlichen Kontrolle einschließlich der
Aussetzung des Vollzugs (Rs. C-226/99 (Siples), Slg 2001, I-277), aber insbesondere auch die
Verpflichtung zum Schadenersatz bei gemeinschaftswidrigen Vorgängen (insbesondere nach
Rs. C-6/90 und C-9/90 (Francovich und Bonifaci), Slg 1991, I-5357). Siehe dazu näher *Borchardt*, Teil 12, Rn 127 ff.

6. Gegenseitige Informationspflichten zwischen den Trägern und den betroffenen Personen

17 Art. 76 Abs. 4 enthält die Verpflichtung der Träger dazu, die betroffenen Bürger über ihre Rechte und Pflichten nach der VO (EG) Nr. 883/2004 zu unterrichten. Anfragen der betreffenden Personen sind **innerhalb einer angemessenen Frist** zu beantworten. Diese Regelung ist ein gutes Beispiel für die Grenzen des Koordinierungsrechts. An sich war beabsichtigt gewesen (und auch vom Europäischen Parlament gefordert worden), eine fixe Frist für die Beantwortung durch die Träger vorzusehen. Allerdings wäre das ein Eingriff in die Autonomie der Mitgliedstaaten, ihre Sozialsysteme selbst zu gestalten. Somit besteht dafür keine Kompetenz des Gemeinschaftsgesetzgebers. Der Mehrwert der Verpflichtung zur Beantwortung innerhalb angemessener Frist ist daher fraglich.

18 Jene Informationen, die für die Anwendung der VO (EG) Nr. 883/2004 und der DVO erforderlich sind, hat der in Betracht kommende Träger unverzüglich den betroffenen Personen zu übermitteln (Art. 3 Abs. 4 Unterabs. 1 DVO). Er hat ihnen auch die erforderlichen Dokumente auszustellen. Dabei handelt es sich um die sogenannten „tragbaren Dokumente", somit jene, die nicht elektronisch zwischen den Trägern auszutauschen sind. Bisher wurden die folgenden tragbaren Dokumente ausgearbeitet: Dokument A1 (Bescheinigung über die anzuwendenden Rechtsvorschriften – nach Art. 19 Abs. 2 DVO), Dokument S1 (Registrierung im Wohnstaat für die Leistungen bei Krankheit – nach Art. 24 Abs. 1 DVO), Dokument S2 (Anspruch auf geplante Behandlung – nach Art. 26 Abs. 1 DVO), Dokument S3 (Krankenbehandlung für ehemalige Grenzgänger im ehemaligen Tätigkeitsstaat – nach Art. 29 DVO), Dokument DA1 (Anspruch auf Krankenbehandlung aus einem Unfallversicherungssystem – nach Art. 33 iVm Art. 24 Abs. 1 und Art. 26 Abs. 1 DVO), Dokument P1 (Zusammenfassung von Rentenentscheidungen – nach Art. 48 DVO), Dokument U1 (Zeiten, die für die Gewährung von Leistungen bei Arbeitslosigkeit zu berücksichtigen sind – nach Art. 54 Abs. 1 DVO), Dokument U2 (Beibehalt des Anspruchs auf Leistung bei Arbeitslosigkeit – nach Art. 55 Abs. 1 DVO), Dokument U3 (Sachverhalte, die den Anspruch auf Leistung bei Arbeitslosigkeit beeinträchtigen können – nach Art. 55 Abs. 4 DVO). Die tragbaren Dokumente sind (als „mobile Dokumente" bezeichnet) unter http://ec.europa.eu/social/main.jsp?langId=de&catId=868 abrufbar. Zusätzlich ist aber sicherlich auch die Europäische Krankenversicherungskarte als tragbares Dokument im weiteren Sinne zu betrachten (dafür gibt es einen eigenen Beschluss Nr. S2 der Verwaltungskommission v. 12.6.2009, ABl. (EU) C 106 v. 24.4.2010, S. 26), die den Anspruch nach Art. 19 bescheinigen soll). Diese Verpflichtung zur Übermittlung von Dokumenten bezieht sich aber nur auf jene Fälle, die für die Anwendung der beiden Verordnungen erforderlich sind. Nicht erfasst sind daher rein nationale Fälle, wie zB eine Rentenberechnung eines Versicherten, der immer nur in einem Mitgliedstaat gearbeitet hat, den Rentenantrag aber aus einem anderen Mitgliedstaat bei seinem zuständigen Träger direkt stellt. Für den Übergangszeitraum von der VO (EWG) Nr. 1408/71 auf die VO (EG) Nr. 883/2004 interessant ist auch noch die Frage, wie mit alten Formularen umzugehen ist, die unter Geltung der „alten" VO ausgestellt wurden. Diesbezüglich enthält Beschluss Nr. H1 der Verwaltungskommission v. 12.6.2009, ABl. (EU) C 2010 v. 24.4.2010, S. 13, dahingehend eine Klarstellung, dass sämtliche vor dem Wirksamwerden der VO (EG) Nr. 883/2004 ausgestellten E-Vordrucke für deren individuelle Geltungsdauer wirksam bleiben und nicht noch vor deren Ablauf durch neue tragbare Dokumente ersetzt werden müssen (Nr. 5 des Beschlusses).

19 **Zustellung** von Entscheidungen: Die Entscheidung des Trägers ist dem Betroffenen, der in einem anderen Mitgliedstaat wohnt oder sich dort aufhält, entweder unmittelbar oder über die Verbindungsstelle des Wohn- oder Aufenthaltsstaates zuzustellen (Art. 3 Abs. 4 Unterabs. 2 DVO). Die Zustellung über Verbindungsstellen dürfte aber nur ein seltener Ausnahmefall im Vergleich zum Standardfall der direkten Zustellung (allenfalls aufgrund der besonderen Zustellungsregelungen, die für den betreffenden Fall gelten) sein. Eine Sonderregelung für die Zustellung im Beitreibungsverfahren enthält Art. 77 DVO. Ferner enthält Art. 3 Abs. 4 DVO auch wieder einen allgemeinen Verfahrensgrundsatz: Ablehnende Entscheidungen sind zu begründen und ein Hinweis

auf Rechtsbehelfe und Rechtsbehelfsfristen ist in die Entscheidung aufzunehmen. Man kann sich natürlich fragen, ob diese Regelung noch durch Art. 48 AEUV (= Art. 42 EG) gedeckt ist, da sie an sich einen Eingriff in das nationale Sozialrecht darstellt. Allerdings handelt es sich dabei um einen Teil der allgemeinen verfahrensrechtlichen Rechtsgrundsätze, die vom EuGH immer wieder auch ins Unionsrecht hineingetragen werden (s. dazu zB Rs. C-432/05 (Unibet), Slg 2007, I-2271). Die Schaffung von europäischem Verfahrensrecht, wie eben hier durch die Festlegung von Verpflichtungen auf Unionsebene, ist nicht nur auf Art. 3 Abs. 4 DVO beschränkt, sondern findet sich auch noch in etlichen anderen Bestimmungen der VO (EG) Nr. 883/2004 (wie zB in Art. 87).

Kopien der Entscheidungen nach Art. 3 Abs. 4 DVO sind an die beteiligten Träger in den anderen Mitgliedstaaten zu übermitteln. Auch diese ergänzende Regelung erscheint bei genauerer Betrachtung eigenartig. Warum gilt das nur, wenn die betreffende Person in einem anderen Mitgliedstaat wohnt oder sich dort aufhält? Schwierig kann im Einzelfall auch die Feststellung sein, welcher Träger ein „beteiligter" Träger ist. Weder die VO (EG) Nr. 883/2004 noch die DVO enthalten dafür eine Begriffsbestimmung. Es ist daher davon auszugehen, dass diese horizontale Regelung in der Praxis nicht sehr oft genutzt werden wird und dass in der Regel nur die Sondermitteilungspflichten an Träger anderer Mitgliedstaaten (siehe zB Art. 27 Abs. 9 DVO bei Versagung einer Geldleistung bei Krankheit) relevant sein werden. 20

Im Unterschied dazu sind die Pflichten der Bürger klarer gefasst. Diese haben von sich aus (also nicht nur auf Anfrage der betroffenen Träger) nach Art. 76 Abs. 4 über jegliche **Änderung ihrer persönlichen oder familiären Situation** zu berichten, die Auswirkungen auf ihre Rechte nach der Verordnung haben könnten. Danach sind zB zusätzliche Einkünfte zu melden, die Auswirkungen auf eine nach Titel III Kapitel 9 gewährte besondere beitragsunabhängige Geldleistung haben könnten, oder auch die Aufnahme einer weiteren Erwerbstätigkeit, die Auswirkungen auf die anzuwendenden Rechtsvorschriften nach Titel II hätte. Neben dieser Pflicht der betroffenen Person besteht natürlich auch nach bestimmten speziellen Regelungen die Pflicht eines anderen Trägers, solche leistungsrelevanten Sachverhalte dem zuständigen Träger zu melden (hinsichtlich der Leistungen bei Arbeitslosigkeit s. zB Art. 55 Abs. 4 DVO). Art. 76 Abs. 5 enthält dann eine an sich selbstverständliche Regelung. Verstößt ein Bürger gegen die ihm auferlegte Informationspflicht, so kann der betroffene Mitgliedstaat angemessene Maßnahmen nach nationalem Recht gegen ihn verhängen. In Betracht kommen daher insbesondere Verwaltungsstrafen, da eine Rückforderung der Leistungen in Titel IV Kapitel III DVO geregelt wird und daher wohl nicht unter den Begriff „Maßnahme" zu subsumieren ist. Der Mehrwert dieser Regelung ist daher ebenfalls fraglich, da auch die in diesem Zusammenhang erwähnte Verpflichtung zur Beachtung des Äquivalenz- und Effektivitätsgrundsatzes an sich bereits aus den allgemeinen Grundsätzen des Unionsrechts folgt (s. Rn 3). 21

Weitere Details der Zusammenarbeit zwischen den Trägern und den betroffenen Personen sind in Art. 3 DVO geregelt. Zunächst einmal wird als Konkretisierung des Art. 76 Abs. 4 für die betroffenen Personen nochmals die Verpflichtung festgelegt, dem in Betracht kommenden Träger (also nicht nur dem zuständigen Träger nach Art. 1 lit. q), sondern auch zB dem Träger des Wohn- oder Aufenthaltsortes nach Art. 1 lit. r)) alle Informationen, Dokumente oder Belege zu übermitteln, die für die Feststellung der Situation (also zB des Wohnortes der betreffenden Person) bzw eines Familienangehörigen sowie ihrer Rechte und Pflichten (also zB über das Vorhandensein sonstiger Einkünfte für die Berechnung einer einkommensabhängigen Leistung), für die Aufrechterhaltung dieser Rechte und Pflichten (also zB die Aufnahme einer Erwerbstätigkeit in einem anderen Mitgliedstaat durch den Bezieher einer Leistung bei Arbeitslosigkeit) oder die Bestimmung der anzuwendenden Rechtsvorschriften und der sich daraus ergebenden Pflichten (also zB das Hinzutreten einer weiteren Erwerbstätigkeit, die die Zuständigkeitsregelung des Art. 13 auslösen könnte) erforderlich sind (Art. 3 Abs. 2 DVO). Diese Sonderverpflichtung tritt daher neben die nationalen **Melde- und Mitwirkungspflichten** und ist mE auch anzuwenden, wenn das natio- 22 nale Recht an sich keine konkrete Meldepflicht vorsieht, weil solche meldepflichtigen Sachverhalte nur in grenzüberschreitenden Situationen eintreten können.

7. Auslegungsschwierigkeiten und Meinungsunterschiede zwischen Trägern – Bindungswirkung von Dokumenten

Literaturübersicht zur Bindungswirkung von Dokumenten

de Pauw, Détachement intra-communautaire et formulaire E 101: la créativité du juge face au pouvoir de l'Administration, (belgisches) Droit Social 2010, S. 96; *Eichenhofer*, Anknüpfungen im internationalen Sozialrecht, ZESAR 2002, S. 21; *Hauck*, Nichtabführung von Sozialversicherungsbeiträgen – Bindungswirkung portugiesischer Entsendebescheinigung, NStZ 2007, 218; *Höllbacher/Kneihs*, zu den sozialrechtlichen Verordnungsbestimmungen über die Entsendung von Arbeitnehmern und Selbständigen, DRdA, 2012, 1. Teil 7, 2. Teil 171; *Ignor/Rixen*, Europarechtliche Grenzen des § 266 a Abs 1 StGB, wistra 2001, S. 201; *Pöltl*, Zur Bindungswirkung der Entsendebescheinigung A1, ZAS 2012, S. 12; *Rixen*, Neue Entwicklungen im koordinierenden Sozialrecht der EU: zur Bindungswirkung der E101-Bescheinigungen bei Arbeitnehmer-Entsendungen, SGb 2002, S. 93 ff; *Spiegel*, Parteiengehör, Geheimnisschutz und Rechtsschutz im europäischen Sozialrecht, in: *Holoubek/Lang* (Hrsg.), Verfahren der Zusammenarbeit von Verwaltungsbehörden in Europa 2012, S. 307; *Verschueren*, Sécurité Sociale et Detachement au seins de l'Union Européenne. L'Affaire Herbosch Kiere: Une Occasion Manquée dans la Lutte contre le Dumping Social Transfrontalier et la Fraude Sociale, Revue Belge de Sécurité Sociale, 2006, S. 405; *ders.*, Cross-Border Workers in the European Internal Market: Trojan Horses for Member States' Labour and Social Security Law?, International Journal of Comparative Labour Law and Industrial relations 2008, 167; *Wank*, Die Bindungswirkung von Entsendebescheinigungen, EuZW 2007, S. 300; *Zimmermann*, Offene strafrechtliche Fragen im Zusammenhang mit der europäischen E-101 Bescheinigung für Wanderarbeiter, ZIS 2007, S. 407.

23 Art. 76 Abs. 6 enthält den Grundsatz, dass **Auslegungsschwierigkeiten und Meinungsunterschiede** zwischen Trägern nicht auf dem Rücken der betroffenen Bürger ausgetragen werden dürfen. Vielmehr sind die beteiligten Träger verpflichtet, miteinander in Kontakt zu treten, um diese Schwierigkeiten zu lösen. Sofern die beteiligten Träger nicht in der Lage sind, dieses Problem selbst zu lösen, können die in Betracht kommenden Behörden die Verwaltungskommission befassen. Dieses Recht steht somit nicht den einzelnen Trägern zu, sondern die Initiative muss im Wege der Vertreter in der Verwaltungskommission (somit im Wege der zuständigen Ministerien) erfolgen. Dadurch ist sichergestellt, dass auch ein Versuch der Problemlösung auf Ebene der zuständigen Behörden möglich bleibt, bevor die Verwaltungskommission eingeschaltet wird.

24 Welche Fälle fallen nun unter diese Regelung? Zunächst einmal ist darauf hinzuweisen, dass für viele Bereiche, in denen bisher solche Auslegungsschwierigkeiten aufgetreten sind, bereits eigene, inhaltlich aber weitestgehend identische, **Sonderregelungen** bestehen, sodass diese horizontale Regelung keine Bedeutung in diesen Fragen mehr haben kann. So ist zB auf Art. 6 DVO (betreffend die Festlegung vorläufiger Zuständigkeiten und die vorläufige Gewährung von Leistungen), Art. 7 DVO (betreffend die vorläufige Berechnung von Leistungen und Beiträgen) und Art. 16 DVO (betreffend Auslegungsschwierigkeiten im Bereich der anzuwendenden Rechtsvorschriften bei gewöhnlich in mehreren Mitgliedstaaten ausgeübten Erwerbstätigkeiten einschließlich der ebenfalls in der Regel erwähnten Möglichkeit der Anrufung der Verwaltungskommission) zu verweisen.

25 Ergänzend zu diesem allgemeinen Grundsatz enthält Art. 5 DVO eine Regelung, mit der die **Bindungswirkung von Dokumenten** festgeschrieben wird (zur Bindungswirkung allgemein s. auch *Steinmeyer*, Art. 12 Rn 19; ausführlich hinsichtlich der Situation in Österreich *Spiegel,* in: *Spiegel* (Hrsg.), Zwischenstaatliches Sozialversicherungsrecht, Art. 5 VO (EG) Nr. 987/2009, Rn 2). Auslöser für diese Regelung ist die Judikatur des EuGH zur Bindungswirkung des E 101 Formblattes (Bescheinigung der anzuwendenden Rechtsvorschriften nach Art. 11 Abs. 1, Art. 11 a und Art. 12 a der VO (EWG) Nr. 574/72). Diese Judikatur gilt natürlich gleichermaßen für die Bescheinigung A1, die das E101 unter der VO (EG) N. 883/2004 abgelöst hat (s. Rn 18). Der Gerichtshof hat nämlich in seinen Urteilen in den Rs. C-178/97 (Banks), Slg 2000, I-2005, C-202/97 (FTS), Slg 2000, I-883, aber auch C-2/05 (Herbosch-Kiere), Slg 2006, I-1079, entschieden, dass

zunächst einmal der ausstellende Mitgliedstaat verpflichtet ist, nach dem Grundsatz der loyalen Zusammenarbeit den maßgebenden Sachverhalt genau zu überprüfen, bevor er eine Bescheinigung E 101 ausstellt. Die anderen Mitgliedstaaten müssen auf diese Überprüfung vertrauen können. Sie sind daher an diese Bescheinigung gebunden, solange der ausstellende Mitgliedstaat sie nicht zurückzieht. In der Rs. Herbosch-Kiere hat der EuGH darüber hinaus auch die nationalen Gerichte an die von einem anderen Mitgliedstaat ausgestellten Bescheinigungen gebunden, so dass auch diese keine Möglichkeit haben, eine E 101 Bescheinigung zu überprüfen. In Deutschland wurde dies sogar hinsichtlich der strafrechtlichen Aspekte (zB des Vorenthalts von Sozialversicherungsbeiträgen) ausjudiziert (BGH, 1 StR 44/06). Der EuGH weist die betroffenen Mitgliedstaaten an, zunächst einmal im direkten Dialog nach Lösungen zu suchen. Gelingt ihnen das nicht, können sie die Verwaltungskommission befassen, die eine Lösung suchen muss.

Art. 5 DVO schreibt diesen wichtigen Grundsatz nunmehr auch im Sekundärrecht fest, dehnt ihn aber auf alle Dokumente aus, die von einem Träger eines Mitgliedstaates ausgestellt wurden und den Status einer Person beschreiben, solange sie nicht vom ausstellenden Träger widerrufen wurden. Diese Regelung betrifft daher vorrangig wieder die „**tragbaren Dokumente**" wie zB Bescheinigung A1 betreffend die anzuwendenden Rechtsvorschriften nach Art. 19 Abs. 2 DVO (s. Rn 18). Da die Regelungen betreffend die anzuwendenden Rechtsvorschriften nunmehr viel mehr Gewicht auf die Zusammenarbeit zwischen den Trägern als auf das Mitführen eines Dokuments A1 durch die Betroffenen legen (siehe zB Art. 15 Abs. 1 DVO), wird sich diese Bindungswirkung wohl aber auch auf die direkt zwischen den Trägern verfügbar gemachten Informationen beziehen. Ferner ist davon auszugehen, dass diese Bindungswirkung auch in allen anderen Bereichen der VO (EG) Nr. 883/2004 gilt, in denen der Status einer Person bescheinigt wird, wie zB die Anspruchsbescheinigung nach Art. 24 Abs. 1 DVO (Dokument S1) in Fällen des Wohnsitzes außerhalb des zuständigen Mitgliedstaats im Bereich der Krankenversicherung. Da der Begriff „Dokument" in Art. 1 Abs. 1 lit. c DVO sehr breit definiert wird (s. auch Art. 78 Rn 2 f), fallen darunter aber möglicherweise nicht nur Daten, die für den Austausch mittels eines strukturierten elektronischen Dokuments auf Unionsebene vorgesehen sind, sondern auch nationale Daten, wie zB ein nationaler Bescheid über die Einbeziehung in die Versicherungspflicht. Daher könnte man die Auffassung vertreten, dass ein Mitgliedstaat, der einen Arbeitnehmer in die Versicherungspflicht einbezieht und dies mit einer nationalen schriftlichen Entscheidung dokumentiert, damit auch alle anderen Mitgliedstaaten bindet. Damit wäre es einem anderen Mitgliedstat verwehrt, der zB der Auffassung ist, dass es sich bei diesem Arbeitnehmer um eine entsendete Person nach Art. 12 Abs. 1 handelt, ein A1 auszustellen. Er müsste dann das Dialogverfahren nach dem Beschluss Nr. A1 der Verwaltungskommission (s. Rn 28) mit dem Staat, der die Versicherungspflicht mit einer nationalen Entscheidung festgestellt hat, beginnen.

Interessant ist auch, dass sich diese Bindungswirkung nicht nur auf Dokumente bezieht, sondern auch auf alle **Belege**, auf deren Grundlage ein Dokument ausgestellt wird. Damit sind zB auch Geburtsurkunden erfasst, auf deren Grundlage (zum Nachweis, dass das maßgebende Rentenalter bereits erfüllt ist) ein Versicherter in einem Mitgliedstaat einen Rentenantrag stellt und dieser Mitgliedstaat die anderen beteiligten Staaten über den Rentenantrag mit dem dafür vorgesehenen SED informiert. Damit erscheint die Entscheidung des EuGH in der Rs. C-336/94 (Dafeki), Slg 1996, I-6761, relativiert, wonach hinsichtlich griechischer Geburtsdaten die Träger der anderen Mitgliedstaaten zwar auch an die Feststellungen der griechischen Personenstandsbehörden gebunden sind, allerdings nur solange keine begründeten Zweifel bestehen. Nunmehr sind die Träger wohl auch in Fällen begründeter Zweifel gebunden und müssen in einen Dialog mit dem ausstellenden Mitgliedstaat treten.

In **Zweifelsfällen** darf daher der zweifelnde Träger nicht nach seinem Gutdünken vorgehen und zB entgegen den bescheinigten anzuwendenden Rechtsvorschriften selbst eine Versicherungspflicht feststellen, sondern muss sich zunächst an den ausstellenden Träger wenden und diesen um Klarstellung, Überprüfung und gegebenenfalls Widerruf dieses Dokuments ersuchen (Art. 5

Spiegel

Abs. 2 DVO). Der ausstellende Träger hat alle für die Überprüfung des Dokuments oder des Belegs erforderlichen Erhebungen zu machen (Art. 5 Abs. 3 DVO). Im Falle des Scheiterns dieser Bemühungen zwischen den Trägern können die zuständigen Behörden die Verwaltungskommission anrufen (Art. 5 Abs. 4 DVO). Hinsichtlich der Auffassungsunterschiede über die Gültigkeit von Dokumenten oder Belegen bzw im Bereich der anzuwendenden Rechtsvorschriften und der Leistungserbringung hat nunmehr die Verwaltungskommission einen eigenen Beschluss gefasst, um ein entsprechendes Streitschlichtungsverfahren zu institutionalisieren (Beschluss Nr. A1 der Verwaltungskommission v. 12.6.2009, ABl. (EU) C 106 v. 24.4.2010, S. 1). In einer ersten Phase soll zwischen den beteiligten Trägern versucht werden, zu einer einvernehmlichen Lösung zu gelangen (Nr. 6 bis 12 des Beschlusses); in einer zweiten Phase können dann die zuständigen Behörden eingeschaltet werden (also idR die Ministerien), die sich ebenfalls um eine Lösung bemühen müssen (Nr. 13 bis 16 des Beschlusses). Fruchtet auch diese Phase nicht, kann die Angelegenheit der Verwaltungskommission vorgelegt werden. Dafür wurde im Rahmen der Verwaltungskommission ein eigener Unterausschuss eingesetzt, der sich mit Auffassungsunterschieden zwischen zwei Mitgliedstaaten zu befassen hat (Vermittlungsausschuss – Art. 8 Abs. 5 der Satzung der Verwaltungskommission vom 16.6.2010, ABl. (EU) C 213 v. 6.8.2010, S. 20). Wichtig ist, dass dieses Dialogverfahren keine bindenden Entscheidungen treffen kann; letztendlich muss sich jeder Mitgliedstaat den Ergebnissen durch eigene Entscheidung unterwerfen. Allerdings ist nicht auszuschließen, dass als Ergebnis dieses Verfahrens die Verwaltungskommission einen Beschluss fasst, der mit qualifizierter Mehrheit auch gegen einen der beteiligten Mitgliedstaaten ergeht (Art. 9 Abs. 1 der Satzung); eine absolute rechtliche Verpflichtung tritt dadurch aber, wie bei allen anderen Beschlüssen der Verwaltungskommission, trotzdem nicht ein (s. EuGH, Rs. C-98/80 (Romano), Slg 1981, 1259). Bisher bestehen noch keine Erfahrungen mit diesem Dialogverfahren auf europäischer Ebene. Nur ganz wenige Fälle wurden bisher diesem Verfahren in der Verwaltungskommission offiziell zugeführt, bis dato wurde noch keines abgeschlossen. Die nach dem Beschluss vorgesehenen Fristen (drei Monate, verlängerbar um weitere drei Monate in der ersten Phase und sechs Wochen in der zweiten Phase) sind auf jeden Fall zu kurz. Diese Erfahrungen sind auf jeden Fall zu dürftig, um die nach Nr. 21 des Beschlusses vorgesehen Evaluierung bereits jetzt durchzuführen. Es ist aber – nach derzeitiger Einschätzung – davon auszugehen, dass dieses gesamte Dialogverfahren dann ins Leere geht, wenn in einem Mitgliedstaat zB eine rechtskräftige Entscheidung vorliegt. Wie kann zB ein deutscher Träger sein A1 zurückziehen, wenn die deutsche Zuständigkeit bereits durch deutsche Gerichte rechtskräftig bejaht wurde und in der Folge dann die Verwaltungskommission der Auffassung ist, dass doch der beteiligte andere Mitgliedstaat zuständig wäre? Dies zeigt mE, dass der gesamte Komplex der Bindungswirkung und des Dialogverfahrens in Zukunft kritisch durchleuchtet werden muss.

8. Erarbeitung allgemeiner Informationen

29 Neben den konkreten Informationsverpflichtungen in den verschiedenen Einzelfällen enthält Art. 89 Abs. 1 DVO eine allgemeine Verpflichtung, **Informationsmaterial für die Bürger** auszuarbeiten. Zunächst trifft diese Verpflichtung die Verwaltungskommission, wobei die Veröffentlichung des Informationsmaterials auch auf allgemein zugänglichen Internetseiten erfolgen kann.. Die Europäische Kommission hat wichtige Informationen auf ihrer Homepage, die unter http://ec.europa.eu/social/main.jsp?langId=de&catId=849 abrufbar sind.

30 Art. 87 Abs. 11 und Art. 3 Abs. 1 DVO enthalten darüber hinaus eine Verpflichtung der Mitgliedstaaten insbesondere für jene Personen Informationen verfügbar zu haben, deren Rechte durch den Übergang von der VO (EWG) Nr. 1408/71 auf die VO (EG) Nr. 883/2004 betroffen sein könnten, wobei Art. 3 Abs. 1 DVO eigentlich überflüssig ist, da diese Verpflichtung bereits in Art. 87 Abs. 11 enthalten ist. Art. 89 Abs. 3 DVO enthält schließlich eine Verpflichtung für die zuständigen Behörden, dass die Träger über alle einschlägigen Instrumente informiert sind. Gegenüber den Trägern besteht daher eine direkte **Informationspflicht** der zuständigen Behörden,

Titel V Verschiedene Bestimmungen   Artikel 76

für die Bürger muss entsprechendes Informationsmaterial aber nur zur Verfügung gestellt werden. Es müsste daher ausreichen, wenn die Träger Informationsbroschüren auflegen und Informationen ins Internet stellen; eine aktive Kontaktnahme mit allen möglicherweise durch die Rechtsänderungen Betroffenen wird nicht verlangt.

9. Sprachregime

Art. 76 Abs. 7 legt fest, dass alle betroffenen Einrichtungen eines Mitgliedstaats Anträge oder 31
sonstige Schriftstücke (zB Meldungen sozialrechtlich relevanter Ereignisse) nicht zurückweisen dürfen, weil sie in einer **Amtssprache eines anderen Mitgliedstaats** abgefasst sind. Ausdrücklich erwähnt werden Behörden, Träger und Gerichte. Wiewohl die VO (EWG) Nr. 3 in der entsprechenden Regelung nur die Träger erwähnte, hat der EuGH diese Regelung bereits extensiv auch auf Gerichte ausgedehnt (Rs. C-6/67 (Guerra), Slg 1967, 283). Damit sind wohl alle Einrichtungen erfasst, die Schriftstücke im Bereich der sozialen Sicherheit entgegennehmen können. Diese Bestimmung entspricht Art. 84 Abs. 4 VO (EWG) Nr. 1408/71.

Als **Amtssprache** gelten die gemäß Art. 342 AEUV (= Art. 290 EG) als Amtssprache der Organe 32
der Union anerkannten Sprachen, somit Bulgarisch, Tschechisch, Dänisch, Deutsch, Estnisch, Griechisch, Spanisch, Französisch, Gälisch (Irisch), Italienisch, Lettisch, Litauisch, Ungarisch, Maltesisch, Niederländisch, Polnisch, Portugiesisch, Rumänisch, Slowenisch, Slowakisch, Finnisch, Schwedisch und Englisch.

Fraglich kann natürlich sein, für welche Fälle diese **Sprachengleichstellung** gelten kann. Zunächst 33
einmal hat der EuGH klargestellt, dass nur Personen, die in den Anwendungsbereich des Koordinierungsrechts fallen, von dieser Gleichstellung Gebrauch machen können, wobei aber eine Unterscheidung nach der Staatsangehörigkeit oder dem Wohnort nicht vorgenommen werden darf (Rs. C-55/77 (Maris), Slg 1977, 2327). Kann sich aber jeder in irgendeiner Amtssprache an die Einrichtungen eines Mitgliedstaates wenden? Der EuGH musste einen Fall eines französischsprachigen belgischen Staatsangehörigen entscheiden, der sich in einem Sozialrechtsverfahren auf diese Regelung berief, um trotz des Wohnsitzes in Flandern seine Eingaben nicht auf Niederländisch, sondern auf Französisch einreichen zu können (Rs. C-153/91 (Petit), Slg 1992, I-4973). Der EuGH entschied, dass bei einem solchen rein internen Sachverhalt eine Berufung auf das Unionsrecht nicht möglich ist. Daher hat das Unionsrecht nicht dazu geführt, dass Herr Petit seine Eingabe auch auf Französisch machen konnte. Wichtig ist aber, dass auch nach diesem Urteil – über die Regelung des Art. 76 Abs. 7 hinausgehend – in grenzüberschreitenden Situationen bei regionalen Sprachbesonderheiten (zB Minderheitensprachen) die Staatsangehörigen eines anderen Mitgliedstaats immer auf die Gleichstellung mit der regionalen Bevölkerung pochen können. So haben deutschsprachige deutsche oder österreichische Staatsangehörige das Recht, vor Südtiroler Gerichten ebenfalls Deutsch zu verwenden, selbst wenn deutschsprachige italienische Staatsangehörige mit Wohnort in einer anderen italienischen Provinz dieses Recht nicht haben (Rs. C-274/96 (Bickel und Franz), Slg 1998, I-7637, betreffend die Auswirkung des allgemeinen gemeinschaftsrechtlichen Diskriminierungsverbots auf Strafverfahren). Dabei handelt es sich aber eben nicht um einen rein internen Sachverhalt.

Allerdings hat dieses Verständnis der **rein internen Sachverhalte** möglicherweise in letzter Zeit 34
eine Änderung erfahren. In der Rs. C-212/06 (Gouvernement de la Communauté française et Gouvernement wallon), Slg 2008, I-1683, hat der EuGH nämlich entschieden, dass Personen, die von ihrem Recht auf Freizügigkeit (irgendwann einmal?) Gebrauch gemacht haben, sich auch in solchen an sich rein internen Situationen auf das gemeinschaftsrechtliche Diskriminierungsverbot berufen können. Auslöser dieses Verfahrens war das flandrische System der Pflegeversicherung, nach dem nur Einwohner Flanderns oder Einwohner eines anderen Mitgliedstaates, die in Flandern einer Erwerbstätigkeit nachgehen, in diesem System versichert sind. Der EuGH hat das auf die Einwohner Walloniens erstreckt, die einmal von der Freizügigkeit Gebrauch gemacht haben und zwar selbst dann, wenn es sich um belgische Staatsangehörige handelt (s. zu diesem Urteil

Spiegel   483 ausführlich *Verschueren,* La régionalisation de la sécurité sociale en Belgique à la lumière de l'arrêt de la cour de justice européenne portant sur l'assurance-soins flamande, Revue Belge de Sécurité sociale – 2e trimestre 2008, 173 ff). Hätte daher Herr Petit einmal schon in einem anderen Mitgliedstaat gearbeitet (reicht ein Praktikum in Frankreich vor 30 Jahren nach diesem Urteil aus?), dann könnte er sich nunmehr wohl schon der französischen Sprache bedienen. Ebenso kann sich natürlich ein französischer Staatsangehöriger, der in Flandern wohnt, der französischen Sprache bedienen.

35 Bisher noch nicht geklärt ist die Frage, welcher Sprache sich eine von der VO (EG) Nr. 883/2004 erfasste Person tatsächlich bedienen kann. Muss es die **Sprache der eigenen Staatsangehörigkeit** sein, oder kann es auch eine andere Sprache sein? Kann daher zB ein Angehöriger der slowenischen Minderheit in Österreich (der österreichischer Staatsangehöriger ist) sich vor einem deutschen Träger der slowenischen Sprache bedienen? Kann sich ein indischer Ehepartner eines tschechischen Staatsangehörigen auf Englisch an einen deutschen Träger wenden, um zB einen Antrag auf Erziehungsgeld zu stellen? Da ohnehin Eingaben in allen Amtssprachen angenommen werden müssen, dürfte sich eine großzügigere Handhabung dieser Bestimmung empfehlen, so dass auch in diesen beiden Beispielen die Schriftstücke nicht zurückgewiesen werden sollten.

36 Nach Art. 81 lit. b) VO (EWG) Nr. 1408/71 konnten die **Übersetzungskosten** für solche in der Amtssprache eines anderen Mitgliedstaats eingereichten Schriftstücke der Verwaltungskommission vorgelegt werden und die Kommission hat sich dann in der Folge an den Übersetzungskosten der Träger beteiligt (die direkte Übersetzung durch die Verwaltungskommission fand in der Praxis nie statt). Diese Möglichkeit ist in der VO (EG) Nr. 883/2004 nicht mehr vorgesehen. Die bisher für Übersetzungsarbeiten gebundenen Mittel der Kommission werden nunmehr für die Finanzierung anderer Maßnahmen im Bereich der sozialen Sicherheit (Art. 79) eingesetzt werden.

Artikel 77 Schutz personenbezogener Daten

(1) [1]Werden personenbezogene Daten aufgrund dieser Verordnung oder der Durchführungsverordnung von den Behörden oder Trägern eines Mitgliedstaats den Behörden oder Trägern eines anderen Mitgliedstaats übermittelt, so gilt für diese Datenübermittlung das Datenschutzrecht des übermittelnden Mitgliedstaats. [2]Für jede Weitergabe durch die Behörde oder den Träger des Empfängermitgliedstaats sowie für die Speicherung, Veränderung oder Löschung der Daten durch diesen Mitgliedstaat gilt das Datenschutzrecht des Empfängermitgliedstaats.

(2) Die für die Anwendung dieser Verordnung und der Durchführungsverordnung erforderlichen Daten werden durch einen Mitgliedstaat an einen anderen Mitgliedstaat unter Beachtung der Gemeinschaftsbestimmungen über den Schutz natürlicher Personen bei der Verarbeitung personenbezogener Daten und den freien Datenverkehr übermittelt.

Artikel 3 DVO   Umfang und Modalitäten des Datenaustauschs zwischen den betroffenen Personen und den Trägern

(1) (s. bei Art. 87)

(2) (s. bei Art. 76)

(3) Bei der Erhebung, Übermittlung oder Verarbeitung personenbezogener Daten nach ihren Rechtsvorschriften zur Durchführung der Grundverordnung gewährleisten die Mitgliedstaaten, dass die betreffenden Personen in der Lage sind, ihre Rechte in Bezug auf den Schutz personenbezogener Daten unter Beachtung der Gemeinschaftsbestimmungen über den Schutz natürlicher Personen bei der Verarbeitung personenbezogener Daten und zum freien Datenverkehr umfassend wahrzunehmen.

(4) (s. bei Art. 76)

Titel V Verschiedene Bestimmungen — Artikel 77

I. Normzweck

Sofern zwischen Mitgliedstaaten Daten ausgetauscht werden, muss auch der durch die technische 1 Entwicklung immer größer werdenden Gefahr, dass Daten für andere Zwecke verwendet werden, verfälscht werden oder sonst wie missbraucht werden, vorgebeugt werden. Art. 77 enthält die **Datenschutzregelung** für die Anwendung der VO (EG) Nr. 883/2004.

II. Einzelerläuterungen

1. Grundsatz – Schutz nach den Datenschutzregelungen beider betroffenen Mitgliedstaaten

Art. 77 Abs. 1 sieht vor, dass für die **Übermittlung der Daten zwischen den Behörden oder Trägern** 2 aufgrund der VO (EG) Nr. 883/2004 bzw der DVO zunächst das Datenschutzrecht des übermittelnden Mitgliedstaats gilt. Diese Regelung betrifft aber nur die Anwendungsfälle dieser beiden Verordnungen. Werden Daten auf anderer Grundlage übermittelt, zB aufgrund bilateraler Vereinbarungen, wie sie immer mehr zwischen Mitgliedstaaten insbesondere zur Verhinderung und Bekämpfung von Missbrauch und Sozialbetrug geschlossen werden, findet diese Regelung keine Anwendung. Ferner ist vorgesehen, dass der empfangende Mitgliedstaat für die Weitergabe der empfangenen Daten an andere Einrichtungen, für die Speicherung, Veränderung oder Löschung von Daten das für ihn geltende Datenschutzrecht zu beachten hat.

Abs. 2 erklärt in der Folge die **Gemeinschaftsbestimmungen über den Datenschutz** für entspre- 3 chend anwendbar. Dabei handelt es sich im Wesentlichen um die RL 95/46/EG des Europäischen Parlaments und des Rates vom 24.10.1995 zum Schutz natürlicher Personen bei der Verarbeitung personenbezogener Daten und zum freien Datenverkehr (ABl. (EG) L 281 v. 23.11.1995, S. 1). Als weiteren Detailaspekt legt Art. 3 Abs. 3 DVO fest, dass bei Erhebung, Übermittlung und Verarbeitung personenbezogener Daten die Mitgliedstaaten eine umfassende Geltendmachung der Rechte der betroffenen Personen in Bezug auf den Datenschutz sicherstellen müssen.

2. Sonstige zu beachtende Bestimmungen

Es fällt auf, dass in beiden Verordnungen nur **einige Detailaspekte** des grenzüberschreitenden 4 Datenschutzes angesprochen wurden. Notwendig wären all diese Regelungen nicht gewesen, da die RL 95/46/EG ohnehin auch auf die Fälle der grenzüberschreitenden Übermittlung von Daten im Bereich der sozialen Sicherheit Anwendung findet (Art. 3 RL 95/46/EG betreffend den Anwendungsbereich der Richtlinie schließt sämtliche Bereiche ein, die in den Anwendungsbereich des Gemeinschaftsrechts fallen, somit sicherlich auch die auf der Grundlage des Art. 48 AEUV (= Art. 42 EG) ergangene VO (EG) Nr. 883/2004). Die herausgegriffenen Aspekte des grenzüberschreitenden Datenschutzes werfen die Frage auf, ob die anderen Grundsätze dieses Rechtsbereichs nicht gelten sollen, was vom Gemeinschaftsgesetzgeber sicherlich nicht beabsichtigt war.

Im Vergleich dazu umfassendere Datenschutzregelungen enthalten viele der von den Mitglied- 5 staaten geschlossenen **bilateralen Abkommen**, wie zB Art. 24 des deutsch-slowakischen Abkommens über soziale Sicherheit v. 12.9.2002 (deutsches BGBl. 2003, II S. 680) oder Art. 30 des österreichisch-rumänischen Abkommens über soziale Sicherheit v. 28.10.2005 (österreichisches BGBl. 2006, III 174, S. 1). Dadurch wird deutlich, dass der grenzüberschreitende Datenschutz immer insbesondere die folgenden Elemente umfasst:

- An sich ist es erlaubt, die Daten für die Anwendung der VO (EG) Nr. 883/2004 und der DVO zu übermitteln.
- Der Empfängermitgliedstaat darf die Daten nur für die Zwecke dieser Verordnungen verwenden.
- Eine Weiterübermittlung im Empfängermitgliedstaat ist grundsätzlich nur für Zwecke der sozialen Sicherheit zulässig.
- Die übermittelten Daten sind wie die eigenen Daten geheim zu halten.

Spiegel

- Die empfangende Stelle hat die übermittelnde Stelle auf deren Ersuchen über die Verwendung der übermittelten Daten zu unterrichten.
- Die übermittelnde Stelle ist für die Sicherstellung der Richtigkeit der übermittelten Daten verantwortlich und Übermittlungsverbote nach nationalem Recht sind zu beachten. Wurden unrichtige Daten übermittelt, muss dies die übermittelnde Stelle sofort anzeigen und die empfangende Stelle diese Daten korrigieren.
- Es besteht eine Informationspflicht gegenüber der betroffenen Person, sowie ein Recht auf Richtigstellung und Löschung falscher Daten.
- Die betroffene Person hat einen Anspruch auf Schadensersatz. Hat die empfangende Stelle Schadensersatz aufgrund empfangener unrichtiger Daten zu leisten, so hat sie einen Ersatzanspruch gegenüber der übermittelnden Stelle.
- Die betroffene Person hat ein Recht auf eine gerichtliche Überprüfung.
- Es besteht eine Verpflichtung zur Löschung unrichtiger bzw. nicht mehr benötigter Daten.
- Übermittelte Daten müssen dokumentiert werden.
- Übermittelte Daten sind gegen zufällige oder unbefugte Zerstörung, zufälligen Verlust, unbefugten Zugang, Veränderung oder Bekanntgabe zu schützen.

6 Sofern solche bilateralen Vereinbarungen konkreter sind oder über das Schutzniveau der RL 95/46/EG hinausgehen, sind diese weiterhin anwendbar (da diese Regelungen als außerhalb des Geltungsbereichs der VO (EG) Nr. 883/2004 stehend betrachtet werden können und daher nach Art. 8 Abs. 2 dieser Verordnung nicht verdrängt werden).

7 Überlegungen des Datenschutzes stehen immer in einem gewissen Spannungsverhältnis zum Wunsch der Mitgliedstaaten nach einem umfassenden Datenaustausch zur Bekämpfung von Betrug und Missbrauch. Besonders kritisch kann man sicherlich einen großflächigen Datenabgleich sehen, der losgelöst von einem konkreten Anlassfall zB die Daten der Bezieher von Leistungen bei Arbeitslosigkeit in einem Mitgliedstaat mit den Daten der Rentenbezieher oder Erwerbstätigen in einem anderen Mitgliedstaat vergleicht. Dass ein solcher Datenabgleich aber aus EU-rechtlichen Überlegungen nicht ausgeschlossen ist, belegt auch Beschluss Nr. H5 der Verwaltungskommission v. 18.3.2010 über die Zusammenarbeit zur Bekämpfung von Betrug und Fehlern, ABl. (EU) C 149 v. 8.6.2010, S. 5, der ausdrücklich „Daten-Matching" als optimales Verfahren zwischen den Mitgliedstaaten erwähnt.

Artikel 78   Elektronische Datenverarbeitung

(1) ¹Die Mitgliedstaaten verwenden schrittweise die neuen Technologien für den Austausch, den Zugang und die Verarbeitung der für die Anwendung dieser Verordnung und der Durchführungsverordnung erforderlichen Daten. ²Die Europäische Kommission gewährt bei Aufgaben von gemeinsamem Interesse Unterstützung, sobald die Mitgliedstaaten diese elektronischen Datenverarbeitungsdienste eingerichtet haben.

(2) Jeder Mitgliedstaat betreibt seinen Teil der elektronischen Datenverarbeitungsdienste in eigener Verantwortung unter Beachtung der Gemeinschaftsbestimmungen über den Schutz natürlicher Personen bei der Verarbeitung personenbezogener Daten und den freien Datenverkehr.

(3) ¹Ein von einem Träger nach dieser Verordnung und der Durchführungsverordnung versandtes oder herausgegebenes elektronisches Dokument darf von einer Behörde oder einem Träger eines anderen Mitgliedstaats nicht deshalb abgelehnt werden, weil es elektronisch empfangen wurde, wenn der Empfängerträger zuvor erklärt hat, dass er in der Lage ist, elektronische Dokumente zu empfangen. ²Bei der Wiedergabe und der Aufzeichnung solcher Dokumente wird davon ausgegangen, dass sie eine korrekte und genaue Wiedergabe des Originaldokuments oder eine Darstellung der Information ist, auf die sich dieses Dokument bezieht, sofern kein gegenteiliger Beweis vorliegt.

Titel V Verschiedene Bestimmungen   Artikel 78

(4) ¹Ein elektronisches Dokument wird als gültig angesehen, wenn das EDV-System, in dem dieses Dokument aufgezeichnet wurde, die erforderlichen Sicherheitselemente aufweist, um jede Veränderung, Übermittlung oder jeden unberechtigten Zugang zu dieser Aufzeichnung zu verhindern. ²Die aufgezeichnete Information muss jederzeit in einer sofort lesbaren Form reproduziert werden können. ³Wird ein elektronisches Dokument von einem Träger der sozialen Sicherheit an einen anderen Träger übermittelt, so werden geeignete Sicherheitsmaßnahmen gemäß den Gemeinschaftsbestimmungen über den Schutz natürlicher Personen bei der Verarbeitung personenbezogener Daten und den freien Datenverkehr getroffen.

Artikel 1 DVO   Begriffsbestimmungen

(1) Im Sinne dieser Verordnung

a) bezeichnet der Ausdruck „Grundverordnung" die Verordnung (EG) Nr. 883/2004;
b) bezeichnet der Ausdruck „Durchführungsverordnung" die vorliegende Verordnung; und
c) gelten die Begriffsbestimmungen der Grundverordnung.

(2) Neben den Begriffsbestimmungen des Absatzes 1 bezeichnet der Ausdruck

a) „Zugangsstelle" eine Stelle, die Folgendes bietet:
   i) eine elektronische Kontaktstelle;
   ii) die automatische Weiterleitung auf der Grundlage der Adresse; und
   iii) die intelligente Weiterleitung von Daten, gestützt auf eine Software, die eine automatische Prüfung und Weiterleitung von Daten (z.B. eine Anwendung künstlicher Intelligenz) und/ oder menschliches Eingreifen gestattet;
b) „Verbindungsstelle" eine von der zuständigen Behörde eines Mitgliedstaats für einen oder mehrere der in Artikel 3 der Grundverordnung genannten Zweige der sozialen Sicherheit bezeichnete Stelle, die Anfragen und Amtshilfeersuchen für die Zwecke der Anwendung der Grundverordnung und der Durchführungsverordnung beantwortet und die die ihr nach Titel IV der Durchführungsverordnung zugewiesenen Aufgaben zu erfüllen hat;
c) „Dokument" eine von der Art des Datenträgers unabhängige Gesamtheit von Daten, die dergestalt strukturiert sind, dass sie elektronisch ausgetauscht werden können und deren Mitteilung für die Anwendung der Grundverordnung und der Durchführungsverordnung erforderlich ist;
d) „strukturiertes elektronisches Dokument" ein strukturiertes Dokument in einem Format, das für den elektronischen Austausch von Informationen zwischen den Mitgliedstaaten konzipiert wurde;
e) „elektronische Übermittlung" die Übermittlung von Daten mittels Geräten für die elektronische Verarbeitung (einschließlich digitaler Kompression) von Daten über Draht, über Funk, auf optischem oder elektromagnetischem Wege;
f) „Rechnungsausschuss" den in Artikel 74 der Grundverordnung genannten Ausschuss.

Artikel 4 DVO   Format und Verfahren des Datenaustauschs

(1) Die Verwaltungskommission legt die Struktur, den Inhalt, das Format und die Verfahren im Einzelnen für den Austausch von Dokumenten und strukturierten elektronischen Dokumenten fest.

(2) Die Datenübermittlung zwischen den Trägern oder Verbindungsstellen erfolgt elektronisch entweder unmittelbar oder mittelbar über die Zugangsstellen in einem gemeinsamen sicheren Rahmen, in dem die Vertraulichkeit und der Schutz der ausgetauschten Daten gewährleistet werden kann.

(3) ¹Bei der Kommunikation mit den betroffenen Personen wenden die maßgeblichen Träger die für den Einzelfall geeigneten Verfahren an und verwenden so weit wie möglich vorzugsweise elektronische Mittel. ²Die Verwaltungskommission legt die praktischen Modalitäten für die

Übermittlung von Informationen, Dokumenten oder Entscheidungen an die betreffende Person durch elektronische Mittel fest.

Artikel 88 DVO   Mitteilungen

(1) Die Mitgliedstaaten teilen der Europäischen Kommission die Kontaktadressen der in Artikel 1 Buchstaben m, q und r der Grundverordnung und in Artikel 1 Absatz 2 Buchstaben a und b der Durchführungsverordnung genannten Stellen und der nach der Durchführungsverordnung bezeichneten Träger mit.

(2) Die Stellen nach Absatz 1 müssen über eine elektronische Identität in Form eines Identifizierungscodes und über eine elektronische Anschrift verfügen.

(3) Die Verwaltungskommission legt Aufbau, Inhalt und Verfahren im Einzelnen einschließlich des gemeinsamen Formats und des Musters für die Mitteilung der Kontaktadressen nach Absatz 1 fest.

(4) [1]In Anhang 4 der Durchführungsverordnung ist die öffentlich zugängliche Datenbank bezeichnet, in der die Informationen nach Absatz 1 zusammengestellt sind. [2]Diese Datenbank wird von der Europäischen Kommission aufgebaut und verwaltet. [3]Die Mitgliedstaaten sind jedoch dafür verantwortlich, ihre eigenen nationalen Kontaktadressen in diese Datenbank einzugeben. [4]Darüber hinaus sorgen die Mitgliedstaaten für die Richtigkeit der Eingabedaten der nach Absatz 1 erforderlichen nationalen Kontaktadressen.

(5) Die Mitgliedstaaten gewährleisten die ständige Aktualisierung der Informationen nach Absatz 1.

Artikel 95 DVO   Übergangszeit für den elektronischen Datenaustausch

(1) Jedem Mitgliedstaat kann eine Übergangszeit für den elektronischen Datenaustausch nach Artikel 4 Absatz 2 der Durchführungsverordnung eingeräumt werden.

Diese Übergangszeiten enden spätestens 24 Monate nach dem Datum des Inkrafttretens der Durchführungsverordnung.

Verspätet sich jedoch die Bereitstellung der erforderlichen gemeinschaftlichen Infrastruktur (Elektronischer Austausch von Information der sozialen Sicherheit – EESSI) bezogen auf das Inkrafttreten der Durchführungsverordnung wesentlich, so kann die Verwaltungskommission eine angemessene Verlängerung der Übergangszeiten beschließen.

(2) Die praktischen Verfahren für erforderliche Übergangszeiten nach Absatz 1 werden von der Verwaltungskommission so festgelegt, dass der für die Anwendung der Grundverordnung und der Durchführungsverordnung erforderliche Datenaustausch sichergestellt ist.

ANHANG 4 DVO   *Einzelheiten der in Artikel 88 Absatz 4 der Durchführungsverordnung genannten Datenbank*

Anhang 4   *Einzelheiten der in Artikel 88 Absatz 4 der Durchführungsverordnung genannten Datenbank*

1. Inhalt der Datenbank

In einem elektronischen Verzeichnis (URL) der betreffenden Stellen ist Folgendes aufgeführt:

a) die Bezeichnung der Stellen in der/den Amtssprache(n) des Mitgliedstaats sowie in Englisch;
b) der Identifizierungscode und die elektronische Anschrift im Rahmen des EESSI-Systems;
c) ihre Funktion in Bezug auf die Begriffsbestimmungen in Artikel 1 Buchstaben m, q und r der Grundverordnung und Artikel 1 Buchstaben a und b der Durchführungsverordnung;
d) ihre Zuständigkeit in Bezug auf die verschiedenen Risiken, Arten von Leistungen, Systeme und den geografischen Geltungsbereich;
e) Angaben, welchen Teil der Grundverordnung die Stellen anwenden;

f) die folgenden Kontaktangaben: Postanschrift, Telefonnummer, Faxnummer, E-Mail-Adresse und die entsprechende URL-Adresse;
g) alle sonstigen Informationen, die zur Anwendung der Grundverordnung oder der Durchführungsverordnung erforderlich sind.

2. *Verwaltung der Datenbank*

a) Das elektronische Verzeichnis befindet sich im EESSI-System auf Ebene der Europäischen Kommission.

b) Die Mitgliedstaaten sind dafür verantwortlich, dass die erforderlichen Daten der Stellen gesammelt und überprüft werden und die Europäische Kommission rechtzeitig über Einträge oder Änderungen von Einträgen, die in ihre Zuständigkeit fallen, unterrichtet wird.

3. *Zugang*

Daten, die für operationelle und verwaltungsmäßige Zwecke verwendet werden, sind der Öffentlichkeit nicht zugänglich.

4. *Sicherheit*

Alle Änderungen der Datenbank (Einfügen, Ändern, Löschen) werden protokolliert. Bevor der Benutzer Zugang zu dem Verzeichnis zwecks Änderungen von Einträgen erhält, wird er identifiziert und authentisiert. Vor jeder Änderung eines Eintrags wird die Berechtigung des Benutzers für diesen Vorgang überprüft. Jeder nicht erlaubte Vorgang wird abgelehnt und protokolliert.

5. *Sprachenregelung*

Die allgemeine Sprache der Datenbank ist Englisch. Die Bezeichnungen der Stellen und ihre Kontaktangaben sollten auch in der/den Amtssprache(n) des Mitgliedstaats angegeben werden.

Literaturübersicht

Bauer/Aßlaber, Elektronischer grenzüberschreitender Datenaustausch von Sozialversicherungsdaten: Projekt EGDA, SozSich 2011, 238.

I. Normzweck ... 1	d) Europäische Architektur von EESSI ... 13
II. Einzelerläuterungen ... 2	2. Grundsätze des elektronischen Datenaustauschs ... 15
1. Wichtige Begriffe ... 2	3. Kommunikation der Träger mit den betroffenen Personen ... 19
a) Dokument und strukturiertes elektronisches Dokument (SED) ... 2	4. Rechtlicher Stellenwert elektronischer Daten ... 20
b) Zugangsstelle (AP) – Verbindungsstelle ... 4	5. Übergang auf EESSI ... 22
c) Liste der Kontaktadressen – Master Directory (MD) ... 8	

I. Normzweck

Fand nach der VO (EWG) Nr. 1408/71 der Austausch der für die Anwendung dieser Verordnung erforderlichen Daten und Informationen noch weitestgehend auf Papier statt, so soll als wesentliche Neuerung unter der VO (EG) Nr. 883/2004 der **Datenaustausch elektronisch** stattfinden. Dafür müssen die rechtlichen Rahmenbedingungen geschaffen werden; dahinter steht aber ein komplexes System, das diesen Datenaustausch auf technischer und administrativer Ebene ermöglichen soll. 1

II. Einzelerläuterungen

1. Wichtige Begriffe

a) Dokument und strukturiertes elektronisches Dokument (SED)

Ein **Dokument** ist nach Art. 1 Abs. 2 lit. c) DVO der universelle Datenträger, mit dem Daten für die Anwendung der VO (EG) Nr. 883/2004 ausgetauscht werden. Die Dokumente ersetzen daher 2 die bisherigen E-Formulare. Die Informationen müssen so strukturiert sein, dass sie auch elektronisch ausgetauscht werden können. Allerdings ist nicht auszuschließen, dass auch rein nationale Dokumente diese Voraussetzungen erfüllen können (s. Art. 76 Rn 26). Damit ein elektronischer Datenaustausch möglich ist, muss das Dokument in ein SED (Art. 1 Abs. 2 lit. d) DVO) umgewandelt werden. Dafür sind die für den elektronischen Datenaustausch festgelegten Formate zu verwenden, wobei die für die Adressierung des SED an die empfangende Einrichtung erforderlichen Daten (insbesondere zur Identifikation des sendenden und empfangenden Trägers sowie der Person) im „Kuvert" des SED und die weiteren Details für den jeweiligen Geschäftsprozess (siehe weiter unten) im Inhalt des SED enthalten sind. Die Verwaltungskommission muss in der Folge die SEDs aber auch die Geschäftsprozesse festlegen und einen Prozess vereinbart, in dem Change Requests (ständige Aktualisierung) behandelt werden können. Der jeweils aktuelle Stand der SEDs ist auf der Homepage der Europäischen Kommission abgespeichert und kann unter http://ec.europa.eu/social/main.jsp?catId=868&langId=en abgerufen werden. Für den Übergangszeitraum von der VO (EWG) Nr. 1408/71 auf die VO (EG) Nr. 883/2004 interessant ist auch noch die Frage, wie mit alten Formularen umzugehen ist, die unter Geltung der „alten" VO ausgestellt wurden. Diesbezüglich enthält Beschluss Nr. H1 der Verwaltungskommission v. 12.6.2009, ABl. (EU) C 106 v. 24.4.2010, S. 13, dahingehend eine Klarstellung, dass sämtliche vor dem Wirksamwerden der VO (EG) Nr. 883/2004 ausgestellten E-Vordrucke für deren individuelle Geltungsdauer wirksam bleiben und nicht durch neue SEDs oder tragbare Dokumente noch vor deren Ablauf ersetzt werden müssen (Nr. 5 des Beschlusses)

3 Aber nicht alle Dokumente können nur elektronisch ausgetauscht werden. Es gibt weiterhin auch „tragbare" Dokumente (s. auch Art. 76 Rn 18), die von den betroffenen Personen physisch mitgenommen werden können, um ihre Ansprüche vor Ort unmittelbar dokumentieren zu können. Beispiele für solche tragbaren Dokumente sind die Europäische Krankenversicherungskarte (dafür gibt es einen eigenen Beschluss Nr. S2 der Verwaltungskommission v. 12.6.2009, ABl. (EU) C 106 v. 24.4.2010, S. 26), die den Anspruch nach Art. 19 bescheinigen soll, aber auch zB das Dokument A1 zur Dokumentation der anzuwendenden Rechtsvorschriften nach Art. 19 Abs. 2 DVO.

b) Zugangsstelle (AP) – Verbindungsstelle

4 Der elektronische Datenaustausch zwischen den Mitgliedstaaten hat über **Zugangsstellen** („Access points" – AP) zu erfolgen. Die Zugangsstelle hat dabei die Funktion der Brücke zwischen nationaler und internationaler Domäne zu sein, über die alle SEDs geschickt werden müssen. Die Zugangsstelle muss daher eine elektronische Anschrift haben und als „Maschine" in der Lage sein, SEDs an die Endadressaten automatisch (wenn durch den sendenden Träger die Adressierung ausreichend und korrekt erfolgt ist) oder durch Einsatz einer Software (mit der aufgrund der Daten der Adressierung, die nicht vollständig oder nicht ganz korrekt ist, der als Endempfänger beabsichtigte Träger herausgefunden werden kann) zuzustellen (Art. 1 Abs. 2 lit. a) DVO). Die Verwaltungskommission hat festgelegt, dass jeder Mitgliedstaat zwischen einer und fünf Zugangsstellen haben kann. In Deutschland wurden fünf Zugangsstellen (somit das Maximum – § 6 EUSozSichG, BGBl. I Nr. 32 v. 28.6.2011), in Österreich im Unterschied dazu zB nur eine Zugangsstelle (§ 5 SV-EG idF österreichisches BGBl. I Nr. 122/2011) eingerichtet. Diese Festlegung, dass jeglicher Kontakt zwischen Mitgliedstaaten immer im Wege der in Betracht kommenden Zugangsstellen zu erfolgen hat, ist eine Konkretisierung von Art. 4 Abs. 2 DVO, der an sich auch die Möglichkeit eines direkten Verkehrs zwischen Trägern oder Verbindungsstellen ohne Zwischenschaltung der Zugangsstelle vorsieht. Dabei handelt es sich um eine Regelung, die noch vor der Festlegung der europäischen Architektur und der Funktion der Zugangsstelle gemacht wurde, die daher durch die diesbezüglichen Entscheidungen überholt wurde. Zur Vermeidung von Missverständnissen wäre eine entsprechende Anpassung des Art. 4 Abs. 2 DVO sicherlich empfehlenswert.

Die Zugangsstelle ist jener Bereich, in dem die nationale elektronische Architektur (nationaler   5
Teil der Zugangsstelle) mit der internationalen Architektur (EESSI – siehe weiter unten) aufeinandertreffen. Für die internationale Architektur ist die Union zuständig und daher wurde auch von der Kommission dafür eine Standardsoftware („reference implementation" – RI) entwickelt, die den Mitgliedstaaten kostenlos zur Verfügung gestellt wird.

Die Verpflichtung zum elektronischen Datenaustausch betrifft nur die Sphäre zwischen den Mit-   6
gliedstaaten, also den Verkehr zwischen den Zugangsstellen beider Mitgliedstaaten; die dahinterliegende **nationale Sphäre** bleibt in der Zuständigkeit der Mitgliedstaaten. Eine Verpflichtung zur elektronischen Weiterverarbeitung der Daten hinter der Zugangsstelle besteht nicht. Extrem gesprochen, würde auch ein nationales System, in dem der nationale Teil der Zugangsstelle alle empfangenen SEDs auf Papier ausdruckt und dann die Verfahren in diesem Mitgliedstaat traditionell auf Papier erledigt werden, bis Daten wieder über die Grenze geschickt werden müssen und daher über einen Terminal (web-interface) durch einen Bearbeiter ein elektronisches SED erstellt und im Wege der Zugangsstelle in einen anderen Mitgliedstaat geschickt wird, den Anforderungen des elektronischen Datenaustausches genügen.

Die Zugangsstelle funktioniert ohne menschliche Intervention. Sie ist daher nicht mit der „**Ver-**   7
bindungsstelle" (Art. 1 Abs. 2 lit. b) DVO) zu verwechseln, wiewohl viele Mitgliedstaaten die Zugangsstelle örtlich bei der jeweiligen Verbindungsstelle eingerichtet haben (zur Situation in Österreich s. *Spiegel*, Datenaustausch im sozialen Verwaltungsbereich, SozSi 2011, 190, 191 (Verbindungsstelle), 197 (Zugangsstelle)). Die Verbindungsstelle ist ganz allgemein jene Einrichtung eines Mitgliedstaates, die Anfragen und Amtshilfeersuchen aus anderen Mitgliedstaaten entgegennimmt und durch die betroffenen Träger, die sie repräsentieren, beantworten lässt sowie die Kostenerstattungen zwischen den Mitgliedstaaten abwickelt. Verbindungsstellen funktionieren also durch menschliche Intervention. Auch für die Verbindungsstellen ist aber die Zugangsstelle die elektronische Anschrift. Wenn daher zB ein bulgarischer Träger nicht genau weiß, an welche deutsche Krankenkasse er eine Anfrage schicken soll, so wendet er sich grundsätzlich im Wege der bulgarischen Verbindungsstelle an die deutsche Verbindungsstelle für diesen Bereich (DVKA), wobei bei korrekter Adressierung diese Anfrage die Zugangsstellen beider Staaten (über die die Verbindungsstellen an EESSI angebunden sind) problemlos passieren sollte und unmittelbar darauf bei der Verbindungsstelle eintrifft. Da nunmehr die Festlegung von Verbindungsstellen nicht mehr in einem – ebenfalls auf Gesetzesstufe stehenden – Anhang möglich ist (s. Rn 9 und Rn 12), müssen die Zuständigkeiten in einem ergänzenden nationalen Gesetz festgelegt werden (s. zB §§ 3 und 4 EUSozSichG, BGBl. I Nr. 32 v. 28.6.2011, §§ 127a und 136a SGB VI idF EUSozSichG, bzw in Österreich § 4 SV-EG idF österreichisches BGBl. I Nr. 122/2011).

c) Liste der Kontaktadressen – Master Directory (MD)

Ein weiterer wesentlicher Teil des für den elektronischen Datenaustausch erforderlichen Systems   8
ist die **Liste der Kontaktadressen** der in Betracht kommenden Einrichtungen, die die VO (EG) Nr. 883/2004 und die DVO anzuwenden haben. Nach Art. 88 Abs. 1 DVO umfasst diese Liste die zuständigen Behörden, zuständigen Träger, Träger des Wohnortes und Träger des Aufenthaltsortes, die Zugangsstellen und Verbindungsstellen sowie die sonstigen für die Anwendung der DVO bezeichneten Stellen (dabei handelt es sich um eine eigene Kategorie von Einrichtungen, die nicht in die anderen Kategorien passt, wie zB die für die anzuwendenden Rechtsvorschriften in den Fällen des Art. 15 Abs. 1 DVO zu bezeichnenden Stellen). Die Liste löst damit die bisher sehr umfangreichen Anhänge 1, 2, 3, 4 und 10 der VO (EWG) Nr. 574/72 ab.

In diesem **Master Directory** werden all diese Einrichtungen insbesondere über verschiedene Iden-   9
tifizierungscodes abgebildet (Art. 88 Abs. 2 DVO – dieses Master Directory ist auf der Homepage der Europäischen Kommission unter http://ec.europa.eu/employment_social/social-security-directory/PDSExport/institutionFinderabrufbar). Bei der Kodierung müssen die Mitgliedstaaten besondere Sorgfalt walten lassen. Können Träger über diese Kodes nicht eindeutig identifiziert

werden, wird die Last der Bearbeitung auf die jeweiligen Verbindungsstellen übertragen, die dann in jedem Einzelfall manuell den in Betracht kommenden Träger identifizieren und das SED an diesen weiterleiten müssen. Ein wesentlicher Unterschied zu den bisherigen Anhängen ist auch, dass jeder einzelne Träger kodiert werden muss, da er andernfalls nicht adressierbar ist. Die bisher von einigen Mitgliedstaaten verwendeten pauschalen Hinweise auf nationale Zuständigkeiten (siehe zB Einleitung zu Anhang 2 Nr. E. DEUTSCHLAND der VO (EWG) Nr. 574/72 „Die Zuständigkeit der deutschen Träger richtet sich nach den deutschen Rechtsvorschriften, soweit nachstehend nichts anderes bestimmt wird") sind nicht mehr möglich. Vor allem bei einer zergliederten Struktur in einzelnen Mitgliedstaaten (wie zB im Bereich der deutschen Krankenversicherung) ist die Erstellung und Wartung dieser Liste daher eine große Herausforderung. In manchen Fällen ist es aber nicht möglich, tatsächlich alle Einrichtungen (vor allem Träger) abzubilden. Als Beispiel ist auf verschiedene Träger von Beamtensondersystemen (zB einzelne Gemeinden für die jeweiligen Gemeindebediensteten) oder auch die Arbeitgeber, wenn diese im Krankheitsfall Entgeltfortzahlung leisten müssen, zu verweisen. Die Entgeltfortzahlung ist nach dem EuGH (Rs. C-45/90 (Paletta I), Slg 1992, I-3423) eine Geldleistung bei Krankheit, so dass jeder Arbeitgeber für diese Leistung „Träger" ist. Für die Erfassung solcher schwer abbildbarer Einrichtungen können die Mitgliedstaaten koordinierende Träger namhaft machen, die im Namen dieser hinter ihnen stehenden Träger im elektronischen Verzeichnis aufscheinen.

10 Wie bereits erwähnt ist die einheitliche Gestaltung, die ständige **Wartung und Aktualisierung** des Master Directory ganz wichtig, damit das gesamte System des elektronischen Datenaustauschs ein Erfolg ist. Daher verpflichtet Art. 88 Abs. 3 DVO die Verwaltungskommission, die näheren Details der elektronischen Liste auszuarbeiten (dies ist durch Beschluss Nr. E2 v. 3.3.2010, ABl. (EU) C 187, v. 10.7.2010, S. 5, geschehen, mit dem ein Verfahren eingeführt wurde zur Vornahme von Änderungen im Master Directory), Art. 88 Abs. 1 DVO die Mitgliedstaaten zur Meldung aller in Betracht kommenden Einrichtungen und Art. 88 Abs. 5 DVO die Mitgliedstaaten zur ständigen Aktualisierung der Liste.

11 Ähnlich den bisherigen Anhängen der VO (EWG) Nr. 574/72 muss diese elektronische Liste auch **öffentlich zugänglich** sein (s. der unter Rn 9 angegebene Link auf die Homepage der Europäischen Kommission), um den betroffenen Bürgern auch eine Information zu geben, an welche Einrichtung sie sich wenden können, um ihre nach der VO (EG) Nr. 883/2004 eingeräumten Rechte geltend machen zu können. Art. 88 Abs. 4 DVO und Anhang 4 zur DVO enthalten die dafür erforderlichen Rahmenbedingungen. Die näheren Details müssen von der Verwaltungskommission erforderlichenfalls nach einer Erstellung des Master Directory in einem ergänzenden Beschluss festgelegt werden.

12 Ein weiterer Punkt, der beim Übergang von den Anhängen der VO (EWG) Nr. 574/72 auf das Master Directory Probleme bereitete, war die Tatsache, dass die Anhänge Bestandteil einer Verordnung waren und daher auch eine **eigenständige Rechtsgrundlage** für nationale Zuständigkeiten sein konnten. Die elektronische Liste des Master Directory ist nunmehr nicht mehr im Amtsblatt kundgemacht, so dass sich die Frage nach der rechtlichen Qualität dieser Liste stellen kann. Das ist vor allem für Mitgliedstaaten interessant, die über die nationale Zuständigkeitsverteilung hinausgehend neue Zuständigkeiten für die Anwendung der Verordnungen schaffen müssen. Sofern – nach nationalem Verständnis – diese Liste einschließlich der öffentlich zugänglichen Teile für eine eigene Zuständigkeitsbegründung nicht ausreicht, muss die Zuständigkeit durch eine entsprechende nationale Regelung geschaffen werden (so zB in Österreich § 7 SV-EG idF österreichisches BGBl. I Nr. 122/2011, mit dem subsidiäre Zuständigkeiten geschaffen wurden, sofern die nationalen Zuständigkeitsregelungen nicht ausreichend sind).

d) Europäische Architektur von EESSI

13 Der Name des Systems des elektronischen Datenaustauschs ist **EESSI** (Electronic Exchange of Social Security Information) – dieser Name findet sich in Art. 95 DVO und im Anhang IV der

DVO. Wie bereits ausgeführt besteht dieses aus einer europäischen Ebene und nationalen Ebenen (Rn 5).

Bei der Festlegung der europäischen Ebene standen verschiedene Optionen zur Wahl. So kann man ein System errichten, in dem alle Mitgliedstaaten direkt miteinander verbunden sind und ein dichtes Netz bilateraler Beziehungen errichten („full mesh") oder in dem alle Mitgliedstaaten über einen zentralen Knoten („central node") verbunden sind. Die Verwaltungskommission hat sich ausschließlich für den zweiten Weg entschieden. Datenaustausch zwischen Mitgliedstaaten geht daher von der Zugangsstelle immer im Wege des zentralen Knotens an die Zugangsstelle des anderen Mitgliedstaats. Dieser Teil der europäischen Architektur wird von der Kommission betrieben und steht auch in ihrem Eigentum (Art. 78 Abs. 1). Der zentrale Knoten beherbergt das Master Directory und die Standardsoftware. SEDs können im zentralen Knoten aber nicht bearbeitet werden, weil die Gemeinschaftsebene nicht berechtigt ist, diese zu öffnen und deren Inhalt zu lesen. Dahinter steht auch der Grundsatz, dass für die übermittelten Daten eben ausschließlich die Mitgliedstaaten verantwortlich sind und nicht die Kommission (Art. 78 Abs. 2), wobei die Mitgliedstaaten vor allem auch die datenschutzrechtlichen Vorschriften zu beachten haben. Auf europäischer Ebene ist gewährleistet, dass durch ein eigenes Netz (s-TESTA) die erforderliche Datensicherheit gegeben ist und Zugriffe nicht autorisierter Personen ausgeschlossen sind (Art. 4 Abs. 2 DVO).

2. Grundsätze des elektronischen Datenaustauschs

Vergleicht man Art. 78 Abs. 1 und Art. 4 Abs. 2 DVO sieht man die Entwicklung, die in den Jahren während der Ausarbeitung beider Instrumente eingetreten ist. Sprach die VO (EG) Nr. 883/2004 noch von einem schrittweisen Übergang zum elektronischen Datenaustausch, so geht die DVO bereits von einem **verpflichtenden elektronischen Austausch** aus, wobei lediglich Art. 95 DVO die erforderliche Übergangsvorschrift enthält.

Nach Art. 4 Abs. 1 DVO hat die Verwaltungskommission die **Struktur, den Inhalt, das Format und die Verfahren** für den elektronischen Datenaustausch festzulegen. Das ist vor allem durch die Entscheidungen zur europäischen Architektur von EESSI und durch die Beschlüsse zu den SEDs und den Geschäftsprozessen geschehen.

Als zentralen Grundsatz sieht Art. 4 Abs. 2 DVO vor, dass jeglicher Datenaustausch zwischen den Mitgliedstaaten **elektronisch** zu erfolgen hat. Daher haben Mitgliedstaaten keine Option mehr, den alten Austausch von Informationen mit Papier beizubehalten. Ausnahmen sind natürlich für den Übergangszeitraum vorgesehen, in dem verschiedene Medien zur Datenübermittlung verwendet werden können (siehe Rn 25), sowie bei Ausfällen des elektronischen Systems, da solche technischen Probleme nicht dazu führen dürfen, dass die Rechte und Pflichten der Betroffenen nicht durchgesetzt werden können. Daher ist es wichtig, dass alle SEDs auch im Notfall auf Papier ausgedruckt und auf dem herkömmlichen Weg (Post, Fax) übermittelt werden können. Wie die elektronische Übermittlung stattfinden hat, lässt Art. 1 Abs. 2 lit. e) DVO offen, indem jede Übermittlung durch Geräte für die elektronische Verarbeitung (einschließlich digitaler Kompression) von Daten über Draht, Funk, auf optischem oder elektromagnetischem Weg als elektronische Übermittlung als im Sinne der VO (EG) Nr. 883/2004 zulässig erklärt wird. Nach dieser Definition würde auch eine Faxübermittlung über die Grenze hinweg die Voraussetzung des elektronischen Datenaustauschs erfüllen. Die bisherigen Festlegungen der Verwaltungskommission zu EESSI haben aber die erforderlichen Klarstellungen gebracht.

Nicht ganz klar ist, ob Mitgliedstaaten im Wege des Art. 9 Abs. 1 DVO, der die Vereinbarung anderer Verfahren zwischen den Mitgliedstaaten erlaubt, auch ein Abgehen vom elektronischen Datenaustausch vereinbaren können. Da bei einer Datenübermittlung auf Papier üblicherweise eine längere Verfahrensdauer auftritt, wird eine solche Vereinbarung wohl zu einer Beeinträchtigung der Position der betroffenen Personen führen, sodass eine solche Vereinbarung nicht von dieser Möglichkeit gedeckt sein dürfte. Anders könnte aber der Fall betrachtet werden, in dem zwei Mitgliedstaaten vereinbaren, die Daten nicht über EESSI, sondern über ein anderes mindestens gleich effektives und sicheres Datensystem auszutauschen. Diese Mitgliedstaaten sind aber dann auf jeden Fall dafür verantwortlich, dass der Datenaustausch auch in solchen Fällen reibungslos funktioniert, in denen neben den beiden Mitgliedstaaten, die eine solche **Sondervereinbarung** getroffen haben, auch noch ein dritter Mitgliedstaat betroffen ist, der nur über EESSI kommuniziert.

3. Kommunikation der Träger mit den betroffenen Personen

19 Für die Kontakte zwischen den Trägern und den betroffenen Personen sieht Art. 4 Abs. 3 DVO vor, dass jenes Verfahren zu wählen ist, das **für den Einzelfall am geeignetsten** erscheint. Soweit wie möglich sollen dafür elektronische Mittel verwendet werden. Nähere Details dafür wurden aber nicht festgelegt. Sofern Träger eine elektronische Kommunikation planen, müssen jedenfalls die datenschutzrechtlichen Auflagen beachtet werden. So dürfte eine Versendung sensibler Daten (wozu sicherlich die Mitteilung über die Höhe einer Leistung aber auch Daten mit medizinischem Bezug wie zB Krankmeldungen oder die Übermittlung von Befunden zählen) über das Internet nicht möglich sein. Die Verwaltungskommission hat bisher noch keine Festlegungen für die Modalitäten der Übermittlung von Dokumenten auf elektronischem Weg an die betroffenen Bürger getroffen.

4. Rechtlicher Stellenwert elektronischer Daten

20 Zunächst einmal wird klargestellt, dass ein elektronisches Dokument vom empfangenden Träger oder einer Behörde nicht deshalb abgelehnt werden kann, weil es elektronisch empfangen wurde. Voraussetzung ist aber, dass die empfangende Stelle vorher erklärt hat, bereit zu sein, elektronische Dokumente zu empfangen (Art. 78 Abs. 3). Auch diese Regelung ist nur aus historischer Sicht verständlich, da sie zu einem Zeitpunkt beschlossen wurde, als die verpflichtende Übermittlung aller Dokumente auf elektronischem Weg (Art. 4 Abs. 2 DVO) noch nicht beschlossen war. Sie hat nunmehr aber noch für den Übergangszeitraum Bedeutung, der den Mitgliedstaaten die Möglichkeit einräumt, selbst zu entscheiden, wann der Übergang auf den elektronischen Datenaustausch stattfinden soll. Ferner wird festgelegt, dass bei der Wiedergabe des Originaldokuments oder einer Darstellung der darin enthaltenen Information von der **Authentizität** dieser Informationen auszugehen ist. Wird daher ein SED vom empfangenden Träger ausgedruckt, um dieses Dokument intern an eine andere Stelle weiterzuleiten, so darf die Übereinstimmung dieses Ausdrucks mit dem elektronischen SED nicht angezweifelt werden, solange keine gegenteiligen Beweise vorliegen. Es stellt sich die Frage, was durch einen „gegenteiligen Beweis" widerlegt werden kann. Hauptsächlich kommen technische Probleme (wie zB der Drucker „verschmiert" den Ausdruck, so dass Zahlen unleserlich oder zweideutig werden) in Betracht. Diese Regelung erlaubt aber nicht, den an sich klaren Inhalt des elektronisch übermittelten SED in Frage zu stellen. Für diese Fragen ist ausschließlich Art. 5 DVO (s. bei Art. 76) maßgebend.

21 Art. 78 Abs. 4 enthält ergänzend eine Klarstellung, wann ein **elektronisches Dokument als gültig** angesehen werden kann. Erstens muss das elektronische System, in dem das Dokument aufgezeichnet wurde, die datenschutzrechtlich gebotenen Sicherheitskriterien aufweisen – diese Voraussetzung ist an sich selbstverständlich, da ohnehin alle Mitgliedstaaten verpflichtet sind, das europäische Datenschutzrecht zu beachten, sofern sie Daten über die Grenze schicken wollen (s. auch Art. 77). Die rein nationale Situation in einem Mitgliedstaat (losgelöst von jeglicher Übermittlung) kann durch diese Regelung nicht gemeint sein, da diese Frage nicht im Anwendungsbereich des Gemeinschaftsrechts ist. Zweitens muss ein jedes elektronisch übermitteltes SED im empfangenden Mitgliedstaat jederzeit in einer lesbaren Form ausgedruckt werden können – diese Bedingungen wird EESSI erfüllen. Man kann daher wohl davon ausgehen, dass die Voraussetzungen des Art. 78 Abs. 4 immer erfüllt sein dürften.

5. Übergang auf EESSI

Der Übergang vom derzeitigen Datenaustausch auf den elektronischen Austausch im Rahmen von EESSI ist eine **große Herausforderung** für alle Beteiligten. Es sind nicht nur die technischen Gegebenheiten (erforderliche Hardware, Software zur Sicherstellung des Datenaustausches ab dem nationalen Teil des Zugangspunktes) sicherzustellen, auch die Bearbeiter bei den einzelnen Trägern müssen auf dieses neue Medium geschult werden. Erschwerend kommt noch hinzu, dass EESSI erst einige Jahre nach dem Inkrafttreten der VO (EG) Nr. 883/2004 betriebsbereit sein wird.

Art. 95 DVO sieht daher für die Mitgliedstaaten die Möglichkeit vor, eine **Übergangszeit** von maximal 24 Monaten nach dem Inkrafttreten der DVO (somit bis zum 30.4.2012) in Anspruch zu nehmen. Sollte sich allerdings die Bereitstellung von EESSI erheblich verzögern, kann die Verwaltungskommission diese Frist entsprechend verlängern. Was genau unter einer erheblichen Verspätung zu verstehen ist, wird in der DVO nicht erklärt. Da bis jetzt die technischen Voraussetzungen noch nicht vorliegen, um EESSI tatsächlich umzusetzen, musste die Verwaltungskommission von dieser Möglichkeit Gebrauch machen. Mit Beschluss Nr. E3 v. 19.10.2011, ABl. (EU) C 12 v. 14.1.2012, S. 6, wurde daher festgelegt, dass die Übergangsfrist bis Mai 2014 verlängert wird. Sofern aber weitere Verzögerungen eintreten, kann die Verwaltungskommission diese Frist natürlich weiter verlängern. Eine in diesem Zusammenhang ganz wesentliche Frage ist, ab welchem Zeitpunkt man von einer „Bereitstellung der erforderlichen gemeinschaftlichen Infrastruktur" von EESSI sprechen kann. Sicherlich darf es nicht nur auf das Vorhandensein irgendeiner Software mit technischen Minimalanforderungen ankommen. Zur Sicherstellung, dass die Rechte der Bürger durch EESSI nicht gefährdet werden, muss es sich um ein bedienerfreundliches Produkt handeln, das die Verwaltungsabläufe vereinfacht und beschleunigt und auch zB ausschließt, dass Informationen verloren gehen.

Im Beschluss Nr. E1 der Verwaltungskommission v. 12.6.2009, ABl. (EU) C 106 v. 24.4.2010, S. 9, werden die näheren Einzelheiten des Übergangs festgelegt. Danach kann jeder Mitgliedstaat **autonom entscheiden,** wann er auf EESSI wechselt. Er kann das Sektor für Sektor tun oder auch abwarten, bis sein letzter Sektor bereit ist, an EESSI teilzunehmen. Die Fähigkeit der Teilnahme an EESSI hängt davon ab, dass die jeweils für den betreffenden Sektor eingerichtete Zugangsstelle in der Lage ist, elektronisch SEDs mit den korrespondierenden Zugangsstellen anderer Mitgliedstaaten auszutauschen (zu schicken und zu empfangen). Der späteste Zeitpunkt ist mit dem Ende der Übergangsfrist bzw deren Verlängerung (s. Rn 23) gekommen. Die Mitgliedstaaten müssen – ähnlich wie bei der Einführung der Europäischen Krankenversicherungskarte – zeitgerecht der Verwaltungskommission mitteilen, wann sie diesen Übergang durchführen wollen.

Der Datenaustausch darf auch nicht gemischt werden. Im Verhältnis zwischen zwei Zugangsstellen muss immer auf dieselbe Art und Weise ausgetauscht werden. Also muss auch ein Mitgliedstaat, der bereits an EESSI angebunden ist, weiterhin mit Papier mit einem anderen Mitgliedstaat verkehren, wenn dieser für den in Betracht kommenden Sektor noch nicht an EESSI angebunden ist. Eine frühzeitige Anbindung an EESSI bedeutet daher nicht, dass dieser Mitgliedstaat in dem in Betracht kommenden Sektor mit allen anderen Mitgliedstaaten bereits elektronisch über EESSI verkehren kann. Während des Übergangszeitraums wird es somit eine **Fülle verschiedener Datenträger** geben, die für die Anwendung der VO (EG) Nr. 883/2004 in Betracht kommen. Die Verwaltung muss daher möglichst flexibel sein und im Wesentlichen nur auf den Inhalt der übermittelten Dateien, nicht auf deren Namen oder äußere Form achten. Daten dürfen daher nicht deswegen zurückgewiesen werden, weil sie auf dem falschen Datenträger übermittelt wurden (Nr. 1 und Nr. 4 des Beschlusses Nr. E1). Der empfangende Träger muss die Daten, die für die Anwendung der VO (EG) Nr. 883/2004 und der DVO erforderlich sind, aus den übermittelten Datensätzen herauslesen (selbst wenn diese Datensätze bereits für die Anwendung der VO (EWG) Nr. 1408/71 konzipiert wurden).

Spiegel

26 Ferner ist der Datenaustausch im Übergangszeitraum dadurch geprägt, dass es **keinen Rückschritt** im Vergleich zur Situation unter der VO (EWG) Nr. 1408/71 geben darf (Nr. 3 des Beschlusses Nr. E1). Wurden daher bereits unter der VO (EWG) Nr. 1408/71 Daten elektronisch ausgetauscht (zB im Rahmen der verschiedenen von der Technischen Kommission ausgearbeiteten Build-Projekte bzw im Rahmen bilateraler Vereinbarungen) kann dieser Austausch im Übergangszeitraum beibehalten werden. Dasselbe gilt auch für Fälle, in denen die Daten zwar auf traditionellem Weg zwischen den Mitgliedstaaten ausgetauscht wurden, aber die nationalen Applikationen EDV-unterstützt die E-Vordrucke generiert haben (zB indem nationale Datenbestände wie jene zur Identifikation der Person automatisch in die von einem Träger zu erstellenden E-Vordrucke einfließen). Auch diese Verfahren können während des Übergangszeitraums beibehalten werden mit der Konsequenz, dass weiterhin die alten E-Vordrucke für die Anwendung der VO (EG) Nr. 883/2004 übermittelt werden. Standard vor Übergang auf EESSI werden aber bereits die SEDs sein, die zwar noch nicht elektronisch, wohl aber ausgedruckt und traditionell in Papierform versendet werden können. Sofern aber endgültige Versionen der SEDs noch nicht vorliegen, können von allen Mitgliedstaaten weiterhin die alten E-Vordrucke verwendet werden. Vor dem Inkrafttreten der VO 883/2004 am 1.5.2010 ausgestellte E-Vordrucke können ohnehin für deren Geltungsdauer weiterhin verwendet werden (s. Rn 2).

27 Ab dem **Ende des Übergangszeitraums** müssen dann alle Mitgliedstaaten in allen Sektoren die SEDs elektronisch über die Zugangsstellen im Wege von EESSI austauschen. Ab diesem Zeitpunkt sollte die Vielzahl der Übersendungsarten im Übergangszeitraum ein Ende finden.

Artikel 79 Finanzierung von Maßnahmen im Bereich der sozialen Sicherheit

Im Zusammenhang mit dieser Verordnung und der Durchführungsverordnung kann die Europäische Kommission folgende Tätigkeiten ganz oder teilweise finanzieren:

a) Tätigkeiten, die der Verbesserung des Informationsaustauschs – insbesondere des elektronischen Datenaustauschs – zwischen Behörden und Trägern der sozialen Sicherheit der Mitgliedstaaten dienen,

b) jede andere Tätigkeit, die dazu dient, den Personen, die in den Geltungsbereich dieser Verordnung fallen, und ihren Vertretern auf dem dazu am besten geeigneten Wege Informationen über die sich aus dieser Verordnung ergebenden Rechte und Pflichten zu vermitteln.

1 Mit dieser neuen Bestimmung wird der Kommission die Möglichkeit eingeräumt, Maßnahmen betreffend die **Verbesserung des elektronischen Datenaustauschs** (vor allem auf elektronischem Weg) aber auch zur Information der betroffenen Personen ganz oder teilweise zu finanzieren. Auf dieser Grundlage hat die Kommission zB bereits die Finanzierung des europäischen Teils von EESSI (s. unter Art. 78) übernommen. Fraglich erscheint allerdings, ob diese ausdrückliche Ermächtigung erforderlich war, da die Kommission solche Aktivitäten auch in der Vergangenheit ohne entsprechende ausdrückliche Rechtsgrundlage bereits finanziert hat.

2 Diese neue Regelung der VO (EG) Nr. 883/2004 löst Art. 81 lit. b) VO (EWG) Nr. 1408/71 ab, der für die Verwaltungskommission die Möglichkeit vorsah, dass diese Übersetzungen der für die Anwendung der VO (EWG) Nr. 1408/71 erforderlichen Unterlagen anfertigen kann, was aber in der Praxis in Ansprüche der Mitgliedstaaten auf Erstattung eines Teils ihrer jeweiligen internen Übersetzungskosten durch die Kommission hinauslief. Diese Möglichkeit der Anfertigung von Übersetzungen bzw Erstattung von Übersetzungskosten gibt es in der VO (EG) Nr. 883/2004 nicht mehr.

Artikel 80 Befreiungen

(1) Jede in den Rechtsvorschriften eines Mitgliedstaats vorgesehene Befreiung oder Ermäßigung von Steuern, Stempel-, Gerichts- oder Eintragungsgebühren für Schriftstücke oder Urkunden, die gemäß den Rechtsvorschriften dieses Mitgliedstaats vorzulegen sind, findet auch auf die entsprechenden Schriftstücke und Urkunden Anwendung, die gemäß den Rechtsvorschriften eines anderen Mitgliedstaats oder gemäß dieser Verordnung einzureichen sind.

(2) Urkunden, Dokumente und Schriftstücke jeglicher Art, die in Anwendung dieser Verordnung vorzulegen sind, brauchen nicht durch diplomatische oder konsularische Stellen legalisiert zu werden.

I. Normzweck

Zur **Erleichterung** der Geltendmachung von Rechten durch jene Bürger, die Anknüpfungspunkte zu mehreren Mitgliedstaaten haben, enthält Art. 80 zwei Ausnahmen von den im Verkehr zwischen den Behörden verschiedener Staaten möglichen Belastungen. So müssen Gebührenbefreiungen oder -ermäßigungen weitergegeben werden und ist eine Legalisierung von Schriftstücken durch diplomatische oder konsularische Stellen nicht erforderlich. 1

II. Einzelerläuterungen

1. Steuer- und Gebührenbefreiung oder -ermäßigung

Die Regelung des Abs. 1 betrifft die **Befreiung oder Ermäßigung** von Steuern, Stempel-, Gerichts- oder Eintragungsgebühren für Schriftstücke oder Urkunden, die nach den Rechtsvorschriften eines Mitgliedstaates oder aufgrund der VO (EG) Nr. 883/2004 vorzulegen sind. Die genaue Bedeutung dieser Regelung ist aber auf den ersten Blick nicht ganz klar. Der Wortlaut der Regelung lässt zwei Interpretationen offen. Zunächst könnte man daraus folgenden Fall ableiten: Wenn ein Mitgliedstaat A die Einreichung bestimmter Dokumente bei den Trägern der Sozialversicherung von der allgemeinen Einreichungsgebühr befreit, dann wirkt diese Befreiung auch, wenn ein solches Dokument bei einem Träger eines anderen Mitgliedstaats B eingereicht wird (egal ob die Rechtsvorschriften dieses Mitgliedstaats B ebenfalls eine Befreiung für entsprechende nationale Dokumente vorsehen oder nicht). Gemeint sein dürfte aber mE, dass entsprechende Schriftstücke aus einem anderen Mitgliedstaat B bei der Einreichung im Mitgliedstaat A, in dem bestimmte Dokumente gebührenbefreit sind, hinsichtlich dieser Befreiungen und Ermäßigungen den Schriftstücken aus Mitgliedstaat A gleichgestellt werden. Wiewohl nur auf die Vorlage nach der VO (EG) Nr. 883/2004 ausdrücklich verwiesen wird, dürfte sich diese Verpflichtung auch auf Vorlagepflichten nach der DVO erstrecken. 2

An sich wäre diese Regelung, die sich bereits in Art. 85 Abs. 1 VO (EWG) Nr. 1408/71 findet, unter der VO (EG) Nr. 883/2004 nicht mehr erforderlich gewesen, da die Vorlage eines Schriftstücks oder einer Urkunde sicherlich als von der **allgemeinen** Sachverhaltsgleichstellung des Art. 5 lit. b) erfasst betrachtet werden kann. 3

2. Befreiung von der Legalisierung

Mit Abs. 2 wird so wie bisher unter Art. 85 Abs. 2 VO (EWG) Nr. 1408/71 vorgesehen, dass Urkunden, Dokumente oder Schriftstücke, die in Anwendung der VO (EG) Nr. 883/2004 (wohl ebenfalls nach der DVO) vorzulegen sind, nicht der **Beglaubigung (Legalisierung)** durch diplomatische bzw. konsularische Stellen bedürfen. Dieser Grundsatz fügt sich in die anderen Regelungen der VO (EG) Nr. 883/2004 betreffend die loyale Zusammenarbeit zwischen den Trägern und die Vereinfachung der Verfahren, um den betroffenen Bürgern möglichst schnell bei der Durchsetzung ihrer Rechte zu helfen. Die dadurch bewirkte Vermutung der Korrektheit betrifft aber nur die Echtheit des Schriftstücks (zB hinsichtlich der Befugnisse der ausstellenden Einrich- 4 tung), nicht aber die Echtheit des Inhaltes. Diese Aspekte werden in Art. 5 DVO (s. bei Art. 76) behandelt.

Artikel 81 Anträge, Erklärungen oder Rechtsbehelfe

¹Anträge, Erklärungen oder Rechtsbehelfe, die gemäß den Rechtsvorschriften eines Mitgliedstaats innerhalb einer bestimmten Frist bei einer Behörde, einem Träger oder einem Gericht dieses Mitgliedstaats einzureichen sind, können innerhalb der gleichen Frist bei einer entsprechenden Behörde, einem entsprechenden Träger oder einem entsprechenden Gericht eines anderen Mitgliedstaats eingereicht werden. ²In diesem Fall übermitteln die in Anspruch genommenen Behörden, Träger oder Gerichte diese Anträge, Erklärungen oder Rechtsbehelfe entweder unmittelbar oder durch Einschaltung der zuständigen Behörden der beteiligten Mitgliedstaaten unverzüglich der zuständigen Behörde, dem zuständigen Träger oder dem zuständigen Gericht des ersten Mitgliedstaats. ³Der Tag, an dem diese Anträge, Erklärungen oder Rechtsbehelfe bei einer Behörde, einem Träger oder einem Gericht des zweiten Mitgliedstaats eingegangen sind, gilt als Tag des Eingangs bei der zuständigen Behörde, dem zuständigen Träger oder dem zuständigen Gericht.

Artikel 2 DVO   Umfang und Modalitäten des Datenaustauschs zwischen den Trägern

(1) (s. bei Art. 76)

(2) (s. bei Art. 76)

(3) ¹Hat eine Person irrtümlich einem Träger im Hoheitsgebiet eines anderen Mitgliedstaats als dem Mitgliedstaat, in dem sich der in der Durchführungsverordnung bezeichnete Träger befindet, Informationen, Dokumente oder Anträge eingereicht, so hat dieser Träger die betreffenden Informationen, Dokumente oder Anträge ohne Verzug an den nach der Durchführungsverordnung bezeichneten Träger weiterzuleiten und dabei das Datum anzugeben, an dem sie ursprünglich eingereicht wurden. ²Dieses Datum ist für den letztgenannten Träger maßgeblich. ³Die Träger eines Mitgliedstaats können jedoch weder haftbar gemacht werden noch kann ihre Untätigkeit, die auf die verspätete Übermittlung der Informationen, Dokumente oder Anträge von Trägern anderer Mitgliedstaaten zurückzuführen ist, als Entscheidung betrachtet werden.

(4) Werden die Daten mittelbar über die Verbindungsstelle des Empfängermitgliedstaats übermittelt, so beginnen die Fristen für die Beantwortung eines Antrags an dem Tag, an dem diese Verbindungsstelle den Antrag erhalten hat, so als hätte der Träger dieses Mitgliedstaats ihn bereits erhalten.

I. Normzweck 1	2. Irrtümlicher Kontakt mit einem unzuständigen Träger in einem anderen Mitgliedstaat 9
II. Einzelerläuterungen 2	
1. Fristenwahrung trotz Einbringung bei der falschen Stelle 2	3. Mittelbare Übermittlung über die Verbindungsstelle 12

I. Normzweck

1 Die Behörden- und Trägerorganisation aber auch die Zuständigkeiten für die Überprüfung von Entscheidungen im Bereich der sozialen Sicherheit unterscheiden sich wesentlich in den einzelnen Mitgliedstaaten. Personen, die von ihrer Freizügigkeit Gebrauch machen, haben daher oft Schwierigkeiten, jene Stelle in ihren neuen Aufenthalts- oder Wohnstaaten, aber auch in jenen Staaten, in denen sie vorher gelebt haben oder erwerbstätig waren, zu finden, an die sie sich zur Durchsetzung ihrer Rechte wenden müssen. Auch Sprachprobleme kommen dabei noch erschwerend hinzu. Art. 81 vermeidet (gemeinsam mit der ergänzenden Regelung des Art. 2 Abs. 3 und Abs. 4 DVO), dass Rechte der mobilen Bürger nur deswegen zu Schaden kommen, weil sich die betroffene Person aus **Unkenntnis über die Zuständigkeiten** an die falsche Einrichtung gewendet hat.

II. Einzelerläuterungen

1. Fristenwahrung trotz Einbringung bei der falschen Stelle

Die Schutzregelung des Art. 81 entspricht Art. 86 Abs. 1 VO (EWG) Nr. 1408/71 und bezieht sich 2
auf alle Anträge, Erklärungen oder Rechtsbehelfe (Rechtsmittel), die nach den Rechtsvorschriften eines Mitgliedstaates innerhalb einer bestimmten Frist einzureichen sind. Diese Regelung greift daher insbesondere bei Rechtsbehelfen, da diese in der Regel nur innerhalb einer bestimmten Frist, nachdem die bekämpfbare Entscheidung ergangen ist, eingelegt werden können. Zunächst wird festgelegt, dass eine **Einbringung** auch bei der entsprechenden Stelle in einem anderen Mitgliedstaat möglich ist. Fraglich könnte aber sein, welche Stellen konkret für die Einbringung in Betracht kommen. Muss es sich um eine weitestgehend entsprechende Einrichtung handeln, oder kann jede Behörde, jeder Träger oder jedes Gericht in Anspruch genommen werden? Das Wort „entsprechend" deutet eher darauf hin, dass der Gemeinschaftsgesetzgeber nur eine Einbringung bei der jeweils entsprechenden Stelle gemeint hat, wobei natürlich in der Praxis – im Hinblick auf die unterschiedliche Organisationsstruktur in den verschiedenen Mitgliedstaaten – es oft sehr schwer sein kann, die entsprechende Stelle herauszufinden. Ist somit gemeint, dass Rechtsvorschriften eines Mitgliedstaates, die die Einbringung eines Rechtsbehelfs gegen die Entscheidung eines Trägers bei Gericht verlangen, zwar ermöglichen, dass dieser Rechtsbehelf auch beim Gericht eines anderen Mitgliedstaats eingebracht wird, nicht aber, dass dieser bei einem Träger eines anderen Mitgliedstaats eingebracht wird? Probleme können dann entstehen, wenn die Rechtsvorschriften dieses anderen Mitgliedstaats aber den Träger und nicht das Gericht als Einbringungsstelle für solche Rechtsbehelfe festlegen. Ein Gericht wird daher nicht immer bereit sein, Rechtsbehelfe entgegenzunehmen, sondern den Betroffenen an den Träger dieses Staates verweisen, der aber eben nach Art. 81 nicht zuständig ist.

Da auch eine Entsprechung innerhalb einer Kategorie der einzeln angesprochenen Einbringungs- 3
stellen oft nach nationaler Systematik nicht oder nicht leicht hergestellt werden kann (in einem Mitgliedstaat gibt es zB für die Einbringung eines Rechtsbehelfs eine eigene Arbeits- und Sozialgerichtsbarkeit, während in einem anderen Mitgliedstaat auch sozialrechtliche Sachen nur von den allgemeinen Gerichten behandelt werden), empfiehlt sich ein möglichst extensives Verständnis von „entsprechend", um Nachteile für die wandernden Bürger zu vermeiden. In diese Richtung geht auch der EuGH in Rs. C-40/74 (Belgien, Costers und Vounckx), Slg 1974, 1323, der im Hinblick auf die in der Praxis nicht ganz einfache Unterscheidung zwischen Verwaltungsbehörden und Gerichten auch die Einlegung eines Rechtsbehelfs bei einer Verbindungsstelle zulässt. Allerdings erging diese Rechtssache noch zur VO (EWG) Nr. 3, in der der entsprechende Art. 47 einen anderen Wortlaut hatte. Danach konnten Anträge, Erklärungen oder Rechtsmittel ganz generell bei der „entsprechenden Stelle" eines anderen Mitgliedstaates eingereicht werden. Dieses alte Recht enthielt somit keine Aufzählung von „entsprechender Behörde, entsprechendem Träger oder entsprechendem Gericht", wie dies in Art. 81 vorgesehen ist. Man kann daher durchaus argumentieren, dass nunmehr bei der **Entsprechung mehr Sorgfalt** notwendig ist, wiewohl – wie bereits ausgeführt – eine völlige Übereinstimmung der Zuständigkeiten der beiden in Betracht kommenden Einrichtungen nicht verlangt werden darf.

Hinsichtlich der verwendeten Begriffe ist auch noch anzumerken, dass nur der Begriff „Träger" 4
in Art. 1 lit. p) definiert wird. Da „**Behörde**" von dieser Definition ausdrücklich mitumfasst ist, wäre die getrennte Erwähnung von Behörde in Art. 81 nicht erforderlich gewesen. Auch zB ein Gemeindeamt, bei dem man nach nationaler Systematik einen Rentenantrag stellen kann, ist damit ein Träger, da funktional bei einer solchen nationalen Rechtslage dem Gemeindeamt die Anwendung eines Teils der Rechtsvorschriften dieses Mitgliedstaats obliegt. Nicht damit gemeint sind die „zuständigen Behörden" im Sinne des Art. 1 lit. m), womit in der Regel die zuständigen Ministerien gemeint sind, wenn diese keine Zuständigkeit zur Entscheidung konkreter Einzelfälle haben.

5 Interessant ist auch, dass eine Beziehung des **Einreichers** mit dem Staat nicht ausdrücklich verlangt wird, in dem sich die Behörde, der Träger oder das Gericht befindet, bei dem er einreichen kann. Kann daher eine Person, die in den Mitgliedstaaten A und B gearbeitet hat und in Mitgliedstaat B wohnt, immer einen Rentenantrag auch in Mitgliedstaat C stellen, zu dem sie überhaupt keine Bezugspunkte hat? Der Wortlaut der Regelung scheint eine solche Vorgangsweise grundsätzlich zu erlauben, da nicht verlangt wird, dass die Einbringung irrtümlich erfolgte (s. im Unterschied dazu den Anwendungsbereich von Art. 2 Abs. 3 DVO). Der EuGH hat allerdings in Rs. C-40/74 (Belgien, Costers und Vounckx), Slg 1974, 1323, die in dieser Hinsicht entsprechende Regelung des Art. 47 VO (EWG) Nr. 3/58 dahingehend restriktiv ausgelegt, dass nur eine Person, die außerhalb des zuständigen Staates wohnt, davon Gebrauch machen kann. Dieser Grundsatz wird wohl auch für Art. 81 weiterhin gelten. Fraglich bleibt, ob diese Regelung tatsächlich nur bei einem Wohnort außerhalb des zuständigen Staates greift, oder ob – je nach Lage des Falles – nicht auch bei einem (nur vorübergehenden) Aufenthalt in einem anderen Mitgliedstaat die Gleichstellung in Anspruch genommen werden kann. Letztendlich handelt es sich auch bei dieser Regelung um eine besondere Ausgestaltung der allgemeinen Sachverhaltsgleichstellung des Art. 5 Abs. 2. Allerdings kann der betroffene Mitgliedstaat selbst bei einer Einbeziehung auch von Fällen des Aufenthaltes außerhalb der zuständigen Staates sicherlich seine nationalen Regelungen zur Vermeidung von Missbrauch anwenden, wenn klar belegbar ist, dass die Einbringung ausschließlich aus dem Grund in einem anderen Mitgliedstaat erfolgte, um dadurch im Vertrauen auf eine lange Übermittlungsdauer eine Rechtsposition zu erlangen, die bei einer Einbringung bei der zuständigen Einrichtung im Inland nicht erreichbar wäre (zB weil erfahrungsgemäß der zuständige Träger innerhalb der von der nationalen Gesetzgebung verlangten Frist seine Entscheidung trifft und daher bei Einbringung direkt beim zuständigen Träger nie eine Entscheidung durch Verschweigen eingetreten wäre). Zu beachten ist nämlich, dass der Schutz der nationalen Administration vor solchen Entscheidungen durch Verschweigen, wie er ausdrücklich in Art. 2 Abs. 3 DVO aufgenommen wurde, für die Fälle des Art. 81 eben nicht explizit gilt.

6 Jene Einrichtung, an die der Antrag, die Erklärung oder der Rechtsbehelf gerichtet wurden, hat diesen unverzüglich an die zuständige Einrichtung weiterzuleiten (**Antragsweiterleitung**). Diese Übermittlung hat direkt oder durch Zwischenschaltung der zuständigen Behörden, also in der Regel der jeweiligen Ministerien, zu erfolgen (diese letztere Möglichkeit kommt nach den Intentionen des europäischen Gesetzgebers am ehesten dann in Betracht, wenn der Adressat in einem anderen Mitgliedstaat nicht genau bekannt ist und auch nicht ausfindig gemacht werden kann). Diese Einschaltung der zuständigen Behörden ist ein Fremdkörper in den Regelungen zur Verwaltungszusammenarbeit, da diese Aufgabe der Weiterleitung bei Unkenntnis des genauen Adressaten sonst den Verbindungsstellen obliegt (s. Art. 2 Abs. 2 DVO), deren Befassung in den Fällen des Art. 81 aber auch nicht ausdrücklich ausgeschlossen ist und daher in der Praxis den Regelfall darstellen sollte. Die Einrichtung, die das Anbringen im unzuständigen Mitgliedstaat entgegennimmt, darf im Übrigen über dessen Zulässigkeit nicht entscheiden, das steht ausschließlich den Stellen des zuständigen Mitgliedstaats zu (EuGH, Rs. C-143/79 (Walsh), Slg 1980, 1991).

7 Der **Tag des Einbringens** bei der unzuständigen Einrichtung in einem anderen Mitgliedstaat gilt als Tag der Einbringung bei der in Betracht kommenden Einrichtung im zuständigen Mitgliedstaat. Ist daher zB ein Rechtsbehelf gegen die ablehnende Entscheidung eines Trägers binnen zwei Monaten nach der Zustellung dieser Entscheidung zu ergreifen, so kann dieser Rechtsbehelf auch bis zum letzten Tag dieser zwei Monate bei der entsprechenden Einrichtung eines anderen Mitgliedstaats eingebracht werden. Die Regelung des Art. 81 entfaltet aber keine darüber hinausgehenden materiellen Auswirkungen (s. EuGH, Rs. C-92/81 (Camera), Slg 1982, 22139). Nicht gedeckt durch diese Regelung ist daher auch, wenn ein Rechtsbehelf zwar im dafür zuständigen Mitgliedstaat, dort aber nicht bei Gericht (welches nach nationalem Recht dafür zuständig wäre), sondern unzulässigerweise beim Träger, der den angefochtenen Bescheid erlassen hat, eingebracht wird.

Titel V Verschiedene Bestimmungen   **Artikel 81**

Neben dieser allgemeinen Regelung sind in den verschiedenen besonderen Abschnitten der DVO   8
auch noch **spezielle Antragsgleichstellungen** vorgesehen, die dieser generellen Regelung vorgehen
– siehe zB Art. 68 Abs. 3 hinsichtlich der Anträge auf Familienleistungen und Art. 45 DVO hinsichtlich eines Antrages auf Rente, wobei diese Regelung im Unterschied zu Art. 81 auch noch
eine automatische Auslösung der damit zusammenhängenden Rechtswirkungen in allen betroffenen Mitgliedstaaten hat. Der Antrag richtet sich also nicht nur an einen bestimmten Mitgliedstaat, sondern an alle Mitgliedstaaten die in Betracht kommen und gilt dort einheitlich mit dem
Datum der Einbringung.

2. Irrtümlicher Kontakt mit einem unzuständigen Träger in einem anderen Mitgliedstaat

Art. 2 Abs. 3 DVO enthält eine Spezialregelung zu Art. 81. Danach sind Informationen, Doku-   9
mente und Anträge (Art. 81 spricht im Unterschied dazu von Anträgen, Erklärungen oder Rechtsbehelfen, wobei aber von einer weitestgehenden Übereinstimmung beider Regelungen auszugehen
sein wird), die **irrtümlich** beim Träger des nicht zuständigen Mitgliedstaats eingereicht wurden,
von diesem unverzüglich an den in Betracht kommenden zuständigen Träger in einem anderen
Mitgliedstaat weiterzuleiten. Im Unterschied zu Art. 81 bezieht sich diese Regelung somit ausschließlich auf die erwähnten Unterlagen, die bei einem Träger eingereicht werden (Gerichte sind
daher von dieser Regelung nicht erfasst). Wichtiger Unterschied ist auch, dass die Einreichung
irrtümlich erfolgen muss. Eine bewusste Einbringung im Wohnstaat, damit dieser Träger die Unterlagen an den zuständigen Träger in einen anderen Mitgliedstaat weiterleitet, ist daher durch
Art. 2 Abs. 3 DVO nicht gedeckt (wohl aber durch Art. 81).

Der in Anspruch genommene Träger hat das Datum der Einbringung bei ihm zu vermerken und   10
das Schriftstück an den zuständigen Träger in einem anderen Mitgliedstaat ohne Verzug **weiterzuleiten**. Dieses Datum gilt auch als Einbringung beim zuständigen Träger. Allerdings dürfen sich
Verzögerungen bei der Übermittlung nicht zu Lasten des zuständigen Trägers auswirken. Keine
Reaktion des zuständigen Trägers (zB weil ein Antrag erst verspätet bei diesem eingelangt ist) darf
in diesen Fällen nicht als Zustimmung gewertet werden. Wenn daher zB ein Antrag auf Genehmigung einer bestimmten Behandlung im Ausland beim Träger des Mitgliedstaats gestellt wird,
in dem die Behandlung durchgeführt werden soll (und nicht beim zuständigen Träger, bei dem
die betreffende Person versichert ist, oder beim Träger des Wohnortes), so kann die nach Art. 26
Abs. 2 letzter Satz DVO für den Fall der Einbringung beim Träger des Wohnorts bei Verschweigen
fingierte Genehmigung nicht als gegeben angesehen werden. Es fehlen allerdings genauere Angaben, wie diese Regelung in der Praxis funktionieren soll. Es ist wohl davon auszugehen, dass –
entgegen dem absolut erscheinenden Wortlaut des Art. 2 Abs. 3 DVO – nicht generell jegliche
Zustimmung durch Verschweigen ausgeschlossen ist, sondern dass die diesbezüglich maßgebende
nationale Frist gehemmt ist und erst mit dem tatsächlichen Eintreffen beim zuständigen Träger
zu laufen beginnt (das gilt gleichermaßen auch für die Schadensersatzansprüche).

Ein Vergleich von Art. 81 und des Art. 2 Abs. 3 DVO zeigt, dass beide sehr ähnliche Sachverhalte   11
regeln, in Details aber oft erheblich voneinander abweichen. Der Hauptunterschied liegt darin,
dass nach Art. 81 alle Anbringen auch bei den Einrichtungen des Wohnortes (oder Aufenthaltsortes?) eingebracht werden können und dadurch der Antrag als bei der zuständigen Einrichtung
im zuständigen Staat gestellt gilt. Art. 2 Abs. 3 DVO enthält nur die Fälle der irrtümlichen Einreichung außerhalb des zuständigen Staates. Beide Artikel enthalten eine Weiterleitungspflicht.
Keine **Haftung oder Entscheidung durch Verschweigen** regelt aber nur Art. 2 Abs. 3, woraus man
schließen könnte, dass in den Anwendungsfällen des Art. 81 eine Haftung der zuständigen Einrichtung, an die ein Anbringen verspätet weitergeleitet wurde, für diese Verspätung eintreten kann
oder dass dieser auch eine Entscheidung durch Verschweigen unterstellt werden kann, wenn ein
Antrag verspätet eintrifft. Da nicht nachvollziehbar ist, warum diese Unterschiede bestehen, wäre
einer Zusammenführung beider Regelungen in einer einheitlichen, alle Aspekte umfassenden
Norm der Vorzug zu geben.

Spiegel

3. Mittelbare Übermittlung über die Verbindungsstelle

12 Art. 2 Abs. 4 DVO legt fest, dass bei mittelbarer Übermittlung von Daten über die Verbindungsstelle des Empfängermitgliedstaats Antwortfristen nach den Rechtsvorschriften dieses Mitgliedstaats mit dem Zeitpunkt des **Eintreffens bei der Verbindungsstelle** dieses Mitgliedstaats zu laufen beginnen. Auch diese Regelung ist nicht ganz eindeutig hinsichtlich ihres Anwendungsbereiches. Zunächst einmal ist darauf hinzuweisen, dass bei Anträgen, Erklärungen oder Rechtsmitteln, die von einer Person im nicht zuständigen Mitgliedstaat eingereicht werden, bereits Art. 81 (unabhängig von der Motivation) und Art. 2 Abs. 3 DVO bei Informationen, Dokumenten oder Anträgen, die irrtümlich im falschen Mitgliedstaat eingebracht wurden, gelten. Nach diesen Regelungen gilt bereits das Datum der Einbringung im nicht zuständigen Staat als ausschlaggebendes Datum. Das Datum des Eintreffens bei der Verbindungsstelle des zuständigen Mitgliedstaats liegt daher immer nach diesem Zeitpunkt und ist somit für die betroffene Person nicht so günstig. Welche Fälle bleiben damit für die Anwendung des Art. 2 Abs. 4 DVO übrig? Die Regelung könnte sich auf Fälle beziehen, in denen eine Person zwar den zuständigen Mitgliedstaat kennt aber nicht den konkret zuständigen Träger und daher ihre Daten (zB auch einen Antrag) an die Verbindungsstelle dieses Staates richtet, was aber in der Praxis nicht oft vorkommen dürfte. Eher bezieht sie sich aber auf jene Fälle, in denen Daten ohne Initiative einer Person unmittelbar zwischen den Trägern ausgetauscht werden (zB im Rahmen eines Rentenfeststellungsverfahrens – sofern für die „Beantwortung" eines solchen Anbringens zwischen Trägern überhaupt nach nationalem Recht Antwortfristen vorgesehen sind). Im Unterschied zu Art. 81 bzw Art. 2 Abs. 3 DVO enthält die Regelung des Art. 2 Abs. 4 DVO aber keine generelle Gleichstellung des Einreichtages für alle Fristen, sondern nur für Fristen zur Beantwortung.

Artikel 82   Ärztliche Gutachten

Die in den Rechtsvorschriften eines Mitgliedstaats vorgesehenen ärztlichen Gutachten können auf Antrag des zuständigen Trägers in einem anderen Mitgliedstaat vom Träger des Wohn- oder Aufenthaltsorts des Antragstellers oder des Leistungsberechtigten unter den in der Durchführungsverordnung festgelegten Bedingungen oder den von den zuständigen Behörden der beteiligten Mitgliedstaaten vereinbarten Bedingungen angefertigt werden.

Artikel 87 DVO   Ärztliche Gutachten und verwaltungsmäßige Kontrollen

(1) Unbeschadet sonstiger Vorschriften gilt Folgendes: Hält sich ein Antragsteller oder ein Leistungsempfänger oder ein Familienangehöriger vorübergehend im Hoheitsgebiet eines anderen als des Mitgliedstaats auf, in dem sich der leistungspflichtige Träger befindet, oder wohnt er dort, so wird eine ärztliche Untersuchung auf Ersuchen dieses Trägers durch den Träger des Aufenthalts- oder Wohnorts des Berechtigten entsprechend dem von diesem Träger anzuwendenden gesetzlich vorgeschriebenen Verfahren vorgenommen.

Der leistungspflichtige Träger teilt dem Träger des Aufenthalts- oder Wohnorts mit, welche besonderen Voraussetzungen erforderlichenfalls zu erfüllen und welche Aspekte in dem ärztlichen Gutachten zu berücksichtigen sind.

(2) ¹Der Träger des Aufenthalts- oder Wohnorts erstattet dem leistungspflichtigen Träger, der um das ärztliche Gutachten ersucht hat, Bericht. ²Der leistungspflichtige Träger ist an die Feststellungen des Trägers des Aufenthalts- oder Wohnorts gebunden.

¹Dem leistungspflichtigen Träger steht es frei, den Leistungsberechtigten durch einen Arzt seiner Wahl untersuchen zu lassen. ²Allerdings kann der Berechtigte nur dann aufgefordert werden, sich in den Mitgliedstaat des leistungspflichtigen Trägers zu begeben, wenn er reisen kann, ohne dass dies seine Gesundheit gefährdet, und wenn die damit verbundenen Reise- und Aufenthaltskosten von dem leistungspflichtigen Träger übernommen werden.

(3) Hält sich ein Antragsteller oder Leistungsempfänger oder ein Familienangehöriger im Hoheitsgebiet eines anderen als des Mitgliedstaats auf, in dem sich der leistungspflichtige Träger befindet, oder wohnt er dort, so wird die verwaltungsmäßige Kontrolle auf Ersuchen dieses Trägers vom Träger des Aufenthalts- oder Wohnorts des Berechtigten durchgeführt. Absatz 2 gilt auch in diesem Fall.

(4) Die Absätze 2 und 3 finden auch Anwendung, um den Grad der Pflegebedürftigkeit des Antragstellers oder des Empfängers der in Artikel 34 der Grundverordnung genannten Leistungen bei Pflegebedürftigkeit festzustellen oder zu kontrollieren.

(5) Die zuständigen Behörden bzw. zuständigen Träger von zwei oder mehr Mitgliedstaaten können spezifische Vorschriften und Verfahren vereinbaren, um die Voraussetzungen für eine teilweise oder vollständige Wiederaufnahme der Arbeit durch Antragsteller und Leistungsempfänger und ihre Teilnahme an Systemen oder Programmen, die im Aufenthalts- oder Wohnmitgliedstaat zu diesem Zweck zur Verfügung stehen, zu verbessern.

(6) In Abweichung vom Grundsatz der kostenfreien gegenseitigen Amtshilfe nach Artikel 76 Absatz 2 der Grundverordnung werden die Kosten, die im Zusammenhang mit den in den Absätzen 1 bis 5 aufgeführten Kontrollen tatsächlich entstanden sind, dem Träger, der mit der Durchführung der Kontrolle beauftragt wurde, vom leistungspflichtigen Träger, der diese Kontrollen angefordert hatte, erstattet.

I. Normzweck	1	2. Verwaltungsmäßige Kontrollen und Pflegeeinstufungen	9
II. Einzelerläuterungen	2	3. Aktivierende Maßnahmen	11
1. Ärztliche Gutachten	2		

I. Normzweck

In etlichen Bereichen der sozialen Sicherheit ist bei der Feststellung eines Leistungsanspruches, aber auch für den laufenden Bezug einer Leistung, eine **ärztliche oder sonstige (verwaltungsmäßige) Kontrolle** der betreffenden Person notwendig. Sofern diese Person außerhalb des zuständigen Staates ist, ist dafür die Amtshilfe des jeweiligen Wohn- oder Aufenthaltsstaates erforderlich.

II. Einzelerläuterungen

1. Ärztliche Gutachten

Art. 82 entspricht großteils Art. 87 VO (EWG) Nr. 1408/71 und enthält den Grundsatz, dass über Ersuchen des zuständigen Trägers ärztliche Gutachten vom Träger des Wohn- oder Aufenthaltsortes der betreffenden Person anzufertigen sind. Art. 87 DVO sieht die ergänzenden Regelungen für diese ärztlichen Untersuchungen vor und geht daher viel weiter als Art. 115 VO (EWG) Nr. 574/72. Ärztliche Gutachten kommen vor allem bei Invaliditätsleistungen, bei Leistungen aus dem Versicherungsfall der Krankheit (zB Krankengelder), Pflegeleistungen, Leistungen der Unfallversicherung, aber auch Familienleistungen (erhöhte Familienleistungen für behinderte Kinder) in Betracht. Daneben gibt es aber an verschiedenen Stellen spezielle Regelungen in den einzelnen Leistungsbereichen, die auf jeden Fall vorrangig anzuwenden sind, wie zB Art. 27 DVO betreffend die Bestätigung der Arbeitsunfähigkeit, Art. 28 DVO betreffend die Untersuchung des Grades der Pflegebedürftigkeit oder Art. 49 DVO betreffend die Feststellung des Grades der Invalidität. Man kann natürlich hinterfragen, was genau unter einem „ärztlichem Gutachten" zu verstehen ist. Geht man aber vom Wortlaut des Art. 87 Abs. 1 DVO aus, so ist darunter **jegliche ärztliche Untersuchung** zu verstehen, die in einem Bericht an den zuständigen Träger mündet.

Die Grundsätze dieser Verwaltungshilfe (Art. 87 Abs. 1 DVO) bei der Erstellung ärztlicher Gutachten beruhen zunächst darauf, dass ein Ersuchen des zuständigen (leistungspflichtigen) Trägers erforderlich ist, welches an den Träger des Wohn- oder Aufenthaltsortes der Person zu richten ist, die begutachtet werden soll. Welcher Träger als Träger des Wohn- oder Aufenthaltsortes ersucht werden kann, haben die Mitgliedstaaten, in denen sich diese Träger befinden, in der elektronischen Liste der Träger (s. Art. 88 DVO – Art. 78 Rn 8 ff) eindeutig festzulegen. Die Begutachtung erfolgt nach jenen Verfahren, die in den Rechtsvorschriften vorgesehen sind, die für den Träger des Wohn- oder Aufenthaltsortes gelten. Den zuständigen Träger trifft aber die Verpflichtung, allfällige **besondere Punkte, auf die sich die Begutachtung zu konzentrieren hat**, dem Träger des Wohn- oder Aufenthaltsortes bekannt zu geben. Wenn daher bestimmte Gebrechen oder Behinderungen (zB Verlust eines Fingers, prozentmäßige Einschränkungen der Beweglichkeit der einzelnen Gelenke) nach den Rechtsvorschriften des zuständigen Staates listenmäßig zusammengefasst sind und aufgrund dieser Listen der Grad der Minderung der Erwerbsfähigkeit abgelesen werden kann, kann der Träger des Wohn- oder Aufenthaltsortes nach Übermittlung dieser Listen um entsprechende Überprüfung gebeten werden.

4   Die Begutachtung hat nach den **gesetzlich vorgeschriebenen Verfahren** des Mitgliedstaates zu erfolgen, in dem sich der ersuchte Träger des Wohn- oder Aufenthaltsstaates befindet. Da nicht der Begriff „Rechtsvorschriften" (im Sinne des Art. 1 lit. l)) verwendet wird, können unter diese Vorschrift daher auch außerhalb des Bereiches der sozialen Sicherheit stehende Fragen wie zB Haftung des Arztes, Datenschutz einschließlich besonderer Verschwiegenheitspflichten oder zB Anzeigepflichten bei übertragbaren Krankheiten subsumiert werden.

5   Der ersuchte Träger des Wohn- oder Aufenthaltsortes hat dem ersuchenden Träger nach Art. 87 Abs. 2 Unterabs. 1 DVO über die Ergebnisse der Begutachtung zu berichten. Aufgrund des übergeordneten Grundsatzes der loyalen Zusammenarbeit zwischen den Trägern ist der ersuchende Träger an die Feststellungen des Trägers des Wohn- oder Aufenthaltsortes **gebunden**. Dabei handelt es sich um einen horizontalen Grundsatz, der sich auch zB in Art. 5 DVO betreffend alle Dokumente und Belege oder speziell in Art. 27 Abs. 8 DVO betreffend eine Arbeitsunfähigkeitsbescheinigung findet. Hat daher ein zuständiger Träger den Träger des Wohn- oder Aufenthaltsortes um ein Gutachten über die Behinderung von Kindern, für die eine erhöhte Familienleistung beantragt wurde, ersucht und würde das Gutachten zur Bejahung der Behinderung führen, so kann dieses Gutachten nicht ignoriert und die Behinderung verneint werden.

6   Will der zuständige Träger diese Bindung an die Feststellungen des Trägers des Wohn- oder Aufenthaltsortes vermeiden, so kann er nach Art. 87 Abs. 2 Unterabs. 2 DVO die betroffene Person auch durch einen **Arzt seiner Wahl** untersuchen lassen. Das kann auch vor Ort im jeweiligen Wohn- oder Aufenthaltsstaat geschehen; soll diese Untersuchung aber im Gebiet des zuständigen Staates erfolgen, so ist dies nur möglich, wenn die betroffene Person reisefähig ist und die Reise- und Aufenthaltskosten vom zuständigen Träger übernommen werden. Der Gemeinschaftsgesetzgeber hat damit die vom EuGH für die Anwendung des Art. 51 VO (EWG) Nr. 574/72 vorgegebenen Elemente (Reisefähigkeit und Kostentragung) umgesetzt (s. Rs. C-344/89 (Martínez Vidal), Slg 1991, I-3245). Im Unterschied zur Rechtslage nach Art. 51 VO (EWG) Nr. 574/72 (Verpflichtende Untersuchung im Wege des Trägers des Wohn- oder Aufenthaltsortes und Möglichkeit nur für ergänzende Untersuchungen durch einen Arzt der Wahl) hat der zuständige Träger nach Art. 87 DVO aber ein echtes Wahlrecht, entweder den Träger des Wohn- oder Aufenthaltsortes zu ersuchen oder die betreffende Person durch einen Arzt seiner Wahl untersuchen zu lassen. Auch die bisher vom EuGH herausgearbeitete Möglichkeit, dass ein Abweichen von der verpflichtenden Untersuchung durch den Träger des Wohn- oder Aufenthaltsstaates nach Art. 51 VO (EWG) Nr. 574/72 im Einzelfall mit Zustimmung der betroffenen Person stattfinden kann, sofern sichergestellt ist, dass diese Entscheidung tatsächlich frei von jeglichem Zwang erfolgte (Rs. C-279/97 (Voeten und Beckers), Slg 1998, I-8293), beschränkt dieses Wahlrecht des zuständigen Trägers nach Art. 87 DVO nicht.

7   Die tatsächlich entstandenen Kosten der Erstellung der ärztlichen Gutachten sind dem ersuchten Träger des Wohn- oder Aufenthaltsstaates nach Art. 87 Abs. 6 DVO durch den ersuchenden zuständigen Träger zu erstatten, was eine Sonderregelung zu Art. 76 Abs. 2 ist, wonach die Ver-

waltungshilfe grundsätzlich kostenlos zu erfolgen hat. Nicht definiert ist, was unter „**tatsächlich entstandenen**" Kosten zu verstehen ist. Sicherlich fallen darunter die Kosten für externe Gutachter, die sich leicht aus der Rechnungsführung des Trägers des Wohn- oder Aufenthaltsstaates ablesen lassen. Dieser Grundsatz zur Identifizierung der Kosten findet sich hinsichtlich der Kosten der Leistungen bei Krankheit, Mutterschaft und gleichgestellter Vaterschaft in Art. 62 DVO. Da aber nicht nur von den „Ausgaben" dieses Trägers, sondern ganz generell von den Kosten, die entstanden sind, gesprochen wird, ist nicht ausgeschlossen, dass der Träger des Wohn- oder Aufenthaltsstaates auch interne Verwaltungskosten hinzurechnet, sofern diese der konkreten Amtshilfe tatsächlich zugerechnet werden können. Anders als bei den anderen Regelungen betreffend die Erstattung von Kosten (s. zB Art. 35 Abs. 3 hinsichtlich der Kosten der Leistungen bei Krankheit, Mutterschaft und gleichgestellter Vaterschaft oder Art. 85 Abs. 2 DVO hinsichtlich der Beitreibungskosten) sieht Art. 87 DVO nicht gesondert vor, dass zwei Mitgliedstaaten auf die Erstattung dieser Kosten verzichten können oder andere Erstattungsverfahren vorsehen können (zB Erstattung durch feste Beträge). Allerdings dürfte auch diese Frage unter Art. 9 DVO fallen, wonach zwei Mitgliedstaaten von den Bestimmungen der Durchführungsverordnung abweichende Verfahren vereinbaren können, so dass solche besonderen Erstattungsvereinbarungen rechtlich möglich sind. Die für bestimmte Kostenforderungen zwischen Trägern in Titel IV Kapitel I und Kapitel II DVO vorgesehenen ergänzenden Vorschriften (insbesondere Zahlungsfristen oder Verzugszinsen bei verspäteter Erstattung) gelten nicht für die Forderungen des Trägers des Wohn- oder Aufenthaltsortes nach Art. 87 DVO.

Im Zusammenhang mit der Kostentragung stellt sich aber auch die Frage, ob diese tatsächlich 8 immer nur vom ersuchenden Träger zu erfolgen hat. Bei ärztlichen Untersuchungen, die zB für die **Feststellung der Invalidität** nach Art. 49 Abs. 2 DVO erforderlich sind, können diese durchaus im Interesse beider betroffenen Mitgliedstaaten liegen, in denen Versicherungszeiten zurückgelegt wurden. In der Praxis hat sich daher herausgebildet, dass bei solchen auch für den Träger des Wohnortes relevanten Untersuchungen keine Kostenerstattung stattfindet. Sollte aber zB im Wohnstaat trotz Vorliegens von Versicherungszeiten in diesem Staat bereits von Anfang an klar sein, dass kein Leistungsanspruch besteht (weil auch in Summe unter Zusammenrechnung nach Art. 6 zu wenig Versicherungszeiten vorliegen), bleibt die ärztliche Untersuchung in der Regel im alleinigen Interesse des ersuchenden anderen Mitgliedstaates, sodass dieser auch die gesamten Kosten zu tragen hat.

2. Verwaltungsmäßige Kontrollen und Pflegeeinstufungen

Die Grundsätze für die ärztlichen Gutachten gelten gleichermaßen auch für **verwaltungsmäßige** 9 **Kontrollen** (Art. 87 Abs. 3 DVO) wie zB Feststellungen, ob eine in einem anderen Mitgliedstaat lebende Person tatsächlich alleinerziehend ist oder mit dem anderen Elternteil im gemeinsamen Haushalt lebt. Daneben bestehen aber in den einzelnen leistungsrechtlichen Teilen ebenfalls spezielle Regelungen, die vorrangig anzuwenden sind, wie zB Art. 55 Abs. 4 DVO hinsichtlich der Leistungen bei Arbeitslosigkeit, die nach Art. 64 bei Aufenthalt außerhalb des zuständigen Staates weitergewährt werden. Auch diese verwaltungsmäßigen Kontrollen können daher durch den Träger des Wohn- oder Aufenthaltsortes der betreffenden Person, durch ein Kontrollorgan nach der Wahl des zuständigen Trägers im Wohn- oder Aufenthaltsstaat der betreffenden Person oder durch Einberufung zu dieser Kontrolle ins Gebiet des zuständigen Staates (wenn die Reise- und Aufenthaltskosten durch den zuständigen Träger übernommen werden) durchgeführt werden.

Das gilt nach Art. 87 Abs. 4 DVO gleichermaßen für Untersuchungen zur Feststellung des **Grades** 10 **der Pflegebedürftigkeit** bzw zur Kontrolle des Fortbestandes der Pflegebedürftigkeit. Diese Regelung hat somit denselben Inhalt wie Art. 28 Abs. 2 und 3 DVO, dessen Mehrwert als Spezialregelung damit nicht erkennbar ist. Dieses Nebeneinander ist nur dadurch erklärbar, dass Art. 87 DVO ganz am Schluss der Arbeiten an der Durchführungsverordnung stand und bei dieser Gelegenheit die Wiederaufnahme der Verhandlungen an bereits abgeschlossenen Kapiteln dieser

Spiegel

Durchführungsverordnung (wie zB eine Streichung dieser Regelung im Kapitel „Leistungen bei Krankheit, Mutterschaft und gleichgestellte Vaterschaft") äußerst schwierig war.

3. Aktivierende Maßnahmen

11 Art. 87 Abs. 5 DVO ist eine neue Regelung, die den in verschiedenen Mitgliedstaaten neu eingeführten **aktivierenden Maßnahmen** vor allem im Bereich der Leistungen bei Arbeitslosigkeit oder Invalidität Rechnung trägt. Die klassischen Regeln der VO (EG) Nr. 883/2004 verpflichten zwar dazu, die Leistungen zu exportieren (zB Art. 7 hinsichtlich der Invaliditätsleistungen oder Art. 64 hinsichtlich der Leistungen bei Arbeitslosigkeit), ein Export aktivierender Maßnahmen (wie zB Schulungs- und Umschulungsmaßnahmen oder Rehabilitationsleistungen) können als Sachleistung aber nicht exportiert werden (da anders als bei den Familienleistungen – s. Art. 1 lit. z) – Sachleistungen nicht automatisch unter diese Leistungskategorien fallen). Wenn daher die Rechtsvorschriften eines Mitgliedstaates die Gewährung der Geldleistung von der gleichzeitigen Inanspruchnahme solcher aktivierenden Maßnahmen abhängig macht, dann kann das in grenzüberschreitenden Situationen zu Problemen führen. Müssen die Geldleistungen gewährt werden, so besteht die Gefahr, dass diese ohne die Begleitmaßnahmen und somit zu anderen Bedingungen als für vergleichbare Inhaltssachverhalte gewährt werden müssen. Vor allem sind die hinter diesen Leistungen stehenden sozialpolitischen Zielvorstellungen des nationalen Gesetzgebers nicht mehr einhaltbar.

12 Durch die vorliegende Regelung soll daher ermöglicht werden, dass die betroffenen Behörden oder Träger (der im Text verwendete Begriff „zuständiger" Träger ist in diesem Zusammenhang nicht korrekt, weil beim Träger des Wohn- oder Aufenthaltsstaates eben keine Versicherung besteht – s. die Definition in Art. 1 lit. q)) entsprechende **Vereinbarungen** treffen können, damit die in Betracht kommenden Personen im Wohn- oder Aufenthaltsstaat an entsprechenden Systemen oder Programmen teilnehmen können. Bei diesen Vereinbarungen können die betroffenen Staaten vor allem die Vergleichbarkeit der Maßnahmen überprüfen, aber möglicherweise auch eine Kostenerstattung vereinbaren. Ohne solche Vereinbarungen ist nämlich im Hinblick darauf, dass eine solche Einbindung in Maßnahmen des Wohn- oder Aufenthaltsstaates als normale Verwaltungshilfe zu sehen ist, keine Kostenerstattung nach Art. 76 Abs. 2 vorgesehen (die Erstattungsregelung des Art. 87 Abs. 6 DVO bezieht sich ja nur auf „Kontrollen" nicht aber auf die „Teilnahme an Systemen und Programmen", sodass der Verweis auch auf Abs. 5 in diesem Abs. 6 in der Regel ins Leere gehen dürfte). Es ist davon auszugehen, dass von dieser Möglichkeit nur Staaten Gebrauch machen werden, die solche aktivierenden Maßnahmen national vorsehen. Gewährt nämlich ein Mitgliedstaat zB Invaliditätsrenten ohne jegliche Bedingung der Teilnahme an aktivierenden Maßnahmen, warum sollte er sich dann bemühen, solche Maßnahmen seinen Rentenbeziehern zu Gute kommen zu lassen, die in einem anderen Mitgliedstaat leben. Umgekehrt wird ein Mitgliedstaat, der solche Maßnahmen nicht kennt, auch nicht in der Lage sein, für die Leistungsbezieher aus einem anderen Mitgliedstaat ein solches System aufzubauen. Es ist daher anzunehmen, dass es weiterhin Fälle geben wird, in denen den betroffenen Personen keine aktivierenden Maßnahmen gewährt werden können, wenn diese ihren Wohnort oder Aufenthalt in einen anderen Mitgliedstaat verlegen.

13 In diesem Zusammenhang ist auch auf die für Dänemark im Anhang XI unter Nr. 3 vorgesehene Sonderregelung hinzuweisen, wonach die dänische Überbrückungshilfe für Arbeitslose nur dann nach Art. 64 oder 65 bei Wohnort oder Aufenthalt außerhalb von Dänemark gewährt werden kann, wenn der jeweilige Wohn- oder Aufenthaltsstaat über ähnliche Beschäftigungsprogramme verfügt. Muss man aus dieser Regelung ableiten, dass alle anderen Mitgliedstaaten ihre Leistungen exportieren müssen, auch wenn ergänzende aktivierende Maßnahmen im jeweiligen Wohn- oder Aufenthaltsstaat nicht gewährt werden können? Da diese Anhangsregelung für Dänemark lediglich als nochmalige Betonung eines allgemeinen Grundsatzes der Koordination beabsichtigt war, muss die Lösung dieser Frage wohl in der jeweiligen nationalen Systematik gesucht werden. Macht

das nationale Recht die Leistungsgewährung ausdrücklich (so wie in Dänemark) von der **Voraussetzung abhängig, dass aktivierende Maßnahmen in Anspruch genommen werden**, so ist auch unter der VO (EG) Nr. 883/2004 ein Export nur möglich, wenn der jeweilige Wohn- oder Aufenthaltsstaat entsprechende Maßnahmen gewährt (Art. 87 Abs. 5 DVO kann dafür eine wichtige Hilfe sein). Sieht das nationale Recht aber keine solche absolute Anspruchsvoraussetzung vor, sondern fördert es nur die Teilnahme an solchen Maßnahmen, ohne dass die Leistung bei Nichtteilnahme wegfällt, muss die Leistung wohl auch dann exportiert werden, wenn im jeweiligen Wohn- oder Aufenthaltsstaat solche Leistungen nicht in Anspruch genommen werden können. Die Gewährung aktivierender Maßnahmen ist sicherlich ein Bereich, in dem die VO (EG) Nr. 883/2004 nicht mehr aktuell ist und daher dringend ergänzende Regelungen von Nöten wären (allgemein zur Thematik s. auch *Fuchs*, Die Anwendung der Koordinierungsvorschriften bei Maßnahmen aktiver Arbeitsmarktpolitik auf nationaler Ebene, in: *Jorens* (Hrsg.), 50 Jahre Koordinierung der sozialen Sicherheit, Vergangenheit – Gegenwart – Zukunft, 2009).

Artikel 83 Anwendung von Rechtsvorschriften

Die besonderen Bestimmungen zur Anwendung der Rechtsvorschriften bestimmter Mitgliedstaaten sind in Anhang XI aufgeführt.

Mit dieser Bestimmung wird die Rechtsgrundlage dafür geschaffen, dass einzelne Mitgliedstaaten 1 in Anhang XI jene Sonderregelungen treffen können, die für die Anwendung der VO (EG) Nr. 883/2004 auf die **Besonderheiten der jeweiligen nationalen Rechtsvorschriften** erforderlich sind. Da auch diese Anhangseintragungen nur nach demselben Abstimmungsverfahren wie die Verordnung selbst beschlossen werden können, wird jeder Wunsch eines Mitgliedstaates eingehend überprüft. Bei Einschränkungen im Vergleich mit den allgemeinen Regelungen der VO (EG) Nr. 883/2004 dürfen diese zB nicht unverhältnismäßig sein und dürfen die fundamentalen Grundsätze nicht unterhöhlen. Wichtig dabei ist auch, dass ähnliche Probleme verschiedener Mitgliedstaaten immer gleich gelöst werden.

Da die Eintragungen in diesen Anhang erst nach Vorliegen des endgültigen Textes der VO (EG) 2 Nr. 883/2004 möglich waren, konnte dieser Anhang nicht gleichzeitig mit der VO (EG) Nr. 883/2004 kundgemacht werden, er musste erst anschließend ausgearbeitet werden. Der **Anhang XI** wurde daher mit der VO (EG) Nr. 988/2009 (ABl. (EU) L 284/43) eingefügt. Bei der Vorbereitung dieses Anhanges bestand die einvernehmliche Absicht, Probleme, die sich gleichermaßen für verschiedene Mitgliedstaaten stellten, nicht im Anhang XI, sondern in der VO (EG) Nr. 883/2004 selbst zu regeln. Daher enthält die VO (EG) Nr. 988/2009 (ABl. (EU) L 284/43, v. 30.10.2009) auch ergänzende Änderungen der VO (EG) Nr. 883/2004. Das betrifft Art. 3 Abs. 5 über die vom Anwendungsbereich der VO (EG) Nr. 883/2004 ausgeschlossenen Leistungen, mit denen der Staat die Verantwortung für Schäden und Nachteile übernimmt, die bestimmte Personen erlitten haben (Auslöser waren zB Wünsche Österreichs in diese Richtung betreffend Amtshaftungsansprüche, Ansprüche von Opfern staatlicher Verfolgung – vor allem während der Zeit des Nationalsozialismus – aber auch Leistungen für Vertriebene), Art. 51 Abs. 3 betreffend besondere Sachverhaltsgleichstellungen zur Erfüllung von Versicherungsklauseln, Art. 52 Abs. 5 betreffend die Gewährung der autonomen Leistung bei kapitalgedeckten Rentensystemen oder Rentenkontensystemen und Art. 56 Abs. 1 lit. d) betreffend Rentensysteme, bei denen Zeiträume bei der Berechnung keine Rolle spielen. Die entsprechenden Wünsche einzelner Mitgliedstaaten mussten daher nicht mehr in den Anhang XI übernommen werden.

Auch **Änderungen des Anhangs XI** müssen weiterhin nach demselben Verfahren wie die VO (EG) 3 Nr. 883/2004 erfolgen, da dieser Anhang nicht vom vereinfachten Verfahren (Verordnung der Kommission) nach Art. 92 DVO erfasst ist.

Artikel 84 Einziehung von Beiträgen und Rückforderung von Leistungen

(1) Beiträge, die einem Träger eines Mitgliedstaats geschuldet werden, und nichtgeschuldete Leistungen, die von dem Träger eines Mitgliedstaats gewährt wurden, können in einem anderen Mitgliedstaat nach den Verfahren und mit den Sicherungen und Vorrechten eingezogen bzw. zurückgefordert werden, die für die Einziehung der dem entsprechenden Träger des letzteren Mitgliedstaats geschuldeten Beiträge bzw. für die Rückforderung der vom entsprechenden Träger des letzteren Mitgliedstaats nichtgeschuldeten Leistungen gelten.

(2) ¹Vollstreckbare Entscheidungen der Gerichte und Behörden über die Einziehung von Beiträgen, Zinsen und allen sonstigen Kosten oder die Rückforderung nichtgeschuldeter Leistungen gemäß den Rechtsvorschriften eines Mitgliedstaats werden auf Antrag des zuständigen Trägers in einem anderen Mitgliedstaat innerhalb der Grenzen und nach Maßgabe der in diesem Mitgliedstaat für ähnliche Entscheidungen geltenden Rechtsvorschriften und anderen Verfahren anerkannt und vollstreckt. ²Solche Entscheidungen sind in diesem Mitgliedstaat für vollstreckbar zu erklären, sofern die Rechtsvorschriften und alle anderen Verfahren dieses Mitgliedstaats dies erfordern.

(3) Bei Zwangsvollstreckung, Konkurs oder Vergleich genießen die Forderungen des Trägers eines Mitgliedstaats in einem anderen Mitgliedstaat die gleichen Vorrechte, die die Rechtsvorschriften des letzteren Mitgliedstaats Forderungen gleicher Art einräumen.

(4) Das Verfahren zur Durchführung dieses Artikels, einschließlich der Kostenerstattung, wird durch die Durchführungsverordnung und, soweit erforderlich, durch ergänzende Vereinbarungen zwischen den Mitgliedstaaten geregelt.

Kapitel III DVO   Rückforderung gezahlter, aber nicht geschuldeter Leistungen, Einziehung vorläufiger Zahlungen und Beiträge, Ausgleich und Unterstützung bei der Beitreibung

Abschnitt 1   Grundsätze

Artikel 71 DVO   Gemeinsame Bestimmungen

¹*Zur Durchführung des Artikels 84 der Grundverordnung und in dem darin abgesteckten Rahmen wird die Beitreibung von Forderungen soweit möglich auf dem Wege des Ausgleichs nach den Artikeln 72 bis 74 der Durchführungsverordnung vorgenommen, entweder zwischen den betreffenden Trägern oder Mitgliedstaaten oder gegenüber der betreffenden natürlichen oder juristischen Person.* ²*Kann eine Forderung im Wege dieses Ausgleichs ganz oder teilweise nicht beigetrieben werden, so wird der noch geschuldete Betrag nach den Artikeln 75 bis 85 der Durchführungsverordnung beigetrieben.*

Abschnitt 2   Ausgleich

Artikel 72 DVO   Nicht geschuldete Leistungen

(1) ¹Hat der Träger eines Mitgliedstaats einer Person nicht geschuldete Leistungen ausgezahlt, so kann dieser Träger unter den Bedingungen und in den Grenzen der von ihm anzuwendenden Rechtsvorschriften den Träger jedes anderen Mitgliedstaats, der gegenüber der betreffenden Person zu Leistungen verpflichtet ist, um Einbehaltung des nicht geschuldeten Betrags von nachzuzahlenden Beträgen oder laufenden Zahlungen, die der betreffenden Person geschuldet sind, ersuchen, und zwar ungeachtet des Zweigs der sozialen Sicherheit, in dem die Leistung gezahlt wird. ²*Der Träger des letztgenannten Mitgliedstaats behält den entsprechenden Betrag unter den Bedingungen und in den Grenzen ein, die nach den von ihm anzuwendenden Rechtsvorschriften für einen solchen Ausgleich vorgesehen sind, als ob es sich um von ihm selbst zu viel gezahlte Beträge handelte; den einbehaltenen Betrag überweist er dem Träger, der die nicht geschuldeten Leistungen ausgezahlt hat.*

Titel V Verschiedene Bestimmungen   Artikel 84

(2) ¹Abweichend von Absatz 1 gilt Folgendes: Hat der Träger eines Mitgliedstaats bei der Feststellung oder Neufeststellung von Invaliditätsleistungen, Alters- und Hinterbliebenenrenten in Anwendung des Titels III Kapitel 4 und 5 der Grundverordnung einer Person Leistungen in nicht geschuldeter Höhe ausgezahlt, so kann dieser Träger vom Träger jedes anderen Mitgliedstaats, der gegenüber der betreffenden Person zu entsprechenden Leistungen verpflichtet ist, verlangen, den zuviel gezahlten Betrag von den nachzuzahlenden Beträgen einzubehalten, die der betreffenden Person zu zahlen sind. ²Nachdem der letztgenannte Träger den Träger, der den nicht geschuldeten Betrag gezahlt hat, über diese nachzuzahlenden Beträge unterrichtet hat, muss der Träger, der den nicht geschuldeten Betrag gezahlt hat, die Summe des nicht geschuldeten Betrags innerhalb von zwei Monaten mitteilen. ³Erhält der Träger, der die nachzuzahlenden Beträge zu zahlen hat, diese Mitteilung innerhalb der Frist, so überweist er den einbehaltenen Betrag an den Träger, der den nicht geschuldeten Betrag ausgezahlt hat. ⁴Ist die Frist abgelaufen, so muss der genannte Träger der betreffenden Person die nachzuzahlenden Beträge unverzüglich auszahlen.

(3) Hat eine Person während eines Zeitraums, in dem sie nach den Rechtsvorschriften eines Mitgliedstaats Anspruch auf Leistungen hatte, in einem anderen Mitgliedstaat Sozialhilfe bezogen, so kann die Stelle, die Sozialhilfe gewährt hat, falls sie einen gesetzlich zulässigen Regressanspruch auf der betreffenden Person geschuldete Leistungen hat, vom Träger jedes anderen Mitgliedstaats, der gegenüber der betreffenden Person zu Leistungen verpflichtet ist, verlangen, dass er den für Sozialhilfe verauslagten Betrag von den Beträgen einbehält, die dieser Mitgliedstaat der betreffenden Person zahlt.

Diese Bestimmung gilt entsprechend, wenn ein Familienangehöriger einer betroffenen Person während eines Zeitraums, in dem die versicherte Person für diesen Familienangehörigen nach den Rechtsvorschriften eines anderen Mitgliedstaats Anspruch auf Leistungen hatte, im Gebiet eines Mitgliedstaats Sozialhilfe bezogen hat.

Der Träger eines Mitgliedstaats, der einen nicht geschuldeten Betrag als Sozialhilfe ausgezahlt hat, übermittelt dem Träger des anderen Mitgliedstaats eine Abrechnung über den geschuldeten Betrag; dieser behält den entsprechenden Betrag unter den Bedingungen und in den Grenzen ein, die nach den von ihm anzuwendenden Rechtsvorschriften für einen solchen Ausgleich vorgesehen sind; den einbehaltenen Betrag überweist er unverzüglich dem Träger, der den nicht geschuldeten Betrag ausgezahlt hat.

Artikel 73 DVO   Vorläufig gezahlte Geldleistungen oder Beiträge

(1) Bei der Anwendung von Artikel 6 der Durchführungsverordnung erstellt der Träger, der die Geldleistungen vorläufig gezahlt hat, spätestens drei Monate nach Bestimmung der anzuwendenden Rechtsvorschriften oder Ermittlung des für die Zahlung der Leistungen verantwortlichen Trägers eine Abrechnung über den vorläufig gezahlten Betrag und übermittelt diese dem als zuständig ermittelten Träger.

Der für die Zahlung der Leistungen als zuständig ermittelte Träger behält im Hinblick auf diese vorläufige Zahlung den geschuldeten Betrag von den nachzuzahlenden Beträgen der entsprechenden Leistungen, die er der betreffenden Person schuldet, ein und überweist den einbehaltenen Betrag unverzüglich dem Träger, der die Geldleistungen vorläufig gezahlt hat.

Geht der Betrag der vorläufig gezahlten Leistungen über den nachzuzahlenden Betrag hinaus, oder sind keine nachzuzahlenden Beträge vorhanden, so behält der als zuständig ermittelte Träger diesen Betrag unter den Bedingungen und in den Grenzen, die nach den von ihm anzuwendenden Rechtsvorschriften für einen solchen Ausgleich vorgesehen sind, von laufenden Zahlungen ein und überweist den einbehaltenen Betrag unverzüglich dem Träger, der die Geldleistungen vorläufig gezahlt hat.

(2) Der Träger, der von einer juristischen und/oder natürlichen Person vorläufig Beiträge erhalten hat, erstattet die entsprechenden Beträge erst dann der Person, die diese Beiträge gezahlt hat,

wenn er bei dem als zuständig ermittelten Träger angefragt hat, welche Summen diesem nach Artikel 6 Absatz 4 der Durchführungsverordnung zustehen.

¹*Auf Antrag des als zuständig ermittelten Trägers, der spätestens drei Monate nach Bestimmung der anzuwendenden Rechtsvorschriften gestellt werden muss, überweist der Träger, der Beiträge vorläufig erhalten hat, diese dem als zuständig ermittelten Träger zur Bereinigung der Situation hinsichtlich der Beiträge, die die juristische und/oder natürliche Person diesem Träger schuldet.* ²*Die überwiesenen Beiträge gelten rückwirkend als an den als zuständig ermittelten Träger gezahlt.*

Übersteigt der Betrag der vorläufig gezahlten Beiträge den Betrag, den die juristische und/oder natürliche Person dem als zuständig ermittelten Träger schuldet, so erstattet der Träger, der die Beiträge vorläufig erhalten hat, den überschüssigen Betrag an die betreffende juristische und/oder natürliche Person.

Artikel 74 DVO Mit dem Ausgleich verbundene Kosten

Erfolgt die Einziehung auf dem Wege des Ausgleichs nach den Artikeln 72 und 73 der Durchführungsverordnung, fallen keinerlei Kosten an.

Abschnitt 3 Beitreibung

Artikel 75 DVO Begriffsbestimmungen und gemeinsame Bestimmungen

(1) In diesem Abschnitt bezeichnet der Ausdruck

- *„Forderung" alle Forderungen im Zusammenhang mit nicht geschuldet geleisteten Beiträgen oder gezahlten Leistungen, einschließlich Zinsen, Geldbußen, Verwaltungsstrafen und alle anderen Gebühren und Kosten, die nach den Rechtsvorschriften des Mitgliedstaats, der die Forderung geltend macht, mit der Forderung verbunden sind;*
- *„ersuchende Partei" in Bezug auf jeden Mitgliedstaat jeden Träger, der ein Ersuchen um Auskunft, Zustellung oder Beitreibung bezüglich einer Forderung im Sinne der vorstehenden Definition einreicht;*
- *„ersuchte Partei" in Bezug auf jeden Mitgliedstaat jeden Träger, bei dem ein Ersuchen um Auskunft, Zustellung oder Beitreibung eingereicht werden kann.*

(2) Ersuchen und alle damit zusammenhängenden Mitteilungen zwischen den Mitgliedstaaten werden grundsätzlich über bezeichnete Träger übermittelt.

(3) Praktische Durchführungsmaßnahmen, einschließlich u.a. der Maßnahmen in Bezug auf Artikel 4 der Durchführungsverordnung und in Bezug auf die Festlegung einer Mindestschwelle für Beträge, für die ein Beitreibungsersuchen gestellt werden kann, werden von der Verwaltungskommission getroffen.

Artikel 76 DVO Auskunftsverlangen

(1) Auf Antrag der ersuchenden Partei erteilt die ersuchte Partei dieser alle Auskünfte, die ihr bei der Beitreibung einer Forderung von Nutzen sind.

Zur Beschaffung dieser Auskünfte übt die ersuchte Partei die Befugnisse aus, die ihr nach den Rechts- und Verwaltungsvorschriften für die Beitreibung entsprechender Forderungen zustehen, die in ihrem eigenen Mitgliedstaat entstanden sind.

(2) Das Auskunftsersuchen enthält den Namen, die letzte bekannte Anschrift und alle sonstigen relevanten Angaben für die Identifizierung der betreffenden juristischen oder natürlichen Person, auf die sich die zu erteilenden Auskünfte beziehen, sowie Angaben über Art und Höhe der dem Ersuchen zugrunde liegenden Forderung.

(3) Die ersuchte Partei ist nicht gehalten, Auskünfte zu übermitteln,

a) die sie sich für die Beitreibung derartiger, in ihrem eigenen Mitgliedstaat entstandener Forderungen nicht beschaffen könnte,

b) mit denen ein Handels-, Gewerbe- oder Berufsgeheimnis preisgegeben würde und

c) deren Mitteilung die Sicherheit oder die öffentliche Ordnung des betreffenden Mitgliedstaats verletzen würde.

(4) Die ersuchte Partei teilt der ersuchenden Partei mit, aus welchen Gründen dem Auskunftsersuchen nicht stattgegeben werden kann.

Artikel 77 DVO Zustellung

(1) Auf Antrag der ersuchenden Partei nimmt die ersuchte Partei nach Maßgabe der Rechtsvorschriften für die Zustellung entsprechender Schriftstücke oder Entscheidungen in ihrem eigenen Mitgliedstaat die Zustellung aller mit einer Forderung und/oder mit deren Beitreibung zusammenhängenden und von dem Mitgliedstaat der ersuchenden Partei ausgehenden Verfügungen und Entscheidungen, einschließlich der gerichtlichen, an den Empfänger vor.

(2) Das Zustellungsersuchen enthält den Namen, die Anschrift und alle sonstigen für die Identifizierung des betreffenden Empfängers relevanten Angaben, die der ersuchenden Stelle normalerweise zugänglich sind, Angaben über Art und Gegenstand der zuzustellenden Verfügung oder Entscheidung und erforderlichenfalls den Namen, die Anschrift und alle sonstigen der ersuchenden Stelle normalerweise zugänglichen für die Identifizierung relevanten Angaben zum Schuldner und zu der Forderung, auf die sich die Verfügung oder Entscheidung bezieht, sowie alle sonstigen sachdienlichen Angaben.

(3) Die ersuchte Partei teilt der ersuchenden Partei unverzüglich mit, was aufgrund dieses Zustellungsersuchens veranlasst worden ist und insbesondere, an welchem Tag dem Empfänger die Entscheidung oder Verfügung übermittelt worden ist.

Artikel 78 DVO Beitreibungsersuchen

(1) Dem Ersuchen um Beitreibung einer Forderung, das die ersuchende Partei an die ersuchte Partei richtet, sind eine amtliche Ausfertigung oder eine beglaubigte Kopie des in dem Mitgliedstaat, in dem die ersuchende Partei ihren Sitz hat, ausgestellten Vollstreckungstitels und gegebenenfalls das Original oder eine beglaubigte Kopie etwaiger für die Beitreibung sonst erforderlicher Dokumente beizufügen.

(2) Die ersuchende Partei kann ein Beitreibungsersuchen nur dann stellen,

a) wenn die Forderung und/oder der Vollstreckungstitel in ihrem Mitgliedstaat nicht angefochten wurden, außer für den Fall, dass Artikel 81 Absatz 2 Unterabsatz 2 der Durchführungsverordnung angewandt wird;

b) wenn sie in ihrem Mitgliedstaat bereits geeignete Beitreibungsverfahren durchgeführt hat, wie sie aufgrund des in Absatz 1 genannten Titels durchgeführt werden können, und die getroffenen Maßnahmen nicht zur vollständigen Befriedigung der Forderung führen werden;

c) wenn die Verjährungsfrist nach innerstaatlichem Recht noch nicht abgelaufen ist.

(3) Das Beitreibungsersuchen enthält:

a) Namen, Anschrift und sonstige sachdienliche Angaben zur Identifizierung der betreffenden natürlichen oder juristischen Person bzw. des Dritten, in dessen Besitz sich ihre Vermögenswerte befinden;

b) Namen, Anschrift und sonstige sachdienliche Angaben zur Identifizierung der ersuchenden Partei;

c) eine Bezugnahme auf den im Mitgliedstaat der ersuchenden Partei ausgestellten Vollstreckungstitel;

d) Art und Höhe der Forderung, einschließlich der Hauptforderung, Zinsen, Geldbußen, Verwaltungsstrafen und alle anderen Gebühren und Kosten in den Währungen des Mitgliedstaats der ersuchenden und der ersuchten Partei;
e) Datum des Tages, an dem die ersuchende Partei bzw. die ersuchte Partei den Vollstreckungstitel dem Empfänger zugestellt haben;
f) Datum des Tages, ab dem und Frist während der die Beitreibung nach dem Recht des Mitgliedstaats der ersuchenden Partei ausgeführt werden kann;
g) alle sonstigen sachdienlichen Informationen.

(4) Das Beitreibungsersuchen muss ferner eine Erklärung der ersuchenden Partei enthalten, in der diese bestätigt, dass die in Absatz 2 genannten Voraussetzungen erfüllt sind.

(5) Die ersuchende Partei übermittelt der ersuchten Partei alle maßgebenden Informationen in der Sache, die dem Beitreibungsersuchen zugrunde liegt, sobald diese zu ihrer Kenntnis gelangen.

Artikel 79 DVO   Vollstreckungstitel

(1) Nach Artikel 84 Absatz 2 der Grundverordnung wird der Vollstreckungstitel für die Beitreibung der Forderung unmittelbar anerkannt und automatisch wie ein Titel für die Vollstreckung einer Forderung des Mitgliedstaats der ersuchten Partei behandelt.

(2) Ungeachtet des Absatzes 1 kann der Vollstreckungstitel gegebenenfalls nach dem Recht des Mitgliedstaats der ersuchten Partei als Titel angenommen oder anerkannt oder durch einen Titel ergänzt oder ersetzt werden, der die Vollstreckung im Hoheitsgebiet dieses Mitgliedstaats ermöglicht.

[1]Die Mitgliedstaaten bemühen sich, die Annahme, Anerkennung, Ergänzung bzw. Ersetzung des Titels binnen drei Monaten nach Eingang des Beitreibungsersuchens abzuschließen, außer in den Fällen, in denen Unterabsatz 3 dieses Absatzes Anwendung findet. [2]Mitgliedstaaten können die Durchführung dieser Handlungen nicht verweigern, wenn der Titel ordnungsgemäß abgefasst ist. [3]Überschreitet die ersuchte Partei die Dreimonatsfrist, teilt sie der ersuchenden Partei die Gründe dieser Überschreitung mit.

Entsteht im Zusammenhang mit einer dieser Forderungen und/oder dem von der ersuchenden Partei ausgestellten Vollstreckungstitel wegen einer dieser Handlungen eine Streitigkeit, so findet Artikel 81 der Durchführungsverordnung Anwendung.

Artikel 80 DVO   Zahlungsmodalitäten und -fristen

(1) [1]Die Beitreibung erfolgt in der Währung des Mitgliedstaats der ersuchten Partei. [2]Die ersuchte Partei überweist den gesamten von ihr beigetriebenen Betrag der Forderung an die ersuchende Partei.

(2) [1]Sofern dies nach dem Recht und der Verwaltungspraxis ihres Mitgliedstaats zulässig ist, kann die ersuchte Partei dem Schuldner nach Konsultation der ersuchenden Partei eine Zahlungsfrist oder Ratenzahlung einräumen. [2]Die von der ersuchten Partei angesichts dieser Zahlungsfrist berechneten Zinsen werden ebenfalls an die ersuchende Partei überwiesen.

Ab dem Zeitpunkt der unmittelbaren Anerkennung des Vollstreckungstitels nach Artikel 79 Absatz 1 der Durchführungsverordnung oder der Bestätigung, Ergänzung oder Ersetzung des Vollstreckungstitels nach Artikel 79 Absatz 2 der Durchführungsverordnung werden nach den Rechts- und Verwaltungsvorschriften und der Verwaltungspraxis des Mitgliedstaats der ersuchten Partei Verzugszinsen berechnet und an die ersuchende Partei überwiesen.

Artikel 81 DVO   Anfechtung der Forderung oder des Vollstreckungstitels und Anfechtung der Vollstreckungsmaßnahmen

(1) [1]Wird im Verlauf der Beitreibung die Forderung oder der im Mitgliedstaat der ersuchenden Partei ausgestellte Vollstreckungstitel von einem Betroffenen angefochten, so wird der Rechts-

behelf von diesem bei den zuständigen Behörden des Mitgliedstaats der ersuchenden Partei nach dem in diesem Mitgliedstaat geltenden Recht eingelegt. ²Über die Einleitung dieses Verfahrens hat die ersuchende Partei der ersuchten Partei unverzüglich Mitteilung zu machen. ³Ferner kann der Betroffene die ersuchte Partei über die Einleitung dieses Verfahrens informieren.

(2) ¹Sobald die ersuchte Partei die Mitteilung oder Information nach Absatz 1 seitens der ersuchenden Partei oder des Betroffenen erhalten hat, setzt sie das Vollstreckungsverfahren in der Erwartung einer Entscheidung der zuständigen Behörde aus, es sei denn, die ersuchende Partei wünscht ein anderes Vorgehen in Übereinstimmung mit Unterabsatz 2 dieses Absatzes. ²Sofern sie dies für notwendig erachtet, kann die ersuchte Partei unbeschadet des Artikels 84 der Durchführungsverordnung Sicherungsmaßnahmen treffen, um die Beitreibung sicherzustellen, soweit die Rechts- und Verwaltungsvorschriften ihres Mitgliedstaats dies für derartige Forderungen zulassen.

¹Ungeachtet des Unterabsatzes 1 kann die ersuchende Partei nach den Rechts- und Verwaltungsvorschriften und der Verwaltungspraxis ihres Mitgliedstaats die ersuchte Partei um Beitreibung einer angefochtenen Forderung ersuchen, sofern dies nach den Rechts- und Verwaltungsvorschriften und der Verwaltungspraxis des Mitgliedstaats der ersuchten Partei zulässig ist. ²Wird der Anfechtung später stattgegeben, haftet die ersuchende Partei für die Erstattung bereits beigetriebener Beträge samt etwaiger geschuldeter Entschädigungsleistungen nach dem Recht des Mitgliedstaats der ersuchten Partei.

(3) Betrifft die Anfechtung die Vollstreckungsmaßnahmen im Mitgliedstaat der ersuchten Partei, so ist sie nach den dort geltenden Rechts- und Verwaltungsvorschriften bei der zuständigen Behörde dieses Mitgliedstaats einzulegen.

(4) Wenn die zuständige Behörde, bei der der Rechtsbehelf nach Absatz 1 eingelegt wurde, ein ordentliches Gericht oder ein Verwaltungsgericht ist, so gilt die Entscheidung dieses Gerichts, sofern sie zugunsten der ersuchenden Partei ausfällt und die Beitreibung der Forderung in dem Mitgliedstaat, in dem die ersuchende Partei ihren Sitz hat, ermöglicht, als „Vollstreckungstitel" im Sinne der Artikel 78 und 79 der Durchführungsverordnung, und die Beitreibung der Forderung wird aufgrund dieser Entscheidung vorgenommen.

Artikel 82 DVO   Grenzen der Unterstützung

(1) Die ersuchte Partei ist nicht verpflichtet,

a) die in den Artikeln 78 bis 81 der Durchführungsverordnung vorgesehene Unterstützung zu gewähren, wenn die Beitreibung der Forderung wegen der Situation des Schuldners zu ernsten wirtschaftlichen oder sozialen Schwierigkeiten im Mitgliedstaat der ersuchten Partei führen würde, sofern dies nach den geltenden Rechts- und Verwaltungsvorschriften des Mitgliedstaats der ersuchten Partei oder der dort üblichen Verwaltungspraxis für gleichartige inländische Forderungen zulässig ist;

b) die in den Artikeln 76 bis 81 der Durchführungsverordnung vorgesehene Unterstützung zu gewähren, wenn sich das erste Ersuchen nach den Artikeln 76 bis 78 der Durchführungsverordnung auf mehr als fünf Jahre alte Forderungen bezieht, das heißt, wenn zwischen der Ausstellung des Vollstreckungstitels nach den geltenden Rechts- und Verwaltungsvorschriften des Mitgliedstaats der ersuchenden Partei und der dort üblichen Verwaltungspraxis und dem Datum des Ersuchens mehr als fünf Jahre vergangen sind. Bei einer etwaigen Anfechtung der Forderung oder des Titels beginnt die Frist jedoch erst ab dem Zeitpunkt, zu dem der Mitgliedstaat der ersuchenden Partei feststellt, dass die Forderung oder der Vollstreckungstitel unanfechtbar geworden sind.

(2) Die ersuchte Partei teilt der ersuchenden Partei mit, aus welchen Gründen dem Unterstützungsersuchen nicht stattgegeben werden kann.

Artikel 83 DVO   Verjährungsfrist

(1) Verjährungsfragen werden wie folgt geregelt:

a) nach dem geltenden Recht des Mitgliedstaats der ersuchenden Partei, soweit es die Forderung und oder den Vollstreckungstitel betrifft, und

b) nach dem geltenden Recht des Mitgliedstaats der ersuchten Partei, soweit es Vollstreckungsmaßnahmen im ersuchten Mitgliedstaat betrifft.

Die Verjährungsfristen nach dem im Mitgliedstaat der ersuchten Partei geltenden Recht beginnen ab dem Zeitpunkt der unmittelbaren Anerkennung oder ab dem Zeitpunkt der Zustimmung, Anerkennung, Ergänzung oder Ersetzung nach Artikel 79 der Durchführungsverordnung.

(2) Die von der ersuchten Partei auf Grund des Unterstützungsersuchens durchgeführten Beitreibungsmaßnahmen, die im Falle der Durchführung durch die ersuchende Partei eine Aussetzung oder eine Unterbrechung der Verjährung nach dem geltenden Recht des Mitgliedstaats der ersuchenden Partei bewirkt hätten, gelten insoweit als von diesem letztgenannten Staat vorgenommen.

Artikel 84 DVO   Vorsorgemaßnahmen

Auf einen mit Gründen versehenen Antrag der ersuchenden Partei trifft die ersuchte Partei die erforderlichen Sicherungsmaßnahmen, um die Beitreibung einer Forderung zu gewährleisten, sofern dies nach dem Recht des Mitgliedstaats der ersuchten Partei zulässig ist.

Für die Durchführung des Absatzes 1 gelten die Bestimmungen und Verfahren der Artikel 78, 79, 81 und 82 der Durchführungsverordnung entsprechend.

Artikel 85 DVO   Beitreibungskosten

(1) Die ersuchte Partei zieht bei der natürlichen oder juristischen Person sämtliche Kosten ein, die ihr im Zusammenhang mit der Beitreibung entstehen; sie verfährt dabei nach den für vergleichbare Forderungen geltenden Rechts- und Verwaltungsvorschriften des Mitgliedstaats der ersuchten Partei.

(2) [1]*Die im Rahmen dieses Abschnitts geleistete Amtshilfe wird in der Regel unentgeltlich gewährt.* [2]*Bereitet die Beitreibung jedoch besondere Probleme oder führt sie zu sehr hohen Kosten, so können die ersuchende und die ersuchte Partei im Einzelfall spezielle Erstattungsmodalitäten vereinbaren.*

(3) Der Mitgliedstaat der ersuchenden Partei bleibt gegenüber dem Mitgliedstaat der ersuchten Partei für jegliche Kosten und Verluste haftbar, die durch Maßnahmen entstehen, die hinsichtlich der Begründetheit der Forderung oder der Gültigkeit des von der ersuchenden Partei ausgestellten Titels als nicht gerechtfertigt befunden werden.

Artikel 86 DVO   Überprüfungsklausel

(1) Spätestens bis zum vierten vollen Kalenderjahr nach dem Inkrafttreten der Durchführungsverordnung legt die Verwaltungskommission einen vergleichenden Bericht über die in Artikel 67 Absätze 2, 5 und 6 der Durchführungsverordnung genannten Fristen vor.

Auf der Grundlage dieses Berichts kann die Kommission gegebenenfalls Vorschläge zur Überprüfung dieser Fristen mit dem Ziel vorlegen, diese Fristen wesentlich zu verkürzen.

(2) Spätestens bis zu dem in Absatz 1 genannten Zeitpunkt bewertet die Verwaltungskommission auch die in Artikel 13 vorgesehenen Regeln für die Umrechnung von Zeiten im Hinblick auf eine Vereinfachung dieser Regeln, falls dies möglich ist.

(3) Spätestens bis zum 1. Mai 2015 legt die Verwaltungskommission einen Sonderbericht zur Bewertung der Anwendung des Titels IV Kapitel I und Kapitel III der Durchführungsverordnung insbesondere hinsichtlich der Verfahren und Fristen nach Artikel 67 Absätze 2, 5 und 6 der

Titel V Verschiedene Bestimmungen · Artikel 84

Durchführungsverordnung und der Beitreibungsverfahren nach den Artikeln 75 bis 85 der Durchführungsverordnung vor.

Im Lichte dieses Berichts kann die Europäische Kommission erforderlichenfalls geeignete Vorschläge für eine effizientere und ausgewogene Gestaltung dieser Verfahren unterbreiten.

I. Normzweck 1	f) Ausgleich im Bereich der Rentenversicherung mit Nachzahlungen (ausstehenden Beträgen) 22
II. Einzelerläuterungen 2	
1. Grundsätze 2	
2. Ausgleich 5	g) Ausgleich mit Sozialhilfeleistungen 26
a) internationaler oder grenzüberschreitender nationaler Ausgleich. . 5	3. Beitreibung 30
	a) Grundsätze 30
b) Kosten des Ausgleichs 7	b) Auskunftsverlangen 36
c) Ausgleich für vorläufig gezahlte Geldleistungen 8	c) Zustellung 37
	d) Beitreibung 38
d) Ausgleich von vorläufig gezahlten Beiträgen 12	e) Überprüfung der Bestimmungen betreffend den Ausgleich und die Beitreibung 46
e) Allgemeine Regelung betreffend den Ausgleich bei nichtgeschuldeten Leistungen 18	

I. Normzweck

Die VO (EG) Nr. 883/2004 schafft auf der einen Seite für die betroffenen Bürger eine große Anzahl an Rechten, wenn sie ansonsten aufgrund der grenzüberschreitenden Situationen keine Ansprüche aus den nationalen Systemen der Mitgliedstaaten mehr hätten. Auf der anderen Seite ist die Leistungsgewährung bzw die Versicherung in grenzüberschreitenden Situationen für die betroffenen Träger ein größeres Risiko als in rein nationalen Situationen. Die Kontrolle ist schwieriger. Auch die Kenntnis über wichtige Sachverhaltselemente, die im anderen Mitgliedstaat vorliegen, ist oft nicht rechtzeitig möglich. Daher enthält Art. 84 als Ausgleich dafür die Grundsätze für die Hereinbringung von zu viel gezahlten Leistungen sowie zur Eintreibung von Beitragsschulden in einem anderen Mitgliedstaat. Dieser Artikel entspricht in den Grundzügen Art. 92 VO (EWG) Nr. 1408/71. Allerdings hatte diese Bestimmung bisher den Nachteil, dass sie nicht für ausreichend angesehen wurde, um zB Beiträge in einem anderen Mitgliedstaat einzutreiben (s. dazu *Eichenhofer,* in Rn 10 zu Art. 92 VO (EWG) Nr. 1408/71 in der 4. Aufl.). Die Mitgliedstaaten mussten daher ergänzende bilaterale Abkommen schließen, um zwischenstaatlich Beiträge und sonstige Forderungen eintreiben zu können. Die DVO enthält nunmehr erstmals ein Regelwerk auf Unionsebene, das für alle Mitgliedstaaten gilt und daher eine ganz wichtige Neuerung der beiden Verordnungen darstellt. Bei diesem **europäischen Beitreibungsverfahren** handelt es sich um ein komplexes System, dessen Eignung für den Bereich der sozialen Sicherheit noch abzuwarten ist (deswegen ist in Art. 86 DVO auch eine entsprechende Evaluierungspflicht vorgesehen).

II. Einzelerläuterungen

1. Grundsätze

Dieser Teil der beiden Verordnungen enthält verschiedene Regelungen, die im Wesentlichen Beitragsforderungen und die Rückforderung von zuviel gezahlten Leistungen gemeinsam behandeln. Dort wo es erforderlich ist, werden aber für beide Bereiche unterschiedliche Regelungen getroffen. Ferner ist auch darauf hinzuweisen, dass **verschiedene Verfahren** und Schritte in Betracht kommen.

Da für alle Forderungen verschiedene Möglichkeiten bestehen, enthält Art. 71 DVO eine wichtige **Prioritätsregelung** für die Geltendmachung von Trägerforderungen: Die Hereinbringung durch einen Ausgleich nach den Art. 72 bis 74 DVO ist vorrangig zu versuchen; diese Methode hat den Vorteil, dass sie für den Betroffenen die wenigsten unmittelbaren Auswirkungen hat, da eine Verrechnung nur zwischen den Trägern stattfindet. Erst als zweite Alternative kommt eine Beitrei-

Spiegel

bung nach den Art. 75 bis 85 DVO in Betracht, was die Betroffenen viel unmittelbarer berührt, da sie zB Beträge, die sie bereits empfangen haben, zurückzahlen müssen. Natürlich stellt sich die Frage, ob diese Rangordnung immer und bedingungslos eingehalten werden muss. Nehmen wir an, ein Träger aus Mitgliedstaat A hat eine Forderung von 1000 EUR gegen eine Person, weil Leistungen vorläufig erbracht wurden und sich nachträglich herausstellt, dass Mitgliedstaat B zuständig ist. Es besteht zwar die Möglichkeit, diesen Überbezug von laufenden Leistungen des Mitgliedstaates B hereinzubringen, allerdings aufgrund der Rechtsvorschriften von Mitgliedstaat B nach Art. 73 Abs. 1 DVO (s. diesbezüglich weiter unten – Rn 8 ff) nur in Raten von jeweils 10 EUR. Kann daher in einem solchen Fall Mitgliedstaat A von einer Hereinbringung im Wege des Ausgleichs Abstand nehmen und die 1000 EUR unmittelbar von der betroffenen Person nach den Art. 75 ff DVO beitreiben? M.E. sind die Worte „soweit möglich" in Art. 71 DVO dahingehend auszulegen, dass in diesen Fällen wegen des immensen Aufwandes bei einem Ausgleich auch gleich eine Beitreibung begonnen werden kann.

4   Aber auch die Untergliederung in **Ausgleich und Beitreibung** ist noch nicht trennscharf genug. Beim Ausgleich ist zwischen dem normalen Ausgleich nichtgeschuldeter Leistungen nach Art. 72 DVO und der Verrechnung vorläufig gezahlter Geldleistungen oder Beiträge nach Art. 73 DVO (da es sich dabei um die speziellere Regelung handelt und Art. 72 daher erst dann zum Tragen kommt, wenn diese Regelung zu keinen befriedigenden Ergebnissen führt, empfiehlt sich zunächst eine Darstellung des Art. 73 DVO), bei der Beitreibung im Wesentlichen zwischen den verschiedenen Schritten der Beitreibung zu unterscheiden: Erhebung der noch fehlenden Daten (Auskunftsverlangen nach Art. 76 DVO), Zustellung von relevanten Schriftstücken (Art. 77 DVO) und der echten Beitreibung (Art. 78 bis 85 DVO).

2. Ausgleich
a) internationaler oder grenzüberschreitender nationaler Ausgleich

5   Für die verschiedenen Aspekte des Ausgleichs ist wichtig, ob die jeweilige Regelung verlangt, dass ein solcher Ausgleich (bei einer vergleichbaren nationalen Situation) **im jeweiligen nationalen Recht vorgesehen ist** (es handelt sich somit um die nationale Ausgleichsregelung, die im Wege der DVO über die Grenze erstreckt wird), oder ob der Ausgleich selbst dann durchzuführen ist, wenn das nationale Recht in vergleichbaren nationalen Situationen keinen Ausgleich vorsieht (internationaler Ausgleich). Im letzteren Fall wird somit eine echte internationale Ausgleichsregelung geschaffen. Zusätzlich kann man natürlich, da ja immer zwei Mitgliedstaaten betroffen sind, auch diese beiden Varianten mischen. So kann man regeln, dass sowohl im Staat, der zu viel geleistet hat, als auch in jenem, der nachträglich zuständig wird, das nationale Recht in vergleichbaren Situationen einen Ausgleich vorsehen muss (doppelt grenzüberschreitender nationaler Ausgleich). Ebenso kann man regeln, dass in beiden Staaten das nationale Recht einen solchen Ausgleich nicht vorsehen muss, und der Ausgleich trotzdem durchgeführt werden kann (doppelt internationaler Ausgleich). Schließlich kann man auch beide Grundsätze mischen, indem der Staat, der nunmehr zuständig ist, einen Ausgleich nur machen kann, wenn sein nationales Recht dies für vergleichbare Situationen vorsieht (grenzüberschreitender nationaler Ausgleich). Der Staat, der vorläufig zu viel geleistet hat, kann aber seine Forderung auf Ausgleich stellen, auch wenn sein nationales Recht in vergleichbaren Situationen, keinen Ausgleich erlauben würde (internationaler Ausgleich). Beim grenzüberschreitenden nationalen Ausgleich ist es nicht erforderlich, dass bereits das nationale Recht grenzüberschreitend formuliert ist. Es reicht auch, dass nur nationale Situationen geregelt werden, die dann im Wege des Art. 5 (Sachverhaltsgleichstellung) auf entsprechende ausländische Sachverhalte erstreckt werden. Die Regelungen unterscheiden sich daher zum Antikumulierungsrecht bei den Renten, wo ausdrücklich festgelegt wird, dass das nationale Recht bereits entsprechend grenzüberschreitend formuliert ist (Art. 53 Abs. 3 lit. a)).

6   Ob bei einer Regelung der internationale oder der nationale Ausgleich vorgesehen wird, hängt zunächst davon ab, ob das nationale Recht solche Situationen überhaupt kennen kann. Ist eine

solche Situation nämlich nur in grenzüberschreitenden Situationen denkbar, wenn zB das betroffene mitgliedstaatliche System ein einheitliches System der Familienleistungen für alle Einwohner ist und es daher denkunmöglich ist, dass ein anderes nationales System dieses Mitgliedstaats zuständig sein könnte, dann hat ein solcher Mitgliedstaat auch kein **nationales System für einen Ausgleich**. Besonders schwer zu erfüllen sind die Regelungen, die einen doppelten nationalen Ausgleich vorsehen. Damit diese Regelungen anwendbar werden, müssen die Rechtsvorschriften beider Mitgliedstaaten weitestgehend übereinstimmen. Kennt nur einer der beiden betroffenen Mitgliedstaaten kein solches nationales Ausgleichsverfahren, kann der grenzüberschreitende Ausgleich nicht durchgeführt werden.

b) Kosten des Ausgleichs

Nach Art. 74 DVO fallen für einen Ausgleich **keinerlei Kosten** an. Damit ist wohl gemeint, dass die Verwaltungshilfe für einen solchen Ausgleich ohne Kostenerstattung erfolgt. An sich ist diese Regelung überflüssig, da es sich dabei ohnehin nur um den allgemeinen Grundsatz des Art. 76 Abs. 2 handelt. 7

c) Ausgleich für vorläufig gezahlte Geldleistungen

Art. 73 DVO beinhaltet eine im Vergleich zur VO (EWG) Nr. 1408/71 **neue Regelung** und beruht auf Art. 6 DVO, der ganz generell eine horizontale Regelung für vorläufige Leistungen bzw vorläufige Zuständigkeiten für die anzuwendenden Rechtsvorschriften und damit auch für die vorläufige Zahlung von Beiträgen enthält. 8

Art. 73 Abs. 1 DVO regelt das Verfahren zur Hereinbringung **vorläufig gezahlter Geldleistungen**. Zunächst hat jener Träger, der vorläufig zuständig war und aus dieser Zuständigkeit Leistungen vorläufig gewährt hat (Art. 6 Abs. 1 DVO) oder im Fall von klaren Zuständigkeiten aber Unklarheiten darüber, welcher Träger Geldleistungen zu gewähren hat, jener Träger, der vorläufig Geldleistungen gewährt hat (Art. 6 Abs. 2 DVO), spätestens drei Monate nach Festlegung des endgültig zuständigen Trägers eine Aufstellung der vorläufig gezahlten Leistungen anzufertigen und an den für zuständig ermittelten Träger zu übermitteln. Dieser Träger behält diesen Betrag von den von ihm zu erbringenden Nachzahlungen derselben Leistung ein und überweist diesen einbehaltenen Betrag an den Träger, der die Leistung vorläufig erbracht hat. Reicht die Nachzahlung nicht aus, um die Ansprüche des Trägers, der vorläufig Leistungen erbracht hat zu befriedigen, oder ist keine Nachzahlung vorhanden, so hat der als zuständig ermittelte Träger den ausstehenden Betrag von seinen laufenden Leistungen einzubehalten und den einbehaltenen Betrag (laufend) an den Träger zu überweisen, der die Leistungen vorläufig erbracht hat. Der Ausgleich mit der Nachzahlung hängt nicht davon ab, dass nach den Rechtsvorschriften eines der betroffenen Mitgliedstaaten ein entsprechender Ausgleich vorgesehen ist (doppelt internationaler Ausgleich). Der Ausgleich mit der laufenden Leistung ist aber nur „unter den Bedingungen und in den Grenzen" möglich, die in den Rechtsvorschriften des Mitgliedstaates vorgesehen sind, in dem der als zuständig ermittelte Träger seinen Sitz hat (grenzüberschreitender nationaler Ausgleich). Nach den Rechtsvorschriften, die der Träger anwendet, der die Leistung vorläufig gezahlt hat, muss ein solcher Ausgleich aber nicht vorgesehen sein (internationaler Ausgleich). 9

Dieser Ausgleich ist nur für die Fälle des Art. 6 DVO anzuwenden. Fälle vorläufiger Leistungen, die in **anderen Regelungen** vorgesehen sind, wie vorläufige Renten nach Art. 50 DVO, fallen nicht unter diese Regelung. Bei den Renten handelt es sich auch um keine mit Art. 6 DVO vergleichbare Situation, da in diesen Fällen eher von einer vorläufig berechneten Leistung, die dem Grunde nach zusteht (also eher die Fälle der horizontalen Regelung des Art. 7 DVO), auszugehen ist, als von einer gänzlichen Leistungsbefreiung des zunächst zuständigen Trägers, wie es Art. 6 DVO regelt. Bei der Gewährung von Familienleistungen durch den nicht vorrangig zuständigen Mitgliedstaat nach Art. 60 Abs. 3 DVO können allerdings Überbezüge ebenfalls im Rahmen des Ausgleichs nach Art. 73 hereingebracht werden (Art. 60 Abs. 4 DVO bei Auffassungsunterschieden durch den 10

Verweis auf Art. 6 DVO und Art. 60 Abs. 5 für alle anderen Fälle durch einen unmittelbaren Verweis auf Art. 73 DVO). Die Spezialregelung betreffend vorläufig zu gewährende Leistungen bei Berufskrankheiten (Art. 37 DVO) passt zu den von Art. 6 DVO geregelten Fällen. Daher wird in Art. 37 Abs. 2 DVO Art. 73 DVO im Wege des Art. 6 Abs. 5 DVO auch für anwendbar erklärt.

11 Die Auswirkungen des Art. 73 Abs. 1 DVO können an folgendem Beispiel verdeutlicht werden: Eine Person übt für ein Unternehmen eine Tätigkeit gewöhnlich in Mitgliedstaat A (wo der Arbeitgeber seinen Sitz hat) und in Mitgliedstaat B (wo die Person auch wohnt) aus und nach Art. 13 Abs. 1 ist der Wohnmitgliedstaat dann zuständig, wenn dort ein wesentlicher Teil der Tätigkeit ausgeübt wird. Über diese Frage besteht sofort ein Auffassungsunterschied zwischen beiden Mitgliedstaaten. Nach der Spezialregelung der DVO zur **Festlegung des zuständigen Staates** ist in diesem Fall ebenfalls Art. 6 DVO anzuwenden (Art. 16 Abs. 4 DVO). Nach Art. 6 Abs. 1 lit. b) DVO ist in diesem Fall der Wohnstaat – also Mitgliedstaat B vorläufig zuständig. Dieser darf vorläufig die Beiträge vorschreiben und muss auch vorläufig Leistungen gewähren. Wenn daher während der vorläufigen Zuständigkeit die betreffende Person krank wird, gewährt der vorläufig zuständige Träger das Krankengeld nach seinen Rechtsvorschriften (nehmen wir an, 1000 EUR monatlich). Zwei Monate nach Beginn der Krankheit kommen beide Mitgliedstaaten überein, dass in Mitgliedstaat B doch kein wesentlicher Teil der Beschäftigung ausgeübt wurde, daher ist rückwirkend Mitgliedstaat A zuständig. Nach seinen Rechtsvorschriften gebührt ein Krankengeld von monatlich nur 800 EUR. Der Träger aus Mitgliedstaat B teilt dem nunmehr zuständigen Träger aus Mitgliedstaat A daher mit, dass er 2000 EUR zuviel an Krankengeld geleistet hat. Dieser kann ihm zunächst die Nachzahlung für die verstrichenen zwei Monate in der Höhe von 1600 EUR überweisen. Die fehlenden 400 EUR können dann von den laufenden Leistungen an Krankengeld hereingebracht werden. Voraussetzung ist aber, dass die Rechtsvorschriften von Mitgliedstaat A vorsehen, dass von der laufenden Zahlung von Krankengeld Überbezüge von Krankengeld, die bei einem anderen Träger des Mitgliedstaates A(!) entstanden sind, hereingebracht werden. Wie bereits unter dem vorigen Punkt ausgeführt, wird es wenige Rechtsvorschriften geben, die einen solchen nationalen Ausgleich kennen (zB Mitgliedstaaten, die verschiedene Krankenversicherungssysteme kennen, und daher auch national Fälle auftreten können, in denen während des Bezuges von Krankengeld die Zuständigkeiten wechseln können). Gehen wir davon aus, dass Mitgliedstaat A national einen solchen Ausgleich kennt und dass maximal 25 Prozent von der monatlichen Leistung einbehalten werden können. Dann könnte dieser Mitgliedstaat A monatlich 200 EUR von den gebührenden 800 EUR einbehalten. Sollte die Krankheit aber bereits nach dem ersten Monat der endgültig festgestellten Zuständigkeit von Mitgliedstaat A enden, können daher nur 200 EUR hereingebracht werden. Die noch ausstehenden 200 EUR können dann auch nach Art. 72 Abs. 1 DVO nicht hereingebracht werden (weil eben keine laufende Leistung mehr vorhanden ist), sodass für diesen verbleibenden Überbezug nur noch die Beitreibung nach Art. 75 ff DVO in Betracht kommt.

d) Ausgleich von vorläufig gezahlten Beiträgen

12 Art. 73 Abs. 2 DVO regelt den zweiten Aspekt, der automatisch bei vorläufigen Zuständigkeiten nach Art. 6 DVO (der Anwendungsbereich dieser Regelung ist daher genau derselbe wie jener des Art. 73 Abs. 1 der DVO) auftreten muss: Wenn nämlich nachträglich ein anderer Mitgliedstaat zuständig erklärt wird, muss auch die bisherige **beitragsrechtliche Situation** geregelt werden. Wichtig ist vorweg, dass diese Regelung nur greift, wenn es sich um eine (bewusste!) Meinungsverschiedenheit zwischen den Trägern zweier Mitgliedstaaten handelt, die nach Art. 6 der DVO bereinigt werden soll.

13 In anderen Fällen einer fälschlicherweise im unzuständigen Mitgliedstaat durchgeführten Versicherung (üblicherweise passiert das vor allem in den Fällen einer Ausübung von Erwerbstätigkeiten in mehreren Mitgliedstaaten, wenn der Betroffene seiner **Meldepflicht** nach Art. 16 Abs. 1 DVO nicht nachkommt) findet diese Regelung keine Anwendung. Wenn daher eine Person gleich-

Titel V Verschiedene Bestimmungen   Artikel 84

zeitig eine Beschäftigung für verschiedene Arbeitgeber in unterschiedlichen Mitgliedstaaten ausübt und beide Arbeitgeber die Versicherung im jeweiligen Niederlassungsstaat durchführen und sich 20 Jahre später beim Rentenantrag herausstellt, dass im Widerspruch zu den Grundsätzen der VO (EG) Nr. 883/2004 in zwei Mitgliedstaaten deckende Versicherungen durchgeführt wurden, so kann diese Situation nur unter Berücksichtigung der nationalen Verjährungsvorschriften abgewickelt werden (Entscheidung der Verwaltungskommission in ihrer 298. Sitzung – zwar zur VO (EWG) Nr. 1408/71; im Hinblick darauf, dass die VO (EG) Nr. 883/2004 von denselben Grundsätzen ausgeht, gilt diese Entscheidung aber sicherlich unverändert weiter). In diesem Fall kann also bei einer dreijährigen Verjährungsfrist für die Rückforderung von zu Unrecht gezahlten Beiträgen im Nichtwohnstaat und ebenfalls von drei Jahren im Wohnstaat (dieser ist nach Art. 13 Abs. 1 lit. a) für rückständige Beiträge zuständig, zB wenn dort ein wesentlicher Teil der Tätigkeiten ausgeübt worden ist) die beitragsrechtliche Situation nur für diese drei Jahre korrekt rückabgewickelt wird. Für die davor liegenden 17 Jahre muss es bei der Doppelversicherung bleiben. Aber auch für diese drei Jahre, in denen eine Rückabwicklung möglich ist, kann der Betrag der Beitragsrückerstattung im Nichtwohnortstaat nicht mit der Nachforderung des Wohnortstaates verrechnet werden, wie das in Art. 73 Abs. 2 DVO vorgesehen ist (da es sich eben um keinen Anwendungsfall des Art. 6 DVO handelt), sondern es muss allenfalls der Wohnortmitgliedstaat versuchen, die rückständigen Beiträge nach den allgemeinen Regelungen der Art. 75 ff DVO beizutreiben. Dieser Ausschluss der vollen Rückabwicklung durch die Anwendung nationaler Verjährungsvorschriften gilt aber offensichtlich nicht, wenn es sich bereits von Anbeginn an um Auffassungsunterschiede hinsichtlich der anzuwendenden Rechtsvorschriften nach Art. 6 DVO handelt, weil dann diese nationalen Verjährungsvorschriften nicht angewendet werden dürfen (s. Art. 6 DVO Rn 15).

Für die Hereinbringung von vorläufig gezahlten Beiträgen ist nach Art. 73 Abs. 2 DVO Folgendes 14 vorgesehen: Nach Art. 6 Abs. 4 DVO ist der endgültig zuständige Träger als rückwirkend zuständig zu betrachten und zwar ab dem Zeitpunkt der vorläufigen Anwendung der Rechtsvorschriften des bisher vorläufig zuständig gewesenen Mitgliedstaats. Die **Beitragssituation ist also rückaufzurollen.** Dabei gilt der Grundsatz, dass vorrangig die Beiträge zwischen den vorläufig zuständig gewesenen und den als endgültig zuständig ermittelten Trägern zu verrechnen sind. Dazu muss der vorläufig zuständig gewesene Träger zunächst beim als endgültig zuständig ermittelten Träger nachfragen, welche Beitragsschulden bei diesem bestehen. Dieser als endgültig zuständig ermittelte Träger hat drei Monate Zeit, nach Feststellung seiner endgültigen Zuständigkeit eine Überweisung der zur Erstattung im vorläufig zuständigen Staat anstehenden Beiträge zu beantragen. Die überwiesenen Beiträge gelten dann als rückwirkend an den als endgültig zuständig ermittelten Träger gezahlt. Wurden aber im vorläufig zuständigen Staat mehr Beiträge gezahlt, als in dem als endgültig zuständig ermittelten Staat zu zahlen sind, dann kann der vorläufig zuständig gewesene Träger diesen Restbetrag an die betreffende Person (das kann der Versicherte oder auch je nach der jeweiligen nationalen Rechtslage in dem vorläufig zuständigen Mitgliedstaat auch der Arbeitgeber hinsichtlich des von ihm gezahlten Beitragsteils sein) direkt auszahlen.

Wiewohl diese Regelung verhältnismäßig logisch und einfach wirkt, sind doch **etliche Fragen offen** 15 **geblieben,** die der Gemeinschaftsgesetzgeber besser hätte regeln sollen. Zunächst einmal dürfte beabsichtigt gewesen sein, dass nationale Verjährungsfristen aufgrund dieser europäischen Regelung (die nicht auf den Ausgleich nach den jeweiligen nationalen Rechtsvorschriften verweist – es handelt sich somit um einen internationalen Ausgleich) nicht anwendbar sind, was man aber besser klar hätte sagen sollen. Selbst wenn daher im vorläufig zuständigen Mitgliedstaat Beiträge nur drei Jahre rückwirkend erstattet werden können oder in dem nunmehr als endgültig zuständig ermittelten Mitgliedstaat Beiträge nur drei Jahre rückwirkend verlangt werden können, dann kann auch bei zB vier Jahren vorläufiger Zuständigkeit eines Staates der gesamte Zeitraum durch beide Staaten rückaufgerollt werden. Durch die Fiktion, dass die Beiträge auf diese Weise an den endgültig als zuständig ermittelten Träger als rückwirkend entrichtet gelten, ist auch ausgeschlossen, dass dieser Träger Beitragszuschläge oder sonstige Strafen wegen verspäteter Beitragszahlung erhebt.

16 Ein weiterer offener Punkt ist, wie beim **Aufeinandertreffen verschiedener Träger** vorzugehen ist. Nehmen wir an, im vorläufig zuständigen Mitgliedstaat A hat ein für alle Zweige der sozialen Sicherheit zuständiger Träger für die sechs Monate der vorläufigen Zuständigkeit 1500 EUR an Beiträgen eingenommen. Im als endgültig zuständig erklärten Mitgliedstaat B sind aber zwei Träger zuständig (einer für die Krankenversicherung und einer für alle übrigen Versicherungszweige), bei denen rückwirkend 700 EUR bzw 1300 EUR an Beiträgen zu entrichten wären. Wenn nun zunächst der Träger der Krankenversicherung aus Mitgliedstaat B sich an den Träger in Mitgliedstaat A wendet, kann dieser nur 700 EUR überweisen. Sofern sich der andere Träger aus Mitgliedstaat B nicht einschaltet, müssten die verbleibenden 800 EUR an den Versicherten ausgezahlt werden. Wenn daher in einem Mitgliedstaat mehrere Träger mit Beitragsforderungen in Betracht kommen, ist ein enges Zusammenwirken dieser erforderlich, um zu verhindern, dass der oder die Träger im vorläufig zuständigen Mitgliedstaat mangels ausreichender Forderungen aus dem als endgültig zuständig ermittelten Mitgliedstaat einen Restbetrag an den Versicherten erstatten.

17 Aber auch bei unterschiedlichen Rechtsvorschriften hinsichtlich der Teilung der Beitragslast auf **Arbeitgeber- und Arbeitnehmeranteile** können Probleme auftreten. Nehmen wir an, im vorläufig zuständigen Mitgliedstaat A wurden 1500 EUR an Beiträgen gezahlt, wovon 750 EUR auf den Arbeitnehmer und 750 EUR auf den Arbeitgeber entfallen. Der als endgültig zuständig ermittelte Mitgliedstaat B berechnet nur 1000 EUR an Beitragsschuld wovon 600 EUR auf den Arbeitgeber und 400 EUR auf den Arbeitnehmer entfallen. An wen sind die verbleibenden 500 EUR zu erstatten? Sind es 300 EUR an den Arbeitgeber und 200 EUR an den Arbeitnehmer (entsprechend der Aufteilung im endgültig zuständigen Mitgliedstaat B) oder ist der Betrag zwischen Arbeitgeber und Arbeitnehmer zu teilen, weil ja national nach dem Recht des vorläufig zuständigen Mitgliedstaats A eine solche Teilung der Beitragslast immer vorgesehen ist? Da die Aufteilung der Beitragspflichten auf Arbeitgeber und Arbeitnehmer in den Mitgliedstaaten sehr unterschiedlich geregelt ist, erscheint aus meiner Sicht ein stures Festhalten an der jeweiligen nationalen Systematik eines Staates nicht als die beste Lösung. Es führt zu gerechteren Lösungen, wenn der verbleibende Restbetrag, im Verhältnis der Arbeitgeber- zu den Arbeitnehmerbeitragsanteilen im vorläufig zuständigen Mitgliedstaat aufgeteilt wird (also in dem Beispiel jeweils 250 EUR). Wenn man diese Problematik mit dem weiter oben dargestellten Problem der Zuständigkeit mehrerer Träger kombiniert, kommt man aber sehr schnell zu mathematisch schier unlösbaren Situationen. Wie bereits ausgeführt, ist gerade bei dieser Regelung eine sehr enge Zusammenarbeit zwischen allen beteiligten Trägern und den betroffenen Personen erforderlich, um dem Ziel dieser Regelung gerecht zu werden, nämlich Nachteile durch den Wechsel der Zuständigkeit für die betroffenen Personen möglichst zu vermeiden.

e) Allgemeine Regelung betreffend den Ausgleich bei nichtgeschuldeten Leistungen

18 Handelt es sich nicht um vorläufig gezahlte Leistungen, die in den Anwendungsbereich des Art. 73 DVO fallen, so ist die **allgemeine Regelung** des Art. 72 Abs. 1 DVO anzuwenden (die weitestgehend Art. 111 Abs. 2 VO (EWG) Nr. 574/72 entspricht). Diese Regelung ist ein Fall eines doppelten internationalen Ausgleichs. In Fällen der Hereinbringung einer Überzahlung in einem Mitgliedstaat und einer Zahlung in einem anderen Mitgliedstaat müssen daher die nationalen Rechtsvorschriften beider Mitgliedstaaten bei einer entsprechenden internen Situation einen solchen Ausgleich erlauben. Voraussetzung für die Anwendbarkeit dieser Regelung ist zunächst, dass ein Träger eines Mitgliedstaates nichtgeschuldete Leistungen gezahlt hat. Wenn die innerstaatlichen Rechtsvorschriften dieses Mitgliedstaats es erlauben, diese Überzahlung von Nachzahlungen oder laufenden Leistungen hereinzubringen (wobei es unerheblich ist, ob es sich um dieselbe Leis-

tungsart handelt oder um Leistungen eines anderen Zweiges des sozialen Sicherheit), so kann er sich an den Träger eines anderen Mitgliedstaates wenden und diesen ersuchen, diesen Überbezug von einer allfälligen Nachzahlung oder einer laufenden Leistung (ratenweise) hereinzubringen. Der ersuchte Mitgliedstaat hat zu prüfen, ob seine Rechtsvorschriften es erlauben, in einer solchen Situation einen Einbehalt von der Nachzahlung oder den laufenden Leistungen vorzunehmen. Ist diese Voraussetzung gegeben, dann nimmt der ersuchte Mitgliedstaat den Ausgleich nach seinen Rechtsvorschriften vor und überweist den einbehaltenen Betrag an den ersuchenden Träger. Diese Regelung enthält aber keine Automatik, sondern nur eine Möglichkeit für den betroffenen Träger (EuGH, Rs. C-199/88 (Cabras), Slg 1990, I-1023, zu Art. 111 VO (EWG) Nr. 574/72). Allerdings ist im Unterschied zur VO (EWG) Nr. 574/72 der Grundsatz des Art. 71 DVO zu beachten, wonach immer soweit möglich ein Ausgleich zu versuchen ist, bevor eine Beitreibung begonnen wird. Das „kann" dieser Regelung wird daher durch das „soweit möglich" des Art. 71 DVO eingeschränkt.

Zahlte ein Mitgliedstaat A für sechs Monate Krankengeld von monatlich 1000 EUR (insgesamt 19 also 6000 EUR), nach dessen Rechtsvorschriften bei gleichzeitigem Anspruch auf Krankengeld und Invaliditätsrente das Krankengeld unabhängig vom Betrag der Invaliditätsrente zur Gänze ruht, und stellt sich nachträglich heraus, dass in einem anderen Mitgliedstaat B rückwirkend für diese sechs Monate eine Invaliditätsrente von monatlich 500 EUR zusteht, so erlaubt Art. 5 Abs. 1, dass auch eine Invaliditätsrente aus diesem anderen Mitgliedstaat zu einem solchen Ruhen des Krankengeldes führt. Mitgliedstaat A hat daher das Krankengeld als nichtgeschuldete Leistung erbracht. Zunächst muss dieser Mitgliedstaat daher in Anwendung von Art. 72 Abs. 1 DVO überprüfen, ob nach seinen Rechtsvorschriften in einer solchen Situation ein Ausgleich vorgesehen ist. Nehmen wir an, dass nach diesen Rechtsvorschriften sowohl ein Ausgleich mit einer Nachzahlung der Rente als auch mit der laufenden Rentenzahlung und zwar in Höhe von 20% der laufenden Rente vorgesehen ist. In diesem Fall kann der Träger, der Krankengeld während der sechs Monate gezahlt hat, daher den Träger des Mitgliedstaates B, der für die Gewährung der Invaliditätsrente zuständig ist, um den entsprechenden Ausgleich ersuchen. Dieser Träger des Mitgliedstaates B hat nunmehr seine Rechtslage zu überprüfen. Wenn auch das Recht von Mitgliedstaat B bei einem Überbezug von Krankengeld einen Ausgleich mit der Nachzahlung an Invaliditätsrente vorsieht, so kann er die 3000 EUR Nachzahlung an den Träger in Mitgliedstaat A überweisen. Sehen diese Rechtsvorschriften darüber hinaus noch vor, dass in einer solchen Situation auch von laufenden Zahlungen der Invaliditätsrente maximal 10% der laufenden Rente einbehalten werden können, so können auch die verbleibenden 3000 EUR des Überbezuges von der laufenden Rente abgezogen werden, allerdings nicht in monatlichen Raten von 100 EUR, wie dies nach den Rechtsvorschriften des Mitgliedstaats A möglich wäre (20 Prozent der Rente), sondern nur von 50 EUR, wie das nach den Rechtsvorschriften von Mitgliedstaat B als Limit gesetzt wird (10% der Rente).

Würden aber zB die Rechtsvorschriften von Mitgliedstaat B auf einer anderen Philosophie beruhen 20 und bei einem Zusammentreffen von Krankengeld und Invaliditätsrente die Invaliditätsrente ruhend stellen und daher in einer solchen internen Situation logischerweise überhaupt keinen Ausgleich von der Invaliditätsrente vorsehen, könnte auch Art. 72 Abs. 1 DVO zu keinem befriedigenden Ausgleich führen. Sofern es sich somit um **keine identischen Rechtslagen in beiden betroffenen Staaten** handelt, kann diese Regelung nicht funktionieren.

Wegen der nur sehr selten vorliegenden identischen nationalen Voraussetzungen in zwei Mit- 21 gliedstaaten hat Art. 72 Abs. 1 DVO **praktisch sehr wenig Bedeutung**. Den betroffenen Mitgliedstaaten verbleibt in diesen Situationen daher in der Regel nur die Möglichkeit der Beitreibung nach Art. 75 ff DVO bzw eines Ausgleichs nach Einholung der Zustimmung der betroffenen Person (*Siedl/Spiegel,* Zwischenstaatliches Sozialversicherungsrecht, Loseblattausgabe, EU-II (VO (EWG) Nr. 574/72), Art. 111, Fn 1).

f) Ausgleich im Bereich der Rentenversicherung mit Nachzahlungen (ausstehenden Beträgen)

22 Art. 72 Abs. 2 DVO enthält eine Sonderregelung zu Abs. 1 für den Ausgleich im Bereich der Rentenversicherung (die Regelung ist ausdrücklich auf Leistungen nach Titel III Kapitel 4 und 5 beschränkt) und entspricht weitestgehend Art. 111 Abs. 1 VO (EWG) Nr. 574/72. Auslöser für die Anwendbarkeit dieser Regelung ist, dass ein Mitgliedstaat bei der **erstmaligen Feststellung oder der Neufeststellung einer Rente** (zB nach Art. 50 Abs. 4) einen zu hohen Betrag ermittelt hat, der dann rückwirkend auf das tatsächlich gebührende Ausmaß zu reduzieren ist, und dass ein anderer Mitgliedstaat eine Nachzahlung einer entsprechenden Rente hat für einen in der Vergangenheit liegenden Zeitraum. Es ist nicht erforderlich, dass die jeweiligen nationalen Rechtsvorschriften eine solche Verrechnung mit Nachzahlungen in rein internen Situationen vorsehen. Es handelt sich somit um einen internationalen Ausgleich (dies ist die wesentliche Erleichterung im Vergleich zum Ausgleich nach Art. 72 Abs. 1 DVO). Diese Erleichterung ist auch sinnvoll, da üblicherweise nationale Rechtsordnungen den Fall einer Überzahlung einer Rente bei gleichzeitigem Anspruch auf die Zahlung einer entsprechenden anderen Rente aus diesem Mitgliedstaat nicht kennen. Es muss sich aber um eine entsprechende Rente handeln. Für die Klärung, was darunter zu verstehen ist, kann man auf die Judikatur des EuGH zu Art. 46 a Abs. 1 VO (EWG) Nr. 1408/71 bzw die dieser Regelung zu Grunde liegende ältere Judikatur hinsichtlich der „Leistungen gleicher Art" zurückgreifen, wonach auf jeden Fall darauf abgestellt werden kann, ob die Versicherungszeiten derselben Person oder verschiedener Personen für die Rente ausschlaggebend sind (Rs. C-366/96 (Cordelle), Slg 1998, I-583). Wichtig ist aber auch der gleiche Zweck, dieselben Berechnungsgrundlagen oder Voraussetzungen (Rs. C-107/00 (Insalaca), Slg 2002, I-2403). Daher sind vor allem Alters- und/oder Invaliditätsrenten einer Person oder auch die Hinterbliebenenrenten nach einer Person als entsprechende Leistungen zu betrachten.

23 Die **Dauer**, für die die Überzahlung stattgefunden hat (vgl im Unterschied dazu Art. 72 Abs. 3 DVO, wo ausdrücklich auf den betreffenden Zeitraum abgestellt wird), und der Grund für die Überzahlung sind nach dem Wortlaut dieser Regelung unerheblich. Können daher jegliche Überzahlungen eines Mitgliedstaates mit Nachzahlungen eines anderen Mitgliedstaates verrechnet werden? Als Beispiel kann eine Invaliditätsrente genommen werden, die in einem Mitgliedstaat A im Jahre 2010 festgestellt wird; im Mitgliedstaat B, in dem die betreffende Person ebenfalls Versicherungszeiten zurückgelegt hat, ist der für einen Rentenanspruch erforderliche Grad der Invalidität aber noch nicht erfüllt, so dass aus diesem Mitgliedstaat nicht gleichzeitig eine entsprechende Rente anfallen kann. Erst im Jahre 2013 ist aufgrund einer Verschlimmerung des Gesundheitszustandes auch in diesem Mitgliedstaat ein Anspruch möglich. Im Zuge der Überprüfung der Rente durch Mitgliedstaat A entdeckt der Träger einen Rechenfehler im Jahre 2010. Die monatliche Rente wurde um 10 EUR zu hoch bemessen; dadurch ergibt sich für die drei Jahre von 2010 bis 2013 (unter Außerachtlassung einer allfälligen Anpassung an die Kaufkraftentwicklung) ein Überbezug von 360 EUR. Kann dieser mit der Nachzahlung aus Mitgliedstaat B (die Rentenberechnung hat sechs Monate gedauert und die Nachzahlung der monatlichen Rente von 1000 EUR beläuft sich daher auf 6000 EUR) verrechnet werden? Wiewohl der Zweck dieser Regelung solche Fälle sicherlich nicht vor Augen hatte, schließt der Wortlaut eine solche Interpretation nicht aus. Allerdings wäre eine solche weite Anwendung in der Regel zum Nachteil der betroffenen Versicherten. Sicherlich ist ein Ausgleich in jenen Fällen nicht möglich, in denen das nationale Recht in Mitgliedstaat A zB eine rückwirkende Berichtigung von Rechenfehlern eines Trägers zu Lasten des Versicherten verbietet.

24 Ein Anwendungsfall dieser Regelung sind sicherlich jene Fälle, in denen Mitgliedstaat A zB seine Leistung auf eine Mindestleistung aufstockt, weil eben aus Mitgliedstaat B noch keine Leistung zusteht und diese Mindestleistung um den Betrag der später anfallenden Leistung aus Mitgliedstaat B zu reduzieren ist (in diesen Fällen ist auch eine Identität des Zeitraums, für den ein Überbezug entstanden ist, und desjenigen, für den eine Nachzahlung zu zahlen ist, gegeben). Bei dieser Mindestleistung muss es sich allerdings um eine Mindestleistung handeln, die unter Titel III Ka-

pitel 4 oder 5 fällt, da die in den Anhang X eingetragenen besonderen beitragsunabhängigen Geldleistungen nicht als unter Art. 72 Abs. 2 DVO fallend betrachtet werden können (diese Leistungen fallen ja unter Titel III Kapitel 9). Wurde somit eine solche besondere beitragsunabhängige Geldleistung, wie zB die deutschen Leistungen der Grundsicherung im Alter und bei Erwerbsminderung nach Kapitel 4 SGB XII oder die österreichische Ausgleichszulage, gewährt, kann ein entsprechender Überbezug nicht mit einer Rentennachzahlung eines anderen Mitgliedstaates nach Art. 72 Abs. 2 der DVO verrechnet werden. Ein weiterer Anwendungsfall von Art. 72 Abs. 2 DVO ist, wenn in Mitgliedstaat B endgültig mehr Versicherungszeiten vorliegen als ursprünglich angenommen und dadurch die anteilige Leistung in Mitgliedstaat A geringer wird und eine Neuberechnung dieser Leistung vorzunehmen ist. Übersteigt der Betrag der zu viel bezahlten Leistung jenen der Nachzahlung, bleibt für den Restbetrag die Möglichkeit eines Ausgleichs mit der laufenden Leistung nach Art. 72 Abs. 1 DVO, einer Beitreibung nach den Art. 75 ff der DVO oder natürlich eine Hereinbringung nach dem jeweiligen nationalen Recht (zB von laufenden Leistungen desselben Mitgliedstaats).

Auch dieser Ausgleich ist nicht verpflichtend, sondern im Rahmen einer „kann"-Bestimmung geregelt (s. diesbezüglich die Anmerkungen unter Rn 18). Der Träger, der zu viel gezahlt hat, hat nach Mitteilung des Betrages der Nachzahlung durch den Träger des anderen Mitgliedstaates **binnen zwei Monaten** seine Forderung bekannt zu geben; anderenfalls ist die Nachzahlung an die betreffende Person unmittelbar auszuzahlen. Dem Träger, der zu viel gezahlt hat, verbleibt dann nur noch eine Beitreibung nach den Art. 75 ff DVO, da nicht davon auszugehen ist, dass aufgrund von Art. 71 DVO bei einem Verschweigen innerhalb dieser zwei Monate eine Beitreibung ausgeschlossen ist. 25

g) Ausgleich mit Sozialhilfeleistungen

Art. 72 Abs. 3 DVO regelt einen Sonderfall des Zusammentreffens von Leistungen und zwar die Gewährung von **Sozialhilfeleistungen** eines Mitgliedstaats für einen Zeitraum, für den nachträglich ein anderer Mitgliedstaat Leistungen der sozialen Sicherheit gewährt (die Vorschrift entspricht Art. 111 Abs. 3 VO (EWG) Nr. 574/72). Wiewohl sich die VO (EG) Nr. 883/2004 an sich nicht auf die Sozialhilfe bezieht (Art. 3 Abs. 5, wobei von einer Identität der Begriffe „Sozialhilfe" und „soziale und medizinische Fürsorge" auszugehen ist), findet hier punktuell eine Erweiterung des sachlichen Geltungsbereichs um Leistungen der Sozialhilfe für Zwecke des Ausgleichs statt. 26

Voraussetzung für einen Ausgleich nach dieser Regelung ist zunächst, dass die Sozialhilfeträger eines Mitgliedstaates für einen Zeitraum Sozialhilfeleistungen gewährt haben, für den in einem anderen Mitgliedstaat ein Anspruch auf von der VO (EG) Nr. 883/2004 erfasste Leistungen der sozialen Sicherheit besteht (es muss somit Zeitenidentität vorliegen); ferner muss nach den Rechtsvorschriften des ersten Mitgliedstaats bei einem entsprechenden nationalen Sachverhalt ein **Regressanspruch des Sozialhilfeträgers** gegen einen Träger der sozialen Sicherheit dieses Staates bestehen, wenn dieser eine entsprechende Leistung der sozialen Sicherheit zahlen würde. Sind diese Voraussetzungen erfüllt, so kann (es besteht wiederum keine Automatik oder keine Verpflichtung) dieser Sozialhilfeträger vom Träger der sozialen Sicherheit des anderen Mitgliedstaats verlangen, dass dieser den für Sozialhilfe gezahlten Betrag von den Beträgen der Leistung, die dieser Träger zu gewähren hat, einbehält. Der Träger der sozialen Sicherheit führt diesen Ausgleich so durch, wie wenn es sich um eine Forderung eines Sozialhilfeträgers in diesem Mitgliedstaat handeln würde. Diese Regelung schafft somit erneut nur einen doppelt grenzüberschreitenden nationalen Ausgleich, der nicht funktioniert, wenn nur in einem der beiden betroffenen Mitgliedstaaten kein Regressanspruch zwischen den Trägern der Sozialhilfe und den Trägern der sozialen Sicherheit vorgesehen ist. Der Ausgleich kann aber, je nach den nationalen Rechtsvorschriften des Mitgliedstaats, in dem der Träger der sozialen Sicherheit seinen Sitz hat, entweder mit einer Nachzahlung für den Zeitraum der Gewährung von Sozialhilfeleistungen oder auch mit den laufenden künftigen Leistungen durchgeführt werden. 27

Spiegel

28 Kann im Wege des Art. 72 Abs. 3 DVO der zuviel gezahlte Betrag an Sozialhilfe grenzüberschreitend nicht hereingebracht werden, so hat der Sozialhilfeträger im Rahmen der VO (EG) Nr. 883/2004 **keine andere Möglichkeit**, seine Forderung hereinzubringen. Weder ein Ausgleich nach Art. 72 Abs. 1 oder 2 DVO noch eine Beitreibung nach den Art. 75 ff DVO ist für Leistungen der Sozialhilfe vorgesehen, da diese Regelungen nur für Leistungen im Sinne der Rechtsvorschriften über die soziale Sicherheit vorgesehen sind.

29 Beispiel für einen Anwendungsfall dieser Regelung: Ein Einwohner von Mitgliedstaat A hat immer nur in Mitgliedstaat B gearbeitet (zB als Grenzgänger). Mit Erreichen des Rentenalters stellt er daher einen Rentenantrag in diesem Mitgliedstaat B; da der Leistungsanspruch aber nicht ganz eindeutig ist, kann dieser Mitgliedstaat keinen Vorschuss zahlen. **Während des Rentenfeststellungsverfahrens** muss daher im Wohnmitgliedstaat A Sozialhilfe in Anspruch genommen werden. Der Sozialhilfeträger in Mitgliedstaat A gewährt für die 10 Monate des Rentenfeststellungsverfahrens in Mitgliedstaat B monatlich 500 EUR Sozialhilfe. Die Rente, die rückwirkend während dieser 10 Monate und auch laufend in Mitgliedstaat B gebührt, beträgt 1000 EUR. Wenn daher die Rechtsvorschriften von Mitgliedstaat A vorsehen, dass der Sozialhilfeträger einen Regressanspruch gegenüber einem Rentenversicherungsträger dieses Mitgliedstaats auf die Rentennachzahlung für einen Zeitraum hat, für den Sozialhilfe gewährt wurde, dann kann dieser Sozialhilfeträger auch seinen Regressanspruch (5000 EUR) gegenüber dem Rentenversicherungsträger in Mitgliedstaat B anmelden. Dieser hat den Regressantrag wie einen solchen von einem Sozialhilfeträger in Mitgliedstaat B zu behandeln. Sehen die Rechtsvorschriften von Mitgliedstaat B daher vor, dass ein Sozialhilfeträger einen Anspruch auf die Rentennachzahlung hat, dann muss dieser Rentenversicherungsträger von den 10000 EUR Rentennachzahlung 5000 EUR an den Sozialhilfeträger in Mitgliedstaat A überweisen. Sehen die Rechtsvorschriften von Mitgliedstaat B aber vor, dass nur 25 % der Nachzahlung an den Sozialhilfeträger überwiesen werden dürfen und der Rest in Raten von maximal 25 % von der laufenden Rente hereingebracht werden muss, dann können nur 2500 EUR von der Nachzahlung einbehalten und an den Sozialhilfeträger in Mitgliedstaat A gezahlt werden, die verbleibenden Regressansprüche von 2500 EUR müssen in 10 Raten à 250 EUR von der laufenden Rente hereingebracht werden.

3. Beitreibung

a) Grundsätze

30 Erstmals enthält die DVO für alle Mitgliedstaaten **verbindliche Regelungen** betreffend die Beitreibung von Forderungen. Diese Forderungen können nach Art. 75 Abs. 1 erster Spiegelstrich DVO sowohl Beitragsforderungen (die deutsche Fassung enthält allerdings einen Übersetzungsfehler – es müsste „geschuldete und nicht geleistete Beiträge" an Stelle von „nicht geschuldet geleistete Beiträge" heißen – die englische Fassung spricht von „claims relating to contributions or to benefits paid or provided unduly") als auch die Rückforderung von Leistungen. Diese Forderungen schließen alle Nebenansprüche wie zB Zinsen, Geldbußen, Verwaltungsstrafen und andere Gebühren (wie zB Gebühren eines Vollstreckungsgerichts) ein. Strittig könnte sein, ob auch andere mit Leistungen zusammenhängende Forderungen nach diesen Regelungen beigetrieben werden können, wie zB Selbstbehalte oder Kostenbeteiligungen bei Sachleistungen. Da auch in diesen Fällen ein Träger eine zu hohe Leistung erbracht hat (wenn nämlich diese Selbstbehalte oder Kostenbeteiligungen nicht in Abzug gebracht werden können), sollte kein Zweifel daran bestehen, dass auch solche Forderungen beigetrieben werden können. Bei der 329. Sitzung der Verwaltungskommission wurde darüber hinaus klargestellt, dass ausschließlich Leistungen, die in den sachlichen Geltungsbereich des Art. 3 VO (EG) Nr. 883/2004 fallen (einschließlich der in Anhang X VO (EG) Nr. 883/2004 eingetragenen besonderen beitragsunabhängigen Geldleistungen), Gegenstand von Beitreibungen sein können, nicht somit Ansprüche eines Sozialhilfeträgers (die zB von Art. 72 Abs. 3 DVO erfasst sein können).

Titel V Verschiedene Bestimmungen — Artikel 84

Für diese Beitreibungen müssen die Mitgliedstaaten nach Art. 75 Abs. 1 zweiter und dritter Spiegelstrich DVO **besondere Träger** bezeichnen, die ein entsprechendes Ersuchen stellen können („ersuchende Partei") und an die solche Ersuchen in einem anderen Mitgliedstaat gestellt werden können („ersuchte Partei"). Dabei müssen diese Träger gesondert für diese Funktionen im Master Directory (s. Art. 78 Rn 8ff) gekennzeichnet werden (Art. 75 Abs. 2 DVO). Die Mitgliedstaaten müssen dabei entscheiden, ob diese Funktion nur ausgewählten zentralen Trägern zugewiesen wird oder ob alle Träger dafür in Betracht gezogen werden können. So muss zB entschieden werden, ob nur eine Stelle in einem Mitgliedstaat für die Beitreibung von Beitragsforderungen nominiert wird oder ob diese Funktion auf die verschiedenen Zweige aufgesplittet wird (zB eine Stelle für die Beitragsforderungen in den Versicherungsfällen Krankheit, Mutterschaft und gleichgestellte Vaterschaft, eine für jene bei Arbeitsunfällen und Berufskrankheiten usw). Aber auch eine weitere Differenzierung wäre denkbar, wenn zB auf berufsspezifische Sondersysteme abgestellt wird (zB eine Stelle für Beitragsforderungen aus Arbeitnehmersystemen, eine für die Gewerbetreibenden, eine für die Landwirte usw) Von diesen Nominierungen hängt ab, ob die Beitreibung in der Praxis auch realisierbar ist oder nicht.

Nach Art. 75 Abs. 3 DVO kann die Verwaltungskommission die erforderlichen Durchführungsbestimmungen festlegen, wobei insbesondere **Schwellenwerte** eingeführt werden können, unter denen eine Beitreibung nicht verlangt werden kann. Bei der 318. Sitzung der Verwaltungskommission wurde dafür eine Mindestgrenze von 350 EUR festgelegt, wobei aber dadurch nationale Mindestbeträge über diesem Grenzbetrag bzw abweichende Regelungen in bilateralen Abkommen zwischen Mitgliedstaaten nicht berührt werden. So wurde zB zwischen der deutschen und österreichischen Verbindungsstelle vereinbart, weiterhin die bereits 2007 vereinbarten Schwellwerte von 100 bzw 150 EUR anzuwenden. Eine Eintragung dieser Vereinbarung in Anh. 1 DVO ist aber nicht erfolgt.

Die Beitreibung kann in **drei unterschiedliche Schritte** unterteilt werden. Zunächst einmal enthält die DVO Regelungen, mit denen ein Mitgliedstaat Auskünfte über Personen erlangen kann, die sich in einem anderen Mitgliedstaat aufhalten (Art. 76 DVO). Dann wird festgelegt, wie an Personen in einem anderen Mitgliedstaat Beitreibungsentscheidungen zugestellt werden können (Art. 77 DVO). Abschließend wird das grenzüberschreitende Beitreibungsverfahren im Detail geregelt (Art. 78 ff DVO).

Der gesamte Abschnitt wurde aber für den Bereich der Forderungen der sozialen Sicherheit nicht neu konzipiert. Der Gemeinschaftsgesetzgeber konnte auf ein bestehendes gut funktionierendes System zur **Beitreibung im Bereich der Steuern** zurückgreifen (RL 76/308/EWG über die gegenseitige Unterstützung bei der Beitreibung von Forderungen in Bezug auf bestimmte Abgaben, Zölle, Steuern und sonstige Maßnahmen, ABl. (EG) L 73 v. 19.3.1976, S. 1, in der Fassung der RL 2001/44/EG, ABl. (EU) L 175 v. 28.6.2001, S. 17, kodifiziert durch die RL 2008/55/EG, ABl. (EU) L 150 v. 10.6.2008, S. 28 sowie die diesbezüglichen Durchführungsbestimmungen der RL 2002/94/EG, ABl. (EG) L 337 v. 13.12.2002, S. 41, die allerdings durch eine Kommissionsverordnung VO (EG) Nr. 1179/2008, ABl. (EU) L 319 v. 29.11.2008, S. 21 ersetzt wurde). Die Abweichungen von diesem Recht sind marginal. Daher sind zur Auslegung der Art. 75 ff DVO auch die für den Steuerbereich vorhandenen Entscheidungen des EuGH bzw Kommentierungen bestens geeignet (zB *Philipp/Loukota/Jirousek*, Internationales Steuerrecht).

Einer der Grundsätze, die sich durch diesen gesamten Abschnitt ziehen, ist, dass der ersuchte Träger grundsätzlich alle Maßnahmen nach den für ihn geltenden Rechtsvorschriften zu setzen hat. Er ist also bei diesem besonderen Aspekt der gegenseitigen Amtshilfe nicht gehalten, ausländisches Recht zu beachten, was die einzige Möglichkeit ist, um diese Regelungen praktikabel zu machen. Dieser besondere Aspekt der Amtshilfe erfordert ein sehr **enges Zusammenwirken** zwischen dem ersuchenden und dem ersuchten Träger, insbesondere um Nachteile für den Betroffenen zu vermeiden.

Spiegel

b) Auskunftsverlangen

36 Art. 76 DVO ermöglicht als ersten Schritt die Einbeziehung des ersuchten Trägers, damit der ersuchende Träger **Informationen** erhalten kann, die er durch die ihm im Inland zustehenden Möglichkeiten nicht erlangen kann (zB genaue Anschrift des Beitragsschuldners im Mitgliedstaat des ersuchten Trägers). Diese Informationen werden vom ersuchten Träger nach den für ihn geltenden Rechtsvorschriften eingeholt, wie wenn es sich um eine „entsprechende Forderung" nach seinen Rechtsvorschriften handeln würde. Bei der 329. Sitzung der Verwaltungskommission wurde beschlossen, diesen Begriff der entsprechenden Forderungen möglichst extensiv zu interpretieren. Somit entsprechen sich auf jeden Fall Forderungen, die sich auf denselben Zweig der sozialen Sicherheit (wie zB Leistungen bei Krankheit) beziehen, ohne dass eine nähere Prüfung zu erfolgen hat (ob zB ein Krankengeld des ersuchenden Mitgliedstaats nach denselben Grundsätzen wie ein solches nach den Rechtsvorschriften des ersuchten Mitgliedstaats berechnet wird). Daher müssen nach Art. 76 Abs. 3 DVO keine Auskünfte erteilt werden, wenn diese bei Beitreibung eigener Forderungen des ersuchten Trägers (aus rechtlichen oder faktischen Gründen) nicht beschafft werden können, wenn dadurch ein Handels-, Gewerbe- oder Berufsgeheimnis preisgegeben werden würde (selbst wenn der ersuchende Träger sich nach dem für ihn geltenden Recht solche Informationen beschaffen könnte) und wenn deren Mitteilung die Sicherheit oder die öffentliche Ordnung verletzen könnte. Es ist schwer vorstellbar, dass Forderungen im Bereich der sozialen Sicherheit unter diese Ausnahme fallen können. Hinsichtlich der letzten beiden Möglichkeiten zur Verweigerung einer Auskunft wurde bei der 329. Sitzung der Verwaltungskommission klargestellt, dass dies nur dann erfolgen kann, wenn auch bei entsprechenden nationalen Auskunftsersuchen eine solche Weigerung erlaubt ist. Eine solche Weigerung ist zu begründen und sollte nur auf Ausnahmefälle beschränkt bleiben. Ferner wurde festgelegt, dass vor einem Beitreibungsersuchen nach Art. 78 DVO (s. Rn 38 ff) idR ein Auskunftsersuchen nach Art. 76 DVO zu stellen ist. Aufgrund der Verpflichtung der Träger zur loyalen Zusammenarbeit muss der ersuchte Träger alle notwendigen Schritte zur Einholung von Auskünften unternehmen, die er auch auf nationaler Ebene zur Beitreibung der eigenen Forderungen unternommen hätte, wobei jedoch übermäßige Kosten oder unverhältnismäßige Anstrengungen zu vermeiden sind (Verwaltungskommission, 329. Sitzung).

c) Zustellung

37 Art. 77 DVO behandelt nach der Einholung von Informationen den nächsten Schritt in einem grenzüberschreitenden Beitreibungsverfahren, nämlich die **Zustellung von Schriftstücken und Entscheidungen** (zB Zahlungsaufforderungen, da auch Schriftstücke betreffend die Forderung selbst und nicht nur betreffend die Beitreibung erfasst sind, oder eben Beitreibungsentscheidungen des Trägers oder eines Gerichtes des ersuchenden Staates). Die Zustellung erfolgt nach den Rechtsvorschriften, die für den ersuchten Träger gelten. Diese Regelung bezieht sich aber nur auf die Zustellung von Forderungen oder Beitreibungsschreiben. Sonstige Schriftstücke (zB eine Entscheidung über die Gewährung oder den Entzug einer Leistung, eine Entscheidung über eine Versicherungspflicht oder auch eine Aufforderung an eine Person zur Übermittlung ergänzender Nachweise) können nach dieser Regelung nicht zugestellt werden.

d) Beitreibung

38 Nach Art. 78 DVO kann ein Träger in einem anderen Mitgliedstaat ersucht werden, eine Forderung eines Trägers einzutreiben. Dazu muss zunächst im ersuchenden Mitgliedstaat ein **Vollstreckungstitel** vorliegen. Die Forderung darf aber noch nicht angefochten worden sein. Dabei kommt es aber nur darauf an, ob tatsächlich ein Einspruch oder ein Rechtsbehelf gegen die Forderung oder den Vollstreckungstitel eingelegt wurde. Es nicht erforderlich, dass sämtliche Einspruchsfristen bereits abgelaufen sind und die Forderung oder der Titel auch theoretisch nicht mehr bekämpft werden können. Aber selbst bei einem noch offenen Einspruch im ersuchenden Staat kann

Titel V Verschiedene Bestimmungen Artikel 84

bereits um Vollstreckung ersucht werden, wenn nach den Beitreibungsregelungen sowohl des ersuchenden als auch des ersuchten Mitgliedstaats eine solche Beitreibung trotz einer Anfechtung möglich ist (Art. 81 Abs. 2 Unterabs. 2 DVO). Ferner muss der ersuchende Träger im Gebiet seines Mitgliedstaats alle dort möglichen Beitreibungsmaßnahmen gesetzt haben. Die Forderung, aber auch die Beitreibung dürfen nach dem für den ersuchenden Träger geltenden Recht auch noch nicht verjährt sein. Eine Beitreibung muss daher bei entsprechenden rein internen Sachverhalten in diesem Mitgliedstaat noch möglich sein.

Der Vollstreckungstitel des ersuchenden Trägers wird vom ersuchten Träger **unmittelbar anerkannt** und hat automatisch dieselben Rechtswirkungen wie ein entsprechender Titel nach den für den ersuchten Träger geltenden Rechtsvorschriften (Art. 79 Abs. 1 DVO). Als Vollstreckungstitel gilt auch eine gerichtliche Entscheidung, die eine erste Entscheidung des ersuchenden Trägers bestätigt (Art. 81 Abs. 4 DVO). Allerdings hatten einige Mitgliedstaaten mit einer solchen bedingungslosen Automatik Probleme, sodass ergänzend vorgesehen wurde, dass falls erforderlich auch eine zusätzliche Annahme, Anerkennung oder Ergänzung des ausländischen Titels oder gar das Ersetzen durch einen neuen Titel des ersuchten Staates möglich ist (Art. 84 Abs. 2 bzw Art. 79 Abs. 2 DVO), wobei diese zusätzlichen Maßnahmen aber so schnell wie möglich zu erfolgen haben. Wenn daher nach der Rechtstradition eines Mitgliedstaates ausländische Beitreibungstitel prinzipiell immer durch einen Beschluss eines nationalen Beitreibungsgerichts „nostrifiziert" werden müssen, so kann dies auch nach den Beitreibungsregelungen der DVO weiterhin so praktiziert werden. 39

Das gesamte Beitreibungsverfahren richtet sich nach den Regelungen (dabei handelt es sich nicht nur um die Rechtsvorschriften im Sinne des Art. 1 lit. l), sondern um alle für die Beitreibung von Forderungen auch in anderen Rechtsbereichen enthaltenen Regelungen und die diesbezügliche Praxis), die für den ersuchten Träger gelten, als würde es sich um eine entsprechende Forderung dieses Trägers handeln (Art. 84 Abs. 1). Der ersuchte Träger hat den gesamten beigetriebenen Betrag an den ersuchenden Träger zu überweisen (Art. 80 Abs. 1 DVO). Bei der 329. Sitzung der Verwaltungskommission wurde festgelegt, dass es sich dabei um den gesamten Betrag handelt, der tatsächlich beigetrieben werden konnte – es kann sich somit auch nur um einen Teilbetrag der Forderung des ersuchenden Trägers handeln. Ausdrücklich wurde dabei auch die Möglichkeit von Teilüberweisungen bestätigt, wenn die Forderung in Teilbeträgen hereingebracht wird, dabei sollte aber vernünftig vorgegangen werden, so dass zB die Überweisungskosten nicht den Betrag der Teilüberweisung überschreiten. In Zweifelsfällen sollen die beteiligten Träger entsprechende Vereinbarungen schließen. Bei der Frage, welcher Betrag zu überweisen ist, muss aber auch auf Art. 85 Abs. 1 DVO Rücksicht genommen werden, wonach der ersuchte Träger auf jeden Fall beim Schuldner auch seine Kosten hereinbringen darf (s Rn 45). Sofern bei der Beitreibung **Währungsumrechnungen** erforderlich sind, enthält Nr. 6 des Beschlusses Nr. H3 der Verwaltungskommission v. 15.10.2009 über den Bezugszeitpunkt für die Festlegung der Umrechnungskurse (ABl. (EU) C 106 v. 24.4.2010, S. 56) eine konkrete Regelung (Tag, an dem das Vorbringen erstmals abgesandt wurde); dies gilt selbst bei späterer Forderungseinschränkung (329. Sitzung der Verwaltungskommission). 40

Sofern Forderungen im Bereich der sozialen Sicherheit nach den Regelungen, die für den ersuchten Träger gelten, **bevorrechtet** sind (zB in einem Konkurs- oder Ausgleichsverfahren), haben die entsprechenden Forderungen aus einem anderen Mitgliedstaat genau denselben Status (Art. 84 Abs. 3). Wenn daher zB in einem Mitgliedstaat A über ein Unternehmen der Konkurs eröffnet wird und auch ein Träger aus Mitgliedstaat B, bei dem ein Mitarbeiter dieses Unternehmens versichert ist, Beitragsforderungen gegen dieses Unternehmen nach Art. 78 DVO beizutreiben versucht, so haben auch diese Forderungen Vorrang vor den anderen Forderungen, wenn nach den Regelungen des Mitgliedstaates A Beitragsforderungen im Bereich der sozialen Sicherheit bevorrechtet sind. Auch allfällige Zahlungsfristen oder Ratenzahlungen, aber auch Verzugszinsen richten sich nach den für den ersuchten Träger geltenden Regelungen (Art. 80 Abs. 1 DVO). 41

Spiegel

42 Rechtbehelfe zur Anfechtung einer Forderung oder eines Vollstreckungstitels (nicht der konkreten Vollstreckungsmaßnahme!) sind nach den für den ersuchenden Träger geltenden Rechtsvorschriften einzulegen; in diesem Fall ist ein Informationsaustausch zwischen den beiden Trägern essentiell (Art. 81 Abs. 1 DVO). Sollte der ersuchte Träger bereits Vollstreckungsmaßnahmen gesetzt oder eingeleitet haben, muss er unverzüglich mit diesen Maßnahmen innehalten, es sei denn, sowohl nach den Beitreibungsregelungen des ersuchenden als auch des ersuchten Mitgliedstaats kann die Beitreibung trotz einer Anfechtung fortgesetzt werden (Art. 81 Abs. 2 Unterabs. 2 DVO). Im Unterschied dazu sind konkrete Vollstreckungsmaßnahmen nach den Regelungen, die für den ersuchten Träger gelten, anzufechten (Art. 81 Abs. 3 DVO). Wenn daher eine betroffene Person bei einer laufenden Beitreibung der Auffassung ist, dass der vom zuständigen Träger festgestellte Überbezug an einer Leistung, die nach Art. 75 ff DVO im Wohnland dieser Person beigetrieben wird, falsch berechnet wurde, muss sie das im ersuchenden Mitgliedstaat geltend machen. Will diese Person aber bekämpfen, dass für diese Forderung seine in dem ersuchten Mitgliedstaat gelegene Liegenschaft versteigert wird, muss sie diese Vollstreckungsmaßnahme im ersuchten Mitgliedstaat anfechten. Derselbe Grundsatz gilt auch für die Verjährungsregelungen (Art. 83 DVO): Für die Forderung und den Vollstreckungstitel gelten die Verjährungsfristen nach den Vorschriften des ersuchenden Mitgliedstaats, für die konkreten Vollstreckungsmaßnahmen die Fristen nach den Vorschriften des ersuchten Mitgliedstaats.

43 Losgelöst vom jeweiligen nationalen Recht enthält Art. 82 DVO **Grenzen**, die den ersuchten Träger aber auch die betroffene Person vor zu invasiven Beitreibungsersuchen schützen sollen. So dürfen durch das Beitreibungsersuchen „wegen der Situation des Schuldners" im ersuchten Mitgliedstaat keine ernsten wirtschaftlichen oder sozialen Schwierigkeiten eintreten. Bei der 329. Sitzung der Verwaltungskommission wurde diesbezüglich klargestellt, dass auch in dieser Frage der ersuchte Träger wie bei einem eigenen Schuldner aufgrund der für ihn geltenden Vorschriften vorzugehen hat. Diese Schutzregelung richtet sich nach dem Recht des ersuchten Mitgliedstaats, ist aber nicht ganz klar; offensichtlich kann sie aber dazu genutzt werden, zB eine Beitreibung gegen einen Arbeitgeber zu unterbinden, der anderenfalls aufgrund seiner zu großen Beitragsausstände in einem anderen Mitgliedstaat (zB große Anzahl von im Ausland eingesetzten Leiharbeitnehmern) in den Konkurs getrieben würde, sofern dies nach diesen Rechtsvorschriften eben vorgesehen ist. Ebenso wird eine absolute (unionsrechtliche) Verjährungsfrist von fünf Jahren zwischen Ausstellung des Vollstreckungstitels und dem Ersuchen um grenzüberschreitende Beitreibung vorgesehen, losgelöst von allfälligen längeren nationalen Verjährungsfristen. Diese Regelung schafft somit europäisches Verfahrensrecht. Fraglich war, ab welchem Zeitraum diese fünf Jahre zu laufen beginnen bzw ganz generell, welche Beschränkungen sich durch das Inkrafttreten der VO (EG) Nr. 987/2009, die ja erstmals eine grenzüberschreitende Beitreibung mit 1.5.2010 eingeführt hat, ergeben. Bei der 329. Sitzung der Verwaltungskommission wurde beschlossen, dass zunächst drei Zeitpunkte zu unterscheiden sind: Das Datum des Entstehens der Forderung, das Datum des Vollstreckungstitels und das Datum der Übermittlung des Beitreibungsersuchens. Keines dieser Daten muss nach dem 1.5.2010 liegen (hinsichtlich der analogen Regelungen der RL 76/308/EWG – Rn 34 – s. auch EuGH, Rs. C-362/02 und C-362/02 (Tsapalos und Diamantakis), Slg 2004, I-6405); somit erstrecken sich die Beitreibungsregelungen auch auf die davor gelegenen Daten, wobei aber natürlich immer die absolute Frist der fünf Jahre ab der Ausstellung des Vollstreckungstitels zu berücksichtigen ist. Ebenso wurde festgehalten, dass auch Forderungen vor dem EU-Beitritt eines Mitgliedstaates zu berücksichtigen sind.

44 Zusätzlich kann der ersuchende Träger auch noch die Durchführung von **Vorsorge- und Sicherungsmaßnahmen** verlangen (Art. 84 DVO). Allerdings ist auch dafür eine Prüfung der rechtlichen Zulässigkeit nach den Rechtsvorschriften des ersuchten Mitgliedstaats erforderlich.

45 Bei der **Kostentragung** für die Amtshilfe bei der Beitreibung ist ebenfalls eine Sonderregelung im Verhältnis zur allgemeinen Regelung der Kostenfreiheit (Art. 84 Abs. 2) vorgesehen. Nach Art. 85 Abs. 1 DVO hat der ersuchte Träger zunächst einmal die Kosten auf den Schuldner der

Forderung abzuwälzen, so wie er das auch bei einer rein nationalen Forderung machen könnte. Die Amtshilfe selbst ist aber – wie auch alle anderen Amtshilfen – kostenlos (Art. 85 Abs. 2 DVO). Allerdings schließt das nicht allfällige Schäden (Kosten oder Verluste) ein, die im Rahmen der Beitreibung entstanden sind (Art. 85 Abs. 3 DVO). War daher zB der Vollstreckungstitel nicht korrekt und musste der ersuchte Träger aufgrund des formell gültigen Ersuchens des ersuchenden Trägers eine Liegenschaft des Schuldners veräußern, so richten sich zwar die sich daraus ergebenden Ansprüche des Schuldners zunächst gegen den ersuchten Träger, da es sich ja um die Konsequenzen einer konkreten Vollstreckungsmaßnahme handelt; diese Kosten des ersuchten Trägers muss ihm aber dann der ersuchende Träger erstatten, da der ersuchte Träger darauf ja keinen Einfluss hatte. Nicht klar geregelt ist die Frage, wie mit **Kosten des ersuchten Trägers** umzugehen ist, die nicht vom Schuldner hereingebracht werden können (weil zB das nationale Recht dies nicht vorsieht oder dies aus wirtschaftlichen Gründen nicht möglich ist). Sofern keine entsprechenden besonderen Vereinbarungen getroffen werden, ist nach den Festlegungen bei der 329. Sitzung der Verwaltungskommission auf die Unentgeltlichkeit der Amtshilfe (Art. 76 Abs. 2 VO (EG) Nr. 883/2004) Bedacht zu nehmen. Diese Kosten sind daher vom ersuchten Träger zu tragen, es sei denn, die beiden beteiligten Träger haben sich vorweg auf eine abweichende Kostentragung geeinigt.

e) Überprüfung der Bestimmungen betreffend den Ausgleich und die Beitreibung

Art. 86 DVO zur Überprüfung bestimmter Regelungen der DVO wurde an einem falschen Platz der DVO eingeordnet. Als Regelung, die gleichzeitig Art. 67 Abs. 2, 5 und 6 DVO (Abs. 1 – Fristen für die Kostenerstattung im Bereich Leistungen bei Krankheit, Mutterschaft und gleichgestellte Vaterschaft sowie bei Arbeitsunfällen und Berufskrankheiten), Art. 13 DVO (Abs. 2 – Umrechnung von Zeiten, die in unterschiedlichen Einheiten ausgedrückt werden) und Titel IV Kapitel I und Kapitel III DVO (Abs. 3 – Kostenerstattung und Rückforderungen) betrifft, müsste diese Regelung irgendwo im Titel V DVO und nicht im Rahmen der Regelungen der Art. 75 ff DVO angesiedelt sein. Hinsichtlich der Maßnahmen zur Beitreibung von Forderungen zeigt diese Überprüfungsklausel aber die Absicht des Gemeinschaftsgesetzgebers, vor allem diese Regelungen zunächst einmal **auszutesten** und zu prüfen, ob dieses im Steuerbereich entwickelte Regelungswerk nahezu unverändert auf den Bereich der sozialen Sicherheit übertragen werden kann. Daher soll die Verwaltungskommission spätestens bis zum Ende der ersten fünf Jahre der Anwendung der VO (EG) Nr. 883/2004 einen Sonderbericht vorlegen (offen bleibt, wem dieser Sonderbericht vorgelegt werden soll: dem Rat und Europäischen Parlament als Gemeinschaftsgesetzgeber?) und damit der Kommission eine Grundlage für einen Vorschlag zur Änderung der Bestimmungen der DVO zu liefern. Dabei muss sicherlich auch auf allenfalls in der Zwischenzeit im Steuerbereich eingetretene Entwicklungen Bedacht genommen werden.

46

Artikel 85 Ansprüche der Träger

(1) Werden einer Person nach den Rechtsvorschriften eines Mitgliedstaats Leistungen für einen Schaden gewährt, der sich aus einem in einem anderen Mitgliedstaat eingetretenen Ereignis ergibt, so gilt für etwaige Ansprüche des zur Leistung verpflichteten Trägers gegenüber einem zum Schadenersatz verpflichteten Dritten folgende Regelung:

a) Sind die Ansprüche, die der Leistungsempfänger gegenüber dem Dritten hat, nach den für den zur Leistung verpflichteten Träger geltenden Rechtsvorschriften auf diesen Träger übergegangen, so erkennt jeder Mitgliedstaat diesen Übergang an.

b) Hat der zur Leistung verpflichtete Träger einen unmittelbaren Anspruch gegen den Dritten, so erkennt jeder Mitgliedstaat diesen Anspruch an.

(2) Werden einer Person nach den Rechtsvorschriften eines Mitgliedstaats Leistungen für einen Schaden gewährt, der sich aus einem in einem anderen Mitgliedstaat eingetretenen Ereignis ergibt, so gelten für die betreffende Person oder den zuständigen Träger die Bestimmungen dieser Rechtsvorschriften, in denen festgelegt ist, in welchen Fällen die Arbeitgeber oder ihre Arbeitnehmer von der Haftung befreit sind.

Absatz 1 gilt auch für etwaige Ansprüche des zur Leistung verpflichteten Trägers gegenüber Arbeitgebern oder ihren Arbeitnehmern, wenn deren Haftung nicht ausgeschlossen ist.

(3) Haben zwei oder mehr Mitgliedstaaten oder ihre zuständigen Behörden gemäß Artikel 35 Absatz 3 und/oder Artikel 41 Absatz 2 eine Vereinbarung über den Verzicht auf Erstattung zwischen Trägern, die in ihre Zuständigkeit fallen, geschlossen oder erfolgt die Erstattung unabhängig von dem Betrag der tatsächlich gewährten Leistungen, so gilt für etwaige Ansprüche gegenüber einem für den Schaden haftenden Dritten folgende Regelung:

a) Gewährt der Träger des Wohn- oder Aufenthaltsmitgliedstaats einer Person Leistungen für einen in seinem Hoheitsgebiet erlittenen Schaden, so übt dieser Träger nach den für ihn geltenden Rechtsvorschriften das Recht auf Forderungsübergang oder direktes Vorgehen gegen den schadenersatzpflichtigen Dritten aus.

b) Für die Anwendung von Buchstabe a) gilt

   i) der Leistungsempfänger als beim Träger des Wohn- oder Aufenthaltsorts versichert

   und

   ii) dieser Träger als zur Leistung verpflichteter Träger.

c) Die Absätze 1 und 2 bleiben für alle Leistungen anwendbar, die nicht unter die Verzichtsvereinbarung fallen oder für die keine Erstattung gilt, die unabhängig von dem Betrag der tatsächlich gewährten Leistungen erfolgt.

I. Normzweck

1 Art. 85 entspricht nahezu wortgleich Art. 93 VO (EWG) Nr. 1408/71 und enthält einen Sonderaspekt der allgemeinen Sachverhaltsgleichstellung nach Art. 5. Im Hinblick auf das komplexe Zusammenspiel von zivilem Schadensersatzrecht und Sozialrecht (dazu allgemein *Eichenhofer*, Internationales Sozialrecht und Privatrecht, 1987, S. 52 ff) war es aber empfehlenswert, nicht nur auf diesen allgemeinen Grundsatz zu vertrauen, sondern die Gleichstellungen in einer detaillierten Regelung klarzustellen. Die Regelung soll jenen Trägern helfen, die durch den Eintritt eines Risikos der sozialen Sicherheit leistungspflichtig werden, das durch ein Ereignis ausgelöst wurde, für das ein Schädiger schadensersatzpflichtig wird, damit diese Träger in grenzüberschreitenden Sachverhalten genau dieselben Rechte haben, wie in rein internen Situationen. Die Regelung greift vor allem bei den Leistungen bei Krankheit, Arbeitsunfällen, Berufskrankheiten, Invalidität oder Tod. Der EuGH hat schon sehr früh festgestellt, dass diese Regelung nicht nur auf Arbeitsunfälle, sondern auf alle Unfälle einschließlich der Freizeitunfälle anzuwenden ist (Rs. C-44/65 (Singer), Slg 1965, 1191). Die Gleichstellung wirkt aber auch zu Gunsten des Schädigers. Wenn das nationale Recht nämlich Haftungsfreistellungen (zB des Arbeitgebers) vorsieht, so wird das auf entsprechende grenzüberschreitende Situationen ausgedehnt.

2 Abs. 1 enthält zunächst die **gegenseitige Anerkennung** einer Legalzession bzw von unmittelbaren Ansprüchen des leistungspflichtigen Trägers gegenüber dem Schädiger, Abs. 2 eine Festlegung, nach welchen Rechtsvorschriften eine Haftungsbefreiung des Schädigers zu beurteilen ist, und Abs. 3 Sonderregelungen für Fälle, in denen Leistungen nicht vom zuständigen Träger, sondern vom Träger des Aufenthalts- oder Wohnortes erbracht werden und die Kostenerstattung unter einen Erstattungsverzicht oder eine pauschale Kostenerstattung fällt.

3 **Eigenständige Regressrechte oder Legalzessionen** werden durch diese Regelung aber nicht geschaffen; das bleibt weiterhin in der nationalen Zuständigkeit. Ebenfalls nicht erfasst ist die Frage,

vor dem Gericht welchen Staates solche Schadensersatzansprüche geltend zu machen sind (Rs. C-347/08 (Vorarlberger Gebietskrankenkasse), Slg 2009, I-8661), was ausschließlich nach der VO (EG) Nr. 44/2001 über die gerichtliche Zuständigkeit und die Anerkennung und Vollstreckung von Entscheidungen in Zivil- und Handelssachen (ABl. L 12 v. 16.1.2001, S. 1) zu beurteilen ist.

II. Einzelerläuterungen

1. Grenzüberschreitende Legalzession bzw Direktansprüche der Träger

Art. 85 Abs. 1 regelt die Situationen, in denen die Ansprüche im Bereich der sozialen Sicherheit nach den Rechtsvorschriften des einen, die **Schadensersatzansprüche aber nach den gesetzlichen Regelungen eines anderen Mitgliedstaats** entstehen. Ein gutes Beispiel für einen solchen Fall ist ein Versicherter des Mitgliedstaates A, der während einer Fahrt durch den Mitgliedstaat B dort einen Autounfall erleidet, der von einem Einwohner dieses Mitgliedstaates B verursacht und verschuldet wurde. Der zuständige Träger in Mitgliedstaat A muss aufgrund dieser Schädigung an seinen Versicherten eine Invaliditätsrente gewähren. Schadensersatzansprüche richten sich aber in der Regel nach dem Statut jenes Staates, in dem das schädigende Ereignis eingetreten ist (Tatortprinzip), somit nach dem Recht von Mitgliedstaat B (dazu allgemein *Spickhoff*, IPRax 2000, 1). Wenn die Rechtsvorschriften von Mitgliedstaat A bei einem rein internen Sachverhalt (Autounfall in Mitgliedstaat A) den Übergang der schadensersatzrechtlichen Forderung des Geschädigten auf den leistungspflichtigen Rentenversicherungsträger vorsehen (Legalzession) oder dem leistungspflichtigen Träger einen unmittelbaren Anspruch gegenüber dem Schädiger einräumen (für eine nicht einschränkende Interpretation der in Betracht kommenden nationalen Regelungen: EuGH, Rs. C-428/92 (DAK), Slg 1994, I-2259), so wirkt dies auch über die Grenze und geht daher zB auch ein schadensersatzrechtlicher Anspruch des Geschädigten nach dem Recht von Mitgliedstaat B auf den zuständigen Träger in Mitgliedstaat A über bzw hat dieser Träger einen unmittelbaren Anspruch gegen den Schädiger in Mitgliedstaat B.

Durch die Regelung nicht klar gelöst ist die Frage, was in Fällen eines in den beiden betroffenen Mitgliedstaaten **unterschiedlichen nationalen Rechts** geschieht, in denen zwar das Recht der sozialen Sicherheit von Mitgliedstaat A (Versicherungsstatut) den Forderungsübergang (Legalzession) vorsieht, das Recht des Staates, nach dessen Statut sich der Schadensersatzanspruch richtet (Mitgliedstaat B) dies aber bei internen Sachverhalten ausdrücklich ausschließt. Die deutsche Lehre hat auch in solchen Fällen die Legalzession bejaht (*von Bar*, RabelsZ 1989, 462, 478; *Beitzke*, IPRax 1989, 250 ff; *Schuler*, Das Internationale Sozialrecht, S. 470 ff), was auch vom EuGH bestätigt wurde (Rs. C-397/96 (Kordel), Slg 1999, I-5959). In dieser Rechtssache hat der EuGH aber noch weitere Grundsätze dieser Regelung klargestellt: Ob überhaupt und in welchem Ausmaß ein Schadensersatzanspruch entsteht, richtet sich ausschließlich nach dem Recht des Staates, der nach den zivilrechtlichen Grundsätzen für den Schadensersatzanspruch zuständig ist (also in unserem Beispiel nach dem Recht von Mitgliedstaat B) und nicht nach den Rechtsvorschriften, die für den leistungspflichtigen Träger gelten. Der Übergang des Anspruchs bzw der direkt geltend zu machende Anspruch ist somit mit jenem Betrag begrenzt, der nach dem Schadensersatzrecht des Mitgliedstaates B als Schadensersatz in Betracht kommt. Fragen des Schuldnerschutzes sind dem Schadensersatzrecht zuzuordnen und richten sich daher nach dem Recht des Staates, das für den Schadensersatzanspruch maßgebend ist (Mitgliedstaat B – *von Bar*, RabelsZ 1989, 462, 476 ff, *Börner*, ZIAS 1995, 369, 413). Die Art und der Umfang des Übergangs der Forderung richten sich jedoch nach den Rechtsvorschriften, die für den leistungspflichtigen Träger gelten (EuGH, Rs. C-428/92 (DAK), Slg 1994, I-2259). Ob ein nach den Rechtsvorschriften des zuständigen Staates für Forderungen der Träger der sozialen Sicherheit vorgesehener Sonderstatus (zB ein Quotenvorrecht – der um den Eigenverschuldensanteil verkürzte Schadensersatzanspruch des geschädigten Versicherten geht nach Maßgabe der Leistungen des Sozialversicherungsträgers auf diesen über und bildet den Deckungsfonds, aus dem der Sozialversicherungsträger im Vorrang vor dem dem Geschädigten verbleibenden restlichen Schadensersatzanspruch zu befriedigen ist) auch bei Schadenersatzansprüchen nach dem Recht eines anderen Mitgliedstaates greift, ist nicht ganz eindeutig (dafür *Eichenhofer*, Internationales Sozialrecht und internationales Privatrecht, 1987, S. 208; dagegen *Birk*, Schadenersatz, S. 88).

6   Der Forderungsübergang betrifft aber nur die Ansprüche von Trägern der sozialen Sicherheit, die Rechtsvorschriften im Sinne des Art. 1 lit. l) anwenden und nicht für **Träger der privaten Krankenversicherung**, mit denen ein Versicherungsschutz durch einen privatrechtlichen Vertrag vereinbart wurde (EuGH, Rs. C-313/82 (Tiel-Utrecht), Slg 1984, 1389). Der Übergang erfasst nur den Schadensersatz, der den vom zuständigen Träger erbrachten Leistungen zuzuordnen ist. Darüber hinaus gehende Ansprüche des Geschädigten für materielle Schäden (zB für das beschädigte Auto) oder immaterielle Schäden (zB Schmerzensgeld) werden davon nicht erfasst (EuGH, Rs. 72/76 (Töpfer), Slg 1977, 271).

2. Grenzüberschreitende Haftungsbefreiung des Arbeitgebers bzw der Arbeitskollegen

7   Art. 85 Abs. 2 regelt einen weiteren Aspekt des Zusammenspiels zwischen dem Recht der sozialen Sicherheit und dem zivilrechtlichen Schadensersatzrecht (dazu auch *von Bar*, Internationales Privatrecht II, München, 1991, Rn 687 f und *Eichenhofer*, Internationales Sozialrecht und internationales Privatrecht, 1987, 100 ff). Ist nämlich nach den Rechtsvorschriften des für Leistungen der sozialen Sicherheit zuständigen Mitgliedstaats eine Befreiung des Arbeitgebers oder der Arbeitskollegen von Schadensersatzverpflichtungen vorgesehen, so erstreckt sich diese Befreiung auch auf **Schäden, die nach dem Recht eines anderen Mitgliedstaates entstehen**. Wird daher zB ein in einem Betrieb in Mitgliedstaat A beschäftigter Arbeitnehmer, der den Rechtsvorschriften von Mitgliedstaat B unterliegt (zB in Anwendung von Art. 13 Abs. 1), verletzt und trifft den Arbeitgeber ein Verschulden an dieser Verletzung, so gelten hinsichtlich einer allfälligen Haftungsbefreiung (nach dem Recht von Mitgliedstaat A besteht ein Schadensersatzanspruch) die Rechtsvorschriften von Mitgliedstaat B. Wenn daher nach diesen Rechtsvorschriften durch die Entrichtung des Unfallversicherungsbeitrages der Arbeitgeber von der Haftung in solchen Fällen befreit ist, so gilt dies auch für den Arbeitgeber in einem anderen Mitgliedstaat, der den betreffenden Arbeitnehmer in diesem Mitgliedstaat B versichert. Dies gilt wohl auch in jenen Fällen, in denen der Arbeitgeber und der Arbeitnehmer nach Art. 21 Abs. 2 DVO vereinbart haben, dass der Arbeitnehmer selbst die Beiträge zu entrichten hat. Ist nach den Rechtsvorschriften des leistungspflichtigen Staates aber keine Befreiung des Arbeitgebers oder der Arbeitskollegen vorgesehen, so gilt dies auch für solche Personen in einem anderen Mitgliedstaat (selbst wenn diese nach dem dort geltenden Recht der sozialen Sicherheit von der Haftung befreit wären – Art. 85 Abs. 2 Unterabs. 2).

3. Forderungsübergang bei abweichenden Kostenerstattungsvereinbarungen

8   Art. 85 Abs. 3 sieht eine ergänzende Regelung für jene Fälle vor, in denen zwei Mitgliedstaaten nach Art. 35 Abs. 2 bzw Art. 41 Abs. 2 einen **Erstattungsverzicht** oder eine von den Kosten des Einzelfalles losgelöste pauschale Kostenerstattung vereinbart haben. Diese Regelung bezieht sich somit nur auf Forderungsübergänge für gewährte Sachleistungen bei Krankheit oder bei Arbeitsunfällen und Berufskrankheiten. Haben daher zB die Mitgliedstaaten A und B auf die Erstattung sämtlicher Kosten der Leistungen bei Krankheit verzichtet und erleidet ein Versicherter aus Mitgliedstaat A im Gebiet von Mitgliedstaat B einen Autounfall, so werden die medizinisch notwendigen Leistungen nach Art. 19 durch den Träger des Aufenthaltsortes in Mitgliedstaat B gewährt, der zuständige Träger ist aber jener, bei dem die Versicherung in Mitgliedstaat A besteht. Da der Träger des Aufenthaltsortes in Mitgliedstaat B keine Kostenerstattung vom zuständigen Träger in Mitgliedstaat A erhalten kann, wird diesem Träger in Mitgliedstaat B auch die Geltendmachung eines allfälligen Forderungsübergangs nach den für ihn geltenden Rechtsvorschriften übertragen. Ohne diese Regelung könnte in diesen Fällen möglicherweise keiner der beteiligten Träger in den

Genuss des Forderungsübergangs kommen, da der zuständige Träger die Kosten der Leistung nicht trägt und der Träger des Aufenthaltsortes dazu nicht ermächtigt ist. Die Frage, ob und in welchem Umfang ein solcher Anspruch auf Forderungsübergang besteht, richtet sich aber nicht nach den Rechtsvorschriften, die für den zuständigen Träger gelten (was ohne einen solchen Erstattungsverzicht der Fall wäre), sondern nach den Rechtsvorschriften, die für den Träger des Aufenthaltsortes gelten. Eine bilaterale Vereinbarung zur Kostenerstattung, die an sich nur die Beziehungen zwischen den Trägern der betroffenen Mitgliedstaaten regeln soll, hat somit im Wege dieser Regelung auch unmittelbare Außenwirkung hinsichtlich der Ansprüche des Geschädigten (ob dieser seine Ansprüche zB direkt geltend machen kann oder ob diese auf einen Träger der sozialen Sicherheit übergegangen sind).

Artikel 86 Bilaterale Vereinbarungen

Bezüglich der Beziehungen zwischen Luxemburg einerseits und Frankreich, Deutschland und Belgien andererseits werden über die Anwendung und die Dauer des in Artikel 65 Absatz 7 genannten Zeitraums bilaterale Vereinbarungen geschlossen.

Diese Regelung ist Teil des Kompromisses der in letzter Minute im Rat bei der Ausarbeitung des 1 Titels III Kapitel 6 (Leistungen bei Arbeitslosigkeit) gefunden wurde (s. auch Art. 87 Abs. 10). **Luxemburg** hatte sich nämlich – wegen der großen Anzahl von Grenzgängern nach Luxemburg aus anderen Mitgliedstaaten – gegen zu große Belastungen durch allfällige Neuregelungen zur Wehr gesetzt. Als daher für den ehemaligen Tätigkeitsstaat für die durch den Wohnstaat zu gewährenden Leistungen eine Erstattungspflicht für drei bzw fünf Monate eingeführt wurde (Art. 65 Abs. 6 und 7), musste in Bezug auf die verlängerte Frist vorgesehen werden, dass im Verhältnis zwischen Luxemburg und seinen Nachbarstaaten Belgien, Deutschland und Frankreich bilaterale Vereinbarungen geschlossen werden. Offen ist aber, was passiert, wenn diese bilateralen Vereinbarungen nicht zu Stande kommen. Es ist davon auszugehen, dass dann Art. 65 Abs. 7 überhaupt nicht zur Anwendung gelangen und daher ausschließlich die normale Erstattungsfrist von drei Monaten nach Art. 65 Abs. 6 zum Tragen kommen kann. Dies ist der wesentliche Unterschied zu Art. 65 Abs. 8, der eine generelle Möglichkeit für abweichende Erstattungsvereinbarungen enthält, mit denen ebenfalls die Erstattungsfristen verändert werden können, bei deren Fehlen aber die allgemeinen Regelungen des Art. 65 Abs. 6 und 7 unverändert angewendet werden können. Bisher wurde die Verwaltungskommission noch nicht über den Abschluss entsprechender Vereinbarungen in Kenntnis gesetzt. Es ist davon auszugehen, dass auch diese Vereinbarungen nach Art. 8 Abs. 2 DVO in den Anhang 1 DVO aufzunehmen sind.

Titel VI Übergangs- und Schlussbestimmungen

Vorbemerkungen

Art. 87 und die Art. 93 und 94 DVO enthalten zunächst die **üblichen Übergangsbestimmungen,** 1 die vor allem festlegen, wie Sachverhalte zu berücksichtigen sind, die bereits vor der Anwendung der VO (EG) Nr. 883/2004 eingetreten sind oder die jedenfalls auch in die Vergangenheit zurückreichen. Art. 87 a ist eine entsprechende Übergangsregelung im Zusammenhang mit den Neuerungen durch die VO (EU) Nr. 465/2012 (ABl. (EU) L 149 v. 8.6.2012, S. 4). Dann werden für die betroffenen Personen die Vorteile der neuen Verordnungen selbst dann sichergestellt, wenn diese bereits Leistungen vor der Anwendung der VO (EG) Nr. 883/2004 erhalten haben oder hätten erhalten können. Art. 95 DVO enthält eine Sonderübergangsvorschrift für den elektronischen Datenaustausch (dazu bei Art. 78). Diese Vorschriften sind erforderlich, um jene Fragen zu lösen, die sich unweigerlich aufgrund des unterschiedlichen Anwendungsbereichs der VO (EWG)

Spiegel

Nr. 1408/71 und der VO (EG) Nr. 883/2004 sowie der unterschiedlichen materiellen Regelungen in Fällen ergeben, die sich zeitlich im Anwendungsbereich beider Verordnungen bewegen.

2 Darüber hinaus werden die **abschließend für die Anwendung der beiden Verordnungen wichtigen Regelungen**, die in keinen anderen Titel dieser Instrumente passen, vorgesehen. Im Art. 88 und im Art. 92 DVO wird geregelt, wie die Anhänge zu beiden Verordnungen zu aktualisieren sind. Art. 89 ist die Grundlage für die DVO (wiewohl diese auf derselben rechtlichen Stufe wie die VO 883/2004 steht und daher keiner gesetzlichen Grundlage bedürfte), und Art. 90 und Art. 96 DVO sehen die Aufhebung der alten VO (EWG) Nr. 1408/71 und 574/72 mit wenigen Ausnahmen vor. Schließlich enthalten die Art. 91 und Art. 97 DVO Inkrafttretensregelungen.

Artikel 87 Übergangsbestimmungen

(1) Diese Verordnung begründet keinen Anspruch für den Zeitraum vor dem Beginn ihrer Anwendung.

(2) Für die Feststellung des Leistungsanspruchs nach dieser Verordnung werden alle Versicherungszeiten sowie gegebenenfalls auch alle Beschäftigungszeiten, Zeiten einer selbstständigen Erwerbstätigkeit oder Wohnzeiten berücksichtigt, die nach den Rechtsvorschriften eines Mitgliedstaats vor dem Beginn der Anwendung dieser Verordnung in dem betreffenden Mitgliedstaat zurückgelegt worden sind.

(3) Vorbehaltlich des Absatzes 1 begründet diese Verordnung einen Leistungsanspruch auch für Ereignisse vor dem Beginn der Anwendung dieser Verordnung in dem betreffenden Mitgliedstaat.

(4) Leistungen jeder Art, die wegen der Staatsangehörigkeit oder des Wohnorts der betreffenden Person nicht festgestellt worden sind oder geruht haben, werden auf Antrag dieser Person ab dem Beginn der Anwendung dieser Verordnung in dem betreffenden Mitgliedstaat gewährt oder wieder gewährt, vorausgesetzt, dass Ansprüche, aufgrund deren früher Leistungen gewährt wurden, nicht durch Kapitalabfindung abgegolten wurden.

(5) Die Ansprüche einer Person, der vor dem Beginn der Anwendung dieser Verordnung in einem Mitgliedstaat eine Rente gewährt wurde, können auf Antrag der betreffenden Person unter Berücksichtigung dieser Verordnung neu festgestellt werden.

(6) Wird ein Antrag nach Absatz 4 oder 5 innerhalb von zwei Jahren nach dem Beginn der Anwendung dieser Verordnung in einem Mitgliedstaat gestellt, so werden die Ansprüche aufgrund dieser Verordnung mit Wirkung von diesem Zeitpunkt an erworben, ohne dass der betreffenden Person Ausschlussfristen oder Verjährungsfristen eines Mitgliedstaats entgegengehalten werden können.

(7) Wird ein Antrag nach Absatz 4 oder 5 erst nach Ablauf von zwei Jahren nach dem Beginn der Anwendung dieser Verordnung in dem betreffenden Mitgliedstaat gestellt, so werden nicht ausgeschlossene oder verjährte Ansprüche – vorbehaltlich etwaiger günstigerer Rechtsvorschriften eines Mitgliedstaats – vom Tag der Antragstellung an erworben.

(8) [1]Gelten für eine Person infolge dieser Verordnung die Rechtsvorschriften eines anderen Mitgliedstaats als desjenigen, der durch Titel II der Verordnung (EWG) Nr. 1408/71 bestimmt wird, bleiben diese Rechtsvorschriften so lange, wie sich der bis dahin vorherrschende Sachverhalt nicht ändert, und auf jeden Fall für einen Zeitraum von höchstens zehn Jahren ab dem Geltungsbeginn dieser Verordnung anwendbar, es sei denn, die betreffende Person beantragt, den nach dieser Verordnung anzuwendenden Rechtsvorschriften unterstellt zu werden. [2]Der Antrag ist innerhalb von drei Monaten nach dem Geltungsbeginn dieser Verordnung bei dem zuständigen Träger des Mitgliedstaats, dessen Rechtsvorschriften nach dieser Verordnung anzuwenden sind, zu stellen, wenn die betreffende Person den Rechtsvorschriften dieses Mitgliedstaats ab dem Beginn der

Anwendung dieser Verordnung unterliegen soll. ³Wird der Antrag nach Ablauf dieser Frist gestellt, gelten diese Rechtsvorschriften für die betreffende Person ab dem ersten Tag des darauf folgenden Monats.

(9) Artikel 55 dieser Verordnung findet ausschließlich auf Renten Anwendung, für die Artikel 46c der Verordnung (EWG) Nr. 1408/71 bei Beginn der Anwendung dieser Verordnung nicht gilt.

(10) Die Bestimmungen des Artikels 65 Absatz 2 Satz 2 und Absatz 3 Satz 2 gelten in Luxemburg spätestens zwei Jahre nach dem Beginn der Anwendung dieser Verordnung.

(10a) Die auf Estland, Spanien, Italien, Litauen, Ungarn und die Niederlande bezogenen Einträge in Anhang III treten vier Jahre nach dem Geltungsbeginn dieser Verordnung außer Kraft.

(10b) ¹Die Liste in Anhang III wird spätestens bis zum 31. Oktober 2014 auf der Grundlage eines Berichts der Verwaltungskommission überprüft. ²Dieser Bericht enthält eine Folgenabschätzung sowohl unter absoluten als auch relativen Gesichtspunkten in Bezug auf die Relevanz, die Häufigkeit, den Umfang und die Kosten der Anwendung der Vorschriften des Anhang III. ³Der Bericht enthält auch mögliche Auswirkungen einer Aufhebung jener Vorschriften für diejenigen Mitgliedstaaten, die nach dem in Absatz 10a genannten Zeitpunkt weiterhin in jenem Anhang aufgeführt sind. ⁴Auf der Grundlage dieses Berichts entscheidet die Kommission über die Vorlage eines Vorschlags zur Überarbeitung dieser Liste, grundsätzlich mit dem Ziel, die Liste aufzuheben, es sei denn der Bericht der Verwaltungskommission enthält zwingende Gründe, die dagegen sprechen.

(11) Die Mitgliedstaaten stellen sicher, dass ausreichende Informationen über die mit dieser Verordnung und der Durchführungsverordnung eingeführten Änderungen der Rechte und Pflichten zur Verfügung gestellt werden.

Artikel 87a Übergangsvorschrift für die Anwendung der Verordnung (EU) Nr. 465/2012

(1) ¹Gelten für eine Person aufgrund des Inkrafttretens der Verordnung (EU) Nr. 465/2012 nach deren Inkrafttreten die Rechtsvorschriften eines anderen Mitgliedstaats als desjenigen, der durch Titel II dieser Verordnung bestimmt wird, bleiben diese Rechtsvorschriften für einen Übergangszeitraum, der so lange andauert, wie sich der bis dahin vorherrschende Sachverhalt nicht ändert, und in jedem Fall für nicht länger als zehn Jahre ab dem Datum des Inkrafttretens der Verordnung (EU) Nr. 465/2012 anwendbar. ²Die betreffende Person kann beantragen, dass der Übergangszeitraum auf sie nicht mehr Anwendung findet. ³Der Antrag ist bei dem von der zuständigen Behörde des Wohnmitgliedstaats bezeichneten Träger zu stellen. ⁴Bis zum 29. September 2012 gestellte Anträge gelten ab dem 28. Juni 2012 als wirksam. ⁵Nach dem 29. September 2012 gestellte Anträge gelten ab dem ersten Tag des darauf folgenden Monats als wirksam.

(2) ¹Spätestens am 29. Juni 2014 beurteilt die Verwaltungskommission die Umsetzung der Bestimmungen des Artikels 65a dieser Verordnung und legt einen Bericht über deren Anwendung vor. ²Auf der Grundlage dieses Berichts kann die Kommission gegebenenfalls Vorschläge zur Änderung dieser Bestimmungen vorlegen.

Artikel 3 DVO Umfang und Modalitäten des Datenaustauschs zwischen den betroffenen Personen und den Trägern

(1) ¹Die Mitgliedstaaten stellen sicher, dass den betroffenen Personen die erforderlichen Informationen zur Verfügung gestellt werden, damit sie von der Änderung der Rechtslage aufgrund der Grundverordnung und der Durchführungsverordnung Kenntnis erhalten und ihre Ansprüche geltend machen können. ²Sie stellen auch benutzerfreundliche Serviceleistungen zur Verfügung.

(2) (s. bei Art. 76)

(3) (s. bei Art. 77)

(4) (s. bei Art. 76)

Artikel 93 DVO Übergangsbestimmungen

Artikel 87 der Grundverordnung gilt für die Sachverhalte im Anwendungsbereich der Durchführungsverordnung.

Artikel 94 DVO Übergangsvorschriften für Renten

(1) Ist der Versicherungsfall vor dem Datum des Inkrafttretens der Durchführungsverordnung im Hoheitsgebiet des betreffenden Mitgliedstaats eingetreten, ohne dass vor diesem Zeitpunkt für den Rentenantrag eine Feststellung erfolgt ist, und sind aufgrund dieses Versicherungsfalls Leistungen für eine Zeitspanne vor diesem Zeitpunkt zu gewähren, so hat dieser Antrag eine doppelte Feststellung zur Folge, und zwar

a) für die Zeit vor dem Datum des Inkrafttretens der Durchführungsverordnung im Hoheitsgebiet des betreffenden Mitgliedstaats nach der Verordnung (EWG) Nr. 1408/71 beziehungsweise nach Vereinbarungen zwischen den betreffenden Mitgliedstaaten sowie

b) für die Zeit ab dem Datum des Inkrafttretens der Durchführungsverordnung im Hoheitsgebiet des betreffenden Mitgliedstaats nach der Grundverordnung.

Ergibt sich jedoch bei der Berechnung nach Buchstabe a ein höherer Betrag als bei der Berechnung nach Buchstabe b, so erhält die betreffende Person weiterhin den Betrag, der sich bei der Berechnung nach Buchstabe a ergibt.

(2) Wird ab dem Datum des Inkrafttretens der Durchführungsverordnung im Hoheitsgebiet des betreffenden Mitgliedstaats ein Antrag auf Leistungen bei Invalidität, bei Alter oder an Hinterbliebene bei einem Träger eines Mitgliedstaats gestellt, so werden die Leistungen, die vor diesem Zeitpunkt für denselben Versicherungsfall durch den oder die Träger eines oder mehrerer anderer Mitgliedstaaten festgestellt wurden, von Amts wegen nach der Verordnung neu festgestellt; die Neufeststellung darf nicht zu einem geringeren Leistungsbetrag führen.

Literatur

Horn, Das Übergangsrecht nach den VO (EG) Nr. 883/2004 und 987/2009, SGb 2012, S. 70.

I. Normzweck 1	c) Schutz vor Anwendung des neuen Antikumulierungsrechts nach der VO (EG) Nr. 883/2004 20
II. Einzelerläuterungen 5	
1. Generelle Bemerkungen 5	
2. Rückwirkung 7	5. Übergangsfälle bei den anzuwendenden Rechtsvorschriften 22
3. Leistungen, die bisher nicht gewährt wurden 11	6. Sonderregelung für einzelne Mitgliedstaaten 26
4. Gewährung von Renten in Übergangsfällen 14	7. Informationsverpflichtung 28
a) Neufeststellung von Renten 14	8. Evaluierung 29
b) Berechnung von Renten bei laufendem Rentenfeststellungsverfahren .. 17	

I. Normzweck

1 Durch diese Übergangsvorschriften sollen die verschiedenen Aspekte des **Rechtsübergangs** insbesondere von der VO (EWG) Nr. 1408/71 auf die VO (EG) Nr. 883/2004 (bzw von der VO (EWG) Nr. 574/72 auf die DVO) geregelt werden. Wichtig ist auch die Terminologie: Der maßgebende Zeitpunkt ist jener der „Anwendung der VO (EG) Nr. 883/2004", somit der 1.5.2010, und nicht der Tag des Inkrafttretens dieser Verordnung (was nach ihrem Art. 91 der 20.5.2004 wäre). Diese Regelung hilft aber nicht nur für den Übergang zwischen diesen beiden Verordnungen, sondern ist auch anwendbar, wenn später neue Staaten der Union beitreten und daher auch die in diesen

Staaten vor dem Beitritt eingetretenen Sachverhalte geregelt werden müssen. Art. 87 entspricht weitestgehend Art. 94 VO (EWG) Nr. 1408/71 (die auf derselben Philosophie beruhenden Art. 95 bis 95 f VO (EWG) Nr. 1408/71 wurden aufgrund späterer Änderungen, meist Ausdehnungen, dieser Verordnung erforderlich und mussten daher nicht in die VO (EG) Nr. 883/2004 übernommen werden). Art. 94 DVO entspricht Art. 118 VO (EWG) Nr. 574/72 (die entsprechenden Art. 119 und 119 a VO (EWG) Nr. 574/72 wurden ebenfalls aufgrund späterer Änderungen dieser Verordnung erforderlich).

Wichtige Grundsätze dieser Übergangsvorschriften sind, dass für den **Zeitraum vor der Anwendung** der VO (EG) Nr. 883/2004 keine Rechtswirkungen erzeugt werden können (Art. 87 Abs. 1). Allerdings können Sachverhalte, die vor diesem Zeitpunkt vorlagen (zB Eintritt eines Versicherungsfalles oder zurückgelegte Zeiten) berücksichtigt werden mit Wirkung für die Zukunft (Art. 87 Abs. 2 und Abs. 3). Leistungsansprüche, die nach dem alten Recht abgelehnt wurden, können bei entsprechender Antragstellung mit der Anwendung der VO (EG) Nr. 883/2004 nochmals überprüft werden (Art. 87 Abs. 4); bereits zuerkannte Renten können neu festgestellt werden (Art. 87 Abs. 5). Für Renten, bei denen sich das Feststellungsverfahren über einen längeren Zeitraum erstrecken kann, gilt eine entsprechende Sonderregelung, wobei unterschiedliches Recht für den Zeitraum vor der Anwendung und nach der Anwendbarkeit der VO (EG) Nr. 883/2004 gelten kann (Art. 94 DVO). Darüber hinaus wird für das Recht, bereits entschiedene Ansprüche nochmals entscheiden zu lassen, eine zweijährige Rückwirkungsregelung vorgesehen, mit der bei Anträgen innerhalb dieses Zeitraums die Leistungen ab der Anwendung der VO (EG) Nr. 883/2004 anfallen können (Art. 87 Abs. 6 und Abs. 7). Sonderübergangsregelungen sind für die Änderungen bei den anzuwendenden Rechtsvorschriften (Art. 87 Abs. 8), das neue Antikumulierungsrecht (Art. 87 Abs. 9) sowie die Sondersituation Luxemburgs in Bezug auf Grenzgänger (Art. 87 Abs. 10) vorgesehen. Auf die Übergangsbestimmung hinsichtlich der Einführung des elektronischen Datenaustauschsystems (Art. 95 DVO) wurde bereits bei Art. 78 Rn 22 ff näher eingegangen.

Eine wichtige Frage wurde aber durch die Übergangsbestimmungen nicht beantwortet: Wie ist in Fällen vorzugehen, in denen die **VO (EWG) Nr. 1408/71 mehr oder bessere Rechte einräumt** als die VO (EG) Nr. 883/2004? Als ein Beispiel für eine solche Situation kann auf die Anrechnung von Kindererziehungszeiten in der Rentenversicherung verwiesen werden. Unter der VO (EWG) Nr. 1408/71 müssen solche Zeiten einer erziehenden Person nämlich durch einen Mitgliedstaat auch dann angerechnet werden, wenn die betreffende Person im Zeitpunkt der Geburt der Kinder nicht mehr erwerbstätig war und anschließend den Wohnsitz in einen anderen Mitgliedstaat verlegt (EuGH, Rs. C-28/00 (Kauer), Slg 2002, I-1343). Im Unterschied dazu schränkt die DVO diese Anrechnung auf Fälle ein, in denen die erziehende Person im Zeitpunkt der Geburt den Rechtsvorschriften eines Mitgliedstaates aufgrund der Ausübung einer Erwerbstätigkeit unterlag und auch der später zuständige andere Mitgliedstaat solche Zeiten überhaupt nicht anrechnet (Art. 44 DVO – in einem Fall wie der Rs. Kauer verlangt diese Regelung daher keine Anrechnung mehr). Wie ist also die Situation einer erziehenden Person zu beurteilen, die die Zeiten der Kindererziehung noch vor dem 1.5.2010 zurückgelegt hat und auch vor diesem Zeitpunkt in einen anderen Mitgliedstaat übersiedelt ist, aber den Rentenantrag erst am 1.1.2020 stellen kann? Die Übergangsvorschriften geben auf diese Frage keine Antwort, da ja Art. 44 DVO die Versicherungszeiten nur in bestimmten außergewöhnlichen Umständen über das nationale Recht hinausgehend in einem an sich unzuständigen Staat entstehen lässt (daher handelt es sich in dem nach Titel II VO (EWG) Nr. 1408/71 unzuständigen Staat nicht um Zeiten dieses Staates, die nach dessen Rechtsvorschriften vor der Anwendung der VO (EG) Nr. 883/2004 entstanden sind und daher nach Art. 87 Abs. 2 zu berücksichtigen wären).

Kann aber möglicherweise der Grundsatz zum Tragen kommen, den der EuGH in der Rs. C-227/89 (**Rönfeldt**), Slg 1991, I-323, herausgearbeitet hat, wonach bereits durch die Ausübung der Freizügigkeit entstandene Ansprüche nach altem Recht durch eine Verordnung (und damit sicher auch nicht durch die VO (EG) Nr. 883/2004) weggenommen werden dürfen? M.E. ist dieser Grundsatz hier nicht anzuwenden. In der Rs. Rönfeldt handelte es sich um Ansprüche nach einem bilateralen Abkommen, das der EuGH als Bestandteil der nationalen Rechtslage ansah, und somit um eine Ausprägung des Petroni-Grundsatzes, wonach das Unionsrecht nationale Ansprüche nicht wegnehmen kann (Rs. C-24/75 (Petroni), Slg 1975, 1149). Bei Ansprüchen nach der VO (EWG) Nr. 1408/71 handelt es sich aber in der Regel um Ansprüche, die erst durch Unionsrecht entstanden sind (wie eben die Anrechnung von Kindererziehungszeiten außerhalb des betroffenen Mitgliedstaats). Daher steht es dem europäischen Gesetzgeber auch zu, diese zu ändern. Wenn daher keine entsprechenden Übergangsregelungen für solche besonderen Fälle vorgesehen sind, können diese auch nicht nach dem Rönfeldt-Grundsatz entstehen. Allerdings hat dieser Rönfeldt-Grundsatz natürlich auch unter der VO (EG) Nr. 883/2004 Relevanz, nämlich wenn ein neuer Staat der Union beitritt und daher die Verordnung für diesen Staat das erste EU-Recht ist, das zur Anwendung gelangt. Dann können bisherige bilaterale günstigere Regelungen weiterhin gelten, wobei aber sämtliche bisher vom EuGH herausgebildeten Grenzen dieses Grundsatzes natürlich ebenfalls zu beachten sind (zB dass die grenzüberschreitende Karriere bereits vor dem Anwendungsbeginn des Unionsrechts für diesen neuen Mitgliedstaat vorliegen muss – Rs. C-475/93 (Thévenon), Slg 1995, I-3813).

II. Einzelerläuterungen

1. Generelle Bemerkungen

5   Die Übergangsvorschriften regeln den Übergang von der VO (EWG) Nr. 1408/71 auf die VO (EG) Nr. 883/2004. Interessant sind diese Übergangsvorschriften nur dann, **wenn sich das maßgebende Recht geändert hat.** Nur für diese Fälle muss nämlich genau geregelt werden, welches Recht für welchen Zeitraum gilt. Besteht zwischen beiden Verordnungen aber kein Unterschied, so ist eigentlich unerheblich, nach welcher Verordnung die Leistung festgestellt wird; das Ergebnis bleibt immer dasselbe. Vor allem im Bereich der Renten sowie bei den Leistungen bei Arbeitsunfällen und Berufskrankheiten hat die VO (EG) Nr. 883/2004 sehr wenig im Vergleich zur VO (EWG) Nr. 1408/71 geändert. Für diese beiden Bereiche haben die Übergangsvorschriften somit nur untergeordnete Bedeutung, wiewohl anschließend immer wieder auch Beispiele aus diesen Bereichen herangezogen werden können. Daher ist bei den Übergangsvorschriften immer auch mit zu berücksichtigen, wie viele Fälle der Übergang überhaupt betreffen kann.

6   Bei den verschiedenen Details der Übergangsregelungen handelt es sich um **allgemeine Grundsätze**, die immer anzuwenden sind, selbst dann, wenn eine Änderungsverordnung keine entsprechenden ausdrücklichen Übergangsregelungen enthält (EuGH, Rs. C-68/69 (Brock), Slg 1970, 171). Wichtig ist auch, dass die Übergangsbestimmungen in der Regel nicht nur den Übergang von der VO (EWG) Nr. 1408/71 auf die VO (EG) Nr. 883/2004 regeln (somit den Rechtsübergang für die EU-Mitgliedstaaten zum 1.5.2010), sondern auch den Übergang auf das Unionsrecht für später der EU neu beitretende Staaten. Ferner ist zu beachten, dass die in Art. 87 genannten Fristen zwar für die EU-Mitgliedstaaten mit den darin angegebenen Daten zu laufen begonnen haben, im Verhältnis zu jenen Fällen, in denen die VO (EG) Nr. 883/2004 erst später anzuwenden ist, verschieben sich diese Daten aber parallel. Wenn also zB die 10 Jahres-Frist des Art. 87 Abs. 8 für die Anwendungsfälle der VO (EG) Nr. 883/2004 somit am 1.5.2010 zu laufen begonnen hat, so verschiebt sich dieser Beginn für Drittstaatsangehörige, die erst im Wege der VO (EU) Nr. 1231/2010 in den Anwendungsbereich der VO (EG) Nr. 883/2004 einbezogen wurden (s bei Art. 2), auf deren Inkrafttreten (1.1.2011), für unter das EU-Schweiz-Abkommen fallende Situationen auf den 1.4.2012 (Inkrafttreten des Beschlusses Nr. 1/2012 des Gemischten Ausschusses EU-Schweiz, ABl. (EU) L 103 v. 13.4.2012, S. 51) bzw für unter das EWR-Abkommen fallende Situationen auf den 1.6.2012 (Inkrafttreten des Beschlusses Nr. 76/2011, ABl. (EU) L 262 v. 6.10.2011, S. 33)

2. Rückwirkung

Leistungsansprüche für einen **Zeitraum vor der Anwendung der VO (EG) Nr. 883/2004** können aus dieser Verordnung nicht abgeleitet werden (Art. 87 Abs. 1). Dies ist aus Gründen der Rechtssicherheit erforderlich (EuGH, Rs. C-28/00 (Kauer), Slg 2002, I-1343). Hat daher eine Person nur Versicherungszeiten als Nichterwerbstätiger zB in skandinavischen Einwohnerversicherungssystemen erworben (wie realistisch dieses Beispiel auch immer sein mag) und reichen diese Versicherungszeiten jeweils nicht für einen nationalen Anspruch aus, so kann die Zusammenrechnung dieser Zeiten nach Art. 6 (erst die Verordnung (EG) Nr. 883/2004 erfasst auch solche Personen, die nicht als Arbeitnehmer oder Selbständiger zu betrachten sind – Art. 2) einen Leistungsanspruch ab dem Anwendungsbeginn dieser Verordnung (somit ab 1.5.2010) eröffnen, nicht aber schon für einen Zeitraum davor, ab dem das nach den jeweiligen nationalen Rechtsvorschriften verlangte Rentenalter erreicht ist (zB Erreichen des verlangten 65. Lebensjahres schon am 1.1.2009 und amtswegige Rentenfeststellung nach diesen Rechtsvorschriften). 7

Allerdings sind auch „**Ereignisse**" zu berücksichtigen, die vor dem Beginn der Anwendung der VO (EG) Nr. 883/2004 liegen (Art. 87 Abs. 3). Diese Regelung enthält daher eine Erstreckung der Wirkungen der neuen Verordnung auch über den Zeitpunkt der Anwendung hinaus in die Vergangenheit, wobei daraus aber natürlich keine Leistungsverpflichtungen für die Vergangenheit entstehen können (wegen Art. 87 Abs. 1). Würde daher in unserem obigen Beispiel nach nationalem Recht die Rente mit Erreichung des 65. Lebensjahres anfallen, so hindert die Erreichung des 65. Lebensjahres bereits am 1.1.2009 nicht die Anwendbarkeit des neuen Rechts ab 1.5.2010. Der EuGH hat klargestellt, dass der Begriff „Ereignis" möglichst weit auszulegen ist und sämtliche leistungsrelevanten Sachverhaltselemente umfasst, wie zB einen Unfall, selbst wenn es sich um einen Freizeitunfall handelt, der nicht im Zusammenhang mit der Ausübung einer Erwerbstätigkeit stand, wiewohl damals das Unionsrecht sich nur auf die Erwerbsbevölkerung bezog (Rs. C-44/65 (Singer), Slg 1965, 1191). Der EuGH hat betont, dass natürlich auch Arbeitsunfälle, die vor der Anwendung einer Verordnung eingetreten sind, für das Übergangsrecht als Ereignis zu werten sind (Rs. C-290/00 (Duchon), Slg 2002, I-3567). Hinsichtlich der Regelungen über die anzuwendenden Rechtsvorschriften ist auch die Ausübung einer Erwerbstätigkeit vor dem Anwendungsbeginn ein Ereignis (EuGH, Rs. C-73/72 (Bentzinger), Slg 1973, 283), wobei dieser Grundsatz aber durch die Sonderregelung des Art. 87 Abs. 8 relativiert wurde. Auch der Eintritt der Arbeitslosigkeit vor dem Anwendungsbeginn ist als Ereignis zu betrachten (EuGH, Rs. C-275/96 (Kuusijärvi), Slg 1998, I-3419), wiewohl auch dieses Urteil, das im Zusammenhang mit der Beschränkung der damals maßgebenden VO (EWG) Nr. 1408/71 auf die Erwerbstätigen zu sehen ist (die Erwerbstätigkeit wurde in diesem Fall nur vor der Geltung des Unionsrechts ausgeübt), im Hinblick auf die Ausdehnung des Anwendungsbereiches der VO (EG) Nr. 883/2004 auf alle Versicherten an Bedeutung verloren hat. 8

Diese Ereignisse sind aber auf jeden Fall auch dann zu berücksichtigen, wenn zum damaligen Zeitpunkt die **europarechtlichen Grundfreiheiten für den zugrundeliegenden Sachverhalt noch gar nicht galten** (zB ein Abschluss der Wanderung noch vor dem Beitritt des betreffenden Staates zur Union oder wohl auch Sachverhaltselement vor der Geltung der Freizügigkeit der Unionsbürger nach Art. 21 AEUV (= Art. 18 EG) in Bezug auf die Rechte der Nichterwerbstätigen – EuGH, Rs. C-28/00 (Kauer), Slg 2002, I-1343, bzw C-290/00 (Duchon), Slg 2002, I-3567). Dadurch kommt der EuGH aber zu Resultaten, die aus der Perspektive der betroffenen Personen nicht mehr nachvollziehbar sind. M.E. geht es nämlich am Sinn des Grundsatzes, wonach die Unionsbürger nicht an der Ausübung der ihnen durch den AEUV übertragenen Freizügigkeitsrechte gehindert werden dürfen, vorbei, wenn daraus auch abgeleitet wird, dass einer Frau Kindererziehungszeiten entgegen der nationalen Systematik auch bei Erziehung der Kinder in einem anderen Mitgliedstaat angerechnet werden müssen, wiewohl die Wanderungsbewegung lange vor dem EU-Beitritt des betroffenen Staates und noch dazu zu einem Zeitpunkt stattfand, in dem nicht einmal noch über einen EU-Beitritt in diesem Staat politisch nachgedacht wurde (Rs. Kauer). Zu 9 dem somit relevanten Zeitpunkt in der Vergangenheit kann es gedanklich noch keine Behinderung der (eben noch nicht existenten) Freizügigkeit geben – und nur zu diesem Zeitpunkt musste die Entscheidung getroffen werden, ob zB der Wohnort in einen anderen Staat verlegt wird oder nicht.

10   Art. 87 Abs. 2 enthält einen weiteren Aspekt der Rückwirkung: Auch jene **Versicherungszeiten** oder sonstigen relevanten Zeiten, die bereits vor dem Anwendungsbeginn der Verordnung zurückgelegt wurden, müssen bei der Anwendung der Verordnung berücksichtigt werden. Diese Bestimmung spricht zwar nur von einer Berücksichtigung für den Leistungsanspruch, es ist aber davon auszugehen, dass diese Rückwirkung auch für die Berechnung einer Leistung gilt. Wurden daher zB noch vor dem 1.5.2010 Versicherungszeiten in einem Mitgliedstaat A zurückgelegt und wird nach diesem Datum ein Antrag auf eine Rente unter Heranziehung von Versicherungszeiten auch in einem anderen Mitgliedstaat gestellt, sind alle Versicherungszeiten (egal, ob diese vor oder nach dem 1.5.2010 zurückgelegt wurden, aber auch egal, ob diese Zeiten nach der VO (EWG) Nr. 1408/71 als Versicherungszeiten zu berücksichtigen gewesen wären, solange die Zeiten nach der VO (EG) Nr. 883/2004 erfasst werden) für die Zusammenrechnung nach Art. 6 heranzuziehen. Sofern der Betroffene in der Zwischenzeit seine Staatsangehörigkeit gewechselt hat, kommt es auf die Staatsangehörigkeit zum Zeitpunkt der Zurücklegung der Zeiten an (Rs. C-10/78 (Belbouab), Slg 1978, 1915 – zur Frage der Zeitgemäßheit dieser Entscheidung s. *Langer* in der 4. Auflage Art. 93 VO (EWG) Nr. 1408/71 Rn 5).

3. Leistungen, die bisher nicht gewährt wurden

11   Wurde eine Leistung vor dem Anwendungsbeginn der VO (EG) Nr. 883/2004 aufgrund der **Staatsangehörigkeit oder des Wohnortes** einer Person nicht festgestellt oder ruhend gestellt, so kann die betroffene Person beantragen, dass diese Leistung unter der VO (EG) Nr. 883/2004 festgestellt bzw die Leistungsgewährung wieder aufgenommen wird. Wird ein solcher Antrag binnen zwei Jahren nach Anwendungsbeginn der VO (EG) Nr. 883/2004 (somit bei Staaten, für die bereits die VO (EWG) Nr. 1408/71 galt, bis zum 30.4.2012) gestellt, so fällt die Leistung mit dem Anwendungsbeginn, somit mit dem 1.5.2010, an (Art. 87 Abs. 6).

12   Diese Regelung ist vor allem dann wichtig, wenn das nationale Recht eine neuerliche Entscheidung wegen **res iudicata** nicht zulassen würde. Diese Rückwirkung gilt auch dann, wenn das nationale Recht des betroffenen Mitgliedstaats kürzere Verjährungsfristen kennen sollte. Es handelt sich dabei somit um eine Frage, in der europäisches Verfahrensrecht geschaffen wurde. Bei Anträgen, die erst nach diesen zwei Jahren gestellt werden, wird die Leistung aber ab der Antragstellung oder, falls das nationale Recht günstiger ist, ab dem danach in Betracht kommenden früheren Zeitpunkt gewährt (Art. 87 Abs. 7). In diesen Fällen wird kein europäisches Verfahrensrecht geschaffen und auch allenfalls im nationalen Verfahrensrecht vorgesehene Verjährungs- oder Ausschlussregelungen können angewendet werden. Sollte aber der Leistungsanspruch durch eine Kapitalabfindung in der Vergangenheit abgegolten worden sein, findet diese Regelung keine Anwendung, da in einem solchen Fall die Gegenleistung bereits erbracht wurde und daher auch im Wege der VO (EG) Nr. 883/2004 keine nochmaligen Ansprüche eröffnet werden können.

13   Fälle, in denen diese Reglung beim Übergang von der VO (EWG) Nr. 1408/71 auf die VO (EG) Nr. 883/2004 Bedeutung haben kann, wird es sicherlich nicht viele geben. Es müsste sich nämlich um Sachverhalte handeln, in denen während der Geltung des EG-Rechts Leistungsansprüche wegen der Staatsbürgerschaft oder des Wohnortes eingeschränkt werden konnten – anders ausgedrückt: in denen eine direkte Diskriminierung aufgrund der Staatsbürgerschaft bzw eine indirekte Diskriminierung aufgrund des Wohnorts (s. EuGH, Rs. C-111/91 (Kommission gegen Luxemburg), Slg 1993, I-817) möglich war und erst unter der VO (EG) Nr. 883/2004 das Diskriminierungsverbot ihres Art. 4 bzw die Aufhebung der Wohnortklausel nach ihrem Art. 7 zum Tragen kommen. In diesem Zusammenhang ist vor allem auch auf die jüngere Rechtssprechung des EuGH zu Sozialleistungen zu verweisen, selbst wenn sie nicht unter die VO (EWG) Nr. 1408/71 fallen. Auch hinsichtlich solcher Leistungen hat der EuGH festgestellt, dass das EU-rechtliche Diskrimi-

nierungsverbot (vor allem für die Unionsbürger, die von ihrer Freizügigkeit nach Art. 21 AEUV (= Art. 18 EG) Gebrauch gemacht haben) wirkt und daher insbesondere indirekte Diskriminierungen aufgrund des Wohnortes in einem anderen Mitgliedstaat verboten sind (Rs. C-192/05 (Tas-Hagen und Tas), Slg 2006, I-10451, C-499/06 (Nerkowska), Slg 2008, I-3993 und C-221/07 (Zablocka-Weyhermüller), Slg 2008, I-9029). Somit ist auch außerhalb der Koordinierungsverordnungen für die Mitgliedstaaten eine direkte oder indirekte Diskriminierung verboten gewesen, sodass die Übergangsregelung keine Auswirkungen haben kann. Es ist daher davon auszugehen, dass diese spezielle Übergangsregelung vor allem Fälle betreffen wird, in denen ein **neuer Mitgliedstaat** der Union beitritt und daher das EU-Recht insgesamt und damit auch die VO (EG) Nr. 883/2004 zu einem späteren Zeitpunkt anwendbar werden.

4. Gewährung von Renten in Übergangsfällen

a) Neufeststellung von Renten

Renten, die bereits vor dem Anwendungsbeginn der VO (EG) Nr. 883/2004 in einem Mitgliedstaat festgestellt wurden, können nach Art. 87 Abs. 5 auf Antrag der betroffenen Person nach den Regelungen der Verordnung neu festgestellt werden. Es ist aber nicht notwendig, dass die Rente bereits rechtskräftig vor dem Anwendungsbeginn zuerkannt wurde. Die Regelung ist auch anwendbar, wenn über die Entscheidung noch ein gerichtliches Überprüfungsverfahren anhängig ist (EuGH, Rs. C-52/99 und C-53/99 (Camarotto und Vignone), Slg 2001, I-1395). Wird der entsprechende Antrag innerhalb von zwei Jahren nach dem Anwendungsbeginn gestellt, so ist die Leistung mit dem Anwendungsbeginn neu festzustellen, sonst entsprechend den nationalen Verjährungs- und Ausschlussregelungen (Art. 87 Abs. 6 und 7). Auch diese Regelung findet somit Anwendung auf den Übergang von der VO (EWG) Nr. 1408/71 auf die VO (EG) Nr. 883/2004 aber auch auf Staaten, die erst nach dem 1.5.2010 der EU beitreten. Allerdings ist für das Auslösen der Rechtsfolgen dieser Regelung ein expliziter Antrag auf Neufeststellung erforderlich. Sonstige Anträge nach nationalem Recht oder noch unter der VO (EWG) Nr. 1408/71 (zB ein Antrag auf Überprüfung der Rente mit der Behauptung, die VO (EWG) Nr. 1408/71 sei falsch angewendet worden) können Art. 87, vor allem die Rückwirkungsregelungen des Abs. 6 dieser Verordnung, nicht zur Anwendung bringen (EuGH, Rs. C-118/00 (G. Larsy), Slg 2001, I-5063). Allerdings ist auf einen solchen Antrag natürlich die allgemeine Antragsgleichstellung (zB nach Art. 50 Abs. 1) anzuwenden. 14

Da die Begriffsbestimmung für „Renten" in Art. 1 lit. w) nicht auf ein bestimmtes Risiko beschränkt ist, fallen unter diese Übergangsbestimmung sowohl die Renten bei Alter, Invalidität oder Tod, als auch jene bei Arbeitsunfällen und Berufskrankheiten. Auch diese Regelung enthält europäisches Verfahrensrecht, da – über das jeweilige nationale Recht hinausgehend – auch bereits **rechtskräftige Entscheidungen** neu aufgerollt werden können. Unberührt durch diese Regelung bleibt aber die Frage, welches nationale Recht auf einen solchen Antrag auf Neufeststellung anzuwenden ist. Diese Frage ist weiterhin nach nationalem Recht zu beantworten. Bezieht daher eine Person bereits eine normale Altersrente und ist nach dem maßgebenden nationalen Recht nicht vorgesehen, dass spätere nationale Rechtsänderungen (zB eine neue Berechnungsformel) bei laufenden Altersrenten berücksichtigt werden können, so ist bei einem Antrag einer solchen Person nach Art. 87 Abs. 5 zwar eine Neufeststellung nach dieser Verordnung (zB unter Berücksichtigung zusätzlicher Versicherungszeiten aus anderen Mitgliedstaaten) vorzunehmen, die Berechnung der Rente hat aber nach der im Zeitpunkt der erstmaligen Feststellung geltenden Berechnungsformel und nicht nach der geänderten neuen nationalen Berechnungsformel zu erfolgen. 15

Sinn macht ein solcher Antrag auf Neufeststellung natürlich nur dann, wenn sich aufgrund von Änderungen durch die VO (EG) Nr. 883/2004 im Vergleich mit der VO (EWG) Nr. 1408/71 **Änderungen zu Gunsten der betreffenden Person** ergeben (diesen Grundsatz, dass durch das Übergangsrecht nur günstigere Leistungsansprüche verwirklicht werden sollen und daher eine Neufeststellung von Amts wegen dadurch nicht gedeckt ist, hat auch der EuGH betont – 16

Spiegel

Rs. C-32/76 (Saieva), Slg 1976, 1523, C-83/87 (Viva), Slg 1988, 2521 und C-307/96 (Baldone), Slg 1997, I-5123). Da gerade der Bereich der Rentenversicherung aber auch der Bereich der Unfallversicherung nahezu unverändert aus der VO (EWG) Nr. 1408/71 übernommen wurden, ist nicht mit allzu vielen Anwendungsfällen für diese Neufeststellungsregelung mit 1.5.2010 zu rechnen (s. dazu auch Erwägungsgrund Nr. 5 des Beschlusses Nr. E1 der Verwaltungskommission v. 12.6.2009 über die praktischen Verfahren für die Zeit des Übergangs zum elektronischen Datenaustausch – ABl. (EU) C 106 v. 24.4.2010, S. 9). Denkbar wäre, dass erst durch die VO (EG) Nr. 883/2004 neue Versicherungszeiten (zB als Nichterwerbstätiger) in die zwischenstaatliche Rentenberechnung einfließen oder dass die Regelung betreffend die Anrechnung von Kindererziehungszeiten (Art. 44 DVO) Auswirkungen hat. Die aus der Sicht der Betroffenen weniger günstige Regelung des Art. 55 kann auf solche Übergangsfälle jedenfalls keine Auswirkungen haben (Art. 87 Abs. 9). Die größte Bedeutung dürfte dieser Regelung daher für Fälle zukommen, in denen in Zukunft neue Staaten der EU beitreten und Renten daher erstmals nach Unionsrecht festgestellt werden. Wichtig ist auch, dass nach Nr. 6 des Beschlusses Nr. P1 der Verwaltungskommission v. 12.6.2009 zur Auslegung bestimmter Regelungen im Bereich der Renten (ABl. (EU) C 106 v. 24.4.2010, S. 21) bei einer Neufeststellung einer Invaliditätspension keine neuerliche medizinische Untersuchung erforderlich ist, wenn die vorliegenden Befunde als ausreichend angesehen werden können.

b) Berechnung von Renten bei laufendem Rentenfeststellungsverfahren

17 Art. 94 Abs. 1 DVO regelt einen besonderen Übergangsfall: Wird ein **Rentenantrag schon vor dem Anwendungsbeginn der VO (EG) Nr. 883/2004** gestellt (zB am 15.1.2010) und löst dieser Antrag auch an sich nach nationalem Recht einen Leistungsfall für einen Zeitraum vor diesem Anwendungsbeginn aus (zB ab dem 1.2.2010), so muss die Rentenberechnung in zwei Etappen erfolgen: Für den Zeitraum vor dem Anwendungsbeginn der VO (EG) Nr. 883/2004 ist die Rente nach dem davor geltenden Recht (bei Staaten, für die vorher die VO (EWG) Nr. 1408/71 gegolten hat, somit nach dieser Verordnung) festzustellen. Daher ist in diesem Beispiel für den Zeitraum 1.2.2010 bis 30.4.2010 eine Rente nach der VO (EWG) Nr. 1408/71 zu gewähren. Für den Zeitraum danach (also ab 1.5.2010) ist die Rente nach der VO (EG) Nr. 883/2004 festzustellen, es sei denn, diese Rente ist niedriger als die Rente nach der VO (EWG) Nr. 1408/71 (zB weil Kindererziehungszeiten nach Art. 44 DVO nicht mehr angerechnet werden können). Dann ist die nach der VO (EWG) Nr. 1408/71 berechnete Rente auch über den 1.5.2010 hinausgehend weiterhin zu gewähren. Auch diese Regelung bezieht sich ganz allgemein auf alle „Renten" der Renten- und Unfallversicherung.

18 Sofern in anderen Mitgliedstaaten bereits **vor dem Anwendungsbeginn der VO (EG) Nr. 883/2004 Renten bei Alter, Invalidität oder Tod gezahlt wurden** (somit nicht bei Unfallrenten), hat ein in diesem Mitgliedstaat gestellter Antrag (es muss sich nicht um einen Antrag auf Neufeststellung handeln) eine Neufeststellung von Amts wegen der bereits in den anderen Mitgliedstaaten gewährten Renten zur Folge (Art. 94 Abs. 2 DVO). Diese Neufeststellung darf aber zu keinem niedrigeren Leistungsbetrag führen; in einem solchen Fall wären die bisher gezahlten Renten durch diese anderen Staaten unverändert weiterzugewähren. Allerdings ist in den Fällen des Art. 94 Abs. 2 DVO nicht ausdrücklich vorgesehen, dass diese Neufeststellung rückwirkend mit dem Tag des Anwendungsbeginns der VO (EG) Nr. 883/2004 zu erfolgen hat, wie dies nach Art. 87 Abs. 6 vorgesehen ist. Die betroffenen Personen sollten daher gegebenenfalls darüber informiert werden, dass sie auch einen Antrag nach Art. 87 Abs. 5 stellen sollten, um die günstigere Regelung des Art. 87 Abs. 6 auszulösen.

19 Auch diese Übergangsvorschrift wird aber – im Hinblick auf die weitestgehend gleichen Regelungen der VO (EWG) Nr. 1408/71 und der VO (EG) Nr. 883/2004 – vor allem in Fällen eines **Beitritts neuer Staaten** zur EU Bedeutung erlangen.

Titel VI Übergangs- und Schlussbestimmungen | Artikel 87 und 87a

c) Schutz vor Anwendung des neuen Antikumulierungsrechts nach der VO (EG) Nr. 883/2004

Eine der wenigen Änderungen im Bereich der Leistungen bei Alter, Invalidität und Tod, die durch 20
die VO (EG) Nr. 883/2004 im Vergleich zur Rechtslage nach der VO (EWG) Nr. 1408/71 eingeführt wurden, betrifft das **Antikumulierungsrecht** und zwar für das Zusammentreffen von Leistungen unterschiedlicher Art oder von Leistungen mit Einkünften (s. auch Art. 55 Rn 3). Diese Regelung ist zB auf eine Person anzuwenden, die nach den Rechtsvorschriften von zwei Mitgliedstaaten A und B Altersrenten als autonome Leistungen (nach Art. 52 Abs. 1 lit. a)) bezieht, wenn nach den Rechtsvorschriften dieser beiden Mitgliedstaaten vorgesehen ist, dass ein Erwerbseinkommen auf diese Leistungen anzurechnen ist. Der Unterschied kann an folgendem Beispiel verdeutlicht werden: Die Altersrenten betragen in Mitgliedstaat A und Mitgliedstaat B jeweils 800 EUR, das Erwerbseinkommen 2000 EUR. Nach der entsprechenden Antikumulierungsregelung des Art. 46c Abs. 1 VO (EWG) Nr. 1408/71 war der Betrag, der nach nationalem Recht zum Ruhen gebracht oder nicht ausgezahlt wird, durch die Anzahl der betroffenen Leistungen zu teilen. Da bei diesem Beispiel nach nationalem Recht keine Altersrente mehr zustehen würde (das Einkommen ist höher als der Betrag der Leistung), ist der national ruhende Betrag daher 800 EUR; dieser ist durch zwei (zwei Leistungen sind betroffen) zu teilen, so dass Mitgliedstaat A sowie Mitgliedstaat B jeweils 400 EUR an Altersrente gewähren müssen. Nach Art. 55 im Unterschied dazu ist der Betrag, der das Ruhen auslöst, durch die Anzahl der Leistungen zu teilen und dann das nationale Antikumulierungsrecht mit diesen gekürzten Beträgen anzuwenden. In dem Beispiel würden daher die 2000 EUR Einkommen durch zwei geteilt werden. Da auch 1000 EUR noch höher als die Beträge der Altersrente in beiden Staaten sind, gewährt keiner der beiden Mitgliedstaaten A und B eine Altersrente.

Bei den Regelungen der VO (EG) Nr. 883/2004 handelt es sich somit um weniger günstige Re- 21
gelungen für die Betroffenen. Art. 87 Abs. 9 sieht daher im Sinne einer **Schutzregelung** vor, dass dieses neue Recht nur auf neue Fälle angewendet werden kann (Fälle, auf die Art. 46c VO (EWG) Nr. 1408/71 bei Beginn der Anwendung der VO (EG) Nr. 883/2004 nicht anwendbar war). Nicht ganz eindeutig ist, welche Fälle unter diese Schutzregelung fallen. Jedenfalls sind jene Fälle erfasst, in denen bereits vor dem Anwendungsbeginn der VO (EG) Nr. 883/2004 und auch laufend über diesen Tag hinaus Leistungen oder Einkünfte bezogen werden. Wie ist aber ein Fall zu beurteilen, in dem vom 1.1.2010 bis zum 29.2.2010 Einkommen bezogen wurde, das eine Anwendung des Art. 46c VO (EWG) Nr. 1408/71 auslöste, und erst am 1.6.2010 neuerlich ein solches Einkommen bezogen wird? Da bei Beginn der Anwendung der VO (EG) Nr. 883/2004 (am 1.5.2010) kein Einkommen bezogen wurde und daher auch zu diesem Zeitpunkt Art. 46c VO (EWG) Nr. 1408/71 nicht galt, kann mE ab 1.6.2010 Art. 55 angewendet werden, da die Schutzregelung des Art. 87 Abs. 9 nicht einschlägig ist (in diese Richtung auch *Verschueren*, Leistungen bei Invalidität und Altersrenten sowie beitragsunabhängige Leistungen, in: *Eichenhofer* (Hrsg.), 50 Jahre nach ihrem Beginn – Neue Regeln für die Koordinierung sozialer Sicherheit, 2009, S. 242). Allerdings ist auch die entgegen gesetzte Auffassung denkbar, wonach ganz generell auf alle vor dem Anwendungsbeginn der VO (EG) Nr. 883/2004 gewährte Renten Art. 46c VO (EWG) Nr. 1408/71 theoretisch anwendbar war und daher auf diese Leistungen Art. 55 nie angewendet werden darf, egal ob in der Vergangenheit bereits Leistungen oder Einkünfte bezogen wurden, die ein Ruhen auslösen konnten, oder erst nach diesem Anwendungsbeginn.

5. Übergangsfälle bei den anzuwendenden Rechtsvorschriften

Art. 87 Abs. 8 enthält eine besondere Regelung für den Übergang von der VO (EWG) Nr. 1408/71 22
auf die VO (EG) Nr. 883/2004 im Bereich der anzuwendenden Rechtsvorschriften (Titel II beider Verordnungen). Diese Regelung ist aber – im Unterschied zu den anderen Übergangsregelungen – nicht für Fälle anzuwenden, in denen ein neuer Staat der Union beitritt (in diesen Fällen ist sofort ab dem Wirksamkeitsbeginn des EU-Rechts Titel II der VO (EG) Nr. 883/2004 anzuwenden). In der Stammfassung der VO (EG) Nr. 883/2004 war vorgesehen, dass bei unverändertem Sachver-

halt die durch die VO (EWG) Nr. 1408/71 festgelegte Zuständigkeit auch nach dem Anwendungsbeginn der VO (EG) Nr. 883/2004 ohne zeitliche Grenze weiterhin bestehen bleibt, außer die betroffene Person stellt einen Antrag auf Anwendung des Titels II der VO (EG) Nr. 883/2004. Auslöser für diese Regelung waren die doch teilweise erheblichen Unterschiede zwischen beiden Verordnungen, das Problem, mit entsprechenden Informationen zeitgerecht die betroffenen Personen zu erreichen, und das mangelnde Verständnis bei diesen, dass sich bei unverändertem Sachverhalt die Zuständigkeiten zwischen den Mitgliedstaaten verschieben sollen. Durch die erste Änderung der VO (EG) Nr. 883/2004 mit der VO (EG) Nr. 988/2009 (ABl. (EU) L 284 v. 30.10.2009, S. 43) in Art. 1 Ziff. 19 lit. a) wurde diese Regelung aber dahingehend geändert, dass dieser Beibehalt der Zuständigkeiten nach der VO (EWG) Nr. 1408/71 **längstens für zehn Jahre** nach dem Anwendungsbeginn der VO (EG) Nr. 883/2004 wirken kann. Die angesprochenen Probleme wurden daher lediglich in die fernere Zukunft verschoben.

23 Nicht ganz eindeutig ist, in welchen Fällen dieser Beibehalt der alten Zuständigkeiten genau gelten soll, vor allem, was unter „**solange sich der bis dahin vorherrschende Sachverhalt nicht ändert**" zu verstehen ist. Übt eine Person eine Beschäftigung in mehreren Mitgliedstaaten für einen Arbeitgeber aus, so war nach Art. 14 Abs. 2 VO (EWG) Nr. 1408/71 in der Regel der Wohnortstaat zuständig, nach Art. 13 Abs. 1 aber nur noch in jenen Fällen, in denen ein wesentlicher Teil der Tätigkeit dort ausgeübt wird, sonst der Staat, in dem der Arbeitgeber seinen Sitz hat (wenn es nur einen gibt). Die Verwaltungskommission hat nunmehr etliche damit im Zusammenhang stehende Fragen in Teil II/15 ihres praktischen Leitfadens „Die Bestimmung des anwendbaren Rechts für Erwerbstätige in der EU, im EWR und in der Schweiz" (kundgemacht unter http://ec.europa.eu/social/main.jsp?langId=de&catId=868) beantwortet. Zunächst wird klargestellt, dass diese Schutzregelung nur jene Fälle erfasst, in denen die VO (EG) Nr. 883/2004 einen anderen Mitgliedstaat als zuständig erklärt als die VO (EWG) Nr. 1408/71. Als Änderung des vorherrschenden Sachverhalts ist es zu verstehen, wenn nachträglich der Sachverhalt sich so ändert, dass auch unter der VO (EWG) Nr. 1408/71 ein anderer Mitgliedstaat zuständig geworden wäre. Ein Arbeitgeberwechsel, eine Beendigung eines oder mehrerer Arbeitsverhältnisse, aber auch ein grenzüberschreitender Wohnortwechsel gelten auf jeden Fall als eine solche Sachverhaltsänderung. Kein Zuständigkeitswechsel tritt daher ein, wenn zB bei einer in mehreren Mitgliedstaaten tätigen Person, bei der das Beschäftigungsausmaß im Wohnortstaat von 20 Prozent der Arbeitszeit auf 18 Prozent reduziert wird (beide Prozentsätze sind zu gering, um auf einen wesentlichen Teil der Tätigkeit hinzuweisen – Art. 14 Abs. 8 DVO), da unter der VO (EWG) Nr. 1408/71 bei dieser Änderung kein Wechsel eingetreten wäre.

24 Die Übergangsregelung des Art. 87 Abs. 8 kann aber nicht Antworten auf alle Fragen des Rechtsübergangs von der VO (EWG) Nr. 1408/71 auf die VO (EG) Nr. 883/2004 geben. So wird zB aus dem Wortlaut dieser Regelung nicht klar, wie in **Entsendefällen** vorzugehen ist, in denen die Entsendung bereits vor dem 1.5.2010 begonnen hat (zwölfmonatige Entsendefrist nach Art. 14 Abs. 1 lit. a) VO (EWG) Nr. 1408/71) und die Entsendung über diese zwölf Monate dann weiterbesteht. Schließt die 24-monatige Entsendefrist des Art. 12 Abs. 1 daran an oder sind die zwölf Monate unter der VO (EWG) Nr. 1408/71 auf diese 24 Monate anzurechnen? Die Verwaltungskommission hat in ihrem Beschluss Nr. A3 v. 17.12.2009 über die Zusammenrechnung unterbrochener Entsendezeiten (ABl. C 149 v. 8.6.2010, S. 3) festgelegt, dass die Entsendezeiträume immer zusammenzurechnen sind, somit kann keine Entsendung länger als die nunmehr vorgesehenen 24 Monate dauern. Folgende Fälle sind denkbar:

- Entsendung mit E 101 vom 1.5.2009 bis 30.4.2010; mögliche Fortsetzung der Entsendung unter der VO (EG) Nr. 883/2004 bis zum 30.4.2011;
- Entsendung mit E 101 vom 1.3.2010 bis 28.2.2011; mögliche Fortsetzung der Entsendung unter der VO (EG) Nr. 883/2004 bis zum 28.2.2012;
- Entsendung mit E 101 vom 1.5.2008 bis 30.4.2009 sowie anschließend E 102 vom 1.5.2009 bis 30.4.2010; keine Fortsetzung der Entsendung unter der VO (EG) Nr. 883/2004 möglich;

Titel VI Übergangs- und Schlussbestimmungen   Artikel 87 und 87 a

- Entsendung mit E 101 vom 1.3.2009 bis 28.2.2010 sowie anschließend E 102 vom 1.3.2010 bis 28.2.2011; keine Fortsetzung der Entsendung unter der VO (EG) Nr. 883/2004 möglich;
- Meldung einer Entsendung vom 1.4.2010 bis 31.3.2012; kann keine Entsendung unter der VO (EWG) Nr. 1408/71 sein, weil über zwölf Monate, daher kann in diesem Fall nur eine Vereinbarung nach Art. 17 VO (EWG) Nr. 1408/71 helfen (die VO (EG) Nr. 883/2004 kann noch nicht auf einen Sachverhalt Anwendung finden, der vor ihrem Inkrafttreten beginnt).

Durch die Möglichkeit, einen **Antrag** zu stellen, um noch vor Ablauf der zehn Jahre die Vorschriften der VO (EG) Nr. 883/2004 zur Anwendung zu bringen, wurde europäisches Verfahrensrecht geschaffen, in dem dieser Antrag auf den Anwendungsbeginn dieser Verordnung zurückwirkt, wenn er binnen drei Monaten nach dem Anwendungsbeginn (somit bis zum 31.7.2010) gestellt wird; sonst wirkt die Umstellung der Zuständigkeit ab dem ersten Tag des darauf folgenden Monats. Solche Anträge sind natürlich auch dann zulässig, wenn über die Zuständigkeit nach der VO (EWG) Nr. 1408/71 bereits rechtskräftig entschieden wurde. 25

Die Änderungen des Titels II durch die VO (EU) Nr. 465/2012/2012 erforderten eine neue Übergangsregelung (Art. 87 a Abs. 1), die auf genau denselben Grundsätzen wie Art. 87 Abs. 8 beruht, allerdings natürlich mit der Abweichung, dass die zehnjährige Übergangsfrist erst mit dem Inkrafttreten dieser VO, also mit 28.6.2012 zu laufen beginnt und somit am 28.6.2022 endet. Dadurch sind insbesondere Sachverhalte betroffen, in denen eine Person gewöhnlich in mehreren Mitgliedstaaten beschäftigt sind oder dem fliegenden Personal angehört (Änderungen des Art. 13 bzw Art. 14 DVO). Die Ausführungen unter Rn 22 und 23 gelten entsprechend.

6. Sonderregelung für einzelne Mitgliedstaten

Art. 87 Abs. 10 ist ein Teil des Pakets für **Luxemburg** (s. auch Art. 86), mit dem der Sondersituation Luxemburgs durch die überproportional hohe Anzahl von Grenzgängern nach Luxemburg Rechnung getragen werden soll. Danach soll die nunmehr geschaffene Möglichkeit für einen arbeitslosen Grenzgänger, sich auch der Arbeitsverwaltung des ehemaligen Tätigkeitsstaates zur Verfügung zu stellen (Art. 65 Abs. 2 Satz 2) gekoppelt mit der Verpflichtung, den in diesem Mitgliedstaat geltenden Verpflichtungen nachzukommen (Art. 65 Abs. 3 Satz 2), für Luxemburg spätestens zwei Jahre nach dem Anwendungsbeginn der VO (EG) Nr. 883/2004 (somit spätestens mit 1.5.2012) gelten. 26

Art. 87 Abs. 10 a und Abs. 10 b, die durch die erste Änderung der VO (EG) Nr. 883/2004 mit der VO (EG) Nr. 988/2009 (Art. 1 Ziff. 19 lit. b)) eingefügt wurden, betreffen Anhang III. Mitgliedstaaten, die in diesem Anhang angeführt sind, können damit die Leistungsansprüche von Familienangehörigen der Grenzgänger auf die medizinisch notwendigen Leistungen beschränken. Durch die Übergangsregelung wird zum einen festgelegt, dass Estland, Spanien, Italien, Litauen, Ungarn und die Niederlande (wohl auch Island und Norwegen, die durch das EWR-Abkommen in diesen Anhang eingetragen wurden) vier Jahre nach dem Anwendungsbeginn der VO (EG) Nr. 883/2004 (somit zum 1.5.2014) aus dem Anhang gestrichen werden und dass zum anderen spätestens fünf Jahre nach dem Anwendungsbeginn (somit bis zum 1.5.2015) die Auswirkungen auf die verbleibenden Staaten, die in diesem Anhang eingetragen sind (Dänemark, Irland, Finnland, Schweden und Vereinigtes Königreich), von der Verwaltungskommission zu evaluieren sind und die Kommission aufgrund dieses Berichts einen Verordnungsentwurf zur gänzlichen Streichung dieses Anhangs vorlegen soll, sofern der Beibehalt des Anhangs für diese Staaten nicht durch zwingende Gründe gerechtfertigt ist. 27

7. Informationsverpflichtung

Art. 87 Abs. 11 verpflichtet die Mitgliedstaaten besonders, die betroffenen Personen über die durch die VO (EG) Nr. 883/2004 (im Vergleich mit der VO (EWG) Nr. 1408/71) eingetretenen Änderungen zu informieren. An sich wäre diese **Informationspflicht** bereits durch Art. 89 DVO 28

Spiegel   545 abgedeckt gewesen. Nicht nachvollziehbar ist auch, warum derselbe Grundsatz nochmals in Art. 3 Abs. 1 DVO wiederholt wird. Nicht genauer ausgeführt wird, in welcher Weise diese Informationen zur Verfügung gestellt werden müssen (lässt man einmal die „benutzerfreundlichen Serviceleistungen" des Art. 3 Abs. 1 DVO außer Betracht). Da die betroffenen Träger und Einrichtungen aber in der Regel keine umfassende Kenntnis über alle hypothetisch in Betracht kommenden Einzelfälle haben können, wird es ausreichen, wenn durch die Auflage von Informationsmaterial, durch Informationskampagnen in entsprechenden Medien, durch Weitergabe dieser Informationen an entsprechende Interessensverbände (wie zB Rentnervereinigungen) usw dieser Verpflichtung nachgekommen wird. Eine im Einzelfall nicht erfolgte Information kann jedenfalls zB nicht dazu führen, dass die in Art. 87 Abs. 6 und 7 genannten Fristen nicht mehr gelten.

8. Evaluierung

29   Art. 87a Abs. 2 führt eine weitere Evaluierungspflicht ein (s auch Art. 87 Abs. 10b oder Art. 86 DVO). Diese hängt mit der **Neuregelung für ehemals selbständige arbeitslose Grenzgänger** zusammen (Art. 65a), die im Rahmen der Arbeiten der Ratsarbeitsgruppe als Kompromiss für die divergierenden Auffassungen der Mitgliedstaaten und der Kommission erarbeitet wurde.

Artikel 88   Aktualisierung der Anhänge

Die Anhänge dieser Verordnung werden regelmäßig überarbeitet.

Artikel 92 DVO   Änderung der Anhänge

Die Anhänge 1, 2, 3, 4 und 5 der Durchführungsverordnung sowie die Anhänge VI, VII, VIII und IX der Grundverordnung können auf Antrag der Verwaltungskommission durch eine Verordnung der Kommission geändert werden.

1   Um bei den Auswirkungen der VO (EG) Nr. 883/2004 auf die einzelnen Mitgliedstaaten immer die jeweils geltende nationale Rechtslage aktuell berücksichtigen zu können, aber auch um sonstigen Entwicklungen Rechnung zu tragen (wie zB der Aufhebung einzelner Anhangseintragungen durch den EuGH – hinsichtlich der Anhänge der VO (EWG) Nr. 1408/71 s. zB Rs. C-299/05 (Kommission gegen Parlament und Rat), Slg 2007, I-8695), ist eine ständige **Aktualisierung der Anhänge** erforderlich (Art. 88). Um dieses Verfahren zu beschleunigen, sieht Art. 92 DVO ergänzend vor, dass von der VO (EG) Nr. 883/2004 Anhang VI (Mehr Rechte von Rentnern, die in den zuständigen Mitgliedstaat zurückkehren nach Art. 27 Abs. 2), Anhang VII (Übereinstimmung zwischen den Rechtsvorschriften der Mitgliedstaaten in Bezug auf den Grad der Invalidität nach Art. 46 Abs. 3), Anhang VIII (Fälle nach Art. 52 Abs. 4, in denen die autonome Leistung gleich hoch oder höher als die anteilige Leistung ist, sowie nach Art. 52 Abs. 5, bei denen Zeiträume für die Berechnung keine Rolle spielen) und Anhang IX (Leistungen und Abkommen, die es ermöglichen, Art. 54 anzuwenden) und alle Anhänge der DVO, nämlich Anhang 1 (Durchführungsbestimmungen zu bilateralen Abkommen, die weiter in Kraft bleiben, und neue bilaterale Durchführungsvereinbarungen nach Art. 8 Abs. 1 und Art. 9 Abs. 2), Anhang 2 (Sondersysteme für Beamte nach Art. 31 und 41), Anhang 3 (Mitgliedstaaten, die die Erstattung der Ausgaben für Sachleistungen auf der Grundlage von Pauschalbeträgen nach Art. 63 Abs. 1 verlangen), Anhang 4 (Einzelheiten der in Art. 88 Abs. 4 genannten Datenbank) und Anhang 5 (Mitgliedstaaten, die nach Art. 70 den Höchstbetrag der Erstattung nach Art. 65 Abs. 6 Satz 3 auf der Grundlage des Durchschnittsbetrags der Leistungen bei Arbeitslosigkeit, die im vorangegangenen Kalenderjahr nach ihren Rechtsvorschriften zu zahlen waren, auf der Basis der Gegenseitigkeit bestimmen) auf Antrag der Verwaltungskommission durch eine Verordnung der Kommission geändert werden können. Für Änderungsverordnungen durch Parlament und Rat bleiben daher die politisch heikleren Anhänge reserviert, wie insbesondere Anhang X (besondere beitragsunabhängige Geldleis-

Titel VI Übergangs- und Schlussbestimmungen   Artikel 90

tungen nach Art. 70 Abs. 2 lit. c)) und Anhang XI dieser Verordnung (Besondere Vorschriften für die Anwendung der Rechtsvorschriften der Mitgliedstaaten nach Art. 51 Abs. 3, Art. 56 Abs. 1 und Art. 83).

Artikel 89 Durchführungsverordnung

Die Durchführung dieser Verordnung wird in einer weiteren Verordnung geregelt.

Diese Durchführungsverordnung wurde durch die VO (EG) Nr. 987/2009 erlassen. Diese hat nicht nur Bedeutung durch die vielen ergänzenden Klarstellungen und die Festlegung der für die Anwendung der VO (EG) Nr. 883/2004 erforderlichen Verfahren, sondern auch durch das Auslösen des Inkrafttretens der VO (EG) Nr. 883/2004 (Art. 91 Satz 2). Rechtlich steht diese DVO auf derselben Stufe wie die VO (EG) Nr. 883/2004.   1

Artikel 90 Aufhebung

(1) Die Verordnung (EWG) Nr. 1408/71 wird mit dem Beginn der Anwendung dieser Verordnung aufgehoben.

Die Verordnung (EWG) Nr. 1408/71 bleibt jedoch in Kraft und behält ihre Rechtswirkung für die Zwecke

a) der Verordnung (EG) Nr. 859/2003 des Rates vom 14. Mai 2003 zur Ausdehnung der Bestimmungen der Verordnung (EWG) Nr. 1408/71 und der Verordnung (EWG) Nr. 574/72 auf Drittstaatsangehörige, die ausschließlich aufgrund ihrer Staatsangehörigkeit nicht bereits unter diese Bestimmungen fallen[1], solange jene Verordnung nicht aufgehoben oder geändert ist;

b) der Verordnung (EWG) Nr. 1661/85 des Rates vom 13. Juni 1985 zur Festlegung der technischen Anpassungen der Gemeinschaftsregelung auf dem Gebiet der sozialen Sicherheit der Wanderarbeitnehmer in Bezug auf Grönland[2], solange jene Verordnung nicht aufgehoben oder geändert ist;

c) des Abkommens über den Europäischen Wirtschaftsraum[3] und des Abkommens zwischen der Europäischen Gemeinschaft und ihren Mitgliedstaaten einerseits und der Schweizerischen Eidgenossenschaft andererseits über die Freizügigkeit[4] sowie anderer Abkommen, die auf die Verordnung (EWG) Nr. 1408/71 Bezug nehmen, solange diese Abkommen nicht infolge der vorliegenden Verordnung geändert worden sind.

(2) Bezugnahmen auf die Verordnung (EWG) Nr. 1408/71 in der Richtlinie 98/49/EG des Rates vom 29. Juni 1998 zur Wahrung ergänzender Rentenansprüche von Arbeitnehmern und Selbstständigen, die innerhalb der Europäischen Gemeinschaft zu- und abwandern[5], gelten als Bezugnahmen auf die vorliegende Verordnung.

---

1 ABl. L 124 vom 20. 5. 2003, S. 1.
2 ABl. L 160 vom 20. 6. 1985, S. 7.
3 ABl. L 1 vom 3. 1. 1994, S. 1.
4 ABl. L 114 vom 30. 4. 2002, S. 6. Zuletzt geändert durch den Beschluss Nr. 2/2003 des Gemischten Ausschusses EU-Schweiz (ABl. L 187 vom 26. 7. 2003, S. 55).
5 ABl. L 209 vom 25. 7. 1998, S. 46.

Spiegel

Artikel 91 Inkrafttreten

Diese Verordnung tritt am zwanzigsten Tag nach ihrer Veröffentlichung im Amtsblatt der Europäischen Union in Kraft.

Sie gilt ab dem Tag des Inkrafttretens der Durchführungsverordnung.

Diese Verordnung ist in allen ihren Teilen verbindlich und gilt unmittelbar in jedem Mitgliedstaat.

Artikel 96 DVO Aufhebung

(1) Die Verordnung (EWG) Nr. 574/72 wird mit Wirkung vom 1. Mai 2010 aufgehoben.

Die Verordnung (EWG) Nr. 574/72 bleibt jedoch in Kraft und behält ihre Rechtswirkung für die Zwecke

a) der Verordnung (EG) Nr. 859/2003 des Rates vom 14. Mai 2003 zur Ausdehnung der Bestimmungen der Verordnung (EWG) Nr. 1408/71 und der Verordnung (EWG) Nr. 574/72 auf Drittstaatsangehörige, die ausschließlich aufgrund ihrer Staatsangehörigkeit nicht bereits unter diese Bestimmungen fallen[1], solange die genannte Verordnung nicht aufgehoben oder geändert ist;

b) der Verordnung (EWG) Nr. 1661/85 des Rates vom 13. Juni 1985 zur Festlegung der technischen Anpassungen der Gemeinschaftsregelung auf dem Gebiet der sozialen Sicherheit der Wanderarbeitnehmer in Bezug auf Grönland[2], solange die genannte Verordnung nicht aufgehoben oder geändert ist;

c) des Abkommens über den Europäischen Wirtschaftsraum[3], des Abkommens zwischen der Europäischen Gemeinschaft und ihren Mitgliedstaaten einerseits und der Schweizerischen Eidgenossenschaft andererseits über die Freizügigkeit[4] sowie anderer Abkommen, die eine Verweisung auf die Verordnung (EWG) Nr. 574/72 enthalten, solange die genannten Abkommen nicht infolge der Durchführungsverordnung geändert worden sind.

(2) In der Richtlinie 98/49/EG des Rates vom 29. Juni 1998 zur Wahrung ergänzender Rentenansprüche von Arbeitnehmern und Selbständigen, die innerhalb der Europäischen Gemeinschaft zu- und abwandern[5], und generell in allen anderen Rechtsakten der Gemeinschaft gelten Verweisungen auf die Verordnung (EWG) Nr. 574/72 als Verweisungen auf die Durchführungsverordnung.

Artikel 97 DVO Veröffentlichung und Inkrafttreten

[1]Diese Verordnung wird im Amtsblatt der Europäischen Union veröffentlicht. [2]Sie tritt am 1. Mai 2010 in Kraft.

Diese Verordnung ist in allen ihren Teilen verbindlich und gilt unmittelbar in jedem Mitgliedstaat.

Vorbemerkungen

1 Diese Schlussbestimmungen heben zunächst in zwei getrennten Bestimmungen die VO (EWG) Nr. 1408/71 (Art. 90) und die VO (EWG) Nr. 574/72 (Art. 96 DVO) auf, wobei aber natürlich auch jene Fälle geregelt werden müssen, in denen in **anderen Rechtsakten** auf diese beiden Verordnungen verwiesen wird und dort noch nicht formell eine Ersetzung durch Verweise auf die VO (EG) Nr. 883/2004 bzw die DVO vorgenommen wurde. Bei diesen anderen Rechtsakten wurden zwei unterschiedliche Vorgangsweisen gewählt: Für die VO (EG) Nr. 859/2003 betreffend die Drittstaatsangehörigen (ABl. (EU) L 124 v. 20.5.2003, S. 1), die VO (EWG) Nr. 1661/85

---

1 ABl. L 124 vom 20. 5. 2003, S. 1.
2 ABl. L 160 vom 20. 6. 1985, S. 7.
3 ABl. L 1 vom 3. 1. 1994, S. 1.
4 ABl. L 114 vom 30. 4. 2002, S. 6.
5 ABl. L 209 vom 25. 7. 1998, S. 46.

betreffend Grönland (ABl. (EG) L 160 v. 20.6.1985, S. 7), das EWR-Abkommen (ABl. (EG) L 1 v. 3.1.1994, S. 1) sowie das Freizügigkeitsabkommen mit der Schweiz (ABl. (EG) L 14 v. 30.4.2002, S. 6) wurde festgelegt, dass die VO (EWG) Nr. 1408/71 und 574/72 weiter gelten, solange diese Instrumente nicht geändert werden.

Durch die neue Verordnung für Drittstaatsangehörige (VO (EU) Nr. 1231/2010) hat dieser Verweis auf die VO (EG) Nr. 859/2003 aber nur noch Bedeutung im Verhältnis zum Vereinigten Königreich (s. Art. 2 Rn 4). Mit dem Inkrafttreten der Änderungen des EWR-Abkommens (Beschluss Nr. 76/2011 des Gemeinsamen EWR-Ausschusses Nr. 76/2011, ABl. L 262 v. 6.10,2011, S. 33) mit 1.6.2012) und des Sektoriellen Abkommens mit der Schweiz (Beschluss Nr. 1/2012 des Gemischten Ausschusses Nr. 1/2012, ABl. L 103, v. 13.4.2012, S. 51) mit 1.4.2012, mit denen die VO (EG) Nr. 883/2004 und 987/2009 auch im Verhältnis zu den dadurch betroffenen Staaten für anwendbar erklärt wurden, sind auch diese Fälle, in denen die VO (EWG) Nr. 1408/71 und 574/72 weiter anzuwenden waren, beendet worden. 2

Die Verweise der RL 98/49/EG (ABl. (EG) L 209 v. 26.7.1998, S. 46) auf die beiden alten Verordnungen werden im Unterschied dazu durch die entsprechenden Verweise auf die VO (EG) Nr. 883/2004 und die DVO automatisch ersetzt. Offen ist dadurch geblieben, was mit den Verweisen anderer Gemeinschaftsinstrumente (zB in Art. 12 RL 2005/71/EG über ein besonderes Zulassungsverfahren für Drittstaatsangehörige zum Zwecke der wissenschaftlichen Forschung – ABl. (EU) L 289 v. 3.11.2005, S. 15) auf die beiden alten Verordnungen zu geschehen hat. Während Verweise auf die VO (EWG) Nr. 574/72 nach Art. 96 Abs. 2 DVO ganz generell als Verweise auf die DVO gelten, fehlt eine solche Generalklausel in Art. 90 hinsichtlich der Verweise auf die VO (EWG) Nr. 1408/71. Es ist aber davon auszugehen, dass auch ohne eine solche Generalklausel die Verweise entsprechend ersetzt werden. 3

Die damit nicht ausgeschlossene Möglichkeit der **Weitergeltung der VO (EWG) Nr. 1408/71 und Nr. 574/72** neben der VO (EG) Nr. 883/2004 und der DVO (zB im Verhältnis zum Vereinigten Königreich für Drittstaatsangehörige) ist aus praktischer Sicht nicht befriedigend, vor allem in jenen Bereichen, in denen das neue Recht etliche Unterschiede aufweist. 4

Sondervorschriften der DVO

Artikel 6 DVO   Vorläufige Anwendung der Rechtsvorschriften eines Mitgliedstaats und vorläufige Gewährung von Leistungen

(1) Besteht zwischen den Trägern oder Behörden zweier oder mehrerer Mitgliedstaaten eine Meinungsverschiedenheit darüber, welche Rechtsvorschriften anzuwenden sind, so unterliegt die betreffende Person vorläufig den Rechtsvorschriften eines dieser Mitgliedstaaten, sofern in der Durchführungsverordnung nichts anderes bestimmt ist, wobei die Rangfolge wie folgt festgelegt wird:

a) den Rechtsvorschriften des Mitgliedstaats, in dem die Person ihrer Beschäftigung oder selbständigen Erwerbstätigkeit tatsächlich nachgeht, wenn die Beschäftigung oder selbständige Erwerbstätigkeit in nur einem Mitgliedstaat ausgeübt wird;
b) den Rechtsvorschriften des Wohnmitgliedstaats, sofern die betreffende Person einer Beschäftigung oder selbständigen Erwerbstätigkeit in zwei oder mehr Mitgliedstaaten nachgeht und einen Teil ihrer Tätigkeit(en) in dem Wohnmitgliedstaat ausübt, oder sofern die betreffende Person weder beschäftigt ist noch eine selbständige Erwerbstätigkeit ausübt;
c) in allen anderen Fällen den Rechtsvorschriften des Mitgliedstaats, deren Anwendung zuerst beantragt wurde, wenn die Person eine Erwerbstätigkeit oder mehrere Erwerbstätigkeiten in zwei oder mehr Mitgliedstaaten ausübt.

(2) Besteht zwischen den Trägern oder Behörden zweier oder mehrerer Mitgliedstaaten eine Meinungsverschiedenheit darüber, welcher Träger die Geld- oder Sachleistungen zu gewähren hat, so erhält die betreffende Person, die Anspruch auf diese Leistungen hätte, wenn es diese Meinungsverschiedenheit nicht gäbe, vorläufig Leistungen nach den vom Träger des Wohnorts anzuwendenden Rechtsvorschriften oder – falls die betreffende Person nicht im Hoheitsgebiet eines der betreffenden Mitgliedstaaten wohnt – Leistungen nach den Rechtsvorschriften, die der Träger anwendet, bei dem der Antrag zuerst gestellt wurde.

(3) ¹Erzielen die betreffenden Träger oder Behörden keine Einigung, so können die zuständigen Behörden frühestens einen Monat nach dem Tag, an dem die Meinungsverschiedenheit im Sinne von Absatz 1 oder Absatz 2 aufgetreten ist, die Verwaltungskommission anrufen. ²Die Verwaltungskommission bemüht sich nach ihrer Befassung binnen sechs Monaten um eine Annäherung der Standpunkte.

(4) Steht entweder fest, dass nicht die Rechtsvorschriften des Mitgliedstaats anzuwenden sind, die für die betreffende Person vorläufig angewendet worden sind, oder dass der Träger, der die Leistungen vorläufig gewährt hat, nicht der zuständige Träger ist, so gilt der als zuständig ermittelte Träger rückwirkend als zuständig, als hätte die Meinungsverschiedenheit nicht bestanden, und zwar spätestens entweder ab dem Tag der vorläufigen Anwendung oder ab der ersten vorläufigen Gewährung der betreffenden Leistungen.

(5) Falls erforderlich, regeln der als zuständig ermittelte Träger und der Träger, der die Geldleistungen vorläufig gezahlt oder Beiträge vorläufig erhalten hat, die finanzielle Situation der betreffenden Person in Bezug auf vorläufig gezahlte Beiträge und Geldleistungen gegebenenfalls nach Maßgabe von Titel IV Kapitel III der Durchführungsverordnung.

Sachleistungen, die von einem Träger nach Absatz 2 vorläufig gewährt wurden, werden von dem zuständigen Träger nach Titel IV der Durchführungsverordnung erstattet.

Artikel 7 DVO   Vorläufige Berechnung von Leistungen und Beiträgen

(1) Steht einer Person nach der Grundverordnung ein Leistungsanspruch zu oder hat sie einen Beitrag zu zahlen, und liegen dem zuständigen Träger nicht alle Angaben über die Situation in einem anderen Mitgliedstaat vor, die zur Berechnung des endgültigen Betrags der Leistung oder des Beitrags erforderlich sind, so gewährt dieser Träger auf Antrag der betreffenden Person die Leistung oder berechnet den Beitrag vorläufig, wenn eine solche Berechnung auf der Grundlage der dem Träger vorliegenden Angaben möglich ist, sofern die Durchführungsverordnung nichts anderes bestimmt.

(2) Sobald dem betreffenden Träger alle erforderlichen Belege oder Dokumente vorliegen, ist eine Neuberechnung der Leistung oder des Beitrags vorzunehmen.

I. Normzweck	1	3. Vorläufige Berechnung von Leistungen und Beiträgen	11
II. Einzelerläuterungen	2	4. Schlichtungsverfahren	14
1. Vorläufige Zuständigkeit für die anzuwendenden Rechtsvorschriften	2	5. Rückabwicklung bei endgültiger Entscheidung	15
2. Vorläufige Zuständigkeit für die Gewährung von Leistungen	8		

I. Normzweck

1   Wiewohl die VO (EG) Nr. 883/2004 angetreten ist, um im Vergleich zur VO (EWG) Nr. 1408/71 das koordinierende Sozialrecht zu vereinfachen, blieben viele Bereiche bestehen bzw wurden neue Bereiche hinzugefügt, in denen die Anwendung des koordinierenden Sozialrechts sehr komplex ist und von vielen Vorfragen abhängt. Es ist daher notwendig, Nachteile für die Betroffenen, die sich vor allem aus längerfristigen Verfahren zur Feststellung der Zuständigkeit oder zur Berechnung von Leistungen ergeben können, durch ein Bündel kurzfristig verfügbarer Maßnahmen zu

vermeiden. In den Art. 6 und 7 DVO wurde erstmals ein entsprechendes umfassendes Paket von **vorläufigen Zuständigkeiten, vorläufigen Leistungen sowie vorläufigen Beiträgen** geschnürt, um diesem Ziel zu entsprechen. Die VO (EWG) Nr. 1408/71 kannte im Unterschied dazu nur ein rudimentäres Instrumentarium für vorläufige Leistungen bei Streit zwischen zwei Mitgliedstaaten über die Zuständigkeit (Art. 114 VO (EWG) Nr. 574/72).

II. Einzelerläuterungen

1. Vorläufige Zuständigkeit für die anzuwendenden Rechtsvorschriften

Art. 6 Abs. 1 DVO greift bei Meinungsverschiedenheiten zwischen den Trägern oder Behörden zweier oder mehrerer Mitgliedstaaten über die Frage, die Rechtsvorschriften welchen Mitgliedstaates nach Titel II anzuwenden sind. Für diese Fälle ist eine **Zuständigkeitskaskade** vorgesehen, welche einen bestimmten Mitgliedstaat als vorläufig zuständig erklärt. Sofern nach dieser Regelung auf die Ausübung einer Erwerbstätigkeit abgestellt wird, ist davon auszugehen, dass auch Art. 11 Abs. 2 heranzuziehen ist, der bestimmte Leistungsbezugszeiten der Ausübung der Erwerbstätigkeit gleichstellt. 2

Eine Person, die nur in einem Mitgliedstaat einer Beschäftigung oder selbständigen Erwerbstätigkeit tatsächlich nachgeht, unterliegt vorläufig den Rechtsvorschriften des Tätigkeitsstaats (diese Regelung der lit. a) gilt aber nur, wenn diese **Tätigkeit ausschließlich in einem Mitgliedstaat** ausgeübt wird, erstreckt sie sich auch in einen anderen Mitgliedstaat, so handelt es sich bereits um einen Fall der Ausübung von Tätigkeiten in zwei oder mehreren Mitgliedstaaten, auf den die folgenden Zuständigkeitsregelungen anwendbar sind). Man kann sich natürlich fragen, in welchen Fällen bei einem so klaren Sachverhalt ein Streit entstehen kann. Am ehesten ist dies in Fällen denkbar, in denen über das Bestehen einer Entsendung nach Art. 12 gestritten wird, weil in diesen Fällen ja die Erwerbstätigkeit ausschließlich in einem Mitgliedstaat tatsächlich ausgeübt wird. Allerdings kann die Regelung auch bei Entsendungen nur bei negativen Kompetenzkonflikten greifen, wenn also der entsendende Staat der Auffassung ist, dass keine Entsendung vorliegt (zB weil das entsendende Unternehmen nach dessen Auffassung keine nennenswerten Tätigkeiten im Niederlassungsstaat im Sinne des Art. 14 Abs. 2 DVO ausübt), der Tätigkeitsstaat aber von einer Entsendung ausgeht. In diesem Fall ist also der Tätigkeitsstaat vorläufig zuständig. Bei positiven Kompetenzkonflikten, wird diese Regelung nicht anwendbar sein, da ja der Entsendestaat in der Regel das nach Art. 19 Abs. 2 DVO vorgesehene Dokument ausstellen wird, das dann den anderen Träger bindet (Art. 5 DVO) und daher die vorläufige Anwendung der Rechtsvorschriften des Tätigkeitsstaats ausschließt. Bei Auffassungsunterschieden in diesen Fällen eines positiven Kompetenzkonflikts ist daher das Streitbeilegungsverfahren nach Art. 5 Art. 2 bis 4 DVO durchzuführen. 3

An zweiter Stelle (lit. b)) unterliegt eine Person den Rechtsvorschriften des **Wohnstaates** wenn sie dort einen Teil der Erwerbstätigkeiten ausübt oder überhaupt keine Erwerbstätigkeit ausübt. Im Hinblick auf Auslegungsschwierigkeiten mit der ursprünglichen Fassung dieser Regelung (s. *Spiegel*, 5. Aufl., Rn 6) wurde dieser Artikel mit der VO (EU) Nr. 465/2012 (ABl. (EU) 149 v. 8.6.2012, S. 4) überarbeitet und die missverständlichen Passagen wurden bereinigt. Der Wohnstaat ist daher zuständig, wenn eine Person eine Tätigkeit in mehreren Mitgliedstaaten oder mehrere Tätigkeiten in mehreren Mitgliedstaaten ausübt (wenn es sich also um einen Anwendungsfall des Art. 13 handelt und ein Teil dieser Tätigkeit auch im Wohnstaat vorliegt) oder in Fällen von Nichtaktiven. Bei den mehrfach erwerbstätigen Personen ist die vorläufige Zuständigkeit des Wohnstaates daher eine Fortsetzung des Verfahrens nach Art. 16 DVO, worauf auch in Abs. 4 dieser Bestimmung ausdrücklich hingewiesen wird. Anzuwenden ist diese vorläufige Zuständigkeit vor allem, wenn zwischen den betroffenen Mitgliedstaaten Auffassungsunterschiede darüber bestehen, ob im Wohnstaat ein wesentlicher Teil der Tätigkeiten vorliegt oder nicht. Die vorläufige Zuständigkeit des Wohnstaats für Nichtaktive hat keinen großen Mehrwert, da für Nicht- 4

Spiegel

aktive ohnehin immer der Wohnstaat zuständig ist (Art. 11 Abs. 3 lit. e)). Auffassungsunterschiede zwischen zwei Mitgliedstaaten, wo tatsächlich der Wohnort einer Person liegt, können nach dieser Regelung nicht gelöst werden; dafür ist die Sondervorschrift des Art. 11 Abs. 2 DVO heranzuziehen.

5 An dritter Stelle wird unter lit. c) für Personen, die eine **Erwerbstätigkeit oder mehrere Erwerbstätigkeiten in mehreren Mitgliedstaaten, nicht aber im Wohnstaat** (die Fälle der Tätigkeit auch im Wohnstaat werden bereits unter lit. b) behandelt) ausüben, festgelegt, dass für diese jener Mitgliedstaat zuständig ist, bei dem zuerst die Anwendung seiner Rechtsvorschriften beantragt wurde. Auch diese Regelung hilft daher in Fällen, in denen Art. 13 anzuwenden ist. Wird somit von einer Person eine Tätigkeit sowohl in Mitgliedstaat A als auch in Mitgliedstaat B ausgeübt, wohnt diese Person in Mitgliedstaat C und entstehen Auffassungsunterschiede hinsichtlich der Zuständigkeit, kann die betroffene Person die vorläufige Zuständigkeit selbst steuern, indem sie zB die Anwendung der Rechtsvorschriften des Mitgliedstaats B beantragt. Der Wortlaut lässt zwar eine sehr extensive Interpretation zu, nach der dieser Antrag in jedem Mitgliedstaat gestellt werden kann (zB in Mitgliedstaat D, zu dem überhaupt keine Beziehungen bestehen). Durch eine teleologische Auslegung muss man aber eigentlich zum Schluss kommen, dass es sich nur um einen Mitgliedstaat handeln kann, der hypothetisch in Betracht kommen könnte. Daher kann zB bei Fragen, ob die betreffende Person in unserem Beispiel durch das Hauptunternehmen in Mitgliedstaat A oder durch die Tochterfirma in Mitgliedstaat B beschäftigt wird, der Antrag nur in diesen beiden Staaten und nicht im Wohnstaat C gestellt werden, da dieser Staat – wenn außer Streit steht, dass im Wohnland keine Beschäftigung ausgeübt wird – bei Beschäftigung nur durch einen Arbeitgeber nach Art. 13 nie zuständig sein kann, sondern dann der Sitz oder Wohnsitz des Dienstgebers maßgebend ist.

6 In den Fällen der vorläufigen Zuständigkeit bei Ausübung von Tätigkeiten in zwei oder mehreren Mitgliedstaaten (Art. 13) ist nicht ganz klar, wie dieses Verfahren mit der an sich bestehenden Möglichkeit für jeden betroffenen Träger, als erster die nach Art. 19 Abs. 2 DVO vorgesehene **Bescheinigung über die anzuwendenden Rechtsvorschriften** (Tragbares Dokument A1) auszustellen und damit alle Träger der anderen Mitgliedstaaten nach Art. 5 DVO zu binden, zusammenspielt (wie unter Rn 3 ausgeführt wurde, besteht diese Möglichkeit bei Ausübung nur einer Erwerbstätigkeit). Aus dem Sonderverfahren nach Art. 16 DVO für die Fälle des Art. 13 kann man aber schließen, dass für ein Vorpreschen des Trägers eines Staates durch die Ausstellung der Bescheinigung in diesen Fällen keine Möglichkeit besteht, da beim Auftreten von Auffassungsunterschieden das Verständigungsverfahren nach Art. 16 Abs. 4 DVO in die vorläufigen Zuständigkeiten nach Art. 6 DVO übergeht. Die Bescheinigung nach Art. 19 Abs. 2 DVO kann daher in Fällen des Art. 13 nur bei unwidersprochener Festlegung der Zuständigkeit durch den vom Wohnstaat bezeichneten Träger nach Art. 16 Abs. 2 DVO oder nach endgültiger Festlegung der Zuständigkeiten im Rahmen des Art. 6 DVO definitiv ausgestellt werden. Darüber hinaus muss natürlich auch der nach Art. 6 DVO vorläufig zuständige Träger diese Bescheinigung vorläufig ausstellen können mit Wirkung für andere Mitgliedstaaten.

7 Der vorläufig zuständige Staat hat auch die **Beiträge** nach seinen Rechtsvorschriften vorläufig einzuheben und die Leistungen zu erbringen. Hinsichtlich der Leistungen selbst besteht nämlich dann idR kein Auffassungsunterschied mehr, da der Auffassungsunterschied hinsichtlich der Zuständigkeit vorgelagert ist, sodass diese Fälle nicht unter die Regelung des Art. 6 Abs. 2 DVO betreffend vorläufige Leistungen fallen. Ändert sich nach Durchführung des Verfahrens zur Beilegung der Auffassungsunterschiede nach Abs. 3 die Zuständigkeit, so sind die Beitragssituation sowie die bezogenen Leistungen nach Abs. 5 zu bereinigen.

2. Vorläufige Zuständigkeit für die Gewährung von Leistungen

8 Art. 6 Abs. 2 DVO regelt eine andere Situation von Auffassungsunterschieden und zwar jene Fälle, in denen zwar unstrittig ist, welcher Staat hinsichtlich der anzuwendenden Rechtsvorschriften

zuständig ist, in denen aber nicht klar ist, **welcher Staat Leistungen zu erbringen hat.** Diese Regelung findet aber nur Anwendung, sofern keine speziellen Regelungen betreffend vorläufige Leistungen bei Auffassungsunterschieden über die Zuständigkeit vorgesehen sind, wie zB vorläufige Leistungen bei Berufskrankheiten nach Art. 37 DVO oder vorläufige Familienleistungen nach Art. 60 Abs. 3 DVO. Wegen des Ausscheidens dieser Fälle dürften nicht viele unmittelbare Anwendungsfälle für die Regelung des Art. 6 Abs. 2 DVO übrig bleiben. Möglich wäre zB, dass eine Familie in Mitgliedstaat A wohnt, der ein alle Einwohner umfassendes Volksgesundheitssystem hat, und der Mann einer Erwerbstätigkeit als Grenzgänger in Mitgliedstaat B nachgeht. Es ist ganz klar, dass er den Rechtsvorschriften von Mitgliedstaat B unterliegt, seine Frau aber den Rechtsvorschriften von Mitgliedstaat A (also kein Fall des Art. 6 Abs. 1 DVO). Für die Zuständigkeit zur Kostentragung für Sachleistungen bei Krankheit eines Kindes (das ebenfalls den Rechtsvorschriften von Mitgliedstaat A unterliegt) könnte aber ein Auffassungsunterschied zwischen beiden Staaten entstehen. Mitgliedstaat A könnte die Auffassung vertreten, dass Mitgliedstaat B diese Leistungen nach Art. 17 iVm Art. 32 Abs. 1 erbringen muss, da das der zuständige Staat für den Vater ist. Im Unterschied dazu könnte aber Mitgliedstaat B der Meinung sein, dass diese Leistungen in die Zuständigkeit von Mitgliedstaat A fallen, weil nach seiner Ansicht die Mutter dort eine Erwerbstätigkeit ausübt (Art. 32 Abs. 2).

Art. 6 Abs. 2 DVO legt für solche Fälle fest, dass der **Wohnortstaat** vorläufig zuständig ist, sofern er einer der betroffenen Staaten ist (in dem obigen Beispiel müsste also Mitgliedstaat A vorläufig die Kosten der Sachleistungen übernehmen). Ist dieser Wohnstaat nicht in die Auffassungsunterschiede involviert (diese Fälle dürften noch seltener sein), so ist es jener Staat, in dem der Antrag zuerst gestellt wurde. An sich entspricht die Regelung daher Art. 114 VO (EWG) Nr. 574/72, wobei diese Regelung aber wegen des Fehlens von Spezialregelungen auch zB unmittelbar den gesamten Bereich der Familienleistungen betraf (s. zB EuGH, Rs. C-153/03 (Weide), Slg 2005, I-6017). In Bezug auf die Familienleistungen ist aber zu beachten, dass zwar Art. 60 Abs. 3 DVO eine eigenständige Regelung für vorläufige Zuständigkeiten enthält, dass aber bei Auftreten von Auffassungsunterschieden über diese vorläufige Zuständigkeit kein eigenes Schlichtungsverfahren vorgesehen ist, sondern in Art. 60 Abs. 4 DVO wieder auf die Regelungen des Art. 6 Abs. 2 DVO verwiesen wird. Daher hat diese Regelung letztendlich doch einen breiteren Anwendungsbereich, da gerade im Bereich der Familienleistungen oft Leistungsstreitigkeiten entstehen können. 9

Wichtig ist, dass die Regelung des Art. 6 Abs. 2 DVO dann nicht anwendbar ist, wenn die **Auffassungsunterschiede den Wohnort** selbst betreffen. Wenn daher Mitgliedstaat A und Mitgliedstaat B sich wegen der Frage des Wohnortes nicht darüber einigen können, welcher von beiden eine besondere beitragsunabhängige Geldleistung gewähren muss, hilft Art. 6 Abs. 2 DVO nicht, weil der Zuständigkeitsauslöser „Wohnort" eben nicht feststeht. Daher muss in diesen Fällen der Wohnort nach dem Verfahren des Art. 11 DVO zunächst festgestellt werden, was dann aber an sich jegliche weitere Auffassungsunterschiede hinsichtlich der Leistungsgewährung ausschließen sollte. 10

3. Vorläufige Berechnung von Leistungen und Beiträgen

Art. 7 DVO regelt jene Fälle, in denen zwar die Zuständigkeiten für die anzuwendenden Rechtsvorschriften und auch die Zuständigkeiten für die Gewährung der Leistungen klar sind (also kein Anwendungsfall des Art. 6 Abs. 1 oder Abs. 2 DVO), in denen aber noch nicht alle Elemente für die **endgültige Berechnung der Leistung oder der zu zahlenden Beiträge** vorliegen. Diese Regelung ist aber nur anwendbar, wenn sich diese Unsicherheit bei der Berechnung auf Sachverhaltselemente bezieht, die in einem anderen Mitgliedstaat vorliegen. Bei Sachverhaltselementen in dem betroffenen Mitgliedstaat selbst (zB bei einem gleichzeitig in mehreren Mitgliedstaaten selbständig Erwerbstätigen, der nach Art. 13 Abs. 1 den Rechtsvorschriften seines Wohnstaates unterliegt, liegen die für die Beitragsberechnung erforderlichen Einkommensteuerdaten in diesem Mitgliedstaat noch nicht vor) bleibt es also bei der Anwendung des nationalen Rechts. 11

Spiegel

12 In den grenzüberschreitenden Fällen hat der Träger auf Antrag der betroffenen Person einen **vorläufigen Leistungsbetrag** zu berechnen (selbst wenn das nationale Recht eine solche vorläufige Leistung nicht vorsehen sollte), wobei wohl von den vorliegenden Informationen auszugehen ist und an Hand dieser abzuschätzen ist, ob sie für eine solche vorläufige Berechnung ausreichen. Sollte daher zB für die Berechnung einer Leistung ausländisches Einkommen ausschlaggebend sein (zB in Anwendung des EuGH-Urteils in der Rs. C-205/05 (Nemec), Slg 2006, I-10745, sofern dieses Urteil von einem Mitgliedstaat angewendet wird), so kann ein Träger, der die Information über dieses Einkommen im Wege der Amtshilfe nach Art. 76 Abs. 2 von einem Träger in einem anderen Mitgliedstaat einholt, bis zum Eintreffen der offiziellen Antwort auch die von der betroffenen Person vorgelegten Nachweise zur Berechnung der vorläufigen Leistung heranziehen. Ebenso können auch vorläufig Beiträge berechnet werden, wobei das aber wohl nicht von einem entsprechenden Antrag des Betroffenen abhängen kann. Sofern spezielle Regelungen wie zB hinsichtlich der vorläufigen Berechnung von Renten nach Art. 50 DVO vorgesehen sind, kann die Regelung des Art. 7 DVO allerdings nicht zur Anwendung kommen.

13 Bei Vorliegen der **endgültigen Beträge**, die der Berechnung der Leistung oder der Beiträge zu Grunde zu legen sind, müssen diese nach Art. 7 Abs. 2 DVO neu festgestellt werden. Sofern dadurch Nachforderungen gegenüber dem Betroffenen entstehen (die vorläufigen Leistungen waren zu hoch oder die vorläufigen Beiträge zu niedrig), sind diese Forderungen nach den Art. 71 ff DVO hereinzubringen, wobei von den Möglichkeiten des Art. 73 DVO nicht Gebrauch gemacht werden kann, da diese Bestimmung auf die Anwendungsfälle des Art. 6 DVO beschränkt ist. Allerdings ist auch zu beachten, dass bei den Fällen des Art. 7 DVO in der Regel bei endgültiger Feststellung der Leistungen oder Beiträge kein Zuständigkeitswechsel erfolgt (Art. 73 DVO regelt gerade diese Fälle eines Zuständigkeitswechsels).

4. Schlichtungsverfahren

14 Falls in den Fällen des Art. 6 Abs. 1 und Abs. 2 DVO (Art. 7 DVO ist ja auf einen Mitgliedstaat beschränkt) zwischen den beteiligten Trägern **keine Einigung** erzielt werden kann, tritt das Schlichtungsverfahren nach Art. 6 Abs. 3 DVO in Kraft. Die Angelegenheit kann der Verwaltungskommission zur Schlichtung (nicht Entscheidung!) vorgelegt werden. Diese Regelung fügt sich also in die Reihe der anderen Regelungen, die der Verwaltungskommission eine Schlichtungsfunktion einräumen (zB Art. 76 Abs. 6 ganz allgemein bzw Art. 5 Abs. 4 DVO hinsichtlich der Gültigkeit von Dokumenten oder Belegen, Art. 16 DVO hinsichtlich der anzuwendenden Rechtsvorschriften in den Fällen des Art. 13 und Art. 60 Abs. 4 DVO hinsichtlich der Familienleistungen, die wieder auf den Schlichtungsmechanismus des Art. 6 DVO verweisen). Der ergänzende Beschluss Nr. A1 der Verwaltungskommission v. 12.6.2009 über die Einrichtung eines Dialog- und Vermittlungsverfahrens zu Fragen der Gültigkeit von Dokumenten, der Bestimmung der anzuwendenden Rechtsvorschriften und der Leistungserbringung (ABl. (EU) C 106 v. 24.4.2010, S. 1) behandelt aber (entgegen seinem breiteren Titel) nur die Fälle von Auffassungsunterschieden hinsichtlich von Dokumenten und der anzuwendenden Rechtsvorschriften, (Nr. 1) so dass dieses Verfahren für die Auffassungsunterschiede über die Leistungszuständigkeit nicht angewendet werden kann. Bei der Verwaltungskommission wurde für solche Schlichtungsverfahren eine eigene Untergruppe eingerichtet (Vermittlungsausschuss – Art. 8 Abs. 5 der Satzung der Verwaltungskommission v. 16.6.2010, ABl. (EU) C 213 v. 6.8.2010, S. 20).

5. Rückabwicklung bei endgültiger Entscheidung

15 Für die Fälle des Art. 6 DVO enthält Abs. 4 dieser Bestimmung auch noch eine Klarstellung, wie vorzugehen ist, wenn endgültig Einvernehmen über die Zuständigkeiten erzielt werden konnte. Unterscheidet sich die endgültige Zuständigkeit von der vorläufigen, so wird der Fall **rückaufgerollt**. Der als endgültig zuständig anzusehende Träger gilt als rückwirkend zuständig und zwar so, als hätte die Meinungsverschiedenheit nicht bestanden. Lässt sich der Zeitpunkt der Rück-

wirkung auf diese Weise nicht genau festlegen, so beginnt die Zuständigkeit jedenfalls ab dem Zeitpunkt der vorläufigen Anwendung der Rechtsvorschriften des anderen Mitgliedstaats oder der vorläufigen Gewährung von Leistungen. Diese Regelung schafft somit europäisches Verfahrensrecht, das dem nationalen Verfahrensrecht (zB den Verjährungsfristen) vorgeht. Wenn daher in einem Fall einer Person, bei der Auffassungsunterschiede bestehen, ob es sich um eine Entsendung im Sinne des Art. 12 handelt, nach Art. 6 Abs. 1 lit. a) DVO vorläufig der Mitgliedstaat A zuständig war, in dem die Beschäftigung ausgeübt wurde, und stellt sich nachträglich heraus, dass doch Mitgliedstaat B zuständig ist, in dem der entsendende Arbeitgeber seinen Sitz hat, so sind die Rechtsvorschriften des Mitgliedstaats B wohl ab dem Beginn der Entsendung rückwirkend anzuwenden, selbst wenn das nationale Verjährungsrecht dieses Staates kürzere Verjährungsfristen vorsehen sollte. Ebenso muss Mitgliedstaat A – unabhängig von seinen nationalen Verjährungsvorschriften – seine Versicherung rückwirkend auf jeden Fall mit diesem Datum beenden. Diese Regelung schafft somit neues Recht, da nach der von der Verwaltungskommission für die Anwendung der VO (EWG) Nr. 1408/71 in der Vergangenheit festgelegten Praxis in Fällen der nachträglich korrigierten Zuständigkeiten nach dieser Verordnung immer das nationale Verjährungsrecht zur Anwendung gelangen konnte (s. auch Art. 84 Rn 13).

Da die Zuständigkeit auf diese Weise rückwirkend repariert wird, muss nach Art. 6 Abs. 5 DVO auch die **leistungs- oder beitragsrechtliche Situation** der betroffenen Person rückwirkend bereinigt werden, um doppelten Leistungsbezug oder doppelte Beitragszahlung für ein- und denselben Zeitraum auszuschließen. Dies ist nach den Regelungen betreffend den Ausgleich nach Art. 72 bis 74 DVO und der Beitreibung nach Art. 75 bis 85 DVO durchzuführen. Sofern nach den Regelungen betreffend den Ausgleich oder die Beitreibung nationale Verjährungsvorschriften zu beachten sind und bei Anwendung des Art. 6 DVO Rückabwicklungen auch über diesen Zeitraum hinaus möglich werden, kann der auf diesen Differenzzeitraum entfallende Forderungsbetrag wohl sowohl im Wege der Beitreibung als auch im Wege des Ausgleichs geltend gemacht werden, wobei die Regelung des Art. 6 Abs. 4 DVO als lex specialis gegenüber zB Art. 78 Abs. 2 lit. c) DVO zu betrachten sein wird. 16

Die Regelung des Art. 6 Abs. 5 DVO enthält der Vollständigkeit halber aber auch noch eine Regelung betreffend die Gewährung von Sachleistungen, um auch in diesem Bereich den Zuständigkeitsstreit nicht auf dem Rücken der Betroffenen austragen zu müssen. Sachleistungen sind danach immer dem Träger, der sie gewährt hat, durch den endgültig zuständigen Träger nach den Art. 62 ff DVO zu erstatten. Wichtig dabei ist, dass auch jene Leistungen zu erstatten sind, auf die bei ursprünglicher Zuständigkeit des endgültig zuständigen Trägers kein Anspruch bestanden hätte. Als Beispiel ist auf den unter Rn 14 besprochenen Fall einer Entsendung zu verweisen. Wenn die betroffene Person daher außerhalb ihres Wohnstaates B in dem vorläufig zuständigen Mitgliedstaat A Sachleistungen bei Krankheit in Anspruch genommen hat, so sind alle Leistungen durch den endgültig zuständigen Träger des Mitgliedstaats B zu erstatten, auch jene, die nicht als medizinisch notwendig angesehen werden können und daher bei ursprünglicher Zuständigkeit des Mitgliedstaats B nur mit einer Genehmigung nach Art. 20 in Anspruch genommen werden hätten können. Anders ausgedrückt, der endgültig zuständige Träger kann die Erstattung nicht ablehnen, weil er an sich zB die Genehmigung nicht hätte erteilen müssen. 17

Artikel 90 DVO Währungsumrechnung

¹Bei der Anwendung der Grundverordnung und der Durchführungsverordnung gilt als Wechselkurs zweier Währungen der von der Europäischen Zentralbank veröffentlichte Referenzwechselkurs. ²Die Verwaltungskommission bestimmt den Bezugszeitpunkt für die Festlegung des Wechselkurses.

Sofern zwischen den Mitgliedstaaten der Euro als Währung gilt, gehören die Fragen betreffend die zu verwendenden Umrechnungskurse bereits der Vergangenheit an. Diese Regelung hat daher nur noch Bedeutung im Verhältnis zu **Mitgliedstaaten, die eigenständige nationale Währungen** 1 haben. Die Vorgängerregelung des Art. 107 VO (EWG) Nr. 574/72 legte für die Umrechnung grundsätzlich für jedes Vierteljahr fixe Umrechnungskurse fest, die dann von der Kommission im Amtsblatt der EU kundgemacht wurden. Nach der DVO wurden keine so starren Fixkurse mehr vorgesehen, sondern die Verwaltungskommission wurde beauftragt, die näheren Details (vor allem welcher Zeitpunkt für die einzelnen Fälle maßgebend ist, für den ein Umrechnungskurs benötigt wird) zu beschließen.

2 Dies erfolgte mit Beschluss Nr. H3 der Verwaltungskommission v. 15.10.2009 über den Zeitpunkt für die Festlegung der Umrechnungskurse (ABl. (EU) C 106 v. 24.4.2010, S. 56). Anders als in der Vergangenheit gibt es danach keine einheitlichen Umrechnungskurse mehr. Zentrale Regelung ist nunmehr, dass der **Umrechnungskurs jenes Tages maßgebend** ist, an dem der entsprechende Vorgang ausgeführt wird (Nr. 2). Mangels einer anderen besonderen Bestimmung bezieht sich diese Regelung zB auf die Berechnung einer Beitragsschuld aufgrund von Einkünften in einer anderen Währung als jener des zuständigen Mitgliedstaates. Wann wird nun in diesem Fall der entsprechende Vorgang ausgeführt? Es ist wohl davon auszugehen, dass es jener Tag ist, an dem der Mitarbeiter des zuständigen Trägers die konkrete Umrechnung durchführt. Das ist zwar möglicherweise recht praktisch, für die Nachprüfbarkeit der Berechnung aber sehr schlecht. Wie kann nämlich bei stark schwankenden Kursen bei einem Streit der genaue Tag glaubhaft gemacht werden. Dieser Beschluss ist derzeit noch in der Testphase und soll evaluiert werden (Nr. 8).

3 Eine Sonderumrechnung musste im Verhältnis zu **Island** im Rahmen des EWR-Abkommens vorgesehen werden, indem auf den Kurs der Zentralbank Islands, der für den Bezugsmonat veröffentlicht wurde, verwiesen wird (Beschluss des Gemeinsamen EWR-Ausschusses Nr. 133/2011, ABl. L 76 v. 15.3.2012, S 17, im Rahmen der Übernahme des Beschlusses Nr. H3).

Artikel 91 DVO   Statistiken

¹Die zuständigen Behörden erstellen Statistiken zur Durchführung der Grundverordnung und der Durchführungsverordnung und übermitteln sie dem Sekretariat der Verwaltungskommission. ²Der Plan und die Methode für die Erhebung und Zusammenstellung dieser Daten werden von der Verwaltungskommission festgelegt. ³Die Europäische Kommission sorgt für die Verbreitung dieser Informationen.

1 Die entsprechende Regelung des Art. 103 VO (EWG) Nr. 574/72 war eine der in der Praxis am wenigsten beachteten Verpflichtungen der Mitgliedstaaten. Bisher gab es **nur in folgenden Bereichen Statistiken,** die aber zum Teil noch im Aufbau sind und daher keine wirklich verlässlichen Vergleiche zwischen den Mitgliedstaaten zulassen:

- Bestimmte Fälle der anzuwendenden Rechtsvorschriften nach Formblatt E 101 (wird aufgrund der nach Art. 19 Abs. 2 DVO vorgesehenen Bescheinigung A1 fortgesetzt)
- Ausgestellte Europäische Krankenversicherungskarten (wird fortgesetzt)
- Fälle der Inanspruchnahme des E-112-Verfahrens (wird für die Ansprüche nach Art. 20 mit Hilfe des S2 Dokuments fortgesetzt werden)
- Stand der Forderungen für die Abrechnung der Leistungen bei Krankheit und Mutterschaft (ist nach Art. 69 DVO fortzusetzen)
- Bearbeitungszeiten für die Rentenanträge.

2 Für andere Bereiche, wie vor allem für die Leistungen der Rentenversicherung, aber auch die Familienleistungen oder die Leistungen bei Arbeitslosigkeit fehlen derzeit entsprechende Statistiken auf EU-Ebene. Wichtig wird sein, dass die Verwaltungskommission eine **einheitliche Struktur** definiert, um eine möglichst harmonisierte Erfassung der erforderlichen Daten in den Mitgliedstaaten zu ermöglichen. Auch wird abzuwarten sein, welche Statistiken automatisch aus dem System für den elektronischen Datenaustausch (EESSI) gezogen werden können. Möglicherweise erübrigt sich dadurch in etlichen Bereichen die gesonderte Erhebung der Daten durch die Mit-

gliedstaaten. Wichtig wird auch sein, vorweg festzulegen, wofür genau die Statistiken dienen sollen. Sollen damit die finanziellen Auswirkungen der Verordnungen evaluiert, künftige Änderungen vorausgeschätzt oder eher wanderungspolitische „Gesamtrechnungen" durchgeführt werden? Je nachdem, welche Ziele verfolgt werden sollen, müssen die Parameter für die Erhebung der Statistiken entsprechend definiert werden. Derzeit wird im Rahmen der Verwaltungskommission an einer Festlegung der Daten, die für die Erstellung dieser Statistiken zu erheben sind, gearbeitet.

Beschluss Nr. A1
vom 12. Juni 2009
über die Einrichtung eines Dialog- und Vermittlungsverfahrens zu Fragen der Gültigkeit von Dokumenten, der Bestimmung der anzuwendenden Rechtsvorschriften und der Leistungserbringung gemäß der Verordnung (EG) Nr. 883/2004 des Europäischen Parlaments und des Rates
(Text von Bedeutung für den EWR und das Abkommen EG/Schweiz)

Amtsblatt C 106 vom 24.4.2010 S. 1

DIE VERWALTUNGSKOMMISSION FÜR DIE KOORDINIERUNG DER SYSTEME DER SOZIALEN SICHERHEIT —

gestützt auf Artikel 72 Buchstabe a der Verordnung (EG) Nr. 883/2004 des Europäischen Parlaments und des Rates vom 29. April 2004 zur Koordinierung der Systeme der sozialen Sicherheit [1], wonach die Verwaltungskommission alle Verwaltungs- und Auslegungsfragen zu behandeln hat, die sich aus der Verordnung (EG) Nr. 883/2004 und der Verordnung (EG) Nr. 987/2009 des Europäischen Parlaments und des Rates vom 16. September 2009 zur Festlegung der Modalitäten für die Durchführung der Verordnung (EG) Nr. 883/2004 über die Koordinierung der Systeme der sozialen Sicherheit [2] ergeben,

gestützt auf Artikel 76 Absätze 3, 4 Unterabsatz 2 und 6 der Verordnung (EG) Nr. 883/2004 über die Verpflichtung der zuständigen Behörden und Träger der Mitgliedstaaten zur Zusammenarbeit, um die ordnungsgemäße Anwendung der Verordnungen zu gewährleisten,

gestützt auf Artikel 5 der Verordnung (EG) Nr. 987/2009 über die Rechtswirkung von Dokumenten und Belegen, in denen der Status einer Person bescheinigt wird,

gestützt auf Artikel 6 der Verordnung (EG) Nr. 987/2009 über die vorläufige Anwendung von Rechtsvorschriften und die vorläufige Gewährung von Leistungen in Fällen, in denen zwischen den Trägern zweier oder mehrerer Mitgliedstaaten eine Meinungsverschiedenheit darüber besteht, welche Rechtsvorschriften anzuwenden sind,

gestützt auf Artikel 16 der Verordnung (EG) Nr. 987/2009 über die Einrichtung eines Verfahrens für die Anwendung von Artikel 13 der Verordnung (EG) Nr. 883/2004,

gestützt auf Artikel 60 der Verordnung (EG) Nr. 987/2009 über die Einrichtung eines Verfahrens für die Anwendung von Artikel 68 der Verordnung (EG) Nr. 883/2004,

in Erwägung nachstehender Gründe:

(1) Eine enge und effektive Zusammenarbeit zwischen den Behörden und Trägern der verschiedenen Mitgliedstaaten ist einer der Schlüsselfaktoren für ein effizientes Funktionieren der Gemeinschaftsvorschriften über die Koordinierung der einzelstaatlichen Systeme der sozialen Sicherheit.

(2) Eines der Merkmale guter Zusammenarbeit im Rahmen der Verordnungen ist ein Informationsaustausch, der auf den Grundsätzen öffentlicher Dienstleistungen, Effizienz, aktiver Unterstützung sowie rascher Bereitstellung und Zugänglichkeit zwischen den Behörden, Trägern und Personen beruht.

(3) Es liegt im Interesse der Träger und Behörden wie auch der betroffenen Personen, dass sämtliche für die Begründung und Feststellung der Rechte und Pflichten einer Person erforderlichen Informationen unverzüglich zur Verfügung gestellt oder ausgetauscht werden.

(4) Der Grundsatz der vertrauensvollen Zusammenarbeit, wie er auch in Artikel 10 EG-Vertrag festgelegt ist, gebietet es zudem, dass die Träger eine ordnungsgemäße Beurteilung der Sachverhalte durchführen, die für die Anwendung der Verordnungen relevant sind. Bei Zweifeln an der Gültigkeit eines Dokuments oder der Richtigkeit der Belege oder bei einer Meinungsverschiedenheit zwischen Mitgliedstaaten darüber, welche Rechtsvorschriften anzuwenden sind oder welcher Träger die Leistungen zu erbringen hat, ist es im Interesse der Personen, die der Verordnung (EG) Nr. 883/2004 unterliegen, dass die Träger oder Behörden der betreffenden Mitgliedstaaten innerhalb einer angemessenen Frist eine Einigung erzielen.

(5) Die Artikel 5 und 6 der Verordnung (EG) Nr. 987/2009 sehen für diese Fälle ein Vermittlungsverfahren vor.

(6) Diese Bestimmungen bestätigen und erweitern die Rechtsprechung des Gerichtshofs der Europäischen Gemeinschaften in Bezug auf die Verordnung (EWG) Nr. 1408/71 des Rates [3], nach der ein Standardverfahren bei Meinungsverschiedenheiten zwischen Mitgliedstaaten über die Gültigkeit von Entsendebescheinigungen entwickelt wurde, das im alten Beschluss Nr. 181 der Verwaltungskommission der Europäischen Gemeinschaften für die soziale Sicherheit der Wanderarbeitnehmer konsolidiert wurde [4].

(7) Sowohl in Artikel 5 als auch in Artikel 6 der Verordnung (EG) Nr. 987/2009 ist die Möglichkeit vorgesehen, die Verwaltungskommission anzurufen, wenn zwischen den beteiligten Trägern oder Behörden keine Einigung erzielt werden kann.

(8) Artikel 16 der Verordnung (EG) Nr. 987/2009 sieht dieses Verfahren auch vor, wenn zwischen den Trägern oder Behörden eine Meinungsverschiedenheit hinsichtlich der Anwendung von Artikel 13 der Verordnung (EG) Nr. 883/2004 besteht.

(9) Artikel 60 der Verordnung (EG) Nr. 987/2009 enthält hinsichtlich Meinungsverschiedenheiten über die prioritär anzuwendenden Rechtsvorschriften im Bereich der Familienleistungen einen ähnlichen Verweis auf Artikel 6 dieser Verordnung.

(10) Grundlage dieser Bestimmungen ist Artikel 76 Absatz 6 der Verordnung (EG) Nr. 883/2004, wonach sich der Träger des zuständigen Mitgliedstaats oder des Wohnstaats im Falle von Schwierigkeiten bei der Auslegung oder Anwendung dieser Verordnung mit den Trägern der beteiligten Mitgliedstaaten in Verbindung setzt; der Artikel sieht weiterhin die Befassung der Verwaltungskommission vor, wenn binnen einer angemessenen Frist keine Lösung gefunden wird.

(11) Mitgliedstaaten haben zum Ausdruck gebracht, dass es einerseits eines Standardverfahrens bedarf, das zu durchlaufen ist, ehe die Verwaltungskommission angerufen wird, und andererseits einer genaueren Bestimmung der Rolle, die der Verwaltungskommission bei der Annäherung gegensätzlicher Standpunkte von Trägern hinsichtlich der anzuwendenden Rechtsvorschriften zukommt.

(12) Ein ähnliches Verfahren ist bereits in mehreren bilateralen Vereinbarungen zwischen Mitgliedstaaten festgelegt. Diese Abkommen dienten als Muster für den vorliegenden Beschluss.

(13) Um das Verfahren zu beschleunigen, ist es angezeigt, dass die Kommunikation zwischen den Ansprechpartnern der Träger und Behörden auf elektronischem Wege erfolgt.

In Übereinstimmung mit den in Artikel 71 Absatz 2 der Verordnung (EG) Nr. 883/2004 festgelegten Bedingungen —

BESCHLIESST:

1. Mit diesem Beschluss werden die Vorschriften für die Anwendung eines Dialog- und Vermittlungsverfahrens festgelegt, das in folgenden Fällen angewandt werden kann:
    a) bei Zweifeln an der Gültigkeit eines Dokuments oder der Richtigkeit von Belegen, in denen der Status einer Person für die Zwecke der Anwendung der Verordnung (EG) Nr. 883/2004 oder der Verordnung (EG) Nr. 987/2009 bescheinigt wird, oder
    b) bei einer Meinungsverschiedenheit zwischen Mitgliedstaaten über die anzuwendenden Rechtsvorschriften.
2. Das Dialog- und Vermittlungsverfahren ist durchzuführen, ehe die Verwaltungskommission mit der Angelegenheit befasst wird.
3. Dieser Beschluss gilt unbeschadet der Verwaltungsverfahren, die nach dem einzelstaatlichen Recht eines beteiligten Mitgliedstaats durchzuführen sind.
4. Ist die Angelegenheit Gegenstand eines gerichtlichen oder verwaltungsrechtlichen Beschwerdeverfahrens nach einzelstaatlichem Recht in dem Mitgliedstaat des Trägers geworden, der das betreffende Dokument ausgestellt hat, ist das Dialog- und Vermittlungsverfahren auszusetzen.
5. Der Träger oder die Behörde, der/die Zweifel an der Gültigkeit eines durch einen Träger oder eine Behörde eines anderen Mitgliedstaats ausgestellten Dokuments äußert, oder der/die mit der (vorläufigen) Bestimmung der anwendbaren Rechtsvorschriften nicht einverstanden ist, wird nachstehend als ersuchender Träger bezeichnet. Der Träger des anderen Mitgliedstaats wird nachstehend als ersuchter Träger bezeichnet.

Beschluss Nr. A1 vom 12. Juni 2009

Erste Phase des Dialogverfahrens

6. In den unter Nummer 1 genannten Fällen setzt sich der ersuchende Träger mit dem ersuchten Träger in Verbindung und bittet um die notwendige Klarstellung von dessen Entscheidung sowie gegebenenfalls um Widerruf oder Ungültigkeitserklärung des betreffenden Dokuments bzw. um Änderung oder Aufhebung der Entscheidung.
7. Der ersuchende Träger begründet sein Ersuchen mit dem Hinweis auf die Anwendbarkeit des vorliegenden Beschlusses und übermittelt einschlägige Belege, die dem Ersuchen zugrunde liegen. Er teilt mit, wer während der ersten Phase des Dialogverfahrens als Ansprechpartner fungiert.
8. Der ersuchte Träger bestätigt unverzüglich den Eingang des Ersuchens per E-Mail oder Fax, spätestens jedoch binnen zehn Arbeitstagen nach Eingang des Ersuchens. Er teilt außerdem mit, wer während der ersten Phase des Dialogverfahrens Ansprechpartner ist.
9. Der ersuchte Träger setzt den ersuchenden Träger so bald wie möglich über das Ergebnis der Untersuchung in Kenntnis, spätestens jedoch binnen drei Monaten nach Eingang des Ersuchens.
10. Wird die ursprüngliche Entscheidung bestätigt bzw. aufgehoben und/oder das Dokument widerrufen bzw. für ungültig erklärt, informiert der ersuchte Träger den ersuchenden Träger entsprechend. Er informiert darüber hinaus die betroffene Person und gegebenenfalls ihren Arbeitgeber über die Entscheidung sowie über die Verfahren zur Anfechtung der Entscheidung nach den für ihn geltenden nationalen Rechtsvorschriften.
11. Kann der ersuchte Träger seine Untersuchung binnen drei Monaten nicht abschließen, da der Fall sehr komplex ist oder die Überprüfung bestimmter Angaben die Einbeziehung eines anderen Trägers erfordert, so darf er die Frist um höchstens drei Monate verlängern. Der ersuchte Träger unterrichtet den ersuchenden Träger so bald wie möglich über die Fristverlängerung, spätestens jedoch eine Woche vor Ablauf der ursprünglichen Frist, wobei er die Gründe für die Verzögerung sowie den voraussichtlichen Termin für den Abschluss der Untersuchung angibt.
12. In außergewöhnlichen Fällen können die beteiligten Mitgliedstaaten von den Fristen gemäß Nummern 9 und 11 abweichen, sofern die Verlängerung im Lichte der Umstände des Einzelfalles gerechtfertigt und angemessen ist und es sich um eine zeitlich begrenzte Verlängerung handelt.

Zweite Phase des Dialogverfahrens

13. Wenn die Träger während der ersten Phase des Dialogverfahrens keine Einigung erzielen können oder wenn der ersuchte Träger seine Untersuchung binnen sechs Monaten nach Eingang des Ersuchens nicht abschließen konnte, benachrichtigen die Träger ihre zuständigen Behörden. Jeder Träger erstellt eine Aufzeichnung über seine Aktivitäten.
14. Die zuständigen Behörden der betreffenden Mitgliedstaaten können beschließen, die zweite Phase des Dialogverfahrens einzuleiten oder direkt die Verwaltungskommission mit der Angelegenheit zu befassen.
15. Leiten die zuständigen Behörden die zweite Phase des Dialogverfahrens ein, ernennen sie binnen zwei Wochen nach der Benachrichtigung durch die Träger jeweils einen zentralen Ansprechpartner. Die Ansprechpartner müssen nicht unbedingt über unmittelbare Zuständigkeit in der Sache verfügen.
16. Die Ansprechpartner bemühen sich, binnen sechs Wochen nach ihrer Ernennung eine Einigung herzustellen. Sie erstellen jeweils eine Aufzeichnung über ihre Aktivitäten und unterrichten die Träger über das Ergebnis der zweiten Phase des Dialogverfahrens.

Vermittlungsverfahren

17. Wenn während des Dialogverfahrens keine Einigung erzielt werden kann, können die zuständigen Behörden die Verwaltungskommission anrufen. Die zuständigen Behörden erstellen jeweils einen Bericht für die Verwaltungskommission mit den Hauptstreitpunkten.
18. Die Verwaltungskommission bemüht sich darum, die unterschiedlichen Standpunkte binnen sechs Monaten nach ihrer Befassung miteinander in Einklang zu bringen. Sie kann entscheiden, die Sache an den Vermittlungsausschuss weiterzuleiten, der gemäß der Satzung der Verwaltungskommission eingesetzt werden kann.

Schlussbestimmungen

19. Die Mitgliedstaaten erstatten der Verwaltungskommission jährlich Bericht über die Anzahl der Streitfälle, bei denen das im vorliegenden Beschluss dargelegte Verfahren zur Anwendung kam, sowie über die beteiligten Mitgliedstaaten, die Hauptstreitpunkte, die Dauer und das Ergebnis der Verfahren.
20. Die Mitgliedstaaten legen ihren ersten Jahresbericht binnen drei Monaten nach dem ersten Jahr der Anwendung dieses Beschlusses vor.

Beschluss Nr. A1 vom 12. Juni 2009

21. Innerhalb von drei Monaten nach Eingang der ersten Jahresberichte bewertet die Verwaltungskommission unter Berücksichtigung dieser Berichte die Erfahrungen der Mitgliedstaaten mit der Anwendung dieses Beschlusses. Nach dem ersten Jahr entscheidet die Verwaltungskommission über die Fortsetzung der jährlichen Berichterstattung.
22. Dieser Beschluss wird im Amtsblatt der Europäischen Union veröffentlicht. Er gilt ab dem Datum des Inkrafttretens der Verordnung (EG) Nr. 987/2009.

Die Vorsitzende der Verwaltungskommission

Gabriela Pikorová

[1] ABl. L 166 vom 30.4.2004, S. 1.

[2] ABl. L 284 vom 30.10.2009, S. 1.

[3] ABl. L 149 vom 5.7.1971, S. 2.

[4] ABl. L 329 vom 14.12.2001, S. 73.

Beschluss Nr. A2
vom 12. Juni 2009
zur Auslegung des Artikels 12 der Verordnung (EG) Nr. 883/2004 des Europäischen Parlaments und des Rates hinsichtlich der auf entsandte Arbeitnehmer sowie auf Selbständige, die vorübergehend eine Tätigkeit in einem anderen als dem zuständigen Mitgliedstaat ausüben, anzuwendenden Rechtsvorschriften
(Text von Bedeutung für den EWR und das Abkommen EG/Schweiz)

Amtsblatt C 106 vom 24.4.2010 S. 5

DIE VERWALTUNGSKOMMISSION FÜR DIE KOORDINIERUNG DER SYSTEME DER SOZIALEN SICHERHEIT —

gestützt auf Artikel 72 Buchstabe a der Verordnung (EG) Nr. 883/2004 des Europäischen Parlaments und des Rates vom 29. April 2004 zur Koordinierung der Systeme der sozialen Sicherheit [1], wonach die Verwaltungskommission alle Verwaltungs- und Auslegungsfragen zu behandeln hat, die sich aus der Verordnung (EG) Nr. 883/2004 und der Verordnung (EG) Nr. 987/2009 des Europäischen Parlaments und des Rates vom 16. September 2009 zur Festlegung der Modalitäten für die Durchführung der Verordnung (EG) Nr. 883/2004 über die Koordinierung der Systeme der sozialen Sicherheit [2],

gestützt auf Artikel 12 der Verordnung (EG) Nr. 883/2004,

gestützt auf die Artikel 5, 6 und 14 bis 21 der Verordnung (EG) Nr. 987/2009,

in Erwägung nachstehender Gründe:

(1) Mit Artikel 12 der Verordnung (EG) Nr. 883/2004, der eine Ausnahme von der in Artikel 11 Absatz 3 Buchstabe a dieser Verordnung festgelegten allgemeinen Regelung vorsieht, soll insbesondere zweierlei gefördert werden: einerseits der freie Dienstleistungsverkehr zugunsten der Arbeitgeber, die Arbeitnehmer in andere Mitgliedstaaten als denjenigen entsenden, in dem sie ihren Sitz haben; andererseits die Freizügigkeit der Arbeitnehmer, sich in andere Mitgliedstaaten zu begeben. Die Bestimmungen zielen somit darauf ab, die Hindernisse, die der Freizügigkeit der Arbeitnehmer im Wege stehen, zu beseitigen und gleichzeitig die gegenseitige wirtschaftliche Verflechtung zu fördern, indem insbesondere für Arbeitnehmer und Unternehmen ein erhöhter Verwaltungsaufwand vermieden wird.

(2) Diese Vorschriften sollen somit Arbeitnehmern, Arbeitgebern und Trägern der sozialen Sicherheit den sich aus der allgemeinen Regelung des Artikels 11 Absatz 3 Buchstabe a dieser Verordnung ergebenden Verwaltungsaufwand dann ersparen, wenn es sich um eine kurze Erwerbstätigkeitszeit in einem anderen Mitgliedstaat als dem Staat handelt, in dem der Selbständige normalerweise seine Tätigkeit ausübt.

(3) Für die Anwendung des Artikels 12 Absatz 1 dieser Verordnung ist erste ausschlaggebende Voraussetzung, dass eine arbeitsrechtliche Bindung zwischen dem Arbeitgeber und dem von diesem eingestellten Arbeitnehmer vorliegt.

(4) Der Schutz des Arbeitnehmers und die Rechtssicherheit, die der Arbeitnehmer und der Träger, bei dem er versichert ist, beanspruchen können, machen es notwendig, dass alle Garantien zur Aufrechterhaltung der arbeitsrechtlichen Bindung für die Dauer der Entsendung gegeben werden.

(5) Als zweite ausschlaggebende Voraussetzung für die Anwendung des Artikels 12 Absatz 1 dieser Verordnung muss eine Bindung zwischen dem Arbeitgeber und dem Mitgliedstaat, in dem er niedergelassen ist, bestehen. Die Möglichkeit der Entsendung muss daher auf Unternehmen beschränkt sein, die ihre Tätigkeit normalerweise im Gebiet des Mitgliedstaats ausüben, dessen Rechtsvorschriften der entsandte Arbeitnehmer weiterhin unterliegt. Es wird davon ausgegangen, dass dies nur für die Unternehmen gilt, die gewöhnlich nennenswerte Tätigkeiten im Mitgliedstaat ihres Sitzes verrichten.

(6) Unbeschadet der Einzelfallbewertung sollten Regelzeiträume für Beschäftigte und Selbständige festgelegt werden.

(7) Die Garantien im Hinblick auf den Erhalt der arbeitsrechtlichen Bindung sind nicht mehr gegeben, wenn der entsandte Arbeitnehmer einem dritten Unternehmen zur Verfügung gestellt wird.

(8) Während der gesamten Entsendung müssen alle notwendigen Kontrollen, insbesondere hinsichtlich Entrichtung der Beiträge und Aufrechterhaltung der arbeitsrechtlichen Bindung, erfolgen können, um eine miss-

bräuchliche Nutzung der oben genannten Vorschriften zu verhindern, und um sicherzustellen, dass die zuständigen Verwaltungsstellen, Arbeitgeber und Arbeitnehmer entsprechend informiert werden.

(9) Insbesondere müssen Arbeitnehmer und Arbeitgeber ordnungsgemäß über die Voraussetzungen für die weitere Unterstellung des entsandten Arbeitnehmers unter die Rechtsvorschriften des Landes, aus dem die Entsendung erfolgt, unterrichtet werden.

(10) Die Bewertung und die Kontrolle der Situation der Unternehmen und der Arbeitnehmer sollte von den zuständigen Trägern so vorgenommen werden, dass dies nicht zu einer Beeinträchtigung des freien Dienstleistungsverkehrs oder der Freizügigkeit der Arbeitnehmer führt.

(11) Der in Artikel 10 des EG-Vertrags festgelegte Grundsatz der vertrauensvollen Zusammenarbeit bedeutet für die zuständigen Träger zahlreiche Verpflichtungen bei der Anwendung des Artikels 12 dieser Verordnung.

In Übereinstimmung mit den in Artikel 71 Absatz 2 der Verordnung (EG) Nr. 883/2004 festgelegten Bedingungen —

BESCHLIESST:

1. Artikel 12 Absatz 1 der Verordnung (EG) Nr. 883/2004 gilt für einen Arbeitnehmer, der aufgrund einer Beschäftigung bei einem Arbeitgeber den Rechtsvorschriften eines Mitgliedstaats (Entsendestaat) unterliegt und von diesem Arbeitgeber zur Ausführung einer Arbeit für dessen Rechnung in einen anderen Mitgliedstaat (Beschäftigungsstaat) entsandt wird.

Es ist davon auszugehen, dass eine Arbeit für Rechnung des Arbeitgebers des Entsendestaats ausgeführt wird, wenn feststeht, dass diese Arbeit für diesen Arbeitgeber ausgeführt wird und dass eine arbeitsrechtliche Bindung zwischen dem Arbeitnehmer und dem Arbeitgeber, der ihn entsandt hat, fortbesteht.

Zur Feststellung, ob eine solche arbeitsrechtliche Bindung weiter besteht, somit für die Frage, ob der Arbeitnehmer weiterhin dem Arbeitgeber untersteht, der ihn entsandt hat, ist ein Bündel von Merkmalen zu berücksichtigen, insbesondere die Verantwortung für Anwerbung, Arbeitsvertrag, Entlohnung (unbeschadet etwaiger Vereinbarungen zwischen dem Arbeitgeber im Entsendestaat und dem Unternehmen im Beschäftigungsstaat über die Entlohnung der Arbeitnehmer), Entlassung sowie die Entscheidungsgewalt über die Art der Arbeit.

Bei der Anwendung von Artikel 14 Absatz 1 der Verordnung (EG) Nr. 987/2009 kann die Tatsache, dass die betreffende Person seit mindestens einem Monat unter die Rechtsvorschriften des Mitgliedstaats fällt, in dem der Arbeitgeber seinen Sitz hat, als Orientierung herangezogen werden, um die Forderung "unmittelbar vor Beginn ihrer Beschäftigung" als erfüllt zu betrachten. Bei kürzeren Zeiträumen erfolgt die Bewertung von Fall zu Fall unter Berücksichtigung aller übrigen Faktoren.

Um erforderlichenfalls oder im Zweifelsfall festzustellen, ob ein Arbeitgeber gewöhnlich eine nennenswerte Tätigkeit im Gebiet des Mitgliedstaats verrichtet, in dem er niedergelassen ist, muss der zuständige Träger dieses Staates in einer Gesamtschau sämtliche Tätigkeiten dieses Arbeitgebers würdigen. Zu berücksichtigen sind dabei u. a. der Ort, an dem das Unternehmen seinen Sitz und seine Verwaltung hat, die Zahl der im Mitgliedstaat seiner Betriebsstätte bzw. in dem anderen Mitgliedstaat in der Verwaltung Beschäftigten, der Ort, an dem die entsandten Arbeitnehmer eingestellt werden, der Ort, an dem der Großteil der Verträge mit den Kunden geschlossen wird, das Recht, dem die Verträge unterliegen, die das Unternehmen mit seinen Arbeitnehmern bzw. mit seinen Kunden schließt, der während eines hinreichend charakteristischen Zeitraums im jeweiligen Mitgliedstaat erzielte Umsatz sowie die Zahl der im entsendenden Staat geschlossenen Verträge. Diese Aufstellung ist nicht erschöpfend, da die Auswahl der Kriterien vom jeweiligen Einzelfall abhängt, und auch die Art der Tätigkeit, die das Unternehmen im Staat der Niederlassung ausübt, zu berücksichtigen ist.

2. Bei der Anwendung von Artikel 14 Absatz 3 der Verordnung (EG) Nr. 987/2009 wird die Erfüllung der Anforderungen in dem Mitgliedstaat, in dem die Person ansässig ist, unter anderem danach bewertet, ob die Person Büroräume unterhält, Steuern zahlt, einen Gewerbeausweis und eine Umsatzsteuernummer nachweist oder bei der Handelskammer oder in einem Berufsverband eingetragen ist. Übt eine Person ihre Tätigkeit seit mindestens zwei Monaten aus, kann dies als Erfüllung der Forderung betrachtet werden, die durch die Formulierung "bereits einige Zeit vor dem Zeitpunkt, ab dem sie die Bestimmungen des genannten Artikels in Anspruch nehmen will" zum Ausdruck gebracht wird. Bei kürzeren Zeiträumen erfolgt die Bewertung von Fall zu Fall unter Berücksichtigung aller übrigen Faktoren.

3. a) Im Rahmen der in Nummer 1 dieses Beschlusses vorgesehenen Bestimmungen gilt Artikel 12 Absatz 1 der Verordnung (EG) Nr. 883/2004 weiterhin für die Entsendung von Arbeitnehmern, wenn der von einem Unternehmen des Entsendestaats zu einem Unternehmen des Beschäftigungsstaats entsandte Arbeitnehmer ebenfalls zu einem oder mehreren anderen Unternehmen dieses Beschäftigungsstaats entsandt wird, sofern dieser Arbeitnehmer seine Tätigkeit weiterhin für Rechnung des Unternehmens ausübt, das ihn entsandt hat. Dies kann insbesondere der Fall sein, wenn der Arbeitnehmer von dem Unternehmen in einen anderen Mitgliedstaat entsandt worden ist, um dort eine Arbeit nacheinander oder gleichzeitig in zwei oder mehr in demselben Mitgliedstaat gelegenen Unternehmen zu verrichten. Maßgeblich ist dabei, ob die Arbeit weiterhin für Rechnung des entsendenden Unternehmens verrichtet wird.

Unmittelbar aufeinanderfolgende Entsendungen in verschiedene Mitgliedstaaten führen in jedem Fall zu einer neuen Entsendung im Sinne von Artikel 12 Absatz 1 der Verordnung (EG) Nr. 883/2004.

b) Eine zeitweise Unterbrechung der Tätigkeiten des Arbeitnehmers bei dem Unternehmen des Beschäftigungsstaats gilt unabhängig von der Begründung (Urlaub, Krankheit, Fortbildung im entsendenden Unternehmen usw.) nicht als Unterbrechung der Entsendezeit im Sinne von Artikel 12 Absatz 1 der Verordnung (EG) Nr. 883/2004.

c) Ist die Entsendung eines Arbeitnehmers abgelaufen, kann eine weitere Entsendung für denselben Arbeitnehmer, dieselben Unternehmen und denselben Mitgliedstaat erst nach Ablauf von mindestens zwei Monaten nach Ende des vorangehenden Entsendezeitraums zugelassen werden. Unter besonderen Gegebenheiten kann allerdings von diesem Grundsatz abgewichen werden.

4. Der Artikel 12 Absatz 1 der Verordnung (EG) Nr. 883/2004 gilt insbesondere dann nicht oder nicht mehr, wenn:

a) das Unternehmen, zu dem der Arbeitnehmer entsandt ist, diesen Arbeitnehmer einem anderen Unternehmen in dem Mitgliedstaat, in dem es gelegen ist, überlässt;

b) der in einen Mitgliedstaat entsandte Arbeitnehmer einem Unternehmen überlassen wird, das in einem anderen Mitgliedstaat gelegen ist;

c) der Arbeitnehmer in einem Mitgliedstaat angeworben wird, um von einem in einem zweiten Mitgliedstaat gelegenen Unternehmen zu einem Unternehmen in einem dritten Mitgliedstaat entsandt zu werden.

5. a) Der zuständige Träger des Mitgliedstaats, dessen Rechtsvorschriften in den in diesem Beschluss vorgesehenen Fällen für den Arbeitnehmer aufgrund des Artikels 12 Absatz 1 der Verordnung (EG) Nr. 883/2004 maßgebend bleiben, unterrichtet den betreffenden Arbeitgeber und Arbeitnehmer ordnungsgemäß über die Voraussetzungen, unter denen der Arbeitnehmer weiterhin unter seine Rechtsvorschriften fällt. Der Arbeitgeber ist somit davon zu unterrichten, dass während der gesamten Zeit der Entsendung Kontrollen durchgeführt werden können, um zu prüfen, ob die Entsendung nicht beendet worden ist. Diese Kontrollen können sich insbesondere auf die Entrichtung der Beiträge und die Aufrechterhaltung der arbeitsrechtlichen Bindung erstrecken.

Der zuständige Träger des Staats der Niederlassung, dessen Rechtsvorschriften für den Selbständigen aufgrund des Artikels 12 Absatz 2 der Verordnung (EG) Nr. 883/2004 in den in diesem Beschluss vorgesehenen Fällen maßgebend bleiben, unterrichtet ihn ordnungsgemäß über die Voraussetzungen, unter denen er weiterhin unter seine Rechtsvorschriften fällt. Der Betreffende ist somit davon zu unterrichten, dass während der gesamten Zeit der vorübergehenden Tätigkeit im Tätigkeitsstaat Kontrollen durchgeführt werden können, um zu prüfen, ob die Voraussetzungen für seine Tätigkeit unverändert sind. Diese Kontrollen können sich insbesondere auf die Entrichtung der Beiträge und die Beibehaltung der Infrastruktur erstrecken, die im Staat, in dem er niedergelassen ist, für die Fortführung seiner Tätigkeit erforderlich ist.

b) Ferner unterrichten der entsandte Arbeitnehmer sowie dessen Arbeitgeber den zuständigen Träger des Entsendestaats von allen im Laufe der Entsendung eingetretenen Änderungen, insbesondere
- wenn die beantragte Entsendung tatsächlich nicht erfolgt ist,
- wenn die Tätigkeit in einem anderen als dem in Nummer 3 Buchstabe b dieses Beschlusses genannten Fall unterbrochen wird,
- swenn der entsandte Arbeitnehmer von seinem Arbeitgeber zu einem anderen Unternehmen im Entsendestaat versetzt worden ist, insbesondere bei Fusion oder Übertragung eines Unternehmens.

c) Der zuständige Träger des Entsendestaats erteilt dem Träger des Beschäftigungsstaats gegebenenfalls auf dessen Anfrage die unter Buchstabe b erwähnten Auskünfte.

Beschluss Nr. A2 vom 12. Juni 2009

d) Die zuständigen Träger des Entsendestaats und des Beschäftigungsstaats wirken bei der Durchführung der oben genannten Kontrollen und auch dann zusammen, wenn ein Zweifel an der Anwendbarkeit des Artikels 12 der Verordnung (EG) Nr. 883/2004 besteht.

6. Die zuständigen Träger bewerten und kontrollieren die unter Artikel 12 der Verordnung (EG) Nr. 883/2004 fallenden Situationen und gewährleisten gegenüber den betreffenden Arbeitgebern und Arbeitnehmern, dass dadurch der freie Dienstleistungsverkehr und die Freizügigkeit der Arbeitnehmer nicht beeinträchtigt werden. Vor allem müssen die Kriterien, die herangezogen werden, um zu bewerten, ob ein Arbeitgeber seine Geschäftstätigkeit gewöhnlich in einem Mitgliedstaat ausübt, ob eine arbeitsrechtliche Bindung zwischen einem Unternehmen und einem Arbeitnehmer besteht oder ob ein Selbständiger die für die Ausübung seiner Tätigkeit in einem Staat erforderliche Infrastruktur aufrechterhält, in gleichen oder ähnlichen Situationen konsequent und in gleicher Weise angewendet werden.

7. Die Verwaltungskommission fördert die Zusammenarbeit zwischen den zuständigen Behörden der Mitgliedstaaten im Hinblick auf die Anwendung des Artikels 12 der Verordnung (EG) Nr. 883/2004 und sie erleichtert die Bearbeitung und den Austausch von Informationen, Erfahrungen und bewährten Verfahren im Zusammenhang mit der Festlegung und Einstufung der Kriterien zur Bewertung der Situationen von Unternehmen und Arbeitnehmern sowie im Zusammenhang mit den festgelegten Kontrollmaßnahmen. Zu diesem Zweck erarbeitet sie nach und nach für Verwaltungen, Unternehmen und Arbeitnehmer einen Leitfaden mit bewährten Verfahren für die Entsendung von Arbeitnehmern bzw. die Ausübung einer vorübergehenden selbstständigen Tätigkeit außerhalb des Staates der Niederlassung.

8. Dieser Beschluss wird im Amtsblatt der Europäischen Union veröffentlicht. Er gilt ab dem Zeitpunkt des Inkrafttretens der Verordnung (EG) Nr. 987/2009.

Die Vorsitzende der Verwaltungskommission

Gabriela Pikorová

[1] ABl. L 166 vom 30.4.2004, S. 1.

[2] ABl. L 284 vom 30.10.2009, S. 1.

**Beschluss Nr. A3
vom 17. Dezember 2009
über die Zusammenrechnung ununterbrochener Entsendezeiten, die gemäß den
Verordnungen (EWG) Nr. 1408/71 des Rates und der Verordnung (EG) Nr. 883/2004 des
Europäischen Parlaments und des Rates zurückgelegt wurden
(Text von Bedeutung für den EWR und das Abkommen EG/Schweiz)**

Amtsblatt C 149 vom 8.6.2010 S. 3

DIE VERWALTUNGSKOMMISSION FÜR DIE KOORDINIERUNG DER SYSTEME DER SOZIALEN SICHERHEIT —

gestützt auf Artikel 72 Buchstabe a der Verordnung (EG) Nr. 883/2004 des Europäischen Parlaments und des Rates vom 29. April 2004 zur Koordinierung der Systeme der sozialen Sicherheit [1], wonach die Verwaltungskommission alle Verwaltungs- und Auslegungsfragen zu behandeln hat, die sich aus der Verordnung (EG) Nr. 883/2004 des Rates und der Verordnung (EG) Nr. 987/2009 des Europäischen Parlaments und des Rates [2] ergeben,

gestützt auf Artikel 12 der Verordnung (EG) Nr. 883/2004,

gestützt auf die Artikel 5 und 14 bis 21 der Verordnung (EG) Nr. 987/2009,

in Erwägung nachstehender Gründe:

(1) Für die Zwecke dieses Beschlusses bezeichnet der Begriff "Entsendung" jeden von einer selbstständig oder unselbstständig erwerbstätigen Person absolvierten Zeitraum, in dem diese ihre Tätigkeit in einem anderen als dem zuständigen Mitgliedstaat gemäß den Bestimmungen der Artikel 14 Absatz 1, 14 a Absatz 1, 14 b Absatz 1 oder 14 b Absatz 2 der Verordnung (EWG) Nr. 1408/71 des Rates [3] bzw. des Artikels 12 Absatz 1 oder 2 der Verordnung (EG) Nr. 883/2004 ausübt.

(2) Mit Artikel 12 der Verordnung (EG) Nr. 883/2004, der eine Ausnahme von der in Artikel 11 Absatz 3 Buchstabe a dieser Verordnung festgelegten allgemeinen Regel vorsieht, soll insbesondere zweierlei gefördert werden: einerseits die Dienstleistungsfreiheit für Arbeitgeber/innen, die Arbeitnehmer/innen in andere Mitgliedstaaten als denjenigen entsenden, in dem sie ihren Sitz haben; andererseits die Freizügigkeit der Arbeitnehmer/innen in den Mitgliedstaaten. Die Bestimmungen zielen somit darauf ab, die Hindernisse, die der Arbeitnehmerfreizügigkeit im Wege stehen, zu beseitigen und gleichzeitig die gegenseitige wirtschaftliche Verflechtung zu fördern, ohne dabei den Verwaltungsaufwand für Arbeitnehmer/innen und Unternehmen zu erhöhen.

(3) Maßgeblich für die Anwendung von Artikel 12 Absatz 1 der genannten Verordnung ist, dass zwischen dem/der Arbeitgeber/in und der beschäftigten Person eine direkte Beziehung besteht und der/die Arbeitgeber/in Verbindungen zu dem Mitgliedstaat hat, in dem er/sie niedergelassen ist. Maßgeblich für die Anwendung von Artikel 12 Absatz 2 der Verordnung ist, dass die Person üblicherweise eine ähnliche nennenswerte Tätigkeit in dem Mitgliedstaat ausübt, in dem sie ansässig ist.

(4) Gemäß der Verordnung (EWG) Nr. 1408/71 darf die voraussichtliche Dauer der Entsendung zwölf Monate nicht überschreiten; liegen nicht vorhersehbare Gründe vor, kann eine Verlängerung um bis zu zwölf weitere Monate genehmigt werden. Gemäß der Verordnung (EG) Nr. 883/2004 darf die voraussichtliche Dauer der Entsendung insgesamt vierundzwanzig Monate nicht überschreiten.

(5) Jede Verlängerung des ununterbrochenen Entsendezeitraums, die über die in den Verordnungen festgelegte Höchstdauer hinausgeht, bedarf einer Vereinbarung gemäß Artikel 17 der Verordnung (EWG) Nr. 1408/71 bzw. Artikel 16 der Verordnung (EG) Nr. 883/2004.

(6) Die Verordnung (EG) Nr. 883/2004 enthält keine explizite Übergangsbestimmung für die Zusammenrechnung von nach den Verordnungen (EWG) Nr. 1408/71 und (EG) Nr. 883/2004 absolvierten Entsendezeiten. Absicht des Gesetzgebers war es, die mögliche voraussichtliche Höchstdauer der Entsendung von zwölf Monaten auf vierundzwanzig Monate zu verlängern. Die Verfahren und anderen Bedingungen für die Entsendung haben sich nicht wesentlich geändert.

(7) Im Hinblick auf die rechtliche Kontinuität zwischen den alten und neuen Verordnungen und die einheitliche Anwendung der Entsendevorschriften während des Übergangs von der Verordnung (EWG) Nr. 1408/71 auf die Verordnung (EG) Nr. 883/2004,

Beschluss Nr. A3 vom 17. Dezember 2009

gemäß Artikel 71 Absatz 2 der Verordnung (EG) Nr. 883/2004 —

BESCHLIESST:

1. Bei der Berechnung des ununterbrochenen Entsendezeitraums gemäß der Verordnung (EG) Nr. 883/2004 werden sämtliche nach der Verordnung (EWG) Nr. 1408/71 absolvierten Entsendezeiten berücksichtigt, so dass die Gesamtdauer der ununterbrochenen, gemäß beiden Verordnungen absolvierten Entsendezeit vierundzwanzig Monate nicht überschreiten kann.

2. Dieser Beschluss wird im Amtsblatt der Europäischen Union veröffentlicht. Er gilt ab dem Zeitpunkt des Inkrafttretens der Verordnung (EG) Nr. 987/2009.

Die Vorsitzende der Verwaltungskommission

Lena Malmberg

[1] ABl. L 166 vom 30.4.2004, S. 1.

[2] ABl. L 284 vom 30.10.2009, S. 1.

[3] ABl. L 149 vom 5.7.1971, S. 2.

**Beschluss Nr. E1
vom 12. Juni 2009
über die praktischen Verfahren für die Zeit des Übergangs zum elektronischen
Datenaustausch gemäß Artikel 4 der Verordnung (EG) Nr. 987/2009 des Europäischen
Parlaments und des Rates
(Text von Bedeutung für den EWR und das Abkommen EG/Schweiz)**

Amtsblatt C 106 vom 24.4.2010 S. 9

DIE VERWALTUNGSKOMMISSION FÜR DIE KOORDINIERUNG DER SYSTEME DER SOZIALEN SICHERHEIT —

gestützt auf Artikel 72 Buchstabe a der Verordnung (EG) Nr. 883/2004 des Europäischen Parlaments und des Rates vom 29. April 2004 zur Koordinierung der Systeme der sozialen Sicherheit [1], wonach die Verwaltungskommission alle Verwaltungs- und Auslegungsfragen zu behandeln hat, die sich aus der Verordnung (EG) Nr. 883/2004 und der Verordnung (EG) Nr. 987/2009 des Europäischen Parlaments und des Rates vom 16. September 2009 zur Festlegung der Modalitäten für die Durchführung der Verordnung (EG) Nr. 883/2004 über die Koordinierung der Systeme der sozialen Sicherheit [2] ergeben,

gestützt auf Artikel 72 Buchstabe d der Verordnung (EG) Nr. 883/2004 zur Koordinierung der Systeme der sozialen Sicherheit, wonach die Verwaltungskommission den größtmöglichen Einsatz neuer Technologien fördert,

gestützt auf Artikel 4 der Verordnung (EG) Nr. 987/2009 des Europäischen Parlaments und des Rates, der bestimmt: "Die Verwaltungskommission legt die Struktur, den Inhalt, das Format und die Verfahren im Einzelnen für den Austausch von Dokumenten und strukturierten elektronischen Dokumenten fest" und "Die Datenübermittlung zwischen den Trägern oder Verbindungsstellen erfolgt elektronisch",

gestützt auf Artikel 95 der Verordnung (EG) Nr. 987/2009; der bezüglich der Übergangszeit feststellt: "Jedem Mitgliedstaat kann eine Übergangszeit für den elektronischen Datenaustausch eingeräumt werden" und "Diese Übergangszeiten enden spätestens 24 Monate nach dem Datum des Inkrafttretens der Durchführungsverordnung",

in Erwägung nachstehender Gründe:

(1) Nach Artikel 95 der Verordnung (EG) Nr. 987/2009 legt die Verwaltungskommission die praktischen Verfahren für erforderliche Übergangszeiten so fest, dass der für die Anwendung der Grundverordnung und der Durchführungsverordnung erforderliche Datenaustausch sichergestellt ist.

(2) Es ist zu klären, welche Grundprinzipien die Träger während der Übergangszeit anwenden müssen.

(3) Nach dem Inkrafttreten der neuen Verordnungen wird voraussichtlich noch eine Vielzahl von Anträgen in Bearbeitung sein, die sich auf Ansprüche beziehen, die im Rahmen der Verordnung (EWG) Nr. 1408/71 des Rates [3] vor diesem Zeitpunkt entstanden sind, und es wird im Zusammenhang mit diesen Ansprüchen vorgeschlagen, den Informationsaustausch generell auf der Grundlage der Verfahren gemäß der Verordnung (EWG) Nr. 1408/71 und der Verordnung (EWG) Nr. 574/72 des Rates [4] vorzunehmen; hierzu gehört auch die Verwendung der E-Vordrucke.

(4) Nach Artikel 94 Absatz 1 der Verordnung (EG) Nr. 987/2009 ist eine "doppelte Feststellung" unter den Voraussetzungen des vorstehenden Erwägungsgrundes vorgesehen, wobei der Leistungsberechtigte den höheren Betrag erhält.

(5) In der Praxis jedoch wird in den allermeisten, wenn nicht sogar in allen Fällen eine auf den früheren Verordnungen gegründete Feststellung nicht durch die Anwendung der neuen Verordnungen verbessert. Entsprechend wird es als unrealistisch betrachtet, von den Trägern zu erwarten, dass sie in solchen Fällen ein zweifaches Verfahren nach der Verordnung (EWG) Nr. 574/72 und der Verordnung (EG) Nr. 987/2009 durchführen.

(6) Nummer 5 des Beschlusses Nr. H1 [5] regelt den Status der Bescheinigungen (E-Vordrucke) und der Europäischen Krankenversicherungskarte (einschließlich der provisorischen Ersatzbescheinigungen), die vor dem Datum des Inkrafttretens der Verordnung (EG) Nr. 883/2004 und der Verordnung (EG) Nr. 987/2009 ausgestellt wurden.

Beschluss Nr. E1 vom 12. Juni 2009

(7) Während der Übergangszeit entscheiden allein die Mitgliedstaaten, wann sie bereit sind, sich vollständig oder bereichsweise dem elektronischen Austausch von Sozialversicherungsdaten (EESSI) anzuschließen

In Übereinstimmung mit den in Artikel 71 Absatz 2 der Verordnung (EG) Nr. 883/2004 festgelegten Bedingungen —

BESCHLIESST:

1. Während der Übergangszeit lautet das Leitmotiv "gute Zusammenarbeit zwischen den Trägern, Pragmatismus und Flexibilität". In erster Linie muss ein reibungsloser Übergang für die Bürgerinnen und Bürger gewährleistet werden, die ihre Ansprüche im Rahmen der neuen Verordnungen geltend machen.

2. Nach dem Datum des Inkrafttretens der Verordnung (EG) Nr. 883/04 und der Verordnung (EG) Nr. 987/2009 ersetzen Papierfassungen der strukturierten elektronischen Dokumente (SED) die E-Vordrucke, die auf der Grundlage der Verordnungen (EWG) Nr. 1408/71 und (EWG) Nr. 574/72 ausgegeben wurden.

3. Mitgliedstaaten, die über nationale elektronische Anwendungen zur Erstellung von E-Vordrucken verfügen oder den Austausch elektronisch (beispielsweise im Rahmen der Build-Projekte) vornehmen und diese Verfahren innerhalb der gesetzten Frist vernünftigerweise nicht ändern können, dürfen diese abweichend von Nummer 2 während der Übergangszeit weiterverwenden, sofern die Ansprüche der Berechtigten durch die neuen Verordnungen umfassend gewährleistet sind.

4. In allen Fällen akzeptiert ein Träger während der Übergangszeit relevante Informationen auf sämtlichen von einem anderen Träger ausgestellten Dokumenten, selbst wenn sie hinsichtlich Format, Inhalt oder Struktur veraltet sind. Bestehen Zweifel an den Ansprüchen der betroffenen Bürgerinnen und Bürger, so wendet sich der Träger im Sinne einer guten Zusammenarbeit an den ausstellenden Träger.

5. Wie unter Nummer 5 des Beschlusses Nr. H1 ausgeführt, sind E-Vordrucke, Bescheinigungen und Europäische Krankenversicherungskarten (einschließlich der provisorischen Ersatzbescheinigungen), die vor dem Inkrafttreten der Verordnung (EG) Nr. 883/2004 und der Verordnung (EG) Nr. 987/2009 ausgestellt wurden, weiterhin gültig und werden von den Behörden anderer Mitgliedstaaten selbst nach diesem Datum noch so lange berücksichtigt, bis ihr Gültigkeitsdatum abgelaufen ist oder sie zurückgezogen oder durch Dokumente ersetzt werden, die im Rahmen der Verordnung (EG) Nr. 883/2004 und der Verordnung (EG) Nr. 987/2009 herausgegeben oder übermittelt wurden.

6. Jeder Mitgliedstaat kann den elektronischen Austausch von Sozialversicherungsdaten (EESSI) flexibel und bereichsweise dann einführen, wenn er über die Zugangsstelle(n) verfügt, die ihn zur Nutzung des EESSI-System befähigen. Die einzelnen Mitgliedstaaten können auch entscheiden, das EESSI-System erst zu nutzen, wenn alle Bereiche dazu in der Lage sind.

7. Zur Nutzung des "EESSI-Systems" in der Lage ist der betreffende Bereich/die jeweilige Zugangsstelle, wenn er/sie alle Nachrichten in dem Bereich an die Zugangsstellen anderer Mitgliedstaaten senden und sie von diesen empfangen kann.

8. Die Angaben darüber, welcher Bereich in welchem Mitgliedstaat an das EESSI-System angeschlossen ist, sind in einer den nationalen Trägern zugänglichen Liste und im EESSI-Verzeichnis zusammengestellt. Die Mitgliedstaaten unterrichten die Verwaltungskommission schriftlich über das Datum, an dem sie sich dem System anschließen wollen.

9. Während der Übergangszeit erfolgt der Datenaustausch zwischen zwei Mitgliedstaaten in einem Bereich entweder innerhalb oder außerhalb des EESSI-Systems; Mischformen sind nicht zulässig, außer im Rahmen bilateraler Vereinbarungen beispielsweise über gemeinsame Test- oder Trainingsphasen oder aus ähnlichen Gründen.

10. Die Verwaltungskommission wird ein standardisiertes Format für die Papierfassungen der strukturierten elektronischen Dokumente (SED) verabschieden, das den Trägern zugänglich gemacht wird.

11. Dieser Beschluss wird im Amtsblatt der Europäischen Union veröffentlicht. Er gilt ab dem Zeitpunkt des Inkrafttretens der Verordnung (EG) Nr. 987/2009.

Die Vorsitzende der Verwaltungskommission

Gabriela Pikorová

[1] ABl. L 166 vom 30.4.2004, S. 1.

[2] ABl. L 284 vom 30.10.2009, S. 1.
[3] ABl. L 149 vom 5.7.1971, S. 2.
[4] ABl. L 74 vom 27.3.1972, S. 1.
[5] Siehe Seite 13 dieses Amtsblatts.

**Beschluss Nr. E2
vom 3. März 2010
über die Einführung eines Verfahrens für die Vornahme von Änderungen an den Angaben
zu den in Artikel 1 der Verordnung (EG) Nr. 883/2004 des Europäischen Parlaments und des
Rates genannten Stellen, die in dem elektronischen Verzeichnis, das Bestandteil von EESSI
ist, aufgeführt sind
(Text von Bedeutung für den EWR und für das Abkommen EU/Schweiz)**

Amtsblatt C 187 vom 10.7.2010 S. 5

DIE VERWALTUNGSKOMMISSION FÜR DIE KOORDINIERUNG DER SYSTEME DER SOZIALEN SICHERHEIT —

gestützt auf Artikel 72 Buchstaben d der Verordnung (EG) Nr. 883/2004 des Europäischen Parlaments und des Rates vom 29. April 2004 zur Koordinierung der Systeme der sozialen Sicherheit [1], wonach die Verwaltungskommission die gemeinsamen strukturellen Regeln für die elektronischen Datenverarbeitungsdienste erlässt und die Einzelheiten für den Betrieb des gemeinsamen Teils dieser Dienste festlegt,

gestützt auf Artikel 88 der Verordnung (EG) Nr. 987/2009 des Europäischen Parlaments und des Rates [2],

gestützt auf Artikel 71 Absatz 2 der Verordnung (EG) Nr. 883/2004,

in Erwägung nachstehender Gründe:

(1) Eines der Elemente der Modernisierung des Systems zur Koordinierung der einzelstaatlichen Regelungen für soziale Sicherheit ist die Einrichtung eines elektronischen Verzeichnisses, das Angaben über die nationalen Stellen enthält, die mit der Anwendung der Verordnungen (EG) Nr. 883/2004 und (EG) Nr. 987/2009 (nachstehend Durchführungsverordnung) befasst sind.

(2) Die Mitgliedstaaten sind für die Eingabe ihrer eigenen Kontaktinformationen in das elektronische Verzeichnis und für die Pflege dieser Angaben zuständig.

(3) Jeder Mitgliedstaat stellt sicher, dass die Angaben in seiner lokalen Kopie des elektronischen Verzeichnisses täglich mit den Daten des von der Europäischen Kommission verwalteten Originals dieses Verzeichnisses abgeglichen werden.

(4) Es ist notwendig, ein Verfahren für die Vornahme von Änderungen einzuführen, um sicherzustellen, dass Änderungen der in dem elektronischen Verzeichnis aufgeführten Daten strukturiert, einheitlich, überprüfbar und rechtzeitig vorgenommen werden —

BESCHLIESST:

1. Dieser Beschluss enthält Regeln für ein Verfahren zur Vornahme von Änderungen an den Daten der zuständigen Behörden, nationalen Träger, Verbindungsstellen und Zugangsstellen, die in Artikel 1 Buchstaben m, q und r der Verordnung (EG) Nr. 883/2004 und in Artikel 1 Absatz 2 Buchstaben a und b der Durchführungsverordnung genannt sind.

2. Das Verfahren zur Vornahme von Änderungen bezieht sich auf die Daten, die im Original des von der Europäischen Kommission verwalteten elektronischen Verzeichnisses aufgeführt sind, und auf die lokalen Kopien in den Mitgliedstaaten.

3. Jeder Mitgliedstaat bestimmt eine Person, die für die Vornahme von Änderungen im Original des elektronischen Verzeichnisses und für die Aktualisierung der lokalen Kopien zuständig ist.

4. Jeder Mitgliedstaat bestimmt ferner für jede Zugangsstelle einen zentral für EESSI zuständigen Mitarbeiter (nachstehend zentraler Ansprechpartner). Er ist der erste Ansprechpartner für die Träger und Stellen, die mit der jeweiligen Zugangsstelle in Verbindung stehen.

5. Jeder Mitgliedstaat unterrichtet die Verwaltungskommission im Wege des Sekretariats mindestens einen Monat vor dem Wirksamwerden über wesentliche Änderungen der Daten bezüglich der zuständigen Stellen, nationalen Träger, Verbindungsstellen oder Zugangsstellen. Eine entsprechende Mitteilung kann an das Sekretariat gerichtet werden. Kleinere Änderungen können ohne vorherige Ankündigung im elektronischen Verzeichnis vorgenommen werden.

6. Für die Zwecke dieses Verfahrens gelten solche Änderungen als wesentlich, die die Anwendung der Verordnungen und somit die Koordinierung negativ beeinflussen, indem sie den Versand oder die Weiterleitung strukturierter elektronischer Dokumente (SED) an den betreffenden Träger oder die zuständige Stelle möglicherweise behindern.

Wesentliche Änderungen sind unter anderem:

a) Änderungen im Zusammenhang mit dem Identifikationscode, der Funktion oder Zuständigkeit einer Stelle, eines Trägers oder einer Zugangsstelle;

b) die Schließung einer Stelle, eines Trägers oder einer Zugangsstelle;

c) die Zusammenlegung von Stellen, Trägern oder Zugangsstellen.

7. Im Falle einer der unter 6. a), b) oder c) genannten wesentlichen Änderungen gibt der Mitgliedstaat an, welche Stelle, welcher Träger oder welche Zugangsstelle die betreffenden Aufgaben oder die jeweilige Zuständigkeit zu dem Zeitpunkt übernimmt, zu dem die Änderung wirksam wird.

8. Nach Eingang der Mitteilung einer wesentlichen Änderung unterrichtet das Sekretariat die Verwaltungskommission und die zentralen Ansprechpartner über die Änderung und den Zeitpunkt, zu dem diese wirksam wird.

9. Gemäß Artikel 9 der Satzung der Verwaltungskommission haben die Mitglieder der Verwaltungskommission die Möglichkeit, Einwände gegen die Änderung vorzubringen oder sich ihrer Stimme zu enthalten. Werden Einwände erhoben, wird die Änderung auf der nächsten Tagung der Verwaltungskommission erörtert.

10. Die Mitgliedstaaten sorgen dafür, dass die lokalen Kopien der Verzeichnisdienste täglich mit der Referenzversion des elektronischen Verzeichnisses abgeglichen werden. Der Datenabgleich der lokalen Kopien erfolgt zwischen 1:00 Uhr und 3:00 Uhr morgens MEZ.

11. Innerhalb eines Jahres nach Veröffentlichung des Beschlusses im Amtsblatt evaluiert die Verwaltungskommission die Erfahrungen, die die Mitgliedstaaten bei der Anwendung dieses Beschlusses gemacht haben.

12. Dieser Beschluss wird im Amtsblatt der Europäischen Union veröffentlicht. Er gilt ab dem ersten Tag des zweiten Monats nach seinem Inkrafttreten.

Der Vorsitzende der Verwaltungskommission

José Maria Marco García

[1] ABl. L 166 vom 30.4.2004, S. 1.

[2] ABl. L 284 vom 30.10.2009, S. 1.

Beschluss Nr. E3
vom 19. Oktober 2011
über die Übergangszeit gemäß Artikel 95 der Verordnung (EG) Nr. 987/2009 des Europäischen Parlaments und des Rates
(Text von Bedeutung für den EWR und das Abkommen EG/Schweiz)

Amtsblatt C 012 vom 14.1.2012 S. 6

DIE VERWALTUNGSKOMMISSION FÜR DIE KOORDINIERUNG DER SYSTEME DER SOZIALEN SICHERHEIT —

gestützt auf Artikel 72 Buchstabe d der Verordnung (EG) Nr. 883/2004 zur Koordinierung der Systeme der sozialen Sicherheit [1], wonach es Aufgabe der Verwaltungskommission ist, so weit wie möglich den Einsatz neuer Technologien zu fördern, insbesondere durch die Modernisierung der Verfahren für den Informationsaustausch und durch die Anpassung des Informationsflusses zwischen den Trägern zum Zweck des Austauschs mit elektronischen Mitteln unter Berücksichtigung des Entwicklungsstands der Datenverarbeitung in dem jeweiligen Mitgliedstaat,

gestützt auf Artikel 4 der Verordnung (EG) Nr. 987/2009 des Europäischen Parlaments und des Rates vom 16. September 2009 zur Festlegung der Modalitäten für die Durchführung der Verordnung (EG) Nr. 883/2004 zur Koordinierung der Systeme der sozialen Sicherheit [2], wonach die Verwaltungskommission ermächtigt ist, die Struktur, den Inhalt, das Format und die Verfahren im Einzelnen für den Austausch von Dokumenten und strukturierten elektronischen Dokumenten sowie die praktischen Modalitäten für die Übermittlung von Informationen, Dokumenten oder Entscheidungen an die betreffende Person durch elektronische Mittel festzulegen,

gestützt auf Artikel 95 Absatz 1 Unterabsatz 1 der Verordnung (EG) Nr. 987/2009 betreffend die Übergangszeit, wonach jedem Mitgliedstaat eine Übergangszeit für den elektronischen Datenaustausch eingeräumt werden kann und diese Übergangszeiten spätestens 24 Monate nach dem Datum des Inkrafttretens der Durchführungsverordnung enden,

gestützt auf Artikel 95 Absatz 1 Unterabsatz 2 der Verordnung (EG) Nr. 987/2009, wonach die Verwaltungskommission eine angemessene Verlängerung der Übergangszeiten beschließen kann, wenn sich die Bereitstellung der erforderlichen gemeinschaftlichen Infrastruktur (Elektronischer Austausch von Informationen der sozialen Sicherheit — EESSI) bezogen auf das Inkrafttreten der Durchführungsverordnung wesentlich verspätet,

gemäß Artikel 71 Absatz 2 Unterabsatz 2 der Verordnung (EG) Nr. 883/2004,

in Erwägung nachstehender Gründe:

(1) Artikel 95 der Verordnung (EG) Nr. 987/2009 räumt den Mitgliedstaaten eine Übergangszeit von 24 Monaten ab dem Datum des Inkrafttretens dieser Verordnung ein, um die für den elektronischen Datenaustausch erforderliche nationale Infrastruktur einzurichten und in Betrieb zu nehmen.

(2) Artikel 95 der Verordnung (EG) Nr. 987/2009 ermächtigt die Verwaltungskommission eine Verlängerung der Übergangszeiten zu beschließen, wenn sich die Bereitstellung der erforderlichen gemeinschaftlichen Infrastruktur wesentlich verspätet.

(3) Ausgehend von der Analyse der Europäischen Kommission und des Lenkungsausschusses für das EESSI-Projekt hat die Verwaltungskommission den Entwicklungsstand des Projekts sowohl auf EU- als auch auf nationaler Ebene einer Gesamtbewertung unterzogen.

(4) Aufgrund dieser Bewertung wird eine Verlängerung der Übergangszeit als notwendig erachtet, um die erfolgreiche Implementierung des EESSI-Systems zu gewährleisten; hierbei wurde dem Fortgang der Vorbereitungen auf EU- und einzelstaatlicher Ebene Rechnung getragen und gleichzeitig berücksichtigt, dass es im Interesse aller Beteiligten ist, die Verlängerung zeitlich zu beschränken.

(5) Angesichts der technischen Komplexität des Projekts und im Hinblick auf die unterschiedlichen Implementierungsmöglichkeiten, die mit jeweils anderen Zeitfenstern verbunden sind, hält es die Verwaltungskommission für angezeigt, die Übergangszeit zusätzlich zu der in Artikel 95 Absatz 1 der Verordnung (EG) Nr. 987/2009 festgesetzten Zeit um 24 Monate zu verlängern.

Beschluss Nr. E3 vom 19. Oktober 2011

(6) Die Verwaltungskommission fordert die Mitgliedstaaten jedoch auf, den elektronischen Datenaustausch ohne Verzögerung so schnell wie möglich zu beginnen, um den Zeitraum, in dem der Datenaustausch auf Papier und gleichzeitig elektronisch erfolgt, möglichst kurz zu halten; entsprechende Zwischenziele wird die Verwaltungskommission ausgehend von einem Vorschlag des Lenkungsausschusses für das EESSI-Projekt definieren.

(7) Die Verwaltungskommission fordert den Lenkungsausschuss für das EESSI-Projekt auf, geeignete Monitoringinstrumente einzurichten, Zwischenziele vorzuschlagen und den Fortgang der Einführung von EESSI in den einzelnen Mitgliedstaaten während der verlängerten Übergangszeit aufmerksam zu verfolgen.

(8) Gemäß Artikel 95 Absatz 1 der Verordnung (EG) Nr. 987/2009 kann die Verwaltungskommission diesen Beschluss auf der Grundlage der Gesamtplanung und der Analyse des Lenkungsausschusses für das EESSI-Projekt ändern.

(9) Beschluss Nr. E1 vom 12. Juni 2009 über die praktischen Verfahren für die Zeit des Übergangs zum elektronischen Datenaustausch gemäß Artikel 4 der Verordnung (EG) Nr. 987/2009 des Europäischen Parlaments und des Rates [3] ist während der Übergangszeit entsprechend anwendbar —

BESCHLIESST:

1. Der in Artikel 95 Absatz 1 der Verordnung (EG) Nr. 987/2009 vorgesehene Zeitraum für den vollständigen Übergang der Mitgliedstaaten zum elektronischen Datenaustausch wird um 24 Monate bis zum 30. April 2014 verlängert.

2. Dieser Beschluss wird im Amtsblatt der Europäischen Union veröffentlicht. Dieser Beschluss tritt am ersten Tag des Monats nach seiner Veröffentlichung im Amtsblatt der Europäischen Union in Kraft.

Die Vorsitzende der Verwaltungskommission

Elżbieta Rożek

[1] ABl. L 166 vom 30.4.2004, S. 1.

[2] ABl. L 284 vom 30.10.2009, S. 1.

[3] ABl. C 106 vom 24.4.2010, S. 9.

**Beschluss Nr. F1
vom 12. Juni 2009
zur Auslegung des Artikels 68 der Verordnung (EG) Nr. 883/2004 des Europäischen
Parlaments und des Rates hinsichtlich der Prioritätsregeln beim Zusammentreffen von
Familienleistungen
(Text von Bedeutung für den EWR und das Abkommen EG/Schweiz)**

Amtsblatt C 106 vom 24.4.2010 S. 11

DIE VERWALTUNGSKOMMISSION FÜR DIE KOORDINIERUNG DER SYSTEME DER SOZIALEN SICHERHEIT —

gestützt auf Artikel 72 Buchstabe a der Verordnung (EG) Nr. 883/2004 des Europäischen Parlaments und des Rates vom 29. April 2004 zur Koordinierung der Systeme der sozialen Sicherheit [1], wonach die Verwaltungskommission alle Verwaltungs- und Auslegungsfragen zu behandeln hat, die sich aus der Verordnung (EG) Nr. 883/2004 und der Verordnung (EG) Nr. 987/2009 des Europäischen Parlaments und des Rates vom 16. September 2009 zur Festlegung der Modalitäten für die Durchführung der Verordnung (EG) Nr. 883/2004 über die Koordinierung der Systeme der sozialen Sicherheit [2] ergeben,

gestützt auf Artikel 68 der Verordnung (EG) Nr. 883/2004,

gestützt auf Artikel 1 Buchstaben a und b der Verordnung (EG) Nr. 883/2004,

in Erwägung nachstehender Gründe:

(1) Sind von mehr als einem Mitgliedstaat Familienleistungen zu zahlen, so ruht der Anspruch auf Familienleistungen eines Mitgliedstaats, nach dessen Rechtsvorschriften Ansprüche durch den Bezug einer Rente oder den Wohnsitz ausgelöst werden, bis zu der Höhe der Familienleistungen eines anderen Mitgliedstaats, nach dessen Rechtsvorschriften Ansprüche durch eine Beschäftigung oder eine selbstständige Erwerbstätigkeit ausgelöst werden. Um die Rangfolge beim Zusammentreffen von Leistungen festlegen zu können, muss daher klargestellt werden, welche anderen Zeiträume als Beschäftigung oder selbstständige Erwerbstätigkeit gelten.

(2) Nach den Rechtsvorschriften verschiedener Mitgliedstaaten werden Zeiten des Ruhens oder der Unterbrechung der tatsächlichen Beschäftigung oder selbstständigen Erwerbstätigkeit wegen Urlaubs, Arbeitslosigkeit, vorübergehender Arbeitsunfähigkeit, Streiks oder Aussperrung entweder für den Erwerb des Anspruchs auf Familienleistungen mit Zeiten einer Beschäftigung oder einer selbstständigen Erwerbstätigkeit gleichgesetzt oder gelten als Zeiten ohne Erwerbstätigkeit, die gegebenenfalls als solche oder wegen einer früheren Beschäftigung oder selbstständigen Erwerbstätigkeit zur Zahlung von Familienleistungen berechtigen.

(3) In Artikel 1 Buchstaben a und b der Verordnung (EG) Nr. 883/2004 sind "Beschäftigung" und "selbstständige Erwerbstätigkeit" definiert als "Tätigkeit oder gleichgestellte Situation, die für die Zwecke der Rechtsvorschriften der sozialen Sicherheit des Mitgliedstaats, in dem die Tätigkeit ausgeübt wird oder die gleichgestellte Situation vorliegt, als solche gilt".

(4) Um Ungewissheiten und unterschiedliche Auslegungen zu vermeiden, ist es wichtig, die Bedeutung des Ausdrucks "durch eine Beschäftigung oder eine selbstständige Erwerbstätigkeit ausgelöste Ansprüche" gemäß Artikel 68 der Verordnung (EG) Nr. 883/2004 klarzustellen.

(5) In einer Rechtssache, in der der Arbeitnehmerstatus einer Person wegen ihres unbezahlten Urlaubs im Anschluss an die Geburt eines Kindes und für die Erziehung dieses Kindes ruhte, verwies der Gerichtshof der Europäischen Gemeinschaften [3] auf Artikel 73 der Verordnung (EWG) Nr. 1408/71 des Rates [4] in Verbindung mit Artikel 13 Absatz 2 Buchstabe a der Verordnung (EWG) Nr. 1408/71 [5]. Ein solcher unbezahlter Urlaub muss daher auch als Beschäftigung oder selbstständige Erwerbstätigkeit gemäß Artikel 68 der Verordnung (EG) Nr. 883/2004 gelten. In diesem Zusammenhang bekräftigte der Gerichtshof, dass diese Vorschriften nur so lange anwendbar sind, wie die betreffende Person als Arbeitnehmer oder Selbstständiger im Sinne des Artikels 1 Buchstabe a der Verordnung (EWG) Nr. 1408/71 [6] gilt; dieser Begriffsbestimmung gemäß muss die betreffende Person in zumindest einem Zweig der sozialen Sicherheit versichert sein. Personen in unbezahltem Urlaub, die von keinem System der sozialen Sicherheit des betreffenden Mitgliedstaats mehr erfasst werden, sind dadurch ausgeschlossen.

Beschluss Nr. F1 vom 12. Juni 2009

(6) Fälle, in denen die Urlaubszeit einer Person mit einer Beschäftigung oder selbstständigen Erwerbstätigkeit gleichgesetzt wird, können wegen der Vielfalt der Systeme für den unbezahlten Urlaub in den Mitgliedstaaten und wegen des ständigen Wandels der einzelstaatlichen Vorschriften nur in einer nicht abschließenden Liste aufgeführt werden. Daher ist es nicht zweckmäßig, alle Fälle, in denen ein solcher unbezahlter Urlaub mit einer Beschäftigung oder selbstständigen Erwerbstätigkeit gleichzusetzen ist bzw. in denen die erforderliche enge Verbindung zur Erwerbstätigkeit nicht vorliegt, zu bestimmen.

In Übereinstimmung mit den in Artikel 71 Absatz 2 der Verordnung (EG) Nr. 883/2004 festgelegten Bedingungen —

BESCHLIESST:

1. Für die Zwecke des Artikels 68 der Verordnung (EG) Nr. 883/2004 gelten Ansprüche auf Familienleistungen insbesondere dann als "durch eine Beschäftigung oder eine selbstständige Erwerbstätigkeit ausgelöst", wenn sie erworben wurden

a) aufgrund einer tatsächlichen Beschäftigung oder selbstständigen Erwerbstätigkeit oder auch
b) während Zeiten einer vorübergehenden Unterbrechung einer solchen Beschäftigung oder selbstständigen Erwerbstätigkeit

 i) wegen Krankheit, Mutterschaft, Arbeitsunfall, Berufskrankheit oder Arbeitslosigkeit, solange Arbeitsentgelt oder andere Leistungen als Renten in Zusammenhang mit diesen Versicherungsfällen zu zahlen sind, oder

 ii) durch bezahlten Urlaub, Streik oder Aussperrung oder

 iii) durch unbezahlten Urlaub zum Zweck der Kindererziehung, solange dieser Urlaub nach den einschlägigen Rechtsvorschriften einer Beschäftigung oder selbstständigen Erwerbstätigkeit gleichgestellt ist.

2. Dieser Beschluss wird im Amtsblatt der Europäischen Union veröffentlicht. Er gilt ab dem Datum des Inkrafttretens der Verordnung (EG) Nr. 987/2009.

Die Vorsitzende der Verwaltungskommission

Gabriela Pikorová

[1] ABl. L 166 vom 30.4.2004, S. 1.

[2] ABl. L 284 vom 30.10.2009, S. 1.

[3] Urteil vom 7. Juni 2005 in der Rechtssache C-543/03, Christine Dodl und PETRA Oberhollenzer gegen Tiroler Gebietskrankenkasse.

[4] ABl. L 149 vom 5.7.1971, S. 2.

[5] Jetzt Artikel 67 und Artikel 11 Absatz 3 Buchstabe a der Verordnung (EG) Nr. 883/2004.

[6] Jetzt Artikel 1 Buchstabe c der Verordnung (EG) Nr. 883/2004.

**Beschluss Nr. H1
vom 12. Juni 2009
über die Rahmenbedingungen für den Übergang von den Verordnungen (EWG) Nr. 1408/71
und (EWG) Nr. 574/72 des Rates zu den Verordnungen (EG) Nr. 883/2004 und (EG)
Nr. 987/2009 des Europäischen Parlaments und des Rates sowie über die Anwendung der
Beschlüsse und Empfehlungen der Verwaltungskommission für die Koordinierung der
Systeme der sozialen Sicherheit
(Text von Bedeutung für den EWR und das Abkommen EG/Schweiz)**

Amtsblatt C 106 vom 24.4.2010 S. 13

DIE VERWALTUNGSKOMMISSION FÜR DIE KOORDINIERUNG DER SYSTEME DER SOZIALEN SICHERHEIT —

gestützt auf Artikel 72 Buchstabe a der Verordnung (EG) Nr. 883/2004 des Europäischen Parlaments und des Rates vom 29. April 2004 zur Koordinierung der Systeme der sozialen Sicherheit [1], wonach die Verwaltungskommission alle Verwaltungs- und Auslegungsfragen zu behandeln hat, die sich aus der Verordnung (EG) Nr. 883/2004 und der Verordnung (EG) Nr. 987/2009 des Europäischen Parlaments und des Rates vom 16. September 2009 zur Festlegung der Modalitäten für die Durchführung der Verordnung (EG) Nr. 883/2004 über die Koordinierung der Systeme der sozialen Sicherheit [2] ergeben,

gestützt auf die Artikel 87 bis 91 der Verordnung (EG) Nr. 883/2004,

gestützt auf Artikel 64 Absatz 7 und die Artikel 93 bis 97 der Verordnung (EG) Nr. 987/2009,

in Erwägung nachstehender Gründe:

(1) Die Verordnungen (EG) Nr. 883/2004 und (EG) Nr. 987/2009 treten am 1. Mai 2010 in Kraft; die Verordnungen (EWG) Nr. 1408/71 [3] und (EWG) Nr. 574/72 [4] des Rates werden am gleichen Tag aufgehoben — in den Fällen gemäß Artikel 90 Absatz 1 der Verordnung (EG) Nr. 883/2004 und Artikel 96 Absatz 1 der Verordnung (EG) Nr. 987/2009 bleiben sie jedoch in Kraft und behalten ihre Rechtswirkung.

(2) Anträge, die vor dem Inkrafttreten der Verordnungen (EG) Nr. 883/2004 und (EG) Nr. 987/2009 gestellt wurden, unterliegen grundsätzlich — vorbehaltlich des Artikels 87 Absatz 8 der Verordnung (EG) Nr. 883/2004 und des Artikels 94 der Verordnung (EG) Nr. 987/2009 — weiterhin den Rechtsvorschriften, die zum Zeitpunkt der Antragstellung maßgeblich waren; die Bestimmungen der genannten Verordnungen finden nur auf Anträge Anwendung, die nach dem Inkrafttreten dieser Verordnungen gestellt wurden.

(3) Die Beschlüsse Nrn. 74 bis 208 und die Empfehlungen Nrn. 14 bis 23 der Verwaltungskommission für die soziale Sicherheit der Wanderarbeitnehmer, die noch in Kraft sind, werden mit dem Tag der Aufhebung der Verordnungen (EWG) Nr. 1408/71 und (EWG) Nr. 574/72 und dem Inkrafttreten der Verordnungen (EG) Nr. 883/2004 und (EG) Nr. 987/2009 hinfällig.

(4) Bestimmte unter den Verordnungen (EWG) Nr. 1408/71 und (EWG) Nr. 574/72 anwendbare Beschlüsse und Empfehlungen bedürfen einer Anpassung, damit sie den Bestimmungen der Verordnungen (EG) Nr. 883/2004 und (EG) Nr. 987/2009 entsprechen.

(5) Die Träger sind für die Anwendung der Beschlüsse und Empfehlungen der Verwaltungskommission gemäß den Verordnungen (EWG) Nr. 1408/71 und (EWG) Nr. 574/72 nach dem Inkrafttreten der Verordnungen (EG) Nr. 883/2004 und(EG) Nr. 987/2009 auf Transparenz und klare Leitlinien angewiesen.

(6) Aufgrund der rechtlichen und technischen Komplexität, des eng gefassten Zeitrahmens und der Notwendigkeit, bestimmten Aufgaben der Verwaltungskommission Priorität einzuräumen, werden einige der Beschlüsse nicht rechtzeitig vor Inkrafttreten der Verordnungen (EG) Nr. 883/2004 und (EG) Nr. 987/2009 zur Veröffentlichung vorliegen, sondern erst zu einem späteren Zeitpunkt.

(7) Einige Bestimmungen der unter den Verordnungen (EWG) Nr. 1408/71 und (EWG) Nr. 574/72 anwendbaren Beschlüsse und Empfehlungen sind direkt in die Bestimmungen der Verordnungen (EG) Nr. 883/2004 und (EG) Nr. 987/2009 eingearbeitet worden.

(8) In Übereinstimmung mit den in Artikel 71 Absatz 2 der Verordnung (EG) Nr. 883/2004 festgelegten Bedingungen —

Beschluss Nr. H1 vom 12. Juni 2009

BESCHLIESST:

1. Die Beschlüsse und Empfehlungen, die sich auf die Verordnungen (EWG) Nr. 1408/71 und (EWG) Nr. 574/72 beziehen, sind nicht auf Fälle anzuwenden, die den Verordnungen (EG) Nr. 883/2004 und (EG) Nr. 987/2009 unterliegen. Die genannten Beschlüsse und Empfehlungen gelten jedoch weiterhin in den Fällen, in denen die Verordnungen (EWG) Nr. 1408/71 und (EWG) Nr. 574/72 in Kraft bleiben und weiter Rechtswirkung haben, insbesondere für die Zwecke gemäß Artikel 90 Absatz 1 Unterabsatz 2 der Verordnung (EG) Nr. 883/2004 und Artikel 96 Absatz 1 Unterabsatz 2 der Verordnung (EG) Nr. 987/2009.

2. Beschlüsse und Empfehlungen, die in Teil A des Anhangs aufgelistet sind, werden nicht durch Beschlüsse oder Empfehlungen mit Bezug auf die Verordnungen (EG) Nr. 883/2004 und (EG) Nr. 987/2009 ersetzt.

3. Beschlüsse und Empfehlungen, die in Teil B des Anhangs aufgelistet sind, werden durch die angegebenen neuen Beschlüsse und Empfehlungen mit Bezug auf die Verordnungen (EG) Nr. 883/2004 und (EG) Nr. 987/2009 ersetzt.

4. Beschlüsse, die in Teil C des Anhangs aufgelistet sind, werden so bald wie möglich von der Verwaltungskommission an die Bestimmungen der Verordnungen (EG) Nr. 883/2004 und (EG) Nr. 987/2009 angepasst, da die in diesen Beschlüssen festgelegten Grundsätze auch unter den genannten Verordnungen anzuwenden sind.

5. Die für die Durchführung der Verordnungen (EWG) Nr. 1408/71 und (EG) Nr. 574/72 erforderlichen Dokumente (E-Vordrucke, Europäische Krankenversicherungskarte und provisorische Ersatzbescheinigung), die von den zuständigen Trägern, Behörden und anderen Einrichtungen der Mitgliedstaaten vor Inkrafttreten der Verordnungen (EG) Nr. 883/2004 und (EG) Nr. 987/2009 ausgestellt wurden, sind weiterhin gültig (trotz der Verweise auf die Verordnungen (EWG) Nr. 1408/71 und (EWG) Nr. 574/72) und von den Trägern, Behörden und anderen Einrichtungen anderer Mitgliedstaaten auch nach diesem Zeitpunkt noch so lange zu berücksichtigen, bis ihr Gültigkeitsdatum abgelaufen ist, sie zurückgezogen oder durch die gemäß den Verordnungen (EG) Nr. 883/2004 und (EG) Nr. 987/2009 ausgestellten oder übermittelten Dokumente ersetzt werden.

6. Dieser Beschluss wird im Amtsblatt der Europäischen Union veröffentlicht. Er gilt ab dem Datum des Inkrafttretens der Verordnung (EG) Nr. 987/2009.

Die Vorsitzende der Verwaltungskommission

Gabriela Pikorová

[1] ABl. L 166 vom 30.4.2004, S. 1.

[2] ABl. L 284 vom 30.10.2009, S. 1.

[3] ABl. L 149 vom 5.7.1971, S. 2.

[4] ABl. L 74 vom 27.3.1972, S. 1.

ANHANG

TEIL A

(Beschlüsse und Empfehlungen, die sich auf die Verordnungen (EWG) Nr. 1408/71 und (EWG) Nr. 574/72 beziehen und für die es keine Nachfolger gemäß den Verordnungen (EG) Nr. 883/2004 und (EG) Nr. 987/2009 gibt)

Beschlüsse:

Beschluss Nr. 74

Beschluss Nr. 76

Beschluss Nr. 79

Beschluss Nr. 81

Beschluss Nr. 85

Beschluss Nr. 89

Beschluss Nr. 91

Beschluss Nr. 115
Beschluss Nr. 117
Beschluss Nr. 118
Beschluss Nr. 121
Beschluss Nr. 126
Beschluss Nr. 132
Beschluss Nr. 133
Beschluss Nr. 134
Beschluss Nr. 135
Beschluss Nr. 136
Beschluss Nr. 137
Beschluss Nr. 142
Beschluss Nr. 143
Beschluss Nr. 145
Beschluss Nr. 146
Beschluss Nr. 148
Beschluss Nr. 151
Beschluss Nr. 152
Beschluss Nr. 156
Beschluss Nr. 167
Beschluss Nr. 171
Beschluss Nr. 173
Beschluss Nr. 174
Beschluss Nr. 176
Beschluss Nr. 178
Beschluss Nr. 180
Beschluss Nr. 192
Beschluss Nr. 193
Beschluss Nr. 197
Beschluss Nr. 198
Beschluss Nr. 199
Beschluss Nr. 201
Beschluss Nr. 202
Beschluss Nr. 204
Empfehlungen:
Empfehlung Nr. 15
Empfehlung Nr. 16
Empfehlung Nr. 17
Empfehlung Nr. 19
Empfehlung Nr. 20

Empfehlung Nr. 23

TEIL B

(Ersetzte Beschlüsse und Empfehlungen, die sich auf die Verordnungen (EWG) Nr. 1408/71 und (EWG) Nr. 574/72 beziehen, und ihre Nachfolger gemäß den Verordnungen (EG) Nr. 883/2004 und (EG) Nr. 987/2009)

Beschlüsse gemäß den Verordnungen (EWG) Nr. 1408/71 und (EWG) Nr. 574/72 | Entsprechende Beschlüsse gemäß den Verordnungen (EG) Nr. 883/2004 und (EG) Nr. 987/2009 |

Beschluss Nr. 75 | BESCHLUSS Nr. P1 |

Beschluss Nr. 83 | BESCHLUSS Nr. U1 |

Beschluss Nr. 96 | BESCHLUSS Nr. P1 |

Beschluss Nr. 99 | BESCHLUSS Nr. H1 |

Beschluss Nr. 100 | BESCHLUSS Nr. H1 |

Beschluss Nr. 101 | BESCHLUSS Nr. H1 |

Beschluss Nr. 105 | BESCHLUSS Nr. P1 |

Beschluss Nr. 139 | BESCHLUSS Nr. H1 |

Beschluss Nr. 140 | BESCHLUSS Nr. H1 |

Beschluss Nr. 160 | BESCHLUSS Nr. U2 |

Beschluss Nr. 181 | BESCHLUSS Nr. A2 |

Beschluss Nr. 189 | BESCHLUSS Nr. S1 |

Beschluss Nr. 190 | BESCHLUSS Nr. S2 |

Beschluss Nr. 191 | BESCHLUSS Nr. S1 |

Beschluss Nr. 194 | BESCHLUSS Nr. S3 |

Beschluss Nr. 195 | BESCHLUSS Nr. S3 |

Beschluss Nr. 196 | BESCHLUSS Nr. S3 |

Beschluss Nr. 200 | BESCHLUSS Nr. H3 |

Beschluss Nr. 203 | BESCHLUSS Nr. S1 |

Beschluss Nr. 205 | BESCHLUSS Nr. U3 |

Beschluss Nr. 207 | BESCHLUSS Nr. F1 |

brEmpfehlungen gemäß den Verordnungen (EWG) Nr. 1408/71 und (EWG) Nr. 574/72 | brEntsprechende Empfehlungen gemäß den Verordnungen (EG) Nr. 883/2004 und (EG) Nr. 987/2009 |

Empfehlung Nr. 18 | EMPFEHLUNG Nr. U1 |

Empfehlung Nr. 21 | EMPFEHLUNG Nr. U2 |

Empfehlung Nr. 22 | EMPFEHLUNG Nr. P1 |

TEIL C

(Beschlüsse, die sich auf die Verordnungen (EWG) Nr. 1408/71 und (EWG) Nr. 574/72 beziehen und von der Verwaltungskommission noch angepasst werden müssen)

Beschluss Nr. 138

Beschlüsse Nrn. 147 und 150

Beschluss Nr. 170 (einschließlich Nr. 185)

Beschluss Nr. 175

Beschluss Nr. 206

Beschluss Nr. 208

Beschluss Nr. H2

vom 12. Juni 2009

über die Arbeitsweise und Zusammensetzung des Fachausschusses für Datenverarbeitung der Verwaltungskommission für die Koordinierung der Systeme der sozialen Sicherheit

(Text von Bedeutung für den EWR und das Abkommen EG/Schweiz)

Amtsblatt C 106 vom 24.4.2010 S. 17

DIE VERWALTUNGSKOMMISSION FÜR DIE KOORDINIERUNG DER SYSTEME DER SOZIALEN SICHERHEIT —

gestützt auf Artikel 72 der Verordnung (EG) Nr. 883/2004 des Europäischen Parlaments und des Rates vom 29. April 2004 zur Koordinierung der Systeme der sozialen Sicherheit [1], wonach die Verwaltungskommission die Zusammenarbeit zwischen den Mitgliedstaaten durch die Modernisierung der Verfahren für den Informationsaustausch fördert und stärkt, insbesondere durch die Anpassung des Informationsflusses zwischen den Trägern zum Zweck des Austauschs mit elektronischen Mitteln unter Berücksichtigung des Entwicklungsstands der Datenverarbeitung in dem jeweiligen Mitgliedstaat, und wonach sie die gemeinsamen strukturellen Regeln für die elektronischen Datenverarbeitungsdienste erlässt, insbesondere zu Sicherheit und Normenverwendung, und die Einzelheiten für den Betrieb des gemeinsamen Teils dieser Dienste festlegt,

gestützt auf Artikel 73 der Verordnung (EG) Nr. 883/2004 des Europäischen Parlaments und des Rates, nach dem die Verwaltungskommission die Zusammensetzung und Arbeitsweise eines Fachausschusses bestimmt, der Berichte erstellt und eine mit Gründen versehene Stellungnahme abgibt, bevor sie eine Entscheidung nach Artikel 72 Buchstabe d trifft —

BESCHLIESST:

Artikel 1

(1) Die Verwaltungskommission setzt den in Artikel 73 Absatz 1 der Verordnung (EG) Nr. 883/2004 genannten Fachausschuss für Datenverarbeitung ein. Er heißt "Fachausschuss".

(2) Der Fachausschuss hat die in Artikel 73 Absatz 2 der Verordnung (EG) Nr. 883/2004 festgelegten Aufgaben.

(3) Das Mandat für spezifische Aufgaben des Fachausschusses wird von der Verwaltungskommission festgelegt, die diese Aufgaben gegebenenfalls ändern kann.

Artikel 2

Erforderlichenfalls beschließt der Fachausschuss seine Berichte und seine mit Gründen versehenen Stellungnahmen auf der Grundlage fachlicher Dokumente und Untersuchungen. Er kann von den einzelstaatlichen Verwaltungen alle Informationen einholen, die er für die angemessene Erfüllung seiner Aufgaben als notwendig erachtet.

Artikel 3

(1) Dem Fachausschuss gehören je zwei Mitglieder aus jedem Mitgliedstaat an; eines davon wird als ordentliches Mitglied, das andere als stellvertretendes Mitglied ernannt. Die Ernennungen von Seiten der einzelnen Mitgliedstaaten werden dem/der Generalsekretär/-in der Verwaltungskommission von der Person, die die Regierung des jeweiligen Mitgliedstaats in der Verwaltungskommission vertritt, zugeleitet.

(2) Berichte und mit Gründen versehene Stellungnahmen werden mit der einfachen Mehrheit der Mitglieder angenommen, wobei jeder Mitgliedstaat nur eine Stimme hat, die vom ordentlichen Mitglied oder bei dessen Verhinderung vom stellvertretenden Mitglied abgegeben wird. Aus den Berichten oder mit Gründen versehenen Stellungnahmen des Fachausschusses muss ersichtlich sein, ob sie einstimmig oder mit einfacher Mehrheit angenommen wurden. Sollte es eine Minderheit geben, müssen die Schlussfolgerungen oder Vorbehalte der Minderheit dargelegt werden.

(3) Der Fachausschuss kann entscheiden, Berichte und mit Gründen versehene Stellungnahmen im schriftlichen Verfahren anzunehmen, wenn ein solches Verfahren auf einer vorangegangenen Sitzung des Fachausschusses vereinbart wurde.

In diesem Fall übermittelt der/die Vorsitzende den Mitgliedern des Fachausschusses den anzunehmenden Text. Den Mitgliedern wird eine Frist von mindestens zehn Arbeitstagen eingeräumt, binnen der sie ihre Ablehnung des vorgeschlagenen Textes oder ihre Stimmenthaltung mitteilen können. Keine Antwort innerhalb der festgelegten Frist gilt als Zustimmung.

Der/Die Vorsitzende kann sich auch für die Einleitung eines schriftlichen Verfahrens entscheiden, wenn hierüber in einer vorangegangenen Sitzung des Fachausschusses keine Einigung erzielt wurde. In einem solchen Fall gelten nur schriftliche Zustimmungen zum vorgeschlagenen Text als Ja-Stimmen und es wird eine Frist von mindestens 15 Arbeitstagen eingeräumt.

Nach Ablauf der festgesetzten Frist teilt der/die Vorsitzende den Mitgliedern das Abstimmungsergebnis mit. Ein Beschluss, der die erforderliche Anzahl von Ja-Stimmen erhalten hat, gilt am letzten Tag der den Mitgliedern gesetzten Antwortfrist als angenommen.

(4) Schlägt ein Mitglied des Fachausschusses im Verlauf des schriftlichen Verfahrens eine Änderung des Textes vor, so hat der/die Vorsitzende — je nachdem, welches Vorgehen er/sie in der betreffenden Angelegenheit für zweckmäßig hält — zwei Möglichkeiten:

a) Einleitung eines neuen schriftlichen Verfahrens gemäß Absatz 3, indem den Mitgliedern der geänderte Vorschlag mitgeteilt wird, oder

b) Abbruch des schriftlichen Verfahrens; der Text wird dann auf der nächsten Sitzung zur Diskussion gestellt.

(5) Verlangt ein Mitglied des Fachausschusses vor Ablauf der Antwortfrist die Erörterung des vorgeschlagenen Textes auf einer Sitzung des Fachausschusses, wird das schriftliche Verfahren abgebrochen.

Die Angelegenheit wird dann auf der folgenden Sitzung des Fachausschusses erörtert.

(6) Ein Vertreter/Eine Vertreterin der Kommission der Europäischen Gemeinschaften oder eine von ihm/ihr bezeichnete Person ist im Fachausschuss in beratender Eigenschaft tätig.

Artikel 4

Der Vorsitz im Fachausschuss wird halbjährlich von dem ordentlichen Mitglied oder einer anderen bezeichneten Person im Dienst des Staates wahrgenommen, dessen Vertreter/Vertreterin zur selben Zeit den Vorsitz in der Verwaltungskommission innehat. Der/Die Vorsitzende des Fachausschusses berichtet auf Aufforderung des/der Vorsitzenden der Verwaltungskommission über die Tätigkeiten des Fachausschusses.

Artikel 5

Der Fachausschuss kann für besondere Fragen Ad-hoc-Arbeitsgruppen bilden. In dem in Artikel 7 genannten Arbeitsprogramm beschreibt der Fachausschuss die den Arbeitsgruppen übertragenen Aufgaben, den Zeitplan für deren Erledigung und die finanziellen Auswirkungen der Arbeitsgruppentätigkeit.

Artikel 6

Das Sekretariat der Verwaltungskommission übernimmt die Vorbereitung und Organisation der Sitzungen des Fachausschusses und arbeitet die Sitzungsprotokolle aus.

Artikel 7

Der Fachausschuss unterbreitet der Verwaltungskommission ein ausführliches Arbeitsprogramm zur Genehmigung. Außerdem erstattet der Fachausschuss der Verwaltungskommission jährlich Bericht über seine Tätigkeit und die Ergebnisse im Rahmen des Arbeitsprogramms und macht dabei gegebenenfalls Vorschläge zu dessen Änderung.

Artikel 8

Jede vorgeschlagene Maßnahme des Fachausschusses, die für die Kommission der Europäischen Gemeinschaften Ausgaben nach sich zieht, unterliegt der Genehmigung durch den Vertreter/die Vertreterin dieses Organs.

Artikel 9

Die Sprachen des Fachausschusses sind die gemäß Artikel 290 des EG-Vertrags vereinbarten Amtssprachen der Organe der Gemeinschaft.

Artikel 10

Für den Fachausschuss gelten auch die im beigefügten Anhang festgelegten Zusatzbestimmungen.

Artikel 11

Dieser Beschluss wird im Amtsblatt der Europäischen Union veröffentlicht. Er gilt ab dem Datum des Inkrafttretens der Verordnung (EG) Nr. 987/2009 des Europäischen Parlaments und des Rates [2].

Die Vorsitzende der Verwaltungskommission

Gabriela Pikorová

[1] ABl. L 166 vom 30.4.2004, S. 1.

[2] ABl. L 284 vom 30.10.2009, S. 1.

ANHANG   ZUSATZBESTIMMUNGEN FÜR DEN FACHAUSSCHUSS

1. Teilnahme an Sitzungen

a) Bei Verhinderung des/der amtierenden Vorsitzenden wird der Vorsitz vom Vertreter/von der Vertreterin wahrgenommen.

b) Mitglieder können sich zu den Sitzungen des Fachausschusses von einem/einer oder mehreren Sachverständigen begleiten lassen, wenn die Art der zu behandelnden Fragen dies erfordert. Jede Delegation darf grundsätzlich aus nicht mehr als vier Personen bestehen.

c) Der Vertreter/Die Vertreterin der Kommission der Europäischen Gemeinschaften oder ein Mitglied des Sekretariats oder eine vom Generalsekretär/von der Generalsekretärin der Verwaltungskommission bezeichnete Person nimmt an allen Sitzungen des Fachausschusses und seiner Ad-hoc-Arbeitsgruppen teil. Sofern dies für eine zu behandelnde Frage zweckdienlich ist, können auch Vertreter/-innen anderer Dienststellen der Kommission der Europäischen Gemeinschaften an diesen Sitzungen teilnehmen.

2. Abstimmung

a) Führt ein ordentliches Mitglied des Fachausschusses den Vorsitz, so stimmt sein Stellvertreter/seine Stellvertreterin ab.

b) Jedes bei einer Abstimmung anwesende Mitglied, das sich der Stimme enthält, wird vom/von der Vorsitzenden ersucht, die Gründe für seine Stimmenthaltung bekannt zu geben.

c) Hat sich die Mehrheit der anwesenden Mitglieder der Stimme enthalten, so gilt der zur Abstimmung gebrachte Vorschlag als nicht in Erwägung gezogen.

3. Tagesordnung

a) Das Sekretariat stellt im Einvernehmen mit dem/der Vorsitzenden des Fachausschusses für jede Sitzung des Fachausschusses eine vorläufige Tagesordnung auf. Bevor das Sekretariat die Aufnahme eines Punktes in die Tagesordnung vorschlägt, kann es die beteiligten Delegationen um ihre schriftliche Stellungnahme zu dieser Frage ersuchen, sofern dies notwendig erscheint.

b) Die vorläufige Tagesordnung enthält grundsätzlich die Punkte, für die der Antrag eines Mitglieds oder des Vertreters/der Vertreterin der Kommission der Europäischen Gemeinschaften und gegebenenfalls die diesbezüglichen Noten beim Sekretariat mindestens 20 Arbeitstage vor Beginn der Sitzung eingegangen sind.

c) Die vorläufige Tagesordnung wird den Mitgliedern des Fachausschusses, dem Vertreter/der Vertreterin der Kommission der Europäischen Gemeinschaften und jeder voraussichtlich an der Sitzung teilnehmenden Person mindestens zehn Arbeitstage vor Beginn der Sitzung übersandt. Die Tagungsunterlagen werden ihnen übermittelt, sobald sie verfügbar sind.

d) Der Fachausschuss genehmigt zu Beginn jeder Sitzung die Tagesordnung. Punkte, die nicht in der vorläufigen Tagesordnung aufgeführt sind, dürfen nur mit Zustimmung aller Mitglieder in die Tagesordnung aufgenommen werden. Ihre endgültige Stellungnahme zu den in die vorläufige Tagesordnung aufgenommenen Punkten, zu denen sie die entsprechenden Arbeitsunterlagen nicht fünf Arbeitstage vor Beginn der Sitzung in ihrer Landessprache erhalten haben, können sich die Mitglieder des Fachausschusses, außer in dringenden Fällen, bis zur nächsten Sitzung vorbehalten.

4. Ad-hoc-Arbeitsgruppen

a) Der Vorsitz in Ad-hoc-Arbeitsgruppen wird von einem/einer Sachverständigen geführt, der/die vom Vorsitz des Fachausschusses im Einvernehmen mit dem Vertreter/der Vertreterin der Kommission der Europäischen Gemeinschaften bestimmt wird, oder, wenn dies nicht möglich ist, von einem/einer Sachverständigen des Staates, dessen Vertreter/-in den Vorsitz in der Verwaltungskommission innehat.

b) Der/Die Vorsitzende der Ad-hoc-Arbeitsgruppe ist zur Sitzung des Fachausschusses einzuberufen, in deren Verlauf der Bericht der betreffenden Ad-hoc-Arbeitsgruppe erörtert wird.

5. Verwaltungsangelegenheiten

a) Der/Die Vorsitzende des Fachausschusses kann dem Sekretariat für die Abhaltung von Sitzungen und für die Durchführung der Aufgaben, die dem Fachausschuss obliegen, Weisungen erteilen.

b) Der Fachausschuss tritt zusammen, wenn die Mitglieder und der Vertreter/die Vertreterin der Kommission der Europäischen Gemeinschaften zehn Arbeitstage vor der Sitzung durch das Sekretariat im Einvernehmen mit dem/der Vorsitzenden des Fachausschusses schriftlich einberufen worden sind.

**Beschluss Nr. H3
vom 15. Oktober 2009
über den Bezugszeitpunkt für die Festlegung der Umrechnungskurse gemäß Artikel 90 der Verordnung (EG) Nr. 987/2009 des Europäischen Parlaments und des Rates
(Text von Bedeutung für den EWR und das Abkommen EG/Schweiz)**

Amtsblatt C 106 vom 24.4.2010 S. 56

DIE VERWALTUNGSKOMMISSION FÜR DIE KOORDINIERUNG DER SYSTEME DER SOZIALEN SICHERHEIT —

gestützt auf Artikel 72 Buchstabe a der Verordnung (EG) Nr. 883/2004 des Europäischen Parlaments und des Rates vom 29. April 2004 zur Koordinierung der Systeme der sozialen Sicherheit [1], wonach die Verwaltungskommission alle Verwaltungs- und Auslegungsfragen zu behandeln hat, die sich aus der Verordnung (EG) Nr. 883/2004 und der Verordnung (EG) Nr. 987/2009 des Europäischen Parlaments und des Rates vom 16. September 2009 zur Festlegung der Modalitäten für die Durchführung der Verordnung (EG) Nr. 883/2004 über die Koordinierung der Systeme der sozialen Sicherheit [2] ergeben,

gestützt auf Artikel 90 der Verordnung (EG) Nr. 987/2009 betreffend die Währungsumrechnung,

in Erwägung nachstehender Gründe:

(1) Viele Bestimmungen, z. B. in den Artikeln 5 Buchstabe a, 21 Absatz 1, 29, 34, 52, 62 Absatz 3, 65 Absätze 6 und 7, 68 Absatz 2 und 84 der Verordnung (EG) Nr. 883/2004 sowie in den Artikeln 25 Absätze 4 und 5, 26 Absatz 7, 54 Absatz 2, 70, 72, 73, 78 und 80 der Verordnung (EG) Nr. 987/2009, beziehen sich auf Situationen, in denen für die Zahlung, Berechnung oder Neuberechnung einer Leistung bzw. eines Beitrags, für Erstattungszwecke oder im Zuge von Ausgleichs- und Beitreibungsverfahren der Umrechnungskurs festgelegt werden muss.

(2) Nach Artikel 90 der Verordnung (EG) Nr. 987/2009 bestimmt die Verwaltungskommission den Bezugszeitpunkt für die Festlegung des Umrechnungskurses, der zur Berechnung bestimmter Leistungen und Beiträge heranzuziehen ist.

In Übereinstimmung mit den in Artikel 71 Absatz 2 der Verordnung (EG) Nr. 883/2004 festgelegten Bedingungen —

BESCHLIESST:

1. Der Umrechnungskurs ist zum Zwecke dieses Beschlusses als Tageskurs zu verstehen, der von der Europäischen Zentralbank veröffentlicht wird.

2. Sofern in diesem Beschluss nicht anders angegeben, gilt der Umrechnungskurs, der an dem Tag veröffentlicht wurde, an dem der Träger den entsprechenden Vorgang ausgeführt hat.

3. Ein Träger eines Mitgliedstaats, der zum Zwecke der Feststellung eines Anspruchs und der ersten Berechnung der Leistung einen Betrag in die Währung eines anderen Mitgliedstaats umrechnen muss, verfährt wie folgt:

a) Wenn der betreffende Träger nach nationalem Recht Beträge, wie beispielsweise Erwerbseinkommen oder Leistungen, während eines bestimmten Zeitraums vor dem Datum, für das die Leistung berechnet wird, berücksichtigt, verwendet er den Umrechnungskurs, der für den letzten Tag dieses Zeitraums veröffentlicht wurde.

b) Wenn der betreffende Träger nach nationalem Recht zum Zwecke der Leistungsberechnung einen Betrag berücksichtigt, verwendet er den Umrechnungskurs, der für den ersten Tag des Monats veröffentlicht wurde, der dem Monat unmittelbar vorausgeht, in dem die Bestimmung anzuwenden ist.

4. Nummer 3. gilt entsprechend, wenn ein Träger eines Mitgliedstaats — infolge einer Änderung der Sach- oder Rechtslage in Bezug auf die betreffende Person — zur Neuberechnung der Leistung einen Betrag in die Währung eines anderen Mitgliedstaats umrechnen muss.

5. Ein Träger, der eine Leistung zahlt, die nach nationalem Recht regelmäßig angepasst und die durch Beträge in anderen Währungen beeinflusst wird, verwendet bei der Neuberechnung der Leistung den Umrechnungskurs, der am ersten Tag des der Wirksamkeit der Anpassung vorausgehenden Monats gilt, sofern das nationale Recht keine andere Regelung vorsieht.

6. Bei Ausgleichs- und Beitreibungsverfahren ist für die Umrechnung des einzubehaltenden bzw. zu zahlenden Betrags der Kurs des Tages ausschlaggebend, an dem das Vorbringen erstmals abgesandt wurde.

7. Für die Anwendung von Artikel 65 Absätze 6 und 7 der Verordnung (EG) Nr. 883/2004 und Artikel 70 der Verordnung (EG) Nr. 987/2009 gilt, dass als Bezugsdatum zur Bestimmung des Umrechnungskurses bei der Anstellung des Vergleichs zwischen dem Betrag, der vom Träger des Wohnorts tatsächlich gezahlt wird, und dem Maximalbetrag der Erstattung gemäß Artikel 65 Absatz 6 Satz 3 der Verordnung (EG) Nr. 883/2004 (der Leistungsbetrag, auf den die betreffende Person nach den einzelstaatlichen Rechtsvorschriften, die für sie zuletzt gegolten haben, im Falle der Meldung bei der Arbeitsverwaltung dieses Mitgliedstaats Anspruch hätte) der erste Tag des Kalendermonats herangezogen wird, in dem der erstattungsfähige Zeitraum geendet hat.

8. Dieser Beschluss ist nach dem ersten Jahr der Anwendung der Verordnungen (EG) Nr. 883/2004 und (EG) Nr. 987/2009 zu überarbeiten.

9. Dieser Beschluss wird im Amtsblatt der Europäischen Union veröffentlicht. Er gilt ab dem Zeitpunkt des Inkrafttretens der Verordnung (EG) Nr. 987/2009.

Die Vorsitzende der Verwaltungskommission

Lena Malmberg

[1] ABl. L 166 vom 30.4.2004, S. 1.

[2] ABl. L 284 vom 30.10.2009, S. 1.

Beschluss Nr. H4
vom 22. Dezember 2009
über die Zusammensetzung und die Arbeitsweise des Rechnungsausschusses der Verwaltungskommission für die Koordinierung der Systeme der sozialen Sicherheit
(Text von Bedeutung für den EWR und das Abkommen EG/Schweiz)

Amtsblatt C 107 vom 27.4.2010 S. 3

DIE VERWALTUNGSKOMMISSION FÜR DIE KOORDINIERUNG DER SYSTEME DER SOZIALEN SICHERHEIT —

gestützt auf Artikel 72 der Verordnung (EG) Nr. 883/2004 des Europäischen Parlaments und des Rates vom 29. April 2004 zur Koordinierung der Systeme der sozialen Sicherheit [1], wonach die Verwaltungskommission die Faktoren bestimmt, die für die Rechnungslegung der Träger der Mitgliedstaaten über deren Aufwendungen aufgrund dieser Verordnung zu berücksichtigen sind, und auf der Grundlage eines Berichts des in Artikel 74 genannten Rechnungsausschusses die Jahresabrechnung zwischen diesen Trägern erstellt,

gestützt auf Artikel 74 der Verordnung (EG) Nr. 883/2004, wonach die Verwaltungskommission die Zusammensetzung und die Arbeitsweise des Rechnungsausschusses bestimmt, der die für die Beschlussfassung der Verwaltungskommission gemäß Artikel 72 Buchstabe g erforderlichen Berichte und mit Gründen versehenen Stellungnahmen ausarbeitet —

BESCHLIESST:

Artikel 1

(1) Der Rechnungsausschuss, wie ihn Artikel 74 der Verordnung (EG) Nr. 883/2004 zur Koordinierung der Systeme der sozialen Sicherheit vorsieht, ist der Verwaltungskommission für die Koordinierung der Systeme der sozialen Sicherheit angeschlossen.

(2) Der Rechnungsausschuss erfüllt seine in Artikel 74 Buchstaben a bis f der Verordnung (EG) Nr. 883/2004 festgelegten Aufgaben im Auftrag und auf Weisung der Verwaltungskommission. In diesem Rahmen legt der Rechnungsausschuss der Verwaltungskommission ein langfristiges Arbeitsprogramm zur Genehmigung vor.

Artikel 2

(1) Der Rechnungsausschuss äußert sich grundsätzlich aufgrund schriftlicher Unterlagen. Er kann von den zuständigen Behörden alle Angaben und Ermittlungen verlangen, die er für die Bearbeitung der ihm zur Prüfung vorgelegten Angelegenheiten als notwendig erachtet. Falls erforderlich, kann der Rechnungsausschuss mit vorheriger Zustimmung des Vorsitzenden/der Vorsitzenden der Verwaltungskommission ein Sekretariatsmitglied oder bestimmte Mitglieder des Rechnungsausschusses an Ort und Stelle entsenden, um die für die Fortsetzung seiner Arbeiten notwendigen Ermittlungen durchzuführen. Der Vorsitzende/die Vorsitzende der Verwaltungskommission setzt den Vertreter/die Vertreterin des betreffenden Mitgliedstaats bei der Verwaltungskommission von diesen Ermittlungen in Kenntnis.

(2) Der Rechnungsausschuss ermöglicht den Abschluss der Rechnungsführung in Fällen, in denen eine Einigung nicht innerhalb des in der Verordnung (EG) Nr. 987/2009 des Europäischen Parlaments und des Rates vom 16. September 2009 zur Festlegung der Modalitäten für die Durchführung der Verordnung (EG) Nr. 883/2004 über die Koordinierung der Systeme der sozialen Sicherheit [2] genannten Zeitraums erzielt werden kann. Ein begründeter Antrag auf Stellungnahme des Rechnungsausschusses zu einer Meinungsverschiedenheit gemäß Artikel 67 Absatz 7 der Verordnung (EG) Nr. 987/2009 ist spätestens fünfundzwanzig Arbeitstage vor dem Beginn einer Tagung von einer der Parteien an den Rechnungsausschuss zu richten.

(3) Der Rechnungsausschuss kann ein Vermittlungsgremium einsetzen, das ihn bei der Bearbeitung des begründeten Antrags auf eine Stellungnahme des Rechnungsausschusses unterstützt, den eine der Parteien gemäß Nummer 2 dieses Artikels übermittelt hat.

Einzelheiten in Bezug auf Zusammensetzung, Funktionsdauer, Aufgaben, Arbeitsmethoden sowie Vorsitzregelung des Vermittlungsgremiums sind Gegenstand eines Mandats, über das der Rechnungsausschuss entscheidet.

Artikel 3

(1) Dem Rechnungsausschuss gehören je zwei Mitglieder pro Mitgliedstaat der Europäischen Union an, die von den zuständigen Behörden dieser Staaten ernannt werden.

Ist ein Mitglied des Rechnungsausschusses verhindert, so kann es sich durch das von der zuständigen Behörde hierfür benannte stellvertretende Mitglied vertreten lassen.

(2) Der Vertreter/die Vertreterin der Europäischen Kommission bei der Verwaltungskommission oder der Stellvertreter/die Stellvertreterin nimmt mit beratender Stimme an den Tagungen des Rechnungsausschusses teil.

(3) Der Rechnungsausschuss wird von einem/einer unabhängigen Sachverständigen bzw. einem Team aus Sachverständigen mit einschlägiger Fachausbildung und Erfahrung in Angelegenheiten, die mit den Aufgaben des Rechnungsausschusses zusammenhängen, unterstützt, besonders bei Aufgaben, die sich aus den Artikeln 64, 65 und 69 der Verordnung (EG) Nr. 987/2009 ergeben.

Artikel 4

(1) Der Vorsitz im Rechnungsausschuss wird von einem Mitglied des Staates wahrgenommen, dessen Vertreter/-in in der Verwaltungskommission den Vorsitz führt.

(2) Der Vorsitzende/die Vorsitzende des Rechnungsausschusses kann in Verbindung mit dem Sekretariat alle Maßnahmen zur raschen Regelung der Fragen treffen, die in die Zuständigkeit des Rechnungsausschusses fallen.

(3) Der Vorsitzende/die Vorsitzende des Rechnungsausschusses führt grundsätzlich den Vorsitz in den Arbeitsgruppen, die mit der Prüfung der in die Zuständigkeit dieses Ausschusses fallenden Fragen beauftragt sind; bei Verhinderung bzw. bei der Prüfung von Fachfragen kann er/sie sich jedoch durch eine von ihm/ihr benannte Person vertreten lassen.

Artikel 5

(1) Beschlüsse werden mit einfacher Stimmenmehrheit gefasst, wobei jeder Mitgliedstaat nur eine Stimme hat.

In den Stellungnahmen des Rechnungsausschusses muss angegeben sein, ob sie einstimmig oder mit Stimmenmehrheit verabschiedet worden sind. Die Schlussanträge oder Vorbehalte der Minderheit sind gegebenenfalls darin aufzuführen.

Ergeht die Stellungnahme nicht einstimmig, so legt der Rechnungsausschuss sie der Verwaltungskommission zusammen mit einem Bericht vor, in dem die gegensätzlichen Auffassungen dargelegt und begründet werden.

Der Rechnungsausschuss bestimmt ferner einen Berichterstatter/eine Berichterstatterin mit der Aufgabe, der Verwaltungskommission auf Wunsch alle Auskünfte zu erteilen, die diese zur Beilegung des betreffenden Streitfalls für geeignet hält.

Der Berichterstatter/die Berichterstatterin darf nicht aus den Vertretern/Vertreterinnen der Mitgliedstaaten gewählt werden, die an dem Streitfall beteiligt sind.

(2) Der Rechnungsausschuss kann entscheiden, Beschlüsse und mit Gründen versehene Stellungnahmen im schriftlichen Verfahren anzunehmen, wenn ein solches Verfahren auf einer vorangegangenen Tagung des Rechnungsausschusses vereinbart wurde.

In diesem Fall übermittelt der Vorsitz den anzunehmenden Text den Mitgliedern des Rechnungsausschusses. Den Mitgliedern wird eine Frist von mindestens zehn Arbeitstagen eingeräumt, binnen der sie ihre Ablehnung des vorgeschlagenen Textes oder ihre Stimmenthaltung mitteilen können. Keine Antwort innerhalb der festgelegten Frist gilt als Zustimmung.

Der Vorsitz kann sich auch für die Einleitung eines schriftlichen Verfahrens entscheiden, wenn auf einer vorangegangenen Tagung des Rechnungsausschusses keine Einigung erzielt wurde. In diesem Fall gelten nur schriftliche Zustimmungen zum vorgeschlagenen Text als Ja-Stimmen und es wird eine Frist von mindestens fünfzehn Arbeitstagen eingeräumt.

Nach Ablauf der Frist teilt der Vorsitz den Mitgliedern das Abstimmungsergebnis mit. Ein Beschluss, der die erforderliche Anzahl von Ja-Stimmen erhalten hat, gilt als angenommen, und zwar am letzten Tag der Antwortfrist, die den Mitgliedern gesetzt wurde.

(3) Schlägt ein Mitglied des Rechnungsausschusses im Verlauf des schriftlichen Verfahrens eine Änderung des Textes vor, so hat der Vorsitz zwei Möglichkeiten, je nachdem, welches Vorgehen er in dieser Angelegenheit für zweckmäßig hält:
a) Einleitung eines neuen schriftlichen Verfahrens gemäß Absatz 2 durch Übermittlung des geänderten Vorschlags an die Mitglieder, oder
b) Abbruch des schriftlichen Verfahrens; der Text wird dann auf der nächsten Tagung zur Diskussion gestellt.

je nachdem, welches Verfahren nach Auffassung des Vorsitzes in der betreffenden Angelegenheit angemessen ist.

(4) Verlangt ein Mitglied des Rechnungsausschusses vor Ablauf der Antwortfrist die Erörterung des vorgeschlagenen Textes auf einer Tagung des Rechnungsausschusses, wird das schriftliche Verfahren aufgehoben. Die Angelegenheit wird dann auf der folgenden Tagung des Rechnungsausschusses erörtert.

Artikel 6

Der Rechnungsausschuss kann Ad-hoc-Gruppen mit begrenzter Mitgliederzahl einsetzen, die Vorschläge zu bestimmten Themen ausarbeiten und sie dem Rechnungsausschuss zur Annahme unterbreiten.

Der Rechnungsausschuss beschließt für jede Ad-hoc-Gruppe, wer die Berichterstattung übernimmt, welche Aufgaben zu erfüllen sind und innerhalb welcher Zeit die Gruppe dem Rechnungsausschuss ihre Ergebnisse vorlegen muss. Dies ist in einem vom Rechnungsausschuss erteilten schriftlichen Mandat festzuhalten.

Artikel 7

(1) Das Sekretariat der Verwaltungskommission bereitet die Tagungen des Rechnungsausschusses vor, sorgt für deren Abhaltung und erstellt die Protokolle. Es erledigt alle Arbeiten, die für die Tätigkeit des Rechnungsausschusses erforderlich sind. Tagesordnung, Zeitpunkt und Dauer der Tagungen des Rechnungsausschusses werden im Einvernehmen mit dem Vorsitz festgelegt.

(2) Das Sekretariat der Verwaltungskommission leitet den Mitgliedern des Rechnungsausschusses und den Mitgliedern der Verwaltungskommission spätestens fünfzehn Arbeitstage vor Beginn der Tagung die Tagesordnung zu. Die Tagungsunterlagen sollten spätestens zehn Arbeitstage vor Beginn der Tagung zur Verfügung gestellt werden. Dies gilt nicht für Unterlagen mit allgemeinen Informationen, die nicht angenommen werden müssen.

(3) Aufzeichnungen, die sich auf die bevorstehende Tagung des Rechnungsausschusses beziehen, sollten dem Sekretariat der Verwaltungskommission spätestens zwanzig Arbeitstage vor Beginn der Tagung übermittelt werden. Dies gilt nicht für Unterlagen mit allgemeinen Informationen, die nicht angenommen werden müssen.

Aufzeichnungen, die die Angaben für den Jahresabschlussbericht nach Artikel 69 Absatz 1 der Verordnung (EG) Nr. 987/2009 enthalten, entsprechen dem Format und enthalten die Angaben gemäß den Vorgaben des/der unabhängigen Sachverständigen bzw. des Teams aus Sachverständigen, gemäß Artikel 3 Absatz 3 des vorliegenden Beschlusses. Jede Delegation übermittelt dem Sekretariat ihre diesbezügliche Aufzeichnung bis zum 31. Juli des Jahres, das auf das betreffende Jahr folgt.

Artikel 8

Erforderlichenfalls gilt die Satzung der Verwaltungskommission für den Rechnungsausschuss entsprechend.

Artikel 9

Dieser Beschluss wird im Amtsblatt der Europäischen Union veröffentlicht. Er gilt ab dem Zeitpunkt des Inkrafttretens der Durchführungsverordnung.

Beschluss Nr. H4 vom 22. Dezember 2009

Die Vorsitzende der Verwaltungskommission
Lena Malmberg
[1] Abl. L 166 vom 30.4.2004, S. 1.
[2] ABl. L 284 vom 30.10.2009, S. 1.

**Beschluss Nr. H5
vom 18. März 2010
über die Zusammenarbeit zur Bekämpfung von Betrug und Fehlern im Rahmen der
Verordnung (EG) Nr. 883/2004 und der Verordnung (EG) Nr. 987/2009 des Europäischen
Parlaments und des Rates zur Koordinierung der Systeme der sozialen Sicherheit
(Text von Bedeutung für den EWR und das Abkommen EG/Schweiz)**

Amtsblatt C 149 vom 8.6.2010 S. 5

DIE VERWALTUNGSKOMMISSION FÜR DIE KOORDINIERUNG DER SYSTEME DER SOZIALEN SICHERHEIT —

gestützt auf Artikel 72 Buchstabe a der Verordnung (EG) Nr. 883/2004 des Europäischen Parlaments und des Rates vom 29. April 2004 zur Koordinierung der Systeme der sozialen Sicherheit [1], wonach die Verwaltungskommission alle Verwaltungs- und Auslegungsfragen zu behandeln hat, die sich aus der Verordnung (EG) Nr. 883/2004 und der Verordnung (EG) Nr. 987/2009 [2] des Europäischen Parlaments und des Rates ergeben,

gestützt auf Artikel 76 der Verordnung (EG) Nr. 883/2004,

gestützt auf die Artikel 2 Absatz 2, 20, 52 und 87 Absatz 3 der Verordnung (EG) Nr. 987/2009,

in Erwägung nachstehender Gründe:

(1) Die zuständigen Behörden und Träger sind nach Artikel 76 der Verordnung (EG) Nr. 883/2004 zur Zusammenarbeit verpflichtet, um die ordnungsgemäße Anwendung dieser Verordnung zu gewährleisten.

(2) Es besteht ein enger Zusammenhang zwischen den Maßnahmen zur Bekämpfung von Betrug und Fehlern und den Zweigen der sozialen Sicherheit im Sinne von Artikel 3 Absatz 1 der Verordnung (EG) Nr. 883/2004; sie sollen gewährleisten, dass Beiträge im richtigen Mitgliedstaat gezahlt und Leistungen nicht zu Unrecht gewährt oder in betrügerischer Weise erlangt werden.

(3) Maßnahmen zur Bekämpfung von Betrug und Fehlern sind Bestandteil der ordnungsgemäßen Anwendung der Verordnungen (EG) Nr. 883/2004 und (EG) Nr. 987/2009.

(4) Eine engere und wirksamere Zusammenarbeit zwischen den zuständigen Behörden und Trägern ist für die Bekämpfung von Betrug und Fehlern ausgesprochen wichtig.

(5) Der Feststellung der Identität von Personen kommt für die Durchführung der Verordnungen grundlegende Bedeutung zu, sowohl in Bezug auf die Auffindung von Personen in der Datenbank eines Trägers als auch in Bezug auf die Sicherstellung der Richtigkeit der Angaben von Personen zu ihrer Identität.

(6) In Artikel 3 Absatz 3 der Verordnung (EG) Nr. 987/2009 heißt es, dass die Mitgliedstaaten bei der Erhebung, Übermittlung oder Verarbeitung personenbezogener Daten nach ihren Rechtsvorschriften zur Durchführung der Grundverordnung gewährleisten, dass die betreffenden Personen in der Lage sind, ihre Rechte in Bezug auf den Schutz personenbezogener Daten unter Beachtung der Gemeinschaftsbestimmungen über den Schutz natürlicher Personen bei der Verarbeitung personenbezogener Daten und zum freien Datenverkehr umfassend wahrzunehmen.

(7) Artikel 5 Absatz 3 der Verordnung (EG) Nr. 987/2009 erlaubt es dem zuständigen Träger, bei entsprechenden Zweifeln den Träger des Aufenthalts- oder Wohnorts um eine Überprüfung der Angaben der betroffenen Person oder der Gültigkeit eines Dokuments zu bitten.

(8) Zu einer wirksamen Zusammenarbeit bei der Bekämpfung von Betrug und Fehlern gehört es, auf den Verfahren zur Bereitstellung von Informationen über Änderungen hinsichtlich der anwendbaren Rechtsvorschriften und auf den Artikeln 20 und 52 der Verordnung (EG) Nr. 987/2009 aufzubauen.

In Übereinstimmung mit den in Artikel 71 Absatz 2 der Verordnung (EG) Nr. 883/2004 festgelegten Bedingungen —

Beschluss Nr. H5 vom 18. März 2010

HAT FOLGENDEN BESCHLUSS ERLASSEN:

Allgemeines

(1) Um eine ordnungsgemäße Durchführung der Verordnungen (EG) Nr. 883/2004 und (EG) Nr. 987/2009 zu gewährleisten, arbeiten die Behörden und Träger der Mitgliedstaaten bei der Bekämpfung von Betrug und Fehlern zusammen.

(2) Die Verwaltungskommission diskutiert einmal jährlich über die Zusammenarbeit bei der Bekämpfung von Betrug und Fehlern. Diese Diskussion basiert auf der freiwilligen Berichterstattung der Mitgliedstaaten über ihre Erfahrungen und Fortschritte auf diesem Gebiet. Empfehlungen für den Inhalt der Berichte finden sich in Anhang 1.

(3) Die Mitgliedstaaten benennen eine Kontaktstelle, die für Betrug und Fehler zuständig ist und der die zuständigen Behörden oder Träger entweder über Betrugs- und Missbrauchsgefahren oder über systematische Probleme, die zu Verzögerungen und Fehlern führen, berichten können. Diese Kontaktstelle wird in eine Liste aufgenommen, die das Sekretariat der Verwaltungskommission veröffentlicht.

Fehler

(4) Um die Gefahr von Fehlern einzudämmen, ergreifen die zuständigen Behörden und Träger Maßnahmen, die eine rechtzeitige und ordnungsgemäße Bereitstellung von Informationen sicherstellen, insbesondere bei der Nutzung des Systems für den elektronischen Austausch von Sozialversicherungsdaten. Im Hinblick darauf sollten die zuständigen Behörden und Träger

a) sicherstellen, dass Informationen, die elektronisch durch standardisierte elektronische Dokumente an Behörden oder Träger anderer Mitgliedstaaten übermittelt werden, einem Verfahren der Qualitätskontrolle unterzogen werden, und zwar insbesondere in Bezug auf die Identität der betroffenen Person und die PIN-Nummer;

b) dem Fachausschuss und der Verwaltungskommission über etwaige systematische Probleme berichten, die beim Austausch von Informationen für die Zwecke der Verordnungen zu Verzögerungen oder Fehlern führen.

Meldung von Todesfällen

(5) Hinsichtlich der Meldung von Todesfällen

a) geben die Mitgliedstaaten über die Verwaltungskommission sämtliche innovativen Verfahren weiter, die sie auf diesem Gebiet eingeführt haben, oder sie berichten über etwaige Schwierigkeiten bei der Sicherstellung der entsprechenden Zusammenarbeit;

b) überprüfen die Mitgliedstaaten ihre Verfahren in Bezug auf die Bekämpfung der Nichtmeldung des Versterbens von Personen in grenzüberschreitenden Fällen, um sicherzustellen, dass derartige Verfahren im Rahmen des Möglichen dem entsprechen, was auf diesem Gebiet als optimal gilt. Eine Aufzählung der bekannten optimalen Verfahren findet sich in Anhang 2;

c) Auskunftsersuchen von Trägern oder zuständigen Behörden, die sich auf die Meldung von Todesfällen beziehen, werden vom Empfänger so rasch wie möglich bearbeitet.

Auskunftsersuchen

(6) Unter Berücksichtigung ihrer Pflicht, im Einklang mit den Unionsvorschriften über den Schutz natürlicher Personen bei der Verarbeitung personenbezogener Daten und über den freien Datenverkehr zu handeln, sorgen die zuständigen Behörden und Träger für eine gute Zusammenarbeit, wenn sie Auskunftsersuchen aus anderen Mitgliedstaaten erhalten, deren Zweck die Bekämpfung von Betrug und die Gewährleistung der ordnungsgemäßen Durchführung der Verordnungen ist. Bevor sie ein solches Ersuchen unter Berufung auf Datenschutzgründe ablehnen, nehmen sie eine eingehende Prüfung der Rechtslage vor.

(7) Wird ein Auskunftsersuchen, das die Bekämpfung von Betrug und Fehlern bezweckt und das sich auf Daten im Zusammenhang mit den Koordinierungsverordnungen bezieht, nicht direkt von einem Träger oder einer zuständigen Behörde bearbeitet, so hilft der Träger oder die zuständige Behörde dem Träger oder der

Behörde, der/die um Auskunft ersucht hat, bei der Ermittlung eines Dritten, der die gewünschten Auskünfte geben kann, und leistet Hilfe bei den Verhandlungen mit diesem Dritten.

Überprüfungsklausel

(8) Dieser Beschluss wird spätestens bis zum Ablauf des zweiten Jahres nach seinem Inkrafttreten überprüft.

(9) Dieser Beschluss wird im Amtsblatt der Europäischen Union veröffentlicht. Er gilt ab dem ersten Tag des zweiten Monats nach seinem Inkrafttreten.

Der Vorsitzende der Verwaltungskommission

José Maria MARCO GARCíA

[1] ABl. L 166 vom 30.4.2004, S. 1.

[2] ABl. L 284 vom 30.10.2009, S. 1.

ANHANG 1 Themen, auf die in den Jahresberichten der Mitgliedstaaten über Betrug und Fehler unter anderem eingegangen werden sollte

1. Maßnahmen zur Bekämpfung von Betrug und Fehlern, die während des Jahres in Anwendungsfällen der Verordnungen ergriffen wurden;

2. Spezielle Probleme bei der Durchführung der Koordinierungsvorschriften, die zumindest eine Gefahr von Betrug und Fehlern begründen könnten;

3. Mit anderen EU-Mitgliedstaaten geschlossene Abkommen und bilaterale Kooperationsvereinbarungen zur Bekämpfung von Betrug und Fehlern;

4. Auf dem Gebiet der Sachleistungen: Maßnahmen zur Förderung der Einhaltung der Koordinierungsvorschriften durch Träger und Leistungserbringer sowie Maßnahmen zur Information der Bürger.

ANHANG 2 Optimale Verfahren hinsichtlich der Bekämpfung der Nichtmeldung des Versterbens von Personen in grenzüberschreitenden Fällen [1]

Einrichtung eines Systems für die direkte Meldung von Todesfällen durch den Aufnahmestaat

Daten-Matching

Beantragung einer Verwaltungsprüfung beim Aufnahmestaat

Zugang zu den Berichten der anderen Träger des Gesundheitswesens über Todesfälle

Lebensbescheinigungen

Unmittelbare persönliche Anwesenheit im Aufnahmestaat

[1] Eine vollständigere Darstellung dieser optimalen Verfahren findet sich in Abschnitt 9.2 des Berichts der Ad-hoc-Follow-up-Gruppe der Verwaltungskommission zur Bekämpfung von Betrug und Fehlern vom 16. November 2009, veröffentlicht als CASSTM-Aufzeichnung 560/09.

Beschluss Nr. H6
vom 16. Dezember 2010
über die Anwendung bestimmter Grundsätze für die Zusammenrechnung der Zeiten gemäß Artikel 6 der Verordnung (EG) Nr. 883/2004 zur Koordinierung der Systeme der sozialen Sicherheit
(Text von Bedeutung für den EWR und das Abkommen EG/Schweiz)

Amtsblatt C 045 vom 12.2.2011 S. 5

DIE VERWALTUNGSKOMMISSION FÜR DIE KOORDINIERUNG DER SYSTEME DER SOZIALEN SICHERHEIT —

gestützt auf Artikel 72 Buchstabe a der Verordnung (EG) Nr. 883/2004 des Europäischen Parlaments und des Rates vom 29. April 2004 zur Koordinierung der Systeme der sozialen Sicherheit [1], wonach die Verwaltungskommission alle Verwaltungs- oder Auslegungsfragen zu behandeln hat, die sich aus der Verordnung (EG) Nr. 883/2004 und der Verordnung (EG) Nr. 987/2009 des Europäischen Parlaments und des Rates vom 16. September 2009 zur Festlegung der Modalitäten für die Durchführung der Verordnung (EG) Nr. 883/2004 über die Koordinierung der Systeme der sozialen Sicherheit [2] ergeben,

gemäß Artikel 71 Absatz 2 zweiter Unterabsatz der Verordnung (EG) Nr. 883/2004,

in Erwägung nachstehender Gründe:

(1) Artikel 1 Buchstabe t der Verordnung (EG) Nr. 883/2004 enthält die Begriffsbestimmung von "Versicherungszeiten". Aus dem Wortlaut von Artikel 1 Buchstabe t der Verordnung (EG) Nr. 883/2004 ergibt sich, dass gleichgestellte Zeiten den Versicherungszeiten gleichwertig sind und den Beitragszeiten nicht gleichwertig sein müssen.

(2) In Artikel 6 der Verordnung (EG) Nr. 883/2004 ist der Grundsatz der Zusammenrechnung von Zeiten verankert. Dieser Grundsatz sollte einheitlich angewendet werden; hierzu gehört die Zusammenrechnung der Zeiten, die nach den nationalen Rechtsvorschriften nur für die Begründung oder Erhöhung des Leistungsanspruchs berücksichtigt werden.

(3) Im Erwägungsgrund 10 der Verordnung (EG) Nr. 883/2004 heißt es, dass der Grundsatz der Gleichstellung bestimmter Sachverhalte oder Ereignisse nicht zu einem Widerspruch mit dem Grundsatz der Zusammenrechnung der Zeiten führen sollte.

(4) Es ist notwendig, sicherzustellen, dass bei der Anwendung des Grundsatzes der Zusammenrechnung der Zeiten gemäß Artikel 6 der Verordnung (EG) Nr. 883/2004 Versicherungszeiten, die von einem Mitgliedstaat als solche mitgeteilt werden, vom Empfängermitgliedstaat akzeptiert werden müssen und ihre Qualität nicht hinterfragt werden darf.

(5) Gleichzeitig ist es unerlässlich, den Grundsatz anzuerkennen, wonach die Mitgliedstaaten für die Festlegung ihrer nationalen Voraussetzungen für die Gewährung von Leistungen der sozialen Sicherheit zuständig bleiben — sofern diese Voraussetzungen in nichtdiskriminierender Weise angewandt werden —, und zu bekräftigen, dass dieser Grundsatz durch den Grundsatz der Zusammenrechnung nicht berührt wird. Um etwaige Hindernisse hinsichtlich der Begründung eines Anspruchs zu überwinden, muss ein Empfängermitgliedstaat in einem ersten Schritt zunächst alle mitgeteilten Zeiten als solche akzeptieren, und dann in einem zweiten Schritt feststellen, ob spezielle nationale Voraussetzungen erfüllt sind.

(6) Die Begriffsbestimmung von "Versicherungszeiten" in Artikel 1 Buchstabe t der Verordnung (EG) Nr. 883/2004 ist im Vergleich zu Artikel 1 Buchstabe r der Verordnung (EWG) Nr. 1408/71 unverändert geblieben.

(7) Da der vorliegende Beschluss der Gewährleistung der Rechtssicherheit dient, sollte er nur auf Fälle angewandt werden, die nach seinem In-Kraft-Treten entschieden werden —

HAT FOLGENDEN BESCHLUSS ERLASSEN:

(1) Alle Versicherungszeiten — seien es Beitragszeiten oder Zeiten, die durch die nationalen Rechtsvorschriften Versicherungszeiten gleichgestellt sind — fallen unter den Begriff "Versicherungszeiten" im Sinne der Verordnungen (EG) Nr. 883/2004 und (EG) Nr. 987/2009.

(2) Alle Zeiten für den betreffenden Leistungsanspruch, die nach den Rechtsvorschriften eines anderen Mitgliedstaats zurückgelegt wurden, werden nur durch Anwendung des Grundsatzes der Zusammenrechnung der Zeiten nach Artikel 6 der Verordnung (EG) Nr. 883/2004 und Artikel 12 der Verordnung (EG) Nr. 987/2009 berücksichtigt. Gemäß dem Grundsatz der Zusammenrechnung müssen von einem anderen Mitgliedstaat mitgeteilte Zeiten ohne Infragestellung ihrer Qualität zusammengerechnet werden.

(3) Die Mitgliedstaaten bleiben jedoch — nach Anwendung des Grundsatzes der Zusammenrechnung gemäß Nummer 2 — unter Berücksichtigung von Artikel 5 der Verordnung (EG) Nr. 883/2004 für die Festlegung ihrer sonstigen Voraussetzungen für die Gewährung von Leistungen der sozialen Sicherheit zuständig, sofern diese Voraussetzungen in nichtdiskriminierender Weise angewandt werden; dieser Grundsatz wird durch Artikel 6 der Verordnung (EG) Nr. 883/2004 nicht berührt.

(4) Der vorliegende Beschluss gilt nur für Fälle, die nach seinem In-Kraft-Treten entschieden werden.

(5) Die im Anhang genannten Beispiele für die praktische Anwendung der Nummern 1, 2 und 3 dieses Beschlusses sind Bestandteil des vorliegenden Beschlusses.

(6) Dieser Beschluss wird im Amtsblatt der Europäischen Union veröffentlicht. Er gilt ab dem ersten Tag des zweiten Monats nach seiner Veröffentlichung im Amtsblatt der Europäischen Union.

Der Vorsitzende der Verwaltungskommission

Keyina Mpeye

[1] ABl. L 166 vom 30.4.2004, S. 1.

[2] ABl. L 284 vom 30.10.2009, S. 1.

ANHANG BEISPIELE FÜR DIE PRAKTISCHE ANWENDUNG DER NUMMERN 1, 2 UND 3 DIESES BESCHLUSSES

Beispiel für die Anwendung der Nummern 1 und 2 des Beschlusses:

Nach den Rechtsvorschriften des Mitgliedstaats A hat die versicherte Person eine Beitragszeit von 10 Jahren und 2 Jahre gleichgestellter Zeiten zurückgelegt, die nach dessen Rechtsvorschriften nur für die Berechnung zählen.

Gemäß Nummer 1 des Beschlusses sind dem Mitgliedstaat B 12 Jahre mitzuteilen.

Gemäß Nummer 2 (und Erwägungsgrund 2) des Beschlusses muss der Mitgliedstaat B diese 12 Jahre als solche zum Zwecke der Zusammenrechnung berücksichtigen.

Beispiel für die Anwendung der Nummern 2 und 3 des Beschlusses:

Nach den Rechtsvorschriften des Mitgliedstaats A hat die versicherte Person 30 Beitragsjahre im Zusammenhang mit der "tatsächlichen Ausübung einer Erwerbstätigkeit" zurückgelegt. Die Rechtsvorschriften des Mitgliedstaats A sehen als nationale Voraussetzung für eine vorgezogene Altersrente vor, dass die betroffene Person mindestens 35 Beitragsjahre im Zusammenhang mit der "tatsächlichen Ausübung einer Erwerbstätigkeit" nachweisen muss.

Nach den Rechtsvorschriften des Mitgliedstaats B hat die versicherte Person 2 Studienjahre (als "gleichgestellte Zeit des Studiums" mitgeteilt) und 3 Beitragsjahre im Zusammenhang mit der "tatsächlichen Ausübung einer Erwerbstätigkeit" zurückgelegt.

Gemäß Nummer 2 des Beschlusses muss der Mitgliedstaat A diesen Zeitraum von 5 Jahren als solchen zum Zwecke der Zusammenrechnung berücksichtigen (erster Schritt).

Gemäß Nummer 3 des Beschlusses prüft Mitgliedstaat A anschließend, ob die nach seinen nationalen Rechtsvorschriften festgelegten sonstigen Voraussetzungen erfüllt sind (hier die "tatsächliche Ausübung einer Erwerbstätigkeit") und ob diese Voraussetzungen in nichtdiskriminierender Weise angewandt werden (zweiter Schritt).

Da lediglich 3 Beitragsjahre mit der "tatsächlichen Ausübung einer Erwerbstätigkeit" im Mitgliedstaat B im Zusammenhang stehen, ist das in den Rechtsvorschriften des Mitgliedstaats A festgelegte Erfordernis von 35 Jahren der tatsächlichen Ausübung einer Erwerbstätigkeit nicht erfüllt. Unter der Annahme, dass keine (mittelbare) Diskriminierung aufgrund der Staatsangehörigkeit vorliegt, braucht nach den Rechtsvorschriften des Mitgliedstaats A keine vorgezogene Altersrente gewährt zu werden.

Empfehlung Nr. P1

vom 12. Juni 2009

betreffend das Urteil Gottardo, wonach die Vorteile, die sich für inländische Arbeitnehmer aus einem bilateralen Abkommen über soziale Sicherheit zwischen einem Mitgliedstaat und einem Drittstaat ergeben, auch Arbeitnehmern aus anderen Mitgliedstaaten gewährt werden müssen

(Text von Bedeutung für den EWR und das Abkommen EG/Schweiz)

Amtsblatt C 106 vom 24.4.2010 S. 47

DIE VERWALTUNGSKOMMISSION FÜR DIE KOORDINIERUNG DER SYSTEME DER SOZIALEN SICHERHEIT —

gestützt auf Artikel 72 Buchstabe a der Verordnung (EG) Nr. 883/2004 des Europäischen Parlaments und des Rates vom 29. April 2004 zur Koordinierung der Systeme der sozialen Sicherheit [1], wonach die Verwaltungskommission alle Verwaltungs- und Auslegungsfragen zu behandeln hat, die sich aus der Verordnung (EG) Nr. 883/2004 und der Verordnung (EG) Nr. 987/2009 des Europäischen Parlaments und des Rates vom 16. September 2009 zur Festlegung der Modalitäten für die Durchführung der Verordnung (EG) Nr. 883/2004 über die Koordinierung der Systeme der sozialen Sicherheit [2] ergeben,

gestützt auf Artikel 72 Buchstabe c der Verordnung (EG) Nr. 883/2004, wonach sie die Zusammenarbeit zwischen den Mitgliedstaaten und ihren Trägern im Bereich der sozialen Sicherheit fördert und stärkt,

in Erwägung nachstehender Gründe:

(1) Die auf der Grundlage der Artikel 42 und 308 EG-Vertrag erlassene Verordnung (EG) Nr. 883/2004 ist ein zentrales Instrument für die Wahrnehmung der im Vertrag verankerten Grundfreiheiten.

(2) Das Verbot der Diskriminierung aus Gründen der Staatsangehörigkeit ist eine wesentliche Garantie für die Ausübung der in Artikel 39 des Vertrags vorgesehenen Freizügigkeit der Arbeitnehmer. Es beinhaltet die Abschaffung jeder Diskriminierung zwischen bereits im Inland ansässigen Arbeitnehmern und Wanderarbeitnehmern in Bezug auf Beschäftigung, Entlohnung und sonstige Arbeitsbedingungen.

(3) In der Rechtssache Gottardo [3] hat der Gerichtshof im Fall einer in der Gemeinschaft wohnhaften Person, die in Frankreich, Italien und in der Schweiz gearbeitet hatte, die Konsequenzen aus der Anwendung dieses Grundsatzes im Rahmen des Artikels 39 des Vertrags gezogen. Da die Ansprüche dieser Person nicht ausreichten, um in Italien eine Rente zu erhalten, beantragte sie die Zusammenrechnung ihrer in der Schweiz und in Italien zurückgelegten Versicherungszeiten, die in dem bilateralen Abkommen zwischen Italien und der Schweiz für Inländer vorgesehen ist.

(4) Der Gerichtshof hat in dieser Rechtssache für Recht erkannt, dass, wenn ein Mitgliedstaat mit einem Drittstaat ein bilaterales Abkommen über die soziale Sicherheit abschließt, das die Berücksichtigung der in diesem Drittstaat zurückgelegten Versicherungszeiten für den Erwerb des Anspruchs auf Leistungen bei Alter vorsieht, der fundamentale Grundsatz der Gleichbehandlung diesen Mitgliedstaat zwingt, den Staatsangehörigen der anderen Mitgliedstaaten die gleichen Vorteile zu gewähren, die auch seinen eigenen Staatsangehörigen aufgrund dieses Abkommens zustehen, es sei denn, er kann eine objektive Rechtfertigung für seine Weigerung vorbringen (Randnr. 34).

(5) Er hat weiter festgestellt, dass die Auslegung des Begriffes "Rechtsvorschriften" in Artikel 1 Buchstabe j der Verordnung (EWG) Nr. 1408/71 des Rates [4] (jetzt Artikel 1 Buchstabe l) der Verordnung (EG) Nr. 883/2004) durch den Gerichtshof nicht dazu führen kann, dass die jedem Mitgliedstaat obliegende Verpflichtung, den in Artikel 39 des Vertrags vorgesehenen Grundsatz der Gleichbehandlung zu beachten, beeinträchtigt wird.

(6) Nach den Feststellungen des Gerichtshofes stellte die Gefährdung des Gleichgewichts und der Gegenseitigkeit eines bilateralen Abkommens zwischen einem Mitgliedstaat und einem Drittstaat im Fall Gottardo keine objektive Rechtfertigung für die Weigerung des an diesem Abkommen beteiligten Mitgliedstaats dar, die Vorteile, die seine eigenen Staatsangehörigen aus diesem Abkommen ziehen, auf die Staatsangehörigen der anderen Mitgliedstaaten zu erstrecken.

(7) Der Gerichtshof ließ auch die Einwände einer möglichen Erhöhung der finanziellen Lasten und der mit der Zusammenarbeit mit den zuständigen Behörden des betreffenden Drittstaates verbundenen verwaltungs-

technischen Schwierigkeiten nicht gelten; diese Gründe könnten die Nichtbeachtung der sich aus dem Vertrag ergebenden Verpflichtungen durch den Mitgliedstaat, der Vertragspartei des bilateralen Abkommens sei, nicht rechtfertigen.

(8) Es müssen alle Konsequenzen aus diesem Urteil gezogen werden, das für die Gemeinschaftsbürger, die von ihrem Recht auf Freizügigkeit Gebrauch gemacht haben, grundlegende Bedeutung besitzt.

(9) Deshalb sollte klargestellt werden, dass die zwischen einem Mitgliedstaat und einem Drittstaat geschlossenen bilateralen Abkommen über soziale Sicherheit dahin auszulegen sind, dass die den Staatsangehörigen des vertragschließenden Mitgliedstaats zustehenden Vorteile grundsätzlich auch einem Gemeinschaftsbürger gewährt werden sollten, der sich objektiv in der gleichen Situation befindet.

(10) Unabhängig von der einheitlichen Anwendung des Urteils Gottardo im Einzelfall sollte eine Prüfung der bestehenden bilateralen Abkommen vorgenommen werden. Zu den früher geschlossenen Übereinkünften heißt es in Artikel 307 des Vertrags, dass "der oder die betreffenden Mitgliedstaaten alle geeigneten Mittel an[wenden], um die festgestellten Unvereinbarkeiten zu beheben", und in Bezug auf Übereinkünfte, die nach dem 1. Januar 1958 bzw. nach dem Beitritt eines Landes zur Europäischen Gemeinschaft geschlossen wurden, sieht Artikel 10 des Vertrags vor, dass die Mitgliedstaaten "alle Maßnahmen [unterlassen], welche die Verwirklichung der Ziele dieses Vertrags gefährden könnten".

(11) Was neue bilaterale Abkommen über soziale Sicherheit angeht, die zwischen einem Mitgliedstaat und einem Drittstaat geschlossen werden, ist zu berücksichtigen, dass diese eine ausdrückliche Bezugnahme auf den Grundsatz der Nichtdiskriminierung aus Gründen der Staatsangehörigkeit im Hinblick auf die Staatsangehörigen eines anderen Mitgliedstaats enthalten sollten, die ihr Recht auf Freizügigkeit in dem Mitgliedstaat ausgeübt haben, der Vertragspartei des betreffenden Abkommens ist.

(12) Die Anwendung des Urteils Gottardo im Einzelfall hängt zum großen Teil von der Kooperation der Drittstaaten ab, da diese die Versicherungszeiten bescheinigen müssen, die die betroffene Person zurückgelegt hat.

(13) Die Verwaltungskommission sollte sich dieser Frage annehmen, da das Urteil Gottardo die Anwendung des Grundsatzes der Gleichbehandlung im Bereich der sozialen Sicherheit betrifft.

In Übereinstimmung mit den in Artikel 71 Absatz 2 der Verordnung (EG) Nr. 883/2004 festgelegten Bedingungen —

EMPFIEHLT DEN ZUSTÄNDIGEN DIENSTSTELLEN UND TRÄGERN:

1. Die Vorteile, die sich für inländische Arbeitnehmer und Selbständige bezüglich ihrer Rente aus Abkommen über soziale Sicherheit zwischen einem Mitgliedstaat und einem Drittstaat ergeben, werden gemäß dem Grundsatz der Gleichbehandlung und der Nichtdiskriminierung zwischen inländischen Arbeitnehmern und den Staatsangehörigen anderer Mitgliedstaaten, die ihr Recht auf Freizügigkeit nach Artikel 39 des Vertrags ausgeübt haben, grundsätzlich auch den Staatsangehörigen anderer Mitgliedstaaten gewährt, die sich objektiv in der gleichen Situation befinden wie inländische Arbeitnehmer und Selbständige.

2. Neue bilaterale Abkommen über soziale Sicherheit, die zwischen einem Mitgliedstaat und einem Drittstaat geschlossen werden, sollten eine ausdrückliche Bezugnahme auf den Grundsatz der Nichtdiskriminierung aus Gründen der Staatsangehörigkeit im Hinblick auf die Staatsangehörigen eines anderen Mitgliedstaats enthalten, die ihr Recht auf Freizügigkeit in dem Mitgliedstaat ausgeübt haben, der Vertragspartei des betreffenden Abkommens ist.

3. Die Mitgliedstaaten sollten die Träger der Staaten, mit denen sie Abkommen über soziale Sicherheit geschlossen haben, deren Geltungsbereich auf die eigenen Staatsangehörigen beschränkt ist, über die Auswirkungen des Urteils Gottardo informieren und sie um ihre Kooperation bei der Durchführung dieses Urteils des Gerichtshofes bitten. Mitgliedstaaten, die bilaterale Abkommen mit demselben Drittstaat geschlossen haben, können gemeinsam um eine solche Kooperation ersuchen. Sie ist zweifellos eine unerlässliche Voraussetzung für die Beachtung dieser Rechtsprechung.

4. Diese Empfehlung wird im Amtsblatt der Europäischen Union veröffentlicht. Sie gilt ab dem Tag des Inkrafttretens der Verordnung (EG) Nr. 987/2009.

Die Vorsitzende der Verwaltungskommission

Gabriela Pikorová

[1] ABl. L 166 vom 30.4.2004, S. 1.

[2] ABl. L 284 vom 30.10.2009, S. 1.

[3] Urteil vom 15. Januar 2002 in der Rechtssache C-55/00, Elide Gottardo/Istituto nazionale della previdenza sociale (INPS), Slg. 2002, S. I-413 ff.

[4] ABl. L 149 vom 5.7.1971, S. 2.

Beschluss Nr. P1
vom 12. Juni 2009
zur Auslegung der Artikel 50 Absatz 4, 58 und 87 Absatz 5 der Verordnung (EG) Nr. 883/2004 des Europäischen Parlaments und des Rates hinsichtlich der Feststellung von Leistungen bei Invalidität und Alter sowie Leistungen an Hinterbliebene
(Text von Bedeutung für den EWR und das Abkommen EG/Schweiz)

Amtsblatt C 106 vom 24.4.2010 S. 21

DIE VERWALTUNGSKOMMISSION FÜR DIE KOORDINIERUNG DER SYSTEME DER SOZIALEN SICHERHEIT —

gestützt auf Artikel 72 Buchstabe a der Verordnung (EG) Nr. 883/2004 des Europäischen Parlaments und des Rates vom 29. April 2004 zur Koordinierung der Systeme der sozialen Sicherheit [1], wonach die Verwaltungskommission alle Verwaltungs- und Auslegungsfragen zu behandeln hat, die sich aus der Verordnung (EG) Nr. 883/2004 und der Verordnung (EG) Nr. 987/2009 des Europäischen Parlaments und des Rates vom 16. September 2009 zur Festlegung der Modalitäten für die Durchführung der Verordnung (EG) Nr. 883/2004 über die Koordinierung der Systeme der sozialen Sicherheit [2] ergeben,

gestützt auf die Artikel 50 Absatz 4, 58 und 87 Absatz 5 der Verordnung (EG) Nr. 883/2004,

in der Erwägung, dass es erforderlich ist, die Anwendung der Artikel 50 Absatz 4, 58 und 87 Absatz 5 der Verordnung (EG) Nr. 883/2004 zu klären und den mit der Durchführung der entsprechenden Bestimmungen befassten Trägern die notwendige Orientierung zu geben,

in Übereinstimmung mit den in Artikel 71 Absatz 2 der Verordnung (EG) Nr. 883/2004 festgelegten Bedingungen —

BESCHLIESST:

I. Anwendung von Artikel 50 Absatz 4 der Verordnung (EG) Nr. 883/2004

1. Der Träger, der eine Leistung zahlt, führt automatisch eine Neuberechnung durch, wenn er darüber in Kenntnis gesetzt wird, dass der Leistungsempfänger die Voraussetzungen für die Gewährung einer Leistung nach den Rechtsvorschriften eines anderen Mitgliedstaats erfüllt.

Eine Neuberechnung wird nicht vorgenommen, wenn die nach den Rechtsvorschriften der anderen Mitgliedstaaten zurückgelegten Zeiten bereits bei der Feststellung der Leistung berücksichtigt wurden und seit der Feststellung der ersten Leistung keine Zeiten zurückgelegt worden sind.

Sind jedoch (abgesehen von der Zurücklegung von Versicherungszeiten) zusätzliche Voraussetzungen erfüllt, wie z. B. das Erreichen des für die Leistungsgewährung erforderlichen Alters oder eine Änderung der zu berücksichtigenden Kinderzahl, erfordert dies automatisch eine Neuberechnung.

2. Der Träger, der eine Neuberechnung einer von ihm zuvor festgestellten Leistung durchführt, berücksichtigt sämtliche Versicherungs- und/oder Wohnzeiten sowie jede weitere Voraussetzung, die der Leistungsempfänger nach seinen eigenen Rechtsvorschriften und nach den Rechtsvorschriften der anderen Mitgliedstaaten am Tag der Feststellung der neu berechneten Leistung zurückgelegt hat bzw. erfüllt.

3. Ausschlaggebend ist der Tag des Eintritts des Versicherungsfalls in dem Mitgliedstaat, in dem die Anspruchsvoraussetzungen zuletzt erfüllt wurden.

II. Anwendung von Artikel 58 der Verordnung (EG) Nr. 883/2004

4. Der Träger, der gemäß Artikel 58 der Verordnung (EG) Nr. 883/2004 eine Zulage gewährt, unterrichtet darüber den zuständigen Träger jedes anderen Mitgliedstaats, nach dessen Rechtsvorschriften der Leistungsempfänger Anspruch auf eine gemäß den Bestimmungen in Kapitel 5 der Verordnung festgestellte Leistung hat.

5. Der zuständige Träger jedes anderen Mitgliedstaats, der dem Leistungsempfänger nach Kapitel 5 der Verordnung (EG) Nr. 883/2004 Leistungen gewährt, meldet dem Träger, der die Zulage zahlt, jedes Jahr im Januar den Leistungsbetrag, den er dem Leistungsempfänger ab Januar desselben Jahres zahlt.

III. Anwendung von Artikel 87 Absatz 5 der Verordnung (EG) Nr. 883/2004

6. Beantragt eine Person nach Artikel 87 Absatz 5 der Verordnung (EG) Nr. 883/2004 die Neufeststellung einer Invaliditätsrente, so braucht keine neue ärztliche Untersuchung zu erfolgen, soweit die in der Akte des Leistungsempfängers enthaltenen Unterlagen als ausreichend angesehen werden können.

Ist dies nicht der Fall, kann der betreffende Träger verlangen, dass eine neue ärztliche Untersuchung durchgeführt wird.

IV. Veröffentlichung und Inkrafttreten

7. Dieser Beschluss wird im Amtsblatt der Europäischen Union veröffentlicht. Er gilt ab dem Datum des Inkrafttretens der Verordnung (EG) Nr. 987/2009.

Die Vorsitzende der Verwaltungskommission

Gabriela Pikorová

[1] ABl. L 166 vom 30.4.2004, S. 1.

[2] ABl. L 284 vom 30.10.2009, S. 1.

Beschluss Nr. S1
vom 12. Juni 2009
betreffend die europäische Krankenversicherungskarte
(Text von Bedeutung für den EWR und das Abkommen EG/Schweiz)

Amtsblatt C 106 vom 24.4.2010 S. 23

DIE VERWALTUNGSKOMMISSION FÜR DIE KOORDINIERUNG DER SYSTEME DER SOZIALEN SICHERHEIT —

gestützt auf Artikel 72 Buchstabe a der Verordnung (EG) Nr. 883/2004 des Europäischen Parlaments und des Rates vom 29. April 2004 zur Koordinierung der Systeme der sozialen Sicherheit [1], wonach die Verwaltungskommission alle Verwaltungs- und Auslegungsfragen zu behandeln hat, die sich aus der Verordnung (EG) Nr. 883/2004 und der Verordnung (EG) Nr. 987/2009 des Europäischen Parlaments und des Rates vom 16. September 2009 zur Festlegung der Modalitäten für die Durchführung der Verordnung (EG) Nr. 883/2004 über die Koordinierung der Systeme der sozialen Sicherheit [2] ergeben,

gestützt auf Artikel 19 der Verordnung (EG) Nr. 883/2004 betreffend den Anspruch einer versicherten Person und ihrer Familienangehörigen, die sich in einem anderen als dem zuständigen Mitgliedstaat aufhalten, auf Sachleistungen, die sich während ihres Aufenthalts als medizinisch notwendig erweisen, wobei die Art der Leistungen und die voraussichtliche Dauer des Aufenthalts zu berücksichtigen sind,

gestützt auf Artikel 27 Absatz 1 der Verordnung (EG) Nr. 883/2004,

gestützt auf Artikel 25 Buchstaben A und C der Verordnung (EG) Nr. 987/2009,

in Erwägung nachstehender Gründe:

(1) Der Europäische Rat von Barcelona vom 15. und 16. März 2002 beschloss, dass "eine europäische Krankenversicherungskarte die derzeit für die medizinische Versorgung in einem anderen Mitgliedstaat erforderlichen Vordrucke ersetzen wird; die Kommission wird vor der Frühjahrstagung des Europäischen Rates im Jahr 2003 einen diesbezüglichen Vorschlag unterbreiten; durch eine derartige Karte werden die Verfahren vereinfacht, bestehende Rechte und Pflichten jedoch unverändert beibehalten" (Nummer 34).

(2) Angesichts der unterschiedlichen Ausgangssituation in den verschiedenen Mitgliedstaaten bezüglich der Verwendung von Gesundheits- oder Sozialversicherungskarten wird die europäische Krankenversicherungskarte zunächst in der Form eingeführt, dass sie mit bloßem Auge sichtbar die Angaben enthält, die für die Gewährung der Sachleistungen und für die Erstattung der betreffenden Kosten erforderlich sind. Diese Angaben können darüber hinaus elektronisch auf der Karte gespeichert werden. In einer späteren Etappe soll im Übrigen generell ein elektronischer Datenträger eingesetzt werden.

(3) Die europäische Krankenversicherungskarte ist entsprechend einem einheitlichen Muster einzuführen, das von der Verwaltungskommission festgelegt wird; dies dürfte einerseits den Zugang zu den Sachleistungen erleichtern und andererseits einen besseren Schutz vor einer nicht ordnungsgemäßen, missbräuchlichen oder betrügerischen Verwendung der Karte bieten.

(4) Die Träger der Mitgliedstaaten legen die Gültigkeitsdauer der von ihnen ausgestellten europäischen Krankenversicherungskarte fest. Die Gültigkeitsdauer der europäischen Krankenversicherungskarte sollte der voraussichtlichen Dauer der Anspruchsberechtigung des Versicherten Rechnung tragen.

(5) Im Fall außergewöhnlicher Umstände sollte eine provisorische Ersatzbescheinigung mit begrenzter Gültigkeitsdauer ausgestellt werden. "Außergewöhnliche Umstände" können der Diebstahl oder der Verlust der europäischen Krankenversicherungskarte oder eine Abreise binnen einer für die Ausstellung einer europäischen Krankenversicherungskarte zu kurzen Frist sein. Die provisorische Ersatzbescheinigung kann von der versicherten Person oder vom Träger des Aufenthaltsorts beantragt werden.

(6) Die europäische Krankenversicherungskarte sollte in allen Fällen verwendet werden, in denen eine versicherte Person bei einem vorübergehenden Aufenthalt Sachleistungen benötigt, unabhängig vom Zweck des Aufenthalts — Ferienreisen, Erwerbstätigkeit oder Studium. Hingegen darf die europäische Krankenversicherungskarte nicht verwendet werden, wenn der Zweck des Auslandsaufenthalts ausschließlich die Inanspruchnahme einer medizinischen Behandlung ist.

(7) Gemäß Artikel 76 der Verordnung (EG) Nr. 883/2004 arbeiten die Mitgliedstaaten bei der Einführung von Verfahren zusammen, die verhindern, dass eine Person, die den Anspruch auf Sachleistungen in einem Mitgliedstaat verliert und in einem anderen Mitgliedstaat Anspruch auf Sachleistungen erwirbt, nach dem Zeitpunkt der Beendigung des Sachleistungsanspruchs gegen den Träger des ersten Mitgliedstaats weiterhin die von diesem ausgestellte europäische Krankenversicherungskarte verwendet.

(8) Die vor dem Inkrafttreten der Verordnungen (EG) Nr. 883/2004 und (EG) Nr. 987/2009 ausgestellten europäischen Krankenversicherungskarten bleiben bis zu dem auf der Karte genannten Ablaufdatum gültig.

In Übereinstimmung mit den in Artikel 71 Absatz 2 der Verordnung (EG) Nr. 883/2004 festgelegten Bedingungen —

BESCHLIESST:

Allgemeine Grundsätze

1. Die europäische Krankenversicherungskarte bescheinigt den Anspruch der Versicherten und Rentner sowie ihrer Familienangehörigen, die sich in einem anderen als dem zuständigen Mitgliedstaat aufhalten, auf Sachleistungen, die sich als medizinisch notwendig erweisen, wobei die Art der Leistungen und die voraussichtliche Dauer des Aufenthalts zu berücksichtigen sind.

Die europäische Krankenversicherungskarte darf nicht verwendet werden, wenn die Inanspruchnahme einer medizinischen Behandlung Zweck des Aufenthalts ist.

2. Die europäische Krankenversicherungskarte ist eine individuelle, auf den Namen des Karteninhabers ausgestellte Karte.

3. Die Gültigkeitsdauer der europäischen Krankenversicherungskarte wird durch den ausstellenden Träger festgelegt.

4. Die Kosten der Sachleistungen, die vom Träger des Aufenthaltsmitgliedstaats aufgrund einer gültigen europäischen Krankenversicherungskarte erbracht wurden, werden vom zuständigen Träger nach den geltenden Rechtsvorschriften erstattet. Eine europäische Krankenversicherungskarte ist dann gültig, wenn die auf der Karte angegebene Gültigkeitsdauer nicht abgelaufen ist.

Der zuständige Träger darf die Erstattung von Leistungen nicht mit der Begründung ablehnen, die Person sei nicht mehr bei dem Träger versichert, der die europäische Krankenversicherungskarte ausgestellt hat, sofern der Inhaber der Karte oder der provisorischen Ersatzbescheinigung die Leistungen innerhalb der Gültigkeitsdauer der Karte oder der Bescheinigung erhalten hat.

5. Wenn außerordentliche Umstände der Ausstellung einer europäischen Krankenversicherungskarte entgegenstehen, stellt der zuständige Träger eine provisorische Ersatzbescheinigung mit einer begrenzten Gültigkeitsdauer aus. Die provisorische Ersatzbescheinigung kann entweder von der versicherten Person oder vom Träger des Aufenthaltsorts beantragt werden.

6. Die europäische Krankenversicherungskarte und die provisorische Ersatzbescheinigung werden nach einem einheitlichen Muster erstellt; sie weisen die Merkmale auf und entsprechen den technischen Spezifikationen, die durch Beschluss der Verwaltungskommission festgelegt werden.

Daten auf der europäischen Krankenversicherungskarte

7. Die europäische Krankenversicherungskarte enthält folgende Daten:
- Name und Vorname des Karteninhabers,
- persönliche Kennnummer des Karteninhabers bzw. bei Fehlen einer solchen Nummer Kennnummer der versicherten Person, von der sich der Anspruch des Karteninhabers ableitet,
- Geburtsdatum des Karteninhabers,
- Ablaufdatum der Karte,
- ISO-Code des Kartenausgabestaats,
- Kennnummer und Akronym des zuständigen Trägers,
- fortlaufende Nummer der Karte.

Beschluss Nr. S1 vom 12. Juni 2009

Verwendung der europäischen Krankenversicherungskarte

8. Die europäische Krankenversicherungskarte kann in allen Fällen verwendet werden, in denen eine versicherte Person bei einem vorübergehenden Aufenthalt Sachleistungen benötigt, unabhängig vom Zweck des Aufenthalts — Ferienreisen, Erwerbstätigkeit oder Studium.

9. Die europäische Krankenversicherungskarte bescheinigt den Anspruch des Karteninhabers auf Sachleistungen, die sich während eines vorübergehenden Aufenthalts in einem anderen Mitgliedstaat als medizinisch notwendig erweisen und dort erbracht werden, damit der Karteninhaber nicht vorzeitig in den zuständigen Staat oder den Wohnortstaat zurückkehren muss, um die erforderlichen medizinischen Leistungen zu erhalten.

Zweck dieser Leistungen ist, dass die versicherte Person ihren Aufenthalt unter medizinisch unbedenklichen Bedingungen fortsetzen kann.

10. Sachleistungen sind von der europäischen Krankenversicherungskarte nicht abgedeckt, wenn die Inanspruchnahme einer medizinischen Behandlung Zweck des Aufenthalts ist.

11. Die europäische Krankenversicherungskarte gewährleistet, dass der Karteninhaber im Aufenthaltsmitgliedstaat die gleiche Behandlung (Verfahren und Gebühren) erhält wie eine Person, die dem Krankenversicherungssystem dieses Staates unterliegt.

Zusammenarbeit zwischen Trägern zur Vermeidung eines Missbrauchs der europäischen Krankenversicherungskarte

12. Für den Fall, dass eine Person den Anspruch auf Sachleistungen nach den Rechtsvorschriften eines Mitgliedstaats verliert und nach den Rechtsvorschriften eines anderen Mitgliedstaats Anspruch auf Sachleistungen erwirbt, sollten die beteiligten Mitgliedstaaten zusammenarbeiten, um zu verhindern, dass die versicherte Person nach dem Zeitpunkt der Beendigung ihres Sachleistungsanspruchs weiterhin die vom Träger des ersten Mitgliedstaats ausgestellte europäische Krankenversicherungskarte verwendet. Gegebenenfalls stellt der Träger des zweiten Mitgliedstaats eine neue europäische Krankenversicherungskarte aus.

13. Dieser Beschluss wird im Amtsblatt der Europäischen Union veröffentlicht. Er gilt ab dem Tag des Inkrafttretens der Verordnung (EG) Nr. 987/2009.

Die Vorsitzende der Verwaltungskommission

Gabriela Pikorová

[1] ABl. L 166 vom 30.4.2004, S. 1.

[2] ABl. L 284 vom 30.10.2009, S. 1.

Beschluss Nr. S2
vom 12. Juni 2009
betreffend die technischen Merkmale der europäischen Krankenversicherungskarte
(Text von Bedeutung für den EWR und das Abkommen EG/Schweiz)

Amtsblatt C 106 vom 24.4.2010 S. 26

DIE VERWALTUNGSKOMMISSION FÜR DIE KOORDINIERUNG DER SYSTEME DER SOZIALEN SICHERHEIT —

gestützt auf Artikel 72 Buchstabe a der Verordnung (EG) Nr. 883/2004 des Europäischen Parlaments und des Rates vom 29. April 2004 zur Koordinierung der Systeme der sozialen Sicherheit [1], wonach die Verwaltungskommission alle Verwaltungs- und Auslegungsfragen zu behandeln hat, die sich aus der Verordnung (EG) Nr. 883/2004 und der Verordnung (EG) Nr. 987/2009 des Europäischen Parlaments und des Rates vom 16. September 2009 zur Festlegung der Modalitäten für die Durchführung der Verordnung (EG) Nr. 883/2004 über die Koordinierung der Systeme der sozialen Sicherheit [2] ergeben,

gestützt auf den Beschluss Nr. S1 vom 12. Juni 2009 der Verwaltungskommission betreffend die europäische Krankenversicherungskarte [3],

in Erwägung nachstehender Gründe:

(1) Um die Übernahme und die Erstattung der Kosten der aufgrund einer europäischen Krankenversicherungskarte erbrachten Sachleistungen zu erleichtern, müssen die drei Hauptakteure, also die versicherte Person, die Leistungserbringer und die Träger, die europäische Krankenversicherungskarte dank eines einheitlichen Musters und einheitlicher Spezifikationen leicht erkennen und akzeptieren können.

(2) Die auf der europäischen Krankenversicherungskarte sichtbar anzubringenden Daten sind in Ziffer 7 des Beschlusses Nr. S1 aufgelistet. Die Einführung der europäischen Krankenversicherungskarte mit sichtbaren Daten ist die erste Phase eines Prozesses, der zur Verwendung eines elektronischen Datenträgers zum Nachweis des Anspruchs auf Sachleistungen bei einem vorübergehenden Aufenthalt in einem anderen Mitgliedstaat als dem zuständigen Staat oder Wohnstaat führen wird. Folglich können die zuständigen Träger der Mitgliedstaaten, die dies wünschen, schon in der ersten Phase die in diesem Erwägungsgrund bezeichneten Daten in elektronischer Form, etwa auf einem Mikrochip oder einem Magnetstreifen, speichern.

(3) Wenn außergewöhnliche Umstände der Ausstellung einer europäischen Krankenversicherungskarte entgegenstehen, wird eine provisorische Ersatzbescheinigung nach einem einheitlichen Muster ausgestellt.

In Übereinstimmung mit den in Artikel 71 Absatz 2 der Verordnung (EG) Nr. 883/2004 festgelegten Bedingungen —

BESCHLIESST:

1. Das Muster und die Spezifikationen der europäischen Krankenversicherungskarte werden gemäß den in Anhang 1 dieses Beschlusses vorgesehenen Modalitäten festgelegt.

2. Das Muster der provisorischen Ersatzbescheinigung wird gemäß Anhang II dieses Beschlusses erstellt.

3. Dieser Beschluss wird im Amtsblatt der Europäischen Union veröffentlicht. Er gilt ab dem Tag des Inkrafttretens der Verordnung (EG) Nr. 987/2009.

Die Vorsitzende der Verwaltungskommission

Gabriela Pikorová

[1] ABl. L 166 vom 30.4.2004, S. 1.

[2] ABl. L 284 vom 30.10.2009, S. 1.

[3] Siehe Seite 23 dieses Amtsblatts.

Beschluss Nr. S2 vom 12. Juni 2009

ANHANG I Technische Bestimmungen zum Muster der europäischen Krankenversicherungskarte

1. EINLEITUNG

In Übereinstimmung mit den entsprechenden Beschlüssen der Verwaltungskommission für die Koordinierung der Systeme der sozialen Sicherheit enthält die europäische Krankenversicherungskarte einen Mindestsatz mit bloßem Auge lesbarer Daten, die in einem anderen Mitgliedstaat als dem, in dem der Betreffende versichert ist oder seinen Wohnsitz hat, zu folgenden Zwecken verwendet werden können:

– Identifizierung der versicherten Person, des zuständigen Trägers und der Karte,
– Nachweis des Anspruchs auf Sachleistungen während eines vorübergehenden Aufenthalts in einem anderen Mitgliedstaat.

Die unten abgebildeten Muster basieren auf den in dieser Aufzeichnung definierten technischen Merkmalen, sollen jedoch nur als Anschauungsmaterial dienen.

Abbildung 1

Beispiel für die Vorderseite

+++++ TIFF +++++

Abbildung 2

Beispiel für die Rückseite

+++++ TIFF +++++

Während die Anordnung der mit bloßem Auge lesbaren Daten auf beiden Mustern identisch, d. h. unabhängig von der für die europäische Krankenversicherungskarte benutzten Seite ist, wurde für die Vorder- und die Rückseite eine unterschiedliche Struktur definiert. Dies ist das Ergebnis eines Kompromisses zwischen dem erforderlichen einheitlichen Muster für die europäische Karte und den strukturellen Unterschieden beider Seiten unter Wahrung des Gesamtstils von Vorder- und Rückseite der Karte.

2. ZUGRUNDE GELEGTE NORMEN

Geschäftszeichen | Titel/Beschreibung | Erscheinungsdatum |

ISO 3166-1 | Codes für die Namen von Ländern und deren Untereinheiten — Teil 1: Codes für Ländernamen | 1997 |

ISO/IEC 7810 | Identifikationskarten — Physische Eigenschaften | 1995 |

ISO/IEC 7816 | Identifikationskarten — Integrierte Schaltungen mit Kontakten | |

Teil 1:Physische Eigenschaften | 1998 |

Teil 2:Abmessungen und Anordnung der Kontakte | 1999 |

ISO 8859-Reihe | 8-bit einzelbytecodierte Schriftzeichensätze Teil 1— 4: Lateinisches Alphabet Nrn. 1 bis 4 | 1998 |

EN 1867 | Maschinenlesbare Karten — Anwendungen im Gesundheitswesen — Nummerierungssystem und Registrierungsverfahren für die Kennzeichnung von Kartenausgebern | 1997 |

3. SPEZIFIKATIONEN

3.1. Definitionen

Die Vorderseite ist die Seite, auf der der Mikroprozessor (ggf.) eingebettet ist. Die Rückseite ist die Seite, auf der der Magnetstreifen (ggf.) angebracht ist. Ist weder ein Mikroprozessor noch ein Magnetstreifen vorhanden, ist die Kartenvorderseite diejenige mit den hier dargestellten Informationen.

3.2. Gesamtstruktur

Das Format der europäischen Krankenversicherungskarte entspricht dem ID-1-Format (53,98 mm hoch, 85,60 mm breit und 0,76 mm dick). Hat die europäische Krankenversicherungskarte jedoch die Form eines Aufklebers, der auf der Rückseite einer nationalen Karte anzubringen ist, gilt das ID-1-Kriterium für die Dicke nicht.

3.2.1. Europäische Krankenversicherungskarte: Kartenvorderseite

Der Hintergrund ist durch eine senkrechte Achse in zwei Teile unterteilt; auf der linken Seite der Kartenfläche befindet sich Teil 1 (53 mm breit), auf der rechten Seite Teil 2.

4 Platzhalter sind dank eines Liniensatzes positioniert:

- 3 vertikale Linien

a) 5 mm vom linken Kartenrand,

b) 21,5 mm vom linken Kartenrand,

c) 1 mm vom rechten Kartenrand;

- 3 horizontale Linien

d) 2 mm vom oberen Kartenrand,

e) 17 mm vom oberen Kartenrand,

f) 5 mm vom unteren Kartenrand.

a) Karte ohne Chip

Kartenname

EU-Hintergrund Teil 1

Feld 1:

EU-Emblem einschl. Feld 2

Datenfeld

EU-Hintergrund Teil 2

+++++ TIFF +++++

b) Chipkarte

Kartenname

EU-Hintergrund Teil 1

Feld 1:

EU-Emblem einschl. Feld 2

Datenfeld

EU-Hintergrund Teil 2

Mikroprozessor

+++++ TIFF +++++

3.2.2. Europäische Krankenversicherungskarte: Kartenrückseite

Der Hintergrund ist durch eine horizontale Achse in zwei gleichgroße Teile unterteilt; Teil 1 ist der obere Teil und Teil 2 der untere Teil.

5 Platzhalter sind dank eines Liniensatzes positioniert:

- symmetrisch

g) 9 mm vom linken Kartenrand,

h) in der Mitte der Karte,

i) 9 mm vom rechten Kartenrand;

- vertikal

j) 3 mm vom linken Kartenrand,

k) 3 mm vom rechten Kartenrand;

- horizontal

l) in der Mitte der Karte,

m) 2 mm vom unteren Kartenrand.

c) Mit Magnetstreifen

Kartenname

EU-Hintergrund Teil 1

EU-Emblem einschl. Feld 2

Datenfeld

EU-Hintergrund Teil 2

Feld 1:

Freie Fläche

Magnetstreifen

+++++ TIFF +++++

d) Ohne Magnetstreifen

Kartenname

EU-Hintergrund Teil 1

EU-Emblem einschl. Feld 2

Datenfeld

EU-Hintergrund Teil 2

Feld 1:

Freie Fläche

+++++ TIFF +++++

3.3. Hintergrund und grafische Elemente

3.3.1. Hintergrundfarben

Der Hintergrund ist wie folgt gefärbt [1]:

- Teil 1 ist dunkelblau gemischt mit purpurn [2];

- Teil 2 ist ein Farbton aus grau/blau [3], der von der Mitte zu den Kartenrändern etwas dunkler wird;

- das Datenfeld ist mit weißen Streifen versehen, die als Hintergrund der einzelnen Linien für personenbezogene Daten zu nutzen sind (siehe unten).

Ein Schatteneffekt in Teil 2 und im Datenfeld soll ein Relief vortäuschen, bei dem das Licht von der oberen linken Kartenseite einfällt.

Das freie Feld hat dieselbe Farbe wie Teil 2 (ohne Schatteneffekt) oder das Datenfeld.

3.3.2. Europäisches Emblem

Das europäische Emblem besteht aus den europäischen Sternen in weißer Farbe:

- auf der Vorderseite der Karte hat das Emblem einen Durchmesser von 15 mm und befindet sich senkrecht unter der Linie "d" und horizontal in Mitte in Teil 2 des Hintergrundes;

- auf der Rückseite der Karte hat das Emblem einen Durchmesser von 10 mm und befindet sich symmetrisch auf der senkrechten Achse "i" mittig neben der freien Fläche.

Ein anderes Emblem wird für Länder benutzt, die die europäische Karte ausstellen, ohne Mitgliedstaaten der Europäischen Union zu sein.

3.3.3. Datenfeld

Das Datenfeld besteht aus weißen Datenstreifen (5 Streifen auf der Vorderseite und 4 Streifen auf der Rückseite) von 4 mm Höhe mit 2 mm breiten Zwischenräumen:

- auf der Vorderseite der Karte befindet sich das Datenfeld mittig zwischen den senkrechten Linien "b" und "c" und zwischen den waagerechten Linien "e" und "f";
- auf der Rückseite der Karte befindet sich das Datenfeld symmetrisch auf der senkrechten Achse "h" zwischen den senkrechten Linien "j" und "k" sowie über der waagerechten Linie "m".

3.3.4. Freies Feld

Die freie Fläche befindet sich auf der Rückseite der europäischen Karte und steht für nationale Verwendungszwecke zur Verfügung. Sie kann z. B. als Unterschriftsstreifen oder zur Beschriftung mit Text, Logo oder sonstigen Zeichen benutzt werden. Der Inhalt dieser Fläche hat keinen rechtlichen, sondern lediglich einen informativen Wert.

Diese Fläche hat folgende Position:

- Wenn die Daten für die europäische Karte auf der Kartenvorderseite angeordnet sind, befindet sich auf der Rückseite eine freie Fläche, für die keine Vorgaben festgelegt wurden.

- Wenn die Daten für die europäische Karte auf der Rückseite einer anderen Karte angeordnet sind, so bleibt auf der Kartenrückseite eine freie Fläche bestehen, für die nur die Abmessungen festgelegt sind (10 mm hoch und 52 mm breit). Sie befindet sich symmetrisch auf der senkrechten Achse "h" mittig zwischen dem Magnetstreifen und dem Datenfeld. Sie kann vom Kartenausgeber als Unterschriftfeld zur Authentifizierung oder als Textfeld genutzt werden.

- Ist kein Magnetstreifen vorhanden, so ist die freie Fläche nicht 10 mm, sondern 20 mm hoch.

3.4. Festgelegte Datenelemente

3.4.1. Kartenname

Feldname | Kartenname |

Bezeichnung | Gemeinsamer Name der Karte gemäß Beschluss Nr. 190 der Verwaltungskommission |

Position | Auf der Vorderseite unter der waagerechten Linie "d" rechts neben der senkrechten Linie "a", auf der Rückseite symmetrisch auf der senkrechten Achse "h" mittig zwischen dem Magnetstreifen und dem oberen Kartenrand |

Werte | Der Wert "europäische Krankenversicherungskarte" ist in einer der Amtssprachen der Europäischen Union geschrieben. |

Format | Schrift "Verdana True Type" oder entsprechende Schrift, in Großbuchstaben, Schriftart normal, Schrift in 7 Punkt auf der Vorderseite bzw. 6 Punkt auf der Rückseite, Farbe weiß, Zeichenbreite auf 90 % der normalen Breite komprimiert, Anordnung und Abstand der Schriftzeichen "normal" |

Länge | 40 Zeichen |

Hinweis | Für den genauen Wortlaut des Kartennamens in der Sprache des ausstellenden Mitgliedstaats ist allein dieser Mitgliedstaat zuständig. |

3.4.2. Titel

Feldname | Titel |

Bezeichnung | Der Titel bestimmt die Bedeutung eines Datenfeldes. |

Position | Über den einzelnen Feldern mit personenbezogenen Daten linksbündig bei Titeln auf der linken Seite der Karte, rechtsbündig bei Titeln auf der rechten Seite der Karte |

Werte | Die Werte sind in einer der Amtssprachen der Europäischen Union geschrieben und lauten wie folgt (Ausgangssprache Englisch): 1.(kein Titel für die Bezeichnung des Vordrucks)2.(kein Titel für die Code-Nummer des ausstellenden Mitgliedstaats)3.Name4.Vornamen5.Geburtsdatum6.Persönliche Identifikationsnummer7.Kennnummer des Trägers8.Kennnummer der Karte9.Ablaufdatum |

Format | Schrift "Verdana True Type" oder entsprechende Schrift, Schriftart normal, Schrift in 5 Punkt, weiß, Zeichenbreite auf 90 % der normalen Breite komprimiert, Anordnung und Abstand der Schriftzeichen "normal" Zeilenabstand 2 Punkte plus Zeichengröße |

Länge | Wie für die festgelegten Werte erforderlich |

Hinweis | Für jeden Titel steht eine eigene Ziffer, damit die Karten in verschiedenen Sprachen deckungsgleich sind. Für den genauen Wortlaut der Feldwerte in der Sprache des ausstellenden Mitgliedstaats ist allein der Mitgliedstaat zuständig. |

3.4.3. Ausgabestaat

Feldname | Kennnummer des ausstellenden Staates |

Bezeichnung | Identifizierungscode des Kartenausgabestaats |

Position | Feld 2: in der Mitte des EU-Emblems mit einem weißen Quadrat von 4 mm Seitenlänge |

Werte | Zweistelliger ISO-Ländercode (ISO 3166-1) |

Format | Schrift "Verdana True Type" oder entsprechende Schrift, in Großbuchstaben, Schriftart normal, Schrift in 7 Punkt, schwarz, Zeichenbreite auf 90 % der normalen Breite komprimiert, Anordnung und Abstand der Schriftzeichen "normal" |

Länge | 2 Zeichen |

Hinweis | Anstelle des genormten ISO-Codes "GB" für das Vereinigte Königreich wird der Code "UK" benutzt. Für jeden Mitgliedstaat wird ein einheitlicher Code benutzt. |

3.5. Personenbezogene Datenelemente

Die personenbezogenen Datenelemente haben folgende gemeinsame Merkmale:

- Einhaltung der Norm EN 1387 in Bezug auf den Zeichensatz: Lateinisches Alphabet Nrn. 1—4 (ISO 8859-1 bis 4);

- wenn aus Raummangel Abkürzungen benutzt werden, müssen diese durch einen Punkt gekennzeichnet sein.

Daten werden im Laserdruckverfahren, Thermotransferverfahren oder Tiefdruckverfahren aufgebracht, jedoch nicht im Prägedruckverfahren.

Die einzelnen Datenelemente werden in den Datenfeldern nach folgenden Schemata platziert:

Abbildung 3

Modell für das Datenfeld auf der Vorderseite

+++++ TIFF +++++

Abbildung 4

Modell für das Datenfeld auf der Rückseite

+++++ TIFF +++++

3.5.1. Leerer Raum (früher: Bezeichnung des Vordrucks)

Feldname | Freier Raum |

Bezeichnung | |

Position | Feld 1: Auf der Vorderseite unter der horizontalen Linie "d" und links von der vertikalen Linie "c",auf der Rückseite symmetrisch auf der vertikalen Achse "g" mittig neben der freien Fläche.In beiden Fällen befindet sie sich in einem weißen Rechteck von 4 mm Höhe und 10 mm Breite |

3.5.2. Datenelemente, die sich auf den Karteninhaber beziehen

Karteninhaber kann nicht nur die versicherte Person sein, sondern auch eine andere leistungsberechtigte Person, da die Karte personengebunden ist.

Feldname | Name des Karteninhabers |

Bezeichnung | Name des Karteninhabers gemäß den Gepflogenheiten des Ausgabemitgliedstaats |

Position | Feld 3 |

Werte | — |

Format | Schrift "Verdana True Type" oder entsprechende Schrift, in Großbuchstaben, Schriftart normal, Schrift in 7 Punkt, schwarz, Zeichenbreite auf 90 % der normalen Breite komprimiert, Anordnung und Abstand der Schriftzeichen "normal" linksbündig Zeilenabstand 3 Punkte plus Zeichengröße |

Länge | Bis zu 40 Zeichen |

Hinweis | Das Feld für den Namen enthält Titel, Namensergänzung oder Präfix. |

Feldname | Vorname(n) des Karteninhabers |

Bezeichnung | Vornamen des Karteninhabers gemäß den Gepflogenheiten des Ausgabemitgliedstaats |

Position | Feld 4 |

Werte | — |

Format | Schrift "Verdana True Type" oder entsprechende Schrift, in Großbuchstaben, Schriftart normal, Schrift in 7 Punkt, schwarz, Zeichenbreite auf 90 % der normalen Breite komprimiert, Anordnung und Abstand der Schriftzeichen "normal" linksbündig Zeilenabstand 3 Punkte plus Zeichengröße |

Länge | Bis zu 35 Zeichen |

Hinweis | Das Vornamen-Feld kann Initialen enthalten. |

Feldname | Geburtsdatum |

Bezeichnung | Geburtsdatum des Karteninhabers gemäß den Gepflogenheiten des Ausgabemitgliedstaats |

Position | Feld 5 |

Werte | TT/MM/JJJJ, wobei "T" für "Tag" steht, "M" für "Monat" und "J" für "Jahr" |

Format | Schrift "Verdana True Type" oder entsprechende Schrift, Schriftart normal, Schrift in 7 Punkt, schwarz, Zeichenbreite auf 90 % der normalen Breite komprimiert, Anordnung und Abstand der Schriftzeichen "normal" auf der Vorderseite der Karte linksbündig, auf der Rückseite rechtsbündig Zeilenabstand 3 Punkte plus Zeichengröße |

Länge | 10 Zeichen einschließlich eines Schrägstrichs zwischen den einzelnen Gruppen |

Hinweis | — |

Feldname | Persönliche Kennnummer des Karteninhabers |

Bezeichnung | Bezeichnung |

Position | Feld 6 |

Werte | Siehe einzusetzende persönliche Kennnummer |

Format | Schrift "Verdana True Type" oder entsprechende Schrift, Schriftart normal, Schrift in 7 Punkt, schwarz, Zeichenbreite auf 90 % der normalen Breite komprimiert, Anordnung und Abstand der Schriftzeichen "normal" auf der Vorderseite der Karte rechtsbündig, auf der Rückseite linksbündig Zeilenabstand 3 Punkte plus Zeichengröße |

Länge | Bis zu 20 Zeichen für die Kennnummer |

Hinweis | Persönliche Kennnummer des Karteninhabers bzw., falls diese Nummer nicht besteht, Kennnummer der versicherten Person, von der sich der Anspruch des Karteninhabers ableitet Für persönliche Zusätze wie Geschlecht oder Familienangehörigenstatus kann kein eigenes Feld auf der Karte eingerichtet werden. Sie können jedoch in die persönliche Kennnummer aufgenommen werden. |

3.5.3. Datenelemente mit Bezug auf den zuständigen Träger

Feldname | Name des Trägers |

Bezeichnung | Der "Träger" ist der zuständige Versicherungsträger. |

Position | Feld 7, Teil 1 |

Werte | Das Akronym des Trägers tritt an die Stelle der vollständigen Bezeichnung. |

Format | Schrift "Verdana True Type" oder entsprechende Schrift, in Großbuchstaben, Schriftart normal, Schriftgröße 7 Punkt, schwarz, Zeichenbreite auf 90 % der normalen Breite komprimiert, Anordnung und Abstand der Schriftzeichen "normal" Feld 7 rechtsbündig und Teil 1 rechts von Teil 2 Zeilenabstand 3 Punkte plus Zeichengröße |

Länge | Bis zu 15 Zeichen Teil 1 und Teil 2 werden durch 2 Leerstellen und einen Bindestrich getrennt. Teil 1 kann so weit verlängert werden, wie sich Teil 2 verkürzen lässt. |

Hinweis | Das Akronym wird verwendet, um eventuelle Probleme bei der Erfassung der Daten im Zusammenhang mit der Kennnummer des Trägers (Feld 7, Teil 2) zu ermitteln und so eine Qualitätskontrolle der Kennnummer des Trägers zu gewährleisten. Die vollständige Bezeichnung des Trägers ist anhand des Akronyms oder der Kenn-Nummer des Trägers z. B. mit Hilfe eines im Internet verfügbaren Online-Instruments erhältlich. Im Akronym wird kein Punkt verwendet. |

Feldname | Kennnummer des Trägers |

Bezeichnung | Die von den einzelnen Ländern an den "Träger", d. h. den zuständigen Versicherungsträger, vergebene Kennnummer |

Position | Feld 7, Teil 2 |

Werte | Siehe nationale Codeliste zuständiger Träger |

Format | Schrift "Verdana True Type" oder entsprechende Schrift, Schriftart normal, Schriftgröße 7 Punkt, schwarz, Zeichenbreite auf 90 % der normalen Breite komprimiert, Anordnung und Abstand der Schriftzeichen "normal" Feld 7 rechtsbündig und Teil 2 links von Teil 1 Zeilenabstand 3 Punkte plus Zeichengröße |

Länge | Zwischen 4 und 10 Zeichen |

Hinweis | Ergänzende aktuelle und historische Informationen, die ggf. für den Schriftwechsel mit dem Träger erforderlich sind, könnten mittels einer Informationsplattform über das Internet bereitgestellt werden. Der zuständige Träger ist nicht zwangsläufig die Verbindungsstelle oder die für die grenzübergreifende Erstattung zuständige Einrichtung und auch nicht die Einrichtung, die die europäische Krankenversicherungskarte ausgibt. Auch diese Information könnte via Internet mittels einer Informationsplattform zugänglich gemacht werden. |

3.5.4. Kartenbezogene Datenelemente

Feldname | Fortlaufende Kennnummer der Karte |

Bezeichnung | Individuelle fortlaufende Nummer, mit der der Kartenaussteller jede Karte versieht, um die einzelnen Karten zu identifizieren. Die Nummer besteht aus zwei Teilen, und zwar der Kennnummer der ausgebenden Einrichtung und der Seriennummer der Karte. |

Position | Feld 8 |

Werte | Die ersten 10 Zeichen bezeichnen den Kartenaussteller gemäß der Norm EN 1867 von 1997. Die letzten 10 Stellen ergeben die einmalige Seriennummer. |

Format | Schrift "Verdana True Type" oder entsprechende Schrift, Schriftart normal, Schriftgröße 7 Punkt, schwarz, Zeichenbreite auf 90 % der normalen Breite komprimiert, Anordnung und Abstand der Schriftzeichen "normal" Zeilenabstand 3 Punkte plus Zeichengröße |

Länge | 20 Zeichen (mit 0 nach Bedarf vorangestellt, um die 10 Zeichen zu erreichen, die für die einmalige Seriennummer der Karte erforderlich sind). |

Hinweis | Mitgliedstaaten, die eine europäische Krankenversicherungskarte ohne elektronische Bestandteile ausstellen, können bei der Vergabe einer Nummer zur Identifizierung der Ausgabestelle ein Ad-hoc-Registrierungsverfahren anstelle des offiziellen Verfahrens gemäß der Norm EN 1867 anwenden. Anhand der fortlaufenden Nummer der Karte müssen die auf der Karte vorhandenen Informationen mit den Informationen abgeglichen werden können, die der ausstellenden Einrichtung über diese fortlaufende Nummer vorliegen, zum Beispiel um das Betrugsrisiko zu verringern oder um Fehler im Dateneintrag zu ermitteln, wenn die Informationen auf der Karte für Forderungen zur Kostenerstattung verarbeitet werden. |

Feldname | Ablaufdatum |

Bezeichnung | Datum, an dem der Anspruch auf medizinische Versorgung während eines vorübergehenden Aufenthalts in einem anderen Mitgliedstaat als dem versichernden Mitgliedstaat abläuft. |

Position | Feld 9 |

Werte | TT/MM/JJJJ, wobei "T" für "Tag" steht, "M" für "Monat" und "J" für "Jahr" |

Format | Schrift "Verdana True Type" oder entsprechende Schrift, Schriftart normal, Schriftgröße 7 Punkt, schwarz, Zeichenbreite auf 90 % der normalen Breite komprimiert, Anordnung und Abstand der Schriftzeichen "normal" rechtsbündig Zeilenabstand 3 Punkte plus Zeichengröße |

Länge | 10 Zeichen einschließlich eines Schrägstrichs zwischen den einzelnen Gruppen |

Hinweis | Ein Mitgliedstaat kann die Erstattung der Kosten von Sachleistungen fordern, die während der Laufzeit der Karte erbracht wurden, wenngleich die Laufzeit des Anspruchs von der Gültigkeitsdauer der Karte abweichen kann. |

3.6. Sicherheitsanforderungen

Für alle Sicherheitsmaßnahmen ist allein der Kartenaussteller verantwortlich, da er am ehesten drohende Gefahren einschätzen und geeignete Gegenmaßnahmen treffen kann.

Wenn die europäische Karte auf der Rückseite der nationalen Karte angeordnet ist, gelten für sie alle Sicherheitsmaßnahmen, die auch für die nationale Karte gelten. Als zusätzliche Sicherheitsmaßnahme wird jedoch empfohlen, dass manche Daten auf beiden Seiten dieselben Werte haben.

Falls weitere Elemente als Sicherheitsmaßnahmen für notwendig erachtet werden (z. B. ein Bild mit dem Gesicht des Karteninhabers), werden sie auf der anderen Kartenseite angebracht.

[1] Die technischen Einzelheiten der Farbgebung sind auf Anfrage beim Sekretariat der Verwaltungskommission erhältlich. Sie werden im angemessenen Format nach den Regeln der Technik im Druckereiwesen zur Verfügung stehen (d. h. als Quark-Xpress-Datei. Die Farbgebung ist vierfarbig CMYK und alle Bilder sind im TIFF-Format).

[2] Die CMYK-Angaben für diese Farbe sind C78 M65 Y21 K7.

[3] Die CMYK-Angaben für grau sind C33 M21 Y13 K1 und für blau C64 M46 Y16 K2.

ANHANG II Muster der provisorischen Ersatzbescheinigung für die Europäische Krankenversicherungskarte

1. EINLEITUNG

Die provisorische Ersatzbescheinigung (nachstehend "die Bescheinigung") kann der versicherten Person ausschließlich auf Antrag als provisorischer Ersatz für die europäische Karte ausgestellt werden.

Die Bescheinigung hat ein in allen Mitgliedstaaten identisches Format und enthält die gleichen Daten wie die europäische Karte in derselben Reihenfolge (Felder 1 bis 9) sowie Daten, den Ursprung und die Gültigkeit der Bescheinigung belegen (Felder a bis d).

2. MUSTER DER BESCHEINIGUNG

Siehe nächste Seite.

PROVISORISCHE ERSATZBESCHEINIGUNG

FÜR DIE

EUROPÄISCHE KRANKENVERSICHERUNGSKARTE

gemäß Anhang II des Beschlusses Nr. S2 betreffend die technischen Merkmale der Europäischen Krankenversicherungskarte

Ausgabemitgliedstaat

1.

2. ...

Angaben zum Karteninhaber

3. Name: ...

4. Vornamen: ...

5. Geburtsdatum: .../.../...

6. Persönliche Kennnummer: ...

Angaben zum zuständigen Träger

7. Kennnummer des Trägers:

Angaben zur Karte

8. Kennnummer der Karte: ...

9. Ablaufdatum: .../.../...

Gültigkeitsdauer der Bescheinigung

Ausgabedatum der Bescheinigung

a) Von: .../.../...

b) bis .../.../...

c) .../.../...

Stempel des Trägers und Unterschrift

d)

Hinweise und Informationen

Alle Bestimmungen, die für die sichtbaren Daten auf der europäischen Karte gelten und sich auf die Datenfelder „Bezeichnung", „Werte", „Länge" sowie „Hinweis" beziehen, gelten auch für die Bescheinigung.

+++++ TIFF +++++

Beschluss Nr. S3
vom 12. Juni 2009
zur Bestimmung der durch Artikel 19 Absatz 1 und Artikel 27 Absatz 1 der Verordnung (EG) Nr. 883/2004 des Europäischen Parlaments und des Rates sowie Artikel 25 Buchstabe A Absatz 3 der Verordnung (EG) Nr. 987/2009 des Europäischen Parlaments und des Rates abgedeckten Leistungen
(Text von Bedeutung für den EWR und das Abkommen EG/Schweiz)

Amtsblatt C 106 vom 24.4.2010 S. 40

DIE VERWALTUNGSKOMMISSION FÜR DIE KOORDINIERUNG DER SYSTEME DER SOZIALEN SICHERHEIT —

gestützt auf Artikel 72 Buchstabe a der Verordnung (EG) Nr. 883/2004 des Europäischen Parlaments und des Rates vom 29. April 2004 zur Koordinierung der Systeme der sozialen Sicherheit [1], wonach die Verwaltungskommission alle Verwaltungs- und Auslegungsfragen zu behandeln hat, die sich aus der Verordnung (EG) Nr. 883/2004 und der Verordnung (EG) Nr. 987/2009 des Europäischen Parlaments und des Rates vom 16. September 2009 zur Festlegung der Modalitäten für die Durchführung der Verordnung (EG) Nr. 883/2004 über die Koordinierung der Systeme der sozialen Sicherheit [2] ergeben,

gestützt auf die Artikel 19 und 27 der Verordnung (EG) Nr. 883/2004 über Sachleistungen während eines vorübergehenden Aufenthalts in einem anderen als dem zuständigen Mitgliedstaat,

gestützt auf Artikel 25 Absatz 3 der Verordnung (EG) Nr. 987/2009,

in Erwägung nachstehender Gründe:

(1) Gemäß den Artikeln 19 Absatz 1 und 27 Absatz 1 der Verordnung (EG) Nr. 883/2004 hat ein Versicherter, der sich in einem anderen als dem Wohnmitgliedstaat vorübergehend aufhält, Anspruch auf die Sachleistungen, die sich während des Aufenthalts als medizinisch notwendig erweisen, wobei die Art der Leistungen und die Dauer des Aufenthalts zu berücksichtigen sind.

(2) Gemäß Artikel 25 Absatz 3 der Verordnung (EG) Nr. 987/2009 sind Sachleistungen im Sinne von Artikel 19 Absatz 1 der Verordnung (EG) Nr. 883/2004 diejenigen, die im Aufenthaltsmitgliedstaat nach dessen Rechtsvorschriften erbracht werden und sich als medizinisch notwendig erweisen, damit der Versicherte nicht vorzeitig in den zuständigen Mitgliedstaat zurückkehren muss, um dort die erforderlichen medizinischen Leistungen zu erhalten.

(3) Artikel 25 Absatz 3 der Verordnung (EG) Nr. 987/2009 ist so auszulegen, dass alle im Zusammenhang mit chronischen oder bereits bestehenden Krankheiten erbrachten Sachleistungen unter diese Bestimmung fallen. Der Gerichtshof [3] hat entschieden, dass der Begriff "erforderliche Behandlung" "nicht dahin ausgelegt werden [darf], dass der Anspruch auf die Fälle beschränkt wäre, in denen die gewährte Behandlung durch eine plötzliche Erkrankung erforderlich wurde." Insbesondere bedeutet der Umstand, dass die durch die Entwicklung des Gesundheitszustands des Sozialversicherten während seines vorübergehenden Aufenthalts in einem anderen Mitgliedstaat erforderliche Behandlung möglicherweise mit einer bestehenden und dem Versicherten bekannten Krankheit — etwa einer chronischen Erkrankung — zusammenhängt, nicht, dass die Voraussetzungen für die Anwendung der einschlägigen Bestimmungen nicht erfüllt sind.

(4) Artikel 25 Absatz 3 der Verordnung (EG) Nr. 987/2009 ist so auszulegen, dass im Zusammenhang mit Schwangerschaft und Entbindung erbrachte Sachleistungen unter diese Bestimmung fallen. Ausgenommen sind Fälle, bei denen die Entbindung Zweck des vorübergehenden Auslandsaufenthalts ist.

(5) Gemäß Artikel 19 Absatz 2 der Verordnung (EG) Nr. 883/2004 erstellt die Verwaltungskommission eine Liste der Sachleistungen, für die aus praktischen Gründen eine vorherige Vereinbarung zwischen der betreffenden Person und dem die medizinische Leistung erbringenden Träger erforderlich ist, damit sie während eines Aufenthalts in einem anderen Mitgliedstaat erbracht werden können.

(6) Zweck dieser vorherigen Vereinbarung gemäß Artikel 19 Absatz 2 der Verordnung (EG) Nr. 883/2004 ist es, die Kontinuität der von einem Versicherten benötigten Behandlung während eines Aufenthalts in einem anderen Mitgliedstaat zu gewährleisten.

(7) Diesem Zweck entsprechend sind die Sachleistungen, für die eine vorherige Vereinbarung zwischen dem Patienten und der die Leistung in einem anderen Mitgliedstaat erbringenden Einrichtung erforderlich ist, anhand folgender Hauptkriterien zu bestimmen: die medizinische Behandlung ist lebenswichtig und sie ist nur in spezialisierten medizinischen Einrichtungen verfügbar und/oder in Einrichtungen, die entsprechend mit Geräten und/oder Fachpersonal ausgestattet sind. Eine nicht erschöpfende Liste auf der Grundlage dieser Kriterien ist im Anhang dieses Beschlusses enthalten.

In Übereinstimmung mit den in Artikel 71 Absatz 2 der Verordnung (EG) Nr. 883/2004 festgelegten Bedingungen —

BESCHLIESST:

1. Die Sachleistungen gemäß Artikel 19 Absatz 1 und Artikel 27 Absatz 1 der Verordnung (EG) Nr. 883/2004 sowie Artikel 25 Absatz 3 der Verordnung (EG) Nr. 987/2009 umfassen Leistungen, die in Zusammenhang mit einer chronischen oder bereits bestehenden Krankheit sowie im Zusammenhang mit einer Schwangerschaft und Entbindung erbracht werden.

2. Sachleistungen — auch die im Zusammenhang mit einer chronischen oder bereits bestehenden Krankheit oder im Zusammenhang mit einer Entbindung erbrachten — fallen nicht unter diese Bestimmungen, wenn die Inanspruchnahme dieser Behandlungen Zweck des Aufenthalts in einem anderen Mitgliedstaat ist.

3. Für eine lebenswichtige medizinische Behandlung, die nur in spezialisierten medizinischen Einrichtungen verfügbar ist und/oder in Einrichtungen, die mit entsprechenden Geräten und/oder entsprechendem Fachpersonal ausgestattet sind, ist grundsätzlich eine vorherige Vereinbarung zwischen dem Versicherten und der die medizinische Leistung erbringenden Einrichtung erforderlich, um sicherzustellen, dass die Behandlung während des Aufenthalts des Versicherten in einem anderen als dem zuständigen Mitgliedstaat oder dem Wohnmitgliedstaat verfügbar ist.

Eine nicht abschließende Liste der Behandlungen, die diese Kriterien erfüllen, ist im Anhang dieses Beschlusses enthalten.

4. Dieser Beschluss wird im Amtsblatt der Europäischen Union veröffentlicht. Er gilt ab dem Datum des Inkrafttretens der Verordnung (EG) Nr. 987/2009.

Die Vorsitzende der Verwaltungskommission

Gabriela Pikorová

[1] ABl. L 166 vom 30.4.2004, S. 1.

[2] ABl. L 284 vom 30.10.2009, S. 1.

[3] Urteil vom 25. Februar 2003 in der Rechtssache C-326/00, Ioannidis.

ANHANG

- Nierendialyse
- Sauerstofftherapie
- spezielle Asthmatherapie
- Echokardiographie bei chronischen Autoimmunkrankheiten
- Chemotherapie.

Beschluss Nr. S4
vom 2. Oktober 2009
über Erstattungsverfahren zur Durchführung der Artikel 35 und 41 der Verordnung (EG) Nr. 883/2004 des Europäischen Parlaments und des Rates
(Text von Bedeutung für den EWR und das Abkommen EG/Schweiz)

Amtsblatt C 106 vom 24.4.2010 S. 52

DIE VERWALTUNGSKOMMISSION FÜR DIE KOORDINIERUNG DER SYSTEME DER SOZIALEN SICHERHEIT —

gestützt auf Artikel 72 Buchstabe a der Verordnung (EG) Nr. 883/2004 des Europäischen Parlaments und des Rates vom 29. April 2004 zur Koordinierung der Systeme der sozialen Sicherheit [1], wonach die Verwaltungskommission alle Verwaltungs- und Auslegungsfragen zu behandeln hat, die sich aus der Verordnung (EG) Nr. 883/2004 und der Verordnung (EG) Nr. 987/2009 des Europäischen Parlaments und des Rates vom 16. September 2009 zur Festlegung der Modalitäten für die Durchführung der Verordnung (EG) Nr. 883/2004 über die Koordinierung der Systeme der sozialen Sicherheit [2] ergeben,

gestützt auf die Artikel 35 und 41 der Verordnung (EG) Nr. 883/2004,

gestützt auf die Artikel 66 bis 68 der Verordnung (EG) Nr. 987/2009,

in Erwägung nachstehender Gründe:

(1) Die Kosten der vom Träger eines Mitgliedstaats für Rechnung des Trägers eines anderen Mitgliedstaats erbrachten Sachleistungen werden vollständig erstattet.

(2) Wenn nicht anders vereinbart, müssen die Erstattungen zwischen Trägern schnell und effizient erfolgen, um zu vermeiden, dass sich Forderungen ansammeln, die über einen längeren Zeitraum unbeglichen bleiben.

(3) Eine Anhäufung von Forderungen könnte das effiziente Funktionieren des Gemeinschaftssystems beeinträchtigen und die Rechte der Bürger gefährden.

(4) Die Verwaltungskommission hat mit Beschluss Nr. S1 [3] festgelegt, dass dem Träger des Aufenthaltsorts die Kosten der Sachleistungen erstattet werden, die aufgrund einer gültigen Europäischen Krankenversicherungskarte erbracht wurden.

(5) Gemeinsam vereinbarte bewährte Verfahren würden zu einer raschen und effizienten Begleichung der Forderungen zwischen den Trägern beitragen.

In Übereinstimmung mit den in Artikel 71 Absatz 2 der Verordnung (EG) Nr. 883/2004 festgelegten Bedingungen —

BESCHLIESST:

A. Erstattung auf der Grundlage tatsächlicher Aufwendungen (Artikel 62 der Verordnung (EG) Nr. 987/2009)

1. Der Träger, der eine Forderung auf der Grundlage tatsächlicher Aufwendungen stellt, reicht diese innerhalb der Frist gemäß Artikel 67 Absatz 1 der Verordnung (EG) Nr. 987/2009 (nachstehend "Durchführungsverordnung") ein. Der leistungspflichtige Träger stellt sicher, dass die Forderung innerhalb der Frist gemäß Artikel 67 Absatz 5 der Durchführungsverordnung beglichen wird; er begleicht sie jedoch vor Ablauf der Frist, sobald er dazu in der Lage ist.

2. Die Erstattung von Leistungen, die auf der Grundlage einer Europäischen Krankenversicherungskarte (EKVK), einer Ersatzbescheinigung für die EKVK oder einer anderen Anspruchsbescheinigung erbracht wurden, kann abgelehnt und dem forderungsberechtigten Träger der entsprechende Antrag zurückgesandt werden, wenn dieser z. B.

- unvollständig ist und/oder nicht korrekt ausgefüllt wurde,
- Leistungen betrifft, die nicht während der Gültigkeitsdauer der EKVK bzw. der Anspruchsbescheinigung, die der Leistungsempfänger vorgelegt hat, erbracht wurden.

Die Erstattung von Leistungen darf nicht mit der Begründung abgelehnt werden, die Person sei nicht mehr bei dem Träger versichert, der die EKVK oder die Anspruchsbescheinigung ausgestellt hat, sofern die Leistungen dem Leistungsempfänger während der Gültigkeitsdauer des verwendeten Dokuments gewährt wurden.

Ein Träger, der die Kosten von Leistungen erstatten muss, die aufgrund einer EKVK erbracht wurden, kann den Träger, bei dem die betreffende Person zum Zeitpunkt der Leistungserbringung rechtmäßig eingetragen war, auffordern, ihm die Kosten dieser Leistungen zu erstatten, oder — wenn die Person zum Gebrauch der EKVK nicht berechtigt war — die Angelegenheit mit dieser Person zu regeln.

3. Der leistungspflichtige Träger darf eine Forderung nicht auf ihre Übereinstimmung mit den Artikeln 19 und 27 Absatz 1 der Verordnung (EG) Nr. 883/2004 hin überprüfen, sofern kein hinreichender Verdacht auf missbräuchliches Verhalten im Sinne der Rechtsprechung des Europäischen Gerichtshofs vorliegt. [4] Folglich muss der leistungspflichtige Träger die Informationen, auf denen die Forderung gründet, akzeptieren und die Erstattung vornehmen. In Fällen, in denen ein Verdacht auf missbräuchliches Verhalten vorliegt, darf der leistungspflichtige Träger aus berechtigten Gründen gemäß Artikel 67 Absatz 5 der Durchführungsverordnung die Forderung zurückweisen.

4. Stellt der leistungspflichtige Träger die Richtigkeit der Angaben infrage, auf denen eine Forderung beruht, prüft der forderungsberechtigte Träger zur Durchführung der Nummern 2 und 3, ob die Forderung ordnungsgemäß gestellt wurde, und zieht gegebenenfalls die Forderung zurück oder führt eine Neuberechnung durch.

5. Eine nach Verstreichen der Frist gemäß Artikel 67 Absatz 1 der Durchführungsverordnung eingereichte Forderung bleibt unberücksichtigt.

B. Erstattung auf der Grundlage von Pauschalbeträgen (Artikel 63 der Durchführungsverordnung)

6. Das in Artikel 64 Absatz 4 der Durchführungsverordnung vorgesehene Verzeichnis wird der Verbindungsstelle des leistungspflichtigen Mitgliedstaats am Ende des auf das Bezugsjahr folgenden Jahres vorgelegt; die auf diesem Verzeichnis basierenden Forderungen werden so bald wie möglich nach der Veröffentlichung der jährlichen Pauschalbeträge pro Person im Amtsblatt der Europäischen Union, in jedem Fall jedoch innerhalb der Frist gemäß Artikel 67 Absatz 2 der Durchführungsverordnung, bei der genannten Verbindungsstelle eingereicht.

7. Der forderungsberechtigte Träger legt dem leistungspflichtigen Träger nach Möglichkeit alle ein bestimmtes Kalenderjahr betreffenden Forderungen gleichzeitig vor.

8. Der leistungspflichtige Träger, der eine Forderung auf der Grundlage von Pauschalbeträgen erhält, stellt sicher, dass die Forderung innerhalb der Frist gemäß Artikel 67 Absatz 5 der Durchführungsverordnung beglichen wird; er begleicht sie jedoch vor Ablauf der Frist, sobald er dazu in der Lage ist.

9. Eine nach Verstreichen der Frist gemäß Artikel 67 Absatz 2 der Durchführungsverordnung eingereichte Forderung bleibt unberücksichtigt.

10. Eine auf der Grundlage von Pauschalbeträgen ermittelte Forderung kann abgelehnt und dem forderungsberechtigten Träger der entsprechende Antrag zurückgesandt werden, wenn dieser z. B.
- unvollständig ist und/oder nicht korrekt ausgefüllt wurde,
- einen Zeitraum betrifft, der nicht durch die Eintragung aufgrund einer gültigen Anspruchsbescheinigung abgedeckt ist.

11. Stellt der leistungspflichtige Träger die Richtigkeit der Angaben infrage, auf denen eine Forderung beruht, prüft der forderungsberechtigte Träger, ob die Kostenrechnung ordnungsgemäß gestellt wurde, und zieht gegebenenfalls die Forderung zurück oder führt eine Neuberechnung durch.

C. Anzahlungen gemäß Artikel 68 der Durchführungsverordnung

12. Bei Anzahlungen gemäß Artikel 68 der Durchführungsverordnung werden die zu zahlenden Beträge für Forderungen auf der Grundlage von tatsächlichen Aufwendungen (Artikel 67 Absatz 1 der Durchführungsverordnung) und für Forderungen auf der Grundlage von Pauschalbeträgen (Artikel 67 Absatz 2 der Durchführungsverordnung) getrennt bestimmt.

D. Zusammenarbeit und Informationsaustausch

13. Die Träger sollten eine gute Zusammenarbeit untereinander sicherstellen und so agieren, als wendeten sie ihre eigenen Rechtsvorschriften an.

E. Inkrafttreten

14. Dieser Beschluss wird im Amtsblatt der Europäischen Union veröffentlicht. Er gilt ab dem Zeitpunkt des Inkrafttretens der Verordnung (EG) Nr. 987/2009.

Die Vorsitzende der Verwaltungskommission

Lena Malmberg

[1] ABl. L 166 vom 30.4.2004, S. 1.

[2] ABl. L 284 vom 30.10.2009, S. 1.

[3] Siehe Seite 23 dieses Amtsblatts.

[4] Urteil vom 12. April 2005 in der Rechtssache C-145/03: Erben der Annette Keller gegen Instituto Nacional de la Seguridad Social (INSS) und Instituto Nacional de Gestión Sanitaria (Ingesa), Sammlung der Rechtsprechung 2005, S. I-02529.

**Beschluss Nr. S5
vom 2. Oktober 2009
zur Auslegung des in Artikel 1 Buchstabe va der Verordnung (EG) Nr. 883/2004 des Europäischen Parlaments und des Rates definierten Begriffs Sachleistungen bei Krankheit und Mutterschaft gemäß den Artikeln 17, 19, 20, 22, 24 Absatz 1, 25, 26, 27 Absätze 1, 3, 4 und 5, 28, 34 und 36 Absätze 1 und 2 der Verordnung (EG) Nr. 883/2004 sowie zur Berechnung der Erstattungsbeträge nach den Artikeln 62, 63 und 64 der Verordnung (EG) Nr. 987/2009 des Europäischen Parlaments und des Rates
(Text von Bedeutung für den EWR und das Abkommen EG/Schweiz)**

Amtsblatt C 106 vom 24.4.2010 S. 54

DIE VERWALTUNGSKOMMISSION FÜR DIE KOORDINIERUNG DER SYSTEME DER SOZIALEN SICHERHEIT —

gestützt auf Artikel 72 Buchstabe a der Verordnung (EG) Nr. 883/2004 des Europäischen Parlaments und des Rates vom 29. April 2004 zur Koordinierung der Systeme der sozialen Sicherheit [1], wonach die Verwaltungskommission alle Verwaltungs- und Auslegungsfragen zu behandeln hat, die sich aus der Verordnung (EG) Nr. 883/2004 und der Verordnung (EG) Nr. 987/2009 des Europäischen Parlaments und des Rates vom 16. September 2009 zur Festlegung der Modalitäten für die Durchführung der Verordnung (EG) Nr. 883/2004 über die Koordinierung der Systeme der sozialen Sicherheit [2] ergeben,

gestützt auf die Artikel 35 und 41 der Verordnung (EG) Nr. 883/2004,

in Erwägung nachstehender Gründe:

(1) Für die Durchführung der Artikel 17, 19, 20, 22, 24 Absatz 1, 25, 26, 27 Absätze 1, 3, 4 und 5, 28, 34 und 36 Absätze 1 und 2 der Verordnung (EG) Nr. 883/2004 sollte der Begriff "Sachleistungen" bei Krankheit und Mutterschaft im Sinne von Artikel 1 Buchstabe va der Verordnung (EG) Nr. 883/2004 präzise und für alle Mitgliedstaaten verbindlich definiert werden.

(2) Der Begriff der Sachleistungen bei Krankheit und Mutterschaft schließt nach der Rechtsprechung des Europäischen Gerichtshofs Sachleistungen für Pflegebedürftige ein.

In Übereinstimmung mit den in Artikel 71 Absatz 2 der Verordnung (EG) Nr. 883/2004 festgelegten Bedingungen —

BESCHLIESST:

I. Allgemeine Bestimmungen

1. Bei der Berechnung der Erstattungsbeträge gemäß den Artikeln 62, 63 und 64 der Verordnung (EG) Nr. 987/2009 (nachstehend "Durchführungsverordnung") sind als Sachleistungen bei Krankheit und Mutterschaft diejenigen Leistungen zu berücksichtigen, die nach den vom leistungserbringenden Träger angewandten nationalen Rechtsvorschriften als solche gelten, soweit diese Leistungen nach den Artikeln 17, 19, 20, 22, 24 Absatz 1, 25, 26, 27 Absätze 3, 4 und 5, 28, 34 und 36 Absätze 1 und 2 der Verordnung (EG) Nr. 883/2004 (nachstehend "Grundverordnung") in Anspruch genommen werden können.

2. Als Sachleistungen im Sinne der genannten Artikel der Grundverordnung gelten ferner:

a) Sachleistungen der Pflegeversicherung, die einen Anspruch auf Übernahme sämtlicher oder eines Teils bestimmter durch die Pflegebedürftigkeit der versicherten Person verursachter und zu ihrem unmittelbaren Nutzen aufgewendeter Kosten einräumen, etwa für die häusliche oder in allgemeinen bzw. spezialisierten Pflegeeinrichtungen erbrachte Pflege (Krankenpflege und Haushaltshilfe), für den Kauf von Pflegehilfsmitteln oder für Maßnahmen zur Verbesserung des Wohnumfeldes; Leistungen dieser Art sollen im Wesentlichen die Sachleistungen bei Krankheit ergänzen und dienen der Verbesserung des Gesundheitszustands und der Lebensbedingungen der Pflegebedürftigen;

b) Sachleistungen, die nicht aufgrund einer Pflegeversicherung erbracht werden, aber dieselben Merkmale aufweisen oder denselben Zweck verfolgen wie die unter Buchstabe a genannten Leistungen, sofern diese Leistungen als Sachleistungen der sozialen Sicherheit im Sinne der Grundverordnung eingestuft werden können und ein Anspruch auf sie gemäß den Bestimmungen der genannten Artikel der Grundverordnung ebenso erworben werden kann wie der Anspruch auf die unter Buchstabe a genannten Leistungen.

Die Sachleistungen unter den Buchstaben a und b sind in die Kosten unter Nummer 1 aufzunehmen.

3. Nicht als Kosten von Sachleistungen im Sinne der genannten Artikel der Grundverordnung gelten:

a) Aufwendungen im Zusammenhang mit der Verwaltung der Krankenversicherung, beispielsweise Kosten, die bei der Bearbeitung der Erstattungsanträge von Einzelpersonen sowie bei der Erstattung zwischen Trägern anfallen;

b) Aufwendungen im Zusammenhang mit der Erbringung von Leistungen, etwa Arztgebühren für die Ausstellung von Bescheinigungen, die zur Bewertung des Invaliditätsgrads oder der Arbeitsfähigkeit eines Antragstellers erforderlich sind;

c) Aufwendungen für medizinische Forschung und Zuschüsse an Einrichtungen der Gesundheitsvorsorge für allgemeine Maßnahmen zum Schutz der Gesundheit sowie Aufwendungen für Maßnahmen allgemeiner (nicht risikospezifischer) Art;

d) Zuzahlungen von Einzelpersonen.

II. Bestimmungen über die Berechnung der Pauschalbeträge gemäß Artikel 63 der Durchführungsverordnung

4. In die Berechnung der monatlichen Pauschalbeträge und des gesamten Pauschalbetrags gemäß Artikel 64 der Durchführungsverordnung werden folgende Kosten einbezogen:

a) die Kosten von Sachleistungen, die nach den einzelstaatlichen Systemen im Wohnmitgliedstaat aufgrund der Artikel 17, 24 Absatz 1, 25 und 26 der Grundverordnung erbracht werden;

b) die Kosten von Sachleistungen, die im Rahmen einer geplanten Behandlung außerhalb des Wohnmitgliedstaats aufgrund der Artikel 20 und 27 Absätze 3 und 5 der Grundverordnung erbracht werden;

c) die Kosten von Sachleistungen, die einer versicherten Person während eines vorübergehenden Aufenthalts in einem anderen als dem Wohnstaat erbracht werden, soweit die Kosten dieser Leistungen nach dem nationalen Recht übernommen werden müssen; ausgenommen sind die Kosten gemäß Abschnitt II Nummer 5 Buchstabe a des vorliegenden Beschlusses.

5. In die Berechnung der monatlichen Pauschalbeträge und des gesamten Pauschalbetrags gemäß Artikel 64 der Durchführungsverordnung werden folgende Kosten nicht einbezogen:

a) die Kosten von Leistungen, die während eines vorübergehenden Aufenthalts außerhalb des Wohnstaats aufgrund der Artikel 19 Absatz 1 und 27 Absatz 1 der Grundverordnung gewährt werden;

b) Leistungsbeträge, die gemäß der Grundverordnung oder zwei- bzw. mehrseitiger Abkommen erstattet werden, mit der Ausnahme von Erstattungen im Rahmen geplanter Behandlungen.

III. Sonstige Bestimmungen

6. Bei der Berechnung der Erstattungsbeträge ist so weit wie möglich auf amtliche Statistiken und auf die Rechnungsführung der Träger des Wohn- oder Aufenthaltsorts und vorzugsweise auf veröffentlichte amtliche Daten zurückzugreifen. Die Quellen der verwendeten Statistiken sind anzugeben.

7. Dieser Beschluss wird im Amtsblatt der Europäischen Union veröffentlicht. Er gilt ab dem Zeitpunkt des Inkrafttretens der Verordnung (EG) Nr. 987/2009.

Die Vorsitzende der Verwaltungskommission

Lena Malmberg

[1] ABl. L 166 vom 30.4.2004, S. 1.

[2] ABl. L 284 vom 30.10.2009, S. 1.

Beschluss Nr. S6
vom 22. Dezember 2009
über die Eintragung im Wohnmitgliedstaat gemäß Artikel 24 der Verordnung (EG) Nr. 987/2009 und die Erstellung der in Artikel 64 Absatz 4 der Verordnung (EG) Nr. 987/2009 vorgesehenen Verzeichnisse
(Text von Bedeutung für den EWR und das Abkommen EG/Schweiz)

Amtsblatt C 107 vom 27.4.2010 S. 6

DIE VERWALTUNGSKOMMISSION FÜR DIE KOORDINIERUNG DER SYSTEME DER SOZIALEN SICHERHEIT —

gestützt auf Artikel 72 Buchstabe a der Verordnung (EG) Nr. 883/2004 des Europäischen Parlaments und des Rates vom 29. April 2004 zur Koordinierung der Systeme der sozialen Sicherheit [1], wonach sie alle Verwaltungs- und Auslegungsfragen zu behandeln hat, die sich aus der Verordnung (EG) Nr. 883/2004 und der Verordnung (EG) Nr. 987/2009 [2] ergeben,

gestützt auf Artikel 35 Absatz 2 der vorgenannten Verordnung (EG) Nr. 883/2004,

gestützt auf die Artikel 24 und 64 Absätze 4 und 6 der Verordnung (EG) Nr. 987/2009 sowie auf Artikel 74 der Verordnung (EG) Nr. 883/2004,

gemäß Artikel 71 Absatz 2 der Verordnung (EG) Nr. 883/2004 —

BESCHLIESST:

Für die Eintragung gemäß Artikel 24 der Verordnung (EG) Nr. 987/2009 (nachstehend "Durchführungsverordnung") und für die Führung eines Verzeichnisses gemäß Artikel 64 Absatz 4 der Durchführungsverordnung gelten folgende Regeln:

I. Eintragung gemäß Artikel 24 der Durchführungsverordnung

(1) Zur Anwendung von Artikel 24 der Durchführungsverordnung wird folgendes Verfahren festgelegt:

Der zuständige Träger übersendet der betreffenden Person auf ihren Antrag ein maßgebliches Dokument gemäß Artikel 17, 22, 24, 25 oder 26 der Verordnung (EG) Nr. 883/2004 (nachstehend "Grundverordnung") und Artikel 24 Absatz 1 der Durchführungsverordnung (nachstehend "Anspruchsbescheinigung"), das sie ihrem Wohnortträger bei der Eintragung zur Gewährung von Sachleistungen vorzulegen hat.

Auf Antrag des Wohnortträgers übermittelt der zuständige Träger diesem Träger eine Anspruchsbescheinigung.

Der zuständige Träger benachrichtigt den Wohnortträger über Änderungen oder den Widerruf der Anspruchsbescheinigung. Der Empfängerträger muss diese Änderungen bzw. den Widerruf gegenüber dem Absenderträger bestätigen oder ablehnen.

Der Wohnortträger unterrichtet den zuständigen Träger über die Eintragung der betreffenden Person sowie über Änderungen oder die Streichung der Eintragung. Die Benachrichtigung erfolgt unverzüglich, sobald der Wohnortträger über die erforderlichen Angaben verfügt. Der Empfängerträger muss die Änderungen oder die Streichung gegenüber dem Absenderträger bestätigen oder ablehnen.

(2) Für die Erstattung der Sachleistungskosten gemäß den Artikeln 35 und 41 der Grundverordnung und den Artikeln 62 und 63 der Durchführungsverordnung gilt folgendes Beginndatum:

a) der Tag der Begründung des Sachleistungsanspruchs nach den Rechtsvorschriften des zuständigen Mitgliedstaats, eingetragen in der Anspruchsbescheinigung;

b) der Tag des Wohnortwechsels oder der Eintragung, wenn dieser nach dem unter Buchstabe a genannten Zeitpunkt liegt und im vom Wohnortträger ausgestellten Dokument gemäß Artikel 24 Absatz 2 der Durchführungsverordnung eingetragen ist.

Haben die Familienangehörigen einer versicherten Person, der Rentner oder einer seiner Familienangehörigen nach den Rechtsvorschriften ihres Wohnstaats oder eines anderen Mitgliedstaats einen durch die Ausübung einer Erwerbstätigkeit oder den Erhalt von Ersatzeinkommen begründeten vorrangigen Sachleistungsanspruch nach Maßgabe der Verordnungen, so gilt die Eintragung ab dem Tag nach dem Ende dieses Anspruchs.

(3) Die Erstattung der Sachleistungskosten gemäß den Artikeln 35 und 41 der Grundverordnung und den Artikeln 62 und 63 der Durchführungsverordnung endet mit dem Tag der Streichung der Eintragung, der dem zuständigen Träger vom Wohnortträger mitgeteilt wird, oder mit dem Tag des Widerrufs der Anspruchsbescheinigung, der dem Wohnortträger vom zuständigen Träger mitgeteilt wird.

Dieser Tag wird auf der Bescheinigung über die Streichung bzw. den Widerruf eingetragen und bezeichnet das Ende der Gültigkeitsdauer der Anspruchsbescheinigung, das heißt:

i) der Todestag oder der Tag, an dem die betreffende Person ihren Wohnsitz in einen anderen Mitgliedstaat verlegt;

ii) der Tag der Begründung des Sachleistungsanspruchs nach den Rechtsvorschriften des Wohnstaats oder eines anderen Mitgliedstaats bei Ausübung einer Erwerbstätigkeit oder in Verbindung mit der Gewährung einer Rente;

iii) der Tag, ab dem die Familienangehörigen die Voraussetzungen für den Anspruch auf Sachleistungen als Familienangehörige nach den Rechtsvorschriften des Wohnmitgliedstaats nicht mehr erfüllen.

Es ist Aufgabe aller nationalen Träger, den Zeitraum zwischen dem Enddatum des Anspruchs bzw. der Eintragung und dem Zeitpunkt der Übermittlung der entsprechenden Bescheinigung zu minimieren. Insbesondere sollte die Bestimmung des Wohnortes der versicherten Person auf einer sorgfältigen Überprüfung gemäß Artikel 11 der Durchführungsverordnung beruhen.

II. Verzeichnis nach Artikel 64 Absatz 4 der Durchführungsverordnung

Familienangehörige der Versicherten, Rentner und/oder deren Familienangehörige

(1) Der Wohnortträger des Mitgliedstaats, der in Anhang 3 der Durchführungsverordnung aufgeführt ist, berechnet auf der Grundlage eines zu diesem Zweck geführten Verzeichnisses den Pauschalbetrag für Sachleistungen, die den Familienangehörigen der versicherten Person gemäß Artikel 17 der Grundverordnung sowie Rentnern und/oder deren Familienangehörigen gemäß den Artikeln 24, 25 oder 26 der Grundverordnung gewährt wurden; dabei berücksichtigt der Träger seine eigenen Informationen oder die Angaben, die er vom zuständigen Träger über die Begründung oder über das Ruhen oder den Wegfall des Anspruchs erhält.

Die Verzeichnisse, auf die in Artikel 64 Absatz 4 der Durchführungsverordnung Bezug genommen wird, weisen die Zahl der monatlichen Pauschalbeträge für ein bestimmtes Jahr aus, und zwar für jeden Familienangehörigen einer versicherten Person, jeden Rentner und/oder jeden seiner Familienangehörigen.

(2) Zur Berechnung der Zahl der monatlichen Pauschalbeträge wird die Zeit, in der die betreffenden Personen Leistungen beanspruchen können, nach Monaten berechnet.

Zur Errechnung der Zahl der Monate wird der Kalendermonat, in dem die Berechnung der Pauschalbeträge beginnt, voll angerechnet.

Der Kalendermonat, in dem der Anspruch endet, wird nur angerechnet, wenn der Anspruch am letzten Tag jenes Monats endet.

Zeiten unter einem Monat gelten als voller Monat.

Falls eine Person während des Anspruchszeitraums von einer Altersgruppe in eine andere wechselt, wird der Monat, in dem der Wechsel der Altersgruppe eintritt, vollständig der höheren Altersgruppe zugeschlagen.

III. Schlussbestimmungen

Dieser Beschluss wird im Amtsblatt der Europäischen Union veröffentlicht. Er gilt ab dem Zeitpunkt des Inkrafttretens der Durchführungsverordnung.

Die Vorsitzende der Verwaltungskommission

Lena Malmberg

[1] ABl. L 166 vom 30.4.2004, S. 1.

[2] ABl. L 284 vom 30.10.2009, S. 1.

Beschluss Nr. S7
vom 22. Dezember 2009
betreffend den Übergang von den Verordnungen (EWG) Nr. 1408/71 und (EWG) Nr. 574/72
zu den Verordnungen (EG) Nr. 883/2004 und (EG) Nr. 987/2009 sowie die Anwendung der Erstattungsverfahren
(Text von Bedeutung für den EWR und das Abkommen EG/Schweiz)

Amtsblatt C 107 vom 27.4.2010 S. 8

DIE VERWALTUNGSKOMMISSION FÜR DIE KOORDINIERUNG DER SYSTEME DER SOZIALEN SICHERHEIT —

gestützt auf Artikel 72 Buchstabe a der Verordnung (EG) Nr. 883/2004 des Europäischen Parlaments und des Rates vom 29. April 2004 zur Koordinierung der Systeme der sozialen Sicherheit [1], wonach die Verwaltungskommission alle Verwaltungs- und Auslegungsfragen zu behandeln hat, die sich aus der Verordnung (EG) Nr. 883/2004 und der Verordnung (EG) Nr. 987/2009 [2] ergeben,

gestützt auf die Artikel 87 bis 91 der Verordnung (EG) Nr. 883/2004,

gestützt auf Artikel 64 Absatz 7 und die Artikel 93 bis 97 der Verordnung (EG) Nr. 987/2009,

gemäß Artikel 71 Absatz 2 der Verordnung (EG) Nr. 883/2004,

in Erwägung nachstehender Gründe:

(1) Die Verordnungen (EG) Nr. 883/2004 und (EG) Nr. 987/2009 gelten ab 1. Mai 2010; die Verordnungen (EWG) Nr. 1408/71 und (EWG) Nr. 574/72 werden am gleichen Tag aufgehoben — in den Fällen gemäß Artikel 90 Absatz 1 der Verordnung (EG) Nr. 883/2004 und Artikel 96 Absatz 1 der Verordnung (EG) Nr. 987/2009 bleiben sie jedoch in Kraft und behalten ihre Rechtswirkung.

(2) Es ist notwendig, die Festlegung des leistungspflichtigen und des forderungsberechtigten Mitgliedstaats in Fällen zu klären, in denen Sachleistungen gemäß den Verordnungen (EWG) Nr. 1408/71 und (EWG) Nr. 574/72 erbracht oder genehmigt wurden, in denen die Erstattung der Kosten dieser Leistungen jedoch erst nach Inkrafttreten der Verordnungen (EG) Nr. 883/2004 und (EG) Nr. 987/2009 erfolgt, und zwar insbesondere dann, wenn sich infolge der Geltung der neuen Verordnungen die Zuständigkeit für die Tragung der Kosten ändert.

(3) Es besteht die Notwendigkeit einer Klärung der Frage, welches Erstattungsverfahren in Fällen anwendbar ist, in denen Sachleistungen gemäß den Verordnungen (EWG) Nr. 1408/71 und Nr. 574/72 erbracht wurden, in denen das Erstattungsverfahren jedoch erst nach dem Inkrafttreten der Verordnungen (EG) Nr. 883/2004 und Nr. 987/2009 stattfindet.

(4) Nummer 5 des Beschlusses Nr. H1 klärt den Status von Bescheinigungen (E-Vordrucke) und der Europäischen Krankenversicherungskarte (einschließlich der provisorischen Ersatzbescheinigungen), die vor dem Datum des Inkrafttretens der Verordnung (EG) Nr. 883/2004 und der Verordnung (EG) Nr. 987/2009 ausgestellt wurden.

(5) In Nummer 4 des Beschlusses Nr. S1 und Nummer 2 des Beschlusses Nr. S4 sind die allgemeinen Grundsätze verankert, nach denen sich die Zuständigkeit für die Kosten von Leistungen richtet, die aufgrund einer gültigen Europäischen Krankenversicherungskarte (EKVK) erbracht wurden; diese Grundsätze sollten auch in Übergangssituationen gelten.

(6) Gemäß den Artikeln 62 und 63 der Verordnung (EG) Nr. 987/2009 erstatten die nicht in Anhang 3 der Verordnung (EG) Nr. 987/2009 eingetragenen Mitgliedstaaten Sachleistungen, die entweder Familienangehörigen, die in einem anderen Mitgliedstaat als der Versicherte wohnen, oder aber Rentnern und ihren Familienangehörigen gewährt wurden, auf der Grundlage der tatsächlichen Aufwendungen ab dem 1. Mai 2010.

(7) Die Kosten von Sachleistungen, die nach den Artikeln 19 Absatz 1, 20 Absatz 1 und 27 Absätze 1 und 3 der Verordnung (EG) Nr. 883/2004 gewährt werden, übernimmt der zuständige Träger, der auch die Kosten für diejenigen Sachleistungen zu tragen hat, die den Familienangehörigen, die in einem anderen Mitgliedstaat als der Versicherte wohnen, sowie Rentnern und deren Familienangehörigen in ihrem Wohnmitgliedstaat gewährt werden.

Beschluss Nr. S7 vom 22. Dezember 2009

(8) Gemäß Artikel 64 Absatz 7 der Verordnung (EG) Nr. 987/2009 können die in Anhang 3 aufgeführten Mitgliedstaaten nach dem 1. Mai 2010 weitere fünf Jahre lang die Artikel 94 und 95 der Verordnung (EWG) Nr. 574/72 zur Berechnung der Pauschalbeträge anwenden.

(9) Die Verordnung (EG) Nr. 987/2009 sieht neue Verfahren für die Erstattung von Behandlungskosten vor, damit die Erstattungen zwischen den Mitgliedstaaten schneller vonstatten gehen können und damit sich keine Forderungen ansammeln, die über einen längeren Zeitraum unbeglichen bleiben.

(10) Die Träger sind in den oben genannten Fällen auf Transparenz und klare Leitlinien angewiesen, damit die einheitliche und kohärente Anwendung des Gemeinschaftsrechts sichergestellt werden kann —

BESCHLIESST:

I. Übergangsregelung zur Bestimmung des Mitgliedstaats, der in Anbetracht der geänderten Zuständigkeiten nach der Verordnung (EG) Nr. 883/2004 für die Tragung der Kosten einer geplanten Behandlung oder der notwendigen Sachleistungen zuständig ist

(1) Ist die Behandlung einer Person vor dem 1. Mai 2010 erfolgt, so wird die Zuständigkeit für die Tragung der einschlägigen Kosten gemäß der Verordnung (EWG) Nr. 1408/71 bestimmt.

(2) Hat eine Person gemäß den Verordnungen (EWG) Nr. 1408/71 und (EWG) Nr. 574/72 die Genehmigung erhalten, sich in das Hoheitsgebiet eines anderen Mitgliedstaats zu begeben, um dort eine ihrem Zustand angemessene Behandlung zu erhalten (geplante Behandlung) und erhält sie diese Behandlung ganz oder zum Teil nach dem 30. April 2010, so trägt der Träger, der die Genehmigung erteilt, die Kosten der gesamten Behandlung.

(3) Wurde die Behandlung einer Person gemäß den Artikeln 22 Absatz 3 Buchstabe a oder 31 Absatz 1 Buchstabe a der Verordnung (EWG) Nr. 1408/71 begonnen, so sollten die Kosten dieser Behandlung im Einklang mit diesen Bestimmungen auch dann getragen werden, wenn sich die Zuständigkeit für die Tragung der Kosten für die Behandlung dieser Person durch die Verordnung (EG) Nr. 883/2004 geändert hat. Dauert die Behandlung jedoch auch nach dem 31. Mai 2010 noch an, so werden die nach diesem Datum entstehenden Kosten von dem Träger getragen, der nach der Verordnung (EG) Nr. 883/2004 zuständig ist.

(4) Wird eine Behandlung gemäß den Artikeln 19 Absatz 1 oder 27 Absatz 1 der Verordnung (EG) Nr. 883/2004 nach dem 30. April 2010 auf der Grundlage einer gültigen, vor dem 1. Mai 2010 ausgestellten EKVK durchgeführt, so kann die Forderung auf Erstattung der Kosten einer solchen Behandlung nicht mit der Begründung abgelehnt werden, die Zuständigkeit für die Sachleistungskosten dieser Person habe sich durch die Verordnung (EG) Nr. 883/2004 geändert.

Ein Träger, der die Kosten von Leistungen erstatten muss, die aufgrund einer EKVK erbracht wurden, darf den Träger, bei dem die betreffende Person zum Zeitpunkt der Leistungserbringung rechtmäßig eingetragen war, ersuchen, ihm die Kosten dieser Leistungen zu erstatten, oder — wenn die Person zum Gebrauch der EKVK nicht berechtigt war — die Angelegenheit mit dieser Person zu klären.

II. Übergangsregelung für die Berechnung von Durchschnittskosten

(1) Die Methode zur Berechnung der Durchschnittskosten für die Jahre bis einschließlich 2009 unterliegt den Bestimmungen der Artikel 94 und 95 der Verordnung (EWG) Nr. 574/72 auch dann, wenn die Durchschnittskosten dem Rechnungsausschuss nach dem 30. April 2010 vorgelegt werden.

(2) Mitgliedstaaten, die nicht in Anhang 3 der Verordnung (EG) Nr. 987/2009 aufgeführt sind, können für den Zeitraum vom 1. Januar 2010 bis 30. April 2010 entweder neue Durchschnittskosten nach den Artikeln 94 und 95 der Verordnung (EWG) Nr. 574/72 berechnen oder die für das Jahr 2009 vorgelegten Durchschnittskosten heranziehen.

III. Erstattungsverfahren auf der Grundlage tatsächlicher Aufwendungen

(1) Auf tatsächlichen Aufwendungen basierende Erstattungsforderungen, die vor dem 1. Mai 2010 in die Rechnungsführung des forderungsberechtigten Mitgliedstaats aufgenommen werden, unterliegen den Finanzvorschriften der Verordnung (EWG) Nr. 574/72.

Diese Forderungen werden spätestens am 31. Dezember 2011 bei der Verbindungsstelle des leistungspflichtigen Mitgliedstaats eingereicht.

(2) Sämtliche auf tatsächlichen Aufwendungen basierenden Erstattungsforderungen, die nach dem 30. April 2010 in die Rechnungsführung des forderungsberechtigten Mitgliedstaats aufgenommen werden, unterliegen den neuen Verfahrensregeln gemäß den Bestimmungen der Artikel 66 bis 68 der Verordnung (EG) Nr. 987/2009.

IV. Erstattungsverfahren auf der Grundlage von Pauschalbeträgen

(1) Durchschnittskosten, die die Jahre bis einschließlich 2009 betreffen, werden dem Rechnungsausschuss bis zum 31. Dezember 2011 vorgelegt. Die das Jahr 2010 betreffenden Durchschnittskosten werden dem Rechnungsausschuss bis zum 31. Dezember 2012 vorgelegt.

(2) Sämtliche Erstattungsforderungen aufgrund von Pauschalbeträgen, die vor dem 1. Mai 2010 im Amtsblatt der Europäischen Union veröffentlicht werden, sind bis zum 1. Mai 2011 einzureichen.

(3) Sämtliche Erstattungsforderungen aufgrund von Pauschalbeträgen, die nach dem 30. April 2010 veröffentlicht werden, unterliegen den neuen Verfahrensregeln gemäß den Bestimmungen der Artikel 66 bis 68 der Verordnung (EG) Nr. 987/2009.

V. Schlussbestimmungen

(1) Bei der Anwendung dieser Übergangsregelungen sollten folgende Leitprinzipien gelten: gute Zusammenarbeit zwischen den Trägern, Pragmatismus und Flexibilität.

(2) Dieser Beschluss wird im Amtsblatt der Europäischen Union veröffentlicht. Er gilt ab dem Zeitpunkt des Inkrafttretens der Verordnung (EG) Nr. 987/2009.

Die Vorsitzende der Verwaltungskommission

Lena Malmberg

[1] ABl. L 166 vom 30.4.2004, S. 1.

[2] ABl. L 284 vom 30.10.2009, S. 1.

Beschluss Nr. S8

vom 15. Juni 2011

über die Zuerkennung des Anspruchs auf Körperersatzstücke, größere Hilfsmittel oder andere Sachleistungen von erheblicher Bedeutung gemäß Artikel 33 der Verordnung (EG) Nr. 883/2004 zur Koordinierung der Systeme der sozialen Sicherheit

(Text von Bedeutung für den EWR und das Abkommen EG/Schweiz)

Amtsblatt C 262 vom 6.9.2011 S. 6

DIE VERWALTUNGSKOMMISSION FÜR DIE KOORDINIERUNG DER SYSTEME DER SOZIALEN SICHERHEIT —

gestützt auf Artikel 72 Buchstabe a der Verordnung (EG) Nr. 883/2004 des Europäischen Parlaments und des Rates vom 29. April 2004 zur Koordinierung der Systeme der sozialen Sicherheit [1], wonach die Verwaltungskommission alle Verwaltungs- und Auslegungsfragen zu behandeln hat, die sich aus der Verordnung (EG) Nr. 883/2004 und der Verordnung (EG) Nr. 987/2009 ergeben [2],

gestützt auf Artikel 33 Absatz 2 der Verordnung (EG) Nr. 883/2004,

gemäß Artikel 71 Absatz 2 Unterabsatz 2 der Verordnung (EG) Nr. 883/2004,

in Erwägung nachstehender Gründe:

(1) Artikel 33 Absatz 1 der Verordnung (EG) Nr. 883/2004 enthält eine Schutzklausel, die während des Zeitraums greift, der unmittelbar auf die Änderung des für die betreffende Person geltenden Rechts folgt.

(2) Der besagte Artikel findet Anwendung, wenn eine Person ihren Anspruch auf Sachleistungen bei Krankheit, die auf ihre spezifischen persönlichen Bedürfnisse abgestimmt sind und gerade erbracht werden bzw. bewilligt sind, aber noch nicht erbracht wurden, aufgrund einer Änderung des anwendbaren Rechts verlieren könnte.

(3) Ein solcher Anspruchsverlust könnte unter Berücksichtigung der Leistungsart und des Gesundheitszustands der betreffenden Person als unangemessen angesehen werden —

BESCHLIESST:

Artikel 1

Körperersatzstücke, größere Hilfsmittel und andere Sachleistungen von erheblicher Bedeutung gemäß Artikel 33 Absatz 1 der Verordnung (EG) Nr. 883/2004 sind Leistungen, die

- auf spezifische persönliche Bedürfnisse abgestimmt sind und
- gerade erbracht werden oder bewilligt sind, aber noch nicht erbracht wurden, und
- im Mitgliedstaat, nach dessen Rechtsvorschriften die betreffende Person versichert war, ehe sie nach den Rechtsvorschriften eines anderen Mitgliedstaats versichert wurde, als solche definiert und/oder behandelt werden.

Eine nicht erschöpfende Liste der Leistungen, die — sofern sie die oben angeführten Kriterien erfüllen — als solche zu behandeln sind, ist im Anhang dieses Beschlusses enthalten.

Artikel 2

Dieser Beschluss wird im Amtsblatt der Europäischen Union veröffentlicht. Er gilt ab dem Datum der Veröffentlichung.

Die Vorsitzende der Verwaltungskommission

Éva Gellérné Lukács

[1] ABl. L 166 vom 30.4.2004, S. 1 (Berichtigung in ABl. L 200 vom 7.6.2004, S. 1).

[2] Verordnung (EG) Nr. 987/2009 des Europäischen Parlaments und des Rates vom 16. September 2009 zur Festlegung der Modalitäten für die Durchführung der Verordnung (EG) Nr. 883/2004 über die Koordinierung der Systeme der sozialen Sicherheit, ABl. L 284 vom 30.10.2009, S. 1.

Beschluss Nr. S8 vom 15. Juni 2011

ANHANG

Körperersatzstücke

a) orthopädische Prothesen;
b) Sehhilfen, wie z. B. Augenprothesen;
c) feste und herausnehmbare Zahnprothesen.

Größere Hilfsmittel

d) Rollstühle, Orthesen, Schuhwerk sowie andere Bewegungs-, Steh- und Sitzhilfen;
e) Kontaktlinsen, Lupen- und Fernrohrbrillen;
f) Hör- und Sprechhilfen;
g) Vernebler;
h) Obturatoren für die Mundhöhle;
i) orthodontische Vorrichtungen.

Andere Sachleistungen von erheblicher Bedeutung

j) stationäre fachärztliche Behandlungen;
k) Kuren;
l) medizinische Rehabilitationen;
m) ergänzende Diagnosehilfsmittel;
n) Zuschüsse zur teilweisen Kostendeckung der oben aufgelisteten Leistungen.

Empfehlung Nr. U1
vom 12. Juni 2009
über die Rechtsvorschriften, die auf Arbeitslose anzuwenden sind, die in einem anderen Mitgliedstaat als dem Wohnstaat eine Teilzeittätigkeit ausüben
(Text von Bedeutung für den EWR und das Abkommen EG/Schweiz)

Amtsblatt C 106 vom 24.4.2010 S. 49

DIE VERWALTUNGSKOMMISSION FÜR DIE KOORDINIERUNG DER SYSTEME DER SOZIALEN SICHERHEIT —

gestützt auf Artikel 72 Buchstabe a der Verordnung (EG) Nr. 883/2004 des Europäischen Parlaments und des Rates vom 29. April 2004 zur Koordinierung der Systeme der sozialen Sicherheit [1], wonach die Verwaltungskommission alle Verwaltungs- und Auslegungsfragen zu behandeln hat, die sich aus der Verordnung (EG) Nr. 883/2004 und der Verordnung (EG) Nr. 987/2009 des Europäischen Parlaments und des Rates vom 16. September 2009 zur Festlegung der Modalitäten für die Durchführung der Verordnung (EG) Nr. 883/2004 über die Koordinierung der Systeme der sozialen Sicherheit [2] ergeben,

gestützt auf die Artikel 11 Absatz 3 Buchstabe a und 16 Absatz 1 der Verordnung (EG) Nr. 883/2004 und auf Artikel 18 der Verordnung (EG) Nr. 987/2009,

in Erwägung nachstehender Gründe:

(1) Im Gebiet eines Mitgliedstaats wohnenden Personen, die aufgrund der für sie geltenden Rechtsvorschriften Anspruch auf Leistungen bei Arbeitslosigkeit haben, sollte es erlaubt sein, im Gebiet eines anderen Mitgliedstaats eine Teilzeittätigkeit auszuüben, ohne ihren Anspruch auf Leistungen bei Arbeitslosigkeit zu Lasten des Wohnstaats zu verlieren.

(2) Zur Vermeidung etwaiger Normenkollisionen ist es daher erforderlich, die auf diese Personen anzuwendenden Rechtsvorschriften gemäß Artikel 11 der Verordnung (EG) Nr. 883/2004 zu bestimmen.

(3) Nach Artikel 11 Absatz 2 der genannten Verordnung wird bei Personen, die aufgrund oder infolge ihrer Beschäftigung oder selbstständigen Erwerbstätigkeit eine Geldleistung beziehen, davon ausgegangen, dass sie diese Beschäftigung oder Tätigkeit ausüben.

(4) Gemäß Artikel 11 Absatz 3 Buchstabe a der genannten Verordnung unterliegt eine Person, die in einem Mitgliedstaat eine Beschäftigung oder selbstständige Erwerbstätigkeit ausübt, den Rechtsvorschriften dieses Mitgliedstaats.

(5) Im Interesse der in Erwägungsgrund 1 genannten Personen ist es erwünscht, dass sie sowohl in Bezug auf die Zahlung der aufgrund ihrer Berufstätigkeit zu entrichtenden Beiträge als auch in Bezug auf die Gewährung der Leistungen weiterhin den Rechtsvorschriften ihres Wohnlandes unterliegen.

(6) Artikel 16 Absatz 1 der Verordnung (EG) Nr. 883/2004 erlaubt es den Mitgliedstaaten, Ausnahmen von den Artikeln 11 bis 15 dieser Verordnung vorzusehen.

In Übereinstimmung mit den in Artikel 71 Absatz 2 der Verordnung (EG) Nr. 883/2004 festgelegten Bedingungen —

EMPFIEHLT DEN ZUSTÄNDIGEN DIENSTSTELLEN UND TRÄGERN:

1. Die zuständigen Behörden der betreffenden Mitgliedstaaten treffen gemäß Artikel 16 Absatz 1 der Verordnung (EG) Nr. 883/2004 unter den folgenden Bedingungen Vereinbarungen bzw. lassen sie durch die von ihnen bezeichneten Einrichtungen treffen:

Die Vereinbarungen sollten vorsehen, dass Personen, die im Wohnland Leistungen bei Arbeitslosigkeit erhalten und gleichzeitig eine Teilzeittätigkeit in einem anderen Mitgliedstaat ausüben, sowohl für die Entrichtung der Beiträge als auch für die Gewährung der Leistungen ausschließlich den Rechtsvorschriften des ersteren Mitgliedstaats unterliegen.

Der Träger, der die Leistung bei Arbeitslosigkeit im Wohnland des Betreffenden gewährt, teilt dem von der zuständigen Behörde dieses Mitgliedstaats bezeichneten Träger die Ausübung jeder Teilzeittätigkeit des Betreffenden in einem anderen Mitgliedstaat mit.

Dieser letztere Träger teilt dem von der zuständigen Behörde desjenigen Mitgliedstaats bezeichneten Träger, in dessen Gebiet der Betreffende die Teilzeittätigkeit ausübt, unverzüglich mit, dass diese Person weiterhin den Rechtsvorschriften des Wohnmitgliedstaats unterliegt.

2. Für diese Vereinbarungen gelten die Verwaltungsverfahren gemäß den Artikeln 19 bis 21 der Verordnung (EG) Nr. 987/2009.

3. Die von Mitgliedstaaten aufgrund der Empfehlung Nr. 18 vom 28. Februar 1986 geschlossene und in den Anhang aufgenommene Vereinbarung ist vorbehaltlich der Nummer 2 der vorliegenden Empfehlung im Rahmen der Verordnungen (EG) Nr. 883/2004 und (EG) Nr. 987/2009 weiterhin gültig.

4. Diese Empfehlung wird im Amtsblatt der Europäischen Union veröffentlicht. Sie gilt ab dem Datum des Inkrafttretens der Verordnung (EG) Nr. 987/2009.

Die Vorsitzende der Verwaltungskommission

Gabriela Pikorová

[1] ABl. L 166 vom 30.4.2004, S. 1.

[2] ABl. L 284 vom 30.10.2009, S. 1.

ANHANG

Vereinbarung zwischen Belgien und Luxemburg vom 28. Oktober 1986 über die Bestimmung der anwendbaren Rechtsvorschriften für Personen, die in einem der beiden Staaten wohnen, wo sie Leistungen bei Arbeitslosigkeit beziehen, und in dem anderen Staat eine Teilzeittätigkeit ausüben.

Beschluss Nr. U1
vom 12. Juni 2009
zu Artikel 54 Absatz 3 der Verordnung (EG) Nr. 987/2009 des Europäischen Parlaments und des Rates hinsichtlich der Familienzuschläge zu Leistungen bei Arbeitslosigkeit
(Text von Bedeutung für den EWR und das Abkommen EG/Schweiz)

Amtsblatt C 106 vom 24.4.2010 S. 42

DIE VERWALTUNGSKOMMISSION FÜR DIE KOORDINIERUNG DER SYSTEME DER SOZIALEN SICHERHEIT —

gestützt auf Artikel 72 Buchstabe a der Verordnung (EG) Nr. 883/2004 des Europäischen Parlaments und des Rates vom 29. April 2004 zur Koordinierung der Systeme der sozialen Sicherheit [1], wonach die Verwaltungskommission alle Verwaltungs- und Auslegungsfragen zu behandeln hat, die sich aus der Verordnung (EG) Nr. 883/2004 und der Verordnung (EG) Nr. 987/2009 des Europäischen Parlaments und des Rates vom 16. September 2009 zur Festlegung der Modalitäten für die Durchführung der Verordnung (EG) Nr. 883/2004 über die Koordinierung der Systeme der sozialen Sicherheit [2] ergeben,

gestützt auf Artikel 54 Absätze 2 und 3 der Verordnung (EG) Nr. 987/2009,

in Erwägung nachstehender Gründe:

(1) Richtet sich nach den Rechtsvorschriften eines Mitgliedstaats die Höhe der Leistungen bei Arbeitslosigkeit nach der Zahl der Familienangehörigen, so berücksichtigt der zuständige Träger gemäß Artikel 54 Absatz 3 der Verordnung (EG) Nr. 987/2009 bei der Leistungsberechnung auch die Familienangehörigen, die im Hoheitsgebiet eines anderen als des Mitgliedstaats wohnen, in dem sich der zuständige Träger befindet.

(2) Gemäß Artikel 2 Absatz 2 der genannten Verordnung stellen die Träger unverzüglich all jene Daten zur Verfügung oder tauschen diese ohne Verzug aus, die zur Begründung und Feststellung der Rechte und Pflichten der Personen, für die die Verordnung (EG) Nr. 883/2004 gilt, benötigt werden.

(3) Die Dokumente und strukturierten elektronischen Dokumente gemäß Artikel 4 Absatz 1 der Verordnung (EG) Nr. 987/2009 sind Mittel zum Nachweis der Ansprüche der betreffenden Person, ihre Ausstellung ist jedoch nicht Voraussetzung für diese Ansprüche.

(4) Die Dokumente für die Familienangehörigen, die im Gebiet eines anderen als des Mitgliedstaats wohnen, in dem sich der zuständige Träger befindet, können erst nach Beginn des Zeitraums übermittelt werden, für den Leistungen bei Arbeitslosigkeit zu zahlen sind.

(5) Familienzuschläge zu den Leistungen bei Arbeitslosigkeit für die Zeit vor dem Tage der Übermittlung von Informationen über die Familienangehörigen, die im Gebiet eines anderen als desjenigen Mitgliedstaats wohnen, in dem sich der zuständige Träger befindet, sind nachzuzahlen, wenn diesen Personen bereits zu Beginn des Zeitraums, für den Leistungen bei Arbeitslosigkeit zu zahlen sind, Unterhaltsansprüche gegen die arbeitslose Person hatten.

In Übereinstimmung mit den in Artikel 71 Absatz 2 der Verordnung (EG) Nr. 883/2004 festgelegten Bedingungen —

BESCHLIESST:

1. Die Übermittlung des die Familienangehörigen betreffenden Dokuments erst nach Beginn des Zeitraums, für den Leistungen bei Arbeitslosigkeit zu zahlen sind, bewirkt keine Verschiebung des nach den Rechtsvorschriften des zuständigen Landes bestimmten Zeitpunktes, von dem an Anspruch auf Leistungen bei Arbeitslosigkeit zu dem um die Familienzuschläge erhöhten Satz besteht.

2. Kann der Träger, der das Dokument gemäß Absatz 1 übermittelt, nicht bescheinigen, dass die Familienangehörigen nicht bei der Berechnung von Leistungen bei Arbeitslosigkeit einer anderen Person nach den Rechtsvorschriften des Mitgliedstaats, in dessen Hoheitsgebiet sie wohnen, berücksichtigt werden, darf die betreffende Person das besagte Dokument um eine entsprechende Erklärung ergänzen.

3. Dieser Beschluss wird im Amtsblatt der Europäischen Union veröffentlicht. Er gilt ab dem Datum des Inkrafttretens der Verordnung (EG) Nr. 987/2009.

Die Vorsitzende der Verwaltungskommission
Gabriela Pikorová
[1] ABl. L 166 vom 30.4.2004, S. 1.
[2] ABl. L 284 vom 30.10.2009, S. 1.

**Empfehlung Nr. U2
vom 12. Juni 2009
zur Anwendung des Artikels 64 Absatz 1 Buchstabe a der Verordnung (EG) Nr. 883/2004 des Europäischen Parlaments und des Rates auf Arbeitslose, die ihren Ehepartner oder Partner begleiten, der in einem anderen Mitgliedstaat als dem zuständigen Staat eine Erwerbstätigkeit ausübt
(Text von Bedeutung für den EWR und das Abkommen EG/Schweiz)**

Amtsblatt C 106 vom 24.4.2010 S. 51

DIE VERWALTUNGSKOMMISSION FÜR DIE KOORDINIERUNG DER SYSTEME DER SOZIALEN SICHERHEIT —

gestützt auf Artikel 72 Buchstabe a der Verordnung (EG) Nr. 883/2004 des Europäischen Parlaments und des Rates vom 29. April 2004 zur Koordinierung der Systeme der sozialen Sicherheit [1], wonach die Verwaltungskommission alle Verwaltungs- und Auslegungsfragen zu behandeln hat, die sich aus der Verordnung (EG) Nr. 883/2004 und der Verordnung (EG) Nr. 987/2009 des Europäischen Parlaments und des Rates vom 16. September 2009 zur Festlegung der Modalitäten für die Durchführung der Verordnung (EG) Nr. 883/2004 über die Koordinierung der Systeme der sozialen Sicherheit [2] ergeben,

gestützt auf Artikel 64 Absatz 1 der Verordnung (EG) Nr. 883/2004 und Artikel 55 Absatz 1 der Verordnung (EG) Nr. 987/2009,

in Erwägung nachstehender Gründe:

(1) Nach Artikel 64 Absatz 1 der Verordnung (EG) Nr. 883/2004 kann eine vollarbeitslose Person, die sich in einen anderen Mitgliedstaat als den zuständigen Staat begibt, um dort eine Beschäftigung zu suchen, unter bestimmten Bedingungen und innerhalb bestimmter Grenzen den Anspruch auf Geldleistungen bei Arbeitslosigkeit behalten.

(2) Eine der Bedingungen gemäß Buchstabe a des genannten Absatzes ist, dass die betreffende Person der Arbeitsverwaltung des zuständigen Staates während mindestens vier Wochen nach Beginn der Arbeitslosigkeit zur Verfügung gestanden haben muss.

(3) Gemäß Buchstabe a letzter Satz kann jedoch die zuständige Arbeitsverwaltung oder der zuständige Träger die Abreise des Arbeitsuchenden vor Ablauf der Frist von vier Wochen genehmigen.

(4) Diese Genehmigung sollte Personen nicht verwehrt werden, die unter Erfüllung der anderen Bedingungen gemäß Artikel 64 Absatz 1 der genannten Verordnung ihren Ehepartner oder Partner, der eine Beschäftigung in einem anderen Mitgliedstaat angenommen hat, begleiten wollen.

In Übereinstimmung mit den in Artikel 71 Absatz 2 der Verordnung (EG) Nr. 883/2004 festgelegten Bedingungen —

EMPFIEHLT DEN ZUSTÄNDIGEN DIENSTSTELLEN UND TRÄGERN:

1. Die Genehmigung der Abreise vor Ablauf der Frist von vier Wochen gemäß Artikel 64 Absatz 1 Buchstabe a letzter Satz der Verordnung (EG) Nr. 883/2004 ist einer vollarbeitslosen Person zu gewähren, die alle anderen Bedingungen gemäß Artikel 64 Absatz 1 erfüllt und die ihren Ehepartner oder Partner, der eine Beschäftigung in einem anderen Mitgliedstaat als dem zuständigen Staat angenommen hat, begleitet.

Die Auslegung des Begriffs "Partner" bestimmt sich nach den Rechtsvorschriften des zuständigen Mitgliedstaats.

2. Diese Empfehlung wird im Amtsblatt der Europäischen Union veröffentlicht. Sie gilt ab dem Datum des Inkrafttretens der Verordnung (EG) Nr. 987/2009.

Die Vorsitzende der Verwaltungskommission

Gabriela Pikorová

[1] ABl. L 166 vom 30.4.2004, S. 1.

[2] ABl. L 284 vom 30.10.2009, S. 1.

Beschluss Nr. U2
vom 12. Juni 2009
zum Geltungsbereich des Artikels 65 Absatz 2 der Verordnung (EG) Nr. 883/2004 des Europäischen Parlaments und des Rates über den Anspruch auf Leistungen wegen Arbeitslosigkeit bei anderen Vollarbeitslosen als Grenzgängern, die während ihrer letzten Beschäftigung oder selbstständigen Erwerbstätigkeit im Gebiet eines anderen als des zuständigen Mitgliedstaats gewohnt haben
(Text von Bedeutung für den EWR und das Abkommen EG/Schweiz)

Amtsblatt C 106 vom 24.4.2010 S. 43

DIE VERWALTUNGSKOMMISSION FÜR DIE KOORDINIERUNG DER SYSTEME DER SOZIALEN SICHERHEIT —

gestützt auf Artikel 72 Buchstabe a der Verordnung (EG) Nr. 883/2004 des Europäischen Parlaments und des Rates vom 29. April 2004 zur Koordinierung der Systeme der sozialen Sicherheit [1], wonach die Verwaltungskommission alle Verwaltungs- und Auslegungsfragen zu behandeln hat, die sich aus der Verordnung (EG) Nr. 883/2004 und der Verordnung (EG) Nr. 987/2009 des Europäischen Parlaments und des Rates vom 16. September 2009 zur Festlegung der Modalitäten für die Durchführung der Verordnung (EG) Nr. 883/2004 über die Koordinierung der Systeme der sozialen Sicherheit [2] ergeben,

gestützt auf Artikel 65 Absätze 2 und 5 der Verordnung (EG) Nr. 883/2004,

in Erwägung nachstehender Gründe:

(1) Artikel 65 der Verordnung (EG) Nr. 883/2004 enthält besondere Vorschriften für die Gewährung und Zahlung von Leistungen bei Arbeitslosigkeit an Arbeitslose, die während ihrer letzten Beschäftigung oder selbstständigen Erwerbstätigkeit in einem anderen Mitgliedstaat als dem zuständigen Staat gewohnt haben.

(2) Ausschlaggebend für die Anwendung des Artikels 65 der genannten Verordnung in seiner Gesamtheit ist, dass die betreffende Person während ihrer letzten Beschäftigung oder selbstständigen Erwerbstätigkeit in einem anderen als dem Mitgliedstaat wohnte, dessen Rechtsvorschriften für sie galten, was nicht unbedingt der Staat sein muss, in dessen Gebiet sie beschäftigt oder selbstständig erwerbstätig war.

(3) Nach der Begriffsbestimmung in Artikel 1 Buchstabe j der genannten Verordnung bezeichnet der Begriff "Wohnort" den Ort des gewöhnlichen Aufenthalts einer Person; "Aufenthalt" ist in Artikel 1 Buchstabe k als vorübergehender Aufenthalt definiert.

(4) Artikel 11 der Verordnung (EG) Nr. 987/2009 enthält die Kriterien für die Bestimmung des Wohnorts bei diesbezüglichen Meinungsverschiedenheiten zwischen den Trägern von zwei oder mehr Mitgliedstaaten.

(5) Nach Artikel 1 Buchstabe f der Verordnung (EG) Nr. 883/2004 wohnen Grenzgänger in einem anderen Mitgliedstaat als dem Staat ihrer Erwerbstätigkeit, der nach Artikel 11 Absatz 3 Buchstabe a der genannten Verordnung der zuständige Staat ist, so dass diese Personen zweifelsfrei unter Artikel 65 dieser Verordnung fallen.

(6) Die von Artikel 11 Absatz 4 und Artikel 13 der genannten Verordnung erfassten Gruppen von Personen und die Personen, für die eine Vereinbarung nach Artikel 16 dieser Verordnung gilt, können in bestimmten Fällen in einem anderen Mitgliedstaat als demjenigen wohnen, dessen Zuständigkeit sich aus diesen Artikeln ergibt.

(7) Für diese Gruppen von Personen ist die Frage, in welchem Staat sie wohnen, von Fall zu Fall zu prüfen; bei den von Artikel 13 Absatz 1 Buchstabe a und Absatz 2 Buchstabe a der Verordnung (EG) Nr. 883/2004 erfassten Personen muss dies bereits bei ihrer Aufnahme in die Versicherung geschehen.

(8) Nach Artikel 65 Absatz 5 der Verordnung (EG) Nr. 883/2004 geht die Zuständigkeit für die Zahlung der Leistungen vom zuständigen Staat auf den Wohnstaat über, wenn sich die betreffende Person dessen Arbeitsverwaltung zur Verfügung stellt.

(9) Dies ist zwar derzeit im Fall von Grenzgängern und bestimmten Gruppen vertretbar, die ebenfalls enge Bindungen zu ihrem Heimatland beibehalten. Es wäre jedoch nicht mehr vertretbar, wenn man durch eine allzu großzügige Auslegung des Begriffs "Wohnort" schließlich alle Personen, die eine relativ feste Beschäf-

tigung oder selbstständige Erwerbstätigkeit in einem Mitgliedstaat ausüben und deren Familien im Heimatland geblieben sind, in den Geltungsbereich des Artikels 65 der Verordnung (EG) Nr. 883/2004 einbezöge.

In Übereinstimmung mit den in Artikel 71 Absatz 2 der Verordnung (EG) Nr. 883/2004 festgelegten Bedingungen —

BESCHLIESST:

1. Artikel 65 Absatz 5 der Verordnung (EG) Nr. 883/2004 gilt insbesondere für

a) die von Artikel 11 Absatz 4 der genannten Verordnung erfassten Personen,

b) die von Artikel 13 der genannten Verordnung erfassten Personen, die ihre Tätigkeit gewöhnlich im Gebiet von zwei oder mehr Mitgliedstaaten ausüben,

c) die Personen, für die eine Vereinbarung nach Artikel 16 Absatz 1 der genannten Verordnung gilt,

wenn sie während ihrer letzten Erwerbstätigkeit in einem anderen als dem zuständigen Mitgliedstaat wohnten.

2. Die in Nummer 1 bezeichneten Personen, für die während ihrer letzten Erwerbstätigkeit die Rechtsvorschriften eines anderen als des Mitgliedstaats der Beschäftigung oder selbstständigen Erwerbstätigkeit galten, haben Anspruch auf Leistungen nach den Rechtsvorschriften des Wohnstaats, als ob diese Rechtsvorschriften für sie zuvor gegolten hätten.

3. Zur Anwendung dieses Beschlusses wird der Wohnstaat gemäß Artikel 11 der Verordnung (EG) Nr. 987/2009 bestimmt.

4. Dieser Beschluss wird im Amtsblatt der Europäischen Union veröffentlicht. Er gilt ab dem Datum des Inkrafttretens der Verordnung (EG) Nr. 987/2009.

Die Vorsitzende der Verwaltungskommission

Gabriela Pikorová

[1] ABl. L 166 vom 30.4.2004, S. 1.

[2] ABl. L 284 vom 30.10.2009, S. 1.

Beschluss Nr. U3
vom 12. Juni 2009
zur Bedeutung des Begriffs Kurzarbeit im Hinblick auf die in Artikel 65 Absatz 1 der Verordnung (EG) Nr. 883/2004 genannten Personen
(Text von Bedeutung für den EWR und das Abkommen EG/Schweiz)

Amtsblatt C 106 vom 24.4.2010 S. 45

DIE VERWALTUNGSKOMMISSION FÜR DIE KOORDINIERUNG DER SYSTEME DER SOZIALEN SICHERHEIT —

gestützt auf Artikel 72 Buchstabe a der Verordnung (EG) Nr. 883/2004 des Europäischen Parlaments und des Rates vom 29. April 2004 zur Koordinierung der Systeme der sozialen Sicherheit [1], wonach die Verwaltungskommission alle Verwaltungs- und Auslegungsfragen zu behandeln hat, die sich aus der Verordnung (EG) Nr. 883/2004 und der Verordnung (EG) Nr. 987/2009 des Europäischen Parlaments und des Rates vom 16. September 2009 zur Festlegung der Modalitäten für die Durchführung der Verordnung (EG) Nr. 883/2004 über die Koordinierung der Systeme der sozialen Sicherheit [2] ergeben,

gestützt auf Artikel 65 Absatz 1 der Verordnung (EG) Nr. 883/2004,

in Erwägung nachstehender Gründe:

(1) Artikel 65 Absatz 2 der Verordnung (EG) Nr. 883/2004 enthält eine Vorschrift, nach der bei vollarbeitslosen Personen von dem in Artikel 11 Absatz 3 Buchstabe a der genannten Verordnung aufgestellten allgemeinen Grundsatz der lex loci laboris abgewichen wird.

(2) Für die Feststellung, ob eine Person gemäß Artikel 65 Absätze 1 und 2 der genannten Verordnung vollarbeitslos oder in Kurzarbeit ist, müssen einheitliche Gemeinschaftskriterien angewandt werden. Eine solche Beurteilung darf sich nicht nach Kriterien des innerstaatlichen Rechts richten.

(3) Da in der Praxis der mitgliedstaatlichen Träger der sozialen Sicherheit unterschiedliche Auslegungen hinsichtlich der Feststellung der Art der Arbeitslosigkeit bestehen, ist es im Hinblick auf die Festlegung einheitlicher und ausgewogener Kriterien für die Anwendung des genannten Artikels durch diese Träger wichtig, die Bedeutung des Artikels zu präzisieren.

(4) Hat eine vollarbeitslose Person keine Verbindung mehr mit dem zuständigen Mitgliedstaat, bezieht sie aufgrund des Artikels 65 Absatz 2 der Verordnung (EG) Nr. 883/2004 Leistungen bei Arbeitslosigkeit vom Träger des Wohnorts.

(5) Die Beurteilung, ob eine Verbindung zum Beschäftigungsverhältnis besteht oder aufrecht erhalten wird oder nicht, ist allein nach den Rechtsvorschriften des Beschäftigungsstaats vorzunehmen.

(6) Das von Artikel 65 der Verordnung verfolgte Ziel des Schutzes der Arbeitslosen würde verfehlt, wenn eine Person, die bei demselben Unternehmen in einem anderen Mitgliedstaat als dem Wohnstaat beschäftigt bleibt und vorübergehend nicht arbeitet, dennoch als vollarbeitslos anzusehen wäre und sich somit an den Träger des Wohnorts wenden müsste, um dort Leistungen bei Arbeitslosigkeit zu erhalten.

In Übereinstimmung mit den in Artikel 71 Absatz 2 der Verordnung (EG) Nr. 883/2004 festgelegten Bedingungen —

BESCHLIESST:

1. Bei Anwendung des Artikels 65 Absatz 1 der Verordnung (EG) Nr. 883/2004 ist die Bestimmung der Art der Arbeitslosigkeit — Kurzarbeit oder Vollarbeitslosigkeit — abhängig von der Feststellung des Bestehens oder der Aufrechterhaltung einer arbeitsvertraglichen Bindung zwischen den Parteien und nicht von der Dauer einer etwaigen zeitweiligen Aussetzung der Tätigkeit.

2. Eine Person, die in einem anderen Mitgliedstaat als demjenigen, in dessen Gebiet sie wohnt, weiter bei einem Unternehmen beschäftigt ist und die vorübergehend nicht arbeitet, die jedoch jederzeit an ihren Arbeitsplatz zurückkehren kann, ist als Kurzarbeiter anzusehen, und die entsprechenden Leistungen sind gemäß Artikel 65 Absatz 1 der genannten Verordnung vom zuständigen Träger des Beschäftigungsmitgliedstaats zu erbringen.

3. Hat eine Person, wenn keine arbeitsvertragliche Bindung mehr besteht, keine Verbindung mehr mit dem Beschäftigungsmitgliedstaat — insbesondere wegen Auflösung oder Ablaufen des Arbeitsvertrags —, so gilt sie als vollarbeitslos im Sinne des Artikels 65 Absatz 2 der genannten Verordnung, und für die Gewährung der Leistungen ist der Träger des Wohnorts zuständig.

4. Übt eine selbstständig erwerbstätige Person in dem Mitgliedstaat ihrer beruflichen Tätigkeit keine Erwerbstätigkeit mehr aus, so gilt sie als vollarbeitslos im Sinne des Artikels 65 Absatz 2 der genannten Verordnung, und für die Gewährung der Leistungen ist der Träger des Wohnorts zuständig.

5. Dieser Beschluss wird im Amtsblatt der Europäischen Union veröffentlicht. Er gilt ab dem Datum des Inkrafttretens der Verordnung (EG) Nr. 987/2009.

Die Vorsitzende der Verwaltungskommission

Gabriela Pikorová

[1] ABl. L 166 vom 30.4.2004, S. 1.

[2] ABl. L 284 vom 30.10.2009, S. 1.

**Beschluss Nr. U4
vom 13. Dezember 2011
über die Erstattungsverfahren gemäß Artikel 65 Absätze 6 und 7 der Verordnung (EG)
Nr. 883/2004 und Artikel 70 der Verordnung (EG) Nr. 987/2009
(Text von Bedeutung für den EWR und das Abkommen EG/Schweiz)**

Amtsblatt C 057 vom 25.2.2012 S. 4

DIE VERWALTUNGSKOMMISSION FÜR DIE KOORDINIERUNG DER SYSTEME DER SOZIALEN SICHERHEIT —

gestützt auf Artikel 72 Buchstabe a der Verordnung (EG) Nr. 883/2004 des Europäischen Parlaments und des Rates vom 29. April 2004 zur Koordinierung der Systeme der sozialen Sicherheit, wonach die Verwaltungskommission alle Verwaltungs- und Auslegungsfragen zu behandeln hat, die sich aus der Verordnung (EG) Nr. 883/2004 und der Verordnung (EG) Nr. 987/2009 ergeben,

gestützt auf Artikel 65 Absätze 6 und 7 der Verordnung (EG) Nr. 883/2004,

gestützt auf Artikel 70 der Verordnung (EG) Nr. 987/2009,

gemäß Artikel 71 Absatz 2 Unterabsatz 2 der Verordnung (EG) Nr. 883/2004,

in Erwägung nachstehender Gründe:

(1) Mit Artikel 65 der Verordnung (EG) Nr. 883/2004 wird ein Erstattungsmechanismus eingeführt, um eine fairere finanzielle Aufteilung zwischen den Mitgliedstaaten in den Fällen zu erreichen, in denen Arbeitslose in einem anderen als dem zuständigen Mitgliedstaat wohnen. Die Erstattung soll die zusätzliche finanzielle Belastung des Wohnmitgliedstaates ausgleichen, der die Leistungen bei Arbeitslosigkeit gemäß Artikel 65 Absatz 5 Buchstabe a der Verordnung (EG) Nr. 883/2004 erbringt, ohne von den betroffenen Personen während ihrer letzten Erwerbstätigkeit in einem anderen Mitgliedstaat Beiträge erhalten zu haben.

(2) Leistungen bei Arbeitslosigkeit, die der Wohnmitgliedstaat gemäß Artikel 65 Absatz 5 Buchstabe a der Verordnung (EG) Nr. 883/2004 innerhalb des vorgeschriebenen Zeitraums erbracht hat, werden von dem Staat erstattet, dessen Recht zuletzt für die arbeitslose Person galt, unabhängig von den Anspruchsvoraussetzungen für Leistungen bei Arbeitslosigkeit nach den Rechtsvorschriften dieses Staates.

(3) Gemäß Artikel 65 Absatz 6 Satz 4 der Verordnung (EG) Nr. 883/2004 werden Zeiträume, in denen Leistungen gemäß Absatz 5 Buchstabe b dieses Artikels exportiert wurden, vom Erstattungszeitraum abgezogen; andere Zeiträume, in denen die betroffene Person vom Mitgliedstaat der letzten Erwerbstätigkeit Leistungen bei Arbeitslosigkeit erhalten hat (insbesondere Leistungen gemäß Artikel 65 Absatz 1 oder gemäß Artikel 65 Absatz 2 letzter Satz der Verordnung (EG) Nr. 883/2004), werden nicht abgezogen.

(4) Gemeinsam vereinbarte bewährte Verfahren tragen zu einer raschen und effizienten Begleichung der Forderungen zwischen den Trägern bei.

(5) Damit die Träger eine einheitliche und kohärente Anwendung der EU-Bestimmungen über die Erstattungsverfahren gemäß Artikel 65 Absätze 6 und 7 der Verordnung (EG) Nr. 883/2004 und Artikel 70 der Verordnung (EG) Nr. 987/2009 gewährleisten können, sind Transparenz und klare Leitlinien nötig —

BESCHLIESST:

I. ALLGEMEINE GRUNDSÄTZE DES ERSTATTUNGSVERFAHRENS

1. Hat eine Person gemäß Artikel 65 Absatz 5 Buchstabe a der Verordnung (EG) Nr. 883/2004 ("Grundverordnung") von ihrem Wohnmitgliedstaat Leistungen bei Arbeitslosigkeit erhalten, so wird aufgrund der Erstattungsbestimmungen der Absätze 6 und 7 dieses Artikels die finanzielle Belastung zwischen dem Wohnmitgliedstaat ("Gläubigerstaat") und dem Mitgliedstaat aufgeteilt, dessen Recht für die arbeitslose Person zuletzt gegolten hat ("Schuldnerstaat").

2. Ein Antrag auf Erstattung kann nicht deswegen abgelehnt werden, weil die betroffene Person nach dem nationalen Recht des Schuldnerstaates keinen Anspruch auf Leistungen bei Arbeitslosigkeit gehabt hätte.

3. Der Gläubigerstaat kann nur dann Erstattung beanspruchen, wenn die betroffene Person, bevor sie arbeitslos wurde, im Schuldnerstaat Zeiten einer Beschäftigung oder selbstständigen Erwerbstätigkeit zurückgelegt hat und derartige Zeiten im letzteren Staat für Leistungen bei Arbeitslosigkeit berücksichtigt werden.

II. FESTLEGUNG DES ERSTATTUNGSZEITRAUMS

1. Der in Artikel 65 Absätze 6 und 7 der Grundverordnung genannte Zeitraum von drei bzw. fünf Monaten, für den ein Erstattungsantrag gestellt werden kann ("Erstattungszeitraum"), beginnt mit dem ersten Tag, für den tatsächlich Leistungen bei Arbeitslosigkeit zuerkannt werden Der Erstattungszeitraum endet mit dem Ablauf des in Artikel 65 Absätze 6 und 7 der Grundverordnung festgelegten Zeitraums (drei bzw. fünf Monate), unabhängig davon, ob es während dieses Zeitraums gemäß dem Recht des Gläubigerstaates zu einer Minderung, einer Aussetzung oder einem Entzug des Anspruchs auf oder der Zahlung von Leistungen kommt.

2. Ein neuer Erstattungsantrag kann erst dann gestellt werden, wenn die betroffene Person die Voraussetzungen laut dem Recht des Gläubigerstaates gemäß Artikel 65 Absatz 5 Buchstabe a der Grundverordnung für einen neuen Leistungsanspruch erfüllt, sofern dieser Anspruch nicht die Fortführung einer früheren Entscheidung zur Gewährung von Leistungen bei Arbeitslosigkeit ist.

3. Unbeschadet Artikel 65 Absatz 6 vierter Satz der Grundverordnung dürfen vom erstattungsfähigen Zeitraum keine anderen Bezugszeiten von Leistungen bei Arbeitslosigkeit abgezogen werden, die aufgrund des Rechts des Schuldnerstaates gezahlt wurden.

III. VERLÄNGERUNG DES ERSTATTUNGSZEITRAUMS GEMÄSS ARTIKEL 65 ABSATZ 7 DER GRUNDVERORDNUNG

1. Der Erstattungszeitraum wird gemäß Artikel 65 Absatz 7 der Grundverordnung auf fünf Monate verlängert, wenn die betroffene Person während der 24 Monate, die dem Tag vorausgehen, ab dem die Leistungen bei Arbeitslosigkeit tatsächlich zuerkannt werden, mindestens 12 Monate beschäftigt oder selbstständig erwerbstätig war und diese 12 Monate für den Leistungsanspruch bei Arbeitslosigkeit anrechenbar sind.

2. Die Ausdehnung des Erstattungszeitraums gemäß Artikel 65 Absatz 7 der Grundverordnung kann nicht deswegen abgelehnt werden, weil die betroffene Person unter dem nationalen Recht des Schuldnerstaates keinen Anspruch auf Leistungen bei Arbeitslosigkeit hätte.

IV. FESTSETZUNG DER ERSTATTUNGSHÖCHSTBETRÄGE GEMÄSS ARTIKEL 70 DER VERORDNUNG (EG) Nr. 987/2009 ("DURCHFÜHRUNGSVERORDNUNG")

1. Die Erstattungshöchstbeträge, die für die in Anhang 5 der Durchführungsverordnung genannten Mitgliedstaaten gelten und auf die in Artikel 70 letzter Satz der genannten Verordnung verwiesen wird, sind der Verwaltungskommission innerhalb von sechs Monaten nach Ablauf des betreffenden Kalenderjahres mitzuteilen. Jeder der in Anhang 5 genannten Mitgliedstaaten übersendet eine solche Mitteilung mit dem für das betreffende Kalenderjahr geltenden Höchstbetrag und einer Beschreibung der Berechnungsmethode.

V. SONSTIGE BESTIMMUNGEN

1. Wenn ein Erstattungsantrag an den Schuldnerstaat gerichtet wurde, hat eine nachträgliche Änderung der Höhe der entsprechenden Arbeitslosenleistung, die rückwirkend gemäß dem Recht des Gläubigerstaates vorgenommen wurde, keinerlei Auswirkung auf die vom Gläubigerstaat mitgeteilte Forderung.

2. Der "Gesamtbetrag" der vom Wohnortträger erbrachten Leistungen (Artikel 65 Absatz 6 zweiter Satz der Grundverordnung) umfasst alle Kosten vor eventuellen Abzügen ("Bruttobetrag"), die dem Gläubiger im Zusammenhang mit den Arbeitslosenleistungen entstanden sind.

VI. SCHLUSSBESTIMMUNGEN

1. Die Bestimmungen über die Erstattung gemäß Artikel 65 Absätze 6 und 7 der Grundverordnung betreffen nur Leistungen, die auf der Grundlage des Artikels 65 Absatz 5 Buchstabe a der Grundverordnung erbracht wurden.

2. Die Anwendung dieser Erstattungsverfahren sollte vom Prinzip der guten Zusammenarbeit zwischen den Trägern, von Pragmatismus und Flexibilität geleitet sein.

3. Dieser Beschluss wird im Amtsblatt der Europäischen Union veröffentlicht.

4. Er gilt ab dem ersten Tag des zweiten Monats nach seiner Veröffentlichung für alle Erstattungsanträge, die zu diesem Datum noch nicht abgewickelt sind.

Die Vorsitzende der Verwaltungskommission

Elżbieta Rożek

Teil 3:
Verordnung (EU) Nr. 492/2011 des Europäischen Parlaments und des Rates vom 5. April 2011 über die Freizügigkeit der Arbeitnehmer innerhalb der Union

(ABl. L 141 vom 27.5.2011, S. 1)

Artikel 7

(1) Ein Arbeitnehmer, der Staatsangehöriger eines Mitgliedstaats ist, darf aufgrund seiner Staatsangehörigkeit im Hoheitsgebiet der anderen Mitgliedstaaten hinsichtlich der Beschäftigungs- und Arbeitsbedingungen, insbesondere im Hinblick auf Entlohnung, Kündigung und, falls er arbeitslos geworden ist, im Hinblick auf berufliche Wiedereingliederung oder Wiedereinstellung, nicht anders behandelt werden als die inländischen Arbeitnehmer.

(2) Er genießt dort die gleichen sozialen und steuerlichen Vergünstigungen wie die inländischen Arbeitnehmer.

(3) Er kann mit dem gleichen Recht und unter den gleichen Bedingungen wie die inländischen Arbeitnehmer Berufsschulen und Umschulungszentren in Anspruch nehmen.

(4) Alle Bestimmungen in Tarif- und Einzelarbeitsverträgen oder sonstigen Kollektivvereinbarungen betreffend Zugang zur Beschäftigung, Entlohnung und sonstige Arbeits- und Kündigungsbedingungen sind von Rechts wegen nichtig, soweit sie für Arbeitnehmer, die Staatsangehörige anderer Mitgliedstaaten sind, diskriminierende Bedingungen vorsehen oder zulassen.

I. Normzweck	1	2. Persönlicher Anwendungsbereich	14
II. Einzelerläuterungen	3		
1. Sachlicher Anwendungsbereich	3		

I. Normzweck

1 Art. 7 Abs. 2 VO (EW) Nr. 492/2011 (ABl. (EU) L 141 v. 27.5.2011) bestimmt, dass ein Arbeitnehmer, der Staatsangehöriger eines Mitgliedstaates ist, im Hoheitsgebiet eines anderen Mitgliedstaates die **gleichen sozialen und steuerlichen Vergünstigungen** genießt wie die inländischen Arbeitnehmer. Als Teil der als arbeitsrechtlicher Annex zu Art. 45 AEUV (= Art. 39 EG) ergangenen VO (EU) Nr. 492/2011 über die Freizügigkeit der Arbeitnehmer innerhalb der Union (bisher VO (EWG) Nr. 1612/68) auf der Grundlage des Art. 46 AEUV (= Art. 40 EG) liegt dieser Regelung der Gedanke zugrunde, mittels eines Diskriminierungsverbotes jede unterschiedliche Behandlung aufgrund der Staatsangehörigkeit in tatsächlicher und rechtlicher Hinsicht zu vermeiden, um die völlige Freizügigkeit der Arbeitnehmer auf dem Gebiet der Europäischen Union zu erwirken (s. auch die Präambel der VO (EU) Nr. 492/2011). Die Gleichbehandlung muss sich im Sinne der sechsten Begründungserwägung der VO (EU) Nr. 492/2011 auf alles erstrecken, „was mit der eigentlichen Tätigkeit im Lohn- oder Gehaltsverhältnis und mit der Beschaffung einer Wohnung im Zusammenhang steht". Darüber hinaus müssen alle Hindernisse beseitigt werden, die sich der Mobilität der Arbeitnehmer entgegenstellen, insbesondere in Bezug auf das Recht des Arbeitnehmers, seine Familie nachkommen zu lassen, und die Bedingungen für die Integration seiner Familie im Aufnahmeland.

2 Nach einem erfolgreichen Arbeitsplatzwechsel soll über Art. 7 Abs. 2 VO (EU) Nr. 492/2011 die **soziale Integration des Arbeitnehmers im Aufnahmestaat** gefördert werden, die neben der geografischen und der beruflichen Mobilität die dritte Komponente der Freizügigkeit darstellt. Daneben soll eine Gleichstellung in Bezug auf Umstände erfolgen, die den Erwerb einer beruflichen Qualifizierung und den sozialen Aufstieg erleichtern (EuGH, Rs. 235/87 (Matteuci), Slg 1988, 5589, 5610). Auf diesem Weg soll in Ergänzung zu den Regelungen der VO (EG) Nr. 883/04,

welche lediglich die dort genannten Leistungsbereiche der sozialen Sicherheit erfassen, mittels Art. 7 Abs. 2 VO (EU) Nr. 492/2011 der soziale Schutz des Arbeitnehmers auf dem Gebiet der Europäischen Union in Form einer möglichst weitgehenden Gleichbehandlung aller Unionsbürger vervollständigt werden. Rechtlich bildet Art. 7 Abs. 2 VO (EU) Nr. 492/2011 im System des europäischen Sozialrechts somit einen Auffangtatbestand zur Komplettierung des sozialrechtlichen Schutzes zugewanderter Arbeitnehmer. Es findet sich hier kein Koordinierungssystem, wie dies aus der VO (EG) Nr. 883/2004 geläufig ist. Durch das Erfordernis der Gleichbehandlung wird hier aber ein ähnlicher Effekt erzielt. Es kommt auch nicht darauf an, ob Gesetz, Arbeitsvertrag, Kollektivvereinbarung oder eine autonome Entscheidung des Arbeitgebers die Rechtsgrundlage der Leistung bildet (näher dazu *Steinmeyer*, in: Hanau/Steinmeyer/Wank, Handbuch des europäischen Arbeits- und Sozialrechts, 2002, § 22).

II. Einzelerläuterungen

1. Sachlicher Anwendungsbereich

In der Terminologie des Europäischen Sozialrechts findet der **Begriff der sozialen Vergünstigung** in Art. 7 Abs. 2 VO (EU) Nr. 492/2011 bzw der Vorgänger-Verordnung erstmals Verwendung. Er ist weiter gefasst als der Begriff der sozialen Sicherheit, dergestalt, dass eine Leistung der sozialen Sicherheit der VO (EG) Nr. 883/2004 stets eine spezielle Form der sozialen Vergünstigung darstellt. Nach der Rechtsprechung des EuGH umfasst der Begriff der sozialen Vergünstigung iSd Art. 7 Abs. 2 alle Sozialleistungen, die – ob sie an einen Arbeitsvertrag anknüpfen oder nicht – den inländischen Arbeitnehmern wegen ihrer objektiven Arbeitnehmereigenschaft oder einfach wegen ihres Wohnsitzes im Inland gewährt werden und deren Ausdehnung auf die Arbeitnehmer, die Staatsangehörige eines anderen Mitgliedstaates sind, deshalb als geeignet erscheint, deren Mobilität in der Union zu fördern (st.Rspr seit EuGH, Rs. 32/75 (Christini), Slg 1975, 1085). Leistungen iSd Art. 7 Abs. 2 VO (EU) Nr. 492/2011 knüpfen neben der Arbeitnehmereigenschaft somit nicht zuletzt wegen des Wohnsitzprinzips insbesondere auch an die Zugehörigkeit des Arbeitnehmers zur Gesellschaft des Gastlandes an (*Everling*, EuR 1990, 81 ff, 86).

3

Infolge der **Auffangfunktion** des Art. 7 Abs. 2 VO (EU) Nr. 492/2011 kann eine soziale Vergünstigung nur vorliegen, sofern eine Leistung nicht bereits von den spezielleren Diskriminierungsverboten der VO (EG) Nr. 883/2004 oder des Art. 7 Abs. 1 VO (EU) Nr. 4922011 erfasst wird. Zwar ist Art. 7 Abs. 1 VO (EU) Nr. 492/2011, der eine Gleichbehandlung im Bereich der Beschäftigungs- und Arbeitsbedingungen reglementiert, nach dem EuGH (Rs. 39/86 (Lair), Slg 1988, 3161, 3196) ebenfalls lex specialis gegenüber Art. 7 Abs. 2 VO (EU) Nr. 492/2011, jedoch ist eine Differenzierung zwischen beiden Absätzen aufgrund der fließend ineinander übergehenden Regelungsmaterien und der Gleichartigkeit der Rechtsfolgen entbehrlich. Demzufolge bildet die abschließende Aufzählung der Zweige der sozialen Sicherheit in Art. 3 Abs. 1 lit. a-j den Ausgangspunkt für die Einordnung einer Leistung als soziale Vergünstigung iSd Art. 7 Abs. 2 VO (EU) Nr. 492/2011. In diesem Zusammenhang bindet die mitgliedstaatliche Bezeichnung einer Leistung als solche der sozialen Sicherheit die unionsrechtliche Klassifizierung zwar nicht. Sie ist aber grundsätzlich ein Indiz für die Zugehörigkeit zu den Leistungen, die von der VO (EG) Nr. 883/2004 erfasst werden. Sofern die in Frage stehende Leistung nicht ohne weiteres dem sachlichen Anwendungsbereich der VO (EG) Nr. 883/2004 zugeordnet werden kann, ist die Leistung gleichwohl nicht sofort als eine soziale Vergünstigung im Sinne der VO (EU) Nr. 492/2011 anzusehen. Eine Leistung der sozialen Sicherheit im Sinne der VO (EG) Nr. 883/2004 liegt auch vor, wenn sie nach ihren Merkmalen, ihrer Zielsetzung und den Voraussetzungen ihrer Gewährung mit den Leistungen der VO (EG) Nr. 883/2004 vergleichbar ist (vgl EuGH, Rs. 66/92 (Acciardi), Slg 1993, I-4567 für die niederländische Versorgung älterer und teilweise arbeitsunfähiger arbeitsloser Arbeitnehmer). Dies kann nach der Rspr des EuGH der Fall sein, wenn eine gesetzliche Regelung unter anderem einen Bezug zu einem der in Art. 3 Abs. 1 aufgezählten Risiken hat (EuGH, Rs. 122/84 (Scrivner), Slg 1985, 1027, 1034). Einen eigenen Ausschluss mit der Folge

4

einer Anwendungsmöglichkeit von Art. 7 Abs. 2 VO (EU) Nr. 492/2011 nimmt Art. 3 Abs. 5 vor, wenn diese Norm bestimmt, dass die VO (EG) Nr. 883/2004 nicht gilt für soziale und medizinische Fürsorge sowie Leistungssysteme, bei denen ein Mitgliedstaat die Haftung für Personenschäden übernimmt und Entschädigung leistet, beispielsweise für Opfer von Krieg und militärischen Aktionen oder der sich daraus ergebenden Folgen, Opfer von Straftaten, Attentaten oder Terrorakten, Opfer von Schäden, die von Bediensteten eines Mitgliedstaats in Ausübung ihrer Pflichten verursacht wurden, oder für Personen, die aus politischen oder religiösen Gründen oder aufgrund ihrer Abstammung Nachteile erlitten haben.

5 Von dieser Frage der Zuordnung einer Leistung zur VO (EG) Nr. 883/04 ist zu unterscheiden, dass Art. 7 Abs. 2 VO (EU) Nr. 492/2011 eine besondere Ausprägung des in Art. 45 Abs. 2 AEUV enthaltenen Gleichbehandlungsgrundsatzes auf dem spezifischen Gebiet der Gewährung sozialer Vergünstigungen ist und daher ebenso auszulegen ist wie Art. 45 Abs. 2 AEUV. Beitragsunabhängige Geldleistungen nach Art. 3 Abs. 3 und 70 unterfallen nicht Art. 7 Abs. 2 der VO und die Frage des Wohnsitzerfordernisses ist deshalb nach der VO (EG) Nr. 883/04 zu beurteilen; es ist aber nicht zu bestreiten, dass unter dem Gesichtspunkt der Freizügigkeit, den Art. 7 Abs. 2 zum Ausdruck bringt, nicht hergeleitet werden kann, dass diese Leistungen exportpflichtig sein müssen. Es ist von einem Gleichklang der Aussagen auszugehen, was auch der EuGH zum Ausdruck gebracht hat (EuGH, Rs. C-287/05 (Hendrix); anders BSG, SozR 4-4200 § 7 Nr. 22, das von einer Konkurrenz des Art. 7 Abs. 2 der VO und Art. 3 Abs. 3 und 7 VO 883/04 auch hinsichtlich des sachlichen Anwendungsbereichs ausgeht; wie hier auch *Daiber*, VSSR 2009, 299 ff, 309 f)

6 Schwierigkeiten bereitet insbesondere die **Abgrenzung der Sozialhilfe von den Leistungen der sozialen Sicherheit** (vgl hierzu auch Art. 3). Bis heute ist in einer Reihe von Entscheidungen versucht worden, taugliche, allgemeine Abgrenzungskriterien zu entwickeln, die eine Einordnung der in Frage stehenden Leistung ermöglichen oder zumindest erleichtern. In der ersten Entscheidung, die diese Problematik zum Gegenstand hatte, stellte der EuGH darauf ab, ob der Leistungsgewährung nach den gesetzlichen Regelungen eine typischerweise der Sozialhilfe eigene Bedürftigkeitsprüfung im Einzelfall vorauszugehen hat, so dass ein Anspruch auf Sozialhilfe nicht von dem gesetzlichen Status des Arbeitnehmers oder von bestimmten zurückgelegten Wohn- oder Beschäftigungszeiten abhängt, sondern von der Ermessensentscheidung der zuständigen Behörde (EuGH, Rs. 1/72 (Frilli), Slg 1972, 457; EuGH, Rs. 24/74 (Biason), Slg 1974, 999 ff für eine Leistung mit Doppelcharakter, die der sozialen Sicherheit zuzuordnen ist). In der Rs. 139/82 (Piscitello), Slg 1983, 1427 wurde die italienische „pensione sociale", obwohl sie national als Sozialhilfeleistung angesehen wird, als Leistung der sozialen Sicherheit qualifiziert, weil der Leistungsgewährung nach den italienischen Rechtsvorschriften im Einzelfall keine Bedürftigkeitsprüfung vorauszugehen hat. Aufgrund der immer noch bestehenden Abgrenzungsprobleme in späteren Fällen wurde das Kriterium der Bedürftigkeit durch das Merkmal der Zweckbestimmung der Leistung und die Voraussetzungen ihrer Gewährung ergänzt (EuGH, Rs. 122/84 (Scrivner), Slg 1985, 1025). Ein Risikobezug zu den Leistungen der VO (EG) Nr. 883/2004 ist insbesondere bei „retrospektiven" Leistungen zu bejahen, die in Fällen gewährt werden, in denen ansonsten Leistungen der sozialen Sicherheit erbracht werden. Sofern eine bestimmte Leistung sowohl an Bedürftige ohne jegliche Einkommensquelle als auch an erwerbstätige Personen wie Arbeitnehmer oder ihnen Gleichgestellte als einkommensunterstützende Sozialleistung gewährt wird, ist sie als Leistung der sozialen Sicherheit zu qualifizieren, obwohl sie aus der Sicht der einkommenslosen bezugsberechtigten Personen eindeutig eine Sozialhilfeleistung darstellt (EuGH, Rs. 1/72 (Frilli), Slg 1972, 457).

7 Gerade wegen des angesprochenen breiten Spektrums an divergierenden Leistungssystemen innerhalb der Grauzone zwischen sozialer Sicherheit und Sozialhilfe und der damit zusammenhängenden permanenten Konfrontation mit andersartigen Sozialleistungsprinzipen orientierten sich die Entscheidungen des EuGH dann auch weniger an generellen Abgrenzungskriterien als vielmehr an den jeweiligen **Umständen des Einzelfalls** (vgl die Analyse der Rechtsprechung von *Pompe*, Leistungen, S. 155 ff). Innerhalb dieses Grenzbereichs wurden einkommensergänzende

Soziale und Steuerliche Vergünstigungen Artikel 7

Sozialrenten zur Sicherung des notwendigen Lebensbedarfs (EuGH, Rs. 139/82 (Piscitello), Slg 1983, 1427), vorbeugende Schutzmaßnahmen zur Seuchenbekämpfung sowie Leistungen mit Doppelcharakter (diese werden aufgrund von Leistungsregelungen gewährt, die sowohl auf eine Bedürftigkeitsprüfung im Einzelfall verzichten als auch Fürsorgebestimmungen enthalten, vgl EuGH, Rs. 24/74 (Biason), Slg 1974, 999) als Leistungen der sozialen Sicherheit angesehen. Beiden Sozialleistungsbereichen wurden bspw Behindertenbeihilfen zugeordnet (EuGH, Rs. 187/73 (Callemeyn), Slg 1974, 553 und Rs. 39/74 (Costa), Slg 1974, 1251 für soziale Sicherheit; Rs. 310/91 (Hugo Schmid), Slg 1993, I-3043 für soziale Vergünstigung).

Dem Problem der **beitragsunabhängigen Leistungen** sollte mit der Einfügung des Art. 4 Abs. 2 a der VO (EWG) Nr. 1408/71 begegnet werden. Danach wurden besondere, in einem Anhang II a aufgeführte, beitragsunabhängige Leistungen in den sachlichen Anwendungsbereich der VO (EWG) Nr. 1408/71 einbezogen und somit teilweise mit den sonstigen Leistungen der sozialen Sicherheit gleichgestellt, die entweder in den Art. 4 Abs. 1 lit. a) bis h) der VO (EWG) Nr. 1408/71 entsprechenden Versicherungsfällen ersatzweise, ergänzend oder zusätzlich gewährt werden oder allein zum Schutz der Behinderten bestimmt sind. Insoweit sind bei der Prüfung der Anspruchsberechtigung für eine derartige Leistung in anderen Mitgliedstaaten zurückgelegte Wohnzeiten wie bei anderen Risiken so zu berücksichtigen, als seien sie im leistungspflichtigen Staat zurückgelegt. Art. 3 Abs. 3 bezieht nunmehr die besonderen beitragsunabhängigen Geldleistungen, die in Art. 70 näher bestimmt werden, in den sachlichen Anwendungsbereich der VO (EG) Nr. 883/2004 mit ein. Es muss sich aber um steuerfinanzierte Leistungen handeln, die entweder die in Abs. 1 aufgeführten Leistungen ersetzen, ergänzen oder zusätzlich gewährt werden oder allein zum besonderen Schutz der Behinderten bestimmt sind (s. dazu Art. 70). Anhang X enthält den Katalog der Leistungen, die einbezogen sind; die Eintragung in diesen Katalog ist konstitutiv. Für Deutschland zählen hierzu die Leistungen der Grundsicherung im Alter und bei Erwerbsminderung nach dem Vierten Kapitel des SGB XII sowie Leistungen zur Sicherung des Lebensunterhalts der Grundsicherung für Arbeitssuchende, soweit für diese Leistungen nicht dem Grunde nach die Voraussetzungen für den befristeten Zuschlag nach Bezug von Arbeitslosengeld (§ 24 Abs. 1 SGB II) erfüllt sind (vgl hierzu auch *Fuchs*, SGb 2008, 201 ff, 203 f). 8

Erst wenn eine Leistung **nicht als eine der sozialen Sicherheit** iSd VO (EG) Nr. 883/2004 qualifiziert werden kann, bleibt Raum für die Anwendung des Art. 7 Abs. 2 der VO (EU) Nr. 492/2011. Nachdem der Begriff der sozialen Vergünstigung vom EuGH zunächst eher restriktiv ausgelegt wurde (nach dem Urteil in der Rs. 76/72 (Michel), Slg 1973, 457), fielen nur solche Vergünstigungen unter Art. 7 Abs. 2 VO (EWG) Nr. 1612/68 – nunmehr Art. 7 Abs. 2 VO (EU) Nr. 492/2011, die mit der Beschäftigung im Zusammenhang stehen. Der EuGH hat später in Bezug auf die zu gewährenden Leistungen zur Verwirklichung der von Art. 45 AEUV (= Art. 39 EG) verfolgten Ziele von der Möglichkeit einer weiten Auslegung des Art. 7 Abs. 2 VO (EWG) Nr. 1612/68 – nunmehr Art. 7 Abs. 2 VO (EU) Nr. 492/2011 – konsequent und umfassend Gebrauch gemacht. Neben der Sozialhilfe oder ähnlichen bedürftigkeitsabhängigen Leistungen zur Sicherung eines Existenzminimums (EuGH, Rs. 122/84 (Scrivner), Slg 1985, 1027; Rs. 249/83 (Hoeckx), Slg 1985, 973; Rs. 157/84 (Frascogna I), Slg 1985, 1739; Rs. 256/86 (Frascogna II), Slg 1987, 3431; Rs. 316/85 (Lebon), Slg 1987, 2811) sind nach der Rechtsprechung des EuGH eine Reihe von Leistungen als soziale Vergünstigung für den Arbeitnehmer im Sinne der VO (EU) Nr. 492/2011 anzusehen, die typischerweise allein als Folge des Arbeitsplatzwechsels oder des Wohnsitzes unmittelbar in Anspruch genommen werden können, ohne dass wie etwa bei Leistungen der VO (EG) Nr. 883/2004 anspruchsbegründende Wohn-, Beschäftigungs- oder Versicherungszeiten vorausgesetzt werden. Hierzu zählen im Einzelnen: garantierte Mindesteinkommen im Alter (EuGH, Rs. 1/72 (Frilli), Slg 1972, 457; Rs. 261/83 (Castelli), Slg 1984, 3199), Sozialleistungen für Behinderte bzw für deren Integration (EuGH, Rs. 76/72 (Michel), Slg 1973, 457; Rs. 187/73 (Callemeyn), Slg 1974, 553; Rs. 63/76 (Inzirillo), Slg 1976, 2057), Arbeitslosengeld (EuGH, Rs. 94/84 (Deak), Slg 1985, 1873), Teilnahme am Unterricht (EuGH, Rs. 9/74 (Ca- 9 sagrande), Slg 1974, 773; Rs. 68/74 (Alaimo), Slg 1975, 109), Geburtsbeihilfen bzw zinslose Geburtsdarlehen (EuGH, Rs. 111/91 (Kommission/Luxemburg), Slg 1993, I-817; Rs. 65/81 (Reina), Slg 1982, 33; aus deutscher Sicht auch Baby-Geld, vgl BVerwG, NJW 1988, S. 2195), Fahrpreisermäßigungen (EuGH, Rs. 32/75 (Christini), Slg 1975, 1085), Aufenthaltsrecht für den Lebenspartner (EuGH, Rs. 59/85 (Reed), Slg 1986, 1283), Ausbildungsförderung bzw Stipendium und Zugang zum Hochschulunterricht (EuGH, Rs. 39/86 (Lair), Slg 1988, 3161; Rs. 198/86 (Brown), Slg 1988, 3105; Rs. 235/87 (Matteuci), Slg 1988, 5589; Rs. 357/89 (Raulin), Slg 1992, I-1027; Rs. 3/90 (Bernini), Slg 1992, I-1071), Einschreibegebühren (EuGH, Rs. 263/86 (Humbel), Slg 1988, 5365), Ausbildungsförderung für Auslandsstudium (EuGH, Rs. 308/89 (di Leo), Slg 1990, I-4185), Bestattungsgeld (EuGH, Rs. 331/94 (O'Flynn), Slg 1996, I-2617), einmalige Entschädigungsleistungen wegen Flächenstilllegung in der Landwirtschaft und damit verbundenem Arbeitsplatzverlust (EuGH, Rs. C-57/96 (Meints), Slg 1997, I-6689 ff) und das Recht auf eine andere Verfahrenssprache in einem Strafprozess (EuGH, Rs. 137/84 (Mutsch), Slg 1985, 2681). Aus deutscher Sicht werden die klassische Sozialhilfe (also ohne die Grundsicherung im Alter und bei Erwerbsminderung nach dem SGB XII und die Leistungen nach dem SGB II) sowie Jugendhilfeleistungen und Unterhaltsvorschüsse von Art. 7 Abs. 2 VO (EU) Nr. 492/2011 erfasst. Den Schwerpunkt des sachlichen Anwendungsbereichs des Art. 7 Abs. 2 VO (EU) Nr. 492/2011 bilden somit, wegen ihrer vorrangigen Bedeutung für die Integration des Arbeitnehmers im Gastland, die Sicherung des notwendigen Lebensunterhalts und Maßnahmen der (Berufs-)Ausbildungsförderung. Jüngst hat der EuGH auch die sog. Riester-Förderung unter Art. 7 Abs. 2 VO (EU) Nr. 492/2011 subsumiert und einen Verstoß gegen diese Vorschrift angenommen, soweit die einschlägigen Vorschriften Grenzarbeitnehmern und deren Ehegatten die Altersvorsorgezulage verweigern, falls sie in Deutschland unbeschränkt steuerpflichtig sind bzw Grenzarbeitnehmern nicht gestatten, das geförderte Kapital für die Anschaffung oder Herstellung einer zu eigenen Wohnzwecken dienenden Wohnung zu verwenden, falls diese nicht in Deutschland gelegen ist und falls sie vorsehen, dass die Zulage bei der Beendigung der unbeschränkten Steuerpflicht in Deutschland zurückzuzahlen ist (EuGH, Rs. C-269/07 (Kommission/Deutschland), Slg 2009, I-7811. = IStR 2009, 696 ff).

10 Bei Betrachtung der Leistungen wird erkennbar, dass der EuGH die Norm des Art. 7 Abs. 2 VO (EU) Nr. 492/2011 in verschiedener Hinsicht **extensiv ausgelegt** hat. Neben der Erweiterung des Anwendungsbereichs in Bezug auf materielle Leistungen an den Arbeitnehmer selbst wurden zunehmend auch immaterielle Leistungen (wie ein Aufenthaltsrecht für den Lebenspartner, vgl Rs. 95/85 (Reed), Slg 1986, 1283; am weitesten wohl EuGH, Rs. 137/84 (Mutsch), Slg 1985, 2681 für das Recht auf Durchführung eines Strafverfahrens in einer anderen Verfahrenssprache) und entgegen der Systematik sogar Leistungen an Familienangehörige in den Anwendungsbereich des Art. 7 Abs. 2 VO (EU) Nr. 492/2011 einbezogen, obwohl die Rechte der Familienangehörigen erst im folgenden Abschnitt 3 „Familienangehörige der Arbeitnehmer" statuiert werden. Die Gewährung von sozialen Vergünstigungen iSv Art. 7 Abs. 2 VO (EU) Nr. 492/2011 an Familienangehörige entgegen dem Wortlaut rechtfertigt der EuGH mit der Feststellung, dass diese Leistungen im Grunde soziale Vergünstigungen für den Arbeitnehmer selbst sind (EuGH, Rs. 32/75 (Christini), Slg 1975, 1085; Rs. 63/76 (Inzirillo), Slg 1976, 2057; Rs. 94/84 (Deak), Slg 1985, 1873), so dass auch diese von dem Anwendungsbereich des Art. 7 Abs. 2 erfasst werden müssen. Diese Annahme ist konsequent, da das Grundrecht auf Freizügigkeit des Arbeitnehmers seine Schranken nicht darin finden kann, dass seinen Familienangehörigen eine Leistung versagt wird, die in einem vergleichbaren Fall den Angehörigen eines Inländers gewährt werden würde (s. die Entscheidungsgründe in der Rs. 32/75 (Christini), Slg 1975, 1085). Weil nach dem EuGH der Anknüpfungspunkt der Anspruchsberechtigung auch bei Leistungen an Familienangehörige weiterhin beim Arbeitnehmer selbst liegt, hat diese Rechtsprechung zur Folge, dass auf diesem Wege rechtlich der sachliche, faktisch hingegen der persönliche Anwendungsbereich des Art. 7 Abs. 2 VO (EU) Nr. 492/2011 erweitert wird.

Obwohl der Begriff der sozialen Vergünstigung zugunsten einer weitgehenden sozialrechtlichen 11
Gleichbehandlung in den Mitgliedstaaten weit auszulegen ist, unterliegen **nicht alle Sozialleistungen dem Gleichbehandlungsgebot** des Art. 7 Abs. 2 VO (EU) Nr. 492/2011. Im Wesentlichen werden drei Bereiche nicht von Art. 7 Abs. 2 VO (EU) Nr. 492/2011 erfasst. Im Vordergrund stehen dabei zunächst die Rechte, die „nur" aufgrund der Staatsangehörigkeit gewährt werden. Art. 7 Abs. 2 VO (EU) Nr. 492/2011 verbietet zwar eine Ungleichbehandlung wegen der Staatsangehörigkeit, solange aber gerade die Staatsangehörigkeit die wesentliche Voraussetzung für den Leistungsanspruch ist, muss berücksichtigt werden, dass diese Leistungen in besonderer Weise an das Verhältnis des Bürgers zu seinem Heimatstaat anknüpfen. Zu diesen Leistungen zählen das Wahlrecht zu den Volksvertretungen und die bürgerlichen und politischen Grundrechte sowie Leistungen, die als Folge der Ableistung einer Wehrpflicht gewährt werden (vgl EuGH, Rs. C-315/94 (de Vos), Slg 1996, I-1417).

Eine Ausnahme ist auch für Leistungen zu machen, mit denen ein Staat besonderen, nur seine 12
Staatsangehörigen betreffenden Situationen und Belastungen Rechnung tragen will. Dies ergibt sich schon aus dem Umstand, dass Art. 7 Abs. 2 VO (EU) Nr. 492/2011 allein dazu dient, das im Vordergrund stehende Ziel der Freizügigkeit als Bestandteil eines freien Personenverkehrs auf dem Gebiet der EU zu erreichen. So wurde einem in Belgien lebenden französischen Arbeitnehmer der an eine belgische Behörde gestellten Anspruch auf Kriegsopferentschädigung mit der Begründung versagt, die Entschädigung verfolge im Wesentlichen den Zweck der Vergünstigung im Hinblick auf die für seinen Heimatstaat erduldeten Prüfungen (EuGH, Rs. 207/78 (Even), Slg 1979, 2019, 2034); sie sei keine Vergünstigung, die dem inländischen Arbeitnehmer wegen seiner Eigenschaft als Arbeitnehmer oder als im Inland Ansässiger gewährt werde (EuGH, Rs. C-386/02 (Baldinger), v. 16.9.2004, Beck RS 2004, 76460).

Schließlich findet Art. 7 Abs. 2 VO (EU) Nr. 492/2011 keine Anwendung, wenn ein Erwerbsloser 13
in einen anderen Mitgliedstaat übersiedelt, **um dort in den Genuss von sozialen Vergünstigungen zu kommen**. Art. 7 Abs. 2 VO (EU) Nr. 492/2011 knüpft insoweit nur an Fälle an, in denen ein Arbeitsplatzwechsel oder eine Arbeitsaufnahme bestimmte Sozialleistungen mit sich bringen oder die Beendigung dieses Arbeitsverhältnisses Sozialleistungsansprüche auslöst. Dies ergibt sich bereits aus der systematischen Stellung der Norm innerhalb der VO (EU) Nr. 492/2011. Denn Art. 7 Abs. 2 VO (EU) Nr. 492/2011 ist Bestandteil des Titels über die „Ausübung der Beschäftigung und Gleichbehandlung" (Art. 7-9), während der vorausgehende Titel (Art. 1-6) den Zugang zur Beschäftigung betrifft. In diesem Zusammenhang dient das Recht auf Freizügigkeit allein dazu, solche tatsächlichen oder rechtlichen Hindernisse zu beseitigen, die sich auf die Wanderbereitschaft des Arbeitnehmers im Rahmen einer freien Arbeitsplatzwahl auf dem Gebiet der EU mobilitätshemmend auswirken könnten. Es berechtigt hingegen nicht zur Wahl des besten oder eines besseren Sozialleistungssystems. Dies wird besonders im Bereich der Sicherung des notwendigen Lebensunterhalts relevant, wenn zB ein Bürger in einen anderen Mitgliedstaat übersiedelt, nur um dort aufgrund anderer Voraussetzungen Sozialhilfe in Anspruch nehmen zu können, die ihm in seinem Heimatstaat versagt bliebe (*Eichenhofer,* Internationales Sozialrecht, S. 271 spricht insoweit von „Erschleichung der Sozialhilfe").

2. Persönlicher Anwendungsbereich

Dem Wortlaut entsprechend werden zunächst nur **Arbeitnehmer** vom persönlichen Anwendungs- 14
bereich des Art. 7 Abs. 2 VO (EU) Nr. 492/2011 erfasst. Der EuGH (Rs. 75/63 (Unger), Slg 1964, 379 ff) hat frühzeitig entschieden, dass der Arbeitnehmerbegriff einen „übernationalen Inhalt" habe und sich nicht nach dem Recht der einzelnen Mitgliedstaaten bestimmen lasse. Anderenfalls wäre jeder Staat in der Lage, über seine innerstaatliche Gesetzgebung und Rechtsprechung auf den Umfang des unionsrechtlich geschützten Personenkreises Einfluss zu nehmen. Als Konsequenz dieser Beurteilung wurde somit ein unionsrechtlicher Arbeitnehmerbegriff entwickelt bzw ausgefüllt, der es ermöglicht, eine hinreichend exakte Feststellung der Arbeitnehmereigenschaft im

Rahmen der unionsrechtlichen Regelungen zu finden (zum Arbeitnehmerbegriff bzw Begriff der Beschäftigung s. auch Art. 1 VO 883/04 Rn 6 ff). Grundlegende Voraussetzung bei allen Tätigkeiten ist jedenfalls, dass ein Bezug zum Wirtschaftsleben im Sinne des Art. 3 EUV (= Art. 2 EG) besteht. Im Übrigen hat der EuGH zur Bestimmung des Arbeitnehmerbegriffs hervorgehoben, dass dieser wegen der prinzipiellen Bedeutung der Freizügigkeit für die Union weit auszulegen ist (EuGH, Rs. 53/81 (Levin), Slg 1982, 1035). So hat der EuGH Studienreferendare (EuGH, Rs. 66/85 (Lawrie-Blum), Slg 1986, 2121) genauso als Arbeitnehmer im Sinne des Unionsrechts qualifiziert wie Beschäftigte in internationalen Organisationen (EuGH, Rs. 389-390/87 (Echternach und Moritz), Slg 1989, 723; Rs. 310/91 (Hugo Schmid), Slg 1993, I-3043). Allerdings muss eine hinreichend enge Bindung zu dem betreffenden Mitgliedstaat gegeben sein, weshalb bei einer geringfügigen Beschäftigung in Deutschland bei Wohnsitz im EU-Ausland der deutsche Gesetzgeber diese Person vom Bezug einer sozialen Vergünstigung – hier des Erziehungsgeldes – ausschließen darf (EuGH, Rs. C-213/05 (Geven), Slg 2007, I-6347 = NZA 2007, 887 ff).

15 Der EuGH hat sogar Studenten unter gewissen Voraussetzungen Rechte aus Art. 7 Abs. 2 der VO (EU) Nr. 492/2011 zugesprochen. Damit der **Studierende** derartige, prinzipiell den Arbeitnehmern vorbehaltene Rechte geltend machen kann, muss er vor seiner Hochschulausbildung allerdings bereits Arbeitnehmer im Sinne des Unionsrechts gewesen sein, und das zu fördernde Studium muss mit der früheren Berufstätigkeit im Zusammenhang stehen (EuGH, Rs. 39/86 (Lair), Slg 1988, 3161 ff). Mit dieser Ausweitung des Arbeitnehmerbegriffs trägt der EuGH dem Gedanken Rechnung, die unter Inanspruchnahme des Rechts auf Freizügigkeit bereits erlangte Stellung eines Erwerbstätigen im Zuwanderstaat durch Aufrechterhaltung des arbeits- und sozialrechtlichen Status während einer beruflichen Weiterbildung möglichst schnell wiederzuerlangen, so dass eine Unterstützung in diesen Fällen quasi als Überbrückungshilfe zwischen dem Ende des alten und dem Beginn eines neuen Arbeitsverhältnisses zu verstehen ist.

16 Für **Arbeitsuchende** hingegen gilt das Gleichbehandlungsgebot des Art. 7 Abs. 2 VO (EU) Nr. 492/2011 nicht, wobei unter diesem Begriff arbeitswillige und arbeitsfähige Personen zusammengefasst werden, die in einen anderen Mitgliedstaat einreisen, um dort auf Arbeitsuche zu gehen (*Hailbronner*, DÖV 1978, 857 ff, 858). Personen, die im Rahmen von Arbeitsbeschaffungsmaßnahmen oder ähnlichen zur Erhaltung, Wiederherstellung oder Förderung der Arbeitsfähigkeit geeigneten Beschäftigungsformen tätig sind, sind ebenfalls keine Arbeitnehmer im unionsrechtlichen Sinn (EuGH, Rs. 344/87 (Bettray), Slg 1989, 1621).

17 Der persönliche Anwendungsbereich des Art. 7 Abs. 2 VO (EU) Nr. 492/2011 hingegen erstreckt sich nach dem Wortlaut und der Systematik der Verordnung zunächst nur auf den Arbeitnehmer selbst, aber nicht auch auf **dessen Familienangehörige**. Gleichwohl hat der EuGH über die Ausdehnung des sachlichen Anwendungsbereichs von Art. 7 Abs. 2 VO (EU) Nr. 492/2011 frühzeitig auch die Familienangehörigen faktisch mit in den Schutzbereich des Art. 7 Abs. 2 VO (EU) Nr. 492/2011 einbezogen. Nachdem zunächst unklar war, ob der EuGH den Familienangehörigen aufgrund der fundamentalen Bedeutung des Art. 7 Abs. 2 VO (EWG) Nr. 1612/68 – nunmehr Art. 7 Abs. 2 VO Nr. 492/2011 für die Gewährleistung der Freizügigkeit ein eigenes Recht aus dieser Norm zusprechen wollte, stellte der Gerichtshof später klar, dass derartige Leistungen als soziale Vergünstigungen für den Arbeitnehmer selbst anzusehen sind. Der EuGH verzichtet damit auf eine Art Bedürftigkeitsprüfung im Rahmen familienrechtlicher Unterhaltsgewährung. Sofern ein Partner unter Ausübung seines Aufenthaltsrechts mit dem Arbeitnehmer in einer nichtehelichen Lebensgemeinschaft lebt, muss dieser wie ein Familienangehöriger behandelt werden, weil das Aufenthaltsrecht des Partners nach der o.g. Rechtsprechung (EuGH, Rs. 59/85 (Reed), Slg 1986, 1283) eine soziale Vergünstigung für den Arbeitnehmer darstellt (*Willms*, Soziale Sicherung, S. 116). Dies gilt auch für den Fall, dass ein Arbeitnehmer mit Familie von Deutschland nach Österreich zieht, seine Arbeitsstelle in Deutschland aber beibehält und nunmehr als Grenzgänger ausübt. Es verstößt hier gegen Art. 7 Abs. 2 VO Nr. 492/2011, dass der nicht erwerbstätige Ehegatte eines Wanderarbeitnehmers vom Bezug einer sozialen Vergünstigung wie des deutschen

Erziehungsgelds ausgeschlossen ist, weil er im anderen Mitgliedstaat weder Wohnsitz noch gewöhnlichen Aufenthalt hat (EuGH, Rs. C-212/05 (Hartmann), Slg 2007, I-6303 = ZAR 2007, 326 ff). Bezieht man den Arbeitnehmer einmal in den Anwendungsbereich des Art. 7 Abs. 2 ein (s. dazu unten Rn 18), so ist es nur konsequent, die entsprechenden Folgerungen auch hinsichtlich des Familienangehörigen zu ziehen. Stirbt der Arbeitnehmer, bleiben die Familienangehörigen auch nach dem Tod des Arbeitnehmers weiterhin anspruchsberechtigt (EuGH, Rs. 32/75 (Christini), Slg 1975, 1085). Ein Mitgliedstaat darf auch nicht bestimmen, dass Wanderarbeitnehmer und unterhaltsberechtigte Familienangehörige ein Wohnsitzerfordernis erfüllen müssen, um für eine Studienfinanzierung für ein Studium im Ausland in Betracht zu kommen; dieses Erfordernis würde mittelbar diskriminierend wirken (s. auch Schlussanträge GA Sharpston in Rs. C-542/09 (Kommission./. Niederlande)). Für die Begünstigung eines Familienangehörigen ist dessen Staatsangehörigkeit ohne Bedeutung, so dass auch Staatsangehörige von Drittstaaten Leistungen nach Art. 7 Abs. 2 VO (EU) Nr. 492/2011 empfangen können (EuGH, Rs. 94/84 (Deak), Slg 1985, 1873).

Darüber hinaus können sich nur solche Personen auf das Gleichbehandlungsgebot des Art. 7 Abs. 2 VO (EWG) Nr. 1612/68 berufen, bei denen die **Arbeitnehmereigenschaft** von Bedeutung ist. Aus diesem Grunde findet Art. 7 Abs. 2 VO (EU) Nr. 492/2011 keine Anwendung auf Selbständige, Dienstleistungserbringer bzw -empfänger und deren Familienangehörige. Ihnen bleibt uU der Rückgriff auf das allgemeine Diskriminierungsverbot des Art. 18 AEUV (= Art. 12 EG) (vgl hierzu *Schulte*, in: Europäisches Sozialrecht, SDSRV Band 36, 1992, S. 199 ff, 224 f; *Haverkate/Huster*, Europäisches Sozialrecht, S. 233). Für Nichterwerbstätige besteht nach Art. 7 Abs. 1 lit. b) RL 2004/38/EG (ABl. (EU) L 229/35) nur dann ein anspruchsbegründendes Aufenthaltsrecht in einem anderen Mitgliedstaat, wenn sie für sich und ihre Familienangehörigen über ausreichende Existenzmittel und einen umfassenden Krankenversicherungsschutz im Aufnahmemitgliedstaat verfügen. 18

Eine wohl nur für Grenzgänger relevante Entscheidung scheint das Leistungsexportprinzip auch bei Art. 7 Abs. 2 VO (EU) Nr. 492/2011 einzuführen (EuGH, Rs. C-57/96 (Meints), Slg 1997, I-6689 ff). Danach darf ein Mitgliedstaat die Gewährung einer sozialen Vergünstigung im Sinne dieser Vorschrift nicht davon abhängig machen, dass der Berechtigte seinen Wohnsitz in diesem Staat hat. Der Gerichtshof begründet das mit dem **Verbot der verdeckten Diskriminierung**. In einer neueren Entscheidung nimmt der EuGH dies auch an für den Fall, dass jemand unter Beibehaltung seines Dienstverhältnisses in einem Staat seinen Wohnsitz in einen anderen Mitgliedstaat verlegt und seine Berufstätigkeit seitdem als Grenzgänger ausübt (EuGH, Rs. C-212/07 (Hartmann), Slg 2007, I-6303 = ZAR 2007, 326). Hieraus lässt sich entgegen der Befürchtung von *Haverkate/Huster* (Europäisches Sozialrecht, S. 231) keine allgemeine Exportpflichtigkeit auch im Sinne dieser Vorschrift herleiten, da es hier nur um die Fälle geht, in denen ansonsten eine besondere Verknüpfung zu dem fraglichen Mitgliedstaat besteht und – anders als etwa bei der Sozialhilfe – der Wohnort ein eher zufälliges Kriterium ist. 19

Mit der **Beendigung des Arbeitsverhältnisses** geht die Arbeitnehmereigenschaft im Sinne dieser Vorschrift grundsätzlich verloren (EuGH, Rs. C-85/96 (Martinez Sala), Slg 1998, I-2691 ff). Damit endet dann auch die Anspruchsberechtigung aus Art. 7 Abs. 2 VO (EU) Nr. 492/2011. Einer darüber hinausgehenden (Weiter-)Wirkung steht der EuGH skeptisch gegenüber. 20

Teil 4:
Richtlinie 2011/24/EU – Patientenrichtlinie

Vorbemerkung: Entstehung, Ziele und Grundlage der Richtlinie 2011/24/EU – Patientenrichtlinie

I. Inhalt und Grundstruktur 1
II. Kompetenzgrundlage der RL 2011/24/EU 3
III. Entstehung und einzelne Ziele 4
   1. Kodifizierung der Rechtsprechung des EuGH 5
   2. Realisierung der Binnenmarktfreiheit im Bereich der Gesundheitsdienstleistungen 6
   3. Rechtsklarheit, Entwicklung des Binnenmarkts, Schutz der Kompetenz der Mitgliedstaaten 8
IV. Verhältnis zur VO (EG) Nr. 883/2004 10
V. Wirkungsweise der RL 2011/24/EU – Grundlage für individuelle Rechte 15
VI. Basis der RL im Recht auf grenzüberschreitende Leistungsnachfrage aus Art. 56 AEUV 19
   1. Grundlage: Dienstleistungsfreiheit 20
   2. Grundlage: Voraussetzung für einen Anspruch auf die Leistung nach dem Recht des Versicherungsmitgliedstaats 25
   3. Verhältnis zu VO (EG) Nr. 883/2004: Grundfreiheiten nur für die gezielte grenzüberschreitende Nachfrage 30
     a) Dienstleistungsfreiheit nur für die grenzüberschreitende Nachfrage ... 30
     b) Abgrenzung zum koordinierenden Sozialrecht 34
     c) Problematische Abgrenzung nach Zielrichtung und Anlass der Nachfrage 37
     d) Feststellung der Zielrichtung (subjektive/objektive Kriterien) 39
   4. Grundfreiheiten nur für Marktprozesse 44
   5. Rechtfertigung von Genehmigungen und sonstigen Behinderungen der grenzüberschreitenden Leistungsnachfrage ... 50
     a) Gerechtfertigte Genehmigungspflichten und Beschränkungen im beplanten Bereich 55

     aa) Erhebliche Gefährdung des finanziellen Gleichgewichts eines Systems der sozialen Sicherheit 55
     bb) Schutz der öffentlichen Gesundheit 56
     cc) Gerechtfertigt: Versorgungsplanung 61
     dd) Beschränkung der Behandlung auf ein Vertragsregime 64
     ee) Zulässigkeit teil- oder voll geschlossener Versorgungssysteme 65
     ff) Plausibilität der Darlegung 68
     b) Abgrenzung stationärer-ambulanter Bereich 70
     c) Anforderungen an die zulässige Genehmigung von Auslandsbehandlungen 72
     aa) Anforderungen an das Verfahren der Genehmigung 74
     bb) Genehmigungsvoraussetzung „medizinische Notwendigkeit" 75
     cc) Genehmigungsvoraussetzung „medizinische Üblichkeit" 78
     dd) Hohe nationale Qualitätsanforderungen 79
   6. Folge: Anspruch auf Ersatz der Kosten, die auch beim zuständigen Träger entstanden wären 81
   7. Übertragung auf andere Leistungsansprüche (Pflege und Reha) 87
   8. Rezeption im Deutschen Krankenversicherungsrecht 88
VII. Übereinstimmung der RL 2011/24/EU mit der Rspr des EuGH 89
VIII. Kritik an der RL 91

I. Inhalt und Grundstruktur

1   Gegenstand der RL 2011/24/EU ist, wie Art. 1 Abs. 1 und Erwägungsgrund Nr. 11 der RL deutlich machen, die besondere Regelung der grenzüberschreitenden Nachfrage nach Gesundheitsdienstleistungen zwischen den Mitgliedstaaten der EU: „Diese Richtlinie sollte für diejenigen Patienten gelten, die sich dafür entscheiden, die Gesundheitsversorgung in einem anderen als ihrem Versicherungsmitgliedstaat in Anspruch zu nehmen." (Erwägungsgrund Nr. 11). Dies ist ein sehr enger Geltungsbereich: Die RL gilt nur für den Fall, dass sich ein Bürger eines Mitgliedstaats, in dem er versichert ist, **ausschließlich** zu dem Zweck in einen anderen Mitgliedstaat begibt, um dort **Gesundheitsdienstleistungen nachzufragen**. Arbeitet jemand in einem anderen Mitgliedstaat oder hält er sich dort zu Urlaubszwecken o.ä. auf, dann richtet sich die Inanspruchnahme von Gesundheitsdienstleistungen nicht nach der RL, sondern nach der VO (EG) Nr. 883/2004 (dazu sogleich unten Rn 10-14).

In ihrem **Aufbau** führt die RL 2011/24/EU in den Erwägungsgründen die Motive, die zu dieser 2
RL führten, sowie die Ziele und die Abgrenzungen zu anderen Rechtsregelungen der EU auf.
Danach wird im **Kapitel I** in Art. 1 der sachliche Geltungsbereich geklärt, und in Art. 2 festgehalten, dass die RL keines der anderen Rechtsinstrumente der EU, die den Gesundheitsbereich regeln, verdrängt. Mit den Begriffsbestimmungen in Art. 3 wird die Bestimmung des sachlichen Geltungsbereichs („Gesundheitsversorgung") noch näher konkretisiert und werden sodann die entscheidenden Begrifflichkeiten bestimmt. Neu gegenüber der VO (EG) Nr. 883/2004 sind dabei die für die RL eigentümlichen und wesentlichen Begriffe, wie die des „Behandlungsmitgliedstaates" und Patient etc., **Kapitel II** klärt in Art. 4 die Rechte der Patienten im Behandlungsmitgliedstaat und die korrespondierenden Pflichten dieses Staates und in Art. 5 das Entsprechende für den Versicherungsmitgliedstaat. Zentral ist **Kapitel III**, das in Art. 7 die Art und Weise der Kostenerstattung und in Art. 8 die Vorabgenehmigung durch den Versicherungsmitgliedstaat regelt. **Kapitel IV** enthält Vorschriften, die der Umsetzung der RL dienen, wie über die Amtshilfe und Kooperation (Art. 10) oder die Anerkennung und Homogenisierung von Verschreibungen (Art. 11), die Schaffung Europäischer Referenznetzwerke (Art. 12) und die Zusammenarbeit bei der Behandlung seltener Erkrankungen (Art. 13), der Einführung von Elektronischen Gesundheitsdiensten (E-Health) (Art. 14) und der Zusammenarbeit bei der Bewertung von Gesundheitstechnologien (Art. 15), **Kapitel V** enthält zahlreiche Übergangsvorschriften. Die von der Kommission angestrebten Kompetenzen zum Erlass von Leitlinien, auch zur Durchsetzung der Rechte der Bürger und Kooperationspflichten der Mitgliedstaaten (Art. 5 Ziff. 3 einerseits und Art. 8 Abs. 2, Art. 10 Abs. 3 des Kommissionsentwurfs (KOM (2008) 414 endg. v. 2.7.2008), wurden auf den Bereich der Kooperation in Kapitel IV beschränkt und erheblich eingedämmt (Art. 11 Abs. 2-5 – Anerkennung von Verschreibungen; Art. 12 Abs. 4-6 – Referenznetzwerke; Art. 14 Abs. 3 – elektronische Gesundheitsdienste; Art. 15 Abs. 4-7 – Gesundheitstechnologien).

II. Kompetenzgrundlage der RL 2011/24/EU

Der Einleitungssatz benennt als Kompetenzgrundlage Art. 114 und 168 AEUV. Art. 114, die 3
Kompetenz zur Verwirklichung des Binnenmarkts, ist sicherlich korrekt, denn die Stärkung der Patientenmobilität gehört als freier Verkehr der Personen (Art. 26 Abs. 2 AEUV) zum Ziel und zum Funktionieren des Binnenmarkts (aA *Krajewski*, EuR 2010, 186; *Wunder*, MedR 2009, 328). Die Berufung auf Art. 168 AEUV ist eine weitere Kompetenzgrundlage für die Regelungen in Art. 12-14 in Kapitel IV, die wenig mit der Patientenmobilität zu tun haben, aber der Kooperation der Mitgliedstaaten im Bereich der Gesundheit dienen (Art. 168 Abs. 1 und 2 AEUV).

III. Entstehung und einzelne Ziele

Auch die Entstehungsgeschichte der RL 2011/24/EU macht ihre Ziele und Grundlagen deutlich. 4

1. Kodifizierung der Rechtsprechung des EuGH

Nachdem sich die Rechtsprechung des EuGH zur Dienstleistungsfreiheit bei der grenzüberschreitenden Inanspruchnahme von Gesundheitsdienstleistungen konsolidiert und feste Formen und 5
Grenzen angenommen hatte, gab es mehrere Initiativen, diese Rechtsprechung in ein Gesetzesinstrument der EG/EU umzusetzen. Die Gesundheitsminister der Mitgliedstaaten zusammen mit der Generaldirektion SANCO der Kommission initiierten im Rahmen einer breit mit Experten besetzten Arbeitsgruppe einen Reflexionsprozess, der 2003 in einen Bericht mit konkreten Umsetzungsvorschlägen zur Patientenmobilität in der EG/EU mündete (dazu zusammenfassend Erwägungsgrund Nr. 5 und Mitteilung der Europäischen Kommission vom 20.4.2004 KOM(2004) 301 endg.). Klar benennt die RL 2011/24/EU in den Erwägungsgründen Nr. 6 ff das Ziel, die Rspr des EuGH zum Anspruch auf grenzüberschreitende Inanspruchnahme von Gesundheitsdienstleistungen aus Art. 56 AEUV in einem gesetzlichen Instrument der EU zusammenzufassen.

2. Realisierung der Binnenmarktfreiheit im Bereich der Gesundheitsdienstleistungen

6 Gleichzeitig und in Reaktion darauf entwickelte die Kommission im Rahmen ihrer Binnenmarktpolitik für Dienstleistungen und dem Erlass einer allgemeinen Dienstleistungsrichtlinie Anfang 2004 einen Vorschlag für eine Richtlinie über Dienstleistungen im Binnenmarkt, die auch die Rechtsprechung des EuGH zur Dienstleistungsfreiheit bei grenzüberschreitenden Inanspruchnahmen von Gesundheitsdienstleistungen in einem eigenen Abschnitt übernehmen und regeln wollte (KOM (2004) 301 endg. 2). Weder Parlament noch Rat konnten dies akzeptieren, zumal zum damaligen Zeitpunkt die Dienstleistungsrichtlinie mit ihrem strikten Herkunftslandprinzip – freier grenzüberschreitender Dienstleistungsverkehr, wobei die Zulassung und Qualitätsstandards der Dienstleistung durch das Herkunftsland der Dienstleistung festgelegt und gewährleistet werden – auf starken Widerstand stieß. Beide konnten sich durchsetzen. Die Gesundheitsversorgung wurde aus der allgemeinen Dienstleistungsrichtlinie in Art. 2 Abs. 2 Nr. f (iVm Erwägungsgrund Nr. 23) ausgeklammert (RL 2006/123/EG v. 12.12.2006 über Dienstleistungen im Binnenmarkt ABl. L 376 v. 27.12.2006, S. 36):

„Artikel 2 Anwendungsbereich

(1) Diese Richtlinie gilt für Dienstleistungen, die von einem in einem Mitgliedstaat niedergelassenen Dienstleistungserbringer angeboten werden.

(2) Diese Richtlinie findet auf folgende Tätigkeiten keine Anwendung: ...

f) Gesundheitsdienstleistungen, unabhängig davon, ob sie durch Einrichtungen der Gesundheitsversorgung erbracht werden, und unabhängig davon, wie sie auf nationaler Ebene organisiert und finanziert sind, und ob es sich um öffentliche oder private Dienstleistungen handelt"

7 Hauptgrund der Herausnahme aus der Dienstleistungs-RL war für Parlament und Rat, dass eine eigene Regelung notwendig sei wegen der besonderen fachlichen Komplexität des Gesundheitsbereichs, seiner Relevanz für das Gemeinwohl und die öffentliche Meinung und seine öffentliche Finanzierung – Gründe, wie sie zwar nicht in dem Erwägungsgründen zur Dienstleistungsrichtlinie (vgl RL 2006/123/EU Erwägungsgründe 22 und 23), wohl aber in den Erwägungsgründen Nr. 3-5 und 9-12 der Patientenrichtlinie RL 2011/24/EU zum Ausdruck kommen. Das bestimmt zugleich den sachlichen Geltungsbereich der RL 2011/24/EU. Sie ist eine **Sonder- und Ausnahmeregelung zur allg. Dienstleistungsrichtlinie.**

3. Rechtsklarheit, Entwicklung des Binnenmarkts, Schutz der Kompetenz der Mitgliedstaaten

8 Dies waren die Ziele des Rats, der mit den Schlussforderungen v. 1./2.6.2006 zum Thema „Gemeinsame Werte und Prinzipien in den EU-Gesundheitssystemen" (ABl. C 145 v. 22.6.2006, S. 1) die Initiative zu einer Sonderregelung zur grenzüberschreitenden Inanspruchnahme von Gesundheitsdienstleistungen ergriff, auf die sich auch Erwägungsgrund Nr. 6 der Richtlinie als ihrem eigentlichen Ursprung bezieht. An sie schloss sich ein umfangreicher Beratungs- und Klärungsprozess mit den unterschiedlichsten Akteuren an, der weitgehend von der Kommission organisiert wurde, die dann auch einen Richtlinienvorschlag vorlegte (KOM (2008) 414 endg.). Er durchlief das ordentliche Gesetzgebungsverfahren im Europäischen Parlament und Rat, wobei der Rat die letzte Fassung des Parlaments, die einen Kompromiss zwischen Parlament und Rat ausformuliert hatte, mit Beschluss v. 28.2.2011 annahm. In diesem Prozess war wohl gemeinsamer Standpunkt aller Akteure, über die RL nicht nur die Rechtsprechung des EuGH zusammenzufassen, sondern auch mehr Rechtsklarheit und Rechtssicherheit für die grenzüberschreitende Inanspruchnahme von Gesundheitsdienstleistungen zu erreichen. Zugleich ging es darum, den Binnenmarkt in diesem Bereich erst zu entwickeln und dabei grundsätzlich die Kompetenzen der Mitgliedstaaten in der Gesundheitspolitik und der Versorgung mit Gesundheitsdienstleistungen nicht anzutasten.

9 Die **Fortentwicklung des Binnenmarkts** in diesem Bereich sollte vor allem über umfangreiche Informationsrechte der Bürger wie auch der nationalen Versicherer über die Dienstleistungen in

einem anderen Mitgliedstaat sowie über eine Verbesserung der Zusammenarbeit und neue Institutionen der Zusammenarbeit erreicht werden. Dabei ist die **Kompetenz der Mitgliedstaaten** zu schützen, was vor allem in den Nr. 17-37 der Erwägungsgründe hervorgehoben wird, wonach die Mitgliedstaaten sowohl das Recht der Behandlung (durch den Staat, in dem die Behandlung stattfindet) als auch Art und Umfang der Ansprüche auf Behandlung (durch den „Versicherungsstaat", der auch die Kosten tragen muss) allein zu regeln befugt sind. Schließlich war ein wichtiger Punkt, das Koordinationsrecht der VO (EG) Nr. 883/2004 nicht anzutasten, sondern Ansprüche außerhalb und neben der VO zu begründen.

IV. Verhältnis zur VO (EG) Nr. 883/2004

Für das **Verhältnis** des Anspruchs aus der Dienstleistungsfreiheit **zum koordinierenden Sozialrecht der VO (EG) Nr. 883/2004** und ihrer Vorläufer-VO (EWG) Nr. 1408/71 hat der EuGH von Anfang an vertreten, dass die VO (EG) Nr. 883/2004 keine abschließende Konkretisierung des Primärrechts sein könne, sondern daneben auch noch eine Berufung auf die Verkehrsfreiheiten zulässig sein müsse (vgl EuGH, Rs. C-208/07 (von Chamier-Glisczinski), Slg 2009, I-6095, Rn 62 ff; EuGH, Rs. C-173/09 (Elchinov), ZESAR 2011, 482, Rn 38). Ausführlicher dazu unten Rn 30-37 und Vorbem. vor Art. 17 VO (EG) Nr. 883/2004 Rn 41 ff und 55 ff. Ebenfalls hat der EuGH traditionell entschieden, dass die Mitgliedstaaten über die Rechte nach der VO (EG) Nr. 883/2004 und der RL 2011/24/EU hinaus weitere Ansprüche auf grenzüberschreitende Inanspruchnahme von Gesundheitsdienstleistungen gewähren können (vgl allg. EuGH, Rs. 69/79 (Jordens-Vosters), Slg 1980, 75; *Windisch-Graetz*, 2003, S. 211, 215 ff). Dazu gehört auch der Anspruch auf Sachleistungen gegenüber einem ausländischen Dienstleister, mit dem ein deutscher Krankenversicherungsträger einen Vertrag nach § 140 e SGB V geschlossen hat (s. Vorbem. vor Art. 17 VO (EG) Nr. 883/2004 Rn 65).

10

Abgrenzung der Ansprüche nach Art. 17-20 VO (EG) Nr. 883/2004 und Art. 56 AEUV bzw RL 2011/24/EU

11

	Behandlungsstaat ist nicht der Staat, in dem die Person gegen Krankheit versichert ist/Ansprüche auf Leistungen zur Behandlung bei Krankheit erworben hat				
Art der Trennung von Versicherungsmitgliedstaat und Behandlungsmitgliedstaat	Wohnort im Behandlungsstaat	(Vorübergehender) Aufenthalt im Behandlungsstaat (zB Tourist; Geschäftsreise)	Reise in den Behandlungsstaat, um Gesundheitsleistungen nachzufragen		
	„unerwartete (Auslands-)Behandlung"		„geplante (Auslands-)Behandlung"		
Typus + Regelung	Art. 17/18 VO (EG) Nr. 883/2004	Art. 19 VO (EG) Nr. 883/2004	Art. 20 VO (EG) Nr. 883/2004	Art. 56 AEUV und RL 2011/24/EU	Zusätzlicher Sachleistungsanspruch § 140 e SGB V

	Behandlungsstaat ist nicht der Staat, in dem die Person gegen Krankheit versichert ist/Ansprüche auf Leistungen zur Behandlung bei Krankheit erworben hat			
Recht der Leistungsgewährung	Voraussetzungen des Anspruchs nach dem Recht des Versicherungsstaats			
	Aushelfende Sachleistungserbringung durch den Staat, in dem die Behandlung stattfindet, dh volle und gleichberechtigte Integration in das Leistungssystem des Behandlungsstaats (evtl. mehr oder weniger an Leistung als im Versicherungsmitgliedstaat)		Art und Kosten nach Recht des Versicherungsmitgliedstaats; Gleichstellung mit Personen im Behandlungsstaat	Sachleistungserbringung durch ausl. Leistungserbringer nach Recht des dt. Versicherungsstaats
Personenkreis	Personen mit Anspruch auf Leistungen der Gesundheitsversorgung in den gesetzlichen Systemen der sozialen Sicherheit		Dito, teilweise auch Patienten	Versicherte nach SGB V
Vorabgenehmigung	Keine, nur Nachweis der Versicherung (Versicherungskarte und Dock. S1)	Vorabgenehmigung und Nachweis durch Dock. S2	Keine, es sei denn beplanter Bereich	Keine
Kostenerstattung/ Vorkasse des Versicherten	Grds. keine Vorkasse und Kostenerstattung; Kostenerstattung bei Systemversagen im Behandlungsmitgliedstaat Träger rechnen direkt untereinander ab		Vorkasse; Kostenerstattung nach Recht des Versicherungsmitgliedstaats	Keine; dt. Träger rechnet direkt mit ausl. Leistungserbringer ab

12 Die grenzüberschreitende Inanspruchnahme von Gesundheitsdienstleistungen nach der RL 2011/24/EU unterscheidet sich von der Leistung nach Art. 20 VO (EG) Nr. 883/2004 dadurch, dass der Nachfrager auf der Basis der RL nicht in das Leistungssystem des Behandlungs-/Aufenthaltsstaates integriert wird, sondern nur Kostenerstattung für die Leistungsinanspruchnahme nach dem Recht des Versicherungsstaates erhält. Das heißt aber im Wesentlichen nur, dass er
1. die Leistung vorfinanzieren muss und
2. maximal so viel erstattet erhält, wie der Versicherer im Versicherungsstaat für die Leistung hätte bezahlen müssen.

13 In allen anderen Aspekten wird die Person, die grenzüberschreitend Gesundheitsdienstleistungen nach der RL 2011/24/EU nachfragt, nach Art. 4 RL 2011/24/EU **gleichberechtigt in das Leistungssystem des Behandlungsstaats integriert**: Es gilt eine weitgehende Gleichstellung mit den Bürgern des Behandlungsstaates und anderer Mitgliedstaaten, gerade auch hinsichtlich der Vorschriften über die Qualität der Leistungen, dem Zugang, den Preisen etc. Allerdings kann hierbei unter sehr engen Grenzen z. B. der Zugang zu Gesundheitsdienstleistungen eingeschränkt werden (Art. 4 Abs. 4 RL 2011/24/EU), was bei einer Lösung nach Art. 20 VO (EG) Nr. 883/2004 nicht gilt.

Teil 4: Richtlinie 2011/24/EU   Vorbem.

Unterschiedliche Regelung bei der Reise vom Staat der Versicherung in einen anderen Mitglied-   14
staat, dem Behandlungsstaat, um Gesundheitsleistungen nachzufragen

	Art. 20 VO (EG) Nr. 883/2004	RL 2011/24/EU
gebundene Vorabgenehmigung	durchgängig	grds. nicht; Ausn. bei beplanten Leistungen (Krankenhaus; High-Tech-Leistungen)
Voraussetzungen und Art des Leistungsanspruchs	nach Recht des Versicherungsstaats	
Zugang zu Leistungen	wie für alle Personen im Behandlungsstaat	
Leistungsmodus: Sachleistung/Kostenerstattung/direkte Versorgung durch Gesundheitsdienst	Leistungsmodus nach dem Recht des Behandlungsstaats (mit oder ohne Selbstbeteiligung); wenn Genehmigung rechtswidrig abgelehnt, Kostenerstattung zu den Sätzen des Behandlungsmitgliedstaats gegen Behandlungsmitgliedstaat oder Versicherungsmitgliedstaat	nur Kostenerstattung, nur maximal in Höhe der Sätze des Versicherungsstaats, aber nicht mehr als die realen Kosten im Behandlungsstaat
Endgültige Tragung von Zuzahlungen / Selbstbeteiligungen	nach Recht des Behandlungsstaats	nach Recht des Versicherungsstaats
Qualität und Preise	Wie für alle Personen im Behandlungsstaat	

V. Wirkungsweise der RL 2011/24/EU – Grundlage für individuelle Rechte

Die RL 2011/24/EU wendet sich – wie alle RL – nur an die Mitgliedstaaten (vgl Art. 23   15
RL 2011/24/EU). Aus einer RL müssen nach der Rspr des EuGH jedoch auch individuelle Rechte von Bürgern gegen den Staat abgeleitet werden, deren Nichtrealisierung oder Verletzung die Bürger vor Gericht geltend machen und die auch Gegenstand eines Vorabentscheidungsverfahrens nach Art. 267 AEUV sein können. Voraussetzung ist, dass der Mitgliedstaat seiner Pflicht nicht ordnungsgemäß oder fristgerecht nachkommt, die Richtlinie in nationales Recht umzusetzen (hier läuft die **Umsetzungsfrist** gem. Art. 21 RL 2011/24/EU: 25.10.2013), und der Inhalt der Richtlinie nicht hinreichend exakt und unbedingt formuliert ist und den Mitgliedstaaten keinen Spielraum und kein Ermessen bei der Konkretisierung lässt, so dass schon aus dem Text der Richtlinie konkrete Rechte gefolgert werden können (ständige Rspr. EuGH, Rs. 33/70 (SACE), Slg 1970, 1213, EuGH, Rs. 41/74 (van Duyn), Slg 1974, 1337 und EuGH, Rs. 8/81 (Becker), Slg 1982, 53).

Oft handelt es sich in der RL wie in Art. 4-6 und Art. 10 ff auch um allg. Pflichten der Mitglied-   16
staaten, ohne dass **individuelle Rechte der Patienten** begründet werden. Anders ist es jedoch mit den Ansprüchen auf Kostenerstattung und auf Vorabgenehmigung bzw Freiheit von einer Vorabgenehmigung in Art. 7 und 8 RL 2011/24/EU. Das gleiche gilt für die **Diskriminierungsverbote** in Art. 4 Abs. 3 und 4 RL 2011/24/EU. Die unmittelbare Wirkung der Richtlinien bezieht sich allerdings nur auf das Verhältnis des Bürgers zu dem Mitgliedstaat (und seinen Organen), der die Richtlinie nicht bzw nicht ordnungsgemäß umgesetzt hat. Zu diesem direkt gegenüber dem Bürger gebundenen öffentlichen Bereich gehören der Sozialgesetzgeber wie auch die Sozialverwaltung,

auch die selbständigen öffentlichen Verwaltungseinheiten wie die deutschen Sozialversicherungsträger (zuerst EuGH, Rs. 152/84 (Marshall), Slg 1986, S. 723, 749 – ein selbständiger, öffentlicher, regionaler/kommunaler Gesundheitsverband).

17 Die RL enthält viele **allg. Pflichten der Mitgliedstaaten** mit großen Spielräumen der Umsetzung, dh nur einen „Rahmen", um die Geltendmachung des Anspruchs auf grenzüberschreitende Inanspruchnahme von Gesundheitsdienstleistungen zu erleichtern. Diese Regelungen werden in der Regel keine individuellen Rechte der Bürger und Patienten begründen. Denn hier ist den Mitgliedstaaten ausdrücklich ein großer Spielraum eingeräumt worden. Dies gilt für die **Art. 4-6 und 10 ff** RL 2011/24/EU. Andererseits machen die Vorerwägungen Nr. 4 und 10 ff deutlich, dass die RL gerade zur Verbesserung der Funktionsweise des Binnenmarktes wie zur Umsetzung des vom EuGH aus der Dienstleistungsfreiheit abgeleiteten Recht auf grenzüberschreitende Inanspruchnahme von Gesundheitsdienstleistungen die individuelle Rechtsposition der Patienten stärken und Sicherheit in der Durchsetzung individueller Rechte schaffen will. Deshalb geht bei der Auslegung der RL eine **Vermutung** dahin, dass sie **individuelle Rechtspositionen schafft**, die die Patienten gegen die öffentlichen Sozialleistungsträger durchsetzen können.

18 Wird die RL nicht oder nicht ordnungsgemäß umgesetzt steht einem Patienten auch ein **Schadensersatzanspruch gegen den säumigen Mitgliedstaat** zu (st.Rspr EuGH, Rs. C-6/90 (Francovich), Slg 1991 I-5357), allerdings nur bei Verschulden des Mitgliedstaats. Die in der RL häufiger angesprochenen Pflichten der Gesundheitsdienstleister gegenüber Patienten (vor allem Art. 4 Abs. 2 lit. b)) sind nur vom Behandlungsmitgliedstaat zu gewährleisten. Schadensersatzansprüche gegen die Heilbehandler wegen einer Fehlbehandlung richten sich nach nationalem Recht. Der Behandlungsmitgliedstaat hat nur sicher zu stellen, dass diese Ansprüche bzw eventuelle Ansprüche gegen eine Haftpflichtversicherung des Gesundheitsdienstleisters auch von EU-Ausländern unbehindert geltend gemacht werden können (Art. 4 Abs. 2 lit. c)).

VI. Basis der RL im Recht auf grenzüberschreitende Leistungsnachfrage aus Art. 56 AEUV

Literaturübersicht

Bassen, Export von Sachleistungen der Pflegeversicherung nach der Entscheidung des EuGH in der Rechtssache von Chamier-Glisczinski, NZS 2010, S. 479; *Becker/Walser*, Stationäre und ambulante Krankenhausbehandlung im grenzüberschreitenden Dienstleistungsverkehr, NZS 2005, S. 449; *Bokeloh*, Anmerkung zu BSG v. 30.6.2009, ZESAR 2010, S. 88; *Brall*, Der Export von Leistungen der sozialen Sicherheit in der Europäischen Union, NZS 2001, S. 561; *ders.*, Etablierung eines Gemeinsamen Marktes für Krankenbehandlung durch den EuGH, NZS 2001, S. 561; *ders.*, Rechtliche und politische Dimensionen der EU-Gesundheitspolitik und des Zugangs der Bürger zu Gesundheitsleistungen, in: *Igl* (Hrsg.), Europäische Union und gesetzliche Krankenversicherung, 1999, S. 7 ff; *ders.*, Reform des europäischen koordinierenden Sozialrechts: Bereich „Krankheit und Mutterschaft", in: *Eichenhofer* (Hrsg.), Reform des Europäischen koordinierenden Sozialrechts 1993, S. 55 ff; *ders.*, Soziale Sicherheit bei Krankheit und Mutterschaft, in: Europäisches Sozialrecht, SDSRV Bd. 36, 1991, S. 51; *ders.*, Einführender Diskussionsbeitrag, in: *Schulte/Zacher* (Hrsg.), Wechselwirkungen zwischen dem europäischen Sozialrecht und dem Sozialrecht der Bundesrepublik Deutschland, 1991, S. 177; *Cabral*, The internal market and the right to cross-border medial care, E.L.Rev. 2004, S. 673; *Davies*, Welfare as a Service, Legal Issues of Economic Integration 2002, S. 27; *Eichenhofer*, Sozialrecht der Europäischen Union, 3. Aufl., 2006; *ders.*, Der Zugang zu Leistungen der Kranken- und Pflegeversicherung der EU-Bürger – Situation des Koordinierungsrechts und Veränderungsbedarf, in: *Igl* (Hrsg.) 1999, S. 45; *ders.*, Das Europäische koordinierende Krankenversicherungsrecht nach dem EuGH-Urteil Kohll und Decker, VSSR 1999, S. 101; *Ewert*, Der Beitrag des Gerichtshofs der Europäischen Gemeinschaften zur Entwicklung eines europäischen Sozialrechts, 1987; *Frenz/Ehlenz*, Grenzüberschreitende Wahrnehmung von Gesundheitsdienstleistungen, MedR 2011, S. 629; *Fuchs*, Das neue Recht der Auslandskrankenbehandlung, NZS 2004, S. 225; *Fuhrmann/Heine*, Medizinische Rehabilitation im europäischen Ausland und Qualitätssicherung, NZS 2006, S. 341; *Igl* (Hrsg.), Europäische Union und gesetzliche Krankenversicherung, 1999; *ders.* (Hrsg.), Das Gesundheitswesen in der Wettbewerbsordnung, 2000; *Jorens/Schulte*, Grenzüberschreitende Inanspruchnahme von Gesundheitsdienstleistungen im Gemeinsamen Markt, 2003; *Kingreen*, Das Sozialstaatsprinzip im europäischen Verfassungsverbund, 2003; *ders.*, Die grenzüberschreitende Inanspruchnahme und Erbringung von medizinischen Rehabilitationsleistungen, ZESAR 2006, S. 210; *Lorff*, Europaweite Gesundheitsversorgung: Ist eine Genehmigung hierfür notwendig?, ZESAR 2003, S. 407; *McKee et al.* (eds.), The Impact of EU Law on Health Care Systems, 2002/3; *v. d. Mei*, Cross-Border Access to Health Care within the European Union: Some Reflections on Geraets-Smits and Peerbooms and Vanbraekel, MJ 2002, S. 189; *Mossialos/Palm*, Der Gerichtshof der Europäischen Gemeinschaften und die Freizügigkeit der Patienten in der Europäischen Union, IRSS 2003, S. 3; *Paulus et al.*, Cross Border Health Care: An Analysis of Recent ECJ Rulings, European Journal of Law and Economics, 2002, S. 61; *Rixen*, Abschied vom Sachleistungsprinzip?, ZESAR 2003, S. 69; *ders.*, Das europäisierte SGB V, ZESAR 2004, S. 24; *Schaub*, Grenzüberschreitende Gesundheitsverordnung in der Europäischen Union, 2001; *B. Schulte*, Die Ausübung der Patientenrechte bei der grenzüberschreitenden Gesundheitsversorgung, GSP 2008, Nr. 6, S. 40-53; *Schulte/Barwig* (Hrsg.), Freizügigkeit und soziale Sicherheit, 1999; *Schwanenflügel*, Die EU-Gesundheitspolitik im Spannungsfeld der wirtschaftlichen Grundfreiheiten des EG-Vertrags und nationaler Verantwortung, DVBl 2003, S. 496; *Steyger*, National Health Care Systems Under Fire (but not heavily), Legal Issues of Economic Integration 2002, S. 97; *Udsching/Harich*, Die Zukunft des Sachleistungsprinzips im Binnenmarkt, EuR 2006, S. 794; *Verschüren*, Auswirkungen der Rechtsprechung des Europäischen Gerichtshofes auf die Ansprüche von Patienten auf medizinische Leistungen, SGb 2001, S. 356; *Walser*, Qualitätssicherung bei grenzüberschreitenden Krankenhausleistungen, ZESAR 2004, S. 365; *Willhöft*, Tendenzen zu einem europäischen Gesundheitsdienstmarkt, 2004; *Willms*, Soziale Sicherung durch Europäische Integration, 1990; *Windisch-Graetz*, Europäisches Krankenversicherungsrecht, 2003; *Wunder*, Zur Vereinbarkeit von Wartelisten mit den Grundfreiheiten, MedR 2007, S. 21; *Zechel*, Die territorial begrenzte Leistungserbringung der Krankenkassen im Lichte des EG-Vertrages, 1995; *Zerna*, Der Export von Gesundheitsleistungen in der Europäischen Gemeinschaft nach der Entscheidung des EuGH vom 28. April 1998 in den Rechtssachen Decker und Kohll, 2003.

Nach der gesamten Entstehungsgeschichte der RL 2011/24/EU ist es ihre Aufgabe, die Rechtsprechung des EuGH zur Geltung der in Art. 56 AEUV (= Art. 49 EG) den Bürgern garantierte **Dienstleistungsfreiheit** bei der grenzüberschreitenden Inanspruchnahme von Gesundheitsdienstleistungen in ein Rechtsinstrument zu übernehmen und damit die Rechtssicherheit für die Bürger der EU zu erhöhen und die Herstellung eines möglichst barrierefreien, nicht-diskriminierenden Binnenmarkts für Gesundheitsdienstleistungen voranzutreiben. Schon insoweit ist der Inhalt der RL an dieser Rechtsprechung des EuGH zu messen. Darüber hinaus ist das Sekundärrecht der Gemeinschaft an das Primärrecht der Verträge, insbesondere an die Grundfreiheiten in ihrer Interpretation durch den EuGH, gebunden (allg. *Wölker*, EuR 2007, 32 ff), was der EuGH erstmals gegenüber der VO zur Koordinierung des Sozialrechts der Mitgliedstaaten in der Rs. Pinna betont hatte (EuGH, Rs. 41/84 (Pinna I), Slg 1986, 1). Insoweit ist die Rspr des EuGH zur Dienstleistungsfreiheit bei der grenzüberschreitenden Inanspruchnahme von Gesundheitsdienstleistungen normativer Maßstab für diese RL. 19

1. Grundlage: Dienstleistungsfreiheit

Art. 56 AEUV (= Art. 49 EG) gewährleistet nach der Rechtsprechung des EuGH die Freiheit des Dienstleistungsempfängers, ohne vorherige Genehmigung durch die Versicherung grenzüberschreitend Dienstleistungen in einem anderen Mitgliedstaat in Anspruch zu nehmen und die Kosten vom Träger der Versicherung erstattet zu erhalten, wenn die sonstigen Voraussetzungen für den Leistungsanspruch nach nationalem Recht erfüllt sind (auf Basis der sog. passiven Dienstleistungsfreiheit, vgl EuGH, Rs. 286/82 und 26/83 (Luisi bzw Carbone), Slg 1984, 4099; *Everling*, EuR Beiheft 1, 1990, 93-95; *Völker*, Passive Dienstleistungsfreiheit im europäischen Gemeinschaftsrecht, 1990). 1984 hat der EuGH in der Rs. Duphar bekräftigt, dass die Grundfreiheiten grundsätzlich und uneingeschränkt auch für den Bereich der sozialen Sicherheit gelten, es sei denn, der EG-Vertrag enthielte selbst eine Ausnahme (EuGH, Rs. 238/82 (Duphar), Slg 1984, 523). Erstmals 1991 wurde die Anwendung der Dienstleistungsfreiheit auf die grenzüberschreitende Inanspruchnahme von Gesundheitsdienstleistungen des Krankenversicherungsrecht gefordert und näher untersucht (*Bieback*, Soziale Sicherheit bei Krankheit und Mutterschaft, in: Europäisches Sozialrecht, SDSRV Bd. 36, 1991, 61 ff und *ders.*, Einführender Diskussionsbeitrag, in: *Schulte/Zacher* (Hrsg.), Wechselwirkungen zwischen dem europäischen Sozialrecht und dem Sozialrecht der Bundesrepublik Deutschland, 1991, 177). 1998 hat der EuGH dann in den 20

Rs. Kohll und Decker entschieden, dass die grenzüberschreitende Inanspruchnahme von Gesundheitsdienstleistungen durch Luxemburger in den Nachbarländern unter die Dienstleistungsfreiheit der Versicherten fiele und eine vorherige Genehmigung dieser Leistungsnachfrage eine Beeinträchtigung der Dienstleistungsfreiheit sei, die bei ambulanten Gesundheitsdienstleistungen nicht gerechtfertigt werden könne (EuGH, Rs. C-158/96 (Kohll), Slg 1998, I-1931, Rn 19, 21 und EuGH, Rs. C-120/95 (Decker), Slg 1998, I-1831, Rn 23, 25). Diesen Ausgangspunkt hat der EuGH dann in vielen Entscheidungen ausgebaut (Rs. C-157/99 (Smits und Peerbooms), Slg 2001, I-5473 und Rs. C-368/98 (Vanbraekel), Slg 2001, I-5363) und (EuGH, Rs. C-385/99 (Müller-Fauré), Slg 2003, I-4509) bestätigt. Dies ist seither ständige Rspr (vgl zuletzt EuGH v. 5.10.2010 Rs. C-173/09 (Elchinov), ZESAR 2011, 482, Rn 41-51 und EuGH v. 27.10.2011, Rs. C-255/09 (Kommission/Portugal), EuZW 2012, 65, Rn 46-48).

21 Letztlich wird nur ein sehr enger Bereich anerkannt, in dem eine Beeinträchtigung durch ein Genehmigungserfordernis verhältnismäßig und gerechtfertigt ist: dort wo eine **Versorgungsplanung notwendig** ist, um die finanzielle Leistungsfähigkeit des Gesundheitssystems und die ausreichende, qualitative Versorgung in der Fläche zu schützen: die **stationäre Versorgung im Krankenhaus und hochspezialisierte Großgeräte und Behandlungsverfahren** (s. unten Rn 55 ff und 70 ff).

22 Diese Rechtsprechung ist mit den Jahren weitgehend akzeptiert worden (vgl zuletzt *Schulte*, in: *Klein/Schuler* 2010, 95-140 mwN; *Cabral*, E.L.Rev. 2004, 673). Das **BSG** hat sie auf das deutsche Krankenversicherungsrecht übertragen (BSG, 13.7.2004 – B 1 KR 11/04 R, SozR 4-2500 § 13 Nr 4 = BSGE 93, 94). Eine Vorlage des BSG an den EuGH, die starke Bedenken gegen eine grenzüberschreitende Öffnung des Vertragsarzts- und Sachleistungssystems geltend machte, ist durch die Neuregelung der §§ 13 und 18 SGB V gegenstandslos geworden (BSG 30.10.2002 – B 1 KR 28/01 R – SGb 2003, 160 mit krit. Anm. *Eichenhofer*).

23 **Kritik** wird (1) vor allem daran geäußert, dass der EuGH zu wenig die Kompetenz der Mitgliedstaaten zur grundsätzlichen Gestaltung ihres Gesundheitssystems berücksichtigt (dazu auch unten Rn 44 ff, 91 ff) und (2) seine Lösungen nicht den entscheidenden Systemstrukturen (nationaler Gesundheitsdienst vs. Sachleistungsprinzip vs. Kostenerstattungssystem) und den gesundheitlichen Qualitätszielen (Steuerung über eine intensive Qualitätskontrolle und ein Zulassungswesen) anpasst (vgl hierzu *Bieback*, NZS 2001, 561; *Fuchs*, NZS 2004, 225; *Windisch-Graetz*, Europäisches Krankenversicherungsrecht, 2003, S. 53 ff; *Davies*, Legal Issues of Economic Integration 2002, 27). (3) Stellt man es einseitig auf die Dienstleistungsfreiheit, also auf ein individuelles Recht und die individuelle, marktmäßige Austauschbeziehung ab, wird das gesamte organisatorische Umfeld und die kulturelle Einbettung der Ansprüche missachtet (*Krajewski*, EuR 2010, 165, 173 ff, 185 ff; *Wunder*, MedR 2009, 330). (4) Deutlich zeigt sich dies vor allem daran, dass auch da, wo das nationale System gar keinen individuellen Anspruch auf einen marktmäßigen Austausch, sondern lediglich eine direkte öffentliche, oft kommunale Versorgung gewährt, diese vom EuGH entweder negiert oder aber in eine solche individueller Ansprüche uminterpretiert wird (so zum nationalen Gesundheitsdienst in der Rs. Watts, s. u. Rn 44 ff). Dies zerstört elementare Strukturen der nationalen Systeme. (5) Letztlich folgt – trotz gegenteiliger Äußerungen des EuGH – aus dem (Anwendungs-)Vorrang des gemeinschaftsrechtlich begründeten Anspruchs, dass der jeweils betroffene Mitgliedstaat (des zuständigen Trägers) die Darlegungs- und Argumentationslast dafür hat, dass die Regeln seines Systems die Grundfreiheiten nicht unverhältnismäßig beeinträchtigen. Dies ist auch der Ansatz der Patienten-RL. Nicht die grenzüberschreitende Leistungsbeanspruchung und ihre Auswirkungen sind als „unschädlich" zu rechtfertigen, sondern die Argumentationslast geht immer zu Lasten der nationalen Systeme und der auf ihrer Ebene angesiedelten (national) als notwendig angesehenen Regulierung.

24 Neben der Dienstleistungsfreiheit ist in vielen Fällen mit dem gleichen Ergebnis auch die **Warenverkehrsfreiheit** einschlägig (Art. 34 und 35 AEUV = Art. 28 und 29 EG). Wichtiger ist es, dass auch die Freizügigkeit (Art. 45 AEUV = Art. 39 EG) ein Recht gibt, sich ohne Behinderung, dh ohne Verlust von Ansprüchen auf Sozialleistungen, im Ausland niederzulassen (vgl EuGH,

Rs. C-208/07 (von Chamier-Glisczinski), Slg 2009, I-6095, Rn 68 ff und BSG SozR 4-3300 § 23 Nr. 5).

2. Grundlage: Voraussetzungen für einen Anspruch auf die Leistung nach dem Recht des Versicherungsmitgliedstaats

Allerdings ist immer Voraussetzung für ein Recht auf grenzüberschreitende Inanspruchnahme von Gesundheitsdienstleistungen zu Lasten der eigenen Versicherung/des eigenen nationalen Gesundheitsdienstes, dass die Voraussetzungen für die Gewährung dieser Leistungen nach dem nationalen Recht der sozialen Sicherheit vorliegen. Das gilt vor allem für die Erfüllung des Versichertenstatus, die Beschreibung des Leistungstypus und den Umfang der Leistung. Durch eine grenzüberschreitende Inanspruchnahme von Gesundheitsdienstleistungen sollen diese Voraussetzungen nicht durch die Versicherten außer Kraft gesetzt werden können. Auch das Gemeinschaftsrecht muss sie akzeptieren, da ihre Regelung allein in der Kompetenz der Mitgliedstaaten liegt (vgl EuGH, Rs. C-385/99 (Müller-Fauré), Slg 2003, I-4509, Rn 106 und zuletzt EuGH v. 27.1.2011, Rs. C-490/09 (Kommission/Luxemburg), juris, Rn 52). 25

Allerdings dürfen die **Voraussetzungen nicht diskriminierend** sein und sie dürfen die Dienstleistungsfreiheit **nicht übermäßig** beeinträchtigen. Sie müssen – wenn sie denn die grenzüberschreitende Inanspruchnahme von Gesundheitsdienstleistungen beeinträchtigen – **verhältnismäßig**, dh zur Erreichung der Ziele geeignet und erforderlich sein (EuGH 27.1.2011, Rs. C-490/09 (Kommission/Luxemburg), juris, Rn 52). Das stellt dann doch sehr viele nationale Regelungen auf den Prüfstand (unten Rn 50 ff). Nach Ansicht des EuGH werden die Qualitätsanforderungen idR auch durch die Qualitätssicherung anderer Mitgliedstaaten gewährleistet (unten Rn 79), eine Zulassung des ausländischen Leistungsanbieters durch den Leistungsträger des Versicherungsmitgliedstaats oder eine vertragliche Beziehung zu ihm scheiden, da gegenüber ausländischen Anbietern diskriminierend, aus (unten Rn 64 ff). Völlig ungeklärt ist auch die Zulässigkeit von halb- oder ganz geschlossenen Versorgungssystemen, wie die Notwendigkeit einen Basisarzt zu konsultieren oder weitergehende Systeme (unten Rn 65 ff). 26

Dabei steht es dem nationalen System frei, Leistungen in einem festen, abschließenden Katalog aufzulisten oder sie rechtlich in allgemeinerer Form nach Kategorien oder Typen der Behandlung oder der Behandlungsmethoden zu beschreiben (so zu Art. 20 VO (EG) Nr. 883/2004 EuGH v. 5.10.2010, Rs. C-173/09 (Elchinov), ZESAR 2011, 482, Rn 56-62; ansatzweise aber auch schon EuGH, Rs. C-157/99 (Smits-Peerbooms), Slg 2001, I-5473, Rn 87). Insoweit kann auf die Konkretisierung der gleichen Voraussetzung in Art. 20 VO (EG) Nr. 883/2004 Rn 13 und 14 verwiesen werden. Die Leistung im Behandlungsmitgliedstaat muss sich (nur) im Rahmen der Leistungsbeschreibung des zuständigen Versicherungsmitgliedstaats halten, kann aber auch im Versicherungsmitgliedstaat nicht üblich, sogar dort nicht erhältlich sein (EuGH, Rs. C-173/09 (Elchinov), ZESAR 2011, 482, Rn 63 ff, 67, unten Rn 78 ff). Es reicht aus, dass sie der im Versicherungsmitgliedstaat vorgenommenen Definition der Leistung zuzuordnen ist, sei es einer der Kategorien (ambulante-stationäre Behandlung) oder einem der Behandlungstypen (Operation oder Bestrahlung). 27

Ob eine Leistung unter das nationale Recht des Versicherungsmitgliedstaats fällt, ist nach allg. juristischen Auslegungsregeln zu bestimmen. Der EuGH hat es zu Recht abgelehnt, daraus, dass eine Leistung in einem Versicherungsmitgliedstaat (tatsächlich) nicht erbracht wird, eine (rechtliche) Vermutung abzuleiten, diese Leistung gehöre auch nicht zum Leistungsrecht dieses Staats (so zu Art. 20 VO (EG) Nr. 883/2004 EuGH, Rs. C-173/09 (Elchinov), ZESAR 2011, 482, Rn 68-73). 28

Kennt das Recht eines Mitgliedstaats für bestimmte Behandlungen ohne Einschränkungen eine **generelle Pflicht zur Vorabgenehmigung der Leistungsbeanspruchung**, etwa bei bestimmten sehr kostenträchtigen Behandlungen oder großen Hilfsmitteln, unabhängig davon, ob sie im Inland 29 oder im Ausland erfolgt, ist eine solche Vorabgenehmigung keine Erschwerung der Dienstleistungsfreiheit noch wirkt sie diskriminierend. Sie ist deshalb mit Art. 56 AEUV vereinbar (vgl BSG 30.6.2009 – B 1 KR 19/08 R – SozR 4-2500 § 13 Nr. 21, Rn 9, 22 ff: vorherige Genehmigung der zahnprothetischen Behandlung gem. §§ 55, 87 Abs. 1 a SGB V).

3. Verhältnis zu VO (EG) Nr. 883/2004: Grundfreiheiten nur für die gezielte grenzüberschreitende Nachfrage

a) Dienstleistungsfreiheit nur für die grenzüberschreitende Nachfrage

30 Die Grundfreiheiten gelten nur für die **grenzüberschreitende Inanspruchnahme** von Gesundheitsdienstleistungen, wie Art. 56 AEUV ausdrücklich vom Wortlaut her betont („freien Dienstleistungsverkehrs innerhalb der Union für Angehörige der Mitgliedstaaten, die in einem anderen Mitgliedstaat als demjenigen des Leistungsempfängers ansässig sind").

31 So hat der **EuGH** betont „dass Art. 49 EG anwendbar ist, wenn der Erbringer und der Empfänger der Dienstleistung in verschiedenen Mitgliedstaaten ansässig sind" (EuGH, Rs. C-55/98 (Vestergaard), Slg 1999, I-7641, Rn 19). Darauf gestützt lehnte er die Anwendung der Dienstleistungsfreiheit im Fall Chamier-Glisczinski ab (EuGH, Rs. C-208/07 (von Chamier-Glisczinski), Slg 2009, I-6095, Rn 75-77), da die Grundfreiheit nicht gelte „für den Angehörigen eines Mitgliedstaats, der seinen Hauptaufenthalt ständig oder jedenfalls ohne eine vorhersehbare Begrenzung der Dauer im Hoheitsgebiet eines anderen Mitgliedstaats nimmt, um dort auf unbestimmte Dauer Dienstleistungen zu empfangen" (mwN). In diesen Fällen ist allein die VO (EG) Nr. 883/2004, hier Art. 19, einschlägig (dies übersieht die Kritik von *Bassen*, NZS 2010, 479, 481, 483).

32 Für das **Verhältnis der Ansprüche aus Art. 56 AEUV zu den Regelungen des koordinierenden Sozialrechts in der VO (EG) Nr. 883/2004** und ihrer Vorläufer-VO (EWG) Nr. 1408/71 hat sich der EuGH von Anfang an auf den Standpunkt gestellt, dass die VO keine abschließende Konkretisierung des Primärrechts sein können, sondern daneben auch noch eine Berufung auf die Verkehrsfreiheiten zulässig sein müsse (vgl EuGH, Rs. C-208/07 (von Chamier-Glisczinski), Slg 2009, I-6095, Rn 62 ff; EuGH, Rs. C-173/09 (Elchinov), ZESAR 2011, 482, Rn 38; EuGH, Rs. C-255/09 (Kommission/Portugal), EuZW 2012, 65, Rn 69/70). Dementsprechend betont Art. 2 lit. m) RL 2011/24/EU und betonen die Erwägungsgründe 28-33 der RL 2011/24/EU, dass die VO (EG) Nr. 883/2004 von dieser RL unberührt bleibt. Die RL gilt damit **neben den Rechten aus der VO (EG) Nr. 883/2004**. Erwägungsgrund Nr. 30 stellt ausdrücklich fest: „Für Patienten sollten die beiden Systeme daher kohärent sein: Entweder die vorliegende Richtlinie oder aber die Verordnungen der Union zur Koordinierung der Sozialversicherungssysteme gelangen zur Anwendung."

33 Dadurch gibt es **immanente Grenzen der Ansprüche aus der Dienstleistungsfreiheit** im Verhältnis zur VO (EG) Nr. 883/2004. Die Dienstleistungsfreiheit gilt nur in jenen Fällen, in denen grenzüberschreitend Gesundheitsdienstleistungen in Anspruch genommen werden, dh der Behandelte in einem anderen Mitgliedstaat als dem Behandlungsmitgliedstaat ansässig ist, sich also im Behandlungsmitgliedstaat nur kurzfristig aufhält. Deshalb berühren die Ansprüche aus Art. 56 AEUV nicht die Fälle, in denen Personen im Ausland ihren Wohnsitz oder Aufenthalt begründen. Dann ist die Nachfrage nach Leistungen im Wohnsitzstaat keine grenzüberschreitende Leistungsnachfrage.

b) Abgrenzung zum koordinierenden Sozialrecht

34 Fragt ein Ausländer in seinem ausländischen Wohnstaat eine Gesundheitsdienstleistung nach, ist weder die Dienstleistungsfreiheit noch die auf ihr basierende RL 2011/24/EU, sondern **ausschließlich Art. 17 VO (EG) Nr. 883/2004 anzuwenden**: Eintragung beim Träger des Wohnsitzes und Sachleistungsaushilfe (vgl Art. 17 VO (EG) Nr. 883/2004). Das hat der EuGH in der Rs. Chamier-Glisczinski (EuGH, Rs. C-208/07 (von Chamier-Glisczinski), Slg 2009, I-6095, Rn 75-77) klar

herausgestellt. Entscheidend für die Anwendbarkeit des Art. 19 oder des Art. 22 Abs. 1 lit. b), Abs. 3 VO Nr. 1408/71 (jetzt Art. 17 VO (EG) Nr. 883/2004) und die Nichtanwendbarkeit der Dienstleistungsfreiheit war allein, dass die Klägerin im Behandlungsmitgliedstaat „ihren ständigen Aufenthalt ohne eine vorhersehbare Begrenzung der Dauer genommen hatte."

Nicht direkt ausgeschlossen ist der Konflikt der Ansprüche aus der Dienstleistungsfreiheit und 35 der RL 2011/24/EU einerseits und **des Art. 19 VO (EG) Nr. 883/2004** andererseits, wenn sich eine Person schon aus anderen Gründen (vorübergehend) im Ausland aufhält (als Tourist; zu Geschäftszwecken; zum Studium), sie aber grundsätzlich in einem anderen Staat „ansässig" und dort auch krankenversichert ist. Der EuGH löst diesen Konflikt durch die Wertung, im Vordergrund stände die Ausübung der Verkehrsfreiheit (Dienstleistungsfreiheit) durch die grenzüberschreitende Nachfrage von Leistungen als Tourist, Geschäftsreisender oder Studierender; die gleichzeitig notwendige Nachfrage medizinischer Dienstleistungen habe dann unter dem Aspekt der Dienstleistungsfreiheit keine Bedeutung mehr (EuGH, Rs. C-211/08 (Kommission / Spanien), ZESAR 2010, 479, Rn 50-53; zust. Anm. von *Janda*, ZESAR 2010, 465). Für die Inanspruchnahme medizinischer Dienstleistungen sei deshalb vorrangig Art. 19 VO (EG) Nr. 883/2004 einschlägig; die durch ihn eingeräumten Ansprüche und die Integration in das Leistungssystem des Behandlungsmitgliedstaats würden teilweise günstigere, teilweise schlechtere Regelungen enthalten als die Ansprüche auf Kostenerstattung nach Art. 56 AEUV. Bei einer solchen pauschalen Regelung, die auch Rechtssicherheit gäbe, sei es nicht gerechtfertigt, die günstigen Folgen der Sachleistungsaushilfe zu akzeptieren, die negativen aber über Art. 56 AEUV zu beseitigen. Da die Betroffenen eine Krankenversorgung erhielten, würden sie idR auch nicht gezwungen, allein wegen ihrer Krankheit in ihren Versicherungsmitgliedstaat zurückzukehren. Zudem würde allein die hypothetische Möglichkeit einer Benachteiligung bei einer möglichen Erkrankung keine Person vom Aufenthalt im Ausland abhalten und sie sei für die Verkehrsfreiheiten nicht relevant (vgl auch EuGH, Rs. C-69/88 (Krantz) Slg 1999, I-583, Rn 11 und Rs. (Graf und Engel) Slg 2000, I-493, Rn 24). Anzumerken ist zudem, dass auch bei Anwendung des neuen Koordinationsrechts der zuständige Träger des Versicherungsmitgliedstaats die Kosten der Behandlung, die der Versicherte im Behandlungsmitgliedstaat selbst getragen hat, nach Art. 25 Abs. 6 und 7 sowie Art. 26 Abs. 7 VO (EU) 987/2009 uU erstatten muss und darin auch die Kosten der Selbstbeteiligung im Behandlungsstaat einbeziehen kann (vgl Art. 19 VO (EG) Nr. 883/2004 Rn 33 und Art. 20 VO (EG) Nr. 883/2004 Rn 33).

Zwar ist es nicht ganz plausibel, den sachlichen Geltungsbereich bzw die Wirkkraft der Dienst- 36 leistungsfreiheit in den Fällen des Art. 19 VO (EG) Nr. 883/2004 erheblich zu beschränken, in denen eine Person sich auch/überwiegend aus anderen als aus Behandlungsgründen vorübergehend in einem anderen Mitgliedstaat aufhält und dort parallel zu diesem Aufenthalt auch medizinische Leistungen in Anspruch nimmt, insbesondere dann, wenn die Person bei Antritt der Reise weiß, dass sie auch medizinische Dienstleistungen in Anspruch nehmen wird (zB bei chronisch Kranken, dazu unten Rn 41). Aber die Abgrenzung des EuGH trägt den immanenten Schranken der Grundfreiheiten Rechnung, die – wie die Freizügigkeit oder die Dienstleistungsfreiheit – nur für spezielle Situationen geschaffen worden sind und gegeneinander abgegrenzt werden müssen (Freizügigkeit: Rechte bei dauerndem Aufenthalt und für Grenzgänger/Dienstleistungsfreiheit nur für die gezielte Ausübung der Nachfrage) und die zudem immer nur grenzüberschreitende Sachverhalte schützen sollen.

c) Problematische Abgrenzung nach Zielrichtung und Anlass der Nachfrage

Der EuGH hat dies dahin zusammengefasst, dass Art. 17 und 19 VO (EG) Nr. 883/2004 Fälle der 37 „unerwarteten (Auslands-) Behandlung" beträfen, die sich grundlegend von den Fällen der „geplanten (Auslands-) Behandlung" unterschieden, die sich allein auf Art. 56 AEUV (= Art. 49 EG) und jetzt die RL 2011/24/EU stützen könnten, wobei daneben auch noch Art. 20 VO (EG) Nr. 883/2004 (früher Art. 22 Abs. 1 lit. c) VO Nr. 1408/71) anwendbar bleibe (EuGH,

Rs. C-211/08 (Kommission / Spanien), ZESAR 2010, 479, Rn 58 und 69). Diese Trennung hat der EuGH auch in späteren Entscheidungen aufrechterhalten (EuGH, Rs. C-512/08 (Kommission/ Frankreich), NZS 2011, 295, Rn 26). Sprachlich und inhaltlich wird damit die Dienstleistungsfreiheit der Personen in den Fällen der Art. 17 und 19 VO (EG) Nr. 883/2004 insoweit als nachrangig angesehen, wenn sie neben ihrem nicht-medizinischen Aufenthaltszweck zB als Grenzgänger, Tourist, Studierender oder Geschäftsreisender auch eine medizinische Behandlung brauchen.

38 Probleme hat die Abgrenzung bei vorübergehendem Aufenthalt in einem anderen Mitgliedstaat zwischen Art. 19 VO (EG) Nr. 883/2004 einerseits und andererseits Art. 20 VO (EG) Nr. 883/2004 und Ansprüchen aus der Dienstleistungsfreiheit und der RL 2011/24/EU, denn die hM stellt **allein auf die subjektive Zielrichtung** und die Unterscheidung zwischen einer unerwarteten und geplanten Nachfrage nach Gesundheitsdienstleistungen ab.

d) Feststellung der Zielrichtung (subjektive/objektive Kriterien)

39 Einmal kann man es dann auch der **subjektiven Entscheidung der Person** überlassen, selbst den Schwerpunkt ihres vorübergehenden Aufenthalts anzugeben. Letztlich wird sie diese Entscheidung aber erst dann kundtun, wenn sie sich der Europäischen Gesundheitskarte bedient (dann Basis Art. 19 VO (EG) Nr. 883/2004) oder gar erst dann, wenn sie sich für eine Kostenerstattung auf konkrete Umstände und damit auf eine konkrete Rechtsgrundlage beruft (gegenüber dem Behandlungsmitgliedstaat: Art. 19, gegenüber dem Versicherungsmitgliedstaat: Art. 20 oder RL 2011/24/EU). Allerdings kann diese Wahl irrtümlich geschehen oder wird bewusst in Ausnutzung aller Möglichkeiten erst nach entsprechender Beratung ausgeübt. Zudem erfolgt die „Wahl" damit meist nach der grenzüberschreitenden Inanspruchnahme von Gesundheitsdienstleistungen und kann nicht zur Grundlage der Beurteilung genau dieses Vorgangs genommen werden.

40 Deshalb ist nur eine Unterscheidung nach **objektiven Kriterien** möglich. Dabei sind alle Anhaltspunkte für die Art und Weise der grenzüberschreitenden Mobilität heranzuziehen und letztlich ist eine Wertung nach dem Schema der „überwiegenden" Kausalität vorzunehmen: Welche Orientierung dominierte? Dabei wird es meist nur um Indizien gehen: Antritt der Reise erst nach Auftreten akuter Krankheitssymptome (dann Art. 20 VO (EG) Nr. 883/2004 und RL 2011/24/ EU, so der Schwerpunkt bei *Klein,* in: *Hauck/Noftz,* EU-Sozialrecht, Art. 20 Rn 13), es sei denn, es können unaufschiebbare andere Gründe nachgewiesen werden (vorher gebuchte kostspielige Reise, wichtiger Geschäftstermin, dringende Terminarbeit im Ausland und/oder zuerst nur leichte Symptome), dann Ansprüche nach Art. 19 VO (EG) Nr. 883/2004 (wie hier *Schreiber,* in: *Schreiber u.a.,* VO (EG) Nr. 883/2004, 2012, Art. 20 Rn 8).

41 Kaum nach sinnvollen objektiven Kriterien ist der Fall zu entscheiden, dass sich eine **chronisch kranke Person** zur Arbeit oder als Tourist/Studierender in einen anderen Mitgliedstaat begibt, bei der eine medizinische Behandlung absehbar oder regelmäßig notwendig wird, beide Motive und Ziele Tourismus und Krankenbehandlung evtl. gar gleichberechtigt sind (Kur oder Gebisssanierung während eines Urlaubs im Ausland). Solche **Personen mit gemischten Zielen** könnten an sich mit Grenzübergang auch Ansprüche nach Art. 20 VO (EG) Nr. 883/2004 bzw Art. 56 AEUV/ RL 2011/24/EU geltend machen. Da zB chronisch Kranke wie alle anderen Bürger der EG auch volle Freizügigkeit genießen, hat die Verwaltungskommission sie seit 1984 ausdrücklich unter den Geltungsbereich des Art. 22 Abs. 1 lit. a) VO (EWG) Nr. 1408/71/Art. 19 VO (EG) Nr. 883/2004 gestellt. Dementsprechend hält der Beschluss der Verwaltungskommission Nr. S 3 v. 12.6.2009 (ABl. C 106 v. 24.4.2010, S. 40-41) unter Nr. 2 und Nr. 3 fest, dass chronisch Kranke und selbst die Inanspruchnahme großer Behandlungen (Nierendialyse, Sauerstofftherapie, spezielle Asthmatherapie, Echokardiographie bei chronischen Autoimmunkrankheiten, Chemotherapie) bei Aufenthalt in einem anderen Mitgliedstaat aus allgemeinen Gründen und nicht um der Behandlung willen unter Art. 19 VO (EG) Nr. 883/2004 fallen. Bei solchen gemischten Zielen ist dies eine sachlich gut vertretbare Lösung, da durch die Sachleistungsaushilfe, die Integration in das

System des Mitgliedstaats des vorübergehenden Aufenthalts, eine optimale Versorgung sichergestellt wird.

Letztlich steht hinter der Einordnung dieser Fälle unter Art. 19 VO (EG) Nr. 883/2004 und nicht unter Art. 20 VO (EG) Nr. 883/2004/RL 2011/24/EU einmal die Entscheidung, dass die damit anwendbare Sachleistungsaushilfe im Behandlungsmitgliedstaat eine gut vertretbare, sinnvolle Lösung ist. Zum anderen erfolgt auch eine formale Entscheidung nach **Vorrangkriterien**: Art. 20 verlangt eine Vorabgenehmigung, eine große Beeinträchtigung der Mobilität, die nur anwendbar sein sollte, wenn es keine anderen Lösungen – wie die über Art. 19 (Ausweis der Leistungsberechtigung durch die EHIC genügt) gibt (Art. 20 Einl.-Satz VO (EG) Nr. 883/2004). Und für den Vorrang der VO (EG) Nr. 883/2004 gegenüber der RL 2011/24/EU spricht auch Art. 2 lit. m) der RL 2011/24/EU sowie die systematische Inkorporation der Strukturen der Art. 17-20 der VO (EG) Nr. 883/2004 in die Richtlinie (unten Art. 2 Rn 3). 42

Die Entscheidung, nach welcher Norm ein Sachverhalt zu beurteilen ist, fällt der Versicherte mit dem Antrag: Sei es über den Antrag auf Kostenerstattung beim Träger des Behandlungsmitgliedstaats, dann ist nur Art. 19 VO (EG) Nr. 883/2004 iVm Art. 25 Abs. 4 DVO (EG) 987/2009 einschlägig, sei es beim zuständigen Träger des Versicherungsmitgliedstaats, dann kommen sowohl Ansprüche aus Art. 19 VO (EG) Nr. 883/2004 iVm Art. 24 Abs. 5 bis 7 DVO (EG) 987/2009 wie auch über Ansprüche auf der Basis des Art. 20 iVm Art. 25 Abs. 6 und 7 DVO (EG) 987/2009 wie auch der nach Art. 7 der RL 2011/24/EU in Betracht. Stellt der Versicherte einen Antrag auf Vorabgenehmigung nach Art. 20 VO (EG) Nr. 883/2004 beim zuständiger Träger des Versicherungsmitgliedstaats geht er gleich den Weg der VO. 43

4. Grundfreiheiten nur für Marktprozesse

Die Grundfreiheiten gelten nur dort, wo Waren und Dienstleistungen „gehandelt" werden, für sie auch **Marktprozesse** gelten und Preise gezahlt werden. So sind die „Ausübung hoheitlicher Gewalt" und die mit ihr eng verbundenen Tätigkeiten gemäß Art. 51 Abs. 1 und Art. 62 AEUV (= Art. 45 Abs. 1 und Art. 55 EG) ausdrücklich von den Grundfreiheiten ausgenommen. So hat der EuGH mehrfach anerkannt, dass das Marktrecht der Gemeinschaft nicht auf die Existenz öffentlicher Monopole der sozialen Sicherheit anzuwenden ist, soweit diese keine wirtschaftliche Tätigkeit ausüben (EuGH, Rs. C-159/91 und 160/91 (Poucet und Pistre), Slg 1993, I-637; EuGH, Rs. C-238/94 (García), Slg 1996, I-1673; ausführlich dazu *Bieback*, 1999). Ein wirtschaftlicher Vorgang liegt idR bei den medizinischen und pflegerischen Dienstleistungen der Sozialversicherungssysteme vor. Diese Leistungen können grundsätzlich in rein privaten Rechtsbeziehungen erbracht werden, und sie gehören ihrer Natur nach nicht zu jenen Dienstleistungen, die dem Staat vorbehalten oder eng und notwendig mit der Ausübung staatlicher Hoheitsgewalt verbunden sind (*Zechel*, 1995, 87). 44

Allerdings hat der EuGH die **Bindung an den Wortlaut und Sinn und Zweck der Grundfreiheiten verlassen**. Im „Leitfall" Smits-Peerbooms geht er noch vom Wortlaut des Art. 50 EG (= jetzt Art. 57 AEUV) aus, wonach „Dienstleistungen" nur solche Leistungen sind, die „in der Regel gegen Entgelt erbracht werden" (EuGH, Rs. C-157/99 (Smits-Peerbooms), Slg 2001, I-5473, Rn 47-59). Er bestimmte die Entgeltlichkeit nicht irgendwie abstrakt, sondern nach dem Leistungsrecht des Landes, aus dem der Anspruch stammt. Er sah die „Entgeltlichkeit" bei der niederländischen Krankenversicherung noch als erfüllt an, da sie zwar nach dem Sachleistungsprinzip Leistungen unentgeltlich zur Verfügung stellt, die Leistungen aber von den Versicherten über Beiträge an die Versicherung finanziert werden, die das Geld wiederum an die Leistungserbringer weiterreicht. Schon damals hatte sich der EuGH in diesem Punkt über die Ansicht des GA Colomer hinweggesetzt, der mit guten Gründen keine hinreichende Entgeltbeziehung ausmachen konnte (GA zur Rs. C-157/99 (Smits-Peerbooms), Slg 2001, I-5473, Rn 44 ff). Dementsprechend scharf war auch die Kritik am EuGH (*Hatzopoulos*, CMLR 2002, 683, 693/4; *Cabral*, E.L.Rev. 2004, 45

673, 677/8; *Steyger*, Legal Issues of Economic Integration, 2002, 97 ff; *Davies*, Legal Issues of Economic Integration, 2002, 27 ff; *Wunder*, ZESAR 2006, 58 ff).

46 Immer aber war Ansatzpunkt für die **Entgeltlichkeit** entsprechend dem Wortlaut des Art. 57 AEUV (= Art. 50 EG) der „Regelfall" des Anspruchs und sein Entstehungszusammenhang, also die Beurteilung der Rechtsbeziehung zwischen dem Versicherten und dem zuständigen nationalen Versicherungsträger. So macht er im Fall des nationalen Gesundheitsdienstes des UK in der Rs. Watts den „Dienstleistungscharakter" nur noch daran fest, dass Frau Watts Nachfrage nach Krankenhausbehandlung in Frankreich die Nachfrage nach einer Dienstleistung und die Ausübung der Dienstleistungsfreiheit sei (EuGH, Rs. C-372/04, Slg 2006, I-4326, Rn 86 ff; ähnlich zuletzt EuGH, Rs. C-255/09 (Kommission/Portugal), EuZW 2012, 65, Rn 46-48). Nur stellt es Art. 57 AEUV (= Art. 50 EG) auf den „Regelfall" ab, und das ist im Verhältnis zum NHS eine direkte Dienstleistung, die nicht auf einem Markt realisiert und nicht durch den Markt bestimmt wird.

47 Zudem ist die Argumentation des EuGH auch immanent **widersprüchlich**. Denn sie entzieht dem Anspruch aus Art. 56 AEUV (= Art. 49 EG) die Grundlage. An sich hält der EuGH daran fest, dass sich die Art der zu beanspruchenden Krankenbehandlung wie auch die Höhe der zu beanspruchenden Kosten allein nach dem Krankenversicherungsrecht des zuständigen Trägers zu richten haben. Was aber keine Geldbeziehung ist, kann auch nicht als Referenzpunkt für eine Geldbeziehung gelten. Der Hinweis auf die Ausländern im NHS in Rechnung gestellten Kosten (EuGH, Rs. C-372/04 (Watts), Slg 2006, I-4326, Rn 133) vermag nicht zu überzeugen, denn hier mögen sich die Preise nach dem internationalen Preisniveau richten, während der nationale Markt – auch aufgrund der ja weiterhin zulässigen nationalen Regulierungen im Gesundheitsbereich – ganz andere Preise kennen kann.

48 Der EuGH hat später die Rspr in der Rs. Watts auch auf andere nationale Gesundheitsdienste übertragen (EuGH, Rs. C-255/09 (Kommission/Portugal), EuZW 2012, 65), auch wenn die Leistung in einem Land nachgefragt wurde, das keinen nationalen Gesundheitsdienst hat, so im Verhältnis Spanien-Frankreich (EuGH, Rs. C-211/08 (Kommission / Spanien), ZESAR 2010, 479) oder im Verhältnis Bulgarien-Deutschland (EuGH, Rs. C-173/09 (Elchinov), ZESAR 2011, 482).

49 Diese Argumentation führt letztlich dazu, alle **„geschlossenen" Systeme** direkter öffentlicher Dienstleistungen für die grenzüberschreitende Beanspruchung derselben Leistung in anderen Mitgliedstaaten **zu öffnen**. Denn es ist nicht ersichtlich, weshalb die in der Rs. Watts entwickelten Argumente nicht auch auf das gesamte Bildungssystem oder die Inanspruchnahme kommunaler sozialer Dienstleistungen (wie zB die Pflege in vielen Mitgliedstaaten) übertragen werden können. Damit wird den Mitgliedstaaten zumindest teilweise die Kompetenz genommen, soziale Dienstleistungen außerhalb des Marktes zu organisieren, weil sie damit – ihrer ökonomischen Einschätzung wie auch ihrer politischen Tradition nach – soziale, ökonomische und politische Ziele effizienter und effektiver verfolgen wollen. Dass der EuGH gerade hinsichtlich der Inanspruchnahme von Dienstleistungen im Bildungssektor die Anwendbarkeit des Art. 56 AEUV (= Art. 49 EG) verneint hat (EuGH, Rs. 263/86 (Humbel), Slg 1988, 5365; EuGH, Rs. C-109/92 (Wirth), Slg 1993, I-6447, Rn 16/17; vgl *Cabral*, E.L.Rev. 2004, 673 ff; *Davies*, Legal Issues of Economic Integration, 2002, S. 27 ff; *Steyger*, Legal Issues of Economic Integration, 2002, 97 ff), wird deshalb auch immer als Argument verwandt, bei Systemen des nationalen Gesundheitsdienstes ebenfalls die Anwendbarkeit des Art. 56 AEUV (= Art. 49 EG) zu verneinen.

5. Rechtfertigung von Genehmigungen und sonstigen Behinderungen der grenzüberschreitenden Leistungsnachfrage

50 Wie schon in den Fällen Kohll und Decker (EuGH, Rs. C-158/96 (Kohll), Slg 1998, I-1931, Rn 21 ff und EuGH, Rs. C-120/95 (Decker), Slg 1998, I-1831, Rn 31 ff), so geht der EuGH in den späteren Fällen davon aus, die Dienstleistungsfreiheit würde beeinträchtigt, wenn die grenzüber-

schreitende Leistungsnachfrage vorher genehmigt werden müsse, während die Leistungsnachfrage im Inland ohne Genehmigung frei zugänglich sei (Rs. C-157/99 (Smits und Peerbooms), Slg 2001, I-5473, Rn 60 ff; Rs. C-368/98 (Vanbraekel), Slg 2001, I-5363, Rn 44 ff; Rs. C-385/99 (Müller-Fauré), Slg 2003, I-4509, Rn 37 ff; Rs. C-372/04 (Watts), Slg 2006, I-4325, Rn 94 ff; Rs. C-444/05 (Stamatelaki), Slg I-3185, Rn 25 ff). Eine Beschränkung ist es ebenfalls, wenn private Leistungserbringer im Inland jederzeit in Anspruch genommen werden können, im Ausland nicht oder nur mit Genehmigung (EuGH, Rs. C-444/05 (Stamatelaki), Slg I-3185, Rn 25 ff).

Nationale Beschränkungen der Grundfreiheiten müssen sich entsprechend der allgemeinen Dogmatik des EuGH nach der sog. „Cassis-de-Dijon-Formel" rechtfertigen (EuGH, Rs. 120/78 (Rewe), Slg 1979, 649). Der Generalanwalt hat diese Formel in der Rs. Geraets-Smits gerade auch auf den Fall angewandt, dass nach nationalem Recht die grenzüberschreitende Nachfrage nach Gesundheitsleistungen einer Genehmigung bedarf (GA zur Rs. C-157/99 (Geraets-Smits) Rn 65 ff). Demnach gilt (vgl zuletzt EuGH, Rs. C-255/09 (Kommission/Portugal), EuZW 2012, 65, Rn 72-89 mwN): 51

(1) Die Dienstleistungsfreiheit kann selbst als Verbot der direkten Diskriminierung gemäß Art. 62 AEUV (= Art. 55 EG) iVm Art. 52 AEUV (= Art. 46 EG) aus **Gründen der „öffentlichen Ordnung" und „Sicherheit oder Gesundheit"** beschränkt werden; fast gleichlautend gilt dies für die Warenverkehrsfreiheit gem. Art. 36 AEUV (= Art. 30 EG). Zur öffentlichen Gesundheit gehört die Sicherung und Kontrolle der Qualität der Leistungen sowie der Erhalt einer ausgewogenen Versorgungsstruktur (EuGH, Rs. C-158/96 (Kohll), Slg 1998, I-1931, Rn 47 und EuGH, Rs. C-120/95 (Decker), Slg 1998, I-1831, Rn 42 ff; EuGH, Rs. C-157/99 (Smits und Peerbooms), Slg 2001, I-5473, Rn 72 ff und EuGH, Rs. C-368/98 (Vanbraekel), Slg 2001, I-5363, Rn 47 ff; EuGH, Rs. C-372/04 (Watts), Slg 2006, I-4325, Rn 104 und 105; EuGH, Rs. C-255/09 (Kommission/Portugal), EuZW 2012, 65, Rn 72 ff). 52

(2) Beschränkungen wie Genehmigungserfordernisse, die nicht speziell an das Merkmal der Nachfrage im Ausland anknüpfen, aber die Ausübung der Grundfreiheiten (nur) behindern oder nur eine mittelbare Diskriminierung wegen der Nationalität darstellen, können über die in Art. 42 und Art. 61 ff AEUV (= Art. 36 und 54 ff EG) genannten konkreten Einschränkungsgründe hinaus auch mit **zwingenden Gründen des Allgemeininteresses** legitimiert werden, wozu u.a. auch die Funktionsfähigkeit und die finanzielle Stabilität der sozialen Sicherungssysteme zu rechnen sind (seit EuGH, Rs. 238/82 (Duphar), Slg 1984, 523 st.Rspr vgl EuGH, Rs. C-158/96 (Kohll), Slg 1998, I-1931, Rn 41 und EuGH, Rs. C-120/95 (Decker), Slg 1998, I-1831, Rn 39; EuGH, Rs. C-157/99 (Smits und Peerbooms), Slg 2001, I-5473, Rn 72 ff und EuGH, Rs. C-368/98 (Vanbraekel), Slg 2001, I-5363, Rn 47 ff und EuGH, Rs. C-385/99 (Müller-Fauré), Slg 2003, I-4509, Rn 66 ff; EuGH, Rs. C-372/04 (Watts), Slg 2006, I-4325, Rn 103; EuGH, Rs. C-255/09 (Kommission/Portugal), EuZW 2012, 65, Rn 72 ff). Zu solchen Beschränkungen zählen zB Regelungen, die die Nachfrage bei einem Anbieter, mit dem die Leistungsträger keinen Versorgungsvertrag geschlossen haben, von einer Genehmigung abhängig machen (unten Rn 64). 53

(3) Die Einschränkungen müssen zur Erreichung dieser Ziele **verhältnismäßig**, dh geeignet und erforderlich sein. 54

a) Gerechtfertigte Genehmigungspflichten und Beschränkungen im beplanten Bereich

aa) Erhebliche Gefährdung des finanziellen Gleichgewichts eines Systems der sozialen Sicherheit

Einen großen Stellenwert hat die Schranke, es gelte eine erhebliche **Gefährdung des finanziellen Gleichgewichts des Systems der sozialen Sicherheit** zu verhindern. Unklar bleibt, wie sich diese Beschränkungsmöglichkeit genauer in Art. 52 AEUV (= Art. 46 EG) einordnet. Auf jeden Fall wird dieser Grund vom EuGH anerkannt, aber – zu Recht – in vielen Entscheidungen als nicht einschlägig angesehen, da eine solche Gefährdung konkret meist nicht nachweisbar ist, vielmehr 55 die Leistungen im Ausland oft billiger sein können (EuGH, Rs. C-158/96 (Kohll), Slg 1998, I-1931, Rn 41 und EuGH, Rs. C-120/95 (Dekker), Slg 1998, I-1831, Rn 39; EuGH, Rs. C-385/99 (Müller-Fauré), Slg 2003, I-4509, Rn 93 ff; EuGH, Rs. C-444/05 (Stamatelaki), Slg I-3185, Rn 30 ff; EuGH, Rs. C-255/09 (Kommission/Portugal), EuZW 2012, 65, Rn 73 ff). Zudem kann der EuGH zu Recht auch darauf verweisen, dass sich die grenzüberschreitende Leistungsbeanspruchung schon wegen der sprachlichen und kulturellen Barrieren in Grenzen halten wird (EuGH, Rs. C-385/99 (Müller-Fauré), Slg 2003, I-4509, Rn 96).

bb) Schutz der öffentlichen Gesundheit

56 Der zweite Grund, der **Schutz der öffentlichen Gesundheit,** wird in drei Unterpunkte aufgegliedert (EuGH, Rs. C-158/96 (Kohll), Slg 1998, I-1931, Rn 43 ff; EuGH, Rs. C-120/95 (Decker), Slg 1998, I-1831, Rn 41 ff; EuGH, Rs. C-157/99 (Smits und Peerbooms), Slg 2001, I-5473, Rn 73 ff sowie EuGH, Rs. C-385/99 (Müller-Fauré), Slg 2003, I-4509, Rn 67 ff):

(1) Sicherung der Qualität der ärztlichen Leistung,
(2) Kontrolle der Qualität der Leistungserbringung und
(3) Erhalt einer ausgewogenen Versorgungsstruktur im eigenen nationalen System.

Der EuGH gibt den nationalen Rechtsordnungen also recht viele Gründe, die Verkehrsfreiheiten des EG-Vertrags zum Schutze der „öffentlichen Gesundheit" einzuschränken. Andererseits ist es schwer, mit ihnen Beschränkungen zu legitimieren, die auf europäischer Ebene iSd Verhältnismäßigkeitsprinzips rechtmäßig sind. Denn zu Recht lässt sich – sieht man von nationalen Überheblichkeiten ab – hierbei darauf verweisen, dass in allen Mitgliedsländern der EU der Standard der medizinischen Versorgung hoch ist und andererseits die jeweils nationalen Systeme so komplex und vielgestaltig sind, dass die grenzüberschreitende Inanspruchnahme von Dienstleistungen sie kaum gefährden dürfte.

57 (1) **Sicherung der Qualität der Leistung:** Zum ersten Argument verweist der EuGH in den Fällen Kohll und Decker bei der Inanspruchnahme von Optikern und Zahnärzten darauf, dass die Qualität der Behandlung durch die Angleichung und gegenseitige Anerkennung der Diplome von Leistungserbringern in allen Ländern der Gemeinschaft hinreichend gesichert sei (EuGH, Rs. C-158/96 (Kohll), Slg 1998, I-1931, Rn 47 und EuGH, Rs. C-120/95 (Decker), Slg 1998, I-1831, Rn 42/3; EuGH, Rs. C-255/09 (Kommission/Portugal), EuZW 2012, 65, Rn 80 ff). Damit wird das Qualitätsproblem sicherlich auf einen Minimalstandard gedrückt. Mit dem Meistererfordernis bei den Brillen in der Rs. Decker hatte das luxemburgische System zB ganz ähnlich wie das deutsche System ein Qualitätserfordernis aufgestellt, zu dem es in vielen EU-Staaten gar kein Äquivalent gibt, das weit über das Qualitätsniveau des ersten Berufsabschlusses hinausgeht. Im Fall Smits und Peerbooms sowie anschließend Müller-Fauré hat es der EuGH dagegen akzeptiert, dass ein System der besonderen Genehmigung zur Behandlung nur in Vertragskrankenhäusern für die Sicherung eines „ausgewogenen Angebots qualitativ hochwertiger Krankenhausversorgung" erforderlich ist (EuGH, Rs. C-157/99 (Smits und Peerbooms), Slg 2001, I-5473, Rn 78, 80 und EuGH, Rs. C-385/99 (Müller-Fauré), Slg 2003, I-4509, Rn 79 und 82; auf Großgeräte erweitert: EuGH, Rs. C-512/08 (Kommission/Frankreich), NZS 2011, 295, Rn 33 ff).

58 Da, wo es keine gemeinschaftsrechtlich harmonisierten Qualitätsmaßstäbe gibt, wie zB bei Labors für biomedizinische Analysen, gesteht der EuGH einem Mitgliedstaat auch das Recht zu, die grenzüberschreitende Leistungserbringung durch ausländische Einrichtungen am Maßstab seines nationalen Gesundheitsschutzniveaus zu genehmigen; allerdings darf die Genehmigung nicht allein eine Wiederholung der Genehmigung im Niederlassungsstaat der Einrichtung sein (EuGH, Rs. C-496/01 (Kommission vs. Frankreich), Slg 2004 I-2351 Rn 69 ff, 93). Ebenfalls dürfen die nationalen Standards und das Genehmigungsverfahren nicht ausländische Leistungsanbieter diskriminieren; idR sind deshalb allgemein anerkannte, internationale Qualitätsstandards zu Grunde zu legen (EuGH, Rs. C-157/99 (Smits und Peerbooms), Slg 2001, I-5473, Rn 83 ff, 92 und 98;

Bieback, NZS 2001, 568). Dadurch ist die Gefahr gebannt, dass nur noch ein Mindestniveau der Qualitätssicherung, der kleinste gemeinsame Nenner, zu beachten ist.

(2) Kontrolle der Qualität der Leistungserbringung: Zum zweiten Unterpunkt, der Qualitätskontrolle, hat der EuGH bisher kaum Stellung genommen. Im harmonisierten Bereich wird in der Regel die Kontrolle des jeweiligen Niederlassungsstaats, in dem der Leistungsanbieter, der grenzüberschreitend Dienste anbietet, seinen Sitz hat, anzuerkennen sein. Im nicht harmonisierten Bereich ist es nach Ansicht des EuGH möglich (und wohl auch ausreichend), dass ein Leistungserbringer nachweist, dass die Kontrollen in seinem Niederlassungsstaat nicht weniger streng sind als die im Mitgliedstaat, in den er die Leistung exportieren will (EuGH, Rs. C-496/01 (Kommission vs. Frankreich), Slg 2004, I-2351, Rn 74). Vor allem reicht für den EuGH ein Hinweis darauf aus, dass auch in den anderen Mitgliedstaaten die medizinischen Einrichtungen einer Kontrolle unterliegen und die Qualitätsanforderungen an die medizinischen Berufe in der Gemeinschaft weitgehend angeglichen sind (EuGH, Rs. C-444/05 (Stamatelaki), Slg 2007, I-3185, Rn 37; EuGH, Rs. C-255/09 (Kommission/Portugal), EuZW 2012, 65, Rn 80 ff). 59

(3) Erhalt einer ausgewogenen Versorgungsstruktur im eigenen nationalen System: Im Fall Smits und Peerbooms hat es der EuGH akzeptiert, dass eine besondere Genehmigung der Behandlung in Krankenhäusern, mit denen kein Versorgungsvertrag besteht, für die Sicherung eines „Angebots qualitativ hochwertiger Krankenhausversorgung", das „ständig zugänglich" ist, notwendig ist (EuGH, Rs. C-157/99 (Smits und Peerbooms), Slg 2001, I-5473, Rn 78 sowie EuGH, Rs. C-385/99 (Müller-Fauré), Slg 2003, I-4509, Rn 79; EuGH, Rs. C-372/04 (Watts), Slg 2006, I-4325, Rn 107 ff; EuGH, Rs. C-512/08 (Kommission/Frankreich), NZS 2011, 295, Rn 33 ff). 60

cc) Gerechtfertigt: Versorgungsplanung

Die beiden vorherigen Gründe, Sicherung der Finanzierung des Systems und Sicherung der Versorgung und der Qualität, fallen zusammen und bekommen ein starkes Gewicht, wenn „Zwänge einer Planung" notwendig seien, „die zum einen im betreffenden Mitgliedstaat gewährleisten soll, dass ein ausgewogenes Angebot qualitativ hochwertiger Versorgung ständig ausreichend zugänglich ist, und zum anderen dazu beitragen soll, die Kosten zu beherrschen und, so weit wie möglich, jede Verschwendung finanzieller, technischer und menschlicher Ressourcen zu verhindern" (EuGH, Rs. C-512/08 (Kommission/Frankreich), NZS 2011, 295, Rn 33 unter Verweis auf EuGH, Rs. C-157/99 (Smits und Peerbooms), Slg 2001, I-5473, Rn 76-81; EuGH, Rs C-385/99 (Müller-Fauré), Slg 2003, I-4509, Rn 72 ff, 76-81 und EuGH, Rs. C-372/04 (Watts), Slg 2006, I-4325, Rn 108-110). Angewandt hatte der EuGH das zuerst auf die stationäre Behandlung und dann 2010 auch auf den Einsatz von Großgeräten (schon vorher für die Herausnahme der Großgeräte aus dem Freizügigkeitsbereich: *Bieback,* in: *Igl,* 1999, 7 ff; *Fuchs,* NZS 2004, 227 f). 61

Der EuGH sagt aber nichts über die **Art der Planung**. Im Rechtsstreit Müller-Fauré hatte der Generalanwalt auf die enge Planung des ambulanten Sektors in den Niederlanden durch Vertragsregime hingewiesen (GA Rn 49 ff; dazu ausführlich: *Lorff,* ZESAR 2003, 449, 451 ff). Das reichte offensichtlich für den EuGH nicht aus, denn in der Entscheidung Müller-Fauré ließ er als Ausnahmebereich nur die stationäre Behandlung im Krankenhaus zu (EuGH, Rs. C-385/99 (Müller-Fauré), Slg 2003, I-4509, Rn 72 ff, 76-81). Ein reines Zulassungswesen, wie im ambulanten Bereich vor allem der Spezialärzte in den Niederlanden, wird nicht genügen. Es dürften (1) verbindliche Planungen und (2) ein Zulassungswesen zu verlangen sein, die sich (3) auf bestimmte Strukturmerkmale und deutliche sozialpolitische Grundentscheidung der Mitgliedstaaten gründen und (4) langfristige, hohe Investitionen in sachliche und personelle Mittel, und/oder einen Grundversorgungsauftrag und/oder hohe Anforderungen an die Zurverfügungstellung und die Qualität der Leistung verlangen (vgl auch *Cabral,* E.L.Rev. 2004, 673, 685/6). Allerdings muss auch das Planungs-, Zulassungs- und Genehmigungssystem verhältnismäßig sein und muss inländische und ausländische Anbieter gleich behandeln. 62

63 Diese Anforderungen erfüllt in Deutschland wohl nur die Krankenhausplanung, aber nicht das Zulassungswesen der Vertragsärzte (§§ 99 ff SGB V), Heilmittelerbringer (§ 124 SGB V) und Krankentransporte (§ 133 SGB V und Landesrecht). Für die Letzteren gibt es keine festen Versorgungsquoten (Vertragsärzte) bzw dient die Zulassung nur der Sicherung der Qualität. Eine Großgeräteplanung gibt es nach Abschaffung der Rechtsgrundlagen im SGB V (§ 122) nicht mehr. Keine Planung gibt es für die stationäre Rehabilitation, zumal hier mehrere Träger unkoordiniert das Angebot sicherstellen müssen.

dd) Beschränkung der Behandlung auf ein Vertragsregime

64 Viele nationale Versicherungssysteme kennen ein **Vertragsregime** zwischen Versicherung und Leistungsanbieter und verlangen deshalb, dass nur Leistungen von Leistungserbringern anerkannt und entgolten werden können, mit denen ein (Liefer-/Zulassungs-) Vertrag abgeschlossen worden ist. Hierüber kann sowohl die Menge und die Qualität der Leistung wie auch die Sicherheit der Versorgungsstruktur gesteuert werden. Der EuGH hat in dieser Anforderung eine (mittelbare) **Beeinträchtigung der Dienstleistungsfreiheit** der Versicherten gesehen, da idR nur mit wenigen ausländischen Anbietern solche Verträge geschlossen werden dürften (EuGH, Rs. C-157/99 (Smits und Peerbooms), Slg 2001, I-5473, Rn 65/6, 69; EuGH, Rs. C-385/99 (Müller-Fauré), Slg 2003, I-4509, Rn 43; ausführlich GA in Rs. Watts EuGH, Rs. C-372/04, Slg 2006, I-4325; EuGH, Rs. C-490/09 (Kommission/Luxemburg), juris, Rn 39-41). Dieses Strukturmerkmal sei alleine nicht entscheidend; dass sein Wegfall zu gravierenden Beeinträchtigen der oben genannten Ziele führe (Qualität; Versorgungssicherheit), sei nicht dargelegt. Diese Ablehnung des Erfordernisses eines vorherigen Vertragsschlusses erstaunt. Wenn es um die Herstellung von Marktfreiheiten und Binnenmarkt geht, ist ein Vertragsregime eine adäquate Steuerung für die Finanziers der Leistungsnachfrage. Eventuelle Zugangsschranken zum Vertragsregime werden entweder über das Erfordernis der Ausschreibung oder aber das Wettbewerbsrecht marktkonform gelöst.

ee) Zulässigkeit teil- oder voll geschlossener Versorgungssysteme

65 Völlig unklar ist, ob jene teil- oder ganz geschlossenen Versorgungssysteme gerechtfertigte Beschränkungen sind, die für sich intern einen hohen Grad an Kooperation und Koordination sicherstellen sollen, wie integrierte Versorgungssysteme, Health-Maintenance-Organisation etc. Denn diese Systeme setzen Hürden auch für innerstaatliche Anbieter bzw selektieren zwischen ihnen, sind also nicht nur gegenüber ausländischen Anbietern diskriminierend. Aber sicherlich haben ausländische Anbieter schwerer Zugang zu ihnen als inländische. Hier wird man unterscheiden müssen.

66 (1) Können Versicherte solche Systeme frei wählen, zB um als „Entgelt" dafür geringere Beiträge zu zahlen, haben sie freiwillig ihre Wahlfreiheit eingeschränkt und können sich davon weder unter Berufung auf nationale Grundrechte noch auf die Dienstleistungsfreiheit des AEUV befreien. Dies ist die Situation der deutschen „Qualitätsnetzwerke" und anderer die Wahlfreiheit beschränkender Systeme (Wahltarife § 53 Abs. 3 SGB V; Modellvorhaben §§ 63/64 SGB V; Hausarztmodelle §§ 73b/c SGB V; strukturierte Behandlungsprogramme § 137 f SGB V).

67 (2) Werden Beschränkungen allgemein vorgeschrieben, sind sie oft zum Schutz der Gesundheit wie der Qualität der Versorgung und aus Gründen der Einsparung von Finanzmitteln gerechtfertigt. Die gilt zB für Anforderungen an die Verschreibung von Medikamenten und Hilfsmitteln oder an den Besuch von Spezialisten, wie vorherige Konsultation eines Basisarztes und Verschreibung durch ihn. Soweit solche vorherigen Konsultationspflichten etc bestehen, können sie gerechtfertigt sein, wenn durch sie die (nachfolgenden) ausländischen Anbieter nicht benachteiligt werden (EuGH, Rs. C-385/99 (Müller-Fauré), Slg 2003, I-4509, Rn 106; EuGH, Rs. C-255/09 (Kommission/Portugal), EuZW 2012, 65, Rn 86). Als solche sind Hausarztsysteme also gerechtfertigt. Aber idR legitimieren sie es nicht, dass der Basisarzt nur an inländische Heilbehandler oder nur solche Heilbehandler, mit denen er einen Vertrag geschlossen hat, überweisen kann. Um

solche Systeme ging es in zahlreichen Entscheidungen des EuGH, in denen dennoch eine grenzüberschreitende Inanspruchnahme von Gesundheitsdienstleistungen (evtl. auf der Basis einer Verschreibung des Basisarztes) zugelassen wurde (EuGH, Rs. C-255/09 (Kommission/Portugal), EuZW 2012, 65, Rn 86; EuGH, Rs. C-211/08 (Kommission / Spanien), ZESAR 2010, 479; EuGH, Rs. C-173/09 (Elchinov), ZESAR 2011, 482).

ff) Plausibilität der Darlegung

In der Entscheidung zu den Großgeräten hat es der EuGH ausreichen lassen, dass eine Gefährdung 68 des finanziellen Gleichgewichts des nationalen Gesundheitssystems und seiner Versorgungssicherheit möglich ist (EuGH, Rs. C-512/08 (Kommission/Frankreich), NZS 2011, 295, Rn 37, 41). Dass eine solche Einschätzung des nationalen Gesetzgebers über die potentielle Gefährdung der Versorgungssicherheit und/oder des finanziellen Gleichgewichts ausreicht, würde die Kompetenz der Mitgliedstaaten wahren, zumal es um sehr komplexe Entscheidungen und Prognosen geht (so Kessler, Anm. zum EuGH ZESAR 2011, 340/41).

Letztlich folgt – trotz dieses neueren Ansatzes des EuGH – aus dem (Anwendungs-) Vorrang des 69 gemeinschaftsrechtlich begründeten Anspruchs aber, dass den jeweils betroffenen Mitgliedstaat (des zuständigen Trägers) die Darlegungs- und Argumentationslast darüber trifft, dass die freie grenzüberschreitende Leistungsbeanspruchung sein System der Gesundheitsversorgung unverhältnismäßig beeinträchtigt. Dies ist auch der Ansatz der Patienten-RL. Nicht die grenzüberschreitende Leistungsbeanspruchung und ihre Auswirkungen sind als „unschädlich" zu rechtfertigen, sondern die Argumentationslast geht immer zu Lasten der nationalen Systeme und der auf ihrer Ebene angesiedelten (national) als notwendig angesehenen Regulierung.

b) Abgrenzung stationärer-ambulanter Bereich

Die Möglichkeit, bei **Zwängen einer Versorgungsplanung**, eine Genehmigungspflicht grenzüber- 70 schreitender Inanspruchnahme von Gesundheitsdienstleistungen einzuführen (oben Rn 61 ff), gilt neben den Großgeräten vor allem auch für die stationäre Behandlung. Dieser Ansatz an den Planungsnotwendigkeiten ist besser als die frühere rein **institutionelle Orientierung**, wonach nur bei einer stationären Behandlung eine Genehmigung gerechtfertigt sei (zur Kritik daran *Becker/Walser*, NZS 2005, 449). Die Abgrenzung stationär-ambulant war und ist äußerst schematisch, da einmal die Grenzziehung in den einzelnen Mitgliedstaaten sehr unterschiedlich ist (in vielen sind Fachärzte idR an Krankenhäusern konzentriert) und die Übergänge zwischen dem ambulanten und dem stationären Bereich fließend sind (für Deutschland: ambulantes Operieren; Polikliniken; integrierte Versorgungssysteme bei chronischen Erkrankungen etc). Der EuGH hat nur angedeutet, dass ambulante Operationen im Krankenhaus aus dem Vorbehalt für den Krankenhausbereich herausgenommen werden könnten (EuGH, Rs. C-385/99 (Müller-Fauré), Slg 2003, I-4509, Rn 75). Die Abgrenzung ambulant-stationär kann also nicht von der jeweiligen Grenzziehung in den einzelnen nationalen Gesundheitssystemen abhängig gemacht werden. Die Definition der Krankenhäuser in § 107 SGB V kann aber einige Anhaltspunkte geben: ständige Bereitschaft von Ärzten und Pflegepersonal, Spezialisierung sowie apparative und technische Ausstattung. An alles werden hohe Anforderungen zu stellen sein. Eine Einbindung in einen öffentlichen Planungsprozess ist notwendig.

Deshalb kann das von der Patienten-RL (Art. 8 Abs. 2 lit. b) RL 2011/24/EU) und vom BSG ent- 71 wickelte Kriterium, stationäre Behandlung läge vor, wenn die Behandlung sich (schon der Planung nach) auf mindestens einen Tag und eine Nacht erstrecke (BSG, SozR 4-2500 § 39 Nr. 1 = BSGE 92, 223; SGb 2005 m. Anm. *Trefs*; bestätigt durch BSG, SozR 4-2500 § 39 Nr. 5), allenfalls (mittelbare) Indizwirkung für die Planungsnotwendigkeit haben. Es ist vielmehr auf die Abgrenzung im Einzelfall, nicht aber auf die institutionelle Abgrenzung ausgerichtet. So wird für die stationäre Rehabilitation keine Planungsnotwendigkeit bestehen.

c) Anforderungen an die zulässige Genehmigung von Auslandsbehandlungen

72 Dort wo ein Genehmigungserfordernis speziell für Auslandsbehandlungen grundsätzlich zulässig ist, sind an seine Voraussetzungen und seine Praktizierung gemeinschaftsrechtliche Anforderungen zu stellen. Der EuGH hat dies in den Entscheidungen Smits und Peerbooms und Müller-Fauré konkretisiert und in der Entscheidung Watts auf die Anforderungen an die Genehmigung nach Art. 22 Abs. 2 VO (EWG) Nr. 1408/71, jetzt Art. 20 VO (EG) Nr. 883/2004 im koordinierenden Sozialrecht verwiesen (EuGH, Rs. C-372/04 (Watts), Slg 2006, I-4325, Rn 119 ff iVm Rn 59 ff). Zudem müssen die Gründe, aus denen eine Genehmigung allgemein versagt werden kann, **verhältnismäßig und diskriminierungsfrei** sein (EuGH, Rs. C-372/04 (Watts), Slg 2006, I-4325, Rn 114 ff). Wesentlich ist vor allem ein zügiges Verfahren und die Bindung der Genehmigungsbehörde (vgl auch EuGH, Rs. C-512/08 (Kommission/Frankreich), NZS 2011, 295, Rn 43 mwN).

73 Wie der genehmigungspflichtige Bereich und die Anforderungen an die Genehmigung von den Mitgliedstaaten niedergelegt sein müssen, hat der EuGH nicht fixiert (aA. für die Rspr bis EuGH v. 5.10.2010 Keller in der Anm. dazu, ZESAR 2011, 338, 341). So reichen auch Listen mit den genehmigungspflichtigen Behandlungen aus (EuGH, Rs. C-157/99 (Smits und Peerbooms), Slg 2001, I-5473, Rn 84 ff, 89) oder die Regelung des Genehmigungsverfahrens durch ein Verwaltungs-Rundschreiben (EuGH, Rs. C-512/08 (Kommission/Frankreich), NZS 2011, 295).

aa) Anforderungen an das Verfahren der Genehmigung

74 Mehrfach hat der EuGH betont, dass es hier zum Schutze der Grundfreiheiten **kein „freies" Ermessen** geben kann, das die Ausübung der Grundfreiheiten beeinträchtigen würde (EuGH, Rs. C-385/99 (Müller-Fauré), Slg 2003, I-4509, Rn 84) und spezielle Anforderungen an das Genehmigungsverfahren formuliert, die das deutsche Verwaltungsrecht einhält: Es „ist ein System der vorherigen behördlichen Genehmigung nur dann trotz des Eingriffs in eine solche Grundfreiheit gerechtfertigt, wenn es auf objektiven und nicht diskriminierenden Kriterien beruht, die im Voraus bekannt sind, damit dem Ermessen der nationalen Behörde Grenzen gesetzt werden, die seine missbräuchliche Ausübung verhindern (Rs. Analir u.a., Rn 38). Ein derartiges System der vorherigen behördlichen Genehmigung muss sich auch auf eine leicht zugängliche Verfahrensregelung stützen und geeignet sein, den Betroffenen zu garantieren, dass ihr Antrag innerhalb angemessener Frist sowie objektiv und unparteilich behandelt wird, wobei eine Versagung der Genehmigung im Rahmen eines gerichtlichen Verfahrens anfechtbar sein muss (EuGH, Rs. C-157/99 (Smits und Peerbooms), Slg 2001, I-5473, Rn 90)" (EuGH, Rs. C-385/99 (Müller-Fauré), Slg 2003, I-4509, Rn 85; EuGH, Rs. C-372/04 (Watts), Slg 2006, I-4325, Rn 116-118; EuGH, Rs. C-512/08 (Kommission/Frankreich), NZS 2011, 295 Rn 43 mwN).

bb) Genehmigungsvoraussetzung „medizinische Notwendigkeit"

75 Der EuGH macht zu Recht deutlich, dass die Notwendigkeit und Erforderlichkeit nur darauf bezogen werden kann, dass eine Behandlung außerhalb des geplanten und vertraglich abgesicherten Versorgungssystems der Krankenhausbehandlung nicht abgelehnt werden kann, wenn sie aus **medizinischen Gründen notwendig** ist, also in diesem System selbst nicht befriedigt werden kann (EuGH, Rs. C-157/99 (Smits und Peerbooms), Slg 2001, I-5473, Rn 99 ff; EuGH, Rs. C-385/99 (Müller-Fauré), Slg 2003, I-4509, Rn 86 ff; EuGH, Rs. C-372/04 (Watts), Slg 2006, I-4325, Rn 119-129). Die Notwendigkeit besteht nicht, wenn im Wohnland eine gleiche oder eine für den Patienten ebenso wirksame Behandlung **rechtzeitig** in einer Einrichtung erlangt werden kann, mit der der zuständige Träger einen Versorgungsvertrag geschlossen hat.

76 Daraus folgt zwingend, dass nach Ansicht des EuGH allein die Existenz von **Wartelisten**, ohne dass hierbei die konkreten Umstände des Patienten berücksichtigt würden, keine Rechtfertigung dafür abgeben könnte; solche Wartezeiten müssten individuell medizinisch gerechtfertigt sein (EuGH, Rs. C-385/99 (Müller-Fauré), Slg 2003, I-4509, Rn 92 ff; EuGH, Rs. C-372/04 (Watts),

Slg 2006, I-4325, Rn 119-120). Damit sind „Wartelisten" in der Regel ungerechtfertigt, die zwar abstrakt nach der Rangfolge der Dringlichkeit nach einem internen Vergleich zwischen den typisierten Fällen erstellt werden, aber die individuelle medizinische Dringlichkeit des einzelnen Falles nicht berücksichtigen können (*Lorff*, ZESAR 2003, 407, 411; *v. d. Mei*, MJ 2002, 189, 212; kritisch zur Rspr des EuGH *Wunder*, Zur Vereinbarkeit von Wartelisten mit den Grundfreiheiten, MedR 2007, 21). Besteht ein „Behandlungsnotstand", so darf bei der Auswahl der dann herangezogenen Krankenhäuser nicht nach Nationalität differenziert werden. Ein Vorrang nationaler Krankenhäuser, die nicht im Planungs- und Vertragssystem sind, vor ausländischen Krankenhäusern sei nicht gerechtfertigt und verstieße gegen das Diskriminierungsverbot des Art. 56 AEUV (= Art. 49 EG). Dem ist zuzustimmen, zumal diese Argumentation den sozialpolitischen Besonderheiten der einzelnen nationalen Systeme gut Rechnung trägt.

Auch kann die Genehmigung versagt werden, wenn „die gleiche oder eine für den Patienten ebenso wirksame Behandlung **rechtzeitig** im Gebiet des Mitgliedstaats erlangt werden kann" (EuGH, Rs. C-56/01 (Inizan), Slg 2003 I-12403, Rn 59/60 unter Hinweis auf EuGH, Rs. C-157/99 (Smits und Peerbooms), Slg 2001, I-5473, Rn 103 und EuGH, Rs. C-385/99 (Müller-Fauré), Slg 2003, I-4509, Rn 89). Dabei übernimmt der EuGH letztlich nur aus Art. 20 Abs. 2 S. 2 2. Alternative VO (EG) Nr. 883/2004 (vormals Art. 22 Abs. 2 VO (EWG) Nr. 1408/71) die Anforderung, eine Genehmigung sei zu erteilen, wenn die entsprechende Leistung im Versicherungsmitgliedstaat nicht in einem unter Berücksichtigung ihres „derzeitigen Gesundheitszustands und des voraussichtlichen Verlaufs ihrer Krankheit medizinisch vertretbaren Zeitraums gewährt werden kann". Diese letzteren Kriterien können deshalb auch für die Interpretation der „Rechtzeitigkeit" in diesem Zusammenhang verwandt werden. Die „Rechtzeitigkeit" richtet sich also allein nach den konkreten medizinischen Besonderheiten und Erfordernissen der jeweiligen Krankheit (dazu Art. 20 VO (EG) Nr. 883/2004 Rn 16-18). 77

cc) **Genehmigungsvoraussetzung „medizinische Üblichkeit"**

Die Anforderung, die im Ausland nachgefragte Behandlung müsse „**medizinisch üblich**" sein, hat der EuGH im Fall Smits und Peerbooms (EuGH, Rs. C-157/99 (Smits und Peerbooms), Slg 2001, I-5473, Rn 99 ff) zwar akzeptiert, schränkt sie aber ein. Die Genehmigungsvoraussetzung „medizinische Üblichkeit" beeinträchtigt nur dann die Dienstleistungsfreiheit nicht, wenn sie selbst ausländische Leistungsangebote nicht oder nicht unsachlich diskriminiert. Diese Genehmigungsvoraussetzung muss deshalb in einem objektiven Verfahren entschieden und gerichtlich kontrolliert werden (vgl auch BSG, SozR 3-2500 § 18 Nr. 2 und Nr. 4). Bei den anzulegenden Kriterien darf auch nicht auf die Besonderheiten eines nationalen Medizinsystems abgestellt werden, sondern muss der „Stand der internationalen Medizin und der auf internationaler Ebene allgemein anerkannten medizinischen Norm" berücksichtigt werden (*Bieback*, NZS 2001, 568). Hier werden die Anforderungen bewusst hoch geschraubt, um Möglichkeiten „mittelbarer Diskriminierungen" vorzubeugen, indem neutrale Standards angelegt werden, die aber rein „nationale" Standards sind und deshalb die Nachfrage nach ausländischen Leistungserbringern behindern. 78

dd) **Hohe nationale Qualitätsanforderungen**

Nationale Zulassungssysteme und Qualifikationsanforderungen können den Ausschluss ausländischer Leistungsanbieter nicht rechtfertigen, da sie einerseits vertraglich auf das Ausland übertragen werden können und andererseits, wie der EuGH (in: *Kohll/Decker*) deutlich gemacht hat, ausländische Berufsabschlüsse auf der Basis der gemeinschaftsrechtlichen Regelungen als gleichwertig anzuerkennen sind (EuGH, Rs. C-158/96 (Kohll), Slg 1998, I-1931, Rn 47 und EuGH, Rs. C-120/95 (Decker), Slg 1998, I-1831, Rn 42/3; *Schulz-Weidner*, in: *Schulte/Barwig* (Hrsg.), 1998, 261 ff; *Hollmann/Schulz-Weidner*, ZIAS 1998, 180, 196/7). Unklar ist, ob der EuGH einen Verstoß gegen die Dienstleistungsfreiheit schon darin sieht, dass die nationalen Sozialleistungsträger höhere als die allgemeinen beruflichen Basisqualifikationen verlangen, im Falle Decker über 79 die Ausbildung zum Optiker hinaus auch die Qualifikation als Meister. Dies muss aber zulässig sein. Bei grenzüberschreitender Leistungsbeschaffung können die Sozialleistungsträger dann Qualifikationsanforderungen stellen, die den inländischen entsprechen (*Plute*, DOK 1994, 421, 422). Allerdings hat der EuGH schon 1981 zu Recht betont, dass an Unternehmen, die grenzüberschreitend nur gelegentlich Leistungen erbringen, nicht dieselben Anforderungen zu stellen sind, wie an im Inland dauerhaft niedergelassene, es sei denn, wichtige öffentliche Interessen rechtfertigten die hohen Anforderungen (EuGH, Rs. 279/80 (Webb), Slg 1981, 3305, Rn 16 ff).

80 Dabei sind **unterschiedliche Anforderungen an ausländische und inländische Leistungserbringer** nicht ganz auszuschließen, wenn man das Versorgungssystem für grenzüberschreitende Leistungen öffnet. Gelten schärfere Maßstäbe nur für Inländer, liegt eine „ **Inländerdiskriminierung** " vor. Sie ist idR kein Problem des Gemeinschaftsrechts (EuGH, Rs. C-132/93 (Steen II), Slg 1994, I-2715). Allerdings wird dadurch die Legitimierung restriktiver nationaler Regulierungen im Inland immer schwieriger und auf Dauer wird ein Angleichungsprozess nicht zu vermeiden sein (*Udsching/Harich*, EuR 2006, 794; *Fuhrmann/Heine*, NZS 2006, 341; *König*, AöR 118 (1993), 591).

6. Folge: Anspruch auf Ersatz der Kosten, die auch beim zuständigen Träger entstanden wären

81 Der Anspruch aus Art. 56 AEUV (= Art. 49 EG) eröffnet nur die Möglichkeit, einen im nationalen Krankenversicherungssystem entstandenen Anspruch auf Leistungen auch durch die Inanspruchnahme ausländischer Leistungserbringer grenzüberschreitend zu realisieren. Er verändert ansonsten den aus dem nationalen Recht entstandenen Anspruch auf Gesundheitsleistungen nicht. Einmal müssen **alle (sonstigen) Voraussetzungen des nationalen Rechts**, die den Anspruch begründen und die auch ansonsten seine Grenzen abstecken (nur auf bestimmte Behandlungen; Selbstbeteiligungen etc.), auch vorliegen und eingehalten werden. Bestehen im nationalen Recht grundsätzlich Genehmigungsvorbehalte für jede Leistungsbeanspruchung, gleich ob im Inland oder im Ausland, müssen die Genehmigungen oder sonstigen Verfahrensvoraussetzungen eingehalten werden (BSG, B 1 KR 19/08 R, Breithaupt 2010, S. 105: Vorlage eines Heil- und Kostenplans vor Inanspruchnahme der Leistung Zahnersatz). Insgesamt s. dazu oben Rn 50 ff.

82 Zu Recht hat der EuGH betont, dass für den Anspruch aus Art. 56 AEUV (= Art. 49 EG) immer die Höhe der **Kosten** maßgeblich ist, die der Versicherte von seinem **zuständigen Träger im Versicherungsmitgliedstaat** verlangen kann (EuGH, Rs. C-372/04 (Watts), Slg 2006, I-4325, Rn 131/32; EuGH, Rs. C-211/08 (Kommission / Spanien), ZESAR 2010, 479, Rn 56 ff). Es werden nur **die Kosten der Behandlung** ersetzt, nicht aber die damit verbundenen Reise- und Aufenthaltskosten (EuGH, Rs. C-372/04 (Watts), Slg 2006, I-4325, Rn 134 ff). Dies gilt natürlich nicht, wenn solche Nebenkosten zwar im nationalen Bereich getragen würden, aber bei einer Leistungsbeanspruchung im Ausland nicht gewährt würden oder gesondert zu genehmigen wären (ebd, Rn 139). Denn dann würde wieder unzulässiger Weise zwischen inländischen und ausländischen Behandlungen diskriminierend unterschieden.

83 **Obergrenze** sind damit grundsätzlich die **tatsächlichen Behandlungskosten**, die dem Versicherten im Behandlungsmitgliedstaat entstanden sind (Behandlungskosten inklusive Zuzahlungen).

84 Eine **Ausnahme** von diesem Grundsatz hat der EuGH aus Art. 56 AEUV abgeleitet und insoweit den alten Art. 22 Abs. 1 lit. c) VO (EG) 1408/71 korrigiert (EuGH, Rs. C-368/98 (Vanbraekel), Slg 2001, I-5363, Rn 38-53; EuGH, Rs. C-211/08 (Kommission / Spanien), ZESAR 2010, 479, Rn 55/56; EuGH, Rs. C-173/09 (Elchinov), ZESAR 2011, 482, Rn 78; krit. *Krajewski*, EuR 2010, 165, 172). Wenn die Kostenerstattung im Versicherungsmitgliedstaat höher ist als die im Behandlungsmitgliedstaat aufgewandten Kosten, wäre es eine Beeinträchtigung der Dienstleistungsfreiheit, wenn der Versicherte bei Behandlung im Versicherungsmitgliedstaat aber die höheren, bei Behandlung im Behandlungsmitgliedstaat nur die niedrigeren Kosten erstattet erhielte. Begründen lässt sich dies damit, der zuständige Träger des Versicherungsmitgliedstaats solle nicht

davon profitieren, dass sich der Versicherte die Leistung selbst besorgt und Reise- und Aufenthaltskosten zur Beschaffung der Leistung selbst tragen muss.

Bisher hat der EuGH eine solche Regelung aber nur zugelassen, wenn das **Leistungssystem des** 85 **Versicherungsmitgliedstaats ganz auf Kostenerstattung** beruht und der Versicherte auch einen Anspruch auf diese Kosten hat. Nur dann gibt es eine Schlechterstellung der grenzüberschreitenden Inanspruchnahme von Gesundheitsdienstleistungen gegenüber der inländischen Versorgung. Sie tritt nicht auf, wenn der Versicherte nur einen Anspruch auf Sachleistungen hat. Zudem scheint der EuGH die Beschränkung auf die tatsächlichen Kosten in der Rs. Elchinov auch wieder in den Vordergrund zu stellen: „eine ergänzende Erstattung in Höhe des Unterschieds zwischen diesen beiden Beträgen zu gewähren, jedoch nur bis zur Höhe der tatsächlichen Kosten" (vgl EuGH, Rs. C-173/09 (Elchinov), ZESAR 2011, 482, Rn 81 am Ende). Das hieße, dass in diesen Fällen allenfalls noch die Reise- und Aufenthaltskosten zu tragen sind.

Hat der Versicherte im **Mitgliedstaat der Leitungserbringung höhere Kosten** zu tragen gehabt als 86 im Versicherungsmitgliedstaat, kann er diese Kosten nur zu den Sätzen des zuständigen Leistungsträgers im Staat der Versicherung ersetzt verlangen. Sind die Kosten im Staat der Leistungserbringung jedoch geringer, weil hier **Zuzahlungen** etc. gelten, die der zuständige Träger nicht erhebt, so kann der Versicherte auch diese ihm zusätzlich angelasteten Kosten vom zuständigen Träger in dem Maße ersetzt verlangen, als der Kostensatz des zuständigen Trägers noch nicht erreicht ist (EuGH, Rs. C-211/08 (Kommission / Spanien), ZESAR 2010, 479, Rn 54 ff; Kritik bei *Eichenhofer*, Sozialrecht der Europäischen Union, 3. Aufl., 2006, Rn 203).

7. Übertragung auf andere Leistungsansprüche (Pflege und Reha)

Rehabilitationsleistungen :grenzüberschreitende NachfrageDie Argumentation des EuGH ist so 87 allgemein, dass sie nicht auf die Sachleistungsansprüche auf Krankenbehandlung des SGB V beschränkt werden kann. So hat der EuGH die gleichen Argumente auch bei einem **Anspruch auf Pflegesachleistungen** nach dem SGB XI geprüft (EuGH, Rs. C-208/07 (von Chamier-Glisczinski), Slg 2009, I-6095, Rn 58 ff). Ähnliches muss für Ansprüche auf Leistungen der Rehabilitation gelten (EuGH, Rs. C-8/02 (Leichtle), Slg 2004, I-2641; *Jann*, Die Ersatzkasse 2005, 55). Allerdings geht es bei den **stationären Rehaleistungen** um vorhersehbare Leistungen, bei denen eine nationale Bedarfsplanung der Vorhaltung von Notfallkapazitäten, anders als bei den Krankenhäusern, nicht notwendig ist und deshalb eine Genehmigungspflicht auch nicht gerechtfertigt werden kann (EuGH, Rs. C-8/02 (Leichtle), Slg 2004, I-2641; zust. *Kingreen*, ZESAR 2006, 210, 213).

8. Rezeption im Deutschen Krankenversicherungsrecht

Die Krankenbehandlung im EU-Ausland wird nunmehr in § 13 Abs. 4 SGB V geregelt. Grund- 88 sätzlich gibt es einen freien Anspruch auf Kostenerstattung für Behandlungen in EG-Staaten und Staaten des EWR-Bereichs. Eine Vorabgenehmigung ist gem. § 13 Abs. 5 SGB V nur für eine Krankenhausbehandlung erforderlich. Zu den Regelungen im Einzelnen und zu ihrer Übereinstimmung mit der Rspr des EuGH und den Anforderungen der RL 2011/24/EU vgl unten RL 2011/24/EU Art. 7 Rn 25 ff.

VII. Übereinstimmung der RL 2011/24/EU mit der Rspr des EuGH

Insgesamt stimmt die RL 2011/24/EU mit der Rspr des EuGH zur Dienstleistungsfreiheit bei der 89 grenzüberschreitenden Inanspruchnahme von Gesundheitsdienstleistungen nach Art. 56 AEUV überein. Dies gilt insgesamt für die zentralen Vorschriften zur Kostenerstattung in Art. 7 und zur Vorabgenehmigung in Art. 8 RL 2011/24/EU. Allerdings sieht Art. 7 der RL 2011/24/EU keine Erstattung der Differenz zwischen den höheren Kosten und ihre Erstattung bei inländischer Nachfrage und den geringeren Kosten der gleichen Nachfrage im EU-Ausland vor (oben Rn 82 ff und unten Art. 7 Rn 10 ff). Da diese Rspr des EuGH immanent begrenzt und umstritten ist (vgl oben Rn 85), bleibt abzuwarten, wie der EuGH diesen Fall in Zukunft entscheiden wird.

90 Mit den sehr weiten Informationspflichten aller Mitgliedstaaten (Art. 4 und 5, Art. 9, Art. 10 und 11 RL) und der Einrichtung sog. nationaler Kontaktstellen (Art. 6 RL) will die RL Institutionen und Infrastruktur sowie Informationen schaffen, um die grenzüberschreitende Inanspruchnahme von Gesundheitsdienstleistungen zu erleichtern. Hier geht sie nicht über die Rspr des EuGH hinaus, sondern rahmt sie nur und stellt sie auf eine solidere institutionelle Basis. Grundlage ist dabei Art. 114 AEUV (oben Rn 3 und 6).

VIII. Kritik an der RL

91 Während der erste Entwurf der RL zT noch auf präzise Kritik stieß (vor allem *Krajewski*, EuR 2010, 165 und *Wunder*, MedR 2009, 324), blieb die Mehrheit der Publikationen zum Inkrafttreten der RL rein referierend und wies noch nicht einmal auf die inneren Widersprüche oder Probleme der Verzahnung mit der VO (EG) Nr. 883/2004 und die (wenigen) Abweichungen von der Rspr des EuGH hin. Die Kritik an der RL ist im Grunde die gleiche wie an der Rspr des EuGH (s.o. Rn 23): Vor allem wird nicht berücksichtigt, dass es in vielen Mitgliedstaaten zur Qualität der Gesundheitsversorgung gehört, die Ansprüche auf Krankenversorgung nicht marktmäßig abzuwickeln und sie nicht der Nachfrage auf dem Markt zu öffnen. In diesen Ländern unterliegen die Ansprüche deshalb nicht der Dienstleistungsfreiheit. Es ist ureigenste Kompetenz der Mitgliedstaaten (Art. 168 Abs. 7 AEUV), diese Struktur des Grades einer „Marktöffnung" zu entscheiden. Es ist schwer zu rechtfertigen und macht die Widersprüchlichkeit der Rspr des EuGH und der Binnenmarktpolitik der Union deutlich, weshalb die Rspr zu den Gesundheitsleistungen nicht auf die Bildungsleistungen oder andere soziale Dienstleistungen (Jugendhilfe etc) der Mitgliedstaaten übertragen wird.

92 Diese grundsätzliche Frage wird auch die Entscheidung des EuGH prägen, ob und inwieweit die engen Vorgaben, die das nationale Recht für die exportierten Ansprüche machen können (s. oben Rn 25 ff und Rn 50 ff und unten Art. 7 Rn 6 ff), akzeptabel sind, insb. ob es die „gleichen" oder nur „vergleichbare" Behandlungen sein müssen, die im Behandlungsmitgliedstaat realisiert werden. Eine große Rolle wird dabei auch spielen, welche Konkretisierungen durch untergesetzliche Institutionen in welcher Rechtsform hierbei noch akzeptiert werden. Denn sicherlich reicht die reine praktische Üblichkeit, die zB von Vereinigungen der Ärzte oder Krankenhäusern allein oder zusammen mit den Krankenversicherern beschlossen werden, nicht aus, um den Anspruch auf eine bestimmte Art und Weise der Leistung auch für die grenzüberschreitende Inanspruchnahme zu konkretisieren.

93 Grundsätzlich sozialpolitisch lässt sich kritisieren, dass ein System der Kostenerstattung immer voraussetzt, dass die Nachfrager Vorkasse leisten und damit über die notwendigen Geldmittel verfügen müssen. Das dürfte die unteren Einkommensgruppen von einer Nachfrage abhalten (vgl BT-Drucks. 17/4717). Der Ausweg über die Vorabgenehmigung nach Art. 20 VO (EG) Nr. 883/2004, der die Vorkasse vermeidet, ist erheblich aufwändiger, im Notfall zwar nicht ausgeschlossen, dann aber risikoreich. Insoweit handelt es sich um dieselben Argumente, die für ein System der Sachleistungen sprechen, wobei ein Sachleistungssystem auch problematische sozialpolitische Wirkungen hat (vgl BSGE 44, 117, 119 und BSGE 55, 188, 193 sowie *Wasem*, in: *Schulin* (Hrsg.), HS-KV § 3 Rn 157 ff).

Richtlinie 2011/24/EU des Europäischen Parlaments und des Rates vom 9. März 2011 über die Ausübung der Patientenrechte in der grenzüberschreitenden Gesundheitsversorgung

(ABl. L 88 vom 4.4.2011, S. 45)

Kapitel I
Allgemeine Bestimmungen
Artikel 1   Gegenstand und Anwendungsbereich

(1) ¹Diese Richtlinie enthält Bestimmungen zur Erleichterung des Zugangs zu einer sicheren und hochwertigen grenzüberschreitenden Gesundheitsversorgung und fördert die Zusammenarbeit zwischen den Mitgliedstaaten im Bereich der Gesundheitsversorgung, wobei die nationalen Zuständigkeiten bei der Organisation und Erbringung von Gesundheitsdienstleistungen uneingeschränkt geachtet werden. ²Diese Richtlinie zielt ferner darauf ab, ihr Verhältnis zum bestehenden Rechtsrahmen für die Koordinierung der Systeme der sozialen Sicherheit, Verordnung (EG) Nr. 883/2004, im Hinblick auf die Ausübung der Patientenrechte zu klären.

(2) Diese Richtlinie gilt für jegliche Gesundheitsversorgung von Patienten, unabhängig davon, wie diese organisiert, erbracht oder finanziert wird.

(3) Diese Richtlinie gilt nicht für:

a) Dienstleistungen im Bereich der Langzeitpflege, deren Ziel darin besteht, Personen zu unterstützen, die auf Hilfe bei routinemäßigen, alltäglichen Verrichtungen angewiesen sind;
b) die Zuteilung von und den Zugang zu Organen zum Zweck der Organtransplantation;
c) unbeschadet Kapitel IV, öffentliche Impfprogramme gegen Infektionskrankheiten, die ausschließlich dem Gesundheitsschutz der Bevölkerung im Hoheitsgebiet eines Mitgliedstaats dienen und die mit gezielten Planungs- und Durchführungsmaßnahmen verbunden sind.

(4) ¹Rechts- und Verwaltungsvorschriften der Mitgliedstaaten zur Organisation und Finanzierung von Gesundheitsversorgung in Fällen, die nicht die grenzüberschreitende Gesundheitsversorgung betreffen, werden von dieser Richtlinie nicht berührt. ²Insbesondere verpflichtet diese Richtlinie in keiner Weise einen Mitgliedstaat dazu, Kosten für Gesundheitsdienstleistungen, die von in seinem eigenen Hoheitsgebiet ansässigen Gesundheitsdienstleistern erbracht werden, zu erstatten, wenn diese nicht Teil des Sozialversicherungssystems oder des öffentlichen Gesundheitssystems des betreffenden Mitgliedstaats sind.

I. Art. 1 Abs. 1: Ziele der RL 2011/24/EU 1	IV. Ausschlüsse vom sachlichen Geltungsbereich der RL 2011/24/EU 8
II. Sachlicher Geltungsbereich der RL 2011/24/EU 2	V. Kein Konflikt mit nationalen Regelungen.. 15
III. Personeller Geltungsbereich der RL 2011/24/EU 5	

I.   Art. 1 Abs. 1: Ziele der RL 2011/24/EU

Abs. 1 definiert noch einmal die beiden **Hauptziele** der RL 2011/24/EU: Erleichterung der grenzüberschreitenden Inanspruchnahme von Gesundheitsdienstleistungen und klare Abgrenzung der Ansprüche aus der RL 2011/24/EU zu den Ansprüchen aus der VO (EG) Nr. 883/2004. Zu den weiteren bzw damit verbundenen Zielen vgl Vorbem. vor Art. 1 Rn 1, 4 ff.   1

II.   Sachlicher Geltungsbereich der RL 2011/24/EU

Abs. 2 definiert positiv und Abs. 3 negativ den sachlichen Geltungsbereich der RL. Der Begriff „Gesundheitsversorgung" in Abs. 2 wird in Art. 3 lit. a) RL 2011/24/EU sehr weit definiert als   2

Gesundheitsdienstleistung, die von Angehörigen der Gesundheitsberufe erbracht werden, um den „Gesundheitszustand zu beurteilen, zu erhalten oder wiederherzustellen".

3   Erst Art. 1 Abs. 4 macht deutlich, dass es nicht um die Gesundheitsversorgung, sondern nur um die **grenzüberschreitende Gesundheitsversorgung**, die grenzüberschreitende Inanspruchnahme von Gesundheitsdienstleistungen geht. Sie wird in Art. 3 lit. e) definiert als „die Gesundheitsversorgung, die in einem anderen Mitgliedstaat als dem Versicherungsmitgliedstaat erbracht oder verschrieben wird". Deshalb wird zu Recht auch unter Verweis auf Erwägungsgrund 11 darauf hingewiesen, dass mit „Gesundheitsversorgung" nur die **geplanten Behandlungen** gemeint sein können (*Hernekamp/Jäger-Lindemann*, ZESAR 2011, 403, 404/5); befindet sich eine Person schon im Behandlungsmitgliedstaat, so ist allein die VO (EG) Nr. 883/2004 einschlägig (Vorbem. vor Art. 1 Rn 9 ff, und 30-37).

4   Unter den Begriff der „Erhaltung" bzw „Wiederherstellung" der Gesundheit können noch **Leistungen der Rehabilitation** subsumiert werden, für die der EuGH auch die Anwendbarkeit eines Rechts auf grenzüberschreitende Inanspruchnahme von Gesundheitsdienstleistungen nach Art. 56 AEUV bejaht hatte (EuGH, Rs. C-8/02 (Leichtle), Slg 2004, I-2641; zust. *Kingreen*, ZESAR 2006, 210, 213).

III. Personeller Geltungsbereich der RL 2011/24/EU

5   Die RL 2011/24/EU enthält keine expliziten Vorschriften zum personellen Geltungsbereich, regelt ihn aber implizit mit. So stellt es Art. 1 Abs. 2 nicht auf die Gesundheitsversorgung der Versicherte etc. ab, sondern der **Patienten**. Dieser Begriff ist wiederum gem. Art. 3 lit. h) sehr weit definiert als „jede natürliche Person, die Gesundheitsdienstleistungen in einem Mitgliedstaat in Anspruch nehmen möchte oder in Anspruch nimmt". Diese weite Definition abstrahiert völlig davon, auf welcher Basis diese Person Gesundheitsdienstleistungen in Anspruch nimmt, was dann auch noch einmal Art. 1 Abs. 2 S. 1 deutlich macht. Da u. a. die Kostenerstattung (Art. 7) und die Zulässigkeit einer Vorabgenehmigung (Art. 8) im Zentrum stehen, geht es nicht so sehr um die Patienten als Selbstzahler, sondern vor allem um Patienten mit Ansprüchen auf Leistungen gegenüber der nationalen, öffentlich-rechtlich organisierten Gesundheitsversorgung, sei es als nationaler steuer-/gemeindlich finanzierter öffentlicher Gesundheitsdienst, sei es als gesetzlich geregelte private/öffentlich-rechtliche Krankenversicherung. Insoweit regelt die **RL auch die Ansprüche privat Versicherter** (dazu in Hinblick auf die VO (EG) Nr. 883/2004 *Eichenhofer*, MedR 2010, 298).

6   Deshalb war es auch sachgerecht, dass die RL 2011/24/EU speziell an einigen Stellen nur den „**Versicherten**" und nicht auch den Patienten Rechte zugesteht bzw Beschränkungen auferlegt, wobei Versicherte nur Mitglieder der gesetzlichen Systeme iSd Art. 2 VO (EG) Nr. 883/2004 sind (s. dort). So ist es zB der Fall bei der Regelung der Kostenerstattung in Art. 7, wohl auch bei der Vorabgenehmigung in Art. 8 (s. dort Abs. 3). Dagegen gelten die zentralen Vorschriften über die Kompetenzen und die Rechte der Behandlungsmitgliedstaaten und der Versicherungsmitgliedstaaten sowie die Regelungen zur Kooperation und Information **auch für alle Patienten,** dh auch für privat Versicherte (Art. 4-7), und – soweit sie individuelle Rechte geben – auch Art. 10-15 RL 2011/24/EU).

7   (1) Aus dem Wortlaut des Art. 1 Abs. 1 S. 1 („Zugang zur Gesundheitsversorgung"), (2) Abs. 4 iVm Art. 3 lit. c) („grenzüberschreitende Inanspruchnahme von Gesundheitsdienstleistungen") und (3) der Bezeichnung und Begrenzung der RL 2011/24/EU auf „Patientenrechte" geht eindeutig hervor, dass **nicht** die **Freiheit der Gesundheitsberufe**, grenzüberschreitend Gesundheitsdienstleistungen zu erbringen, geregelt wird (anders noch der Entwurf der Kommission, unten Art. 3 Rn 2). Für sie gibt es momentan gar keine einschlägige besondere Regelung des grenzüberschreitenden Angebots und die grenzüberschreitende Erbringung von Gesundheitsdienstleistungen, da die allg. Dienstleistungsrichtlinie insgesamt den Gesundheitsbereich herausgenommen hat (Art. 2 Abs. 2 lit. f) („Gesundheitsdienstleistungen") RL 2006/123/EG).

IV. Ausschlüsse vom sachlichen Geltungsbereich der RL 2011/24/EU

Der Entwurf der RL durch die Kommission (v. 2.7.2008 KOM (2008) 414 endg.) sah nur die Generalklausel des Abs. 1 vor. Eine legislative Entschließung vom 23.4.2009 im Rahmen der ersten Lesung des Europäischen Parlaments zu dem RL-Vorschlag (ABl. (EU) C 184E v. 8.7.2010, S. 368, 379) führte die Beschränkungen in Abs. 3 lit. a und b und der Rat in seiner ersten Lesung (v. 13.9.2010 ABl. (EU) C 275E v. 12.10.2010, S. 1, 20) die des lit. c) ein. 8

Die Argumentation des EuGH zum **Begriff der „Dienstleistung"** iSv Art 49 EGV/Art. 56 AEUV ist so weit, dass die daraus abgeleiteten Ansprüche auch auf **Pflegesachleistungen** nach dem SGB XI angewandt werden können (EuGH, Rs. C-208/07 (von Chamier-Glisczinski), Slg 2009, I-6095, Rn 74). Diese Ansprüche sind aber nach Art. 1 Abs. 3 lit. a) vom Geltungsbereich der RL 2011/24/EU ausgeschlossen. Ihre grenzüberschreitenden Inanspruchnahme kann zwar durch Art. 56 AEUV geschützt sein, wird die Voraussetzungen dafür aber nicht erfüllen, weil mit der Pflege meist eine Begründung des Wohnsitzes im „Pflegestaat" erfolgen wird und dann, mangels grenzüberschreitender Nachfrage, Art. 56 AEUV ausscheiden und allenfalls Art. 19 VO (EG) Nr. 883/2004 in Frage kommen wird. 9

Das Gesetz definiert den Begriff **„Langzeitpflege"** nur zum Teil. Gemeint ist dabei die Hilfe bei „routinemäßigen, alltäglichen Verrichtungen". Die notwendige Dauer wird nicht definiert. Hier kann man auf die im deutschen Recht üblichen Zeiträume von 6 Monaten (§ 14 Abs. 1 SGB XI; § 2 SGB IX) abstellen. Auf jeden Fall fällt aber jede Pflegeleistung, die notwendig mit der Erbringung einer Leistung der Gesundheitsversorgung verbunden ist, wie die Behandlungs- und Krankenhausvermeidungspflege in § 37 SGB V, nicht unter den Ausschluss, sondern unter die RL 2011/24/EU, auch wenn diese Pflege längere Zeit dauern sollte. 10

Allerdings ist bei ihnen zu beachten, dass sie – wegen der eingeschränkten Mobilität der Pflegebedürftigen – meist nur an dem Ort erbracht werden können, an dem sich eine pflegebedürftige Person auch für längere Zeit aufhält. Dann liegt aber kein Fall einer grenzüberschreitenden Inanspruchnahme von Gesundheitsdienstleistungen mehr vor und die Anwendung der RL 2011/24/EU scheidet aus; so dann auch die Ablehnung der Einschlägigkeit des Art. 46 EGV in der Rs. von Chamier-Glisczinski (EuGH, Rs. C-208/07 (von Chamier-Glisczinski), Slg 2009, I-6095, Rn 75). Zwar handelt es sich bei ihnen oft um stationäre Leistungen, die jedoch nicht notwendig geplant werden müssen, so dass eine Genehmigungspflicht hier nicht gerechtfertigt werden könnte. Wenn überhaupt, dann werden Ansprüche direkt aus Art. 56 AEUV wohl im grenznahen Bereich in Frage kommen. 11

Ausgeschlossen sind gem. Art. 1 Abs. 3 lit. b) die „Zuteilung von und der Zugang zu Organen zum Zweck der **Organtransplantation**, da es bei ihnen besondere nationale Regelungen der Verteilung und des Zugangs gibt (vgl Erwägungsgrund 15). Nicht ausgeschlossen ist aber die Organtransplantation selbst. Dabei richtet sich der Umfang der jeweiligen Behandlung auch bei der Lebendspende nach dem Recht des Versicherungsmitgliedstaats. Gehört nach diesem Recht die Behandlung des Spenders zum Leistungsrecht, ist sie zu erstatten, wenn sie im Ausland stattfindet. Für die sachgerechte Einbeziehung der Leistungen an den Spender – sowohl in das Recht des Staats, in dem der Organempfänger wohnt, als auch in das Recht seines eigenen Versicherungsmitgliedstaats – plädiert auch die Empfehlung der Verwaltungskommission R1 v. 15.3.2012 für den Bereich der VO (EG) Nr. 883/2004 (ABl. C 240 v. 10.8.2012, S. 3-4). 12

Ebenso ist der Kernbereich des allg. öffentlichen Gesundheitsdienstes ausgenommen, die nationalen **Impfprogramme** gegen Infektionskrankheiten (Abs. 3 lit. c)), die zT auch sehr kostspielig sein können. 13

Erwägungsgrund 17 betont: „Diese Richtlinie sollte nicht die Vorschriften der Mitgliedstaaten in Bezug auf den Verkauf von Arzneimitteln und Medizinprodukten über das **Internet** berühren." Eine Freistellung der einzelstaatlichen Regelungen zum Verkauf von Arzneimitteln und Medizin- 14 produkten über das Internet enthält ebenfalls Erwägungsgrund 57. Dass gem. Art. 2 lit. e) die RL 2000/31/EG unberührt bleibt, bekräftigt dies noch einmal, sagt aber nichts darüber aus, wie ein Konflikt zwischen beiden RL zu lösen ist (vgl unten Art. 2 Rn 5 ff), denn ansonsten enthalten die Artikel der RL 2011/24/EU keine speziellen Ausnahmen für den Internethandel, vor allem zB nicht bei der Frage der Anerkennung von Verschreibungen (Art. 11) oder der Regelungen zur E-Health (Art. 14). Rechtfertigen lässt sich dies eventuell damit, dass – wie Erwägungsgrund 57 erwähnt – dieses Gebiet intensiv über andere RL geregelt ist: RL 97/7/EG über den Verbraucherschutz bei Vertragsabschlüssen im Fernabsatz und RL 2000/31/EG über rechtliche Aspekte des elektronischen Geschäftsverkehrs im Binnenmarkt. Diese RL sind in diesem Punkt speziellere Binnenmarkt-RL gegenüber der (allg. Binnenmarkt-) RL 2011/24/EU. Der EuGH hat die RL 2000/31/EG allerdings allein auf den Aspekt des Verkaufs bezogen (s. unten Art. 2 Rn 5).

V. Kein Konflikt mit nationalen Regelungen

15 Der Vorbehalt in Art. 1 Abs. 4, die RL soll Rechts- und Verwaltungsvorschriften der Mitgliedstaaten zur Organisation und Finanzierung ihrer Gesundheitsversorgung in Fällen, die nicht die grenzüberschreitende Gesundheitsversorgung betreffen, nicht berühren, ist einerseits selbstverständlich, andererseits irrelevant. Denn solche Vorschriften werden sehr wohl von der RL tangiert, wenn sie zwar nicht direkt, aber indirekt die grenzüberschreitende Inanspruchnahme von Gesundheitsdienstleistungen erschweren und damit die Dienstleistungsfreiheit aus Art. 56 AEUV negativ betreffen. Sie müssen dann besonders gerechtfertigt werden (dazu oben Vorbem. vor Art. 1 Rn 50 ff).

16 Ebenfalls stellt Abs. 4 klar, dass durch die Richtlinie die Mitgliedstaaten in keiner Weise verpflichtet werden, die Kosten für Gesundheitsdienstleistungen zu erstatten, die von Gesundheitsdienstleistern erbracht werden, die in ihrem eigenen Hoheitsgebiet ansässig sind, wenn diese Gesundheitsdienstleister nicht „Teil des Sozialversicherungssystems oder des öffentlichen Gesundheitssystems des betreffenden Mitgliedstaats sind". Letzteres meint wohl, das sie zB von den Versicherungen oder nationalen Gesundheitsdiensten nicht angestellt oder – durch Vertrag etc. – nicht zugelassen sind. Dies rührt auch daher, dass die RL 2011/24/EU nicht die Dienstleistungsfreiheit der Behandler regelt (oben Rn 7).

Artikel 2   Verhältnis zu anderen Unionsvorschriften

Diese Richtlinie lässt unberührt:
a) Richtlinie 89/105/EWG des Rates vom 21. Dezember 1988 betreffend die Transparenz von Maßnahmen zur Regelung der Preisfestsetzung bei Arzneimitteln für den menschlichen Gebrauch und ihre Einbeziehung in die staatlichen Krankenversicherungssysteme[1];
b) Richtlinie 90/385/EWG des Rates vom 20. Juni 1990 zur Angleichung der Rechtsvorschriften der Mitgliedstaaten über aktive implantierbare medizinische Geräte[2], Richtlinie 93/42/EWG des Rates vom 14. Juni 1993 über Medizinprodukte[3] und Richtlinie 98/79/EG des Europäischen Parlaments und des Rates vom 27. Oktober 1998 über In-vitro-Diagnostika[4];
c) Richtlinie 95/46/EG sowie Richtlinie 2002/58/EG des Europäischen Parlaments und des Rates vom 12. Juli 2002 über die Verarbeitung personenbezogener Daten und den Schutz der Privatsphäre in der elektronischen Kommunikation[5];

---

1 ABl. L 40 vom 11. 2. 1989, S. 8.
2 ABl. L 189 vom 20. 7. 1990, S. 17.
3 ABl. L 169 vom 12. 7. 1993, S. 1.
4 ABl. L 331 vom 7. 12. 1998, S. 1.
5 ABl. L 201 vom 31. 7. 2002, S. 37.

d) Richtlinie 96/71/EG des Europäischen Parlaments und des Rates vom 16. Dezember 1996 über die Entsendung von Arbeitnehmern im Rahmen der Erbringung von Dienstleistungen[6];
e) Richtlinie 2000/31/EG;
f) Richtlinie 2000/43/EG des Rates vom 29. Juni 2000 zur Anwendung des Gleichbehandlungsgrundsatzes ohne Unterschied der Rasse oder der ethnischen Herkunft[7];
g) Richtlinie 2001/20/EG des Europäischen Parlaments und des Rates vom 4. April 2001 zur Angleichung der Rechts- und Verwaltungsvorschriften der Mitgliedstaaten über die Anwendung der guten klinischen Praxis bei der Durchführung von klinischen Prüfungen mit Humanarzneimitteln[8];
h) Richtlinie 2001/83/EG des Europäischen Parlaments und des Rates vom 6. November 2001 zur Schaffung eines Gemeinschaftskodexes für Humanarzneimittel[9];
i) Richtlinie 2002/98/EG des Europäischen Parlaments und des Rates vom 27. Januar 2003 zur Festlegung von Qualitäts- und Sicherheitsstandards für die Gewinnung, Testung, Verarbeitung, Lagerung und Verteilung von menschlichem Blut und Blutbestandteilen[10];
j) Verordnung (EG) Nr. 859/2003;
k) Richtlinie 2004/23/EG des Europäischen Parlaments und des Rates vom 31. März 2004 zur Festlegung von Qualitäts- und Sicherheitsstandards für die Spende, Beschaffung, Testung, Verarbeitung, Konservierung, Lagerung und Verteilung von menschlichen Geweben und Zellen[11];
l) Verordnung (EG) Nr. 726/2004 des Europäischen Parlaments und des Rates vom 31. März 2004 zur Festlegung von Gemeinschaftsverfahren für die Genehmigung und Überwachung von Human- und Tierarzneimitteln und zur Errichtung einer Europäischen Arzneimittel-Agentur[12];
m) Verordnung (EG) Nr. 883/2004 und Verordnung (EG) Nr. 987/2009 des Europäischen Parlaments und des Rates vom 16. September 2009 zur Festlegung der Modalitäten für die Durchführung der Verordnung (EG) Nr. 883/2004 über die Koordinierung der Systeme der sozialen Sicherheit[13];
n) Richtlinie 2005/36/EG;
o) Verordnung (EG) Nr. 1082/2006 des Europäischen Parlaments und des Rates vom 5. Juli 2006 über den Europäischen Verbund für territoriale Zusammenarbeit (EVTZ)[14];
p) Verordnung (EG) Nr. 1338/2008 des Europäischen Parlaments und des Rates vom 16. Dezember 2008 zu Gemeinschaftsstatistiken über öffentliche Gesundheit und über Gesundheitsschutz und Sicherheit am Arbeitsplatz[15];
q) Verordnung (EG) Nr. 593/2008 des Europäischen Parlaments und des Rates vom 17. Juni 2008 über das auf vertragliche Schuldverhältnisse anzuwendende Recht (Rom I)[16], Verordnung (EG) Nr. 864/2007 des Europäischen Parlaments und des Rates vom 11. Juli 2007 über das auf außervertragliche Schuldverhältnisse anzuwendende Recht (Rom II)[17] sowie sonstige Unionsvorschriften zum internationalen Privatrecht, insbesondere in Bezug auf die gerichtliche Zuständigkeit und das anwendbare Recht;

---

6 ABl. L 18 vom 21. 1. 1997, S. 1.
7 ABl. L 180 vom 19. 7. 2000, S. 22.
8 ABl. L 121 vom 1. 5. 2001, S. 34.
9 ABl. L 311 vom 28. 11. 2001, S. 67.
10 ABl. L 33 vom 8. 2. 2003, S. 30.
11 ABl. L 102 vom 7. 4. 2004, S. 48.
12 ABl. L 136 vom 30. 4. 2004, S. 1.
13 ABl. L 284 vom 30. 10. 2009, S. 1.
14 ABl. L 210 vom 31. 7. 2006, S. 19.
15 ABl. L 354 vom 31. 12. 2008, S. 70.
16 ABl. L 177 vom 4. 7. 2008, S. 6.
17 ABl. L 199 vom 31. 7. 2007, S. 40.

r) Richtlinie 2010/53/EU des Europäischen Parlaments und des Rates vom 7. Juli 2010 über Qualitäts- und Sicherheitsstandards für zur Transplantation bestimmte menschliche Organe[18];
s) Verordnung (EU) Nr. 1231/2010.

I. Funktion und Inhalt des Art. 2

1 Art. 2 regelt das Verhältnis der RL 2011/24/EU zu anderen Unionsvorschriften. Aus diesem Katalog aller irgendwie einschlägig mit der grenzüberschreitenden Inanspruchnahme von Gesundheitsdienstleistungen verbundenen Vorschriften des Gemeinschaftsrechts, die alle durch die RL 2011/24/EU nicht tangiert werden sollen, lässt sich der **Grundsatz** entnehmen, dass **alle anderen Regelungen des Gemeinschaftsrechts unberührt bleiben**. Dies ist auch folgerichtig, regelt die RL 2011/24/EU doch nur den sehr engen und speziellen Fall der grenzüberschreitenden Inanspruchnahme von Gesundheitsdienstleistungen durch Patienten. So bleiben alle Regelungen des Rechts über die gegenseitige Anerkennung beruflicher Qualifikationen im Gesundheitsbereich oder des europäischen Arzneimittel- und Medizinprodukterechts unberührt.

II. Verhältnis zur VO (EG) Nr. 882/04

2 Von besonderer Bedeutung ist dabei das **Verhältnis zur VO (EG) Nr. 882/04** und zur Durchführungs-VO (EG) 987/2009 über die Koordinierung der Systeme der sozialen Sicherheit in lit. m), die auch noch einmal in Art. 7 Abs. 2 (Kostenerstattung) und Art. 8 Abs. 3 (Vorabgenehmigung) RL 2011/24/EU erwähnt wird. **Das Koordinationsrecht bleibt unberührt**, gilt also neben der RL 2011/24/EU weiter (dazu oben Vorbem. Rn 9 ff und 30 bis 37 und Vorbem. vor Art. 17 VO (EG) Nr. 883/2004 Rn 21 und 60 ff sowie *Tiedemann*, NZS 2011, 887). Dieser Grundsatz wurde schon im ersten Vorschlag der Kommission aufgestellt (KOM (2008) 414 endg., S. 5) und im weiteren Gesetzgebungsverfahren nicht mehr verändert. Die Rechte aus Art. 17-20 VO (EG) Nr. 883/2004 betreffen die Leistungen bei Wohnung in einem anderen Staat (Art. 17) oder vorübergehendem Aufenthalt in einem anderen Staat aus einem allg. Grund wie Tourismus oder Geschäftsreise (Art. 19). Beide Vorschriften regeln insoweit gar nicht die gezielte grenzüberschreitende Inanspruchnahme von Gesundheitsdienstleistungen, sondern die Notwendigkeit einer Behandlung anlässlich eines Aufenthalts aus anderen Gründen. Die gezielte grenzüberschreitende Inanspruchnahme von Gesundheitsdienstleistungen wird neben der RL 2011/24/EU erst durch Art. 20 VO (EG) Nr. 883/2004 geregelt. Im Unterschied zur RL sieht Art. 20 VO (EG) Nr. 883/2004 vor, dass (1) eine Vorabgenehmigung des zuständigen Trägers notwendig ist und es als Folge (2) einen Anspruch auf eine Leistung nach dem Recht des Behandlungsmitgliedstaats, also eine Integration in dessen Leistungssystem, der sog. Sachleistungsaushilfe, gibt. Die RL 2011/24/EU dagegen verbietet (1) im Grundsatz eine Vorabgenehmigung, lässt sie ausnahmsweise aber zB bei beplanten Behandlungsleistungen (Krankenhaus, med. Großgeräten) etc. zu, ergänzt (2) quasi die Ansprüche nach dem Recht des Versicherungsmitgliedstaats um das Recht, sie auch grenzüberschreitenden geltend zu machen, und gewährt (3) nicht das Recht auf Sachleistungen nach dem Recht des Behandlungsmitgliedstaats, sondern nur auf Kostenerstattung durch den Versicherungsmitgliedstaat.

3 Zur Abgrenzung im Einzelnen vgl oben Vorbem. vor Art. 1 Rn 10 ff, 30-37 und Vorbem. vor Art. 17 VO (EG) Nr. 883/2004 Rn 55 ff und Art. 20 VO (EG) Nr. 883/2004 Rn 2 ff.

4 Im Einzelnen wird der Konflikt zwischen der VO (EG) Nr. 883/2004, insbesondere Art. 20, und der RL in der RL selbst noch speziell gelöst:

---

18 ABl. L 207 vom 6. 8. 2010, S. 14.

1. Erwägungsgrund 30 und 31 betonen, dass die Rechte nach der VO (EG) Nr. 883/2004 und nach der RL 2011/24/EU **alternativ** nebeneinander bestehen. Bei dem Antrag auf eine Vorabgenehmigung muss der Patient deshalb auf die alternativen Rechte hingewiesen werden.
2. Art. 3 lit. b) RL 2011/24/EU verweist zur **Bestimmung** des Begriffs des „**Versicherten**" und in lit. c) der zentralen Kategorie des „**Versicherungsmitgliedstaats**" (Art. 5, 7 und 8) auf das Recht der VO (EG) Nr. 883/2004, speziell der Art. 1 und Art. 17-21.
3. Art. 7 Abs. 2 lit. a) RL 2011/24/EU regeln noch einmal ausdrücklich, dass **Kostenerstattungsvorschriften der VO (EG) Nr. 883/2004** in bestimmten Fällen unberührt bleiben und nicht durch die grenzüberschreitende Inanspruchnahme von Gesundheitsdienstleistungen nach der RL ausgehebelt werden können. Vor allem Rentner der Nordländer verbringen ihren Lebensabend in den Südländern und schreiben sich in das Gesundheitssystem der Südländer ein (Art. 17 und Art. 24 VO (EG) Nr. 883/2004); die Kosten der Behandlung durch die Südländer trägt dann der nördliche Versicherungsmitgliedstaat oft über eine Pauschale (Art. 63 Durchführungs-VO (EG) Nr. 987/2009 plus Anhang 3: u.a. in Spanien, Italien, Portugal und Malta). Kehren diese Rentner in ihren Versicherungsmitgliedstaat zurück, dann erhalten sie nach Art. 27 Abs. 2 VO (EG) Nr. 883/2004 plus Anhang IV (für Nicht-Rentner nach Art. 18 VO (EG) Nr. 883/2004) in Deutschland Leistungen nach deutschem Recht und zu Lasten des zuständigen deutschen Versicherungsträgers (und nicht etwa zu Lasten des südlichen Wohnstaats, bei dem sie eingeschrieben sind, der die europäische Versichertenkarte ausgestellt hat und der an sich für ihre Behandlungskosten aufkommen muss). Nach der Rspr des BSG bestand ein solcher Anspruch auch schon unter Geltung des nationalen Rechts (BSG, 1 KR 4/04 R, SozR 4-2400 § 3 Nr. 2, krit. Anm. von *Bieback*, ZESAR 2006, 86 und *Bauer*, SGb 2006, 237; zust. Anm. *Schiffner*, SGb 2006, 239).
4. Werden nicht-genehmigungspflichtige Leistungen nach der RL beansprucht, so stellt Art. 7 Abs. 2 lit. b) RL 2011/24/EU sicher, dass immer der **Träger** ihre **Kosten erstatten muss**, der letztlich auch nach der VO (EG) Nr. 883/2004 und DVO (EG) Nr. 987/2009 ihre Kosten im Verhältnis der unterschiedlichen Mitgliedstaaten untereinander hätte tragen müssen.
5. Gem. Art. 8 Abs. 3 RL 2011/24/EU muss der Versicherungsmitgliedstaat bei jedem Antrag auf **Vorabgenehmigung** nach der RL (also vor allem bei einer stationären Behandlung) die Versicherteneigenschaft bescheinigen, also das machen, was er auch nach der VO (EG) Nr. 883/2004 (über die europäische Gesundheitskarte oder die Bescheinigung S2) machen müsste.
6. Gem. Art. 8 Abs. 3 aE RL 2011/24/EU ist bei einem Antrag auf Vorabgenehmigung zu prüfen, ob ein Fall des Art. 20 VO (EG) Nr. 883/2004 vorliegt und dann die Vorabgenehmigung nach dieser Vorschrift zu erteilen. Allerdings kann der Patient auch nach der RL vorgehen, hat also ein **Wahlrecht**.

III. Verhältnis zur Internet-RL 2000/31/EG

Art. 2 lit. e) lässt die RL 2000/31/EG über rechtliche Aspekte des **elektronischen Geschäftsverkehrs** im Binnenmarkt unberührt. Schon Erwägungsgründe 17 und 57 betonten dies (oben Art. 1 Rn 13). Nach Ansicht des EuGH scheint die RL 2000/31/EG über rechtliche Aspekte des elektronischen Geschäftsverkehrs im Binnenmarkt in diesem Punkt die speziellere Binnenmarkt-RL zu sein. Die Abgrenzung hat der EuGH 2010 dahingehend vorgenommen, dass nur der Verkauf medizinischer Produkte über das Internet unter die RL 2000/31/EG fällt, ihre Lieferung sowie Ein- und Anpassung jedoch nicht und hier dann von den allg. Marktfreiheiten (Warenverkehrsfreiheit Art. 34 und 36 AEUV) geschützt wird (EuGH, Rs. C-108/09 (Ker-Optikabt), ZESAR 2011, 432 mit insoweit zust. Anm. von *Schneider,* 438 ff). An sich kann die Abgabe von Kontaktlinsen Optikern vorbehalten werden (EuGH, Rs. C-271/92 (Laboratoire de prothèses oculaires), Slg 1993, I-2899I). Die nationale ungarische Vorschrift, (im Ausland gekaufte) Kontaktlinsen dürften allein von einem Optiker ausgehändigt werden, sei aber unverhältnismäßig, da an die

Aushändigung keine (weiteren) qualitativen Anforderungen gestellt würden, die durch den Gesundheitsschutz gerechtfertigt werden könnten, bzw bei einer Folgeversorgung wie im vorliegenden Fall, eine Einweisung durch den Optiker nicht mehr notwendig sei.

Artikel 3 Begriffsbestimmungen

Im Sinne dieser Richtlinie bezeichnet der Ausdruck

a) "Gesundheitsversorgung" Gesundheitsdienstleistungen, die von Angehörigen der Gesundheitsberufe gegenüber Patienten erbracht werden, um deren Gesundheitszustand zu beurteilen, zu erhalten oder wiederherzustellen, einschließlich der Verschreibung, Abgabe und Bereitstellung von Arzneimitteln und Medizinprodukten;

b) "Versicherter"

   i) Personen einschließlich ihrer Familienangehörigen und Hinterbliebenen, die unter Artikel 2 der Verordnung (EG) Nr. 883/2004 fallen und die Versicherte im Sinne des Artikels 1 Buchstabe c jener Verordnung sind, und

   ii) Staatsangehörige eines Drittlands, die unter die Verordnung (EG) Nr. 859/2003 oder die Verordnung (EU) Nr. 1231/2010 fallen oder die die gesetzlichen Voraussetzungen des Versicherungsmitgliedstaats für einen Anspruch auf Leistungen erfüllen;

c) "Versicherungsmitgliedstaat"

   i) bei Personen nach Buchstabe b Ziffer i den Mitgliedstaat, der gemäß der Verordnung (EG) Nr. 883/2004 und der Verordnung (EG) Nr. 987/2009 dafür zuständig ist, dem Versicherten eine Vorabgenehmigung für die Inanspruchnahme angemessener Behandlungsleistungen außerhalb seines Wohnsitzmitgliedstaats zu erteilen;

   ii) bei Personen nach Buchstabe b Ziffer ii den Mitgliedstaat, der gemäß der Verordnung (EG) Nr. 859/2003 oder der Verordnung (EU) Nr. 1231/2010 dafür zuständig ist, dem Versicherten eine Vorabgenehmigung für die Inanspruchnahme angemessener Behandlungsleistungen in einem anderen Mitgliedstaat zu erteilen. Ist kein Mitgliedstaat gemäß jener Verordnungen hierfür zuständig, so gilt als Versicherungsmitgliedstaat derjenige Mitgliedstaat, in dem der Betreffende versichert ist oder in dem er gemäß den Rechtsvorschriften dieses Mitgliedstaats einen Anspruch auf Leistungen bei Krankheit hat;

d) "Behandlungsmitgliedstaat" den Mitgliedstaat, in dessen Hoheitsgebiet Gesundheitsdienstleistungen für den Patienten tatsächlich erbracht werden. Im Fall der Telemedizin gilt die Gesundheitsversorgung als in dem Mitgliedstaat erbracht, in dem der Gesundheitsdienstleister ansässig ist;

e) "grenzüberschreitende Gesundheitsversorgung" die Gesundheitsversorgung, die in einem anderen Mitgliedstaat als dem Versicherungsmitgliedstaat erbracht oder verschrieben wird;

f) "Angehöriger der Gesundheitsberufe" einen Arzt, eine Krankenschwester oder einen Krankenpfleger für allgemeine Pflege, einen Zahnarzt, eine Hebamme oder einen Apotheker im Sinne der Richtlinie 2005/36/EG oder eine andere Fachkraft, die im Gesundheitsbereich Tätigkeiten ausübt, die einem reglementierten Beruf im Sinne von Artikel 3 Absatz 1 Buchstabe a der Richtlinie 2005/36/EG vorbehalten sind, oder eine Person, die nach den Rechtsvorschriften des Behandlungsmitgliedstaats als Angehöriger der Gesundheitsberufe gilt;

g) "Gesundheitsdienstleister" jede natürliche oder juristische Person oder sonstige Einrichtung, die im Hoheitsgebiet eines Mitgliedstaats rechtmäßig Gesundheitsdienstleistungen erbringt;

h) "Patient" jede natürliche Person, die Gesundheitsdienstleistungen in einem Mitgliedstaat in Anspruch nehmen möchte oder in Anspruch nimmt;

i) "Arzneimittel" ein Arzneimittel gemäß der Definition in der Richtlinie 2001/83/EG;

j) "Medizinprodukt" ein Medizinprodukt gemäß der Definition in Richtlinie 90/385/EWG, Richtlinie 93/42/EWG oder Richtlinie 98/79/EG;

k) "Verschreibung" die Verschreibung eines Arzneimittels oder eines Medizinprodukts durch einen Angehörigen eines reglementierten Gesundheitsberufs im Sinne von Artikel 3 Absatz 1 Buchstabe a der Richtlinie 2005/36/EG, der in dem Mitgliedstaat, in dem die Verschreibung erfolgt, hierzu gesetzlich berechtigt ist;
l) "Gesundheitstechnologie" ein Arzneimittel, ein Medizinprodukt oder medizinische und chirurgische Verfahren sowie Maßnahmen zur Prävention von Krankheiten oder in der Gesundheitsversorgung angewandte Diagnose- und Behandlungsverfahren;
m) "Patientenakte" sämtliche Unterlagen, die Daten, Bewertungen oder Informationen jeglicher Art über die klinische Situation und Entwicklung eines Patienten im Verlauf des Behandlungsprozesses enthalten.

Mit den Definitionen in Art. 3 legt die RL zugleich ihre sachliche und persönliche Reichweite fest. Der Begriff „**Gesundheitsversorgung**" in Abs. 2 wird in Art. 3 lit. 1 RL 2011/24/EU sehr weit definiert als Gesundheitsdienstleistung, die von Angehörigen der Gesundheitsberufe erbracht werden, um den „Gesundheitszustand zu beurteilen, zu erhalten oder wiederherzustellen". Damit ist zugleich auch indirekt der zentrale Begriff der **Gesundheitsdienstleistung** definiert. Art. 3 lit. f) wie auch Art. 1 Abs. 4 machen aber deutlich, dass es sich dabei nur um die **grenzüberschreitende Gesundheitsversorgung** handelt, die in Art. 3 lit. e) als „die Gesundheitsversorgung, die in einem anderen Mitgliedstaat als dem Versicherungsmitgliedstaat erbracht oder verschrieben wird" definiert wird. Der Begriff der „Gesundheitsversorgung" spielt vor allem eine zentrale Rolle bei der Kostenerstattung, die gem. Art. 7 Abs. 4 auf die Kosten der „Gesundheitsversorgung", also nur der reinen Behandlungskosten, nicht der Kosten für Hotel und Reise, beschränkt ist (unten Art. 7 Rn 13). 1

Der Entwurf der Kommission definierte „**grenzüberschreitende Gesundheitsversorgung**" viel weiter als „eine Gesundheitsdienstleistung, die in einem anderen Mitgliedstaat als dem erbracht wird, in dem der Patient versichert ist, oder eine Gesundheitsdienstleistung, die in einem anderen Mitgliedstaat als dem erbracht wird, in dem der Dienstleister wohnhaft, registriert oder niedergelassen ist" (Art. 4 lit. a) Entwurf KOM (2008) 414 endg.). Darunter fielen also auch die grenzüberschreitenden Leistungen der Gesundheitsberufe. Hier fand die Einschränkung erst dadurch statt, dass die unterschiedlichen Rechte oft nur „Patienten" oder nur „Versicherten" zustanden. 2

Der Begriff des **Patienten** ist gem. Art. 3 lit. h) sehr weit definiert als „jede natürliche Person, die Gesundheitsdienstleistungen in einem Mitgliedstaat in Anspruch nehmen möchte oder in Anspruch nimmt". Diese weite Definition abstrahiert völlig davon, auf welcher Basis diese Person Gesundheitsdienstleistungen in Anspruch nimmt, was auch schon Art. 1 Abs. 2 S. 1 deutlich machte. Insoweit erfasst die RL **auch Ansprüche privat Versicherter** oder von **nicht-versicherten Selbstzahlern**. Es ist aber jeweils bei den einzelnen Regelungen deutlich zu machen, ob damit auch die rein privat Versicherten gemeint sind. „Patient" ist auch, wer gezielt Leistungen im Ausland in Anspruch nimmt. Ob diese Personen dann von den Regelungen der RL nicht erfasst werden, richtet sich danach, ob sie die weiteren Voraussetzungen erfüllen, zB grenzüberschreitende Gesundheitsdienstleistungen nachfragen. 3

Soweit nur „Versicherten" Rechte zustehen bzw Beschränkungen auferlegt werden, wie bei der Regelung der Kostenerstattung in Art. 7 und wohl auch bei der Vorabgenehmigung in Art. 8 (s. dort Abs. 3), werden sie in Übereinstimmung mit dem Koordinationsrecht einmal (Art. 3 lit. b) ii) in Bezug auf die VO (EG) Nr. 883/2004 (Art. 2 und Art. 1 lit. c)) definiert. Versicherter ist damit wie schon in der VO untechnisch gemeint: Es ist eine Person, der ein Anspruch auf Leistungen bei Krankheit zusteht („die für einen Leistungsanspruch vorgesehenen Voraussetzungen erfüllt"). Auch in der VO (EG) Nr. 883/2004 hat der Begriff nur Bedeutung für die Koordination von Leistungen bei Krankheit und Pflege (Art. 17-22 und 31-35). Damit umfasst der Begriff auch Anspruchsberechtigungen, die sich nicht auf ein Versicherungsverhältnis gegen Krankheit gründen oder aus ihm ableiten, geschweige denn gar aus einem beitragspflichtigen Versicherungsver- 4 hältnis. Nach der VO (EG) Nr. 883/2004 bezieht sich die „Versicherteneigenschaften" immer nur auf die „Zweige der sozialen Sicherheit" (Art. 3 VO (EG) Nr. 883/2004), was weit zu verstehen ist und nicht auf die Art der Finanzierung (Versicherung oder staatlicher Gesundheitsdienst) oder die Art der Organisation (hoheitlich/öffentlich-rechtlich oder privatrechtlich) abstellt. Soweit sie final und organisatorisch „Zweige der sozialen Sicherheit" sind, zählen hierzu auch Privatversicherungen, wie die Krankenversicherung in den Niederlanden, die private Zusatzkrankenversicherung in Frankreich oder der Basistarif in der deutschen privaten Krankenversicherung (zu Letzterem im Hinblick auf die VO (EG) Nr. 883/2004 *Eichenhofer,* MedR 2010, 298).

5 Zum anderen wird als Versicherter eine Person definiert, die zwar nicht Angehöriger eines Mitgliedstaats oder dessen Familienmitglied ist (Voraussetzung gem. Art. 2 VO (EG) Nr. 883/2004), aber als Drittstaatsangehöriger nach der VO (EU) Nr. 1231/2010 in den Geltungsbereich des Koordinationsrechts der VO (EG) Nr. 883/2004 bzw nach der VO (EG) Nr. 859/2003 in den Geltungsbereich der VO (EWG) Nr. 1408/71 einbezogen ist. Voraussetzung ist, dass sie ihren „Wohnsitz", dh ihren dauernden Aufenthalt (Art. 1 lit. j) VO (EG) Nr. 883/2004), in einem Mitgliedstaat hat. Der Aufenthalt muss nach dem Recht des Wohnorts rechtmäßig sein. Und die Person muss einen grenzüberschreitenden Sachverhalt realisieren, also hier Gesundheitsdienstleistungen in einem anderen Mitgliedstaat als ihrem Wohnsitzstaat beanspruchen.

6 Soweit es die RL 2011/24/EU auf die Kompetenzen und Pflichten der Behandlungsmitgliedstaaten und der Versicherungsmitgliedstaaten sowie auf die Regelungen zur Kooperation und Information abstellt (so Art. 4-7, und soweit sie individuelle Rechte geben auch Art. 10-15 RL 2011/24/ EU), gelten die Vorschriften sehr allg. für „Patienten", dh auch für **privat Versicherte**, unabhängig davon, ob die Versicherung zum Bereich der sozialen Sicherheit nach Art. 3 VO (EG) Nr. 883/2004 zählt (oben Rn 3).

7 Der „**Versicherungsmitgliedstaat**" wird analog zum Begriff des „Versicherten" definiert, als der Staat, der für die Erteilung der Vorabgenehmigung der grenzüberschreitenden Inanspruchnahme von Gesundheitsdienstleistungen beider Gruppen der Versicherten in lit. b) gem. VO (EG) Nr. 883/2004 zuständig ist. Dort gibt es nur einen Fall der Vorabgenehmigung, und zwar nach Art. 20 VO (EG) Nr. 883/2004. Hierfür zuständig ist idR der „zuständige Träger", dh der Träger, bei dem der Patient versichert ist bzw gegen den er einen Anspruch auf Leistungen hat (Art. 1 lit. q) VO (EG) Nr. 883/2004); ausnahmsweise kann dies auch der Träger des Wohnorts sein (vgl Art. 20 VO (EG) Nr. 883/2004 Rn 25 ff, 27; unklar insoweit *Tiedemann,* NZS 2011, 887, 891).

8 Die Definition des Begriffs „Angehöriger der Gesundheitsberufe" (vgl Art. 3 lit. a) in lit. f)) bezieht sich auf „einen Arzt, eine Krankenschwester oder einen Krankenpfleger für allgemeine Pflege, einen Zahnarzt, eine Hebamme oder einen Apotheker im Sinne der Richtlinie 2005/36/EG oder eine andere Fachkraft, die im Gesundheitsbereich Tätigkeiten ausübt, die einem reglementierten Beruf im Sinne von Artikel 3 Absatz 1 Buchstabe a der Richtlinie 2005/36/EG vorbehalten sind". Die Gesundheitsberufe unterfallen in Titel III, Kapitel III der RL 2005/36/EG Art. 21 ff der automatischen Anerkennung ihrer Qualifikation bei Niederlassung in einem anderen Mitgliedstaat, deren Ausbildungsnachweise in Anhang V, Nr. 5.1.1. ff der RL genauer definiert sind. Mit der zweiten Formulierung „oder eine Person, die nach den Rechtsvorschriften des Behandlungsmitgliedstaats als Angehöriger der Gesundheitsberufe gilt" verweist die RL auf das nationale Gesundheitsrecht der Mitgliedstaaten und wahrt so die Kompetenz der Mitgliedstaaten zur Regelung des Gesundheitswesens (Art. 168 Abs. 7 AEUV). Hierzu zählen in Deutschland zB die „Heilpraktiker" (§ 1 Abs. 1 und 2 HeilprG), da sie eine Erlaubnis für die „Tätigkeit zur Feststellung, Heilung oder Linderung von Krankheiten ..." haben, ohne dass sie zu den reglementierten Berufen iSd Art. 3 RL 2005/36/EG zählen.

9 Die Definition des zentralen Begriffs des „Gesundheitsdienstleisters" in lit. g) knüpft an die Definition der Gesundheitsdienstleistung in lit. a) an (oben Rn 1).

Kapitel II
Zuständigkeiten der Mitgliedstaaten in Bezug auf die grenzüberschreitende Gesundheitsversorgung
Artikel 4 Zuständigkeiten des Behandlungsmitgliedstaats

(1) Leistungen der grenzüberschreitenden Gesundheitsversorgung werden – unter Beachtung der Grundsätze Universalität, Zugang zu qualitativ hochwertiger Versorgung und Solidarität – im Einklang mit folgenden Regelungen erbracht:
a) Rechtsvorschriften des Behandlungsmitgliedstaats;
b) vom Behandlungsmitgliedstaat festgelegte Standards und Leitlinien für Qualität und Sicherheit und
c) Rechtsvorschriften der Union über Sicherheitsstandards.

(2) Der Behandlungsmitgliedstaat stellt Folgendes sicher:
a) Patienten erhalten von der nationalen Kontaktstelle gemäß Artikel 6 auf Anfrage einschlägige Informationen über die in Absatz 1 Buchstabe b dieses Artikels erwähnten Standards und Leitlinien; dies schließt Bestimmungen über die Überwachung und Bewertung von Gesundheitsdienstleistern sowie Informationen darüber mit ein, welche Gesundheitsdienstleister diesen Standards und Leitlinien unterliegen, sowie Informationen über die Zugänglichkeit von Krankenhäusern für Personen mit Behinderungen;
b) Gesundheitsdienstleister stellen einschlägige Informationen bereit, um den jeweiligen Patienten zu helfen, eine sachkundige Entscheidung zu treffen, auch in Bezug auf Behandlungsoptionen, Verfügbarkeit, Qualität und Sicherheit ihrer im Behandlungsmitgliedstaat erbrachten Gesundheitsversorgung; Gesundheitsdienstleister stellen ferner klare Rechnungen und klare Preisinformationen sowie Informationen über ihren Zulassungs- oder Registrierungsstatus, ihren Versicherungsschutz oder andere Formen des persönlichen oder kollektiven Schutzes in Bezug auf die Berufshaftpflicht bereit. Soweit Gesundheitsdienstleister den im Behandlungsmitgliedstaat ansässigen Patienten bereits einschlägige Informationen hierzu zur Verfügung stellen, sind sie nach dieser Richtlinie nicht verpflichtet, Patienten aus anderen Mitgliedstaaten ausführlichere Informationen zur Verfügung zu stellen;
c) es bestehen transparente Beschwerdeverfahren und Mechanismen für Patienten, damit sie im Fall einer Schädigung aufgrund der erhaltenen Gesundheitsversorgung gemäß den gesetzlichen Bestimmungen des Behandlungsmitgliedstaats Rechtsbehelfe einlegen können;
d) für Behandlungen im Hoheitsgebiet des betreffenden Mitgliedstaats bestehen Systeme der Berufshaftpflichtversicherung, eine Garantie oder eine ähnliche Regelung, die im Hinblick auf ihren Zweck gleichwertig oder im Wesentlichen vergleichbar und nach Art und Umfang dem Risiko angemessen ist;
e) das Grundrecht auf Schutz der Privatsphäre bei der Verarbeitung personenbezogener Daten wird gemäß den nationalen Maßnahmen zur Umsetzung der Unionsvorschriften zum Schutz der personenbezogenen Daten, insbesondere der Richtlinien 95/46/EG und 2002/58/EG, geschützt;
f) um Kontinuität der Behandlung sicherzustellen, haben behandelte Patienten Anspruch auf Erstellung einer schriftlichen oder elektronischen Patientenakte über die Behandlung sowie – gemäß den und vorbehaltlich der nationalen Maßnahmen zur Umsetzung der Unionsvorschriften zum Schutz personenbezogener Daten, insbesondere der Richtlinien 95/46/EG und 2002/58/EG – auf Zugang zu mindestens einer Kopie dieser Akte.

(3) Gegenüber Patienten aus anderen Mitgliedstaaten gilt der Grundsatz der Nichtdiskriminierung aufgrund der Staatsangehörigkeit.

[1]Dies gilt unbeschadet der Möglichkeit des Behandlungsmitgliedstaats, sofern dies durch zwingende Gründe des Allgemeininteresses, wie etwa den Planungsbedarf in Zusammenhang mit dem

Ziel, einen ausreichenden, ständigen Zugang zu einem ausgewogenen Angebot hochwertiger Versorgung im betreffenden Mitgliedstaat sicherzustellen, oder in Zusammenhang mit dem Wunsch, die Kosten zu begrenzen und nach Möglichkeit jede Verschwendung finanzieller, technischer oder personeller Ressourcen zu vermeiden, gerechtfertigt ist, Maßnahmen in Bezug auf den Zugang zu Behandlungen zu beschließen, um seiner grundlegenden Verantwortung, einen ausreichenden und ständigen Zugang zur Gesundheitsversorgung in seinem Hoheitsgebiet sicherzustellen, gerecht zu werden. ²Solche Maßnahmen sind auf das notwendige und angemessene Maß zu begrenzen und dürfen kein Mittel willkürlicher Diskriminierung darstellen; ferner sind sie vorab zu veröffentlichen.

(4) Die Mitgliedstaaten stellen sicher, dass Gesundheitsdienstleister auf ihrem Hoheitsgebiet für die Behandlung von Patienten aus anderen Mitgliedstaaten die gleiche Gebührenordnung zugrunde legen, wie sie für inländische Patienten in einer vergleichbaren medizinischen Situation gilt, oder dass die in Rechnung gestellten Gebühren nach objektiven, nichtdiskriminierenden Kriterien berechnet werden, falls keine vergleichbaren Gebührensätze für inländische Patienten existieren.

Dieser Absatz lässt die einzelstaatlichen Rechtsvorschriften unberührt, wonach Gesundheitsdienstleister ihre Gebühren selbst festsetzen können, sofern Patienten aus anderen Mitgliedstaaten durch die Preisgestaltung nicht diskriminiert werden.

(5) ¹Diese Richtlinie lässt Rechts- und Verwaltungsvorschriften der Mitgliedstaaten zur Sprachenregelung unberührt. ²Die Mitgliedstaaten können sich dafür entscheiden, Informationen in anderen als den Amtssprachen des betreffenden Mitgliedstaats bereitzustellen.

I. Ziel und Zweck des Kapitel II und des Art. 4 1	3. Pflichten der Gesundheitsdienstleister .. 11
II. Einzelne Regelungen........................ 6	4. Diskriminierungsverbot................ 12
1. Allg. Verantwortung des Behandlungsmitgliedstaats........................... 7	5. Amtssprache........................... 14
2. Mindeststandards der Erbringung von Gesundheitsdienstleistungen............ 8	III. Umsetzung durch die Mitgliedstaaten...... 15

I. Ziel und Zweck des Kapitel II und des Art. 4

1 Kapitel II enthält wichtige Vorschriften zu den Kompetenzen der Mitgliedstaaten, die letztlich auch Pflichten beinhalten. Die Erwägungsgründe machen die Funktion dieses Konzepts, das auch dem Entwurf der Kommission entnommen worden ist (S. 12 ff und Art. 5 ff Entwurf KOM (2008) 414 endg.), nicht deutlich. Die Kommission hatte unter Verweis auf Art. 152 Abs. 5 EGV (= Art. 168 Abs. 7 AEUV) und der Kompetenz und Freiheit der Mitgliedstaaten, ihre Gesundheitssysteme nach eigenen Vorstellungen zu organisieren, den Weg gewählt, über die Abgrenzung der Kompetenzen des Behandlungsmitgliedstaats und des Versicherungsmitgliedstaats einen Rahmen festzulegen, welcher Mitgliedstaat für welche Aufgaben zuständig ist, um die grenzüberschreitende Inanspruchnahme von Gesundheitsdienstleistungen zu erleichtern. Zugleich sollten Lücken und Überschneidungen vermieden werden.

2 Dabei sollen die Kompetenzen für die folgenden Materien geklärt und festgehalten werden:
- Gewährleistung der Qualität und Sicherheit der Gesundheitsversorgung, indem in diesen Bereichen Standards festgelegt werden, Transparenz hinsichtlich der geltenden Standards hergestellt und für die Umsetzung dieser Standards gesorgt wird;
- Zugang zu Informationen über die wichtigsten medizinischen, finanziellen und praktischen Aspekte der gewünschten Gesundheitsversorgung;
- Regelungen für Schäden aufgrund von grenzüberschreitenden Gesundheitsdienstleistungen, wobei sicherzustellen ist, dass diese geltend gemacht werden können;
- Möglichkeiten, die Gesundheitsdaten zu übermitteln, unter gleichzeitiger Wahrung des Datenschutzes;

- Verbot der diskriminierenden Behandlung von Patienten anderer Mitgliedstaaten, vor allem auch Gewährleistung nicht diskriminierender Wartezeiten.

Alle diese Punkte sind Gegenstand der **Pflichten des Behandlungsmitgliedstaats** gem. Art. 4 geworden. Der Versicherungsmitgliedstaat hat gem. Art. 5 nur die Aufgabe, für die Erstattung der Kosten zu sorgen (dazu ausführlich Art. 8), auch selbst Informationen zur grenzüberschreitenden Inanspruchnahme von Gesundheitsdienstleistungen zur Verfügung zu stellen und eine eventuelle Nachbehandlung in seinem System zu ermöglichen.

Rechtsnatur und Verbindlichkeit der Art. 4-6 der RL 2011/24/EU sind **vage**. So sahen Art. 5 Abs. 3 des Kommissionsentwurfs (KOM(2008) 414 endg.) und Art. 5 Abs. 4 des Standpunkts des EP (v. 23.4.2009, ABl. C 184 v. 8.7.2010, S. 368) vor, dass „die Kommission, unter Berücksichtigung eines hohen Gesundheitsschutzniveaus, in Zusammenarbeit mit den Mitgliedstaaten Leitlinien (erarbeitet), um die Durchführung des Absatzes 1 zu erleichtern". Dieses Umsetzungsinstrument ist auf Betreiben des Rats nicht übernommen worden (Standpunkt (EU) Nr. 14/2010 des Rates in erster Lesung 13.9.2010, ABl. C 275 E v. 12.10.2010, Art. 4), um den Kompetenzvorbehalt der Mitgliedstaaten zu wahren. Vielmehr ist es nunmehr ausschließlich Aufgabe der Mitgliedstaaten, die Vorgaben zu konkretisieren. Ihre Einhaltung kann zwar von der Kommission gem. Art. 258 AEUV vor dem EuGH im Klagewege durchgesetzt werden. Der EuGH muss aber den großen Beurteilungsspielraum der Mitgliedstaaten respektieren, so dass eine Klage nur bei groben Verstößen Aussicht auf Erfolg haben wird.

Meist handelt es sich in Art. 4-6 RL 2011/24/EU um allg. Pflichten der Mitgliedstaaten, **ohne** dass **individuelle Rechte der Patienten** begründet werden. Anders ist es mit den **Diskriminierungsverboten in Art. 4 Abs. 3 und 4**. Sie sind hinreichend konkret und unbedingt, so dass aus ihnen nach der Rspr des EuGH (Rn 13 ff und oben Vorbem. vor Art. 1 Rn 15 ff) auch individuelle Rechte von Bürgern abgeleitet werden können, deren Nichtrealisierung durch die Mitgliedstaaten vor Gericht geltend gemacht und auch Gegenstand eines Vorabentscheidungsverfahrens nach Art. 267 AEUV werden kann.

II. Einzelne Regelungen

Behandlungsmitgliedstaat ist gem. Art. 3 lit. d) der Mitgliedstaat, in dessen Hoheitsgebiet Gesundheitsdienstleistungen für den Patienten tatsächlich erbracht werden. Durchgängig geht es um **Regelungen zu Gunsten von Patienten** (zum weiten Begriff des Patienten oben Art. 3 Rn 3).

1. Allg. Verantwortung des Behandlungsmitgliedstaats

Nach Abs. 1 sind die Behandlungsmitgliedstaaten bei der Erbringung von Leistungen der grenzüberschreitenden Gesundheitsversorgung dafür verantwortlich, dass diese im Einklang mit ihren Rechtsvorschriften erbracht werden, wozu auch die Rechtsvorschriften der Union über Sicherheitsstandards sowie die Standards und Leitlinien für Qualität und Sicherheit zählen, die im Behandlungsmitgliedstaat gelten. Die Erwägungsgründe Nr. 19-22 enthalten hierzu auch noch inhaltliche Vorgaben, die aber so allgemein sind, dass sie keine konkreten Anhaltspunkte für die Aktivitäten der Mitgliedstaaten bei der Ausgestaltung ihrer Gesundheitssysteme abgeben noch als Maßstab für die Beurteilung der Pflichten des Behandlungsmitgliedstaats, ihrer Verletzung und ihrer gerichtlichen Ahndung bei Versäumnissen dienen können.

2. Mindeststandards der Erbringung von Gesundheitsdienstleistungen

Art. 4 enthält dann in Abs. 2 vor allem die Verpflichtungen der Mitgliedstaaten als Behandlungsmitgliedstaaten für Informationen und den unbehinderten Zugang zu ihnen über die wichtigsten medizinischen, finanziellen und haftungsrechtlichen Aspekte der gewünschten Gesundheitsversorgung zu sorgen. Sie sollen auch sicherstellen, dass Schäden, die aus grenzüberschreitenden Gesundheitsdienstleistungen entstanden sind, effektiv geltend gemacht werden können. Sie haben

Möglichkeiten vorzusehen, unter Wahrung des Datenschutzes die notwendigen Gesundheitsdaten zu übermitteln.

9 Diese Bestimmungen sind in ihrer **Reichweite** unklar:
1. Einmal umfassen sie sicherlich ein Gebot, in diesen Bereichen die grenzüberschreitende Inanspruchnahme von Gesundheitsdienstleistungen nicht schlechter zu stellen, also ein **Diskriminierungsverbot**. Dies ist aber dann noch einmal besonders in Abs. 3 und 4 geregelt.
2. Deshalb gehen sie weiter und gewährleisten einen **Mindeststandard an Information, Transparenz und Sicherheit** bei der Gewährung von Gesundheitsdienstleistungen. Grundsätzlich gilt dieser Mindeststandard nur für die grenzüberschreitende Inanspruchnahme von Gesundheitsdienstleistungen; er lässt sich aber gar nicht von den Standards für die Behandlung von Inländern trennen.

10 In der Regelung von Mindeststandards liegt ein **erheblicher Eingriff in die Gestaltungsfreiheit der Mitgliedstaaten im Gesundheitsbereich** (Art. 168 Abs. 7 AEUV). Er ist nicht durch Art. 56 AEUV gerechtfertigt, denn das verlangt nur Zugang wie Inländer. Doch im Sinne einer Herstellung des Binnenmarkts im Bereich der Gesundheitsdienstleistungen (Art. 114 AEUV) sind dies Mindestvorschriften zur Verallgemeinerung der Standards iS eines Verbraucherschutzes. Insoweit sind die Vorschriften noch ein verhältnismäßiger, schonender Ausgleich mit der vorrangigen Kompetenz der Mitgliedstaaten, da sie ihnen genug Spielraum zur Ausfüllung der Mindeststandards lassen.

3. Pflichten der Gesundheitsdienstleister

11 Art. 4 Abs. 2 lit. b) verpflichtet die Behandlungsmitgliedstaaten, dass die in ihrem Staatsgebiet behandelnden **Gesundheitsdienstleister** einschlägige Informationen bereitstellen, damit die jeweiligen Patienten eine sachkundige Entscheidung über Behandlungsoptionen, Verfügbarkeit, Qualität und Sicherheit der Gesundheitsversorgung treffen können. Ebenfalls müssen die Gesundheitsdienstleister im Behandlungsmitgliedstaat verpflichtet werden, klare Rechnungen zu stellen und klare Informationen über ihre Preise, den Zulassungsstatus und ihren Schutz in Fällen der Berufshaftpflicht bereit zu stellen. Diese Informationen müssen dabei für Patienten aus anderen Mitgliedstaaten nicht ausführlicher sein als solche, die für Inländer verpflichtend sind.

4. Diskriminierungsverbot

12 Zentral ist das **Verbot der diskriminierenden Behandlung** von Patienten anderer Mitgliedstaaten (Art. 4 Abs. 3 und 4), vor allem die Gewährleistung nicht diskriminierender Wartezeiten und nicht diskriminierender Entgelte für die Gesundheitsdienstleistungen. Art. 4 Abs. 3 und 4 wiederholen nur, was auch schon gem. Art. 56 AEUV gilt. Erstaunen muss allerdings, dass dieses Verbot nicht an zentraler Stelle der RL hervorgehoben wird, ist es doch ein zentraler Eckstein des Binnenmarkts und der Rechte der Unionsbürger.

13 Art. 4 Abs. 3 weist hier noch einmal auf das **Recht** der Mitgliedstaaten hin, im „beplanten" Bereich **Zugangsschranken** zu errichten. Dies ist der wichtigste Bereich, insbesondere die Behandlung im Krankenhaus und durch Hochtechnologie, im dem der EuGH legitime Gründe anerkannt hat, die eine Vorabgenehmigung für eine grenzüberschreitende Nachfrage nach Gesundheitsdienstleistungen rechtfertigen (vgl Art. 8 Abs. 2 und Vorbem. vor Art. 1 Rn 50 ff). Die Gründe bleiben vage und sind weniger präzise formuliert als später in Art. 8 Abs. 2. Es ist nicht verständlich, wieso angesichts der Dienstleistungsfreiheit, die gerade vor Diskriminierungen nach der Staatsangehörigkeit schützen soll, hier leichter Zugangsbarrieren für EU-Ausländer aufgebaut werden können. Allerdings begründet Art. 4 Abs. 3 RL 2011/24/EU wie Art. 56 AEUV nur einen Zugang zu den Bedingungen der Inländer. Wo Wartelisten bestehen, muss sie auch der EU-Ausländer akzeptieren, sich also entsprechend rechtzeitig eintragen etc. Auch darüber ist gem. Abs. 2 lit. a) umfassend zu informieren.

5. Amtssprache

Die Mitgliedstaaten haben das Recht, eine **Amtssprache** für den Gesundheitsbereich festzulegen und nur in ihr zu kommunizieren (Art. 4 Abs. 5). Dies betrifft nur die Verwaltung der Mitgliedstaaten, nicht die Behandler. Damit bleibt auch eine der wesentlichen Barrieren für die Schaffung eines gemeinsamen Marktes für Gesundheitsdienstleistungen unberührt. Einen solchen ausdrücklichen Vorbehalt kannte der Entwurf der Kommission noch nicht (Art. 5 Entwurf KOM (2008) 414 endg.). Internationale Abkommen, vor allem jene des Europarats zum Schutz von Minderheiten bleiben unberührt.

14

III. Umsetzung durch die Mitgliedstaaten

Das Recht der Bundesrepublik enthält bisher **keine ausreichenden Vorkehrungen** zu den von der RL geforderten Information über: Standards und Qualitätsnormen der Behandlung, der Zugänglichkeit von Krankenhäusern für Menschen mit Behinderungen, einem allg. verpflichtenden System von Beschwerdeverfahren und Haftpflichtdeckung bei Behandlung durch alle Gruppen von Gesundheitsdienstleistern, sowie zur Aushändigung der notwendigen Patienteninformation durch alle Gesundheitsdienstleister des Heimatstaats. Am weitesten, aber auch nur sehr kursorisch sind einige dieser Rechte in der Muster-Berufsordnung für die deutschen Ärzte und Ärztinnen geregelt, die den Berufsordnungen der einzelnen Landesärztekammern zu Grunde liegt (abgedruckt und kommentiert in *Spickhoff*, Medizinrecht 2011 unter Nr. 350). Da sie aber nur Empfehlungscharakter hat, dürfte sie keine ausreichende Grundlage für die Erfüllung der Pflichten aus Art. 4 Abs. 2 bis 4 sein. Es müssen auch entsprechende Verfahren und Einrichtungen für die Privatversicherung eingerichtet werden, da die RL in diesem Teil auch für die Privatversicherung gilt (s. oben Art. 1 Rn 5).

15

Artikel 5 Zuständigkeiten des Versicherungsmitgliedstaats

Der Versicherungsmitgliedstaat stellt sicher, dass

a) für die grenzüberschreitende Gesundheitsversorgung entstehende Kosten gemäß den Bestimmungen des Kapitels III erstattet werden;
b) Mechanismen bestehen, um Patienten auf Anfrage Informationen über ihre Rechte und Ansprüche in diesem Mitgliedstaat im Zusammenhang mit grenzüberschreitender Gesundheitsversorgung zur Verfügung zu stellen, insbesondere bezüglich der Regeln und Bedingungen für eine Kostenerstattung gemäß Artikel 7 Absatz 6 und der Verfahren zur Geltendmachung und Festsetzung dieser Ansprüche sowie der Möglichkeiten der Anfechtung und des Rechtsbehelfs gemäß Artikel 9, falls die Patienten die Auffassung vertreten, dass ihre Rechte nicht geachtet worden sind. In den Informationen über die grenzüberschreitende Gesundheitsversorgung wird klar zwischen den Rechten, die Patienten aufgrund dieser Richtlinie haben, und den Rechten aufgrund der Verordnung (EG) Nr. 883/2004 unterschieden;
c) sofern ein Patient eine grenzüberschreitende Gesundheitsdienstleistung in Anspruch genommen hat und eine medizinische Nachbehandlung erforderlich ist, dieselbe medizinische Nachbehandlung verfügbar ist, die verfügbar gewesen wäre, wenn die Gesundheitsdienstleistung im Hoheitsgebiet des Versicherungsmitgliedstaats erbracht worden wäre;
d) Patienten, die grenzüberschreitende Gesundheitsversorgung in Anspruch nehmen möchten oder in Anspruch nehmen, gemäß den und vorbehaltlich der nationalen Maßnahmen zur Umsetzung der Unionsvorschriften zum Schutz personenbezogener Daten, insbesondere der Richtlinien 95/46/EG und 2002/58/EG, mindestens eine Kopie ihrer Patientenakte haben oder per Fernabfrage darauf zugreifen können.

1 Die Verpflichtungen des Versicherungsmitgliedstaats entsprechen einem Teil der Verpflichtungen des Behandlungsmitgliedstaats in Art. 4. Es sind jene Verpflichtungen, die notwendig sind, um grenzüberschreitend Gesundheitsdienstleistungen nachfragen zu können:
   1. Verantwortlichkeit für die richtlinienkonforme **Erstattung** der durch die Inanspruchnahme grenzüberschreitender Gesundheitsversorgung entstehenden Kosten;
   2. Pflicht zur Bereitstellung von **Informationen** über die Rechte und Ansprüche bei grenzüberschreitender Gesundheitsversorgung im Versicherungsmitgliedstaat, insbesondere über die Kostenerstattung, das Verfahren ihrer Geltendmachung und die Möglichkeit der Anfechtung;
   3. Sicherstellung einer notwendigen medizinischen **Nachbehandlung**, so als ob die grenzüberschreitend nachgefragte Gesundheitsdienstleistung im Versicherungsmitgliedstaat erbracht worden wäre; dh, dass dann, wenn der Versicherungsmitgliedstaat eine solche Nachbehandlung auch für die inländische Behandlung ausschließt oder einschränkt (zB nach einer Schönheitsoperation § 52 Abs. 2 SGB V), dies auch für die Nachbehandlung von grenzüberschreitenden Gesundheitsdienstleistungen gilt;
   4. Zugang der Patienten zu Kopien ihrer **Patientenakte** oder Zugriff auf sie per Fernabfrage.

2 Die Definition des **Versicherungsmitgliedstaates** nach Art. 3 lit. c) RL 2011/24/EU stellt es auf die Definition in der VO (EG) Nr. 883/2004 und der VO (EG) 987/2009 über die Koordinierung der Systeme der sozialen Sicherheit ab. Es ist immer der Träger, der gem. Art. 20 VO (EG) Nr. 883/2004 eine Vorabgenehmigung für die grenzüberschreitende Inanspruchnahme von Gesundheitsdienstleistungen erteilen muss, idR der zuständige Träger, dh der Träger gegenüber dem der Anspruch auf Gesundheitsdienstleistungen besteht (vgl oben Art. 3 Rn 7).

3 Die **Umsetzung** ist in Deutschland auch hier mangelhaft in Bezug auf den Zugriff auf die Behandlungsunterlagen aller Heilbehandler. Zur Umsetzung der Kostenerstattung im deutschen Recht vgl unten Art. 7 Rn 25 ff zu § 13 Abs. 4 und 5 SGB V.

Artikel 6 Nationale Kontaktstellen für die grenzüberschreitende Gesundheitsversorgung

(1) ¹Jeder Mitgliedstaat benennt eine oder mehrere nationale Kontaktstellen für die grenzüberschreitende Gesundheitsversorgung und teilt der Kommission Namen und Kontaktdaten dieser Kontaktstellen mit. ²Die Kommission und die Mitgliedstaaten veröffentlichen diese Informationen. ³Die Mitgliedstaaten gewährleisten, dass die nationalen Kontaktstellen Patientenorganisationen, Gesundheitsdienstleistern und Krankenversicherungsträger konsultieren.

(2) ¹Die nationalen Kontaktstellen erleichtern den Informationsaustausch gemäß Absatz 3 und arbeiten eng untereinander und mit der Kommission zusammen. ²Die nationalen Kontaktstellen teilen Patienten auf Anfrage die Kontaktdaten der nationalen Kontaktstellen in anderen Mitgliedstaaten mit.

(3) Damit Patienten ihre Rechte in Bezug auf grenzüberschreitende Gesundheitsversorgung wahrnehmen können, stellen ihnen die nationalen Kontaktstellen im Behandlungsmitgliedstaat gemäß dessen gesetzlichen Bestimmungen Informationen über die Gesundheitsdienstleister zur Verfügung, einschließlich – auf Anfrage – der Informationen über die Berechtigung eines konkreten Dienstleisters zur Erbringung von Leistungen oder über jegliche Beschränkungen seiner Tätigkeit, Informationen nach Artikel 4 Absatz 2 Buchstabe a sowie Informationen über Patientenrechte, Beschwerdeverfahren und Verfahren zur Einlegung von Rechtsbehelfen sowie über die verfügbaren rechtlichen und administrativen Möglichkeiten zur Streitbeilegung, auch bei Schäden, die im Zusammenhang mit grenzüberschreitender Gesundheitsversorgung entstanden sind.

(4) Die nationalen Kontaktstellen in den Versicherungsmitgliedstaaten stellen Patienten und Angehörigen der Gesundheitsberufe die in Artikel 5 Buchstabe b genannten Informationen zur Verfügung.

(5) Die in diesem Artikel genannten Informationen müssen leicht zugänglich sein und, soweit erforderlich, auf elektronischem Wege und in Formaten bereitgestellt werden, die für Personen mit Behinderungen zugänglich sind.

Die Mitgliedstaaten müssen nationale Kontaktstellen benennen und eventuell schaffen, die die umfangreichen Informationsaufgaben des Behandlungsmitgliedstaats nach Art. 4 Abs. 2 und die weniger umfassenden Informationsaufgaben des Versicherungsmitgliedstaats nach Art. 5 lit. b) erfüllen. Zweck der Regelung ist es, den Zugang zu Informationen über medizinische, finanzielle und praktische Aspekte der grenzüberschreitenden Inanspruchnahme von Gesundheitsdienstleistungen in einem anderen Mitgliedstaat zu erleichtern und dadurch den gemeinsamen Markt der Gesundheitsdienstleistungen zu etablieren. 1

„Nationale Kontaktstellen" sind ein **Konzept der EU Politik in vielen Bereichen**, um die Zusammenarbeit und Information in bestimmten Politikfeldern zu verbessern und damit so etwas wie einen gemeinsamen Markt oder ein gemeinsames Handlungsfeld zwischen den Akteuren der unterschiedlichen Mitgliedstaaten aufzubauen. Vor allem gibt es Nationale Kontaktstellen in allen wichtigen Forschungsbereichen (vgl. die Liste unter http://www.forschungsrahmenprogramm.de/nks.htm). 2

Die RL enthält über die Pflicht der „Benennung" keine konkreteren Vorgaben über die Organisation oder gar die Ausstattung der Kontaktstellen. Selbst die Form der Informationen wird nicht vorgeschrieben, geschweige denn gar ihre Mehrsprachigkeit. Der Erwägungsgrund Nr. 49 erwägt eine Selbstverständlichkeit wenn er feststellt, es stände den Mitgliedstaaten frei, „andere vernetzte Kontaktstellen auf regionaler oder lokaler Ebene einzurichten, die die organisatorischen Besonderheiten ihres Gesundheitssystems widerspiegeln." – dies sind im deutschen System vor allem die Krankenkassen selbst. 3

Recht weitgehend ist die Befugnis (nicht die Pflicht) der Kontaktstellen im Behandlungsmitgliedstaat, den Patienten Informationen über „die" Gesundheitsdienstleister zur Verfügung zu stellen, plus – auf Anfrage eines Patienten hin – Informationen über die Berechtigung eines konkreten Dienstleisters zur Behandlung wie zu jeglichen Beschränkungen seiner Tätigkeit. Dies alles ist aber entsprechend dem Einleitungssatz des Art. 6 Abs. 2 abhängig von den gesetzlichen Bestimmungen des Behandlungsmitgliedstaats. 4

Allein in der Kompetenz der Mitgliedstaaten liegt es und nicht geregelt durch die RL ist es, den Kontaktstellen weitere und eigentlich wirksame Instrumente an die Hand zu geben, wie die Unterstützung bei Klagen wegen Falschbehandlung etc. (vgl dazu § 66 SGB V einerseits und §§ 197a SGB V, 47a SGB XI andererseits). 5

Adressaten der Tätigkeiten der „Kontaktstellen" sind die **Patienten**, also „jede natürliche Person, die Gesundheitsdienstleistungen in einem Mitgliedstaat in Anspruch nehmen möchte oder in Anspruch nimmt." 6

Umsetzung in Deutschland: Eine Nationale Kontaktstelle ist noch nicht benannt bzw geschaffen worden. Teile ihrer Aufgaben nimmt schon jetzt die **Deutsche Verbindungsstelle Krankenversicherung – Ausland** (DVKA) wahr (http://www.dvka.de), die seit dem 1.7.2008 eine Abteilung des GKV-Spitzenverbandes ist. Sie hat auch eine Liste der Verbindungsstellen im Ausland veröffentlicht (unter „Kontaktadressen") und Merkblätter in vielen Sprachen herausgegeben zur Sozialversicherung bei Arbeiten im Ausland, zur Krankenversicherung bei einem Urlaub im Ausland (für alle wichtigen Urlaubsländer), für ausländische Touristen in Deutschland, zur Verlegung des Alterswohnsitzes ins Ausland und für Grenzgänger, die in Deutschland arbeiten und im EU-Aus- 7 land wohnen (unter „Publikationen"). Wie betont (oben Art. 4 Rn 13), gilt die Verpflichtung auch für die Privatversicherung, bei der entsprechende Ansätze noch gar nicht erkennbar sind.

Kapitel III
Erstattung von Kosten für grenzüberschreitende Gesundheitsversorgung
Vorbemerkungen zu Kapitel III

1   Im Kapitel III der RL 2011/24/EU stehen die zentralen Vorschriften zur Kostenerstattung und Vorabgenehmigung. Ziel der RL ist es vor allem auch, die **Rechtsprechung des EuGH** zur Geltung der in Art. 56 AEUV (= 49 EG) den Bürgern garantierte **Dienstleistungsfreiheit** bei der grenzüberschreitenden Inanspruchnahme von Gesundheitsdienstleistungen in ein Rechtsinstrument zu übernehmen (vgl oben Vorbem. vor Art. 1 Rn 4 und 19 ff). Schon deshalb ist der Inhalt der RL an der Rechtsprechung des EuGH zu messen, die für die Zulässigkeit einer Vorabgenehmigung und der Kostenerstattung detaillierte Vorgaben gemacht hat (oben Vorbem. vor Art. 1 Rn 50 ff und 81 ff). Darüber hinaus ist das Sekundärrecht der Gemeinschaft an dem Primärrecht der Verträge, insbesondere an die Grundfreiheiten in ihrer Interpretation durch den EuGH, gebunden (EuGH, Rs. 41/84 (Pinna I), Slg 1986, 1; dazu oben Vorbem. vor Art. 1 Rn 19).

2   Genau zu beachten ist, dass Art. 7 und 8 die Rechte der **Versicherten** regeln. Bei der Regelung der Kostenerstattung sind sie ausdrücklich sogleich in Art. 7 Abs. 1 genannt. Bei der Regelung der Vorabgenehmigung macht Art. 8 Abs. 3 deutlich, dass es um die Rechte der Versicherten geht. „Versicherte" werden in Art. 3 lit. b) ii) in Bezug auf die VO (EG) Nr. 883/2004 (Art. 2 und Art. 1 lit. c)) definiert als Personen, **die einen Anspruch auf Leistungen bei Krankheit haben** („die für einen Leistungsanspruch vorgesehenen Voraussetzungen erfüllt").

Artikel 7   Allgemeine Grundsätze für die Kostenerstattung

(1) Der Versicherungsmitgliedstaat stellt unbeschadet der Verordnung (EG) Nr. 883/2004 und vorbehaltlich der Artikel 8 und 9 sicher, dass die Kosten, die einem Versicherten im Zusammenhang mit grenzüberschreitender Gesundheitsversorgung entstanden sind, erstattet werden, sofern die betreffende Gesundheitsdienstleistung zu den Leistungen gehört, auf die der Versicherte im Versicherungsmitgliedstaat Anspruch hat.

(2) Abweichend von Absatz 1 gilt Folgendes:
a) Wenn ein Mitgliedstaat in Anhang IV der Verordnung (EG) Nr. 883/2004 aufgeführt ist und gemäß jener Verordnung den Anspruch auf Leistungen bei Krankheit für Rentner und ihre Familienmitglieder, die in einem anderen Mitgliedstaat wohnen, anerkannt hat und diese Personen sich in seinem Hoheitsgebiet aufhalten, so erbringt er die unter diese Richtlinie fallenden Gesundheitsdienstleistungen gemäß seinen Rechtsvorschriften auf eigene Rechnung, als ob die betreffenden Personen in dem Mitgliedstaat wohnen würden, der in jenem Anhang aufgeführt ist;
b) wenn für die nach dieser Richtlinie erbrachte Gesundheitsdienstleistung keine vorherige Genehmigung erforderlich ist, wenn sie nicht gemäß Titel III Kapitel 1 der Verordnung (EG) Nr. 883/2004 erbracht wird und wenn sie im Hoheitsgebiet des Mitgliedstaats erbracht wird, der nach jener Verordnung und der Verordnung (EG) Nr. 987/2009 letztendlich für die Kostenerstattung zuständig ist, so werden die Kosten von jenem Mitgliedstaat übernommen. Jener Mitgliedstaat kann die Kosten dieser Gesundheitsdienstleistung gemäß den von ihm festgelegten Regeln, Voraussetzungen, Anspruchskriterien und Regelungs- und Verwaltungsformalitäten erstatten, sofern diese mit dem AEUV vereinbar sind.

(3) Der Versicherungsmitgliedstaat legt auf lokaler, regionaler oder nationaler Ebene fest, für welche Gesundheitsversorgung und in welcher Höhe ein Versicherter – unabhängig vom Ort der Leistungserbringung – einen Anspruch auf Kostenübernahme hat.

(4) Der Versicherungsmitgliedstaat erstattet oder bezahlt direkt die Kosten der grenzüberschreitenden Gesundheitsversorgung bis zu den Höchstbeträgen, die er übernommen hätte, wenn die betreffende Gesundheitsdienstleistung in seinem Hoheitsgebiet erbracht worden wäre, wobei die Erstattung die Höhe der tatsächlich durch die Gesundheitsversorgung entstandenen Kosten nicht überschreiten darf.

Liegen die gesamten Kosten der grenzüberschreitenden Gesundheitsversorgung über den Kosten, die bei einer Erbringung der Gesundheitsdienstleistung im Hoheitsgebiet des Versicherungsstaats übernommen worden wären, so kann der Versicherungsmitgliedstaat dennoch beschließen, die gesamten Kosten zu erstatten.

Der Versicherungsmitgliedstaat kann beschließen, im Einklang mit den nationalen Rechtsvorschriften weitere damit verbundene Kosten zu erstatten, wie Übernachtungs- und Reisekosten oder zusätzliche Kosten, die für Personen mit Behinderungen bei der Inanspruchnahme von grenzüberschreitenden Gesundheitsdienstleistungen infolge einer oder mehrerer Behinderungen anfallen können, sofern ausreichende Belege vorliegen, dass diese Kosten tatsächlich angefallen sind.

(5) Die Mitgliedstaaten können mit dem AEUV in Einklang stehende Bestimmungen erlassen, durch die sichergestellt werden soll, dass Patienten, die eine grenzüberschreitende Gesundheitsdienstleistung erhalten, die gleichen Rechte haben, auf die sie in einer vergleichbaren Situation in dem Versicherungsmitgliedstaat Anspruch gehabt hätten.

(6) [1]Für die Zwecke von Absatz 4 verfügen die Mitgliedstaaten über einen transparenten Mechanismus zur Berechnung der Kosten der grenzüberschreitenden Gesundheitsversorgung, die dem Versicherten durch den Versicherungsmitgliedstaat zu erstatten sind. [2]Dieser Mechanismus basiert auf vorher bekannten objektiven und nichtdiskriminierenden Kriterien und findet auf der entsprechenden (lokalen, regionalen oder nationalen) Verwaltungsebene Anwendung.

(7) [1]Der Versicherungsmitgliedstaat kann einem Versicherten, der einen Antrag auf Kostenerstattung im Zusammenhang mit grenzüberschreitender Gesundheitsversorgung stellt, wozu auch eine Gesundheitsversorgung mit Mitteln der Telemedizin gehören kann, dieselben – auf lokaler, regionaler oder nationaler Ebene festgelegten – Voraussetzungen, Anspruchskriterien sowie Regelungs- und Verwaltungsformalitäten vorschreiben, die er für die gleiche Gesundheitsversorgung im eigenen Hoheitsgebiet heranziehen würde. [2]Hierzu kann auch ein Gutachten eines Angehörigen der Gesundheitsberufe oder einer Verwaltungsstelle im Gesundheitswesen, die Leistungen für die gesetzliche Sozialversicherung oder das nationale Gesundheitssystem des Versicherungsmitgliedstaats erbringt, zählen, beispielsweise des Allgemeinmediziners oder Hausarztes, bei dem der Patient registriert ist, sofern dies für die Feststellung des individuellen Leistungsanspruchs des Patienten erforderlich ist. [3]Die nach diesem Absatz geltend gemachten Voraussetzungen, Anspruchskriterien sowie Regelungs- und Verwaltungsformalitäten dürfen jedoch weder diskriminierend sein noch ein Hindernis für den freien Verkehr von Patienten, Dienstleistungen oder Waren darstellen, es sei denn, es ist aufgrund des Planungsbedarfs in Zusammenhang mit dem Ziel, einen ausreichenden und ständigen Zugang zu einem ausgewogenen Angebot hochwertiger Versorgung im betreffenden Mitgliedstaat sicherzustellen, oder aufgrund des Wunsches, die Kosten zu begrenzen und nach Möglichkeit jede Verschwendung finanzieller, technischer oder personeller Ressourcen zu vermeiden, objektiv gerechtfertigt.

(8) Der Versicherungsmitgliedstaat macht die Erstattung von Kosten für grenzüberschreitende Gesundheitsversorgung mit Ausnahme der in Artikel 8 genannten Fälle nicht von einer Vorabgenehmigung abhängig.

(9) Der Versicherungsmitgliedstaat kann die Anwendung der Vorschriften für die Kostenerstattung bei grenzüberschreitender Gesundheitsversorgung aus zwingenden Gründen des Allgemeininteresses, wie etwa dem Planungsbedarf in Zusammenhang mit dem Ziel, einen ausreichenden, ständigen Zugang zu einem ausgewogenen Angebot hochwertiger Versorgung im betreffenden Mitgliedstaat sicherzustellen, oder in Zusammenhang mit dem Wunsch, die Kosten zu begrenzen und nach Möglichkeit jede Verschwendung finanzieller, technischer oder personeller Ressourcen zu vermeiden, beschränken.

(10) Unbeschadet des Absatzes 9 stellen die Mitgliedstaaten sicher, dass die Kosten für grenzüberschreitende Gesundheitsdienstleistungen, für die eine Vorabgenehmigung erteilt wurde, gemäß der Genehmigung erstattet werden.

(11) ¹Die Entscheidung, die Anwendung des vorliegenden Artikels gemäß Absatz 9 einzuschränken, muss sich auf das beschränken, was notwendig und angemessen ist, und darf keine Form der willkürlichen Diskriminierung und kein ungerechtfertigtes Hindernis für die Freizügigkeit von Personen oder den freien Verkehr von Waren oder Dienstleistungen darstellen. ²Die Mitgliedstaaten teilen der Kommission jede Entscheidung mit, durch die die Erstattung von Kosten aus den in Absatz 9 genannten Gründen beschränkt wird.

I. Grundsätze und Entstehungsgeschichte 1	2. Ausnahme entsprechend Art. 7 Abs. 2 RL 2011/24/EU 26
II. Voraussetzung: Anspruch auf Behandlung nach dem Recht des Versicherungsmitgliedstaats 4	3. RL-konforme Anforderungen an die Qualität 28
III. Art und Höhe der Kostenerstattung 10	4. Höhe der Kostenerstattung 29
IV. Sonderregelung der Kostenerstattung im Einklang mit der VO (EG) Nr. 883/2004 ... 19	5. Verstoß gegen die RL: Regelung der Kostenerstattung und Verfahren 32
V. Ausnahme und Einschränkung der Kostenerstattung (Abs. 9 bis 11) 22	6. Rehabilitationsleistungen 35
VI. Umsetzung ins Nationale Recht (§ 13 Abs. 4 und 5 SGB V) 25	
1. Grundsatz: Freie Auslandsnachfrage innerhalb der EU mit Kostenerstattung 25	

I. Grundsätze und Entstehungsgeschichte

1 Abs. 1 macht die **Grundsätze der Kostenerstattung** deutlich: Der Versicherungsmitgliedstaat stellt sicher, dass die Kosten einer grenzüberschreitenden Inanspruchnahme von Gesundheitsdienstleistungen den Versicherten erstattet werden. Voraussetzung ist, dass die betreffende Gesundheitsdienstleistung zu den Leistungen gehört, die der Versicherte im Versicherungsmitgliedstaat beanspruchen kann (Abs. 4 und Abs. 7). Weitere Voraussetzung ist, dass die grenzüberschreitende Inanspruchnahme von Gesundheitsdienstleistungen nicht einer Vorabgenehmigung bedarf (Abs. 8). Die Erstattung kann der Höhe nach auf die Kosten, die auch im Versicherungsmitgliedstaat angefallen wären, begrenzt werden (Abs. 4 S. 1). Die Höhe der Erstattung kann in Ausnahmefällen der „beplanten Leistungen" wiederum eingeschränkt werden (Abs. 9). Der Grundsatz, dass die Regelungen der VO (EG) Nr. 883/2004 unberührt bleiben, wird noch einmal bestärkt (Abs. 1) und konkretisiert (Abs. 2).

2 Nach Art. 7 Abs. 1 gilt der **Grundsatz der vollen Kostenerstattung** zu den Sätzen des Versicherungsmitgliedstaats und nach Art. 7 Abs. 8 der **Grundsatz der Genehmigungsfreiheit** mit jeweils genauer Regelung, wann eine Beschränkungen erlaubt ist. In dieser Struktur liegt eine klare Vorrangentscheidung für die Dienstleistungsfreiheit und zu Lasten der Autonomie der Mitgliedstaaten. Wenn die Mitgliedstaaten ihr Gesundheitssystem so geregelt haben, dass es potentiell (vgl oben Vorbem. vor Art. 1 Rn 20 ff) die grenzüberschreitende Inanspruchnahme von Gesundheitsdienstleistungen beeinträchtigen könnte, trifft sie die Darlegungs- und Beweislast, dass die Beschränkungen notwendig sind (oben Vorbem. vor Art. 1 Rn 68 ff). Werden die Gründe für eine

Rechtfertigung einer Vorabgenehmigung nicht hinreichend zwingend dargelegt, gilt Genehmigungsfreiheit.

Gerechtfertigte „nationale" Vorbehalte zu Einschränkungen gibt es – in weitgehend gleichlautender Weise – in drei Punkten: (1) der Festlegung von Voraussetzungen für die Leistung (Abs. 7 S. 3), (2) der Vorabgenehmigung (Abs. 8 und Art. 8) und (3) der Beschränkung der Erstattung (Abs. 9). Dabei variiert der Sprachgebrauch noch: Einmal ist es nur der „Planungsbedarf" (Art. 7 S. 3), einmal sind es „zwingende Gründen des Allgemeininteresses, wie etwa dem Planungsbedarf" (Abs. 9 S. 1), die dann in beiden Formulierungen gleichlautend „in Zusammenhang mit dem Ziel" gebracht werden, „einen ausreichenden, ständigen Zugang zu einem ausgewogenen Angebot hochwertiger Versorgung im betreffenden Mitgliedstaat sicherzustellen oder aufgrund des Wunsches, die Kosten zu begrenzen und nach Möglichkeit jede Verschwendung finanzieller, technischer oder personeller Ressourcen zu vermeiden". Noch ausführlicher und differenzierter ist die Regelung zur Rechtfertigung von Vorabgenehmigungen in Art. 8 (s. dort). Die Einschränkungsmöglichkeiten in Abs. 7 (Voraussetzungen) und Abs. 8 (Vorabgenehmigung) ergeben sich aus der Rspr des EuGH (s. oben Vorbem. vor Art. 1 Rn 59 ff) und stimmen mit ihnen überein.

II. Voraussetzung: Anspruch auf Behandlung nach dem Recht des Versicherungsmitgliedstaats

Abs. 3 verpflichtet den Versicherungsmitgliedstaat, „auf lokaler, regionaler oder nationaler Ebene fest (zu legen), für welche Gesundheitsversorgung und in welcher Höhe ein Versicherter – unabhängig vom Ort der Leistungserbringung – einen Anspruch auf Kostenübernahme hat." In Deutschland ist dies geschehen: Grundsätzlich können alle Leistungen der GKV im Ausland nachgefragt werden (§ 13 Abs. 4 und 5 SGB V), wobei nur für die Krankenhausbehandlung ein Genehmigungsvorbehalt gilt (§ 13 Abs. 5 SGB V). Zur Festlegung der Höhe unten Rn 22.

Der Versicherungsmitgliedstaat kann gem. Abs. 7 die grenzüberschreitende Inanspruchnahme von Gesundheitsdienstleistungen von den **gleichen Voraussetzungen** abhängig machen, wie sie auch für die Inanspruchnahme im Versicherungsmitgliedstaat gelten. Ausdrücklich genannt werden in Abs. 7 S. 1 und S. 2 alle „Anspruchskriterien sowie Regelungs- und Verwaltungsformalitäten", wie zB „Gutachten eines Angehörigen der Gesundheitsberufe oder einer Verwaltungsstelle im Gesundheitswesen", wie die „eines Allgemeinmediziners oder Hausarztes, bei dem der Patient registriert ist". Das stimmt mit der Rspr des EuGH überein (Vorbem. vor Art. 1 Rn 50 ff, 53). Dazu gehören **auch Vorabgenehmigungen des Versicherungsträgers**, wenn diese allg. und unterschiedslos gelten. Nach deutschem Recht zählen dazu die Notwendigkeiten der ärztlichen Verordnung bzw Verschreibung (§ 73 Abs. 2 SGB V) und teilweise die Genehmigung der Kasse bei großen Hilfsmitteln und der medizinischen Rehabilitation (§ 40 Abs. 3 SGB V), die Einweisung in ein Krankenhaus (§ 39 Abs. 2 iVm SGB V) und die Erstellung und Vorlage eines Heil- und Kostenplans vor Inanspruchnahme der Leistung Zahnersatz (BSG, B 1 KR 19/08 R, SozR 4-2500 § 13 Nr. 21, Breithaupt 2010, 105). Ebenfalls zählen hierzu die Hausarztsysteme (§ 73 b SGB V).

Nach Art. 7 Abs. 1 RL 2011/24/EU müssen es **die gleichen** Leistungen sein. Dementsprechend hängt es vom Recht der Mitgliedstaaten ab, wie genau sie ihre Leistungen definieren. Sie können auch **Kataloge von Leistungen** aufstellen, die sie gewähren bzw die sie weder im Inland noch dementsprechend im Ausland nicht gewähren; sie können die Leistungen aber auch in allgemeinerer Form nach Kategorien oder Typen der Behandlung oder der Behandlungsmethoden beschreiben (vgl dazu die Rspr des EuGH zu Art. 20 VO (EG) Nr. 883/2004 Rn 10 und EuGH, Rs. C-173/09 (Elchinov), ZESAR 2011, 482, Rn 56-62; EuGH, Rs. C-157/99 (Smits-Peerbooms), Slg 2001, I-5473, Rn 87; aA zur Rspr und zur RL *Krajewski*, EuR 2010, 165, 177 – nur „vergleichbar").

Art. 7 stellt **keine großen Anforderungen** an die konkretisierenden Regelungen der Mitgliedstaaten. Es wird nur verlangt, dass dies allg. Regeln sind, die auch veröffentlicht werden müssen

(Art. 7 Abs. 1 und Abs. 3 sowie Art. 5 lit. b)). Dies ist wohl der Tatsache geschuldet, dass es hier äußerst unterschiedliche Instrumente in den Mitgliedstaaten gibt, die unterhalb des Parlamentsgesetzes liegen. Zu Recht hat der EuGH aber betont, dass die rein praktische Üblichkeit im Versicherungsmitgliedstaat nicht ausreicht, die Nachfrage im Behandlungsmitgliedstaat festzulegen (oben Vorbem. vor Art. 1 Rn 78 ff). Deshalb wird zB die Festlegung allein durch Vereinigungen der Heilbehandler ohne öffentliche Verantwortung und Kontrolle nicht ausreichen, um den Anspruch auf eine bestimmte Art und Weise der Leistung zu konkretisieren. Umgekehrt dürfte die im deutschen Recht übliche Konkretisierung der Leistung im Leistungskatalog ausreichen, die der Gemeinsame Bundesausschuss über Richtlinien zu den neuen Untersuchungs- und Behandlungsmethoden gem. § 135 SGB V für die ambulante Versorgung und gem. § 137 c SGB V für die stationäre Behandlung im Krankenhaus und gem. § 137 d SGB V für die Rehabilitation festlegt.

8   Art. 7 Abs. 7 S. 2 und S. 3 stellen aber auch **europarechtliche Anforderungen** an die nationalen Voraussetzungen dahingehend, dass sie weder „diskriminierend sein noch ein Hindernis für den freien Verkehr von Patienten, Dienstleistungen oder Waren darstellen" dürfen, es sei denn, sie wären „aufgrund des Planungsbedarfs in Zusammenhang mit dem Ziel, einen ausreichenden und ständigen Zugang zu einem ausgewogenen Angebot hochwertiger Versorgung im betreffenden Mitgliedstaat sicherzustellen, oder aufgrund des Wunsches, die Kosten zu begrenzen und nach Möglichkeit jede Verschwendung finanzieller, technischer oder personeller Ressourcen zu vermeiden, objektiv gerechtfertigt". Letzteres heißt, dass die Anforderungen zur Erreichung dieses Zieles verhältnismäßig sein müssen. Dies entspricht der Rspr des EuGH (s. oben Vorbem. vor Art. 1 Rn 50 ff). Vor allem hat der EuGH als **eine nicht erforderliche** Einschränkung der grenzüberschreitenden Inanspruchnahme von Gesundheitsdienstleistungen angesehen, dass der Leistungsträger des Versicherungsmitgliedstaats mit dem (ausländischen) Leistungserbringer einen **Versorgungsvertrag** abgeschlossen haben muss (s. oben Vorbem. vor Art. 1 Rn 64).

9   Einen immanenten Qualitätsvorbehalt enthält die Definition der Gesundheitsversorgung in Art. 3 lit. a) iVm lit. f), die den Anspruch auf die Versorgung auf die EU-weit **geregelten Gesundheitsberufe** beschränkt plus die sonstigen zugelassenen Heilbehandler, die nach dem Recht des Behandlungsmitgliedstaats als „Angehöriger eines Gesundheitsberufs gelten". Der Versicherungsmitgliedstaat kann aber die erstattungsfähigen Leistungen dem Typ nach auch dadurch einschränken, dass er sie auch nach der Qualifikation der Leistungserbringer konkreter beschreibt, wie etwa die ärztliche Behandlung in § 15 SGB V. Zwar ist zB die Leistung der Heilmittel in §§ 32, 124 SGB V sehr offen definiert, aber durch die Heilmittel-RL des GBA gem. § 92 Abs. 1 S. 2 Nr. 6 hinreichend konkret und speziell.

III. Art und Höhe der Kostenerstattung

10 Wie die Leistungsvoraussetzungen so müssen auch die Kostenerstattung und das Verfahren zu ihrer Durchführung, vor allem ein „transparenten Mechanismus zur Berechnung der Kosten" vorgeschrieben und verbindlich festgelegt sein. Dabei muss die Kostenberechnung „auf vorher bekannten objektiven und nichtdiskriminierenden Kriterien" beruhen. Dies zu regeln ist gem. § 13 Abs. 4 S. 4 und 5 SGB V den einzelnen Sozialversicherungsträgern überlassen. Das steht in Einklang mit der RL, denn der „Versicherungsmitgliedstaat" muss eine solche Regelung nur vorsehen, kann sie aber auch an andere Träger der öffentlichen Verwaltung delegieren.

11 Der Versicherungsmitgliedstaat muss gem. Abs. 4 S. 1 die Kosten der grenzüberschreitenden Gesundheitsversorgung „bis zu den **Höchstbeträgen, die er übernommen hätte**, wenn die betreffende Gesundheitsdienstleistung in seinem Hoheitsgebiet erbracht worden wäre", erstatten. Diese immanente Grenze entspricht der Rspr des EuGH (EuGH, Rs. C-385/99 (Müller-Fauré), Slg 2003, I-4509, Rn 98, 106, 107; EuGH, Rs. C-8/02 (Leichtle), Slg 2004, I-2641, Rn 48; EuGH, Rs. C-372/04 (Watts), Slg 2006, I-4325, Rn 132). Sie rührt daraus, dass man ja auch im Ausland nur den Anspruch gegen den Träger seiner Versicherung geltend macht.

Dabei darf gem. Abs. 4 S. 1 aE „die Erstattung die **Höhe der tatsächlich durch die Gesundheits-** 12
versorgung entstandenen Kosten nicht überschreiten". Diese Beschränkung auf die „tatsächlichen Kosten" fand sich schon in Art. 6 Nr. 3 des Vorschlags der Kommission (KOM (2008) 414 endg.) und wurde seitdem nicht geändert. Begründet wird dies nach Erwägungsgrund Nr. 32: „Die Patienten sollten in keinem Fall einen finanziellen Vorteil aus der in einem anderen Mitgliedstaat geleisteten Gesundheitsversorgung ziehen". Gemeint sind mit den **tatsächlichen Kosten** „der Gesundheitsversorgung" die Kosten der Behandlung (Art. 3 lit. a); oben Art. 3 Rn 1), die dem Versicherten im Behandlungsmitgliedstaat für die Gesundheitsdienstleistung berechnet worden sind. Die „tatsächlichen Kosten" im Behandlungsmitgliedstaat umfassen die **gesamten Kosten** der Behandlung, die einerseits der dortige Versicherer trägt und die andererseits eventuell bei einer Selbstbeteiligung den Versicherten angelastet werden. Sie stehen im Gegensatz zu den „rechtlichen/bzw rechtlich zu tragenden Kosten", die nur die Kosten meinen können, die der Träger der Versicherung im Behandlungsmitgliedstaat trägt, die also über eine Zuzahlung oder Selbstbeteiligung des Versicherten niedriger als die „tatsächlichen Kosten" sein können.

Wie Art. 7 Abs. 4 hat der EuGH den Grundsatz aufgestellt, dass aus Art. 56 AEUV nur abgeleitet 13
werden kann, dass zu Lasten des Versicherungsmitgliedstaats die Behandlungskosten, nicht aber die mit der Auslandsnachfrage verbundenen **Reise- und Aufenthaltskosten** zu erstatten sind (EuGH, Rs. C-372/04 (Watts), Slg 2006, I-4325, Rn 134 ff). Aber er hat auch mehrfach entschieden, dass dann, wenn die Erstattung einer Leistung, die im Versicherungsmitgliedstaat beansprucht worden wäre, dort höher wäre, als wenn die Leistung grenzüberschreitend in einem anderen Mitgliedstaat in Anspruch genommen wäre, der Mitgliedstaat dem Versicherten den (üblichen) höheren Betrag erstatten muss (s. oben Vorbem. vor Art. 1 Rn 84 und EuGH, Rs. C-368/98 (Vanbraekel), Slg 2001, I-5363, Rn 38-53; EuGH v. 15.6.2010, Rs. C-211/08 (Kommission / Spanien), ZESAR 2010, 479, Rn 55/56; EuGH v. 5.10.2010, Rs. C-173/09 (Elchinov), ZESAR 2011, 482, Rn 78). Angesichts der Kritik, die diese Rspr zu Recht erfahren hat (*Krajewski*, EuR 2010, 165, 172 mwN), bleibt abzuwarten, ob sie der EuGH auch noch angesichts der einstimmig von allen Beteiligten des Gesetzgebungsverfahrens getragenen Grenze der tatsächlichen Kosten, aufrechterhält. Eine gewisse Distanz hat er in der Rs. Elchinov auch schon angedeutet („eine ergänzende Erstattung in Höhe des Unterschieds zwischen diesen beiden Beträgen zu gewähren, jedoch nur bis zur Höhe der tatsächlichen Kosten" (vgl EuGH, Rs. C-173/09 (Elchinov), ZESAR 2011, 482, Rn 81 am Ende).

Die Rspr des EuGH spricht für die in Rn 12 entwickelte **weite Auslegung des Begriffs „tatsächliche** 14
Kosten". Die Erstattung könnte also die im Ausland anfallenden, im Versicherungsmitgliedstaat entfallenden Zuzahlungen enthalten. Zusätzlich können aber nach der Rspr des EuGH auch noch die Reise- und Aufenthaltskosten zu ersetzen sein, solange der Gesamtbetrag der Erstattung unterhalb der Kostensätze des Versicherungsmitgliedstaats bleibt. Die RL stellt es dagegen nur auf die Kosten der Behandlung ab, was sich auch deutlich durch den Umkehrschluss aus Art. 7 Abs. 4 S. 3 ergibt, der es dem Versicherungsmitgliedstaat überlässt, in einer die RL ergänzenden Regelung die Erstattung der zusätzlichen Kosten zu ermöglichen, wie die Erstattung der „Übernachtungs- und Reisekosten".

Wenn Art. 7 Abs. 4 aE die Erstattung auf die Obergrenze der tatsächlichen Kosten begrenzt, steht 15
dies weder mit der Rspr des EuGH noch mit den Gründen dieser Regelung, finanzielle Vorteile zu vermeiden, in Einklang.

Bei **Unterschieden zwischen den Selbstbeteiligungen** im Versicherungsmitgliedstaat und im Be- 16
handlungsmitgliedstaat ist also zu differenzieren:
1. Gibt es im Behandlungsmitgliedstaat weitergehende Zuzahlungen, kann man sie als Teil der „tatsächlichen Kosten" im Behandlungsmitgliedstaat ansehen. Zu Recht hat der EuGH entschieden, dass ein Versicherter die zusätzlichen Kosten der Selbstbeteiligung vom zuständigen Träger in dem Maße ersetzt bekommt, als sie beim Träger des Versicherungsmitgliedstaats

nicht angefallen wären und der Kostensatz des zuständigen Trägers noch nicht erreicht ist (EuGH v. 15.6.2010, Rs. C-211/08 (Kommission / Spanien), ZESAR 2010, 479, Rn 54 ff).

2. Sind die Zuzahlungen im Versicherungsmitgliedstaat weitergehend, so muss der Träger des Versicherungsmitgliedstaats grundsätzlich die Kosten des Behandlungsmitgliedstaats zu Grunde legen, sie aber nur bis zu der Höhe erstatten, die er als Versicherungsträger selbst zu tragen hätte; der Betrag der Selbstbeteiligung im Versicherungsmitgliedstaat bleibt also unberücksichtigt, da er nicht zu den Kosten des Versicherungsträgers gehört. Es ist aber weder durch die Regelung noch durch die Rspr. des EuGH gedeckt, dass der Versicherungsmitgliedstaat zB seinen Prozentsatz der Selbstbeteiligung auf die Sätze des Behandlungsmitgliedstaats überträgt, solange die Kosten des Behandlungsmitgliedstaats noch nicht über dem Betrag liegen, den der Träger des Versicherungsmitgliedstaats immer zu tragen hätte.

17 Liegen die „**gesamten Kosten der grenzüberschreitenden Gesundheitsversorgung**" über den Kosten, die bei einer Erbringung der Gesundheitsdienstleistung im Hoheitsgebiet des Versicherungsstaats übernommen worden wären", so kann gem. Abs. 4 S. 2 der Versicherungsmitgliedstaat beschließen, diese „gesamten Kosten" zu erstatten. Bleibt man beim Sprachgebrauch der RL, so können die gesamten Kosten der „Gesundheitsversorgung" gem. Art. 3 lit. a) an sich nur die Kosten der Gesundheitsdienstleistungen der Angehörigen der Gesundheitsberufe im Behandlungsmitgliedstaat meinen.

18 Auf denselben Grundsätzen beruht die weitere, auch insoweit wieder rein deklamatorische Regelung in Abs. 4 S. 3, der Versicherungsmitgliedstaat könne zudem **weitere** mit der grenzüberschreitenden Inanspruchnahme von Gesundheitsdienstleistungen verbundene **Kosten** erstatten, wie Übernachtungs- und Reisekosten oder zusätzliche Kosten, die für Personen mit Behinderungen infolge einer oder mehrerer Behinderungen anfallen können. Er kann dazu nach der Rspr. des EuGH sogar verpflichtet sein, wenn die reinen Behandlungskosten unter seinen Sätzen liegen (oben Rn 13).

IV. Sonderregelung der Kostenerstattung im Einklang mit der VO (EG) Nr. 883/2004

19 Art. 7 Abs. 2 lit. a) RL 2011/24/EU regelt noch einmal ausdrücklich, dass **Kostenerstattungsvorschriften der VO (EG) Nr. 883/2004** in bestimmten Fällen unberührt bleiben und nicht durch die grenzüberschreitende Inanspruchnahme von Gesundheitsdienstleistungen nach der RL ausgehebelt werden können. Beide Male geht es um sog Residenten, dh Personen, die in einem anderem als dem Versicherungsmitgliedstaats des zuständigen Trägers, der sie gegen Krankheit versichert, wohnen und im Wohnstaat zu Lasten des zuständigen Trägers in das System integriert sind; der zuständige Träger hat für sie eine Pauschale an den Träger des Wohnstaats gezahlt und dieser Träger des Wohnstaats ist nunmehr für die gesamte Krankenversorgung verantwortlich. Fragen diese Residenten nun in einem dritten Staat Gesundheitsdienstleistungen nach, soll jetzt nicht der Versicherungsmitgliedstaat zur Kostenerstattung verpflichtet sein. Dies erfasst zwei Konstellationen.

20 (1) Vor allem **Rentner** der Nordländer verbringen ihren Lebensabend in den Südländern und schreiben sich in das Gesundheitssystem der Südländer ein (Art. 17 und Art. 24 VO (EG) Nr. 883/2004); die Kosten der Behandlung durch die Südländer trägt dann der nördliche Versicherungsmitgliedstaat oft über eine Pauschale (Art. 63 Durchführungs-VO (EG) Nr. 987/2009 plus Anhang 3: Pauschalen gelten u.a. für Spanien, Italien, Portugal und Malta). Kehren diese Rentner in ihren Versicherungsmitgliedstaat zurück, dann erhalten sie nach Art. 27 Abs. 2 VO (EG) Nr. 883/2004 plus Anhang IV (für Nicht-Rentner nach Art. 18 VO (EG) Nr. 883/2004) in Deutschland Leistungen nach deutschem Recht und zu Lasten des zuständigen deutschen Versicherungsträgers und nicht etwa zu Lasten des südlichen Wohnstaats, bei dem sie eingeschrieben sind, der die europäische Versichertenkarte ausgestellt hat und der an sich auch nach der RL 2011/24/EU für ihre Behandlungskosten aufkommen müsste. Nach der Rspr des BSG bestand

ein solcher Anspruch auch schon unter Geltung des nationalen Rechts (BSG, 5.7.2005 – 1 KR 4/04 R – SozR 4-2400 § 3 Nr. 2, krit. Anm. von *Bieback,* ZESAR 2006, 86 und *Bauer,* SGb 2006, 237; zust. Anm. *Schiffner,* SGb 2006, 239).

(2) Werden nicht-genehmigungspflichtige Leistungen nach der RL und nicht gem. Art. 20 VO (EG) Nr. 883/2004 beansprucht, so stellt Art. 7 Abs. 2 lit. b) RL 2011/24/EU sicher, dass immer der **Träger** ihre **Kosten erstatten muss,** der letztlich auch nach der VO (EG) Nr. 883/2004 und DVO (EG) Nr. 987/2009 ihre Kosten im Verhältnis der unterschiedlichen Mitgliedstaaten untereinander hätte tragen müssen. Dies ist zB der Fall, wenn **Familienangehörige** nicht im selben Staat wie der Wanderarbeitnehmer wohnen. Dann erhalten sie zwar nach dem Prinzip der Sachleistungsaushilfe Leistungen vom Träger ihres Wohnorts (Art. 17), der (für den Wanderarbeitnehmer) zuständige Träger erstattet dem Träger des Wohnorts diese Kosten jedoch ausnahmsweise (vgl Art. 62 DVO) auf der Basis von Pauschbeträgen, die nach den jährlichen Durchschnittskosten berechnet werden (s. Art. 35 und Art. 63 DVO mit Anhang III). Für die in Italien (Anhang III DVO) wohnenden Angehörigen eines in Deutschland wohnenden und versicherten italienischen Arbeitnehmers zahlt deshalb die zuständige deutsche Krankenkasse einen Pauschalbetrag an den italienischen Krankenversicherungsträger des Wohnorts der Familienangehörigen. Machen diese Familienangehörigen nunmehr ihren Anspruch auf grenzüberschreitende Krankenbehandlung in Frankreich oder gar in Deutschland geltend, so bleibt der italienische Träger erstattungspflichtig. Das deutsche Recht schließt einen Anspruch auf Kostenerstattung gegen den zuständigen deutschen Träger aus (§ 13 Abs. 4 S. 1 letzter Halbsatz SGB V). Sachlich gerechtfertigt ist dies dadurch, dass sonst der deutsche Träger zweimal für die Krankenbehandlung zahlen muss. Mit dem Koordinationsrecht stimmt dies insoweit überein, als diese Personen in das Leistungssystem ihres Wohnstaates gemäß Art. 19 Abs. 2 integriert sind und Kostenerstattungsansprüche, die an die Stelle von Leistungsansprüchen gegen den Träger ihres Wohnstaates treten, grundsätzlich gegen den Träger des Wohnstaates zu richten sind. Insoweit handelt es sich bei § 13 Abs. 4 Satz 1 letzter Teil SGB V um eine mit dem Koordinationsrecht übereinstimmende Modifikation (BT-Drucks. 15/1525, S. 223; *Fuchs,* NZS 2004, 229). Eine weitere Ausnahme, die unter lit. b) fällt, ist, dass der Träger des Wohnstaats mit dem (an sich zuständigen Träger) einen Erstattungsverzicht vereinbart hat. Auch dann trägt aus den gleichen Gründen wie bei den Pauschbeträgen der Träger des Wohnstaats die Behandlungskosten in einem dritten Mitgliedstaat (s. Art. 35 VO (EG) Nr. 883/2004 Rn 10).

V. Ausnahme und Einschränkung der Kostenerstattung (Abs. 9 bis 11)

Wie die Vorabgenehmigung so ist auch die Weigerung der Kostenerstattung bei grenzüberschreitender Inanspruchnahme von Gesundheitsdienstleistungen nach der Rspr des EuGH eine zu rechtfertigende Beeinträchtigung der Dienstleistungsfreiheit (s. oben Vorbem. vor Art. 1 Rn 30 und 43 ff). Die Möglichkeiten, eine Vorabgenehmigung der Nachfrage im Ausland einzuführen, sind nach dieser Rspr sehr begrenzt. Da die Grundfreiheit die Regel, die Einschränkung die Ausnahme ist, liegt auch hier – wie in der Rspr des EuGH (s. oben Vorbem. vor Art. 1 Rn 68) – **die Beweis- und Darlegungslast für die Rechtfertigung der Einschränkung** bei dem Mitgliedstaat, der Einschränkungen vornimmt. Dies ist die notwendige Konsequenz daraus, dass der Ausgangspunkt der Beurteilung der Rechtmäßigkeit einer Beschränkung auf das Inland die Dienstleistungsfreiheit ist; deshalb besteht insoweit auch kein Unterschied zwischen Rspr des EuGH und der RL 2011/24/EU (aA *Krajewski,* EuR 2010, 165, 179).

Die Ausnahmen werden in Übereinstimmung mit der Rspr des EuGH in der RL sehr global und allg. dahingehend zusammengefasst, dass

- ein Planungsbedarf „in Zusammenhang mit dem Ziel, einen ausreichenden und ständigen Zugang zu einem ausgewogenen Angebot hochwertiger Versorgung im betreffenden Mitgliedstaat sicherzustellen, oder aufgrund des Wunsches, die Kosten zu begrenzen und nach

Möglichkeit jede Verschwendung finanzieller, technischer oder personeller Ressourcen zu vermeiden" vorliegen muss und

- die Begrenzung der Kostenerstattung muss sich gem. Abs. 11 „auf das beschränken, was notwendig und angemessen ist, und darf keine Form der willkürlichen Diskriminierung und kein ungerechtfertigtes Hindernis für die Freizügigkeit von Personen oder den freien Verkehr von Waren oder Dienstleistungen darstellen", dh sie muss **verhältnismäßig** sein.

24 Letztlich wird die Rechtfertigung einer Einschränkung der Kostenerstattung mit den Gründen für eine legitime Einschränkung der Dienstleistungsfreiheit durch eine Vorabgenehmigung gem. Art. 8 zusammenfallen. In der **Vorabgenehmigung** wird dann auch gleich mit entschieden, inwieweit eine Kostenerstattung stattfindet. Ist darüber nicht entschieden, muss davon ausgegangen werden, dass die Kostenerstattung voll nach den Grundsätzen des Abs. 4 stattfindet und die wichtigen Gründe des Allgemeinwohls nur das Erfordernis der Vorabgenehmigung tragen, nicht aber das einer weiteren zusätzlichen Einschränkung der Kostenerstattung. Von daher erklärt sich auch die Regelung in Abs. 10, dass dann, wenn eine Vorabgenehmigung erfolgt ist, die Kostenerstattung so, wie sie in der Vorabgenehmigung enthalten ist, folgen muss.

VI. Umsetzung ins Nationale Recht (§ 13 Abs. 4 und 5 SGB V)

1. Grundsatz: Freie Auslandsnachfrage innerhalb der EU mit Kostenerstattung

25 Der deutsche Gesetzgeber hatte schon auf die Rspr des EuGH zur Dienstleistungsfreiheit bei der Auslandsbehandlung reagiert und mit dem Gesetz zur Modernisierung der gesetzlichen Krankenversicherung vom 14.11.2003 (BGBl. I 2190) mit Geltung seit 1.1.2004 mit dem neu eingefügten § 13 Abs. 4 SGB V diese Rspr umgesetzt (BT-Drucks. 15/1525, S. 80 zu Nr. 4, § 13). Grundsätzlich gibt es einen **freien Anspruch auf Kostenerstattung** ohne Vorabgenehmigung für Behandlungen in EG-Staaten und Staaten des EWR-Bereichs (§ 13 Abs. 4 SGB V). Dieser Kostenerstattungsanspruch wird „anstelle der Sach- oder Dienstleistung" gewährt, was voraussetzt, dass die allg. Sachleistungsvoraussetzungen des SGB V vorliegen müssen: Versicherungsschutz etc., allg. Voraussetzungen und Genehmigungserfordernisse und die grundsätzlichen Anforderungen an die Qualität (§ 13 Abs. 4 S. 2 SGB V). Er ist in der Höhe an den Anspruch auf Sachleistung im Inland gebunden, wie dies auch für den allg. Kostenerstattungsanspruch gem. § 13 Abs. 2 und 3 SGB V gilt (vgl BSG v. 16.12.2008 – B 1 KR 11/08 R – SozR 4-2500 § 13 Nr. 19 Rn 12 ff).

2. Ausnahme entsprechend Art. 7 Abs. 2 RL 2011/24/EU

26 Kein Anspruch auf Kostenerstattung besteht einmal dann (§ 13 Abs. 4 S. 1 letzter Teil SGB V), wenn „Behandlungen für diesen Personenkreis im anderen Staat auf der Grundlage eines Pauschbetrags zu erstatten sind". Dies sind die Fälle des Art. 7 Abs. 2 lit. b) RL 2011/24/EU, oben Rn 19 (vgl BSG 30.6.2009 – B 1 KR 22/08 R – BSGE 104, 1 = SozR 4-2500 § 13 Nr. 23, Rn 30; *Hauck,* in: *Peters,* Handbuch der Krankenversicherung SGB V, § 13 Rn 339; *Noftz,* in: *Hauck/ Noftz,* SGB V, § 13 Rn 66 f). Sachlich gerechtfertigt ist dieser Ausschluss dadurch, dass sonst der deutsche Träger zweimal für die Krankenbehandlung zahlen muss, einmal als zuständiger Träger bei grenzüberschreitender Inanspruchnahme von Gesundheitsdienstleistungen außerhalb des Wohnstaats, mit dem das Abkommen über die Pauschale abgeschlossen worden ist, und zum anderen über die Pauschale, die schon an den Träger des Wohnorts gezahlt worden ist (oben Rn 20, 21). Die Betroffenen bleiben aber nicht ohne Erstattungsanspruch: Er richtet sich gegen den zuständigen Krankenversicherungsträger des Wohnorts (vgl oben Art. 18 VO (EG) Nr. 883/2004 Rn 4). § 13 Abs. 4 S. 1 letzter Teil SGB V ist also eine mit dem Koordinationsrecht übereinstimmende Modifikation (BT-Drucks. 15/1525, S. 223; *Fuchs,* NZS 2004, 229), die ausdrücklich durch Art. 7 Abs. 2 RL 2011/24/EU zugelassen worden ist.

27 Allerdings gilt die **Ausnahme nach Art. 7 Abs. 2 lit. a) nicht**, wenn der nach deutschem Recht Versicherte von seinem Wohnstaat, mit dem das Pauschalierungs- oder Verzichtsabkommen be-

steht, nach Deutschland zur Krankenbehandlung zurückkehren (oben Rn 17; BSG 5.7.2005 – 1 KR 4/04 R – SozR 4-2400 § 3 Nr. 2). Hier schließt auch § 13 Abs. 4 S. 1 letzter Teil SGB V keine Leistung aus, geht es dann doch weder um eine grenzüberschreitende Inanspruchnahme von Gesundheitsdienstleistungen noch um eine Kostenerstattung, sondern eine Sachleistung im Versicherungsmitgliedstaat.

3. RL-konforme Anforderungen an die Qualität

Weiterhin ist Voraussetzung für den Kostenerstattungsanspruch gem. § 13 Abs. 4 SGB V, dass die Anforderungen an die Qualität der Leistungserbringung zumindest insoweit erfüllt werden, als die Anforderungen der berufsrechtlichen Richtlinien der EG oder die Anforderungen des nationalen Systems der Krankenversicherung des Aufenthaltsstaats erfüllt werden. Hiermit übernahm der deutsche Gesetzgeber die Rechtsprechung des EuGH zur Anerkennung der ausländischen Qualifikationen, die jetzt auch der qualitativen Definition der grenzüberschreitenden Gesundheitsversorgung in Art. 3 lit. a) iVm lit. f) entspricht (s. oben Art. 3 Rn 8). Flankierend dazu hat der Gesetzgeber nunmehr in § 140 e SGB V den Krankenkassen die Möglichkeit eingeräumt, Verträge mit Leistungserbringern im Geltungsbereich des AEUV (= EU) und des EWR abzuschließen. Gemäß § 211 Abs. 2 Nr. 3 SGB V können die Krankenkassen hierzu auch die Krankenkassenverbände ermächtigen, so dass das Vertragsgeschäft auch in diesem Fall wie sonst üblich bei den Verbänden liegt. 28

4. Höhe der Kostenerstattung

Gem. § 13 Abs. 4 S. 3 SGB V ist die Erstattung höchstens auf die Höhe der Vergütung begrenzt, die von der Krankenkasse bei Erbringung als Sachleistung im Inland zu leisten wäre. Dies ist nach der Rspr des EuGH (oben Vorbem. vor Art. 1 Rn 81 ff) und gem. Art. 7 Abs. 4 RL 2011/24/EU zulässig. Das BSG hat diesen Grundsatz mehrfach betont (zuletzt BSG 17.2.2010 – B 1 KR 14/09 R – SozR 4-2500 § 13 Nr. 24 = NZS 210, 678, Rn 16 unter Verweis auf die eigene und die Rspr des EuGH). 29

Die in § 13 Abs. 4 S. 5 SGB V vorgesehene Verpflichtung, „ausreichende **Abschläge** vom Erstattungsbetrag für Verwaltungskosten und fehlende Wirtschaftlichkeitsprüfungen" vorzusehen, ist zu Recht als nicht diskriminierend angesehen worden, weil ein solcher **Abschlag** auch bei den sonstigen Systemen der Kostenerstattung gemäß § 13 Abs. 2 SGB V vorgesehen ist (*Fuchs,* NZS 2004, 230). Allerdings muss sich der Abschlag in einem vertretbaren, sachlich begründeten Rahmen halten. Ansonsten sind – wie allgemein bei der Einschränkung von Grundfreiheiten – die Kostenerstattungsregelungen nach objektiven, nicht diskriminierenden und transparenten Kriterien aufzustellen (EuGH, Rs. C-385/99 (Müller-Fauré), Slg 2003, I-4509, Rn 107; BSG 30.6.2009 – B 1 KR 22/08 R – BSGE 104, 1 = SozR 4-2500 § 13 Nr. 23, Rn 40). 30

Schließlich ist es sowohl nach nationalem wie nach EU-Recht geboten, dass § 13 Abs. 4 S. 6 eine **volle Kostenerstattung** (also weder nach den heimischen Sätzen noch mit Abschlägen) dann vorsieht, wenn die nach dem „allgemein anerkannten Stand der medizinischen Erkenntnisse entsprechende Behandlung einer Krankheit nur in einem anderen Mitgliedstaat der europäischen Union ... möglich" ist. Allerdings ist das Ermessen in diesem Bereich auch als „pflichtmäßiges Ermessen" zu unbestimmt, um den strikten Anforderungen an die Vorhersehbarkeit der Entscheidung zu genügen, die der EuGH aufstellt. Europarechtskonform muss das Ermessen deshalb als Pflicht verstanden werden. 31

5. Verstoß gegen die RL: Regelung der Kostenerstattung und Verfahren

Gem. § 13 Abs. 4 S. 4 regelt die Krankenkasse das Verfahren und auch die Höhe des Abschlags in ihrer Satzung. Die Kassen bleiben aber nicht ohne Vorgaben, weil das BSG insoweit entschieden hat, die Kriterien des § 13 Abs. 2 S. 9 bis 11 SGB V anzuwenden, die allgemein für alle Fälle der 32

Kostenerstattung gelten (BSG 30.6.2009 – B 1 KR 22/08 R – BSGE 104, 1 = SozR 4-2500 § 13 Nr. 23, Rn 39 ff). Demnach ist auch die bei inländischen Kostenerstattungsfällen anfallende Verwaltungsgebühr bei Fällen von Auslandskosten zulässig. Örtlicher Bezugspunkt für die Bemessung der Inlandssätze ist dann der Wohnort oder der Ort des gewöhnlichen Aufenthaltes des Versicherten. Insgesamt dürfte diese sowohl das Gleichbehandlungsgebot des Art. 7 Abs. 5 RL 2011/24/EU erfüllen wie auch den Anforderungen der Regelungsdichte in Art. 7 Abs. 6 RL 2011/24/EU genügen.

33 Allerdings ergibt sich aus den gesetzlichen Vorgaben auch unter Zuhilfenahme des § 13 Abs. 2 S. 9 ff SGB V noch keine sehr detaillierte und konkrete Festlegung der Grundsätze der Kostenerstattung. Sie ist auch sehr schwierig, da es für die Kassen kein verbindliches System der Einzelleistungsvergütung gibt, sie vielmehr mit den KÄV über Pauschalen abrechnen. Insoweit ist für einen Patienten, der grenzüberschreitend Gesundheitsdienstleistungen in Anspruch nehmen will, keine hinreichende Information verfügbar, mit welchen Erstattungen er rechnen kann und bleibt bei ihm ein großes Kostenrisiko. Die Regelungen in § 13 SGB V entsprechen deshalb insoweit nicht den Vorgaben der Art. 7 Abs. 6 und Art. 5 lit. b).

34 Da für die Kostenerstattungsverfahren ansonsten das allgemeine Verwaltungsverfahrens- und Sozialgerichtsgesetz gilt, sind die Anforderungen an das Verfahren aus Art. 7 Abs. 6 der RL hinreichend erfüllt.

6. Rehabilitationsleistungen

35 Für das **Rehabilitationsrecht** enthält § 18 SGB IX eine eigene Regelung. Soweit es um die medizinische Rehabilitation geht, ist § 13 SGB V als lex specialis vorrangig. § 18 gilt also nur für die medizinische Rehabilitation der RV- und UV-Träger. Dabei ist zu beachten, dass die Rspr des EuGH zu den Grundfreiheiten auch auf die Rehabilitationsleistungen Anwendung findet (s. oben Vorbem. vor Art. 1 Rn 87) und bei ihnen die nationale Bedarfsplanung, die nach Ansicht des EuGH bei den Krankenhäusern Grenzen für die Nachfrage im Ausland setzt, hier nicht greift. Denn es geht nicht um die Vorhaltung von Notfallkapazitäten (EuGH, Rs. C-8/02 (Leichtle), Slg 2004, I-2641). § 18 SGB IX gibt den Versicherten einen Anspruch auf grenzüberschreitende Sachleistungsnachfrage im Ausland, wenn die Sachleistungen „dort bei zumindest gleicher Qualität und Wirksamkeit wirtschaftlicher ausgeführt werden können".

36 Dass die Leistungen im Ausland gem. § 18 SGB IX „wirtschaftlicher" sein müssen, ist eine sachlich nicht gerechtfertigte Diskriminierung von Leistungserbringern anderer Mitgliedstaaten; es muss ausreichen, dass sie genauso wirtschaftlich sind wie Leistungen inländischer Anbieter. Noch restriktiver und in keiner Weise der Rspr des EuGH angepasst ist § 34 SGB XI (Ruhen der **Pflegeleistung** bei Aufenthalt im Ausland). Dagegen ist ein Genehmigungserfordernis immer und nur dann gerechtfertigt, wenn es auch die inländische Leistungsinanspruchnahme trifft; dies richtet sich aber nach den einzelnen Leistungsgesetzen

Artikel 8 Gesundheitsversorgung, die einer Vorabgenehmigung unterliegen kann

(1) ¹Der Versicherungsmitgliedstaat kann ein System der Vorabgenehmigung für die Kostenerstattung für eine grenzüberschreitende Gesundheitsversorgung gemäß dem vorliegenden Artikel und Artikel 9 vorsehen. ²Das System der Vorabgenehmigung, einschließlich der Kriterien und der Anwendung dieser Kriterien, und Einzelentscheidungen, mit denen eine Vorabgenehmigung verweigert wird, bleiben auf das im Hinblick auf das zu erreichende Ziel notwendige und angemessene Maß begrenzt und dürfen kein Mittel willkürlicher Diskriminierung und keine ungerechtfertigte Behinderung der Freizügigkeit der Patienten darstellen.

(2) Gesundheitsversorgung, die von einer Vorabgenehmigung abhängig gemacht werden kann, ist auf die Fälle von Gesundheitsversorgung beschränkt,

a) die vom Planungsbedarf in Zusammenhang mit dem Ziel, einen ausreichenden, ständigen Zugang zu einem ausgewogenen Angebot hochwertiger Versorgung im betreffenden Mitgliedstaat sicherzustellen, oder in Zusammenhang mit dem Wunsch, die Kosten zu begrenzen und nach Möglichkeit jede Verschwendung finanzieller, technischer oder personeller Ressourcen zu vermeiden, abhängig gemacht werden und

   i) eine Übernachtung des Patienten im Krankenhaus für mindestens eine Nacht erfordern oder

   ii) den Einsatz einer hoch spezialisierten und kostenintensiven medizinischen Infrastruktur oder medizinischen Ausrüstung erfordern;

b) die Behandlungen mit einem besonderen Risiko für den Patienten oder die Bevölkerung einschließen oder

c) von einem Erbringer von Gesundheitsdienstleistungen erbracht werden, der im Einzelfall zu ernsthaften und spezifischen Bedenken hinsichtlich der Qualität oder Sicherheit der Versorgung Anlass geben könnte, mit Ausnahme der Gesundheitsversorgung, die dem Unionsrecht über die Gewährleistung eines Mindestsicherheitsniveaus und einer Mindestqualität in der ganzen Union unterliegt.

Die Mitgliedstaaten teilen der Kommission die Kategorien der in Buchstabe a genannten Gesundheitsdienstleistungen mit.

(3) ¹Bei jedem Antrag auf Vorabgenehmigung, den ein Versicherter stellt, um eine grenzüberschreitende Gesundheitsdienstleistung in Anspruch zu nehmen, stellt der Versicherungsmitgliedstaat fest, ob die Bedingungen der Verordnung (EG) Nr. 883/2004 erfüllt sind. ²Wenn diese Bedingungen erfüllt sind, wird die Vorabgenehmigung gemäß der genannten Verordnung erteilt, es sei denn, der Patient wünscht etwas anderes.

(4) ¹Wenn ein Patient, der an einer seltenen Krankheit leidet beziehungsweise bei dem man vermutet, dass er an einer solchen leidet, eine Vorabgenehmigung beantragt, kann von Spezialisten für diese Krankheit eine klinische Bewertung durchgeführt werden. ²Können im Versicherungsmitgliedstaat keine Spezialisten gefunden werden oder ist die Stellungnahme des Spezialisten nicht eindeutig, so kann der Versicherungsmitgliedstaat ein wissenschaftliches Gutachten anfordern.

(5) Unbeschadet des Absatzes 6 Buchstaben a bis c darf der Versicherungsmitgliedstaat eine Vorabgenehmigung nicht verweigern, wenn der Patient nach Artikel 7 Anspruch auf die betreffende Gesundheitsversorgung hat und die betreffende Gesundheitsversorgung nicht auf seinem Hoheitsgebiet innerhalb eines – unter Berücksichtigung einer objektiven medizinischen Beurteilung des Gesundheitszustands des Patienten, der Vorgeschichte und der voraussichtlichen Entwicklung der Krankheit des Patienten, des Ausmaßes der Schmerzen des Patienten und/ oder der Art der Behinderung des Patienten zum Zeitpunkt der erstmaligen oder erneuten Beantragung der Genehmigung – medizinisch vertretbaren Zeitraums geleistet werden kann.

(6) Der Versicherungsmitgliedstaat darf eine Vorabgenehmigung aus den folgenden Gründen verweigern:

a) Der Patient wird gemäß einer klinischen Bewertung mit hinreichender Sicherheit einem nicht als annehmbar angesehenen Patientensicherheitsrisiko ausgesetzt, wobei der potenzielle Nutzen der gewünschten grenzüberschreitenden Gesundheitsversorgung für den Patienten berücksichtigt wird;

b) die Öffentlichkeit wird mit hinreichender Sicherheit einem erheblichen Sicherheitsrisiko infolge der betreffenden grenzüberschreitenden Gesundheitsversorgung ausgesetzt;

c) diese Gesundheitsversorgung soll von einem Gesundheitsdienstleister erbracht werden, der zu ernsthaften und spezifischen Bedenken in Bezug auf die Einhaltung der Qualitätsstandards und -leitlinien für die Versorgung und die Patientensicherheit Anlass gibt, einschließlich der

Bestimmungen über die Überwachung, ungeachtet der Tatsache, ob diese Standards und Leitlinien in Rechts- und Verwaltungsvorschriften oder durch vom Behandlungsmitgliedstaat eingerichtete Akkreditierungssysteme festgelegt sind;

d) die betreffende Gesundheitsversorgung kann unter Berücksichtigung des gegenwärtigen Gesundheitszustands und des voraussichtlichen Krankheitsverlaufs des jeweils betroffenen Patienten auf seinem Hoheitsgebiet innerhalb eines medizinisch vertretbaren Zeitraums geleistet werden.

(7) Der Versicherungsmitgliedstaat macht öffentlich zugänglich, welche Gesundheitsdienstleistungen einer Vorabgenehmigung im Sinne dieser Richtlinie unterliegen, und stellt der Öffentlichkeit alle relevanten Informationen über das System der Vorabgenehmigung zur Verfügung.

I. Grundsätze und Entstehungsgeschichte.....	1	IV. Anforderungen an die einzelne Vorabgenehmigung....................................	11
II. Erlaubte Fälle einer Vorabgenehmigung für die Auslandsnachfrage – Grundsatz........	4	V. Umsetzung im nationalen Recht – Vorabgenehmigung bei Krankenhausleistungen	
III. Einzelne erlaubte Fälle einer Vorabgenehmigung..	6	(§ 13 Abs. 5 SGB V)........................	15

I. Grundsätze und Entstehungsgeschichte

1 Art. 8, eine weiteres **Kernstück der RL 2011/24/EU**, legt die Gründe fest, wann eine Vorabgenehmigung der grenzüberschreitenden Inanspruchnahme von Gesundheitsdienstleistungen erlaubt ist – also eine rechtmäßige, vor allem verhältnismäßige Beeinträchtigung der Dienstleistungsfreiheit der Patienten. Selbst dann, wenn ein Vorabgenehmigungserfordernis allgemein zulässig ist (Abs. 1 und 2), werden noch spezielle inhaltliche und verfahrensmäßige Anforderungen an die Erteilung der Vorabgenehmigung im Einzelfall gestellt (Abs. 3 bis 6). **Ziel** ist es, mit der Normierung der Gründe, die eine Vorabgenehmigung zulassen, Rechtssicherheit zu schaffen und die grenzüberschreitende Inanspruchnahme von Gesundheitsdienstleistungen zu erleichtern (oben Vorbem. vor Art. 1 Rn 5 ff). Die Rspr des EuGH hatte die Voraussetzungen für die Zulässigkeit einer Vorabgenehmigung in den Grundzügen aus dem Primärrecht abgeleitet und damit auch als Vorgabe für die RL 2011/24/EU festgelegt.

2 Art. 8 beruht auf dem nicht in Art. 8, sondern schon in Art. 7 Abs. 8 niedergelegten **Grundsatz**, dass die Kostenerstattung **genehmigungsfrei ist** und nicht von einem Vorabgenehmigungserfordernis abhängig gemacht werden darf. Ein Vorabgenehmigungserfordernis kann aus zwingenden Gründen des Allgemeininteresses von den Mitgliedstaaten eingeführt werden. Die Gründe werden in Art. 8 Abs. 1-4 näher spezifiziert. Wie schon bei den nach Art. 7 erlaubten Beschränkungen (s. Art. 7 Rn 2), liegt auch hier die Darlegungs- und Beweislast bei den Mitgliedstaaten. Werden die Gründe für die Rechtfertigung eines Vorabgenehmigungserfordernisses nicht hinreichend zwingend dargelegt, gilt Genehmigungsfreiheit.

3 Sah der Entwurf der Kommission noch die traditionelle Unterscheidung der Genehmigung nach ambulant und stationär mit dem Problem, die Spezialbehandlungen richtig einzuordnen, vor (KOM(2008) 414 endg. Art. 7 und 8), setzte sich dann im Gesetzgebungsverfahren entsprechend der Rspr des EuGH (s. oben Vorbem. vor Art. 1 Rn 55 ff und 70 ff) nur noch die Unterscheidung nach den Gründen für die Rechtfertigung durch. Umstritten war vor allem nur, ob die Mitgliedstaaten oder die Kommission über eine Liste (dann im Komitologieverfahren, vgl KOM(2008) 414 endg. Art. 8 Nr. 2 iVm Art. 19) bestimmen, was die hochspezialisierten Leistungen sind, die ein Vorabgenehmigungserfordernis rechtfertigen. Der Rat konnte seine Auffassung durchsetzen, dass die hochspezialisierten Leistungen nicht einheitlich für die gesamte EU, sondern von jedem Mitgliedstaat selbst unter Berücksichtigung seiner Besonderheiten erlassen und dann an die Kommission gemeldet wird (Art. 8 Abs. 2 aE). Weiter war strittig, ob es eine Liste mit abschließenden Gründen für die Versagung einer Vorabgenehmigung gibt oder eine offene Aufzählung von Gründen (Standpunkt (EU) Nr. 14/2010 des Rates in erster Lesung 13.9.2010, ABl. C 275 E

v. 12.10.2010, S. 1, unter Art. 8 Abs. 5 „unter anderem"); hier setzten sich Kommission und Parlament mit der jetzigen abschließenden Regelung in Art. 8 Abs. 6 durch. Problematisch und umstritten war dabei der Versagungsgrund Art. 8 Abs. 6 lit. c) (Bedenken gegen die Qualität des Dienstleisters im Behandlungsmitgliedstaat).

II. Erlaubte Fälle einer Vorabgenehmigung für die Auslandsnachfrage – Grundsatz

Eine Kostenerstattung für eine grenzüberschreitende Inanspruchnahme von Gesundheitsdienstleistungen kann von einer Vorabgenehmigung abhängig gemacht werden, wenn die in Art. 8 Abs. 1 und Abs. 2 spezifizierten drei **Gründe** alternativ vorliegen. Text des Art. 8 wie Entstehungsgeschichte (oben Rn 3) ergeben, dass diese Gründe **abschließend** sind.

a) **Planungsbedarf** im Zusammenhang mit dem Ziel, einen ausreichenden, ständigen Zugang zu einem ausgewogenen Angebot hochwertiger Versorgung sicherzustellen oder die Kosten zu begrenzen und die Verschwendung von Ressourcen zu vermeiden, in Verbindung mit entweder einer Krankenhausbehandlung über Nacht (zur geringen Bedeutung dieses Merkmals oben Vorbem. vor Art. 1 Rn 70) oder dem Einsatz hochspezialisierter Geräte, die sowohl im Krankenhaus (ohne Übernachtung) wie auch ambulant eingesetzt werden können.

b) Die konkrete Behandlung schließt ein **besonderes Risiko** für den Patienten oder die Bevölkerung (zB übertragbare Krankheiten) ein.

c) Gegen den geplanten Erbringer der Gesundheitsdienstleistungen bestehen im Einzelfall „**ernsthafte und spezifische Bedenken hinsichtlich der Qualität** oder Sicherheit der Versorgung". Dabei kann dieses Argument nicht eingewandt werden in Bezug auf eine Gesundheitsversorgung, die dem Unionsrecht über die Gewährleistung eines Mindestsicherheitsniveaus und einer Mindestqualität unterliegt. Gemeint sind hier die Zulassungsbestimmungen und Qualitätsvereinheitlichungen über die reglementierten Gesundheitsberufe der RL 2005/36 EG (s. oben Art. 3 Rn 8) oder über die Medizinprodukte und Arzneimittel (vgl Art. 2 und Art. 3 lit. i) und j)).

Art. 8 betrifft nur die Vorabgenehmigung der grenzüberschreitenden Inanspruchnahme von Gesundheitsdienstleistungen. Hat ein Mitgliedstaat für bestimmte Behandlungen eine **generelle Pflicht zur Vorabgenehmigung der Leistungsbeanspruchung**, unabhängig davon, ob sie im Inland oder im Ausland erfolgt, ist eine solche Vorabgenehmigung keine Erschwerung der Dienstleistungsfreiheit zur grenzüberschreitenden Inanspruchnahme von Gesundheitsdienstleistungen, noch diskriminiert sie sie. Sie fällt nicht unter die RL und ist mit Art. 56 AEUV vereinbar (zu Letzterem BSG 30.6.2009 – B 1 KR 19/08 R – SozR 4-2500 § 13 Nr. 21, Rn 9, 22 ff: vorherige Genehmigung der zahnprothetischen Behandlung gem. §§ 55, 87 Abs. 1 a SGB V 55, § 87 Abs. 1 a SGB V).

III. Einzelne erlaubte Fälle einer Vorabgenehmigung

Grund a) Planungsbedarf entspricht der bisherigen Rspr des EuGH (s. oben Vorbem. vor Art. 1 Rn 55 ff). Er umfasst die eigentliche Stationäre Behandlung, die wegen der Planung der Betten und des ständigen einsatzfähigen Spezialpersonals vertretbar an der Notwendigkeit einer Übernachtung im Krankenhaus festgemacht wird. Und sie schließt die Spezialbehandlung mit hochwertigen Instrumenten, die langfristige, kostspielige Investitionen voraussetzen, ein, unabhängig davon, ob sie ambulant oder stationär erbracht wird. Damit wird entsprechend der Rspr des EuGH und der Kritik in der Praxis nicht mehr auf eine enge Definition der Krankenhausbehandlung abgestellt (s. oben Vorbem. vor Art. 1 Rn 70).

Grund b) und **Grund c)** lassen sich beide dem **Schutz der öffentlichen Gesundheit** zurechnen. Dieses Ziel ist eine legitime Schranke der Dienstleistungsfreiheit (Art. 62 AEUV = Art. 55 EG iVm Art. 52 AEUV = Art. 46 EG). Von Anfang an rechtfertigte sie es in der Rspr des EuGH, die Kostenerstattung einzuschränken und eine Vorabgenehmigung einzuholen, wobei es mehrere Unterpunkte gibt, u.a. Sicherung der Qualität der ärztlichen Leistung und Kontrolle der Qualität der Leistungserbringung (oben Vorbem. vor Art. 1 Rn 52 und 55 ff und EuGH, Rs. C-158/96 (Kohll), Slg 1998, I-1931, Rn 43 ff; EuGH, Rs. C-120/95 (Decker), Slg 1998, I-1831, Rn 41 ff; EuGH, Rs. C-157/99 (Smits und Peerbooms), Slg 2001, I-5473, Rn 73 ff; EuGH, Rs. C-385/99 (Müller-Fauré), Slg 2003, I-4509, Rn 67 ff; EuGH, Rs. C-368/98 (Vanbraekel), Slg 2001, I-5363, Rn 47 ff; EuGH, Rs. C-372/04 (Watts), Slg 2006, I-4325, Rn 104 und 105; EuGH, Rs. C-255/09 (Kommission/Portugal), EuZW 2012, 65, Rn 72 ff).

8 **Grund b) Gefahr für die Sicherheit** dürfte, wenn man ihn eng auslegt, unter diesem Aspekt einer Gefährdung der öffentlichen Gesundheit legitim und verhältnismäßig sein, auch wenn er bisher in der Rspr. des EuGH konkret noch keine Rolle spielte. Das Problem liegt hier wie noch mehr im nächsten Punkt in der Definition durch die Mitgliedstaaten.

9 **Grund c), ernsthafte Bedenken gegenüber der Qualität der Leistung**, ist sicherlich der problematischste Grund. Er war schon in der Entstehung zwischen Kommission und Parlament einerseits (ablehnend) und Rat anderseits (bejahend) umstritten (vgl *Hernekamp/Jäger-Lindemann*, ZESAR 2011, 407/8). Der EuGH hat immer betont, dass grundsätzliche Bedenken gegen die Qualität der Gesundheitsdienstleistungen in einem anderen Mitgliedstaat nicht akzeptiert werden können, da diese Anforderungen über weite Teile gemeinschaftlich geregelt sind und davon auszugehen ist, dass die Mitgliedstaaten jeweils für ihr System hohe Standards gewährleisten (s. oben Vorbem. vor Art. 1 Rn 78 und EuGH v. 19.4.2007, Rs. C-444/05 (Stamatelaki), Slg 2007,I-3185, Rn 36 f). **Grund c)** kann deshalb nur unter **enger Auslegung** der beiden in ihm schon angelegten Voraussetzungen zulässig sein: (1) Es liegen Bedenken nicht etwa generell, sondern in einem konkreten Fall gegen eine bestimmte Heilbehandlung eines bestimmten Heilbehandlers vor und (2) diese müssen wiederum konkret die Gesundheit des Patienten gefährden. Mit der Sicherheit der Versorgung kann auch nur die Sicherheit im konkreten Fall genannt sein, also vor allem die notwendige Kontinuität der Versorgung und die Sicherheit für Leib und Leben des Patienten.

10 Für **seltene Krankheiten** wollte das Parlament in seinen Standpunkten von 2009 grundsätzlich keine Vorabgenehmigungen vorsehen (Art. 8 Nr. 9 Standpunkt v. 23.4.2009 ABl. C 184 v. 8.7.2010, S. 368). Damit vermochte es sich nicht durchzusetzen und daraus wurde dann die Regelung in Art. 8 Abs. 4. Es handelt sich nur noch um eine besondere Verfahrensvorschrift mit dem Gebot einer besonderen Begutachtung. Auf die Genehmigungserfordernisse dürfte das aber keine Auswirkungen haben.

IV. Anforderungen an die einzelne Vorabgenehmigung

11 Auch wenn ein Vorabgenehmigungserfordernis an sich allg. gerechtfertigt ist, stellt die RL in Art. 8 Abs. 5 und 6 noch **genau und abschließend benannte Gründe** auf für die Verweigerung der Genehmigung im Einzelfall. Das Verhältnis beider Absätze ist allerdings sprachlich-systematisch seltsam: Abs. 5 gibt Gründe an, bei denen eine Vorabgenehmigung nicht verweigert werden kann, und Abs. 6 solche, bei denen sie verweigert werden kann. Der Wortlaut ist dabei nicht deckungsgleich, wohl aber der Sinn und Zweck. Im Grunde wiederholen beide Absätze als positive bzw negative Voraussetzungen die Gründe, die an sich auch ein Vorabgenehmigungserfordernis generell rechtfertigen; sie fügen allerdings den Grund hinzu, dass rechtzeitig/nicht-rechtzeitig im Versicherungsmitgliedstaat geleistet werden kann. Im Einzelnen handelt es sich um folgende Gründe, die eine Verweigerung der Vorabgenehmigung rechtfertigen:

12 (1) Die Behandlung kann im eigenen Land **rechtzeitig** erfolgen. Was rechtzeitig ist, wird ähnlich wie in Art. 20 VO (EG) Nr. 883/2004 bestimmt und ist auch in Übereinstimmung mit dieser Vorschrift auszulegen und zu konkretisieren (oben Art. 20 VO (EG) Nr. 883/2004 Rn 16-18): Geleistet werden muss in einem „unter Berücksichtigung ihres derzeitigen Gesundheitszustands und des voraussichtlichen Verlaufs ihrer Krankheit medizinisch **vertretbaren Zeitraums**" (Abs. 6 lit. a)). Es wird also allein auf die Behandlungsnotwendigkeiten des Versicherten abgestellt. Sie

werden in Abs. 5 noch weiter erläutert: „unter Berücksichtigung einer objektiven medizinischen Beurteilung des Gesundheitszustands des Patienten, der Vorgeschichte und der voraussichtlichen Entwicklung der Krankheit des Patienten, des Ausmaßes der Schmerzen des Patienten und/oder der Art der Behinderung des Patienten zum Zeitpunkt der erstmaligen oder erneuten Beantragung der Genehmigung".

(2) Die Auslandsbehandlung stellt ein **Patientensicherheitsrisiko** oder ein **Sicherheitsrisiko für die Öffentlichkeit** dar (dazu oben Rn 7 und 8). 13

(3) Es bestehen **gravierende Qualitätsbedenken** bei dem spezifischen Leistungserbringer (dazu oben Rn 8). Dabei ist zu beachten, dass sich die Kommission mit ihrem Standpunkt durchzusetzen vermochte, der auch der des EuGH war (s. oben Rn 8), dass die Mitgliedstaaten die unionsweite Harmonisierung der Berufsqualifikationen anerkennen und beachten müssen und keinen inländischen Abschluss oder eine Weiterbildung verlangen können. Allein auf die ausländische Berufszulassung dürfen sich die Bedenken nicht stützen. 14

V. Umsetzung im nationalen Recht – Vorabgenehmigung bei Krankenhausleistungen (§ 13 Abs. 5 SGB V)

Für die grenzüberschreitende Beanspruchung von **Krankenhausleistungen** im EG- und EWR-Raum verlangt § 13 Abs. 5 SGB V weiterhin eine vorherige Genehmigung, die allerdings – in wörtlicher Übernahme der Rspr des EuGH – nur versagt werden darf, wenn „die gleiche oder eine für den Versicherten ebenso wirksame, dem allgemeinen anerkannten Stand der medizinischen Erkenntnisse entsprechende Behandlung einer Krankheit rechtzeitig bei einem Vertragspartner der Krankenkasse im Inland erlangt werden kann". Es besteht also ein **Anspruch auf die Genehmigung**. Da das Gesetz ausdrücklich die Rspr des EuGH umsetzen wollte (BT-Drucks. 15/1525, S. 80 zu Nr. 4, § 13), sind bei der Auslegung der Kriterien auch die Rspr. des EuGH und jetzt die der RL zu beachten. 15

Das BSG beschränkt das Genehmigungserfordernis zudem im Wege der teleologischen Reduktion nur auf die Fälle, in denen gezielt zur Behandlung ins Ausland gegangen wird. **Genehmigungsfrei** sind die Fälle, in denen ein Versicherter unvorhergesehen im Ausland erkrankt und ein Krankenhaus aufsuchen muss, ohne vorher die erforderliche Genehmigung einholen zu können (BSG 30.6.2009 – B 1 KR 22/08 R – ZESAR 2010, 81, Rn 35). Begründet wird dies damit, dass in dringenden Fällen das Einholen der vorherigen Genehmigung unverhältnismäßig wäre. Dies entspricht auch der Systematik des EuGH und der Abgrenzung der RL 2011/24/EU zur VO (EG) Nr. 883/2004. Wenn nicht explizit wegen einer Krankenhausbehandlung in einen EU-Staat gegangen, sondern die Behandlung anlässlich eines anders motivierten Aufenthalts im Ausland notwendig wird, so ist Art. 19 oder bei Wohnsitz im Ausland Art. 17 VO (EG) Nr. 883/2004 einschlägig (oben Vorbem. vor Art. 1 Rn 10 ff und oben Vorbem. vor Art. 17 VO (EG) Nr. 883/2004 Rn 60 ff). Zur Beanspruchung reichen die europäische Gesundheitskarte bzw der Vordruck E 106/E 109 (bei Wohnort im Ausland) aus. 16

Zu den **Voraussetzungen** „dem allgemeinen anerkannten Stand der medizinischen Erkenntnisse entsprechende Behandlung einer Krankheit" gibt es intensive Vorgaben des EuGH (s. oben Vorbem. vor Art. 1 Rn 778 sowie oben Art. 7 Rn 28). Es sind nicht nationale, sondern allgemeine, internationale Standards zu Grunde zu legen (BSG 17.2.2010 – B 1 KR 14/09 R – SozR 4-2500 § 13 Nr. 24; vgl auch *Rixen*, ZESAR 2004, 27; *Bieback*, NZS 2001, 568). 17

Die weitere Voraussetzung einer Versagung der Genehmigung, dass die entsprechende Behandlung „rechtzeitig" bei einem Vertragspartner der Krankenkasse im Inland erlangt werden kann, richtet sich hinsichtlich der zeitlichen Voraussetzungen nach den Vorgaben der Art. 5 und 6 der RL 2011/24/EU (oben Rn 11). Sie machen auch deutlich, dass das Aufsuchen des Krankenhauses in Deutschland auch unter medizinischen Gesichtspunkten, wie den Schmerzen des Erkrankten, 18 verantwortbar sein muss. Hier kommt deshalb oft eine Belegung ausländischer Krankenhäuser im grenznahen Bereich eher in Frage als weit entfernte Krankenhäuser im Bundesgebiet.

19 Auch hier gilt, dass der ausländische Leistungserbringer in das inländische Sachleistungssystem nicht eingebunden sein muss (BSG 30.6.2009 – B 1 KR 22/08 R – BSGE 104, 1 = SozR 4-2500 § 13 Nr. 23, 81, Rn 31). Die umfangreiche Rspr des BSG zu den Anforderungen an die Genehmigung von Auslandsbehandlungen nach altem Recht (vgl BSG SozR 3-2500, § 18 SGB V) ist auf diese Neuregelung nur sehr eingeschränkt zu übertragen, da die Neuregelung in § 13 SGB V keine Restriktionen mehr enthält und für die Genehmigung von Krankenhausleistungen neue Kriterien einführt.

20 Eine Planung evtl. mit Vorabgenehmigung gibt es bei Großgeräten nach der Abschaffung der Rechtsgrundlagen im SGB V (§ 122) nicht mehr. Keine Planung gibt es für die stationäre Rehabilitation, zumal hier mehrere Träger unkoordiniert das Angebot sicherstellen müssen.

Artikel 9 Verwaltungsverfahren bezüglich der grenzüberschreitenden Gesundheitsversorgung

(1) Der Versicherungsmitgliedstaat stellt sicher, dass Verwaltungsverfahren für die Inanspruchnahme von grenzüberschreitenden Gesundheitsdienstleistungen und für die Kostenerstattung für eine in einem anderen Mitgliedstaat in Anspruch genommene Gesundheitsversorgung auf objektiven, nichtdiskriminierenden Kriterien basieren, die notwendig und dem angestrebten Ziel angemessen sind.

(2) [1]Jedes Verwaltungsverfahren der in Absatz 1 genannten Art muss leicht zugänglich sein und die Informationen bezüglich eines solchen Verfahrens müssen auf der geeigneten Ebene öffentlich zugänglich gemacht werden. [2]Ein solches Verfahren muss sicherstellen können, dass Anträge objektiv und unparteiisch bearbeitet werden.

(3) [1]Die Mitgliedstaaten legen angemessene Fristen fest, innerhalb derer Anträge auf eine Leistung der grenzüberschreitenden Gesundheitsversorgung bearbeitet werden müssen, und veröffentlichen sie vorab. [2]Bei der Prüfung eines Antrags auf eine Leistung der grenzüberschreitenden Gesundheitsversorgung berücksichtigen die Mitgliedstaaten

a) den jeweiligen Gesundheitszustand,
b) die Dringlichkeit und die Besonderheiten des Einzelfalls.

(4) Die Mitgliedstaaten stellen sicher, dass Einzelentscheidungen bezüglich der Inanspruchnahme einer grenzüberschreitenden Gesundheitsversorgung und der Kostenerstattung für eine in einem anderen Mitgliedstaat in Anspruch genommene Gesundheitsversorgung entsprechend begründet werden und im Einzelfall einer Überprüfung unterliegen und auch vor Gericht angefochten werden können, einschließlich der Möglichkeit einstweiliger Maßnahmen.

(5) [1]Diese Richtlinie lässt das Recht der Mitgliedstaaten unberührt, den Patienten ein freiwilliges System der Vorabbenachrichtigung anzubieten, in dessen Rahmen der Patient gegen Vorlage dieser Benachrichtigung eine schriftliche Bestätigung über den auf der Grundlage eines Voranschlags zu erstattenden Betrag erhält. [2]Der Voranschlag trägt dem klinischen Zustand des Patienten Rechnung und umfasst eine Präzisierung der voraussichtlich anzuwendenden medizinischen Verfahren.

[1]Es steht den Mitgliedstaaten frei, die Mechanismen des Finanzausgleichs zwischen den zuständigen Einrichtungen gemäß der Verordnung (EG) Nr. 883/2004 anzuwenden. [2]Wendet ein Versicherungsmitgliedstaat solche Mechanismen nicht an, so sorgt er dafür, dass die Patienten unverzüglich eine Kostenerstattung erhalten.

Ziel des Art. 9 ist es, ein nicht-diskriminierendes, zügiges, auf ausreichenden Informationen beruhendes und transparentes Verfahren über die Entscheidungen sicherzustellen, die bei einer grenzüberschreitenden Inanspruchnahme von Gesundheitsdienstleistungen anfallen. Art. 9 gilt also sowohl für die Entscheidung über eine Vorabgenehmigung wie über die Kostenerstattung.

Im **Gesetzgebungsprozess** befürworteten Mitglieder des Parlaments, eine genaue Frist für die Bearbeitung von 15 Tagen festzulegen, eine Clearingstelle einzurichten und schließlich ein Gutscheinsystem (so das Parlament Standpunkt v. 23.4.2009 ABl. C 184E, S. 168 v. 8.7.2010, Art. 10 dort und in der RL Art. 9 Abs. 5 „Vorabbenachrichtigung" genannt) einzuführen, dass es den Versicherten freistellt, in welchem Mitgliedstaat und bei welchem Behandler sie die Leistung nachfragen können (*Hernekamp/Jäger-Lindemann*, ZESAR 2011, 403, 408). Keiner der drei Vorschläge setzte sich durch.

Das **Gutscheinsystem** ist gem. Abs. 5 nur noch freiwillig.

Nunmehr bestimmt Art. 9 Abs. 3, dass die Mitgliedstaaten selbst „**angemessene Fristen**" festsetzen müssen. Im deutschen Recht fehlt es daran. Die allg. Bestimmungen im SGB X reichen dazu nicht aus, weil sie keine Fristen enthalten. Das SGG lässt erst nach sechs Monaten eine Untätigkeitsklage zu (§ 88 Abs. 1). Auch der einstweilige Rechtsschutz gem. § 86 b Abs. 3 SGG ist keine Frist zur Entscheidung der Verwaltung.

Abgesehen von der verbindlichen Fristsetzung für die Entscheidung über die Vorabgenehmigung erfüllt das SGB X alle Anforderungen, die Art. 9 an das Verfahren stellt.

Kapitel IV
Zusammenarbeit bei der Gesundheitsversorgung

Kapitel IV regelt unter der Überschrift der Zusammenarbeit der Gesundheitsbehörden zT verwaltungspraktische Verfahren, die die verwaltungsmäßige Abwicklung der grenzüberschreitenden Inanspruchnahme von Gesundheitsdienstleistungen erleichtern (Art. 10 und 11) und zT recht weitreichende Ansätze, um einen gemeinsamen Markt für Gesundheitsdienstleistungen zu etablieren (Art. 12 bis 15).

Artikel 10 Amtshilfe und Zusammenarbeit

(1) Die Mitgliedstaaten leisten die zur Durchführung dieser Richtlinie erforderliche Amtshilfe, zu der unter anderem die Zusammenarbeit im Bereich der Standards und Leitlinien für Qualität und Sicherheit und der Austausch von Informationen insbesondere zwischen den nationalen Kontaktstellen gemäß Artikel 6 gehören; dies schließt auch die Bestimmungen über die Überwachung und die Amtshilfe zur Klärung der Angaben in Rechnungen ein.

(2) Die Mitgliedstaaten erleichtern die Zusammenarbeit bei der grenzüberschreitenden Gesundheitsversorgung auf regionaler und lokaler Ebene sowie mit Hilfe der IKT-Technologien und anderer Formen grenzüberschreitender Zusammenarbeit.

(3) ¹Die Kommission ermutigt die Mitgliedstaaten, insbesondere benachbarte Staaten, Abkommen miteinander zu schließen. ²Die Kommission ermutigt die Mitgliedstaaten auch, in Grenzregionen bei der Erbringung grenzüberschreitender Gesundheitsdienstleistungen zusammenzuarbeiten.

(4) ¹Die Behandlungsmitgliedstaaten gewährleisten, dass Informationen über die Berufsausübungsberechtigung von Angehörigen der Gesundheitsberufe, die in den auf ihrem Hoheitsgebiet eingerichteten nationalen oder lokalen Registern enthalten sind, auf Anfrage den Behörden anderer Mitgliedstaaten zum Zwecke der grenzüberschreitenden Gesundheitsversorgung im Einklang mit den Kapiteln II und III und den nationalen Maßnahmen zur Umsetzung der Unions-

vorschriften über den Schutz personenbezogener Daten, insbesondere den Richtlinien 95/46/EG und 2002/58/EG, sowie dem Grundsatz der Unschuldsvermutung bereitgestellt werden. [2]Der Informationsaustausch findet über das Binnenmarktinformationssystem statt, das nach der Entscheidung 2008/49/EG der Kommission vom 12. Dezember 2007 über den Schutz personenbezogener Daten bei der Umsetzung des Binnenmarktinformationssystems (IMI)[1] eingerichtet wurde.

Art. 10 regelt die Zusammenarbeit u.a. in Form des Informationsaustauschs über Standards und Leitlinien für Qualität und Sicherheit insbesondere auch zwischen den zu errichtenden nationalen Kontaktstellen des Art. 6. Wesentlich ist die Amtshilfe bei der Überwachung und Klärung der Angaben in Rechnungen. Nach Abs. 4 sollen die Mitgliedstaaten ein Binnenmarktinformationssystem gewährleisten, das auf Anfrage den Behörden anderer Mitgliedstaaten Informationen zum Zweck der grenzüberschreitenden Gesundheitsversorgung bereitstellt, vor allem im Hinblick auf die Berufsausübungsberechtigung von Angehörigen der Gesundheitsberufe, die in ihren Ländern in nationalen/lokalen Registern enthalten sind. Eine Umsetzung in die nationalen Rechtsordnungen ist kaum erkennbar.

Artikel 11 Anerkennung von in einem anderen Mitgliedstaat ausgestellten Verschreibungen

(1) Ist ein Arzneimittel gemäß der Richtlinie 2001/83/EG oder der Verordnung (EG) Nr. 726/2004 zum Inverkehrbringen im Hoheitsgebiet von Mitgliedstaaten genehmigt, so stellen diese sicher, dass Verschreibungen für das betreffende Arzneimittel aus einem anderen Mitgliedstaat für einen namentlich genannten Patienten in ihrem Hoheitsgebiet gemäß ihren geltenden nationalen Rechtsvorschriften eingelöst werden können und Einschränkungen bezüglich der Anerkennung persönlicher Verschreibungen nur zulässig sind, wenn solche Einschränkungen

a) auf das für den Schutz der menschlichen Gesundheit notwendige und angemessene Maß begrenzt und nicht diskriminierend sind oder
b) sich auf legitime und begründete Zweifel an Echtheit, Inhalt oder Verständlichkeit einer solchen Verschreibung stützen.

[1]Die Anerkennung von solchen Verschreibungen berührt nicht die einzelstaatlichen Regelungen über die Verschreibung und Abgabe von Arzneimitteln, sofern diese mit Unionsrecht vereinbar sind, einschließlich der Substitution durch Generika oder andere Substitutionen. [2]Die Anerkennung von Verschreibungen berührt nicht die Regelungen über die Kostenerstattung für Arzneimittel. [3]Die Kostenerstattung für Arzneimittel fällt unter Kapitel III dieser Richtlinie.

Insbesondere lässt die Anerkennung von Verschreibungen ein auf einzelstaatlichen Vorschriften beruhendes Recht eines Apothekers unberührt, aus ethischen Gründen die Abgabe eines Arzneimittels, das in einem anderen Mitgliedstaat verschrieben wurde, zu verweigern, wenn der Apotheker das Recht hätte, die Abgabe zu verweigern, wenn die Verschreibung im Versicherungsmitgliedstaat ausgestellt worden wäre.

Der Versicherungsmitgliedstaat trifft zusätzlich zur Anerkennung der Verschreibung alle erforderlichen Maßnahmen, um die Kontinuität der Behandlung in Fällen zu gewährleisten, in denen im Behandlungsmitgliedstaat eine Verschreibung für Arzneimittel oder Medizinprodukte ausgestellt wird, die im Versicherungsmitgliedstaat erhältlich sind, und in denen die Abgabe im Versicherungsmitgliedstaat angestrebt wird.

Dieser Absatz gilt auch für Medizinprodukte, die in dem betreffenden Mitgliedstaat rechtmäßig in Verkehr gebracht werden.

---

1 ABl. L 13 vom 16. 1. 2008, S. 18.

(2) Zur Erleichterung der Durchführung des Absatzes 1 erlässt die Kommission:
a) Maßnahmen, die es den Angehörigen der Gesundheitsberufe erlauben, die Authentizität der Verschreibung zu verifizieren und zu prüfen, ob die Verschreibung in einem anderen Mitgliedstaat von einem Angehörigen eines reglementierten Gesundheitsberufs, der hierzu autorisiert ist, ausgestellt wurde; dazu erstellt sie ein nicht erschöpfendes Verzeichnis der Elemente, die Verschreibungen enthalten müssen und die in allen Verschreibungsformaten klar erkennbar sein müssen, einschließlich der Elemente, die erforderlichenfalls Kontakte zwischen dem Aussteller der Verschreibung und der abgebenden Person erleichtern, damit letztere unter gebührender Achtung des Datenschutzes die Behandlung vollständig versteht;
b) Leitlinien zur Unterstützung der Mitgliedstaaten bei der Entwicklung der Interoperabilität elektronischer Verschreibungen;
c) Maßnahmen, die auf die korrekte Identifizierung von in einem Mitgliedstaat verschriebenen und in einem anderen Mitgliedstaat abgegebenen Arzneimitteln oder Medizinprodukten abzielen; hierzu gehören auch Maßnahmen betreffend Anliegen der Patientensicherheit im Zusammenhang mit der Substitution bei der grenzüberschreitenden Gesundheitsversorgung, wenn nach den Rechtsvorschriften des abgebenden Mitgliedstaats eine solche Substitution zulässig ist. Die Kommission zieht unter anderem die Verwendung des internationalen Freinamens (INN) und die Dosierung von Arzneimitteln in Betracht;
d) Maßnahmen, die darauf abzielen, die Verständlichkeit von Informationen für den Patienten bezüglich der Verschreibung und der darin enthaltenen Anweisungen für den Gebrauch des Produkts zu erleichtern, einschließlich der Angabe des Wirkstoffs und der Dosierung.

Die Kommission erlässt die Maßnahmen gemäß Buchstabe a bis spätestens 25. Dezember 2012, die Maßnahmen gemäß den Buchstaben c und d bis spätestens 25. Oktober 2012.

(3) Die in Absatz 2 Buchstaben a bis d genannten Maßnahmen und Leitlinien werden nach dem in Artikel 16 Absatz 2 genannten Regelungsverfahren erlassen.

(4) Beim Erlass der Maßnahmen und Leitlinien gemäß Absatz 2 berücksichtigt die Kommission die Verhältnismäßigkeit der Kosten für die Einhaltung sowie die erwarteten Vorteile der Maßnahmen oder Leitlinien.

(5) Für die Zwecke von Absatz 1 erlässt die Kommission ferner durch delegierte Rechtsakte gemäß Artikel 17 und unter den in den Artikeln 18 und 19 genannten Bedingungen spätestens bis zum 25. Oktober 2012 Maßnahmen zum Ausschluss spezifischer Kategorien von Arzneimitteln oder Medizinprodukten von der Anerkennung der Verschreibungen gemäß dem vorliegenden Artikel, soweit dies zum Schutz der öffentlichen Gesundheit erforderlich ist.

(6) Absatz 1 ist nicht anwendbar auf Arzneimittel, die einer besonderen ärztlichen Verordnung im Sinne von Artikel 71 Absatz 2 der Richtlinie 2001/83/EG unterliegen.

Art. 11 soll die Anerkennung ausländischer Verschreibungen gewährleisten. Er entspricht weitgehend Art. 14 im Vorschlag der Kommission (KOM (2008) 414 endg.). Allerdings fügte der Rat dem in Abs. 1 Satz 2 noch ausdrücklich den Hinweis bei, dass das Recht der Mitgliedstaaten hinsichtlich der Verschreibung und Abgabe von Arzneimitteln unberührt bleibt. Dadurch wird das nationale Recht gegenüber dem Entwurf der Kommission besser geschützt (s. unten Rn 6). 1

Die Anerkennung von Verschreibungen zwischen den Mitgliedstaaten, vor allem zwischen dem Versicherungsmitgliedstaat und dem Behandlungsmitgliedstaat, erfasst gem. Satz 5 auch Medizinprodukte. Weiterhin unberührt bleiben die mitgliedstaatlichen Rechtsvorschriften über den Internethandel mit Medikamenten (vgl oben Art. 2 Rn 5 und Erwägungsgrund 17). Bei den nach Abs. 6 ausgeschlossenen Medikamenten handelt es sich um Suchtstoffe oder Medikamente mit Suchtpotential (RL 2001/83/EG ABl. L 311 v. 28.11.2001, S. 67). 2

„Verschreibung" ist gem. Art. 3 lit. k) jede „Verschreibung eines Arzneimittels oder eines Medizinprodukts durch einen Angehörigen eines reglementierten Gesundheitsberufs im Sinne von Ar- 3 tikel 3 Absatz 1 Buchstabe a der Richtlinie 2005/36/EG, der in dem Mitgliedstaat, in dem die Verschreibung erfolgt, hierzu gesetzlich berechtigt ist".

4 Die Mitgliedstaaten müssen sicherstellen, dass Verschreibungen für ein Arzneimittel, das nach europäischem Arzneimittelrecht zugelassen ist, in einem anderen Mitgliedstaat „eingelöst" werden können. Einschränkungen sind gem. Art. 1 lit. a) nur zulässig, wenn sie nicht diskriminierend und auf das für den Schutz der menschlichen Gesundheit notwendige und angemessene Maß begrenzt oder sich nach lit. b) auf legitime und begründete Zweifel an Echtheit, Inhalt oder Verständlichkeit der Verschreibung stützen. Nach Abs. 5 hat die Kommission bis zum 25.10.2012 delegierte Rechtsakte (Art. 18/19 RL 2011/24/EU) zu erlassen um „spezifische Kategorien von Arzneimitteln oder Medizinprodukten" von der Anerkennung der Verschreibungen auszuschließen, wenn dies zum Schutz der öffentlichen Gesundheit erforderlich ist.

5 **Nationales Recht** über die Verschreibung und Abgabe von Arzneimitteln **bleibt unberührt**, sofern es mit Unionsrecht vereinbar ist, wie auch das Recht eines Apothekers, aus ethischen Gründen die Abgabe eines Arzneimittels, das in einem anderen Mitgliedstaat verschrieben wurde, zu verweigern, wenn er dazu bei einer im Versicherungsmitgliedstaat ausgestellten gleichen Verschreibung ebenfalls das Recht gehabt hätte. Ebenso wenig werden gem. Art. 1 Satz 2 die sonstigen Voraussetzungen für die Kostenerstattung nach Art. 7 durch Art. 11 berührt, vor allem nicht die Notwendigkeit, dass das Arzneimittel nach dem Recht des Versicherungsmitgliedstaats Gegenstand der Leistungen ist und erstattet wird.

6 Ausdrücklich setzt Abs. 1 voraus, dass das Arzneimittel im Abgabe-Mitgliedstaat **zugelassen sein muss**. Wenn ein Mitgliedstaat als Abgabestaat ein Arzneimittel noch nicht zugelassen hat, das in anderen Mitgliedstaaten zugelassen ist, muss er in seinem Gebiet die Abgabe nicht zulassen. Wenn ein Mitgliedstaat als Abgabestaat ein Arzneimittel zugelassen hat, es aber im Versicherungsmitgliedstaat noch nicht zugelassen ist, dann ist der Versicherungs- und Verschreibungsmitgliedstaat nicht verpflichtet, die Kosten eines in einem anderen Mitgliedstaat besorgten Arzneimittels zu erstatten. Beides gewährleistet Art. 1 Abs. 1 Satz 2 („berührt nicht ... die Regelungen über die Verschreibung und Abgabe"). Ein solcher **Fall unterschiedlicher Zulassungen** kann im Rahmen der dezentralen Zulassung nach RL 2001/83/EG zB auftreten, wenn die Bundesrepublik die Zulassung in einem anderen (Referenz-) Mitgliedstaat nicht anerkennt etc. (vgl Art. 30-34 RL 2001/83/EG). Medikamente, die im zentralen Zulassungsverfahren der EU nach der VO (EG) Nr. 726/2004 zugelassen worden sind, sind auch automatisch in Deutschland zugelassen (§ 21 Abs. 1 S. 1 AMG). Dadurch wird insgesamt das beschränkte **nationale Zulassungsrecht nicht ausgehebelt**, wie noch zu Recht gegenüber der großzügigeren Regelung im Vorschlag der Kommission (Art. 14) befürchtet wurde (*Welti*, SuP 2009, 78).

7 Art. 11 Abs. 2 ermächtigt die Kommission umfangreich, bis spätestens 25.10. bzw 25.12.2012 Maßnahmen zu erlassen, die die Anerkennung von Arzneimittelverschreibungen erleichtern. Hier liegt erhebliches Potential für eine Angleichung der Verschreibungspraxis in den Mitgliedstaaten.

Artikel 12 Europäische Referenznetzwerke

(1) ¹Die Kommission unterstützt die Mitgliedstaaten beim Aufbau Europäischer Referenznetzwerke zwischen Gesundheitsdienstleistern und Fachzentren in den Mitgliedstaaten, insbesondere im Bereich seltener Krankheiten. ²Die Netzwerke beruhen auf der freiwilligen Teilnahme ihrer Mitglieder, die gemäß den Rechtsvorschriften des Mitgliedstaats, in dem die Mitglieder niedergelassen sind, an den Tätigkeiten der Netzwerke teilnehmen und zu diesen Tätigkeiten beitragen, und stehen jederzeit offen für neue Gesundheitsdienstleister, die sich anschließen möchten, sofern diese Gesundheitsdienstleister alle in Absatz 4 genannten Bedingungen und Kriterien erfüllen.

(2) Die Europäischen Referenznetzwerke verfolgen mindestens drei der nachstehenden Ziele:
a) dabei mitzuhelfen, das Potenzial der europäischen Zusammenarbeit im Zusammenhang mit hoch spezialisierter Gesundheitsversorgung von Patienten sowie für die Gesundheitssysteme durch Nutzung von Innovationen in Medizinwissenschaft und -technik zu verwirklichen;
b) zur Zusammenstellung von Kenntnissen auf dem Gebiet der erkrankungsspezifischen Prävention beizutragen;
c) Verbesserungen bei der Diagnose und bei der Bereitstellung einer hochwertigen, allgemein zugänglichen und kostengünstigen Gesundheitsversorgung für alle Patienten mit Gesundheitsproblemen, die eine besondere Konzentration von Fachwissen erfordern und in medizinische Bereiche fallen, in denen es nur wenige Sachverständige gibt, zu erleichtern;
d) die kostengünstige Nutzung der Ressourcen gegebenenfalls durch Konzentration zu maximieren;
e) Forschung und epidemiologische Überwachung, etwa durch Register, weiter zu stärken und Fortbildung für Angehörige der Gesundheitsberufe bereitzustellen;
f) die virtuelle oder physische Verbreitung von Fachwissen zu erleichtern und Informationen, Wissen und bewährte Verfahren innerhalb und außerhalb der Referenznetzwerke zu erarbeiten, zu teilen und zu verbreiten sowie Entwicklungen bei der Diagnose und Behandlung von seltenen Krankheiten zu fördern;
g) die Entwicklung von Qualitäts- und Sicherheitsreferenzen zu fördern und die Ausarbeitung und Verbreitung bewährter Verfahren innerhalb des Netzwerks und darüber hinaus zu unterstützen;
h) Mitgliedstaaten mit einer unzureichenden Zahl an Patienten, die an einem spezifischen Gesundheitsproblem leiden, oder mit mangelnden technologischen oder fachlichen Grundlagen zu helfen, eine umfassende Palette hochwertiger und hoch spezialisierter Dienstleistungen anzubieten.

(3) Die Mitgliedstaaten werden ermutigt, den Aufbau Europäischer Referenznetzwerke dadurch zu erleichtern, dass sie
a) in ihrem Hoheitsgebiet geeignete Gesundheitsdienstleister und Fachzentren vernetzen und die Verbreitung von Informationen unter den geeigneten Gesundheitsdienstleistern und Fachzentren in ihrem Hoheitsgebiet sicherstellen;
b) die Teilnahme von Gesundheitsdienstleistern und Fachzentren an den Europäischen Referenznetzwerken fördern.

(4) Für die Zwecke des Absatzes 1 wird die Kommission wie folgt tätig:
a) Sie nimmt eine Liste spezifischer Kriterien und Bedingungen an, die die Europäischen Referenznetzwerke erfüllen müssen, und sie legt die Bedingungen und Kriterien für die Gesundheitsdienstleister fest, die sich den Europäischen Referenznetzwerken anschließen möchten. Durch diese Kriterien und Bedingungen wird unter anderem gewährleistet, dass die Europäischen Referenznetzwerke

   i) Kenntnisse und Fachwissen zur Diagnoseerstellung, Behandlung und Nachsorge von Patienten – soweit vorhanden auf der Grundlage evidenzbasierter Ergebnisse – besitzen;
   ii) einen multidisziplinären Ansatz verfolgen;
   iii) eingehende Fachkenntnisse sowie die Fähigkeit zur Erstellung von Leitlinien guter Praxis und zur Umsetzung von Ergebnismessungen und von Qualitätskontrollen besitzen;
   iv) einen Beitrag zur Forschung leisten;
   v) Lehr- und Ausbildungstätigkeiten organisieren und
   vi) eng mit anderen Fachzentren und Netzwerken auf nationaler und internationaler Ebene zusammenarbeiten;
b) sie arbeitet Kriterien zur Einrichtung und Bewertung der Europäischen Referenznetzwerke aus und veröffentlicht diese;

c) sie erleichtert den Austausch von Informationen und Fachwissen in Bezug auf die Einrichtung und die Bewertung der Europäischen Referenznetzwerke.

(5) ¹Die Kommission erlässt die in Absatz 4 Buchstabe a genannten Maßnahmen durch delegierte Rechtsakte gemäß Artikel 17 und unter den in den Artikeln 18 und 19 genannten Bedingungen. ²Die in Absatz 4 Buchstaben b und c genannten Maßnahmen werden nach dem in Artikel 16 Absatz 2 genannten Regelungsverfahren erlassen.

(6) Mit den gemäß dem vorliegenden Artikel erlassenen Maßnahmen werden keine Rechts- und Verwaltungsvorschriften der Mitgliedstaaten harmonisiert, und die Verantwortung der Mitgliedstaaten für die Organisation des Gesundheitswesens und die medizinische Versorgung wird in vollem Umfang gewahrt.

Artikel 13 Seltene Krankheiten

Die Kommission unterstützt die Mitgliedstaaten bei der Zusammenarbeit im Bereich der Stärkung der Diagnose- und Behandlungskapazität, insbesondere indem sie folgende Ziele verfolgt:

a) Sensibilisierung der Angehörigen der Gesundheitsberufe für die Instrumente, die ihnen auf der Ebene der Union zur Verfügung stehen, um sie bei der korrekten Diagnoseerstellung bei seltenen Krankheiten zu unterstützen, insbesondere die Orphanet-Datenbank und die Europäischen Referenznetzwerke;

b) Sensibilisierung der Patienten, Angehörigen der Gesundheitsberufe und für die Finanzierung der Gesundheitsversorgung zuständigen Stellen für die Möglichkeiten im Rahmen der Verordnung (EG) Nr. 883/2004, Patienten mit seltenen Krankheiten in andere Mitgliedstaaten zu überweisen, auch für die Diagnose und für Behandlungen, die im Versicherungsmitgliedstaat nicht verfügbar sind.

Artikel 14 Elektronische Gesundheitsdienste

(1) Die Union unterstützt und erleichtert die Zusammenarbeit und den Austausch von Informationen zwischen den Mitgliedstaaten im Rahmen eines freiwilligen Netzwerks, mit dem die von den Mitgliedstaaten benannten, für elektronische Gesundheitsdienste zuständigen nationalen Behörden vernetzt werden.

(2) Das Netzwerk für elektronische Gesundheitsdienste verfolgt folgende Ziele:

a) Hinwirken auf die Schaffung eines nachhaltigen wirtschaftlichen und sozialen Nutzens der europäischen elektronischen Gesundheitssysteme und -dienste und der interoperablen Anwendungen, sodass ein hohes Niveau an Vertrauen und Sicherheit erzielt wird, die Kontinuität der Behandlung gefördert wird und der Zugang zu einer sicheren und hochwertigen Gesundheitsversorgung sichergestellt ist;

b) Erarbeitung von Leitlinien zu

   i) einer nicht erschöpfenden Liste mit Angaben, die in Patientenakten aufzunehmen sind und von Angehörigen der Gesundheitsberufe gemeinsam genutzt werden können, um die Kontinuität der Behandlung und der Patientensicherheit grenzüberschreitend zu ermöglichen, und

   ii) wirksamen Verfahren, um die Nutzung medizinischer Informationen für die öffentliche Gesundheit und Forschung zu ermöglichen;

c) Unterstützung der Mitgliedstaaten bei der Entwicklung gemeinsamer Identifizierungs- und Authentifizierungsmaßnahmen, um die Übertragbarkeit von Daten in der grenzüberschreitenden Gesundheitsversorgung zu erleichtern.

Die in den Buchstaben b und c genannten Ziele werden unter gebührender Berücksichtigung der Datenschutzgrundsätze insbesondere nach den Richtlinien 95/46/EG und 2002/58/EG verfolgt.

(3) Die Kommission erlässt nach dem in Artikel 16 Absatz 2 genannten Regelungsverfahren die notwendigen Maßnahmen für die Einrichtung, die Verwaltung und die transparente Funktionsweise dieses Netzwerks.

Zu den zahlreichen neueren Aktivitäten der Kommission in diesem Bereich vgl den Aufsatz von *Beschorner*, ZFSH/SGB 2011, 693 ff.

Artikel 15 Zusammenarbeit bei der Bewertung von Gesundheitstechnologien

(1) [1]Die Union unterstützt und erleichtert die Zusammenarbeit und den Austausch wissenschaftlicher Informationen zwischen den Mitgliedstaaten im Rahmen eines freiwilligen Netzwerks, das die von den Mitgliedstaaten benannten, für die Bewertung von Gesundheitstechnologien zuständigen nationalen Behörden oder anderen Stellen verbindet. [2]Die Mitgliedstaaten teilen der Kommission ihre Namen und Kontaktdaten mit. [3]Die Mitglieder eines solchen Netzwerks zur Bewertung von Gesundheitstechnologien nehmen gemäß den Rechtsvorschriften des Mitgliedstaats, in dem sie niedergelassen sind, an den Tätigkeiten des Netzwerks teil und tragen zu diesen Tätigkeiten bei. [4]Dieses Netzwerk beruht auf den Grundsätzen verantwortungsvoller Verwaltungspraxis, einschließlich Transparenz, Objektivität, Unabhängigkeit der Sachverständigen, faire Verfahren und angemessene Beteiligung der Akteure.

(2) Ziele des Netzwerks für die Bewertung von Gesundheitstechnologien sind

a) die Unterstützung der Zusammenarbeit zwischen nationalen Behörden beziehungsweise anderen Stellen;
b) die Unterstützung der Mitgliedstaaten bei der Bereitstellung objektiver, zuverlässiger, rechtzeitiger, transparenter, vergleichbarer und übertragbarer Informationen über die relative Wirksamkeit sowie gegebenenfalls über die kurz- und langfristige Wirksamkeit von Gesundheitstechnologien und die Schaffung der Voraussetzungen für einen effizienten Austausch dieser Informationen zwischen den nationalen Behörden beziehungsweise anderen Stellen;
c) Unterstützung der Analyse des Inhalts und der Art der Informationen, die ausgetauscht werden können;
d) Vermeidung von Doppelarbeit bei den Bewertungen.

(3) [1]Zur Erreichung der Ziele nach Absatz 2 kann das Netzwerk für die Bewertung von Gesundheitstechnologien eine Beihilfe der Union erhalten. [2]Diese Beihilfe kann für folgende Zwecke gewährt werden:

a) Beitrag zur Finanzierung der administrativen und technischen Unterstützung;
b) Unterstützung der Zusammenarbeit zwischen Mitgliedstaaten bei der Ausarbeitung und dem Austausch von Methoden für die Bewertung von Gesundheitstechnologien, einschließlich der Beurteilung der relativen Wirksamkeit;
c) Beitrag zur Finanzierung der Bereitstellung übertragbarer wissenschaftlicher Informationen zur Verwendung im Rahmen der nationalen Berichterstattung und der Fallstudien, die vom Netzwerk in Auftrag gegeben werden;
d) Erleichterung der Zusammenarbeit zwischen dem Netzwerk und anderen einschlägigen Organen und Einrichtungen der Union;
e) Erleichterung der Konsultation von Akteuren zur Arbeit des Netzwerks.

(4) Die Kommission erlässt nach dem in Artikel 16 Absatz 2 genannten Regelungsverfahren die notwendigen Maßnahmen für die Einrichtung, die Verwaltung und die transparente Funktionsweise dieses Netzwerks.

(5) ¹Die Kriterien für die Gewährung der Beihilfe, etwaige Auflagen sowie die Höhe der Finanzhilfe werden nach dem in Artikel 16 Absatz 2 genannten Regelungsverfahren festgelegt. ²Die Beihilfe der Union können nur diejenigen an dem Netzwerk beteiligten Behörden oder anderen Stellen erhalten, die von den teilnehmenden Mitgliedstaaten als Begünstigte benannt wurden.

(6) Die erforderlichen Mittel für die Maßnahmen dieses Artikels werden im Rahmen des jährlichen Haushaltsverfahrens festgesetzt.

(7) Die gemäß dem vorliegenden Artikel erlassenen Maßnahmen berühren nicht die Zuständigkeiten der Mitgliedstaaten für Entscheidungen über die Umsetzung der Schlussfolgerungen aus der Bewertung von Gesundheitstechnologien; ferner werden mit diesen Maßnahmen keine Rechts- und Verwaltungsvorschriften der Mitgliedstaaten harmonisiert; die Verantwortung der Mitgliedstaaten für die Organisation des Gesundheitswesens und die medizinische Versorgung wird in vollem Umfang gewahrt.

Kapitel V
Durchführungs- und Schlussbestimmungen
Artikel 16   Ausschuss

(1) Die Kommission wird von einem Ausschuss unter Vorsitz der Kommission unterstützt, der sich aus Vertretern der Mitgliedstaaten zusammensetzt und in dem der Vertreter der Kommission den Vorsitz führt.

(2) Wird auf diesen Absatz Bezug genommen, so gelten die Artikel 5 und 7 des Beschlusses 1999/468/EG unter Beachtung von dessen Artikel 8.

Der Zeitraum nach Artikel 5 Absatz 6 des Beschlusses 1999/468/EG wird auf drei Monate festgesetzt.

Artikel 17   Ausübung der Befugnisübertragung

(1) ¹Die Befugnis zum Erlass der in Artikel 11 Absatz 5 und Artikel 12 Absatz 5 genannten delegierten Rechtsakte wird der Kommission für einen Zeitraum von fünf Jahren ab dem 24. April 2011 übertragen. ²Die Kommission legt spätestens sechs Monate vor Ablauf des Zeitraums von fünf Jahren einen Bericht über die übertragene Befugnis vor. ³Die Befugnisübertragung verlängert sich automatisch um Zeiträume gleicher Länge, es sei denn, das Europäische Parlament oder der Rat widerrufen sie gemäß Artikel 18.

(2) Sobald die Kommission einen delegierten Rechtsakt erlässt, übermittelt sie ihn gleichzeitig dem Europäischen Parlament und dem Rat.

(3) Die der Kommission übertragene Befugnis zum Erlass delegierter Rechtsakte unterliegt den in den Artikeln 18 und 19 genannten Bedingungen.

Artikel 18   Widerruf der Befugnisübertragung

(1) Die in Artikel 11 Absatz 5 und Artikel 12 Absatz 5 genannte Befugnisübertragung kann vom Europäischen Parlament oder vom Rat jederzeit widerrufen werden.

(2) Das Organ, das ein internes Verfahren eingeleitet hat, um zu beschließen, ob die Befugnisübertragung widerrufen werden soll, bemüht sich, das andere Organ und die Kommission innerhalb einer angemessenen Frist vor der endgültigen Beschlussfassung zu unterrichten, unter Nen-

nung der übertragenen Befugnis, die widerrufen werden könnte, sowie der etwaigen Gründe für einen Widerruf.

(3) ¹Der Beschluss über den Widerruf beendet die Übertragung der in diesem Beschluss angegebenen Befugnis. ²Er wird sofort oder zu einem darin angegebenen späteren Zeitpunkt wirksam. ³Die Gültigkeit von delegierten Rechtsakten, die bereits in Kraft sind, wird davon nicht berührt. ⁴Der Beschluss wird im Amtsblatt der Europäischen Union veröffentlicht.

Artikel 19   Einwände gegen delegierte Rechtsakte

(1) Das Europäische Parlament oder der Rat können gegen einen delegierten Rechtsakt innerhalb einer Frist von zwei Monaten ab dem Datum der Übermittlung Einwände erheben.

Auf Initiative des Europäischen Parlaments oder des Rates wird diese Frist um zwei Monate verlängert.

(2) Haben bei Ablauf der in Absatz 1 genannten Frist weder das Europäische Parlament noch der Rat Einwände gegen den delegierten Rechtsakt erhoben, so wird der delegierte Rechtsakt im Amtsblatt der Europäischen Union veröffentlicht und tritt zu dem darin genannten Zeitpunkt in Kraft.

Der delegierte Rechtsakt kann vor Ablauf dieser Frist im Amtsblatt der Europäischen Union veröffentlicht werden und in Kraft treten, wenn das Europäische Parlament und der Rat beide der Kommission mitgeteilt haben, dass sie nicht die Absicht haben, Einwände zu erheben.

(3) ¹Erheben das Europäische Parlament oder der Rat innerhalb der in Absatz 1 genannten Frist Einwände gegen einen delegierten Rechtsakt, so tritt dieser nicht in Kraft. ²Das Organ, das Einwände erhebt, gibt die Gründe für seine Einwände gegen den delegierten Rechtsakt an.

Artikel 20   Berichte

(1) Die Kommission erstellt bis zum 25. Oktober 2015 und anschließend alle drei Jahre einen Bericht über die Anwendung dieser Richtlinie und legt diesen dem Europäischen Parlament und dem Rat vor.

(2) ¹Der Bericht enthält insbesondere Informationen über Patientenströme, die finanziellen Aspekte der Patientenmobilität, die Durchführung von Artikel 7 Absatz 9 und Artikel 8 und das Funktionieren der Europäischen Referenznetzwerke und der nationalen Kontaktstellen. ²Hierzu bewertet die Kommission die in den Mitgliedstaaten bestehenden Systeme und Verfahren anhand der Anforderungen dieser Richtlinie und der sonstigen Unionsvorschriften zur Patientenmobilität.

Die Mitgliedstaaten gewähren der Kommission Unterstützung und übermitteln ihr alle verfügbaren Informationen, die der Durchführung der Bewertung und der Vorbereitung der Berichte dienlich sind.

(3) In den Fällen, die unter Artikel 20 Absatz 4 und Artikel 27 Absatz 5 der Verordnung (EG) Nr. 883/2004 fallen, wenden sich die Mitgliedstaaten und die Kommission wegen der finanziellen Folgen der Anwendung dieser Richtlinie für die Mitgliedstaaten, die sich für eine Erstattung auf der Grundlage von Pauschalbeträgen entschieden haben, an die nach Artikel 71 der genannten Verordnung eingerichtete Verwaltungskommission.

¹Die Kommission überwacht die Auswirkungen von Artikel 3 Buchstabe c Ziffer i und Artikel 8 dieser Richtlinie und erstattet regelmäßig hierüber Bericht. ²Ein erster Bericht wird bis zum 25. Oktober 2013 vorgelegt. ³Auf der Grundlage dieser Berichte unterbreitet die Kommission gegebenenfalls Vorschläge, um etwaige Unverhältnismäßigkeiten abzumildern.

Artikel 21 Umsetzung

(1) ¹Die Mitgliedstaaten setzen die Rechts- und Verwaltungsvorschriften in Kraft, die erforderlich sind, um dieser Richtlinie spätestens bis zum 25. Oktober 2013 nachzukommen. ²Sie setzen die Kommission unverzüglich davon in Kenntnis.

¹Wenn die Mitgliedstaaten diese Vorschriften erlassen, nehmen sie in den Vorschriften selbst oder durch einen Hinweis bei der amtlichen Veröffentlichung auf diese Richtlinie Bezug. ²Die Mitgliedstaaten regeln die Einzelheiten der Bezugnahme.

(2) Die Mitgliedstaaten teilen der Kommission den Wortlaut der wichtigsten nationalen Rechtsvorschriften mit, die sie auf dem unter diese Richtlinie fallenden Gebiet erlassen.

Artikel 22 Inkrafttreten

Diese Richtlinie tritt am zwanzigsten Tag nach ihrer Veröffentlichung im *Amtsblatt der Europäischen Union* in Kraft.

Artikel 23 Adressaten

Diese Richtlinie ist an die Mitgliedstaaten gerichtet.

Geschehen zu Straßburg am 9. März 2011.

Teil 5:
Artikel 19, 157 AEUV –
Das Recht zur Gleichbehandlung im Sozialrecht

Literaturübersicht

Bieback, Die mittelbare Diskriminierung wegen des Geschlechts, 1997; *Bieback*, Beziehen sich die Diskriminierungsverbote der Rahmenrichtlinie 2000/78/EG auch auf das Sozialrecht?, ZESAR, 2006, S. 143-149; *Bieback*, Das Verbot der mittelbaren Diskriminierung aufgrund des Geschlechts – Potential und Grenzen aus Gender-Perspektive, in: *Scheiwe* (Hrsg.), Soziale Sicherungsmodelle revisited, 2007, S. 19; *Bouchouaf/Richter*, Reichweite und Grenzen des Art. 13 EGV, JURA 2006, S. 651; *Brauer*, Das Verbot der mittelbaren Diskriminierung und seine Anwendung auf die gesetzliche Rentenversicherung, 2004; *Bröhmer*, Die Boshorus-Entscheidung des Europäischen Gerichtshofs für Menschenrechte, EuZW 2006, S. 71; *Dünn/Heese*, Begrenzte Gesamtleistungsbewertung und mittelbare Diskriminierung, Deutsche Rentenversicherung 2000, S. 710; *Eichenhofer*, Umsetzung europäischer Antidiskriminierungsrichtlinien in deutsches Sozialrecht, Sonderbeilage NZA 21/2004, S. 26; *Heidel*, Altersgrenzen im europäischen Vergleich, DAV 2003, S. 1; *Högenauer*, Die europäischen Richtlinien gegen Diskriminierung im Arbeitsrecht: Analyse, Umsetzung und Auswirkung der Richtlinien 2000/43/EG und 2000/78/EG im deutschen Arbeitsrecht, 2002; *Husmann*, Die Richtlinie 79/7 im Lichte der Rechtsprechung des Europäischen Gerichtshofes, RVaktuell 2010, S. 100; *ders.*, Die EG-Gleichbehandlungs-Richtlinien 2000/2002 und ihre Umsetzung in das deutsche, englische und französische Recht, ZSA 2005, S. 107 (Teil I), 167 (Teil II); *Jestaedt*, Diskriminierungsschutz und Privatautonomie", Veröffentlichungen der Vereinigung der Deutschen Staatsrechtslehrer 2005 (64), S. 298; *Koldinska*, Case Law of the European Court of Justice on Sex Discrimination 2006-2011, CML Rev 2011, S. 1599; *Körner*, Verfassungsrechtliche Anforderungen an die Riester-Eichel Rente", Arbeit und Recht 2004, S. 287; *dies.*, Europäisches Verbot der Altersdiskriminierung in Beschäftigung und Beruf, NZA (22) 2005, S. 1395; *Meenan*, Age Equality after the Employment Directive, Maastricht Journal of European and Comparative Law (10) 2003, S. 27; *Mohr*, Schutz vor Diskriminierungen im europäischen Arbeitsrecht: die Rahmenrichtlinie 2000/78/EG vom 27. November 2000, 2004; *Raasch*, Vom Verbot der Geschlechtsdiskriminierung zum Schutz von Diversity. Umsetzung der neuen EU-Antidiskriminierungsrichtlinien in Deutschland, Kritische Justiz (37) 2004, S. 394; *Rebhahn/Kietaibl*, Mittelbare Diskriminierung und Kausalität, RW 4/2010, S. 373; *Sacksofsky*, Das Grundrecht auf Gleichberechtigung, 1991; *Schiek*, Differenzierte Gerechtigkeit. Diskriminierungsschutz und Vertragsrecht, 2000; *diess.*, „A new framework on equal treatment of persons in EC Law?", European law journal Band (8) 2004, S. 290; *dies.*, Age disrimination, CML Rev 2011, S. 777; *Schlachter*, Benachteiligung, RdA 2010, 104; *Schmidt*, Das Verbot der Diskriminierung wegen des Alters in Beschäftigung und Beruf, Kritische Vierteljahrsschrift für Gesetzgebung und Rechtswissenschaft (87) 2004, S. 244; *Waltermann*, Verbot der Altersdiskriminierung – Richtlinie und Umsetzung, NZA (22) 2005, S. 1265; *Welti*, Behinderung und Rehabilitation im sozialen Rechtsstaat, 2005; *ders.*, Schutz vor Benachteiligungen im deutschen Sozialrecht nach europäischen Gleichbehandlungsrichtlinien und ihrer Umsetzung, VSSR 2008, 55; *Windel*, Der Beweis diskriminierender Benachteiligungen, RdA 2007, S. 1; *Wobbe/Biermann*, Von Rom nach Amsterdam: die Metamorphosen des Geschlechts in der Europäischen Union, 2009.

Literatur zur Diskriminierung wegen des Geschlechts im Sozialrecht auch bei RL 79/7/EWG, zur Diskriminierung wegen der Rasse und ethnischen Herkunft auch bei RL 2000/43/EG.

Vorbemerkungen

I. Entwicklung des Gleichbehandlungsrechts der Union

Neben den Kompetenzen für die Sozialfonds (Art. 162 AEUV = Art. 146 EG) und für die Verbesserung der Arbeitsumwelt (Art. 154 AEUV = Art. 138 EG) waren die **Vorläufer des jetzigen Art. 157 AEUV** (= Art. 141 EG, Art. 119 EWGV), das Gebot der Gleichbehandlung von Mann und Frau beim Arbeitsentgelt, die einzige konkrete und direkt geltende Kompetenz der EG im Bereich der materiellen Sozialpolitik, die über die Kompetenz für die klassische Koordination des Sozialrechts bei Wanderarbeitnehmern (Art. 51 EWGV, dann Art. 42 EG, jetzt Art. 48 AEUV) hinausging. Trotz seines engen Regelungsgegenstands ist aus Art. 119 EWGV / 141 EG durch die Rechtsprechung des EuGH wie auch durch das sekundäre Gemeinschaftsrecht ein umfassendes

1

Antidiskriminierungsrecht der Gemeinschaft entstanden (hierzu und zum Folgenden *Wobbe/ Biermann*, 2009).

2 Allerdings wurden diese Richtlinien erst mit der „aktiven Phase" der Sozialrechtsgestaltung der EG nach den Leitlinien der Kommission für ein sozialpolitisches Aktionsprogramm (Bull. EG 1973, Beilage 4) und der Ratsentschließung 1974 über ein sozialpolitisches Aktionsprogramm erlassen. Neben den RL zur Gleichbehandlung von Mann und Frau im Arbeitsrecht RL 75/117/ EWG (ABl. 1975 L 45/19) und RL 76/207/EWG (ABl. 1976 L 39/40), die heute alle durch die großen Richtlinien der Jahre 2000 ff abgelöst worden sind (unten Rn 4 ff), waren dies die RL 79/7/ EWG zur schrittweisen Verwirklichung des Grundsatzes der Gleichbehandlung von Männern und Frauen im Bereich der sozialen Sicherheit (ABl. 1979 L 6/24) und die RL 86/378/EWG zur Verwirklichung des Grundsatzes der Gleichbehandlung von Männern und Frauen bei den betrieblichen Systemen der sozialen Sicherheit (ABl. 1986 L 225/40) sowie die RL 86/613/EWG zur Verwirklichung des Grundsatzes der Gleichbehandlung von Männern und Frauen, die eine selbständige Erwerbstätigkeit – auch in der Landwirtschaft – ausüben, sowie über den Mutterschutz (ABl. 1986 L 359/56). Die RL 86/378/EWG wurde inzwischen durch die neue RL 2006/54/EG und die RL 86/613/EWG durch die RL 2010/41/EU (ABl. L 180 v. 15.7.2010, S. 1-6) aufgehoben. Die RL 79/7/EG ist damit die einzige große RL aus dieser ersten Zeit, die noch auf absehbare Zeit Gültigkeit haben wird. Sie enthält schon ein Verbot der direkten und der mittelbaren Diskriminierung, ohne diese Verbote näher zu definieren. Zudem gibt es in Art. 7 zahlreiche Ausnahmen.

3 Erst der **Amsterdamer Vertrag** von 1997 (ABl. C 340, S. 173) erweiterte Art. 141 EG durch die Ermächtigung in Abs. 3, in umfassendem Maße Recht im Bereich der „Chancengleichheit" und „Gleichbehandlung" von Männern und Frauen bezüglich Arbeits- und Beschäftigungsfragen zu setzen (jetzt Art. 157 Abs. 3 AEUV). Gleichzeitig erhielt die Gemeinschaft mit Art. 13 EG (jetzt Art. 19 AEUV) eine umfassende Basis im Primärrecht zum Erlass umfassender Regelungen der Gleichbehandlung, die – obwohl sie Einstimmigkeit im Rat voraussetzte und weiterhin in Art. 19 AEUV voraussetzt – zum Erlass wesentlicher Antidiskriminierungsrichtlinien führte, die weit über die Diskriminierung wegen des Geschlechts, die Lohngleichheit und das Arbeitsrecht hinausgingen. Vor allem bezieht sich die RL 2000/43/EG v. 29.6.2000 (ABl. L 180/22 v. 19.7.2000) zur Anwendung des Gleichbehandlungsgrundsatzes ohne Unterschied der Rasse oder der ethnischen Herkunft nicht nur auf das Beschäftigungsverhältnis, sondern „im Rahmen der auf die Gemeinschaft übertragenen Zuständigkeiten" auf den gesamten öffentlichen und privaten Bereich (Art. 3 Abs. 1). Die **Lissaboner Verträge** von 2007 haben die Bedeutung der Diskriminierungsverbote im Recht der Gemeinschaft noch einmal verstärkt. Art. 6 EUV bindet alle Organe der Union an die Grundrechte, wie sie in der Grundrechte-Charta und der EMRK enthalten sind, die beide einen ausführlichen Teil zum Verbot der Diskriminierung wegen aller einschlägigen Kriterien enthalten (Art. 20-26 Charta; Art. 14 EMRK). Zudem sind die Organe der EU gem. Art. 3 Abs. 3 Unterabs. 2 EUV gehalten, soziale Ausgrenzung und Diskriminierungen zu bekämpfen und soziale Gerechtigkeit und sozialen Schutz, die Gleichstellung von Frauen und Männern, die Solidarität zwischen den Generationen und den Schutz der Rechte des Kindes zu fördern, wie sie gem. Art. 8 AEUV bei allen ihren Tätigkeiten darauf hinwirken müssen, Ungleichheiten zu beseitigen und die Gleichstellung von Männern und Frauen zu fördern. Zusammen mit den speziellen Diskriminierungsverboten in der AEUV (Art. 19 und 157) erhalten die Diskriminierungsverbote damit eine sehr starke Bindungswirkung.

II. Das neue Antidiskriminierungsrecht der EU

4 Die **wesentlichen Merkmale dieses neuen Antidiskriminierungsrechts** sind:
- Es sind nunmehr alle Diskriminierungen (wegen der Rasse, Ethnie, Geschlecht, Religion oder Weltanschauung, der Behinderung, des Alters oder der sexuellen Ausrichtung) verboten.
- Für die Annahme einer mittelbaren Diskriminierung reicht es aus, dass „dem Anschein nach neutrale Vorschriften, Kriterien oder Verfahren Personen, die einer Rasse oder ethnischen

Gruppe angehören, in besonderer Weise benachteiligen *können*, ..." (Art. 2 Abs. 2 Nr. b RL 2000/43/EG). Hier wird der Schutz vorverlagert, als schon potentielle Diskriminierungen zu verhindern sind. Es werden alle möglichen Formen der Diskriminierung durch eine sehr offene Umschreibung des Diskriminierungstatbestandes erfasst („Vorschriften, Kriterien oder Verfahren"). Zudem reicht es aus, dass Personen „in besonderer Weise benachteiligt" werden können, dh es wird nicht mehr auf rein zahlenmäßige Relationen abgestellt.
- Das alte Diskriminierungsrecht basierte auf dem Gebot der Lohngleichheit zwischen den Geschlechtern in Art. 141 EG und der Abrundungskompetenz in Art. 308 EGV. Jetzt dagegen können auf der Basis des Art. 19 AEUV (= Art. 13 EG) alle möglichen Formen der Diskriminierung aller Personen unabhängig vom Arbeitsleben auf allen möglichen Feldern geahndet werden in Bezug auf „den Sozialschutz, einschließlich der sozialen Sicherheit und der Gesundheitsdienste", „die sozialen Vergünstigungen" und „den Zugang zu und die Versorgung mit Gütern und Dienstleistungen, die der Öffentlichkeit zur Verfügung stehen, einschließlich von Wohnraum" (Art. 3 Abs. 1 RL 2000/43/EG). Allerdings schöpft bisher nur die RL 2000/43/EG dieses breite Anwendungsfeld aus. Im Bereich der allgemeinen sozialen Sicherheit gibt es nur die alte RL 79/7/EWG, begrenzt auf die Diskriminierung wegen des Geschlechts, und eng begrenzt auf die Diskriminierung wegen der Rasse und ethnischen Herkunft die RL 2000/43/EG.
- Die neuen Richtlinien tragen den Problemen bei der Umsetzung des Antidiskriminierungsrechts stärker Rechnung. Sie sehen eine Umkehr der Darlegungs- und Beweislast für den Fall vor, dass die Betroffenen „Tatsachen glaubhaft machen, die das Vorliegen einer unmittelbaren oder mittelbaren Diskriminierung vermuten lassen" (Art. 8 RL 2000/43/EG), was schon in den arbeitsrechtlichen Diskriminierungsrichtlinien des letzten Jahrzehnts vor 2000 galt. Auch ist die „besondere Stelle", die mit der Durchführung der Richtlinie speziell beauftragt ist (Art. 13 RL 2000/43/EG), für die Umsetzung im gesamten sachlichen Geltungsbereich verantwortlich, dh auch für die Realisierung im Bereich des Sozialschutzes und der sozialen Sicherheit.
- Für den Bereich des öffentlichen Rechts ganz neu ist die Möglichkeit, dass Verbände sich im Namen der beschwerten Person oder zu ihrer Unterstützung im Einverständnis mit der beschwerten Person am Verwaltungs- und Gerichtsverfahren beteiligen können. In der letzten Alternative tun sie dies aus eigenem Recht, nicht als Vertreter der beschwerten Person. Spielraum hat hier das nationale Recht nur, als es die Kriterien festlegt, nach denen bestimmt wird, wann „Verbände, Organisationen oder andere juristische Personen" „ein rechtmäßiges Interesse daran haben, für die Einhaltung der Bestimmungen dieser Richtlinie zu sorgen".
- Flankiert wird das neue Recht der Durchsetzung durch ein Gebot effektiver, abschreckender Sanktionen, das Verbot der Viktimisierung (Benachteiligung als Reaktion auf eine Beschwerde wegen einer Diskriminierung) und öffentliche Dialog-, Unterrichtungs- und Berichtspflichten.

III. Übersicht über das Antidiskriminierungsrecht im Sozialrecht

Zusammenfassen lässt sich die Relevanz der Antidiskriminierungsrichtlinien der EU für das Sozialrecht in folgender Übersicht, die zugleich zeigt, dass zwar die innere Systematik der Richtlinien (Diskriminierungsbegriff; Beweislast), nicht aber der sachliche und persönliche Geltungsbereich vereinheitlicht sind:

Diskriminierungs-tatbestand	Gebiete	Genuines Sozial-versicherungs-recht	Sozialschutz, soziale Vergünstigungen, Bildung, Zugang zu + Versorgung mit Gütern und Dienstleistungen, Privatvers., Wohnraum	Arbeitsrecht + Arbeitsmarktrecht, betriebl. Altersversorgung	Zugang zu + Versorgung mit Gütern und Dienstleistungen: Privatversicherungsrecht	Allgemein (auch Sozial- und Arbeitsrecht)
Geschlecht		RL 79/7/EWG		RL 2006/54/EG	RL 2004/113/EG	
Rasse, Ethnie						RL 2000/43/EG
Religion/ Weltanschauung, Behinderung, Alter, sexuelle Ausrichtung			Geplante RL KOM(2008) 426	Rahmen-RL 2000/78/EG		

Die RL 2010/41/EU vom 7. Juli 2010 zur „Verwirklichung des Grundsatzes der Gleichbehandlung von Männern und Frauen, die eine selbständige Erwerbstätigkeit ausüben, und zur Aufhebung der Richtlinie 86/613/EWG" liegt quer zu diesen sachlichen Differenzierungen, als sie von ihrem sachlichen Geltungsbereich her den Bereich außerhalb der Richtlinien 2006/54/EG und 79/7/EWG erfassen soll (Art. 1 Abs. 1) und zB sowohl einen Anspruch auf Mutterschaftsurlaub und Mutterschaftsleistungen gibt (Art. 8) wie auch auf Einbezug der mitarbeitenden Ehe-/Lebenspartner in die vorhandenen Systeme der sozialen Sicherheit für Selbstständige begründet (Art. 7).

Artikel 19 AEUV

(1) Unbeschadet der sonstigen Bestimmungen der Verträge kann der Rat im Rahmen der durch die Verträge auf die Union übertragenen Zuständigkeiten gemäß einem besonderen Gesetzgebungsverfahren und nach Zustimmung des Europäischen Parlaments einstimmig geeignete Vorkehrungen treffen, um Diskriminierungen aus Gründen des Geschlechts, der Rasse, der ethnischen Herkunft, der Religion oder der Weltanschauung, einer Behinderung, des Alters oder der sexuellen Ausrichtung zu bekämpfen.

(2) Abweichend von Absatz 1 können das Europäische Parlament und der Rat gemäß dem ordentlichen Gesetzgebungsverfahren die Grundprinzipien für Fördermaßnahmen der Union unter Ausschluss jeglicher Harmonisierung der Rechts- und Verwaltungsvorschriften der Mitgliedstaaten zur Unterstützung der Maßnahmen festlegen, die die Mitgliedstaaten treffen, um zur Verwirklichung der in Absatz 1 genannten Ziele beizutragen.

I. Zweck, Stellenwert und Bedeutung 1	II. Einzelerläuterungen in Bezug auf die soziale Sicherheit 9
1. Art. 19 AEUV (= Art. 13 EG) kein Grundrecht, Kompetenznorm 1	1. Persönlicher Anwendungsbereich 9
2. Allg. Grundrecht auf Schutz vor Diskriminierungen auch mit Wirkung gegenüber den Mitgliedstaaten? 2	2. Allgemeiner sachlicher Anwendungsbereich 12
3. „Im Rahmen der durch die Verträge auf die Union übertragenen Zuständigkeiten" 5	3. Die Diskriminierungtatbestände 14
	a) Geschlecht 15
	b) Rasse und ethnische Herkunft 18
4. Zielrichtung des Antidiskriminierungsrechts 7	c) Religion und Weltanschauung 21
	d) Behinderung 22
	e) Alter 23
5. Auslegung des Diskriminierungsrechts 8	f) Sexuelle Ausrichtung 26

g) Multiple/mehrfache Diskriminierung.................................. 28
4. Formen der Diskriminierung, insbesondere unmittelbare und mittelbare Diskriminierung............................. 29
   a) Abgrenzung......................... 29
   b) Verhältnis Benachteiligung zum verwandten Kriterium („wegen")...... 30
   c) Unmittelbare Diskriminierung...... 31
   d) Mittelbare Diskriminierung........ 34
5. Probleme der mittelbaren Diskriminierung (vor allem im Sozialrecht)......... 37
   a) neutrale Regelung.................. 37
   b) Benachteiligung (in besonderer Weise)............................... 38
      aa) Besondere Benachteiligung: Gruppenbildung................ 40
      bb) Besondere Benachteiligung: Vergleichbarkeit der Gruppen 43
      cc) Besondere Benachteiligung: Ausmaß der Benachteiligung... 44
   c) Objektive Rechtfertigung der Diskriminierung....................... 46
      aa) Legitime Ziele der Sozialpolitik 49
      bb) Verhältnismäßigkeit............ 52

cc) Intensivere Prüfung der Verhältnismäßigkeit bei den arbeitsrechtlichen betrieblichen Sozialleistungen...................... 57
   d) Beweis- und Argumentationslast... 59
   e) Grundsätzliche Kompetenz der Gerichte der Mitgliedstaaten zur Konkretisierung..................... 65
6. Zulässigkeit von (diskriminierenden) Fördermaßnahmen im Sozialrecht...... 67
7. Folgen eines Verstoßes gegen das Verbot der Diskriminierung..................... 72
   a) Rückwirkung und ihre Begrenzung 73
   b) Geltung der günstigeren Regelung.. 74
   c) Anpassung durch verschlechternde Regelung?............................ 76
   d) Geltendmachung des Verstoßes – Zugang zum Gericht, Ausschlussfristen.............................. 77
   e) Schadensersatz wegen fehlerhafter Umsetzung des Diskriminierungsverbots................................. 79
8. Allgemeine Umsetzung der Richtlinien im deutschen Sozialrecht................ 82

I. Zweck, Stellenwert und Bedeutung

1. Art. 19 AEUV (= Art. 13 EG) kein Grundrecht, Kompetenznorm

Art. 19 AEUV (= Art. 13 EG) erfasst anders als Art. 18 AEUV (= Art. 12 EG) und Art. 157 AEUV 1 (= Art. 141 EG) spezielle Diskriminierungstatbestände. Es ist wohl ganz hM, dass er **keinen allg. Gleichheitssatz** statuiert und auch nicht – wie ein Grundrecht (Art. 18 AEUV oder die Grundfreiheiten) – direkt anwendbar ist oder gar horizontal zwischen den Bürgern der Gemeinschaft gilt (*Lenz*, in: *Lenz/Borchardt*, EUV/EGV, Art. 13, Rn 7, 11; *Epiney*, in: *Calliess/Ruffert* (Hrsg.), Das Verfassungsrecht der Europäischen Union, 3. Aufl., 2007, Art. 13 Rn 1 mwN). Denn Art. 19 AEUV (= Art. 13 EG) sieht ausdrücklich erst eine Umsetzung durch Sekundärrecht vor und bindet dies an das Verfahren der einstimmigen Beschlussfassung. Eine unmittelbare, grundrechtsgleiche Geltung würde diese Schranken überspielen. Art. 19 AEUV (= Art. 13 EG) ist also eine Ermächtigungsnorm zum Erlass von speziellem Antidiskriminierungsrecht. Die Richtlinien sind also auch an ihm zu messen.

2. Allg. Grundrecht auf Schutz vor Diskriminierungen auch mit Wirkung gegenüber den Mitgliedstaaten?

Der EuGH hat in seiner Entscheidung in der Rs. Mangold hervorgehoben, dass das Antidiskri- 2 minierungsrecht der Gemeinschaft nicht nur im Sekundärrecht der Richtlinien seine Grundlage findet, sondern die Diskriminierungsverbote unmittelbar und zwingend sowie direkt aus dem gemeinschaftsrechtlichen **Rechtsbestand allgemeiner Menschen- und Grundrechte** abzuleiten sind (EuGH, Rs. C-144/04 (Mangold), Slg 2005, I-9981, Rn 64 und 65 und 74 ff; kritisch *Reichold*, ZESAR 2006, 55-58; *Waas*, EuZW 2005, 583, 586 und *Reich*, EuZW 2006, 20, 21). In dieser Form gelte es auch unmittelbar gegenüber den Mitgliedstaaten und Trägern öffentlicher Gewalt und Aufgaben, wie den Trägern der Sozialversicherung und der Sozialhilfe, wie auch horizontal zwischen den Bürgern. An diese weitgehende Rspr hat der EuGH aber in späteren Urteilen bisher nicht wieder angeknüpft.

Allerdings vertritt der EuGH schon seit langem, dass das Gebot der Gleichbehandlung auch ein 3 **(ungeschriebenes) Grundrecht der Gemeinschaft** sei (EuGH, Rs. 1/72 (Frilli), Slg 1972, 457 Rn 19; EuGH, Rs. 117/76 und 16/77 (Ruckdeschel), Slg 1977, 1753 Rn 7). Auch hat er schon traditionell Grundrechte der Gemeinschaft aus dem (gemeinsamen) Bestand der Verfassungstraditionen der Mitgliedstaaten und aus den internationalen Menschenrechtskodifikationen abgeleitet, insbesondere aus der EMRK, der ja alle Mitgliedstaaten beigetreten sind (EuGH, Rs. C-249/96 (Grant), Slg 1998, I-621; EuGH, Rs. C-117/01 (K. B.), v. 7.1.2004, Rn 30 ff und EuGH, Rs. C-144/04 (Mangold), Slg 2005, I-9981). Er hat darin zu Recht auch durchweg hinsichtlich Methode und Ergebnis Zustimmung erfahren (*Bröhmer*, EuZW 2006, 71; *Rengeling*, Grundrechtsschutz in der EG, 1993; *Haag*, in: *Bieber/Epiney/Haag*, Die Europäische Union, 6. Aufl. 2005, S. 58 ff; *Walter*, in: *Ehlers* (Hrsg.), Europäische Grundrechte und Grundfreiheiten, 2003, S. 1 ff, 8 ff), so dass diese Rechtsfortbildung auch Basis für den Verzicht des BVerfG (BVerfGE 73, 339 – Solange II) ist, das Gemeinschaftsrecht auf seine Vereinbarkeit mit den Grundrechten des GG zu überprüfen. Auch für den Vorläufer des jetzigen Antidiskriminierungsrechts – das Recht des Verbots der Diskriminierung wegen des Geschlechts – hat der EuGH traditionell ein allgemeines Grundrecht des Verbots der Diskriminierung auf EU-Ebene postuliert (*Bieback*, 1997, S. 31 ff).

4   Diese grundrechtliche Fundierung des Antidiskriminierungsrechts der Gemeinschaft ändert aber nichts an dem Charakter des Art. 19 AEUV (= Art. 13 EG) als **Kompetenznorm**, die keine subjektiven Grundrechte gewährt (mit Wirkung im Privatrechtsverkehr, vgl *Bouchouaf/Richter*, JURA 2006, 651 mwN), und erweitert deshalb auch nicht den auf das Arbeitsrecht beschränkten Geltungsbereich der Diskriminierungsverbote der RL der Jahre 2000 ff in das Sozialrecht. Ein allgemeines aus dem Gemeinschaftsrecht abgeleitetes Grundrecht der Nichtdiskriminierung des Gemeinschaftsrechts gilt nur für die Gemeinschaftsorgane und nach der Rechtsprechung des EuGH nur dann für die Mitgliedstaaten, wenn sie Gemeinschaftsrecht durchführen (EuGH, Rs. C-144/04 (Mangold), Slg 2005, I-9981, Rn 67 ff). Ohne Sekundärrecht können die Diskriminierungsverbote der Gemeinschaft keine Wirkung gegenüber den Mitgliedstaaten entfalten. Für das Sozialrecht der Mitgliedstaaten fehlt es aber an solchen genuin gemeinschaftsrechtlichen Regelungen. Werden in einigen speziellen Bereichen Regelungen erlassen, wie in der RL 79/7/EWG das Verbot der Diskriminierung wegen des Geschlechts, dann gilt das gemeinschaftsrechtliche Grundrecht der Nichtdiskriminierung auch *nur* im Rahmen dieser Richtlinie und ihrer Schranken. Der EuGH hat in den Mangold nachfolgenden Urteilen deshalb auch nicht mehr auf seine sehr weitreichenden Aussagen zur Wirkung der allgemeinen Grundrechte der Gemeinschaft in der Rs. Mangold zurückgegriffen und kein allgemeines Diskriminierungsverbot der Gemeinschaft, das auch unmittelbar und allgemein gegenüber den Mitgliedstaaten und gar Privatpersonen wirkt, postuliert (vgl EuGH, Rs. C-427/06 (Bartsch), NJW 2008, 3417, Rn 14-25; EuGH, Rs. C-411/05 (Palacios), Slg 2007, I-8531).

3. „Im Rahmen der durch die Verträge auf die Union übertragenen Zuständigkeiten"

5   Die Maßnahme muss im Rahmen der durch die Verträge auf die Union übertragenen Zuständigkeiten liegen. Art. 19 AEUV (= Art. 13 EG) fügt also zu den schon bestehenden Zuständigkeiten der Union jeweils noch die Zuständigkeit für ein Antidiskriminierungsrecht hinzu. Der Gemeinschaftsgesetzgeber hat also keine allgemeine Kompetenz zum Erlass von (beliebigem) Antidiskriminierungsrecht. Er kann nur in jenen Bereichen Antidiskriminierungsrecht erlassen, in denen ihm die Sachkompetenz zusteht. Auf die Form der Ausübung dieser Kompetenz kommt es nicht an, da Art. 19 AEUV (= Art. 13 EG) die höchste oder schwierigste Gesetzgebungsstufe vorsieht, die Einstimmigkeit im Rat. Nur für Fördermaßnahmen ist gem. Abs. 2 das ordentliche Gesetzgebungsverfahren (Art. 289, 294 AEUV, früher Mitentscheidungsverfahren gem. Art. 251 EG) vorgesehen.

6   Zu den in Frage kommenden originären Kompetenzen der EU zählt auch jene für das **Sozial- und Arbeitsrecht** gem. 153 AEUV (= Art. 137 EG), die als Gegenstand der Rechtsetzung den Bereich der „sozialen Sicherheit und des sozialen Schutzes der Arbeitnehmer" (Abs. 3) umfasst, und bei

der das gleiche Gesetzgebungsverfahren vorgesehen ist wie nach Art. 19 Abs. 1 AEUV (= Art. 13 Abs. 1 EG).

4. Zielrichtung des Antidiskriminierungsrechts

Art. 19 AEUV (= Art. 13 EG) und das Antidiskriminierungsrecht der EU stehen in Zusammenhang mit dem internationalen Recht der Antidiskriminierung. Die Erwägungsgründe 1 bis 9 der meisten neuen Richtlinien, wie zB der RL 2000/78/EG, machen deshalb deutlich, dass das Recht der EU im Einklang steht mit den allgemeinen Garantien der Menschenrechte und der Gleichheit aller Menschen vor dem Gesetz und dem Schutz vor Diskriminierungen in den verschiedenen UN-Übereinkommen und Pakten sowie in der Europäischen Menschenrechtskonvention. Damit knüpft die Rahmenrichtlinie an jenes Verständnis des Gleichheitssatzes an, das eine enge Verbindung zwischen dem Gebot der Gleichbehandlung einerseits und den Freiheitsrechten sowie der Garantie der Menschenwürde andererseits betont. Die Diskriminierungsverbote sollen die gleiche Freiheit besonders gefährdeter Gruppen schützen (*Sacksofsky*, 1991, S. 274). Deshalb untersagen sie vertragliche wie staatliche Regelungen, welche die Individuen auf die dominanten gesellschaftlichen Muster und Stereotypen ihrer Gruppe festlegen und dadurch von Rechten ausschließen. So ist es nur konsequent, wenn die Erwägung Nr. 25 der RL 2000/78/EG als Ziel des Diskriminierungsschutzes die „Förderung der Vielfalt im Bereich der Beschäftigung" festlegt. Es geht nicht nur um die Herstellung (formaler) Gleichheit, sondern um die Freiheit, seinen individuellen Lebensentwürfen (auch in der Identität als Gruppenmitglied) entsprechend leben und Zugang zu allen Rechten und Leistungen eines Gemeinwesens haben zu können (vgl zu Antidiskriminierungsrechten als gruppenbezogenen Rechten vor Beeinträchtigung der Freiheit *Schiek,* 2000, S. 37-73; *Raasch,* 2004, S. 394).

5. Auslegung des Diskriminierungsrechts

Da Art. 19 AEUV (= Art. 13 EG) und das Antidiskriminierungsrecht der EU im **Zusammenhang mit dem internationalen Recht der Antidiskriminierung** stehen, ist es traditionell Rspr des EuGH, sie auch in dessen Kontext auszulegen; vor allem gilt dies für die internationalen Abkommen (vor allem des Europarats) zu den Menschenrechten, die von allen oder doch fast allen Mitgliedstaaten unterzeichnet sind und denen die EU beigetreten ist oder sich angeschlossen hat, wie der EMRK (vgl EuGH, Rs. C-249/96 (Grant) Slg 1998, I-621; EuGH, Rs. C-117/01 (K. B.), v. 7.1.2004, Rn 30 ff und EuGH, Rs. C-144/04 (Mangold), Slg 2005, I-9981); s. Rn 3. Deshalb sind die Abkommen im Zweifel zur Klärung des Bedeutungsgehalts der Vorschriften des Gemeinschaftsrechts der Antidiskriminierung mit heranzuziehen.

II. Einzelerläuterungen in Bezug auf die soziale Sicherheit

1. Persönlicher Anwendungsbereich

Mit Art. 19 AEUV (= Art. 13 EG) hat das Europäische Antidiskriminierungsrecht endgültig die Beschränkung des persönlichen Geltungsbereichs auf Arbeitnehmer und ihnen Gleichgestellte verlassen und gilt nunmehr für **alle Unionsbürger,** darüber hinaus auch für Drittstaatsangehörige, da Art. 19 AEUV (= Art. 13 EG) keine Beschränkung der personellen Reichweite enthält und es bei ihm um Diskriminierungen gegenüber allen Menschen geht (*Epiney,* in: *Calliess/Ruffert* (Hrsg.), Das Verfassungsrecht der Europäischen Union, 3. Aufl. 2007, Art. 13 Rn 5; *Holoubek,* in: *Schwarze* (Hrsg.), EU-Kommentar, Art. 13 EGV Rn 7; *Zuleeg,* in: GS, EUV/EGV, Art. 13 Rn 13). Zum persönlichen Anwendungsbereich der einzelnen Richtlinien siehe jeweils dort.

Die Diskriminierungsverbote schützen zuerst einmal die Person, die das verbotene Merkmal trägt. Eine Diskriminierung dieser Person kann aber auch darin liegen, dass man Personen, die mit dieser Person gerade wegen des verbotenen Kriteriums sehr eng verbunden sind, wie zB die pflegenden

Eltern einer behinderten Person, in den Schutzbereich einbezogen werden müssen (so EuGH, Rs. C-303/06 (Coleman), EuZW 2008, 497; zustimmend *Welti*, ZESAR 2009, 148).

11 Das Antidiskriminierungsrecht soll zwar nur konkrete, individuelle Personen vor Diskriminierungen schützen. Bei an die Allgemeinheit gerichteten Äußerungen kann es aber für eine im Sinne der Richtlinien verbotene Diskriminierung ausreichen, dass eine Diskriminierung **angedroht** wird: „Die öffentliche Äußerung eines Arbeitgebers, er werde keine Arbeitnehmer einer bestimmten ethnischen Herkunft oder Rasse einstellen, begründet eine unmittelbare Diskriminierung bei der Einstellung im Sinne des Art. 2 Abs. 2 Buchst. a Richtlinie 2000/43/EG ..., da solche Äußerungen bestimmte Bewerber ernsthaft davon abhalten können, ihre Bewerbungen einzureichen, und damit ihren Zugang zum Arbeitsmarkt behindern". Hier reicht also der „potentielle" Betroffene aus (zustimmend *Reich*, EuZW 2008, 229).

2. Allgemeiner sachlicher Anwendungsbereich

12 Art. 19 AEUV (= Art. 13 EG) bezieht sich nur auf die dort aufgeführten Diskriminierungstatbestände. Auf seiner Grundlage können Regelungen erlassen werden, die die Organe der Gemeinschaft selbst wie auch die Mitgliedstaaten und ihre Verwaltungsträger und Behörden und schließlich auch Private in den Mitgliedstaaten untereinander verpflichten.

13 **Diskriminierung** ist in Entsprechung zum sonstigen Recht der Gleichbehandlung der EU, insbesondere zu Art. 18 AEUV (= Art. 12 EG), die formelle wie die materielle Diskriminierung. Bei ihrer Bekämpfung geht es um die Herstellung von Rechtsgleichheit. Art. 19 AEUV (= Art. 13 EG) ermächtigt aber zu allen Maßnahmen der Bekämpfung von Diskriminierungen, also auch zu positiven Maßnahmen, was schon Art. 19 Abs. 2 AEUV (= Art. 13 Abs. 2 EG) deutlich macht. Denn zur Bekämpfung von Diskriminierungen reichen rechtliche Maßnahmen nicht aus, es ist vielmehr an der tatsächlichen Lebenslage und den Einstellungen anzusetzen und es sind soziale Strukturen und Verhaltensweisen, Rollenverteilungen, wirtschaftliche und soziale Verhältnisse, Machtverhältnisse zu beeinflussen.

3. Die Diskriminierungstatbestände

14 So unterschiedlich die einzelnen Diskriminierungstatbestände auch sind, es dürfte mittlerweile unstrittig sein, das es sich bei den einzelnen Merkmalen nicht oder nicht ausschließlich um „feste" biologische oder „natürliche" Eigenheiten, sondern um Zuschreibungen handelt (vgl ausführlicher zu den einzelnen Merkmalen in diesem Sinne *Rust*, in: *Rust/Falke* (Hrsg.) AGG, § 1). Es ist gerade das Besondere der Diskriminierung, dass die einzelne Person nicht als Einzelner und Person, sondern als Teil einer Gruppe behandelt wird und diese Behandlung unangemessen, herabwürdigend und benachteiligend ist.

a) Geschlecht

15 Die Diskriminierung wegen des Geschlechts ist das Diskriminierungsmerkmal, das schon lange im EG-Recht verboten war. Die wichtigste Form der unmittelbaren Diskriminierung wegen des Geschlechts ist (nur noch) die **Diskriminierung wegen der Schwangerschaft**. Sie wird durchgängig vom EuGH als eine unmittelbare Diskriminierung wegen des Geschlechts angesehen, da hier an ein Merkmal angeknüpft wird, das nur von Frauen erfüllt werden kann (EuGH, Rs. 177/88 (Dekker), Slg 1990, I-3941; EuGH, Rs. C-109/00 (Tele Danmark), Slg 2001, I-6993). Wegen der Allgegenwart der Teilung gesellschaftlicher Rollen entlang des Geschlechts gibt es unzählige Formen der mittelbaren Diskriminierung wegen des Geschlechts, wie zB die nach Teilzeitarbeit, häufigerer Unterbrechung des Erwerbslebens – alles immer noch Muster, die Frauen stärker als Männer realisieren.

16 Der **Begriff des Geschlechts** ist weit auszulegen und erfasst zB auch Transsexuelle und Transvestiten. Eine Ungleichbehandlung wegen des Geschlechts ist auch die Ungleichbehandlung Trans-

sexueller, wenn ihnen die Eheschließung verboten wird und sie dann ein Heiratserfordernis als Voraussetzung für eine Hinterbliebenenrente nicht erfüllen können (EuGH, Rs. C-117/01 (K. B.), v. 7.1.2004, Rn 30 ff und EuGH, Rs. C-423/04 (Richards), Slg 2006, I-3585; kritisch zu diesem Ansatz in früheren Urteilen *Puissochet,* in: FS Oppermann, 2000, S. 243, 251/2). Geschlecht ist deshalb nicht nur biologisch, bipolar, sondern muss auch **sozio-kulturell** verstanden werden (vgl die Darstellung der Probleme bei GA v. 6.9.2007 in EuGH, Rs. C-267/06 (Maruko), Slg 2008, I-1757, Rn 83 ff). Zur Abgrenzung gegenüber dem Merkmal der sexuellen Orientierung vgl unten Rn 27.

Wie die ganze Erfahrung mit dem Diskriminierungsschutz zeigt, ist die Diskriminierung wegen 17 des Geschlechts noch immer der wichtigste Diskriminierungstatbestand im Sozial- und Arbeitsrecht. Auf ihn beziehen sich zumindest wesentliche Normen des Primärrechts (Art. 8 und Art. 157 AEUV) und die meisten Richtlinien der EG (s. Vorbemerkung vor Art. 19 AEUV Rn 2, 4 ff).

b) Rasse und ethnische Herkunft

Zur Definition siehe ausführlicher unten Art. 1 RL 2000/43/EG. Rasse ist ein soziales Konstrukt, 18 eine Vorstellung und Zuschreibung bestimmter Merkmale und Eigenschaften an einen selbst wie an andere Personen und Personengruppen, oft verbunden mit sozialer Auf- bzw öfter Abwertung, Macht- und Gewaltbeziehungen. In dieser Form wird „Rasse" als Rechtsbegriff aufgegriffen und bezieht sich nicht etwa auf eine (irgendwie) objektivierbare Existenz biologischer Menschenrassen, sondern eine soziale Praxis der Aussonderung und Zuschreibung (*Barskanmaz*, KJ 2011, 382). Das macht der Erwägungsgrund Nr. 6 zur RL 2000/43/EG deutlich: „Die Europäische Union weist Theorien, mit denen versucht wird, die Existenz verschiedener menschlicher Rassen zu belegen, zurück. Die Verwendung des Begriffs ‚Rasse' in dieser Richtlinie impliziert nicht die Akzeptanz solcher Theorien." Es ist also nur entscheidend, ob das die Benachteiligung auslösende bzw ihr zuzurechnende Merkmal Teil einer (üblichen) Rassenzuschreibung ist (*Wendeling/Stein*, § 1 AGG Rn 10).

Zwar hat die „ethnische Herkunft" oft eine abstammungsmäßige Grundlage (sie allein betonend 19 *Zuleeg,* in: *von der Groeben/Schwarze* (Hrsg.), Kommentar zum EU-/EG-Vertrag, 6. Aufl., 2003, Art. 13 Rn 7), sie ist aber letztlich – wie „Rasse" – ein soziales Konstrukt, eine Vorstellung und Zuschreibung bestimmter Merkmale und Eigenschaften an einen selbst wie an andere Personen und Personengruppen („multiethnischen Identitäten" und Migration). Es geht also schlicht um „Zugehörigkeit" als gesellschaftlich wirksame Kategorie der Identifizierung anderer und seiner selbst. Als Unterscheidungsmerkmal steht es in einem problematischen Verhältnis zur Unterscheidung nach der Staatsangehörigkeit. Im EU-Kontext ist sie insoweit unproblematisch, weil diese Unterscheidung schon nach Art. 18 AEUV (= Art. 12 EG) untersagt ist.

Die meisten Regelungen des Arbeits- und Sozialrechts dürften keine, auch keine mittelbaren Dif- 20 ferenzierungen nach Rasse oder Ethnie erkennen lassen. Anders ist es, wenn man auf wesentliche Elemente der ethnischen Identifizierung abstellt, der Sprache (nicht nur der „autochthonen" Minderheiten, die unter das Rahmenübereinkommen zum Schutz nationaler Minderheiten des Europarats v. 1.2.1995 (BGBl. 1997 II, S. 1406) fallen, sondern auch der Einwanderer) und umfassenden soziokulturellen Orientierungen (Nichtsesshaftigkeit). Dazu RL 2000/43/EG Art. 2, Rn 2.

c) Religion und Weltanschauung

Da Religion und Weltanschauung gemeinsam genannt werden, muss man nicht versuchen, zwi- 21 schen ihnen präzise zu unterscheiden. Weltanschauung dürfte – gerade in Verbindung mit Religion – eher umfassendere „Welterklärungen" meinen und sich nicht nur auf eine politische, wissenschaftliche oder ästhetische „Weltanschauung" oder nur modische Orientierungen beschränken. Zu den Definitionen vgl *Wendeling/Stein*, § 1 AGG Rn 32 ff mwN.

d) Behinderung

22 Die Behinderung ist als eigenständiger Begriff des Gemeinschaftsrechts zu verstehen und kann nicht mit den sehr unterschiedlichen nationalen Definitionen und Verfahren ihrer Feststellung vermengt werden. Hier bietet es sich an, an den weiten Begriff der WHO anzuknüpfen, der als Behinderung jede Schädigung, Funktionsbeeinträchtigung und Teilhabeeinschränkung ansieht (vgl *Welti*, Behinderung und Rehabilitation im sozialen Rechtsstaat, 2005, S. 63 ff) Dies hat der EuGH auch getan (EuGH, Rs. C-13/05 (Navas), Slg 2006 I-6467). Für den Unterschied zur Krankheit hat der EuGH es vor allem auf den Moment der Dauer abgestellt (ebd Rn 45 – zum Begriff in der RL 2000/78/EG und nicht zu Art. 19 AEUV). Hierzu liegt beim EuGH ein Voranfrageverfahren (Rs. C-337/11 (Skouboe Werge), verb. Rs. C-335/11, C-337/11).

e) Alter

23 „Jugend" und „Alter" sind komplexe soziokulturelle Konstruktionen und nicht gleichsam naturhafte Stadien. Moderne Gesellschaften bauen ihre Rationalität in hohem Maße über Standardisierungen durch Altersgrenzen in der Erwerbstätigkeit auf. Alter bedeutet damit ganz allgemein die Verwendung eines Merkmals des „Alters", sei es des Lebensalters gemessen nach Jahren, sei es eines mit dem Lebensalter üblicherweise verbundenen anderen Merkmals (lange Dauer eines Zustands wie der Betriebszugehörigkeit oder der Beitragszahlung). Diskriminierungsrelevant ist aber insbesondere das „alte" Alter mit den damit verbundenen Stereotypen (im Einzelnen *Rust*, in: *Rust/Falke* (Hrsg.) AGG, § 1 Rn 83 ff).

24 Im Gegensatz zu den anderen Diskriminierungstatbeständen hat das Kriterium Alter damit **Besonderheiten** (*Meenan*, 2003, S. 9,12; *Reichhold*, 2005, S. 1275; vorsichtiger *Schmidt*, 2004, S. 244; zu unterschiedlicher Einteilung der Diskriminierungskriterien *Bell/Waddington*, 2003, S. 349-369 und *Schiek*, 2004, S. 290, 308):

- „Alter" ist keine „feste" Zuschreibung – sie trifft auf alle Menschen jederzeit zu, denn wir alle durchlaufen ständig wechselnde Stadien von „Alter"; solche Stufen und permanente, gleitende Übergänge gibt es bei den anderen Diskriminierungstatbeständen wie Rasse, Religion oder Herkunft nicht.
- In sozialpolitischen Regelungen wird „Alter" deshalb vielfältig verwandt und
- fällt oft mit anderen Diskriminierungstatbeständen zusammen (zB Behinderung oder Geschlecht).

25 Diese Besonderheiten wie auch die Rücksicht auf die vorrangige Kompetenz der Mitgliedstaaten in der Sozialpolitik führen dazu, dass die RL 2000/78/EG das Verbot der Diskriminierung wegen des Alters anders als die anderen Diskriminierungsverbote ausgestaltet hat:

- Grundsätzlich gilt, dass unmittelbare Diskriminierungen nur in seltenen, von der Richtlinie und den an sie anschließenden nationalen Gesetzen genau beschriebenen Fällen möglich sind, so zB in Art. 4 RL 2000/78/EG, wenn das an sich verbotene Kriterium „eine wesentliche und entscheidende berufliche Anforderung" wegen „der Art einer bestimmten beruflichen Tätigkeit oder der Bedingungen ihrer Ausübung" darstellt. Dagegen sind einzig bei der Altersdiskriminierung aus allen möglichen Gründen Ungleichbehandlungen erlaubt, „sofern sie objektiv und angemessen sind und im Rahmen des nationalen Rechts durch ein legitimes Ziel, worunter insbesondere rechtmäßige Ziele aus den Bereichen Beschäftigungspolitik, Arbeitsmarkt und berufliche Bildung zu verstehen sind, gerechtfertigt sind und die Mittel zur Erreichung dieses Ziels angemessen und erforderlich sind" (Art. 6 Rahmenrichtlinie) (*Waltermann*, 2005, 1265, 1267; skeptisch zu diesen Ausnahmen *Schmidt*, 2004, 252).
- Zudem sind die Fälle, deretwegen Art. 6 RL 2000/78/EG Diskriminierungen wegen des Alters erlaubt, so zahlreich, dass die Wirkungen des Diskriminierungsrechts sich darauf beschränken, die Verhältnismäßigkeit dieser Schrankenziehungen zu überprüfen (vgl insoweit die sehr intensive Kontrolle in EuGH, Rs. C-144/04 (Mangold), Slg 2005, I-9981; weitgehend zu-

rückgenommen in EuGH, Rs. C-411/05 (Palacios), Slg 2007, I-8531, vgl auch *Reichold*, ZESAR 2008, 50/51). Einschränkungen sind zulässig zum Schutz von Jugendlichen und älteren Arbeitnehmern, in der beruflichen Bildung und Ausbildung, den Mindestanforderungen an Alter und Berufserfahrung sowie dem Höchstalter für die Einstellung, um eine angemessene Beschäftigungszeit vor dem Eintritt in den Ruhestand sicherzustellen; weitgehend zugelassen sind sie auch bei der Ausgestaltung betrieblicher Systeme der sozialen Sicherheit.

f) Sexuelle Ausrichtung

Die „sexuelle Ausrichtung" betrifft nicht nur hetero- oder homosexuelle Ausrichtungen und Paare, sondern auch die Ausübung sexueller Praktiken. 26

Der EuGH hatte früher mehrfach die Benachteiligung von gleichgeschlechtlichen Paaren nicht als Diskriminierung wegen des Geschlechts angesehen, weil ja sowohl Männer als auch Frauen, welche in gleichgeschlechtlichen Beziehungen leben, in gleichem Maße betroffen seien (EuGH, Rs. C-249/96 (Grant), Slg 1998, I-621; EuGH, Rs. C-122/99 P und C-125/99 P (Deutschland/Rat), Slg 2001, I-4319). Vielmehr ist es eine Diskriminierung wegen der sexuellen Orientierung, was der EuGH dann nach Erlass der Rahmenrichtlinie auch entschieden hat (EuGH, Rs. C-267/06 (Maruko), Slg 2008, I-1757). GA Colomer (Rs. C-117/01 (K. B.), Slg 2004, I-541, Rn 61) hatte im Fall einer Geschlechtsumwandlung den Ausschluss gleichgeschlechtlicher Paare von Hinterbliebenenrenten und in Übereinstimmung mit ihm der EuGH (EuGH, Rs. C-117/01 (K. B.), Slg 2004, I-541) die Diskriminierung wegen des Geschlechts allerdings dann darin gesehen, dass einem Transsexuellen entsprechend seinem neuen Geschlecht eine Eheschließung verwehrt sei. Auch dem ist zuzustimmen, weil hier die Differenzierung an dem Geschlecht und seiner „Historie" (nicht „natürlich" von Geburt an, sondern erst „erworben" nach einem Eingriff) anknüpft. 27

g) Multiple/mehrfache Diskriminierung

Wie das nationale deutsche Recht kennt auch das EU-Recht keine Regeln, wie ein Fall multipler/ mehrfacher Diskriminierung, bei dem also wegen mehrerer Gründe benachteiligt wird, zu behandeln ist. Vor allem ermöglicht es die Anknüpfung arbeitsrechtlicher und sozialrechtlicher Regeln an das ungleiche Rentenzugangsalter von Männern und Frauen, Unterscheidungen nach dem Alter (meist direkte Diskriminierungen) zu treffen, die zugleich solche nach dem Geschlecht (meist mittelbare Diskriminierungen) sind. Zu Recht wird moniert, der EuGH habe sich in solchen Fällen meist auf einen Aspekt und dann oft auf den eher zulässigen einer Altersdiskriminierung beschränkt (so *Schiek*, CMLRev 2011, 777, 793 ff.; *Koldinska*, CMLRev 2011, 1599, 1617 ff). Dabei ist von dem Ansatzpunkt her, dass es bei dem Schutz vor Diskriminierungen um ein Menschenrecht geht, die Lösung an sich nahe liegend, dass jenes Schutzniveau anzuwenden ist, das am weitesten geht (*Schiek*, ebd, 796/7 mwN). Dies ist auch der Grundsatz des § 4 AGG (vgl *Rust*, in: *Rust*, AGG, § 4 Rn 1 ff). 28

4. Formen der Diskriminierung, insbesondere unmittelbare und mittelbare Diskriminierung

a) Abgrenzung

Traditionell werden unter dem Verbot der Diskriminierung sowohl das Verbot der unmittelbaren Diskriminierung wie das Verbot der mittelbaren Diskriminierung gefasst. Diese Differenzierung war noch nicht in Art. 119 EWGV und ist weiterhin nicht in Art. 157 AEUV (= Art. 141 EG) enthalten. Sie wurde jedoch sehr früh in alle Antidiskriminierungsrichtlinien der EWG/EG aufgenommen, dann vom EuGH definiert (dazu *Bieback*, 1997, S. 22 ff) und in alle neueren Richtlinien auch ausdrücklich übernommen (Art. 2 RL 2000/43/EG und RL 2000/78/EG). Der EuGH vertrat deshalb zu Recht, dass unter „Diskriminierung" in Art. 141 Abs. 2 S. 2 EG (jetzt Art. 157 Abs. 2 S. 2 AEUV) sowohl die unmittelbare wie die mittelbare Diskriminierung zu verstehen sei (EuGH, Rs. 96/80 (Jenkins), Slg 1981, 911, 926). 29

b) Verhältnis Benachteiligung zum verwandten Kriterium („wegen")

30 Unklar ist die Art der Beziehung (1) zwischen dem Kriterium, an dem die Regelung/Maßnahmen anknüpft und dem verpönten Merkmal und (2) dem verpönten Merkmal und der Benachteiligung („wegen"). Sie wird bei der unmittelbaren Diskriminierung klar für (1) als direkte Verbindung und für (2) als Kausalität verstanden. So verlangt der EuGH für (1), dass das Differenzierungsmerkmal „untrennbar" mit dem verpönten Merkmal verbunden sei (EuGH v. 12.10.2010, Rs. C-499/08 (Andersen), ZESAR 2011, 138, Rn 23). Bei der mittelbaren Diskriminierung ist beides offen (ausführlich *Rebhahn/Kietaibl*, RW 4/2010, 373 ff; *Schlachter*, RdA 2010, 104). Bei ihr geht es gerade um die Ahndung von Benachteiligungen, die eben nicht eindeutig einer bestimmten Handlung zuzuordnen und eng und strikt mit dem verpönten Merkmal verbunden sind. Hier wird die Frage der „Verbindung" und „Kausalität" auf die Ebene der Rechtfertigung verlagert, weil eine mittelbare Diskriminierung nicht vorliegt, wenn die Benachteiligung durch andere legitime Gründe gerechtfertigt werden kann, also (auch und überwiegend) mit anderen Gründen zusammenhängt. Nur bei einem so offenen Verständnis ist es auch möglich, dass eine Erziehungsperson in den Schutz vor mittelbarer Diskriminierung ihres Kindes einbezogen werden kann (EuGH, Rs. C-303/06 (Coleman), Slg 2008, I-5603; *Schlachter*, ebd.).

c) Unmittelbare Diskriminierung

31 Die **unmittelbare Diskriminierung** verwendet direkt im Normtext selbst das verbotene Kriterium. Unmittelbare Diskriminierungen dürfte es nicht mehr oder nur noch selten im Recht der Mitgliedstaaten geben, bis auf jene Ausnahmen, die das EG-Recht ausdrücklich erlaubt, wie die Differenzierung aufgrund der Schwangerschaft und Mutterschaft sowie des Mutterschutzes (Art. 4 Abs. 2 RL 79/7/EWG; Art. 8 RL 86/613/EWG; Art. 3 Abs. 2 lit. c) RL 2006/54/EG) oder die Diskriminierung wegen des Alters (Art. 6 RL 2000/78/EG).

32 Zur unmittelbaren Diskriminierung zählen auch die sogenannten **versteckten Diskriminierungen**, bei denen zB kein direkt geschlechtsbezogenes Kriterium gewählt wird, aber schon vom allgemeinen Verständnis des Begriffs her **nur ein Geschlecht die gesetzliche Voraussetzung erfüllen kann,** sei es aus tatsächlichen (Schwangerschaft so EuGH, Rs. 171/88 (Dekker), Slg 1990, I-3941), sei es aus rechtlichen Gründen (Wehrdienst; Regelaltersruhegeld ab dem 60. Lebensjahr nur für Frauen, so House of Lords in James v. Eastleigh Borough Council (1990) IRLR 288 (HL) und EuGH, Rs. C-356/09 (Kleist), NJW 2011, 39, Rn 31 ff). Hier ist dann das verwandte Kriterium tatsächlich oder rechtlich ausschließlich mit einem Geschlecht verbunden, was eine Anwendung der Regeln der direkten Diskriminierung rechtfertigt (Vgl auch EuGH, Rs. C-196/02 (Nikoloudi), Slg 2005, I-1789, Rn 36; EuGH, Rs. C-132/92 (Birds Eye Walls), Slg I-5579; EuGH, Rs. C-116/06 (Kiiski), Slg 2007, I-7643; *Tobler/Waaldijk*, CMLR 2009, 723, 738-740; *Rust*, in: *Rust/Falke* (Hrsg.), AGG, § 3 Rn 23).

33 Neben Diskriminierungen durch Verwendung von **Altersangaben** ist die wichtigste Form der unmittelbaren Diskriminierung wegen des Geschlechts die Diskriminierung wegen der **Schwangerschaft**. Sie wird durchgängig vom EuGH als eine unmittelbare Diskriminierung angesehen, da hier an ein Merkmal angeknüpft wird, das nur von Frauen erfüllt werden kann (EuGH, Rs. 177/88 (Dekker), Slg 1990, I-3941; EuGH, Rs. C-109/00 (Tele Danmark), Slg 2001, I-6993). Hier ist die Prüfung des EuGH sehr strikt. Er lässt keine sachlichen Gründe für eine benachteiligende Ungleichbehandlung von Schwangeren zu. So darf selbst nicht wegen eines Beschäftigungsverbotes auf Grund der Schwangerschaft der Zugang zu einer Beschäftigung versagt oder ein Beschäftigungsverhältnis gekündigt werden (EuGH, ebenda, sowie EuGH, Rs. C-32/93 (Webb), Slg 1994, I-33567, Rn 26). Allerdings ist es möglich, dass zB ein Arbeitgeber die Gewährung einer Leistung davon abhängig macht, dass ein aktives Beschäftigungsverhältnis besteht und für den Zeitraum, für den die Leistung gewährt wird, bestanden hat, und deshalb Personen ausschließen kann, die wegen eines Elternurlaubs/Erziehungsurlaubs aus dem Beschäftigungsverhältnis ausgeschieden sind oder das Beschäftigungsverhältnis ruhen lassen (EuGH, Rs. C-333/97 (Lewen), Slg 1999,

I-7243). Da Frauenfördernde Maßnahmen nunmehr gem. Art. 157 Abs. 4 AEUV (= Art. 141 Abs. 4 EG) zulässig sind, ist auch die Begünstigung von schwangeren Frauen zB durch eine Beihilfe beim Antritt ihres Mutterschaftsurlaubs zulässig, solange die Beihilfe direkt Nachteile, die mit der Schwangerschaft und dem Mutterschaftsurlaub verbunden sind, ausgleicht (EuGH, Rs. C-218/98 (Abdulaye u a.), Slg 1999, I-5723). Das BSG hat sich dieser Rspr des EuGH angeschlossen (10.12.1998, NZS 1999, 393).

d) Mittelbare Diskriminierung

Mit den neuen Diskriminierungsrichtlinien auf der Basis des Art. 19 AEUV (= Art. 13 EG) hatte die Kommission im Gesetzgebungsprozess eine erheblich **präzisere Fassung des Begriffs** der mittelbaren Diskriminierung durchsetzen können (RL 2000/43/EG Art. 2 Abs. 2 b sowie RL 2000/78/ EG Art. 2 Abs. 2 b), die auch in der RL 2006/54/EG (Art. 2 Abs. 1 lit. b) übernommen wurde. Sie entspricht der Fassung der mittelbaren Diskriminierung, wie sie der EuGH für das Freizügigkeitsrecht bestimmt hat (EuGH, Rs. C-237/94 (O'Flynn), Slg 1996, I-2617, Rn 18; *Högenauer*, 2002, 95 ff; *Schmidt/Senne*, RdA 2002, 80, 83). Diese neue Definition lautet (Art. 2 RL 76/207/ EWG idF RL 2002/73/EG): 34

1. wenn dem Anschein nach neutrale Vorschriften, Kriterien oder Verfahren
2. Personen mit einem der Merkmale in besonderer Weise gegenüber Personen ohne dieses Merkmal benachteiligen können,
3. es sei denn, die betreffenden Vorschriften, Kriterien oder Verfahren sind durch ein rechtmäßiges Ziel sachlich gerechtfertigt und die Mittel sind zur Erreichung dieses Ziels angemessen und erforderlich.

Gegenüber der alten Definition der mittelbaren Diskriminierung durch den EuGH ist diese Definition offener, weil sie im zweiten Kriterium nur noch schlicht auf eine „besondere" Benachteiligung abstellt und nicht mehr verlangt, diese müsse einen „wesentlich höheren Anteil" der besonders geschützten Personengruppe betreffen. Unbestritten ist allerdings, dass für die besondere Benachteiligung weiterhin ein statistischer Nachweis zulässig ist, worauf auch die Erwägungsgründe in allen neuen Richtlinien hinweisen: RL 2002/73/EG Erwägungsgrund 10; RL 2000/78/ EG Erwägungsgrund 15; RL 2000/43 EG Erwägungsgrund 15. Klarer ist jetzt auch das dritte Kriterium, die Rechtfertigungsprüfung, gefasst worden. Einmal muss die benachteiligende Regelung etc. der Verfolgung eines rechtmäßigen Ziels dienen, dh eines Ziels, das nicht selbst (geschlechts- etc.) diskriminierend ist, und zum anderen muss die Regelung zur Erreichung dieses Ziels „angemessen" und „erforderlich" sein. 35

Diese neue Fassung gilt **auch für** das Verbot der mittelbaren Diskriminierung im **Sozialrecht** gemäß Art. 4 RL 79/7/EWG. Dafür spricht, dass Art. 4 RL 79/7/EWG die mittelbare Diskriminierung nicht definiert, sondern dies der Rechtsprechung überlässt. Damit ist die RL 79/7/EWG offen für eine Neufassung/Präzisierung durch die Rechtsprechung, die hierbei späteres Recht in anderen Gebieten berücksichtigen kann, wenn nicht gar muss. Der **EuGH verwendet aber weiterhin noch die alte Definition**, die bei dem Kriterium (2) stärker auf die quantitativ/statistischen Aspekte der Benachteiligung abhebt: „in ihrer Anwendung aber wesentlich mehr Frauen als Männer benachteiligt" (EuGH, Rs. C-537/07 (Gómez-Limón Sánchez-Camacho), Slg 2009, I-6525, Rn 54 mwN; EuGH, Rs. C-123/10 (Brachner), Juris, Rn 56). 36

5. Probleme der mittelbaren Diskriminierung (vor allem im Sozialrecht)

a) neutrale Regelung

Dieses Kriterium dient der **Abgrenzung zur direkten Diskriminierung**. Da die direkte Diskriminierung im Gegensatz zur mittelbaren Diskriminierung nicht oder nur in wenigen Ausnahmefällen rechtfertigbar ist, sind die Unterscheidung zwischen der direkten und der mittelbaren Diskriminierung und damit die Definition der „neutralen Kriterien" wichtig. In der Regel ist die Abgren- 37 zung nicht zweifelhaft. „**Neutral**" sind Kriterien, die zB beide Geschlechter grundsätzlich erfüllen können, die faktisch aber nur oder überwiegend von einem Geschlecht realisiert werden. „Neutral" sind die Kriterien nur im sprachlichen Sinne, als die verwandten Begriffe nicht zwangsläufig nur Mitglieder einer Gruppe ansprechen; zB können tatsächlich und rechtlich auch Männer Teilzeit arbeiten. Dagegen zeigt die nähere Prüfung des Kriteriums, vor allem die ungleiche Betroffenheit von Personen der geschützten Gruppe, dass das Kriterium nur „scheinbar" neutral ist – was die Richtlinien in der Definition der „mittelbaren Diskriminierung" auch immer deutlich ausdrücken. Sind die Merkmale aber **ausschließlich** mit einem Geschlecht verbunden, wie Schwangerschaft, liegt eine direkte Diskriminierung vor (oben Rn 30).

b) Benachteiligung (in besonderer Weise)

38 Das Merkmal der „Benachteiligung in besonderer Weise" hatte der EuGH früher stark **numerisch** definiert: „Wesentlich größere Anzahl von Frauen als Männer" (EuGH, Rs. 170/84 (Bilka), Slg 1986, 1607, Rn 24; EuGH, Rs. 171/88 (Rinner-Kühn), Slg 1989, 2743 Tenor) bzw „prozentual erheblich weniger Männer als Frauen" (EuGH, Rs. 170/84 (Bilka), Slg 1986, 1607, Rn 29; EuGH, Rs. 171/88 (Rinner-Kühn), Slg 1989, 2743, 2760, Rn 11; EuGH, Rs. 33/89 (Kowalska), Slg 1990, I-2591, Rn 13) oder „einen viel höheren Prozentsatz der Frauen als der Männer" (EuGH, Rs. C-343/92 (Roks), Slg 1994, I-571, Rn 33). Die neue Definition in den RL seit 2000 ist offener und verlangt nur noch eine Benachteiligung in besonderer Weise. Statistische Verfahren zum Nachweis einer ungleichen Betroffenheit können auch heute noch eine Rolle spielen, sie stehen aber nicht mehr im Vordergrund (zu ihnen und ihren Problemen, die Vorauflagen und *Bieback,* 1997, S. 76 ff). Im Arbeitsrecht können statistische Vergleiche Indizien für eine (mittelbare) Diskriminierung gegenüber einem Arbeitgeber abgeben, müssen dann aber konkret genug sein (BAG, 22.7.2010 – 8 AZR 1012/08, AP Nr 2 zu § 22 AGG). Der EuGH scheint für die RL 79/7/EWG weiterhin die alte Definition „wesentlich mehr Frauen als Männer" zu verwenden (EuGH, Rs. C-537/07 (Sánchez-Camacho), Slg 2009, I-6525, Rn 52, 54 mwN; EuGH v. 20.10.2011, Rs. C-123/10 (Brachner), Juris, Rn 56) und stellt immer noch stark auf statistische Relationen ab, da diese am verlässlichsten eine besondere iS einer ungleichen Betroffenheit belegen können (ausführlich für die arbeitsrechtliche Diskriminierung: EuGH, Rs. C-300/06 (Voß), Slg 2007, I-10573, Rn 26 ff).

39 Die unterschiedliche besondere Benachteiligung kann nicht für die Gesamtheit eines Leistungssystems, sondern nur **für die einzelnen Merkmale**, Regelungen und Maßnahmen bestimmt werden. Auch Art. 4 und 7 RL 79/7/EWG vor allem aber Art. 9 RL 2006/54/EG (für die Systeme der betrieblichen sozialen Sicherheit) legen die einzelnen konkreten Teilgebiete und Regelungsaspekte der Leistungssysteme fest, für die jeweils gesondert die Diskriminierung zu prüfen ist. Eine Saldierung von negativen und positiven Aspekten eines Leistungssystems zu einer „Gesamtbilanz" der Gleichbehandlung ist unzulässig, denn es steht weder fest und belässt große Spielräume, was alles miteinander saldiert werden kann und wie die einzelnen Elemente miteinander verglichen werden können (allg. vgl *Wisskirchen,* 1994, 82 ff; *Colneric,* 1994, 397; *Bieback,* 1997, 81/2; *Haverkate/Huster,* 1999, Rn 703). Dieser Grundsatz gilt für alle Bereiche der Diskriminierungsverbote (EuGH, Rs. C-226/98 (Jørgensen), Slg 2000, I-2447, Rn 27/28). Der EuGH verweist dazu zu Recht auf den Grundsatz der Durchschaubarkeit und die Notwendigkeit einer präzisen Kontrolle. Allerdings ist dazu erforderlich, dass die einzelnen Bestimmungen aus der Gesamtregelung gelöst werden können und selbst eine „besondere Maßnahme" darstellen, die auf eigenen Anwendungskriterien beruht und eine signifikante Anzahl von Personen betrifft (EuGH, Rs. C-226/98 (Jørgensen), Slg 2000, I-2447, Rn 32). Ob der EuGH in der Rs. Brachner davon 2011 abgewichen ist, bleibt abzuwarten (EuGH, Rs. C-123/10 (Brachner)). Hier hatte der EuGH untersucht, ob die Herausnahme von Niedrigrenten aus einer außerordentlichen Rentenerhöhung dadurch kompensiert werden konnte, dass gleichzeitig eine bedürftigkeitsgeprüfte Ausgleichzulage zu den Renten gezahlt wurde und diese sogar überproportional erhöhte (ebd Rn 64-68 und

Rn 87-101). Er hielt eine solche Kompensationsmöglichkeit wohl für möglich, ließ sie aber daran scheitern, dass die Erhöhung der Ausgleichszahlung wegen der Anrechnung von Partnereinkommen keine geeignete Maßnahme war, bei den Frauen die Nichtbeteiligung an der Rentenerhöhung zu kompensieren.

aa) Besondere Benachteiligung: Gruppenbildung

Bei Gesetzen und Normen muss Ausgangspunkt der **Gruppenbildung** der jeweilige Adressatenkreis der zu untersuchenden Regelung oder Maßnahme sein. Es ist insoweit der Gefahr vorzubeugen, dass die kontrollierenden Gerichte über die Festlegung der betroffenen Gruppe eine Aussage zur Schutzbedürftigkeit treffen, die von den Wertungen des Gesetzgebers und seiner Gruppenbildung abweicht. Es ist jedoch in besonderen Fällen auch gerechtfertigt, die Ausschlusswirkung vor allem bei jenen Gruppen zu messen, die von ihr besonders deutlich getroffen werden. Im Arbeitsrecht hat das BAG bei generellen Regelungen des Arbeitgebers in der betrieblichen Altersvorsorge befürwortet, innerhalb der von einer Regelung betroffenen Personengruppe Teilgruppen nach objektiven Kriterien zu bilden, um gravierende bzw systematische Benachteiligungen deutlich zu machen und andererseits „untypische Arbeitnehmergruppen" außer Acht zu lassen (BAG AP Nr. 11 zu Art. 119 EWGV Bl. 367; ebenso *Pfarr/Bertelsmann*, 1989, 118). 40

Eine Eingrenzung der Betroffenen muss vom **Konzept der Regelung** her gerechtfertigt sein. Bei der Untersuchung der besonders nachteiligen Wirkungen der Geringfügigkeitsgrenzen im deutschen Sozialrecht wäre zB die Eingrenzung danach zu ziehen, wer vom sozialen Schutz am stärksten ausgeschlossen wird. Dann ginge es vor allem um die Gruppe der geringfügig beschäftigten Haushaltsführenden, das sind jene, die ein eigenes Einkommen ausschließlich aus der geringfügigen Tätigkeit erzielen (*Bieback*, 1994, 32/3 und *Bank/Kreikebohm*, 1989, 520). Alle anderen Gruppen der geringfügig Beschäftigten haben andere Einkommen und andere, eigene Formen der sozialen Sicherung (als Beschäftigter in einer sozialversicherungspflichtigen Hauptbeschäftigung, als Rentner, Student, Bezieher von Sozialleistungen). Im nächsten Schritt ist dann innerhalb der Gruppe geringfügig beschäftigter Haushaltsführender zu prüfen, ob hier Frauen mehr vertreten sind als Männer. 41

In der Rs. Brachner hat sich der **EuGH** ohne weitere Diskussion einem bestimmten **Vergleichsmodell** angeschlossen. Bei einer Rentenerhöhung wurden Kleinstrenten ausgenommen. Er untersucht nun nicht rein numerisch, ob davon überwiegend Frauen betroffen waren, sondern er nimmt die Gesamtzahl der weiblichen Rentenbezieherinnen und errechnet dann den Prozentsatz von ihnen, der, da Kleinstrentner, keine Erhöhung bekam; diese Quote vergleicht er dann mit der gleichen Quote bei den männlichen Rentenbeziehern (EuGH, Rs. C-123/10 (Brachner), Juris, Rn 58-63; ähnlich dann auch bei der Frage, wer von der Bedürftigkeitsprüfung besonders betroffen ist, Rn 65/6). Von allen weiblichen Rentenbezieherinnen waren 57% von der Ausnahme betroffen, von allen männlichen Rentenbeziehern nur 25%. Das war dann ein ausreichend erheblicher Unterschied, um ein stichhaltiges Indiz für eine besondere Benachteiligung zu bilden. 42

bb) Besondere Benachteiligung: Vergleichbarkeit der Gruppen

„Von Natur aus" sind keine Person und kein Sachverhalt mit anderen Personen und anderen Sachverhalten vergleichbar. Sie werden erst im Rahmen einer Regelung über die allgemeine Anwendung spezieller Kriterien zu Gruppen zusammengefasst oder als Gruppen von ihnen ausgeschlossen. Die Vergleichbarkeit hat in letzter Zeit den EuGH auch dazu bewegt, sich streng auf die Vergleichbarkeit im jeweiligen Regelungssystem zu beschränken, so bei Kündigungen im Arbeitsrecht nur auf das Kündigungsrecht. Auch wenn die erleichterte Kündigung bzw die Sozialplanleistungen an das ungleiche Rentenzutrittsalter anknüpften, das wiederum ausnahmsweise nach dem EU-Recht ungleich sein kann (Art. 7 Abs. 1 lit a RL 79/7/EWG), rechtfertigt diese Ungleichheit im Sozialrecht nicht die im Arbeitsrecht (EuGH, C-356/09 (Kleist), NJW 2011, 39, Rn 39 ff). Dies ist ein Fortschritt gegenüber einer früher sehr unklaren Rspr (so auch *Koldinska*, 43

CMLRev 2011, 1599, 1607 unter Hinweis auf EuGH, Rs. C-19/02 (Hlozek), Slg 2004, I-11491, Rn 44 ff, wo ungleiche Altersgrenzen bei Sozialplanleistungen mit dem tatsächlich früheren Zugangsalters gerechtfertigt wurden). Im Sozialrecht dürfte dies nicht offen, sondern im Hintergrund eine Rolle bei den Entscheidungen zum Ausschluss der **geringfügig Beschäftigten** vom vollen Sozialrechtsschutz gespielt haben. Denn getragen werden diese Urteile von der Wertung, ein 400-Euro-Job sei ja – gemessen an der überwiegend männlichen Vollzeitbeschäftigung und den Verdiensten aus Vollzeitbeschäftigung – keine „richtige" Erwerbsarbeit. Schon eine Bildung der durchschnittlichen Arbeitszeit aller Beschäftigten könnte hier die Maßstäbe zurecht rücken, ganz zu schweigen, wenn man einmal den Verdienst von 400 EUR ins Verhältnis setzt zu den Vollzeitverdiensten in Branchen, in denen unqualifizierte, meist von Frauen verrichtete Arbeit überwiegt (vgl dazu ausführlicher *Bieback*, 1997, S. 135 ff). Hier ist immerhin auch eine Verschiebung der „Normalitätsvorstellungen" zu beobachten. Bis Ende 2004 mussten alle Arbeitslose, auch jene die vorher nur Teilzeit gearbeitet hatten, zumindest nach einer Übergangszeit bereit sein, Vollzeit zu arbeiten, sonst verloren sie auch ihren auf Teilzeitarbeit beruhenden Anspruch auf Arbeitslosengeld. Diese überwiegend Frauen benachteiligende Norm gilt nicht mehr (vgl § 120 Abs. 4 SGB III).

cc) Besondere Benachteiligung: Ausmaß der Benachteiligung

44 Die Beurteilung, wann eine „relevante" Benachteiligung vorliegt, ist notwendigerweise mit zahlreichen Wertungen behaftet. Hier kann man keine fixen Prozentsätze und Betroffenheitsgrade angeben, sonst würde für sehr unterschiedliche soziale Probleme ein generalisierender und nivellierender Maßstab angewandt. An sich reicht es für alle Antidiskriminierungsrichtlinien im Sozialrecht mit Ausnahme derjenigen wegen des Geschlechts (RL 79/7/EWG) aus, dass „dem Anschein nach neutrale Vorschriften ... *in besonderer Weise benachteiligen können*" (Art. 2 Abs. 2 Nr. b RL 2000/43/EG; Art. 2 Abs. 2 lit. b) RL 2000/78/EG; Art. 2 Abs. 2 lit. b) RL 2006/54/EG). Das kann sehr flexibel verstanden werden: Einmal absolut als starke Beeinträchtigung der betroffenen Gruppe, zum anderen relativ als besondere Beeinträchtigung im Verhältnis zu den anderen, unter die Regelung fallenden Gruppen.

45 Soweit bei dieser relativen Betrachtung auf die **Zahl der besonders Betroffenen** abgestellt wird, gib es zwei Anhaltspunkte (vgl EuGH, Rs. C-167/97 (Seymour-Smith), Slg 1999, I-623, Rn 60/61):

- Entweder ist ein „erheblich niedrigerer Prozentsatz" weiblicher als männlicher Arbeitnehmer von der streitigen Vorschrift betroffen, oder
- es besteht „ein geringerer, aber über einen langen Zeitraum hinweg fortbestehender und relativ konstanter Abstand zwischen männlichen und weiblichen Arbeitnehmern".

Hierzu ausführlich: *Bieback*, 1997, S. 83-95; *Bauer*, 2004, 26 ff.

c) Objektive Rechtfertigung der Diskriminierung

46 Erstmals in der Entscheidung Roks (EuGH, Rs. C-343/92, Slg 1994, I-571, 600, Rn 33/34) von 1994 hat der EuGH dieses Kriterium in einem „Sozialrechtsfall" in einer **„Standardformel"** zusammengefasst, die er in allen späteren Urteilen wieder verwendet (EuGH, Rs. C-317/93 (Nolte), Slg 1995 I-4625, 4658/9, Rn 24; EuGH, Rs. C-444/93 (Megner und Scheffel), Slg 1995, I-4741, 4754, Rn 24; EuGH, Rs. C-280/94 (Posthuma-van Damme), Slg 1996, I-179, Rn 24; EuGH, Rs. C-8/94 (Laperre), Slg 1996, I-273, Rn 14; EuGH, Rs. C-278/93 (Freers und Speckmann), Slg 1996, I-1165, Rn 24 ff; EuGH, Rs. C-167/97 (Seymour-Smith), Slg 1999, I-623, Rn 68): „... sofern diese Maßnahme nicht durch objektive Faktoren gerechtfertigt ist, die nichts mit einer Diskriminierung aufgrund des Geschlechts zu tun haben. Dies ist der Fall, wenn die gewählten Mittel einem legitimen Ziel der Sozialpolitik des Mitgliedstaats dienen, um dessen Rechtsvorschriften es geht, und zur Erreichung dieses Ziels geeignet und erforderlich sind". Wie gerade das Urteil in

Seymour-Smith deutlich macht (Slg 1999, I-623, Rn 68 und 74/5), geht der EuGH von einer einheitlichen Formel aus, die er sowohl in Entscheidungen zur mittelbaren Diskriminierung in der betrieblichen Altersvorsorge im Arbeitsrecht gem. Art. 157 AEUV (= Art. 141 EG) wie auch zur mittelbaren Diskriminierung im Sozialrecht und für die RL 79/7/EWG verwendet.

Da der Wortlaut des Art. 4 RL 79/7/EG noch nicht an den neuen Sprachgebrauch des Antidiskriminierungsrechts angepasst worden ist, verwendet der EuGH diese Formel weiter für die Überprüfung nationaler Sozialgesetze. Die **neue Formulierung** lautet aber seit Art. 2 Abs. 2 der RL 97/80/EG (danach: RL 2000/43/EG Art. 2 Abs. 2 b sowie RL 2000/78/EG Art. 2 Abs. 2 b; RL 2002/73/EG und RL 2006/54/EG Art. 2 Abs. 1 lit. b): „es sei denn, die betreffenden Vorschriften, Kriterien oder Verfahren sind durch ein rechtmäßiges Ziel sachlich gerechtfertigt, und die Mittel sind zur Erreichung dieses Ziels angemessen und erforderlich". Soweit eine intensivere Prüfung der Gründe für die Regelung erforderlich ist, verwendet der EuGH nunmehr in arbeitsrechtlichen Fällen diese Formulierung der „sachlichen Rechtfertigung" (EuGH, Rs. C-256/01 (Allonby), Slg 2004, I-873). 47

Es geht um eine **Zweck-Mittel-Relation**, deren Prüfung zweistufig ist. Zuerst muss festgestellt werden, ob „legitime Zwecke" der nationalen Sozialpolitik vorliegen, mit den Unterfragen, was sind die Maßstäbe für die Beurteilung des „objektiv rechtfertigenden Grundes" nach dem EG-Recht und wie intensiv ist zu prüfen, ob ein solcher Grund im nationalen Sozialrecht tatsächlich vorliegt? Sodann ist zu prüfen, ob die Regelungen in Bezug auf diese „legitimen" Ziele geeignet und erforderlich sind. Bei beiden Aspekten ist zu untersuchen, welche Spielräume die nationale Sozialpolitik hat. Hinsichtlich aller dieser Elemente ist die Rechtsprechung des EuGH bisher äußerst uneinheitlich und lässt keine klare Linie erkennen (insgesamt dazu *Bieback,* 1997, 95 ff; *Bauer,* 2004, 128 ff). 48

aa) Legitime Ziele der Sozialpolitik

Der **EuGH** hat bisher bei **sozialpolitischen Gesetzen**/Regelungen folgende Regelungsziele darauf hin untersucht, ob sie „legitim" (oder im neueren Sprachgebrauch „sachlich gerechtfertigt und angemessen") sind: 49

1. Das Ziel, ein existenzsicherndes Mindesteinkommen zu garantieren, hat der EuGH mehrfach als gerechtfertigt angesehen, ohne diesen Rechtfertigungsgrund näher zu konkretisieren und die jeweiligen Regelungen differenzierter zu analysieren (EuGH, Rs. 30/85 (Teuling), Slg 1987, 2497; EuGH, Rs. C-229/89 (Kommission/Belgien), Slg 1991, I-2205; EuGH, Rs. C-226/91 (Molenbroek), Slg 1992, I-5943; Kritik bei *Herbert,* 1994).
2. Das Prinzip der Äquivalenz zwischen Beiträgen und Leistungen (EuGH, Rs. C-317/93 (Nolte), Slg 1995, I-4625, 4658, 4659, Rn 29 ff und EuGH, Rs. C-444/93 (Megner und Scheffel), Slg 1995, I-4741, 4754, Rn 25 ff).
3. Die Förderung geringfügiger Beschäftigungen durch eine Befreiung von der Sozialversicherungspflicht (EuGH, Rs. C-317/93 (Nolte), Slg 1995, I-4625).
4. Die Gefahr illegaler Beschäftigungsformen und der Umgehung, wenn geringfügige Beschäftigungen sozialversicherungspflichtig seien (EuGH, Rs. C-317/93 (Nolte), Slg 1995, I-4625).
5. Die Notwendigkeit, das finanzielle Gleichgewicht zu bewahren, hat der EuGH bei Betriebsrentensystemen ganz allgemein anerkannt (EuGH, Rs. C-9/91 (Equal Opportunities Commission), Slg 1992, I-4297, Rn 17 und EuGH, Rs. 328/91 (Thomas), Slg 1993, I-1247), das gleiche Argument für den größeren staatlichen Sozialetat in der Sache Roks gegen das Votum des GA Darmon dann ausdrücklich nicht akzeptiert (Rs. C-343/92 (Roks), Slg 1994, I-571, 600 Rn 35, 36; ebenso EuGH, Rs. C-226/98 (Jorgensen), Slg 2000, I-2447, Rn 39). Ebenfalls nicht akzeptiert wurden zusätzliche Kosten und Haushaltserwägungen bei der Altersversorgung und sonstigen Arbeitsbedingungen der öffentlichen Bediensteten (EuGH, Rs. C-187/00 (Kutz-Bauer), Slg 2003, 2741, 59 ff, Altersteilzeit; EuGH, Rs. C-4 und 5/02 (Schönheit/Becker), Slg 2003, I-12575, Rn 84 ff). Die finanzielle Stabilität der staatlichen Rentensysteme

rechtfertigt es auch iS der Ausnahmeregelung des Art. 7 Abs. 1 lit. a) RL 79/7/EWG ungleiche Renteneinstiegsalter zwischen Männern und Frauen aufrechtzuerhalten (EuGH, Rs. C-302/02 (Haackert), Slg 2005, I-553, Rn 31 mwN).

6. Soweit es jedoch um eine konkretere (auch finanzielle) Steuerung geht, wie das Ziel, „die Ausgaben der Allgemeinheit für die fachärztliche Behandlung sicherzustellen und den Zugang der Bevölkerung zu dieser Behandlung zu sichern", hat sie der EuGH als legitimes Ziel der Sozialpolitik anerkannt (EuGH, Rs. C-226/98 (Jorgensen), Slg 2000, I-2447, Rn 40).

7. Den Wandel von einem allgemeinen Sicherungssystem für alle Staatsbürger hin zu einem System der Sicherung von Einkommensverlust aus vorheriger Arbeit hat der EuGH als ein sozialpolitisch gerechtfertigtes Ziel angesehen. Zur Erreichung dieses Zieles hält er das Mittel für geeignet, die Einkommenssicherung erst dann zu gewähren, wenn vor Beginn der Arbeitsunfähigkeit ein „Mindesteinkommen" bzw ein „gewisses Einkommen" verdient wurde (EuGH, Rs. C-280/94 (Posthuma-van Damme), Slg 1996, I-179, Rn 27).

8. Ebenso ist es gerechtfertigt, ein besonderes System der Einkommensabsicherung für langfristig Arbeitslose, die vorher erwerbstätig waren, zu schaffen, das anders als das allgemeine System das aus Erwerbsarbeit angesparte Vermögen unangetastet lässt (EuGH, Rs. C-8/94 (Laperre), Slg 1996, I-273).

50 Mit der weiten Einschränkbarkeit der **Altersdiskriminierung** in Art. 6 RL 2000/78/EG sind einige präzisere mitgliedstaatliche sozialpolitische Ziele anerkannt worden, die auch generell als legitime sozialpolitische Ziele dienen können: „durch ein legitimes Ziel, worunter insbesondere rechtmäßige Ziele aus den Bereichen Beschäftigungspolitik, Arbeitsmarkt und berufliche Bildung zu verstehen sind, gerechtfertigt sind und die Mittel zur Erreichung dieses Ziels angemessen und erforderlich sind."

51 Traditionell verlangt der EuGH, dass die ungleiche Benachteiligung durch „**objektive Faktoren**" gerechtfertigt sein muss, „**die nichts mit einer Diskriminierung aufgrund des Geschlechts zu tun haben**". Während er sich in der ersten Entscheidung zur Diskriminierung im Sozialrecht eines Mitgliedstaates mit dieser schlichten Formulierung auch zufrieden gab (vgl EuGH, Rs. 30/85 (Teuling), Slg 1987, 2497, 2521, Rn 13, 15), machte er später die Anforderungen etwas dringlicher, indem er „notwendige Ziele" der Sozialpolitik des Mitgliedstaats verlangte, (EuGH, Rs. C-229/89 (Kommission gegen Belgien), Slg 1991, I-2205, 2228, Rn 19 unter Verweis auf EuGH, Rs. 171/88 (Rinner-Kühn), Slg 1989, 2743, 2761, Rn 14), um danach ohne erkennbare Gründe (es ging wieder um das niederländische AOW wie schon in der Rs. Teuling und um Familienzuschläge wie in der Rs. Kommission gegen Belgien) die seitdem stereotyp verwandte mildere Formulierung zu verwenden, es müssten „legitime Ziele der Sozialpolitik" eines Mitgliedstaates vorliegen (EuGH, Rs. C-226/91 (Molenbroek), Slg 1992, I-5943, 5968, Rn 13; EuGH, Rs. C-343/92 (Roks), Slg 1994, I-571, 600, Rn 33/34; EuGH, Rs. C-317/93 (Nolte), Slg 1995, I-4625, Rn 28 und EuGH, Rs. C-444/93 (Megner/Scheffel), Slg 1995, I-4741, Rn 24; EuGH, Rs. C-167/97 (Seymour-Smith), Slg 1999, I-623, Rn 69).

bb) Verhältnismäßigkeit

52 In der ersten Entscheidung des EuGH zur mittelbaren Diskriminierung im Rahmen der RL 79/7/ EWG, in der Rs. Teuling (EuGH, Rs. 30/85, Slg 1987, 2516), überprüfte er noch konkret das Ziel der diskriminierenden Regelung, ein **Existenzminimum** zu gewährleisten, und hielt es für ein legitimes Ziel der Sozialpolitik des Mitgliedstaates, um dann jedoch dem nationalen Gericht einen ausführlichen Auftrag zu geben, die Verhältnismäßigkeit der Maßnahme (Zulage für Unterhaltsberechtigte zu Leistungen wegen dauerhafter Arbeitsunfähigkeit) zu überprüfen (Slg 1987, 2522, Rn 18). Das nationale Gericht habe zu prüfen, ob die Höhe der Zulage der effektiven Mehrbelastung im Vergleich zu Alleinstehenden entsprechen würde und ob die Zulage geeignet und erforderlich sei, das Ziel der Gewährleistung eines Existenzminimums zu erreichen. Anders in der Rs. Molenbroek (EuGH, Rs. C-226/91, Slg 1992, I-5943), in der das gleiche niederländische Sys-

tem zu beurteilen war. Hier entschied der EuGH direkt über die Erforderlichkeit der Zuschlagsregelung, ohne dem Gericht noch einen Prüfungsauftrag zu erteilen (Slg 1992, I-5943, I-5969, Rn 17, 18). Dabei hatte das vorlegende Gericht nur nach der Auslegung des Rechtfertigungsgrundes „Sicherung des Existenzminimums" gefragt, nämlich ob Zuschläge, die auch an Personen gingen, die mehr als das Mindesteinkommen hätten, noch als eine Leistung zur Mindestsicherung angesehen werden könnten. Diese Haltung, weit über die Vorlagefrage hinaus nicht nur allgemeine Rechtsfragen und allenfalls einen konkreten Aspekt, sondern über die gesamte Rechtfertigung der Maßnahme zu entscheiden, setzt der EuGH dann in den folgenden Urteilen fort.

Erstmals in den Rs. Nolte (Slg 1995, I-4625, Rn 34) sowie Megner und Scheffel (Slg 1995, I-4741, Rn 30) und dann wieder im Fall Laperre (Slg 1996, I-243, Rn 19) verlangt der Gerichtshof nur noch, der nationale Gesetzgeber habe seine Befugnis in **„vertretbarer Weise"** auszuüben. In Seymour-Smith (EuGH, Rs. C-167/97 (Seymour-Smith), Slg 1999, I-623, Rn 77) heißt es ähnlich, der Mitgliedstaat müsse dartun, dass er „vernünftigerweise annehmen konnte, dass die gewählten Mittel zur Verwirklichung dieses Zieles geeignet seien". Damit ist eine weitere Leerformel zur Umschreibung des Vorrechts der Mitgliedstaaten bei Regelung der Sozialpolitik eingeführt worden. Sie wird nicht konkretisiert und es wird nicht überprüft, ob die Regelung des Mitgliedstaates „vertretbar" oder „vernünftig" sei. Diese Prüfung wird auch nicht an die nationalen Gerichte verwiesen. 53

Das BSG hat die **Plausibilitätsprüfung** des EuGH zuerst ohne Begründung übernommen (BSG 11. Senat v. 24.7.1997 – 11 Rar 91/96 – EzS 50/330 und USK 9729), sie dann aber damit begründet (BSG v. 18.5.2000 – B 11 AL 61/99 R – SozR 3 - 6083 Art. 4 Nr. 15), dass der Spielraum des nationalen Sozialgesetzgebers nicht nur aus der Kompetenzverteilung zwischen der EU und den Mitgliedstaaten herrühre, sondern aus der Funktionsverteilung zwischen Gesetzgebung, Gesetzesvollziehung und Rechtsprechung folge. Für das nationale Gericht kann der Spielraum, den der nationale Gesetzgeber gegenüber dem Europäischen Recht hat, nur eine begrenzte Rolle spielen, vor allem wenn in dieser nationalen Rechtsordnung die Grundrechte eine direkte Geltung auch gegenüber dem Gesetzgeber beanspruchen, wie in Deutschland. Allerdings ist eine solche Kompetenz gegenüber dem Gesetzgeber in einigen Mitgliedstaaten nicht anerkannt. Sie ist aber eine notwendige Folge des mehrgliedrigen Rechtssystems der Europäischen Gemeinschaft und der nur begrenzten Kompetenz des EuGH, das Gemeinschaftsrecht gegenüber und innerhalb der nationalen Rechtsordnungen durchzusetzen. Die nationalen (Sozialrechts-) Gesetzgeber sind in eine übernationale Rechtsordnung eingebunden. Zumindest dort, wo es – wie bei dem gemeinschaftsrechtlichen Gleichbehandlungsgebot – um Grundrechte der Gemeinschaftsbürger geht, müssen die einzelnen nationalen Gerichte das nationale Recht an den Grundrechten der Gemeinschaft überprüfen. Insoweit sind die nationalen Gerichte „Gerichte der Gemeinschaft". 54

Anders als im Arbeitsrecht und im Freizügigkeitsrecht (*Bieback,* 1997, S. 95 ff) beschränkt sich der EuGH im Sozialrecht letztlich auf eine reine und zudem noch oberflächliche, kaum strukturierte Plausibilitätskontrolle der möglichen Rechtfertigungsgründe. Der EuGH begründete seine Zurückhaltung nur sehr knapp mit der fehlenden Kompetenz der Gemeinschaft für die Sozialpolitik (EuGH, Rs. C-343/92 (Roks), Slg 1994, I-571, 598, Rn 28; Rs. C-317/93 (Nolte), Slg 1995, I-4625, 4660, Rn 33; Rs. C-444/93 (Megner und Scheffel), Slg 1995, I-4741, 4755, Rn 29; Rs. C-8/94 (Laperre), Slg 1996, I-243, Rn 18; Rs. C-280/92 (Posthuma-van Damme), Slg 1996, I-179, Rn 26 unter Verweis auf Rs. Roks; bekräftigend *Schockweiler,* Die richterliche Kontrollfunktion: Umfang und Grenzen in Bezug auf den EuGH, EuR 1995, 191 ff; kritisch dazu *Bieback,* 1997, S. 101-113). Für die Rechtslage seit dem Inkrafttreten des Vertrags von Amsterdam und der Geltung der neuen Art. 19 AEUV (= Art. 13 EG) und Art. 151 ff AEUV (= Art. 136 ff EG) lässt sich dieser Grund nicht mehr aufrechterhalten. Diese neue Rechtslage muss auch den Geltungsanspruch der älteren RL 79/7/EWG gegenüber dem nationalen Sozialleistungsrecht stärken, zumal auch diese Richtlinie schon nach altem EGV die Hürde der Einstimmigkeit im Ministerrat überwinden musste. Es bleibt also abzuwarten, ob der EuGH die im Arbeitsrecht übliche und in 55 der Rs. Mangold (EuGH, Rs. C-144/04 (Mangold), Slg 2005, I-9981) noch einmal verdeutlichte intensive Prüfung der Rechtsnormen der Mitgliedstaaten (dort § 14 TzBfG) auf ihre Erforderlichkeit auch im Bereich des Sozialrechts (wieder) aufnehmen wird.

56 Erstmals im Bereich der Diskriminierung wegen des Alters 2010 und dann 2011 auch wegen des Geschlechts im Sozialrecht hat der EuGH die differenzierte Prüfung der „Geeignetheit" aus der Rspr zu den Grundfreiheiten übernommen und verlangt, dass ein Regelungskriterium nur dann geeignet ist, „wenn es tatsächlich dem Anliegen gerecht wird, dieses Ziel zu erreichen, und in **kohärenter und systematischer Weise** angewandt wird". So in der Rs. zur Altersdiskriminierung (EuGH, C-88/08 (Hütter), Slg 209, I-5325, Rn 46/7; EuGH, Rs. C-341/08 (Petersen), Slg 2010, I-47, Rn 53 und EuGH v. 18.11.2010, Rs. C-250/09 und C-268/09 (Georgiev), NJW 2011, 42, Rn 56), sodann in einer Rs. zur Diskriminierung des Geschlechts in der Sozialgesetzgebung, dem Rentenrecht Österreichs (EuGH v. 20.10.2011, Rs. C-123/10 (Brachner), Juris, Rn 71). Bis auf die Rs. Hütter wurde in allen Fällen auf die Entscheidung in der Rs. Hartlauer verwiesen (EuGH, Rs. C-169/07 (Hartlauer), Slg 2009, I-1721, Rn 55 mwN). In ihr ging es um die Einschränkung der Niederlassungsfreiheit innerhalb des österreichischen Gesundheitssystems, wobei das Zulassungssystem als unstimmig und deshalb ungeeignet zur Begrenzung der Niederlassungsfreiheit angesehen wurde, weil Gruppenpraxen keiner Zulassungsbeschränkung unterlagen, wohl aber selbstständige Zahnambulatorien. In der Rs. Brachner (ebd Rn 75-104) wurden dann auch die einzelnen Rechtfertigungsgründe sehr intensiv auf ihre Geeignetheit geprüft, eine Ausnahme von einer Rentenerhöhung wegen Steigerung der Lebenshaltungskosten zu rechtfertigen, und abgelehnt (früherer Rentenbezug von Frauen und weniger Beitragszahlung; höhere Lebenserwartung von Frauen und längerer Rentenbezug; bedürftigkeitsbezogene Aufstockungsbeiträge). Ob hierin eine Trendwende liegt, bleibt abzuwarten, ist aber zu vermuten, da der EuGH diese intensivere Prüfung der Verhältnismäßigkeit nunmehr einheitlich sowohl auf die Arbeitsrechtsgesetzgebung eines Mitgliedstaats (Georgiev) wie auf die Sozialgesetzgebung (Petersen: Altersgrenze in §§ 72 Abs. 1 S. 2 und 95 Abs. 7 S. 3 SGB V; Brachner: Gesetzliche Rentenerhöhung) angewandt hat. Allerdings gab sich der EuGH in den Rs. Petersen und Georgiev noch damit zufrieden, dass sehr allg. sozialpolitische Ziel ohne strenge Prüfung zu akzeptieren, dass Altersgrenzen jungen Beschäftigten leichter Zugang zur Beschäftigung ermöglichen (EuGH, Rs. C-341/08 (Petersen), Slg 2010, I-47, Rn 73-77 und EuGH v. 18.11.2010, Rs. C-250/09 und C-268/09 (Georgiev), NJW 2011, 42, Rn 63; krit. *Schiek*, CMLRev 2011, 777, 787 ff).

cc) **Intensivere Prüfung der Verhältnismäßigkeit bei den arbeitsrechtlichen betrieblichen Sozialleistungen**

57 Im **Arbeitsrecht** macht Art. 6 RL 2000/78/EG selbst dort, wo wie bei der Diskriminierung wegen des Alters, weitgehend Diskriminierungen zulässig sind, deutlich, dass Ungleichbehandlungen wegen des Alters nur dann „keine Diskriminierung darstellen, sofern sie objektiv und angemessen sind und im Rahmen des nationalen Rechts durch ein legitimes Ziel, worunter insbesondere rechtmäßige Ziele aus den Bereichen Beschäftigungspolitik, Arbeitsmarkt und berufliche Bildung zu verstehen sind, gerechtfertigt sind und die Mittel zur Erreichung dieses Ziels angemessen und erforderlich sind." Die Verhältnismäßigkeitsprüfung muss also immer durchgeführt werden, selbst dort, wo den Mitgliedstaaten ein großer Spielraum zuerkannt wird. Dennoch schwankt auch hier die Rspr des EuGH zwischen sehr rigider und eher vorsichtiger Prüfung (EuGH, Rs. C-144/04 (Mangold), Slg 2005, I-9981 einerseits, EuGH, 23.9.2008 Rs. C-427/06 (Bartsch), NJW 2008, 3417, Rn 14-25; EuGH, Rs. C-411/05 (Palacios), Slg 2007, I-8531 andererseits; vgl *Kocher*, RdA 2008, 238), geht aber nicht zu einer reinen Plausibilitätsprüfung über wie zu RL 79/7/EG.

58 Den Unterschied zum Sozialrecht hat der EuGH selbst gesehen: In seiner Entscheidung vom September 1999 (EuGH, Rs. C-281/97 (Andrea Krüger), Slg 1999, I-5127) hat der EuGH den Ausschluss geringfügig Beschäftigter von Betriebsrentensystemen als nicht gerechtfertigte mittel-

bare Diskriminierung wegen des Geschlechts angesehen. Den Unterschied zur konträren Entscheidung im Sozialrecht rechtfertigte er damit, dass es (1.) sich nicht um Maßnahmen des nationalen Gesetzgebers, sondern um einen Tarifvertrag handele und es (2.) dabei nicht um einen „tragenden Grundsatz des deutschen Systems der sozialen Sicherheit" gehe. Angesichts der Tatsache, dass der EuGH davor und danach auch nationale Arbeitsrechtsgesetze strikt auf ihre Verhältnismäßigkeit überprüft, vermag allenfalls das zweite Argument zu überzeugen (vgl *Bieback*, 1997, S. 229 ff und *ders.*, 2003, S. 93, 100/101). Der Gesetzgeber kann sehr viel größere Gewichte zur Rechtfertigung seiner Maßnahmen vorbringen: finanzielle Engpässe und die Verteilung knapper Mittel bei fast unbegrenztem Bedarf, Verknüpfung mit den Sachstrukturen anderer Regelungen und mit nationalen Traditionen, all das, was sich mit „Gemeinwohl" umschreiben lässt. Auch verfolgen die Systeme der sozialen Sicherung komplexere, oft konkurrierende und nicht abgestimmte Zwecke, die eine strikte Prüfung der Zweck-Mittel-Relation schwierig machen. Im Gegensatz dazu sind arbeitsrechtliche Regelungen eher monofinal und stark von dem Grundsatz der Lohn- und Leistungsgerechtigkeit dominiert.

d) Beweis- und Argumentationslast

Grundsätzlich gilt für Verfahren vor den nationalen Gerichten der **allgemeine Grundsatz**, dass diejenige Person, die eine Diskriminierung geltend macht und Klage auf Beseitigung dieser Diskriminierung erhebt, die Diskriminierung darlegen und beweisen muss. Zur Effektivierung des Gebots der Gleichbehandlung hat der EuGH im Arbeitsrecht (EuGH, Rs. C-109/89 (Danfoss), Slg 1998, I-3199, Rn 16; EuGH, Rs. C-127/92 (Enderby), Slg 1993, I-5535, Rn 13 und 14; EuGH, Rs. C-400/93 (Royal Copenhagen), Slg 1995, I-1275, Rn 24 ff) eine Umkehr dieser Beweislast dann zugelassen, wenn die betroffenen Arbeitnehmer den ersten Anschein einer Diskriminierung nachweisen können, ansonsten aber keine Mittel haben, um die Diskriminierung konkreter zu belegen, insbesondere wenn die Maßnahmen des Arbeitgebers undurchschaubar sind. Die RL 97/80/EG v. 15.12.1997 (ABl. (EG) L 14 v. 20.1.1998, S. 6) hat in Art. 4 die Beweislastverteilung ebenfalls wie der EuGH gestuft vorgenommen, was seitdem in allen neueren RL gilt. 59

Auf **sozialrechtliche Fälle** der RL 79/7/EG fand die RL 97/80/EG und finden die Regelungen zur Beweislast in den neuen RL ab 2000 keine Anwendung. Zudem geht es im Sozialrecht meist um die Unwirksamkeit eines Gesetzes und nicht einzelner Maßnahmen eines einzelnen Arbeitgebers. Hier ist zu unterscheiden zwischen Verfahren vor den nationalen Gerichten und vor dem EuGH. 60

(a) Es ist nicht Aufgabe der Parteien in Verfahren vor den nationalen Gerichten, die Geltung bzw Nichtgeltung von Gesetzen darzulegen. Die **Feststellung des geltenden Rechts** ist vielmehr Aufgabe der Gerichte selbst. Das Gericht muss also von Amts wegen alle Tatsachen erheben, um feststellen zu können, ob eine sozialrechtliche Norm ein Geschlecht überwiegend benachteiligt und diese Benachteiligungen nicht durch einen objektiven Grund gerechtfertigt werden können. Dies gilt besonders für das sozialgerichtliche Verfahren, das völlig vom Grundsatz der Amtsermittlung beherrscht wird (§ 103 SGG). 61

Aber selbst wenn sich das Verfahren nach der **Offizialmaxime** gestaltet, gibt es die objektive Beweislast für den Fall, dass mangels hinreichender Statistiken und wissenschaftlicher Erkenntnisse der Tatbestand der überwiegenden Benachteiligung eines Geschlechts nicht mit dem nach der jeweiligen Prozessordnung notwendigen Maß an Sicherheit nachgewiesen werden kann. Hier spricht im Zweifel für das Gesetz eine „**Richtigkeitsvermutung**" (*Wissmann*, 1996, 827 ff). Sie basiert auf der demokratischen Legitimation des Gesetzgebers und dem offenen, formalisierten Verfahren der Gesetzgebung. Deshalb ist im Grundsatz von der Wirksamkeit von Akten der Gesetzgebung auszugehen. Wer ihre Unwirksamkeit behauptet, muss zumindest einen „Anfangsverdacht" hinreichend plausibel machen. Bei der Einschätzung der tatsächlichen Grundlagen für die Benachteiligung eines Geschlechts kann und muss das Gericht sich oft auf Schätzungen und Annäherungswerte verlassen. Sollte es aber an ausreichenden Anhaltspunkten für solche Schät- 62 zungen und Vermutungen fehlen, so gilt auch hier, dass von der Wirksamkeit der Norm auszugehen ist.

63 Diese Argumentations- und Beweislastregeln gründen sich auf der vorrangigen demokratischen Legitimation des Gesetzgebers und der Ausgestaltung des Gesetzgebungsverfahrens. Die Regeln können deshalb nicht für den Normgeber unterhalb des Parlaments, die Verordnungen durch die Regierung oder die Normsetzung durch Körperschaften der Selbstverwaltung etc. gelten. Denn diese ist strikte Anwendung des Rechts, der allgemeinen gesetzlichen Ermächtigungsgrundlage (vgl Art. 80 Abs. 1 GG).

64 (b) Vor dem EuGH ist die Rechtslage für das **Vorlageverfahren** ähnlich. Hier legt ein nationales Gericht eine Frage der Auslegung des Gemeinschaftsrechts vor, geht es also um Feststellung des Gesetzesrechts. Dabei hat der EuGH vor allem in der Entscheidung Rinner-Kühn (EuGH, Rs. 171/88, Slg 1989, 2743, 2761, Rn 14) gleichsam eine Art Argumentationslast mit nachfolgender Vermutung der Richtigkeitsgewähr für den nationalen Gesetzgeber aufgestellt: „Kann der Mitgliedstaat hingegen darlegen, dass die gewählten Mittel einem notwendigen Ziel der Sozialpolitik dienen ..., so kann in dem bloßen Umstand, dass die Gesetzesbestimmung eine wesentlich größere Anzahl von weiblichen als von männlichen Arbeitnehmern trifft, keine Verletzung des Artikels 119 EWGV gesehen werden". Diese Aussage darf nicht zu wichtig, gar als eine Aussage über die Regelung der Beweislast genommen werden, (so aber im Sinne einer stringenten Verteilung der „burden of proof" *Ellis*, 1994, 55) zumal sie in späteren Urteilen zu sozialpolitischen Gesetzen, etwa in der „Standardformel" seit der Rs. Roks, nicht wieder auftaucht. Die endgültige Entscheidung über die Gültigkeit der nationalen Vorschrift liegt bei dem nationalen Gericht und dieses hat alle objektiven Gründe zu prüfen, unabhängig davon, was der nationale Gesetzgeber oder die Regierung vortragen. Das gilt auch für das Verfahren vor dem EuGH, in dem der EuGH sich nicht darauf beschränkt, nur die Gründe zu prüfen, die die nationalen Regierungen vortragen. Hier hat der EuGH in den letzten Entscheidungen zur RL 79/7/EWG auch die Darlegungs- und Argumentationslast der Mitgliedstaaten betont (EuGH, Rs. C-167/97 (Seymour-Smith), Slg 1999, I-623, Rn 77; EuGH v. 20.10.2011, Rs. C-123/10 (Brachner), Rn 73/4).

e) Grundsätzliche Kompetenz der Gerichte der Mitgliedstaaten zur Konkretisierung

65 Der EuGH hat sowohl für die Frage der ungleichen Betroffenheit eines Geschlechts wie auch für die Frage der objektiven Rechtfertigung und Verhältnismäßigkeit der Maßnahme bzw Regelung durchgängig betont, es sei Aufgabe der nationalen Gerichte, das Vorliegen dieser Voraussetzungen im Einzelfall zu prüfen (vgl EuGH, Rs. C-1/95 (Gerster), Slg 1997, I-5253, 5258; vgl EuGH, Rs. C-100/95 (Kording), Slg 1997, I-5289, 5298; vgl EuGH, Rs. C-243/95 (Hill), Slg 1998, I-3739, 3770; EuGH, Rs. C-167/97 (Seymour-Smith), Slg 1999, I-623, Rn 61, 62 und 67 ff; EuGH v. 20.10.2011, Rs. C-123/10 (Brachner), Juris, Rn 72).

66 Ausnahmsweise weicht der EuGH hiervon jedoch dann immer wieder ab, wenn er von dem vorlegenden Gericht konkret gefragt wird, ob eine **bestimmte ungleiche Auswirkung**, ein bestimmter Prozentsatz ausreiche, eine ungleiche Betroffenheit zu begründen (vgl EuGH, Rs. C-167/97 (Seymour-Smith), Slg 1999, I-623, Rn 59 ff) oder ob ein bestimmter Grund eine objektive Rechtfertigung sei (vgl EuGH, Rs.C-317/93 (Nolte), Slg 1995, I-4625 sowie EuGH, Rs. C-444/93 (Megner und Scheffel), Slg 1995, I-4741; zu ihnen oben Rn 87, 104 und unten Rn 137; EuGH, Rs. C-167/97 (Seymour-Smith), Slg 1999, I-623, Rn 67 ff). Dies sind aber Ausnahmen. Bei ihnen besteht zudem die Gefahr, dass der EuGH allgemeine Aussagen macht, statt seine Entscheidung auf einen konkreten Fall zu beziehen, und den jeweiligen nationalen Kontext nicht hinreichend würdigt (*Bieback*, 1997, 70 ff; *Haverkate/Huster*, 1999, Rn 726).

6. Zulässigkeit von (diskriminierenden) Fördermaßnahmen im Sozialrecht

Schon das alte, durchgängig aber das neue Diskriminierungsrecht ab 2000 statuieren ausdrücklich, dass Maßnahmen zur **Förderung der Chancengleichheit**, insbesondere durch Beseitigung der tatsächlich bestehenden Ungleichheiten in Gebieten, auf die sich die RL bezieht, nicht gegen das Verbot der Diskriminierung verstoßen (Art. 5 RL 2000/43/EG; Art. 7 RL 2000/78/EG; Art. 2 Abs. 7 und 8 der RL 2002/73/EG; Art. 3 RL 2006/54/EG). Dies ist seit dem Amsterdamer Vertrag auch ausdrücklich in Art. 157 Abs. 4 AEUV (= Art. 141 Abs. 4 EG) geregelt. Die sozialrechtliche RL 79/7/EWG erwähnt die Zulässigkeit von frauenfördernden Maßnahmen nicht. Die letzte Erwägung zur RL 79/7/EWG sagt jedoch ausdrücklich, „die Mitgliedstaaten können in diesem Rahmen zugunsten der Frauen besondere Bestimmungen erlassen, um die tatsächlich bestehenden Ungleichheiten zu beseitigen". Deshalb können diese späteren Grundsätze auch auf diese RL übertragen werden. 67

Dabei gibt **Art. 157 Abs. 4 AEUV** (= Art. 141 Abs. 4 EG) als Vorschrift des Primärrechts die **Kriterien** vor. Die vom EuGH zu den arbeitsrechtlichen Richtlinien entwickelten und von Art. 157 Abs. 4 AEUV (= Art. 141 Abs. 4 EG) teilweise abweichenden, restriktiveren Grundsätze können deshalb nur beschränkt herangezogen werden (EuGH, Rs. C-158/97 (Badeck), Slg 2000, I-1875, Rn 22 f; Rs. C-407/98 (Abrahamson), Slg 2000, 5539; Rs. C-366/99 (Griesmar), Slg 2001, I-9383). Art. 157 Abs. 4 AEUV (= Art. 141 Abs. 4 EG) lässt „Vergünstigungen" unter drei Bedingungen zu, die systematisch auf sehr unterschiedlichen Ebenen liegen: 68

- Am weitesten geht das Ziel des „Ausgleichs von Benachteiligungen in der beruflichen Laufbahn", das vor allem für zahlreiche vergünstigende Ungleichbehandlungen im allgemeinen Sozialrecht einschlägig ist.
- Ebenfalls noch allgemein, aber schon spezieller in seinem Ansatz ist das Ziel der „Verhinderung von Benachteiligungen in der beruflichen Laufbahn", das vor allem sozialrechtliche Maßnahmen der Arbeitsförderung speziell im Interesse der Frauen rechtfertigt (vgl § 8 SGB III).
- Am speziellsten ist das Ziel der „Erleichterung der Berufstätigkeit des unterrepräsentierten Geschlechts", was ebenfalls zahlreiche Fördertätigkeiten im beruflichen wie auch im nichtberuflichen Bereich, und insb. im sozialrechtlichen Bereich, legitimiert.

Art. 157 Abs. 4 AEUV (= Art. 141 Abs. 4 EG) enthält zwei wichtige **Einschränkungen**, die mit dem Ziel, einen schonenden Ausgleich mit dem formalen Grundsatz der Gleichbehandlung herzustellen, allgemeine Geltung beanspruchen dürften: 69

- Die Vergünstigungen müssen ausdrücklich den vorgenannten drei Zielen dienen, dürfen also nicht allgemein sein. Allerdings ist das Ziel „Ausgleich von Benachteiligungen in der beruflichen Laufbahn" relativ weit.
- Es darf sich nur um „spezifische" Vergünstigungen handeln. In Verbindung mit dem vorherigen Kriterium heißt das, dass die Vergünstigungen an die benachteiligende Situation direkt anknüpfen müssen.

Legt man diese Maßstäbe zugrunde, so sind nach EG-Recht Frauenfördermaßnahmen in den **arbeitsmarktpolitischen Leistungen des SGB III** zulässig, da sie gezielt frauenspezifische Diskriminierungen des Arbeitsmarktes abzubauen versuchen. Dies ist auch im Antidiskriminierungsrecht fast aller Mitgliedstaaten anerkannt (*Labayle*, Revue du Marché Commun, Nr. 333/1990, 39 ff). Nach EG-Recht wäre dagegen die Argumentation des BVerfG in der Entscheidung zu den ungleichen **Rentenaltern** (BVerfGE 74, 163, 180/81) problematisch, wonach das ungleiche Rentenzugangsalter für alle Frauen ganz allgemein mit ihrer Doppelbelastung durch Arbeit im Beruf und im Haus und ihren Diskriminierungen im Arbeitsmarkt gerechtfertigt wurde. Vielmehr wäre hier zu fordern, dass die frauenfördernde Maßnahme auch konkret und spezifisch Nachteile ausgleicht und Diskriminierungen abbaut, woran es bei der früheren Altersgrenze fehlt (s. auch den österreichischen VerfGH EuGRZ 1991, 484). In den **Betriebsrentensystemen** folgt der frühere 70

Rentenbezug für Frauen aus ihrer Verknüpfung mit der Altersrente (§ 6 BetrAVG); der EuGH hatte diese Verknüpfung zu beurteilen, sie als sachliche Legitimation abgelehnt und ist mit keinem Wort auf die Rspr des BVerfG zur Rechtmäßigkeit dieses früheren Bezugsrechts und eine mögliche Verknüpfung mit Benachteiligungen im Beruf eingegangen (EuGH, Rs. C-110/91 (Moroni), Slg 1993, I-6591).

71 Wird wegen der **Kindererziehung gefördert**, muss die Förderung sowohl Frauen wie Männern zugänglich sein und darf nicht (mittelbar) diskriminierend ausgestaltet sein (EuGH, Rs. C-366/99 (Griesmar), Slg 2001, I-9383). Eine Ausnahme gilt, wenn nur der Verlust von Beschäftigungszeiten wegen der Entbindung ausgeglichen werden soll, was nur für Frauen gelten kann, oder die Förderung direkt die gesellschaftlichen Nachteile von Frauen im Arbeitsleben ausgleichen soll (Lohndiskriminierung).

7. Folgen eines Verstoßes gegen das Verbot der Diskriminierung

72 Bei der direkten wie der mittelbaren Diskriminierung hat der EuGH entschieden, dass ein Verstoß gegen das Gleichbehandlungsgebot grundsätzlich dazu führt, dass die diskriminierende Maßnahme/Regelung mit dem Gemeinschaftsrecht unvereinbar und deshalb nicht anzuwenden ist (vgl *Prechal,* 1993; *Herbert,* 1994, 134/5).

a) Rückwirkung und ihre Begrenzung

73 Grundsätzlich kann sich jeder Betroffene auf eine vom Gerichtshof ausgelegte Bestimmung des Gemeinschaftsrechts wie den Art. 19 AEUV (= Art. 13 EG) und Art. 157 AEUV (= Art. 141 EG) und die Diskriminierungs-RL berufen und eine entsprechend geänderte, gemeinschaftsrechtskonforme Geltung nationalen Rechts auch für bestehende, **vor der Entscheidung des EuGH begründete Rechtsverhältnisse** verlangen. Denn der EuGH schafft ja nicht neues Recht, sondern legt bestehendes, schon früher geltendes Recht nur aus. Von diesem Grundsatz hat der EuGH nur unter sehr hohen Anforderungen eine **Ausnahme** zugelassen werden, wenn dies vom allgemeinen Grundsatz der Rechtssicherheit geboten sei, um in gutem Glauben begründete, langfristige Rechtsverhältnisse unangetastet zu lassen (EuGH, Rs. 24/86 (Blaizot), Slg 1988, 379, Rn 28; EuGH, Rs. C-104/98 (Buchner u.a.), Slg 2000, I-3625, Rn 39; EuGH, Rs. C-423/04 (Richards), Slg 2006, I-3585, Rn 39 ff; EuGH, C-577/08 (Brouwer), Slg 2010, I-7489, Rn 32 ff). Dazu im Einzelnen Kommentierung zu Art. 12 RL 2006/54/EG, insb. Rn 9. Voraussetzung für eine allgemeine Begrenzung der Rückwirkung ist (1) die „Gefahr schwerwiegender wirtschaftlicher Auswirkungen insbesondere im Zusammenhang damit, dass eine große Zahl von Rechtsverhältnissen gutgläubig auf der Grundlage der als rechtmäßig betrachteten Regelung eingegangen wurde" und (2) das „Bestehen einer objektiven, bedeutenden Unsicherheit hinsichtlich der Tragweite der Gemeinschaftsbestimmungen" (EuGH, Rs. C-577/08 (Brouwer), Slg 2010, I-7489, Rn 32 ff, 36). Beide Voraussetzungen lagen zB nicht bei einer staatlichen Rentengesetzgebung vor, die an Lohndiskriminierungen auf dem Markt und den durchschnittlichen Löhnen anknüpfte (EuGH, Rs. C-577/08 (Brouwer), Slg 2010, I-7489, Rn 32 ff).

b) Geltung der günstigeren Regelung

74 Solange keine mit dem Gemeinschaftsrecht übereinstimmende neue Regelung besteht, sind nach Ansicht des EuGH Art. 157 AEUV (= Art. 141 EG) oder die Richtlinien das einzig gültige Bezugssystem für die Gleichbehandlung. Werden Personen eines Geschlechts von einer Leistung oder Vergünstigung ungerechtfertigt ausgeschlossen, so müssen sie konsequenterweise nunmehr in dieses Leistungssystem einbezogen werden (vgl EuGH, Rs. C-384/85 (Borrie Clarke), Slg 1987, 2865; EuGH, Rs. C-343/92 (Roks), Slg 1994, I-571; für das Arbeitsrecht EuGH, Rs. C-187/00 (Kutz-Bauer), Slg 2003, 2741 Rn 64 ff). Daraus folgt, dass Ansprüche, die aufgrund des so gemeinschaftskonform erweiterten nationalen Rechts entstanden sind, nicht rückwirkend genom-

men werden können, auch wenn die spätere nationale Neuregelung die Vergünstigung ganz abschafft.

Dabei hat der EuGH mehrfach (zuletzt in EuGH, Rs. C-231/06 (Jonkmann), Slg 2007, I-5149, Rn 20 ff) betont, dass im Fall einer Diskriminierung der benachteiligte Arbeitnehmer durch die Herstellung der Gleichbehandlung (nur) in dieselbe Lage wie die Arbeitnehmer des anderen Geschlechts versetzt werden muss. Der betreffende Arbeitnehmer kann deshalb nicht verlangen, besser oder anders behandelt zu werden, als es bei einem ordnungsgemäßen Anschluss an das System der Fall gewesen wäre (EuGH, Rs. C-231/06 (Jonkmann), Slg 2007, I-5149, Rn 23 mwN). Die diskriminierte Arbeitnehmerin kann also gleiche Rechte aus einer betrieblichen oder staatlichen Altersversicherung nur erwerben, wenn sie auch jene Beiträge nachzahlt, die die nicht diskriminierten Arbeitnehmer gezahlt haben; es kann sogar zusätzlich ein Zins für die abgelaufene Zeit auch zum Ausgleich der Teuerungsrate verlangt werden. Allerdings dürfen die Bedingungen der Nachzahlung nicht so sein, dass sie gar nicht mehr geleistet werden kann (Verpflichtung der Nachzahlung in einer Summe); dies verlangt auch das Gebot, dass die Maßnahmen zur Beseitigung der Diskriminierung effektiv sein müssen (EuGH, Rs. C-231/06 (Jonkmann), Slg 2007, I-5149, Rn 28 ff).

c) Anpassung durch verschlechternde Regelung?

Der EuGH hat es den zuständigen Stellen in den Mitgliedstaaten überlassen, wie sie die Ungleichbehandlung beseitigen, sei es durch Abschaffung der Vergünstigung insgesamt, sei es durch Ausdehnung der Vergünstigung auf die bisher Ausgeschlossenen (EuGH, Rs. C-137/94 (Richardson), Slg 1995, I-3407 für gesetzliche und EuGH, Rs. C-408/92 (Smith), Slg 1994, I-4435 für betriebliche Systeme). In der Sache Borrie Clarke (EuGH, Rs. 384/85, Slg 1987, 2865 bestätigt in EuGH, Rs. C-343/92 (Roks), Slg 1994, I-571) hat er eine verschlechternde britische Gesetzgebung akzeptiert, so weit sie selbst objektiv gerechtfertigt ist. Er hat auch betont, dass die Mitgliedstaaten ihre Systeme anpassen und dabei auch Regelungen erlassen können, die Frauen mehr benachteiligen als Männer, so lange diese neuen Regelungen sachlich gerechtfertigt sind, wie etwa der Wechsel von einem System der Staatsbürgerversorgung ohne Anforderungen an vorherige Beschäftigungszeiten hin zu einem System, das nur noch Erwerbstätige schützt (EuGH, Rs. C-280/92 (Posthuma-van Damme), Slg 1996, I-179). In beiden Fällen ist allerdings notwendig, dass auch das Übergangsrecht älteres diskriminierendes Recht nicht aufrechterhält und keine eigenen, sachlich nicht gerechtfertigten benachteiligenden Regelungen enthält (EuGH, Rs. 384/85 (Borrie Clarke), Slg 1987, 2865). Auch darf das neue Recht zwischenzeitlich zugewachsene Rechtspositionen aus der Geltung des Gemeinschaftsrechts nicht beseitigen (EuGH, Rs. C-408/92 (Smith), Slg 1994, I-4435 und EuGH, Rs. C-28/93 (Van den Akker), Slg 1994, I-4527; EuGH, Rs. C-246/96 (Cunningham), Slg 1997, I-7153, Rn 43 ff).

d) Geltendmachung des Verstoßes – Zugang zum Gericht, Ausschlussfristen

Nach ständiger Rechtsprechung des EuGH können die Mitgliedstaaten mangels einer gemeinschaftlichen Regelung die Bestimmung des zuständigen Gerichts und die Ausgestaltung des Verfahrens für die Klage selbst vornehmen, solange die innerstaatliche Rechtsordnung hierfür keine speziellen Modalitäten aufstellt, die ungünstiger sind als für gleichartige Klagen (zur Vergleichbarkeit: EuGH, Rs. C-78/98 (Preston), Slg 2000, I-3201). Grundsätzlich dürfen die Modalitäten nicht so ausgestaltet sein, dass sie die **Ausübung der Rechte**, die die Gemeinschaftsrechtsordnung einräumt, **praktisch unmöglich machen** (EuGH, Rs. C-208/90 (Emmot), Slg 1991, I-4269; EuGH, Rs. C-246/96 (Cunningham), Slg 1997, I-7153, Rn 37). Auch eine Ausschlussfrist von sechs Monaten ist zulässig (EuGH, Rs. C-78/98 (Preston), Slg 2000, I-3201).

Die Mitgliedstaaten können die rückwirkende Geltendmachung von Ansprüchen versagen und ihre Befriedigung ab dem Zeitpunkt der Antragstellung zulassen (EuGH, Rs. C-338/91 (Steenhorst-Neerings), Slg 1993, I-5475; EuGH, Rs. C-410/92 (Johnson II), Slg 1994, I-5483. Allerdings darf die **Ausschlussfrist** nicht Zeiten betreffen, die nach der Geltendmachung des Rechtsanspruchs auf Gleichbehandlung liegen; denn dadurch würde der durch das Gemeinschaftsrecht gewährleistete Anspruch verkürzt (EuGH, Rs. C-246/96 (Cunningham), Slg 1997, I-7153, Rn 43 ff). Ebenfalls dürfen Schadensersatzansprüche wegen einer Diskriminierung des Geschlechts auf einen Zeitraum von zwei Jahren vor Geltendmachung dann nicht begrenzt werden, wenn die diskriminierte Person wegen bewusster falscher Angaben des Arbeitgebers vom Diskriminierungstatbestand nichts wissen konnte (EuGH, Rs. C-326/96 (Levez), Slg 1998, I-7835, Rn 31); nach Ansicht des EuGH folgt in diesem Fall aus dem Grundsatz der Effektivität des Rechtsschutzes, dass der Arbeitgeber sich nicht auf die Ausschlussfrist berufen darf.

e) Schadensersatz wegen fehlerhafter Umsetzung des Diskriminierungsverbots

79 Die fehlende oder mangelhafte Umsetzung von Richtlinien der Gemeinschaft in nationales Recht kann die Grundfreiheiten der Gemeinschaftsbürger und die individuellen, subjektiven Rechte, die ihnen das sekundäre Gemeinschaftsrecht einräumt, beeinträchtigen. Deshalb hat der EuGH (Rs. C-6/90 und 9/90 (Francovich u.a.), Slg 1991, I-5357; zuletzt Rs. C-4693 und 48/93 (Factortame), Slg 1996, I-1029 ff) zur Durchsetzung dieser individuellen Rechtspositionen entschieden, dass der Gemeinschaftsbürger gegenüber dem Mitgliedstaat einen Schadensersatzanspruch hat, wenn

- die verletzte gemeinschaftsrechtliche Norm bezweckt, ihm Rechte zu verleihen,
- der Verstoß hinreichend qualifiziert ist und
- zwischen dem Verstoß und dem dem Einzelnen entstandenen Schaden ein unmittelbarer Kausalzusammenhang besteht.

Sind diese Voraussetzungen gegeben, muss der Mitgliedstaat dem Einzelnen im Rahmen des nationalen Haftungsrechts den Schaden ersetzen.

80 Da der EuGH schon sehr frühzeitig das Verbot der mittelbaren Diskriminierung in den Gleichbehandlungsrichtlinien als eine hinreichend bestimmte Regelung angesehen hat (EuGH, Rs. 30/85 (Teuling), Slg 1987, 2497; EuGH, Rs. 197/88 (Ruzius-Wilbrink), Slg 1989, 4311), die den Gemeinschaftsbürgern subjektive, individuelle Rechte einräumt, kann die nicht rechtzeitige bzw mangelhafte Umsetzung der RL 79/7/EWG auch **individuelle Schadensersatzansprüche** gegen den jeweiligen Mitgliedstaat auslösen. Der EuGH hat diesen Ansatz gerade auch für Schadensersatzansprüche gegenüber Mitgliedstaaten bei der Anwendung der RL 79/7/EWG betont (EuGH, Rs. C-137/94 (Richardson), Slg 1995, I-3407; EuGH, Rs. C-231/06 (Jonkmann), Slg 2007, I-5149, Rn 40). Er hat zugleich festgestellt, dass kein Anlass besteht, diese Haftung zeitlich zu beschränken. Vielmehr gilt sie mit dem Ablauf der Umsetzungsfrist für die RL 79/7/EWG, dem 23.12.1984. Auch generell für die Amtshaftung der Mitgliedstaaten wegen Nichtumsetzung von Richtlinien hat der EuGH betont, dass die Urteile, die die Nichtumsetzung feststellen, nicht erst ab Erlass des Urteils, sondern ab der Frist zur Umsetzung der Richtlinie wirken (EuGH, Rs. C-46/93, C-48/93 (Brasserie du pêcheur und Factortame), Slg 1996, I-1029, Rn 91 ff).

81 Allerdings setzt ein solcher Schadensersatzanspruch voraus, dass die geschädigte Person alles getan hat, um den Schadensumfang zu begrenzen, etwa alle zur Verfügung stehenden Rechtsschutzmöglichkeiten ausgenutzt hat (EuGH, Rs. C-46/93, C-48/93 (Brasserie du pêcheur und Factortame), Slg 1996, I-1029, Rn 84, 85). Diese Voraussetzung entspricht dem deutschen Schadensersatzrecht bei Amtspflichtverletzungen (§ 839 BGB).

8. Allgemeine Umsetzung der Richtlinien im deutschen Sozialrecht

82 Das AGG von 2006 hat zwei Vorschriften in das SGB eingefügt, die die Diskriminierungsrichtlinien der EG auf das deutsche Sozialrecht anwenden: (1) das Verbot der Diskriminierung wegen der Rasse, Ethnie und Behinderung bei der Inanspruchnahme sozialer Rechte gem. § 33c SGB I und (2) ein allgemeines Benachteiligungsverbot wegen aller besonderen Diskriminierungstatbe-

stände (Rasse, ethnische Herkunft, Geschlecht, Religion, Weltanschauung, Behinderung, Alter, sexuelle Identität) beim Zugang zu allen Formen der Berufsberatung, der Berufsbildung, der beruflichen Weiterbildung, der Umschulung einschließlich der praktischen Berufserfahrung. Beide Vorschriften wurden mit Wirkung ab 18.8.2006 durch Art. 3 Abs. 9 Nr. 3 des Gesetzes zur Umsetzung europäischer Richtlinien zur Verwirklichung des Grundsatzes der Gleichbehandlung vom 14.8.2006 (BGBl. I 1897) eingefügt. Sie stehen unter dem Vorbehalt, dass nur die Einzelnormierung der besonderen Bücher des SGB konkrete Rechte einräumen können. Ein allgemeines Artikelgesetz, bei dessen Vorbereitung alle Regelungen über Mitgliedschaft und Beitragszahlung sowie die Leistungen der besonderen Teile des SGB auf ihre diskriminierenden Wirkungen überprüft und dann abändert, ist nicht ergangen. Über diese Vorschriften hat das Diskriminierungsrecht der EU also explizit nur marginal Einfluss auf das deutsche Sozialrecht.

§ 33 c SGB I verbietet in Satz 1, bei der Inanspruchnahme sozialer Rechte aus Gründen der Rasse, wegen der ethnischen Herkunft oder einer Behinderung zu benachteiligen. Da konkrete Rechte gemäß Satz 2 nur aus den besonderen Büchern des SGB abgeleitet werden können, macht er nur deutlich, dass die Geltung der Diskriminierungsverbote bei der Auslegung der Regelungen des gesamten Gesetzbuchs zu berücksichtigen sind (systematische Auslegung). Das ergibt sich allerdings im Wege der verfassungskonformen Auslegung schon aus Art. 3 Abs. 3 S. 1 und S. 2 GG und der richtlinienkonformen Auslegung aus der RL 2000/43/EG. Eigenständige oder gar neue Rechte werden durch diese Vorschrift also nicht begründet (vgl. *Welti*, VSSR 2008, 61, 62; *Timme*, in: LPK-SGB I, 2. Aufl. 2008, § 33 c Rn 7, 8). 83

Gem. § 19 a SGB IV (Benachteiligungsverbot) darf niemand aus Gründen der Rasse oder wegen der ethnischen Herkunft, des Geschlechts, der Religion oder Weltanschauung, einer Behinderung, des Alters oder der sexuellen Identität benachteiligt werden bei der Inanspruchnahme von Leistungen, die den Zugang zu allen Formen der Berufsberatung, der Berufsbildung, der beruflichen Weiterbildung, der Umschulung einschließlich der praktischen Berufserfahrung betreffen. Allerdings bestimmen nur die besonderen Teile des SGB im Einzelnen, welche Ansprüche geltend gemacht oder hergeleitet werden können. § 19 a SGB IV trägt den Anforderungen der RL 2000/43/EG, 2000/78/EG und 2002/73/EG, also auch nur für seinen engen sachlichen Geltungsbereich Rechnung. Er ist lex specialis zu § 2 AGG (s. auch § 2 Abs. 2 AGG). 84

Artikel 157 AEUV

(1) Jeder Mitgliedstaat stellt die Anwendung des Grundsatzes des gleichen Entgelts für Männer und Frauen bei gleicher oder gleichwertiger Arbeit sicher.

(2) Unter „Entgelt" im Sinne dieses Artikels sind die üblichen Grund- oder Mindestlöhne und -gehälter sowie alle sonstigen Vergütungen zu verstehen, die der Arbeitgeber aufgrund des Dienstverhältnisses dem Arbeitnehmer unmittelbar oder mittelbar in bar oder in Sachleistungen zahlt.

Gleichheit des Arbeitsentgelts ohne Diskriminierung aufgrund des Geschlechts bedeutet,

a) dass das Entgelt für eine gleiche nach Akkord bezahlte Arbeit aufgrund der gleichen Maßeinheit festgesetzt wird,
b) dass für eine nach Zeit bezahlte Arbeit das Entgelt bei gleichem Arbeitsplatz gleich ist.

(3) Das Europäische Parlament und der Rat beschließen gemäß dem ordentlichen Gesetzgebungsverfahren und nach Anhörung des Wirtschafts- und Sozialausschusses Maßnahmen zur Gewährleistung der Anwendung des Grundsatzes der Chancengleichheit und der Gleichbehandlung von Männern und Frauen in Arbeits- und Beschäftigungsfragen, einschließlich des Grundsatzes des gleichen Entgelts bei gleicher oder gleichwertiger Arbeit.

(4) Im Hinblick auf die effektive Gewährleistung der vollen Gleichstellung von Männern und Frauen im Arbeitsleben hindert der Grundsatz der Gleichbehandlung die Mitgliedstaaten nicht

daran, zur Erleichterung der Berufstätigkeit des unterrepräsentierten Geschlechts oder zur Verhinderung bzw. zum Ausgleich von Benachteiligungen in der beruflichen Laufbahn spezifische Vergünstigungen beizubehalten oder zu beschließen.

I. Normzweck	1	bb) Abgrenzungskriterien	24
1. Wesentliches sozialpolitisches und grundrechtliches Prinzip	1	c) Einzelne Abgrenzungsprobleme im Sozialrecht der Mitgliedstaaten	33
2. Unmittelbare Wirkung des Gleichbehandlungsgrundsatzes	4	aa) Berufsständische und branchenbezogene Systeme	33
3. „Horizontale" Wirkung des Gleichbehandlungsrechts auch zwischen Privaten	6	bb) Tarifvertragliche nationale Systeme	37
II. Einzelerläuterungen	9	d) Förderleistungen und öffentliche Beschäftigungssubventionen	39
1. Personeller Anwendungsbereich	9	e) Systeme für bestimmte Berufe	41
2. Sachlicher Anwendungsbereich	10	3. Arten der Diskriminierungen	42
a) „Entgelt"-Begriff	10	4. Diskriminierungsfälle im Sozialrecht	43
b) „Gesetzliche" sowie „betriebliche" Systeme der sozialen Sicherheit	20		
aa) Unklare Wortwahl und Differenzierung	20		

I. Normzweck

1. Wesentliches sozialpolitisches und grundrechtliches Prinzip

1 Der EuGH (Rs. 125/77 (Isoglukose), Slg 1978, 2004) hat aus Art. 12 EG (= Art. 18 AEUV) und Art. 141 EG (= Art. 157 AEUV) gefolgert, dass für das Gemeinschaftsrecht der allgemeine **Gleichheitssatz** als Grundrechtsnorm und Grundprinzip gilt, dessen spezielle und in allen Mitgliedstaaten auch anerkannte Ausformung das Verbot der Diskriminierung nach dem Geschlecht ist. Art. 157 AEUV (= Art. 141 EG) ist also selbst oberstes Rechtsprinzip der Gemeinschaft und Grundrecht der Marktbürger (so schon EuGH, Rs. 43/75 (Defrenne II), Slg 1976, 455, 473, Rn 12 und EuGH, Rs. 149/77 (Defrenne III), Slg 1978, 1365, 1385). Angesichts der noch erheblich verbreiterten Grundlage dieses Rechtsprinzips im EGV des Amsterdamer Vertrages in Art. 2, 3 Abs. 2, 13 dürfte daran kein Zweifel mehr bestehen. Insbesondere wird in Art. 151 AEUV (= Art. 136 EG) für die Sozialpolitik der Gemeinschaft auf die Europäische Sozialcharta und deren Art. 4 Nr. 3 sowie auf die Gemeinschaftscharta der Sozialen Rechte und deren Nr. 16 Bezug genommen. Der EuGH hat das Diskriminierungsverbot des Art. 141 EG (= Art. 157 AEUV) noch einmal ausdrücklich als „Grundrecht" bezeichnet: EuGH, Rs. C-270/97 und C-271/97 (Sievers und Schrage), Slg 2000, I-929, Rn 56) sowie Rs. C-25/02 (Rinke) v. 9.9.2003, Rn 25. Diese Rspr ist zuletzt durch das Urteil in der Rs. Mangold (EuGH, Rs. C-144/04 (Mangold), Slg 2005, I-9981, Rn 64) bestätigt worden. Im Lissabonner Vertrag ist Art. 157 AEUV eingebettet in dieselben Vorschriften, die auch schon der Amsterdamer Vertrag zum Diskriminierungsrecht enthielt: Art. 8 und 10 AEUV (teilweise = Art. 3 Abs. 2 EG), Art. 18 AEUV (= Art. 12 EG), Art. 19 AEUV (= Art. 13 EG), Art. 157 AEUV (= 141 EG). Zum Ganzen s. oben Art. 19 AEUV Rn 2 ff.

2 Aus dieser Geltung des Antidiskriminierungsgebots als **Grundrecht und oberstes Rechtsprinzip** folgt dann auch, dass nicht nur das sekundäre Gemeinschaftsrecht, das Art. 141 EG (= Art. 157 AEUV) direkt konkretisierte, sondern auch die nur/wesentlich auf der Basis des Art. 19 AEUV (= Art. 13 EG) erlassenen anderen Gleichbehandlungs-RL der Jahre 2000 ff an der absoluten und uneingeschränkten Geltung des Antidiskriminierungsgebots des Art. 157 AEUV (= Art. 141 EG) – allerdings beschränkt auf seinen personellen und vor allem seinen sachlichen Geltungsbereich (Entgeltgleichheit) zu messen sind.

3 Art. 119 EWGV (= 157 AEUV, davor Art. 141 EG) war zwar aufgrund der Befürchtungen Frankreichs in den EGV aufgenommen worden, Frankreich würde wegen seiner umfangreichen Sozialleistungen und effektiven Vorschriften zur Förderung der Frauen und der Familie Wettbewerbsnachteile erleiden (*Currall*, in: *von der Groeben u.a.* (Hrsg.), EWGV, Art. 119, Rn 11 ff). Aber zu Recht hatte der EuGH aus der Entstehungsgeschichte, der systematischen Stellung der Vorschrift

früher im Dritten Teil, Titel III „Die Sozialpolitik", dann im Titel XI Sozialpolitik, jetzt Titel X, wie auch aus der Betonung der sozialen Komponente der Gemeinschaft in der Präambel und in Art. 117 EWG bzw Art. 136 EG (= Art. 151 AEUV) gefolgert, dass Art. 119 EWGV/Art. 141 EG eine wesentliche Bedeutung bei der Verwirklichung der sozialen Ziele der Gemeinschaft hat und nicht auf seine wirtschaftpolitische Funktion beschränkt werden kann (Rs. 43/75 (Defrenne II), Slg 1976, 455, 473, Rn 12; Rs. 149/77 (Defrenne III), Slg 1978, 1365, 1385; Rs. 75/82 und 117/82 (Razzouk und Beydoun), Slg 1984, 1509, Rn 16; EuGH, Rs. C-270 und 271/97 (Sievers und Schrage), Slg 2000, I-929, Rn 55 ff; vgl *Hervey* 1993, 37 ff).

2. Unmittelbare Wirkung des Gleichbehandlungsgrundsatzes

Art. 157 AEUV (= Art. 141 EG) wendet sich seinem Wortlaut nach nur **an die Mitgliedstaaten.** 4 Dennoch hat der EuGH in Abweichung von den üblichen Auslegungsregeln für völkerrechtliche Verträge, ausgehend von der Doktrin des Vorrangs des Gemeinschaftsrechts und seiner einheitlichen und unmittelbaren Geltung gegenüber den Mitgliedstaaten, schon sehr früh zu dem insoweit ähnlich formulierten Art. 12 EWGV aF (= Art. 18 AEUV) entschieden, dass dann, wenn der EWGV (jetzt AEUV) oder andere Normen des Gemeinschaftsrechts eine Sache abschließend und vollständig geregelt haben und insoweit keiner weiteren nationalen Ausfüllungsakte bedürfen, sie auch unmittelbare rechtliche **Wirkungen für die Bürger** der Mitgliedstaaten haben (EuGH, Rs. 26/62 (van Gend und Loos), Slg 1963, 1; *Oppermann*, Europarecht, Rn 525 ff). Rechtfertigen lässt sich dies vor allem mit der Besonderheit der EG-Rechtsordnung als eines zu effektivierenden Instruments zur Durchsetzung der europäischen Einigung und zur Schaffung einer Rechtsgemeinschaft. In Defrenne II (EuGH, Rs. 43/75, Slg 1976, 455, 475, 476) wurde dieser Grundsatz dann auf Art. 141 EG übertragen, allerdings nur auf die leicht feststellbare unmittelbare, nicht auf die mittelbare Diskriminierung. Ihr wurde erst später unmittelbare Geltung zuerkannt (EuGH, Rs. 96/80 (Jenkins), Slg 1981, 911; EuGH, Rs. 170/84 (Bilka), Slg 1986, 1607; EuGH, Rs. 171/88 (Rinner-Kühn), Slg 1989, 2743; EuGH, Rs. 262/88 (Barber), Slg 1990, I-1889; EuGH, Rs. 33/89 (Kowalska), Slg 1990, I-2591), die dann sogar noch auf die Richtlinien und ihre Verbote der unmittelbaren und mittelbaren Diskriminierung ausgedehnt wurde (so zB zu Art. 4 Abs. 1 RL 79/7 in EuGH, Rs. 30/85 (Teuling), Slg 1987, 2497; EuGH, Rs. 197/88 (Ruzius-Willbrink), Slg 1989, 4311 wie auch zu den anderen RLen, zB in EuGH, Rs. 109/88 (Danfoss), Slg 1989, 3199 und EuGH, Rs. 237/85, (Rummler), Slg 1986, 2101. Ausführlich dazu *Prechal/Burrows*, S. 24 ff, 49 ff). Ausdrücklich begründet wird dies nicht (vgl die Kritik in GA, Rs. 69/80 (Worringham), Slg 1981, 767, 802 und 96/80 (Jenkins), Slg 1981, 911, 937 sowie *Steindorff*, RdA 1988, 133; *Curtin*, CMLRev. 1990, 475, 483, 484).

Rechtfertigen lässt sich die **unmittelbare Wirkung** des gemeinschaftsrechtlichen Diskriminie- 5 rungsverbots jedoch durch drei Überlegungen:

- Einmal ist die Unterscheidung zwischen unmittelbarer und mittelbarer Diskriminierung sowie zwischen aus sich heraus vollziehbaren und aus sich heraus nicht vollziehbaren Normtexten kaum praktikabel.
- Zum anderen spricht die besondere Bedeutung der funktionalen Interpretation des Gemeinschaftsrechts für die direkte Wirkung des Gleichbehandlungsgrundsatzes. Angesichts seiner sehr zögerlichen Umsetzung durch die Mitgliedstaaten ist die allmähliche Ausdehnung der unmittelbaren Wirkung des Gleichbehandlungsgrundsatzes ein notwendiges Instrument gewesen, um das Gemeinschaftsrecht durchzusetzen.
- Als überragendes Rechtsprinzip und Grundrecht der Gemeinschaft (s.o. Rn 1-3) kommt dem Diskriminierungsverbot auch notwendigerweise direkte rechtliche Wirkung für die Gemeinschaftsbürger zu.

3. „Horizontale" Wirkung des Gleichbehandlungsrechts auch zwischen Privaten

6 Als oberstes Rechtsprinzip gilt Art. 157 AEUV (= Art. 141 EG) **auch für privatrechtliche Rechtsbeziehungen** und damit die betrieblichen Sozialleistungen (so st. Rspr seit EuGH, Rs. 43/75, (Defrenne II), Slg 1976, 455, 476). Dagegen sollen nach der Rechtsprechung des EuGH allgemein RL und auch die Gleichbehandlungs-RL unmittelbar subjektive Rechte nur gegenüber dem Staat einräumen, da die RL sich nur an die Mitgliedstaaten wendeten und nur sie binden könnten (EuGH, Rs. 152/84 (Marshall), Slg 1986, 723, 749, Rn 48; allg. *Langenfeld*, S. 192-201; *Schroeder*, in: *Streinz* (Hrsg.), EGV, 6. Aufl. 2004, Art. 249, Rn 101, 116).

7 Dieses Argument mag **allgemein für RLen** seine Gültigkeit haben, auch wenn es zu der sehr gekünstelten Unterscheidung führt, dass RLen auf öffentliche Arbeitgeber, nicht aber auf private Arbeitgeber unmittelbar anzuwenden sind (so ausdrücklich EuGH, Rs. 125/84 (Marshall), Slg 1986, 723, 749). Allerdings kann der EuGH die Gleichbehandlungsgrundsätze der RLen auch auf Fälle zwischen Privaten anwenden, wenn es um die Prüfung der gemeinschaftskonformen Auslegung des nationalen Rechts aufgrund einer Vorlage eines nationalen Gerichts geht (vgl EuGH, Rs. 237/85 (Rummler), Slg 1986, 2101; EuGH, Rs. 79/83 (Harz), Slg 1984, 1921; EuGH, Rs. 109/88 (Danfoss), Slg 1989, 3199; EuGH, Rs. 177/88 (Dekker), Slg 1990, I-3941; vgl allg. *Streinz*, in: *Streinz* (Hrsg.), EGV, Art. 10, Rn 35 und *Schroeder*, in: *Streinz* (Hrsg.), EGV, Art. 249, Rn 101, 116; *Rust*, in: *von der Groeben/Schwarze* (Hrsg.), EGV, 6. Aufl. 2004, Art. 141, Rn 229 ff; kritisch *Nicolaysen*, EuR 1984, 380, 385, 391). Darüber hinaus erscheint es aus zwei weiteren Gründen gerechtfertigt, das Gleichbehandlungsrecht der RL auf das Verhältnis zwischen Bürgern anzuwenden:

- weil es als oberstes Rechtsprinzip des Gemeinschaftsrechts auch die gesamte Rechtsordnung der Gemeinschaft beeinflussen und zwischen Marktbürgern Geltung beanspruchen muss, unabhängig davon, ob es seine Konkretisierung im primären oder sekundären Gemeinschaftsrecht findet, und
- weil der allgemeine Gleichbehandlungsgrundsatz wie auch seine Konkretisierung in den RLen schon von seiner Formulierung her Geltung auch zwischen Privaten beansprucht.

Der EuGH ist dieser Ansicht in der Rs. Mangold auch gefolgt (EuGH, 22.11.2005, Rs. C-144/04 (Mangold), Slg 2005, I-9981, Rn 74 ff), hat sie danach aber nicht wieder aufgegriffen (EuGH, Rs. C-427/06 (Bartsch), NJW 2008, 3417, Rn 14-25; EuGH, Rs. C-411/05 (Palacios), Slg 2007, I-8531).

8 Für den EuGH verliert die Doktrin der mangelnden horizontalen Wirkung von RLen allerdings dadurch an Bedeutung, dass er oft direkt auf Art. 157 AEUV (= Art. 141 EG) und seine unbestrittene vertikale Wirkung zurückgreift (s.o. Rn 6).

II. Einzelerläuterungen

1. Personeller Anwendungsbereich

9 **Räumlich** erstreckt sich Art. 157 AEUV (= Art. 141 EG) auf das gesamte Hoheitsgebiet der EG. Personell ist er auf „Arbeitnehmer" begrenzt (Abs. 2). Dabei bestimmt der EuGH den Begriff der abhängigen Beschäftigung vor allem nach der persönlichen und sachlichen Unterordnung. Ob das Vertragsverhältnis als selbstständige Tätigkeit deklariert sei und wie das nationale Recht den Status einordne, sei nicht entscheidend (EuGH, Rs. C-256/01 (Allonby), Slg 2004, I-873, Rn 43 ff). Der Begriff gilt für **alle** auf dem Gebiet der Gemeinschaft **beschäftigten Personen**, unabhängig von ihrem Beschäftigungsstatus etc. (*Rust*, in: *von der Groeben/Schwarze* (Hrsg.), EG-Vertrag, 6. Aufl. 2004, Art. 141, Rn 255 ff). Deshalb sind auch alle Beschäftigungsverhältnisse des öffentlichen Dienstes, auch wenn sie hoheitlich begründet und ausgestaltet werden, einbezogen:

- Beitragszahlung und -erstattung für niederländische Beamte zu speziellen Systemen der Altersversorgung des öffentlichen Dienstes (EuGH, Rs. 23/83 (Liefting), Slg 1984, 3225).
- Allgemein Beschäftigungsverhältnisse im öffentlichen Dienst der Mitgliedstaaten (EuGH, Rs. 125/84 (Marshall), Slg 1986, 723; EuGH, Rs. 192/84 (Newstead), Slg 1987, 4753; EuGH, Rs. 33/89 (Kowalska), Slg 1990, I-2591; EuGH, Rs. 184/89 (Nimz), Slg 1991, I-297; EuGH, Rs. C-7/93 (Beune), Slg 1994, I-4471; Rs. C-1/95 (Gerster), Slg 1997, I-5253; EuGH Rs. C-4 und 5/02 (Schönheit und Becker), Slg 2003, I-12575, Rn 55 ff).
- Dies gilt auch für den eigentlichen hoheitlichen Bereich, wie die Polizei (EuGH, Rs. 318/86 (Kommission/Frankreich), Slg 1988, 3559; EuGH, Rs. 22/84 (Johnsston), Slg1986, 1651) und das Militär (EuGH, Rs. C-285/98 (Kreil), Slg 2000, I-69).

2. Sachlicher Anwendungsbereich

a) „Entgelt"-Begriff

Art. 157 Abs. 2 AEUV (= Art. 141 Abs. 2 EG) gibt eine hinreichend präzise **Definition des „Entgelts"**. Da auch alle „sonstigen Vergütungen" einbezogen werden, ist eine weite Auslegung des Entgelt-Begriffs geboten (vgl EuGH, Rs. 80/70 (Defrenne I), Slg 1971, 445, 451, 452; EuGH, Rs. C-167/97 (Seymour-Smith), Slg 1999, I-623, Rn 23 ff. Entlassungsentschädigung). Dabei kommt es nicht darauf an, ob die betrieblichen Sozialleistungen „Gegenleistungen für erbrachte Dienste" sind. Es reicht gemäß Art. 157 Abs. 2 AEUV (= Art. 141 Abs. 2 EG) vielmehr aus, dass der Arbeitgeber sie aufgrund des Dienstverhältnisses „zahlt". Sie müssen deshalb ihren Rechtsgrund, „ihre causa", in einem konkreten Arbeitsverhältnis haben. 10

Unter „Entgelt" des Arbeitgebers fallen deshalb nicht nur der Lohn in allen seinen Formen (Zeit-, Akkord-, Prämienlohn), sondern **alle geldwerten Sozialleistungen des Arbeitgebers**, wie freier Warenbezug oder Vergünstigungen bei der Benutzung von Dienstleistungsangeboten des Arbeitgebers (EuGH, Rs. 12/81 (Garland), Slg 1982, 359). Dass die Leistungen evtl erst nach Ende des Arbeitsverhältnisses erbracht werden, ändert nichts an ihrer Fundierung in und ihrer Beziehung zum Dienstverhältnis (EuGH, Rs. 262/88 (Barber), Slg 1990, I-1889; EuGH, Rs. 33/89 (Kowalska), Slg 1990, I-2591). 11

Bei **gesetzlich geregelten Leistungsverpflichtungen** des Arbeitgebers ist der EuGH lange unklar geblieben (dazu *Curtin*, CMLRev. 1990, 475, 477 ff; *Ellis*, 46 ff, 57 ff). Ab Rs. Rinner-Kühn von 1989 hat der EuGH jedoch durchgängig bejaht, dass auch gesetzlich geregelte Leistungen ihre Grundlage im Arbeitsverhältnis finden. Entscheidend ist, dass der „Entgelt"-Anspruch ein bestehendes, konkretes und individuelles Arbeitsverhältnis voraussetzt, in der Höhe an das ausgefallene Arbeitsentgelt anknüpft und auch in seiner Ausgestaltung ganz auf die arbeitsrechtliche Beziehung zwischen Arbeitnehmern und Arbeitgebern abstellt (EuGH, Rs. 171/88 (Rinner-Kühn), Slg 1989, 2743; EuGH, Rs. 262/88 (Barber), Slg 1990, I-1889; EuGH, Rs. C-366/99 (Griesmar), Slg 2001, I-9383, Rn 25 ff; EuGH, Rs. C-4 und 5/02 (Schönheit), Slg 2003, I-12575, Rn 55 ff; EuGH, Rs. C-351/00 (Niemi), Slg 2002, I-7007, Rn 39 ff). 12

In welchem Umfang die Leistungen durch einseitiges, freiwilliges Gewähren des Arbeitgebers oder durch den Arbeitsvertrag, einen Kollektivvertrag (Betriebsvereinbarung/Tarifvertrag) oder ein Gesetz geregelt sind, spielt keine Rolle (EuGH, Rs. C-167/97 (Seymour-Smith), Slg 1999, I-623, Rn 29). Das gleiche gilt für Leistungen, die durch Kollektivverträge geregelt sind (EuGH, Rs. 33/89 (Kowalska), Slg 1990, I-2591 und EuGH, Rs.184/89 (Nimz), Slg 1991, I-297). 13

Auch **mittelbare Leistungen des Arbeitgebers**, bei denen sich der Arbeitgeber eines Dritten bedient, fallen ausdrücklich unter Art. 157 Abs. 2 AEUV (= Art. 141 Abs. 2 EG). Solche Lösungen sind vor allem bei betrieblichen Sozialleistungen üblich und reichen von Verträgen mit selbständigen Wirtschaftsunternehmen zugunsten der Arbeitnehmer (Lebensversicherer, Betriebsarztzentren) über von mehreren Arbeitgebern/Arbeitgeberverbänden und Tarifparteien finanzierte und getra- 14 gene Einrichtungen (Kassen, Fonds) bis hin zu allein vom Arbeitgeber getragenen, aber rechtlich verselbständigten Einrichtungen.

15 Erhält der Arbeitgeber umgekehrt die Leistungen ganz oder teilweise **von Dritten erstattet**, zB von (Arbeitgeber-) Fonds oder der öffentlichen Hand (Staat, Sozialversicherung), so ist maßgeblich, ob der Arbeitgeber zu dieser Erstattung vorher wesentlich finanziell/organisatorisch beigetragen hat (durch eigene Beiträge, Umlagen etc.) oder nicht. Im ersteren Fall handelt es sich um Arbeitgeberleistungen, wie zB bei der Erstattung der Lohnfortzahlung durch die Krankenkassen über eine Umlage gem. § 10 LFZG aF (zweifelnd allerdings EuGH, Rs. 171/88 (Rinner-Kühn), Slg 1989, 2743, 2751, Rn 51).

16 Auch wenn Leistungen nicht direkt an den Arbeitnehmer, sondern **an Dritte gezahlt** werden, sind sie „Entgelt", wenn sie aus dem Arbeitsverhältnis herrühren, vom Arbeitgeber gezahlt werden und dem Arbeitnehmer oder ihm zuzurechnenden Personen zugute kommen sollen. Deshalb fallen unter Art. 157 AEUV (= Art. 141 EG) zB Leistungen des Arbeitgebers an Angehörige des Arbeitnehmers, wie Witwe und Kinder (GA, Rs. 75/82 und 117/82 (Razzouk und Beydoun), Slg 1984, 1509).

17 Die Gleichbehandlung betrifft sowohl die **Zahlung des und Abzüge vom Bruttolohn** wie den Nettolohn. Brutto- und Nettolohn stellen unterschiedliche Niveaus des „Entgelts" und der Lebenshaltung dar und sind deshalb beide unter vielfältigen Aspekten Bemessungsgrundlage für weitere betriebliche und staatliche Sozialleistungen (so für Bruttolohn EuGH, Rs. 69/80 (Worringham), Slg 1981, 767 und EuGH, Rs. 23/83 (Liefting), Slg 1984, 3225, nicht aber für den Nettolohn in EuGH, Rs. 192/85 (Newstead), Slg 1987, 4753, Rn 16-18; kritisch hierzu *Prechal/ Burrows*, S. 55-68; *Kyriazis*, S. 130-141).

18 **Arbeitgeberbeiträge zu staatlichen/allgemeinen Systemen** der sozialen Sicherheit fallen nicht unter Art. 157 AEUV (= Art. 141 EG; EuGH, Rs. 23/83 (Liefting), Slg 1984, 3225, Rn 12). Dies folgt aus der Einheit zwischen Finanzierung und Leistung und der überwiegenden Zuordnung des Arbeitgeberbeitrags in Rechtsgrund und Rechtsnatur zu den dadurch finanzierten staatlichen Systemen.

19 Man kann zwar **Arbeitnehmerbeiträge** nicht unter Art. 157 AEUV (= Art. 141 EG) fassen, da sie keine Arbeitgeberleistungen sind. Ist der Arbeitnehmer zu ihnen jedoch aufgrund arbeitsrechtlicher Regelung (meist zu Systemen betrieblicher Sozialleistung) verpflichtet, so mindert sich durch sie allerdings auch das verfügbare (Netto-) Entgelt. Insoweit ist auf Arbeitnehmerbeiträge auch Art. 157 AEUV (= Art. 141 EG) anzuwenden. Soweit die Arbeitnehmer jedoch freiwillig Beiträge zu allein von ihnen finanzierten Systemen leisten, fallen diese nicht unter Art. 157 AEUV (= Art. 141 EG). Sobald aber der Arbeitgeber Teile der freiwilligen Beiträge oder Leistungen (mit-)finanziert, liegt (teilweise) „Entgelt" iS von Art. 157 AEUV (= Art. 141 EG) vor.

b) „Gesetzliche" sowie „betriebliche" Systeme der sozialen Sicherheit
aa) Unklare Wortwahl und Differenzierung

20 Die in den vorherigen Randnummern genannten, unter Art. 157 AEUV (= Art. 141 EG) fallenden Entgeltbeispiele machen die **Abgrenzung zu beitragsfinanzierten „staatlichen"** Systemen der sozialen Sicherheit äußerst schwierig. Eine Unterscheidung zwischen jenen beitragsfinanzierten Leistungen, die unter Art. 157 AEUV (= Art. 141 EG) fallen, und den „staatlichen Systemen", die nicht unter Art. 157 AEUV (= Art. 141 EG) fallen, ist aber notwendig, da für die „staatlichen Systeme" die RL 79/7/EWG zahlreiche Ausnahmeregelungen zulässt (Art. 7), die weder Art. 157 AEUV (= 141 EG) noch die RL 2006/54/EG für die Leistungen der betrieblichen Systeme der sozialen Sicherung kennen.

21 Die RL 79/7/EWG gilt gemäß Art. 3 für **„gesetzliche Systeme"**. Dabei unterscheiden die RL 79/7/ EWG und 2006/54/EG für die Gleichbehandlung im „Bereich der sozialen Sicherheit" in ihren

Erwägungsgründen zwischen „gesetzlichen Systemen der sozialen Sicherheit" einerseits und „betrieblichen Systemen der sozialen Sicherheit" andererseits (Erwägungsgrund Nr. 12 und 14 RL 2006/54/EG). Die RL 2006/54/EG erfasst in Art. 2 lit. f) alle „betrieblichen Systeme der sozialen Sicherheit", soweit sie nicht unter die in der RL 79/7/EWG geregelten „gesetzlichen" Systeme der sozialen Sicherheit fallen.

Diese Differenzierung zwischen „gesetzlichen" und **„betrieblichen" Systemen** beruht auf Ansätzen in der Rechtsprechung des EuGH zu Art. 157 AEUV (= Art. 141 EG; s. Rn 12), die ein „gesetzlich" geregeltes „Entgelt" nicht mehr aufgrund eines Dienstvertrages geleistet ansah und aus Art. 157 AEUV (= Art. 141 EG/Art. 119 EWGV) ausschloss. Nachdem der EuGH diese Rspr aufgegeben hat, ist es sprachlich-begrifflich besser, statt des Begriffspaares „gesetzlich/betrieblich", das keinen gemeinsamen Bezugspunkt hat, die Begriffe „staatlich", bzw noch besser „allgemein" einerseits und „betrieblich" andererseits zu verwenden. „Allgemein" ist sachlich richtiger, da an die Stelle staatlicher oder staatlich/öffentlich-rechtlich organisierter Systeme zunehmend auch private Systeme der Sozialen Sicherung treten können, die vom Gesetzgeber zwingend vorgeschrieben und intensiv nach sozialen Gesichtspunkten reguliert werden (Krankenversicherung der Niederlande; Private Pflegeversicherung Deutschlands). Wenn „staatlich" dagegen nur „staatlich reguliert" meint, ist es sowohl auf diese privaten Sozialversicherungssysteme wie auch auf die betrieblichen Systeme anzuwenden. Der EuGH bleibt aber teilweise der alten Unterscheidung „gesetzlich/betrieblich" treu (EuGH, Rs. C-231/06 (Jonkmann), Slg 2007, I-5149, Rn 17, 18), teilweise verwendet es auch das Gegensatzpaar „staatlich/betrieblich" (EuGH, Rs. C-267/06 (Maruko), Slg 2008, I-1757, Rn 40 ff). 22

Wie der Europäische Gerichtshof in der Rs. Barber (Rs. 262/88, Slg 1990, 1889) deutlich gemacht hat, gelten die zahlreichen Ausnahmen vom Verbot der Diskriminierung in den Richtlinien insoweit nicht, soweit eine Leistung direkt unter das uneingeschränkte Gebot der Lohngleichheit in Art. 157 AEUV (= Art. 141 EG) fällt. Der Unterschied zwischen „gesetzlichen/allgemeinen" Systemen und „betrieblichen Systemen" ist deshalb auch wichtig, um jene Leistungen der sozialen Sicherheit, die als betriebliche Systeme direkt und uneingeschränkt Art. 157 AEUV (= Art. 141 EG) unterstellt sind, abzugrenzen von jenen Leistungen der sozialen Sicherheit, die nicht von Art. 157 AEUV (= Art. 141 EG), sondern nur von der RL 79/7/EWG geregelt werden. Diese Abgrenzung ist allein und ausschließlich nach den Kriterien, die Art. 157 AEUV (= Art. 141 EG) Abs. 1 und 2 anführen, vorzunehmen, denn Art. 157 AEUV (= Art. 141 EG) ist – als Primärrecht der Gemeinschaft – die stärkste Vorschrift und die Basisvorschrift für das Gleichbehandlungsrecht, mit der die Auslegung der Richtlinien übereinstimmen muss. Bedeutend ist der Unterschied zB auch dadurch, dass für betrieblichen Systeme im EU-Recht keine Ausnahmen von der Gleichbehandlung wegen des Geschlechts bestehen, während Art. 7 RL 79/7/EWG für die gesetzlichen Systeme Ausnahmen zulässt, vor allem ein ungleiches Rentenzugangsalter zwischen Männern und Frauen akzeptiert (vgl zuletzt EuGH, Rs. C.559/07 (Komm/Griechenland), Slg 2009, I-47, Rn 29 ff, ungleiches Rentenzugangsalter in der griechischen Beamtenversorgung, die als betriebliches System gilt). 23

bb) Abgrenzungskriterien

Schon früh hat der EuGH die (allgemeinen) Leistungen der Sozialversicherung, die kein Arbeitsentgelt sind und deshalb nicht unter Art. 157 AEUV (= Art. 141 EG) fallen, dahin definiert, dass sie unmittelbar durch Gesetz ohne jegliche Übereinkunft zwischen Arbeitgeber und Arbeitnehmern geregelt werden und auf allgemeine Kategorien von Arbeitnehmern anzuwenden sind. Ihre Finanzierung und das Ausmaß der Leistungen werden nicht so sehr von den Arbeitsbeziehungen zwischen Arbeitgebern und Arbeitnehmern als vielmehr von Vorgaben der Sozialpolitik bestimmt (EuGH Rs. 80/70 (Defrenne I), Slg 1971, 445, Rn 7, 8). Später hat er dann positiv **die** betrieblichen Sozialleistungen des Arbeitgebers, die Entgelt iSd Art. 157 AEUV (= Art. 141 EG) sind dahin bestimmt, dass sie der Arbeitgeber oder eine ihm zuzurechnende Einrichtung zahlt und sie „wegen 24 des Bestehens des Arbeitsverhältnisses" erbracht werden (EuGH, Rs. 262/88 (Barber), Slg 1990, 1889, 1949, 1950; EuGH, Rs. C-110/91 (Moroni), Slg 1993, I-6591, Rn 10-20; EuGH, Rs. C-152/91 (Neath), Slg 1993 I-6935; Rs. C-109/91 (Ten Oever), Slg 1993, I-4879, Rn 7-14; EuGH, Rs. C-147/95 (Evrenopoulos), Slg 1997, I-2057; EuGH, Rs. C-50/99 (Podesta), Slg 2000, I-4039, Rn 25, 26; EuGH, Rs. C-256/01 (Allonby), Slg 2004, I-873, Rn 52; EuGH, Rs. C-267/06 (Maruko), Slg. 2008, I-1757, Rn 42 ff; (Komm/Griechenland), Slg 2009, I-47, Rn 39 ff).

25 Diese Trennung war dann wichtig, um die **betrieblichen Sozialleistungen des Staates als Arbeitgeber** von den allgemeinen/staatlichen Leistungen der Sozialversicherung zu unterscheiden und auf sie Art. 157 AEUV (= Art. 141 EG) und die RL 2006/54/EG anzuwenden EuGH, Rs. C-7/93 (Beune), Slg 1994, I-4471: niederländisches System der Beamtenversorgung (ABPW); EuGH, Rs. C-50/99 (Podesta), Slg 2000, I-4039 und Griesmar (EuGH, Rs. C-366/99), Slg 2001, I-9383: französisches gesetzliches System der privaten Altersversorgung für Arbeitnehmer der Landwirtschaft bzw für Beamte; EuGH, Rs. C-267/06 (Maruko), Slg 2008, I-1757, Rn 42 ff: Leistungen der Versorgungsanstalt des Bundes und der Länder für den deutschen öffentlichen Dienst; (Komm/Griechenland), Slg 2009, I-47, Rn 39 ff: griechische Altersversorgung für Beamte und das Militär. Entscheidend war jeweils, dass die Systeme nur für eine begrenzte Zahl von Arbeitnehmern eines bestimmten Dienstherrn galten und sich in ihren Leistungen direkt auf das frühere Arbeitsverhältnis bezogen. Ein System auf der Basis eines Abkommens zwischen Arbeitgebern und Arbeitnehmern bleibt ein „betriebliches/arbeitsrechtliches" System, auch wenn der Staat dem Abkommen dann zusätzlich allgemeine Geltung verschafft (Rs. C-109/91 (Ten Oever), Slg 1993, I-4879).

26 Schließlich betont der Gerichtshof auch, dass unter Art. 157 AEUV (= Art. 141 EG) nicht nur Leistungssysteme fallen, die ergänzenden Charakter haben. Vielmehr können betriebliche Systeme auch ganz an die Stelle der gesetzlichen Systeme der sozialen Sicherheit treten und völlig gesetzlich geregelt sein, wie das System der deutschen Beamtenversorgung, das unter Art. 157 AEUV (= Art. 141 EG) subsumiert wurde (EuGH, Rs. C-1/95 (Gerster), Slg 1997, 5253, Rn 17 ff). An dieser Rspr hat der EuGH seitdem festgehalten (EuGH, Rs. C-4/02 und 5/02 (Schönheit und Becker), Slg 2003, I-12575, Rn 55 ff).

27 Eine **gesetzliche Definition „betrieblicher Systeme"** enthält erstmals Art. 3 lit. f) der RL 2006/54/EG unter ausführlichen Verweisen auf die Rechtsprechung des EuGH (Erwägungsgründe 14 ff): „betriebliche Systeme der sozialen Sicherheit" sind Systeme, „die nicht durch die Richtlinie 79/7/EWG des Rates vom 19. Dezember 1978 zur schrittweisen Verwirklichung des Grundsatzes der Gleichbehandlung von Männern und Frauen im Bereich der sozialen Sicherheit geregelt werden und deren Zweck darin besteht, den abhängig Beschäftigten und den Selbständigen in einem Unternehmen oder einer Unternehmensgruppe, in einem Wirtschaftszweig oder den Angehörigen eines Berufes oder einer Berufsgruppe Leistungen zu gewähren, die als Zusatzleistungen oder Ersatzleistungen die gesetzlichen Systeme der sozialen Sicherheit ergänzen oder an ihre Stelle treten, unabhängig davon, ob der Beitritt zu diesen Systemen Pflicht ist oder nicht". Entscheidend ist damit, dass die betrieblichen Systeme 1) nicht allgemein sind und 2) sich auf ein Beschäftigungsverhältnis beziehen.

28 Bei diesen Kriterien handelt es sich letztlich um Elemente einer offenen begrifflichen Umschreibung in der Form eines Typus. Es müssen mehrere, aber nicht alle der folgenden Merkmale vorliegen; bei „Mischtypen" ist die Bedeutung der einzelnen Merkmale zu gewichten. Die entscheidende **Zurechnung zum Arbeitgeber/zum Betrieb** lässt sich danach bestimmen, ob

- der Arbeitgeber die Leistung selbst ganz oder zumindest teilweise, evtl zusammen mit Abzügen vom Lohn des Arbeitnehmers, finanziert (so auch EuGH, Rs. 262/88 (Barber), Slg 1990, I-1889, 1949, 1950 und EuGH, Rs. 170/84 (Bilka), Slg 1986, 1607, 1625, Rn 20; GA, Rs. 171/88 (Rinner-Kühn), Slg 1989, 2743, 2751, Rn 15) oder das System von Arbeitnehmern und Arbeitgebern einer bestimmten Branche gemeinsam finanziert wird (EuGH, Rs. C-267/06 (Maruko), Slg 2008, I-1757, Rn 42 ff);

- die Leistung in Erfüllung einer arbeitsrechtlichen Verpflichtung des Arbeitgebers erbracht wird, unabhängig davon, ob der Arbeitgeber dazu kraft Gesetzes, Kollektivvereinbarung oder Arbeitsvertrag verpflichtet ist (st. Rspr, vgl EuGH, Rs. C-147/95 (Evrenopoulos), Slg 1997, I-2057; EuGH, Rs. C-50/99 (Podesta), Slg 2000, I-4039; EuGH, Rs. C-267/06 (Maruko), Slg 2008, I-1757, Rn 46);
- der Arbeitgeber oder von ihm Beauftragte Art und Umfang der Leistung bestimmen oder die Leistung von Organisationen/Institutionen gewährt wird, bei denen der Arbeitgeber Mitglied ist.

Für das Kriterium „**aufgrund eines Dienstverhältnisses**" spricht es, wenn (vgl EuGH, Rs. C-147/95 (Evrenopoulos), Slg 1997, I-2057 und Rs. C-366/99 (Griesmar), Slg 2001, I-9383, Rs. 4/02 und 5/02 (Schönheit und Becker), Slg 2003, I-12575, Rn 55; EuGH, Rs. C-267/06 (Maruko), Slg 2008, I-1757, Rn 42 ff alle mwN): 29

- Rechtsgrund und Bezug der Leistung ein konkretes Arbeitsverhältnis zu einem Arbeitgeber ist;
- das Leistungssystem wesentlich durch eine vertragliche Abmachung zwischen dem Arbeitgeber und den Arbeitnehmern bzw ihren Vertretern oder Verbänden begründet worden ist, wobei diese Abmachung dann auch vom Staat für allgemeinverbindlich erklärt werden kann (vgl auch Art. 1 lit. j) VO (EWG) Nr. 1408/71);
- die Leistung nicht allgemein an alle, sondern nur an bestimmte Arbeitnehmer eines bestimmten Unternehmens/einer bestimmten Branche, für die ein Fonds etc. existiert, gezahlt wird (EuGH, Rs. C-7/93 (Beune), Rn 45; EuGH, Rs. C-147/95 (Evrenopoulos), Slg 1997, I-2057, Rn 21; EuGH, Rs. C-366/99 (Griesmar), Slg 2001, I-9383, Rn 30; EuGH Rs. C-351/00 (Niemi), Slg 2002, I-7007, Rn 47; EuGH, Rs. C-4/02 und 5/02 (Schönheit und Becker), Slg 2003, I-12575, Rn 58; EuGH, Rs. C-267/06 (Maruko), Slg 2008, I-1757, Rn 48/49);
- die Leistung einen längeren vorherigen Lohnbezug voraussetzt und sie in ihrer Höhe von diesem Lohn oder dem zukünftig ausfallenden Lohn abhängt (Lohnersatz- oder Lohnausfallfunktion);
- beide Arbeitsvertragsparteien oder ihre Verbände zur Finanzierung des Systems weitgehend beitragen und die Verwaltung der so angesammelten Mittel auch von ihnen getragen wird.

Vor allem anhand des dritten und vierten Kriteriums lässt sich bestimmen, ob eine Leistung „weniger vom Dienstverhältnis zwischen Arbeitgeber und Arbeitnehmer als von sozialpolitischen Erwägungen abhängt" (EuGH, Rs. 80/70 (Defrenne I), Slg 1971, 445, Rn 7 und 12). 30

„**Staatliche/gesetzliche Systeme**" der sozialen Sicherheit, die nicht unter Art. 157 AEUV (= Art. 141 EG), sondern unter die RL 79/7/EWG fallen, weisen deshalb in der Regel mehrere der folgenden Merkmale auf: 31

- Weitgehend gesetzliche Regelung, keine oder nur eine geringe Vorstrukturierung oder Ausgestaltung durch Vertrag zwischen Arbeitgebern und Arbeitnehmern und/oder ihren Verbänden;
- Überwiegende Bereitstellung der Finanzierung durch öffentliche Kassen aus allgemeinen Steuermitteln oder aus besonderen öffentlichen Abgaben;
- auch wenn Arbeitgeber und Arbeitnehmer die Leistung ganz oder weitgehend über den Lohn, Lohnabzüge oder gesetzlich geregelte Beiträge finanzieren, wird das Finanzvolumen nach Gesichtspunkten vergeben, die nicht oder überwiegend nicht vom Arbeitsverhältnis bestimmt sind;
- kein Bezug der Leistungen zum vorherigen oder zukünftig ausfallenden Lohn, sondern eher zu konkreten Bedürfnissen oder Bedürftigkeit wie zu allgemeinen sozialpolitischen Zielen;
- für die Leistungen ist ein konkretes Arbeitsverhältnis oder eine Zugehörigkeit zu einer bestimmten Branche nicht Voraussetzung, das heißt, das System gilt generell für eine allgemein umschriebene Gruppe von Arbeitnehmern und nicht nur für eine enge, durch besondere Be-

ziehungen zu einem Arbeitgeber oder einem Betrieb gekennzeichnete Gruppe von Arbeitnehmern;
- das System findet auch auf Nicht-Arbeitnehmer oder nur allgemein auf Arbeitnehmer, ohne Begrenzung auf einen Betrieb/ein Unternehmen/eine Branche Anwendung.

32 Viel zu kurz greift deshalb die Definition, die GA Colomer für die staatlichen Systeme in seinem Schlussantrag zur Rs. Maruko vornahm (GA Colomer, Rs. C-267/06 (Maruko), Slg 2008, I-1757, Rn 49), da sie die Sozialversicherungssysteme Bismarck'scher Tradition unter den Geltungsbereich der arbeitsrechtlichen RL 2000/78/EG gestellt hätte. Er definiert „staatliche Systeme" ganz in Anlehnung an die angelsächsische („Beveridge"-) Tradition:
- „Es ist Sache der öffentlichen Gewalt, die Mittel zum Schutz unmittelbar oder mittelbar bereitzustellen";
- „die Anspruchsberechtigung wird durch den bloßen Besitz der Staatsangehörigkeit erworben";
- „es soll Vorsorge für unvermeidbare Schadensfälle getroffen und diesen abgeholfen werden."

Dies ist keine Definition, die der Vielfalt der Systeme der sozialen Sicherheit in der EU gerecht wird. Die deutschen Systeme der Sozialversicherung und die ähnlichen Sozialversicherungssysteme vieler anderer Mitgliedstaaten wären voll in die RL 2000/78/EG integriert, da sie das Kriterium (2) auf keinen Fall erfüllen, und das Kriterium (1) eventuell auch nicht. Das Ergebnis stimmt aber nicht mit der Intention der RL 2000/78/EG und 2006/54/EG sowie der Tradition der Rechtsprechung des EuGH überein. Man kann nur von Glück sprechen, dass der EuGH diesem Definitionsvorschlag des GA nicht gefolgt, sondern eher topisch vorgegangen ist und zum Ausgangspunkt die Definition nimmt, was ein „arbeitsrechtliches" System ist. Das ist sicherlich gerechtfertigt, da es in Maruko um den Geltungsbereich einer „arbeitsrechtlichen" RL geht.

c) Einzelne Abgrenzungsprobleme im Sozialrecht der Mitgliedstaaten
aa) Berufsständische und branchenbezogene Systeme

33 Die Probleme der Einordnung **berufsständischer oder branchenbezogener Systeme** lassen sich gut am Beispiel der dänischen Systeme der Arbeitslosenversicherung, der Zusatzrentenversicherung (ADB) und den Versicherungen von Arbeitsunfällen und Berufskrankheiten analysieren. Diese sind alle durch Gesetz detailliert hinsichtlich der Leistungsfälle, des Umfangs der Leistungen und der Beitragszahlung geregelt (vgl *Europäische Kommission/Missoc*, Soziale Sicherheit in den Mitgliedstaaten der Europäischen Union, Stand 2007, 2009, Teil Dänemark). Sie sind aber weitgehend aus dem allgemeinen System der staatlichen sozialen Sicherheit herausgelöst und in der Zuständigkeit privater Versicherungen oder besonderer Fonds, die von den Arbeitgebern und den Arbeitnehmern verwaltet werden. Ihr Einzugsbereich ist durchweg auf bestimmte Branchen bezogen, also speziell und nicht allgemein.

34 Bei ihrer Einordnung dürfte entscheidend sein, dass diese Systeme intensiv gesetzlich geregelt und ausgestaltet sind und keinen Spielraum für Vereinbarungen zwischen Arbeitgebern und Arbeitnehmern lassen. Zwar sind sie – jedes für sich – speziell, dies betrifft jedoch nur die Organisation. Unabhängig von der einzelnen speziellen Organisation gelten für alle Leistungen die gleichen gesetzlichen Bestimmungen über die Leistungsvoraussetzungen und die Leistungshöhe. So ist die Arbeitslosenversicherung für abhängig Beschäftigte zwar organisatorisch eng mit den Gewerkschaften verbunden, jedoch von diesen insoweit unabhängig, als auch Nicht-Gewerkschaftsmitglieder der Arbeitslosenversicherung beitreten können. Die branchenmäßige Ausrichtung der Leistungssysteme bezieht sich also nur auf ihre Organisation, nicht, wie im Fall Beune, auf ihren Sicherungszweck und die Ausgestaltung der Leistungsfälle und Leistungen. Insoweit können diese Systeme also dennoch als „allgemeine" gesetzliche Systeme und nicht als „betriebliche" Systeme angesehen werden.

Die Finanzierung unterscheidet sich nicht von der üblichen Finanzierung der allgemeinen Systeme 35
der sozialen Sicherung. Die Versicherung gegen Arbeitsunfall und Berufskrankheiten wird von
den Arbeitgebern allein finanziert, die Zusatzrentenversicherung und die Arbeitslosenversicherung dagegen durch Beiträge der Arbeitgeber und der Arbeitnehmer, wobei die Arbeitslosenversicherung noch erhebliche Zuschüsse des Staates erhält. Die organisatorische Zwischenschaltung
von Institutionen, die allenfalls teilweise der (Mit-)Kontrolle der Arbeitgeber unterliegen, erschwert auch die direkte oder indirekte Zurechnung dieser Leistungen an die Arbeitgeber.

Insgesamt überwiegen bei den dänischen Systemen der Arbeitslosenversicherung, der Zusatzren- 36
tenversicherung (ADB) und der Versicherungen von Arbeitsunfällen und Berufskrankheiten also
die Elemente von „gesetzlichen Systemen" im Sinne des Art. 3 der RL 79/7/EWG. Diese Argumente lassen sich auf die zahlreichen auf Branchen bzw Berufsgruppen beschränkten Systeme der
sozialen Sicherung bei Krankheit, Alter oder gegen Betriebsunfälle und Berufskrankheiten in den
anderen Mitgliedstaaten übertragen. Überwiegend dürften sie ebenfalls „gesetzliche/staatliche"
Systeme der sozialen Sicherung sein und unter die RL 79/7/EWG fallen. Dies gilt auch für die
berufsständischen Systeme der Altersvorsorge in Deutschland (für Ärzte, Rechtsanwälte etc.).

bb) Tarifvertragliche nationale Systeme

Während das koordinierende Sozialrecht der Gemeinschaft in Art. 1 lit. l) VO (EG) Nr. 883/2004 37
die tarifvertraglichen Systeme ausschließt, gibt es eine solche Begrenzung im Gleichbehandlungsrecht der Gemeinschaft nicht.

Die **französische Arbeitslosenversicherung** basiert auf Tarifverträgen der Verbände von Arbeit- 38
gebern und Arbeitnehmern im Rahmen gesetzlicher Regelungen, die die Allgemeinverbindlichkeit
dieser Tarifverträge und für den Fall eines tariflosen Zustandes das Einspringen staatlicher Institutionen vorsehen (Artikel L5427-1 ff des Arbeitsgesetzbuchs (Code du travail nF); allg. dazu
Dupeyroux, Droit de la sécurité sociale, 16. Aufl., Paris 2008, S. 1133 ff). Zwar ist die Ausgestaltung des Systems und die Finanzierung ganz in der Hand der Tarifvertragsparteien, das System
hat jedoch keinen Bezug zu konkreten Branchen oder Unternehmen, sondern ist gesetzesgleich
durch nationale, alle Branchen erfassende oder für sie geöffnete (so für den öffentlichen Dienst)
gesetzesgleiche Tarifverträge geregelt, die für allgemeinverbindlich erklärt worden sind.

d) Förderleistungen und öffentliche Beschäftigungssubventionen

Förderleistungen und öffentliche Beschäftigungssubventionen, die der Arbeitgeber „weitergibt" 39
und nur für öffentliche Kassen auszahlt, sind kein „Entgelt" iS des Art. 157 AEUV (= Art. 141
EG). Dies gilt zB für Kurzarbeitergeld nach dem bundesdeutschen SGB III.

Wird eine Sozialleistung vollständig von der öffentlichen Hand finanziert und ist sie weitgehend 40
gesetzlich nach sozialpolitischen Gesichtspunkten geregelt, setzt sie aber bestimmte Vorbeschäftigungszeiten beim selben Arbeitgeber voraus und wird vom Arbeitgeber durchgeführt, ist aber
kaum lohnbezogen, sondern auf einen Basisbetrag reduziert, wie das britische Krankengeld
bis 1990/91 (statutory sick pay s. *Wikeley/Ogus/Barendt*, The Law of Social Security, 5. Aufl.,
2002, S. 518 ff), so überwiegen die Elemente staatlicher Systeme und es liegt eine staatliche Leistung der sozialen Sicherheit vor. Wird dann allerdings der Arbeitgeber verpflichtet, einen Teil der
Leistung selbst zu finanzieren, so fällt diese Leistung auch unter Art. 157 AEUV (= Art. 141 EG).

e) Systeme für bestimmte Berufe

Systeme für bestimmte Berufe (Handwerk, Landwirte) oder Branchen (Bergbau, Bauwirtschaft) 41
sind nach den o.a. Kriterien (Rn 27-29) zwischen staatlichen und (über-) betrieblichen zu unterscheiden. Werden die Leistungen bei Arbeitslosigkeit von den Arbeitnehmern und Arbeitgebern
finanziert und im Wesentlichen durch von ihnen geregelte Fonds verwaltet, wie teilweise in süd-

europäischen (ergänzenden) Systemen der Arbeitslosenversicherung und den bundesdeutschen Leistungen der Bauwirtschaft, so handelt es sich um (über-) betriebliche Systeme.

3. Arten der Diskriminierungen

42 S. hierzu gerade auch unter Berücksichtigung der Einzelrichtlinien und der Rechtsprechung des EuGH oben Art. 19 AEUV (= Art. 13 EG), Rn 15 ff (Diskriminierungskriterium „Geschlecht"), Rn 22 ff (Formen der Diskriminierung), Rn 32 ff (Mittelbare Diskriminierung) und Rn 43 ff (Rechtfertigung von Diskriminierungen).

4. Diskriminierungsfälle im Sozialrecht

43 Sozialrechtlich relevante Diskriminierungen, die unter Art. 157 AEUV (= Art. 141 EG) fallen, sind solche der betrieblichen Sozialleistungen. Zu ihnen vgl die Kommentierungen bei Art. 5 bis 12 RL 2006/54/EG.

Teil 6:
Richtlinie des Rates vom 19. Dezember 1978 zur schrittweisen Verwirklichung des Grundsatzes der Gleichbehandlung von Männern und Frauen im Bereich der sozialen Sicherheit (79/7/EWG)

(ABl. L 6 vom 10.1.1979, S. 24)

Literaturübersicht
Siehe auch Literaturübersicht zur Vorbemerkung zu Art. 19 AEUV und RL 2006/54/EG.

Beveridge, Unequal Treatment in Social Security Law: Objective Justification, Childcare and the English Courts (2006), 13 JSSL 2006, S. 31; *Bieback*, Mittelbare Diskriminierung der Frauen im Sozialrecht – nach EG-Recht und dem Grundgesetz – ZIAS 1990, S. 1; *Brauer*, Das Verbot der mittelbaren Diskriminierung und seine Anwendung auf die gesetzliche Rentenversicherung, 2004; *Bundesagentur für Arbeit*, Arbeitsmarkt 2007, 2008; *Däubler*, Gleichberechtigung und Arbeitsförderungsgesetz. Gutachten herausgegeben vom Niedersächsischen Frauenministerium, o.J. (1991); *Dünn/Heese*, Begrenzte Gesamtleistungsbewertung und mittelbare Diskriminierung, Deutsche Rentenversicherung, 2000, S. 710; *Europäische Kommission/Missoc*, Soziale Sicherheit in den Mitgliedstaaten der Europäischen Union, 2009; *Herbert*, Social Security and Indirect Discrimination, in: C. McCrudden (ed.), Equality of Treatment between Women and Men in Social Security, 1994, S. 117-136; *Hervey*, Justifications for Sex Discrimination in Employment, 1993; IVSS, Gleichbehandlung in der sozialen Sicherheit, Genf 1988; *Husmann*, Die Richtlinie 79/7 im Lichte der Rechtsprechung des Europäischen Gerichtshofes, RVaktuell 2010, S. 100; *Jepsen/Meulders*, Ungleichbehandlung der Geschlechter in der europäischen Arbeitslosenversicherung, IRSS 1997, S. 45; *Kalisch*, Die Entwicklung des Verbots der mittelbaren Diskriminierung wegen des Geschlechts im Sozialrecht, 1999; *Koldinska*, Case Law of the European Court of Justice on Sex Discrimination 2006-2011, CML Rev 2011, S. 1599; *Luckhaus*, Equal treatment, social protection and income security for women, ILR 139 (2000), S. 149; *Plantenga/Remery/Rubery* (European Commission, Directorate-General for Employment, Social Affairs and Equal Opportunities, Unit G1/), Gender mainstreaming of employment policies, A comparative review of 30 European countries, Luxemburg 2008; *Prechal/Burrows*, Gender Discrimination Law Of The European Community, 1990; *Rubery/Fagan*, Geschlechtertrennung im Beruf in der Europäischen Gemeinschaft, Soziales Europa (Hrsg.: Kommission der EG) 3/93, 1993; *Rust/Westermann*, 45 Jahre: ein Stellvertretermerkmal für den Ausschluss versicherter Frauen?, SGb 2008, S. 272; *Sohrab*, Sexing the Benefit, Women, Social Security and Financial Independence, 1996; *Veil/Prinz/Gerhard* (Hrsg.), Am modernen Frauenleben vorbei, Verliererinnen und Gewinnerinnen der Rentenreform 1992, 1992; *Welti*, Schutz vor Benachteiligungen im deutschen Sozialrecht nach europäischen Gleichbehandlungsrichtlinien und ihrer Umsetzung, VSSR 2008, S. 55.

DER RAT DER EUROPÄISCHEN GEMEINSCHAFTEN –

gestützt auf den Vertrag zur Gründung der europäischen Wirtschaftsgemeinschaft, insbesondere auf Artikel 235,

auf Vorschlag der Kommission,

nach Stellungnahme des Europäischen Parlaments,

nach Stellungnahme des Wirtschafts- und Sozialausschusses,

in Erwägung nachstehender Gründe:

In Artikel 1 Absatz 2 der Richtlinie 76/207/EWG des Rates vom 9. Februar 1976 zur Verwirklichung des Grundsatzes der Gleichbehandlung von Männern und Frauen hinsichtlich des Zugangs zur Beschäftigung, zur Berufsbildung und zum beruflichen Aufstieg sowie in bezug auf die Arbeitsbedingungen ist vorgesehen, dass der Rat im Hinblick auf die schrittweise Verwirklichung des Grundsatzes der Gleichbehandlung im Bereich der sozialen Sicherheit auf Vorschlag der Kommission Bestimmungen erlässt, in denen dazu insbesondere der Inhalt, die Tragweite und die Anwendungsmodalitäten angegeben sind. Im Vertrag sind die besonderen, hierfür erforderlichen Befugnisse nicht vorgesehen.

Es ist angezeigt, den Grundsatz der Gleichbehandlung im Bereich der sozialen Sicherheit in erster Linie bei den gesetzlichen Systemen, die Schutz gegen die Risiken Krankheit, Invalidität, Alter,

Arbeitsunfall, Berufskrankheit und Arbeitslosigkeit bieten, sowie bei den Sozialhilferegelungen, soweit sie die vorgenannten Systeme ergänzen oder ersetzen sollen, zu verwirklichen.

Die Verwirklichung des Grundsatzes der Gleichbehandlung im Bereich der sozialen Sicherheit steht Bestimmungen, die sich auf den Schutz der Frau wegen Mutterschaft beziehen, nicht entgegen, und die Mitgliedstaaten können in diesem Rahmen zu Gunsten der Frauen besondere Bestimmungen erlassen, um die tatsächlich bestehenden Ungleichheiten zu beseitigen –

HAT FOLGENDE RICHTLINIE ERLASSEN:

Vorbemerkungen

I. Erläuterungen zur Entstehungsgeschichte und zur Präambel 1	3. Eingeschränkte Geltung wegen des Gebots der nur schrittweisen Umsetzung der RL? 12
II. Eingeschränkte Geltung der Richtlinie? 4	4. Eingeschränkte Geltung der RL wegen unbestimmten Regelungsgehalts? 13
1. Eingeschränkte Geltung wegen der begrenzten sachlichen Reichweite? 6	
2. Eingeschränkte Geltung wegen der schwachen Basis in Art. 352 AEUV (= Art. 308 EG)? 7	

I. Erläuterungen zur Entstehungsgeschichte und zur Präambel

1 Da es **1979 keine genuine Kompetenz** für den Erlass von Richtlinien im Sozialrecht gab, wurde die RL 79/7/EWG als Ergänzung zu Art. 141 EG (= Art. 157 AEUV) auf die generelle Abrundungskompetenz des Art. 308 EG (= Art. 352 AEUV) gestützt. In der Entwicklung des sekundären Gemeinschaftsrechts zur Gleichbehandlung war von Anfang an vorgesehen, die Systeme der sozialen Sicherheit in die ersten Richtlinien einzubeziehen, da das „normale Entgelt" nur schwer von Leistungen der betrieblichen Systeme der sozialen Sicherheit und diese wieder nur schwer von gesetzlichen/staatlichen Systemen zu unterscheiden sind und die betrieblichen Systeme oft stark von staatlichen Systemen abhängen und ohne sie nicht sinnvoll geregelt werden können. Aus Gesichtspunkten der politischen Durchsetzbarkeit wurden all diese Materien auseinandergerissen und selbst die im Entwurf der Kommission (v. 31.12.1976, ABl. 1977 C 34, S. 3) vorgesehene einheitliche Regelung der betrieblichen und staatlichen Systeme nicht durchgeführt (zur Geschichte *Prechal/Burrows*, S. 165 f; *Kyriazis*, S. 38-41). Die RL 79/7/EWG wie auch die früheren RL 76/207/EWG und 86/378/EWG machen diesen engen Zusammenhang aber zB in ihren jeweiligen Präambeln noch deutlich. Zur Entwicklung der RL im Rahmen des Gleichbehandlungsrechts der EU vgl Vorbemerkung zu Art. 19 AEUV Rn 1 ff.

2 Die RL 79/7/EWG ist seit ihrem Erlass nicht geändert worden. Die Vorschläge der Kommission zu einer RL zur ergänzenden Verwirklichung des Grundsatzes der Gleichbehandlung von Männern und Frauen bei den gesetzlichen und betrieblichen Systemen der sozialen Sicherheit (KOM (87) 494 endg.; BR-Drucks. 507/87) wurden nicht Gesetz. Hier sah die Kommission vor, die Ausnahmen in Art. 7 RL 79/7/EWG weitgehend einzuschränken. Neu geregelt wurden dagegen die Systeme der betrieblichen Sozialleistungen mit der RL 2006/54/EG; vgl die Kommentierung dort.

3 Mit der Formulierung im letzten Absatz der Präambel wird der Grundsatz fortgeschrieben, dass das gemeinschaftsrechtliche Gleichbehandlungsgebot weder dem Mutterschutz noch positiven Fördermaßnahmen für Frauen entgegensteht (vgl Art. 19 AEUV Rn 67 ff). Diese Ausnahme ist mittlerweile Standard des Antidiskriminierungsrechts der EG, wie es auch umgekehrt jede Diskriminierung wegen der Schwangerschaft und des Mutterschutzes verbietet (Art. 4 Abs. 2 RL 79/7/EWG; Art. 8 RL 86/613/EWG; Art. 3 Abs. 2 lit. c) RL 2006/54/EG). Zur unmittelbaren Geltung des Gleichbehandlungsrechts der EU und auch speziell der RL nach dem Ablauf ihrer Umsetzungsfrist vgl Art. 157 AEUV Rn 4 ff.

II. Eingeschränkte Geltung der Richtlinie?

Ausgangspunkt des Gemeinschaftsrechts zur Diskriminierung wegen des Geschlechts war Art. 119 EWGV (= Art. 157 AEUV). In seinem Wortlaut war und ist er allein auf die **Gleichbehandlung in der Entlohnung** beschränkt und verdankt seine Entstehung vor allem den wettbewerblichen Bedenken Frankreichs (*Bieback*, 1997, 26/27). Aus diesen Entstehungsgründen sowie der Tatsache, dass die Gemeinschaft keine genuine Kompetenz zur Sozialgesetzgebung hat und die RL 79/7/EWG sich nur auf die „schwache" kompetenzrechtliche Grundlage des Art. 308 EG (= Art. 352 AEUV) stützt, wird von manchen gefolgert, dass das sekundäre Recht zur Gleichbehandlung der Geschlechter im Arbeits- und Sozialrecht keine hinreichende Ermächtigungsgrundlage im EG habe. Zumindest seien die Richtlinien zur Gleichbehandlung wegen des Geschlechts restriktiv dahin auszulegen, dass sie nur dem Zweck dienten, Wettbewerbsverzerrungen über eine Absenkung „sozialer Kosten" auszuschalten (*Rombach*, SGb 1996, 198; *Buchner*, FS Rauscher 1993, 191). Dieses Argument ist abzulehnen, weil es im Wortlaut der RL keinen Anhalt findet (s. Rn 9 ff und *Bieback*, SGb 1996, 513; *Kalim* 1999, 80 ff; *Bauer* 2004, 137 ff).

Bisher ist der Vorwurf mangelnder Kompetenz der Gemeinschaft für die Gleichbehandlungsrichtlinien in keinem der über einhundert Verfahren zu diesen Richtlinien Gegenstand gewesen, auch nicht in den gut ein Dutzend Vertragsverletzungsverfahren, die die Kommission wegen Nichteinhaltung der RL 79/7/EWG meist mit Erfolg gegen viele Mitgliedstaaten, darunter auch Deutschland, angestrengt hatte.

1. Eingeschränkte Geltung wegen der begrenzten sachlichen Reichweite?

Schon das Grundverständnis des Art. 157 AEUV (= Art. 141 EG) als eine rein „wettbewerbsrechtliche" Norm ist inkorrekt. Zwar ist der historische Ausgangspunkt unbestritten. Nur reicht das Motiv eines Vertragspartners, Frankreichs, nicht aus, den Charakter einer Vertragsnorm zwischen sechs Vertragspartnern zu dominieren. Über die Motive der anderen Vertragspartner, dem alten Art. 119 EWGV (= Art. 157 AEUV) zuzustimmen, wissen wir nichts. Aber wir haben einen eindeutigen Anhaltspunkt für eine historische und systematische Auslegung. Art. 119 EWGV (wie auch Art. 141 EG und Art. 157 AEUV) wurde nicht in die Teile des Vertrags integriert, die die Marktpolitik betrafen, sondern in den Teil „Die Politik der Gemeinschaft" in einem eigenen Titel III „Die Sozialpolitik". Zu Recht hat der EuGH aus der Entstehungsgeschichte, der systematischen Stellung wie auch aus der Betonung der sozialen Komponente der Gemeinschaft in der Präambel und in Art. 117 EWGV (jetzt Art. 151 AEUV) gefolgert, dass Art. 119 EWGV wie Art. 141 EG und allgemein das Gebot der Gleichbehandlung eine wesentliche Bedeutung bei der Verwirklichung der sozialen Ziele der Gemeinschaft haben (Rs. 43/75 (Defrenne II), Slg 1976, S. 455, 473, Rn 12; Rs. 149/77 (Defrenne III), Slg 1978, S. 1365, 1385; Rs. 75/82 und 117/82 (Razzouk und Beydoun), Slg 1984, 1509, Rn 16; EuGH, Rs. C-270/97 und C-271/97 (Sievers und Schrage), v. 10.2.2000; Rn 55 ff; vgl *Hervey*, 1993, 37 ff). Weder Art. 157 AEUV (= Art. 141 EG) noch die RL 79/7/EWG sind also nur auf ihre angeblich enge Funktion hin auszulegen, Wettbewerbsverzerrungen zu vermeiden.

2. Eingeschränkte Geltung wegen der schwachen Basis in Art. 352 AEUV (= Art. 308 EG)?

Dass der Geltungsbereich des Art. 157 AEUV (= Art. 141 EG) nur schwer zu begrenzen ist, zeigen gerade einige der ersten Urteile des EuGH. Hier ging es um die Frage, ob Beiträge und Leistungen zu (Betriebs-) Rentensystemen unter die Lohngleichheit fallen, wenn diese Systeme zwar vom Arbeitgeber finanziert, aber zugleich eng mit dem staatlichen Sozialleistungssystem verquickt oder gar ein Teil von ihm sind (abschließend EuGH, Rs. 68/80 (Worringham), Slg 1981, 767 und Rs. 23/83 (Liefting), Slg 1984, 3225; oben Art. 157 AEUV Rn 20 ff, 25 ff; *Prechal/Burrows* 1990, 55 ff). Der EuGH hat schließlich zu einer klaren Trennung zwischen „gesetzlichen" und „betrieblichen" Sozialleistungssystemen gefunden, dennoch ist die enge Verzahnung beider Bereiche sachnotwendig (oben Art. 157 AEUV Rn 20 ff).

8   Auch die **Kompetenzgrundlage der RL 79/7/EWG in Art. 308 EG** (= Art. 352 AEUV) ist ausreichend und erfordert keine restriktive Interpretation. Wenn auch der EWG-Vertrag vom Prinzip der begrenzten Kompetenzzuweisung beherrscht wird, so ist doch weitgehend unbestritten, dass die Gemeinschaft sowohl „implizite Kompetenzen" als auch eine Abrundungskompetenz gemäß Art. 308 EG (= Art. 352 AEUV) hat (*Jarass*, AöR 121 (1996), 173; kritisch BVerfGE 89, 155 (191 ff) – Maastrichturteil). Angesichts des engen Zusammenhangs von Leistungen der betrieblichen Sozialpolitik und staatlichen Sozialleistungen konnte die Kompetenz zur Umsetzung des Gleichbehandlungsgebots in Art. 157 AEUV (= Art. 141 EG) nicht sachgerecht genutzt werden, ohne die Sozialleistungen ebenfalls zu regeln (Kompetenz kraft Sachzusammenhangs, vgl *Jarass*, AöR 121 (1996), 176). Insoweit war auch die Gründung der RL 79/7/EWG auf die „Abrundungskompetenz" aus Art. 308 EG (= Art. 352 AEUV) korrekt, da es um die Effektivierung und Abrundung einer im Vertrag ausdrücklich zugewiesenen Kompetenz ging (*Oppermann* 1991, Rn 437; *Jarass*, ebd., 177). Soweit der EuGH rechtsfortbildend tätig wurde, handelt es sich deshalb auch nur um eine gesetzesimmanente Rechtsfortbildung, die sich im Rahmen des gesetzten Rechts hält, mit der Gesamtanalogie und dem Rückgang auf allgemeine Prinzipien des Vertrages arbeitet und die grundsätzlich methodisch und von der Funktion der Rechtsprechung her zulässig ist (*Everling*, JZ 2000, 217).

9   Schon seit Beginn der neunziger Jahre des vorigen Jahrhunderts werden in vielen Staaten der Gemeinschaft private Sozialleistungen der Arbeitgeber immer gezielter als Alternative zu staatlichen Sozialleistungen eingeführt, die unbestritten unter Art. 157 AEUV (= Art. 141 EG) fallen (*v. Maydell*, AuS 1999, 12; *Europäische Kommission* 1996, 16 ff, 53 ff). Gerade angesichts der Austauschbarkeit privater und öffentlicher Systeme wäre es nicht gerechtfertigt, die staatlichen Systeme vom Verbot der mittelbaren Diskriminierung auszunehmen.

10 Der Vertrag über die Europäische Union von 1992 hat in Art. B als Ziel der Union u.a. die „volle Wahrung des gemeinschaftlichen Besitzstands und seine Weiterentwicklung" aufgeführt, wozu gerade auch der Schutz des gewachsenen Rechtsbestandes der Gemeinschaft zählt (*Hilf/Pache*, in: *Grabitz/Hilf* (Hrsg.), Kommentar zur EU, Art. B EU-Vertrag, Rn 19). Zum Zeitpunkt des Vertragsschlusses waren aber die Gleichberechtigungspolitik der Gemeinschaft im Bereich des Arbeits- und Sozialrechts und die zur Durchsetzung dieser Politik ergangenen Richtlinien ein anerkannter Teil der Gemeinschaftspolitik. Für die Rechtslage seit dem Inkrafttreten des Vertrags von Amsterdam und der Geltung der neuen Art. 19 AEUV (= Art. 13 EG) und Art. 151 ff AEUV (= Art. 136 ff EG) lässt sich dieser Grund nicht mehr aufrechterhalten. Nunmehr hat die EU für die gesamte soziale Sicherheit und das Antidiskriminierungsrecht eine umfassend Regelungskompetenz. Diese neue Rechtslage muss auch den Geltungsanspruch der älteren RL 79/7/EWG gegenüber dem nationalen Sozialleistungsrecht stärken, zumal auch diese Richtlinie schon nach altem EG die Hürde der Einstimmigkeit im Ministerrat überwinden musste und überwunden hatte. Der Amsterdamer Vertrag und der Lissabonner Vertrag setzten auch diese hohen Anforderungen an die Gesetzgebungskompetenz fort (Art. 19 AEUV Rn 3 und 4).

11 Allerdings sind nunmehr alle Kompetenzen der EU unter das **Gebot der „Subsidiarität"** gestellt worden (Art. 5 EUV). Es wird vertreten, dass gerade die sozialpolitischen Initiativen der Gemeinschaft hierunter fielen und die Gemeinschaft dieses Feld in Zukunft weitgehend den Mitgliedstaaten überlassen müsste (*Heinze*, FS Kissel 1994, 363; *Buchner*, FS Rauscher 1993, 191). Ob das für die Zukunft so gilt, kann unerörtert bleiben. Unbestritten ist aber, dass die Subsidiaritätsklausel keine Rückwirkungen hat und sie deshalb nicht auf die bestehenden Richtlinien zur Gleichbehandlung im Arbeits- und Sozialrecht angewandt werden kann (GA, Rs. C-317/93 (Nolte), Slg 1995, I-4627, 4642, Rn 69 ff; *Kalisch* 1999, 85). Seit dem Amsterdamer Vertrag fallen nunmehr weite Teile des Sozialrechts unter die Kompetenz der Gemeinschaft, sind jedoch an relativ hohe Mehrheiten in Rat und Parlament gebunden (Art. 136 ff EG = Art. 151 ff AEUV).

3. Eingeschränkte Geltung wegen des Gebots der nur schrittweisen Umsetzung der RL?

Eine eingeschränkte Geltung der RL 79/7/EWG folgt auch nicht daraus, dass sie gemäß Art. 1 RL 79/7/EWG nur „schrittweise verwirklicht" werden soll. Denn auch eine „schrittweise" Umsetzung setzt voraus, dass das gemeinschaftsrechtliche Gebot der Gleichbehandlung der Geschlechter im Sozialrecht Vorrang vor dem nationalen Sozialrecht beanspruchen kann (vgl *Kalisch* 1999, 83 ff).

12

4. Eingeschränkte Geltung der RL wegen unbestimmten Regelungsgehalts?

Während Verordnungen unmittelbar in den Mitgliedstaaten gelten und den Bürgern der Mitgliedstaaten gegenüber den Organen der Mitgliedstaaten Rechte einräumen, **richten sich Richtlinien nur an die Organe der Mitgliedstaaten** und verpflichten sie zu ihrer Umsetzung (vgl Art. 8 und Art. 10 RL 79/7/EWG). Dennoch hat der EuGH auch den Richtlinien direkte, **unmittelbare Wirkung im Verhältnis Bürger-Staat** zuerkannt, wenn der Mitgliedstaat seine Pflicht, die Richtlinie in nationales Recht umzusetzen, nicht fristgerecht erfüllt hat und der Inhalt der Richtlinie unbedingt und hinreichend exakt formuliert worden ist, so dass schon aus dem Text der Richtlinie konkrete Rechtsbefehle gefolgert werden können (EuGH, Rs. 33/70 (SACE), Slg 1970, 1213; dazu *Rust*, in: *von der Groeben/Schwarze* (Hrsg.), EU/EG-Vertrag, 6. Aufl. 2004, Art. 141, Rn 229 ff). Die unmittelbare Wirkung der Richtlinien bezieht sich allerdings nur auf das Verhältnis des Bürgers zu dem Mitgliedstaat (und seinen Organen), der die Richtlinie nicht bzw nicht ordnungsgemäß umgesetzt hat. Zu diesem direkt gegenüber dem Bürger gebundenen öffentlichen Bereich gehören der Sozialgesetzgeber wie auch die Sozialverwaltung, auch die selbständigen öffentlichen Verwaltungseinheiten wie die deutschen Sozialversicherungsträger (zuerst EuGH, Rs. 152/84 (Marshall), Slg 1986, S. 723, 749 – ein selbständiger, öffentlicher, regionaler/kommunaler Gesundheitsverband).

13

Teilweise wird bestritten, dass die RL 79/7/EWG in ihrer zentralen Vorschrift, dem Art. 4, und dem Verbot der mittelbaren Diskriminierung, **hinreichend bestimmt** sei, da vor allem die Feststellung der ungleichen Betroffenheit keinen exakten Regeln folgen würde (*Haverkate/Huster*, Europäisches Sozialrecht, 1999, Rn 728; ihnen folgend BSG SozR 3-6083, Art. 4 Nr. 15). Dem ist jedoch schon im Ansatz zu widersprechen. Der EuGH hat klare Kriterien für die Bestimmung der ungleichen Betroffenheit aufgestellt und sie auch in seiner neueren Rechtsprechung noch einmal bekräftigt (s. o. Art. 19 AEUV Rn 38 ff). Zudem handelt es sich bei dem Verbot der mittelbaren Diskriminierung um eine dogmatisch sehr ausdifferenzierte rechtliche Regelung. Dass sie Wertungsspielräume enthält („sachliche Rechtfertigung"), bewegt sich im üblichen Rahmen der Vagheit fast aller Rechtsnormen. Dass das Verbot als Regelung des EG-Sozialrechts mit den Sozialrechtskompetenzen der Mitgliedstaaten abgestimmt werden muss, ist ein allgemeines Strukturproblem des Gemeinschaftsrechts wie des Gemeinschaftssozialrechts. Der EuGH hat ab den Entscheidungen Worringham und Jenkins deshalb zu Recht das Verbot mittelbarer Diskriminierung, „unter Berücksichtigung der Zielsetzung der RL und ihres Inhalts (für) hinreichend genau und unbedingt" gehalten und ihm unmittelbare Wirkung zuerkannt (EuGH und GA, Rs. 71/85 (FNV), Slg 1986, 3867, 3868, 3876; EuGH, Rs. C-384/85 (Borrie Clarke), Slg 1987, 2865, Rn 10; EuGH, Rs. C-102/88 (Ruzius-Willbrink), Slg 1989, 4311, 4327, 4332, Rn 21 ff).

14

Artikel 1

Diese Richtlinie hat zum Ziel, dass auf dem Gebiet der sozialen Sicherheit und der sonstigen Bestandteile der sozialen Sicherung im Sinne von Artikel 3 der Grundsatz der Gleichbehandlung von Männern und Frauen im Bereich der sozialen Sicherheit – im folgenden „Grundsatz der Gleichbehandlung" genannt – schrittweise verwirklicht wird.

1 Der sachliche Geltungsbereich wird in Art. 1 RL 79/7/EWG bewusst offen mit »Gebiet der sozialen Sicherheit und sonstige Bestandteile der sozialen Sicherung« definiert, um möglichst alle unterschiedlichen Systeme der sozialen Sicherheit und sozialen Sicherung in den Mitgliedstaaten aufzufangen (s. Art. 3 RL 79/7/EWG und *Prechal/Burrows*, S. 106/7).

2 Die Betonung einer »**schrittweisen**« Verwirklichung des Gleichbehandlungsgrundsatzes im Bereich der sozialen Sicherheit rührt einmal von dem im Entwurf der Kommission vorgesehenen Drei-Stufen-Plan zur Umsetzung der RL (ABl. 1977 C 34, S. 3, Art. 4 und 7) her. Darüber hinaus bedeutet dies jedoch auch, dass
- die Richtlinie noch durch andere RLen über die betrieblichen Systeme und über den Abbau der Ausnahmen in Art. 7 RL 79/7/EWG ergänzt werden muss (jetzt RL 2006/54/EG), und dass
- die Mitgliedstaaten auch schon in der Übergangszeit des Art. 8 keine Maßnahmen erlassen dürfen, die die Realisierung des Gleichbehandlungsziels noch verschlechtern (*Prechal/Burrows*, ebd).

3 Aus der Formulierung „schrittweise verwirklicht wird" in Art. 1 RL 79/7/EWG folgt nicht, dass die Richtlinie eine eingeschränkte Geltung gegenüber dem Sozialrecht der Mitgliedstaaten hat (vgl oben RL 79/7/EWG, Vorbemerkung Rn 12).

Artikel 2

Diese Richtlinie findet Anwendung auf die Erwerbsbevölkerung – einschließlich der selbstständigen, deren Erwerbstätigkeit durch Krankheit, Unfall oder unverschuldete Arbeitslosigkeit unterbrochen ist, und der Arbeitsuchenden – sowie auf die im Ruhestand befindlichen oder arbeitsunfähigen Arbeitnehmer und Selbstständigen.

I. Normzweck 1	2. Unterbrechung der Erwerbstätigkeit 6
II. Einzelerläuterungen 2	3. Arbeitslosigkeit 9
1. Bezug auf Erwerbsbevölkerung und Arbeitssuchende 2	4. Arbeitsuchende 10

I. Normzweck

1 Wie der EuGH in den Rs. Achterberg/Riele (Rs. 48/88, 106/88, 107/88, Slg 1989, 1963) und insbesondere in der Rs. Verholen (Rs. C-87, 88, 89/90, Slg 1991, I-3757) betont hat, umschreibt ausschließlich Art. 2 den personellen Geltungsbereich der RL 79/7/EWG. Er kann nicht über Art. 3 RL 79/7/EWG dahin erweitert werden, dass auch solche Personen in den Geltungsbereich der RL 79/7/EWG einbezogen werden, die zwar nicht unter Art. 2 RL 79/7/EWG fallen, aber nach nationalem Recht Mitglied in einem unter Art. 3 RL 79/7/EWG fallenden nationalen System sind.

II. Einzelerläuterungen

1. Bezug auf Erwerbsbevölkerung und Arbeitssuchende

2 Die Umschreibung des persönlichen Geltungsbereichs ist schon vom Wortlaut her denkbar weit. Er erfasst
- die Erwerbstätigen, dh die abhängig Beschäftigten und Selbständigen,
- jene, die aus den in Art. 2 RL 79/7/EWG genannten Gründen eine frühere Erwerbstätigkeit unterbrochen haben,
- jene, die nicht mehr erwerbsfähig oder im erwerbsfähigen Alter sind, vorher aber erwerbstätig waren, und
- jene, die eine Erwerbstätigkeit suchen.

Diese **Konzentration auf die Erwerbsbevölkerung** iwS ergibt sich auch daraus, dass Art. 157 3
AEUV (= Art. 141 EG) selbst nur Arbeitnehmer iwS betrifft (s. EuGH, Rs. 48/88 (Achterberg/
Riele), Slg 1989, 1963, Rn 12; s. Art. 157 AEUV Rn 9). Zur „Erwerbsbevölkerung" gehört jeder/
jede, der/die Arbeit gegen Entgelt anbietet, unabhängig von Dauer und Qualität der Tätigkeit.
Auch Teilzeitarbeitnehmer(innen) mit geringen Einkünften fallen deshalb unter Art. 2 RL 79/7/
EWG. Dies hat der EuGH explizit in mehreren Fällen entschieden (EuGH, Rs. C-317/93 (Nolte),
Slg 1995, I-4625, 4658/9, Rn 17 ff; EuGH, Rs. C-444/93 (Megner und Scheffler), Slg 1995,
I-4741, 4754, Rn 17 ff).

Die RL erfasst damit – wie die gesamte Sozialpolitik der EU – alle Personen der Erwerbsbevöl- 4
kerung und setzt die Staatsangehörigkeit eines Mitgliedstaats nicht voraus; auch Drittstaatsangehörige, die im Gebiet der EU erwerbstätig sind, können sich auf die RL berufen (*Haverkate/
Huster*, Rn 685; *Schmidt am Busch*, EAS B 4300, Rn 8). Die Beschränkung auf die Erwerbsbevölkerung iwS führt dazu, dass dann, wenn Mitgliedstaaten in Staatsbürgerversorgungssystemen
alle Bürger versichern oder versorgen, sich gegenüber diesen Systemen nicht alle Leistungsempfänger, sondern nur die in Art. 2 RL 79/7/EWG genannten Personen berufen können (vgl GA und
EuGH, Achterberg/Riele, Slg 1989, 1963; EuGH, Rs. C-89/90 (Verholen u.a.) vom 29.5.91).
Art. 2 RL 79/7/EWG unterscheidet sich damit erheblich von Art. 1 lit. a) VO (EG) Nr. 883/2004,
der als „Arbeitnehmer" oder „Selbständiger" unter bestimmten Voraussetzungen auch Personen
erfasst, die nur Mitglieder in Versicherungssystemen sind (s. Kommentierung zu Art. 1 lit. a) VO
(EG) Nr. 883/2004).

Mit dem **Ausschluss der Nicht-Erwerbsbevölkerung** und der Begrenzung der Unterbrechenstat- 5
bestände erfasst die Richtlinie vor allem folgende Gruppen und Leistungssysteme nicht (zust.
Schmidt am Busch, EAS B 4300, Rn 20; *Haverkate/Huster*, Rn 689):

- Personen, die seit Geburt oder vor Eintritt in das Erwerbsleben zB wegen einer Behinderung nicht erwerbsfähig oder erwerbstätig sind,
- Personen, die wegen häuslicher und familiärer Aufgaben eine Erwerbstätigkeit aufgegeben haben und keine Erwerbstätigkeit suchen (EuGH, Rs. C-31/90 (Johnson I), Slg 1991, I-3723, Rn 19) und
- erst Recht Personen, die einen Arbeitnehmer pflegen, aber vorher keiner Erwerbstätigkeit nachgegangen sind und auch keine Erwerbstätigkeit suchen (EuGH, Rs. C-77/85 (Züchner), Slg 1996, I-5689).

2. Unterbrechung der Erwerbstätigkeit

Die Unterbrechung der Erwerbstätigkeit **muss auf den in Art. 2 RL 79/7/EWG genannten Grün-** 6
den beruhen. Der EuGH zieht bei der Interpretation der Unterbrechungsgründe Art. 3 Abs. 1
lit. a) RL 79/7/EWG heran (Rs. 48/88 (Achterberg/Riele), Slg 1989, 1963 und Rs. C-31/90 (Johnson I), Slg 1991, I-3723; zust. *Haverkate/Huster*, Rn 687; *Schmidt am Busch*, EAS B 4300, Rn
12; *Husmann*, RVaktuell 2010, 100, 102). Dem kann nicht gefolgt werden, da Art. 2 RL 79/7/
EWG den persönlichen Geltungsbereich und damit die Unterbrechungsgründe abschließend
und selbständig umschreibt. Dies hat insoweit Konsequenzen, als Art. 2 RL 79/7/EWG ausdrücklich eine Unterbrechung durch unverschuldete Arbeitslosigkeit verlangt, während bei Anwendung
von Art. 3 Abs. 1 lit. a) RL 79/7/EWG jede Arbeitslosigkeit ausreichen würde (vgl sogleich Rn 9).
Im Gegensatz zum sehr engen Ansatz in Achterberg/Riele (Rs. 48/88, Slg 1989, 1963) hat der
EuGH in Rs. C-31/90, (Johnson I), Slg 1991, I-3723 allerdings auch solche Personen in den persönlichen Geltungsbereich der RL einbezogen, die zwar aus persönlichen oder familiären Gründen
ihre Erwerbsarbeit unterbrochen hatten, danach aber an der Wiederaufnahme nicht durch die
familiären Gründe, sondern durch die besonderen Risiken des Art. 3 RL 79/7/EWG gehindert
wurden, sei es wegen Invalidität oder Arbeitslosigkeit. Sie erfüllen die Unterbrechungstatbestände
des Art. 2 RL 79/7/EWG, wenn sie sich als Arbeitsuchende registrieren lassen (EuGH,
Rs. C-31/90 (Johnson I), Slg 1991, I-3723, Rn 20).

7 Über den Wortlaut hinaus hat der EuGH unter Art. 2 RL 79/7/EWG auch den Fall subsumiert, dass der **Unterbrechungsgrund** nicht bei dem Leistungsbezieher selbst, sondern **bei einem anderen** vorliegt, zB einem Invaliden, den die unterbrechende Arbeitnehmerin versorgt (Rs. 150/85 (Drake), Slg 1986, 1995; Rs. C-77/85 (Züchner), Slg 1996, I-5689, Rn 11). Hauptargument war zu Recht, dass im Rahmen der sehr weiten Definition der Leistungen in Art. 3 RL 79/7/EWG (s.u. Art. 3 Rn 5 und 6) im Wege der gebotenen finalen Auslegung die Anwendung der RL gesichert werden sollte, unabhängig davon, wie verschieden nationale Systeme die Pflegebedürftigkeit von (früher) Erwerbstätigen sichern (zust. auch *Haverkate/Huster*, Rn 687; *Schmidt am Busch*, EAS B 4300, Rn 14). Die Erstreckung geht aber nicht so weit, dass auch Pflegepersonen, die vor der Pflege ihres (erwerbstätigen) Familienangehörigen nicht erwerbstätig waren, dazu gezählt werden können (EuGH, Rs. C 77/95 (Züchner), Slg 1996, I-5689, 5726, der Unterschied zu Drake ist nicht sehr überzeugend, vgl Rn 8 und krit. *Pennings*, 1998, 247).

8 Die Interpretation der Unterbrechungstatbestände muss sich auch selbst **an dem Gleichbehandlungsgrundsatz orientieren.** Es überzeugt deshalb nicht, wenn der EuGH in den Fällen Achterberg/Riele und Johnson die Unterbrechung wegen Mutterschaft oder Kindererziehung kategorisch von den Unterbrechungstatbeständen des Art. 2 RL 79/7/EWG ausgeschlossen hat. Dadurch wird ein typisches Erwerbsverhalten von Frauen, für Zeiten der Kindererziehung die Beschäftigung zu unterbrechen, vorher und nachher aber einer kontinuierlichen Beschäftigung nachzugehen, negativ sanktioniert. Hinsichtlich der Mutterschaft hat Art. 4 Abs. 2 RL 79/7/EWG den besonderen Schutzbedarf selbst anerkannt. Auch ist die Lage in den Mitgliedstaaten mittlerweile durch Gesetz, Kollektivvertrag und betriebliche Übung dahin verändert, dass in vielen Ländern das alte Arbeitsverhältnis während Zeiten der Kindererziehung nur ruht, der Bezug zum Arbeitsmarkt also rechtlich bestehen bleibt (vgl Übersicht bei *ILO*, Conditions of work digest, Work and family, 2/1988). Unterbrechen Frauen aus Gründen der Kindererziehung ihre Beschäftigung, kommen sie nur ihren familienrechtlichen Pflichten als Eltern nach. Aus diesen Gründen ist es gerechtfertigt, unter „unfreiwilliger Arbeitslosigkeit" in Art. 2 RL 79/7/EWG auch die Unterbrechung einer Beschäftigung zu Erziehungszwecken zu fassen. Der EuGH (Rs. C-31/90 (Johnson), Slg 1991, I-3723, Rn 23-27) meint, aus Art. 7 Abs. 1 lit. b) RL 79/7/EWG entnehmen zu können, dass es – bis zu einer eigenen Regelung durch den Gesetzgeber der Gemeinschaft – den Mitgliedstaaten überlassen ist, Vergünstigungen für Kindererziehende einzuführen. Darum geht es aber bei der Interpretation des personellen Geltungsbereichs des Art. 2 RL 79/7/EWG nicht, da Art. 7 Abs. 1 lit. b) RL 79/7/EWG keine eigenen materiellen Regelungen enthält. Art. 7 Abs. 1 lit. b) will deutlich machen, dass Leistungen für Erziehende selbst nicht gegen das Verbot der (mittelbaren) Diskriminierung verstoßen. Diese Leistungen über Art. 2 RL 79/7/EWG in den Geltungsbereich einzubeziehen, kann zum Beispiel ganz iS der RL sicherstellen, dass sie nicht diskriminieren, zB nicht nur für Frauen gelten (zust. zur hier vertretenen Ansicht *Schmidt am Busch*, EAS B 4300, Rn 13; krit. ebenfalls *Haverkate/Huster*, Rn 687; grundsätzlich *Sohrab* 1996, 86 ff).

3. Arbeitslosigkeit

9 Da Art. 2 RL 79/7/EWG Selbständige voll miteinbezieht, muss „Arbeitslosigkeit" auch den Verlust einer Arbeit als Selbständiger erfassen. Dass die „unfreiwillige" Arbeitslosigkeit auch einen Anspruch auf Leistungen aus staatlichen/betrieblichen Systemen der sozialen Sicherheit begründet, wird nicht verlangt.

4. Arbeitssuchende

10 Da Art. 2 RL 79/7/EWG Arbeitnehmer und Selbständige gleichstellt, muss sich der Begriff „**Arbeitssuchende**" auch auf die Suche nach einer „Erwerbsarbeit", dh auf die Arbeit als Selbständiger, beziehen. Über den Begriff „Arbeitssuchende" werden auch Personen erfasst, die vorher nicht erwerbstätig waren, jetzt aber eine Arbeit suchen. Die Gründe, weshalb vorher nicht gearbeitet wurde, sind unerheblich (EuGH, Rs. C-31/90 (Johnson I), Slg 1991, I-3723, Rn 21).

Allerdings muss die Arbeitssuche entsprechend der sozialrechtlichen Tradition in allen Mitgliedstaaten in einer für soziale Sicherungssysteme üblichen Form **nach außen kundgetan** worden sein, zB durch Registrierung, Meldung oder Antragstellung bei den dafür zuständigen Behörden (vgl zu diesen Voraussetzungen in den meisten Systemen: MISSOC-TABELLEN 1.1.2009, X Arbeitslosigkeit, Vollarbeitslosigkeit, Bedingungen, 1). Der EuGH (Rs. C-31/90 (Johnson), Slg 1991, I-3723, Rn 22) überlässt es dem nationalen Richter, zu beurteilen, wann eine »Arbeitssuche« vorliegt, scheint sich aber auch mit weniger als einer offiziellen Registrierung zufrieden zu geben, wie etwa mit Bewerbungsschreiben. Zu Recht hat der EuGH (Rs. 48/88 (Achterberg/Riele), Slg 1989, 1963 und Rs. C-31/90 (Johnson), Slg 1991, I-3723) den Tatbestand, dass die »Erwerbstätigkeit« durch eines der in Art. 2 RL 79/7/EWG genannten Risiken unterbrochen wird (s. Rn 6) auf die Arbeitssuche übertragen, da die Arbeitssuche vom Gesetz her der Erwerbstätigkeit gleichgestellt werden sollte. 11

Artikel 3

(1) Diese Richtlinie findet Anwendung
a) auf die gesetzlichen Systeme, die Schutz gegen folgende Risiken bieten:
 – Krankheit,
 – Invalidität,
 – Alter,
 – Arbeitsunfall und Berufskrankheit,
 – Arbeitslosigkeit;
b) auf Sozialhilferegelungen, soweit sie die unter Buchstabe a) genannten Systeme ergänzen oder ersetzen sollen.

(2) Diese Richtlinie gilt nicht für Regelungen betreffend Leistungen für Hinterbliebene sowie für Regelungen betreffend Familienleistungen, es sei denn, dass es sich um Familienleistungen handelt, die als Zuschläge zu den Leistungen auf Grund der in Absatz 1 Buchstabe a) genannten Risiken gewährt werden.

(3) Zur Verwirklichung des Grundsatzes der Gleichbehandlung in betrieblichen Systemen erlässt der Rat auf Vorschlag der Kommission Bestimmungen, in denen dazu der Inhalt, die Tragweite und die Anwendungsmodalitäten angegeben sind.

I. Normzweck.. 1	b) Ergänzende Sozialhilfesysteme für die Invaliditätssicherung........... 17
II. Einzelerläuterungen 2	c) Ergänzende Sozialhilfesysteme für die Sicherung bei Arbeitslosigkeit.. 19
1. „Gesetzliche" Systeme.................. 2	d) Besondere Sozialhilfesysteme in Deutschland............................ 22
2. Gesetzliche Systeme gegen bestimmte Risiken (Abs. 1 lit. a) RL 79/7/EWG) ... 4	5. Systeme für Selbständige................ 23
3. Gesetzliche Systeme und Sozialhilfe.... 8	6. Ausschluss von Leistungen an Hinterbliebene und Familienleistungen........ 25
4. Ergänzende/ersetzende Sozialhilfeleistungen (Abs. 1 lit. b) RL 79/7/EWG) ... 12	
a) Ergänzende Sozialhilfesysteme für die Alterssicherung................. 15	

I. Normzweck

Art. 3 RL 79/7/EWG bestimmt den sachlichen Geltungsbereich der RL, dh jene Systeme der Mitgliedstaaten, für die das Gleichbehandlungsgebot gelten soll. Entsprechend dem ursprünglichen Ansatz der Sozialpolitik der Gemeinschaft sind dies nur Systeme für Erwerbstätige und nicht die allgemeinen Systeme, vor allem nicht die Sozialhilfesysteme. Um die Effektivität der RL zu garantieren, sind die in Art. 3 Abs. 1 RL 79/7/EWG verwandten Begriffe weit auszulegen (s. Art. 1 Rn 1 und 2). 1

II. Einzelerläuterungen

1. „Gesetzliche" Systeme

2 Wie schon zu Art. 157 AEUV Rn 20 ff analysiert, sind mit dem **Begriff »gesetzliche« Systeme** nicht Systeme gemeint, die aufgrund eines Gesetzes Leistungen gewähren, sondern Systeme, die nicht dem Arbeitsverhältnis zuzurechnen und die nicht betrieblich, sondern allgemein für die ganze Bevölkerung oder eine größere, nicht nach betrieblichen Kriterien abgegrenzte Gruppe gelten. Zu den Abgrenzungskriterien oben Art. 157 AEUV Rn 28-31. Der EuGH verstand dagegen in Bezug auf die RL 79/7/EWG den Begriff »gesetzliche« Systeme schlicht dahin, dass sie auf einem Gesetz beruhen müssen, auch wenn sie durch eine Verordnung bzw nur durch eine normative Regelung des örtlichen Normgebers eingeführt oder konkretisiert werden (EuGH, Rs. C-382/98 (Taylor), Slg 1999, I-8955, Rn 15; EuGH, Rs. C-228/94 (Atkins), Slg 1996, I-3633, Rn 12 ff). Angesichts der klaren Abgrenzung der betrieblichen Systeme in Art. 3 lit. f) RL 2006/54/EG nach den Kriterien, dass die betrieblichen Systeme 1) nicht allgemein sind und 2) sich auf ein Beschäftigungsverhältnis beziehen, kann an dieser alten Definition nicht mehr festgehalten werden (s. o. Art. 157 AEUV Rn 31). Der EuGH verwendet aber teilweise die alte Unterscheidung »gesetzlich-betrieblich« weiter (EuGH, Rs. C-231-3/06 (Jonkmann), Slg 2007, I-5149, Rn 17/18), teilweise verwendet er auch das Gegensatzpaar „staatlich-betrieblich" (EuGH, Rs. C-267/06 (Maruko), Slg 2008, I-1757, 1649, Rn 40 ff).

3 Wie jetzt auch Art. 3 RL 2006/54/EG deutlich macht, ist die **Abgrenzung zu den arbeitsrechtlichen und betrieblichen Systemen** entscheidend, da diese unter Art. 157 AEUV (= Art. 141 EG) fallen und diese Vorschrift des Primärrechts Vorrang vor den Richtlinien hat. Dazu ausführlich oben Art. 157 AEUV Rn 20 ff. Der Unterschied zu diesen betrieblichen Systemen ist, dass die gesetzlichen Systeme nicht in Bezug auf ein spezielles Arbeitsverhältnis, sondern allgemein gelten (Art. 3 lit. f) RL 2006/54/EG; vgl Art. 157 AEUV Rn 28-31, dort auch Rn 32 zur sehr engen Definition des Begriffs „gesetzliche Systeme" des GA Colomer, Rs. C-267/06 (Maruko), Slg 2008, I-1757, Rn 49). Bedeutend ist der Unterschied zB dadurch, dass für betriebliche Systeme keine Ausnahmen von der Gleichbehandlung gelten, während Art. 7 RL 79/7/EWG für die gesetzlichen Systeme Ausnahmen zulässt, vor allem ein ungleiches Rentenzugangsalter zwischen Männern und Frauen (vgl. zuletzt EuGH, Rs. C-559/07 (Komm/Griechenland), Slg 2009, I-47, Rn 29 ff, ungleiches Rentenzugangsalter in der griechischen Beamtenversorgung, die als betriebliches System gilt).

2. Gesetzliche Systeme gegen bestimmte Risiken (Abs. 1 lit. a) RL 79/7/EWG)

4 Schon vom Wortlaut her müssen die in Art. 3 RL 79/7/EWG genannten »gesetzlichen Systeme« Schutz gegen die in Art. 3 Abs. 1 RL 79/7/EWG aufgeführten Risiken gewähren. Der EuGH hat mehrfach betont, dass es dabei nicht auf die Modalitäten der Leistungsgewährung ankomme, sondern vielmehr ausschlaggebend sei, dass die Leistung »**unmittelbar** und effektiv mit dem Schutz gegen eines der in Art. 3 Abs. 1 RL 79/7/EWG **aufgeführten Risiken zusammenhängt**« (EuGH, Rs. C-382/98 (Taylor), Slg 1999, I-8955, Rn 14 mwN). Dabei betrachtet der EuGH zu Recht jeweils nur die einzelnen Leistungstypen für sich. Selbst wenn die Leistung in einem allgemeinen, unspezifischen System, wie dem der allgemeinen Sozialhilfe eingebettet ist, kann sie dennoch speziell der Absicherung der in Art. 3 Abs. 1 a) RL 79/7/EWG angeführten Risiken dienen (EuGH, Rs. C-382/98 (Taylor), Slg 1999, I-8955, Rn 22/23).

5 Bejaht hat der EuGH deshalb die Anwendbarkeit der RL 79/7/EWG gem. Art. 3 Abs. 1 RL 79/7/EWG auf die **Befreiung von Rezeptgebühren**, da sie den Eintritt des Risikos Krankheit voraussetzt (EuGH, Rs. C-137/94 (Richardson), Slg 1995, I-3407, Rn 12/13). Ebenso eine **Heizungsbeihilfe**, die nur älteren Menschen über 60 Jahren gewährt wird, sobald sie das gesetzliche Rentenalter erreicht haben, und sie damit gegen das Risiko des Alters schützt (EuGH, Rs. C-382/98 (Taylor), Slg 1999, I-8955, Rn 22 ff). Grundsätzlich fallen **Erhöhungen der Leistungen** der gesetzlichen Systeme unter die RL 79/7/EWG, soweit sie direkt mit dem System der sozialen Sicherheit und

seinen Leistungen zusammenhängen und letztlich nur ein Faktor zur Berechnung der Leistungen sind; dabei ist gleich, ob die Erhöhung nach der Steigerung der Verbrauchspreise oder nach anderen Indizes erfolgt (EuGH v. 20.10.2011, Rs. C-123/10 (Brachner), Rn 40 bis 53).

Nicht auf die Sicherung gegen die in Art. 3 Abs. 1 lit. a) RL 79/7/EWG erwähnten Risiken gerichtet ist ein System der **Wohnungszulagen,** das an alle bedürftigen Personen gezahlt wird und nur u.a. für Behinderte eine Erhöhung vorsieht (EuGH, Rs. C-243/90 (Smithson), Slg 1992, I-467, Rn 15 ff). Es ist fraglich, ob der EuGH diese Rechtsprechung noch aufrechterhalten dürfte, nachdem er in der Rs. Taylor auch innerhalb des Systems der Sozialhilfeleistungen die einzelnen Leistungstypen isoliert betrachtete. Hier hätte also innerhalb des Leistungstyps Wohnungsbeihilfe die Zuschlagsleistung für Bedürftige isoliert betrachtet werden müssen. Ebenfalls fällt eine **Fahrvergünstigung für öffentliche Verkehrsmittel** nicht unter Art. 3 RL 79/7/EWG, da sie an sehr unterschiedliche Personengruppen geleistet wird, u.a. auch an Jugendliche und an Personen im gesetzlichen Rentenalter und zum Teil auch an behinderte Personen, also alle Personen, bei denen ein erhöhtes Bedürfnis zur Nutzung öffentlicher Verkehrsmittel anerkannt wird und deren finanzielle und materielle Lage ungünstig ist. Dabei spielt keine Rolle, dass jeweils im konkreten, faktischen Fall der Eintritt eines der Risiken in Art. 3 Abs. 1 lit. a) RL 79/7/EWG Auslöser der Leistung gewesen ist (EuGH, Rs. C-228/94 (Atkins), Slg 1996, I-3633, Rn 16 ff). Das gleiche gilt für Ergänzungszulagen und Einkommensbeihilfen, die durchweg an bedürftige Personen gezahlt werden (EuGH, Rs. C-63/91 und 64/91 (Jackson und Cresswell), Slg 1992, I-4737, Rn 12 ff). 6

Anders als zB Art. 3 VO (EG) Nr. 883/2004 (= Art. 4 VO (EWG) Nr. 1408/71) erwähnt Art. 3 Abs. 1 lit. a) RL 79/7/EWG nicht „Leistungen bei...", sondern Systeme, die „Schutz bieten gegen", hat also deutlich eine **weite, zielorientierte Ausrichtung** (s. EuGH, Rs. 150/85 (Drake), Slg 1986, 1995). Wie die Leistungen das Risiko bewältigen sollen, spielt keine Rolle. Deshalb fallen unter Abs. 1 a) RL 79/7/EWG und noch weitergehend als bei der VO (EWG) Nr. 1408/71 (s. Kommentierung zu Art. 3 VO (EG) Nr. 883/2004 (= Art. 4 VO (EWG) Nr. 1408/71) auch alle Systeme und Leistungen, die gegen die genannten Risiken vorbeugen sollen (zust. *Haverkate/Huster,* 1999, Rn 691): 7

- Rehabilitationsleistungen in der Renten-, Unfall- und Krankenversicherung,
- arbeits- und erwerbstätigkeitsfördernde Leistungen zur Verhinderung von Arbeitslosigkeit.

3. Gesetzliche Systeme und Sozialhilfe

Art. 3 RL 79/7/EWG trifft die Unterscheidung zwischen „gesetzlichen Systemen, die Schutz gegen Risiken bieten" (Abs. 1 lit. a) RL 79/7/EWG) und „Sozialhilferegelungen", die diese gesetzlichen Systeme ersetzen oder ergänzen sollen (Abs. 1 lit. b) RL 79/7/EWG). Dies lässt die Interpretation zu, dass unter »gesetzliche Systeme« in lit. a) entsprechend dem weiten Wortlaut und dem Zusammenhang mit den Entscheidungen des EuGH zu diesem Begriff iVm Art. 157 AEUV (= Art. 141 EG) auch gesetzliche Systeme der Sozialhilfe fallen (so die Kommission in EuGH, Rs. C-243/90 (Smithson), Slg 1992, I-467). Dann aber wäre lit. a) so weit, dass lit. b) keinen eigenständigen Sinn mehr hätte. Der EuGH ist deshalb davon ausgegangen, dass Sozialhilfeleistungen nur speziell in lit. b) erwähnt und unter den dort erwähnten engeren Voraussetzungen in den Geltungsbereich der RL 79/7/EWG einbezogen werden (EuGH, Rs. 150/85 (Drake), Slg 1986, 1995, 2009, Rn 21; Rs. C-243/90 (Smithson), Slg 1992, I-467, Rn 15; Rs. C-63/91 und 64/91 (Jackson und Cresswell), Slg 1992, I-4737, Rn 17 ff). 8

Wie bei allen allgemeinen Begriffen des Gemeinschaftsrechts ist der **Begriff „Sozialhilferegelungen" gemeinschaftsrechtlich zu bestimmen** und kann nicht von der Bezeichnung und Einordnung der unterschiedlichen nationalen Rechtsordnungen abhängen (s. EuGH, Rs. 79/76 (Fossi), Slg 1977, 667; Rs. 139/82 (Piscitello), Slg 1983, 1427). In Bezug auf die VO (EWG) Nr. 1408/71 hatte der EuGH den Begriff „Sozialhilfe" eng gefasst und als „Leistung der sozialen Sicherheit" auch jene Sozialhilfeleistungen angesehen, die speziell die in der VO (EWG) Nr. 1408/71 genann- 9 ten Risiken abdecken sollen (Art. 4 VO (EWG) Nr. 1408/71 = Art. 3 VO (EG) Nr. 883/2004; s. *Watson*, S. 100 ff und *Zuleeg*, DRV 1988, 621). Art. 3 RL 79/7/EWG übernimmt mit Abs. 1 lit. b) offensichtlich diesen Ansatz und erkennt an, dass es zwischen Sozialhilfe und Leistungen der sozialen Sicherheit eine breite Grauzone gibt, weshalb die risikospezifische Sozialhilfe in die RL mit einbezogen wird.

10 Nach der offenen, nur grob typisierenden Rechtsprechung des EuGH (ebenso *Ketelsen*, ZfS 1990, 331, 335 ff) sind die Zielsetzung und Voraussetzungen der Leistungen wesentlich, so dass Unterscheidungskriterien für gesetzliche Systeme der sozialen Sicherheit vor allem folgende sind (vgl auch zust. zur hier vorgenommenen Systematik *Schmidt am Busch*, EAS B 4300, Rn 31 ff):
- Verbindung der Leistung mit versicherungsrechtlichen Voraussetzungen, wie Beitragszahlung, Mitgliedschaft;
- Absicherung spezieller Risiken;
- gesetzlich allgemein und abstrakt geregelte Leistungsvoraussetzungen mit festen, einklagbaren Ansprüchen.

11 Kriterien für Sozialhilfesysteme sind:
- alleiniges Abstellen auf individuelle Hilfsbedürftigkeit;
- grundsätzliche allgemeine Zugänglichkeit, die nicht auf Erwerbstätige beschränkt und außer auf das Risiko der „Armut" nicht vorrangig auf spezielle Risiken ausgerichtet ist; soweit Sozialhilfesysteme nicht Armut schlechthin, sondern Armut aufgrund besonderer Notlagen, wie sie in Abs. 1 lit. a) genannt sind, beheben wollen, fallen sie durchgängig unter lit. b);
- Steuerfinanzierung;
- wegen der Individualisierung keine bis ins Einzelne festgeschriebenen Leistungsvoraussetzungen;
- Subsidiarität zu anderen Leistungen.

Bedürftigkeitsbezug, Sicherung des Mindestbedarfs und Individualisierung sind auch die Kriterien nach dem Art. 2 (a) (i) EFA „Fürsorge" umschreibt. Selbst wenn eine Leistung Sozialhilfeleistung ist, kann sie noch unter die RL 79/7/EWG fallen, wenn sie Systeme der Sozialen Sicherheit ergänzen soll. Der EuGH hat es nicht dabei bewenden lassen, dass eine Leistung insgesamt in den allgemeinen Regelungen von Sozialhilfeleistungen vorgesehen ist, sondern sie gesondert betrachtet, wenn sie an bestimmte Risiken anknüpft oder sie gar nicht den Bedürftigkeitsregeln der allgemeinen Sozialhilfe unterworfen ist (EuGH, Rs. C-382/98 (Taylor), Slg 1999, I-8955, Rn 22/23).

4. Ergänzende/ersetzende Sozialhilfeleistungen (Abs. 1 lit. b) RL 79/7/EWG)

12 Das Ergänzungs- und Ersetzungsverhältnis muss nach allgemeinen gemeinschaftsrechtlichen Kriterien bestimmt werden; nicht ausschlaggebend kann sein, wie die nationalen Systeme dieses Verhältnis umschreiben.

13 Zum allgemeinen britischen System der Sozialhilfe, dem Supplementary Benefit – später geändert zu Income Support –, hat der EuGH in der Rechtssache Jackson und Cresswell (EuGH, Rs. C-63/91 und 64/91 (Jackson und Cresswell), Slg 1992, I-4297, entgegen der offenen Ansicht des GA) entschieden, dass zwei Kriterien, auf die der vorlegende Court of Appeal und der Generalanwalt hingewiesen hatten, nicht ausreichen, um einer Sozialhilfeleistung einen ergänzenden Charakter im Sinne des Art. 3 RL 79/7/EWG zu geben:
- dass das System von seinen Empfängern, soweit sie arbeitsfähig sind, erwartet, dem Arbeitsmarkt zur Verfügung zu stehen,
- und dass das Sozialhilfesystem nach Auslaufen der Versicherungsleistungen bei Arbeitslosigkeit (und eventuell der anderen in Art. 3 Abs. 1 lit. a) RL 79/7/EWG genannten Risiken) regelmäßig Leistungen gewähren muss.

In dieser Entscheidung hat der Europäische Gerichtshof auch betont, dass eine Leistung, die ohne speziellen Bezug auf eines der in Art. 3 Abs. 1 lit. a) RL 79/7/EWG genannten Risiken berechnet und gewährt wird, keine ergänzende oder ersetzende Leistung ist. Dieses Kriterium spielte auch in der Entscheidung des EuGH in der Rechtssache Smithson (Rs. C-243/90, Slg 1992, I-467) eine wesentliche Rolle.

Nach der Rechtsprechung des EuGH liegt eine ergänzende Sozialhilfeleistung dann vor, wenn 14
- sie in vielfältiger Weise eine eigenständige Leistung ist und nicht integrierter Teil des allgemeinen Sozialhilfesystems, bzw dort nur mit besonderen Voraussetzungen und Ausgestaltungen bedacht ist. Ihre Eigenständigkeit und Besonderheit ist vor allem dann gegeben, wenn die Leistung einmal speziell und ausdrücklich für besondere Risikogruppen ausgestaltet wurde und sie sich zum Beispiel in besonderen Leistungsvoraussetzungen, der Höhe des Leistungsbetrages und der besonderen Ausgestaltung bei der Anrechnung von Einkommen und Vermögen deutlich von dem allgemeinen Sozialhilfesystem unterscheidet;
- sie direkt und spezifisch auf die Sicherung der besonderen Risiken, die die allgemeinen gesetzlichen Systeme der sozialen Sicherheit abdecken sollen, ausgerichtet ist (s. oben Rn 4 ff, 8 ff).

a) Ergänzende Sozialhilfesysteme für die Alterssicherung

Die „sozialen Altersrenten" in Spanien, Italien und Portugal, die an Personen im Alter von 65 und 15
mehr Jahren gezahlt werden, gewähren ein fixes Existenzminimum, das sich von dem der allgemeinen Sozialhilfe unterscheidet (Europäische Kommission/Missoc, 1.1.2009, Tabelle XI, weitere besondere beitragsunabhängige Minima). Für die italienische „pensione sociale" hat der Europäische Gerichtshof (Rs. 139/82 (Piscitello), Slg 1983, 1427, 1439/40) entschieden, dass sie auch die Funktion habe, „den Empfängern unzureichender Leistungen der sozialen Sicherheit ein zusätzliches Einkommen (zu) sichern". Er hat deshalb diese Leistung nicht als eine Leistung der Sozialhilfe gem. Art. 4 Abs. 4 VO (EWG) Nr. 1408/71 (jetzt Art. 3 Abs. 5 VO (EG) Nr. 883/2004), sondern als Leistung der sozialen Sicherheit bei Alter gem. Art. 4 Abs. 1 lit. c) VO (EWG) Nr. 1408/71 (jetzt Art. 3 Abs. 1 lit. d) VO (EG) Nr. 883/2004) angesehen.

Frankreich hat ein ausgebautes System von Zusatzleistungen zu den Alters- und Invaliditätsrenten. Die Zusatzbeihilfe aus dem staatlichen Solidaritätsfonds (»Allocation de solidarité aux personnes âgées«, Code de la sécurité sociale Art. L 815-2 bis L 815-6) ist ausdrücklich komplementär zu den Leistungen der sozialen Sicherheit im Alter und unterscheidet sich von der allgemeinen Sozialhilfe darin, dass die Bedürftigkeitsprüfung deutlich anderen Kriterien folgt, ein längerer vorheriger Wohnaufenthalt in Frankreich vorausgesetzt wird und der Betrag höher ist. Der EuGH hat zum sachlichen Geltungsbereich der VO (EWG) Nr. 1408/71 entschieden (EuGH, Rs. C-103/94 (Krid), Slg 1995, I-719; EuGH, Rs. C-307/89 (Kommission gegen Frankreich), Slg 1991, 2903; Rs. C-236/88 (Kommission gegen Frankreich), Slg 1990, 3163; Rs. 147/87 (Zaoui), Slg 1987, 551; Rs. 379-381/85 und 93/86 (Giletti u.a.), Slg 1987, 955), dass die Zusatzbeihilfen aus dem staatlichen Solidaritätsfonds ergänzende Leistungen der sozialen Sicherheit sind. Daraufhin wurde die VO (EWG) Nr. 1247/92 ausdrücklich in den sachlichen Geltungsbereich der VO (EWG) Nr. 1408/71 einbezogen. 16

b) Ergänzende Sozialhilfesysteme für die Invaliditätssicherung

Hier gibt es in mehreren Ländern der Gemeinschaft Systeme, die für die spezielle Gruppe der 17
Behinderten geschaffen worden sind und die mangelndes Einkommen bis zu einer Grenze (oft der für die Invaliditätsrente bzw das allgemeine Rentenniveau oder Mindesteinkommen) aufbessern (Belgien, Spanien, Frankreich, Italien, Niederlande, Portugal, Vereinigtes Königreich) (Europäische Kommission/Missoc, 1.1.2009, Tabelle XI, weitere besondere beitragsunabhängige Minima). Diese Leistungen sind nicht nur durch ihre zusätzliche Voraussetzung, das Vorliegen einer

Behinderung, sondern meist auch in der Höhe und in der Bedürftigkeitsprüfung von den allgemeinen Systemen der Sozialhilfe unterschieden.

18 Auch die niederländische allgemeine Zulagenleistung („Toeslagenwet" TW), die die Sozialversicherungsleistungen bei Krankheit, Invalidität und Arbeitslosigkeit auf das Niveau des Mindestlohns anhebt, ist ausdrücklich als besondere, ergänzende Leistung zu den Sozialversicherungsleistungen ausgestaltet und im Verhältnis zur allgemeinen Sozialhilfe sowohl in der Höhe wie auch in der Anrechnung von Einkommen eigenständig. Sie wird von der Sozialversicherung und nicht von der Sozialhilfeverwaltung vergeben (vgl Europäische Kommission/Missoc, 1.1.2009, Tabelle XI, weitere besondere beitragsunabhängige Minima; Ministerie van Sociale Zaken en Werkgelegenheid 1990, S. 64 ff).

c) Ergänzende Sozialhilfesysteme für die Sicherung bei Arbeitslosigkeit

19 Viele Arbeitslosenversicherungssysteme der Mitgliedstaaten kennen neben der Hauptleistung eine weitere Leistung, die meist zu einem geringeren Betrag und nur aufgrund einer Bedürftigkeitsprüfung gewährt wird. Es handelt sich bei diesen Leistungen jedoch nicht um Leistungen der „Sozialhilfe", da sie deutlich von den allgemeinen Systemen der Sozialhilfe getrennt sind, indem sie speziell auf die Absicherung des Risikos „Arbeitslosigkeit" ausgerichtet und einer besonderen Bedürftigkeitsprüfung unterworfen sind. Sie werden allerdings zT auch aus allgemeinen Staatsmitteln finanziert (Spanien, Frankreich, Irland, vgl Europäische Kommission/Missoc, 1.1.2009, Tabelle XI, weitere besondere beitragsunabhängige Minima).

20 Die niederländischen Einkommenshilfen für ältere und nicht voll erwerbsfähige arbeitslose Arbeitnehmer und Selbständige sollen speziell für Arbeitslose, die entweder die Altersgrenze von 50 bzw 55 Jahren überschritten haben oder die erwerbsgemindert und behindert sind, ein Mindesteinkommen gewährleisten, indem vor allem auch andere Sozialleistungen aufgestockt werden (Ministerie van Sociale Zaken en Werkgelegenheid 1990, S. 104 ff; Europäische Kommission/ Missoc, 1.1.2009, Tabelle XI, weitere besondere beitragsunabhängige Minima). Das so garantierte Mindesteinkommen kann über dem Betrag der allgemeinen Sozialhilfe (bis zur Höhe des Mindestlohns) liegen und die Einkommensanrechnung unterscheidet sich von der der allgemeinen Sozialhilfe vor allem dadurch, dass Einkommen nur begrenzt angerechnet wird und Vermögen nicht eingesetzt werden muss. Es handelt sich insoweit also um selbständige Fürsorgesysteme, die Leistungen der sozialen Sicherheit für das Risiko der Arbeitslosigkeit ergänzen bzw ersetzen. Der EuGH hatte die Vorläufer dieses Systems deshalb auch in den sachlichen Geltungsbereich der VO (EWG) Nr. 1408/71 einbezogen (EuGH, Rs. C-66/92 (Acciardi), Slg 1993, I-4567, Rn 17). In der Rechtssache Laperre sind der Generalanwalt ausdrücklich und der Gerichtshof implizit davon ausgegangen, dass dieses System unter die Richtlinie 79/7/EWG fällt (GA, Rs. C-8/94 (Laperre), Slg 1996, I-273, Rn 17).

21 Auch die frühere niederländische Leistung nach der staatlichen Gruppenregelung für arbeitslose Arbeitnehmer („Rijksgroepsregeling Werkloze Werknemers" RWW) (Ministerie van Sociale Zaken en Werkgelegenheid 1990, S. 101/2, abgeschafft mit Wirkung v. 1.1.1996 und ersetzt durch des allgemeine, reformierte Sozialhilfesystem, ABW) fiel unter den sachlichen Geltungsbereich der Richtlinie 79/7/EWG, da diese Leistung zwar völlig der allgemeinen Sozialhilfe in den Voraussetzungen und der Leistungshöhe entsprach, aber speziell für Arbeitslose und hier vor allem im Anschluss an das Auslaufen der Hauptleistung der Arbeitslosenversicherung ausgestaltet war und besonders verwaltet wurde (GA, Rs. C-8/94 (Laperre), Slg 1996, I-273, Rn 17).

d) Besondere Sozialhilfesysteme in Deutschland

22 In Deutschland ist die allgemeine Sozialhilfe intern in zwei große Gruppen geteilt. Neben der allgemeinen Sozialhilfe gibt es eine besondere Sozialhilfe („Hilfe in besonderen Lebenslagen") und eine Grundsicherung bei Alter und Invalidität (§ 41 SGB XII). Diese besonderen Hilfen unter-

scheiden sich dadurch von der allgemeinen Sozialhilfe, dass die Anrechnung von Einkommen und/ oder Vermögen und Unterhaltsansprüchen anders ausgestaltet ist. Zudem sind sie von spezifischen Voraussetzungen abhängig und auf bestimmte Bedarfslagen ausgerichtet. Deshalb können sie sowohl (niedrige) Sozialversicherungsleistungen ergänzen wie auch an ihre Stelle treten. Dies ist vor allem bei der umfangreich und großzügig ausgestalteten besonderen Sozialhilfe für Behinderte der Fall (§§ 53 ff SGB XII). Sie dürften deshalb auch unter den sachlichen Geltungsbereich der Richtlinie 79/7/EWG fallen (so wohl auch implizit Bericht der Kommission KOM (88) 769, S. 36 ff, 38 und 42 zu den alten Hilfen in bes. Lebenslagen nach dem BSHG). Auch die Leistungen nach dem SGB II haben einen Sonderstatus. I.S. der „beitragsunabhängigen Sonderleistungen" fallen sie unter die VO (EG) Nr. 883/2004 (= VO (EWG) Nr. 1408/71), da sie „in Versicherungsfällen", die den in Art. 3 Abs. 1 (= Art. 4 VO (EWG) Nr. 1408/71) genannten besonderen Risiken entsprechen, etwa dem Risiko der Arbeitslosigkeit, Leistungen ersatzweise, ergänzend oder zusätzlich gewähren (*Fuchs*, NZS 2007, 1). Damit fallen sie auch unter die RL 79/7/EWG.

5. Systeme für Selbständige

Da der personelle Anwendungsbereich in Art. 2 RL 79/7/EWG Selbständige einbezieht, erfasst Art. 3 RL 79/7/EWG alle staatlichen Systeme für Selbständige, die die in Art. 3 RL 79/7/EWG beschriebenen Risiken abdecken. Hier hat Art. 7 RL 2006/54/EG nur noch ergänzende Funktionen. 23

Da Art. 2 RL 79/7/EWG auch „**Arbeitsuchende**" einbezieht, ist es gerechtfertigt, unter gesetzlichen Systemen zum Schutz gegen Arbeitslosigkeit auch Systeme und Leistungen zu verstehen, die – ohne dass vorherige Erwerbstätigkeit vorliegen muss – die Aufnahme einer selbständigen wie unselbständigen Tätigkeit fördern. Insoweit erfasst Art. 3 Abs. 1 lit. a) RL 79/7/EWG auch Existenzgründungsprogramme etc. Allerdings müssen sie an ein besonderes, die speziellen Risiken, vor allem „Arbeitslosigkeit", abdeckendes staatliches System gebunden sein. Allgemeine staatliche Subventionsprogramme scheiden also aus, sie unterfallen Art. 7 RL 2006/54/EG. 24

6. Ausschluss von Leistungen an Hinterbliebene und Familienleistungen

Art. 3 Abs. 2 RL 79/7/EWG schließt zwei Leistungssysteme aus, die unter dem Gebot der Gleichbehandlung in Art. 4 RL 79/7/EWG weitreichenden Änderungen unterworfen worden wären: Leistungen für Hinterbliebene und Familienleistungen. Der Entwurf der ergänzenden RL (KOM (87) 494 endg.) bezog diese Systeme in Art. 3 Abs. 1 lit. a) RL 79/7/EWG mit ein, ist aber nicht verabschiedet geworden. 25

Der Ausschluss von Hinterbliebenen- und Familienleistungen **weicht von den üblichen Standards des internationalen Rechts ab**, das diese Leistungen zum sozialen Mindeststandard zählt und die allgemeine sozialrechtliche Gleichbehandlung auf sie anwendet (Teil V und Teil VII ILO Abkommen 102). Kostengründe (so WSA ABl. C 286 v. 15.12.1975) sind letztlich vorgeschoben, da zB die Gleichbehandlung im Hinterbliebenenrecht durch Einführung von Witwerrenten auch kostenneutral durchgeführt werden kann, wie dies in der entsprechenden Reform in der Bundesrepublik 1985 geschehen ist (BT-Drucks. 10/2677 S. II, 50/51). Das Argument, Familienleistungen hätten nichts mit den „Arbeitsbedingungen" zu tun (Begründung der Kommission, BT-Drucks. 8/56 S. 3 Nr. 7) vermag nicht zu überzeugen, da die Familienleistungen dann auch nicht unter die VO (EG) Nr. 883/2004 fallen dürften. 26

Hinterbliebenenleistungen sind gewöhnlich in allen Mitgliedstaaten Teil jener Systeme, die Renten gewähren. Familienleistungen sind dagegen sowohl in eigenständigen Systemen (Kindergeld etc.) wie auch als Teil der allgemeinen Systeme geregelt. Hier enthält Abs. 2 RL 79/7/EWG eine wichtige Einschränkung für Familienzuschläge zu den Leistungen der sozialen Sicherheit. Diese werden ausdrücklich in Art. 4 Abs. 1 3. Var. RL 79/7/EWG unter das Gleichbehandlungsgebot gestellt wird. 27

Artikel 4

(1) Der Grundsatz der Gleichbehandlung beinhaltet den Fortfall jeglicher unmittelbaren oder mittelbaren Diskriminierung aufgrund des Geschlechts, insbesondere unter Bezugnahme auf den Ehe- oder Familienstand, und zwar im besonderen betreffend:

- den Anwendungsbereich der Systeme und die Bedingungen für den Zugang zu den Systemen,
- die Beitragspflicht und die Berechnung der Beiträge,
- die Berechnung der Leistungen, einschließlich der Zuschläge für den Ehegatten und für unterhaltsberechtigte Personen, sowie die Bedingungen betreffend die Geltungsdauer und die Aufrechterhaltung des Anspruchs auf die Leistungen.

(2) Der Grundsatz der Gleichbehandlung steht den Bestimmungen zum Schutz der Frau wegen Mutterschaft nicht entgegen.

I. Normzweck 1	d) Verwendung von Merkmalen wie Haushalts-/Familienvorstand, Hauptenährer, Hauptzieher etc. ... 26
II. Einzelerläuterung 2	e) Zuschläge für Unterhaltsberechtigte ... 27
1. Diskriminierung wegen des Geschlechts ... 2	f) Anrechnung von Leistungen und Einkommen des Ehegatten 38
2. Unmittelbare und mittelbare Diskriminierung 3	g) Privilegierung bestimmter Rollenmuster und Einschränkung der Wahlfreiheit zu alternativen Rollenmustern 41
a) Diskriminierung unter Bezug auf den Ehe- und Familienstand 4	
b) Ausnahme: „Schutz der Frau wegen Mutterschaft" 5	h) Diskriminierung im Verwaltungsvollzug 44
3. Formen der unmittelbaren Diskriminierung 9	5. Rechtsfolgen eines Verstoßes gegen Art. 4 45
4. Formen der mittelbaren Diskriminierung 11	III. Rechtsprechung der deutschen Sozialgerichte 46
a) Diskriminierung von Teilzeit- und diskontinuierlich Beschäftigten 14	
b) Diskriminierung auf der Basis anderer ungleicher Lebenslagen und Arbeitsmarktchancen 21	
c) Benachteiligung niedriger Sozialversicherungsleistungen im Verhältnis zu höheren 24	

I. Normzweck

1 Art. 4 Abs. 1 Einleitungssatz RL 79/7/EWG übernimmt die alte „Standardformulierung" des Gleichbehandlungsgebots, wie sie Art. 3 RL 86/613/EWG enthält. Art. 4 Abs. 1 RL 79/7/EWG nennt drei Gebiete, auf denen „im besonderen" das Diskriminierungsverbot gilt. Die Aufzählung ist also nicht abschließend. Art. 5 RL 86/378/EWG enthielt dieselben Beispielsbereiche, die dann aber in Art. 6 noch sehr viel stärker ausdifferenziert wurden (jetzt Art. 9 RL 2006/54/EG, s. dort die Kommentierung).

II. Einzelerläuterung

1. Diskriminierung wegen des Geschlechts

2 Ein eigener Diskriminierungstatbestand ist es, wenn das jeweilige Geschlecht nicht anerkannt wird. Deshalb ist es eine nicht gerechtfertigte Diskriminierung, wenn eine Frau, die nach einer **Geschlechtsumwandlung** vom Mann zur Frau die öffentlich anerkannte Identität einer Frau angenommen hat, weiterhin im nationalen Sozialrecht (bei Zuerkennung der unterschiedlichen Rentenalter) wie ein Mann behandelt und ihr das Recht auf eine frühere Altersrente versagt wird (EuGH, C-423/04 (Richards), Slg 2006, I-3585). Zur Abgrenzung zur Diskriminierung wegen der sexuellen Orientierung s. oben Art. 19 AEUV Rn 15-17, 26/7).

2. Unmittelbare und mittelbare Diskriminierung

Art. 4 RL 79/7/EWG stellt die unmittelbare und mittelbare Diskriminierung ausdrücklich gleich. 3
Zu beiden Formen s.o. Art. 19 AEUV Rn 30 ff.

a) Diskriminierung unter Bezug auf den Ehe- und Familienstand

Als Diskriminierung unter „Bezug auf den Ehe- und Familienstand" lassen sich einmal Formen 4
der direkten Diskriminierung von „Ehefrauen", „Müttern" etc. kennzeichnen. Vor allem zählen
hierzu aber Formen der mittelbaren Diskriminierung. Denn durch Verwendung von Begriffen wie
Haushalts- und Familienvorstand, Familienernährer, Erziehungsberechtigter und Unterhaltsverpflichteter wird zwar an „objektive" und allgemeine Funktionen angeknüpft. Diese sind aber –
bedingt durch die gesellschaftliche und familiäre Arbeitsteilung – extrem unterschiedlich zwischen
den Geschlechtern verteilt. Eine direkte Diskriminierung wäre es wiederum, wenn bei Leistungen
für den Haushaltsvorstand Männern die Leistung automatisch, Frauen die Leistung jedoch erst
nach erfolgreichem Nachweis dieser Funktion gewährt werden würde. Diskriminierung unter
„Bezug auf den Ehe- und Familienstand" dürften heute sehr selten sein (vgl *Bieback*, 1997,
S. 196 ff). Früher war der häufigste Diskriminierungstatbestand die Verwendung von Konzepten
des „Haushaltsvorstands" im Sozialhilferecht und bei anderen bedürftigkeitsorientierten Leistungen sowie bei Leistungen für Kinder (höhere Leistung/Auszahlung an den Haushaltsvorstand,
vgl *Bieback*, 1997, S. 202 ff).

b) Ausnahme: „Schutz der Frau wegen Mutterschaft"

Auch diese Ausnahme ist traditionell im Gleichbehandlungsrecht der Gemeinschaft enthalten 5
(Art. 8 RL 86/613/EWG; Art. 2 Abs. 7 RL 2002/73/EG; Erwägungsgrund Nr. 23 und 34
RL 2006/54/EG).

Art. 4 Abs. 2 RL 79/7/EWG erwähnt im Gegensatz zu Art. 2 Abs. 3 der früheren RL 76/207/EWG 6
neben „Mutterschaft" die **Schwangerschaft** nicht. Es gibt jedoch keinen Grund, aus diesem
Unterschied zu schließen, in Art. 4 Abs. 2 RL 79/7/EWG wäre „Schwangerschaft" ausgenommen.
Vielmehr ist „Schwangerschaft" der einzige zwingende biologische Unterschied zwischen den
Geschlechtern, der eine unterschiedliche Behandlung auch wegen des Geschlechts rechtfertigen
kann. Insoweit bezieht sich der weite Begriff „Mutterschaft" in Art. 4 Abs. 2 RL 79/7/EWG gerade
und vor allem auf „Schwangerschaft".

Da Art. 3 RL 79/7/EWG die eigenständigen gesetzlichen Systeme von Leistungen bei Schwanger- 7
schaft und Mutterschaft schon grundsätzlich nicht in den Geltungsbereich der RL einbezieht, kann
Art. 4 Abs. 2 RL 79/7/EWG nur die Funktion haben, **besondere Schutzvorschriften für Mutterschaft und Schwangerschaft**, die in die allgemeinen Systeme des Art. 3 RL 79/7/EWG integriert
sind, zuzulassen (s. auch *Prechal/Burrows*, 177/8). Das ist zB der Fall, wenn „Schwangerschaft"
einer Krankheit gleichgestellt wird, wie in der bundesdeutschen Krankenversicherung, oder Zeiten
der Schwangerschaft und Mutterschaft als versicherte Zeiten der Beschäftigung in Systemen der
Rentenversicherung zählen.

Erst in Art. 7 Abs. 1 lit. b) RL 79/7/EWG wird eine weitere Ausnahme bei **Vergünstigungen für** 8
Zeiten der Kindererziehung zugelassen. Dies macht deutlich, dass mit Mutterschaft in Art. 4
Abs. 2 RL 79/7/EWG nicht die Erziehungstätigkeit, sondern nur die unmittelbar mit der Geburt
des Kindes zusammenhängende besondere Schutzwürdigkeit gemeint ist. Leistungen nur an weibliche Kindererziehende wären Fälle einer direkten Diskriminierung. Deshalb umschreibt Art. 7
Abs. 1 lit. b) RL 79/7/EWG die Kindererziehung auch geschlechtsneutral.

3. Formen der unmittelbaren Diskriminierung

Alle sozialrechtlichen Regelungen, die direkt ein Geschlecht begünstigen oder benachteiligen, sind 9
als unmittelbare Diskriminierung verboten. In der Bundesrepublik sind solche Fälle durch die

Rechtsprechung des BVerfG weitgehend beseitigt worden (*Jaeger*, NZA 1990, 1 ff; *Bieback*, SF 1989, 221 ff; *ders.*, 1997, S. 188/9). Es bleiben nur die vom BVerfG (E 43, 213; dazu krit. *Wilmerstadt*, SF 1989, 67) anerkannten ungleichen Tabellenwerte **für Frauen- und Männerlöhne** auf der Basis des § 22 FRG (BT-Drucks. 11/5530 zu Art. 10 Nr. 7 S. 127/8). Indem sie die Diskriminierungen im Arbeitsleben abbilden, sind die Tabellenwerte selbst direkt diskriminieren (vgl zu den ungleichen belgischen Tabellenwerte pauschaler/fiktiver Löhne zur Berechnung von Renten EuGH, Rs. C-577/08 (Brouwer), Slg 2010, I-7489, Rn 27 ff, dort allerdings nur für den Zeitraum ab Inkrafttreten der RL 79/7/EWG dem 23.12.1984). Ein weiterer üblicher Fall der unmittelbaren Diskriminierung war die „**Witwenrente**", die nur für Frauen Leistungen an Hinterbliebene vorsieht. Sie ist jetzt in allen Ländern der EU abgeschafft und durch eine geschlechtsunspezifische »Hinterbliebenenversorgung« ersetzt worden (meist zu schlechteren Bedingungen wie Einkommensanrechnung und Befristung). Art. 3 RL 79/7/EWG nimmt in problematischer Weise Hinterbliebenenleistungen von der Geltung des sekundären Antidiskriminierungsrechts aus (RL 79/7/EWG Art. 3 Rn 28).

10 Die Rechtsprechung des EuGH befasste sich bisher mit folgenden **Fällen**:
- Ausschluss von Frauen, die mit invaliden Männern zusammenleben und diese pflegen, von einer Beihilfe für pflegende Personen (EuGH, Rs. 150/85 (Drake), Slg 1986, 1995);
- Ausschluss verheirateter Frauen von einem Arbeitslosenhilfesystem (EuGH, Rs. 71/85 (VNF), Slg 1986, 3856);
- kürzere und niedrigere Leistungen bei Arbeitslosigkeit für verheiratete Frauen als für verheiratete Männer und alleinstehende Frauen und Männer (EuGH, Rs. 286/85 (McDermott und Cotter I), Slg 1987, 1453);
- besondere Voraussetzungen für verheiratete Frauen in einem beitragsabhängigen System der Invaliditätsleistung und Aufrechterhaltung der so früher diskriminierend gewährten Leistungen als Übergangsvorschrift nach Einführung eines diskriminierungsfreien, neuen Systems (EuGH, Rs. 384/85 (Clarke), Slg 1987, 2865);
- Möglichkeit der Befreiung von Sozialversicherungsbeiträgen für verheiratete Frauen, Witwen und Studenten, nicht aber für verheiratete Männer und Witwer (EuGH, Rs. C-373/89 (Integrity), Slg 1990, 4243);
- keine Notwendigkeit für Männer, bei Empfang von Zulagen für Unterhaltspflichtige die tatsächliche Unterhaltszahlung nachzuweisen, während Frauen dies mussten (EuGH, Rs. C-377/79 (Cotter und McDermott II), Slg 1991, I-1155);
- zuletzt nur noch zahlreiche unmittelbare Diskriminierungen, die Leistungen für Männer und Frauen zu unterschiedlichen Zeitpunkten gewähren, weil sie vom Bezug einer Altersrente und damit vom unterschiedlichen Rentenzugangsalter für Männer und Frauen abhängig machen und für die die Ausnahme gem. Art. 7 Abs. 1 lit. a) zu prüfen war (EuGH, Rs. 150/85 (Drake), Slg 1986, 1995, 2009, Rn 21; Rs. C-243/90 (Smithson), Slg 1992, I-467, Rn 15; Rs. C-63/91 und 64/91 (Jackson und Cresswell), Slg 1992, I-4737, Rn 17 ff; vgl EuGH, Rs. C-328/91 (Thomas), Slg 1993, I-1247; EuGH, Rs. C-137/94 (Richardson), Slg 1995, I-3407; EuGH, Rs. C-328/98 (Taylor), Slg 1999, I-8955; EuGH, Rs. C-423/04 (Richards), Slg 2006, I-3585);
- Diskriminierungen wegen der Schwangerschaft (allg. dazu Art. 19 AEUV Rn 30; zu einem Fall im nationalen Sozialrecht: BSG, NZS 1999, 393, 394);
- Ungleiche Tabellenwerte für fiktive und/oder pauschale Tageslöhne für Männer und Frauen zur Berechnung der Altersrente von Grenzgängern (EuGH, Rs. C-577/08 (Brouwer), Slg 2010, I-7489).

4. Formen der mittelbaren Diskriminierung

11 Zur Definition der mittelbaren Diskriminierung vgl ausführlich oben Art. 19 AEUV (= Art. 13 EG) Rn 32 ff. Mit den neuen Diskriminierungsrichtlinien auf der Basis des Art. 19 AEUV (= Art. 13 EG) hatte die Kommission im Gesetzgebungsprozess eine Präzisierung des Begriffs der

mittelbaren Diskriminierung durchsetzen können (Antirassismus-Richtlinie 2000/43/EG Art. 2 Abs. 2 b sowie Rahmenrichtlinie 2000/78/EG Art. 2 Abs. 2 b). Über die Richtlinie 2002/73/EG wurde sie auch in die RL 76/207/EWG zur Diskriminierung wegen des Geschlechts im Arbeitsrecht übernommen. Sie entspricht dem Begriff der mittelbaren Diskriminierung, wie sie der EuGH für das Freizügigkeitsrecht bestimmt hat (EuGH, Rs. C-237/94 (O'Flynn) Slg 1996, I-2617 Rn 18; *Högenauer*, 2002, 95 ff; *Schmidt/Senne*, RdA 2002, 80, 83). Diese **neue Definition** lautet (Art. 1 Nr. 2 RL 2002/73/EG; Art. 2 Abs. 1 lit. b) RL 2006/54/EG; Art. 3 lit b) RL 2010/41/EU):

1. wenn dem Anschein nach neutrale Vorschriften, Kriterien oder Verfahren
2. Personen mit einem der Merkmale in besonderer Weise gegenüber Personen ohne dieses Merkmal benachteiligen können,
3. es sei denn, die betreffenden Vorschriften, Kriterien oder Verfahren sind durch ein rechtmäßiges Ziel sachlich gerechtfertigt und die Mittel sind zur Erreichung dieses Ziels angemessen und erforderlich.

Diese neue Fassung gilt auch für das Verbot der mittelbaren Diskriminierung im Sozialrecht gemäß Art. 4 RL 79/7/EWG. Dafür spricht, dass Art. 4 RL 79/7/EWG die mittelbare Diskriminierung nicht definiert, sondern dies der Rechtsprechung überlässt. Damit ist die RL 79/7/EWG offen für eine Neufassung/Präzisierung durch die Rechtsprechung, die hierbei späteres Recht in anderen Gebieten berücksichtigen kann, wenn nicht gar muss.

Diese Definition ist offener als frühere Ansätze des EuGH, weil sie im zweiten Kriterium nur noch schlicht auf eine „besondere" Benachteiligung abstellt und nicht mehr verlangt, diese müsse einen „wesentlich höheren Anteil" der besonders geschützten Personengruppe betreffen. Unbestritten ist allerdings, dass für die besondere Benachteiligung weiterhin ein statistischer Nachweis zulässig ist, worauf auch die Erwägungsgründe in allen neuen Richtlinien hinweisen: RL 2002/73/EG, Erwägungsgrund Nr. 10; Rahmen-RL 2000/78/EG, Erwägungsgrund Nr. 15; Rassismus-RL 2000/43/EG, Erwägungsgrund Nr. 15. **Der EuGH verwendet für die RL 79/7/EWG aber weiterhin die alte Definition zum Kriterium (2)** „wesentlich mehr Frauen als Männer" (EuGH, Rs. C-537/07 (Sánchez-Camacho), Slg 2009, I-6525, Rn 52, 54 mwN; EuGH, Rs. C-123/10 (Brachner), Juris, Rn 56). Klarer ist jetzt auch das dritte Kriterium, die Rechtfertigungsprüfung, gefasst worden. Einmal muss die benachteiligende Regelung der Verfolgung eines rechtmäßigen Ziels dienen, dh eines Ziels, das nicht selbst (geschlechts- etc.) diskriminierend ist, und zum anderen muss die Regelung zur Erreichung dieses Ziels „angemessen" und „erforderlich" sein. 12

Die wichtigsten **Gebiete der mittelbaren Diskriminierung** sind (vgl Zwischenbericht der Kommission KOM (83) 793 endg., 5-12; Bericht der Kommission KOM (88) 769 endg., 122-124; *Bieback*, 1997, 132 ff; *Kalisch*, 1999, 45 ff; *Brauer*, 2004, S. 190 ff): 13

- Diskriminierung von Teilzeit- und diskontinuierlichen Beschäftigungen;
- Diskriminierung auf der Basis anderer ungleicher Lebenslagen und Arbeitsmarktchancen;
- Benachteiligung niedrigerer Sozialleistungen im Verhältnis zu höheren;
- Verwendung von Merkmalen wie Haushalts-/Familienvorstand, Hauptnährer etc.;
- Zuschläge für Unterhaltsberechtigte;
- Anrechnung von Leistungen und Einkommen des Ehegatten;
- Privilegierung bestimmter Rollenmuster und Einschränkung der Wahlfreiheit zu alternativen Rollenmustern;
- Diskriminierungen im Verwaltungsvollzug.

a) Diskriminierung von Teilzeit- und diskontinuierlich Beschäftigten

Die häufigste Form der mittelbaren Diskriminierung von Frauen ist die Diskriminierung von Teilzeit- und diskontinuierlich Beschäftigten. Teilzeitarbeitende und geringfügig Beschäftigte sind in allen Mitgliedstaaten zu mehr als 90 % Frauen (*Konle-Seidel*, Int. Rev. f. SozSich 1990, 151; *Rubery/Fagan*, 1993, 39 ff), was der EuGH immer als feste Tatsache zu Grunde legt (EuGH, 14

Rs. C-537/07 (Sánchez-Camacho), EuroAS 2009, 109, Rn 52-55). Alle sozialrechtlichen Regelungen, die Teilzeitarbeit negativ betreffen, diskriminieren also überwiegend Frauen und beruhen meist auch wesentlich auf dieser diskriminierenden Gruppenbildung (vgl hierzu allgemein oben Art. 19 AEUV Rn 46 ff). Im **Arbeitsrecht** ist die Teilzeitarbeit durch das Diskriminierungsverbot des Art. 4 RL 97/81/EG (= § 4 TzBfG) geschützt, insoweit dann auch in den arbeitsrechtlich begründeten Sozialleistungen. Im Einzelnen lassen sich folgende **Fälle unterscheiden** (*Bieback*, 1997, 133 ff; *Luckhaus*, 2000, 165 ff):

- Quantitative Zugangsschranken, die Personen den Zugang zum Sozialversicherungssystem verwehren, die nur eine geringe Anzahl von Stunden pro Woche arbeiten oder ein geringes Einkommen aus Erwerbsarbeit erhalten (dazu unten Rn 16 ff).
- Tätigkeiten, die vor allem von Frauen ausgeübt werden, werden aus dem Leistungssystem ausgeschlossen (Heimarbeitnehmerinnen, Hausangestellte, mithelfende Familienangehörige, die in einem Arbeitsverhältnis stehen). Da die meisten Sozialleistungssysteme auch sonstige atypische Arbeitsverhältnisse, insbesondere auch kleine Selbstständige, einbeziehen, ist es nicht gerechtfertigt, bestimmte, vor allem frauentypische Gruppen auszuschließen (*Bieback*, 1997, 151 ff).
- In sehr vielen Leistungssystemen der Mitgliedstaaten werden Vorversicherungszeiten und kumulierte Beitragssummen verwandt, die ohne Gegenleistung verfallen, wenn nicht ein sehr hohes Mindestmaß erreicht worden ist. Dies ist unverhältnismäßig, da geringere Anwartschaftszeiten/Beitragssummen – in Übereinstimmung mit dem in diesen Systemen durchweg geltenden Äquivalenzprinzip – zumindest niedrigere Leistungen begründen könnten (*Bieback*, 1997, 160 ff).
- Umfangreich sind die Umschreibungen der Leistungsfälle, die ohne hinreichenden sachlichen Grund die kontinuierlichen Arbeiten oder bei an sich gleichem Verdienst besondere, vor allem von Männern erfüllte Qualifikationen begünstigen (*Bieback*, 1997, 179 ff; *Kalisch*, 1999, 169 ff).

15 Bisher hat der **EuGH** hierzu folgende **Fälle** entschieden:
- Für nicht gerechtfertigt hielt er, dass für Teilzeitbeschäftigte bei der Berechnung einer Leistung bei Invalidität nicht der gesetzliche Mindestlohn als unterste Basis zugrunde gelegt wurde, während dies bei anderen Minderverdienern erfolgte (EuGH, Rs. C-102/88 (Ruzius-Wilbrink), Slg 1989, 4311).
- Ebenfalls ist es nicht gerechtfertigt, Beschäftigte unterhalb einer bestimmten Jahreseinkommensgrenze vom Bezug der niederländischen Leistungen bei Erwerbsunfähigkeit auszuschließen, wenn dies nur mit haushaltsrechtlichen Einspargründen legitimiert wird (EuGH, Rs. C-343/92 (Roks), Slg 1994, I-571).
- Der Ausschluss geringfügiger Beschäftigungsverhältnisse aus der Sozialversicherungspflicht im deutschen Sozialrecht wurde sehr pauschal für gerechtfertigt angesehen, weil dies ein tragendes Prinzip der deutschen Sozialversicherung sei, zur Förderung geringfügiger Beschäftigungen durch die Befreiung von der Sozialversicherungspflicht beitrage und bei Versicherungspflicht die Gefahr illegaler Beschäftigungsformen und der Umgehung wüchse (EuGH, Rs. C-317/93 (Nolte), Slg 1995 I-4625; EuGH, Rs. C-444/93 (Megner und Scheffel), Slg 1995, I-4741; Kritik bei *Bieback*, 1997, 70 ff; *Kalisch*, 1999, 55/6; *Haverkate/Huster*, 1999, Rn 726 ff; eher zust. *Rolfs/Bütefisch*, VSSR 1998, 21 ff; zust. BSG v. 18.5.2000, SozR 3-6083 Art. 4 Nr. 15).
- Gerechtfertigt ist es, wenn der Wandel von einem allgemeinen Sicherungssystem für alle Staatsbürger hin zu einem System der Sicherung von Einkommensverlust aus vorheriger Arbeit dazu führt, dass die Einkommenssicherung nur jenen gewährt wird, die vor Beginn der Arbeitsunfähigkeit ein „Mindesteinkommen" bzw ein „gewisses Einkommen" verdient haben, wodurch mehr Frauen als Männer betroffen sind (EuGH, Rs. C-280/94 (Posthuma-van Damme), Slg 1996, I-179, Rn 27).

- In ähnlicher Weise hat es der EuGH für gerechtfertigt angesehen, dass es in den Niederlanden neben der allgemeinen Arbeitslosenversicherung und der Sozialhilfe spezielle, günstige Leistungssysteme für ältere und nicht voll erwerbsfähige arbeitslose Arbeitnehmer und Selbständige gibt, die vorher langzeitig erwerbstätig waren (EuGH, Rs. C-8/94 (Laperre), Slg 1996, I-273), was durch das Ziel gerechtfertigt sei, eine besondere Einkommensabsicherung für langfristig Arbeitslose, die vorher erwerbstätig waren, zu schaffen und ihr aus Erwerbsarbeit angespartes Vermögen unangetastet zu lassen.
- Dass Beitragszeiten aus reduzierter Arbeitszeit und Arbeitsentgelt während der Kindererziehung oder des Elternurlaubs (auf Basis der RL 96/34/EG) in einem staatlichen System der Rentenversicherung nicht höher bewertet werden, verstößt nicht gegen das Diskriminierungsverbot (EuGH, Rs. C-537/07 (Sánchez-Camacho), EuroAS 2009, 109, Rn 52 ff).

An den Entscheidungen Nolte, Megner und Scheffel, Posthuma-van Damme und Laperre ist vor allem zu kritisieren, dass der EuGH das **Verhältnismäßigkeitsprinzip** so gut wie nicht anwendet und den Mitgliedstaaten undifferenziert einen sehr großen Spielraum der Sozialgestaltung zugesteht, statt hier dem Verbot der mittelbaren Diskriminierung Geltung zu verschaffen, zumindest aber präzisere Anforderungen an die von den Mitgliedstaaten vorgebrachten Rechtfertigungsgründe zu stellen (s. oben Art. 19 AEUV Rn 56 ff). Der EuGH hat in den Rs. Nolte sowie Megner und Scheffel die Benachteiligung von Frauen zudem auch für sozialpolitisch gerechtfertigt erklärt, weil der Ausschluss ein Strukturprinzip des deutschen Sozialrechts sei. Wie oberflächlich diese Argumente des EuGH sind, wird dadurch deutlich, dass das Arbeitsförderungs-Reformgesetz von 1996/7 den vom EuGH 1995 als notwendig gebilligten Ausschluss kurzzeitiger Arbeitsverhältnisse aus der Arbeitslosenversicherung ohne sozialpolitische Bedenken ab dem 1.4.1997 gestrichen hat, und zwar mit dem ausdrücklichen Ziel, den sozialen Schutz der Teilzeitbeschäftigten zu verbessern (BT-Drucks. 13/4941 v. 18.6.1996, § 27 und Begründung S. 158 zu § 27). Das gleiche Ziel und ausdrücklich auch die Verbesserung des Sozialschutzes von Frauen stand dann u.a. auch im Vordergrund bei der weitgehenden Einbeziehung der geringfügigen Beschäftigungsverhältnisse in die Renten- und Krankenversicherungspflicht ab dem 1.4.1999 (BT-Drucks. 14/280 v. 19.1.1999, S. 10). Die Rechtsprechung des EuGH in den Rs. Nolte, Megner und Scheffel widerspricht auch seiner Rechtsprechung im Arbeitsrecht, in der er grundsätzlich den Ausschluss geringfügig Beschäftigter für mittelbar diskriminierend und nicht gerechtfertigt hielt (EuGH, Rs. C-281/97 (Krüger-Ebersberg), Slg 1999, I-5127; dazu *Lelley*, NZA 2000, 405). Hier räumt der EuGH selbst den normsetzenden Tarifvertragsparteien keinen Spielraum ein und lässt das Argument nicht gelten, die „Verbilligung" der geringfügigen Beschäftigung würde ihre Beschäftigungschancen erhöhen.

Versicherungssysteme, die Leistungen von der Dauer und Höhe der Beitragszahlung abhängig machen, diskriminieren automatisch Frauen, die in der Regel geringere Löhne als Männer erhalten und ihre Erwerbstätigkeit öfter unterbrechen (s. *Gerhard u.a.*, Auf Kosten der Frauen, 1988, S. 11 ff, 117 ff, 173 ff, 213 ff; ZfS 1988 Heft 11/12; *Bieback*, ZIAS 1990, 18 ff; *Rust/Westermann*, SGb 2008, 272). Grundsätzlich ist es aber objektiv gerechtfertigt, in beitragsfinanzierten Systemen die Leistungen an die Höhe und Dauer des Beitrages zu binden. Die Ausnahmevorschrift in Art. 7 Abs. 1 lit. b) RL 79/7/EWG geht gerade davon aus, dass Frauen durch Teilzeit (wegen Kindererziehung) benachteiligt werden und dies an sich auch richtlinienkonform ist, deshalb erlaubt er ausdrücklich eine – an sich, so die RL, Beitragszahler diskriminierende – Begünstigung von Frauen dadurch, dass ihnen für diese Zeit Beiträge gutgeschrieben werden (vgl EuGH, Rs. C-537/07 (Sánchez-Camacho), EuroAS 2009, 109, Rn 52 ff). Das Prinzip der Entsprechung von Beiträgen und Leistungen kann jedoch nicht für jene Leistungsbestandteile gelten, die nicht auf Beiträgen beruhen, sondern aus Gründen des sozialen Ausgleichs gezahlt werden. Hier sind im Rentenrecht erst durch die Neuregelung der Kindererziehungszeiten und der Anrechnungszeiten weniger diskriminierende Lösungen gefunden worden.

18 Soweit die **Kontinuität der Beitragszahlung** honoriert wird, ist dies oft weder vom Versicherungsprinzip noch vom Solidarprinzip her gerechtfertigt, da durch das Kontinuitätsprinzip auch die kurze, aber kontinuierliche Zugehörigkeit zum System honoriert, die evtl längere, aber diskontinuierliche Zugehörigkeit, die wohl häufiger bei Frauen als bei Männern vorliegen dürfte, benachteiligt wird. Auch Anwartschaften, die innerhalb zu kurzer Rahmenfristen zu lange Pflichtversichertenzeiten verlangen, stellen allein auf die kurzfristige Kontinuität ab und benachteiligen langfristig, aber diskontinuierlich Versicherte, die oft insgesamt höhere Beitragszahlungen geleistet haben können, als die kurzfristig aber kontinuierlich Versicherten.

- Dies ist die diskriminierende Wirkung der sog. Gesamtleistungsbewertung in der gesetzlichen Rentenversicherung (§ 71 SGB VI dazu *Brauer*, 2004, 168 ff; *Dünn/Heese*, Deutsche Rentenversicherung, 2000, 710). Sie ist nach Ansicht des BSG (BSG 5.7.2005 – B 4 RA 40/03 R –, SozR 4-2600 § 263 Nr. 2) durch das Prinzip der „Beitragsäquivalenz gerechtfertigt".
- Auch die neue abschlagsfreie Rente ab 65 für langjährig Versicherte benachteiligt Frauen und ist sachlich nicht gerechtfertigt, soweit sie allein auf die Beitragsjahre abstellt, nicht aber auf die Zahl der Beiträge und Zeiten, die der Beitragszahlung gleichgestellt sind (*Rust/Westermann*, SGb 2008, 272).
- Noch gravierender ist es, wenn die Leistungen nicht ausschließlich die Funktion des Lohnersatzes haben, sondern eher auf die Integration in den Arbeitsmarkt und/oder die Förderung der beruflichen Entwicklung ausgerichtet sind. Denn hier ist es zur Zielerreichung weder geeignet noch erforderlich, die Leistungen von einer vorherigen lückenlosen und langdauernden Beitragskontinuität abhängig zu machen und weiter zurückliegende, langjährige Mitgliedschaften nicht mehr zu berücksichtigen. Deshalb bleiben die hohen Anforderungen an die Beitragskontinuität bei den Renten wegen geminderter Erwerbsfähigkeit und dem Übergangsgeld in der beruflichen Rehabilitation der Rentenversicherung (§§ 11 Abs. 1 Nr. 1, 43 Abs. 1 Nr. 2, 44 Abs. 1 Nr. 2 SGB VI) problematisch, auch wenn Kindererziehungszeiten ab 1986 angerechnet werden (§§ 3 Nr. 1, 56, 57 SGB VI).
- Bei dem Arbeitslosengeld ist die hohe Beitragskontinuität (§§ 123 ff SGB III) eher gerechtfertigt, weil hier nur jenen Personen Lohnersatz gezahlt werden soll, die aktuell dem Arbeitsmarkt zur Verfügung stehen, wie auch jenen Leistungen verweigert werden sollen, bei denen die Prognose einer späteren Beschäftigung im Arbeitsmarkt gering ist, bei denen es also gar nicht um den Ersatz von zukünftigen Lohnausfällen geht.
- Wenn der Gesetzgeber Regelungen, die Unterbrechungen der Beschäftigung wegen der Kindererziehung bei der Berechnung der Anwartschaften für das Arbeitslosengeld unschädlich machen, abschafft, so ist diese Verschlechterung nach Ansicht des BSG gerechtfertigt, weil so dem Grundsatz, dass nur Lohn ersetzt werden soll, der direkt vor der Arbeitslosigkeit erzielt worden ist, Rechnung getragen würde (BSG – B 11 a AL 23/07 R – BSGE 100, 295-312 (= SozR 4-4300 § 132 Nr. 1).

19 **Diskontinuierliche Beschäftigungsverhältnisse**, und das heißt vor allem Beschäftigungsverhältnisse von Frauen, werden besonders stark getroffen, wenn die Höhe einer selbst langfristig gezahlten Lohnersatzleistung auf der Basis des Lohnes in einem Referenzzeitraum berechnet wird, der sehr knapp bemessen ist und diskontinuierliche, unterbrochene Beschäftigungsverhältnisse nicht hinreichend berücksichtigt (vgl *Bieback*, 1997, 179 ff). Dies ist vor allem bei den Leistungen für Arbeitsunfälle und Berufskrankheiten der Fall (§ 87 SGB VII), in einigen Ländern ebenfalls bei der Berechnung der Lohnersatzleistungen für Krankheit und Arbeitslosigkeit (*Bieback*, 1997, 179 ff; sowie *Jepsen/Meulders*, IRSS 1997, 45).

20 Dass das britische Recht der Job Seekers Allowance bei der Berechnung der Vorbeschäftigungszeiten die Arbeitsunterbrechung von Lehrern während der Schulferien als schädlich ansah, auch wenn nach den Ferien das Arbeitsverhältnis regelmäßig fortgesetzt wurde, haben die Social Security Commissioner als eine nicht gerechtfertigte indirekte Diskriminierung von Frauen angesehen (CJSA/5732 und 5836/1999 und 3444/2000, Journal of Social Security Law, 2003, D 44/5).

b) Diskriminierung auf der Basis anderer ungleicher Lebenslagen und Arbeitsmarktchancen

Die **Diskriminierungen von Teilzeit- und diskontinuierlich Beschäftigten** lassen sich relativ leicht aufzeigen, da hier die geschlechtsspezifischen Verteilungen und Auswirkungen statistisch deutlich nachgewiesen werden können. Anders ist es mit ungleichen Auswirkungen von Gesetzen, die auf schwerer nachweisbaren oder nicht so stark allgemein bekannten ungleichen Verteilungen der Lebenschancen beruhen.

21

So zeigt *Fuchsloch*, dass die Konzentration der Förderung der **Berufsausbildung** nach §§ 40 ff AFG (jetzt § 64 SGB III) auf Auszubildende, die außerhäuslich untergebracht sind, wegen unterschiedlicher Lebensweisen und ungleicher Ausbildungschancen auf dem Arbeitsmarkt, Frauen erheblich stärker als Männer negativ betrifft, und dies weder vom Ziel der Ausbildungsförderung noch von der Unterschiedlichkeit der Bedarfssituation gerechtfertigt ist (*Fuchsloch*, 1995, 193 ff).

22

Ebenso führen die schlechteren Chancen von Frauen, trotz formal gleicher (Ausbildungs-) Qualifikation, qualifiziertere Arbeitsplätze einnehmen zu können, dazu, dass sie bei der **Berufsunfähigkeitsrente** (§ 240 SGB VI), die – selbst bei gleichem Einkommen und gleich hoher Beitragszahlung – den qualifizierten beruflichen Status stärker schützt als den weniger qualifizierten, gegenüber Männern erheblich benachteiligt sind. Dies ist weder durch die spezielle Sicherungsfunktion, noch den strikten Beitragsbezug der Rente und der Sicherung gegen Einkommensausfall gerechtfertigt (*Kalisch*, 1999, 184 ff).

23

c) Benachteiligung niedriger Sozialversicherungsleistungen im Verhältnis zu höheren

Die Benachteiligung niedriger Sozialversicherungsleistungen im Verhältnis zu höheren basiert meist auf den beiden vorherigen Faktoren, den besonderen Lebenslagen von Frauen (niedrige, unterbrochene Beitragszahlungen oder niedriges Referenzentgelt). Dennoch ist es gerechtfertigt, die Benachteiligung niedriger Sozialversicherungsleistungen im Verhältnis zu höheren für einen besonderen Diskriminierungstypus zu halten, da er von der sozialen Lebenslage abstrahiert und allein auf die Rentenhöhe und die damit verbundene ungleiche Betroffenheit nach dem Geschlecht abstellt.

24

Der EuGH nahm eine nicht gerechtfertigte mittelbare Diskriminierung wegen des Geschlechts in der Rs. Brachner (EuGH v. 20.10.2011, Rs. C-123/10 (Brachner)) bei der **Herausnahme geringer Renten aus einer (Sonder-)Rentenerhöhung** an, weil davon weit mehr Frauen als Männer betroffen waren. Dass diese fehlende Erhöhung für Kleinstrenten (unter 746,99 Euro/Monat) durch eine Erhöhung einer bedürftigkeitsgeprüften Ausgleichszahlung kompensiert werden sollte, hielt der EuGH nicht für eine verhältnismäßige (ausgleichende) Regelung, weil auch diese Ausgleichszahlung wegen der Anrechnung von Partnereinkommen überwiegend nicht an die betroffenen Frauen, sondern dann wieder überwiegend an Männer mit Kleinstrenten ging (ebd Rn 58-63). In dieser Rs. prüfte der EuGH auch erstmals die Verhältnismäßigkeit sehr differenziert (oben Art. 19 AEUV Rn 52-56): Die Ausnahme von einer Rentenerhöhung wegen Steigerung der Lebenshaltungskosten konnte weder das Argument, Frauen bezögen früher Renten und zahlten deshalb weniger Beiträge rechtfertigen, noch die Argumente, Frauen hätten eine höhere Lebenserwartung und längere Rentenbezugszeiten oder bedürftigkeitsbezogene Aufstockungsbeiträge sorgten für einen Ausgleich. Die beiden ersteren Argumente hatten keinen kohärenten Bezug zum Ziel, mit der Rentenerhöhung einen Ausgleich für die Lebenshaltungskosten zu schaffen. Der letztere Grund war schon deshalb unzulässig, weil bei dem Ausgleich Frauen wegen der Anrechnung von Partnereinkommen in ganz überwiegendem Maße (zu 82 % der Frauen mit Kleinstrenten) nicht profitierten.

25

d) **Verwendung von Merkmalen wie Haushalts-/Familienvorstand, Haupternährer, Haupterzieher etc.**

26 Grundsätzlich ist das Sozialrecht so auszugestalten, dass es keine spezifischen Rollenverteilungen innerhalb der Familie begünstigt (*Bieback*, 1997, 196 ff; *Spellbrink*, in: *Eicher/Spellbrink*, Kasseler Handbuch des Arbeitsförderungsrechts, 2003, § 39 Rn 180 ff mwN). Hier liegt mittelbare Diskriminierung dann vor, wenn Leistungen oder höhere **Leistungen nur an Haushaltsvorstände** etc. gezahlt werden, da dies aufgrund gesellschaftlicher und familiärer Strukturen überwiegend Männer sind.

- Eine solche geschlechtsdiskriminierende Verwendung der Begriffe »Haushaltsvorstand« und „Haupternährer" – bezogen auf den Ehemann und Familienvater – findet sich in den Mitgliedstaaten so gut wie nicht mehr. In allen Rechtssystemen hat sich familien- und sozialrechtlich das Konzept durchgesetzt, dass beide Ehepartner gleichberechtigt den Haushalt leiten. Indirekt diskriminierend kann es aber sein, wenn Regelungen an die traditionelle Rollenverteilung über die ungleiche Verteilung von Einkommen und Erwerbstätigkeit anknüpfen.
- In einigen Ländern bestehen aber Konzepte des „Haushaltsvorstandes" etc. noch weiter, wenn die (kostenlose) Mitversicherung von Familienangehörigen sich nach dem Elternteil richtet, der das höchste Einkommen hat, die Waisenrente in manchen Systemen nur von einem Elternteil abgeleitet wird und die Kinderzuschläge nur einem Elternteil, meist dem mit den höchsten Einzelleistungen, gewährt werden (*Bieback*, 1997, 202 ff).
- Ähnlich mittelbar (zu Lasten der Männer) diskriminierend ist es, wenn bei der Zahlung von Familienleistungen immer davon ausgegangen oder vermutet wird, dass nur eine Person die Kinder erzieht, ohne dass dies durch den Nachweis der tatsächlichen Verteilung der Erziehungsaufgaben widerlegt werden kann (*Beveridge*, JSSL 2006, 31; *Bieback*, 1997, 196 ff).
- Das rigide Verteilungsschema der Elternzeit gem. § 2 Abs. 7 Satz 5 und 6 BEEG, das weder eine gleichzeitige Beanspruchung von Elternzeit, noch eine gleichmäßige Verteilung der Elternzeit zuließ, hat das BSG nicht für mittelbar diskriminierend angesehen, da es einmal Frauen begünstige, die überwiegend nach freier Entscheidung über die Erziehungsaufgaben die Kindererziehung wahrnehmen würden (BSG 25.6.2009 – B 10 EG 8/08 R – Juris). Das BSG übersieht, dass das Recht hier die freie Verteilung verhindert und gerade die Verteilung nicht frei lässt, sondern ganz nach dem klassischen Muster begünstigt, Abweichungen davon benachteiligt.

e) **Zuschläge für Unterhaltsberechtigte**

27 Nach Art. 4 RL 79/7/EWG sind Zuschläge für Unterhaltsberechtigte besonders diskriminierungsverdächtig (vgl auch Zwischenbericht der Kommission, KOM (83) 793 endg. S. 9; Bericht der Kommission, KOM (88) 769 endg. S. 123 ff; *Prechal/Burrows*, S. 175; 176; *Bieback*, 1997, 207 ff). Zuschläge für Ehepartner gehen überwiegend an Männer, die wegen der herkömmlichen innerfamiliären Arbeitsteilung und ihres höheren Einkommens häufiger als ihre Ehefrauen erwerbstätig und ihrem Ehepartner unterhaltsverpflichtet sind. Einkommensbezogene Zuschläge erhalten Männer eher, da Ehefrauen weniger Erwerbseinkommen haben. Allerdings wäre eine geschlechtsspezifische Begünstigung bei Kinderzuschlägen noch genauer statistisch zu belegen. Es kann sein, dass Männer und Frauen sie in gleichem Maße, entsprechend ihrem Anteil an allen Leistungsempfängern erhalten.

28 Art. 7 Abs. 1 lit. d) macht dazu nur eine Ausnahme: Zuschläge für die unterhaltsberechtigte Ehefrau bei langfristigen Leistungen der Invalidität, des Alters und des Arbeitsunfalls/der Berufskrankheit. Zuschläge zu kurzfristigen, nur für eine Übergangszeit gedachten Leistungen, wie Krankengeld, Rehabilitationsleistungen und Arbeitslosengeld, fallen nicht unter diese Ausnahme; genauso wenig Zuschläge für unterhaltsberechtigte Kinder.

Die allgemeine sozialpolitische Legitimation von Zuschlägen soll darin liegen, dass sie einen be- 29
stimmten zusätzlichen Bedarf decken. Da alle Zuschläge diese Funktion erfüllen, kann sie zur
Legitimation speziell der Familienzuschläge nicht ausreichen. Dies erklärt auch, weshalb Familienzuschläge in Art. 3 Abs. 2 RL 79/7/EWG ausdrücklich als diskriminierungsverdächtig aufgeführt sind.

Selbst für den Bereich, der von der RL 79/7/EWG erfasst wird, hat der EuGH in den Fällen Teuling 30
(EuGH, Rs. 30/85, Slg 1987, 2497), Kommission/Belgien (EuGH, Rs. 229/89, Slg 1991, I-2205)
und Molenbroek (Rs. C-226/91, Slg 1992, I-5943) Zuschläge für unterhaltsberechtigte Personen
für sachlich gerechtfertigt angesehen, wenn die **Leistung auf eine Existenzsicherung** und die Garantie einer Mindestsicherung ausgerichtet ist. In den entschiedenen Fällen handelte es sich um
Leistungssysteme bei Arbeitslosigkeit bzw Invalidität, die zum Teil eine fixe Mindestsicherung
und zum Teil eine Obergrenze festlegten und die zum Teil einen so geringen Satz des vorherigen
Nettolohns garantierten, dass sie zusammen mit den Zuschlägen den Charakter von Mindestsi-
cherungssystemen hatten.

Diese Rechtsprechung des EuGH ist prinzipiell zu kritisieren (vgl *Bieback,* 1997, 58 ff, 207 ff; 31
Sohrab, 1996, 128 ff). Zwar ist es ein legitimes sozialpolitisches Ziel, bei Leistungen der Mindestsicherung auch die tatsächlichen Belastungen durch Unterhaltsverpflichtungen anzuerkennen.
Jedoch ist es zu undifferenziert, daraus einen allgemeinen Rechtfertigungsgrund für Zuschläge bei
Unterhaltsberechtigten zu machen. Eine Diskriminierung durch Familienzuschläge liegt schon
darin, dass zur Erreichung des Ziels „Existenzsicherung" eine weniger diskriminierende Regelung
möglich ist, nämlich die Gewährung von Anspruchsberechtigungen direkt an die Unterhaltsberechtigten selbst. Darüber hinaus sind die geforderten Mindestsicherungselemente in Lohnersatz-
systemen, die allein einen bestimmten Prozentsatz des Lohns gewähren und keinen Mindestbetrag
garantieren, vom Ziel her gar nicht vorhanden. Zuschläge zu solchen lohnabhängigen Leistungen
können deshalb das Ziel der Existenzsicherung ebenfalls nicht erreichen, insbesondere dann nicht,
wenn sie selbst wiederum keinen Mindestunterhaltsbetrag garantieren und nur als Prozentsatz
des (evtl sehr geringen) Lohnes berechnet werden. Letzteres war zB der Fall bei der belgischen
Invaliditätsleistung, die der EuGH fälschlicherweise als Leistung der Mindestsicherung charak-
terisierte (EuGH, Rs. C-229/89 (Kommission/Belgien), Slg 1991, I-2205).

Selbst wenn man die Rechtsprechung des EuGH akzeptiert, müssen Systeme, die eine **Mindestsi-** 32
cherung gewährleisten sollen, zumindest eine fixe Untergrenze kennen, die dem entspricht, was
in den allgemeinen Systemen der Mindestsicherung (Sozialhilfe) als Existenzminimum anerkannt
wird. Die Zuschläge müssen auch in ihrer Ausgestaltung erkennen lassen, dass sie bedarfs- und
bedürftigkeitsbezogen sind (zB Staffelung nach Anzahl und evtl Alter der Unterhaltsverpflichteten, Anrechnung eigenen Einkommens der Unterhaltsverpflichteten, feste Beträge, die die tatsächlichen Bedarfe widerspiegeln etc). Setzt man, wie der EuGH, solche Kriterien nicht, kann jeder
Zuschlag zu Lohnersatzleistungen, die nur einen Teil des Lohns garantieren, als Element der Sicherung des sozialen Existenzminimums ausgegeben werden. Die ausdrückliche Hervorhebung
des diskriminierenden Charakters dieser Zuschläge in Art. 4 Abs. 1 und Art. 7 Abs. 1 lit. d)
RL 79/7/EWG liefe dann ins Leere (ausführlicher *Bieback,* 1997, 208 f).

Zuschläge für Unterhaltsberechtigte diskriminieren auch dadurch, dass sie bedarfsbezogen sind 33
und dann **wegfallen,** wenn die Unterhaltsberechtigten ein eigenes Einkommen haben. Dies ist eine
ökonomische Behinderung für die Erwerbstätigkeit von Frauen und ließe sich leicht in verhältnismäßiger Weise dadurch vermeiden, dass Erwerbseinkommen der Unterhaltsverpflichteten nur
nach Freibeträgen und dann nur teilweise auf die Unterhaltsleistung angerechnet werden.

Im **bundesdeutschen Sozialrecht** zählen zu den Familienzuschlägen einmal die Kinderadditive bei 34
den Prozentsätzen der Lohnersatzleistungen der medizinischen und beruflichen Rehabilitation
und der beruflichen Bildung sowie bei den Leistungen bei Arbeitslosigkeit (§ 46 Abs. 1 S. 3 Nr. 1
SGB IX, §§ 129 Nr. 1, 178 SGB III). Hier wäre die geschlechtsspezifische Begünstigung allerdings

noch genauer zu belegen, denn es könnte gut sein, dass Männer und Frauen diese Zuschläge in gleichem Maße erhalten, wie es ihrem Anteil an allen Leistungsempfängern entspricht. Zudem setzen die Zuschläge keine Unterhaltspflicht voraus, knüpfen allenfalls sehr mittelbar an geschlechtsdiskriminierende Konzepte an. Objektiv rechtfertigen lassen sich diese Zuschläge nur schwer. Da die Basisleistungen rein am vorherigen Lohn orientiert sind, enthalten sie kein Element einer Sicherung des Existenzminimums. Sie führen Elemente der Bedarfs- und Bedürftigkeitsbezogenheit in ein Lohnersatzsystem ein, das ansonsten nicht darauf abstellt, ob der Lohn oder sein Ersatz das Existenzminimum decken. Andererseits sind die Leistungen oft so gering, dass Zuschläge notwendig sind, um hier Sozialhilfebezug zu vermeiden. Anders ist es mit der Familienversicherung für Kinder in der KV (§ 10 SGB V), da sie in dem wichtigen Gebiet des Schutzes gegen Krankheit eine existentiell notwendige Versorgung garantiert.

35 Ebenfalls problematisch sind die prozentualen Zuschläge zum Übergangsgeld für den Fall, dass der Versicherte von seinem Ehegatten gepflegt wird (§ 46 Abs. 1 S. 3 Nr. 1 SGB IX). Hier ist die Einrichtung direkter Ansprüche der pflegenden Person (meist die Ehegattin) weniger diskriminierend.

36 Verdeckter, aber ähnlich diskriminierend wie Familienzuschläge ist die **Anbindung der Leistungen an das Nettoentgelt**, wobei das Nettoentgelt über Steuerfreibeträge für Unterhaltsverpflichtete höher ist als für Personen ohne Unterhaltsverpflichtung (§§ 132 Abs. 1 Nr. 2 SGB III, 46 SGB IX). Diese Anknüpfung der Sozialleistung an das Nettoentgelt lässt sich dadurch rechtfertigen, dass eine Einkommenssicherung vor allem auf den Nettobetrag des Arbeitseinkommens abstellen muss und unter Bezug auf die Lohnsteuerkarte typisierend und pauschalierend schnell ausgezahlt werden kann (vgl BVerfGE 63, 255 und BVerfG, NJW 1988, 244).

37 Der Bezug auf die **Lohnsteuerklassen** mit ihrer Begünstigung der Verheirateten in der Steuerklasse III (§ 133 SGB III) enthält ebenfalls verdeckte „Zuschläge" für Ehegatten. Für die sachliche Rechtfertigung spricht zwar auch die schnelle Abwicklung durch Bezug auf die Steuerkarte. Aber da es nicht um die Begrenzung der Leistung in Hinblick auf das frühere Nettoentgelt, sondern um die Berechnung von Basisleistungen für oft lange Zeiträume geht, erscheint das Anknüpfen an die vorher unter ganz anderen Gesichtspunkten gewählten Steuerklassen nicht mehr sachgerecht. Hier wären andere, weniger diskriminierende Pauschalierungen zu wählen, um das Ziel einer zügigen Auszahlung zu gewährleisten.

f) Anrechnung von Leistungen und Einkommen des Ehegatten

38 Wird bei der **Bedürftigkeitsprüfung** das Einkommen des Ehegatten oder Lebenspartners herangezogen, so trifft dies in der Regel mehr Frauen als Männer. Denn mehr Männer als Frauen sind erwerbstätig und haben ein eigenes Einkommen und Männer haben im Durchschnitt höhere Arbeitsentgelte. Deshalb wird bei Sozialleistungen an Frauen häufiger das Einkommen des Partners berücksichtigt als umgekehrt bei Ansprüchen der Männer das Einkommen der Partnerin (ausführlich *Bieback*, 1997, 215 ff). Die sachliche Rechtfertigung solcher Anrechnung liegt nach der Rechtsprechung des EuGH darin, dass die Leistungen nur der Sicherung eines Existenzminimums dienen und es daran und an der Bedürftigkeit fehle, wenn der Ehegatte Einkommen über einer bestimmten Grenze habe (EuGH, Rs. 30/85 (Teuling), Slg 1987, 2497; EuGH, Rs. C-229/89 (Kommission/Belgien), Slg 1991, I-2205; Rs. C-226/91 (Molenbroek), Slg 1992, I-5943). Die Gerichte einiger Mitgliedstaaten haben den nichtdiskriminierenden Charakter der Anrechnung von Partnereinkommen bei bedürftigkeitsbezogenen Leistungen für so selbstverständlich gehalten, dass sie deshalb von einer Vorlage zum EuGH absahen und auch nicht mehr auf die Frage eingingen, ob die Leistungen überhaupt in den sachlichen Geltungsbereich der RL 79/7/EWG fallen. Für das allgemeine Sozialhilfesystem ist dies in den Niederlanden vom Obersten Gericht in Sozialhilfesachen entschieden worden (Raad van State, RvS 20.6.1990, Periodiek Sociale Verzekeringen 1990, 668). Im Vereinigten Königreich hat der Court of Appeal in der Anrechnung von Einkommen bei Sozialhilfeleistungen keine Benachteiligung von Frauen gesehen (Blaik v. Chief

Adjudication Officer, Common Market Law Reports 1991, 539, sowie Welfare Rights Bulletin No. 107, S. 7 f). Auch das deutsche Bundesverfassungsgericht hat diese Einkommensanrechnung grundsätzlich für zulässig gehalten (BVerfGE 87, 234, 256/7).

Plausibel ist das Argument, die Leistungen wollten nur ein Existenzminimum sichern und deshalb sei die Anrechnung des Partnereinkommens sachlich nur gerechtfertigt, wenn die Leistung von ihrer Ausgestaltung her auch wirklich eine Mindestsicherung gewährleistet (s. Rn 28-30 und *Bieback*, 1997, 219 ff) und wenn geprüft wird, ob zumindest typischerweise Unterhaltsansprüche vorliegen und Unterhalt geleistet wird. In sich stimmig ist die Anrechnung des Partnereinkommens nur, wenn beim Einkommen des Partners ein Freibetrag gewährt wird, der zumindest dem Freibetrag im Unterhaltsrecht entsprechen muss, und wenn beim Partner auch Unterhaltspflichten gegenüber anderen Personen berücksichtigt werden. Da dies bei den Anrechnungsvorschriften im früheren deutschen Recht der Arbeitslosenhilfe nicht der Fall war, hat sie das Bundesverfassungsgericht auch aufgehoben (BVerfGE 87, 234, 257 ff, 260 ff). Diskriminierend ist zudem die Anrechnung bei Leistungen, die auf vorheriger Erwerbstätigkeit beruhen und (auch) Lohnersatzfunktion haben. Hier liegt die Ungleichbehandlung in der Benachteiligung von erwerbstätigen verheirateten Frauen gegenüber nicht erwerbstätigen verheirateten Frauen. Denn die erwerbstätigen Ehefrauen verlieren eigene Ansprüche, die sie aufgrund ihrer Erwerbstätigkeit und Beitragszahlung erlangen und werden letztlich genauso gestellt wie eine nicht erwerbstätige Ehefrau. Es wird die Ehe, in der beide Ehepartner arbeiten, mit jener Ehe gleichgestellt, in der nur ein Ehepartner arbeitet; der eigene frühere finanzielle Beitrag der erwerbstätigen Ehefrau zum gemeinsamen finanziellen Unterhalt wird nicht berücksichtigt. Dies ist zumindest eine Verletzung des allgemeinen Gleichheitssatzes (so BVerfGE 87, 234, 258 zur Kürzungsvorschrift bei der Arbeitslosenhilfe).

In der Rs. Brachner hat der EuGH die ungleiche, Frauen benachteiligende Wirkung eines bedürftigkeitsbezogenen Aufstockungsbeitrags bejaht, weil bei der Aufstockung Frauen wegen der Anrechnung von Partnereinkommen kaum (nur 18 % der Frauen mit Kleinstrenten), Männer dagegen weit stärker (42 % der Männer mit Kleinstrenten) profitierten (EuGH v. 20.10.2011, Rs. C-123/10 (Brachner), Juris, Rn 87-103). Er musste die Aufstockungsregelung selbst nicht als solche auf ihre Rechtmäßigkeit untersuchen, verwies für ihre prinzipielle Zulässigkeit in Bezug auf die RL 79/7/EWG aber auf die frühere Rspr (ebda. Rn 92 unter Verweis auf Teuling, Rn 17, und Molenbroek Rn 16 und 17); er vertrat nur, dass solche bedürftigkeitsbezogenen Aufschläge mit Anrechnung von Partnereinkommen keine Kompensation für eine bei Kleinstrenten unterbliebene Rentenerhöhung seien.

g) Privilegierung bestimmter Rollenmuster und Einschränkung der Wahlfreiheit zu alternativen Rollenmustern

Das Diskriminierungsverbot soll verhindern, dass Individuen Handlungsfreiheiten genommen werden, nur weil sie einer bestimmten Gruppe angehören. „Gleichbehandlung" soll dem einen Geschlecht die Optionen eröffnen, die auch dem anderen Geschlecht zugebilligt werden, und Angehörige des einen Geschlechts sollen eigene, ihnen spezifische Rollen übernehmen können, ohne deshalb in anderen Feldern benachteiligt zu werden (ausführlicher *Bieback*, 1997, 34 ff). Gleiche Freiheit und gleiche Optionen heißt also, sowohl die Rollen der »anderen« als auch die „eigenen" Rollen übernehmen zu können, ohne hieraus Nachteile befürchten zu müssen. So eröffnet die staatliche Leistung zur Kindererziehung gleiche Optionen nur, wenn sie vereinbar ist mit den unterschiedlichen Formen, in denen die Partner die Erziehung der Kinder unter sich verteilen, sei es, dass beide Partner voll erwerbstätig bleiben und Hilfe von außen beanspruchen, beide reduziert arbeiten oder nur ein Partner seine Erwerbstätigkeit reduziert oder ganz aufgibt.

Typisierende Wirkung hat einmal das in vielen Ländern eingeführte Erziehungsgeld, das nur gewährt wird, wenn neben der Kindererziehung keine Beschäftigung ausgeübt wird oder wenn, wie zB in Deutschland, die Beschäftigung die Hälfte der üblichen Beschäftigung nicht übersteigt (§ 2

BErzGG; abgemildert: keine volle Erwerbstätigkeit in § 1 Abs. 1 Nr. 4 BEEG 2006) oder wenn gar die Leistung als Lohnersatzleistung eine vorherige lange Beschäftigungszeit und die Aufgabe der Beschäftigung voraussetzt oder wenn eine volle Leistung nur erzielt werden kann, wenn ein Partner (und das ist meist die Mutter) sich ganz der Kindererziehung widmet (so gem. § 4 Abs. 2 S. 1, 2, und 4 BEEG; vgl dazu SG Karlsruhe, v. 27.10.2009, S 11 EG 2280/08 und *Fuchsloch/ Schweiwe*, Leitfaden Elterngeld 2007, 20 ff, 118 ff und *Dau*, jurisPR-SozR 4/2010 Anm. 4). Das Muster Erziehungsgeldgesetz hat auch einige der flankierenden Regelungen in den klassischen Systemen der Sozialversicherung beeinflusst, die unter die Richtlinie 79/7/EWG fallen. Nur wenn eine Beschäftigung aufgegeben wird, profitierten in Deutschland und profitieren auch jetzt noch in Luxemburg die Mütter voll von den Kindererziehungszeiten in der Rentenversicherung. Das BVerfG hat 1996 (NJW 1996, 2293) entschieden, dass es in Hinblick auf den allgemeinen Gleichheitssatz nicht gerechtfertigt ist, Frauen, die neben der Kindererziehung arbeiten, teilweise oder völlig von der Vergünstigung der Kindererziehungszeit auszuschließen. Denn Ziel der Kindererziehungszeiten sei es, unabhängig davon, ob eine Erwerbstätigkeit unterbrochen wird, die Erziehung von Kindern zu honorieren. In Luxemburg dagegen verringern sich die für die Kindererziehung gutgeschriebenen Beitragszeiten bzw Beitragszahlungen um Beitragszeiten, die gleichzeitig auf der Basis der Erwerbsarbeit erworben sind. Damit wird begünstigt, wer sich ausschließlich der Kindererziehung widmet. Gutgeschrieben werden kann in Deutschland und Luxemburg die Erziehungszeit innerhalb eines bestimmten Zeitrahmens auch nur jeweils einem Elternteil, beide Ehepartner können sie nicht gleichzeitig beanspruchen und unter sich aufteilen. Damit wird eine Teilung der Erziehungsaufgaben bei gleichzeitiger Reduktion der Arbeitszeit beider Elternteile ausgeschlossen. Das fördert die herkömmliche Verteilung der Familienaufgaben und benachteiligt davon abweichende Rollenverteilungen.

43 Unter diese Kategorie fällt auch die schon in Rn 36 und 37 behandelte Anrechnung von Einkommen des Partners auf eigene Sozialleistungen.

h) Diskriminierung im Verwaltungsvollzug

44 Diskriminierungen im Verwaltungsvollzug sind gem. § 19 a SGB IV verboten. Sie sind aber nur schwer nachzuweisen und statistisch erfassbar. Dies gilt für alle hauptsächlich allein nach Verwaltungsprogrammen abgewickelten Leistungen, bei denen die Verwaltung ihre eigenen Standards setzt. So ergaben Untersuchungen über die Arbeitsmarktpolitik eine systematisch geringere Beteiligung von Frauen im Verhältnis zu ihrem Anteil an allen versicherten Beschäftigten (*Bieback*, ZIAS 1990, 10 mwN). Auch neuere Daten zeigen immer noch eine stark geschlechtsspezifische Verteilung der Förderleistungen nach dem SGB III (*Bundesagentur für Arbeit*, Arbeitsmarkt 2007, 2008, S. 172 Tabelle III. G. 4 a; allg. *Plantenga/Remery/Rubery* (European Commission, Directorate-General for Employment, Social Affairs and Equal Opportunities, Unit G1/), Gender mainstreaming of employment policies, A comparative review of 30 European countries, Luxemburg 2008). Diese Diskriminierungen sind aber nur feststellbar, weil es umfassende Statistiken der BA über die Gewährung der Leistungen gibt (vgl § 11 SGB III). Diskriminierend wäre es auch, bei Arbeitslosen mit Kindern oder pflegebedürftigen Angehörigen einfach zu unterstellen, diese stünden dem Arbeitsmarkt nicht zur Verfügung, und ihnen deshalb den Anspruch auf Arbeitslosengeld zu versagen, es sei denn, die Eltern könnten zB eine Versorgungsmöglichkeit für ihre Kinder nachweisen. Die allgemeinen Regelungen der BA gehen hier einen Mittelweg, indem sie sich auf die Angaben der Arbeitslosen, sie hätten neben der Betreuung noch ausreichend Zeit oder hätten eine andere Betreuungsperson zur Verfügung, verlässt und idR keine weiteren Nachforschungen betreibt (BA RdErl. 408/75.4.1. v. 12.11.1975 und BA, DA zu § 119, Juli 2009, 3.1.3.2 Bindungen, Nr. 119.123). Zu Erleichterungen der Beweislast in diesem Fall s. Art. 5 und 6 Rn 4 und Art. 19 AEUV Rn 59 ff.

5. Rechtsfolgen eines Verstoßes gegen Art. 4

Zu den Rechtsfolgen eines Verstoßes gegen Art. 4 RL 79/7/EWG vgl Art. 19 AEUV Rn 72 ff: Solange keine mit dem Gemeinschaftsrecht übereinstimmende neue Regelung besteht, sind nach Ansicht des EuGH die Richtlinien das einzig gültige Bezugssystem für die Gleichbehandlung. Werden Personen eines Geschlechts von einer Leistung oder Vergünstigung ungerechtfertigt ausgeschlossen, so müssen sie konsequenterweise nunmehr in dieses Leistungssystem einbezogen werden. Der EuGH hat es den zuständigen Stellen in den Mitgliedstaaten überlassen, wie sie die Ungleichbehandlung beseitigen, sei es durch Abschaffung der Vergünstigung insgesamt, sei es durch Ausdehnung der Vergünstigung auf die bisher Ausgeschlossenen. Auch darf das neue Recht zwischenzeitlich zugewachsene Rechtspositionen aus der Geltung des Gemeinschaftsrechts nicht beseitigen.

III. Rechtsprechung der deutschen Sozialgerichte

Erstmals erwog der 7. Senat des BSG in seinem Urteil vom 15.11.1995, ob nicht der Ausschluss von kurzzeitig beschäftigten Arbeitnehmerinnen aus dem Schutze der Arbeitslosenversicherung gem. §§ 169a Abs. 1, 102 Abs. 1 AFG gegen das Verbot der mittelbaren Diskriminierung wegen des Geschlechts aus Art. 4 RL 79/7/EWG verstoßen würde (BSG v. 15.11.1995 – 7Rar 106/94 – AuA 1996, 286 – 87; AR – Blattei ES 1560 Nr. 47 mit Anm. *Marschner*). Der 7. Senat hat diese Frage dahingestellt sein lassen, da er die Sache an das LSG zurückverwies. Aber er deutete an, dass ein Verstoß wohl nahe liegen dürfte. Schon vorher waren vom Sozialgericht Hannover und vom Sozialgericht Speyer 1993 der Ausschluss geringfügiger Beschäftigungsverhältnisse dem EuGH zur Entscheidung vorgelegt worden (SG Hannover v. 25.5.1993, NZS 1993, 376 ff dazu dann EuGH, Rs. C-317/93 (Nolte), Slg 1995, I-4625; SG Speyer v. 26.10.1993, AuR 1994, 36 ff dazu dann EuGH, Rs. C-444/93 (Megner und Scheffel), Slg 1995, I-4741).

In der ersten Entscheidung über die mittelbare Diskriminierung von Teilzeitbeschäftigten im Sozialrecht durch den 11. Senat des BSG vom 24.7.1997 übernimmt das BSG ohne Einschränkungen das Konzept der mittelbaren Diskriminierung des EUGH im Anschluss an die Entscheidung des EuGH in den Fällen Nolte sowie Megner und Scheffel (zu ihnen Rn 15 und 16 sowie Art. 19 AEUV Rn 53 ff). In Übereinstimmung mit dem EuGH betont das BSG, die im Verfahren vor dem EuGH vorgetragenen Argumente der Bundesregierung für einen Ausschluss kurzzeitiger Beschäftigungen aus der Arbeitslosenversicherung seien hinreichend plausibel und hätten objektiv nichts mit einer Diskriminierung auf Grund des Geschlechts zu tun. Ausdrücklich wird auf die reine Vertretbarkeitsprüfung des EuGH verwiesen. Das BSG fühlt sich ganz an die Wertungen des EuGH gebunden, obwohl der EuGH ansonsten doch durchgängig betont, die letzten Wertungen der Verhältnismäßigkeit eines nationalen Gesetzes lägen bei den nationalen Gerichten (BSG, 11 Rar 91/96, EzS 50/330 und USK 9729; ebenso BSG, B11AL61/99 R, SozR 3, 6083 Art. 4 Nr. 15). Das BSG begründet den Spielraum, den der EuGH dem Gesetzgeber einräumt, in seiner Entscheidung vom 18.5.2000 auch eigenständig. Der Spielraum rühre nicht nur aus der Kompetenzverteilung zwischen EU und den Mitgliedstaaten. Vielmehr sei er auch bei der Prüfung durch das nationale Gericht wegen der Funktionsverteilung zwischen Gesetzgebung, Gesetzesvollziehung und Rechtsprechung Zurückhaltung geboten. Eine sozialpolitische Einschätzungsprärogative des Gesetzgebers sei kaum anhand fester Kriterien, sondern letztlich nur auf ihre Plausibilität zu überprüfen. Insoweit stelle das Verbot der mittelbaren Diskriminierung letztlich nur ein Begründungsgebot dar. Für die Plausibilität der nationalen Regelung habe der EuGH schon hinreichende Anhaltspunkte gefunden. Auch wenn die Kurzzeitigkeitsgrenze bei der Versicherungspflicht zur Arbeitslosenversicherung später beseitigt worden sei, stelle sie doch – auch in ihrer Variabilität – ein wesentliches Strukturmerkmal des Versicherungsschutzes und der Arbeitslosenversicherung dar und sei durch objektive, sachliche Gründe gerechtfertigt. Zur mangelnden Stichhaltigkeit dieser Gründe s. oben Rn 16 mwN.

48 Ohne eine Vorentscheidung des EuGH musste der 7. Senat des BSG am 29.1.2001 über die Verfassungsmäßigkeit des Ausschlusses von Teilzeitkräften aus der Förderung der BA bei Teilzeitarbeit entscheiden (BSG, B7AL 98/99 R, SozR, 4170 § 2 Nr. 2). Auch hier betont das BSG wieder den „der mitgliedstaatlichen Gestaltung überlassenen Entscheidungsfreiraum". Obwohl zum Entscheidungszeitpunkt der Ausschluss von Teilzeitbeschäftigten aus der Förderung durch Gesetz vom 20.12.1999 (BGBl. I 2494) schon wieder beseitigt worden war, hielt das BSG den früheren Ausschluss für ein „Strukturprinzip des Förderungsrechts". Mit der Förderung sollten Arbeitsplätze für Arbeitslose freigemacht werden und dieses Ziel könne in der Regel nur bei einer Reduktion von Vollzeitarbeitsplätzen auf Halbzeitarbeitsplätzen erreicht werden. Gar nicht erwähnt wird, dass die Förderung einer Arbeitszeitreduktion von Teilzeitbeschäftigten zumindest im Blockmodell ebenfalls dieses Ziel erreichen kann. Noch wird überlegt, welches Ziel denn dies Gesetz auch noch haben und weiter verfolgen könne, nachdem auch Teilzeitbeschäftigte einbezogen worden sind. Nicht einmal auf solche naheliegenden Fragen wird also die Plausibilitätskontrolle erstreckt.

49 Auch die Sozialgerichte der unteren Instanzen haben die Figur der mittelbaren Diskriminierung wegen des Geschlechts im Sozialrecht angewandt. Einmal begrenzt auf den Problembereich Diskriminierung von Teilzeitbeschäftigten und hier auch nur für die beiden Punkte Ausschluss von kurzzeitig Beschäftigten aus der Arbeitslosenversicherung und Ausschluss von Teilzeitbeschäftigten aus der Förderung der Altersteilzeit nach dem Altersteilzeitgesetz (LSG NRW, L9AL 200/96 zum Ausschluss kurzzeitiger Beschäftigung aus der Arbeitslosenversicherung sowie LSG Sachsen, L3AL 199/99, NZS 2001, 438 bis 442 zur Nichtförderung von Teilzeitbeschäftigten durch das Altersteilzeitgesetz). Andere Urteile der Sozialgerichte erster und zweiter Instanz betreffen die Nichtberücksichtigung von Mutterschaftszeiten als Versicherungszeiten in der Arbeitslosenversicherung und bei der Bestimmung des Referenzzeitraums für die geschützten Entgelte beim Insolvenzgeld gem. § 183 Abs. 1 SGB III (LSG Niedersachsen, L7AL 22/00 und SG Leipzig, S6 AL 818/00 – Vorlage an den EuGH).

50 Das BSG erkennt also an, dass die Überprüfung des nationalen Gerichts eine andere Struktur hat als die Überprüfung durch den EuGH, so dass der Spielraum des Gesetzgebers gegenüber dem nationalen Gericht eine eigene Rechtfertigung braucht. Es ist aber fraglich, ob hierzu der allgemeine Rekurs auf das Gewaltenteilungsprinzip reicht. Denn zumindest im deutschen Verfassungsrecht ist die Überprüfung des Gesetzgebers anhand vorgegebener höherrangiger Normen umfassender und nicht auf eine bloße Plausibilitätskontrolle beschränkt. Das Problem liegt im deutschen Recht woanders. Das Rechtsstaatsprinzip rechtfertigt gerade nicht die Zurückhaltung bei der Überprüfung von Gesetzen, konzentriert sie aber zum Schutz des Gesetzgebers gem. Art. 100 GG beim Bundesverfassungsgericht. Die deutschen Gerichte haben also nur die Alternative, entweder Art. 100 GG analog auch auf die Überprüfung deutscher Gesetze mit dem EG-Recht anzuwenden oder die Überprüfung selbst und dann ohne reduziertes Prüfprogramm vorzunehmen.

51 Keines dieser Urteile der nationalen Gerichte hat bisher dazu geführt, dass eine gesetzliche Regelung des deutschen Sozialrechts wegen eines Verstoßes gegen das Diskriminierungsverbot wegen des Geschlechts als nicht anwendbar erklärt wurde. Zurückzuführen ist dies vor allem darauf, dass das BSG in seiner ersten Entscheidung über die Diskriminierung von Teilzeitbeschäftigten im Sozialrecht durch den 11. Senat vom 24.7.1997 schon an die Entscheidung des EuGH in den Fällen Nolte sowie Megner und Scheffel anknüpfen konnte. Im Ergebnis bleibt zu konstatieren, dass letztendlich das Verbot der mittelbaren Diskriminierung auch in seiner Umsetzung durch die Rechtsprechung der Sozialgerichte in Deutschland leer läuft.

Artikel 5

Die Mitgliedstaaten treffen die notwendigen Maßnahmen, um sicherzustellen, daß die mit dem Grundsatz der Gleichbehandlung unvereinbaren Rechts- und Verwaltungsvorschriften beseitigt werden.

Artikel 6

Die Mitgliedstaaten erlassen die innerstaatlichen Vorschriften, die notwendig sind, damit jeder, der sich wegen Nichtanwendung des Grundsatzes der Gleichbehandlung für beschwert hält, nach etwaiger Befassung anderer zuständiger Stellen seine Rechte gerichtlich geltend machen kann.

Art. 5 und 6 RL 79/7/EWG stellen zusammen mit Art. 8 und 9 RL 79/7/EWG ihre Umsetzung sicher. Art. 6 RL 79/7/EWG gibt einen Anhaltspunkt dafür, dass die RL auch individuelle, subjektive und einklagbare Rechte verleiht und bekräftigt damit die anerkannte unmittelbare Wirkung der RL in den Mitgliedstaaten (s. Vorbem. Rn 4 ff). 1

Art. 6 statuiert zugleich einen Mindeststandard individueller Rechtsdurchsetzung. Dies ist vom EuGH für den gleichlautenden früheren Art. 6 RL 76/207/EWG als Ausdruck eines allgemeinen Rechtsgrundsatzes angesehen worden, der zur Verfassungstradition der Mitgliedstaaten und damit auch zu den Grundrechten der Gemeinschaft gehört (EuGH, Rs. 222/84 (Johnston), Slg 1986, 1651). Zu den einzelnen Anforderungen an die Durchsetzung vgl Art. 19 AEUV Rn 59 ff, 77 ff. 2

In Verbindung mit Art. 8 RL 79/7/EWG ist eine effektive individuelle Rechtsdurchsetzung bei staatlichen Maßnahmen aber nur möglich, wenn die betroffenen Bürger auch über **hinreichende Informationen** verfügen. Insoweit kann aus der Verpflichtung, die individuelle Rechtsdurchsetzung zu garantieren, auch eine Verpflichtung der staatlichen Instanzen gefolgert werden, hinreichende Informationen über die geschlechtsspezifische Auswirkung staatlicher Sozialgesetze zu publizieren, da ansonsten viele Diskriminierungen gerade im Sozialrecht nicht erkannt und geltend gemacht werden können. Insbesondere gilt das für die Diskriminierung auf der Basis ungleicher Lebenslagen und Arbeitsmarktchancen (s.o. Art. 4 Rn 21 ff) und der Diskriminierung im Verwaltungsvollzug (s.o. Art. 4 Rn 41 ff). 3

Kommt die Verwaltung dieser Pflicht nicht nach, so muss sich die allgemeine Argumentations- und Beweislast (zu ihr s.o. Art. 19 AEUV Rn 59 ff) zugunsten der Betroffenen dahin erleichtern, dass mögliche Diskriminierungen nur noch anhand der Eigenart der Normierung und/oder einiger Fakten plausibel darzulegen sind. 4

Artikel 7

(1) Diese Richtlinie steht nicht der Befugnis der Mitgliedstaaten entgegen, folgendes von ihrem Anwendungsbereich auszuschließen:

a) die Festsetzung des Rentenalters für die Gewährung der Altersrente oder Ruhestandsrente und etwaige Auswirkungen daraus auf andere Leistungen;
b) die Vergünstigungen, die Personen, welche Kinder aufgezogen haben, auf dem Gebiet der Altersversicherung gewährt werden; den Erwerb von Ansprüchen auf Leistungen im Anschluss an Zeiträume der Beschäftigungsunterbrechung wegen Kindererziehung;
c) die Gewährung von Ansprüchen auf Leistungen wegen Alter oder Invalidität aufgrund abgeleiteter Ansprüche der Ehefrau;
d) die Gewährung von Zuschlägen zu langfristigen Leistungen wegen Invalidität, Alter, Arbeitsunfall oder Berufskrankheit für die unterhaltsberechtigte Ehefrau;

Bieback

e) die Folgen der zeitlich vor der Verabschiedung dieser Richtlinie liegenden Ausübung eines Rechts, keine Ansprüche zu erwerben oder keine Verpflichtungen im Rahmen eines gesetzlichen Systems einzugehen.

(2) Die Mitgliedstaaten überprüfen in regelmäßigen Abständen die aufgrund des Absatzes 1 ausgeschlossenen Bereiche, um festzustellen, ob es unter Berücksichtigung der sozialen Entwicklung in dem Bereich gerechtfertigt ist, die betreffenden Ausnahmen aufrechtzuerhalten.

I. Normzweck... 1	e) Festsetzung des Rentenalters und damit verbundene Beitragsdauer... 11
II. Einzelerläuterungen............................ 5	f) Erlaubte Diskriminierung in den „Auswirkungen" der ungleichen Rentenzugangsalter „auf andere Leistungen".. 13
1. Abs. 1 lit. a): Ausnahme vom gleichen Rentenzugangsalter....................... 5	
a) Relevanz der Ausnahme............ 5	
b) Keine Anwendung auf betriebliche Systeme der sozialen Sicherheit..... 7	g) Keine Rechtfertigung für Regelungen im Arbeitsrecht.................. 15
c) Strikte Prüfung auf Verhältnismäßigkeit................................ 8	2. Die anderen Ausnahmetatbestände, insbesondere Familienleistungen in lit. b) bis d)... 16
d) Rentenleistungen und Festsetzung des Rentenalters...................... 10	

I. Normzweck

1 Allen Ausnahmen gemeinsam ist, dass sie „begünstigende" Leistungen für Frauen erhalten wollen (EuGH, Rs. C-377/96 (De Vriendt u.a.), Slg 1998, I-2105, Rn 26; EuGH v. 27.4.2006, Rs. C-423/04 (Richards), Slg 2006, I-3585, Rn 35). Allerdings handelt es sich im Fall lit. b) bis e) um Begünstigungen, die die traditionelle gesellschaftliche und familiäre Arbeitsteilung zur Voraussetzung haben und sie dadurch auch bekräftigen. Sie lassen den Frauen kaum Wahl- und Entfaltungsmöglichkeiten und die Chance, eine eigenständige soziale Sicherung aufzubauen. Insoweit handelt es sich um problematisches kompensierendes, nicht aber um förderndes Recht. In dem Entwurf für eine RL zur ergänzenden Verwirklichung des Grundsatzes der Gleichbehandlung von Männern und Frauen bei den gesetzlichen und betrieblichen Systemen der sozialen Sicherheit von 1987 (ABl. C 309 v. 19.11.1987) war vorgesehen, die Ausnahmeklauseln des Art. 7 Abs. 1 RL 79/7/EWG fast vollständig aufzuheben. Dieser Entwurf ist nicht vom Rat beschlossen worden.

2 Da Art. 7 RL 79/7/EWG eine Ausnahme von dem allgemeinen Prinzip der Gleichbehandlung in Art. 4 RL 79/7/EWG ist, ist er **eng auszulegen** (EuGH, Rs. C-328/91 (Thomas), Slg 1993, I-1247, Rn 8; EuGH, Rs. C-420/92 (Bramhill), Slg 1994, I-3191; EuGH, Rs. C-134/94 (Richardson), Slg 1995, I-3407; EuGH, Rs. C-377/96 (De Vriendt u.a.), Slg 1998, I-2105, Rn 25; EuGH, Rs. C-104/98 (Buchner), Slg 2000, I-3625, Rn 21; EuGH, Rs. C-303/02 (Haackert), Slg 2004, I-2195, Rn 26; EuGH, 27.4.2006, C-423/04 (Richards), Slg 2006, I-3585, Rn 36; EuGH v. 18.11. 2010, C-356/09 (Kleist), NJW 2011, 39, Rn 39/40). Die RL 79/7/EWG selbst zielt auch auf eine allmähliche Abschaffung dieser Ausnahme, da Art. 8 Abs. 2 RL 79/7/EWG die Mitgliedstaaten verpflichtet, ihre Berechtigung ständig zu überprüfen und hierüber der Kommission zu berichten (s. Begründung der Kommission BT-Drucks. 8/56, S. 4, Nr. 10; EuGH, Rs. C-377/96 (De Vriendt u.a.), Slg 1998, I-2105, Rn 26). Ansonsten sind die Ausnahmen aber zeitlich unbegrenzt.

3 Als Ausnahme von dem allgemeinen Prinzip der Gleichbehandlung in Art. 19 und Art. 157 AEUV (= Art. 13 und Art. 141 EG) muss die konkrete **Ausnahme auch verhältnismäßig sein**, dh erforderlich und geeignet, um das Ziel (Begünstigung von Frauen etc.) zu erreichen (EuGH, C-9/91 (Equal Opportunities Commission), Slg 1992, I-4297, Rn 13; EuGH, 27.4.2006, C-423/04 (Richards), Slg 2006, I-3585, Rn 34).

4 Die Ausnahmen gelten **nur für das Gemeinschaftsrecht**. Geht das Gleichbehandlungsrecht eines Mitgliedstaates weiter und lässt es keine Ausnahmen zu, so steht insoweit das Gemeinschaftsrecht nicht entgegen. Die selbständige Geltung des nationalen Gleichbehandlungsrechts hat der EuGH

in der Frage der Zulässigkeit einer Rückwirkung nationalen Gleichbehandlungsrechts, das eine stärkere Rückwirkung zuließ als das Gemeinschaftsrecht, betont (EuGH, Rs. C-50/96 (Schröder), Slg 2000, I-743, Rn 42 ff und EuGH, Rs. C-270/97 und C-271/97 (Sievers und Schrage), Slg 2000, I-929, Rn 45 ff).

II. Einzelerläuterungen

1. Abs. 1 lit. a): Ausnahme vom gleichen Rentenzugangsalter

a) Relevanz der Ausnahme

Abs. 1 lit. a) akzeptiert die wohl wichtigste Ausnahme in den Systemen der Mitgliedstaaten: das 5
ungleiche frühere Rentenzugangsalter der Frauen. Es wird vor allem mit der **Doppelbelastung** der Frau und ihrer Diskriminierung im Erwerbsleben gerechtfertigt (Stellungnahme WSA, ABl. C 180 v. 28.7.1977, S. 36 ff, 38 Nr. 2.6.).

Zwar finden sich in sehr vielen Rechtsordnungen der Mitgliedstaaten unterschiedliche Regelun- 6
gen über das Rentenzugangsalter für Männer und Frauen. Jedoch sind diese rechtlich sehr umstritten gewesen und als unverhältnismäßig und nicht gerechtfertigt von mehreren Verfassungsgerichten der Mitgliedstaaten für unwirksam erklärt worden (vgl *Geffert*, VSSR 1993, 217). Das BVerfG hat zwar das unterschiedliche Rentenzugangsalter als verfassungsmäßig angesehen, weil es der besonderen Belastung von Frauen durch Familie und Arbeit Rechnung trage (BVerfGE 74, 163). Dies widerspricht jedoch der vom Verhältnismäßigkeitsprinzip geforderten engeren Bindung zwischen besonderer Belastung und Begünstigung, da die Begünstigung sehr unspezifisch ist und weder besondere Belastungen im Beruf noch in der Familie (Kindererziehung) voraussetzt. Mit dem Ziel, einen allgemeinen Ausgleich für (sonstige) Belastungen durchzuführen, ließen sich alle möglichen diskriminierenden und differenzierenden Maßnahmen legitimieren und verrechnen (kritisch deshalb *Bieback*, SF 1989, 225; *Prechal/Burrows*, S. 180). § 41 SGB VI hat das ungleiche Rentenzugangsalter im deutschen Rentenrecht bis zum Jahre 2004 abgeschafft und dann einheitlich auf 65 bzw 67 Lebensjahre (vorzeitige Renten ab 62/63 mit versicherungsmathematischen Abschlägen) festgesetzt. Auch in den meisten anderen Mitgliedstaaten der EU ist das Rentenalter (meist nach oben) angeglichen worden (*Horn*, Renteneintrittsalter in Europa ist im Vergleich sehr hoch, SuP 2005, 175 f, Europäische Kommission, MISSOC-TABELLEN 1.1.2009, VI, Bedingungen, 3).

b) Keine Anwendung auf betriebliche Systeme der sozialen Sicherheit

Wie der EuGH in der Rs. Barber (Rs. 262/88, Slg 1990, 1889) deutlich macht, legitimiert die 7
Formulierung „und etwaige Auswirkungen ... auf andere Leistungen" **nicht** ähnliche Diskriminierungen **in privaten Systemen**, die an Sozialversicherungssysteme anknüpfen (vgl auch EuGH, Rs. 152/84 (Marshall I), Slg 1986, 723, 746; Rs. 151/84 (Roberts), Slg 1986, 703). Denn die arbeitsrechtlichen Systeme haben eine ganz andere Grundlage und sind stärker an das Gebot der Lohngerechtigkeit gebunden. Sie sind deshalb ohne Einschränkungen direkt an Art. 157 AEUV (= Art. 141 EG) zu messen (s. RL 2006/54/EG, Vorbemerkung Rn 6 und Art. 157 AEUV Rn 2). Die Auswirkungen müssen sich also auf Leistungen der sozialen Sicherheit beziehen.

c) Strikte Prüfung auf Verhältnismäßigkeit

Nach Ansicht des EuGH (Rs. 152/84 (Marshall I), Slg 1986, 723, 746 und Rs. 19/81 (Burton), 8
Slg 1982, 555; EuGH, Rs. C-303/02 (Haackert), Slg 2004, I-2195, Rn 30; EuGH, 27.4.2006, C-423/04 (Richards), Slg 2006, I-3585, Rn 34) ist auch hier bei der Abweichung vom Gebot der Nichtdiskriminierung der **Verhältnismäßigkeitsgrundsatz anzuwenden**, wonach die „Auswirkungen" notwendige, erforderliche, angemessene und zwangsläufige Konsequenzen der ungleichen Rentenaltersregelungen sein müssen, zB direkt und legitimer Weise an den tatsächlichen Bezug von Altersrenten anknüpfen und nicht etwa Leistungen an Frauen mit dem früheren Rentenbe-

zugsalter versagen und die Frauen damit zur Beantragung der früheren und evtl niedrigeren Rente zwingen. Deshalb waren §§ 2 Abs. 1 lit. b), 5 Vorruhestandsgesetz diskriminierend. § 5 Altersteilzeitgesetz gewährt dagegen Leistungen bis zum normalen Rentenalter von 65 Jahren (zu Ansätzen ähnlich restriktiver Interpretationen s. die Kommission in Rs. C-243/90 (Smithson), Slg 1992, I-474 sowie im englischen Recht *Ellis*, S. 201 ff).

9   In strikter Anwendung des Verhältnismäßigkeitsprinzips hat der EuGH deshalb **Ungleichbehandlungen**, die aus der unterschiedlichen Festsetzung des Rentenzugangsalters **in anderen Leistungen** als Alters- und Ruhestandsrenten folgen, nur dann akzeptiert, wenn die Ungleichbehandlung objektiv erforderlich ist, um zu verhindern, dass das finanzielle Gleichgewicht des Systems der sozialen Sicherheit gefährdet wird oder um die Kohärenz zwischen dem System der Ruhestandsrenten und dem System der anderen Leistungen zu gewährleisten (EuGH, Rs. C-328/91 (Thomas u.a.), Slg 1993, I-1247, Rn 12; EuGH, Rs. C-377/96 (De Vriendt u.a.), Slg 1998, I-2105, Rn 25; EuGH, Rs. C-382/98 (Taylor), Slg 1999, I-8955, Rn 28 ff; EuGH, Rs. C-196/98 (Hepple), Slg 2000, I-3701, Rn 25; EuGH, Rs. C-104/98 (Buchner), Slg 2000, I-3625, Rn 27; EuGH, Rs. C-303/02 (Haackert), Slg 2004, I-2195, Rn 30).

d) Rentenleistungen und Festsetzung des Rentenalters

10 Die Ausnahme gilt einmal nur für die Festsetzung des Alters bei Alters- und Ruhestandsrenten und mit dieser Festsetzung verbundenen „etwaigen Auswirkungen auf andere Leistungen" (dazu Rn 8/9 und 13). Eine Altersrente ist eine Leistung, die allein das Risiko des Alters betrifft. Eine Altersrente ist es deshalb nicht, wenn für ältere Beschäftigte im Agrarbereich ab dem Lebensalter 55 (Frauen) bzw 57 (Männer) eine „vorzeitige Alterspension wegen Erwerbsunfähigkeit" geleistet wird. Denn diese Leistung ist nicht von dem Erreichen eines bestimmten Alters abhängig, sondern von dem Eintritt von Krankheit oder anderen Gebrechen im Alter etc., die die Erwerbsfähigkeit mindern (EuGH, Rs. C-104/98 (Buchner), Slg 2000, I-3625, Rn 19 ff) Desgleichen fehlt es an einem vorrangigen Bezug zu Altersrente bei einer „vorzeitigen Alterspension bei Arbeitslosigkeit", die wesentlich von der Voraussetzung gekennzeichnet ist, dass der Anspruchsberechtigte vorher 52 Wochen arbeitslos war (EuGH, Rs. C-303/02 (Haackert), Slg 2004, I-2195, Rn 24 ff). In beiden Fällen liegt aber eine Auswirkung auf „andere Leistungen" iS des lit. a) letzter Teil RL 79/7/EWG vor (Rn 13).

e) Festsetzung des Rentenalters und damit verbundene Beitragsdauer

11 Da mit der Bestimmung des Zugangsalters auch die typisierende Festlegung der für die Altersrente notwendigen Beiträge, insbesondere der Beitragsdauer, verbunden ist, hat der EuGH es zugelassen, dass – bei gleichem Rentenzahlbetrag – für die frühere Altersrente an Frauen weniger Beitragsjahre verlangt werden als für die spätere Altersrente an Männer (EuGH, Rs. C-9/91 (Queen), Slg 1992, I-4297, Rn 13 ff). Zusätzlich hat er dies damit begründet, dass die längere Beitragszahlung für die Altersrente der Männer auch nicht abgeschafft werden könnte, ohne das finanzielle Gleichgewicht der Rentensysteme zu gefährden.

12 Dieser Differenzierung des EuGH kann für die Besonderheiten des entschiedenen Falls zugestimmt werden. Soweit nach Erreichen des (unterschiedlichen) Zeitpunkts für das Altersruhegeld eine einheitliche Rente gezahlt wird, stimmt es mit der Logik dieses Systems überein, dass den Altersrenten unterschiedlich lange Beitragszeiten von Männern und Frauen zu Grunde liegen. Damit erfasst die Ausnahme für ein unterschiedliches Rentenzugangsalter auch den Fall, dass unterschiedlich lange Beitragszeiten verlangt werden. Anders ist es jedoch in strikt auf dem Äquivalenzprinzip beruhenden Systemen, wo die Beitragsdauer nur ein Faktor ist, die Beitragshöhe dagegen eine entscheidende Bedeutung hat. Hier wäre noch spezieller zu rechtfertigen, weshalb den Beitragsjahren von Frauen eine unterschiedliche Bedeutung beizumessen ist als den Beitragsjahren von Männern.

f) Erlaubte Diskriminierung in den „Auswirkungen" der ungleichen Rentenzugangsalter „auf andere Leistungen"

Die zweite Alternative „etwaige Auswirkungen daraus auf andere Leistungen" hat der EuGH entsprechend der strikten Anwendung des Verhältnismäßigkeitsprinzips eng ausgelegt. Im Einzelnen hat er folgende **Fälle** entschieden:

- Hat ein Mitgliedstaat unterschiedliche Regelungen über das Rentenzugangsalter für Männer und Frauen, gewährleistet er bei Erreichen der Altersgrenze aber eine gleich hohe Rente, so hängt es mit dem unterschiedlichen Rentenzugangsalter zusammen, dass er die Beiträge von Frauen und Männern ungleich bewerten muss. Schafft er dann aber die unterschiedlichen Rentenzugangsalter ab, kann er nicht die früheren ungleichen Rentenberechnungsfaktoren beibehalten; sie sind jetzt nicht mehr notwendig mit den ungleichen Rentenaltersgrenzen verbunden (EuGH, Rs. C-154/92 (Van Cant), Slg 1993, I-3811, Rn 13; EuGH, Rs. C-377/96 (De Vriendt u.a.), Slg 1998, I-2105, Rn 25, 28).
- Hat ein Mitgliedstaat das System der Invaliditätsrenten strikt an das System der Altersrenten gekoppelt, so kann er auch Invaliditätsbeihilfen an Frauen früher zahlen als an Männer und umgekehrt die Invaliditätsrente, die ab dem Regelbezugsalter für die Altersrente auf die Höhe der Altersrente begrenzt ist, für Frauen also früher begrenzen (EuGH, Rs. C-92/94 (Graham u.a.), Slg 1995, I-2521).
- Weder ist es vom Zusammenhang mit dem Altersrentensystem gefordert, dass die Befreiung von Rezeptgebühren bei Frauen mit dem 60. und bei Männern mit dem 65. Lebensjahr beginnt, noch gefährdet es die finanzielle Leistungsfähigkeit der Sozialleistungssysteme, wenn die Befreiung für Männer auf das 60. Lebensjahr herabgesenkt wird, weshalb unterschiedliche Zeitpunkte für die Befreiung von Rezeptgebühren zwischen Männern und Frauen entsprechend den unterschiedlichen Rentenzugangsaltern nicht von der Ausnahme des lit. a) gedeckt sind (EuGH, Rs. C-137/94 (Richardson), Slg 1995, I-3407).
- Ist ein System von Vorruhestandsrenten für Arbeitnehmer von Krisenunternehmen in den Zugangsformen auf ein unterschiedliches Zugangsalter im Altersrentensystem abgestimmt, so kann auch zwischen Frauen und Männern unterschieden werden. Zulässig war es also, bei einer Regelaltersrente für Frauen mit dem 60. Lebensjahr eine Vorruhestandsleistung an Frauen schon mit dem 50. Lebensjahr zu gewähren und daneben bis zum 55. Lebensjahr noch die Zahlung von Beiträgen für die Altersrente zuzulassen und bei Männern, für die die Regelaltersrente ab 65 besteht, die entsprechenden Grenzen auf 55 und 60 zu erhöhen (EuGH, Rs. C-139/95 (Balestra), Slg 1997, I-549).
- Da ein Heizkostenzuschuss für ältere Personen zwar an das Alter, nicht aber an das Rentenalter anknüpft, ist es nicht durch die Abstimmung mit dem staatlichen System der Altersrente gerechtfertigt, Frauen und Männer entsprechend dem Rentenzugangsalter unterschiedlich zu behandeln (EuGH, Rs. C-382/98 (Taylor), Slg 1999, I-8555).
- Eine Ausgleichszulage zur Altersrente, die bei Behinderten die in der Regel wegen früherer geringerer Verdienste und Beschäftigungszeiten geringere Altersrente aufstocken soll, ist eng mit dem System der Altersrenten verbunden und kann deshalb – entsprechend dem unterschiedlichen Zugangsalter der Altersrente – auch unterschiedliche Zugangsalter vorsehen (EuGH, Rs. C-196/98 (Hepple), Slg 2000, I-3701).
- Ein eigenständiges System der landwirtschaftlichen vorzeitigen Alterspension wegen Erwerbsunfähigkeit fällt nicht unter die Ausnahme, da es zwar von der Altersrente abgelöst wird, mit ihr aber nicht notwendig verbunden ist, die unterschiedlichen Zugangsalter auch nicht in Verbindung zu den unterschiedlichen Zugangsaltern der Altersrenten festgesetzt wurden und für die unterschiedlichen Zugangsalter nur allgemeine Haushaltserwägungen, nicht aber Notwendigkeiten der finanziellen Stabilität des Systems der sozialen Sicherheit sprachen (EuGH, Rs. C-104/98 (Buchner), Slg 2000, I-3625).

- Ein System der „vorzeitigen Alterspension bei Arbeitslosigkeit" gilt mangels direkter Funktion der Alterssicherung und wesentlicher Prägung durch die Voraussetzung, dass vorher eine Geldleistung aus der Arbeitslosenversicherung für 25 Wochen bezogen worden sein muss, zwar nicht als ein Fall der „Festsetzung des Rentenalters für die Gewährung der Altersrente". Aber es handelt sich um die „Auswirkung" der Altersrente auf eine andere Leistung, da diese vorzeitige Rente eng mit dem allgemeinen System der Altersrente verbunden ist: Sie wird von der Alterspension abgelöst und der Zeitraum des vorzeitigen Bezugs ist relativ zum Zugangsalter für die Altersrente bei Männern und Frauen um den gleichen Zeitraum von dreieinhalb Jahren vorgezogen (EuGH, Rs. C-303/02 (Haackert), Slg 2004, I-2195, Rn 24 ff, 30 ff).

14 Der EuGH sieht in der Regelung des Abs. 1 lit. a) RL 79/7/EWG, dass auch „etwaige Auswirkungen" des ungleichen Rentenzugangsalters auf „andere Leistungen" zulässig sein sollen, eine **Ausnahmevorschrift**, die eng auszulegen ist. Sie rechtfertigt sich daraus, dass ohne diese Erweiterung die Ausnahme in Abs. 1 lit. a) RL 79/7/EWG ihre praktische Wirksamkeit verlieren würde, wenn zwar die Mitgliedstaaten ein unterschiedliches Rentenalter festsetzen können, die damit aber notwendig zusammenhängenden Maßnahmen nicht erlassen oder ändern dürfen (EuGH, Rs. C-303/02 (Haackert), Slg 2004, I-2195, Rn 29). Als Ausnahme lässt der EuGH diese Erweiterung aber nur zu, wenn die Auswirkung auf andere Leistungen „objektiv erforderlich ist", um zu verhindern, „dass das finanzielle Gleichgewicht des Systems der sozialen Sicherheit gefährdet wird, oder um die Kohärenz zwischen dem System der Altersrenten und dem der anderen Leistungen zu gewährleisten" (EuGH, Rs. C-104/98 (Buchner), Slg 2000, I-3625, Rn 23 ff; EuGH, Rs. C-302/02 (Haackert), Slg 2004, I-2195, Rn 30). Das finanzielle Gleichgewicht des Systems der sozialen Sicherheit sah der EuGH nicht gefährdet, wenn die in Frage stehende Leistung nur 1,2 Prozent der gesamten Alterssicherungsleistungen ausmachte (EuGH, Rs. C-303/02 (Haackert), Slg 2004, I-2195, Rn 31). Für die Kohärenz zwischen der „anderen Leistung" und dem System der Altersrenten verlangt der EuGH einen engen Zusammenhang zwischen der anderen Leistung und dem Altersruhegeld. Ein Indiz ist, dass die „andere Leistung" von dem Altersruhegeld abgelöst wird (EuGH, Rs. C-104/98 (Buchner), Slg 2000, I-3625; EuGH, Rs. C-303/02 (Haackert), Slg 2004, I-2195, Rn 34, 36). Das reicht jedoch nicht. Weiterhin notwendig ist auch, dass das unterschiedliche Zugangsalter bei dieser „anderen Leistung" im gleichen Verhältnis und Abstand steht, wie das ungleiche Zugangsalter bei den Altersrenten (EuGH, Rs. C-139/95 (Balestra), Slg 1997, I-549, Rn 40; EuGH, Rs. C-104/98 (Buchner), Slg 2000, I-3625; EuGH, Rs. C-303/02 (Haackert), Slg 2004, I-2195, Rn 34 ff).

g) Keine Rechtfertigung für Regelungen im Arbeitsrecht

15 In der Rs. Kleist von 2010 hat der EuGH die Ausnahme für das ungleiche Renteneintrittsalter strikt auf das Sozialrecht und den Geltungsbereich der RL 79/7/EWG, also auf die Regelungen der sozialen Sicherheit im engeren Sinne, beschränkt; das ungleiche Rentenzutrittsalter von Frauen rechtfertige es nicht, auch im Arbeitsrecht eine erleichterte Kündigung vorzusehen, die als Kündigungsgrund darauf verweist, dass eine Person die Regelaltersrente beziehen kann (EuGH v. 18.11. 2010, C-356/09 (Kleist), NJW 2011, 39, Rn 31 ff, 39/40; ebenso BAG 15.2.2011, 9 AZR 750/09, AP Nr. 3 zu § 7 AGG, ungleiche Dauer Vorruhestandsgeld wegen früherer Altersrente für Frauen). Zu beachten ist allerdings, dass der EuGH in der Kündigung wegen Erreichens der allgemein gültigen Rentenaltersgrenze von 65 Jahren grundsätzlich keine Diskriminierung wegen des Alters sieht (zuletzt EuGH v. 12.10.2010, Rs. C-45/09 (Rosenbladt), ZESAR 2011, 227 und EuGH v. 18.11. 2010, Rs. C-356/09 (Kleist), NJW 2011, 39). Im Wesentlichen wird dies mit dem sozialpolitischen Ziel gerechtfertigt, Jüngeren einen Zugang zur Beschäftigung zu ermöglichen, wobei dieses Ziel und seine Erreichung nicht spezifisch geprüft werden. Liegt es nicht vor, wie bei Zahnärzten, die privat weiter praktizieren können, ist der Grund nicht stichhaltig (EuGH, Rs. C-341/08 (Petersen), Slg 2010, I-47).

2. Die anderen Ausnahmetatbestände, insbesondere Familienleistungen in lit. b) bis d)

Die RL 79/7/EWG nimmt in Art. 3 Abs. 2 ausdrücklich alle „**Familienleistungen**" aus. Damit sind nicht die in Art. 7 Abs. 1 lit. b)-d) erwähnten familienbezogenen Leistungen der allgemeinen Systeme, sondern die eigenständigen Familienleistungen gemeint, die speziell die besonderen Risiken und Lasten von Familien ausgleichen sollen (zum Beispiel Kindergeld). 16

Abs. 1 lit. b) RL 79/7/EWG betrifft deshalb an die **Kindererziehung gebundene Zuschläge** und Vergünstigungen, wie sie zum sozialen Ausgleichssystem vieler Mitgliedstaaten gehören (*BVDR*, Rentenversicherung im internationalen Vergleich, 1999, S. 354 ff; MISSOC-TABELLEN 1.1.2009, Tabelle VI, Alter, Leistungen, Nr. 4). Diese Zuschläge und Beitragsgutschriften gleichen nur die ungleiche Situation aus, dass überwiegend Frauen Kinder erziehen und in dieser Zeit gar nicht oder nur reduziert arbeiten und Beiträge zahlen (vgl auch EuGH, Rs. C-537/07 (Sánchez-Camacho), EuroAS 2009, 109, Rn 52 ff). 17

Die RL 79/7/EWG löst den Konflikt der abgeleiteten Leistungen mit dem Verbot mittelbarer Diskriminierungen, indem sie in Art. 3 Abs. 2 RL 79/7/EWG und Art. 7 Abs. 1 lit. c) RL 79/7/EWG die **Leistungen an Hinterbliebene** ausnimmt. Auch der Vorschlag für eine Richtlinie zur ergänzenden Verwirklichung des Grundsatzes der Gleichbehandlung von Männern und Frauen bei den gesetzlichen und betrieblichen Systemen der sozialen Sicherheit lässt Hinterbliebenenansprüche und Leistungen an unterhaltsberechtigte Erwachsene in Art. 4 RL 79/7/EWG und Art. 8 RL 79/7/EWG prinzipiell unangetastet. Allerdings zeigt der Vorschlag auch hier den weniger diskriminierenden Weg auf, die Hinterbliebenenleistungen durch die Begründung eigener Anwartschaften zu ersetzen (KOM (87) 494 endg; BR-Drucks. 507/87). Der Vorschlag wurde nicht realisiert. 18

Bei Abs. 1 lit. c) RL 79/7/EWG kommen in Abgrenzung zu Art. 3 Abs. 2 RL 79/7/EWG und Art. 4 Abs. 1 RL 79/7/EWG nur **abgeleitete Ansprüche** in Betracht, die keine Hinterbliebenenleistungen sind und der Ehefrau selbständig zustehen. Im bundesdeutschen Recht zählt hierzu zB die Familienversicherung des Ehegatten in der Krankenversicherung (§ 10 SGB V). Art. 7 Abs. 1 lit. c) RL 79/7/EWG erlaubt es den Mitgliedstaaten, Hinterbliebenenleistungen dann auszuschließen, wenn die Hinterbliebene eine eigene Rente erhält (EuGH, Rs. C-165/91 (Van Munster), Slg 1994, I-4661). 19

Vom Geltungsbereich der RL erfasst sind **Zuschläge an Familienmitglieder** zu den Leistungen der sozialen Sicherung bei Krankheit, Invalidität, Alter, Arbeitsunfall, Berufskrankheit und Arbeitslosigkeit. Davon macht Art. 7 Abs. 1 lit. d) RL 79/7/EWG für Zuschläge für die unterhaltsberechtigte Ehefrau zu langfristigen Leistungen bei Invalidität, Alter und Arbeitsunfall/Berufskrankheit wiederum eine Ausnahme. Nur diese Zuschläge fallen nicht unter das Verbot der (mittelbaren) Diskriminierung. Deshalb hatte der EuGH Zuschläge zur Altersrente, die nicht nur Ehefrauen, sondern jedem Ehepartner gewährt wurden, auch nicht unter die Ausnahme gestellt, sondern anhand des Art. 4 RL 79/7/EWG überprüft (EuGH, Rs. C-226/91 (Molenbroek), Slg 1992, I-5943). 20

Die folgenden Zuschläge fallen ebenfalls nicht unter die Ausnahme in Art. 7 Abs. 1 lit. d) RL 79/7/EWG, sondern unterliegen voll dem Gleichbehandlungsgebot des Art. 4 RL 79/7/EWG: 21

- Zuschläge zu kurzfristigen, nur für eine Übergangszeit gedachten Leistungen, vor allem bei Krankheit und Arbeitslosigkeit,
- Zuschläge für beide Ehepartner zu langfristigen Leistungen bei Alter und Invalidität,
- alle Zuschläge für unterhaltsberechtigte Kinder.

Abs. 1 lit. d) RL 79/7/EWG lässt in der Abgrenzung zu Art. 4 Abs. 1 RL 79/7/EWG eine seltsame Lücke entstehen: **Zuschläge für unterhaltsberechtigte Witwer** bei langfristigen Leistungen fallen im Unterschied zu denselben Zuschlägen für Witwen unter das Gleichbehandlungsgebot der RL 79/7/EWG. 22

23 Der EuGH hat die Ausnahme in Art. 7 Abs. 1 lit. d) RL 79/7/EWG dahin interpretiert, dass sie grundsätzlich die Einführung von **Zuschlägen für beide unterhaltsberechtigten Ehegatten** sowie deren ungleiche Ausgestaltung für Frauen und Männer rechtfertigt, wenn diese Zuschläge weniger diskriminierend sind als die vorher bestehenden und von der Richtlinie gestatteten Zuschläge, die nur an unterhaltsberechtigte Ehefrauen gingen. Gerechtfertigt sei dies dadurch, dass die Richtlinie eine „schrittweise" Umsetzung und einen Abbau von Diskriminierungen fordere (EuGH, Rs. C-420/92 (Bramhill), Slg 1994, I-3191, 3211, Rn 20, 21). Inhaltlich und methodisch ist es abzulehnen, dass der Gerichtshof der sehr engen, speziellen und präzisen Ausnahmevorschrift über ihren Wortlaut hinaus eine sehr weite Bedeutung gibt. Die Rechtsprechung stimmt auch nicht mit dem Grundsatz des EuGH überein, die Ausnahmevorschrift des Art. 7 RL 79/7/EWG eng auszulegen.

24 Abs. 1lit. e) RL 79/7/EWG betrifft die Besonderheit des englischen Sozialrechts, wonach Frauen aus der Sozialversicherungspflicht optieren konnten. Sie ist 1977 abgeschafft worden (*Prechal/ Burrows*, S. 181).

Artikel 8

(1) Die Mitgliedstaaten setzen die erforderlichen Rechts- und Verwaltungsvorschriften in Kraft, um dieser Richtlinie binnen sechs Jahren nach ihrer Bekanntgabe nachzukommen. Sie unterrichten hiervon unverzüglich die Kommission.

(2) Die Mitgliedstaaten teilen der Kommission den Wortlaut der Rechts- und Verwaltungsvorschriften mit, die sie im Anwendungsbereich dieser Richtlinie erlassen, einschließlich der von ihnen in Anwendung von Artikel 7 Absatz 2 getroffenen Maßnahmen.

Sie unterrichten die Kommission über die Gründe, die eine etwaige Beibehaltung der geltenden Bestimmungen in den unter Artikel 7 Absatz 1 genannten Bereichen rechtfertigen, sowie über die Möglichkeiten einer diesbezüglichen späteren Revision.

Artikel 9

Binnen sieben Jahren nach Bekanntgabe dieser Richtlinie übermitteln die Mitgliedstaaten der Kommission alle zweckdienlichen Angaben, damit diese für den Rat einen Bericht über die Anwendung dieser Richtlinie erstellen und Vorschläge für weitere Maßnahmen vorlegen kann, die für die Verwirklichung des Grundsatzes der Gleichbehandlung erforderlich sind.

Artikel 10

Diese Richtlinie ist an die Mitgliedstaaten gerichtet.

Der EuGH hat für die Gleichbehandlungsrichtlinien in mehreren Entscheidungen die Anforderungen an die nationale Umsetzung präzise festgehalten (EuGH, Rs. C-197/96 (Kommission/ Frankreich), Slg 1997, I-1489, Rn 14, 15; EuGH, Rs. C-207/96 (Kommission/Italien), Slg 1997, I-6869, Rn 26): Entgegenstehende nationale Bestimmungen müssen durch Bestimmungen desselben Rangs (Gesetz, Verordnung, Verwaltungsvorschrift etc.) aufgehoben werden. Es reicht also nicht, wenn ein Gesetz, das die Nachtarbeit von Frauen verbietet, erst über Ausnahmeklauseln in der Verwaltungspraxis nicht mehr angewandt wird. Die Umsetzung durch Tarifvertrag entbindet die Mitgliedstaaten nicht davon, für eine effektive und fristgerechte Umsetzung zu sorgen (EuGH, Rs. C-187/98 (Kommission/Griechenland), Slg 1999, I-7731).

Teil 7:
Richtlinie 2006/54/EG des Europäischen Parlaments und des Rates vom 5. Juli 2006 zur Verwirklichung des Grundsatzes der Chancengleichheit und Gleichbehandlung von Männern und Frauen in Arbeits- und Beschäftigungsfragen (Neufassung)

(ABl. L 204 vom 26.7.2006, S. 23)

DAS EUROPÄISCHE PARLAMENT UND DER RAT DER EUROPÄISCHEN UNION —

gestützt auf den Vertrag zur Gründung der Europäischen Gemeinschaft, insbesondere auf Artikel 141 Absatz 3,

auf Vorschlag der Kommission,

nach Stellungnahme des Europäischen Wirtschafts- und Sozialausschusses,

gemäß dem Verfahren des Artikels 251 des Vertrags,

in Erwägung nachstehender Gründe:

(1) Die Richtlinie 76/207/EWG des Rates vom 9. Februar 1976 zur Verwirklichung des Grundsatzes der Gleichbehandlung von Männern und Frauen hinsichtlich des Zugangs zur Beschäftigung, zur Berufsbildung und zum beruflichen Aufstieg sowie in Bezug auf die Arbeitsbedingungen und die Richtlinie 86/378/EWG des Rates vom 24. Juli 1986 zur Verwirklichung des Grundsatzes der Gleichbehandlung von Männern und Frauen bei den betrieblichen Systemen der sozialen Sicherheit wurden erheblich geändert. Die Richtlinie 75/117/EWG des Rates vom 10. Februar 1975 zur Angleichung der Rechtsvorschriften der Mitgliedstaaten über die Anwendung des Grundsatzes des gleichen Entgelts für Männer und Frauen und die Richtlinie 97/80/EG des Rates vom 15. Dezember 1997 über die Beweislast bei Diskriminierung aufgrund des Geschlechts enthalten ebenfalls Bestimmungen, deren Ziel die Verwirklichung des Grundsatzes der Gleichbehandlung von Männern und Frauen ist. Anlässlich neuerlicher Änderungen der genannten Richtlinien empfiehlt sich aus Gründen der Klarheit eine Neufassung sowie die Zusammenfassung der wichtigsten Bestimmungen auf diesem Gebiet mit verschiedenen Entwicklungen aufgrund der Rechtsprechung des Gerichtshofs der Europäischen Gemeinschaften (im Folgenden „Gerichtshof") in einem einzigen Text.

(2) Die Gleichstellung von Männern und Frauen stellt nach Artikel 2 und Artikel 3 Absatz 2 des Vertrags sowie nach der Rechtsprechung des Gerichtshofs ein grundlegendes Prinzip dar. In diesen Vertragsbestimmungen wird die Gleichstellung von Männern und Frauen als Aufgabe und Ziel der Gemeinschaft bezeichnet, und es wird eine positive Verpflichtung begründet, sie bei allen Tätigkeiten der Gemeinschaft zu fördern.

(3) Der Gerichtshof hat festgestellt, dass die Tragweite des Grundsatzes der Gleichbehandlung von Männern und Frauen nicht auf das Verbot der Diskriminierung aufgrund des natürlichen Geschlechts einer Person beschränkt werden kann. Angesichts seiner Zielsetzung und der Art der Rechte, die damit geschützt werden sollen, gilt er auch für Diskriminierungen aufgrund einer Geschlechtsumwandlung.

(4) Artikel 141 Absatz 3 des Vertrags bietet nunmehr eine spezifische Rechtsgrundlage für den Erlass von Gemeinschaftsmaßnahmen zur Sicherstellung des Grundsatzes der Chancengleichheit und der Gleichbehandlung in Arbeits- und Beschäftigungsfragen, einschließlich des gleichen Entgelts für gleiche oder gleichwertige Arbeit.

(5) Die Artikel 21 und 23 der Charta der Grundrechte der Europäischen Union verbieten ebenfalls jegliche Diskriminierung aufgrund des Geschlechts und verankern das Recht auf Gleichbehand-

lung von Männern und Frauen in allen Bereichen, einschließlich Beschäftigung, Arbeit und Entgelt.

(6) Die Belästigung einer Person und die sexuelle Belästigung stellen einen Verstoß gegen den Grundsatz der Gleichbehandlung von Männern und Frauen dar und sind somit als Diskriminierung aufgrund des Geschlechts im Sinne dieser Richtlinie anzusehen. Diese Formen der Diskriminierung kommen nicht nur am Arbeitsplatz vor, sondern auch im Zusammenhang mit dem Zugang zur Beschäftigung, zur Berufsbildung und zum beruflichen Aufstieg. Diese Formen der Diskriminierung sollten daher verboten werden, und es sollten wirksame, verhältnismäßige und abschreckende Sanktionen vorgesehen werden.

(7) In diesem Zusammenhang sollten die Arbeitgeber und die für Berufsbildung zuständigen Personen ersucht werden, Maßnahmen zu ergreifen, um im Einklang mit den innerstaatlichen Rechtsvorschriften und Gepflogenheiten gegen alle Formen der Diskriminierung aufgrund des Geschlechts vorzugehen und insbesondere präventive Maßnahmen zur Bekämpfung der Belästigung und der sexuellen Belästigung am Arbeitsplatz ebenso wie beim Zugang zur Beschäftigung, zur Berufsbildung und zum beruflichen Aufstieg zu treffen.

(8) Der Grundsatz des gleichen Entgelts für gleiche oder gleichwertige Arbeit, gemäß Artikel 141 des Vertrags, der vom Gerichtshof in ständiger Rechtsprechung bestätigt wurde, ist ein wichtiger Aspekt des Grundsatzes der Gleichbehandlung von Männern und Frauen und ein wesentlicher und unverzichtbarer Bestandteil sowohl des gemeinschaftlichen Besitzstands als auch der Rechtsprechung des Gerichtshofs im Bereich der Diskriminierung aufgrund des Geschlechts. Daher sollten weitere Bestimmungen zu seiner Verwirklichung festgelegt werden.

(9) Um festzustellen, ob Arbeitnehmer eine gleiche oder gleichwertige Arbeit verrichten, sollte gemäß der ständigen Rechtsprechung des Gerichtshofs geprüft werden, ob sich diese Arbeitnehmer in Bezug auf verschiedene Faktoren, zu denen unter anderem die Art der Arbeit und der Ausbildung und die Arbeitsbedingungen gehören, in einer vergleichbaren Lage befinden.

(10) Der Gerichtshof hat festgestellt, dass der Grundsatz des gleichen Entgelts unter bestimmten Umständen nicht nur für Situationen gilt, in denen Männer und Frauen für denselben Arbeitgeber arbeiten.

(11) Die Mitgliedstaaten sollten weiterhin gemeinsam mit den Sozialpartnern dem Problem des anhaltenden geschlechtsspezifischen Lohngefälles und der nach wie vor ausgeprägten Geschlechtertrennung auf dem Arbeitsmarkt beispielsweise durch flexible Arbeitszeitregelungen entgegenwirken, die es sowohl Männern als auch Frauen ermöglichen, Familie und Beruf besser miteinander in Einklang zu bringen. Dies könnte auch angemessene Regelungen für den Elternurlaub, die von beiden Elternteilen in Anspruch genommen werden könnten, sowie die Bereitstellung zugänglicher und erschwinglicher Einrichtungen für die Kinderbetreuung und die Betreuung pflegebedürftiger Personen einschließen.

(12) Es sollten spezifische Maßnahmen erlassen werden, um die Verwirklichung des Grundsatzes der Gleichbehandlung in den betrieblichen Systemen der sozialen Sicherheit zu gewährleisten und seinen Geltungsbereich klarer zu definieren.

(13) Mit seinem Urteil vom 17. Mai 1990 in der Rechtssache C-262/88 befand der Gerichtshof, dass alle Formen von Betriebsrenten Bestandteil des Entgelts im Sinne von Artikel 141 des Vertrags sind.

(14) Auch wenn sich der Begriff des Entgelts im Sinne des Artikels 141 des Vertrags nicht auf Sozialversicherungsleistungen erstreckt, steht nunmehr fest, dass ein Rentensystem für Beschäftigte im öffentlichen Dienst unter den Grundsatz des gleichen Entgelts fällt, wenn die aus einem solchen System zu zahlenden Leistungen dem Arbeitnehmer aufgrund seines Beschäftigungsverhältnisses mit dem öffentlichen Arbeitgeber gezahlt werden, ungeachtet der Tatsache, dass ein solches System Teil eines allgemeinen, durch Gesetz geregelten Systems ist. Nach den Urteilen des

Gerichtshofs vom 28. August 1984 in der Rechtssache C-7/93 und vom 12. August in der Rechtssache C-351/00 ist diese Bedingung erfüllt, wenn das Rentensystem eine bestimmte Gruppe von Arbeitnehmern betrifft und die Leistungen unmittelbar von der abgeleisteten Dienstzeit abhängig sind und ihre Höhe aufgrund der letzten Bezüge des Beamten berechnet wird. Um der Klarheit willen ist es daher angebracht, entsprechende spezifische Bestimmungen zu erlassen.

(15) Der Gerichtshof hat bestätigt, dass, auch wenn die Beiträge männlicher und weiblicher Arbeitnehmer zu einem Rentensystem mit Leistungszusage unter Artikel 141 des Vertrags fallen, Ungleichheiten bei den im Rahmen von durch Kapitalansammlung finanzierten Systemen mit Leistungszusage gezahlten Arbeitgeberbeiträgen, die sich aus der Verwendung je nach Geschlecht unterschiedlicher versicherungsmathematischer Faktoren ergeben, nicht im Lichte dieser Bestimmung beurteilt werden können.

(16) Beispielsweise ist bei durch Kapitalansammlung finanzierten Systemen mit Leistungszusage hinsichtlich einiger Punkte, wie der Umwandlung eines Teils der regelmäßigen Rentenzahlungen in Kapital, der Übertragung der Rentenansprüche, der Hinterbliebenenrente, die an einen Anspruchsberechtigten auszuzahlen ist, der im Gegenzug auf einen Teil der jährlichen Rentenbezüge verzichtet oder einer gekürzten Rente, wenn der Arbeitnehmer sich für den vorgezogenen Ruhestand entscheidet, eine Ungleichbehandlung gestattet, wenn die Ungleichheit der Beträge darauf zurückzuführen ist, dass bei der Durchführung der Finanzierung des Systems je nach Geschlecht unterschiedliche versicherungstechnische Berechnungsfaktoren angewendet worden sind.

(17) Es steht fest, dass Leistungen, die aufgrund eines betrieblichen Systems der sozialen Sicherheit zu zahlen sind, nicht als Entgelt gelten, insofern sie auf Beschäftigungszeiten vor dem 17. Mai 1990 zurückgeführt werden können, außer im Fall von Arbeitnehmern oder ihren anspruchsberechtigten Angehörigen, die vor diesem Zeitpunkt eine Klage bei Gericht oder ein gleichwertiges Verfahren nach geltendem einzelstaatlichen Recht angestrengt haben. Es ist daher notwendig, die Anwendung des Grundsatzes der Gleichbehandlung entsprechend einzuschränken.

(18) Nach der ständigen Rechtsprechung des Gerichtshofs hat das Barber-Protokoll keine Auswirkung auf den Anspruch auf Anschluss an ein Betriebsrentensystem, und die zeitliche Beschränkung der Wirkungen des Urteils in der Rechtssache C-262/88 gilt nicht für den Anspruch auf Anschluss an ein Betriebsrentensystem. Der Gerichtshof hat auch für Recht erkannt, dass Arbeitnehmern, die ihren Anspruch auf Anschluss an ein Betriebsrentensystem geltend machen, die einzelstaatlichen Vorschriften über die Fristen für die Rechtsverfolgung entgegengehalten werden können, sofern sie für derartige Klagen nicht ungünstiger sind als für gleichartige Klagen, die das innerstaatliche Recht betreffen, und sofern sie die Ausübung der durch das Gemeinschaftsrecht gewährten Rechte nicht praktisch unmöglich machen. Der Gerichtshof hat zudem dargelegt, dass ein Arbeitnehmer, der Anspruch auf den rückwirkenden Anschluss an ein Betriebsrentensystem hat, sich der Zahlung der Beiträge für den betreffenden Anschlusszeitraum nicht entziehen kann.

(19) Die Sicherstellung des gleichen Zugangs zur Beschäftigung und zur entsprechenden Berufsbildung ist grundlegend für die Anwendung des Grundsatzes der Gleichbehandlung von Männern und Frauen in Arbeits- und Beschäftigungsfragen. Jede Einschränkung dieses Grundsatzes sollte daher auf diejenigen beruflichen Tätigkeiten beschränkt bleiben, die aufgrund ihrer Art oder der Bedingungen ihrer Ausübung die Beschäftigung einer Person eines bestimmten Geschlechts erfordern, sofern damit ein legitimes Ziel verfolgt und dem Grundsatz der Verhältnismäßigkeit entsprochen wird.

(20) Diese Richtlinie berührt nicht die Vereinigungsfreiheit, einschließlich des Rechts jeder Person, zum Schutz ihrer Interessen Gewerkschaften zu gründen und Gewerkschaften beizutreten. Maßnahmen im Sinne von Artikel 141 Absatz 4 des Vertrags können die Mitgliedschaft in oder die Fortsetzung der Tätigkeit von Organisationen oder Gewerkschaften einschließen, deren Haupt-

ziel es ist, dem Grundsatz der Gleichbehandlung von Männern und Frauen in der Praxis Geltung zu verschaffen.

(21) Das Diskriminierungsverbot sollte nicht der Beibehaltung oder dem Erlass von Maßnahmen entgegenstehen, mit denen bezweckt wird, Benachteiligungen von Personen eines Geschlechts zu verhindern oder auszugleichen. Diese Maßnahmen lassen die Einrichtung und Beibehaltung von Organisationen von Personen desselben Geschlechts zu, wenn deren Hauptzweck darin besteht, die besonderen Bedürfnisse dieser Personen zu berücksichtigen und die Gleichstellung von Männern und Frauen zu fördern.

(22) In Übereinstimmung mit Artikel 141 Absatz 4 des Vertrags hindert der Grundsatz der Gleichbehandlung die Mitgliedstaaten im Hinblick auf die effektive Gewährleistung der vollen Gleichstellung von Männern und Frauen im Arbeitsleben nicht daran, zur Erleichterung der Berufstätigkeit des unterrepräsentierten Geschlechts oder zur Verhinderung bzw. zum Ausgleich von Benachteiligungen in der beruflichen Laufbahn spezifische Vergünstigungen beizubehalten oder zu beschließen. Angesichts der derzeitigen Lage und in Kenntnis der Erklärung Nr. 28 zum Vertrag von Amsterdam sollten die Mitgliedstaaten in erster Linie darauf hinwirken, die Lage der Frauen im Arbeitsleben zu verbessern.

(23) Aus der Rechtsprechung des Gerichtshofs ergibt sich klar, dass die Schlechterstellung einer Frau im Zusammenhang mit Schwangerschaft oder Mutterschaft eine unmittelbare Diskriminierung aufgrund des Geschlechts darstellt. Eine solche Behandlung sollte daher von der vorliegenden Richtlinie ausdrücklich erfasst werden.

(24) Der Gerichtshof hat in ständiger Rechtsprechung anerkannt, dass der Schutz der körperlichen Verfassung der Frau während und nach einer Schwangerschaft sowie Maßnahmen zum Mutterschutz legitime Mittel zur Erreichung einer nennenswerten Gleichstellung sind. Diese Richtlinie sollte somit die Richtlinie 92/85/EWG des Rates vom 19. Oktober 1992 über die Durchführung von Maßnahmen zur Verbesserung der Sicherheit und des Gesundheitsschutzes von schwangeren Arbeitnehmerinnen, Wöchnerinnen und stillenden Arbeitnehmerinnen am Arbeitsplatz unberührt lassen. Sie sollte ferner die Richtlinie 96/34/EG des Rates vom 3. Juni 1996 zu der von UNICE, CEEP und EGB geschlossenen Rahmenvereinbarung über Elternurlaub unberührt lassen.

(25) Aus Gründen der Klarheit ist es außerdem angebracht, ausdrücklich Bestimmungen zum Schutz der Rechte der Frauen im Bereich der Beschäftigung im Falle des Mutterschaftsurlaubs aufzunehmen, insbesondere den Anspruch auf Rückkehr an ihren früheren Arbeitsplatz oder einen gleichwertigen Arbeitsplatz ohne Verschlechterung der Arbeitsbedingungen aufgrund dieses Mutterschaftsurlaubs sowie darauf, dass ihnen auch alle Verbesserungen der Arbeitsbedingungen zugute kommen, auf die sie während ihrer Abwesenheit Anspruch gehabt hätten.

(26) In der Entschließung des Rates und der im Rat vereinigten Minister für Beschäftigung und Sozialpolitik vom 29. Juni 2000 über eine ausgewogene Teilhabe von Frauen und Männern am Berufs- und Familienleben wurden die Mitgliedstaaten ermutigt, die Möglichkeit zu prüfen, in ihren jeweiligen Rechtsordnungen männlichen Arbeitnehmern unter Wahrung ihrer bestehenden arbeitsbezogenen Rechte ein individuelles, nicht übertragbares Recht auf Vaterschaftsurlaub zuzuerkennen.

(27) Ähnliche Bedingungen gelten für die Zuerkennung — durch die Mitgliedstaaten — eines individuellen, nicht übertragbaren Rechts auf Urlaub nach Adoption eines Kindes an Männer und Frauen. Es ist Sache der Mitgliedstaaten zu entscheiden, ob sie ein solches Recht auf Vaterschaftsurlaub und/oder Adoptionsurlaub zuerkennen oder nicht, sowie alle außerhalb des Geltungsbereichs dieser Richtlinie liegenden Bedingungen, mit Ausnahme derjenigen, die die Entlassung und die Rückkehr an den Arbeitsplatz betreffen, festzulegen.

(28) Die wirksame Anwendung des Grundsatzes der Gleichbehandlung erfordert die Schaffung angemessener Verfahren durch die Mitgliedstaaten.

(29) Die Schaffung angemessener rechtlicher und administrativer Verfahren zur Durchsetzung der Verpflichtungen aufgrund der vorliegenden Richtlinie ist wesentlich für die tatsächliche Verwirklichung des Grundsatzes der Gleichbehandlung.

(30) Der Erlass von Bestimmungen zur Beweislast ist wesentlich, um sicherzustellen, dass der Grundsatz der Gleichbehandlung wirksam durchgesetzt werden kann. Wie der Gerichtshof entschieden hat, sollten daher Bestimmungen vorgesehen werden, die sicherstellen, dass die Beweislast — außer im Zusammenhang mit Verfahren, in denen die Ermittlung des Sachverhalts dem Gericht oder der zuständigen nationalen Stelle obliegt — auf die beklagte Partei verlagert wird, wenn der Anschein einer Diskriminierung besteht. Es ist jedoch klarzustellen, dass die Bewertung der Tatsachen, die das Vorliegen einer unmittelbaren oder mittelbaren Diskriminierung vermuten lassen, weiterhin der einschlägigen einzelstaatlichen Stelle im Einklang mit den innerstaatlichen Rechtsvorschriften oder Gepflogenheiten obliegt. Außerdem bleibt es den Mitgliedstaaten überlassen, auf jeder Stufe des Verfahrens eine für die klagende Partei günstigere Beweislastregelung vorzusehen.

(31) Um den durch diese Richtlinie gewährleisteten Schutz weiter zu verbessern, sollte auch die Möglichkeit bestehen, dass sich Verbände, Organisationen und andere juristische Personen unbeschadet der nationalen Verfahrensregeln bezüglich der Vertretung und Verteidigung bei einem entsprechenden Beschluss der Mitgliedstaaten im Namen der beschwerten Person oder zu deren Unterstützung an einem Verfahren beteiligen.

(32) In Anbetracht des grundlegenden Charakters des Anspruchs auf einen effektiven Rechtsschutz ist es angebracht, dass Arbeitnehmer diesen Schutz selbst noch nach Beendigung des Verhältnisses genießen, aus dem sich der behauptete Verstoß gegen den Grundsatz der Gleichbehandlung ergibt. Ein Arbeitnehmer, der eine Person, die nach dieser Richtlinie Schutz genießt, verteidigt oder für sie als Zeuge aussagt, sollte den gleichen Schutz genießen.

(33) Der Gerichtshof hat eindeutig festgestellt, dass der Gleichbehandlungsgrundsatz nur dann als tatsächlich verwirklicht angesehen werden kann, wenn bei allen Verstößen eine dem erlittenen Schaden angemessene Entschädigung zuerkannt wird. Es ist daher angebracht, die Vorabfestlegung irgendeiner Höchstgrenze für eine solche Entschädigung auszuschließen, außer in den Fällen, in denen der Arbeitgeber nachweisen kann, dass der einem Bewerber infolge einer Diskriminierung im Sinne dieser Richtlinie entstandene Schaden allein darin besteht, dass die Berücksichtigung seiner Bewerbung verweigert wurde.

(34) Um die wirksame Umsetzung des Grundsatzes der Gleichbehandlung zu verstärken, sollten die Mitgliedstaaten den Dialog zwischen den Sozialpartnern und — im Rahmen der einzelstaatlichen Praxis — mit den Nichtregierungsorganisationen fördern.

(35) Die Mitgliedstaaten sollten wirksame, verhältnismäßige und abschreckende Sanktionen festlegen, die bei einer Verletzung der aus dieser Richtlinie erwachsenden Verpflichtungen zu verhängen sind.

(36) Da die Ziele dieser Richtlinie auf Ebene der Mitgliedstaaten nicht ausreichend verwirklicht werden können und daher besser auf Gemeinschaftsebene zu erreichen sind, kann die Gemeinschaft im Einklang mit dem in Artikel 5 des Vertrags niedergelegten Subsidiaritätsprinzip tätig werden. Entsprechend dem in demselben Artikel genannten Grundsatz der Verhältnismäßigkeit geht diese Richtlinie nicht über das zur Erreichung dieser Ziele erforderliche Maß hinaus.

(37) Zum besseren Verständnis der Ursachen der unterschiedlichen Behandlung von Männern und Frauen in Arbeits- und Beschäftigungsfragen sollten vergleichbare, nach Geschlechtern aufgeschlüsselte Statistiken weiterhin erstellt, ausgewertet und auf den geeigneten Ebenen zur Verfügung gestellt werden.

(38) Die Gleichbehandlung von Männern und Frauen in Arbeits- und Beschäftigungsfragen kann sich nicht auf gesetzgeberische Maßnahmen beschränken. Die Europäische Union und die Mit-

gliedstaaten sind vielmehr aufgefordert, den Prozess der Bewusstseinsbildung für das Problem der Lohndiskriminierung und ein Umdenken verstärkt zu fördern und dabei alle betroffenen Kräfte auf öffentlicher wie privater Ebene so weit wie möglich einzubinden. Dabei kann der Dialog zwischen den Sozialpartnern einen wichtigen Beitrag leisten.

(39) Die Verpflichtung zur Umsetzung dieser Richtlinie in nationales Recht sollte auf diejenigen Bestimmungen beschränkt werden, die eine inhaltliche Veränderung gegenüber den früheren Richtlinien darstellen. Die Verpflichtung zur Umsetzung derjenigen Bestimmungen, die inhaltlich unverändert bleiben, ergibt sich aus den früheren Richtlinien.

(40) Diese Richtlinie sollte unbeschadet der Verpflichtungen der Mitgliedstaaten in Bezug auf die Fristen zur Umsetzung der in Anhang I Teil B aufgeführten Richtlinien in einzelstaatliches Recht und zu ihrer Anwendung gelten.

(41) Entsprechend Nummer 34 der Interinstitutionellen Vereinbarung über bessere Rechtsetzung sollten die Mitgliedstaaten für ihre eigenen Zwecke und im Interesse der Gemeinschaft eigene Tabellen aufstellen, denen im Rahmen des Möglichen die Entsprechungen zwischen dieser Richtlinie und den Umsetzungsmaßnahmen zu entnehmen sind, und diese veröffentlichen —

HABEN FOLGENDE RICHTLINIE ERLASSEN:

Literaturübersicht

Siehe auch die Literaturübersicht vor Art. 19 AEUV und zu RL 79/7/EWG

Bepler, Diskriminierungsverbote im Betriebsrentenrecht, in: Festschrift Höfer 2011, 8; *Binz*, Unisex-Tarife im Rahmen der betrieblichen Altersversorgung, Betriebliche Altersversorgung 2011, S. 641; *Cisch/Böhm*, Das allgemeine Gleichbehandlungsgesetz und die betriebliche Altersversorgung in Deutschland, BB 2007, S. 602; *Felix/Sangi*, „Unisex-Tarife" in der Privatversicherung, ZESAR 2011, S. 257; *Hellkamp/Rinn*, Gleichbehandlung in der betrieblichen Altersvorsorge nach den AGG, Betriebliche Altersversorgung 2008, S. 442; *Höfer*, Auswirkungen des Verbots der geschlechtsspezifischen Tarifierung auf die betriebliche Altersversorgung, Betriebliche Altersversorgung 2011, S. 586; *Hubrich*, Zur geschlechtsspezifischen Un-/Gleichbehandlung privater und betrieblicher Altersvorsorgeverträge, Sozialer Fortschritt 2008, S. 132; *Joussen*, Europäische Vorgaben für Unisex-Tarife im Betriebsrentenrecht, ZESAR 2004, S. 315; *Körner*, Europäisches Recht fordert Unisex-Versicherungstarife, AuR 2011, S. 331; *Rolfs/Binz*, EuGH erzwingt ab Ende 2012 Unisex-Tarife in allen neuen Versicherungsverträgen, Versicherungsrecht 2011, S. 714; *Rolfs*, Benachteiligung wegen des Geschlechts in der Alters- und Übergangsversorgung, Sammlung Arbeitsrechtlicher Entscheidungen 2011, S. 241 ff; *ders.*, „Für die betriebliche Altersvorsorge gilt das Betriebsrentengesetz" – Über das schwierige Verhältnis von AGG und BetrAVG, NZA 2008, S. 553.

Vorbemerkungen

I. Entstehung und Rechtsgrundlage der RL 2006/54/EG

1 Die Antidiskriminierungs-RL 2006/54/EG fasst alle früheren arbeitsrechtlichen RL, die die Diskriminierung wegen des Geschlechts in Beschäftigungsverhältnissen betrafen, zusammen und ersetzt sie (s. Art. 34 RL 2006/54/EG und die Anlage I mit der Liste der alten RL, die außer Kraft treten). Damit ging eine vorsichtige Modernisierung einher: Die Definition der Formen der Diskriminierung in Art. 2 RL 2006/54/EG und vor allem die Instrumente zur Umsetzung in Art. 17 ff RL 2006/54/EG.

2 Im sozialrechtlichen Kernstück, Art. 5 bis 13 RL 2006/54/EG zu den betrieblichen Systemen der sozialen Sicherheit, änderte sich wenig. Hier bleibt auch die Besonderheit bestehen, dass die RL 2006/54/EG die Systeme für die Selbständigen mit einbezieht, um die Lücke gegenüber der RL 79/7/EWG zu schließen.

3 Da die Rechtsprechung des EuGH Diskriminierungen wegen des Geschlechts bei betrieblichen Sozialleistungssystemen unmittelbar auf Art. 141 (jetzt Art. 157 AEUV) stützte (s. Rn 6), entwi-

ckelte sich diese weitgehend unabhängig vom Sekundärrecht. Wegen der direkten Wirkung des Art. 157 AEUV (= Art. 141 EG) auf betriebliche Sozialleistungen galten die Ausnahmen und Modifikationen, welche die Vorläuferrichtlinie 86/378/EWG bei der Anwendung des Gleichbehandlungsgrundsatzes vorsah, nicht mehr für betriebliche Systeme, soweit sie Lohnleistungen sind, also an abhängig Beschäftigte gehen. Allerdings ist hier die eingeschränkte Rückwirkung der Rechtsprechung in den Fällen Barber etc. zu beachten, wie sie in Art. 12 RL 2006/54/EG (iVm Erwägungsgrund 17 und 18) geregelt worden ist. Die meisten Ausnahmen und Modifikationen werden in der RL 2006/54/EG daher auf Systeme für Selbständige beschränkt und der sachliche Geltungsbereich an die Rspr des EuGH angepasst:

- In Art. 8 Abs. 1 lit. a) und b) RL 2006/54/EG wurde die Ausnahme im sachlichen Geltungsbereich für Einzelverträge und Systeme mit nur einem Mitglied auf Einzelverträge und Systeme für selbstständig Erwerbstätige eingeschränkt.
- Art. 8 Abs. 1 lit. e) RL 2006/54/EG erfasst jene Systeme nicht, deren Leistungen durch freiwillige Beiträge der Arbeitnehmer finanziert werden. Es wurden aber nicht alle Ausnahmen der Rspr des EuGH zu Art. 157 AEUV (= Art. 141 EG) angepasst (s. Rn 6), so dass sie insoweit zu modifizieren bzw unwirksam sind (s. Art. 8 Rn 5 und 6).
- In Art. 6 RL 2006/54/EG wurden die anspruchsberechtigten Angehörigen der dort genannten Personen mit aufgenommen.
- In Art. 9 Abs. 1 lit. h) RL 2006/54/EG wurde die Geltung des Gleichbehandlungsgebots für die Leistungsniveaus dahin modifiziert, dass der Gleichbehandlungsgrundsatz für Systeme mit Kapitalansammlung nicht gilt, wenn es um versicherungstechnische Berechnungsfaktoren geht, die je nach Geschlecht unterschiedlich sind und Auswirkungen auf die Leistungshöhe haben.
- In Art. 9 Abs. 1 lit. j) RL 2006/54/EG sind die beiden Ausnahmen im Spiegelstrich neu hinzugefügt worden.

Mit der RL 2006/54/EG werden auch die allgemeinen Regeln über die Beweislast auf die Gleichbehandlung bei den betrieblichen Systemen der sozialen Sicherheit angewandt (Art. 19). 4

II. Eingeschränkte Bedeutung der RL: Vorrang des Art. 157 AEUV (= Art. 141 EG) und des nationalen Rechts

Die RL ist aus zwei Gründen für das Recht der Mitgliedstaaten und auch das deutsche Recht weitgehend irrelevant, weshalb sich eine Kommentierung auf ein Mindestmaß beschränken kann. 5

Einmal hat der EuGH in den Rs. Bilka und Barber (Rs. 170/84, Slg 1986, 1607 und 262/88, Slg 1990, 1899) entschieden, dass auf betriebliche Sozialleistungen, insbesondere betriebliche Altersversorgungssysteme, Art. 141 EG (jetzt Art. 157 AEUV) unmittelbar anzuwenden ist. Es sind sowohl die Beiträge und Zuwendungen des Arbeitgebers zugunsten eines Arbeitnehmers zu solchen Systemen wie auch die dadurch begründeten Anwartschaften und die aus dem System (später) gezahlten Leistungen »Entgelt« iSv Art. 157 AEUV (= Art. 141 EG). Auch der Zugang zum System fiele unter Art. 157 AEUV (=Art. 141 EG), vgl EuGH, Rs. C-256/01 (Allonby), Slg 2004, I-873, Rn 52/3. Für betriebliche Leistungssysteme zugunsten von Arbeitnehmern und Arbeitnehmerinnen hat demnach allein Art. 157 AEUV (= Art. 141 EG) Relevanz, und nicht die RL 2006/54/EG mit ihren Definitionen und Ausnahmen, soweit sie von Art. 157 AEUV (= Art. 141 EG) abweichen. Die RL 2006/54/EG ist gegenüber Art. 157 AEUV (= Art. 141 EG) nur von nachrangiger Bedeutung und gilt insbesondere nur für Systeme der Selbständigen. 6

Die eingeschränkte Rückwirkung des Gemeinschaftsrechts (s. Art. 19 AEUV Rn 73 ff und Kommentierung zu Art. 12 RL 2006/54/EG) bezieht sich nur auf Vertrauenstatbestände, die das Gemeinschaftsrecht selbst geschafft hatte. Deshalb gilt sie nicht für nationales Recht, das unabhängig vom Gemeinschaftsrecht Gleichbehandlungsgebote enthält und ihnen eine Rückwirkung beimisst, die selbst über den 8.4.1976 (Rs. Defrenne II) bzw 17.5.1990 (Rs. Barber) zurückreicht (dazu 7

EuGH, Rs. C-50/96 (Schröder), Slg 2000 I-743, Rn 42 ff und EuGH, Rs. C-270 und 271/97 (Sievers und Schrage), Slg 2000 I-929, Rn 45 ff; vgl auch BAG EzA § 1 BetrAV Gleichbehandlung Nr. 9).

III. Verhältnis zum deutschen Recht

8 Die Regelung des § 2 Abs. 2 S. 2 AGG, wonach für die betriebliche Altersvorsorge das Betriebsrentengesetz gilt, hat das BAG (AP Nr. 1 zu § 2 AGG = BB 2008, 557) dahin ausgelegt, dass das BetrAVG nur insoweit Vorrang vor dem AGG hat, als es eigene Regeln zum Problem der Diskriminierung enthält (zB die Bedeutung des Faktors Alter in § 1 b Abs. 1 und § 2 Abs. 1 BetrAVG); ansonsten gilt das AGG (zur Literatur vor dem Urteil: *Cisch/Böhm*, BB 2007, 602; *Rust/Falke*, AGG, § 2 Rn 214 ff). Eine Ausnahme von der Geltung der RL 2006/54/EG hätte § 2 Abs. 2 S. 2 AGG angesichts des Anwendungsvorrangs des Gemeinschaftsrechts auch nicht statuieren können.

IV. Umsetzung

9 Zum alten, erweiterten Recht nach der Änderungs-RL 2002/73/EG hat die Kommission am 20.7.2009 einen Umsetzungsbericht vorgelegt (KOM/2009/409). Er zeigt eine große Vielfalt gerade in Bezug auf die neuen Vorschriften zur Umsetzung (Art. 17 ff RL 2006/54/EG).

Titel I Allgemeine Bestimmungen

Artikel 1 Gegenstand

Ziel der vorliegenden Richtlinie ist es, die Verwirklichung des Grundsatzes der Chancengleichheit und Gleichbehandlung von Männern und Frauen in Arbeits- und Beschäftigungsfragen sicherzustellen.

Zu diesem Zweck enthält sie Bestimmungen zur Verwirklichung des Grundsatzes der Gleichbehandlung in Bezug auf

a) den Zugang zur Beschäftigung einschließlich des beruflichen Aufstiegs und zur Berufsbildung,
b) Arbeitsbedingungen einschließlich des Entgelts,
c) betriebliche Systeme der sozialen Sicherheit.

Weiter enthält sie Bestimmungen, mit denen sichergestellt werden soll, dass die Verwirklichung durch die Schaffung angemessener Verfahren wirksamer gestaltet wird.

Artikel 2 Begriffsbestimmungen

(1) Im Sinne dieser Richtlinie bezeichnet der Ausdruck

a) „unmittelbare Diskriminierung" eine Situation, in der eine Person aufgrund ihres Geschlechts eine weniger günstige Behandlung erfährt, als eine andere Person in einer vergleichbaren Situation erfährt, erfahren hat oder erfahren würde;
b) „mittelbare Diskriminierung" eine Situation, in der dem Anschein nach neutrale Vorschriften, Kriterien oder Verfahren Personen des einen Geschlechts in besonderer Weise gegenüber Personen des anderen Geschlechts benachteiligen können, es sei denn, die betreffenden Vorschriften, Kriterien oder Verfahren sind durch ein rechtmäßiges Ziel sachlich gerechtfertigt und die Mittel sind zur Erreichung dieses Ziels angemessen und erforderlich;
c) „Belästigung" unerwünschte auf das Geschlecht einer Person bezogene Verhaltensweisen, die bezwecken oder bewirken, dass die Würde der betreffenden Person verletzt und ein von Einschüchterungen, Anfeindungen, Erniedrigungen, Entwürdigungen oder Beleidigungen gekennzeichnetes Umfeld geschaffen wird;

d) „sexuelle Belästigung" jede Form von unerwünschtem Verhalten sexueller Natur, das sich in unerwünschter verbaler, nicht-verbaler oder physischer Form äußert und das bezweckt oder bewirkt, dass die Würde der betreffenden Person verletzt wird, insbesondere wenn ein von Einschüchterungen, Anfeindungen, Erniedrigungen, Entwürdigungen und Beleidigungen gekennzeichnetes Umfeld geschaffen wird;
e) „Entgelt" die üblichen Grund- oder Mindestlöhne und -gehälter sowie alle sonstigen Vergütungen, die der Arbeitgeber aufgrund des Dienstverhältnisses dem Arbeitnehmer mittelbar oder unmittelbar als Geld- oder Sachleistung zahlt;
f) „betriebliche Systeme der sozialen Sicherheit" Systeme, die nicht durch die Richtlinie 79/7/EWG des Rates vom 19. Dezember 1978 zur schrittweisen Verwirklichung des Grundsatzes der Gleichbehandlung von Männern und Frauen im Bereich der sozialen Sicherheit geregelt werden und deren Zweck darin besteht, den abhängig Beschäftigten und den Selbständigen in einem Unternehmen oder einer Unternehmensgruppe, in einem Wirtschaftszweig oder den Angehörigen eines Berufes oder einer Berufsgruppe Leistungen zu gewähren, die als Zusatzleistungen oder Ersatzleistungen die gesetzlichen Systeme der sozialen Sicherheit ergänzen oder an ihre Stelle treten, unabhängig davon, ob der Beitritt zu diesen Systemen Pflicht ist oder nicht.

(2) Im Sinne dieser Richtlinie gelten als Diskriminierung
a) Belästigung und sexuelle Belästigung sowie jede nachteilige Behandlung aufgrund der Zurückweisung oder Duldung solcher Verhaltensweisen durch die betreffende Person;
b) die Anweisung zur Diskriminierung einer Person aufgrund des Geschlechts;
c) jegliche ungünstigere Behandlung einer Frau im Zusammenhang mit Schwangerschaft oder Mutterschaftsurlaub im Sinne der Richtlinie 92/85/EWG.

Zu den einzelnen Formen der Diskriminierung vgl Art. 19 AEUV Rn 30 ff. Zur Definition von Entgelt vgl Art. 157 AEUV Rn 10 ff. Zur Abgrenzung zwischen „betrieblichen" und „gesetzlichen" Systemen der sozialen Sicherheit s. Art. 157 AEUV Rn 20 ff. 1

Zu den „betrieblichen Systemen der sozialen Sicherheit" gehören auch die Fälle, dass rechtlich selbstständige, nicht am Arbeitsverhältnis beteiligte **Dritte** mit der Durchführung eines betrieblichen Versorgungssystems betraut werden. In diesen Fällen sind die „Dritten" Adressaten des Gleichbehandlungsgebots und müssen alles tun, um seine Einhaltung sicherzustellen (EuGH, Rs. C-379/99 (Menauer), Slg 2001 I-7275; EuGH, Rs. C-200/91 (Coloroll), Slg 1994, I-4389; EuGH, Rs. C-128/93 (Fischer), Slg 1994, I-4583). Der EuGH begründet dies damit, dass sich der Arbeitgeber nicht dadurch der Verpflichtung aus Art. 157 AEUV (= Art. 141 EG) entziehen kann, dass er Dritte mit der Durchführung des Betriebsrentensystems beauftrage. Dem ist das BAG gefolgt und hat selbst dann, wenn Dritte zur Leistung verpflichtet sind, ergänzend auch Ansprüche auf Ausgleich der Diskriminierung gegen den Arbeitgeber zugelassen (BAGE 112, 1-12 = AP Nr. 15 zu § 1 BetrAVG Gleichberechtigung). 2

Damit ist die alte Rechtsprechung des BAG, wonach so genannte Pensionskassen nicht erfasst würden, hinfällig (BAG, NZA 2000, 90; ebenso *Blomeyer/Otto*, BetrAVG, 2. Aufl., Einleitung Rn 202; *Griebeling*, AR-Blattei, Betriebliche Altersversorgung III, Versorgungseinrichtungen, Rn 105 ff; aA *Kollatz*, NJW 1996, 1658). Würden die Pensionsfonds – so das BAG –, in die idR auch die Arbeitnehmer einzahlen müssen, direkt haften, müssten auch Arbeitnehmer-/innen für die Verbindlichkeiten fremder Arbeitgeber und Arbeitnehmer/-innen einstehen, die schon aus dem Arbeitsleben ausgeschieden seien. Dies sei aber nicht zumutbar. Dieses Argument überzeugte nicht. Wer letztlich für die Beseitigung einer Diskriminierung aufkommen muss, kann nicht entscheidend für die Anwendung des Diskriminierungsrechts sein. Auch bei „normalen" Diskriminierungen kann der Arbeitgeber eventuell die Kosten auf alle Arbeitnehmer umlegen, etwa durch entsprechende Kürzungen des Gesamtsystems. 3

4 Nicht unter Art. 157 AEUV (= Art. 141 EG) fallen Leistungen der betrieblichen Altersversorgung, die auf eigenen Beiträgen der Arbeitnehmer beruhen, denn dies sind keine Leistungen des Arbeitgebers. Ihn trifft insoweit auch keine Einstandspflicht (vgl auch § 1 Abs. 2 Nr. 4 BetrAVG). Zu den Ausnahmen vgl Art. 8 RL 2006/54/EG.

Artikel 3   Positive Maßnahmen

Die Mitgliedstaaten können im Hinblick auf die Gewährleistung der vollen Gleichstellung von Männern und Frauen im Arbeitsleben Maßnahmen im Sinne von Artikel 141 Absatz 4 des Vertrags beibehalten oder beschließen.

Titel II Besondere Bestimmungen

KAPITEL 1
Gleiches Entgelt

Artikel 4   Diskriminierungsverbot

Bei gleicher Arbeit oder bei einer Arbeit, die als gleichwertig anerkannt wird, wird mittelbare und unmittelbare Diskriminierung aufgrund des Geschlechts in Bezug auf sämtliche Entgeltbestandteile und -bedingungen beseitigt.

Insbesondere wenn zur Festlegung des Entgelts ein System beruflicher Einstufung verwendet wird, muss dieses System auf für männliche und weibliche Arbeitnehmer gemeinsamen Kriterien beruhen und so beschaffen sein, dass Diskriminierungen aufgrund des Geschlechts ausgeschlossen werden.

KAPITEL 2
Gleichbehandlung in betrieblichen Systemen der sozialen Sicherheit

Kapitel 2, Art. 5 bis Art. 13 RL 2006/54/EG, geht in vielen Teilen über die RL 79/7/EWG hinaus.

1. Der persönliche Geltungsbereich ist nach Art. 6 RL 2006/54/EG weiter gefasst, da nunmehr im Gegensatz zu Art. 2 RL 79/7/EWG ausdrücklich auch Personen einbezogen sind, deren Erwerbstätigkeit durch Mutterschaft unterbrochen ist, sowie die anspruchsberechtigten Angehörigen.
2. Der sachliche Geltungsbereich in Art. 7 RL 2006/54/EG entspricht dem des Art. 3 RL 79/7/EWG weitgehend. Allerdings werden in Art. 7 Abs. 1 lit. b) RL 2006/54/EG auch Leistungen an Hinterbliebene und Familienleistungen erfasst, die in Art. 3 Abs. 2 RL 79/7/EWG noch ausgenommen waren. Art. 7 Abs. 2 RL 2006/54/EG ist neu und greift die Rspr des EuGH auf (Rs. C-7/93 (Beune), Slg 1994, I-4471), wie auch der Erwägungsgrund Nr. 14 deutlich macht.
3. Die in Art. 2 Abs. 1 RL 2006/54/EG und vor allem Art. 9 RL 2006/54/EG erfassten Formen der Diskriminierung entsprechen denen in Art. 4 RL 79/7/EWG. Jedoch sind sie in Art. 2 Abs. 1 RL 2006/54/EG auf dem Stand des neuen Diskriminierungsrechts und präziser als in Art. 4 und 5 RL 79/7/EWG gefasst (vgl Vorbemerkung vor Art. 19 AEUV Rn 4 und Art. 19 AEUV Rn 30 ff). Vor allem sind die erfassten Formen der Diskriminierung in Art. 9 RL 2006/54/EG dann sehr viel spezieller ausgeformt als in der RL 79/7/EWG. Dies gilt auch für die sonstigen Bestimmungen der RL 2006/54/EG zur Entgeltdiskriminierung (Art. 4 RL 2006/54/EG).
4. Die Ausnahmen sind in Art. 9 RL 2006/54/EG und in Art. 11 RL 2006/54/EG für die Systeme Selbständiger sehr viel enger formuliert als in Art. 7 RL 79/7/EWG.

Artikel 5 Diskriminierungsverbot

Unbeschadet des Artikels 4 darf es in betrieblichen Systemen der sozialen Sicherheit keine unmittelbare oder mittelbare Diskriminierung aufgrund des Geschlechts geben, insbesondere hinsichtlich
a) des Anwendungsbereichs solcher Systeme und die Bedingungen für den Zugang zu ihnen,
b) der Beitragspflicht und der Berechnung der Beiträge,
c) der Berechnung der Leistungen, einschließlich der Zuschläge für den Ehegatten und für unterhaltsberechtigte Personen, sowie der Bedingungen betreffend die Geltungsdauer und die Aufrecherhaltung des Leistungsanspruchs.

Zu den einzelnen Begriffen vgl die Kommentierung zum gleichlautenden Art. 4 RL 79/7/EWG sowie zur unmittelbaren und mittelbaren Diskriminierung s. Art. 19 AEUV Rn 31 ff und 34 ff. Die wesentlichen Bereiche einer Diskriminierung wegen des Geschlechts im Bereich der betrieblichen Altersversorgung sind in Art. 9 GG geregelt. 1

Während der EuGH den **Ausschluss von geringfügig Beschäftigten** in den Rs. Nolte, Megner und Scheffel (EuGH, Rs. C-317/93 (Nolte), Slg 1995 I-4625; EuGH, Rs. C-444/93 (Megner und Scheffel), Slg 1995, I-4741) im allgemeinen Sozialversicherungsrecht für gerechtfertigt ansah, hat er dies in der Rs. Krüger-Ebersberg bei betrieblichen Sozialleistungen nicht getan (EuGH, Rs. C-281/97 (Krüger-Ebersberg), Slg 1999, I-5127). In den Rs. Nolte sowie Megner und Scheffel hat er dem Sozialgesetzgeber der Mitgliedstaaten einen großen Spielraum zuerkannt und den rechtfertigenden Grund akzeptiert, mit dem Ausschluss geringfügig Beschäftigter von den Sozialleistungssystemen und damit von der Beitragspflicht würde die Beschäftigung dieser Arbeitnehmer gefördert. In der Rs. Krüger-Ebersberg hat der EuGH dieses Argument dagegen selbst gegenüber den normsetzenden Tarifvertragsparteien nicht anerkannt und hier den Ausschluss geringfügig Beschäftigter von betrieblichen Alterssicherungssystemen für mittelbar diskriminierend und nicht gerechtfertigt gehalten. Sachlich ist es sicherlich gerechtfertigt, dem nationalen Sozialgesetzgeber einen größeren Spielraum einzuräumen als den Regelungen der Arbeitgeber und der Tarifvertragsparteien. Hinzu kommt allerdings auch, dass bei betrieblichen, arbeitsrechtlichen Systemen die Verbindung zwischen (Arbeits-)Leistung einerseits und betrieblicher Sozialleistung andererseits sehr viel enger ist und sich direkt auf die Leistung der Arbeitnehmer bezieht (Anzahl der Beschäftigungsjahre, Höhe des Lohns). Insoweit kann auch die Rechtsprechung des BAG (AP TV Arb –Bundespost § 24 Nr. 1) nicht mehr aufrecht erhalten werden, wonach es in Systemen der privaten Altersversorgung – in Anlehnung an die Regelungen im allgemeinen Sozialrecht – ebenfalls gerechtfertigt sei, geringfügig Beschäftigte auszuschließen. Angesichts der strikteren Geltung des Gleichbehandlungsgrundsatzes kann hier auch nicht eingewandt werden, betriebliche Systeme würde sich im Sinne eines „Gesamtversorgungssystems" an das Bestehen einer Rente aus der gesetzlichen Rentenversicherung anlehnen und sie nur aufstocken. Denn auch insoweit kann das System diskriminierungsfrei modifiziert werden (zu den Diskrepanzen vgl auch *Lelley*, NZA 2000, 405). 2

Artikel 6 Persönlicher Anwendungsbereich

Dieses Kapitel findet entsprechend den einzelstaatlichen Rechtsvorschriften und/oder Gepflogenheiten Anwendung auf die Erwerbsbevölkerung einschließlich der Selbständigen, der Arbeitnehmer, deren Erwerbstätigkeit durch Krankheit, Mutterschaft, Unfall oder unverschuldete Arbeitslosigkeit unterbrochen ist, und der Arbeitsuchenden sowie auf die sich im Ruhestand befindlichen oder arbeitsunfähigen Arbeitnehmer und auf ihre anspruchsberechtigten Angehörigen.

Der **Begriff der Erwerbsbevölkerung** ist denkbar weit und erfasst alle Erwerbstätigen, wie Art. 7 Abs. 2 RL 2006/54/EG deutlich macht, auch die des öffentlichen Dienstes einschließlich der Beamten (so auch § 24 AGG iVm § 6 AGG). Die Rspr des EuGH ist dabei eindeutig für eine totale Einbeziehung aller Mitglieder des öffentlichen Dienstes inklusive der Streitkräfte (EuGH, Rs. C-14/93 (Colson und Kamann), Slg 1984, 1891; Rs. C-318/96 (Kommission/Frankreich), Slg 1988, 3559; EuGH, Rs. C-285/98 (Kreil), Slg 2000, I-69 (Soldatin); Rs. C-4 und 5/02 (Schönheit und Becker), Slg 2003, I-12575; s. aber zu Elitetruppen: EuGH, Rs. C-273/97 (Sirda), Slg 1999, I-7403). Im Unterschied zu Art. 2 RL 79/7/EWG bezieht Art. 6 RL 2006/54/EG die anspruchsberechtigten Angehörigen aller Personen, auf die sich die RL bezieht, mit ein. Zur Unterbrechung der Erwerbstätigkeit s. Art. 2 RL 79/7/EWG Rn 6 ff.

Artikel 7 Sachlicher Anwendungsbereich

(1) Dieses Kapitel findet Anwendung
a) auf betriebliche Systeme der sozialen Sicherheit, die Schutz gegen folgende Risiken bieten:
  i) Krankheit,
  ii) Invalidität,
  iii) Alter, einschließlich vorzeitige Versetzung in den Ruhestand,
  iv) Arbeitsunfall und Berufskrankheit,
  v) Arbeitslosigkeit;
b) auf betriebliche Systeme der sozialen Sicherheit, die sonstige Sozialleistungen in Form von Geld- oder Sachleistungen vorsehen, insbesondere Leistungen an Hinterbliebene und Familienleistungen, wenn diese Leistungen als vom Arbeitgeber aufgrund des Beschäftigungsverhältnisses an den Arbeitnehmer gezahlte Vergütungen gelten.

(2) Dieses Kapitel findet auch Anwendung auf Rentensysteme für eine besondere Gruppe von Arbeitnehmern wie beispielsweise Beamte, wenn die aus dem System zu zahlenden Leistungen aufgrund des Beschäftigungsverhältnisses mit dem öffentlichen Arbeitgeber gezahlt werden. Die Tatsache, dass ein solches System Teil eines allgemeinen durch Gesetz geregelten Systems ist, steht dem nicht entgegen.

1 Zu den einzelnen Begriffen in Abs. 1 siehe die Kommentierung zu Art. 3 RL 79/7/EWG. Zu den betrieblichen Systemen der sozialen Sicherheit gehören nach der Rspr des EuGH auch die Systeme des öffentlichen Dienstes wie die Beamtenversorgung (EuGH, Rs. C-7/93 (Beune), Slg 1994, I-4471; EuGH, Rs. C-351/00 (Pirkko Niemi), Slg 2002, I-7007); vgl Art. 157 AEUV Rn 25. Im Unterschied zu Art. 3 RL 79/7/EWG bezieht Art. 7 Abs. 1 lit. a) Nr. iii RL 2006/54/EG auch Vorruhestandsleistungen ausdrücklich mit ein. Ebenso bezieht Art. 7 Abs. 1 lit. b) RL 2006/54/EG anders als die RL 79/7/EWG in einer sehr offenen Formulierung auch alle anderen sonstigen Sozialleistungen der Arbeitgeber mit ein, selbst wenn diese sich nicht auf eines der in Abs. 1 genannten Risiken beziehen, also auch Familienleistungen. Voraussetzung ist nur, dass sie auf Grund des Beschäftigungsverhältnisses geleistet werden.

2 Das europäische wie das deutsche Verbot der Diskriminierung wegen des Geschlechts gelten auch für Tarifverträge und damit für die **tarifvertragliche Regelung der betrieblichen Altersversorgung** (EuGH, Rs. C-284/02 (Sass), Slg 2004, I-11143, Rn 25 mwN; BAG, 3 AZR 29/09, AP Nr 7 zu § 3 AGG Rn 31 und 46 ff; BAG, 9 AZR 181/09, AP TVG § 1 Altersteilzeit Nr. 46 Rn 21 mwN).

Artikel 8 Ausnahmen vom sachlichen Anwendungsbereich

(1) Dieses Kapitel gilt nicht
a) für Einzelverträge Selbständiger,
b) für Systeme Selbständiger mit nur einem Mitglied,

c) im Fall von abhängig Beschäftigten für Versicherungsverträge, bei denen der Arbeitgeber nicht Vertragspartei ist,
d) für fakultative Bestimmungen betrieblicher Systeme der sozialen Sicherheit, die einzelnen Mitgliedern eingeräumt werden, um ihnen
   i) entweder zusätzliche Leistungen
   ii) oder die Wahl des Zeitpunkts, zu dem die regulären Leistungen für Selbständige einsetzen, oder die Wahl zwischen mehreren Leistungen

   zu garantieren,
e) für betriebliche Systeme der sozialen Sicherheit, sofern die Leistungen durch freiwillige Beiträge der Arbeitnehmer finanziert werden.

(2) Diesem Kapitel steht nicht entgegen, dass ein Arbeitgeber Personen, welche die Altersgrenze für die Gewährung einer Rente aus einem betrieblichen System der sozialen Sicherheit, jedoch noch nicht die Altersgrenze für die Gewährung einer gesetzlichen Rente erreicht haben, eine Zusatzrente gewährt, damit der Betrag der gesamten Leistungen dem Betrag entspricht oder nahe kommt, der Personen des anderen Geschlechts in derselben Lage, die bereits das gesetzliche Rentenalter erreicht haben, gewährt wird, bis die Bezieher der Zusatzrente das gesetzliche Rentenalter erreicht haben.

I. Normzweck

Erwägungsgrund 12 zur RL 2006/54/EG macht deutlich, dass es um eine klare Abgrenzung des sachlichen Geltungsbereichs geht, der – wie Art. 3 Abs. 3 RL 79/7/EWG angekündigt hatte –, Lücken schließen soll. Dies prägt auch die Abgrenzung des sachlichen Geltungsbereichs in Art. 8 Abs. 1 RL 2006/54/EG, der eine lückenlose Erfassung aller Sozialleistungssysteme der Arbeitgeber gewährleisten will, die nicht unter die RL 79/7/EWG fallen. 1

Vom sachlichen Geltungsbereich her macht auch die Richtlinie noch einmal deutlich, dass der Gleichbehandlungsgrundsatz für alle Formen der betrieblichen Sozialleistungen gilt, solange sie nur vom Arbeitgeber (mit-)finanziert werden und dem Arbeitsverhältnis zuzurechnen sind (s. Art. 157 AEUV Rn 28/29). 2

II. Einzelerläuterungen

Zur Abgrenzung zwischen „betrieblichen" und „gesetzlichen" Systemen der sozialen Sicherheit s. Art. 157 AEUV Rn 20 ff. 3

Zu Abs. 1 lit. a) und b): Da sich die Rechtsprechung des EuGH in Bezug auf Diskriminierungen wegen des Geschlechts bei betrieblichen Sozialleistungssystemen auf Art. 157 AEUV (= Art. 141 EG) stützte, entwickelte sich diese weitgehend unabhängig vom Sekundärrecht. Wegen der direkten Wirkung des Art. 157 AEUV (= Art. 141 EG) auf betriebliche Sozialleistungen (s. Vorbem. Rn 3) gelten die Ausnahmen und Modifikationen des Sekundärrechts nicht für betriebliche Systeme, soweit sie unter Art. 157 AEUV (= Art. 141 EG) fallen, also Lohnleistungen sind und an abhängig Beschäftigte gehen. Allerdings ist hier die eingeschränkte Rückwirkung der Rechtsprechung in den Fällen Barber etc. zu beachten (s. Art. 12 Rn 1 ff). Deshalb beschränkt Art. 8 RL 2006/54/EG die Ausnahmen und Modifikationen in lit. a) und b) nur auf Systeme für Selbständige. 4

Zu lit. c): Zu „betrieblichen Systemen der sozialen Sicherheit" gehören auch die Fälle, dass rechtlich selbstständige, nicht am Arbeitsverhältnis beteiligte Dritte mit der Durchführung eines betrieblichen Versorgungssystems betraut werden. In diesen Fällen sind die „Dritten" Adressaten des Gleichbehandlungsgebots und müssen alles tun, um seine Einhaltung sicherzustellen (EuGH, Rs. C-379/99 (Menauer), Slg 2001 I-7275; EuGH, Rs. C-200/91 (Coloroll), Slg 1994, I-4389; EuGH, Rs. C-128/93 (Fischer), Slg 1994, I-4583). Der EuGH begründet dies damit, dass sich der 5

Arbeitgeber nicht dadurch der Verpflichtung aus Art. 157 AEUV (= Art. 141 EG) entziehen kann, dass er Dritte mit der Durchführung des Betriebsrentensystems beauftrage. Dem ist das BAG gefolgt und hat ergänzend auch Ansprüche auf Ausgleich der Diskriminierung gegen den Arbeitgeber zugelassen (BAGE 112, 1-12 = AP Nr. 15 zu § 1 BetrAVG Gleichberechtigung). Der Anspruch auf die Differenzbeträge, die sich aus einer diskriminierungsfreien Anspruchsberechnung ergeben, beruhen auf einer Pflicht, nicht zu diskriminieren, die auch den Arbeitgeber treffe (vgl auch BAGE 79, 236). Diese Pflicht ergibt sich nunmehr auch aus § 1 Abs. 1 Satz 3 BetrAVG (vgl dazu auch Art. 2 Rn 2/3). Die Ausnahme in lit. c) trifft nach der Rspr des EuGH also Arbeitnehmersysteme, die unter Art. 157 AEUV (= Art. 141 EG) fallen, so dass lit. c) ohne Bedeutung ist.

6   Die Ausnahme in Art. 2 lit. d) für „fakultative" Systeme ist ebenfalls unwirksam. Auch wenn der Arbeitgeber es dem Arbeitnehmer überlässt, Leistungen des Arbeitgebers zu beanspruchen, der fürsorgerische Charakter also im Vordergrund steht, handelt es sich dennoch um „Entgelt" iSv Art. 157 AEUV (= Art. 141 EG), s. dazu Art. 157 AEUV Rn 28 und 29 und *Curtin*, S. 498/9.

7   Art. 8 Abs. 2 RL 2006/54/EG übernimmt die Erwägungen des EuGH aus dem Urteil Birds Eye Walls (EuGH, Rs. C-132/92, Slg 1993, I-5579). Danach ist eine auch mit Art. 157 AEUV (= Art. 141 EG) übereinstimmende Ausnahme vom Gleichbehandlungsgrundsatz gegeben, wenn eine sogenannte **Überbrückungsrente des Arbeitgebers** Frauen und Männer ungleich trifft. Die Überbrückungsrente soll den Einkommensverlust ausgleichen, der durch eine vorzeitige Invalidität bis zum Erreichen der Regelaltersrente entsteht. Nach Erreichen der Regelaltersrente wird die Regelaltersrente angerechnet und nur noch der überschießende Betrag gezahlt. Dadurch erhalten Frauen, bei denen die Regelaltersrente mit 60 gezahlt wird, die Überbrückungsrente fünf Jahre kürzer als Männer, für die die Regelaltersrente mit 65 Jahren gezahlt wird.

8   Diese Rspr und die ihr entsprechende Regelung in Art. 8 Abs. 2 RL 2006/54/EG negiert die eigenständige Funktion der betrieblichen Altervorsorge und ihre ausschließliche Grundlage im Arbeitsverhältnis und als „Entgelt" aus dem Arbeitsverhältnis. Durch die strikte Anwendung des Art. 157 AEUV (= Art. 141 EG) dürfen sich die unterschiedlichen Altersgrenzen in den gesetzlichen/öffentlichen Systemen nicht auf die Regelungen in den betrieblichen Systemen der sozialen Sicherheit auswirken. So hat der EuGH auch nicht zugelassen, dass mit dem Argument der Anpassung und des Gleichlaufs mit den ungleichen Altersgrenzen in den gesetzlichen/öffentlichen Rentensystemen entsprechend ungleiche Altersgrenzen in die betrieblichen Rentensysteme eingeführt werden (EuGH, Rs. C-110/91 (Moroni), Slg 1993, I-6591).

Artikel 9   Beispiele für Diskriminierung

(1) Dem Grundsatz der Gleichbehandlung entgegenstehende Bestimmungen sind solche, die sich unmittelbar oder mittelbar auf das Geschlecht stützen und Folgendes bewirken:

a) Festlegung der Personen, die zur Mitgliedschaft in einem betrieblichen System der sozialen Sicherheit zugelassen sind;
b) Regelung der Zwangsmitgliedschaft oder der freiwilligen Mitgliedschaft in einem betrieblichen System der sozialen Sicherheit;
c) unterschiedliche Regeln für das Beitrittsalter zum System oder für die Mindestdauer der Beschäftigung oder Zugehörigkeit zum System, die einen Leistungsanspruch begründen;
d) Festlegung — außer in den unter den Buchstaben h und j genannten Fällen — unterschiedlicher Regeln für die Erstattung der Beiträge, wenn der Arbeitnehmer aus dem System ausscheidet, ohne die Bedingungen erfüllt zu haben, die ihm einen aufgeschobenen Anspruch auf die langfristigen Leistungen garantieren;
e) Festlegung unterschiedlicher Bedingungen für die Gewährung der Leistungen oder die Beschränkung dieser Leistungen auf eines der beiden Geschlechter;
f) Festsetzung unterschiedlicher Altersgrenzen für den Eintritt in den Ruhestand;

g) Unterbrechung der Aufrechterhaltung oder des Erwerbs von Ansprüchen während eines gesetzlich oder tarifvertraglich festgelegten Mutterschaftsurlaubs oder Urlaubs aus familiären Gründen, der vom Arbeitgeber bezahlt wird;
h) Gewährung unterschiedlicher Leistungsniveaus, es sei denn, dass dies notwendig ist, um versicherungstechnischen Berechnungsfaktoren Rechnung zu tragen, die im Fall von Festbeitragssystemen je nach Geschlecht unterschiedlich sind; bei durch Kapitalansammlung finanzierten Festleistungssystemen ist hinsichtlich einiger Punkte eine Ungleichbehandlung gestattet, wenn die Ungleichheit der Beträge darauf zurückzuführen ist, dass bei der Durchführung der Finanzierung des Systems je nach Geschlecht unterschiedliche versicherungstechnische Berechnungsfaktoren angewendet worden sind;
i) Festlegung unterschiedlicher Höhen für die Beiträge der Arbeitnehmer;
j) Festlegung unterschiedlicher Höhen für die Beiträge der Arbeitgeber, außer

   (i) im Fall von Festbeitragssystemen, sofern beabsichtigt wird, die Höhe der auf diesen Beiträgen beruhenden Rentenleistungen für Männer und Frauen auszugleichen oder anzunähern;

   (ii) im Fall von durch Kapitalansammlung finanzierten Festleistungssystemen, sofern die Arbeitgeberbeiträge dazu bestimmt sind, die zur Deckung der Aufwendungen für die zugesagten Leistungen unerlässliche Finanzierungsgrundlage zu ergänzen;

k) Festlegung unterschiedlicher oder nur für Arbeitnehmer eines der Geschlechter geltender Regelungen — außer in den unter den Buchstaben h und j vorgesehenen Fällen — hinsichtlich der Garantie oder der Aufrechterhaltung des Anspruchs auf spätere Leistungen, wenn der Arbeitnehmer aus dem System ausscheidet.

(2) Steht die Gewährung von unter dieses Kapitel fallenden Leistungen im Ermessen der für das System zuständigen Verwaltungsstellen, so beachten diese den Grundsatz der Gleichbehandlung.

I. Normzweck 1	3. Unterbrechung und Aufrechterhaltung von Anwartschaften gemäß Abs. 1 lit. g) RL 2006/54/EG 8
II. Einzelerläuterungen 2	
1. Verbote in Abs. 1 lit. a) und b) RL 2006/54/EG – Teilzeit und geringfügig Beschäftigte 3	4. Ausnahmen für versicherungsmathematische Berechnungsfaktoren in Abs. 1 lit. h) bis j) RL 2006/54/EG 9
2. Ausnahme für das Zugangsalter in Abs. 1 lit. f) RL 2006/54/EG 4	5. Hinterbliebenenversorgung 18

I. Normzweck

Art. 9 RL 2006/54/EG enthält **Konkretisierungen des Gleichbehandlungsgrundsatzes** im Bereich der betrieblichen Sozialleistungen und zugleich wichtige Ausnahmen vor allem in den Unterpunkten lit. h), i) und j) in Bezug auf die Verwendung von statistischen und versicherungstechnischen Daten in Übernahme der Rechtsprechung des EuGH (s. Rn 9 ff.). 1

II. Einzelerläuterungen

Zu weiteren Fällen vgl Art. 4 RL 79/7/EWG Rn 13 ff. 2

1. Verbote in Abs. 1 lit. a) und b) RL 2006/54/EG – Teilzeit und geringfügig Beschäftigte

Abs. 1 lit. a) und b) RL 2006/54/EG treffen einen der wichtigsten Fälle der mittelbaren Diskriminierung wegen des Geschlechts in der betrieblichen Altersversorgung, den Ausschluss von Teilzeit- und geringfügig Beschäftigten Personen, die in der Mehrzahl Frauen sind, vom Zugang zum System oder seinen Leistungen. Dies haben der EuGH und ihm folgend das BAG sehr früh als mittelbare Diskriminierung wegen des Geschlechts untersagt (s. Art. 5 Rn 2; Art. 4 RL 79/7/EWG Rn 14 ff). Hiervon eine Ausnahme zuzulassen, wenn der Arbeitgeber eine „Gesamtversorgungszusage" macht, die eine Altersrente aus der gesetzlichen Rentenversicherung bis zu einer bestimmten Höhe aufstockt (so *Rolfs*, NZA 2008, 553, 554), vermag nicht zu überzeugen. Denn 3 die geringfügigen Beschäftigungen sind mitnichten sozialversicherungsfrei. Aber auch wenn sie es wären, müsste der Arbeitgeber zumindest ein dieser Beschäftigung angepasstes Leistungssystem etablieren oder sein bestehendes System modifizieren. Er kann sich nicht damit rechtfertigen, sein jetziges System passe nicht für geringfügig Beschäftigte, denn dies macht den Diskriminierungssachverhalt selbst zum Rechtfertigungsgrund.

2. Ausnahme für das Zugangsalter in Abs. 1 lit. f) RL 2006/54/EG

4   Regelungen des ungleichen Zugangsalters bei Leistungen sind schon durch Art. 157 AEUV (= Art. 141 EG) unzulässig (EuGH, Rs. C-262/88 (Barber), Slg 1990, I-1889; EuGH, Rs. C-110/91 (Moroni), Slg 1993, I-6591). Allenfalls kommt hier die eingeschränkte Rückwirkung wegen Vertrauensschutzes gegenüber dem vorherigen Gemeinschaftsrecht zum Zuge, das in der RL 79/7/EWG übergangsweise noch ein ungleiches Zugangsalter zuließ.

5   Demgegenüber hat das BVerfG ein ungleiches Zugangsalter in der Sozialversicherung zugelassen, da es die Doppelbelastung der Frauen durch Arbeit und Beruf kompensiere (BVerfGE 74, 163, 180/81. mit den strengen Anforderungen an die Verhältnismäßigkeit von Fördermaßnahmen). Der EuGH geht in der Rs. Moroni nicht auf diese Argumentation ein, sondern wendet das Gleichbehandlungsrecht strikt an (EuGH, Rs. C-110/91 (Moroni), Slg 1993, I-6591). Auch die Tatsache, dass die Betriebsrente eng auf die gesetzliche Rente bezogen war, für die gem. Art. 7 Abs. 1 lit. a) RL 2006/54/EG ungleiche Zugangsalter noch zulässig sind, hat der EuGH für den vorrangigen Art. 157 AEUV (= Art. 141 EG) nicht akzeptiert (EuGH, Rs. C-110/91 (Moroni), Slg 1993, I-6591, S. 6616).

6   In der Zeit vor Geltung der Barber-Entscheidung, dem 17. Mai 1990 (s. bei Art. 12 RL 2006/54/EG), kann allerdings entgegenstehendes nationales Recht Anwendung finden, und insoweit auch für Teile der Betriebsrente gelten, die vor dieser Zeit erdient worden sind. Insoweit kann dann auch die frauenbegünstigende Rechtsprechung des Bundesverfassungsgerichts für das deutsche Recht zum Zuge kommen (BAG BB 1997, 1417 mit zustimmender Anmerkung von *Höfer*).

7   In Anlehnung an das Übergangsrecht der gesetzlichen Rentenversicherung für die Angleichung der gesetzlichen Altersrenten sieht nunmehr § 30a BetrAVG rückwirkend für die Zeit seit dem 17. Mai 1990 (Art. 32 Abs. 3 RRG 1999) vor, dass Männern, die vor dem 1. Januar 1952 geboren sind und gewisse Anwartschaftszeiten in der gesetzlichen Rentenversicherung erfüllt haben, eine betriebliche Altersrente vor Erreichen des 65. Lebensjahres zu gewähren ist.

3. Unterbrechung und Aufrechterhaltung von Anwartschaften gemäß Abs. 1 lit. g) RL 2006/54/EG

8   Abs. 1 lit. g) RL 2006/54/EG verbietet, Zeiten, die der Arbeitgeber überbrückt, nicht bei dem Zugang und der Leistungsberechtigung der betrieblichen Altersvorsorge zu berücksichtigen. Fördert aber die öffentliche Hand solche Zeiten, wie durch das Elterngeld nach dem BEEG, so ist ihre Berücksichtigung nicht geboten (BAG AP Nr. 223 zu § 611 BGB Gratifikation; BAG AP Nr. 12 zu § 1 BetrAVG; *Rolfs*, NZA 2008, 553, 554/5).

4. Ausnahmen für versicherungsmathematische Berechnungsfaktoren in Abs. 1 lit. h) bis j) RL 2006/54/EG

9   Problematisch sind nur die Ausnahmen nach Abs. 1 lit. h) bis lit. j), wonach geschlechtsspezifische versicherungsmathematische Berechnungsfaktoren berücksichtigt werden dürfen, die vor allem aus der unterschiedlichen Häufigkeit des Risikoeintritts, zB der längeren Lebenserwartung von Frauen, abgeleitet werden. Erst der Ministerrat fügte eine entsprechende Regelung in die Vorläuferrichtlinie 86/378/EWG ein, entgegen dem Entwurf der Kommission v. 5.5.1983 (ABl. C 134, S. 7 zu Art. 6 lit. h) sowie der Begründung in BT-Drucks. 10/1091, S. 6/7) und den Stellungnahmen des WSA v. 14./15.12.1983 (ABl. C 35, S. 9/10 unter 2.4.) und des Europäischen Parlaments

v. 30.3.1984 (ABl. C 117 S. 172 Nr. 4). Die Diskriminierung auf der Basis geschlechtsspezifischer versicherungsmathematischer und statistischer Daten ist also sehr umstritten (vgl *Curtin*, 475, 492 ff; *Luckhaus/Moffat*, 1996, 80/81; *Luckhaus*, 2000, 172 ff; *Joussen*, 2004, 315).

In zwei Entscheidungen aus den Jahren 1993 und 1994 hatte sich der EuGH gegen die Ansicht des GA dafür ausgesprochen, versicherungsmathematische Faktoren zu berücksichtigen und deshalb höhere Leistungen für ein Geschlecht (in diesen Fällen höhere Leistungen für Frauen) zuzulassen (EuGH, Rs. C-152/91 (Neath), Slg 1993, I-6935; EuGH, Rs. C-200/91 (Coloroll), Slg 1994, I-4389; zustimmend: *Haverkate/Huster*, 1999, Rn 755; *Pennings*, 1996, 283). Begründet wird dies damit, dass Art. 157 AEUV (= Art. 141 EG) nur Leistungen, nicht aber ihre Finanzierung erfasse. Die aus den zulässigen unterschiedlichen Finanzierungsmodalitäten folgenden Leistungsunterschiede vor allem bei Transfer der angesammelten Kapitalien oder bei Ablösesummen für vorzeitiges Ausscheiden seien deshalb ebenfalls gerechtfertigt. 10

Dementsprechend wurde dies in Art. 9 RL 2006/54/EG übernommen. Danach sind nunmehr folgende Konstellationen zulässig (vgl auch *Muth*, BetrAltersV 1987, 7 ff): 11

- Der Arbeitgeber zahlt gleich hohe Beiträge, was dann nach den ungleichen Berechnungsfaktoren (Sterbetafeln) zu ungleichen Versorgungsleistungen führt, dh für Frauen zu niedrigeren Leistungen für eine längere Zeit (lit. h) 1. Alt.); in diesem Fall dürfen ungleiche, dh höhere Beiträge für Frauen mit dem Ziel gezahlt werden, die sonst niedrigeren Leistungen für Frauen an die der Männer anzupassen (lit. j) 1. Alt.).
- Der Arbeitgeber garantiert gleich hohe Versorgungsleistungen. Wegen der unterschiedlichen Lebensdauer und Leistungserwartung von Männern und Frauen muss er dafür aber unterschiedliche, dh für Männer niedrigere, für Frauen höhere, Beiträge zahlen bzw einen ungleichen Kapitalstock ansammeln (lit. i) Abs. 2 2. Alt. und lit. j) 2. Alt.). Da die Zusage gleichhoher Versorgungsleistungen für Männer und Frauen einen unterschiedlichen Wert hat, wird ihnen bzw ihren Nachkommen auch ein unterschiedlicher Betrag ausgezahlt bzw gutgeschrieben, wenn sie das System wechseln, die Rentenzahlungen kapitalisieren lassen oder vorher versterben. Diese Ausnahmen sind gem. lit. h) S. 2 in Verbindung mit dem Anhang zulässig.

Die nach dem BetrAVG zulässigen und gebräuchlichen Formen müssen hier eingeordnet werden. Bei der Beitragszusage mit Mindestleistung (§ 1 Abs. 2 Nr. 2 BetrAVG zB Garantie der eingezahlten Beiträge) ist der Barwert der Leistung des Arbeitgebers für beide Geschlechter gleich. Auch müssen die Verzinsung und andere Rechnungsfaktoren gleich sein. Nur die daraus erwachsende Leistung darf insoweit in Entsprechung unterschiedlicher Lebenserwartung ungleich sein. Dies gilt auch für die Beitragsleistung über Entgeltumwandlung (§ 1 Abs. 2 Nr. 2 BetrAVG). Gleiches gilt für die beitragsorientierte Leistungszusage (§ 2 Abs. 5 a 2. Hs BetrAVG). Anders als bei der reinen Leistungszusage ist bei ihr eine ungleiche Leistungszusage nur möglich, wenn sie auf gleiche Beiträge abhebt und eine entsprechende enge und eindeutige Bindung an die Betragszahlung besteht (generell für Zulässigkeit beider Formen ohne weitere Anforderungen: *Hellkamp/Rinn*, BetrAltersv 2008, 442, 447; *Cisch/Böhm*, BB 2007, 602, 608). 12

In seinem Urteil v. 1.3.2011 hat der **EuGH in der Rs. Test-Achats** die ganz ähnlichen Ausnahmen in Art. 5 Abs. 2 der RL 2004/113/EG für rechtswidrig erklärt (EuGH, Rs. C-236/09 (Test-Achats), ZESAR 2011, 294). Art. 5 Abs. 2 RL 2004/113/EG lautete: „Unbeschadet des Absatzes 1 können die Mitgliedstaaten vor dem 21. Dezember 2007 beschließen, proportionale Unterschiede bei den Prämien und Leistungen dann zuzulassen, wenn die Berücksichtigung des Geschlechts bei einer auf relevanten und genauen versicherungsmathematischen und statistischen Daten beruhenden Risikobewertung ein bestimmender Faktor ist." Der EuGH geht von dem hohen Stellenwert des Antidiskriminierungsrechts aus. Deshalb sei es gem. Art. 5 Abs. 1 RL 2004/113/EG zulässig gewesen, nur für eine Übergangszeit noch den Abschluss von Verträgen zuzulassen, bei deren Berechnung von Beiträgen und Leistungen das Geschlecht eine Rolle spielt. Da es Art. 5 Abs. 2 RL 2004/113/EG aber gestatte, nach dem Geschlecht differenzierende Prämien und Leistungen 13 unbefristet aufrechtzuerhalten, sei das eine inkohärente Regelung, die gegen das Verbot der Diskriminierung wegen des Geschlechts (Art. 21 und Art. 23 Grundrechtcharta) verstieße. Der EuGH setzte fest, dass Art. 5 Abs. 2 RL 2004/113/EG nach der Auslauffrist (21.12.2012) außer Kraft tritt; das ist zugleich der Tag, an dem auch die Überprüfung in den Mitgliedstaaten zu erfolgen hatte, ob sie geschlechtsspezifische versicherungsmathematische Faktoren noch als gerechtfertigt beibehalten wollten (Art. 5 Abs. 2 S. 3 und Erwägungsgrund Nr. 19 der RL 2004/113/EG).

14 Die Argumentation des EuGH knüpft grundsätzlich an den hohen Stellenwert des Verbots der Diskriminierung wegen des Geschlechts an. Das als inkohärent, und dh als unverhältnismäßig (s. oben Art. 19 AEUV Rn 56), gebrandmarkte Regel-Ausnahme-Verhältnis findet sich auch in Art. 9 lit. h) RL 2006/54/EG. Deshalb muss diese Rspr auch auf Art. 9 lit. h) RL 2006/54/EG und die **Systeme der beruflichen Altersvorsorge in allen ihren Formen angewandt** werden. Zumal die RL 2006/54/EG sich (Erwägungsgrund 5) wie RL 2004/113/EG als Realisierung und Umsetzung der Vorgaben der Art. 21 und 23 Grundrechtscharta versteht. Dies ist auch ganz allgemeine Ansicht (*Höfer*, BetrAltersv 2011, 588 und *Körner*, AuR 2011, 331, 334 beide mwN).

15 Fraglich ist nur, (1) ab welchem Zeitpunkt und (2) für welche Verträge diese neue Rspr gilt. Für die **eingeschränkte Rückwirkung** sind die allg. Voraussetzung zu prüfen (s. oben Art. 19 AEUV Rn 73): (a) die „Gefahr schwerwiegender wirtschaftlicher Auswirkungen insbesondere im Zusammenhang damit, dass eine große Zahl von Rechtsverhältnissen gutgläubig auf der Grundlage der als rechtmäßig betrachteten Regelung eingegangen wurde" und (b) das „Bestehen einer objektiven, bedeutenden Unsicherheit hinsichtlich der Tragweite der Gemeinschaftsbestimmungen" (EuGH, C-577/08 (Brouwer), Slg 2010, I-7489, Rn 32 ff, 36). Da der EuGH ausdrücklich früher geschlechtsspezifische Differenzierungen in der Berechnung der Faktoren der Prämien und der Leistungen zugelassen hatte (s. oben Rn 10), dürfte die Voraussetzung (b) gegeben sein. Auch die Voraussetzung (a) liegt bei den langfristig angelegten betrieblichen Altersvorsorgeverträgen vor. Damit dürfte die Rspr erst seit dem 1.3.2011 anzuwenden sein. Zu beachten ist aber, dass nur der EuGH eine beschränkte Rückwirkung aussprechen kann, nicht die nationalen Gerichte (EuGH, Rs. C-409/06 (Winner Wetten), Slg 2010, I-8015; ebenso BVerfG NJW 2010, 3422 Rn 83 ff).

16 Gilt eine **Übergangsfrist**? Die Übergangsfrist im Urteil Rs. Test-Achats ist deutlich aus dem Regelungskontext des Art. 5 Abs. 2 RL 2004/113/EG abgeleitet und auch relativ kurz. Hier wäre wohl eher die Frist von drei Jahren ab Verkündung des Urteils sachgemäß, wie sie auch die GA Kokott in ihren Schlussanträgen (Rn 70, 72) vorgeschlagen hatte. Letztlich wird hier der Unionsgesetzgeber bzw der nationale Gesetzgeber eine Regelung finden müssen – die aber auf sich warten lässt (vgl hib Nr. 230 2012, Nr. 2: die Verabschiedung der BT-Drucks. 17/9342 verzögert sich).

17 Welche Verträge müssen ab dem 20.12.2012 wie angepasst werden? Wohl unstreitig sind abgewickelte oder in der Auszahlungs- und Rentenphase befindliche Verträge nicht mehr umzustellen/ anzupassen. Darüber hinaus ist alles umstritten. Da es zahlreiche Hinweise gibt, dass Art. 5 RL 2004/113/EG nur für Neuverträge gilt und entsprechende Hinweise sich auch im Urteil des EuGH befinden, geht eine große Anzahl von Autoren davon aus, dass die Anpassung nur für Neuverträge gilt (Übersicht bei *Höfer*, BetrAltersv 2011, 586/7 mwN). Aber auch diese Argumente lassen sich nur von der RL 2004/113/EG und dem auf sie gerichteten Urteil des EuGH rechtfertigen. Auf die RL 2006/54/EG lassen sie sich nicht übertragen. Hier ist die einzige Lösung, die mit dem Aspekt des Vertrauensschutzes einerseits und dem des Geltungsanspruchs der Diskriminierungsverbote andererseits vereinbar ist, geschlechtsneutrale Faktoren bei Prämien und Leistungen nach Ablauf der Übergangsfrist für alle Prämienzahlungen der laufenden Verträge und aller Neuverträge zu fordern (vgl ausführlich *Bepler*, in: Festschrift Höfer 2011, 8; *Felix/Sangi*, ZESAR 2011, 257, 262/3 und *Körner*, AuR 2011, 331, 334 für alle Versicherungsverträge).

5. Hinterbliebenenversorgung

Eine Hinterbliebenenversorgung, die nur Leistungen bei Versterben des Haupternährers gewährt, 18
ist – da Frauen, wegen der internen familiären Arbeitsteilung, idR weniger zum Gesamthaushaltseinkommen beitragen dürften als Männer – eine mittelbare Diskriminierung wegen des Geschlechts und daher unzulässig (s. RL 79/7/EWG Art. 4 Rn 24 ff und 38 ff; krit. ebenfalls: *Rolfs*, NZA 2008, 553, 555 gegen Andeutungen des BAG).

Artikel 10 Durchführung in Bezug auf Selbständige

(1) Die Mitgliedstaaten treffen die notwendigen Maßnahmen, um sicherzustellen, dass Bestimmungen betrieblicher Systeme der sozialen Sicherheit selbständig Erwerbstätiger, die dem Grundsatz der Gleichbehandlung entgegenstehen, spätestens mit Wirkung vom 1. Januar 1993 oder — für Mitgliedstaaten, die nach diesem Datum beigetreten sind — ab dem Datum, zu dem die Richtlinie 86/378/EG in ihrem Hoheitsgebiet anwendbar wurde, geändert werden.

(2) Dieses Kapitel steht dem nicht entgegen, dass für die Rechte und Pflichten, die sich aus einer vor dem Zeitpunkt der Änderung eines betrieblichen Systems der sozialen Sicherheit Selbständiger liegenden Zeit der Mitgliedschaft in dem betreffenden System ergeben, weiterhin die Bestimmungen des Systems gelten, die während dieses Versicherungszeitraums galten.

Artikel 11 Möglichkeit des Aufschubs in Bezug auf Selbständige

Was die betrieblichen Systeme der sozialen Sicherheit Selbständiger betrifft, können die Mitgliedstaaten die obligatorische Anwendung des Grundsatzes der Gleichbehandlung aufschieben

a) für die Festsetzung des Rentenalters für die Gewährung von Altersrenten oder Ruhestandsrenten sowie die Folgen, die sich daraus für andere Leistungen ergeben können, und zwar
  i) entweder bis zu dem Zeitpunkt, zu dem diese Gleichbehandlung in den gesetzlichen Systemen verwirklicht ist,
  ii) oder längstens bis zu dem Zeitpunkt, zu dem eine Richtlinie diese Gleichbehandlung vorschreibt;
b) für Hinterbliebenenrenten bis zu dem Zeitpunkt, zu dem für diese der Grundsatz der Gleichbehandlung in den gesetzlichen Systemen der sozialen Sicherheit durch das Gemeinschaftsrecht vorgeschrieben ist;
c) für die Anwendung des Artikels 9 Absatz 1 Buchstabe i in Bezug auf die Anwendung von versicherungstechnischen Berechnungsfaktoren bis zum 1. Januar 1999 oder — für Mitgliedstaaten, die nach diesem Datum beigetreten sind — bis zu dem Datum, zu dem die Richtlinie 86/378/EG in ihrem Hoheitsgebiet anwendbar wurde.

Artikel 12 Rückwirkung

(1) Jede Maßnahme zur Umsetzung dieses Kapitels in Bezug auf die Arbeitnehmer deckt alle Leistungen der betrieblichen Systeme der sozialen Sicherheit ab, die für Beschäftigungszeiten nach dem 17. Mai 1990 gewährt werden, und gilt rückwirkend bis zu diesem Datum, außer im Fall von Arbeitnehmern oder ihren anspruchsberechtigten Angehörigen, die vor diesem Zeitpunkt Klage bei Gericht oder ein gleichwertiges Verfahren nach dem geltenden einzelstaatlichen Recht angestrengt haben. In diesem Fall werden die Umsetzungsmaßnahmen rückwirkend bis zum 8. April 1976 angewandt und decken alle Leistungen ab, die für Beschäftigungszeiten nach diesem Zeitpunkt gewährt werden. Für Mitgliedstaaten, die der Gemeinschaft nach dem 8. April 1976

und vor dem 17. Mai 1990 beigetreten sind, gilt anstelle dieses Datums das Datum, an dem Artikel 141 des Vertrags auf ihrem Hoheitsgebiet anwendbar wurde.

(2) Absatz 1 Satz 2 steht dem nicht entgegen, dass den Arbeitnehmern oder ihren Anspruchsberechtigten, die vor dem 17. Mai 1990 Klage erhoben haben, einzelstaatliche Vorschriften über die Fristen für die Rechtsverfolgung nach innerstaatlichem Recht entgegengehalten werden können, sofern sie für derartige Klagen nicht ungünstiger sind als für gleichartige Klagen, die das innerstaatliche Recht betreffen, und sofern sie die Ausübung der durch das Gemeinschaftsrecht gewährten Rechte nicht praktisch unmöglich machen.

(3) Für Mitgliedstaaten, die nach dem 17. Mai 1990 der Gemeinschaft beigetreten sind und zum 1. Januar 1994 Vertragsparteien des Abkommens über den Europäischen Wirtschaftsraum waren, wird das Datum „17. Mai 1990" in Absatz 1 Satz 1 durch „1. Januar 1994" ersetzt.

(4) Für andere Mitgliedstaaten, die nach dem 17. Mai 1990 beigetreten sind, wird das Datum „17. Mai 1990" in den Absätzen 1 und 2 durch das Datum ersetzt, zu dem Artikel 141 des Vertrags in ihrem Hoheitsgebiet anwendbar wurde.

I. Zweck und Stellenwert...................... 1
II. Einzelerläuterung........................... 5
  1. Enge Auslegung der Rückwirkung?.... 5
  2. Keine eingeschränkte Rückwirkung für Diskriminierungen im Zugang.......... 6
  3. Eingeschränkte Rückwirkung für alle anderen Diskriminierungen bei den Leistungen?................................. 7
  4. Art. 12: Zusammenschau der Geltungsweise und Rückwirkung des Gemeinschaftsrechtlichen Diskriminierungsverbots bei den betrieblichen Systemen.... 10
  5. Allgemeiner Grundsatz der Beschränkung der Rückwirkung des Gemeinschaftsrechtlichen Diskriminierungsverbots.. 11

I. Zweck und Stellenwert

1 Der EuGH hatte in den Rs. Bilka und Barber (Rs. 170/84, Slg 1986, 1607 und Rs. 262/88, Slg 1990, 1899) entschieden, dass auf betriebliche Sozialleistungen, insbesondere betriebliche Altersversorgungssysteme, Art. 157 AEUV (= Art. 141 EG) unmittelbar anzuwenden ist. Es sind sowohl die Beiträge und Zuwendungen des Arbeitgebers zugunsten eines Arbeitnehmers zu solchen Systemen wie auch die dadurch begründeten Anwartschaften und die aus dem System (später) gezahlten Leistungen „Entgelt" iS von Art. 157 AEUV (= Art. 141 EG). Auch der Zugang zum System fällt unter Art. 157 AEUV (= Art. 141 EG), vgl EuGH, Rs. C-256/01 (Allonby), Slg 2004, I-873, Rn 52/3. Der EuGH hatte allerdings in früheren Urteilen lange im Unklaren gelassen, ob die englische, gesetzlich geregelte betriebliche Altersversorgung, die an die Stelle der staatlichen Sozialversicherung treten kann, überhaupt „Lohn" ist und unter Art. 157 AEUV (= Art. 141 EG) fällt (EuGH, Rs. 69/80 (Worringham), Slg 1981, 767; EuGH, Rs. 19/81 (Burton), Slg 1982, 555; EuGH, Rs. 192/85 (Newstead), Slg 1988, 4753). Fand der alte Art. 119 EWGV (jetzt Art. 157 AEUV) keine Anwendung, war für dieses betriebliche System allein das Verbot der Diskriminierung maßgeblich, wie es im über Art. 157 AEUV (= Art. 141 EG) hinausgehenden sekundären Gemeinschaftsrecht -zB der RL 79/7/EWG- enthalten war. In beiden Fällen waren aber bestimmte Regelungen noch von der Geltung des Diskriminierungsverbots ausgenommen, nämlich das ungleiche Rentenzugangsalter und die Gewährung von Hinterbliebenenrenten (vgl Art. 7 Abs. 1 lit. a), Art. 3 Abs. 2 RL 79/7/EWG).

2 Deshalb wandte der EuGH hier Regeln des Vertrauensschutzes an, die er schon in den Fällen Defrenne II (EuGH, Rs. 43/75, Slg 1976, 455, Rn 74/5) und Defrenne III (EuGH, Rs. 149/77, Slg 1978, 1365, 1385) und insbesondere im Falle Barber und den Nachfolgefällen (EuGH, Rs. C-262/88 (Barber), Slg 1990, I-1889 Rn 44/5; EuGH, Rs. C-109/91 (Ten Oever), EuroAS 10/1993, S. 7 ff bis hin zu EuGH, Rs. C-246/96 (Magorrian), Slg 1997, I-7153) dahin konkretisiert hatte, dass das Vertrauen in eine frühere unklare Rechtslage des Gemeinschaftsrechts berücksichtigt werden müsse und gemeinschaftsrechtswidrige Regelungen deshalb nicht für die Vergangenheit, sondern nur für die Zukunft unwirksam seien.

So erklärte der EuGH in der Rs. Barber erstmals, dass die Ausnahme für das ungleiche Rentenzugangsalter im früheren Art. 9 RL 86/378/EWG nicht gelte, weil der unbeschränkte Art. 119 EWGV (jetzt Art. 157 AEUV) direkt zur Anwendung kommen würde. Da sich die Betroffenen aber auf die Geltung des früheren Art. 9 RL 86/378/EWG hätten verlassen können, habe Art. 119 EWGV (jetzt Art. 157 AEUV) erst ab Erlass des Urteils, dem 17.5.1990, volle unmittelbare Wirkung. Denn für diese Systeme habe man sich auf Grund ihrer Nähe zu den staatlichen Systemen auf die Ausnahmen für staatliche Systeme gem. Art. 7 Abs. 1 lit. a), c) RL 79/7/EWG und auf die oben geschilderte Rspr des EuGH verlassen können.

Das Protokoll Nr. 2 zu den Maastrichter Verträgen vom Dezember 1991 hat das Barber-Urteil aufgegriffen und ausgeweitet:

„Im Sinne des Art. 119 gelten Leistungen aufgrund eines betrieblichen Systems der sozialen Sicherheit nicht als Entgelt, sofern und soweit sie auf Beschäftigungszeiten vor dem 17. Mai 1990 zurückgeführt werden können, außer im Fall von Arbeitnehmern oder deren anspruchsberechtigten Angehörigen, die vor diesem Zeitpunkt eine Klage bei Gericht oder ein gleichwertiges Verfahren nach geltendem einzelstaatlichem Recht anhängig gemacht haben."

Dies ist dann in das Protokoll zu Art. 141 EG und dann in Art. 12 RL 2006/54/EG wortgleich übernommen worden. Jetzt ist es auch als Protokoll Nr. 33 zu Artikel 157 AEUV ins Primärrecht der Lissabonner Verträge übernommen worden.

II. Einzelerläuterung

1. Enge Auslegung der Rückwirkung?

Auch wenn, wie die Nennung des Datums deutlich macht, der politische Anlass allein auf die Barber-Entscheidung bezogen ist, die einmal nur ungleiche Altersgrenzen bei betrieblichen Ruhegeldern und zum anderen nur die englischen, die staatlichen Systeme der Altersversorgung ersetzenden Systeme betraf, ist das Protokoll Nr. 2 so allgemein gefasst, dass es für alle betrieblichen Systeme der sozialen Sicherheit gilt. Auch wenn es sich bei diesem weiten Geltungsbereich um ein „Redaktionsversehen" handeln sollte (so *Borchardt*, BetrAltersV 1993, 5; *Langohr-Plato*, MDR 1992, 838, 841), ist der Wortlaut so eindeutig und seine einschränkende Korrektur wegen der unklaren Rückwirkungsprobleme der Barber-Entscheidung nicht möglich. Deshalb ist die einschränkende Rückwirkung auch auf die schon in der Rs. Bilka anders beurteilten, freiwilligen ergänzenden Betriebsrentensysteme, wie sie in Deutschland üblich sind, anzuwenden (zur Kontroverse vor Erlass des Protokolls vgl auch *Curtin*, S. 485 ff, 487; *Colneric*, EuZW 1991, S. 75/6 einerseits und *Hanau/Preis*, DB 1991, S. 1276, 1278/8; *Clever*, ZfSH/SGB 1991, S. 561, 562/3 andererseits). Ob die weite Formulierung des Protokolls auch sämtliche Modalitäten und Leistungen dieser Systeme erfasst, ist aber nicht ganz geklärt. Der EuGH hat in der Rs. C- 4 und 5/02 (Schönheit/Becker), Slg 2003, I-12575, Rn 98 ff für eine restriktive Interpretation dieser Ausnameklausel plädiert. Art. 12 Abs. 1 S. 1 RL 2006/54/EG hat dagegen einen weiten sachlichen Geltungsbereich und erfasst alle Regelungen und Elemente „der Leistungen" betrieblicher Systeme der sozialen Sicherheit. Dies ist auch gerechtfertigt. Denn das Protokoll soll Rechtsklarheit und Vertrauensschutz gewährleisten und ist deshalb – obwohl Ausnahmevorschrift – eng am Wortsinn orientiert weit auszulegen. Allerdings gilt es nur insoweit, als auch ein Vertrauenstatbestand gegeben ist (s. Rn 6 ff).

2. Keine eingeschränkte Rückwirkung für Diskriminierungen im Zugang

Die eingeschränkte Rückwirkung in der Entscheidung in den Rs. Barber und Ten Oever bezog sich nur auf jene Sachverhalte, für die tatsächlich ein Vertrauensschutz bestand. So traf die RL 79/7/EWG und die frühere RL 86/378/EWG keine Ausnahmen für den (diskriminierenden) Zugang zum System für Teilzeitkräfte. Das Protokoll und mit ihm Art. 12 der RL 2006/54/EG, der ausdrücklich auch nur von „Leistungen" spricht, sind so zu interpretieren, dass sie die schon seit dem Bilka-Urteil verbotene Diskriminierung im Zugang nicht rückwirkend einschränken wollen. Der EuGH zieht zudem den Wortlaut des Protokolls heran, das sich nur auf „Leistungen", nicht aber den Zugang zum System bezieht (EuGH, Rs. C-57/93 (Vroege), Slg 1994, I-4541, Rn 41). Bei Diskriminierungen im Zugang setzte der EuGH deshalb die Wirkung des Gleichbehandlungsrechts der EG ab dem Erlass des Urteils fest, das erstmals die mittelbare Diskriminierung ansprach, nämlich die Defrenne I- Entscheidung vom 8.4.1976 (im Weiteren EuGH, Rs. C-57/93 (Vroege), Slg 1994, I-4541; EuGH, Rs. C-128/93 (Fisscher), Slg 1994, I-4583; EuGH, Rs. C-50/96 (Schröder) v. 10.2.2000, Rn 30 ff und EuGH, Rs. C-270 und 271/97 (Sievers und Schrage) v. 10.2.2000, Rn 37 ff unter Hinweis auf EuGH, Rs. 43/75 (Defrenne II), Slg 1976, 455).

3. Eingeschränkte Rückwirkung für alle anderen Diskriminierungen bei den Leistungen?

7 Unklar ist, ob in Anlehnung an diese Urteile des EUGH zum Zugangsrecht davon auszugehen ist, dass aa) trotz des weiten Wortlauts das Protokoll nur für jene Sachverhalte gilt, für die auf Grund der (rechtswidrigen) Ausnahmen in Art. 7 RL 79/7/EWG und im früheren Art. 9 RL 86/378/EWG ein Vertrauensschutz bestand, oder dass bb) die weite Formulierung des Protokolls die Leistungen insgesamt aus dem Geltungsbereich des Artikel 157 AEUV (= Art. 141 EG) herausnimmt.

8 Geht man von der ersteren, restriktiveren Ansicht aus, so gibt es die eingeschränkte Rückwirkung nur für die Ausnahmen der ungleichen Gewährung von Hinterbliebenenleistungen und das ungleiche Rentenalter. Dies ist wohl auch die Ansicht des EuGH. In der Rs. Fisscher (EuGH, Rs. C-128/93 (Fisscher), Slg 1994, I-4583, Rn 24) hat er die eingeschränkte Rückwirkung nur auf die Ausnahmetatbestände bezogen, die im sekundären Gemeinschaftsrecht der RL 79/7/EWG und der früheren RL 86/378 EWG enthalten waren. Auch neuere Formulierungen des EuGH deuten auf diesen engen Bezug hin (EuGH, Rs. C-270 und 271/97 (Sievers und Schrage), Slg 2000, I-929, Rn 39 und EuGH, Rs. C-50/96 (Schröder), Slg 2000, I-743, Rn 35). Begründen lässt sich dies damit, dass Entstehungsgeschichte und Wortlaut (Übernahme des Datums der Barber-Entscheidung) deutlich machen, dass das Protokoll nur den allgemeinen Stand der Rechtsprechung des EuGH von 1990 kodifizieren soll (EuGH, Rs. C-57/93 (Vroege), Slg 1994, I-4541, Rn 41). Zum Umfang der Rückwirkung hatte die Rspr des EuGH zur Zeit der Verabschiedung des Protokolls 1990/91 aber noch keine Aussagen gemacht. Es ist deshalb zulässig, den Geltungsumfang des Protokolls gemäß den Grundsätzen des Vertrauensschutzes, die Grundlage für die Einschränkung der Rückwirkung in der Rspr des EuGH und damit auch des Protokolls sind, zu bestimmen. Danach ist die Ausnahme auf die Tatbestände zu beschränken, für die eine Ausnahme von der unmittelbaren Geltung im damaligen sekundären Gemeinschaftsrecht und damit ein Vertrauensschutz bestand (wie hier im Ergebnis auch *Pennings,* 1998 S. 242/3; vgl auch BAG v. 7.3.1995 EzA § 1 BetrAV Gleichbehandlung Nr. 9).

9 Diese teleologische, restriktive Interpretation des Protokolls ist überzeugend. Deshalb kann der Ansicht von *Haverkate/Huster,* 1999, Rn 753, alle Leistungen der betrieblichen Altersvorsorge aus dem Gebot der rückwirkenden Geltung des Gleichbehandlungsgrundsatzes auszunehmen, nicht gefolgt werden. Diese Ansicht haftet zu stark an einem weiten Verständnis des unklaren Wortlauts des Protokolls. Ähnlich ist also **auch Art. 12 Abs. 1 restriktiv zu interpretieren.** Die Beschränkung der Rückwirkungbis zum 17.5.1990 gilt nur für jene Bereiche, für die ein Vertrauensschutz bestand: Die ungleiche Gewährung von Hinterbliebenenleistungen und das ungleiche Rentenalter. Alle anderen Diskriminierungstatbestände der betrieblichen Altersversorgung genießen nach der Rspr des EuGH keinen Rückwirkungsschutz, sondern unterfallen direkt der unmittelbaren Wirkung des Art. 119 EG-Vertrag/Art. 157 AEUV.

4. Art. 12: Zusammenschau der Geltungsweise und Rückwirkung des Gemeinschaftsrechtlichen Diskriminierungsverbots bei den betrieblichen Systemen

Fasst man die zu Art. 19 AEUV (Rn 73) und bei Rn 5 ff dargelegten Wirkungen des gemeinschaftsrechtlichen Diskriminierungsverbots zusammen, ergibt sich folgende Übersicht, die auch Art. 12 zu Grunde liegt:

- Generell Wirkung erst ab dem 8.4.1976, dem Datum des Urteils Defrenne II, das erstmals die unmittelbare Wirkung des 157 AEUV (= Art. 141 EG) feststellte.
- Wirkung erst ab dem 17.5.1990 für jene Bereiche bei den betrieblichen Systemen, die wie das ungleiche Rentenzugangsalter und die Hinterbliebenenrente vom sekundären Gemeinschaftsrecht (Art. 7 Abs. 1 lit. a) RL 79/7/EWG und des früheren Art. 9 RL 86/378/EWG) ausgenommen waren und erst mit dem Barber-Urteil direkt in den Geltungsbereich des Art. 157 AEUV (= Art. 141 EG) einbezogen wurden, in dem solche Ausnahmen nicht bestehen.
- Zwischen 8.4.1976 bzw 17.5.1990 und dem Zeitpunkt des Erlasses einer Neuregelung gilt für die bisher benachteiligte Gruppe das Recht, das für die bevorzugte Gruppe gilt. Dieser Anspruch kann bei einer Neuregelung rückwirkend nicht entzogen werden.
- Ab dem Zeitpunkt der Geltung einer Neuregelung kann auch eine nach unten nivellierende Regelung wirken, also die Vorteile der bevorzugten Gruppe, die der benachteiligten Gruppe zwischenzeitlich ebenfalls zugewachsen waren, für die Zukunft wieder entziehen (vgl Art. 19 AEUV Rn 76 ff).

5. Allgemeiner Grundsatz der Beschränkung der Rückwirkung des Gemeinschaftsrechtlichen Diskriminierungsverbots

In der Fortentwicklung und Verallgemeinerung seiner Rspr zur begrenzten Rückwirkung der Diskriminierungsverbote bei den Systemen der betrieblichen Altersvorsorge seit Defrenne I hat der EuGH einen **allgemeinen Grundsatz** entwickelt. Nur unter sehr hohen Anforderungen kann eine Ausnahme von der uneingeschränkten Wirkung der Diskriminierungsverbote zugelassen werden, wenn dies vom allgemeinen Grundsatz der Rechtssicherheit geboten sei, um in gutem Glauben begründete, langfristige Rechtsverhältnisse unangetastet zu lassen (EuGH, Rs. 24/86 (Blaizot), Slg 1988, 379, Rn 28; EuGH, Rs. C-104/98 (Buchner u.a.), Slg 2000, I-3625, Rn 39; EuGH, Rs. C-423/04 (Richards), Slg 2006, I-3585, Rn 39 ff; EuGH, C-577/08 (Brouwer), Slg 2010, I-7489, Rn 32 ff). Dazu im Einzelnen Kommentierung zu Art. 12 RL 2006/54/EG, insb. Rn 9 und Art. 19 AEUV, Rn 69. Voraussetzung für eine allgemeine Begrenzung der Rückwirkung ist (1) die „Gefahr schwerwiegender wirtschaftlicher Auswirkungen insbesondere im Zusammenhang damit, dass eine große Zahl von Rechtsverhältnissen gutgläubig auf der Grundlage der als rechtmäßig betrachteten Regelung eingegangen wurde" und (2) das „Bestehen einer objektiven, bedeutenden Unsicherheit hinsichtlich der Tragweite der Gemeinschaftsbestimmungen" (EuGH, C-577/08 (Brouwer), Slg 2010, I-7489, Rn 32 ff, 36). Die Voraussetzung (1) hat der EuGH für staatliche Renten genauso verneint wie Voraussetzung (2) für das Anknüpfen an Lohndiskriminierungen auf dem Markt und den durchschnittlichen Löhnen (EuGH, C-577/08 (Brouwer), Slg 2010, I-7489, Rn 32 ff).

Artikel 13 Flexibles Rentenalter

Haben Frauen und Männer zu gleichen Bedingungen Anspruch auf ein flexibles Rentenalter, so ist dies nicht als mit diesem Kapitel unvereinbar anzusehen.

KAPITEL 3
Gleichbehandlung hinsichtlich des Zugangs zur Beschäftigung zur Berufsbildung und zum beruflichen Aufstieg sowie in Bezug auf die Arbeitsbedingungen

Artikel 14 Diskriminierungsverbot

(1) Im öffentlichen und privaten Sektor einschließlich öffentlicher Stellen darf es in Bezug auf folgende Punkte keinerlei unmittelbare oder mittelbare Diskriminierung aufgrund des Geschlechts geben:

a) die Bedingungen — einschließlich Auswahlkriterien und Einstellungsbedingungen — für den Zugang zur Beschäftigung oder zu abhängiger oder selbständiger Erwerbstätigkeit, unabhängig von Tätigkeitsfeld und beruflicher Position einschließlich des beruflichen Aufstiegs;

b) den Zugang zu allen Formen und allen Ebenen der Berufsberatung, der Berufsausbildung, der beruflichen Weiterbildung und der Umschulung einschließlich der praktischen Berufserfahrung;

c) die Beschäftigungs- und Arbeitsbedingungen einschließlich der Entlassungsbedingungen sowie das Arbeitsentgelt nach Maßgabe von Artikel 141 des Vertrags;

d) die Mitgliedschaft und Mitwirkung in einer Arbeitnehmer- oder Arbeitgeberorganisation oder einer Organisation, deren Mitglieder einer bestimmten Berufsgruppe angehören, einschließlich der Inanspruchnahme der Leistungen solcher Organisationen.

(2) Die Mitgliedstaaten können im Hinblick auf den Zugang zur Beschäftigung einschließlich der zu diesem Zweck erfolgenden Berufsbildung vorsehen, dass eine Ungleichbehandlung wegen eines geschlechtsbezogenen Merkmals keine Diskriminierung darstellt, wenn das betreffende Merkmal aufgrund der Art einer bestimmten beruflichen Tätigkeit oder der Bedingungen ihrer Ausübung eine wesentliche und entscheidende berufliche Anforderung darstellt, sofern es sich um einen rechtmäßigen Zweck und eine angemessene Anforderung handelt.

Artikel 15 Rückkehr aus dem Mutterschaftsurlaub

Frauen im Mutterschaftsurlaub haben nach Ablauf des Mutterschaftsurlaubs Anspruch darauf, an ihren früheren Arbeitsplatz oder einen gleichwertigen Arbeitsplatz unter Bedingungen, die für sie nicht weniger günstig sind, zurückzukehren, und darauf, dass ihnen auch alle Verbesserungen der Arbeitsbedingungen, auf die sie während ihrer Abwesenheit Anspruch gehabt hätten, zugute kommen.

Artikel 16 Vaterschaftsurlaub und Adoptionsurlaub

Diese Richtlinie lässt das Recht der Mitgliedstaaten unberührt, eigene Rechte auf Vaterschaftsurlaub und/oder Adoptionsurlaub anzuerkennen. Die Mitgliedstaaten, die derartige Rechte anerkennen, treffen die erforderlichen Maßnahmen, um männliche und weibliche Arbeitnehmer vor Entlassung infolge der Inanspruchnahme dieser Rechte zu schützen, und gewährleisten, dass sie nach Ablauf des Urlaubs Anspruch darauf haben, an ihren früheren Arbeitsplatz oder einen gleichwertigen Arbeitsplatz unter Bedingungen, die für sie nicht weniger günstig sind, zurückzukehren, und darauf, dass ihnen auch alle Verbesserungen der Arbeitsbedingungen, auf die sie während ihrer Abwesenheit Anspruch gehabt hätten, zugute kommen.

Titel III Horizontale Bestimmungen

KAPITEL 1
Rechtsmittel und Rechtsdurchsetzung

Abschnitt 1
Rechtsmittel

Artikel 17 Rechtsschutz

(1) Die Mitgliedstaaten stellen sicher, dass alle Personen, die sich durch die Nichtanwendung des Gleichbehandlungsgrundsatzes in ihren Rechten für verletzt halten, ihre Ansprüche aus dieser Richtlinie gegebenenfalls nach Inanspruchnahme anderer zuständiger Behörden oder, wenn die Mitgliedstaaten es für angezeigt halten, nach einem Schlichtungsverfahren auf dem Gerichtsweg geltend machen können, selbst wenn das Verhältnis, während dessen die Diskriminierung vorgekommen sein soll, bereits beendet ist.

(2) Die Mitgliedstaaten stellen sicher, dass Verbände, Organisationen oder andere juristische Personen, die gemäß den in ihrem einzelstaatlichen Recht festgelegten Kriterien ein rechtmäßiges Interesse daran haben, für die Einhaltung der Bestimmungen dieser Richtlinie zu sorgen, sich entweder im Namen der beschwerten Person oder zu deren Unterstützung mit deren Einwilligung an den in dieser Richtlinie zur Durchsetzung der Ansprüche vorgesehenen Gerichts- und/oder Verwaltungsverfahren beteiligen können.

(3) Die Absätze 1 und 2 lassen einzelstaatliche Regelungen über Fristen für die Rechtsverfolgung betreffend den Grundsatz der Gleichbehandlung unberührt.

Artikel 18 Schadenersatz oder Entschädigung

Die Mitgliedstaaten treffen im Rahmen ihrer nationalen Rechtsordnungen die erforderlichen Maßnahmen, um sicherzustellen, dass der einer Person durch eine Diskriminierung aufgrund des Geschlechts entstandene Schaden — je nach den Rechtsvorschriften der Mitgliedstaaten — tatsächlich und wirksam ausgeglichen oder ersetzt wird, wobei dies auf eine abschreckende und dem erlittenen Schaden angemessene Art und Weise geschehen muss. Dabei darf ein solcher Ausgleich oder eine solche Entschädigung nur in den Fällen durch eine im Voraus festgelegte Höchstgrenze begrenzt werden, in denen der Arbeitgeber nachweisen kann, dass der einem Bewerber durch die Diskriminierung im Sinne dieser Richtlinie entstandene Schaden allein darin besteht, dass die Berücksichtigung seiner Bewerbung verweigert wurde.

Abschnitt 2
Beweislast

Artikel 19 Beweislast

(1) Die Mitgliedstaaten ergreifen im Einklang mit dem System ihrer nationalen Gerichtsbarkeit die erforderlichen Maßnahmen, nach denen dann, wenn Personen, die sich durch die Verletzung des Gleichbehandlungsgrundsatzes für beschwert halten und bei einem Gericht bzw. einer anderen zuständigen Stelle Tatsachen glaubhaft machen, die das Vorliegen einer unmittelbaren oder mittelbaren Diskriminierung vermuten lassen, es dem Beklagten obliegt zu beweisen, dass keine Verletzung des Gleichbehandlungsgrundsatzes vorgelegen hat.

(2) Absatz 1 lässt das Recht der Mitgliedstaaten, eine für die klagende Partei günstigere Beweislastregelung vorzusehen, unberührt.

(3) Die Mitgliedstaaten können davon absehen, Absatz 1 auf Verfahren anzuwenden, in denen die Ermittlung des Sachverhalts dem Gericht oder einer anderen zuständigen Stelle obliegt.

(4) Die Absätze 1, 2 und 3 finden ebenfalls Anwendung auf

a) die Situationen, die von Artikel 141 des Vertrags und — sofern die Frage einer Diskriminierung aufgrund des Geschlechts angesprochen ist — von den Richtlinien 92/85/EWG und 96/34/EG erfasst werden;
b) zivil- und verwaltungsrechtliche Verfahren sowohl im öffentlichen als auch im privaten Sektor, die Rechtsbehelfe nach innerstaatlichem Recht bei der Anwendung der Vorschriften gemäß Buchstabe a vorsehen, mit Ausnahme der freiwilligen oder in den innerstaatlichen Rechtsvorschriften vorgesehenen außergerichtlichen Verfahren.

(5) Soweit von den Mitgliedstaaten nicht anders geregelt, gilt dieser Artikel nicht für Strafverfahren.

KAPITEL 2
Förderung der Gleichbehandlung — Dialog
Artikel 20 Stellen zur Förderung der Gleichbehandlung

(1) Jeder Mitgliedstaat bezeichnet eine oder mehrere Stellen, deren Aufgabe darin besteht, die Verwirklichung der Gleichbehandlung aller Personen ohne Diskriminierung aufgrund des Geschlechts zu fördern, zu analysieren, zu beobachten und zu unterstützen. Diese Stellen können Teil von Einrichtungen sein, die auf nationaler Ebene für den Schutz der Menschenrechte oder der Rechte des Einzelnen verantwortlich sind.

(2) Die Mitgliedstaaten stellen sicher, dass es zu den Befugnissen dieser Stellen gehört,

a) unbeschadet der Rechte der Opfer und der Verbände, Organisationen oder anderer juristischer Personen nach Artikel 17 Absatz 2 die Opfer von Diskriminierungen auf unabhängige Weise dabei zu unterstützen, ihre Beschwerde wegen Diskriminierung zu verfolgen;
b) unabhängige Untersuchungen zum Thema der Diskriminierung durchzuführen;
c) unabhängige Berichte zu veröffentlichen und Empfehlungen zu allen Aspekten vorzulegen, die mit diesen Diskriminierungen in Zusammenhang stehen;
d) auf geeigneter Ebene mit entsprechenden europäischen Einrichtungen, wie beispielsweise einem künftigen Europäischen Institut für Gleichstellungsfragen verfügbare Informationen auszutauschen.

Artikel 21 Sozialer Dialog

(1) Die Mitgliedstaaten treffen im Einklang mit den nationalen Gepflogenheiten und Verfahren geeignete Maßnahmen zur Förderung des sozialen Dialogs zwischen den Sozialpartnern mit dem Ziel, die Verwirklichung der Gleichbehandlung voranzubringen, beispielsweise durch Beobachtung der Praktiken am Arbeitsplatz und beim Zugang zur Beschäftigung, zur Berufsbildung und zum beruflichen Aufstieg sowie durch Beobachtung der Tarifverträge und durch Verhaltenskodizes, Forschungsarbeiten oder den Austausch von Erfahrungen und bewährten Verfahren.

(2) Soweit mit den nationalen Gepflogenheiten und Verfahren vereinbar, ersuchen die Mitgliedstaaten die Sozialpartner ohne Eingriff in deren Autonomie, die Gleichstellung von Männern und Frauen durch flexible Arbeitsbedingungen zur besseren Vereinbarkeit von Privatleben und Beruf zu fördern und auf geeigneter Ebene Antidiskriminierungsvereinbarungen zu schließen, die die in

Artikel 1 genannten Bereiche betreffen, soweit diese in den Verantwortungsbereich der Tarifparteien fallen. Die Vereinbarungen müssen den Bestimmungen dieser Richtlinie sowie den einschlägigen nationalen Durchführungsbestimmungen entsprechen.

(3) Die Mitgliedstaaten ersuchen in Übereinstimmung mit den nationalen Gesetzen, Tarifverträgen oder Gepflogenheiten die Arbeitgeber, die Gleichbehandlung von Männern und Frauen am Arbeitsplatz sowie beim Zugang zur Beschäftigung, zur Berufsbildung und zum beruflichen Aufstieg in geplanter und systematischer Weise zu fördern.

(4) Zu diesem Zweck werden die Arbeitgeber ersucht, den Arbeitnehmern und/oder den Arbeitnehmervertretern in regelmäßigen angemessenen Abständen Informationen über die Gleichbehandlung von Männern und Frauen in ihrem Betrieb zu geben.

Diese Informationen können Übersichten über den Anteil von Männern und Frauen auf den unterschiedlichen Ebenen des Betriebs, ihr Entgelt sowie Unterschiede beim Entgelt und mögliche Maßnahmen zur Verbesserung der Situation in Zusammenarbeit mit den Arbeitnehmervertretern enthalten.

Artikel 22 Dialog mit Nichtregierungsorganisationen

Die Mitgliedstaaten fördern den Dialog mit den jeweiligen Nichtregierungsorganisationen, die gemäß den einzelstaatlichen Rechtsvorschriften und Gepflogenheiten ein rechtmäßiges Interesse daran haben, sich an der Bekämpfung von Diskriminierung aufgrund des Geschlechts zu beteiligen, um die Einhaltung des Grundsatzes der Gleichbehandlung zu fördern.

KAPITEL 3
Allgemeine horizontale Bestimmungen

Artikel 23 Einhaltung

Die Mitgliedstaaten treffen alle erforderlichen Maßnahmen, um sicherzustellen, dass

a) die Rechts- und Verwaltungsvorschriften, die dem Gleichbehandlungsgrundsatz zuwiderlaufen, aufgehoben werden;

b) mit dem Gleichbehandlungsgrundsatz nicht zu vereinbarende Bestimmungen in Arbeits- und Tarifverträgen, Betriebsordnungen und Statuten der freien Berufe und der Arbeitgeber- und Arbeitnehmerorganisationen und allen sonstigen Vereinbarungen und Regelungen nichtig sind, für nichtig erklärt werden können oder geändert werden;

c) betriebliche Systeme der sozialen Sicherheit, die solche Bestimmungen enthalten, nicht durch Verwaltungsmaßnahmen genehmigt oder für allgemeinverbindlich erklärt werden können.

Artikel 24 Viktimisierung

Die Mitgliedstaaten treffen im Rahmen ihrer nationalen Rechtsordnungen die erforderlichen Maßnahmen, um die Arbeitnehmer sowie die aufgrund der innerstaatlichen Rechtsvorschriften und/oder Gepflogenheiten vorgesehenen Arbeitnehmervertreter vor Entlassung oder anderen Benachteiligungen durch den Arbeitgeber zu schützen, die als Reaktion auf eine Beschwerde innerhalb des betreffenden Unternehmens oder auf die Einleitung eines Verfahrens zur Durchsetzung des Gleichbehandlungsgrundsatzes erfolgen.

Artikel 25   Sanktionen

Die Mitgliedstaaten legen die Regeln für die Sanktionen fest, die bei einem Verstoß gegen die einzelstaatlichen Vorschriften zur Umsetzung dieser Richtlinie zu verhängen sind, und treffen alle erforderlichen Maßnahmen, um deren Anwendung zu gewährleisten. Die Sanktionen, die auch Schadenersatzleistungen an die Opfer umfassen können, müssen wirksam, verhältnismäßig und abschreckend sein. Die Mitgliedstaaten teilen diese Vorschriften der Kommission spätestens bis zum 5. Oktober 2005 mit und unterrichten sie unverzüglich über alle späteren Änderungen dieser Vorschriften.

Artikel 26   Vorbeugung von Diskriminierung

Die Mitgliedstaaten ersuchen in Einklang mit ihren nationalen Rechtsvorschriften, Tarifverträgen oder Gepflogenheiten die Arbeitgeber und die für Berufsbildung zuständigen Personen, wirksame Maßnahmen zu ergreifen, um allen Formen der Diskriminierung aufgrund des Geschlechts und insbesondere Belästigung und sexueller Belästigung am Arbeitsplatz sowie beim Zugang zur Beschäftigung, zur Berufsbildung und zum beruflichen Aufstieg vorzubeugen.

Artikel 27   Mindestanforderungen

(1) Die Mitgliedstaaten können Vorschriften erlassen oder beibehalten, die im Hinblick auf die Wahrung des Gleichbehandlungsgrundsatzes günstiger als die in dieser Richtlinie vorgesehenen Vorschriften sind.

(2) Die Durchführung dieser Richtlinie rechtfertigt in keinem Fall eine Beeinträchtigung des Schutzniveaus der Arbeitnehmer in dem von ihr abgedeckten Bereich; das Recht der Mitgliedstaaten, als Reaktion auf eine veränderte Situation Rechts- und Verwaltungsvorschriften zu erlassen, die sich von denen unterscheiden, die zum Zeitpunkt der Bekanntgabe dieser Richtlinie in Kraft waren, bleibt unberührt, solange die Bestimmungen dieser Richtlinie eingehalten werden.

Artikel 28   Verhältnis zu gemeinschaftlichen und einzelstaatlichen Vorschriften

(1) Diese Richtlinie steht Vorschriften zum Schutz der Frau, insbesondere bei Schwangerschaft und Mutterschaft, nicht entgegen.

(2) Diese Richtlinie berührt nicht die Bestimmungen der Richtlinien 96/34/EG und 92/85/EWG.

Artikel 29   Durchgängige Berücksichtigung des Gleichstellungsaspekts

Die Mitgliedstaaten berücksichtigen aktiv das Ziel der Gleichstellung von Männern und Frauen bei der Formulierung und Durchführung von Rechts- und Verwaltungsvorschriften, Politiken und Tätigkeiten in den in dieser Richtlinie genannten Bereichen.

Artikel 30   Verbreitung von Informationen

Die Mitgliedstaaten tragen dafür Sorge, dass die in Anwendung dieser Richtlinie ergehenden Maßnahmen sowie die bereits geltenden einschlägigen Vorschriften allen Betroffenen in geeigneter Form und gegebenenfalls in den Betrieben bekannt gemacht werden.

Titel IV Schlussbestimmungen

Artikel 31 Berichte

(1) Die Mitgliedstaaten übermitteln der Kommission bis zum 15. Februar 2011 alle Informationen, die diese benötigt, um einen Bericht an das Europäische Parlament und den Rat über die Anwendung der Richtlinie zu erstellen.

(2) Unbeschadet des Absatzes 1 übermitteln die Mitgliedstaaten der Kommission alle vier Jahre den Wortlaut aller Maßnahmen nach Artikel 141 Absatz 4 des Vertrags sowie Berichte über diese Maßnahmen und deren Durchführung. Auf der Grundlage dieser Informationen verabschiedet und veröffentlicht die Kommission alle vier Jahre einen Bericht, der eine vergleichende Bewertung solcher Maßnahmen unter Berücksichtigung der Erklärung Nr. 28 in der Schlussakte des Vertrags von Amsterdam enthält.

(3) Die Mitgliedstaaten prüfen in regelmäßigen Abständen die in Artikel 14 Absatz 2 genannten beruflichen Tätigkeiten, um unter Berücksichtigung der sozialen Entwicklung festzustellen, ob es gerechtfertigt ist, die betreffenden Ausnahmen aufrechtzuerhalten. Sie übermitteln der Kommission das Ergebnis dieser Prüfung regelmäßig, zumindest aber alle acht Jahre.

Artikel 32 Überprüfung

Die Kommission überprüft spätestens bis zum 15. Februar 2013 die Anwendung dieser Richtlinie und schlägt, soweit sie dies für erforderlich hält, Änderungen vor.

Artikel 33 Umsetzung

Die Mitgliedstaaten setzen die Rechts- und Verwaltungsvorschriften in Kraft, die erforderlich sind, um dieser Richtlinie spätestens ab dem 15. August 2008 nachzukommen, oder stellen bis zu diesem Zeitpunkt sicher, dass die Sozialpartner im Wege einer Vereinbarung die erforderlichen Bestimmungen einführen. Den Mitgliedstaaten kann längstens ein weiteres Jahr eingeräumt werden, um dieser Richtlinie nachzukommen, wenn dies aufgrund besonderer Schwierigkeiten erforderlich ist. Die Mitgliedstaaten treffen alle notwendigen Maßnahmen, um jederzeit gewährleisten zu können, dass die durch die Richtlinie vorgeschriebenen Ergebnisse erzielt werden. Sie teilen der Kommission unverzüglich den Wortlaut dieser Vorschriften mit.

Wenn die Mitgliedstaaten diese Vorschriften erlassen, nehmen sie in den Vorschriften selbst oder durch einen Hinweis bei der amtlichen Veröffentlichung auf diese Richtlinie Bezug. Diese Bezugnahme enthält außerdem eine Erklärung, wonach Bezugnahmen in bestehenden Rechts- oder Verwaltungsvorschriften auf durch diese Richtlinie aufgehobene Richtlinien als Bezugnahmen auf die vorliegende Richtlinie zu verstehen sind. Die Mitgliedstaaten regeln die Einzelheiten der Bezugnahme und die Formulierung der genannten Erklärung.

Die Verpflichtung zur Umsetzung dieser Richtlinie in innerstaatliches Recht beschränkt sich auf diejenigen Bestimmungen, die eine inhaltliche Veränderung gegenüber den früheren Richtlinien darstellen. Die Verpflichtung zur Umsetzung derjenigen Bestimmungen, die inhaltlich unverändert bleiben, ergibt sich aus den früheren Richtlinien.

Die Mitgliedstaaten teilen der Kommission den Wortlaut der wichtigsten innerstaatlichen Rechtsvorschriften mit, die sie auf dem unter diese Richtlinie fallenden Gebiet erlassen.

Artikel 34 Aufhebung

(1) Die Richtlinien 75/117/EWG, 76/207/EWG, 86/378/EWG und 97/80/EG werden mit Wirkung vom 15. August 2009 aufgehoben; die Verpflichtung der Mitgliedstaaten hinsichtlich der Fristen für die Umsetzung der in Anhang I Teil B genannten Richtlinien in einzelstaatliches Recht und für ihre Anwendung bleibt hiervon unberührt.

(2) Verweisungen auf die aufgehobenen Richtlinien gelten als Verweisungen auf die vorliegende Richtlinie und sind nach der Entsprechungstabelle in Anhang II zu lesen.

Artikel 35 Inkrafttreten

Diese Richtlinie tritt am zwanzigsten Tag nach ihrer Veröffentlichung im Amtsblatt der Europäischen Union in Kraft.

Artikel 36 Adressaten

Diese Richtlinie ist an die Mitgliedstaaten gerichtet.

(...)

ANHANG I

TEIL A Aufgehobene Richtlinien und Änderungsrichtlinien

Richtlinie 75/117/EWG des Rates ABl. L 45 vom 19.2.1975, S. 19,

Richtlinie 76/207/EWG des Rates, ABl. L 39 vom 14.2.1976, S. 40

Richtlinie 2002/73/EG des Europäischen Parlaments und des Rates, ABl. L 269 vom 5.10.2002, S. 15

Richtlinie 86/378/EWG des Rates, ABl. L 225 vom 12.8.1986, S. 40

Richtlinie 96/97/EG des Rates, ABl. L 46 vom 17.2.1997, S. 20

Richtlinie 97/80/EG des Rates, ABl. L 14 vom 20.1.1998, S. 6

Richtlinie 98/52/EG des Rates, ABl. L 205 vom 22.7.1998, S. 66

TEIL B Fristen für die Umsetzung in nationales Recht und Datum der Anwendung (gemäß Artikel 34 Absatz 1)

Richtlinie, Frist für die Umsetzung, Datum der Anwendung

Richtlinie 75/117/EWG, 19.2.1976,

Richtlinie 76/207/EWG, 14.8.1978,

Richtlinie 86/378/EWG, 1.1.1993,

Richtlinie 96/97/EG, 1.7.1997, 17.5.1990 in Bezug auf Arbeitnehmer, außer im Fall von Arbeitnehmern oder deren anspruchsberechtigten Angehörigen, die vor diesem Zeitpunkt eine Klage bei Gericht oder ein gleichwertiges Verfahren nach geltendem einzelstaatlichen Recht anhängig gemacht haben Artikel 8 der Richtlinie 86/378/EWG — spätestens 1.1.1993 Artikel 6 Absatz 1 Buchstabe i erster Gedankenstrich der Richtlinie 86/378/EWG — spätestens 1.1.1999

Richtlinie 97/80/EG, 1.1.2001, In Bezug auf das Vereinigte Königreich von Großbritannien und Nordirland: 22.7.2001

Richtlinie 98/52/EG, 22.7.2001,

Richtlinie 2002/73/EG, 5.10.2005.

Teil 8:
Richtlinie 2000/43/EG des Rates vom 29. Juni 2000
zur Anwendung des Gleichbehandlungsgrundsatzes ohne Unterschied der Rasse oder der ethnischen Herkunft

(ABl. L 180 vom 19.7.2000, S. 22)

DER RAT DER EUROPÄISCHEN UNION -

gestützt auf den Vertrag zur Gründung der Europäischen Gemeinschaft, insbesondere auf Artikel 13,

auf Vorschlag der Kommission,

nach Stellungnahme des Europäischen Parlaments,

nach Stellungnahme des Wirtschafts- und Sozialausschusses,

nach Stellungnahme des Ausschusses der Regionen,

in Erwägung nachstehender Gründe:

(1) Der Vertrag über die Europäische Union markiert den Beginn einer neuen Etappe im Prozess des immer engeren Zusammenwachsens der Völker Europas.

(2) Nach Artikel 6 des Vertrags über die Europäische Union beruht die Europäische Union auf den Grundsätzen der Freiheit, der Demokratie, der Achtung der Menschenrechte und Grundfreiheiten sowie der Rechtsstaatlichkeit; diese Grundsätze sind den Mitgliedstaaten gemeinsam. Nach Artikel 6 EU-Vertrag sollte die Union ferner die Grundrechte, wie sie in der Europäischen Konvention zum Schutze der Menschenrechte und Grundfreiheiten gewährleistet sind und wie sie sich aus den gemeinsamen Verfassungsüberlieferungen als allgemeine Grundsätze des Gemeinschaftsrechts ergeben, achten.

(3) Die Gleichheit vor dem Gesetz und der Schutz aller Menschen vor Diskriminierung ist ein allgemeines Menschenrecht. Dieses Recht wurde in der Allgemeinen Erklärung der Menschenrechte, im VN-Übereinkommen über die Beseitigung aller Formen der Diskriminierung von Frauen, im Internationalen Übereinkommen zur Beseitigung jeder Form von Rassendiskriminierung, im Internationalen Pakt der VN über bürgerliche und politische Rechte sowie im Internationalen Pakt der VN über wirtschaftliche, soziale und kulturelle Rechte und in der Europäischen Konvention zum Schutz der Menschenrechte und der Grundfreiheiten anerkannt, die von allen Mitgliedstaaten unterzeichnet wurden.

(4) Es ist wichtig, dass diese Grundrechte und Grundfreiheiten, einschließlich der Vereinigungsfreiheit, geachtet werden. Ferner ist es wichtig, dass im Zusammenhang mit dem Zugang zu und der Versorgung mit Gütern und Dienstleistungen der Schutz der Privatsphäre und des Familienlebens sowie der in diesem Kontext getätigten Geschäfte gewahrt bleibt.

(5) Das Europäische Parlament hat eine Reihe von Entschließungen zur Bekämpfung des Rassismus in der Europäischen Union angenommen.

(6) Die Europäische Union weist Theorien, mit denen versucht wird, die Existenz verschiedener menschlicher Rassen zu belegen, zurück. Die Verwendung des Begriffs "Rasse" in dieser Richtlinie impliziert nicht die Akzeptanz solcher Theorien.

(7) Auf seiner Tagung in Tampere vom 15. und 16. Oktober 1999 ersuchte der Europäische Rat die Kommission, so bald wie möglich Vorschläge zur Durchführung des Artikels 13 EG-Vertrag im Hinblick auf die Bekämpfung von Rassismus und Fremdenfeindlichkeit vorzulegen.

(8) In den vom Europäischen Rat auf seiner Tagung vom 10. und 11. Dezember 1999 in Helsinki vereinbarten beschäftigungspolitischen Leitlinien für das Jahr 2000 wird die Notwendigkeit unterstrichen, günstigere Bedingungen für die Entstehung eines Arbeitsmarktes zu schaffen, der soziale Integration fördert; dies soll durch ein Bündel aufeinander abgestimmter Maßnahmen geschehen, die darauf abstellen, Diskriminierungen bestimmter gesellschaftlicher Gruppen, wie ethnischer Minderheiten, zu bekämpfen.

(9) Diskriminierungen aus Gründen der Rasse oder der ethnischen Herkunft können die Verwirklichung der im EG-Vertrag festgelegten Ziele unterminieren, insbesondere die Erreichung eines hohen Beschäftigungsniveaus und eines hohen Maßes an sozialem Schutz, die Hebung des Lebensstandards und der Lebensqualität, den wirtschaftlichen und sozialen Zusammenhalt sowie die Solidarität. Ferner kann das Ziel der Weiterentwicklung der Europäischen Union zu einem Raum der Freiheit, der Sicherheit und des Rechts beeinträchtigt werden.

(10) Die Kommission legte im Dezember 1995 eine Mitteilung über Rassismus, Fremdenfeindlichkeit und Antisemitismus vor.

(11) Der Rat hat am 15. Juli 1996 die Gemeinsame Maßnahme 96/443/JI zur Bekämpfung von Rassismus und Fremdenfeindlichkeit angenommen, mit der sich die Mitgliedstaaten verpflichten, eine wirksame justitielle Zusammenarbeit bei Vergehen, die auf rassistischen oder fremdenfeindlichen Verhaltensweisen beruhen, zu gewährleisten.

(12) Um die Entwicklung demokratischer und toleranter Gesellschaften zu gewährleisten, die allen Menschen – ohne Unterschied der Rasse oder der ethnischen Herkunft – eine Teilhabe ermöglichen, sollten spezifische Maßnahmen zur Bekämpfung von Diskriminierungen aus Gründen der Rasse oder der ethnischen Herkunft über die Gewährleistung des Zugangs zu unselbständiger und selbständiger Erwerbstätigkeit hinausgehen und auch Aspekte wie Bildung, Sozialschutz, einschließlich sozialer Sicherheit und der Gesundheitsdienste, soziale Vergünstigungen, Zugang zu und Versorgung mit Gütern und Dienstleistungen, mit abdecken.

(13) Daher sollte jede unmittelbare oder mittelbare Diskriminierung aus Gründen der Rasse oder der ethnischen Herkunft in den von der Richtlinie abgedeckten Bereichen gemeinschaftsweit untersagt werden. Dieses Diskriminierungsverbot sollte auch hinsichtlich Drittstaatsangehörigen angewandt werden, betrifft jedoch keine Ungleichbehandlungen aufgrund der Staatsangehörigkeit und läßt die Vorschriften über die Einreise und den Aufenthalt von Drittstaatsangehörigen und ihren Zugang zu Beschäftigung und Beruf unberührt.

(14) Bei der Anwendung des Grundsatzes der Gleichbehandlung ohne Ansehen der Rasse oder der ethnischen Herkunft sollte die Gemeinschaft im Einklang mit Artikel 3 Absatz 2 EG-Vertrag bemüht sein, Ungleichheiten zu beseitigen und die Gleichstellung von Männern und Frauen zu fördern, zumal Frauen häufig Opfer mehrfacher Diskriminierungen sind.

(15) Die Beurteilung von Tatbeständen, die auf eine unmittelbare oder mittelbare Diskriminierung schließen lassen, obliegt den einzelstaatlichen gerichtlichen Instanzen oder anderen zuständigen Stellen nach den nationalen Rechtsvorschriften oder Gepflogenheiten. In diesen einzelstaatlichen Vorschriften kann insbesondere vorgesehen sein, dass mittelbare Diskriminierung mit allen Mitteln, einschließlich statistischer Beweise, festzustellen ist.

(16) Es ist wichtig, alle natürlichen Personen gegen Diskriminierung aus Gründen der Rasse oder der ethnischen Herkunft zu schützen. Die Mitgliedstaaten sollten auch, soweit es angemessen ist und im Einklang mit ihren nationalen Gepflogenheiten und Verfahren steht, den Schutz juristischer Personen vorsehen, wenn diese aufgrund der Rasse oder der ethnischen Herkunft ihrer Mitglieder Diskriminierungen erleiden.

(17) Das Diskriminierungsverbot sollte nicht der Beibehaltung oder dem Erlass von Maßnahmen entgegenstehen, mit denen bezweckt wird, Benachteiligungen von Angehörigen einer bestimmten Rasse oder ethnischen Gruppe zu verhindern oder auszugleichen, und diese Maßnahmen können

Organisation von Personen einer bestimmten Rasse oder ethnischen Herkunft gestatten, wenn deren Zweck hauptsächlich darin besteht, für die besonderen Bedürfnisse dieser Personen einzutreten.

(18) Unter sehr begrenzten Bedingungen kann eine unterschiedliche Behandlung gerechtfertigt sein, wenn ein Merkmal, das mit der Rasse oder ethnischen Herkunft zusammenhängt, eine wesentliche und entscheidende berufliche Anforderung darstellt, sofern es sich um einen legitimen Zweck und eine angemessene Anforderung handelt. Diese Bedingungen sollten in die Informationen aufgenommen werden, die die Mitgliedstaaten der Kommission übermitteln.

(19) Opfer von Diskriminierungen aus Gründen der Rasse oder der ethnischen Herkunft sollten über einen angemessenen Rechtsschutz verfügen. Um einen effektiveren Schutz zu gewährleisten, sollte auch die Möglichkeit bestehen, dass sich Verbände oder andere juristische Personen unbeschadet der nationalen Verfahrensordnung bezüglich der Vertretung und Verteidigung vor Gericht bei einem entsprechenden Beschluss der Mitgliedstaaten im Namen eines Opfers oder zu seiner Unterstützung an einem Verfahren beteiligen.

(20) Voraussetzungen für eine effektive Anwendung des Gleichheitsgrundsatzes sind ein angemessener Schutz vor Viktimisierung.

(21) Eine Änderung der Regeln für die Beweislastverteilung ist geboten, wenn ein glaubhafter Anschein einer Diskriminierung besteht. Zur wirksamen Anwendung des Gleichbehandlungsgrundsatzes ist eine Verlagerung der Beweislast auf die beklagte Partei erforderlich, wenn eine solche Diskriminierung nachgewiesen ist.

(22) Die Mitgliedstaaten können davon absehen, die Regeln für die Beweislastverteilung auf Verfahren anzuwenden, in denen die Ermittlung des Sachverhalts dem Gericht oder der zuständigen Stelle obliegt. Dies betrifft Verfahren, in denen die klagende Partei den Beweis des Sachverhalts, dessen Ermittlung dem Gericht oder der zuständigen Stelle obliegt, nicht anzutreten braucht.

(23) Die Mitgliedstaaten sollten den Dialog zwischen den Sozialpartnern und mit Nichtregierungsorganisationen fördern, mit dem Ziel, gegen die verschiedenen Formen von Diskriminierung anzugehen und diese zu bekämpfen.

(24) Der Schutz vor Diskriminierung aus Gründen der Rasse oder der ethnischen Herkunft würde verstärkt, wenn es in jedem Mitgliedstaat eine Stelle bzw. Stellen gäbe, die für die Analyse der mit Diskriminierungen verbundenen Probleme, die Prüfung möglicher Lösungen und die Bereitstellung konkreter Hilfsangebote an die Opfer zuständig wäre.

(25) In dieser Richtlinie werden Mindestanforderungen festgelegt; den Mitgliedstaaten steht es somit frei, günstigere Vorschriften beizubehalten oder einzuführen. Die Umsetzung der Richtlinie darf nicht als Rechtfertigung für eine Absenkung des in den Mitgliedstaaten bereits bestehenden Schutzniveaus benutzt werden.

(26) Die Mitgliedstaaten sollten wirksame, verhältnismäßige und abschreckende Sanktionen für den Fall vorsehen, dass gegen die aus der Richtlinie erwachsenden Verpflichtungen verstoßen wird.

(27) Die Mitgliedstaaten können den Sozialpartnern auf deren gemeinsamen Antrag die Durchführung der Bestimmungen dieser Richtlinie übertragen, die in den Anwendungsbereich von Tarifverträgen fallen, sofern sie alle erforderlichen Maßnahmen treffen, um jederzeit gewährleisten zu können, dass die durch diese Richtlinie vorgeschriebenen Ergebnisse erzielt werden.

(28) Entsprechend dem in Artikel 5 EG-Vertrag niedergelegten Subsidiaritäts- und Verhältnismäßigkeitsprinzip kann das Ziel dieser Richtlinie, nämlich ein einheitliches, hohes Niveau des Schutzes vor Diskriminierungen in allen Mitgliedstaaten zu gewährleisten, auf der Ebene der Mitgliedstaaten nicht ausreichend erreicht werden; es kann daher wegen des Umfangs und der

Wirkung der vorgeschlagenen Maßnahme besser auf Gemeinschaftsebene verwirklicht werden. Diese Richtlinie geht nicht über das für die Erreichung dieser Ziele erforderliche Maß hinaus -

HAT FOLGENDE RICHTLINIE ERLASSEN:

Literaturübersicht

Althoff, Die Bekämpfung von Diskriminierungen aus Gründen der Rasse und der ethnischen Herkunft in der Europäischen Gemeinschaft ausgehend von Art. 13 EG, 2006; *Barskanmaz*, Rasse – Unwort des Antidiskriminierungsrechts?, KJ 2011, S. 382; *Bieback*, Schutz vor Diskriminierungen gegenüber Systemen der Sozialen Sicherheit. Altes und neues Diskriminierungsschutzrecht der Richtlinie 79/7/EWG und der Richtlinie 2000/43/EG und das deutsche Sozialrecht, in: *Rust u.a.* (Hrsg.), Die Gleichbehandlungsrichtlinien der EU und ihre Umsetzung in Deutschland, Loccumer Protokolle 40/03, 2003, S. 93-117; *Jaenichen*, Selektivität beim Zugang in Förderung durch betriebliche Einstellungshilfen, MittAB 3/2000, S. 445; *Rademacher/Wiechens* (Hrsg.), Geschlecht – Ethnizität – Klasse, 2001.

Vorbemerkungen

Die Richtlinie 2000/43/EG ist die erste jener neuen Antidiskriminierungsrichtlinien der Gemeinschaft, die ab 2000 im Wesentlichen dem gleichen Aufbau und Regelungsgehalt folgen: 1

- Diskriminierung ist jede „unerwünschte Verhaltensweise", dh Belästigung, wegen des verpönten Merkmals.
- Die mittelbare Diskriminierung ist umfassender formuliert. Schon potentielle Diskriminierungen sind zu verhindern. Es erfolgt eine offene Umschreibung des Diskriminierungstatbestandes „Vorschriften, Kriterien oder Verfahren". Es reicht aus, dass Personen „in besonderer Weise benachteiligt" werden, dh es wird nicht mehr auf rein zahlenmäßige Relationen abgestellt.
- Es können alle möglichen Formen der Diskriminierung aller Personen unabhängig vom Arbeitsleben auf allen möglichen Feldern geahndet werden, was aber nur diese Antirassismus-RL ausschöpft, während bisher die anderen RL weiterhin auf den Bereich der Arbeit beschränkt sind, mit Ausnahme der RL 2004/113/EG, die allgemein die Diskriminierung wegen des Geschlechts bei der Versorgung mit Gütern und Dienstleistungen beinhaltet (s. Vorbemerkung vor Art. 19 AEUV Rn 3 und 5 und Art. 19 AEUV Rn 9 ff).
- Die neuen RL verstärken die Durchsetzung der Rechte durch eine Umkehr der Darlegungs- und Beweislast. Die Einrichtung einer „besonderen Stelle", die mit der Durchführung der Richtlinie speziell beauftragt ist, schafft die Möglichkeit, dass Verbände sich im Namen der beschwerten Person oder zu ihrer Unterstützung im Einverständnis mit der beschwerten Person am Verwaltungs- und Gerichtsverfahren beteiligen können. Ferner enthalten sie ein Gebot effektiver, abschreckender Sanktionen und öffentliche Dialog-, Unterrichtungs- und Berichtspflichten.

Im Unterschied zu den anderen neuen RL bezieht diese RL alle sozialen Leistungsbereiche ohne Unterschied mit ein. Siehe die Übersicht in Vorbemerkung vor Art. 19 AEUV Rn 5. 2

Kapitel I
Allgemeine Bestimmungen

Artikel 1 Zweck

Zweck dieser Richtlinie ist die Schaffung eines Rahmens zur Bekämpfung der Diskriminierung aufgrund der Rasse oder der ethnischen Herkunft im Hinblick auf die Verwirklichung des Grundsatzes der Gleichbehandlung in den Mitgliedstaaten.

1 Hält man sich an den Wortlaut, so unterscheidet die Richtlinie klar und deutlich zwischen einer Diskriminierung wegen der „Rasse" und der „ethnischen Herkunft". Man wird wohl sagen können, dass sich eine Diskriminierung wegen der „Rasse" eher auf äußerliche, körperliche Merkmale bezieht, eine Diskriminierung wegen der „ethnischen Herkunft" dagegen eher andere, offenere, sozio-kulturelle Merkmale verwendet. „Ethnische Herkunft" ist auch etwas anderes als die durch die Geburt vermittelte „Abstammung", denn die Erstere knüpft an den viel offeneren, sozial geprägten Zusammenhang der „Herkunft" an. „Ethnische Herkunft" kann man nur anhand bestimmter Kriterien festmachen (hierzu *Althoff*, 2006, S. 126 ff).

2 „Rasse" ist ein soziales Konstrukt, eine Vorstellung und Zuschreibung bestimmter Merkmale und Eigenschaften an einen selbst wie an andere Personen und Personengruppen, oft verbunden mit sozialer Auf- bzw öfter Abwertung, Macht- und Gewaltbeziehungen. In dieser Form wird „Rasse" als Rechtsbegriff verwandt und bezieht sich nicht etwa auf eine (irgendwie) objektivierbare Existenz biologischer Menschenrassen, sondern eine soziale Praxis der Aussonderung und Zuschreibung (*Barskanmaz*, KJ 2011, 382). Das macht die Vorerwägung 6 deutlich: „Die Europäische Union weist Theorien, mit denen versucht wird, die Existenz verschiedener menschlicher Rassen zu belegen, zurück. Die Verwendung des Begriffs „Rasse" in dieser Richtlinie impliziert nicht die Akzeptanz solcher Theorien." Es ist also nur entscheidend, ob das die Benachteiligung auslösende bzw ihr zuzurechnende Merkmal Teil einer (üblichen) Rassenzuschreibung, also eines rassistischen Vorurteils ist (Wendeling/*Stein*, § 1 AGG Rn 10). Es ist von der Rechtsanwendung nicht gefordert, ja widerspricht Geist und Funktion des europäischen Antidiskriminierungsrechts, eine präzise „objektive", an angeblichen biologischen u.ä. Merkmalen anknüpfende, und damit ihren sachlichen Wahrheitsgehalt und Differenzierungspotential akzeptierende Definition von „Rasse" zu geben. Vielmehr geht es nur um die begriffliche Beschreibung und Systematisierung der Kriterien, die von einer an „Rasse" anknüpfenden Diskriminierungspraxis verwandt werden (*Barskanmaz*, KJ 2011, 382).

3 Zwar hat die „ethnische Herkunft" oft eine abstammungsmäßige Grundlage (sie allein betonend *Zuleeg*, in: *von der Groeben/Schwarze*, Kommentar zum EU-/EG-Vertrag, 6. Aufl. 2003, Art. 19 AEUV Rn 7), sie ist aber letztlich – wie „Rasse" – ein soziales Konstrukt, eine Vorstellung und Zuschreibung bestimmter Merkmale und Eigenschaften an einen selbst wie an andere Personen und Personengruppen. Es geht also schlicht um „Zugehörigkeit" bzw Aussonderung nach soziokulturellen Kriterien als gesellschaftlich wirksame Kategorie der Identifizierung und des Ausschlusses anderer und seiner selbst.

4 Als Unterscheidungsmerkmal steht „ethnische Herkunft" in einem problematischen Verhältnis zur Unterscheidung nach der Staatsangehörigkeit. Im EU-Kontext ist sie insoweit unproblematisch, weil die Unterscheidung nach der Staatsangehörigkeit schon nach Art. 18 AEUV (= Art. 12 EG) untersagt ist und gem. Art. 3 Abs. 2 RL 2000/43/EG auch ausdrücklich aus dem Geltungsbereich der RL ausgenommen worden ist.

5 Folgt man neueren Untersuchungen, so beruhen ethnische Differenzierungen auf komplexen sozio-kulturellen Merkmalen und Zuschreibungen, die nicht nur „Vorurteile", sondern von der so gekennzeichneten Gruppe teilweise auch zur Ausbildung der eigenen sozialen Identität und Sozialstruktur übernommen worden sind. Zu solchen sozio-kulturellen Faktoren von „Ethnie" gehören vor allem „starke" gemeinsame Merkmale wie Sprache, Religion, Lebensweise und Habitus sowie regionale Siedlung. Eine reine regionale oder soziale Gemeinsamkeit dürfte aber nicht ausreichen (*Falke*, in: *Rust/Falke*, AGG, § 1 Rn 22).

6 Soweit einige dieser Kriterien schon durch besondere Diskriminierungsverbote geschützt sind, wie das Verbot der Diskriminierung wegen der Religion, dürften die speziellen Diskriminierungstatbestände vorgehen – aber nur insoweit, als sie denselben sachlichen und persönlichen Geltungsbereich haben und dieselben Regelungen enthalten wie die RL 2000/43/EG.

Angesichts der Offenheit sozialer Definitionsprozesse in Bezug auf Ethnizität, kann eine ethnische Diskriminierung nicht nur dann angenommen werden, wenn sie Personen betrifft, die ein ganzes „Cluster" einer ethnischer Zuschreibung wie Religion, Abstammung und Sprache erfüllen. Denn Diskriminierungstatbestände können sich auch an einem einzelnen Zurechnungskriterium von Ethnizität festmachen, wie zum Beispiel Sprache oder Lebensweise. Dass die Anknüpfung an ein Merkmal, dass mit der ethnischen Herkunft zusammenhängt, für eine Diskriminierung ausreicht, macht auch Art. 4 RL 2000/43/EG deutlich. Danach können die Mitgliedstaaten vorsehen, „dass eine Ungleichbehandlung auf Grund *eines* mit der Rasse oder der ethnischen Herkunft zusammenhängenden *Merkmals* keine Diskriminierung darstellt, wenn das betreffende Merkmal ... eine entscheidende berufliche Voraussetzung darstellt." Eine Diskriminierung kann also (schon) an einem Kriterium ethnischer Zuschreibung anknüpfen. Um ein – sicher nicht unproblematisches – „Beispiel" zu benutzen: Ob und wie eine Person als „Roma" wahrgenommen und benachteiligt wird, kann sich an ihrer Lebensweise, Sprache, Religion, ihrem Aussehen etc. festmachen, sei es an einem, einigen oder allen diesen Kriterien. 7

Auch zeigt gerade die Figur der „mittelbaren Diskriminierung" (s. Art. 19 AEUV Rn 34 ff), dass man eine besonders geschützte Gruppe schon dadurch treffen kann, dass man diskriminierende Wirkungen an einem Kriterium festmacht, das von dieser Gruppe besonders oft verwirklicht wird, auch wenn es „an sich" nicht allein diese Gruppe beschreibt. Insoweit reicht es also aus, dass Diskriminierungsprozesse an einem primären oder sekundären, einem starken oder schwachen Merkmal ethnischer Zuschreibungen festgemacht werden können. 8

Die meisten Regelungen des Arbeits- und Sozialrechts dürften keine, auch keine mittelbaren Differenzierungen nach Rasse oder Ethnie erkennen lassen. Anders ist es, wenn man auf wesentliche Elemente der „ethnischen Herkunft" abstellt, wie die Sprache (nicht nur der „autochthoner" Minderheiten, die unter das Rahmenübereinkommen zum Schutz nationaler Minderheiten des Europarats vom 1.2.1995 (BGBl. 1997 II S. 1406) fallen, sondern auch der Einwanderer), s. dazu Kommentierung bei Art. 2 Rn 2 ff. 9

Artikel 2 Der Begriff „Diskriminierung"

(1) Im Sinne dieser Richtlinie bedeutet „Gleichbehandlungsgrundsatz", dass es keine unmittelbare oder mittelbare Diskriminierung aus Gründen der Rasse oder der ethnischen Herkunft geben darf.

(2) Im Sinne von Absatz 1
a) liegt eine unmittelbare Diskriminierung vor, wenn eine Person aufgrund ihrer Rasse oder ethnischen Herkunft in einer vergleichbaren Situation eine weniger günstige Behandlung als eine andere Person erfährt, erfahren hat oder erfahren würde;
b) liegt eine mittelbare Diskriminierung vor, wenn dem Anschein nach neutrale Vorschriften, Kriterien oder Verfahren Personen, die einer Rasse oder ethnischen Gruppe angehören, in besonderer Weise benachteiligen können, es sei denn, die betreffenden Vorschriften, Kriterien oder Verfahren sind durch ein rechtmäßiges Ziel sachlich gerechtfertigt, und die Mittel sind zur Erreichung dieses Ziels angemessen und erforderlich.

(3) Unerwünschte Verhaltensweisen, die im Zusammenhang mit der Rasse oder der ethnischen Herkunft einer Person stehen und bezwecken oder bewirken, dass die Würde der betreffenden Person verletzt und ein von Einschüchterungen, Anfeindungen, Erniedrigungen, Entwürdigungen oder Beleidigungen gekennzeichnetes Umfeld geschaffen wird, sind Belästigungen, die als Diskriminierung im Sinne von Absatz 1 gelten. In diesem Zusammenhang können die Mitgliedstaaten den Begriff "Belästigung" im Einklang mit den einzelstaatlichen Rechtsvorschriften und Gepflogenheiten definieren.

(4) Die Anweisung zur Diskriminierung einer Person aus Gründen der Rasse oder der ethnischen Herkunft gilt als Diskriminierung im Sinne von Absatz 1.

I. Normzweck 1	b) § 19 SGB X: Zwingende Kommunikation in der Amtssprache 7
II. Einzelerläuterungen 2	c) Verweisbarkeit auf den allgemeinen Arbeitsmarkt und Sprachbarrieren 8
1. Diskriminierung wegen der Sprachzugehörigkeit 2	2. Das Problem der verwaltungsmäßigen Diskriminierung 11
a) Die Notwendigkeit einer „Verkehrssprache" 4	

I. Normzweck

1 Art. 2 definiert die Formen der Diskriminierung umfassend wie alle neueren RL, vgl die Kommentierung bei Art. 19 AEUV Rn 4 und Rn 34 ff.

II. Einzelerläuterungen

1. Diskriminierung wegen der Sprachzugehörigkeit

2 Dass die Sprachzugehörigkeit ein wesentliches Merkmal ethnischer Zugehörigkeit ist, dürfte wohl unbestritten sein. Bestimmungen einer dominanten „Hochsprache" grenzen alle anderen Sprachen und damit vor allem auch ethnische Gruppen, die eine gemeinsame Sprache haben, aus. Andererseits ist sprachliches Kommunikationsvermögen vielfältige Voraussetzung in allen Rechtsgebieten, vor allem auch im Sozialrecht. Gemäß § 19 SGB X ist die Amtssprache deutsch. Bei vielen Leistungstatbeständen spielt das Sprachvermögen eine wichtige Rolle, zB bei der Verfügbarkeit für den Arbeitsmarkt im SGB III oder der Verweisung auf zumutbare Arbeitsplätze des allgemeinen Arbeitsmarktes bei der Berufsunfähigkeits- und Erwerbsminderungsrente im SGB VI.

3 Bei der Diskriminierung wegen des Merkmals „Sprache" geht es nicht um den Aspekt der Förderung kultureller Minderheiten und Sprachen oder gar des Rechts auf Schutz der Differenz, wie er in der Konvention des Europarates zu Minderheitssprachen und im internationalen Volksgruppenrecht verankert ist. Gerade dass es neuerdings die Instrumente des allgemeinen Diskriminierungsrechts neben den älteren internationalen Verträgen zum Schutz von Minderheiten (zB Art. 14 EMRK) gibt, zeigt schon, dass es sich dabei um zweierlei handelt. Das Verbot der mittelbaren Diskriminierung zielt auf eine effektive Umsetzung der Diskriminierungsverbote, bleibt also auf der Ebene der Gleichbehandlung stehen und befördert eher indirekt die positive Herstellung von Gleichheit oder den Erhalt kultureller Andersartigkeit. Deutlich lässt sich das gerade an dem Verhältnis von Art. 3 Abs. 3 GG zu Art. 3 Abs. 2 GG, insb. Abs. 2 S. 2 GG machen, wo zwischen beiden Aspekten getrennt wird.

a) Die Notwendigkeit einer „Verkehrssprache"

4 In modernen Marktwirtschaften ist es üblich, dass sich im Bereich der offiziellen wie auch der sozialen und ökonomischen Kommunikation eine dominante Sprache durchsetzt, die als „Verkehrssprache" die Marktprozesse erheblich erleichtert bzw gar Voraussetzung für die Effektivität eines gemeinsamen Marktes ist. Im Sinne des Ausnahmetatbestands in Art. 4 RL 2000/43/EG, der allerdings von den Mitgliedstaaten erst umgesetzt werden muss, kann man auch für das Sozialrecht mit guten Gründen vertreten, dass die Kommunikationsfähigkeit in der allgemeinen Verkehrssprache notwendige Rahmenbedingung für eine Tätigkeit auf dem Arbeitsmarkt ist und vom Sozialrecht vorausgesetzt werden kann und muss.

5 Allerdings greift die Ausnahme des Art. 4 RL 2000/43/EG dann nicht, wenn es um den Zugang zu sozialen Vergünstigungen oder zum Sozialschutz geht, der in keinem Zusammenhang mit der beruflichen Tätigkeit und den beruflichen Qualifikationsanforderungen steht, wie zB bei Familienleistungen. In diesem Fall benachteiligen Regelungen über die Verkehrssprache nach einem „ethnischen Kriterium" in Form der mittelbaren Diskriminierung. Jedoch können sie durch über-

wiegende Gründe des öffentlichen Interesses, die nichts mit einer Diskriminierung wegen des geschützten Merkmals ethnischer Herkunft zu tun haben, gerechtfertigt werden. Denn dass es solche überwiegenden, vorrangigen Gründe für die Festlegung einer allgemeinen Verkehrssprache gibt, dürfte nicht zu bestreiten sein.

Das Problem liegt deshalb darin, ob man sowohl gegenüber dem nationalstaatlichen Gesetzgeber 6 wie auch gegenüber der Verwaltung eine Differenzierung der Überprüfung dieser überwiegenden Gründe nach dem Verhältnismäßigkeitsprinzip vornimmt oder nicht. Für den von Art. 4 RL 2000/43/EG zugelassenen Ausnahmetatbestand der besonderen beruflichen Anforderungen wird dies ausdrücklich vorgeschrieben, da es sich um eine „angemessene Anforderung" handeln muss. Zumindest im Bereich der RL 2000/43/EG ist es notwendig, dass die Umsetzung des vorrangigen Zweckes am Maßstab des Verhältnismäßigkeitsprinzips differenziert überprüft wird, so dass die Ausgestaltung der Regelung der Verkehrssprache noch präziseren und differenzierteren Anforderungen gerecht werden muss.

b) § 19 SGB X: Zwingende Kommunikation in der Amtssprache

Ein solches differenzierteres Normprogramm enthält zB § 19 SGB X in den Abs. 2 bis 4. Er regelt 7 in abgestufter Weise, dass auch in einer Fremdsprache vorgetragene Anträge und Erklärungen Fristen wahren können, wenn sie innerhalb einer von der Behörde gesetzten Frist übersetzt werden. An dieser Regelung dürften vor allem zwei Aspekte problematisch sein. Einmal kann die Behörde immer auf Kosten der Antragsteller eine Übersetzung vornehmen lassen. Dies erscheint zumindest dann problematisch, wenn es um eingreifende Verwaltungsakte geht, die grundsätzliche Entscheidungen über den Status oder über wesentliche Sozialleistungen enthalten, insbesondere wenn lang erdiente Anwartschaften auf dem Spiele stehen. Zum anderen ist eine Ausnahme dann zu machen, wenn die Betroffenen offensichtlich persönlich und/oder finanziell nicht in der Lage sind, rechtzeitig eine Übersetzung zu beschaffen.

c) Verweisbarkeit auf den allgemeinen Arbeitsmarkt und Sprachbarrieren

Relevanz hat das Kriterium der sprachlichen Fähigkeit in der Rechtsprechung zur Berufs- und 8 Erwerbsunfähigkeit. Hier besteht das durch eine Rentenzahlung abgesicherte Risiko darin, dass das Erwerbsvermögen wegen Krankheit oder Behinderung eingeschränkt ist und der verbliebene Rest nicht mehr „unter den üblichen Bedingungen des allgemeinen Arbeitsmarktes" (§ 43 Abs. 1 S. 2 und Abs. 2, S. 2 SGB VI) oder im Bereich der „zumutbaren Tätigkeiten" (§ 240 SGB VI) eingesetzt werden kann. Dazu hatte das BSG in ständiger Rechtsprechung vertreten, dass man sich bei der Verweisung auf eine zumutbare Tätigkeit bzw den allgemeinen Arbeitsmarkt nicht darauf berufen könne, der eigene Einsatzbereich sei durch die Nichtkenntnis der deutschen Sprache eingeschränkt (vgl BSG SozR 2200 § 1246 Nr. 61; BSG SozR 3 – 2200 § 1246 Nr. 9 und Nr. 11; zust. SG Duisburg NZS 2009, 576 m. zust. Anm. von *Burbulla*, ebd., S. 579). Begründet wird dies damit, dass

1. die Rentenversicherung nur das Risiko der Einschränkungen durch Krankheit und Behinderung trüge, nicht aber das allgemeine Sprachrisiko,
2. sonst deutsche Arbeitnehmer benachteiligt würden und
3. schließlich die zu beurteilenden fehlenden Fertigkeiten und Kenntnisse immer berufliche Fertigkeiten und Kenntnisse seien.

Dieser Ansicht ist zu widersprechen (vgl *Bieback*, Informationsdienst Ausländerrecht 1992, 9 S. 22/23; *Kühl*, Sprachkenntnisse und Rente wegen verminderter Erwerbsfähigkeit, SGb 1999, 551 ff; zust. Anm. *Eichenhofer*, SGb 1991, 407/408). Das Arbeitsvermögen Erwerbstätiger wird immer so abgesichert, wie es während der versicherungspflichtigen Beschäftigung besteht. Dazu zählen auch Analphabetismus, Stottern, Aphasien etc. (so BSG v. 15.5.1991 – 5 RJ 92/89 – BSGE 68, 288 = SozR 3-2200 § 1246 Nr. 11 und v. 4.11.1998 – B 13 RJ 13/98 R – SozR 3-2200 § 1246

Nr. 62). Ist die gesundheitliche Beeinträchtigung nach der auch hier geltenden Lehre von der wesentlichen Bedingung überwiegende Ursache für die Minderung der Erwerbsfähigkeit und die Nichtrealisierung des Resterwerbsvermögens auf dem Arbeitsmarkt, so ist eine Rente zu gewähren. Soweit gem. § 43 SGB VI das Resterwerbsvermögen unter den üblichen Bedingungen des allgemeinen Arbeitsmarktes festgestellt werden muss, ist bei der Interpretation dieses Begriffs zu berücksichtigen, dass es große Teile des allgemeinen Arbeitsmarktes gibt, bei denen kein weit entwickeltes sprachliches Ausdrucksvermögen oder die hinreichende Beherrschung der Verkehrssprache erforderlich ist, der Arbeitsmarkt insoweit eben „plural" ist. Schließlich haben die Anderssprachlichen ja auch vorher die notwendigen Anwartschaften für die Sozialleistungen auf dem Arbeitsmarkt erarbeiten können. Hier verbietet es das Diskriminierungsverbot, die Leistungsvoraussetzung so restriktiv zu fassen, dass sprachlich anders orientierte Personen ausgeschlossen werden. Das BSG hat deshalb auch den Analphabetismus eines Ausländers dem eines Inländers gleichgestellt (BSG, SozR 4-2600 § 44 Nr. 1).

10 So ist zB die Verfügbarkeit im SGB III auch anders definiert. Sie sichert immer das individuelle Arbeitsmarktrisiko ab. Notwendig ist gem. § 119 Abs. 2 bis 4 SGB III nur, dass ein Arbeitsloser unter den „üblichen Bedingungen des *für ihn in Betracht kommenden Arbeitsmarktes*" mindestens 15 Stunden/Woche arbeiten kann und will.

2. Das Problem der verwaltungsmäßigen Diskriminierung

11 Im deutschen Recht hat der Gesetzgeber ausdrücklich die Diskriminierung wegen der Rasse und ethnischen Herkunft gem. § 19 a SGB IV und § 33 c SGB I verboten – die sich beide an die Stellen wenden, die das Sozialrecht anwenden (s. Art. 19 AEUV Rn 83 und 84). Diese Vorschriften reichen aber nicht, denn sie werden durch nichts flankiert und ihre Umsetzung ist völlig offen.

12 Für das Diskriminierungsrecht ist es das entscheidende Problem, Diskriminierung überhaupt bewusst zu machen und nachzuweisen. Schwierig ist dies insbesondere dann, wenn Diskriminierungen in einer Ansammlung von Einzelfällen im alltäglichen Verwaltungsvollzug geschehen. In der öffentlichen Sozialverwaltung gibt es hier wohl nur im Bereich der BA hinreichende Forschung für die ungleichen Partizipationschancen von Problemgruppen an Maßnahmen der Sozialverwaltung (*Jaenichen*, MittAB 3/2000, 445), wie auch normative Regelungen (§ 8 SGB III) und Verfahren (zB Eingliederungsbilanzen, § 11 Abs. 2 Nr. 4 SGB III), um Diskriminierungen wegen des Geschlechts oder als „Problemgruppe des Arbeitsmarkts" einzuschränken. Erst wenn bei allen Verwaltungsprogrammen, allen Entscheidungsroutinen geprüft wird, ob und wie Frauen oder Ausländerinnen betroffen sind, schafft man überhaupt das Bewusstsein dafür, dass sich hinter unzähligen einzelnen Entscheidungen allgemeine Strukturen verbergen, die zu Diskriminierungen bestimmter Gruppen führen. Wir können uns zwar ganz gut vorstellen, dass in die großen Spielräume, die bei der Vergabe einmaliger Leistungen des SGB XII oder der Zuerkennung von Erwerbsminderungsrenten bestehen, auch diskriminierende soziale Zuschreibungen eine Rolle spielen, die bestimmte Ausländergruppen (Afrikaner, Roma) als weniger bedürftig ansehen oder ihnen leichter einen beruflichen Abstieg zumuten. Aber wir wissen es nicht und können es nicht wissen, so lange die Entscheidungen nach diesen Kriterien nicht systematisch analysiert werden.

13 Es ist Ziel aller neueren Antidiskriminierungs-RL (wie auch der Richtlinie 2000/43/EG), gerade die Diskriminierungen bei sozialen Dienstleistungen in Art. 3 Abs. 1 lit. b), f), g), h) RL 2000/43/EG sehr viel direkter zu fokussieren, als es die alte RL 79/7/EWG tut. Gem. Art. 13 RL 2000/43/EG soll die „besondere Stelle" zur Durchsetzung des Diskriminierungsverbots „unabhängige" Berichte und Untersuchungen vornehmen. Und das gilt auch für den Sozialleistungsbereich. Dabei wäre eine solche Aufklärung angesichts der fast lückenlos EDV-mäßigen Erfassung der Entscheidungspraxis heute leicht möglich. Nur setzt dies ein höchst problematisches Vorgehen voraus: Die verwaltungsinterne „Erfassung" – hier ist dieser Terminus aus der Sprache des Dritten Reiches am richtigen Platz – des Klientels nach „ethnischen" Merkmalen. Da jeder statistische Nachweis von Diskriminierungen wegen der Rasse und ethnischen Herkunft selber wieder mit Mitteln der

Zuschreibung und Aussonderung arbeiten muss, ist er höchst bedenklich. Andererseits erwähnt die Begründungserwägung Nr. 15 RL 2000/43/EG unter den Mitteln, mittelbare Diskriminierungen festzustellen, gerade die statistischen Verfahren. Hier brauchen wir eine ganz neue Form der „Sozialberichterstattung". Für sie ist der Weg durch Art. 2 Abs. 2 lit. b) RL 2000/43/EG auch geebnet, verlangt sie doch nur den Nachweis *möglicher* mittelbarer Diskriminierungen (oben Rn 4 ff). Es reichen also gut begründete Vermutungen über Kausalitäten und Häufigkeiten aus.

Artikel 3 Geltungsbereich

(1) Im Rahmen der auf die Gemeinschaft übertragenen Zuständigkeiten gilt diese Richtlinie für alle Personen in öffentlichen und privaten Bereichen, einschließlich öffentlicher Stellen, in Bezug auf:

a) die Bedingungen – einschließlich Auswahlkriterien und Einstellungsbedingungen – für den Zugang zu unselbständiger und selbständiger Erwerbstätigkeit, unabhängig von Tätigkeitsfeld und beruflicher Position, sowie für den beruflichen Aufstieg;
b) den Zugang zu allen Formen und allen Ebenen der Berufsberatung, der Berufsausbildung, der beruflichen Weiterbildung und der Umschulung einschließlich der praktischen Berufserfahrung;
c) die Beschäftigungs- und Arbeitsbedingungen, einschließlich Entlassungsbedingungen und Arbeitsentgelt;
d) die Mitgliedschaft und Mitwirkung in einer Arbeitnehmer- oder Arbeitgeberorganisation oder einer Organisation, deren Mitglieder einer bestimmten Berufsgruppe angehören, einschließlich der Innanspruchnahme der Leistungen solcher Organisationen;
e) den Sozialschutz, einschließlich der sozialen Sicherheit und der Gesundheitsdienste;
f) die sozialen Vergünstigungen;
g) die Bildung;
h) den Zugang zu und die Versorgung mit Gütern und Dienstleistungen, die der Öffentlichkeit zur Verfügung stehen, einschließlich von Wohnraum.

(2) Diese Richtlinie betrifft nicht unterschiedliche Behandlungen aus Gründen der Staatsangehörigkeit und berührt nicht die Vorschriften und Bedingungen für die Einreise von Staatsangehörigen dritter Staaten oder staatenlosen Personen in das Hoheitsgebiet der Mitgliedstaaten oder deren Aufenthalt in diesem Hoheitsgebiet sowie eine Behandlung, die sich aus der Rechtsstellung von Staatsangehörigen dritter Staaten oder staatenlosen Personen ergibt.

Zum Geltungsbereich des Antidiskriminierungsrechts vgl die Kommentierung bei Art. 19 AEUV Rn 9 ff (persönlicher Geltungsbereich) und Rn 12 ff (sachlicher Geltungsbereich). Der Geltungsbereich der RL ist denkbar weit und erfasst alle Bereiche des Arbeitsrechts und der sozialen Leistungen.

Artikel 4 Wesentliche und entscheidende berufliche Anforderungen

Ungeachtet des Artikels 2 Absätze 1 und 2 können die Mitgliedstaaten vorsehen, dass eine Ungleichbehandlung aufgrund eines mit der Rasse oder der ethnischen Herkunft zusammenhängenden Merkmals keine Diskriminierung darstellt, wenn das betreffende Merkmal aufgrund der Art einer bestimmten beruflichen Tätigkeit oder der Rahmenbedingungen ihrer Ausübung eine wesentliche und entscheidende berufliche Voraussetzung darstellt und sofern es sich um einen rechtmäßigen Zweck und eine angemessene Anforderung handelt.

Eine ähnliche Ausnahmevorschrift findet sich auch in Art. 4 Abs. 1 RL 2000/78/EG und Art. 14 Abs. 2 RL 2006/54/EG. Die Ausnahme ist eng auszulegen (vgl die Nachweise bei RL 79/7/EWG

Art. 7 Rn 2 und 3 ff mwN sowie allg. EuGH, Rs. 248/83 (Kommission / Deutschland), Slg 1986, 1651). Ausnahmen wegen der „Rasse" sind nicht denkbar, da es keine „Rassen" gibt. Ausnahmen wegen bestimmter Merkmale, die mit der „Rasse" oder der „ethnischen Herkunft" verbunden sind, dürften in der Regel im Sozialrecht auch keine Rolle spielen. Bei der Benachteiligung wegen der Sprachfähigkeit (s. Art. 2 Rn 2 ff) ist die Benachteiligung wegen der Andersprachigkeit nach dem Verhältnismäßigkeitsprinzip zu überprüfen (s. Art. 2 Rn 11 ff). Soweit Sozialleistungen an die frühere Verfolgung wegen der „Rasse" oder der „ethnischen Herkunft" anknüpfen, stellen sie nicht auf die Zugehörigkeit zu einer „Rasse" oder auf die „ethnische Herkunft" ab, sondern auf die frühere Verfolgung. Nicht alle Angehörigen der „Rasse" oder „Ethnie" erhalten die Leistung, sondern nur die, die verfolgt worden sind. Ansonsten ist Art. 5 RL 2000/43/EG einschlägig.

Artikel 5   Positive Maßnahmen

Der Gleichbehandlungsgrundsatz hindert die Mitgliedstaaten nicht daran, zur Gewährleistung der vollen Gleichstellung in der Praxis spezifische Maßnahmen, mit denen Benachteiligungen aufgrund der Rasse oder ethnischen Herkunft verhindert oder ausgeglichen werden, beizubehalten oder zu beschließen.

Artikel 6   Mindestanforderungen

(1) Es bleibt den Mitgliedstaaten unbenommen, Vorschriften einzuführen oder beizubehalten, die im Hinblick auf die Wahrung des Gleichbehandlungsgrundsatzes günstiger als die in dieser Richtlinie vorgesehenen Vorschriften sind.

(2) Die Umsetzung dieser Richtlinie darf keinesfalls als Rechtfertigung für eine Absenkung des von den Mitgliedstaaten bereits garantierten Schutzniveaus in bezug auf Diskriminierungen in den von der Richtlinie abgedeckten Bereichen benutzt werden.

Kapitel II
Rechtsbehelfe und Rechtsdurchsetzung

Artikel 7   Rechtsschutz

(1) Die Mitgliedstaaten stellen sicher, dass alle Personen, die sich durch die Nichtanwendung des Gleichbehandlungsgrundsatzes in ihren Rechten für verletzt halten, ihre Ansprüche aus dieser Richtlinie auf dem Gerichts- und/oder Verwaltungsweg sowie, wenn die Mitgliedstaaten es für angezeigt halten, in Schlichtungsverfahren geltend machen können, selbst wenn das Verhältnis, während dessen die Diskriminierung vorgekommen sein soll, bereits beendet ist.

(2) Die Mitgliedstaaten stellen sicher, dass Verbände, Organisationen oder andere juristische Personen, die gemäß den in ihrem einzelstaatlichen Recht festgelegten Kriterien ein rechtmäßiges Interesse daran haben, für die Einhaltung der Bestimmungen dieser Richtlinie zu sorgen, sich entweder im Namen der beschwerten Person oder zu deren Unterstützung und mit deren Einwilligung an den in dieser Richtlinie zur Durchsetzung der Ansprüche vorgesehenen Gerichts- und/oder Verwaltungsverfahren beteiligen können.

(3) Die Absätze 1 und 2 lassen einzelstaatliche Regelungen über Fristen für die Rechtsverfolgung betreffend den Gleichbehandlungsgrundsatz unberührt.

Artikel 8 Beweislast

(1) Die Mitgliedstaaten ergreifen im Einklang mit ihrem nationalen Gerichtswesen die erforderlichen Maßnahmen, um zu gewährleisten, dass immer dann, wenn Personen, die sich durch die Nichtanwendung des Gleichbehandlungsgrundsatzes für verletzt halten und bei einem Gericht oder einer anderen zuständigen Stelle Tatsachen glaubhaft machen, die das Vorliegen einer unmittelbaren oder mittelbaren Diskriminierung vermuten lassen, es dem Beklagten obliegt zu beweisen, dass keine Verletzung des Gleichbehandlungsgrundsatzes vorgelegen hat.

(2) Absatz 1 lässt das Recht der Mitgliedstaaten, eine für den Kläger günstigere Beweislastregelung vorzusehen, unberührt.

(3) Absatz 1 gilt nicht für Strafverfahren.

(4) Die Absätze 1, 2 und 3 gelten auch für Verfahren gemäß Artikel 7 Absatz 2.

(5) Die Mitgliedstaaten können davon absehen, Absatz 1 auf Verfahren anzuwenden, in denen die Ermittlung des Sachverhalts dem Gericht oder der zuständigen Stelle obliegt.

Artikel 9 Viktimisierung

Die Mitgliedstaaten treffen im Rahmen ihrer nationalen Rechtsordnung die erforderlichen Maßnahmen, um den einzelnen vor Benachteiligungen zu schützen, die als Reaktion auf eine Beschwerde oder auf die Einleitung eines Verfahrens zur Durchsetzung des Gleichbehandlungsgrundsatzes erfolgen.

Artikel 10 Unterrichtung

Die Mitgliedstaaten tragen dafür Sorge, dass die gemäß dieser Richtlinie getroffenen Maßnahmen sowie die bereits geltenden einschlägigen Vorschriften allen Betroffenen in geeigneter Form in ihrem Hoheitsgebiet bekanntgemacht werden.

Artikel 11 Sozialer Dialog

(1) Die Mitgliedstaaten treffen im Einklang mit den nationalen Gepflogenheiten und Verfahren geeignete Maßnahmen zur Förderung des sozialen Dialogs zwischen Arbeitgebern und Arbeitnehmern, mit dem Ziel, die Verwirklichung des Gleichbehandlungsgrundsatzes durch Überwachung der betrieblichen Praxis, durch Tarifverträge, Verhaltenskodizes, Forschungsarbeiten oder durch einen Austausch von Erfahrungen und bewährten Lösungen voranzubringen.

(2) Soweit vereinbar mit den nationalen Gepflogenheiten und Verfahren, fordern die Mitgliedstaaten Arbeitgeber und Arbeitnehmer ohne Eingriff in deren Autonomie auf, auf geeigneter Ebene Antidiskriminierungsvereinbarungen zu schließen, die die in Artikel 3 genannten Bereiche betreffen, soweit diese in den Verantwortungsbereich der Tarifparteien fallen. Die Vereinbarungen müssen den in dieser Richtlinie festgelegten Mindestanforderungen sowie den einschlägigen nationalen Durchführungsbestimmungen entsprechen.

Artikel 12 Dialog mit Nichtregierungsorganisationen

Die Mitgliedstaaten fördern den Dialog mit geeigneten Nichtregierungsorganisationen, die gemäß ihren nationalen Rechtsvorschriften und Gepflogenheiten ein rechtmäßiges Interesse daran haben, sich an der Bekämpfung von Diskriminierung aus Gründen der Rasse oder der ethnischen Herkunft zu beteiligen, um den Grundsatz der Gleichbehandlung zu fördern.

Kapitel III
Mit der Förderung der Gleichbehandlung befasste Stellen
Artikel 13

(1) Jeder Mitgliedstaat bezeichnet eine oder mehrere Stellen, deren Aufgabe darin besteht, die Verwirklichung des Grundsatzes der Gleichbehandlung aller Personen ohne Diskriminierung aufgrund der Rasse oder der ethnischen Herkunft zu fördern. Diese Stellen können Teil einer Einrichtung sein, die auf nationaler Ebene für den Schutz der Menschenrechte oder der Rechte des einzelnen zuständig ist.

(2) Die Mitgliedstaaten stellen sicher, dass es zu den Zuständigkeiten dieser Stellen gehört,
- unbeschadet der Rechte der Opfer und der Verbände, der Organisationen oder anderer juristischer Personen nach Artikel 7 Absatz 2 die Opfer von Diskriminierungen auf unabhängige Weise dabei zu unterstützen, ihrer Beschwerde wegen Diskriminierung nachzugehen;
- unabhängige Untersuchungen zum Thema der Diskriminierung durchzuführen;
- unabhängige Berichte zu veröffentlichen und Empfehlungen zu allen Aspekten vorzulegen, die mit diesen Diskriminierungen in Zusammenhang stehen.

Kapitel IV
Schlussbestimmungen
Artikel 14 Einhaltung

Die Mitgliedstaaten treffen die erforderlichen Maßnahmen, um sicherzustellen,
a) dass sämtliche Rechts- und Verwaltungsvorschriften, die dem Gleichbehandlungsgrundsatz zuwiderlaufen, aufgehoben werden;
b) dass sämtliche mit dem Gleichbehandlungsgrundsatz nicht zu vereinbarenden Bestimmungen in Einzel- oder Kollektivverträgen oder -vereinbarungen, Betriebsordnungen, Statuten von Vereinigungen mit oder ohne Erwerbszweck sowie Statuten der freien Berufe und der Arbeitnehmer- und Arbeitgeberorganisationen für nichtig erklärt werden oder erklärt werden können oder geändert werden.

Artikel 15 Sanktionen

Die Mitgliedstaaten legen die Sanktionen fest, die bei einem Verstoß gegen die einzelstaatlichen Vorschriften zur Anwendung dieser Richtlinie zu verhängen sind, und treffen alle geeigneten Maßnahmen, um deren Durchsetzung zu gewährleisten. Die Sanktionen, die auch Schadenersatzleistungen an die Opfer umfassen können, müssen wirksam, verhältnismäßig und abschreckend sein. Die Mitgliedstaaten teilen der Kommission diese Bestimmungen bis zum 19. Juli 2003 mit und melden alle sie betreffenden Änderungen unverzüglich.

Artikel 16 Umsetzung

Die Mitgliedstaaten erlassen die erforderlichen Rechts- und Verwaltungsvorschriften, um dieser Richtlinie bis zum 19. Juli 2003 nachzukommen, oder können den Sozialpartnern auf deren gemeinsamen Antrag die Durchführung der Bestimmungen dieser Richtlinie übertragen, die in den Anwendungsbereich von Tarifverträgen fallen. In diesem Fall gewährleisten die Mitgliedstaaten, dass die Sozialpartner bis zum 19. Juli 2003 im Wege einer Vereinbarung die erforderlichen Maßnahmen getroffen haben; dabei haben die Mitgliedstaaten alle erforderlichen Maßnahmen zu treffen, um jederzeit gewährleisten zu können, dass die durch diese Richtlinie vorgeschriebenen Ergebnisse erzielt werden. Sie setzen die Kommission unverzüglich davon in Kenntnis.

Wenn die Mitgliedstaaten derartige Vorschriften erlassen, nehmen sie in den Vorschriften selbst oder durch einen Hinweis bei der amtlichen Veröffentlichung auf diese Richtlinie Bezug. Die Mitgliedstaaten regeln die Einzelheiten der Bezugnahme.

Artikel 17   Bericht

(1) Bis zum 19. Juli 2005 und in der Folge alle fünf Jahre übermitteln die Mitgliedstaaten der Kommission sämtliche Informationen, die diese für die Erstellung eines dem Europäischen Parlament und dem Rat vorzulegenden Berichts über die Anwendung dieser Richtlinie benötigt.

(2) Die Kommission berücksichtigt in ihrem Bericht in angemessener Weise die Ansichten der Europäischen Stelle zur Beobachtung von Rassismus und Fremdenfeindlichkeit sowie die Standpunkte der Sozialpartner und der einschlägigen Nichtregierungsorganisationen. Im Einklang mit dem Grundsatz der Berücksichtigung geschlechterspezifischer Fragen wird ferner in dem Bericht die Auswirkung der Maßnahmen auf Frauen und Männer bewertet. Unter Berücksichtigung der übermittelten Informationen enthält der Bericht gegebenenfalls auch Vorschläge für eine Änderung und Aktualisierung dieser Richtlinie.

Artikel 18   Inkrafttreten

Diese Richtlinie tritt am Tag ihrer Veröffentlichung im Amtsblatt der Europäischen Gemeinschaften in Kraft.

Artikel 19   Adressaten

Diese Richtlinie ist an die Mitgliedstaaten gerichtet.

Teil 9:
Richtlinie 98/49/EG des Rates vom 29. Juni 1998 zur Wahrung ergänzender Rentenansprüche von Arbeitnehmern und Selbständigen, die innerhalb der Europäischen Gemeinschaft zu- und abwandern

(ABl. L 209 vom 25.7.1998, S. 46)

DER RAT DER EUROPÄISCHEN Union –

gestützt auf den Vertrag zur Gründung der Europäischen Gemeinschaft, insbesondere auf die Artikel 51 und 235,

auf Vorschlag der Kommission,

nach Stellungnahme des Europäischen Parlaments,

nach Stellungnahme des Wirtschafts- und Sozialausschusses,

in Erwägung nachstehender Gründe:

(1) Eine der grundlegenden Freiheiten der Gemeinschaft ist die Freizügigkeit. Der Vertrag sieht vor, daß der Rat die auf dem Gebiet der sozialen Sicherheit für die Herstellung der Freizügigkeit der Arbeitnehmer notwendigen Maßnahmen einstimmig beschließt.

(2) Der soziale Schutz der Arbeitnehmer wird durch gesetzliche Systeme der sozialen Sicherheit gewährleistet, die durch zusätzliche Sozialschutzsysteme ergänzt werden.

(3) Die vom Rat bereits angenommenen Rechtsvorschriften zum Schutz der Ansprüche auf soziale Sicherheit der Arbeitnehmer, die innerhalb der Gemeinschaft zu- und abwandern, und ihrer Familienangehörigen, nämlich die Verordnung (EWG) Nr. 1408/71 des Rates vom 14. Juni 1971 zur Anwendung der Systeme der sozialen Sicherheit auf Arbeitnehmer, Selbstständige und deren Familienangehörige, die innerhalb der Gemeinschaft zu- und abwandern und die Verordnung (EWG) Nr. 574/72 des Rates vom 21. März 1972 über die Durchführung der Verordnung (EWG) Nr. 1408/71 zur Anwendung der Systeme der sozialen Sicherheit auf Arbeitnehmer, Selbständige und deren Familienangehörige, die innerhalb der Gemeinschaft zu- und abwandern, beziehen sich nur auf die gesetzlichen Rentensysteme. Das in diesen Verordnungen vorgesehene Koordinierungssystem erstreckt sich nicht auf ergänzende Rentensysteme, außer im Falle von Systemen, die unter den Begriff »Rechtsvorschriften« gemäß der Definition in Artikel 1 Buchstabe j) Unterabsatz 1 der Verordnung (EWG) Nr. 1408/71 fallen oder in Bezug auf die ein Mitgliedstaat eine Erklärung nach diesem Artikel abgibt.

(4) Der Rat verfügt über ein weites Ermessen hinsichtlich der Wahl der Maßnahmen, die zur Erreichung des Ziels nach Artikel 51 des Vertrags am besten geeignet sind. Das durch die Verordnungen (EWG) Nr. 1408/71 und (EWG) Nr. 574/72 geschaffene Koordinierungssystem und insbesondere die Regeln für die Zusammenrechnung eignen sich nicht für ergänzende Rentensysteme, außer im Falle von Systemen, die unter den Begriff »Rechtsvorschriften« im Sinne von Artikel 1 Buchstabe j) Unterabsatz 1 der Verordnung (EWG) Nr. 1408/71 fallen oder in Bezug auf die ein Mitgliedstaat eine Erklärung nach diesem Artikel abgibt; deshalb sollten hierfür spezifische Maßnahmen gelten, wie sie mit der vorliegenden Richtlinie erstmals getroffen werden, damit ihrer spezifischen Beschaffenheit und der Unterschiedlichkeit derartiger Systeme sowohl innerhalb einzelner Mitgliedstaaten als auch im Vergleich zwischen ihnen Rechnung getragen wird.

(5) Keine Rente oder Leistung darf sowohl den Bestimmungen dieser Richtlinie als auch den Bestimmungen der Verordnungen (EWG) Nr. 1408/71 und (EWG) Nr. 574/72 unterworfen sein, und ein ergänzendes Rentensystem, das in den Anwendungsbereich der genannten Verordnungen fällt, weil ein Mitgliedstaat eine entsprechende Erklärung nach Artikel 1 Buchstabe j) der Ver-

ordnung (EWG) Nr. 1408/71 abgegeben hat, kann somit nicht den Bestimmungen dieser Richtlinie unterworfen werden.

(6) In seiner Empfehlung 92/442/EWG vom 27. Juli 1992 über die Annäherung der Ziele und der Politiken im Bereich des sozialen Schutzes empfiehlt der Rat in den Mitgliedstaaten Folgendes: »Falls erforderlich, sollte die Anpassung der Bedingungen für den Erwerb von Ansprüchen auf Altersrenten, insbesondere im Rahmen von Zusatzsystemen, gefördert werden, um die Hindernisse für die Mobilität der Arbeitnehmer zu beseitigen«.

(7) Ein Beitrag zu diesem Ziel kann geleistet werden, wenn den Arbeitnehmern, die sich von einem Mitgliedstaat in einen anderen begeben oder deren Arbeitsplatz in einen anderen Mitgliedstaat verlegt wird, in Bezug auf den Schutz ihrer ergänzenden Rentenansprüche Gleichbehandlung gegenüber den Arbeitnehmern gewährleistet wird, die im selben Mitgliedstaat verbleiben oder ihren Arbeitsplatz im selben Mitgliedstaat wechseln.

(8) Die Freizügigkeit als eines der im Vertrag niedergelegten Grundrechte ist nicht auf Arbeitnehmer beschränkt, sondern gilt auch für Selbstständige.

(9) Der Vertrag sieht außer in Artikel 235 keine Befugnisse für die Annahme geeigneter Maßnahmen im Bereich der sozialen Sicherheit für Selbstständige vor.

(10) Um eine tatsächliche Wahrnehmung des Rechts auf Freizügigkeit zu ermöglichen, sollten die Arbeitnehmer und sonstigen Anspruchsberechtigten bestimmte Garantien hinsichtlich der Gleichbehandlung in Bezug auf die Aufrechterhaltung ihrer erworbenen Rentenansprüche im Zusammenhang mit einem ergänzenden Rentensystem haben.

(11) Die Mitgliedstaaten sollten die erforderlichen Maßnahmen treffen, um sicherzustellen, dass Leistungen im Rahmen ergänzender Rentensysteme gegenüber derzeitig und früher anspruchsberechtigten Personen sowie sonstigen im Rahmen dieser Systeme Berechtigten in sämtlichen Mitgliedstaaten erbracht werden, da alle Einschränkungen des freien Zahlungs- und Kapitalverkehrs gemäß Artikel 73 b des Vertrags untersagt sind.

(12) Um die Wahrnehmung des Rechts auf Freizügigkeit zu erleichtern, sollten die innerstaatlichen Vorschriften erforderlichenfalls angepasst werden, damit in ein in einem Mitgliedstaat eingerichtetes ergänzendes Rentensystem durch oder für Arbeitnehmer, die sich gemäß Titel II der Verordnung (EWG) Nr. 1408/71 in einen anderen Mitgliedstaat begeben haben, weiter Beiträge eingezahlt werden können.

(13) Diesbezüglich schreibt der Vertrag nicht nur die Abschaffung jeder auf der Staatsangehörigkeit beruhenden unterschiedlichen Behandlung der Arbeitnehmer der Mitgliedstaaten, sondern auch die Beseitigung aller innerstaatlichen Maßnahmen vor, die die Ausübung der durch den Vertrag garantierten und vom Gerichtshof der Europäischen Gemeinschaften in nachfolgenden Urteilen ausgelegten grundlegenden Freiheiten durch die Arbeitnehmer behindern oder weniger attraktiv machen könnten.

(14) Die Arbeitnehmer, die ihr Recht auf Freizügigkeit wahrnehmen, sollten von Arbeitgebern, Treuhändern oder sonstigen für die Verwaltung der ergänzenden Rentensysteme verantwortlichen Personen insbesondere über die ihnen offenstehenden Wahlmöglichkeiten und Alternativen angemessen informiert werden.

(15) Diese Richtlinie berührt nicht das Recht der Mitgliedstaaten über kollektive Maßnahmen zur Sicherung beruflicher Interessen.

(16) Angesichts der Verschiedenartigkeit der ergänzenden Sozialschutzsysteme sollte die Gemeinschaft lediglich einen allgemeinen Rahmen für Zielsetzungen festlegen, so dass eine Richtlinie das geeignete Rechtsinstrument darstellt.

(17) Entsprechend den in Artikel 3 b des Vertrags genannten Grundsätzen der Subsidiarität und der Verhältnismäßigkeit können die Ziele dieser Richtlinie auf Ebene der Mitgliedstaaten nicht

ausreichend erreicht werden, so dass sie besser auf Gemeinschaftsebene verwirklicht werden können. Zur Erreichung dieser Ziele geht die Richtlinie nicht über das dazu Erforderliche hinaus –

HAT FOLGENDE RICHTLINIE ERLASSEN:

Kapitel I
Ziel und Anwendungsbereich

Artikel 1

Ziel dieser Richtlinie ist es, Ansprüche von Anspruchsberechtigten ergänzender Rentensysteme, die sich von einem Mitgliedstaat in einen anderen begeben, zu schützen und dadurch dazu beizutragen, dass Hindernisse für die Freizügigkeit von Arbeitnehmern und Selbständigen innerhalb der Gemeinschaft beseitigt werden. Dieser Schutz betrifft Rentenansprüche aus freiwilligen wie auch aus vorgeschriebenen ergänzenden Rentensystemen mit Ausnahme der von der Verordnung (EWG) Nr. 1408/71 erfassten Systeme.

Artikel 2

Diese Richtlinie gilt für Anspruchsberechtigte ergänzender Rentensysteme und sonstige im Rahmen dieser Systeme Berechtigte, die ihre Ansprüche in einem Mitgliedstaat oder mehreren Mitgliedstaaten erworben haben oder erwerben.

Kapitel II
Begriffsbestimmungen

Artikel 3

Im Sinne dieser Richtlinie bezeichnet der Ausdruck

a) „ergänzende Rentenleistungen" die Altersversorgung und, sofern nach den Bestimmungen des nach einzelstaatlichen Rechtsvorschriften und Gepflogenheiten eingerichteten ergänzenden Rentensystems vorgesehen, die Invaliditäts- und Hinterbliebenenversorgung, durch die die in denselben Versicherungsfällen von den gesetzlichen Sozialversicherungssystemen gewährten Leistungen ergänzt oder ersetzt werden;

b) „ergänzendes Rentensystem" ein nach einzelstaatlichen Rechtsvorschriften und Gepflogenheiten eingerichtetes betriebliches Rentensystem, beispielsweise ein Gruppenversicherungsvertrag oder ein branchenweit oder sektoral vereinbartes System nach dem Umlageverfahren, ein Deckungssystem oder Rentenversprechen auf der Grundlage von Pensionsrückstellungen der Unternehmen, oder eine tarifliche oder sonstige vergleichbare Regelung, die ergänzende Rentenleistungen für Arbeitnehmer oder Selbständige bieten soll;

c) „Rentenansprüche" eine Leistung, auf die Anspruchsberechtigte und sonstige Berechtigte im Rahmen der Regelungen eines ergänzenden Rentensystems und gegebenenfalls nach einzelstaatlichem Recht Anspruch haben;

d) „erworbene Rentenansprüche" Ansprüche auf Leistungen, die erworben sind, nachdem die nach den Regelungen eines ergänzenden Rentensystems und gegebenenfalls nach einzelstaatlichem Recht erforderlichen Bedingungen erfüllt worden sind;

e) „entsandter Arbeitnehmer" einen Arbeitnehmer, der zum Arbeiten in einen anderen Mitgliedstaat entsandt wird und gemäß Titel II der Verordnung (EWG) Nr. 1408/71 weiterhin den Rechtsvorschriften des Herkunftsmitgliedstaates unterliegt; die »Entsendung« ist entsprechend zu verstehen;

f) „Beiträge" Zahlungen, die an ein ergänzendes Rentensystem geleistet werden oder als geleistet gelten.

Kapitel III
Maßnahmen zum Schutz ergänzender Rentenansprüche von Arbeitnehmern, die innerhalb der Gemeinschaft zu- und abwandern

Artikel 4 Gleichbehandlung hinsichtlich der Aufrechterhaltung von Rentenansprüchen

Die Mitgliedstaaten treffen die erforderlichen Maßnahmen, um die Aufrechterhaltung erworbener Rentenansprüche für Anspruchsberechtigte eines ergänzenden Rentensystems sicherzustellen, für die als Folge des Wechsels von einem Mitgliedstaat in einen anderen keine weiteren Beiträge in dieses System gezahlt werden, und zwar im gleichen Umfang wie für anspruchsberechtigte Personen, für die keine Beiträge mehr gezahlt werden, die jedoch im selben Mitgliedstaat verbleiben. Dieser Artikel gilt ebenfalls für sonstige im Rahmen des betreffenden ergänzenden Rentensystems Berechtigte.

Artikel 5 Grenzüberschreitende Zahlungen

Die Mitgliedstaaten stellen sicher, dass für Anspruchsberechtigte ergänzender Rentensysteme sowie für sonstige Berechtigte dieser Systeme die ergänzenden Rentensysteme die Auszahlung sämtlicher nach diesen Systemen fälligen Leistungen abzüglich gegebenenfalls zu erhebender Steuern und Transaktionsgebühren in anderen Mitgliedstaaten leisten.

Artikel 6 Durch oder für einen entsandten Arbeitnehmer geleistete Beiträge an ein ergänzendes Rentensystem

(1) Die Mitgliedstaaten treffen die erforderlichen Maßnahmen, damit in ein in einem Mitgliedstaat eingerichtetes ergänzendes Rentensystem weiterhin Beiträge durch oder für einen entsandten Arbeitnehmer als Anspruchsberechtigten eines Systems während des Zeitraums seiner Entsendung in einen anderen Mitgliedstaat eingezahlt werden können.

(2) Werden gemäß Absatz 1 weiterhin Beiträge in ein ergänzendes Rentensystem in einem Mitgliedstaat eingezahlt, so werden der entsandte Arbeitnehmer und gegebenenfalls sein Arbeitgeber von der Verpflichtung freigestellt, Beiträge zu einem ergänzenden Rentensystem in einem anderen Mitgliedstaat zu zahlen.

Artikel 7 Unterrichtung anspruchsberechtigter Personen

Die Mitgliedstaaten treffen Maßnahmen, um sicherzustellen, dass die Arbeitgeber, Treuhänder oder sonstigen für die Verwaltung der ergänzenden Rentensysteme verantwortlichen Personen die anspruchsberechtigten Personen, wenn sie sich in einen anderen Mitgliedstaat begeben, angemessen über deren Rentenansprüche und über die Wahlmöglichkeiten informieren, die ihnen in dem System offenstehen. Diese Informationen entsprechen mindestens den Informationen, die anspruchsberechtigte Personen erhalten, für die keine Beiträge mehr gezahlt werden, die jedoch im selben Mitgliedstaat verbleiben.

Kapitel IV
Schlussbestimmungen

Artikel 8

Die Mitgliedstaaten können vorsehen, daß Artikel 6 nur für Entsendungen gilt, die zum oder nach dem 25. Juli 2001 erfolgen.

Artikel 9

Die Mitgliedstaaten sehen in ihrer Rechtsordnung die erforderlichen Maßnahmen vor, damit jede Person, die sich durch die Nichtanwendung der Bestimmungen dieser Richtlinie geschädigt fühlt, die Möglichkeit erhält, ihre Ansprüche, gegebenenfalls nach Befassung anderer zuständiger Stellen, gerichtlich geltend zu machen.

Artikel 10

(1) Die Mitgliedstaaten erlassen die erforderlichen Rechts- und Verwaltungsvorschriften, um dieser Richtlinie spätestens 36 Monate nach ihrem Inkrafttreten nachzukommen, oder sie stellen spätestens bis zu diesem Zeitpunkt sicher, daß Arbeitgeber und Arbeitnehmer die erforderlichen Maßnahmen durch Vereinbarung einführen. Die Mitgliedstaaten unternehmen alle erforderlichen Schritte, um jederzeit in der Lage zu sein, die durch diese Richtlinie vorgeschriebenen Ergebnisse zu gewährleisten. Sie setzen die Kommission unverzüglich davon in Kenntnis.

Wenn die Mitgliedstaaten diese Vorschriften erlassen, nehmen sie in den Vorschriften selbst oder durch einen Hinweis bei der amtlichen Veröffentlichung auf diese Richtlinie Bezug. Die Mitgliedstaaten regeln die Einzelheiten der Bezugnahme.

Sie teilten der Kommission mit, welche einzelstaatlichen Behörden im Zusammenhang mit der Anwendung dieser Richtlinie zuständig sind.

(2) Spätestens am 25. Juli 2002 teilen die Mitgliedstaaten der Kommission den Wortlaut der innerstaatlichen Rechtsvorschriften mit, die sie auf dem unter diese Richtlinie fallenden Gebiet erlassen.

(3) Auf der Grundlage der von den Mitgliedstaaten gelieferten Informationen legt die Kommission dem Europäischen Parlament, dem Rat und dem Wirtschafts- und Sozialausschuss innerhalb von sechs Jahren nach Inkrafttreten der Richtlinie einen Bericht vor.

Der Bericht betrifft die Umsetzung dieser Richtlinie und enthält gegebenenfalls erforderliche Änderungsvorschläge.

Artikel 11

Diese Richtlinie tritt am Tag ihrer Veröffentlichung im Amtsblatt der Europäischen Gemeinschaften in Kraft.

Artikel 12

Diese Richtlinie ist an die Mitgliedstaaten gerichtet.

Geschehen zu Luxemburg am 29. Juni 1998.

I. Hintergrund 1	VI. Grenzüberschreitende Zahlungen 20
II. Entstehung der RL 98/49/EG 6	VII. Regelungen für entsandte Arbeitnehmer 21
III. Grundzüge der RL 98/49/EG 10	VIII. Unterrichtung anspruchsberechtigter Personen 24
IV. Art. 1 RL 98/49/EG 14	
V. Gleichbehandlung hinsichtlich der Aufrechterhaltung von Rentenansprüchen 16	IX. Fazit 25

I. Hintergrund

Die Europäische Kommission setzte erstmals 1990 durch ihre damalige Generaldirektion V zur Frage der **Übertragbarkeit** von Ansprüchen und Anwartschaften aus betrieblichen Zusatzversorgungssystemen eine Expertengruppe ein (vgl dazu *Steinmeyer*, EuZW 1991, 43 ff; *ders.*, The Variety of Occupational Pension Systems in the EC Member States as an Obstacle for Mobility?, in: *Brennan* (Ed.), 1992 and Beyond: An Explosion in Employee Benefits?, Brookfield, Wisconsin (USA) 1991, S. 13 ff; *ders.*, Arbeitsrechtliche Probleme der betrieblichen Altersversorgung im europäischen Binnenmarkt, in: FS *Ahrend*, Köln 1992, S. 475 ff). Auf der Grundlage dieser Beratungen hat die Kommission dann eine Mitteilung an den Rat veröffentlicht mit dem Titel „Ergänzende Systeme der Sozialen Sicherheit: Die Rolle der betrieblichen Altersversorgungssysteme für den Sozialschutz der Arbeitnehmer und ihre Auswirkungen auf die Freizügigkeit" v. 22.7.1991, SEK [91] 1332 endg.). 1

In dieser Mitteilung hat die Kommission für die betriebliche Altersversorgung kein System empfohlen, das eine Übernahme der Systematik der VO (EWG) Nr. 1408/71 bedeuten würde, da sich schon sehr früh die Erkenntnis durchsetzte, dass der Mechanismus dieser Verordnung für die betriebliche Altersversorgung nicht passt. Vielmehr war die Fragestellung, welche Hindernisse der **Freizügigkeit** entgegenstehen und wie diese beseitigt werden können. Als Hindernisse für den Erwerb von Ansprüchen bei Ausübung des Rechts auf Freizügigkeit hat die Kommission die besonderen Anspruchsvoraussetzungen in Gestalt von Verfallklauseln und Wartezeiten erkannt. Dass es sich dabei um Hindernisse für die Freizügigkeit handelt, dürfte kaum zu bestreiten sein. Sinn der Verfallklauseln ist es ja, den Arbeitnehmer an den Betrieb zu binden, die Inanspruchnahme von Freizügigkeit also gerade zu verhindern. Ein weiterer Schwerpunkt der Überlegungen der Kommission liegt bei der Frage der Aufrechterhaltung oder Übertragung von Anwartschaften. Diese Frage war laut Aktionsprogramm der Kommission zur Anwendung der Gemeinschaftscharta der sozialen Grundrechte auch der Ausgangspunkt für die Überlegungen der Kommission (vgl Mitteilung der Kommission über ihr Aktionsprogramm zur Anwendung der Gemeinschaftscharta der sozialen Grundrechte – KOM (89) 586 endg., veröffentlicht auch in BT-Drucks. 11/7232, insb. S. 13). Hier geht es um die Frage, inwieweit Anwartschaften bei Wechsel des Arbeitnehmers oder Selbstständigen in einen anderen Staat übertragen werden können. Schließlich ist in dieser Mitteilung auch die steuerliche Problematik angesprochen worden. Sowohl bei der Übertragung als auch bei Erwerb und Leistungsgewährung können Probleme der Doppelbesteuerung auftauchen. 2

Mit diesen drei Themenkomplexen ist auch im Wesentlichen das angesprochen, was seither die Diskussion prägt und auch **Schwerpunkt der Richtlinie** 98/49/EG zur Wahrung ergänzender Rentenansprüche ist (s. hierzu *Steinmeyer*, EuZW 1999, 645 ff; *ders.*, Festschrift Förster, 2001, S. 453 ff). Zum einen ist denkbar, dass ein Arbeitnehmer das Arbeitsverhältnis zu einem inländischen Arbeitgeber beendet, um für einen ausländischen Arbeitgeber tätig zu werden. Er macht so von seinem Recht auf Freizügigkeit Gebrauch. Zum anderen ist denkbar, dass ein Arbeitnehmer für seinen Arbeitgeber für eine kürzere oder längere Zeit im Ausland tätig werden soll. Dies kann geschehen durch eine vorübergehende Entsendung, aber auch durch eine Versetzung an den ausländischen Unternehmensteil. 3

Im ersten Fall kann der Wanderarbeitnehmer nicht von vornherein damit rechnen, dass der neue Arbeitgeber etwa die beim alten Arbeitgeber zurückgelegten Beschäftigungszeiten für die betriebliche Altersversorgung berücksichtigen wird. Der Arbeitnehmer erleidet also einen **Nachteil** hin- 4 sichtlich seiner betrieblichen Altersversorgung bei **Ausübung des Freizügigkeitsrechts**, wenn er mit einer noch verfallbaren Anwartschaft ausscheidet. Allerdings geht es ihm hier nicht anders als dem Arbeitnehmer, der nicht grenzüberschreitend, sondern nur innerhalb Deutschlands den Arbeitgeber wechselt. Innerhalb Deutschlands stellt sich rechtlich die Frage der Freizügigkeit nicht, da es insoweit an einer einschlägigen Rechtsgrundlage fehlt, innerhalb Europas aber sehr wohl. Dies ist der europarechtliche Ansatz, über die deutschen Unverfallbarkeitsfristen zu diskutieren.

5 Im zweiten Fall kann der Arbeitnehmer zumeist damit rechnen, dass der Arbeitgeber in geeigneter Weise sicherstellt, dass durch die Tätigkeit im Ausland keine Nachteile hinsichtlich der betrieblichen Altersversorgung eintreten. Allerdings sehen sich Arbeitgeber und Arbeitnehmer einer Reihe von Schwierigkeiten gegenüber, die es ihnen schwer machen, dies im Einzelfall umzusetzen. So stellt sich für den Arbeitgeber die Frage, wo und wie er Aufwendungen für die betriebliche Altersversorgung als Betriebsausgaben steuerlich geltend machen kann. Für den Arbeitnehmer ergibt sich trotz Doppelbesteuerungsabkommen mit allen Mitgliedstaaten der EU die **Gefahr der Doppelbesteuerung**. Oft lassen sich Probleme dadurch in Grenzen halten, dass der Arbeitnehmer schließlich in das Ausgangsland zurückkehrt. Dies kann jedoch immer weniger als gesichert angesehen werden. Die tatsächlichen Verhältnisse ändern sich insoweit.

II. Entstehung der RL 98/49/EG

6 Die nunmehr geltende Richtlinie 98/49/EG des Rates vom 29.6.1998 zur Wahrung ergänzender Rentenansprüche von Arbeitnehmern und Selbstständigen, die innerhalb der EU zu- und abwandern, geht nicht alle bisher angesprochenen Probleme an, sondern beschränkt sich auf einige Aspekte, die offenbar im Sinne eines **politischen Kompromisses** von den Mitgliedstaaten akzeptiert werden konnten. Nachdem erkannt worden war, dass eine umfassende Lösung nicht ohne eine gewisse Rechtsangleichung zu erreichen ist, ergaben sich Widerstände von Mitgliedstaaten, und zwar insbesondere von der Bundesrepublik Deutschland. Systeme, die mit Fondslösungen operieren, haben mit grenzüberschreitenden Tätigkeiten geringere Schwierigkeit als Systeme, bei denen die Finanzierung über Rückstellungen weit verbreitet ist und die mit langen Unverfallbarkeitsfristen arbeiten. Deshalb wurden insbesondere von britischer, aber auch französischer Seite weitergehende Vorschläge gemacht, die sich dann auch in Vorentwürfen wiederfanden.

7 Dabei wurde insbesondere angeregt, die **deutschen Unverfallbarkeitsfristen** zu verkürzen. Für eine gewisse Zeit schien sich auch die deutsche Regierung damit anfreunden zu können, als nämlich auch auf nationaler deutscher Ebene über eine Verkürzung der Unverfallbarkeitsfristen diskutiert wurde (vgl etwa Arbeitsgemeinschaft für betriebliche Altersversorgung, Memorandum zur Sicherung und Förderung der betrieblichen Altersversorgung in Deutschland, 1995, S. 12 f). Eine Fassung des Richtlinienentwurfs sah deshalb vor, dass die Unverfallbarkeitsfristen acht Jahre nicht mehr überschreiten dürften und bis zum Jahre 2010 auf fünf Jahre zu verringern seien. Da dies für die nationale Ebene aber nur unter der Bedingung der Verbesserung der gesamten Rahmenbedingungen für die deutsche betriebliche Altersversorgung realistisch erschien, es dazu aber nicht in ausreichendem Maße kam, wurde zunächst auf nationaler Ebene die Idee der Verkürzung der Unverfallbarkeitsfristen nicht weiter verfolgt, was dann auch in der Konsequenz dazu führte, dass sich die Bundesregierung einer solchen Regelung auf europäischer Ebene widersetzte. Vielmehr wurde darauf verwiesen, dass nationale und grenzüberschreitende Sachverhalte gleich zu behandeln seien. Wenn aber bei einem Arbeitgeberwechsel innerhalb Deutschlands die Regelungen des § 1 BetrAVG über die Verfallbarkeit gelten, so sei eine andere Betrachtungsweise bei grenzüberschreitenden Sachverhalten nicht geboten. Auf die europarechtlichen Risiken dieser Sichtweise wurde bereits hingewiesen.

8 Die Idee einer **grenzüberschreitenden Übertragung** von Anwartschaften wurde relativ früh aufgegeben, da bald deutlich wurde, dass eine Übertragung bereits innerstaatlich zu erheblichen

Schwierigkeiten führen musste, wie einige nationale Fallstudien im Rahmen der Beratungen der Expertengruppe bewiesen. Vielmehr wurde intensiv erwogen, wie eine grenzüberschreitende Mitgliedschaft bei Betriebsrentensystemen sichergestellt werden könne. Hier wurde jeweils auf die Kollisionsnormen der VO (EWG) Nr. 1408/71 (jetzt: VO (EG) Nr. 883/04) verwiesen, was nicht unproblematisch ist, da es sich beim Betriebsrentenrecht um international-arbeitsrechtliche Anknüpfungen handelt, während die VO (EWG) Nr. 1408/71 (jetzt: VO (EG) Nr. 883/04) öffentlich-rechtliche Systeme miteinander verknüpft und damit dem Mechanismus öffentlich-rechtlicher Kollisionsnormen folgt (s. vor Art. 11 VO(EG) Nr. 883/04, Rn 1 ff).

Lange wurde darüber diskutiert, welches die zutreffende **Rechtsgrundlage** für eine mögliche europäische Gesetzgebung im Bereich betrieblicher Zusatzversorgungssysteme sein könnte. Da es um die Herstellung oder zumindest Verbesserung der Freizügigkeit geht, erschien Art. 48 AEUV (= Art. 42 EG) naheliegend. Der erste Halbsatz dieser Vorschrift scheint dies zunächst voll zu bestätigen, wenn er dem Rat die Kompetenz gibt, „einstimmig auf Vorschlag der Kommission die auf dem Gebiet der sozialen Sicherheit für die Herstellung der Freizügigkeit der Arbeitnehmer notwendigen Maßnahmen" zu beschließen. Im Sprachgebrauch des Europarechts werden Systeme der betrieblichen Altersversorgung auch als betriebliche Systeme der sozialen Sicherheit bezeichnet, so dass die Zusatzversorgungssysteme an sich erfasst sind. Bei den bisher beschriebenen Maßnahmen handelt es sich sicherlich auch um solche, die für die Herstellung der Freizügigkeit der Arbeitnehmer notwendig sind. Der zweite Halbsatz der Vorschrift macht aber deutlich, dass zumindest in erster Linie an Koordinierungsvorschriften gedacht ist, die die Systeme nur verknüpfen, ohne sie inhaltlich zu ändern, wenn auch die Formulierung „insbesondere" eine weitere Auslegung zulässt. Man sollte sich jedoch darüber im Klaren sein, dass Rechtsangleichung nicht spezifisch von Art. 48 AEUV (= Art. 42 EG) erfasst ist. Insofern sollte zumindest zusätzlich Art. 115 AEUV (= Art. 94 EG) herangezogen werden. 9

III. Grundzüge der RL 98/49/EG

Die RL 98/49/EG des Rates vom 29.6.1998 zur Wahrung ergänzender Rentenansprüche von Arbeitnehmern und Selbständigen, die innerhalb der EU zu- und abwandern (ABl. (EG) L 209/46 v. 25.7.1998), stützt sich auf **Art. 48 AEUV (= Art. 42 EG)** und Art. 352 AEUV (= Art. 308 EG), wobei angesichts der besonderen Ausgestaltung der hier vorzustellenden Richtlinie die Vernachlässigung des Art. 115 AEUV (= Art. 94 EG) noch akzeptabel erscheint. Auf Art. 352 AEUV (= Art. 308 EG) scheint man sich deshalb stützen zu wollen, um auch Selbständige einbeziehen zu können. 10

In den Erwägungsgründen wird allgemein auf die Bedeutung der Freizügigkeit und der ergänzenden Systeme (Zusatzversorgungssysteme) Bezug genommen. Es wird auch betont, dass mit der VO (EWG) Nr. 1408/71 (jetzt: VO (EG) Nr. 883/04) für die staatlichen Systeme zwar für diesen Bereich die Freizügigkeit hergestellt sei, die **Beschränkung auf gesetzliche Rentensysteme** aber sozialpolitisch angesichts der Bedeutung der Zusatzversorgungssysteme **unbefriedigend** sei. Es wird aber auch zutreffend erkannt, dass die sozialrechtliche Wanderarbeitnehmer-Verordnung sich für die Zusatzversorgungssysteme nicht eignet, wenn auch weiterhin die Übertragbarkeit der Kollisionsnormen der Verordnung zumindest in ihren Grundstrukturen befürwortet wird (s. dazu auch European Social Observatory, Scope of coordination system in the pension field – Final Report, 2011, S. 21 ff, 81 ff, wo die Schwierigkeiten einer Abgrenzung aber auch einer besseren gesetzlichen Regelung betont werden). 11

Als **Ziel der Richtlinie** wird in Art. 1 RL 98/49/EG genannt, „Ansprüche von Anspruchsberechtigten ergänzender Rentensysteme, die sich von einem Mitgliedstaat in einen anderen begeben, zu schützen und dadurch dazu beizutragen, dass Hindernisse für die Freizügigkeit von Arbeitnehmern und Selbstständigen in der Gemeinschaft beseitigt werden." Durch diese zurückhaltende Formulierung wird bereits deutlich gemacht, dass die Richtlinie nicht eine umfassende Lösung 12 des Freizügigkeitsproblems verfolgt. Es wird in Art. 1 RL 98/49/EG weiter deutlich gemacht, dass die Richtlinie sowohl die obligatorischen als auch die freiwilligen Systeme erfassen soll. Indem die Richtlinie in Art. 2 RL 98/49/EG ihren Anwendungsbereich auf Anspruchsberechtigte sowie sonst im Rahmen dieser Systeme Berechtigte erstreckt, wird bewusst ein insoweit umfassender Anwendungsbereich angestrebt. Bei den in Art. 3 RL 98/49/EG anzutreffenden Begriffsbestimmungen wird – ohne hier auf Einzelheiten eingehen zu wollen – deutlich gemacht, dass betriebliche Altersversorgung in einem umfassenden Sinne von der Richtlinie erfasst sein soll.

13   Die **materiellen Regelungen** der RL 98/49/EG beschränken sich auf vier Aspekte:
- die Gleichbehandlung hinsichtlich der Aufrechterhaltung von Rentenansprüchen (Art. 4),
- die grenzüberschreitenden Zahlungen (Art. 5),
- die durch oder für einen entsandten Arbeitnehmer geleisteten Beiträge an ein ergänzendes Rentensystem,
- die Unterrichtung anspruchsberechtigter Personen.

IV. Art. 1 RL 98/49/EG

14   Wenn Art. 1 RL 98/49/EG als ihr Ziel nennt, Ansprüche von Anspruchsberechtigten ergänzender Rentensysteme, die sich von einem Mitgliedstaat in einen anderen begeben, zu schützen und dadurch dazu beitragen, dass **Hindernisse für die Freizügigkeit** von Arbeitnehmern und Selbstständigen innerhalb der Gemeinschaft beseitigt werden, so kommt darin bereits eine gewisse (berechtigte) Bescheidenheit zum Ausdruck. Die Richtlinie kann nur als Beitrag zur Herstellung der Freizügigkeit in diesem Bereich betrachtet werden. Einen höheren Anspruch kann sie nicht erfüllen. Dazu ist zu vieles ungeregelt geblieben, was im Vorfeld die Gemüter bewegte und als Freizügigkeitshindernis erkannt wurde. Dass die Richtlinie auch obligatorische und nicht nur freiwillige Systeme erfasst, ist als solches konsequent, da die Problematik der Freizügigkeit sich nicht unterschiedlich darstellt je nachdem, ob die Systeme auf der Entscheidung des Arbeitgebers beruhen oder aber durch einen nationalen Gesetzgeber deren Einrichtung vorgeschrieben worden ist. Maßgebend kann nur die Funktion dieser Systeme als Zusatzversorgungssysteme sein.

15   Art. 2 RL 98/49/EG macht zutreffend deutlich, dass die Anwendbarkeit ihrer Regelungen nicht davon abhängig ist, dass die betroffene Person die **Staatsangehörigkeit** eines der EU-Mitgliedstaaten besitzt. Vielmehr wird nur darauf abgestellt, dass es sich um Berechtigte der ergänzenden Rentensysteme handeln muss. Mit der Formulierung „Anspruchsberechtigte ... und sonstige ... Berechtigte" wird deutlich gemacht, dass etwa auch Hinterbliebene erfasst sind, wenn sie Ansprüche aus den ergänzenden Systemen erwarten können. Der Verzicht auf das Erfordernis der Staatsangehörigkeit ist sinnvoll und fortschrittlich, auch wenn Art. 45 AEUV (= Art. 39 EG) dies nicht zwingend erfordert.

V. Gleichbehandlung hinsichtlich der Aufrechterhaltung von Rentenansprüchen

16   Von ihrem rechtlichen Gehalt her problematisch ist die Vorschrift des Art. 4 RL 98/49/EG, die mit „**Gleichbehandlung hinsichtlich der Aufrechterhaltung von Rentenansprüchen**" überschrieben ist, aber in Wahrheit die (problematische) Kernvorschrift zur Verbesserung der Freizügigkeit darstellt. Nach dieser Vorschrift treffen die Mitgliedstaaten die erforderlichen Maßnahmen, um die Aufrechterhaltung erworbener Rentenansprüche für Anspruchsberechtigte eines ergänzenden Rentensystems sicherzustellen, für die als Folge des Wechsels von einem Mitgliedstaat in einen anderen keine weiteren Beiträge in dieses System gezahlt werden, und zwar im gleichen Umfang wie für anspruchsberechtigte Personen, für die keine Beiträge mehr gezahlt werden, die jedoch im selben Mitgliedstaat verbleiben. Das bedeutet auf die deutsche Rechtslage übersetzt, dass den Anforderungen dieser Vorschrift der Richtlinie Rechnung getragen ist, wenn die Ansprüche eines Arbeitnehmers aufrechterhalten werden, der mit einer unverfallbaren Anwartschaft ausscheidet und ins Ausland geht. Ist seine Anwartschaft hingegen noch nicht unverfallbar, so verliert er wie

ein im Inland Verbliebener seine Anwartschaft. Ein Wechsel von Stuttgart nach Paris wird also ebenso behandelt wie ein Wechsel von Stuttgart nach Frankfurt.

Dies erscheint auf den ersten Blick plausibel, ist jedoch europarechtlich nicht ohne Risiko. Das Freizügigkeitsgebot des Art. 45 AEUV (= Art. 39 EG) erschöpft sich nämlich nicht in einer Gleichbehandlung von grenzüberschreitenden Sachverhalten mit reinen Inlandssachverhalten. Die Zielrichtung ist eine andere. Freizügigkeit verlangt die **Beseitigung aller Hindernisse**, die einer Tätigkeit eines Arbeitnehmers in einem anderen Land entgegenstehen können. Die international vergleichsweise langen deutschen Unverfallbarkeitsfristen, die ohne Zweifel ein Freizügigkeitshindernis darstellen, erscheinen nicht dadurch in einem anderen Licht, dass von ihnen Inlands- wie grenzüberschreitende Sachverhalte gleichermaßen erfasst und betroffen sind. Das europäische Recht fragt nur, ob ein Hindernis der Freizügigkeit besteht, nicht ob auch innerhalb des Staates die Freizügigkeit begrenzt ist. Anderenfalls hätte es der Mitgliedstaat in der Hand, den Umfang der grenzüberschreitenden Freizügigkeit durch Begrenzungen der innerstaatlichen Freizügigkeit zu steuern. Die Richtlinie stellt insbesondere auch aus diesem Grunde eben nur einen Beitrag zur Herstellung der Freizügigkeit dar. Das Ziel ist mit ihr nicht erreicht. Der deutsche Gesetzgeber des Betriebsrentengesetzes ist aufgrund dieser Vorschrift nicht zu einer Gesetzesänderung aufgefordert. 17

Gleichwohl hat der deutsche Gesetzgeber inzwischen durch Änderungen des **BetrAVG** infolge des Altersvermögensgesetzes diesen Bedenken Rechnung getragen. So ist die Unverfallbarkeitsfrist von zehn auf fünf Jahre herabgesetzt worden und die gesetzliche Unverfallbarkeit tritt nur ein, sofern der Arbeitnehmer im Zeitpunkt des Ausscheidens das 30. statt bisher das 35. Lebensjahr vollendet hat. Die Neuregelung soll die Mobilität fördern und europäischen Vorgaben und Trends Rechnung tragen. Damit ist auch europarechtlichen Bedenken Rechnung getragen, da wegen der typischen Rollenverteilung in Ehe und Familie zwischen dem 30. und dem 35. Lebensjahr Frauen häufiger als Männer aus dem Erwerbsleben ausscheiden. 18

Ebenfalls eine Reaktion auf die Richtlinie ist § 1 b Abs. 1 Satz 6 BetrAVG in der Fassung des **Altersvermögensgesetzes**, wonach bei einem Arbeitnehmer, der vom Inland in einen anderen Mitgliedstaat der EU wechselt, die Anwartschaft in gleichem Umfang erhalten bleibt wie für Personen, die auch nach Beendigung eines Arbeitsverhältnisses im Inland bleiben. Da sich die Vorschrift nur auf Anwartschaften bezieht, die dem BetrAVG unterfallen, hat sie nur deklaratorische Bedeutung, da eine Unverfallbarkeit auch bisher schon unabhängig davon eintritt, ob der Arbeitnehmer ins Ausland wechselt oder im Inland verbleibt. 19

VI. Grenzüberschreitende Zahlungen

Aus deutscher Sicht unproblematisch sind auch die Anforderungen, die Art. 5 RL 98/49/EG stellt. Danach stellen die Mitgliedstaaten sicher, dass für Anspruchsberechtigte ergänzender Rentensysteme sowie für sonstige Berechtigte dieser Systeme die ergänzenden Rentensysteme die **Auszahlung** sämtlicher nach diesen Systemen fälligen Leistungen abzüglich gegebenenfalls zu erhebender Steuern und Transaktionsgebühren **in anderen Mitgliedstaaten** leisten. Dies wird von der deutschen betrieblichen Altersversorgung schon immer so praktiziert, so dass sich keine Änderungen ergeben. Es handelt sich hierbei um einen Grundsatz, der für die Freizügigkeit im Bereich der sozialen Sicherungssysteme von entscheidender Bedeutung ist, der aber praktisch nur bei den öffentlich-rechtlichen Systemen zu Beginn der Koordinierung zu Anpassungsbedarf führte, bei privaten Systemen aber regelmäßig unproblematisch ist. 20

VII. Regelungen für entsandte Arbeitnehmer

Ein weiteres Anliegen der Richtlinie besteht darin, **vorübergehend** in einem anderen Mitgliedstaat tätigen Personen einen angemessenen Schutz zuteil werden zu lassen. Art. 6 RL 98/49/EG fordert deshalb, dass die Mitgliedstaaten die erforderlichen Maßnahmen treffen, damit in ein in einem 21

Mitgliedstaat eingerichteten ergänzenden Rentensystem weiterhin Beiträge durch oder für einen entsandten Arbeitnehmer als Anspruchsberechtigten eines Systems während des Zeitraums seiner Entsendung in einen anderen Mitgliedstaat eingezahlt werden können. Es ist hier an die Arbeitnehmer zu denken, die bei fortbestehender Verknüpfung mit dem Inland vorübergehend in einem anderen Mitgliedstaat arbeiten (Ausstrahlungsfälle).

22 Hier hatte es im Vorfeld die Überlegung gegeben, die **Kollisionsnormen** der Art. 13 bis 17 VO Nr. 1408/71 (jetzt: Art. 11 bis 16 VO Nr. 883/2004) entsprechend heranzuziehen, was auch noch im Erwägungsgrund 12 seinen Ausdruck findet. Dazu hat der Verfasser dieses Beitrages in den Diskussionen stets darauf hingewiesen, dass es sich bei den Anknüpfungen in den Kollisionsnormen der Verordnung um solche für öffentlich-rechtliche Systeme handelt, die insbesondere auf freiwillige nicht einfach übertragen werden dürfen. Die Formulierung ist deshalb demgegenüber zurückgenommen und verlangt nur die Ermöglichung der Aufrechterhaltung der Zugehörigkeit zum bisherigen System. Nicht ausdrücklich geregelt ist die Frage, ob dies auch bedeutet, dass gleiche steuerrechtliche Regelungen für die Beiträge entsandter Arbeitnehmer gelten sollen, ob sie also der Arbeitgeber weiterhin im Inland geltend machen kann. Aus der Sicht des Verfassers dieses Beitrages ist auch dies gemeint, da nur so die Möglichkeit der Einzahlung während der Entsendung wirklich gewährleistet ist.

23 Art. 6 Abs. 2 RL 98/49/EG ist nicht für das deutsche System, wohl aber für ausländische **obligatorische Systeme** von Bedeutung, wenn bestimmt wird, dass im Fall des Abs. 1 der entsandte Arbeitnehmer und ggf sein Arbeitgeber von der Verpflichtung freigestellt werden, Beiträge zu einem ergänzenden System in einem anderen Mitgliedstaat zu zahlen. Allerdings können hier problematische Fälle dann entstehen, wenn es um die Frage geht, welches ergänzende System des Aufenthaltsstaates dem deutschen System der betrieblichen Altersversorgung als Entsprechung zuzuordnen ist. Es finden sich inzwischen mehrstufige ergänzende Systeme im Ausland.

VIII. Unterrichtung anspruchsberechtigter Personen

24 Schließlich sieht Art. 7 RL 98/49/EG eine Unterrichtung anspruchsberechtigter Personen vor. Nach dieser Vorschrift treffen die Mitgliedstaaten Maßnahmen, um sicherzustellen, dass die Arbeitgeber, Treuhänder oder sonstigen für die Verwaltung der ergänzenden Rentensysteme verantwortlichen Personen, wenn sie sich in einen anderen Mitgliedstaat begeben, angemessen über deren **Rentenansprüche** und über die **Wahlmöglichkeiten** informieren, die ihnen in dem System offen stehen. Nimmt man diese Regelung, so erwartet man eine Änderung des deutschen Rechts hin zu einer allgemeinen Informationspflicht für grenzüberschreitende Fälle. Doch hatte der deutsche Gesetzgeber bereits durch § 2 Abs. 6 BetrAVG aF die Informationspflichten ausreichend normiert, indem er bestimmte, dass dem ausgeschiedenen Arbeitnehmer Auskunft darüber zu erteilen sei, ob für ihn die Voraussetzungen einer unverfallbaren betrieblichen Altersversorgung erfüllt sind und in welcher Höhe er Versorgungsleistungen bei Erreichen der in der Versorgungsregelung vorgesehenen Altersgrenze beanspruchen kann. In Art. 7 S. 2 RL 98/49/EG heißt es nämlich, dass diese Informationen mindestens den Informationen entsprechen (müssen), die anspruchsberechtigte Personen erhalten, für die keine Beiträge mehr gezahlt werden, die jedoch im selben Mitgliedstaat verbleiben. Dies ist in das deutsche Recht übersetzt der Fall des vorzeitigen Ausscheidens mit unverfallbarer Anwartschaft. Erst recht gilt dies für den seit 1.1.2005 bestehenden Auskunftsanspruch nach §4a BetrAVG (s. ErfK-*Steinmeyer*, 13. Aufl. 2013, §4a BetrAVG).

IX. Fazit

25 Insgesamt ergibt sich, dass das deutsche Recht durch die Richtlinie an sich keine Änderung erfahren muss. Das bedeutet jedoch nicht, dass es damit das Prädikat des freizügigkeitsgerechten Systems erhält. Freizügigkeitshindernisse, die sich aus der Ausgestaltung des deutschen Rechts

ergeben, bestehen weiter. Es ist vielmehr lediglich eine Einigung auf den **kleinsten gemeinsamen Nenner**, da die Richtlinie einstimmig verabschiedet werden musste. Besonders der deutsche Widerstand gegen Änderungen war hartnäckig und hat deshalb zu einer Lösung geführt, die aus der Sicht des deutschen Gesetzgebers harmlos ist. Offenkundig wollte man nach einer zehnjährigen zum Teil heftigen Diskussion ein Ergebnis vorweisen, das aber ausgesprochen bescheiden ist. Ein Ende der Diskussion und ein Ende der Beschäftigung mit der Problematik ist damit nicht erreicht (siehe zum Gesamtkomplex der betrieblichen Altersversorgung in Europa *Steinmeyer*, H-BetrAV 20).

Als ein weiterer Beitrag zur Verbesserung der Freizügigkeit bei der betrieblichen Altersversorgung ist die **grenzüberschreitende Portabilität** zu nennen. Dieser Ansatz war in den neunziger Jahren an seiner Komplexität gescheitert, was auch heute noch verständlich ist, wenn man sich die unterschiedlichen Systeme der betrieblichen Altersversorgung in den Mitgliedstaaten sowie die ebenfalls höchst unterschiedlichen Regelungen zur innerstaatlichen Portabilität anschaut (*Steinmeyer*, BetrAV 2004, 111 ff). Gleichwohl bemüht sich die Europäische Kommission derzeit um eine einschlägige Richtlinie, nachdem sie dies durch eine Mitteilung zur Portabilität vorbereitet hatte (Mitteilung der Kommission „Zweite Stufe der Anhörung der Sozialpartner zur Portabilität von Ansprüchen aus der betrieblichen Altersversorgung", Anhang zu Dok. VIE 3075/ AS 3015 (09/03). Im Vorschlag für eine Richtlinie des Europäischen Parlaments und des Rates über Mindestvorschriften zur Erhöhung der Mobilität von Arbeitnehmern durch Verbesserung der Begründung und Wahrung von Zusatzrentenansprüchen (KOM(2007) 603 endg.) wird die Idee der Portabilität nicht weiterverfolgt, wohl aber versucht, Freizügigkeitshindernisse in der betrieblichen Altersvorsorge zu beseitigen (s. dort). 26

Die Verbesserung der Freizügigkeit bei der betrieblichen Altersversorgung bleibt das Bestreben der Europäischen Kommission. Dies wird deutlich aus der Initiative der Kommission zur Verbesserung der Mobilität von Wissenschaftlern (Final report at the demand of the European Commission, DG Research on „Social Security, Supplementary Pensions and New Patterns of Work and Mobility; Researcher´s profiles" by the expert group on „Social security, supplementary pensions and new patterns of work and mobility: researchers' profiles" – 2010; http://ec.europa.eu/research/era/pdf/pensions_report_en.pdf.), mit der versucht wird, flexible und pragmatische Lösungen für einen besonderen Personenkreis zu finden, um damit einen Schritt zur generellen Lösung zu machen (*Steinmeyer*, in: FS Höfer, S. 267 ff). In der Diskussion ist seit Vorlage des Weißbuchs „Eine Agenda für angemessene, sichere und nachhaltige Pensionen und Renten" (KOM(2012) 55 auch die Frage der Ausweitung des Geltungsbereichs der VO (EG) Nr. 883/04 auf bestimmte betriebliche Vorsorgesysteme wie etwa verpflichtende Systeme oder abgestellt auf die Finanzierungsart (European Social Observatory, Scope of coordination system in the pension field – Final Report, 2011, S. 21 ff, 81, 84); dabei ist aber zu beachten, dass sich zahlreiche Vorsorgesysteme dafür nicht eignen, so dass der durch die RL 98/49/EG begonnene Weg weiterverfolgt werden muss. Bei Gesetzgebungsvorhaben der Kommission in diesem Bereich ist seit Inkrafttreten des AEUV zu beachten, dass nach Art. 48 AEUV nicht mehr Einstimmigkeit erforderlich ist, sondern das sog. ordentliche Gesetzgebungsverfahren gilt, was zB für die Frage der Unverfallbarkeitsfristen Bedeutung erlangen kann (*Görgen*, in: FS Höfer, S. 49). 27

Teil 10:
Vorschlag für eine Richtlinie des Europäischen Parlaments und des Rates über Mindestvorschriften zur Erhöhung der Mobilität von Arbeitnehmern durch Verbesserung der Begründung und Wahrung von Zusatzrentenansprüchen KOM (2007) 603 endg.

DAS EUROPÄISCHE PARLAMENT UND DER RAT DER EUROPÄISCHEN UNION –

gestützt auf den Vertrag zur Gründung der Europäischen Gemeinschaft, insbesondere auf die Artikel 42 und 94,

auf Vorschlag der Kommission,

nach Stellungnahme des Europäischen Wirtschafts- und Sozialausschusses,

gemäß dem Verfahren des Artikels 251 EG-Vertrag,

in Erwägung nachstehender Gründe:

(1) Die Freizügigkeit ist eine der von der Gemeinschaft garantierten Grundfreiheiten. Der Vertrag sieht in Artikel 42 vor, dass der Rat gemäß dem Verfahren des Artikels 251 die auf dem Gebiet der sozialen Sicherheit für die Herstellung der Freizügigkeit der Arbeitnehmer notwendigen Maßnahmen beschließt.

(2) Die Alterssicherung der Arbeitnehmer wird durch die gesetzliche Rentenversicherung gewährleistet, ergänzt durch die an ein Beschäftigungsverhältnis gekoppelten Zusatzrentensysteme, die in den Mitgliedstaaten immer mehr an Bedeutung gewinnen.

(3) Der Rat verfügt über einen großen Ermessensspielraum in der Wahl der Maßnahmen zur Realisierung der Zielvorgaben in Artikel 42 des Vertrags. Das Koordinierungssystem, wie es vorgesehen ist in der Verordnung (EWG) Nr. 1408/71 des Rates vom 14. Juni 1971 zur Anwendung der Systeme der sozialen Sicherheit auf Arbeitnehmer und deren Familien, die innerhalb der Gemeinschaft zu- und abwandern, und in der Verordnung (EWG) Nr. 574/72 des Rates vom 21. März 1972 über die Durchführung der Verordnung (EWG) Nr. 1408/71, und insbesondere die Bestimmungen zur Zusammenrechnung der Versicherungszeiten, gelten nicht für die Zusatzrentensysteme, ausgenommen die Systeme, die Gegenstand von „Rechtsvorschriften" im Sinne von Artikel 1 Buchstabe j) erster Unterabsatz der Verordnung (EWG) Nr. 1408/71 oder auf der Basis dieses Artikels Gegenstand einer entsprechenden Erklärung eines Mitgliedstaats sind.

(4) Die Richtlinie 98/49/EG des Rates vom 29. Juni 1998 zur Wahrung ergänzender Rentenansprüche von Arbeitnehmern und Selbstständigen, die innerhalb der Europäischen Gemeinschaft zu- und abwandern, ist eine erste spezifische Maßnahme, die darauf abzielt, die Ausübung des Rechts der Arbeitnehmer auf Freizügigkeit im Bereich der Zusatzrentensysteme zu erleichtern.

(5) Heranzuziehen in diesem Kontext ist auch Artikel 94 des Vertrags, denn die Unterschiede zwischen den nationalen Rechtsvorschriften für die Zusatzrentensysteme sind so geartet, dass sie die Freizügigkeit der Arbeitnehmer und das Funktionieren des Binnenmarkts behindern. Zur Verbesserung der Rechte von Arbeitnehmern, die innerhalb der Gemeinschaft oder innerhalb eines Mitgliedstaats zu- und abwandern, sollten deshalb Mindestanforderungen für die Begründung von Rentenansprüchen und die Wahrung von unverfallbaren Rentenanwartschaften der Arbeitnehmer in Zusatzrentensystemen, die an ein Beschäftigungsverhältnis gekoppelt sind, vorgesehen werden.

(5 a) Ferner sollte der Beschaffenheit und dem besonderen Charakter der Zusatzrentensysteme und den Unterschieden innerhalb und zwischen den einzelnen Mitgliedstaaten Rechnung getragen werden. Die Einführung neuer Systeme, die Tragfähigkeit bestehender Systeme und die Erwar-

tungen und Ansprüche der derzeitigen Versorgungsanwärter sollten angemessen geschützt werden. Insbesondere sollte diese Richtlinie der Rolle der Sozialpartner bei der Gestaltung und Anwendung der Zusatzrentensysteme Rechnung tragen.

(5 b) Durch diese Richtlinie wird das Recht der Mitgliedstaaten zur Ausgestaltung ihrer eigenen Rentensysteme nicht in Frage gestellt. Die Mitgliedstaaten sind auch weiterhin uneingeschränkt für die Ausgestaltung dieser Systeme zuständig und sind im Zuge der Umsetzung dieser Richtlinie nicht verpflichtet, Rechtsvorschriften zur Einführung von Zusatzrentensystemen zu erlassen.

(5 c) Diese Richtlinie sollte für alle nach einzelstaatlichen Rechtsvorschriften und Gepflogenheiten eingerichteten Zusatzrentensysteme gelten, die Zusatzrentenleistungen für Arbeitnehmer bieten, beispielsweise Gruppenversicherungsverträge oder branchenweit oder sektoral vereinbarte, nach dem Umlageverfahren finanzierte Systeme, kapitalisierte Systeme oder Rentenversprechen auf der Grundlage von Pensionsrückstellungen der Unternehmen oder tarifliche oder sonstige vergleichbare Regelungen.

(5 d) Diese Richtlinie sollte nicht für Zusatzrentensysteme bzw. gegebenenfalls für Teilbereiche solcher Systeme gelten, die geschlossen wurden, so dass keine neuen Mitglieder mehr aufgenommen werden, weil die Einführung neuer Regelungen für diese Systeme eine ungerechtfertigte Belastung bedeuten würde.

(5 e) Diese Richtlinie hat nicht zum Ziel, die einzelstaatlichen Rechtsvorschriften über Sanierungsmaßnahmen und Liquidationsverfahren zu harmonisieren oder zu berühren; dabei ist es unerheblich, ob die Verfahren infolge Zahlungsunfähigkeit eröffnet werden oder nicht oder ob sie freiwillig oder zwangsweise eingeleitet werden. Ebenso bleiben einzelstaatliche Rechtsvorschriften über die von der Richtlinie 2001/17/EG erfassten Sanierungsmaßnahmen unberührt.

(5 f) Diese Richtlinie sollte keine Insolvenzschutz- oder Ausgleichsregelungen betreffen, die nicht zu den an ein Beschäftigungsverhältnis gekoppelten Zusatzrentensystemen zählen und deren Ziel es ist, die Rentenansprüche von Arbeitnehmern bei Insolvenz des Unternehmens oder des Rentensystems zu schützen. Desgleichen sollte diese Richtlinie nationale Pensionsreservefonds unberührt lassen.

(5 g) Diese Richtlinie findet nur auf Zusatzrenten Anwendung, die sich aus einem Beschäftigungsverhältnis ergeben und je nach Vorschrift im jeweiligen Rentensystem oder im einzelstaatlichen Recht auf der Erreichung des Rentenalters oder der Erfüllung anderer Voraussetzungen basieren. Diese Richtlinie gilt nicht für andere individuelle Versorgungsregelungen als solche, die im Rahmen eines Beschäftigungsverhältnisses vereinbart wurden. Sie gilt auch nicht für Leistungen der Invaliditäts- und Hinterbliebenenversorgung.

(5 h) Eine einmalige Zahlung, die nicht als erhebliches Einkommen betrachtet wird, nicht mit den zum Zwecke des Erwerbs einer Rente geleisteten Beiträgen in Zusammenhang steht, unmittelbar oder mittelbar am Ende der beruflichen Laufbahn gezahlt und ausschließlich vom Arbeitgeber finanziert wird, sollte nicht als Zusatzrente im Sinne dieser Richtlinie gelten.

(5 i) Da die zusätzliche Altersversorgung in vielen Mitgliedstaaten immer mehr an Bedeutung für die Sicherung des Lebensstandards im Alter gewinnt, sollten die Bedingungen für den Erwerb, die Wahrung und die Übertragung erworbener Ansprüche im Interesse des Abbaus von Hindernissen, die der Freizügigkeit der Arbeitnehmer und der beruflichen Mobilität innerhalb der EU entgegenstehen, verbessert werden.

(5 j) Die Unverfallbarkeitsbedingungen sollten nicht anderen Bedingungen für den Erwerb eines Anspruchs auf eine Zahlung einer Rente gleichgestellt werden, die nach einzelstaatlichem Recht oder nach den Regeln bestimmter Zusatzrentensysteme (insbesondere beitragsorientierte Systeme) in Bezug auf die Auszahlungsphase festgelegt sind.

(6 a) Hat ein ausscheidender Arbeitnehmer zum Zeitpunkt der Beendigung seines Beschäftigungsverhältnisses unverfallbare Rentenanwartschaften erworben und trägt das Rentensystem oder der Arbeitgeber das Anlagerisiko (insbesondere bei leistungsorientierten Systemen), so sollte das System die vom ausscheidenden Arbeitnehmer eingezahlten Beiträge stets erstatten. Hat ein ausscheidender Arbeitnehmer zum Zeitpunkt der Beendigung seines Beschäftigungsverhältnisses noch keine unverfallbaren Rentenanwartschaften erworben und trägt der ausscheidende Arbeitnehmer das Anlagerisiko (insbesondere bei beitragsorientierten Systemen), so sollte das System den aus diesen Beiträgen erwachsenden Anlagewert erstatten. Der Anlagewert kann höher oder niedriger sein als die vom ausscheidenden Arbeitnehmer gezahlten Beiträge. Ergibt sich ein negativer Anlagewert, so entfällt die Erstattung.

(6 b) Ausscheidende Arbeitnehmer sollten das Recht haben, ihre unverfallbaren Rentenanwartschaften als ruhende Ansprüche in dem Zusatzrentensystem, in dem die Anwartschaft begründet wurde, zu belassen. Was die Wahrung ruhender Rentenansprüche anbelangt, so kann der Schutz als gleichwertig gelten, wenn insbesondere im Kontext eines beitragsorientierten Systems den ausscheidenden Arbeitnehmern die Möglichkeit einer Übertragung ihrer Rentenanwartschaften oder von deren Wert auf ein Zusatzrentensystem unter Gewährung eines angemessenen Schutzes gemäß Artikel 5 Absatz 1 geboten wird.

(7) Im Einklang mit den nationalen Rechtsvorschriften und Gepflogenheiten sollten Maßnahmen getroffen werden, um die Wahrung ruhender Ansprüche oder des Werts dieser Ansprüche zu gewährleisten. Der Wert der Ansprüche zum Zeitpunkt des Ausscheiden des Beschäftigten aus dem Rentensystem sollte im Einklang mit den einzelstaatlichen Rechtsvorschriften und Gepflogenheiten festgelegt werden. Wird der Wert der ruhenden Ansprüche angepasst, so sollte den Besonderheiten des Systems, den Interessen der Versorgungsanwärter mit aufgeschobenen Ansprüchen, den Interessen der im System verbleibenden aktiven Versorgungsanwärter sowie den Interessen der im Ruhestand befindlichen Leistungsempfänger Rechnung getragen werden. Gerechtfertigte Verwaltungskosten können bei der Anpassung ruhender Ansprüche ebenfalls berücksichtigt werden.

(7 a) Diese Richtlinie begründet keine Verpflichtung, für ruhende Ansprüche günstigere Bedingungen festzulegen als für die Ansprüche aktiver Versorgungsanwärter.

(8) Überschreiten die unverfallbaren Rentenanwartschaften oder deren Wert nicht einen vom jeweiligen Mitgliedstaat festgesetzten Schwellenbetrag und um zu vermeiden, dass die Verwaltung einer Vielzahl ruhender Ansprüche mit geringfügigem Wert übermäßig hohe Kosten verursacht, so kann den Rentensystemen die Möglichkeit eingeräumt werden, diese unverfallbaren Rentenanwartschaften nicht zu bewahren, sondern entweder den Wert der unverfallbaren Rentenanwartschaften zu übertragen oder eine Kapitalauszahlung in Höhe des Werts dieser Anwartschaften vorzunehmen. Gegebenenfalls wird der Übertragungswert bzw. die Kapitalauszahlung gemäß den einzelstaatlichen Rechtsvorschriften und Gepflogenheiten festgelegt.

(9 a) Mit dieser Richtlinie wird nicht bezweckt, die Möglichkeiten der Übertragung unverfallbarer Rentenanwartschaften für ausscheidende Arbeitnehmer zu beschränken; zur Förderung der Freizügigkeit der Arbeitnehmer sollten die Mitgliedstaaten jedoch bestrebt sein, im Rahmen des Möglichen und insbesondere bei Einführung neuer Zusatzrentensysteme die Übertragbarkeit unverfallbarer Rentenanwartschaften zu verbessern.

(11) Unbeschadet der Richtlinie 2003/41/EG des Europäischen Parlaments und des Rates vom 3. Juni 2003 über die Tätigkeiten und die Beaufsichtigung von Einrichtungen der betrieblichen Altersversorgung sollten aktive Versorgungsanwärter und Arbeitnehmer, die das Recht auf Freizügigkeit wahrnehmen oder wahrnehmen wollen, angemessen insbesondere darüber aufgeklärt werden, welche Folgen die Beendigung eines Beschäftigungsverhältnisses für ihre Zusatzrentenansprüche hat. Die Mitgliedstaaten können vorschreiben, dass diese Auskünfte nicht häufiger als einmal pro Jahr erteilt werden müssen.

(12) In Anbetracht der Vielfalt der ergänzenden Rentensysteme muss die Gemeinschaft sich darauf beschränken, innerhalb eines allgemeinen Rahmens Ziele vorzugeben. Eine Richtlinie ist daher das angemessene Rechtsinstrument.

(13) Das Ziel der vorgesehenen Maßnahme, also der Abbau der Hindernisse für die Ausübung des Rechts auf Freizügigkeit und berufliche Mobilität durch die Arbeitnehmer und für das Funktionieren des Binnenmarkts, kann auf der Ebene der Mitgliedstaaten nicht in ausreichendem Maße realisiert werden. Aus diesem Grund und in Anbetracht der Reichweite der Maßnahmen empfiehlt sich eine Aktion auf Gemeinschaftsebene. Im Einklang mit dem Subsidiaritätsprinzip gemäß Artikel 5 des Vertrags kann dementsprechend die Gemeinschaft tätig werden. Dem in diesem Artikel dargelegten Grundsatz der Verhältnismäßigkeit folgend beschränkt sich die vorliegende Richtlinie, gestützt insbesondere auf eine in Zusammenarbeit mit dem Ausschuss für zusätzliche Altersversorgung (Rentenforum) vorgenommene Folgenabschätzung, auf das zur Realisierung des genannten Ziels erforderliche Mindestmaß.

(14) Die vorliegende Richtlinie legt Mindestanforderungen fest. Dies lässt den Mitgliedstaaten die Freiheit, vorteilhaftere Bestimmungen zu erlassen oder beizubehalten. Die Umsetzung der vorliegenden Richtlinie kann keinen Rückschritt gegenüber der in einem Mitgliedstaat bestehenden Situation rechtfertigen.

(15) Den Auswirkungen der vorliegenden Richtlinie insbesondere auf die finanzielle Tragfähigkeit der Zusatzrentensysteme ist Rechnung zu tragen. Die Mitgliedstaaten können deshalb eine zusätzliche Frist für die progressive Umsetzung der Bestimmungen in Anspruch nehmen, die entsprechende Auswirkungen haben können.

(15 a) In den Fünfjahresberichten sollte auf die jüngsten Trends im Bereich der Zusatzrenten eingegangen werden. Ferner sollte im ersten Bericht eine Beurteilung der einzelstaatlichen Regelungen in Bezug auf die Haftung des Unternehmens für die Rentenansprüche ausscheidender Arbeitnehmer, die ihre Ansprüche auf ein anderes Rentensystem übertragen lassen, vorgenommen werden. Dabei sollte ebenfalls untersucht werden, wie dafür gesorgt werden kann, dass die Haftung endet, sobald die Übertragungen erfolgt sind.

(16) Im Einklang mit den nationalen Bestimmungen zur Verwaltung der Zusatzrentensysteme können die Mitgliedstaaten die Sozialpartner auf deren gemeinsames Verlangen mit der Durchführung der in den Anwendungsbereich von Tarifverträgen fallenden Bestimmungen der Richtlinie betrauen, vorausgesetzt, die Mitgliedstaaten treffen alle erforderlichen Maßnahmen, um zu garantieren, dass die Realisierung der mit der Richtlinie angestrebten Ziele zu jedem Zeitpunkt gewährleistet ist –

HABEN FOLGENDE RICHTLINIE ERLASSEN:

Artikel 1 Gegenstand

Die vorliegende Richtlinie soll die Wahrnehmung des Rechts der Arbeitnehmer auf Freizügigkeit und deren berufliche Mobilität dadurch erleichtern, dass Hindernisse abgebaut werden, die durch einzelne Bestimmungen der an ein Beschäftigungsverhältnis gekoppelten Zusatzrentensysteme bedingt sind.

Artikel 2 Anwendungsbereich

(1) Diese Richtlinie gilt für Zusatzrentensysteme, ausgenommen die unter die Verordnung (EWG) Nr. 1408/71 fallenden Systeme.

(2) Diese Richtlinie findet keine Anwendung auf:

a) Zusatzrentensysteme, die zum Zeitpunkt des Inkrafttretens dieser Richtlinie keine neuen aktiven Versorgungsanwärter mehr aufnehmen und ihnen verschlossen bleiben;
b) Zusatzrentensysteme, die Maßnahmen unterliegen, die das Tätigwerden einer nach einzelstaatlichem Recht eingesetzten Behörde oder eines Gerichts mit dem Ziel beinhalten, ihre finanzielle Lage zu sichern oder wiederherzustellen, einschließlich Liquidationsverfahren; diese Ausnahme gilt nur bis zum Ende der Maßnahme;
c) Insolvenzschutzsysteme, Ausgleichssysteme und nationale Pensionsreservefonds.

Artikel 3 Begriffsbestimmungen

Für die Zwecke dieser Richtlinie gelten folgende Begriffsbestimmungen: Im Sinne dieser Richtlinie bezeichnet der Begriff

a) „Zusatzrente": eine nach den Bestimmungen eines nach einzelstaatlichen Rechtsvorschriften und Gepflogenheiten eingerichteten Zusatzrentensystems vorgesehene Altersversorgung;
b) „Zusatzrentensystem": ein nach einzelstaatlichen Rechtsvorschriften und Gepflogenheiten eingerichtetes und an ein Beschäftigungsverhältnis gekoppeltes betriebliches Rentensystem für die Altersversorgung, das Zusatzrentenleistungen für Arbeitnehmer bietet;
c) „aktive Versorgungsanwärter": Arbeitnehmer, die aufgrund ihres derzeitigen Beschäftigungsverhältnisses nach den Bestimmungen eines Zusatzrentensystems Anspruch auf eine Zusatzrente haben oder nach Erfüllung der Anwartschaftsbedingungen voraussichtlich haben werden.
d) „unverfallbare Rentenanwartschaften" alle Ansprüche auf Zusatzrenten, die nach Erfüllung etwaiger Anwartschaftsbedingungen gemäß den Regelungen eines Zusatzrentensystems und gegebenenfalls nach einzelstaatlichem Recht erworben wurden;
da) „Unverfallbarkeitsfrist den Zeitraum der aktiven Zugehörigkeit zu einem System der entweder nach einzelstaatlichem Recht oder nach den Regeln eines Zusatzrentensystems erforderlich ist, um einen Anspruch auf eine Zusatzrente zu begründen;
f) „ausscheidender Arbeitnehmer": einen aktiven Versorgungsanwärter, dessen derzeitiges Beschäftigungsverhältnis beendet, in dessen Rahmen er Rentenansprüche aus anderen Gründen als dem des Erwerbs einer Anwartschaft auf eine Zusatzrente endet;
h) „ausgeschiedener Versorgungsanwärter": ein ehemaliger aktiver Versorgungsanwärter in einem Zusatzrentensystem, der unverfallbare Rentenanwartschaften im Rahmen dieses Systems besitzt, jedoch nicht mehr aktiv dem System angehört und noch keine Zusatzrente aus dem System erhält;
i) „ruhende Rentenansprüche" unverfallbare Rentenanwartschaften, die in dem System, in dem sie von einem ausgeschiedenen Versorgungsanwärter erworben wurden, aufrechterhalten werden;
j) „Wert der ruhenden Anwartschaften" den Kapitalwert der Anwartschaften, der im Einklang mit den einzelstaatlichen Rechtsvorschriften und Gepflogenheiten berechnet wird.

Artikel 4 Bedingungen für den Anspruchserwerb

Die Mitgliedstaaten treffen die erforderlichen Maßnahmen, um Folgendes sicherzustellen:

a) Hängt die aktive Zugehörigkeit zu einem System von einer bestimmten Dauer des Beschäftigungsverhältnisses ab, so darf dieser Zeitraum ein Jahr nicht überschreiten.
b) Schreibt das Zusatzrentensystem ein Mindestalter für den Erwerb unverfallbarer Anwartschaften durch einen aktiven Versorgungsanwärter zum System vor, so darf dieses Alter 21 Jahre nicht übersteigen.

c) Ist eine Unverfallbarkeitsfrist zurückzulegen, so darf diese bei aktiven Versorgungsanwärtern, die über 25 Jahre alt sind, keinesfalls ein Jahr überschreiten. Bei aktiven Versorgungsanwärtern, die dieses Alter noch nicht erreicht haben, darf die Unverfallbarkeitsfrist fünf Jahre nicht überschreiten.

d) Hat ein ausscheidender Arbeitnehmer zum Zeitpunkt der Beendigung seines Beschäftigungsverhältnisses noch keine unverfallbaren Rentenanwartschaften erworben, so erstattet das Zusatzrentensystem die Beiträge, die vom ausscheidenden Arbeitnehmer oder gemäß den nationalen Rechtsvorschriften oder Kollektivverträgen an seiner Stelle eingezahlt wurden und, falls der ausscheidende Arbeitnehmer das Anlagerisiko trägt, den aus diesen Beiträgen erwachsenen Anlagewert.

e) Die Mitgliedstaaten können den Sozialpartnern die Möglichkeit einräumen, abweichende Regelungen in Tarifverträge aufzunehmen, sofern diese Regelungen mindestens einen gleichwertigen Schutz der Rechte der Arbeitnehmer und aktiven Versorgungsanwärter bieten.

Artikel 5 Wahrung ruhender Rentenanwartschaften

- (1) Vorbehaltlich der Absätze 2 und 3 treffen die Mitgliedstaaten die erforderlichen Maßnahmen, um sicherzustellen, dass ausscheidende Arbeitnehmer ihre unverfallbaren Rentenanwartschaften in dem Zusatzrentensystem, in dem sie erworben wurden, belassen können. Bei der Berechnung des ursprünglichen Wertes dieser Anwartschaften im Sinne von Absatz 1 wird der Zeitpunkt zugrunde gelegt, zu dem das derzeitige Beschäftigungsverhältnis des ausscheidenden Arbeitnehmers endet.

(1) Die Mitgliedstaaten treffen die notwendigen Maßnahmen, um unter Berücksichtigung der Art der Regelung oder Praxis des jeweiligen Rentensystems sicherzustellen, dass die Behandlung der ruhenden Rentenanwartschaften oder ihres Wertes dem Wert der Ansprüche aktiver Versorgungsanwärter oder der Entwicklung der derzeit ausgezahlten Renten entspricht; in Frage kommen auch andere Mittel, die als Behandlung betrachtet werden, wie etwa:

a) die nominale Festlegung der Rentenansprüche im Zusatzrentensystem; oder
b) der ausgeschiedene Versorgungsanwärter weiterhin Anspruch auf eine in das Rentensystem integrierte Verzinsung hat oder auf eine vom Zusatzversicherungsträger erzielte Kapitalrendite; oder
c) die Anpassung des Wertes der ruhenden Ansprüche entsprechend der Inflationsrate oder des Lohnniveaus, für die eine angemessene Höchstgrenze gelten kann, die in den einzelstaatlichen Rechtsvorschriften festgesetzt oder von den Sozialpartnern vereinbart wird.

(2) Die Mitgliedstaaten können den Zusatzrentensystemen die Möglichkeit einräumen, die unverfallbaren Rentenanwartschaften ausscheidender Arbeitnehmer nicht aufrechtzuerhalten, sondern in Höhe ihres Kapitalwertes an den ausscheidenden Arbeitnehmer auszuzahlen, soweit der Wert den vom betreffenden Mitgliedstaat festgelegten Schwellenwert nicht überschreitet. Die Mitgliedstaaten teilen der Kommission den jeweiligen Schwellenwert mit.

(3) Die Mitgliedstaaten können den Sozialpartnern die Möglichkeit einräumen, abweichende Regelungen in Tarifverträge aufzunehmen, sofern diese Regelungen mindestens einen gleichwertigen Schutz der Rechte von ausscheidenden Arbeitnehmern und ausgeschienen Versorgungsanwärtern bieten.

Artikel 6 Auskünfte

(1) Vorbehaltlich der Verpflichtungen der Einrichtungen der betrieblichen Altersversorgung gemäß Artikel 11 der Richtlinie 2003/41/EG in Bezug auf die Auskunftspflicht gegenüber Versor-

gungsanwärtern und Leistungsempfängern stellen die Mitgliedstaaten durch Ergreifen der erforderlichen Maßnahmen sicher, dass aktive Versorgungsanwärter auf Verlangen Auskünfte gemäß Absatz 2 über die Folgen einer Beendigung des Beschäftigungsverhältnisses für ihre Zusatzrentenansprüche erhalten.

(2) Den aktiven Versorgungsanwärtern werden auf ihr Verlangen insbesondere Auskünfte zu folgenden Punkten erteilt:

a) Bedingungen für den Erwerb von Zusatzrentenansprüchen und die Folgen der Anwendung dieser Bedingungen bei Beendigung des Beschäftigungsverhältnisses;
b) Wert ihrer unverfallbaren Anwartschaften oder eine höchstens 12 Monate vor dem Zeitpunkt ihres Ersuchens durchgeführte Schätzung der unverfallbaren Rentenanwartschaften;
c) Bedingungen für die künftige Behandlung ruhender Rentenansprüche.

(3) Auskünfte sind den ausgeschiedenen Versorgungsanwärtern auf ihr Ersuchen zu folgenden Punkten zu erteilen:

a) Wert ihrer ruhenden Ansprüche oder eine höchstens 12 Monate vor dem Zeitpunkt ihres Ersuchens durchgeführte Schätzung des Werts der ruhenden Rentenansprüche und
b) Bedingungen für die Behandlung ruhender Rentenansprüche.

(4) Die Auskünfte sind in verständlicher Form und in angemessener Frist zu erteilen.

Artikel 7 Mindestvorschriften – Rückschrittsklausel

(1) In Bezug auf die Begründung der Rentenansprüche von Arbeitnehmern und die Wahrung der Zusatzrentenansprüche ausscheidender Arbeitnehmer können die Mitgliedstaaten Bestimmungen erlassen oder beibehalten, die vorteilhafter sind als die in der Richtlinie vorgesehenen.

(2) Die Umsetzung der Richtlinie kann in keinem Fall Anlass dafür sein, die in den Mitgliedstaaten bestehenden Rechte in Bezug auf Begründung und Wahrung von Zusatzrenten zu beschneiden.

Artikel 8 Umsetzung

(1) Die Mitgliedstaaten erlassen bis spätestens [...(2 Jahre nach Erlass dieser Richtlinie)] die erforderlichen Rechts- und Verwaltungsvorschriften, um dieser Richtlinie nachzukommen, oder sie sorgen dafür, dass die Sozialpartner die notwendigen Bestimmungen bis zu diesem Zeitpunkt durch Vereinbarung einführen. Die Mitgliedstaaten sind aufgefordert, alle erforderlichen Schritte zu unternehmen, die es ihnen ermöglichen, jederzeit die Erreichung der von der Richtlinie vorgeschriebenen Ergebnisse zu gewährleisten. Sie unterrichten die Kommission unverzüglich davon.

(2) Vorbehaltlich der Bestimmungen in Absatz 1 können die Mitgliedstaaten nötigenfalls eine Zusatzfrist von 60 Monaten, vom [...(2 Jahre nach Erlass der Richtlinie)] gerechnet, für die Umsetzung der sich aus den Artikeln 4 und 5 ergebenden Zielvorgabe in Anspruch nehmen. Jeder Mitgliedstaat, der diese Zusatzfrist beanspruchen möchte, setzt die Kommission davon unter Angabe der betreffenden Bestimmungen und Systeme in Kenntnis; die Inanspruchnahme der Zusatzfrist ist konkret zu begründen.

(4) Bei Erlass dieser Vorschriften nehmen die Mitgliedstaaten in den Vorschriften selbst oder durch einen Hinweis bei der amtlichen Veröffentlichung auf diese Richtlinie Bezug. Die Mitgliedstaaten regeln die Einzelheiten der Bezugnahme.

Artikel 9 Berichterstattung

(1) Alle fünf Jahre ab [...(2 Jahre nach Erlass dieser Richtlinie)] erstellt die Kommission auf der Grundlage der von den Mitgliedstaaten gelieferten Informationen einen Bericht, der dem Europäischen Parlament, dem Rat und dem Europäischen Wirtschafts- und Sozialausschuss vorzulegen ist.

(2) Der erste Bericht betrifft die Anwendung dieser Richtlinie und enthält einen gesonderten Bericht, der einen Überblick über die Bedingungen der Übertragung des Kapitals bietet, das den Zusatzrentenansprüchen der Arbeitnehmer entspricht. Auf der Grundlage dieses Berichts prüft die Kommission gegebenenfalls, welche Optionen es für Vorschläge zur Änderung der vorliegenden Richtlinie bzw. für andere Instrumente gibt, die sich als notwendig erweisen, um weitere Hindernisse für die Mobilität der Arbeitnehmer abzubauen, die auf einzelne Bestimmungen über die zusätzliche Altersversorgung zurückzuführen sind.

Literaturübersicht

Bittner, Europäisches und internationales Betriebsrentenrecht, 2000, S. 109 ff; European Social Observatory, Scope of coordination system in the pension field – Final Report, 2011; *Görgen*, Europa gibt den Takt vor, in: FS Höfer, München 2011, S. 41 ff; *Schwark*, Betriebliche Altersversorgung im Spannungsfeld von Portabilität und Verfallbarkeit, BetrAV 2007, S. 411 ff; *Schwind*, Portabilitätsrichtlinie – Stand der Diskussion, BetrAV 2006, S. 447 ff; *Steinmeyer*, Wie lösen unsere europäischen Nachbarn das Portabilitätsproblem?, BetrAV 2004, S. 111 ff; *ders.*, Portabilität von Anwartschaften und Leistungen – Eine Perspektive für Europa?, in: FS Andresen, 2006, S. 259 ff; *ders.*, Internationale Mobilität von Forschern und betriebliche Altersversorgung – Experimentierfeld für die große Lösung?, in: FS Höfer, München 2011, S. 267 ff.

I. Einführung	1	IV. Auskunfts- und Informationspflichten	12
II. Anwendungsbereich	5	V. Bewertung und Ausblick	13
III. Maßnahmen zur Verbesserung der Freizügigkeit	6		

I. Einführung

Als ein weiterer Beitrag zur Verbesserung der Freizügigkeit bei der betrieblichen Altersversorgung ist die **grenzüberschreitende Portabilität** zu nennen (*Steinmeyer*, in: FS Andresen, S. 259 ff). Dieser Ansatz war in den neunziger Jahren an seiner Komplexität gescheitert, was auch heute noch verständlich ist, wenn man sich die unterschiedlichen Systeme der betrieblichen Altersversorgung in den Mitgliedstaaten sowie die ebenfalls höchst unterschiedlichen Regelungen zur innerstaatlichen Portabilität anschaut (*Steinmeyer*, BetrAV 2004, 111 ff). Gleichwohl bemüht sich die Europäische Kommission um die Verabschiedung einer einschlägigen Richtlinie. Der Prozess wurde zunächst durch eine Mitteilung zur Portabilität vorbereitet (Mitteilung der Kommission „Zweite Stufe der Anhörung der Sozialpartner zur Portabilität von Ansprüchen aus der betrieblichen Altersversorgung", Anhang zu Dok. VIE 3075/ AS 3015 (09/03)). Ein Versuch, die Sozialpartner zur Einleitung eines Verhandlungsprozesses nach Art. 155 AEUV (= Art. 139 EG) zu bewegen, war zuvor gescheitert. Am 20. Oktober 2005 legte die Kommission dann einen ersten Vorschlag für eine „Richtlinie des Europäischen Parlaments und des Rates zur Verbesserung der Portabilität von Zusatzrentenansprüchen" (KOM (2005) 507 endg. v. 20.10.2005) vor. Dieser allgemein als „Portabilitätsrichtlinie" bezeichnete Entwurf sah unter anderem die Möglichkeit einer Übertragung von Anwartschaften bei einem Arbeitsplatzwechsel auch ins EU-Ausland vor. Aufgrund erheblicher Kritik von Seiten der Wirtschaft wie von Seiten der politischen Vertreter der Mitgliedstaaten vor allem in Bezug auf diese Regelung wurde allerdings zwei Jahre später ein überarbeiteter Vorschlag (KOM (2007) 603 endg. v. 9.10.2007) herausgegeben. Dieser trägt nicht nur einen abweichenden Titel („Richtlinie über Mindestvorschriften zur Erhöhung der Mobilität von Arbeitnehmern durch Verbesserung der Begründung und Wahrung von Zusatzrentenansprüchen"). Vor allem wurde die Regelung zur Übertragbarkeit vollständig aus der Richtlinie herausgestrichen. Dennoch bleibt das Vorhaben der Portabilisierung von Anwartschaften aus Zusatzrentensystemen, das im deutschen Recht innerstaatlich nach § 4 BetrAVG möglich ist (s. Kommentierung ErfK/*Steinmeyer* zu § 4 BetrAVG) ausweislich des neuen Erwägungsgrundes 9 a dieses Richtlinienvorschlags weiterhin ein Anliegen der Kommission (s. dazu auch European Social Observatory, Scope of coordination system in the pension field – Final Report, 2011, S. 21 ff, 81, 84 f).

2 Hintergrund dieses Richtlinienvorschlages ist das Bestreben, die **Freizügigkeit der Arbeitnehmer** auch hinsichtlich der betrieblichen Altersversorgung zu verbessern. Wechselt ein Arbeitnehmer von einem Mitgliedstaat in einen anderen, so kann dies zu Problemen hinsichtlich seiner betrieblichen Altersversorgung führen, da zwar die Grenzlinien in der europäischen Landschaft weitgehend bedeutungslos geworden sind, die Mitgliedstaaten aber nach wie vor – und zu Recht auch auf Dauer – ihre eigene Rechtsordnung haben. Gleichwohl muss dem Gedanken der Freizügigkeit Rechnung getragen werden, so dass Nachteile für den Arbeitnehmer bei Wechsel in einen anderen Mitgliedstaat möglichst vermieden werden sollten. Eine den sozialrechtlichen Koordinierungsverordnungen vergleichbare Koordinierung der Systeme der betrieblichen Altersversorgung verbietet sich angesichts anderer Grundstrukturen. So würde die nach den Koordinierungsverordnungen übliche Verknüpfung und Zusammenrechnung von Beschäftigungszeiten die Grundlagen der jeweiligen Versorgungszusage in Frage stellen. Es bleiben deshalb **Erleichterungen**, wie sie Gegenstand der Richtlinie zur Wahrung ergänzender Rentenansprüche sowie der Richtlinie über die Tätigkeit und Beaufsichtigung von Einrichtungen der betrieblichen Altersversorgung sind. Ein System der Verknüpfung ohne inhaltliche Veränderung der beteiligten System bzw Rechtsangleichung ist hier nicht denkbar (vgl zu den Schwierigkeiten im Betriebsrentenrecht auch *Bittner*, S. 109 ff).

3 Von Anbeginn der Aktivitäten der Europäischen Kommission in der betrieblichen Altersversorgung ist die Frage der **grenzüberschreitenden Übertragbarkeit** von Anwartschaften und Ansprüchen von einem Arbeitgeber auf den anderen bzw von einem Versorgungssystem auf das andere als eine der möglichen Lösungen für die Freizügigkeitsproblematik diskutiert worden. Inzwischen ist in einer Reihe von Mitgliedstaaten diese Möglichkeit innerstaatlich eröffnet. Für Deutschland sei auf die Neufassung des § 4 BetrAVG durch das Alterseinkünftegesetz verwiesen. Gegen eine Übertragbarkeit lässt sich allgemein und insbesondere auch grenzüberschreitend einwenden, dass den Interessen der Arbeitnehmer auch dann ausreichend Rechnung getragen sein könnte, wenn sie die jeweiligen – unverfallbaren – Anwartschaften im Versorgungsfall als Leistungen auch im Ausland beziehen können. Das führt dann im Ergebnis – je nach Erwerbsbiographie – zum Bezug einer größeren Anzahl möglicherweise kleinerer Ansprüche. Die Zahlung von betrieblichen Versorgungsleistungen auch bei Aufenthalt im EU-Ausland dürfte – auch angesichts der Richtlinie zur Wahrung ergänzender Rentenansprüche – sichergestellt sein. Das Interesse der Arbeitnehmer an einer Übertragbarkeit dürfte deshalb überwiegend darin bestehen, nicht eine zu große Zahl von Ansprüchen im Ruhestand verfolgen zu müssen, was bei wechselvollen Unternehmensgeschichten mit Fusionen, Verkäufen einzelner Teile, Insolvenzen etc. für Arbeitnehmer, die diesem Unternehmen nicht mehr verbunden sind, gerade grenzüberschreitend zu einer ausgesprochen schwierigen Aufgabe werden kann. Für den Arbeitgeber bietet die Übertragbarkeit u.a. die Möglichkeit, sich kleiner – unverfallbarer – Anwartschaften zu entledigen, die über lange Zeit aufrechtzuerhalten für ihn zu einer unverhältnismäßigen organisatorischen und kostenmäßigen Belastung führt. Unter diesem Gesichtspunkt ist die Übertragbarkeit – auch grenzüberschreitend – eine durchaus sinnvolle Angelegenheit. Sie führt aber offenkundig grenzüberschreitend zu erheblichen Umsetzungsschwierigkeiten, weshalb das Vorhaben der Übertragbarkeit zumindest zunächst aufgegeben wurde und sich der Richtlinienvorschlag nunmehr auf die Beseitigung von Freizügigkeitshindernissen konzentriert und insoweit das Vorhaben der Richtlinie 98/49/EG weiterführt.

4 Der Vorschlag einer Richtlinie über Mindestvorschriften zur Erhöhung der Arbeitnehmermobilität bei Zusatzrentenansprüchen stützt sich auf die Verwirklichung der **Grundfreiheit der Frei-**

zügigkeit nach Art. 48 AEUV (= Art. 42 EG), aber auch auf Art. 115 AEUV (= Art. 94 EG), da die Unterschiede zwischen den nationalen Rechtsvorschriften für die Zusatzrentensysteme so geartet seien, dass sie die Freizügigkeit der Arbeitnehmer und das Funktionieren des Binnenmarktes behinderten. Zur Verbesserung der Rechte von Arbeitnehmern, die innerhalb der Union oder innerhalb eines Mitgliedstaats zu- und abwandern, sollten deshalb Mindestbedingungen für die Begründung von Rentenansprüchen und die Wahrung von unverfallbaren Rentenanwartschaften der Arbeitnehmer in Zusatzrentensystemen, die an ein Beschäftigungsverhältnis gekoppelt seien, vorgesehen werden. Der Richtlinienvorschlag soll ausweislich Art. 1 die Wahrnehmung des Rechts der Arbeitnehmer auf Freizügigkeit und deren berufliche Mobilität dadurch erleichtern, dass Hindernisse abgebaut werden, die durch einzelne Bestimmungen der an ein Beschäftigungsverhältnis gekoppelten Zusatzrentensysteme bedingt seien. Der Richtlinienvorschlag ist nach – vorläufiger – Aufgabe des Ziels der Portabilität nunmehr geprägt von der Beseitigung von Hindernissen für die Freizügigkeit.

II. Anwendungsbereich

Die Richtlinie soll gelten für alle nicht unter die VO (EG) Nr. 883/2004 fallenden und **an ein Beschäftigungsverhältnis anknüpfenden Zusatzrentensysteme**. Das bedeutet für Deutschland, dass alle fünf Durchführungswege (Direktzusage, Direktversicherung, Pensionskasse, Pensionsfonds und Unterstützungskasse) erfasst sind. Sie gilt nicht für sog. geschlossene Versorgungssysteme, die – zum Zeitpunkt des Inkrafttretens der Richtlinie – keine neuen Versorgungsanwärter mehr aufnehmen. Damit wird die Rückwirkung der Richtlinie begrenzt und dem Umstand Rechnung getragen, dass solche Versorgungssysteme eine in sich abgeschlossene Kalkulation haben und die mit der Rechtsangleichung verbundenen Aufwendungen nicht mehr sachgerecht berücksichtigen können. Aus einem vergleichbaren Grund sind auch ausgenommen solche Zusatzrentensysteme, die konkreten staatlichen Maßnahmen zur Sicherung oder Wiederherstellung ihrer finanziellen Lage unterliegen, für die Dauer der Maßnahme. Hier könnten die Mindestbestimmungen diese Maßnahmen und das mit ihnen verfolgte Ziel gefährden. Dass Insolvenzsicherungssysteme der Richtlinie nicht unterfallen, ergibt sich aus ihrer besonderen Funktion.

III. Maßnahmen zur Verbesserung der Freizügigkeit

In Art. 4 des Richtlinienvorschlags werden die **Bedingungen für den Anspruchserwerb** benannt, die in ihrer Ausgestaltung den Widerstand der deutschen Bundesregierung hervorgerufen haben.

Diese Vorschrift sieht zunächst vor, dass eine Wartezeit für die Aufnahme in ein Versorgungssystem ein Jahr nicht überschreiten darf. Dabei handelt es sich – ins deutsche Betriebsrentenrecht übertragen – um die Problematik der sog. **Vorschaltzeiten**, dh von Zeiten, die der Arbeitnehmer zurückgelegt haben muss, bevor die Zusage erteilt wird oder als erteilt gelten soll. Nach BAG (7. 7. 1977 AP BetrAVG § 1 Wartezeit Nr. 3) gilt als Zusage iSd § 1 BetrAVG jede Form der Begründung einer Versorgungsanwartschaft, wenn das Erstarken zum Vollrecht nur noch eine Frage der Zeit ist, also allein vom Umfang der geleisteten Betriebstreue abhängt. Das BAG sieht deshalb zeitbezogene Wirksamkeitsvoraussetzungen dieser Art als bedeutungslos an. Die Frist beginnt also bereits mit Erteilung der „Zusage einer Zusage" zu laufen (s. näher ErfK/*Steinmeyer*, § 1 b BetrAVG Rn 14). Deshalb bedarf diese Regelung in Deutschland keiner konkreten Umsetzung.

Das Gleiche gilt für die weitere Bedingung, nach der dann, wenn das Zusatzrentensystem ein **Mindestalter für den Erwerb unverfallbarer Anwartschaften** durch einen aktiven Versorgungsanwärter zum System vorsieht, dieses Alter 21 Jahre nicht übersteigen darf. Das deutsche Recht arbeitet nicht mit einem derartigen Mindestalter.

Einen erheblichen Eingriff in das deutsche System der betrieblichen Altersversorgung bedeutet aber die vorgesehene Verkürzung der **Unverfallbarkeitsfrist** auf ein Jahr bei aktiven Versorgungsanwärtern über 25 Jahre. Zwar hat die durch das Altersvermögensgesetz erfolgte Verkürzung der Unverfallbarkeitsfrist von zehn auf fünf Jahre nicht den befürchteten Einbruch der betrieblichen Altersversorgung mit sich gebracht. Eine Unverfallbarkeitsfrist von nur einem Jahr ist aber faktisch mit der Aufhebung von Verfallklauseln gleichzusetzen, da dann nur noch solche Fälle ausgeschlossen werden, in denen wegen der Kürze der Zeit nur Mini-Anwartschaften entstehen können. Die Festsetzung des Mindestalters auf 25 Jahre ist im deutschen Recht hingegen bereits umgesetzt.

10 Diese an die Unverfallbarkeit anknüpfende Regelung wird ergänzt um die Forderung, dass Arbeitnehmer, deren Anwartschaften zum Zeitpunkt des Ausscheidens noch verfallbar sind, einen Anspruch auf **Erstattung der von ihnen geleisteten Beiträge** habe, was sachgerecht erscheint, für den deutschen Fall der Entgeltumwandlung aber keine Bedeutung entfaltet, da dabei eine sofortige Unverfallbarkeit eintritt. Entsprechendes gilt auch, wenn man Beiträge, die „gemäß den nationalen Rechtsvorschriften oder Kollektivverträgen an seiner Stelle eingezahlt werden" nur als solche versteht, die als Arbeitnehmerbeiträge zu qualifizieren sind (zweifelnd *Schwind*, BetrAV 2006, 449).

11 In Art. 5 des Richtlinienvorschlags ist vorgesehen, dass ausscheidende Arbeitnehmer die erworbenen – unverfallbaren – Anwartschaften in dem Unternehmen belassen, was dem derzeitigen Rechtszustand in Deutschland entspricht. Allerdings haben die Mitgliedstaaten einen Werterhalt dieser „ruhenden" Anwartschaften sicherzustellen, der der Entwicklung des Wertes der Anwartschaften aktiver Versorgungsanwärter entspricht. Es wird also eine **Dynamisierung der Anwartschaften** vorgeschrieben, die dem deutschen Recht fremd ist. Die Einhaltung dieses Grundsatzes wird durch bestimmte Modifikationsmöglichkeiten zwar erleichtert, aber nicht grundsätzlich in Frage gestellt. Sie bedeutet für das deutsche System eine erhebliche Aufwandserhöhung, auch wenn man die Dynamisierung solcher Anwartschaften als sachgerecht ansehen mag.

IV. Auskunfts- und Informationspflichten

12 Art. 6 des Richtlinienvorschlags knüpft bei den Auskunftspflichten an die sog. **Pensionsfonds-Richtlinie** (RL 2003/41/EG) an und verpflichtet die Mitgliedstaaten, sicherzustellen, dass aktive Versorgungsanwärter auf Verlangen Auskünfte über die Folgen einer Beendigung des Beschäftigungsverhältnisses für ihre Zusatzrentenansprüche erhalten. Diese Auskünfte beziehen sich zum einen auf die Bedingungen für den Erwerb von Zusatzrentenansprüchen und die Folgen der Anwendung dieser Bedingungen bei Beendigung des Beschäftigungsverhältnisses, zum anderen auf den Wert der unverfallbaren Anwartschaften sowie schließlich auf die Bedingungen für die Behandlung ruhender Rentenansprüche. Hierfür müsste das deutsche Betriebsrentengesetz um einschlägige Vorschriften ergänzt werden. Bisher beschränken sich die ausdrücklichen Auskunftspflichten nach § 4a BetrAVG auf die Höhe des bisher erworbenen Rentenanspruchs sowie des Übertragungswerts. Die geforderten Auskunftspflichten lassen sich derzeit auch nicht aus allgemeinen Beratungs- und Auskunftspflichten des Arbeitgebers herleiten (*Steinmeyer*, BetrAV 2008, 531 ff).

V. Bewertung und Ausblick

13 Der Richtlinienvorschlag kommt derzeit insbesondere deshalb nicht weiter, weil seine Umsetzung erhebliche Mehrkosten für die deutsche betriebliche Altersversorgung mit sich bringen würde. Dass diese Kosten erheblich sein werden, ist ebenso unbestreitbar wie der grundsätzliche Bedarf einer Verbesserung der Freizügigkeit auch im Bereich der betrieblichen Altersversorgung. Die **Sensibilität** der betroffenen Systeme verbietet aber Radikallösungen.

14 Es ist festzustellen, dass sich die Europäische Kommission auch weiterhin darum bemüht, die in diesem Entwurf angesprochenen Fragestellungen voranzubringen. So hat sie in ihrem Weißbuch „Eine Agenda für angemessene, sichere und nachhaltige Pensionen und Renten" (KOM (2012)

55) angekündigt, einen überarbeiteten Vorschlag einer Richtlinie vorzulegen, wo vermutlich wiederum die Frage der Unverfallbarkeitsfristen thematisiert werden dürfte. Die Kommission schlägt außerdem die Schaffung eines Systems vor, das es Arbeitnehmern erleichtert, die Versorgungssysteme früherer Arbeitgeber später aufzufinden (Pension Tracking). Sie kündigt auch – ohne spezifisch zu werden – an, zu überprüfen, ob nicht bestimmte Systeme der betrieblichen Altersversorgung von der VO (EG) Nr. 883/2004 erfasst werden sollten, wobei unter anderem eine Unterscheidung zwischen gesetzlich vorgesehenen und freiwilligen Systemen aber auch ein Abstellen auf die Finanzierungsart vorgesehen wird (s. dazu auch European Social Observatory, Scope of coordination system in the pension field – Final Report, 2011, S. 82 ff). Bei Gesetzgebungsvorhaben der Kommission in diesem Bereich ist seit Inkrafttreten des AEUV zu beachten, dass nach Art. 48 AEUV nicht mehr Einstimmigkeit erforderlich ist, sondern das sog. ordentliche Gesetzgebungsverfahren gilt, was zB für die Frage der Unverfallbarkeitsfristen Bedeutung erlangen kann (*Görgen*, in: FS Höfer, S. 49). Bemühungen zur Verbesserung der Mobilität im Bereich der betrieblichen Altersversorgung finden sich auch für den Personenkreis der Forscher, wo einerseits pragmatische und kurzfristig umsetzbare Lösungen wie eine gegenseitige Anrechnung von Beschäftigungszeiten der verschiedenen Zusatzversorgungssysteme des öffentlichen Dienstes vorgeschlagen werden, andererseits aber auch die Schaffung eines European Pension Fund for Researcher (s. dazu insg. und kritisch zu Letzterem *Steinmeyer*, in: FS Höfer, S. 267 ff).

Teil 11:
Richtlinie 2003/41/EG des Europäischen Parlaments und des Rates vom 3. Juni 2003 über die Tätigkeiten und die Beaufsichtigung von Einrichtungen der betrieblichen Altersversorgung

(ABl.L 235 vom 23.9.2003, S. 10-21; berichtigt in ABl. L 291 vom 14.9.2004, S. 18); geändert durch Richtlinie 2009/138/EG v. 25.11.2009 (ABl. L 335 vom 17.12.2009, S. 1)

DAS EUROPÄISCHE PARLAMENT UND DER RAT DER EUROPÄISCHEN UNION -

gestützt auf den Vertrag zur Gründung der Europäischen Gemeinschaft, insbesondere auf Artikel 47 Absatz 2, Artikel 55 und Artikel 95 Absatz 1,

auf Vorschlag der Kommission,

nach Stellungnahme des Europäischen Wirtschafts- und Sozialausschusses,

gemäß dem Verfahren des Artikels 251 des Vertrags,

in Erwägung nachstehender Gründe:

(1) Ein echter Binnenmarkt für Finanzdienstleistungen ist für das Wirtschaftswachstum und die Schaffung von Arbeitsplätzen in der Gemeinschaft von grundlegender Bedeutung.

(2) Bei der Schaffung dieses Binnenmarktes wurden bereits große Fortschritte erzielt, so dass die Finanzinstitute ihre Tätigkeit in anderen Mitgliedstaaten ausüben können und ein hohes Maß an Schutz für die Nutzer von Finanzdienstleistungen gewährleistet wird.

(3) In der Mitteilung der Kommission "Umsetzung des Finanzmarktrahmens: Aktionsplan" wird eine Reihe von Maßnahmen genannt, die zur Vollendung des Binnenmarktes für Finanzdienstleistungen getroffen werden müssen, und der Europäische Rat forderte auf seiner Tagung in Lissabon am 23. und 24. März 2000, dass der Aktionsplan bis 2005 durchgeführt wird.

(4) Der Aktionsplan für Finanzdienstleistungen führt die Ausarbeitung einer Richtlinie über die Beaufsichtigung von Einrichtungen der betrieblichen Altersversorgung als vorrangige Priorität auf, da es sich bei diesen Einrichtungen um große Finanzinstitute handelt, die bei der Integration, Effizienz und Liquidität der Finanzmärkte eine Schlüsselrolle zu spielen haben, für die es aber keinen kohärenten gemeinschaftlichen Rechtsrahmen gibt, auf dessen Grundlage sie die Vorteile des Binnenmarktes umfassend nutzen können.

(5) Da Systeme der sozialen Sicherung stärker unter Druck geraten, wird in Zukunft die betriebliche Altersversorgung zunehmend als Ergänzung der öffentlichen Rentensysteme herangezogen werden. Deswegen sollte die betriebliche Altersversorgung entwickelt werden, ohne jedoch die Bedeutung der Rentensysteme der Sozialversicherungen im Hinblick auf die Sicherheit, die Beständigkeit und die Wirksamkeit des Sozialschutzes, der einen angemessenen Lebensstandard im Alter gewährleisten und daher im Mittelpunkt des Ziels der Stärkung des europäischen Sozialmodells stehen sollte, in Frage zu stellen.

(6) Die vorliegende Richtlinie stellt damit einen ersten Schritt auf dem Weg zu einem europaweit organisierten Binnenmarkt für die betriebliche Altersversorgung dar. Durch die Festlegung des "Grundsatzes der Vorsicht" als grundlegendes Prinzip für Kapitalanlagen sowie die Ermöglichung der grenzüberschreitenden Tätigkeit von Einrichtungen sollte die Bildung von Sparkapital im Bereich der betrieblichen Altersversorgung gefördert und so ein Beitrag zum wirtschaftlichen und sozialen Fortschritt geleistet werden.

(7) Die in dieser Richtlinie festgelegten Aufsichtsvorschriften sollen gleichermaßen ein hohes Maß an Sicherheit für die zukünftigen Rentner durch strenge Aufsichtsstandards gewährleisten und eine effiziente Verwaltung der betrieblichen Altersversorgungssysteme ermöglichen.

(8) Einrichtungen, die von einem Trägerunternehmen vollständig getrennt sind und ihre Tätigkeit nach dem Kapitaldeckungsverfahren mit dem einzigen Zweck ausüben, Altersversorgungsleistungen zu erbringen, sollte, ungeachtet dessen, ob sie als juristische Personen angesehen werden, die freie Erbringung von Dienstleistungen und die Anlagefreiheit – vorbehaltlich lediglich koordinierter Aufsichtsvorschriften – ermöglicht werden.

(9) Gemäß dem Subsidiaritätsprinzip sollten die Mitgliedstaaten uneingeschränkt für die Organisation ihrer Altersversorgungssysteme und die Entscheidung über die Rolle zuständig sein, die die einzelnen drei "Säulen" der Altersversorgung in den jeweiligen Mitgliedstaaten zu spielen haben. Im Rahmen der zweiten Säule sollten sie ferner uneingeschränkt für die Rolle und Aufgaben der verschiedenen Einrichtungen, die betriebliche Altersversorgungsleistungen erbringen, wie branchenweite Pensionsfonds, Betriebspensionsfonds und Lebensversicherungsgesellschaften, zuständig sein. Dieses Recht sollte durch diese Richtlinie nicht in Frage gestellt werden.

(10) Die einzelstaatlichen Rechtsvorschriften über die Teilnahme von Selbstständigen an Einrichtungen der betrieblichen Altersversorgung sind unterschiedlich. In einigen Mitgliedstaaten können Einrichtungen der betrieblichen Altersversorgung auf der Grundlage von Vereinbarungen mit einer Branche oder Branchenverbänden, deren Mitglieder in der Eigenschaft als selbstständige Berufstätige handeln, oder unmittelbar mit Selbstständigen und abhängig Beschäftigten tätig werden. In einigen Mitgliedstaaten kann ein Selbstständiger auch Mitglied einer Einrichtung werden, wenn er als Arbeitgeber handelt oder in einem Unternehmen freiberufliche Dienstleistungen erbringt. In einigen Mitgliedstaaten können Selbstständige Einrichtungen der betrieblichen Altersversorgung nur dann beitreten, wenn bestimmte Anforderungen einschließlich der durch das Arbeits- und Sozialrecht vorgeschriebenen Anforderungen erfüllt sind.

(11) Vom Anwendungsbereich dieser Richtlinie sollten Systeme der sozialen Sicherheit verwaltende Einrichtungen ausgenommen werden, die auf Gemeinschaftsebene bereits koordiniert sind. Die Besonderheit von Einrichtungen, die in einem Mitgliedstaat sowohl Systeme der sozialen Sicherheit als auch betriebliche Altersversorgungssysteme verwalten, sollte jedoch berücksichtigt werden.

(12) Finanzinstitute, für die es bereits einen Rechtsrahmen der Gemeinschaft gibt, sollten im Allgemeinen vom Anwendungsbereich dieser Richtlinie ausgenommen werden. Da jedoch diese Einrichtungen in einigen Fällen möglicherweise betriebliche Altersversorgungsleistungen erbringen, ist sicherzustellen, dass diese Richtlinie nicht zu Wettbewerbsverzerrungen führt. Solche Verzerrungen können dadurch vermieden werden, dass bestimmte Aufsichtsvorschriften dieser Richtlinie auf das betriebliche Altersversorgungsgeschäft von Lebensversicherungsunternehmen angewandt werden. Die Kommission sollte darüber hinaus die Lage auf dem Markt für betriebliche Altersversorgungen sorgfältig überwachen und prüfen, ob es möglich ist, die fakultative Anwendung dieser Richtlinie auf andere beaufsichtigte Finanzinstitute zu erweitern.

(13) Wenn er die finanzielle Absicherung im Ruhestand zum Ziel hat, sollte der Leistungsumfang der Einrichtungen der betrieblichen Altersversorgung in der Regel die Zahlung einer lebenslangen Rente vorsehen. Es sollte auch eine zeitlich begrenzte Zahlung oder die Zahlung eines pauschalen Kapitalbetrags möglich sein.

(14) Es ist wichtig sicherzustellen, dass ältere und behinderte Menschen nicht dem Risiko der Armut ausgesetzt werden und einen angemessenen Lebensstandard haben. Eine angemessene Abdeckung biometrischer Risiken in betrieblichen Altersversorgungssystemen ist ein wichtiger Aspekt im Kampf gegen die Armut und unzureichende Absicherung von älteren Menschen. Bei der Schaffung eines betrieblichen Altersversorgungssystems sollten Arbeitgeber und Arbeitnehmer oder ihre jeweiligen Vertreter die Möglichkeit der Abdeckung des Risikos der Langlebigkeit und der Berufsunfähigkeit sowie der Hinterbliebenenversorgung durch das Altersversorgungssystem in Betracht ziehen.

(15) Dadurch dass den Mitgliedstaaten die Möglichkeit eingeräumt wird, Einrichtungen, die Systeme mit zusammen weniger als insgesamt 100 Versorgungsanwärtern verwalten, vom Anwendungsbereich nationaler Bestimmungen zur Umsetzung dieser Richtlinie auszuschließen, kann die Aufsicht in einigen Mitgliedstaaten erleichtert werden, ohne das ordnungsgemäße Funktionieren des Binnenmarktes in diesem Bereich zu beeinträchtigen. Dies sollte jedoch nicht das Recht dieser Einrichtungen beeinträchtigen, für die Verwaltung ihres Anlagenportfolios und zur Verwahrung ihrer Vermögensanlagen Vermögensverwalter und Treuhänder zu bestellen, die in einem anderen Mitgliedstaat niedergelassen und zur Ausübung dieser Tätigkeit ordnungsgemäß zugelassen sind.

(16) Einrichtungen wie die Unterstützungskassen in Deutschland, bei denen den Versorgungsanwärtern gesetzlich keine Ansprüche auf Leistungen in einer bestimmten Höhe eingeräumt werden und deren Belange durch eine zwingend vorgeschriebene gesetzliche Insolvenzsicherung geschützt werden, sollten vom Anwendungsbereich der Richtlinie ausgeschlossen werden.

(17) Zum Schutz der Versorgungsanwärter und der Leistungsempfänger sollten die Einrichtungen der betrieblichen Altersversorgung ihre Tätigkeit auf die in dieser Richtlinie genannten und damit im Zusammenhang stehenden Tätigkeiten beschränken.

(18) Im Fall des Konkurses eines Trägerunternehmens ist der Versorgungsanwärter dem Risiko ausgesetzt, sowohl seinen Arbeitsplatz als auch seine erworbenen Rentenanwartschaften zu verlieren. Deshalb muss eine eindeutige Trennung zwischen diesem Unternehmen und der Einrichtung gewährleistet sein, und es müssen Mindestvorkehrungen zum Schutz der Versorgungsanwärter getroffen werden.

(19) Beim Betrieb und der Aufsicht von Einrichtungen der betrieblichen Altersversorgung sind in den Mitgliedstaaten erhebliche Unterschiede zu verzeichnen. In einigen Mitgliedstaaten wird nicht nur die Einrichtung selbst, sondern es werden auch die Stellen oder Gesellschaften beaufsichtigt, die zur Verwaltung dieser Einrichtungen zugelassen sind. Die Mitgliedstaaten sollten eine solche Besonderheit berücksichtigen können, solange alle in dieser Richtlinie genannten Voraussetzungen tatsächlich erfüllt sind. Die Mitgliedstaaten sollten auch Versicherungsunternehmen und anderen Finanzunternehmen erlauben können, Einrichtungen der betrieblichen Altersversorgung zu verwalten.

(20) Einrichtungen der betrieblichen Altersversorgung sind Anbieter von Finanzdienstleistungen; sie übernehmen eine große Verantwortung im Hinblick auf die Auszahlung von Leistungen der betrieblichen Altersversorgung und sollten deshalb bestimmte Mindestaufsichtsstandards bezüglich ihrer Tätigkeit und ihrer Betriebsbedingungen erfüllen.

(21) Die sehr große Anzahl von Einrichtungen in bestimmten Mitgliedstaaten erfordert eine pragmatische Lösung hinsichtlich der Anforderung der vorherigen Genehmigung der Einrichtung. Wenn eine Einrichtung jedoch ein Alterssicherungssystem in einem anderen Mitgliedstaat betreiben will, sollte dafür die vorherige Genehmigung durch die zuständige Behörde des Herkunftsmitgliedstaats vorgeschrieben werden.

(22) Jeder Mitgliedstaat sollte verlangen, dass jede Einrichtung mit Standort in seinem Hoheitsgebiet einen Jahresabschluss und einen jährlichen Lagebericht, die alle von dieser Einrichtung betriebenen Altersversorgungssysteme berücksichtigen, sowie gegebenenfalls Jahresabschlüsse und Lageberichte für jedes einzelne Altersversorgungssystem erstellt. Der von einer zugelassenen Person ordnungsgemäß geprüfte Jahresabschluss und Lagebericht, die ein den tatsächlichen Verhältnissen entsprechendes Bild der Vermögenslage, Verbindlichkeiten und der Finanzlage der Einrichtung unter Berücksichtigung jedes von ihr betriebenen Altersversorgungssystems widerspiegeln, sind eine wesentliche Informationsquelle für die Versorgungsanwärter und die Leistungsempfänger des Systems sowie für die zuständigen Behörden. Sie ermöglichen es insbesondere den zuständigen Behörden, die finanzielle Solidität einer Einrichtung zu kontrollieren und zu bewerten, ob die Einrichtung all ihre vertraglichen Verpflichtungen erfüllen kann.

(23) Die ordnungsgemäße Unterrichtung der Versorgungsanwärter und der Leistungsempfänger eines Rentensystems ist von entscheidender Bedeutung. Dies ist besonders relevant für Auskunftsersuchen bezüglich der finanziellen Solidität der Einrichtung, der Vertragsbedingungen, der Leistungen und der tatsächlichen Finanzierung der erworbenen Rentenanwartschaften, der Anlagepolitik und der Verwaltung der Risiken und Kosten.

(24) Die Anlagepolitik einer Einrichtung ist sowohl für die Sicherheit als auch für die Finanzierbarkeit der Betriebsrenten ein entscheidender Faktor. Die Einrichtungen sollten deshalb eine Erklärung zu den Anlagegrundsätzen abgeben und diese mindestens alle drei Jahre überprüfen. Diese Erklärung sollte der zuständigen Behörde und auf Antrag auch den Versorgungsanwärtern und den Leistungsempfängern jedes Altersversorgungssystems zugänglich gemacht werden.

(25) Um ihre gesetzlich vorgeschriebenen Aufgaben zu erfüllen, sollten die zuständigen Behörden mit ausreichenden Informationsrechten und Eingriffsbefugnissen gegenüber den Einrichtungen und den sie tatsächlich verwaltenden Personen ausgestattet sein. Wenn die Einrichtung der betrieblichen Altersversorgung anderen Unternehmen Aufgaben von materieller Bedeutung, wie Vermögensverwaltung, IT-Dienste oder Rechnungslegung, übertragen hat (Funktionsausgliederung), sollten die Informationsrechte und Eingriffsbefugnisse auf diese ausgelagerten Tätigkeiten ausgedehnt werden können, um zu prüfen, ob diese Tätigkeiten gemäß den Aufsichtsvorschriften ausgeübt werden.

(26) Eine nach dem Grundsatz der Vorsicht vorgenommene Berechnung der technischen Rückstellungen ist eine wesentliche Voraussetzung dafür, zu gewährleisten, dass die Verpflichtungen zur Auszahlung der Versorgungsleistungen erfüllt werden können. Die technischen Rückstellungen sollten daher auf der Grundlage anerkannter versicherungsmathematischer Methoden berechnet und von qualifizierten Personen testiert werden. Die Höchstzinssätze sollten vorsichtig gemäß allen einschlägigen einzelstaatlichen Vorschriften gewählt werden. Der Mindestbetrag der versicherungstechnischen Rückstellungen muss einerseits ausreichend sein, damit die Zahlung der bereits laufenden Leistungen an die Leistungsempfänger fortgesetzt werden kann und muss andererseits die Verpflichtungen widerspiegeln, die sich aufgrund der erworbenen Rentenanwartschaften der Versorgungsanwärter ergeben.

(27) Die von den Einrichtungen gedeckten Risiken unterscheiden sich von einem Mitgliedstaat zum anderen ganz erheblich. Die Herkunftsmitgliedstaaten sollten deshalb die Möglichkeit haben, für die Berechnung der versicherungstechnischen Rückstellungen über die Vorschriften in dieser Richtlinie hinaus zusätzliche und ausführlichere Bestimmungen vorzusehen.

(28) Ausreichende und geeignete Vermögenswerte zur Bedeckung der versicherungstechnischen Rückstellungen schützen die Interessen der Versorgungsanwärter und der Leistungsempfänger des Systems, wenn das Trägerunternehmen insolvent wird. Insbesondere im Fall einer grenzüberschreitenden Tätigkeit erfordert die gegenseitige Anerkennung der in den Mitgliedstaaten angewandten Aufsichtsgrundsätze, dass die versicherungstechnischen Rückstellungen jederzeit vollständig bedeckt sind.

(29) Wenn die Einrichtung nicht grenzüberschreitend arbeitet, sollten die Mitgliedstaaten eine Unterkapitalisierung unter der Voraussetzung zulassen können, dass ein ordnungsgemäßer Plan zur Wiederherstellung der vollständigen Kapitaldeckung erstellt wird; dies gilt unbeschadet der Anforderungen der Richtlinie 80/987/EWG des Rates vom 20. Oktober 1980 zur Angleichung der Rechtsvorschriften der Mitgliedstaaten über den Schutz der Arbeitnehmer bei Zahlungsunfähigkeit des Arbeitgebers(4).

(30) In zahlreichen Fällen könnte das Trägerunternehmen und nicht die Einrichtung selbst die biometrischen Risiken decken oder bestimmte Leistungen oder Anlageergebnisse gewährleisten. In einigen Fällen gewährleistet die Einrichtung die genannte Deckung oder Sicherstellung jedoch selbst, und die Verpflichtungen des Trägerunternehmens erschöpfen sich generell mit der Zahlung

der erforderlichen Beiträge. Unter diesen Umständen ähneln die angebotenen Produkte denen von Lebensversicherungsunternehmen, und die betreffenden Einrichtungen sollten mindestens über die gleichen zusätzlichen Eigenmittel verfügen wie Lebensversicherungsunternehmen.

(31) Die Einrichtungen sind sehr langfristige Anleger. Die Rückzahlung der im Besitz der Einrichtungen befindlichen Vermögenswerte kann grundsätzlich nicht zu einem anderen Zweck als der Auszahlung der Versorgungsleistungen erfolgen. Um die Rechte der Versorgungsanwärter und der Leistungsempfänger angemessen zu schützen, sollten die Einrichtungen außerdem eine Mischung der Vermögenswerte wählen können, die der genauen Art und Dauer ihrer Verbindlichkeiten entspricht. Diese Faktoren erfordern eine wirksame Aufsicht und einen Ansatz bei den Anlagebestimmungen, die den Einrichtungen eine ausreichende Flexibilität einräumen, um sich für die sicherste und rentabelste Anlagepolitik zu entscheiden, und sie verpflichten, nach dem Grundsatz der Vorsicht zu handeln. Die Einhaltung des Grundsatzes der Vorsicht erfordert demnach eine auf die Mitgliederstruktur der einzelnen Einrichtung der betrieblichen Altersversorgung abgestimmte Anlagepolitik.

(32) Die Aufsichtsmethoden und -praktiken unterscheiden sich von einem Mitgliedstaat zum anderen. Den Mitgliedstaaten sollte deshalb ein gewisser Ermessensspielraum bei den Vorschriften über die Vermögensanlage eingeräumt werden, die sie den Einrichtungen mit Standort in ihrem Hoheitsgebiet vorschreiben möchten. Die genannten Bestimmungen dürfen jedoch den freien Kapitalverkehr nicht einschränken, es sei denn, sie sind aus Gründen der Vorsicht gerechtfertigt.

(33) Als sehr langfristige Investoren mit geringen Liquiditätsrisiken sind die Einrichtungen der betrieblichen Altersversorgung in der Lage, in nicht liquide Vermögenswerte, wie Aktien, sowie innerhalb bestimmter durch das Vorsichtsprinzip gesetzter Grenzen in die Risikokapitalmärkte zu investieren. Sie können auch Vorteile aus der internationalen Diversifizierung ziehen. Anlagen in Aktien, Risikokapitalmärkten und anderen Währungen als die ihrer Verbindlichkeiten sollten deshalb nicht eingeschränkt werden, es sei denn aus aufsichtsrechtlichen Gründen.

(34) Ist die Einrichtung jedoch auf grenzüberschreitender Grundlage tätig, so kann sie von der zuständigen Behörde des Tätigkeitsmitgliedstaats aufgefordert werden, für Anlagen in Aktien und ähnlichen Vermögenswerten, die nicht zum Handel auf einem geregelten Markt zugelassen sind, sowie in Wertpapieren und anderen Handelspapieren, die von demselben Unternehmen ausgegeben werden, oder in auf nicht kongruente Währungen lautenden Vermögenswerten Obergrenzen anzuwenden, sofern diese Vorschriften auch für Einrichtungen mit Standort im Tätigkeitsmitgliedstaat gelten.

(35) Einschränkungen bezüglich der freien Wahl zugelassener Vermögensverwalter und Treuhänder durch Einrichtungen schränken den Wettbewerb im Binnenmarkt ein und sollten deshalb aufgehoben werden.

(36) Unbeschadet der einzelstaatlichen sozial- und arbeitsrechtlichen Vorschriften über die Gestaltung der Altersversorgungssysteme, einschließlich der Bestimmungen über die Pflichtmitgliedschaft und die Ergebnisse von Tarifvereinbarungen, sollten die Einrichtungen ihre Leistungen in anderen Mitgliedstaaten erbringen können. Es sollte ihnen erlaubt sein, die Trägerschaft durch Unternehmen mit Standort im Hoheitsgebiet anderer Mitgliedstaaten zu akzeptieren und Altersversorgungssysteme mit Leistungsanwärtern in mehr als einem Mitgliedstaat zu betreiben. Dies kann gegebenenfalls zu erheblichen Größenvorteilen für die Einrichtungen führen, die Wettbewerbsfähigkeit der Wirtschaft der Gemeinschaft verbessern und die berufliche Mobilität erleichtern. Dies erfordert die gegenseitige Anerkennung der aufsichtsrechtlichen Standards. Die ordnungsgemäße Anwendung dieser aufsichtsrechtlichen Standards sollte durch die zuständige Behörde des Herkunftsmitgliedstaats überwacht werden, sofern nichts anderes vorgesehen ist.

(37) Das Recht einer Einrichtung mit Sitz in einem Mitgliedstaat, in einem anderen Mitgliedstaat abgeschlossene betriebliche Altersversorgungssysteme zu betreiben, darf nur unter vollständiger

Einhaltung der sozial- und arbeitsrechtlichen Vorschriften des Tätigkeitsmitgliedstaats ausgeübt werden, soweit diese für die betriebliche Altersversorgung von Belang sind, beispielsweise die Festlegung und Zahlung von Altersversorgungsleistungen und die Bedingungen für die Übertragbarkeit der Anwartschaften.

(38) Werden Systeme in einem separaten Abrechnungsverband verwaltet, so werden die Bestimmungen dieser Richtlinie einzeln auf die Abrechnungsverbände angewandt.

(39) Es ist wichtig, die Zusammenarbeit zwischen den zuständigen Behörden der Mitgliedstaaten zum Zwecke der Beaufsichtigung sowie die Zusammenarbeit zwischen diesen Behörden und der Kommission zu anderen Zwecken vorzusehen. Um ihre Aufgaben zu erfüllen und zur konsequenten und rechtzeitigen Durchführung dieser Richtlinie beizutragen, sollten die zuständigen Behörden einander die Informationen zur Verfügung stellen, die sie zur Durchführung der Bestimmungen dieser Richtlinie benötigen. Die Kommission hat erklärt, dass sie beabsichtigt, einen Ausschuss der Aufsichtsbehörden einzurichten, um die Zusammenarbeit, die Koordinierung und den Meinungsaustausch zwischen den zuständigen nationalen Behörden sowie die konsequente Durchführung dieser Richtlinie zu fördern.

(40) Da das Ziel der vorgeschlagenen Maßnahme, nämlich die Schaffung eines gemeinschaftlichen Rechtsrahmens für Einrichtungen der betrieblichen Altersversorgung, auf Ebene der Mitgliedstaaten nicht ausreichend erreicht werden kann und daher wegen des Umfangs und der Wirkungen der Maßnahme besser auf Gemeinschaftsebene zu erreichen ist, kann die Gemeinschaft im Einklang mit dem in Artikel 5 des Vertrags niedergelegten Subsidiaritätsprinzip tätig werden. Entsprechend dem in demselben Artikel genannten Verhältnismäßigkeitsprinzip geht diese Richtlinie nicht über das für die Erreichung dieses Ziels erforderliche Maß hinaus -

HABEN FOLGENDE RICHTLINIE ERLASSEN:

Artikel 1 Gegenstand

Mit dieser Richtlinie werden Regeln für die Aufnahme und Ausübung der Tätigkeit von Einrichtungen der betrieblichen Altersversorgung festgelegt.

Artikel 2 Anwendungsbereich

(1) Diese Richtlinie gilt für Einrichtungen der betrieblichen Altersversorgung. Besitzen Einrichtungen der betrieblichen Altersversorgung gemäß den einschlägigen einzelstaatlichen Rechtsvorschriften keine Rechtspersönlichkeit, so wendet der betreffende Mitgliedstaat diese Richtlinie entweder auf die Einrichtungen selbst oder – vorbehaltlich des Absatzes 2 – auf die zugelassenen Stellen an, die für die Verwaltung der betreffenden Einrichtungen verantwortlich und in ihrem Namen tätig sind.

(2) Diese Richtlinie gilt nicht für

a) Einrichtungen, die unter die Verordnung (EWG) Nr. 1408/71 und unter die Verordnung (EWG) Nr. 574/72 fallende Systeme der sozialen Sicherheit verwalten;

b) Einrichtungen, die unter die Richtlinien 73/239/EWG, 85/611/EWG, 93/22/EWG, 2000/12/EG und 2002/83/EG fallen;

c) Einrichtungen, die nach dem Umlageverfahren arbeiten;

d) Einrichtungen, bei denen die Beschäftigten der Trägerunternehmen keine gesetzlichen Leistungsansprüche haben und das Trägerunternehmen die Vermögenswerte jederzeit ablösen kann und seiner Verpflichtung zur Zahlung von Altersversorgungsleistungen nicht zwangsläufig nachkommen muss;

e) Unternehmen, die im Hinblick auf die Auszahlung der Versorgungsleistungen an ihre Beschäftigten Pensionsrückstellungen bilden.

Artikel 3 Anwendung auf Einrichtungen, die Systeme der sozialen Sicherheit betreiben

Für Einrichtungen der betrieblichen Altersversorgung, die gleichzeitig auch gesetzliche Rentenversicherungssysteme betreiben, die als Systeme der sozialen Sicherheit im Sinne der Verordnungen (EWG) Nr. 1408/71 und (EWG) Nr. 574/72 anzusehen sind, gilt diese Richtlinie nur bezüglich ihres fakultativen betrieblichen Altersversorgungsgeschäfts. In diesem Fall wird für die Verbindlichkeiten und die ihnen entsprechenden Vermögenswerte ein separater Abrechnungsverband eingerichtet ohne die Möglichkeit, sie auf die als Sozialversicherungssysteme erachteten gesetzlichen Rentenversicherungssysteme zu übertragen oder umgekehrt.

Artikel 4 Fakultative Anwendung auf unter die Richtlinie 2002/83/EG fallende Einrichtungen

Ein Herkunftsmitgliedstaat kann die Bestimmungen der Artikel 9 bis 16 und der Artikel 18 bis 20 dieser Richtlinie auf das betriebliche Altersversorgungsgeschäft von unter die Richtlinie 2002/83/EG fallenden Versicherungsunternehmen anwenden. In diesem Fall wird für die diesen Geschäften entsprechenden Verbindlichkeiten und Vermögenswerte ein separater Abrechnungsverband eingerichtet und sie werden ohne die Möglichkeit einer Übertragung getrennt von den anderen Geschäften der Versicherungsunternehmen verwaltet und organisiert.

In diesem Falle und nur soweit ihr betriebliches Altersversorgungsgeschäft betroffen ist, finden die Artikel 20 bis 26 sowie Artikel 31 und 36 der Richtlinie 2002/83/EG keine Anwendung auf Versicherungsunternehmen.

Der Herkunftsmitgliedstaat gewährleistet, dass entweder die zuständigen Behörden oder die für Versicherungsunternehmen nach der Richtlinie 2002/83/EG zuständigen Aufsichtsbehörden im Rahmen ihrer Aufsichtstätigkeit die strikte Trennung des betreffenden betrieblichen Altersversorgungsgeschäfts überprüfen.

Artikel 5 Kleine Einrichtungen der Altersversorgung und gesetzlich vorgesehene Systeme

Ein Mitgliedstaat kann diese Richtlinie mit Ausnahme von Artikel 19 ganz oder teilweise auf Einrichtungen mit Standort in seinem Hoheitsgebiet nicht anwenden, die Altersversorgungssysteme betreiben, denen insgesamt weniger als 100 Versorgungsanwärter angeschlossen sind. Vorbehaltlich des Artikels 2 Absatz 2 sollten die betreffenden Einrichtungen indessen das Recht haben, diese Richtlinie freiwillig anzuwenden. Artikel 20 darf nur angewendet werden, wenn alle anderen Bestimmungen dieser Richtlinie Anwendung finden.

Ein Mitgliedstaat kann die Artikel 9 bis 17 auf Einrichtungen nicht anwenden, bei denen die betriebliche Altersversorgung gesetzlich vorgeschrieben ist und von einer staatlichen Stelle garantiert wird. Artikel 20 darf nur angewendet werden, wenn alle anderen Bestimmungen dieser Richtlinie Anwendung finden.

Artikel 6 Begriffsbestimmungen

Für die Zwecke dieser Richtlinie bezeichnet der Ausdruck

a) "Einrichtung der betrieblichen Altersversorgung" oder "Einrichtung" ungeachtet der jeweiligen Rechtsform eine nach dem Kapitaldeckungsverfahren arbeitende Einrichtung, die rechtlich unabhängig von einem Trägerunternehmen oder einer Träger-Berufsvereinigung zu dem Zweck eingerichtet ist, auf der Grundlage
   - einer individuell oder kollektiv zwischen Arbeitnehmer(n) und Arbeitgeber(n) oder deren Vertretern oder
   - einer mit Selbstständigen in Einklang mit den Rechtsvorschriften des Herkunfts- und des Tätigkeitsmitgliedstaats

   getroffenen Vereinbarung bzw eines geschlossenen Vertrages an die Ausübung einer beruflichen Tätigkeit geknüpfte Altersversorgungsleistungen zu erbringen, und die damit unmittelbar im Zusammenhang stehende Tätigkeiten ausübt;
b) "Altersversorgungssystem" einen Vertrag, eine Vereinbarung, einen Treuhandvertrag oder Vorschriften über die Art der Versorgungsleistungen und die Bedingungen, unter denen sie gewährt werden;
c) "Trägerunternehmen" ein Unternehmen oder eine Körperschaft, das/die Beiträge in eine Einrichtung der betrieblichen Altersversorgung einzahlt, gleichgültig ob dieses Unternehmen oder diese Körperschaft eine oder mehrere juristische oder natürliche Personen, die als Arbeitgeber oder als Selbstständige auftreten, umfasst oder aus einer beliebigen Kombination dieser Möglichkeiten besteht;
d) "Altersversorgungsleistungen" Leistungen die unter Berücksichtigung des Eintretens oder in Erwartung des Eintretens in den Ruhestand gezahlt werden, oder zusätzliche Leistungen als Ergänzung zu den vorgenannten Leistungen in Form von Zahlungen im Todes- oder Invaliditätsfall oder bei Beendigung der Erwerbstätigkeit oder in Form von Unterstützungszahlungen oder -leistungen im Falle von Krankheit, Bedürftigkeit oder Tod. Um die finanzielle Absicherung im Ruhestand zu fördern, werden diese Leistungen in der Regel lebenslang gezahlt. Sie können jedoch auch als zeitlich begrenzte Zahlungen erfolgen oder als pauschaler Kapitalbetrag gezahlt werden;
e) "Versorgungsanwärter" alle Personen, die aufgrund ihrer beruflichen Tätigkeiten nach den Bestimmungen des Altersversorgungssystems Anspruch auf Altersversorgungsleistungen haben oder haben werden;
f) "Leistungsempfänger" Personen, die Altersversorgungsleistungen erhalten;
g) "zuständige Behörden" die einzelstaatlichen Behörden, die mit der Wahrnehmung der in dieser Richtlinie genannten Aufgaben betraut sind;
h) "biometrische Risiken" die mit Tod, Invalidität und Langlebigkeit verbundenen Risiken;
i) "Herkunftsmitgliedstaat" den Mitgliedstaat, in dem die Einrichtung ihren Sitz und ihre Hauptverwaltung oder, falls sie keinen Sitz hat, ihre Hauptverwaltung hat;
j) "Tätigkeitsmitgliedstaat" den Mitgliedstaat, dessen sozial- und arbeitsrechtliche Vorschriften für die Beziehung zwischen dem Trägerunternehmen und seinen Versorgungsanwärtern für die betriebliche Altersversorgung maßgebend sind.

Artikel 7 Tätigkeit der Einrichtungen

Jeder Mitgliedstaat macht den Einrichtungen mit Standort in seinem Hoheitsgebiet zur Auflage, ihre Tätigkeit auf Altersversorgungsgeschäfte und damit im Zusammenhang stehende Aktivitäten zu beschränken.

Verwaltet ein Versicherungsunternehmen im Einklang mit Artikel 4 ihr betriebliches Altersversorgungsgeschäft mittels eines separaten Abrechnungsverbands, so sind die betreffenden Vermögenswerte und Verbindlichkeiten auf Geschäfte im Rahmen von Altersversorgungsleistungen und damit unmittelbar im Zusammenhang stehende Aktivitäten einzugrenzen.

Artikel 8 Rechtliche Trennung zwischen Trägerunternehmen und Einrichtungen der betrieblichen Altersversorgung

Jeder Mitgliedstaat sorgt für eine rechtliche Trennung zwischen einem Trägerunternehmen und einer Einrichtung der betrieblichen Altersversorgung, damit bei einem etwaigen Konkurs des Trägerunternehmens das Vermögen der Einrichtung der betrieblichen Altersversorgung im Interesse der Versorgungsanwärter und Leistungsempfänger gesichert ist.

Artikel 9 Voraussetzungen für den Betrieb von Einrichtungen der betrieblichen Altersversorgung

(1) Jeder Mitgliedstaat stellt in Bezug auf jede in seinem Hoheitsgebiet niedergelassene Einrichtung sicher, dass

a) die Einrichtung durch die zuständige Aufsichtsbehörde in ein nationales Register eingetragen oder zugelassen ist; bei einer grenzüberschreitenden Tätigkeit im Sinne von Artikel 20 werden in dem Register auch die Mitgliedstaaten, in denen die Einrichtung tätig ist, angegeben;
b) die Einrichtung tatsächlich von zuverlässigen Personen geführt wird, die selbst über die erforderliche fachliche Qualifikation und Berufserfahrung verfügen müssen oder auf Berater mit der erforderlichen fachlichen Qualifikation und Berufserfahrung zurückgreifen;
c) die Funktionsweise jedes von der Einrichtung betriebenen Altersversorgungssystems durch Vorschriften ordnungsgemäß geregelt ist und die Versorgungsanwärter hierüber in angemessener Form informiert worden sind;
d) alle versicherungstechnischen Rückstellungen von einem Versicherungsmathematiker oder, wenn dies nicht der Fall ist, von einem sonstigen Fachmann auf diesem Gebiet, so zum Beispiel von einem Wirtschaftsprüfer, nach den einzelstaatlichen Rechtsvorschriften auf der Grundlage von durch die zuständigen Behörden des Herkunftsmitgliedstaates anerkannten versicherungsmathematischen Methoden berechnet und testiert werden;
e) das Trägerunternehmen, sofern es eine Leistung zugesagt hat, zur regelmäßigen Kapitaldeckung verpflichtet wird;
f) die Versorgungsanwärter über die Bedingungen, nach denen das Altersversorgungssystem funktioniert, ausreichend informiert werden, vor allem über
   i) die Rechte und Pflichten der Beteiligten des Altersversorgungssystems;
   ii) die mit dem Altersversorgungssystem verbundenen finanziellen, versicherungstechnischen und sonstigen Risiken;
   iii) die Art und Aufteilung dieser Risiken.

(2) Im Einklang mit dem Grundsatz der Subsidiarität und unter Berücksichtigung des von den Sozialversicherungssystemen angebotenen Leistungsumfangs können die Mitgliedstaaten vorsehen, dass den Versorgungsanwärtern die Abdeckung der Langlebigkeit und der Berufsunfähigkeit und die Hinterbliebenenversorgung sowie eine Garantie für die Rückzahlung der eingezahlten Beiträge als zusätzliche Leistungen optional angeboten werden, wenn die Arbeitgeber und Arbeitnehmer oder ihre jeweiligen Vertreter dies vereinbaren.

(3) Jeder Mitgliedstaat kann im Hinblick auf den angemessenen Schutz der Interessen der Versorgungsanwärter und Leistungsempfänger die Voraussetzungen für den Betrieb einer Einrichtung mit Standort in seinem Hoheitsgebiet von weiteren Kriterien abhängig machen.

(4) Jeder Mitgliedstaat kann gestatten oder verlangen, dass Einrichtungen mit Standort in seinem Hoheitsgebiet die Verwaltung dieser Einrichtungen ganz oder teilweise anderen Stellen übertragen, die im Namen dieser Einrichtungen tätig werden.

(5) Bei einer grenzüberschreitenden Tätigkeit im Sinne von Artikel 20 sind die Voraussetzungen für den Betrieb der Einrichtung von den zuständigen Behörden des Herkunftsmitgliedstaats vorher zu genehmigen.

Artikel 10 Jahresabschluss und jährlicher Lagebericht

Jeder Mitgliedstaat verlangt, dass jede Einrichtung mit Standort in seinem Hoheitsgebiet einen Jahresabschluss und einen jährlichen Lagebericht unter Berücksichtigung aller von der Einrichtung betriebenen Versorgungssysteme und gegebenenfalls des Jahresabschlusses und des Lageberichts jedes Versorgungssystems erstellt. Der Jahresabschluss und die Lageberichte müssen ein den tatsächlichen Verhältnissen entsprechendes Bild von den Aktiva, den Passiva und der finanziellen Lage vermitteln. Der Jahresabschluss und die in den Berichten enthaltenen Informationen müssen nach Maßgabe des innerstaatlichen Rechts in sich schlüssig, umfassend und sachgerecht aufgemacht sein und von Personen ordnungsgemäß genehmigt werden, die hierzu bevollmächtigt sind.

Artikel 11 Auskunftspflicht gegenüber Versorgungsanwärtern und Leistungsempfängern

(1) Je nach Art des Altersversorgungssystems stellt jeder Mitgliedstaat sicher, dass jede Einrichtung mit Standort in seinem Hoheitsgebiet zumindest die Informationen gemäß dem vorliegenden Artikel zur Verfügung stellt.

(2) Versorgungsanwärter und Leistungsempfänger und/oder gegebenenfalls ihre Vertreter erhalten folgende Informationen:

a) den Jahresabschluss und den jährlichen Lagebericht nach Artikel 10 auf Anfrage und, wenn eine Einrichtung für mehr als ein Versorgungssystem verantwortlich ist, einen Bericht und den Jahresabschluss in Bezug auf ihr spezifisches System;
b) innerhalb einer angemessenen Frist zweckdienliche Angaben zu Änderungen der Bestimmungen des Altersversorgungssystems.

(3) Die Erklärung über die Grundsätze der Anlagepolitik nach Artikel 12 ist den Versorgungsanwärtern und den Leistungsempfängern des Versorgungssystems und/oder gegebenenfalls ihren Vertretern auf Anfrage zur Verfügung zu stellen.

(4) Jeder Versorgungsanwärter erhält auf Anfrage ferner ausführliche und sachdienliche Informationen über:

a) gegebenenfalls die voraussichtliche Höhe der ihm zustehenden Versorgungsleistungen;
b) die Höhe der Leistungen im Falle der Beendigung der Erwerbstätigkeit;
c) gegebenenfalls die Auswahl von möglichen Anlageformen und das Anlagenportfolio sowie Informationen über das Risikopotenzial und die mit den Anlagen verbundenen Kosten, sofern der Versorgungsanwärter das Anlagerisiko trägt.
d) die Modalitäten der Übertragung von Anwartschaften auf eine andere Einrichtung der betrieblichen Altersversorgung im Falle der Beendigung des Arbeitsverhältnisses.

Die Versorgungsanwärter erhalten jährlich eine Kurzinformation über die Lage der Einrichtung sowie den aktuellen Stand der Finanzierung ihrer erworbenen individuellen Versorgungsansprüche.

(5) Jeder Leistungsempfänger erhält beim Eintritt in den Ruhestand bzw. wenn sonstige Leistungen fällig werden, angemessene Informationen über die fälligen Leistungen und die entsprechenden Zahlungsmodalitäten.

Artikel 12 Erklärung über die Grundsätze der Anlagepolitik

Jeder Mitgliedstaat stellt sicher, dass jede Einrichtung mit Standort in seinem Hoheitsgebiet eine schriftliche Erklärung über die Grundsätze ihrer Anlagepolitik ausarbeitet und zumindest alle drei Jahre überprüft. Diese Erklärung muss unverzüglich nach jeder wesentlichen Änderung der Anlagepolitik aktualisiert werden. Die Mitgliedstaaten sehen vor, dass in dieser Erklärung zumindest auf Themen wie die Verfahren zur Bewertung des Anlagerisikos, das Risikomanagement sowie die Strategie in Bezug auf die Mischung der Vermögenswerte je nach Art und Dauer der Altersversorgungsverbindlichkeiten eingegangen wird.

Artikel 13 Auskunftspflicht gegenüber den zuständigen Behörden

Jeder Mitgliedstaat sorgt dafür, dass die zuständigen Behörden in Bezug auf jede Einrichtung mit Standort in seinem Hoheitsgebiet über die notwendigen Befugnisse und Mittel verfügen, um

a) von der Einrichtung, den Mitgliedern ihres Vorstands und sonstigen Mitgliedern der Geschäftsleitung oder Personen, die die Einrichtung kontrollieren, Auskunft über alle Geschäftsvorgänge oder die Übersendung aller Geschäftsunterlagen verlangen zu können;
b) die Beziehungen zwischen der Einrichtung und anderen Unternehmen oder zwischen verschiedenen Einrichtungen im Falle der Übertragung durch Einrichtungen von Aufgaben auf diese Unternehmen oder andere Einrichtungen (Funktionsausgliederung) zu überwachen, wenn diese Übertragung sich auf die finanzielle Lage der Einrichtung auswirkt oder für eine wirksame Aufsicht von wesentlicher Bedeutung ist;
c) die regelmäßige Übermittlung der Erklärung über die Grundsätze der Anlagepolitik, des Jahresabschlusses und des jährlichen Lageberichts sowie aller zur Erfüllung der Aufsichtspflicht benötigten Unterlagen anzufordern. Zu Letzteren können unter anderem zählen:
  i) interne Zwischenberichte,
  ii) versicherungsmathematische Bewertungen und detaillierte Annahmen,
  iii) Aktiva-Passiva-Untersuchungen,
  iv) Nachweis der Einhaltung der Grundsätze der Anlagepolitik,
  v) Nachweis der regelmäßigen Einzahlung der Beiträge,
  vi) Berichte der nach Artikel 10 für die Prüfung des Jahresabschlusses zuständigen Personen;
d) vor Ort Prüfungen in den Räumlichkeiten der Einrichtung und gegebenenfalls bei ausgegliederten Funktionen vorzunehmen, um sicherzustellen, dass die Tätigkeiten gemäß den Aufsichtsvorschriften ausgeführt werden.

Artikel 14 Eingriffsrechte und -pflichten der zuständigen Behörden

(1) Die zuständigen Behörden schreiben vor, dass jede Einrichtung mit Standort in ihrem Hoheitsgebiet über eine solide Verwaltungs- und Rechnungslegungspraxis sowie angemessene interne Kontrollverfahren verfügen muss.

(2) Die zuständigen Behörden sind befugt, entweder in Bezug auf jede Einrichtung mit Standort in ihrem Hoheitsgebiet oder in Bezug auf die die Einrichtungen betreibenden Personen alle Maßnahmen – gegebenenfalls auch administrativer oder finanzieller Art – zu ergreifen, die geeignet

und notwendig sind, um Unregelmäßigkeiten zu verhindern oder zu unterbinden, die den Interessen der Versorgungsanwärter und Leistungsempfänger schaden.

Sie können darüber hinaus die freie Verfügung über die Vermögenswerte einer Einrichtung einschränken oder untersagen, wenn insbesondere die Einrichtung

a) keine ausreichenden versicherungstechnischen Rückstellungen für die Gesamtheit ihrer Tätigkeiten gebildet oder keine ausreichenden Vermögenswerte zur Bedeckung der versicherungstechnischen Rückstellungen geschaffen hat,
b) nicht über die erforderlichen aufsichtsrechtlichen Eigenmittel verfügt.

(3) Zur Wahrung der Interessen der Versorgungsanwärter und Leistungsempfänger können die zuständigen Behörden die Befugnisse, die den eine Einrichtung mit Standort in ihrem Hoheitsgebiet betreibenden Personen nach den Rechtsvorschriften des Herkunftsmitgliedstaates zustehen, ganz oder teilweise einem für diese Zwecke geeigneten Bevollmächtigten übertragen.

(4) Die zuständigen Behörden können die Tätigkeit einer Einrichtung mit Standort in ihrem Hoheitsgebiet insbesondere untersagen oder einschränken, wenn

a) die Einrichtung die Interessen der Versorgungsanwärter und Leistungsempfänger nicht angemessen schützt,
b) die Einrichtung die Voraussetzungen für den Betrieb nicht mehr erfüllt,
c) die Einrichtung ihre Pflichten aus den für sie geltenden Vorschriften erheblich vernachlässigt,
d) die Einrichtung bei grenzüberschreitender Tätigkeit die im Bereich der betrieblichen Altersversorgung geltenden arbeits- und sozialrechtlichen Vorschriften des Tätigkeitsmitgliedstaats nicht einhält.

Jede Entscheidung zum Verbot der Tätigkeit der Einrichtung muss genauestens begründet und der betroffenen Einrichtung mitgeteilt werden.

(5) Die Mitgliedstaaten stellen sicher, dass gegen die auf der Grundlage der nach dieser Richtlinie erlassenen Rechts- und Verwaltungsvorschriften getroffenen Entscheidungen vor Gericht Rechtsmittel eingelegt werden können.

Artikel 15 Versicherungstechnische Rückstellungen

(1) Der Herkunftsmitgliedstaat stellt sicher, dass die Einrichtungen, die betriebliche Altersversorgungssysteme betreiben, jederzeit für alle von ihnen verwalteten Versorgungssysteme versicherungstechnische Rückstellungen in angemessener Höhe entsprechend den sich aus ihrem Rentenvertragsbestand ergebenden finanziellen Verpflichtungen bilden.

(2) Der Herkunftsmitgliedstaat stellt sicher, dass die Einrichtungen, die betriebliche Altersversorgungssysteme betreiben, bei denen die Einrichtung biometrische Risiken abdeckt und/oder entweder die Anlageergebnisse oder eine bestimmte Höhe der Leistungen garantiert, ausreichende versicherungstechnische Rückstellungen für alle von ihr betriebenen Systeme bilden.

(3) Die versicherungstechnischen Rückstellungen werden jedes Jahr neu berechnet. Der Herkunftsmitgliedstaat kann jedoch eine Berechnung nur einmal alle drei Jahre zulassen, wenn die Einrichtung den Versorgungsanwärtern und/oder der zuständigen Behörde eine Bescheinigung oder einen Bericht über die Anpassungen für die dazwischen liegenden Jahre vorlegt. Aus der Bescheinigung oder dem Bericht müssen die angepasste Entwicklung der versicherungstechnischen Rückstellungen und die Änderungen in der Risikodeckung hervorgehen.

(4) Die Berechnung der versicherungstechnischen Rückstellungen wird entsprechend den innerstaatlichen Rechtsvorschriften von einem Versicherungsmathematiker oder, wenn dies nicht der Fall ist, von einem sonstigen Fachmann auf diesem Gebiet, beispielsweise von einem Wirtschaftsprüfer, auf der Grundlage versicherungsmathematischer Verfahren, die von den zuständigen Be-

hörden des Herkunftsmitgliedstaats anerkannt sind, ausgeführt und testiert. Dabei sind folgende Grundsätze zu beachten:

a) Der Mindestbetrag der versicherungstechnischen Rückstellungen wird nach einem hinreichend vorsichtigen versicherungsmathematischen Verfahren berechnet, das alle Verpflichtungen hinsichtlich der Leistungen und der Beiträge gemäß dem Altersversorgungssystem der Einrichtung berücksichtigt. Er muss so hoch sein, dass sowohl die Zahlung der bereits laufenden Renten und die sonstigen Leistungen an die Leistungsempfänger fortgesetzt werden können als auch die Verpflichtungen in Bezug auf die von den Versorgungsanwärtern erworbenen Rentenanwartschaften abgedeckt werden. Die wirtschaftlichen und versicherungstechnischen Annahmen für die Bewertung der Verbindlichkeiten sind ebenfalls mit der gebotenen Vorsicht zu wählen, wobei gegebenenfalls eine angemessene Marge für negative Abweichungen vorzusehen ist.

b) Die Höchstzinssätze sind mit der gebotenen Vorsicht und in Übereinstimmung mit den einschlägigen Vorschriften des Herkunftsmitgliedstaats festzusetzen. Bei der Festlegung dieser mit der gebotenen Vorsicht zu wählenden Zinssätze werden

– die Rendite vergleichbarer Anlagen, die von der Einrichtung gehalten werden, unter Berücksichtigung der künftigen Anlageerträge und/oder
– die Marktrenditen hochwertiger oder öffentlicher Schuldverschreibungen

berücksichtigt.

c) Den zur Berechnung der versicherungstechnischen Rückstellungen verwendeten biometrischen Tafeln ist das Vorsichtsprinzip zugrunde zu legen, wobei die wichtigsten Merkmale der Versorgungsanwärter und der Altersversorgungssysteme und insbesondere die zu erwartenden Änderungen der relevanten Risiken zu beachten sind.

d) Die Methode zur Berechnung der versicherungstechnischen Rückstellungen und die Bemessungsgrundlage dürfen sich nicht von Geschäftsjahr zu Geschäftsjahr ändern. Abweichungen können allerdings bei einer Änderung der den Annahmen zugrunde liegenden rechtlichen, demografischen oder wirtschaftlichen Rahmenbedingungen zulässig sein.

(5) Der Herkunftsmitgliedstaat kann zusätzliche und detailliertere Regeln für die Berechnung der versicherungstechnischen Rückstellungen aufstellen, sofern sie dem Schutz der Interessen der Versorgungsanwärter und Leistungsempfänger dienen.

(6) Im Hinblick auf eine weitere vertretbare Harmonisierung der Vorschriften für die Berechnung der versicherungstechnischen Rückstellungen – insbesondere der Zinssätze und der anderen Annahmen mit Auswirkungen auf die Höhe der versicherungstechnischen Rückstellungen – legt die Kommission alle zwei Jahre oder auf Antrag eines Mitgliedstaats einen Bericht über die Lage hinsichtlich der Entwicklung von grenzüberschreitenden Tätigkeiten vor.

Die Kommission schlägt die Maßnahmen vor, die zur Vermeidung etwaiger Verzerrungen durch unterschiedliche Zinssätze und zum Schutz der Interessen der Versorgungsanwärter und der Leistungsempfänger aller Systeme erforderlich sind.

Artikel 16 Bedeckung der versicherungstechnischen Rückstellungen

(1) Der Herkunftsmitgliedstaat schreibt vor, dass die Einrichtungen jederzeit über ausreichende und angemessene Vermögenswerte zur Bedeckung der versicherungstechnischen Rückstellungen für sämtliche von ihnen betriebenen Altersversorgungssysteme verfügen müssen.

(2) Der Herkunftsmitgliedstaat kann zulassen, dass eine Einrichtung für einen begrenzten Zeitraum nicht über ausreichende Vermögenswerte zur Bedeckung der versicherungstechnischen Rückstellungen verfügt. Die zuständigen Behörden verlangen von der Einrichtung in diesem Fall

einen konkreten und realisierbaren Sanierungsplan, damit die Anforderungen nach Absatz 1 wieder erfüllt werden. Der Plan muss folgende Bedingungen erfüllen:

a) Die betreffende Einrichtung muss einen konkreten und realisierbaren Plan vorlegen, aus dem hervorgeht, wie die zur vollständigen Bedeckung der versicherungstechnischen Rückstellungen erforderliche Höhe der Vermögenswerte innerhalb eines angemessenen Zeitraums erreicht werden soll. Der Plan muss den Versorgungsanwärtern oder gegebenenfalls ihren Vertretern zugänglich gemacht und/oder von den zuständigen Behörden des Herkunftsmitgliedstaates genehmigt werden.

b) Bei der Erstellung des Plans ist die besondere Situation der Einrichtung zu berücksichtigen, insbesondere die Struktur ihrer Aktiva und Passiva, ihr Risikoprofil, ihr Liquiditätsplan, das Altersprofil der Versorgungsberechtigten, die Tatsache, dass es sich um ein neu geschaffenes System handelt oder um ein System, das vom Umlageverfahren bzw der teilweisen Kapitaldeckung zur vollständigen Kapitaldeckung übergeht.

c) Falls das Altersversorgungssystem in dem vorstehend in diesem Absatz genannten Zeitraum abgewickelt wird, unterrichtet die Einrichtung die zuständigen Behörden des Herkunftsmitgliedstaates. Die Einrichtung legt ein Verfahren für die Übertragung der Verbindlichkeiten und der ihnen entsprechenden Vermögenswerte auf ein anderes Finanzinstitut oder eine ähnliche Einrichtung fest. Dieses Verfahren wird den zuständigen Behörden des Herkunftsmitgliedstaates mitgeteilt, und die Grundzüge des Verfahrens werden den Versorgungsanwärtern oder gegebenenfalls ihren Vertretern im Einklang mit dem Grundsatz der Vertraulichkeit zugänglich gemacht.

(3) Bei grenzüberschreitender Tätigkeit im Sinne von Artikel 20 müssen die versicherungstechnischen Rückstellungen jederzeit hinsichtlich sämtlicher zu jeglichem Zeitpunkt verwalteten Altersversorgungssysteme vollständig kapitalgedeckt sein. Sind diese Bedingungen nicht erfüllt, greifen die zuständigen Behörden des Herkunftsmitgliedstaats gemäß Artikel 14 ein. Um dieser Anforderung zu genügen, kann der Herkunftsmitgliedstaat die Bildung eines separaten Abrechnungsverbands für die Verbindlichkeiten und die ihnen entsprechenden Vermögenswerte verlangen.

Artikel 17 Aufsichtsrechtliche Eigenmittel

(1) Der Herkunftsmitgliedstaat stellt sicher, dass Einrichtungen, deren Altersversorgungssysteme dadurch gekennzeichnet sind, dass die Einrichtung selbst und nicht das Trägerunternehmen die Haftung für biometrische Risiken übernimmt und ein bestimmtes Anlageergebnis bzw. die Höhe der Leistungen garantiert, jederzeit über zusätzliche, über die versicherungstechnischen Rückstellungen hinausgehende Vermögenswerte verfügen, die als Sicherheitsmarge dienen. Der Umfang dieser Marge richtet sich nach der Art des Risikos und dem Vermögensbestand aller von ihnen verwalteten Systeme. Diese Vermögenswerte sind unbelastet und dienen als Sicherheitskapital, um die Abweichungen zwischen den erwarteten und tatsächlichen Kosten und Gewinnen auszugleichen.

(2) Zur Berechnung der Mindesthöhe der zusätzlichen Vermögenswerte sind die Vorschriften der Artikel 17a bis 17d anzuwenden.

(3) Absatz 1 hindert die Mitgliedstaaten jedoch nicht daran, Einrichtungen mit Standort in ihrem Hoheitsgebiet vorzuschreiben, dass sie über die erforderlichen aufsichtsrechtlichen Eigenmittel verfügen müssen oder ausführlichere Vorschriften zu erlassen, sofern sie aufsichtsrechtlich gerechtfertigt sind.

Artikel 17 a Verfügbare Solvabilitätsspanne

(1) Jeder Mitgliedstaat verpflichtet die in Artikel 17 Absatz 1 genannten Einrichtungen mit Standort in seinem Gebiet, stets eine mit Rücksicht auf den Gesamtumfang ihrer Geschäftstätigkeit ausreichende verfügbare Solvabilitätsspanne bereitzustellen, die mindestens den Anforderungen dieser Richtlinie entspricht.

(2) Die verfügbare Solvabilitätsspanne besteht aus dem freien, unbelasteten Eigenkapital der Einrichtung abzüglich der immateriellen Werte; dazu gehören:

a) das eingezahlte Grundkapital oder, im Falle einer Einrichtung, die die Form eines Unternehmens auf Gegenseitigkeit hat, der tatsächliche Gründungsstock zuzüglich der Konten der Mitglieder des Unternehmens auf Gegenseitigkeit, die den folgenden Kriterien entsprechen:

  i) in der Satzung muss vorgesehen sein, dass Zahlungen an Mitglieder des Unternehmens auf Gegenseitigkeit aus diesen Konten nur vorgenommen werden dürfen, sofern die verfügbare Solvabilitätsspanne dadurch nicht unter die vorgeschriebene Höhe absinkt oder sofern im Fall der Auflösung des Unternehmens alle anderen Schulden des Unternehmens beglichen worden sind;

  ii) in der Satzung muss vorgesehen sein, dass bei unter Ziffer i genannten Zahlungen, wenn sie aus anderen Gründen als der Beendigung einer einzelnen Mitgliedschaft erfolgen, die zuständigen Behörden mindestens einen Monat im Voraus zu benachrichtigen sind und innerhalb dieses Zeitraums berechtigt sind, die Zahlung zu untersagen; und

  iii) die Bestimmungen der Satzung dürfen nur geändert werden, sofern die zuständigen Behörden mitgeteilt haben, dass unbeschadet der unter den Ziffern i und ii genannten Kriterien keine Einwände gegen die Änderung bestehen;

b) die gesetzlichen und freien Rücklagen;

c) der Gewinn- oder Verlustvortrag nach Abzug der auszuschüttenden Dividenden; und

d) in dem Maß, in dem das Recht eines Mitgliedstaats es zulässt, die in der Bilanz erscheinenden Gewinnrücklagen, sofern diese zur Deckung etwaiger Verluste herangezogen werden können und soweit für die Überschussbeteiligung der Mitglieder und Begünstigten noch keine Deklarierung erfolgt ist.

Die verfügbare Solvabilitätsspanne wird um den Betrag der im unmittelbaren Besitz der Einrichtung befindlichen eigenen Aktien verringert.

(3) Die Mitgliedstaaten können vorsehen, dass die verfügbare Solvabilitätsspanne auch Folgendes umfasst:

a) kumulative Vorzugsaktien und nachrangige Darlehen bis zu einer Höchstgrenze von 50 % des niedrigeren Betrags der verfügbaren Solvabilitätsspanne und der geforderten Solvabilitätsspanne; davon können höchstens 25 % auf nachrangige Darlehen mit fester Laufzeit oder auf kumulative Vorzugsaktien von begrenzter Laufzeit entfallen, soweit bindende Vereinbarungen vorliegen, nach denen im Fall der Insolvenz oder der Liquidation der Einrichtung die nachrangigen Darlehen oder Vorzugsaktien hinter den Forderungen aller anderen Gläubiger zurückstehen und erst nach der Begleichung aller anderen zu diesem Zeitpunkt bestehenden Verpflichtungen zurückgezahlt werden;

b) Wertpapiere mit unbestimmter Laufzeit und sonstige Instrumente, einschließlich anderer als der unter Buchstabe a genannten kumulativen Vorzugsaktien, bis zu einer Höchstgrenze von 50 % des jeweils niedrigeren Betrags der verfügbaren Solvabilitätsspanne und der geforderten Solvabilitätsspanne für den Gesamtbetrag dieser Wertpapiere und der unter Buchstabe a genannten nachrangigen Darlehen, sofern sie folgende Kriterien erfüllen:

  i) sie dürfen nicht auf Initiative des Inhabers bzw. ohne vorherige Genehmigung der zuständigen Behörde zurückgezahlt werden;

ii) der Emissionsvertrag muss der Einrichtung die Möglichkeit einräumen, die Zahlung der Darlehenszinsen zu verschieben;
iii) die Forderungen des Darlehensgebers an die Einrichtung müssen den Forderungen aller bevorrechtigten Gläubiger in vollem Umfang nachgeordnet sein;
iv) in den Dokumenten, in denen die Ausgabe der Wertpapiere geregelt wird, muss vorgesehen werden, dass Verluste durch Schulden und nicht gezahlte Zinsen ausgeglichen werden können, der Einrichtung jedoch gleichzeitig die Fortsetzung ihrer Tätigkeit ermöglicht wird; und
v) es werden lediglich die tatsächlich einbezahlten Beträge berücksichtigt.

Für die Zwecke von Buchstabe a müssen die nachrangigen Darlehen außerdem die folgenden Bedingungen erfüllen:

i) es werden nur die tatsächlich eingezahlten Mittel berücksichtigt;
ii) bei Darlehen mit fester Laufzeit muss die Ursprungslaufzeit mindestens fünf Jahre betragen. Spätestens ein Jahr vor dem Rückzahlungstermin legt die Einrichtung den zuständigen Behörden einen Plan zur Genehmigung vor, aus dem hervorgeht, wie die verfügbare Solvabilitätsspanne erhalten oder auf das bei Ende der Laufzeit geforderte Niveau gebracht wird, es sei denn, der Umfang, bis zu dem das Darlehen in die verfügbare Solvabilitätsspanne einbezogen werden kann, ist innerhalb der zumindest fünf letzten Jahre vor Ende der Laufzeit allmählich verringert worden. Die zuständigen Behörden können die vorzeitige Rückzahlung dieser Darlehen auf Antrag der emittierenden Einrichtung genehmigen, sofern deren verfügbare Solvabilitätsspanne nicht unter das geforderte Niveau sinkt;
iii) bei Darlehen ohne feste Laufzeit ist eine Kündigungsfrist von fünf Jahren vorzusehen, es sei denn, sie werden nicht länger als Bestandteile der verfügbaren Solvabilitätsspanne angesehen, oder für ihre vorzeitige Rückzahlung ist ausdrücklich die vorherige Zustimmung der zuständigen Behörden vorgeschrieben. Im letzteren Fall unterrichtet die Einrichtung die zuständigen Behörden mindestens sechs Monate vor dem vorgeschlagenen Rückzahlungszeitpunkt, wobei sie die verfügbare und die geforderte Solvabilitätsspanne vor und nach der Rückzahlung angibt. Die zuständigen Behörden genehmigen die Rückzahlung nur, wenn die verfügbare Solvabilitätsspanne der Einrichtung nicht unter das geforderte Niveau abzusinken droht;
iv) die Darlehensvereinbarung darf keine Klauseln enthalten, wonach die Schuld unter anderen Umständen als einer Liquidation der Einrichtung vor dem vereinbarten Rückzahlungstermin rückzahlbar wird; und
v) die Darlehensvereinbarung darf nur geändert werden, wenn die zuständigen Behörden erklärt haben, dass sie keine Einwände gegen die Änderung haben.

(4) Auf mit entsprechenden Nachweisen versehenen Antrag der Einrichtung bei der zuständigen Behörde des Herkunftsmitgliedstaats sowie mit der Zustimmung dieser zuständigen Behörde darf die verfügbare Solvabilitätsspanne auch Folgendes umfassen:

a) den Unterschiedsbetrag zwischen der un- oder nur teilweise gezillmerten und einer mit einem dem in der Prämie enthaltenen Abschlusskostenzuschlag entsprechenden Zillmersatz gezillmerten mathematischen Rückstellung, wenn nicht oder zu einem unter dem in der Prämie enthaltenen Abschlusskostenzuschlag liegenden Zillmersatz gezillmert wurde;
b) die stillen Nettoreserven, die sich aus der Bewertung der Aktiva ergeben, soweit diese stillen Nettoreserven nicht Ausnahmecharakter haben;
c) die Hälfte des nichteingezahlten Teils des Grundkapitals oder des Gründungsstocks, sobald der eingezahlte Teil 25 % des Grundkapitals oder des Gründungsstocks erreicht, und zwar bis zu einer Höchstgrenze von 50 % der verfügbaren Solvabilitätsspanne bzw. der geforderten Solvabilitätsspanne, je nachdem welcher Betrag niedriger ist.

Der in Buchstabe a genannte Betrag darf jedoch für sämtliche Verträge, bei denen eine Zillmerung möglich ist, 3,5 % der Summe der Unterschiedsbeträge zwischen dem in Betracht kommenden Kapital der Tätigkeiten „Leben" und „betriebliche Altersversorgung" und den mathematischen Rückstellungen nicht überschreiten. Dieser Unterschiedsbetrag wird aber gegebenenfalls um die nicht amortisierten Abschlusskosten gekürzt, die auf der Aktivseite erscheinen.

(5) Die Kommission kann Durchführungsmaßnahmen für die Absätze 2, 3 und 4 erlassen, um Entwicklungen zu berücksichtigen, die eine technische Anpassung der für die Solvabilitätsspanne in Frage kommenden Elemente rechtfertigen.Diese Maßnahmen zur Änderung nicht wesentlicher Bestimmungen dieser Richtlinie durch Ergänzung werden nach dem in Artikel 21 b genannten Regelungsverfahren mit Kontrolle erlassen.

Artikel 17 b Geforderte Solvabilitätsspanne

(1) Vorbehaltlich des Artikels 17 c bestimmt sich die geforderte Solvabilitätsspanne gemäß den eingegangenen Verbindlichkeiten nach den Absätzen 2 bis 6.

(2) Die geforderte Solvabilitätsspanne entspricht der Summe der beiden folgenden Ergebnisse:
a) erstes Ergebnis:

Der Betrag, der 4 % der mathematischen Rückstellungen aus dem Direktversicherungsgeschäft und aus dem aktiven Rückversicherungsgeschäft ohne Abzug des in Rückversicherung gegebenen Anteils entspricht, ist mit dem Quotienten zu multiplizieren, der sich für das letzte Geschäftsjahr aus dem Betrag der mathematischen Rückstellungen abzüglich des in Rückversicherung gegebenen Anteils und dem Bruttobetrag der mathematischen Rückstellungen ergibt; dieser Quotient darf nicht niedriger als 85 % sein;
b) zweites Ergebnis:

Bei den Verträgen, bei denen das Risikokapital nicht negativ ist, wird der Betrag, der 0,3 % des von der Einrichtung übernommenen Risikokapitals entspricht, mit dem Quotienten multipliziert, der sich für das letzte Geschäftsjahr aus dem Risikokapital, das nach Abzug des in Rückversicherung oder Retrozession gegebenen Anteils bei der Einrichtung verbleibt, und dem Risikokapital ohne Abzug der Rückversicherung ergibt; dieser Quotient darf jedoch nicht niedriger als 50 % sein.

Bei kurzfristigen Versicherungen auf den Todesfall mit einer Höchstlaufzeit von drei Jahren beträgt der Betrag 0,1 %. Bei solchen Versicherungen mit einer Laufzeit von mehr als drei und bis zu fünf Jahren beträgt er 0,15 %.

(3) Bei Zusatzversicherungen nach Artikel 2 Absatz 3 Buchstabe a Ziffer iii der Richtlinie 2009/138/EG des Europäischen Parlaments und des Rates vom 25. November 2009 betreffend die Aufnahme und Ausübung der Versicherungs- und der Rückversicherungstätigkeit (Solvabilität II)[1] entspricht die geforderte Solvabilitätsspanne der geforderten Solvabilitätsspanne für Einrichtungen gemäß Artikel 17 d.

(4) Bei Kapitalisierungsgeschäften nach Artikel 2 Absatz 3 Buchstabe b Ziffer ii der Richtlinie 2009/138/EG entspricht die geforderte Solvabilitätsspanne einem Betrag von 4 % der mathematischen Rückstellungen, der nach Absatz 2 Buchstabe a berechnet wird.

(5) Bei Geschäften nach Artikel 2 Absatz 3 Buchstabe b Ziffer i der Richtlinie 2009/138/EG entspricht die geforderte Solvabilitätsspanne einem Betrag von 1 % ihrer Vermögenswerte.

(6) Bei fondsgebundenen Versicherungen nach Artikel 2 Absatz 3 Buchstabe a Ziffer ii der Richtlinie 2009/138/EG sowie bei Geschäften nach Artikel 2 Absatz 3 Buchstabe b Ziffern iii, iv und

---

[1] ABl. L 335 vom 17.12.2009, S. 1.

v der Richtlinie 2009/138/EG entspricht die geforderte Solvabilitätsspanne der Summe aus folgenden Beträgen:
a) sofern die Einrichtung ein Anlagerisiko trägt, einem Betrag von 4 % der versicherungstechnischen Rückstellungen, der nach Absatz 2 Buchstabe a berechnet wird;
b) sofern die Einrichtung zwar kein Anlagerisiko trägt, aber die Zuweisung zur Deckung der Verwaltungskosten für einen Zeitraum von mehr als fünf Jahren festgelegt wird, einem Betrag von 1 % der versicherungstechnischen Rückstellungen, der nach Absatz 2 Buchstabe a berechnet wird;
c) sofern die Einrichtung kein Anlagerisiko trägt und die Zuweisung zur Deckung der Verwaltungskosten nicht für einen Zeitraum von mehr als fünf Jahren festgelegt wird, einem Betrag von 25 % der entsprechenden, diesen Verträgen zurechenbaren Netto-Verwaltungsaufwendungen im letzten Geschäftsjahr;
d) sofern die Einrichtung ein Sterblichkeitsrisiko deckt, einem Betrag von 0,3 % des Risikokapitals, der nach Absatz 2 Buchstabe b berechnet wird.

Artikel 17 c Garantiefonds

(1) Die Mitgliedstaaten können festlegen, dass der Garantiefonds aus einem Drittel der geforderten Solvabilitätsspanne nach Artikel gebildet wird. Dieser Fonds besteht aus den in Artikel 17 a Absätze 2 und 3 und – unter Einwilligung der zuständigen Behörde des Herkunftsmitgliedstaats – Artikel 17 a Absatz 4 Buchstabe b genannten Bestandteilen.

(2) Der Garantiefonds muss mindestens 3 Mio. EUR betragen. Jeder Mitgliedstaat kann die Ermäßigung des Mindestgarantiefonds bei Versicherungsvereinen auf Gegenseitigkeit und bei Unternehmen, die auf dem Gegenseitigkeitsprinzip beruhen, um 25 % vorsehen.

Artikel 17 d Geforderte Solvabilitätsspanne für die Zwecke des Artikels 17 b Absatz 3

(1) Die geforderte Solvabilitätsspanne berechnet sich entweder nach den jährlichen Prämien- oder Beitragseinnahmen oder nach der mittleren Schadensbelastung für die letzten drei Geschäftsjahre.

(2) Die geforderte Solvabilitätsspanne muss dem höheren der beiden in den Absätzen 3 und 4 genannten Indizes entsprechen.

(3) Der Beitragsindex errechnet sich anhand des jeweils höheren Betrags der gebuchten (wie nachstehend berechnet) oder der verdienten Bruttoprämien oder -beiträge.

Es werden die gesamten, zum Soll gestellten Prämien- oder Beitragseinnahmen im Direktversicherungsgeschäft des letzten Geschäftsjahres (einschließlich Nebeneinnahmen) zusammengerechnet.

Zu dieser Summe werden die im letzten Geschäftsjahr aus Rückversicherung übernommenen Beiträge addiert.

Hiervon wird der Gesamtbetrag der im letzten Geschäftsjahr stornierten Prämien oder Beiträge sowie der Gesamtbetrag der auf die zusammengerechneten Beitragseinnahmen entfallenden Steuern und Gebühren abgezogen.

Der sich ergebende Betrag wird in zwei Stufen unterteilt, wobei die erste Stufe bis 50 Mio. EUR reicht und die zweite Stufe den darüberliegenden Betrag umfasst; die Prozentsätze 18 % der ersten Stufe und 16 % der zweiten Stufe werden zusammengerechnet.

Die so erhaltene Summe wird multipliziert mit dem Quotienten, der sich für das betreffende Unternehmen für die letzten drei Geschäftsjahre aus den Eigenbehaltschäden nach Abzug der im Rahmen der Rückversicherung einforderbaren Beträge und der Bruttoschadenbelastung ergibt. Dieser Quotient darf jedoch nicht niedriger als 50 % sein.

(4) Der Schadensindex wird wie folgt berechnet:

Alle Erstattungsleistungen, die für Schäden im Direktversicherungsgeschäft im Laufe der in Absatz 1 genannten Zeiträume gezahlt wurden, ohne Abzug derjenigen Schäden, die zu Lasten der Rückversicherer und Retrozessionare gehen, werden zusammengerechnet.

Zu dieser Summe wird der Betrag der Erstattungsleistungen addiert, der für in Rückversicherung oder in Retrozession übernommene Verpflichtungen im Laufe der gleichen Zeiträume gezahlt worden ist; ferner kommt der Betrag der Rückstellungen für noch nicht abgewickelte Versicherungsfälle hinzu, der am Ende des letzten Geschäftsjahrs sowohl für Direktgeschäfte als auch für in Rückversicherung übernommene Verpflichtungen gebildet worden ist.

Davon abgezogen wird der Betrag der im Laufe der in Absatz 1 genannten Zeiträume aus Rückgriffen erzielten Einnahmen.

Abgezogen wird ferner der Betrag der Rückstellungen für noch nicht abgewickelte Versicherungsfälle, der zu Beginn des zweiten Geschäftsjahres, das dem letzten abgeschlossenen Geschäftsjahr vorhergeht, gebildet worden ist, und zwar sowohl für Direktgeschäfte als auch für in Rückversicherung übernommene Verpflichtungen.

Ein Drittel des so gebildeten Betrags wird in zwei Stufen unterteilt, wobei die erste Stufe bis 35 Mio. EUR reicht und die zweite Stufe den darüberliegenden Betrag umfasst; die Prozentsätze 26 % der ersten Stufe und 23 % der zweiten Stufe werden zusammengerechnet.

Die so erhaltene Summe wird multipliziert mit dem Quotienten, der sich für das betreffende Unternehmen für die letzten drei Geschäftsjahre aus den Eigenbehaltschäden nach Abzug der im Rahmen der Rückversicherung einforderbaren Beträge und der Bruttoschadenbelastung ergibt. Dieser Quotient darf jedoch nicht niedriger als 50 % sein.

(5) Ist die nach den Absätzen 2, 3 und 4 berechnete Solvabilitätsspanne niedriger als die geforderte Solvabilitätsspanne des Vorjahres, so muss sie wenigstens dem Betrag der geforderten Solvabilitätsspanne des Vorjahrs multipliziert mit dem Quotienten aus dem jeweiligen Betrag der versicherungstechnischen Rückstellungen für noch nicht abgewickelte Versicherungsfälle am Ende und zu Beginn des letzten Geschäftsjahres entsprechen. Bei der Berechnung der versicherungstechnischen Rückstellungen wird die Rückversicherung außer Betracht gelassen; der Quotient darf jedoch in keinem Fall höher als 1 sein.

Artikel 18 Anlagevorschriften

(1) Die Mitgliedstaaten schreiben vor, dass die Einrichtungen mit Standort in ihrem Hoheitsgebiet bei der Anlage der Vermögenswerte nach dem allgemeinen Vorsichtsprinzip und insbesondere nach folgenden Regeln verfahren:

a) Die Vermögenswerte sind zum größtmöglichen Nutzen der Versorgungsanwärter und Leistungsempfänger anzulegen. Im Falle eines möglichen Interessenkonflikts sorgt die Einrichtung oder die Stelle, die deren Portfolio verwaltet, dafür, dass die Anlage einzig und allein im Interesse der Versorgungsanwärter und Leistungsempfänger erfolgt.
b) Die Vermögenswerte sind so anzulegen, dass die Sicherheit, Qualität, Liquidität und Rentabilität des Portfolios insgesamt gewährleistet ist.

Vermögenswerte, die zur Bedeckung der versicherungstechnischen Rückstellungen gehalten werden, sind nach Art und Dauer in einer den erwarteten künftigen Altersversorgungsleistungen entsprechenden Weise anzulegen.
c) Vermögenswerte sind vorrangig an geregelten Märkten anzulegen. Anlagen in Vermögenswerten, die nicht zum Handel an geregelten Finanzmärkten zugelassen sind, müssen auf jeden Fall auf einem vorsichtigen Niveau gehalten werden.
d) Anlagen in derivativen Finanzinstrumenten sind zulässig, sofern sie zur Verringerung von Anlagerisiken oder zur Erleichterung einer effizienten Portfolioverwaltung beitragen. Ihr Wert muss mit der gebotenen Vorsicht unter Berücksichtigung des Basiswerts angesetzt werden und mit in die Bewertung der Vermögenswerte der Einrichtung einfließen. Die Einrichtung hat ferner ein übermäßiges Risiko in Bezug auf eine einzige Gegenpartei und auf andere Derivate-Geschäfte zu vermeiden.
e) Die Anlagen sind in angemessener Weise zu streuen, so dass ein übermäßiger Rückgriff auf einen bestimmten Vermögenswert oder Emittenten oder auf eine bestimmte Unternehmensgruppe und größere Risikoballungen in dem Portfolio insgesamt vermieden werden.

Anlagen in Vermögenswerten ein und desselben Emittenten oder von Emittenten, die derselben Unternehmensgruppe angehören, dürfen die Einrichtung nicht einer übermäßigen Risikokonzentration aussetzen.
f) Anlagen in das Trägerunternehmen dürfen 5 % des Gesamtportfolios nicht überschreiten; gehört das Trägerunternehmen einer Unternehmensgruppe an, so dürfen die Anlagen in die Unternehmen, die derselben Unternehmensgruppe wie das Trägerunternehmen angehören, 10 % des Gesamtportfolios nicht überschreiten.

Wird eine Einrichtung von mehreren Unternehmen getragen, sind Anlagen in diese Unternehmen mit der gebotenen Vorsicht und unter Berücksichtigung des Erfordernisses einer angemessenen Streuung zu tätigen.

Die Mitgliedstaaten können beschließen, die Anforderungen nach den Buchstaben e) und f) nicht auf Anlagen in öffentliche Schuldverschreibungen anzuwenden.

(2) Der Herkunftsmitgliedstaat untersagt den Einrichtungen, Kredit aufzunehmen oder für Dritte als Bürgen einzustehen. Die Mitgliedstaaten können den Einrichtungen jedoch gestatten, ausschließlich zu Liquiditätszwecken und für einen begrenzten Zeitraum in gewissem Umfang Kredit aufzunehmen.

(3) Die Mitgliedstaaten machen den Einrichtungen mit Standort in ihrem Hoheitsgebiet in Bezug auf die Wahl der Anlageform keine Vorschriften.

(4) Unbeschadet von Artikel 12 machen die Mitgliedstaaten die Anlageentscheidungen einer Einrichtung mit Standort in ihrem Hoheitsgebiet bzw. ihres Anlageverwalters nicht von einer vorherigen Genehmigung oder systematischen Mitteilung abhängig.

(5) Die Mitgliedstaaten können in Übereinstimmung mit den Absätzen 1 bis 4 für die Einrichtungen mit Standort in ihrem Hoheitsgebiet ausführlichere Vorschriften, auch quantitativer Art, erlassen, sofern dies aus Gründen der Vorsicht geboten ist, um das gesamte Spektrum der von diesen Einrichtungen verwalteten Altersversorgungssysteme zu erfassen.

Insbesondere können die Mitgliedstaaten Anlagevorschriften entsprechend denen der Richtlinie 2002/83/EG des Rates erlassen.

Die Mitgliedstaaten hindern Einrichtungen jedoch nicht daran,
a) bis zu 70 % der die versicherungstechnischen Rückstellungen bedeckenden Vermögenswerte bzw. des gesamten Portfolios bei Systemen, in denen die Versorgungsanwärter die Anlagerisiken tragen, in Aktien, aktienähnlichen begebbaren Wertpapieren und Industrieobligationen anzulegen, die zum Handel an geregelten Märkten zugelassen sind, und über die Gewichtung der Wertpapiere im Anlageportfolio selbst zu bestimmen. Sofern dies aus Gründen der Vor-

sicht geboten ist, können die Mitgliedstaaten jedoch eine niedrigere Obergrenze für diejenigen Einrichtungen festlegen, die Altersversorgungsprodukte mit langfristiger Zinssatzgarantie anbieten, das Anlagerisiko selbst tragen und die Garantie selbst stellen;

b) bis zu 30 % der die versicherungstechnischen Rückstellungen bedeckenden Vermögenswerte in Vermögenswerten anzulegen, die auf andere Währungen als die der Verbindlichkeiten lauten;

c) in Risikokapitalmärkte zu investieren.

(6) Absatz 5 schließt nicht aus, dass die Mitgliedstaaten auch im Einzelfall die Anwendung strengerer Anlagevorschriften auf Einrichtungen mit Standort in ihrem Hoheitsgebiet fordern können, wenn diese insbesondere aufgrund der von der Einrichtung eingegangenen Verbindlichkeiten aufsichtsrechtlich geboten sind.

(7) Bei grenzüberschreitender Tätigkeit im Sinne des Artikels 20 kann die zuständige Behörde jedes Tätigkeitsmitgliedstaats vorschreiben, dass die in Unterabsatz 2 genannten Vorschriften im Herkunftsmitgliedstaat für die Einrichtung gelten. In diesem Fall gelten diese Vorschriften nur in Bezug auf den Teil der Vermögenswerte der Einrichtung, der der in diesem Tätigkeitsmitgliedstaat ausgeführten Geschäftstätigkeit entspricht. Ferner gelten sie nur unter der Voraussetzung, dass dieselben oder strengere Vorschriften auch für Einrichtungen mit Standort im Tätigkeitsmitgliedstaat gelten.

Bei den in Unterabsatz 1 genannten Vorschriften handelt es sich um Folgende:

a) Die Einrichtung legt nicht mehr als 30 % dieser Vermögenswerte in Aktien, aktienähnlichen Wertpapieren und Schuldverschreibungen an, die nicht zum Handel an einem geregelten Markt zugelassen sind, oder aber sie legt mindestens 70 % dieser Vermögenswerte in Aktien, anderen aktienähnlichen Wertpapieren und Schuldverschreibungen an, die zum Handel an einem geregelten Markt zugelassen sind.

b) Die Einrichtung legt nicht mehr als 5 % dieser Vermögenswerte in Aktien und anderen aktienähnlichen Wertpapieren, Anleihen, Schuldverschreibungen und anderen Geld- und Kapitalmarktinstrumenten desselben Unternehmens und nicht mehr als 10 % dieser Vermögenswerte in Aktien und anderen aktienähnlichen Wertpapieren, Anleihen, Schuldverschreibungen und anderen Geld- und Kapitalmarktinstrumenten von Unternehmen an, die einer einzigen Unternehmensgruppe angehören.

c) Die Einrichtung legt nicht mehr als 30 % dieser Vermögenswerte in Vermögenswerten an, die auf andere Währungen als die der Verbindlichkeiten lauten.

Um diesen Anforderungen zu genügen, kann der Herkunftsmitgliedstaat die Bildung eines separaten Abrechnungsverbands für die Vermögenswerte verlangen.

Artikel 19 Vermögensverwaltung und -verwahrung

(1) Die Mitgliedstaaten hindern die Einrichtungen nicht daran, für die Verwaltung der Anlage einen Vermögensverwalter zu bestellen, der in einem anderen Mitgliedstaat niedergelassen und gemäß den Richtlinien 85/611/EWG, 93/22/EWG, 2000/12/EG und 2002/83/EG zur Ausübung dieser Tätigkeit ordnungsgemäß zugelassen ist; dasselbe gilt auch für die in Artikel 2 Absatz 1 der vorliegenden Richtlinie genannten Einrichtungen und Stellen.

(2) Die Mitgliedstaaten hindern die Einrichtungen nicht daran, zur Verwahrung ihrer Vermögensanlagen einen Treuhänder zu bestellen, der in einem anderen Mitgliedstaat niedergelassen und gemäß der Richtlinie 93/22/EWG bzw. 2000/12/EG zur Ausübung dieser Tätigkeit ordnungsgemäß zugelassen oder als Verwahrstelle im Sinne der Richtlinie 85/611/EWG anerkannt ist.

Die Vorschriften dieses Absatzes hindern den Herkunftsmitgliedstaat nicht daran, die Bestellung eines Treuhänders oder einer Verwahrstelle verbindlich vorzuschreiben.

(3) Jeder Mitgliedstaat trifft die erforderlichen Maßnahmen, um im Einklang mit seinem einzelstaatlichen Recht entsprechend Artikel 14 auf Antrag des Herkunftsmitgliedstaats einer Einrichtung die freie Verfügung über Vermögenswerte untersagen zu können, die sich im Besitz eines Treuhänders oder einer Verwahrstelle mit Standort in seinem Hoheitsgebiet befinden.

Artikel 20 Grenzüberschreitende Tätigkeit

(1) Unbeschadet ihrer nationalen sozial- und arbeitsrechtlichen Vorschriften über die Gestaltung der Altersversorgungssysteme, einschließlich der Bestimmungen über die Pflichtmitgliedschaft, und unbeschadet der Ergebnisse von Tarifvereinbarungen gestatten die Mitgliedstaaten es Unternehmen mit Standort in ihren Hoheitsgebieten, Träger von in anderen Mitgliedstaaten zugelassenen Einrichtungen der betrieblichen Altersversorgung zu sein. Sie gestatten es ferner, dass in ihren Hoheitsgebieten zugelassene Einrichtungen von Unternehmen mit Standort in anderen Mitgliedstaaten betrieben werden.

(2) Eine Einrichtung, die die Trägerschaft durch einen Träger mit Standort im Hoheitsgebiet eines anderen Mitgliedstaats akzeptieren will, hat gemäß Artikel 9 Absatz 5 die vorherige Genehmigung der zuständigen Behörden ihres Herkunftsmitgliedstaats einzuholen. Sie teilt ihre Absicht, die Trägerschaft eines Trägerunternehmens mit Standort im Hoheitsgebiet eines anderen Mitgliedstaats zu akzeptieren, den zuständigen Behörden des Herkunftsmitgliedstaats mit, in dem sie zugelassen ist.

(3) Der Mitgliedstaat schreibt Einrichtungen mit Standort in seinem Hoheitsgebiet, die planen, sich von einem Unternehmen mit Standort in einem anderen Mitgliedstaat tragen zu lassen, vor, dass die Mitteilung nach Absatz 2 folgende Angaben enthält:
a) den (die) Tätigkeitsmitgliedstaat(en);
b) den Namen des Trägerunternehmens;
c) die Hauptmerkmale des für das Trägerunternehmen zu betreibenden Altersversorgungssystems.

(4) Werden die zuständigen Behörden des Herkunftsmitgliedstaats nach Absatz 2 unterrichtet und besteht für sie kein Zweifel an der Angemessenheit der Verwaltungsstruktur und der Finanzlage der Einrichtung sowie der Zuverlässigkeit und fachlichen Qualifikation bzw. Berufserfahrung der Führungskräfte im Verhältnis zu dem in dem Tätigkeitsmitgliedstaat geplanten Vorhaben, übermitteln sie die gemäß Absatz 3 vorgelegten Angaben binnen drei Monaten nach ihrem Erhalt den zuständigen Behörden im Tätigkeitsmitgliedstaat und setzen die Einrichtung hiervon in Kenntnis.

(5) Bevor die Einrichtung den Betrieb eines Altersversorgungssystems für ein Trägerunternehmen in einem anderen Mitgliedstaat aufnimmt, steht den zuständigen Behörden des Tätigkeitsmitgliedstaats ein Zeitraum von zwei Monaten ab Erhalt der in Absatz 3 genannten Angaben zur Verfügung, um die zuständigen Behörden des Herkunftsmitgliedstaats, soweit angezeigt, über die einschlägigen sozial- und arbeitsrechtlichen Bestimmungen im Bereich der betrieblichen Altersversorgung zu informieren, die beim Betrieb eines von einem Unternehmen im Tätigkeitsmitgliedstaat getragenen Altersversorgungssystems einzuhalten sind, sowie über alle Vorschriften, die gemäß Artikel 18 Absatz 7 und gemäß Absatz 7 des vorliegenden Artikels anzuwenden sind. Die zuständigen Behörden des Herkunftsmitgliedstaats teilen der Einrichtung diese Angaben mit.

(6) Nach Erhalt der Mitteilung gemäß Absatz 5 oder bei Nichtäußerung der zuständigen Behörden des Herkunftsmitgliedstaats nach Ablauf der in Absatz 5 genannten Frist kann die Einrichtung den Betrieb des von einem Unternehmen im Tätigkeitsmitgliedstaat getragenen Altersversorgungssystems im Einklang mit den sozial- und arbeitsrechtlichen Vorschriften des Herkunftsmit-

gliedstaats im Bereich der betrieblichen Altersversorgung und allen gemäß Artikel 18 Absatz 7 und gemäß Absatz 7 des vorliegenden Artikels anzuwendenden Vorschriften aufnehmen.

(7) Insbesondere unterliegt eine Einrichtung, deren Träger ein Unternehmen mit Standort in einem anderen Mitgliedstaat ist, gegenüber den betreffenden Versorgungsanwärtern auch jeglicher Auskunftspflicht, die die zuständigen Behörden des Tätigkeitsmitgliedstaats im Einklang mit Artikel 11 für Einrichtungen mit Standort in diesem Mitgliedstaat vorschreiben.

(8) Die zuständigen Behörden des Tätigkeitsmitgliedstaats benachrichtigen die zuständigen Behörden des Herkunftsmitgliedstaats über wesentliche Änderungen der arbeits- und sozialrechtlichen Bestimmungen des Tätigkeitsmitgliedstaats in Bezug auf die betriebliche Altersversorgung, die sich auf die Merkmale des Altersversorgungssystems auswirken können, soweit dies den Betrieb des von einem Unternehmen im Tätigkeitsmitgliedstaat getragenen Altersversorgungssystems betrifft, sowie über wesentliche Änderungen von Bestimmungen, die gemäß Artikel 18 Absatz 7 und gemäß Absatz 7 des vorliegenden Artikels anzuwenden sind.

(9) Die zuständigen Behörden des Tätigkeitsmitgliedstaats überwachen außerdem ständig, ob die Tätigkeiten der Einrichtung mit den arbeits- und sozialrechtlichen Vorschriften des Tätigkeitsmitgliedstaats in Bezug auf betriebliche Altersversorgungssysteme im Sinne von Absatz 5 und den Auskunftspflichten nach Absatz 7 in Einklang stehen. Werden dabei Unregelmäßigkeiten festgestellt, so unterrichten die zuständigen Behörden des Tätigkeitsmitgliedstaats unverzüglich die zuständigen Behörden des Herkunftsmitgliedstaats. Die zuständigen Behörden des Herkunftsmitgliedstaats treffen in Abstimmung mit den zuständigen Behörden des Tätigkeitsmitgliedstaats die erforderlichen Maßnahmen, um sicherzustellen, dass die Einrichtung die festgestellten Verstöße gegen sozial- und arbeitsrechtliche Vorschriften unterbindet.

(10) Verletzt die Einrichtung trotz der Maßnahmen der zuständigen Behörden des Herkunftsmitgliedstaats – oder weil diese keine geeigneten Maßnahmen getroffen haben – weiterhin die geltenden arbeits- und sozialrechtlichen Vorschriften des Tätigkeitsmitgliedstaats in Bezug auf betriebliche Altersversorgungssysteme, so können die zuständigen Behörden des Tätigkeitsmitgliedstaats nach Unterrichtung der zuständigen Behörden des Herkunftsmitgliedstaats die geeigneten Maßnahmen treffen, um weitere Unregelmäßigkeiten zu verhindern oder zu ahnden; soweit dies unbedingt erforderlich ist, kann der Einrichtung untersagt werden, im Tätigkeitsmitgliedstaat weiter für das Trägerunternehmen tätig zu sein.

Artikel 21 Zusammenarbeit zwischen den Mitgliedstaaten und der Kommission

(1) Die Mitgliedstaaten gewährleisten in geeigneter Weise die einheitliche Anwendung dieser Richtlinie durch den regelmäßigen Austausch von Informationen und Erfahrungen mit dem Ziel, bewährte Verfahren in diesem Bereich auszuarbeiten und eine intensivere Kooperation zu entwickeln, um auf diese Weise Wettbewerbsverzerrungen zu vermeiden und die Voraussetzungen für eine reibungslose grenzüberschreitende Mitgliedschaft zu schaffen.

(2) Die Kommission und die zuständigen Behörden der Mitgliedstaaten arbeiten eng zusammen, um die Aufsicht über die Tätigkeiten der Einrichtungen der betrieblichen Altersversorgung zu erleichtern.

(3) Jeder Mitgliedstaat unterrichtet die Kommission über die Hauptschwierigkeiten, die sich bei der Anwendung dieser Richtlinie ergeben.

Die Kommission und die zuständigen Behörden der betreffenden Mitgliedstaaten prüfen diese Schwierigkeiten so schnell wie möglich, um eine angemessene Lösung zu finden.

(4) Vier Jahre nach Inkrafttreten dieser Richtlinie legt die Kommission einen Bericht zur Überprüfung folgender Aspekte vor:
a) Anwendung von Artikel 18 und Fortschritte, die bei der Anpassung der nationalen Aufsichtssysteme erzielt worden sind;
b) Anwendung von Artikel 19 Absatz 2 Unterabsatz 2, insbesondere die Lage in den Mitgliedstaaten in Bezug auf die Bestellung von Verwahrstellen und deren etwaige Rolle.

(5) Die zuständigen Behörden des Tätigkeitsmitgliedstaats können die zuständige Behörde des Herkunftsmitgliedstaats ersuchen, nach Artikel 16 Absatz 3 und Artikel 18 Absatz 7 die Bildung eines separaten Abrechnungsverbands für die Verbindlichkeiten und entsprechenden Vermögenswerte der Einrichtung zu verlangen.

Artikel 21a   Überprüfung des Betrags des Garantiefonds

(1) Der in Artikel 17c Absatz 2 in Euro festgesetzte Betrag wird jährlich, beginnend am 31. Oktober 2012, überprüft, um den von Eurostat veröffentlichten Änderungen der harmonisierten Verbraucherpreisindizes aller Mitgliedstaaten Rechnung zu tragen.

Der Betrag wird automatisch angepasst, indem der Grundbetrag in Euro um die prozentuale Änderung des genannten Indexes in der Zeit zwischen dem 31. Dezember 2009 und dem Zeitpunkt der Überprüfung erhöht und auf ein Vielfaches von 100 000 EUR aufgerundet wird.

Beträgt die prozentuale Veränderung seit der letzten Anpassung weniger als 5 %, bleibt der Betrag unverändert.

(2) Die Kommission unterrichtet das Europäische Parlament und den Rat jährlich über die Überprüfung und den nach Absatz 1 angepassten Betrag.

Artikel 21b   Ausschussverfahren

(1) Die Kommission wird vom Europäischen Ausschuss für das Versicherungswesen und die betriebliche Altersversorgung, der durch den Beschluss 2004/9/EG[1] der Kommission eingesetzt wurde, unterstützt.

(2) Wird auf diesen Absatz Bezug genommen, so gelten Artikel 5a Absätze 1 bis 4 und Artikel 7 des Beschlusses 1999/468/EG unter Beachtung von dessen Artikel 8.

Artikel 22   Umsetzung

(1) Die Mitgliedstaaten setzen die Rechts- und Verwaltungsvorschriften in Kraft, die erforderlich sind, um dieser Richtlinie spätestens ab dem 23. September 2005 nachzukommen. Sie setzen die Kommission unverzüglich davon in Kenntnis.

Wenn die Mitgliedstaaten diese Vorschriften erlassen, nehmen sie in den Vorschriften selbst oder durch einen Hinweis bei der amtlichen Veröffentlichung auf diese Richtlinie Bezug. Die Mitgliedstaaten regeln die Einzelheiten der Bezugnahme.

(2) Die Mitgliedstaaten teilen der Kommission den Wortlaut der wichtigsten innerstaatlichen Rechtsvorschriften mit, die sie auf dem unter diese Richtlinie fallenden Gebiet erlassen.

---

[1] ABl. L 3 vom 7.1.2004, S. 34.

(3) Die Mitgliedstaaten können die Anwendung von Artikel 17 Absätze 1 und 2 auf Einrichtungen mit Standort in ihrem Hoheitsgebiet, die zu dem in Absatz 1 dieses Artikels genannten Zeitpunkt nicht über das nach Artikel 17 Absätze 1 und 2 vorgeschriebene Mindestmaß an aufsichtsrechtlichen Eigenmitteln verfügen, bis zum 23. September 2010 zurückstellen. Allerdings können Einrichtungen, die Altersversorgungssysteme im Sinne von Artikel 20 grenzüberschreitend betreiben wollen, dies nur tun, wenn sie die Anforderungen dieser Richtlinie unmittelbar erfüllen.

(4) Die Mitgliedstaaten können die Anwendung von Artikel 18 Absatz 1 Buchstabe f) auf Einrichtungen mit Standort in ihrem Hoheitsgebiet bis zum 23. September 2010 zurückstellen. Allerdings können Einrichtungen, die Altersversorgungssysteme im Sinne von Artikel 20 grenzüberschreitend betreiben wollen, dies nur tun, wenn sie die Anforderungen dieser Richtlinie erfüllen.

Artikel 23 Inkrafttreten

Diese Richtlinie tritt am Tag ihrer Veröffentlichung im Amtsblatt der Europäischen Union in Kraft.

Artikel 24 Adressaten

Diese Richtlinie ist an alle Mitgliedstaaten gerichtet.

Literaturübersicht

Baumeister, Überlegungen zur Umsetzung der Pensionsfonds-Richtlinie, BetrAV 2003, S. 705 ff; *ders.*, Umsetzung der Pensionsfonds-Richtlinie der EU durch die 7. Novelle des Versicherungsaufsichtsgesetzes, DB 2005, S. 2076 ff; *Bittner*, Europäisches und internationales Betriebsrentenrecht, 2000; *Clarenz*, Überarbeitung der IORP-Richtlinie – mögliche Auswirkungen auf die Eigenkapitalausstattung von Pensionskassen, BetrAV 2011, S. 384 f; *Eichenhofer*, Betriebsrenten im Europäischen und Internationalen Recht, in: *Schlachter/Becker/Igl* (Hrsg.), Funktion und rechtliche Ausgestaltung der zusätzlichen Alterssicherung, 2005, S. 201 ff, 207 ff; European Social Observatory, Scope of coordination system in the pension field – Final Report, 2011; *Görgen*, Europa gibt den Takt vor, in: FS Höfer, München 2011, S. 41 ff; *Hölscher*, Umsetzung der europäischen Pensionsfondsrichtlinie – das letzte Mosaiksteinchen eines grenzüberschreitenden betrieblichen Altersversorgungssystems, FS Kemper, München 2005, S. 177 ff; *Redhardt*, Die europäische Pensionsfondsrichtlinie, Zeitschrift für das gesamte Kreditwesen 2003, S. 1311 ff; *Sasdrich*, Die Zukunft der Altersvorsorge, in: FS Andresen, Köln 2006, S. 235 ff, 246 ff; *Steinmeyer*, in: *Hanau/Steinmeyer/Wank*, Handbuch des europäischen Arbeits- und Sozialrechts, München 2002, § 26 Rn 98 ff; *Zeppenfeld/Rößler*, Pensionsfonds: Verbesserte Rahmenbedingungen für nationale und internationale Arbeitgeber und Anbieter, BB 2006, S. 1221 ff.

I. Einführung 1	VI. Grenzüberschreitende Tätigkeit von Einrichtungen der betrieblichen Altersversorgung 21
II. Anwendungsbereich 3	
III. Grundsätze für die Tätigkeit von Einrichtungen der betrieblichen Altersversorgung .. 11	VII. Bewertung und Perspektiven 25
IV. Informationspflichten 13	
V. Sicherheit und Verlässlichkeit der Einrichtungen 17	

I. Einführung

1 Das System der Koordinierungs-VO (EG) Nr. 883/2004 verfolgt das Ziel, für diejenigen Personen sozialrechtliche Hindernisse zu beseitigen, die von der **Freizügigkeit der Arbeitnehmer** bzw der Personenverkehrsfreiheit Gebrauch machen wollen. Dieses Ziel steht auch im Vordergrund der Richtlinie 98/49/EG zur Wahrung ergänzender Rentenansprüche, aber nur eher indirekt in einem Zusammenhang mit der Pensionsfondsrichtlinie. Für diese Richtlinie zeichnete innerhalb der Europäischen Kommission deshalb auch die für den Binnenmarkt zuständige Generaldirektion ver-

antwortlich. Der Schwerpunkt liegt deshalb bei der Festlegung einheitlicher Maßstäbe und der Erleichterung grenzüberschreitender Tätigkeit dieser Einrichtungen, die damit wesensmäßig verbunden ist. Dies leistet mittelbar auch einen Beitrag zur Freizügigkeit und zur Personenverkehrsfreiheit, da eine Verknüpfung der Sicherungssysteme in der Weise, wie dies in der Koordinierungs-VO (EG) Nr. 883/2004 geschehen ist, hier nicht in Betracht kommen kann, da eine Verknüpfung auch zur inhaltlichen Änderung führen würde, wie das Beispiel der Unverfallbarkeitsfristen zeigt. Von einem Arbeitgeber, der bei der Finanzierung seiner Altersversorgung auch den Verfall von Anwartschaften bei nur kurzer Betriebszugehörigkeit einkalkuliert, zu erwarten, dass er auf den Ablauf der Unverfallbarkeitsfrist auch Zeiten bei anderen Arbeitgebern anrechnet, würde die Grundlage seiner Zusage verändern (s. näher *Steinmeyer*, in: Hanau/Steinmeyer/Wank, Handbuch des europäischen Arbeits-und Sozialrechts, § 26 Rn 17 ff). Insgesamt erweist sich das System dieser Verordnung als hier nicht übertragbar (so auch *Bittner*, S. 131 ff). Eine Verbesserung in Hinblick auf die Realisierung der Grundfreiheiten des Binnenmarktes kann vielmehr nur durch Rechtsangleichung erreicht werden. Hierzu leistet die sog. Pensionsfonds-Richtlinie einen Beitrag, indem sie einen Rechtsrahmen für Einrichtungen der betrieblichen Altersversorgung schafft. Mit der Frage der Freizügigkeit befasst sie sich unmittelbar nicht. Insbesondere durch die Bestimmungen über die grenzüberschreitende Tätigkeit von Einrichtungen der betrieblichen Altersversorgung erleichtert sie aber die grenzüberschreitende Mobilität von Arbeitnehmern (so auch *Baumeister*, DB 2005, 2081).

Die RL 2003/41/EG des Europäischen Parlaments und des Rates vom 3. Juni 2003 über die Tätigkeiten und die Beaufsichtigung von Einrichtungen der betrieblichen Altersversorgung, die auch als Pensionsfondsrichtlinie bezeichnet wird, ist seit 2003 in Kraft. Diese Richtlinie war bis spätestens 23.9.2005 umzusetzen, was vor allem durch die 7. VAG-Novelle vom 29.8.2005 geschah (Siebtes Gesetz zur Änderung des Versicherungsaufsichtsgesetzes, BGBl. I 2005, 2546). Sinn dieser Richtlinie ist die **Schaffung europaweiter aufsichtsrechtlicher Mindeststandards**. Ausweislich der Erwägungsgründe sollen die in dieser Richtlinie enthaltenen Aufsichtsvorschriften ein hohes Maß an Sicherheit für die zukünftigen Rentner durch strenge Aufsichtsstandards gewährleisten und eine effiziente Verwaltung der betrieblichen Altersversorgungssysteme gewährleisten. Durch die Festlegung des „Grundsatzes der Vorsicht" als grundlegendes Prinzip für Kapitalanlagen sowie die Ermöglichung der grenzüberschreitenden Tätigkeit von Einrichtungen soll die Bildung von Sparkapital im Bereich der betrieblichen Altersversorgung gefördert und so ein Beitrag zum wirtschaftlichen und sozialen Fortschritt geleistet werden.

II. Anwendungsbereich

Zum Anwendungsbereich bestimmt Art. 2 RL 2003/41/EG zunächst recht allgemein gehalten, dass sie für Einrichtungen der betrieblichen Altersversorgung gelte. Dieser Begriff der Einrichtungen betrieblichen Altersversorgung wird in Art. 6 RL 2003/41/EG näher bestimmt und nennt als Kernelemente, dass die Einrichtung ungeachtet der jeweiligen Rechtsform nach dem **Kapitaldeckungsverfahren** arbeiten und von dem Trägerunternehmen oder der Träger-Berufsvereinigung rechtlich unabhängig sein muss. Damit sind bereits von ihrer rechtlichen Ausgestaltung nicht nur Umlagesysteme, sondern auch Pensionsrückstellungen und Unterstützungskassen ausgenommen. Zur Frage, was die betriebliche Altersversorgung von anderen Formen der Altersvorsorge unterscheidet, stellt die Richtlinie auf die arbeitsrechtliche Grundlage, dh auf die individual- oder kollektivrechtliche Vereinbarung ab. Die Altersversorgung muss an die Ausübung einer beruflichen Tätigkeit geknüpft sein.

Die Richtlinie soll nicht gelten für Einrichtungen, die unter die VO (EWG) Nr. 1408/71 und VO (EWG) Nr. 574/72 (nunmehr VO (EG) Nr. 883/2004 und die DVO) fallen. Welche Einrichtungen unter die **VO (EG) Nr. 883/2004** fallen, bestimmt sich nach dem sachlichen Anwendungsbereich dieser Verordnung (Art. 3). Diese Vorschrift spricht von Zweigen der sozialen Sicherheit, ohne aber den Begriff der sozialen Sicherheit zu definieren. Es ist lediglich klar, dass für die Begrifflichkeit nicht entscheidend sein kann, ob eine Leistung von den nationalen Rechtsvorschriften als eine Leistung der sozialen Sicherheit eingestuft wird. Im Verhältnis zu den Zusatzversorgungssystemen lässt sich die Abgrenzung schwer ziehen, da im Sprachgebrauch des europäischen Gesetzgebers etwa Systeme der betrieblichen Altersversorgung auch als betriebliche Systeme der sozialen Sicherheit bezeichnet werden, wie etwa in Art. 1 S. 2 lit. c) RL 2006/54/EG zur Verwirklichung des Grundsatzes der Chancengleichheit und Gleichbehandlung von Männern und Frauen in Arbeits- und Beschäftigungsfragen (ABl. (EU) L 204/23) deutlich wird. Schließlich gilt die Verordnung (EG) Nr. 883/2004 nach deren Art. 3 Abs. 2 auch für Systeme betreffend die Verpflichtungen von Arbeitgebern und Reedern. Dabei geht es aber um Systeme, bei denen die Mitgliedstaaten den Arbeitgebern bzw Reedern Verpflichtungen auferlegt haben, die denen von staatlichen Sozialleistungsträgern ähneln bzw sie ersetzen (zu den Schwierigkeiten der Abgrenzung siehe auch European Social Observatory, Scope of coordination system in the pension field – Final Report, 2011, S. 11 ff). Den sachlichen Anwendungsbereich der Richtlinie wird man deshalb danach bestimmen müssen, ob es sich um Zusatzversorgungssysteme handelt, für die ein Beschäftigungsverhältnis zu einem Arbeitgeber die Grundlage ist.

5 Die Ausnahme für die den Koordinierungsverordnungen unterfallenden Systeme findet in Art. 3 RL 2003/41/EG eine Einschränkung dahingehend, dass für Einrichtungen der betrieblichen Altersversorgung, die **gleichzeitig auch gesetzliche Rentenversicherungssysteme** betreiben, die als Systeme im Sinne der Verordnungen anzusehen sind, diese Richtlinie nur bezüglich des fakultativen betrieblichen Altersversorgungsgeschäfts gilt. Dies könnten etwa berufsständische Versorgungseinrichtungen sein, wobei aber die deutschen derartiges nicht betreiben. Die Richtlinie verlangt für diesen Fall, dass für die Verbindlichkeiten und die ihnen entsprechenden Vermögenswerte ein separater Abrechnungsverband eingerichtet wird ohne die Möglichkeit, sie auf die als Sozialversicherungssysteme erachteten Rentenversicherungssysteme zu übertragen oder umgekehrt. Damit wird dem Umstand Rechnung getragen, dass einzelne Systeme in beiden Bereichen tätig sind, wie dies etwa bei bestimmten österreichischen Systemen der berufsständischen Versorgung der Fall ist. Die Trennung beider Betätigungsbereiche ist konsequent und schafft Klarheit.

6 Diese Richtlinie gilt ferner nicht für Einrichtungen, die unter folgende **Richtlinien** fallen:
1. RL 73/239/EWG des Rates vom 24. Juli 1973 (ABl. (EG) L 5/27) zur Koordinierung der Rechts- und Verwaltungsvorschriften betreffend die Aufnahme und Ausübung der Tätigkeit der Direktversicherung (mit Ausnahme der Lebensversicherung),
2. Richtlinie 2009/65/EG des Europäischen Parlaments und des Rates vom 13. Juli 2009 (ABl. (EU) L 302/32) zur Koordinierung der Rechts- und Verwaltungsvorschriften betreffend bestimmte Organismen für gemeinsame Anlagen in Wertpapieren (OGAW),
3. RL 2002/83/EG des Europäischen Parlaments und des Rates vom 5. November 2002 (ABl. (EG) L 345/1) über Lebensversicherungen,
4. RL 2004/39/EG des Europäischen Parlaments und des Rates vom 21. April 2004 über Märkte für Finanzinstrumente (ABl. (EU) L 145/1),
5. RL 2006/48/EG des Europäischen Parlaments und des Rates vom 14. Juni 2006 über die Aufnahme und Ausübung der Tätigkeit der Kreditinstitute (ABl. (EU) L 177/1).

In diesen Fällen ist offenkundig, dass die Vorgaben dieser Richtlinien für diese Einrichtungen vorgehen. Allerdings sieht Art. 4 RL 2003/41/EG für die unter die Richtlinie 2002/83/EG fallenden Versicherungsunternehmen eine Teilausnahme dahin vor, dass auf sie die Art. 9 bis 16 RL 2003/41/EG und 18 bis 20 RL 2003/41/EG angewendet werden können.

7 Ebenfalls nicht erfasst sind Systeme, die nach dem **Umlageverfahren** arbeiten, was angesichts der auf kapitalgedeckte Systeme ausgerichteten Richtlinie nachvollziehbar ist (Art. 2 Abs. 2 lit. c) RL 2003/41/EG); vor dem Hintergrund der Begriffsbestimmung in Art. 6 RL 2003/41/EG „Einrichtungen der betrieblichen Altersversorgung" mag man diesen ausdrücklichen Ausschluss gar für überflüssig halten, da der Begriff nach der Richtlinie eine Finanzierung im Kapitaldeckungs-

verfahren voraussetzt. Das gleiche gilt für die Ausklammerung von Unternehmen, die im Hinblick auf die Auszahlung der Versorgungsleistungen an ihre Beschäftigten Pensionsrückstellungen bilden (lit. e) RL 2003/41/EG). Auch hier fehlt es an der Art der Kapitaldeckung, wie sie die Richtlinie im Auge hat und auch aus Art. 6 RL 2003/41/EG lässt sich die gleiche Schlussfolgerung ziehen. Die Anforderungen, die die Richtlinie stellt, passen schließlich auch nicht auf Einrichtungen, bei denen die Beschäftigten der Trägerunternehmen keine gesetzlichen Leistungsansprüche haben und das Trägerunternehmen die Vermögenswerte jederzeit ablösen kann und seiner Verpflichtung zur Zahlung von Altersversorgungsleistungen nicht zwangsläufig nachkommen muss. Damit sind u.a. die deutschen Unterstützungskassen gemeint, auch wenn sich die Rechtsstellung des Arbeitnehmers gegenüber der Unterstützungskasse durch die Rechtsprechung des BAG inzwischen so verfestigt hat, dass man von einem Rechtsanspruch des Arbeitnehmers gegenüber der Unterstützungskasse sprechen kann (ErfK/*Steinmeyer*, § 1 b BetrAVG Rn 55).

Art. 4 RL 2003/41/EG sieht für den Herkunftsmitgliedstaat die Möglichkeit vor, die Vorschriften der Art. 9 bis 16 RL 2003/41/EG und 18 bis 20 RL 2003/41/EG auf das betriebliche Altersversorgungsgeschäft von **Lebensversicherungsunternehmen** anzuwenden, die unter die Richtlinie 2002/83/EG fallen. Hier ist dann aber wie im Fall des kombinierten Betreibens von betrieblicher Altersversorgung und gesetzlicher Rentenversicherung durch die gleiche Einrichtung eine Trennung der Verbindlichkeiten und Vermögenswerte vorzunehmen. 8

Ausgenommen sind auch **kleine Einrichtungen** mit weniger als 100 Versorgungsanwärtern, die allerdings die Richtlinie freiwillig anwenden können (Art. 5 Abs. 1 RL 2003/41/EG). Offenbar ebenfalls optional („kann die Art. 9 bis 17 nicht anwenden ...") ist die Anwendung durchaus zentraler Vorschriften auf Systeme, bei denen die betriebliche Altersversorgung gesetzlich vorgeschrieben ist, Art. 5 Abs. 2 RL 2003/41/EG. Dieser Fall ist für Deutschland nicht relevant, da hier die betriebliche Altersversorgung gesetzlich nicht vorgeschrieben ist. 9

Art. 6 RL 2003/41/EG erfasst nicht nur solche Einrichtungen, die Arbeitnehmer betreffen, sondern auch solche für **Selbständige**. Damit soll ausweislich des Erwägungsgrundes 10 dem Umstand Rechnung getragen werden, dass auch Selbständige Einrichtungen der betrieblichen Altersversorgung angehören können. Für Deutschland ist auf § 17 BetrAVG zu verweisen (ErfK/*Steinmeyer*, § 17 BetrAVG Rn 4 ff). 10

III. Grundsätze für die Tätigkeit von Einrichtungen der betrieblichen Altersversorgung

In den Art. 7 und 8 RL 2003/41/EG werden **maßgebliche Grundsätze** dahingehend formuliert, dass die der Richtlinie unterfallenden Einrichtungen ihre Tätigkeit auf Altersversorgungsgeschäfte und damit in Zusammenhang stehende Aktivitäten zu beschränken haben (Art. 7 RL 2003/41/EG) und eine rechtliche Trennung zwischen Trägerunternehmen und einer Einrichtung der betrieblichen Altersversorgung vorzunehmen ist (Art. 8 RL 2003/41/EG). Damit kann im Insolvenzfall das für die betriebliche Altersversorgung vorgesehene Vermögen im Interesse der Leistungsberechtigten gesichert werden. 11

Art. 9 RL 2003/41/EG stellt **Voraussetzungen für den Betrieb von Einrichtungen** der betrieblichen Altersversorgung auf. Dazu gehört, dass die Einrichtung durch die zuständige Aufsichtsbehörde in ein nationales Register eingetragen oder zugelassen ist. Bei grenzüberschreitender Tätigkeit müssen auch die Mitgliedstaaten angegeben werden, in denen die Einrichtung tätig ist. Die Einrichtung muss von zuverlässigen Personen geführt werden, die selbst über die erforderliche fachliche Qualifikation und Berufserfahrung verfügen oder auf Berater mit der erforderlichen fachlichen Qualifikation und Berufserfahrung zurückgreifen können. Es wird weiter verlangt, dass die Funktionsweise jedes von der Einrichtung betriebenen Altersversorgungssystems durch Vorschriften ordnungsgemäß geregelt ist und die Versorgungsanwärter hierüber in angemessener Form informiert worden sind. Alle versicherungstechnischen Rückstellungen müssen von einem Versicherungsmathematiker oder einem sonstigen Fachmann auf diesem Gebiet – etwa einem 12

Wirtschaftsprüfer – nach den einzelstaatlichen Rechtsvorschriften auf der Grundlage von durch die zuständigen Behörden des Herkunftsmitgliedstaates anerkannten versicherungsmathematischen Methoden berechnet und testiert werden. Das Trägerunternehmen ist, sofern es eine Leistung zugesagt hat, zur regelmäßigen Kapitaldeckung verpflichtet. Diese Voraussetzungen waren zumeist im deutschen Recht schon vor der Richtlinie erfüllt.

IV. Informationspflichten

13 Nach Art. 9 Abs. 1 lit. f) RL 2003/41/EG sind die **Versorgungsempfänger** zu informieren über die Bedingungen, nach denen das Altersversorgungssystem funktioniert und dabei vor allem über die Rechte und Pflichten der Beteiligten des Altersversorgungssystems, die mit dem Altersversorgungssystem verbundenen finanziellen, versicherungstechnischen und sonstigen Risiken sowie über die Art und Aufteilung dieser Risiken. Hier ist das VAG in der genannten Novelle um die entsprechenden Informationen ergänzt worden. Nach § 10a Abs. 1 Satz 3 VAG haben Lebensversicherungen und Pensionskassen, soweit sie Leistungen der betrieblichen Altersversorgung erbringen, die Versorgungsanwärter und Versorgungsempfänger, soweit sie nicht zugleich Versicherungsnehmer sind, nach Maßgabe der Anlage Teil D Abschnitt III zu informieren. Allerdings umfasst die Information nach § 10a VAG im Wesentlichen Informationen über die für das Versicherungsverhältnis maßgeblichen Tatsachen und Rechte. Eine Information über zu erwartende Leistungen lässt sich daraus nicht entnehmen. Vielmehr lautet der maßgebliche Teil der Anlage wie folgt:

D. Informationen bei betrieblicher Altersvorsorge

Gegenüber Versorgungsanwärtern und Versorgungsempfängern müssen mindestens die nachfolgend aufgeführten Informationen erteilt werden; die Informationen müssen ausführlich und aussagekräftig sein:

1. Bei Beginn des Versorgungsverhältnisses
    a) Name, Anschrift, Rechtsform und Sitz des Anbieters und der etwaigen Niederlassung, über die der Vertrag abgeschlossen werden soll;
    b) die Vertragsbedingungen einschließlich der Tarifbestimmungen, soweit sie für das Versorgungsverhältnis gelten, sowie die Angabe des auf den Vertrag anwendbaren Rechts;
    c) Angaben zur Laufzeit;
    d) allgemeine Angaben über die für diese Versorgungsart geltende Steuerregelung;
    e) die mit dem Altersversorgungssystem verbundenen finanziellen, versicherungstechnischen und sonstigen Risiken sowie die Art und Aufteilung dieser Risiken.
2. Während der Laufzeit des Versorgungsverhältnisses
    a) Änderungen von Namen, Anschrift, Rechtsform und Sitz des Anbieters und der etwaigen Niederlassung, über die der Vertrag abgeschlossen wurde;
    b) jährlich, erstmals bei Beginn des Versorgungsverhältnisses

        aa) die voraussichtliche Höhe der den Versorgungsanwärtern zustehenden Leistungen;
        bb) die Anlagemöglichkeiten und die Struktur des Anlageportfolios sowie Informationen über das Risikopotential und die Kosten der Vermögensverwaltung und sonstige mit der Anlage verbundene Kosten, sofern der Versorgungsanwärter das Anlagerisiko trägt;
        cc) die Information nach § 115 Abs. 4;
        dd) eine Kurzinformation über die Lage der Einrichtung sowie den aktuellen Stand der Finanzierung der individuellen Versorgungsansprüche;
    c) auf Anfrage

        aa) den Jahresabschluss und den Lagebericht des vorhergegangenen Geschäftsjahres; sofern sich die Leistung aus dem Versorgungsverhältnis in Anteilen an einem nach Maß-

gabe der Vertragsbedingungen gebildeten Sondervermögen bestimmt, zusätzlich den Jahresbericht für dieses Sondervermögen (§ 113 Abs. 4, § 118b Abs. 1);
bb) die Erklärung über die Grundsätze der Anlagepolitik gemäß § 115 Abs. 3;
cc) die Höhe der Leistungen im Falle der Beendigung der Erwerbstätigkeit;
dd) die Modalitäten der Übertragung von Anwartschaften auf eine andere Einrichtung der betrieblichen Altersversorgung im Falle der Beendigung des Arbeitsverhältnisses.

Informationsverpflichteter ist hier also der Versorgungsträger und nicht der Arbeitgeber, was aus der versicherungsrechtlichen Rechtsbeziehung herrührt, die zwischen Versicherer und Leistungsempfänger bzw Versicherungsnehmer besteht und deshalb auch im VAG geregelt ist. Eine arbeitsrechtliche Verpflichtung ergibt sich daraus nicht.

Nach Art. 11 RL 2003/41/EG ist den Versorgungsanwärtern und Leistungsempfängern auf Anfrage der **Jahresabschluss** und der **jährliche Lagebericht** zur Verfügung zu stellen. Außerdem sind innerhalb einer angemessenen Frist zweckdienliche Angaben zu Änderungen der Bestimmungen des Altersversorgungssystems zu machen. Weiterhin ist den Versorgungsanwärtern und Leistungsempfängern die Erklärung über die Grundsätze der Anlagepolitik nach Art. 12 RL 2003/41/EG zur Verfügung zu stellen. Schließlich und wohl als besonders relevant ist Art. 11 Abs. 4 RL 2003/41/EG zu nennen, wonach jeder Versorgungsanwärter auf Anfrage ausführliche und sachdienliche Informationen erhält über 14

1. gegebenenfalls die voraussichtliche Höhe der ihm zustehenden Versorgungsleistungen,
2. die Höhe der Leistungen im Falle der Beendigung der Erwerbstätigkeit,
3. gegebenenfalls die Auswahl von möglichen Anlageformen und das Anlageportfolio sowie Informationen über das Risikopotenzial und die mit den Anlagen verbundenen Kosten, sofern der Versorgungsanwärter das Anlagerisiko trägt und
4. die Modalitäten der Übertragung von Anwartschaften auf eine andere Einrichtung der betrieblichen Altersversorgung im Falle der Beendigung des Arbeitsverhältnisses.

Außerdem enthält dieser Absatz die Verpflichtung, dem Versorgungsanwärter jährlich eine Kurzinformation über die Lage der Einrichtung sowie den aktuellen Stand der Finanzierung der erworbenen individuellen Versorgungsansprüche zu geben. Diesen Anforderungen wurde durch eine entsprechende Ausgestaltung der Anlage zum VAG „D. Verbraucherinformationen" Rechnung getragen, die in Rn 13 wiedergegeben ist.

Art. 11 Abs. 5 RL 2003/41/EG sieht vor, dass jeder Leistungsempfänger beim Eintritt in den Ruhestand bzw wenn sonstige Leistungen fällig werden, angemessene Informationen über die **fälligen Leistungen und die entsprechenden Zahlungsmodalitäten** erhält. Auch dies ist durch die in Rn 13 wiedergegebene Anlage zum VAG umgesetzt worden. 15

In Art. 11 Abs. 4 lit. f) RL 2003/41/EG ist auch eine Pflicht zur Information über die **Modalitäten der Übertragung von Anwartschaften** auf eine andere Einrichtung der betrieblichen Altersversorgung im Fall der Beendigung des Arbeitsverhältnisses vorgesehen. Die bisherige Antwort des deutschen Gesetzgebers auf diese Vorschriften ist neben der genannten Anlage Teil D zum VAG der § 4a BetrAVG. Diese Regelung sieht aber keine Regelung betreffend Informationen über die Modalitäten der Übertragung von Anwartschaften vor. Ebenfalls findet sich in ihr keine Regelung über die Lage der Einrichtung und den aktuellen Stand der Finanzierung der erworbenen individuellen Versorgungsansprüche und auch noch keine ausdrückliche Regelung über Informationen betreffend die tatsächliche Höhe und die Zahlungsmodalitäten bei Fälligkeit. Eine derartige Information dürfte aber gängiger Praxis entsprechen. Hier sollte der Gesetzgeber bei nächster Gelegenheit entsprechende Anpassungen vornehmen. Die Aufnahme einer entsprechenden Regelung in das BetrAVG wäre sinnvoll. 16

V. Sicherheit und Verlässlichkeit der Einrichtungen

17 Die Vorschriften ab Art. 12 RL 2003/41/EG befassen sich mit der **Sicherheit und Verlässlichkeit dieser Einrichtungen**. So sieht Art. 12 RL 2003/41/EG vor, dass jede Einrichtung eine schriftliche Erklärung über ihre Anlagepolitik ausarbeitet und zumindest alle drei Jahre überprüft. Art. 13 RL 2003/41/EG bestimmt Auskunftspflichten gegenüber den zuständigen nationalen Behörden. Art. 14 RL 2003/41/EG regelt die Eingriffsrechte und -pflichten dieser Behörden. Es ist auch sicherzustellen, dass die Einrichtung bei grenzüberschreitender Tätigkeit die im Bereich der betrieblichen Altersversorgung geltenden arbeits- und sozialrechtlichen Vorschriften des Tätigkeitsmitgliedstaates einhält.

18 Eine dahingehende **Überwachung** ist dann Aufgabe des **Tätigkeitsmitgliedstaats**, was in Deutschland sachgerechterweise durch die Bundesanstalt für Finanzdienstleistungsaufsicht erfolgt. Bei der Umsetzung der Richtlinie war es eine zentrale Frage, welche Behörde in Deutschland mit der Einhaltung und Überwachung der arbeits- und sozialrechtlichen Bestimmungen betraut werden sollte, da eine Behörde mit derartigen Überwachungsbefugnissen bisher nicht existierte. Die Sachkunde hinsichtlich des Sozialrechts ist beim Bundesversicherungsamt gegeben, während auf der anderen Seite die Bundesanstalt für Finanzdienstleistungsaufsicht eine größere Nähe zu den versicherungsförmigen Durchführungswegen hat. Eine Aufsichtsbehörde mit klassisch arbeitsrechtlicher Kompetenz existiert in Deutschland nicht. Eine Präferenz sollte aus praktischen Erwägungen heraus die Lösung über die Finanzdienstleistungsaufsicht haben (So auch *Baumeister*, BetrAV 2003, 709). Mittlerweile ist die Zuständigkeit der BaFin in § 118e Abs. 6 VAG nF festgestellt. Die Kompetenzen der Bundesverwaltung und insbesondere des Bundesversicherungsamtes können allerdings im Wege der Amtshilfe in Anspruch genommen werden.

19 Letztzuständig für die Überwachung ist die **Behörde des Sitz-Mitgliedstaates**, die demgemäß Informationen über das Arbeits- und Sozialrecht der anderen Mitgliedstaaten vorhalten muss, um ihre Überwachungsaufgabe erfüllen zu können. Sie wird von der Behörde des Tätigkeitsmitgliedstaates über Verstöße unterrichtet und schreitet dann in Abstimmung mit ihr dagegen ein (Art. 20 Abs. 7 der RL).

20 Art. 15 und 16 RL 2003/41/EG befassen sich mit den versicherungstechnischen Rückstellungen. Die Anlagevorschrift des Art. 18 RL 2003/41/EG ist geprägt vom allgemeinen Vorsichtsprinzip. Die Vermögenswerte sind so anzulegen, dass die **Sicherheit, Qualität, Liquidität und Rentabilität** des Portfolios insgesamt gewährleistet ist.

VI. Grenzüberschreitende Tätigkeit von Einrichtungen der betrieblichen Altersversorgung

21 Europarechtlich von erheblicher Bedeutung ist Art. 20 RL 2003/41/EG über die **grenzüberschreitende Tätigkeit von Einrichtungen** der betrieblichen Altersversorgung. Der Regelung liegt im Kern der Gedanke zugrunde, dass eine Einrichtung aufsichtsrechtlich der zuständigen Behörde des Herkunftslandes unterliegt (s. auch *Baumeister*, DB 2005, 2078). Er verlangt sowohl vom Sitz-Mitgliedstaat als auch vom Tätigkeitsmitgliedstaat, die nötigen Voraussetzungen dafür zu schaffen. Damit können dann Unternehmen mit Standort im Hoheitsgebiet eines Mitgliedstaates Träger von in anderen Mitgliedstaaten zugelassenen Einrichtungen der betrieblichen Altersversorgung sein. Allerdings ist hierfür ein Genehmigungsverfahren einzuhalten. Auch hier findet sich die Pflicht der zuständigen Behörde des Tätigkeitsmitgliedstaats zur Überwachung der Einhaltung der arbeits- und sozialrechtlichen Vorschriften in Bezug auf Systeme der betrieblichen Altersversorgung (Art. 20 Abs. 9 RL 2003/41/EG).

22 Die zuständige Behörde des **Tätigkeitsmitgliedstaats** hat die zuständigen Behörden des **Herkunftsmitgliedstaates** über wesentliche Änderungen der arbeits- und sozialrechtlichen Bestimmungen zu unterrichten, die Relevanz für Systeme der betrieblichen Altersversorgung entfalten

können. Die zuständigen Träger beider Staaten erkennen dann nach erfolgter Prüfung die grenzüberschreitende Tätigkeit an. Dies gibt auch Anlass zur Zusammenarbeit der einschlägigen Aufsichtsbehörden in Europa, die organisatorisch erfolgte zunächst durch das Committee of European Insurance and Occupational Pensions Supervisors (CEIOPS); seit 2011 hat die Europäische Aufsichtsbehörde für das Versicherungswesen und die betriebliche Altersversorgung (EIOPA) diese Aufgabe übernommen; sie wirkt mit bei der Festlegung von Regulierungs- und Aufsichtsstandards und -praktiken, überwacht und bewertet den Markt und seine Trends in ihrem Zuständigkeitsbereich und fördert den Schutz der Versicherungsnehmer und Begünstigten.

Aufsichtsrechtlich bedeutet dies, dass bei grenzüberschreitender Tätigkeit deutsche Einrichtungen der betrieblichen Altersversorgung, die unter die Richtlinie fallen, weiterhin der deutschen Aufsichtsbehörde, also der Bundesanstalt für Finanzdienstleistungsaufsicht unterliegen. Im Falle von ausländischen Einrichtungen, die in Deutschland tätig werden wollen, bedeutet dies, dass die ausländische Aufsichtsbehörde die inländische über die Absicht der Tätigkeit im Inland unterrichtet, woraufhin dann die inländische Aufsichtsbehörde der ausländischen die geltenden arbeits-, sozial- und steuerrechtlichen Besonderheiten übermittelt, aber auch die geltenden Anlagebeschränkungen.

§ 117 VAG nF ist streng dem Art. 20 RL 2003/41/EG nachgebildet. Bezüglich unter Landesaufsicht stehender Pensionsfonds gilt Abs. 6; gemäß § 118 c VAG nF gilt diese Vorschrift auch für Pensionskassen. Für ausländische Einrichtungen gelten die §§ 118 e, 118 f VAG nF. Bei Verletzung der arbeits- und sozialrechtlichen Bestimmungen kann die zuständige Behörde des Tätigkeitsmitgliedstaats nach Unterrichtung der Behörde des Herkunftsmitgliedstaats geeignete Maßnahmen ergreifen. Die Regelungen über die grenzüberschreitende Tätigkeit deutscher Einrichtungen finden sich in § 117 VAG und die für die Tätigkeit von Einrichtungen aus dem Ausland in Deutschland in §§ 118 e und 118 f VAG.

VII. Bewertung und Perspektiven

Die Pensionsfondsrichtlinie hat einen wichtigen Beitrag zur **Europäisierung des Betriebsrentenrechts** geleistet, der allerdings angesichts des Gegenstandes und der Zielrichtung der Richtlinie begrenzt ist. Die Mobilität der Arbeitnehmer ist nur eher mittelbar verbessert worden. Will man hier weitergehen, so muss die Frage der Freizügigkeit und ihrer Hemmnisse unmittelbar und im Wege der Rechtsangleichung angegangen werden. Wie schwierig dieser Weg ist, zeigt das Vorhaben einer Portabilitätsrichtlinie. Als entscheidender Mangel der Richtlinie ist es anzusehen, dass steuerrechtliche Fragen nicht angegangen werden. Aus dem Europäischen Parlament werden deshalb zu Recht Vorstöße unternommen, die Kommission dazu zu bewegen, auch flankierende steuerrechtliche Vorschriften vorzusehen (s. dazu etwa *Redhardt*, Die europäische Pensionsfondsrichtlinie, Zeitschrift für das gesamte Kreditwesen 2003, 1311 ff).

Die Kommission hat im Weißbuch „Eine Agenda für angemessene, sichere und nachhaltige Pensionen und Renten" (KOM (2012) 55) angekündigt, einen Legislativvorschlag zur Überprüfung der IORP-Richtlinie vorzulegen. Mit dieser Überprüfung sollen dann einheitliche Rahmenbedingungen mit Solvabilität II hergestellt, die grenzüberschreitende Tätigkeit in diesem Bereich gefördert sowie das Gesamtangebot an Renten und Pensionen in der EU verbessert werden. Umstritten ist insbesondere die Anwendung von Solvency II auf die von der Richtlinie erfassten Versorgungseinrichtungen, da dies zu erheblichen Belastungen dieser Einrichtungen führen dürfte (*Clarenz*, BetrAV 2011, 384 f), die die Bereitschaft zur Schaffung und Aufrechterhaltung betrieblichen Altersversorgung reduzieren können (s. auch *Görgen*, in: FS Höfer, S. 44 ff). Es ist zu erwägen, dafür die Pensionskasse in die Insolvenzsicherung der betrieblichen Altersversorgung einzubeziehen. Aus deutscher Sicht sollte in der Diskussion berücksichtigt werden, dass die Zusatzversorgungseinrichtungen anderer Mitgliedstaaten erheblich und zum Schaden der Begünstigten unter der Finanzkrise gelitten haben, was den Ruf nach höheren Sicherheitsanforderungen verständlich macht. Die Mechanismen des deutschen Betriebsrentenrechts haben glücklicherweise dazu geführt, dass sich in Deutschland die Schäden sehr in Grenzen hielten. Insgesamt ist festzustellen, dass die Freizügigkeit der Arbeitnehmer durch diese Richtlinie zwar verbessert wurde, es aber noch weiter Probleme gibt, die nicht zuletzt mit der Unterschiedlichkeit der Systeme zusammenhängt (European Social Observatory, Scope of coordination system in the pension field – Final Report, 2011, S. 85 ff).

Teil 12:
Das Sozialrecht in den Assoziationsabkommen der EU mit Drittstaaten

Literaturübersicht

Andreoli, Drittstaatsangehörige in der Europäischen Union – Assoziationsrechtliche Grundlagen, 1999; *Cremona*, Citizens of Third Countries: Movement and employment of migrant Workers within the European Union, LIEI 1995, S. 87 ff; *Delbrück/Tietje*, Die Frage der unmittelbaren Anwendbarkeit des Assoziationsratschlusses EWG/Türkei Nr. 3/80, ZAR 1995, S. 29 ff; *Dimakopoulos*, Wanderarbeitnehmer aus der Türkei in der Europäischen Gemeinschaft, Zur Zukunft der Gastarbeiterfrage in Europa, InfAuslR 1988, S. 309 ff; *Feik*, Labour and social non-discrimination provisions within the Association Agreements, in: Carlier Verwilghen, Thirty years of free movement of workers in Europe, 2000, S. 225 ff; *Fischer*, Das Assoziationsrecht der Europäischen Gemeinschaft, 1994; *Gargulla*, Die arbeits- und aufenthaltsrechtlichen Begünstigungen für osteuropäische Arbeitnehmer und Selbständige durch die Europa-Abkommen – Sein oder Schein?, InfAuslR 1995, S. 181 ff; *Glupe*, Die Ausweisung türkischer Arbeitnehmer nach dem Nazli-Urteil des EuGH, ZAR 2000, S. 167 ff; *Guild*, The Europe Agreements natural persons and social security, in: European Social Security Law and Third Country Nationals, 1998, S. 333 ff; *Gutmann*, Die Assoziationsfreizügigkeit türkischer Staatsangehöriger, 1996; *ders.* Europarechtliches Diskriminierungsverbot und Aufenthaltsrecht; NVwZ 2000, S. 281 f; *ders.* Europarechtlicher Diskriminierungsschutz für türkische Staatsangehörige, AuR 2000, S. 81 ff; *ders.* Europäisches Aufenthaltsrecht für Drittstaatsangehörige, AnwBl. 2000, S. 482 ff; *Hänlein*, Die Anwendung der Systeme der Sozialen Sicherheit der EG-Mitgliedstaaten auf türkische Arbeitnehmer nach dem Beschluss Nr. 3/80 des Assoziationsrates EWG/Türkei, ZAR 1998, S. 21 ff; *Hailbronner*, Privilegierte Drittstaatsangehörige in der Europäischen Union, in Festschrift für Ulrich Everling, Band I, S. 399 ff; *ders.* Die Entscheidung des EuGH zur Freizügigkeit türkischer Arbeitnehmer, NVwZ 1988, S. 220 ff; *ders.*, Freizügigkeit, in: Dauses, Handbuch des EG-Wirtschaftsrechts, Losebl., D; *Hedemann-Robinson*, An overview of recent legal developments at community level in relation to Third Country Nationals resident within in European Union, with particular reference to the case law of the European Court of Justice, CMLR 2001, S. 525 ff; *Heldmann*, Familiennachzug für Türken in Deutschland, InfAuslR 1995, S. 1 f; *Hilf*, Europäisches Gemeinschaftsrecht und Drittstaatsangehörige, in: Staat und Völkerrechtsordnung, Festschrift für Doehring, 1989, S. 339 ff; *Hirsch*, Die Rechtsprechung des Europäischen Gerichtshofs zu Assoziierungsabkommen, BayVBl. 1997, S. 449 ff; *Höller*, Soziale Rechte Drittstaatsangehöriger nach europäischem Gemeinschaftsrecht, Baden-Baden 2005; *Husmann*, Europa-Abkommen – dargestellt am Abkommen mit Polen, ZSR 1998, S. 100 ff; *Kahil-Wolff/Mosters*, Das Abkommen über die Freizügigkeit EG-Schweiz, EuZW 2001, S. 5 ff; *Kemper*, Auswirkungen des Assoziationsratsbeschlusses EWG/Türkei auf das Aufenthaltsrecht türkischer Staatsangehöriger, ZAR 1995, S. 114 ff; *Krück*, Die Freizügigkeit der Arbeitnehmer nach den Assoziierungsabkommen EWG/Türkei, EuR 1984, S. 289 ff; *Lang*, Das Gemeinschaftsrecht der Drittstaatsangehörigen, 1998; *Langer*, Negotiations with Third States, in: European Social Security Law and Third Country Nationals, 1998, S. 441 ff; *Lörcher*, Die Rechte der türkischen Arbeitnehmer/Innen nach der Ratifizierung der Europäischen Sozialcharta durch die Türkei und dem Sevince-Urteil des Europäischen Gerichtshofs, EuZW 1991, S. 395 ff; *Mallmann*, Zur aufenthaltsrechtlichen Bedeutung des Assoziationsratsbeschlusses EWG/Türkei, JZ 1995, S. 916 ff; *Maresceau/Montaguti*, The Relations between the European Union and Central and Eastern Europe: A legal Appraisal, CMLR. 1995, S. 1327 ff; *Martin*, Association Agreements with Mediterranean and with Eastern Countries: Similarities and Differences, in: Antalovski/König/Perching/Vana (Hrsg.), Assoziierungsabkommen der EU mit Drittstaaten, 1998, S. 29 ff; *Martin/Guild*, Free Movement of Persons in the European Union, London 1996; *Maresceau,* Nationals of third countries in agreements concluded by the European Community, Actualités du droit 1994, S. 249 ff; *Baron v. Maydell*, Die sozialrechtliche Stellung von Drittstaaten in den Mitgliedstaaten der EU und des EWR, in Festschrift für Ulrich Everling, Band I, S. 819 ff; *Meessen*, Das Abkommen von Lomé als gemischter Vertrag, EuR 1980, S. 36 ff; *Neuwahl*, Freedom of Movement of Workers under the EEC-Treaty Association Agreement, E.L.Rev. 1988, S. 360 ff; *Nolte*, Freizügigkeit nach dem Assoziationsvertrag EWG-Türkei: Auslegungskompetenz, unmittelbare Anwendbarkeit und Familiennachzug, ZaöRV 1987, S. 755 ff; *Ott*, Die Rechte Selbständiger aus den mittel- und osteuropäischen Staaten unter dem Europaabkommen, EuLF 2000/01, S. 497 ff; *Peers*, Towards Equality: Actual and potential Rights of Third-Country Nationals in the European Union, CMLR 1996, S. 7 ff; *ders.*, From cold war to lukewarm embrace: The European Union´s agreements with the CIS States, I.C.L.Q. 1995, S. 829; *Petersmann*, Struktur und aktuelle Rechtsfragen des Assoziationsrechts, ZaöRV 1973, S. 166 f; *Rack*, Die Rechtsstellung von Angehörigen dritter Staaten in der Europäischen Gemeinschaft, in: Siegfried Magiera (Hrsg.), Das Europa der Bürger in einer Gemeinschaft ohne Binnengrenzen, 1990, S. 125 ff; *Richter*, Die Assoziierung osteuropäischer Staaten durch die Europäischen Gemeinschaften, 1993; *Rumpf*, Freizügigkeit der Arbeitnehmer und Assoziation EG – Türkei, RIW 1993, S. 214 ff; *Sánchez-Rodas Navarro*, Diskriminierung der Familienangehörigen und Hinterbliebenen von Wanderarbeitnehmern maghrebinischer Staatsangehörigkeit, ZAR 1999, S. 65 ff; *Schlicker*, Diskriminierung von Ausländern im Bereich der sozialen Sicherheit mit rechtlichen Mitteln – zugleich Anmerkung zum Begriff des »gewöhnlichen Aufenthalts«, in: Vom Ausländer zum Bürger, Festschrift für Fritz Franz und Gert Müller, 1994, S. 531 ff; *Schumacher*, Soziale Sicherheit für Drittstaatsangehörige und Assoziierungs-/Europa-Abkommen, DRV 1995, S. 681 ff; *Sieveking*, Drittstaatsangehörige in der Europäischen Union – die »neuen« Gastarbeiter, in: Recht und soziale Arbeitswelt, Festschrift für Däubler, 1999, S. 805 ff; *ders.*, Der arbeits- und sozialrechtliche Status von Drittstaatsangehörigen in der Rechtsprechung des Europäischen Gerichtshofs, ZAR 1998, S. 201 ff; *ders.*, Auswirkungen des Assoziationsrechts der EG auf das nationale Sozialrecht, DRV 1994, S. 40 ff; *ders.*, Die Anwendung des Assoziationsratsbeschlusses Nr. 3/80 auf türkische Staatsangehörige in Deutschland, NZS 1994, S. 213 ff; *ders.*, Soziale Sicherheit für türkische Staatsangehörige nach dem Assoziationsratsbeschluß EWG-Türkei Nr. 3/80, ZIAS 2001, S. 160 ff; *Streit*, Das Abkommen über den Europäischen Wirtschaftsraum, NJW 1994, S. 555 ff; *Vedder*, Rechtswirkungen von Assoziationsratsbeschlüssen – Die Kus-Entscheidung des EuGH –, EuR 1994, S. 202 ff; *ders.*, Ausländerrecht für türkische Arbeitnehmer, Die Demirel-Entscheidung des EuGH, das Bundesverfassungsgericht und die Folgen, EuR 1988, S. 50 ff; *Verschueren*, The Sürel Judgment: Equal Treatment for Turkish Workers in Matters of Social Security, EJML 1999, S. 371 ff; *Weber, C.*, Der assoziationsrechtliche Status Drittstaatsangehöriger in der Europäischen Union, 1997; *ders.*, Die Rechtsstellung tunesischer Staatsangehöriger nach dem neuen Assoziierungsabkommen mit der Europäischen Gemeinschaft, InfAuslR 1998, S. 257 ff; *Weiler*, Thou Shalt Not Oppress a Stranger: On the Judicial Protection of the Human Rights on Non-EC Nationals – A Critique, EJIL 1992, S. 65 ff; *Weiß*, Zur Wirkung des arbeitsrechtlichen Gleichbehandlungsgebots in den Assoziationsabkommen der EG mit Drittstaaten insbesondere auf Ausländerklauseln, InfAuslR 1998, S. 313 ff; *Zuleeg*, Das Urteil Taflan-Met des Europäischen Gerichtshofs, ZAR 1997, S. 170 ff.

Vorbemerkungen

Der Grundgedanke der Assoziation war es, Drittstaaten schrittweise an den Integrationsprozess der Europäischen Union heranzuführen, um einen späteren Beitritt vorzubereiten. Die Assoziierung beinhaltet noch keine Teilnahme am Unionssystem, noch ist eine Mitgliedschaft automatische Folge der Assoziation. Die ersten Abkommen zu sogenannten Beitrittsassoziierungen wurden 1961 mit Griechenland und 1963 mit der Türkei geschlossen. Die Assoziation blieb aber nicht auf diese Art von Abkommen beschränkt, sondern ist auch als geeignetes Mittel für andere Formen dauerhafter intensiver Beziehungen mit Drittstaaten anzusehen. So wurden im Rahmen der sogenannten **Entwicklungsassoziation** die Abkommen mit den 70 AKP-Staaten und Kooperations- und Mittelmeerabkommen mit den Maghrebstaaten – Tunesien, Algerien, Marokko – abgeschlossen. Die Entwicklungsassoziation ist darauf gerichtet, durch entwicklungspolitische Hilfen in Form von technischen und Ausbildungshilfen, Kapital und durch Errichtung von Freihandelszonen die wirtschaftliche, soziale und industrielle Entwicklung des Drittlandes zu fördern. Die schwächste Form der Assoziation ist die Freihandelsassoziation. Durch sie wird ein Freihandelsgebiet oder eine Zollunion geschaffen, so dass sie hauptsächlich der Exportförderung der assoziierten Länder dient. Neben diesen Grundtypen gibt es beliebige Zwischenformen. Ein Abkommen eigener Art ist das Abkommen über den EWR mit EFTA-Staaten, von denen Österreich, Schweden und Finnland inzwischen der Gemeinschaft beigetreten sind. Es enthält neben Bestimmungen zu Zöllen und freiem Warenverkehr auch Vorschriften über die Freizügigkeit und soziale Sicherung der Arbeitnehmer. Mit den Europaabkommen mit 10 mittel- und osteuropäischen Staaten, die inzwischen alle Mitglieder der Europäischen Union geworden sind, hatte sich die Union wieder der Form der Beitrittsassoziation zugewandt. Diesem Vorbild folgen nun die Stabilisierungs- und Assoziationsabkommen mit den beitrittswilligen Ländern des westlichen Balkans (zu den verschiedenen Spielarten der Assoziation vgl *Petersmann*, ZaöRV 1973, 266, 272 f; *Peers*, CMLR 1996, 7 ff).

Assoziationsabkommen weisen wegen ihrer verschiedenartigen Zielsetzung einen unterschiedlichen Integrationsgrad auf. Während die **Freihandelsabkommen** sich in der Hauptsache auf den freien Warenverkehr konzentrieren, streben die Entwicklungs- und **Beitrittsabkommen** eine globalere Zusammenarbeit an. Daher treffen letztere auch Regelungen für die Selbständigen und vor allem auch die Arbeitnehmer, die sich in das Gebiet des jeweils anderen Vertragspartners begeben, um dort einer Erwerbstätigkeit nachzugehen. Sie sehen idR eine Nichtdiskriminierung hinsichtlich der Arbeitsbedingungen und Regelungen im Bereich der sozialen Sicherheit vor, die von bloßen Absichtserklärungen bis zur Gleichstellung mit den Staatsangehörigen des Beschäftigungsstaates reichen.

I. Rechtliche Grundlagen von Assoziationsabkommen

1. Verankerung im Art. 217 AEUV (= Art. 310 EG)

a) Begrifflichkeit

Rechtsgrundlage von Assoziationsabkommen ist Art. 217 AEUV (= Art. 310 EG). Nach dieser Bestimmung kann die Union mit einem oder mehreren Staaten oder einer oder mehreren internationalen Organisationen Abkommen schließen, die eine Assoziierung mit gegenseitigen Rechten und Pflichten, gemeinsamen Vorgehen und besonderen Verfahren herstellen. Die Assoziation ist auf eine dauerhaft privilegierte Beziehung der Vertragsparteien gerichtet. Die gegenseitigen Rechte und Pflichten sind Ausdruck der Bipolarität und Parität des Abkommens. Mit den besonderen Verfahren wird die Bildung gemeinsamer Organe umschrieben, denen die Kompetenz zur Setzung sekundären Assoziationsrechtes gegeben wird. Hierdurch unterscheidet sich die Assoziation von den Handelsabkommen. Im Übrigen bietet Art. 217 AEUV (= Art. 310 EG) einen weiten Spielraum für die vertraglichen Beziehungen zu Drittstaaten, der von Handelsabkommen nach Art. 207 AEUV (= Art. 133 EG) mit zusätzlichen Elementen bis zur fast vervollständigten Mitgliedschaft reicht. Eine inhaltliche Umschreibung kann daher nur wenig konkreter sein als der Wortlaut der Vorschrift selbst: Assoziationsabkommen nach Art. 217 AEUV (= Art. 310 EG) sind völkerrechtliche Abkommen zwischen der Union und Drittstaaten, internationalen Organisationen oder Staatenverbindungen, die auf Dauer angelegt besondere Beziehungen im Bereich der wirtschaftlichen Zusammenarbeit begründen und die eine eigenständige Willensbildung in hierfür vorgesehenen Institutionen ermöglichen (*Weber, A.*, in: von der Groeben/Schwarze, Kommentar zum EU-/EG-Vertrag, Art. 310 EG Rn 11).

b) Sachlicher Regelungsbereich

Der Wortlaut des Art. 217 AEUV (= Art. 310 EG) gibt keinen Aufschluss darüber, welche sachlichen Inhalte Assoziationsabkommen haben dürfen. Daher ist umstritten, ob und wenn ja in welchem Umfang die Vorschrift einen materiellen Kern besitzt. Eine Ansicht in der Literatur geht dahin, dass es sich lediglich um eine verfahrensrechtliche Vorschrift handele, die der Ergänzung durch eine Ermächtigung für den jeweiligen Gegenstandsbereich des Abkommens bedarf (*Meessen*, EuR 1980, 36, 38 f). Die Gegenmeinung weist zu Recht darauf hin, dass die Vorschrift dann praktisch überflüssig wäre, wenn sie sich lediglich auf eine formale Regelung von Abkommensabschlüssen nach anderen Vorschriften des AEUV beschränken würde (*Weber, C.*, Der assoziationsrechtliche Status, 27). Die hM geht daher von einem originären sachlichen Regelungsbereich aus. Keine Einigkeit besteht jedoch darüber, ob es sich um eine **umfassende Regelungskompetenz** handelt, die alle der Union zugewiesenen Regelungsmaterien bis hin zur Vertragsänderung – dann allerdings unter Beachtung des besonderen Verfahrens nach Art. 48 EUV – erfasst oder ob es zumindest einer entsprechenden inneren Zuständigkeit der Union bedarf (vgl. u.a. *Krück*, EuR 1984, 289, 297 ff; *Lang*, Drittstaatsangehörige, 205 ff).

Der EuGH hat in einer Leitentscheidung (Rs. 22/70 (AETR), Slg 1971, 263; bestätigt u.a. in Rs. 3, 4, 6/76 (Kramer), Slg 1976, 1279; Gutachten 1/76 (Rheinschifffahrt), Slg 1977, 741) festgestellt, dass eine Außenzuständigkeit der Union aus allen Vertragsbestimmungen und den in ihrem Rahmen ergangenen Rechtsakten der Unionsorgane fließen kann. Soweit die Union Rechtsnormen erlassen hat, sind die Mitgliedstaaten – schon aufgrund von Art. 4 Abs. 3 AEUV (= Art. 10 EG) – gehindert, mit dritten Staaten Verpflichtungen einzugehen, die diese Normen beeinträchtigen. Damit kann in diesen Bereichen nur noch die Union vertragliche Verpflichtungen gegenüber dritten Staaten übernehmen und erfüllen. Nach dieser Rechtsprechung lässt sich also von der Innen- auf die Außenkompetenz schließen. Die ausschließliche Außenzuständigkeit der Union ist grundsätzlich davon abhängig, dass sie ihre Binnenkompetenz zuvor bereits wahrgenommen hat (EuGH Gutachten 1/94 (WTO), Slg 1994, I-5276 ff, Rn 77; Gutachten 2/92 (OECD), Slg 1995, I-521 ff, Rn 30).

4 Soweit es um den Bereich **der Arbeitnehmerfreizügigkeit oder der sozialen Sicherheit** der Wanderarbeitnehmer geht, waren vor Inkrafttreten des Amsterdamer Vertrages nach der hM die Kompetenzen der Union aus Art. 45, 46 und 48 AEUV (= Art. 39, 40 und 42 EG) auf Regelungen, die sich auf die Angehörigen der Mitgliedstaaten und ihre Familienangehörigen beziehen, beschränkt. Diese Vorschriften verliehen der Union grundsätzlich keine Kompetenzen zur Regelung der Rechtsverhältnisse Drittstaatsangehöriger in diesem Bereich (*Krück*, EuR 1984, 289, 296; *Schumacher*, DRV 1995, 681, 684; *Richter*, Assoziierung, 113; *Hailbronner*, Freizügigkeit, Rn 59; aA *Dimakopoulos*, InfAuslR 1988, 309, 313). Der Gerichtshof sah sich in der Rechtssache Demirel dennoch zur Auslegung des Assoziationsabkommens befugt. Da ein Assoziierungsabkommen eine besondere und privilegierte Beziehung mit einem Drittstaat schaffe, der zumindest teilweise am Unionssystem teilhaben müsse, müsse Art. 310 EG (jetzt Art. 217 AEUV) der Union notwendigerweise die Zuständigkeit dafür einräumen, die Erfüllung der Verpflichtung gegenüber Drittstaaten in allen vom EWG-Vertrag erfassten Bereichen sicherzustellen. Da die Freizügigkeit der Arbeitnehmer einen der vom Vertrag erfassten Bereiche darstelle, fielen die diese Materien betreffenden Verpflichtungen in die Zuständigkeit der Union (Rs. 12/86 (Demirel), Slg 1987, 3747 Rn 9). Auch wenn diese Hinweise auf die Vertragsschlusskompetenzen keine Entscheidungserheblichkeit besitzen, da allein die Auslegungskompetenz in Frage stand, sehen sich durch dieses Urteil die Vertreter einer **umfassenden Vertragsschlusskompetenz**, die die AETR-Doktrin im Rahmen von Art. 217 AEUV (= Art. 310 EG) als nicht anwendbar ansehen, bestätigt (*Weber, C.*, Der assoziationsrechtliche Status, 29 f; *Vedder*, EuR 1994, 202, 207; Weiler, EJIL 1992, 65, 74 ff; die Bedeutung der Aussage des EuGH einschränkend *Neuwahl*, E.L.Rev. 1988, 360, 364; kritisch hingegen *Hailbronner*, in: FS Everling, 399, 405; *Richter*, Assoziierung, 111; *Lang*, Drittstaatsangehörige, 206 f; *Maresceau*, Actualités du droit 1994, 249, 252). Die verschiedenen Auffassungen zum Umfang der Vertragsabschlusskompetenzen im Bereich des Art. 217 AEUV (= Art. 310 EG) haben aber keine praktischen Schwierigkeiten ergeben, da die bisherigen Assoziierungsabkommen fast alle als so genannte gemischte Abkommen geschlossen wurden. Seit Inkrafttreten des Amsterdamer Vertrages hat die Union unstreitig im Rahmen der Einwanderungspolitik auch Kompetenzen in Bezug auf die Rechte von Drittstaatsangehörigen (vgl Art. 79 AEUV = Art. 63 Nr. 3, Nr. 4 EG). Die Kompetenzen im Bereich der Freizügigkeit dürften auch weitere Kompetenzen im Bereich der sozialen Sicherheit und vor allem auch der sozialen Vergünstigung, die idR an den Wohnsitz anknüpft, nach sich ziehen.

c) Gemischte Abkommen

5 Bei gemischten Abkommen treten auf der einen Seite die Union und die Mitgliedstaaten und auf der anderen Seite der oder die Drittstaat(en) bzw eine Organisation als Vertragspartner auf. Der EuGH hat die grundsätzliche Zulässigkeit derartiger Abkommen anerkannt (Gutachten 1/76 (Rheinschifffahrt), Slg 1977, 741, Rn 6, 7; dazu auch *Meessen*, EuR 1980, 36, 40 f; *Richter*, Assoziierung, 194 ff). Soweit ein Abkommen auch Materien betrifft, die nicht in die Zuständigkeit der Union fallen, ist eine Beteiligung der Mitgliedstaaten erforderlich (EuGH, Gutachten 1/78 (Naturkautschuk), Slg 1979, 2871, Rn 60). Durch die Beteiligung der Mitgliedstaaten an den Assoziierungsabkommen ist in diesen Fällen im Hinblick auf den Vertragsabschluss eine genaue **Abgrenzung der Kompetenzen** von Union und Mitgliedstaaten im Abkommen nicht nötig (*Schumacher*, DRV 1995, 681, 684; *Maresceau*, Actualités du droit 1994, 249, 251). Soweit eine klare Trennung der Zuständigkeitsbereiche fehlt, macht dies die Kompetenzabgrenzung innerhalb der

Union für den Vertragspartner intransparent. In der Konsequenz sind daher dann sowohl die Union als auch die Mitgliedstaaten für den gesamten Vertrag völkerrechtlich verantwortlich.

2. Verfahren

Die Assoziationsabkommen werden als **völkerrechtliche Verträge** abgeschlossen. Das Verfahren innerhalb der Union ergibt sich aus den Bestimmungen des Art. 218 AEUV (= Art. 300 EG). Die Vertragsverhandlungen werden von der Kommission geführt, der vom Rat zu diesem Zweck ein Mandat erteilt wird. Der Abschluss eines Abkommens nach Art. 217 AEUV (= Art. 310 EG) bedarf eines einstimmigen Ratsbeschlusses und der Zustimmung des Europäischen Parlaments. Bei den gemischten Abkommen wird die EU-Seite meist durch eine gemeinsame Delegation aus Vertretern der Kommission und der Mitgliedstaaten repräsentiert. IdR schließen dann zunächst die Mitgliedstaaten das Abkommen bindend ab und anschließend die EU.

3. Assoziationsrecht

a) Primäres Assoziationsrecht

Zum primären Assoziationsrecht zählen Assoziationsabkommen einschließlich von Protokollen und Anhängen. Die Abkommen sind völkerrechtliche Verträge, unterliegen also den Regeln des Völkerrechts. Zugleich bilden sie mit ihrem Inkrafttreten einen **integrierenden Bestandteil der Unionsrechtsordnung** (EuGH, Rs. 181/73 (Haegeman), Slg 1974, 449, Rn 5; Rs. 12/86 (Demirel), Slg 1987, 3747, Rn 7; Rs. 30/88 (Griechenland / Kommission), Slg 1988, 3733, Rn 12). Indem den Unionsorganen in Art. 300 EG (jetzt Art. 218 AEUV) die Befugnis verliehen wurde, Abkommen mit dritten Ländern abzuschließen, die sowohl die Organe als auch die Mitgliedstaaten binden, erfüllen die Mitgliedstaaten, indem sie dafür sorgen, dass die Verpflichtungen aus einem solchen Abkommen eingehalten werden, eine Pflicht, die nicht nur dem Drittland, sondern auch und vor allem der Union gegenüber besteht (EuGH, Rs. 104/81 (Kupferberg), Slg 1982, 3641, Rn 11-13). Aus der völkerrechtlichen Verpflichtung der Union gegenüber dem Vertragspartner ergibt sich auch der **Vorrang** der Abkommen vor innerstaatlichem Recht und sekundärem Unionsrecht (vgl EuGH, Rs. 17/81 (Pabst & Richarz, KG), Slg 1982, 1331, Rn 27). Bei den gemischten Abkommen ergibt sich schon aus der Stellung als Vertragspartner eine eigenständige völkerrechtliche Bindung der Mitgliedstaaten für die Bereiche der Abkommen, die in ihre Kompetenz fallen.

b) Sekundäres Assoziationsrecht

In der Regel sehen die Assoziationsabkommen **gemeinsame Organe** der Vertragspartner vor (Assoziations- bzw Kooperationsräte, beauftragte Ausschüsse). Diese sind völkerrechtliche Vertrags- oder Kollektivorgane, nicht jedoch Organe einer eigenständigen internationalen Organisation. Sie können nicht nur unverbindliche Empfehlungen und Stellungnahmen abgeben, sondern werden durch das Abkommen auch ermächtigt, durch bindende Beschlüsse sekundäres Assoziationsrecht zu schaffen. Nach verbreiteter Ansicht sind diese Beschlüsse als im vereinfachten Verfahren geschlossene völkerrechtliche Verträge anzusehen. Da durch den Rat im Assoziationsrat der völkerrechtlich verbindliche Abschluss herbeigeführt wird, lassen sich diese vereinfachten Abkommen als „Handlung eines Organs der Union", und damit sekundäres Unionsrecht qualifizieren (ausführlich *Vedder*, EuR 1994, 202, 208 f; zur Parallelität zu Richtlinien vgl *Gutmann*, Assoziationsfreizügigkeit, 58; aA *Weber, C.*, Der assoziationsrechtliche Status, 57 f). Der EuGH argumentiert dagegen mit dem unmittelbaren Zusammenhang der Beschlüsse wie auch der nicht bindenden Handlungen der Organe mit dem Abkommen, zu dessen Durchführung sie ergehen, ohne sich auf eine bestimmte Rechtsnatur festzulegen. Sie seien daher ebenso wie das Abkommen selbst von ihrem Inkrafttreten an **integrierender Bestandteil der Unionsrechtsordnung** (Rs. 30/88 (Griechenland / Kommission), Slg 1989, 3733, Rn 13; Rs. C-192/89 (Sevince), Slg 1990, I-3497, Rn 9; Rs. C-188/91 (Deutsche Shell AG), Slg 1993, I-383, Rn 1; für die Erforderlichkeit eines Umsetzungsaktes *Hailbronner*, in: FS Everling, 399, 409).

9 Wenn die Vertragsparteien den Assoziationsrat zum Erlass verbindlicher **Beschlüsse** ermächtigt haben, hängt die Verbindlichkeit dieser Beschlüsse nicht vom Erlass von Durchführungsmaßnahmen durch die Vertragsparteien ab (EuGH, Rs. C-277/94 (Taflan-Met), Slg 1996, I-4101, Rn 20). Damit ist jedoch noch nichts darüber ausgesagt, ob sie auch unmittelbar anwendbar sind (*Vedder*, EuR 1994, 202, 211 f).

4. Auslegung des Assoziationsrechts
a) Rechtsprechungskompetenz des EuGH

10 Nach Art. 218 Abs. 11 AEUV (= Art. 300 Abs. 6 EG) kann vor Abschluss eines Abkommens ein **Gutachten** des EuGH über die Vereinbarkeit des Abkommens mit den Verträgen eingeholt werden. Da es sich bei den Abkommen um einen integrierenden Bestandteil der Unionsrechtsordnung handelt (EuGH, Rs. 181/73 (Haegeman), Slg 1974, 449, Rn 2/6) ist auch die Befassung des Gerichtshofes im Klagewege möglich, wenn die Gültigkeit, die Auslegung oder ein Verstoß gegen ein Abkommen nach Art. 218 AEUV (= Art. 300 EG) in Frage steht. Insbesondere für das Vorabentscheidungsverfahren hat der EuGH festgestellt, dass ein vom Rat gemäß den Art. 217 f AEUV (= Art. 300 und 310 EG) geschlossenes Abkommen für die Union eine Handlung eines Organs der Union iSd Art. 267 Abs. 1 lit. b) AEUV (= Art. 234 Abs. 1 lit. b) EG) darstellt und der Gerichtshof daher im Rahmen der Unionsrechtsordnung zur **Vorabentscheidung** über die Auslegung des Abkommens befugt ist (EuGH, Rs. 181/73 (Haegeman), Slg 1974, 449, Rn 5; Rs. 12/86 (Demirel), Slg 1986, 3747, Rn 7; Gutachten 1/76 (Rheinschifffahrt), Slg 1977, 741, Rn 18).

11 Aus der Befugnis zur **Auslegung** des Abkommens als einer Handlung eines Unionsorgans hat der EuGH dann auch die Befugnis abgeleitet, über die Auslegung von Beschlüssen des durch das Abkommen geschaffenen und mit dessen Durchführung beauftragten Organs zu entscheiden (Rs. C-192/89 (Sevince), Slg 1990, I-3497, Rn 10) und sah sich trotz ausdrücklicher Aufforderung durch die Bundesrepublik Deutschland im Zusammenhang mit der Rechtssache Kus auch nicht veranlasst, diese Kompetenz genauer zu begründen (Rs. C-237/91, Slg 1992, I-6807, Rn 9).

12 Bei gemischten Abkommen, die auch Bereiche betreffen, die nicht in die Zuständigkeit der Europäischen Union fallen, stellt sich die Frage der Auslegungskompetenz des EuGH neu. In der Rechtssache Demirel hat der Gerichtshof die Frage seiner Zuständigkeit hinsichtlich der Auslegung von Bestimmungen **gemischter Abkommen**, die eine Verpflichtung enthalten, die nur die Mitgliedstaaten im Bereich ihrer eigenen Zuständigkeiten übernehmen konnten, ausdrücklich offen gelassen (Rs. 12/86, Slg 1987, 3747, Rn 9). Nicht entscheidend für die Auslegungszuständigkeit des EuGH ist sicherlich, ob die Mitgliedstaaten oder die Union für die Durchführung eines Abkommens zuständig sind, da aufgrund der völkerrechtlichen Verpflichtung der Union eine möglichst einheitliche Auslegung erforderlich ist. Soweit es sich um eine Bestimmung handelt, die isoliert beurteilt werden kann und für die die Union unter keinem Aspekt zuständig ist, handelt es sich jedoch nicht um Unionsrecht iSv Art. 267 AEUV (= 234 EG), so dass dem Gerichtshof auch keine Auslegungskompetenz zukommt (*Hirsch*, BayVBl. 1997, 449, 450). Darin, dass der EuGH für sich die Auslegungszuständigkeit für alle Bestimmungen reklamiert, die nicht eindeutig in die exklusive Zuständigkeit der Mitgliedstaaten fallen, sieht *Neuwahl* zum einen die Gefahr konkurrierender Zuständigkeiten mitgliedstaatlicher Gerichte und des EuGH bzw den Missbrauch des EuGH als Revisionsgericht und zum anderen die, dass der Gerichtshof, wenn er auf diesem Wege mit Angelegenheiten befasst wird, die über den eigentlichen Regelungsbereich des Vertrages hinausgehen, sich in sehr umfangreichem Maße auf die Frage einlassen muss, welche Regelung im Vertrag hypothetischerweise in diesem Fall getroffen worden wäre (E.L.Rev. 1988, 360, 364 f).

b) Auslegungsmethode

Fraglich ist, nach welchen Grundsätzen das Assoziationsrecht auszulegen ist, nachdem es sich zwar um einen integrierenden Bestandteil der Unionsrechtsordnung, aber gleichwohl auch um eine völkerrechtliche Verpflichtung handelt, auf die die Regelungen des Völkerrechts anzuwenden sind. Nach Art. 31 der Wiener Vertragsrechtskonvention sind Verträge grundsätzlich nach Treu und Glauben in Übereinstimmung mit der gewöhnlichen, seinen Bestimmungen in ihrem Zusammenhang zukommenden Bedeutung und im Lichte seines Zieles und Zweckes auszulegen. Während also der völkerrechtliche Vertrag aus sich heraus ausgelegt wird, orientiert sich die **unionsrechtlichen Auslegung** an den Zielen und der Tätigkeit der Union (*Schumacher*, DRV 1995, 681, 685; EuGH Rs. 270/80 (Polydor) Slg 1982, 329, Rn 16). Je eher die Ziele eines Abkommens mit denen des EU-Vertrages übereinstimmen, um so eher können auch die allgemeinen Zielsetzungen des EU-Vertrages für die Auslegung der Bestimmungen des Abkommens mit herangezogen werden. Dies kann zB bei einem auf späteren Beitritt gerichteten Abkommen der Fall sein, aber kaum bei einem reinen Handelsabkommen (vgl *Husmann*, ZSR 1998, 100, 106; vgl auch *Weber, C.*, Der assoziationsrechtliche Status, 78; im Hinblick auf die Europaabkommen vgl *Guild*, The Europe Agreements, 333, 342).

Unter Hinweis auf die unterschiedliche Zielsetzung des EWR einerseits (Freihandels- und Wettbewerbsregelung in den Beziehungen zwischen den Vertragsparteien) und der Union andererseits hatte der Gerichtshof in einem Gutachten zum EWR festgestellt, dass auch die **wörtliche Übereinstimmung** der Bestimmungen des Abkommens mit den entsprechenden unionsrechtlichen Bestimmungen nicht bedeutet, dass beide notwendigerweise gleich auszulegen sind (Gutachten 1/91, Slg 1991, I-6084, Rn 14; vgl auch Rs. 270/80 (Polydor), Slg 1982, 329, Rn 15 zu einem Abkommen mit Portugal; Rs. C-235/99 (Kondova) v. 27.9.2001, Rn 51 zum Europaabkommen mit Bulgarien; Rs. C-351/08 (Grimme), Slg 2009, I-10777, Rn 29 zum Sektoralabkommen über die Freizügigkeit mit der Schweiz). Hingegen hat der EuGH den Begriff der sozialen Sicherheit in den Kooperationsabkommen mit den Maghrebstaaten, die durch eine globale Zusammenarbeit der Vertragsparteien die wirtschaftliche und soziale Entwicklung der Maghrebstaaten fördern sollen, ohne auf deren späteren Beitritt gerichtet zu sein, analog zu dem gleichen Begriff in der VO (EWG) Nr. 1408/71 ausgelegt (u.a. Rs. C-18/90 (Kziber), Slg 1991, I-221, Rn 25; Rs. C-58/93 (Yousfi), Slg 1994, I-1363, Rn 28; Rs. C-113/97 (Babahenini), Slg 1998, I-189, Rn 26; s.u. Rn 62). Hieran dürfte sich auch in Bezug auf die VO (EG) Nr. 883/2004 nichts ändern. Ebenso verfährt er hinsichtlich der Europaabkommen mit den Mittel- und Osteuropäischen Staaten mit dem Begriff der selbständigen Erwerbstätigkeit, der entsprechend dem unionsrechtlichen Begriff in Art. 49 AEUV (= Art. 43 EG) auszulegen ist (EuGH Rs. C-268/99 (Jany u.a.), Slg 2001, I-8615, Rn 35 ff) und dem Begriff der Arbeitsbedingungen, dem die gleiche Bedeutung zukommt wie in Art. 45 Abs. 2 AEUV (= Art. 39 Abs. 2 EG; Rs. C-162/00 (Pokrzeptowicz-Meyer), Slg 2002, I-1049, Rn 39, 41). Schließlich zieht der Gerichtshof zur Auslegung des Assoziationsratsbeschlusses Nr. 1/80 EG-Türkei auch das Sekundärrecht der VO (EWG) Nr. 1612/68 heran (vgl Rs. C-171/01 (Wählergruppe Gemeinsam), Slg 2003, I-4301; Rs. C-275/02 (Ayaz), Slg 2004, I-8765). Dies rechtfertigt sich aber schon daraus, dass die Europaabkommen und das Assoziationsabkommen mit der Türkei auf einen späteren Beitritt der Vertragspartner gerichtet sind. *Hedemann-Robinson* (CML-Rev 2001, 525, 535 f) kritisiert, dass die Einbeziehung von Sinn und Zweck des Abkommens in die Auslegung, die Entscheidungen des Gerichtshofs unvorhersehbar mache und plädiert dafür, Abkommensbestimmungen, die sich auf Individuen beziehen, unabhängig vom Verhältnis der Union zum Drittstaat nach unionsrechtlichen Standards auszulegen.

c) Unmittelbare Anwendbarkeit

Da es sich bei dem Assoziationsrecht nicht nur um eine völkerrechtliche Verpflichtung, sondern auch um einen integrierenden Bestandteil der Unionsrechtsordnung handelt, nimmt es auch an der unmittelbaren Wirkung des Unionsrechts in die nationalen Rechtsordnungen hinein teil. Die

Frage der unmittelbaren Anwendbarkeit – im Hinblick auf die Gewährung subjektiver Rechte oder einer Stand-still-Verpflichtung – ist also nach den gleichen Maßstäben zu bemessen wie im Unionsrecht (*Hirsch*, BayVBl. 1997, 449, 450). So urteilt der Gerichtshof in ständiger Rechtsprechung, dass eine Bestimmung eines Abkommens dann unmittelbar anwendbar ist, wenn sie unter Berücksichtigung ihres Wortlauts und im Hinblick auf Sinn und Zweck des Abkommens eine **klare und eindeutige** Verpflichtung enthält, deren Erfüllung oder Wirkung nicht vom Erlass eines weiteren Aktes abhängt (u.a. Rs. 17/81 (Pabst & Richarz KG), Slg 1982, 1331, Rn 27; Rs. 12/86 (Demirel), Slg 1987, 3747, Rn 14). Diese Rechtsprechung hat der Gerichtshof auch ohne weiteres auf Assoziationsratsbeschlüsse übertragen (Rs. C-192/89 (Sevince), Slg 1990, 3497, Rn 15; Rs. C-262/96 (Sürül), Slg 1999, I-2743; Rs. C-37/98 (Savas), Slg 2000, I-2946; Rs. C-162/00 (Pokrzeptowicz-Meyer), Slg 2002, I-1049, Rn 19; aA *Petersmann*, ZaöRV 1973, 266, 271; *Weber, C.*, Der assoziationsrechtliche Status, 65).

16 Sind diese Voraussetzungen erfüllt, wird die unmittelbare Anwendbarkeit einer Abkommensbestimmung nicht dadurch ausgeschlossen, dass die Vertragsparteien einen besonderen institutionellen Rahmen für Konsultationen und Verhandlungen über die Durchführung des Abkommens geschaffen haben (EuGH, Rs. 104/81 (Kupferberg), Slg 1982, 3641, Rn 20) oder dass in einem unionsinternen Durchführungsabkommen vorgesehen ist, dass Assoziationsratsbeschlüsse erst nach einstimmiger Beschlussfassung im Rat anwendbar sind (EuGH, Rs. 30/88 (Griechenland/Kommission), Slg 1989, 3733, Rn 16; anders noch BVerwG, NVwZ 1988, 251, 252). Auch die fehlende Veröffentlichung eines Assoziationsratsbeschlusses hindert ihre unmittelbare Anwendbarkeit zugunsten des Einzelnen nicht (EuGH, Rs. C-192/89 (Sevince), Slg 1990, 3497, Rn 24). Die unmittelbare Wirksamkeit kann nicht nur Bestimmungen betreffen, die individualgerichtet sind, sondern, wie zB bei Stand-still-Klauseln, auch Normen, die nur die Vertragsparteien als Adressaten haben (*Vedder*, EuR 1994, 202, 213; EuGH, Rs. C-186/10, NVwZ 2011, 1447, Rn 23).

II. Soziale Rechte in Assoziationsabkommen

17 Die folgenden Erläuterungen betreffen eine Auswahl der für den Bereich der sozialen Sicherheit wichtigsten Abkommen.

1. Überblick über die Bestimmungen mit sozialrechtlicher Relevanz

18 Die Abkommen enthalten verschiedene Bestimmungen mit sozialrechtlicher Relevanz, die je nach Abkommen und Inhalt im Einzelfall in **unterschiedlicher Intensität** ausgestaltet sind, dh eine Absichtserklärung darstellen, einen klaren Regelungsauftrag geben oder sogar unmittelbare Anwendbarkeit besitzen. Inhaltlich sind sie größtenteils an entsprechende unionsrechtliche Vorschriften angelehnt oder verweisen sogar auf sie. Teilweise gelten die Regelungen nur für die Angehörigen der Drittstaaten, teilweise ist Gegenseitigkeit vereinbart. Im Wesentlichen handelt es sich um folgende Arten von Bestimmungen:

a) Freizügigkeits- und Aufenthaltsrechte

19 Grundsätzlich enthalten die Abkommen – mit Ausnahme des Abkommens über den EWR – keine Bestimmungen, die eine **Freizügigkeit** garantieren, die mit der unionsrechtlichen Freizügigkeit nach Art. 45 AEUV (= Art. 39 EG) vergleichbar wäre. Es bleibt den Mitgliedstaaten unbenommen, die Voraussetzungen der ersten Einreise, des Aufenthalts und der Aufnahme einer abhängigen Beschäftigung zu bestimmen. Es gibt aber teilweise Bleiberechte für bereits beschäftigte Arbeitnehmer und ihre Familienangehörigen. Derartige Rechte sind auch für den Bereich der sozialen Sicherheit und sozialer Vergünstigungen insofern wichtig, als nach nationalen Bestimmungen, zB dem deutschen § 30 SGB I, die Anwendbarkeit sozialrechtlicher Bestimmungen vom **gewöhnlichen Aufenthalt** im Mitgliedstaat abhängt (zur Auslegung dieses Begriffs durch das BSG vgl

Schlikker, in: FS Franz und Müller, 531, 532 f; vgl auch *Sieveking,* in: FS Däubler, 805, 817; *ders.,* ZAR 1998, 201, 206).

b) Diskriminierungsverbote

Die Abkommen enthalten meist Diskriminierungsverbote, die sich einerseits auf die **Arbeitsbedingungen**, andererseits auf den Bereich der **sozialen Sicherheit** beziehen und dort jede Ungleichbehandlung aufgrund der Staatsangehörigkeit für die Arbeitnehmer des Vertragsstaates und ihre Familienangehörigen verbieten. Diese Verbote sind von großer praktischer Bedeutung, da sie kaum einer weiteren Konkretisierung bedürfen und der Gerichtshof sie deshalb grundsätzlich als in den Mitgliedstaaten unmittelbar anwendbares Recht betrachtet.

20

c) Koordinierung der Systeme der sozialen Sicherheit

Die Abkommen treffen idR Bestimmungen zur Koordinierung der Systeme der sozialen Sicherheit. Es sollen im Hinblick auf bestimmte Leistungen Versicherungs-, Beschäftigungs- und Aufenthaltszeiten in den verschiedenen Mitgliedstaaten zusammengerechnet werden. Eine Zusammenrechnung mit sozialrechtlichen Zeiten in dem jeweiligen Drittstaat findet nicht statt. Die Arbeitnehmer erhalten Familienbeihilfen für ihre in der Union wohnenden Familienangehörigen. Bestimmte Geldleistungen sollen, entweder nur in den Drittstaat oder auch frei transferierbar sein. Diese Bestimmungen bedürfen idR weiterer Ergänzungen, um anwendbar zu sein.

21

d) Aufrechterhaltung bilateraler Abkommen

Alle unten erläuterten Abkommen enthalten Bestimmungen, aufgrund derer Rechte und Pflichten, die sich aus bilateralen Abkommen ergeben, aufrechterhalten werden, soweit sie für die Staatsangehörigen des Drittstaates oder der Mitgliedstaaten günstigere Regelungen enthalten.

22

2. Abkommen über den Europäischen Wirtschaftsraum (EWR)

Am 2.5.1992 wurde nach langen Verhandlungen das Abkommen über den Europäischen Wirtschaftsraum zwischen der EG, der EGKS, den damals noch zwölf Mitgliedstaaten der Europäischen Union und den **EFTA-Staaten** unterzeichnet. Nach Ablehnung durch die Schweiz und nach den nötigen Anpassungen aufgrund des Zollanschlussvertrages zwischen der Schweiz und Liechtenstein trat es am 1.1.1994 ohne Beteiligung der Schweiz, der jedoch der spätere Beitritt vorbehalten blieb, in Kraft (ABl. 1994 L 1, S. 1 ff). Nach dem Beitritt der EFTA-Staaten Österreich, Schweden und Finnland zur EG/EU am 1.1.1995 bleiben als Vertragspartner nur noch Norwegen, Liechtenstein und Island.

23

Durch das EWR-Abkommen, das etwa zwei Drittel des unionsrechtlichen Rechtsbestandes übernommen hat, werden zwischen den Unterzeichnerstaaten und der Union **binnenmarktähnliche Verhältnisse** geschaffen. Es gelten die vier Grundfreiheiten. Neben einem allgemeinen Verbot jeglicher Diskriminierung in Art. 0 des Abkommens wird in Art. 28 EWR-Abkommen festgelegt, dass die Freizügigkeit der Arbeitnehmer hergestellt wird. Art. 29 enthält die Garantien im Bereich der sozialen Sicherheit. Diese werden in der Anlage VI näher bestimmt. Mit einigen Modifikationen wird hier das gesamte unionsrechtliche Koordinationsrecht mitsamt der dazu ergangenen Beschlüsse übernommen. Nach Art. 7 EWR-Vertrag sind Rechtsakte, auf die im Abkommen Bezug genommen wird, für die Vertragsparteien verbindlich. Art. 6 EWR-Vertrag bestimmt, dass Bestimmungen, die ihrem Wesensgehalt nach mit solchen des EG-Vertrages identisch sind, im Einklang mit der bis zur Unterzeichnung ergangenen Rechtsprechung des EuGH auszulegen sind. Bei Divergenzen zwischen der Auslegung solcher Bestimmungen durch den EFTA-Gerichtshof und der Auslegung der entsprechenden Unionsbestimmungen durch den EuGH ist eine Vorlage an letzteren nach Art. 105 Abs. 3 iVm 111 EWR-Vertrag möglich. Da also auch eine einheitliche Auslegung gesichert ist, kann von einer völligen Gleichstellung der Staatsangehörigen der EFTA-

24

Staaten mit den Staatsangehörigen der Mitgliedstaaten auf dem Gebiet der Freizügigkeit und der sozialen Sicherheit gesprochen werden.

3. Assoziationsabkommen EWG-Türkei

25   Das Abkommen der EWG (Abk. 64/733 vom 12.9.1963 ABl. 1964, 3687) mit der Türkei trat am 1.12.1964 in Kraft. Die Assoziation ist auf einen späteren Beitritt der Türkei gerichtet. Für die dazu erforderliche Annäherung an die Union sieht das Abkommen **drei Stufen** vor. Eine Vorbereitungsphase von fünf Jahren, in der die Wirtschaft gefestigt wird, eine Übergangsphase von nicht mehr als zwölf Jahren zur schrittweisen Errichtung einer Zollunion und einer Annäherung der Wirtschaftspolitik und eine Endphase, die auf der Zollunion beruht und eine verstärkte Koordinierung der Wirtschaftspolitiken einschließt (Art. 3 bis 5 Abk. EWG-Türkei). Das zur näheren Ausgestaltung und zur Bestimmung der Überleitung in die Übergangsphase vorgesehene vorläufige Protokoll trat jedoch erst am 1.1.1973 in Kraft (Zusatzprotokoll vom 23.11.1970, ABl. 1972 L 293, S. 3). Die Endphase wurde am 31.12.1995 erreicht (ARB Nr. 1/95 EG-Türkei, ABl. 1996 L 35, S. 1).

a) Primäres Assoziationsrecht
aa) Freizügigkeit

26   Nach Art. 12 des Abkommens vereinbaren die Vertragsparteien, sich von den Art. 48, 49 und 50 EWG-Vertrag (jetzt Art. 45, 46 und 47 AEUV) leiten zu lassen, um untereinander die Freizügigkeit der Arbeitnehmer schrittweise herzustellen. Art. 36 des **Zusatzprotokolls** bestimmt, dass die Freizügigkeit zwischen dem Ende des zwölften und dem Ende des zweiundzwanzigsten Jahres nach Inkrafttreten des Abkommens schrittweise hergestellt wird und der Assoziationsrat die hierfür erforderlichen Regelungen festlegt.

27   Es ist umstritten, ob die Freizügigkeit nach Art. 12 des Abkommens mit der Unionsfreizügigkeit inhaltlich übereinstimmen muss oder ob sich aus dem Wortlaut „sich leiten lassen" ergibt, dass die **Assoziationsfreizügigkeit** durchaus anders ausgestaltet werden darf als die Unionsfreizügigkeit. Letzteres hat die Konsequenz, dass – auch nach Ablauf der Übergangsfrist am 30.11.1986 – eine unmittelbare Anwendbarkeit der Art. 45 ff AEUV (= Art. 39 ff EG) aufgrund der Ausgestaltungsbedürftigkeit des Art. 12 des Abkommens von vorneherein ausscheidet (so *Krück*, EuR 1994, 289, 308; *Vedder*, EuR 1988, 50, 60; English Court of Appeal, Narin, [1990] 2 C.M.L.R. 233 Rn 23; aA *Dimakopoulos*, InfAuslR 1988, 309, 310 f; vgl auch *Rumpf*, RIW 1993, 214, 218, der ein Auseinanderdriften der ursprünglich inhaltsgleichen Begriffe konstatiert).

28   Nicht entschieden ist damit jedoch, ob sich nicht in Verbindung mit Art. 7 des Abkommens eine **Stand-still-Verpflichtung** ergeben kann. Nach Art. 7 des Abkommens treffen die Vertragsparteien alle geeigneten Maßnahmen zur Erfüllung der Verpflichtungen aus dem Vertrag und unterlassen alle Maßnahmen, welche die Verwirklichung der Ziele des Abkommens gefährden. Diese Frage war Gegenstand der Entscheidung in der Rechtssache Demirel (EuGH, Rs. 12/86, Slg 1987, 3747), in der eine türkische Staatsangehörige, die in die Bundesrepublik eingereist war, um mit ihrem Mann zusammenzuleben, nach Ablauf einer zeitlich beschränkten, nur zu Besuchszwecken gültigen Aufenthaltserlaubnis ausgewiesen werden sollte. Die maßgebliche Frist, nach der ein Zuzugsrecht zum Ehegatten, der sich rechtmäßig in der Bundesrepublik aufhält, gegeben ist, hatte ursprünglich drei Jahre betragen und war durch einen Ministerialerlass auf acht Jahre verlängert worden. Während das vorlegende VG Stuttgart der Verbindung des Art. 7 des Abkommens mit Art. 12 des Abkommens und Art. 36 des Zusatzprotokolls ein Verbot dieser nachträglichen Verschärfung entnahm, hat der EuGH die Vorschriften isoliert betrachtet. Zunächst lehnte der Gerichtshof die unmittelbare Anwendbarkeit des Art. 12 des Abkommens ab. Dabei stützte er sich weniger auf den Wortlaut oder den materiellen Gehalt der Vorschrift als darauf, dass durch Art. 36 allein der Assoziationsrat für den Erlass genauer Regeln für die schrittweise Herstellung

der Freizügigkeit nach Maßgabe politischer und wirtschaftlicher Überlegungen zuständig sei. Die Bestimmungen hätten also im Wesentlichen **Programmcharakter** (Rs. 12/86 (Demirel), Slg 1987, 3747, Rn 21, 23; bestätigt in Rs. C-37/98 (Savas), Slg 2000, I-2946, Rn 41 f). Dann stellt er fest, dass sich aus Art. 7 des Abkommens kein Verbot der Einführung neuer Beschränkungen für die Familienzusammenführung herleiten lasse. Da es sich nur um eine allgemeine Verpflichtung, zur Verwirklichung der Ziele des Abkommens zusammenzuarbeiten, handele, könnten durch die Bestimmung dem Einzelnen nicht unmittelbare Rechte eingeräumt werden, die ihnen nicht bereits durch andere Bestimmungen des Abkommens zuerkannt werden (Rn 24). Der EuGH sieht damit Art. 7 des Abkommens nicht als Stand-still-Klausel, sondern nur als allgemeine Absichtserklärung an. Da der Inhalt der Assoziationsfreizügigkeit – zB ob sie den Familiennachzug überhaupt erfasst – nicht feststeht, solange der Assoziationsrat ihn nicht konkretisiert hat, wäre auch unklar, für welche innerstaatlichen Regelungen sich eine Stand-still-Verpflichtung ergeben sollte. In der Literatur wird weiterhin damit argumentiert, dass im Gegensatz zum Bereich der Freizügigkeit für den Bereich des **Dienstleistungs- und Niederlassungsrechts** in Art. 41 des Zusatzprotokolls ein ausdrückliches Verbot neuer Beschränkungen formuliert ist (vgl hierzu *Nolte*, ZaöRV 1987, 755, 767; *Hailbronner*, NVwZ 1988, 220, 222). Für dieses hat der EuGH die unmittelbare Anwendbarkeit anerkannt (EuGH, Rs. C-16/05 (The Queen, Tum und Dari), Slg 2007, I-7415; Rs. C-186/10 (Oguz), NVwZ 2011, 1447 Rn 23).

bb) Soziale Sicherheit

Zur **sozialen Sicherheit** trifft das Abkommen keine Regelung. Art. 39 des Zusatzprotokolls sieht vor, dass der Assoziationsrat im ersten Jahr nach dessen Inkrafttreten Bestimmungen auf dem Gebiet der sozialen Sicherheit für türkische Arbeitnehmer, die von einem Mitgliedstaat in einen anderen zu- oder abwandern, sowie für deren in der Union wohnende Familien trifft. Derartige Bestimmungen wurden im Assoziationsratsbeschluss Nr. 3/80 getroffen (s. Rn 45 ff). 29

cc) Diskriminierungsverbote

In Art. 9 des Abkommens erkennen die Vertragspartner im Anwendungsbereich des Abkommens und unbeschadet der besonderen Bestimmungen, die durch den Assoziationsrat noch erlassen werden, entsprechend dem in Art. 7 des EWGV (jetzt Art. 18 AEUV = Art. 12 EG) verankerten Grundsatz ein Verbot jeder **Diskriminierung** aus Gründen der Staatsangehörigkeit an. 30

Art. 9 ist als **unmittelbar anwendbar** anzusehen. Der ausdrückliche Verweis auf das unionsrechtliche Diskriminierungsverbot und der Sinn und Zweck des Abkommens, das auf einen späteren Beitritt gerichtet ist, legen es nahe, zur Auslegung von Art. 9 die vom Gerichtshof zu Art. 18 AEUV (= Art. 12 EG) entwickelten Grundsätze entsprechend heranzuziehen (ausführlich hierzu Schlussanträge GA La Pergola, Rs. C-262/96 (Sürül), Slg 1999, I-2726; allg. zur Auslegungsmethode s. Rn 13 f. Es handelt sich zudem um eine klare und eindeutige Verpflichtung, die keines weitern Durchführungsaktes bedarf. Der Hinweis auf die Bestimmungen, die vom Assoziationsrat noch erlassen werden, gibt Raum für speziellere Regelungen in Teilbereichen, kann dem Diskriminierungsverbot jedoch nicht seine Unbedingtheit nehmen. In der Rechtssache Sürül hat der Gerichtshof die unmittelbare Anwendbarkeit des sozialrechtlichen Diskriminierungsverbotes des Art. 3 Abs. 1 des ARB Nr. 3/80 u.a. damit begründet, dass es sich lediglich als Konkretisierung des allgemeinen Verbotes der Diskriminierung aus Gründen der Staatsangehörigkeit des Art. 9 des Abkommens darstellt, der auf Art. 7 EWG-Vertrag (jetzt Art. 18 AEUV) verweist (Rs. C-262/96, Slg 1999, 2743, Rn 64; entsprechend für Art. 9 ARB Nr. 1/80 in Rs. C-374/03 (Gürol), Slg 2005, I-6199, Rn 24). Der Gerichtshof geht also von der unmittelbaren Anwendbarkeit des Art. 9 und zugleich davon aus, dass, wie auch das unionsrechtliche Diskriminierungsverbot in Art. 18 AEUV (= Art. 12 EG), das allgemeine Diskriminierungsverbot nur dann eingreift, wenn kein spezielleres Diskriminierungsverbot einschlägig ist. Dies hat er im Verhältnis von Art. 9 zum arbeitsrechtlichen Diskriminierungsverbot in Art. 37 des Zusatzprotokolls und Art. 10 ARB Nr. 1/80 und so- 31 zialrechtlichen Diskriminierungsverbot in Art. 3 Abs. 1 ARB Nr. 3/80 bestätigt (Rs. C-102/98 u. 211/98 (Kocak und Örs), Slg 2000, I-1311, Rn 37 f; Rs. C-373/02 (Öztürk), Slg 2004, I-3605, Rn 49; vgl auch EuGH, Rs. C-85/96 (Martínez Sala), Slg 1998, I-2708, Rn 59 ff; *Verschueren*, EJML 1999, 371, 377 f). Eine eigenständige Bedeutung kann Art. 9 daher vor allem in Bezug auf die Niederlassungs- und Dienstleistungsfreiheit erlangen (EuGH, Rs. C-92/07 (Kommission / Niederlande), Slg 2010, I-3683, Rn 75).

32 Art. 9 des Abkommens ist also dann heranzuziehen, wenn einerseits der persönliche und sachliche Anwendungsbereich des Abkommens eröffnet ist und andererseits kein spezielleres Diskriminierungsverbot Anwendung findet (EuGH, Rs. C-373/02 (Öztürk), Slg 2004, I-3605, Rn 49). Eine **Konkretisierung** des Diskriminierungsverbotes in Bezug auf die Arbeitsbedingungen und das Entgelt findet sich in Art. 37 des Zusatzprotokolls, das nach seinem Art. 62 Bestandteil des Abkommens ist.

b) Sekundäres Assoziationsrecht

33 Nach Art. 6 iVm Art. 22 des Abkommens ist der **Assoziationsrat** befugt, zur Verwirklichung der Ziele des Abkommens und in den darin vorgesehenen Fällen, Beschlüsse mit bindender Wirkung für die Vertragsparteien zu fassen. Diese Beschlüsse werden mit ihrem In-Kraft-Treten integrierender Bestandteil der Unionsrechtsordnung (s. Rn 8).

34 Die **unmittelbare Geltung** der Assoziationsratsbeschlüsse ist unter Hinweis auf Art. 2 Nr. 1 des von den im Rat vereinigten Vertretern der Mitgliedstaaten abgeschlossenen Abkommens zur Durchführung des Assoziationsabkommens (64/737 EWG, ABl. 1964, S. 3703) bestritten worden (vgl *Delbrück/Tietje*, ZAR 1995, 29, 32; *Schumacher*, DRV 1995, 681, 688). Nach dieser Bestimmung wird die Anwendbarkeit der Beschlüsse und Empfehlungen des Assoziationsrates im Bereich der Zuständigkeit der Union durch einstimmige Ratsbeschlüsse ausgesprochen. Nach Nr. 2 treffen bei fehlender Unionszuständigkeit die Mitgliedstaaten die erforderlichen Maßnahmen. Schon aus dem Zusammenspiel von Nr. 1 und 2 ergibt sich, dass Art. 2 des Durchführungsabkommens im Wesentlichen die Zuständigkeitsverteilung zwischen Union und Mitgliedstaaten regeln soll. Im Übrigen war an diesem Abkommen die Türkei nicht beteiligt. Würden sich die Parteien, die der Verbindlichkeit der Beschlüsse nach Art. 22 des Assoziationsabkommens zugestimmt haben, dieser Verpflichtung einseitig entziehen, so läge darin ein Verstoß gegen das Abkommen selbst (EuGH, Rs. C-277/94 (Taflan-Met u.a.), Slg 1996, I-4100, Rn 19; *Sieveking*, NZS 1994, 213, 215 f).

aa) Assoziationsratsbeschluss Nr. 1/80 über die Entwicklung der Assoziation

35 Art. 36 Abs. 2 des Zusatzprotokolls gibt dem Assoziationsrat auf, Regelungen zur schrittweisen Verwirklichung der **Freizügigkeit** zu treffen. Diese wurden erstmals im Beschluss des Assoziationsrates Nr. 2/76 getroffen. Dieser wurde durch die günstigeren sozialen Bestimmungen im Assoziationsratsbeschluss Nr. 1/80 vom 19.9.1980 mit Wirkung ab dem 1.12.1980 abgelöst (vgl Art. 16 ARB Nr. 1/80; zum Rangverhältnis der Beschlüsse EuGH, Rs. C-434/93 (Bozkurt), Slg 1995, I-1475, Rn 14). Der Beschluss Nr. 1/80 wurde nicht amtlich veröffentlicht (Abdruck im Runderlass der BA v. 24.11.1980, ANBA 1981, Nr. 1 S. 2 und InfAuslR 1982, 34). Dies hinderte den EuGH in seiner ersten grundlegenden Entscheidung zu diesem Beschluss, in der er auch zum ersten Mal seine Auslegungskompetenz für Beschlüsse von in Assoziationsabkommen eingesetzten gemeinsamen Organen begründete, nicht daran, einzelnen Bestimmungen des Beschlusses zugunsten des Einzelnen unmittelbare Anwendbarkeit zu attestieren (Rs. C-192/89 (Sevince), Slg 1990, I-3497, Rn 24).

36 Der EuGH sieht die sozialen Bestimmungen des Beschlusses als einen weiteren, von Art. 39, 40 und 41 EG (jetzt Art. 45, 46 und 47 AEUV) geleiteten Schritt zur Herstellung der Freizügigkeit der Arbeitnehmer und erachtet es daher als unabdingbar, dass auf türkisches Arbeitnehmer, die

die im Beschluss Nr. 1/80 eingeräumten Rechte besitzen, soweit wie möglich die im Rahmen des Vertrages geltenden Grundsätze übertragen werden (u.a. Rs. C-434/93 (Bozkurt), Slg 1995, I-1475 Nr. 14, 19, 20; Rs. C-351/95 (Kadiman), Slg 1997, I-2133, Rn 30). Hierzu gehört auch, dass vergleichbare Regelungen, möglichst gleich ausgelegt werden. Hierbei zieht der EuGH ergänzend auch sekundäres Unionsrecht heran (vgl EuGH, Rs. C-136/03 (Dörr und Ünal), Slg 2005, I-4759, Rn 63). Dennoch ist diese **Assoziationsfreizügigkeit** nicht gleichbedeutend mit der Unionsfreizügigkeit, da unter anderem das Recht der Mitgliedstaaten, die erstmalige Einreise und Aufnahme einer Arbeitsstelle zu beschränken, nicht berührt wird und sich die Rechte aus dem Beschluss auf den jeweiligen Aufnahmemitgliedstaat beschränken (vgl auch EuGH, Rs. C-351/91 (Kadiman), Slg 1997, I-2133, Rn 30, 31; Rs. C-37/98 (Savas), Slg 2000, I-2946, Rn 58 f, 65; Rs. C-275/02 (Ayaz), Slg 2004, I-8765, Rn 35).

(1) Recht auf Zugang zum Arbeitsmarkt

In Art. 6 Abs. 1 ARB Nr. 1/80 wird dem türkischen Arbeitnehmer, der dem regulären Arbeitsmarkt eines Mitgliedstaates angehört, nach einem Jahr ordnungsgemäßer Beschäftigung das Recht auf Verlängerung der Arbeitserlaubnis bei dem gleichen Arbeitgeber und nach drei Jahren das Recht gewährt, sich – vorbehaltlich des Vorrangs der Arbeitnehmer aus den Mitgliedstaaten – um einen Arbeitsplatz im gleichen Beruf zu bewerben. Nach vier Jahren ordnungsgemäßer Beschäftigung besteht ein freier Zugang zu jedem abhängigen Beschäftigungsverhältnis. In der Rechtssache Sevince stellte der Gerichtshof fest, dass Art. 6 Abs. 1 3. Spiegelstrich ARB Nr. 1/80 klar, eindeutig und nicht an eine Bedingung geknüpft und damit **unmittelbar anwendbar** sei. Diese Feststellung werde durch die Prüfung von Sinn und Zweck der Beschlüsse erhärtet (Rs. C-192/89, Slg 1990, I-3497, Rn 17, 19). Das Gericht sah sich an dieser Feststellung nicht dadurch gehindert, dass nach Art. 6 Abs. 3 ARB 1/80 die Einzelheiten der Durchführung der den türkischen Arbeitnehmern zuerkannten Rechte durch einzelstaatliche Vorschriften festgelegt werden. Dadurch würden die Mitgliedstaaten nicht ermächtigt, das genau bestimmte Recht an Bedingungen zu binden oder einzuschränken (Rs. C-292/89 (Sevince), Slg 1990, I-3497, Rn 22). Seitdem wird Art. 6 Abs. 1 ARB Nr. 1/80 in ständiger Rechtsprechung als unmittelbar anwendbar angesehen. 37

Die Rechtswirkungen und die Auslegung der einzelnen Tatbestandsmerkmale dieser Bestimmungen waren Gegenstand zahlreicher Entscheidungen des Gerichtshofes (Rs. C-192/89 (Sevince), Slg 1990, I-3497; Rs. C-237/91 (Kus), Slg 1992, I-6807; Rs. C-434/93 (Bozkurt), Slg 1995, I-1493; Rs. C-171/95 (Tetik), Slg 1997, I-329; Rs. C-389/95 (Eker), Slg 1997, I-2707; Rs. C-285/95 (Kol), Slg 1997, I-3079; Rs. C-36/96 (Günaydin), Slg 1997, I-5143; Rs. C-98/96 (Ertanir), Slg 1997, I-5179; Rs. C-1/97; Rs. C-1/97 (Birden), Slg 1998, I-7767; Rs. C-340/97 (Nazli), Slg 2000, I-957; Rs. C-188/00 (Kurz), Slg 2002, I-10712; EuGH, Rs. C-136/03 (Dörr und Ünal), Slg 2005, I-4759; Rs. C-230/03 (Sedef), Slg 2006, I-157). 38

Sofern die Voraussetzungen der Vorschrift erfüllt sind, folgt aus ihr das Recht auf Zugang zum **Arbeitsmarkt** und auf Ausübung einer Beschäftigung. Obwohl es sich um eine rein beschäftigungsrechtliche Regelung handelt, die nichts über die aufenthaltsrechtliche Stellung des Arbeitnehmers aussagt, hat der EuGH aus ihr auch ein **Aufenthaltsrecht** abgeleitet. Ohne ein entsprechendes Recht, sich in dem betreffenden Mitgliedstaat aufzuhalten, sei das Recht, einer Beschäftigung im Mitgliedstaat nachzugehen, wirkungslos (st.Rspr seit Rs. C-192/89 (Sevince), Slg 1990, I-3497, Rn 29; aA noch BVerwG, NVwZ 1988, 251, das sich aufgrund der Offenkundigkeit seiner Auslegung nicht zu einer Vorlage an den EuGH verpflichtet sah; aA auch *Hailbronner*, FS Everling, 399, 409). Der Gerichtshof bedient sich damit des Grundsatzes der praktischen Wirksamkeit, ohne dies im Einzelnen darzulegen (vgl hierzu Anm. von *Saenger*, ZAR 1993, 34, 36, zu EuGH, Rs. C 237/91 (Kus), Slg 1992, I-6807). Aus der arbeits- und aufenthaltsrechtlichen Position können Ansprüche auf wohnortabhängige Sozialleistungen folgen (*Sieveking*, ZAR 1998, 201, 206). 39

Unmittelbar anwendbar ist nach der Rechtsprechung des EuGH auch Art. 7 ARB Nr. 1/80 (Rs. C-355/93 (Eroglu), Slg 1994, I-5131; Rs. C-351/95 (Kadiman), Slg 1997, 2133; Rs. C-210/97 40

(Akman), Slg 1998, I-7537; EuGH Rs. C-329/97 (Ergat), Slg 2000, I-1506; EuGH Rs. C-65/98 (Eyüp), Slg 2000, I-4765; vgl auch Rs. C-275/02 (Ayaz), Slg 2004, I-8765; Rs. C-467/02 (Cetinkaya), Slg 2004, I-10895; Rs. C-325/05 (Derin), Slg 2007, I-6495; Rs. C-337/07 (Altun), Slg 2008, I-10323, Rn 20; Rs. C-484/07 (Pehlivan) v. 16.6.2011, Rn 39; Rs. C-371/08 (Ziebell) v. 8.12.2011, Rn 49; Rs. C-7 u. 9/10 (Kahveci u. Inan) v. 29.3.2012, Rn 24). Nach Art. 7 Satz 1 ARB Nr. 1/80 haben **Familienangehörige** eines türkischen Arbeitnehmers, die die Genehmigung erhalten haben, zu ihm zu ziehen, wenn sie dort ihren ordnungsgemäßen Wohnsitz haben, nach drei Jahren vorbehaltlich des Vorrangs der Arbeitnehmer aus den Mitgliedstaaten und nach fünf Jahren unbedingt freien Zugang zu jeder **Beschäftigung** im Lohn- oder Gehaltsverhältnis. Dabei müssen sie mit dem Arbeitnehmer so lange tatsächlich zusammenleben, wie sie nicht selbst die Voraussetzungen für den Zugang zum Arbeitsmarkt dieses Staates erfüllen (EuGH, Rs. C-329/97 (Ergat), Slg 2000, I-1506, Rn 36). Die Vorschrift gilt auch zugunsten von Kindern, die bereits in dem Mitgliedstaat geboren wurden (EuGH, Rs. C-467/02 (Cetinkaya), Slg 2004, I-10895, Rn 26). Die Rechtsstellung der Kinder und damit auch das Aufenthaltsrecht bleibt auch dann erhalten, wenn sie nicht mehr mit dem Stammberechtigten zusammenleben, sondern ein eigenständiges Leben führen (EuGH, Rs. C-373 (Aydinli), Slg 2005, I-6181; Rs. C-325/05 (Derin), Slg 2007, I-6495; Rs. C-349/06 (Polat), Slg 2007, I-8167). Bei Ehegatten ist eine zwischenzeitliche Scheidung mit späterer Wiederheirat bei fortdauerndem Zusammenleben für die Anwendung der Fristen unschädlich (EuGH, Rs. C-65/98 (Eyüp), Slg 2000, I-4765, Rn 36). Nach Art. 7 Satz 2 ARB Nr. 1/80 haben Kinder eines türkischen Arbeitnehmers, die im Aufnahmeland eine Berufsausbildung abgeschlossen haben, das Recht, sich um jedes Stellenangebot zu bewerben, sofern ein Elternteil in dem betreffenden Mitgliedstaat seit mindestens drei Jahren ordnungsgemäß beschäftigt war. Im Hinblick auf den mit dem ARB Nr. 1/80 verfolgten allgemeinen Zweck, die im sozialen Bereich bestehende Regelung für türkische Arbeitnehmer und ihre Familienangehörigen zu verbessern, um schrittweise die Freizügigkeit herzustellen, hat der Gerichtshof entschieden, dass sich Familienangehörige auch dann noch auf Art. 7 ARB Nr. 1/80 berufen können, wenn der Arbeitnehmer die Staatsangehörigkeit des Mitgliedstaats erhalten hat und gleichzeitig die türkische Staatsangehörigkeit beibehält (Rs. C-7 u. 9/10 (Kahveci u. Inan) v. 29.3.2012, Rn 24).

41 Die einmal erlangte Rechtsstellung nach Art. 7 ARB Nr. 1/80 kann grundsätzlich nur unter zwei Voraussetzungen **verloren** gehen. Zum einen, wenn die Anwesenheit des türkischen Wanderarbeitnehmers im Hoheitsgebiet des Aufnahmemitgliedstaats eine tatsächliche und schwerwiegende Gefahr für die öffentlichen Ordnung, Sicherheit oder Gesundheit darstellt, denn alle Rechte aus ARB Nr. 1/80 bestehen nach dessen Art. 14 nur vorbehaltlich der Beschränkungen, die aus Gründen der öffentlichen Ordnung, Sicherheit und Gesundheit gerechtfertigt sind; zum anderen dann, wenn der Betroffene das Hoheitsgebiet des Staates für einen nicht unerheblichen Zeitraum ohne berechtigte Gründe verlassen hat (EuGH, Rs. C-502/04 (Torun), Slg 2006, I-1563; Rs. C-325/05 (Derin), Slg 2007, I-6495; Rs. C-349/06 (Polat), Slg 2007, I-8167 Rn 54; Rs C-371/08 (Ziebell), v. 8.12.2011, Rn 49).

(2) Recht auf Zugang zur Ausbildung

42 Art. 9 Satz 1 ARB Nr. 1/80 gewährt türkischen Kindern, die in einem Mitgliedstaat ordnungsgemäß bei ihren Eltern wohnen, welche dort ordnungsgemäß beschäftigt sind oder waren, unter Zugrundelegung derselben Qualifikationen wie Kindern von Staatsangehörigen des Mitgliedstaats Zugang zum allgemeinen Schulunterricht, zur Lehrlingsausbildung und zur beruflichen Bildung. Nach Satz 2 können sie in diesem Mitgliedstaat Anspruch auf die Vorteile haben, die nach den einzelstaatlichen Rechtsvorschriften in diesem Bereich vorgesehen sind. Neben Vergünstigungen, die Schüler, Auszubildende und Studenten bei der Inanspruchnahme öffentlicher Dienstleistungen erhalten, ist hier insbesondere an Leistungen zur **Ausbildungsförderung** zu denken. In der Rechtssache Gürol (EuGH, Rs. C-374/03, Slg 2005, I-6199), in der es um den Anspruch einer türkischen Studentin auf BAföG für ihren Studienaufenthalt in der Türkei ging, hat der EuGH entschieden, dass wie Art. 6 und 7 ARB Nr. 1/80 auch Art. 9 ARB Nr. 1/80 unmittelbar

anwendbar ist. Das Erfordernis des Wohnens bei den Eltern bleibt auch dann erfüllt, wenn das Kind seinen Hauptwohnsitz an den Studienort verlegt und nur einen Nebenwohnsitz bei den Eltern behält. Aufgrund Art. 9 ARB Nr. 1/80 haben daher türkische Studenten unter den gleichen Voraussetzungen wie die Staatsangehörigen des Mitgliedsstaats Anspruch auf Ausbildungsförderung für ein Auslandsstudium.

(3) Arbeitsrechtliches Gleichbehandlungsgebot und Stillhalteklausel

Nach Art. 10 Abs. 1 ARB 1/80 räumen die Mitgliedstaaten den türkischen Arbeitnehmern, die ihrem regulären Arbeitsmarkt angehören, eine Rechtsposition ein, die gegenüber den Arbeitnehmern aus der Union hinsichtlich des Arbeitsentgeltes und der sonstigen **Arbeitsbedingungen** jede Diskriminierung aufgrund der Staatsangehörigkeit ausschließt. Eine entsprechende Verpflichtung findet sich bereits in Art. 37 des Zusatzprotokolls. In seiner Entscheidung in der Rechtssache Kocak und Örs (Rs. C-102/98 u. C-211/98, Slg 2000, I-1311, Rn 38) hatte der Gerichtshof in einem obiter dictum die **Diskriminierungsverbote** in Art. 37 des Zusatzprotokolls und Art. 10 Abs. 1 ARB Nr. 1/80 in ihrer rechtlichen Qualität mit dem sozialrechtlichen Diskriminierungsverbot in Art. 3 Abs. 1 ARB Nr. 3/80 gleichgesetzt, dessen unmittelbare Anwendbarkeit er bereits anerkannt hatte (s. Rn 50). Diese Rechtsprechung hat dem BAG (BB 2001, 991 mit Anm. *Breidenbach*) genügt, um ohne vorherige Vorlage an den EuGH gestützt auf Art. 10 ARB Nr. 1/80 die Befristung eines Arbeitsvertrages mit einer türkischen Fremdsprachenlektorin nach § 57 b Abs. 3 HRG aF für unwirksam zu erklären. Diese Bestimmung sah vor, dass ein sachlicher Grund, der die Befristung eines Arbeitsvertrages mit einer fremdsprachigen Lehrkraft rechtfertigt, dann vorliegt, wenn die Beschäftigung überwiegend für die Ausbildung in Fremdsprachen erfolgt. Der EuGH hatte bereits zuvor in dem Fall einer italienischen Staatsangehörigen mit dem Argument der verschleierten Diskriminierung einen Verstoß der Vorschrift gegen Art. 39 EG (jetzt Art. 45 AEUV) festgestellt (Rs. C-272/93 (Spotti), Slg 1993, I-5202). In der Rechtssache Wählergruppe Gemeinsam hatte der EuGH dann erstmals Gelegenheit, sich näher mit Art. 10 ARB Nr. 1/80 zu befassen und dessen unmittelbare Anwendbarkeit festzustellen (C-171/02, Slg 2003, I-4301, Rn 58, 67). Auch in der Literatur wird die unmittelbare Anwendbarkeit dieser Bestimmung bejaht (*Lörcher*, EuZW 1991, 395, 397; *Weiß*, InfAuslR 1998, 313, 315; *Martin/Guild*, Free Movement, 275; *Feik*, non-discrimination provisions, 226; *Hedemann-Robinson*, CMLR 2001, 525, 543; aA *Lang*, Drittstaatsangehörige, 250) und u.a. diskutiert, ob unter die sonstigen Arbeitsbedingungen auch der Familiennachzug fällt (vgl hierzu *Vedder*, EuR 1988, 50, 60 ff; *Heldmann*, InfAuslR 1995, 1, 2). Der Begriff der Arbeitsbedingungen in Art. 10 ARB Nr. 1/80 hat nach der Rechtsprechung des EuGH die gleiche Bedeutung wie in Art. 39 Abs. 2 EG (jetzt Art. 45 AEUV) und ist daher auch unter Berücksichtigung der in der VO (EWG) Nr. 1612/68 hierzu vorgenommenen Konkretisierungen auszulegen (EuGH, Rs. C-171/02 (Wählergruppe Gemeinsam), Slg 2003, I-4301, Rn 73). So fallen zB auch Gebühren für die Verlängerung einer Aufenthaltserlaubnis darunter (EuGH, Rs. C-92/07 (Kommission / Niederlande), Slg 2010, I-3683, Rn 75). Es können auch soziale Vergünstigungen iSd Art. 7 Abs. 2 VO (EWG) Nr. 1612/68 davon erfasst sein (so auch *Gutmann*, AuR 2000, 81, 83 ff mit Beispielen; aA *Breidenbach*, BB 2001, 993, 994).

43

Art. 13 ARB Nr. 1/80 schließlich enthält ein Verbot neuer Beschränkungen für den Zugang zum Arbeitsmarkt für die türkischen Arbeitnehmer und ihre Familienangehörigen, deren Aufenthalt und Beschäftigung ordnungsgemäß sind. Dabei bezieht sich „neu" jeweils auf den zum Zeitpunkt der Einführung neuer Regelungen erreichten Stand (vgl EuGH, Rs. C-300 und 301/09 (Toprak u. Oguz), Slg 2010, I-12845, Rn 56). Auch diese **Stillhalteklausel** ist – auch wenn sie sich ihrem Wortlaut nach an die Mitgliedstaaten richtet – klar, eindeutig und nicht an Bedingungen geknüpft und damit als unmittelbar anwendbar anzusehen (EuGH, Rs. C-192/89 (Sevince), Slg 1990, I-3497, Rn 18; Rs. C-37/98 (Savas), Slg 2000, I-2946, Rn 49; Rs. C-317 u. 369/01 (Abatay u.a. und Sahin), Slg 2003, I-12301, Rn 58; *Vedder*, EuR 1988, 50, 64; vgl aber *Andreoli*, Drittstaatsangehörige, 26). Die Stillhalteklausel hat nicht die Wirkung einer materiell-rechtlichen Vorschrift, sondern legt als gleichsam verfahrensrechtliche Vorschrift in zeitlicher Hinsicht fest, welche Be-

44

stimmungen anzuwenden sind (zur Stillhalteklausel in Art. 41 des Zusatzprotokolls EuGH, Rs. C-186/10 (Oguz), NVwZ 2011, 1447 Rn 28). Der Erlass neuer Vorschriften, die in gleicher Weise auf türkische Staatsangehörige und Unionsbürger Anwendung finden, ist zulässig, da nach Art. 59 des Zusatzprotokolls türkische Staatsangehörige keine günstigere Position als Unionsbürger haben dürfen (EuGH, Rs. C-92/07 (Kommission / Niederlande), Slg 2010, I-3683, Rn 62).

bb) Assoziationsratsbeschluss Nr. 3/80 über die Anwendung der Systeme der sozialen Sicherheit der Mitgliedstaaten der Europäischen Gemeinschaften auf die türkischen Arbeitnehmer und deren Familienangehörige

45 Art. 39 des Zusatzprotokolls ermächtigt den Assoziationsrat, Bestimmungen auf dem Gebiet der **sozialen Sicherheit** für Arbeitnehmer türkischer Staatsangehörigkeit zu erlassen, die von einem Mitgliedstaat in einen anderen zu- oder abwandern, sowie für deren in der Union wohnende Familien. Die Bestimmungen sollen Regelungen zur Zusammenrechnung von Versicherungs- und Beschäftigungszeiten, die Zahlung von Familienzulagen und den Transfer von Renten treffen. Günstigere Regelungen in bilateralen Abkommen bleiben bestehen. Ein entsprechender Beschluss des Assoziationsrates ist am 19.9.1980 ergangen (ARB Nr. 3/80, ABl. 1983 C 110, S. 60 ff v. 25.4.1983). Der Beschluss enthält keine Bestimmung über sein Inkrafttreten. Der Generalanwalt *La Pergola* hat in seinem Schlussantrag zur Rechtssache Taflan-Met (Rs. C-277/94, Slg 1996, I-4087) ausführlich begründet, warum daraus der Schluss zu ziehen ist, dass er noch keine Geltung erlangt hat und ohne eine entsprechende Willensäußerung des Rates auch nicht erlangen kann. Der EuGH hingegen hat ohne Auseinandersetzung mit diesen Argumenten festgestellt, dass der Beschluss mit dem Tag seines Erlasses am 19.9.1980 in Kraft getreten ist, da nach Art. 22 des Abkommens die Beschlüsse des Assoziationsrates Verbindlichkeit erlangten, die Vertragsparteien dieser Verbindlichkeit zugestimmt hätten und damit gegen das Abkommen verstießen, wenn sie sich dieser Verbindlichkeit entzögen (Rs. C-277/94 (Taflan-Met u.a.), Slg 1996, I-4100, Rn 18 bis 21).

46 Ziel des Beschlusses ist eine **Koordination** der Systeme der sozialen Sicherheit der Mitgliedstaaten dahingehend, dass die in der Union beschäftigten türkischen Arbeitnehmer sowie deren Familienangehörige und Hinterbliebene Leistungen in den herkömmlichen Zweigen der sozialen Sicherheit beziehen können (EuGH, Rs. C-277/94 (Taflan-Met u.a.), Slg 1996, I-4100, Rn 3). Der Beschluss knüpft an die wahrgenommene Freizügigkeit an, ohne türkischen Staatsangehörigen ein Recht auf Freizügigkeit zu verleihen (*Hänlein*, ZAR 1998, 21, 27). Dazu trifft er der Koordinierungsverordnung vergleichbare Regelungen

(1) Inhalt

47 Der **Aufbau des Beschlusses** entspricht dem der VO (EWG) Nr. 1408/71, der Vorgängerverordnung zur VO (EG) Nr. 883/2004. Der erste Titel (Art. 1 bis 8) enthält u.a. Regelungen zu Begriffsbestimmungen, den Geltungsbereich, die Aufhebung von Wohnortklauseln, das Verhältnis zu bilateralen Abkommen und ein Verbot des Zusammentreffens von Leistungen. Nach Art. 2 gilt der Beschluss für türkische Arbeitnehmer, für welche die Rechtsvorschriften eines oder mehrerer Mitgliedstaaten gelten, für ihre Familienangehörigen, die im Gebiet eines Mitgliedstaats wohnen und für ihre Hinterbliebenen. Der Arbeitnehmerbegriff in Art. 1 lehnt sich an den der VO (EWG) Nr. 1408/71 an und ist entsprechend auszulegen (EuGH, Rs. C-262/96 (Sürül), Slg 1999, I-2743, Rn 82). Dementsprechend genügt es, wenn eine Person auch nur gegen ein einziges Risiko in einem allgemeinen oder besonderen System der sozialen Sicherheit pflichtversichert oder freiwillig versichert ist, ohne dass es darauf ankommt, ob sie in einem Arbeitsverhältnis steht (EuGH, Rs. C-262/96 (Sürül), Slg 1999, I-2743; Rs. C-85/96 (Martínez Sala), Slg 1998, I-2691, Rn 36). Art. 3 enthält einen allgemeinen Gleichbehandlungsgrundsatz für alle von dem Beschluss erfassten Personen. Nach Art. 4 ARB Nr. 3/80 gilt der Beschluss für Leistungen bei Krankheit und Mutterschaft, Invalidität, Alter, an Hinterbliebene, bei Arbeitsunfällen und Berufskrankheiten, Ster-

begeld und Familienleistungen. Die besonderen Vorschriften für die einzelnen Leistungsarten (Titel III Art. 10 bis 19) enthalten jedoch im Unterschied zur VO (EWG) Nr. 1408/71 keine Regelungen zu Leistungen bei Arbeitslosigkeit. Inhaltlich verweisen diese Vorschriften jeweils mit den erforderlichen Abweichungen auf die entsprechenden Regelungen der VO (EWG) Nr. 1408/71 und nur bei den verfahrensrechtlichen Vorschriften (Titel IV) auch auf die Durchführungs-VO (EWG) Nr. 574/72 (zu den einzelnen Leistungsbereichen vgl *Hänlein*, ZAR 1998, 21, 25 f). Art. 32 sieht vor, dass die Türkei und die Union die zur Durchführung des Beschlusses erforderlichen Maßnahmen treffen. Eine Durchführungsverordnung zum ARB Nr. 3/80 war geplant (Vorschlag der Kommission abgedruckt in ABl. C 110 S. 1 ff v. 25.4.1983), ist jedoch nie in Kraft getreten.

Der Beschluss sieht keine Koordinierung der **türkischen Sozialversicherungsvorschriften** mit denen der Mitgliedstaaten vor. Dadurch kann es bei bestimmten Sachverhaltskonstellationen notwendig werden, nebeneinander den Beschluss und bilaterale Abkommen mit der Türkei anzuwenden (zu den möglichen Friktionen, die sich daraus ergeben können, vgl *Hänlein*, ZAR 1998, 21, 26 f). Zunächst ist jedoch fraglich, inwieweit der Beschluss ohne ergänzende Maßnahmen überhaupt Anwendung finden kann. 48

(2) Anwendbarkeit der Koordinierungsbestimmungen

Die **unmittelbare Anwendbarkeit** von Bestimmungen des ARB Nr. 3/80 war Gegenstand mehrerer Entscheidungen des EuGH. In der Rechtssache Taflan-Met u.a. (Rs. C-277/94, Slg 1996, I-4100) ging es zum einen um drei Witwen türkischer Arbeitnehmer, die in verschiedenen Mitgliedstaaten, darunter den Niederlanden, gearbeitet hatten, zum anderen um einen türkischen Staatsangehörigen, der erwerbsunfähig wurde, nachdem er zunächst in den Niederlanden und dann in Deutschland gearbeitet hatte. Die zuständigen niederländischen Träger lehnten die Gewährung einer Witwen- bzw Invaliditätsrente jeweils ab, weil nach niederländischem Recht ein Anspruch das aktuelle Versichertsein voraussetzt. Ein Anspruch hätte sich aber dann ergeben, wenn die Art. 12 und 13 ARB Nr. 3/80, die Regelungen zu Invalidität einerseits und Alter und Tod andererseits treffen, anzuwenden gewesen wären. Der Gerichtshof hat auf eine entsprechende Vorlagefrage hin die unmittelbare Anwendbarkeit dieser Bestimmungen verneint, weil sie nicht den dazu entwickelten Kriterien entsprechen. Dazu hat er den Vergleich zu den entsprechenden Regelungen der zu diesem Zeitpunkt noch gültigen VO (EWG) Nr. 1408/71 gezogen, auf die in Art. 12, 13 ARB Nr. 3/80 verwiesen wurde. Für deren konkrete Anwendung sei der Erlass von Durchführungsmaßnahmen erforderlich gewesen, die Gegenstand der VO (EWG) Nr. 574/72 sind und deren detaillierte Regelungen im ARB Nr. 3/80 fehlen (Rn 28 ff). Als Argument führt der Gerichtshof weiter den großen Umfang der gescheiterten Durchführungsverordnung an, die für jede einzelne Leistungsart detaillierte Regelungen über die Anwendung trifft und sich an der VO (EWG) Nr. 574/72 orientiert (Rn 35). Zu einiger Unsicherheit hat seine abschließende Feststellung geführt, dass der Beschluss Nr. 3/80, wenngleich einige seiner Bestimmungen eindeutig und bestimmt sind, nicht angewandt werden kann, solange der Rat keine ergänzenden Maßnahmen zu seiner Durchführung erlassen hat (Rn 37). Es wurde der Schluss gezogen, dass der ARB Nr. 3/80 insgesamt nicht unmittelbar anwendbar sei (*Schumacher*, DRV 1995, 681, 690; vgl auch *Sieveking*, in: FS Däubler, 805, 818), und es wurde befürchtet, der Gerichtshof sei von seiner bisherigen Linie, jede Vorschrift einzeln auf ihre unmittelbare Anwendbarkeit zu überprüfen, abgerückt (vgl *Zuleeg*, ZAR 1997, 170, 171, der darüber hinaus jeden Einzelfall gesondert überprüfen will). Diese Unsicherheiten hat der EuGH mit seinem Urteil in der Rechtssache Sürül (C-262/96), Slg 1999, I-2743, in dem die Anwendung des Art. 3 ARB Nr. 3/80 in Frage stand, ausgeräumt und zugleich den Streit um dessen unmittelbare Anwendbarkeit entschieden (dafür *Sieveking*, NZS 1994, 213 ff; *Zuleeg*, ZAR 1997, 170, 171 f; dagegen *Lang*, Drittstaatsangehörige, 248 f; *Delbrück/Tietje*, ZAR 1995, 29 ff). 49

(3) Sozialrechtliches Diskriminierungsverbot

50 Art. 3 Abs. 1 ARB Nr. 3/80 bestimmt, dass Personen, die im Gebiet eines Mitgliedstaates wohnen und für die der Beschluss gilt, die gleichen Rechte und Pflichten aufgrund der Rechtsvorschriften eines Mitgliedstaates haben wie die Staatsangehörigen dieses Staates, soweit der Beschluss nichts anderes bestimmt. Die Rechtssache Sürül (Rs. C-262/96, Slg 1999, I-2743) betraf den Fall einer türkischen Frau, der in Deutschland ein Anspruch auf Kindergeld für ihr Kind deshalb versagt worden war, weil sie nur eine Aufenthaltsbewilligung besaß und nicht die nach deutschem Recht seit 1994 für den Kindergeldbezug von Ausländern erforderliche Aufenthaltsberechtigung oder -erlaubnis. Entsprechend seiner ständigen Rechtsprechung hat der Gerichtshof zunächst geprüft, ob Art. 3 Abs. 1 ARB Nr. 3/80 eine klare **und eindeutige** Verpflichtung enthält, deren Erfüllung oder Wirkung nicht vom Erlass eines weiteren Aktes abhängt (Rn 60). Er hat festgestellt, dass anders als die in der Rechtssache Taflan-Met entscheidungserheblichen besonderen Vorschriften für einzelne Leistungsarten das allgemeine Diskriminierungsverbot des Art. 3 Abs. 1 ARB Nr. 3/80 keines Umsetzungsaktes bedarf, da es nicht um eine Koordinierung von Vorschriften geht, sondern nur um die diskriminierungsfreie Anwendung des innerstaatlichen Rechts (Rn 55). Es handelt sich insoweit für den Bereich der sozialen Sicherheit um eine Konkretisierung des allgemeinen Verbotes der Diskriminierung aus Gründen der Staatsangehörigkeit, das in Art. 9 des Abkommens EWG/Türkei verankert ist, der auf Art. 7 EWGV (jetzt Art. 18 AEUV = Art. 12 EG) verweist (Rn 64; vgl auch Rs. C-373/02 (Öztürk), Slg 2004, I-3605, Rn 49). Keinen Hinderungsgrund für die unmittelbare Anwendbarkeit sah der EuGH in dem Vorbehalt „soweit dieser Beschluss nichts anderes bestimmt", da sich in dem konkreten Fall keine abweichende Regelung in dem Beschluss fand und die bloße Existenz des Vorbehalts der Regel der Inländergleichbehandlung, von der es Abweichungen gestatte, ihren unbedingten Charakter nicht nehme (Rn 68). Der Gerichtshof stellt damit – wie bereits zuvor hinsichtlich der sozialrechtlichen Diskriminierungsverbote in den Kooperationsabkommen mit den Mittelmeerstaaten (s. Rn 58 f) die unmittelbare Anwendbarkeit des Diskriminierungsverbotes in Art. 3 Abs. 1 ARB Nr. 3/80 fest (Rn 74; bestätigt in Rs. C-102/98 und C-211/98 (Kocak und Örs), Slg 2000, I-1311; Rs. C-373/02 (Öztürk), Slg 2004, I-3605). Damit muss ein türkischer Staatsangehöriger, für den der Beschluss gilt, ebenso behandelt werden wie die Staatsangehörigen des Aufnahmemitgliedstaates, so dass die Rechtsvorschriften dieses Mitgliedstaates die Gewährung eines Anspruchs an einen solchen türkischen Staatsangehörigen nicht von zusätzlichen oder strengeren Voraussetzungen abhängig machen dürfen, als sie für die Staatsangehörigen des Mitgliedstaates gelten (Rn 97). Art. 3 ARB Nr. 3/80 verbietet **unmittelbare und verschleierte Diskriminierungen** gleichermaßen (EuGH, Rs. C-373/02 (Öztürk), Slg 2004, I-3605, Rn 54). Im Fall der Frau Sürül hat der Gerichtshof die Regelung des BKGG, die für rechtmäßig in Deutschland lebende türkische Staatsangehörige im Gegensatz zu deutschen Staatsangehörigen den Kindergeldanspruch vom Besitz eines bestimmten Aufenthaltstitels abhängig macht, als Diskriminierung angesehen, für die keine objektive Rechtfertigung gegeben ist (Rn 105).

51 In einer weiteren Entscheidung des EuGH zu Art. 3 Abs. 1 ARB Nr. 3/80 ging es darum, ob die Regelung des § 33a SGB I, nach der in Bezug auf Rechte oder Pflichten, die von dem Erreichen oder Überschreiten einer bestimmten Altersgrenze abhängig sind, stets das Geburtsdatum maßgeblich ist, das sich aus der ersten Angabe des Berechtigten gegenüber einem Sozialleistungsträger oder dem meldepflichtigen Arbeitgeber ergibt, eine mittelbare Diskriminierung darstellt. Geklagt hatten zwei türkische Staatsangehörige, weil sich deutsche Behörden geweigert hatten, die von einem türkischen Gericht beschlossene Berichtigung des Geburtsdatums, das sie bei Eintritt in die deutsche Sozialversicherung angegeben hatten, im Hinblick auf die Gewährung einer Altersrente zu berücksichtigen. Der Gerichtshof stellte fest, dass von Art. 3 Abs. 1 ARB Nr. 3/80 entsprechend seiner ständigen Rechtsprechung zu Diskriminierungsverboten nicht nur offene Diskriminierungen aufgrund der Staatsangehörigkeit, sondern auch alle verschleierten Formen von Diskriminierung erfasst sind (Rs. C-102/98 und C-211/98 (Kocak und Örs), Slg 2000, I-1311, Rn 39; vgl

auch Rs. C-373/02 (Öztürk), Slg 2004, I-3605, Rn 54). Im konkreten Fall sah es eine solche Diskriminierung jedoch nicht als gegeben an, da die Vorschrift keinerlei Unterschiede im Hinblick auf die Staatsangehörigkeit oder die Herkunft von Urkunden, die Rückschlüsse auf das Geburtsdatum zulassen, macht (Rn 40 f). Der besonderen Situation in Bezug auf Inhalt und praktischer Anwendung der türkischen Personenstandsbestimmungen, die weniger streng als die entsprechenden deutschen Bestimmungen sind und die daher öfter eine nachträgliche Korrektur des Geburtsdatums erfordern, Rechnung zu tragen, könne von einem Mitgliedstaat nicht verlangt werden (Rn 51).

Im Ergebnis lässt sich festhalten, dass die in Titel III enthaltenen Besonderen Vorschriften für die einzelnen Leistungsarten noch des Erlasses von Durchführungsbestimmungen bedürfen, Art. 3 Abs. 1 ARB Nr. 3/80 hingegen selbst klar, eindeutig und nicht ergänzungsbedürftig ist. Der EuGH hat zwar die zeitliche Wirkung seines Urteils in der Rechtssache Sürül auf die Zukunft beschränkt (Rn 105 ff), was jedoch die Brisanz des Urteils nicht mindern dürfte. Das Diskriminierungsverbot des Art. 3 ARB Nr. 3/80 hat deshalb eine besondere praktische Bedeutung, weil es – anders als das unionsrechtliche Koordinationsrecht – nicht an einen Tatbestand der Ausübung **der Freizügigkeit innerhalb der Union** anknüpft. Voraussetzung ist lediglich, dass ein türkischer Staatsangehöriger in wenigstens einem Mitgliedstaat gearbeitet hat bzw in ein System der sozialen Sicherheit eines Mitgliedstaates einbezogen war und zwar auch dann, wenn er nicht aus seinem Heimatstaat gewandert ist, sondern bereits in diesem Mitgliedstaat geboren wurde (LGH Baden-Württemberg v. 15.3.2001 – 1 S 286/00; vgl auch *Hänlein*, ZAR 1998, 21, 27). Dabei ist das Diskriminierungsverbot nicht nur von dem Mitgliedstaat des aktuellen Wohnsitzes, sondern von jedem Mitgliedstaat zu beachten, in dem der türkische Arbeitnehmer Rechte im Bereich der sozialen Sicherheit erworben oder sozialrechtliche relevante Zeiten zurückgelegt hat (EuGH, Rs. C-373/02 (Öztürk), Slg 2004, I-3605, Rn 51). 52

Speziell für den Bereich der **Familienleistungen** können sich weitere Auslegungsfragen ergeben. Das BVerwG hat 1992 einen Anspruch auf Landeserziehungsgeld aus Art. 4 Abs. 1 ARB Nr. 3/80 verneint, weil es den Anwendungsbereich des Beschlusses nicht eröffnet sah, da es sich um eine familienpolitische Leistung handele, die nicht an eine Arbeitnehmereigenschaft anknüpfe. Der sachliche Geltungsbereich des Beschlusses erstrecke sich, wie die Rechtsprechung des EuGH zur inhaltsgleichen VO (EWG) Nr. 1408/71 (Rs. 94/84 (Deak), Slg 1985, 1881) zeige, jedoch nur auf Leistungen, die an die Eigenschaft des Leistungsempfängers als Arbeitnehmer oder Familienangehöriger eines Arbeitnehmers anknüpfen (DVBl. 1993, 787, 789). In der Rechtssache Hoever/Zachow hat jedoch der EuGH Erziehungsgeld nach dem BErzGG einer Familienleistung nach Art. 4 Abs. 1 lit. h) der VO (EWG) Nr. 1408/71 (jetzt Art. 3 Abs. 1 lit. j) VO (EG) Nr. 883/2004) gleichgestellt (Rs. C-245 und 312/94 Slg 1996, I-4895; Rs. C-85/96 (Martínez Sala), Slg 1998, I-2691). Demgemäß hat der VGH Baden-Württemberg das Landeserziehungsgeld in den sachlichen Anwendungsbereich des ARB Nr. 3/80 einbezogen (Urt. v. 8.2.2001 – 1 S 287/00 und v. 15.3.2001 – 1 S 286/00; für das Bundeserziehungsgeld vgl BSG – B 10 EG 6/04 R, SozR 4-1300 § 48 Nr. 8). 53

Eine eigenständige Bedeutung könnte auch Art. 6 ARB Nr. 3/80 erlangen, der eine nachteilige Veränderung bestimmter **Geldleistungsansprüche** aufgrund der Tatsache, dass der Berechtigte in der Türkei oder im Gebiet eines anderen Mitgliedstaates als des Staates wohnt, in dessen Gebiet der zur Zahlung verpflichtete Träger seinen Sitz hat, verbietet. Diese Regelung entspricht Art. 7 VO (EG) Nr. 883/2004. Anders als dieser erfasst sie jedoch auch den Geldleistungsexport in die Türkei und enthält keine Einschränkungen in Bezug auf beitragsunabhängige Sonderleistungen. Art. 6 ARB Nr. 3/80 erfüllt die Kriterien der unmittelbaren Anwendbarkeit, weil er inhaltlich nur eine Veränderung des Anspruchs auf Geldleistung aufgrund des Wohnsitzes außerhalb des entsprechenden Mitgliedstaates verbietet und damit nur ein spezielles Diskriminierungsverbot enthält. Die Geldleistung, die im Inland zu zahlen wäre, lässt sich eindeutig bestimmen, so dass es dazu keiner weiteren Vorschriften bedarf. Da türkische Staatsangehörige damit einen Anspruch 54 auf vollen Geldleistungstransfer haben, ist beispielsweise im deutschen Rentenversicherungsrecht die Vorschrift des § 113 Abs. 3 SGB VI, die die persönlichen Entgeltpunkte von Berechtigten, die nicht die Staatsangehörigkeit eines Staates haben, in dem die VO (EWG) Nr. 1408/71 gilt, nur zu 70 Prozent berücksichtigt, auf sie nicht anwendbar. Es gilt insoweit der – deklaratorische – Vorbehalt des § 110 Abs. 3 SGB VI, wonach die Vorschriften über die Leistungen an Berechtigte ins Ausland nicht gelten, wenn nach über- oder zwischenstaatlichem Recht etwas anderes bestimmt ist.

4. Kooperations- und Mittelmeerabkommen mit den Maghrebstaaten

55 1976 wurden die Kooperationsabkommen mit den drei Maghrebstaaten Tunesien, Algerien und Marokko abgeschlossen (Abk. Tunesien v. 25.4.1976 ABl. 1978 L 265, S. 2; Abk. Algerien v. 26.4.1976 ABl. 1978 L 263, S. 2; Abk. Marokko v. 27.4.1976 ABl. 1978 L 264, S. 2). Die Kooperationsabkommen wurden inzwischen durch Europa-Mittelmeerabkommen, die nun eine Assoziation zwischen der Union und ihren Mitgliedstaaten einerseits und den Maghrebstaaten andererseits vorsehen, ersetzt (Abk. Tunesien v. 17.7.1995, ABl. 1998 L 97, S. 2; Abk. Marokko v. 26.2.1996, ABl. 2000 L 70, S. 2; Abk. Algerien, ABl. 2005 L 265, S. 2). Zwar sind ab dem Zeitpunkt des Inkrafttretens der Europa-Mittelmeer-Abkommen nur noch diese anzuwenden (Art. 96), da viele Vorschriften wortgleich aus den Kooperationsabkommen übernommen wurden, ist die diesbezügliche Rechtsprechung jedoch weiterhin zu beachten. Anders als beim Assoziationsabkommen mit der Türkei sind die Abkommen mit den Maghrebstaaten auf **keinen späteren Beitritt** dieser Staaten zur Union ausgerichtet. Sie bezwecken vielmehr eine globale Zusammenarbeit zwischen den Vertragsparteien mit dem Ziel einer Förderung der wirtschaftlichen und sozialen Entwicklung der Maghrebstaaten (zur Entstehungsgeschichte vgl *Hedemann-Robinson*, CMLRev 2001, 525, 558 ff).

a) Die Kooperationsabkommen

56 Die Kooperationsabkommen enthalten in Titel III jeweils gleichlautende Bestimmungen zur Zusammenarbeit im Bereich der Arbeitskräfte (Art. 39 bis 42 Abk. Tunesien; Art. 38 bis 41 Abk. Algerien; Art. 40 bis 43 Abk. Marokko). Dabei zielen diese nicht auf eine Verwirklichung der Freizügigkeit marokkanischer Staatsbürger innerhalb der Union ab, sondern lediglich auf die Sicherung der **sozialen Lage** marokkanischer Arbeitnehmer und ihrer mit ihnen ausschließlich im Aufnahmemitgliedstaat zusammenlebenden Familienangehörigen (EuGH, Rs. C-179/98 (Mesbah), Slg 1999, I-7983, Rn 36). Stellvertretend für die übrigen soll im Folgenden das Abkommen mit Marokko behandelt werden.

aa) Arbeitsrechtliches Diskriminierungsverbot

57 Art. 40 des Abkommens EWG-Marokko enthält ein gegenseitiges Verbot der Benachteiligung aufgrund der Staatsangehörigkeit hinsichtlich der **Arbeits- und Entlohnungsbedingungen**, der in einem Mitgliedstaat bzw in Marokko beschäftigten Arbeitnehmer des anderen Vertragspartners. Über diese Bestimmung hatte der Gerichtshof in der Rechtssache El-Yassini (Rs. C-416/96, Slg 1999, I-1228) zu entscheiden. Das Vereinigte Königreich hatte es abgelehnt, die Aufenthaltserlaubnis des marokkanischen Klägers nach dem Scheitern seiner Ehe mit einer britischen Staatsbürgerin zu verlängern. Der Kläger, der einer Beschäftigung im Vereinigten Königreich nachging, sah damit die praktische Wirksamkeit des Art. 40 aufgehoben. Der EuGH bejahte die unmittelbare Anwendbarkeit des Benachteiligungsverbotes (Rn 32; vgl hierzu auch schon Rs. C-18/90 (Kziber), Slg 1991, I-221, Rn 22; vgl auch *Feik*, Non-discrimination provisions, 234; *Andreoli*, Drittstaatsangehörige, 51). Im Gegensatz zum Assoziationsabkommen mit der Türkei haben die Kooperationsabkommen jedoch keine schrittweise Herstellung der Freizügigkeit zum Ziel und es gibt keinen dem ARB 1/80 entsprechenden Beschluss des Kooperationsrates, in dem genau bestimmte Rechte zur schrittweisen Eingliederung in den Arbeitsmarkt festgelegt sind (Rn 59). Da-

her ist es nach Ansicht des Gerichtshofs den Mitgliedstaaten unbenommen, die Verlängerung einer Aufenthaltserlaubnis abzulehnen, wenn der ursprüngliche Grund für die Gewährung des Aufenthaltsrechts nicht mehr vorliegt (Rn 62). Die praktische Wirksamkeit des Art. 40 erfordere es jedoch, dass der marokkanische Arbeitnehmer für die Dauer, für die er eine **Arbeitserlaubnis** hat, auch eine **Aufenthaltserlaubnis** bekommt, sofern berechtigte Interessen des Staates nicht entgegenstehen (Rn 65 f). Die dadurch geschaffene Bindung der Ausländerbehörde an die arbeitserlaubnisrechtliche Stellung des marokkanischen Arbeitnehmers ist jedoch nicht unproblematisch (hierzu *Gutmann*, NVwZ 2000, 281 f; vgl auch *Weber, C.*, InfAuslR 1998, 257, 259, der – bezogen auf die Mittelmeerabkommen – einen akzessorischen Anspruch auf eine Aufenthaltserlaubnis ablehnt). Zudem könnte man die Frage stellen, ob damit ein unfreiwillig arbeitslos gewordener maghrebinischer Staatsangehöriger während der Fortdauer seiner Arbeitserlaubnis das Recht hat, sich einen neuen Arbeitsplatz zu suchen (*Hedemann-Robinson*, CMLRev 2001, 525, 564). Auch wenn die Ziele der Abkommen mit den Maghrebstaaten weniger weitreichend sind als die der Abkommen mit der Türkei und mit den Mittel- und Osteuropäischen Staaten, ist davon auszugehen, dass die Rechtsprechung des EuGH, nach der der Begriff der Arbeitsbedingungen in arbeitsrechtlichen Diskriminierungsverboten dieser Abkommen die gleiche Bedeutung hat wie in Art. 45 Abs. 2 AEUV (= Art. 39 Abs. 2 EG; s. Rn 43, 74), auch auf die Abkommen mit den Maghrebstaaten zu übertragen ist. Vom Diskriminierungsverbot erfasst werden damit auch **soziale Vergünstigungen**.

bb) Sozialrechtliches Diskriminierungsverbot

Art. 41 Abs. 1 bestimmt, dass vorbehaltlich der folgenden Absätze Arbeitnehmern marokkanischer Staatsangehörigkeit und den mit ihnen zusammenlebenden Familienangehörigen auf dem Gebiet der sozialen Sicherheit eine Behandlung gewährt wird, die keine auf der Staatsangehörigkeit beruhende Benachteiligung gegenüber den Staatsangehörigen der Mitgliedstaaten, in denen sie beschäftigt sind, bewirkt. Die Absätze 2, 3 und 4 betreffen die **Zusammenrechnung** der in den einzelnen Mitgliedstaaten zurückgelegten Versicherungs-, Beschäftigungs- und Aufenthaltszeiten, die Gewährung von Familienzulagen für innerhalb der Union wohnende Familienangehörige und den Transfer von Rentenleistungen zu den gemäß den Rechtsvorschriften der Schuldnermitgliedstaaten geltenden Sätzen. Abs. 5 bestimmt die Geltung der in Abs. 1, 2 und 4 niedergelegten Grundsätze für die im Hoheitsgebiet Marokkos beschäftigten Arbeitnehmer, die Staatsangehörige der Mitgliedstaaten sind, und ihrer Familienangehörigen. Art. 42 betraut den Kooperationsrat mit dem Erlass von Bestimmungen über die Anwendung dieser Grundsätze. Hinsichtlich der Bestimmungen der Abs. 2 bis 4 des Art. 41 ist davon auszugehen, dass sie ohne entsprechende Durchführungsbestimmungen durch den Kooperationsrat nicht unmittelbar angewendet werden können (*Schumacher*, DRV 1995, 681, 692; *Peers*, CMLReV 1996, 7, 37 f eingeschränkt für die Familienzulagen; ebenso *Hedemann-Robinson*, CMLReV 2001, 525, 567). Hier ist die Situation vergleichbar mit der Situation hinsichtlich der Besonderen Bestimmungen zu den einzelnen Leistungsarten der VO (EG) 883/2004 und im Assoziationsratsbeschluss Nr. 3/80 des Abkommens mit der Türkei, für deren Art. 12 und 13 der EuGH die unmittelbare Anwendbarkeit ausdrücklich verneint hat (Rs. C-277/94 (Taflan-Met u.a.), Slg 1996, I-4100).

(1) Unmittelbare Anwendbarkeit

Der EuGH hatte in mehreren Entscheidungen über die unmittelbare Anwendbarkeit **des sozialrechtlichen Diskriminierungsverbotes** in Art. 41 Abs. 1 des Abkommens sowie seine Auslegung zu urteilen (Abk. Marokko: Rs. C-18/90 (Kziber), Slg 1991, I-221; Rs. C-58/93 (Yousfi), Slg 1994, I-1363; Rs. C-126/95 (Hallouzi-Choho), Slg 1996, I-4821; Rs. C-33/99 (Fahmi u.a.), Slg 2001, I-2415; Rs. C-23/03 (Alami), Slg 2003, I-1399, Rn 22; Rs. C-358/02 (Haddad), Beschl. vom 27.4.2004, n.v.; Abk. Algerien: Rs. C-103/94 (Krid), Slg 1995, I-729; Rs. C-113/97 (Babahenini), Slg 1998, I-188). Die erste Entscheidung des EuGH zu diesem Bereich (Rs. C-18/90 (Kziber), Slg 1991, I-221) betraf den Fall der Tochter eines marokkanischen Arbeitnehmers, der nach

Beendigung seiner Erwerbstätigkeit in Belgien dort im Ruhestand lebte. Ihr war eine Arbeitslosenunterstützung versagt worden, die nach belgischem Recht für junge Arbeitslose nach Abschluss einer Ausbildung vorgesehen ist, in dessen Genuss Ausländer jedoch nur im Rahmen eines völkerrechtlichen Vertrages kommen.

60 Der Gerichtshof hat festgestellt, dass Art. 41 Abs. 1 des Abkommens unmittelbar anwendbar ist, weil die Bestimmung klar und eindeutig und nicht vom Erlass eines weiteren Aktes abhängig ist. Der Vorbehalt bedeute, dass das Diskriminierungsverbot für die Zusammenrechnung von Zeiten, für Familienleistungen und den Transfer von Renten nur in den Grenzen der in den Absätzen 2 bis 4 festgelegten Voraussetzungen gewährleistet sei. Er dürfe hingegen nicht so verstanden werden, als nähme er dem Diskriminierungsverbot die Unbedingtheit bei allen anderen Fragen, die sich im Bereich der sozialen Sicherheit stellen (Rs. C-18/90 (Kziber), Slg 1991, I-221, Rn 18). Keine Bedeutung hat er auch dem Umstand beigemessen, dass Art. 42 Abs. 1 die Durchführung der in Art. 41 niedergelegten Grundsätze durch den Kooperationsrat vorsieht, da Art. 41 Abs. 1 nicht vom Erlass eines weiteren Aktes abhänge (Rn 19). Nach der Rechtsprechung des EuGH ist zur Beurteilung der unmittelbaren Anwendbarkeit einer assoziationsrechtlichen Bestimmung neben der Klarheit, Eindeutigkeit und Unbedingtheit des Wortlauts immer auch der **Sinn und Zweck** zu beachten (s. Rn 15). Hierzu hat der EuGH festgestellt, dass das Abkommen mit Marokko zwar im Wesentlichen auf Wirtschaftsförderung und nicht auf einen späteren Beitritt ziele, die im Titel III – Zusammenarbeit im Bereich der Arbeitskräfte – enthaltenen Art. 40 und 41 aber keineswegs nur programmatischen Charakter hätten, sondern einen Grundsatz einführten, der geeignet sei, die Rechtsstellung der Einzelnen zu regeln (Rn 22). In der Rechtssache Krid hat der EuGH diese Rechtsprechung auf die wortgleiche Vorschrift des das gleiche Ziel verfolgenden Abkommens mit Algerien übertragen (Rs. C-103/94, Slg 1995, I-729). Dies muss ebenso für das Abkommen mit Tunesien gelten.

61 Dass das Verbot der Differenzierung aufgrund der Staatsangehörigkeit an sich keiner weiteren Ausgestaltung bedarf, ist eindeutig. Zweifel an der unmittelbaren Anwendbarkeit des Diskriminierungsverbotes hätten sich aber aus der Frage des **Anwendungsbereiches** der Vorschrift ergeben können. Sowohl das unionsrechtliche Diskriminierungsverbot in Art. 4 VO (EG) Nr. 883/2004 als auch das Diskriminierungsverbot in Art. 3 des Assoziationsratsbeschlusses Nr. 3/80 des Abkommens mit der Türkei stehen jeweils in einem Kontext, in dem die Begriffe der sozialen Sicherheit und der Arbeitnehmereigenschaft definiert sind. Ein entsprechender Kontext fehlt jedoch für Art. 41 des Abkommens EWG-Marokko. Lediglich im Zusammenhang mit den besonderen Bestimmungen in den Abs. 2 und 4 sind einige Leistungsarten benannt. Diese und ein Rückgriff auf die Begriffsdefinitionen der Koordinierungsverordnung genügen dem EuGH, den persönlichen und sachlichen Anwendungsbereich des Diskriminierungsverbots festzustellen.

(2) Persönlicher Geltungsbereich

62 In der Rechtssache Kziber war hinsichtlich des persönlichen Anwendungsbereiches zu klären, ob Frau Kziber, da ihr Vater sich bereits im Ruhestand befand, Familienangehörige eines Arbeitnehmers war. Der Gerichtshof hat die Arbeitnehmereigenschaft eines Rentenbeziehers bejaht, weil Art. 41 in den Abs. 2 und 4 in Bezug auf die Zusammenrechnung von Zeiten und den Leistungstransfer nach Marokko ausdrücklich auf Systeme wie Alters- oder Invaliditätsrenten für im Ruhestand lebende Arbeitnehmer verweise. Nach inzwischen ständiger Rechtsprechung des EuGH ist der **Arbeitnehmerbegriff** damit so zu verstehen, dass er sowohl die aktiven Arbeitnehmer als auch die Arbeitnehmer erfasst, die aus dem Arbeitsmarkt ausgeschieden sind, nachdem sie das für die Gewährung einer Altersrente erforderliche Alter erreicht haben oder nachdem bei ihnen eines der Risiken eingetreten ist, das einen Anspruch auf Leistungen im Rahmen anderer Zweige der sozialen Sicherheit eröffnet (u.a. Rs. C-18/90 (Kziber), Slg 1991, I-221, Rn 27; Rs. C-58/93 (Yousfi), Slg 1994, I-1363, Rn 21; Rs. C-103/94 (Krid), Slg 1995, I-729, Rn 26; Rs. C-23/02 (Alami), Slg 2003, I-1399, Rn 27). Bei einem Ausscheiden aus dem Arbeitsmarkt ohne die oben

genannten Voraussetzungen zu erfüllen, muss danach ein Verlust der Arbeitnehmereigenschaft eintreten. Der Gibraltar Supreme Court beispielsweise hat in einem Fall eines marokkanischen Staatsangehörigen, der für mehr als ein Jahrzehnt vom Arbeitsmarkt verschwunden war, entschieden, dass dieser nicht mehr als marokkanischer Arbeitnehmer anzusehen sei (Mohamed) [1992] 3 C.M.L.R. 481).

Nach Art. 41 Abs. 1 gilt das Diskriminierungsverbot auch für **Familienangehörige**, die mit dem Arbeitnehmer in dem Mitgliedstaat, in dem er beschäftigt ist, zusammenleben. Leben die Familienangehörigen außerhalb der Union ist eine Anwendung des Art. 41 von vorneherein ausgeschlossen (EuGH, Rs. C-33/99 (Fahmi u.a.), Slg 2001, I-2415). Auf die Staatsangehörigkeit der Familienangehörigen kommt es nicht an. Die Kooperationsabkommen enthalten keine Definition des Begriffs der Familienangehörigen. Der EuGH hat entschieden, dass darunter nicht nur Ehegatten und Abkömmlinge des Arbeitnehmers zu verstehen sind, sondern auch Personen, die mit ihm in sonstiger Weise eng verwandt sind, insbesondere seine Verwandten in aufsteigender Linie, sowie mit ihm eng verschwägerte Personen, sofern sie tatsächlich mit dem Arbeitnehmer zusammenleben (Rs. C-179/98 (Mesbah), Slg 1999, I-7983, Rn 46; kritisch zu dieser weiten Auslegung *Weber, C.*, ZAR 2000, 84). In der Rechtssache Krid ging es um die Frage, ob auch die Witwe eines algerischen Staatsangehörigen, die selbst nie Arbeitnehmerin war, als Familienangehörige in den Anwendungsbereich des Diskriminierungsverbotes fällt. Da Art. 39 Abs. 2 des Abkommens mit Algerien (= Art. 41 Abs. 2 Abk. Marokko) für die Zusammenrechnung der Versicherungs-, Beschäftigungs- und Aufenthaltszeiten zugunsten der innerhalb der Union wohnenden Familienangehörigen auch auf die Hinterbliebenenrenten Bezug nimmt, ist Art. 39 auch auf die Familienangehörigen anzuwenden, die nach dem Tod des Arbeitnehmers in dem Mitgliedstaat, in dem er beschäftigt war, wohnen bleiben (EuGH, Rs. C-103/94 (Krid), Slg 1995, I-729, Rn 28 bis 30).

63

(3) Sachlicher Geltungsbereich

In der Rechtssache Kziber war fraglich, ob es sich bei der Frau Kziber verweigerten Arbeitslosenunterstützung um eine Leistung der sozialen Sicherheit handelt. Das Abkommen enthält dazu keine ausdrückliche Definition (ergänzt in den Mittelmeerabkommen, vgl unten Rn 68). Anders als zur Bestimmung des persönlichen Geltungsbereichs hat der Gerichtshof hier nicht auf die Art. 41 Abs. 2 und 4 zurückgegriffen. Er hat stattdessen den entsprechenden Begriff der VO (EWG) Nr. 1408/71 analog angewendet, ohne auch nur ein Wort zur Zulässigkeit dieser Analogie zu verlieren (Rs. C-18/90 (Kziber), Slg 1991, I-221, Rn 25). Er entschied weiter, dass das Frau Kziber verweigerte Überbrückungsgeld in den sachlichen Anwendungsbereich des Art. 4 der Verordnung fällt (Rn 25). Ohne Bedeutung soll es dagegen sein, dass in Art. 41 Abs. 2 des Abkommens im Gegensatz zur Verordnung Leistungen bei Arbeitslosigkeit nicht unter den Systemen aufgeführt sind, bei denen eine Zusammenrechnung von Zeiten stattfinden soll (Rn 26; vgl auch EuGH, Rs. C-23/02 (Alami), Slg 2003, I-1399, Rn 25). In den folgenden Urteilen zu Art. 41 Abs. 1 des Abkommens mit Marokko bzw den entsprechenden Vorschriften der anderen Abkommen hat der Gerichtshof dann unter Hinweis auf die Analogie jeweils nur noch geprüft, ob die in Frage stehende Leistung unter den **Begriff der sozialen Sicherheit** der VO (EWG) Nr. 1408/71 in der jeweils aktuellen Fassung (vgl hierzu Rs. C-113/97 (Babahenini), Slg 1998, I-189, Rn 24) fällt (u.a. Rs.C-58/93 (Yousfi), Slg 1994, I-1363 und Rs. C-113/97 (Babahenini), Slg 1998, I-189 zu Beihilfen für Behinderte; Rs. C-103/94 (Krid), Slg 1995, I-729 zu einkommensabhängigen Zusatzbeihilfen für die Empfänger einer Alters- oder Invalidenrente; Rs. C-23/02 (Alami), Slg 2003, I-1399 Rn 23 f, Leistungen bei Arbeitslosigkeit). Die Arbeitnehmer aus den Maghrebstaaten und ihre Familienangehörigen haben also auch von Ausweitungen des sachlichen Geltungsbereiches der VO (EWG) Nr. 1408/71 profitiert. Es ist davon auszugehen, dass der Gerichtshof den Rückgriff auf die Bestimmungen der unionsrechtlichen Koordinierungsverordnung auch unter Geltung der VO (EG) Nr. 883/2004 fortsetzt.

64

65 Interessant ist, dass im Zusammenspiel von **persönlichem und sachlichem Anwendungsbereich** der sozialrechtlichen Diskriminierungsverbote in den Kooperationsabkommen Familienangehörige von Arbeitnehmern aus Maghrebstaaten uU gegenüber Familienangehörigen von Arbeitnehmern der Mitgliedstaaten im Bereich der sozialen Sicherheit bessergestellt sein können (vgl hierzu *Lang*, Drittstaatsangehörige, S. 257 ff; *Martin*, Association Agreements, 35; *Sánchez-Rodas Navarro*, ZAR 1999, 65 ff). Letztere sollten nach lange Zeit gültiger Rechtsprechung des EuGH nach den Regelungen der VO (EWG) Nr. 1408/71 grundsätzlich nur abgeleitete Rechte als Familienangehörige eines Arbeitnehmers geltend machen können, nicht jedoch Rechte, die als eigenes Recht an die Arbeitnehmereigenschaft anknüpfen (EuGH, Rs. 40/76 (Kermaschek), Slg 1976, 1669; Rs. 94/84 (Deak), Slg 1985, 1881; Rs. C-308/93 (Cabanis-Issarte), Slg 1996, I-2123, Rn 29; Rs. C-189/00 (Ruhr) v. 25.10.2001, Rn 22). Die Familienangehörigen der Arbeitnehmer aus den Maghrebstaaten fallen jedoch selbst unmittelbar unter das sozialrechtliche Diskriminierungsverbot. Daher können sie sich auf die Vorschriften hinsichtlich sämtlicher Leistungen der sozialen Sicherheit berufen, ohne dass zwischen eigenen und abgeleiteten Rechten zu unterscheiden ist (EuGH, Rs. C-103/94 (Krid), Slg 1995, I-729, Rn 39; Rs. C-126/95 (Hallouzi-Chocho), Slg 1996, I-4821, Rn 30; Rs. C-113/97 (Babahenini), Slg 1998, I-189, Rn 24, 25; bereits zum Mittelmeerabkommen Rs. C-276/06 (El Youssfi), Slg 2007, I-2851; kritisch hierzu *Sánchez-Rodas Navarro*, ZAR 1999, 65, 68). Allerdings ist auch auf unionsrechtlicher Ebene die Unterscheidung zwischen eigenen und abgeleiteten Rechten Familienangehöriger durch den EuGH relativiert worden, da sich die Familienangehörigen der Wanderarbeitnehmer auf das Diskriminierungsverbot des Art. 3 VO (EWG) Nr. 1408/71 (= Art. 4 VO (EG) Nr. 883/2004) berufen können, um als eigene konzipierte Rechte geltend zu machen. Es darf sich jedoch aus den übrigen Bestimmungen der Verordnung nichts Abweichendes ergeben (Rs. C-308/93 (Cabanis-Issarte), Slg 1996, I-2123).

b) Die Mittelmeerabkommen

66 Die Mittelmeerabkommen enthalten in den Bestimmungen über Arbeitskräfte in Titel VI Kapitel I (Art. 64 bis 68 Abk. Tunesien und Marokko; Art. 67 bis 71 Abk. Algerien) keine wesentlichen Neuerungen. Im Folgenden werden die Artikel des Abkommens mit Marokko zitiert. Lediglich wiederholt werden das **arbeitsrechtliche Benachteiligungsverbot** (Art. 64), die etwas erweiterten Bestimmungen über die Zusammenrechnung von Zeiten, die Leistung von Familienbeihilfen und den Leistungstransfer sowie die Bestimmung zur Gegenseitigkeit (Art. 65 Abs. 2 bis 5). Ausdrücklich geregelt wurde, dass die Bestimmungen auf illegal im Hoheitsgebiet des Gastlandes wohnende oder arbeitende Staatsangehörige einer der Vertragsparteien nicht anzuwenden sind (Art. 66).

67 Obgleich nach einer gemeinsamen Erklärung der Vertragsparteien zu Art. 64 die Regelung hinsichtlich der nichtdiskriminierenden Behandlung bei der Entlassung nicht in Anspruch genommen werden kann, um die Verlängerung einer **Aufenthaltsgenehmigung** zu erwirken, hat der Gerichtshof in der Rechtssache Gattoussi in vollständiger Übernahme seiner Rechtsprechung zu den Kooperationsabkommen (vgl Rs. C-416/96 (El Yassini), Slg 1999, I-1228) entschieden, dass Art. 64 unmittelbar anwendbar ist und der Aufnahmemitgliedstaat, wenn er dem Wanderarbeitnehmer ursprünglich in Bezug auf die Ausübung einer Beschäftigung weitergehende Rechte als in Bezug auf den Aufenthalt verliehen hatte, diese Situation nicht aus anderen Gründen als dem Schutz berechtigter Interessen des Staates, wie der öffentlichen Ordnung, Sicherheit und Gesundheit, in Frage stellend darf (Rs. C-97/05, Slg 2006, I-11917).

68 Auch der **sozialrechtliche Gleichbehandlungsgrundsatz** in Art. 65 wurde wörtlich aus den Kooperationsabkommen übernommen. Allerdings hat man auf die Rechtsprechung des EuGH reagiert und versucht, einer weiteren Ausweitung der durch das Diskriminierungsverbot erfassten Rechte vorzubeugen. Dazu wurde ein Unterabsatz 2 mit einer Definition der sozialen Sicherheit eingefügt. Demnach umfasst sie die Zweige der Sozialversicherung, die für Leistungen bei Krankheit und Mutterschaft, für Berufs- und Erwerbsunfähigkeitsrenten, Altersruhegeld, Hinterbliebenenrenten, Leistungen bei Arbeitsunfällen und Berufskrankheiten, Sterbegeld, Arbeitslosenunter-

stützung und Familienbeihilfen zuständig sind. Zudem wurde ein Unterabsatz 3 angefügt, nach dem diese Bestimmung nicht dazu führen darf, dass die anderen Koordinierungsregeln, die die Unionsregelung gestützt auf Art. 42 EG (jetzt Art. 48 AEUV) vorsieht, in anderer Weise angewendet werden als unter den Bedingungen des Artikels 67 des Abkommens. Damit sollte wohl der Katalog des Unterabsatzes 2 als abschließend festgelegt und sollen weiter ausdehnende Auslegungsansätze des EuGH verhindert werden (*Weber, C.*, InfAuslR 1998, 257, 258). Nach Art. 67 Abs. 1 erlässt der Assoziationsrat innerhalb eines Jahres die Bestimmungen zur Gewährleistung der in Art. 65 genannten Grundsätze.

Da die Mittelmeerabkommen die gleichen Ziele verfolgen wie die Kooperationsabkommen, die sie ersetzen, sind die wortgleichen Regelungen beider Abkommensarten auch in gleicher Weise **auszulegen**. Der EuGH hat demnach auch in seiner ersten Entscheidung zum Mittelmeerabkommen mit Marokko durch Beschluss klargestellt, dass die zu dem sozialrechtlichen Gleichbehandlungsgrundsatz in den Kooperationsabkommen ergangene Rechtsprechung in vollem Umfang übertragbar ist (EuGH, Rs. C-336/05 (Echouikh), Slg 2006, I-5223, Rn 40; vgl auch Rs. C-276/06 (El Youssfi), Slg 2007, I-2851, Rn 50 f) und auch hier das Fehlen eines Assoziationsratsbeschlusses die unmittelbare Anwendbarkeit des Art. 65 nicht hindert (Rn 42). Es ging um den Fall eines marokkanischen Staatsangehörigen mit Wohnsitz in Frankreich, der in der französischen Armee gedient hatte und aufgrund einer während dieser Zeit allerdings außerhalb Frankreichs und noch vor dem Inkrafttreten des Assoziationsabkommens erworbenen Erkrankung eine Kriegsinvalidenrente begehrte. Da Personen, die einen freiwilligen oder Pflichtwehrdienst ausüben, als Arbeitnehmer anzusehen sind und die Beschäftigung zwar außerhalb Frankreichs, aber im Dienste des französischen Staates ausgeübt wurde, war der persönliche Geltungsbereich des Gleichbehandlungsgebots eröffnet (Rn 54). Hinsichtlich des sachlichen Geltungsbereichs weist der EuGH zum einen darauf hin, dass die Berufs- und Erwerbsunfähigkeitsrenten im zweiten Unterabsatz des Art. 65 Abs. 1 ausdrücklich genannt sind und verweist im Übrigen auf seine ständige Rechtsprechung zu Art. 41 des Kooperationsabkommens (vgl Rn 64), dass der **Begriff der sozialen Sicherheit** ebenso aufzufassen ist, wie der gleichlautende Begriff in der VO (EWG) Nr. 1408/71 in der aktuellsten Fassung (Rn 50). Schließlich hinderte auch die Tatsache, dass die Krankheit bereits vor dem Inkrafttreten des Assoziationsabkommens eingetreten war, den Anspruch auf die Kriegsinvalidenrente ab Inkrafttreten des Abkommens nicht, weil es sich nicht um einen bereits abgeschlossenen Sachverhalt handelte (Rn 54). Der Gerichtshof hat sich in seiner Entscheidung nicht mit der Frage auseinandergesetzt, ob die Tatsache, dass die Mittelmeerabkommen anders als die Kooperationsabkommen eine eigene Definition der sozialen Sicherheit enthalten, einen weiteren Rückgriff auf die Koordinierungsverordnung unzulässig macht. In einer weiteren Entscheidung hat er nun eine beitragsunabhängige Sonderleistung, die älteren Personen ein Existenzminimum garantieren soll, unter Verweis auf die VO (EWG) Nr. 1408/71 in den Anwendungsbereich des Art. 65 einbezogen, obwohl sich in der Aufzählung des Art. 65 Abs. 1 Unterabs. 2 keine entsprechende Leistung findet (Rs. C-276/06 (El Youssfi), Slg 2007, I-2851, Rn 58 ff). 69

5. Mittelmeerabkommen mit Israel

Am 1.6.2000 ist das Mittelmeerabkommen zwischen den Europäischen Gemeinschaften und ihren Mitgliedstaaten und Israel in Kraft getreten (Abk. v. 20.11.1995, ABl. 2000 L 147, S. 3). Anders als die Mittelmeerabkommen mit den Maghrebstaaten enthält es **weder ein arbeits- noch sozialrechtliches Diskriminierungsverbot**. Wie in den übrigen Abkommen ist in Art. 64 des Abkommens zur Koordinierung der Systeme der sozialen Sicherheit in bestimmten Zweigen der sozialen Sicherung die Zusammenrechnung der Versicherungs-, Beschäftigungs- und Aufenthaltszeiten, die israelische Arbeitnehmer und ihre Familienangehörigen in den Mitgliedstaaten zurückgelegt haben, sowie wechselseitig die Transferierbarkeit von Renten und die Leistung von Familienzulagen vorgesehen. Diese Regelungen bedürfen noch der näheren Ausgestaltung. In Art. 65 wird dem Assoziationsrat aufgegeben, die erforderlichen Bestimmungen festzulegen. 70

6. Europaabkommen mit den mittel- und osteuropäischen Staaten

71 Die Union hatte mit dem Ziel, den Beitritt zur Europäischen Union vorzubereiten, Europaabkommen mit zehn mittel- und osteuropäischen Staaten abgeschlossen: Ungarn (ABl. 1993 L 347, S. 2), Polen (ABl. 1993 L 348, S. 2), die Slowakische Republik (ABl. 1994 L 359, S. 2), die Tschechische Republik (ABl. 1994 L 360, S. 2), Rumänien (ABl. 1994 L 357, S. 2), Bulgarien (ABl. 1994 L 358, S. 2), Litauen (ABl. 1998 L 51, S. 3), Lettland (ABl. 1998 L 26, S. 3), Estland (ABl. 1998 L 68, S. 3) und Slowenien (ABl. 1999 L 51, S. 3); (umfassend zur Entstehungsgeschichte am Beispiel Polen: *Husmann*, ZSR 1998, 100 ff). Die Abkommen enthalten jeweils gleichlautende mit **Freizügigkeit der Arbeitnehmer** überschriebene Bestimmungen (Art. 36 bis 42 Abk. Estland; Art. 37 bis 43 Abk. Polen, Ungarn, Lettland und Litauen; Art. 38 bis 44 Abk. Bulgarien, Rumänien, Tschechische Republik, Slowakische Republik und Slowenien).

72 Da inzwischen alle Vertragsstaaten **Mitglied der Europäischen Union** geworden sind und auch die letzten Übergangsfristen für die Herstellung der Arbeitnehmerfreizügigkeit (vgl Anhänge zu Art. 24 der Beitrittsakte, ABl. 2003 L 236) abgelaufen sind, haben diese Abkommen für die Staatsangehörigen dieser Staaten ihre Bedeutung verloren. Die Europaabkommen waren jedoch **Vorbild** für die Stabilisierungs- und Assoziierungsabkommen mit den Ländern des westlichen Balkans, die in weiten Teilen gleiche oder vergleichbare Regelungen enthalten und ebenfalls einen Beitritt dieser Staaten zur Europäischen Union vorbereiten sollen. Die Rechtsprechung des EuGH zu den Europaabkommen ist daher auf entsprechende Regelungen in den Stabilisierungs- und Assoziierungsabkommen übertragbar. Im Folgenden werden die Vorschriften im Abkommen mit Polen zitiert werden.

a) Freizügigkeit und arbeitsrechtliches Gleichbehandlungsgebot

73 Anders als die Überschrift vermuten lässt, gewähren die Abkommen kein wirkliches Freizügigkeitsrecht. Art. 37 Abk. Polen bestimmt, dass vorbehaltlich der in den einzelnen Mitgliedstaaten geltenden Bedingungen und Modalitäten den Arbeitnehmern polnischer Staatsangehörigkeit, die im Gebiet eines Mitgliedstaates rechtmäßig beschäftigt sind, eine Behandlung gewährt wird, die hinsichtlich der **Arbeitsbedingungen,** der Entlohnung und der Entlassung keine auf der Staatsangehörigkeit beruhende Benachteiligung gegenüber den eigenen Staatsangehörigen bewirkt. Anders als in Art. 45 AEUV (= Art. 39 EG) wird keine Gleichbehandlung hinsichtlich der Beschäftigung garantiert, dh es gibt keinen freien Zugang zur Beschäftigung (EuGH, Rs. C-268/99 (Jany u.a.), Slg 2001, I-8615, Rn 64 zu den Abkommen mit Polen und Tschechien; Rs. C-101/10 (Pavlov) v. 7.7.2011, Rn 15, 27 zum Abkommen mit Bulgarien). Die Vorschrift greift erst, wenn ein Arbeitnehmer rechtmäßig in einem Mitgliedstaat beschäftigt ist. Den Mitgliedstaaten obliegt weiterhin die Regelung von Einreise, Aufenthalt und Zugang zur Beschäftigung (GA Jacobs Rs. C-162/00 (Pokrzeptowicz-Meyer) Slg 2002, I-1049, Rn 43 f; auch unter Verweis auf Art. 58 Abk. Polen und der Erklärung der Union zu Titel IV des Abkommens, ABl. 1993 L 348, S. 183; *Feik*, Non-discrimination provisions, 229). Eine Verbesserung ergibt sich jedoch für die **Ehegatten und Kinder** des Arbeitnehmers, die unter den genau bestimmten und damit zur unmittelbaren Anwendbarkeit dieser Bestimmung führenden Voraussetzungen des Art. 37 Abs. 1 1. Spiegelstrich Abk. Polen ein Recht auf Zugang zu einer Beschäftigung haben. Dieses ist jedoch zeitlich auf die Dauer der Arbeitserlaubnis und örtlich auf den Beschäftigungsstaat des Arbeitnehmers, von dem sich das Recht ableitet, beschränkt (vgl hierzu *Husmann*, ZSR 1998, 123 f; *Feik*, Non-discrimination provisions, 231).

74 Sozialrechtlich bedeutsam ist Art. 37 Abk. Polen insoweit, als sie jede – offene wie verdeckte – **Diskriminierung** im Bereich der Arbeitsbedingungen verbietet. Erachtet man es, angesichts der Zielsetzung der Europaabkommen, die den Beitritt der Abkommensstaaten zur Union vorbereitet haben, als gerechtfertigt, den Begriff der Arbeitsbedingungen entsprechend dem unionsrechtlichen Begriff, wie er u.a. in Art. 45 Abs. 2 AEUV (= Art. 39 Abs. 2 EG), Art. 7 VO (EWG) Nr. 1612/68 und Art. 5 RL Nr. 76/207 enthalten ist, auszulegen, so kann er auch bestimmte Sozialleistungen

umfassen (vgl hierzu im Einzelnen mit Beispielen *Guild*, The Europe Agreements, 333, 344 ff). In der Rechtssache Pokrzeptowicz-Meyer, in der es um die Zulässigkeit der Befristung eines Arbeitsvertrages mit einer polnischen Fremdsprachenlektorin ging, hat der EuGH demgemäß auch ausgesprochen, dass das Recht auf Gleichbehandlung hinsichtlich der Arbeitsbedingungen die gleiche Bedeutung und den gleichen Umfang hat, wie das in Art. 39 Abs. 2 EG (= Art. 45 Abs. 2 AEUV) den Staatsangehörigen der Mitgliedstaaten zuerkannte Recht (Rs. C-162/00, Slg 2002, I-1049, Rn 39, 41; bestätigt in Rs. C-438/00 (Dt. Handballbund), Slg 2003, I-4135, Rn 34 ff).

Ebenso wie die entsprechenden Verbote im Abkommensrecht mit der Türkei (s. Rn 31, 43, 50) 75 erfüllt das Diskriminierungsverbot isoliert betrachtet alle Voraussetzungen für seine **unmittelbare Anwendbarkeit** (*Husmann*, ZSR 1998, 100, 123; *Cremona*, LIEI 1995, 87, 112). Nicht eindeutig ist jedoch, was die Klausel „vorbehaltlich der in den einzelnen Mitgliedstaaten geltenden Bedingungen und Modalitäten" bewirken soll. *Weiß* sieht die Klausel zwar nicht als inhaltlichen aber als Geltungsvorbehalt an, dh es soll noch einer nationalen Anordnung bedürfen (InfAuslR 1998, 313, 315); *Gutmann* geht sogar von einem umfassenden Vorbehalt aus (AnwBl. 2000, 482, 489). Nach *Gargulla* soll der Vorbehalt dazu führen, dass der jeweilige nationale Arbeitnehmerbegriff heranzuziehen ist und daher eine mittelbare Anwendbarkeit ausscheiden (InfAuslR 1995, 181, 183; vgl auch *Andreoli*, Drittstaatsangehörige, 42). Die überwiegende Meinung in der Literatur sieht die Klausel jedoch nicht als Hindernis für die unmittelbare Anwendbarkeit an. *Guild* misst ihr im Wesentlichen nur prozessuale Bedeutung bei (The Europe Agreements, 333, 348 ff); *Langer* fasst sie als Klarstellung auf, dass keinerlei Harmonisierung beabsichtigt ist (Negotiations, 441, 464); GA *Jacobs* sieht in ihr eine Erinnerung daran, dass das Recht auf Gleichbehandlung nur für die Wanderarbeitnehmer gilt, die die von den nationalen Rechtsvorschriften aufgestellten formellen und materiellen Bedingungen für Einreise und Aufenthalt erfüllen (Rs. C-162/00 (Pokrzeptowicz-Meyer), Slg 2002, I-1049, Rn 44). Die Bestimmung soll daher trotz der Klausel unmittelbar anwendbar sein (so auch *Martin/Guild*, Free Movement, 297; *Hedeman-Robinson*, CMLRev 2001, 525, 572; *Feik*, Non-discrimination provisions, 229 mwN; *Edler*, ZESAR 2004, 85, 87). Der EuGH hat diese Auffassung bestätigt und festgestellt, dass dieser Passus es den Mitgliedstaaten nicht gestattet, das Diskriminierungsverbot an Voraussetzungen zu knüpfen oder nach freiem Ermessen einzuschränken (Rs. C-162/00 (Pokrzeptowicz-Meyer), Slg 2002, I-1049, Rn 24; Rs. C-438/00 (Dt. Handballbund), Slg 2003, I-4135, Rn 29).

Fraglich könnte sein, ob Art. 58 Abs. 1 Abk. Polen einer unmittelbaren Anwendbarkeit des Dis- 76 kriminierungsverbotes entgegenstehen kann (vgl hierzu: *Guild*, The Europe Agreements, 333. 349 f). Nach dieser Vorschrift sind die Vertragsparteien nicht gehindert, ihre Rechts- und Verwaltungsvorschriften über Einreise und Aufenthalt, Beschäftigung, Beschäftigungsbedingungen und Niederlassung von natürlichen Personen anzuwenden, sofern sie dies nicht in einer Weise tun, durch die Vorteile, die einer Vertragspartei aus einer Bestimmung des Abkommens erwachsen, zunichte gemacht oder verringert werden. Der EuGH hatte über diese Bestimmung zuerst in den Fällen eines polnischen Ehepaares und einer bulgarischen und zweier tschechischen Staatsangehörigen zu entscheiden, die sich im Vereinigten Königreich niederlassen wollten, nachdem sie zuvor unter Angabe falscher Tatsachen eine Einreiseerlaubnis erschlichen hatten bzw vor ihrer Abreise keine Einreiseerlaubnis beantragt hatten (Rs. C-63/99 (Gloszczuk), Slg 2001, I-6369; Rs. C-235/99 (Kondova), Slg 2001, I-6427; Rs. C-257; (Barkoci u. Malik), Slg 2001, I-6557; vgl auch Rs. C-327/02 (Panayotova u.a.), Slg 2004, I-11055 zu den Einreisebestimmungen der Niederlande). Art. 44 Abs. 1 Abk. Polen enthält ein Gleichbehandlungsgebot für den Bereich der Niederlassung, das für sich genommen alle Voraussetzungen für die unmittelbare Anwendbarkeit erfüllt. Der EuGH entschied, dass Art. 58 Abs. 1 Abk. Polen dem nicht entgegensteht (Rn 38 der Urteile). Der Gerichtshof stellte jedoch fest, dass sich aus Art. 58 Abs. 1 ergebe, dass das Einreise- und das Aufenthaltsrecht im Aufnahmestaat als Nebenrechte zum Niederlassungsrecht nicht schrankenlos gewährt werden. Da sich aus Art. 44 Abk. Polen nur ein Recht zur Aufnahme selbständiger Tätigkeiten ergebe, können Mitgliedstaaten nationale Vorschriften anwenden, die eine vorherige Kontrolle ermöglichen, ob der Antragsteller wirklich die Absicht hat, im Aufnahmestaat eine selbständige Tätigkeit aufzunehmen, ohne zugleich auf eine unselbständige Beschäftigung oder öffentliche Mittel zurückzugreifen. In den entschiedenen Fällen durfte daher das Vereinigte Königreich die Kläger darauf verweisen, in ihre Heimatstaaten zurückzukehren und von dort aus erneut einen auf das Niederlassungsrecht gestützten Einreiseantrag zu stellen. Entsprechend hat der EuGH in einer späteren Entscheidung zum Diskriminierungsverbot in Art. 37 Abk. Polen geurteilt, dass Art. 58 Abs. 1 nur die weitere Anwendbarkeit nationaler Rechtsvorschriften in den genannten Bereichen, nicht aber die Durchführung der Bestimmungen des Europaabkommens über die Arbeitnehmerfreizügigkeit durch die Mitgliedstaaten betrifft und die Umsetzung oder Wirkungen des Diskriminierungsverbots nicht vom Erlass zusätzlicher Maßnahmen abhängig sind (Rs. C-162/00 (Pokrzeptowicz-Meyer), Slg 2002, I-1049). Art. 58 steht der unmittelbaren Anwendbarkeit des Diskriminierungsverbots also nicht entgegen. Es ist dann jeweils im Einzelfall zu klären, ob die nationalen Vorschriften über Beschäftigungsbedingungen iSd Art. 58 Abs. 1 Abk. Polen die Vorteile aus diesem Gleichbehandlungsgebot zunichte machen oder verringern.

b) Sozialrechtliches Diskriminierungsverbot

77 Im Hinblick auf die Rechtsprechung des EuGH zur unmittelbaren Anwendbarkeit der sozialrechtlichen Diskriminierungsverbote in den Abkommen mit den Maghrebstaaten (s. Rn 58) hat der Rat es abgelehnt, der Kommission ein Mandat für ein solches zu erteilen. Wenn man jedoch bedenkt, dass auch das primäre Abkommensrecht mit der Türkei lediglich ein arbeits- aber kein sozialrechtliches Diskriminierungsverbot enthält, der **Assoziationsrat** es aber dennoch in den ARB Nr. 3/80 aufgenommen hat, so ist davon auszugehen, dass auch nach den Europaabkommen ein entsprechendes Vorgehen des jeweiligen Assoziationsrates legitimiert wäre (*Langer*, Negotiations, 441, 463 ff).

c) Koordinierung der Systeme der sozialen Sicherheit

78 Nachdem ein sozialrechtliches Diskriminierungsverbot fehlt, müssen verstärkt die **Koordinierungsregelungen** in den Blick genommen werden. Art. 38 Abs. 1 Abk. Polen enthält hinsichtlich der Arbeitnehmer polnischer Staatsangehörigkeit, die rechtmäßig im Gebiet eines Mitgliedstaates beschäftigt sind, und für deren Familienangehörige, die dort rechtmäßig wohnhaft sind, vorbehaltlich der in jedem Mitgliedstaat geltenden Bedingungen und Modalitäten folgende Bestimmungen: Die Zusammenrechnung der in den einzelnen Mitgliedstaaten zurückgelegten versicherungsrechtlich relevanten Zeiten bei den Alters-, Invaliditäts- und Hinterbliebenenrenten sowie der Krankheitsfürsorge; die freie Transferierbarkeit bestimmter Renten – mit Ausnahme der nicht beitragsbedingten Leistungen (entsprechend der unionsrechtlichen Rechtslage durch die VO (EWG) Nr. 1247/92 ABl. 1992 L 136) – zu den gemäß den Rechtsvorschriften der Schuldnermitgliedstaaten geltenden Sätzen und die Leistung von Familienzulagen für die vorgenannten Familienangehörigen. Eine Zusammenrechnung mit den in Polen zurückgelegten Zeiten ist nicht vorgesehen. Die ersten beiden Koordinierungsregelungen gelten auch für Angehörige der Mitgliedstaaten und ihre Familienangehörigen, die in Polen rechtmäßig beschäftigt sind. Die Regelungen sind zu unbestimmt, um unmittelbar angewendet werden zu können (vgl nur EuGH, Rs. C-227/94 (Taflan-Met), Slg 1996, I-4100 zu den wesentlich detaillierteren Regelungen des ARB Nr. 3/80 zum Abkommen mit der Türkei s. Rn 47; *Guild*, The Europe Agreements, 333, 352; *Martin*, Association Agreements, 32 f, 36; *Feik*, Non-discrimination provisions, 232; *Husmann*, ZSR 1998, 100, 130 ff, der jedoch die Regelung des Leistungsexports zugunsten der EU-Angehörigen als unmittelbar anwendbar ansieht). Daher wird der Assoziationsrat in Art. 39 Abk. Polen mit dem Erlass geeigneter Durchführungsbestimmungen beauftragt. Zu den diversen Fragen, die sich hinsichtlich der Auslegung des Art. 38 Abk. Polen beim Erlass dieser Vorschriften stellen, vgl *Langer*, Negotiations, 441, 463 ff. Durch den Beitritt aller Vertragsstaaten der Europaabkommen zur Europäischen Union ist dieser Auftrag gegenstandslos.

7. Partnerschaftsabkommen mit den Staaten der ehemaligen Sowjetunion

Nach dem Zerfall der Sowjetunion haben die Union und die Mitgliedstaaten Abkommen über Partnerschaft und Zusammenarbeit mit einer Reihe der nun unabhängigen Staaten geschlossen (vgl zur Entstehung *Peers*, I.C.L.Q. 1995, 829 und *Maresceau/Montaguti*, CMLRev. 1995, 1327, 1338 ff). Die Abkommen sind nicht auf einen späteren Beitritt dieser Staaten zur Europäischen Union gerichtet, sondern haben eine Unterstützung der demokratischen Entwicklung und des **Übergangs zur Marktwirtschaft** als Voraussetzung für eine künftige Freihandelszone zum Ziel. Die weitreichendsten Regelungen im Bereich der Grundfreiheiten finden sich im Abkommen mit Russland (ABl. L 327 v. 28.11.1997, S. 3). Die Abkommen mit den übrigen Ländern (Ukraine, Moldau, Weißrussland, Kasachstan, Kirgisische Republik, Georgien, Usbekistan, Armenien, Aserbeidschan, Turkmenistan) enthalten keine Regelungen, aus denen sich unmittelbar soziale Rechte ableiten lassen. 79

Nach Art. 23 Abs. 1 des Partnerschaftsabkommens mit Russland stellen die Union und ihre Mitgliedstaaten vorbehaltlich der in den Mitgliedstaaten geltenden Rechtsvorschriften, Bedingungen und Verfahren sicher, dass den Staatsangehörigen Russlands, die im Gebiet eines Mitgliedstaates rechtmäßig beschäftigt sind, eine Behandlung gewährt wird, die hinsichtlich der **Arbeitsbedingungen**, der Entlohnung oder der Entlassung keine auf der Staatsangehörigkeit beruhende Benachteiligung gegenüber den eigenen Staatsangehörigen bewirkt. Die übrigen Partnerschaftsabkommen enthalten zum Teil eine vergleichbare Regelung aber mit dem entscheidenden Unterschied, dass sich die Union und die Mitgliedstaaten nur „bemühen", eine benachteiligungsfreie Behandlung zu gewähren. Die Formulierung des Art. 23 des Abkommens mit Russland begründet aufgrund seiner klaren, genauen und nicht an Bedingungen geknüpften Formulierung eine bestimmte Ergebnispflicht und ist daher seinem Wesen nach geeignet, unmittelbar angewendet zu werden (*Höller*, Soziale Rechte Drittstaatsangehöriger, 248 f; *Peers*, CMLRev. 1996, 7, 29). Der **sprachliche Vorbehalt** der in den Mitgliedstaaten geltenden Rechtsvorschriften, Bedingungen und Verfahren spricht ebenso wenig dagegen, wie der vergleichbare Vorbehalt der „Bedingungen und Modalitäten" in den Europaabkommen. So hat der EuGH in der Rechtssache Simutenkov, in der es darum ging, ob die nationale Regel eines Sportverbandes, bei der bei Wettkämpfen nur eine begrenzte Anzahl an Spielern aus Drittstaaten eingesetzt werden dürfen, auch zu Lasten eines russischen Staatsangehörigen angewendet werden kann, entschieden, dass dieser Vorbehalt den Mitgliedstaaten nicht gestattet, die Anwendung des Diskriminierungsverbots nach freiem Ermessen einzuschränken (Rs. C-265/03, Slg 2005, I-2579, Rn 24). Gleiches gilt für Art. 27 des Abkommens, nach dem die Durchführung des Art. 23 auf der Grundlage einer Empfehlung des Kooperationsrates erfolgt (Rn 25). Art. 23 Abs. 1 ist daher unmittelbar anwendbar. 80

Der **Begriff** der Arbeitsbedingungen ist wie bei den Europaabkommen so zu verstehen, wie in Art. 45 Abs. 2 AEUV (= Art. 39 Abs. 2 EG; EuGH, Rs. C-265/03 (Simutenkov), Slg 2005, I-2579, Rn 33), dh es werden auch soziale Vergünstigungen iSd Art. 7 Abs. 2 VO (EWG) Nr. 1612/68 erfasst (*Höller*, Soziale Rechte Drittstaatsangehöriger, 250). 81

8. Stabilisierungs- und Assoziationsabkommen mit den Ländern des westlichen Balkans

Mit dem sogenannten Stabilisierungs- und Assoziationsprozess sollen die Länder des westlichen Balkans, Albanien, Bosnien und Herzegowina, Kroatien, die ehemalige jugoslawische Republik Mazedonien sowie Serbien und Montenegro einschließlich des Kosovo gemäß der Resolution 1244 des UN-Sicherheitsrats, nach einer Phase der Bewältigung der politischen Instabilität auf einen möglichen **Beitritt** zur Europäischen Union vorbereitet werden (vgl VO (EG) Nr. 533/2004 über die Gründung Europäischer Partnerschaften im Rahmen des Stabilisierungs- und Assoziierungsprozesses). Ein Bestandteil dieses Prozesses ist neben Handelszugeständnissen sowie wirtschaftlicher und finanzieller Unterstützung die vertragliche Bindung durch sogenannten Stabilisierungs- und Assoziationsabkommen, die die Beitrittskandidaten an den Besitzstand der Union heranführen sollen. Bereits in Kraft sind die Abkommen mit Mazedonien (ABl. 2004 L 84, S. 13), 82

Kroatien (ABl. 2005 L 26, S. 3), Albanien (ABl. 2009 L 107). Die Abkommen mit Montenegro, Serbien sowie Bosnien und Herzegowina befinden sich im Ratifikationsprozess.

83 Die Abkommen folgen hinsichtlich Ziel, Aufbau und Inhalten dem **Vorbild der Europaabkommen**. Viele Regelungen wurden wörtlich oder mit nur geringen Abweichungen, die auch auf die Rechtsprechung des Gerichtshofs zurückgehen, übernommen. In Titels V Kapitel I sind jeweils gleich lautende Bestimmungen über die „Freizügigkeit der Arbeitnehmer" enthalten (vgl Art. 44 bis 46 Abk. Mazedonien, Art. 45 bis 47 Abk. Kroatien, Art. 46 bis 48 Abk. Albanien). Im Folgenden werden die Artikel des Abkommens mit Mazedonien zitiert.

84 Da es sich bei den Stabilisierungs- und Assoziierungsabkommen ebenso wie bei den Europaabkommen um Assoziationsabkommen handelt, die auf einen späteren Beitritt des Vertragspartners zur Europäischen Union zielen, kann hinsichtlich der **Auslegung** vergleichbarer Regelungen die Rechtsprechung des Gerichtshofs zu den Europaabkommen herangezogen werden (allg. zur Auslegung von Abkommen vgl Rn 13 ff). Der Gerichtshof hat zur Auslegung des Partnerschaftsabkommens mit Russland auf seine Rechtsprechung zum Europaabkommen mit der Slowakischen Republik Bezug genommen, auch ungeachtet dessen, dass Ersteres anders als Letzteres keine Beitrittsassoziation begründet (vgl EuGH, Rs. C-265/03 (Simutenkov), Slg 2005, I-2579, Rn 35 f).

a) Freizügigkeit und arbeitsrechtliches Gleichbehandlungsgebot

85 Nach Art. 44 Abs. 1 wird den Arbeitnehmern, die die Staatsangehörigkeit Mazedoniens besitzen und im Gebiet eines Mitgliedstaates legal beschäftigt sind, vorbehaltlich der in den einzelnen Mitgliedstaaten geltenden Bedingungen und Modalitäten eine Behandlung gewährt, die hinsichtlich der Arbeits-, Entlohnungs- und Kündigungsbedingungen keine auf der Staatsangehörigkeit beruhende **Diskriminierung** gegenüber den Staatsangehörigen des betreffenden Mitgliedstaates bewirkt. Unter denselben Voraussetzungen haben der Ehegatte und die Kinder, die dort ihren legalen Wohnsitz haben, während der Geltungsdauer der Arbeitserlaubnis des Arbeitnehmers Zugang zum Arbeitsmarkt des betreffenden Mitgliedstaates; dies gilt nicht für Saisonarbeitnehmer und Arbeitnehmer, die unter bestimmte bilaterale Abkommen fallen. Die Vorschrift räumt damit mezedonischen Arbeitnehmern kein echtes Freizügigkeitsrecht ein. Es obliegt nach wie vor den Mitgliedstaaten, die erstmalige Einreise und Aufnahme einer Arbeit zu regeln. Lediglich die **Familienangehörigen**, die ihren legalen Wohnsitz in diesem Mitgliedstaat haben, dh denen der Mitgliedstaat die Einreise zum Zweck der Familienzusammenführung gestattet hat, haben ein von der Rechtsstellung des Arbeitnehmers abgeleitetes Recht auf Zugang zum Arbeitsmarkt des Mitgliedstaates. Da die Regelung nach ihrem Wortlaut klar, unbedingt und nicht von weiteren Bedingungen abhängig ist, ist von ihrer unmittelbaren Anwendbarkeit auszugehen. Allerdings weist das Recht des Familienangehörigen zeitlich nicht über die Geltungsdauer der Arbeitserlaubnis des Arbeitnehmers, von dem sich diese Rechtsstellung ableitet hinaus und ist örtlich auf den Wohnsitzmitgliedstaat beschränkt, dh es erfolgt keine Öffnung der Arbeitsmärkte der übrigen Mitgliedsstaaten.

86 Unmittelbar anwendbar ist auch das Diskriminierungsverbot hinsichtlich der **Arbeits-, Entlohnungs- und Kündigungsbedingungen**. Die Regelung entspricht mehr oder weniger wörtlich dem arbeitsrechtlichen Diskriminierungsverbot in den Europaabkommen, dessen unmittelbare Anwendbarkeit der Gerichtshof bereits festgestellt hat. Dabei hat er ausdrücklich festgehalten, dass auch der Vorbehalt im Hinblick auf die in den einzelnen Mitgliedstaaten geltenden Bedingungen und Modalitäten es den Mitgliedstaaten nicht gestattet, das Diskriminierungsverbot an Voraussetzungen zu knüpfen oder nach freiem Ermessen einzuschränken (EuGH, Rs. C-162/00 (Pokrzeptowicz-Meyer), Slg 2002, I-1049, Rn 24; Rs. C-438/00 (Dt. Handballbund), Slg 2003, I-4135, Rn 29). Ebenso wenig ausgeschlossen wird die unmittelbare Anwendbarkeit des Diskriminierungsverbots durch die in den Stabilisierungs- und Assoziierungsabkommen in vergleichbarer Weise wie in den Europaabkommen enthaltene Regelung, nach der die Vertragsparteien durch das Abkommen nicht gehindert werden, ihre Rechts- und Verwaltungsvorschriften in den

Bereichen Einreise und Aufenthalt, Beschäftigung, Arbeitsbedingungen, Niederlassung natürlicher Personen und Erbringung von Dienstleistungen anzuwenden, insbesondere hinsichtlich der Erteilung, Verlängerung oder Ablehnung einer Aufenthaltsgenehmigung, vorausgesetzt, dass sie dadurch die einer Vertragspartei aus einer Bestimmung dieses Abkommens erwachsenden Vorteile nicht zunichte machen oder verringern (Art. 62). Diese Regelung gestattet den Mitgliedstaaten, zB im Rahmen der Überprüfung der Voraussetzungen für die Rechte aus dem Abkommen, weiterhin ihre normalen Verfahren anzuwenden, ohne jedoch diese Rechte von zusätzlichen Voraussetzungen abhängig zu machen oder einzuschränken. (vgl hierzu zu den Europaabkommen EuGH, Rs. C-162/00 (Pokrzeptowicz-Meyer), Slg 2002, I-1049; vgl oben Rn 76).

Inhaltlich ist das Verbot der Diskriminierung hinsichtlich der Arbeitsbedingungen ebenso auszulegen, wie das entsprechende Verbot in Art. 45 Abs. 2 AEUV (= Art. 39 Abs. 2 EG) oder Art. 7 VO (EWG) Nr. 1612/68, dh es erstreckt sich auch auf soziale Vergünstigungen. 87

b) Koordinierung der Systeme der sozialen Sicherheit

Die Stabilisierungs- und Assoziationsabkommen enthalten **kein sozialrechtliches Diskriminierungsverbot**, aber eine Regelung zur Sozialrechtskoordinierung. Nach Art. 46 werden zur Koordinierung der Systeme der sozialen Sicherheit für Arbeitnehmer, die die Staatsangehörigkeit Mazedoniens besitzen und im Gebiet eines Mitgliedsstaats legal beschäftigt sind, und für deren Familienangehörige, die dort einen legalen Wohnsitz haben, Bestimmungen festgelegt. Zu diesem Zweck werden durch einen Beschluss des Stabilisierungs- und Assoziationsrats, der günstigere Regelung in bilateralen Abkommen unberührt lässt, Bestimmungen im Hinblick auf die Zusammenrechnung von Versicherungs-, Beschäftigungs- und Aufenthaltszeiten in den Mitgliedstaaten, dem Export von Renten und von Familienleistungen in Kraft gesetzt. Unmittelbare Rechte lassen sich aus Art. 46 nicht ableiten, da diese Vorschriften ausdrücklich erst durch den Stabilisierungs- und Assoziationsrat in Kraft gesetzt werden sollen und zudem zu unbestimmt sind, um unmittelbar angewendet zu werden (vgl zu entsprechenden Regelungen in anderen Abkommen Rn 49, 58). 88

9. Sektoralabkommen über die Freizügigkeit mit der Schweiz

Nachdem durch einen Volksentscheid eine Beteiligung der Schweiz am EWR-Abkommen gescheitert war, waren zwischen der Schweiz und der Gemeinschaft Verhandlungen aufgenommen worden, um die nachteiligen Folgen des Scheiterns des Abkommens gering zu halten. Diese führten zur Unterzeichnung von sieben sektoralen Abkommen, u.a. über die Freizügigkeit (zum Text vgl Kommissionsvorschlag KOM (1999) 229 endg.). Nach mit 67,2% Ja-Stimmen erfolgreicher Volksabstimmung hat die Schweiz die Abkommen am 16. Oktober 2000 ratifiziert. Das Ratifizierungsverfahren auf EU-Seite, an dem, da es sich um gemischte Abkommen handelt, alle Mitgliedstaaten beteiligt waren, wurde jedoch erst am 17. April 2002 abgeschlossen. Nach Art. 25 des **Abkommens über die Freizügigkeit** trat dieses damit am 1. Juni 2002 in Kraft (umfassend zu diesem Abkommen vgl *Kahil-Wolff/Mosters*, EuZW 2001, 5 ff; *Andreoli*, Drittstaatsangehörige, 59 ff, auch zu der von Art. 217 AEUV (= Art. 310 EG) verschiedenen Rechtsgrundlage). Das Abkommen war nach Art. 25 Abs. 2 zunächst für eine anfängliche Dauer von sieben Jahren geschlossen worden. Im Februar 2009 hat sich die schweizerische Bevölkerung in einer Volksabstimmung für die Weitergeltung entschieden. 89

In dem Abkommen über die Freizügigkeit wird die Freizügigkeit nach Regeln hergestellt, die denen des Acquis communautaire entsprechen. Art. 10 des Abkommens sieht Übergangsfristen für die Freizügigkeit vor. In den ersten zwei Jahren darf den eigenen Arbeitnehmern Vorrang eingeräumt werden. Die Schweiz darf in den ersten fünf Jahren absolute Höchstzahlen für den Zugang zu einer Erwerbstätigkeit festlegen und bis zum Ablauf des zwölften Jahres unter bestimmten Voraussetzungen die Zuwachsraten begrenzen. Nach Art. 2 des Abkommens werden Staatsangehörige einer Vertragspartei, die sich rechtmäßig im Hoheitsgebiet einer anderen Vertragspartei auf- 90 halten, bei der Anwendung des Abkommens gemäß den Anhängen nicht aufgrund ihrer Staatsangehörigkeit **diskriminiert**. Art. 9 Abs. 1 des Anhangs I regelt die Gleichbehandlung im Bereich der Beschäftigungs- und Arbeitsbedingungen und Art. 9 Abs. 2 gewährt den Arbeitnehmern und ihren Familienangehörigen die gleichen steuerlichen und sozialen Vergünstigungen. In Art. 1 bis 8 des Anhangs I werden die Rechte zu Einreise, Aufenthalt und Ausübung einer Erwerbstätigkeit näher spezifiziert.

91 Nach Art. 8 des Abkommens regeln die Vertragsparteien die **Koordinierung der Sozialen Sicherheit** um Folgendes zu gewährleisten: Gleichbehandlung; Bestimmung der anzuwendenden Rechtsvorschriften; Zusammenrechnung aller nach den verschiedenen nationalen Rechtsvorschriften berücksichtigten Versicherungszeiten für den Erwerb und die Aufrechterhaltung des Leistungsanspruchs sowie für die Berechnung der Leistungen; Zahlung der Leistungen an Personen, die ihren Wohnsitz im Hoheitsgebiet der Vertragsparteien haben; Amtshilfe und Zusammenarbeit der Behörden und Einrichtungen. Diese Koordinierungsregelungen sind in Anhang II des Abkommens enthalten, der umfassend auf die entsprechenden Unionsregelungen vor allem auf die VO (EWG) Nr. 1408/71 und die VO (EWG) Nr. 574/72, in der zur Zeit des Abschlusses des Abkommens bestehenden Fassung, verweist und die notwendigen Ergänzungen und Anpassungen in Bezug auf die Schweizer Systeme vornimmt. Nach Art. 16 Abs. 2 werden Begriffe des Unionsrechts entsprechend der Rechtsprechung des EuGH zum Unterzeichnungszeitpunkt ausgelegt. Änderungen des unionsrechtlichen Koordinationsrechts, so auch die VO (EG) Nr. 883/2004 gelten daher nur, wenn sie ausdrücklich in das Abkommensrecht übernommen werden. Die Erweiterung des persönlichen Anwendungsbereichs der VO (EWG) Nr. 1408/71 auf Drittstaatsangehörige mit Wirkung zum 1.6.2003 durch die VO (EG) Nr. 859/2003 (ABl. 2003 L 124, S. 1) war von der Schweiz nicht nachvollzogen worden.

Teil 13:
Europäischer Rechtsschutz im Sozialrecht

Literaturübersicht
Rechtsschutz allgemein

Azizi, Die Reform der Gerichtsbarkeit der Europäischen Gemeinschaften im Lichte der aktuellen Entwicklung, in *Ginther/Benedek/Isak/Kicker* (Hrsg.), Völker- und Europarecht, 25. Österreichischer Völkerrechtstag, 2001, S. 167 ff; *Bauer/Diller*, Recht und Taktik der arbeitsrechtlichen EuGH-Vorabentscheidungsverfahren, NZA 1996, S. 169; *Baumeister*, Effektiver Individualrechtsschutz im Gemeinschaftsrecht, EuR 2005, S. 1 ff; *Berrisch*, Über London nach Luxemburg – die absurden Umwege des Rechtsschutzes in der Gemeinschaft, EuZW 2005, S. 65; *Calliess*, Kohärenz und Konvergenz beim europäischen Individualrechtsschutz, NJW 2002, S. 3577; *Everling*, 50 Jahre Gerichtshof der Europäischen Gemeinschaften, DVBl. 2002, S. 1293; *ders.*, Das Verfahren der Gerichte der EG im Spiegel der verwaltungsgerichtlichen Verfahren der Mitgliedstaaten, in: FS Starck, 2007, S. 535-553; *ders.*, Zur Gerichtsbarkeit der Europäischen Union, in: FS Rengeling, 2008, S. 527; *ders.*, Zur verfehlten Forderung nach einem Kompetenzgericht in der Europäischen Union, in: FS Hirsch, 2008, S. 63; *Goll/Kenntner*, Brauchen wir ein Europäisches Kompetenzgericht?, EuZW 2002, S. 101; *Gündisch/Wienhues*, Rechtsschutz in der Europäischen Gemeinschaft, 2. Aufl. 2003; *Hirsch*, Die Rolle des Europäischen Gerichtshofs bei der europäischen Integration, JöR NF 49 (2001), S. 79; *Hakenberg/Stix-Hackl*, Handbuch zum Verfahren vor dem Europäischen Gerichtshof, 3. Aufl. 2005; *Knapp*, Die Garantie des effektiven Rechtsschutzes durch den EuGH im „Raum der Sicherheit, der Freiheit und des Rechts", DÖV 2001, S. 12; *Kokott/Dervisopoulos/Henze*, Aktuelle Fragen des effektiven Rechtsschutzes durch die Gemeinschaftsgerichte, EuGRZ 2008, S. 10; *Lasok*, European Court, Practice and Procedure, 3. Aufl. 2008; *Lasok/Millet*, Judicial Control in the EU, 2004; *Mayer*, Individualrechtsschutz im Europäischen Verfassungsrecht, DVBl. 2004, S. 606; *Nettesheim*, Effektive Rechtsschutzgewährung im arbeitsteiligen System europäischen Rechtsschutzes, JZ 2002, S. 928; *Pechstein*, EU-/EG-Prozessrecht, 3. Aufl., 2007; *Rabe*, Nach der Reform ist vor der Reform: zum Gerichtssystem der Europäischen Union, in: FS Zuleeg, 2005, S. 195; *Rengeling/Middeke/Gellermann*, Rechtsschutz in der Europäischen Union, 2. Aufl., 2003; *Rodriguez Iglesias*, Der EuGH und die Gerichte der MS – Komponenten der richterlichen Gewalt in der Europäischen Union, NJW 2000, S. 77; *Schroeder*, Neuerungen im Rechtsschutz der Europäischen Union durch den Vertrag von Lissabon, DÖV 2009, S. 61 ff; *Scouris*, The Court of Justice and the challenges of the enlarged European Union ERA Forum (2008), S. 99-125; *Schütz/Sauerbier*, Die Jurisdiktion des EuGH im Unionsrecht, JuS 2002, S. 658; *Streinz*, Die Auslegung des Gemeinschaftsrechts durch den EuGH: Eine kritische Betrachtung, ZEuS 2004, S. 387; *Thiele*, Das Rechtsschutzsystem nach dem Vertrag von Lissabon – (K)ein Schritt nach vorn?, EuR 2010, 30 ff; *Timmermans*, The European judicial system, CMLR 2004, S. 393; *Vesterdorf*, The Community Court system ten years from now and in the future, challenges and possibilities, ELR 2003, S. 303.

Vorabentscheidungsverfahren

App, Vorlage an den EuGH im deutschen Gerichtsverfahren, DZWiR 2002, S. 232; *Azizi*, Unveiling the EU Courts' Internal Decision-Making Process: A Case for Dissenting Opinions?, ERA Forum (2011) 12, 49-68; *Berrisch*, Über London nach Luxemburg – die absurden Wege des Rechtsschutzes in der Gemeinschaft, EuZW 2005, S. 65; *Borde/Ehle*, Die Ausweitung des Prüfungsumfanges im Vorabentscheidungsverfahren durch den EuGH, EWS 2001, S. 55; *Dauses*, Das Vorabentscheidungsverfahren nach Art. 177 EG-Vertrag, 2. Aufl. 1995; *Düsterhaus*, Es geht auch ohne Karlsruhe: Für eine rechtsschutzorientierte Bestimmung der zeitlichen Wirkungen von Urteilen im Verfahren nach Art. 234 EG, EuZW 2006, S. 393; *Fastenrath*, Der europäische Gerichtshof als gesetzlicher Richter – Zur verfassungsgerichtlichen Kontrolle der Einhaltung völker- und europarechtlicher Verpflichtungen sowie zum Prüfungsmaßstab bei Art. 101 Abs. 1 S. 2 GG, in: FS Ress, 2005, S. 461; *Groh*, Auslegung des Gemeinschaftsrechts und Vorlagepflicht nach Art. 234 EG, EuZW 2002, S. 460; *Hakenberg*, Vorabentscheidungsverfahren und europäisches Privatrecht – Erfahrungen aus europäischer Sicht, RabelsZ 66 (2002), S. 367; *Herrmann*, Gebrauchtwagenhandel – Wie Richter aus neuen Mitgliedstaaten den Dialog mit dem EuGH aufnehmen, EuZW 2007, S. 385; *Koenig/Engelmann*, Vorwirkungen des EG-Rechtsschutzes durch ein anhängiges Vorabentscheidungsverfahren, EWS 2002, S. 353; *Kühn*, Grundzüge des neuen Eilverfahrens vor dem Gerichtshof der Europäischen Gemeinschaften im Rahmen von Vorabentscheidungsverfahren, EuZW 2008, S. 263; *Leopold/Reiche*, Zur Vorlageberechtigung mitgliedstaatlicher Wettbewerbsbehörden, EuZW 2005, S. 143; *Malferrari*, Zurückweisung von Vorabentscheidungsersuchen durch den EuGH – Systematisierung der Zulässigkeitsvoraussetzungen und Reformvorschläge zu Art. 234 EG-Vertrag, 2003; *Oexle*, Einwirkungen des EG-Vorabentscheidungsverfahrens auf das nationale Verfahrensrecht, NVwZ 2002, S. 1328; *Ost*, Europarecht vor dem Bundesverfassungsgericht, NVwZ 2001, S. 399;

Pache/Knauff, Wider die Beschränkung der Vorlagebefugnis unterinstanzlicher Gerichte im Vorabentscheidungsverfahren – zugleich ein Beitrag zu Art. 68 II EG, NVwZ 2004, S. 26; *Sensburg*, Die Vorlagepflicht an den EuGH: Eine einheitliche Rechtsprechung des BVerfG, NJW 2001, S. 1259; *Sladic*, Anmerkungen zum beschleunigten Verfahren im EG-Prozessrecht, EuZW 2005, S. 224; *Vesterdorf*, Der gerichtliche Rechtsschutz gegenüber Handlungen der Gemeinschaftsorgane, Unmittelbarer Zugang zum Gemeinschaftsrichter, Zugang zum nationalen Gericht und Vorabentscheidungsersuchen, in 1952-2002, 50. Bestehen des EuGH, 2003, S. 71; *Wägenbaur*, Stolpersteine des Vorabentscheidungsverfahrens, EuZW 2000, S. 37; *Wiedemann*, Zeitlos wie ungeklärt: Die Beschränkung der zeitlichen Wirkung von Urteilen des EuGH im Vorabentscheidungsverfahren nach Art. 234 EG, EuZW 2007, S. 692.

Vertragsverletzungsverfahren

Böhm, Der Bund-Länder-Regreß nach Verhängung von Zwangsgeldern durch den EuGH, JZ 2000, S. 382; *Breuer*, Urteile mitgliedstaatlicher Gerichte als möglicher Gegenstand eines Vertragsverletzungsverfahrens gem. Art. 226 EG?, EuZW 2004, S. 199; *Durner*, Zwangsgelder nach Art. 228 EG im Verhältnis von Bund und Ländern, BayVBl. 2002, S. 745; *Everling*, Die Mitgliedstaaten der Europäischen Union unter der Aufsicht von Kommission und Gerichtshof, in: FS Isensee, 2007, S. 773-791; *Härtel*, Durchsetzbarkeit von Zwangsgeld-Urteilen des EuGH gegen Mitgliedstaaten, EuR 2001, S. 617; *Heidig*, Die Verhängung von Zwangsgeldern nach Art. 228 Abs. 2 EG, EuR 2000, S. 782; *Obwexer*, Finanzielle Sanktionen gegen EU-Mitgliedstaaten, ecolex 2000, S. 756; *Ortlepp*, Das Vertragsverletzungsverfahren als Instrument der Sicherung der Legalität in der Europäischen Gemeinschaft, 1987; *Pauling*, Es wird teuer – Neuer Bußgeldkatalog der Kommission zur Anwendung von Art. 228 liegt vor, EuZW 2006, S. 492; *Wägenbaur*, Wie effizient ist das Vertragsverletzungsverfahren?, EuZW 2006, S. 705; *Wollenschläger*, Die Gemeinschaftsaufsicht über die Rechtsprechung der Mitgliedstaaten, 2006.

Haftung der Mitgliedstaaten bei Verletzung des EU-Rechts

Anagnostaras, Erroneous judgments and the prospect of damages: the scope of the principle of governmental liability for judicial breaches, E.L.Rev. 31 (2006), S. 735; *Detterbeck*, Haftung der Europäischen Gemeinschaft und gemeinschaftsrechtlicher Staatshaftungsanspruch, AöR (2000), S. 202; *Doehner*, Immaterieller Schadenersatz bei Pauschalreisen, EuZW 2002, S. 339; *Kischel*, Gemeinschaftsrechtliche Staatshaftung zwischen Europarecht und nationaler Rechtsordnung, EuR 2005, S. 441; *Kluth*, Die Haftung der Mitgliedstaaten für gemeinschaftsrechtswidrige höchstrichterliche Entscheidungen – Schlussstein im System der gemeinschaftlichen Staatshaftung, DVBl. 2004, S. 393; *Krümmel/D'Sa*, Implementation by German Courts of the Jurisprudence of the European Court of Justice on State Liability for Breach of Community Law as Developed in Francovich and Subsequent Cases, EBLR, Vol. 20, Issue 2, 2009, S. 273; *Tridimas*, Liability for breach of Community law: growing up and mellowing down?, CMLR 2001, S. 301–332.

Auslegung des EU-Rechts und Richterrecht

Borchardt, Auslegung, Rechtsfortbildung und Rechtsschöpfung, in: Schulze/Zuleeg/Kadelbach (Hrsg.), Europarecht – Handbuch für die deutsche Rechtspraxis, 2. Aufl., 2010; *ders.* Richterrecht durch den Gerichtshof der Europäischen Gemeinschaften, in: GS Grabitz, 1995, S. 29; *Dänzer-Vanotti*, Unzulässige Rechtsfortbildung des Europäischen Gerichtshofs, RIW 1992, S. 733; *Everling*, Rechtsvereinheitlichung durch Richterrecht in der Europäischen Gemeinschaft, RabelsZ 1986, S. 193; *ders.*, Richterliche Rechtsfortbildung in der Europäischen Gemeinschaft, JZ 2000, S. 357; *Reiter*, Rechtsfortbildung oder Rechtsschöpfung? Die Grenzen der Rechtsprechung im Sozialraum Europa, ZfSH/SGB 1993, S. 57; *Schroeder*, Die Auslegung des EU-Rechts, JuS 2004, S. 180; *Stein*, Richterrecht wie anderswo auch?, in: FS der Juristischen Fakultät zur 600-Jahr-Feier der Ruprecht-Karls-Universität Heidelberg, 1986, S. 619; *Streinz*, Die Auslegung des Gemeinschaftsrechts durch den EuGH: Eine kritische Betrachtung, ZEuS 2004, S. 387; *Ukrow*, Richterliche Rechtsfortbildung durch den EuGH, 1995.

I. Vorbemerkung	1
II. Das Vorabentscheidungsverfahren	7
1. Gegenstand des Vorabentscheidungsersuchens und Vorlagefragen	7
a) Auslegungsfragen	8
b) Gültigkeitsfragen	11
c) Unzulässigkeit der Überprüfung nationalen Rechts	17
2. Vorlageberechtigung	19
a) Zur Vorlage berechtigte Gerichte	19
b) Erforderlichkeit der Vorabentscheidung	20
c) Vorlagezeitpunkt	21
d) Überprüfung der Vorlage durch den EuGH	23
aa) Zusammenhang mit dem Gegenstand des Ausgangsrechtsstreits	24
bb) Vorliegen echter und nicht nur rein hypothetischer Fragestellungen	26
cc) Erläuterungen des rechtlichen und tatsächlichen Hintergrundes	27

e) Anfechtbarkeit und Rücknahme des Vorlagebeschlusses 29	
3. Vorlageverpflichtung 32	
a) Vorlagepflichtige Gerichte 32	
b) Umfang der Vorlagepflicht 36	
c) Sanktionen bei Verletzung der Vorlagepflicht 39	
4. Rechtswirkungen des Vorabentscheidungsurteils 44	
a) Rechtliche Bindungswirkung des Urteils 45	
b) Zeitliche Wirkung des Urteils 49	
III. Das Vertragsverletzungsverfahren 55	
1. Funktion und Bedeutung des Verfahrens 55	
2. Einleitung des Verfahrens 60	
3. Verfahrensstadien 64	
a) Informelles Verfahren 65	
b) Vorverfahren 66	
c) Klageverfahren 70	
d) Urteil und Verpflichtung zur Beseitigung des Vertragsverstoßes 74	
e) Sanktionen bei Nichtbeachtung des Urteils des EuGH 78	
f) Anlage: Formblatt für Beschwerden 90	
IV. Verfahren und Grundsätze der Entscheidungsfindung am EuGH 91	
1. Verfahren vor dem EuGH 91	
a) Verfahrenseinleitung 92	
b) Ernennung von Berichterstatter und Generalanwalt 96	
c) Schriftliches Verfahren 98	
aa) Ablauf des Verfahrens 98	
bb) Vorbericht und Sitzungsbericht 101	
cc) Bestimmung des Spruchkörpers und prozessleitende Entscheidungen 103	

d) Mündliche Verhandlung 105	
aa) Verhandlung der Beteiligten oder Parteien 106	
bb) Schlussanträge 109	
e) Urteil 110	
aa) Beratung 110	
bb) Technik der Urteile 111	
cc) Verkündung und Veröffentlichung 114	
dd) Verfahrensdauer 115	
ee) Beschleunigtes Verfahren (Art. 104 a VerfO/EuGH) 116	
ff) Eilverfahren (Art. 104 b § 6 Abs. 1 S. 1 VerfO/EuGH) 117	
gg) Nützliche Hinweise 118	
2. Grundsätze der Entscheidungsfindung 119	
a) Auslegungsmethoden 119	
b) Rechtsvergleichung 125	
c) Richterrecht 126	
V. Die Haftung der Mitgliedstaaten für Verletzungen des EU-Rechts 130	
1. Grundlagen der Haftung 130	
2. Haftungsgegenstand und Haftungsvoraussetzungen 132	
a) Verletzung subjektiver Rechte 133	
b) Hinreichend qualifizierte Verletzung 134	
c) Kausalzusammenhang 135	
3. Durchsetzung der Entschädigungsansprüche nach nationalem Haftungsrecht 136	
4. Umfang der Entschädigung 137	
a) Berücksichtigung des entgangenen Gewinns 138	
b) Schadensabwendungspflicht 139	
5. Pflicht der rückwirkenden Anwendung der Haftungsgrundsätze 140	

I. Vorbemerkung

Der Rechtsschutz im europäischen Sozialrecht ist **eingebunden in das allgemeine Rechtsschutzsystem** der EU-Verträge (EUV und AEUV); es bestehen weder besondere Rechtsbehelfe noch ist eine selbständige europäische Sozialgerichtsbarkeit eingerichtet worden.

1

Aufgrund der Besonderheiten des europäischen Sozialrechts, insbesondere seiner Verschränkung mit den nationalen Sozialrechtsordnungen, sind die im Klagesystem des AEUV vorgesehenen **direkten Klagemöglichkeiten** beim Gerichtshof der EU im Sozialrechtsbereich **nicht anwendbar**. Nach dem unionsrechtlichen Klagesystem haben natürliche oder juristische Personen nur dann ein direktes Zugangsrecht zum Gerichtshof der EU (und hier zum EuG), wenn sie durch eine Unionsmaßnahme unmittelbar und individuell betroffen sind (vgl. Art. 263 Abs. 4 AEUV = Art. 230 Abs. 4 EG). Diese Voraussetzungen sind bezogen auf das europäische Sozialrecht nicht erfüllt. Es sind hier nicht die EU-Organe, sondern nach wie vor die nationalen Behörden, die dem Einzelnen unmittelbar gegenübertreten und dessen sozialrechtliche Stellung durch die Gewährung oder Ablehnung von Sozialleistungen sowie die Regelung sozialrechtlicher Fragen bestimmen. Das EU-Recht beschränkt sich insoweit auf die Koordinierung der fortbestehenden Sozialleistungssysteme der Mitgliedstaaten (so im Sozialversicherungsrecht mit der VO (EG) Nr. 883/2004) oder schreibt den Mitgliedstaaten in der Gestalt von Richtlinien die von der EU angestrebten sozialrechtlichen Ergebnisse verbindlich vor, wobei den Mitgliedstaaten jedoch die Wahl der Form und der Mittel überlassen bleibt, mit denen diese Ergebnisse im nationalen Sozialrecht verwirklicht werden (so vor allem im Bereich der Gleichbehandlung der Geschlechter mit den RL 79/7/EWG v. 19.12.1978 (ABl. (EG) L 6/24), 2010/41/EU v. 7.7.2010 (ABl. (EU) L 180/1) und RL 2006/54/

2

EG v. 5.7.2006 (ABl. (EU) L 204/23) sowie zur Regelung spezifischer Sozialrechtsfragen in der RL 98/49/EG v. 29.6.1998 (ABl. (EG) L 209/46)).

Hieran ändert auch die mit dem Vertrag von Lissabon neu eingeführte Kategorie der Rechtsakte mit Verordnungscharakter nichts, gegen die eine Nichtigkeitsklage (Art. 263 Abs. 4 AEUV) erhoben werden kann, soweit diese Rechtsakte den Kläger „unmittelbar betreffen und keine Durchführungsmaßnahmen nach sich ziehen". Nach der jüngsten Rechtsprechung des EuG sind hierunter nur solche Rechtsakte mit allgemeiner Geltung zu verstehen, die keine Gesetzgebungsakte sind. Dazu gehören neben den delegierten Rechtsakten (vgl Art. 290) und den Durchführungsrechtsakten (vgl Art. 291) noch die Richtlinien sowie abstrakt-generelle Beschlüsse, jeweils soweit sie ausnahmsweise unmittelbar anwendbar sind und nicht im Gesetzgebungsverfahren erlassen wurden (EuG, Urt. v. 6.9.2011, Rs. T-18/10 (Inuit Tapiriit Kanatami), Slg 2011, II-0000). Im europäischen Sozialrecht ergehen die Koordinierungsrechtsakte und Richtlinien im Gesetzgebungsverfahren und erfordern auch Durchführungsmaßnahmen durch die Mitgliedstaaten, so dass die Rechtsschutzöffnung für das europäische Sozialrecht keine Rolle spielt.

3   Dieser Verschränkung von europäischem Sozialrecht und innerstaatlicher Sozialrechtsordnung wird durch die Einbindung der nationalen Gerichte in das unionsrechtliche Rechtsschutzsystem Rechnung getragen. Die insoweit bestehende **Rechtsschutzverpflichtung der nationalen Gerichte** folgt aus dem Vorrang des EU-Rechts vor nationalem Recht und aus der unmittelbaren Anwendbarkeit der EU-Rechtsnormen im innerstaatlichen Bereich. Es handelt sich dabei um zwei grundlegende Verfassungsprinzipien der EU-Rechtsordnung, die vom EuGH bereits in den Anfangsjahren seiner Rechtsprechungstätigkeit entwickelt worden sind (grundlegend dazu die Urteile des EuGH, Rs. 26/62 (Van Gend & Loos), Slg 1963, 3 und EuGH, Rs. 6/64 (Costa/E.N.E.L.), Slg 1964, 1251). Der Grundsatz des Vorrangs des EU-Rechts besagt, dass „dem vom Vertrag geschaffenen, somit aus einer autonomen Rechtsquelle fließenden Recht wegen dieser seiner Eigenständigkeit keine wie immer gearteten innerstaatlichen Rechtsvorschriften vorgehen können, wenn ihm nicht sein Charakter als Gemeinschaftsrecht aberkannt und wenn nicht die Rechtsgrundlage der Gemeinschaft selbst in Frage gestellt werden soll" (EuGH, Rs. 6/64 (Costa/E.N.E.L.), Slg 1964, 1270). Der Grundsatz der unmittelbaren Anwendbarkeit des EU-Rechts besagt, dass das EU-Recht neben den EU-Organen und den Mitgliedstaaten auch den Unionsbürgern unmittelbar Rechte verleiht und Pflichten auferlegt, soweit diese Vorschriften unbedingt formuliert, in sich vollständig und rechtlich vollkommen sind und deshalb zu ihrer Erfüllung oder Wirksamkeit keiner weiteren Handlungen der Mitgliedstaaten oder der EU-Organe bedürfen sowie, für die unmittelbare Anwendbarkeit von Richtlinienbestimmungen, die Umsetzungsfristen bereits verstrichen sind. In Verbindung mit dem Vorrangprinzip bedeutet dies, dass die nationalen Gerichte das EU-Recht anzuwenden haben, nationales Recht in Übereinstimmung mit den Erfordernissen des EU-Rechts auszulegen und anzuwenden haben und, soweit eine unionsrechtskonforme Auslegung nicht möglich ist, jede dem EU-Recht entgegenstehende innerstaatliche Rechtsvorschrift außer Anwendung zu lassen haben.

4   Im Rahmen ihrer Rechtsschutzverpflichtung sind die nationalen Gerichte befugt, das EU-Recht in eigener Verantwortung und richterlicher Unabhängigkeit auszulegen. Der dabei bestehenden Gefahr abweichender oder sich widersprechender Auslegungen des EU-Rechts durch die Gerichte der verschiedenen Mitgliedstaaten wird mit dem in Art. 267 AEUV eingeführten **Vorabentscheidungsverfahren** begegnet. Das Verfahren der Vorabentscheidung ist als Verfahren unmittelbarer gerichtlicher Zusammenarbeit ausgestaltet, in dessen Rahmen der EuGH auf Vorlage der innerstaatlichen Gerichte über Fragen der Auslegung und Gültigkeit von EU-Rechtsbestimmungen verbindlich entscheidet und auf diese Weise die einheitliche Auslegung und Anwendung des EU-Rechts in den Mitgliedstaaten gewährleistet. Über diese Funktion der Wahrung der Rechtseinheit innerhalb der EU hinaus, hat dieses Verfahren Bedeutung auch für den Individualrechtsschutz. Die Wahrnehmung der den nationalen Gerichten eingeräumten Möglichkeit, die Vereinbarkeit nationalen Rechts mit dem EU-Recht zu überprüfen und im Falle der Unvereinbarkeit auf das

vorrangig, unmittelbar anwendbare EU-Recht zurückzugreifen, setzt voraus, dass Inhalt und Tragweite des EU-Rechts hinreichend klar umrissen sind. Diese Klarheit kann in der Regel nur über eine Vorabentscheidung des EuGH hergestellt werden, so dass das Vorabentscheidungsverfahren auf diese Weise auch dem Unionsbürger die Möglichkeit bietet, sich gegen vertragswidriges Handeln seines eigenen Mitgliedstaates zur Wehr zu setzen und das EU-Recht vor den nationalen Gerichten durchzusetzen. Aufgrund dieser Doppelfunktion gleicht das Vorabentscheidungsverfahren die immer noch eingeschränkte direkte Klagemöglichkeit von Privaten beim Gerichtshof der EU in Sozialrechtsstreitigkeiten in gewissem Maße aus und erlangt damit für den Rechtsschutz im Rahmen des europäischen Sozialrechts zentrale Bedeutung. Der Erfolg dieses Verfahrens hängt letztendlich jedoch von der „Vorlagefreudigkeit" der nationalen Richter und Gerichte ab, da Streitverfahren, in denen das europäische Sozialrecht zur Anwendung kommt, vor den nationalen Gerichten auszutragen sind.

Neben dem Vorabentscheidungsverfahren kann der EuGH auch im **Vertragsverletzungsverfahren** nach Art. 258 AEUV bzw Art. 259 AEUV mit Angelegenheiten betreffend das europäische Sozialrecht befasst werden, das von der Kommission bzw einem Mitgliedstaat eingeleitet werden kann, wenn diese der Auffassung sind, dass ein Mitgliedstaat seinen Verpflichtungen aus dem EU-Recht nicht nachgekommen ist. Vertragsverletzungsverfahren, eingeleitet von einem Mitgliedstaat, sind im Sozialrechtsbereich aus nahe liegenden Gründen noch nicht vorgekommen. Die Mitgliedstaaten ziehen es in der Regel vor, der Kommission die Initiative zu überlassen, der allgemein die Aufgabe zukommt, über die Einhaltung des EU-Rechts zu wachen. Aber auch die Kommission hat bisher nur zurückhaltend von diesem Verfahren im Bereich des Sozialrechts Gebrauch gemacht. Im Wesentlichen beschränken sich diese Fälle auf den Vorwurf der nicht fristgerechten oder unvollständigen Umsetzung von Richtlinien, und hier insbesondere im Bereich der Gleichbehandlung von Mann und Frau. Im Hinblick auf das Recht der sozialen Sicherheit hat die Kommission bisher vor allem auf die Lösung sozialrechtlicher Fragen im Rahmen der zahlreichen Vorabentscheidungsverfahren sowie auf das erfolgreiche Wirken der Verwaltungskommission für die soziale Sicherheit der Wanderarbeitnehmer gesetzt, die sich vor allem der praktischen Probleme bei der Anwendung der unionsrechtlichen Koordinierungsmaßnahmen annimmt (vgl die Kommentierung zu Art. 71 und 72 der VO (EG) Nr. 883/2004). 5

Innerhalb der unionsrechtlichen **Gerichtsorganisation** sind gegenwärtig noch alle das europäische Sozialrecht betreffenden Verfahren beim EuGH konzentriert, gegen dessen Entscheidungen es keine Rechtsmittel gibt. Allerdings ist die Gerichtsorganisation inzwischen so verändert worden, dass auch die Möglichkeit eröffnet wird, die sachliche Zuordnung neu zu ordnen. Die Aufgabe der Rechtsprechung wird gegenwärtig wahrgenommen durch: 6

- den EuGH (Art. 253 AEUV),
- das EuG (Art. 254 AEUV), das nicht dem EuGH zugeordnet ist, sondern ein autonomes Rechtsprechungsorgan der EU darstellt. Dem EuG können auch in bestimmten, in der Satzung des EuGH festzulegenden Sachgebieten Vorabentscheidungsverfahren übertragen werden (Art. 256 Abs. 3 AEUV); dies gilt grundsätzlich auch für Sozialrechtssachen; erforderlich ist lediglich eine entsprechende Satzungsänderung, die eines einstimmigen Beschlusses durch den Rat der EU bedarf.
- die „Fachgerichte" (Art. 257 AEUV), die dem EuG beigeordnet werden können, um in bestimmten Sachbereichen die ihnen zugewiesenen Rechtsstreitigkeiten zu entscheiden. Entscheidungen dieser Kammern unterliegen der Kontrolle durch das EuG in tatsächlicher und rechtlicher Hinsicht im Rahmen eines Berufungsverfahrens (Art. 256 Abs. 2, Art. 257 Abs. 3 AEUV). Gegen Berufungsurteile des EuG kann der Erste Generalanwalt (nicht die Streitparteien!) Revision beim EuGH einlegen, wenn die Rechtseinheit oder die Geschlossenheit der Rechtsprechung bedroht ist (Art. 256 Abs. 2 Unterabs. 2 AEUV). Ein erstes „Fachgericht" ist inzwischen für Personalstreitigkeiten gebildet worden; ähnliches könnte in Zukunft auch im

europäischen Sozialrecht geschehen, das durch seine Komplexität und Technizität gekennzeichnet ist.

II. Das Vorabentscheidungsverfahren

Artikel 267 AEUV

Der Gerichtshof der Europäischen Union entscheidet im Wege der Vorabentscheidung

a) über die Auslegung der Verträge,
b) über die Gültigkeit und die Auslegung der Handlungen der Organe, Einrichtungen oder sonstigen Stellen der Union.

Wird eine derartige Frage einem Gericht eines Mitgliedstaats gestellt und hält dieses Gericht eine Entscheidung darüber zum Erlass seines Urteils für erforderlich, so kann es diese Frage dem Gerichtshof zur Entscheidung vorlegen.

Wird eine derartige Frage in einem schwebenden Verfahren bei einem einzelstaatlichen Gericht gestellt, dessen Entscheidungen selbst nicht mehr mit Rechtsmitteln des innerstaatlichen Rechts angefochten werden können, so ist dieses Gericht zur Anrufung des Gerichtshofs verpflichtet.

Wird eine derartige Frage in einem schwebenden Verfahren, das eine inhaftierte Person betrifft, bei einem einzelstaatlichen Gericht gestellt, so entscheidet der Gerichtshof innerhalb kürzester Zeit.

1. Gegenstand des Vorabentscheidungsersuchens und Vorlagefragen

7 Im Rahmen des Vorabentscheidungsverfahrens entscheidet der EuGH zum einen über Fragen **der Auslegung des EU-Rechts** und übt zum anderen eine **Gültigkeitskontrolle** über die Rechtshandlungen der EU-Organe (Art. 13 Abs. 1 EU) sowie der Einrichtungen und sonstigen Stellen der EU aus. Bestimmungen des nationalen Rechts können grundsätzlich nicht zum Gegenstand eines Vorabentscheidungsverfahrens gemacht werden.

a) Auslegungsfragen

8 Fragen nach der Auslegung, dh nach Inhalt und Tragweite des EU-Rechts können sich auf alle das EU-Recht bildenden Rechtssätze beziehen. **Gegenstand eines Auslegungsersuchens** können somit neben dem Vertragsrecht (einschließlich der Bestimmung des Art. 267 AEUV selbst, vgl EuGH, Rs. C-334/95 (Krüger), Slg 1991, I-3277) und dem von den EU-Organen sowie Einrichtungen und sonstigen Stellen der EU gesetzten Recht vor allem auch die allgemeinen Rechtsgrundsätze sein, die vom EuGH anerkannt und in die EU-Rechtsordnung eingeführt worden sind (zB Grundrechte, Grundsatz der Verhältnismäßigkeit, Grundsatz des Vertrauensschutzes). Zu den vorlagefähigen Handlungen der EU-Organe gehören auch die völkerrechtlichen Abkommen der EU mit Drittstaaten oder mit Internationalen Organisationen. Sie bilden nach der Rechtsprechung des EuGH „einen integrierenden Bestandteil der EU-Rechtsordnung" (EuGH, Rs. 181/73 (R. & V. Haegeman), Slg 1974, 449, 460). Dies gilt gleichermaßen für Abkommen, die die EU allein abgeschlossen hat, wie für sog. „gemischte Abkommen", bei denen neben der EU auch die Mitgliedstaaten Vertragspartei sind (zum Assoziierungsabkommen EG-Türkei, EuGH, Rs. 12/86 (Demirel), Slg 1987, 3719; zu den Assoziationsratsbeschlüssen, EuGH, Rs. C-237/91 (Kus), Slg 1992, I-6807; EuGH, Rs. C-192/89 (Sevince), Slg 1990, I-3497/3501; zu den Freihandelsabkommen, EuGH, Rs. 253/83 (Kupferberg, Slg 1985, 157/183; zur WTO und zum GATT 1947/1994, EuGH, Rs. C-377/98 (Niederlande/Rat), Slg 2001, I-7079; Rs. C-300/98 und C-392/98 (Dior), Slg 2000, I-11307; Rs. C-149/96 (Portugal/Rat), Slg 1999, I-8395; Rs. C-53/96 (Hermés), Slg 1998, I-3603; Rs. 21-24/72 (International Fruit, Slg 1972, 1219; EuG, Rs. T-174/00 (Briet International), Slg 2002, II-17). Dabei ist es unerheblich, ob die jeweiligen unionsrechtlichen Bestimmungen in den Mitgliedstaaten unmittelbar anwendbar sind, dh ob sich die Einzelnen auf sie vor

den nationalen Gerichten berufen können. Der EuGH hat in ständiger Rechtsprechung im Hinblick auf diese insbesondere bei Richtlinienbestimmungen auftretende Problematik entschieden, dass „eine Auslegung der Richtlinie unabhängig von ihren Wirkungen ... für das nationale Gericht zweckmäßig sein [kann], damit sichergestellt wird, dass das zur Durchführung der Richtlinie erlassene Gesetz gemeinschaftsrechtskonform ausgelegt und angewendet wird" (so EuGH, Rs. 111/75 (Mazzalai), Slg 1976, 657/666).

Dies ist vor allem für **Sozial- und Arbeitsgerichte** von besonderer Bedeutung, da sie häufig im Rahmen arbeitsrechtlicher Streitverfahren mit arbeits- und sozialrechtlichen Richtlinienbestimmungen konfrontiert werden, die keine unmittelbare Wirkung im Verhältnis zwischen Privatpersonen, dh im Verhältnis von privatem Arbeitgeber und Arbeitnehmer, entfalten können (vgl EuGH, Rs. C-91/92 (Faccini Dori), Slg 1994, I-3325; EuGH, Rs. 80/86 (Kolpinghuis Nijmegen), Slg 1987, 3969/3985; EuGH, Rs. 152/84 (Marshall), Slg 1986, 723/749). Die Auslegung dieser Richtlinienbestimmungen ist für diese Gerichte jedoch unverzichtbar, um das nationale Recht richtlinienkonform auslegen und anwenden zu können. Unter Hinweis auf die Rechtshilfefunktion des Vorabentscheidungsverfahrens unterstreicht der EuGH in diesen Fällen das Erfordernis, „auf die vorgelegte Frage so zu antworten, dass das nationale Gericht die Grundsätze [der] Richtlinie anwenden kann, soweit sie nach den nationalen Rechtsvorschriften ... gelten" (EuGH, Rs. 19/83 (Wendelboe), Slg 1985, 457/465). 9

Von der Auslegung ist die **Anwendung des EU-Rechts** auf den konkreten zur Entscheidung anstehenden Einzelfall zu unterscheiden. Letztere ist aufgrund der strikten Zuständigkeitstrennung zwischen dem vorlegenden Gericht und dem EuGH allein Aufgabe des nationalen Richters. Die Grenzziehung ist allerdings nicht immer leicht, zumal die vom EuGH gegebene Auslegung der unionsrechtlichen Bestimmungen dem nationalen Gericht häufig nur dann eine echte Entscheidungshilfe bieten kann, wenn sie hinreichend auf die Besonderheiten des Ausgangsfalles zugeschnitten ist. Der EuGH hat deshalb seine Zuständigkeit nach Art. 267 AEUV zur Auslegung des EU-Rechts bisher ohne übertriebenen Formalismus nach praktischen Gesichtspunkten gehandhabt, wobei er stets darum bemüht war, dem vorlegenden Gericht eine zur Entscheidung des konkreten Rechtsstreits möglichst sachdienliche Auslegung des EU-Rechts zu geben (EuGH, Rs. C-160/09 (Ioannis Tsitsikas OE), Slg 2010, I-4591; EuGH, Rs. C-6/01 (Anomar), Slg 2003, I-8621 Rn 37 mwN). Allerdings besteht für den EuGH die Möglichkeit gemäß Art. 104 § 3 VerfO/EuGH bei offensichtlicher Übereinstimmung einer Vorlagefrage mit einer Frage, über die der EuGH bereits entschieden hat, nach Unterrichtung des vorlegenden Gerichts und nach Stellungnahme der Verfahrensbeteiligten durch Beschluss zu entscheiden, der mit Gründen zu versehen ist und auf das frühere Urteil verweist (EuGH, Rs. C-138/97 (Vincenzo Farina/Credito Italiano), Beschluss vom 28.1.2000, ABl. (EG) 2000 C 149/11). Gleiches gilt, wenn die Beantwortung der Vorlagefrage keinen Raum für vernünftige Zweifel lässt (so EuGH, Rs. C-267/01 (Nyvlt/Flughafen Wien), Beschluss vom 19.9.2002, ABl. (EU) 2003 C 19/10 Rn 30) bzw klar aus der Rechtsprechung des EuGH abgeleitet werden kann (EuGH, Rs. C-279/99, C-293/99, C-296/99, C-330/99 und C-336/99 (Petrolvilla & Bortolotti), Slg 2001, I-2339 Rn 13). 10

b) Gültigkeitsfragen

Die Gültigkeitsprüfung entspricht einer umfassenden **Rechtmäßigkeitskontrolle** aller Rechtshandlungen der EU-Organe sowie der Einrichtungen und sonstigen Stellen der EU am Maßstab des Vertragsrechts, der allgemeinen Rechtsgrundsätze sowie der über dem sekundären EU-Recht stehenden völkerrechtlichen Abkommen, soweit sie vom EuGH als Prüfungsmaßstab anerkannt werden (zB Assoziierungsabkommen, vgl EuGH, Rs. C-192/89 (Sevince), Slg 1990, I-3497/3501; eingeschränkt WTO-Übereinkünfte, vgl EuGH, Rs. C-377/98 (Niederlande/Rat), Slg 2001, I-7079; Rs. C-300/98 und C-392/98 (Dior), Slg 2000, I-11307; Rs. C-149/96 (Portugal/Rat), Slg 1999, I-8395; Rs. C-53/96 (Hermés), Slg 1998, I-3603; EuG, Rs. T-174/00 (Briet International), Slg 2002, II-17). Die Befugnis des EuGH ist dabei umfassender Natur und, anders als im Rahmen 11 der Nichtigkeitsklage (Art. 263 AEUV), nicht an das Vorbringen von Klagegründen gebunden. Auch steht einem Vorabentscheidungsersuchen die Möglichkeit der Erhebung einer Nichtigkeitsklage nicht entgegen (EuGH, Rs. 133-136/85 (Rau/BALM), Slg 1987, 2289/2338). Umgekehrt kann allerdings die Gültigkeit einer individuellen Entscheidung auch im Rahmen eines Vorabentscheidungsersuchens nicht mehr in Frage gestellt werden, wenn der Adressat der fraglichen Entscheidung von der Erhebung einer Nichtigkeitsklage innerhalb der dafür vorgesehenen Frist (vgl Art. 263 Abs. 5 AEUV) abgesehen hat (EuGH, Rs. C-178/95 (Wiljo NV/Belgischer Staat), Slg 1997, I-585 Rn 19, 21, 24; EuGH, Rs. C-188/92 (TWD-Textilwerke Deggendorf), Slg 1994, I-833; zu dieser Frage s. *Kamann/Selmayr*, Das Risiko der Bestandskraft, NVwZ 1999, 1041-1045).

12 Im Bereich des **europäischen Sozialrechts** unterlag vor allem die frühere VO (EWG) Nr. 1408/71 (jetzt VO (EG) Nr. 883/2004) verschiedenen Gültigkeitskontrollen, die zur Aufhebung und Änderung verschiedener Bestimmungen geführt haben (vgl zB EuGH, Rs. 41/84 (Pinna I), Slg 1986, 1 ff; Rs. 20/85 (Roviello), Slg 1988, 2805; EuGH, Rs. 349/87 (Paraschi), Slg1991, I-4501).

13 Soweit Fragen nach der Gültigkeit eines EU-Rechtsaktes aufgeworfen werden, ist es dem vorlegenden Gericht unter Einhaltung besonderer Voraussetzungen grundsätzlich gestattet, die Anwendung des nationalen Vollzugsakts bis zur Entscheidung über die Gültigkeit des EU-Rechtsaktes nach den nationalen Regeln über die Gewährung vorläufigen Rechtsschutzes vorläufig auszusetzen. Die Rechtsprechung des EuGH zum **vorläufigen Rechtsschutz** bei Zweifeln an der Gültigkeit von EU-Recht wird durch folgende vier Entscheidungen dokumentiert: (1) Mit dem Urteil vom 22. Oktober 1987 in der Rs. 314/85 (Foto-Frost), Slg 1987, 4199 hat der EuGH entschieden, dass allein ihm (jetzt auch dem EuG), nicht aber nationalen Stellen die Befugnis vorbehalten ist, die Ungültigkeit von Rechtshandlungen der EU-Organe festzustellen. (2) Mit Urteil vom 19. Juni 1990 in der Rs. C-213/89 (Factortame), Slg 1990, I-2433 hat der EuGH entschieden, dass ein vorläufiger Rechtsschutz gegen auf EU-Recht beruhende nationale Vollzugsmaßnahmen unter den für den vorläufigen Rechtsschutz notwendigen Voraussetzungen auch dann zu gewähren ist, wenn das nationale Recht einen vorläufigen Rechtsschutz nicht gewährt, wie dies zB im Vereinigten Königreich der Fall war. (3) Mit Urteil vom 21. Februar 1991 in den Rs. C-143/88 und Rs. C-92/89 (Zuckerfabrik Süderdithmarschen und Soest), Slg 1991, I-534 (dazu *Schlemmer-Schulte*, EuZW 1991, 301) hat der EuGH die Zulässigkeit des vorläufigen Rechtsschutzes bei Zweifeln an der Gültigkeit von EU-Recht anerkannt sowie die Voraussetzungen und Modalitäten für den vorläufigen Rechtsschutz festgelegt. (4) Mit Urteil vom 9. November 1995 in der Rs. C-466/93 (Atlanta Fruchthandelsgesellschaft), Slg 1995, I-3799 hat der EuGH diese Voraussetzungen und Modalitäten eines vorläufigen Rechtsschutzes präzisiert und klargestellt, dass seine Rechtsgrundsätze gleichermaßen für den vorläufigen Rechtsschutz in Gestalt der Aussetzung der Vollziehung wie der einstweiligen Anordnung gelten.

14 Fasst man diese Entscheidungen zusammen, so darf das nationale Gericht vorläufigen Rechtsschutz nur gewähren, wenn Fragen der Gültigkeit von EU-Recht anstehen und folgende **Voraussetzungen** erfüllt sind: (1) Es müssen erhebliche Zweifel an der Gültigkeit einer Handlung eines EU-Organs vorliegen, (2) die Gültigkeitsfrage muss dem EuGH zur Vorabentscheidung vorgelegt werden, soweit dies nicht bereits geschehen ist, (3) der vorläufige Rechtsschutz muss in dem Sinne dringlich sein, dass er erforderlich ist, um einen schweren und nicht wiedergutzumachenden Schaden vom Antragsteller abzuwehren, (4) das Interesse der EU muss angemessen berücksichtigt werden, insbesondere darf einem EU-Rechtsakt nicht vorschnell jede praktische Wirksamkeit genommen werden, (5) das Interesse der EU muss abgewogen werden gegen die Besonderheit der Situation des Antragstellers, die sich von der Situation der übrigen Wirtschaftsteilnehmer unterscheiden muss, (6) die Entscheidungen des EuGH oder des EuG über die Rechtmäßigkeit des Rechtsakts oder die bereits erfolgte Ablehnung vorläufigen Rechtsschutzes müssen vom nationalen Gericht beachtet werden. (7) Der vorläufige Rechtsschutz ist grundsätzlich von einer Sicherheitsleistung abhängig zu machen, wenn die Gewährung vorläufigen Rechtsschutzes ein finanzi-

elles Risiko der EU begründet; Ausnahmen können nur bei Vorliegen außergewöhnlicher Umstände gemacht werden (vgl auch *Jannasch*, NVwZ 1999, 495).

Die Gewährung **vorläufigen Rechtsschutzes durch die nationalen Gerichte scheidet** jedoch dann **aus**, wenn es nicht um den Erlass vorläufiger Maßnahmen im Rahmen des Vollzugs eines als rechtswidrig angefochtenen EU-Rechtsaktes zum Schutze der dem Einzelnen nach der EU-Rechtsordnung zustehenden Rechte geht, sondern darum, vorläufige Maßnahmen im Vorgriff darauf zu treffen, dass EU-Organe, Einrichtungen oder sonstige Stellen der EU die aufgrund einer Verordnung bestehenden Rechte der Einzelnen erst durch einen weiteren Rechtsakt feststellen müssen (EuGH, C-68/95 (T.Port), Slg 1996, I-6065 Rn 52 – nicht statthafte Härtefallregelung durch nationales Gericht, wenn nach der Verordnung eine Härtefallregelung durch die Kommission vorgesehen ist). Die nationalen Gerichte können sich auch im Verfahren des vorläufigen Rechtsschutzes nicht an die Stelle der EU-Organe setzen. Deshalb ist es auch nicht möglich, den EuGH im Wege der Vorlage zu ersuchen, durch Vorabentscheidung die Untätigkeit eines EU-Organs, einer Einrichtung oder sonstigen Stelle der EU festzustellen; die Kontrolle der Untätigkeit fällt in die ausschließliche Zuständigkeit der EU-Gerichtsbarkeit, die ggf. auch den vorläufigen Rechtsschutz zu gewähren hat. 15

Demgegenüber ist das gem. Art. 278 und Art. 279 AEUV **unmittelbar an den EuGH gerichtete Begehren auf einstweiligen Rechtsschutz** bis zur Verkündung des Urteils über das Vorabentscheidungsersuchen unzulässig (EuGH, Rs. C-186/01 (Alexander Dory/Deutschland), Slg 2003, I-7823 Rn 6-12, wo es um den Antrag von Herrn Dory nach Art. 278 AEUV ging, eine Anordnung zu erlassen, mit der Deutschland aufgegeben wird, den Vollzug eines Bescheides des Kreiswehrersatzamtes Schwäbisch Gmünd, mit dem er zur Ableistung seines Wehrdienstes einberufen wurde, bis zur Verkündung des Urteils des EuGH über das Vorabentscheidungsersuchen auszusetzen). Die Art. 278 u. 279 AEUV beziehen sich nicht auf Art. 267 AEUV, der die unmittelbare Zusammenarbeit zwischen dem EuGH und den nationalen Gerichten durch ein nicht streitiges Verfahren einführt, das den Charakter eines Zwischenstreits innerhalb eines bei dem vorlegenden Gericht anhängigen Rechtsstreits hat und jeder Initiative der Parteien entzogen ist, da diese nur die Möglichkeit haben, sich in dem von diesem Gericht abgesteckten rechtlichen Rahmen zu äußern. Wegen des wesentlichen Unterschieds zwischen dem streitigen Verfahren und dem in Art. 267 AEUV vorgesehenen Zwischenverfahren können daher die allein für das streitige Verfahren vorgesehenen Bestimmungen mangels einer dahingehenden ausdrücklichen Vorschrift nicht auf das Vorabentscheidungsverfahren ausgedehnt werden. 16

c) Unzulässigkeit der Überprüfung nationalen Rechts

Vorabentscheidungsersuchen sind auf Rechtssätze des EU-Rechts zu beschränken; **Bestimmungen des nationalen Rechts** können **nicht** zum **Gegenstand** einer Vorabentscheidung gemacht werden. Der EuGH ist im Rahmen eines Vorabentscheidungsverfahrens weder befugt nationales Recht auszulegen noch seine Vereinbarkeit mit dem EU-Recht zu beurteilen (vgl EuGH, Rs. C-53/04 (Christiano Marrosu), Slg 2006, I-7213 Rn 31; Rs. 228/87 (Pretura unificata Turin), Slg 1988, 5099/5119; EuGH, Rs. C-292/92 (Hünermund), Slg 1993, I- 6787). Dies wird häufig in den Vorlagefragen, die an den EuGH gerichtet werden, übersehen. Dort finden sich vielfach ganz gezielte Fragen nach der Vereinbarkeit einer nationalen Rechtsvorschrift mit einer EU-Rechtsbestimmung oder es wird nach der Anwendbarkeit einer bestimmten EU-Regelung in dem vor dem nationalen Gericht zur Entscheidung anhängigen Rechtsstreit gefragt. Diese an sich unzulässigen Vorlagefragen werden vom EuGH allerdings nicht einfach zurückgewiesen, sondern werden in dem Sinne umgedeutet, dass das vorlegende Gericht „im Kern" oder „im Wesentlichen" um Kriterien für die Auslegung des einschlägigen EU-Rechts nachsucht, um selbst die Vereinbarkeit des entscheidungserheblichen nationalen Rechts mit dem EU-Recht beurteilen zu können (vgl EuGH, Rs. 212/87 (Unilec), Slg 1988, 5075/5119; EuGH, Rs. 14/86 (Pretore di Salò/X), Slg 1987, 2545/2569; EuGH, Rs. 54/85 (Mirepoix), Slg 1986, 1067/1076). Dabei geht der EuGH in der 17

Weise vor, dass er „aus dem gesamten von dem einzelstaatlichen Gericht vorgelegten Material, insbesondere aus der Begründung der Vorlageentscheidung, diejenigen Elemente des Gemeinschaftsrechts herausarbeitet, die unter Berücksichtigung des Gegenstands des Rechtsstreits einer Auslegung bedürfen" (EuGH, Rs. 20/87 (Gauchard), Slg 1987, 4879/4895). Aus praktischer Sicht ist den vorlagewilligen Gerichten folglich zu empfehlen, ihre Vorlagefragen mit einer möglichst ausführlichen Begründung zu versehen. Eine konkrete und fallspezifische Formulierung der Vorlagefrage ist in diesem Fall unschädlich, da der EuGH die für seine Entscheidung über die Vorlagefrage erforderliche Abstraktion selbst vornimmt. Zudem hat diese Vorgehensweise den Vorteil, dass die Entscheidung des EuGH eher geeignet sein wird, dem nationalen Richter als wirksame Entscheidungshilfe zu dienen, als wenn sich der nationale Richter bei der Abfassung seiner Vorlagefrage selbst darum bemüht, dass die Antwort des EuGH für alle Rechtsordnungen der Mitgliedstaaten anwendbar ist.

18 Allerdings zieht der EuGH die **Grenze zwischen Auslegung des EU-Rechts und Auslegung des nationalen Rechts** nicht immer ganz scharf. Dies gilt vor allem in den Fällen, in denen nationale Rechtsvorschriften, insbesondere um Inländerdiskriminierungen oder Wettbewerbsverzerrungen zu vermeiden, zur Regelung rein innerstaatlicher Sachverhalte auf Regelungen des EU-Rechts Bezug nehmen oder eine inhaltsgleiche Regelung treffen (EuGH, Rs. C-245/09 (Omalet NV), Slg 2010, I-13771 Rn 15-17; EuGH, Rs. C-352/08 (Modehuis A. Zwijnenburg B.V.), Slg 2010, I-4303 Rn 33 mwN). Die gleiche Problematik stellt sich daneben auch in den Fällen, in denen der nationale Gesetzgeber im Rahmen der Umsetzung von Richtlinien bei der inhaltlichen Gestaltung der nationalen Umsetzungsmaßnahme über die sich aus der Richtlinie ergebenden Anforderungen hinausgeht (vgl hierzu *Habersack/Mayer*, Die überschießende Umsetzung von Richtlinien, JZ 1999, 913-921). Legt ein nationales Gericht die Auslegung einer solchen nationalen Rechtsvorschrift dem EuGH zur Vorabentscheidung vor, nimmt der EuGH streng genommen eine Auslegung des nationalen Rechts vor. Gleichwohl begründet der EuGH seine Zuständigkeit in diesen Fällen regelmäßig mit dem gemeinschaftlichen Interesse an einer einheitlichen Auslegung der aus dem EU-Recht übernommenen Begriffe oder mit dem EU-Recht eng verbundener nationaler Regelungskomplexe (EuGH, Rs. C-1/99 (Kofisa Italia Srl), Slg 2001, I-465; EuGH, Rs. C-247/97 (Marcel Schoonbroodt u.a.), Slg 1998, I-8095 Rn 14 unter Hinweis auf EuGH, Rs. C-28/95 (Leur-Bloem), Slg 1997, I-4161 Rn 27 und EuGH, Rs. C-130/95 (Giloy), Slg 1997, I-4291 Rn 23). So hat der EuGH seine Zuständigkeit für Entscheidungen über Vorabentscheidungsersuchen bejaht, die EU-Rechtsvorschriften in Fällen betraffen, in denen der Sachverhalt des Ausgangsverfahrens nicht unter das EU-Recht fiel, aber die genannten Vorschriften entweder durch das nationale Recht (EuGH, Rs. C-297/88 und EuGH, Rs. C-197/89 (Dzodzi), Slg 1990, I-3763 Rn 36; EuGH, Rs. C-231/89 (Gmurzynska-Bscher), Slg 1990, I-40003 Rn 18/19; EuGH, Rs. C-384/89 (Tomatis und Fulchiron), Slg 1991, I-127) oder aufgrund bloßer Vertragsbestimmungen (EuGH, Rs. C-73/89 (Fournier), Slg 1992, I-5621; EuGH, Rs. C-88/91 (Federconsorzi), Slg 1992, I-4035) für anwendbar erklärt worden waren. Der EuGH hat seine Zuständigkeit hingegen verneint für die Entscheidung über ein Vorabentscheidungsersuchen, das sich zwar auf das frühere EuGVÜ bezog, deren Bestimmungen jedoch durch das nationale Gesetz nur als „Muster" übernommen und deren Begriffe nur zum Teil wiedergegeben worden waren (EuGH, Rs. C-346/93 (Kleinwort Benson), Slg 1995, I-615).

2. Vorlageberechtigung

a) Zur Vorlage berechtigte Gerichte

19 Zur Vorlage einer Auslegungs- oder Gültigkeitsfrage an den EuGH berechtigt sind alle Gerichte der Mitgliedstaaten. Der **Gerichtsbegriff** ist unionsrechtlich zu verstehen und stellt nicht auf die Bezeichnung, sondern die Funktion und Stellung einer Einrichtung im Rechtsschutzsystem der Mitgliedstaaten ab. Gerichte im Sinne des EU-Rechts sind danach alle unabhängigen, dh nicht weisungsgebundenen Einrichtungen, die in einem rechtsstaatlich geordneten Verfahren Rechts-

streitigkeiten mit Rechtskraftwirkung zu entscheiden haben (vgl EuGH, Rs. C-118/09 (Koller), Slg 2010, I-13627 Rn 22; EuGH, Rs. C-96/04 (Standesamt Stadt Niebüll), Slg 2006, I-3561 Rn 12/13; Rs. C-516/99 (Walter Schmid, Slg 2002, I-4573 Rn 34-44; Rs. C-17/00 (De Coster), Slg 2001, I-9445; Rs. C-147/98 (Gabalfrisa), Slg 2000, I-1577 Rn 33; Rs. C-54/96 (Dorsch Consult), Slg 1997, I-4961 Rn 23). Vorlageberechtigt sind demnach grundsätzlich auch die Verfassungsgerichte der Mitgliedstaaten (als erstes Verfassungsgericht hat der österreichische Verfassungsgerichtshof den Weg zum EuGH gefunden: EuGH, Rs. C-143/99 (Adria-Wien Pipeline GmbH), Slg 2001, I-8365) sowie streitentscheidende Stellen außerhalb der staatlichen Gerichtsbarkeit (EuGH, Rs. 61/65 (Vaassen-Göbbels), Slg 1966, 583/602 (Schiedsgericht der Bergbauangestelltenkasse der NL); Rs. 246/80 (Broekmeulen), Slg 1981, 2311 (berufsständischer Ausschuss in den NL); Rs. C-54/96 (Dorsch Consult/Bundesbaugesellschaft Berlin), Slg 1997, I-4961, mit Anm. *Brinker*, JZ 1998, 39 (Vergabeüberwachungsausschuss des Bundes); verb. Rs. C-69/96 bis C-79/96 (Garofalo), Slg 1997, I-5603 (Abgabe einer verbindlichen Stellungnahme des Consiglio di Stato im Rahmen eines außerordentlichen Rechtsbehelfs, der vom Präsidenten der italienischen Republik beschieden wird), nicht hingegen die privaten oder vom Staat eingesetzten Schiedsgerichte (vgl EuGH, Rs. 102/81 (Nordsee), Slg 1982, 1095).

b) Erforderlichkeit der Vorabentscheidung

Eine allgemeine Beschränkung der Vorlageberechtigung folgt aus dem Gebot der Erforderlichkeit und Erheblichkeit der Vorabentscheidung für den Erlass des Urteils in dem Ausgangsrechtsstreit durch das nationale Gericht. Es ist allein Sache des mit dem Rechtsstreit befassten nationalen Gerichts, in dessen Verantwortungsbereich die zu erlassende gerichtliche Entscheidung fällt, im Hinblick auf die Besonderheiten der Rechtssache sowohl die Erforderlichkeit einer Vorabentscheidung für den Erlass seines Urteils als auch die Erheblichkeit der dem EuGH von ihm vorgelegten Frage zu beurteilen. Der EuGH ist grds. gehalten, über diese Fragen zu befinden (st.Rspr vgl EuGH, Rs. C-466/07 (Klarenberg/Ferrotron Technologies), Slg 2009, I-803; Rs. C-112/00 (Schmidberger), Slg 2003, I-5659 Rn 31; Rs. C-379/98 (Preussen Elektra), Slg 2001, I-2099 Rn 38; Rs. C-415/93 (Bosman), Slg 1995, I-4921 Rn 59). Es besteht folglich eine **Vermutung für die Entscheidungserheblichkeit** der Vorlagefragen eines nationalen Gerichts, die es zur Auslegung des EU-Rechts in den rechtlichen und sachlichen Rahmen stellt, den es in eigener Verantwortung festlegt und dessen Richtigkeit der Gerichtshof der EU nicht zu prüfen hat (EuGH, Rs. C-466/07 (Klarenberg/Ferrotron Technologies), Slg 2009, I-803). Diese Vermutung der Entscheidungserheblichkeit kann nicht allein dadurch widerlegt werden, dass eine Partei des Ausgangsverfahrens bestimmte Tatsachen bestreitet, deren Richtigkeit der EuGH nicht zu überprüfen hat und die den Streitgegenstand bestimmen (EuGH, Rs. C-56/09 (Zanotti), Slg 2010, I-4517 Rn 15; Rs. C-313/07 (Kirtuna SL, Elisa Vigano), Slg 2008, I-7907; Rs. C-222/05 (van der Weerd u.a.), Slg 2007, I-4233; Rs. C-202/04 (Cipolla), Slg 2006, I-11421). Die Parteien des Ausgangsverfahrens können Anregungen geben; sie können auch über die Entscheidungserheblichkeit streitig vor dem nationalen Gericht verhandeln. Die Entscheidung über die Vorlage und den Inhalt der Vorlagefrage trifft jedoch ausschließlich der nationale Richter selbst. Auch der EuGH enthält sich grundsätzlich einer Überprüfung der Erforderlichkeit der Vorlage (EuGH, Rs. C-36/02 (Omega Spielhallen- und Automatenaufstellungs-GmbH), Slg 2004, I-9609; Rs. C-130/95 (Giloy), Slg 1997, I-4291 Rn 20; Rs. 209-213/84 (Asjes), Slg 1986, 1425/1460; Rs. 53/79 (Damiani), Slg 1980, 273/281) und beschränkt seine Prüfung auch inhaltlich auf die konkreten Vorlagefragen des nationalen Gerichts (vgl EuGH, Rs. C-134/94 (Esso Española), Slg 1995, I-4223 Rn 8, wo das nationale Gericht eine Vorlagefrage aufrechterhielt, obwohl das den Rechtsstreit zugrunde liegende Dekret bereits für nichtig erklärt wurde; weniger zurückhaltend hingegen: EuGH, Rs. C-66/95 (Sutton), Slg 1997, I-2163 Rn 19, wo der EuGH über die konkrete Vorlagefrage hinaus auch ein Vorbringen der Klägerin des Ausgangsverfahrens prüft). Unerheblich für die Erforderlichkeit und Erheblichkeit ist, ob die Vorlagefragen bereits in einer entsprechenden Rechtssache Gegenstand einer Vorabentscheidung waren (EuGH, Rs. C-260/07 (Pedro IV Servicios SL/

20

Total España SA), Slg 2009, I-2437 Rn 31 mwN aus der Rspr); der EuGH kann in diesen Fällen allerdings in einem vereinfachten Verfahren durch Beschluss entscheiden (vgl Art. 104 VerfO/EuGH).

c) Vorlagezeitpunkt

21 Ebenso ist es ausschließlich Sache des nationalen Gerichts zu entscheiden, in welchem Stadium des Ausgangsverfahrens eine Vorlagefrage an den EuGH gerichtet werden soll. Dabei sollte sich der nationale Richter freilich von den Grundsätzen der **Prozessökonomie** leiten lassen und erst in einem Prozessstadium die Fragen vorlegen, in dem bereits Klarheit über den relevanten Sachverhalt und die Erforderlichkeit der Vorlage besteht (EuGH, Rs. 14/86 (Pretore di Salò/X), Slg 1987, 2545/2566). Eine Überprüfung des Vorlagezeitpunkts durch den EuGH findet jedoch in keinem Fall statt (vgl EuGH, Rs. 36 und 71/80 (Doyle), Slg 1981, 735/748). Dies hindert den nationalen Richter nicht, im Einzelfall eine Vorlagefrage bereits im Verfahren zur Gewährung der Prozesskostenhilfe an den EuGH zu richten (vgl EuGH, Rs. C-77/95 (Bruna-Alessandra Züchner), Slg 1996, I-5689).

22 Vorlagefragen können auch im Rahmen der Verfahren des **einstweiligen Rechtsschutzes** gestellt werden. Weder die Dringlichkeit noch die Vorläufigkeit dieser Verfahren kann das Recht eines Gerichts zur Anrufung des EuGH in Frage stellen, sofern das EU-Recht Grundlage seiner Entscheidung ist (EuGH, Rs. 35 und Rs. 36/82 (Morson und Jhanjan), Slg 1982, 3723/3734). Eine Beschränkung der Vorlagebefugnis besteht allerdings insoweit, als die Vorabentscheidung des EuGH noch in das Eilverfahren einbezogen sein muss. Daran fehlt es zB in den Fällen, in denen das Vorlageersuchen lediglich im Hinblick auf die Entscheidung in der Hauptsache gestellt wird oder der Richter des Eilverfahrens die beantragte einstweilige Maßnahme bereits erlassen hat, das Verfahren folglich abgeschlossen ist. Dagegen ist eine Vorlage auch nach Erlass der einstweiligen Maßnahme zulässig, sofern der Richter des Eilverfahrens mit dem Rechtsstreit befasst bleibt und die erlassene vorläufige Maßnahme abändern oder aufheben kann (EuGH, Rs. 129/86R (Griechenland/Rat und Kommission), Slg 1986, 2071/2074).

d) Überprüfung der Vorlage durch den EuGH

23 Zur Prüfung seiner eigenen Zuständigkeit untersucht der EuGH **in Ausnahmefällen** die Umstände, unter denen er vom nationalen Gericht angerufen wird (EuGH, 12.2.2009, Rs. C-466/07 (Klarenberg/Ferrotron Technologies), Slg 2009, I-803; Rs. C-53/04 (Christiano Marrosu), Slg 2006, I-7213 Rn 33; Rs. C-111/01 (Ganter Electronic), Slg 2003, I-4207 Rn 35; Rs. C-390/99 (Canal Satélite Digital), Slg 2002, I-607 Rn 18; Rs. C-379/89 (Preussen Elektra), Slg 2001, I-2099 Rn 38). Der Geist der Zusammenarbeit, in dem das Vorabentscheidungsverfahren durchzuführen ist, verlangt, dass das vorlegende Gericht auf die dem EuGH übertragene Aufgabe Rücksicht nimmt, die darin besteht, zur Rechtspflege in den Mitgliedstaaten beizutragen, nicht aber Gutachten zu allgemeinen oder hypothetischen Fragen abzugeben (EuGH, Rs. C-111/01 (Ganter Electronic), Slg 2003, I-4207 Rn 35; Rs. C-451/99 (Cura Anlagen), Slg 2002, I-3193 Rn 26). Der EuGH kann somit die Entscheidung über die Vorlagefrage eines nationalen Gerichts dann ablehnen, wenn offensichtlich ist, dass

- die von einem nationalen Gericht erbetene Auslegung des EU-Rechts in keinem Zusammenhang mit der Realität oder dem Gegenstand des Ausgangsrechtsstreits steht (dazu unter aa)) oder wenn
- das Problem hypothetischer Natur ist, dh der EuGH angerufen wird, um ein Gutachten zu hypothetischen oder konstruierten Fragestellungen zu erwirken, (dazu unter bb)) oder
- der EuGH nicht über die tatsächlichen und rechtlichen Angaben verfügt, die für eine zweckdienliche Beantwortung der ihm vorgelegten Fragen erforderlich sind (dazu unter cc)).

aa) Zusammenhang mit dem Gegenstand des Ausgangsrechtsstreits

Die zur Vorabentscheidung vorgelegten Fragen müssen sich auf die Auslegung oder Gültigkeit 24
von EU-Rechtsvorschriften beziehen, die für die vom vorlegenden Gericht zu erlassende **Entscheidung objektiv erforderlich** sind, dh der Ausgangsrechtsstreit muss einen hinreichenden Bezug zu einem durch die fragliche EU-Rechtsvorschrift unmittelbar oder mittelbar geregelten Sachverhalt aufweisen (EuGH, Rs. C-545/07 (Apis-Hristovich E00D), Slg 2009, I-1627; Rs. C-355/97 (Landesgrundverkehrsreferent der Tiroler Landesregierung/Beck Liegenschaftsverwaltungsgesellschaft mbH), Slg 1999, I-4977; C-291/96 (Grado und Bashir), Slg 1997, I-5531 Rn 16; EuGH, Rs. C-304/94, Rs. C-330/94, Rs. C-342/94 und Rs. C-224/95 (Tombesi u.a.), Slg 1997, I-3561 Rn 38-40; EuGH, Rs. C-428/93 (Monin Automobiles), Slg 1994, I-1707 Rn 15; EuGH, Rs. C-286/88 (Falciola), Slg 1990, I-191 Rn 9). Die rein hypothetische Aussicht etwa auf die Ausübung der im AEUV vorgesehenen Freiheiten stellt keinen Bezug her, der eng genug wäre, um die Anwendung der EU-Rechtsbestimmungen zu rechtfertigen (EuGH, Rs. C-299/95 (Kremzow), Slg 1997, I-2629 Rn 16; EuGH, Rs. 180/83 (Moser), Slg 1984, 2539 Rn 18; EuGH, Rs. 93/78 (Mattheus/Doego), Slg 1978, 2203/2211). Ein hinreichender Bezug ist auch dann nicht hergestellt, wenn das vorlegende Gericht aufgrund einer Entscheidung eines ihm übergeordneten Gerichts seine Zuständigkeit noch prüfen muss (EuGH, Rs. C-464/00 (Primetzhofer Stahl- und Fahrzeugbau GmbH), Beschluss v. 11.7.2002, ABl. (EG) 2002 C 289/5). Unter Hinweis auf einen fehlenden Bezug zum Ausgangsrechtsstreit hat der EuGH auch Fragen in einem Vorabentscheidungsverfahren als nicht sachdienlich und deshalb unzulässig zurück gewiesen, die eindeutig über das Klagebegehren im Ausgangsrechtsstreit hinausgingen (EuGH, Rs. C-92/09 (Schecke GbR) und Rs. C-93/09 (Eifert), Slg 2010, I-11063 Rn 42).

Ein hinreichender Bezug sowohl zum Sachverhalt, als auch zu dem den Gegenstand der Vorlagefrage bildenden EU-Recht besteht allerdings dann, wenn sich nationale Rechtsvorschriften zur Regelung eines innerstaatlichen Sachverhalts der Regelungen des EU-Rechts bedienen, um sicherzustellen, dass in vergleichbaren Fällen ein einheitliches Verfahren angewandt wird. In diesen Fällen besteht ein Interesse der EU daran, dass die aus dem EU-Recht übernommenen Begriffe unabhängig davon, unter welchen Voraussetzungen sie angewandt werden sollen, einheitlich ausgelegt werden, um künftige **Auslegungsunterschiede** zu verhindern (st.Rspr seit EuGH, Rs. C-297/88 und Rs. C-197/89 (Dzodzi), Slg 1990, I-3763 Rn 36; EuGH, Rs. C-231/89 (Gmurzynska-Bscher), Slg 1990, I-4003 Rn 18/19; zuletzt: EuGH, Rs. C-247/97 (Marcel Schoonbroodt u.a.), Slg 1998, I-8095 Rn 14; vgl auch oben Rn 18). 25

bb) Vorliegen echter und nicht nur rein hypothetischer Fragestellungen

Der EuGH verneint seine Zuständigkeit dann, wenn die Antworten auf die an ihn herangetragenen Fragen nicht zur Beilegung eines echten Rechtsstreits dienen, sondern der EuGH angerufen wird, um ein **Gutachten zu hypothetischen oder konstruierten Fragestellungen** zu erwirken (dies wurde bisher nur in drei außergewöhnlichen Fällen angenommen: EuGH, Rs. 104/79 bzw 244/80 (Foglia/Novello I und II), Slg 1980, 745 bzw 1981, 3045; EuGH, Rs. C-83/91 (Meilicke), Slg 1992, I-4919; Rs. C-438/05 (International Transport Workers' Federation and Finnish Seamen's Union v. Viking Line ABP and OÜ Viking Line Eesti), Slg 2007, I-10779 Rn 30). Die Zurückweisung eines Vorabentscheidungsersuchens wegen Unzulässigkeit aus diesem Grund wird allerdings nur ausnahmsweise in Betracht kommen, da der EuGH mit dem Kriterium des „echten Rechtsstreits" im Wesentlichen nur manipulierte Parteiabsprachen ausschließen will, die das Vorabentscheidungsverfahren zu einem von Einzelnen veranlassten verschleierten Vertragsverletzungsverfahren instrumentalisieren, was jedoch mit dem Geist und der Zweckbestimmung des Vorabentscheidungsverfahrens als eines Verfahrens der gerichtlichen Zusammenarbeit unvereinbar wäre. 26

cc) Erläuterungen des rechtlichen und tatsächlichen Hintergrundes

27 Das Erfordernis, zu einer für das nationale Gericht sachdienlichen Auslegung des Unionsrechts zu gelangen, verlangt, dass das vorlegende Gericht den tatsächlichen und rechtlichen Rahmen der von ihm gestellten Fragen umreißt oder zumindest die **tatsächlichen Annahmen erläutert**, auf denen diese Fragen beruhen (st.Rspr vgl EuGH, Rs. C-74/09 (Bâtiment et Ponts Construction SA), Slg 2009, I-7267; Rs. C-42/07 (Liga Portuguesa de Futbol Profissional u. Bwin International), Slg 2009, I-7633, Rn 40; Rs. C-237/04 (Enirisorse), Slg 2006, I-2843 Rn 17 mwN). Außerdem können die Regierungen der Mitgliedstaaten und die anderen Beteiligten am Vorabentscheidungsverfahren nur bei Einhaltung dieser Vorgabe von der ihnen gemäß Art. 20 Satzung/EuGH eingeräumten Möglichkeit der Abgabe von Erklärungen sinnvoll Gebrauch machen; dabei ist zu berücksichtigen, dass den Beteiligten am Verfahren nur der Vorabentscheidungsbeschluss, nicht jedoch die Prozessakte zugestellt wird (EuGH, Rs. C-237/04 (Enirisorse), Slg 2006, I-2843 Rn 18; Rs. C-116/00 (Claude Laguillaumie), Slg 2000, I-4979 Rn 14; Rs. C-458/93 (Saddik), Slg 1995, I-511 Rn 13). Die Beilegung der nationalen Verfahrensakte heilt etwaige Versäumnisse in der Darstellung der rechtlichen und tatsächlichen Hintergründe des Ausgangsrechtsstreits sowie der konkreten Vorlagefragen nicht (EuGH, Rs. C-116/00 (Laguillaumie), Slg 2000, I-4979). Die Übersendung der nationalen Verfahrensakte reicht für die Erläuterung des rechtlichen und tatsächlichen Hintergrundes nicht aus. Auch wenn diese Unterlagen verdeutlichen können, in welchem Zusammenhang die Frage vorgelegt wird, ist es nicht Aufgabe des EuGH, den tatsächlichen und rechtlichen Zusammenhang zu ermitteln. Im Rahmen der unmittelbaren Zusammenarbeit zwischen dem EuGH und den nationalen Gerichten ist es vielmehr Sache der vorlegenden Gerichte, in der Vorabentscheidung selbst den rechtlichen und tatsächlichen Rahmen des Ausgangsverfahrens, die Gründe, aus denen ihm die Auslegung bestimmter Gemeinschaftsrechtsvorschriften fraglich erscheint, und den Zusammenhang zu erläutern, den es zwischen den Gemeinschaftsrechtsbestimmungen und den auf den Rechtsstreit anzuwendenden nationalen Rechtsvorschriften herstellt (EuGH, Rs. C-116/00 (Claude Laguillaumie), Slg 2000, I-4979 Rn 20-23).

28 Die vorlegenden Gerichte tun deshalb gut daran, die Forderung nach einer hinreichend klaren und ergiebigen **Erläuterung des tatsächlichen und rechtlichen Hintergrundes** des Ausgangsverfahrens im Vorlagebeschluss ernst zu nehmen; zwar beanstandet der EuGH im Einzelfall eine nicht erschöpfende Darstellung der rechtlichen und tatsächlichen Lage dann nicht, wenn sich die Fragen auf präzise fachliche Punkte beziehen und somit selbst eine sachdienliche Antwort zulassen (so EuGH, Rs. C-316/93 (Vaneetveld), Slg 1994, I-763 Rn 13), jedoch scheut der EuGH bei Fehlen der sachdienlichen und notwendigen Angaben immer weniger davor zurück, sich für außerstande zu erklären, eine sachgerechte Auslegung des EU-Rechts vorzunehmen und weist das Vorabentscheidungsersuchen als unzulässig zurück. Damit der EuGH eine sachdienliche Auslegung des EU-Rechts geben kann, ist es zweckmäßig, dass das nationale Gericht vor der Vorlage den Sachverhalt und die ausschließlich nach nationalem Recht zu beurteilenden Fragen klärt. Außerdem ist es unerlässlich, dass das vorlegende Gericht die Gründe darlegt, aus denen es eine Beantwortung seiner Fragen als für die Entscheidung des Rechtsstreits erforderlich ansieht (EuGH, Rs. C-111/01 (Ganter Electronic), Slg 2003, I-4207 Rn 37).

e) Anfechtbarkeit und Rücknahme des Vorlagebeschlusses

29 Inwieweit die innerstaatlich zuständigen Rechtsmittelgerichte Einfluss auf eine Vorlageentscheidung eines nicht letztinstanzlichen Gerichts nehmen und diese etwa aufheben können, ist nach st.Rspr des EuGH ausschließlich nach nationalem Recht zu beurteilen. Das EU-Recht steht der Anfechtbarkeit der Vorlageentscheidung nicht entgegen. Dies folgt aus der Überlegung, dass die Entscheidung über eine Vorlage an den EuGH in den Bereich des nationalen Rechts fällt und dieses folglich auch zur Anwendung kommen muss, wenn es um die Frage des ordnungsgemäßen Zustandekommens oder des Fortbestehens einer Vorlageentscheidung geht. Insoweit gelten die allgemeinen nationalen Regelungen über die **Anfechtbarkeit von verfahrensrechtlichen Beschlüs-**

sen. Auch die Zulassung der Beschwerde gegen eine Entscheidung, mit der ein nationales Gericht die Aussetzung der Vollziehung eines nationalen Verwaltungsaktes angeordnet und den EuGH um Vorabentscheidung über die Gültigkeit des diesem Vollzugsakt zugrunde liegenden EU-Rechtsaktes ersucht hat, ist aus unionsrechtlicher Sicht nicht zu beanstanden (vgl EuGH, Rs. C-334/95 (Krüger), Slg 1997, I-4517 Rn 52/53 zu § 128 Abs. 3 S. 2 iVm § 115 Abs. 2 Nr. 1 FGO).

Inwieweit die innerstaatlich zuständigen Rechtsmittelgerichte Einfluss auf eine Vorlageentscheidung eines nicht letztinstanzlichen Gerichts nehmen und diese etwa aufheben können, ist ausschließlich nach nationalem Recht zu beurteilen. Das EU-Recht steht der Anfechtbarkeit der Vorlageentscheidung nicht entgegen. Dies folgt aus der Überlegung, dass die Entscheidung über eine Vorlage an den EuGH in den Bereich des nationalen Rechts fällt und dieses folglich auch zur Anwendung kommen muss, wenn es um die Frage des ordnungsgemäßen Zustandekommens oder des Fortbestehens einer Vorlageentscheidung geht. Insoweit gelten die allg. nationalen Regelungen über die Anfechtbarkeit von verfahrensrechtlichen Beschlüssen. Allerdings setzt die dem nationalen Richter in Art. 267 eingeräumte Befugnis zur Anrufung des EuGH dem nationalen Recht insoweit Grenzen, als das Berufungsgericht im Rahmen der Anfechtung des Vorlagebeschlusses nicht selbst diesen Beschluss abändern, außer Kraft setzen oder das vorlegenden Gericht verpflichten kann, das ausgesetzte Verfahren ohne Rücksicht auf die Vorlage beim EuGH fortzusetzen. Herr der Vorlage muss in jedem Fall der vorlegende Richter bleiben, so dass es allein seiner Entscheidung überlassen bleibt, ob er die Vorlage entsprechend den Beurteilungen und Vorgaben des Berufungsgerichts abändert oder zurückzieht (EuGH, Rs. C-210/06 (CARTESIO), Slg 2008, I-9641 Rn 96/97).

30

Für den Bereich des deutschen Prozessrechts wird ganz überwiegend die Auffassung vertreten, dass die in den jeweiligen Prozessordnungen enthaltenen unterschiedlichen Beschwerderegelungen gegen **prozessuale Zwischenentscheidungen** nicht unmittelbar auf die Aussetzungs- und Vorlagebeschlüsse nach Art. 267 AEUV anwendbar sind, da es sich hierbei um ein Rechtsinstitut „sui generis" handelt (vgl OLG Köln, WRP 1977, 734; LAG Hamburg, BB 1983, 1859; BFHE 132, 217; *Ehle*, NJW 1963, 2202; aA *Pfeiffer*, NJW 1994, 1996 ff mit beachtlichen Argumenten). Die Rücknahme einer Vorlageentscheidung durch das Prozessgericht oder ihre Aufhebung durch das Rechtsmittelgericht führt zur Streichung der Rechtssache aus dem Register beim EuGH, da die Vorabentscheidung eine gültige Vorlage voraussetzt. Entsprechendes gilt im Falle der Berichtigung, Ergänzung oder Neufassung einer Vorlage; der EuGH antwortet dann auf die neue Frage in der Fassung des Änderungsbeschlusses (hierzu EuGH, Rs. 406/85 (Gofette und Gilliard), Slg 1987, 2525/2540).

31

3. Vorlageverpflichtung

a) Vorlagepflichtige Gerichte

Zur Vorlage verpflichtet ist jedes nationale Gericht, dessen Entscheidung mit Rechtsmitteln des innerstaatlichen Rechts nicht mehr angegriffen werden kann. Diese Verpflichtung soll insb. verhindern, dass sich in einem Mitgliedstaat eine nationale Rechtsprechung herausbildet, die nicht mit den Vorschriften des EU-Rechts in Einklang steht (EuGH, Rs. C-99/00 (Kenny Roland Lyckeskog), Slg 2002, I-4839 Rn 14; Rs. C-337/95 (Parfums Christian Dior), Slg 1997, I-6013 Rn 25). Dieses Ziel ist erreicht, wenn die obersten Gerichte und alle Gerichte, deren Entscheidungen nicht mehr mit Rechtsmitteln angegriffen werden können, der Vorlagepflicht unterliegen (EuGH, Rs. C-99/00 (Kenny Roland Lyckeskog), Slg 2002, I-4839 Rn 15). Mit dem ausdrücklichen Hinweis auf oberste Gerichte und alle anderen Gerichte, deren Entscheidungen nicht mehr mit Rechtsmitteln angegriffen werden können, hat der EuGH die bis dahin offene Frage, ob sich die Vorlagepflicht nur auf die in der Gerichtshierarchie obersten Gerichte der Mitgliedstaaten bezieht (so die *abstrakte* oder *institutionelle Betrachtungsweise*), oder im Einzelfall nach der tatsächlichen Rechtsmittelmöglichkeit zu beurteilen ist (so die *konkrete* oder *funktionelle Betrachtungsweise*)

32

im Sinne der **konkreten Betrachtungsweise** entschieden. Unter dem Gesichtspunkt des Individualrechtsschutzes verdient diese Rechtsprechung Zustimmung, da sie allein verhindert, dass dem Einzelnen in einem Verfahren vor nationalen Gerichten durch etwaige fehlerhafte Auslegung und Anwendung des EU-Rechts ein endgültiger Schaden entsteht. Auch trägt sie allein dem Umstand Rechnung, dass auch die nationalen Instanzgerichte für die Durchsetzung und Einhaltung des EU-Rechts Mitverantwortung tragen, der sie sich nicht unter Hinweis auf die bestehenden Obergerichte entziehen können (so ausdrücklich EuGH, Rs. 6/64 (Costa/ENEL), Slg 1964, 1253/1268).

33 Abgrenzungsprobleme wirft die konkrete Betrachtungsweise allerdings im Hinblick auf die Bestimmung dessen auf, was unter **„Rechtsmitteln des innerstaatlichen Rechts"** zu verstehen ist. Unstreitig erfasst der Rechtsmittelbegriff alle Rechtsbehelfe, mit denen eine von einem Gericht erlassene Entscheidung von einer übergeordneten Gerichtsinstanz in tatsächlicher und rechtlicher Hinsicht (zB Berufung) oder auch nur in rechtlicher Hinsicht (zB Revision) überprüft werden kann. Unstreitig ist außerdem, dass außerordentliche Rechtsbehelfe mit begrenzten und spezifischen Auswirkungen (zB Wiederaufnahmeverfahren; Verfassungsbeschwerde) bei der Beurteilung, ob noch weitere Rechtsmittel gegeben sind, außer Betracht zu bleiben haben. Problematisch sind die Beschwerden gegen die Nichtzulassung der Revision. In der deutschen Rechtsprechung wird diese Beschwerde allgemein als Rechtsmittel iSv Art. 267 AEUV (= Art. 234 EG) gewertet (BVerwG, Beschluss v. 25.10.1994 – 5 B 78.94; BVerwG, Beschluss v. 14.12.1992 – 5 B 72/92, NVwZ 1993, 770; BVerwG, Beschluss v. 15.5.1990 – 1 B 64.90, Inf AuslR 1990, 293; BVerwG, NJW 1987, 601; BFH, NJW 1987, 4096). Diese Haltung ist im Hinblick auf die Rechtsschutzfunktion des Art. 267 AEUV (= Art. 234 EG) dann nicht zu beanstanden, wenn die Fragen des EU-Rechts, von denen die Entscheidung des Rechtsstreits abhängt, im Falle der Nichtzulassung der Revision durch das Berufungsgericht einer Beurteilung durch den EuGH nicht entzogen sind, sondern im Rahmen einer Beschwerde gegen die Nichtzulassung der Revision zum Gegenstand revisionsrechtlicher Klärung gemacht und auf dem Weg über Art. 267 Abs. 3 AEUV vom Revisionsgericht einer Klärung durch den EuGH zugeführt werden können (vgl die entsprechende Möglichkeit in § 132 Abs. 2 Nr. 1 VwGO; vgl zum schwedischen System der vorherigen Zulassung der Anfechtung eines Urteils durch das oberste Gericht EuGH, Rs. C-99/00 (Kenny Roland Lyckeskog), Slg 2002, I-4839 Rn 16/17). Dies bedeutet allerdings, dass etwa das Bundessozialgericht bei der Prüfung der Nichtzulassungsbeschwerde die unionsrechtlichen Fragen berücksichtigt und sich in diesem Rahmen seiner Vorlagepflicht nach Art. 267 Abs. 3 AEUV bewusst wird.

34 Eine für alle, dh auch für die nicht letztinstanzlichen, Gerichte zwingende Vorlagepflicht besteht für die Fälle, in denen das Gericht von der **Ungültigkeit eines EU-Rechtsaktes** überzeugt ist und diesem deshalb die Anwendung versagen will. In seinem grundlegenden Urteil in der Rechtssache „Foto-Frost" hat der EuGH unmissverständlich festgestellt, dass ihm allein das Verwerfungsmonopol für rechtswidriges EU-Recht zusteht (EuGH, Rs. 314/85, Slg 1987, 4199; dazu *Glaesner*, EuR 1990, 143; *Vogel-Claussen*, NJW 1989, 3058). Die nationalen Gerichte haben bis zu einer Ungültigkeitsfeststellung des EuGH das EU-Recht anzuwenden und zu respektieren. Der EuGH verweist dabei zunächst auf das Erfordernis der Einheitlichkeit des EU-Rechts, das vor allem bei Zweifeln über die Gültigkeit einer EU-Rechtshandlung zwingend zu beachten ist, da Meinungsverschiedenheiten der nationalen Gerichte über die Gültigkeit von EU-Recht geeignet sind, die Einheit der EU-Rechtsordnung selbst in Frage zu stellen und die Rechtssicherheit zu beeinträchtigen. Darüber hinaus verlangt auch die Kohärenz des von den EU-Verträgen geschaffenen Rechtsschutzsystems, dass die Befugnis zur Feststellung der Ungültigkeit von EU-Rechtshandlungen dem EuGH vorbehalten bleibt, da die Gültigkeitsprüfung im Rahmen des Vorabentscheidungsverfahrens ebenso wie die Nichtigkeitsklage eine Form der Rechtmäßigkeitskontrolle darstellt, die nach dem Rechtsschutzsystem der EU-Verträge in die ausschließliche Zuständigkeit des EuGH fällt (Rn 15-17 des Urteils in der Rs. 314/85 (Foto-Frost), Slg 1987, 4199/4231). Diese Grundsätze gelten auch dann, wenn der EuGH bereits eine sehr ähnliche Bestimmung eines anderen, vergleichbaren EU-Rechtsaktes für ungültig erklärt hat; auch ähnlich gelagerte Fälle könn-

ten sich bei eingehender Prüfung aufgrund ihres unterschiedlichen rechtlichen Kontextes als so unterschiedlich erweisen, dass eine Bestimmung, deren Gültigkeit in Rede steht, einer bereits für ungültig erklärten Bestimmung nicht gleichgestellt werden kann, so dass die Vorlagepflicht in vollem Umfang bestehen bleibt (EuGH, Rs. C-461/03 (Gaston Schul), Slg 2005, I-10513 Rn 19).

Eine Besonderheit gilt für Gerichte, die im Rahmen eines **Verfahrens zur Gewährung vorläufigen Rechtsschutzes** tätig werden. Soweit Fragen nach der Gültigkeit eines EU-Rechtsaktes aufgeworfen werden, ist es dem vorlegenden nationalen Gericht unter Einhaltung besonderer Voraussetzungen (vgl dazu oben unter Rn 13/14) grundsätzlich gestattet, die Anwendung des nationalen Vollzugsakts bis zur Entscheidung über die Gültigkeit des EU-Rechtsaktes nach den nationalen Regeln über die Gewährung vorläufigen Rechtsschutzes vorläufig auszusetzen. 35

b) Umfang der Vorlagepflicht

In seiner Rechtsprechung hat der EuGH verschiedentlich versucht, den Umfang der Vorlagepflicht durch objektive Kriterien zu umschreiben. Ausgehend von einer dem Grundsatz nach unbeschränkten Vorlagepflicht hat der EuGH bereits in seinem Urteil in der Rechtssache „Da Costa" eine erste **Ausnahme von der Vorlageverpflichtung** für den Fall anerkannt, dass die Wirkung einer bereits in einem gleich gelagerten früheren Fall ergangenen Vorabentscheidung „im Einzelfall den inneren Grund dieser Verpflichtung entfallen und sie somit sinnlos erscheinen lässt" (EuGH, Rs. 28-30/62, Slg 1963, 63/81). In seinem Urteil in der Rechtssache „C.I.L.F.I.T." hat der EuGH diese Ausnahme dahingehend konkretisiert, dass die Vorlagepflicht bei Vorliegen einer gesicherten Rechtsprechung unabhängig von der Verfahrensart, in der sich diese Rechtsprechung herausgebildet hat, entfällt und dies selbst dann, wenn die strittigen Fragen mit den bereits geklärten nicht völlig identisch sind (EuGH, Rs. 283/81, Slg 1982, 3415/3429 Rn 14). In demselben Urteil hat der EuGH darüber hinaus als zweite Ausnahme den Fall anerkannt, dass „die richtige Anwendung des EU-Rechts derart offenkundig [ist], dass keinerlei Raum für vernünftige Zweifel an der Entscheidung der gestellten Frage bleibt" (Rn 16 der Urteilsgründe). Das Bestehen eines „vernünftigen Zweifels" ist dabei allerdings nicht aus der subjektiven Sicht des jeweiligen nationalen Richters zu prüfen, sondern unter Einbeziehung möglicher Rechtsprechung der Gerichte anderer Mitgliedstaaten und des EuGH, wobei jeweils die Frage zu stellen ist, ob diese zu einer abweichenden Entscheidung gelangen könnten. Ob diese Möglichkeit besteht, ist unter Berücksichtigung der Eigenheiten des EU-Rechts und der besonderen Schwierigkeiten seiner Auslegung zu beurteilen, wobei neben der besonderen Terminologie des EU-Rechts auch dem Umstand seiner Verbindlichkeit in verschiedenen Sprachen Rechnung zu tragen ist. Die Auslegung einer EU-Rechtsvorschrift hat deshalb stets bei einem Vergleich der jeweiligen Sprachfassungen anzusetzen (EuGH, Rs. C-72/95 (Kraaijeveld u.a.), Slg 1996, I-5403 Rn 28; Rs. C-449/93 (Rockfon), Slg 1995, I-4291 Rn 28; EuGH, Rs. 283/81 Slg 1982, 3415/3430). 36

In seiner Rechtsprechung stellt der EuGH allerdings keine allzu hohen Anforderungen an die **Offenkundigkeit des Auslegungsergebnisses**. So hat er es etwa gebilligt, dass ein nationales Gericht selbst dann von der Offenkundigkeit seines Auslegungsergebnisses ausgehen kann, wenn die Zollbehörde eines anderen Mitgliedstaats zuvor bereits eine auf einer anderen Auslegung beruhenden Zollauskunft erteilt hat (EuGH, Rs. C-495/03 (International Transports), Slg 2005, I-8151). Der EuGH verlangt in diesem Fall lediglich, dass das nationale Gericht in Bezug auf die Auslegung des fraglichen EU-Rechts besonders sorgfältig vorzugehen hat (EuGH, ebd., Rn 34). Zur Begründung verweist der EuGH darauf, dass die abweichende Anwendung des fraglichen EU-Rechts in einem Mitgliedstaat eine auf dem Wortlaut beruhende Auslegung nicht beeinflussen kann (EuGH, ebd., Rn 36), dass es grundsätzlich den nationalen Gerichten überlassen bleibt, zu beurteilen, ob die richtige Anwendung des EU-Rechts derart offenkundig ist (EuGH, ebd., Rn 37), dass von einer Vorlage abgesehen werden kann, dass von einem nationalen Gericht nicht verlangt werden könne, sich zu vergewissern, dass auch für nichtgerichtliche Organe in den anderen Mitgliedstaaten eine solche Gewissheit besteht (EuGH, ebd., Rn 38), und dass der durch 37

Art. 267 AEUV geschaffene Mechanismus es den nationalen Gerichten ermöglichen soll, die für die Entscheidung des Rechtsstreits erforderlichen Erläuterungen zu bekommen (EuGH, ebd., Rn 40). Sofern es zu Widersprüchen in der Verwaltungspraxis verschiedener Mitgliedstaaten kommt, bestehen Mechanismen wie das Vertragsverletzungsverfahren (Art. 258 AEUV), die sicherstellen, dass diese Widersprüche nur vorläufiger Art sind (EuGH, ebd., Rn 41).

38 In der **deutschen Rechtsprechung** wird im Wesentlichen in Übereinstimmung mit diesen Grundsätzen von der Einholung einer Vorabentscheidung abgesehen, wenn an dem Auslegungsergebnis kein ernsthafter Zweifel besteht (BVerwGE 66, 29/38; BGH, RIW 1989, 745; BVerfG, RIW 1989, 823; dazu auch *Schiller*, RIW 1988, 452; *Spetzler*, RIW 1989, 362) oder wenn im Hinblick auf eine gesicherte Rechtsprechung des EuGH eine Vorlage „entbehrlich" erscheint (Hess. VGH, NVwZ 1989, 387; BGH, NJW 1986, 659). Das BVerfG fasst diese Grundsätze dahingehend zusammen, dass die innerstaatlichen Gerichte zu einer an objektiven Maßstäben ausgerichteten Prüfung verpflichtet sind, ob die entscheidungserhebliche EU-Rechtsnorm mehrere, für einen kundigen Juristen vernünftigerweise gleichermaßen mögliche Auslegungen zulässt, wobei auch das gesamte EU-Recht, seine Ziele und sein Entwicklungsstand zur Zeit der Anwendung der betroffenen Vorschrift heranzuziehen sind (vgl zuletzt BVerfG, Beschl. v. 9.1.2001 – BvR 1036/99, DÖV 2001, 379).

c) Sanktionen bei Verletzung der Vorlagepflicht

39 Die Verletzung der Vorlagepflicht kann sowohl auf der Ebene des EU-Rechts, als auch auf der Ebene des nationalen Rechts sanktioniert werden. Auf **EU-Ebene** stellt die Verletzung der unmittelbar aus Art. 267 Abs. 3 AEUV folgenden Vorlagepflicht durch ein nationales Gericht eine Verletzung des AEUV dar, die dem betreffenden Mitgliedstaat zugerechnet wird und somit im Wege des **Vertragsverletzungsverfahrens** (Art. 258, Art. 259 AEUV) sanktioniert werden kann. Die praktischen Wirkungen eines solchen Vorgehens sind allerdings sehr beschränkt, da die Regierung des betreffenden Mitgliedstaates einer eventuellen Verurteilung durch den EuGH nicht Folge leisten kann, weil sie im Hinblick auf die Unabhängigkeit der Gerichte und des Gewaltenteilungsprinzips dem nationalen Gericht keine Anweisungen erteilen kann. Darüber hinaus hätte ein Vertragsverletzungsverfahren wegen unterlassener Vorlage keine Auswirkungen auf das bereits in der betreffenden Sache rechtskräftige Urteil (zur Forderung der Durchbrechung der Rechtskraft bei Verletzung des EU-Rechts vgl Rn 43). Aus diesen Gründen hat die Kommission bisher aus Zweckmäßigkeitserwägungen von der Erhebung einer Klage abgesehen. Ein Einschreiten der Kommission ist am ehesten in den Fällen vorstellbar, in denen der Nichtvorlage eine schwere und offenkundige Missachtung des EU-Rechts zugrunde liegt oder in denen die obersten nationalen Gerichte die Inanspruchnahme des Vorabentscheidungsverfahrens grundsätzlich und systematisch ablehnen.

40 Diese de facto sehr begrenzte Möglichkeit, das Vertragsverletzungsverfahren zur Bekämpfung von Verletzungen der Vorlagepflicht einzusetzen, wird seit der Anerkennung der **Haftung der Mitgliedstaaten für Verletzungen des EU-Rechts** (EuGH, Rs. C-46/93 (Brasserie du pêcheur) und C-48/93 (Factortame), Slg 1996, I-1029) insoweit kompensiert, als danach sichergestellt ist, dass der Einzelne jedenfalls Ersatz derjenigen Schäden vom betreffenden Mitgliedstaat verlangen kann, die ihm infolge der Vorenthaltung oder Verletzung der ihm aus dem EU-Recht zustehenden Rechte durch die Organe des betreffenden Mitgliedstaats entstanden sind (vgl Einzelheiten zur Haftung unter V.). Als Instrument zur Gewährleistung auch des Individualrechtsschutzes kann grundsätzlich auch die Verletzung der Vorlagepflicht nach Art. 267 Abs. 3 AEUV zu einer Haftung der Mitgliedstaaten führen. Ein auf die Verletzung der Vorlagepflicht gestützter Haftungsanspruch dürfte allerdings angesichts der strengen Haftungsvoraussetzung („qualifizierte Verletzung des EU-Rechts") nur dann begründet sein, wenn die Nichtvorlage auf „objektiver Willkür" von Seiten des nichtvorlagewilligen Gerichts beruht. Soweit es um Verletzungen materieller vom EU-Recht verliehener Individualrechte durch die rechtsprechende Gewalt geht (zur Haftung der Mitglied-

staaten für solche Verletzungen vgl EuGH, Rs. C-224/01 (Köbler), Slg 2003, I-10239; zum [vergeblichen] Versuch, diese Haftung für fehlerhafte Auslegung des EU-Rechts auszuschließen und auf Fälle von Vorsatz oder grob fehlerhaften Verhaltens der Richter zu beschränken, s. EuGH, Rs. C-173/03 (Traghetti del Mediterraneo SpA in Liquidation/Italien), Slg 2006, I-5177), müssen im Rahmen der Feststellung der Verletzung des EU-Rechts durch das fragliche Gericht auch die materiellen, das EU-Recht betreffenden Fragen erneut überprüft werden, ohne dass sich das mit der Schadensersatzklage befasste Gericht auf etwaige Bindungswirkungen des fachgerichtlichen Urteils zurückziehen könnte. Etwaige Fragen nach der Auslegung oder Gültigkeit der fraglichen EU-Rechtsnorm müssen notfalls im Wege des Vorabentscheidungsverfahrens nach Art. 267 AEUV vom EuGH geklärt werden.

Im Bereich des **nationalen Rechts** können ebenfalls Sanktionen wegen Verletzung der Vorlagepflicht vorgesehen werden. So stellt nach deutschem Verfassungsrecht, wie das BVerfG in seinem „Solange II-Beschluss" vom 22.10.1986 erstmals anerkannt hat, die Nichtbeachtung der Vorlagepflicht eine Verletzung des Anspruchs auf den „gesetzlichen Richter" iSd Art. 101 Abs. 1 S. 2 GG dar (BVerfGE 73, 339/366; vgl auch BverfG, Beschluss vom 9.1.2001, abgedruckt in DÖV 2001, 379; BVerfG, NJW 1994, 2017; BVerfG, 1 BvR 1631/08, Rn 46, abzurufen über die Homepage des BVerfG). Das BVerfG erkennt ausdrücklich die Rolle des EuGH als die eines gesetzlichen Richters an und ebnet damit gleichzeitig den Weg dafür, dass auch Einzelne eine Verletzung der Vorlagepflicht durch ein deutsches Gericht im Wege der **Verfassungsbeschwerde** beim BVerfG rügen können. Eine Verletzung des Anspruchs auf den gesetzlichen Richter setzt allerdings nach der Rechtsprechung des BVerfG voraus, dass die Nichtvorlage auf „objektiver Willkür" von Seiten des nichtvorlagewilligen Gerichts beruht. Von objektiver Willkür kann ausgegangen werden, wenn 41

- die Vorlage trotz Entscheidungserheblichkeit der unionsrechtlichen Frage überhaupt nicht in Erwägung gezogen wird, obwohl das Gericht selbst Zweifel an der richtigen Beantwortung der Frage hat („Verkennung der Vorlagepflicht", BVerfG, NVwZ 1991, 53),
- die Vorlage trotz Entscheidungserheblichkeit der unionsrechtlichen Frage unterbleibt, obwohl eine einschlägige Rechtsprechung des EuGH noch nicht vorliegt oder eine vorliegende Rechtsprechung die entscheidungserhebliche Frage möglicherweise nicht erschöpfend beantwortet hat,
- das Gericht bewusst von einer bereits zur entscheidungserheblichen Frage bestehenden Rechtsprechung des EuGH abweicht (BVerfGE 75, 223/245),
- das Gericht es unterlässt, sich hinsichtlich des EU-Rechts ausreichend kundig zu machen, obwohl dafür offensichtlich Anlass bestand,
- eine Fortentwicklung der Rechtsprechung des EuGH nicht nur als entfernte Möglichkeit erscheint und das Gericht den ihm in solchen Fällen notwendig zukommenden Beurteilungsspielraum in unvertretbarer Weise überschritten hat, wovon auszugehen ist, wenn mögliche Gegenauffassungen zu den entscheidungserheblichen Fragen des EU-Rechts gegenüber der vom Gericht vertretenen Meinung eindeutig vorzuziehen sind (BVerfGE 75, 223/245; dazu *Wölker*, EuGRZ 1988, 97; *Clausnitzer*, NJW 1989, 641).

Diese Rechtsprechung läuft auf eine „**Willkürkontrolle**" hinaus (kritisch zur einengenden Rechtsprechung des BVerfG *de Weerth*, DStR 2009, 61), wie sie generell bei Beanstandungen der Auslegung und Anwendung von Zuständigkeitsnormen durch das BVerfG vorgenommen wird, indem lediglich geprüft wird, ob die fragliche Auslegung und Anwendung der konkreten Zuständigkeitsnorm bei verständiger Würdigung der das GG bestimmenden Gedanken nicht mehr verständlich erscheinen lässt oder offensichtlich unhaltbar ist (BVerfG, EuZW 2008, 679/680; zuletzt BVerfG, 1 BvR 1631/08, Rn 48, abzurufen über die Homepage des BVerfG). Das BVerfG wacht folglich nur über die Einhaltung der Grenzen, die den Fachgerichten bei der Beurteilung einer Vorlage an den EuGH eingeräumt wird; es wird hingegen nicht als oberstes Vorlagenkontrollgericht tätig. Allerdings prüft das BVerfG sehr eingehend, ob das Fachgericht hinreichend Gründe angegeben hat, die zeigen, dass es sich hinsichtlich des europäischen Rechts ausreichend kundig gemacht hat, und so dem BVerfG eine Kontrolle am Maßstab des Art. 101 Abs. 1 S. 2 GG ermöglicht (BVerfG, 1 BvR 1631/08, Rn 49 mwN aus der Rspr, wo dies verneint wurde, abzurufen über die Homepage des BVerfG).

42 Eine unterbliebene Vorlage kann ferner einen **Revisionsgrund** iSv § 162 SGG darstellen, wenn in einer Rechtsstreitigkeit über die Auslegung einer EU-Regelung dargelegt wird, dass in einem zukünftigen Revisionsverfahren eine Vorabentscheidung des EuGH einzuholen sein wird und keine hinreichenden Gründe vorliegen, die eine Vorabentscheidung als entbehrlich erscheinen lassen (so zu § 132 II Nr. 1 VwGO BVerwG, NJW 1988, 664; vgl auch *Mutke*, DVBl. 1987, 403). Die Beurteilung der Erfolgsaussichten der Revision hängt auch davon ab, ob im Revisionsverfahren eine Vorabentscheidung des EuGH einzuholen ist; ist letzteres der Fall, kann über die Erfolgsaussicht der Revision erst nach Abschluss des Vorabentscheidungsverfahrens endgültig entschieden werden (BVerfG, Beschluss v. 16.12.1993 – 2 BvR 1725/88, NJW 1994, 2017 unter Hinweis auf BVerfGE 54, 277/285). Die Ablehnung der Annahme der Revision durch das BSG umfasst folglich stets auch die Entscheidung, die gemeinschaftsrechtlichen Fragen dem EuGH nicht vorzulegen, sondern sie in eigener Verantwortung zu beurteilen. Diese Entscheidung unterliegt dabei den verfassungsrechtlichen Kontrollmaßstäben für die Handhabung des Art. 267 Abs. 3 AEUV.

43 Darüber hinaus ist im Hinblick auf den Vorrang des EU-Rechts und der primärrechtlichen Verpflichtung der Mitgliedstaaten, alle geeigneten Maßnahmen zur Erfüllung der sich aus dem EU-Recht ergebenden Verpflichtungen zu treffen (vgl Art. 4 Abs. 3 EUV), die Forderung zu stellen, dass im nationalen Prozessrecht die Voraussetzungen dafür geschaffen werden, dass Urteile nationaler Gerichte, die unter Verletzung des EU-Rechts, etwa unter Missachtung der Vorlagepflicht nach Art. 267 Abs. 3 AEUV, zustande gekommen sind, nicht unter Hinweis auf ihre Rechtskraft der Durchsetzung der den Einzelnen aus dem EU-Recht erwachsenden Rechte entgegengehalten werden können. Nicht ganz so weit geht zurzeit noch der EuGH. Nach seiner Rechtsprechung werden Gerichtsurteile, auch wenn sie unter Verletzung des EU-Rechts zustande gekommen sind, nach Ausschöpfung des Rechtsweges oder Ablauf der Rechtsmittelfristen rechtskräftig. Dies hat der EuGH unter Hinweis auf die Bedeutung, die der Grundsatz der Rechtskraft sowohl in der EU-Rechtsordnung als auch in den nationalen Rechtsordnungen hat, nämlich Gewährleistung des Rechtsfriedens und der Beständigkeit rechtlicher Beziehungen sowie einer geordneten Rechtspflege, bestätigt (EuGH, Rs. C-234/04 (Kapferer./.Schlank&Schick GmbH), Slg 2006, I-2585). Danach gebietet das EU-Recht einem nationalen Gericht nicht, von der Anwendung innerstaatlicher Verfahrensvorschriften, aufgrund deren eine Gerichtsentscheidung Rechtskraft erlangt, abzusehen, selbst wenn dadurch ein Verstoß dieser Entscheidung gegen EU-Recht abgestellt werden könnte. Wenn aber eine Behörde nach nationalem Recht zur **Rücknahme einer bestandskräftigen Entscheidung** befugt ist, ist diese Behörde nach dem in Art. 4 Abs. 3 EUV verankerten Grundsatz der Zusammenarbeit verpflichtet, im Hinblick auf eine vom EuGH vorgenommene Auslegung einer EU-Rechtsbestimmung auch eine bestandskräftige Entscheidung zu überprüfen (EuGH, Rs. C-453/00 (Kühne & Heitz NV), Slg 2004, I-837 Rn 23 ff; Rs. C-392/04 u. C-422/04 (i-21 Germany u. Arcor), Slg 2006, I-8559), wenn (1) die Entscheidung infolge eines Urteils eines in letzter Instanz entscheidenden nationalen Gerichts bestandskräftig geworden ist, (2) das Urteil, wie eine nach seinem Erlass ergangene Entscheidung des EuGH zeigt, auf einer unrichtigen Auslegung des EU-Rechts beruht, die erfolgt ist, ohne dass der EuGH um Vorabentscheidung ersucht wurde, obwohl der Tatbestand des Art. 267 Abs. 3AEUV (= Art. 234 EG) erfüllt war, und (3) der Betroffene sich, unmittelbar nachdem er Kenntnis von der besagten Entscheidung des EuGH erlangt hat, an die Verwaltungsbehörde gewandt hat.

4. Rechtswirkungen des Vorabentscheidungsurteils

44 Die Vorabentscheidung des EuGH ergeht grundsätzlich in **Form eines Urteils**, das allerdings durch seine Urteilsformel „hat für Recht erkannt" (nicht „entscheidet") sowie durch das Fehlen einer

Kostenentscheidung, die dem Gericht des Ausgangsverfahrens vorbehalten ist, dem Charakter des Verfahrens als eines **Zwischenverfahrens** auch äußerlich Rechnung trägt. Gleichwohl handelt es sich um eine für den EuGH abschließende Entscheidung, die sowohl in formeller wie in materieller Hinsicht in Rechtskraft erwächst. In bestimmten Fällen kann der EuGH die Vorabentscheidung auch durch einfachen Beschluss treffen (vgl Art. 104 § 3 VerfO/EuGH; s. Rn 23-28). Dies gilt insbesondere dann, wenn eine Vorlagefrage ganz offensichtlich mit einer Frage übereinstimmt, über die der EuGH bereits entschieden hat (EuGH, Rs. C-138/97 (Vincenzo Farina/Credito Italiano), Beschluss vom 28.1.2000, ABl. (EG) 2000 C 49/11), die Beantwortung der Vorlagefrage keinen Raum für vernünftige Zweifel lässt (so EuGH, Rs. C-267/01 (Nyvlt/Flughafen Wien), Beschluss vom 19.9.2002, ABl. (EU) 2003 C 19/10 Rn 30) oder die Antwort klar aus der Rechtsprechung des EuGH abgeleitet werden kann (EuGH, Rs. C-279/99, C-293/99, C-296/99, C-330/99 und C-336/99 (Petrolvilla & Bortolotti), Slg 2001, I-2339 Rn 13; zum beschleunigten Verfahren und Eilverfahren s. unter Rn 112-114).

a) Rechtliche Bindungswirkung des Urteils

Das Vorabentscheidungsurteil bindet im Ausgangsverfahren sowohl das **vorlegende Gericht** 45 selbst, als auch **jedes andere Gericht, das in demselben Rechtsstreit zu entscheiden hat,** insbesondere also die etwaig angerufenen Rechtsmittelinstanzen oder das Gericht der Hauptsache, wenn im Verfahren des vorläufigen Rechtsschutzes vorgelegt wurde („inter-partes"-Wirkung, dazu EuGH, Rs. 29/68 (Milch-, Fett- und Eierkontor), Slg 1969, 165/178). Die Bindungswirkung im Ausgangsverfahren besteht darin, dass das zuständige Gericht das Vorabentscheidungsurteil des EuGH bei seiner Entscheidungsfindung zugrundelegt, indem es entweder das fragliche EU-Recht in der vom EuGH gegebenen Auslegung auf den Ausgangsfall anwendet oder für ungültig erklärtes EU-Recht außer Anwendung lässt. Dies gilt allerdings nur insoweit, als das nationale Gericht nicht nachträglich oder sogar erst durch das Vorabentscheidungsurteil selbst zu der Überzeugung gelangt, dass das fragliche EU-Recht für den zur Entscheidung anstehenden Rechtsstreit nicht entscheidungserheblich ist. Auch bleibt es den im Rahmen eines Ausgangsverfahrens befassten Gerichten unbenommen, den EuGH erneut zu befassen, wenn etwa die frühere Vorabentscheidung in der Sache keine hinreichende Klarheit geschaffen hat oder Klarstellungen über die vom EuGH getroffenen Aussagen notwendig erscheinen (EuGH, Rs. C-206/94 (Paletta II), Slg 1996, I-2357; EuGH, Rs. C-45/90 (Paletta I), Slg 1992, I-3423; EuGH, Rs. 69/85 (Wünsche), Slg 1986, 947). Noch nicht endgültig geklärt ist die Frage, ob das Vorabentscheidungsurteil Bindungswirkung auch außerhalb des Ausgangsverfahrens entfalten kann („erga-omnes"-Wirkung). Bei der Beurteilung dieser Frage ist zwischen den Urteilen zur Gültigkeit bzw Ungültigkeit einer EU-Rechtshandlung einerseits und den Auslegungsurteilen andererseits zu unterscheiden.

Die **erga-omnes-Wirkung** ist jedenfalls bei Urteilen anzunehmen, die die **Ungültigkeit von EU-** 46 **Recht** feststellen, da es dem Grundsatz der Rechtssicherheit widersprechen würde, wenn der EuGH in einem späteren Verfahren dieselbe EU-Regelung für gültig erklären würde. Ein Ungültigkeitsurteil des EuGH stellt folglich für jedes andere Gericht eine ausreichende Grundlage dar, die betreffende EU-Regelung bei der von ihm zu erlassenden Entscheidung als ungültig und damit nicht anwendbar anzusehen (EuGH, Rs. 66/80 (International Chemical), Slg 1981, 1191). Dies schließt freilich nicht aus, dass ein nationales Gericht noch Fragen in Bezug auf das Ungültigkeitsurteil dem EuGH zur Vorabentscheidung vorlegen kann, etwa im Hinblick auf den Umfang der Ungültigkeitserklärung oder im Hinblick auf die Folgen des Urteils.

Nicht so eindeutig ist hingegen die erga-omnes-Wirkung der Urteile zur **Gültigkeit einer EU-Re-** 47 **gelung** zu beurteilen. Der EuGH hat die Gültigkeit der Regelung lediglich vor dem Hintergrund des ihm unterbreiteten Prozessstoffes geprüft, so dass nicht ausgeschlossen werden kann, dass in späteren Verfahren Gesichtspunkte vorgetragen werden, die bisher unberücksichtigt geblieben sind und ggf eine abweichende Beurteilung gebieten. Der EuGH trägt diesem Umstand durch eine ausgesprochen vorsichtige Formulierung seiner Antwort Rechnung, in der es regelmäßig heißt, dass die Prüfung der vorgelegten Fragen nichts ergeben habe, was die Gültigkeit der fraglichen EU-Regelung beeinträchtigen könnte. In der Praxis werden allerdings in aller Regel bereits im ersten Verfahren alle wesentlichen Gesichtspunkte, die für oder gegen die Gültigkeit einer EU-Regelung sprechen können, vorgetragen und geprüft, so dass auch den Gültigkeitsurteilen **de facto** eine **erga-omnes-Wirkung** zuerkannt werden kann.

48 Noch weniger eindeutig zu beantworten ist die Frage nach der erga-omnes-Wirkung von Auslegungsurteilen des EuGH, auch wenn im Schrifttum allgemein die Auffassung vertreten wird, Auslegungsurteile im Vorabentscheidungsverfahren entfalteten lediglich bindende Wirkung im Hinblick auf das Ausgangsverfahren (vgl die Nachw. bei *Dauses*, Das Vorabentscheidungsverfahren, S. 153-156). Der EuGH selbst scheint eher dahin zu tendieren, auch diesen Urteilen allgemeine Bedeutung beizumessen. So folgt insbesondere aus seiner Feststellung, wonach letztinstanzliche Gerichte nicht zur Vorlage verpflichtet sind, wenn die gleiche Streitfrage bereits vom EuGH entschieden ist (EuGH, Rs. 203/81 (C.I.L.F.I.T.), Slg 1982, 3415), dass letztinstanzliche Gerichte die frühere Entscheidung des EuGH ihrer Urteilsfindung zugrunde legen müssen, es sei denn, sie entschließen sich im Lichte geänderter Umstände zu einer erneuten Vorlage. Damit ähnelt die **Präjudizwirkung von Auslegungsurteilen** des EuGH der von höchstrichterlichen Urteilen im nationalen Recht. Auch dort haben die Grundsatzurteile keine verbindlichen Wirkungen außerhalb des konkreten Rechtsstreits, dennoch halten sich die Instanzgerichte in aller Regel an diese Grundsätze, weil sie einerseits damit rechnen müssen, dass ihre Urteile in der Rechtsmittelinstanz aufgehoben werden, und weil sie sich andererseits der Aufgabe der obersten Gerichte bewusst sind, die Rechtseinheit zu wahren. Im Ergebnis kommt folglich auch den Auslegungsurteilen in Vorabentscheidungsverfahren de facto eine erga-omnes-Wirkung zu.

b) Zeitliche Wirkung des Urteils

49 Auslegungsurteile wie auch Urteile zur Gültigkeit des EU-Rechts haben in Vorabentscheidungsverfahren grundsätzlich **rückwirkende Kraft**, dh sie bestimmen verbindlich den Inhalt bzw den Bestand des fraglichen EU-Rechts mit Wirkung vom Zeitpunkt seines Inkrafttretens (vgl EuGH, Rs. 66, 127 und Rs. 128/79 (Salumi), Slg 1980, 1237/1260). Für Ungültigkeitsurteile bedeutet dies, dass die für ungültig erklärte Norm vom Zeitpunkt ihres Inkrafttretens an ungültig wird. Für Auslegungsurteile folgt daraus, dass die Gerichte die Vorschriften in der vom EuGH gegebenen Auslegung auch auf Rechtsverhältnisse anwenden können und müssen, die vor Erlass des Vorabentscheidungsurteils entstanden sind, wenn alle sonstigen Voraussetzungen für die Anrufung der zuständigen Gerichte in einem die Anwendung dieser Vorschrift betreffenden Streit vorliegen (EuGH, Rs. C-292/04 (Meilicke), Slg 2007, I-1835 mwN aus der Rspr).

50 Dies kann im Einzelfall erhebliche Auswirkungen auf die unter dem für nichtig erklärten oder irrig ausgelegten EU-Recht entstandenen öffentlich-rechtlichen oder privatrechtlichen Vorgänge haben, die nunmehr rückwirkend abgewickelt werden müssen. Im Rahmen der Nichtigkeitsklage (Art. 263 AEUV = Art. 230 EG) sieht Art. 264 Abs. 2 AEUV (= Art. 231 Abs. 2 EG) deshalb vor, dass der EuGH im Falle der Nichtigerklärung einer Verordnung gewisse Wirkungen aufrechterhalten kann. Eine entsprechende Regelung besteht für die Vorabentscheidungsurteile allerdings nicht. Dennoch hat der EuGH in Analogie zu Art. 264 Abs. 2 AEUV (= Art. 231 Abs. 2 EG) auch die **Begrenzung der zeitlichen Wirkungen** von Vorabentscheidungsurteilen angenommen (zu diesem Problembereich ausführlich *Weiß*, EuR 1995, 377-397), und dies nicht nur für den Fall, dass ein EU-Rechtsakt für ungültig erklärt wird, sondern auch dann, wenn eine EU-Regelung in einer von dem bisherigen Verständnis und der bisherigen Praxis abweichenden Weise ausgelegt wird und dadurch weitreichende Folgen entstehen (vgl EuGH, Rs. C-453/02 (Linneweber), Slg 2005, I-1131; Rs. C-209/03 (Bidar), Slg 2005, I-2119 Rn 68 ff; Rs. C-292/04 (Meilicke), Slg 2007, I-1835 mwN aus der Rspr). Den Ausgangspunkt dieser Rechtsprechung bildet bezeichnenderweise ein Fall aus dem Bereich des europäischen Sozialrechts, für den das Problem der zeitlichen Wirkung eines Vorabentscheidungsurteils von außerordentlicher Bedeutung ist. Diese beruht

nicht nur auf dem Umstand, dass der Rechtsschutz im europäischen Sozialrecht in erster Linie im Wege des Vorabentscheidungsverfahrens erfolgt, sondern vor allem auch darauf, dass die Rückwirkung von Vorabentscheidungsurteilen erhebliche Auswirkungen auf den Sozialhaushalt eines Mitgliedstaates haben kann und damit Einfluss auf Fortbestehen und Umfang sozialrechtlicher Leistungsansprüche sowie die Finanzierbarkeit der sozialen Leistungssysteme insgesamt nehmen kann.

In der Rechtssache „**Defrenne II**" ging es um die unmittelbare Wirkung des Grundsatzes der Lohngleichheit von Mann und Frau im damaligen Art. 119 EWGV (heute Art. 157 AEUV), der nach den Feststellungen des EuGH für die ursprünglichen Mitgliedstaaten bereits am 1. Januar 1962, für die beigetretenen Mitgliedstaaten am 1. Januar 1973 wirksam geworden war. Die erheblichen wirtschaftlichen Auswirkungen dieser Feststellungen haben zwar die Auslegung des ex-Art. 119 EWGV (heute Art. 157 AEUV) nicht beeinflussen können, wohl aber führten diese Überlegung sowie Gründe des Vertrauensschutzes zu einer zeitlichen Begrenzung der Wirkungen dieses Urteils in dem Sinne, dass die Durchsetzung des Grundsatzes der Lohngleichheit für Mann und Frau für die vor der Verkündung des Urteils liegenden Lohn- und Gehaltsperioden auf diejenigen Fälle beschränkt wurde, in denen die betroffenen Arbeitnehmerinnen bereits Klage erhoben oder einen entsprechenden Rechtsbehelf eingelegt hatten. Den vertrauensbegründenden Tatbestand erblickte der EuGH daher in dem Umstand, dass die von den betroffenen Unternehmen verfolgten diskriminierenden Praktiken nach nationalem Recht nicht verboten waren, und es auch die Kommission unterlassen hatte, gegen die betreffenden Mitgliedstaaten ein Vertragsverletzungsverfahren nach Art. 258 AEUV einzuleiten. Bei den betroffenen Unternehmern habe sich dadurch ein unrichtiger Eindruck von den Wirkungen des ex-Art. 119 EWGV (jetzt Art. 157 AEUV) verfestigen können, so dass die Entgelte für die in der Vergangenheit liegenden Zeiträume unter Vertrauensschutzgesichtspunkten grundsätzlich nicht mehr in Frage gestellt werden konnten (EuGH, Rs. 43/75, Slg 1976, 455/480 Rn 71-75). In diesem Urteil lässt der EuGH allerdings auch keinen Zweifel daran, dass er diese Wirkung des Vertrauensschutzes nur in besonders gelagerten Ausnahmefällen eingreifen lassen will, wenn er ausführt, „... dass die Objektivität des Rechts nicht gebeugt werden und seine Anwendung nicht unterbunden werden (darf), nur weil Gerichtsentscheidungen für die Vergangenheit gewisse Auswirkungen haben können" (EuGH, Rs. 43/75, Slg 1976, 455/480 Rn 71). Es müssen deshalb besonders schutzwürdige Vertrauensinteressen vorliegen, die sich im Rahmen der gebotenen Interessenabwägung vor allem gegenüber dem Grundsatz der Rechtmäßigkeit des Handelns durchzusetzen vermögen. In dem genannten Fall sah der EuGH diese Voraussetzung als gegeben an, da den betroffenen Unternehmern die Unkenntnis von der rechtlichen Tragweite des ex-Art. 119 EWGV (jetzt Art. 157 AEUV) nicht angelastet werden konnte und sie ohne die zeitliche Begrenzung der Wirkung des Urteils beträchtliche wirtschaftliche Belastungen zu tragen gehabt hätten.

Diese Rechtsprechung hat der EuGH für den **Bereich des europäischen Sozialrechts** fortgeführt in seinem Urteil in der Rechtssache „Pinna", in welchem der EuGH die französische Sonderregelung in der früheren VO (EWG) Nr. 1408/71 (jetzt VO (EG) Nr. 883/2004) betreffend die Gewährung von Familienleistungen wegen Verstoßes gegen das Diskriminierungsverbot für ungültig erklärt hat. Auch in diesem Urteil hat der EuGH die rückwirkende Berufung auf die Nichtigkeit dieser Sonderregelung ausgeschlossen, da Frankreich auf die Gültigkeit dieser Regelung vertrauen durfte und die finanziellen Auswirkungen einer rückwirkenden Gewährung der Familienleistungen an die Berechtigten zu einer nicht tragbaren finanziellen Belastung des französischen Sozialleistungssystems führen würde. Eine Ausnahme gilt nur für diejenigen Berechtigten, die vor dem Datum des Urteils Klage erhoben oder einen gleichwertigen Rechtsbehelf eingelegt hatten (EuGH, Rs. 41/84, Slg 1986, 1/26).

Auch im Urteil in der Rechtssache „Barber" schließlich, das die **Unvereinbarkeit der unterschiedlichen Altersgrenzen** bei der Gewährung von Betriebsrenten mit dem unmittelbare Anwendung beanspruchenden ex-Art. 119 EWGV (jetzt Art. 157 AEUV) feststellte, hat der EuGH eine entsprechende Regelung vorgesehen. Der EuGH hat hier ausgeführt, dass „die unmittelbare Wirkung des ex-Art. 119 EWGV (jetzt Art. 157 AEUV) nicht ins Feld geführt werden [kann], um mit Wirkung von einem Zeitpunkt vor Erlass des vorliegenden Urteils einen Rentenanspruch geltend zu machen". Ausgenommen wurden wiederum diejenigen Personen, die bereits eine Klage oder gleichwertige Forderung erhoben hatten (EuGH, Rs. 262/88, Slg 1990 I-1889/1955). Den Vertrauenstatbestand, der diese zeitliche Begrenzung der Wirkung des Urteils rechtfertigte, sah der EuGH in Art. 9 der früheren RL 86/378/EWG, ABl. (EG) 1986 L 225/40 (jetzt: Art. 11 RL 2006/54/EG v. 5.7.2006, ABl. (EU) L 204/23), der ausdrücklich vorsah, dass die Mitgliedstaaten die Anwendung des Gleichbehandlungsgrundsatzes bei der Gestaltung der Altersgrenzen im Bereich der Betriebsrenten aufschieben konnten. Die Einschränkung der unmittelbaren Wirkung des ex-Art. 119 EWGV (jetzt Art. 157 AEUV) ist allein auf diesen Vertrauenstatbestand begrenzt und kann nicht auf andere, außerhalb des Art. 11 RL 2006/54/EG liegende Betriebsrentenfälle ausgedehnt werden (in diesem Sinne auch *Colneric*, EuZW 1991, 75 ff).

54 Die Beschränkung der zeitlichen Wirkung eines Vorabentscheidungsurteils kommt folglich nur ausnahmsweise, dh bei **Vorliegen eines Vertrauenstatbestandes** und der **Gefahr unerwarteter und erheblicher finanzieller Auswirkungen** in Betracht und kann zudem nur angenommen werden, wenn sie in dem jeweiligen Urteil selbst ausgesprochen ist. Letzteres folgt unmittelbar aus dem grundlegenden Erfordernis, dass das EU-Recht in allen Fällen einheitlich anzuwenden ist.

III. Das Vertragsverletzungsverfahren

Artikel 258 AEUV

Hat nach Auffassung der Kommission ein Mitgliedstaat gegen eine Verpflichtung aus den Verträgen verstoßen, so gibt sie eine mit Gründen versehene Stellungnahme hierzu ab; sie hat dem Staat zuvor Gelegenheit zur Äußerung zu geben.

Kommt der Staat dieser Stellungnahme innerhalb der von der Kommission gesetzten Frist nicht nach, so kann die Kommission den Gerichtshof der Europäischen Union anrufen.

Artikel 259 AEUV

Jeder Mitgliedstaat kann den Gerichtshof der Europäischen Union anrufen, wenn er der Auffassung ist, dass ein anderer Mitgliedstaat gegen eine Verpflichtung aus den Verträgen verstoßen hat.

Bevor ein Mitgliedstaat wegen einer angeblichen Verletzung der Verpflichtungen aus den Verträgen gegen einen anderen Staat Klage erhebt, muss er die Kommission damit befassen.

Die Kommission erlässt eine mit Gründen versehene Stellungnahme; sie gibt den beteiligten Staaten zuvor Gelegenheit zu schriftlicher und mündlicher Äußerung in einem kontradiktorischen Verfahren.

Gibt die Kommission binnen drei Monaten nach dem Zeitpunkt, in dem ein entsprechender Antrag gestellt wurde, keine Stellungnahme ab, so kann ungeachtet des Fehlens der Stellungnahme vor dem Gerichtshof geklagt werden.

Artikel 260 AEUV

(1) Stellt der Gerichtshof der Europäischen Union fest, dass ein Mitgliedstaat gegen eine Verpflichtung aus den Verträgen verstoßen hat, so hat dieser Staat die Maßnahmen zu ergreifen, die sich aus dem Urteil des Gerichtshofs ergeben.

(2) [1]Hat der betreffende Mitgliedstaat die Maßnahmen, die sich aus dem Urteil des Gerichtshofs ergeben, nach Auffassung der Kommission nicht getroffen, so kann die Kommission den Gerichtshof anrufen, nachdem sie diesem Staat zuvor Gelegenheit zur Äußerung gegeben hat. [2]Hierbei benennt sie die Höhe des von dem betreffenden Mitgliedstaat zu zahlenden Pauschalbetrags oder Zwangsgelds, die sie den Umständen nach für angemessen hält.

Stellt der Gerichtshof fest, dass der betreffende Mitgliedstaat seinem Urteil nicht nachgekommen ist, so kann er die Zahlung eines Pauschalbetrags oder Zwangsgelds verhängen.

Dieses Verfahren lässt den Artikel 259 unberührt.

(3) Erhebt die Kommission beim Gerichtshof Klage nach Artikel 258, weil sie der Auffassung ist, dass der betreffende Mitgliedstaat gegen seine Verpflichtung verstoßen hat, Maßnahmen zur Umsetzung einer gemäß einem Gesetzgebungsverfahren erlassenen Richtlinie mitzuteilen, so kann sie, wenn sie dies für zweckmäßig hält, die Höhe des von dem betreffenden Mitgliedstaat zu zahlenden Pauschalbetrags oder Zwangsgelds benennen, die sie den Umständen nach für angemessen hält.

¹Stellt der Gerichtshof einen Verstoß fest, so kann er gegen den betreffenden Mitgliedstaat die Zahlung eines Pauschalbetrags oder eines Zwangsgelds bis zur Höhe des von der Kommission genannten Betrags verhängen. ²Die Zahlungsverpflichtung gilt ab dem vom Gerichtshof in seinem Urteil festgelegten Zeitpunkt.

1. Funktion und Bedeutung des Verfahrens

Das Vertragsverletzungsverfahren ist das wichtigste Instrument der Kommission, der ihr nach Art. 17 Abs. 1 EUV zukommenden Aufgabe gerecht zu werden, für die einheitliche **Beachtung und Durchsetzung des EU-Rechts** Sorge zu tragen. Es eröffnet der Kommission die Möglichkeit, gegen objektive Verletzungen des EU-Rechts durch Organe der Mitgliedstaaten einzuschreiten und auf die Herstellung eines vertragskonformen Zustandes zu dringen (EuGH, Rs. C-422/92 (Kommission/Deutschland), Slg 1995, I-1097 Rn 16). Gegenstand des Vertragsverletzungsverfahrens ist der Antrag der Kommission oder des Mitgliedstaates auf Feststellung, dass ein Mitgliedstaat gegen „eine Verpflichtung aus den Verträgen" (EUV/AEUV) verstoßen hat. Verpflichtungen aus den Verträgen sind dabei nicht nur Verpflichtungen, die sich aus den Vorschriften des EUV und AEUV selbst ergeben, sondern auch solche, die den Mitgliedstaaten durch die verbindlichen Rechtshandlungen der EU-Organe (Verordnungen, Richtlinien, Beschlüsse) auferlegt werden oder sich aus dem ungeschriebenen EU-Recht, und hier vor allem aus den allgemeinen Rechtsgrundsätzen ergeben. 55

Ein **Vertragsverstoß** liegt dann vor, wenn ein Mitgliedstaat entweder eine Rechtsvorschrift oder Verwaltungspraxis schafft oder beibehält, die dem EU-Recht widerspricht, oder das EU-Recht nicht, unvollständig oder verspätet durchführt. Die Verletzungshandlung kann demnach sowohl in einem Tun wie in einem Unterlassen bestehen. Sie kann darüber hinaus auf jedwede Form staatlichen Handelns zurückgehen (generelle Rechtsetzung, allgemeines und individuelles Verwaltungshandeln, Verwaltungspraxis). Schließlich wird eine Verletzung allein schon durch das Bestehen der staatlichen Rechtsvorschrift bzw -praxis begründet, ohne dass es auf etwaige nachteilige Auswirkungen (vgl EuGH, Rs. C-354/99 (Kommission/Irland), Slg 2001, I-7657 Rn 34; Rs. C-78/00 (Kommission/Italien), Slg 2001, I-8195 Rn 37; Rs. C-333/99 (Kommission/Frankreich), Slg 2001, I-1025 Rn 37) oder die tatsächliche Anwendung dieser Regelungen und Maßnahmen ankommt (EuGH, Rs. 167/73 (Kommission/Frankreich), Slg 1974, 359 Rn 35). Unerheblich ist, ob der Verstoß eines Mitgliedstaates auf technischen Schwierigkeiten beruht (EuGH, Rs. C-152/98 (Kommission/Niederlande), Slg 2001, I-3463 Rn 41; Rs. C-71/97 (Kommission/Spanien), Slg 1998, I-5991 Rn 15). 56

Die zahlenmäßig stärkste Gruppe von Vertragsverstößen (ca. 75 % aller Vertragsverletzungsverfahren) bilden die Fälle der **fehlenden, unvollständigen oder verspäteten Durchführung des EU-Rechts**, und hier vor allem im Bereich der Umsetzung von Richtlinien in innerstaatliches Recht. In diesem Zusammenhang ist daran zu erinnern, dass gemäß Art. 288 AEUV eine Richtlinie für jeden Mitgliedstaat, an den sie gerichtet wird, hinsichtlich des zu erreichenden Ergebnisses verbindlich ist, den Mitgliedstaaten jedoch die Wahl der Form und der Mittel im Hinblick auf ihre Umsetzung in das nationale Recht überlässt. Gleichwohl hat der EuGH in einer umfangreichen 57

Rechtsprechung eine Reihe von Kriterien entwickelt, anhand deren die konkreten Umsetzungsmaßnahmen zu messen sind. Als Grundsatz gilt, dass durch die nationale Umsetzung ein Rechtszustand geschaffen werden muss, der die Rechte und Pflichten aus den Vorschriften einer Richtlinie hinreichend klar und bestimmt erkennen lässt und so dem Einzelnen die Möglichkeit gibt, sie vor den nationalen Gerichten geltend zu machen bzw sich gegen sie zur Wehr zu setzen (st. Rspr, vgl EuGH, Rs.C-233/00 (Kommission/Frankreich), Slg 2003, I-6625 Rn 75; EuGH, Rs. C-478/99 (Kommission/Schweden), Slg 2002, I-4147 Rn 15). Dazu bedarf es nicht notwendigerweise einer förmlichen und wörtlichen Wiedergabe der Richtlinienbestimmungen in einer besonderen Gesetzesvorschrift; vielmehr genügt es, einen so eindeutigen rechtlichen Rahmen auf dem von der Richtlinie betroffenen Gebiet zu schaffen, der die vollständige Anwendung der Richtlinie in tatsächlicher und rechtlicher Hinsicht gewährleistet (vgl EuGH, Rs. 363/85 (Kommission/Italien), Slg 1987, 1733 Rn 7; EuGH, Rs. 252/85 (Kommission/Frankreich), Slg 1988, 2243 Rn 18/19). Dafür kann bereits je nach Inhalt der Richtlinie ein allgemeiner rechtlicher Kontext genügen; insbesondere kann das Bestehen allgemeiner Grundsätze des Verfassungs- oder Verwaltungsrechts die Umsetzung durch Maßnahmen des Gesetz- oder Verordnungsgebers überflüssig machen, sofern diese Grundsätze tatsächlich die vollständige Anwendung der Richtlinie durch die nationale Verwaltung garantieren (EuGH, Rs. C-233/00 (Kommission/Frankreich), Slg 2003, I-6625 Rn 76). Demgegenüber wird eine bloße Verwaltungspraxis, die von der Verwaltung naturgemäß beliebig geändert werden kann und nur unzureichende Publizität besitzt, diesen Anforderungen nicht gerecht (st. Rspr, vgl EuGH, Rs. 429/85 (Kommission/Italien), Slg 1988, 843 Rn 12). Selbst qualifizierte Verwaltungsvorschriften erfüllen diese an die Umsetzung von Richtlinien gestellten Bedingungen nicht ohne weiteres. So hat der EuGH im Falle der deutschen TA-Luft festgestellt, dass es der Bundesregierung nicht gelungen sei nachzuweisen, dass die Verbindlichkeit einer Verwaltungsvorschrift wie der TA-Luft nicht nur für die Verwaltung, sondern auch gegenüber Dritten unbestritten und garantiert ist, so dass nicht davon ausgegangen werden konnte, dass der Einzelne mit Gewissheit über den Umfang seiner Rechte hinreichend unterrichtet war (EuGH, Rs. 361/88 und 53/88 (Kommission/Deutschland), Slg 1991, I-2600; siehe dazu die Anm. von *Leibrock*, DVBl. 1991, 1119). In aller Regel erfordert aber die Umsetzung von Richtlinien den Erlass verbindlicher nationaler Rechtsnormen oder die Aufhebung oder Abänderung bestehender Rechts- und Verwaltungsvorschriften. Diese Regel gilt ausnahmslos in den Fällen, in denen die Richtlinienbestimmungen Verbote enthalten. Aus Gründen der Rechtssicherheit und im Hinblick auf die Beachtung des Grundsatzes, wonach belastende Maßnahmen einer ausreichenden rechtlichen Grundlage bedürfen, sind diese Verbote stets in nationalen Rechtsvorschriften ausdrücklich niederzulegen (vgl in diesem Sinne, EuGH, Rs. 252/85 (Kommission/Frankreich), Slg 1988, 2243 Rn 18/19; EuGH, Rs. 339/87 (Kommission/Niederlande), Slg 1990, I-851 Rn 35/36). Folglich muss in jedem Einzelfall die Art der in einer Richtlinie enthaltenen Vorschrift, auf die sich die Vertragsverletzungsklage bezieht, bestimmt werden, um den Umfang der den Mitgliedstaaten obliegenden Umsetzungspflicht beurteilen zu können.

58 Als **Urheber der Verletzungshandlung** kommen sämtliche Einrichtungen des betreffenden Mitgliedstaates in Betracht, die an der Ausübung staatlicher Gewalt beteiligt sind (vgl EuGH, Rs. C-129/00 (Kommission/Italien), Slg 2003, I-14751 Rn 29). Dazu gehören neben den Legislativorganen und der Exekutive sowie den ihr angegliederten Einrichtungen grundsätzlich auch die Gerichte (EuGH, Rs. C-129/00 (Kommission/Italien), Slg 2003, I-14751 Rn 29; vgl auch *Breuer*, EuZW 2004, 199). Eine Verletzung von EU-Recht durch die nationalen Gerichte hat die Kommission, nicht zuletzt im Hinblick auf den Grundsatz der Unabhängigkeit der Gerichte, allerdings erst einmal im Rahmen eines Vertragsverletzungsverfahrens aufgegriffen (vgl das am 3.8.1990 gegenüber dem BGH-Beschluss IZR 163/88 vom 11.5.1989 zum „deutsch-niederländischen Hähnchenkrieg" eingeleitete und später eingestellte Verfahren; dazu *Meier*, EuZW 1991, 11; vgl auch zu den höchstrichterlichen Vertragsverletzungen *Sack*, EuZW 1991, 246.) Unter Hinweis auf diese globale Verantwortlichkeit der Mitgliedstaaten hat der EuGH regelmäßig Einwände von Mitgliedstaaten zurückgewiesen, die Verletzung des EU-Rechts sei auf ein Verhalten

der Parlamente (EuGH, Rs. C-423/00 (Kommission/Belgien), Slg 2002, I-593 Rn 16; EuGH, Rs. C-473/99 (Kommission/Österreich), Slg 2001, I-4527 Rn 12; EuGH, Rs. C-236/99 (Kommission/Belgien), Slg 2000, I-5657 Rn 23), der örtlichen Behörden (EuGH, Rs. C-450/00 (Kommission/Luxemburg), Slg 2001, I-7069 Rn 8) oder privatrechtliche, aber staatlich finanzierte Gesellschaften (EuGH, Rs. 249/81 (Kommission/Irland), Slg 1982, 4005) zurückzuführen.

Im Rahmen des **europäischen Sozialrechts** bildet die Grundlage von Vertragsverletzungsverfahren im Wesentlichen der Vorwurf an die nationale Sozialgesetzgebung oder Verwaltungspraxis, Arbeitnehmer oder ihre Familienangehörigen aus anderen EU-Mitgliedsländern zu diskriminieren. Die Kommission stützt sich dabei vor allem auf die inzwischen gefestigte Rechtsprechung des EuGH zur versteckten oder indirekten Diskriminierung. Gleichwohl ist die Zahl der Vertragsverletzungsverfahren im Sozialrechtsbereich bisher noch gering geblieben. 59

2. Einleitung des Verfahrens

Die Einleitung eines Vertragsverletzungsverfahrens kann entweder von Amts wegen erfolgen oder aber auf eine Beschwerde von Seiten eines Einzelnen, eines Unternehmens, eines Verbandes oder einer Gewerkschaft zurückgehen. **Von Amts wegen** wird die Kommission tätig, wenn sie von einer möglichen Verletzung unionsrechtlicher Verpflichtungen durch einen Mitgliedstaat Kenntnis erlangt, insbesondere aufgrund schriftlicher oder mündlicher parlamentarischer Anfragen, anlässlich von Petitionen, im Zuge von in den Mitgliedstaaten durchgeführten Untersuchungen, im Zusammenhang mit der Notifizierung innerstaatlicher Rechtsvorschriften oder aber auch infolge von Meldungen und Berichten in den Medien. Darüber hinaus untersucht die Kommission auch jedes Vorabentscheidungsverfahren auf mögliche Vertragsverstöße und leitet ggf parallel zum Vorabentscheidungsverfahren ein Vertragsverletzungsverfahren ein. Dies ist vor allem in denjenigen Fällen von besonderer Bedeutung, in denen die klagende Partei im Ausgangsverfahren eines Vorabentscheidungsverfahrens klaglos gestellt wird, und es zu einer Rücknahme der Vorlagefrage kommt, da sich der Rechtsstreit im Ausgangsverfahren erledigt hat. Mit der Durchführung des parallel laufenden Vertragsverletzungsverfahrens wird verhindert, dass auf diesem Wege dem EuGH die Entscheidung über grundlegende sozialrechtliche Fragen entzogen wird. 60

Der in der Praxis häufigste Weg der Kenntniserlangung ist allerdings der der **Beschwerde**. Dies gilt insbesondere auch für den Bereich der sozialen Sicherheit der Arbeitnehmer, wo pro Woche bis zu 20 Individualbeschwerden bei der Kommission eingehen. Dabei kommt den Unionsbürgern entgegen, dass die Zulässigkeitsvoraussetzungen für eine wirksame Beschwerdeerhebung besonders bürgerfreundlich ausgestaltet sind. Verlangt wird lediglich, dass die Eingabe schriftlich erfolgt, die Verletzung einer unionsrechtlichen Verpflichtung durch einen Mitgliedstaat glaubhaft gemacht wird und die Aufforderung an die Kommission enthält, ihrer Aufgabe als Hüterin des EU-Rechts nachzukommen und gegenüber dem betreffenden Mitgliedstaat für die Wiederherstellung eines unionsrechtskonformen Zustandes Sorge zu tragen. Zur Vereinfachung der Beschwerdeerhebung hat die Kommission ein Formblatt erstellt, das im Amtsblatt veröffentlicht ist (ABl. (EU) 1989 C 26, S. 6 f, abgedruckt unter Rn 105), aber auch direkt von der Kommission oder über eines ihrer Presse- und Informationsbüros bezogen werden kann (in Deutschland: Unter den Linden 78, D-10117 Berlin). Dieses Formblatt umfasst Angaben zur Person des Beschwerdeführers, die Benennung des Mitgliedstaats sowie seiner Einrichtung, die den Vertragsverstoß begangen hat, die tatsächlichen und rechtlichen Hintergründe des Vertragsverstoßes, die bei nationalen oder EU-Stellen bereits unternommen Schritte sowie Unterlagen und Beweisstücke zur Begründung der Beschwerde. Diese Mindestvoraussetzungen für eine Beschwerdeerhebung sind nicht erfüllt, wenn Rechtsanwälte oder Unionsbürger die Kommission um Stellungnahme zu Fragen der Auslegung und Anwendung des EU-Rechts ersuchen. Derartige Anfragen beziehen sich häufig auf einen vor einem nationalen Gericht anhängigen oder bevorstehenden Rechtsstreit, in dem es auch um die Anwendung des EU-Rechts geht. Die Kommission teilt den betreffenden Personen in diesen Fällen mit, dass allein der EuGH nach den Bestimmungen der EU-Verträge für 61 die authentische Auslegung des EU-Rechts zuständig ist und verweist insoweit auf die Möglichkeit der Einleitung eines Vorabentscheidungsverfahrens nach Art. 267 AEUV durch das nationale Gericht, im Rahmen dessen dann die Kommission zu den aufgeworfenen Fragen Stellung nimmt.

62 Aufgrund interner Verfahrensregeln wird für den vermuteten Vertragsverstoß von der zuständigen Dienststelle der Kommission ein „**Verstoßblatt**" angelegt, das neben der Erkenntnisquelle und der befassten Dienststelle die wesentlichen tatsächlichen und rechtlichen Hintergründe des vermuteten Vertragsverstoßes enthält. Dieses Verstoßblatt wird im Generalsekretariat der Kommission mit einer Registernummer versehen und in ein dort eingerichtetes Zentralregister eingetragen. Bei Beschwerden erhalten die Beschwerdeführer eine Empfangsbestätigung und werden auch in der Folgezeit über den weiteren Verlauf des Verfahrens unterrichtet, insbesondere über die bei den betreffenden nationalen Behörden unternommenen Schritte sowie ggf über die Einleitung des Vertragsverletzungsverfahrens und dessen jeweilige Verfahrensstadien (Mahnschreiben, Abgabe einer mit Gründen versehenen Stellungnahme, Anrufung des EuGH). Das Beschwerdeverfahren bei der Kommission ist kostenlos. Bei seiner Durchführung hat die Kommission den Grundsatz der Vertraulichkeit zu beachten.

63 Ein **einklagbares Recht auf Einleitung** und Durchführung eines Vertragsverletzungsverfahrens **besteht** für den Einzelnen allerdings **nicht**. Im Vertragsverletzungsverfahren geht es allein darum, eine von den subjektiven Rechten des Unionsbürgers unabhängige Überprüfung vertragswidrig erscheinender Rechts- und Verwaltungsvorschriften sowie Verwaltungspraktiken des betreffenden Mitgliedstaates durch den EuGH herbeizuführen (EuGH, Rs. C-107/95P (Bundesverband der Bilanzbuchhalter/Kommission), Slg 1997, I-947 Rn 11; EuG, Rs. T-201/96 (Smanor SA/Kommission), Slg 1997, II-1081 Rn 22-25). Damit fehlt es den im Rahmen eines Vertragsverletzungsverfahrens vorzunehmenden Handlungen an dem unmittelbaren und individuellen Betroffensein des Beschwerdeführers, das allein eine Anfechtungsklage gemäß Art. 263 Abs. 4 AEUV gegenüber einer ablehnenden Entscheidung der Kommission betreffend die Verfahrenseinleitung oder eine Untätigkeitsklage nach Art. 265 Abs. 3 AEUV wegen vermeintlicher Untätigkeit der Kommission ermöglichen würde (zur Nichtigkeitsklage: EuG, Rs. T-182/97 (Samnor SA u.a./Kommission), Slg 1998, II-271; EuGH, Rs. T-83/97 (Sateba/Kommission), Slg 1997, II-1523; zur Untätigkeitsklage: EuGH, Rs. C-196/97P (Intertronic F. Cornelis GmbH/Kommission), Slg 1998, I-199; EuG, Rs. T-47/96 (SDDDA/Kommission), Slg 1996, II-1559 Rn 42). **Ebensowenig** kann die Entscheidung der Kommission, ein **Vertragsverletzungsverfahren** nicht einzuleiten, die Haftung der EU gem. Art. 340 Abs. 2 AEUV für durch die Vertragsverletzung erlittene Schäden begründen; die Verantwortung für diese Schäden liegt im haftungsrechtlichen Sinn allein beim betreffenden Mitgliedstaat (EuG, Rs. T-202/02 (Makedoniko Metro und Michanki A.E./Kommission), Slg 2004, II-181).

3. Verfahrensstadien

64 Das Vertragsverletzungsverfahren nach Art. 258 AEUV ist **formell** in ein Vorverfahren und ein gerichtliches Verfahren unterteilt. Dem vorgeschaltet ist ein informelles Verfahren, das sich in der **Verwaltungspraxis** herausgebildet hat.

a) Informelles Verfahren

65 Das informelle Verfahren dient zum einen der näheren **Sachverhaltsaufklärung** und zum anderen wird bereits in diesem nicht offiziösen Stadium versucht, eine Regelung des Streitfalles herbeizuführen. Zu diesem Zweck werden von den Kommissionsdienststellen bilaterale Kontakte mit den zuständigen Ministerien und Behörden der betreffenden Mitgliedstaaten aufgenommen, die es ermöglichen, die relevanten Streitfragen einzugrenzen, den Änderungsbedarf näher zu bestimmen oder selbst Lösungen zu vereinbaren. Letzteres geschieht im Bereich des Sozialrechts häufig dann, wenn es sich um Billigkeitsentscheidungen im Einzelfall handelt, generelle Rechtsfragen hingegen durch den konkreten Beschwerdefall nicht aufgeworfen werden. Soweit Probleme von allgemeiner

Tragweite anstehen, wird neben dem Sozialministerium des betreffenden Mitgliedstaates auch die Verwaltungskommission für die soziale Sicherheit der Wanderarbeitnehmer eingeschaltet. Diese Kontakte führen sehr häufig zu Ergebnissen, die bereits im Vorgriff auf mögliche rechtsförmliche Änderungen der nationalen Rechts- oder Verwaltungsvorschriften die Verwaltungspraxis im Einklang mit dem europäischen Sozialrecht gestalten und den Unionsbürgern de facto die Ausübung der ihnen nach EU-Recht zustehenden Rechte ermöglicht.

b) Vorverfahren

Führen die Anstrengungen im Rahmen des informellen Verfahrens zu keiner befriedigenden Lösung, beschließt die Kommission die **Eröffnung des förmlichen Verfahrens**. Dazu wird in einem ersten Schritt dem betreffenden Mitgliedstaat auf diplomatischem Wege ein **Mahnschreiben** übermittelt, das eine Sachverhaltsschilderung, die Wiedergabe des informellen Verfahrens, den Verweis auf die anwendbaren EU-Rechtsvorschriften sowie die Unvereinbarkeit nationaler Regelungen oder Handlungen nationaler Stellen mit diesem und die Schlussfolgerung der Kommission enthält, dass der betreffende Mitgliedstaat gegen bestimmte Vorschriften und Verpflichtungen aus dem EU-Recht verstoßen hat. Der Mitgliedstaat wird aufgefordert, sich binnen einer näher bestimmten Frist (in der Regel zwei Monate) zu dem Vorwurf zu äußern. Dieses Mahnschreiben bietet damit dem Mitgliedstaat die Möglichkeit, nach förmlicher Feststellung des beanstandeten Rechtsverstoßes durch die Kommission entweder seinen unionsrechtlichen Verpflichtungen nachzukommen (EuGH, Rs. C-490/04 (Kommission/Deutschland), Slg 2007, I-6095) oder aber seine Verteidigungsmittel gegenüber den Rügen der Kommission wirkungsvoll geltend zu machen (EuGH, Rs. C-362/01 (Kommission/Irland), Slg 2002, I-11433 Rn 16-18; EuGH, Rs. C-475/98 (Kommission/Österreich), Slg 2002, I-9797). Gleichzeitig wird der Gegenstand eines künftigen Rechtsstreits näher eingegrenzt und sichergestellt, dass ein etwaig folgendes prozessuales Verfahren einen eindeutig festgelegten Streitgegenstand hat (EuGH, Rs. C-156/04 (Kommission/Österreich), Slg 2007, I-4129 mwN). 66

Nach Ablauf der im Mahnschreiben gesetzten Frist zur Äußerung beschließt die Kommission über **Fortgang, Aussetzung oder Einstellung** des Vertragsverletzungsverfahrens. Die Einstellung des Verfahrens kommt dabei nur in Ausnahmefällen in Betracht, nämlich dann, wenn der Mitgliedstaat der Kommission neue Unterlagen und zusätzliche Gesichtspunkte übermittelt, die letztere veranlassen, ihren Standpunkt aufzugeben. Sofern der Mitgliedstaat die Vertragsverletzung einräumt und die Bereitschaft erkennen lässt, unverzüglich einen unionsrechtskonformen Zustand herzustellen, wird das Verfahren bis zur rechtsförmlichen Beseitigung des Vertragsverstoßes ausgesetzt. Geschieht dies nicht innerhalb einer angemessenen Frist, wird der Aussetzungsbeschluss rückgängig gemacht und das Verfahren weitergeführt. 67

Bestreitet der Mitgliedstaat den ihm vorgeworfenen Vertragsverstoß mit für die Kommission nicht überzeugenden Argumenten oder lässt er sich zur Sache überhaupt nicht ein, eröffnet die Kommission die **zweite Etappe** des Vorverfahrens mit der Abgabe einer **mit Gründen versehenen Stellungnahme**. Die mit Gründen versehene Stellungnahme („avis motivé") enthält eine formalisierte Zusammenfassung der Tatsachen, Rechtsgründe, Beweismittel und des Petitums eines konkreten Vertragsverstoßes und ist so abzufassen, dass sie in einer zusammenhängenden Darstellung die Überzeugung der Kommission von dem Bestehen eines Vertragsverstoßes in tatsächlicher und rechtlicher Hinsicht widerspiegelt (EuGH, Rs. C-525/03 (Kommission/Italien), Slg 2005, I-9405 Rn 8; EuGH, Rs. C-96/95 (Kommission/Deutschland), Slg 1997, I-1653 Rn 24). Dabei hat sich die Kommission auch mit den vom Mitgliedstaat auf das Mahnschreiben vorgetragenen Argumenten auseinander zu setzen (EuGH, Rs. C-362/01 (Kommission/Irland), Slg 2002, I-11433). Eine Erweiterung des Streitgegenstandes in einem späteren Verfahrensstadium ist nicht möglich; später hinzugekomme Gesichtspunkte müssen in einem neuen (ergänzenden) Mahnschreiben geltend gemacht werden. Der EuGH hat hierzu festgestellt, dass die Gelegenheit zur Äußerung für den betreffenden Mitgliedstaat eine vom AEUV gewährte wesentliche Garantie darstellt, und 68 die Beachtung dieser Garantie eine Voraussetzung für die Ordnungsmäßigkeit des Verfahrens auf Feststellung der Vertragsverletzung eines Mitgliedstaates bildet (vgl EuGH, Rs. C-274/93 (Kommission/Luxemburg), Slg 1996, I-2019; EuGH, Rs. 306/91 (Kommission/Italien), Slg 1993, 2133). Doch können an die Genauigkeit des Mahnschreibens, das zwangsläufig nur in einer ersten knappen Zusammenfassung der Vorwürfe bestehen kann, keine so strengen Anforderungen gestellt werden. Nichts hindert die Kommission deshalb daran, in der mit Gründen versehenen Stellungnahme die im Mahnschreiben noch in sehr allgemeiner Form umrissenen Beanstandungen näher zu präzisieren und darzulegen (EuGH, Rs. C-139/00 (Kommission/Spanien), Slg 2002, I-6407 Rn 15; Rs. C-279/94 (Kommission/Italien), Slg 1997, I-4743 Rn 15). Darüber hinaus enthält diese Stellungnahme die Aufforderung, innerhalb einer festgesetzten Frist (in der Regel ebenfalls 2 Monate) den vertragswidrigen Zustand zu beenden und der Kommission alle dazu ergriffenen Maßnahmen mitzuteilen. Ein Recht auf Einsichtnahme in den Entwurf einer mit Gründen versehenen Stellungnahme besteht nicht (EuG, Rs. T-309/97 (The Bavarian Lager Company), Slg 1999, II-3217 mit Anm. *Novak-Stief*, ELR 2000, 17). Die Abgabe einer mit Gründen versehenen Stellungnahme ist grundsätzlich mit keinen Fristen auf Seiten der Kommission verbunden; eine zeitliche Grenze ergibt sich allenfalls daraus, dass eine zu lange „Pause" zwischen Mahnschreiben und mit Gründen versehener Stellungnahme es dem betreffenden Mitgliedstaat erschwert, die Argumente der Kommission zu widerlegen und damit die Verteidigungsrechte des Mitgliedstaates verletzt würden (EuGH, Rs. C-490/04 (Kommission/Deutschland), Slg 2007, I-6095 Rn 26).

69 Kommt der Mitgliedstaat innerhalb der gesetzten Frist der Aufforderung nicht nach, beschließt die Kommission nach Anhörung der zuständigen Fachdirektion und des Juristischen Dienstes über die **Anrufung des EuGH**. Ähnlich wie bei der Einleitung eines Vertragsverletzungsverfahrens verfügt die Kommission im Hinblick auf die Entscheidung über die Befassung des EuGH über ein Ermessen, welches in Art. 258 Abs. 2 AEUV durch das Wort „kann" zum Ausdruck gebracht wird (vgl zu diesem Ermessen EuGH, Rs. C-233/00 (Kommission/Frankreich), Slg 2003, I-6625 Rn 38; EuGH, Rs. C-383/00 (Kommission/Deutschland), Slg 2002, I-3217). Gleichwohl ist dieses Ermessen nicht unbegrenzt, sondern kann sich im Einzelfall im Hinblick auf die in Art. 17 Abs. 1 EUV niedergelegte Kontrollverpflichtung der Kommission zu einer Rechtspflicht verdichten. Umgekehrt kann ein Mitgliedstaat die Erhebung der Klage nicht unter Hinweis auf die Grundsätze des Vertrauensschutzes (kein schutzwürdiges Vertrauen darauf, dass wegen der Beendigung der Vertragsverletzung nach Ablauf der Frist in der mit Gründen versehenen Stellungnahme keine Klage erhoben wird) oder der loyalen Zusammenarbeit (unbeachtlich ist, dass die Kommission die Klage nicht gleich nach Ablauf der in der begründeten Stellungnahme gesetzten Frist erhoben hat) verhindern bzw als unzulässig rügen (EuGH, Rs. C-523/04 (Kommission/Niederlande), Slg 2007, I-3267 Rn 28). In jedem Fall hat sich die Kommission für ihre Entscheidungen politisch gegenüber dem Europäischen Parlament zu verantworten. Einen Schadensersatzanspruch kann die Entscheidung der Kommission, ein Vertragsverletzungsverfahren *nicht* einzuleiten, jedoch nicht auslösen; die Verantwortung für Schäden wegen Nichtbeachtung des EU-Rechts liegt im haftungsrechtlichen Sinn allein beim betreffenden Mitgliedstaat.

c) Klageverfahren

70 Über die Erhebung einer Klage beim EuGH entscheidet die Kommission als Kollegium (vgl dazu EuGH, Rs. C-191/95 (Kommission/Deutschland), Slg 1998, I-5449 Rn 27-51). Das Klageverfahren selbst wird durch Einreichung einer Klageschrift beim EuGH eröffnet. Dies soll entsprechend den intern von der Kommission festgelegten Verfahrensregeln innerhalb einer Frist von 30 Tagen nach Beschlussfassung über die Anrufung des EuGH geschehen. Die **Klageschrift** muss den Streitgegenstand und eine kurze Darstellung der Klagegründe enthalten (Art. 38 § 1 VerfO/EuGH; dazu EuGH, Rs. C-463/00 (Kommission/Spanien), Slg 2003, I-4581). Diese Angaben müssen so klar und deutlich sein, dass sie dem beklagten Mitgliedstaat die Vorbereitung seines Verteidigungsvorbringens und dem EuGH die Wahrnehmung seiner Kontrollaufgabe ermöglichen; insbeson-

dere müssen die Anträge der Klageschrift so eindeutig formuliert sein, dass der EuGH nicht ultra petita entscheidet oder eine Rüge übergeht (EuGH, Rs. C-195/04 (Kommission/Finnland), Slg 2007, I-3351 Rn 22; EuGH, Rs. C-199/04 (Kommission/Vereinigtes Königreich), Slg 2007, I-1221 Rn 21-25, wo in beiden Fällen diese Anforderungen als nicht erfüllt angesehen wurden). Die Klageschrift muss sich darüber hinaus im Hinblick auf das Anhörungsrecht des betroffenen Mitgliedstaates grundsätzlich auf dieselben Gründe und Angriffsmittel beschränken, die bereits Gegenstand des Vorverfahrens gewesen sind; der im vorprozessualen Verfahren eingegrenzte Streitgegenstand darf folglich mit den Anträgen in der Klageschrift der Kommission nicht mehr erweitert werden (EuGH, Rs. C-156/04 (Kommission/Griechenland), Slg 2007, I-4129 Rn 66 mwN aus der Rspr). Allerdings ist es der Kommission nicht verwehrt, in der Klageschrift ihre ursprünglichen Rügen zu präzisieren (EuGH, Rs. C-195/04 (Kommission/Finnland), Slg 2007, I-3351 Rn 18; EuGH, Rs. C-433/03 (Kommission/Deutschland), Slg 2005, I-6985 Rn 28) oder Umstände zu beanstanden, die zeitlich nach Abgabe der mit Gründen versehenen Stellungnahme liegen, sofern diese Umstände von derselben Art sind wie die, die in dieser Stellungnahme erwähnt waren und die demselben Verhalten zugrunde liegen (EuGH, Rs. C-221/04 (Kommission/Spanien), Slg 2006, I-4515 Rn 28).

Im Rahmen des Klageverfahrens ist es Aufgabe der Kommission, das Vorliegen der behaupteten Vertragsverletzung **nachzuweisen** (EuGH, Rs. C-490/04 (Kommission/Deutschland), Slg 2007, I-6095 Rn 48). Sie muss dem EuGH die erforderlichen Anhaltspunkte liefern, die es diesem ermöglichen, das Vorliegen der Vertragsverletzung zu prüfen (EuGH, Rs. C-341/02 (Kommission/Deutschland), Slg 2005, I-2733 Rn 35). Dazu kann sie auf alle herkömmlichen Beweismittel zurückgreifen; bloße Vermutungen genügen grundsätzlich nicht (EuGH, Rs. C-221/04 (Kommission/Spanien), Slg 2006, I-4515 Rn 41 mwN). Die Folgen mangelnder Beweisführung trägt die Kommission (EuGH, Rs. C-244/89 (Kommission/Frankreich), Slg 1990, I-186). 71

Die Frage nach dem Vorliegen eines besonderen **Rechtsschutz- oder Verfolgungsinteresses** auf Seiten der Kommission stellt sich nur für die Fälle, in denen die Vertragsverletzung nach Ablauf der in der mit Gründen versehenen Stellungnahme gesetzten Frist vollständig und endgültig beseitigt worden ist. Das Interesse an der Fortsetzung des Verfahrens wird vom EuGH großzügig behandelt und beschränkt sich nicht nur auf die Gefahr der Wiederholung des Vertragsverstoßes oder die Bedeutung der im Rahmen des Verfahrens zu lösenden Rechtsfrage für das Funktionieren der EU, sondern erstreckt sich nach st. Rechtsprechung des EuGH auch darauf, dass die Grundlage für eine Haftung geschaffen werden kann, die einen Mitgliedstaat infolge seiner Vertragsverletzung gegenüber einem anderen Mitgliedstaat, der EU oder Einzelnen treffen kann (EuGH, Rs. C-166/00 (Kommission/Griechenland), Slg 2001, I-9835; EuGH, Rs. C-207/00 (Kommission/Italien), Slg 2001, I-4571). 72

Bei Vertragsverstößen, die sich besonders nachteilig auf das Funktionieren des Binnenmarktes oder die Rechtsstellung eines großen Personenkreises auswirken und deren Folgen nicht oder nur schwer wieder gut gemacht werden können, erweisen sich die Mehrstufigkeit des Vertragsverletzungsverfahrens und die dadurch bedingte lange Verfahrensdauer (Vorverfahren: ca. 12-18 Monate; Klageverfahren ca. 17 Monate) als schwerwiegendes Hindernis für die Herstellung eines unionsrechtskonformen Zustandes. Die Kommission hat deshalb für Verstoßverfahren mit besonderer Dringlichkeit ein **beschleunigtes Verfahren** eingeführt. Dieses verkürzt sowohl die internen (gegenüber den eigenen Dienststellen geltenden) wie die externen (gegenüber den Mitgliedstaaten geltenden) Fristen. Auch verzichtet die Kommission in diesen Fällen im Klageverfahren auf die Einreichung einer Erwiderung auf die Klagebeantwortung des Mitgliedstaates. Nach Anrufung des EuGH besteht darüber hinaus die Möglichkeit für die Kommission, auf der Grundlage des Art. 279 AEUV einen Antrag auf Aussetzung der inkriminierten nationalen Maßnahme zu stellen (vgl dazu EuGH, Rs. C-120/94R (Kommission/Griechenland), Slg 1994, I-3037). Im Hinblick auf die Tragweite des mit der Aussetzung verbundenen Eingriffs in die nationale Rechtsordnung prüft der EuGH in diesem Verfahren sehr eingehend, ob eine besondere Eilbe- 73 dürftigkeit besteht und ob die Aussetzung der nationalen Maßnahme tatsächlich zur Abwendung nicht wiedergutzumachender und schwerer Schäden dringend erforderlich ist.

d) Urteil und Verpflichtung zur Beseitigung des Vertragsverstoßes

74 Gelingt es der Kommission, den EuGH von dem Vorliegen einer Vertragsverletzung zu überzeugen, wird in einem der Klage stattgebenden Urteil durch den EuGH festgestellt, dass der betreffende Mitgliedstaat gegen seine Verpflichtungen aus dem EU-Recht verstoßen hat. Dieses **Feststellungsurteil** hebt weder die vertragswidrige Maßnahme selbst auf, noch schreibt es dem vertragsbrüchigen Mitgliedstaat die zur Beseitigung des unionsrechtswidrigen Zustandes erforderlichen Maßnahmen verbindlich vor.

75 Die Verpflichtung des verurteilten Mitgliedstaates zur Beseitigung des Vertragsverstoßes folgt aus Art. 260 AEUV, wonach dieser Mitgliedstaat die sich aus dem Urteil des Gerichtshofes ergebenden Maßnahmen zu ergreifen hat. Diese **Pflicht zur Durchführung des Urteils** kann entweder in einer Abänderungspflicht hinsichtlich der für vertragswidrig erklärten nationalen Rechtsvorschriften oder administrativen Maßnahmen bestehen oder aber in einer Ausführungspflicht der nationalen Organe, entsprechend dem Urteilstenor zu handeln (vgl EuGH, Rs. 316/81 und Rs. 83/82 (Waterkeyn), Slg 1982, 4337 Rn 14; EuGH, Rs. 24 und Rs. 97/80 (Kommission/Frankreich), Slg 1980, 1319 Rn 16; EuGH, Rs. 131/84 (Kommission/Italien), Slg 1985, 3531 Rn 4). Darüber hinaus kann auch die Verpflichtung bestehen, für Schäden, die dem Einzelnen durch die dem Mitgliedstaat zuzurechnende Verletzung des EU-Rechts entstanden sind, aufzukommen. Diese Schadensersatzpflicht für Verletzungen des EU-Rechts ist umfassend und erstreckt sich nicht nur auf Verletzungen in Form der fehlerhaften oder nicht fristgerechten Umsetzung von Richtlinien, sondern erfasst jede dem Staat zurechenbare Verletzung des EU-Rechts (st. Rspr seit EuGH, Rs. C-46/93 (Brasserie dû Pêcheur) und C-48/93 (Factortame), Slg 1996, I-1029; Einzelheiten dazu unter V.).

76 **Adressat** dieser Verpflichtung ist deshalb nicht nur die am Verfahren beteiligte Regierung des betreffenden Mitgliedstaates, sondern erfasst werden alle Organe, die in ihrem jeweiligen Zuständigkeitsbereich die Durchführung des Urteils zu gewährleisten haben. Der Gesetzgeber ist danach verpflichtet, die beanstandete Vorschrift aufzuheben oder abzuändern. Die Verwaltungsbehörden sind gehalten, diese Vorschrift ab Erlass des Urteils nicht mehr anzuwenden. Die Gerichte schließlich sind verpflichtet, zugunsten einzelner Rechtsunterworfener die notwendigen Schlussfolgerungen aus dem Urteil zu ziehen. Dies kann im Falle unmittelbar anwendbarer EU-Rechtsnormen bedeuten, dass die Gerichte eine Gesetzesvorschrift noch vor ihrer Änderung durch den Gesetzgeber außer Anwendung zu lassen haben und ggf weitere Ansprüche (zB Schadensersatz) auf das Urteil des EuGH gründen können. Fehlt es der verletzten EU-Rechtsnorm an der notwendigen unmittelbaren Wirkung, müssen die nationalen Gerichte versuchen, das anwendbare nationale Recht unionsrechtskonform auszulegen (EuGH, verb. Rs. C-397/01 bis C-403/01, (Pfeiffer u.a.), Slg 2004 I-8835; Rs. C-456/98 (Centrosteel), Slg 2000, I-6007; Rs. C-244/98 (Océano Groupo Editorial), Slg 2000, I-4941; Rs. C-71/94 (Enrim-Pharm), Slg 1996, I-3603; Rs. C-91/92 (Faccini Dori), Slg 1994, I-3225; Rs. C-106/89 (Marleasing), Slg 1990, I-4135; Rs. 14/83 (von Colson und Kamann), Slg 1984, 1891/1908; aus der deutschen Rechtsprechung vgl BGH, EuZW 1998, 474).

77 Eine **Frist für die Befolgung** des Urteils ist in Art. 260 AEUV nicht vorgesehen und kann auch nicht durch das Urteil selbst angeordnet werden. Allerdings hat der EuGH bereits mehrfach hervorgehoben, dass das EU-Interesse an der sofortigen und einheitlichen Anwendung des EU-Rechts verlangt, dass die erforderlichen Maßnahmen unverzüglich einzuleiten und schnellstens durchzuführen sind (EuGH, Rs. C-278/01 (Kommission/Spanien), Slg 2003 I-14141; Rs. C-387/97 (Kommission/Griechenland), Slg 2000, I-5047 Rn 82).

e) Sanktionen bei Nichtbeachtung des Urteils des EuGH

Die aus dem (Erst-)Urteil des EuGH erwachsenden **Verpflichtungen sind nicht zwangsweise** 78 durchzusetzen. Hat der betreffende Mitgliedstaat die sich aus dem Urteil des EuGH ergebenden Maßnahmen nicht ergriffen, kann aber die Kommission, abgesehen von politischen Einwirkungsmöglichkeiten im Rat, der Mobilisierung der öffentlichen Meinung, insb. die Befassung des Europäischen Parlaments oder der nationalen Parlamente, der Herausgabe von Presseverlautbarungen sowie der Aufnahme von direkten Kontakten mit der Regierung oder des zuständigen Fachministers des betreffenden Mitgliedstaates, gem. Art. 260 Abs. 2 AEUV den EuGH erneut anrufen, und dieses Mal auch die **Verhängung einer Sanktion** vorsehen. Konkret beantragt die Kommission in diesem Zweitverfahren die Feststellung, dass der betreffende Mitgliedstaat die sich aus dem (Erst-)Urteil des EuGH ergebenden Maßnahmen nicht getroffen und damit gegen seine Verpflichtung aus Art. 260 Abs. 1 AEUV verstoßen hat, und verbindet diesen Feststellungsantrag mit einem Sanktionsantrag, in dem die Kommission die Höhe des von dem betreffenden Mitgliedstaat zu zahlenden Pauschalbetrags oder Zwangsgelds benennt, die sie den Umständen nach für angemessen hält.

Dieses Verfahren ist mit dem **Vertrag von Lissabon erheblich vereinfacht** und damit verkürzt 79 worden. Verzichtet wird nunmehr auf das Erfordernis der Abgabe einer mit Gründen versehenen Stellungnahme durch die Kommission vor Klageerhebung; es genügt, dass die Kommission dem betreffenden Mitgliedstaat vor Klageerhebung Gelegenheit zur Äußerung gibt. Auch in diesem Verfahren verfügt die Kommission über ein Ermessen, ob sie den EuGH anruft. Entscheidet sie sich aber für eine Klageerhebung, so muss sie sich zur Sanktion und deren Höhe äußern. Dies bedeutet jedoch nicht, dass die Kommission in allen Fällen die Verhängung einer Sanktion beantragen muss. Wenn die Umstände es rechtfertigen (minder schwerer Verstoß, geringe Wahrscheinlichkeit eines neuen Verstoßes), kann die Kommission von einem derartigen Antrag absehen, muss diese Entscheidung allerdings begründen.

Als **Sanktionsmittel** stehen der **Pauschalbetrag** und das **Zwangsgeld** zur Verfügung. Beide Maß- 80 nahmen dienen demselben Zweck, nämlich einen säumigen Mitgliedstaat zu veranlassen, ein Vertragsverletzungsurteil durchzuführen, und dienen damit der wirksamen Anwendung des EU-Rechts. Das **Zwangsgeld** besteht aus der Summe der Tagessätze, die ein Mitgliedstaat zu zahlen hat, wenn er einem Urteil des EuGH nicht nachkommt. Es wird fällig mit dem Tag, an dem das zweite Urteil des EuGH dem betreffenden Mitgliedstaat zur Kenntnis gebracht wird, und entfällt erst am Tage der Beendigung des Vertragsverstoßes. Mit dem **Pauschalbetrag** wird die nach dem ersten Urteil des EuGH anhaltende Vertragsverletzung, soweit sie einen schweren und strukturellen Charakter aufweist, sanktioniert. Dem Mitgliedstaat soll bei gerichtlich festgestellten Vertragsverletzungen von einigem Gewicht jeder Anreiz genommen werden, mit der Beseitigung des Vertragsverstoßes bis zum Erlass des zweiten Urteils zuzuwarten. Der Pauschalbetrag besteht dabei wie das Zwangsgeld aus der Summe der Tagessätze, die für einen bestimmten Zeitraum in der Vergangenheit zu zahlen gewesen wären.

Aus Gründen der **Transparenz**, der **Vorhersehbarkeit** und der **Rechtssicherheit** im Hinblick auf 81 die Anwendung des damaligen Art. 228 Abs. 2 EG (heute Art. 260 Abs. 2 AEUV) hatte die Kommission bereits in zwei Mitteilungen aus den Jahren 1996 und 1997 (Mitteilung 96/C 242/09 über die Anwendung von Art. 228 EG, ABl. (EG) 1996 C 242/6; Mitteilung 97/C 63/02 über das Verfahren für die Berechnung des Zwangsgeldes nach Art. 228 EG, ABl. (EG) 1997 C 63/2) die Kriterien bekannt gegeben, an denen sie sich bei der Beantragung einer Sanktion orientiert. Diese Mitteilungen sind im Jahre 2005 durch eine neue Mitteilung der Kommission ersetzt worden, die vor allem den inzwischen vollzogenen Beitritt von weiteren zehn Mitgliedstaaten Rechnung getragen hat (SEK [2005] 1658) und kürzlich ihrerseits durch die Mitteilung über die Anwendung von Art. 260 AEUV ergänzt und aktualisiert wurde (SEK (2010) 923/3).

Folgende, vom EuGH bestätigte (vgl EuGH, Rs. C-304/02 (Kommission/Frankreich), Slg 2005, I-6263; Rs. C-278/01 (Kommission/Spanien), Slg 2003, I-14141; Rs. C-387/97 (Kommission/ Griechenland), Slg 2000, I-5047 Rn 84-93) allgemeine Aussagen zur Berechnung von Zwangsgeld und Pauschalbetrag lassen sich aus dieser Mitteilung ableiten:

82 Die **Berechnung der Höhe eines Tagessatzes** für das Zwangsgeld erfolgt im Wege der Multiplizierung von vier verschiedenen Elementen, die seit der Mitteilung über die Anwendung von Art. 260 AEUV (SEK (2010) 923/3) jährlich aktualisiert werden (zuletzt durch Mitteilung v. 1.9.2011 (SEK (2011) 1024 endg.):

(1) dem einheitlichen Grundbetrag, der sich zurzeit auf 630 EUR für jeden Tag, an dem der betreffende Mitgliedstaat dem Urteil des EuGH nicht Folge geleistet hat, beläuft. Dieser einheitliche Grundbetrag dient zur Ahndung von Verstößen gegen das Legalitätsprinzip und der Missachtung des Rechtsprechungsmonopols des EuGH;

(2) dem „Schwere-Koeffizienten", der zwischen 1 und 20 liegen kann und auf den einheitlichen Grundbetrag angewendet wird. Die Festlegung des anzuwendenden Koeffizienten erfolgt im Einzelfall unter Berücksichtigung der Bedeutung der Rechtsvorschrift, deren Verletzung der EuGH im ersten Urteil festgestellt hat, sowie der Folgen des Verstoßes für das Gemeinwohl und der Interessen Einzelner;

(3) dem „Dauer-Koeffizienten", der zwischen 1 und 3 liegen kann und ebenfalls auf den einheitlichen Grundbetrag angewendet wird. Abgestellt wird hierbei auf die Dauer des Vertragsverstoßes ab dem 2. Urteil des EuGH, wobei ab der Verkündung des Urteils pro Monat 0,10 in Ansatz gebracht werden;

(4) dem „Belastungs-Koeffizienten", der die jeweilige Wirtschaftskraft der Mitgliedstaaten, gemessen an dem jeweiligen Brutto-Inlands-Produkt, sowie die Stimmengewichtung im Rat berücksichtigt und für jeden Mitgliedstaat wie folgt festgelegt worden ist: Belgien (5,17), Bulgarien (1,51), Tschechische Republik (3,29), Dänemark (3,20), Deutschland (21,37), Estland (0,60), Griechenland (4,30), Spanien (13,67), Frankreich (19,06), Irland (2,71), Italien (17,01), Zypern (0,67), Lettland (0,70), Litauen (1,10), Luxemburg (1,00), Ungarn (2,71), Malta (0,34), Niederlande (6,99), Österreich (4,24), Polen (7,42), Portugal (3,46), Rumänien (3,29), Slowenien (0,96), Slowakei (1,70), Finnland (2,81), Schweden (4,37) und Vereinigtes Königreich (17,28).

Die Berechnung des Tagessatzes erfolgt nach folgender Gesamtformel:

$Tz = (G \times Sk \times Dk) \times n$

Dabei ist Tz der Tagessatz des Zwangsgeldes, G der Grundbetrag, Sk der Schwerkoeffizient, Dk der Dauerkoeffizient und n der Belastungskoeffizient des betreffenden Mitgliedstaats. In Euro-Beträgen ausgedrückt kann diese Berechnungsmethode für Deutschland und Österreich zur Verhängung folgender minimaler und maximaler Tagessätze führen: Deutschland: 13.463, 10 EUR bis 807.786 EUR und Österreich: 2.671,20 EUR bis 160.272 EUR.

83 Die **Berechnung des Pauschalbetrags** besteht aus zwei Komponenten:

(1) einem für jeden Mitgliedstaat festgelegten festen Mindestpauschalbetrag, der anhand des Belastungskoeffizienten „n" bestimmt wird: Dieser feste Mindestbetrag trägt dem Grundsatz Rechnung, dass jede fortdauernde Missachtung eines Urteils des EuGH durch einen Mitgliedstaat unabhängig von erschwerenden Umständen gleich welcher Art in einer Rechtsgemeinschaft schon an sich einen Verstoß gegen das Legalitätsprinzip darstellt, der mit einer echten Sanktion geahndet werden muss. Darüber hinaus wird mit dem festen Mindestbetrag vermieden, dass rein symbolische Beträge ohne jeden abschreckenden Charakter genannt werden, die die Autorität der Urteile des EuGH eher schwächen als stärken würden. Der Mindestpauschalbetrag beträgt in Euro ausgedrückt zurzeit für die einzelnen Mitgliedstaat: Belgien (2.691.000), Bulgarien (787.000), Tschechische Republik (1.711.000), Dänemark (1.664.000), Deutschland (11.120.000), Estland

(314.000), Griechenland (2.240.000), Spanien (7.115.000), Frankreich (9.919.000), Irland (1.410.000), Italien (8.854.000), Zypern (347.000), Lettland (362.000), Litauen (575.000), Luxemburg (520.000), Ungarn (1.408.000), Malta (177.000), Niederlande (3.637.000), Österreich (2.209.000), Polen (3.860.000), Portugal (1.897.000), Rumänien (1.710.000), Slowenien (502.000), Slowakei (886.000), Finnland (1.460.000), Schweden (2.275.000) und Vereinigtes Königreich (8.992.000).

(2) einem Berechnungsmodus, bei dem ein Tagessatz weitgehend entsprechend der Methode zur Berechnung des Zwangsgeldes mit der Anzahl der Tage, an denen die Zuwiderhandlung nicht abgestellt ist, multipliziert wird; diese Berechnung kommt zur Anwendung, wenn sich aus ihr ein höherer Betrag als der Mindestpauschalbetrag ergibt.

Ob die eine oder die andere dieser beiden Maßnahmen angewandt wird, hängt von ihrer **Eignung zur Erfüllung des verfolgten Zweckes** nach Maßgabe der Umstände des konkreten Falles ab. Während die Verhängung eines Zwangsgelds besonders geeignet erscheint, um einen Mitgliedstaat zu veranlassen, eine Vertragsverletzung, die ohne eine solche Maßnahme die Tendenz hätte, sich fortzusetzen, so schnell wie möglich abzustellen, beruht die Verhängung eines Pauschalbetrags mehr auf der Beurteilung der Folgen einer Nichterfüllung der Verpflichtungen des betreffenden Mitgliedstaates für die privaten und öffentlichen Interessen, insbesondere wenn die Vertragsverletzung seit dem Urteil, mit dem sie ursprünglich festgestellt wurde, lange Zeit fortbestanden hat. 84

Um eine schnellstmögliche Pflichterfüllung durch den Mitgliedstaat nach dem zweiten Urteil herbeizuführen, greift die Kommission in der Regel auf das Zwangsgeld zurück. Bei diesem Ansatz ist es unvermeidbar, dass ein Mitgliedstaat bis zum Zeitpunkt der Verhängung des Zwangsgelds durch den EuGH im zweiten Urteil gefahrlos mit dem Verstoß gegen das EU-Recht fortfahren kann. Um einem solchen Unterlaufen des EU-Rechts entgegenzuwirken, setzt die Kommission in ihrer Praxis als Präventivmittel neben dem Zwangsgeld auch den Pauschalbetrag ein. Diese Praxis der **kumulativen Anwendung von Zwangsgeld und Pauschalbetrag** ist vom EuGH bestätigt worden, insbesondere für diejenigen Fälle, in denen die Vertragsverletzung sowohl von langer Dauer war als auch die Tendenz hat, sich fortzusetzen (EuGH, Rs. C-304/02 (Kommission/Frankreich), Slg 2005, I-6263 Rn 82). Dem Einwand, dass in Art. 260 Abs. 2 die Konjunktion „oder" zwischen den möglichen finanziellen Sanktionen verwendet wird, hat der EuGH entgegengehalten, dass diese Konjunktion in sprachlicher Hinsicht sowohl alternative als auch kumulative Bedeutung haben kann und deshalb in dem Zusammenhang gesehen werden müsse, in dem sie verwendet wird; im Hinblick auf den mit Art. 260 AEUV verfolgten Zweck ist die Verwendung der Konjunktion „oder" nur in einem kumulativen Sinne zu verstehen. Auch den weiteren Einwand, dass bei der kumulativen Verhängung eines Zwangsgelds und eines Pauschalbetrags derselbe Vertragsverletzungszeitraum zweimal berücksichtigt würde und damit ein Verstoß gegen den Grundsatz „ne bis in idem" vorläge, hat der EuGH zurückgewiesen. Da jede Sanktion ihre eigene Funktion hat, sei sie so zu bestimmen, dass diese Funktion erfüllt wird. Folglich werde im Fall einer gleichzeitigen Verurteilung zur Zahlung eines Zwangsgelds und eines Pauschalbetrags die Dauer der Vertragsverletzung als ein Kriterium unter anderen für die Bestimmung des angemessenen Maßes von Zwang und Abschreckung herangezogen (EuGH, ebd., Rn 84). 85

Die **letzte Entscheidung** über die zu verhängende Sanktion liegt beim **EuGH**; die Vorschläge der Kommission können den EuGH nicht binden, sondern stellen nur einen nützlichen Bezugspunkt dar (EuGH, Rs. C-387/97 (Kommission/Griechenland), Slg 2000, I-5047 Rn 42). Dies verstößt nicht gegen den allgemeinen zivilprozessualen Grundsatz, wonach das Gericht nicht über Anträge der Parteien hinausgehen darf; das in Art. 260 Abs. 2 AEUV vorgesehene Verfahren ist ein besonderes Verfahren des EU-Rechts, das nicht einem Zivilverfahren gleichgestellt werden kann. Die Verurteilung zur Zahlung eines Zwangsgelds und/oder eines Pauschalbetrags zielt nicht auf den Ausgleich irgendeines von dem betreffenden Mitgliedstaat verursachten Schadens ab, sondern soll auf diesen Mitgliedstaat wirtschaftlichen Zwang ausüben, der ihn dazu veranlasst, die fest- 86 gestellte Vertragsverletzung abzustellen (EuGH, Rs. C-304/02 (Kommission/Frankreich), Slg 2005, I-6263 Rn 91). Bei der Ausübung seines Ermessens hat der EuGH das Zwangsgeld/den Pauschalbetrag so festzusetzen, dass sie den Umständen angepasst sind und in einem angemessenen Verhältnis zur festgestellten Vertragsverletzung und zur Zahlungsfähigkeit des betreffenden Mitgliedstaates stehen (EuGH, Rs. C-304/02 (Kommission/Frankreich), Slg 2005, I-6263 Rn 103; Rs. C-278/01 (Kommission/Spanien), Slg 2003, I-14141; Rs. C-387/97 (Kommission/Griechenland), Slg 2000, I-5047).

87 Nicht zuletzt unter dem Eindruck, dass nahezu 75 % aller Vertragsverletzungsverfahren die **Nicht- oder Schlechtumsetzung von Richtlinien** betrifft, wurde mit dem Vertrag von Lissabon die Möglichkeit vorgesehen, dass die Kommission bereits im **Erstverfahren** der Vertragsverletzung nach Art. 258 AEUV eine **Sanktion** in Form eines Pauschalbetrags oder Zwangsgelds, die sie den Umständen nach für angemessen hält, vorsieht. Anders als im Zweitverfahren nach Art. 260 Abs. 2 AEUV, wo sich die Kommission bei Klageerhebung zur Sanktion äußern muss, steht die Beantragung einer Sanktion in diesem Verfahren ganz im Ermessen der Kommission. Auf eine Sanktion im Erstverfahren betreffend die Umsetzung von Richtlinien kann die Kommission zurückgreifen, wenn sie es für zweckmäßig hält.

88 Diese Formulierung ist so zu verstehen, dass der Kommission ein breiter Ermessensspielraum eingeräumt wird, vergleichbar mit der Ermessensbefugnis, ein Vertragsverletzungsverfahren iSv Art. 258 AEUV einzuleiten. In ihrer Mitteilung zur Anwendung von Art. 260 Abs. 3 AEUV (ABl. 2011 C 12/1) hat die Kommission im Einzelnen dargelegt, wie sie ihre weite Ermessensbefugnis in Zukunft auszuüben gedenkt. Zunächst hält es die Kommission für notwendig, das neue Instrument grundsätzlich in allen Rechtssachen zur Anwendung zu bringen, in denen es um Verstöße gegen die Umsetzungspflicht von gem. dem ordentlichen oder einem besonderen Gesetzgebungsverfahren erlassenen Richtlinien geht. Auf die fristgerechte Umsetzung durch die Mitgliedstaaten ist bei allen legislativen RLen in gleichem Maße zu achten, ohne dass von vornherein zwischen ihnen zu unterscheiden wäre. Deshalb will die Kommission von einem Antrag auf Sanktionen nur in besonders gelagerten Ausnahmefällen, in denen ein Antrag auf Sanktionen gem. Art. 260 Abs. 3 AEUV unangemessen erschiene, keinen Gebrauch machen. Bei der Nichtumsetzung von nicht in einem Gesetzgebungsverfahren erlassenen Richtlinien ist ein Rückgriff auf Art. 260 Abs. 3 AEUV hingegen nicht möglich. In diesem Fall muss die Kommission den Gerichtshof weiterhin zunächst im Verfahren nach Art. 258 AEUV anrufen, auf das im Falle der Nichtumsetzung eines Urteils eine zweite Anrufung des Gerichtshofs gem. Art. 260 Abs. 2 AEUV folgt.

89 Der in Art. 260 Abs. 3 AEUV genannte Verstoß kann sowohl darin bestehen, dass Maßnahmen zur Umsetzung einer Richtlinie überhaupt nicht gemeldet werden, als auch darin, dass eine Meldung von Umsetzungsmaßnahmen unvollständig ist. Letzteres ist dann der Fall, wenn sich die mitgeteilten Umsetzungsmaßnahmen nicht auf das ganze Hoheitsgebiet des Mitgliedstaats erstrecken oder wenn sie sich nur auf einen Teil der Richtlinie beziehen. Hat der Mitgliedstaat alle notwendigen Angaben zu der nach seiner Auffassung vollständigen Umsetzung der Richtlinie mitgeteilt, kann sich die Kommission auf den Standpunkt stellen, dass der Mitgliedstaat nicht gegen seine Verpflichtung zur Mitteilung der Umsetzungsmaßnahmen verstoßen hat. Art. 260 Abs. 3 AEUV ist in diesem Fall nicht anwendbar. Etwaige Meinungsverschiedenheiten darüber, ob die mitgeteilten Umsetzungsmaßnahmen oder die bestehenden innerstaatlichen Rechtsvorschriften ausreichend sind, sind im Verfahren nach Art. 258 AEUV über die ordnungsgemäße Umsetzung der Richtlinie zu klären. Damit trägt die Kommission dem objektiven Charakter des Vertragsverletzungsverfahrens Rechnung und schließt von sich aus die Anwendung des neuen Sanktionsmechanismus bei Meinungsverschiedenheiten über die richtige Umsetzung aus (so schon die Forderung von *Everling*, EuR Beiheft 1/2009, 71; *Thiele*, EuR 2010, 30, 35).

f) Anlage: Formblatt für Beschwerden

Beschwerde bei der Europäischen Kommission wegen Nichteinhaltung der Rechtsvorschriften der Europäischen Union 90

(1) Name der sich beschwerenden Person/Firma: (Die Kommission verpflichtet sich, den Grundsatz der Vertraulichkeit bei der Bearbeitung dieses Falles zu wahren.)

(2) Staatsangehörigkeit:

(3) Anschrift oder Firmensitz:

(4) Tätigkeitsbereich:

(5) Mitgliedstaat, Betrieb oder Einrichtung, der bzw die die Rechtsvorschriften der Union nicht eingehalten hat:

(6) Beanstandete Tatsache und eventuell sich daraus ergebende Nachteile:

(7) Bei nationalen oder gemeinschaftlichen Stellen bereits unternommene Schritte:

- behördliche Schritte:

- etwaige gerichtliche Schritte:

(8) Unterlagen und Beweisstücke zur Begründung der Beschwerde:

Anmerkungen auf der Rückseite

Die Kommission ist als Hüterin der Verträge verpflichtet, für die korrekte Anwendung der Verträge und der von den Unionsorganen erlassenen Rechtsakte zu sorgen.

Jede natürliche oder juristische Person kann wegen Praktiken oder Maßnahmen, die ihres Erachtens einer Unionsvorschrift zuwiderlaufen, bei der Kommission Beschwerde einlegen.

Die Beschwerde kann mittels dieses Formulars eingereicht und entweder direkt an die Kommission in Brüssel (Europäische Kommission, Rue de la Loi 200, B-1049 Brüssel) gerichtet oder in einem Presse- und Informationsbüro der Kommission abgegeben werden.

Für den Beschwerdeführer sind folgende Verfahrensgarantien vorgesehen:

- *Unmittelbar nach Eingang der Beschwerde wird ihm eine Empfangsbestätigung zugesandt.*
- *Der Beschwerdeführer wird über den weiteren Verlauf des Verfahrens unterrichtet, insbesondere über die bei den betreffenden nationalen Behörden und Unternehmen unternommenen Schritte.*
- *Der Beschwerdeführer wird von jedem Verstoßverfahren, das die Kommission aufgrund der Beschwerde gegen einen Mitgliedstaat einleitet, sowie von den Verfahren, die sie gegen einen Mitgliedstaat einleitet, in Kenntnis gesetzt. Gegebenenfalls wird er auch über jene Verfahren unterrichtet, die im Zusammenhang mit dem Grund der Beschwerde bereits eingeleitet worden sind.*

IV. Verfahren und Grundsätze der Entscheidungsfindung am EuGH

1. Verfahren vor dem EuGH

Das Verfahren vor dem EuGH wird durch die Satzung und die Verfahrensordnung geregelt, die 91
an die rechtsstaatlichen **Traditionen und Grundsätze der Prozessordnungen der Mitgliedstaaten** anknüpfen. Es gelten u.a. die Grundsätze der Schriftlichkeit, der Öffentlichkeit, der Unmittelbarkeit, der Beweisaufnahme sowie – eingeschränkt – des Vertretungszwangs. In groben Zügen stellt sich das Verfahren vor dem EuGH wie folgt dar:

a) Verfahrenseinleitung

92 Das Vorabentscheidungsverfahren beginnt mit der **Übersendung des Vorlageersuchens**, das in der Regel in Form eines Beschlusses ergeht, unmittelbar durch den vorlegenden Richter oder die Geschäftsstelle des vorlegenden Gerichts an den Kanzler des EuGH. Die Einhaltung besonderer Dienstwege oder die Einschaltung der diplomatischen Vertretungen ist, anders als im internationalen Rechtsverkehr üblich, nicht erforderlich. Die Verfahrenssprache ist die Landessprache des vorlegenden Gerichts.

93 In Vertragsverletzungsverfahren (wie in allen anderen Direktklagen auch) ist eine **Klageschrift** beim EuGH einzureichen, die den in Art. 19 der Satzung/EuGH und Art. 38 §§ 1-6 der VerfO des EuGH niedergelegten Anforderungen genügen muss. Die Klageschrift muss von einem Bevollmächtigten der Kommission (in anderen Direktklagen einem Rechtsanwalt) eingereicht werden. Der genaue Zeitpunkt der Klageerhebung entspricht dem Tag des Eingangs der Klageschrift bei der Kanzlei (Art. 37 § 3 Satz 2 VerfO). Die Verfahrenssprache ist die Landessprache des beklagten Mitgliedstaates.

94 Das Vorabentscheidungsersuchen oder die Klageschrift werden unverzüglich in das **Register der Kanzlei** eingetragen (Art. 16 § 1 VerfO) und mit einem Aktenzeichen versehen, das aus der laufenden Nummer der Rechtssache und der Jahresangabe besteht. Rechtssachen des EuGH werden darüber hinaus mit einem C- (= Cour) und die des Gerichts Erster Instanz mit einem T- (= Tribunal) gekennzeichnet.

95 Eine Mitteilung über jedes Vorabentscheidungsersuchen wird mit den Vorlagefragen sowie den wesentlichen Gründen des Vorlagebeschlusses des nationalen Gerichts im **Amtsblatt der EU (Teil C)** veröffentlicht. Gleiches gilt für die Vertragsverletzungsklagen, die mit den Klageanträgen und einer Zusammenfassung der wichtigsten Klagegründe im Amtsblatt wiedergegeben werden.

b) Ernennung von Berichterstatter und Generalanwalt

96 Nach Eingang des Vorabentscheidungsersuchens oder der Klageschrift weist der Präsident des EuGH die jeweilige Rechtssache zu etwaigen Beweiserhebungen einer **Kammer** zu und bestimmt aus ihrer Mitte den **Berichterstatter** (Art. 9 § 2 VerfO). Die Aufgabe des Berichterstatters besteht in der Ausarbeitung und Formulierung sämtlicher vom EuGH in einer Rechtssache zu erstellenden Schriftstücke (Vorbericht, Sitzungsbericht, Urteil). Bei der Auswahl dieser Kammer und damit auch des Berichterstatters ist der Präsident des EuGH an die in einem internen (unveröffentlichten) Beschluss aufgestellten Kriterien gebunden. Danach soll eine Spezialisierung einzelner Richter nach Möglichkeit verhindert werden, um der Gefahr eines Wissens- und Erkenntnisvorsprungs vorzubeugen, der zu einer personalisierten Rechtsprechung führen könnte, was mit der Rechtsnatur des EuGH als eines Kollegialorgans unvereinbar wäre. Dies bedeutet freilich nicht, dass gleichartige Fälle aus Gründen der Sachnähe demselben Richter als Berichterstatter übertragen werden. Außerdem wird darauf geachtet, dass in einer für einen Mitgliedstaat wichtigen und politisch bedeutsamen Rechtssache zum Berichterstatter nicht der Richter aus diesem Mitgliedstaat bestellt wird, da dieser leicht in den Verdacht der Befangenheit geraten könnte. Gleichwohl ist es sinnvoll, dass dieser Richter Mitglied des entscheidenden Spruchkörpers ist. Der Präsident des EuGH ist aufgrund seiner Funktion und seiner Stellung von den Aufgaben eines Berichterstatters entbunden.

97 Gleichzeitig mit der Ernennung des jeweiligen Berichterstatters bestimmt der Erste Generalanwalt den für die Rechtssache **zuständigen Generalanwalt** (Art. 10 § 2 VerfO). Die Auswahl des Generalanwalts folgt im Wesentlichen nach den für den Berichterstatter geltenden Grundsätzen, wenngleich es hier vor allem bei Vertragsverletzungsverfahren durchaus sinnvoll sein kann, als Generalanwalt den aus dem beklagten Mitgliedstaat zu bestimmen, da dieser am ehesten in der Lage ist, die Bedeutung und Tragweite der inkriminierten nationalen Rechtsvorschriften zu erkennen und zu beschreiben.

c) Schriftliches Verfahren
aa) Ablauf des Verfahrens

Das Vorabentscheidungsverfahren wird **nicht kontradiktorisch** durchgeführt, sondern die am Verfahren Beteiligten erhalten zur gleichen Zeit Gelegenheit, innerhalb einer Frist von zwei Monaten Schriftsätze einzureichen oder schriftliche Erklärungen abzugeben. Beteiligte des Verfahrens sind die Parteien des Ausgangsverfahrens, die Mitgliedstaaten, die Kommission und alle sonstigen EU-Organe, Einrichtungen und sonstigen Stellen der EU, von denen die Handlung, deren Gültigkeit oder Auslegung streitig ist (Art. 23 Satzung/EuGH; Art. 103 § 3 VerfO). Der Vorlagebeschluss wird den Beteiligten grundsätzlich in der Sprache des vorlegenden Gerichts übersandt; lediglich die Mitgliedstaaten erhalten darüber hinaus auch eine Übersetzung in ihrer jeweiligen Landessprache. In der Praxis beteiligt sich die Kommission nach einer Absprache mit dem EuGH an allen Vorabentscheidungsverfahren. Auch die Parteien des Ausgangsverfahrens machen häufig von der Möglichkeit der Stellungnahme Gebrauch, wobei sie sich unter Einschränkung des grundsätzlich bestehenden Anwaltszwangs von allen Personen vertreten lassen können, denen nach dem maßgeblichen nationalen Verfahrensrecht ein Auftreten im Ausgangsverfahren vor dem vorlegenden Gericht gestattet ist. Die Mitgliedstaaten beteiligen sich in aller Regel nur dann, wenn eines ihrer Gerichte vorgelegt hat oder ihre konkreten Interessen, etwa die Geltung nationaler Rechtssätze oder Belange ihrer Staatsbürger, betroffen sind oder wenn allgemein die Stellung der Mitgliedstaaten im Unionssystem berührt wird. Der Rat schließlich äußert sich nur in denjenigen Vorabentscheidungsverfahren, deren Gegenstand ein von ihm erlassener Rechtsakt ist. Die jeweils abgegebenen Stellungnahmen werden den anderen Beteiligten zugestellt. 98

Das Vertragsverletzungsverfahren, für das wie für alle anderen Direktklagen auch, ein **kontradiktorisches Verfahren** vorgesehen ist (vgl Art. 39 ff VerfO), wird mit der Zustellung der Klageschrift der Kommission beim beklagten Mitgliedstaat eröffnet. Dieser hat innerhalb eines Monats nach Zustellung eine Klagebeantwortung einzureichen. Es schließen sich die Erwiderung (Replik) der Kommission und die Gegenerwiderung (Duplik) des betroffenen Mitgliedstaates an. Die Fristen hierfür werden vom Präsidenten des EuGH bestimmt. Darüber hinaus besteht die Möglichkeit, unter Angabe von Gründen und möglichst mit Einverständnis der jeweiligen Gegenpartei eine Fristverlängerung zu beantragen. 99

Dem Vertragsverletzungsverfahren können die übrigen EU-Organe und Mitgliedstaaten beitreten (Art. 93 VerfO). 100

bb) Vorbericht und Sitzungsbericht

Nach Beendigung des schriftlichen Verfahrens und dem Vorliegen der ggf angeforderten Übersetzungen der Prozessakte in die Arbeitssprache des EuGH (Französisch) legt der Berichterstatter einen **Vorbericht** vor, in welchem er dem Gerichtshof seine Vorschläge über die weitere Gestaltung des Verfahrensablaufs unterbreitet. Zu diesem Zweck fasst der Berichterstatter im Vorbericht zunächst die wesentlichen tatsächlichen und rechtlichen Hintergründe des Falles sowie die Stellungnahmen der Verfahrensbeteiligten bzw die vorgetragenen Argumente der Parteien zusammen. Auf dieser Grundlage äußert er sich dann insbesondere zu den Fragen, an welchen Spruchkörper die Sache verwiesen werden soll und welche prozessleitenden Maßnahmen (zB Fragen an die Parteien, Beweisaufnahme, Einholung von Gutachten, Verbindung mit anderen Rechtssachen, Entscheidung über die Unzulässigkeit der Klage gem. Art. 92 VerfO, Anberaumung der mündlichen Verhandlung) getroffen werden sollen. 101

Im **Sitzungsbericht** fasst der Berichterstatter den Sachverhalt sowie das Vorbringen der Beteiligten (in Vorabentscheidungsverfahren) bzw der Parteien (in Vertragsverletzungsverfahren und sonstigen Direktklagen) aus dem schriftlichen Verfahren zusammen, ohne dabei eigene Wertungen oder Kommentierungen einfließen zu lassen. Der Sitzungsbericht ist von außerordentlicher Bedeutung, da nur die in ihm aufgeführten (Rechts-) Tatsachen dem zu erlassenden Urteil zugrunde 102 gelegt werden können. Im Gegensatz zum Vorbericht ist der Sitzungsbericht deshalb auch öffentlich. Den Beteiligten bzw den Parteien wird er einige Zeit (in der Regel drei Wochen) vor der mündlichen Verhandlung zugestellt. Dies gibt ihnen die Möglichkeit, Änderungen oder Ergänzungen des Sitzungsberichts zu beantragen, denen entsprochen wird, soweit damit keine neuen Angriffs- oder Verteidigungsmittel vorgebracht werden. Am Tage der mündlichen Verhandlung liegt der Sitzungsbericht vor dem Sitzungssaal in der jeweiligen Verfahrenssprache und in der französischen Fassung aus. Zu Beginn jeder mündlichen Verhandlung wird die endgültige Fassung des Sitzungsberichts formell angenommen.

cc) Bestimmung des Spruchkörpers und prozessleitende Entscheidungen

103 Auf der Grundlage des Vorberichts und nach Anhörung des Generalanwalts beschließt der Gerichtshof (EuGH) auf einer wöchentlich stattfindenden „allgemeinen Sitzung" über die **Zuweisung einer Rechtssache an einen bestimmten Spruchkörper** und trifft die weiteren **prozessleitenden Entscheidungen**. Der EuGH besteht gegenwärtig aus 27 Richtern und acht Generalanwälten. Der EuGH kann als Plenum mit 27 Richtern, als Große Kammer mit 13 Richtern oder durch Kammern mit drei oder fünf Richtern entscheiden. Abgesehen von den wenigen, dem Plenum vorbehaltenen Rechtssachen (vgl Art. 16 Satzung/EuGH), tagt der EuGH als Große Kammer, wenn ein Mitgliedstaat oder ein EU-Organ als Partei des Verfahrens dies beantragt, sowie in besonders komplexen oder bedeutsamen Rechtssachen. In den übrigen Rechtssachen obliegt die Entscheidung den Kammern mit drei oder fünf Richtern. Spezialisierte Kammern bestehen nicht. In der Praxis werden einfache Fälle, die eher technischer Natur sind oder in denen bereits eine einschlägige Rechtsprechung besteht, im Regelfall an eine Kammer bestehend aus drei Richtern verwiesen. Rechtssachen mit wirtschaftsrechtlichem Hintergrund, insbesondere aus dem Antidumping- und Beihilferecht, aber auch Vorabentscheidungsersuchen mit sozialrechtlichem Gegenstand gehen üblicherweise an eine Kammer bestehend aus fünf Richtern, es sei denn, es handelt sich um grundlegende Fragestellungen, die eine Rechtsfortbildung durch den EuGH nahe legen oder Anlass für die Revision einer früheren Rechtsprechung sein können (dann: Plenum oder auch Große Kammer) oder es kann auch in diesen Fällen auf eine frühere Rechtsprechung zurückgegriffen werden (dann: Kammer zu drei oder fünf Richtern). Die Rückgabe einer Rechtssache an das Plenum bzw Große Kammer ist zu jedem Zeitpunkt, selbst während der Urteilsberatung, möglich (Art. 95 § 3 VerfO). Dies hat allerdings zur Folge, dass die mündliche Verhandlung vor dem Plenum bzw der Großen Kammer erneut zu eröffnen ist. Die vor Beginn eines Gerichtsjahres getroffenen Beschlüsse über die Wahl der Kammerpräsidenten, über die Besetzung der Kammern und die Kriterien für die Bestimmung der an einer Kammerentscheidung mitwirkenden Richter werden vom EuGH im Amtsblatt C veröffentlicht (zuletzt: ABl. 2011 C 305/2-3).

104 Die Auswahl des Berichterstatters sowie die Bestimmung des Spruchkörpers lässt Bedenken nach der **Vereinbarkeit dieses Verfahrens mit Art. 101 Abs. 1 GG** aufkommen, wonach der jeweilige Richter im voraus allgemein bestimmt sein muss (vgl dazu *Jung*, EuR 1980, 372/377). Obwohl dies beim EuGH nicht wie im deutschen Recht durch Geschäftsverteilungspläne geschieht, erfüllt auch das in der VerfO des EuGH vorgesehene Verfahren der Zuweisung einer Rechtssache an einen Berichterstatter und einen bestimmten Spruchkörper die grundlegenden Anforderungen des Rechts auf den „gesetzlichen Richter". Auch die VerfO des EuGH ist insoweit an dem Gedanken ausgerichtet, vor Willkür und vor Zuweisungen anhand unsachgerechter Kriterien zu schützen. Dazu dient zum einen, dass der Präsident bei der Auswahl der nach Art. 9 § 2 VerfO zuständigen Kammer und damit zugleich des Berichterstatters an die vom EuGH in einem internen Beschluss nach Art. 9 § 3 VerfO aufgestellten Kriterien gebunden ist, dh dass der Präsident insoweit lediglich über ein gebundenes Ermessen verfügt. Zum anderen entscheidet der EuGH im Rahmen des Art. 95 § 1 VerfO mit allen seinen Mitgliedern über den im Einzelfall zu bestimmenden Spruchkörper und dies auch nur insoweit, als das Verfahren nicht zwingend dem Plenum zugewiesen ist. Vor diesem Hintergrund können die Verweisungsregeln der VerfO und die entsprechende Praxis

des EuGH durchaus als mit dem Grundsatz des gesetzlichen Richters vereinbar angesehen werden; gleichwohl wäre eine größere Transparenz in den Zuweisungsfragen am EuGH wünschenswert. Einen ersten Schritt hierzu hat der EuGH mit der Veröffentlichung der Besetzungen der Spruchkörper sowie der „entscheidenden Richter" einer Kammer im Amtsblatt der EU bereits vollzogen. Neben der Bestimmung des Spruchkörpers entscheidet das Plenum auf der Verwaltungssitzung auch über die weiteren vom Berichterstatter im Vorbericht vorgeschlagenen prozessleitenden Maßnahmen. Sofern keine Beweisaufnahme beschlossen wird, und von der Durchführung der mündlichen Verhandlung nicht abgesehen werden soll, kann unverzüglich der Termin für die mündliche Verhandlung vom Präsidenten des EuGH (in Plenumssachen) oder vom jeweiligen Kammerpräsidenten (in Kammersachen) festgesetzt werden.

d) Mündliche Verhandlung

Die mündliche Verhandlung besteht aus **zwei Verfahrensabschnitten**: der Verhandlung der Beteiligten bzw Parteien und den Schlussanträgen des Generalanwalts. 105

aa) Verhandlung der Beteiligten oder Parteien

Das Vorabentscheidungsverfahren umfasst regelmäßig auch eine mündliche Verhandlung (Art. 104 § 4 VerfO). Der EuGH kann jedoch auf der Grundlage des Vorberichts des Berichterstatters und nach Anhörung des Generalanwalts sowie nach Unterrichtung der Beteiligten von der Durchführung der Verhandlung durch die Beteiligten absehen, es sei denn, eine der Parteien oder einer der Beteiligten stellt innerhalb eines Monats nach Mitteilung der Beendigung des schriftlichen Verfahrens einen begründeten Antrag, in dem die Punkte aufgeführt werden, zu denen mündlich vorgetragen werden soll (Art. 44 a, Art. 104 § 4, Art. 120 VerfO). Auch in der mündlichen Verhandlung besteht grundsätzlich **Anwaltszwang** (Art. 58 VerfO), allerdings in Vorabentscheidungssachen mit der Maßgabe, dass alle diejenigen Personen vor dem EuGH auftreten können, die auch für das Verfahren vor dem vorlegenden (nationalen) Gericht nach dessen Verfahrensordnung zugelassen sind (Art. 104 § 2 VerfO). Besteht danach kein Anwaltszwang und können die Parteien in der mündlichen Verhandlung selbst auftreten oder sich von bestimmten Berufsgruppen vertreten lassen (zB Gewerkschaften) so gilt dies auch für das Verfahren vor dem EuGH. 106

In Vertragsverletzungsverfahren verhandeln die Parteien bzw aufgrund des hier ausnahmslos geltenden Anwaltszwangs ihre Bevollmächtigten streitig. Das **persönliche Erscheinen** der Parteien ist grundsätzlich nicht erforderlich, sondern wird im Einzelfall vom EuGH ausdrücklich angeordnet. 107

Die mündlichen Verhandlungen am EuGH sind grundsätzlich **öffentlich**. Lediglich aus wichtigem Grund kann der EuGH von Amts wegen oder auf Antrag die Verhandlung für nichtöffentlich erklären (Art. 26 Satzung/EuGH, Art. 56 § 2 VerfO). Im Interesse der Straffung der Verhandlung bittet der EuGH die Prozessvertreter in einem der Ladung zum mündlichen Termin beigefügten Merkblatt, das Hinweise für das mündliche Verfahren enthält, sich auf „wirklich sachdienliche" mündliche Ausführungen zu beschränken und die Wiederholung ihres schriftlichen Vortrages zu vermeiden. Der Verzicht auf mündliche Ausführungen wird in keinem Fall als Zustimmung zu den mündlichen Erklärungen der Gegenseite oder eines sonstigen Verfahrensbeteiligten angesehen. Zum Abschluss der mündlichen Verhandlung machen Richter und Generalanwalt von ihrem Fragerecht Gebrauch. In der Regel legt auch der Generalanwalt bereits zu diesem Zeitpunkt den Termin für die Abgabe seiner Schlussanträge fest. 108

bb) Schlussanträge

Als Teil der mündlichen Verhandlung (vgl Art. 18 Abs. 4 Satzung/EuGH) hält der Generalanwalt seine **Schlussanträge in öffentlicher Sitzung**. Nur in Ausnahmefällen, dh in rechtlich einfachen Sachen, geschieht dies noch im Termin der mündlichen Verhandlung selbst. In der Regel benötigt 109 der Generalanwalt drei bis sechs Wochen zur Ausarbeitung seiner Schlussanträge, so dass für ihre Verlesung ein gesonderter Termin angesetzt wird. Anders als bei den Richtern ist die Landessprache der Generalanwälte auch ihre Arbeitssprache. Die Schlussanträge werden jeweils in die Verfahrenssprache und ins Französische übersetzt. In seinen Schlussanträgen erstellt der Generalanwalt ein ausführliches Rechtsgutachten über die in dem jeweiligen Verfahren aufgeworfenen Rechtsfragen und unterbreitet dem EuGH einen konkreten Entscheidungsvorschlag, der bereits in der Form eines Urteilstenors abgefasst ist. Der Generalanwalt ist in seiner Tätigkeit unabhängig und nur dem Recht und Gesetz verpflichtet. In dieser Hinsicht ist seine Tätigkeit mit der eines Einzelrichters zu vergleichen. Der EuGH ist allerdings weder an die rechtliche Würdigung noch an den Entscheidungsvorschlag des Generalanwalts gebunden, sondern der jeweilige Spruchkörper ist lediglich verpflichtet, die Schlussanträge seinen Urteilsberatungen zugrunde zu legen. Deshalb ist es auch nicht möglich, von den Schlussanträgen auf das Urteilsergebnis zu schließen. Vor allem in sehr bedeutsamen und schwierigen Rechtssachen weichen die Urteile des EuGH häufig von den Schlussanträgen ab. Eine andere Frage ist, inwieweit bei gleichen Ergebnissen die häufig sehr knappen Urteilsbegründungen durch die ausführlichen Erwägungen in den Schlussanträgen ergänzt werden können oder jedenfalls als Interpretationshilfe eines Urteils herangezogen werden können. Auch wenn Schlussanträge und Urteil streng voneinander zu trennen sind, stellen die Schlussanträge dennoch ein wesentliches Element für die Willensbildung des EuGH in der Beratung dar. Wenn also Schlussanträge und Urteil zu dem gleichen Ergebnis gelangen, so wird der EuGH, wenn er von einem anderen Begründungsansatz ausgeht, dies in seinen Urteilserwägungen deutlich machen. Fehlen derartige Hinweise kann idR davon ausgegangen werden, dass sich der EuGH in seinen Beratungen auf die Begründungserwägungen in den Schlussanträgen gestützt hat. Aber auch hier ist vor einer schematischen Verknüpfung von Schlussanträgen und Urteilserwägungen zu warnen, da in Einzelfällen eine sehr knappe Begründung auch auf der Unmöglichkeit der Herstellung eines Konsenses über den Begründungsansatz bei Einigkeit über das Ergebnis beruhen kann. Nach der Verlesung der Schlussanträge erklärt der Präsident des Spruchkörpers die mündliche Verhandlung für geschlossen. Damit endet auch die Mitwirkung des Generalanwalts in der jeweiligen Rechtssache; an den sich anschließenden Urteilsberatungen nimmt er nicht teil.

e) Urteil

aa) Beratung

110 Nach Abschluss der mündlichen Verhandlung tritt der jeweilige Spruchkörper des EuGH in die **Urteilsberatung** ein. Die Beratungen finden in der Arbeitssprache des EuGH, also auf Französisch statt. Im Hinblick auf das Beratungsgeheimnis stehen den Richtern weder Dolmetscher noch sonstige Mitarbeiter in den Beratungen zur Verfügung. Die Beratungen werden unmittelbar im Anschluss an die Schlussanträge des Generalanwalts durch eine **einführende Note des Berichterstatters** eröffnet. In dieser Note nimmt der Berichterstatter zu den Schlussanträgen sowie den darin enthaltenen Entscheidungsvorschlägen Stellung. Diese Stellungnahme bestimmt den weiteren Verlauf der Beratungen: Schlägt der Berichterstatter vor, den Schlussanträgen des Generalanwalts zu folgen und bleibt dieser Vorschlag von den anderen Richtern des Spruchkörpers unwidersprochen, so erfolgt die Beratung auf der Grundlage des dann vom Berichterstatter vorzulegenden Urteilsentwurfs. Will der Berichterstatter hingegen ganz oder teilweise von den Schlussanträgen abweichen, so legt er die Gründe hierfür eingehend dar. In diesem Fall wird in einer ersten Orientierungsdebatte die Linie des EuGH festgelegt und dem Berichterstatter werden erste Kriterien für die Abfassung des **Urteilsentwurfs** vorgegeben. Der auf dieser Grundlage von Berichterstatter erarbeitete Entwurf wird anschließend in weiteren Beratungen erörtert. Die vom Berichterstatter abweichenden Rechtsansichten werden von den anderen Richtern des Spruchkörpers in aller Regel schriftlich vor dem Beratungstermin dargelegt. Dies kann im Einzelfall auch die Form eines vollständigen, bereits ausformulierten Gegenentwurfs annehmen. Über streitige Punkte, für die

selbst eine Kompromisslösung nicht gefunden werden konnte, wird mit einfacher Mehrheit abgestimmt (Art. 27 § 5 VerfO). Es kommt zu entsprechenden Anpassungen des Urteilsentwurfs, der daraufhin jeweils neu beraten wird. Am Ende der Beratungen formuliert der Berichterstatter den endgültigen Urteilsentwurf, der den anderen beteiligten Richtern übersandt wird. Dieser findet entweder ihre Zustimmung oder führt zu weiteren Beratungen mit erneuter Überarbeitung. Die Endfassung des Urteils wird schließlich, soweit erforderlich, in die jeweilige Verfahrenssprache übersetzt. Das Urteil trägt die Unterschrift aller am Zustandekommen beteiligten Richter (Art. 64 § 2 VerfO). Die vor allem beim BVerfG üblichen „**abweichenden Meinungen**" bestehen beim EuGH im Interesse der Gewährleistung der Unabhängigkeit der Richter (politischer Druck aus den Mitgliedstaaten, Möglichkeit der Wiederernennung) nicht (hierzu sehr instruktiv *Azizi*, ERA Forum (2011) 12, 49–68). Auch Abstimmungsergebnis und -verhalten in den Beratungen bleiben aus diesem Grund unbekannt.

bb) Technik der Urteile

Die notwendigen Bestandteile eines Urteils sind in Art. 63 VerfO im Einzelnen niedergelegt. In der Gestaltung der Urteile ist der EuGH hingegen im Wesentlichen frei. Seit September 1986 ergehen die **Urteile in gestraffter Form**. Unter der Überschrift „Urteil" folgen im Anschluss an das Rubrum die Entscheidungsgründe und danach der Tenor, einschließlich der Kostenentscheidung. Nach der Urteilsformel schließen die Unterschriften der am Urteil beteiligten Richter und der Verkündungsvermerk das Urteil des EuGH ab. 111

Die **Entscheidungsgründe** werden mit einer zusammenfassenden Wiedergabe des wesentlichen Sachverhalts eingeleitet. Auf die Einzelheiten sowie das Vorbringen der Parteien oder Beteiligten wird im Urteil lediglich unter Bezugnahme des Sitzungsberichts, der dem Urteil angeheftet ist, verwiesen. Die rechtliche Begründung des Urteils beschränkt sich, anknüpfend an die Tradition und Praxis französischer Gerichte, auf diejenigen im konkreten Fall angestellten Erwägungen, die zum Verständnis des Ergebnisses der Rechtsfindung unbedingt erforderlich sind. Vor allem werden die die Entscheidung ebenfalls tragenden Hilfserwägungen idR nicht mitgeteilt und es wird vollständig auf die Auseinandersetzung mit dem rechtswissenschaftlichen Schrifttum oder Entscheidungen nationaler Gerichte verzichtet. Außer auf die im konkreten Fall anzuwendenden Rechtsvorschriften wird in den Entscheidungsgründen lediglich noch auf die eigene, frühere Rechtsprechung zurückgegriffen. Die Verwendung dieser aus dem „Common Law" bekannten Technik entspricht dem dynamischen Charakter der EU-Rechtsordnung und der schrittweisen Ausweitung der EU-Funktionen. Sie bietet dem EuGH die Möglichkeit, seine Urteile auf sicherem Grund aufzubauen und der die Rechtsprechung begleitenden öffentlichen Kritik Rechnung zu tragen. Vor diesem Hintergrund wird auch verständlich, weshalb der EuGH nur in Ausnahmefällen von seiner früheren Rechtsprechung abweicht und stattdessen versucht, sie fortzuentwickeln und zu nuancieren, um neue Situationen berücksichtigen zu können. Diese Vorgehensweise setzt freilich voraus, dass sich der EuGH jeweils auf den konkreten Fall beschränkt und allgemeine Aussagen nach Möglichkeit vermeidet. Dies geschieht auch etwa seit Beginn der achtziger Jahre, während vor allem in den Anfangsjahren der Rechtsprechungstätigkeit eine Reihe allgemeiner Grundsätze aufgestellt worden ist. Dieser Wandel in der Rechtsprechungspraxis ist vor allem darauf zurückzuführen, dass in der „Gründerzeit" der ursprünglichen EWG eine Reihe der maßgeblichen Rechtsregeln erst vom EuGH herausgearbeitet werden musste, um den Bestand der EU-Rechtsordnung zu sichern (zB Selbständigkeit der EU-Rechtsordnung, Vorrang des EU-Rechts vor nationalem Recht, Geltung der Grundrechte). Die zunehmende Komplexität des EU-Rechts erschwert heute diese Art der Rechtsprechung, da der EuGH kaum noch in der Lage ist, die Auswirkungen seines Urteilsspruchs auf Sachverhalte, die ihm nicht unterbreitet sind, zu überschauen. Die heutige, stärker auf die Einzelfallgerechtigkeit abstellende Rechtsprechung des EuGH muss auch bei der Interpretation der Urteile berücksichtigt werden. Zu häufig wird vorschnell auf der Grundlage nur eines Urteils die Existenz von allgemeinen Grundsätzen vermutet, 112 die in dem Urteil keine ausdrückliche Grundlage finden. Dies gilt insbesondere auch für die Rechtsprechung des EuGH im Bereich des europäischen Sozialrechts.

113 Die **Kostenentscheidung** beruht auf Art. 69 VerfO. Grundsätzlich ist das Verfahren vor dem EuGH kostenfrei (abgesehen von den in Art. 72 VerfO genannten Ausnahmefällen), so dass sich die erstattungsfähigen Kosten im Wesentlichen auf die Anwaltsgebühren beschränken. In Vertragsverletzungsverfahren sowie anderen Direktklagen wird die unterliegende Partei auf Antrag zur Tragung der Kosten verurteilt, und zwar sowohl der eigenen als auch der des Gegners (Art. 63 § 2 VerfO). Der EuGH kann bei Vorliegen außergewöhnlicher Gründe die Kosten verteilen oder entscheiden, dass jede Partei die Kosten selbst trägt (Art. 69 § 3 VerfO). Mitgliedstaaten und Organe, die dem Vertragsverletzungsverfahren als Streithelfer beigetreten sind, tragen ihre eigenen Kosten (Art. 69 § 4 VerfO). In Vorabentscheidungsverfahren stellt der EuGH lediglich fest, dass die Entscheidung über die Kosten entsprechend der Natur des Vorabentscheidungsverfahrens als eines Zwischenstreitverfahrens dem vorlegenden nationalen Gericht überlassen bleibt (vgl EuGH, Rs. C-472/99 (Clean Car Autoservice GmbH), Slg 2001, I-9687), verbunden mit dem Hinweis, dass die Auslagen der Regierungen der Mitgliedstaaten und der EU-Organe, die sich an dem Verfahren beteiligt haben, nicht erstattungsfähig sind. Ist eine Partei im Ausgangsverfahren finanziell nicht in der Lage, sich im Vorabentscheidungsverfahren vor dem EuGH vertreten zu lassen oder persönlich zu erscheinen, kann der EuGH im Rahmen der Prozesskostenhilfe (vgl Art. 76 VerfO) eine Beihilfe bewilligen (Art. 104 § 5 VerfO). Hierzu sind Unterlagen beim EuGH einzureichen, aus denen sich die Bedürftigkeit ergibt (Bescheinigung der zuständigen Behörde, eidesstattliche Versicherung) und die eine Kostenschätzung enthalten. Zudem muss nachgewiesen werden, dass die Kosten des Vorabentscheidungsverfahrens nicht von der Verfahrenshilfe des jeweiligen nationalen Rechts abgedeckt werden. Über den Antrag entscheidet die nach Art. 9 § 2 VerfO eingesetzte Kammer des EuGH nach Anhörung des Generalanwalts.

cc) Verkündung und Veröffentlichung

114 Das Urteil wird **in öffentlicher Sitzung in der Verfahrenssprache verkündet** (Art. 64 § 1 VerfO). Dies geschieht durch Verlesung lediglich des Urteilstenors, während die vollständige Fassung des Urteils vor dem Sitzungssaal ausliegt. In Vorabentscheidungsverfahren wird dem vorlegenden Gericht das Original des Urteils zugestellt; die Verfahrensbeteiligten, die Erklärungen abgegeben haben, erhalten Ausfertigungen. In Vertragsverletzungsverfahren erhalten die Parteien beglaubigte Abschriften des Urteils. Der Tenor eines jeden Urteils wird im Amtsblatt der EU (Teil C) veröffentlicht; die vollständige Fassung des Urteils erscheint zusammen mit den Schlussanträgen des Generalanwalts in der Amtlichen Sammlung der Rechtsprechung. Die Urteile und Schlussanträge sind auch über das Internet abrufbar (http://curia.europa.eu/jcms/jcms/j_6/).

dd) Verfahrensdauer

115 Die Dauer des **Vorabentscheidungsverfahrens** ist trotz klar rückläufiger Tendenz **noch relativ lang** (2007: 19,3; 2008: 16,8; 2009: 17,1; 2010: 16,1). Die Ursachen für diese relativ lange Dauer liegen vor allem in der ständig steigenden Zahl von Verfahren (2007: 265; 2008: 288; 2009: 302; 2010: 385) und den umfangreichen Übersetzungsarbeiten (so wird der Vorlagebeschluss in alle Amtssprachen und die eingehenden Stellungnahmen ggf in die Verfahrens- und Arbeitssprache beim EuGH übersetzt). Der EuGH ist im Interesse eines schnellen und effektiven Rechtsschutzes darum bemüht, durch interne Verfahrensregeln den Ablauf des Verfahrens zu beschleunigen (zB durch vorrangige Behandlung von Vorabentscheidungsverfahren vor Direktklagen, Fristsetzung für die Erstellung des Vor- und Sitzungsberichts sowie die Vorlage des Urteilsentwurfs). Eine entscheidende Verkürzung der Verfahrensdauer erscheint aber auch bei aller Anstrengung kaum möglich, da der Verfahrensablauf notwendigerweise geraume Zeit in Anspruch nimmt. In **Vertragsverletzungsverfahren** beträgt allein die Dauer des Klageverfahrens vor allem wegen seines

kontradiktorischen Charakters ca. 17 Monate. Hinzu kommen noch 12 bis 18 Monate, die das gerichtliche Vorverfahren in Anspruch nimmt.

ee) Beschleunigtes Verfahren (Art. 104 a VerfO/EuGH)

Seit dem Jahre 2000 gibt es die Möglichkeit, **Vorabentscheidungsverfahren in einem beschleunigten Verfahren** abzuwickeln. Damit soll dem EuGH ermöglicht werden, in außerordentlich dringlichen Rechtssachen rasch zu entscheiden. In Vorabentscheidungsverfahren bestimmt der Präsident des EuGH, nachdem er die Durchführung eines beschleunigten Verfahrens beschlossen hat, sofort den Termin für die mündliche Verhandlung, der den Parteien des Ausgangsverfahrens und den anderen Beteiligten zusammen mit der Entscheidung des nationalen Gerichts mitgeteilt wird. Die Parteien und die anderen Beteiligten können innerhalb einer vom Präsidenten gesetzten Frist von mindestens 15 Tagen Schriftsätze oder schriftliche Erklärungen einreichen. Der Präsident kann die Parteien und die anderen Beteiligten auffordern, Schriftsätze oder schriftliche Erklärungen auf die wesentlichen von der Vorlagefrage aufgeworfenen Rechtsfragen zu beschränken. Der GA wird im beschleunigten Verfahren nur angehört, seine Schlussanträge folglich weder in öffentlicher Sitzung verlesen noch veröffentlicht. Der EuGH entscheidet so rasch wie möglich, ist aber an keine Frist gebunden. Der EuGH hat das beschleunigte Verfahren erstmals im Jahre 2001 in der Vorabentscheidungssache „Jippens" (EuGH, Rs. C-189/01, Slg 2001, I-5689) betreffend die Maul- und Klauenseuche in den Niederlanden angewandt. Der EuGH entschied damals innerhalb von zweieinhalb Monaten.

116

ff) Eilverfahren (Art. 104 b § 6 Abs. 1 S. 1 VerfO/EuGH)

Seit dem Jahre 2008 gibt es darüber hinaus ein **besonderes Eilverfahren**, das nicht generell für alle Vorabentscheidungsverfahren gilt, sondern nur in den Bereichen der polizeilichen und justiziellen Zusammenarbeit in Strafsachen (Art. 82-Art. 89 AEUV) sowie Visa, Asyl, Einwanderung und andere Politiken betreffend den freien Personenverkehr, einschließlich der gerichtlichen Zusammenarbeit in Zivilsachen (Art. 77-Art. 81 AEUV) Anwendung findet (vgl Beschluss des EuGH, ABl. (EU) 2008 L 24/39, der vom Rat am 16.1.2008 angenommen wurde und mit Wirkung v. 1.3.2008 in Kraft getreten ist). Der Sinn dieses Eilverfahrens besteht darin, die individuellen Rechte, die durch die mögliche Dauer eines Gerichtsverfahrens (insbesondere in den Bereichen Asyl, Einwanderung, Ehesachen und elterliche Verantwortung, Untersuchungshaft) gefährdet werden, mit dem Recht aller Beteiligten auf rechtliches Gehör und Teilnahme am Verfahren in Einklang zu bringen. Es wird zudem ausdrücklich von Art. 267 Unterabs. 4 AEUV gefordert, wo es heißt, dass der EuGH in Fällen, in denen das Ausgangsverfahren vor dem nationalen Vorlagegericht eine inhaftierte Person betrifft, *„innerhalb kürzester Zeit"* entscheiden muss. Mit dieser durch den Vertrag von Lissabon eingeführten Regelung wird der immer stärkeren Vergemeinschaftung der Justiziellen und Polizeilichen Zusammenarbeit in Strafsachen Rechnung getragen. Diese hat zur Folge, dass Inhaftierungen und der Verbleib in Gefängnissen in immer größerem Maße von EU-Regelungen und ihrer Auslegung beeinflusst werden. Da der EuGH auch für diese Regelungen das Auslegungs- und Verwerfungsmonopol besitzt, sind Vorabentscheidungsverfahren mit „straf- oder strafverfahrensrechtlichem" Hintergrund zum Schutz der betroffenen Person in kürzester Zeit durchzuführen.

117

gg) Nützliche Hinweise

Nützliche **Hinweise zum Verfahren** und zu den einzuhaltenden Formalitäten finden sich auf der „Homepage" des Gerichtshofs: *www.curia.eu.int/de*. Zu nennen sind neben den allgemeinen Erläuterungen über den Gerichtshof, das Rechtsprechungsregister und die Verfahrensvorschriften, vor allem die Hinweise zur Vorlage von Vorabentscheidungsersuchen durch die nationalen Gerichte und die Hinweise für die Prozessvertreter.

118

2. Grundsätze der Entscheidungsfindung

a) Auslegungsmethoden

119 Die Auslegung des EU-Rechts durch den EuGH knüpft zwar im Wesentlichen an die aus dem innerstaatlichen Bereich bekannten Regeln an, diese werden jedoch in der Rechtsprechungspraxis des EuGH entsprechend den Besonderheiten der EU-Rechtsordnung gewichtet und zu **unionsspezifischen Auslegungsmethoden** ausgebildet. Ausgangspunkt ist dabei der Anspruch auf **autonome Auslegung des EU-Rechts**, der sich aus den Grundsätzen der Eigenständigkeit und der einheitlichen Geltung des EU-Rechts ableitet. Ein Rückgriff auf das nationale Recht ist nur dann zulässig, wenn das EU-Recht selbst auf das nationale Recht ausdrücklich verweist; in diesem Fall unterliegt das in Bezug genommene nationale Recht allerdings nicht mehr der Auslegungshoheit des Gerichtshofs der EU, sondern der nationalen Gerichte (EuGH, Rs. C-287/98 (Linster), Slg 2000, I-6917; Rs. C-373/00 (Truley), Slg 2003, I-1931). Das Gleiche gilt ausnahmsweise auch dann, wenn das EU-Recht auch unter Heranziehung der allgemeinen Rechtsgrundsätze nicht in der Lage ist, den Inhalt der fraglichen EU-Rechtsvorschrift zu bestimmen (EuG, Rs. T-43/90 (Diaz García), Slg 1992, II-2619; Rs. T-85/91 (Khouri), Slg 1992, II-2637). Nach st. Rechtsprechung des EuGH sind bei der Auslegung einer EU-Rechtsvorschrift grundsätzlich neben ihrem Wortlaut auch ihr Zusammenhang und die Ziele zu berücksichtigen, die mit der Regelung, zu der die Vorschrift gehört, verfolgt werden (EuGH, Rs. C-301/98 (KVS International), Slg 2000, I-3583 Rn 21; Rs. C-53/05 (Kommission/Portugal), Slg 2006, I-6215 Rn 20; Rs. C-298/07 (Bundesverband der Verbraucherzentralen und Verbraucherverbände), Slg 2008, I-7841). Sofern eine EU-Rechtsvorschrift verschiedene Auslegungen zulässt, ist nach der Rechtsprechung des EuGH derjenigen der Vorzug zu geben, welche die Wirksamkeit der fraglichen EU-Rechtsvorschrift am effektivsten zur Geltung bringt (EuGH, Rs. C-434/97 (Kommission/Frankreich), Slg 2000, I-1129; Rs. C-437/97 (EUW und Wein Co.), Slg 2000, I-1157). Auch ist stets diejenige Auslegung zu wählen, welche die Gültigkeit der fraglichen EU-Rechtsvorschrift nicht in Frage stellt (EuGH, Rs. C-403/99 (Italien/Kommission), Slg 2001, I-6883).

120 Die **wörtliche Auslegung**, die allgemein als erster Auslegungsgrundsatz herangezogen wird, stößt im EU-Recht auf Grenzen. Der Wortlaut der EU-Bestimmungen liefert dem EuGH idR keine sicheren Vorgaben, da dieser zur Zeit in 23 Amtssprachen verbindlich ist (vgl Art. 342 AEUV, Art. 55 EUV) und folglich jede Sprachfassung nicht für sich isoliert ausgelegt werden darf, sondern auch die anderen Sprachfassungen in die Auslegung einbezogen werden müssen (EuGH, Rs. C-174/05 (Zuid-Hollandse Milieufederatie und Natuur en Milieu), Slg 2006, I-2443 Rn 20; Rs. C-1/02 (Borgmann), Slg 2004, I-3219; Rs. C-420/98 (W.N.), Slg 2000, I-2847). Außerdem ist aufgrund des schwierigen Entscheidungsverfahrens in der EU und des damit verbundenen Hangs zu Formelkompromissen der Wortlaut der EU-Regelungen häufig unklar (vgl dazu EuGH, Rs. C-219/95P (Ferriere Nord/Kommission), Slg 1997, I-4111; Rs. 55/87 (Moksel), Slg 1988, 3845/3865). Diese Feststellung zeigt zugleich auch die Grenzen der **historischen**, am Willen des Vertrags- oder EU-Gesetzgebers orientierten **Auslegung** auf. Die Kenntnis dessen, was die Normgeber bei der Abfassung der Regelung tatsächlich wollten, ist zwar ein durchaus gebräuchliches Hilfsmittel bei der objektiven Bestimmung der fraglichen Begriffsinhalte, wird aber vom Gerichtshof nicht im Sinne einer strikten Bindung an die subjektiven Vorstellungen der Normgeber verstanden (EuGH, Rs. C-327/91 (Frankreich/Kommission), Slg 1994, I-3641/3677; EuGH, Rs. C-314/91 (Weber/EP), Slg 1993, 1093/1112; EuGH, Rs. 9/79 (Koschniske), Slg 1979, 2717; EuGH, Rs. 2/72 (Murru), Slg 1972, 333).

121 Als notwendige Ergänzung und unerlässliches Korrektiv der Wortlautinterpretation greift der EuGH deshalb regelmäßig auf die **systematisch-teleologische Auslegung** zurück (EuGH, Rs. C-72/95 (Aannemersbedrijf Kraaijeveld u.a.), Slg 1996, I-5403; EuGH, Rs. C-235/94 (Strafverfahren gegen Bird), Slg 1995, I-3933/3952; EuGH, Rs. C-83/94 (Strafverfahren gegen Leifer), Slg 1995, I-3231/3247; EuGH, Rs. C-70/94 (Werner), Slg 1995, I-3189/3226; EuG, Rs. T-458/93 (ENU/Kommission), Slg 1995, II-2459; EuG, Rs. T-15/93 (Vienne/EP), Slg 1993, II-1327/1340;

EuG, Rs. T-8/93 (Huet/Rechnungshof), Slg 1994, II-103/115; EuG, Rs. T-26/90 (Finsider/Kommission), Slg 1992, II-1789/1815; EuG, Rs. T-41/89 (Schwedler), Slg 1990, II-79). Diese ist gekennzeichnet durch das Bemühen um die Herausarbeitung des objektiven Sinns einer Regelung. Die Verwirklichung eigener politischer Zielvorstellungen verfolgt der EuGH mit ihr nicht. Die systematisch-teleologische Auslegung ist vom EuGH in jahrzehntelanger Fallrechtsprechung unter Heranziehung allgemeiner Vertragsgrundsätze ausgeformt worden. Ihre Leitmotive sind vor allem die Grundsätze der Gleichheit (Verbot aller offenen wie verschleierten Diskriminierungen), der Freiheit (Wirtschafts-, Personen-, Dienstleistungs- und Kapitalverkehrsfreiheit), der Solidarität (der Mitgliedstaaten untereinander) sowie der Einheit (Rechts- und Wirtschaftseinheit).

Die Anwendung dieser Leitmotive hat gerade auch die **Auslegung der EU-Sozialrechtsbestimmungen** durch den EuGH geprägt. Eine überragende Bedeutung hat dabei der Grundsatz der Gleichbehandlung erlangt, der die Anwendung der EU-Sozialrechtsbestimmungen überlagert und der eine umfassende Gleichstellung inländischer wie zuwandernder Arbeitnehmer verlangt. Dabei genügt es nicht, sich anknüpfend an den Arbeitsvertrag auf das reine Arbeitsverhältnis zu beschränken; erforderlich für die Zielverwirklichung der Integration der Arbeitnehmer ist vielmehr die Gleichstellung im Hinblick auf alle Leistungen, die die sozialen Lebensbedingungen der Inländer gestalten (EuGH, Rs. 249/83 (Hoecks), Slg 1985, 973/988; EuGH, Rs. 157/84 (Frascogna), Slg 1985, 1739/1749). Deshalb sind nach der Rechtsprechung des EuGH nicht nur „offensichtliche" Diskriminierungen aus Gründen der Staatsangehörigkeit unzulässig, sondern auch „alle versteckten Formen der Diskriminierung, die durch Anwendung anderer Unterscheidungsmerkmale, wie etwa das Anknüpfen einer Leistung an den Wohnsitz, tatsächlich zu dem gleichen Ergebnis führen" (EuGH, Rs. C-85/96 (Martínez-Sala), Slg 1998, I-2691; EuGH, Rs. C-245/94 und Rs. C-312/94 (Zachow und Hoever), Slg 1996, I-4895; EuGH, Rs. C-12/89 (Gatto), Slg 1990, I-557; EuGH, Rs. C-45/90 (Paletta I), Slg 1992, I-3423; EuGH, Rs. C-206/94 (Paletta II), Slg 1996, I-2357; EuGH, Rs. 22/86 (Rindone), Slg 1987, 1339). Der EuGH wendet sich mit dieser Formel gegen jede sachlich nicht gerechtfertigte unterschiedliche Behandlung der Unionsbürger, sei es in rechtlicher oder in tatsächlicher Hinsicht. Eine versteckte Diskriminierung im Sinne der Rechtsprechung des EuGH liegt immer dann vor, wenn eine nationale Regelung ohne rechtfertigenden Grund die Gewährung von Leistungen von Bedingungen oder Kriterien abhängig macht, die es zuwandernden Arbeitnehmern im Gegensatz zu den eigenen Staatsangehörigen praktisch unmöglich macht, in den Genuss dieser Leistungen zu kommen (vgl auch die Kommentierung zu Art. 4).

Neben dem Gleichbehandlungsgrundsatz orientiert sich die Auslegung der sozialrechtlichen EU-Bestimmungen auch am Grundsatz der Freiheit, und zwar in Gestalt der Gewährleistung der Mobilität der Arbeitnehmer, die den Kernbestand des Freizügigkeitsrechts bildet. Die Wahrnehmung dieses Rechts wäre in Frage gestellt, wenn die Arbeitnehmer befürchten müssten, bei der Wanderung von einem Mitgliedstaat der EU in einen anderen aufgrund der daraus resultierenden Zugehörigkeit zu verschiedenen Systemen der sozialen Sicherheit bestimmte Sozialleistungen nicht zu erhalten oder bereits erworbene Ansprüche zu verlieren. Die Regelungen auf dem Gebiet der sozialen Sicherheit sind deshalb vor dem Hintergrund auszulegen, dass durch sie ein **Verlust an Sozialleistungen im Wanderungsfall** vermieden werden soll. Diese Überlegung liegt etwa dem vom EuGH in seiner Rechtsprechung zu den Familienleistungen entwickelten System der „Differenzbeträge" zugrunde (aus der sehr umfangreichen Rechtsprechung vgl EuGH, Rs. 733/79 (Laterza), Slg 1980, 1915; EuGH, Rs. 807/79 (Gravina), Slg 1980, 2205; EuGH, Rs. 320/82 (d'Amico), Slg 1983, 3811; EuGH, Rs. 191/83 (Salzano), Slg 1984, 3741; EuGH, Rs. 153/84 (Ferraioli), Slg 1986, 140).

Zur Anwendung kommt schließlich auch der **Grundsatz der Rechtseinheit**, indem der EuGH den Begriffen, die den Anwendungsbereich einer sozialrechtlichen EU-Vorschrift bestimmen (zB Arbeitnehmerbegriff, Begriff der sozialen Sicherheit), einen unionsspezifischen Begriffsinhalt gibt, der durchaus von demjenigen abweichen kann, den diese Begriffe im Rahmen des nationalen

Sozialrechtssystems haben. Diese Vorgehensweise findet ihre Rechtfertigung in dem Umstand, dass der Anspruch nach einheitlicher Geltung des EU-Rechts sowie die Freizügigkeit der Arbeitnehmer und ihr sozialer Schutz in Frage gestellt wären, wenn jeder Mitgliedstaat über die Festlegung der Begriffsinhalte den Anwendungsbereich einer EU-Rechtsvorschrift letztendlich selbst bestimmen könnte (EuGH, Rs. C-449/93 (Rockfon), Slg 1995, I-4291).

b) Rechtsvergleichung

125 Bei der Auslegung des EU-Rechts bedient sich der EuGH häufig eines Vergleichs der nationalen Rechtsordnungen. Hierfür steht dem EuGH eine eigens dafür geschaffene Abteilung „Forschung und Dokumentation" zur Verfügung, in der Juristen aus allen Mitgliedsländern der EU vertreten sind. Auf Vorschlag des Berichterstatters, des Generalanwalts oder eines anderen Mitglieds des EuGH kann in jeder Rechtssache die Erstellung einer sog. „note de recherche" angefordert werden, in der auf der Grundlage einer genau vorgegebenen Fragestellung die Rechtslage in den einzelnen Mitgliedstaaten und ausgewählten Drittländern (häufig das Recht der Vereinigten Staaten) dargestellt wird. Darüber hinaus werden die rechtsvergleichenden Ergebnisse der Studie vorangestellt. Die Wertung dieser Ergebnisse wird jedoch allein vom EuGH vorgenommen, der sich dabei weder an den in allen Mitgliedstaaten übereinstimmenden Kern eines Rechts oder Rechtsinstituts (Minimaltheorie) noch an einem arithmetischen Mittel oder an dem jeweils unter Rechtsschutzgesichtspunkten höchsten Schutzmaßstab (Maximaltheorie) orientiert. Vielmehr bemüht sich der EuGH darum, unter kritischer **Analyse des rechtsvergleichenden Befundes** diejenige Lösung auszuwählen, die sich unter Berücksichtigung der Ziele und Strukturprinzipien der EG als die „beste Lösung" erweist. Selbst wenn eine solche Studie vom EuGH nicht in Auftrag gegeben wird, so besagt dies noch nicht, dass der EuGH bei seiner Entscheidungsfindung auf eine rechtsvergleichende Analyse vollständig verzichtet hat. Vielmehr gewährleistet die Zusammensetzung der Spruchkörper des EuGH mit Vertretern möglichst unterschiedlicher Rechtstraditionen eine ständige Rechtsvergleichung, indem die jeweiligen Richter ihre vom nationalen Rechtsdenken geprägten Rechtsansichten in die Beratungen einbringen. Im Gegensatz zur Praxis in den Anfangsjahren der Rechtsprechungstätigkeit verzichten der EuGH (und auch die Generalanwälte) heute idR auf die Wiedergabe seiner rechtsvergleichenden Überlegungen in den Entscheidungsgründen (bzw den Schlussanträgen). Dies ist nicht zuletzt im Hinblick auf die Akzeptanz der Urteile in den Mitgliedstaaten der EU zu bedauern, da damit eine wichtige Erkenntnisquelle des EuGH verschlossen bleibt.

c) Richterrecht

126 Die Befugnis der Gerichte zur **Rechtsfortbildung und Rechtsgewinnung** folgt unmittelbar aus ihrer Stellung im Verfassungssystem und wird dem Grundsatz nach auch nicht bestritten. Sie sind dazu berufen, für die Einhaltung des Rechts in der täglichen Praxis Sorge zu tragen, indem sie bestehende Unklarheiten und Widersprüche im Rechtsnormengefüge im Wege der Auslegung beseitigen und unvollkommene oder fehlende Regelungen im Wege der Rechtsfortbildung und -gewinnung ergänzen. Der EuGH bezieht diese Legitimation aus dem ihm durch Art. 19 EUV zugewiesenen Auftrag, „die Wahrung des Rechts bei der Ausführung und Anwendung der Verträge zu sichern" (anerkannt auch vom BVerfG mit Beschluss vom 8.4.1987, BVerfGE 75, 223 ff). Dieser Auftrag ist denkbar weit angelegt und umfasst eben nicht nur die Auslegung des Rechts, sondern gleichermaßen auch die Wahrung des Rechts, die angesichts des unvollkommenen Regelungsbestandes im EU-Recht nur im Wege der Rechtsfortbildung sichergestellt werden kann. Anders als die historisch gewachsenen nationalen Rechtsordnungen, die über einen gesicherten Bestand gemeinsamer Rechtsüberzeugungen und Rechtsansichten verfügen, muss eine solche gefestigte Rechtsordnung auf EU-Ebene erst noch geschaffen werden. Die EU-Verträge sind dynamisch, dh auf fortschreitende Entwicklung angelegt, so dass die EU-Rechtsvorschriften notwendigerweise vielfach offen formuliert und auf spätere Entfaltung und Ergänzung angewiesen sind. Diese Auf-

gabe kommt zwar in erster Linie dem EU-Gesetzgeber zu, sie wird aber vom EuGH wahrgenommen, sofern der Gesetzgeber diesem Auftrag nicht nachkommt. Der EuGH kann und darf sich dieser Aufgabe im Rahmen der bei ihm zur Entscheidung anstehenden Rechtsstreitigkeiten nicht entziehen, will er sich nicht dem Vorwurf der Rechtsverweigerung aussetzen und damit seinen Auftrag, die Wahrung des Rechts zu sichern, missachten (vgl *Everling*, RabelsZ 1986, 193-232).

Damit ist Auffassungen entgegenzutreten, wonach die Ausgestaltung des Sozialrechts allein Sache der nationalen Gesetzgebungsorgane sei, jedenfalls solange die EU nicht über ein legitimiertes Gesetzgebungsorgan verfüge (in diesem Sinne *Clever*, ZfSH/SGB 1990, 225/230). Sie verkennen nicht nur die rechtsgestaltenden Möglichkeiten des EuGH, sondern auch den sozialpolitischen Regelungsgehalt des EU-Rechts. Dies gilt insbesondere im Hinblick auf die soziale Absicherung grenzüberschreitender Freizügigkeit, die Regelungsgegenstand des EU-Rechts ist und damit grundsätzlich auch der Ausgestaltung und Fortbildung durch den EuGH offen steht (Einzelheiten hierzu siehe bei *Borchardt*, Der Gerichtshof der EG als Ersatzgesetzgeber?, in: Eichenhofer/Zuleeg (Hrsg.), Die Rechtsprechung des Europäischen Gerichtshofs zum Arbeits- und Sozialrecht im Streit, Schriftenreihe der Europäischen Rechtsakademie Trier, Bd. 9, 1995). Die Rechtsfortbildung durch den EuGH findet ihre **Grenzen** in dem allgemeinen Kompetenzrahmen der EU, den inhaltlichen Vorgaben des Verfassungsgebers sowie in der Akzeptanzfähigkeit der Urteile (Einzelheiten bei *Borchardt*, in: GS Grabitz, S. 29-43). 127

Die Forderung nach **Einhaltung der Kompetenzgrenzen** folgt unmittelbar aus dem Prinzip der begrenzten Ermächtigung. Auch der Gerichtshof kann über seine unbestrittene Kompetenz zur Rechtsfortbildung nicht die Zuständigkeiten der EU zu Lasten der Mitgliedstaaten verändern. Darüber hinaus bindet auch das Subsidiaritätsprinzip den Gerichtshof bei der Rechtsfortbildung insoweit, als er sich bei der Konkretisierung der Rechtsregeln fragen muss, wie inhaltsreich und detailliert diese Regeln ausgestaltet sein müssen, um das allein auf EU-Ebene zu erreichende Ziel zu verwirklichen. Die Beachtung der vom Verfassungsgeber gesetzten Grenzen beinhaltet, die vom Integrationsprogramm bereits positiv vorgegebenen Richtpunkte zu respektieren, dh vor allem, dass sich die vom Gerichtshof anerkannten Rechtsregeln in die Zielsetzungen und Strukturen der EU-Rechtsordnung einzufügen haben. 128

Eine weitere Grenze der Rechtsfortbildung besteht in der Gefahr des Autoritätsverlusts oder, positiv ausgedrückt, in der **Akzeptanzfähigkeit** der Entscheidungen. Für die Entscheidungen des Gerichtshof ist ihre Akzeptanzfähigkeit deshalb von grundlegender Bedeutung, weil die EU-Rechtsordnung, abgesehen von wenigen Ausnahmen (vgl Art. 260, Art. 280, Art. 299 AEUV), keine Möglichkeit der zwangsweisen Durchsetzung der Entscheidungen des Gerichtshofs vorsieht. Akzeptanz der Entscheidungen bedeutet dabei nicht Rücksichtnahme und Ausrichtung der Rechtsprechung auf Wünsche oder Rechtszustände in einzelnen Mitgliedstaaten; die Rechtsprechung durch den EuGH kann allein auf der Grundlage seiner Bindung an Gesetz und Recht erfolgen. Es ist deshalb die Ausrichtung der Urteile auf Gesetz und Recht, die zusammen mit einer gewissen Zurückhaltung gegenüber Verwaltung, Gesetzgebung und Mitgliedstaaten sowie einem Blick auf die Folgen der Entscheidungen Akzeptanz vermittelt (dazu *Borchardt*, in: GS Grabitz, S. 39-42). Die inhaltlichen Orientierungspunkte des Richterrechts im Bereich des europäischen Sozialrechts liefern zum einen das Recht auf Freizügigkeit und zum anderen der Grundsatz der Gleichbehandlung. Diese unionsrechtlichen Grundwerte entsprechen den Zielvorstellungen bei der systematisch-teleologischen Auslegung, die den methodischen Weg zur Gewinnung von Richterrecht darstellt. 129

V. Die Haftung der Mitgliedstaaten für Verletzungen des EU-Rechts

1. Grundlagen der Haftung

Die allgemeine Haftung der Mitgliedstaaten für Schäden, die dem Einzelnen durch eine diesem Staat zuzurechnende Verletzung des EU-Rechts entstanden sind, wurde vom EuGH in den „Bras- 130 serie du pêcheur" und „Factortame" dem Grundsatz nach festgestellt (EuGH, verb. Rs. C-46/93 und Rs. C-48/93, Slg 1996, I-1029; Anm. *Streinz,* EuZW 1996, 205; aus der deutschen Rechtsprechung hierzu BGH, Urteil v. 14.12.2000, abgedruckt in JZ 2001, 456 mit Anm. *Classen).* Dieses Haftungsurteil ist ein **Grundsatzurteil,** das von seiner Bedeutung in einer Reihe mit den frühen Urteilen des EuGH zum Vorrang des EU-Rechts, zur unmittelbaren Wirkung der EU-Bestimmungen und zur Anerkennung unionseigener Grundrechte steht. Es verstärkt erheblich die Möglichkeiten des Einzelnen, gegenüber den staatlichen Organen aller drei Gewalten auf die Einhaltung des EU-Rechts zu dringen. Der EuGH erweitert damit seine bereits in den Urteilen „Francovich und Bonifaci" (EuGH, verb. Rs. C-6/90 und Rs. C-9/90, Slg 1991, I-5357) eingeleitete Rechtsprechung. Während damals die Haftung der Mitgliedstaaten noch auf den Fall beschränkt war, dass den Einzelnen Schäden durch die nicht fristgerechte Umsetzung einer Richtlinie entstanden sind, die dem Einzelnen subjektive Rechte verleiht, aber keine unmittelbare Wirkung entfaltet, eröffnet das jüngste Urteil einen allgemeinen Haftungstatbestand, der jede dem Staat zurechenbare Verletzung des EU-Rechts erfasst.

131 Der **Entschädigungsanspruch** stellt nach der Sichtweise des EuGH lediglich die notwendige Ergänzung der unmittelbaren Wirkung dar, die den EU-Rechtsvorschriften zukommt, auf deren Verletzung der entstandene Schaden beruht (EuGH, Rs. C-118/00 (Larsy), Slg 2001, I-5063 Rn 34). Dem Einwand, ein allgemeiner Entschädigungsanspruch des Einzelnen könne nicht durch Richterrecht, sondern allenfalls im Wege der Gesetzgebung eingeführt werden, begegnet der EuGH mit dem Hinweis, dass die Frage des Bestehens und des Umfangs der Haftung eines Staates für Schäden, die sich aus einem Verstoß gegen seine unionsrechtlichen Verpflichtungen ergeben, die Auslegung des AEUV betrifft, die als solche in die Zuständigkeit des EuGH fällt. In diesem Zusammenhang verweist der EuGH auf den in Art. 340 Abs. 2 AEUV niedergelegten Grundsatz der außervertraglichen Haftung der EU, der lediglich eine besondere Ausprägung des in den Rechtsordnungen der Mitgliedstaaten geltenden allgemeinen Grundsatzes darstellt, wonach rechtswidrige Handlungen oder Unterlassungen die Verpflichtung zum Ersatz des verursachten Schadens nach sich zieht.

2. Haftungsgegenstand und Haftungsvoraussetzungen

132 Der EuGH unterwirft dem Grundsatz der Haftung der Mitgliedstaaten jede **Verletzung des EU-Rechts,** unabhängig davon, ob diese Verletzung in einem Handeln oder Unterlassen besteht (EuGH, Rs. C-424/97 (Haim), Slg 2000, I-5123 Rn 36) und ob der schadensverursachende Verstoß der Legislative, der Judikative oder der Exekutive zuzurechnen ist (EuGH, Rs. C-173/03 (Traghetti del Mediterraneo SpA), Slg 2006, I-5177; Rs. C-224/01 (Köbler), Slg 2003, I-10239 Rn 52; Rs. C-118/00 (Larsy), Slg 2001, I-5063; Rs. C-424/97 (Haim), Slg 2000, I-5123; Rs. C-319/96 (Brinkmann Tabakfabriken), Slg 1998, I-5255; Rs. C-5/94 (Hedley Lomas), Slg 1996, I-2553). Keine Haftung wird allerdings im Hinblick auf den Schaden verursachende Ereignisse begründet, die vor dem Beitritt eines Staates zur EU liegen (EuGH, Rs. C-321/97 (Andersson), Slg 1999, I-3551).

Bei der Bestimmung dieser Voraussetzungen, unter denen die Haftung des Mitgliedstaates auch einen Entschädigungsanspruch auslöst, werden vom EuGH vor allem zwei grundlegende Prinzipien herangezogen,

- zum einen die volle Wirksamkeit des EU-Rechts, dh die Gewährleistung der einheitlichen Geltung der EU-Rechtsnormen und der effektive Schutz der durch sie verliehenen Rechte und
- zum anderen die Kohärenz zwischen dem System der außervertraglichen Haftung der EU nach Art. 340 Abs. 2 AEUV einerseits und den nationalen Haftungssystemen andererseits. Ohne besonderen Grund dürfen bei vergleichbaren Umständen die Voraussetzungen für die Begründung der Haftung nach den beiden Systemen nicht unterschiedlich ausfallen.

Auf dieser Grundlage hat der EuGH folgenden drei Voraussetzungen für die Haftung der Mitgliedstaaten bei Verletzung von EU-Recht aufgestellt, die im Wesentlichen denjenigen Haftungsvoraussetzungen entsprechen, denen die EU in einer vergleichbaren Situation unterliegt:

a) Verletzung subjektiver Rechte

Die EU-Norm, gegen die verstoßen worden ist, muss bezwecken, dem **Einzelnen Rechte zu verleihen**. Unerheblich ist, ob die „verletzte" EU-Rechtsvorschrift dem primären oder sekundären EU-Recht angehört (EuGH, Rs. C-46/93 und Rs. C-48/93 (Brasserie du Pêcheur und Factortame), Slg 1996, I-1029; Rs. C-5/94 (Hedley Lomas), Slg 1996, I-2553; Rs. C-178, 179, 188-190/94 (Dillenkofer u.a.), Slg 1996, I-4845) und ob sie unmittelbar anwendbar ist oder nicht (EuGH, Rs. C-46/93 und Rs. C-48/93 (Brasserie du Pêcheur und Factortame), Slg 1996, I-1029; EuGH, Rs. C-6/90 und Rs. C-9/90 (Francovich und Bonifaci), Slg 1991, I-5357).

133

b) Hinreichend qualifizierte Verletzung

Der Verstoß muss hinreichend qualifiziert sein, dh ein Mitgliedstaat muss die Grenzen, die seinem Ermessen gesetzt sind, offenkundig und erheblich überschritten haben (EuGH, Rs. C-173/03 (Traghetti del Mediterraneo SpA), Slg 2006, I-5177 Rn 43; Rs. C-118/00 (Larsy), Slg 2001, I-5063 Rn 38). Diese Beurteilung obliegt den nationalen Gerichten, die allein für die Feststellung des Sachverhalts und die Qualifizierung der betreffenden Verstöße gegen das EU-Recht zuständig sind. Allerdings beurteilt sich die Frage, ob und in welchem Umfang eine nationale Stelle über einen Ermessensspielraum verfügt, ausschließlich nach dem EU-Recht und nicht nach nationalem Recht; ein etwaig im nationalen Recht bestehendes Ermessen ist unbeachtlich (EuGH, Rs. C-424/97 (Haim), Slg 2000, I-5123 Rn 49). Für die Beurteilung der **offenkundigen und erheblichen Ermessensüberschreitung** gibt der EuGH in seiner Rechtsprechung den nationalen Gerichten einige grundlegende Orientierungen vor (EuGH, Rs. C-118/00 (Larsy), Slg 2001, I-5063 Rn 55; Rs. C-46/93 und Rs. C-48/93 (Brasserie du Pêcheur und Factortame), Slg 1996, I-1029 Rn 57). Danach gehören zu den Gesichtspunkten, die das zuständige Gericht gegebenenfalls zu berücksichtigen hat, das Maß an Klarheit und Genauigkeit der verletzten Vorschrift, der Umfang des Ermessensspielraums, den die verletzte Vorschrift den nationalen oder EU-Organen belässt, die Frage, ob der Verstoß vorsätzlich oder nicht vorsätzlich begangen oder der Schaden vorsätzlich oder nicht vorsätzlich zugefügt wurde, die Entschuldbarkeit oder Unentschuldbarkeit eines etwaigen Rechtsirrtums und der Umstand, dass die Verhaltensweisen eines EU-Organs möglicherweise dazu beigetragen haben, dass nationale Maßnahmen oder Praktiken in unionsrechtswidriger Weise unterlassen, eingeführt oder aufrechterhalten wurden. Jedenfalls ist ein Verstoß gegen das EU-Recht offenkundig und qualifiziert, wenn er trotz des Erlasses eines Urteils, in dem der zur Last gelegte Verstoß festgestellt wird, oder eines Urteils im Vorabentscheidungsverfahren oder aber einer gefestigten einschlägigen Rechtsprechung des Gerichtshofs, aus denen sich die Pflichtwidrigkeit des fraglichen Verhaltens ergibt, fortbestanden hat (EuGH, Rs. C-352/98 (Bergaderm und Goupil), Slg 2000, I-5291; EuGH, Rs. C-424/97 (Salomone Haim), Slg 2000, I-5123; EuGH, Rs. C-46/93 und Rs. C-48/93 (Brasserie du Pêcheur und Factortame), Slg 1996, I-1029 Rn 55; vgl auch EuGH, Rs. C-392/93 (British Telecommunications), Slg 1996, I-1631 Rn 42). Soweit eine Ermessensreduzierung zur Anwendung kommt, kann bereits der einfache Verstoß gegen das EU-Recht als hinreichend qualifizierte Verletzung angesehen werden (anerkannt etwa in EuGH, Rs. C-118/00 (Larsy), Slg 2001, I-5063 Rn 47, wo es um einen Anspruch auf Altersrente in Anwendung der früheren VO (EWG) Nr. 1408/71 ging).

134

c) Kausalzusammenhang

Schließlich muss ein unmittelbarer Kausalzusammenhang zwischen dem Verstoß gegen die dem Mitgliedstaat obliegende Verpflichtung und dem den geschädigten Personen entstandenen Schaden bestehen.

135

Alle drei Voraussetzungen sind erforderlich und ausreichend, um einen Entschädigungsanspruch des Einzelnen zu begründen; insbesondere wird **kein Verschulden** (Vorsatz oder Fahrlässigkeit), das über den hinreichend qualifizierten Verstoß gegen das EU-Recht hinausgeht, verlangt. Allerdings steht es jedem Mitgliedstaat frei, im nationalen Recht weniger strenge Haftungsregeln festzulegen (EuGH, Rs. C-173/03 (Traghetti del Mediterraneo SpA), Slg 2006, I-5177; Rs. C-224/01 (Köbler), Slg 2003, I-10239).

3. Durchsetzung der Entschädigungsansprüche nach nationalem Haftungsrecht

136   Bei Bestehen eines unmittelbar im EU-Recht begründeten Entschädigungsanspruchs, hat der Mitgliedstaat die Folgen des verursachten Schadens im Rahmen des nationalen Haftungsrechts zu beheben, wobei die dort festgelegten Voraussetzungen nicht ungünstiger sein dürfen als bei entsprechenden innerstaatlichen Ansprüchen (**Prinzip der Nichtdiskriminierung**); auch dürfen diese Voraussetzungen nicht so ausgestaltet sein, dass die Erlangung der Entschädigung praktisch unmöglich oder übermäßig erschwert ist (**Prinzip der Wirksamkeit des EU-Rechts**). Der Wirksamkeit des EU-Rechts zuwider läuft etwa eine im nationalen Recht bestehende Bedingung, wonach vor der Erhebung einer auf einen unionsrechtlich begründeten Entschädigungsanspruch gegründeten Haftungsklage die innerstaatlichen Rechtsschutzmöglichkeiten ausgeschöpft sein müssen (vgl EuGH, Rs. C-397/98 und C-410/98 (Metallgesellschaft Ltd. und Hoechst), Slg 2001, I-1727 Rn 107). Allerdings darf das nationale Recht vorschreiben, dass der Einzelne keinen Ersatz für einen Schaden verlangen kann, wenn er es vorsätzlich oder fahrlässig unterlassen hat, ihn durch Gebrauch eines Rechtsmittels anzuwenden, vorausgesetzt, dass der Gebrauch dieses Rechtsmittels dem Geschädigten zumutbar ist (EuGH, Rs. C-445/06 (Danske Slagterier), Slg 2009, I-2119). Zurückgewiesen hat der EuGH auch spezifische Ausschlussfristen, die die Geltendmachung des Entschädigungsanspruchs unmöglich machen (vgl EuGH, Rs. C-251/96 (Palmisani), Slg 1997, I-4025). Zweifel an der Vereinbarkeit der nationalen Haftungsregelungen mit dem EU-Recht sind dem EuGH zur Vorabentscheidung vorzulegen, der dem vorlegenden Gericht im Wege der Auslegung des unionsrechtlichen Haftungsrahmens die erforderlichen Hinweise geben kann, ob und inwieweit sich die nationalen Haftungsregelungen in diesem Rahmen halten.

4. Umfang der Entschädigung

137   Der Ersatz der Schäden, die dem Einzelnen durch Verstöße gegen das EU-Recht entstehen, muss **dem erlittenen Schaden angemessen** sein, so dass ein effektiver Schutz der Rechte des Einzelnen gewährleistet ist. Soweit es auf diesem Gebiet keine EU-Rechtsvorschriften gibt, ist es Sache der nationalen Rechtsordnung eines jeden Mitgliedstaats, die Kriterien festzulegen, anhand derer der Umfang der Entschädigung bestimmt werden kann, wobei allerdings die Prinzipien der Nichtdiskriminierung und der Wirksamkeit des EU-Rechts zu beachten sind (EuGH, Rs. C-373/95 (Maso und Gazzetta), Slg 1997, I-4051; Rs. C-46/93 und C-48/93 (Brasserie du pêcheur und Factortame), Slg 1996, I-1029 Rn 89).

a) Berücksichtigung des entgangenen Gewinns

138   Diese Prinzipien sind etwa verletzt, wenn der entgangene Gewinn vom ersatzfähigen Schaden vollständig ausgeschlossen wird oder der Schadensersatz auf Verstöße nach dem Erlass des vorliegenden Urteils beschränkt wird. Die grundsätzliche Einbeziehung des entgangenen Gewinns als **ersatzfähiger Schaden** stellt gegenüber der deutschen Rechtslage eine erhebliche Abweichung und Erweiterung dar. Allerdings werden erst die Einzelfälle in der Praxis Aufschluss darüber geben, wie weit die Berücksichtigung des entgangenen Gewinns tatsächlich reicht, da nur der vollständige Ausschluss den Anforderungen des EU-Rechts widerspricht.

b) Schadensabwendungspflicht

Umgekehrt hat das nationale Gericht bei der Bestimmung des ersatzfähigen Schadens den vom EU-Recht anerkannten und den Rechtsordnungen der Mitgliedstaaten gemeinsamen Rechtsgrundsatz zu beachten, wonach der Geschädigte Ersatz seines Schadens nur verlangen kann, wenn er sich in angemessener Form um die Verhinderung des Schadenseintritts oder um die Begrenzung des Schadensumfangs bemüht hat und er insbesondere rechtzeitig von allen ihm zur Verfügung stehenden **Rechtsschutzmöglichkeiten** Gebrauch gemacht hat. 139

5. Pflicht der rückwirkenden Anwendung der Haftungsgrundsätze

Der EuGH hat den Antrag auf **zeitliche Begrenzung der Wirkungen des Urteils** auf solche Schäden, die nach dem Erlass der die unionsrechtliche Haftungsgrundlage begründenden Urteile eintreten, abgelehnt, so dass die im Urteil „Brasserie du pêcheur" festgestellten Haftungsgrundsätze auch rückwirkend zur Anwendung kommen. Den dadurch eintretenden Spannungen mit den Erfordernissen des Grundsatzes der Rechtssicherheit kann im Rahmen der im Schadensersatzrecht der einzelnen Mitgliedstaaten festgelegten materiellen und formellen Voraussetzungen (Verjährung, Bestandskraft etc.) Rechnung getragen werden, soweit diese nicht gegen die Prinzipien der Nichtdiskriminierung und der Wirksamkeit des EU-Rechts verstoßen. 140

Stichwortverzeichnis

Kursive Zahlen bezeichnen die Teile, fette Zahlen die Artikel und magere die Randnummer.

Abgeleiteter Anspruch 2 **2** 17
Abkommen sozialer Sicherheit 2 **1** 26
Abkommen über den Europäischen Wirtschaftsraum (EWR) *1* **2** 23
Abkommen über soziale Sicherheit 2 **8** 1 ff
– Petroni-Prinzip 2 **8** 13
– Verhältnis zur VO 2 **8** 7 ff
Ableitung 2 **1** 16
Access points – AP 2 **78** 4
Aktionsplan IDABC 2 **73** 7
Alleinige Leistungszuständigkeit 2 **44** 2
Allgemeinwohl
– zwingende Gründe *Einführung* 94
Alter 2 **1** 39
– Leistungen bei 2 **3** 16
Altersgrenzen
– Arbeitsrecht 2 **48** 14
– Diskriminierungsrecht 2 **48** 14
– für Männer und Frauen 2 **48** 3
– stufenweise Anhebung 2 **48** 4
– unterschiedliche 2 **48** 2
Altersmindesteinkommen
– garantiertes 2 **59** 5
Altersrente 2 **3** 26
Altersruhegeld 2 **3** 26
Alterssicherung für Landwirte 2 **51** 9
Ambulante Krankenbehandlung 2 **1** 37, **36** 17; *Einführung* 89
Amtshaftungsansprüche 2 **83** 2
Amtshilfe 2 **76** 8
– kostenfrei 2 **76** 11
– Kostentragung 2 **84** 45
Amtssprache 2 **76** 31
– Patienten-RL *4* **4** 14
Anerkennung 2 **2** 14
Anfechtbarkeit *1* **3** 29
Angehöriger der Gesundheitsberufe *4* **3** 8
Anhänge, Aktualisierung 2 **88** 1
Anhang III 2 **87a** 27
Anhang VI 2 **44** 3
Anknüpfungspunkt 2 **1** 19
Ansprüche von Opfern staatlicher Verfolgung 2 **83** 2
Anspruchskonkurrenz 2 **36** 20

Anspruchskumulierung aus der derselben Pflichtversicherungszeit 2 **10** 5
Anteilige Berechnung 2 **52** 42
Antidiskriminierungsrecht *Einführung* 23
– Auslegung *5* **19** 8
– Diskriminierungstatbestände *5* **19** 14 ff
– neues ab 2000 *5* **Vor** 4 ff
– persönlicher Anwendungsbereich *5* **19** 9
– sachlicher Anwendungsbereich *5* **19** 12
– Übersicht *5* **Vor** 5
– Zielrichtung *5* **19** 7
Antidiskriminierungsrichtlinie 2 **4** 2
Antikumulierungsbestimmung 2 **38** 2
Antikumulierungsrecht 2 **10** 1, **87a** 20
Antikumulierungsregelungen *1* **48** AEUV 8; 2 **52** 1, 40, **55** 3
– anspruchshindernde sonstige Einkünfte 2 **55** 8
– internationaler Anwendungsbereich 2 **55** 2
– Leistungen gleicher Art 2 **54** 3
– Leistungen unterschiedlicher Art 2 **55** 2
– mehrere autonome Leistungen 2 **55** 3
– mitgliedstaatliche 2 **52** 4
– nationale 2 **53** 6
Antragsgleichstellung 2 **81** 8
Antragstellung im Leistungsfeststellungsverfahren
– europaweite Wirkung 2 **50** 6
Antragsweiterleitung 2 **81** 6
Antwortfristen 2 **81** 12
Anwartschaftserfordernisse 2 **6** 18
Anwendbarkeit
– unmittelbare *1* **3** 3
Äquivalenzgrundsatz 2 **76** 21
Äquivalenzprinzip 2 **5** 1
Äquivalenzregel 2 **Vor 36** 4
Arbeitgeber als zuständiger Träger
– Geldleistungen bei Krankheit 2 **21** 6
Arbeitgeberleistungen 2 **Vor 17** 31
Arbeitnehmer 2 **Vor 1** 5, **1** 6
Arbeitsförderungsrecht 2 **3** 24
Arbeitslosengeld 2 **3** 23
Arbeitslosenquote 2 **Vor 61** 1

Arbeitslosenversicherung 2 **Vor 61** 2, 1 23, 3 14, 16
Arbeitsloser 2 1 8
Arbeitslosigkeit 2 2 18
– Leistungen bei 2 3 14, 21 ff, 26
Arbeitsmarktpolitik 2 3 24
– aktive 2 **Vor 61** 3, 7
Arbeitsrecht 2 1 6
Arbeitsunfähigkeit, Bescheinigung 2 21 9 ff
– Bindungswirkung 2 21 9 ff
– Widerlegung der Richtigkeit 2 21 11
Arbeitsunfälle 2 1 37
– Leistungen bei 2 3 19
Arbeitsunfälle und Berufskrankheiten
– besondere Sachleistungen 2 36 14
Arbeitsvertrag 2 1 9
Arbeitsverwaltung 2 3 26
Art. 157 AEUV
– personeller Anwendungsbereich 5 157 9
– Rechtsnatur 5 157 1 ff
– sachlicher Anwendungsbereich 5 157 10 ff
Art. 19 AEUV
– Rechtscharakter 5 19 2 ff
Art. 73 DVO 2 91 13
Arzneimittel 2 1 37
Ärztliche Gutachten 2 82 2
Arzt seiner Wahl 2 76 10, 82 6
Assoziationsabkommen 12 1
Assoziationsabkommen, sachliche Inhalte 12 2
Assoziationsabkommen EWG-Türkei 12 25
Assoziationsratsbeschluss Nr. 1/80 EWG-Türkei 12 35
Assoziationsratsbeschluss Nr. 3/80 EWG-Türkei 12 45
Assoziationsrecht 12 7, 15; 2 1 5
– Auslegung 12 10
– EG-Türkei 2 48 13
– primäres 12 7
– sekundäres 12 8
Atlanta Fruchthandelsgesellschaft 13 13
Atypischer Grenzgänger 2 65 10, 16
Aufenthalt 2 1 4, 21, 36 13
Aufenthaltserlaubnis 2 2 7
Aufenthaltsstaat 2 36 14
Ausbildungsförderung 2 1 41

Ausgleich 2 91 16
– grenzüberschreitender nationaler 2 84 5
– internationaler 2 84 5
Auskunftsverlangen 2 84 36
Ausländische Beitreibungstitel 2 84 39
Auslandsbehandlung 2 36 16
– Kosten 2 36 22
Auslandsleistungsrecht
– Differenzierung nach Staatsangehörigkeit 2 7 2
Auslegung 13 10, 126
– einheitliche 13 10, 18
– historische 13 120 ff
– Methoden 13 119
– nationales Recht 13 18
– richtlinienkonforme 13 9
– systematisch-teleologische 13 121
– unionsrechtskonforme 13 3, 76
– wörtliche 13 120
Auslegung des Gemeinschaftsrechts
– Rückwirkung 5 19 73
Auslegungsfragen 13 8 ff
Auslegungsmethode 12 13
Auslegungsschwierigkeiten der anzuwendenden Rechtsvorschriften 2 76 24
Ausschließliche Zuständigkeit 2 38 3
Ausschlussregelungen, nationale 2 87a 14
Außenzuständigkeit 12 3
Autonome Leistungen 2 52 6, 55 3
– Teilung der 2 55 7
Beamte 2 3 50, 36 6, 49 1 ff
– Sonderregelung im KV-Recht 2 1 3
– Sondersysteme 2 3 46, 60 1 ff; *Einführung* 19
Beamtentätigkeit
– Zusammentreffen 2 13 22 f
Beamter 2 1 11
Befreiung, von Legalisierung 2 80 4
Begünstigungsprinzip 2 10 3, 46 4
Behandlungsmitgliedstaat
– Pflichten 4 4 7
Behinderte 2 3 13, 40
– regionale Leistungen in der VO (EG) Nr. 883/2004 2 **Vor 17** 37
Behindertenbeihilfen 2 3 15
Behörde 2 81 4
Behörde, zuständige 2 81 6
Beihilfen *Einführung* 79

Beiträge
- Hereinbringung von vorläufig gezahlten Beiträgen 2 84 14
- vorläufige Berechnung 2 76 24

Beitragsfreie Systeme 2 3 30

Beitragsfreie Zeiten
- Bewertung 2 52 24

Beitragsunabhängige Leistung 3 VO 492/2011 8

Beitragszeiten mit Sachbezug 2 52 29

Beitreibung 2 84 38, 91 16

Beitreibung im Bereich der Steuern 2 84 34

Beitreibung von Forderungen 2 84 30

Belgien 2 1 8

Benachteiligung in besonderer Weise 5 19 38

benefit in cash 2 1 37

benefit in kind 2 1 37

Berechnung des theoretischen Betrags
- fiktive Gesamtrente 2 52 17

Berechnungsmodus 2 62 1

Berechnung von Renten
- bei laufendem Rentenfeststellungsverfahren 2 87a 17

Berechnung von Renten, vorläufige 2 91 12

Bereichsausnahme *Einführung* 82, 86

Berufsgenossenschaften 2 Vor 36 11; *Einführung* 93

Berufskrankheiten 2 Vor 36 6
- Leistungen bei 2 3 19

Berufssoldat 2 1 8

Berufsständische Versorgungsträger 2 51 8

Berufsständische Versorgungswerke 2 51 8

Beschäftigter 2 1 8

Beschäftigung 2 Vor 11-16 15
- Zusammentreffen mit selbstständiger Tätigkeit 2 13 20 ff

Beschäftigungslandprinzip 2 Vor 67 10, Vor 11-16 8 ff, 11 11, 67 6
- Ausnahmen 2 13 1 ff
- Beschäftigung in mehreren Mitgliedstaaten 2 13 3 ff

Beschäftigungsort 2 11 9 ff

Beschäftigungsverhältnis 2 Vor 11-16 5, 12 8 ff

Beschluss der Verwaltungskommission
- A1 2 76 28, 91 14
- E1 2 78 24, 87a 16
- E2 2 78 10
- E3 2 78 23
- H1 2 76 18, 78 2
- H2 2 91 1
- H3 2 84 40
- H5 2 77 7
- P1 2 87a 16

Besondere beitragsunabhängige Geldleistungen 2 3 31, 38, 70 7, 8

Besondere Sachleistungen
- Arbeitsunfälle und Berufskrankheiten 2 36 14

Betriebliche Altersversorgung
- Auskunfts- und Informationspflichten *10* KOM (2007) 603 12; *11* RL 2003/41 13 ff
- Freizügigkeit *10* KOM (2007) 603 2 ff, RL 98/49 2 ff; *11* RL 2003/41 1 ff
- Pensionsfonds-Richtlinie *11* RL 2003/41 1 ff
- Portabilität *10* KOM (2007) 603 1 ff
- Unverfallbarkeitsfristen *10* KOM (2007) 603 9 f; *9* RL 98/49 7 f

Betriebsrenten
- Altersgrenzen *13* 53

Beweis- und Argumentationslast
- bei Überprüfung von Diskriminierungen 5 19 59

Bilateral 2 Vor 1 4

Bilaterale Abkommen 2 2 10

Bindungswirkung
- Bescheinigungen 2 17 23 ff
- medizinische Befunde 2 17 24 ff, 20 28

Binnenmarkt 2 2 8

Binnenmarktähnliche Verhältnisse *12* 24

Bonifaci *13* 130

Brasserie du pêcheur *13* 130

Bürgerpflichten 2 76 21

Bürgerstellung 2 2 7

C.I.L.F.I.T. *13* 36

Charta der Grundrechte 2 Vor 17 7

Costa/E.N.E.L. *13* 3

Da Costa *13* 36

Dänemark, Anhang XI 2 82 13

D-Arzt-Verfahren 2 36 22

Datenaustausch 2 73 1
- elektronisch 2 78 6, 15

Datenschutzregelung 2 77 1

Definition der Zeiten   2 57 5
Definitionsnormen   2 **Vor** 1 3
Deutsche Gesetzliche Unfallversicherung   2 36 3
Dienstleistungsfreiheit   2 **Vor** 17 4, 41, 2 9, 36 17, 20; 4 **Vor** 19; *Einführung* 86, 91
– Gesundheitsdienstleistungen   2 **Vor** 17 4, 41; 4 **Vor** 19
– nur für grenzüberschreitende Nachfrage   4 **Vor** 30
– passive Dienstleistungsfreiheit   2 **Vor** 17 41; 4 **Vor** 19 ff
– Verhältnis zu VO (EG) Nr. 883/2004   4 **Vor** 32
Dienstleistungsrichtlinie   2 **Vor** 17 4, 41; 4 **Vor** 6, 19
Dienstleistungsverkehr   2 36 17
Diskriminierung
– Folgen eines Verstoßes   5 19 72 ff
– mittelbare   2 4 2
– multiple/mehrfache   5 19 28
– Rechtsfolgen   2 4 8
– unmittelbare   2 4 2
– verdeckte   12 74
Diskriminierungsverbote   12 31, 75; 2 4 1
– Patienten-RL   4 4 12
Diskriminierungsverbot im Assoziationsrecht   12 20
– arbeitsrechtliches   12 43, 57, 73, 80, 85
– sozialrechtliches   12 50, 58, 77
Dokument   2 78 2
Dokument A1   2 76 18, 26, 78 3
Dokument DA1   2 76 18
Dokumente, tragbare   2 76 18, 26, 78 3
Dokument P1   2 76 18
Dokument S1   2 76 18, 26
Dokument S2   2 76 18
Dokument S3   2 76 18
Dokument U1   2 76 18
Dokument U2   2 76 18
Dokument U3   2 76 18
Doppelte Leistungskürzung   2 10 7
Doppelversicherung   2 11 2 ff
Drittstaaten   2 2 2, 13
Drittstaatsangehörige   2 1 20, 2 5, 8, 12, 61 5, 91 1; *Einführung* 39, 42
Durchführungsverordnung   2 89 1
Durchschnittskosten   2 74 11

DVO
– Überprüfung der Regelungen   2 84 46
E-101 Bescheinigung   2 72 30
E-500-Reihe   2 73 2
E-Commerce
– Ausschluss aus der Patienten-RL   4 1 14, 2 5
EESSI   2 73 8, 79 1, 91 2
– Europäische Architektur   2 78 13
– Übergang   2 78 22
– Übergangszeit   2 78 23
Effektivitätsgrundsatz   2 76 21
Ehegatte   2 1 16
Eigenbeteiligung   2 1 37
Einheitliche Rentenbiographie   2 50 5
Eintragung im Wohnstaat
– Voraussetzung für Leistungsanspruch   2 17 22
Einwohnersicherungen   2 1 36
Elektronische Daten
– rechtlicher Stellenwert   2 78 20
Elektronischer Datenaustausch   2 73 6
Elterngeld   2 1 16, 41
Entgeltpunkte-pro-rata   2 52 36
Entschädigung
– soziale   2 3 42
Entschädigungssysteme   2 3 42; *Einführung* 45
Entscheidungen anderer mitgliedstaatlicher Träger
– keine Bindung an   2 46 7
Entsendestaat   2 72 31
Entsendung   2 36 14, 87a 24, 91 3
Entsendungsregelung   2 12 3 ff
– abhängig Beschäftigte   2 12 4 ff
– Arbeitnehmerüberlassung   2 12 11 f
– Bescheinigung   2 12 18 f, 26
– Betriebliche Altersversorgung   9 **RL 98/49** 21 ff
– Dialog- und Vermittlungsverfahren   2 12 19
– Ortskräfte   2 12 7
– Selbstständige   2 12 21 ff
Entstehungsgeschichte   2 72 7
Entterritorialisierung   *Einführung* 32
Entziehungsbestimmungen   2 52 8
Ereignisse   2 87a 8
Ermittler nach Wegunfällen   2 76 10

Stichwortverzeichnis

Ermittlung des Zahlbetrags 2 52 35
Erstattung 2 **Vor 36** 8, 65 17
Erstattung der Kosten 2 74 1
Erstattungssystem 2 74 3
Erstattungsverzicht 2 85 8
Ersuchende Partei 2 84 31
Ersuchte Partei 2 84 31
Erwerbseinkommen
– Durchschnittserwerbseinkommen
  2 36 11
Erwerbsfähigkeit 2 3 12
Erziehungsgeld 2 3 28
EUlisses 2 76 29
Europaabkommen mit den mittel- und osteuropäischen Staaten *12* 71
Europäische Krankenversicherungskarte
  2 73 10
Europäische Rentenbiographie 2 **Vor 50** 4
Europäischer Gerichtshof für Menschenrechte 2 2 11
Europäischer Wirtschaftsraum (EWR)
  12 23
Europäisches Leistungsfeststellungsverfahren
  2 50 10
– Antragsbegrenzung 2 50 13
– Beschleunigung 2 50 10
– Günstigkeitsprinzip 2 50 13
– Pflicht zur Vorschusszahlung 2 50 11
– Pflicht zur Zahlung von Zinsen 2 50 11
Europäisches Verfahrensrecht 2 76 19,
  87a *12*, 25, 91 15
E-Vordrucke 2 72 46, 73 1
EWR-Abkommen 2 91 1; *Einführung* 39
EWR-Staaten 2 **Vor 1** 6
Exportausschluss 2 70 19
Exposition 2 **Vor 36** 6
Expositionszeiten 2 38 1

Factortame *13* 13, 130
Familienangehörige 2 1 16, 2 16, 36 12,
  62 5
– Bestimmung bei Sachleistungen der KV
  2 17 10
– Leistungsansprüche aus Wohnsitz in einem Staat mit öffentlichem Gesundheitsdienst 2 32 1 ff
Familienleistungen 2 1 41, 3 27
– Änderung der Rechtsvorschriften 2 68 8
– Änderung der Zuständigkeit 2 68 8

– Antragstellung 2 68 6
– Ausnahme im Diskriminierungsrecht
  6 7 16
– Begriff 2 **67** 4
– Beschäftigungslandprinzip 2 **Vor 67** 10
– Familienangehöriger 2 **67** 3
– Kinderzuschüsse für Rentner 2 **69** 1
– Koordinierungsrechtliche Grundsätze
  2 **Vor 67** 9
– Koordinierungsrechtliche Grundsätze
  (VO 1408/71) 2 **Vor 67** 2
– Leistungen für Waisen 2 **69** 1
– Neuordnung 2 **Vor 67** 6
– Prioritätsregelung 2 68 1, 3
– Unterschiedsbetrag 2 68 5
– Verfahren der Gewährung 2 68 7
Familienrecht 2 1 16
Familienstatus 2 2 3, 5
Fiktiver Jahresarbeitsverdienst 2 53 7
Finanzielles Gleichgewicht 2 **Vor 36** 12
Flüchtlinge 2 1 4, 14, 2 2, 5, 13, 16
Fördermaßnahmen
– Zulässigkeit im Diskriminierungsrecht
  5 19 67
– Zulässigkeit im Sozialrecht 5 19 67
Foto-Frost *13* 13, 34
Francovich *13* 130
Freistellung von der Leistungspflicht
  2 57 6 ff
Freiwillige Versicherung 2 14 1 ff
– Zusammentreffen 2 14 3 ff
Freiwillige Weiterversicherung 2 14 5 ff,
  53 9
Freizügigkeit *1* 45 **AEUV** 34, 47 **AEUV** 1;
  2 1 20, 3 2, 7, 33
– Betriebliche Altersversorgung
  10 **KOM (2007)** 603 2 ff; *11* **RL**
  2003/41 1 ff; *9* **RL 98/49** 2 ff
Freizügigkeit der Arbeitnehmer 2 **Vor 61** 4;
  Einführung 8, 10, 20, 31, 34, 67
Freizügigkeitsabkommen mit der Schweiz
  2 91 1
Freizügigkeitsrecht *13* 123
Fremdmitgliedstaatliche Regelungen
– anpassende Regelungen 2 53 7
Fremdmitgliedstaatliche Zeiten
– ausländische Beitrags-, Wohn- und gleichgestellte Zeiten 2 52 21
– inländischer Zeittypus 2 52 30
– integrale Berücksichtigung 2 52 26

– konkrete Gleichstellung 2 51 2
Fremdrentengesetz 2 3 44
Fristenwahrung 2 81 2
Fürsorge 2 3 35, 40
Garantiertes Altersmindesteinkommen
  2 59 5
Gebührenbefreiung 2 80 2
Geburtsbeihilfe 2 1 41
Geburtsurkunde 2 76 27
Gefährdung des finanziellen Gleichgewichts
  2 Vor 36 12
Gegenseitige Anerkennung des Invaliditäts-
  zustandes 2 **Vor** 44 2
Geldleistungen 2 1 37, 3 31, 36 10 ff, 15
– bei Krankheit 2 17 4
– beitragsunabhängige 2 3 31, 38
– besondere beitragsunabhängige 2 70 7, 8;
  Einführung 44
– Hereinbringung vorläufig gezahlter Geld-
  leistungen 2 84 9
Geltungsbereich
– sachlicher 2 3 2
Gemeinschaftsrechtliche Rentenberechnung
– Verzicht 2 52 10
Gemischte Abkommen *1* 2 5, 12
Genehmigung 2 36 17
Genfer Flüchtlingskonvention 2 1 4, 14
Gericht
– Begriff *13* 19
– Gerichtsunabhängigkeit *13* 4
– letztinstanzliches *13* 32 ff
– vorlageberechtigtes *13* 19
– vorlageverpflichtetes *13* 32
Geringfügigkeitsgrenze 2 57 2
Gesamtleistung 2 52 23
Gesamtleistungsmodell 2 52 22
Geschlechterverhältnis 2 **Vor** 1 5
Gesetzliche Systeme 6 3 4
– Unterschied zur Sozialhilfe 6 3 8
Gesonderte Koordinierung 2 **Vor** 44 2
Gesundheitsdienstleistungen 4 3 1
Gesundheitsschäden 2 3 42
Gesundheitsversorgung 4 3 1
Gewährung von Leistungen
– vorläufige Zuständigkeit 2 91 8
Gewöhnlicher Aufenthalt 2 1 19, 21
Gleichbehandlungsgebot 2 4 1, 3

Gleichbehandlungsgrundsatz
– unmittelbare (Dritt-) Wirkung 5 157 4
Gleichbehandlungsrecht
– Entwicklung 5 **Vor** 1 ff
Gleichstellung fremdmitgliedstaatlicher
  Zeiten
– Vorschriften zur freiwilligen Versicherung
  2 6 16
– Zugang/Befreiung von der Pflichtversiche-
  rung 2 6 16
Gleichstellung von Personen 2 10 2
Gleichstellung von Sachverhalten
  2 **Vor** 50 5
Grad der Pflegebedürftigkeit 2 82 10
Grenzgänger 2 1 13, 65 7, 13
– atypischer 2 65 10, 16
– Familienangehörige 2 87a 27
– selbstständig erwerbstätige 2 65a 1
– unechter 2 65 8, 15
Grenzgänger nach Luxemburg 2 87a 26
Grenzüberschreitende Gesundheitsversor-
  gung 4 3 1 ff
Grenzüberschreitende Inanspruchnahme von
  Gesundheitsdienstleistungen 4 3 1
Grenzüberschreitender Sachverhalt 2 2 3, 6
Grundfreiheit der Freizügigkeit 2 **Vor** 50 3
Grundfreiheiten 2 2 9; *Einführung* 83
Grundsatz der Solidarität *Einführung* 77
Grundsatz der Zusammenrechnung 2 6 1 ff
– Abgrenzung zum Grundsatz der Tatbe-
  standsgleichstellung 2 6 13
– Abgrenzung zur Sachverhaltsgleichstellung
  2 6 3
– anspruchsbegründender Charakter
  2 6 14
– Anwendungsbereich 2 6 4 ff
– Aufrechterhaltung von gleichartigen Leis-
  tungsansprüchen 2 6 12
– Berücksichtigung fremdmitgliedstaatlicher
  Zeiten 2 6 16
– Erwerb von gleichartigen Leistungsansprü-
  chen 2 6 12
– europarechtliches Äquivalenzprinzip
  2 6 3
– Gleichstellung fremdmitgliedstaatlicher
  Zeiten 2 6 16
– internationale soziale Gerechtigkeit 2 6 3
– multinationale Zusammenrechnung 2 6 5
– qualifizierte Zeiten 2 6 13
– unionsrechtlich einheitliche Erwerbs- bzw.
  Versicherungsbiographie 2 6 3

Stichwortverzeichnis

- Wartezeiterfordernisse *2* 6 14
- Wartezeit- oder Vorversicherungserfordernisse *2* 6 2

Grundsatz des Exports von Geldleistungen
- wohlerworbene Rechte *2* 7 3

Grundsätze öffentlicher Dienstleistungen *2* 76 16

Haftung der Mitgliedstaaten *13* 40
- Gegenstand *13* 132
- Grundlagen *13* 130
- Umfang der Entschädigung *13* 137
- Voraussetzungen *13* 132

Haftungsfreistellung *2* 85 1

Harmonisierung *Einführung* 7, 33, 71, 93

Heilmittel *2* 1 37

Hilfe in besonderen Lebenslagen *2* 3 40

Hilfe zum Lebensunterhalt *2* 3 40

Hilfe zur Pflege *2* 3 40

Hilfsmittel *2* 1 37

Hinterbliebene *2* 1 17, *2* 5, 18
- Leistungen an *2* 3 18

Hinterbliebenenrenten *2* 1 38

Höchstbetragsregelung *2* 52 39

Humanitäres Völkerrecht *2* 2 13

Hypothetische Gesamtrente *2* 52 15

IDA-Programm *2* 73 2

ILO *2* 2 11

ILO-Konvention Nr. 102 *Einführung* 43

Inanspruchnahme Krankenversicherungsleistungen *2* **Vor** 17 49

Informationsmaterial für Bürger *2* 76 29

Informationspflicht, gegenseitige *2* 76 17

Inländerdiskriminierung *2* 4 4

Innerdeutsche Rentenrechtsangleichung *2* 52 12

Integrationsprinzip *1* 48 AEUV 19

international *2* 1 3

Invalidität *2* 3 13
- Begriff *2* **Vor** 44 3
- Leistungen bei *2* 3 12

Invalidität, Feststellung *2* 82 8

Kapitalgedeckte Rentensysteme *2* 83 2

Kartell- und Missbrauchsverbot *Einführung* 75

Kind *2* 1 16

Kindererziehungszeiten *2* 87a 3, 16, 17

Kindergeld *2* 1 41

Kollektivvereinbarung *2* 3 5

Kollisionsnorm *2* **Vor** 11-16 1 ff, 11 1 ff
- Auffangregelung *2* 11 31 ff
- Beamte *2* 11 15, 24 ff
- Familienleistung *2* 11 5
- Flugbesatzung *2* 11 23
- Leistungen bei Arbeitslosigkeit *2* 11 16
- Rentenbezieher *2* 16 11
- Seeleute *2* 11 19 ff
- Selbstständige *2* 11 17 f
- Wehrdienstleistende *2* 11 28 ff
- Zivildienstleistende *2* 11 28 ff

Kompetenzkonflikte, negative *2* 91 3

Kompetenzkonflikte, positive *2* 91 3

Komplementäre Sicherungssysteme *Einführung* 28

Konkordanztabelle *2* 46 6

Konkurs- und Ausgleichsverfahren *2* 84 41

Kontakt (unmittelbar) zwischen Einrichtungen, *2* 76 12

Kontaktadressen *2* 78 8

Kontakt zwischen Trägern *2* 76 13, 16

Kontrolle, verwaltungsmäßige *2* 82 9

Kontrolle durch Träger des Aufenthalts- oder Wohnorts *2* 46 8

Konvergenzstrategie *2* **Vor** 50 6

Kooperationsabkommen mit den Maghrebstaaten *12* 55 ff

Koordinierung *2* 66 4; *Einführung* 13, 15, 18, 28, 32, 34, 52, 67, 71
- OMK *Einführung* 73

Koordinierung der mitgliedstaatlichen Rentenrechtsordnungen *2* **Vor** 50 1

Koordinierungsauftrag des Art. 48 AEUV *2* 7 1

Koordinierungsproblem
- unterschiedliche Altersgrenzen *2* 48 2
- unterschiedliche Geburtsdaten *2* 48 9

Kosten der Auslandsbehandlung *2* 36 22

Kostenerstattung *2* 82 12; *4* **Vor** 81; *Einführung* 86, 89

Kostenerstattung, pauschale *2* 85 8

Kostenerstattung an den Versicherten *2* 19 26 ff, 20 32 ff

Kostenerstattungsprinzip *2* 1 37, 36 17

Kostentragung/Erstattung *2* 65 17

Kostentragungspflicht
- Krankenversicherung der Rentenantragssteller 2 22 18

Krankenbehandlung 2 36 17; *Einführung* 89
- im Ausland *Einführung* 90

Krankenversicherungskarte, Europäische 2 19 20 ff

Krankheit 2 **Vor 17** 29, 38, 1 37
- Leistungen bei 2 3 8, 30

Kriegsopfer 2 3 42

Kriegsopfersystem 2 3 43

Kumulierungsverbot *Einführung* 55

Kürzungsbestimmungen 1 **48 AEUV** 8; 2 52 8

Langzeitpflege
- Definition in RL 2011/24/EU 4 1 10

Lebenspartner 2 1 16

Lebensunterhalt
- Hilfe zum 2 3 40

Legaldefinitionen 2 1 2

Legalzession 2 85 2, 4

Leistung, nicht festgestellt oder ruhend gestellt
- vor dem Anwendungsbeginn der VO (EG) Nr. 883/2004 aufgrund der Staatsangehörigkeit 2 **87a** 11
- vor dem Anwendungsbeginn der VO (EG) Nr. 883/2004 aufgrund des Wohnortes einer Person 2 **87a** 11

Leistung bei Arbeitslosigkeit 2 3 14

Leistungen 2 1 38
- präventive 2 3 24
- vorläufige 2 84 10
- vorläufige Berechnung 2 76 24
- vorläufige Gewährung 2 76 24
- vorläufige Zuständigkeiten 2 76 24

Leistungen, vorläufige
- bei Berufskrankheiten 2 91 8
- Familienleistungen 2 91 8

Leistungen an Hinterbliebene 2 3 18

Leistungen bei Alter 2 3 16

Leistungen bei Arbeitslosigkeit 2 1 39, 3 21 ff, 26

Leistungen bei Arbeitsunfällen und Berufskrankheiten 2 3 19

Leistungen bei Invalidität 2 3 12

Leistungen bei Krankheit und Mutterschaft 2 **Vor 17** 28, 3 8, 30

Leistungen bei Pflegebedürftigkeit 2 **Vor 17** 32

Leistungen bei Vaterschaft 2 **Vor 17** 39, 3 11

Leistungen der beruflichen Integration/Förderung/Fortbildung/Umschulung 2 **Vor 44** 5

Leistungen und Beiträge
- vorläufige Berechnung 2 91 11

Leistungsanspruch
- Zeitraum vor der Anwendung der VO (EG) Nr. 883/2004 2 **87a** 7

Leistungsexport 2 7 1 ff, 64 3
- andere territoriale Voraussetzungen 2 7 5
- Arbeitnehmerfreizügigkeit 2 7 1
- Ausnahme 2 7 3, 6
- beitragsunabhängige Geldleistungen 2 7 6
- Beitragszuschuss zur Krankenversicherung 2 7 9
- besondere beitragsunabhängige Geldleistungen 2 7 3
- Erziehungsgeld 2 7 14
- Familienleistungen 2 7 13
- Fremdrentengesetz 2 7 9
- Gebietsgleichstellungsregelung 2 7 13
- Geldleistungen 2 7 1
- Geldleistungen bei Krankheit 2 7 11
- Geldleistungen der Pflegeversicherung 2 7 11
- Geldleistungen der Unfallversicherung 2 7 10
- Geldleistungen wegen Arbeitslosigkeit 2 7 12
- Geldleistungen zur Rehabilitation 2 7 11
- landesrechtliche Leistungen für Blinde 2 7 14
- Leistung der sozialen Sicherheit 2 7 6
- Leistungen nach dem FRG 2 7 9
- reichsgesetzliche Zeiten 2 7 9
- Renten der gesetzlichen Rentenversicherung 2 7 9
- Riester-Rente 2 7 14
- Unionsbürgerfreizügigkeit 2 7 1
- Wohnortklauseln 2 7 1, 4

Leistungsexport in Drittstaaten 2 7 16

Leistungskumulierung 2 53 3

Leistungspflicht
- Freistellung von der 2 57 6 ff

Lohnfortzahlung im Krankheitsfall 2 3 30

Loyale Zusammenarbeit 2 76 3

Marktfreiheiten *Einführung* 98
Martínez-Sala *13* 122
Maßnahmen, aktivierende *2* 82 11
Master Directory (MD) *2* 73 9, 78 8
Medizinische/Chirurgische Leistungen *2* **Vor 44** 5
Mehrfachbeschäftigung *2* **Vor 11-16** 16
Mehrfachkürzung *2* 55 5
Mindestentgeltpunkte *2* 52 28
Mindestleistung *2* 58 1 ff, 84 24
Minizeitenregelung *2* 57 1
MISSOC *2* 76 5
Mittelbare Diskriminierung *2* **Vor 1** 4; *5* 19 34 ff
– Ausmaß der Benachteiligung *5* 19 44 ff
– Benachteiligung in besonderer Weise *5* 19 38
– geringe Kontrolle im Sozialrecht *5* 19 49 ff
– Gruppenbildung *5* 19 40
– neutrale Regelung *5* 19 37 ff
– objektive Rechtfertigung *5* 19 46 ff
– Rechtfertigung im Sozialrecht *5* 19 58 ff
– Sozialrecht *5* 19 37 ff
– Vergleichbarkeit *5* 19 43 ff
– Verhältnismäßigkeitsprüfung *5* 19 52 ff
Mittelmeerabkommen mit den Maghrebstaaten *12* 66
Mittelmeerabkommen mit Israel *12* 70
Monopolstellung *Einführung* 76, 84
Montanunion *Einführung* 12
Multilateralisierung *2* 4 7
Multiple Diskriminierung *5* 19 28
Mutterschaft *2* 1 37
– Leistungen bei *2* 3 8

Nachteilsausgleich *2* 52 14, 22
Nachversicherung *2* 60 4
Nationale Kontaktstellen für die Gesundheitsversorgung *4* 6 1
Nationalität *2* 2 3 ff
Neuberechnung der Renten *2* 59 1
Neufeststellung von Amts wegen *2* **87a** 16, 18
New Yorker Abkommen *2* 1 4, 15
Niederlassungsfreiheit *2* 1 20
Notifizierungspflicht *2* 9 1

Offene Methode der Koordinierung (OMK) *Einführung* 73
Öffentliche Dienstleistungen, Grundsätze *2* 76 16
Öffentlicher Auftraggeber *Einführung* 80
Öffentliches Auftragswesen *Einführung* 81
Opfer des Krieges *2* 3 42
Organtransplantation
– Ausschluss der Patienten-RL *4* 1 12
– Leistungen an den Spender *2* **Vor 17** 40
Paletta I *13* 122
Partnerschaftsabkommen mit den Staaten der ehemaligen Sowjetunion *12* 79
Patient *4* 3 3
– Definition in RL 2011/24/EU *4* 1 5
Patientenrichtlinie
– Verhältnis zur VO (EG) Nr. 883/2004 *2* **Vor 17** 55
Patienten-RL 2011/24/EU
– Verhältnis zu VO (EG) Nr. 883/2004 *4* **Vor** 32
Pauschalbetrag *2* 74 1
Pauschale Ausfallzeit *2* 52 27
Pauschale Kostenerstattung *2* 85 8
Pensionsfonds-Richtlinie *11* **RL 2003/41** 1 ff
– Anwendungsbereich *11* **RL 2003/41** 3 ff
– grenzüberschreitende Tätigkeit *11* **RL 2003/41** 21 ff
– Grundsätze für die Tätigkeit *11* **RL 2003/41** 11 ff
– Informationspflichten *11* **RL 2003/41** 13 ff
– Kapitaldeckung *11* **RL 2003/41** 3
– Sicherheit und Verlässlichkeit *11* **RL 2003/41** 17 ff
– Umlageverfahren *11* **RL 2003/41** 7
Personenschäden *2* 3 42; *Einführung* 45
Persönliche Entgeltpunkte *2* 52 32
Persönlicher Anwendungsbereich *Einführung* 40
Persönlicher Geltungsbereich *2* 2 1
Petroni-Prinzip *2* 5 8, 8 13, 10 3, 11 4, 46 4, 57 7, **87a** 4
Pflege
– Hilfe zur *2* 3 40
Pflegebedürftigkeit *2* **Vor 44** 6, 1 37, 36 4
– Feststellung des Grades *2* 82 10
Pflegegeld *2* 3 9, 17 6, 36 4

Pflegeleistungen 2 3 9
Pflegeversicherung 2 3 8, 9
Pflichten der Bürger 2 76 21
Pflichtmitgliedschaft 2 **Vor 36** 9; *Einführung* 95
Pflichtversicherung 2 **14** 1 ff
- Zusammentreffen 2 **14** 3 ff
Portabilität 10 KOM (2007) 603 1 ff; *Einführung* 29
Präventive Leistungen 2 3 24
Privatrecht 2 1 6
pro-rata-temporis 2 46 5
pro-rata-temporis-Prinzip 2 52 3
pro-rata-temporis-Teilrentensystem 2 52 16
pro-rata-temporis-Verfahren 2 52 14
Proratisierung *Einführung* 63
Qualitätssicherung 2 36 22
Rahmenbeschluss
- Rahmenbeschluss 2 72 32 ff
Räumlicher Geltungsbereich *Einführung* 46
Rechtsache Rönfeldt 2 87a 4
Rechtsbehelfe 2 76 19, 81 2, 84 38, 42
- außerordentliche 13 33
- besondere 13 39
Rechtsbehelfsfristen 2 76 19
Rechtsfolgen der Diskriminierung 2 4 8
Rechtsmittel
- Begriff 13 33
- innerstaatliches Recht 13 33
Rechtsschutz 13 1
- Verpflichtung 13 35
- vorläufiger 13 13, 35
Rechtsschutzsystem 13 1
Rechtsschutzverpflichtung 13 3
Rechtsvereinfachung *Einführung* 34
Rechtsvorschriften 2 1 22, 3 3, 5
- Typ A 2 44 3
- Typ B 2 46 5
Rechtsvorschriften, anzuwendende
- Bescheinigung 2 91 6
- Übergangsfälle 2 87a 22
- Vorläufige Zuständigkeit 2 91 2
reference implementation 2 78 5
Rehabilitand 2 1 8
Rehabilitation
- medizinische 2 3 10

Rehabilitationsleistungen 2 **Vor 44** 5, **Vor 17** 30, 3 15
- grenzüberschreitende Nachfrage 2 **Vor 17** 47
Reise- und Aufenthaltskosten 2 82 6
Relevante Zeiten 2 **Vor 61** 6
Renten 2 1 38
Rentenantragssteller
- Krankenversicherungsschutz 2 22 1
Rentenantragstellung
- Antragsbegrenzung 2 50 8
- europaweite Wirkung 2 50 6 ff
Rentenantragsverfahren
- Kontaktträger 2 50 9
Rentenberechnung
- autonome 2 52 2
- bei laufendem Rentenfeststellungsverfahren 2 87a 17
- gemeinschaftsrechtliche 2 52 2
- vorläufige 2 91 12
Rentenformel des SGB VI 2 56 4
Renten in Übergangsfällen 2 87a 14
Rentenkontensystemen 2 83 2
Rentenversicherung
- Ausgleich 2 84 22
- Nachzahlung 2 84 22
Rentenzugangsalter, ungleiches
- Ausnahme vom Verbot der Diskriminierung wegen des Geschlechts 6 7 5
Revisionsverfahren 13 42
Risikobereich Krankheit 2 **Vor 44** 6
RL 2005/71/EG 2 91 1
RL 95/46/EG 2 77 3
RL 98/49/EG 2 91 1
Rönfeldt, EuGH Rs. 2 87a 4
Rückwirkung
- Auslegung des Gemeinschaftsrechts durch den EuGH 5 19 73
Ruhensbestimmungen 2 52 8
Sachleistungen 2 36 5, 74 1, 91 17
- bei Krankheit 2 17 4
- besondere 2 **Vor 36** 5
- große 2 19 17
- Transportkosten 2 19 16
Sachleistungsaushilfe 2 17 2, 36 6
- Defizite 2 **Vor 17** 22, 17 18
- Grundsätze 2 17 14 ff
Sachleistungsprinzip 2 1 37, 36 17

Sachverhaltsgleichstellung 2 **Vor 36** 7, 4 3,
   6 19, 80 3, 81 5, 84 5, 85 1; *Einführung* 64
Sachverhaltsgleichstellungsregelung 2 10 4
Sanktionen
– Berechnung der Höhe *13* 82
– Mittel *13* 80
– Pauschalbeträge *13* 80
– Zwangsgelder *13* 80
Schadenersatzansprüche 2 85 4
Schadenersatzverpflichtungen
– Befreiung des Arbeitgebers oder der Arbeitskollegen 2 85 7
Schadensersatzrecht 2 85 1
Schlichtungsverfahren 2 91 14
Schlussbestimmungen 2 91 1
Schweiz 2 **Vor 1** 6
Schweizerische Eidgenossenschaft *Einführung* 39
SED, strukturiert elektronisches Dokument 2 78 2
SEDs, Standard Electonic Documents 2 72 46
Sektoralabkommen über die Freizügigkeit mit der Schweiz *12* 89
Selbständige 2 **Vor 1** 5, 1 8
– Sondersysteme für 2 3 6
Selbständiger 2 1 9
Selbständige Tätigkeit 2 **Vor 11-16** 15
– mehrere Mitgliedstaaten 2 13 15 ff
– Zusammentreffen mit abhängiger Beschäftigung 2 13 20 ff
Selbstbehalt 2 1 37
Selbstständig erwerbstätige Grenzgänger 2 65a 1
Seltene Krankheiten 4 8 10
Sicherungssysteme
– Arten 2 **Vor 44** 2
– Typ A 2 **Vor 44** 2, 44 1
– Typ B 2 **Vor 44** 2, 46 1
Sitzlandprinzip 2 11 11, 21, 13 4
Solange-II-Beschluss *13* 41
Solidarität
– Grundsatz der 2 **Vor 36** 10; *Einführung* 77
Sondersysteme für Arbeitnehmer
– knappschaftliche Rentenversicherung 2 51 3
Sondersysteme für Beamte 2 1 12, 3 46, 50, 49 1 ff, 60 1 ff; *Einführung* 19

Sondersysteme für Bergleute 2 51 4
Sondersysteme für Selbständige 2 3 6
– Alterssicherung der selbständigen Landwirte 2 51 7
– Pflichtversorgungseinrichtungen der verkammerten freien Berufe 2 51 7
Sondersysteme im mitgliedstaatlichen Rentenrecht 2 51 2
Soziale Sicherheit 2 1 23
– Begriff 2 3 7
Soziale Vergünstigung 2 3 28, 37; *3* **VO 492/2011** 1 ff
– Arbeitnehmer *3* **VO 492/2011** 14
– Arbeitsuchende *3* **VO 492/2011** 16
– beitragsunabhängige Leistung *3* **VO 492/2011** 8
– Familienangehörige *3* **VO 492/2011** 17
– Gleichbehandlung *3* **VO 492/2011** 1 ff
– Sozialhilfe *3* **VO 492/2011** 6 f
– Studierende *3* **VO 492/2011** 15
Sozialhilfe 2 3 33, 36, 40, 84 27, 30
Sozialhilfeleistungen 2 84 26
– ergänzende in RL 79/7/EWG 6 3 12
Sozialhilfesysteme
– Kriterien in RL 79/7/EWG 6 3 11
Sozialhilfeträger
– Regressanspruch 2 84 27
Sozialpolitik *1* 47 **AEUV** 1
Sozialrechtsstatut *Einführung* 52, 55
Sozialversicherungsmonopol *Einführung* 91
Sozialversicherungsrecht, internationales 2 **Vor 11-16** 4
Sozialversicherungszwang *Einführung* 91
Spaak-Bericht *Einführung* 8
Sprachengleichstellung 2 76 33
Staatenlose 2 1 4, 15, 2 2, 5, 13, 16
Stabilisierungs- und Assoziationsabkommen mit den Ländern des westlichen Balkans *12* 82
Standardsoftware 2 78 5
Stand-still-Verpflichtung *12* 28
Stationäre Krankenbehandlung 2 1 37, 36 17; *Einführung* 89
Statistiken 2 91 1
Statusschutz 2 55 4
Sterbegeld 2 1 40, 3 20
Steuerbefreiung 2 80 2
Student 2 1 8

Supranational 2 Vor 1 4
Systeme der sozialen Sicherheit
- betriebliche 5 157 20 ff
- gesetzliche 5 157 20
- staatliche 5 157 20

Tarif 2 1 23
Tarifvertragliche Regelung 2 3 5
Tatbestandsgleichstellung 2 Vor 1 4, 5 1 ff
- funktionale Äquivalenz 2 5 6
- Harmonisierung 2 5 1
- System kollissionsrechtlicher Regelungen 2 5 1
- wertende Qualifizierung 2 5 6
Tatbestandswirkung 2 46 6
Tätigkeitsort 2 11 18, 12 21
Teilerstattung 2 1 37
Teilrenten 2 Vor 50 4
Teilrentenberechnung 2 52 34
Teilzeitbeschäftigung 2 1 8
Telematische Anwendung 2 73 2
Territorialitätsprinzip 2 Vor 36 1
TESS-Programm 2 73 2
Theoretischer Monatsbetrag 2 52 33
Theoretischer Rentenbetrag 2 52 15
Totalisierung Einführung 61
Tragbare Dokumente 2 76 18, 26, 78 3
Träger 2 1 27, 30
- Auslegungsschwierigkeiten 2 76 23
- Bindungswirkung von Dokumenten 2 76 23
- des Wohnorts 2 36 5
- Kommunikation mit den betroffenen Personen 2 78 19
- Meinungsunterschiede 2 76 23
Träger, unzuständiger
- irrtümlicher Kontakt 2 81 9
Trägerforderungen
- Prioritätsregelung für die Geltendmachung 2 84 3

Überbrückungstatbestand 2 57 12
Übereinkommen 102 der Internationalen Arbeitsorganisation 2 Vor 44 4
Übergangsfälle
- bei den anzuwendenden Rechtsvorschriften 2 87a 22
Übergangsrecht 1 Vorbemerkungen 1, 45 AEUV 5
Übergangsvorschriften 2 87a 1, 5

Überprüfungsklausel 2 74 16
Übersetzungskosten 2 76 36, 79 2
Übertragbarkeit 9 RL 98/49 1, 8; s. auch Portabilität
Überzahlung
- Ausgleich 2 84 18
- Hereinbringung einer Überzahlung 2 84 18
- Nachzahlungen 2 84 18
Umgangssprache 2 1 2
Umlageverfahren 2 Vor 36 13
Umrechnungskurse 2 91 1
Unechter Grenzgänger 2 65 8, 15
Unechte Unfallversicherung 2 36 4
Unfallversicherung
- unechte 2 36 4
Unfallversicherungsmonopol 2 Vor 36 9 ff
Unionsbürgerschaft Einführung 98
Unionsrecht 13 3
- Anwendung 13 10
- Durchsetzung 13 55
- objektive Verletzungen 13 55
- unmittelbare Anwendbarkeit 13 8, 131
- Vorrang 13 3, 39
Unionsrechtskonforme Auslegung 13 3
Unmittelbare Anwendbarkeit 13 3
Unmittelbare Diskriminierung 5 19 31 ff
Unterhaltsvorschuss 2 Vor 1 4, 1 41, 3 27
Unternehmen 2 Vor 36 10; Einführung 75, 79, 92
Unterrichtung über nationale Rechtsänderung 2 76 5
Unterschiedliche Geburtsdaten 2 48 9 ff
- Änderung der Versicherungsnummer 2 48 12
- Urkunden 2 48 11
- Versicherungsnummer der gesetzlichen Rentenversicherung 2 48 10
Unverfallbarkeitsfristen 10 KOM (2007) 603 9 f; 9 RL 98/49 7, 17
Urteil
- Akzeptanz 13 129
- Verkündung 13 114
- Veröffentlichung 13 114

Van Gend & Loos 13 3
Vaterschaft 2 Vor 1 5, 1 37
- Leistungen bei 2 3 11
Verbindungsstelle 2 36 3, 81 12

Vereinbarungen 2 82 12
Vereinbarung von Ausnahmen 2 16 1 ff
– Inhalt 2 16 7 ff
– Rechtsnatur 2 16 6
Verfahrensrecht, europäisches 2 76 19, 84 43, 87a 15, 25, 91 15
Verfügbarkeit für den Arbeitsmarkt 2 3 23
Vergaberecht Einführung 80
Vergleichsberechnung 2 52 5, 11
– Verzicht auf 2 52 41
Verhältnismäßigkeit 2 Vor 36 12
Verjährungsfrist 2 84 43
Verjährungspflichten, nationale 2 84 15
Verjährungsregelungen, nationale 2 84 13, 87a 14
Versicherter 1 48 AEUV 9; 2 1 10
– Begriff in RL 2011/24/EU 4 3 4
Versicherung
– fälschlicherweise im unzuständigen Mitgliedstaat durchgeführt 2 84 13
Versicherungsharmonisierung Einführung 95
Versicherungsklauseln 2 83 2
Versicherungsmitgliedstaat 4 3 7
– Pflichten 4 5 1
Versicherungszeiten 2 1 34, 87a 10
Versorgungswerke der Freiberufler 2 1 24
Vertrag 2 1 11
Vertragsbedienstete 2 15 1 ff
– Wahlrecht 2 15 3 f
Vertragsverletzungsverfahren 13 5, 39, 93, 107
– Aussetzung 13 67
– Durchführung 13 75
– Einleitung 13 60
– Einstellung 13 67
– kein einklagbares Recht 13 63
– Klageverfahren 13 70
– Streitgegenstand 13 68
– Verfahrensstadien 13 64
Verwaltungskommission 2 1 28, 73 4, 5, 74 5, 76 5, 23, 25, 28, 78 10, 16, 19, 24, 84 32, 46, 87a 27, 91 1, 2, 14; *Einführung* 16
– Ad-hoc-Gruppe Elektronische Krankenversicherungskarte 2 72 54
– Anwendung des Gemeinschaftsrechts 2 72 35
– Audit 2 74 15

– Ausarbeitung von Änderungsvorschlägen 2 72 57
– Beratender Ausschuss 2 75 2, 5
– Beratungs- und Zusammenarbeitsorgan 2 72 38
– code of conduct 2 72 20
– Durchführung von Maßnahmen der grenzüberschreitenden Zusammenarbeit 2 72 5, 40
– EESSI-Projekt 2 72 44
– einheitliche Anwendung des Gemeinschaftsrechts 2 72 4
– Entscheidungen 2 72 25
– Europäische Krankenversicherungskarte 2 72 50
– Gemeinschaftseinrichtung 2 72 12
– Größtmöglicher Einsatz neuer Technologien 2 72 41
– Jahresbericht 2 74 10
– kein Gemeinschaftsorgan 2 72 27
– Klärung von Verwaltungs- und Auslegungsfragen 2 72 25
– praktische Modalitäten 2 72 49
– Rechnungsausschuss 2 74 4
– Rechnungsausschuss, Rapporteur 2 74 7
– Regierungsvertreter 2 72 15
– Satzung 2 72 13, 23
– Sekretariat 2 72 19
– strukturiertes elektronisches Dokument 2 72 45
– traditionell völkerrechtliche Zusammensetzung 2 72 10
– Übergangsfristen 2 72 46
– Vermittlungsinstanz 2 72 31
– Verstetigung der Zusammenarbeit 2 72 11
– Verwaltungsausschüsse 2 72 14
– Verwaltungskommission für die Koordinierung der Systeme der sozialen Sicherheit 2 72 1
VO (EG) Nr. 988/2009 2 83 2, 87a 22, 27
Vollstreckungsmaßnahme 2 84 42
Vollstreckungstitel 2 84 38
Vorabentscheidung
– Entscheidungserheblichkeit 13 20
Vorabentscheidungsurteil
– Auslegungsurteil 13 48
– Bindungswirkungen 13 44, 46
– Grundsatzurteile 13 48
– Präjudizwirkung 13 48
– Rechtskraft 13 43 ff
– Ungültigkeitsurteil 13 46 ff
– zeitliche Wirkung 13 49

Stichwortverzeichnis

Vorabentscheidungsverfahren *13* 4, 60, 92 ff, 105
Vorabgenehmigung
– Anforderungen 4 8 11
Vorabgenehmigung der Auslandsnachfrage
– Patienten-RL 4 8 4
Vorlagebeschluss
– Anfechtbarkeit *13* 29
– Begründung *13* 27
Vorlagefrage
– Auslegungsfrage *13* 18
– Begründung *13* 27 ff
– Rücknahme *13* 60
– Überprüfung *13* 23
– Zurückweisung *13* 23 ff
Vorlagepflicht
– Sanktionen bei Verletzung *13* 39
– Umfang *13* 36 ff
– unbeschränkte *13* 36
Vorruhestandsleistungen 2 **Vor** 1 4, 1 39, 3 17, 25, 66 1, 4
Vorsorge 2 1 12
Vorversicherungserfordernisse 2 6 18
Wanderarbeitnehmerbiographie 2 52 13
Warenverkehrsfreiheit *Einführung* 85
Wartelisten 2 36 17
Wartezeiterfordernisse
– Arbeitsförderungsrecht 2 6 15
– des Rentenversicherungsrechts 2 6 14
– Leistungen zur Teilhabe 2 6 14
web-interfache 2 78 6
Wegeunfall 2 36 8
Wettbewerbsrecht *Einführung* 75
Wohnlandprinzip 2 **Vor 11-16** 6, 11 32 f

Wohnort 2 1 4, 18
– Begriff 2 7 1
Wohnsitzprinzip 2 13 4, 11
Zeiten
– relevante 2 **Vor 61** 6
Zeitliche Wirkung *13* 49 ff
Zentraler Knoten 2 78 14
Zuckerfabrik Süderdithmarschen und Soest *13* 13
Zugangsstelle (AP) 2 78 4
Zurechnungszeit 2 52 38
Zusammenarbeit 2 76 1
– loyale 2 76 25, 80 4, 82 5
Zusammenrechnung 2 **Vor 61** 6; *Einführung* 61
Zusammenrechnung von Zeiten 2 51 1
– besondere Anforderungen des mitgliedstaatlichen Rechts 2 51 1 ff
– Sondersystem 2 51 1 ff
Zusammentreffen von Leistungen 2 10 6
– gleicher Art 2 53 2
– unterschiedlicher Art 2 53 4
Zuständige Behörde 2 1 27
Zuständiger Träger 2 1 31
Zuständigkeit
– ausschließliche *13* 34; 2 38 3
Zustellung
– von Entscheidungen 2 76 19, 84 37
– von Schriftstücken 2 84 37
Zwingende Gründe des Allgemeinwohls *Einführung* 94

§ 19a SGB IV *5* 19 84
§ 33c SGB I *5* 19 83